Der Weg zum Java-Profi

 **Dipl.-Inform. Michael Inden** ist Oracle-zertifizierter Java-Entwickler für JDK 6. Nach seinem Studium in Oldenburg war er lange Zeit als Softwareentwickler und -architekt bei verschiedenen internationalen Firmen tätig und arbeitet derzeit als Teamleiter Softwareentwicklung in Zürich.

Michael Inden hat rund 20 Jahre Erfahrung beim Entwurf komplexer Softwaresysteme gesammelt, an diversen Fortbildungen und an mehreren Java-One-Konferenzen in San Francisco teilgenommen. Sein Wissen gibt er gerne als Trainer in Schulungen und auf Konferenzen weiter. Sein besonderes Interesse gilt dem Design qualitativ hochwertiger Applikationen mit ergonomischen, grafischen Oberflächen sowie dem Coaching von Kollegen.

Papier plus+ PDF. Zu diesem Buch – sowie zu vielen weiteren dpunkt.büchern – können Sie auch das entsprechende E-Book im PDF-Format herunterladen. Werden Sie dazu einfach Mitglied bei dpunkt.plus+:

www.dpunkt.plus

Michael Inden

Der Weg zum Java-Profi

Konzepte und Techniken für die professionelle Java-Entwicklung

4., überarbeitete und aktualisierte Auflage

Michael Inden
michael_inden@hotmail.com

Lektorat: Dr. Michael Barabas
Projektkoordination: Miriam Metsch
Technischer Review: Torsten Horn, Aachen
Copy-Editing: Ursula Zimpfer, Herrenberg
Satz: Michael Inden
Herstellung: Susanne Bröckelmann
Umschlaggestaltung: Helmut Kraus, www.exclam.de
Druck und Bindung: Schleunungdruck GmbH, Marktheidenfeld

Bibliografische Information der Deutschen Nationalbibliothek
Die Deutsche Nationalbibliothek verzeichnet diese Publikation in der Deutschen Nationalbibliografie;
detaillierte bibliografische Daten sind im Internet über http://dnb.d-nb.de abrufbar.

ISBN:
Print   978-3-86490-483-7
PDF   978-3-96088-356-2
ePub   978-3-96088-357-9
mobi   978-3-96088-358-6

4., aktualisierte Auflage 2018
Copyright © 2018 dpunkt.verlag GmbH
Wieblinger Weg 17
69123 Heidelberg

Die vorliegende Publikation ist urheberrechtlich geschützt. Alle Rechte vorbehalten. Die Verwendung der Texte und Abbildungen, auch auszugsweise, ist ohne die schriftliche Zustimmung des Verlags urheberrechtswidrig und daher strafbar. Dies gilt insbesondere für die Vervielfältigung, Übersetzung oder die Verwendung in elektronischen Systemen.
Es wird darauf hingewiesen, dass die im Buch verwendeten Soft- und Hardware-Bezeichnungen sowie Markennamen und Produktbezeichnungen der jeweiligen Firmen im Allgemeinen warenzeichen-, marken- oder patentrechtlichem Schutz unterliegen.
Alle Angaben und Programme in diesem Buch wurden mit größter Sorgfalt kontrolliert. Weder Autor noch Verlag können jedoch für Schäden haftbar gemacht werden, die in Zusammenhang mit der Verwendung dieses Buches stehen.
5 4 3 2 1 0

Inhaltsübersicht

1	Einleitung	1

I Java-Grundlagen, Analyse und Design — 11

2	Professionelle Arbeitsumgebung	13
3	Objektorientiertes Design	85
4	Java-Grundlagen	199
5	Lambdas, Methodenreferenzen und Defaultmethoden	303

II Bausteine stabiler Java-Applikationen — 323

6	Das Collections-Framework	325
7	Bulk Operations on Collections	439
8	Applikationsbausteine	479
9	Multithreading	539
10	Fortgeschrittene Java-Themen	621
11	Datumsverarbeitung seit JDK 8	687
12	GUIs mit JavaFX	711
13	Basiswissen Internationalisierung	779

III Neuerungen in Java 9 — 821

14 Ergänzungen in Java 9 823

15 Modularisierung mit Project Jigsaw 853

IV Fallstricke und Lösungen im Praxisalltag — 907

16 Bad Smells 909

17 Refactorings 985

18 Entwurfsmuster 1055

V Qualitätssicherungsmaßnahmen — 1131

19 Programmierstil und Coding Conventions 1133

20 Unit Tests 1175

21 Codereviews 1275

22 Optimierungen 1283

23 Schlussgedanken 1355

VI Anhang — 1357

A Grundlagen zur Java Virtual Machine 1359

Literaturverzeichnis 1363

Index 1367

Inhaltsverzeichnis

1	**Einleitung**		**1**
1.1	Über dieses Buch		1
	1.1.1	Motivation	1
	1.1.2	Was leistet dieses Buch und was nicht?	2
	1.1.3	Wie und was soll mithilfe des Buchs gelernt werden?	2
	1.1.4	Wer sollte dieses Buch lesen?	4
1.2	Aufbau des Buchs		4
1.3	Konventionen und ausführbare Programme		6

I   Java-Grundlagen, Analyse und Design — 11

2	**Professionelle Arbeitsumgebung**		**13**
2.1	Vorteile von IDEs am Beispiel von Eclipse		14
2.2	Projektorganisation		16
	2.2.1	Projektstruktur in Eclipse	16
	2.2.2	Projektstruktur für Maven und Gradle	18
2.3	Einsatz von Versionsverwaltungen		20
	2.3.1	Arbeiten mit zentralen Versionsverwaltungen	23
	2.3.2	Dezentrale Versionsverwaltungen	28
	2.3.3	VCS und DVCS im Vergleich	34
2.4	Einsatz eines Unit-Test-Frameworks		37
	2.4.1	Das JUnit-Framework	37
	2.4.2	Vorteile von Unit Tests	42
2.5	Debugging		43
	2.5.1	Fehlersuche mit einem Debugger	45
	2.5.2	Remote Debugging	47
2.6	Deployment von Java-Applikationen		52
	2.6.1	Das JAR-Tool im Kurzüberblick	54
	2.6.2	JAR inspizieren und ändern, Inhalt extrahieren	55
	2.6.3	Metainformationen und das Manifest	56
	2.6.4	Inspizieren einer JAR-Datei	59

2.7		Einsatz eines IDE-unabhängigen Build-Prozesses	61
	2.7.1	Maven im Überblick	64
	2.7.2	Builds mit Gradle	69
	2.7.3	Vorteile von Maven und Gradle	82
2.8		Weiterführende Literatur	83
3	**Objektorientiertes Design**		**85**
3.1		OO-Grundlagen	86
	3.1.1	Grundbegriffe	86
	3.1.2	Beispielentwurf: Ein Zähler	98
	3.1.3	Vom imperativen zum objektorientierten Entwurf	106
	3.1.4	Diskussion der OO-Grundgedanken	111
	3.1.5	Wissenswertes zum Objektzustand	114
3.2		Grundlegende OO-Techniken	123
	3.2.1	Schnittstellen (Interfaces)	123
	3.2.2	Basisklassen und abstrakte Basisklassen	128
	3.2.3	Interfaces und abstrakte Basisklassen	130
3.3		Wissenswertes zu Vererbung	132
	3.3.1	Probleme durch Vererbung	132
	3.3.2	Delegation statt Vererbung	138
3.4		Fortgeschrittenere OO-Techniken	142
	3.4.1	Read-only-Interface	142
	3.4.2	Immutable-Klasse	148
	3.4.3	Marker-Interface	153
	3.4.4	Konstantensammlungen und Aufzählungen	154
	3.4.5	Value Object (Data Transfer Object)	160
3.5		Prinzipien guten OO-Designs	162
	3.5.1	Geheimnisprinzip nach Parnas	163
	3.5.2	Law of Demeter	163
	3.5.3	SOLID-Prinzipien	166
3.6		Formen der Varianz	179
	3.6.1	Grundlagen der Varianz	179
	3.6.2	Kovariante Rückgabewerte	183
3.7		Generische Typen (Generics)	185
	3.7.1	Einführung	185
	3.7.2	Generics und Auswirkungen der Type Erasure	190
3.8		Weiterführende Literatur	198
4	**Java-Grundlagen**		**199**
4.1		Die Klasse `Object`	199
	4.1.1	Die Methode `toString()`	201
	4.1.2	Die Methode `equals()`	205
4.2		Primitive Typen und Wrapper-Klassen	217

	4.2.1	Grundlagen	218
	4.2.2	Konvertierung von Werten	225
	4.2.3	Wissenswertes zu Auto-Boxing und Auto-Unboxing	228
	4.2.4	Ausgabe und Verarbeitung von Zahlen	231
4.3		Stringverarbeitung	234
	4.3.1	Die Klasse `String`	235
	4.3.2	Die Klassen `StringBuffer` und `StringBuilder`	239
	4.3.3	Ausgaben mit `format()` und `printf()`	243
	4.3.4	Die Methode `split()` und reguläre Ausdrücke	244
4.4		Datumsverarbeitung	249
	4.4.1	Fallstricke der Datums-APIs	249
	4.4.2	Das `Date`-API	251
	4.4.3	Das `Calendar`-API	253
4.5		Varianten innerer Klassen	255
4.6		Ein- und Ausgabe (I/O)	259
	4.6.1	Dateibehandlung und die Klasse `File`	259
	4.6.2	Ein- und Ausgabestreams im Überblick	264
	4.6.3	Zeichencodierungen bei der Ein- und Ausgabe	267
	4.6.4	Speichern und Laden von Daten und Objekten	269
	4.6.5	Dateiverarbeitung in JDK 7	277
	4.6.6	Erweiterungen im NIO und der Klasse `Files` in JDK 8	279
4.7		Fehlerbehandlung	281
	4.7.1	Einstieg in die Fehlerbehandlung	281
	4.7.2	Checked Exceptions und Unchecked Exceptions	287
	4.7.3	Exception Handling und Ressourcenfreigabe	288
	4.7.4	Besonderheiten beim Exception Handling mit JDK 7	294
	4.7.5	Assertions	298
4.8		Weiterführende Literatur	301
5		**Lambdas, Methodenreferenzen und Defaultmethoden**	**303**
5.1		Einstieg in Lambdas	303
	5.1.1	Syntax von Lambdas	303
	5.1.2	Functional Interfaces und SAM-Typen	304
	5.1.3	Exceptions in Lambdas	308
5.2		Syntaxerweiterungen in Interfaces	312
	5.2.1	Defaultmethoden	313
	5.2.2	Statische Methoden in Interfaces	315
5.3		Methodenreferenzen	317
5.4		Externe vs. interne Iteration	318
5.5		Wichtige Functional Interfaces für Collections	319
	5.5.1	Das Interface `Predicate<T>`	319
	5.5.2	Das Interface `UnaryOperator<T>`	321
	5.5.3	Fazit	322

II Bausteine stabiler Java-Applikationen   323

6   Das Collections-Framework **325**
6.1   Datenstrukturen und Containerklasse 325
    6.1.1   Wahl einer geeigneten Datenstruktur 326
    6.1.2   Arrays 328
    6.1.3   Das Interface `Collection` 331
    6.1.4   Das Interface `Iterator` 333
    6.1.5   Listen und das Interface `List` 336
    6.1.6   Mengen und das Interface `Set` 344
    6.1.7   Grundlagen von hashbasierten Containern 349
    6.1.8   Grundlagen automatisch sortierender Container 358
    6.1.9   Die Methoden `equals()`, `hashCode()` und `compareTo()` im Zusammenspiel 366
    6.1.10 Schlüssel-Wert-Abbildungen und das Interface `Map` 368
    6.1.11 Erweiterungen am Beispiel der Klasse `HashMap` 376
    6.1.12 Erweiterungen im Interface `Map` mit JDK 8 380
    6.1.13 Entscheidungshilfe zur Wahl von Datenstrukturen 384
6.2   Suchen und Sortieren 385
    6.2.1   Suchen 385
    6.2.2   Sortieren von Arrays und Listen 389
    6.2.3   Sortieren mit Komparatoren 391
    6.2.4   Erweiterungen im Interface `Comparator` mit JDK 8 .. 393
6.3   Utility-Klassen und Hilfsmethoden 398
    6.3.1   Nützliche Hilfsmethoden 398
    6.3.2   Dekorierer `synchronized`, `unmodifiable` und `checked` 401
    6.3.3   Vordefinierte Algorithmen in der Klasse `Collections` .. 406
6.4   Containerklassen: Generics und Varianz 408
6.5   Die Klasse `Optional` 422
    6.5.1   Grundlagen zur Klasse `Optional` 422
    6.5.2   Weiterführendes Beispiel und Diskussion 425
    6.5.3   Verkettete Methodenaufrufe 428
6.6   Fallstricke im Collections-Framework 429
    6.6.1   Wissenswertes zu Arrays 429
    6.6.2   Wissenswertes zu `Stack`, `Queue` und `Deque` 433
6.7   Weiterführende Literatur 436

7   Bulk Operations on Collections **439**
7.1   Streams 439
    7.1.1   Streams erzeugen – Create Operations 440
    7.1.2   Intermediate und Terminal Operations im Überblick .. 442
    7.1.3   Zustandslose Intermediate Operations 444
    7.1.4   Zustandsbehaftete Intermediate Operations 451

		7.1.5	Terminal Operations	452
		7.1.6	Wissenswertes zur Parallelverarbeitung	460
	7.2	Filter-Map-Reduce		466
		7.2.1	Herkömmliche Realisierung	466
		7.2.2	Filter-Map-Reduce mit JDK 8	468
	7.3	Praxisbeispiele		471
		7.3.1	Aufbereiten von Gruppierungen und Histogrammen......	471
		7.3.2	Maps nach Wert sortieren	472
		7.3.3	Verarbeitung von ZIP-Dateien	476

8		**Applikationsbausteine**		**479**
8.1		Einsatz von Bibliotheken		480
8.2		Google Guava im Kurzüberblick		483
		8.2.1	String-Aktionen	485
		8.2.2	Stringkonkatenation und -extraktion	486
		8.2.3	Erweiterungen für Collections	490
		8.2.4	Weitere Utility-Funktionalitäten	494
8.3		Wertebereichs- und Parameterprüfungen		500
		8.3.1	Prüfung einfacher Wertebereiche und Wertemengen.....	501
		8.3.2	Prüfung komplexerer Wertebereiche	503
8.4		Logging-Frameworks		507
		8.4.1	Apache log4j2	507
		8.4.2	Tipps und Tricks zum Einsatz von Logging mit log4j2 ...	512
8.5		Konfigurationsparameter und -dateien		516
		8.5.1	Einlesen von Kommandozeilenparametern	516
		8.5.2	Verarbeitung von Properties	524
		8.5.3	Die Klasse `Preferences`..................................	531
		8.5.4	Weitere Möglichkeiten zur Konfigurationsverwaltung	533

9		**Multithreading**		**539**
9.1		Threads und Runnables.......................................		541
		9.1.1	Definition der auszuführenden Aufgabe	541
		9.1.2	Start, Ausführung und Ende von Threads..............	542
		9.1.3	Lebenszyklus von Threads und Thread-Zustände	546
		9.1.4	Unterbrechungswünsche durch Aufruf von `interrupt()`	549
9.2		Zusammenarbeit von Threads		552
		9.2.1	Konkurrierende Datenzugriffe	552
		9.2.2	Locks, Monitore und kritische Bereiche...............	553
		9.2.3	Deadlocks und Starvation	560
		9.2.4	Kritische Bereiche und das Interface `Lock`	562

9.3 Kommunikation von Threads ... 564
9.3.1 Kommunikation mit Synchronisation ... 564
9.3.2 Kommunikation über die Methoden `wait()`, `notify()` und `notifyAll()` ... 567
9.3.3 Abstimmung von Threads ... 574
9.3.4 Unerwartete `IllegalMonitorStateException`s ... 577
9.4 Das Java-Memory-Modell ... 578
9.4.1 Sichtbarkeit ... 579
9.4.2 Atomarität ... 579
9.4.3 Reorderings ... 581
9.5 Besonderheiten bei Threads ... 585
9.5.1 Verschiedene Arten von Threads ... 585
9.5.2 Exceptions in Threads ... 586
9.5.3 Sicheres Beenden von Threads ... 587
9.5.4 Zeitgesteuerte Ausführung ... 591
9.6 Die Concurrency Utilities ... 595
9.6.1 Concurrent Collections ... 596
9.6.2 Das Executor-Framework ... 602
9.6.3 Das Fork-Join-Framework ... 613
9.6.4 Erweiterungen im Bereich Concurrency mit JDK 8 ... 615
9.7 Weiterführende Literatur ... 619

10 Fortgeschrittene Java-Themen ... 621
10.1 Crashkurs Reflection ... 621
10.1.1 Grundlagen ... 623
10.1.2 Zugriff auf Methoden und Attribute ... 626
10.1.3 Spezialfälle ... 631
10.1.4 Type Erasure und Typinformationen bei Generics ... 634
10.2 Annotations ... 636
10.2.1 Einführung in Annotations ... 637
10.2.2 Standard-Annotations des JDKs ... 638
10.2.3 Definition eigener Annotations ... 640
10.2.4 Annotation zur Laufzeit auslesen ... 643
10.3 Serialisierung ... 644
10.3.1 Grundlagen der Serialisierung ... 645
10.3.2 Die Serialisierung anpassen ... 650
10.3.3 Versionsverwaltung der Serialisierung ... 653
10.3.4 Optimierung der Serialisierung ... 657
10.4 Garbage Collection ... 662
10.4.1 Grundlagen zur Garbage Collection ... 662
10.4.2 Herkömmliche Algorithmen zur Garbage Collection ... 666
10.4.3 Einflussfaktoren auf die Garbage Collection ... 668
10.4.4 Der Garbage Collector »G1« ... 670

		10.4.5	Memory Leaks: Gibt es die auch in Java?!	670
10.5	Dynamic Proxies			673
	10.5.1	Statischer Proxy		675
	10.5.2	Dynamischer Proxy		677
10.6	»Nashorn« – die JavaScript-Engine			682
10.7	Weiterführende Literatur			685

11 Datumsverarbeitung seit JDK 8 ... 687

11.1	Überblick über die neu eingeführten Typen	687
	11.1.1 Neue Aufzählungen, Klassen und Interfaces	688
	11.1.2 Die Aufzählungen `DayOfWeek` und `Month`	690
	11.1.3 Die Klassen `MonthDay`, `YearMonth` und `Year`	690
	11.1.4 Die Klasse `Instant`	691
	11.1.5 Die Klasse `Duration`	692
	11.1.6 Die Aufzählung `ChronoUnit`	695
	11.1.7 Die Klassen `LocalDate`, `LocalTime` und `LocalDateTime`	696
	11.1.8 Die Klasse `Period`	698
	11.1.9 Die Klasse `ZonedDateTime`	699
	11.1.10 Zeitzonen und die Klassen `ZoneId` und `ZoneOffset`	700
	11.1.11 Die Klasse `Clock`	702
	11.1.12 Formatierung und Parsing	704
11.2	Datumsarithmetik	705
11.3	Interoperabilität mit Legacy-Code	709

12 GUIs mit JavaFX ... 711

12.1	Einführung – JavaFX im Überblick	711
	12.1.1 Grundsätzliche Konzepte	711
	12.1.2 Layoutmanagement	715
12.2	Deklarativer Aufbau des GUIs	725
	12.2.1 Deklarative Beschreibung von GUIs	725
	12.2.2 Hello-World-Beispiel mit FXML	725
	12.2.3 Diskussion: Design und Funktionalität strikt trennen	728
12.3	Rich-Client Experience	730
	12.3.1 Gestaltung mit CSS	730
	12.3.2 Effekte	736
	12.3.3 Animationen	738
	12.3.4 Zeichnen in JavaFX-Komponenten	740
12.4	Properties, Bindings und Observable Collections	743
	12.4.1 Properties	743
	12.4.2 Bindings	744
	12.4.3 Observable Collections	748
	12.4.4 Dynamisches Filtern von `ObservableList`	751

12.5	Wichtige Bedienelemente		754
	12.5.1	Dialoge	754
	12.5.2	Formatierte Eingabe in `TextField`s	756
	12.5.3	Die Bedienelemente `ComboBox` und `ListView`	758
	12.5.4	Tabellen und das Bedienelement `TableView`	762
	12.5.5	Das Bedienelement `TreeTableView`	764
	12.5.6	Menüs	769
12.6	Multithreading in JavaFX		770
	12.6.1	Das Interface `Worker`	770
	12.6.2	Die Klasse `Task<V>`	771
12.7	Von Swing zu JavaFX		774
	12.7.1	JavaFX in Swing einbinden	774
	12.7.2	Swing in JavaFX einbinden	776
12.8	Weiterführende Literatur		778
13	**Basiswissen Internationalisierung**		**779**
13.1	Internationalisierung im Überblick		779
	13.1.1	Grundlagen und Normen	780
	13.1.2	Die Klasse `Locale`	781
	13.1.3	Die Klasse `PropertyResourceBundle`	785
	13.1.4	Formatierte Ein- und Ausgabe	788
	13.1.5	Zahlen und die Klasse `NumberFormat`	789
	13.1.6	Datumswerte und die Klasse `DateFormat`	792
	13.1.7	Textmeldungen und die Klasse `MessageFormat`	797
	13.1.8	Stringvergleiche mit der Klasse `Collator`	799
13.2	Programmbausteine zur Internationalisierung		804
	13.2.1	Unterstützung mehrerer Datumsformate	805
	13.2.2	Nutzung mehrerer Sprachdateien	810

III Neuerungen in Java 9 — 821

14	**Ergänzungen in Java 9**		**823**
14.1	Syntaxerweiterungen		823
	14.1.1	Anonyme innere Klassen und der Diamond Operator	823
	14.1.2	Erweiterung der `@Deprecated`-Annotation	823
	14.1.3	Private Methoden in Interfaces	824
14.2	Neues und Änderungen im JDK		826
	14.2.1	Das neue Process-API	826
	14.2.2	Neuerungen im Stream-API	830
	14.2.3	Erweiterungen rund um die Klasse `Optional`	833
	14.2.4	Erweiterungen in der Klasse `InputStream`	839
	14.2.5	Erweiterungen in der Klasse `Objects`	840

	14.2.6	Erweiterungen in der Klasse `CompletableFuture`	841
	14.2.7	Collection-Factory-Methoden	843
14.3	Änderungen in der JVM		845
	14.3.1	Garbage Collection	845
	14.3.2	Browser-Plugin ist deprecated	847
	14.3.3	Änderung des Versionsschemas	847
	14.3.4	HTML5 Javadoc	848
	14.3.5	Java + REPL => `jshell`	849
14.4	Fazit		851

15 Modularisierung mit Project Jigsaw ... 853

15.1	Grundlagen		854
	15.1.1	Begrifflichkeiten	854
	15.1.2	Ziele von Project Jigsaw	855
15.2	Modularisierung im Überblick		856
	15.2.1	Grundlagen zu Project Jigsaw	856
	15.2.2	Beispiel mit zwei Modulen	863
	15.2.3	Packaging	872
	15.2.4	Linking	874
	15.2.5	Abhängigkeiten und Modulgraphen	877
	15.2.6	Module des JDKs einbinden	879
	15.2.7	Arten von Modulen	886
15.3	Sichtbarkeiten und Zugriffsschutz		887
	15.3.1	Sichtbarkeiten	887
	15.3.2	Zugriffsschutz und Reflection	889
15.4	Kompatibilität und Migration		891
	15.4.1	Kompatibilitätsmodus	892
	15.4.2	Migrationsszenarien	894
	15.4.3	Fallstrick bei der Bottom-up-Migration	898
	15.4.4	Beispiel: Migration mit Automatic Modules	900
	15.4.5	Beispiel: Automatic und Unnamed Module	902
	15.4.6	Mögliche Schwierigkeiten bei Migrationen	904
	15.4.7	Fazit	905
15.5	Zusammenfassung		905

IV Fallstricke und Lösungen im Praxisalltag — 907

16 Bad Smells ... 909

16.1	Programmdesign		911
	16.1.1	Bad Smell: Verwenden von Magic Numbers	911
	16.1.2	Bad Smell: Konstanten in Interfaces definieren	912

16.1.3 Bad Smell: Zusammengehörende Konstanten nicht als Typ definiert 914
16.1.4 Bad Smell: Programmcode im Logging-Code 916
16.1.5 Bad Smell: Dominanter Logging-Code 917
16.1.6 Bad Smell: Unvollständige Betrachtung aller Alternativen . 919
16.1.7 Bad Smell: Unvollständige Änderungen nach Copy-Paste 920
16.1.8 Bad Smell: Casts auf unbekannte Subtypen 922
16.1.9 Bad Smell: Pre-/Post-Increment in komplexeren Statements 923
16.1.10 Bad Smell: Keine Klammern um Blöcke 925
16.1.11 Bad Smell: Mehrere aufeinanderfolgende Parameter gleichen Typs 927
16.1.12 Bad Smell: Grundloser Einsatz von Reflection 928
16.1.13 Bad Smell: `System.exit()` mitten im Programm 930
16.1.14 Bad Smell: Variablendeklaration nicht im kleinstmöglichen Sichtbarkeitsbereich 931
16.2 Klassendesign 933
16.2.1 Bad Smell: Unnötigerweise veränderliche Attribute 933
16.2.2 Bad Smell: Herausgabe von `this` im Konstruktor 935
16.2.3 Bad Smell: Aufruf abstrakter Methoden im Konstruktor ... 937
16.2.4 Bad Smell: Referenzierung von Subklassen in Basisklassen 941
16.2.5 Bad Smell: Mix abstrakter und konkreter Basisklassen ... 943
16.2.6 Bad Smell: Öffentlicher Defaultkonstruktor lediglich zum Zugriff auf Hilfsmethoden............................. 945
16.3 Fehlerbehandlung und Exception Handling 947
16.3.1 Bad Smell: Unbehandelte Exception 947
16.3.2 Bad Smell: Unpassender Exception-Typ................ 948
16.3.3 Bad Smell: Exceptions zur Steuerung des Kontrollflusses 950
16.3.4 Bad Smell: Fangen der allgemeinsten Exception 951
16.3.5 Bad Smell: Rückgabe von `null` statt Exception im Fehlerfall 953
16.3.6 Bad Smell: Unbedachte Rückgabe von `null` 954
16.3.7 Bad Smell: Sonderbehandlung von Randfällen 957
16.3.8 Bad Smell: Keine Gültigkeitsprüfung von Eingabeparametern 958
16.3.9 Bad Smell: Fehlerhafte Fehlerbehandlung 960
16.3.10 Bad Smell: I/O ohne `finally` oder ARM 962
16.3.11 Bad Smell: Resource Leaks durch Exceptions im Konstruktor 964
16.4 Häufige Fallstricke.. 968
16.5 Weiterführende Literatur 983

17	**Refactorings**	**985**
17.1	Refactorings am Beispiel	986
17.2	Das Standardvorgehen	994
17.3	Kombination von Basis-Refactorings	997
	17.3.1 Refactoring-Beispiel: Ausgangslage und Ziel	997
	17.3.2 Auflösen der Abhängigkeiten	999
	17.3.3 Vereinfachungen	1006
	17.3.4 Verlagern von Funktionalität	1010
17.4	Der Refactoring-Katalog	1011
	17.4.1 Reduziere die Sichtbarkeit von Attributen	1011
	17.4.2 Minimiere veränderliche Attribute	1014
	17.4.3 Reduziere die Sichtbarkeit von Methoden	1018
	17.4.4 Ersetze Mutator- durch Business-Methode	1020
	17.4.5 Minimiere Zustandsänderungen	1021
	17.4.6 Führe ein Interface ein	1021
	17.4.7 Spalte ein Interface auf	1022
	17.4.8 Führe ein Read-only-Interface ein	1023
	17.4.9 Führe ein Read-Write-Interface ein	1023
	17.4.10 Lagere Funktionalität in Hilfsmethoden aus	1024
	17.4.11 Trenne Informationsbeschaffung und -verarbeitung	1026
	17.4.12 Wandle Konstantensammlung in `enum` um	1033
	17.4.13 Entferne Exceptions zur Steuerung des Kontrollflusses	1036
	17.4.14 Wandle in Utility-Klasse mit statischen Hilfsmethoden um	1038
	17.4.15 Löse `if-else` / `instanceof` durch Polymorphie auf	1042
17.5	Defensives Programmieren	1045
	17.5.1 Führe eine Zustandsprüfung ein	1045
	17.5.2 Überprüfe Eingabeparameter	1046
17.6	Fallstricke bei Refactorings	1051
17.7	Weiterführende Literatur	1053
18	**Entwurfsmuster**	**1055**
18.1	Erzeugungsmuster	1058
	18.1.1 Erzeugungsmethode	1058
	18.1.2 Fabrikmethode (Factory method)	1061
	18.1.3 Erbauer (Builder)	1064
	18.1.4 Singleton	1067
	18.1.5 Prototyp (Prototype)	1072
18.2	Strukturmuster	1076
	18.2.1 Fassade (Façade)	1076
	18.2.2 Adapter	1078
	18.2.3 Dekorierer (Decorator)	1080
	18.2.4 Kompositum (Composite)	1084

18.3	Verhaltensmuster		1088
	18.3.1	Iterator	1088
	18.3.2	Null-Objekt (Null Object)	1090
	18.3.3	Schablonenmethode (Template method)	1093
	18.3.4	Strategie (Strategy)	1097
	18.3.5	Befehl (Command)	1109
	18.3.6	Proxy	1116
	18.3.7	Beobachter (Observer)	1118
	18.3.8	MVC-Architektur	1127
18.4	Weiterführende Literatur		1129

V Qualitätssicherungsmaßnahmen — 1131

19	**Programmierstil und Coding Conventions**		**1133**
19.1	Grundregeln eines guten Programmierstils		1133
	19.1.1	Keep It Human-Readable	1134
	19.1.2	Keep It Simple And Short (KISS)	1134
	19.1.3	Keep It Natural	1134
	19.1.4	Keep It Clean	1135
19.2	Die Psychologie beim Sourcecode-Layout		1135
	19.2.1	Gesetz der Ähnlichkeit	1135
	19.2.2	Gesetz der Nähe	1137
19.3	Coding Conventions		1138
	19.3.1	Grundlegende Namens- und Formatierungsregeln	1139
	19.3.2	Namensgebung	1142
	19.3.3	Dokumentation	1145
	19.3.4	Programmdesign	1147
	19.3.5	Klassendesign	1152
	19.3.6	Parameterlisten	1155
	19.3.7	Logik und Kontrollfluss	1157
19.4	Sourcecode-Prüfung mit Tools		1159
	19.4.1	Metriken	1161
	19.4.2	Sourcecode-Prüfung im Build-Prozess	1165
20	**Unit Tests**		**1175**
20.1	Testen im Überblick		1175
	20.1.1	Was versteht man unter Testen?	1175
	20.1.2	Testarten im Überblick	1176
	20.1.3	Zuständigkeiten beim Testen	1179
	20.1.4	Testen und Qualität	1181

20.2	Wissenswertes zu Testfällen		1185
	20.2.1	Testfälle mit JUnit 4 definieren	1185
	20.2.2	Problem der Kombinatorik	1193
20.3	Motivation für Unit Tests aus der Praxis		1197
20.4	JUnit Rules und parametrierte Tests		1206
	20.4.1	JUnit Rules im Überblick	1206
	20.4.2	Parametrierte Tests	1210
20.5	Fortgeschrittene Unit-Test-Techniken		1215
	20.5.1	Stellvertreterobjekte / Test-Doubles	1218
	20.5.2	Vorarbeiten für das Testen mit Stubs und Mocks	1222
	20.5.3	Die Technik EXTRACT AND OVERRIDE	1224
	20.5.4	Einstieg in das Testen mit Mocks und Mockito	1231
	20.5.5	Abhängigkeiten mit Mockito auflösen	1239
	20.5.6	Unit Tests von privaten Methoden	1242
20.6	Unit Tests mit Threads und Timing		1244
	20.6.1	Funktionale Erweiterung: Aggregation und Versand	1244
	20.6.2	Test der Aggregation und des Versands	1246
	20.6.3	Test des nebenläufigen Versands	1249
20.7	Test Smells		1251
20.8	Nützliche Tools für Unit Tests		1256
	20.8.1	Hamcrest	1256
	20.8.2	MoreUnit	1262
	20.8.3	Infinitest	1262
	20.8.4	JaCoCo	1263
	20.8.5	EclEmma	1266
20.9	Ausblick auf JUnit 5		1268
	20.9.1	Einführendes Beispiel	1268
	20.9.2	Wichtige Neuerungen in JUnit 5 im Überblick	1269
20.10	Weiterführende Literatur		1273

21	**Codereviews**		**1275**
21.1	Definition		1275
21.2	Probleme und Tipps zur Durchführung		1277
21.3	Vorteile von Codereviews		1279
21.4	Codereview-Checkliste		1282

22	**Optimierungen**		**1283**
22.1	Grundlagen		1284
	22.1.1	Optimierungsebenen und Einflussfaktoren	1285
	22.1.2	Optimierungstechniken	1286
	22.1.3	CPU-bound-Optimierungsebenen am Beispiel	1288
	22.1.4	Messungen – Erkennen kritischer Bereiche	1292
	22.1.5	Abschätzungen mit der O-Notation	1299

22.2 Einsatz geeigneter Datenstrukturen 1302
    22.2.1 Einfluss von Arrays und Listen 1303
    22.2.2 Optimierungen für Set und Map 1307
    22.2.3 Design eines Zugriffsinterface 1309
22.3 Lazy Initialization 1312
    22.3.1 Lazy Initialization am Beispiel 1312
    22.3.2 Konsequenzen des Einsatzes der Lazy Initialization 1315
    22.3.3 Lazy Initialization mithilfe des PROXY-Musters 1317
22.4 Optimierungen am Beispiel 1320
22.5 I/O-bound-Optimierungen 1327
    22.5.1 Technik – Wahl passender Strategien 1327
    22.5.2 Technik – Caching und Pooling 1331
    22.5.3 Technik – Vermeidung unnötiger Aktionen 1331
22.6 Memory-bound-Optimierungen 1334
    22.6.1 Technik – Wahl passender Strategien 1334
    22.6.2 Technik – Caching und Pooling 1337
    22.6.3 Optimierungen der Stringverarbeitung 1343
    22.6.4 Technik – Vermeidung unnötiger Aktionen 1345
22.7 CPU-bound-Optimierungen 1348
    22.7.1 Technik – Wahl passender Strategien 1348
    22.7.2 Technik – Caching und Pooling 1350
    22.7.3 Technik – Vermeidung unnötiger Aktionen 1351
22.8 Weiterführende Literatur 1354

23 Schlussgedanken 1355

VI Anhang   1357

A Grundlagen zur Java Virtual Machine 1359
A.1 Wissenswertes rund um die Java Virtual Machine 1359
    A.1.1 Ausführung eines Java-Programms 1359
    A.1.2 Sicherheit und Speicherverwaltung 1360
    A.1.3 Sicherheit und Classloading 1361

Literaturverzeichnis 1363

Index 1367

Vorwort

Vorwort zur 4. Auflage

Sie halten die mittlerweile 4. Auflage dieses Buchs in den Händen. Das wurde nur durch den Zuspruch und das auch nach Jahren anhaltende Interesse für dieses Buch möglich. Somit geht zunächst ein herzlicher Dank an alle Leser der vorherigen Auflagen. Diese vollständig auf Java 8 aktualisierte, überarbeitete und erweiterte 4. Auflage soll Ihnen einen fundierten Einstieg in die professionelle Java-Programmierung ermöglichen und damit Ihren Weg zum Java-Profi erleichtern. Wie schon aus den Vorgängern gewohnt gebe ich immer wieder Tipps aus dem Praxisalltag, weise auf Fallstricke hin und zeige Lösungswege auf. Damit Sie aber am Puls der Zeit sind und schon über Java 9 Bescheid wissen, habe ich den vielfältigen Neuerungen aus Java 9 ein Teil des Buchs gewidmet. Für eine noch umfassendere Behandlung der Thematik verweise ich Sie auf mein Buch »Java 9 – Die Neuerungen« [44].

Änderungen in dieser 4. Auflage

Als Vorbereitung für diese 4. Auflage habe ich das Buch nochmals vollständig gelesen und viele Textpassagen kritisch beleuchtet. Dadurch konnten kleinere Unstimmigkeiten, missverständliche Formulierungen oder Tippfehler erkannt und korrigiert werden. Zudem habe ich die Anregungen und Wünsche von Lesern sowie von Kollegen und Freunden mit meinen Ideen kombiniert. Daraus sind diverse Ergänzungen in den bereits vorhandenen Kapiteln entstanden.

Nachfolgend liste ich wesentliche Änderungen dieser 4. Auflage im Vergleich zum Vorgänger auf – verschiedene Abschnitte aus meinem Buch »Java 8 – Die Neuerungen« [42] wurden an thematisch passenden Stellen in dieses Buch integriert und dazu leicht angepasst. Diese werden hier nicht mehr explizit aufgeführt, sofern sich dort nicht grundlegende Änderungen finden.

- Kapitel 2 »**Professionelle Arbeitsumgebung**« – Der Text wurde leicht überarbeitet und aktualisiert. Im Speziellen behandle ich das Build-Tool Ant in dieser 4. Auflage nicht mehr, da es in der Praxis kaum noch eine Rolle spielt. Zudem wurde die Beschreibung von Gradle auf die im August 2017 aktuelle Version 4.1 angepasst und behandelt kurz einige Besonderheiten von Builds mit Gradle und Java 9.

- Kapitel 4 »**Java-Grundlagen**« – Bei den Java-Grundlagen wurde der Text gestrafft und dabei auch Abschnitte wie derjenige zum `StringTokenizer` entfernt. Dafür wurden einige Neuerungen zur Dateiverarbeitung mit Java 8 ergänzt. Darüber hinaus wurde der Behandlung von Fehlern noch mehr Raum gewidmet.
- Kapitel 6 »**Das Collections-Framework**« – Neben Detailkorrekturen wurden insbesondere die Abschnitte zu `Optional<T>` und verschiedene Neuerungen in den Collection-Interfaces Java 8 ergänzt. Zudem habe ich den Text zu `Optional<T>` überarbeitet und hilfreiche Tipps für die Praxis hinzugefügt. Das gilt auch für die aktualisierte Beschreibung von Komparatoren. Diese fokussiert nun viel stärker auf die Erweiterungen in Java 8.
- Kapitel 7 »**Bulk Operations on Collections**« – In diesem Kapitel finden Sie nun als Ergänzung ein Unterkapitel mit verschiedenen Praxisbeispielen, etwa zur Sortierung von Maps nach Wert.
- Kapitel 8 »**Applikationsbausteine**« – Der Text wurde im Bereich Logging auf das neue log4j2 aktualisiert.
- Kapitel 9 »**Multithreading**« – Dieses Kapitel hat diverse Detailänderungen erfahren, vor allem die Darstellung der Producer-Consumer-Kommunikation zur Zusammenarbeit von Threads wurde umgestaltet und gekürzt. Darüber hinaus habe ich einen Abschnitt zu den Neuerungen aus Java 8, vor allem zur Klasse `CompleteableFuture<V>`, ergänzt.
- Kapitel 10 »**Fortgeschrittene Java-Themen**« – Der Text wurde leicht überarbeitet, insbesondere im Bereich der Garbage Collection. Zudem ist eine Beschreibung zu dynamisch erstellten Proxys hinzugekommen. Auch gebe ich in einem Unterkapitel eine Einführung in die Verarbeitung von JavaScript mithilfe der in Java integrierten JavaScript-Engine.
- Kapitel 12 »**GUIs mit JavaFX**« – Das Kapitel zu grafischen Benutzeroberflächen mit Swing wurde vollständig durch eine Beschreibung von JavaFX ersetzt. In diesem Kapitel erhalten Sie einen Einstieg in JavaFX, etwa zum Layoutmanagement, zu CSS sowie zu Effekten und Animationen. Danach widmen wir uns Themen wie Properties und Data Binding, die wichtig für das Verständnis komplexerer Bedienelemente sind. Davon lernen wir Listen, Tabellen und einige andere kennen. Das Ermitteln von Daten kann länger dauern, daher schauen wir auch auf Multithreading und die nebenläufige Verarbeitung mit der Klasse `Task<V>`. Abgerundet wird dieses Kapitel durch eine Betrachtung von Migrationen von Swing zu JavaFX und wie man Komponenten der jeweils anderen Technologie einbinden kann.
- Kapitel 13 »**Basiswissen Internationalisierung**« – Der Text wurde aktualisiert und verwendet das neue Date and Time API aus Java 8 und für viele Beispiele JavaFX statt Swing als GUI-Technologie.
- Kapitel 16 »**Bad Smells**« – Neben Detailkorrekturen wurden vor allem ein paar Beschreibungen zu Fallstricken ergänzt.

- Kapitel 17 »**Refactorings**« – Auch das Kapitel zu Refactorings hat einen Facelift erfahren. Neu hinzugekommen ist etwa ein Refactoring, um komplexe if-else- bzw. instanceof-Gebilde durch den Einsatz von Polymorphie aufzulösen. Abgerundet wird der Text nun durch eine Beschreibung wie Designprobleme wie Temporal Coupling und Seiteneffekte zu Fallstricken für Refactorings werden.
- Kapitel 19 »**Programmierstil und Coding Conventions**« – Dieses Kapitel enthält Detailkorrekturen. Dabei wurden vor allem die Abschnitte zu den Tools überarbeitet und aktualisiert.
- Kapitel 20 »**Unit Tests**« – Auch hier wurde der Text überarbeitet und umstrukturiert. Vor allem im Bereich von Test-Doubles und Mocking finden sich viele Ergänzungen. Zudem gibt ein Abschnitt einen kurzen Ausblick auf die zukünftig aktuelle Version 5 von JUnit.

Erweiterungen

Hinzugekommen ist ein neuer Teil mit den folgenden zwei Kapiteln zu Java 9:

- Kapitel 14 »**Ergänzungen in Java 9**« – Java 9 bringt diverse Neuerungen in den APIs. Es finden sich aber auch Veränderungen in der Syntax sowie in der JVM. Wichtige Neuerungen werden in diesem Kapitel vorgestellt.
- Kapitel 15 »**Modularisierung mit Project Jigsaw**« – Die größte und vermutlich bedeutendste Neuerung in Java 9 besteht in der Modularisierung. Dieses Kapitel führt zunächst in die Thematik ein und gibt einen Überblick. Anhand von komplexer werdenden Beispielen lernen Sie die Modularisierung, das Packaging und Linking sowie viele weitere Dinge kennen. Für einen Umstieg ist ein Migrationspfad entscheidend. Dazu werden verschiedene Szenarien sowie die dazu relevanten Automatic Modules und das Unnamed Module vorgestellt.

Entfallene Themen

Aus drucktechnischen Gründen musste das Kapitel zur GUI-Programmierung mit Swing aus der Druckvariante des Buchs entfernt werden. Dies steht aber – wie auch einige in früheren Auflagen entfernte Anhänge zu UML und dem Softwareentwicklungsprozess – als PDF auf der Seite des Verlags zum Download bereit.

Danksagung

Ein Fachbuch zu schreiben ist eine schöne, aber arbeitsreiche und langwierige Aufgabe. Alleine kann man dies kaum bewältigen, daher möchte ich mich an dieser Stelle bei allen bedanken, die direkt oder indirekt dazu beigetragen haben.

Bei der Erstellung des Manuskripts konnte ich auf ein starkes Team an Korrekturlesern zurückgreifen, insbesondere diesmal auch auf Michael Kulla, der akribisch gelesen und viele hilfreiche Anmerkungen eingebracht hat. Vielen Dank! Wieder einmal haben mich meine Freunde Merten Driemeyer, Dr. Clemens Gugenberger, Prof. Dr. Carsten Kern und Andreas Schöneck hervorragend unterstützt. Den einen oder anderen Hinweis und Tipp erhielt ich von Jeton Memeti, Marius Reusch und Prof. Dr. Andreas Spillner.

Weil der Java-9-Teil inhaltlich – wenn auch vom Umfang deutlich abgespeckt – weitestgehend meinem Buch »Java 9 – Die Neuerungen« [44] entstammt, danke ich allen dort Beteiligten ebenfalls.

Wie immer geht natürlich auch ein Dankeschön an das Team des dpunkt.verlags (vor allem Dr. Michael Barabas, Martin Wohlrab, Vanessa Wittmer, Miriam Metsch, Nadine Thiele und Birgit Bäuerlein) für die gute Zusammenarbeit. Außerdem möchte ich mich bei Torsten Horn für die fundierte fachliche Durchsicht sowie bei Ursula Zimpfer für ihre Adleraugen beim Copy-Editing bedanken.

Abschließend geht natürlich ein lieber Dank an meine Frau Lilija für ihr Verständnis und ihre Unterstützung. Bei der Erstellung dieser 4. Auflage war ich glücklicherweise weit weniger im Stress als bei den vorherigen Ausgaben.

Anregungen und Kritik

Ich wünsche allen Lesern viel Freude und einige neue Erkenntnisse durch die Lektüre dieser 4. Auflage. Möge Ihnen der »Weg zum Java-Profi« mit meinem Buch ein wenig leichter fallen.

Trotz großer Sorgfalt lassen sich Fehler bei einem so umfangreichen Buch leider nicht vollständig vermeiden. Falls Ihnen ein solcher auffällt oder eine Formulierung missverständlich sein sollte, so zögern Sie bitte nicht, mir dies mitzuteilen. Haben Sie Anregungen, Verbesserungsvorschläge oder fehlt Ihnen noch eine Information? Sie erreichen mich per Mail unter: michael_inden@hotmail.com

Zürich und Aachen, im September 2017
Michael Inden

Danksagung zur 3. Auflage

Ein Fachbuch zu schreiben ist eine schöne, aber arbeitsreiche und langwierige Aufgabe. Alleine kann man dies kaum bewältigen, daher möchte ich mich an dieser Stelle bei allen bedanken, die direkt oder indirekt dazu beigetragen haben.

Bei der Erstellung des Manuskripts konnte ich auf ein starkes Team an Korrekturlesern zurückgreifen, insbesondere diesmal auch auf Benjamin Muschko und Hans Dockter als Experten zu Gradle sowie Hendrik Schreiber, selbst Autor eines Java-Fachbuchs zu Optimierungen. Vielen Dank an euch!

Einige Tipps erhielt ich von Tim Bötzmeyer und Reinhard Pupkes. Auch haben mich folgende Personen hervorragend unterstützt: Merten Driemeyer, Dr. Clemens Gugenberger, Dr. Carsten Kern, Florian Messerschmidt und Andreas Schöneck. Darüber hinaus kamen gute Anmerkungen von verschiedenen Zühlke-Kollegen: Michael Haspra, Jörg Keller, Rick Janda, Franziska Meyer, Sagi Nedunkanal, Joachim Prinzbach und Dr. Christoph Schmitz. Der Java-8-Teil entstammt weitestgehend meinem Buch »Java 8 – Die Neuerungen«. Allen dort Beteiligten danke ich ebenfalls.

Neben den Korrekturlesern möchte ich einen ganz herzlichen Dank an meinen Arbeitgeber Zühlke Engineering AG und insbesondere meinen Chef Wolfgang Giersche für die gewährte freie Zeit zum Finalisieren des Buchs aussprechen. Das war eine große Hilfe in der letzten heißen Phase vor der Abgabe des Manuskripts.

Danksagung zur 2. Auflage

Bei der Erstellung der 2. Auflage konnte ich wieder auf ein starkes Team an Korrekturlesern zurückgreifen. Einige Tipps erhielt ich von Dr. Alexander Kort und Reinhard Pupkes. Auch haben mich folgende Personen hervorragend unterstützt: Stefan Bartels, Tim Bötzmeyer, Rudolf Braun, Andreas Bubolz, Merten Driemeyer, Bernd Eckstein, Dr. Clemens Gugenberger, Peter Kehren, Dr. Carsten Kern, Dr. Iris Rottländer, Roland Schmitt-Hartmann und Andreas Schöneck.

Dabei möchte ich folgende vier Personen herausheben: Stefan Bartels für seine sprachliche Gründlichkeit, Andreas Bubolz für seine Genauigkeit und Dr. Clemens Gugenberger sowie Andreas Schöneck für die ganzen hilfreichen Anregungen.

Danksagung zur 1. Auflage

Zu meiner Zeit bei der Heidelberger Druckmaschinen AG in Kiel ist bei den Vorbereitungen zu Codereviews und der Ausarbeitung von Vorträgen zum ersten Mal der Gedanke an ein solches Buch entstanden. Danke an meine damaligen Kollegen, die an diesen Meetings teilgenommen haben. Als Veranstalter und Vortragender lernt man immer wieder neue Details. Dietrich Mucha und Reinhard Pupkes danke ich für ihre Korrekturen und Anmerkungen, die gemeinsamen Erfahrungen beim Ausarbeiten von Coding Conventions und Codereviews sowie die nette Zeit beim Pair Programming. Die Zusammenarbeit mit Tim Bötzmeyer hat mir viel Freude bereitet. Unsere langen, interessanten Diskussionen über Java und die Fallstricke beim OO-Design haben mir diverse neue Einblicke verschafft.

Auch einige Kollegen bei der IVU Traffic Technologies AG in Aachen haben mich mit Korrekturen und Anregungen unterstützt. Unter anderem danke ich Rudolf Braun, Christian Gehrmann, Peter Kehren, Felix Korb und Roland Schmitt-Hartmann für den einen oder anderen Hinweis und Tipp, um den Text weiter zu verbessern. Mein spezieller Dank gilt Merten Driemeyer, der sich sehr gründlich mit frühen Entwürfen des Manuskripts beschäftigt und mir an diversen Stellen fachliche und sprachliche Tipps gegeben hat. Gleiches gilt für Dr. Iris Rottländer, die sowohl formal als auch inhaltlich an vielen Stellen durch ihre Anmerkungen für eine Verbesserung des Textes gesorgt hat. Auch Dr. Carsten Kern und Andreas Schöneck haben gute Hinweise gegeben und einige verbliebene kleinere Fehler aufgedeckt. Last, but not least haben die Anmerkungen von Dr. Clemens Gugenberger und unsere nachfolgenden Diskussionen einigen Kapiteln den letzten Feinschliff gegeben. Gleiches gilt für Stefan Bartels, der mich immer wieder durch gute Anmerkungen unterstützt und damit zur Verständlichkeit des Textes beigetragen hat. Alle sechs haben mir entscheidend geholfen, inhaltlich für mehr Stringenz und Klarheit zu sorgen. Mein größter Dank geht an Andreas Bubolz, der mich immer wieder unterstützt und enorm viel Zeit und Mühe investiert hat. Als Korrekturleser und Sparringspartner in vielen Diskussionen hat er diverse Unstimmigkeiten im entstehenden Text aufgedeckt.

Einleitung

1 Einleitung

Bevor es mit den Programmierthemen losgeht, möchte ich Ihnen dieses Buch vorstellen. Ich beginne damit, warum dieses Buch entstanden ist und wie es Ihnen hoffentlich helfen kann, ein noch besserer Java-Entwickler zu werden. Danach folgt eine Gliederung des Inhalts, damit Sie sich gut im Buch zurechtfinden.

1.1 Über dieses Buch

1.1.1 Motivation

Mein Ziel war es, ein Buch zu schreiben, wie ich es mir selbst immer als Hilfe gewünscht habe. Die hier vorgestellten Hinweise und Techniken sollen Sie auf Ihrem Weg vom engagierten Hobbyprogrammierer oder Berufseinsteiger zum erfahrenen Softwareentwickler begleiten. Dieser Weg ist ohne Anleitung gewöhnlich steinig und mit einige Mühen, Irrwegen und Problemen verbunden. Einige dieser leidvollen Erfahrungen möchte ich Ihnen ersparen. Aber auch erfahreneren Softwareentwicklern soll dieses Buch die Möglichkeit geben, über die im täglichen Einsatz lieb gewonnenen Gewohnheiten nachzudenken und die eine oder andere davon zu ändern, um die Produktivität weiter zu steigern. Mein Wunsch ist, dass sich nach Lektüre des Buchs für Sie die Ingenieurdisziplin der Softwareentwicklung mit der Kunst des Programmierens verbindet und Dinge auf einmal einfach so auf Anhieb funktionieren. Das ist etwas ganz anderes, als vor jedem Gang in die Testabteilung Magenschmerzen zu bekommen.

Sowohl der Berufseinstieg als auch die tägliche Arbeit können manchmal frustrierend sein. Meiner Meinung nach soll Softwareentwicklung aber Spaß und Freude bereiten, denn nur so können wir exzellente Resultate erzielen. In der Praxis besteht jedoch die Gefahr, in die Fettnäpfchen zu treten, die im Sourcecode hinterlassen wurden. Dies geschieht meistens dadurch, dass die existierende Lösung softwaretechnisch umständlich oder schlecht implementiert ist und/oder nicht bis zu Ende durchdacht wurde. Der Sourcecode ist dann häufig schwierig wart- und erweiterbar. Manchmal bereitet bereits das Auffinden der Stelle, an der man Modifikationen durchführen sollte, Probleme.

Dieses Buch soll aufzeigen, wie man die zuvor beschriebene »Altlasten«-Falle vermeidet oder aus ihr herauskommt und endlich Sourcecode schreiben kann und darf, der leicht zu lesen ist und in dem es Spaß macht, Erweiterungen zu realisieren. Grundlage dafür ist, dass wir uns einen Grundstock an Verhaltensweisen und an Wissen aneignen.

1.1.2 Was leistet dieses Buch und was nicht?

Wieso noch ein Buch über Java-Programmierung? Tatsächlich kann man sich diese Frage stellen, wo es doch unzählige Bücher zu diesem Thema gibt. Viele davon sind einführende Bücher, die häufig nur kurz die APIs anhand simpler Beispiele vorstellen. Die andere große Masse der Java-Literatur beschäftigt sich mit speziellen Themen, die für den »erfahrenen Einsteiger« bereits zu komplex geschrieben und in denen zu wenig erklärt ist. Genau hier setzt dieses Buch an und wagt den Spagat, den Leser nach der Lektüre einführender Bücher abzuholen und so weit zu begleiten, dass er mit einem guten Verständnis die Spezialliteratur lesen und gewinnbringend einsetzen kann.

Ziel dieses Buchs ist es, dem Leser fundierte Kenntnisse in Java und einigen praxisrelevanten Themenbereichen, unter anderem dem Collections-Framework und im Bereich Multithreading, zu vermitteln. Es werden vertiefende Blicke auf die zugrunde liegenden Details geworfen, um nach Lektüre des Buchs professionelle Programme schreiben zu können. Wie bereits angedeutet, bietet dieses Buch keinen Einstieg in die Sprache selbst, sondern es wird einiges an Wissen vorausgesetzt. In den einleitenden Grundlagenkapiteln zu einer professionellen Arbeitsumgebung, über objektorientiertes Design und Java sowie über die funktionale Programmierung mit Lambdas wird allerdings die Basis für das Verständnis der Folgekapitel geschaffen.

In diesem Buch versuche ich, einen lockeren Schreibstil zu verwenden und nur an den Stellen formal zu werden, wo dies wirklich wichtig ist, etwa bei der Einhaltung von Methodenkontrakten. Da der Fokus dieses Buchs auf dem praktischen Nutzen und dem guten Verständnis von Konzepten liegt, werden neben APIs auch häufig vereinfachte Beispiele aus der realen Welt vorgestellt. Die meisten der abgebildeten Listings stehen als kompilierbare und lauffähige Programme auf der Webseite zum Buch zum Download bereit. Im Buch selbst werden aus Platzgründen und zugunsten einer besseren Übersichtlichkeit in der Regel nur die wichtigen Passagen abgedruckt.

1.1.3 Wie und was soll mithilfe des Buchs gelernt werden?

Dieses Buch zeigt und erklärt einige in der Praxis bewährte Ansätze, Vorgehens- und Verhaltensweisen, ohne dabei alle Themengebiete bis in kleinste Detail auszuleuchten. Wichtiges Hintergrundwissen wird jedoch bei Bedarf vermittelt. Es wird der pragmatische Weg gegangen und bevorzugt die in der täglichen Praxis relevanten Themen vorgestellt. Sollte ein Thema bei Ihnen besonderes Interesse wecken und Sie weitere Informationen wünschen, so finden sich in den meisten Kapiteln Hinweise auf weiterführende Literatur. Dies ist im Prinzip auch schon der erste Tipp: **Lesen Sie viele Bücher und schaffen Sie sich damit eine breite Wissensbasis.** Ich zitiere hier aus Jon Bentleys Buch »Perlen der Programmierkunst« [3]: *»Im Stadium des Entwurfsprozesses ist es unschätzbar, die einschlägige Literatur zu kennen.«*

Diesem Hinweis kann ich mich nur anschließen und möchte Ihnen hier speziell einige – meiner Meinung nach – ganz besondere Bücher ans Herz legen und empfehle ausdrücklich, diese Bücher begleitend oder ergänzend zu diesem Buch zu lesen:

- »**SCJP – Sun Certified Programmer & Developer for Java 2**« [72] – Die Vorbereitung zur SCJP-Zertifizierung wird mit all seinen Fallstricken und kniffligen Details auf unterhaltsame Weise von Kathy Sierra und Bert Bates aufbereitet.
- »**The Java Programming Language**« [2] – Ein unglaublich gutes Buch von Ken Arnold, James Gosling und David Holmes über die Sprache Java, das detailreich, präzise und dabei angenehm verständlich zu lesen ist.
- »**Effective Java**« [5] und [6] – Dieses Buch von Joshua Bloch habe ich auf der Java One 2001 in San Francisco gekauft und es hat mein Denken und Programmieren in Java stark beeinflusst. Mittlerweile existiert eine zweite Auflage, die auf JDK 6 aktualisiert wurde.
- »**Entwurfsmuster**« [24] – Das Standardwerk der sogenannten »Gang of Four« (Erich Gamma, Richard Helm, Ralph Johnson und John Vlissides) habe ich 1998 kennengelernt und mit großem Interesse gelesen und gewinnbringend eingesetzt. Die vorgestellten Ideen sind beim Entwurf guter Software enorm hilfreich.
- »**Head First Design Patterns**« [22] – Dieses Buch einer anderen »Gang of Four« (Eric Freeman, Elizabeth Freeman, Kathy Sierra und Bert Bates) lässt Entwurfsmuster als ein unterhaltsames Thema erscheinen und erleichtert den Einstieg.
- »**Refactoring**« [21] – Einige Tricks und Kniffe zur Verbesserung von Sourcecode lernt man von Kollegen oder durch Erfahrung. Martin Fowler fasst dieses Wissen in dem genannten Buch zusammen und stellt ein systematisches Vorgehen zur Sourcecode-Transformation vor.
- »**Refactoring to Patterns**« [47] – Dieses Buch von Joshua Kerievsky verknüpft die Ideen von Refactorings mit denen zu Entwurfsmustern.
- »**Code Craft: The Practice of Writing Excellent Code**« [27] – Ein sehr lesenswertes Buch von Pete Goodlife, das diverse gute Hinweise gibt, wie man exzellenten Sourcecode schreiben kann, der zudem (nahezu) fehlerfrei, gut testbar sowie einfach zu warten ist.

Lesen hilft uns bereits, aber nur durch Übung und Einsatz in der Praxis können wir unsere Fähigkeiten verbessern. Weil ein Buch jedoch nicht interaktiv ist, werde ich bevorzugt eine schrittweise Vorstellung der jeweiligen Themen vornehmen, wobei zum Teil auch bewusst zunächst ein Irrweg gezeigt wird. Anhand der vorgestellten Korrekturen erkennt man dann die Vorteile viel deutlicher, als wenn nur eine reine Präsentation der Lösung erfolgen würde. Mit dieser Darstellungsweise hoffe ich, dass Sie sich ein paar gute Gewohnheiten antrainieren. Das fängt mit scheinbar einfachen Dingen wie der Vergabe von sinnvollen Namen für Variablen, Methoden und Klassen an und endet in der Verwendung von problemangepassten Entwurfsmustern. Anfangs erfordert dies erfahrungsgemäß ein wenig Fleiß, Einarbeitung, Disziplin und eventuell sogar etwas Überwindung. Daher werde ich bei der Vorstellung einer Technik jeweils sowohl auf die Vorteile als auch die Nachteile (wenn vorhanden) eingehen.

1.1.4 Wer sollte dieses Buch lesen?

Dieses Buch konzentriert sich auf Java als Programmiersprache – allerdings benötigen Sie bereits einige Erfahrung mit Java, um die Beispiele sowie die beschriebenen Tücken nachvollziehen zu können und möglichst viel von den Tipps und Tricks in diesem Buch zu profitieren. Wenn Sie dieses Buch in den Händen halten, gehe ich also davon aus, dass Sie sich schon (etwas) mit Java auseinandergesetzt haben.

Das Buch richtet sich im Speziellen an zwei Zielgruppen: Zum einen sind dies engagierte Hobbyprogrammierer, Informatikstudenten oder Berufseinsteiger, die von Anfang an lernen wollen, wie man professionell Software schreibt. Zum anderen sind dies erfahrenere Softwareentwickler, die ihr Wissen in einigen fortgeschritteneren Themen komplettieren wollen und vermehrt Priorität auf sauberes Design legen oder Coding Conventions, Codereviews und Unit-Testen bei der Arbeit etablieren wollen.

Abhängig vom Kenntnisstand zu Beginn der Lektüre starten Entwickler mit Erfahrung bei Teil II oder Teil III des Buchs und können die dort vorgestellten Techniken sofort gewinnbringend in der Praxis einsetzen. Lesern mit noch relativ wenig Erfahrung empfehle ich, den ersten Teil konzentriert und vollständig durchzuarbeiten, um sich eine gute Basis zu verschaffen. Dadurch wird das Verständnis der später vorgestellten Themen erleichtert, denn die nachfolgenden Teile des Buchs setzen die Kenntnis dieser Basis voraus und das Niveau nimmt ständig zu. Ziel ist es, nach Lektüre des Buchs den Einstieg in die professionelle Softwareentwicklung mit Java erreicht zu haben und viele dazu erforderliche Techniken sicher zu beherrschen. Das Buch ist daher mit diversen Praxistipps gespickt, mit denen Sie auf interessante Hintergrundinformationen oder auf mögliche Probleme hingewiesen werden und die wie folgt in den Text integriert sind:

> **Tipp: Praxistipp**
>
> In derart formatierten Kästen finden sich im späteren Verlauf des Buchs immer wieder einige wissenswerte Tipps und ergänzende Hinweise zum eigentlichen Text.

1.2 Aufbau des Buchs

Der Aufbau des Buchs gliedert sich in mehrere Teile. Folgende Aufzählung konkretisiert die dort vorgestellten Themen:

- **Teil I »Java-Grundlagen, Analyse und Design«** – Dieser Teil legt die Grundlagen für einen guten Softwareentwurf, in dem sowohl auf objektorientiertes Design als auch auf eine produktive Arbeitsumgebung mit den richtigen Hilfsmitteln eingegangen wird. Teil I beginnt in Kapitel 2 mit der Vorstellung einer sinnvoll ausgestatteten Arbeitsumgebung, die beim Entwickeln von professionellen Programmen hilft. Anschließend wird in Kapitel 3 das Thema objektorientiertes Design beschrieben. Damit sind die Grundlagen für einen professionellen, objektorientierten Softwareentwurf gelegt und die Vorbereitungen zum Implementieren getroffen.

1.2 Aufbau des Buchs

Kapitel 4 stellt dann grundlegende Java-Sprachelemente vor, die zum Verständnis der Beispiele in den folgenden Kapiteln notwendig sind. Abgerundet wird der erste Teil mit Kapitel 5 durch eine Vorstellung der mit Java 8 eingeführten Lambda-Ausdrücke, die die funktionale Programmierung mit Java ermöglichen.

- **Teil II »Bausteine stabiler Java-Applikationen«** – Der zweite Teil beschäftigt sich mit Komponenten und Bausteinen stabiler Java-Applikationen. Es werden wichtige Kenntnisse fundamentaler Java-APIs vermittelt, aber auch fortgeschrittene Java-Techniken behandelt. Zunächst stellt Kapitel 6 das Thema Collections vor, um eine effiziente Wahl von Datenstrukturen zur Speicherung und Verwaltung von Daten zu ermöglichen. Im Anschluss gehe ich in Kapitel 7 auf Bulk Operation on Collections und das Stream-API als wesentliche Erweiterungen aus Java 8 ein. In Kapitel 8 beschäftigen wir uns mit der Erstellung wiederverwendbarer Softwarebausteine. Es ist wichtig, das Rad nicht immer neu zu erfinden, sondern auf einer stabilen Basis aufzubauen. Ein weiterer wichtiger Baustein beim professionellen Programmieren ist Multithreading. Kapitel 9 gibt eine fundierte Einführung und stellt auch fortgeschrittenere Themen, wie das Java-Memory-Modell und die Parallelverarbeitung mit Thread-Pools, vor. Weitere fortgeschrittenere Themen, etwa Reflection, Annotations und Garbage Collection, werden in Kapitel 10 behandelt. Schließlich schauen wir uns in Kapitel 11 die Verbesserungen bei der Datumsverarbeitung mit dem in Java 8 ergänzten Date and Time API an. Damit besitzen Sie dann schon eine gute Wissensbasis, aber was wären die meisten Programme ohne eine grafische Benutzeroberfläche? Weil das so wichtig ist, geht Kapitel 12 auf dieses Thema detailliert ein. Das Thema Internationalisierung und damit die Besonderheiten, die bei der Unterstützung verschiedener Länder und Sprachen zu beachten sind, werden in Kapitel 13 thematisiert.

- **Teil III »Neuerungen in Java 9«** – In diesem Teil gebe ich in zwei Kapiteln einen Überblick zu Java 9. Kapitel 14 startet mit Erweiterungen in der Syntax. Zudem werden diverse Ergänzungen in verschiedenen APIs vorgestellt. Die umfangreichste und bedeutendste Neuerung ist wohl die Modularisierung: Sowohl das JDK als auch eigene Programme lassen sich damit strukturieren und in Module untergliedern. Kapitel 15 behandelt dieses Themengebiet.

Nach der Lektüre dieser drei Teile sind Sie programmiertechnisch fit und bereit für das Schreiben eigener Anwendungen mit komplexeren Aufgabenstellungen. Auf dem Weg zu guter Software werden Sie aber vermutlich über das eine oder andere Problem stolpern. Wie Sie mögliche Fallstricke erkennen und beheben, ist Thema der folgenden Teile.

- **Teil IV »Fallstricke und Lösungen im Praxisalltag«** – Der vierte Teil beschreibt anhand von Beispielen mögliche Probleme aus dem Praxisalltag und stellt passende Lösungen vor. Auf diese Weise wird ein tieferes Verständnis für einen guten Softwareentwurf erlangt. Kapitel 16 betrachtet zunächst ausführlich mögliche Programmierprobleme, sogenannte »Bad Smells«. Diese werden analysiert und Lösungsmöglichkeiten dazu aufgezeigt. Diverse Umbaumaßnahmen werden in Kapitel 17 als Refactorings vorgestellt. Kapitel 18 rundet diesen Teil mit der Präsentation einiger für den Softwareentwurf wichtiger Lösungsideen, sogenannter Entwurfsmuster, ab. Diese sorgen zum einen dafür, ein Problem auf eine dokumentierte Art zu lösen, und zum anderen, Missverständnisse zu vermeiden, da die Entwickler eine eigene, gemeinsame Designsprache sprechen.

- **Teil V »Qualitätssicherungsmaßnahmen«** – Qualitätssicherung ist für gute Software elementar wichtig und wird in Teil V vorgestellt. In den Bad Smells gewonnene Erkenntnisse werden in Kapitel 19 zu einem Regelwerk beim Programmieren, sogenannten Coding Conventions, zusammengefasst. Um neue Funktionalität und Programmänderungen abzusichern, schreiben wir Unit Tests. Nur durch eine breite Basis an Testfällen haben wir die Sicherheit, Änderungen ohne Nebenwirkungen auszuführen. Kapitel 20 geht detailliert darauf ein. Eine Qualitätskontrolle über Codereviews wird in Kapitel 21 thematisiert. Zu einer guten Qualität gehören aber auch nicht funktionale Anforderungen. Diese betreffen unter anderem die Performance eines Programms. In Kapitel 22 stelle ich daher einige Techniken zur Performance-Steigerung vor.

- **Anhang** – Zum besseren Verständnis der Abläufe beim Ausführen eines Java-Programms stellt Anhang A einige Grundlagen zur Java Virtual Machine vor.

1.3 Konventionen und ausführbare Programme

Verwendete Zeichensätze

Im gesamten Text gelten folgende Konventionen bezüglich der Schriftart: Der normale Text erscheint in der vorliegenden Schriftart. Dabei werden wichtige Textpassagen *kursiv* oder ***kursiv und fett*** markiert. Englische Fachbegriffe werden eingedeutscht groß geschrieben. Zusammensetzungen aus englischen und deutschen (oder eingedeutschten) Begriffen werden mit Bindestrich verbunden, z. B. Plugin-Manager. Namen von Refactorings, Bad Smells, Idiomen sowie Entwurfsmustern u. Ä. werden bei ihrer Verwendung in KAPITÄLCHEN dargestellt. Sourcecode-Listings sind in der Schrift `courier` gesetzt, um zu verdeutlichen, dass dieser Text einen Ausschnitt aus einem realen Java-Programm wiedergibt. Auch im normalen Text werden Klassen, Methoden, Konstanten und Übergabeparameter in dieser Schriftart dargestellt.

1.3 Konventionen und ausführbare Programme

Verwendete Abkürzungen

Im Buch verwende ich die in Tabelle 1-1 aufgelisteten Abkürzungen. Weitere Abkürzungen werden im laufenden Text in Klammern nach ihrer ersten Definition aufgeführt.

Tabelle 1-1 Verwendete Abkürzungen

Abkürzung	Bedeutung
JDK	Java Development Kit
JLS	Java Language Specification
JRE	Java Runtime Environment
JSR	Java Specification Request
JVM	Java Virtual Machine
OO	Objektorientierung
TDD	Test-Driven Development
UML	Unified Modeling Language
API	Application Programming Interface
ASCII	American Standard Code for Information Interchange
GUI/UI	(Graphical) User Interface
IDE	Integrated Development Environment
XML	Extensible Markup Language

Verwendete Java-Umgebungen und -Versionen

Wir werden uns in diesem Buch vorwiegend mit Beispielen aus dem Bereich der Java Standard Edition (Java SE) auseinandersetzen. Davon gibt es verschiedene Versionen. Seit September 2017 ist Version 9 aktuell. Weil aber ein Großteil der kommerziellen Java-Projekte sicher noch einige Monate den Vorgänger JDK 8 (zum Teil sogar JDK 7 oder JDK 6) nutzt, bildet JDK 8 die Grundlage für die Beispiele im Buch – natürlich abgesehen von den Kapiteln zu Java 9 und seinen Neuerungen.

Verwendete Klassen aus dem JDK

Werden Klassen des JDKs zum ersten Mal im Text erwähnt, so wird deren voll qualifizierter Name, d. h. inklusive der Package-Struktur, angegeben: Für die Klasse `String` würde dann etwa `java.lang.String` notiert. Dies erleichtert ein Auffinden im JDK. Im darauffolgenden Text wird zur besseren Lesbarkeit auf diese Angabe verzichtet und nur der Klassenname genannt. Zudem sind aus Platzgründen in den Listings nur selten `import`-Anweisungen abgebildet.

Im Text beschriebene Methodenaufrufe enthalten in der Regel die Typen der Übergabeparameter, etwa `substring(int, int)`. Sind die Parameter in einem Kontext nicht entscheidend, wird auf deren Angabe aus Gründen der besseren Lesbarkeit verzichtet oder aber durch die Zeichenfolge ... abgekürzt.

Download, Sourcecode und ausführbare Programme

Um den Rahmen des Buchs nicht zu sprengen, stellen die abgebildeten Programmlistings häufig nur Ausschnitte aus lauffähigen Programmen dar. Deren Formatierung weicht leicht von den Coding Conventions von Oracle[1] ab. Ich orientiere mich an denjenigen von Scott Ambler[2], der insbesondere (öffnende) Klammern in jeweils eigenen Zeilen vorschlägt. Dazu habe ich ein spezielles Format namens `Michaelis_CodeFormat` erstellt, dessen Anwendung nachfolgend gezeigt ist.

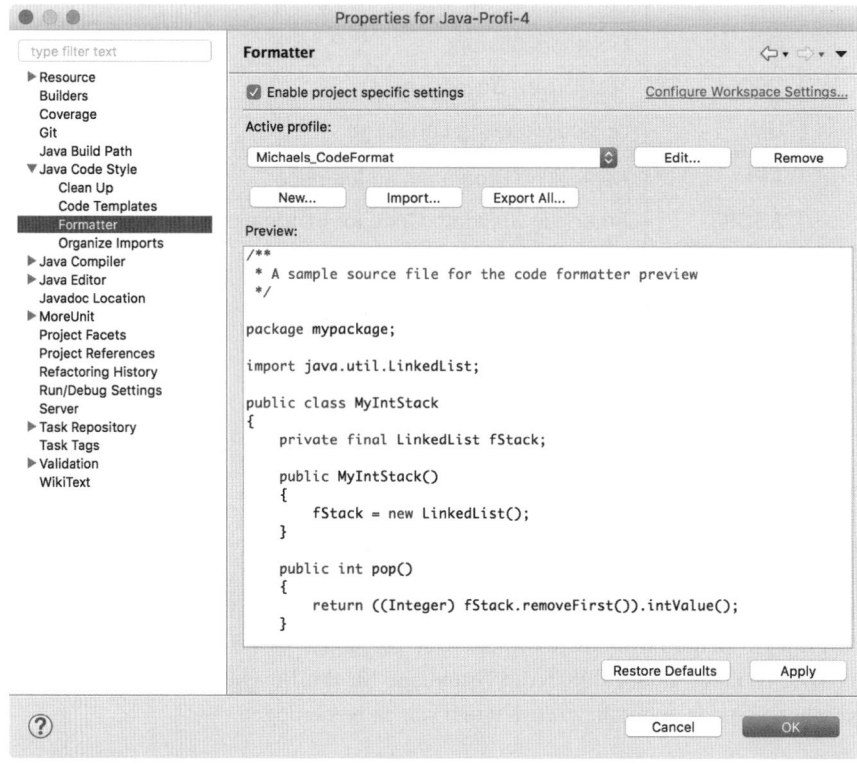

Abbildung 1-1 Konfiguration von Java Code Style –> Formatter

---

[1] http://www.oracle.com/technetwork/java/codeconv-138413.html
[2] http://www.ambysoft.com/essays/javaCodingStandards.html

1.3 Konventionen und ausführbare Programme

Dieser Formatter steht ebenso wie der Sourcecode der Beispiele auf der Webseite `www.dpunkt.de/java-profi` zum Download bereit und ist in ein Eclipse-Projekt integriert. Weil dies ein Buch zum Mitmachen ist, sind viele der Programme mithilfe von Gradle-Tasks (die wir in Kapitel 2 kennenlernen) ausführbar. Deren Name wird in Kapitälchenschrift, etwa LOCALEEXAMPLE, angegeben.

Nacharbeiten nach Projekt-Import Nach dem erstmaligen Import müssen die Abhängigkeiten auf die externen Bibliotheken im Eclipse-Projekt mit dem Kommando `gradle cleanEclipse eclipse` neu initialisiert und auf Ihren Rechner aktualisiert werden.

Einstellungen für JavaFX Leider wird JavaFX immer noch als Restricted API angesehen, wodurch Sie noch folgende Einstellung vornehmen müssen:

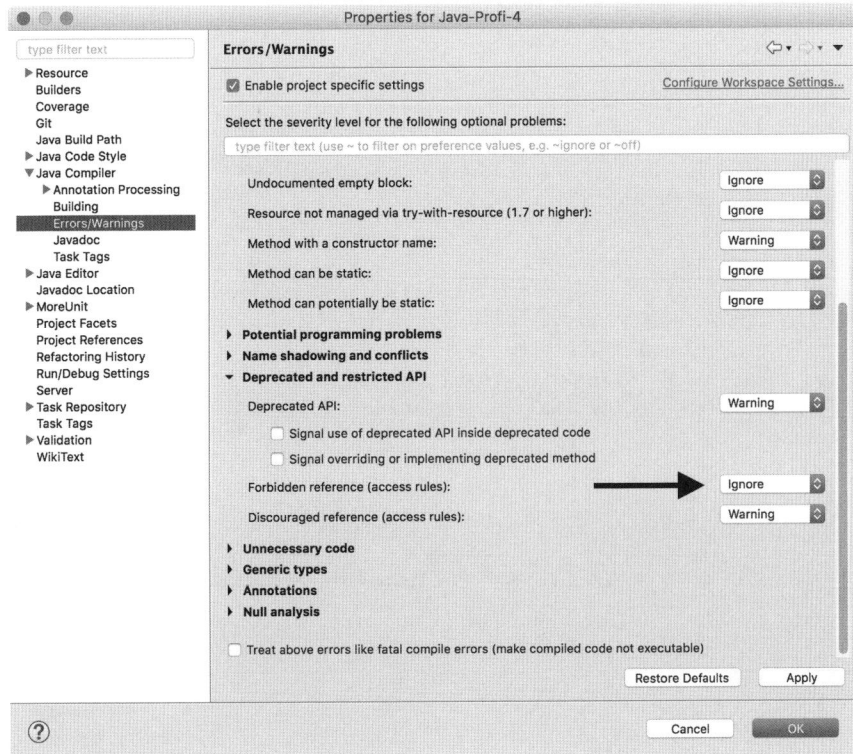

Abbildung 1-2 *Konfiguration für JavaFX*

I Java-Grundlagen, Analyse und Design

2 Professionelle Arbeitsumgebung

Das Bearbeiten von Sourcecode ist eine wichtige und elementare Aufgabe bei der Softwareentwicklung. Genau wie Handwerker benötigen auch wir Softwareentwickler eine gut strukturierte Werkbank (Arbeits-/Entwicklungsumgebung) mit nützlichen Werkzeugen (Tools). In diesem Kapitel werden wir damit beginnen, eine Arbeitsumgebung einzurichten, die sowohl die Arbeit erleichtert als auch Unterstützung beim Testen bietet und dadurch hilft, Fehler zu vermeiden.

Den zentralen Anlaufpunkt der Entwicklung, unsere Steuerzentrale, bildet eine sogenannte integrierte Entwicklungsumgebung, kurz IDE. Ich motiviere in Abschnitt 2.1 den Einsatz einer solchen und nenne drei mögliche Kandidaten, wobei in diesem Buch die Wahl auf die frei verfügbare IDE Eclipse fällt. In Abschnitt 2.2 betrachten wir zwei Vorschläge zur Organisation eines Softwareprojekts, also zur Strukturierung von Sourcecode und anderen Dateien (Bilder, Texte, Testcode usw.). Abschnitt 2.3 beschäftigt sich dann mit dem Thema Versionsverwaltungen. Diese helfen dabei, die Dateien eines Projekts sicher zu speichern und verschiedene Versionen davon abrufen zu können. Dazu werde ich kurz auf zentrale und dezentrale Versionsverwaltungen am Beispiel der Open-Source-Tools CVS, Subversion (SVN) sowie Git und Mercurial eingehen. Die professionelle Softwareentwicklung umfasst neben der Entwicklung und der späteren Auslieferung natürlich zuvor auch das Testen unserer Programme. In Abschnitt 2.4 werfen wir daher einen einführenden Blick auf die Erstellung von Unit Tests mithilfe von JUnit. Selbst wenn wir viele Unit Tests erstellen und unsere Programme sehr gewissenhaft testen, so wird es doch immer mal wieder zu unerklärlichem Programmverhalten oder gar Fehlern kommen. Für solche Fälle ist es zur Fehlersuche sehr wünschenswert und hilfreich, das Programm schrittweise ausführen zu können, es bei Bedarf an einer bestimmten Stelle zu unterbrechen und dann die Wertebelegungen von Attributen überprüfen zu können. Das Ganze ist mithilfe eines sogenannten Debuggers möglich. Eine Einführung in die Thematik bietet Abschnitt 2.5. Ausgewählte lauffähige Stände wollen wir auch an Kunden veröffentlichen. Abschnitt 2.6 gibt einen Überblick über die Auslieferung (Packaging und Deployment) von Java-Programmen. Dazu lernen wir JAR-Dateien (Java Archive) kennen. Abschließend stelle ich die Vorteile eines von der IDE unabhängigen Build-Prozesses (Programme kompilieren, testen, starten, Auslieferungen erzeugen usw.) heraus. In Abschnitt 2.7 beschreibe ich dazu die Build-Tools Maven und insbesondere Gradle. Letzteres wird zur Ausführung aller im Buch vorgestellten Beispielapplikationen genutzt.

2.1 Vorteile von IDEs am Beispiel von Eclipse

Zum Bearbeiten von Sourcecode empfehle ich den Einsatz einer IDE anstelle von Texteditoren. Zwar kann man für kleinere Änderungen auch mal einen Texteditor nutzen, aber dieser bietet nicht die Annehmlichkeiten einer IDE: Dort können Kompiliervorgänge automatisch und im Hintergrund stattfinden, wodurch gewisse Softwaredefekte direkt noch während des Editierens erkannt und in einer To-do-/Task-Liste angezeigt werden können. IDEs analysieren zudem den Sourcecode und bereiten vielfältige Informationen auf. Das erlaubt unter anderem die Anzeige von Ableitungshierarchien und das Auffinden von Klassen über deren Namen. Auch das Verknüpfen der JDK-Klassen mit deren Sourcecode und das Anzeigen zugehöriger Dokumentation sind Vorteile von IDEs. Weiterhin werden automatische Transformationen und Änderungen von Sourcecode, sogenannte *Refactorings*, unterstützt.

Für Java bieten sich verschiedene IDEs an. Sowohl Eclipse als auch NetBeans sind kostenlos. IntelliJ IDEA gibt es als kostenlose Community Edition sowie als kostenpflichtige Ultimate Edition. Alle IDEs haben ihre speziellen Vorzüge. Entscheiden Sie selbst und besuchen Sie dazu folgende Internetadressen:

- www.eclipse.org
- www.jetbrains.com/idea
- www.netbeans.org

Die genannten IDEs lassen sich durch die Integration von Tools, etwa Sourcecode-Checkern, Versionsverwaltungen, XML-Editoren, Datenbank-Tools, Profiling-Tools usw., erweitern. Im folgenden Text werde ich speziell auf Eclipse und entsprechende Tools eingehen. Nach der Lektüre dieses Kapitels haben Sie dann bereits eine Arbeitsumgebung, die professionelles Arbeiten erlaubt. Im Verlauf des Buchs werden thematisch passende, arbeitserleichternde Erweiterungen vorgestellt.

Basiskonfiguration für Eclipse

Zur Fehlervermeidung und Qualitätssicherung empfiehlt es sich, den Sourcecode regelmäßig zu analysieren und dabei die Einhaltung gewisser Regeln und Standards zu forcieren. In einem ersten Schritt kann man dazu auf die in Eclipse integrierte Sourcecode-Prüfung zurückgreifen. Umfangreichere Tests bieten Tools wie Checkstyle, FindBugs und PMD (vgl. Abschnitt 19.4).

Die in Eclipse integrierten Sourcecode-Prüfungen lassen sich im Einstellungsdialog WINDOW –> PREFERENCES konfigurieren. Dort wählen wir im Baum den Eintrag JAVA –> COMPILER –> ERRORS/WARNINGS. In dem zugehörigen Dialog nehmen wir Anpassungen in den Bereichen CODE STYLE, POTENTIAL PROGRAMMING PROBLEMS, UNNECESSARY CODE sowie NULL ANALYSIS vor. Abbildung 2-1 zeigt eine mögliche, sinnvolle Einstellung der Werte im Abschnitt CODE STYLE. Auch in den anderen Sektionen können Sie bei Interesse strengere Auswertungen wählen. Experimentieren Sie ruhig ein wenig mit den Einstellungen.

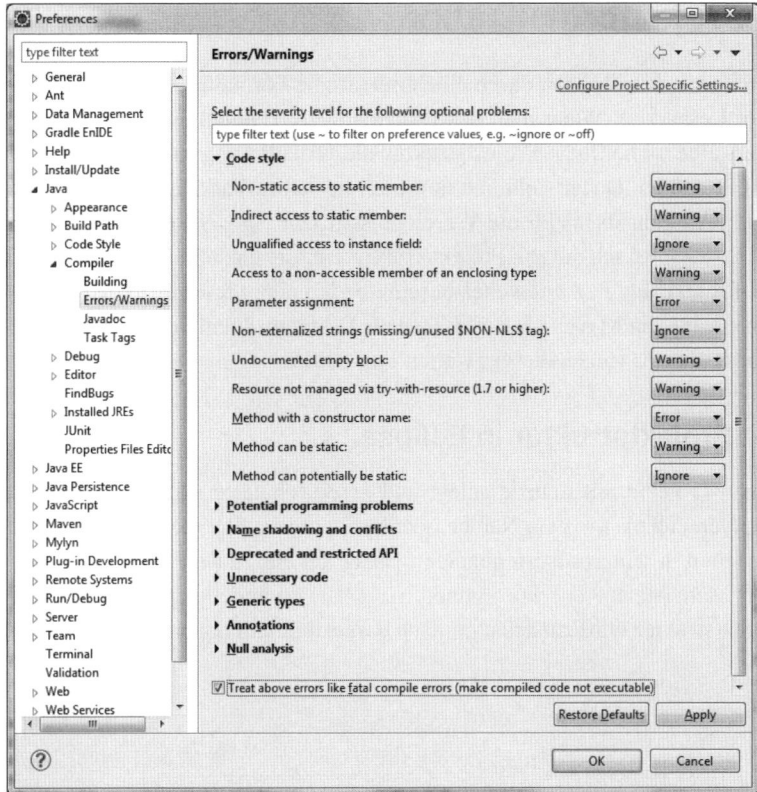

Abbildung 2-1 *Konfiguration von Java –> Compiler –> Errors/Warnings –> Code style*

Code style Methoden, die genauso heißen wie die Klasse selbst, also dadurch sehr leicht mit einem Konstruktor verwechselt werden können, sowie Wertzuweisungen an Parameter werten wir als `Error`. Ein unqualifizierter Zugriff auf Attribute wird ignoriert. Alle anderen Werte setzen wir auf `Warning`.

Potential programming problems Konvertierungen mithilfe von Auto-Boxing und -Unboxing stellen wir auf `Warning`. Eine versehentliche Zuweisung in einer booleschen Bedingung betrachten wir als `Error`. Alle anderen Tests stellen wir auf `Warning`.

Unnecessary code Unnötige `else`-Anweisungen sollen ignoriert werden, da es lediglich eine Stilfrage ist, ob man bei Auswertung einer Bedingung durch das `else` die Behandlung des anderen Zweiges darstellen möchte oder nicht. Die restlichen Tests stellen wir auf `Warning`.

Null analysis Um uns vor Problemen mit unerwarteten `null`-Werten und Zugriffen darauf zu bewahren, stellen wir in dieser Sektion alles mindestens auf `Warning`.

2.2 Projektorganisation

Im Sourcecode erreicht man durch eine einheitliche Formatierung und Namensgebung eine gute Lesbarkeit. Wenn man das Ganze auf die Dateien eines Projekts überträgt, erleichtert eine einheitliche Projektstruktur die Orientierung in fremden (und auch in eigenen) Projekten. Daher stelle ich nun zwei bewährte Varianten vor, die Sie als Vorschlag und Ausgangsbasis für die Verzeichnisstruktur eigener Projekte nutzen können.

Als Erstes gehe ich auf die Projektstruktur ein, die entsteht, wenn man mit Eclipse ein Java-Projekt anlegt. Als Zweites beschreibe ich eine Projektstruktur, die sich durch die Verbreitung von Maven als Build-Tool als De-facto-Standard etabliert hat. Die Beispiele dieses Buchs folgen dieser zweiten Konvention.

2.2.1 Projektstruktur in Eclipse

Wenn man Projekte mit Eclipse anlegt und deren Inhalt verwaltet, so verwendet man ein Hauptverzeichnis mit dem Namen oder Synonym des Projekts. Nahezu alle anderen Daten werden in Unterordnern abgelegt. Lediglich einige (in Eclipse zunächst ausgeblendete) Metadateien (`.project` und `.classpath`) findet man im Hauptverzeichnis. Die Projektstruktur wird zunächst grafisch dargestellt und danach kurz beschrieben:

```
+ <project-root>
|
+---src                          - Sourcecode unserer Applikation
|   +---ui                       - Grafische Oberfläche
|       +---FileDialog.java      - Die Klasse FileDialog
|
+---test                         - Sourcecode der Unit Tests
|   +---ui                       - Tests für die grafische Oberfläche
|       +---FileDialogTest.java  - Tests für die Klasse FileDialog
|
+---lib                          - Externe Klassenbibliotheken (JARs)
|   +---junit_4.11               - Ordner zur Strukturierung
|       +---junit.jar            - Wichtig zum Übersetzen der Unit Tests
|       +---hamcrest-core.jar    - Von JUnit benötigt
|
+---config                       - Konfigurationsdateien
|   +---images                   - Bilder
|   +---texts                    - Sprachressourcen
|
+---docs                         - Dokumentation
+---generated-reports            - Erzeugte Berichte (JUnit, Checkstyle usw.)
+---bin                          - Kompilierte Klassen und JAR der Applikation
```

Sourcecode und Tests Den Sourcecode legen wir im Verzeichnis `src` ab. Darunter erfolgt die Aufteilung in Form von Packages. Parallel dazu werden Tests in einem Ordner `test` abgelegt. Dabei verwenden wir hier eine Spiegelung der Package-Struktur des `src`-Ordners. Das bietet zweierlei Vorteile: Erstens trennt man so Tests und Applikationscode im Dateisystem, wodurch sich ungewünschte Abhängigkeiten leicht erkennen lassen und später bei Auslieferungen die Testklassen nicht Bestandteil des Programms sein müssen. Zweitens liegen die Tests dadurch logisch in gleichen

Packages wie der korrespondierende Sourcecode,[1] was den Zugriff auf alle Elemente des Packages (außer den privaten) möglich macht.

Weitere Dateien In der Regel nutzt man zur Realisierung von Projekten verschiedene Klassenbibliotheken. Selbst in diesem einfachen Beispiel besitzen wir durch die Testklasse eine Abhängigkeit zur JUnit-Bibliothek. JUnit wird durch Eclipse bereits mitgeliefert und automatisch verwaltet. Andere Bibliotheken (oder eine aktuellere Version von JUnit) werden in einem Ordner `lib` gesammelt. Dabei erleichtert eine gut gewählte Verzeichnishierarchie die Übersicht über die verwendeten Bibliotheken und deren Versionen. Häufig sind für ein Projekt auch verschiedene Konfigurationsdateien zu verwalten. Dazu bietet sich ein Ordner namens `config` an. Dort können z. B. Textressourcen für Sprachvarianten und Konfigurationen für Logging usw. abgelegt werden. Verschiedene Arten von Dokumentation speichert man im Verzeichnis `docs`.

> **Tipp: Bibliotheken (JARs) in Eclipse einbinden**
>
> Wenn Sie Klassen aus Bibliotheken nutzen wollen, so liegen diese in Form von JARs (Java Archive) vor. Um diese in einem Eclipse-Projekt zu nutzen, gehen Sie wie folgt vor: Klicken Sie auf Ihr Projekt und wählen Sie im Kontextmenü BUILD PATH –> CONFIGURE BUILD PATH und in dem erscheinenden Dialog wählen Sie links den Eintrag JAVA BUILD PATH und dort den Tab LIBRARIES. Mithilfe der Buttons ADD JAR... und ADD EXTERNAL JAR... können Sie die gewünschten Bibliotheken einbinden. Ersteres wählen Sie, wenn sich die JAR-Dateien innerhalb Ihres Projekts (z. B. im Verzeichnis `lib`) befinden. Mithilfe von ADD EXTERNAL JAR... kann man JARs auch aus externen Verzeichnissen einbinden, etwa einem dedizierten Installationsverzeichnis einer Datenbank o. Ä.
>
> *Beim professionellen Programmieren sollte die Verwaltung von Abhängigkeiten und das Einbinden von Fremdbibliotheken über ein Build-Tool wie Maven oder Gradle erfolgen.* Details dazu beschreibt Abschnitt 2.7.

Generierte Dateien Gemäß der Faustregel »*Trenne generierte Dateien von regulärem Sourcecode*« werden generierte Dateien in separaten Verzeichnissen abgelegt. Vom Compiler generierte `.class`-Dateien liegen im Ordner `bin`. Durch Tests und andere Sourcecode-Prüfungen entstehende Berichte werden in einem Verzeichnis `generated-reports` gesammelt. Diese Aufteilung erleichtert die Übersicht und Trennung, was wiederum die später beschriebene Versionsverwaltung sowie die Automatisierung von Build-Läufen vereinfacht.

Auslieferungen und Releases

Normalerweise wird eine Applikation nicht nur innerhalb der IDE laufen, sondern vor allem als eigenständige Applikation. Häufig sollen davon auch verschiedene Versionen,

---

[1] Wenn man in der IDE den Ordner `test` als zusätzliches Sourcecode-Verzeichnis wählt.

sogenannte *Releases*, erzeugt werden. Einige davon stellen stabile Softwarestände dar und können als offizielle Version oder *Auslieferung* an Kunden übergeben werden.

Für die aktuelle Programmversion bietet sich die Speicherung in einem Ordner `release` an. Damit die Applikation tatsächlich unabhängig von der IDE ausgeführt werden kann, müssen im Ordner `release` alle benötigten externen Bibliotheken, Konfigurationsdateien usw. bereitgestellt werden (z. B. durch Kopie) oder zugreifbar sein. Deren Pfade müssen in den sogenannten `CLASSPATH` aufgenommen werden. Dies ist die Menge von Verzeichnissen und Dateien, in der die JVM nach Klassen und anderen Ressourcen, etwa Bildern, sucht und die als Startparameter der JVM gesetzt werden kann. Auf das Classloading gehe ich kurz in Anhang A ein.

```
+ <project-root>
|
+---release              - Release-Ordner
    +---lib              - Kopie des lib-Verzeichnisses
    +---config           - Kopie des config-Verzeichnisses
    +---app.jar          - Applikation als JAR
```

Schwachpunkte der gezeigten Projektstruktur

Die dargestellte Verzeichnisstruktur eignet sich für viele Projekte recht gut, besitzt aber Schwachstellen. Zunächst einmal muss die Verzeichnisstruktur (bzw. Teile davon) für jedes Projekt erneut von Hand angelegt und auch gepflegt werden. Dabei besteht die Gefahr, dass sich Inkonsistenzen einschleichen: Heißt der Ordner mit den entstehenden Klassen *bin* oder *build*? Und wie derjenige mit den Fremdbibliotheken? In einem Projekt etwa *lib*, im anderen *libs*. Das setzt sich bei der Vergabe der Namen von Unterordnern fort: Wird ein solcher *junit4* genannt oder *junit4.11* oder aber *junit_4.11*?

2.2.2 Projektstruktur für Maven und Gradle

In diesem Abschnitt schauen wir uns die von Maven und Gradle genutzte Verzeichnisstruktur als Alternative zu der von Eclipse standardmäßig verwendeten an. Diese Alternative hat sich durch die hohe Verbreitung von Maven als Build-Tool etabliert, wohl auch weil sie automatisch von Maven so angelegt werden kann.

Einheitliches Projektlayout

Das Problem möglicher Inkonsistenzen bezüglich der genutzten Verzeichnisse für kompilierte Klassen, Fremdbibliotheken oder Reports usw. wird von den beiden Build-Tools Maven und Gradle adressiert, indem diese eine einheitliche (bei Bedarf umkonfigurierbare) Verzeichnisstruktur für alle Projekte fordern. Dadurch ist auch für Projektneulinge sofort klar, wo sie nach Dateien gewünschten Inhalts suchen müssen.

In der standardisierten Verzeichnisstruktur befinden sich Sources und Tests in unterschiedlichen Verzeichnissen. Darüber hinaus benötigte Ressourcendateien werden wiederum in getrennten Verzeichnissen hinterlegt, nämlich wie folgt:

```
+ <project-root>
|
+---src
    +---main
    |   +---java           - Java-Klassen
    |   +---resources      - Konfigurationsdateien
    |
    +---test
        +---java           - Testklassen
        +---resources      - Konfigurationsdateien für Testklassen
```

Projektlayout am Beispiel Nutzen wir die obige Projektstruktur für eine einfache Hello-World-Applikation, so ergibt sich folgendes Verzeichnislayout, unter der Annahme, dass wir die Applikation mit einer Klasse `App.java` und die dazugehörige Testklasse `AppTest.java` im Package `de.javaprofi.helloworld` realisieren:

```
+---src
    +---main
    |   +---java
    |       +---de
    |           +---javaprofi
    |               +---helloworld
    |                       App.java
    |
    +---test
        +---java
            +---de
                +---javaprofi
                    +---helloworld
                            AppTest.java
```

Wenn man das Projekt mit Maven kompiliert und paketiert (`mvn package`), so entsteht ein Verzeichnis `target` als Ziel für kompilierte Klassen und weitere erzeugte Dateien wie z. B. Testresultate. Diese Struktur ist nachfolgend zum besseren Verständnis auszugsweise und gekürzt abgebildet:

```
+---target
|       helloworld-1.0-SNAPSHOT.jar
|
+---classes
|   +---de
|       +---javaprofi
|           +---helloworld
|                   App.class
|
+---surefire-reports
|       de.javaprofi.helloworld.AppTest.txt
|       TEST-de.javaprofi.helloworld.AppTest.xml
|
+---test-classes
    +---de
        +---javaprofi
            +---helloworld
                    AppTest.class
```

Abweichungen im Projektlayout mit Gradle Gradle verwendet für Sourcen, Tests und Ressourcen die Maven-Konventionen zur Strukturierung der Verzeichnisse. Allerdings besitzen die erzeugten Verzeichnisse einen leicht abweichenden Standard. Es entsteht ein Verzeichnis `build` mit verschiedenen Unterverzeichnissen wie folgt:

```
+ <project-root>
|
+---build
|   +---classes
|   |   +---main
|   |   |   +---de
|   |   |       +---javaprofi
|   |   |           +---helloworld
|   |   |                   App.class
|   |   |
|   |   +---test
|   |       +---de
|   |           +---javaprofi
|   |               +---helloworld
|   |                       AppTest.class
|   |
|   +---dependency-cache
|   +---libs
|   |       helloworld.jar
|   |
|   +---reports
|   |   +---tests
|   |   |       index.html
...
```

Verwaltung externer Abhängigkeiten

Eine Sache könnte uns noch wundern: Wo und wie werden denn die Abhängigkeiten zu externen Bibliotheken beschrieben? Wir finden in der Verzeichnisstruktur keinen Ordner mit Bibliotheken. Exakt! Während wir für das Eclipse-Projekt bzw. bei Builds mit Ant diese Verwaltung noch selbst erledigen mussten, helfen uns hier die Build-Tools Maven und Gradle, indem sie sich um die Auflösung und Bereitstellung externer Bibliotheken kümmern. Details dazu lernen wir später in Abschnitt 2.7 kennen.

Es bleibt für das Projektverzeichnis festzuhalten, dass die Automatiken recht gut verhindern, dass es zu Inkonsistenzen kommt, indem sie dafür sorgen, dass die Verzeichnisse konsistent benannt sind: Damit finden sich nach einem Update z. B. von Version 3 auf Version 4 von JUnit nicht plötzlich die JARs der aktuelleren Version in dem Verzeichnis *junit3* mit der alten Versionsnummer wieder.

2.3 Einsatz von Versionsverwaltungen

Nachdem wir zwei Alternativen zur Strukturierung von Projekten kennengelernt haben, widmen wir uns nun dem Thema Versionsverwaltungen. Diese ermöglichen die Speicherung und Verwaltung der Historie aller relevanten Dateien eines Softwareprojekts (vgl. dazu den folgenden Praxistipp). Dazu werden diese Dateien an einem zentralen

2.3 Einsatz von Versionsverwaltungen

Ort, dem sogenannten *Repository*, gespeichert. Der Vorteil davon ist, dass sich hier nicht nur die aktuelle Version einer Datei befindet, sondern deren gespeicherte Historie zur Verfügung steht. Im Repository sind also frühere Stände enthalten, einsehbar und bei Bedarf wiederherstellbar. Das ist insofern von Bedeutung, weil man so auch einmal Experimente vornehmen und nötigenfalls zu einem älteren, funktionierenden Stand zurückkehren kann.

Darüber hinaus können verschiedene, voneinander unabhängige Entwicklungslinien, sogenannte *Branches*, verwaltet werden. Diese können z. B. für Umbaumaßnahmen oder Experimente genutzt werden. Die Hauptentwicklungslinie wird *Stamm*, *Hauptast* oder auch *master* bzw. *default* genannt. Den aktuellsten Stand einer Datei auf einer Entwicklungslinie nennt man *HEAD*. Änderungen und Erweiterungen, die auf Branches entwickelt wurden, können über einen *Merge*-Vorgang in den aktuellen Stand integriert werden. Diese Abläufe deutet Abbildung 2-2 an.

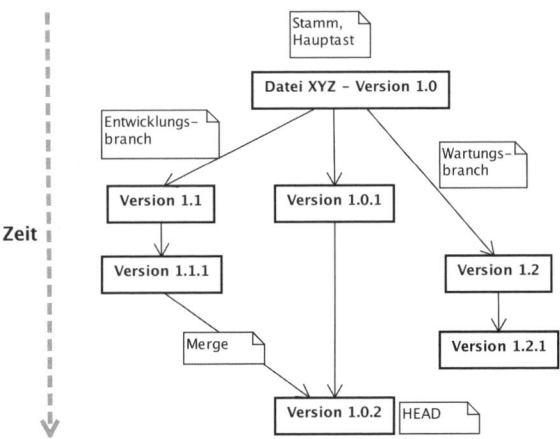

Abbildung 2-2 Dateiversionsbaum

Hilfreich ist, dass bei Änderungen an Dateien die Unterschiede zu beliebigen anderen Versionen ermittelt werden können. Außerdem können Versionen bei der Speicherung im Repository mit Kommentaren versehen werden, was den Überblick über Änderungen in den jeweiligen Versionen erleichtert.

> **Tipp: Inhalt des Repository**
>
> Anhand der in Abschnitt 2.2 beschriebenen Projektstruktur könnte man auf die Idee kommen, einfach alle Dateien eines Projekts in das Repository aufzunehmen. Dies ist aber nur begrenzt sinnvoll. Abgesehen von wenigen Ausnahmen sollten all diejenigen Dateien, die während des Build-Prozesses entstehen, *nicht* gesichert werden, eben weil sie sich immer wieder problemlos erneut erzeugen lassen. Dazu gehören vor allem die generierten .class-Dateien oder Berichte bzw. Dokumentationen. Ausnahmen können spezielle Versionen davon sein, die man historisieren möchte.

> Was sollte also gespeichert werden? Die Frage lässt sich einfach beantworten: Alle Dateien, die sich nicht automatisch generieren lassen. Dazu gehören der Sourcecode, die Unit Tests, verschiedene Dokumentationen (UML-Diagramme, Textdokumente usw.), Konfigurationsdateien und benötigte Build-Skripte.

Motivation für Versionsverwaltungen

Jede Bank verwendet einen Tresor, um wertvolle Dinge zuverlässig zu schützen. Softwareentwicklung ohne Sicherung ist ähnlich unsicher wie eine Geldanlage in Omas Sparstrumpf. Also sichern Sie Ihren größten Schatz – Ihren Sourcecode – in einem virtuellen Safe! Falls Sie bis jetzt ohne Versionsverwaltung leben konnten, so sollten Sie sich durch die folgenden zwei Situationsbeschreibungen davon überzeugen lassen, schnellstmöglich ein solches System zu nutzen. Ansonsten könnte jeder kleine Fehler fatale Folgen haben, was ich mit zwei Anekdoten verdeutlichen möchte:

- Ich erinnere mich noch gut an die Tage mit Sicherungsdisketten. Es war eine mühselige und fehlerträchtige Arbeit, die aktuellen Daten auf die entsprechende Diskette zu überspielen. Als ich einmal die Arbeit eines Tages sichern wollte, habe ich beim Kopieren Quelle und Ziel vertauscht und damit hatte ich den gesamten Tag umsonst gearbeitet. Außerdem hatte ich danach zwei ältere Softwarestände, von denen ich nicht wusste, welche Änderungen diese enthielten. Um solche Situationen zu vermeiden, sollte häufig ins Repository gesichert werden. Somit bleibt selbst bei Problemen der maximale Datenverlust, d. h. die nicht gesicherten Änderungen, immer überschaubar.
Diese Anekdote adressiert einen anderen wichtigen Aspekt: *Datensicherung*. Ein Repository ist zwar ein guter Platz, um Daten zentral abzulegen und gezielt wiederherstellen zu können. Man ist so aber lediglich gegen die »eigene Dummheit« beim Ändern des Sourcecodes geschützt. Für eine weiter gehende Sicherheit der Daten ist es jedoch elementar wichtig, regelmäßig ein Backup des Repository zu erstellen, um das Repository an sich zu sichern, etwa gegen Festplattenfehler o. Ä.

- Stellen Sie sich vor, es ist Freitagmorgen und Ihr Chef betritt aufgeregt den Raum und verlangt für den späten Nachmittag eine Auslieferung, basierend auf dem letzten Auslieferungsstand des Programms von vor vier Wochen mit genau zwei dedizierten Bugfixes. Ohne Versionsverwaltungssystem haben Sie jetzt ganz schlechte Karten, denn in der Zwischenzeit hat die gesamte Entwicklertruppe kräftig weitergearbeitet. Dies alles ohne Fehler wieder rückgängig zu machen ist nahezu unmöglich. Eine Sicherung des Sourcecodes gibt es zwar irgendwo, aber in der Hektik ist diese momentan nicht auffindbar oder sie ist auf der mobilen Festplatte des Kollegen, der natürlich gerade gestern krank geworden ist.

Die Moral von der Geschichte ist: Lassen Sie den Computer die Arbeit erledigen, die er viel besser kann als Sie: das Verwalten vieler Versionen.

Wie schon eingangs erwähnt, spricht neben den genannten Vorteilen noch ein weiteres wesentliches Argument für den Einsatz einer Versionsverwaltung: Man kann mithilfe von Branches sehr leicht experimentelle Versionen der Software entwickeln, ohne dabei Angst haben zu müssen, Auslieferungen oder die gesamte Weiterentwicklung zu stören. Verläuft ein solches Experiment erfolgreich, so kann man die Änderungen übernehmen. Ansonsten verwirft man sie einfach.

Varianten der Versionsverwaltung

Vor dem Aufkommen von dedizierten Programmen zur Versionsverwaltung wurden oftmals die Dateien eines Projekts lediglich in ein anderes Verzeichnis kopiert – zweckmäßigerweise in ein Verzeichnis mit einem Zeitstempel im Namen. Diese händische Versionsverwaltung scheint zunächst ganz natürlich und ist auch recht einfach, aber doch recht fehleranfällig, mitunter passieren Fehler beim Kopieren, wie ich es zuvor schon andeutete. Es gibt jedoch einen noch entscheidenderen Nachteil: Wenn man herausfinden möchte, was sich zwischen Versionen geändert hat, so ist dies einigermaßen mühselig festzustellen, z. B. durch den Einsatz von Programmen wie WinMerge o. Ä. Erschwerend kommt hinzu, dass mitunter versehentlich die zur Versionierung eigentlich notwendigen Kopien ausbleiben und somit gewisse Zwischenstände nicht gesichert sind. Dann besitzt man nur eine unvollständige Historie.

Um diesen Nachteilen zu begegnen und Änderungen an den Dateien eines Projekts feingranular speichern und später sehr gut nachvollziehen zu können, wurden Versionsverwaltungssysteme erfunden. Man unterscheidet zwischen *zentralen* und *dezentralen Versionsverwaltungen*. Schon vor einigen Jahrzehnten entstanden zentrale Versionsverwaltungen (Version Control System, VCS). Dort erfolgt die Versionsverwaltung auf einem zentralen Server und erfordert von den Nutzern (Clients) somit (Netzwerk-)Zugriff darauf. Weil das Ganze eine gewisse Einstiegshürde und etwas initialen Aufwand benötigt, findet man auch weiterhin noch die zuvor beschriebene händische Versionsverwaltung. Dezentrale Versionsverwaltungen (Distributed Version Control System, DVCS) kombinieren die Vorteile beider Varianten: Sie sind nahezu so einfach in der Handhabung wie des Erstellen lokaler Kopien und bieten darüber hinaus leistungsstarke Versionsverwaltungsfunktionalität.

In den folgenden Abschnitten möchte ich kurz auf die Arbeit mit zentralen und dezentralen Versionsverwaltungen eingehen.

2.3.1 Arbeiten mit zentralen Versionsverwaltungen

Während die lokale Versionsverwaltung durch Kopieren per Hand selbst schon für eine Person recht schnell an Grenzen stößt, so gilt dies umso mehr bei der Zusammenarbeit und Verwaltung von Änderungen im Team, weil hier deutlich mehr (eventuell auch konkurrierende) Änderungen und damit auch Abstimmungsbedarf entstehen. Als Abhilfe wurden zentrale Versionsverwaltungen entwickelt. Bekannte zentrale Versionsverwaltungen sind das Concurrent Versions System (CVS) und Subversion (SVN). CVS ist älter und besitzt einige Einschränkungen, etwa bei Namensänderungen. SVN wurde als Nachfolger neu entwickelt und unterstützt diverse Dinge besser als CVS.

Repository

Wie bereits erwähnt, werden die Dateien eines Projekts mit ihrer gesamten Historie an einer zentralen Stelle, dem *Repository*, gespeichert. Gewöhnlich liegt dieses Repository auf einem dedizierten Server und dort wird auch der Serveranteil zur Versionsverwaltung ausgeführt. Zum Zugriff darauf benötigt man als Nutzer eine spezielle Clientsoftware, mit der alle Aktionen zur Versionsverwaltung erfolgen, z. B. das Hinzufügen, Ändern oder Aufbereiten der Versionshistorie. Diese Aktionen erfordern jeweils Zugriffe auf das Repository. Der dezentrale Client-Server-Ansatz erlaubt es, an verschiedenen Orten verteilt an einem Projekt zu arbeiten, setzt aber Netzwerkzugriff voraus.

Arbeitsablauf

Zum Bearbeiten eines Versionsstands überträgt ein Entwickler den gewünschten Stand aller Dateien eines Projekts aus dem Repository in ein Arbeitsverzeichnis auf seinem Rechner. Diesen Vorgang bezeichnet man als »*Auschecken*« (Check-out). Anschließend arbeitet man auf lokalen Kopien der Dateien, der sogenannten **Working Copy**, und nimmt dort Änderungen vor. Sind diese abgeschlossen oder haben diese einen stabilen Zwischenstand erreicht, so sollte eine Integration in das Repository erfolgen. Dadurch werden die Änderungen allen anderen Kollegen zugänglich gemacht. Dieser Vorgang wird »*Einchecken*« (Check-in) oder auch *Commit* genannt. Damit die neu eingespielten Änderungen allerdings für die Kollegen in ihrem Arbeitsbereich tatsächlich sichtbar werden, müssen diese zunächst einen Abgleich mit dem Repository durchführen. Diesen Abgleich nennt man *Update* oder *Synchronize*. Die beschriebenen Arbeitsabläufe visualisiert Abbildung 2-3.

Besonderheiten beim Abgleich Da die eigenen Änderungen nur auf lokalen Kopien der Originale erfolgen, kann es zu Problemen beim Abgleich kommen, wenn mehrere Entwickler die gleiche Datei verändert haben. In CVS werden bei einem *Update* die lokalen Änderungen mit der aktuellen Version aus dem Repository überschrieben. Ein *Synchronize* versucht die Änderungen der lokalen Version mit denen aus dem Repository abzugleichen. Dies funktioniert gut, wenn unterschiedliche Teile einer Datei von Änderungen betroffen sind. SVN integriert Änderungen bei einem Update automatisch, wenn aufgrund der Differenzanalyse keine Probleme festgestellt wurden. Widersprechen sich Änderungen an der lokalen Datei und deren Version im Repository, so muss man steuernd eingreifen. Eine solche Situation wird *Konflikt* genannt. Eine betroffene Datei lässt sich erst ins Repository integrieren, wenn alle dort gefundenen Konflikte behoben sind. Die Zusammenführung verschiedener Änderungen wird als *Merge* bezeichnet.

2.3 Einsatz von Versionsverwaltungen

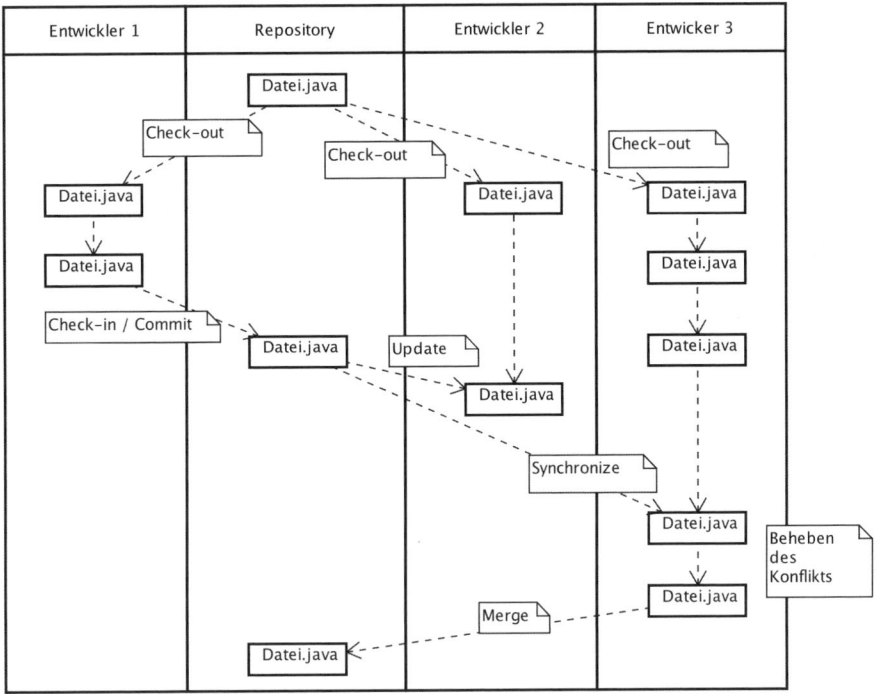

Abbildung 2-3 *Arbeitsablauf mit Versionsverwaltungen*

Tagging und Branching

Gehen wir noch einmal zu dem Beispiel zurück, in dem eine Auslieferung des Systems, basierend auf dem letzten Auslieferungsstand sowie ein paar dringend benötigten Fehlerbehebungen, gewünscht wird. Sie brauchen nun Zugriff auf den Stand des Projekts genau so, wie es ausgeliefert wurde. Eine Möglichkeit dazu besteht darin, Dateien anhand ihrer Versionsnummer zurückzuholen. Dieser Vorgang ist für CVS aufwendig, da die Versionsnummer von Datei zu Datei variiert.[2] In SVN ist dieser Vorgang leichter, da die Versionsnummer für alle Dateien des Repository einheitlich behandelt wird (siehe folgenden Praxistipp).

Alternativ können Dateien anhand eines speziellen Datums zurückgeholt werden. Dies ist nützlich, wenn wenige Dateien betroffen sind oder nur der zeitliche Verlauf von Interesse ist. Normalerweise soll ein Projekt jedoch wieder in einen Zustand gebracht werden, in dem es zu einem bestimmten Zeitpunkt oder Ereignis war, beispielsweise einer Auslieferung oder des Abschlusses größerer Änderungen. Das führt uns zum sogenannten Tagging, was wir uns nun anschauen.

---

[2] Es müssen dann die gesamten Dateien eines Projekts überprüft werden, um herausfinden, welche Version jede Datei zum Zeitpunkt des gewünschten Stands hatte. Anschließend muss dann jede Datei einzeln anhand der ermittelten Versionsnummer wiederhergestellt werden.

> **Tipp: Versionsnummern in SVN**
>
> Die Versionsnummer einer Datei und von Verzeichnissen entspricht immer der Versionsnummer des Projekts zum Zeitpunkt der Änderung. Für Verzeichnisse ist dies die höchste Versionsnummer der enthaltenen Dateien und Verzeichnisse. Dadurch kann die Folge der Versionsnummern einzelner Dateien oder Verzeichnisse auch Lücken haben. Beim Auschecken wird jeweils die größte Versionsnummer aus dem Repository geholt, die kleiner oder gleich der angeforderten Versionsnummer beim Auschecken ist.

Tagging Wenn man für Änderungen einen ganz speziellen Stand eines Projekts bearbeiten möchte, so wäre es umständlich und fehleranfällig, eine Menge von Dateien über deren Versionsnummer oder ein Datum zusammensuchen zu müssen. Als Abhilfe kann man zu einem beliebigen Zeitpunkt eine sogenannte *Markierung* (engl. *Tag*) setzen. Vor größeren Änderungen und Auslieferungen sollte man dies in jedem Fall tun. Mithilfe von Markierungen kann später ein Zwischenstand exakt wiederhergestellt werden, um basierend darauf Fehlerkorrekturen durchführen zu können.

Man kann sich Markierungen wie eine Verbindungsschnur bzw. einen Zusammenschluss zwischen Versionen verschiedener Dateien vorstellen (vgl. Abbildung 2-4).

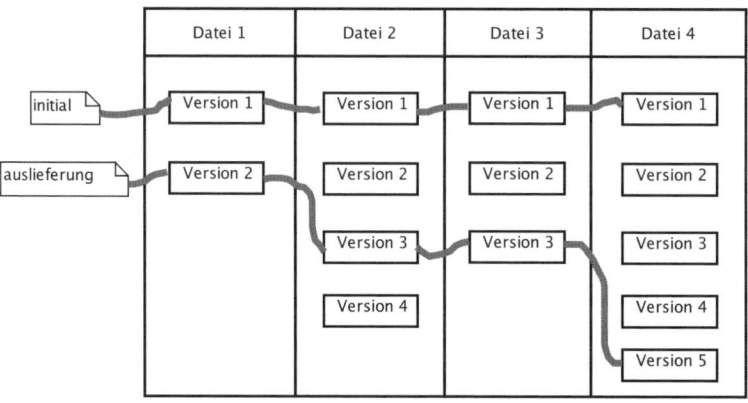

Abbildung 2-4 Zwei Tags (miteinander verbundene Versionen von Dateien)

Branching Unter einer Verzweigung oder einem *Branch* versteht man eine eigene Entwicklungslinie. Einen solchen Abzweig kann man von jeder beliebigen anderen Entwicklungslinie abspalten, meistens geschieht dies aber vom Stamm, auch *Main-Branch* oder Trunk genannt. In einer solchen Entwicklungslinie entsteht eine eigene Historie, sodass parallel zu anderen Zweigen weitergearbeitet werden kann: Änderungen in einem Zweig haben keinen Einfluss auf andere Verzweigungen. Dadurch sind Branches sehr hilfreich, um potenziell gefährliche oder umfangreiche Änderungen zu isolieren, bis sich diese stabilisiert haben.

Zur Motivation blicken wir auch hier wieder auf das vorherige Beispiel zurück. Der ältere Sourcecode-Stand konnte aufgrund einer gesetzten Markierung leicht wiederhergestellt werden. Auf dieser lokalen Kopie können Fehlerbehebungen erfolgen. Natürlich wäre es wünschenswert, die durchgeführten Änderungen im Repository zu sichern, damit man später auf diesem speziellen Stand weiterarbeiten kann. Dies ist aber nicht sinnvoll möglich, wenn kein Branch erzeugt wurde, weil man ansonsten neuere Versionen des Hauptasts mit einem älteren Stand überspielen würde. Das ist jedoch in der Regel nicht gewünscht. Als Abhilfe dienen Branches, die eine eigene, separate Historie bieten. Dadurch lassen sich Änderungen wieder sinnvoll ins Repository reintegrieren.

Tipps für die Arbeit mit Branches

Beim Erstellen von Branches sollte man etwas Vorsicht walten lassen. Unbedacht und selbst für kleinere Änderungen eingesetzt können zu viele Branches ein Projekt ins Chaos stürzen, da man schnell den Überblick verliert, was in welchem Branch erweitert oder korrigiert wurde. Als Folge divergiert die Sourcecode-Basis, sodass es mit der Zeit immer schwieriger wird, die Änderungen auf den Branches wieder korrekt zusammenzuführen (zu mergen).

Mit CVS bzw. SVN lassen sich Verbesserungen und Fehlerbehebungen eines Branches oftmals nur mit Mühe auf andere Branches übertragen. Allerdings ist nicht unbedingt die absolute Anzahl an Branches klein zu halten, sondern lediglich die Anzahl »aktiver« Branches, d. h., an denen gleichzeitig gearbeitet wird. Darüber hinaus sollten die Verzweigungstiefe und Komplexität der Branches überschaubar sein. Nur in wenigen Fällen ist es sinnvoll, von einer Verzweigung wiederum Verzweigungen zu erzeugen. Ein möglicher Grund dafür sind Wartungsaufgaben auf älteren Ästen.

Hält man die Anzahl parallel laufender Entwicklungen gering, so sinkt die Wahrscheinlichkeit für Konflikte beim Integrieren. Weniger Konflikte erreicht man auch dadurch, *dass man Branches möglichst häufig (z. B. täglich oder sobald die Arbeiten einen stabilen Zwischenstand erreicht haben) mit dem Ursprungsbranch synchronisiert*, also die dortigen Änderungen in den eigenen Branch reintegriert.

> **Tipp: Namensgebung für Markierungen und Verzweigungen**
>
> Die Namen von Branches und Markierungen sollten einem einheitlichen Schema folgen und deren Bedeutung sollte offensichtlich sein. Der Name sollte alle wichtigen Informationen über den Softwarestand enthalten und einer Konvention, etwa `ZWECK_KUNDE_VERSION_DATUM`, folgen. Versionsnummern für Releases sollten die Versionsangaben `Major.Minor.Patchlevel` enthalten. Damit ergibt sich als Beispiel folgender Name: `auslieferung_Meyer_V2.7.13_20080612`. Für den Zweck sind zumindest folgende Kürzel sinnvoll:
>
> - `entwicklung` für Branches für Entwicklungen
> - `auslieferung` für Auslieferungen an Kunden
> - `release` für funktionsfähige Zwischenstände der Software

Die kritischen Aussagen zum Branching gelten insbesondere für VCS mit zentralem Repository und in wesentlich geringerem Maße für DVCS, da diese speziell dafür ausgelegt sind, mit vielen Branches und Versionsständen umgehen zu können.

2.3.2 Dezentrale Versionsverwaltungen

Während die zuvor vorgestellten Systeme CVS und SVN beide eine zentrale Versionsverwaltung repräsentieren, werden neuerdings dezentrale Versionsverwaltungen, etwa Git[3] und Mercurial[4], immer beliebter. Git ist derzeit wohl die populärste dezentrale Versionsverwaltung und wurde von Linus Torvalds kurzerhand selbst geschrieben, da keine der herkömmlichen Versionsverwaltungen ausreichend Flexibilität und Funktionalität für die verteilte Entwicklung des Linux-Kernels bot. Insbesondere fehlte es an gutem Support für viele unabhängige Branches und das offline Arbeiten sowie für das Mergen oder Rücknehmen von verschiedenen Änderungen. Ein zum Einstieg lehrreiches interaktives Tutorial zu Git steht unter `https://try.github.io/` bereit. Dort lernt man das Anlegen eines Repository und das Arbeiten damit in einem geführten Ablauf.

Mercurial ist eine valide und von mir bevorzugte Alternative zu Git, weil Mercurial teilweise einfacher in der Handhabung ist, wie es nachfolgend im Meinungskasten dargestellt wird.

Meinung: Git vs. Mercurial

Im Prinzip sind Git und Mercurial funktional in etwa gleich mächtig: Bei der Integration in IDEs gibt es aber Unterschiede: Oft wird Git direkt unterstützt und Mercurial mitunter nur durch Plugins. Auf der Kommandozeile hinkt Git aber meiner Meinung nach in der Benutzbarkeit etwas hinterher, weil hier zu viele Implementierungsdetails durchscheinen. Unter Windows empfinde ich auch die grafische Integration von Mercurial (TortoiseHG[a]) in den Explorer ein wenig übersichtlicher als die von TortoiseGit[b]. Das zeigt sich in Kleinigkeiten: Commit-Kommentare werden standardmäßig bei Git über den vi eingegeben. Mercurial öffnet dagegen den vom System voreingestellten Texteditor. Entscheidend ist für mich aber die Art und Weise der Verwaltung und Angabe von Revisionsnummern. In Mercurial sind für den Benutzer Revisionsnummern natürliche Zahlen und es werden nicht die internen hexadezimalen Keys wie bei Git nach außen exponiert. Ich referenziere einfach lieber Revision 4711 als 00eda2a680893a20ea11d48ddd884812dc97a718. Basierend auf den Ausführungen wird klar, dass ich persönlich Mercurial bevorzuge, da es sich für mich natürlicher in der Handhabung anfühlt. Ich empfehle Ihnen, einfach mal beide Versionsverwaltungen zu installieren und damit ein wenig herumzuspielen, um die eigene Präferenz zu finden.

---

[a] https://tortoisehg.bitbucket.io/
[b] https://tortoisegit.org/

---

[3] http://git-scm.com/downloads
[4] https://www.mercurial-scm.org/

Repositories

Für die Arbeitsweise mit CVS und SVN haben wir nach Lektüre der vorangegangenen Abschnitte ein erstes Verständnis aufgebaut. Dezentrale Versionsverwaltungen arbeiten gar nicht so verschieden dazu. Insbesondere fügen sie jedoch optional eine weitere Hierarchieebene ein. Schauen wir uns das im Folgenden genauer an.

Während bei zentralen Versionsverwaltungen jeweils Zwischenstände (Arbeitskopien) auf die Rechner der jeweiligen Entwickler übertragen werden, wird bei dezentralen Versionsverwaltungen lokal auf dem Rechner des Entwicklers im Arbeitsverzeichnis das gesamte Repository gespeichert.[5] Innerhalb des *Arbeitsverzeichnisses* existiert also ein vollständiger Stand des Projekts mitsamt seiner Historie. Mit diesem *lokalen Repository* kann man nahezu wie mit CVS oder SVN gewohnt arbeiten, allerdings mit dem großen Vorteil, dass alle Aktionen nicht über das Netzwerk, sondern lokal im Dateisystem und damit extrem performant ausgeführt werden können. *Git und Mercurial ermöglichen also das Arbeiten mit lokalen Repositories unabhängig von einem zentralen Repository und Netzwerkzugang.*[6] Zunächst einmal erfolgt die Versionskontrolle dezentral und jedes Repository existiert für sich eigenständig.

Es besteht aber die Möglichkeit, ein Repository im Netz zu veröffentlichen und so auch mit anderen teilen zu können. Dadurch gibt es bei den Vertretern von DVCS im Unterschied zu den zentralen Versionsverwaltungen konzeptionell noch die Ebene über dem lokalen Repository, nämlich alle möglichen Repositories im Netz (*Remote Repository*). Für die Zusammenarbeit an einem größeren Projekt empfiehlt es sich, neben vielen verteilten Repositories auch ein ausgezeichnetes Projekt-Repository auf einem zentralen Server zu nutzen, ähnlich zu dem zentralen Server bei CVS/SVN. Dadurch gestaltet sich der Umstieg von CVS/SVN leichter, da man sich die lokalen Repositories als praktische lokale Zwischenspeicher vorstellen kann: Ein Feature, das man sich häufig für CVS/SVN gewünscht hat – vor allem dann, wenn die Zugriffe auf das zentrale Repository langsam oder aufgrund von Netzwerkproblemen nicht bzw. nur eingeschränkt möglich waren.

> **Tipp: Sicherungskopien**
>
> Weil jeder Benutzer ein vollständiges Repository auf seinem Rechner besitzt, ist es ganz einfach durch Kopie des Arbeitsverzeichnisses möglich, ein Repository neu zu erzeugen. Somit können auf einfache Art und Weise Sicherungskopien erstellt werden. Selbst bei Datenträgerdefekten auf einem Rechner kann man somit einen (nahezu) vollständigen Stand einfach durch Kopie eines anderen Repository wiederherstellen.

---

[5] Mercurial und Git legen dazu versteckte Ordner und Dateien an.

[6] Insbesondere muss kein zentraler Server mit Repository existieren – für die Arbeit in (verteilten) Teams ist dies aber hilfreich.

Begriffe und Arbeitsablauf im Überblick

Die Ideen und Abläufe sind bei der Arbeit mit einem lokalen Repository grundsätzlich ähnlich zu der von zentralen VCS gewohnten Arbeitsweise. In der Abbildung sehen wir einige Arbeitsschritte, die einen ersten Eindruck von der Arbeit mit einem DVCS vermitteln.

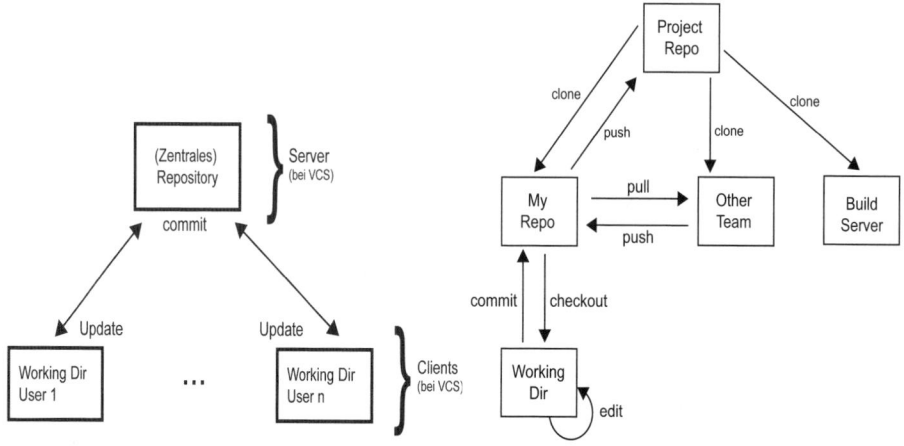

Abbildung 2-5 *Repository-Workflow für SVN (links) und DVCS (rechts)*

Für CVS und SVN haben wir bereits den typischen Arbeitsablauf und die entsprechenden Begriffe wie Check-out und Commit kennengelernt. Nachfolgend betrachten wir ein paar typische und grundlegende Arbeitsschritte beim Einsatz von DVCS, die aufgrund ihrer anderen Arbeitsweise auch eine leicht andere Begriffswelt besitzen.

Die folgenden Ausführungen zeigen exemplarisch immer die Befehle sowohl für Mercurial als auch für Git. Das Kommando für Mercurial ist `hg`[7] und für Git `git`.

Repository erstellen Sollen die Dateien in einem Verzeichnis versioniert werden, so kann man sehr einfach dort ein neues Repository erstellen: Man wechselt in das gewünschte Verzeichnis und gibt dafür Folgendes ein – als Abkürzung verwende ich nachfolgend mitunter `git/hg`, was ausdrückt, dass die Syntax identisch ist:

```
git init      // für Git
// -----------------------------------------------------------
hg  init      // für Mercurial
```

Das ist alles, um ein neues Repository anzulegen. Nun können Sie die zu versionierenden Dateien dem Repository hinzufügen. Bevor ich darauf eingehe, beschreibe ich den Fall, dass das Repository als Kopie eines anderen Repository erstellt wird.

---

[7]Mercurial bedeutet Quecksilber und hg ist das chemische Kürzel dafür.

Repository clonen Zum Erstellen einer Kopie eines Repository nutzt man den `clone`-Befehl, der folgende Syntax besitzt:

```
git/hg clone /pfad/zum/repository ziel              // lokales Repository
git/hg clone benutzername@host:/pfad/zum/repository // Remote Repository
```

Nachfolgend zeige ich ein Beispiel, wie man auf lokale Repositories zugreifen kann, und deute für Mercurial den Zugriff auf ein Remote Repository unter Nutzung von HTTP, hier vereinfachend des eigenen Rechners (`localhost`), an:

```
git clone file:///C:/Users/Micha/Desktop/DVCS DVCS-GIT
// -----------------------------------------------------------
hg clone file:///C:/Users/Micha/Desktop/DVCS DVCS-CLONE
hg clone http:/localhost:8000/DVCS DVCS-CLONE-BY-HTTP
```

Das erstmalige Initialisieren eines lokalen Repository kann durch eine Kopie eines anderen lokalen oder Remote Repository erfolgen. Dabei wird eine vollständige Kopie erzeugt, d. h. inklusive sämtlicher Branches und der gesamten Versionshistorie. Zudem erfolgt ein Check-out des Hauptasts, den man für Git *master* bzw. für Mercurial *default* nennt, statt *trunk* bei SVN.

Check-out Nach dem Klonen eines Repository befindet man sich zunächst auf dem *master* bzw. *default* und dem aktuellen Stand (HEAD). Teilweise sollen aber auch andere Versionsstände (eventuell aus anderen Branches) bearbeitet werden, dazu dient ein `checkout`, der den gewünschten Versionsstand einer speziellen Revision oder eines Branches in das Arbeitsverzeichnis überträgt. Wollten wir die ältere Revision 123 auschecken, so schreibt man Folgendes, wobei für `git` ein frei erfundener Hex-Key dargestellt ist:

```
git checkout 22a16bb5cdd8a8d72bda4276b720e0a86a2bad72
// -----------------------------------------------------------
hg checkout -r 123
```

Um wieder auf die aktuellste Revision HEAD zurückzuwechseln, schreibt man einfach:

```
git checkout master
// -----------------------------------------------------------
hg checkout default
```

Änderungen und Staging Area Wenn Sie Änderungen an den lokalen Dateien vornehmen, werden diese nicht direkt ins lokale Repository übertragen. Git und Mercurial bieten eine weitere Zwischenebene: die sogenannte *Staging Area*. Alle veränderten Dateien, die (später) ins Repository committet werden sollen, müssen zunächst der Staging Area hinzugefügt werden. Dazu dient der `add`-Befehl:

```
git/hg add <dateiname>
git/hg add *
```

Dies kann man beliebig für verschiedene Dateien wiederholen oder die Wildcard * nutzen. Falls man eine oder mehrere Dateien einmal versehentlich der Staging Area hinzugefügt hat, so kann man diese bei Bedarf wieder daraus entfernen. Meistens wird man sich zunächst einen Überblick verschaffen wollen. Dazu dient der status-Befehl:[8]

```
git/hg status
```

Bei der Ausgabe symbolisiert ein ?, dass die Datei nicht unter Versionskontrolle steht. Das A bedeutet Added, dass die Datei in der Staging Area hinzugefügt ist:

```
A ToBeRemovedFromStaging.txt
? ToBeAdded.txt
```

Anhand der Konsolenausgabe kann man diejenigen Dateien ermitteln, die man wieder entfernen möchte, etwa die Datei ToBeRemovedFromStaging.txt. Der dazu benötigte remove-Befehl besitzt folgende Syntax:

```
git/hg remove <dateiname>
git/hg remove *
```

Änderungen ins lokale Repository übertragen Durch Aufruf des commit-Befehls werden Änderungen aus der Staging Area ins lokale Repository übertragen:

```
git/hg commit -m "Commit-Nachricht"
```

Der Parameter -m erlaubt es, beim Commit eine (möglichst) aussagekräftige Nachricht zu übergeben. Die Änderungen sind dann im lokalen Repository historisiert. Bei der Arbeit im Team wird man diese jedoch immer mal wieder mit dem Projekt-Repository abgleichen wollen. Dazu dient der später beschriebene push-Befehl.

Branching Bekanntermaßen lassen sich durch Einsatz von Branches unabhängige Entwicklungen separat und isoliert voneinander mit unterschiedlichen Historien entwickeln. Wenn ein Repository neu erstellt wird, so existiert dort standardmäßig immer der Branch *master* (Git) bzw. *default* (Mercurial). Um Merge-Probleme möglichst zu vermeiden, war es bei CVS/SVN nicht ungewöhnlich, auf dem dazu korrespondierenden *trunk* zu entwickeln. Ein analoges Vorgehen ist für Git und Mercurial zwar auch möglich, es bietet sich aufgrund ihrer deutlich besseren Unterstützung von Branching und Merging ein anderes Vorgehen an: Entwicklungen sollten auf eigenständigen Branches durchgeführt werden, wobei hier – wie schon für CVS/SVN erwähnt – eine Beschränkung auf eine überschaubare Anzahl an Branches aus purem Selbstschutz und zur besseren Übersicht eingehalten werden sollte.

---

[8]Bitte beachten Sie, dass dieser Befehl auch alle Unterverzeichnisse durchsucht, wodurch die Liste recht umfangreich werden kann. Möchte man die Treffermenge etwa auf PDF-Dateien begrenzen, so kann man Folgendes eingeben: git/hg status *.pdf. Es gibt weitere Möglichkeiten zur Einschränkung. Ergänzende Hinweise gibt git/hg status --help.

Möchte man eine Funktionalität auf einem Branch entwickeln, so führt man Folgendes zu dessen Erstellung aus:

```
git branch mybranch        // Branch erstellen
git checkout mybranch      // Stand mybranch in Working Copy holen
git checkout -b mybranch   // Kurzform
// -------------------------------------------------------------
hg branch mybranch
```

Nun kann man Änderungen an den Dateien der Arbeitskopie vornehmen, die den Branch repräsentiert.

Merge Irgendwann sind die Arbeiten an dem besonderen Feature auf dem Branch *mybranch* erfolgreich fertiggestellt und sollen wieder mit dem *master* bzw. *default* abgeglichen werden. Gerade im Zusammenführen von Änderungen und Branches liegt eine Stärke von DVCS.

Um einen Merge-Vorgang zu starten, muss man sich in dem Branch befinden, in den die Änderungen eingespielt werden sollen. Da wir bislang auf dem Branch `mybranch` gearbeitet haben, müssen wir mit dem Arbeitsverzeichnis zunächst wieder auf den *master* bzw. *default* wechseln. Dazu existieren folgende Kommandos:

```
git checkout master
// -------------------------------------------------------------
hg checkout default
```

Um dann einen Abgleich zwischen *mybranch* und *master* bzw. *default* vorzunehmen, gibt man folgendes Kommando ein:

```
git merge mybranch    // Merge vom Branch mybranch
// -------------------------------------------------------------
hg merge mybranch     // Merge vom Branch mybranch
hg commit -m "Merged Branch mybranch"
```

Im Vergleich zu zentralen Versionsverwaltungen benötigen obige Aktionen wenig Zeit, da keine aufwendigen Zugriffe über das Netzwerk erfolgen müssen. Darüber hinaus kann in der Regel deutlich mehr an konkurrierenden Änderungen sinnvoll miteinander kombiniert werden, ohne dass dies Eingriffe des Entwicklers erfordert. Beim Mergen können natürlich dennoch ab und zu Konflikte auftreten, die manuell gelöst werden müssen.

Push und Pull Nachdem nun die Arbeiten abgeschlossen sind oder einen sinnvollen Zwischenstand erreicht haben, können und sollten diese mit dem Projekt-Repository abgeglichen werden.[9] Dazu dient der `push`-Befehl. Aber nicht nur man selbst, sondern auch andere Teammitglieder haben oftmals bereits Änderungen durchgeführt und diese

---

[9]Damit ein Abgleich mit Remote Repositories erfolgen kann, müssen diese entsprechend konfiguriert werden. Ich setze voraus, dass dies initial geschehen ist.

möglicherweise schon an das Projekt-Repository übertragen. Um das eigene, lokale Repository mit demjenigen auf dem Projektserver abzugleichen, dient der `pull`-Befehl.

Wie bei einem Update in SVN können bei einem `pull` mehrere Änderungen innerhalb einer Datei existieren und zu behandeln sein. In der Regel können diese automatisch gemergt werden, weil DVCS diverse Informationen beim Branching zwischenspeichern. Bei Widersprüchen müssen diese allerdings von Hand aufgelöst werden.

2.3.3 VCS und DVCS im Vergleich

In diesem Abschnitt stelle ich nochmals zusammenfassend die Eigenschaften zentraler Versionsverwaltungen, insbesondere deren Nachteile, und die Vorteile dezentraler Versionsverwaltungen gegenüber und schließe mit einem Fazit.

Nachteile zentraler Versionsverwaltungen

Zentrale Versionsverwaltungen erleichtern zwar unbestritten die Verwaltung der Historie von Dateien enorm, jedoch besitzen sie auch ganz entscheidende Nachteile:

- **Single Point of Failure** – Durch ihre Ausrichtung auf das zentrale Repository besitzen sie einen *Single Point of Failure*: Sobald das Repository einmal nicht mehr per Netz erreichbar ist, können nahezu keine Interaktionen mehr ausgeführt werden, die im Zusammenhang mit der Versionsverwaltung stehen. Schnell werden dann ganze Teams einige Stunden ausgebremst.
- **Zeitpunkt des Commits** – Es besteht ein Problem, den richtigen Zeitpunkt für einen Commit zu finden: Es ist teilweise recht schwierig zu entscheiden, wann und vor allem auch welche Änderungen eingecheckt und welche Teile besser noch nicht im Repository veröffentlicht werden sollten.

Wahl des richtigen Zeitpunkts zum Commit bei VCS   Intuitiv scheint klar, dass man mit einem Commit so lange warten sollte, bis die gemachten Änderungen einen sinnvollen Zwischenstand erreicht haben, und auch dass nur lauffähiger, möglichst gut getesteter Sourcecode ins Repository integriert werden sollte. Das Ganze hat jedoch folgenden Haken: Wenn man an Erweiterungen arbeitet, so erfüllt der neu erstellte Sourcecode manchmal die genannten Anforderungen (noch) nicht. Dafür gibt es unterschiedliche Gründe, etwa weil nicht alles zu 100 % durchdacht ist oder einige Anforderungen unbekannt oder unvollständig sind oder einfach falsch verstanden wurden. Für bestehenden Sourcecode gilt Ähnliches. Möglicherweise sind Erweiterungen auch nur halbherzig umgesetzt und zudem kaum testbar. Wird derartiger Sourcecode eingecheckt, so ist er danach auch für alle Teammitglieder sichtbar. Das wiederum hat folgende Konsequenzen:

- Wenn man diesen Stand des Sourcecodes eincheckt, bevor er wirklich fertig ist, verärgert man damit eventuell andere oder sorgt dafür, dass keine korrekte Programmversion erstellt werden kann.
- Zögert man stattdessen das Einchecken eine Weile hinaus, so besitzt man für einige Dateien keine Versionshistorie, da lediglich lokal gearbeitet wird. Beim Commit entstehen dann oftmals große und schwer nachvollziehbare Änderungen.
- Wenn man als Ausweg auf einem Branch arbeitet, bis sich die Änderungen stabilisiert haben, so führt dies zu weiteren Problemen. Vor allem empfiehlt es sich, den eigenen Branch mit dem aktuellen Stand abzugleichen, damit man die Änderungen von Kollegen schon im eigenen Branch hat, um so die Reintegration des eigenen Branches in den Hauptstand zu erleichtern.

Manchmal gibt es Situationen, in denen einige Entwickler ihren Sourcecode einige Tage oder gar Wochen nicht ins Repository integrieren oder aber längere Zeit auf einem Branch arbeiten, einfach daher, weil es nicht leicht ist, den Zeitpunkt zu bestimmen, wann Sourcecode »reif« genug für das Repository ist. Je länger der Integrationsvorgang allerdings verzögert wird, desto höher ist die Wahrscheinlichkeit, dass auch Teamkollegen in der Zwischenzeit an denselben Dateien arbeiten. Dadurch gestaltet sich das Zusammenführen der erfolgten Änderungen immer schwieriger.

Während also – wie auch schon erwähnt – viele Branches in zentralen VCS eher Probleme bereiten, als diese zu lösen, adressieren die dezentralen Versionsverwaltungen dieses und andere Probleme.

Vorteile dezentraler Versionsverwaltungen

Mit DVCS wird dieses Szenario extrem entschärft: Jeder Entwickler besitzt lokal sein eigenes Repository. Dort kann er Änderungen ausführen, diese committen, sie zurückrollen usw., alles ohne Einfluss auf die Teamkollegen. Wenn dann eine gute Qualität vorliegt, können die Modifikationen in ein (zentrales) Remote Repository überspielt werden. Indikatoren für den richtigen Moment sind, dass ein Entwickler mit seinen Änderungen zufrieden ist, die Tests erfolgreich laufen und bestenfalls sogar ein Codereview (Begutachtung des Sourcecodes durch verschiedene Entwickler, vgl. Kapitel 21) stattgefunden hat.

Die beschriebene Arbeitsweise für DVCS entspricht eigentlich genau derjenigen, die man sich als SVN-Benutzer schon immer gewünscht hat, nämlich immer dann, wenn a) keine Netzwerkverbindung bestand und b) man umfangreichere Änderungen durchführen musste und deren Zwischenstände im Repository sichern, aber nicht allen direkt zugänglich machen wollte. Als Lösung hat man dann in SVN mit sogenannten Feature-Branches gearbeitet. Das läuft so lange gut, wie man nur auf den Branches entwickelt. Allerdings wird das schnell kompliziert, wenn man die Branches wieder zusammenführen muss. Weil DVCS mehr Informationen zu den Dateien speichern, fällt dort das Arbeiten mit Branches und vor allem das Vereinigen von Branches um einiges leichter als mit SVN.

Fazit

Verteilte Versionsverwaltungen erleichtern einem die Versionierung von Dateien sehr. Das gilt selbst dann, wenn man lediglich als Einzelperson lokal arbeiten möchte. Einfacher als mit Git oder Mercurial kann man dies kaum tun. In den letzten Jahren ist auch die Unterstützung durch grafische Tools immer besser geworden. Zur Integration der Versionsverwaltung in den Windows-Explorer sind die Tools TortoiseGit und TortoiseHg praktisch. Beide bieten auch eine grafische Oberfläche.

Teilweise mag in einigen Unternehmen der hohe Verbreitungsgrad von SVN möglicherweise (noch) den Einsatz von DVCS verhindern. Für DVCS spricht jedenfalls, dass man mit einem zentralen Repository, angelehnt an die bisherige Arbeitsweise, arbeiten kann, darüber hinaus aber von den vielfältigen Vorzügen von DVCS profitieren kann. Diese liste ich nachfolgend nochmals auf, um Sie für deren Einsatz zu begeistern und darüber hinaus eine Argumentationshilfe zu bieten, wenn Sie oder Ihre Firma einen Wechsel zu einem DVCS in Betracht ziehen.

- **Geschwindigkeit** – Das lokale Repository ist vollständig im Dateisystem gespeichert und die meisten Aktionen und Arbeitsschritte erfordern keine Netzwerkzugriffe wie bei CVS oder SVN. Einzig der Abgleich mit Remote Repositories kann ohne Netz nicht erfolgen.
- **Einfache Installation und Nutzung** – Git und Mercurial sind im Internet frei verfügbar. Nach ihrer Installation (und minimaler Konfiguration) sind die beiden DVCS sofort einsatzbereit. Man kann dann mit der Arbeit beginnen, obwohl eventuell noch kein zentrales Repository eingerichtet ist.
- **Offline Arbeiten** – Wünschenswert ist es häufig, auch offline arbeiten zu können. Insbesondere gilt dies etwa unterwegs, wenn nur eine eingeschränkte Verbindung zum Netz besteht. Zentrale Versionsverwaltungen setzen in der Regel eine funktionierende sowie ständige Verbindung zum Versionsverwaltungsserver voraus, um Arbeitsschritte durchführen zu können. DVCS erlauben das lokale Arbeiten und auch ein nachträglicher Abgleich mit einem anderen Repository ist (sehr häufig) problemlos möglich.
- **Einfaches Taggen und Branching** – Tagging und Branching sind zwei wichtige Hilfsmittel beim Verwalten von Versionen. Mit CVS oder SVN ist die Arbeit mit Tags und Branches teilweise recht aufwendig oder umständlich. Für DVCS ist das Ganze deutlich einfacher.
- **Einfaches Committen** – Commits erfolgen ins lokale Repository und stehen damit nicht im Konflikt mit den Änderungen anderer. Zudem kann man Commits mithilfe der Staging Area vorbereiten. Das kann bei umfangreichen Änderungen hilfreich sein, um diese dann in einem Rutsch zu committen.
- **Datensicherheit** – Jeder Clone eines Repository ist eine vollständige Kopie. Falls tatsächlich mal ein Datenträgerdefekt o. Ä. auftreten sollte, kann man einen Stand aus einem anderen Repository wiederherstellen (sofern es einen Clone gibt).

2.4 Einsatz eines Unit-Test-Frameworks

Um eine ausreichende Softwarequalität sicherzustellen, müssen Programme nach verschiedenen Kriterien geprüft werden. Eine mögliche Qualitätssicherungsmaßnahme auf Sourcecode-Ebene sind sogenannte Unit Tests, die hier kurz vorgestellt werden. Ausführlich wird das Thema Unit-Testen dann in Kapitel 20 besprochen. Ziel beim Unit-Testen ist es, das korrekte Arbeiten einer kleinen Einheit (Unit) – normalerweise einer Java-Klasse – für sich zu untersuchen: Das Zusammenspiel mit anderen Softwarekomponenten wird bei dieser Art von Test gewöhnlich nicht betrachtet. Das erleichtert den Fokus auf einen klar abgegrenzten Bereich der Funktionalität, wodurch sich Ergebnisse besser mit gewünschten Resultaten vergleichen lassen.

Die erwarteten Ergebnisse und die korrespondierenden Testfälle werden in Form von Java-Klassen realisiert. Tests werden also nicht nur durchgeführt, sondern zunächst programmiert. So versucht man, auch die Entwickler zum Testen zu bewegen, die sich sonst gerne vor Tests drücken wollen. Gar keine Tests durchzuführen, stellt allerdings eine unangebrachte Art von Bequemlichkeit dar: Als Entwickler sollen Sie zumindest dafür sorgen, dass für Tester eine umfassende funktionale Prüfung der Applikation möglich ist, ohne dass die Tester dabei ständig über einfache Programmierfehler stolpern.

2.4.1 Das JUnit-Framework

JUnit ist ein in Java geschriebenes Framework, das beim Schreiben und bei der Automatisierung von Testfällen auf Klassenebene unterstützt.[10] Es ist durch seinen einfachen Aufbau leicht erlernbar und nimmt viel Arbeit beim Schreiben und Verwalten von Testfällen ab: Praktischerweise kümmert sich das Framework bereits um Dinge wie das Zählen und Berichten von Fehlern, sodass nur die Logik für die Testfälle selbst zu implementieren ist. Dabei unterstützt das Framework durch Methoden, mit denen Testbehauptungen aufgestellt und ausgewertet werden können.

Beispiel: Ein erster Unit Test mit JUnit 4

Zum Testen einer Applikationsklasse wird normalerweise eine korrespondierende Testklasse geschrieben. Häufig beginnt man zur Absicherung wichtiger Funktionalität eigener Klassen damit, zunächst einige zentrale Methoden durch Tests zu überprüfen. Dies kann anschließend schrittweise ausgeweitet werden. Dazu werden Testfälle in Form spezieller Testmethoden erstellt, die mit der Annotation[11] `@Test` markiert und `public` sein müssen. Zudem dürfen diese Methoden keine Parameter und keinen Rückgabewert besitzen. Ansonsten werden sie von JUnit nicht als Testfall betrachtet und bei der Testausführung ignoriert.

---

[10] Damit lassen auch ohne Weiteres Integrations- und Systemtests schreiben.

[11] Annotations sind mit dem Zeichen '@' beginnende Markierungen im Sourcecode, die Metainformationen zu einem damit gekennzeichneten Element (Klasse, Methode usw.) beschreiben.

Schauen wir auf ein sehr einfaches erstes Beispiel, das lediglich das Gesagte verdeutlicht, aber noch keine Funktionalität testet:

```java
import static org.junit.Assert.*;

import org.junit.Test;

public class FirstTestWithJUnit4
{
    @Test
    public void test()
    {
        fail("Not yet implemented");
    }
}
```

Im Listing sieht man den Import verschiedener Klassen und der Annotation `@Test` aus dem Package `org.junit`. Verschiedene Methoden der Klasse `Assert` werden statisch importiert. Damit erreicht man eine bessere Lesbarkeit beim Aufruf der Testmethoden.

Unit Tests mit Eclipse erstellen Praktischerweise kann man sich ein derartiges Grundgerüst für einen Unit Test von Eclipse erzeugen lassen. Dazu wählt man im Kontextmenü des jeweiligen Projekts NEW –> JUNIT TEST CASE. Daraufhin erscheint ein Dialog, in dem man verschiedene Einstellungen vornehmen kann. Das ist exemplarisch in Abbildung 2-6 gezeigt.

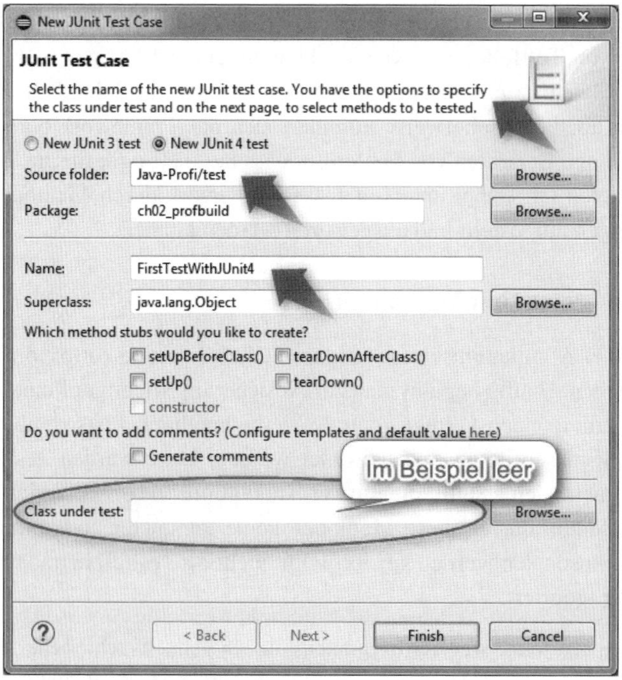

Abbildung 2-6 Erstellen eines JUnit-Tests in Eclipse

Man kann den Namen des Tests festlegen und angeben, ob der Test auf JUnit 3 oder 4 basieren soll. Wir nutzen das aktuellere JUnit 4 und verwenden als Namen `FirstTestWithJUnit4`. Auch sollten wir darauf achten, die Tests in einem speziellen Verzeichnis für Tests abzulegen, also je nach Verzeichnislayout etwa im Verzeichnis `test` oder `src/test/java`. Bestätigen wir den Dialog, so wird die im obigen Listing gezeigte Testklasse erzeugt, in der wir nun Testmethoden ergänzen könnten. Des Weiteren wird man im Normalfall im Textfeld `Class under test` die zu testende Klasse anwählen. Weil wir hier zur Einführung keinen Test einer Applikationsklasse, sondern nur einen minimalen Test als Ausgangspunkt erstellen, bleibt dieses Eingabefeld leer.

> **Tipp: Benennung von Testklassen und von Testmethoden**
>
> Die Klassen von Unit Tests sollten den Namen der zu testenden Source-Datei enthalten, um diese leicht miteinander zu assoziieren. ***Sinnvoll ist es, `Test` als Postfix für die Testklasse zu verwenden***: Man würde etwa dem Test für die Klasse `MyClass` den Namen `MyClassTest` geben. Basierend auf dem Klassennamen findet man sehr schnell den entsprechenden Test. Würde man dagegen das Präfix `Test` für die Testklasse nutzen, so lassen sich Tests nur mit viel Aufwand finden: Alle Namen von Testklassen beginnen dann mit dem Präfix `Test` und unterscheiden sich erst nach dem gemeinsamen Präfix.
>
> **Benennung von Testmethoden** Mit JUnit 3 mussten alle Testmethoden mit dem Präfix `test` beginnen, um vom Framework erkannt und ausgeführt zu werden. Seit JUnit 4 ist das nicht mehr erforderlich, da dessen Architektur auf Annotations umgestellt wurde. Ich verwende mitunter zusätzlich zur Annotation auch weiterhin das Präfix `test`. Das ist nicht notwendig, erleichtert mir aber die Arbeit. So erreiche ich bei umfangreicheren Testklassen eine bessere Trennung zwischen Hilfsmethoden in der Testklasse und solchen, die Testfälle darstellen.

Schreiben und Ausführen von Tests

Nachdem wir nun wissen, wie man einfache Unit Tests erstellt, möchte ich das Ganze ausbauen. Wir lernen dazu u. a. folgende Funktionalitäten aus dem JUnit-Framework zum Ausführen von Tests und zur vorherigen Definition von Testfällen inklusive der Auswertung von Bedingungen in Testfallmethoden kennen:

- **Auswertung von Bedingungen** – Die Klasse `Assert` stellt eine Menge von Prüfmethoden bereit, mit denen Bedingungen formuliert und dadurch Zusicherungen über den zu testenden Sourcecode geprüft werden können:
    - Durch Aufruf der überladenen Methoden `assertTrue()` und `assertFalse()` lassen sich boolesche Bedingungen prüfen. Erstere Methode geht davon aus, dass eine Bedingung erfüllt ist, und meldet ansonsten einen Fehler. Für `assertFalse()` gilt das Gegenteil.

- Mit den überladenen Methoden `assertNull()` bzw. `assertNotNull()` können Objektreferenzen auf `null` bzw. ungleich `null` geprüft werden.
- Die überladene Methode `assertEquals()` ermöglicht es, sowohl zwei Objekte auf inhaltliche Gleichheit (Aufruf von `equals(Object)`) als auch zwei Variablen primitiven Typs auf Gleichheit zu prüfen. Aufgrund möglicher Rundungsungenauigkeiten bei Berechnungen für die Typen `float` und `double` kann bei deren Prüfung eine maximale Abweichung vom erwarteten Wert angegeben werden.
- Die überladenen Methoden `assertSame()` bzw. `assertNotSame()` prüfen Objektreferenzen auf Gleichheit bzw. Ungleichheit gemäß `==`.
- Über `fail()` kann man einen Testfall bewusst fehlschlagen lassen. Dies ist nützlich, um auf eine unerwartete Situation zu reagieren, etwa wenn beim Parsing von Zahlen für eine ungültige Eingabe wider Erwarten keine Exception ausgelöst wird. Sollten bei der Abarbeitung von Testfällen Exceptions auftreten, erlaubt es JUnit 4, derartige Exceptions in der Annotation `@Test` mit dem Attribut `expected` zu spezifizieren.

Das initial erzeugte Unit-Test-Grundgerüst erweitern wir nun: Folgendes Listing zeigt einige der vorgestellten Methoden im Einsatz, wobei verschiedene Testmethoden in diesem Beispiel bewusst Fehler provozieren:

```java
import static org.junit.Assert.*;

import java.util.ArrayList;
import java.util.Arrays;
import java.util.List;

import org.junit.Test;

public class TestExample
{
    @Test
    public void testAssertTrue()
    {
        final List<String> names = new ArrayList<>();
        names.add("Max");
        names.add("Moritz");
        names.clear();
        assertTrue(names.isEmpty());
    }

    @Test
    public void testAssertFalse()
    {
        final List<Integer> primes = Arrays.asList(2, 3, 5, 7);
        // Hier wird bewusst ein Fehler provoziert
        assertFalse(primes.contains(7));
    }

    @Test
    public void testAssertNull()
    {
        assertNull(null);
    }
```

```
@Test
public void testAssertNotNull()
{
    // Hier wird bewusst ein Fehler provoziert
    assertNotNull("Unexpected null value", null);
}

@Test
public void testAssertEquals()
{
    assertEquals("EXPECTED", "expected".toUpperCase());
}

@Test
public void testAssertEqualsWithPrecision()
{
    assertEquals(2.75, 2.74999, 0.1);
}

@Test(expected = java.lang.NumberFormatException.class)
public void testFailWithExceptionJUnit4()
{
    // Hier wird bewusst ein Fehler provoziert
    final int value = Integer.parseInt("Fehler simulieren!");
    fail("calculation should throw an exception!");
}
```

- **Testausführung** – JUnit ist in Eclipse integriert und erlaubt die Ausführung von Tests direkt aus der IDE. Tests kann man entweder über ein Kontextmenü oder über Buttons im GUI ausführen. Dabei kommt es zu einer Ausgabe ähnlich zu der in Abbildung 2-7. Ein roter Balken zeigt Fehler an. Im Idealfall sieht man ein »beruhigendes« Grün, das den erfolgreichen Abschluss aller Testfälle meldet.

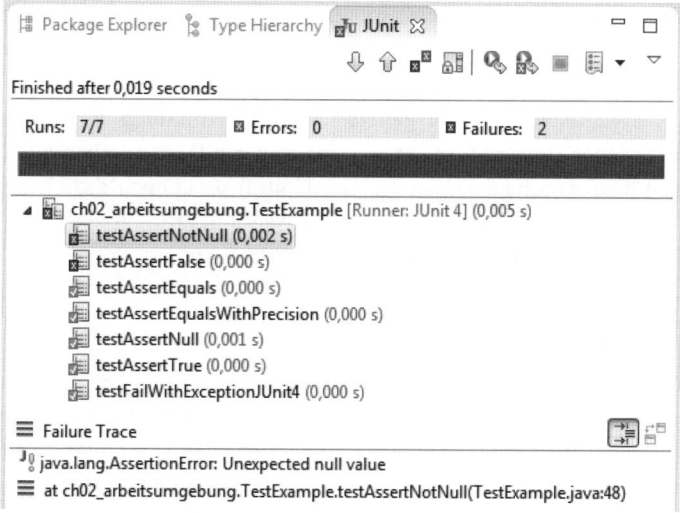

Abbildung 2-7 Testausführung aus dem GUI der IDE

Gleitkommawerte mit Abweichung testen   Bei Berechnungen mit Gleitkommazahlen kann es zu Rundungsfehlern kommen. Gerade im Bereich von Unit Tests ist es daher wünschenswert, eine kleine Abweichung von dem erwarteten Ergebnis noch als valide akzeptieren zu können. Im obigen Beispiel haben wir dies schon für fixe Zahlenwerte gesehen. Für Berechnungen ist das mit JUnit wie folgt möglich:

```
@Test
public void testDoubleWithDeviation()
{
    final double EPSILON = 0.0001;

    // Hier nur exemplarisch für eine komplexe Berechnung
    final double result = 10.0 / 3.0 * 100;

    assertEquals(333.3333, result, EPSILON);
}
```

2.4.2 Vorteile von Unit Tests

Nachdem wir einen ersten Einblick in das Unit-Testen gewonnen haben, möchte ich kurz mögliche positive Auswirkungen auf die Entwicklung sowie die Qualität nennen, um Sie für das Erstellen von Unit Tests zu ermuntern.

Regressionstest

Die Integration von Unit-Test-Frameworks in IDEs ermöglicht es, Unit Tests parallel zur eigentlichen Anwendung zu entwickeln und durchzuführen, ohne dafür die Arbeitsumgebung verlassen zu müssen.

Einmal programmierte Unit Tests sollten beliebig oft wiederholt werden können. Diese Form des Testens wird *Regressionstest* genannt. Nach Änderungen an der Software kann man durch die erneute Ausführung der Unit Tests sicherstellen, dass auch weiterhin die erwarteten Resultate geliefert werden. Allerdings wäre es aufwendig, wenn man nach jeder kleineren Änderung alle Tests von Hand ausführen müsste. Hierfür bietet sich eine Automatisierung an. Die Unit Tests können dazu sowohl als ein Schritt im später vorgestellten Build-Prozess ausgeführt werden als auch über Tools parallel während des Entwickelns in der IDE (vgl. Abschnitt 20.8.3).

Positive Effekte von Unit Tests

Je komplexer Programme werden, desto wahrscheinlicher enthalten diese auch Fehler. Durch die entwicklungsbegleitende Erstellung von Unit Tests kann man bereits viele davon noch während der Implementierung – also frühzeitig – finden und beseitigen. Warum ist das ratsam? Fehler, die erst sehr spät im Entwicklungszyklus, eventuell sogar erst beim Kunden, gefunden werden, verursachen wesentlich mehr Ärger und Kosten, als wenn dies frühzeitig noch während der Entwicklung geschieht, etwa durch Unit Tests. Der Grund ist recht offensichtlich: Wenn Fehler erst kurz vor Auslieferungen oder gar erst vom Kunden gefunden werden, behindert das möglicherweise dessen tägliche Arbeit und verärgert ihn. Zudem lassen sich die Ursachen für den Fehler häufig nur schwierig nachvollziehen und es erfordert aufwendige Analysen und Nachtests, bis die Ursachen aufgedeckt werden können. Findet und korrigiert man Fehler dagegen noch während der Entwicklung, so spart dies oftmals einiges an Aufwand: Analysen sind in der Regel viel einfacher, weil die Funktionalität erst vor Kurzem entwickelt wurde und meistens mehr Informationen verfügbar sind. Außerdem vermeidet es Ärger und unzufriedene Kunden, da der fehlerbehaftete Softwarestand den Kunden gar nicht erst als Auslieferung erreicht.

Fazit

In diesem Abschnitt wurde das Unit-Testen mithilfe des JUnit-Frameworks kurz vorgestellt. Damit haben Sie die Grundlagen für das Schreiben eigener Unit Tests kennengelernt und sollten die nachfolgenden Beispiele verstehen können. In Kapitel 20 gehe ich dann intensiver auf das Thema Testen mit JUnit ein. Weiter gehende Informationen, Artikel sowie Tipps und Tricks finden Sie z. B. unter www.junit.org.

> **Hinweis: Das TestNG-Framework als Alternative zu JUnit**
>
> Wenn Sie die Arbeitsweise von JUnit verstanden haben, ist es nicht schwierig, diese auf TestNG zu übertragen. Weitere Informationen zu TestNG finden Sie unter http://testng.org/doc/documentation-main.html.

2.5 Debugging

Selbst wenn parallel zur Entwicklung gewissenhaft getestet wird und viele Tests existieren, die im besten Fall die Funktionalität des Programms gründlich prüfen, so verbleiben normalerweise immer noch einige Fehler im Programm. Um auch hartnäckige Fehler aufspüren zu können, ist es wünschenswert, die Programmabläufe im Detail, also am besten Schritt für Schritt, während der Ausführung beobachten zu können. Dazu ist der Einsatz eines sogenannten Debuggers (zu deutsch »Entwanzer«[12]) sinnvoll. Im JDK ist ein einfacher, kommandozeilenbasierter Debugger, der jdb, integriert. Allerdings ist dessen Einsatz kryptisch und mühselig und daher nur in Ausnahmefällen angebracht, zumal ein Qualitätsmerkmal aktueller IDEs genau darin besteht, leistungsfähige Debugger mit komfortabler, grafischer Benutzeroberfläche mitzuliefern. Dies gilt gleichermaßen für Eclipse, IntelliJ IDEA und NetBeans. Bevor ich konkret auf das Thema Debugging eingehe, möchte ich noch ein paar Details zur Fehlersuche darstellen.

---

[12]Der merkwürdige Name »Entwanzer« geht historisch auf die großen wohnraumfüllenden ersten Computer zurück, in denen Insekten zu Fehlern in den Schaltungen geführt haben. Eine kurze Anekdote findet man im Buch »Der Pragmatische Programmierer« von Andrew Hunt und David Thomas [38] in Abschnitt 18 zum Thema Fehlersuche.

Notwendige Informationen für eine sinnvolle Fehlersuche

Trotz aller Anstrengungen zum Erreichen einer guten Qualität werden irgendwann bis dahin unentdeckte Programmfehler auftreten. Für deren Behebung und die dazu notwendige vorangehende Analyse ist es meistens sehr hilfreich, wenn man möglichst umfangreiche Informationen zum Fehlverhalten besitzt.

Solange Programme einwandfrei funktionieren, wird man sich seltener auf Fehlersuche begeben als bei einem akut vorliegenden Problem. Nichtsdestotrotz sollte man immer auch einen Teil seiner Arbeitszeit in eine kontinuierliche Verbesserung bzw. Prüfung der bestehenden Implementierung stecken, um präventiv möglichen Fehlern vorzubeugen. Dazu kann man beispielsweise Abfragen und Prüfungen in das Programm integrieren, um die Validität von Eingabeparametern öffentlicher Methoden zu überprüfen und sicherzustellen.

Eine möglicherweise notwendige Fehleranalyse wird deutlich erleichtert, wenn die Fehlersituation anhand der Historie der Methodenaufrufe (Stacktrace) eingegrenzt werden kann. Diese Information besitzt man immer dann, wenn eine Exception ausgelöst wurde. Daher empfehle ich, in eigenen Programmen (schwerwiegende) Fehlersituationen durch Exceptions zu kommunizieren. Diese dienen dazu, den Programmablauf in einer geeigneten Behandlung wieder auf Kurs zu bekommen, sowie dazu, aussagekräftige Fehlermeldungen für den Kunden oder für Entwickler zu generieren.

Hilfreich für eine Problemanalyse ist zudem, Exceptions mit möglichst viel Kontextinformationen anzureichern. Dort sollten etwa Angaben zu Wertebelegungen von Attributen, lokalen Variablen und Übergabeparametern usw. gemacht werden – aber natürlich beschränkt auf den relevanten Zustand! Mithilfe eines Stacktrace kann man die verursachende Stelle vielfach recht gut eingrenzen, und die bereitgestellten Kontextinformationen helfen bei der weiteren Analyse. Auf diese Weise lassen sich dann in der Regel die Ursachen für Fehler leichter finden.

Leider ist die Fehlersuche in der Praxis dann doch häufig noch etwas komplizierter. Nach der Korrektur offensichtlicher oder durch ausgelöste Exceptions auffindbare Programmfehler wird es zunehmend schwieriger, verbliebene Fehler zu entdecken. Beispielsweise äußern sich diese hartnäckigen Fehler dadurch, dass Berechnungen falsche Ergebnisse liefern – jedoch nur unter ganz speziellen Rahmenbedingungen. Alle diese Situationen und Randfälle im Voraus zu bedenken, wird kein Mensch schaffen. Was kann man also tun? Für solche Fälle ist der Einsatz von Debugging-Tools sinnvoll. Daher wenden wir uns nun diesem Thema zu.

> **Meinung: Fehlerbehandlung und Exceptions**
>
> Manchmal hört man, dass Exceptions etwas Schlechtes und zu Vermeidendes sind. Aber oftmals ist es zur Fehlerbehebung hilfreich, wenn bei schwerwiegenden Fehlern oder Problemen aussagekräftige Exceptions ausgelöst werden. Allerdings gilt diese derart positiv formulierte Aussage nur während der Entwicklungsphase und des Tests. Nach Auslieferung an Kunden sind Exceptions immer ärgerlich – auch wenn die Fehlersituation mit Stacktrace deutlich besser analysierbar ist als ohne.

2.5.1 Fehlersuche mit einem Debugger

Ein in die IDE integrierter Debugger ist ein komfortables Hilfsmittel, das die Fehlersuche zum Teil enorm vereinfachen kann. Dafür besonders praktisch ist es, dass die Ausführung eines Programms an nahezu beliebiger Stelle angehalten, die Belegung von Variablen angeschaut, überprüft (und sogar verändert) und das Programm anschließend fortgesetzt werden kann. Eine Programmstelle, an der die Ausführung unterbrochen werden soll, nennt man **Breakpoint**. Einen solchen kann man im Editor der IDE für die gewünschte Programmzeile setzen (in Eclipse erscheint durch einen Doppelklick ein kleiner blauer Punkt), einen bestehenden Breakpoint kann man auf die gleiche Weise wieder entfernen.[13] Abbildung 2-8 zeigt einen Programmausschnitt einer Methode doActionForAll() einer Klasse GameModel mit vier gesetzten Breakpoints.

```
public void doActionForAll()
{
    tickCounter++;
    [Line breakpoint:GameModel [line: 116] - doActionForAll()]
    stars.tick();

    for (final UFO currentUfo : ufos)
    {
        currentUfo.tick();
    }
    for (final UfoBullet currentBullet : ufoBullets)
    {
        currentBullet.tick();
    }

    if (InputState.INSTANCE.moveLeft)
        player.moveDx(-playerSpeed);
    if (InputState.INSTANCE.moveRight)
        player.moveDx(playerSpeed);

    if (InputState.INSTANCE.fire)
```

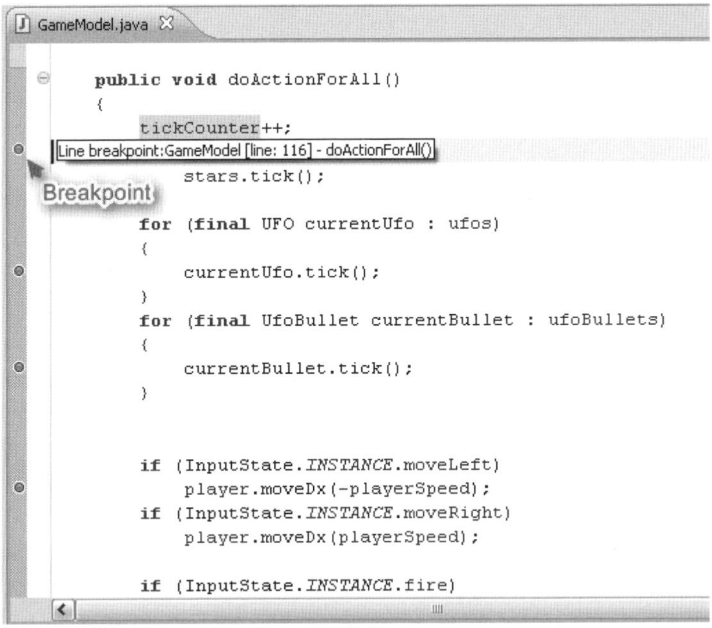

Abbildung 2-8 *Programmausschnitt mit vier gesetzten Breakpoints*

Um ein Programm in dieser speziellen Debugging-Ausführungsart ablaufen zu lassen und untersuchen zu können, muss es im Debug-Modus (F11) und nicht wie üblich per Run (CTRL+F11) gestartet werden. Im Debug-Modus wird die Ausführung des Programms an den zuvor im Editor gesetzten Breakpoints unterbrochen. In der folgenden Abbildung 2-9 ist dies für die Methode doActionForAll() gezeigt.

Im linken oberen Teil des Bildschirms ist die Aufrufhierarchie dargestellt. Rechts daneben sind zwei Views (als Karteikartenreiter) platziert, die sowohl die aktuellen

---
[13] Die folgenden Beschreibungen beziehen sich auf Eclipse. Die Abläufe sind aber in ähnlicher Weise auch mit anderen IDEs möglich.

2 Professionelle Arbeitsumgebung

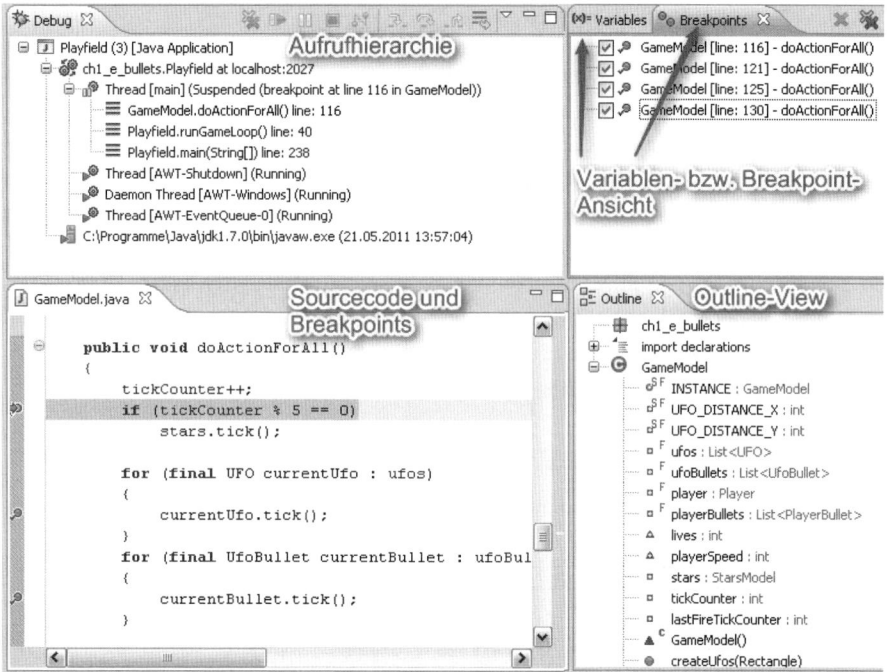

Abbildung 2-9 Beispiel einer Debug-Session

Belegungen der Variablen als auch eine Übersicht über definierte Breakpoints bieten. Im linken unteren Teil sehen wir den Programmausschnitt, in dem die Zeile markiert ist, in der das Programm unterbrochen wurde. Rechts daneben befindet sich die sogenannte Outline-View, die Informationen zu der hier untersuchten Klasse GameModel zeigt. Diese etwas ungewöhnliche Anordnung wurde hier lediglich zu Demonstrationszwecken gewählt, um die einzelnen Views in kompakter Form beschreiben zu können. Die Anordnung der Views lässt sich je nach Bedarf beliebig ändern.

Aktionen beim Debugging

Wenn das Programm gerade angehalten ist (oder genauer: die JVM die Ausführung unterbrochen hat), können wir nun mit dem Debugging bzw. der Fehleranalyse beginnen. Uns stehen unter anderem folgende Optionen zur Verfügung:

- **RESUME (F8)** – Das Programm wird bis zum nächsten Breakpoint ausgeführt, falls es einen solchen im Ausführungspfad gibt. Im Beispiel würden wir dann auf dem Breakpoint der Zeile currentUfo.tick(); landen.
- **STEP INTO (F5)** – Befinden wir uns in einer Zeile mit einem Methodenaufruf, so wird zur ersten Zeile der Methode – im Beispiel der aufgerufenen Methode stars.tick() – gesprungen und dort die Ausführung in der ersten Zeile angehal-

ten.[14] Enthält die Programmzeile keinen Methodenaufruf, dann stoppt der Debugger an der nächsten auszuführenden Zeile der aktuellen Methode oder dem letzten Befehl einer Methode.

- **STEP RETURN (F7)** – Wurde mit STEP INTO in eine Methode gesprungen, so kann man mit dieser Funktion das Debugging einer derart angesprungenen Methode aussetzen, d. h., die folgenden Zeilen werden ausgeführt, und der Debugger läuft bis direkt hinter die vorherige Aufrufstelle.
- **STEP OVER (F6)** – Es wird die aktuelle Programmzeile ausgeführt. Handelt es sich dabei um einen Methodenaufruf, so wird die entsprechende Methode nicht im Debugger angesprungen, sondern vollständig abgearbeitet. Die Programmausführung wird an der nächsten auszuführenden Zeile nach der aktuellen Zeile gestoppt oder an einem anderen Breakpoint, falls es einen im Aufrufpfad gibt.
- **RUN TO LINE (CTRL+R)** – Soll die Ausführung bis zu einer speziellen Zeile fortgesetzt werden, so können wir den Cursor auf die gewünschte Zeile bewegen und dann diese Funktion auswählen.
- **TERMINATE (CTRL+F2)** – Die Ausführung des Programms wird beendet.

Alternativ zu den in der Aufzählung angegebenen Tastaturkürzeln können wir die Aktionen mithilfe korrespondierender Buttons der Toolbar ausführen. In Abbildung 2-10 ist dies für die Aktion STEP INTO gezeigt. Im unteren rechten Teil ist die Darstellung der Variablenbelegung zum Ausführungszeitpunkt zu sehen. Wir können beobachten, ob sich alle Werte gemäß unseren Erwartungen verändern, und sogar bei Bedarf einzelne Werte während der Programmausführung modifizieren.

2.5.2 Remote Debugging

Die vorangegangenen Abschnitte haben einen Einstieg in die Thematik Debugging gegeben. Bisher haben wir aber nur solche Programme betrachtet, die direkt in unserer IDE laufen. Oftmals ist es jedoch wünschenswert, auch unabhängig von der IDE gestartete Programme – etwa solche, die bereits an die Testabteilung oder sogar an Kunden ausgeliefert wurden – mit einem Debugger zu untersuchen. Wenn ein Programm in einem Testsystem oder beim Kunden im Einsatz ist, kann man Fehlern nicht mehr nachspüren, indem man das Programm direkt aus der IDE im Debug-Modus startet. Das ist schade, da eine Fehlersuche durch eine schrittweise Analyse des Programmablaufs leichter möglich ist. Durch einen Trick wird jedoch praktischerweise das Debugging separat gestarteter Java-Programme mit dem Eclipse-Debugger möglich. Voraussetzung dazu ist lediglich eine TCP/IP-Verbindung zum Zielsystem und eine entsprechende Parametrierung der JVM beim Start auf diesem System.

---

[14]Wenn Programmzeilen mehrere Methodenaufrufe hintereinander enthalten, etwa `calcSum(x, y) + calcFactorial(y)`, oder als verschachtelten Aufruf, z. B. `calcSum(x, calcFactorial(y))`, werden diese der Reihe nach abgearbeitet.

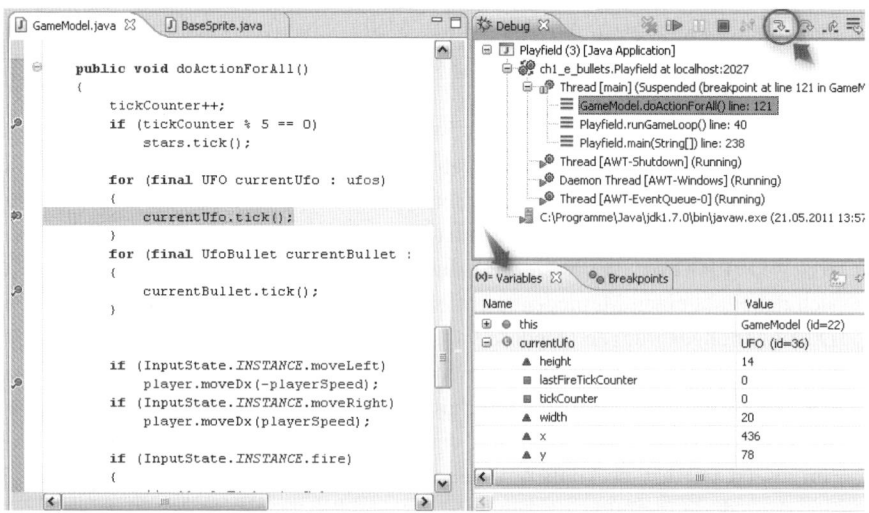

Abbildung 2-10 *Beispiel einer Debug-Session mit Auswahl von* STEP INTO

Parametrierung der JVM zum Remote Debugging

Die JVM bietet spezielle Parameter, die es erlauben, das in einer JVM ausgeführte Programm mithilfe eines externen Debuggers zu untersuchen. Dieser wird in der Regel in einer IDE ausgeführt und verbindet sich über ein Netzwerk mit der programmausführenden JVM. Dazu muss für diese JVM unter anderem ein Port für das Remote Debugging festgelegt werden, mit dem sich die IDE später verbinden kann. Zum Start einer programmausführenden JVM im Debug-Modus müssen folgende Parameter übergeben werden, wobei die Werte gegebenenfalls anzupassen sind:

```
java -agentlib:jdwp=transport=dt_socket,server=y,suspend=n,address=7777
```

Als Hilfestellung für möglicherweise erforderliche Anpassungen sind in der nachfolgenden Aufzählung die genutzten Optionen von `-agentlib:jdwp` beschrieben:[15]

- `transport=dt_socket` – Aktiviert die Kommunikation des Debuggers mit der JVM über Sockets. Normalerweise wird die IDE lokal ausgeführt und verbindet sich über ein Netzwerk mit einer programmausführenden JVM.
- `server=y/n` – Bei `y` wird auf das Einklinken eines Debuggers auf dem durch `address` spezifizierten Port gehorcht. Bei der Option `n` wird versucht, ein Debugging-Gegenstück an der unter `address` angegebenen Adresse zu finden.
- `suspend=y/n` – Bestimmt, ob die JVM mit der Ausführung wartet, bis sich ein Debugger mit ihr verbunden hat oder nicht. Die Einstellung `n` ist sinnvoll, wenn

---

[15] JDWP steht für Java Debug Wire Protocol. Das ist ein spezielles Protokoll zur Kommunikation zwischen einem Debugger und einer JVM. Eine Übersicht über alle Optionen bekommt man durch die Aufrufe von `java -agentlib:jdwp=help` oder `java -Xrunjdwp:help`.

man sich in einer Testphase befindet oder nicht direkt beim Applikationsstart ein Remote Debugging durchführen möchte, sondern nur bei Bedarf.
- `address=7777` – Legt den Port fest, über den sich der Debugger und die JVM verbinden. Es ist ratsam, hier einen leicht zu merkenden, immer gleichen Port zu nutzen (abgesehen vielleicht von Security-Bedenken).

> **Hinweis: Remote Debugging vor JDK 5**
>
> In der Praxis trifft man immer noch ältere Aufrufe ähnlich zu Folgendem an:
>
> ```
> java -Xdebug -Xrunjdwp:transport=dt_socket,server=y,suspend=n,address=7777
> ```
>
> Dieser Aufruf funktioniert problemlos auch mit neueren JDKs, besitzt aber eine leicht unterschiedliche Parametersyntax:
>
> - `-Xdebug` – Startet die JVM mit Unterstützung von JVMDI (Java Virtual Machine Debug Interface). Dieses ist seit JDK 5 veraltet, und man sollte besser die zuvor beschriebene Kommandozeilenoption `-agentlib:jdwp` wählen.
> - `-Xrunjdwp:transport=dt_socket, server=y, suspend=n, address=7777` – Diese Angabe ist nahezu identisch zu der neueren Variante. Der Unterschied liegt in der Syntax `-Xrunjdwp:` statt `-agentlib:jdwp=`.

Remote Debugging in Eclipse an einem Beispiel

An einem einfachen Beispiel wollen wir nachvollziehen, dass Remote Debugging recht leicht zu bewerkstelligen ist. Hier geht es wirklich nur darum, zu demonstrieren, wie man Remote Debugging ausführt. Es hat ansonsten keinen praktischen Nutzen!

Wir beginnen mit der zu debuggenden Klasse `RemoteDebuggingExample`. In deren simpler `main()`-Methode wird lediglich von 0 bis 49 gezählt, der aktuelle Wert auf der Konsole ausgegeben und danach jeweils 10 Sekunden Pause gemacht:

```java
import java.util.concurrent.TimeUnit;

public class RemoteDebuggingExample
{
    public static void main(final String[] args) throws InterruptedException
    {
        for (int i = 0; i < 50; i++)
        {
            print(i);
        }
    }

    public static void print(final int i) throws InterruptedException
    {
        System.out.println("i=" + i);
        TimeUnit.SECONDS.sleep(10);
    }
}
```

2 Professionelle Arbeitsumgebung

Start des Programms mit JVM-Debug-Einstellungen Der Start des Programms erfolgt auf dem Zielsystem (was für unseren einfachen Test identisch mit dem eigenen Rechner sein kann) mit den bekannten JVM-Debug-Parametern:

```
java -agentlib:jdwp=transport=dt_socket,server=y,suspend=n,address=7777
     RemoteDebuggingExample
```

Komfortabler als der gerade gezeigte Starts von der Kommandozeile ist es, sich in Eclipse eine Ausführungskonfiguration inklusive `main`-Klasse zu erstellen (vgl. Abbildung 2-11).

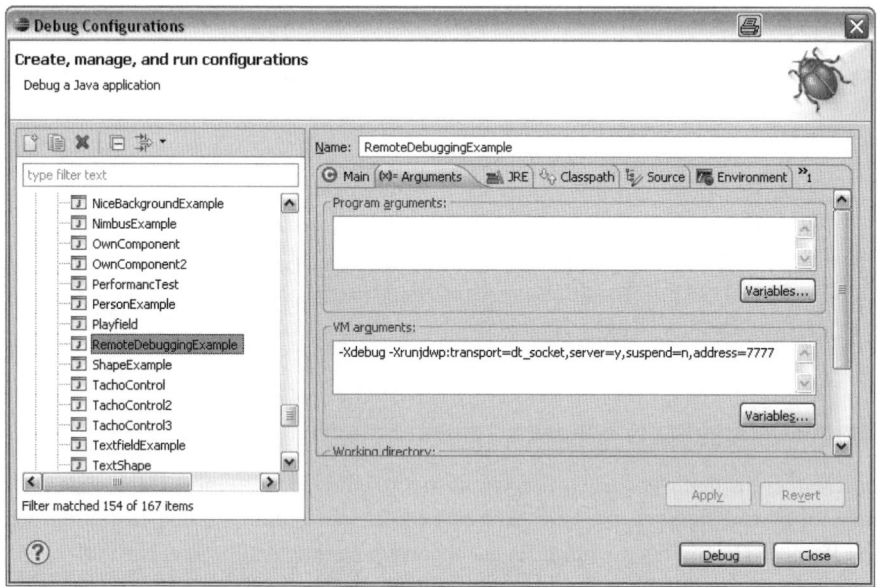

Abbildung 2-11 Beispiel einer Einstellung zum Starten der Applikation

Nachdem das Programm im Debug-Modus per Kommandozeile oder aus Eclipse heraus gestartet wurde, profitieren wir für die Beispielapplikation davon, dass die jeweiligen Pausen von 10 Sekunden recht groß gewählt sind. Diese Wartezeit erlaubt es uns, in Ruhe mithilfe des Eclipse-Debuggers eine Verbindung zu derjenigen JVM aufzubauen, die unser Beispielprogramm im Debug-Modus ausführt. Damit das Andocken des Debuggers an eine JVM möglich wird, müssen wir eine Ausführungskonfiguration »Remote Java Application« in Eclipse anlegen, wie dies im folgenden Abschnitt beschrieben ist.

2.5 Debugging

Einstellungen zum Remote Debugging in Eclipse vornehmen Um ein Programm remote zu debuggen, muss dafür eine Ausführungskonfiguration erstellt werden. Anschließend sind einige Parametrierungen vorzunehmen. Dazu wählt man in Eclipse das Menü RUN –> DEBUG CONFIGURATIONS.... Im Konfigurationsdialog müssen die zuvor für die Applikation verwendeten Angaben zu Port und Rechner eingegeben werden. Das ist beispielhaft in Abbildung 2-12 dargestellt.

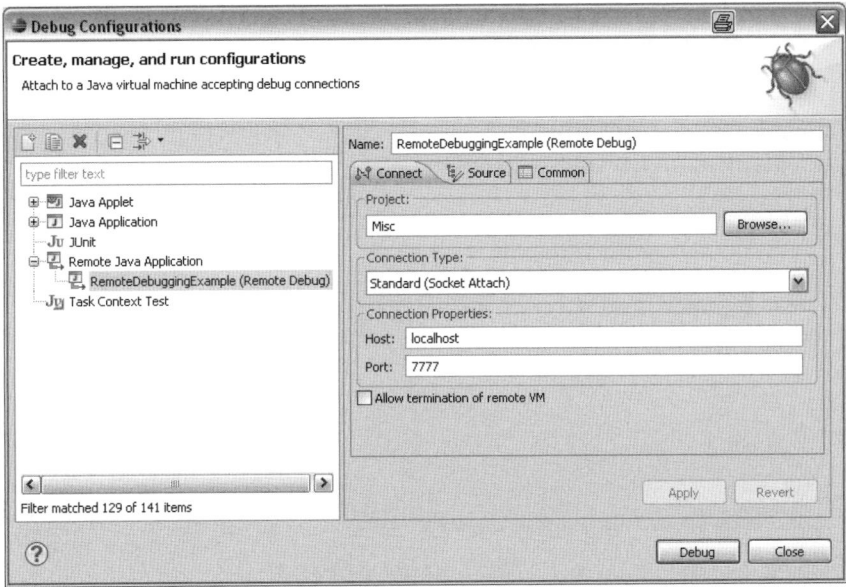

Abbildung 2-12 Beispiel einer Einstellung zum Remote Debugging

> **Hinweis: Korrekte Sourcecode-Konfiguration**
>
> Damit das Debugging sinnvoll durchgeführt werden kann, müssen im Tab SOURCE die Pfade zum Sourcecode des zu debuggenden Programms passend gewählt werden. Das heißt aber auch, dass im Standardfall für das Remote Debugging immer der korrekt passende Sourcecode vorliegen sollte.

Remote Debugging des Programms Nach diesen Vorbereitungen kann wie beim Debugging eines aus Eclipse heraus gestarteten Programms normal gearbeitet werden, d. h., es können im Sourcecode Breakpoints gesetzt und während der Programmausführung Variablen inspiziert werden. In diesem Beispiel lässt sich recht unspektakulär die Variable `i` beobachten. Zudem können wir ein wenig mit den Kommandos STEP INTO, STEP OVER usw. experimentieren, um ein erstes Gefühl dafür zu bekommen, dass Remote Debugging abgesehen von den Konfigurationsaufwänden tatsächlich so leicht ist wie lokales Debugging. Abbildung 2-13 zeigt eine Unterbrechung des obigen Programms nach dem 20. Durchlauf.

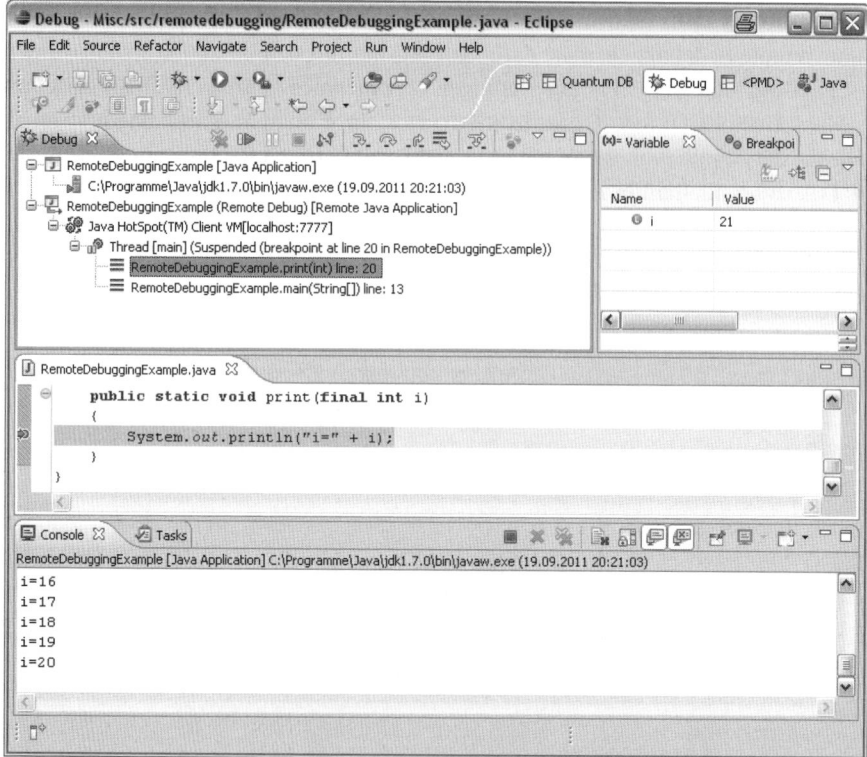

Abbildung 2-13 Beispiel einer Remote Debugging Session

Fazit

Dieser Abschnitt hat Ihnen einen einführenden Überblick über die Möglichkeiten zur Fehlersuche mithilfe eines Debuggers verschafft. Insbesondere der Eclipse-Debugger bietet noch weitreichendere Optionen – dort sind z. B. Breakpoints möglich, die nur bei Eintreten einer bestimmten Bedingung oder beim Auftreten einer bestimmten Exception aktiv werden, also im Normalfall den Programmablauf nicht unterbrechen.

Um das Werkzeug Debugger in der Praxis gewinnbringend einsetzen zu können, sollten Sie ein wenig damit experimentieren. Dadurch sind Sie in Zukunft besser gerüstet, wenn es einen hartnäckigen Fehler aufzuspüren gilt.

2.6 Deployment von Java-Applikationen

Nachdem wir nun wissen, wie wir unsere Projekte strukturieren und eine Historie der enthaltenen Dateien verwalten sowie auch durch Unit Tests und Debugging funktionierende Stände produzieren können, werfen wir einen kurzen Blick auf die Auslieferung bzw. die Installation, neudeutsch: das **Deployment**, von Applikationen.

Größere Programme bestehen aus einer Vielzahl an Klassen und anderen Dateien, wie Textressourcen oder Bildern. Zur Auslieferung eines solchen Programms an Kunden wäre es unpraktisch und vor allem auch fehleranfällig, alle diese Dateien einzeln übertragen zu müssen. Deutlich angenehmer und weniger fehleranfällig ist dagegen die Bereitstellung einer Java-Anwendung in Form einer einzigen Datei. Dazu kann man mehrere Dateien zu einem Java ARchive (*JAR*) zusammenfassen. Vorteilhaft ist dies auch für die Übertragung des Programms über das Netzwerk.

Nach dieser kurzen Motivation und Einführung möchte ich einen Blick auf einige Eigenschaften und Vorzüge von JAR-Dateien werfen:

- **Plattformunabhängigkeit** – Das JAR-Format ist plattformunabhängig und somit problemlos zwischen verschiedenen Plattformen austauschbar. Das stellt einen großen Vorteil im Vergleich zu nativen Bibliotheken dar.
- **Komfort** – JARs vereinfachen die Verteilung und Auslieferung von Software, weil nur eine Datei anstatt einer Menge von Dateien in unterschiedlichen Verzeichnissen bereitgestellt wird. Mithilfe spezieller Metainformationen, die in der sogenannten Manifest-Datei abgelegt sind, kann man das Programm auch direkt über die Kommandozeile starten, und je nach Konfiguration im Betriebssystem ist es sogar möglich, ein enthaltenes Hauptprogramm per Doppelklick zu starten.
- **Klassenbibliotheken** – Neben dem Einsatzgebiet, eine lauffähige Java-Applikation in Form eines JARs bereitzustellen, lassen sich auch mehrere Klassen als Klassenbibliothek in Form eines JARs anderen Programmen zur Verfügung stellen. Eine nutzende Applikation muss dann beim Kompilieren und bei der Ausführung die JAR-Datei in ihren `CLASSPATH` aufnehmen.
- **Performance** – Sowohl im Netzwerk als auch im Dateisystem ist das Kopieren bzw. Übertragen einer Vielzahl kleinerer Dateien aufwendiger und langsamer als das Verarbeiten einer größeren Datei. JARs erlauben somit eine optimierte Übertragung über das Netzwerk oder im Dateisystem.
- **Komprimierung** – Ein JAR ist standardmäßig im ZIP-Format komprimiert. Das macht Netzwerkübertragungen effizienter als ohne Komprimierung,
- **Sicherheit** – Durch Signierung mit einem digitalen Zertifikat kann man unerwünschte Manipulationen an JAR-Dateien aufdecken. In solchen Fällen kann man verhindern, das JAR auszuführen (Executable) bzw. zu laden (Bibliothek).

> **Tipp: JDK-Erweiterung**
>
> Wenn man zur Vereinfachung die Funktionalität aus einem bestimmten JAR allen Java-Programmen, die mit der installierten JVM ausgeführt werden, zur Verfügung stellen möchte, ohne dass diese explizit auf das JAR verweisen, so kann man die JAR-Datei in das Verzeichnis `<JDK>\jre\lib\ext\` (bzw. `<JRE>\lib\ext\`, wenn nur eine JRE installiert ist) legen. In diesem Pfad sucht die JVM standardmäßig nach Klassen, bevor sie die Angaben aus dem `CLASSPATH` nutzt. Dieses Vorgehen wird mit Java 9 nicht mehr unterstützt (vgl. Abschnitt 4.2.1).

2.6.1 Das JAR-Tool im Kurzüberblick

Im JDK gibt es zum Verarbeiten, Erstellen, Inspizieren, Ausführen, Entpacken usw. von Java-Archiven ein Tool namens `jar`. Der Aufruf des Tools besitzt folgende Struktur:

```
jar [Aktionsoptionen] [Manifest] jarArchiveName input1 [input2]
```

Achten Sie unbedingt darauf, keine Leerzeichen zwischen den Aktionsoptionen anzugeben, da das `jar`-Tool die Angaben ansonsten falsch interpretiert. Nachfolgend liste ich die wichtigsten Aktionsoptionen tabellarisch auf:

Tabelle 2-1 Kommandozeilenoptionen des `jar`-Tools

Kürzel und Aktion	Erklärung
c – create	Es wird aus den angegebenen Quellen (`input1`, `input2` usw.) ein neues JAR erzeugt. Quellen können nicht nur Dateien, sondern auch Verzeichnisse sein.
t – table of contents	Gibt den Inhalt des Archivs auf der Konsole aus.
x – extract	Extrahiert die angegebenen Dateien aus dem Archiv in das aktuelle Verzeichnis.
u – update	Aktualisiert (überschreibt oder erzeugt) die angegebene Datei in einem bestehenden Archiv.
f – file	Gibt an, dass der nächste Parameter die Archivdatei ist. Dies wird nahezu immer gewählt. Sonderbarerweise ist die Ausgabe auf die Konsole der Standard.
v – verbose	Man erhält eine ausführliche Protokollierung der durchgeführten Aktionen.
m – manifest	Erzeugt eine Manifest-Datei mit Metainformationen zu dem JAR – in Form einer Textdatei mit Schlüssel-Wert-Angaben.

Die Aktionen c, t, x und u können nicht miteinander kombiniert werden. Die Option f muss man dagegen nahezu immer angeben, weil fast nie eine Interaktion mit der Konsole gewünscht ist. Optional kann eine ausführliche Ausgabe mit der Option v erzielt werden.

Falls Sie Unterstützung benötigen, bietet ein Aufruf ohne Argumente eine recht aussagekräftige Hilfe. Nach diesem Kurzüberblick schauen wir uns nun einzelne Kommandos etwas genauer an.

Generierung einer JAR-Datei

Zum Erzeugen einer JAR-Datei nutzt man das Kommando `c` mit folgender Syntax:

```
jar cvf jarArchiveName inputFileOrDir1 inputFileOrDir2 ...
```

Die Optionen `cvf` stehen für Create, Verbose und File. Die Quellen können Dateien oder Verzeichnisse sein. Die Angabe kann mit exaktem Namen erfolgen oder aber auch Wildcards (*) enthalten. Im Falle von Verzeichnissen wird deren Inhalt rekursiv dem JAR hinzugefügt.

Machen wir es konkret und verpacken ein kleines Spiel. Dieses enthält neben den Klassen auch Bilder und Töne aus den Verzeichnissen `images` und `sounds`:

```
> jar cvf MyGame.jar *.class images sounds
added manifest
adding: Breakout.class(in = 893) (out= 520)(deflated 41%)
adding: MainGame.class(in = 3616) (out= 2028)(deflated 43%)
adding: images/(in = 0) (out= 0)(stored 0%)
adding: images/explosion.png(in = 978) (out= 983)(deflated 0%)
adding: images/bonus.png(in = 839) (out= 844)(deflated 0%)
adding: sounds/(in = 0) (out= 0)(stored 0%)
adding: sounds/explosion.wav(in = 3912) (out= 1983)(deflated 50%)
adding: sounds/bonus.wav(in = 2839) (out= 1413)(deflated 50%)
```

Anhand der Ausgabe sehen wir neben der Protokollierung des erwarteten Hinzufügens von Dateien auch die Ausgabe von »`added manifest`« sowie die Kompressionsrate für die einzelnen Dateien. Basierend auf den unterschiedlichen Werten für `in` und `out` sowie der Angabe von `deflated` wird protokolliert, wie stark die Dateien komprimiert werden – tatsächlich sind die PNG-Bilder bereits von Hause aus komprimiert und werden durch die Kompression sogar minimal größer. Verbleibt noch das Manifest, das eine Sammlung von Metainformationen zum Archiv enthält. Später dazu mehr.

2.6.2 JAR inspizieren und ändern, Inhalt extrahieren

Neben dem Erzeugen kann man das `jar`-Tool auch dazu nutzen, sich den Inhalt einer JAR-Datei anzeigen zu lassen, daran Modifikationen vorzunehmen oder daraus Dateien zu extrahieren. Statt dies über die Kommandozeile zu machen, bietet es sich an, dafür ein gängiges ZIP-Programm zu nutzen, etwa WinZIP, 7-ZIP oder WinRAR für Windows oder The Unarchiver für Mac. In jedem Fall profitiert man davon, dass JAR-Dateien das ZIP-Format einsetzen.

Anzeigen des Inhalts

Zum Inspizieren des Inhalts einer JAR-Datei existiert das folgende Kommando `t`:

```
jar tf jarArchiveName
```

Damit wird der Inhalt des JARs auf der Konsole ausgegeben. Detailliertere Informationen (etwa zu Dateigrößen usw.) erhält man durch die Angabe der Option `v`.

Ändern des Inhalts

Wenn einzelne Dateien nachträglich im JAR geändert werden sollen, so möchte man dazu natürlich nicht das Archiv vollständig neu erzeugen müssen. Der Inhalt einer JAR-Datei lässt sich mithilfe des Kommandos u modifizieren:

```
jar uf jarArchiveName input-file(s)
```

Die übergebenen Dateien werden im JAR aktualisiert. Falls diese im JAR noch nicht existierten, werden sie hinzugefügt.

Nehmen wir an, wir hätten eine Änderung an der Datei ReadMe.txt vorgenommen und wollten diese ins JAR integrieren. Dazu schreiben wir:

```
jar uf MyGame.jar ReadMe.txt
```

Extrahieren des Inhalts

Zum Extrahieren des Inhalts einer JAR-Datei existiert das Kommando x:

```
jar xf jar-file [archived-file(s)]
```

Damit extrahiert man alle angegebenen Dateien aus dem JAR in das aktuelle Verzeichnis. Werden keine Dateien angegeben, so wird das JAR vollständig entpackt.

Als Anwendungsfall könnten wir uns vorstellen, dass man nochmals an der Textdatei ReadMe.txt eine Änderung vornehmen möchte. Dazu extrahieren wir die Datei aus dem JAR, ändern anschließend deren Inhalt und fügen sie wieder per Update in das Archiv ein.

```
jar xf MyGame.jar ReadMe.txt
...
jar uf MyGame.jar ReadMe.txt
```

2.6.3 Metainformationen und das Manifest

Wenn Sie bei der Erzeugung der JAR-Datei in Abschnitt 2.6.1 genau hingeschaut haben, dann wurde dabei auf der Konsole der Text »added manifest« ausgegeben. Bei der Generierung eines JARs wird durch das jar-Tool automatisch eine sogenannte *Manifest-Datei* namens MANIFEST.MF im Unterverzeichnis META-INF erstellt und dem JAR hinzugefügt. Dieses Manifest ist eine spezielle Datei und dient dazu, Metainformationen zu den Dateien, die im JAR zusammengefasst sind, bereitzustellen.

Zum besseren Verständnis werfen wir nun einen Blick auf die Default-Manifest-Datei, dann werden wir Klassen aus einem JAR starten und dazu eine Main-Klasse als Einstiegspunkt angeben.

Metainformationen in der Default-Manifest-Datei

Wir nutzen unser bisheriges Wissen und entpacken die Datei mit folgendem Aufruf:

```
jar xvf MyGame.jar META-INF/MANIFEST.MF
```

Beachten Sie unbedingt, dass das `jar`-Tool penibel zwischen Groß- und Kleinschreibung unterscheidet, obwohl beispielsweise das Windows-Betriebssystem dies nicht tut. Durch das erfolgreiche Entpacken wird das Unterverzeichnis `META-INF` und darin die Datei `MANIFEST.MF` erzeugt. Öffnen wir die gerade entpackte Datei, so enthält sie folgenden Inhalt mit (recht spärlichen) Metainformationen – wobei die nach `Created-By` angegebene Java-Version gegebenenfalls bei Ihnen abweicht:

```
Manifest-Version: 1.0
Created-By: 1.8.0_121 (Oracle Corporation)
```

Wie man leicht sieht, handelt es sich hier um eine einfache zeilenorientierte Textdatei mit der Angabe von Schlüssel-Wert-Paaren, die durch »:« getrennt sind.

Klassen aus JAR starten

Wie schon zuvor angedeutet, können wir eine Java-Anwendung als JAR bereitstellen. Wenn wir diese nun starten wollen, so kann man folgenden Aufruf nutzen:

```
java -cp jarArchiveName mypackage.Main-Class
```

Dabei dient das JAR als Klassenbibliothek und wird explizit im `CLASSPATH` aufgeführt. Zudem wird die zu startende Klasse angegeben. Alternativ ist auch folgender Aufruf erlaubt, um eine Klasse aus einem JAR zu starten:

```
java -jar jarArchiveName
```

Probieren wir es für unser Beispiel `MyGame.jar` folgendermaßen aus:

```
java -jar MyGame.jar
```

Statt des Programmstarts kommt es jedoch zu einem Problem und folgender Fehlermeldung »`kein Hauptmanifestattribut in MyGame.jar`«. Durch kurzes Nachdenken wird klar: Woher soll die JVM wissen, welche `main()`-Methode welcher Klasse gestartet werden soll? Diese Information kann in einem JAR über die Manifest-Datei beschrieben werden. Dazu kann man neben den Standardangaben, die beim Vorgang der Archivierung automatisch vom `jar`-Tool erzeugt werden, weitere Informationen, etwa zur `main`-Klasse und benötigten Bibliotheken, im Manifest hinterlegen.

Informationen im Manifest bereitstellen Wir haben gesehen, dass die Manifest-Datei `MANIFEST.MF` automatisch vom `jar`-Tool erzeugt wird. Oftmals sollen dort weitere, über die Standardangaben hinausgehende Informationen hinterlegt werden. Dazu kann man eine Textdatei beliebigen Namens, meistens `manifest.txt` genannt, nutzen. Dort werden Schlüssel-Wert-Paare angegeben, etwa wie folgt:

```
Main-Class: de.javaprofi.helloworld.App
```

Diese Angaben werden vom `jar`-Tool bei der Erstellung der Manifest-Datei berücksichtigt, wenn man die Option `m` angibt:

```
jar cvfm MyGame.jar manifest.txt classes/
```

Das so erzeugte JAR enthält nun die zuvor fehlenden Informationen zur `main`-Klasse. Rufen wir also Folgendes auf:

```
java -jar MyGame.jar
```

Doch das Programm startet immer noch nicht! Stattdessen kommt es zu folgendem Fehler: »Hauptklasse `de.javaprofi.helloworld.App` konnte nicht gefunden oder geladen werden«.

Das ist zunächst etwas merkwürdig. Wenn wir jedoch das JAR mit dem Kommando `jar tf Mygame.jar` inspizieren, so stellen wir fest, dass die `.class`-Dateien aus dem Unterordner `classes` exakt so (also auch inklusive des Verzeichnisnamens) in das Archiv übernommen wurden:

```
Manifest wurde hinzugefügt
classes/ wird hinzugefügt(ein = 0) (aus = 0)(0 % gespeichert)
classes/de/ wird hinzugefügt(ein = 0) (aus = 0)(0 % gespeichert)
classes/de/javaprofi/ wird hinzugefügt(ein = 0) (aus = 0)(0 % gespeichert)
classes/de/javaprofi/helloworld/ wird hinzugefügt(ein = 0) (aus = 0)(0 %
    gespeichert)
classes/de/javaprofi/helloworld/App.class wird hinzugefügt(ein = 561) (aus =
    349)(37 % verkleinert)
```

Dadurch stimmen die Package-Angaben im JAR und in den Java-Klassen nicht überein. Um dies zu verhindern, muss man dem `jar`-Tool beim Erzeugen eines JARs mitteilen, dass das Verzeichnis, in dem sich die Klassen befinden, nicht Bestandteil des archivierten Pfads werden soll. Dazu dient die Option `-C` zur Festlegung des Pfads zu den Klassen mit einer etwas ungewöhnlichen Angabe wie folgt:

```
jar cvfm MyGame.jar manifest.txt -C classes .
```

Nach dieser Modifikation lässt sich das Programm dann aus dem JAR starten.

2.6.4 Inspizieren einer JAR-Datei

Nachdem wir einiges zu JAR-Dateien und deren Manifest kennengelernt haben, wollen wir uns nun ansehen, wie wir diese Informationen mithilfe eines Java-Programms auslesen können. Neben der Klasse `java.io.File`, die hier die JAR-Datei im Dateisystem repräsentiert, kommen noch die Klassen `JarFile`, `Manifest` und `Attributes` aus dem Package `java.util.jar` zum Einsatz, die die programmatische Verarbeitung von Informationen aus JAR-Dateien erleichtern.

```java
public static void main(final String[] args) throws IOException
{
   final String jarFileName = "src/main/resources/ch02_profbuild/" +
                              "gradle-example.jar";
   final File file = new File(jarFileName);
   System.out.println(file.getAbsolutePath());
   System.out.println("jarFileName='" + jarFileName + "'");

   // Informationsobjekte ermitteln
   try (final JarFile jarfile = new JarFile(jarFileName))
   {
      final Manifest manifest = jarfile.getManifest();
      final Attributes attributes = manifest.getMainAttributes();

      // Informationen auslesen
      final String mainClassName = attributes.getValue(Attributes.Name.
          MAIN_CLASS);
      System.out.println("mainClassName='" + mainClassName + "'");

      final String createdBy = attributes.getValue("Created-By");
      System.out.println("createdBy='" + createdBy + "'");

      final String manifestVersion = attributes.getValue(Attributes.Name.
          MANIFEST_VERSION);
      System.out.println("manifestVersion='" + manifestVersion + "'");
   }
}
```

Listing 2.1 Ausführbar als 'INSPECTINGJAREXAMPLE'

Im Listing sehen wir verschiedene Methoden, wie etwa `getManifest()` und `getMainAttributes()`, zum Zugriff auf die Attribute des Manifests. Zum Auslesen der Werte dient die Methode `getValue()`, der ein Schlüsselname übergeben wird. Verschiedene gebräuchliche Namen sind in `Attributes.Name` definiert. Starten wir das Programm INSPECTINGJAREXAMPLE, so kommt es zu folgenden Ausgaben:

```
/Users/michaeli/Desktop/java-profi-Auflage4_aktuell/quelltext/src/main/resources
    /ch02_profbuild/gradle-example.jar
jarFileName='src/main/resources/ch02_profbuild/gradle-example.jar'
mainClassName='ch02_profbuild.ResourceAccessExample'
createdBy='null'
manifestVersion='1.0'
```

Auf Daten bzw. Ressourcen aus JAR-Dateien zugreifen

Wir wissen nun, wie man Klassen und andere Ressourcen zu JARs zusammenfasst, Informationen dazu in einer Manifest-Datei hinterlegt und diese programmatisch wieder ausliest. Wenn wir eine Applikation in Form eines JARs generiert haben und nun deren `main`-Klasse starten, so stellt sich die Frage, wie man innerhalb der Applikation auf Daten zugreifen kann, die im JAR hinterlegt sind.

Nehmen wir an, die Spieleapplikation des Beispiels wäre als JAR verpackt und es soll auf die Bilder und Töne in den Unterverzeichnissen `images` bzw. `sounds` zugegriffen werden. Da diese Dateien aber innerhalb des JARs und nicht als Dateien im Dateisystem existieren, ist ein Zugriff nicht mithilfe einer `File`-Instanz möglich: Denn diese erlaubt keinen Zugriff auf die internen Strukturen des JARs. Für diesen Anwendungsfall gibt es in der Klasse `java.lang.ClassLoader` zwei spezielle Methoden, nämlich `getResource()` und `getResourceAsStream()`, wobei erstere ein Objekt vom Typ `java.net.URL` liefert. Die Methode `getResourceAsStream()` gibt ein `java.io.InputStream`-Objekt zurück. Als Alternative existieren beide Methoden auch in der Klasse `java.lang.Class`. Neben einem Zugriff auf Ressourcen innerhalb eines JARs kann man mit den Methoden auch auf Ressourcen zugreifen, die innerhalb des Dateisystems liegen.

```
public static void main(final String[] args) throws IOException
{
    final String filename = "images/Bad-Question-Message.png";

    // Variante mit ClassLoader (1) und Class (2)
    final URL imageUrl1 = ResourceAccessExample.class.getClassLoader().
                                             getResource(filename); // 1
    final URL imageUrl2 = ResourceAccessExample.class.getResource(filename); // 2
    System.out.println("imageUrl1: " + imageUrl1);
    System.out.println("imageUrl2: " + imageUrl2);

    // Variante mit InputStream
    final InputStream is1 = ResourceAccessExample.class.
                           getClassLoader().getResourceAsStream(filename);
    final InputStream is2 = ResourceAccessExample.class.
                           getResourceAsStream(filename);
    // ...
}
```

Listing 2.2 Ausführbar als 'RESOURCEACCESSEXAMPLE'

Der Unterschied zwischen den im Listing gezeigten Varianten besteht darin, dass die Variante 1 basierend auf `ClassLoader` relativ zum Projektverzeichnis zugreift und Variante 2 relativ zu der `.class`-Datei der entsprechenden Klasse.

Um den Zugriff aus einem JAR zu demonstrieren, starten Sie bitte das Programm RESOURCEACCESSEXAMPLE. Dann kommt es in etwa zu folgenden Ausgaben:

```
imageUrl1: jar:file:/Users/michaeli/Desktop/java-profi-Auflage4_aktuell/
    quelltext/src/main/resources/ch02_profbuild/gradle-example.jar!/images/Bad-
    Question-Message.png
imageUrl2: jar:file:/Users/michaeli/Desktop/java-profi-Auflage4_aktuell/
    quelltext/src/main/resources/ch02_profbuild/gradle-example.jar!/
    ch02_profbuild/images/Bad-Question-Message.png
is1: sun.net.www.protocol.jar.JarURLConnection$JarURLInputStream@5cad8086
is2: sun.net.www.protocol.jar.JarURLConnection$JarURLInputStream@61bbe9ba
```

2.7 Einsatz eines IDE-unabhängigen Build-Prozesses

In Abschnitt 2.3 habe ich die Notwendigkeit einer Versionsverwaltung dargestellt, um gewünschte Versionsstände des Sourcecodes und anderer Dateien jederzeit zuverlässig gemäß einem älteren Stand wiederherstellen zu können. Dieser Abschnitt beschreibt die Vorteile eines von der IDE unabhängigen Build-Prozesses. Schauen wir kurz, warum dies so wichtig ist. Programme bestehen gewöhnlich aus einer Vielzahl an Klassen, die meistens auch Abhängigkeiten zu externen Bibliotheken besitzen. Innerhalb der IDE lassen sich derartige Abhängigkeiten und zugehörige Pfade verwalten und Sourcen automatisch kompilieren – jedoch können hier lokale Einstellungen größeren Einfluss darauf haben, wie das Programm erstellt wird: Insbesondere variieren Einstellungen erfahrungsgemäß (zumindest ein wenig) von Entwickler-PC zu Entwickler-PC. Dadurch sind die Resultate beim Kompilieren nicht immer 100 % reproduzierbar. Das ist für Auslieferungen oder spezielle Zwischenstände bzw. Versionen des Programms (auch *Release* genannt) nicht akzeptabel. Vielmehr sollte der Herstellungsprozess (*Build*) auf eine definierte Art und Weise mit einer eindeutigen Konfiguration und gemäß einem definierten Ablauf erfolgen. Dazu dient ein von der IDE unabhängiger Build-Prozess. Darüber hinaus ist es wünschenswert, sowohl Unit Tests als auch andere Prüfungen als festen Bestandteil des Build-Laufs auszuführen, um ein Mindestmaß an Qualität sicherzustellen. Im Speziellen gilt dies, wenn man den Vorgang des Kompilierens und der Releaseerzeugung automatisieren möchte. Dafür nutzt man in der Regel ein Build-Tool.

Für Java stehen mit **Ant**, **Maven** und **Gradle** populäre Tools bereit. Jedes davon besitzt eine unterschiedliche Art, wie es den Entwickler bei der Gestaltung des Build-Vorgangs unterstützt. Während mit Ant jeder (kleine) Arbeitsschritt einzeln beschrieben werden muss, vereinfachen Maven und Gradle den Build-Vorgang durch die Bereitstellung von Automatiken, basierend auf Konventionen und einer fixen Reihenfolge der Abläufe im Build-Prozess. Dadurch verliert man zwar etwas Flexibilität, jedoch wird andererseits auch viel Arbeit abgenommen, da die manuelle, mühsame und oft fehlerträchtige Beschreibung des Build-Laufs entfällt.[16]

---

[16]Tatsächlich kann man den Build auch mit Gradle feingranular beeinflussen – als normaler Anwender wird man dies eher selten nutzen.

Während für die ersten beiden Auflagen dieses Buchs noch Ant als Build-Tool genutzt wurde, kommt seit der dritten Auflage das Build-Tool Gradle zum Einsatz. In dieser 4. Auflage behandle ich Ant nicht mehr, da es in der Praxis nur noch eine unbedeutende Rolle spielt. Allerdings ist es für den Berufsalltag hilfreich, wenn man ein wenig Hintergrundwissen zu Maven besitzt. Deswegen wird in den folgenden Abschnitten Maven kurz beleuchtet, um dann die Vorzüge von Gradle entsprechend schätzen zu können.

Motivation für ein IDE-unabhängiges Build-System

Stellen Sie sich noch einmal einen dieser hektischen Freitage vor. Es ist wieder für den späten Nachmittag eine Version des Programms, basierend auf einem älteren Stand, auszuliefern. Glücklicherweise haben Sie – spätestens nach Lektüre des Abschnitts über Versionsverwaltungen – eine solche Versionsverwaltung installiert. Die Tatsache, dass an der Applikation bereits weiterentwickelt wurde, stört Sie nicht, da Sie den benötigten älteren, mit einer Markierung versehenen Auslieferungsstand separat auschecken. Nach ein paar Stunden harter Arbeit sind die geforderten Bugfixes in das Programm integriert. Die Kompilierung in Ihrer Entwicklungsumgebung verläuft ohne Probleme. Auch die Ausführung der Unit Tests zeigt ein beruhigendes Grün. Bis jetzt sieht alles so aus, als ob die Auslieferung bald vorgenommen werden könnte. Um eine Auslieferung zu erzeugen, müssen die Sourcen allerdings mithilfe eines Build-Tools übersetzt werden. Nur wenn ein solcher Build-Vorgang erfolgreich war, erhält man ein neues Release. Eigentlich sollte jetzt nichts mehr schiefgehen, da der IDE-Build und die Unit Tests erfolgreich waren! Doch der Build schlägt fehl. Wie kann das sein?

Eine wahrscheinliche Ursache sind nicht vollständig eingecheckte Stände der eigenen Änderungen. Das stellt man jedoch nicht fest, wenn man das Build-Skript im eigenen Arbeitsverzeichnis ausführt. Für ein Release-Build sollte daher der aktuelle Repository-Stand in ein separates Verzeichnis ausgecheckt werden. In diesem wird dann das Build-Skript gestartet. Treten dabei Probleme auf, so wurden tatsächlich einige Änderungen nicht vollständig ins Repository eingespielt. Ansonsten erhält man eine positive Rückmeldung und man kann eine Markierung setzen.

Ein weiteres mögliches Problem besteht darin, dass von der IDE und dem Build-Skript verschiedene Bibliotheken referenziert werden, etwa wenn eine neue Bibliothek in der IDE bekannt ist, aber noch nicht dem Build-Skript. Zu solchen Problemen kommt es schnell, wenn man die Abhängigkeiten in der IDE manuell verwaltet.[17]

---

[17]Einige Build-Tools, wie das später vorgestellte Gradle, erlauben es, Projektdateien für die IDE zu generieren. Wenn man diese Funktion nutzt, kann man Build-Skript und IDE leichter synchron halten. Gerade bei vielen externen Abhängigkeiten ist das praktisch.

2.7 Einsatz eines IDE-unabhängigen Build-Prozesses

> **Tipp: Startschwierigkeiten beim Einführen eines Build-Prozesses**
>
> Beim Einführen eines Build-Prozesses gibt es zum Teil einige Startschwierigkeiten: Möglicherweise verwendet die IDE einen anderen Java-Compiler (oder eine andere Version davon) als das Build-Skript. Dies kann immer dann passieren, wenn verschiedene JDKs und JREs installiert sind. Teilweise werden durch die IDE auch andere Pfade verwendet und so andere Versionen von Bibliotheken oder Klassen referenziert. Zudem können absolute statt relativer Pfade ein Problem darstellen. Als Tipp sollten Sie gleich bei Projektstart auf einen automatischen Build-Prozess Wert legen, um nachträglich Probleme zu vermeiden.

Grundlage für Nightly Builds bis hin zu Continuous Integration (CI)

Ein von der IDE-unabhängiger Build-Prozess befreit von Besonderheiten und Konfigurationseinstellungen der genutzten IDE und bietet vor allem auch die Möglichkeit, den Build-Vorgang auf einen speziellen Build-Server auszulagern. Auf dem Build-Server wird vor dem Start des Build-Vorgangs zunächst der gewünschte bzw. aktuelle Stand aus der Versionsverwaltung in ein separates Verzeichnis ausgecheckt und dort dann ein Build-Lauf gestartet.

Erfolgt dieser Vorgang jede Nacht, so spricht man von einem *Nightly Build*. Dadurch erhält man täglich eine Rückmeldung über den momentanen Stand der Entwicklung. Wünschenswert ist es, diesen Prozess durchaus auch mehrmals am Tag auszuführen. Idealerweise wird bei jeder Integration in das Repository nach kurzer Zeit automatisch ein Build-Vorgang angestoßen. Dadurch erhält man umgehend eine Rückmeldung über den Zustand des Systems und ob die letzten Änderungen möglicherweise Fehler enthalten. Tools, die eine solche *kontinuierliche Integration* (*Continuous Integration*) erlauben, sind Hudson[18] bzw. Jenkins[19].

Motivation für Build-Tools wie Ant, Maven und Gradle

Zu Recht kann man sich fragen, wozu immer noch weitere Build-Tools entwickelt wurden, wo es doch bereits kommandozeilenorientierte Tools wie make und andere gibt. Aber all diese haben ihre Nachteile, vor allem im Bereich der Wartbarkeit und auch der Plattformunabhängigkeit. Glücklicherweise werden diese Unzulänglichkeiten von den heutzutage aktuellen Tools wie Ant, Maven, Gradle usw. adressiert. Deren Build-Dateien sind plattformunabhängig, besser lesbar und lassen sich mit jedem beliebigen Editor bearbeiten, wobei sich für Ant und Maven ein XML-Editor anbietet, um deren Build-Skripte strukturiert darzustellen. Für Gradle reicht ein x-beliebiger Texteditor, da die Build-Dateien in der Regel recht kurz, gut lesbar und verständlich sind.

Durch das Build-Tool Ant kam es zu einer deutlichen Verbesserung und zur Standardisierung von Build-Umgebungen. Im Rahmen der Entwicklung verschiedener Pro-

---

[18] http://hudson-ci.org/
[19] https://jenkins.io/

jekte im Apache-Bereich stellte sich jedoch heraus, dass es zwar zu Erleichterungen durch Ant kam, jedoch immer noch einige Sonderfälle in den jeweiligen Projekten existierten, die einen Wechsel von Entwicklern zwischen Projekten erschwerten. Neben dem Kompilieren und Testen sind gewöhnlich noch diverse weitere Schritte in verschiedenen Projekten (nahezu) gleich. Das möchte man nicht immer wieder erneut manuell in der Build-Datei beschreiben, wie dies bei Ant notwendig ist und was zu kleineren Inkonsistenzen führt. Statt einer solchen recht feingranularen Vorgabe des Build-Ablaufs verfolgt Maven ein anderes Konzept mit einer deklarativen Steuerung, was vieles vereinfacht: Die verschiedenen Schritte eines Build-Prozesses sind standardisiert. Dadurch muss dieser Ablauf nicht jedes Mal erneut in den Build-Dateien festgelegt werden. Damit dies allerdings funktionieren kann, sind gewisse Konventionen einzuhalten. Trotz seiner unbestreitbaren Vorzüge besitzt Maven auch einige Schwächen, sodass weitere Build-Tools entstanden, unter anderem Gradle.

2.7.1 Maven im Überblick

Erfahrungsgemäß besitzen viele Projekte doch recht ähnliche Anforderungen an einen Build-Lauf, nämlich Java-Klassen kompilieren, Tests ausführen und daraus ein Produkt (auch **Artefakt** genannt), z. B. in Form eines JARs, erzeugen. Natürlich ist es wünschenswert, diesen Ablauf nicht für jedes Projekt erneut beschreiben zu müssen. Genau dabei hilft Maven[20], indem es einen Standardablauf vorgibt, der für sehr viele Projekte geeignet ist. Das vereinfacht das Build-Management von Softwareprojekten, erfordert es aber, gewisse Konventionen einzuhalten: Maven setzt dazu stark auf **Convention over Configuration**, d. h., es sind sinnvolle Standards definiert, und man muss nur selten steuernd eingreifen. Das basiert auf drei Eckpfeilern:

1. **Verzeichnislayout** – Es wird ein einheitliches Layout des Projektverzeichnisses erwartet, sodass immer klar ist, wo sich welche Dateien befinden und welche Verzeichnisse beim Build-Lauf angelegt werden.
2. **Abfolge im Build-Lauf** – Der Build-Lauf ist durch eine standardisierte, wohldefinierte Abfolge verschiedener Schritte im Build-Prozess festgelegt.
3. **Dependency Management** – Nahezu immer benötigt ein Projekt auch externe Bibliotheken oder Artefakte. Ein sogenanntes **Repository** dient dazu, versionierte Artefakte bereitzustellen, also Artefakte zu speichern und zu verwalten. Mithilfe von Repositories und von dort bereitgestellten Artefakten erleichtert Maven das Dependency Management enorm.

Aufbau des Projektverzeichnisses

Maven nutzt die bereits in Abschnitt 2.2 vorgestellte einheitliche Projektstruktur, wodurch direkt klar ist, wo sich die Sourcen der Applikation und von Testklassen sowie zugehörige Ressourcen befinden.

---
[20]Maven kann unter http://maven.apache.org/index.html frei bezogen werden.

Build-Lauf, Project Object Model (POM) und Artefakte

Die Build-Ausführung ist bei Maven in verschiedene voneinander abhängige Phasen unterteilt. Für Java-Projekte existieren unter anderem folgende:

- `clean` – Führt Aufräumarbeiten aus, löscht temporäre oder im vorherigen Build-Lauf erzeugte Dateien und Verzeichnisse.
- `compile` – Kompiliert die Sources (aber nicht die Testklassen).
- `test` – Kompiliert die Testklassen und führt die enthaltenen Testfälle aus.
- `package` – Dient zum Erstellen eines Artefakts, z. B. eines JARs. Dazu müssen zuvor die Sources kompiliert und die Tests ausgeführt werden.

Damit Maven weiß, was in jedem der aufgelisteten Schritte zu tun ist, lassen sich gewisse Vorgaben definieren. Dazu dient die Datei `pom.xml`. Dort wird das sogenannte *Project Object Model* (*POM*) eines Projekts definiert, das in XML codiert ist und festlegt, wie das zu erstellende Artefakt heißt, welche Versionsnummer es trägt, welche Abhängigkeiten von externen Bibliotheken existieren usw.

Eine Hello-World-Applikation könnte etwa folgende `pom.xml`-Datei besitzen:

```xml
<project xmlns="http://maven.apache.org/POM/4.0.0" xmlns:xsi="http://www.w3.org
    /2001/XMLSchema-instance"
    xsi:schemaLocation="http://maven.apache.org/POM/4.0.0 http://maven.apache.org/
    maven-v4_0_0.xsd">

    <modelVersion>4.0.0</modelVersion>
    <groupId>de.javaprofi.helloworld</groupId>
    <artifactId>helloworld</artifactId>
    <packaging>jar</packaging>
    <version>1.0-SNAPSHOT</version>
    <name>helloworld</name>
    <dependencies>
        <dependency>
            <groupId>junit</groupId>
            <artifactId>junit</artifactId>
            <version>4.12</version>
            <scope>test</scope>
        </dependency>
    </dependencies>
</project>
```

Mit dieser kurzen Build-Datei wird ein vollständiger Build-Lauf inklusive Packaging ausgedrückt. Der Einsatz von XML erschwert es aber, den Nutzinhalt aus den visuell dominierenden Tags zu extrahieren. Darüber hinaus sind einige nicht sofort verständliche Begriffe, wie `groupId`, `artifactId` usw., enthalten, auf die ich nun eingehe.

Wichtige Begrifflichkeiten bei Maven Um mit Maven produktiv zu arbeiten und die nachfolgenden Beispiele leichter nachvollziehen zu können, müssen wir zunächst ein paar elementare Begriffe kennenlernen.

Basierend auf der Standardverzeichnisstruktur wird durch einen Maven-Build in der Regel genau ein Artefakt erzeugt, etwa ein JAR, ZIP, WAR usw. Um Artefakte unterscheiden und versionieren zu können, werden drei Identifikationen genutzt:

1. `groupId` – Eine Gruppenkennung, ähnlich einer Package-Hierarchie oder eines Namespaces, z. B. `de.javaprofi.helloworld`
2. `artifactId` – Die Kennung eines Artefakts, z. B. `helloworld`
3. `version` – Eine Versionskennung, z. B. `3.8.1`[21]

Mithilfe dieser Informationen wird beim Build-Lauf der Name des Artefakts konstruiert. Darüber hinaus können die Angaben auch dazu genutzt werden, Abhängigkeiten des zu erstellenden Artefakts von anderen Artefakten, etwa den JARs einer externen Bibliothek, zu beschreiben. Dies wurde oben schon in der Sektion `dependencies` genutzt, um eine Abhängigkeit zu JUnit in der Version 4.12 zu definieren. Die Angabe von `<scope>test</scope>` erlaubt es, die Art der Abhängigkeit genauer festzulegen. Hier gilt, dass die Abhängigkeit nur in der Phase des Testens benötigt wird.

Abhängigkeiten und Dependency Management

Wir wollen nun einen Blick darauf werfen, wie man mit Maven Abhängigkeiten des eigenen Projekts von anderen Bibliotheken (Artefakten) beschreiben kann. Während das bei Ant noch aufwendig und fehlerträchtig von Hand verwaltet werden musste, wird von Maven eine leistungsfähige Automatik bereitgestellt, die darauf basiert, dass Abhängigkeiten deklarativ beschrieben werden. Dazu hinterlegt man im POM einen Abschnitt wie folgt (hier für eine externe Abhängigkeit zu JUnit in Version 4.12):

```xml
<dependencies>
    <dependency>
        <groupId>junit</groupId>
        <artifactId>junit</artifactId>
        <version>4.12</version>
    </dependency>
</dependencies>
```

Für das Auflösen und das Bereitstellen der benötigten Bibliotheken ist dann Maven zuständig und bietet dafür eine leistungsfähige Unterstützung: Neben direkten Abhängigkeiten machen einem bei einer händischen Verwaltung vor allem transitive Abhängigkeiten (also die Abhängigkeiten der direkten Abhängigkeiten) das Leben schwer.

In diesem Beispiel benötigt JUnit 4.12 die Bibliothek Hamcrest 1.3. Hier profitiert man von Maven: Weil jedes Artefakt seine Abhängigkeitsinformation bei sich trägt, kann Maven transitive Abhängigkeiten automatisch auflösen, sodass diese nicht explizit aufgeführt werden müssen. Sehr nützlich kann dabei auch das Kommando `mvn dependency:tree` zum Visualisieren der Abhängigkeiten sein.

Abhängigkeiten mit Repositories auflösen Wie eingangs erwähnt, dienen Repositories dazu, Artefakte zu speichern und zu verwalten. Auch Maven nutzt solch ein Repository. Praktischerweise existiert im Internet das Repository **Maven Central**, in dem eine Vielzahl von Bibliotheken frei zugänglich sind.

---

[21] Maven unterscheidet zwischen Release- und (in der Entwicklung befindlichen) Snapshot-Versionen, wobei Letztere explizit durch das Postfix `-SNAPSHOT` gekennzeichnet werden.

2.7 Einsatz eines IDE-unabhängigen Build-Prozesses

Beim ersten Build-Lauf werden von Maven automatisch alle benötigten Abhängigkeiten (und gegebenenfalls auch benötigte Plugins) aus dem Internet nachgeladen. Um nachfolgende Build-Läufe zu beschleunigen und für diese eine Unabhängigkeit vom Internet zu schaffen, werden die heruntergeladenen Artefakte in einem lokalen Repository auf dem eigenen Rechner zwischengespeichert.

Maven am Beispiel

Mittlerweile haben wir alles an Informationen zusammen, um mit einem Beispiel beginnen zu können. Dabei werden Sie die Vorzüge von Maven erfahren und schätzen lernen. Es beginnt damit, dass Sie bereits für das Anlegen eines neuen Projekts inklusive Verzeichnisstruktur eine gute Unterstützung bekommen. Dadurch müssen Sie sich nicht immer wieder daran erinnern, wie denn die korrekte Verzeichnisstruktur aussieht.

Anlegen eines Projekts Für ein Hello-World-Beispiel geben wir Folgendes ein:

```
mvn archetype:generate
    -DgroupId=de.javaprofi.helloworld
    -DartifactId=helloworld
    -DarchetypeArtifactId=maven-archetype-quickstart
    -DinteractiveMode=false
```

Wenn Sie dieses Kommando zum ersten Mal ausführen, dauert das Ganze etwas länger, da sich Maven verschiedene Artefakte und andere benötigte Dateien aus dem Internet (vom zentralen Repository) besorgen und in einem lokalen Repository hinterlegen wird.

Schauen wir doch mal, was Maven als Reaktion auf das Kommando durchgeführt hat. Zunächst ist ein Verzeichnis `helloworld` entstanden. Dort finden wir wiederum eine Datei `pom.xml` und ein Verzeichnis `src` mit den Unterverzeichnissen `main/java` und `test/java`. Das entspricht der Standardverzeichnisstruktur aus Abschnitt 2.2:

```
helloworld
¦
¦   pom.xml
¦
+---src
    +---main
    ¦   +---java
    ¦       +---de
    ¦           +---javaprofi
    ¦               +---helloworld
    ¦                       App.java
    ¦
    +---test
        +---java
            +---de
                +---javaprofi
                    +---helloworld
                            AppTest.java
```

Man erkennt gut die Separierung von Sourcen (`src/main/java`) und Testcode (`src/test/java`). Auch wurde eine Applikationsklasse `App.java` inklusive der zugehörigen Testklasse `AppTest.java` erstellt. Darüber hinaus wurde die Projektbeschreibung in Form der Datei `pom.xml` generiert. Das bietet einen guten Ausgangspunkt, um mit unserem Beispielprojekt zu starten. Einziger Wermutstropfen ist die dafür notwendige, jedoch etwas kryptische Aufruffolge von Parametern.

Bitte beachten Sie, dass man diese Automatik für Produktivcode so nicht mehr verwenden sollte, da veraltete Versionen von JUnit und `pom.xml` generiert werden – für unser einführendes Beispiel ist das aber akzeptabel.

Erzeugen eines Artefakts Wir wollen nun ein Artefakt mit Maven erzeugen, wechseln dazu in das gerade angelegte Verzeichnis `helloworld` und geben dann

```
mvn package
```

ein. Auch hier werden Sie – wie beim Kompilieren – bei der ersten Ausführung einige Zeit warten müssen, da Maven nochmals diverse benötigte Dateien aus dem Internet nachlädt. Wenn der Build-Lauf abgeschlossen ist, wurde ein Verzeichnis `target` mit folgendem Inhalt angelegt:

```
helloworld
¦
+---target
    ¦   helloworld-1.0-SNAPSHOT.jar
    ¦
    +---classes
    ¦   +---de
    ¦       +---javaprofi
    ¦           +---helloworld
    ¦                   App.class
    ¦
    +---maven-archiver
    ¦       pom.properties
    ¦
    +---surefire
    +---surefire-reports
    ¦       de.javaprofi.helloworld.AppTest.txt
    ¦       TEST-de.javaprofi.helloworld.AppTest.xml
    ¦
    +---test-classes
        +---de
            +---javaprofi
                +---helloworld
                        AppTest.class
```

Wie man daran sieht, kompiliert Maven die Klassen in das Zielverzeichnis `classes`. Außerdem führt Maven Unit Tests aus und protokolliert deren Ergebnisse im Verzeichnis `surefire-reports`. Verläuft all dies ohne Fehler, so werden die Projektdateien in Form eines JARs bereitgestellt. Maven erzeugt ein lauffähiges ausführbares Programm, was wir nun wie folgt starten:

```
java -cp target/helloworld-1.0-SNAPSHOT.jar de.javaprofi.helloworld.App
```

Als Ausgabe erscheint der Text "Hello World!" auf der Konsole. Damit wollen wir unsere Kurzeinführung in Maven beenden und ziehen ein Fazit.

Fazit

Wir haben einen ersten Eindruck davon gewinnen können, wie Maven mithilfe von Convention over Configuration und durch die Vorgabe sinnvoller Voreinstellungen und Abläufe den Build vereinfacht.

Allerdings ist die Beschreibung eines Projekts mithilfe einer pom.xml etwas geschwätzig und teilweise leicht unübersichtlich. Das gilt vor allem bei zunehmender Komplexität eines Projekts und vielen Abhängigkeiten von externen Bibliotheken. Oftmals erfordert Maven für den einen oder anderen Entwickler einen etwas höheren Einarbeitungsaufwand. Als Alternative schauen wir uns nun das Build-Tool Gradle an.

2.7.2 Builds mit Gradle

In diesem Abschnitt stelle ich einige Grundlagen zum Build-Tool Gradle vor. Wir werden dieses Wissen nutzen, um die Beispielapplikationen dieses Buchs unabhängig von der eingesetzten IDE kompilieren und starten zu können.

Installation

Gradle kann frei unter http://www.gradle.org/downloads[22] bezogen werden, wobei im August 2017 Version 4.1 aktuell ist, die neben Java 8 bereits Java 9 recht gut unterstützt und daher für dieses Buch prädestiniert ist – allerdings sind im Kontext von Java 9 und der Modularisierung ein paar Dinge zu beachten.

Nachdem Sie den Download abgeschlossen haben, folgen Sie bitte den Installationshinweisen auf der Webseite. Zum Prüfen der erfolgreichen Installation öffnen Sie eine Konsole und tippen dort das Kommando gradle ein. Daraufhin sollte Gradle starten und in etwa folgende Ausgaben produzieren:

```
Welcome to Gradle 4.1.

To run a build, run gradle <task> ...

To see a list of available tasks, run gradle tasks

To see a list of command-line options, run gradle --help

To see more detail about a task, run gradle help --task <task>

BUILD SUCCESSFUL in 4s
```

Erscheint diese Ausgabe, so haben Sie das Build-Tool Gradle erfolgreich installiert und wir können unsere Entdeckungsreise zu Gradle mit einem konkreten Beispiel beginnen.

---

[22] Dort finden Sie diverse weitere Informationen rund um Gradle – insbesondere gibt es dort auch verschiedene Tutorials, die als Ergänzung zu diesem Text dienen können.

Falls Sie Gradle jedoch nicht starten können, so prüfen Sie nochmals die korrekten Angaben in den Umgebungsvariablen und konsultieren Sie die Gradle-Homepage.

Beispielprojekt

Wir werden gleich sehen, wie man ein Projekt mit Gradle per Hand aufsetzt, um dabei verschiedene Dinge zu lernen. Natürlich ist es ähnlich wie bei Maven auch mit Gradle möglich, sich ein Projekt samt Build-Skript erstellen zu lassen. Darauf geht der folgende Praxistipp »Einrichten eines initialen Projekts« kurz ein.

Bevor wir aber Builds mit Gradle starten, werfen wir zunächst einen Blick auf das zu verwaltende Beispielprojekt `SimpleGradleApplication`. Weil dieses unabhängig von den sonstigen Programmen und Sources dieses Buchs existiert, legen Sie das Projekt bitte selbst an und folgen für die Verzeichnisstruktur den Maven-Richtlinien. Erstellen Sie bitte auch die den Packages entsprechenden Unterverzeichnisse, etwa mit `mkdir -p de/javaprofi/helloworld`. Schließlich benötigen wir noch zwei Java-Klassen, für die es anfangs noch keine Tests gibt. Daher ist das `src/test/java`-Unterverzeichnis zunächst leer:

```
SimpleGradleApplication
'-- src
    |-- main
    |   '-- java
    |       '-- de
    |           '-- javaprofi
    |               '-- helloworld
    |                   |-- HelloGradle.java
    |                   '-- HelloGradle2.java
    '-- test
...
```

Beide Java-Klassen besitzen eine extrem einfache Implementierung und führen nur eine Ausgabe auf der Konsole aus. Erstellen Sie diese bitte mit Ihrer IDE oder einem Texteditor wie folgt:

```java
package de.javaprofi.helloworld;

public class HelloGradle
{
    public static void main(final String[] args)
    {
        System.out.println(getMessage());
    }

    public static String getMessage()
    {
        return "Hello Gradle World";
    }
}
```

Die zweite Java-Klasse wird hier nicht gezeigt, da sie nahezu identisch ist und lediglich einen leicht abweichenden Text ausgibt.

> **Tipp: Einrichten eines initialen Projekts**
>
> Zum Einrichten eines initialen Projekts sind bei Gradle im Vergleich zu Maven abermals weniger Details und Angaben notwendig:
>
> ```
> gradle init --type java-library
> ```
>
> Dieses Kommando legt die Verzeichnisse für Sourcen und Test sowie die benötigten Build-Dateien mitsamt einem Verweis auf ein spezielles Repository zum Auflösen von Abhängigkeiten an. Dabei wird auf JCenter (`jcenter()`) verwiesen. Das ist ein Superset von Maven Central und stellt somit alle dortigen Dependencies bereit.

Das erste Build-Skript

Nun wollen wir unsere Java-Klassen mit Gradle kompilieren und daraus ein JAR bauen. Ähnlich wie bei Maven werden die Abläufe mithilfe einer speziellen Build-Datei (bzw. eines Build-Skripts) festgelegt, die standardmäßig `build.gradle` heißt. Sie muss im Hauptverzeichnis des Projekts liegen, also für das Beispielprojekt im Verzeichnis `SimpleGradleApplication`. In dem Build-Skript wird der Ablauf des Builds durch verschiedene Tasks mithilfe einer auf der Programmiersprache Groovy basierenden eigenen DSL (Domain Specific Language) beschrieben. Ein solcher Task ist eine Aufgabenbeschreibung, etwa das Kompilieren von Sourcen oder das Ausführen von Tests.

Praktischerweise gibt es schon einige vordefinierte Tasks, die man über sogenannte Plugins in die eigene Build-Datei integrieren kann.[23] Basierend auf dem Plugin für Java schreiben wir die Build-Datei namens `build.gradle` folgendermaßen:

```
apply plugin: 'java'     // Hinweis: Einfache Anführungszeichen
```

Auch wenn es kaum zu glauben ist, diese eine Zeile stellt die vollständige Build-Datei dar, die neben dem Kompilieren und Erstellen eines JARs noch diverse weitere Funktionalität in Form vordefinierter Tasks bietet. Schauen wir uns die Möglichkeiten an.

Anzeige aller verfügbaren Tasks

Um die Installation zu prüfen, hatten wir das Kommando `gradle` ausgeführt. In der Konsolenausgabe wurde das Kommando

```
gradle tasks
```

angepriesen, um die verfügbaren Tasks anzuzeigen. Führen wir dieses Kommando aus, so wird folgende beeindruckende Liste verfügbarer Tasks auf der Konsole ausgegeben (hier zur Lesbarkeit etwas mit ... gekürzt und leicht umformatiert):

---

[23] Falls dies nicht reichen sollte, können weitere Tasks in Form von Groovy-Skripten selbst definiert werden.

```
> Task :tasks

------------------------------------------------------------
All tasks runnable from root project
------------------------------------------------------------

Build tasks
-----------
assemble - Assembles the outputs of this project.
build - Assembles and tests this project.
buildDependents - Assembles and tests this project and all projects that ...
buildNeeded - Assembles and tests this project and all projects it depends on.
classes - Assembles classes 'main'.
clean - Deletes the build directory.
jar - Assembles a jar archive containing the main classes.
testClasses - Assembles classes 'test'.

...

Documentation tasks
-------------------
javadoc - Generates Javadoc API documentation for the main source code.

Help tasks
----------
dependencies - Displays all dependencies declared in root project 'Simple...
dependencyInsight - Displays the insight into a specific dependency in root ...
help - Displays a help message
projects - Displays the sub-projects of root project 'SimpleGradleApplication'.
properties - Displays the properties of root project 'SimpleGradleApplication'.
tasks - Displays the tasks runnable from root project 'SimpleGradleApplication'.

Verification tasks
------------------
check - Runs all checks.
test - Runs the unit tests.

...

BUILD SUCCESSFUL in 0s
```

Anhand der Ausgaben wird die Vielzahl an Tasks sichtbar und man erkennt, dass Gradle das aktuelle Verzeichnis als Projektverzeichnis ansieht und basierend auf dem Verzeichnisnamen von einem gleichnamigen Projekt `SimpleGradleApplication` ausgeht.

Kompilieren

Probieren wir einen Build-Lauf aus und tippen Folgendes ein:

```
gradle build
```

Gradle startet seine Arbeit und kurz darauf erscheint unter anderem folgende Zusammenfassung als Konsolenausgabe:

```
BUILD SUCCESSFUL in 0s
```

2.7 Einsatz eines IDE-unabhängigen Build-Prozesses

Zudem sieht man beim Ausführen, dass einzelne Aktionen protokolliert werden – jedoch nicht in einzelnen Zeilen wie dies früher das Fall war. Diese Kurzvariante der Konsolenausgabe ist eine Neuerung von Gradle seit Version 4.0.

Zur leichteren Auswertbarkeit und Nachvollziehbarkeit bietet es sich vor allem für Continuous Integration Builds, aber auch für erste Schritte mit Gradle an, eine Ausgabe wie in den früheren Versionen zu nutzen, die die einzelnen Aktionen besser verdeutlicht. Dafür startet man einen Build folgendermaßen:

```
gradle --console plain clean build
```

Das produziert folgende Ausgaben:

```
:clean
:compileJava
:processResources NO-SOURCE
:classes
:jar
:assemble
:compileTestJava
:processTestResources NO-SOURCE
:testClasses
:test
:check
:build

BUILD SUCCESSFUL in 0s
```

Die Ausgaben lassen die im Build-Lauf abgearbeiteten Schritte erahnen: Zunächst werden die Java-Dateien kompiliert (Task `compileJava`) und später zu einem JAR (Task `jar`) zusammengefasst. Während des Builds entsteht ein Verzeichnis `build`, in dem erzeugte Dateien landen. Im Unterverzeichnis `libs` entsteht ein JAR namens `SimpleGradleApplication.jar`, das die beiden kompilierten Klassen enthält:

```
SimpleGradleApplication
|
+---build
|   +---classes
|   |   +---main
|   |       +---de
|   |           +---javaprofi
|   |               +---gradle
|                       HelloGradle.class
|                       HelloGradle2.class
|   |
|   +---dependency-cache
|   +---libs
|   |       SimpleGradleApplication.jar
...
```

Neben dem Kompilieren ist es auch wünschenswert, Dokumentation zu generieren und Unit Tests auszuführen. Probieren wir noch ein wenig herum und lernen die dazu notwendigen Gradle-Kommandos kennen.

> **Hinweis: Inkrementelle Builds**
>
> Als Besonderheit erkennt Gradle, ob die Ausführung eines Tasks überhaupt notwendig ist oder ob dieser zuvor schon erfolgreich ausgeführt wurde. Dann protokolliert Gradle dies mit der Ausgabe von `UP-TO-DATE` und überspringt die Ausführung, wodurch sich Build-Läufe häufig zeitlich recht kurz halten lassen.

Javadoc generieren

Schauen wir zunächst, wie einfach man eine Javadoc zu den Klassen erzeugen kann. Wir geben dazu Folgendes ein:

```
gradle javadoc
```

Dieses Kommando erzeugt für alle Klassen des Projekts eine Javadoc-Dokumentation im Unterverzeichnis `build/docs/javadoc`.

Ausführen von Unit Tests

Um das Programm zu testen, sollten die vorhandenen Unit Tests als fester Bestandteil des Build-Laufs ausgeführt werden. Werfen wir also noch einen Blick auf das Testen und prüfen die Funktionalität der Klasse `HelloGradle` durch folgenden Unit Test:

```java
package de.javaprofi.helloworld;

import static org.junit.Assert.*;
import org.junit.Test;

public class HelloGradleTest
{
    @Test
    public void testGetMessage()
    {
        assertEquals("Hello Gradle World", HelloGradle.getMessage());
    }
}
```

Diese Klasse speichern wir im Verzeichnis `src/test/java/de/javaprofi/gradle`. Zum Ausführen von Tests (hier des sehr rudimentären) geben wir Folgendes ein:

```
gradle test
```

Statt der Ausführung unseres Tests kommt es jedoch unerwartet zu Kompilierfehlern. Die Ursache liegt darin, dass die benötigte JUnit-Bibliothek (noch) nicht im Build-Lauf verfügbar ist. Dazu müssen wir eine externe Abhängigkeit angeben, bei der wir uns praktischerweise auf das zentrale Maven-Repository bzw. dessen Obermenge, referenziert durch `jcenter()`, beziehen können.

2.7 Einsatz eines IDE-unabhängigen Build-Prozesses

Externe Abhängigkeit spezifizieren Die Definition von Abhängigkeiten ist mit Gradle kurz, klar und tatsächlich selbsterklärend. In diesem Beispiel wird die Abhängigkeit zu JUnit während des Kompilierens und zur Ausführung der Tests benötigt. Dies lässt sich wie folgt spezifizieren – auch der Artefaktname wird direkt sichtbar:

```
apply plugin: 'java'

repositories
{
    jcenter()
}

dependencies
{
    testCompile group: 'junit', name: 'junit', version: '4.12'
    // Variante: testCompile 'junit:junit:4.12'
}
```

Unschwer ist zu erkennen, dass diese Form viel kürzer und klarer ist. Außerdem wird der Artefaktname direkt sichtbar. Die Art der Notation hilft dabei, Fehler zu vermeiden, insbesondere solche, die bei XML in Zusammenhang mit öffnenden und schließenden Klammern, Tags usw. stehen.

> **Tipp: Abhängigkeiten definieren**
>
> Für einen Build können verschiedene Abhängigkeiten existieren, die sich – wie zuvor gesehen – recht intuitiv angeben lassen. Dabei kann für jede Abhängigkeit festgelegt werden, welchen Gültigkeitsbereich sie besitzt. Das Ganze wird durch verschiedene Schlüsselwörter in der Sektion `dependencies` der Build-Datei spezifiziert. Abhängigkeiten können beim Kompilieren (`compile`), beim Ausführen (`runtime`), beim Kompilieren von Tests (`testCompile`) und beim Ausführen der Tests (`testRuntime`) existieren und durch die zuvor in Klammern angegebenen Schlüsselwörter festgelegt werden. Standardmäßig sind alle Abhängigkeiten von `testRuntime` eine Obermenge von `testCompile`, was wiederum alle Abhängigkeiten von `compile` enthält. Demnach bildet `compile` die Basis und auch die kleinste Menge von Abhängigkeiten.

Führen wir nun erneut das Kommando `gradle test` aus, so werden die Abhängigkeiten aufgelöst und dazu die JUnit-Bibliotheken aus dem Internet nachgeladen. Zudem werden die vorhandenen und automatisch ermittelten Unit Tests ausgeführt. Dadurch ergibt sich folgende Verzeichnisstruktur (gekürzt):

```
SimpleGradleApplication
|-- build
|   |-- classes
|   |   `-- java
|   |       |-- main
|   |       |   `-- de
|   |       |       `-- javaprofi
|   |       |           `-- helloworld
|   |       |               |-- HelloGradle.class
|   |       |               `-- HelloGradle2.class
```

```
|   |         '-- test
|   |             '-- de
|   |                 '-- javaprofi
|   |                     '-- helloworld
|   |                         '-- HelloGradleTest.class
|   |-- libs
|   |   '-- SimpleGradleApplication.jar
|   |-- reports
|   |   '-- tests
|   |       '-- test
|   |           |-- index.html
```

Man sieht dort auch einen Ordner `reports`. Dort finden sich von JUnit (und anderen Tools) generierte Test-Reports. Ein Beispiel ist in Abbildung 2-14 dargestellt.

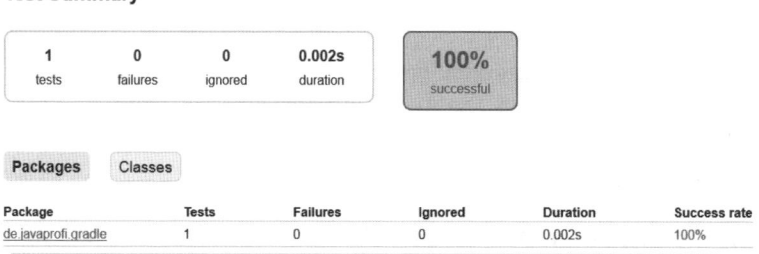

Abbildung 2-14 *Von JUnit in HTML erzeugter Bericht*

Sonderbehandlung fehlschlagender Tests In der Regel sollte ein fehlgeschlagener Test zum Fehlschlagen des Build-Prozesses führen. Eine abweichende Handhabung ist beispielsweise dann nützlich, wenn zwar normalerweise der erfolgreiche Abschluss der Unit Tests für alle Builds verbindlich ist, jedoch während einer Prototypentwicklung einige Tests temporär fehlschlagen dürfen. Man kann dies über die Angabe von `ignoreFailures` steuern:

```
test
{
    ignoreFailures = true
}
```

JAR erstellen

Zum Erzeugen eines Artefakts kann man den `jar`-Task nutzen. Auch hier geschieht in der Regel vieles automatisch. Sollen spezielle Attribute in der Manifest-Datei gesetzt werden (vgl. Abschnitt 2.6), so kann man dies einfach wie folgt spezifizieren:

```
jar
{
    manifest
    {
        attributes ( "Implementation-Title" : "<title>",
                     "Implementation-Version": <version> )
    }
}
```

Oftmals enthält das JAR auch eine zu startende `main`-Klasse. Diese gibt man folgendermaßen an:

```
jar
{
    manifest
    {
        attributes ( "Main-Class" : "de.javaprofi.helloworld.HelloGradle" )
    }
}
```

Teilweise enthält ein JAR aber auch mehrere Klassen mit `main()`-Methoden. Die Frage ist nun, wie man die `main()`-Methode einer beliebigen gewünschten Klasse aus einem JAR ausführen kann. Dazu lernen wir nun die Definition eines eigenen Tasks kennen.

Eigene Tasks definieren – Abhängigkeiten zwischen Tasks

Bislang haben wir diverse Funktionalität allein mit Gradle-Bordmitteln realisieren können, jedoch ist es damit nicht direkt möglich, die `main()`-Methoden verschiedener Klassen auszuführen. Diese Funktionalität benötigen wir aber beispielsweise zum Starten der Beispielprogramme in diesem Buch: Das JAR zu diesem Buch enthält eine Vielzahl startbarer Demo-Applikationen.

Zur Vervollständigung unseres Build-Laufs nutzen wir das Schlüsselwort `task`, um einen eigenen Task zu definieren, den wir zum Starten von `main()`-Methoden beliebiger Klassen nutzen. Den neuen Task bauen wir auf dem vordefinierten Typ `JavaExec` auf und erweitern diesen um die benötigte Funktionalität bzw. hier um die Angaben zu `CLASSPATH` und `main`-Klasse wie folgt:

```
task HelloGradle(type: JavaExec) { // <- öffnende Klammer muss aufgrund von
                                   // Groovy-Besonderheiten hier stehen
    dependsOn jar

    // Groovy-Notation [] für Liste
    classpath = files(["build/libs/SimpleGradleApplication.jar"])
    main = "de.javaprofi.helloworld.HelloGradle" // Achtung: ohne .class
}
```

Wie man bei der Definition sieht, existieren gewisse Abhängigkeiten der Tasks untereinander. Im obigen Beispiel soll beim Aufruf von `gradle helloGradle` zunächst der Task `jar` abgearbeitet werden, um die Applikation zu bauen. Die Reihenfolge zwischen Tasks lässt sich durch das Schlüsselwort `dependsOn` festlegen.[24] Damit wird definiert, dass etwa das Kompilieren vor dem Testen erfolgt oder das Bereinigen von Verzeichnissen vor dem Kompilieren.

Während die Angabe der `main`-Klasse noch recht intuitiv ist, aber ohne `.class` erfolgen muss, sollten Sie bei der Angabe eines `CLASSPATH` folgenden Hinweis beachten: Die dort genutzte Methode `files()` ist Bestandteil der Gradle DSL und erlaubt es, eine Menge von Dateien zu spezifizieren. In diesem Fall ist es genau eine Datei, nämlich `SimpleGradleApplication.jar` im Unterverzeichnis `${buildDir}/libs`, wobei hier ein Platzhalter für das Build-Verzeichnis genutzt wird.

Code-Checker-Tool einbinden

Mit recht wenig Aufwand haben wir schon einen vollständigen Build-Lauf beschreiben können. Als Schmankerl möchte ich noch ein paar Sourcecode-Prüfungen ergänzen. Dazu nutzen wir das Tool PMD, für das Gradle ein Plugin bereitstellt, sodass wir lediglich folgende Zeile in unserer Datei `build.gradle` ergänzen müssen:

```
apply plugin: 'pmd'
```

Führen wir den Build mit

```
gradle check
```

aus, entstehen im Verzeichnis `build/reports/pmd` einige Report-Dateien. Allerdings zeigen diese keine Verstöße. Das liegt schlichtweg daran, dass PMD noch keine Regeln konfiguriert hat. Wir fügen wie folgt ein paar Regeln ein:

```
pmd
{
    toolVersion = '5.6.1'
    ruleSets = [ "java-basic", "java-design" ]
    ignoreFailures = true
}
```

Führen wir nun erneut einen Build aus, so werden uns Verstöße gemeldet sowie das Verzeichnis, in dem wir eine detaillierte HTML-Seite dazu finden:

```
:pmdMain
2 PMD rule violations were found. See the report at: file:///C:/Users/michaeli/
    Desktop/GradleExample/build/reports/pmd/main.html
/pmd/main.html
```

Als erster Einstieg in die Sourcecode-Prüfung soll der Aufruf von PMD hier genügen. Später in Abschnitt 19.4 behandle ich das Thema ausführlicher.

---

[24] Noch besser ist es, das Task-Autowiring zu nutzen und auf das explizite `dependsOn` zu verzichten. Dann schreibt man nur noch `classpath=jar.outputs.files`.

2.7 Einsatz eines IDE-unabhängigen Build-Prozesses

IDE-Projekte erzeugen

Betrachten wir nun die Integration von Gradle-Builds in die IDE. Praktischerweise ist es mit Gradle möglich, spezifische Projektdateien für unsere IDE generieren zu lassen.

Eclipse-Projekt erzeugen und einbinden Um das dazu benötigte Gradle-Plugin zu integrieren, ergänzen wir folgende Angabe in der Build-Datei:

```
apply plugin: 'eclipse'
```

Als Folge stehen uns mit `eclipse` und `cleanEclipse` zwei weitere Tasks für Gradle zur Verfügung. Wenn wir den Task `gradle eclipse` ausführen, dann werden Eclipse-spezifische Dateien, nämlich `.project` und `.classpath`, erzeugt. Darüber hinaus kümmert sich Gradle um das Dependency Management und lädt benötigte JAR-Dateien herunter und bindet diese als Referenced Libraries korrekt in Eclipse-Projekte ein.

Um ein wie eben erzeugtes Projekt in Eclipse zu importieren, wählen Sie das Kontextmenü IMPORT –> GENERAL –> EXISTING PROJECTS INTO WORKSPACE.

> **Tipp: Integration in Eclipse**
>
> **Zu Eclipse kompatible Verzeichnisstruktur** Bisher haben wir das Maven-Standardverzeichnislayout genutzt. Gradle ist aber diesbezüglich flexibel. Mit nur ein wenig Konfigurationsaufwand kann man auch Projekte mit Gradle bauen, die eine abweichende Verzeichnisstruktur besitzen, etwa eine, die dem Eclipse-Standardverzeichnislayout entspricht. Bevor allerdings Anpassungen erfolgen, sollte man sich überlegen, ob man nicht eher das Eclipse-Projekt so konfiguriert, dass es sich an den Maven- bzw. Gradle-Standard hält.
>
> Zur Konfiguration nutzt man die Angabe `sourceSets`. Damit wird eine Menge von Dateien beschrieben, die kompiliert werden sollen. Zudem kann man über die Angabe `output.classesDir` das Ausgabeverzeichnis konfigurieren:
>
> ```
> apply plugin: 'java'
>
> sourceSets
> {
>     main
>     {
>         java
>         {
>             srcDir = ['src']
>             output.classesDir = ['bin']
>         }
>     }
> }
> ```
>
> **Eclipse-Plugin** Mithilfe von Plugins lassen sich die Gradle-Tasks nicht nur aus der Kommandozeile ausführen. Dazu finden Sie im Eclipse Marketplace unter anderem das Plugin BUILDSHIP GRADLE INTEGRATION.

Multi-Project-Builds

Je größer Softwareprojekte werden, desto mehr bietet es sich an, diese in Subprojekte aufzuteilen. Das führt zu einer besseren Modularisierung und man kann (unerwünschte) Abhängigkeiten besser kontrollieren. Die Strukturierung geschieht in etwa wie folgt:

```
MultiProject
|
+---Subproject_1
+---Subproject_2
+---Subproject_3
```

Hier ist angedeutet, dass das Hauptprojekt in drei Subprojekte aufgegliedert ist. Eine solche Dreiteilung findet man etwa bei einer Schichtenarchitektur mit GUI, Service- bzw. Modellschicht und Datenzugriffsschicht.[25] Dabei hängt das GUI von der Service-schicht ab und diese wiederum von der Datenzugriffsschicht.

Wenn wir dies mit einem Gradle-Build beschreiben wollen, dann enthält das Root-Projektverzeichnis lediglich die Dateien `build.gradle` und `settings.gradle`. In Letzterer werden die Subprojekte z. B. folgendermaßen aufgelistet:

```
include 'gui', 'model', 'dao'
```

Die Hauptdatei enthält einen Abschnitt `subprojects`, in dem die Gemeinsamkeiten für alle Subprojekte aufgeführt werden:

```
subprojects
{
    apply plugin: 'java'

    repositories
    {
        jcenter()
    }
}
```

Außerdem wird für jedes Subprojekt ein eigenes Verzeichnis angelegt, und dort findet sich wiederum eine `build.gradle`-Datei. Diese ist dann so aufgebaut, wie es zuvor in diesem Kapitel beschrieben wurde.

---

[25] Natürlich sind andere Aufteilungen denkbar.

```
MultiProject
|
|   build.gradle
|   settings.gradle
|
+---gui
|   |   build.gradle
|   |
|   +---src
|       +---main
|           +---java
|               +---de
|                   +---gui
|                       PersonGui.java
|
+---model
|   |   build.gradle
|   |
|   +---src
|       +---main
|           +---java
|               +---de
|                   +---model
|                       Person.java
|                   +---service
|                       PersonService.java
|
+---dao
    ...
```

Man kann dann im Hauptprojekt `gradle build` eingeben und die Subprojekte werden gebaut. In jedem Subprojekt entsteht als Folge – wie zuvor für normale Projekte auch – im Verzeichnis `build` eine JAR-Datei.

Zwischenfazit

Ausgehend von der einfachsten Build-Datei, bestehend aus einer Zeile, haben wir schrittweise den Build um sinnvolle Funktionalität ergänzt. Dabei wurde das Verwalten von externen Abhängigkeiten, das Ausführen von Analysetools oder Dokumentationswerkzeugen vorgestellt. Auch das Zusammenspiel mit der genutzten IDE wurde kurz thematisiert. Was uns noch fehlt, ist ein kurzer Blick auf die Besonderheiten bei Java 9.

Gradle und Java 9

Die aktuelle Version 4.1 von Gradle erlaubt es, klassische, nicht modularisierte Programme mit Java 9 zu verarbeiten.

Notwendige Anpassungen in der Build-Datei Die jeweilige Build-Datei `build.gradle` muss nur minimal bezüglich des Compilers angepasst werden. Im nachfolgenden Build-Skript weichen nur die Angaben `sourceCompatibility=9` und `targetCompatibility=9` von denen für Java 8 ab. Insbesondere kommt bereits das neue Versionsschema ohne die 1 als führende Ziffer (vgl. Abschnitt 14.3.3) zur Anwendung. Die restliche Datei würde exakt so auch für Java 8 funktionieren.

```
apply plugin: 'java'

sourceCompatibility=9
targetCompatibility=9

repositories {
    mavenCentral();
}
```

Besonderheiten beim Kompilieren und Paketieren Zum Erstellen eines JARs für eine beliebige Applikation geben Sie bitte folgendes Kommando ein:

```
gradle assemble
```

Während es in früheren Versionen von Gradle und des JDKs dabei noch Probleme gab, wird nun lediglich ein für die Zukunft in Java 10 verbotener Zugriff per Reflection auf der Konsole angemerkt:

```
WARNING: An illegal reflective access operation has occurred
```

Für eine ausführliche Betrachtung und weiterführende Informationen zu Java 9 und dessen Auswirkungen auf Build-Tools und IDEs verweise ich auf mein Buch »Java 9 – Die Neuerungen« [44].

2.7.3 Vorteile von Maven und Gradle

Obwohl ich für neue Projekte den Einsatz von Gradle empfehle, gibt es sicherlich auch Argumente für den Einsatz von Maven (oder sogar eines ganz anderen Build-Tools). Maven und Gradle haben folgende Vorteile:

- Sie fördern eine Vereinheitlichung durch Convention over Configuration, wodurch Konfigurationsaufwände nur dort anfallen, wo vom Standard abgewichen wird.
- Sie erleichtern die Einarbeitung und Orientierung, da eine einheitliche Projektstruktur genutzt wird. Auch Projektneulinge finden sich so schnell zurecht, denn alles ist relativ vertraut und man muss nicht von Projekt zu Projekt umdenken.

- Sie erlauben, Abhängigkeiten von Fremdbibliotheken deklarativ zu beschreiben und automatisch durch das Build-Tool auflösen zu lassen (insbesondere auch transitiv, also die von einer Bibliothek benötigten anderen Bibliotheken).
- Sie vereinfachen die Generierung von Dokumentation und Reports zu Sourcecode-Qualität durch Aufruf von Tools wie Javadoc, Checkstyle, PMD, FindBugs usw.

Fazit

In diesem Abschnitt haben Sie das Handwerkszeug kennengelernt, um den Sourcecode und die Unit Tests verschiedener Beispielapplikationen in den nachfolgenden Kapiteln kompilieren und ausführen zu können.

Des Weiteren wurde motiviert, dass ein Softwareprojekt stets mit einem vernünftigen Build-Management gekoppelt sein sollte. Je größer ein Projekt wird, desto mehr profitiert man von den Automatiken von Maven und Gradle. Letzteres vereinfacht den Build-Prozess auch für kleine Projekte und erfordert lediglich minimalen Einarbeitungsaufwand, sodass für dieses Buch die Wahl auf Gradle gefallen ist.

2.8 Weiterführende Literatur

Dieses Kapitel hat einen einführenden Überblick darüber gegeben, wie Sie sich eine professionelle Arbeitsumgebung einrichten. Weitere Ideen zum Ausbau einer Arbeitsumgebung, die die »agile« Entwicklung unterstützt, finden Sie in den folgenden Büchern und Onlinequellen, wobei die meisten davon detaillierte Informationen zu den Themen Versionsverwaltungen und Build-Automatisierung liefern.

- »**Agile Java-Entwicklung in der Praxis**« von Michael Hüttermann [41]
- »**Pragmatisch Programmieren: Versionsverwaltung mit CVS**« von Andrew Hunt und David Thomas [40]
- »**Versionskontrolle mit Subversion**« von Ben Collins-Sussman, Brian W. Fitzpatrick und C. Michael Pilato [12]
- »**Pragmatic Version Control Using Subversion**« von Mike Mason [54]
- »**Git**« von René Preißel und Bjørn Stachmann [65]
- »**Mercurial: The Definitive Guide**« von Bryan O'Sullivan [63]
- »**Pragmatisch Programmieren: Projekt-Automatisierung**« von Mike Clark [10]
- »**Gradle In Action**« von Benjamin Muschko [58]
- »**Git**« http://git-scm.com/book/de
- »**Mercurial**« http://hgbook.red-bean.com/
- »**Maven**« http://books.sonatype.com/mvnref-book/reference/

3 Objektorientiertes Design

Dieses Kapitel gibt einen Einblick in den objektorientierten Entwurf von Software. Die zugrunde liegende Idee der Objektorientierung (OO) ist es, **Zustand** (Daten) mit **Verhalten** (Funktionen auf diesen Daten) zu verbinden. Prinzipiell lässt sich diese Idee in jeder Programmiersprache realisieren. Sprachen wie z. B. C++ und Java unterstützen die objektorientierten Konzepte von Hause aus. In diesem Kapitel möchte ich Ihnen die Grundgedanken der Objektorientierung und die für gutes Design verfolgten Ziele **Kapselung**, **Trennung von Zuständigkeiten** und **Wiederverwendbarkeit** vermitteln.

Abschnitt 3.1 stellt zunächst einige Grundbegriffe und -gedanken vor und verdeutlicht diese am Entwurf eines Zählers. Das Beispiel ist bewusst einfach gewählt. Nichtsdestotrotz kann man daran bereits sehr gut den OO-Entwurf mit seinen Tücken nachvollziehen. Die gewonnenen Erkenntnisse helfen, die OO-Grundlagen besser zu verstehen. Um Objektorientierung jedoch als Konzept zu erfassen und das **Denken in Objekten und Zuständigkeiten** zu verinnerlichen, muss man auch Fallstricke und Grenzen kennen. Dazu zeigt Abschnitt 3.1.3 ein paar Irrwege der »funktionalen Objektierung«[1]. Darunter versteht man, dass häufig fälschlicherweise von Objektorientierung gesprochen wird, nur weil man Klassen und Objekte verwendet. Allerdings umfasst Objektorientierung viel mehr als das Programmieren mit Klassen und den intensiven Einsatz von Vererbung. Deshalb erläutere ich in Abschnitt 3.2 einige technische Grundlagen, wie Interfaces und abstrakte Klassen, bevor wir mit diesem Wissen in Abschnitt 3.3 das Thema Vererbung erneut aufgreifen und es kritisch diskutieren. Zudem betrachten wir Situationen von »explodierenden« Klassenhierarchien und Wege, die Probleme zu lösen. In Abschnitt 3.4 thematisieren wir unter anderem Read-only-Interfaces und Immutable-Klassen als fortgeschrittenere OO-Techniken. Danach lernen wir in Abschnitt 3.5 verschiedene Prinzipien guten OO-Entwurfs als Hilfestellung auf dem Weg zu einem gelungenen Design kennen. Dazu werden einige bekannte Designrichtlinien wie etwa das Law of Demeter sowie die SOLID-Prinzipien vorgestellt.

Mit JDK 5 wurden generische Typen, auch **Generics** genannt, eingeführt, um typsichere Klassen und insbesondere typsichere Containerklassen realisieren zu können. Eine wichtige Rolle zum Verständnis beim Überschreiben von Methoden, bei der Nutzung von Arrays und insbesondere beim Einsatz von Generics spielt der Begriff Varianz und verschiedene Formen davon. Diese werden in Abschnitt 3.6 vorgestellt. Abschließend bietet Abschnitt 3.7 einen Einstieg in das Thema Generics.

---

[1] Danke an meinen Freund Tim Bötzmeyer für diese schöne Wortschöpfung.

3.1 OO-Grundlagen

Die objektorientierte Softwareentwicklung setzt eine spezielle Denkweise voraus. Kerngedanke dabei ist, den Programmablauf als ein Zusammenspiel von Objekten und ihren Interaktionen aufzufassen. Dabei erfolgt eine Anlehnung an die reale Welt, in der Objekte und ihre Interaktionen ein wesentlicher Bestandteil sind, etwa Personen, Autos, CD-Spieler usw. All diese Dinge werden durch spezielle Merkmale und Verhaltensweisen charakterisiert. Auf die Software übertragen realisieren viele einzelne Objekte durch ihr Verhalten und ihre Eigenschaften die benötigte und gewünschte Programmfunktionalität. Bevor ich diese Gedanken für den Entwurf eines Zählers wieder aufgreife, möchte ich zuvor einige Begriffe definieren, die für ein gutes Verständnis dieses und der folgenden Kapitel eine fundamentale Basis darstellen.

3.1.1 Grundbegriffe

Klassen und Objekte Sprechen wir beispielsweise über ein spezielles Auto, etwa das von Hans Mustermann, so reden wir über ein konkretes *Objekt*. Sprechen wir dagegen abstrakter von Autos, dann beschreiben wir eine Klasse. Eine *Klasse* ist demnach eine Strukturbeschreibung für Objekte und umfasst eine Menge von *Attributen* (auch *Membervariablen* genannt) und *Methoden*, die in der Regel auf diesen Daten arbeiten und damit Verhalten definieren. Ein Objekt ist eine konkrete Ausprägung (*Instanz*) einer Klasse. Die Objekte einer Klasse unterscheiden sich voneinander durch ihre Adresse im Speicher und eventuell in den Werten ihrer Attribute.

Objektzustand Der *Objektzustand* beschreibt die momentane Wertebelegung aller Attribute eines Objekts. Er sollte in der Regel nur durch Methoden des eigenen Objekts verändert werden, um Veränderungen leichter unter Kontrolle zu halten.

Schnittstelle bzw. Interface Häufig werden die Begriffe Schnittstelle und *Interface* analog zueinander genutzt. Mit beidem sind diejenigen Methoden einer Klasse gemeint, die von anderen Klassen aufgerufen werden können. Schnittstellen definieren ein »Angebot von Verhalten«. Java kennt das Schlüsselwort `interface` zur expliziten Definition der Schnittstelle einer Klasse in Form einer *Menge von Methoden ohne Implementierung*.[2] Man spricht hier von *abstrakten Methoden*. Eine Klasse, die das Interface implementiert, muss diese abstrakten Methoden mit Funktionalität füllen.

Abstrakte Klassen Ähnlich wie Interfaces erlauben *abstrakte Klassen* die Vorgabe einer Schnittstelle in Form von Methoden. Im Unterschied zu Interfaces können in abstrakten Klassen nicht nur Methoden implementiert werden,[3] sondern auch Attribu-

---

[2]Auch ohne explizite Beschreibung besitzt jede Klasse eine Schnittstelle in Form der von ihr definierten Methoden, die für andere Klassen aufrufbar sind.

[3]Mit Java 8 ändert sich diese strenge Unterscheidung, da es dann erlaubt ist, in Interfaces mithilfe sogenannter Defaultmethoden bereits ein Standardverhalten vorzugeben.

te definiert werden, um eine Basisfunktionalität anzubieten. Methoden, die noch keine Implementierung besitzen, sind mit dem Schlüsselwort `abstract` zu kennzeichnen. Aufgrund der unvollständigen Implementierung lassen sich keine Objekte abstrakter Klassen erzeugen und die Klasse muss ebenfalls mit dem Schlüsselwort `abstract` versehen werden. Dadurch sind abstrakte Klassen nicht mehr instanziierbar. Das gilt übrigens auch für den Spezialfall, dass keine einzige Methode, sondern nur die Klasse `abstract` definiert ist.

Typen Durch Klassen und Interfaces werden eigenständige *Datentypen* oder kurz Typen mit Verhalten beschrieben, etwa eine Klasse `Auto`. Im Unterschied dazu existieren *primitive Datentypen*, die lediglich Werte ohne Verhalten darstellen. Beispiele hierfür sind die Zahlentypen `int`, `float` usw.

Realisierung Das Implementieren eines Interface durch eine Klasse wird *Realisierung* genannt und durch das Schlüsselwort `implements` ausgedrückt.[4] Eine Realisierung eines Interface durch eine Klasse bedeutet, dass sich ein Objekt dieser Klasse so verhalten kann, wie es das Interface vorgibt. Daher spricht man von *Typkonformität* oder auch von einer *»behaves-like«-Beziehung* bzw. *»can-act-like«-Beziehung*. Wichtig dafür sind zum einen sprechende Methodennamen sowie zum anderen eine aussagekräftige Dokumentation zu der jeweiligen Methode. Für ein gelungenes Design reicht es also nicht aus, dass ein Interface nur aus Methodendeklarationen besteht!

Deklaration und Definition Eine *Deklaration* beschreibt bei Variablen deren Typ und ihren Namen, etwa `int age`. Bei Methoden entspricht eine Deklaration dem Methodennamen, den Typen der Übergabeparameter sowie angegebenen Exceptions. Diese Elemente beschreiben die *Signatur* einer Methode. Von einer *Definition* einer Variablen spricht man, wenn ihr bei der Deklaration ein Wert zugewiesen wird. Die Definition einer Methode entspricht der Methodenimplementierung.

> **Info: Signatur einer Methode**
>
> Unter der Signatur einer Methode versteht man die Schnittstelle, die aus dem Namen, der Parameterliste (Anzahl, Reihenfolge und Typen der Parameter) und optional angegebenen Exceptions besteht. Betrachten wir folgende Methode `open()`:
>
> ```java
> boolean open (final String filename, final int retries) throws IOException
> {
>     // ...
> ```
>
> In Java gehören weder die Implementierung, der Rückgabewert noch die Namen der Parameter und die `final`-Schlüsselworte zur Signatur, sondern nur Folgendes:
>
> ```java
> open (String, int) throws IOException
> ```

---

[4] Werden nicht alle Methoden des Interface implementiert, muss die Klasse `abstract` sein.

> Jetzt fragen Sie sich vielleicht, warum das so ist. Nehmen wir dazu folgende weitere Methodensignatur einer `open()`-Methode an:
>
> ```
> open(File, boolean) throws IOException
> ```
>
> Erfolgt ein Aufruf an die Methode `open()`, so kann der Compiler basierend auf den Typen der Parameterliste die korrekte Methode auswählen. Der Rückgabewert trägt nicht zur Unterscheidung beim Aufruf bei, weil er nicht zwangsweise ausgewertet werden muss (in der Regel aber sollte). Somit ist er nicht Bestandteil der Signatur.

Referenzen Definiert man in Java eine Variable vom Typ einer Klasse, so stellt diese nicht das Objekt selbst dar, sondern nur eine Referenz auf das Objekt. Eine solche Variable ist ein Verweis, um das Objekt zu erreichen[5] und mit dessen Daten und Methoden zu arbeiten. Abbildung 3-1 zeigt dies für eine Referenzvariable `myBrother`, die auf ein Objekt vom Typ `Person` verweist und somit Zugriff auf dessen Attribute (hier `name` und `age`) sowie dessen (nicht dargestellte) Methoden erlaubt.

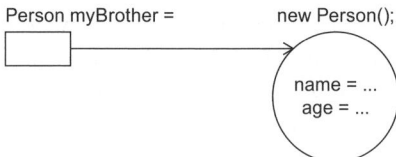

Abbildung 3-1 Objekterzeugung und -referenzierung

Die folgende Abbildung 3-2 zeigt die Referenzierung desselben Objekts durch mehrere Referenzvariablen, hier `myBrother` und `otherPerson`.

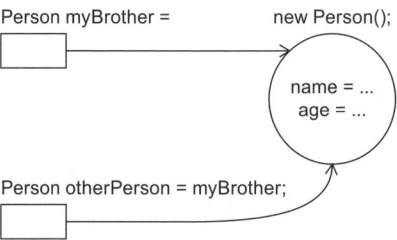

Abbildung 3-2 Mehrfache Referenzierung eines Objekts

Bereits beim bloßen Betrachten erahnt man mögliche Auswirkungen von Änderungen von Attributen: Wird etwa der Wert des Attributs `name` für das durch `myBrother` referenzierte `Person`-Objekt verändert wird, so wirkt sich das natürlich auch in dem durch `otherPerson` referenzierten Objekt aus. Das ist in diesem Beispiel noch leicht verständlich, verweisen doch beide Referenzen auf *dasselbe* Objekt. In der Praxis sind die

---
[5] Dies entspricht der Adresse im Speicher, wo das Objekt nach seiner Erzeugung abgelegt ist.

Beziehungsgeflechte zwischen Objekten oftmals komplexer, und somit lassen sich Referenzierungen und Auswirkungen von Änderungen an den Daten eines Objekts nicht immer so einfach nachvollziehen wie hier.

Lebenszyklus von Objekten und Speicherfreigabe   Der Lebenszyklus eines Objekts beginnt bei dessen Konstruktion. Danach kann es mit anderen Objekten interagieren. Irgendwann ist ein Objekt an sein »Lebensende« gelangt. Dies ist der Fall, wenn keine Referenzvariable mehr auf dieses Objekt verweist. Folglich kann es von keiner Stelle im Programm mehr erreicht und angesprochen werden. Der genaue Zeitpunkt des »Ablebens« und der damit verbundenen Speicherfreigabe kann in der JVM nicht exakt bestimmt werden. Das liegt daran, dass die Aufräumarbeiten und die Speicherfreigabe durch einen speziellen Mechanismus zur Speicherbereinigung, die sogenannte *Garbage Collection*, erfolgen. Die konkreten Zeitpunkte der Ausführung sind nicht vorhersehbar, da diese von der gewählten Aufräumstrategie und des gerade belegten und derzeit noch freien Speichers abhängig sind. Details dazu beschreibt Abschnitt 10.4.

Sichtbarkeiten   Beim objektorientierten Programmieren unterscheidet man verschiedene Sichtbarkeiten, die festlegen, ob und wie andere Klassen auf Methoden und Attribute zugreifen dürfen. Java bietet folgende vier Sichtbarkeiten:

- `public` – Ist von überall aus zugreifbar.[6]
- `protected` – Zugriff für abgeleitete Klassen und alle Klassen im selben Package
- Package-private oder default (kein Schlüsselwort[7]) – Nur Klassen aus demselben Package haben Zugriff darauf.
- `private` – Nur die Klasse selbst und alle ihre inneren Klassen haben Zugriff.

Kapselung   Die *Kapselung* von Daten (*Information Hiding*) stellt einen Weg dar, die Attribute eines Objekts vor dem direkten Zugriff und der direkten Manipulation durch andere Objekte zu schützen. Anstatt dass eine Klasse ihre Attribute `public` definiert und damit potenziellen Nutzern direkten Zugriff erlaubt, empfiehlt es sich, die Sichtbarkeit der Attribute auf `protected`, Package-private oder `private` zu reduzieren und Zugriffsmethoden (`get()`- und `set()`-Methoden) anzubieten. Diese werden im OO-Sprachjargon auch als *Accessors* oder *Mutators* bezeichnet.

Durch die Definition von Sichtbarkeitsregeln erreicht man eine Strukturierung und Kapselung: Die Klasse kann durch die Zugriffsmethoden die Möglichkeiten zum Zugriff auf Attribute selbst steuern oder einschränken. Außerdem können verschiedene Sichtbarkeiten für Methoden vergeben werden, wodurch internes Verhalten nicht nach

---

[6]Die Bedeutung von `public` ändert sich mit Java 9 und im Kontext der Modularisierung. Darauf gehe ich in Abschnitt 15.3 ein.

[7]Man kann diese Sichtbarkeit durch einen Kommentar der Form `/*private*/` bzw. `/*package*/` andeuten. Dies ist hilfreich, um versehentliche Sichtbarkeitserweiterungen zu verhindern. Man dokumentiert somit, dass bewusst *diese* Sichtbarkeit gewählt wurde.

außen sichtbar wird, sondern nur gewünschte verhaltendsdefinierende Methoden, wie die nachfolgend beschriebenen Business-Methoden.

Objektverhalten und Business-Methoden   Das Verhalten der Instanzen einer Klasse ist durch die bereitgestellten Methoden definiert. Diese Methoden weisen in der Regel unterschiedliche Abstraktionsgrade und verschiedene Sichtbarkeiten auf. Einige Arbeits- und Hilfsmethoden verwenden viele Implementierungsdetails und arbeiten direkt mit den Attributen der Klasse. Sie sollten bevorzugt `private` oder Package-private definiert werden. Meistens realisieren nur wenige der Methoden einer Klasse »High-Level-Operationen« mit einem hohen Abstraktionsgrad. Diese verhaltensdefinierenden Methoden bilden in der Regel die Schnittstelle der Klasse nach außen. Derartige Methoden nennt man auch *Business-Methoden*. Sie verstecken die komplexen internen Vorgänge. Auf diese Weise erreicht man folgende Dinge:

- **Abstraktion** und **Datenkapselung** – Implementierungsdetails werden versteckt.
- **Klare Abhängigkeiten** – Wenn Zugriffe durch andere Klassen nur über die Business-Methoden erfolgen, existieren wenige und klare Abhängigkeiten.
- **Austauschbarkeit** und **Wiederverwendbarkeit** – Werden die Business-Methoden durch ein Interface beschrieben, so kann ein Austausch der Realisierung (im besten Fall) sogar ohne Rückwirkung auf Nutzer erfolgen.

> **Tipp: Aufrufhierarchien von Methoden**
>
> Um den Sourcecode übersichtlich zu halten, sollten sich öffentliche Methoden aus Methodenaufrufen anderer Sichtbarkeiten zusammensetzen und wenig Implementierungsdetails zeigen. Sofern Methoden keine Methoden höherer Sichtbarkeit aufrufen (also etwa eine private Methode keine öffentliche Methode aufruft), erreicht man eine Aufrufhierarchie und eine Art klasseninterne Schichtenarchitektur. Diese Strukturierung hilft insbesondere dann, wenn man Datenänderungen verarbeiten und an andere Klassen kommunizieren muss. Ohne die Einhaltung dieses Hinweises kommt es schneller zu einem Chaos.

Kohäsion   Beim objektorientierten Programmieren verstehen wir unter *Kohäsion* den inneren Zusammenhang, also in welchem Maße eine Klasse tatsächlich genau eine Aufgabe oder einen Aufgabenbereich erfüllt. Je höher die Kohäsion, desto besser realisiert eine Klasse lediglich eine spezielle Funktionalität. Bei hoher Kohäsion erfolgt eine gute Trennung von Zuständigkeiten. Klassen mit hoher Kohäsion können normalerweise gut kombiniert werden, um neue Funktionalitäten zu realisieren. Dies hilft bei der Wiederverwendbarkeit. Je niedriger auf der anderen Seite die Kohäsion ist, desto mehr wird unterschiedliche Funktionalität innerhalb einer Klasse realisiert. Analog können wir von Kohäsion einer Methode reden. Sie beschreibt, wie genau abgegrenzt die Funktionalität der Methode ist.

> **Info: Orthogonalität und Wiederverwendung**
>
> In der Informatik spricht man von *Orthogonalität*, wenn man eine *freie Kombinierbarkeit* unabhängiger Konzepte – hier Methoden und Klassen – erreicht. Eine derartige Implementierung zu erstellen, erfordert allerdings einiges an Erfahrung. Häufig sind Methoden und Klassen daher in der Praxis eben leider nicht immer so gestaltet, dass sie nur genau eine Aufgabe erfüllen. Wenn man dann eine benötigte Teilfunktionalität einer Methode oder Klasse verwenden möchte, aber nur diese eine Aufgabe in Form eines Methodenaufrufs nicht bekommen kann, werden als Abhilfe die entsprechenden Zeilen kopiert, statt eine Methode oder Klasse mit der gewünschten Funktionalität herauszulösen. Eine derartige Sourcecode-Duplikation (Copy-Paste-Wiederverwendung) führt häufig zu einer schwachen Kohäsion und sollte daher möglichst vermieden werden.[a]
>
> ---
> [a] Wird eine ganze Methode in eine andere Klasse kopiert, kann sie durchaus für sich eine hohe Kohäsion aufweisen. Allerdings wird die Kohäsion auf Klassenebene dadurch geringer, weil nun zwei Klassen dasselbe tun (können). Das ist wartungsunfreundlich.

Assoziationen Stehen Objekte in Beziehung zueinander, so spricht man ganz allgemein von einer *Assoziation*. Diese Beziehung kann nach der Zusammenarbeit wieder aufgelöst und es können neue Assoziationen zu anderen Objekten aufgebaut werden.

Man untergliedert bei Assoziationen noch feiner in Aggregation und Komposition. Eine *Aggregation* verstärkt die Beziehung zwischen den Objekten, es entsteht eine *Ganzes-Teile-Beziehung*. Insbesondere sind die verbundenen Objekte nicht mehr gleichwertig, sie können aber unabhängig voneinander existieren. Von *Komposition* spricht man dann, wenn diese Ganzes-Teile-Beziehung noch stärker ausgeprägt ist: Ein enthaltenes Teilobjekt kann ohne das Ganze nicht selbstständig existieren. Ganzes-Teile-Beziehungen findet man häufig in dem Zusammenhang, dass ein Objekt, also das Ganze, eine Menge von anderen Objekten, die Teile, referenziert. Je nach Modellierungsabsicht stellt die in Abbildung 3-3 dargestellte Beziehung zwischen einer Musik-CD und einigen MP3-Liedern eine Aggregation bzw. eine Komposition dar.

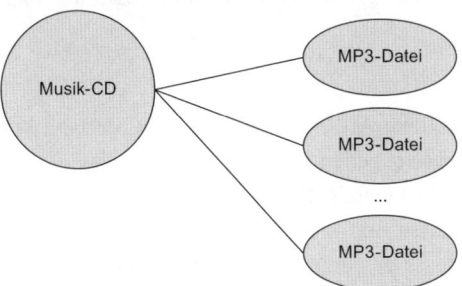

Abbildung 3-3 Aggregation / Komposition

Wenn man dies als Aggregation betrachtet, so existieren die MP3-Lieder unabhängig von der CD, z. B. als Dateien einer Play-Liste. Bei der Komposition sind die MP3-Lieder Bestandteil der CD in Form von Bits und Bytes auf dem Datenträger selbst.

Kopplung   Unter *Kopplung* verstehen wir, wie stark Klassen miteinander in Verbindung stehen, also den Grad ihrer Abhängigkeiten untereinander. Einen großen Einfluss hat, welche Attribute und Methoden sichtbar und zugreifbar sind und wie dieser Zugriff erfolgt. Zwei Klassen sind stark miteinander gekoppelt, wenn entweder viele feingranulare Methodenaufrufe der jeweils anderen Klasse erfolgen oder aber auf Attribute der anderen Klasse direkt zugegriffen wird. Viele Methodenzugriffe zur Veränderung des Objektzustands deuten auf das Designproblem mangelnder Kapselung hin. Bei Unachtsamkeit pflanzt sich diese fort und führt dazu, dass jede Klasse viele Details anderer Klassen kennt und mit diesen eng verbunden (stark gekoppelt) ist. Man kann dann von »Objekt-Spaghetti« sprechen. Häufig ist starke Kopplung durch mangelnde Trennung von Zuständigkeiten, also eine niedrige Kohäsion, begründet.

Ziel einer Modellierung ist es, eine möglichst lose Kopplung und damit geringe Abhängigkeiten verschiedener Klassen untereinander zu erreichen. Durch eine gute Datenkapselung sowie die Definition von Objektverhalten in Form von Business-Methoden erreicht man dies: Durch eine gute Kohäsion definiert man klare Zuständigkeiten, wodurch Klassen möglichst eigenständig und unabhängig von anderen werden. Mithilfe einer guten Kapselung wird dieser Effekt dahingehend verstärkt, dass weniger Realisierungsdetails für andere Klassen sichtbar sind. Als Folge kann eine kleine Schnittstelle mit wenigen Methoden zur Kommunikation mit anderen Klassen definiert werden.

> **Tipp: Vorteile loser Kopplung und hoher Kohäsion**
>
> Durch den Einsatz von loser Kopplung lassen sich nachträgliche Änderungen meistens einfacher und ohne größere Auswirkungen für andere Klassen umsetzen. Eine starke Kopplung führt dagegen oft dazu, dass Änderungen in vielen Klassen notwendig werden. *Gutes OO-Design besteht darin, jede Klasse so zu gestalten, dass deren Aufgabe klar abgegrenzt ist. Zudem sollte jede Aufgabe nur durch eine Klasse realisiert werden und die Abhängigkeiten zwischen Klassen möglichst minimal sein.*

Vererbung   Eine spezielle Art, neue Klassen basierend auf bestehenden Klassen zu definieren, wird *Vererbung* genannt. Diese wird durch das Schlüsselwort `extends` ausgedrückt: Die neu entstehende Klasse erweitert oder übernimmt (erbt) durch diesen Vorgang das Verhalten und die Eigenschaften der bestehenden Klasse und wird *abgeleitete* oder *Sub*klasse genannt. Die wiederverwendete Klasse bezeichnet man als *Basis-*, *Ober-* oder *Super*klasse. Eine Subklasse muss dann in ihrer Implementierung lediglich die Unterschiede zu ihrer Basisklasse beschreiben und nicht komplett neu entwickelt werden. Vererbung ermöglicht also die *Wiederverwendung* bereits existierender Funktionalität und erleichtert die Wartung, da bei einer Fehlersuche und -korrektur weniger Sourcecode zu schreiben, zu pflegen und zu analysieren ist. Das ist ein Vorteil gegenüber dem sogenannten *Copy-Paste-Ansatz*. Darunter versteht man, dass Wiederverwendung dadurch erreicht wird, dass Teile des Sourcecodes (im Extremfall manchmal sogar ganze Klassen) kopiert und entsprechend je nach Bedarf modifiziert werden. Bereits anhand dieser Beschreibung erahnt man, dass beim Copy-Paste-Ansatz im Rahmen von Erweiterungen oder Korrekturen oftmals Änderungen recht verstreut in vielen Klassen durchzuführen sind. Beim Einsatz von Vererbung und der Extraktion bzw. der Definition passender Basis- und Subklassen sind Änderungen lediglich an wenigen Stellen, im Idealfall sogar nur einer Stelle, notwendig.

Durch Vererbung entsteht eine *Klassenhierarchie*. Wenn man diese gedanklich in Richtung Subklassen durchläuft, spricht man von einer *Spezialisierung*, und der Weg in Richtung Basisklassen wird *Generalisierung* genannt (vgl. Abbildung 3-4).

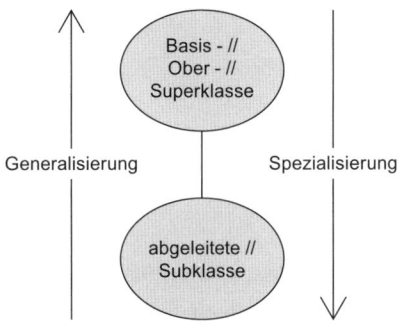

Abbildung 3-4 *Generalisierung und Spezialisierung*

Vererbung sollte nur dann eingesetzt werden, wenn die sogenannte *»is-a«-Beziehung* erfüllt ist. Diese besagt, dass **Subklassen tatsächlich eine semantische Spezialisierung ihrer Basisklasse darstellen** und dadurch das Verhalten sowie die Eigenschaften der Basisklasse besitzen. Wenn statt einer Basisklasse überall auch eine Spezialisierung davon eingesetzt werden kann, dann spricht man von *Substituierbarkeit*. Das beschreibt das *Substitutionsprinzip* und insbesondere das LISKOV SUBSTITUTION PRINCIPLE (LSP). Dieses lernen wir in Abschnitt 3.5.3 kennen und erfahren dort, dass die Einhaltung der »is-a«-Beziehung bereits eine wesentliche Grundlage ist.

Wird Vererbung wirklich nur dann eingesetzt, wenn tatsächlich die *»is-a«-Beziehung* erfüllt ist, so profitiert man davon, dass beim Aufbau einer *Klassenhierarchie* durch Ableitung lediglich die Unterschiede zum vererbten Verhalten und Zustand definiert werden müssen. Erweiterungen werden durch neue Methoden und Attribute realisiert. Für Änderungen am bestehenden Verhalten müssen die abgeleiteten Klassen in der Lage sein, die Methoden der Basisklasse zu verändern. Dies wird durch die Technik *Overriding* erreicht. Ganz wichtig ist die Abgrenzung zum sogenannten *Overloading*. Damit ist gemeint, dass mehrere Methoden mit gleichem Namen, aber unterschiedlicher Signatur innerhalb einer Klasse definiert sind. Da selbst erfahrene

Entwickler die Techniken Overriding und Overloading gelegentlich nicht immer richtig einsetzen, möchte ich diese im Anschluss detaillierter beschreiben.

Wird schon die Forderung nach semantischer Spezialisierung nicht beachtet, sondern Vererbung dazu eingesetzt, um aus der Basisklasse benötigte Funktionalität zu übernehmen, dann handelt es sich um eine sogenannte *Implementierungsvererbung*. Diese ist zu vermeiden, weil damit zwar technisch, aber nicht semantisch ein Subtyp definiert wird. Als Konsequenz kann man Objekte einer Subklasse konzeptuell nicht mehr als Objekte der Basisklasse betrachten. Abbildung 3-5 zeigt ein Positiv- und ein Negativbeispiel.

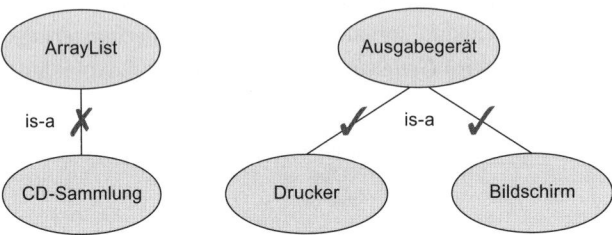

Abbildung 3-5 *Vererbung und »is-a«-Beziehung*

Overriding Mit Überschreiben bzw. *Overriding* ist das *Redefinieren von geerbten Methoden* gemeint. Dazu wird der Methodenname übernommen und in der Subklasse eine neue Implementierung der Methode bereitgestellt. Dadurch können Subklassen Methoden modifizieren oder sogar komplett anders definieren, um Änderungen im Verhalten auszudrücken. Dabei darf weder die Signatur der Methode geändert noch die Sichtbarkeit eingeschränkt werden – eine Erweiterung ist dagegen erlaubt.

Overloading Unter Überladen oder *Overloading* versteht man die Definition von Methoden gleichen Namens innerhalb der gleichen Klasse, aber mit unterschiedlicher Parameterliste. Im Gegensatz zum Overriding besteht demnach kein Zusammenhang mit Vererbung, sondern es wird eine *Vereinfachung der Schreibweise* adressiert. Durch Overloading kann man den Namen von Methoden ähnlicher Intention vereinheitlichen. Betrachten wir als Beispiel eine Klasse Rectangle mit folgenden Methoden:

```
drawByStartAndEndPos(int x1, int y1, int x2, int y2)}
drawByStartPosAndSize(Point pos, Dimension size)}
```

Die Handhabung der Klasse wird vereinfacht, wenn man sich als Anwender nur einen Methodennamen zum Zeichnen merken muss. In diesem Fall könnte man folglich den Namen auf draw() verkürzen und zwei Methoden mit unterschiedlichen Parameterlisten anbieten. Die JVM wählt beim Aufruf automatisch aufgrund der übergebenen Parameter bzw. deren Anzahl oder Typen die passende Methode.

So praktisch das Ganze auch manchmal ist, so sind dem Overloading doch Grenzen gesetzt: Methoden müssen unterschiedliche Parameterlisten besitzen, damit Overloading möglich ist. Für die folgenden beiden Methoden gilt das nicht und somit ist hier kein Overloading erlaubt:

```
drawByStartAndEndPos(int x1, int y1, int x2, int y2)
drawByStartPosAndSize(int x1, int y1, int width, int height)
```

Sub-Classing und Sub-Typing Spezialisierung ist sowohl zwischen Klassen als auch zwischen Interfaces möglich. Beides wird durch das Schlüsselwort `extends` ausgedrückt. Zwischen Klassen wird durch Spezialisierung ein Vererben von Verhalten erreicht, d. h., eine Klasse ist eine spezielle Ausprägung einer anderen Klasse, übernimmt deren Verhalten und fügt eigene Merkmale und Verhaltensweisen hinzu. Hier spricht man von *Sub-Classing*. Eine Spezialisierung eines Interface erweitert die Menge der Methoden eines anderen Interface. In diesem Fall spricht man von *Sub-Typing*. Bei Klassen spricht man häufiger der Einfachheit halber auch von Sub-Typing. Dies erleichtert die Diskussion, denn eine Vererbung zwischen Klassen ist streng genommen sowohl Sub-Classing als auch Sub-Typing. Das Implementieren eines Interface ist jedoch nur Sub-Typing.

Polymorphie Variablen eines Basistyps können beliebige davon abgeleitete Spezialisierungen referenzieren. Das wird als Vielgestaltigkeit oder *Polymorphie* bezeichnet. Polymorphie basiert auf dem Unterschied zwischen dem *Kompiliertyp* und dem *Laufzeittyp*. Der Kompiliertyp ist der zur Kompilierzeit bekannte Basistyp. Der Laufzeittyp entspricht der konkret verwendeten Spezialisierung. Betrachten wir dazu eine Klassenhierarchie der Klassen `Base`, `Sub` und `SubSub` sowie deren Methoden `doIt()` und `doThat()`. Die Klassenhierarchie ist in Abbildung 3-6 dargestellt.

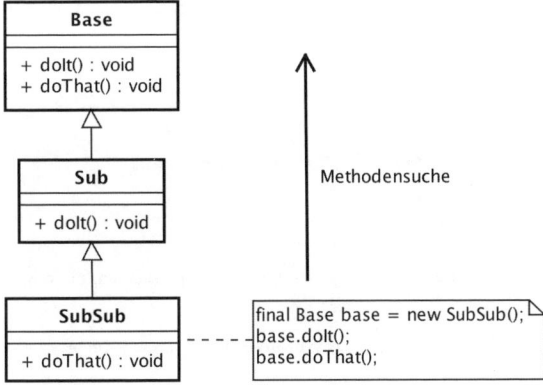

Abbildung 3-6 Polymorphie und dynamisches Binden

Ein Beispiel für Polymorphie ist, dass die Variable `base` den Kompiliertyp `Base` besitzt und während der Programmausführung den Laufzeittyp `SubSub`. Damit Polymorphie funktioniert, muss immer die spezialisierteste Methode eines Objekts verwendet werden, d. h. die Implementierung der spezialisiertesten Subklasse, die diese Methode anbietet: Zur Bestimmung der auszuführenden Methode wird dazu startend bei dem Laufzeittyp nach einer passenden Methode gesucht. Für den Aufruf von `doIt()` startet die Suche daher in der Klasse `SubSub`. Dort wird die JVM allerdings nicht fündig, sodass die Suche sukzessive weiter nach oben in der Vererbungshierarchie fortgesetzt wird, bis eine Methodendefinition gefunden wird. In diesem Beispiel ist dies für `doIt()` in der Klasse `Sub` der Fall. Das beschriebene Verfahren zum Auffinden der auszuführenden Methode wird *dynamisches Binden* (*Dynamic Binding*) genannt.

> **Achtung: Polymorphie – Einfluss von Kompilier- und Laufzeittyp**
>
> *Eine Quelle für Flüchtigkeitsfehler ist die Annahme, dass die polymorphen Eigenschaften von Objektmethoden auch für Attribute und statische Methoden gelten würden.* Attribute und statische Methoden sind nicht polymorph: Es wird immer auf die durch den Kompiliertyp sichtbaren Methoden bzw. Attribute zugegriffen. Dieses wird leicht übersehen und kann zu falschem Systemverhalten führen.

Explizite Typumwandlung – Type Cast (Cast) Unter einer expliziten Typumwandlung, einem sogenannten *Type Cast* oder kurz *Cast*, versteht man eine »Aufforderung« an den Compiler, eine Variable eines Typs in einen anderen angegebenen Typ umzuwandeln. Solange man dabei in der Typhierarchie nach oben geht, ist diese Umwandlung durch die »is-a«-Beziehung abgesichert. Möchte man jedoch einen Basistyp in einen spezielleren Typ konvertieren, so geht man in der Ableitungshierarchie nach unten. Eine derartige Umwandlung wird als *Down Cast* bezeichnet und ist durch die »is-a«-Beziehung nicht abgesichert. Betrachten wir dies an einem Beispiel für eine Methode `doSomethingWithSub(Object)`, die einen Cast vornimmt und mit einer Instanz vom Typ `Sub` bzw. `String` aufgerufen wird:

```
// Dieser Aufruf ist problemlos möglich
doSomethingWithSub(new Sub());

// Dieser Aufruf mit einem String führt zu einem Fehler
doSomethingWithSub("This will fail");

// ...

// Diese Methode sollte man mit Referenzen vom Typ Sub aufrufen
void doSomethingWithSub(final Object obj)
{
    final Sub sub = (Sub) obj; // Unsicherer Down Cast: Object -> Base -> Sub
    // ...
}
```

Nur für den Fall, dass die übergebene Referenz `obj` ein Objekt vom Typ `Sub` (oder eine Spezialisierung davon) enthält, ist der Cast erfolgreich. Ansonsten kommt es zu einer Inkompatibilität von Typen, wodurch eine `java.lang.ClassCastException` ausgelöst wird. Dies ist für den zweiten Methodenaufruf des Beispiels der Fall.

Solche Down Casts sollte man daher möglichst vermeiden oder zumindest durch eine explizite Typprüfung mit `instanceof` versehen:

```
if (obj instanceof Sub)      // Absicherung des Down Cast: Object -> Base -> Sub
{
    final Sub sub = (Sub) obj;
    // ...
}
else
{
    // Problem: Wie soll man auf diese Situation reagieren?
}
```

Mit `instanceof` kann eine Umwandlung abgesichert werden, es stellt sich dann aber die Frage, wie auf alle nicht erwarteten Typen reagiert werden sollte. Mitunter kann sinnvollerweise nur eine Fehlermeldung ausgegeben werden.

Parameterübergabe per Call-by-Value / Call-by-Reference   Beim Aufruf von Methoden existieren verschiedene Strategien, wie die Werte von Parametern übergeben werden. Man unterscheidet zwischen der Übergabe eines Werts (***Call-by-Value***) und der Übergabe per Referenz (***Call-by-Reference***). Entgegen der weitverbreiteten Meinung, in Java würden beide Arten der Parameterübergabe unterstützt, und zwar Call-by-Value für Parameter primitiver Typen und Call-by-Reference für Referenzparameter, wird tatsächlich in beiden Fällen Call-by-Value genutzt.

Betrachten wir diese in Java umgesetzte Form und ihre Auswirkungen genauer: Alle primitiven Typen werden in Java als Wert übergeben, genauer als bitweise Kopie des Werts. Dadurch existiert keine Verbindung zwischen dem Wert außerhalb der Methode und dem Wert des Parameters. Deshalb sind Änderungen an den Parameterwerten nur lokal innerhalb der Methode sichtbar, nicht jedoch für aufrufende Methoden.

Bei der Übergabe von Referenzvariablen als Parameter könnte man intuitiv auf die Idee kommen, die Übergabe würde per Referenz erfolgen, wie dies etwa bei C++ möglich ist. Bei dieser Form der Übergabe sind alle Änderungen an einem derartig übergebenen Parameter, die innerhalb der Methode stattfinden, auch außerhalb sichtbar. In Java gilt dies allerdings nicht! Auch die Übergabe von Referenzvariablen als Parameter erfolgt als Kopie – allerdings wird hierbei eine bitweise Kopie des Werts der Referenzvariablen erstellt und nicht eine Kopie des referenzierten Objekts. Das hat folgende Konsequenzen: Innerhalb der aufgerufenen Methode kann man zwar das durch die Referenzvariable referenzierte Objekt durch ein anderes ersetzen, diese Änderung ist aber für die aufrufende Methode nicht sichtbar: Die Referenzvariable verweist nach Aufruf der Methoden auf dasselbe Objekt wie zuvor. ***Allerdings ist es möglich, in der aufgerufenen Methode den Zustand des referenzierten Objekts zu verändern. Dadurch können aber Änderungen am Zustand des referenzierten Objekts auch außerhalb der Methode sichtbar sein*** – ähnlich wie man dies für Call-by-Reference kennt. Man spricht hier von der ***Referenzsemantik*** von Java.

Schauen wir zur Klärung auf die Methode `changeSomething(String[])`. Diese erhält ein Array von Strings. Zwar kann die Referenz auf das Array in der Methode nicht verändert werden, sehr wohl aber dessen Inhalt:

```java
private static void changeSomething(String[] names)
{
    // Änderungen auch im Original-Array
    names[0] = "Michael";
    names[1] = "changed this entry";

    // Keine Auswirkung auf das Original-Array
    names = new String[] { "Nearly Empty" };
}
public static void main(final String[] args)
{
    final String[] names = { "Test1", "Test2", "!!!" };
    changeSomething(names);
    System.out.println(Arrays.toString(names));
}
```

Listing 3.1 Ausführbar als '**REFERENCESEMANTICSEXAMPLE**'

Führen wir das Programm REFERENCESEMANTICSEXAMPLE aus, so werden die ersten beiden Einträge des Arrays geändert. Damit ergibt sich folgende Ausgabe:

```
[Michael, changed this entry, !!!]
```

Außerdem wird durch diese Ausgabe offensichtlich, dass die Zuweisung der Referenz innerhalb der Methode sich nicht in der `main()`-Methode auswirkt, Werteänderungen einzelner Elemente dagegen schon. Das gilt gleichfalls für Datenstrukturen aus dem Collections-Framework, etwa für Listen und Mengen. Dieser Sachverhalt sollte einem immer bewusst sein, da sich ansonsten leicht Fehler einschleichen, die schwierig zu finden sind. Call-by-Value bezieht sich in Java wirklich ausschließlich auf den Wert der Referenz bzw. des primitiven Typs. Auf weitere Auswirkungen der Referenzsemantik werde ich insbesondere in Abschnitt 3.4.1 detaillierter eingehen.

3.1.2 Beispielentwurf: Ein Zähler

Nachdem nun die Grundbegriffe beim objektorientierten Entwurf bekannt sind, werden diese im Folgenden anhand eines Beispiels vertieft. Eine grafische Anwendung soll um eine Auswertung der Anzahl gezeichneter Linien und Rechtecke erweitert werden. Dazu ist ein Zähler als Klasse zu entwerfen, der folgende Anforderungen erfüllt:

1. Er lässt sich auf den Wert 0 zurücksetzen.
2. Er lässt sich um eins erhöhen.
3. Der aktuelle Wert lässt sich abfragen.

Mit diesen scheinbar einfach umzusetzenden Anforderungen eines Kollegen »User« lassen wir die zwei exemplarischen Entwickler »Schnell-Finger« und »Überleg-Erst-Einmal« diese Aufgabe realisieren. Schauen wir uns an, wie die beiden arbeiten.

3.1 OO-Grundlagen

Bevor wir beiden Entwicklern bei der Arbeit zusehen, betrachten wir den Nutzungskontext. Der Anwendungscode ist bereits folgendermaßen rudimentär und nicht besonders elegant mit einem `instanceof`-Vergleich implementiert:

```
// TODO: 2 Zähler initialisieren

for (final GraphicObject graphicObject : graphicObjects)
{
    graphicObject.draw();

    if (graphicObject instanceof Line)
    {
        // TODO: lineCounter erhöhen
    }
    if (graphicObject instanceof Rect)
    {
        // TODO: rectCounter erhöhen
    }
}
// TODO: Zähler auslesen und ausgeben
```

Beim Zeichnen soll abhängig vom Typ der grafischen Objekte ein korrespondierender Zähler inkrementiert werden. Die eigentliche Funktionalität bleibt zunächst unimplementiert, da noch auf die konkrete Realisierung der Klasse `Counter` gewartet wird. Deren Einsatzstellen sind mit `TODO`-Kommentaren markiert.

> **Hinweis: Anmerkungen zu `instanceof`-Vergleichen**
>
> `instanceof`-Vergleiche sind vielfach ein Anzeichen schlechten Programmierstils. Meistens liegt ein Verstoß gegen das sogenannte OPEN CLOSED PRINCIPLE (OCP) vor – einem der SOLID-Prinzipien (siehe Abschnitt 3.5.3). Diesen Nachteil wollen wir für dieses Beispiel akzeptieren, da hier der Fokus auf dem objektorientierten Entwurf eines Zählers liegt.

Entwurf à la »Schnell-Finger«

Herr »Schnell-Finger« überlegt nicht lange und startet sofort seinen Texteditor. Dabei hat er bereits ein paar Ideen. Kaum ist das Editor-Fenster geöffnet, legt er los. Klingt alles recht einfach, also wird kurzerhand die folgende Klasse erstellt:

```
public class Counter
{
    public int count = 0;

    public Counter()
    {
    }

    public void setCounter(int count)
    {
        count = count;
    }
}
```

So, damit ist er schon fertig. Die Variable `count` ist öffentlich, kann also von überall abgefragt werden. Zum Verändern dient außerdem die Methode `setCounter(int)`. Rücksetzen erfolgt durch Übergabe von 0. Zufrieden speichert er die Klasse. Am nächsten Tag fragt der Kollege »User«, wie weit die Klasse `Counter` wäre, und bekommt die Antwort: »Längst fertig!« Der Kollege »User« schaut sich die Klasse an und sagt: »Naja, richtig objektorientiert ist das nicht. Es fehlt an Kapselung: Du veröffentlichst dein Attribut und bietest Zugriffsmethoden nur unvollständig an und der Defaultkonstruktor ist auch überflüssig.« Etwas verärgert über den pingeligen Kollegen macht sich Herr »Schnell-Finger« nochmal an die Arbeit und kommt nach kurzer Zeit zu folgender Umsetzung:

```java
public class Counter
{
    private int count = 0;

    public int getCounter()
    {
        return count;
    }

    public void setCounter(int count)
    {
        count = count;
    }
}
```

Die Klasse `Counter` ist laut Herrn »Schnell-Finger« nun einsatzbereit. Daher wollen wir diese zum Zählen von grafischen Figuren nutzen und fügen sie in das zuvor vorgestellte Anwendungsgerüst an den durch `TODO`-Kommentare markierten Stellen ein. Dadurch entsteht folgender Sourcecode:

```java
// 2 Zähler initialisieren
final Counter lineCounter = new Counter();
final Counter rectCounter = new Counter();

for (final GraphicObject graphicObject : graphicObjects)
{
    graphicObject.draw();

    if (graphicObject instanceof Line)
    {
        // lineCounter erhöhen
        lineCounter.setCounter(lineCounter.getCounter() + 1);
    }

    if (graphicObject instanceof Rect)
    {
        // rectCounter erhöhen
        rectCounter.setCounter(rectCounter.getCounter() + 1);
    }
}

// Zähler auslesen und ausgeben
System.out.println("Number of Lines: " + lineCounter.getCounter());
System.out.println("Number of Rects: " + rectCounter.getCounter());
```

Wirklich zufrieden ist der Kollege »User« mit der Klasse `Counter` nicht. Der Sourcecode sieht irgendwie nicht rund aus. Und tatsächlich kommt es auch bei einem Test trotz vieler gemalter Linien und Rechtecke zu folgenden unerwarteten Ausgaben:

```
Number of Lines: 0
Number of Rects: 0
```

Der Anwendungscode scheint fehlerfrei. In der Implementierung der Methode `setCounter(int)` steckt jedoch ein Flüchtigkeitsfehler: Der Übergabeparameter heißt genauso wie das Attribut und ist nicht `final`. Dadurch erfolgt unbemerkt eine Zuweisung an sich selbst. Das lässt sich leicht wie folgt korrigieren:

```java
public void setCounter(final int newCount)
{
    this.count = newCount;
}
```

Entwurf à la »Überleg-Erst-Einmal«

Kollege »Überleg-Erst-Einmal« liest die Anforderungen und skizziert ein kleines UML-Klassendiagramm von Hand auf einem Blatt Papier, wie in Abbildung 3-7 gezeigt.

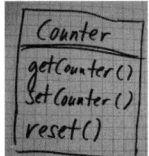

Abbildung 3-7 *Die Klasse* `Counter`

Sein Entwurf sieht zum Verarbeiten des Zählers die Methoden `getCounter()` und `setCounter()` vor. Zum Rücksetzen des Wertes dient die Methode `reset()`. Da er bereits einige Erfahrung im Softwareentwurf hat, weiß er, dass die erste Lösung meistens nicht die beste ist. Um seinen Entwurf zu prüfen, überlegt er sich ein paar Anwendungsfälle und spielt diese im Kopf durch. Später kann er daraus Testfälle definieren. Zudem schaut er nochmals auf die gewünschten Anforderungen. Dort steht: Der Zähler soll um eins erhöht werden. Folglich entfernt er die `setCounter()`-Methode und führt eine `increment()`-Methode ein. Da er bereits jetzt an Dokumentation denkt, nutzt er ein UML-Tool, um die Klasse dort zu konstruieren. Abbildung 3-8 zeigt das Ergebnis.

Counter
+ getCounter() : int + increment() : void + reset() : void

Abbildung 3-8 *Die Klasse* `Counter`, *2. Version*

Als unbefriedigend empfindet er aber noch eine Inkonsistenz in der Namensgebung bezüglich des Methodennamens `getCounter()`. Der Name ist missverständlich: Hier wird kein `Counter`-Objekt zurückgeliefert, sondern dessen Wert. Namen wie z. B. `getValue()` bzw. `getCurrentValue()` wären damit aussagekräftiger und verständlicher. Eine weitere Alternative ist, auf das Präfix `get` im Namen zu verzichten. Damit ergeben sich `value()` und `currentValue()` als mögliche Methodennamen. In diesem Fall entscheidet er sich für letztere Variante, da sich die Namen dann besser lesen lassen (vgl. Abbildung 3-9). Der Einsatz des Präfixes `get` würde allerdings den lesenden Charakter der Zugriffsmethode auf einen Blick sichtbar machen.[8]

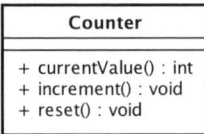

Abbildung 3-9 *Die Klasse* `Counter`, *3. Version*

Während Herr »Überleg-Erst-Einmal« überlegt und implementiert, kommt der Kollege »User« vorbei und berichtet, dass er die Lösung von Herrn »Schnell-Finger« als zu sperrig empfindet. Daher würde er gern eine weitere Lösung begutachten und in seine Anwendung einbauen. Die Implementierung der Klasse `Counter` ist zwar noch nicht ganz abgeschlossen. Deren Schnittstelle, das sogenannte ***API*** (***Application Programming Interface***), d. h. die angebotenen Methoden, sind durch das UML-Diagramm aber bereits definiert. Daher kann der Applikationscode wie folgt auf das API der Klasse `Counter` von Herrn »Überleg-Erst-Einmal« angepasst werden:

```
final Counter lineCounter = new Counter();
final Counter rectCounter = new Counter();

for (final GraphicObject graphicObject : graphicObjects)
{
    graphicObject.draw();

    if (graphicObject instanceof Line)
    {
        lineCounter.increment();
    }

    if (graphicObject instanceof Rect)
    {
        rectCounter.increment();
    }
}
System.out.println("Number of Lines: " + lineCounter.currentValue());
System.out.println("Number of Rects: " + rectCounter.currentValue());
```

---

[8]Beide Varianten der Namensgebung sind sinnvoll, und die konkrete Wahl ist eine Frage des Geschmacks (oder aber durch sogenannte Coding Conventions (vgl. Kapitel 19) festgelegt).

Der resultierende Sourcecode ist deutlich besser lesbar. Die Zeilen mit dem Aufruf der Methode `increment()` sind nun selbsterklärend, und die Kommentare konnten daher ersatzlos entfallen. Schauen wir abschließend auf den von Kollege »Überleg-Erst-Einmal« erstellten Sourcecode seiner Variante der Klasse `Counter`:

```java
public class Counter
{
    private int value = 0;

    public int currentValue()
    {
        return value;
    }

    public void increment()
    {
        value++;
    }

    public void reset()
    {
        value = 0;
    }
}
```

Vergleich der beiden Lösungen

Nachdem wir die zwei verschiedenen Arten der Entwicklung exemplarisch kennengelernt haben, wollen wir die erreichten Lösungen vergleichen und so weitere Erkenntnisse zum objektorientierten Programmieren gewinnen bzw. vertiefen. Wir betrachten dazu die beiden Implementierungen bezüglich ihres Grads an Objektorientierung sowie Erweiter- und Wiederverwendbarkeit.

Grad der Objektorientierung Die Lösung von Herrn »Schnell-Finger« hat durch einige Iterationen und vor allem Review-Kommentare von Kollegen einen brauchbaren Zustand erreicht. Allerdings macht diese Lösung ausschließlich von `get()`-/`set()`-Methoden Gebrauch, ohne aber Verhalten zu definieren. Bei ersten OO-Gehversuchen besteht die Gefahr, dass nahezu alle Methoden zu derartigen reinen Zugriffsmethoden ohne Objektverhalten verkümmern. Hier herrscht meiner Ansicht nach das größte Missverständnis bezüglich der Objektorientierung vor: *Ein intensiver Gebrauch von `get()`- und `set()`-Methoden ist kein Zeichen von guter Objektorientierung, sondern deutet häufig vielmehr auf einen fragwürdigen OO-Entwurf hin*. Solche Klassen tendieren dann dazu, kein Verhalten mehr zu kapseln – stattdessen wird dieses stark von nutzenden Klassen oder Methoden gesteuert bzw. in diesen realisiert. Dadurch besteht die Gefahr, dass Attribute derart von außen manipuliert werden, dass sich der Objektzustand in einer unerwarteten (möglicherweise ungewünschten) Art und Weise verändert. Dies können wir im Zählerbeispiel von Herrn »Schnell-Finger« sehr schön daran sehen, wie die Inkrementierung des Zählers realisiert ist. Tatsächlich könnte der Zähler durch die angebotene `setCounter(int)`-Methode auf beliebige Werte gesetzt werden, also erhöht oder erniedrigt werden. Das Inkrement wird also im Applikationscode programmiert. Jede weitere Applikation müsste wiederum diese Funktionalität des Zählers selbst realisieren. Diese Implementierung ist demnach vollständig an der Anforderung vorbei entwickelt, da lediglich ein besserer Datencontainer realisiert wird. Kurz gesagt: Die Klasse hat keine Business-Methoden. Damit verletzt diese Art des Entwurfs zum einen den Gedanken der Definition von Verhalten durch Objekte und zum anderen das Ziel der Wiederverwendbarkeit. Beim `get()`-/`set()`-Ansatz kann somit oftmals keine (oder zumindest kaum) Funktionalität wiederverwendet werden.

Die Klasse `Counter` von Herrn »Überleg-Erst-Einmal« realisiert dagegen ein logisches Modell. Hier stehen die technischen Details nicht im Vordergrund, sondern man konzentriert sich auf das Erfüllen einer Aufgabe. Design und Implementierung stellen die Funktionalität eines Zählers bereit und verhindern feingranulare Zugriffe auf interne Variablen. Dies verstärkt die Kapselung, da die Methoden `increment()` und `currentValue()` Implementierungsdetails gut verbergen. Es ist dadurch von außen unmöglich, den Zähler um beliebige Werte zu erhöhen oder zu erniedrigen. Diese Umsetzung besitzt zudem eine höhere Kohäsion und damit eine bessere Abschirmung bei anstehenden Änderungen als der `get()`-/`set()`-Ansatz.

> **Tipp: Logisches Modell und Business-Methoden**
>
> Durch das Realisieren eines logischen Modells wird der entstehende Sourcecode in der Regel deutlich besser verständlich und menschenlesbar, da man Konzepten und nicht Programmanweisungen folgt. Veränderungen am Objektzustand werden dabei durch eine Reihe von verhaltensdefinierenden **Business-Methoden** implementiert.

Grad der Wiederverwendbarkeit und Erweiterbarkeit Um die Auswirkungen der beiden Entwürfe bezüglich Wiederverwendbarkeit und Erweiterbarkeit zu untersuchen, nehmen wir an, dass wir den Zähler um einen Überlauf bei einer bestimmten Schwelle erweitern und die Anzahl der Überläufe protokollieren wollten. Dies könnte man etwa für eine Spieleapplikation dazu nutzen, um nach 100 aufgesammelten Bonuselementen ein weiteres Leben zu erhalten. Diese Erweiterung müsste bei Einsatz der Realisierung von Herrn »Schnell-Finger« von jeder Applikation selbst implementiert werden. Das kann ziemlich aufwendig werden, zu dupliziertem oder sehr ähnlichem Sourcecode führen und später in einem Wartungsalbtraum enden. Diesen Weg wollen wir nicht weiter betrachten, da wir (glücklicherweise) eine Alternative haben.

Überlegen wir also, wie wir den Zähler von Herrn »Überleg-Erst-Einmal« zur Realisierung der gewünschten Funktionalität verwenden können. Wir erinnern uns an die Möglichkeit der Vererbung und realisieren eine Klasse basierend auf der Klasse `Counter`. Soll eine Applikation nachträglich diese erweiterte Variante des Zählers einsetzen, so ist nur genau eine Stelle zu ändern, nämlich die Konstruktion des Zählers. Das besitzt zudem den Vorteil, dass keine Fortpflanzungen der Änderungen in die nutzenden Applikationen stattfinden – natürlich abgesehen von denjenigen, die die zusätzliche Funktionalität, also den Zählerstand des Überlaufzählers, verwenden.

Realisierung eines Zählers mit Überlauf

Wir implementieren nun eine Klasse `CounterWithOverflow` basierend auf der Klasse `Counter`. Dazu erweitern wir die Basisklasse um eine Konstante `COUNTER_MAX`, ein zusätzliches Attribut `overflowCounter` und eine Zugriffsmethode auf dessen Wert. Das Zählen, Rücksetzen und einiges anderes delegieren wir an die Basisklasse durch Aufruf der entsprechenden Methoden mithilfe des Schlüsselworts `super`. Lediglich die `increment()`-Methode muss selbst realisiert werden. Dort prüfen wir auf einen Überlauf und führen gegebenenfalls ein Rücksetzen des Zählers und eine Erhöhung des Überlaufzählers durch. Das Ganze kann man wie folgt realisieren:

```java
public class CounterWithOverflow extends Counter
{
    private static final int COUNTER_MAX = 100;

    private final Counter overflowCounter = new Counter();

    public int overflowCount()
    {
        return overflowCounter.currentValue();
    }

    public void reset()
    {
        super.reset();
        overflowCounter.reset();
    }

    public void increment()
    {
        if (currentValue() == COUNTER_MAX-1)
        {
            super.reset();
            overflowCounter.increment();
        }
        else
        {
            super.increment();
        }
    }
}
```

Tatsächlich hatte ich diese Klasse zunächst mit einem Überlaufzähler als `int`-Wert realisiert. Viel natürlicher und objektorientierter ist aber die gezeigte Variante, die Überläufe wiederum mithilfe der Klasse `Counter` zählt.

Fazit

Anhand dieses Beispiels lässt sich gut erkennen, dass neben dem puren Einsatz von Klassen und Objekten vor allem auch die Definition von Verhalten und Zuständigkeiten die objektorientierte Programmierung ausmachen. Dabei ist es hilfreich, zusammengehörende Funktionalität innerhalb einer Klasse zu bündeln (**Kohäsion**) sowie gleichzeitig Implementierungsdetails zu verbergen (**Kapselung**). In komplexeren

Entwürfen ergeben sich weitere Vorteile durch den sinnvollen Einsatz von Vererbung und die Konstruktion passender Klassenhierarchien.

Klares Ziel beim objektorientierten Entwurf sollte es sein, Klassen mit Verhalten zu definieren. Der massive Einsatz von `get()`-/`set()`-Methoden widerspricht dem und ist somit vielfach wenig objektorientiert. Dies eignet sich vor allem für Datenbehälter, also Klassen, die eigentlich kein eigenes Verhalten definieren und deren Instanzen damit eher als Hilfsobjekte betrachtet werden sollten.

3.1.3 Vom imperativen zum objektorientierten Entwurf

Nachdem wir diverse OO-Grundlagen beim Entwurf einer Zähler-Klasse und dabei auch mögliche Tücken kennengelernt haben, wollen wir nun den Einfluss verschiedener Vorgehensweisen und Entwurfsstile auf die Entwicklung objektorientierter Programme betrachten.

Bevor die objektorientierte Programmierung modern wurde, hat man vielfach den algorithmischen oder imperativen Ansatz beim Softwareentwurf eingesetzt: Hierbei werden Befehle in Prozeduren und Funktionen zusammengefasst, die wiederum das Programm ergeben. Der Informatikmethode »*teile und herrsche*« (*divide and conquer*) folgend, werden komplexe Algorithmen in kleinere Teile zerlegt. Auch wenn das Vorgehen für den imperativen Ansatz angemessen ist, entstehen mitunter merkwürdige Entwürfe, wenn man versucht, diese Vorgehensweise auf die Objektorientierung zu übertragen.

Entwurf mit verschiedenen Entwurfsstilen

Zum Vergleich verschiedener Entwurfsstile soll eine Methode `drawFigure()` zum Zeichnen von grafischen Objekten auf einer Zeichenfläche implementiert werden. Es sollen verschiedene Typen grafischer Elemente (Punkt, Linie und Rechteck) dargestellt werden können. Im Folgenden betrachten wir drei verschiedene Arten der Realisierung in Pseudocode. Das erste Beispiel implementiert die Lösung imperativ, das zweite arbeitet mit Objekten und das dritte ist schließlich objektorientiert und verdeutlicht die Vorteile der Techniken Vererbung und Polymorphie.

Imperativer Entwurf Das folgende Listing zeigt einen Entwurf, wie er von einem Kollegen kommen könnte, der in der imperativen Programmierwelt zu Hause ist. In der Klasse `PaintingArea` realisiert er eine Methode `drawFigure()`, die alle gewünschten Typen grafischer Elemente zeichnen kann:

3.1 OO-Grundlagen

```java
public class PaintingArea extends JComponent
{
    public static final int POINT_TYPE = 0;
    public static final int LINE_TYPE  = 1;
    public static final int RECT_TYPE  = 2;

    void drawFigure(int graphicsObjectType, int x1, int y1, int x2, int y2)
    {
        if (graphicsObjectType == POINT_TYPE)
        {
            drawPoint(x1, y1);
        }
        if (graphicsObjectType == LINE_TYPE)
        {
            drawLine(x1, y1, x2, y2);
        }
        if (graphicsObjectType == RECT_TYPE)
        {
            drawRect(x1, y1, x2, y2);
        }
    }
    // ...
```

Die gezeigte Methode bekommt sämtliche zum Zeichnen der Figuren benötigten Parameter übergeben: Anhand einer `int`-Variablen `graphicsObjectType` wird geprüft, welcher Typ einer grafischen Figur gezeichnet werden soll. Je nach identifiziertem Typ wird eine für diese Art von Figur spezielle Methode mit einer Auswahl der zum Zeichnen benötigten Parameter aufgerufen. Beachten Sie bitte folgenden wesentlichen Nachteil dieses Ansatzes: Zum Zeichnen eines Punkts sind zwar die Werte `x2` und `y2` uninteressant, müssen aber trotzdem an die `drawFigure()`-Methode übergeben werden.

Entwurf mit Objekten, aber nicht objektorientiert Ein Entwurf, wie er von einem bezüglich Objektorientierung unerfahrenen Entwickler kommen könnte, arbeitet zwar mit Objekten, nutzt jedoch nicht die Vorteile gemeinsamer Basisklassen und der Polymorphie. Positiv ist allerdings, dass die Objekte das Zeichnen mit Methoden selbst erledigen und dass auch die dazu benötigten Koordinaten als Attribute gespeichert werden. Es findet demnach eine Definition von Verhalten sowie eine Datenkapselung statt. Diese Art des Entwurfs befreit die Klasse `PaintingArea` und die `drawFigure()`-Methode von einigen Implementierungsdetails. Besonders auffällig ist dies anhand der benötigten Übergabeparameter. Es wird lediglich noch das zu zeichnende Objekt benötigt. Um die korrekte Methode zum Zeichnen aufzurufen, muss hier wieder zunächst der Typ des grafischen Objekts festgestellt werden. Dies geschieht hier nicht anhand eines `int`-Werts, sondern basierend auf dem Laufzeittyp des jeweiligen Objekts. Dieser wird über `instanceof` geprüft und auf die entsprechenden Klassen gecastet. Dann kann die spezifische Methode zum Zeichnen aufgerufen werden:

```
void drawFigure(final Object graphicsObject)
{
    if (graphicsObject instanceof Point)
    {
        ((Point) graphicsObject).drawPoint();
    }
    if (graphicsObject instanceof Line)
    {
        ((Line) graphicsObject).drawLine();
    }
    if (graphicsObject instanceof Rect)
    {
        ((Rect) graphicsObject).drawRect();
    }
}
```

Hier erkennen wir einen »händischen Nachbau« von Polymorphie. Ein Variante davon ist, überladene Methoden zum Zeichnen anzubieten, wie dies im folgenden Praxistipp beschrieben wird.

> **Achtung: Künstliches Overriding und Overloading**
>
> In der Praxis kann es schnell zu Missverständnissen bezüglich der Wirkungsweise von Overriding und Overloading kommen. Zum Teil sieht man statt Overriding den Einsatz von Overloading. Es wird dann versucht, ein Verhalten wie beim Overriding nachzubilden. Dies kann unverständlich und unübersichtlich werden.
>
> Betrachten wir das konkret am Beispiel der Klasse `PaintingArea`. Nehmen wir an, diese würde einige überladene `draw()`-Methoden zum Zeichnen von Punkten, Linien und Rechtecken anbieten. Zur Vereinfachung für Nutzer wird eine Methode `drawFigure(Object)` eingeführt. Ziel dabei ist es, ein beliebiges `Figure`-Objekt übergeben zu können und die Wahl der passenden, spezialisierten `draw()`-Methode automatisch erledigen zu lassen:
>
> ```
> public void drawFigure(final Object obj)
> {
>     draw(obj); // Hoffnung, eine der überladenen Methoden aufzurufen
> }
>
> public void draw(final Point point)
> {
>     point.drawPoint();
> }
>
> public void draw(final Line line)
> {
>     line.drawLine();
> }
> // ...
> ```

Obwohl man intuitiv denken könnte, dass der Aufruf von `drawFigure(Object)` bei der Übergabe eines Parameters vom Typ `Line` die Methode `draw(Line)` aufruft, führt diese Zeile vielmehr zu einem Kompilierfehler: Der Compiler bemängelt das Fehlen der Methode `draw(Object)`.

Selbst wenn wir als Abhilfe eine solche Methode einführen, sind trotzdem sämtliche `draw()`-Methoden lediglich überladen und damit Polymorphie hier nicht wirksam. Um dennoch die gewünschte typabhängige Auswahl der passenden Methode zu erreichen, sieht man dann teilweise die folgende Abhilfe:

```java
public void draw(final Object obj)
{
    if (obj instanceof Point)
        draw((Point) obj);

    if (obj instanceof Line)
        draw((Line) obj);

    // ...
}
```

Zunächst wird eine Typprüfung vorgenommen und davon abhängig ein Cast ausgeführt. Anschließend erfolgt ein Aufruf der für diesen Typ überladenen `draw()`-Methode. Dies wirkt bereits optisch merkwürdig. Zudem ist auch das Design weder elegant noch flexibel erweiterbar. Einerseits blähen die `instanceof`-Prüfungen und die nachfolgenden Casts den Sourcecode auf und erschweren so die Lesbarkeit. Andererseits leidet die Erweiterbarkeit dadurch, dass während der Implementierungsphase bereits alle zu behandelnden Typen bekannt sein müssen.

Objektorientierter Entwurf Beim OO-Entwurf führen wir eine abstrakte Basisklasse `BaseFigure` ein und leiten alle grafischen Objekte von dieser ab. Die Basisklasse definiert eine abstrakte `draw()`-Methode. Alle konkreten Subklassen müssen diese implementieren. Dort wird der Algorithmus zum Zeichnen entsprechend ihrem Typ realisiert. Über dynamisches Binden wird von der JVM automatisch die passende Methode gewählt. Es ergibt sich folgende Implementierung:

```java
public void drawFigure(final BaseFigure baseFigure)
{
    baseFigure.draw();
}
```

Vergleich der Realisierungen

Beim Betrachten der drei zuvor beschriebenen Umsetzungen erkennt man, dass die objektorientierte Lösung die kürzeste und eleganteste ist, da hier aufgrund der Polymorphie die expliziten Typprüfungen entfallen können. Sowohl der imperative als auch der mit Objekten arbeitende Ansatz können darauf nicht verzichten, denn nur so kann dort die Unterscheidung getroffen werden, welches grafische Element gezeichnet werden soll. Die beiden Realisierungen ähneln einander auf den ersten Blick. Allerdings bietet der Entwurf mit Objekten einen entscheidenden Vorteil gegenüber dem imperativen Entwurf – er delegiert das Zeichnen an die einzelnen Objekte, statt dies in der Zeichenfläche zu realisieren.

Leider sieht man Sourcecode mit expliziten Typprüfungen viel häufiger, als man denken sollte. Das ist problematisch, weil man sich dadurch auf alle zu verarbeitenden Typen festlegt. Spätere Erweiterungen erfordern Änderungen in der Typprüfung und in der Realisierung. Beide Lösungen verstoßen demzufolge gegen das OPEN CLOSED PRINCIPLE (OCP), eines der fünf SOLID genannten Prinzipien für guten OO-Entwurf, die wir später in Abschnitt 3.5.3 kennenlernen werden.

Die objektorientierte Lösung nutzt die Vorteile der Polymorphie. Dadurch können sogar Figuren gezeichnet werden, deren Klassen zum Zeitpunkt der Implementierung der Klasse `PaintingArea` noch unbekannt sind, solange diese Figurenklassen von der gemeinsamen Basisklasse `BaseFigure` abgeleitet sind.

Mögliche Probleme bei Erweiterungen

Stellen wir uns vor, wir wollten nun auch Polygone oder Kreise zeichnen. Bei der imperativen und der mit Objekten arbeitenden Realisierung müssten wir für jede neue grafische Figur eine weitere Fallunterscheidung in Form einer `if`-Anweisung einfügen, wie dies der folgende Sourcecode exemplarisch für Polygone zeigt:

```
void drawFigure(int graphicsObjectType, int x1, int y1, int x2, int y2, int x3,
    int y3, /*...*/ int xn_1, int yn_1, int xn, int yn)
{
    if (graphicsObjectType == POINT_TYPE)
    {
        drawPoint(x1, y1);
    }

    // usw.

    if (graphicsObjectType == POLYGON_TYPE)
    {
        // Zeichne Polygon durch mehrere Linien
        drawLine(x1, y1, x2, y2);
        drawLine(x2, y2, x3, y3);
        // ...
        drawLine(xn_1, yn_1, xn, yn);
    }
}
```

Im imperativen Fall müssten wir zudem die Parameterliste im Extremfall stark erweitern, um alle benötigten Informationen für alle Arten von Figuren übergeben zu können. Dabei können leicht Situationen auftreten, in denen Parameter für andere Figurtypen schlicht unbenutzt und damit überflüssig sind oder sich sogar widersprechen. Ansatzweise haben wir dies bereits für das Parameterpaar `x2`, `y2` und das Zeichnen von Punkten kennengelernt. Noch schlimmer ist, dass wir Erweiterungen in der Klasse `PaintingArea` vornehmen müssten, die das Zeichnen der neu eingeführten grafischen Objekte realisieren. Unter Umständen haben wir keinen Zugriff auf den Sourcecode dieser Klasse oder wir dürfen das API nicht mehr ändern, insbesondere wenn schon eine breite Nutzerbasis existiert.[9] In beiden Situationen sind Erweiterungen nur noch extrem schwer möglich, etwa durch so hässliche Tricks, wie neue Figuren durch bestehende Operationen zeichnen zu lassen. Wir wollen uns gar nicht vorstellen, was passieren würde, wenn wir auf diese Art Kreise oder gefüllte Figuren zeichnen müssten.

Der objektbasierte Entwurf hat zumindest keine Probleme mit den Unzulänglichkeiten bei der Parameterübergabe. Alle Definitions- und Implementierungsdetails, z. B. Ecken, Stützpunkte oder Abmessungen und Zeichenroutinen, werden verborgen. Demnach erspart uns die Kapselung schon viele Probleme der imperativen Lösung.

Wie schon erwähnt, verstoßen beide Lösungen gegen das OPEN CLOSED PRINCIPLE (OCP) (vgl. Abschnitt 3.5.3) und erfordern einiges an Aufwand bei Erweiterungen. Die objektorientierte Lösung folgt dagegen dem OCP und ist absolut einfach zu erweitern: Die Klasse `PaintingArea` bleibt einfach so, wie sie ist. Jedes neue grafische Objekt von Typ `BaseFigure` erfordert dann lediglich noch eine eigene Realisierung.

3.1.4 Diskussion der OO-Grundgedanken

Nachdem wir mittlerweile einige Erkenntnisse bezüglich OO gewonnen haben, möchte ich die zu Beginn dieses Kapitels kurz vorgestellten Grundgedanken des OO-Entwurfs aufgreifen und diese mit dem neu gewonnenen Verständnis betrachten.

Datenkapselung und Trennung von Zuständigkeiten

Die Datenkapselung, also das Verbergen von Informationen, stellt ein Kernkonzept der objektorientierten Programmierung dar und ermöglicht es, die Daten eines Objekts vor Änderungen durch andere Objekte mithilfe von Zugriffsmethoden zu schützen. Zugriffsmethoden erleichtern auch eine Konsistenzprüfung eingehender Werte und eine zuverlässige Synchronisierung für Multithreading. Des Weiteren ermöglicht die Datenkapselung, die Speicherung der Daten eines Objekts unabhängig von dem nach außen bereitgestellten Interface zu ändern.

Aufgrund der obigen Argumentation ist in vielen Fällen der Einsatz von Zugriffsmethoden dem direkten Zugriff auf Attribute vorzuziehen – aber es gibt auch Ausnahmen! Die Forderung nach Zugriffsmethoden sollte man nicht dogmatisch umsetzen: Für Package-interne Klassen oder lokal innerhalb einer anderen Klasse definierte Hilfsklassen ist es häufig akzeptabel, auf Zugriffsmethoden zu verzichten und direkt auf Attribute zuzugreifen. Dies gilt allerdings nur dann, wenn absehbar ist, dass

1. diese Klasse nicht außerhalb des eigenen Packages verwendet wird,
2. keine größeren strukturellen Änderungen (viele neue Attribute, geänderte Assoziationen usw.) zu erwarten sind und
3. keine anderen Rahmenbedingungen, wie etwa Thread-Sicherheit, gegen eine direkte Nutzung und die dadurch reduzierte Kapselung sprechen.

---

[9]Änderungen im API würden dann in allen Applikationen, die das API einsetzen, zu Inkonsistenzen oder Kompilierfehlern führen.

Wir wollen uns die Vorteile der Datenkapselung anhand eines Beispiels ansehen: Es ist eine Klasse zur Modellierung von Personen und zugehörigen Adressdaten zu erstellen. Im Folgenden betrachten wir drei verschiedene Umsetzungen, die als UML-Klassendiagramm in Abbildung 3-10 dargestellt sind.

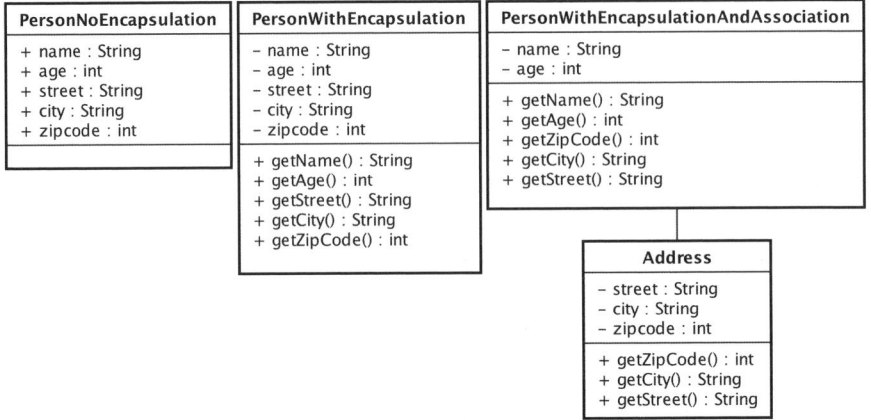

Abbildung 3-10 *Kapselung am Beispiel unterschiedlicher Personenklassen*

Die bisher verwendeten UML-Diagramme zeigten intuitiv verständliche Elemente. Hier sind jedoch bereits einige Feinheiten enthalten: Die Zeichen '+' und '−' dienen zur Beschreibung der Sichtbarkeiten `public` und `private`. Attribute können im mittleren Kasten und Methoden im unterer Kasten angegeben werden. Eine Verbindungslinie zwischen zwei Klassen beschreibt eine Assoziation. Weitere Details zur UML finden Sie auf der Webseite zum Buch `www.dpunkt.de/java-profi`.

Eine Realisierung ohne Kapselung ist mit der Klasse `PersonNoEncapsulation` gezeigt. Öffentlich zugängliche Attribute speichern die Informationen zu Name, Alter und Adressdaten. Zudem wird auf Zugriffsmethoden verzichtet. Dadurch müssen andere Klassen direkt auf die öffentlichen Attribute zugreifen. Schnell kommt der Wunsch auf, die Adressinformationen in eine eigenständige Klasse `Address` auszulagern, um eine bessere Trennung von Zuständigkeiten zu erreichen und die Kohäsion der einzelnen Klassen zu vergrößern. Weil andere Klassen bisher direkt auf die jetzt auszulagernden Attribute zugegriffen haben, gestalten sich selbst Änderungen an den Implementierungsdetails, hier das Herauslösen einer Klasse `Address`, als schwierig. Es sind nämlich als Folge (massive) Änderungen in allen einsetzenden Klassen notwendig. *Voraussetzung für weniger Aufwand bei Änderungen ist demnach, dass der Zugriff auf Attribute gekapselt erfolgt und die Attribute möglichst `private` deklariert sind.*

Wäre die ursprüngliche Klasse analog zur Klasse `PersonWithEncapsulation` mit Kapselung realisiert worden, so wäre ein solcher Auslagerungsschritt wesentlich einfacher möglich. Es wäre lediglich eine Klasse `Address` zu definieren und alle zugehörigen Methodenaufrufe aus der Klasse `Person` an diese weiter zu delegieren. Die

Klasse `PersonWithEncapsulationAndAssociation` setzt dies um und behält das nach außen veröffentlichte API bei. Daher müssen keine Anpassungen in anderen Klassen erfolgen. Anhand dieses Beispiels wird klar, dass die Datenkapselung sehr wichtig ist. Anpassungen bleiben dann meistens lokal auf eine Klasse begrenzt, also ohne Änderungen in anderen Klassen zu verursachen.

> **Achtung: API-Design – Einfluss von Kapselung und Kopplung**
>
> Kapselung und Kopplung haben einen großen Einfluss auf den Entwurf von APIs:
>
> - Findet keine Datenkapselung statt, so sind alle öffentlichen Attribute nach außen für andere Klassen sichtbar und damit Bestandteil des APIs.
> - Trotz Datenkapselung wird in Zugriffsmethoden der Rückgabedatentyp und damit häufig auch der Datentyp des korrespondierenden Attributs veröffentlicht. Im Idealfall handelt es sich jedoch nur um einen primitiven Typ oder ein Interface. Dann gibt es keine Abhängigkeiten von den Implementierungsdetails der realisierenden Klasse.
>
> Es kann zu Problemen führen, wenn sich Änderungen an internen Daten im API bemerkbar machen und Änderungen in nutzenden Klassen erforderlich sind. Das gilt vor allem für öffentliche Schnittstellen, insbesondere das veröffentlichte und durch andere Programme verwendete API, wenn man allgemeingültige oder zentrale Komponenten realisiert. Um in solchen Fällen überhaupt Modifikationen durchführen zu können, muss man alle Anwender der eigenen Klasse kennen und dafür sorgen, dass die notwendigen Folgeanpassungen in den benutzenden Programmen durchgeführt werden. Wird eine Klasse jedoch von diversen externen Klassen verwendet, die man nicht im Zugriff hat, so kann man nachträglich Änderungen zur Verbesserung des Designs nicht mehr ohne Folgen durchführen: Einige Programme lassen sich dann nicht mehr kompilieren oder man ist gezwungen, mehrere ähnliche Methoden anzubieten.
>
> Diese kurze Diskussion sensibilisiert für die Probleme, ein gutes API zu entwerfen. Wie schwer dies trotz hoher Kompetenz sein kann, stellt man am JDK mit den vielen als veraltet markierten Methoden fest. Dies kann über den Javadoc-Kommentar `@deprecated`, die Annotation `@Deprecated` oder besser sogar durch beides geschehen. Derartige Methoden sollten in neu erstelltem Sourcecode nicht mehr verwendet werden.

Vererbung und Wiederverwendbarkeit

Mithilfe von Vererbung kann durch den Einsatz von Basisklassen und das Nutzen gemeinsamer Funktionalität ein übersichtlicheres Design erreicht und so mehrfach vorhandener Sourcecode vermieden werden. Allerdings sollte man Vererbung auch immer mit einer gewissen Vorsicht einsetzen. Sie ist zwar ein Mittel, um bereits modelliertes Verhalten vorhandener Klassen ohne Copy-Paste-Ansatz wiederzuverwenden und zu erweitern, aber nicht mit dem alleinigen Ziel, keinen Sourcecode zu duplizieren. Eine

Vererbung, die lediglich dem Zweck dient, bereits existierende Funktionalität aus bestehenden Klassen zu verwenden, führt fast immer zu unsinnigen oder zumindest zweifelhaften Designs und wird **Implementierungsvererbung** genannt. Für die entstehenden Klassen gilt des Öfteren dann keine wirkliche Subtyp-Beziehung mehr, wodurch es zum Teil zu Überraschungen bei deren Einsatz kommen kann. Das schauen wir uns im Rahmen der Besprechung des LISKOV SUBSTITUTION PRINCIPLE (LSP) in Abschnitt 3.5.3 nochmals etwas genauer an.

Durch mehrere Klassen verwendbare Funktionalität sollte in eine separate Hilfsklasse ausgelagert und dann per **Delegation**[10] statt Vererbung angesprochen werden.

3.1.5 Wissenswertes zum Objektzustand

Nachdem wir in den vorangegangenen Abschnitten bereits einiges über den objektorientierten Entwurf erfahren haben, möchte ich hier das Thema Objektzustand vertiefen.

Bereits bekannt ist, dass man unter dem momentanen Objektzustand die aktuelle Belegung der Attribute eines Objekts versteht. Die Menge der Objektzustände eines konkreten Objekts umfasst sämtliche möglichen Belegungen von dessen Attributen. Die gültigen Zustände beschränken sich meistens auf eine (kleine) Teilmenge daraus. Ausgehend von einem oder mehreren Startzuständen sollten nur solche Zustandsübergänge möglich sein, die wiederum zu einem gültigen Objektzustand führen. Dieser Wunsch wird in Abbildung 3-11 verdeutlicht. Dort sind einige gültige Zustände und Zustandsübergänge visualisiert. Der deutlich größere Zustandsraum ist als graues Rechteck dargestellt. Die damit beschriebenen Zustände sind alle möglich, aber nicht jeder verkörpert einen sinnvollen Objektzustand; einige davon sind explizit als `Invalid 1`, `Invalid 2` bzw. `Invalid n` dargestellt. Bei einem `Person`-Objekt könnten dies etwa negative Werte für Alter oder Größe sein.

Die Forderung nach der Einhaltung von gültigen Objektzuständen ist gar nicht so leicht zu erfüllen. Tatsächlich wird dies sogar in vielen Programmen vernachlässigt. Vielfach wird der erlaubte Zustandsraum nicht geprüft oder ist nicht einmal festgelegt. Dadurch besitzen Objekte zum Teil beliebige, wahrscheinlich auch ungültige Zustände. Dies löst häufig unerwartete Programmreaktionen aus, führt zu Berechnungsfehlern oder Abstürzen und erhöht den Aufwand beim Testen. Um die genannten Probleme zu verhindern, müssen wir ein besonderes Augenmerk auf all diejenigen Methoden werfen, die Änderungen am Objektzustand auslösen. Eine Voraussetzung dazu ist es, einen gültigen Ausgangszustand unter anderem durch die Prüfung der Eingabeparameter von Business-Methoden sicherzustellen. Ungültige Parameterwerte sollten zurückgewiesen werden, um eine sichere Ausführung von weiteren Methoden zu gewährleisten. Zudem müssen durchgeführte Berechnungen wiederum gültige Objektzustände erzeugen. Das Ganze wollen wir ein klein wenig formaler betrachten, bevor wir es an einem Beispiel verdeutlichen.

---

[10]Delegation beschreibt, dass eine Aufgabe einem anderen Programmteil übergeben wird, etwa indem eine Klasse eine andere über eine Assoziation kennt und deren Methoden aufruft.

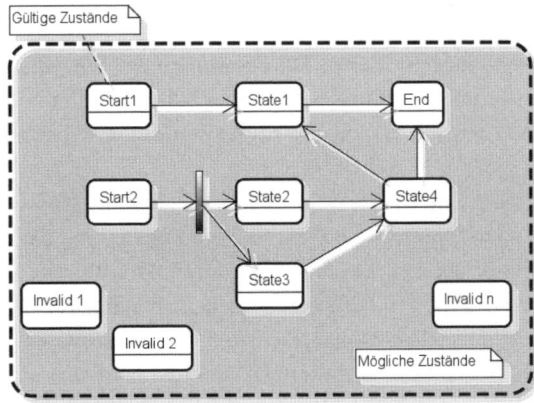

Abbildung 3-11 *Gültige Objektzustände und Zustandsraum*

Invarianten, Vor- und Nachbedingungen

Sogenannte Vor- und Nachbedingungen sowie Invarianten spielen bei der Programmverifikation und dem Beweis der Korrektheit von Programmen in der theoretischen Informatik eine wichtige Rolle. In der Praxis kann man auch ohne Kenntnis der Details von diesen profitieren und ungültige Objektzustände vermeiden.

Mithilfe einer *Invariante* kann man Aussagen über Teile des Objektzustands treffen. Damit beschreibt man *unveränderliche* Bedingungen, die vor, während und nach der Ausführung verschiedener Programmanweisungen gültig sein sollen. Ein Beispiel für eine solche Forderung ist, dass das Alter einer Person nicht negativ sein darf.

Über *Vorbedingungen* lässt sich eine zur Ausführung einer Methode notwendige Ausgangssituation beschreiben: Die Vorbedingung einer Suchmethode könnte etwa sein, dass Elemente vorhanden und sortiert sind. Wenn diese Vorbedingung erfüllt ist, so wird nach Ausführung der Methode als Ergebnis die Position des gesuchten Elements zurückgeliefert, oder aber -1, wenn kein solches existiert. Bedingungen nach Ausführung eines Programmstücks werden durch *Nachbedingungen* formuliert.

> **Info: Design by Contract**
>
> Der Einsatz von Invarianten, Vor- und Nachbedingungen erinnert an die Forderungen des von Bertrand Meyer beim Entwurf der Programmiersprache Eiffel erfundenen »*Design by Contract*«. Idee dabei ist es, Vor- und Nachbedingungen bei jedem Methodenaufruf abzusichern. Dies soll verhindern, dass eine Methode mit ungültigen Werten aufgerufen wird. Auf diese Weise versucht man, die Konsistenz des Programmzustands sicherzustellen sowie ein mögliches Fehlverhalten des Programms auszuschließen. Beim Verlassen einer Methode wird durch Nachbedingungen sichergestellt, dass nur erwartete, gültige Werte als Rückgabe möglich sind. Weitere Informationen finden Sie unter http://www.eiffel.com/developers/design_by_contract.html.

Der Objektzustand am Beispiel

Im folgenden Beispiel eines grafischen Editors werden wir Vor- und Nachbedingungen nutzen, um sicherzustellen, dass die Koordinaten grafischer Figuren einem Rasterpunkt entsprechen. Nehmen wir an, es soll ein Raster mit einem Abstand von 10 Punkten modelliert werden.

Wir entwerfen dazu eine Klasse `GridPosition`, die ihre Koordinaten in den zwei Attributen x und y vom Typ `int` speichert. Gültige Punkte, und damit Belegungen der Attribute, sollen immer auf den genannten Rasterpunkten liegen. Die Wertebelegungen der Attribute vom Typ `int` beschreiben den Zustandsraum, d. h. alle potenziell möglichen Objektzustände. Die Menge der erlaubten Zustände ist jedoch wesentlich geringer. Das gilt im Speziellen für dieses Beispiel und lässt sich auf viele Fälle in der Praxis übertragen.

Die Klasse `GridPosition` bietet zwei Business-Methoden, die Objektverhalten beschreiben – dies sind `addOffset(int, int)` und `setSamePosition(int)`. Zur Demonstration der Gefahr von Inkonsistenzen im Objektzustand sind zusätzlich öffentliche `set()`-Methoden für die Attribute x und y definiert.

```java
public final class GridPosition
{
    private static final int GRID_SIZE = 10;

    // Gewünschte Invariante: x, y liegen immer auf einem Raster der Größe 10
    private int x = 0;
    private int y = 0;

    public void addOffset(final int dx, final int dy)
    {
        // Vorbedingung: x, y auf einem beliebigen Rasterpunkt
        checkOnGrid(x,y);

        x += snapToGrid(dx);
        y += snapToGrid(dy);

        // Nachbedingung: x, y immer noch auf einem Rasterpunkt
        checkOnGrid(x,y);
    }

    public void setSamePosition(final int position)
    {
        // Vorbedingung: x, y auf einem beliebigen Rasterpunkt
        checkOnGrid(x,y);

        x = snapToGrid(position);
        y = snapToGrid(position);

        // Nachbedingung: x = y und immer noch auf einem Rasterpunkt
        checkOnGrid(x,y);
    }

    private static void checkOnGrid(final int x, final int y)
    {
        if (x % GRID_SIZE != 0 || y % GRID_SIZE != 0)
            throw new IllegalStateException("invalid position, not on grid");
    }
```

3.1 OO-Grundlagen

```
    private int snapToGrid(final int value)
    {
        return value - value % GRID_SIZE;
    }

    public int getX()                       { return x; }
    public int getY()                       { return y; }
    public void setX(final int x)           { this.x = x; }   // problematisch!
    public void setY(final int y)           { this.y = y; }   // problematisch!
}
```

Dem aufmerksamen Leser fällt die ungewöhnliche Formatierung der Zugriffsmethoden (`get()`-/`set()`-Methoden) auf. Die hier angewendete kompakte Schreibweise wird in Abschnitt 19.3.1 diskutiert. Nur so viel vorab, sie kann die Lesbarkeit für derart einfache Zugriffsmethoden mit sehr wenig Sourcecode, bevorzugt einer Anweisung, erhöhen.

Veränderungen am Objektzustand

Nach der Konstruktion eines `GridPosition`-Objekts entspricht der Startzustand der Wertebelegung $x = y = 0$. Wie bereits erwähnt, sollten öffentliche Methoden ein Objekt aus einem gültigen Objektzustand in einen anderen gültigen versetzen. Hier gilt:

- Jeder Aufruf von `addOffset(dx, dy)` führt zu einem Zustandswechsel, bei dem Folgendes gilt: $x = x + dx^*$ und $y = y + dy^*$.
- `setSamePosition(pos)` wechselt in den Zustand $x = y = pos^*$.[11]

In der Klasse `GridPosition` werden jedoch zwei öffentliche `set()`-Methoden angeboten, in denen keine Korrektur der Eingabewerte stattfindet. Rufen andere Klassen diese `set()`-Methoden statt der Business-Methoden auf, so können beliebige Werte für die Attribute x und y gesetzt werden. Diese liegen höchstwahrscheinlich nicht auf dem gewünschten Raster und stellen somit auch keinen gültigen Objektzustand dar. Die gewünschte Invariante kann somit nicht sichergestellt werden.

> **Tipp: Probleme durch öffentliche `set()`-Methoden**
>
> In der Praxis findet man aufgrund fehlender (oder zu weniger) Business-Methoden eine Vielzahl öffentlicher `set()`-Methoden. Deren Aufruf ermöglicht es aber, den Zustand eines Objekts (unerwartet oder zumindest nicht durch das Objekt selbst kontrolliert) zu verändern. Häufig wird dann das Objektverhalten von Aufrufern durch eine Abfolge von `get()`/`set()`-Methoden realisiert. Dieser Weg an den Business-Methoden vorbei, erschwert die Einhaltung eines gültigen Objektzustands ungemein. Als Abhilfe sollten einige `set()`-Methoden in ihrer Sichtbarkeit eingeschränkt oder, falls möglich, durch Business-Methoden ersetzt werden. Ein Vorgehen ist als Refactoring ERSETZE MUTATOR- DURCH BUSINESS-METHODE in Abschnitt 17.4.4 beschrieben. In der Klasse `GridPosition` wurden bereits Business-Methoden bereitgestellt, die `set()`-Methoden allerdings (noch) nicht entfernt.

---

[11] *=Angepasster Wert: Um sicherzustellen, dass nur Rasterpunkte eingenommen werden, erfolgt in beiden Fällen durch Aufruf der Methode `snapToGrid(int)` eine Modulo-Korrektur.

118   3 Objektorientiertes Design

Objektzustände während der Objektinitialisierung

Manchmal kommt es während der Objektinitialisierung zu ungewünschten, vermeidbaren oder sogar ungültigen Zwischenzuständen. Dies gilt insbesondere, wenn lediglich ein Defaultkonstruktor und diverse `set()`-Methoden angeboten werden.

Die Grundlage für die Diskussion bildet folgende Klasse `SimpleImage`. Sie verwendet einen Namen, eine Breite und eine Höhe sowie die eigentlichen Bilddaten und speichert diese Werte in vier privaten Attributen. Der Zugriff ist durch öffentliche `get()`- und `set()`-Methoden möglich – hier nur für das Attribut `name` gezeigt:

```java
public final class SimpleImage
{
    private String name;
    private int width;
    private int height;
    private byte[] imageData;

    public SimpleImage()
    {}

    public void setName(final String name)
    {
        this.name = name;
    }

    public String getName()
    {
        return this.name;
    }

    // weitere Getter und Setter ...
}
```

Das von der Klasse angebotene API bietet keine Unterstützung zur Sicherstellung und Wahrung eines gültigen Objektzustands. Vielmehr ist dazu erforderlich, dass nach der Objektkonstruktion alle Attribute durch Aufruf von `set()`-Methoden sukzessive mit gültigen Werten initialisiert werden. Betrachten wir den Ablauf anhand des Einlesens aus einer Datei in der folgenden Methode `createSimpleImageFromFile()`:

```java
public SimpleImage createSimpleImageFromFile() throws IOException
{
    final SimpleImage simpleImage = new SimpleImage();

    // ACHTUNG: Nur zur Demonstration zu früh registrieren
    storedImages.add(simpleImage);

    final String imageName = readNameFromFile();
    simpleImage.setName(imageName);          // Name setzen

    try
    {
        final int imageWidth = readWidthFromFile();
        simpleImage.setWidth(imageWidth);    // Breite setzen

        final int imageHeight = readHeightFromFile();
        simpleImage.setHeight(imageHeight);  // Höhe setzen
    }
```

```
    catch (final NumberFormatException e)
    {
        // ACHTUNG: Keine Fehlerbehandlung zur Demonstration
    }

    final String imageData = readImageDataFromFile();
    simpleImage.setImageData(imageData);        // Daten setzen

    return simpleImage;
}
```

Ähnliche Programmausschnitte trifft man in der Praxis immer wieder an. Was daran problematisch ist, wollen wir nun analysieren:

1. **Ungültiger Objektzustand** – Es werden ungültige Objektzustände sichtbar. Im Beispiel kann dies dadurch geschehen, dass andere Programmteile die Liste der Bilder storedImages zu früh – vor Abschluss der Objektinitialisierung eines neu hinzugefügten Bilds – auslesen.

2. **Teilinitialisierter Objektzustand** – Treten Fehler beim Einlesen aus der Datei oder beim Verarbeiten der eingelesenen Daten auf, so verbleibt das Objekt in einem teilinitialisierten Objektzustand, der höchstwahrscheinlich keinem gültigen Objektzustand entspricht.

3. **Unnötige Zugriffsmethoden** – Es müssen viele, möglicherweise bei anderem Design unnötige Zugriffsmethoden für Attribute bereitgestellt werden. Dies verhindert eine Realisierung, die nur in den wirklich notwendigen Teilen veränderlich ist.

4. **Öffentliche Zugriffsmethoden** – Öffentlich definierte Zugriffsmethoden erlauben beliebige Änderungen durch andere Objekte. Daraus können inkonsistente Objektzustände resultieren.

Ungültiger Objektzustand Im Beispiel wird zunächst ein SimpleImage-Objekt über einen Defaultkonstruktor erzeugt. Vorausgesetzt es werden gültige Eingabedaten an die vier set()-Methoden übergeben, so führt dies auch zu vier Änderungen im Objektzustand. Würde ein anderes Objekt genau das neu erzeugte SimpleImage-Objekt aus der Liste storedImages auf Veränderungen untersuchen, so sind im Extremfall vier Änderungen in kurzer Abfolge nacheinander beobachtbar. Erst die letzte davon erzeugt einen gültigen Objektzustand.

Teilinitialisierter Objektzustand Nehmen wir an, einer der eingelesenen Werte für Breite und Höhe wäre keine Zahl und damit ungültig. Die unzureichende Fehlerbehandlung (der leere catch-Block) verhindert, dass dieses Problem zum Aufrufer propagiert wird. Stattdessen kommt es zu einer unbemerkten Inkonsistenz im Objektzustand: Das neu konstruierte SimpleImage-Objekt besitzt nach dem Einlesen der korrekten Werte von Name und Bilddaten falsche Werte für Breite oder Höhe.

Unnötige Zugriffsmethoden Alle Attribute der Klasse `SimpleImage` sind über `set()`-Methoden veränderbar. Ein Teil dieser Methoden wurde lediglich eingeführt, um ein sukzessives Setzen der Werte zu ermöglichen. Für die Nutzung der Klasse ist wahrscheinlich, dass Höhe, Breite und Bilddaten voneinander abhängig sind und nur miteinander als Einheit zu verändern sein sollten. Statt einzelner `set()`-Methoden sollte man daher eine Business-Methode `changeImageData(int, int, byte[])` anbieten. Zudem sollte der Name des Bildes unveränderlich sein. Dies wird durch die Deklaration des Attributs `name` als `final` erreicht:

```java
public final class SimpleImage
{
   private final String name;
   private int width;
   private int height;
   private byte[] imageData;

   public SimpleImage(final String name, final int width, final int height,
                      final byte[] imageData)
   {
      this.name = name;
      changeImageData(width, height, imageData);
   }

   public void changeImageData(final int width, final int height,
                               final byte[] imageData)
   {
      this.width = width;
      this.height = height;
      this.imageData = imageData;
   }

   public String getName()
   {
      return this.name;
   }

   // weitere get()-Methoden ...
}
```

Die genannten Änderungen machen die Klasse besser lesbar. Wichtiger ist aber, dass die Abhängigkeiten der Attribute untereinander nun deutlich zu erkennen sind und nur durch eine Methode in der öffentlichen Schnittstelle beschrieben werden. Diese Business-Methode ist auch die richtige Stelle, um Änderungen an andere Objekte zu kommunizieren.

Betrachten wir, wie sich das neue API der Klasse `SimpleImage` im Einsatz auswirkt. Statt der direkten `set()`-Aufrufe erfolgt zunächst eine Zwischenspeicherung in lokalen Variablen. Erst nachdem alle Daten erfolgreich eingelesen werden konnten, wird ein `SimpleImage`-Objekt konstruiert. Dadurch werden nur gültige Zustände nach außen sichtbar. Selbst die fehlende Behandlung eines Parsing-Fehlers hat bei dieser Art der Realisierung deutlich weniger negative Auswirkungen. Es wird dann einfach kein Objekt erzeugt. Folgendes Listing zeigt das neue API im Einsatz:

```
public SimpleImage createSimpleImageFromFile() throws IOException
{
    final String imageName = readNameFromFile();

    try
    {
        final int imageWidth = readWidthFromFile();
        final int imageHeight = readHeightFromFile();
        final String imageData = readImageDataFromFile();

        final SimpleImage simpleImage = new SimpleImage(imageName, imageWidth,
                                                        imageHeight,
                                                        imageData.getBytes());

        // Das ist jetzt immer möglich, da SimpleImage korrekt erzeugt wurde
        storedImages.add(simpleImage);

        return simpleImage;
    }
    catch (final NumberFormatException ex)
    {
        log.error("failed to create SimpleImage object from file", ex);
    }

    // Alternativ: return null
    throw new IOException("illegal content. failed to parse width/height", ex);
}
```

Falls Zugriffsprobleme beim Lesen aus der Datei auftreten, wird eine `IOException` ausgelöst. Als Folge wird kein `SimpleImage`-Objekt erzeugt. Darüber hinaus gibt es noch den Spezialfall zu behandeln, dass die hinterlegten Angaben zu Breite und Höhe keine Zahlenwerte darstellen, was eine `NumberFormatException` auslöst. Wir wollen dieses Detail jedoch nicht direkt an den Aufrufer der Methode weiterleiten. Daher wrappen wir die Exception in eine `IOException` und geben dort die Information über das Problem mit. Alternativ könnte man den Wert `null` zurückliefern. Das würde aber aufseiten des Aufrufers eine Spezialbehandlung erfordern, weshalb wir hier die zuvor beschriebene Variante wählen.

Öffentliche Zugriffsmethoden Alle Attribute der eingangs gezeigten Klasse `SimpleImage` waren über öffentliche `set()`-Methoden veränderlich. Damit konnten Klienten[12] beliebige Änderungen am Objektzustand durchführen. Im vorherigen Schritt haben wir bereits die Anzahl öffentlicher, den Objektzustand beeinflussender Methoden verringert. Als Folge konnten sämtliche `set()`-Methoden entfallen. Eine Zustandsänderung ist nur noch durch Aufruf der Methode `changeImageData(int, int, byte[])` möglich. Erfolgt innerhalb dieser Methode eine Parameter- und Konsistenzprüfung, so kann das Objekt von anderen Klassen nicht mehr in einen ungültigen Objektzustand versetzt werden. Dies gilt jedoch nur für Singlethreading. Für Multithreading müssten dazu noch eine geeignete Synchronisierung erfolgen, um Inkonsistenzen sicher auszuschließen.

---

[12]Darunter versteht man beliebige andere Klassen, die Methoden der eigenen Klasse aufrufen.

Weitere Komplexitäten durch Multithreading

Anweisungen in Methoden werden nicht als Ganzes abgearbeitet, sondern in Form vieler kleiner Schritte. Dadurch kommt es während der Abarbeitung der Anweisungen teilweise zu ungültigen oder unerwarteten Zwischenzuständen im Objektzustand. Abbildung 3-12 zeigt dies für den Aufruf `addOffset(50, 30)`. Dort wird kurzzeitig ein Zustand x=50; y=0 eingenommen, der aber logisch keinem Methodenaufruf entspricht.

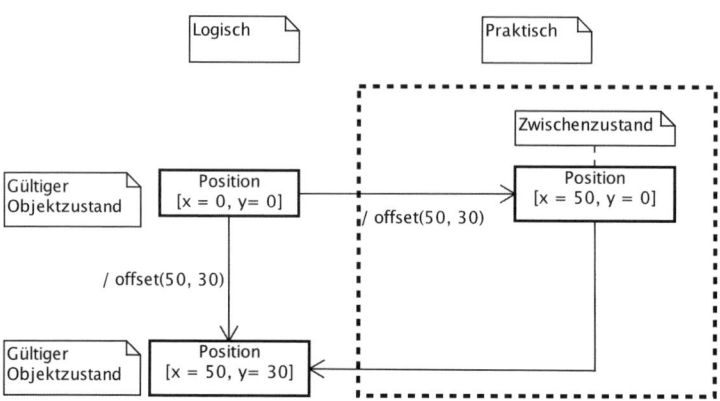

Abbildung 3-12 *Objektzustandsübergänge*

Diese Zwischenzustände lassen sich systembedingt nicht verhindern – sind bei Singlethreading jedoch nicht beobachtbar. Für Multithreading muss dafür gesorgt werden, dass diese Zwischenzustände für andere Objekte nicht zugreifbar sind. Einen wichtigen Beitrag dazu leisten Datenkapselung sowie die Definition kritischer Bereiche.

Datenkapselung Mithilfe von Datenkapselung kann man vermeiden, dass andere Objekte jederzeit einen Blick in die »Innereien« eines anderen Objekts werfen können, und somit auch verhindern, dass möglicherweise mit ungültigen Zwischenzuständen weitergearbeitet wird. Im ungünstigsten Fall sind sogar externe, verändernde Zugriffe möglich, wodurch das Objekt die Kontrolle über seinen Objektzustand abgibt. Das ist nahezu immer zu vermeiden. Bei Datenkapselung verhindern die `private` definierten Attribute die zuvor beschriebenen Probleme.

Kritische Bereiche Um bei Multithreading unerwünschte Zwischenzustände durch Unterbrechungen von Berechnungen zu vermeiden, kann man kritische Bereiche nutzen. Das ist notwendig, weil ein aktiver Thread nahezu jederzeit in seiner Abarbeitung unterbrochen und ein anderer Thread aktiviert werden kann. Geschieht ein solcher Thread-Wechsel während der Abarbeitung einer Methode, sind eventuell noch nicht alle Zuweisungen an die Attribute erfolgt und ein anderer Thread sieht einen Zwischenzustand. Kapitel 9 behandelt diese Problematik ausführlich.

3.2 Grundlegende OO-Techniken

Bis hierher haben wir einige wichtige Einblicke in das objektorientierte Design bekommen. Dieser Abschnitt geht nochmals etwas genauer auf grundlegende OO-Techniken ein, die wir für den Entwurf größerer Softwaresysteme als Basisbausteine benötigen: Schnittstellen, Basisklassen und deren Kombination. All dies hilft dabei, Funktionalität zu kapseln und Komponenten (bestehend aus verschiedenen Klassen, Interfaces und Packages) voneinander unabhängig zu halten.

Abschnitt 3.2.1 behandelt die Definition von Schnittstellen. Durch explizit definierte Schnittstellen, auch Interfaces genannt, kann man ein »Angebot von Verhalten« festlegen, indem man eine Menge von Methoden angibt. In Abschnitt 3.2.2 lernen wir zunächst, wie und warum Basisklassen entstehen, und dann, wozu diese dienen. Danach stelle ich eine spezielle Form von Basisklassen vor, nämlich abstrakte Basisklassen, die sich dadurch auszeichnen, dass sie nicht instanziierbar sind. Abstrakte Basisklassen können als Stellvertreter für konkrete Subklassen agieren, die das gewünschte, spezifische Verhalten realisieren. Für sich allein eingesetzt können die beiden Techniken Interface und abstrakte Basisklasse bereits hilfreich sein, aber sie lassen sich darüber hinaus gewinnbringend kombinieren. Darauf geht Abschnitt 3.2.3 genauer ein.

3.2.1 Schnittstellen (Interfaces)

Wenn Aufrufe an Methoden anderer Klassen erfolgen sollen, so existiert eine sogenannte Use-Beziehung: Eine Klasse nutzt eine andere. Dabei gibt es einen Aufrufer und einen Bereitsteller von Funktionalität. Man spricht dann zum Teil auch von Client und Server. Im einfachsten Fall ergibt sich die Schnittstelle, die ein Client von einem Server nutzen kann, implizit über die öffentlichen Methoden. Manchmal ist es jedoch zweckmäßiger, Methoden zu gruppieren und diesen Funktionsblöcken einen eigenen Namen zu geben. Dies ist durch die nun besprochene Technik der Interfaces möglich.

Einführung

Am Beispiel eines Kunden (Client), der bei einem Pizza-Online-Lieferservice (Server) Bestellungen aufgeben kann, lernen wir die Definition einer Schnittstelle mithilfe des Schlüsselworts `interface` kennen. Wir schreiben Folgendes:

```java
// Zeigt drei Varianten der Angabe von Zugriffsmodifiern
public interface IOnlinePizzaService
{
    public long registerNewCustomer(String name, Address address);
    abstract boolean orderPizza(long customerId, Pizza pizza);
    public abstract DeliveryInformation deliverTo(long customerId);
}
```

Ganz nebenbei lernen wir eine Besonderheit von Interfaces in Java kennen: Unabhängig von der expliziten Angabe der gezeigten Zugriffsmodifier, besitzen die Methoden alle die Sichtbarkeit `public` und sind zudem `abstract`.

> **Tipp: Implizite Zugriffsmodifier**
>
> In Java sind alle in Interfaces definierten ...
>
> - **Methoden** immer mit den Zugriffsmodifiern `public` und `abstract` definiert.
> - **Variablen** implizit als `public`, `static` und `final` definiert. Diese sind dadurch als Konstanten nach außen sichtbar.
>
> Die obigen Zugriffsmodifier können explizit im Sourcecode angegeben werden, und zwar einzeln oder gemeinsam, und sind unabhängig davon immer vorhanden. Alle anderen Zugriffsmodifier sind in Interfaces nicht erlaubt. Mit Java 8 gilt das Ganze nicht mehr so streng, denn dort wird mit Defaultmethoden ein neues Sprachfeature zur Bereitstellung einer Standardimplementierung eingeführt, das in Interfaces genutzt werden kann. Details dazu entnehmen Sie bitte Abschnitt 5.2.1.

Interfaces als »Angebot von Verhalten«

Weil die in Interfaces aufgelisteten Methoden so etwas wie einen Vertrag beschreiben, können sich sowohl Client als auch Server darauf stützen. Dies ermöglicht eine Entkopplung von Realisierung und Spezifikation. Diese Entkopplung ist die Basis für viele Entwurfsmuster, wie ITERATOR, DEKORIERER, PROXY u. v. m. (vgl. Kapitel 18).

Die Definition eines Interface hat zwei Facetten: Zum einen wird für Clients festgelegt, welche Methoden sie aufrufen können. Zum anderen wird für einen Server bestimmt, welche Methoden durch ihn implementiert werden müssen, um das Interface zu erfüllen. Übertragen auf das Beispiel des Pizza-Online-Lieferservice bedeutet dies Folgendes: Für den Kunden ist der reale Pizza-Betrieb, also die konkrete Ausprägung, nicht von Interesse. Er benötigt für seine Bestellungen lediglich die Schnittstelle, z. B. die Internetseite (und eine Möglichkeit, diese zu erhalten)[13]. Damit der Pizza-Betrieb seine Leistungen online zur Verfügung stellen kann, muss dieser wiederum nur wissen, welche Funktionalität er zur Erfüllung der Schnittstelle umsetzen muss. Möglicherweise können auch andere Pizza-Betriebe später die geforderte Schnittstelle erfüllen und ihre Dienste dann alternativ oder ergänzend anbieten.

Bevor Sie damit beginnen, jeweils ein Interface für Ihre Klassen einzuführen, bedenken Sie aber bitte Folgendes: Ein Interface ist **kein Selbstzweck** und es stellt per se auch kein gutes Design dar. Wie oben schon angedeutet, helfen Interfaces bei der ***Definition von Verhalten*** und ***Entkopplung von Komponenten***. Innerhalb eigener Packages ist ein solcher Abstraktionsschritt eher selten vonnöten.

Wissenswertes zur Definition von Interfaces

Nach diesen kurzen Vorbetrachtungen kommen wir nochmals auf Wissenswertes zur Definition einer Schnittstelle zurück.

---

[13] Eine zentrale Stelle wird häufig durch einen sogenannten Service Locator realisiert, meistens eine Klasse, die einen wohldefinierten Zugriff auf Services und Schnittstellen bereitstellt.

Wie schon bekannt, wird durch ein Interface keine Realisierung vorgegeben, sondern nur einige **Methoden ohne Implementierung**, d. h. *abstrakte Methoden*. Beim Betrachten des obigen Interface kommen wir noch zu einer wichtigen Erkenntnis: Sowohl Nutzer als auch Implementierer verwenden lediglich die angegebene Menge an Methoden. Um beiden das Verständnis der bereitzustellenden Funktionalität und den Einsatz zu erleichtern, sollten die Methodennamen in Interfaces besonders sprechend und klar gewählt werden. Diese Forderung ist im zuvor gezeigten Interface `IOnlinePizzaService` schon recht gut erfüllt. Trotzdem ist nicht vollständig klar, was die Methoden im Detail tun sollen und was die Eingabe- und Rückgabewerte bedeuten. Schauen wir uns exemplarisch eine für die Methode `registerNewCustomer(String, Address)` verbesserte Variante des Interface an:

```java
public interface IOnlinePizzaService
{
    /**
     * create a new customer with the given name and delivery address
     *
     * @param   name -- the name of the customer to create
     * @param   deliveryAddress -- the customer's address
     *
     * @return the id of the newly created customer
     * @throws DuplicateCustomerException if a customer with the same
     *         name already exists
     */
    long registerNewCustomer(String name, Address deliveryAddress)
                    throws DuplicateCustomerException;

    boolean orderPizza(long customerId, Pizza pizza);
    DeliveryInformation deliverTo(long customerId);
}
```

In diesem Beispiel wurde aus Gründen der Übersichtlichkeit nur eine knappe Dokumentation für eine Methode gezeigt. Aber schon daran erkennt man, wie hilfreich dies ist. In der Praxis ist für alle Methoden eines Interface eine gute Dokumentation besonders empfehlenswert, damit Nutzer und Implementierer eines Interface die gleiche Vorstellung von dem bereitgestellten bzw. bereitzustellenden Verhalten haben. Das gilt selbst für ähnlich einfache Interfaces.

Abgrenzung von Interfaces und Vererbung

Sowohl das Implementieren eines Interface als auch Vererbung sind Techniken, um Funktionalität zu beschreiben bzw. bereitzustellen. Während Vererbung eine Spezialisierung ausdrückt, liegt bei Interfaces der Fokus auf dem Angebot oder Ausüben von Funktionalität bzw. der Beschreibung einer **Verhaltensweise** (auch **Rolle** genannt). Es wird eine *»can-act-like«-Beziehung* oder auch *»provides«-Beziehung* realisiert.

Mit einem *Interface* wird für ein Objekt beschrieben, *was es kann*. Im Gegensatz dazu wird mit *Vererbung* für ein Objekt beschrieben, *was es ist*. Insbesondere sollte dabei die »is-a«-Beziehung eingehalten sein.

Mehrfachvererbung der Definition von Verhaltensweisen

Während in Java jede Klasse nur genau eine Basisklasse besitzen kann und somit Mehrfachvererbung von Zustand oder Verhalten durch mehrere Basisklassen nicht möglich ist, sind Klassen nicht darauf festgelegt, nur ein einziges Interface zu implementieren.

Eben erwähnte ich, dass mithilfe eines Interface für ein Objekt beschrieben wird, was es kann. Dieses Können einer Klasse muss jedoch nicht nur auf eine Funktionalität, Verhaltensweise oder Rolle beschränkt sein, sondern kann durchaus mehrere umfassen. Somit können Klassen mehrere voneinander unabhängige Funktionalitäten oder Verhaltensweisen gemäß »can-act-like« ausüben.

Namensgebung von Interfaces

Teilweise ist es hilfreich, dass Interfaces als solche anhand ihres Namens erkennbar sind. Im JDK wird vielfach die Endung `-able` verwendet, um die »can-act-like«-Beziehung zu betonen, also die Beschreibung von Rollen. Nicht in jedem Fall macht diese Namensgebung tatsächlich Sinn und ist anwendbar. Während bei `java.lang.Runnable` recht klar wird, dass eine Schnittstelle vorgegeben wird, gilt dies für das Interface `javafx.event.EventHandler` zur Behandlung von GUI-Events in JavaFX nicht mehr. Anhand der für letzteres Interface gewählten Namensgebung ist keine Unterscheidbarkeit zu Klassen gegeben. Mitunter ist es aber wünschenswert, bereits am Namen des Typs einer Referenzvariablen zwischen Interface und Klasse unterscheiden zu können, um so zu erkennen, dass man lose Kopplung einhält und nicht versehentlich eine konkrete Klasse referenziert.

Für selbst definierte Interfaces wird in diesem Buch in der Regel das Präfix `I` verwendet, um die Interface-Eigenschaft zu betonen. Dieses Vorgehen findet man z. B. auch in der Programmierung von SWT (Eclipse RCP) oder als Standard in der Microsoft-Welt. Der Einsatz hängt stark davon ab, ob man eine Unterscheidung zwischen Interfaces und Klassen direkt durch den gewählten Namen sichtbar machen möchte. Die Kennzeichnung ist also tendenziell eine Frage von persönlichen Vorlieben oder durch Coding Conventions vorgegeben (vgl. Kapitel 19).

Bewertung

Der Einsatz von Interfaces ...

+ entkoppelt Spezifikation und Realisierung: Dadurch kennen sich nutzende und Funktionalität bereitstellende Klassen nicht direkt, sondern kommunizieren nur über das Interface.

+ erleichtert den Austausch einer konkreten Implementierung: Ein Beispiel dafür ist das Interface `List` aus dem Collections-Framework mit seinen Realisierungen `ArrayList`, `LinkedList` und `Vector`. Nutzende Klassen dürfen sich daher nicht auf spezielle Implementierungen oder Implementierungsdetails verlassen. Für Listen darf man also weder einen konstanten Aufwand beim indizierten Zugriff auf

Elemente annehmen (ArrayList) noch einen konstanten Aufwand beim Hinzufügen am Ende der Liste (LinkedList). Details dazu finden Sie in Abschnitt 6.1.5.

+ ermöglicht die spezifische Definition einer oder mehrerer wohldefinierter Schnittstellen. Eine Klasse kann dann je nach Anwendungsfall die eine oder andere Rolle spielen, abhängig davon, über welches Interface sie angesprochen wird.

+ erleichtert den Überblick über die angebotenen Methoden, da diese in Interfaces zentral definiert werden. Verzichtet man auf die Definition von Interfaces, so bilden alle öffentlichen Methoden die Schnittstelle einer Klasse. Diese ist einerseits nicht immer offensichtlich, da die öffentlichen Methoden im Sourcecode verstreut (bzw. durchmischt mit Methoden geringerer Sichtbarkeiten) sind, und andererseits wenig spezifisch, da sich eben alle öffentlichen Methoden ohne semantische Gruppierung in der Klasse befinden. Die Sammlung von Methoden in einem Interface bietet außerdem den Vorteil, dass man leicht einen Überblick darüber gewinnt, ob das Interface gut geschnitten ist (d. h., es besteht aus sinnvollen Methoden mit sprechenden Namen, die eine spezifische Funktionalität abdecken) oder eben nicht. Für folgendes Beispiel ist das offensichtlich nicht der Fall:

```
// Achtung: Negativbeispiel
interface IUniversalDiskPizzaAndMore
{
    void scanDisk(Drive drive) throws IOException;

    Iterable<Customer> getAllCustomers();

    boolean orderPizza(long customerId, Pizza pizza);
}
```

o bietet keinen Zugriff auf Konstruktoren realisierender Klassen und keine Möglichkeit zur Erzeugung von Realisierungen,[14] weil nur Methoden deklariert werden.

o erfordert die Realisierung öffentlicher Methoden – nämlich derjenigen im Interface.

o erhöht leicht die Komplexität. Die Abstraktion von Funktionalität über ein Interface wird häufig erst dann benötigt, wenn es mehr als eine Realisierung gibt (oder sicher geben wird) oder spezielle Funktionalitäten extrahiert werden sollen.

---

[14]Diese Einschränkung ist in vielen Fällen eher ein Vorteil als ein Nachteil. Außerdem können mithilfe der Entwurfsmuster ERZEUGUNGSMETHODE und FABRIKMETHODE (vgl. Abschnitte 18.1.1 und 18.1.2) oder aber auch Frameworks wie Spring entsprechende Realisierungen des Interface erzeugt werden.

3.2.2 Basisklassen und abstrakte Basisklassen

In diesem Abschnitt schauen wir kurz darauf, warum und wie Basisklassen entstehen, und motivieren mögliche Einsatzgebiete für abstrakte Basisklassen.

Basisklassen und ihre Vorteile

Bekanntermaßen entstehen Basisklassen beim Entwurf dann, wenn man erkennt, dass Klassen eine oder mehrere Gemeinsamkeiten besitzen und diese dann in eine Basisklasse ausgelagert werden. Dabei durchläuft man in etwa folgende vier Schritte, um gemeinsame Funktionalität in einer Basisklasse zusammenzuführen:

1. Identifiziere potenzielle Klassen als Kandidaten mit genügend Gemeinsamkeiten.
2. Erstelle eine Hierarchie mit gemeinsamer Basisklasse (wodurch die Klassen dann zu Subklassen werden).
3. Lagere die Gemeinsamkeiten geeignet in die Basisklasse aus.
4. Entferne diese Gemeinsamkeiten aus den Subklassen.

Dieses Vorgehen ist insofern praktisch, weil es Sourcecode-Duplikation vermeidet, die ohne gemeinsame Basisklasse durch die mehrfache Realisierung von Funktionalität in den jeweiligen Klassen entstehen würde. Ein weiterer Grund für die Einführung einer gemeinsamen Basisklasse ist, dass man mehrere Klassen einheitlich behandeln möchte, ohne die Details der Spezialisierungen kennen zu müssen. Die gemeinsame Basisklasse definiert dann die Schnittstelle und auch gemeinsames, standardisiertes Verhalten.

Am Beispiel von grafischen Figuren lässt sich das Ganze gut verdeutlichen. Stellen wir uns eine Applikation vor, die Figuren zeichnen soll. Diese werden jeweils als eigenständige Klassen modelliert, die als Basisfunktionalität Methoden zum Zeichnen anbieten. Weil aber keine Konvention für die dazu zu verwendenden Methodennamen existierte und verschiedene Entwickler die Klassen realisiert haben, findet man leicht unterschiedliche Namen, etwa neben `draw()` auch die Varianten `drawLine()`, `drawRect()` usw. Das ist für einige Figurenklassen in Abbildung 3-13 gezeigt.

Point	Line	Rect	Circle
+ draw() : void	+ drawLine() : void	+ drawRect() : void	+ draw() : void

Abbildung 3-13 Klassen für grafische Figuren (ohne Basisklasse)

Durch die unterschiedlichen Signaturen sowie die nicht existente gemeinsame Basisklasse wird die Handhabung der Figuren für Klienten umständlich und nicht intuitiv: Die Methodennamen unterscheiden sich von Klasse zu Klasse. Um diesen Missstand zu beheben, führen wir eine Basisklasse `Figure` mit einer `draw()`-Methode ein und vereinheitlichen in den Subklassen die Methodennamen, was für Konsistenz sorgt. Zudem lässt sich die von Subklassen gemeinsam genutzte Funktionalität in der Basisklasse zentral definieren.

Einsatzgebiet abstrakter Basisklassen

Bei der Implementierung der Basisklasse `Figure` stoßen wir jedoch auf ein Problem: Wie sollen wir die Methode `draw()` implementieren? Was soll diese zeichnen? Diese Fragen stellen sich, weil die Klasse das abstrakte Konzept einer Figur modelliert, aber keine konkrete Ausprägung. Ohne Kenntnis abstrakter Basisklassen und abstrakter Methoden würde man wohl die `draw()`-Methode mit einem leeren Methodenrumpf implementieren, weil die Basisklasse `Figure` nichts Sinnvolles zeichnen kann. Dies ist aber wenig hilfreich,[15] da es natürlicher ist, *eben keine* Implementierung anzubieten, wenn eine Methode, wie hier `draw()`, nicht sinnvoll realisiert werden kann.

Genau für solche Fälle eignen sich abstrakte Basisklassen. Diese erlauben es, Methodensignaturen vorzugeben, die von Subklassen zu implementieren sind. Das geschieht mithilfe abstrakter Methoden, die durch das Schlüsselwort `abstract` gekennzeichnet sind, keine Implementierung besitzen und somit dann durch Subklassen realisiert werden müssen. Im Gegensatz zu den Methoden in Interfaces können abstrakte Methoden neben der Sichtbarkeit `public` auch die Sichtbarkeit `protected` besitzen. In letzterem Fall blähen sie die öffentliche Schnittstelle nicht auf und können eine Art internes Interface für Subklassen vorgeben.

Im Beispiel wird die Klasse `Figure` zu einer abstrakten Klasse und in `BaseFigure` oder alternativ `AbstractGraphicsFigure` umbenannt.[16] Die Realisierung des Zeichnens erfolgt dann in den Subklassen, die genau wissen, wie die durch sie repräsentierten Figuren gezeichnet werden. Abbildung 3-14 zeigt das Klassendiagramm.

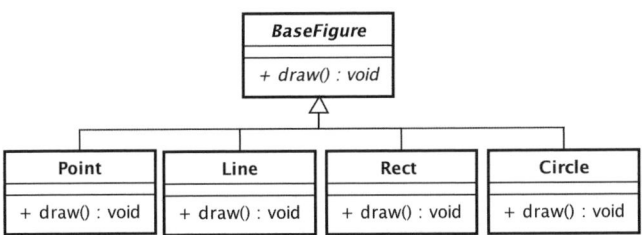

Abbildung 3-14 *Grafische Figuren mit abstrakter Basisklasse*

Eben haben wir gesehen, dass im Rahmen einer Generalisierung derart allgemeine Klassen entstehen, dass dort nicht jede Methode implementiert werden kann. In diesem Fall spricht man von **abstrakten Basisklassen**. Davon abgeleitete Klassen können dann die abstrakten Methoden passend realisieren. Ist eine Klasse vollständig implementiert, so spricht man von einer **konkreten Klasse** bzw. einer **konkreten Realisierung**.

---

[15] Eine solche Leerimplementierung kann dann nützlich sein, wenn diese Methode nicht zwangsläufig von Subklassen mit spezifischer Funktionalität versehen werden muss.

[16] Beide Namen sind valide und besitzen Vor- und- Nachteile. Mit `BaseFigure` werden Signaturen besser lesbar – das Präfix `Abstract` ist dort eher störend, weil es suggerieren würde, dass Instanzen abstrakter Klassen übergeben würden. Allerdings wird durch Namen wie `AbstractGraphicsFigure` kommuniziert, dass man keine Instanz erzeugen kann.

Es gibt jedoch den Spezialfall einer abstrakten Klasse, die keine abstrakten Methoden besitzt. Eine solche Klasse wird explizit über das Schlüsselwort `abstract` speziell gekennzeichnet, sodass die Instanziierung dieser Basisklasse verhindert wird.

Bewertung

Abstrakte Basisklassen ...

+ helfen bei einer konsistenten Implementierung von Funktionalitäten. Subklassen bringen nur an speziellen, dafür vorgesehenen Stellen ihre Realisierungen ein.
+ verringern Sourcecode-Duplikation und dadurch bedingten Wartungsaufwand.
+ fördern die Erweiterbarkeit, weil beim Erzeugen neuer Subklassen in der Regel nur wenige Anpassungen erfolgen müssen.
- haben den Nachteil, dass sie dazu verleiten, Vererbung unüberlegt einzusetzen und dadurch eine tiefe Klassenhierarchie zu erzeugen. Oftmals ist der Einsatz von Vererbung jedoch nicht der richtige Designweg: Vererbung sollte nur dann eingesetzt werden, wenn eine »is-a«-Beziehung vorliegt (vgl. Abschnitt 3.3.2).

3.2.3 Interfaces und abstrakte Basisklassen

Die Kombination von Interfaces und abstrakten Basisklassen bietet sich an, um die Vorteile beider Techniken zu vereinen, etwa wenn einige Klassen einer Klassenhierarchie bereits über ein Interface abstrahiert werden und diese Klassen gemeinsame Funktionalität besitzen, weshalb sich eine Basisklasse empfiehlt.

Beispiel

Wir greifen das Beispiel der grafischen Figuren wieder auf und stellen uns dabei vor, dass wir ein Framework für grafische Applikationen erstellen wollen. Die nützliche Kombinierbarkeit von Interfaces und abstrakten Basisklassen kann man sich wie folgt verdeutlichen. Mithilfe des Interface `IGraphicsFigure` wird die von den Figuren bereitgestellte Funktionalität festgelegt und durch die Klasse `AbstractGraphicsFigure` werden gewisse Funktionalitäten bereits realisiert (vgl. Abbildung 3-15).

Gebräuchliche Anwendung in der Praxis

Neben dem eben beschriebenen Anwendungsfall bietet sich eine Kombination aus Interface und abstrakter Basisklasse insbesondere dann an, wenn Klienten aus anderen Packages auf die Funktionalität des eigenen Packages zugreifen und man eine lose Kopplung erreichen möchte. Dabei verfolgt man das Ziel, den externen Klassen keinen Zugriff auf die Details der internen Klassen zu gewähren. In diesem Fall sollte man

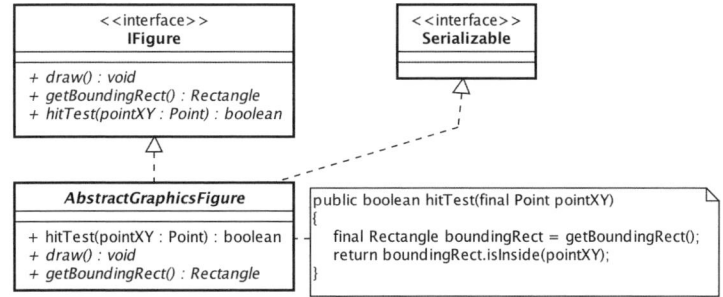

Abbildung 3-15 *Einfache Kombination von Interface und abstrakter Basisklasse*

die Funktionalität für Aufrufer über Interfaces bereitstellen und dazu für alle extern genutzten Klassen jeweils ein öffentliches Interface anbieten.[17] Zudem definiert man die meisten Klassen mit der Sichtbarkeit Package-private, um deren Implementierung für Package-externe Klassen unzugänglich zu machen und diese nach außen zu verbergen. So hält man die Klienten unabhängig von den Details realisierender Klassen und erzielt eine lose Kopplung zwischen den Klassen in unterschiedlichen Packages.

Nehmen wir an, dass innerhalb des Packages mehrere Varianten der Realisierung eines Interface bereitgestellt werden sollen. Wenn diese Implementierungen alle gemeinsame Funktionalität besitzen, dann empfiehlt es sich, zusätzlich zum Interface eine abstrakte Basisklasse einzusetzen – natürlich ist auch möglich, dass es einzelne Realisierungen des Interface geben kann, die sich nicht auf die abstrakte Basisklasse stützen. Diese Interna bleiben für Klienten transparent, da diese lediglich über das Interface kommunizieren. Abbildung 3-16 zeigt diesen Fall für ein Interface `ServiceIF`, eine abstrakte Basisklasse `AbstractBaseService` sowie zwei konkrete Realisierungen.

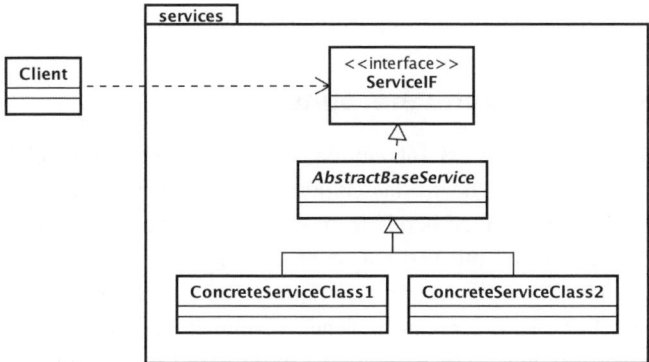

Abbildung 3-16 *Komplexere Kombination von Interface und abstrakter Basisklasse*

---

[17]Teilweise möchte man Interfaces auch explizit zusammenfassen, um Aufrufern die Handhabung zu erleichtern. In Abschnitt 18.2.1 wird das für das Entwurfsmuster FASSADE diskutiert.

Bewertung

Eine Kombination von Interfaces und abstrakter Basisklasse ...

+ ermöglicht sowohl eine Kapselung der Funktionalität über Interfaces sowie eine sinnvolle Vorgabe von Basisfunktionalität durch eine abstrakte Basisklasse.
+ ermöglicht, dass Subklassen nur noch an speziellen, gewünschten Stellen ihre Erweiterungen einbringen müssen.
+ erlaubt es oftmals, die konkreten Implementierungen austauschen zu können.
+ ist insbesondere für Frameworks sinnvoll und empfehlenswert. Ein schönes Beispiel ist das Collections-Framework, wo dieses Schema sauber umgesetzt wird.
o erfordert nur einen geringen Mehraufwand in der Implementierung.
o erhöht allerdings (geringfügig) die Komplexität. Ein Einsatz sollte demzufolge nicht ohne Grund und insbesondere eher selten innerhalb eines Packages erfolgen, da die Nachvollziehbarkeit durch die Indirektionen und Abstraktionen leiden kann.

3.3 Wissenswertes zu Vererbung

Wir haben nun schon einiges über den OO-Entwurf und mögliche Fallstricke gelernt. Bisher haben wir vor allem die positiven Seiten von Vererbung betrachtet. Dass diese auch Nachteile besitzt, habe ich bereits angedeutet. Es erfordert einige Erfahrung, diese Probleme zu erkennen, zu verstehen und zu beheben.

Beim Erweitern einer bestehenden Klassenhierarchie können Probleme auftreten, wenn man dazu unüberlegt Vererbung einsetzt. Dies diskutiert Abschnitt 3.3.1. Werden Eigenschaften oder verschiedene feingranulare Funktionalitäten in Form einzelner Subklassen definiert, kann eine Modellierung über Vererbung problematisch sein und besser mithilfe von Delegation geregelt werden. Das stellt Abschnitt 3.3.2 vor.

3.3.1 Probleme durch Vererbung

In diesem Abschnitt möchte ich anhand eines Beispiels darstellen, welche Probleme beim Erweitern einer bestehenden Klassenhierarchie auftreten können.[18]

Nehmen wir an, wir hätten bereits eine erste Programmversion einer Simulation einer biologischen Umwelt mit verschiedenen Lebensräumen als Klassen implementiert. Dazu sei eine Klasse `Simulation` definiert. Eine weitere Klasse `Environment` beschreibt die Lebensräume für verschiedene zu simulierende Tierarten. Diese werden mithilfe der abstrakten Basisklasse `Animal` realisiert. Als Tierarten sind dann beispielsweise Füchse, Hasen u. v. m. als konkrete Subklassen (`Fox`, `Rabbit` usw.) modelliert.

---

[18]Die Grundidee des Beispiels habe ich dem Buch »Einstieg in Java 6« von Bernhard Stephan [74] entnommen.

Da diese Tiere als Gemeinsamkeit alle eine Größe, ein Gewicht usw. besitzen, sind diese Eigenschaften durch Attribute in der Basisklasse `Animal` beschrieben. Des Weiteren bewegen sich unsere Tierarten durch Laufen fort. Dies wird daher durch eine Methode `walk()` realisiert. Abbildung 3-17 zeigt das zugehörige Klassendiagramm.

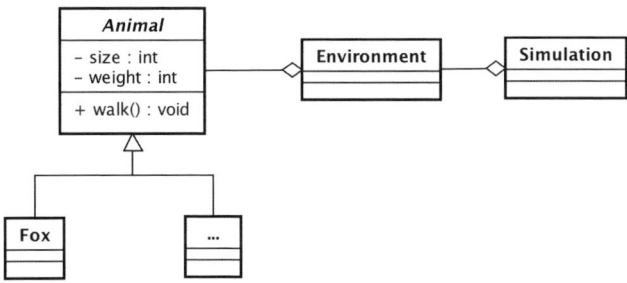

Abbildung 3-17 *Die Klasse* `Animal` *und ihre Vererbungshierarchie*

Zur Simulation einer Umwelt werden diverse Spezialisierungen der Klasse `Animal` erzeugt und danach wiederholt deren Methoden, etwa `walk()`, aufgerufen. Wie so häufig in der Praxis anzutreffen, kommen beim Betrachten und Testen der ersten Version einer Software neue Ideen und dadurch Änderungs- oder Erweiterungswünsche auf. Zeigen wir das Programm einem Ornithologen, so fällt diesem auf, dass unsere Simulation ohne Vögel unvollständig ist. Ein Meeresbiologe könnte etwa einwenden, dass Fische unberücksichtigt sind. Beide Erweiterungswünsche führen in der ursprünglichen Modellierung zu folgenden Problemen:

1. Vögel können zwar in der Regel laufen, aber ihre natürliche Fortbewegungsart ist meistens das Fliegen – Ausnahmen sind z. B. die Vogelarten Strauß und Pinguin.
2. Für Fische ist die Methode `walk()` eine Fehlmodellierung. Wenn man in dieser Methode eine schwimmende Fortbewegung realisieren würde, wäre das Design unverständlich. Nachfolgende Bearbeiter der Klasse werden darunter leiden und Sie möglicherweise dafür verfluchen.

Umgang mit Erweiterungen

Sollen nun die genannten Erweiterungen umgesetzt werden, so müssen wir dabei die zuvor genannten Kritikpunkte beachten. Damit das Klassendesign sauber und logisch strukturiert bleibt, wird die Basisklasse `Animal` wie folgt geändert: Die Basisklasse erhält eine allgemeinere Methode `move()` zur Modellierung der Fortbewegung. Diese nimmt keine Festlegung der tatsächlichen Bewegungsart vor.[19] Außerdem werden nun weitere Basisklassen einer zweiten Gliederungsebene erstellt, etwa die Klassen `Fish`,

---

[19]Bemerkenswerterweise gibt es sogar einige Tierarten, die sich nicht fortbewegen, etwa Schwämme und Korallen. Daran sieht man, wie schwierig oder teilweise gar nicht realisierbar es ist, ein möglichst allgemeingültiges Modell zu definieren.

`Mammal` und `Bird` zur Modellierung der Tierkategorien Fisch, Säugetier und Vogel. In diesen Basisklassen können wir jeweils die Methoden `swim()`, `walk()` und `fly()` zur Fortbewegung gemäß der Tierkategorie definieren, ohne diese Methoden bereits auf dieser Abstraktionsebene implementieren zu wollen. Das liegt daran, dass die Art der Fortbewegung von einer konkreten Tierart abhängt. Für Klienten soll es nicht von Interesse sein, dass diese Zwischenschicht von Basisklassen in das Design eingezogen wurde. Vielmehr ist es das Ziel, eine Abstraktion von den konkreten Klassen mithilfe der Methode `move()` zu gewährleisten. Basierend auf dieser Argumentation müssen die Methoden `swim()`, `walk()` und `fly()` in ihrer Sichtbarkeit eingeschränkt werden, aber auch ein Überschreiben in Subklassen erlauben, was die Sichtbarkeit `protected` ermöglicht. Das resultierende Klassendiagramm ist in Abbildung 3-18 dargestellt.

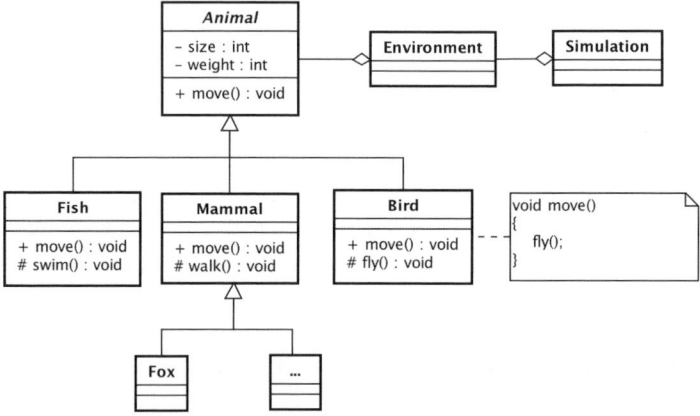

Abbildung 3-18 *Variante 2 der Klasse* `Animal` *und ihrer Vererbungshierarchie*

Obwohl diese Modellierung bereits deutlich besser als die ursprüngliche Umsetzung ist, gibt es immer noch einige Schwachstellen:

1. Wie zuvor angemerkt, können Vögel häufig nicht nur fliegen, sondern auch laufen bzw. hüpfen. Außerdem können einige Vogelarten überhaupt nicht fliegen. Klienten nutzen derzeit als Abstraktion die Basisklasse `Bird` und deren Methode `move()`, die per Standard das Fliegen modelliert. Wollte man damit auch Laufvögel, wie Strauße mit der Klasse `Ostrich`, adäquat modellieren, so hätte man ein Problem. Eine mögliche Lösung bestünde darin, die Vererbungshierarchie in die zwei Basisklassen `FlyingBird` und `NonFlyingBird` aufzuspalten. Damit sorgt man zwar für mehr Unterscheidbarkeit, aber es lässt sich immer noch nicht abbilden, dass die meistens Vogelarten sowohl (bevorzugt) fliegen als auch laufen oder hüpfen können. Zudem entsteht dadurch bereits eine recht tiefe Vererbungshierarchie. Eine solche erschwert häufig Wartungsarbeiten und Änderungen. Und die Realität ist noch komplexer: Wie integrieren wir die vorwiegend schwimmenden und tauchenden Pinguine und die korrespondierende Klasse `Penguin`?

2. Auch die Säugetierklasse `Mammal` wirft ein Modellierungsproblem auf: Solange man damit ausschließlich Landsäugetiere modelliert, ist alles in Ordnung. Was ist aber mit Walen? Schließlich kann ein Wal nicht laufen. Müssen wir hier wiederum ein `WalkingMammal` und ein `SwimmingMammal` einführen? Je nach Anwendungsfall ist das wohl notwendig. Und es würde noch komplexer, wenn wir Fledermäuse als fliegende Säugetiergattung modellieren müssten.

Anhand dieser Beschreibung wird klar, dass die objektorientierte Modellierung mit Vererbung nicht immer leicht ist. Im Besonderen gilt, dass in Basisklassen nur die Funktionalitäten modelliert werden sollten, die allen möglichen Subklassen gemein sind.

Wissenswertes zu Vererbung und Wiederverwendbarkeit

An diesem Beispiel erkennen wir, dass Vererbung nicht immer eine einfache Wiederverwendung ermöglicht, wie dies leider viel zu häufig in der Einsteigerliteratur zum objektorientierten Programmieren dargestellt wird. Vielmehr wird deutlich, dass Vererbung gut überlegt eingesetzt werden sollte, da sie ansonsten Probleme bereiten kann: Schnell entsteht eine schlechte Klassenstruktur, die einem die Möglichkeiten raubt, die Vererbung sonst bietet. Betrachten wir das Ganze im Folgenden detaillierter.

Der korrekte Zuschnitt von Basisklassen ist stark von dem zu modellierenden System abhängig. Für unsere Simulation einer biologischen Umwelt gilt z. B.: Spielen Vögel oder Fische eine Rolle? Müssen Sonderfälle wie Laufvögel berücksichtigt werden? Aufgrund der unterschiedlichen Anforderungen ist eine Wiederverwendbarkeit durch Vererbung zwischen verschiedenen Applikationen daher nur recht selten möglich. Innerhalb einer Applikation kann durch Vererbung allerdings eine Duplizierung von Funktionalität vermieden werden. Oftmals ist der Mehrwert der Wiederverwendung jedoch weniger ausgeprägt, als er gerne dargestellt wird.

Des Weiteren ziehen Änderungen in Basisklassen teilweise Anpassungen in deren Subklassen nach sich. Das hat weitreichende Konsequenzen: Wurden Basisklassen eingangs ungünstig gewählt, so können sich Korrekturen daran in vielen Subklassen auswirken. Das lässt für das OO-Design wiederum folgende Schlüsse zu:

- *Basisklassen müssen mit besonderer Sorgfalt entworfen werden.* Das ist dadurch begründet, dass Änderungen in Basisklassen ansonsten diverse Folgeänderungen in deren Subklassen verursachen. Änderungen in den Subklassen besitzen dagegen meist recht lokale und gut überschaubare Auswirkungen.
- *Umfangreiche (tiefe oder breite) Ableitungshierarchien sind ein Indikator für eine gute Wiederverwendung.* Einher geht aber – wie gerade besprochen – auch eine erhöhte Anfälligkeit für Folgeänderungen in Subklassen bei Änderungen in deren Basisklassen. Deswegen ist eine komplexe Ableitungshierarchie immer auch kritisch zu betrachten und zu hinterfragen. Im Beispiel erkennt man, dass trotz der gemeinsamen Basisklassen tatsächlich recht wenig Funktionalität wiederverwendet werden konnte. Stattdessen muss durch die Betrachtung der ganzen Sonderfälle fast alle Funktionalität in den Subklassen realisiert werden.

> **Hinweis: Vererbung, Objektmodellierung und Wiederverwendbarkeit**
>
> Ein Modell stellt eine Vereinfachung (Abstraktion) eines realen Gegenstands oder Systems dar und definiert die für den jeweiligen Anwendungsfall benötigten Aspekte. Daraus entsteht dann der Entwurf einer Klasse mit ihren Attributen und Methoden. Es kommt leicht zu dem Missverständnis und der unerfüllbaren Hoffnung, die für einen Anwendungsfall modellierten (Basis-)Klassen für alle möglichen Applikationen wiederverwenden zu können. Das ist aber nur eher selten möglich, da die jeweiligen Applikationen in der Regel andere Verhaltensweisen und Attribute der modellierten Objekte benötigen.
>
> Betrachten wir das konkret für die Modellierung einer Person als Klasse. Für einen Onlineshop sind Name, Anschrift und eventuell Bonität wichtige Kriterien. In einer Patientenverwaltung eines Hausarztes werden neben Name und Anschrift eher Patientendaten, wie Größe, Gewicht, Vorerkrankungen usw., als wichtige Aspekte der Modellierung berücksichtigt werden. Für eine Klasse `Person` gelten in den beiden genannten Systemen also deutlich unterschiedliche Anforderungen. Diese mit nur einer Klasse zu beschreiben, wäre wahrscheinlich nicht sinnvoll. Allerdings könnte man sich eine Modellierung vorstellen, die eine gemeinsame Basisklasse `Person` aus den Anforderungen extrahiert. Diese bekommt die für beide Anwendungen gebräuchlichen Attribute wie Name und Anschrift. Für den Onlineshop könnte man eine Subklasse `Kunde` von der Basisklasse `Person` ableiten und um weitere Attribute, etwa die oben geforderte Bonität, ergänzen. Ebenso würde man bei der Patientenverwaltung vorgehen. Dort könnte eine Subklasse `Patient` als Spezialisierung der Basisklasse `Person` definiert und um Attribute zu dem Patienten sowie seinen Krankendaten ergänzt werden.

Abstrakte vs. konkrete Basisklassen

Das Beispiel zur Modellierung der Tierkategorien und die durch unsere Erweiterungen entstandenen Basisklassen werfen die folgende Fragestellung auf: Wann sind Basisklassen abstrakt zu definieren und wann nicht? Meistens sollten Basisklassen abstrakt definiert werden. In diesem Beispiel ist das für die Basisklasse `Animal` geschehen. Vermutlich sollten auch die Basisklassen `Fish`, `Mammal` und `Bird` abstrakt definiert werden. Das hängt davon ab, ob unsere Simulation tatsächlich Objekte dieser Basistypen erzeugen und in der Simulation verwenden können soll. Als Faustregel gilt, dass Basisklassen so lange abstrakt definiert werden sollten, wie durch sie lediglich allgemeine Konzepte modelliert werden und noch keine konkreten Implementierungen für alle Methoden vorgegeben werden können.

Da die Simulation mit einzelnen Individuen spezieller Subklassen der Tierkategorien arbeiten soll, führen wir einen letzten Korrekturschritt an unserem Modell durch: Wir definieren die Basisklassen `Fish`, `Mammal` und `Bird` abstrakt (Abbildung 3-19).

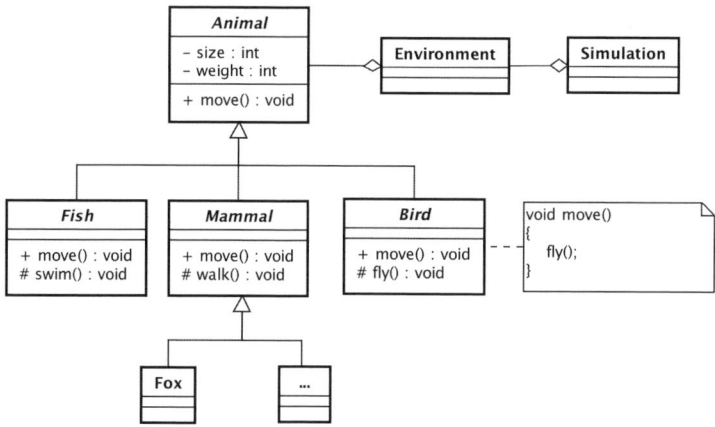

Abbildung 3-19 *Variante 3 der Klasse* `Animal` *und ihrer Vererbungshierarchie*

Dieses Beispiel der Modellierung von Tieren für eine Simulationssoftware zeigt anschaulich, dass Basisklassen in der Regel abstrakt definiert werden sollten. Man verhindert dadurch die Instanziierung von Klassen, die unvollständige Konzepte darstellen. Oder anders formuliert: ***Konkrete Basisklassen sollten sehr aufmerksam betrachtet und nur in gut begründeten Ausnahmefällen verwendet werden.***

Fazit

Nutzt man Vererbung als Instrument der Wiederverwendung ohne viel Nachdenken, so kann dies zu unübersichtlichen Designs führen. Abschließend bleibt die Erkenntnis, dass die früher vielfach als Allheilmittel beim OO-Entwurf angesehene Technik der Vererbung durchaus nicht unproblematisch ist. Tatsächlich ist sie oftmals weit weniger praktikabel zur Wiederverwendung als häufig angenommen bzw. propagiert.

Wie jedes Werkzeug kann man auch Vererbung ungeschickt einsetzen oder Unsinn damit anstellen. Im folgenden Abschnitt schauen wir uns weitere Problemfälle tiefer oder breiter Vererbungshierarchien an. Ganz allgemein kann man hier aber bereits Folgendes feststellen: ***Sie sollten einen prüfenden Blick auf Ihre Klassenstruktur werfen, sobald der Ableitungsbaum drei oder mehr Hierarchiestufen erreicht oder einzelne Verzweigungen mehr als etwa zehn Klassen besitzen.*** Im Zusammenhang mit Frameworks (etwa Swing, Spring) sind solche Werte allerdings durchaus normal. Diese Richtwerte werde ich in Abschnitt 19.4.1 bei der Beschreibung verschiedener Metriken aufgreifen.

3.3.2 Delegation statt Vererbung

Betrachten wir im Folgenden zunächst, welche Folgen es hat, wenn man für jede neu zu modellierende Eigenschaft eine neue Klasse definiert, die eine andere Klasse erweitert. Anschließend sehen wir uns an, was passiert, wenn man auf diese Art verschiedene Verhaltensweisen eines Objekts, sogenannte **Rollen**, modelliert. Eine Person könnte etwa die Rolle Student, aber auch (gleichzeitig) die Rolle Hotelgast innehaben.

Klassenexplosion durch Modellierung von Eigenschaften

Am Beispiel einer Klasse `Window` analysieren wir die Modellierung von Eigenschaften durch Vererbung. Aufgabe ist es, diese Klasse um zusätzliche Funktionalität (Titelleiste, Rahmen usw.) zu erweitern. Eine mögliche Realisierung erstellt für jede Eigenschaft eine Subklasse als Spezialisierung. Dies zeigt Abbildung 3-20.

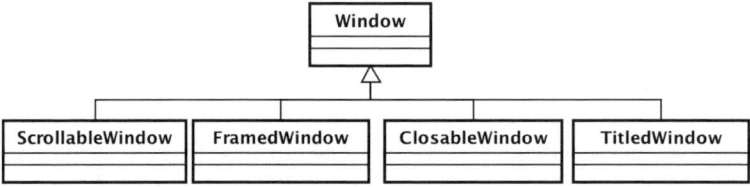

Abbildung 3-20 *Modellierung von Eigenschaften durch Vererbung*

Diese flache und breite Vererbungshierarchie wirkt zunächst nur unelegant. Problematisch wird dies in dem Moment, in dem man verschiedene Eigenschaften kombinieren möchte. Dadurch werden viele weitere Ableitungen erforderlich und es kommt zu einer kombinatorischen Explosion der Klassen, die vielfach mit einer missverständlichen Namensgebung einhergeht. In Abbildung 3-21 wird dies verdeutlicht.

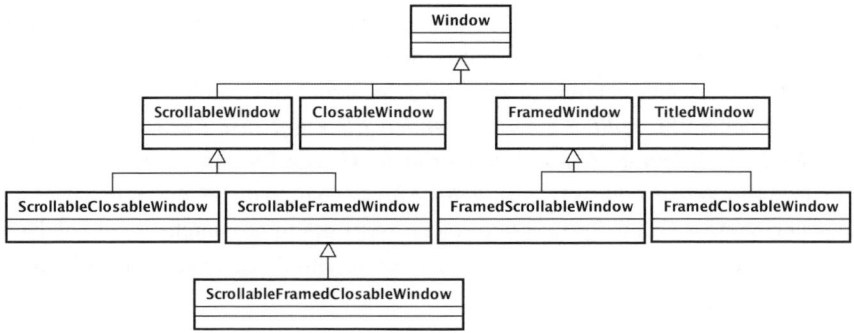

Abbildung 3-21 *Klassenexplosion durch Modellierung von Eigenschaften*

Es stellt sich die Frage, ob es tatsächlich Unterschiede bei verschiedenen Ableitungsreihenfolgen gibt: Ist ein `ScrollableFramedWindow` semantisch verschieden zu einem

`FramedScrollableWindow`? Und wenn ja, wo liegen die Unterschiede? Spätestens dann, wenn man sich diese Frage stellt, erkennt man, dass man mit dem Einsatz von Vererbung hier an die Grenzen einer derartigen Modellierung stößt.

Eine mögliche Lösungsidee ist, statt Vererbung boolesche Variablen zur Auswahl gewünschter Funktionalitäten zu verwenden. Funktionalitäten aus den Spezialisierungen werden dazu in die Basisklasse verlagert. Dort erfolgt dann, abhängig von dem jeweiligen booleschen Wert, ein Aufruf an die zu aktivierende Funktionalität. Diese Lösung stößt, ebenso wie der Einsatz von Vererbung, schnell an Grenzen, vor allem dann, wenn viele oder komplexe Eigenschaften modelliert werden sollen. Dann degeneriert die Basisklasse zu einer »One-for-All«-Funktionssammlung von Optionen. Die Komplexität der Abfragen steigt zunehmend, insbesondere wenn nur spezielle Kombinationen von Eigenschaften erlaubt sind.

Eine Abhilfe bietet der Einsatz des DEKORIERER-Musters (vgl. Abschnitt 18.2.3). Damit kann Funktionalität dynamisch, ohne Vererbung hinzugefügt und beliebig miteinander kombiniert werden. Man verhindert dadurch einerseits eine »explodierende« Klassenhierarchie und erreicht andererseits eine gute Trennung von Zuständigkeiten: Jede Dekoriererklasse trägt den jeweiligen Funktionsanteil bei. Die Gesamtfunktionalität entsteht aus der Kombination der verwendeten Dekoriererklassen. Allerdings gibt es auch einen Haken: Während mit booleschen Flags Funktionalität sogar dynamisch deaktiviert werden kann, ist dies mit Dekorierern nahezu unmöglich.

Dekorierer eignen sich besonders, wenn die modellierten Eigenschaften orthogonal zueinander, d. h. voneinander unabhängig sind. In der Praxis hängen Eigenschaften und Funktionalitäten häufig voneinander ab und schließen sich im Extremfall sogar gegenseitig aus. Es ist dann Aufgabe des Entwicklers, nur erlaubte Kombinationen von Dekorierern zu verwenden. Dies kann man wiederum durch den Einsatz geeigneter Erzeugungsmuster (vgl. Abschnitt 18.1), etwa FABRIKMETHODE und ERBAUER, lösen.

Klassenexplosion durch Modellierung von Rollen

Anhand der Basisklasse `Person` betrachten wir nun, welche Folgen die Modellierung von Rollen durch Vererbung haben kann. Spezialisierungen modellieren dann häufig lediglich zeitweilig ausgeübte Rollen. Dadurch kommt es zu mehreren Problemen. Einerseits müssen alle möglichen Kombinationen von Rollen im Voraus in Form von Klassen realisiert werden. Andererseits bedingt ein Rollenwechsel den Wechsel des Typs und wirft die Frage auf, wie ein Objekt seinen Typ wechseln soll.[20]

Analysieren wir kurz mögliche Probleme durch die Kombination unterschiedlicher Rollen. Bei der Umsetzung durch Vererbung kann es, wie zuvor bei der Modellierung von Eigenschaften, zu einer kombinatorischen Explosion von Klassen kommen. Nehmen wir beispielsweise eine Person, die studiert und in einem Cafe als Kellner arbeitet. Ein studierender Cafe-Kellner, der in einem Hotel übernachten möchte, ist durch Vererbung kaum sinnvoll abzubilden. Man stelle sich vor, was passiert, wenn das Studium beendet oder der Job gewechselt wird. Man möchte sicher nicht noch weitere Klassen

---

[20]Es gibt Programmiersprachen, wo dies möglich ist. In Java geht das jedoch nicht.

einführen, um auch diese neuen Rollen mit allen bisherigen Kombinationen darstellen zu können. Abbildung 3-22 deutet eine kombinatorische Explosion an.

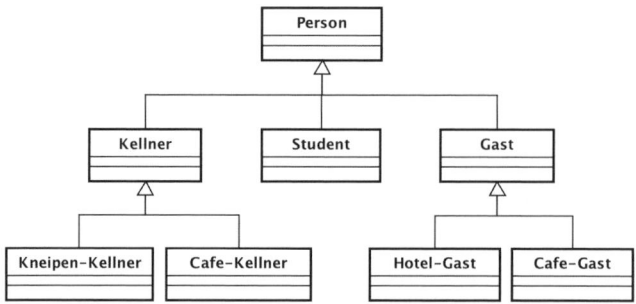

Abbildung 3-22 *Klassenexplosion durch Modellierung von Rollen mit Vererbung*

Es ist wahrscheinlich, dass einige Kombinationen von Rollen widersprüchlich sind, etwa die eines zu Fuß gehenden Radfahrers. Im Extremfall passen dann einige Methoden einer Spezialisierung nicht mehr in das Konzept. Es kann kein sinnvolles Verhalten als Methodenimplementierung definiert werden. In einem solchen Fall kann zwar eine `java.lang.UnsupportedOperationException` ausgelöst werden, allerdings ist das meistens nur eine Notlösung und weist auf ein vorliegendes Designproblem hin und man sollte die Klassenhierarchie überdenken, Klassen und Interfaces anders schneiden oder die »unerfüllbare« Methode in ein separates Interface auslagern.

Da mit Vererbung lediglich statische Eigenschaften ausgedrückt werden können, muss jede einzelne Rolle und jede Kombination als Klasse realisiert werden. Um unterschiedliche Rollen auszuführen, muss ein Objekt als Folge eines Rollenwechsels auch seinen Typ wechseln. Das kann ein Objekt jedoch nicht selbst durchführen. Es wird demnach eine steuernde Einheit benötigt, die die passenden Instanzen erzeugt und verwaltet. Eine weitere Schwierigkeit besteht darin, die Instanz einer neuen Rolle weiterhin mit der ursprünglichen Instanz in Verbindung zu bringen.

Wie man sieht, lauern einige Fallstricke bei der Modellierung von Rollen durch Vererbung. Im Gegensatz zur Realisierung von Eigenschaften ist als Abhilfemaßnahme der Einsatz des DEKORIERER-Musters ungünstig, da zusätzliche Funktionalität in diesem Fall nicht transparent hinzugefügt, sondern explizit angesprochen werden soll. Es bietet sich ein anderes Vorgehen zur Lösung an: Die einzelnen Vererbungsbeziehungen werden jeweils analysiert und können anhand der Regeln aus folgender Aufzählung umgewandelt werden.

Eine Vererbungsbeziehung zwischen Klassen, die ...

- sich mit »*can-act-like*« beschreiben lässt, wird durch das Einführen eines speziellen *Interface* aufgelöst, das die statische Rolle oder Funktionalität abbildet, die zur Kompilierzeit bekannt ist. Bei Bedarf kann dann per Delegation auf eine Klasse zugegriffen werden, die die Rolle implementiert.

3.3 Wissenswertes zu Vererbung

■ eine dynamische Eigenschaft, also eine Rolle, modelliert, lässt sich durch Vererbung nur schwierig adäquat ausdrücken. Auch das Implementieren eines Interface ist unpassend. Stattdessen wird die Beziehung umgekehrt und mit ***Delegation*** wird auf die ursprüngliche Basisklasse und deren Funktionalität zugegriffen.

Beide Möglichkeiten werden in Abbildung 3-23 dargestellt. Die Studentenrolle modellieren wir als statische Rolle und verwenden ein Interface `IStudent`. Das Agieren als `Kellner` oder `Gast` wird dynamisch als Rolle abgebildet. Dabei können Rollen entweder als gemeinsame Basisklassen `Kellner` oder direkt als eigene Klasse modelliert werden, hier für die Rollen `CafeGast` und `HotelGast` gezeigt.

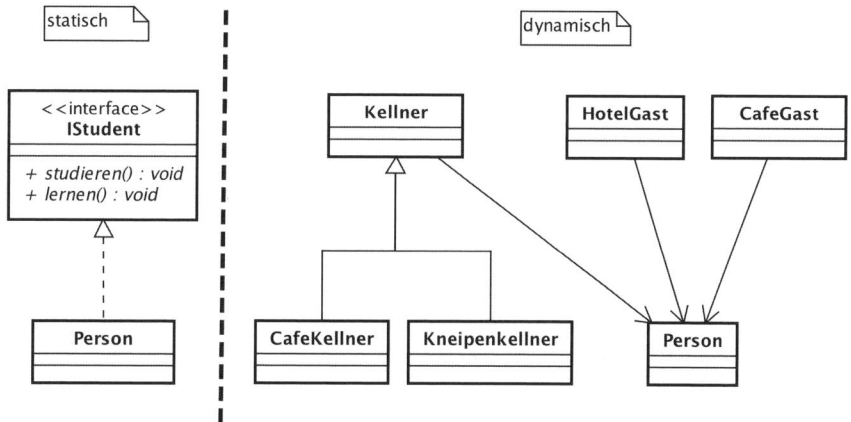

Abbildung 3-23 *Delegation statt Vererbung*

Bewertung

Der Einsatz von Delegation ...

+ erlaubt, dass Objekte ihr Verhalten zur Laufzeit ändern. Ableitung bietet nur eine statische Verbindung zwischen Klassen und durch diese mögliche Rollen.
+ verhindert, dass Klassen aus dem modellierten System von rein technischen Utility-Klassen erben. Nutzt man Vererbung statt Delegation, so kann es zu Problemen bei Veränderungen in Basisklassen kommen: Mögliche Änderungen an Utility-Klassen wirken sich dann im modellierten System aus. Das zeugt von schlechtem Design.
- erzeugt für jede delegierte Methode etwas Overhead. Je nach Anzahl der Methoden kann der Sourcecode sich dadurch ziemlich »aufblähen«. Man implementiert im Extremfall fast ausschließlich Delegationen an Methoden anderer Objekte; durch das Objekt selbst wird nahezu kein eigenes Verhalten mehr realisiert.

3.4 Fortgeschrittenere OO-Techniken

Dieser Abschnitt wendet die bereits vorgestellten grundlegenden OO-Techniken an, um nützliche Bausteine für den Entwurf größerer Softwaresysteme zu realisieren. Ein Baustein sind sogenannte READ-ONLY-INTERFACEs, die einen ausschließlich lesenden Zugriff auf Objektdaten erlauben. Das ist Thema von Abschnitt 3.4.1. Der Schutz vor Modifikationen wird mit der Technik der IMMUTABLE-KLASSE logisch fortgeführt und sichert die Unveränderlichkeit des Objektzustands. Darauf geht Abschnitt 3.4.2 ein. Eigenschaften von Klassen lassen sich durch sogenannte MARKER-INTERFACEs beschreiben, die in Abschnitt 3.4.3 erläutert werden.[21] Aufzählungen gruppieren verschiedene semantisch zusammengehörende Werte. Einige Realisierungsmöglichkeiten werden in Abschnitt 3.4.4 diskutiert. Abschließend stellt Abschnitt 3.4.5 sogenannte VALUE OBJECTs (oder auch DATA TRANSFER OBJECTS genannt) vor, die verschiedene Attribute oder Parameter zu neuen Einheiten gruppieren, wodurch sich Parameterlisten übersichtlich halten und Aufrufe vereinfachen lassen.

3.4.1 Read-only-Interface

Das mit der Technik READ-ONLY-INTERFACE verfolgte Ziel ist die Definition eines separaten Interface, das ausschließlich Lesezugriff auf die Attribute einer Klasse anbietet. Im Prinzip ist diese Technik nur ein Spezialfall eines Interface, und zwar genau mit der Einschränkung auf Lesezugriffe, um den Objektzustand vor Modifikationen zu schützen. Ich nutze gern das Postfix RO, um die Eigenschaft read-only explizit auszudrücken. Abbildung 3-24 stellt dies für die Klasse Figure und das Interface IFigureRO dar.

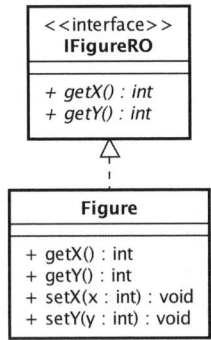

Abbildung 3-24 *Read-only-Interface und zugehörige Implementierung*

---

[21] Heutzutage wird man bei Neuentwicklungen eher auf Annotations setzen, Marker-Interfaces findet man jedoch noch vielfach im JDK, weshalb sie hier behandelt werden.

Bewertung

Ein Read-only-Interface ...

+ hilft, Änderungen am Objektzustand durch andere Klassen zu verhindern. Dies ist allerdings lediglich für Attribute primitiver Datentypen sicher möglich. Bei Rückgabe von Referenzvariablen besteht die Gefahr unerwarteter Änderungen. Darauf geht der folgende Abschnitt detailliert ein.
+ kann immer dann sinnvoll sein, wenn eine Klasse über Package-Grenzen hinweg ausschließlich lesend angesprochen werden soll.
+ sorgt für geringere Komplexität und höhere Robustheit, da Änderungen nur innerhalb der Klasse oder des Packages erfolgen.
o kann Modifikationen nur dann sicher verhindern, wenn ausschließlich Referenzen auf Read-only-Interfaces, unveränderliche Klassen (vgl. Abschnitt 3.4.2) oder aber (losgelöste, tiefe) Kopien angeboten werden.

Probleme trotz Read-only-Interface durch die Referenzsemantik von Java

In Java können durch `get()`-Methoden sowohl Werte primitiver Typen als auch Referenzen auf Objekte zurückgeliefert werden. Auf diesen können beliebige Methoden[22] aufgerufen werden – im Speziellen auch solche, die den Zustand verändern. Liefern `get()`-Methoden Referenzen auf Collections zurück, so ist die Situation noch problematischer, da sowohl die Collections als auch deren Elemente veränderlich sind.

Wir nutzen ein Beispiel, weil das Ganze noch etwas kompliziert klingt. Der Datencontainer `ClubMembers` verwaltet `Person`-Objekte und bietet ein Read-only-Interface `IClubMembersRO` zum Datenzugriff an (vgl. Klassendiagramm in Abbildung 3-25).

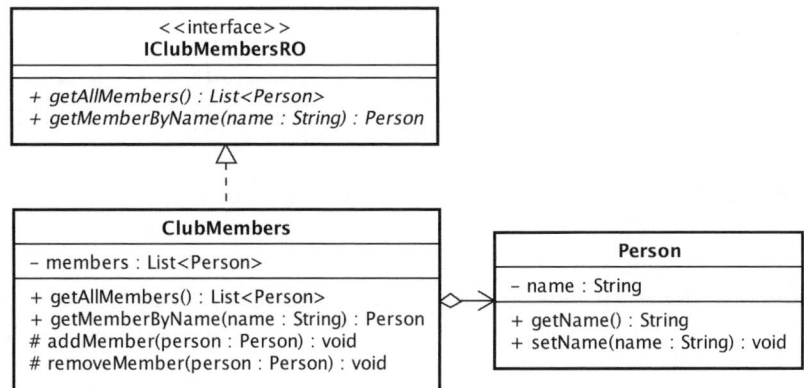

Abbildung 3-25 Probleme trotz Read-only-Interface

---

[22] Entsprechende Sichtbarkeiten und Zugriffsrechte vorausgesetzt.

Hierbei lernen wir mit der Definition `List<Person>` ein bisher nicht vorgestelltes Sprachelement von Java kennen: die sogenannten **Generics**. Zunächst reicht es, zu wissen, dass damit typsichere Containerklassen realisiert werden können: Die Schreibweise `List<Person>` erlaubt in einer so definierten Liste die Speicherung von Referenzen vom Typ `Person` (und auch von Subtypen). Abschnitt 3.7 stellt das Thema Generics ausführlicher vor.

Selbst wenn man – wie hier mit `IClubMembersRO` – ein Read-only-Interface einsetzt, sind Änderungen am Objektzustand der Klasse `ClubMembers` indirekt möglich:

- Die Methode `getMemberByName()` bietet Zugriff auf ein Objekt der Klasse `Person`. Dort können Modifikationen erfolgen.
- Die Methode `getAllMembers()` bietet Zugriff auf die interne Liste.

Probleme in der Zugriffsmethode `getMemberByName()` Die nur lesende Methode `getMemberByName()` liefert eine Referenz auf ein Objekt der Klasse `Person` zurück. Aufrufer können durch einen Aufruf von `set()`-Methoden somit Änderungen an den Werten der Attribute bewirken. Es könnte etwa durch einen Aufruf von `setName()` zu einem unerwarteten Namenswechsel kommen: Aus Herrn Meyer könnte Herr Müller werden usw. Abbildung 3-26 macht dies deutlich.

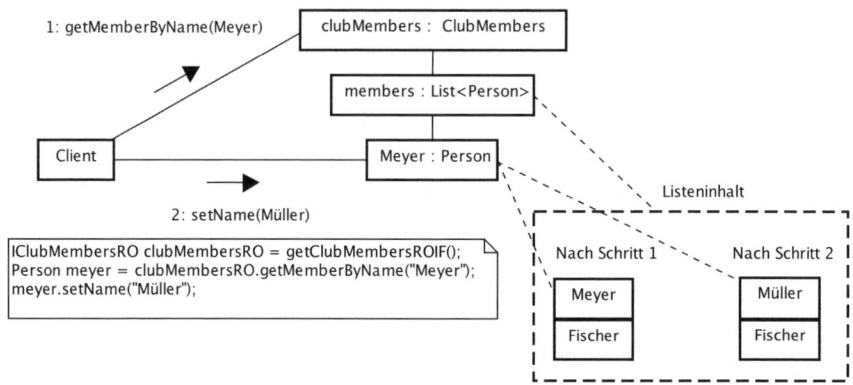

Abbildung 3-26 *Mögliche Probleme nach Aufruf von* `getMemberByName()`

Probleme in der Zugriffsmethode `getAllMembers()` Die Zugriffsmethode `getAllMembers()` ist problematisch, weil sie Zugriff auf interne Daten der Klasse `ClubMembers` ermöglicht:

```
// Achtung: Problematische Realisierung
public List<Person> getAllMembers()
{
    return members;
}
```

Klienten können mit der zurückgegebenen `List<Person>`-Referenz `members` folglich Änderungen am internen Objektzustand vornehmen und am Interface der Klasse `ClubMembers` vorbei programmieren: Beispielsweise können `Person`-Objekte eingefügt werden, ohne die dafür vorgesehene Methode `addMember(Person)` aufzurufen. Es wäre mithilfe der zurückgelieferten `List<Person>`-Referenz sogar möglich, die komplette Mitgliederliste durch einen Aufruf der Methode `clear()` zu löschen. Anschließend könnten über den Aufruf von `add(Person)` die Personen »Schulze« und »MisterX« in den Club aufgenommen werden. In Abbildung 3-27 ist dieser Ablauf dargestellt. Durch die Rückgabe von Collection-Referenzen kann der Objektzustand also (unerwartet) beliebig von außen geändert werden, ohne dass das `ClubMembers`-Objekt etwas davon »bemerkt«![23] Weiterhin existieren die zuvor angesprochenen Probleme für herausgereichte Referenzen auf `Person`-Objekte.

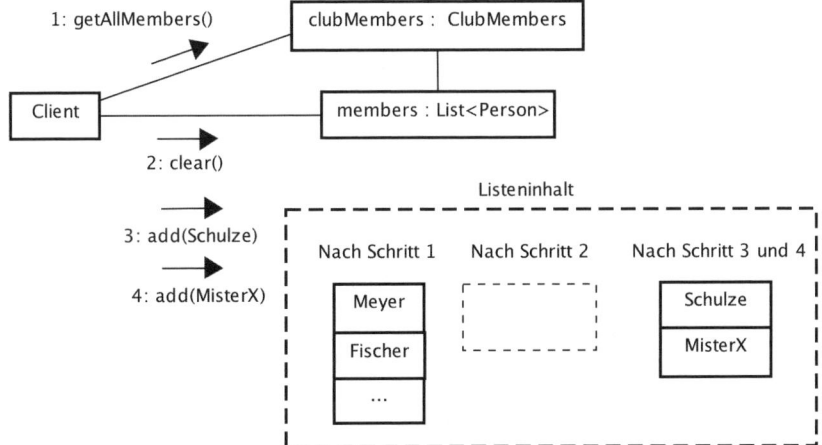

Abbildung 3-27 *Mögliche Probleme nach Aufruf von* `getAllMembers()`

Lösungsmöglichkeiten für die »Schlupflöcher«

Das vorherige Beispiel zeigt, dass der Einsatz eines Read-only-Interface Änderungen am internen Zustand eines Objekts bei Rückgabe von Referenzen nicht sicher verhindern kann. Das widerspricht jedoch dem verfolgten Ziel der Unveränderlichkeit. Was kann man gegen unbeabsichtigte Änderungen unternehmen?

Wenn man Referenzen zurückliefert, empfiehlt es sich, die Technik der Read-only-Interfaces zu nutzen. Schauen wir nun, was dies konkret für Objekte und Collections für das vorgestellte Beispiel bedeutet.

---

[23]Natürlich könnte man diese Veränderung im Objekt selbst feststellen. Hier ist aber gemeint, dass keine Methode der Klasse aufgerufen wird, sondern die Änderungen indirekt erfolgen.

Lösungsmöglichkeiten für Objekte Zunächst wird für die Klasse `Person` ein Read-only-Interface `IPersonRO` eingeführt. Änderungen können dann unterbunden werden, wenn die Methode `getMemberByName()` dieses Interface zurückliefert. Dadurch erhält ein Aufrufer lediglich eine Read-only-Sicht auf `Person`-Objekte. Abbildung 3-28 zeigt das zugehörige Klassendiagramm.

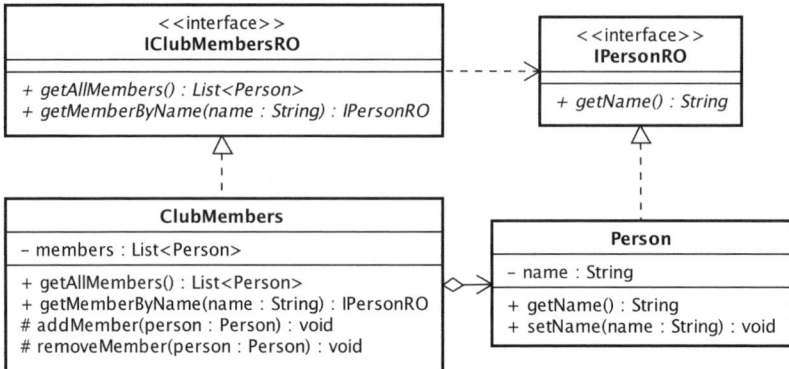

Abbildung 3-28 *Einführen eines Read-only-Interface* `IPersonRO`

Achtung: Probleme trotz Read-only-Interface durch »böse« Casts

Wenn Klienten böswillig wären, könnten diese durch einen Down Cast auf einen Subtyp aus Read-only-Interfaces wieder `Person`-Objekte referenzieren:

```
// NIEMALS MACHEN, NUR ZUR DEMONSTRATION
final IPersonRO readOnlyPerson = clubMembers.getMemberByName("Müller");
final Person modifiablePerson = (Person)readOnlyPerson;
```

Dieses Beispiel sollte reichen, um zu zeigen, weshalb Casts vermieden werden sollten. Ergänzend sollte man die Sichtbarkeit von Klassen auf Package-private einschränken: Package-externe Klienten besitzen dann keinen Zugriff auf die Klasse, und das verhindert automatisch derartige Missbrauchsversuche.

Einfache Lösungsmöglichkeiten für Collections Für Collections sind mehrere Dinge zu beachten: Zunächst müssen wir verhindern, dass Änderungen an der Collection an sich vorgenommen werden. Oft wollen wir zudem Modifikationen an den gespeicherten Daten möglichst verhindern. Für Ersteres nutzen wir die Methode `unmodifiableList()` aus dem Collections-Framework (vgl. Abschnitt 6.3.2):

```
public List<Person> getAllMembersAsUnmodifiable()
{
    // Read-only-Collection
    return Collections.unmodifiableList(members);
}
```

Dabei werden die Elemente der ursprünglichen Liste nicht kopiert, sondern es wird eine unveränderliche Sicht auf die übergebene Liste bereitgestellt: Lesezugriffe werden an die ursprüngliche Liste weiter delegiert, Schreibzugriffe lösen Exceptions aus.

Zum Schutz vor Modifikationen kann man alternativ eine Kopie der Collection anfertigen und diese zurückgeben.[24] Aufrufer können dann Änderungen an der Zusammensetzung der Kopie vornehmen, ohne dadurch Rückwirkungen auf die Zusammensetzung der ursprünglichen Collection auszulösen:

```
public List<Person> getAllMembersAsCopy()
{
    // Kopie
    return new ArrayList<Person>(members);
}
```

Diese Variante der Kopie kann vorteilhaft sein, wenn Klienten mit den zurückgelieferten Daten beliebig weiterarbeiten möchten.

Allerdings ermöglichen beide genannten Techniken nur den Schutz der Datenstruktur selbst. Die dort gespeicherten Elemente sind weiterhin veränderlich.

Aufwendigere Lösungsmöglichkeiten für Collections Wollen wir verhindern, dass die Daten verändert werden, so gibt es dafür zwei mögliche Lösungen: Entweder werden für alle Elemente ausschließlich Read-only-Referenzen zurückgegeben oder es werden sogenannte *tiefe Kopien* erstellt (siehe folgenden Praxistipp).

Wir werden hier Ersteres umsetzen. Basierend auf dem Read-only-Interface `IPersonRO` für die Klasse `Person`, könnte man intuitiv Folgendes schreiben:

```
public List<IPersonRO> getAllMembers()
{
    // Compile-Error: Cannot cast from List<Person> to List<IPersonRO>
    return (List<IPersonRO>)Collections.unmodifiableList(members);
}
```

So wünschenswert diese Schreibweise auch ist, so führt sie doch zu Problemen bei der Typprüfung und löst einen Kompilierfehler aus. Der Grund ist, dass für Generics eine `List<Person>` nicht zuweisungskompatibel zu einer `List<IPersonRO>` ist. Details werden später in Abschnitt 3.7 behandelt. Hier können wir als Abhilfe folgende Methode `getAllMembersRO()` einführen:

```
public List<IPersonRO> getAllMembersRO()
{
    final List<IPersonRO> readOnlyMembers = new ArrayList<>(members);

    // Read-only-Collection auf Read-only-Daten
    return Collections.unmodifiableList(readOnlyMembers);
}
```

---

[24] Allerdings ist zu bedenken, dass bei sehr umfangreichen Datenstrukturen auch einiges an Speicher belegt und eine entsprechende Anzahl an Referenzen kopiert wird – nicht jedoch die Objekte selbst!

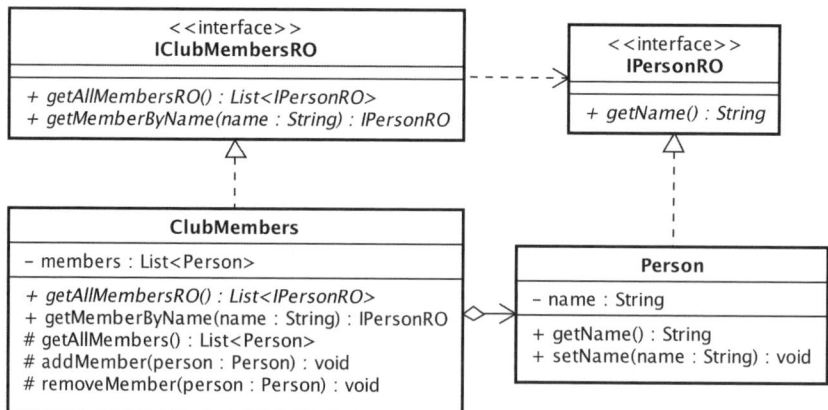

Abbildung 3-29 *Einsatz der Methode* `getAllMembersRO()`

Außerdem kann man die ursprünglich öffentliche Methode `getAllMembers()` in ihrer Sichtbarkeit auf `protected` einschränken. Damit gewährt man Subklassen weiterhin Schreibzugriffe, Klienten können jedoch nur noch lesend über das Interface `IClub-MembersRO` zugreifen. Abbildung 3-29 zeigt dies im Kontext der anderen Klassen.

> **Tipp: Kopierstrategien**
>
> Eine sogenannte **flache Kopie** (**Shallow Copy**) erzeugt eine exakte, bitweise Kopie eines Originals. Es entstehen sowohl für primitive Elemente als auch für Referenzvariablen Wertkopien. Für primitive Typen ist das nicht problematisch. Referenzen von Kopie und Original verweisen so jedoch auf die gleichen Daten, sodass spätere Änderungen am Original folglich auch in der Kopie sichtbar sind (und umgekehrt). Man kann dies vermeiden, wenn man eine sogenannte **tiefe Kopie** (**Deep Copy**) erstellt. Dazu werden alle enthaltenen Objekte rekursiv kopiert. Dies ist vom Entwickler selbst zu programmieren und kann aufwendig werden, wenn viele Objekte referenziert werden.

3.4.2 Immutable-Klasse

Ziel beim Einsatz der nun beschriebenen Technik IMMUTABLE-KLASSE ist es, den Objektzustand nach der Objekterzeugung unveränderlich zu halten. Eine wichtige Voraussetzung besteht darin, alle Attribute `private` und `final` zu deklarieren. Dies drückt aus, dass nach der initialen Zuweisung bei der Konstruktion keine Veränderungen stattfinden sollen, und schützt zudem vor versehentlichen Änderungen innerhalb der Klasse selbst. Dazu müssen allerdings bereits zur Konstruktion alle benötigten Daten vorliegen und an Attribute zugewiesen werden. Dadurch bietet die Klasse dann nur noch lesenden Zugriff auf ihre Daten. Ein Beispiel zeigt Abbildung 3-30.

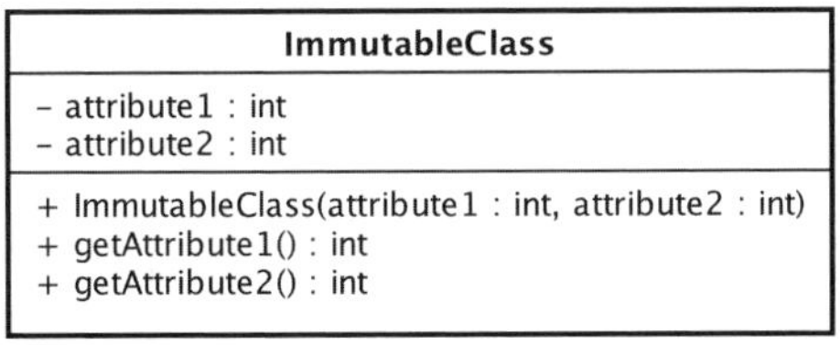

3.4 Fortgeschrittenere OO-Techniken

ImmutableClass
– attribute1 : int – attribute2 : int
+ ImmutableClass(attribute1 : int, attribute2 : int) + getAttribute1() : int + getAttribute2() : int

Abbildung 3-30 *Klassendiagramm für eine Immutable-Klasse*

Wird eine Veränderbarkeit unter gewissen Bedingungen dennoch gewünscht oder benötigt, so kann man dies durch einen Trick erreichen: Statt die Werte der Attribute zu modifizieren, wird ein neues Objekt mit passender Wertebelegung erzeugt.[25]

Am Beispiel der folgenden Klasse `ImmutablePosition` verdeutliche ich das zuvor Beschriebene anhand der Methode `offset(int, int)`. Diese erzeugt für jede Positionsänderung neue `ImmutablePosition`-Objekte:

```
public final class ImmutablePosition
{
    private final int x;
    private final int y;

    public ImmutablePosition(final int x, final int y)
    {
        this.x = x;
        this.y = y;
    }

    public int getX()    { return x; }
    public int getY()    { return y; }

    public ImmutablePosition offset(final int xOffset, final int yOffset)
    {
        return new ImmutablePosition(x + xOffset, y + yOffset);
    }
}
```

Umgang mit veränderlichen gespeicherten Werten

Das einleitende Beispiel lässt vermuten, dass es leicht wäre, eine Klasse unveränderlich zu machen. Für Attribute primitiver Datentypen reicht es tatsächlich bereits aus, diese `final` zu deklarieren und während der Konstruktion zu initialisieren. Es gibt einige Spezialfälle für die dies nicht gilt, etwa immer dann, wenn über die sogenannten »Escaping References«, die wir später in Kapitel 16 kennenlernen werden, andere Objekte bereits Zwischenzustände von Wertebelegungen sehen können.

---
[25]Dies kann durch die Referenzsemantik zu Missverständnissen oder Fehlern führen. Diverse Methoden der Klasse `String`, des bekanntesten Vertreters dieser Technik aus dem JDK, suggerieren durch ihren Namen eine Veränderlichkeit. Dies ist jedoch nicht der Fall, stattdessen liefern die Methoden jeweils neu erzeugte Stringobjekte zurück (vgl. Abschnitt 4.3.1).

150   3 Objektorientiertes Design

Werden in Attributen jedoch Referenzen auf andere Klassen, insbesondere auf Containerklassen, gespeichert, so ist es nicht so einfach möglich, Unveränderlichkeit zu erreichen. Die Gründe wurden bereits zuvor in der Beschreibung der Read-only-Interfaces ausführlich dargestellt. Schauen wir nun, was notwendig ist, um eine Klasse unveränderlich zu machen, wenn Referenzattribute auf veränderliche Klassen existieren.

Schutz von Referenzattributen Nehmen wir an, wir wollten eine Zeitspanne beschreiben. Die folgende Klasse `PeriodOfTime` modelliert diese und nutzt dazu zwei Attribute `start` und `end` vom Typ `java.util.Date`:

```
public final class PeriodOfTime
{
    private final Date start;
    private final Date end;

    public PeriodOfTime(final Date start, final Date end)
    {
        Objects.requireNonNull(start, "start must not be null");
        Objects.requireNonNull(end, "end must not be null");

        if (start.after(end))
            throw new IllegalArgumentException(start + " must be <= " + end);

        this.start = start;
        this.end = end;
    }

    public Date getStart()   { return start;  }
    public Date getEnd()     { return end;    }
}
```

Bei dieser Realisierung sind mehrere Dinge erwähnenswert. Beginnen wir mit den Prüfungen der Konstruktorparameter. Dazu wird die Methode `requireNonNull(T, String)` aus der mit JDK 7 eingeführten Utility-Klasse `java.util.Objects` genutzt. Ansonsten scheint diese Implementierung ähnlich zu der zuvor gezeigten Klasse `ImmutablePosition` zu sein und somit dem beschriebenen Muster der Unveränderlichkeit zu folgen. Es gibt aber Unterschiede. Betrachten wir dies im Detail: Die Implementierung der Klasse `PeriodOfTime` prüft im Konstruktor die Gültigkeit der Parameter und damit auch die Einhaltung der gewünschten Invariante $start \leq end$. Die Attribute sind zudem `final`. Allerdings führt dies lediglich zu einer Unveränderlichkeit der `Date`-Referenzen. Aber die dort gespeicherten Werte sind *veränderlich*, da die Klasse `Date` selbst veränderlich ist: Sie besitzt `set()`-Methoden für ihre Attribute. Das folgende Listing zeigt die Veränderlichkeit exemplarisch anhand des Aufrufs der Methode `setTime(700)` für die Instanz `end`:

```
final Date start = new Date(1000);
final Date end = new Date(2000);
final PeriodOfTime period = new PeriodOfTime(start, end);

// Invariante (start <= end) von PeriodOfTime wird durch setTime(700) verletzt
end.setTime(700);
```

Möchte man Änderungen im Objektzustand sicher ausschließen, so muss man übergebene Referenzen und deren Speicherung in Attributen entkoppeln. Dazu erzeugt man aus den an den Konstruktor übergebenen `Date`-Objekten neue Instanzen wie folgt:

```java
public class PeriodOfTime(final Date start, final Date end)
{
    Objects.requireNonNull(start, "start must not be null");
    Objects.requireNonNull(end, "end must not be null");

    if (start.after(end))
        throw new IllegalArgumentException(start + " must be <= " + end);

    this.start = new Date(start.getTime());
    this.end = new Date(end.getTime());
}
```

Nun sind die Attribute geschützt: Wenn Änderungen an den übergebenen `Date`-Objekten durchgeführt werden, führt dies nicht mehr zu Änderungen im Objektzustand. Es existieren aber weitere Schlupflöcher:[26] Da die Zugriffsmethoden `getStart()` und `getEnd()` Referenzen auf die internen `Date`-Objekte liefern, ist eine Veränderung von außen tatsächlich immer noch möglich. Um auch dies zu unterbinden, müssen die herausgereichten Referenzen wie folgt von den internen Daten abgekoppelt werden:

```java
public Date getStart()   { return new Date(start.getTime()); }
public Date getEnd()     { return new Date(end.getTime()); }
```

Schutz von Collections   Werden Referenzen auf Containerklassen gehalten, so ist zusätzlicher Aufwand nötig, um die Unveränderlichkeit (möglichst weitgehend) herzustellen – eine vollständige Unveränderlichkeit erhält man nur, wenn man tiefe Kopien erstellt. Wir werden am Ende dieses Abschnitts eine schwächere Abkopplung in Form von Kopien der eingehenden Collections realisieren.

Wir betrachten nun den Schutz von Collections und greifen das Beispiel der Klasse `ClubMembers` wieder auf, und zwar konkret für das Attribut `members`, das die Mitglieder des Clubs in Form einer `java.util.ArrayList<Person>`, also als `Person`-Objekte, speichert. Nehmen wir an, es wäre ein Konstruktor wie folgt eingeführt worden:

```java
public final class ClubMembersUnsafeCollectionExample
{
    // Sowohl die Referenz als auch die Zusammensetzung sind veränderlich
    private List<Person> members = new ArrayList<>();

    public ClubMembersUnsafeCollectionExample(final List<Person> members)
    {
        this.members = members;
    }
}
```

---

[26]Implementiert eine Klasse das Interface `java.io.Serializable`, so sind weitere Anstrengungen nötig, um die Unveränderlichkeit sicherzustellen. Details dazu finden Sie in der zweiten Auflage des Buchs »Effective Java« von Joshua Bloch [6].

Diese in der Praxis relativ häufig zu sehende Umsetzung birgt einige Risiken. Leider findet man mitunter darüber hinaus noch eine `set()`-Methode, die ebenfalls eine Referenzzuweisung etwa wie folgt durchführt:

```
public void setMember(final List<Person> newMembers)
{
    // Achtung: ungeprüfte Zuweisung!
    this.members = newMembers;
}
```

Wie bereits bei den Read-only-Interfaces erwähnt, wirken sich bei der Speicherung von Referenzen auf Collections spätere Änderungen anderer Objekte auf den eigenen Objektzustand aus. Das ist natürlich für Immutable-Klassen nicht erwünscht. Ähnliches gilt aber meistens auch für »normale« Klassen, weil deren Objektzustand dann von außen veränderlich ist. Es existiert ein weiteres Problem, weil eine `null`-Referenz übergeben werden kann, was Laufzeitfehler durch `NullPointerException`s auslösen kann. Wir korrigieren das Beispiel wie folgt:

```
public final class ClubMembersSafeCollectionExample
{
    // Referenz fix, Inhalt veränderlich
    private final List<Person> members;

    public ClubMembersSafeCollectionExample(final List<Person> newMembers)
    {
        Objects.requireNonNull("parameter 'newMembers' must not be null!");

        // Sorgt für Unabhängigkeit von Änderungen im Original
        this.members = new ArrayList<>(newMembers);
    }
}
```

Im Listing sehen wir, dass die Referenz auf die Liste `final` ist und mit einer `ArrayList<Person>` initialisiert wird. Es erfolgt keine Zuweisung der Referenz der übergebenen Liste, sondern es wird deren Inhalt in eine interne Liste übertragen. Somit wirken sich Änderungen an der Zusammensetzung des Originals nicht im neu konstruierten Objekt aus.

Selbstverständlich darf die Klasse keine `set()`-Methode für die Collection anbieten, und es sind die zuvor beschriebenen Vorkehrungen in der `get()`-Methode nötig.

Bewertung

Immutable-Klassen ...

+ verhindern Änderungen am Objektzustand und sorgen für weniger Komplexität und mehr Robustheit der eigentlichen Anwendung.

+ benötigen keine Synchronisation von Zugriffen auf Attribute bei Multithreading, da nach der Objektkonstruktion keine Wertänderungen mehr erfolgen (können).

- erfordern bei Attributen von Referenztypen und insbesondere von Collection-Typen deutlich mehr Aufwand zum Schutz von gespeicherten Daten vor Veränderungen als bei der Nutzung primitiver Datentypen.
- führen selbst bei kleinen Änderungen am Objektzustand immer zur Konstruktion neuer Objekte. Dadurch kommt es zu ständig wechselnden Referenzen. Falls diese in anderen Klassen zwischengespeichert werden, können wiederum Probleme auftreten. In einem solchen Fall hat man zwar keine Zugriffsprobleme, aber trotzdem inkonsistente Sichten durch veraltete Daten.

3.4.3 Marker-Interface

Im vorherigen Abschnitt haben wir verschiedene Methoden kennengelernt, Eigenschaften oder Verhaltensweisen ohne den Einsatz von Vererbung auszudrücken. Eine weitere Möglichkeit dazu bietet die Technik MARKER-INTERFACE. Mithilfe eines solchen Interface lassen sich Metainformationen über eine Klasse zur Verfügung stellen. Man kann sich dies in etwa wie ein konstantes statisches boolesches Attribut einer Klasse vorstellen, das eine Eigenschaft ausdrückt. Seit JDK 5 sollte man dafür allerdings besser die Technik der Annotations nutzen, die ich später in Abschnitt 10.2 beschreibe.

Um wirklich nur eine Markierung vorzunehmen, enthält ein Marker-Interface weder Methoden noch Konstanten: Es ist also leer. Wenn eine Klasse ein Marker-Interface implementiert, so wird damit gekennzeichnet, dass eine spezielle Eigenschaft erfüllt werden soll. Abbildung 3-31 zeigt dies am Beispiel des Marker-Interface `java.io.Serializable`.

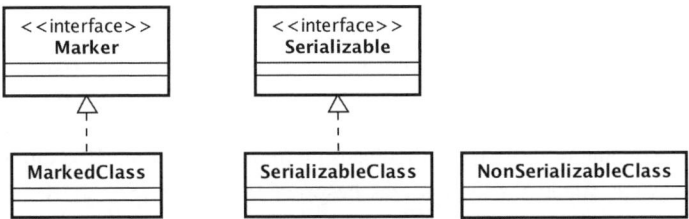

Abbildung 3-31 Klassendiagramm des Marker-Interface

Die Abbildung zeigt eine Klasse `SerializableClass`, die das genannte Marker-Interface erfüllt, und sich damit von der in die JVM integrierten Serialisierungsautomatik verarbeiten lässt, d. h. in eine bzw. aus einer Folge von Bytes umgewandelt werden kann. Die weiterhin gezeigte Klasse `NonSerializableClass` erfüllt das Interface nicht und kann daher von der Automatik nicht verarbeitet werden (vgl. Abschnitt 10.3).

Bewertung

Der Einsatz von Marker-Interfaces ...

+ erlaubt es, markierte Eigenschaften allein basierend auf dem Typ abfragen zu können, also ohne dass eine Instanz einer Klasse benötigt wird.
o erfordert einen Aufruf von `instanceof`, um die Existenz einer markierten Eigenschaft zu prüfen. Für das Beispiel der Serialisierung wäre etwa eine Abfrage über eine Methode `isSerializable()` klarer.
- garantiert nicht, dass sich eine implementierende Klasse auch entsprechend der angegebenen Eigenschaft verhält, weil es ja nur eine Markierung ist. Bei einem normalen Interface würde man zumindest die Implementierung der dort definierten Methoden durch den Compiler prüfen können.

3.4.4 Konstantensammlungen und Aufzählungen

Unter Aufzählungen versteht man Sammlungen semantisch zusammengehörender Werte. Statt der Definition von Konstanten sieht man manchmal jedoch den Einsatz der jeweils benötigten konkreten Werte als *Literale*[27]. Man spricht auch von *Magic Numbers*. Deren Nutzung erschwert in der Regel die Verständlichkeit und Wartbarkeit. Als Abhilfe ist es wünschenswert, die konstanten Werte semantisch zu gruppieren und zentral zu definieren. Dadurch kann man die Konstanten über deren Namen innerhalb von anderen Klassen ansprechen. Dazu sind verschiedene Realisierungen gebräuchlich:

- Definition einiger Konstanten in der verwendenden Klasse oder in einer separaten Konstantensammlungsklasse
- Definition eines eigenen Aufzählungstyps gemäß dem ENUM-Muster
- Definition eines eigenen Aufzählungstyps mit dem Schlüsselwort `enum`

Da man alle genannten Formen der Realisierung immer wieder antrifft, sollen hier kurz mögliche Auswirkungen ihres Einsatzes besprochen werden. Seit JDK 5 sollte man bevorzugt das Schlüsselwort `enum` verwenden, um Aufzählungen zu definieren. Nur in älteren Java-Versionen benötigte man dafür Hilfskonstrukte.

Konstantensammlungen

Häufig sieht man eine einfache Umsetzung von Aufzählungen in einer Klasse, die lediglich mit öffentlichen Konstanten arbeitet. In folgendem Beispiel sind in der Klasse `ErrorStateAsIntConstants` einige Fehlerwerte als `int`-Konstanten definiert:

---

[27]Mit Literalen bezeichnet man Zeichenfolgen, die Werte von Basistypen darstellen, etwa die Zeichenfolge '123' als `int`-Literal oder 'true' als Literal vom Typ `boolean`.

3.4 Fortgeschrittenere OO-Techniken

```
public final class ErrorStateAsIntConstants
{
    public static final int OK                = 0;
    public static final int INVALID_POSITION  = 3;
    public static final int INPUT_BUFFER_FULL = 8;

    private ErrorStateAsIntConstants()
    {}   // Vermeide Konstruktion dieser Klasse
}
```

Diese Realisierung weist zwei Nachteile auf. Zum einen sind derart definierte Konstanten weder typsicher noch überraschungsfrei: Überall, wo die Werte dieser Konstanten zu übergeben sind, könnten auch beliebige andere `int`-Werte verwendet werden, und nicht nur diejenigen, für die Konstanten definiert sind: Statt der Konstanten `OK` könnte auch der weniger aussagekräftige, aber entsprechende Zahlenwert `0` genutzt werden.

Aufzählungstypen gemäß dem ENUM-Muster

Um die geschilderten Probleme reiner Konstantensammlungen zu adressieren, wurde das ENUM-Muster erdacht. Hierbei wird ein neuer, eigenständiger Datentyp in Form einer Klasse definiert. Diese dient nicht nur als Namensraum und Sammelstelle für Konstanten, sondern definiert vor allem einen eigenständigen Typ und zugehörige Aufzählungskonstanten als Objekte.

Im folgenden Beispiel werden die zuvor als `int`-Werte implementierten Konstanten nun als statische, öffentliche Objekte vom Typ `ErrorState` definiert. Die Klasse ist `final`, um eine Ableitung zu verbieten. Eine Definition zusätzlicher Konstanten dieses Typs an anderer Stelle als dieser Klasse wird durch den privaten Konstruktor verhindert.

```
public final class ErrorState
{
    public static final ErrorState OK          = new ErrorState(0, "Ok");
    public static final ErrorState INVALID_POS = new ErrorState(3,
                                                     "Ungültige Positionsangabe");
    public static final ErrorState BUFFER_FULL = new ErrorState(8,
                                                     "Empfangspuffer voll");

    private final int    value;
    private final String description;

    private ErrorState(final int value, final String description)
    {
        this.value = value;
        this.description = description;
    }

    public int    getValue()         { return value; }
    public String getDescription()   { return description; }
}
```

Zur Modellierung der Konstanten werden hier die Attribute `value` und `description` verwendet. Im Attribut `value` wird der Wert der `int`-Konstante gespeichert und in `description` ein beschreibender Text. Neben den eingangs genannten Vorteilen besitzen derart definierte Aufzählungen folgende Beschränkungen:

1. **Fehlende Sortierreihenfolge** – Die Klasse `ErrorState` definiert zunächst lediglich eine lose Sammlung von Konstanten ohne eine Ordnung. Vielfach ist dies bereits ausreichend, wenn es nur um Typsicherheit geht. Die Realisierung einer Sortierreihenfolge muss selbst implementiert werden, etwa mithilfe des Interface `Comparable<T>` (vgl. Abschnitt 6.1.8) und der Methode `compareTo(T)`. Dadurch kann eine Reihenfolge für die Konstanten festgelegt werden.

2. **Fehlende Serialisierbarkeit** – Sollen die Aufzählungskonstanten in einen Stream serialisiert werden, so muss die Aufzählungsklasse das Interface `Serializable` (vgl. Abschnitt 10.3) implementieren und zudem einen inhaltlichen Vergleich durch Überschreiben der Methode `equals(Object)` (vgl. Abschnitt 4.1.2) realisieren.

Beide Nachteile können durch etwas Implementierungsaufwand behoben werden. Sinnvoller ist aber der Einsatz des Schlüsselworts `enum`, wie dies nun vorgestellt wird.

Aufzählungstypen mit dem Schlüsselwort `enum`

Werden Aufzählungen mithilfe des Schlüsselworts `enum` definiert, so besitzen die Konstanten die zuvor genannten Nachteile nicht, sondern sind out of the box vergleichbar und serialisierbar, da sie von Hause aus die Interfaces `Comparable<T>` und `Serializable` implementieren. Außerdem besitzen sie eine Reihenfolge gemäß ihrer Definition (dem Auftreten im Sourcecode), die durch die Methode `ordinal()` abgefragt werden kann.

Folgendes Listing zeigt die Definition der Fehlerwerte als `enum`-Aufzählung `ErrorStateEnum`. Diese enthält, wie die zuvor selbst erstellte Lösung in Form einer Klasse, zwei eigene Attribute `value` und `description`:

```java
public enum ErrorStateEnum
{
    OK(0, "Ok"),
    INVALID_POS(3, "Ungültige Positionsangabe"),
    BUFFER_FULL(8, "Empfangspuffer voll");

    private final int    value;
    private final String description;

    private ErrorStateEnum(final int value, final String description)
    {
        this.value = value;
        this.description = description;
    }

    public int    getValue()            { return value; }
    public String getDescription()      { return description; }
}
```

Kombination von Eigenschaften mithilfe der Klasse `EnumSet`

Bis hierher haben wir lediglich Aufzählungen betrachtet, deren Werte sich gegenseitig ausgeschlossen haben. Zum Teil beschreiben Aufzählungswerte aber Eigenschaften, die kombinierbar sein sollen. Das gilt etwa für Darstellungsattribute eines Zeichensatzes. Eine Implementierung für diese könnte wie folgt aussehen, wenn wir keine `enum`-Aufzählung verwenden, sondern lediglich `int`-Konstanten:

```java
public final class FontAttributes
{
    public static final int NORMAL    = 0;
    public static final int BOLD      = 1;
    public static final int ITALIC    = 2;
    public static final int UNDERLINE = 4;

    private FontAttributes()
    {} // Vermeide Konstruktion dieser Klasse
}
```

Zur Kombination von Eigenschaften müssen diese bitweise mit ODER (Operator '|') verknüpft werden. Zur Sicherstellung der Eindeutigkeit bei der Kombination von Eigenschaften sind für die Werte Zweierpotenzen zu wählen, die in ihrer binären Darstellung jeweils einem gesetzten Bit entsprechen. Möchte man ermitteln, ob eine Eigenschaft gewählt ist, müssen die Werte durch ein bitweises UND (Operator '&') geprüft werden. Folgendes Listing zeigt dies in drei Varianten (V1, V2 und V3):

```java
public static void main(final String args[])
{
    final int fontStyles = BOLD | ITALIC ;

    // Variante 1: Prüfe Attribut und zeige Implementierungsdetails
    final boolean isUnderline = (fontStyles & UNDERLINE) == UNDERLINE; // V1

    // Variante 2+3: Prüfe Attribute, Abstraktion von Implementierungsdetails
    final boolean isBold   = isBold(fontStyles);                        // V2
    final boolean isItalic = isAttributeEnabled(fontStyles, ITALIC);    // V3

    System.out.println("isUnderline " + isUnderline); // false
    System.out.println("isBold "      + isBold);      // true
    System.out.println("isItalic "    + isItalic);    // true
}

// Variante 2
private static boolean isBold(final int fontStyles)
{
    return (fontStyles & BOLD) == BOLD;
}

// Variante 3
private static boolean isAttributeEnabled(final int fontStyles,
                                          final int attributeValue)
{
    return (fontStyles & attributeValue) == attributeValue;
}
```

*Listing 3.2   Ausführbar als '***FontAttributesExample***'*

Derartige Prüfungen werden schnell unübersichtlich, wenn man sie, wie für das Attribut isUnderline gezeigt, selbst programmiert (Variante 1). Dies macht sich besonders negativ bemerkbar, wenn viele Abfragen unterschiedlicher Eigenschaften erfolgen sollen. Die Lesbarkeit des Sourcecodes leidet und die Gefahr für Fehler steigt. Es bietet sich an, die Prüfung der Eigenschaften in Methoden auszulagern, wie dies im Beispiel für die Methode isBold()(Variante 2) umgesetzt ist. Dadurch lässt sich nutzender Sourcecode besser lesen. Sind allerdings viele Eigenschaften zu prüfen, so steigt auch die Anzahl trivialer Prüfmethoden. Das Programm nimmt an Umfang zu, ohne viel mehr Funktionalität bereitzustellen. Es bietet sich dann eine allgemeinere Prüfmethode ähnlich zu der gezeigten isAttributeEnabled() an (Variante 3).

Einfacher und eleganter lässt sich die Aufgabenstellung realisieren, wenn man die Darstellungsattribute als enum-Aufzählung FontAttributesEnum[28] realisiert:

```
enum FontAttributesEnum
{
    BOLD, ITALIC, UNDERLINE;
}
```

Durch Einsatz der generischen Klasse EnumSet<E> kann man auf effiziente Weise Mengen von enum-Aufzählungswerten vom Typ E verwalten. Zudem können wir auf die Definition des zuvor benötigten Werts NORMAL verzichten, da sich dieser als leere Menge darstellen lässt. Wir schreiben das Beispiel wie folgt um:

```
public static void main(final String args[])
{
    final EnumSet<FontAttributesEnum> fontStyles = EnumSet.of(BOLD, ITALIC);

    System.out.println("isUnderline? " + fontStyles.contains(UNDERLINE));
    System.out.println("isBold?      " + fontStyles.contains(BOLD));
    System.out.println("All    " + EnumSet.allOf(FontAttributesEnum.class));
    System.out.println("None " + EnumSet.noneOf(FontAttributesEnum.class));
}
```

Listing 3.3 Ausführbar als '**FontAttributesEnumExample**'

Das Programm FONTATTRIBUTESENUMEXAMPLE produziert folgende Ausgaben:

```
isUnderline? false
isBold?      true
All    [BOLD, ITALIC, UNDERLINE]
None []
```

---

[28] Das Namenssuffix Enum wurde hier nur zur Unterscheidung von der auf int-Konstanten basierenden zuvor vorgestellten Aufzählung gewählt und sollte normalerweise entfallen.

Im Listing wurden verschiedene der im Folgenden beschriebenen FABRIKMETHODEN (vgl. Abschnitt 18.1.2) der Klasse `EnumSet<E>` eingesetzt. Diese ermöglichen es, Mengen von `enum`-Aufzählungswerten zusammenzustellen:

- `EnumSet<E> of(E first, E... others)` – Erstellt eine Menge, die aus den angegebenen Werten besteht.
- `EnumSet<E> range(E from, E to)` – Beschreibt eine Menge, die alle Werte enthält, die zwischen den beiden angegebenen Werten liegen, auch die angegebenen Grenzwerte.
- `EnumSet<E> allOf(Class<E> elementType)` – Erstellt eine Menge, die alle Werte des angegebenen Typs enthält.
- `EnumSet<E> noneOf(Class<E> elementType)` – Konstruiert eine typsichere leere Menge vom Typ `EnumSet<E>`.

Sprachelemente Varargs und Klasseninformationen

Trotz der Kürze des Beispiels sind verschiedene Dinge erwähnenswert: Neben der neu kennengelernten Klasse `EnumSet<E>` wurden zwei bisher in diesem Buch nicht beschriebene Sprachelemente genutzt, die ich nachfolgend kurz erläutere.

Zum einen ist dies die sogenannte variable Argumentliste (kurz **Varargs**), die beliebig viele Übergabeparameter eines Typs erlaubt. Syntaktisch wird dies durch drei Punkte nach der Typangabe, etwa `String...` in einer Methodensignatur ausgedrückt. Das bedeutet hier also 0 bis n Elemente vom Typ `String`. Diese Notation wird im Beispiel etwa beim Aufruf der Methode `EnumSet.of(E, E...)` eingesetzt und erfordert die Angabe eines Elements des Enum-Typs E, hier also vom Typ `FontAttributesEnum`, gefolgt von beliebig vielen weiteren Elementen des gleichen Typs. Für dieses praktische Feature gibt es jedoch eine Einschränkung: Es kann nur einen Vararg-Parameter geben und dieser muss als Letzter angegeben werden.

Zum anderen haben wir die Angabe von Informationen zum Typ beim Aufruf von `EnumSet.allOf(Class<E>)` genutzt, mit deren Hilfe wir alle Elemente vom Typ `FontAttributesEnum.class` als `EnumSet<FontAttributesEnum>` erhalten. Wie im Beispiel gesehen, kann man auf diese Typinformationen über die Notation `<Typ>.class`, etwa `String.class` oder `String[].class`, zugreifen und erhält dann ein Objekt vom Typ `Class<E>`. Ganz allgemein wird jeder Typ in Java durch ein `Class<E>`-Objekt beschrieben und bietet darüber Zugriff auf die Metainformationen von Klassen: Man kann etwa Methoden und Attribute sowie deren Sichtbarkeiten abfragen. Außerdem kann man den Typ einer Instanz mithilfe der Methode `getClass()` ermitteln und diese Rückgabe mit dem Typ anderer Objekte vergleichen.

3.4.5 Value Object (Data Transfer Object)

Das Implementierungsmuster VALUE OBJECT[29] (oder auch DATA TRANSFER OBJECT) folgt der Idee, einen Container für mehrere Attribute oder Parameter bereitzustellen, um diese zu neuen Strukturen zusammenzufassen. Dies ist beispielsweise immer dann sinnvoll, wenn man Parameter in einer Methodensignatur oder Attribute in einer Klasse semantisch gruppieren möchte. Zudem wird die ursprünglich benötigte Anzahl an Parametern bzw. Attributen reduziert. Je nach Einsatzort und -zweck besitzt dieses Muster diverse Namen: Fasst es verschiedene Parameter in einer Methodensignatur zusammen, so spricht man häufig auch von einem **Parameter Value Object** oder kurz **Parameter Object**. Im Bereich von Client-Server-Architekturen kennt man diese Art der Realisierung unter dem Namen **Data Transfer Object** (DTO). Hier sorgt es dafür, dass die Übertragung von Daten nicht feingranular, Attribut für Attribut, sondern in einem Rutsch erfolgen kann. Das bietet den Vorteil, dass nur einmalig statt mehrfach die Kosten für Netzwerkzugriffe zu zahlen sind, und macht sich positiv bemerkbar: Insbesondere verbessert es die Performance.

Als Beispiel betrachten wir hier eine Klasse `Person`, die zwei Value Objects referenziert, die die Adressdaten und die Kontaktinformationen (Telefon, E-Mail usw.) beinhalten. Abbildung 3-32 zeigt dies.

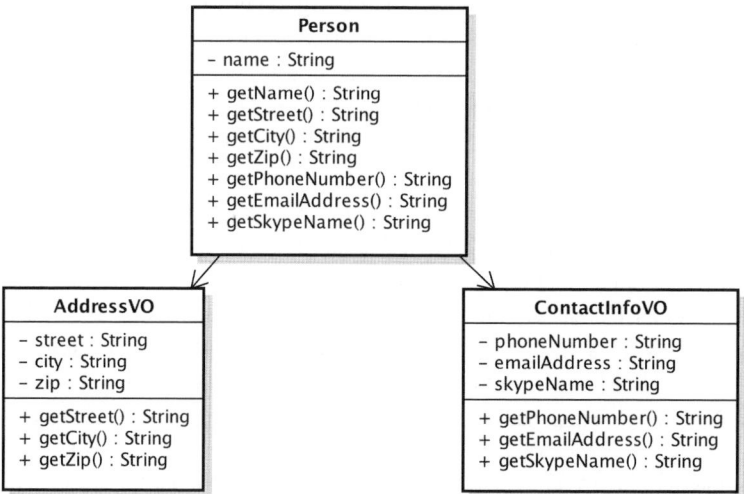

Abbildung 3-32 Beispiele für Realisierungen von Value Objects

---

[29] Die Herkunft der Begrifflichkeit wird unter `http://www.adam-bien.com/roller/abien/entry/value_object_vs_data_transfer` dargelegt.

Anmerkungen

Häufig ist es wünschenswert und sinnvoll, semantisch zusammengehörende Werte zu Value Objects / Data Transfer Objects zu gruppieren. In einigen Fällen kann die semantische Klammer auch nur darin bestehen, die Übergabe oder Datenspeicherung zu kapseln. Es wird kein eigenes Verhalten in Form von Business-Methoden angeboten, sondern lediglich ein »dummer« Container für Daten. Daher erlauben feingranulare `get()`- und `set()`-Methoden den individuellen Zugriff auf die gespeicherten Werte. Die zuvor angeführte Kritik an `get()`- und `set()`-Methoden greift hier nicht, da kein Verhalten im Sinne von Business-Funktionalität modelliert wird. Für Value Objects kann man auf Zugriffsmethoden verzichten.

Bewertung

Der Einsatz eines Value Object / Data Transfer Object ...

+ erlaubt es, einen eigenen Datencontainer zu realisieren, dessen Verwendung Details versteckt, da weniger Attribute und Parameter zum Einsatz kommen.
+ fasst Daten zusammen und kann für klarere Methodensignaturen sorgen.
o modelliert nur einen Ausschnitt aus einem größeren Objekt und repräsentiert zudem die Wertebelegung zu einem speziellen Zeitpunkt. Ein Konsistenzabgleich zwischen unterschiedlichen Ständen kann schwierig sein.

Tipp: Vermeide Hilfsmethoden in DTOs

Manchmal ist man versucht, Hilfsmethoden in einem DTO zu definieren. Dieser Versuchung sollte man jedoch widerstehen. Zum einen widerspricht dies dem Gedanken, einfache Datencontainer zur Verfügung zu stellen. Zum anderen führt dies zu Problemen, wenn ein Transport per Netzwerk benötigt wird.

Die Übertragung von DTOs über ein Netzwerk wird stark vereinfacht, wenn diese das Interface `Serializable` implementieren. Dadurch können sie von der JVM automatisch in eine Folge von Bytes umgewandelt werden. Dabei wird eine spezielle Versionsnummer benutzt, um die Typen der Objekte zu identifizieren. Diese Versionsnummer kann explizit als Attribut `serialVersionID` im Sourcecode angegeben werden. Häufig ist dies aber nicht der Fall. Dann wird automatisch beim Kompilieren eine solche Versionsnummer berechnet und beim Serialisieren verwendet. In die Berechnung gehen unter anderem die in einer Klasse definierten Methoden ein. Jede neu eingeführte Methode verändert damit diese automatisch ermittelte Versionsnummer und führt zu Inkompatibilitäten zu älteren Versionen des DTOs, ohne dass sich die strukturelle Zusammensetzung (die Attribute) des Containers geändert hätte. Details zur Serialisierung beschreibt Abschnitt 10.3.

Es ist demnach nicht nur aus der Sicht der Trennung von Daten und Verarbeitung, sondern auch aus Gründen der Kompatibilität sinnvoll, für ein DTO benötigte Hilfsmethoden in separaten Toolkit- oder Utility-Klassen zu definieren.

3.5 Prinzipien guten OO-Designs

Bis hierher sollten Sie mittlerweile einen ersten Eindruck davon gewonnen haben, was gute objektorientierte Entwürfe ausmacht und welche Probleme einem mitunter dabei begegnen können. Bevor wir uns gleich intensiver mit gutem Design beschäftigen, möchte ich einführend auf Kennzeichen für schlechtes Design eingehen.

Was ist schlechtes Design? Woran erkennt man es?

Sicherlich ist Ihnen beim Überarbeiten von Programmen schon das eine oder andere Problem begegnet. Ein Zeichen für schlechtes Design ist häufig, wenn ...

- der Sourcecode wenig verständlich ist, unter anderem verursacht durch **ungünstige Namensgebung** oder eine *fehlende Dokumentation* komplizierterer Stellen.
- *unnötige Komplexität* oder ein extrem flexibles Design mit hohem Variantenreichtum existiert, obwohl diese Extras (teilweise) nicht benötigt werden.
- sich Erweiterungen oder **Modifikationen nur schwierig durchführen lassen** und zum Teil *große Auswirkungen* auch in anderen Teilen des Sourcecodes besitzen.
- das zu lösende Problem anhand der Implementierung nicht abgeleitet werden kann, etwa weil es an semantischer Strukturierung fehlt oder *kein klares Layout des Sourcecodes* vorliegt.
- nur *wenige Tests* existieren und Testbarkeit kaum gegeben ist, z. B. weil *kaum für sich testbare Klassen existieren* und Objekte stark voneinander abhängen, sodass lediglich schwierig testbare Objekthaufen vorhanden sind.
- *diverse Fehler* bereits bekannt sind und wahrscheinlich noch viele weitere versteckt lauern. Das erkennt man an Folgendem: Behebt man einen Fehler, so stößt man recht schnell auf einen weiteren. Behebt man auch diesen, so kommt es zu Problemen an ganz anderer Stelle. Das System ist so weit verrottet, dass nur noch ein Aufräumkraftakt oder aber ein vollständiges Redesign helfen.

Gutes Design

In den vorangegangenen Abschnitten wurde das Thema Design vor allem praxisbezogen betrachtet. Nun wollen wir das Ganze etwas formalisieren und uns dazu fragen, welche Regeln oder Vorgehensweisen man befolgen sollte, um die zuvor geschilderten Negativpunkte schlechter Designs möglichst zu vermeiden. Wie entstehen also wartbare und gut strukturierte Programme und was zeichnet gutes objektorientiertes Design aus? Und wie erreicht man Eigenschaften wie Erweiterbarkeit, Wartbarkeit und Verständlichkeit. Verschiedene Merkmale zur Qualität finden Sie in der Norm ISO 9126.

Darüber haben sich schon diverse erfahrene Leute Gedanken gemacht und ihre Erkenntnisse zu verschiedenen Regeln, Leitsätzen und Prinzipien vereinigt. Beim objektorientierten Design bietet es sich an, aus diesem Erfahrungsschatz zu lernen und einiges davon zu kennen und einzuhalten.

3.5.1 Geheimnisprinzip nach Parnas

Gemäß dem *Geheimnisprinzip* (*Information Hiding*) sollten Klienten einer Komponente zu deren Nutzung keine Kenntnis über die internen Details besitzen (müssen). Schon 1972 wurde das Prinzip durch Parnas formuliert. Auf die heutige Zeit und Java übertragen, bedeutet dies, dass jede Komponente (Klasse, Package) eines Programms ihre Implementierungsdetails vor anderen Komponenten verbergen sollte. Daraus ergibt sich die Forderung, nur diejenigen Bestandteile einer Komponente nach außen zugänglich zu machen, die für andere Komponenten zur Zusammenarbeit wirklich relevant sind. Für Klassen erreicht man dies, indem das Objektverhalten lediglich über öffentliche Business-Methoden bereitgestellt wird. Somit kann der Objektzustand von außen nur über diese Business-Methoden modifiziert und abgefragt werden. Für Attribute und Methoden ermöglicht eine stark eingeschränkte Sichtbarkeit, Implementierungsdetails möglichst geheim zu halten.

Befolgt man das Geheimnisprinzip, so kann man oftmals die einzelnen Bestandteile einer Software als Blackbox mit definierter Schnittstelle ansehen.

Bewertung

Wenn man das Geheimnisprinzip anwendet, so ...

+ entsteht ein eher lose gekoppeltes System mit einer guten Modularisierung.
+ sollten sich einzelne Teile leichter unabhängig voneinander testen lassen. Auch die Anzahl der benötigten Tests reduziert sich, da Aufrufe nur über die öffentliche Schnittstelle erfolgen und Zustandsänderungen besser kontrolliert werden können.
+ können Details der Implementierung ohne Rückwirkungen auf Nutzer geändert werden. Beispielsweise können Daten entweder als Attribut gehalten, bei Bedarf berechnet oder aus einer externen Quelle gelesen werden.[30]
+ erleichtert dies das Verständnis und die Nachvollziehbarkeit. Allein basierend auf der öffentlichen Schnittstelle sollte die Funktionalität ermittelbar sein.
+ lassen sich neue Subklassen leichter implementieren, da in diesen für gewöhnlich nur wenige Anpassungen erfolgen müssen.
- ist ein minimaler Mehraufwand zur Implementierung von Zugriffsmethoden zur Datenkapselung und für deren Aufruf notwendig.

3.5.2 Law of Demeter

Beim *Gesetz von Demeter* (Law of Demeter, kurz: *LoD*) geht es darum, die Kopplung auf ein verständliches und wartbares Maß zu reduzieren. Da das noch recht abstrakt ist, betrachten wir zunächst einige Negativbeispiele, die Verstöße gegen das LoD zeigen.

---

[30]Eine Austauschbarkeit der Implementierung ohne Nebenwirkungen gilt für die Praxis nur dann, wenn keine zeitlichen Randbedingungen vom Aufrufer angenommen werden.

Negativbeispiele

Jeder kennt sicher Aufrufkonstrukte, die mehrere Methodenaufrufe wie folgt mithilfe der .-Notation miteinander verknüpfen:

```
getPreferencesService().getDimension(MAIN_WINDOW_ID).setWidth(700);
getPreferencesService().getColorScheme(OCEAN).getTextColor().setColor(BLUE);

if (getCommandProcessor().getPool().getSize() >= MAX_POOL_SIZE)
{
    // warning
}
else
{
    // process command
}
```

Dieses Beispiel zeigt, dass das eigene Objekt durch die Aufrufe recht tief in die Interna anderer Objekte eingreift bzw. diese abfragt. Dabei werden diverse Annahmen getroffen, etwa darüber, dass die Komponenten alle zugreifbar und korrekt initialisiert sind. Weil man dies nicht immer voraussetzen kann, sollten gegebenenfalls `null`-Prüfungen vor den Zugriffen erfolgen. Allerdings können diese die Lesbarkeit beeinträchtigen, weil sie den Sourcecode aufblähen und somit schwieriger nachvollziehbar und schlussendlich schlechter wartbar machen. Es gibt aber noch einen viel schwerwiegenderen Nachteil bei der Missachtung des LoD: Beim Einsatz der gezeigten Aufrufketten erfordern Änderungen an den Details genutzter Klassen nahezu zwangsläufig auch Änderungen in der eigenen Klasse. Schauen wir uns dies genauer an und abstrahieren dazu ein wenig und gehen von folgendem Aufruf aus:

```
ownObject.getObjA().getObjB().methodC();
```

Das sieht noch recht harmlos aus, aber betrachten wir die Konsequenzen möglicher Änderungen. Es gibt Probleme, wenn ...

- etwas im Design geändert wird und das Objekt `objB` nicht mehr durch Objekt `objA` bereitgestellt wird.
- die Methode `methodC()` verändert, umbenannt oder in eine andere Klasse verschoben oder gar gelöscht wird.

Durch die enge Verquickung erfordert all dies auch Modifikationen an der eigenen Klasse. Das kann aufwendig werden und sowohl die Wartbarkeit als auch die lose Kopplung beeinträchtigen. Die Auswirkungen sind besonders störend, wenn die Aufrufketten über System- oder Package-Grenzen hinweg gehen. Möglicherweise kann man die referenzierten Klassen nicht anpassen oder die Implementierer dieser Klassen wissen von Ihnen als Nutzer gar nichts.

Schauen wir uns nun an, wie die Einhaltung des Gesetzes von Demeter uns vor derartigen Problemen schützen soll.

3.5 Prinzipien guten OO-Designs

Regeln beim Gesetz von Demeter

Das Gesetz von Demeter ist unter dem plakativen Begriff »***Don't talk to strangers***« bekannt und definiert Regeln zur Gestaltung von Aufrufen. Es wird gefordert, möglichst nur diejenigen Methoden oder Attribute anderer Klassen in Aufrufen zu nutzen, die direkt (ohne Indirektionen) bekannt und zugreifbar sind. Konkret bedeutet dies Folgendes: Nutze nur ...

1. Methoden der eigenen Klasse,
2. Methoden von Objekten, die als Parameter übergeben werden,
3. Methoden von Objekten, die das eigene Objekt selbst erzeugt, oder
4. Methoden assoziierter Klassen.

Neben diesen Regeln hilft zur Anschauung folgende Abbildung 3-33 mit drei Objekten. Das eigene Objekt Me referenziert ein Objekt A und dieses wiederum ein Objekt B. Gemäß dem LoD darf das eigene Objekt nur Methoden aus Objekt A aufrufen, nicht jedoch solche von Objekt B.

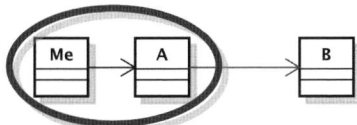

Abbildung 3-33 *Law of Demeter*

Beispiel für die Befolgung der Regeln

Um ein Gespür für die Regeln des LoD zu bekommen, betrachten wir eine Klasse Person, die ein Address-Objekt erzeugt und ein optionales Company-Objekt referenziert. Im Listing sind verschiedene Methodenaufrufe markiert, die die obigen Regeln einhalten. Beispiele für Verstöße sind in Kommentarzeilen dargestellt:

```
// Getter und Setter aus Gründen der Übersichtlichkeit nicht gezeigt
class Person
{
    final String name;
    final boolean isAdult;
    int age;
    Address homeAddress = new Address()
    Company company = null;

    Person(final String name, final int age)
    {
        this.name = name;
        this.age = age;

        // Regel 1
        this.isAdult = isOlderThan(18);
    }
```

```java
    // Regel 1
    boolean isOlderThan(final int desiredAge)
    {
        return getAge() > desiredAge;
    }

    boolean sameAge(final Person other)
    {
        // Regel 2
        return getAge() == other.getAge();
    }

    boolean livesIn(final City city)
    {
        // Regel 3
        return getAddress().getCity().equals(city);
        // Verstoß: getAddress().getCity().getZipCode() == city.getZipCode()
    }

    boolean isManager()
    {
        // Regel 4
        return (company != null && company.isInManagingPosition(name));
        // Verstoß: company.getStuffMembers().isManager(name)
    }
}
```

Bewertung

Wenn man das Gesetz von Demeter einhält, so ...

+ entsteht ein eher lose gekoppeltes System mit wenigen Abhängigkeiten, was die Wiederverwendbarkeit erleichtert.
+ lassen sich einzelne Klassen leichter ändern und diese Änderungen pflanzen sich mit geringerer Wahrscheinlichkeit im System fort.
+ lassen sich einzelne Klassen leichter und unabhängig von anderen testen.
- müssen zum Teil weitere Methoden in das Interface der eigenen Klasse aufgenommen werden, weil einige Methoden eventuell nun nicht mehr über Indirektionen angesprochen werden dürfen.

3.5.3 SOLID-Prinzipien

SOLID ist ein Akronym und beschreibt fünf von Robert C. Martin vorgestellte Prinzipien guten OO-Entwurfs, die sich insbesondere mit Design beschäftigen:

- **S** – SINGLE RESPONSIBILITY PRINCIPLE – Jede Klasse sollte möglichst nur genau für eine Aufgabe zuständig sein.
- **O** – OPEN CLOSED PRINCIPLE – Dieses Prinzip besagt, dass Klassen offen für Erweiterungen sein sollen, aber geschlossen gegenüber Änderungen.

- **L** – LISKOV SUBSTITUTION PRINCIPLE – Hierbei geht es um Ersetzbarkeit von Basisklassen durch Subklassen.
- **I** – INTERFACE SEGREGATION PRINCIPLE – Entwerfe Interfaces, sodass sie gut für Klienten passen. Bevorzuge mehrere feingranulare Interfaces gegenüber einem oder wenigen umfangreichen Interfaces.
- **D** – DEPENDENCY INVERSION PRINCIPLE – Vermeide direkte Abhängigkeiten auf konkrete Klassen.[31]

Single Responsibility Principle

Das *Single Responsibility Principle* (SRP) besagt, dass eine Klasse (möglichst) *genau eine klar definierte Aufgabe erfüllen soll* und es folglich nur einen oder wenige Gründe für Änderungen geben sollte.[32] Umgangssprachlich könnte man sagen, wer viele Dinge auf einmal tut, dem gelingen selten alle gut. Die Wahrscheinlichkeit ist recht hoch, dass keine der Aufgaben richtig erfüllt wird. Zudem besitzen komplexe Klassen oftmals zu viele und zum Teil unerwünschte Abhängigkeiten auf andere Klassen.

Wird das SRP eingehalten, so erzielt man (in der Regel) eine hohe Kohäsion, also einen hohen Zusammenhalt einer Klasse. Die Ausrichtung einer Klasse auf genau eine Funktionalität führt auch zu Orthogonalität. Damit meint man, dass Funktionalitäten ohne (größere) Nebenwirkungen einfach miteinander kombiniert werden können. Das erleichtert es, größere Systeme wartbar aus kleineren Bestandteilen zusammenzubauen.

Woran kann man aber erkennen, dass das SRP verletzt wird? Ein Indiz dafür ist, dass es schwerfällt, prägnante Namen für eine Methode oder eine Klasse zu finden oder dass dieser Name mehrere Verben oder Nomen enthält. Methoden besitzen dann etwa Namen wie `collectAndFilter()`, `selectAndUpdate()` oder `sortAndPrint()`. Außerdem ist die schiere Methodenlänge ein recht guter Indikator: Je länger die Methode, desto größer ist die Wahrscheinlichkeit für einen Verstoß gegen das SRP.

Open Closed Principle

Das *Open Closed Principle* (OCP) zielt auf die leichte Erweiterbarkeit und korrekte Kapselung sowie Trennung von Zuständigkeiten. Wenn man es extrem sehen möchte, *sollte sich eine Klasse nach ihrer Fertigstellung nur noch dann ändern müssen, wenn komplett neue Anforderungen oder Funktionalitäten zu integrieren sind oder aber Fehler korrigiert werden müssen*. Dahingegen sollten Änderungen an der eigenen Klasse nicht dadurch erforderlich sein, dass sich andere Klassen ändern. Hier besteht auch ein Zusammenhang zu dem zuvor beschriebenen Gesetz von Demeter.

---

[31] Teilweise ist es hilfreich, wenn Objekte über klar definierte Schnittstellen (in Form eines Interface oder einer abstrakten Klasse) miteinander kommunizieren. Zudem sollten die Abhängigkeiten (Dependencies) in der Regel nicht von Klassen selbst aufgebaut, sondern besser von außen und möglichst spät »injected« (eingeimpft) werden.

[32] Diese Aussage lässt sich für Methoden, Klassen und Komponenten nutzen, wobei der Kontext der Aufgabe natürlich größer wird, wenn man von Methoden bis hin zu Komponenten geht.

Schauen wir uns ein Beispiel an, um das OCP ein wenig besser zu verstehen. Dazu betrachten wir eine Spieleapplikation, die verschiedene Bonuselemente, wie Extraleben oder Zusatzausrüstungen, als Anreiz anbietet. Ihre Aufgabe als Entwickler ist es nun, ein neues Level zu gestalten und dort neue Arten von Bonuselementen zu integrieren. Wünschenswert wäre es, wenn dies möglichst einfach realisierbar wäre, etwa wenn man lediglich neue Klassen für die neuen, speziellen Bonuselemente erstellen müsste. Das wäre beispielsweise dann möglich, wenn die Bonuselemente alle ein gemeinsames Interface `IBonusElement` erfüllen oder eine (abstrakte) Basisklasse implementieren würden. In diesem Fall sollte die restliche Applikation kaum oder im besten Fall gar nicht von Änderungen bzw. Erweiterungen der Bonuselemente betroffen sein. *Eine gemeinsame Basis aus Interface und/oder abstrakter Basisklasse und der Möglichkeit zur Definition von Spezialisierungen sind eine Variante, das OCP umzusetzen*. Ein Verstoß gegen OCP besteht dann, wenn die beschriebene Erweiterung an diversen Stellen zu Änderungen führen würde.

Auch das Entwurfsmuster SCHABLONENMETHODE (vgl. Abschnitt 18.3.3) kann dabei helfen, das OCP zu realisieren. Dort gibt man gewisse Rahmenbedingungen vor, erlaubt aber Modifikationen an verschiedenen Sollbruchstellen.

> **Info: OPEN CLOSED PRINCIPLE im realen Leben**
>
> Ein Paradebeispiel aus der realen Welt für das OCP sind Hifi-Verstärker. Diese können jede beliebige Quelle verstärken, solange diese über Cinch-Buchsen angeschlossen werden kann. Auf diese Weise kann man alte Kassettenrekorder, MiniDisc-Player, CD-Player, aber auch Blu-Ray-Player anschließen und deren Ton wiedergeben.
>
> Im Zuge der Digitalisierung musste dann eine weitere Schnittstellenklasse in Form optischer bzw. koaxialer Anschlüsse geschaffen werden. Deutlich später stellte die Erweiterung auf Heimkino-Surround-Ton eine derart massive Änderung dar, dass wiederum eine neue Schnittstelle bzw. eine Erweiterung notwendig war und HDMI als neue Schnittstelle Einzug hielt. In allen Fällen wurde aber das OCP befolgt: Eine neue Schnittstelle entsprach einer neuen Anforderung und führte einmalig zu einer Änderung. Danach konnten damit alle kompatiblen Geräte angeschlossen werden. So ist es auch über 25 Jahre alten Verstärkern möglich, den Ton von DVD oder Blu Ray wiederzugeben, obwohl diese Technologien zum Herstellungszeitpunkt des Verstärkers noch lange nicht existierten.

Liskov Substitution Principle

Beim *Liskov Substitution Principle* (LSP) geht es um die Ersetzbarkeit und die Einhaltung der »is-a«-Beziehung. Damit ist gemeint, dass eine *Instanz einer Subklasse überall dort problemlos genutzt werden können sollte, wo eine Instanz der Basisklasse zum Einsatz kommt*. Es geht darum, dass ein Nutzer ein erwartungskonformes

Verhalten erhält, also dass ein von Subklassen in Methoden realisiertes Verhalten mit demjenigen der Basisklassen kompatibel sein muss.

Weil das kompliziert klingt (und es teilweise auch ist), betrachten wir ein Beispiel und nutzen dazu erneut grafische Figuren. Die Basisklasse `BaseFigure` bildet die Grundlage für Spezialisierungen wie Kreise, Rechtecke usw. Das Zeichnen sollte ohne Beachtung des konkreten Figurentyps in etwa wie folgt möglich sein:

```
figuresToDraw.add(new Circle(60, 70, 80));
figuresToDraw.add(new Rectangle(50, 50, 100, 200));

// ...

for (final BaseFigure figure : figuresToDraw)
{
    figure.draw(graphicsContext);
}
```

Das gewünschte und erwartete Verhalten scheint recht natürlich. Ob dieses auch erreicht wird, hängt jedoch stark von den konkreten Subklassen ab – hier etwa, ob die Methode `draw()` auch das tut, was man anhand des Namens erwartet. Ein Verstoß bestünde etwa darin, einfach nichts zu zeichnen oder eine Datenbankabfrage auszuführen, also Dinge, die gegen die natürliche Erwartungshaltung bei Aufruf von `draw()` (massiv) verstoßen.

LSP für Eingabeparameter, Rückgabewerte und Exceptions Das LSP gilt auch für die Typen von Rückgabewerten und Exceptions. Dazu nehmen wir folgende Hierarchie von Exceptions, Rückgabewerten und Klassen an:

```
class CalculationException extends Exception
{
    // ...
}
class SpecialCalculationException extends CalculationException
{
    // ...
}

class BaseFigure
{
    Number calcArea() throws CalculationException
    {
        return new Double(getWidth() * getHeight());
    }
}

class Polygon extends BaseFigure
{
    // Speziellere Rückgabe (Double extends Number) und speziellere Exception
    Double calcArea() throws SpecialCalculationException
    {
        // Bewusst, um gleich ein Problem zu zeigen
        return null;
    }
}
```

Wir erkennen Folgendes: Beim Überschreiben von Methoden dürfen Subklassen als Rückgabe einen spezielleren Typ zurückliefern als die Basisklasse. Auch dürfen spezifischere Exceptions ausgelöst werden (Details dazu finden Sie in Abschnitt 3.6 bei der Besprechung verschiedener Formen der Varianz). Weil dies unspektakulär klingt, betrachten wir nun einen möglichen Nutzer in Form der folgenden Klasse `Client`:

```
class Client
{
    void doSomethingWithFigure(final BaseFigure figure)
    {
        final Number result = figure.calcArea();
        // NullPointerException für Polygon
        final double area = result.doubleValue();
        // ...
    }
}
```

Ebenso wie für das Zeichnen durch Aufruf der Methode `draw()` sollte auch für die Berechnung der Fläche durch die Methode `calcArea()` keine Unterscheidung der Figurentypen notwendig sein. Zur Demonstration der Verletzung des LSP gibt die Klasse `Polygon` jedoch statt einer Zahl den Wert `null` zurück, was beim Aufrufer zu einer `NullPointerException` führt. Ähnliche Probleme diskutieren wir später als BAD SMELL: UNBEDACHTE RÜCKGABE VON `null` in Abschnitt 16.3.6.[33]

Besonderheiten in Klassenhierarchien Im vorangegangenen Beispiel und bei Beachtung der Voraussetzungen einer »is-a«-Beziehung scheint das LSP nicht ganz so schwierig einzuhalten zu sein. Es gibt jedoch einige Beispiele aus der OO-Modellierung, wo gemäß der normalen Logik eine »is-a«-Beziehung gilt, bei deren Realisierung als Klassenhierarchie es aber Probleme gibt – insbesondere auch mit dem LSP. In Abschnitt 3.3.1 wurden am Beispiel einer Simulationssoftware für Lebensräume und verschiedene Tierarten einige Problemfälle der Vererbung aufgezeigt, etwa eine Basisklasse `Bird` mit der Methode `fly()` sowie den Subklassen `Ostrich` und `Penguin` für Strauße bzw. Pinguine. Beides sind ganz offensichtlich Vogelarten und somit gilt die »is-a«-Beziehung, die eine Spezialisierung ausdrückt. Jedoch können diese speziellen Vogelarten nicht fliegen und somit lässt sich auch die Methode `fly()` nicht sinnvoll implementieren. Es verbleibt als möglicher Ausweg, entweder die Methode leer zu implementieren oder aber eine Exception auszulösen.

Aber selbst bei (scheinbar) einfachen Vererbungsbeziehungen können sich Verstöße gegen das LSP ergeben, etwa bei der Abbildung der Beziehungen von Rechteck und Quadrat sowie von Ellipse und Kreis mithilfe von Vererbung. Mathematisch betrachtet sind ein Quadrat und ein Kreis jeweils eine Spezialform eines Rechtecks bzw. einer Ellipse. Somit könnte man beim objektorientierten Programmieren auf die (ansonsten meistens sinnvolle) Idee kommen, die reale Welt in Form einer analogen Klassenhierarchie abzubilden. Versuchen wir dies und schauen, warum es für OO leider so nicht

---

[33] Als Bad Smell bezeichnet man eine (potenziell) problematische Programmstelle.

funktioniert. Nehmen wir an, die Klasse `Square` wäre eine Subklasse von `Rectangle`, für die jeweils Breite und Höhe über Zugriffsmethoden veränderlich sind:

```java
public class Rectangle
{
    private int width;
    private int height;

    public void setWidth(final int width)
    {
        this.width = width;
    }

    public void setHeight(final int height)
    {
        this.height = height;
    }

    public int calcArea()
    {
        return getWidth() * getHeight();
    }

    public int getHeight()   { return this.height; }
    public int getWidth()    { return this.width;  }
}
```

Die Klasse `Square` erbt die Methoden zum Setzen der Breite und Höhe – allerdings besitzt ein Quadrat per Definition immer gleiche Werte für diese Seitenlängen. Damit müssen wir die `set()`-Methoden für Breite und Höhe anpassen, sodass sie immer beide Seitenlängen setzen. Dazu führen wir eine Methode `setSideLength(double)` ein, die zum Setzen der jeweiligen Werte die Methoden der Basisklasse aufruft:

```java
public class Square extends Rectangle
{
    public void setSideLength(final int sideLength)
    {
        // gleiche Seitenlänge sicherstellen
        super.setWidth(sideLength);
        super.setHeight(sideLength);
    }

    public void setWidth(final int width)
    {
        setSideLength(width);
    }

    public void setHeight(final int height)
    {
        setSideLength(height);
    }
}
```

Eine nutzende Klasse, etwa ein Unit Test, könnte nun prüfen, ob für Rechtecke nach dem Setzen unterschiedlicher Werte für Breite und Höhe z. B. den Werten 5 und 10 auch 50 als Fläche berechnet wird:

```
@Test
public void testAreaCalculation()
{
    rectangle.setWidth(5);
    rectangle.setHeight(10);

    assertEquals(50, rectangle.calcArea());
}
```

Sofern die Variable vom Typ `Rectangle` ist, wird der Test bestanden. Würde man den Test allerdings mit einem `Square`-Objekt als Subtyp von `Rectangle` ausführen, bekäme man als Fläche entweder 25 oder 100, je nachdem, ob man Breite oder Höhe als Zweites setzt. Damit widerspricht das Ergebnis der Flächenberechnung für eine `Square`-Instanz aber der Erwartungshaltung an die Berechnung für eine Instanz vom Typ `Rectangle`. Somit verletzt die gezeigte Implementierung mit der Ableitung `Square extends Rectangle` das LSP.

Lösungsmöglichkeiten Das klingt aber gar nicht gut und vor allem scheint die Lösung recht verzwickt. Tatsächlich kann man keine sinnvolle Lösung finden, sofern man eine Veränderlichkeit der Seitenlängen erlaubt. Wenn wir die Klassen jedoch in unveränderliche Klassen umwandeln, was in diesem Fall lediglich das Entfernen der `set()`-Methoden und die Definition der Attribute als `final` erfordert, dann existiert auf einmal kein Problem mehr, weil bereits zum Konstruktionszeitpunkt für Quadrate gleiche Seitenlängen sichergestellt und nachträglich nicht geändert werden können:

```
Square(final int sideLength)
{
    super(sideLength, sideLength);
}

Rectangle(final int width, final int height)
{
    this.width = width;
    this.height = height;
}
```

Für diverse Anwendungsfälle ist der Verzicht auf Veränderlichkeit eine gute Lösung. Allerdings gibt es dabei noch etwas zu beachten.

Weitere Fallstricke Nehmen wir an, wir würden mit den beiden Klassen folgenden Sourcecode schreiben:

```
final Square square = new Square(10);
final Rectangle rectangle = new Rectangle(10, 10);
```

Hier wird ein Quadrat vom Typ `Square` mit der Seitenlänge 10 und ein Rechteck vom Typ `Rectangle` mit der Breite 10 und der Höhe 10 erzeugt. Von seinen Abmessungen entspricht also es einem Quadrat. Nun hat man semantisch zwei Quadrate der Seitenlänge 10, aber eins davon besitzt den Typ `Square` und das andere den Typ `Rectangle`.

Puh! Was nun? Zunächst einmal erkennt man, dass nicht alle vermeintlich trivialen Klassenhierarchien auch wirklich so einfach sind, wie sie scheinen, und dass deutlich mehr Fallstricke auf dem Weg zu einem gelungenen OO-Design lauern, als man sich gemeinhin so vorstellt.

Lösungsmöglichkeiten ohne Vererbung Eine mögliche Lösung besteht darin, die Klasse `Square` zu entfernen und nur noch mit dem Typ `Rectangle` zu arbeiten. Um zu ermitteln, ob ein Rechteck quadratisch ist, fügen wir eine Methode `isSquare()` ein. Sofern die Klasse `Rectangle` als unveränderliche Klasse realisiert ist und ihre Breite sowie Höhe zum Konstruktionszeitpunkt erhält, kann man die Quadrateigenschaft auch schon dann bestimmen. Aber selbst wenn die Klasse `Rectangle` veränderlich gestaltet ist, lässt sich die Eigenschaft problemlos dynamisch über eine Abfrage `getWidth() == getHeight()` ermitteln – jedoch ist das nur für Ganzzahlen zuverlässig, für Gleitkommazahlen gibt es höchstwahrscheinlich falsche Aussagen aufgrund von Rundungsproblemen.

Bei der gezeigten Umsetzung liegt keine Verletzung von LSP vor, weil erstens nicht mehr mit Vererbung gearbeitet und zweitens eine konsistente Realisierung der Quadrateigenschaft umgesetzt wird.

Interface Segregation Principle

Die Kernaussage des *Interface Segregation Principle* (ISP) ist, dass Benutzer einer Klasse eine ***möglichst spezifische, auf die jeweilige Aufgabe oder auf ihn als Klienten zugeschnittene Schnittstelle bereitgestellt bekommen sollten***. Das impliziert, dass keine zu breite Schnittstelle (d. h. mit zu vielen oder auch semantisch nicht zusammengehörenden Methoden) angeboten wird, sondern möglichst eine solche, die genau den Anforderungen eines möglichen Benutzers entspricht.

Oftmals sieht man in der Praxis eher zu breite oder zu unspezifische Interfaces,[34] die folglich fast immer auch Funktionalität anbieten, die ein Klient nicht benötigt, etwa wie folgt:

```java
public interface IUniversalFileCustomerAndPizzaService
{
    void scanDisk(final Drive drive) throws IOException;
    boolean rename(final File fileToRename,
                   final String newName) throws IOException;

    Customer findCustomerByName(final String name);
    Iterable<Customer> getAllCustomers(final FilterCondition filterCondition);

    void orderPizza(final long customerId, final Pizza pizza);
}
```

---

[34]Der Einsatz des Entwurfsmusters FASSADE (vgl. Abschnitt 18.2.1) führt auch recht leicht zu derartigen Interfaces. Hier ist das aber in Ordnung, weil eine Fassade eine Schnittstellensammlung und einen externen Zugriffspunkt als Abstraktion vieler interner Schnittstellen darstellt.

Als Abhilfe kann man die Schnittstelle einer Klasse über mehrere Interfaces beschreiben und so der Überfrachtung und einer schwierigeren Benutzbarkeit entgegenwirken. Für das vorherige Beispiel ließe sich das Interface etwa in folgende drei semantisch zusammengehörende Einzelinterfaces aufsplitten:

```java
public interface IFileService
{
    void scanDisk(final Drive drive) throws IOException;
    boolean rename(final File fileToRename,
                   final String newName) throws IOException;
}

public interface ICustomerService
{
    Customer findCustomerByName(final String name);
    Iterable<Customer> getAllCustomers(final FilterCondition filterCondition);
}

public interface IPizzaService
{
    void orderPizza(final long customerId, final Pizza pizza);
}
```

Bei einer Aufteilung sollte das Ziel jedoch nicht alleine darin bestehen, lediglich eine sehr feine Granularität der entstehenden Schnittstellen zu erreichen. Denn ansonsten bestünde eine Schnittstelle im Extremfall nur noch aus einer Methode. Das ist sogar möglicherweise in Ordnung, sofern diese eine Methode tatsächlich auch eine semantische Einheit für sich bildet. Im Beispiel ist das für die Methode `orderPizza()` und das Interface `IPizzaService` gegeben. Gleiches gilt etwa für diverse Interfaces aus dem JDK, die eine spezifische Funktionalität anbieten, etwa `Runnable` bei Multithreading oder `ActionListener` zur Ereignisbehandlung in GUIs. Normalerweise sollte man bei Interfaces mit nur einer Methode jedoch genauer hinschauen, ob nicht eine Kombination thematisch zusammengehörender Interfaces für mehr Zusammenhalt und Klarheit sorgen kann.

Schlussfolgernd kann man festhalten, dass der Entwurf einer gelungenen Schnittstelle gar nicht so leicht ist. Es gilt, die »richtige« Granularität zu finden. Dazu gehört etwas Erfahrung, Fingerspitzengefühl und auch ein wenig Ausprobieren – insbesondere auch eine Betrachtung aus Sicht möglicher Nutzer.

Dependency Inversion Principle

Das *Dependency Inversion Principle* (DIP) empfiehlt, dass Klassen möglichst unabhängig von anderen konkreten Klassen sein sollen, indem eine Abhängigkeit von einer konkreten Klasse durch eine Referenz auf deren Schnittstelle aufgelöst wird. Oder kurz: *Verwende möglichst Interfaces (bzw. abstrakte Klassen), um (konkrete) Klassen voneinander zu entkoppeln.* Bei diesem Prinzip geht es also um die Reduktion der Kopplung.

Wenn Klassen lediglich über Interfaces miteinander interagieren, so kann man bei Bedarf die konkrete Implementierung auswechseln, im Idealfall sogar ohne dass dies Rückwirkungen auf den Aufrufer besitzt. Ein recht einfaches Beispiel wäre etwa, gegen das Interface List<E> statt gegen die konkreten Realisierungen ArrayList<E> oder LinkedList<E> zu entwickeln.

Das Programmieren gegen Interfaces kann die Wartbarkeit von Software erhöhen, weil es zu einer loseren Kopplung führt. *Jedoch ist ein massiver Einsatz von Interfaces auch nicht sinnvoll.* Generell dürfen sich Klassen innerhalb eines Packages durchaus direkt kennen.[35] Über Package-Grenzen hinweg oder wenn es mehrere Spezialisierungen gibt, sind Interfaces häufig ein Gewinn.

Beispiel Schauen wir uns ein Beispiel an und bemühen dazu wieder den Pizza-Service. Bei der Ausführung des Bestellvorgangs werden verschiedene Daten das Kunden benötigt, dazu erfolgt ein Zugriff auf eine Datenbank. Zum Glück ist dies bereits durch ein sogenanntes Data Access Object (DAO) abstrahiert. Ebenso gibt es hin und wieder Rabattaktionen, die durch die Klasse Discount modelliert werden. Nachfolgend ist gezeigt, dass der PizzaService beide Abhängigkeiten durch Instanziieren der jeweiligen Klassen selbst auflöst (oder besser gesagt, selbst bereitstellt).

```
public class PizzaService
{
    private final Discount discount;
    private final CustomerDAO customerDAO;

    private final Map<Long, Receipt> customerToReceipt = new HashMap<>();

    public PizzaService()
    {
        // Direkte Abhängigkeiten
        discount = new Discount();
        customerDAO = new CustomerDAO();
    }

    public void orderPizza(final long customerId, final Pizza pizza)
    {
        final Customer customer = customerDAO.findById(customerId);
        customerToReceipt.putIfAbsent(customerId, new Receipt(customer));

        final Receipt receipt = customerToReceipt.get(customerId);
        final double price = discount.apply(pizza);
        receipt.addEntry(pizza, price);
    }

    ...
}
```

Durch die Konstruktion der Objekte im PizzaService-Konstruktor entstehen direkte Abhängigkeiten zu den beiden Klassen. Erschwerend kommt in der Praxis oft hinzu,

---

[35] Das Problem liegt teilweise darin, wie die Abhängigkeit erzeugt wird. Manchmal ist es auch akzeptabel, auf ein Interface zu verzichten, solange man die Klassen, die man benötigt, nicht selbst instanziiert.

dass die Konstruktion von Objekten aufwendig ist, weil an Konstruktoren oft diverse Parameter übergeben und diese Informationen zuvor ermittelt werden müssen.

Analyse Was an Abhängigkeiten ungünstig ist, wollen wir nun ein wenig genauer betrachten: Die eben vorgestellte Klasse `PizzaService` besitzt verschiedene Abhängigkeiten. Das ist im Besonderen ungünstig, wenn wir die Funktionalität der Klassen testen wollen. Das wäre aus folgenden zwei Gründen schwierig:

1. Es besteht eine Fixierung auf die Datenquelle `CustomerDAO`, und diese Klasse liest die Kundendaten aus einer Datenbank. Dadurch können wir keine Tests mit einem eng umrissenen und vordefinierten Testdatenbestand vornehmen. Außerdem sollten wir tunlichst keine Testdaten in den sensiblen Kundendatenbestand einspielen, um Missverständnisse, Fehlbestellungen oder sonstige Fallstricke zu vermeiden.
2. Die Auswirkungen verschiedener Rabattaktionen, etwa ein Einführungsangebot oder eine Happy Hour, sind schwierig zu testen, da momentan fix der durch die Klasse `Discount` realisierte Rabatt zur Preisreduktion genutzt wird.

Wie eingangs schon erwähnt, kann man die Abhängigkeiten durch Einführen von Interfaces lösen. Das ist jedoch nur für zentrale Klassen und Bestandteile sinnvoll, nämlich genau für diejenigen, die Sollbruchstellen oder veränderliche, austauschbare Funktionalität anbieten. Im obigen Beispiel bildet die Rechnungserstellung mit der Klasse `Receipt` eine Ausnahme. Diese Funktionalität bleibt (vermutlich) stabil, daher fügen wir hier keine weitere Indirektion ein. Das könnte jedoch dann notwendig werden, wenn man verschiedene Zahlungs- und Rechnungsvorgänge unterstützen möchte.

Schritt 1: Interfaces einführen Wir wollen hier zunächst die Rabattberechnung und die Zugriffe auf Kunden durch Interfaces unabhängig von konkreten Realisierungen halten. Wir führen dazu die Interfaces `IDiscountStrategy` und `ICustomerRepository` sowie konkrete Realisierungen davon ein.

```java
public interface IDiscountStrategy
{
    double apply(final Pizza pizza);
}

public class XL_HalfPrice_Discount implements IDiscountStrategy
{
    // ...
}

public interface ICustomerRepository
{
    Customer findById(final long customerId);
}

public class CustomerDAO implements ICustomerRepository
{
    // ...
}
```

3.5 Prinzipien guten OO-Designs

Mit diesen Interfaces und Klassen können wir in der Klasse `PizzaService` die Abhängigkeiten reduzieren, indem wir die Referenzen auf konkrete Klassen durch Interfaces ersetzen und so eine losere Kopplung erzielen.

Weitere Schritte Insgesamt sind verschiedene weitere Transformationsschritte notwendig, die hier nicht gezeigt, aber nachfolgend kurz beschrieben werden. Als Erstes ersetzt man die direkten Abhängigkeiten durch Interfaces, konstruiert die Objekte aber weiterhin innerhalb der Klasse selbst. Damit ist noch nicht allzu viel erreicht, allerdings wird dadurch der Grundstein dafür gelegt, dass man Abhängigkeiten nun als Parameter »injizieren« kann. Als zweiten Schritt konstruiert der `PizzaService` die benötigten Objekte nicht mehr selbst, sondern bekommt diese als Konstruktor- bzw. Methodenparameter übergeben. Man spricht in diesem Zusammenhang auch von *Dependency Injection*, da Abhängigkeiten in die nutzende Klasse als Parameter übergeben werden. Abschließend kann man eine weitere Verbesserung vornehmen, indem die Rabattstrategie vom Typ `IDiscountStrategy` statt bereits an den Konstruktor erst später an die Methode übergeben wird, die diese Referenz benötigt und damit die Berechnung durchführt. Mithilfe des beschriebenen Vorgehens lässt sich die Methode `orderPizza()` und deren Funktionalität mit unterschiedlichen Strategien einfacher testen. Gemäß diesen Überlegungen ergibt sich folgende Implementierung der Klasse `PizzaService`, die nun dem DIP folgt. Zudem müssen wir die ursprüngliche `orderPizza()`-Methode so umgestalten, dass sie die im Listing gezeigte neue Variante nutzt:

```java
public class PizzaService
{
    private final ICustomerRepository customerRepository;

    private Map<Long, Receipt> customerToReceipt = new HashMap<>();

    // Konstruktor-Injektion
    public PizzaService(final ICustomerRepository customerRepository)
    {
        this.customerRepository = customerRepository;
    }

    // Method-Injektion
    public void orderPizza(final long customerId, final Pizza pizza,
                           final IDiscountStrategy discountStrategy)
    {
        final Customer customer = customerRepository.findById(customerId);
        customerToReceipt.putIfAbsent(customerId, new Receipt(customer));

        final Receipt receipt = customerToReceipt.get(customerId);
        final double price = discountStrategy.apply(pizza);
        receipt.addEntry(pizza, price);
    }

    ...
}
```

3 Objektorientiertes Design

Fazit

Neben den SOLID-Prinzipien haben wir auch noch das Gesetz von Demeter sowie das Geheimnisprinzip nach Parnas kennengelernt. Wenn wir uns beim Programmieren hin und wieder an diese erinnern und auch befolgen, werden wir in Zukunft bessere und leichter erweiter- und wartbare Designs produzieren.

> **Hinweis: Dependency Injection**
>
> Zur Erhöhung der Programmstabilität, Wartbarkeit und Austauschbarkeit einzelner Komponenten ist es ein erstrebenswertes Designziel, Software möglichst modular zu gestalten. Dazu sollten die einzelnen Komponenten lose miteinander gekoppelt sein und sich die konkreten Ausprägungen nur über Interfaces referenzieren. Allerdings entsteht schnell das Problem, wie die Komponenten erzeugt und miteinander verbunden werden sollen: Denn irgendeine Programmstelle muss die referenzierten Klassen ja erzeugen. Der Aufbau des Objektgraphs wird zunehmend komplexer, wenn viele Komponenten miteinander zu verbinden sind und dabei gewisse Reihenfolgen eingehalten werden müssen. Das ist immer dann notwendig, wenn eine Komponente auf anderen Komponenten basiert und folglich erst initialisiert werden kann, nachdem die anderen Bestandteile konstruiert sind.
>
> Im folgenden Negativbeispiel verwendet die Klasse `OwnClass` zur Aufbereitung von HTML-Ausgaben die Klasse `HtmlOutputGenerator` aus einem anderen Package (hier `HtmlModule`). Nur beim Ermitteln der Referenz auf diese Klasse benötigt man konkrete Informationen über die Klasse und das Package, im weiteren Sourcecode wird dann lediglich gegen das Interface `IHtmlOutputGenerator` gearbeitet:
>
> ```
> public class OwnClass
> {
>     private IHtmlOutputGenerator htmlOutputGenerator =
>                         new HtmlModule.HtmlOutputGenerator();
>
>     public void createHtmlOutput()
>     {
>         htmlOutputGenerator.createOutput(...);
>     }
>
>     // ...
> }
> ```
>
> Im Listing erfolgen Konstruktoraufrufe zum Aufbau des Objektgraphen der benötigten Klasse in der eigenen Klasse. Das führt zu einer engen Kopplung. Im Sinne einer losen Kopplung und einer guten Trennung von Zuständigkeiten ist genau das aber problematisch. Eine Möglichkeit, die Abhängigkeiten aufzulösen und den direkten Konstruktoraufruf zu vermeiden, besteht darin, eine zentrale Registrierung einzuführen. Diese ist für die Konstruktion und Verwaltung allgemein bereitzustellender Klassen zuständig. Das Ganze geschieht für die nutzenden Klassen jedoch transparent. Diese ermitteln lediglich eine Referenz auf den gewünschten Typ in etwa wie folgt:

```
public class OwnClass
{
    private IHtmlOutputGenerator htmlOutputGenerator =
                            Registry.lookUp(IHtmlOutputGenerator.class);

    // ...
}
```

Diese Art der Realisierung verbessert die Situation. Allerdings entsteht immer noch einiges an Sourcecode, der nur dazu dient, Objekte miteinander zu verbinden. Das gilt insbesondere, wenn die Konstruktion komplexer ist.

Nehmen wir an, die gezeigte Klasse würde innerhalb einer Laufzeitumgebung ausgeführt, die Dependency Injection unterstützt. Mithilfe einer Annotation `@Inject` könnte man beispielsweise der Laufzeitumgebung mitteilen, dass in das derart annotierte Attribut eine Referenz auf die gewünschte Klasse zu injizieren ist:

```
public class OwnClass
{
    @Inject
    private IHtmlOutputGenerator htmlOutputGenerator;

    // ...
}
```

Das Thema Dependency Injection wurde hier nur kurz angerissen und wird im Artikel »Inversion of Control Containers and the Dependency Injection pattern« von Martin Fowler besprochen. Diesen findet man online unter http://www.martinfowler.com/articles/injection.html.

3.6 Formen der Varianz

Zum besseren Verständnis kovarianter Ergebnistypen und von Besonderheiten beim Einsatz generischer Typen stelle ich in Abschnitt 3.6.1 verschiedene Formen der Varianz vor. Anschließend geht Abschnitt 3.6.2 auf kovariante Rückgabewerte ein.

3.6.1 Grundlagen der Varianz

Die »is-a«-Beziehung und das Substitutionsprinzip gemäß dem zuvor besprochenen LSP besagen, dass an allen Stellen in einem Programm, an denen ein Basistyp verwendet wird, auch jeder Subtyp verwendet werden können sollte. Zur Verdeutlichung nutze ich in den folgenden Beispielen eine einfache Klassenhierarchie `Sub extends Base`. Allgemein gilt, dass aufgrund der Vererbungsbeziehung die technische Ersetzbarkeit von Objekten der Basisklasse `Base` durch Objekte der abgeleiteten Klasse `Sub` möglich ist. Eine semantische Ersetzbarkeit erhält man allerdings nur dann, wenn die »is-a«-Beziehung und das LSP eingehalten werden.

Vorbetrachtungen

Anhand einer einfachen Methodendefinition method(Base) und eines Aufrufs dieser Methode mit einer Eingabe vom Typ Sub möchte ich einige Vorbetrachtungen anstellen, die das Verständnis der Formen der Varianz erleichtern:

```
// Definition
Base method(final Base in)
{
    return new Sub(in);          // Speziellerer Rückgabetyp -> Kovarianz
}

// Aufruf
final Base out = method(new Sub());  // Speziellerer Eingabetyp -> Kontravarianz
```

Für Methodenparameter gilt: Ein Eingabetyp darf immer spezieller sein als der von der Methode in der Signatur geforderte Eingabetyp, da in der Methode lediglich auf die Attribute und Methoden der Basisklasse zugegriffen werden kann und diese auch in der Subklasse vorhanden sind. Für Rückgabetypen gilt: Es darf ein speziellerer Typ als erwartet zurückgeliefert werden, da ein verwendender Aufrufer nur die Attribute und Methoden der Basisklasse kennt.

Mit dem Begriff *Varianz* werden unter anderem die beiden gezeigten Typabweichungen Ko- und Kontravarianz beschrieben. Für beide gilt in diesem Beispiel, dass der Eingabeparameter sowie der Rückgabewert zur Kompilierzeit jeweils vom Typ Base sind, aber zur Laufzeit der Typ Sub verwendet wird. Diese Typabbildung wird durch gestrichelte Pfeile für die Typen des Eingabeparameters bzw. des Rückgabewerts in Abbildung 3-34 visualisiert.

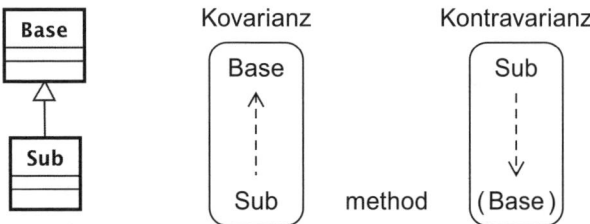

Abbildung 3-34 *Grundlagen der Varianzformen*

Beim Rückgabewert der obigen Methode Base method(Base) deutet der gestrichelte Pfeil die Typabweichung an. Hier wird eine Instanz vom Typ Sub an eine Referenz vom Basistyp Base übergeben. Damit folgt die Typabweichung in *gleicher* Richtung wie bei der Typhierarchie. Diesen Sachverhalt drückt die sogenannte *Kovarianz* aus. Beim Eingabeparameter wird mit Sub ein speziellerer Typ übergeben und der gestrichelte Pfeil deutet an, dass eine Übergabe *entgegen* der Typhierarchie erfolgt. Man spricht von *Kontravarianz*. Ändert sich der Typ nicht, so spricht man von *Invarianz*.

Kovarianz: Auswirkungen auf Arrays

Arrays besitzen in Java kovariantes Verhalten. Die Kovarianz besagt in diesem Fall Folgendes: Weil `String` ein Subtyp von `Object` ist, gilt das auch für Arrays dieser Typen: Ein `String[]` stellt in Java somit einen Subtyp von `Object[]` dar. Verdeutlichen wir uns dies anhand des UML-Diagramms in Abbildung 3-35.

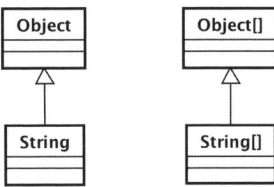

Abbildung 3-35 *Kovarianz für Array-Typen*

Aufgrund der Kovarianz ist eine Zuweisung eines `String[]` an ein `Object[]` möglich. Das scheint ganz selbstverständlich und bestimmt haben Sie derartige Zuweisungen von Arrays beliebiger Typen an ein `Object[]` schon des Öfteren in eigenen Programmen genutzt, etwa folgendermaßen:

```
final Object[] messages = new String[] { "Arrays", "sind", "kovariant" };
```

Obwohl diese Art der Zuweisung absolut praktisch ist und natürlich in der Handhabung erscheint, birgt das Ganze zur Laufzeit gewisse Fallstricke, die wir nun betrachten.

Fallstricke durch Kovarianz   Die Kovarianz ermöglicht, dass beliebige, nicht primitive Array-Typen an eine Referenz vom Typ `Object[]` zugewiesen werden können, etwa wie oben ein `String[]`. Demnach könnte die Referenz zwischenzeitlich auch auf ein `Integer[]` und später wieder auf ein `String[]` verweisen. Aufgrund des Basistyps `Object` für die einzelnen Elemente können im `Object[]` beliebige Typen gespeichert werden. Ohne einen Blick auf die Zuweisung könnte es etwa zu folgender (versehentlicher) Fehlverwendung kommen, wenn man nur die obige Variable `messages` sieht und dort ein `Message`-Objekt wie folgt speichern möchte:

```
// Typfehler, weil Message nicht kompatibel zu String ist
messages[1] = new Message("Typfehler durch Kovarianz!");
```

Derartige Typinkompatibilitäten lassen sich allein auf Basis von Typinformationen zur Kompilierzeit nicht unterbinden. ***Daher kann für Arrays (insbesondere vom Typ `Object[]`) Typsicherheit zur Kompilierzeit nicht sichergestellt werden und erfordert eine zusätzliche Prüfung zur Laufzeit.*** Deshalb speichern Arrays auch zur Laufzeit noch Typinformationen über die in ihnen gespeicherten Elemente. Wird, wie im Listing gezeigt, eine Zuweisung inkompatibler Typen vorgenommen, hier statt eines Werts vom Typ `String` eine Zuweisung eines `Message`-Objekts, so werden `java.lang.ArrayStoreException`s ausgelöst.

> **Hintergundwissen: Automatische Typerzeugung bei Arrays**
>
> Bei der Angabe eines Arrays im Sourcecode wird durch den Compiler dynamisch ein neuer Typ erzeugt, falls es diesen noch nicht gibt. Beim Kompilieren der Anweisung
>
> ```
> final Object[] infos = new String[] { "Arrays", "sind", "kovariant" };
> ```
>
> entstehen zwei neue Typen: `Object[].class` und `String[].class`.

Einfluss von Varianz beim Überschreiben von Methoden

Nachdem wir bereits ein gewisses Verständnis für die verschiedenen Formen der Varianz aufgebaut haben, möchte ich darstellen, wie sich Varianz auf die Definition und das Überschreiben von Methoden in einer Klassenhierarchie auswirkt.

Zur Veranschaulichung verwende ich die bereits gezeigte Typhierarchie `Sub extends Base`, die Eingabe- bzw. Rückgabetyp von Methoden einer Klassenhierarchie definiert. Die Klassenhierarchie besteht aus den zwei Klassen `BaseClass` und `SubClass` sowie der Vererbungsbeziehung `SubClass extends BaseClass`. Jede dieser Klassen definiert eine Methode `method()`. Je nach Varianzform nutzt diese einen Eingabeparameter bzw. Rückgabewert vom Typ `Base` bzw. `Sub`. Das kann man sich am besten mithilfe eines kleinen Modells in UML-Schreibweise verdeutlichen. In Abbildung 3-36 ist dies dargestellt.

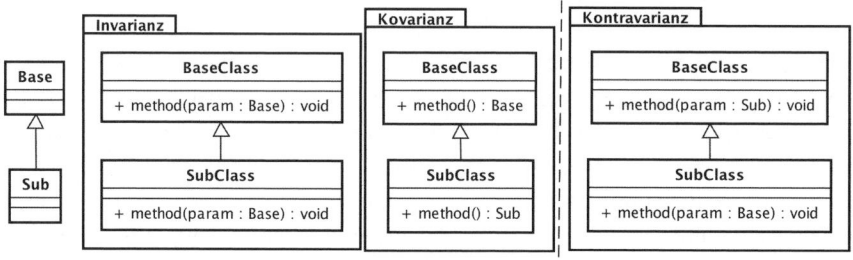

Abbildung 3-36 *Varianzformen und Vererbung*

Die gezeigten Varianzformen führen nicht immer zum Überschreiben von Methoden. In der Java Language Specification[36] (JLS) ist definiert, dass ein Überschreiben nur möglich ist, wenn eine Methode einer Subklasse dieselbe Signatur wie die Methode der Basisklasse besitzt. Wir erkennen daher Folgendes:

- Beim ***invarianten Überschreiben*** sind in einer Basisklasse und in einer davon abgeleiteten Klasse die eingesetzten Typen eines Methodenparameters ***identisch***.

---

[36] Diese ist online unter `http://docs.oracle.com/javase/specs/` verfügbar.

3.6 Formen der Varianz

- Beim *kovarianten Überschreiben* folgt die Vererbungshierarchie der Rückgabetypen und die der einsetzenden Klassen der **gleichen Richtung**. Ab JDK 5 wird dies in Form kovarianter Rückgabewerte unterstützt (vgl. Abschnitt 3.6.2).

- Wenn die Typhierarchie der jeweiligen Methodenparameter *entgegengesetzt zur Vererbungshierarchie* der verwendenden Klassen läuft, so spricht man von *Kontravarianz*. In Java findet hierdurch *kein Überschreiben* statt: Stattdessen wird die Methode *überladen* und existiert zusätzlich zu der geerbten Methode.

3.6.2 Kovariante Rückgabewerte

Nach diesen Grundlagen stelle ich im Folgenden kovariante Rückgabewerte anhand eines Beispiels vor. Denken wir uns dazu wieder ein Programm, das verschiedene grafische Elemente der Typen `CircleFigure`, `LineFigure` und `RectFigure` verwaltet: Diese Klassen erweitern eine gemeinsame Basisklasse `BaseFigure`. Nehmen wir an, diese Basisklasse besäße eine Methode `copy()`, um Elemente zu kopieren:

```java
public abstract class BaseFigure
{
    public abstract BaseFigure copy();

    // ...
```

Jede konkrete Subklasse muss diese abstrakte Methode realisieren. Im Folgenden betrachten wir dies mit und ohne den Einsatz kovarianter Rückgabewerte.

Realisierungen vor JDK 5 Vor JDK 5 entspricht für Subklassen der Typ des Rückgabewerts in überschriebenen Methoden demjenigen aus der Basisklasse, hier also `BaseFigure`. Das ist unpraktisch, wenn man eine Referenz eines konkreten Subtyps besitzt und davon eine Kopie erstellen möchte. Nach der obigen Definition erhält ein Aufrufer lediglich eine Referenz auf den Basistyp `BaseFigure`. Um bei Bedarf dennoch Zugriff auf durch Subklassen bereitgestellte Funktionalität zu erhalten, muss daher immer ein expliziter Cast erfolgen – natürlich bevorzugt abgesichert durch einen Aufruf von `instanceof`. Wollte man beispielsweise ein Objekt vom Typ `CircleFigure` duplizieren und anschließend auf dessen spezifische Methoden, etwa den Radius des Kreises, zugreifen, so kann das nur wie folgt realisiert werden:

```java
final BaseFigure typeUnsafeCopyOfCircle = circleFigure.copy();

if (typeUnsafeCopyOfCircle instanceof CircleFigure)
{
    final CircleFigure circleTypeCopy = (CircleFigure)typeUnsafeCopyOfCircle;

    final double radius = circleTypeCopy.getRadius();

    // ...
```

Realisierungen mit JDK 5 und höher   Seit JDK 5 kann man *kovariante Rückgabewerte* beim Überschreiben nutzen, um den Applikationscode einfacher und besser lesbar zu gestalten. Im Beispiel kann die abgeleitete Klasse `CircleFigure` die Methode `copy()` mit einem spezielleren Rückgabetyp überschreiben als in der Basisklasse:

```
public class CircleFigure
{
    public CircleFigure copy() // Kovariante Rückgabe
    {
        // ...
```

Abbildung 3-37 zeigt kovariante Rückgabetypen als UML-Klassendiagramm für die Spezialisierungen `CircleFigure`, `LineFigure` und `RectFigure`.

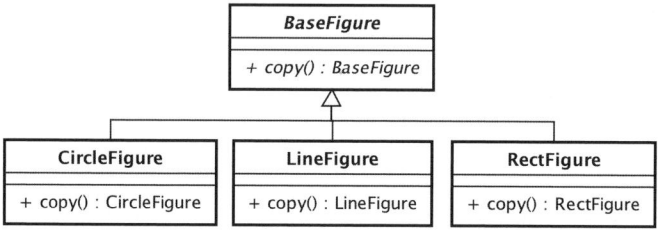

Abbildung 3-37 *Abstrakte Basisklasse und kovariante Rückgabewerte*

Betrachten wir nun den Einsatz für eine Referenzvariable vom Typ `CircleFigure`:

```
public static void main(final String[] args)
{
    final BaseFigure baseFigure = new CircleFigure();
    final CircleFigure circleFigure = new CircleFigure();

    final CircleFigure circleCopy = circleFigure.copy(); //#1 Kovariante Rückgabe
    final double radius = circleCopy.getRadius();

    //final CircleFigure circleCopy2 = baseFigure.copy(); //#2 Compile-Error

    final BaseFigure baseCopy = baseFigure.copy();
    System.out.println(baseCopy.getClass().getSimpleName()); //#3 CircleFigure
}
```

Listing 3.4   *Ausführbar als* '**COVARIANTRETURNEXAMPLE**'

Dieser Sourcecode-Ausschnitt zeigt, dass Aufrufe mit kovarianter Rückgabe nur dann einen Subtyp zurückliefern, wenn die Variable auch zum Zeitpunkt des Kompilierens vom entsprechenden Typ ist – in diesem Beispiel, wenn das Original auch vom Typ `CircleFigure` ist (Variante #1).

Bei Variante #2 besitzt das Objekt `baseFigure` zwar den *Laufzeittyp* `CircleFigure`, aber den *Kompiliertyp* `BaseFigure`. Dafür würde zwar eine polymorphe Wahl der Methode erfolgen, es wird jedoch der kovariante Rückgabetyp zur Kompilierzeit nicht unterstützt. Dies führt zu folgender Fehlermeldung: »`Type mismatch: cannot convert from BaseFigure to CircleFigure`«.

Die Variante #3 mit der Anweisung `baseFigure.copy()` führt zu einer Kopie und einer Zuweisung an die Variable `baseCopy` vom Typ `BaseFigure`. Startet man das Programm COVARIANTRETURNEXAMPLE, wird der Klassenname `"CircleFigure"` ausgegeben. Daran erkennt man, dass tatsächlich ein `CircleFigure`-Objekt entsteht. Als Aufrufer kann man – sofern nicht ein expliziter Cast auf diesen Laufzeittyp erfolgt – aber nicht auf die spezifische Methode `getRadius()`, sondern nur auf die Methoden des Kompiliertyps `BaseFigure` zugreifen.

Fazit

Mit diesem Beispiel zu kovarianten Rückgabewerten beenden wir zunächst die Vorstellung der Varianz und kommen nun zu generischen Typen. Beide Themen spielen insbesondere im Zusammenhang mit den Containerklassen des Collections-Frameworks eine wichtige Rolle und werden dort in Abschnitt 6.4 nochmal aufgegriffen und ausführlicher erklärt.

3.7 Generische Typen (Generics)

Dieser Abschnitt stellt generische Typen (kurz *Generics*) so weit vor, wie dies hilfreich ist, um die folgenden Beispiele und Erklärungen nachvollziehen zu können.

3.7.1 Einführung

Die Containerklassen wie Listen, Sets und Maps waren bis JDK 5 untypisiert. Somit können dort Objekte beliebigen Typs verwaltet werden. Jedoch sind derartige heterogene Container nur für wenige Anwendungsfälle nützlich. Viel öfter ist gewünscht, gleichartige Objekte, also diejenigen eines bestimmten Typs, zu speichern – man spricht von einer homogenen Zusammensetzung. Ohne das Sprachfeature Generics oder eine selbstgeschriebene Containerklasse kann man diese Forderung nur durch eine geeignete Namensgebung, etwa `personList`, ausdrücken, nicht aber vom Compiler sicherstellen lassen. Seit JDK 5 ist die typsichere Definition von Containerklassen mithilfe von Generics ohne weiteren Implementierungsaufwand möglich. Es muss lediglich eine Typangabe bei der Definition einer Containerklasse erfolgen. Basierend darauf kann vom Compiler sichergestellt werden, dass nur gewünschte Typen gespeichert werden.

Herkömmliche, nicht generische Container

Um die Problematik nicht typsicherer Container zu rekapitulieren bzw. besser nachvollziehen zu können, betrachten wir als Beispiel die Datenspeicherung von `Person`-Objekten in einer `ArrayList` ohne Typangabe. Man spricht auch von einem sogenannten *Raw Type*, weil dieser keine Typinformationen über den Inhalt besitzt. Somit sind die Zugriffsmethoden, etwa `Object get(int)` und `add(Object)`, alle mit Eingabeparametern oder Rückgabewerten des Typs `Object` definiert. Dadurch können Objekte beliebiger Typen verarbeitet werden. Zur Demonstration möglicher Auswirkungen wird in eine Liste von `Person`-Objekten bewusst auch ein `Dog`-Objekt hinzugefügt. Danach wird über die Liste iteriert, die Elemente werden ausgelesen und ausgegeben:

```java
public static void main(final String[] args)
{
    // Achtung: Nur zur Demonstration auf Generics verzichtet
    final List personList = new ArrayList();
    personList.add(new Person("Max", new Date(), "Musterstadt"));
    personList.add(new Person("Moritz", new Date(), "Musterstadt"));
    personList.add(new Dog("Sarah vom Auetal"));

    for (int i = 0; i < personList.size(); i++)
    {
        // Explizite Typumwandlung notwendig zum Methodenaufruf
        final Person person = (Person) personList.get(i);
        System.out.println(person.getName() + " aus " + person.getCity());
    }
}
```

Listing 3.5 *Ausführbar als* '**OLDSTYLELIST**'

Der gezeigte Sourcecode kompiliert ohne Fehler, aber zur Laufzeit gibt es Probleme: Als Folge der expliziten Typumwandlung des Eintrags vom Typ `Dog` in eine Referenz vom Typ `Person` wird eine `ClassCastException` ausgelöst: Die Klasse `Dog` ist selbstverständlich keine Subklasse der Klasse `Person`.

Die Typumwandlung von `Object` auf `Person` ist erforderlich, damit ein Zugriff auf die Methoden `getName()` und `getCity()` der Klasse `Person` möglich wird, um den Namen einer Person und deren Wohnort ausgeben zu können. Aufgrund des Namens `personList` erfolgt hier der Cast oder eine Typprüfung, da man davon ausgeht, dass die gespeicherten Elemente vom Typ `Person` sind. Wie das Beispiel zeigt, ist dies aber nicht garantiert und führt zu dem Fehler. Wie kann man es also besser machen?

Typsichere, generische Container

Seit JDK 5 lassen sich praktischerweise Containerklassen durch die Angabe von Typparametern auf einen Typ festlegen. Dies geschieht mithilfe der Spitzen-Klammern-Notation, in der Deklaration z. B. mit `List<Person>`, bei der Definition hier als `ArrayList<Person>()`. Bei der Definition ist es seit Java 7 erlaubt, auf die Typangabe zu verzichten und stattdessen den sogenannten Diamond Operator wie folgt zu nutzen: `ArrayList<>()`.

Basierend auf den Typangaben kann der Compiler bereits zur Kompilierzeit eventuell vorhandene Typinkompatibilitäten aufdecken und somit sicherstellen, dass nur Objekte des gewünschten Typs (und auch Subtypen davon), hier `Person`, in den Container aufgenommen werden können.

Schauen wir uns nun die typsichere Definition einer Liste von `Person`-Objekten mithilfe von Generics an:

```
public static void main(final String[] args)
{
    // Typsichere Definition mit Generics
    final List<Person> personList = new ArrayList<Person>();

    personList.add(new Person("Max", new Date(), "Musterstadt"));
    personList.add(new Person("Moritz", new Date(), "Musterstadt"));
    // personList.add(new Dog("Sarah vom Auetal")); // Compile-Error

    for (int i = 0; i < personList.size(); i++)
    {
        // Typsicheres Auslesen
        final Person person = personList.get(i);
        System.out.println(person.getName() + " aus " + person.getCity());
    }
}
```

Listing 3.6 Ausführbar als 'NEWSTYLELIST'

Im Gegensatz zum Programm OLDSTYLELIST, das nur eine `ClassCastException` auf der Konsole protokolliert, gibt das Programm NEWSTYLELIST folgende zwei Einträge aus:

```
Max aus Musterstadt
Moritz aus Musterstadt
```

Wie das Beispiel zeigt, lassen sich nunmehr wirklich nur `Person`-Referenzen[37] in die so typisierte `ArrayList<Person>` aufnehmen und daraus auslesen. Bei Letzterem entfällt die zuvor notwendige explizite Typumwandlung und man erhält dann auch den gewünschten Typ, hier `Person`, statt wie früher den Typ `Object`.

Diamond Operator und Vereinfachungen bei Typangaben mit JDK 7

Der Einsatz von Generics erforderte vor JDK 7 etwas zusätzlichen Schreibaufwand durch die Angabe der Typinformation bei der Deklaration und deren Wiederholung bei der Definition etwa folgendermaßen:

```
final Map<String, Set<String>> typeSafeMap = new HashMap<String, Set<String>>();
```

Dies ist unleserlich und enthält Redundanzen, da die Typparameter bereits bekannt sind. Seit JDK 7 kann man den sogenannten *Diamond Operator* '<>' zur Schreibweisenabkürzung wie folgt verwenden:

```
// Typ muss nicht wiederholt werden
final Map<String, Set<String>> newJDK7StyleMap = new HashMap<>();
```

---

[37]Es sind auch Subtypen davon erlaubt.

Definition eigener generischer Klassen

Wir wissen nun, wie man die Containerklassen des Collections-Frameworks typsicher gestaltet, doch oftmals ist es darüber hinaus wünschenswert, eigene typisierte Klassen erstellen zu können. Betrachten wir als einfaches Beispiel einen Datencontainer für Wertepaare beliebiger Typen.

Realisierung ohne Generics und sich daraus ergebende Probleme   Ohne Verwendung von Generics muss dieser Datencontainer zunächst ganz allgemein mit Referenzen vom Typ `Object` folgendermaßen realisiert werden:

```java
public final class Pair
{
    private final Object first;
    private final Object second;

    public Pair(final Object first, final Object second)
    {
        this.first = first;
        this.second = second;
    }

    public final Object getFirst()       { return first; }
    public final Object getSecond()      { return second; }
}
```

Diese Realisierung bietet keine Einschränkung, welche Typen eingefügt werden können. Möchte man diese Klasse typsicher für diverse Typkombinationen ohne Einsatz von Generics bereitstellen, so müssten für jede gewünschte Typkombination jeweils eigene Klassen erstellt werden. Dies würde zu Sourcecode-Duplikation und zu einer Menge ähnlicher Klassen führen, und zwar linear wachsend mit der Anzahl gewünschter Typkombinationen, wobei die Realisierung in den Typen der Attribute `first` und `second` entsprechend variiert. Daran erkennt man, dass es wenig sinnvoll ist, Datencontainer in dieser Weise auf spezielle Typen der Einzelelemente festzulegen, wenn man eine allgemeingültige Lösung sucht. Wie geht es also besser?

Realisierung mit Generics   Anstatt die Klasse `Pair` für jede benötigte Typkombination wieder erneut zu programmieren, wollen wir eine generische, für alle möglichen gewünschten Typkombinationen verwendbare Definition realisieren. Durch den Einsatz von Generics wird genau dies möglich. Wir definieren den Container `Pair` mit zwei formalen Typparametern `T1` und `T2`, die als Platzhalter für konkrete Typen beim Einsatz dienen, folgendermaßen:

```
public final class Pair<T1, T2>
{
    private final T1 first;
    private final T2 second;

    public Pair(final T1 first, final T2 second)
    {
        this.first  = first;
        this.second = second;
    }

    public final T1 getFirst()      { return first;  }
    public final T2 getSecond()     { return second; }
}
```

In der Regel werden als Typplatzhalter einzelne Zeichen verwendet, die bei Bedarf, wie hier, eine Nummerierung erhalten. Gebräuchlich sind die Kürzel `E` für Elemente von Containerklassen und `T` für beliebige Typen. Erst beim Einsatz dieser generischen Klasse werden die formalen Typparameter vom Compiler durch die im Sourcecode angegebenen konkreten Typen ersetzt.

Betrachten wir als Anwendungsfall die Speicherung und Verwaltung von Personen und deren Spitznamen. Mithilfe der vorgestellten Klasse `Pair` soll die Kombination aus Spitzname und Person modelliert werden. Dazu substituiert man die beiden formalen Typparameter `T1` und `T2` durch die gewünschten Typen `String` und `Person`:

```
final Person wizard = new Person("Wizard", new Date(), "Kiel");
final Person mike   = new Person("Mike",   new Date(), "Bremen");

final Pair<String, Person> pair1 = new Pair<>("Dark", wizard);
final Pair<String, Person> pair2 = new Pair<>("Iron", mike);
```

Typeinschränkungen für Klassen   Teilweise möchte man bei der Definition einer generischen Klasse den erlaubten Typ eines zu ersetzenden Typparameters genauer spezifizieren. Das kann man durch folgende Notation mit `extends` und `&` erreichen:

```
public class GenericClass<T extends BaseType & Interface1 & Interface2>
```

Diese Angabe sichert folgende Eigenschaften für den Typ `T` ab:

- `T` muss die nach `extends` angegebene Basisklasse bzw. den Basistyp `BaseType` besitzen (oder selbst vom Typ `BaseType` sein).
- Optional können mit `&` Interfaces spezifiziert werden: `T` muss im Beispiel dann auch die Interfaces `Interface1` und `Interface2` implementieren. Diese Bedingung ist auch erfüllt, wenn eine beliebige Basisklasse von `T` dies tut.

Vor dem ersten '`&`' können Typangaben verwendet werden, also sowohl einer Klasse als auch eines Interface. Nach dem '`&`' können lediglich Interfaces angegeben werden.

Typeinschränkungen für (statische) Methoden Für Methoden kann auf ähnliche Weise eine Typeinschränkung erfolgen. Nehmen wir an, eine statische Hilfsmethode `doSomething()` soll Listen übergeben bekommen, die auf den Typ `BaseFigure` oder Subtypen davon festgelegt sind, etwa `List<RectFigure>`. Eine mögliche Schreibweise ist folgende:

```
public static void doSomething(final List<? extends BaseFigure> figures)
```

Alternativ kann man die Methode auch explizit als generisch definieren. Dazu wird der formale Typparameter vor dem Rückgabetyp in spitzen Klammern notiert:[38]

```
public static <T extends BaseFigure> void doSomething(final List<T> figures)
```

Analog kann man nicht statische Methoden mit einem Typparameter versehen, etwa wenn dieser abweichend vom Typparameter der Klassendefinition ist. Gebräuchlich ist aber vor allem die gezeigte Form für statische Methoden.

Die hier genutzte spezielle Notation `? extends` bzw. `T extends` mutet etwas merkwürdig an. Sie drückt Kovarianz aus, die vor allem für Containerklassen und Generics von Interesse ist und später im Detail in Abschnitt 6.4 besprochen wird.

3.7.2 Generics und Auswirkungen der Type Erasure

Als Generics mit JDK 5 eingeführt werden sollten, stand man vor der Herausforderung, dies kompatibel zur JVM und den bisherigen Klassen des JDKs, insbesondere des Collections-Frameworks, realisieren zu müssen. Man entschied sich dazu, weder dynamisch neue Klassen zu erzeugen, wie dies für Arrays geschieht, noch den von der JVM generierten und ausgeführten Bytecode anzupassen.

Dies war nur durch einen Trick möglich: Generics sind mithilfe der sogenannten *Type Erasure* realisiert. Das bedeutet, dass die im Sourcecode typisierten Klassen durch den Compiler auf untypisierte Klassen bzw. die Parameter auf den allgemeinsten Typ `Object` abgebildet werden. Aus einer `ArrayList<Person>` wird dadurch beim Kompilieren eine `ArrayList` ohne Typinformationen. Als Folge der Type Erasure existieren also zur Laufzeit nur noch untypisierte Klassen.[39] Um das zu verstehen, schauen wir wieder auf eine Liste mit `Person`-Objekten:

```
final List<Person> personList = new ArrayList<>();

personList.add(new Person("Max", new Date(), "Musterstadt"));
final Person firstPerson = personList.get(0);
```

---

[38] Wodurch im Unterschied zur vorherigen Variante in dieser `T`-Variante die `BaseFigure`-Spezialisierung »festgehalten« wird.

[39] Allerdings verbleiben einige Hinweise zu generischen Definitionen von Attributen und Methodenparametern im Bytecode. Darauf gehe ich später in Abschnitt 10.1.4 ein.

Dieser Sourcecode wird so kompiliert, als ob man Folgendes programmiert hätte:

```
final List personList = new ArrayList();

personList.add(new Person("Max", new Date(), "Musterstadt"));
final Person firstPerson = (Person)personList.get(0);
```

Das Entfernen des Typparameters und das Hinzufügen des Casts sind aber noch die am wenigsten weitreichenden Konsequenzen. Damit die Zuweisungen wie im Sourcecode angegeben funktionieren, muss der Compiler zum einen Casts passend in den Bytecode einfügen und zum anderen muss nun beim Kompilieren extrem streng geprüft werden, dass zur Laufzeit keine Typinkompatibilitäten auftreten können. Mögliche Probleme werden durch Warnungen signalisiert. Nur wenn keine Warnungen auftreten, sind keine Typinkompatibilitäten erkannt worden.

Insgesamt führt die Type Erasure zu einigen Einschränkungen und Merkwürdigkeiten beim Einsatz von Generics, etwa bei dynamischen Typabfragen zur Laufzeit, dem Erzeugen von Objekten mit generischem Typ und vor allem in Kombination mit Collections und Arrays. Im Folgenden stelle ich Auswirkungen sowie potenzielle Fallstricke vor und zeige mögliche Lösungen auf.

Auswirkung 1: Fehlende Typinformationen bei dynamischen Typabfragen

Wie schon in Abschnitt 3.6.1 beschrieben, erzeugt der Compiler bei der Definition eines Arrays dynamisch einen neuen Typ, falls es diesen noch nicht gab. Rekapitulieren wir dies am Beispiel von zwei Arrays für Spitznamen und Personen:

```
final String[] nicknames = { "Dragonman", "Iron Mike", "Lordmaster" };
final Person[] bowlingPeople = { new Person("Sven", new Date(), "Kiel"),
                                 new Person("Michael", new Date(), "Bremen"),
                                 new Person("Andreas", new Date(), "Kiel") };
```

Durch diese Anweisungen entstehen zwei neue Array-Typen: `String[].class` und `Person[].class`. Niemals würde man auf die Idee kommen, dass die Referenzen `nicknames` und `bowlingPeople` vom gleichen Typ wären. Anders ausgedrückt: Nur weil beide Arrays sind, gilt *nicht* `String[].class == Person[].class`. Schreiben wir etwas Sourcecode, um das zu überprüfen:

```
// Compile-Error: Incompatible operand types Class<String[]> and Class<Person[]>
// final boolean sameType1 = (String[].class == Person[].class);
// final boolean sameType2 = (nicknames.getClass() == bowlingPeople.getClass());

final boolean sameType3 = (nicknames.getClass().equals(
                           bowlingPeople.getClass()));
System.out.println(sameType3); // false
```

Tatsächlich führen die gezeigten Vergleiche sogar zu Kompilierfehlern:[40] Ein Vergleich der Klassen mit `equals(Object)` liefert den Wert `false` und zeigt damit, dass es sich tatsächlich um unterschiedliche Klassen handelt.

Typabfragen bei Generics Setzen wir das Beispiel fort und verwenden nun Generics. Wir ändern die speichernde Datenstruktur von einem Array zu einer `ArrayList<E>`, um zu schauen, welche Auswirkungen dies für Typabfragen besitzt. Wir nutzen hier die für unsere Zwecke praktische statische Hilfsmethode `Arrays.asList(T...)` aus dem Collections-Framework (vgl. Abschnitt 6.3.1). Diese erzeugt aus einem Array vom Typ `T` eine typisierte, unmodifizierbare Liste. Betrachten wir das Ganze erneut:

```java
public static void main(final String[] args)
{
    // Zeilen von oben

    final List<String> nicknamesList = Arrays.asList(nicknames);
    final List<Person> bowlingPeopleList = Arrays.asList(bowlingPeople);

    // ACHTUNG: Compile-Error
    // final boolean sameType1 = (List<String>.class == List<Person>.class);
    final boolean sameType2 = (nicknamesList.getClass() ==
                               bowlingPeopleList.getClass());
    System.out.println(sameType2); // true
}
```

Listing 3.7 Ausführbar als 'TYPEERASUREEXAMPLE'

Das Programm TYPEERASUREEXAMPLE produziert folgende Ausgaben:

```
false
true
```

Daran sieht man Folgendes: Ein direkter Vergleich der generischen Typen scheitert wiederum bereits an Kompilierfehlern. Um die Typinformationen zu den generischen Klassen zu erhalten, nutzen wir einen Aufruf von `getClass()`. Interessanterweise führt der Vergleich nun nicht mehr zu einem Kompilierfehler, sondern die ermittelten Typinformationen der Variablen `nicknamesList` und `bowlingPeopleList` sind *gleich*. Daraus folgt: *Durch die Type Erasure existiert tatsächlich nur genau ein Typ für jede mit verschiedenen Typparametern erzeugte Containerklasse.* Demnach gibt es also weder einen Typ `List<Person>.class` noch einen Typ `List<String>.class`, sondern lediglich den Typ `List.class`. Somit lässt sich also weder mit `instanceof` noch mit `getClass()` prüfen, ob eine Collection auf einen gewünschten Typ festgelegt ist. *Es sind keine Typprüfungen generischer Containerklassen möglich*, um etwa vor dem Einfügen eines `Person`-Objekts in eine Liste abzuprüfen, ob diese tatsächlich auf die Speicherung von Personen ausgelegt ist. Das ist eine recht bedeutende Einschränkung.

---

[40]Das ist zunächst verwunderlich, da man hier eher erwarten würde, dass der Vergleich fehlschlagen und der Wert `false` zurückgegeben würde. Ist keine Typkompatibilität gegeben, kommt es jedoch zu einem Kompilierfehler mit der obigen Fehlermeldung.

3.7 Generische Typen (Generics)

Auswirkung 2: Probleme beim Erzeugen von generischen Objekten

Weil beim Kompilieren ein generischer Typparameter `T` durch die Type Erasure in den Typ `Object` umgewandelt wird, stehen zur Laufzeit nicht die benötigten Informationen zum gewünschten Typ `T` bereit, um folgenden Konstruktoraufruf auszuführen:

```
// Achtung: Compile-Error
new T()
```

Wenn man aber Instanzen generischer Klassen dynamisch erzeugen möchte, wäre ein solcher Konstruktoraufruf eine wünschenswerte Funktionalität. Es gibt zwei mögliche Lösungen, die ausnutzen, dass generische Typen als Rückgabe erlaubt sind:

1. Man definiert eine Methode zur Konstruktion gemäß dem Muster ERZEUGUNGS-METHODE bzw. FABRIKMETHODE (vgl. Abschnitt 18.1.1 bzw. 18.1.2).
2. Man definiert ein Interface mit einer oder mehreren Methoden zur Konstruktion gemäß dem Muster ABSTRAKTE FABRIK (siehe Literatur in Abschnitt 18.4).

Lösung 1 Zum Erzeugen definiert man folgende Methode `createNewTypedObject(Class<T>)`, die mit Reflection (vgl. Abschnitt 10.1) arbeitet. Für Klassen eines beliebigen Typ `T` kann man wie folgt eine neue Instanz erzeugen, sofern der Typ `T` einen Defaultkonstruktor besitzt:

```
@SuppressWarnings("unchecked")
public static <T> T createNewTypedObject(final Class<T> clazz)
{
    try
    {
        // Konstruktoraufruf per Reflection
        return (T) clazz.newInstance();
    }
    catch (final InstantiationException e)
    {
        // Keine Instanziierung möglich
        throw new IllegalStateException("Keine Instanziierung möglich", e);
    }
    catch (final IllegalAccessException e)
    {
        // Kein Zugriff möglich
        throw new IllegalStateException("Kein Zugriff möglich", e);
    }
}
```

In diesem Beispiel lernen wir die Annotation `@SuppressWarnings("unchecked")` kennen, die Typwarnungen unterdrückt. Diese Warnungen sollten im Normalfall nicht ignoriert werden, da ansonsten Fehler zur Laufzeit drohen. Hier ist der Einsatz der Annotation sinnvoll, da durch die Anweisungen keine Typinkompatibilität entsteht.

Lösung 2 Die zweite Lösung ist etwas komplizierter. Zum Erzeugen von Objekten führt man eine generische, abstrakte Klasse AbstractFactory<T> ein, die ebenfalls eine Methode createNewTypedObject() wie folgt deklariert:

```java
public abstract class AbstractFactory<T>
{
    abstract T createNewTypedObject();
}
```

Zur Konstruktion spezieller Typen werden dann konkrete Realisierungen dieser abstrakten Klasse mit spezifischen Realisierungen der Methode createNewTypedObject() bereitgestellt. Wollte man zum Beispiel auf diese Weise Person-Objekte konstruieren, so implementiert man dazu folgende Fabrikklasse PersonFactory:

```java
public final class PersonFactory extends AbstractFactory<Person>
{
    public Person createNewTypedObject()
    {
        return new Person();
    }
}
```

Einsatz der Lösungen Betrachten wir beide Lösungsmöglichkeiten (die Fabrikmethode bzw. die abstrakte Fabrik), um ein Person-Objekt zu konstruieren:

```java
public static void main(final String[] args)
{
    // Variante 1 - Konstruktion
    final Person newPerson1 = createNewTypedObject(Person.class);

    // Variante 2 - Konstruktion
    final AbstractFactory<Person> factory = new PersonFactory();
    final Person newPerson2 = factory.createNewTypedObject();

    // Initialisierung für beide Varianten
    initPersonAttributes(newPerson1, "Mike1", "Aachen", new Date());
    System.out.println("Person1: " + newPerson1);

    initPersonAttributes(newPerson2, "Mike2", "Bremen", new Date());
    System.out.println("Person2: " + newPerson2);
}
private static void initAttributes(final Person newPerson, final String name,
                                   final String city, final Date birthday)
{
    newPerson.setName(name);
    newPerson.setCity(city);
    newPerson.setBirthday(birthday);
}
```

Listing 3.8 Ausführbar als 'GENERICSCREATIONEXAMPLE'

Anhand dieses Beispiels wird allerdings auch ein großer Nachteil beider Varianten der Konstruktion deutlich: Eine Erzeugung über eine Fabrikmethode bzw. eine abstrakte Fabrik erfordert die Definition eines Defaultkonstruktors in der Klasse. Weil ein solcher aber lediglich eine Defaultinitialisierung vornimmt und anschließend die so erzeugten Objekte mit der gewünschten Wertebelegung zu versehen sind, müssen Schreibzugriffe auf Attribute erfolgen können. Das erfordert die Bereitstellung und den Aufruf diverser (eventuell sogar öffentlicher) `set()`-Methoden. Warum dies für die Kontrolle des Objektzustands problematisch sein kann, wurde in Abschnitt 3.1.5 besprochen.

Auswirkung 3: Keine generischen statischen Variablen möglich

Wir haben bereits einige durch die Type Erasure ausgelöste Fallstricke kennengelernt. Auch die Definition generischer statischer Attribute bereitet Probleme. Folgende Definition ist *nicht* möglich, sondern es kommt zu einem Kompilierfehler:

```
// Achtung: Diese Klasse lässt sich nicht kompilieren!
public class StaticGenericDataStore<T>
{
    // Compile-Error: Cannot make a static reference to the non-static type T
    private static T value;

    public static void setValue(final T newValue)
    {
        value = newValue;
    }

    public static T getValue()
    {
        return value;
    }
}
```

Klassen können demnach keine Attribute enthalten, die sowohl generisch als auch statisch sind. Der Grund ist folgender: Typparameter gehören, wie oben festgestellt, zu Instanzen und nicht zur Klasse an sich. Statische Attribute und Methoden gehören aber zur Klasse, woraus dann das Gesagte folgt.

Auswirkung 4: Probleme bei der Definition generischer Arrays

Beim Einsatz von Arrays in Kombination mit Generics kommt es aufgrund der Type Erasure mitunter zu Typwarnungen und Fehlern beim Kompilieren.

Schauen wir uns ein einfaches Beispiel an. Es sollen `Pair`-Objekte in einem Array vom Typ `Pair<Integer, String>[]` gespeichert werden. Wie im Listing angedeutet, kommt es dabei jedoch zu folgendem Kompilierfehler:

```
final Pair<Integer, String> PAIR1 = new Pair<>(1, "One");
final Pair<Integer, String> PAIR2 = new Pair<>(2, "Two");

// Compile-Error: Cannot create a generic array of Pair<Integer, String>
// final Pair<Integer, String>[] PAIRS = { PAIR1, PAIR2 };
final Pair[] PAIRS = { PAIR1, PAIR2 };
```

Es ist nur die zweite gezeigte, nicht typisierte Definition `Pair[] PAIRS` erlaubt. Wie lässt sich das erklären? Bekanntermaßen sind Arrays kovariant ausgelegt und können

Typsicherheit zur Kompilierzeit nicht zu 100 % garantieren (vgl. Abschnitt 3.6.1). Um Typkompatibilität sicherzustellen, müssen Arrays auch zur Laufzeit Typinformationen besitzen und auswerten. Weil für Generics durch die Type Erasure die Typangaben aus dem Sourcecode entfernt werden, besäße ein wie oben gewünscht definiertes Array `Pair<Integer, String>[]` zur Laufzeit keine Typangaben über die generische Klasse `Pair` mehr, sondern wäre vom Typ `Pair<Object, Object>[]`. Damit fehlen die Typangaben zum Inhalt, die aber zur Laufzeitprüfung benötigt würden.

Nehmen wir kurz einmal an, das Ganze wäre doch erlaubt. Dann könnte man im Array auch `Pair`-Objekte speichern, die vom Typ her inkompatibel sind, etwa statt `Pair<Integer, String>` eine Kombination `Pair<String, Date>` wie folgt:

```
final Object[] objects = intStringPairs = new Pair<Integer, String>[7];

objects[0] = new Pair<String, Date>("Now", new Date()); // Typinkompatibilität
```

Während nicht generische Arrays bei Typinkompatibilitäten `ArrayStoreExceptions` auslösen können, wäre dies bei der Speicherung generischer Typen in Arrays nicht möglich, da Konflikte weder vom Compiler noch zur Laufzeit durch die JVM erkannt werden könnten. Um Typinkompatibilitäten also zur Laufzeit ausschließen zu können, ist die Definition generischer Arrays in Java nicht erlaubt.

Auswirkung 5: Kein Erzeugen generischer Arrays möglich

Auch das Erzeugen eines generischen Arrays ist aufgrund der Type Erasure nicht möglich, d. h., folgende Definition führt zu dem gezeigten Kompilierfehler:

```
public static <T> T[] createTypedArray(final int size)
{
    // Compile-Error: Cannot create a generic array of T
    final T[] typedArray = new T[size];
    return typedArray;
}
```

Da Arrays lediglich Referenzen auf Objekte verwalten, könnte man auf die Idee kommen, ein Array benötigter Größe des Typs `Object[]` zu erzeugen und dieses anschließend auf den Typ `T[]` zu casten. Dazu könnte man Folgendes implementieren:

```
public static void main(final String[] args)
{
    final String[] texts = createTypedArray(10);
    texts[0] = "Test";
}
```

Listing 3.9 Ausführbar als 'WRONGGENERICARRAYCREATION'

Diese Umsetzung führt aber zu einer Warnung beim Kompilieren: »`Type safety: Unchecked cast from Object[] to T[]`«, da ein `Object[]` einem Subtyp `T[]` zugewiesen wird. Dies löst später zur Laufzeit eine `ClassCastException` aus.

Rekapitulieren wir nochmal: *Arrays speichern und besitzen Typinformationen auch zur Laufzeit*. Aufgrund ihrer kovarianten Ausrichtung kann man zwar z. B. eine Referenz auf ein `String[]` einer Referenz an ein `Object[]` zuweisen – umgekehrt führt das natürlich zu Problemen: Man kann einem `String[]` selbstverständlich kein `Object[]` zuweisen. Genau dies wird aber im obigen Beispiel ausgeführt: In der Hilfsmethode `createTypedArray(int)` wird ein Array vom Typ `Object[]` erzeugt und auf den Typ `T[]` gecastet. Durch Type Erasure wird daraus jedoch der Typ `Object[]`. Dieser wird dann in der `main()`-Methode dem Typ `String[]` zugewiesen. Als Folge kommt es zu einer `ClassCastException`, da eine Typinkompatibilität vorliegt.

> **Hinweis: Typwarnungen bei Generics**
>
> Ganz allgemein gilt, dass man *Typwarnungen* im Zusammenhang mit Generics beim Kompilieren *unbedingt Beachtung schenken* sollte. Nur wenn man sich absolut sicher ist, dass wirklich Typkompatibilität gegeben ist, kann man eine Warnung mit der Annotation `@SuppressWarnings("unchecked")` unterdrücken.

Lösung Ich greife dem in Abschnitt 10.1 eingeführten Thema Reflection etwas vor, indem ich die Klasse `java.lang.reflect.Array` nutze. Ich verwende deren Methode `newInstance(Class<T>, int)`, um dynamisch zur Laufzeit ein Array vom übergebenen Typ und der angegebenen Größe mit der Hilfsmethode `createTypedArray(Class<T>, int)` wie folgt zu erzeugen:

```java
@SuppressWarnings("unchecked")
public static <T> T[] createTypedArray(final Class<T> clazz, final int size)
{
    return (T[]) Array.newInstance(clazz, size);
}

public static void main(final String[] args)
{
    final String[] texts = createTypedArray(String.class, 2);

    System.out.println("Type: " + texts.getClass().getSimpleName());
    System.out.println("Size: " + texts.length);
    texts[0] = "Test1";
    texts[1] = "Test2";
    System.out.println("Content: " + Arrays.toString(texts));
}
```

Listing 3.10 Ausführbar als 'GENERICARRAYCREATION'

In diesem Fall ist Typsicherheit gegeben, wie es die folgenden Ausgaben des Programms GENERICARRAYCREATION zeigen. Daher kann man hier die Annotation `@SuppressWarnings("unchecked")` einsetzen, um eine Typwarnung zu verhindern. Allerdings sollte man dabei generell sehr vorsichtig sein und alles penibel prüfen.

```
Type: String[]
Size: 2
Content: [Test1, Test2]
```

3.8 Weiterführende Literatur

Dieses Kapitel hat einen fundierten Einstieg in das Thema Objektorientierung gegeben. Dabei wurde das Thema Generics so weit behandelt, dass ein Einsatz in der Praxis erleichtert wird. Wir haben auch ein erstes Verständnis für Varianzformen gewonnen und mögliche Fallstricke der Type Erasure kennengelernt. Ein paar problematische Details von Generics in Kombination mit den Containerklassen des Collections-Frameworks werden später in Abschnitt 6.4 beleuchtet.

Wissenswertes zur objektorientierten Programmierung und zu Generics finden Sie in den folgenden Büchern und Onlinequellen:

- »**Object-Oriented Software Development Using Java**« von Xiaoping Jia [45]
  Dieses Buch beschäftigt sich intensiv mit den Grundlagen eines gelungenen objektorientierten Designs von Software. Dabei werden viele Sprachelemente sowie diverse weitere interessante Themen wie Collections, Multithreading und verteilte Programme besprochen.

- »**Core Java 2 – Grundlagen**« von Cay S. Horstmann und Gary Cornell [36]
  Der erste Band dieses Buchs bietet einen Einstieg in den objektorientierten Entwurf mit Java und stellt dabei unter anderem auch Generics vor.

- »**Design mit Java**« von Peter Coad und Mark Mayfield [11]
  Coad und Mayfield stellen anhand von Beispielen den objektorientierten Entwurf mit Java dar. Dabei gehen sie insbesondere auf Komposition und Vererbung sowie den Einsatz von Interfaces ein.

- »**Fortgeschrittene Programmierung mit Java 5**« von Johannes Nowak [60]
  Nowak beschäftigt sich intensiv mit den in JDK 5 hinzugekommenen Sprachfeatures Generics und den Concurrency Utilities.

- »**Java Generics and Collections**« von Maurice Naftalin und Philip Wadler [59]
  Dieses Buch ist eine gute Ergänzung des zuvor genannten Buchs, da es besonders auf die Neuerungen im JDK 5 eingeht – im Speziellen auf Generics und einige Erweiterungen des Collections-Frameworks.

- »**A Programmers's Guide to Java SCJP Certification**« von Khalid A. Mughal und Rolf W. Rasmussen [57]
  Dieses Buch bietet einen präzisen, etwas formalen Einstieg in die SCJP-Zertifizierung. Es geht dabei detailliert auf Generics ein.

- »**Generics in the Java Programming Language**« von Gilad Bracha
  http://java.sun.com/j2se/1.5/pdf/generics-tutorial.pdf

- »**Java Generics FAQ**« von Angelika Langer
  http://www.AngelikaLanger.com/GenericsFAQ/JavaGenericsFAQ.html

4 Java-Grundlagen

Dieses Kapitel stellt verschiedene grundlegende Java-Sprachelemente vor, die wir in den folgenden Kapiteln immer wieder verwenden. Nützliches und Wissenswertes rund um die Klasse `java.lang.Object` – die Basis aller anderen Objekte – sowie einige ihrer wichtigsten Methoden sind Thema von Abschnitt 4.1. Dann folgt in Abschnitt 4.2 eine Beschreibung der primitiven Datentypen und der korrespondierenden Wrapper-Klassen. Im Anschluss beschäftigen wir uns in Abschnitt 4.3 mit der Verarbeitung textueller Informationen. Abschnitt 4.4 enthält eine Einführung in die Datumsarithmetik und nennt einige Fallstricke dabei. Anschließend stellt Abschnitt 4.5 Wissenswertes zu inneren Interfaces und inneren Klassen vor. Das Thema Ein- und Ausgabe und das Konzept von Ein- und Ausgabestreams wird in Abschnitt 4.6 besprochen. Schließlich beschreibt Abschnitt 4.7 verschiedene Varianten zur Behandlung von Fehlern. Dort werden sowohl die Stärken als auch die Tücken beim Einsatz von Exceptions und Assertions dargestellt.

Viele der behandelten Themen sind Bestandteil der Prüfung zum Oracle Certified Professional Java Programmer (OCPJP), ehemals Sun Certified Java Programmer (SCJP). Somit kann dieses Kapitel einen ersten Einstieg in dieses Thema geben. Ausführliche Informationen finden Sie in dem hervorragenden Buch »SCJP Sun Certified Programmer for Java 6 Study Guide« [73] von Kathy Sierra und Bert Bates.

4.1 Die Klasse `Object`

Die Klasse `java.lang.Object` ist die Basisklasse aller in Java existierenden Klassen. Jede Referenzvariable besitzt zumindest immer den Typ `Object`. Das ist praktisch, da diese Basisklasse bereits einige Methoden und damit elementare Verhaltensweisen bereitstellt. In der folgenden Aufzählung gebe ich einen kurzen einführenden Überblick über die wichtigsten Methoden und ihre Intentionen:

- `Class<?> getClass()` – Mithilfe dieser Methode kann der Laufzeittyp einer Klasse abgefragt werden. Diese Methode ist `final` und kann daher nicht überschrieben werden. Sie ist wichtig für den Einsatz von *Reflection*. Damit wird es zur Laufzeit möglich, Klassenbestandteile zu ermitteln, etwa Methoden, Attribute, Oberklassen, implementierte Interfaces usw. Details beschreibt Abschnitt 10.1.

- `String toString()` – Diese Methode dient dazu, eine textuelle Repräsentation für ein Objekt zu erzeugen. Um aussagekräftige Informationen über ein Objekt zur Verfügung zu stellen, ist es ratsam, die Methode `toString()` zu überschreiben. In Abschnitt 4.1.1 werden wir dies genauer betrachten.
- `boolean equals(Object)` – Diese Methode realisiert einen Vergleich eines Objekts mit einem anderen. Die Defaultimplementierung führt lediglich einen Referenzvergleich durch. ***Deshalb muss diese Methode in der Regel für eigene Klassen überschrieben werden, um einen sinnvollen Vergleich zweier Instanzen zu realisieren.*** Abschnitt 4.1.2 beschreibt dies im Detail.
- `int hashCode()` – Die Methode `hashCode()` wird immer dann benötigt, wenn Objekte in hashbasierten Containern verarbeitet werden sollen. Sie bildet den Objektzustand (oder Teile davon) auf eine Zahl ab. ***Wenn man `equals(Object)` überschreibt, muss man auch immer `hashCode()` passend dazu überschreiben.***[1] Abschnitt 6.1.7 geht auf die Thematik genauer ein.
- `void wait()`, `void notify()` und `void notifyAll()` – Diese Methoden dienen der Thread-Steuerung und sind alle `final` definiert, können also nicht überschrieben werden. Durch Aufruf der Methode `wait()` eines Objekts kann ein Thread darauf warten, dass eine Bedingung eintritt. Er wird inaktiv, bis diese Bedingung von anderen Threads hergestellt und dies durch Aufruf der Methode `notify()` bzw. `notifyAll()` des Objekts an den wartenden Thread kommuniziert wird. In Abschnitt 9.3.2 werden die genannten Methoden im Detail vorgestellt.
- `void finalize()` – Diese Methode ist für Aufräumarbeiten gedacht und wird vom Garbage Collector aufgerufen, bevor dieser den Speicher eines Objekts freigeben möchte, sobald es nicht mehr benötigt (d. h. durch andere Objekte referenziert) wird. Die Defaultimplementierung ist leer und kann überschrieben werden. Da nicht garantiert ist, dass ein Objekt tatsächlich auch von der Garbage Collection behandelt wird, stellt ***`finalize()` nur eine letzte, wenn auch unsichere Lösung dar, Aufräumarbeiten auszuführen oder Ressourcen freizugeben.***

Im Laufe dieses Kapitels werden Tipps und Hinweise zur Implementierung für die Methoden `toString()` und `equals(Object)` vorgestellt. Das geschieht exemplarisch anhand einer Klasse `Person`. Im Anschluss ist für diese eine Minimalimplementierung angegeben, die sukzessive ausgebaut wird. In Kapitel 6 ergänzen wir dann die Methode `hashCode()`.

Die in der Aufzählung letztgenannten Methoden sind bei der Anwendungsentwicklung in der Regel nicht ganz so häufig von Interesse – mit ihrer Bedeutung und groben Funktionsweise sollte aber jeder Java-Entwickler vertraut sein.

---

[1] Außer die Klasse wird sicher niemals in Hashcontainern verwaltet.

Beispielklasse `Person`

Die nachfolgend gezeigte Klasse `Person` besitzt die drei Attribute `name`, `birthday` und `city` und ist als unveränderliche Klasse folgendermaßen realisiert:

```
public final class Person
{
    private final String name;
    private final Date   birthday;
    private final String city;

    public Person(final String name, final Date birthday, final String city)
    {
        // Utility-Klasse Objects neu in JDK 7
        Objects.requireNonNull(name, "parameter 'name' must not be null");
        Objects.requireNonNull(birthday, "parameter 'birthday' must not be null");
        Objects.requireNonNull(city, "parameter 'city' must not be null");

        this.name = name;
        this.birthday = new Date(birthday.getTime());
        this.city = city;
    }

    public final String getName()       { return name; }
    public final Date   getBirthday()   { return new Date(birthday.getTime()); }
    public final String getCity()       { return city; }
}
```

Bei dieser Realisierung sind mehrere Dinge erwähnenswert. Zum einen ist dies der Einsatz der Utility-Klasse `java.util.Objects`. Diese wird für die Prüfungen der Konstruktorparameter genutzt. Diese Utility-Klasse wurde mit JDK 7 eingeführt und bietet einige recht praktische Hilfsmethoden. Im Listing wird auf unerlaubte Eingaben von `null` mithilfe der generischen Methode `requireNonNull(T, String)` geprüft.

Zum anderen sollten wir uns kurz einige Gedanken zu der Unveränderlichkeit und deren Umsetzung machen. Eine unveränderliche Klasse darf lediglich Leseoperationen in Form von `get()`-Methoden in ihrer öffentlichen Schnittstelle anbieten. Das reicht jedoch aufgrund der Referenzsemantik von Java gewöhnlich nicht aus, um wirklich Unveränderlichkeit zu erzielen. Anhand des Attributs für den Geburtstag wird dies offensichtlich. Objekte vom Typ `java.util.Date` sind veränderlich. Deshalb muss man beim Erhalt und bei der Rückgabe jeweils Kopien erstellen, um ungewollte Modifikationen zu vermeiden. Für die anderen Attribute sind keine derartigen Kopieraktionen erforderlich, da die dort genutzte Klasse `java.lang.String` unveränderlich ist.

4.1.1 Die Methode `toString()`

Wie erwähnt, dient die Methode `toString()` dazu, eine möglichst aussagekräftige und lesbare textuelle Repräsentation eines Objekts zu erzeugen. Allerdings gibt die Defaultimplementierung lediglich den Klassennamen gefolgt von einer hexadezimalen Darstellung des über die Methode `hashCode()` berechneten Werts zurück (standardmäßig die Referenz des Objekts in einen `int` konvertiert). Das lernen wir an einem Beispielprogramm kennen, das dabei hilft, die von der Defaultimplementierung erzeugten Ausgaben für Objekte der Klasse `Person` und für ein `Object`-Array zu analysieren:

```java
public static void main(final String[] args)
{
    final Object obj = new Object();
    final Person tom = new Person("Tom", new Date(), "Hamburg");
    final Object[] objectArray = new Object[] { obj, tom };

    System.out.println("Object: " + obj);
    System.out.println("Person: " + tom);
    System.out.println("Object[]: " + objectArray);
}
```

Listing 4.1 Ausführbar als 'TOSTRINGEXAMPLE'

Startet man das Programm TOSTRINGEXAMPLE, so wird etwa Folgendes ausgegeben:

```
Object: java.lang.Object@15db9742
Person: ch04_javagrundlagen.Person@6d06d69c
Object[]: [Ljava.lang.Object;@7852e922
```

Diese Form der Ausgabe ist wenig informativ. Wie bereits gesagt, wird lediglich der über `getClass()` ermittelte Klassenname und der mit der Methode `hashCode()` berechnete Hashwert als hexadezimale Zahl ausgegeben.

Ein Überschreiben der Methode `toString()` ist also immer dann sinnvoll, wenn man eine menschenlesbare Form der Ausgabe erreichen möchte. Wir sehen folgende Verbesserungsmöglichkeiten:

1. Die Repräsentation der Klasse `Person` ist nichtssagend und wenig hilfreich. Besser wäre beispielsweise die Ausgabe der Wertebelegungen der Attribute.
2. Auch die Ausgabe des Arrays entspricht nicht dem, was wir erwarten. Statt der kryptischen Notation `[Ljava.lang.Object;@7852e922` würde man sicher eine kommaseparierte Liste der Stringrepräsentationen enthaltener Objekte vorziehen.

Bevor wir die beiden Probleme behandeln, wollen wir zunächst einen Blick auf die Mechanismen bei der Ausgabe und Umwandlung von Werten mit `toString()` werfen.

Mechanismen bei Ausgaben über `System.out.println()`

In diesem Beispiel sehen wir keinen direkten Aufruf der Methode `toString()`. Tatsächlich wird diese Methode immer dann implizit, d. h. also »unsichtbar«, aufgerufen, wenn ein Objekt in einen String umgewandelt werden muss – hier zur Ausgabe über `System.out.println()`. Diese Umwandlung kann auch explizit durch einen direkten Aufruf von `toString()` für eine Objektreferenz durchgeführt werden. Dann muss allerdings für `null`-Referenzen eine Sonderbehandlung erfolgen, da es ansonsten zu `java.lang.NullPointerExceptions` kommt. Die Ausgabe von `null`-Werten mit `System.out.println()` wie in der folgenden Zeile

```java
System.out.println("println is " + null + " safe");
```

führt dagegen nicht zu Exceptions, sondern zum Text "null". Wie kommt das? Zur Umwandlung von Werten primitiver Datentypen und von Objektreferenzen in eine Stringrepräsentation sind im JDK in der Klasse String diverse überladene statische valueOf()-Methoden definiert. Diese werden implizit beim Aufruf von System.out.println() genutzt. Ein Blick auf die Implementierung der Methode valueOf(Object) erklärt das beschriebene Verhalten für Aufrufe mit null-Werten:

```
public static String valueOf(Object obj)
{
    return (obj == null) ? "null" : obj.toString();
}
```

Verbesserungen der toString()-Methode für die Klasse Person

Zur Verbesserung der Ausgabe überschreiben wir die toString()-Methode der Klasse Person. Die Realisierung sollte den Klassennamen, die Namen der Attribute sowie deren Werten enthalten. Im einfachsten Fall kann man sich eine Methode von Eclipse durch Aufruf des Menüs SOURCE −> GENERATE TOSTRING()... erzeugen lassen:

```
@Override
public String toString()
{
    return "Person [name=" + name + ", birthday=" + birthday +
            ", city=" + city + "]";
}
```

Das ist eine gute Basis, die sich noch verbessern lässt, indem etwa die Werte der Attribute durch Methodenaufrufe ermittelt werden. Zudem bietet es sich für textuelle Werte mitunter an, diese in Hochkommata (oder spitze Klammern bzw. Anführungszeichen) einzuschließen, wie es im folgenden Listing gezeigt ist. Auf diese Weise lassen sich Fehler erkennen, die durch führende oder nachfolgende Leerzeichen verursacht sind.

```
@Override
public String toString()
{
    return "Person: " +
            "Name='" + getName() + "' " +           // Variante 1
            "Birthday=<" + getBirthday() + "> " +   // Variante 2
            "City=\"" + getCity() + "\"";           // Variante 3
}
```

Listing 4.2 Ausführbar als 'PERSONTOSTRINGEXAMPLE'

Der Aufruf des Programms PERSONTOSTRINGEXAMPLE zeigt alle drei Varianten der Stringausgabe und die Ausgabe auf der Konsole ist bereits recht gut lesbar:

```
Person: Name='Tom' Birthday=<Fri Dec 27 14:02:42 CET 2013> City="Hamburg"
```

Etwas ungewöhnlich ist noch die Form der Datumsausgabe. Wir akzeptieren dies für den Moment und diskutieren Lösungsmöglichkeiten später in Abschnitt 4.4.

> **Tipp: Die Annotation `@Override`**
>
> Die Annotation `@Override` dient dazu, Methoden zu kennzeichnen, die korrespondierende Methoden einer Basisklasse überschreiben oder eines Basisinterface implementieren (sollen). Dies wird dann durch den Compiler geprüft und sichergestellt. Die Angabe der Annotation hilft, sich vor Flüchtigkeitsfehlern zu schützen, etwa dem versehentlichen Überladen durch Unterschiede in der Methodensignatur. Auch Tippfehler im Methodennamen können so erkannt werden. Zudem kann durch die Angabe der Annotation `@Override` vom Compiler eine Warnmeldung erzeugt werden, wenn in einer Basisklasse Methoden geändert werden. Abgeleitete Klassen würden diesen Sachverhalt ohne Annotation nicht mitbekommen.

Anmerkungen zur Performance Mitunter sieht man in Implementierungen von `toString()`-Methoden den Einsatz der Klasse `java.lang.StringBuffer` bzw. `java.lang.StringBuilder`. Der Einsatz erfolgt wohl mit dem Ziel, die Aufbereitung der Ausgabe bezüglich der Ausführungsgeschwindigkeit zu optimieren. Würde man die gerade gezeigte `toString()`-Methode der Klasse `Person` unter Nutzung der Methode `append(String)` der Klasse `StringBuilder` umbauen, so könnte Folgendes entstehen:

```java
public String toString()
{
    final StringBuilder sb = new StringBuilder();
    sb.append(getClass().getSimpleName()).append(": ");
    sb.append("Name='").append(getName()).append("' ");
    sb.append("Birthday='").append(getBirthday()).append("' ");
    sb.append("City='").append(getCity()).append("' ");
    return sb.toString();
}
```

Anhand des Listings wird die schlechtere Lesbarkeit und umständlichere Schreibweise deutlich. Zudem lässt sich so nur dann ein geringer Performance-Gewinn erzielen, wenn obige Methode extrem häufig aufgerufen wird. *Sofern also nicht triftige Gründe dagegen sprechen, sollte immer so lesbar wie möglich programmiert werden, um die Verständlichkeit und Wartbarkeit zu erhöhen.* Für das Beispiel heißt das, dass die Konkatenation einzelner Stringobjekte mit dem Operator '+' geschehen sollte. Nur für den Fall, dass die Aufbereitung der Ausgaben sehr umfangreich ist und zudem innerhalb von Schleifen erfolgt, kann sich der Einsatz eines `StringBuilders` und dessen `append(String)`-Methode statt des Operators '+' lohnen. Die Gründe werden in Abschnitt 4.3 und Kapitel 22 im Detail erklärt.

Verbesserungen der `toString()`-Ausgabe für Arrays

Eine menschenlesbare Ausgabe von Arrays ist relativ leicht zu erreichen, indem man statische Hilfsmethoden aus der Utility-Klasse `java.util.Arrays` nutzt. Mit der generischen Methode `asList(T...)` erhält man eine Referenz auf das Interface java.util.List<E>. In dessen Realisierungen liefert die toString()-Methode die gewünschte kommaseparierte Ausgabe. Als Alternative bietet die Klasse Arrays seit Java 5 diverse überladene toString()-Methoden, unter anderem die hier genutzte Methode toString(Object[]):

```
public static void main(final String[] args)
{
    final Person tom = new Person("Tom", new Date(), "Hamburg");
    final Person jerry = new Person("Jerry", new Date(), "Kiel");
    final Object[] persons = new Object[] { tom, jerry };

    System.out.println("Object[]: " + Arrays.asList(persons));    // JDK 1.4
    System.out.println("Object[]: " + Arrays.toString(persons));  // JDK 5.0
}
```

Listing 4.3 *Ausführbar als* '**ARRAYSTOSTRINGEXAMPLE**'

Startet man das Programm ARRAYSTOSTRINGEXAMPLE, so erhält man das gewünschte Resultat (hier gekürzt und leicht umformatiert):

```
Object[]:
[Person: Name='Tom' Birthday='Fri Dec 27 14:23:13 CET 2013' City='Hamburg',
 Person: Name='Jerry' Birthday='Fri Dec 27 14:23:13 CET 2013' City='Kiel']
```

Die Vorstellung der Methode toString() ist damit abgeschlossen. Im Verlauf dieses Kapitels werden wir aber noch eine Verbesserung der Datumsausgabe vornehmen.

4.1.2 Die Methode equals()

Dieser Abschnitt stellt die Implementierung der Methode equals(Object) ausführlich dar, weil diese Methode eine zentrale Rolle bei der Verwaltung von Objekten in Containerklassen spielt. Wie bereits erwähnt, ist jedes Objekt durch seinen *Zustand* (Belegung der Attribute), sein *Verhalten* (Methoden) und seine *Identität* (Referenz) definiert. Zum Vergleich von Objekten gibt es unter anderem folgende Möglichkeiten:

1. **Operator '=='** – Mit dem Operator '==' werden Objektreferenzen verglichen. Somit wird überprüft, ob es sich um *dieselben* Objekte handelt.
2. **Aufruf der Methode equals()** – Man nutzt equals(Object), wenn beim Vergleich von zwei Objekten nicht die Identität, sondern deren semantischer Zustand (d. h. die Wertebelegung der Attribute) von Interesse ist. Dazu muss die Methode equals(Object) in eigenen Klassen überschrieben werden, weil deren Defaultimplementierung aus der Klasse Object lediglich Referenzen mit dem Operator '==' vergleicht. In eigenen Realisierungen muss derjenige Teil des Objektzustands verglichen werden, der für die *semantische Gleichheit*, also die inhaltliche Gleichheit, relevant ist.

Die Methode equals(Object) kann zwar explizit zum Vergleich aufgerufen werden, in der Regel geschieht dies aber implizit und automatisch bei verschiedenen Aktionen.

Die Rolle von `equals()` beim Suchen

Um erste Erkenntnisse zur Implementierung von `equals(Object)` zu gewinnen, betrachten wir ein einfaches Beispiel einer Klasse `Spielkarte`. Die Implementierung nutzt einen Aufzählungstyp `Farbe` und einen `int` als Wert der Karte. Im Konstruktor wird abgesichert, dass nur gültige Objekte vom Typ `Farbe` übergeben werden:

```java
public final class Spielkarte
{
    enum Farbe { KARO, HERZ, PIK, KREUZ }

    private final Farbe farbe;
    private final int   wert;

    public Spielkarte(final Farbe farbe, final int wert)
    {
        this.farbe = Objects.requireNonNull(farbe, "farbe must not be null");
        this.wert = wert;
    }
}
```

Nachfolgend wollen wir einige Objekte vom Typ `Spielkarte` in einer `ArrayList<E>` speichern, wobei hier als generischer Typ `Spielkarte` Verwendung findet. Das folgende Listing zeigt das Erzeugen einiger Objekte vom Typ `Spielkarte` und deren Speicherung in einer `ArrayList<Spielkarte>`.[2] Nach dem Hinzufügen von drei Spielkarten prüfen wir mit der Methode `contains(Object)`, ob die »Pik 8« in der Datenstruktur enthalten ist, und speichern den Rückgabewert in der Variablen `gefunden`:

```java
public static void main(final String[] args)
{
    // JDK 7: Diamond Operator: ArrayList<> statt ArrayList<Spielkarte>
    final List<Spielkarte> spielkarten = new ArrayList<>();

    spielkarten.add(new Spielkarte(Farbe.HERZ, 7));
    // PIK 8 einfügen
    spielkarten.add(new Spielkarte(Farbe.PIK, 8));
    spielkarten.add(new Spielkarte(Farbe.KARO, 9));

    // Finden wir eine PIK 8?
    final boolean gefunden = spielkarten.contains(new Spielkarte(Farbe.PIK, 8));
    System.out.println("gefunden=" + gefunden);
}
```

Listing 4.4 Ausführbar als 'SPIELKARTEEXAMPLE'

Gefunden oder doch nicht? Auf den ersten Blick lautet die Antwort natürlich gefunden, weil ja eine »Pik 8« in die Datenstruktur eingefügt wurde. Starten wir das angegebene Programm SPIELKARTEEXAMPLE und prüfen den Wert der Variablen `gefunden`, so erleben wir – je nach Java-Kenntnisstand – aber eine Überraschung, denn `gefunden` hat den Wert `false`! Die gesuchte »Pik 8« ist laut Rückgabe von `contains(Object)` nicht in der Datenstruktur enthalten. Wie kann das sein?

---

[2] Details zu Listen und anderen Datenstrukturen beschreibt Kapitel 6 und geht dabei ausführlich auf das Collections-Framework ein.

In der Implementierung von `contains(Object)` werden alle in der Collection gespeicherten Elemente durchlaufen und auf Gleichheit mit dem übergebenen Objekt durch Aufruf von `equals(Object)` geprüft. Die Klasse `Spielkarte` überschreibt diese Methode jedoch nicht. Es wird daher die Methode der Basisklasse `Object` aufgerufen, die nur auf Referenzgleichheit prüft und folgendermaßen implementiert ist:

```java
public boolean equals(Object obj)
{
    return (this == obj);
}
```

Mit diesem Wissen erklärt sich das Ergebnis der oben gezeigten Suche. Dort wird die Methode `contains(Object)` mit einem neu erzeugten Objekt vom Typ `Spielkarte` aufgerufen. Dieses ist (natürlich) nicht in der Datenstruktur vorhanden.

Der `equals()`-Kontrakt

Vielfach benötigt man eine Prüfung auf inhaltliche Gleichheit. Dazu muss in eigenen Klassen die Methode `equals(Object)` passend überschrieben und dabei deren Kontrakt eingehalten werden. In der JLS [28] ist dazu folgende Signatur festgelegt:

```java
public boolean equals(Object obj)
```

Diese Methode muss eine Äquivalenzrelation mit folgenden Eigenschaften realisieren:

- **Null-Akzeptanz** – Für jede Referenz x ungleich `null` liefert `x.equals(null)` den Wert `false`.
- **Reflexivität** – Für jede Referenz x, die nicht `null` ist, muss `x.equals(x)` den Wert `true` liefern.
- **Symmetrie** – Für alle Referenzen x und y darf `x.equals(y)` nur den Wert `true` ergeben, wenn `y.equals(x)` dies auch tut.
- **Transitivität** – Für alle Referenzen x, y und z gilt: Sofern `x.equals(y)` und `y.equals(z)` den Wert `true` ergeben, dann muss dies auch `x.equals(z)` tun.
- **Konsistenz** – Für alle Referenzen x und y, die nicht `null` sind, müssen mehrmalige Aufrufe von `x.equals(y)` konsistent den Wert `true` bzw. `false` liefern.

Mögen diese Forderungen ein wenig kompliziert klingen, so ist eine Umsetzung in der Praxis doch relativ einfach nach folgendem zweistufigen Vorgehen möglich:

1. **Prüfungen** – Vor dem inhaltlichen Vergleich sichern wir ab, dass
    a) keine `null`-Referenzen,
    b) keine identischen Objekte und
    c) nur Objekte des gewünschten Typs verglichen werden.
2. **Objektvergleich** – Anschließend werden diejenigen Attributwerte verglichen, die für die Aussage »Gleichheit« relevant sind.

4 Java-Grundlagen

Prüfungen Die Implementierung der Methode `equals(Object)` in eigenen Klassen sollte mit einer Prüfung des Übergabeparameters auf `null` beginnen (Punkt a). Für eine bessere Performance wird danach auf Identität (Punkt b) geprüft, weil man sich bei Identität alle weiteren, gegebenenfalls aufwendigen Prüfungen sparen kann. Um nicht Äpfel mit Birnen zu vergleichen, erfolgt eine Typprüfung (Punkt c) vor dem eigentlichen Vergleich der Attribute.

Zu dieser Typprüfung findet man kontroverse Meinungen, ob diese mit `getClass()` oder `instanceof` erfolgen sollte. Eine Prüfung mit `instanceof` ist zwar in vielen Fällen ausreichend, beim Einsatz von Vererbung kann es jedoch zu Fehlern kommen: Wenn man sich unsicher ist, sollte man bevorzugt `getClass()` verwenden, da ansonsten schnell die im Kontrakt geforderte Symmetrie verletzt wird. Ausnahmen bilden die Fälle, in denen man explizit Instanzen von Subklassen und Basisklassen als »gleich« betrachten möchte, falls diese in der Wertebelegung ihrer Attribute übereinstimmen. Man sollte sich bewusst sein, dass es im Zusammenspiel mit Vererbung einiges bei der Typprüfung zu bedenken gibt. Das behandle ich später genauer.

Für die finale, nicht abgeleitete Klasse `Spielkarte` fällt die Wahl leicht: Wir verwenden hier `getClass()`. Aus den Punkten a) bis c) ergeben sich folgende erste Zeilen der Realisierung von `equals(Object)`:

```
@Override
public boolean equals(final Object other)
{
    if (other == null)
        return false;                              // Null-Akzeptanz
    if (this == other)
        return true;                               // Reflexivität
    if (this.getClass() != other.getClass())       // Typgleichheit sicherstellen
        return false;

    // ...
```

> **Tipp: `equals()` mit `instanceof` vs. `getClass()`**
>
> Wie erwähnt, gibt es zur Typprüfung in `equals(Object)` kontroverse Meinungen. Eine Diskussion mit Joshua Bloch finden Sie online unter http://www.artima.com/intv/bloch17.html.
>
> Eine Typprüfung mit `getClass()` testet, ob zwei Klassen exakt den gleichen Typ besitzen. Über `instanceof` werden auch alle Subklassen beim Vergleich auf eine Basisklasse akzeptiert. Es wird also eine Subtypbeziehung überprüft. Der Einsatz von `instanceof` ist allerdings nur dann erlaubt, wenn die geprüften Klassen eine gemeinsame Typhierarchie, d. h. eine gemeinsame Basisklasse ungleich `Object`, besitzen. Würde man eine beliebige Referenzvariable vom Typ `JButton` auf Typkonformität mit der zuvor vorgestellten Klasse `Person` prüfen wollen, so führt die Anweisung `okButton instanceof Person` zu einem Kompilierfehler. **Unterschiedliche Vererbungshierarchien lassen sich mit `instanceof` nicht vergleichen. Praktischerweise ist `instanceof` aber null-sicher, d. h., `null instanceof XYZ` liefert immer `false` und keine `NullPointerException`.**

4.1 Die Klasse `Object`

Objektvergleich Wurden die initialen Prüfungen bestanden, so kann nun das übergebene Objekt sicher auf den entsprechenden Typ gecastet werden. Die einzelnen Attribute des Objekts werden (z. B. in der Reihenfolge ihrer Definition oder des ersten vermuteten Unterschieds) auf Gleichheit geprüft. Dabei gelten folgende Regeln:

1. Vergleiche alle primitiven Ganzzahltypen per Operator '=='. Für Gleitkommazahlen sind derartige Vergleiche fehleranfällig und fragil. Aufgrund der systemimmanenten Ungenauigkeit bei Berechnungen mit Gleitkommazahlen müssen wir bei deren Vergleich besondere Vorsicht walten lassen bzw. sie in `equals(Object)` möglichst vermeiden. Nur in Ausnahmefällen kann man eine spezielle Gleichheitsprüfung vornehmen. Beachten Sie dazu bitte die Ausführungen in Abschnitt 4.2 und den folgenden Hinweiskasten.
2. Vergleiche alle Objekttypen mit deren `equals(Object)`-Methode. Für optionale Attribute, bei denen `null` ein gültiger Wert ist, muss eine spezielle Behandlung erfolgen. In den folgenden Abschnitten wird dies genauer betrachtet und eine Hilfsmethode `nullSafeEquals(Object, Object)` entwickelt.

Diese Erkenntnisse nutzen wir, um die `equals(Object)`-Methode für die Klasse `Spielkarte` zu vervollständigen. Dadurch wird auch die gesuchte »Pik 8« korrekt gefunden – prüfen Sie es mit dem Programm SPIELKARTEWITHEQUALSEXAMPLE.

```
@Override
public boolean equals(final Object other)
{
    if (other == null)                        // Null-Akzeptanz
        return false;
    if (this == other)                        // Reflexivität
        return true;
    if (this.getClass() != other.getClass())  // Typgleichheit sicherstellen
        return false;

    // Enum mit equals, int mit Wertevergleich
    final Spielkarte karte = (Spielkarte) other;
    return this.farbe.equals(karte.farbe) && this.wert == karte.wert;
}
```

> **Hinweis: Vergleich von Gleitkommatypen `float` und `double`**
>
> Zum Vergleich von Gleitkommazahlen kann man sich eine Hilfsmethode `isEqualWithinPrecision(double, double, double)` wie folgt definieren:
>
> ```
> public static boolean isEqualWithinPrecision(final double value,
>                     final double expected, final double epsilon)
> {
>     return (value > expected - epsilon && value < expected + epsilon);
> }
> ```
>
> Damit werden alle Werte für den erwarteten und den zu prüfenden Wert als »gleich« angesehen, falls deren Differenz kleiner als »Epsilon« ist. *Selbst damit ist für `equals(Object)` oftmals immer noch keine sinnvolle Aussage möglich!*

Typische Fehler bei der Implementierung von `equals()`

Bis jetzt scheinen die Umsetzung des Kontrakts und die Realisierung der Methode `equals(Object)` relativ einfach zu sein. Bei der unbedachten Implementierung kann man jedoch schnell Fehler machen. Betrachten wir dies anhand einer ersten, naiven Umsetzung für die Klasse `Person`. Es wird hier momentan bewusst auf die bereits kennengelernte Annotation `@Override` verzichtet, um auf ein Problem aufmerksam machen zu können. Eine erste Realisierung, die die Nachnamen vergleicht, könnte wie folgt aussehen:

```java
public boolean equals(final Person otherPerson)
{
    return this.getName().equals(otherPerson.getName());
}
```

Zunächst scheint so weit alles in Ordnung zu sein, doch tatsächlich enthält diese Lösung zwei Fehler. Prüfen wir die Signatur und den Kontrakt:

- **Signatur** ✗
  Die gezeigte Methode besitzt die Signatur `equals(`**`Person`**`)`. Bei eigener Implementierung muss die Signatur korrekterweise den Eingabetyp `Object` verwenden, um beliebige Typen von Objekten vergleichen zu können.
- **Null-Akzeptanz** ✗
  Für jede Referenz `x` ungleich `null` sollte der Aufruf `x.equals(null)` den Wert `false` ergeben. Die obige Realisierung löst stattdessen eine `NullPointerException` durch den Aufruf von `getName()` auf einer `null`-Referenz aus.
- **Reflexivität** ✓
- **Symmetrie**[3] ✓
- **Transitivität** ✓
- **Konsistenz** ✓

Wir erkennen, dass die Methode eine falsche Signatur besitzt und darüber hinaus den Aspekt der Null-Akzeptanz des Kontrakts verletzt. Allerdings betreibt man hier ungewollt Overloading statt Overriding. Dieser Fehler fällt nicht auf, solange man nur Objekte gleichen Typs `T` explizit über `equals(T)` vergleicht. Zu Problemen kommt es erst, wenn `Person`-Objekte in Containerklassen des JDKs gespeichert werden oder Vergleiche mit `null` erfolgen. Die in der Klasse `Person` definierte Methode `equals(Person)` wird von den Containerklassen nicht aufgerufen, da sie *nicht* die benötigte Signatur besitzt. Stattdessen wird die Methode `equals(Object)` aus der Klasse `Object` aufgerufen, die einen Referenzvergleich von `Person`-Objekten statt des gewünschten Vergleichs von Attributwerten durchführt.

Neben diesen eher formalen Fehlern enthält diese Implementierung aber auch einen inhaltlichen Fehler. Zwei `Person`-Objekte werden bereits bei gleichem Namen als gleich angesehen. Herr Müller aus Kiel ist sicherlich nicht Herr Müller aus Hamburg.

---
[3]Weil sichergestellt ist, dass das zum Vergleich benutzte Attribut `name` nicht `null` ist.

4.1 Die Klasse `Object`

Korrekturen Zur Korrektur folgen wir den Forderungen des Kontrakts und definieren die Methode mit der Signatur `equals(Object)`. Eine Realisierung sichert zunächst die Forderungen Null-Akzeptanz, Reflexivität und Typgleichheit ab. Anschließend werden alle diejenigen Attribute verglichen, die notwendig sind, um `Person`-Objekte eindeutig voneinander zu unterscheiden bzw. als inhaltlich gleich zu erkennen. Dadurch ergibt sich folgende, den Kontrakt erfüllende Methode:

```java
@Override
public boolean equals(final Object other)
{
    if (other == null)                          // Null-Akzeptanz
        return false;
    if (this == other)                          // Reflexivität
        return true;
    if (this.getClass() != other.getClass())    // Typgleichheit prüfen
        return false;

    final Person otherPerson = (Person) other;  // Attribute prüfen
    return this.getName().equals(otherPerson.getName()) &&
           this.getCity().equals(otherPerson.getCity()) &&
           this.getBirthday().equals(otherPerson.getBirthday());
}
```

Das ist bereits ein guter Schritt in die richtige Richtung. Wir können eine weitere Verbesserung erzielen, indem wir den Sourcecode zum Prüfen der Attribute in eine typsichere Hilfsmethode `compareAttributes(Person)` auslagern:

```java
private boolean compareAttributes(final Person otherPerson)
{
    return this.getName().equals(otherPerson.getName()) &&
           this.getCity().equals(otherPerson.getCity()) &&
           this.getBirthday().equals(otherPerson.getBirthday());
}
```

Die Auslagerung der Attributprüfungen in eine Hilfsmethode erlaubt es, die Methode `equals(Object)` in eigenen Klassen einheitlich zu erstellen. Dort werden zunächst die formalen Kriterien abgesichert und dann jeweils die private, typspezifische und damit typsichere Hilfsmethode `compareAttributes()` aufgerufen:

```java
@Override
public boolean equals(final Object other)
{
    if (other == null)                          // Null-Akzeptanz
        return false;
    if (this == other)                          // Reflexivität
        return true;
    if (this.getClass() != other.getClass())    // Typgleichheit prüfen
        return false;

    final Person otherPerson = (Person) other;  // Attribute prüfen
    return compareAttributes(otherPerson);
}
```

Behandlung optionaler Attribute in `equals()`

Manchmal sind einige Attribute eines Objekts optional und dürfen daher den Wert `null` besitzen. Nehmen wir an, die Klasse `Person` wäre um die optionalen Attribute `street` und `zipcode` erweitert worden:

```java
public final class Person
{
   private final String name;
   private final Date   birthday;
   private final String city;
   private String       street;     // Optional => null-Wert erlaubt
   private String       zipcode;    // Optional => null-Wert erlaubt

   public Person(final String name, final Date birthday, final String city,
                 // Optionale Angaben
                 final String street, final String zipcode)
   {
      Objects.requireNonNull(name, "parameter 'name' must not be null");
      Objects.requireNonNull(birthday, "parameter 'birthday' must not be null");
      Objects.requireNonNull(city, "parameter 'city' must not be null");

      this.name = name;
      this.birthday = new Date(birthday.getTime());
      this.city = city;
      this.street = street;
      this.zipcode = zipcode;
   }

   @Override
   public boolean equals(final Object other)
   {
      if (other == null)
         return false;
      if (this == other)
         return true;
      if (this.getClass() != other.getClass())
         return false;

      final Person otherPerson = (Person) other;
      return compareAttributes(otherPerson);
   }
   // ...
```

Bis dato haben wir `null`-Werte für Attribute nicht betrachtet. Bei der Implementierung von `equals(Object)` ist dies aber speziell zu berücksichtigen. Man ist versucht, die Behandlung optionaler Attribute über eine `null`-Prüfung wie folgt zu realisieren:

```java
private boolean compareAttributes(final Person otherPerson)
{
   return getName().equals(otherPerson.getName()) &&
          getCity().equals(otherPerson.getCity()) &&
          getBirthday().equals(otherPerson.getBirthday()) &&
          // ACHTUNG: falsche Behandlung optionaler Attribute
          (getStreet() != null && getStreet().equals(otherPerson.getStreet())) &&
          (getZipCode() != null && getZipCode().equals(otherPerson.getZipCode()));
}
```

Eine derartige Realisierung ist jedoch weder ausreichend noch korrekt: *Zwei optionale Attribute, die jeweils den Wert `null` haben, werden nämlich fälschlicherweise nicht als gleich betrachtet!* Wir lösen dies, indem wir zunächst einen Referenzvergleich durchführen, der sowohl `null`-Werte als auch eine mögliche Referenzgleichheit korrekt behandelt. Zur Überprüfung der inhaltlichen Gleichheit optionaler Attribute wird anschließend auf ungleich `null` verglichen und dann die Methode `equals(Object)` für das jeweilige Attribut aufgerufen:

```java
private boolean compareAttributes(final Person otherPerson)
{
   return getName().equals(otherPerson.getName()) &&
          getCity().equals(otherPerson.getCity()) &&
          getBirthday().equals(otherPerson.getBirthday()) &&
          // korrigierte Behandlung optionaler Attribute
          (getStreet() == otherPerson.getStreet() ||
          (getStreet() != null && getStreet().equals(otherPerson.getStreet()))) &&
          (getZipCode() == otherPerson.getZipCode() ||
          (getZipCode() != null && getZipCode().equals(otherPerson.getZipCode())));
}
```

Abgesehen davon, dass die auf diese Weise implementierten Vergleiche der optionalen Attribute schlecht lesbar sind, lässt die Ähnlichkeit der jeweiligen Abfragen ahnen, dass es eine elegantere Umsetzung geben sollte. Tatsächlich ist dem so, wenn man eine Hilfsmethode `nullSafeEquals(Object, Object)` in einer Utility-Klasse `EqualsUtils` wie folgt implementiert:

```java
public static boolean nullSafeEquals(final Object obj1, final Object obj2)
{
   return (obj1 == obj2) || (obj1 != null && obj1.equals(obj2));
}
```

Durch den Einsatz dieser Methode können wir `null`-sichere Attributvergleiche klarer gestalten:

```java
private boolean compareAttributes(final Person otherPerson)
{
   return getName().equals(otherPerson.getName()) &&
          getCity().equals(otherPerson.getCity()) &&
          getBirthday().equals(otherPerson.getBirthday()) &&
          // lesbare Behandlung optionaler Attribute
          EqualsUtils.nullSafeEquals(getStreet(), otherPerson.getStreet()) &&
          EqualsUtils.nullSafeEquals(getZipCode(), otherPerson.getZipCode());
}
```

IDIOM: NULL-SICHERE VERGLEICHE MIT DER UTILITY-KLASSE `Objects` Seit JDK 7 kann man die obigen Vergleiche durch den Einsatz der Utility-Klasse `Objects` noch kompakter schreiben. Diese Klasse haben wir bereits bei der Implementierung der Prüfung der Konstruktorargumente der Klasse `Person` kennengelernt. Zur Realisierung eigener `equals(Object)`-Methoden, die Attribute `null`-sicher vergleichen können sollen, ist in `Objects` eine statische Methode `equals(Object, Object)` definiert, die diese Funktionalität bereitstellt. Mit diesem Wissen vereinfachen wir die Implementierung. Wir nutzen dazu folgendes Vorgehen (auch Idiom[4] genannt):

```
private boolean compareAttributes(final Person otherPerson)
{
    return getName().equals(otherPerson.getName()) &&
           getCity().equals(otherPerson.getCity()) &&
           getBirthday().equals(otherPerson.getBirthday()) &&
           // Einsatz der Utility-Klasse Objects
           Objects.equals(getStreet(), otherPerson.getStreet()) &&
           Objects.equals(getZipCode(), otherPerson.getZipCode());
}
```

Mit diesen letzten Schritten und Hinweisen haben wir das notwendige Rüstzeug für stabile Implementierungen von `equals(Object)` komplettiert – allerdings bisher nur für nicht abgeleitete Klassen. Um das Thema vollständig zu behandeln, fehlt noch die Betrachtung der Auswirkungen von Vererbung auf die Realisierung von `equals(Object)`. Das stellt der folgende Abschnitt vor.

Erweiterungen für `equals()` in Subklassen

Der Vergleich von Objekten nicht abgeleiteter Klassen war noch relativ einfach zu realisieren, da nach einer Typprüfung lediglich einige Attributwerte verglichen werden mussten. Das Ganze wird komplexer, wenn Objekte aus einer Klassenhierarchie zu vergleichen sind. Besonders die Prüfung auf Typgleichheit erfordert einige Überlegungen. Schauen wir uns dies schrittweise anhand einer Klassenhierarchie, bestehend aus einer Basisklasse `BaseClass` und einer Subklasse `SubClass`, an.

Prüfung auf Typgleichheit   Beginnen wir mit einigen Vorüberlegungen zur Implementierung der Typprüfung, da diese den Knackpunkt darstellt und sich teilweise nicht mehr konform zum `equals()`-Kontrakt erstellen lässt, wenn Subklassen die Basisklasse um Attribute und eine eigene `equals(Object)`-Methode erweitern.

Zunächst einmal besteht die Forderung nach Symmetrie, d. h., für beliebige Objekte x und y muss Folgendes gelten: Wenn `x.equals(y)` gilt, so gilt auch `y.equals(x)`. Nehmen wir dazu an, die Referenzvariable x wäre vom Typ `BaseClass` und y vom Typ `SubClass`:

- Ein Vergleich mit `instanceof` ist nicht symmetrisch, denn es gilt hierbei y `instanceof BaseClass`, aber nicht x `instanceof SubClass`.
- Ein Vergleich per `getClass()` liefert für beide Fälle `false` und ist symmetrisch.

Nutzt man `getClass()`, so ist man auf der sicheren Seite, wenn man die Methode `equals(Object)` konform zum Kontrakt implementieren möchte. Anhand des nachfolgenden Beispiels erkennt man, dass durch Einsatz von `instanceof` schnell die Gefahr besteht, die Symmetrie zu verletzen.

---
[4]Unter einem Idiom versteht man eine beispielhafte Umsetzung eines speziellen Problems auf Ebene des Sourcecodes. Idiome sind also »Entwurfsmuster« auf Programmzeilenebene.

```
public static void main(final String[] args)
{
  final BaseClass x = new BaseClass();
  final SubClass y = new SubClass();

  // instanceof prüfen
  System.out.println("y is-a BaseClass: " + (y instanceof BaseClass)); // true
  System.out.println("x is-a SubClass: " + (x instanceof SubClass));   // false

  // getClass() prüfen, Ergebnis: false
  System.out.println("getClass(): " + (x.getClass() == y.getClass()));
}
```

Listing 4.5 *Ausführbar als* '**EqualsSymmetrie**'

Für den Fall, dass nur Objekte des *exakt* gleichen Typs in `equals(Object)` als gleich angesehen werden sollen, sollten die Typprüfungen über einen Aufruf der Methode `getClass()` erfolgen. Instanzen von `BaseClass` und `SubClass` können so niemals gleich sein. Für diverse Anwendungsfälle ist das genau so auch gewünscht.

Es gibt jedoch einige Ausnahmen, nämlich falls Objekte von Basis- und Subklassen als gleich betrachtet werden sollen, wenn deren Wertebelegung der Attribute bzw. ihres Inhalts (semantisch) übereinstimmen. Das ist im JDK beispielsweise für verschiedene Implementierungen von Listen der Fall: Von diesen erwartet man intuitiv, dass sie als gleich angesehen werden, solange sie den Typ `java.util.List<E>` erfüllen und den gleichen Inhalt besitzen. Damit die Typprüfung für unterschiedliche Implementierungen von Listen nicht `false` liefert, nutzt man `instanceof`. Da dies, wie bereits bekannt, leicht die Forderung nach Symmetrie verletzt, darf *lediglich die Basisklasse die Methode* `equals(Object)` *implementieren und darüber bestimmen, wann Subklassen als gleich angesehen werden sollen.* Im JDK erfolgt daher für Listen die Implementierung in der abstrakten Basisklasse `java.util.AbstractList<E>`. Vereinfacht auf die Klassenhierarchie des Beispiels übertragen ergibt sich dann Folgendes:

```
class BaseClass
{
    private String attr1;
    private String attr2;

    @Override
    public boolean equals(final Object obj)
    {
        if (obj == this)
            return true;

        if (!(obj instanceof BaseClass))   // null-Prüfung + Typprüfung
            return false;

        final BaseClass otherBaseClass = (BaseClass) obj;
        return Objects.equals(this.attr1, otherBaseClass.attr1) &&
               Objects.equals(this.attr2, otherBaseClass.attr2);
    }
}
```

Die geführte Argumentation macht Folgendes klar: Wird die Subklasse `SubClass` um eine `equals(Object)`-Methode erweitert, so wird die Symmetrie verletzt.

Folglich lassen sich Objekte einer Klassenhierarchie entweder nur typrein vergleichen oder erfordern die ausschließliche Implementierung von `equals(Object)` in der Basisklasse mit `instanceof`. Letzteres wird bei mehrstufigen Ableitungshierarchien unpraktikabel, da lediglich die Attribute der untersten Basisklasse ausschlaggebend für den Vergleich sein können.

> **Tipp: Schwierigkeiten beim Implementieren von `equals(Object)`**
>
> Falls Sie sich zunächst etwas schwer mit der korrekten Implementierung der Typprüfung von `equals(Object)` tun, so sind Sie in bester Gesellschaft: Cay Horstmann und Gary Cornell weisen in ihrem Buch »Core Java – Band 1 Grundlagen« [36] darauf hin, dass man auch im JDK verschiedenste Realisierungen von `equals(Object)` findet. Zum Teil wird mit `getClass()` geprüft, teilweise mit `instanceof` und manchmal wird sogar ganz auf die Typprüfung verzichtet. Dadurch kommt es schnell mal zu Verletzungen des `equals()`-Kontrakts.

Prüfung auf semantische Gleichheit Für Subklassen müssen in der Regel nicht nur die eigenen Attribute, sondern auch alle relevanten Bestandteile der Klassenhierarchie geprüft werden. Das kann man wie folgt realisieren:

1. **Zugriff auf Attribute der Basisklasse** – Wenn eine Subklasse Zugriff auf die Attribute der Basisklasse (direkt oder indirekt über `get()`-Methoden) besitzt, so könnte man die bisher gezeigte `equals(Object)`-Implementierung für die Subklasse derart erweitern, dass sie alle Attribute (auch die der Basisklassen) vergleicht.
   Bewertung: Diese Art der Umsetzung ist nicht OO-gemäß. Sie verstößt gegen die Kapselung und die Trennung von Zuständigkeiten. Neben diesen Designaspekten ist diese Art der Realisierung fragil, denn Änderungen in der Basisklasse bedingen Änderungen in Subklassen. Wird die Basisklasse um Attribute ergänzt, so muss dies beim Vergleich in der Subklasse berücksichtigt werden. Die Auswirkungen steigen mit der Anzahl an Subklassen. Daraus ergibt sich folgende Regel:
   »*Vermeide in `equals(Object)` direkte Zugriffe auf Attribute der Basisklasse!*«
2. **Aufruf von `equals()` der Basisklasse** – Ein Vergleich der Basisklassenbestandteile lässt sich elegant durch einen Aufruf von `equals(Object)` der Basisklasse regeln, der gegebenenfalls wiederum Aufrufe von `equals(Object)` an weitere Basisklassen delegiert. Direkte Subklassen von `Object` dürfen dies jedoch nicht tun, da ansonsten ein Referenzvergleich ausgeführt würde. Dieser gibt nahezu immer `false` zurück – außer wenn beide Objekte identisch sind.

Zur Realisierung von `equals(Object)` in Subklassen wird die zweite Variante eingesetzt. Will man sich nicht darauf verlassen, dass die drei bereits bekannten Prüfungen auf Null-Akzeptanz, Reflexivität und korrekten Typ schon in der Basisklasse durchgeführt werden, ergänzt man diese Prüfungen vorsichtshalber vor dem Vergleich der Bestandteile der Basisklassen. Anschließend kann ein Aufruf an eine Methode `compareAttributes()` erfolgen, die den Vergleich der Attribute ausführt:

```java
public final class SubClass extends BaseClass
{
    // ...
    public boolean equals(final Object other)
    {
        // Drei Prüfungen nur vorsichtshalber
        if (other == null)                          // Null-Akzeptanz
            return false;
        if (this == other)                          // Reflexivität
            return true;
        if (this.getClass() != other.getClass())    // Typgleichheit prüfen
            return false;

        // Delegation an Basisklasse
        if (!super.equals(other))
            return false;

        final SubClass subClass = (SubClass)other;
        return compareAttributes(subClass);
    }
    // ...
```

Fazit

Dieser Abschnitt ist ausführlich auf die Grundlagen und auf mögliche Fallstricke bei der Implementierung der Methode `equals(Object)` eingegangen, weil sich dabei recht schnell Fehler mit großen Nebenwirkungen einschleichen können. Daher ist es extrem wichtig, diese Methode konform zu ihrem Kontrakt zu implementieren: Insbesondere die korrekte Funktionsweise sehr vieler Containerklassen basiert darauf. Ergänzend sei auch nochmals darauf hingewiesen, dass wenn man `equals(Object)` überschreibt, man ebenfalls die Methode `hashCode()` konform dazu überschreiben sollte (bzw. muss). Grundlagen dazu werden später in Abschnitt 6.1.7 besprochen. Auf mögliche Fallstricke geht dann Abschnitt 6.1.9 genauer ein.

4.2 Primitive Typen und Wrapper-Klassen

In diesem Unterkapitel beschäftigen wir uns mit primitiven Datentypen sowie korrespondierenden Wrapper-Klassen. Einführend stelle ich dazu deren grundsätzliche Eigenschaften vor. Danach lernen wir die Konvertierung und Verarbeitung von Werten kennen. Insbesondere gehe ich dabei auf Besonderheiten des sogenannten Auto-Boxings und Auto-Unboxings ein, das eine automatische Konvertierung von einem primitiven Typ in den korrespondierenden Wrapper-Typ durchführt und andersherum. Abschließend schauen wir dann auf die Ausgabe und Verarbeitung von Zahlen und lernen neben der Dezimaldarstellung auch noch die Binär-, Oktal- und Hexadezimaldarstellung sowie eine Repräsentation von Zahlen als Bitdarstellung und Operationen dafür kennen.

4.2.1 Grundlagen

Fast alles ist in Java ein Objekt. Zusätzlich existieren verschiedene primitive Datentypen, die Werte ohne Verhalten repräsentieren. In Java sind das die Typen `byte`, `short`, `int`, `long`, `float` und `double` für Zahlen, `boolean` für boolesche Werte sowie der Typ `char` für einzelne Zeichen. Für die primitiven Datentypen gibt es **Wrapper-Klassen**, die die primitiven Datentypen als unveränderliches Objekt darstellen und mit etwas Funktionalität »umhüllen«, z. B. das Parsen eines Wertes aus einem String.

Tabelle 4-1 listet primitive Typen und korrespondierende Wrapper-Klassen auf, nennt deren Anzahl an Bits sowie deren Wertebereich. Für die Wrapper-Klassen sind die Wertebereiche über jeweils eigene Konstanten `MIN_VALUE` und `MAX_VALUE` definiert. Darüber hinaus wissenswert ist, dass die Wrapper-Klassen alle aus dem Package `java.lang` stammen und die Zahlentypen `Short`, `Integer`, `Long`, `Float` und `Double` die gemeinsame Basisklasse `java.lang.Number` besitzen.

Tabelle 4-1 Primitive Datentypen und korrespondierende Wrapper-Klassen

Primitiver Typ	Wrapper	Bits	Wertebereich
`byte`	`Byte`	8	$-2^7 \mathinner{..} 2^7-1$ (-128 .. 127)
`short`	`Short`	16	$-2^{15} \mathinner{..} 2^{15}-1$ (-32.768 .. 32.767)
`int`	`Integer`	32	$-2^{31} \mathinner{..} 2^{31}-1$ (-2.147.483.648 .. 2.147.483.647)
`long`	`Long`	64	$-2^{63} \mathinner{..} 2^{63}-1$ (-9.223.372.036.854.775.808 .. 9.223.372.036.854.775.807)
`float`	`Float`	32	$\pm 1.4e-45 \mathinner{..} \pm 3.4e+38$
`double`	`Double`	64	$\pm 4.9e-324 \mathinner{..} \pm 1.8e+308$
`boolean`	`Boolean`	-	`false` und `true`
`char`	`Character`	16	$0 \mathinner{..} 2^{16}-1$ (0 (\u0000) .. 65535 (\uffff))

> **Info: Motivation für die Existenz primitiver Datentypen**
>
> Die Gründe für die Existenz primitiver Datentypen in einer ansonsten objektorientierten Sprache sind, dass nur so eine Ansteuerung von Hardware und eine Kompatibilität zu C++-Aufrufen über JNI (Java Native Interface) möglich wird. Weiterhin verbrauchen primitive Datentypen weniger Speicher und müssen nicht per `new` erzeugt werden. Dadurch wird eine Optimierung der Programmlaufzeit und des benötigten Speicherplatzes erreicht (vgl. Kapitel 22 »Optimierungen«).

Interne Darstellung und das Zweierkomplement

Die Interpretation der Zahlen erfolgt gemäß dem sogenannten *Zweierkomplement*, das beschreibt, wie Zahlen in ein Bitmuster umgerechnet werden. Mit n als Anzahl der Bits ergibt sich ein Wertebereich von $-2^{n-1}, \ldots, +2^{n-1} - 1$. Für ein Byte entspricht dies dem Wertebereich $-2^7, \ldots, +2^7 - 1 = -128 \ldots +127$. Das Zweierkomplement bildet vorzeichenbehaftete Zahlen wie folgt ab: Jede *positive* Zahl wird in ein Bitmuster mit einer führenden Null umgewandelt. Jede *negative* Zahl wird zunächst in das Bitmuster der entsprechenden positiven Zahl umgerechnet, danach wird dieses invertiert und der Wert 1 addiert. Damit ergeben sich folgende Bitmuster für den Typ `byte`:

```
+127 = 01111111
...
+  1 = 00000001
   0 = 00000000
-  1 = 11111111
...
-127 = 10000001
-128 = 10000000
```

Wissenswertes zu primitiven Datentypen

Wie aus der vorherigen Tabelle ersichtlich, besitzen die primitiven Datentypen `byte`, `short`, `int` und `long` unterschiedliche Wertebereiche und repräsentieren Ganzzahlen. Gleitkommazahlen werden durch die Typen `float` und `double` repräsentiert. Diese verschiedenen primitiven Datentypen sind in die Sprache Java integriert. Das bedeutet, dass es für diese spezielle Literale (Zeichenfolgen) gibt, die Repräsentanten oder Werte des primitiven Typs sind. Ganzzahlenliterale sind ohne weitere Angabe vom Typ `int`:

```
int nr = 4711;
int second = 2;

// Achtung: 'l' ist sehr leicht mit der Ziffer '1' zu verwechseln
long longNumber1 = 47111;
long longNumber2 = 4711L;
```

Im Listing ist gezeigt, dass man durch ein nachgestelltes kleines l bzw. großes L eine Zahl vom Typ `long` definieren kann. Aufgrund der besseren Lesbarkeit und der leichteren Unterscheidbarkeit von der Ziffer 1 empfiehlt sich das Zeichen L statt l.

Bei der Verarbeitung von Gleitkommazahlen (auch Floating-Point genannt) sind die Werte im Gegensatz zu den Ganzzahlen defaultmäßig immer vom »größeren« Datentyp `double`. Optional können `doubles` durch Angabe von d bzw D explizit gekennzeichnet werden. Eine Kennzeichnung ist aber eigentlich nur für Werte vom Typ `float` notwendig: Ein nachgestelltes f/F »verkleinert« Werte auf den Typ `float`. Das Gesagte wird durch nachfolgendes Listing verdeutlicht:

```
double pi = 3.14159;
float  one_quarter = 1/4F;
double pi_2 = 3.14159D;
```

4 Java-Grundlagen

Merkwürdigkeiten bei Berechnungen Um Sie für mögliche Probleme bei Berechnungen zu sensibilisieren, zeige ich ein paar einfache Divisionen, die Sie durch Start des Programms DIVISIONROUNDINGPROBLEMS nachvollziehen können:

```
System.out.println(7 / 2);       // 3
System.out.println(7 / 2.0);     // 3.5
System.out.println(7.0 / 2);     // 3.5
System.out.println(7.0 / 2.0);   // 3.5
```

Ohne viel Nachdenken kann man sich bei der ersten Division fragen, wieso denn das Ergebnis 3 und nicht 3.5 ist, wie man es erwarten würde. Das liegt ganz einfach daran, dass die erste Division eine Operation auf zwei `int`-Werten ist und diese besitzen nun mal keine Nachkommastellen. Erst wenn einer der Operanden eine Gleitkommazahl ist, wird auch das Ergebnis zu einer Gleitkommazahl und man erhält das korrekte Ergebnis.

Selbst einfache Berechnungen mit den Gleitkommatypen `float` und `double` können bereits zu Ungenauigkeiten führen, was durch deren Repräsentation gemäß dem Format IEEE 754[5] bedingt ist. Folgendes Beispiel einer `for`-Schleife, die zehnmal den Wert `0.1` addiert und anschließend die Abweichung der berechneten Summe mit dem erwarteten Wert `1` ausgibt, macht mögliche Probleme eindrucksvoll deutlich. Außerdem werden merkwürdige Zwischenstände sowie eine Abweichung zwischen Literalen mit gleichem Zahlenwert für die Typen `float` und `double` gezeigt:

```
public static void main(final String[] args)
{
    float sum = 0.0f;
    for (int i = 0; i < 10; i++)
        sum += 0.1;

    System.out.println("sum:  1 != " + sum);
    System.out.println("3 * add  = " + (0.1 + 0.1 + 0.1));
    System.out.println("3 * 0.1  = " + 3 * 0.1);
    System.out.println("7 * 0.1  = " + 7 * 0.1);
    System.out.println("compare  = " + (0.3f == 0.3d)); // false, Float != Double
}
```

Listing 4.6 Ausführbar als 'FLOATPRECISIONEXAMPLE'

Das Programm FLOATPRECISIONEXAMPLE produziert folgende Ausgaben:

```
sum:  1 != 1.0000001
3 * add  = 0.30000000000000004
3 * 0.1  = 0.30000000000000004
7 * 0.1  = 0.7000000000000001
compare  = false
```

Anhand der Ausgaben erkennt man mögliche Überraschungen durch Rundungsfehler ziemlich gut. Insbesondere erwähnenswert ist, dass man zunächst darüber verwundert sein könnte, dass gleiche Zahlenliterale für `float` und `double` verschiedene Werte besitzen. Nach kurzem Nachdenken wird dies durch die unterschiedliche Anzahl an Nachkommastellen und die dort auftretenden Rundungsfehler verständlich.

---

[5] http://de.wikipedia.org/wiki/IEEE_754

4.2 Primitive Typen und Wrapper-Klassen

Wissenswertes zu Modulo und negativen Zahlen Häufig nutzt man eine Modulo-Operation, um zu prüfen, ob eine Zahl gerade ist. Dazu vergleicht man den Rest mit dem Wert 0. Wenn man nun feststellen möchte, ob eine Zahl ungerade ist, könnte man auf die Idee kommen, zu prüfen, ob der Rest 1 ist. Dabei kann man Überraschungen erleben. Folgendes Programm zeigt einige Beispiele:

```
public void evenAndOddChecks()
{
    // hier scheint noch alles okay zu sein ...
    System.out.println("2 is even? " + (2 % 2 == 0));
    System.out.println("-2 is even? " + (-2 % 2 == 0));

    // hier kommen die Merkwürdigkeiten ...
    System.out.println("3 is odd? " + (3 % 2 == 1));
    System.out.println("-3 is odd? " + (-3 % 2 == 1));
    System.out.println("-3 is odd? " + (-3 % 2 == -1));
}
```

Diese Methode gibt Folgendes aus:

```
2 is even? true
-2 is even? true
3 is odd? true
-3 is odd? false
-3 is odd? true
```

Wie man sieht, wird für ungerade negative Zahlen überraschenderweise das falsche Ergebnis ausgegeben. Die zweite Prüfung zeigt, dass die Modulo-Operation für negative Zahlen negative Werte liefert. Somit ist folgende Methode leider nicht 100 % korrekt:

```
private static boolean isOdd(final int val)
{
    return (val % 2) == 1;
}
```

Diese Methode liefert für negative Eingaben falsche Ergebnisse. Eine Korrektur fällt nicht schwer, wenn man sich des Problems bewusst ist. Statt auf gleich 1 prüft man auf ungleich 0 und erhält damit folgende korrigierte und korrekte Realisierung:

```
private static boolean isOddCorrected(final int val)
{
    return (val % 2) != 0;
}
```

> **Tipp: Wahl von primitiven Datentypen**
>
> Bei Berechnungen mit Ganzzahlen bietet es sich an, bevorzugt mit `int` und `long` zu arbeiten. Nur selten ist der Einsatz von `byte` oder `short` sinnvoll. Bei Gleitkommazahlen sollte man möglichst `double` statt `float` nutzen, da Letzteres eine recht geringe Genauigkeit bei Berechnungen mit mehreren Nachkommastellen aufweist. Generell sollte man bei Gleitkommatypen immer Rundungsprobleme bedenken.

Binär-, Oktal- und Hexadezimaldarstellung

Neben der gebräuchlichen Darstellung von Zahlen in der Dezimalschreibweise wird in der Informatik recht häufig auch eine Binär-, Oktal- und Hexadezimaldarstellung benötigt (also Zahlen mit der Basis 2, 8 bzw. 16). Zur Unterscheidung der Zugehörigkeit von Literalen zu Zahlensystemen gibt es Präfixe: '0x' bzw. '0X' steht für hexadezimale Zahlen, eine führende 0 für Oktalzahlen. Für Binärzahlen dient das Präfix '0b' bzw. '0B', gefolgt von einer Folge von Nullen und Einsen. Für Oktalzahlen dürfen analog nur die Ziffern 0 – 7 genutzt werden. Für hexadezimale Zahlen sind neben den Ziffern 0 – 9 auch die Buchstaben a – f bzw. A – F erlaubt, die die Werte 10 – 15 repräsentieren. Mit diesem Wissen betrachten wir Zahlenliterale in den verschiedenen Formaten:

```
public static void main(final String[] args)
{
    final int octalLiteral = 0567;
    final int hexLiteral = 0xABC;
    final int binaryLiteral = 0b01101001;    // Seit JDK 7

    System.out.println("octalLiteral " + octalLiteral);
    System.out.println("hexLiteral " + hexLiteral);
    System.out.println("binaryLiteral " + binaryLiteral);
}
```

Listing 4.7 Ausführbar als '**BINARYOCTALHEXADECIMALEXAMPLE**'

Die Notation für Oktalliterale rein mit führender Null und ohne Buchstabenkürzel birgt den Fallstrick, dass jede Zahl mit einer führenden Null diese automatisch zu einer Zahl im Oktalsystem macht, auch wenn dies eventuell gar nicht beabsichtigt war.

Unterstriche in numerischen Literalen

Zur übersichtlicheren Notation von Konstanten ist es seit JDK 7 erlaubt, Ziffern in Ganzzahlliteralen mit einem Unterstrich zu separieren. Dabei sind auch mehrere Unterstriche zur Separation erlaubt, allerdings nicht direkt am Anfang oder Ende eines Zahlenliterals – aber es sind durchaus auch mehrere Unterstriche direkt nacheinander erlaubt. Das Ganze kann man unter anderem zur Trennung von Nibbles (4 Bits) bei Bytewerten oder zur Simulation von Tausenderpunkten folgendermaßen einsetzen:

```
final byte binaryLiteral = 0b0110_1001;
final int oneMillion = 1_000__000;
```

Typ- und Wertebereichserweiterungen sowie -verkleinerungen

Variablen können unterschiedliche Typen besitzen und müssen teilweise aufeinander abgebildet werden. Dabei sind verschiedene Dinge zu beachten.

Widening Eine Wertebereichserweiterung ist in jedem Fall ungefährlich, weil etwa ein long einen größeren Wertebereich besitzt als ein int und somit alle Zahlen darstellen kann, die auch der kleinere Datentyp enthält. Dabei findet ein sogenanntes **Widening** statt, das folgende Kette durchläuft:

$$\text{byte} \Rightarrow \text{short} \Rightarrow \text{int} \Rightarrow \text{long} \Rightarrow \text{float} \Rightarrow \text{double}$$

Narrowing   Was passiert aber, wenn man den Wertebereich verkleinert? Das stellt potenziell eine gefährliche Operation dar, weil eventuell Informationen verloren gehen, etwa, wenn man den Wert 1.000.000 einer Variablen vom Typ `short` zuweist, die maximal Werte bis 32767 darstellen kann, z. B. folgendermaßen:

```
final short truncated = (short)1_000_000;
System.out.println("truncated: " + truncated);
```

Diese Zeilen lassen sich als Programm SHORTTRUNCATIONEXAMPLE starten. Als Ausgabe erhält man dann Folgendes:

```
truncated: 16960
```

Derartige Typverkleinerungen (auch **Narrowing** genannt) bergen ganz offensichtlich die Gefahr für einen Informationsverlust und eine falsche Berechnung. Daher sind die Casts explizit zu notieren. Seit JDK 6 gibt es eine Ausnahme, die wir nun anschauen.

Besonderheit: Auto-Narrowing   So praktisch eine Fehlermeldung bei Narrowing in der Regel ist, so gilt dies nicht, wenn ein Zahlenliteral einen Wert darstellt, der kompatibel zu dem kleineren Typ ist. Folgendes Beispiel macht dies deutlich. Hier sehen wir die Zahl 4711, die offensichtlich zuweisungskompatibel zu einem `short` ist, weil sie in dessen Wertebereich liegt:

```
final short validShort = (short)4711;
```

Der Cast war bis JDK 6 notwendig, weil, wie zuvor erwähnt, ja alle Ganzzahlenliterale – wenn nicht anders spezifiziert – vom Typ `int` sind. Der Compiler hat hier einen Verstoß gesehen, obwohl eigentlich kein Problem vorlag. Das war für uns als Entwickler unpraktisch. Seit JDK 6 werden die Wertebereiche der Literale auf Gültigkeit geprüft und es findet ein sogenanntes Auto-Narrowing statt. Diese automatische Typverkleinerung erlaubt es, auf den Cast zu verzichten, wodurch sich die Lesbarkeit verbessert:

```
final short validShort = 4711;      // Auto-Narrowing seit JDK 6
// final short invalid = 65535;     // Compile-Error
```

Wertebereichsüberläufe und Silent Fail   Für Berechnungen mit primitiven Datentypen ist explizit zu beachten, dass sie »überlaufen« können! Was bedeutet das? Nehmen wir an, einer Variablen ist ein Wert zugewiesen, der nahe des von diesem Datentyp erlaubten Maximalwerts ist, beispielsweise MAX_VALUE - 7. Addiert man dazu den Wert 10, dann führt dies nicht etwa zu einer Fehlermeldung, sondern zu einem Überlauf im Wertebereich. Sehen wir uns folgendes Programm an:

```java
public static void main(final String[] args)
{
    final int value = Integer.MAX_VALUE - 7;
    System.out.println("Integer.MAX_VALUE - 7 + 10 = " + (value + 10));
}
```

Listing 4.8 Ausführbar als 'INTEGEROVERFLOWEXAMPLE'

Das Programm INTEGEROVERFLOWEXAMPLE produziert folgende Ausgabe:

```
MAX_VALUE - 7 + 10 = -2147483646
```

Die merkwürdige Ausgabe liegt an der internen Repräsentation der Ganzzahlen durch das Zweierkomplement. Bei der oben erwähnten Addition bewegt man sich (vermutlich unerwartet) in den negativen Wertebereich, weil Folgendes gilt:

```
Integer.MAX_VALUE + 1 == Integer.MIN_VALUE
     2147483647 + 1 == -2147483648
```

Mit diesem Wissen und den Anmerkungen aus dem nachfolgenden Praxistipp sind Sie besser für Merkwürdigkeiten bei Berechnungen gewappnet und können mögliche Fehler bereits beim Programmieren vermeiden, wenn Sie an diese Dinge denken.

Verbesserungen in JDK 8 Wertebereichsüberläufe in Kombination mit Silent Fail und daraus resultierende Probleme haben in JDK 8 zu einer Erweiterung in der Klasse `java.lang.Math` geführt. Dort sind für gebräuchliche mathematische Operationen wie +, -, * usw. korrespondierende Methoden wie `addExact()`, `subtractExact()` oder `multiplyExact()` definiert, die bei den entsprechenden Operationen auf Wertebereichsüberläufe prüfen und dafür Exceptions auslösen.

> **Hinweis: Anomalien bezüglich MIN_VALUE**
>
> Für die beiden Datentypen `int` und `long` gilt die Anomalie `MIN_VALUE == -MIN_VALUE`. Interessanterweise gilt dies nicht für die Typen `byte` und `short`:
>
> ```java
> public static void main(final String[] args)
> {
>     System.out.println(Byte.MIN_VALUE == -Byte.MIN_VALUE);       // false
>     System.out.println(Short.MIN_VALUE == -Short.MIN_VALUE);     // false
>     System.out.println(Integer.MIN_VALUE == -Integer.MIN_VALUE); // true
>     System.out.println(Long.MIN_VALUE == -Long.MIN_VALUE);       // true
> }
> ```
>
> *Listing 4.9* Ausführbar als 'MINVALUETEST'

Konstruktion von Wrapper-Klassen und weitere Konvertierungen

Wrapper-Objekte kann man durch einen Konstruktoraufruf mit einem String oder einem Wert eines primitiven Datentyps erzeugen – allerdings empfiehlt sich eher die Nutzung einer überladenen `valueOf()`-Methode, weil so unnötige Objektkonstruktionen verhindert werden können. Dieser Umstand führt auch dazu, dass die Konstruktoren in Java 9 als deprecated markiert sind:

```
// nicht empfohlene Variante
final Integer valueByLiteral = new Integer(7);
final Integer valueByString = new Integer("14");

// bevorzugter Weg
final Integer valueByLiteral2 = Integer.valueOf(7);
final Integer valueByString2 = Integer.valueOf("14");
```

Natürlich entspricht nicht jeder beliebige String einer Zahl. Um Fehler beim Konvertieren auszudrücken, kann für Parameter vom Typ `String` eine `java.lang.NumberFormatException` ausgelöst werden. Auch die beiden Wrapper-Klassen `Boolean` und `Character` weisen einige Besonderheiten auf: Für `Boolean`s wird nur die textuelle Eingabe `"true"` – unabhängig von Groß- und Kleinschreibung – in den Wert `Boolean.TRUE` gewandelt. Jeder andere Wert, auch `null`, wird akzeptiert und ergibt `Boolean.FALSE`. Zudem existiert für den `Character`-Wrapper kein Konstruktor, der einen String entgegennimmt, da ein `char` nur ein einzelnes Zeichen speichert.

Die Wrapper-Klassen ermöglichen, Werte primitiver Datentypen aus verschiedenen Repräsentationsformen (String, Typ-Literal) in Objekte zu verwandeln (***Boxing***). Aus einem solchen Wrapper-Objekt kann wieder ein primitiver Datentyp ermittelt werden (***Unboxing***). Ab Java 5 können primitive Datentypen und Wrapper-Klassen nahezu ohne Unterschied verwendet werden. Sofern benötigt, findet eine Umwandlung automatisch statt. Man spricht daher auch von ***Auto-Boxing*** und ***Auto-Unboxing***.

```
final Integer autoBoxing = 7;                  // int -> Integer
final int autoUnboxing = new Integer(4711);    // Integer -> int
```

Hierbei gibt es aber folgende Einschränkung: Es können keine Methoden auf primitiven Typen aufgerufen werden: Beispielsweise ist `5.intValue()` nicht möglich.

4.2.2 Konvertierung von Werten

Nachdem wir einen guten Fundus an Wissen über primitive Datentypen erworben haben, wollen wir uns nun mit der Konvertierung von Werten beschäftigen, etwa um Strings in Wrapper-Instanzen und Wrapper-Instanzen in Werte primitiver Typen sowie umgekehrt umzuwandeln. Abbildung 4-1 zeigt die Konvertierungen.

- **String ⇒ Wrapper** – Die Umwandlung eines Strings in einen Wrapper erfolgt durch statische `valueOf()`-Methoden der jeweiligen Wrapper-Klasse bzw. durch Übergabe eines Strings an deren Konstruktor.

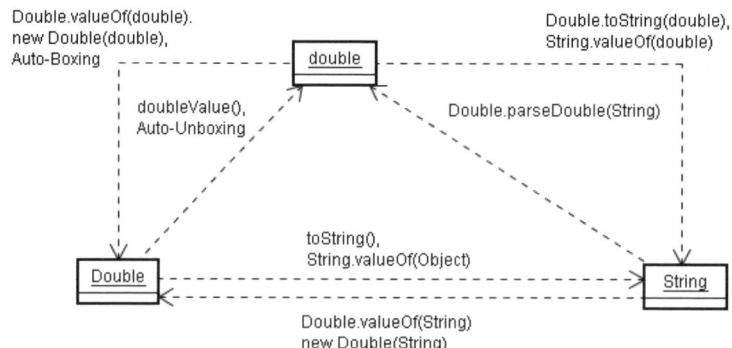

Abbildung 4-1 *Konvertierung von Wrappern, Strings und primitiven Werten*

- **Wrapper ⇒ primitiver Typ** – Objekte der Wrapper-Klassen kann man über deren Objektmethoden `xyzValue()`, etwa `integerObj.intValue()`, in Werte eines primitiven Typs umwandeln. `xyz` steht dabei für alle möglichen primitiven Typen, also `byte`, `short`, `int`, `long`, `float` oder `double`. Zusätzlich kann immer noch in andere primitive Zahlentypen umgewandelt werden, etwa `byte`, `short` oder `int`.

- **String ⇒ primitiver Typ** – Mithilfe von statischen `parseXYZ()`-Methoden der jeweiligen Wrapper-Klasse kann man einen Zahlen repräsentierenden String direkt in einen Wert eines primitiven Typs umwandeln. `XYZ` steht dabei für alle möglichen primitiven Typen, also `byte`, `short`, `int`, `long`, `float` oder `double`, allerdings wird hier der erste Buchstabe großgeschrieben, also etwa `Integer.parseInt()`. Diese Methoden sind eine Abkürzung der Hintereinanderausführung der zuvor beschriebenen Methoden `valueOf()` und `xyzValue()`. Die bislang beschriebenen Methoden nehmen eine Dezimaldarstellung an, wie behandelt man aber oktale oder hexadezimale Angaben? Falls die Angabe im String nicht im Dezimalformat, sondern oktal oder hexadezimal vorliegt, kann man die Methode `decode()` der Klasse `Integer` bzw. `Long` nutzen.

- **Primitiver Typ ⇒ String** – Um einen primitiven Typ in einen String umzuwandeln, bietet die Klasse `String` überladene statische `valueOf()`-Methoden an. Diese werden u. a. zur Umwandlung bei Ausgaben mit `toString()` eingesetzt. Das haben wir bereits in Abschnitt 4.1.1 kennengelernt.

Fallstricke bei der Umwandlung mit `decode(String)` Zwar kann man mit JDK 7 nun Binärdarstellungen und Unterstriche in Zahlenliteralen nutzen, jedoch wurden die statischen Methoden `decode(String)` der Klasse `Integer` bzw. `Long` leider noch nicht derart erweitert, dass sie diese beiden Besonderheiten verarbeiten können. Führt man das Programm INTEGERDECODINGPROBLEMSEXAMPLE aus, so kommt es zu einer `java.lang.NumberFormatException: For input string: "1_000_000"`.

4.2 Primitive Typen und Wrapper-Klassen

> **Tipp: Fallstricke im API**
>
> Ein API sollte möglichst so gestaltet sein, dass es Fehler ausschließt. Leider existieren in den Wrapper-Klassen drei Methoden, die Fehler provozieren. In den Klassen `Boolean`, `Integer` und `Long` sind jeweils Methoden mit den Namen `getBoolean(String)`, `getInteger(String)` bzw. `getLong(String)` definiert. Diese Methoden nehmen einen Parameter vom Typ `String` entgegen. Intuitiv würde man ein Parsing und eine Umwandlung in eine Zahl erwarten, wie dies beim Aufruf von `valueOf(String)` geschieht. Tatsächlich erfolgt durch die zuvor genannten Methoden jedoch ein Zugriff auf die System-Properties. Zu dem übergebenen String wird der Wert des Parameters gleichen Namens ermittelt. Anschließend erfolgt eine Konvertierung in ein Objekt der jeweiligen Wrapper-Klasse. *Diese Funktionalität ist dort nicht nur überflüssig, sondern führt auch zu einer Kopplung an die Klasse `System`.* Das ist unerwartet und unnatürlich.

Beispiel: Parsen von Zahlen

Möchte man prüfen, ob ein beliebiger Eingabestring eine gültige Ganzzahl darstellt, so kann man dafür die statische Methode `Integer.parseInt(String)` nutzen. Aufgrund des beschränkten Wertebereichs eines `Integers` ist diese jedoch nur für Eingabewerte bis etwas über 2 Milliarden geeignet. Für größere Wertebereiche kann die statische Methode `Long.parseLong(String)` zum Einsatz kommen. Für Gleitkommazahlen sollte das Parsing mithilfe der statischen Methoden `parseFloat(String)` bzw. `parseDouble(String)` der Klassen `Float` bzw. `Double` erfolgen.

Folgendes Beispiel zeigt eine Prüffunktionalität, um festzustellen, ob ein übergebener String `numberAsText` in eine Gleitkommazahl umgewandelt werden kann:

```java
private static boolean isFloatingNumber(final String numberAsText)
{
    try
    {
        Double.parseDouble(numberAsText);
        return true;
    }
    catch (final NumberFormatException ex)
    {
        return false;
    }
}

public static void main(final String[] args)
{
    System.out.println("isNumber(47) " + isFloatingNumber("47"));        // true
    System.out.println("isNumber(47a) " + isFloatingNumber("47a"));      // false
    System.out.println("isNumber(47.11) " + isFloatingNumber("47.11"));  // true
    System.out.println("isNumber(47,11) " + isFloatingNumber("47,11"));  // false
}
```

Listing 4.10 Ausführbar als 'ParseNumberExample'

Für Nachkommastellen wird nur die amerikanische Notation mit einem Punkt statt eines Kommas korrekt ausgewertet. Benötigt man mehr Flexibilität, so müssen landesspezifische Formatierungen genutzt werden. Das wird in Abschnitt 13.1.4 besprochen.

4.2.3 Wissenswertes zu Auto-Boxing und Auto-Unboxing

Wie bereits erwähnt, stellen Auto-Boxing und Auto-Unboxing eine automatische Konvertierung zwischen primitiven Datentypen und deren korrespondierenden Wrapper-Klassen dar. Dies ermöglicht das Mixen von Wrapper-Klassen und primitiven Datentypen und erleichtert dadurch zum Teil die Handhabung sowie die Lesbarkeit. Diese Vereinfachungen haben aber einige unangenehme Nebeneffekte, die man kennen sollte.

Vergleich von primitiven Werten und Wrappern

Bis einschließlich JDK 1.4 konnte man primitive Typen nicht direkt mit den korrespondierenden Wrapper-Klassen vergleichen. Durch die mit JDK 5 eingeführte automatische Konvertierung sind nun nachfolgend gezeigte Vergleiche syntaktisch möglich:

```
// Auto-Unboxing von Integer: 7 == new Integer(7)
System.out.println(7 == new Integer(7));                      // true
System.out.println(7777 == new Integer(7777));                // true

// Auto-Unboxing (ebenfalls)
System.out.println(new Integer(7) == 7);                      // true
System.out.println(new Integer(7777) == 7777);                // true
System.out.println(new Integer(7777) == new Integer(7777));   // false
```

Listing 4.11 Ausführbar als 'PRIMITIVESANDWRAPPERCOMPAREEXAMPLE'

Beim Vergleich von primitiven Werten mit deren Wrapper findet immer ein Auto-Unboxing statt, wodurch der zweitletzte Vergleich true liefert. Das mag überraschen, wenn man denkt, dass der rechte Operand durch Auto-Boxing in einen Integer gewandelt wird. Dass dem nicht so ist, zeigt der letzte Vergleich zweier Integer-Instanzen. Bevor wir uns gleich weitere Fallstricke für die Wrapper-Klassen anschauen, möchte ich kurz erwähnen, dass die Wrapper-Klassen die equals(Object)-Methode überschreiben und dort den Wert des ummantelten primitiven Typs vergleichen. Dadurch liefern auch die neu konstruierten Objekte für den Wert 7777 Gleichheit:

```
System.out.println(new Integer(7777).equals(7777));               // true
System.out.println(new Integer(7777).equals(new Integer(7777)));  // true
```

Nebenwirkungen und Fallstricke beim Auto-Boxing

Auto-Boxing führt zu einem geringfügig höheren Speicherverbrauch (z. B. 16 Bytes für ein Integer-Objekt statt 4 Bytes für einen int) und geht mit einer minimal schlechteren Ausführungsgeschwindigkeit einher, wenn sehr viele solcher Konvertierungen erfolgen. Um dem entgegenzuwirken, wurden in den Klassen Integer und Long jeweils

Caches für Werte im Bereich von -128 bis 127[6] eingeführt. Genau diese Optimierung durch das Caching führt aber zu Merkwürdigkeiten beim Vergleich von `Integer`- bzw. `Long`-Objekten, wenn Auto-Boxing erfolgt.

Die Umwandlung von Zahlenliteralen durch Auto-Boxing verwendet zum Ermitteln des korrespondierenden Wrapper-Objekts implizit die statische Methode `valueOf()`. Dort wird zunächst der Zahlenwert geprüft. Stammt der angeforderte Wert aus dem Wertebereich des Caches, so werden keine neuen Objekte erzeugt, sondern Referenzen auf im Cache gespeicherte Werte zurückgeliefert. Dies vermeidet zwar unter Umständen die Erzeugung vieler temporärer Objekte, löst aber Merkwürdigkeiten beim Referenzvergleich aus, wie dies nachfolgendes Beispiel zeigt:

```java
public static void main(final String[] args)
{
    // Cache = Objekt aus dem Cache, New = Neues Objekt
    final Integer i1 = 7;         // Auto-Boxing => Cache
    final Integer i2 = 4711;      // Auto-Boxing => New

    System.out.println(i1 == new Integer(7));         // false, Cache != New
    System.out.println(i2 == new Integer(4711));      // false, New != New
    System.out.println(i1 == Integer.valueOf(7));     // TRUE !!!, Cache == Cache
    System.out.println(i2 == Integer.valueOf(4711));  // false, New != New
}
```

*Listing 4.12   Ausführbar als '**AutoBoxingCacheExample**'*

Die dargestellten Vergleiche sind allesamt Referenzvergleiche auf `Integer`-Objekten. Die Umwandlung der Zahlenliterale `7` und `4711` erfolgt durch die statische Methode `Integer.valueOf(int)`. Der dritte Vergleich `i1 == Integer.valueOf(7)` liefert daher (und nur zunächst überraschend) den Wert `true`, da hier gleiche Referenzen aus dem Cache verglichen werden. Die restlichen Vergleiche liefern erwartungsgemäß den Wert `false`, da es sich jeweils um unterschiedliche Referenzen handelt.

Nebenwirkungen und Fallstricke beim Auto-Unboxing

Nicht nur beim Auto-Boxing, sondern auch beim Auto-Unboxing gibt es Merkwürdigkeiten. Im folgenden Beispiel werden zwei `Integer`-Objekte `i1` und `i2` per Konstruktor erzeugt. Danach werden scheinbar drei mathematische Vergleiche durchgeführt:

```java
public static void main(final String[] args)
{
    final Integer i1 = new Integer(1);
    final Integer i2 = new Integer(1);

    System.out.println(i1 >= i2);   // true
    System.out.println(i1 <= i2);   // true
    System.out.println(i1 == i2);   // false
}
```

*Listing 4.13   Ausführbar als '**AutoBoxingUnboxingProblem**'*

---

[6]Der obere Wert lässt sich über die System-Property `java.lang.Integer.IntegerCache.high` ändern. Verschiedene Werte können das Programmverhalten (unerwartet) ändern.

Führt man das Programm aus, so liefern die Vergleiche mit den Operatoren '>=' und '<=', wie erwartet, jeweils true. Der Vergleich mit dem Operator '==' liefert jedoch (zunächst überraschend) false. Wie ist das zu erklären?

Die Operatoren '>=' und '<=' sind nur für primitive Datentypen, nicht aber für Integer-Objekte definiert. Für die gezeigten Vergleiche findet zunächst ein Auto-Unboxing statt, um den Vergleich auszuführen. Der Operator '==' ist für Objekte definiert und benötigt kein Auto-Unboxing, sondern arbeitet auf Integer-Referenzen. Es findet also ein Referenzvergleich statt, und somit kommt es zur Rückgabe von false.

> **Tipp: Spezialitäten beim Auto-Boxing**
>
> Beim Auto-Boxing gibt es neben den bereits kennengelernten Besonderheiten noch zwei weitere Spezialfälle zu betrachten.
>
> **Auto-Boxing und Methodensignaturen** Um bei einem Methodenaufruf eine passende Methode zu finden, führt die JVM folgende Schritte durch:
>
> 1. Test auf exakte Übereinstimmung der Parametertypen, dann auf Subtyp
> 2. Anpassung durch Widening: byte ⇒ short ⇒ int ⇒ long usw.
> 3. Anpassung durch Auto-Boxing und Auto-Unboxing
>
> Dieses Wissen ist hilfreich, wenn man sich fragt, welche Methoden die JVM für folgenden Sourcecode ausführt:
>
> ```java
> public static void main(final String[] args)
> {
>     final List<Integer> indexList = new ArrayList<>();
>     indexList.add(7);
>     indexList.add(8);
>
>     // Auto-Boxing => Integer.valueOf(0) => remove(Object) oder remove(int)?
>     final Integer removed = indexList.remove(0);
>     // Gemäß Regel 1 => remove(int)
>     System.out.println("removed " + removed);
>
>     final Integer value = 8;
>     // Auto-Unboxing => 8 => remove(int) ?
>     // Subtypbeziehung Integer extends Object => remove(Object)
>     System.out.println(indexList.remove(value));
> }
> ```
>
> *Listing 4.14 Ausführbar als 'AUTOBOXINGANDMETHODSIGNATUREEXAMPLE'*
>
> Für das int-Zahlenliteral 0 findet kein Auto-Boxing statt. Gemäß Regel 1 wird die passende Methode remove(int) des List<Integer>-Interface aufgerufen. Für den Aufruf von remove(value) mit dem Integer-Objekt value wird basierend auf Regel 1 und der Subtypbeziehung von Integer zur Klasse Object die Methode remove(Object) ausgeführt.
>
> **Auto-Boxing und Arrays** Weil Arrays Objekte sind, erfolgt weder Auto-Boxing noch Auto-Unboxing: Beispielsweise wird ein int[] nicht automatisch in ein Integer[] umgewandelt. Im folgenden Beispiel kann somit die Methode processValues(Integer[]) nicht mit einem int[] als Eingabe arbeiten:

```
private static void processValues(final Integer[] intArray)
{
    System.out.println(Arrays.toString(intArray));
}
```

Das Verhalten scheint zunächst unverständlich und wirkt unpraktisch. Nach einiger Überlegung kommt man aber zum Schluss, dass es doch ganz gut ist, um negative Auswirkungen auf den Speicherverbrauch und die Performance zu vermeiden.

Fazit

Wie vorgestellt gibt es einige Merkwürdigkeiten beim Einsatz von Auto-Boxing und Auto-Unboxing. Daher ist beides mit etwas Vorsicht zu genießen. Insbesondere kann es zu einer `NullPointerException` kommen, wenn ein Auto-Unboxing einer `null`-Referenz erfolgt. Um unerwünschte Konvertierungen zu finden, sollte man in Eclipse eine entsprechende Warnung beim Kompilieren aktivieren (vgl. Abschnitt 2.1).

4.2.4 Ausgabe und Verarbeitung von Zahlen

In diesem Abschnitt stelle ich einige nützliche Methoden der Wrapper-Klassen zur Ausgabe und zur Verarbeitung von Zahlen vor.

Ausgabe von Zahlen

Die Objektmethoden `toString()` der Klassen `Integer` und `Long` geben den Wert eines Wrapper-Objekts im Dezimalsystem aus. Ebenso kann man einen beliebigen Wert mithilfe der statischen Methoden `toString(int)` bzw. `toString(long)` dezimal ausgeben. Manchmal soll eine Ausgabe jedoch bezüglich einer anderen Basis erfolgen. Dazu sind in den Klassen `Integer` und `Long` überladene statische `toString()`-Methoden definiert, die die Angabe einer beliebigen Basis erlauben:

```
public static void main(final String[] args)
{
    // Zur Basis 10 - Dezimaldarstellung
    System.out.println("15=" + Integer.toString(15));

    // Zur Basis 2 - Binärdarstellung
    System.out.println("15=" + Integer.toString(15, 2));    // 15=1111

    // Zur Basis 4
    System.out.println("15=" + Integer.toString(15, 4));    // 15=33

    // Zur Basis 8 - Oktaldarstellung
    System.out.println("15=" + Integer.toString(15, 8));    // 15=17

    // Zur Basis 16 - Hexadezimaldarstellung
    System.out.println("15=" + Integer.toString(15, 16));   // 15=f
}
```

Listing 4.15   Ausführbar als **'NUMBEROUTPUTEXAMPLE'**

Die Ausgabe in einigen Zahlensystemen ist so gebräuchlich, dass dafür spezielle statische Methoden der Klassen `Integer` und `Long` definiert sind. Diese Methoden können eine binäre, hexadezimale oder oktale Darstellung erzeugen. Dabei gibt es Folgendes zu bedenken:

1. Führende Nullen werden grundsätzlich *nicht* mit ausgegeben. Für das Dezimal- und Oktalsystem ist dies nicht weiter störend. Im Binär- und Hexadezimalsystem wäre aufgrund des eher technischen Bezugs ein Auffüllen mit führenden Nullen zum Teil wünschenswert.
2. Es findet eine Vorzeichenerweiterung statt, wodurch es zu einer etwas überraschenden Ausgabe für den Wert `-1` im Hexadezimalsystem kommt. Hier wird ein Implementierungsdetail der Zahlen sichtbar, nämlich die schon besprochene interne Repräsentation der Zahlen als Zweierkomplement:

```java
public static void main(final String[] args)
{
    System.out.println( "15=" + Integer.toBinaryString(15) );  // 15=1111
    System.out.println( "15=" + Integer.toOctalString(15) );   // 15=17
    System.out.println( "15=" + Integer.toHexString(15) );     // 15=f
    System.out.println( "255=" + Integer.toHexString(255) );   // 255=ff
    System.out.println( "-1=" + Integer.toHexString(-1) );     // -1=ffffffff
}
```

Listing 4.16 *Ausführbar als* **'NUMBEROUTPUTEXAMPLESPECIAL'**

Konvertierung von Gleitkommazahlen in eine Bitdarstellung

Manchmal kann es nützlich sein, Gleitkommazahlen in eine Bitdarstellung umzuwandeln. Mithilfe der Methode `floatToIntBits(float)` ist es möglich, einen `float`-Wert in einen `int`-Wert mit einer Bitrepräsentation gemäß dem IEEE-754-Format zu transformieren. Aus einer solchen Bitrepräsentation lässt sich mit der Methode `intBitsToFloat(int)` wieder der korrespondierende `float`-Wert ermitteln. Die Klasse `Double` bietet zur Konvertierung analog folgende Methoden:

```java
public static long doubleToLongBits(double value)
public static double longBitsToDouble(long bits)
```

Aufgrund des größeren Wertebereichs eines `double` wird hier die Bitrepräsentation jedoch in einem `long`-Wert gespeichert.

Extraktion einzelner Bytes aus einem `int`

Java bietet zur Manipulation auf Bitebene diverse Operationen an: NOT, AND, OR, XOR und Bit-Shifts. Die meisten Operationen arbeiten so, wie man sich das intuitiv vorstellt. Ein bitweiser Links-Shift füllt mit Nullen auf. Im Gegensatz dazu erhält der bitweise Rechts-Shift das Vorzeichen und füllt dazu mit dem jeweiligen Vorzeichenbit auf. Der alternative bitweise Rechts-Shift II füllt mit Nullen auf. Man verliert dadurch die Vorzeicheninformation. Derart veränderte Zahlen sollten nur als Bitmuster, jedoch nicht als Zahl im Zweierkomplement ausgewertet werden. Für viele Bitoperationen ist diese Einschränkung aber durchaus in Ordnung. In Tabelle 4-2 sind die genannten Bitoperationen (auf 8 Bit gekürzt) dargestellt.

Tabelle 4-2 Bitoperationen

Bitmuster	Operation	Operand	Ergebnis	Beschreibung
11001100	~	-/-	00110011	NOT
11001100	&	00001111	00001100	AND
11001100	|	00001111	11001111	OR
11001100	^	00001111	11000011	XOR
11001100	<<	4	11000000	Links-Shift
11001100	>>	4	11111100	Rechts-Shift
11001100	>>>	4	00001100	Rechts-Shift II

Die in Tabelle 4-2 vorgenommene Darstellung ist vereinfacht. Tatsächlich arbeiten die Operatoren nicht auf dem Typ `byte`, sondern auf dem Typ `int`. Schauen wir uns ein Beispiel an:

```
public static void main(final String[] args)
{
    final int value = 1 | 8 | 256 | 32768;
    System.out.println("Value = " + value);
    System.out.println("Binary Value = " + Integer.toBinaryString(value));

    final byte byte0 = extractByteValue(value);
    System.out.println("byte0 = " + byte0);

    System.out.println("value>>8 = " + (value>>8));
    final byte byte1 = extractByteValue(value>>8);
    System.out.println("byte1 = " + byte1);
}
public static byte extractByteValue(final int value)
{
    return (byte) (value & 255);
}
```

Listing 4.17 Ausführbar als '**ExtractByteExample**'

Man erhält folgende Ausgaben auf der Konsole:

```
Value = 33033
Binary Value = 1000000100001001
byte0 = 9
value>>8 = 129
byte1 = -127
```

Die Verarbeitung startet mit dem Wert 33033, binär '1000000100001001'. Schneidet man davon die letzten 8 Bit durch die Operation `& 255` ab, so erhält man den Wert '00001001', der der Zahl 9 entspricht. Ein Bit-Shift der binären Darstellung des Werts 33033 um 8 Stellen nach rechts führt zu dem Bitmuster '10000001', das als `int` den Wert 129 ergibt. Dieser Wert übersteigt den Wertebereich eines `byte` und somit wird das Bitmuster als negative Zahl ausgewertet. Dabei gilt die Formel $byteValue = -255 + x - 1$. Damit ergibt sich in diesem Fall $-255 + 129 - 1 = -127$ als Wert.

4.3 Stringverarbeitung

Zur Speicherung und Verarbeitung von Zeichenketten existieren in Java die Klassen `String`, `StringBuffer` und `StringBuilder`. Alle drei erfüllen das Read-only-Interface `java.lang.CharSequence`.

Das Interface `CharSequence`

Das Interface `CharSequence` bietet hauptsächlich einen indizierten Zugriff auf einzelne Zeichen vom Typ `char` bzw. auf Zeichenfolgen, die wiederum vom Typ `CharSequence` sind. Dazu sind folgende Methoden deklariert:

```java
public interface CharSequence
{
    public char charAt(int index);
    public int length();
    public CharSequence subSequence(int start, int end);
    public String toString();
}
```

Das Interface `CharSequence` ermöglicht es also, Zeichenketten indiziert zu verarbeiten, ohne konkretes Wissen über den speziellen Typ zu besitzen. Dadurch kann man Schnittstellen allgemeiner gestalten, sofern nicht spezifische Funktionalitäten der Klassen `String` bzw. `StringBuffer/-Builder` benötigt werden.

Wissenswertes zum Interface `CharSequence` Beachten Sie unbedingt, dass das Interface `CharSequence` keine Aussagen zum Verhalten und den Kontrakten von `equals(Object)` und `hashCode()` macht. Was bedeutet das genauer? Wenn man zwei Instanzen per `equals(Object)` vergleicht, die beide den Typ `CharSequence` besitzen, so ist das Ergebnis des Vergleichs undefiniert. Sind etwa beide Instanzen vom Typ `String`, so ist das Ergebnis bei gleichen textuellen Inhalten `true`. Eine `CharSequence`-Instanz könnte aber auch vom Typ `StringBuffer` sein. Ein Vergleich der Typen `String` und `StringBuffer` liefert immer `false`. Nachfolgendes Programm demonstriert einige Vergleiche:

4.3 Stringverarbeitung

```java
public static void main(final String[] args)
{
    final CharSequence cs1 = new StringBuilder("same");
    final CharSequence cs2 = new StringBuilder("same");
    final CharSequence cs3 = "same";
    final CharSequence cs4 = "same";
    final CharSequence cs5 = new String("same");

    System.out.println(cs1.equals(cs2));    // false
    System.out.println(cs1.equals(cs3));    // false
    System.out.println(cs3.equals(cs4));    // true
    System.out.println(cs3.equals(cs5));    // true
}
```

Listing 4.18 Ausführbar als 'CHARSEQUENCEEQUALSEXAMPLE'

> **Achtung: CharSequence in Collections und Maps**
>
> Basierend auf dieser Argumentation sollte man den Typ CharSequence niemals als Elemente eines Set<E> oder als Schlüssel einer Map<K, V> nutzen.

4.3.1 Die Klasse String

Die Klasse String repräsentiert Zeichenfolgen, die aus Unicode-Zeichen bestehen und ihren Inhalt in Form eines Arrays von char speichern.[7] Solche Zeichenfolgen kann man entweder durch einen Konstruktoraufruf der Klasse String erzeugen oder aber als Zeichenkette in Anführungszeichen, wie dies folgende zwei Zeilen zeigen:

```java
final String stringObject = new String("New String Object");
final String stringLiteral = "Stringliteral";
```

Im ersten Fall wird ein *Stringobjekt* und im zweiten Fall ein *Stringliteral* erzeugt – tatsächlich ist das Argument des Konstruktors im ersten Fall auch ein Literal. Es ist wichtig, zwischen diesen beiden Formen zu unterscheiden. Stringobjekte erhalten durch den Konstruktoraufruf immer eine eigenständige Referenz. Nutzt man Stringliterale, so wird nur einmalig eine neue String-Instanz erzeugt und in einen speziellen Cache, den sogenannten *Stringliteral-Pool*, eingetragen. Existiert dort für ein Stringliteral bereits ein Eintrag, so wird keine neue String-Instanz erzeugt, sondern gleiche Literale »teilen« sich Referenzen auf Stringobjekte aus diesem Stringliteral-Pool. Konkret bedeutet dies: Wird ein Literal mit gleichem Inhalt wie ein bereits vorhandenes erzeugt, so verweist dieses auf dasselbe Objekt.

Gäbe es dieses Caching nicht, so müsste für jedes Stringliteral eine temporäre String-Instanz erzeugt und bald danach verworfen werden. Demnach erfolgt das Caching der Stringliterale, um möglichen Performance-Problemen entgegenzuwirken.

---
[7]Seit Java 9 wird der Inhalt als byte[] gespeichert und gemäß einem Encoding ausgewertet. Details finden Sie in meinem Buch »Java 9 – Die Neuerungen« [44].

Wissenswertes zu Stringliteralen und Stringvergleichen

Die Kenntnis des Unterschieds zwischen einem Referenzvergleich mit dem Operator '==' und einem Inhaltsvergleich per `equals(Object)` bildet die Grundlage zum Verständnis einiger Besonderheiten beim Vergleich von Strings. Durch das Caching von Stringliteralen gibt es Unterschiede zwischen Stringobjekten und Stringliteralen.[8]

Betrachten wir, was passiert, wenn man verschiedene Stringliterale und Stringobjekte miteinander vergleicht. Dazu definieren wir uns die beiden Konstanten LITERAL und STRINGOBJECT jeweils mit dem Inhalt "TEST":

```java
public static void main(final String[] args)
{
    final String LITERAL = "TEST";
    final String STRINGOBJECT = new String("TEST");

    if (LITERAL == "TEST")
    {
        System.out.println("LITERAL == TEST");
    }
    if (STRINGOBJECT == "TEST")
    {
        System.out.println("STRINGOBJECT == TEST");
    }
    if (STRINGOBJECT == LITERAL)
    {
        System.out.println("STRINGOBJECT == LITERAL");
    }
    if (STRINGOBJECT.equals(LITERAL))
    {
        System.out.println("STRINGOBJECT equals LITERAL");
    }
}
```

Listing 4.19 Ausführbar als '**STRINGCOMPARELITERALEXAMPLE**'

Es kommt zu folgender Ausgabe auf der Konsole:

```
LITERAL == TEST
STRINGOBJECT equals LITERAL
```

Aufgrund der Ausgabe erinnern wir uns daran, dass ein Caching von Stringliteralen erfolgt. Insbesondere auf den positiven Ausgang des ersten Vergleichs darf man sich (eigentlich) nicht verlassen, denn er basiert rein auf dem Caching. Verwenden wir explizit neue `String`-Instanzen, so ist nur noch der `equals(Object)`-Vergleich erfolgreich.

Überraschungen bei Berechnungen in Stringausgaben

Die Klasse `String` bietet zum einfachen Verknüpfen von Texten einen »überladenen« Operator '+' an. Das ist sehr praktisch und erhöht die Lesbarkeit bei der Aufbereitung von textuellen Ausgaben. Allerdings ist bei Berechnungen die Reihenfolge der Operationen entscheidend. Betrachten wir dies an einem Beispiel:

---

[8]Das erinnert an Probleme des Cachings bei den Wrapper-Klassen (vgl. Abschnitt 4.2.2).

```
System.out.println("Test" + 1 + 2);    // 'Test12'
System.out.println(1 + 2 + "Test");    // '3Test'
```

Die Ausgabe ist sehr unterschiedlich. Wie kommt das? Weil die Auswertung immer von links nach rechts erfolgt, kommt es dabei auf den Typ des linken Operanden an. Beginnen wir mit der einfachen Variante: Bei der zweiten Ausgabe findet zunächst eine Addition von `int`-Werten statt und erst anschließend erfolgt eine Umwandlung in ein Stringobjekt durch Aufruf der statischen Methode `valueOf()`. Wenn der linke Operand bereits vom Typ `String` ist, so findet in jedem Fall eine Stringkonkatenation statt. Dadurch werden scheinbare Additionen von Zahlen nicht als solche ausgeführt, sondern die Zahlen werden zunächst in einen String gewandelt und dann an den ursprünglichen Text angehängt. Folgende Aufschlüsselungen der Abläufe verdeutlichen das Gesagte:

```
System.out.println("Test" + 1 + 2);
                   |      |
                   String + int => String + String.valueOf(int)
                                |
                        String + int => String + String.valueOf(int)
=> "Test12"

System.out.println(1 + 2 + "Test");
                   |   |
                   int + int => int
                            |
                       int + String => String.valueOf(int) + String
=> "3Test"
```

Dieses Beispiel scheint konstruiert zu sein. Tatsächlich treten solche Anweisungen in der Praxis aber doch häufiger durch Flüchtigkeitsfehler auf. Das kann überraschende und irreführende Ausgaben zur Folge haben, wie wir es nachfolgend für die berechnete Länge einer Nachricht sehen:

```
log.error("info '" + msg + "' too long! LENGTH: " + tele.size() + msg.length);
=> "... LENGTH: 19240"

log.error("info '" + msg + "' too long! LENGTH: " + (tele.size() + msg.length));
=> "... LENGTH: 259"
```

Ein weiteres Beispiel ist die Berechnung und Ausgabe der Differenz von zwei Zeitpunkten `time0` und `time1`:

```
// System.out.println("Copy took: " + time1-time0 + " ms"); // Compile-Error
System.out.println("Copy took: " + (time1-time0) + " ms");
```

Die obere Anweisung kompiliert nicht, da der Operator '-' auf Strings nicht definiert ist. Es wird deutlich, dass fehlerhafte Berechnungen schnell auftreten können.

Besonderheiten beim Einsatz von `toLowerCase()` und `toUpperCase()`

Die Methoden `toLowerCase()` und `toUpperCase()` der Klasse `String` dienen dazu, einen gegebenen String in eine einheitliche Schreibweise in Klein- bzw. Großschreibung zu konvertieren. Das scheint trivial. Ist es aber nicht in jedem Fall. Mathematisch ausgedrückt wird keine bijektive Abbildung realisiert: Es gibt demnach nicht immer eine eineindeutige Hin- und Zurück-Transformation der Strings. Intuitiv ist dies klar, weil etwa "TeST" und "TesT" jeweils in Kleinschreibung als "test" dargestellt werden. Es gibt aber subtilere Fallstricke beim Konvertieren von Groß- in Kleinschreibung und umgekehrt. Betrachten wir anhand des Worts »Fußball« einige Konvertierungsschritte:

```
Original: 'Fußball' toLower: 'fußball' toUpper: 'FUSSBALL' toLower: 'fussball'
```

Durch Hintereinanderausführung von Konvertierungen ist aus dem Text "Fußball" der Text "fussball" geworden, der nicht eindeutig auf "Fußball" rückabbildbar ist.

Unveränderlichkeit von Strings

Strings sind in Java als unveränderliche Objekte realisiert. Dadurch kommt es leicht zu Flüchtigkeitsfehlern in der Anwendung.[9] Betrachten wir dies an einem Beispiel:

```java
public static void main(final String[] args)
{
    String test = "Heute";
    test.concat(" ist ein schöner Tag!");

    System.out.println(test);
}
```

Listing 4.20 Ausführbar als 'STRINGIMMUTABILITYEXAMPLE'

Intuitiv würde man die Ausgabe "Heute ist ein schöner Tag!" erwarten. Die tatsächliche Ausgabe auf der Konsole lautet jedoch "Heute". Die Erklärung ist einfach: ***Stringverändernde Methoden liefern immer eine neue[10] Stringinstanz zurück, die die Änderungen enthält.*** Es muss demzufolge eine Zuweisung an eine Variable erfolgen, da ansonsten die neu erzeugte Stringinstanz und damit die Modifikation verloren geht. Folgende Operationen erzeugen neue Instanzen:

- `+, +=`
- `concat(), replace(), subString()`
- `toUpperCase(), toLowerCase()`

Verdeutlichen wir uns mögliche Folgen der temporären Instanzen aufgrund der Unveränderlichkeit an einem Beispiel:

---

[9] Diese Fallstricke werden in der OCPJP/SCJP-Prüfung genutzt, um Fehler zu provozieren.

[10] Mit der Ausnahme, dass man bereits genutzte Teile aus Stringliteralen miteinander verknüpft, etwa "A" + "BC", wenn das Stringliteral "ABC" schon vorher im Sourcecode vorkam.

```java
public static void internalProcessingString()
{
    // Achtung: Schlechter Einsatz von Stringobjekten
    final String objectAndLiterals = new String("Dies ") + "ist " +
                                     new String("ein " + "String");
    System.out.println(objectAndLiterals);
}
```

Zunächst werden drei Stringliterale "Dies ", "ist " und "ein String" erzeugt. Wieso nur drei statt der vier im Sourcecode vorhandenen? Es erfolgt eine Optimierung durch den Compiler: Mit dem Operator '+' verknüpfte Stringliterale, hier "ein " und "String", werden zu einem Stringliteral zusammengefasst, bevor sie mit dem Stringliteral-Pool abgeglichen werden.

Nach den Andeutungen über ständig neu erzeugte Stringobjekte könnte man annehmen, intern würde etwa Folgendes ausgeführt:

```java
public static void internalProcessingIdea()
{
    String temp  = new String("Dies ");
    String temp2 = new String("Dies ist ");
    final String objectAndLiterals  = new String("Dies ist ein String");
    System.out.println(objectAndLiterals);
}
```

Wäre dem so, dann würden zusätzlich zu den drei Stringliteralen also drei neue Stringobjekte erzeugt. Es bestünde dann die Gefahr, dass es bei Unachtsamkeit zu sehr vielen temporären Stringobjekten kommen könnte. Tatsächlich ist der Compiler schlauer und konvertiert eine '+'-Konkatenation von Stringobjekten in eine Konkatenation mithilfe der im folgenden Abschnitt vorgestellten Klasse StringBuilder.

4.3.2 Die Klassen StringBuffer und StringBuilder

Die Veränderlichkeit von textuellen Daten ist wünschenswert, aber für die Klasse String aufgrund deren Unveränderlichkeit nicht gegeben. Für Stringmanipulationen existieren die Klassen StringBuffer und StringBuilder. Beide besitzen ein identisches API mit dem Unterschied, dass die Methoden der Klasse StringBuffer synchronisiert sind. Das bedeutet, dass die Methoden jeweils nur von einem Thread zur Zeit aufgerufen werden können (vgl. Kapitel 9.2.1). Das gilt für die Methoden der Klasse StringBuilder nicht, was nicht stört, solange darauf nur ein Thread arbeitet.

Stringkonkatenation

Ein häufig anzutreffender Tipp ist, diese Klassen statt des Operators '+' zur Konstruktion umfangreicher Textausgaben einzusetzen. Tatsächlich muss man das Ganze etwas differenzierter betrachten. Einfache Stringkonkatenationen mit dem Operator '+', wie die aus dem obigen Beispiel der Methode internalProcessingString(), werden bei der Kompilierung bereits automatisch wie folgt durch den Einsatz eines StringBuilder-Objekts ersetzt:

```
public static void internalProcessingReal()
{
    final String objectAndLiterals = new StringBuilder().
                                    append(new String("Dies ")).
                                    append("ist ").
                                    append(new String("ein String")).
                                    toString();
    System.out.println(objectAndLiterals);
}
```

Es wird bei Stringkonkatenationen immer zunächst ein `StringBuilder`-Objekt erzeugt und anschließend jedes Vorkommen eines Strings (Objekt oder Literal) mit der Methode `append()` hinzugefügt. Betrachten wir dies exemplarisch:

```
final String example = "text start" + "..." + "text end";
```

Der resultierende Bytecode ist identisch mit der folgenden Umsetzung, wie dies im folgenden Praxistipp anhand des erzeugten Bytecodes nachgewiesen wird.

```
final String example = new StringBuilder().append("text start").
                                    append("...").
                                    append("text end").toString();
```

Damit ist nachvollziehbar, warum es bei Stringverknüpfungen in der Regel keinen Sinn macht, auf die gut lesbare Schreibweise der Konkatenation durch den Operator '+' zu verzichten. Allerdings gibt es ein Einsatzgebiet, wo die explizite Verwendung eines `StringBuilders` sinnvoll sein kann. Dies ist immer dann der Fall, wenn sehr häufig mit dem Operator '+=' gearbeitet wird. Entwickeln wir ein Beispiel für die sinnvolle Nutzung eines `StringBuilders`:

```
String example = "text start";
example += "text end";
```

Für diese Anweisungen findet eine Transformation in folgende Aufrufe statt:

```
String example = "text start";
example = new StringBuilder().append(example).
                            append("text end").toString();
```

Es werden also für jeden Aufruf des Operators '+=' temporär eine `StringBuilder`-Instanz sowie ein Stringobjekt erzeugt. Geschieht dies innerhalb einer Schleife, so würde die Transformation Folgendes ergeben – unter der Annahme, die zu konkatenierenden Werte würden über eine Methode `getValue(int)` ermittelt:

```
String example = "text start"
for (int i = 0; i < n; i++)
{
    example = new StringBuilder().append(example).
                            append(getValue(n)).toString();
}
example = new StringBuilder().append(example).
                        append("text end").toString();
```

Idiom: Performante Stringkonkatenation

Für Performance-kritische Abschnitte sollte man daher Stringkonkatenationen mithilfe eines `StringBuilder`-Objekts explizit nach folgendem Idiom realisieren:

```
String example = "text start";
final StringBuilder sb = new StringBuilder(example);
for (int i = 0; i < n; i++)
{
    sb.append(getValue(n));
}
example = sb.append("text end").toString();
```

Auf diese Weise vermeidet man sämtliche kurzlebigen temporären Objekte, die durch eine automatische Transformation entstanden wären.

Tipp: Class-File-Disassembler-Werkzeug `javap`

Um die Details der Verarbeitung und die der Umsetzung in Bytecode sichtbar zu machen, kann man sich des Tools `javap` bedienen. Ein Aufruf von `javap <ClassFileName>` (Achtung: ohne Endung `.class`) zeigt unter anderem die erzeugten Konstanten sowie die Bytecode-Anweisungen der Methoden. Nutzt man `javap` zur Untersuchung der obigen Methode `internalProcessingString()`, so erhält man folgende Ausgabe:

```
public static void internalProcessingString();
  Code:
   Stack=4, Locals=1, Args_size=0
   0:   new             #5; //class java/lang/StringBuilder
   3:   dup
   4:   invokespecial   #6; //Method java/lang/StringBuilder."<init>":()V
   7:   new             #7; //class java/lang/String
   10:  dup
   11:  ldc             #8; //String Dies
   13:  invokespecial   #9; //Method java/lang/String."<init>":(Ljava/lang/
        String;)V
   16:  invokevirtual   #10; //Method java/lang/StringBuilder.append:(Ljava/
        lang/String;)Ljava/lang/StringBuilder;
   19:  ldc             #11; //String ist
   21:  invokevirtual   #10; //Method java/lang/StringBuilder.append:(Ljava/
        lang/String;)Ljava/lang/StringBuilder;
   24:  new             #7; //class java/lang/String
   27:  dup
   28:  ldc             #12; //String ein String
   30:  invokespecial   #9; //Method java/lang/String."<init>":(Ljava/lang/
        String;)V
   33:  invokevirtual   #10; //Method java/lang/StringBuilder.append:(Ljava/
        lang/String;)Ljava/lang/StringBuilder;
   36:  invokevirtual   #13; //Method java/lang/StringBuilder.toString:()
        Ljava/lang/String;
   39:  astore_0
   40:  getstatic       #14; //Field java/lang/System.out:Ljava/io/
        PrintStream;
   43:  aload_0
   44:  invokevirtual   #15; //Method java/io/PrintStream.println:(Ljava/lang
        /String;)V
   47:  return
```

Fallstrick bei `equals()` von `StringBuffer/-Builder`

Bei der Aufbereitung von Stringrepräsentationen mithilfe der Klassen `StringBuffer` und `StringBuilder` benötigt man immer mal wieder eine Prüfung auf inhaltliche Gleichheit. Für Strings ist bekannt, dass man per `==` die Referenzen und mit `equals(Object)` deren Inhalt vergleicht. Übertragen wir diese Situation auf `StringBuffer` und `StringBuilder`. Intuitiv könnte man annehmen, dass deren `equals(Object)`-Methode auf inhaltliche Gleichheit prüft, wie dies für die Klasse `String` der Fall ist. Dann würde man etwa Folgendes schreiben:

```java
final StringBuilder sb1 = new StringBuilder("Text");
final StringBuilder sb2 = new StringBuilder("Text");
// ACHTUNG: Falsche Lösung
final boolean contentIsEqual = sb1.equals(sb2)
```

Wenn man das Programm ausführt, liefert der Vergleich den Wert `false`, da hier (überraschenderweise) ein Referenzvergleich durchgeführt wird. Somit kann man `StringBuffer`- bzw. `StringBuilder`-Objekte nicht sinnvoll per `equals(Object)` vergleichen, sondern muss folgendes Idiom dafür nutzen.

IDIOM: PRÜFUNG AUF INHALTLICHE GLEICHHEIT

Wenn man den Inhalt zweier `StringBuffer`- bzw. `StringBuilder`-Objekte `sb1` und `sb2` miteinander vergleichen möchte, so muss man das wie folgt realisieren:

```java
final boolean contentIsEqual = sb1.toString().equals(sb2.toString())
```

Dabei entstehen allerdings zwei Stringobjekte. Falls ein Objekt vom Typ `String` ist, kann man die Methode `contentEquals(CharSequence)` aus der Klasse `String` für die Prüfung auf inhaltliche Gleichheit nutzen:

```java
final boolean stringContentIsEqual = string.contentEquals(charSequence);
```

Weitere Funktionalität und Vergleich mit der Klasse `String`

Praktisch ist, dass die beiden Klassen `StringBuffer` und `StringBuilder` Löschoperationen besitzen: Über die Methoden `deleteCharAt()` und `delete()` können Zeichen aus einer Stringrepräsentation entfernt werden. Analoge Methoden namens `insert()` erlauben es, Zeichen einzufügen. Das stellt einen Vorteil gegenüber Stringobjekten dar, wo dies nicht möglich ist. Allerdings haben sowohl der `StringBuilder` als auch der `StringBuffer` einen Nachteil, denn sie bieten (unverständlicherweise) leider diverse Methoden nicht, etwa `toLowerCase()` und `toUpperCase()` – dafür jedoch die (weniger häufig benötigte) Methode `reverse()`, die den Inhalt in umgekehrter Reihenfolge liefert. Tabelle 4-3 zeigt einige wichtige Methoden der Klasse `String` und eine Abbildung auf diejenigen des `StringBuffers` bzw. `StringBuilders`. Es existieren weitere Unterschiede und nicht dargestellte Methoden.

Tabelle 4-3 Abbildung der Stringmethoden

String	StringBuffer/-Builder
`+, +=, concat()`	`append()`
`replace(), subString()`	`replace(), subString()`
`indexOf(), startsWith()`	`indexOf()`
`endsWith()`	`lastIndexOf()`
- keine Methode vorhanden! -	`reverse()`
- keine Methode vorhanden! -	`insert()`
- keine Methode vorhanden! -	`delete(), deleteCharAt()`
`toUpperCase()/toLowerCase()`	*- keine Methode vorhanden! -*

4.3.3 Ausgaben mit `format()` und `printf()`

Immer wieder müssen Zahlen, Datumsangaben und Texte formatiert werden. Die im Anschluss vorgestellten Methoden `String.format()` und `PrintStream.printf()` ermöglichen eine Ausgabe, wie sie unter C mit `printf()` erfolgt. Für viele Aufgaben reicht das bereits aus. Eine objektorientierte und flexiblere Realisierung bieten die `Format`-Klassen, die in Abschnitt 13.1.4 genauer vorgestellt werden.

Ausgaben mit `String.format()` aufbereiten

Mit der statischen Methode `format(String, Object[])` der Klasse `String` kann man Zeichenketten nach einem speziellen Muster mit Platzhaltern formatieren.

```
public static void main(final String[] args) throws IOException
{
    final Object[] sampleArgs = { "pi", 3.1415, 12345 };
    final String str = String.format("%S='%2.5f' Zahl='%,d'", sampleArgs);

    System.out.println(str); // PI='3,14150' Zahl='12.345'
}
```

Listing 4.21 Ausführbar als '**STRINGFORMATEXAMPLE**'

Die Platzhalter werden bei der Ausgabe durch übergebene Werte ersetzt. Nachfolgende Aufzählung nennt mögliche Platzhalter (vgl. die API-Dokumentation):

- '`%s`' steht für eine Ausgabe eines Strings,
  '`%S`' wandelt den Wert in Großbuchstaben um.
- '`%d`' dient zur Ausgabe von dezimalen Zahlen,
  '`%,d`' gibt dezimale Zahlen mit Tausenderpunkte aus.

- '%f' bzw. '%m.nf' dient zur Ausgabe von Gleitkommazahlen, wobei m und n die Anzahl der Vor- bzw. Nachkommastellen festlegt. Ohne Angabe werden immer die benötigte Anzahl Vorkommastellen und sechs Nachkommastellen ausgegeben.
- '%x' bzw. '%X' gibt hexadezimale Zahlen aus.
- '%b' steht für eine Ausgabe von booleschen Werten.

Ausgaben mit `System.out.printf()`

Die Methode `printf(String, Object[])` gibt es in den Klassen `PrintWriter` und `PrintStream` und steht somit auch im Standardausgabestream `System.out` zur Verfügung. Dadurch wird eine formatierte Ausgabe direkt möglich, ohne zunächst ein Stringobjekt über `format(String, Object[])` aufzubereiten und anschließend über `System.out.println()` auszugeben. Folgendes Listing zeigt beide Varianten:

```java
public static void main(final String[] args)
{
    final String str = String.format("Hi %s. Es ist %d Uhr.", "Mike", 12);
    System.out.println(str);      // Hi Mike. Es ist 12 Uhr.

    System.out.printf("Hi %s. Es ist %d Uhr.", "Mike", 12);
}
```

Listing 4.22   Ausführbar als **'StringFormatVarArgsExample'**

In beiden Fällen kommt es erwartungsgemäß zu der Ausgabe von »`Hi Mike. Es ist 12 Uhr.`«.

4.3.4 Die Methode `split()` und reguläre Ausdrücke

Einfache Zerlegungen von Strings lassen sich mithilfe der Klasse `java.util.StringTokenizer` bewerkstelligen. In diesem Abschnitt schauen wir uns schrittweise komplexere Zerlegungen basierend auf regulären Ausdrücken und der Methode `split(String)` der Klasse `String` an. Diese teilt einen gegebenen String in mehrere Teilstrings. Sie arbeitet dabei mit frei wählbaren Trennzeichen(-folgen), die als regulärer Ausdruck angegeben werden. Für das Verständnis regulärer Ausdrücke wollen wir folgende informelle Definition verwenden:

Definition 4.1   *Unter einem **regulären Ausdruck** versteht man eine Zeichenkette, die zur Beschreibung von anderen Zeichenketten dient. Im einfachsten Fall kann dies eine Folge von Zeichen sein. Die Darstellung gewisser Abfolgen oder Alternativen geschieht durch Spezial- oder Metazeichen, etwa [,], -, + usw. Seien a, b, c, d und e Zeichen, so gelten folgende einfache Regeln zur Konstruktion komplexerer regulärer Ausdrücke:*

4.3 Stringverarbeitung

Ausdruck	Bedeutung
a	**Einzelnes Zeichen**: Das Zeichen 'a' ist erlaubt.
a+	**Wiederholung**: Ein oder mehrere 'a' sind erlaubt.
[ace]	**Zeichenauswahl**: Eines der Zeichen 'a', 'c' oder 'e' ist erlaubt.
[b-d]	**Bereichsdefinition**: Eines der Zeichen aus dem Bereich von 'b' bis 'd' ist erlaubt.
a[c-e]	**Konkatenation**: Eine Zeichenkette, die mit einem 'a' beginnt und danach eines der Zeichen 'c', 'd' oder 'e' enthält, ist erlaubt.

Im Folgenden werde ich mit einem Beispiel einer einfachen Auswertung von Texten beginnen und dort schrittweise weitere Anforderungen integrieren.

Einfache Zeichenfolgen als regulärer Ausdruck

Nehmen wir an, in einer Textdatei wären verschiedene Werte durch die Zeichenfolge "#-#" voneinander getrennt. Wir nutzen einen einfachen regulären Ausdruck, der exakt dieser Zeichenfolge entspricht. Im folgenden Beispiel ist dieser in der Konstanten `delimiter` definiert. Es wird die Eingabe `input` durch Aufruf der Methode `split(String)` aufgespalten:

```java
public static void main(final String[] args)
{
    final String input = "#-# Wert1 #-# Wert2 #-# Wert3";
    final String delimiter = "#-#";

    final String[] tokens = input.split(delimiter);
    printTokens(tokens); // Tokens = '[, Wert1 , Wert2 , Wert3]'
}
private static void printTokens(final String[] tokens)
{
    System.out.print("Tokens = '" + Arrays.asList(tokens) + "'");
}
```

Listing 4.23 Ausführbar als 'REGEXEXAMPLE'

Als Ausgabe erhalten wir:

```
Tokens = '[, Wert1 , Wert2 , Wert3]'
```

Nur bei genauerer Betrachtung erkennt man, dass die Tokens teilweise Leerzeichen enthalten. Wir verbessern daher die Ausgaberoutine `printTokens(String[])` so, dass einzelne Tokens in Anführungszeichen eingeschlossen werden:

```java
static void printTokens(final String[] tokens)
{
    System.out.print("Tokens = '[");
    for (int i = 0; i < tokens.length; i++)
    {
        System.out.print("'" + tokens[i] + "'");
        // Komma anfügen, wenn noch nicht letztes Element
        if (i != tokens.length - 1)
            System.out.print(", ");
    }
    System.out.println("]'");
}
```

Listing 4.24   Ausführbar als 'REGEXEXAMPLEIMPROVEDPRINT'

Die Ausgabe in Hochkommata einzuschließen haben wir bereits für Stringausgaben kennengelernt. Auch hier werden dadurch Resultate klarer erkennbar:

```
Tokens = '['',' Wert1 ',' Wert2 ',' Wert3']'
```

Nun fällt auf, dass nicht nur die Tokens Leerzeichen enthalten, sondern dass insbesondere auch die Ausgabe mit einem Leerstring beginnt. Dies ist dadurch begründet, dass das erste Vorkommen eines Trennzeichens an Position 0 liegt. Das Token davor hat demnach die Länge 0. Bei der Angabe der Trennzeichen muss man ebenfalls aufmerksam sein: Leerzeichen tragen dort semantische Bedeutung.

Varianten in regulären Ausdrücken

Ein Erweiterungswunsch könnte sein, Trennzeichen mit einer laufenden Nummer zu versehen. Die Trenner wären dann die Zeichenfolgen "#1#", "#2#" usw. Da wir bisher lediglich auf Zeichenebene vergleichen, müssen wir alle erlaubten Muster in der Art "#1#", "#2#" usw. angeben und dazu eine **ODER-Beziehung** nutzen. Diese *wird in regulären Ausdrücken über das Zeichen '|' dargestellt.* Der reguläre Ausdruck lautet damit:

```
final String delimiter = "#1#|#2#|#3#";
```

Je mehr der invariante Anteil des Musters dominiert, desto umfangreicher wird die Zeichenfolge zur Beschreibung der Trenner. Besser ist es, nur die Varianzen darzustellen. Schnell kommt der Wunsch auf, alle Ziffern von '0' bis '9' als Trennzeichen verwenden zu dürfen. Dies kann explizit durch Angabe aller Ziffern geschehen, etwa wie folgt:

```java
public static void main(final String[] args)
{
    final String input = "#1# Wert1 #5# Wert5 #7# Wert7";
    final String delimiter = "#(0|1|2|3|4|5|6|7|8|9)#";

    final String[] tokens = input.split(delimiter);
    printTokens(tokens); // Tokens = '[", ' Wert1 ', ' Wert5 ', ' Wert7']'
}
```

Listing 4.25   Ausführbar als 'REGEXEXAMPLEVARIANTS'

4.3 Stringverarbeitung

Bereichsangaben und Wiederholungen in regulären Ausdrücken

Eleganter kann man das Ganze durch die Angabe von Wertebereichen schreiben, die die Notation `[Startwert-Endwert]` verwendet:

```
final String delimiter = "#[0-9]#";
```

Wahrscheinlich sollen die erlaubten Zahlen nicht nur einstellig bleiben. Eine Wiederholung von Zeichen wird über die Notation '*' (0 bis n Vorkommen) bzw. '+' (1 bis n Vorkommen) ausgedrückt. Die Angabe der Vorkommen (Multiplizität) lässt sich für beliebige Zeichen und Ausdrücke, hier im Speziellen für die '#'-Zeichen, anwenden. Wir können die Trenner nun flexibel gestalten und fordern lediglich, dass ein Trenner immer mit mindestens einem '#'-Zeichen beginnt und endet sowie mindestens eine Ziffer und optional weitere enthält. Damit ergibt sich der folgende reguläre Ausdruck:

```
public static void main(final String[] args)
{
    final String input = "#27# Wert27 ##228## Wert228 #3# Wert3";
    final String delimiter = "#+[0-9]*#+";

    final String[] tokens = input.split(delimiter);
    printTokens(tokens); // Tokens = '[", ' Wert27 ', ' Wert228 ', ' Wert3']'
}
```

Listing 4.26   Ausführbar als 'REGEXEXAMPLERANGES'

Spezialzeichen in regulären Ausdrücken

Um Schreibarbeit in regulären Ausdrücken zu vermeiden, existieren einige vordefinierte Abkürzungen als Hilfe. Beispielsweise werden beliebige Ziffern über die Angabe von "\d" repräsentiert. Der zuvor hergeleitete Ausdruck lässt sich damit weiter verdichten, allerdings muss das Backslash-Zeichen in Strings speziell notiert werden (man spricht auch von Escapen), hier durch "\\d":

```
public static void main(final String[] args)
{
    final String input = "#27# Wert27 ##228## Wert228 #3# Wert3";
    final String delimiter2 = "#+\\d+#+";

    final String[] tokens2 = input.split(delimiter2);
    printTokens(tokens2); // Tokens = '[", ' Wert27 ', ' Wert228 ', ' Wert3']'
}
```

Listing 4.27   Ausführbar als 'REGEXEXAMPLERANGES2'

Man ahnt, dass das Muster des regulären Ausdrucks schnell unübersichtlich bzw. kryptisch wird. Dies gilt vor allem, wenn man nach diesen Spezialzeichen suchen möchte. Zur Angabe als String in Java ist dann ein weiteres Escapen notwendig. Einige gebräuchliche Spezialzeichen sind in Tabelle 4-4 aufgelistet.

Tabelle 4-4 Spezialzeichen in regulären Ausdrücken

Spezialzeichen	Bedeutung
.	Platzhalter für ein beliebiges Zeichen
\d	Platzhalter für eine beliebige Ziffer
\w	Platzhalter für einen Buchstaben oder eine Ziffer
\s	Platzhalter für Leerzeichen, Tabulatoren und Zeilenumbrüche
\n	Platzhalter für einen Zeilenumbruch
*	Angabe einer Wiederholung von 0 bis n Vorkommen
+	Angabe einer Wiederholung von 1 bis n Vorkommen
{n}	Wiederholung von genau n Vorkommen
?	Erlaubt 0 bis 1 Vorkommen

Ein aus der Praxis stammendes Beispiel für den Einsatz spezieller Trennzeichen ist ein Newsticker, dessen Nachrichten durch die Zeichenfolgen "+++" voneinander separiert sind. Möchte man die einzelnen News-Texte ermitteln, so könnte man intuitiv auf folgende Realisierung kommen:

```
final String input = "News: First News +++ Second News +++ End";
final String delimiter = "+++";
// Exception in thread »main« java.util.regex.PatternSyntaxException:
// Dangling meta character '+' near index 0
```

Diese Umsetzung führt jedoch zur Laufzeit zu einer `java.util.regex.PatternSyntaxException`, ausgelöst dadurch, dass hier ein Spezialzeichen mit Metainformation als Trennzeichen genutzt wird. Das löst man durch Escapen wie folgt:

```
public static void main(final String[] args)
{
    final String input = "News: First News +++ Second News +++ End";
    final String delimiter = "\\+\\+\\+";

    final String[] tokens = input.split(delimiter);
    printTokens(tokens); //
        Tokens = '['News: First News ', ' Second News ', ' End']'
}
```

Listing 4.28 Ausführbar als 'REGEXEXAMPLENEWSTICKER'

4.4 Datumsverarbeitung

Für die Verarbeitung von Datumswerten gibt es diverse APIs in Java und seit JDK 8 sogar noch ein umfangreiches weiteres, das man – sofern möglich – in neuen Projekten einsetzen sollte. Die Neuerungen in JDK 8 bespreche ich separat in Kapitel 11.

Nachfolgend wollen wir zunächst das `Date`- und das `Calendar`-API betrachten, um damit die eingangs dieses Kapitels vorgestellte Klasse `Person` um eine Methode `getAge()` zu erweitern sowie die Ausgabe des Geburtstags in `toString()` zu verbessern. Bevor wir damit starten, werde ich auf einige Fallstricke hinweisen, die in den Datums-APIs lauern.

4.4.1 Fallstricke der Datums-APIs

Die ursprünglich zur Datumsverarbeitung vorgesehene Klasse `java.util.Date` steckt voller Tücken und Überraschungen. Das lernen wir an ein paar Beispielen kennen. Anschließend schauen wir auf Probleme in der Klasse `java.util.Calendar`.

Konstruktion von `Date`-Instanzen Zur Demonstration reicht bereits ein sehr einfaches Programm: Hier erzeugen wir ein neues `Date`-Objekt mit der Angabe der Werte Jahr, Monat, Tag wie folgt:

```java
public static void main(final String[] args)
{
    // Mein Geburtstag: 7.2.1971
    final int year = 1971;
    final int month = 2;
    final int day = 7;

    System.out.println(new Date(year, month, day));
}
```

Listing 4.29 Ausführbar als 'DATEAPIPROBLEMS'

Zunächst ist die Parameterreihenfolge Jahr, Monat, Tag nicht besonders intuitiv. Gebräuchlich ist Tag, Monat, Jahr oder Monat, Tag, Jahr. Abgesehen davon erwartet man als Ergebnis eine Ausgabe in der folgenden Art – zumindest in Deutschland:

```
7. 2. 1971
```

Aber stattdessen werden wir in den März des Jahres 3871 katapultiert:

```
Tue Mar 07 00:00:00 CET 3871
```

Wie kann das sein? Ein Blick in die Sourcen des JDKs verrät es. Auf den an den Konstruktor übergebenen Jahreswert wird der Wert 1900 addiert. Zudem beginnt die Zählung der Monate bei 0, die der Tage bei 1. Das ist alles andere als selbsterklärend. Mit diesem Wissen fällt die Korrektur jedoch nicht schwer:

```java
System.out.println(new Date(year - 1900, month - 1, day));
```

Berechnungen mit `Date`   Die Klasse `Date` speichert intern das Datum in Form eines `long`-Werts in Millisekunden mit dem 1.1.1970, 00:00:00 Uhr als Referenzzeitpunkt. Mithilfe der Methode `getTime()` kann man diesen `long`-Wert ermitteln. Es ist ebenfalls möglich, ein neues Datum inklusive Uhrzeit durch Angabe von Millisekunden und den Aufruf von `setTime(long)` zu setzen. Alternativ kann die Konstruktion eines `Date`-Objekts mit einem `long`-Wert erfolgen. Ein Aufruf des Defaultkonstruktors `new Date()` verwendet den aktuellen Zeitpunkt als `long`-Wert. Ein negativer Wert geht vom oben angegebenen Referenzzeitpunkt in die Vergangenheit zurück. Folgendes Listing versetzt die Zeit auf den Silvesterabend 1969:

```
public static void main(final String[] args)
{
    System.out.println(new Date(-10_000_000));   // Wed Dec 31 22:13:20 CET 1969
}
```

Listing 4.30   Ausführbar als 'DATEPASTEXAMPLE'

Beim Einsatz des `Date`-APIs erkennen wir eine weitere Inkonsistenz: *Die Verarbeitung über Millisekunden verwendet mit dem Jahr 1970 ein anderes Offset als die Angabe über die Werte für Jahr, Monat usw. im Konstruktor der Klasse `Date`. Dort ist die Basis das Jahr 1900.*

Merkwürdigkeiten in der Klasse `Calendar`   Mit JDK 1.2 wurde zur Datumsverarbeitung die Klasse `Calendar` eingeführt. Dieser zweite Versuch ist besser gelungen als die Klasse `Date`. Die Übergabe der Parameter und deren Interpretation sind nun relativ überraschungsfrei:

```
public static void main(final String[] args)
{
    final Calendar calendar = new GregorianCalendar(1971, 1, 7);
    System.out.println(calendar.getTime());        // Sun Feb 07 00:00:00 CET 1971

    final Calendar calendar2 = new GregorianCalendar(1971, 1, 7, 21, 22);
    System.out.println(calendar2.getTime());       // Sun Feb 07 21:22:00 CET 1971
}
```

Listing 4.31   Ausführbar als 'CALENDARAPIEXAMPLE'

Leider besitzt auch das `Calendar`-API einige kleinere Tücken: Erstens beginnt die Zählung der Monate hier wieder bei 0. Zweitens ist die Methode zum Ermitteln eines `Date`-Objekts unglücklich als `getTime()` benannt. Dadurch sieht man häufiger folgendes Konstrukt, um aus einem `Calendar`-Objekt einen `long`-Wert zu ermitteln:

```
final long time = calendar.getTime().getTime();
```

Der doppelte `getTime()`-Aufruf erscheint zunächst unsinnig oder zumindest merkwürdig. Tatsächlich liefert das erste `getTime()` ein `Date`-Objekt und das zweite einen `long`-Wert.

4.4.2 Das `Date`-API

Die vorherigen Beispiele verdeutlichen, dass es einige Merkwürdigkeiten und Probleme im `Date`-API gibt. Deswegen sind dort ca. 60 – 70 % der öffentlichen Methoden und der Konstruktoren als veraltet gekennzeichnet und sollten in neu erstelltem Sourcecode möglichst nicht mehr verwendet werden.

Wir wollen das `Date`-API trotzdem kurz kennenlernen, weil es noch in vielen Projekten genutzt wird. Wir werden es zum Einstieg verwenden und um die schon erwähnte Erweiterung der Klasse `Person` um eine Methode `getAge()` zur Berechnung des Alters zu realisieren. Die Klasse `Date` bietet unter anderem folgende Methoden:

- `new Date()` – Erzeugt ein neues `Date`-Objekt, das die aktuelle Zeit und das aktuelle Datum widerspiegelt (`System.currentTimeMillis()`).
- `getYear()` – Liefert das Jahr.
- `getMonth()` – Liefert den Monat, 0-basiert (Wertebereich 0 ... 11)!
- `getDate()` – Liefert entgegen der Bezeichnung der Methode nur den Tag im Monat, 1-basiert (Wertebereich 1 ... 31)!
- `getDay()` – Liefert *nicht(!)* den Tag, sondern einen Aufzählungswert für den Wochentag (Wertebereich 0 ... 6 entspricht Sonntag ... Samstag).

Abgesehen von `getDay()` werden wir diese Methoden nun für Berechnungen des Alters in Jahren einsetzen. Dieses ergibt sich vereinfacht aus der Differenz des aktuellen Jahrs und des Geburtsjahrs. Es muss gegebenenfalls noch eine Korrektur erfolgen, wenn der aktuelle Tag und Monat kleiner als der des Geburtstags sind, also man noch nicht in dem Jahr Geburtstag hatte: Die Jahresdifferenz muss dann um eins verringert werden. Mit diesen Informationen schreiben wir die Methode `getAge()` wie folgt:

```java
public final int getAge()
{
    final Date now = new Date();

    int correction = 0;
    if (!birthdayWasAlreadyThisYear(now.getMonth(), birthday.getMonth(),
                                    now.getDate(), birthday.getDate()))
    {
        correction = -1;
    }

    return now.getYear() - birthday.getYear() + correction;
}

private boolean birthdayWasAlreadyThisYear(final int monthNow,
        final int monthBirthDay, final int dayNow, final int dayBirthDay)
{
    return monthNow > monthBirthDay ||
           (monthNow == monthBirthDay && dayNow >= dayBirthDay);
}
```

Listing 4.32 Ausführbar als '**PERSONDATEBIRTHDAYCALCULATIONEXAMPLE**'

Vergleich von Datumswerten mit dem `Date`-API

Datumswerte lassen sich leicht und intuitiv mithilfe der Methoden `before(Date)`, `equals(Object)` und `after(Date)` der Klasse `Date` vergleichen. Damit kann man Vergleiche auf logischer Ebene formulieren. Das ist oftmals verständlicher, als wenn man die korrespondierenden `long`-Werte (Implementierungsdetails) der `Date`-Objekte vergleicht. Folgender Sourcecode-Ausschnitt zeigt beide Varianten:

```java
public static void main(final String[] args)
{
    final long ONE_HOUR_MSEC = 60 * 60 * 1000;

    final Date now = new Date();
    final Date oneHourAgo = new Date(now.getTime() - ONE_HOUR_MSEC);

    // oneHourAgo < now
    System.out.println(oneHourAgo.before(now));                  // true
    System.out.println(oneHourAgo.getTime() < now.getTime());    // true
}
```

Listing 4.33   Ausführbar als '`DateCompareExample`'

Berechnungen von Datumswerten mit dem `Date`-API

Wie schon mit den vorherigen Beispielen angedeutet, finden Berechnungen im `Date`-API häufig auf Basis von `long`-Werten (Millisekunden-Repräsentationen) statt, wodurch sich die Berechnungen meistens nicht wirklich gut lesbar gestalten lassen. Um beispielsweise einen Bereich von einem Tag in die Vergangenheit bis zu einer Woche in die Zukunft abzudecken, müssen die korrespondierenden Werte von Hand berechnet werden. Das ist ziemlich unpraktisch. Daher bietet sich der Einsatz einiger Konstanten an. Nachfolgend wählen wir als Ausgangstag den 28. Februar 2000:

```java
public static void main(final String[] args)
{
    final long ONE_SEC_MSEC = 1000;
    final long ONE_MIN_MSEC = 60 * ONE_SEC_MSEC;
    final long ONE_HOUR_MSEC = 60 * ONE_MIN_MSEC;
    final long ONE_DAY_MSEC = 24 * ONE_HOUR_MSEC;
    final long ONE_WEEK_MSEC = 7 * ONE_DAY_MSEC;

    // Schaltjahr 2000 => Offset Jahr: 1900
    final Date feb2000 = new Date(100, 1, 28);
    final Date oneDayAgo = new Date(feb2000.getTime() - ONE_DAY_MSEC);
    final Date oneWeekLater = new Date(feb2000.getTime() + ONE_WEEK_MSEC);

    System.out.println("oneDayAgo = " + oneDayAgo);
    System.out.println("feb2000 = " + feb2000);
    System.out.println("oneWeekLater = " + oneWeekLater);

    // oneDayAgo < feb2000 < oneWeekFromNow
    System.out.println(oneDayAgo.before(feb2000));
    System.out.println(feb2000.before(oneWeekLater));
}
```

Listing 4.34   Ausführbar als '`DateCalculationExample`'

Das Programm DATECALCULATIONEXAMPLE produziert folgende Ausgabe:

```
oneDayAgo = Sun Feb 27 00:00:00 CET 2000
feb2000 = Mon Feb 28 00:00:00 CET 2000
oneWeekLater = Mon Mar 06 00:00:00 CET 2000
true
true
```

Ausgehend vom Referenztag 28. Februar ist der Tag davor erwartungsgemäß der 27. Februar. Da das Jahr 2000 ein Schaltjahr ist, gibt es aber mit dem 29. Februar noch einen weiteren Tag in diesem Monat. Demnach entsprechen 7 Tage in der Zukunft dem 6. März und nicht dem 7. März, wie man zunächst vermuten könnte.

Diese Berechnungen waren noch relativ einfach. Komplizierter wird es, wenn man ein Datum um mehrere Monate verschieben möchte. Dann müsste man die unterschiedliche Anzahl von Tagen im Monat und möglicherweise auch Schaltjahre berücksichtigen. Für solche Berechnungen bietet sich der Einsatz der Klasse `Calendar` an.

> **Hinweis: Schwierigkeit nachträglicher API-Korrekturen**
>
> Das `Date`-API zeigt es sehr deutlich: Wurden beim Entwurf eines APIs Fehler gemacht und ist dieses erst einmal veröffentlicht und durch eine breite Nutzerbasis eingesetzt, so lässt sich das Ganze kaum mehr korrigieren, wenn man kompatibel zu bestehendem Sourcecode bleiben möchte. Stattdessen können Methoden lediglich als veraltet markiert werden. Dazu nutzt man den Javadoc-Kommentar `@deprecated`, die Annotation `@Deprecated` oder besser sogar beides. Idealerweise existiert ein Hinweis, welche Methode stattdessen genutzt werden sollte.

4.4.3 Das `Calendar`-API

Wie bereits erwähnt, wurde das `Calendar`-API eingeführt, um die Handhabung von Datumswerten zu erleichtern. Die abstrakte Klasse `Calendar` bietet einen objektorientierteren Zugang zur Verwaltung von Datumswerten als die Klasse `Date`. Wir setzen im Folgenden die konkrete Realisierung `GregorianCalendar` ein, um eine Datumsausgabe zu realisieren sowie Berechnungen von Datumswerten durchzuführen.

Aufbereitung für eine Ausgabe als String

Die Klasse `Calendar` enthält unter anderem eine spezielle `get(int)`-Methode. Diese bietet Zugriff auf einzelne Datumswerte (Jahr, Monat, Tag usw.). Der Parameter referenziert über vordefinierte Schlüsselwerte den gewünschten Datumsteil:

- `DAY_OF_MONTH` – Tag im Monat (Wertebereich 1 ... 31)
- `MONTH` – Monat, 0-basiert! (Wertebereich 0 ... 11)
- `YEAR` – Jahr
- `HOUR_OF_DAY` – Stunde im 24 Stundensystem, 0-basiert! (Wertebereich 0 ... 23)
- `MINUTE` – Minute

Nutzen wir nun das `Calendar`-API, um die Ausgabe des Geburtstags einer Person lesbarer und nach unseren Wünschen zu gestalten. Wie wir beim Implementieren der `toString()`-Methode in Abschnitt 4.1.1 gesehen haben, entspricht die Umwandlung eines `Date`-Objekts in einen String nicht unseren Erwartungen, denn in diesem Beispiel soll sie weder Zeitzonen noch sekundengenaue Zeitangaben enthalten, sondern lediglich im Format 'Tag.Monat.Jahr Stunde:Minute' erfolgen. Eine mögliche Realisierung, basierend auf der `get(int)`-Methode vom `Calendar`, wird durch folgende `dateAsString(Date)`-Methode implementiert:

```java
public static String dateAsString(final Date date)
{
    final Calendar cal = GregorianCalendar.getInstance();
    cal.setTime(date);

    final StringBuilder result = new StringBuilder();

    result.append(cal.get(Calendar.DAY_OF_MONTH));
    result.append('.');
    result.append(cal.get(Calendar.MONTH) + 1);
    result.append('.');
    result.append(cal.get(Calendar.YEAR));
    result.append(' ');
    result.append(cal.get(Calendar.HOUR_OF_DAY));
    result.append(':');
    result.append(cal.get(Calendar.MINUTE));

    return result.toString();
}
```

Listing 4.35 *Ausführbar als* '**PERSONDATETOSTRINGEXAMPLE**'

Richtig elegant und gut erweiterbar sind derartige »händische« Lösungen zur Aufbereitung von Ausgaben nicht. Einfacher und weniger fehleranfällig wird dies durch den Einsatz der in Abschnitt 13.1.4 vorgestellten `Format`-Klassen, die zudem eine flexible Anpassung der Ausgabe ermöglichen.

Berechnungen von Datumswerten mit dem `Calendar`-API

Berechnungen lassen sich im `Calendar`-API auf einer logischen Ebene ausführen und man muss nicht auf der Millisekunden-Repräsentation arbeiten. Als Konsequenz kann jedes beliebige Datumsattribut, etwa Jahr, Monat, Tag, Stunde, Minute, um einen Wert erhöht oder erniedrigt werden. Dazu dient die Methode `add(int field, int value)`, die das korrespondierende Datumsattribut sowie die gewünschte Änderung übergeben bekommt.

Eine solche Änderung wirkt sich aus – falls erforderlich – auf ein »höherwertiges« Datumsattribut aus: Würde im Dezember zwei Monate in die Zukunft gesprungen, so ändert sich neben dem Monat auch das Jahr. Will man wirklich explizit nur auf dem jeweiligen Datumsattribut rechnen, so nutzt man dazu die Methode `roll(int field, int value)`. Des Weiteren kann man Werte über die Methode `set(int field,` int value) setzen. Für Wochentage und Monate existieren dazu vordefinierte Konstanten, beispielsweise `Calendar.SUNDAY` oder `Calendar.FEBRUARY`.

Wir wollen nun die zuvor mit dem `Date`-API implementierten Berechnungen mit dem `Calendar`-API ausführen. Praktischerweise müssen die korrespondierenden Zeitdifferenzen *nicht mehr* von Hand berechnet werden, sondern es kommt die Methode `add(int, int)` zum Einsatz, wodurch sich eine natürliche Datumsarithmetik realisieren lässt und der Sourcecode kürzer, klarer und verständlicher wird:

```
public static void main(final String[] args)
{
    // Schaltjahr 2000 => Berechnung bei Verschiebung um 1 Monat wichtig
    final Calendar feb2000 = new GregorianCalendar(2000, Calendar.FEBRUARY, 28);

    // Einen Tag in die Vergangenheit
    final Calendar oneDayAgo = (Calendar) now.clone();
    oneDayAgo.add(Calendar.DAY_OF_YEAR, -1);

    // Eine Woche in die Zukunft
    final Calendar oneWeekLater = (Calendar) feb2000.clone();
    oneWeekLater.add(Calendar.WEEK_OF_YEAR, +1);

    // Ausgabe als Date-Objekt
    System.out.println("oneDayAgo = " + oneDayAgo.getTime());
    System.out.println("feb2000 = " + feb2000.getTime());
    System.out.println("oneWeekLater = " + oneWeekLater.getTime());

    // Schaltjahr 2000 => oneDayAgo < now < oneWeekFromNow
    System.out.println(oneDayAgo.before(feb2000));
    System.out.println(feb2000.before(oneWeekLater));
}
```

Listing 4.36 *Ausführbar als* '**CALENDARCALCULATIONEXAMPLE**'

Das Listing zeigt, dass sich die Berechnungen lesbarer als mit der Klasse `Date` gestalten lassen. Führt man das Programm CALENDARCALCULATIONEXAMPLE aus, so kommt es zu einer Ausgabe, die derjenigen der `Date`-Berechnungen entspricht.

4.5 Varianten innerer Klassen

In Java ist der Einsatz innerer Klassen ein verbreitetes Sprachmittel, mit dem sich einige Entwurfsprobleme elegant lösen lassen. Innere Klassen sind den gewöhnlichen Klassen ähnlich, jedoch innerhalb von Klassen (oder sogar Methoden) definiert.

```
public class OuterClass
{
    public class InnerClass
    {
        // ...
    }

    public static class StaticInnerClass
    {
        // ...
    }
}
```

Wie im Listing gezeigt, bietet Java zwei verschiedene Varianten innerer Klassen: *normale* und *statische innere* Klassen. Diese stellen häufig Funktionalität bereit, die lediglich für die äußere Klasse von Interesse ist. Bei Bedarf können innere Klassen jedoch auch von anderen Klassen benutzt werden.

Die Sichtbarkeit einer äußeren Klasse wirkt sich auf dort definierte innere Klassen aus. Im Gegensatz zu äußeren Klassen, die nur die Sichtbarkeiten `public` und Package-private erlauben, sind für innere Klassen alle Sichtbarkeiten zulässig. Wenn die äußere Klasse nur Package-private definiert ist, sind innere Klassen für Package-fremde Klassen nicht sichtbar, selbst wenn die inneren Klassen `public` sind. Ist die äußere Klasse allerdings `public`, so gelten für die Sichtbarkeit die bekannten Regeln: `private` und Package-private definierte innere Klassen sind nur im Package selbst sichtbar. Öffentliche innere Klassen sind für alle anderen Klassen sichtbar. Die Sichtbarkeit `protected` ermöglicht den Zugriff für von der äußeren Klasse abgeleitete Klassen und für Klassen aus demselben Package.

»Normale« innere Klassen

Innere Klassen besitzen eine implizite Referenz auf eine Instanz der äußeren Klasse und können dadurch auf deren Elemente zugreifen – sogar auf die privaten. *Allerdings folgt daraus auch, dass immer ein Objekt der umgebenden Klasse existieren muss, um ein Objekt einer inneren Klasse zu erzeugen.* Dadurch ergibt sich eine etwas merkwürdige Syntax zur Objekterzeugung:

```java
// Variante 1
final OuterClass.InnerClass inner = new OuterClass().new InnerClass();

// Variante 2
final OuterClass outer = new OuterClass();
final OuterClass.InnerClass inner2 = outer.new InnerClass();
```

Statische innere Klassen

Wenn äußere Klassen lediglich erzeugt werden, um Zugriff auf innere Klassen zu bieten, so ist dies – wie eingangs dieses Unterkapitels gezeigt – eher unnatürlich. Das gilt insbesondere dann, wenn es sich bei den inneren Klassen um Hilfsklassen oder Datencontainer handelt. Diese dienen nur als semantische Strukturierung und sind in der Regel unabhängig von der äußeren Klasse. Dafür existiert das Sprachmittel der statischen inneren Klassen. Das illustriert die Klasse `TripleVO`. Diese realisiert einen Datencontainer, der die drei Attribute `value1` bis `value3` anbietet:

```java
public final class StaticInnerClassExample
{
    public static final class TripleVO
    {
        private final int value1;
        private final int value2;
        private final int value3;
```

4.5 Varianten innerer Klassen

```
        private TripleVO(final int value1, final int value2, final int value3)
        {
            this.value1 = value1;
            this.value2 = value2;
            this.value3 = value3;
        }

        public final int getValue1() { return value1; }
        public final int getValue2() { return value2; }
        public final int getValue3() { return value3; }
    }

    // ...
}
```

Statische innere Klassen besitzen keine implizite Referenz auf die äußere Klasse, wodurch auch keine Zugriffe auf nicht statische Attribute der äußeren Klassen möglich sind. Statische innere Klassen können mit folgender Syntax erzeugt werden:

```
final OuterClass.StaticInnerClass inner = new OuterClass.StaticInnerClass();
```

Spezielle Formen innerer Klassen

Neben den bisher vorgestellten Formen von inneren Klassen existieren noch die zwei im Folgenden vorgestellten Spezialformen: *methodenlokale* und *anonyme innere* Klassen.

Methodenlokale innere Klassen   Innere Klassen können sogar lokal innerhalb von Methoden definiert werden und sind auch nur dort sichtbar und zugreifbar, weshalb keine Sichtbarkeit angegeben werden kann. Diesen lokalen inneren Klassen ist sowohl ein Zugriff auf Attribute der äußeren Klasse als auch auf die in der Methode definierten Variablen und Methodenparameter möglich, sofern sich diese nicht mehr ändern, also explizit `final` oder »*effectively final*« sind.[11]

```
private void doSomething()
{
    int counter = 100;
    final int constant = 200;

    // Keine Sichtbarkeitsmodifier erlaubt, public usw. => Compile-Error
    /* public */ class MethodLocalInnerClass
    {
        public void printVar()
        {
            // System.out.println("counter = " + counter ); // => Compile-Error
            System.out.println("constant = " + constant);
        }
    }
    counter++; // Ohne diese Zeile wäre der obige Zugriff auf counter erlaubt
    new MethodLocalInnerClass().printVar();
}
```

---

[11] Seit JDK 8 muss eine Variable nicht mehr explizit `final` definiert werden, sondern es reicht aus, wenn sich deren Wert nicht mehr ändert.

Diese Einschränkung auf Unveränderlichkeit ist dadurch bedingt, dass eine Stackvariable (etwa `int variable = 100`) beim Verlassen einer Methode »abgeräumt« wird. Eine methodenlokale innere Klasse kann zu diesem Zeitpunkt aber weiterhin aktiv sein (weil sie einen Thread gestartet hat) und könnte später versuchen, auf eine solche Variable zuzugreifen, die es dann aber nicht mehr geben würde. Durch die Definition als `final` wird der Zugriff trotzdem möglich. Wie ist das zu erklären? Man kann sich das Vorgehen in etwa so vorstellen: Das Schlüsselwort `final` garantiert, dass sich der Wert einer Variablen im Verlauf der Methode nicht ändert. Dadurch ist es möglich, implizit eine Kopie des Werts der Variablen zu erstellen und diesen an die methodenlokale innere Klasse zu übergeben. Somit arbeitet diese mit einer Kopie statt mit dem Original aus der umgebenden Methode.

Interessanterweise kann man `enum`-Aufzählungen im Gegensatz zu Klassen nicht methodenlokal definieren.[12] Das dürfte allerdings auch nur in extrem seltenen Fällen notwendig sein.

Anonyme innere Klassen   Manchmal sind innere Klassen so speziell und nur für eine einmalige Aufgabe verwendbar, dass man sie weder benennen noch mehrfach erzeugen möchte. Das lässt sich mithilfe anonymer innerer Klassen realisieren. Diese sind innerhalb von Klassen oder Methoden definiert und besitzen keinen Namen, sind also anonym. Ohne Klassennamen können sie allerdings keinen Konstruktor bereitstellen. Meistens bestehen diese Klassen nur aus wenigen Methoden – häufig sogar lediglich aus einer Methode. Man spricht von **SAM-Typen** (*Single Abstract Method*). Diese spielen für JDK 8 und **Lambdas** eine wichtige Rolle. Dieses Thema werden wir später in Kapitel 5 genauer betrachten. Anonyme innere Klassen sind in ihrer Definition dahingehend eingeschränkt, dass sie entweder auf einem Interface basieren oder eine Klasse erweitern müssen. Der ausschließliche Sinn besteht darin, die Methoden der Basisklasse zu überschreiben bzw. die Methoden eines Interface zu implementieren. Zwar kann man in einer anonymen inneren Klasse zusätzliche Methoden definieren. Diese können jedoch von außerhalb der Klasse niemals aufgerufen werden.

Die zur Definition verwendete Schreibweise ist zunächst vielleicht etwas gewöhnungsbedürftig, da weder das Schlüsselwort `extends` noch `implements` angegeben wird. Stattdessen folgt die Klassendefinition syntaktisch direkt der Instanziierung der Basisklasse bzw. des Interface:[13]

```
final Runnable newRunnable = new Runnable()
{
    public void run()
    {
        // ...
    }
}; // ACHTUNG DAS SEMIKOLON IST WICHTIG => SONST COMPILE-ERROR => OCPJP/SCJP
```

---

[12] Auch hierbei handelt es sich um einen Fallstrick beim OCPJP/SCJP.

[13] In diesem speziellen Fall kann daher genau nur das angegebene Interface erfüllt werden. Sind mehrere Interfaces zu erfüllen, so ist es erforderlich, dass man ein neues Interface einführt, das die benötigten Interfaces erweitert.

4.6 Ein- und Ausgabe (I/O)

Die meisten Programme müssen mit anderen Applikationen interagieren oder Benutzereingaben entgegennehmen, um Berechnungen auszuführen. Java bietet zur Ein- und Ausgabe in den Packages `java.io` und `java.nio` einen objektorientierten Zugang.

Bitte beachten Sie, dass es bei der Kommunikation und Ein- und Ausgabe immer auch zu Fehlern oder zumindest Problemen kommen kann, etwa dass eine Datei nicht vorhanden ist oder nicht in sie geschrieben werden kann. Aus Gründen der Übersichtlichkeit und weil wir das Thema Fehlerbehandlung erst später in Abschnitt 4.7 vertiefen, wird in den nachfolgenden Beispielen zur API-Demonstration der Ein- und Ausgabe auf eine ansonsten notwendige Fehlerbehandlung weitestgehend verzichtet.

4.6.1 Dateibehandlung und die Klasse `File`

Eine Instanz der Klasse `java.io.File` kann entweder eine Datei oder ein Verzeichnis im Dateisystem repräsentieren. Dazu speichert ein `File`-Objekt den Namen und den Pfad lediglich textuell, aber nicht das tatsächliche Dokument oder dessen Inhalt. Es existieren daher in der Klasse `File` keine Methoden, um Daten in eine Datei zu schreiben oder daraus zu lesen. Dazu lernen wir in Abschnitt 4.6.2 die Ein- und Ausgabestreams kennen.

Pfad-Aktionen

Ein `File`-Objekt konstruiert man aus der Angabe eines Pfadnamens. Dieser kann aus dem Datei- oder Verzeichnisnamen und optional der Angabe des übergeordneten Verzeichnisses bestehen:[14]

- `new File(String pathname)`
- `new File(String parentDirName, String filename)`
- `new File(File parentDir, String filename)`

In der Pfadangabe werden sowohl einfache Slashes '/' als auch Backslashes '\' als Pfadtrenner akzeptiert. Auch die Metaverzeichnisse '.' (aktuelles Verzeichnis) und '..' (übergeordnetes Verzeichnis) können dort enthalten sein. Wie auch bei regulären Ausdrücken ist für das Backslash-Zeichen allerdings ein Escapen notwendig.

---

[14]Da ein `File`-Objekt lediglich einen Pfad im Dateisystem repräsentiert, wird durch einen Konstruktoraufruf weder eine Datei noch ein Verzeichnis angelegt. Das erfordert explizit einen Methodenaufruf.

Das folgende Beispiel verdeutlicht verschiedene Varianten der Pfadangabe für Verzeichnisse:

```java
public static void main(final String[] args)
{
    printFileInfo(new File("C:\\toBeChecked"));
    printFileInfo(new File("C:\\toBeChecked\\./../toBeChecked/"));
}

private static void printFileInfo(final File file)
{
    System.out.println("Name='" + file.getName() + "' / " +
                       "Path='" + file.getAbsolutePath() + "'");
}
```

Listing 4.37 *Ausführbar als* **'PATHEXAMPLE'**

Nachdem ein `File`-Objekt erzeugt wurde, kann man verschiedene Aktionen ausführen. Die Methode `getName()` liefert den Dateinamen ohne Pfadinformationen. Diese erhält man über `getAbsolutePath()`. Dabei werden auch alle enthaltenen Metainformationen (beispielsweise '.' und '..') ausgegeben. Allerdings werden Slashes '/' und Backslashes '\' in das jeweilige Format des Betriebssystems vereinheitlicht. Eine Auflösung einer beliebigen Pfadangabe in Form eines Strings in einen realen Pfad im Dateisystem erfolgt über die Methode `getCanonicalPath()`. Der Pfad `"C:\toBeChecked\./../toBeChecked/"` wird beispielsweise in folgendes reale Verzeichnis übersetzt: `"C:\toBeChecked"`. Da die Methode `getCanonicalPath()` zum Auflösen der Pfadinformationen nicht nur Strings verkettet, sondern zum Teil auf dem Dateisystem operiert, können `java.io.IOException`s ausgelöst werden.

File-Aktionen

Nachdem wir zuvor einige wichtige Details zur Verarbeitung von Pfaden kennengelernt haben, betrachten wir nun einige elementare Methoden der Klasse `File`:

- `isFile()` und `isDirectory()` – Diese Methoden prüfen, ob ein `File`-Objekt eine Datei bzw. ein Verzeichnis repräsentiert.

- `exists()` – Prüft, ob ein `File`-Objekt tatsächlich im Dateisystem existiert. Wir nutzen dies, um folgende Methode `directoryExists(File)` zu schreiben, die die bereits genannten Methoden zu einem neuen Baustein kombiniert:

```java
public static boolean directoryExists(final File directoryToCheck)
{
    if (directoryToCheck == null)
        return false;

    return directoryToCheck.exists() && directoryToCheck.isDirectory();
}
```

- `createNewFile()` – Erzeugt eine neue Datei, die durch das `File`-Objekt repräsentiert wird.

4.6 Ein- und Ausgabe (I/O)

- `delete()` – Löscht die Datei, die durch das `File`-Objekt repräsentiert wird. Gleiches gilt für Verzeichnisse, allerdings nur, wenn diese leer sind.
- `mkdir()` und `mkdirs()` – Ein Aufruf der Methode `mkdir()` erzeugt das durch das `File`-Objekt angegebene Verzeichnis. Mit `mkdirs()` werden bei Bedarf auch alle dazu benötigten übergeordneten Verzeichnisse angelegt.
- `list()` – Ermittelt den Inhalt eines Verzeichnisses als `String[]`. Die `list()`-Methode liefert in Fehlersituationen den Wert `null` statt eines `String`-Arrays der Länge 0. Details dazu beschreibt der folgende Hinweis »Rückgabewerte der `list()`- bzw. `listFiles()`-Methoden«. Aufrufer müssen daher Spezialfälle unterscheiden, was einerseits zusätzliche Schreibarbeit bedeutet und andererseits potenziell fehlerträchtig ist oder vergessen wird. Zur leichteren Handhabung realisieren wir folgende Methode `getContents(File)`, die das Problem behebt:

```
public static String[] getContents(final File directoryToCheck)
{
    if (directoryExists(directoryToCheck))
    {
        final String[] contents = directoryToCheck.list();
        if (contents != null)
        {
            return contents;
        }
    }

    return new String[0];
}
```

- `listFiles()` – Ermittelt, ähnlich zu `list()`, den Inhalt eines Verzeichnisses. Die Rückgabe erfolgt hier als `File[]`.

Die in der Aufzählung implementierten einfachen Hilfsmethoden lassen bereits die Idee erkennen, orthogonal zu programmieren, d. h. viele kleine funktional unabhängige Bausteine in einer Utility-Klasse (hier z. B. `FileUtils`) zu erstellen und diese zu neuen Bausteinen zu kombinieren.

Hinweis: Rückgabewerte der `list()`- bzw. `listFiles()`-Methoden

Die beiden Methoden `list()` und `listFiles()` provozieren `NullPointer-Exception`s bei Aufrufern, da sie `null` zurückgeben, wenn kein Verzeichnisinhalt ermittelt werden kann. Dies ist immer dann der Fall, wenn der Pfad im `File`-Objekt kein Verzeichnis darstellt oder aber ein I/O-Fehler auftritt. Besser wäre für den ersten Fall die Rückgabe eines Arrays der Länge 0 gewesen. Ein I/O-Fehler sollte meiner Meinung nach durch eine `IOException` und nicht durch einen `null`-Wert kommuniziert werden.[a] Durch das API müssen Anwender jeweils Spezialbehandlungen einbauen. Um dies zu vermeiden, habe ich die Hilfsmethode geschrieben.

---

[a]Genauer diskutiere ich die obige Problematik in Abschnitt 16.3.5 als BAD SMELL: RÜCKGABE VON NULL STATT EXCEPTION IM FEHLERFALL.

Die Interfaces `FileFilter` und `FilenameFilter`

Realisierungen der Interfaces `java.io.FileFilter` und `java.io.Filename-Filter` erlauben, die Ergebnismenge der gerade vorgestellten `list()`- bzw. `list-Files()`-Methoden einzuschränken, etwa um in einem Verzeichnis alle `pdf`-Dateien zu ermitteln. In beiden Interfaces ist eine Methode `accept()` definiert. Diese ist so zu implementieren, dass sie für gewünschte Objekte den Wert `true` zurückgibt.

Im Falle des `FileFilters` erhält die Methode `accept()` ein `File`-Objekt als Parameter. Dadurch besteht innerhalb der Implementierung der Methode Zugriff auf den Dateinamen und verschiedene weitere Attribute, insbesondere auch den Pfad.

```
public interface FileFilter
{
    boolean accept(File pathname);
}
```

Das Interface `FilenameFilter` abstrahiert weiter. Statt eines `File`-Objekts dient nur noch der Dateiname sowie das übergeordnete Verzeichnis als Eingabe:

```
public interface FilenameFilter
{
    boolean accept(File dir, String name);
}
```

Diese Angabe ist hilfreich, weil man nur mit dem Dateinamen keinen Zugriff auf die Attribute der Datei besitzt. Benötigt man diese und weitere Informationen, so kann man den zusätzlichen Parameter, d. h. das übergeordnete Verzeichnis, auswerten.

Filterung am Beispiel Der folgende Sourcecode-Ausschnitt zeigt, wie man nach `.xml`- bzw. `.pdf`-Dateien filtern kann. Ersteres wird in diesem Beispiel durch einen `FilenameFilter` realisiert. Letzteres nutzt einen `FileFilter` als Basis. Beide Klassen wandeln die jeweiligen Dateinamen mit `toLowerCase()` in Kleinbuchstaben um, wodurch der Vergleich unabhängig von der Schreibweise wird.

```
public static class XmlFilenameFilter implements FilenameFilter
{
    @Override
    public boolean accept(final File dir, final String fileName)
    {
        return fileName.toLowerCase().endsWith(".xml");
    }
}

public static class PdfFileFilter implements FileFilter
{
    @Override
    public boolean accept(final File pathname)
    {
        return pathname.getName().toLowerCase().endsWith(".pdf");
    }
}
```

4.6 Ein- und Ausgabe (I/O)

So definierte Filter kann man wie folgt nutzen:

```
final String[] xmlContents = dir.list(new XmlFilenameFilter());
final File[] pdfContents = dir.listFiles(new PdfFileFilter());
```

In beiden Fällen müssen wir mit Rückgaben von null rechnen. Mit dem bisherigen Wissen können wir nun die folgende Methode getAllMatchingFiles() in die Klasse FileUtils aufnehmen, die insbesondere auch die null-Sicherheit adressiert:

```
public static File[] getAllMatchingFiles(final File inputdir,
                                         final FileFilter fileFilter)
{
    final File[] files = inputdir.listFiles(fileFilter);

    return files != null ? files : new File[0];
}
```

Parametrisierte Filter   Wollte man einen etwas komplexeren Filter realisieren, der exakt auf ein als Parameter übergebenes Präfix und Postfix prüft, so könnte man Folgendes implementieren:

```
public class PreAndPostFixFilenameFilter implements FilenameFilter
{
    private final String prefix;
    private final String postfix;

    public PreAndPostFixFilenameFilter(final String prefix, final String postfix)
    {
        this.prefix = prefix;
        this.postfix = postfix;
    }

    @Override
    public boolean accept(final File dir, final String name)
    {
        return name.startsWith(prefix) && name.endsWith(postfix);
    }
}
```

Vereinfachungen mit JDK 8   Mit dem in JDK 8 neu eingeführten Sprachfeature der Lambdas (vgl. Kapitel 5) lässt sich die Implementierung der beiden Interfaces deutlich kürzer wie folgt schreiben:

```
final FileFilter pdfFilter = (final File file) ->
{
    return file.getName().toLowerCase().endsWith(".pdf");
}

final FilenameFilter xmlFilter = (final File dir, final String filename) ->
{
    return filename.toLowerCase().endsWith(".xml");
}
```

Auch der speziellere Prä- und Postfix-Filter lässt sich recht einfach implementieren. Wir müssen hier einen kleinen Trick nutzen: Weil wir Parameter an den Filter übergeben wollen, erzeugen wir den Filter mithilfe einer Methode, die einen Lambda zurückliefert:

```java
public static FilenameFilter createPreAndPostFixFilter(final String prefix,
                                                       final String postfix)
{
    return (dir, fileame) -> { return filename.startsWith(prefix) &&
                                      filename.endsWith(postfix); };
}
```

Diese Beispiele zeigen, wie hilfreich die mit JDK 8 eingeführten Lambdas sind, um kurze und prägnante Realisierungen zu erstellen.

4.6.2 Ein- und Ausgabestreams im Überblick

Wenden wir uns nach der Vorstellung der Dateiverarbeitung nun der Modifikation von Dateiinhalten zu. Man unterscheidet zwischen byteorientierter und zeichenbasierter Ein- und Ausgabe. Erstere stellen die Klassen `java.io.InputStream` und `java.io.OutputStream` bereit. Beide bilden die Schnittstelle zu Datenquellen und -senken, deren Daten als Bytefolgen repräsentiert sind. Die zeichenbasierte Ein- bzw. Ausgabe erfolgt in Form von `chars` mithilfe der Basisklassen `java.io.Reader` bzw. `java.io.Writer`. Diese Klassen können problemlos Umlaute und Sonderzeichen verarbeiten, sofern die gewählte Zeichencodierung (Encoding) stimmt – Details erläutere ich später in Abschnitt 4.6.3.

Vererbungshierarchie der Streams

Für `Input-` und `OutputStreams` und `Reader` und `Writer` existieren zwei analoge Vererbungshierarchien. Abbildung 4-2 zeigt wichtige Subklassen der abstrakten Basisklasse `InputStream`, beispielsweise um die Eingabe aus einer Datei zu lesen (`java.io.FileInputStream`).

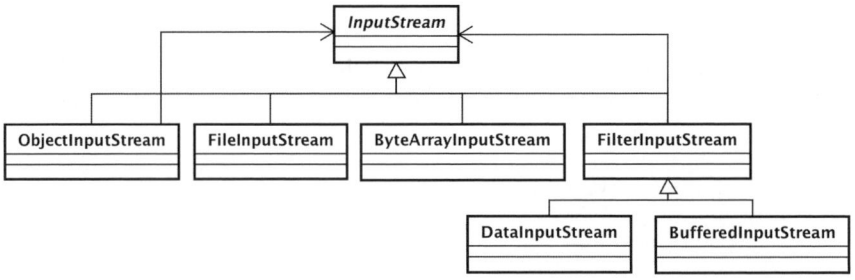

Abbildung 4-2 Ableitungen der Klasse `InputStream`

Spezielle Klassen erlauben, dynamisch weitere Funktionalität, etwa eine Pufferung (`java.io.BufferedInputStream`), hinzuzufügen. Zwei besondere Streams zur Interaktion mit der Konsole werden durch die statischen Attribute `System.in` und `System.out` als gepufferte Streams bereitgestellt. *Aufgrund der Pufferung sind dort manche Ausgaben nicht direkt sichtbar.*

Zur Verarbeitung des Inhalts einer Datei kann man die Klassen `FileInputStream` und `java.io.FileOutputStream` einsetzen. Um die vom Betriebssystem bereitgestellten Ressourcen zu allozieren bzw. wieder freizugeben, bedarf es der Operationen Öffnen und Schließen. Das Öffnen erfolgt meistens implizit (z. B. bei der Konstruktion eines Streams). Für das Schließen ist die Applikation dagegen selbst verantwortlich. Hilfreich ist dabei das mit JDK 7 eingeführte Automatic Resource Management (ARM) (vgl. Abschnitt 4.7).

Die Klassen `InputStream` und `Reader`

Alle `InputStream`s bieten Methoden zum Lesen von Daten und zum Prüfen, ob Daten zum Einlesen vorliegen.

Die Klasse `InputStream` In der abstrakten Basisklasse `InputStream` sind bereits einige überladene `read()`-Methoden implementiert. Viele rufen die abstrakte Methode `read()` auf, die von konkreten Realisierungen der Java-I/O-Bibliotheken abgestimmt auf das jeweilige Eingabemedium (Datei, Socket usw.) implementiert wird. Folgende Aufzählung stellt die wichtigsten Methoden und deren Intention vor:

- `abstract int read()` – Liest das nächste Byte aus dem Eingabestrom. Dieses wird jedoch als `int` codiert. Ein Rückgabewert von -1 signalisiert das Ende des Streams. Ansonsten liegen die eingelesenen Werte im Bereich von 0 – 255 und müssen zur Weiterverarbeitung gegebenenfalls auf ein `byte` gecastet werden. Werte über 127 werden dadurch in negative Zahlen umgewandelt.

- `int read(byte[] buffer)` – Liest die nächsten Bytes aus dem Eingabestrom ein, maximal aber so viele, wie das übergebene `byte[]` groß ist. Sind im Eingabestrom keine Daten vorhanden, so signalisiert ein Rückgabewert von -1 das Ende des Streams. Ansonsten werden die Werte im übergebenen `byte`-Array `buffer` gespeichert, und es wird die Anzahl der tatsächlich gelesenen Bytes zurückgeliefert. Sollen mehr Daten gelesen werden, als derzeit im Eingabestrom vorliegen, so blockiert der Aufruf die weitere Ausführung.

- `int read(byte[] buffer, int pos, int len)` – Sofern verfügbar, werden die nächsten `len` Bytes aus dem Eingabestrom eingelesen und ab Position `pos` im übergebenen `byte`-Array `buffer` gespeichert.

- `int available()` – Liefert die Anzahl der im Eingabestrom zur Verfügung stehenden Bytes. Diese können anschließend über eine der `read()`-Methoden ausgelesen werden, ohne zu einer Blockierung zu führen.

- `void close()` – Der Eingabestrom wird geschlossen, und es werden alle dadurch belegten Betriebssystemressourcen wieder freigegeben.

Die Klasse `Reader` Die Klasse `Reader` besitzt ähnliche Methoden wie die Klasse `InputStream`. Allerdings wird beim `Reader` nicht auf Bytes, sondern auf Zeichen gearbeitet. Statt wie beim `InputStream` das nächste einzelne Byte zu lesen, stützen sich alle Einlesemethoden auf eine abstrakte Methode `read(char[], int, int)` ab, die einen Teilbereich einlesen kann. Nachfolgend werden einige Methoden der Klasse `Reader` kurz aufgelistet:

- `abstract int read(char[] buffer, int pos, int len)` – Sofern verfügbar, werden die nächsten `len` Zeichen aus dem Eingabestrom eingelesen und ab Position `pos` im übergebenen `char`-Array `buffer` gespeichert.
- `int read()` – Liest das nächste Zeichen aus dem Eingabestrom als `int` und liefert es in der Unicode-Codierung zurück, d. h., es werden gültige Werte im Bereich von 0 – 65535 geliefert. Ein Wert von -1 signalisiert das Ende des Streams.
- `int read(char[] buffer)` – Liest die nächsten Zeichen aus dem Eingabestrom, maximal aber `buffer.length` Zeichen. Die Werte werden im übergebenen `char`-Array `buffer` gespeichert.
- `boolean ready()` – Prüft, ob im Eingabestrom Daten zur Verfügung stehen. Im Unterschied zur Klasse `InputStream` werden keine Angaben über die Anzahl der verfügbaren Daten gemacht.

Die Klassen `OutputStream` und `Writer`

Alle Ausgabestreams bieten Methoden zum Schreiben von Daten in einen Stream.

Die Klasse `OutputStream` Ähnlich zum `InputStream` existieren hier einige überladene `write()`-Methoden, die sich auf eine abstrakte `write()`-Methode stützen. Diese wird von den konkreten Klassen der Java-I/O-Bibliotheken, spezifisch für das jeweilige Ausgabemedium, implementiert. Folgende Aufzählung stellt die wichtigsten Methoden und ihre Aufgaben vor:

- `abstract void write(int byte)` – Schreibt das übergebene Byte `byte` in den Ausgabestrom. Die höherwertigen Bytes des übergebenen `int`-Werts werden dabei ignoriert.
- `void write(byte[] buffer)` – Schreibt alle Bytes aus dem übergebenen Byte-Array `buffer` in den Ausgabestrom.
- `void flush()` – Entleert den Ausgabestrom und erzwingt ein physikalisches Schreiben möglicherweise zwischengespeicherter Daten.
- `void close()` – Der Ausgabestrom wird geschlossen und es werden alle dadurch belegten Betriebssystemressourcen wieder freigegeben.

Die Klasse `Writer` Die Klasse `Writer` besitzt sehr ähnliche Methoden wie die Klasse `OutputStream`, die allerdings nicht auf Bytes, sondern auf Zeichen arbeiten. Neben den Methoden `flush()` und `close()` finden sich einige überladene `write()`-Methoden, die sowohl `char`-Arrays oder Bereiche als auch Strings und Teilstrings in den Stream schreiben können.

Konvertierung

Die Konvertierung eines `InputStreams` in einen `Reader` wird durch die Klasse `java.io.InputStreamReader` ermöglicht. Das entsprechende Gegenstück für die Ausgabe stellt die Klasse `java.io.OutputStreamWriter` dar, die einen `OutputStream` in einen `Writer` umwandelt.

4.6.3 Zeichencodierungen bei der Ein- und Ausgabe

Für textuelle Daten gibt es insbesondere bei deren Verarbeitung mit byteorientierten Streams einige Dinge zu bedenken: Das Ganze setzt eine Umwandlung in und aus einer Folge von Bytes voraus. Beim Austausch bytecodierter Daten ist allerdings nicht immer sichergestellt, dass die Gegenseite die gleiche Interpretation der Folge von Bytes bei der Rücktransformation in einen String vornimmt. Betrachten wir dies genauer.

Die Klasse `String` speichert Texte als ein Array von `char`, das eine Unicode-Codierung verwendet. Um eine Abbildung zwischen einem Stringobjekt und einem `byte[]` zu ermöglichen, existieren spezielle **Charsets** oder Zeichencodierungen, die Zeichen auf Zahlenwerte abbilden. Mithilfe verschiedener Charsets kann man die interne Unicode-Repräsentation in einen beliebigen anderen Zeichensatz umwandeln: Es existieren sogenannte **Encoder** und **Decoder**, die dazu dienen, eine Sequenz von Bytes in einer beliebigen Codierung mit einem `CharsetDecoder` in Unicode-Zeichen umzuwandeln bzw. mit einem `CharsetEncoder` eine Transformation von Unicode in eine Folge von Bytes zu vollziehen.

Die Umwandlung eines Strings in ein `byte[]` kann durch Aufruf der Methoden `getBytes()`, `getBytes(Charset)` und `getBytes(String)` erfolgen, die einen String in ein Byte-Array gemäß dem Defaultcharset bzw. dem angegebenen Charset konvertieren. Dabei kann das Charset entweder als `Charset`-Objekt oder per Name übergeben werden. Leider sind nicht alle der erlaubten Namen als Konstanten definiert und zudem manchmal recht kryptisch.[15] So nutzt die DOS-Konsole unter Windows den Zeichensatz »Cp850« (Cp steht für Codepage). Windows selbst verwendet die Codierung »Cp1252« (Windows-1252 bzw. Latin 1), die eine Anpassung der Codierung »ISO-8859-1« ist. Weitere bekannte Codierungen sind »UTF-8« und »UTF-16«.

---

[15]Zumindest sind seit JDK 7 in der Klasse `java.nio.charset.StandardCharsets` die sechs in jeder JVM verfügbaren Standard-Charsets definiert.

Einfluss des gewählten `Charset`-Objekts beim Aufruf von `getBytes()`

Während die »normalen« Buchstaben in den meisten gebräuchlichen Charsets den gleichen Zahlenwert (ASCII-kompatibel) besitzen, lassen die sich unterschiedlichen Umsetzungen durch Umlaute klar erkennen. Anhand des Strings "ÄÖÜ To" zeige ich den Einfluss verschiedener Charsets. Umlaute werden einerseits durch verschiedene Zahlenwerte dargestellt und andererseits werden sie in UTF-8 mit zwei Bytes statt in einem Byte codiert. Tabelle 4-5 zeigt die Werte für die Umwandlungen des Strings "ÄÖÜ To".

Tabelle 4-5 Einfluss verschiedener Encodings

Charset-Encoding	Ä	Ö	Ü	␣	T	o
Default (für Windows)	-60	-42	-36	32	84	111
Cp850	-114	-103	-102	32	84	111
ISO-8859-1	-60	-42	-36	32	84	111
UTF-8	-61, -124	-61, -106	-61, -100	32	84	111

Zum Nachvollziehen starten Sie das folgende Programm STRINGENCODINGS – mitunter gibt es Abweichungen in den Werten, wenn man Mac OS und Linux nutzt.

```
public static void main(final String[] args) throws UnsupportedEncodingException
{
    final byte[] def  = "ÄÖÜœTo".getBytes();
    final byte[] dos  = "ÄÖÜ To".getBytes("Cp850");
    final byte[] iso  = "ÄÖÜ To".getBytes("ISO-8859-1");
    final byte[] utf8 = "ÄÖÜ To".getBytes("UTF-8");

    printBytes(def);  // "Default:" [-60, -42, -36, 32, 84, 111]
    printBytes(dos);  // "Cp850":   [-114, -103, -102, 32, 84, 111]
    printBytes(iso);  // "ISO-8859-1": [-60, -42, -36, 32, 84, 111]
    printBytes(utf8); // "UTF-8": [-61, -124, -61, -106, -61, -100, 32, 84, 111]
}
```

Listing 4.38 Ausführbar als 'STRINGENCODINGS'

Ermitteln verfügbarer `Charset`-Objekte

Wie schon erwähnt, gibt es keine Sammlung von Konstanten aller gültiger `Charset`-Objekte oder ihrer Namen.[16] Die verfügbaren `Charsets` können über die statische Methode `Charset.availableCharsets()` ermittelt werden. Man erhält eine `Map<String, Charset>` mit etwa 150 Abbildungen von Namen auf die zugehörigen `Charset`-Objekte. Zugriff auf ein konkretes `Charset` bietet die statische Methode `forName(String)`.

---

[16] Eine Liste gültiger Namen findet man unter http://download.oracle.com/javase/8/docs/technotes/guides/intl/encoding.doc.html.

Auswahl des passenden `Charset`-Objekts

Beim Datenaustausch sollte man sich nicht darauf verlassen, dass das Defaultcharset passt. Vielmehr führt diese Annahme immer wieder zu Problemen. Besser ist es, dass gewünschte Charset explizit zu spezifizieren. Die Wahl hängt davon ab, welche Komponenten die Daten verarbeiten sollen. Greifen auf eine Datei ausschließlich Java-Komponenten, sowohl lesend als auch schreibend, zu, wird man in der Regel den Standard (UTF-16 für die Klasse `String`) wählen. Sind dagegen Komponenten als Erzeuger oder Konsument beteiligt, die dieses Charset nicht unterstützen, etwa ältere Programme, die z. B. mit ASCII-Darstellungen arbeiten, wird man ein passendes `Charset`-Objekt nutzen, mit dessen Codierung diese Komponenten als Leser umgehen können bzw. die sie als Erzeuger vorgeben. Darüber hinaus gibt es Dateiformate, bei denen das Encoding festgelegt ist und die damit die Auswahlmöglichkeiten einschränken.

4.6.4 Speichern und Laden von Daten und Objekten

Im Folgenden werde ich anhand der Klasse `Person` die Speicherung eines Objekts in einem Stream sowie das Lesen und Rückgewinnen eines Objekts aus einem Stream vorstellen. In diesem einführenden Beispiel werden in der Realität auftretende Probleme, etwa verschiedene Zeichensätze, umfangreiche Datenmengen, verschiedene Versionen der gespeicherten Daten usw., nicht betrachtet.

Wir beginnen mit einer Verarbeitung von einfachen Bytestreams, um danach den Einsatz der komfortableren `DataOutputStream`s bzw. `PrintStream`s zu zeigen. Die folgenden Beispiele verzichten der Übersichtlichkeit halber auf eine Fehlerbehandlung. Dieses wichtige Thema behandle ich dann in Abschnitt 4.7.

Einsatz der Klassen `FileInputStream` und `FileOutputStream`

Es sollen Objekte vom Typ `Person` gespeichert und geladen werden. Folgendes Listing zeigt zur Erinnerung die zu verarbeitenden Attribute:

```java
public class Person
{
    private final String name;
    private final String city;
    private final Date   birthday;
    // ...
```

Ein erster, naiver Ansatz besteht darin, direkt die Methoden `read()` und `write()` aus den Klassen `InputStream` und `OutputStream` zu verwenden, um die drei Attribute zu verarbeiten. Damit die Applikation nicht mit Details überfrachtet wird, erstellen wir zwei Hilfsmethoden `readPersonFromStream(InputStream)` und `writePersonToStream(Person, OutputStream)`, die diese Aufgaben unter Verwendung von `read()` und `write()` erledigen und kapseln. Folgendes Programm erzeugt ein `Person`-Objekt und ruft anschließend die beiden Hilfsmethoden auf, um das Objekt vom Typ `Person` zu speichern und anschließend wieder zu laden:

270　4 Java-Grundlagen

```java
public static void main(final String[] args) throws Exception
{
    final String tmpDir = System.getProperty("java.io.tmpdir");
    final File file = new File(tmpDir, "Person.ser1");
    final Person max = new Person("Max", new Date(), "Hamburg");

    // Speichere Person 'Max' in einer Datei und lies die Daten wieder ein
    writePersonToStream(max, new FileOutputStream(file));
    final Person newPerson = readPersonFromStream(new FileInputStream(file));

    // Prüfe auf inhaltliche Gleichheit
    System.out.println("Gleich? " + max.equals(newPerson));
}
```

Listing 4.39 *Ausführbar als* **'PERSONSTREAMFILESTREAM'**

Schauen wir uns nun einige Details sowie die Realisierung der beiden Methoden an. Beginnen wir dabei mit dem Speichern von Daten in einem Stream.

Schreiben Das Schreiben von Daten in einen Stream ist komplizierter, als es zunächst wirkt. Um die Daten später wieder korrekt einlesen zu können, muss man sich eine spezielle Form der Speicherung überlegen, die beim Einlesen eine korrekte Rekonstruktion des Objekts erlaubt. Das erfordert für jedes Attribut eine Repräsentation und Konvertierung in eine Folge von Bytes. Alle Daten ohne Trennzeichen oder Längeninformation hintereinander zu schreiben, würde das Einlesen nahezu unmöglich machen: In dem Bytestrom wäre keine Struktur erkennbar und die Daten der Attribute wären nicht voneinander abzugrenzen.[17] Zur Unterscheidung könnte man spezielle Trennzeichen einfügen, die in den Nutzdaten natürlich nicht enthalten sein dürfen (bzw. ein gesondertes Escapen erfordern). Alternativ kann man für jede Byterepräsentation eines Attributs die Länge der Konvertierung mit in den Datenstrom schreiben. Letzteres wollen wir nutzen. Dazu bietet es sich an, eine Hilfsmethode zu implementieren, die die Daten in eine Codierung aus Längenangabe, Leerzeichen und anschließend der Nutzbytes überführt und schreibt. Für dieses Beispiel wird vereinfachend davon ausgegangen, dass die zu verarbeitenden Daten lediglich aus Folgen von Bytes bestehen, die nicht länger als 255 Zeichen sind. Diese Vereinfachung erlaubt es, die Methode übersichtlich zu halten und nicht mit Logik zur Längenverarbeitung zu überfrachten. Die Hilfsmethode `writeByteArray(OutputStream, byte[])` wird wie folgt realisiert:

```java
public static void writeByteArray(final OutputStream os,
                                  final byte[] bytesToWrite) throws IOException
{
    // Die beiden folgenden Aufrufe nutzen die Methode write(int)
    // Tatsächlich werden die Werte automatisch auf den Typ byte beschränkt
    os.write(bytesToWrite.length);
    os.write(' ');
    // Aufruf der Methode write(byte[])
    os.write(bytesToWrite);
    os.flush();
}
```

---

[17]Es sei denn, alle Felder haben eine feste und konstante Länge.

Der Aufruf der Methode `flush()` nach dem Schreiben erfolgt, um in den Stream geschriebene Daten tatsächlich auch physikalisch in das durch den Stream gekapselte Medium zu übertragen, etwa bei gepufferter Verarbeitung einer Datei oder über das Netzwerk.

> **Hinweis: Resource Handling**
>
> Die in den Listings gezeigten Realisierungen sind vereinfacht (aber funktionstüchtig). Für die Praxistauglichkeit fehlt ein Aufruf von `close()`, um Ressourcen freizugeben.

Konvertierung in ein `byte[]` Wir können nun ein `byte[]` in einen Stream schreiben. Das ist schon ein guter Schritt, aber die Daten der Attribute liegen selten in Form eines `byte[]` vor. Also stellt sich die Frage: Wie konvertieren wir die Daten in ein `byte[]`? Für Strings ist diese Umwandlung noch relativ einfach, da die Klasse `String` bekanntermaßen eine `getBytes()`-Methode anbietet. Aber bereits beim `Date`-Attribut für das Geburtsdatum müssen wir ein wenig tricksen: Würde man eine simple textuelle Repräsentation verwenden, so käme es schnell zu Problemen durch verschiedene Interpretationen beim Parsing. Wir wandeln daher das Datum zunächst in einen `long`-Wert. Mithilfe von `Long.toString()` erhalten wir dann ein Stringobjekt, das wir anschließend wieder über `getBytes()` in eine Folge von Bytes umwandeln können. Zum Schreiben des `Person`-Objekts in einen `OutputStream` erstellen wir die Hilfsmethode `writePersonToStream()` wie folgt:

```
public static void writePersonToStream(final Person person,
                                       final OutputStream os) throws IOException
{
    // String => getBytes()
    final byte[] nameBytes = person.getName().getBytes();
    final byte[] cityBytes = person.getCity().getBytes();
    // Date => long => String => getBytes()
    final long time = person.getBirthday().getTime();
    final String timeString = Long.toString(time);
    final byte[] timeBytes = timeString.getBytes();

    // Schreibe Attribute in den Stream
    writeByteArray(os, nameBytes);
    writeByteArray(os, cityBytes);
    writeByteArray(os, timeBytes);
}
```

Beim Betrachten des Sourcecodes erahnen wir, dass eine solche Art der Konvertierung relativ aufwendig und fehleranfällig werden kann. Doch machen wir erst einmal weiter, bevor wir nach Alternativen schauen.

Lesen Bei der Rückgewinnung von Werten sind einige Dinge zu berücksichtigen, damit wir beim Einlesen aus einer Menge von Bytes wieder die korrekten Informationen ermitteln können. Dabei ist es wichtig, die Details und die Codierung des Schreibens genau zu beachten. Basierend auf der Methode `writeByteArray(OutputStream, byte[])` zum Schreiben erstellen wir die korrespondierende Hilfsmethode `readByteArray()` zum Einlesen wie folgt:

```java
public static byte[] readByteArray(final InputStream is) throws IOException
{
    final int bytesLength = is.read();
    is.read();         // Überspringe Leerfeld
    final byte[] bytes = new byte[bytesLength];
    is.read(bytes);
    return bytes;
}
```

Sichere Objektrekonstruktion aus Streams Wir haben nun die Grundbausteine zum Lesen und Schreiben erstellt, aber wie wandeln wir die Daten aus einem `InputStream` in ein `Person`-Objekt? Voraussetzung dafür ist, dass beim Einlesen die Implementierungsdetails des Schreibens bekannt sind und das Einlesen der Werte in der gleichen Reihenfolge wie beim Schreiben erfolgt. Auch die Umwandlung in die gewünschten Typen der Attribute setzt eine genaue Kenntnis des zu rekonstruierenden Objekts voraus, weil wir ja keine Typinformationen in den Stream geschrieben haben, da nur einfache Hilfsmethoden erstellt werden sollen.[18]

Um inkonsistente Objektzustände und andere Probleme zu vermeiden, ist es empfehlenswert, erst alle für die Objektkonstruktion nötigen Informationen aus dem Stream zu sammeln und das Objekt nur dann zu erzeugen, wenn die Daten vollständig sind:

```java
private static Person readPersonFromStream(final InputStream is) throws
    FileNotFoundException, IOException
{
    final byte[] nameBytes = readByteArray(is);
    final String name = new String(nameBytes);

    final byte[] cityBytes = readByteArray(is);
    final String city = new String(cityBytes);

    final byte[] birthdayBytes = readByteArray(is);
    final long time = Long.parseLong(new String(birthdayBytes));
    final Date birthday = new Date(time);

    // Trick: immer erst alle Daten vor der Konstruktion einlesen
    return new Person(name, birthday, city);
}
```

---

[18] Würde man Typinformationen ebenfalls in den Stream schreiben, würde man damit beginnen, den in Java integrierten Serialisierungsautomatismus (vgl. Abschnitt 10.3) nachzubauen.

4.6 Ein- und Ausgabe (I/O)

Mögliche Fallstricke bei der Objektrekonstruktion aus Streams Auf ein spezielles Problem beim Einlesen und der Objektrekonstruktion möchte ich an dieser Stelle hinweisen. Häufig sieht man initial die Konstruktion eines Objekts ohne Zustandsinformationen durch Aufruf eines Defaultkonstruktors. Der Grund ist simpel: Es fehlen noch einige Informationen, weil diese noch nicht eingelesen wurden. Stück für Stück werden diese Informationen dann nach erfolgreichem Einlesen per `set()`- Methoden den entsprechenden Attributen zugewiesen. Der Sourcecode sieht dann, vereinfacht und auf die Klasse `Person` übertragen, wie folgt aus:

```
final Person newPerson = new Person();
// read name
newPerson.setName(name);
// read birthday
newPerson.setBirthday(birthday);
// read city
newPerson.setCity(city);
```

Diese Technik der sukzessiven Initialisierung über `set()`-Methoden ist zu vermeiden, da sie fehleranfällig ist. Bei dieser Vorgehensweise drohen inkonsistente Objektzustände, falls nicht alle Daten ermittelt werden können, das Objekt aber schon angelegt wurde. Eine ausführliche Erörterung dieses Problems finden Sie in Abschnitt 3.1.5.

Einsatz der Klassen `DataInputStream` und `DataOutputStream`

Das Speichern und Lesen von `Person`-Objekten in bzw. aus Streams lässt sich einfacher als bisher lösen, wenn man dazu die Klassen `java.io.DataInputStream` und `java.io.DataOutputStream` nutzt. Beide Klassen bieten spezielle Methoden an, um Daten in einen Stream zu speichern bzw. daraus zu lesen. Dadurch muss man sich für primitive Typen und Strings keine Gedanken um die Konvertierung in Bytefolgen machen. Nützlich sind für dieses Beispiel unter anderem folgende Methoden:

- `writeUTF()` und `readUTF()` – Verarbeitung von Strings
- `writeLong()` und `readLong()` – Verarbeitung von primitiven Typen, hier `long`

Im folgenden Listing ist eine Umsetzung der Verarbeitung von `Person`-Objekten in Streams mithilfe dieser Methoden gezeigt. Das Schreiben von Personendaten wird damit sehr einfach wie folgt möglich:

```
public static void writePersonToStream(final Person person,
                                       final DataOutputStream dataOutStream)
                                       throws IOException
{
    dataOutStream.writeUTF(person.getName());
    dataOutStream.writeUTF(person.getCity());
    dataOutStream.writeLong(person.getBirthday().getTime());
    dataOutStream.flush();
}
```

Auch das Einlesen wird erleichtert und lässt sich folgendermaßen realisieren – wobei hier der obige Tipp bezüglich des sukzessiven Einlesens berücksichtigt ist:

```java
public static Person readPersonFromStream(final DataInputStream dataInStream)
    throws IOException
{
    final String name = dataInStream.readUTF();
    final String city = dataInStream.readUTF();
    final Date birthday = new Date(dataInStream.readLong());

    return new Person(name, birthday, city);
}
```

Offensichtlich sind diese Realisierungen kürzer und übersichtlicher. Sie besitzen zudem folgende Vorteile:

1. Es werden gut getestete Standardmethoden aus dem JDK eingesetzt. Die Realisierungen sind dadurch weniger fehleranfällig, besser lesbar und auch für Entwickler verständlich, die die zuvor selbst geschriebenen Methoden nicht kennen.

2. Die Umwandlung verschiedener Typen (`int`, `long` usw.) in eine Folge von Bytes und zurück geschieht durch die spezifischen, überladenen Methoden der Streams, etwa `readLong()`, für jede nutzende Applikation transparent.

3. Der Einsatz der Methoden `readUTF()` und `writeUTF()` erleichtert die Verarbeitung von Strings, z. B. müssen keine Längeninformationen der zu verarbeitenden Strings in den Stream geschrieben bzw. daraus gelesen werden. Dies war bei den gezeigten Eigenimplementierungen erforderlich, bei der eine Codierung der Länge als Byte stattfand. Dadurch kam es zu Längenbeschränkungen für die zu verarbeitenden Strings. Selbst wenn ein primitiver Datentyp mit größerem Wertebereich zum Einsatz kommt, besteht das Problem weiterhin.

Allerdings gibt es nach wie vor das Problem, die Reihenfolge bei der Speicherung und bei einem späteren Einlesen exakt einzuhalten – ansonsten drohen Inkonsistenzen, Zugriffsfehler oder gar Exceptions. Im ungünstigsten Fall merkt man es noch nicht einmal!

Ausgaben mit der Klasse `PrintStream`

Die Klasse `java.io.PrintStream` stellt die von der Konsolenausgabe bekannten, für verschiedene Typen überladenen `print()`- und `println()`-Methoden zur Verfügung. Verwendet man die Klasse `PrintStream` zur Aufbereitung der Ausgabe, so kann man von den einzelnen spezifischen `write()`-Methoden des `DataOutputStream`s weiter abstrahieren. Man nutzt stattdessen die überladenen `println()`-Methoden:

```java
public static void writePersonToPrintStream(final Person person,
                                            final PrintStream printStream)
    throws IOException
{
    printStream.println(person.getName());
    printStream.println(person.getCity());
    printStream.println(person.getBirthday().getTime());
    printStream.flush();
}
```

Es existiert allerdings kein passendes Stream-Gegenstück zum `PrintStream`, das dessen Ausgaben wieder einliest. Das Einlesen kann man in diesem Fall durch die Klasse `Scanner` realisieren, die nun besprochen wird.

Die Klasse `Scanner`

Die Klasse `java.util.Scanner` kann Eingabestrings aus verschiedenen Datenquellen in einzelne Bestandteile, sogenannte *Tokens*, zerlegen und dabei primitive Typen direkt aus der Eingabe parsen. Bei der Konstruktion eines `Scanner`-Objekts ist die gewünschte Eingabequelle zu übergeben, die vom Typ `String`, `File`, `InputStream` oder `java.lang.Readable` ist. Letzteres wird von den beiden abstrakten Klassen `CharBuffer` und `Reader` implementiert und ermöglicht so eine Verarbeitung der I/O-Hierarchie der zeichenbasierten `Reader`. Nach der Konstruktion kann über die Methode `useDelimiter(String)` spezifiziert werden, welcher reguläre Ausdruck die Trennzeichenfolge beschreibt. Sofern dies nicht geschieht, wird als Trennzeichenfolge jede Folge von Whitespace-Charactern (Spaces, Tabs und Zeilenumbruch) verwendet.

Die Klasse `Scanner` implementiert das Interface `Iterator<String>`, wobei jedoch die Methode `remove()` eine `java.lang.UnsupportedOperationException` auslöst. Die Methode `next()` gibt das nächste Token als `String` zurück. Dies ist jedoch nur sicher möglich, wenn die Methode `hasNext()` die Existenz eines nachfolgenden Elements bestätigt hat. Ansonsten wird eine `java.util.NoSuchElementException` ausgelöst, wenn keine weiteren Daten mehr folgen. Das Einlesen von Werten primitiver Datentypen erledigen überladene `next<Typ>()`-Methoden, etwa `nextLong()`. Analog zur `hasNext()`-Methode existieren `hasNext<Typ>()`-Methoden, etwa `hasNextLong()`. Durch deren Aufruf kann festgestellt werden, ob ein weiteres Token vom gewünschten Typ in der Eingabe vorhanden ist. Liest man jedoch ungeprüft beispielsweise einen `long`-Wert aus einer beliebigen Eingabequelle und entspricht der gelesene Wert nicht dem erwarteten Typ, so reagiert der `Scanner` mit einer `java.util.InputMismatchException`.

Beispiel: Texte mit Scanner verarbeiten Wir nutzen nun die Trennzeichenfolge aus den Zeichen '.', '_' und '-', um eine Versionsinformation in Einzelbestandteile aufzusplitten.

```
public static void main(final String[] args)
{
    // ARM: Spezielle try-Syntax seit JDK 7
    try (final Scanner scanner = new Scanner("Version-2.17_45"))
    {
        scanner.useDelimiter("\\.|_|-");
        while (scanner.hasNext())
        {
            System.out.print(scanner.next() + " ");
        }
    }
}
```

Listing 4.40 Ausführbar als 'SCANNEREXAMPLE'

Startet man das Programm SCANNEREXAMPLE, so erhält man folgende Ausgabe:

```
Version 2 17 45
```

Abschließend sei darauf hingewiesen, dass man am Ende einer Verarbeitung mit einem `Scanner` diesen durch Aufruf der Methode `close()` wieder schließen sollte, um eventuell belegte Systemressourcen freizugeben. Im obigen Listing sehen wir den Einsatz von Automatic Resource Management (ARM) (vgl. Abschnitt 4.7.4), wodurch die Ressourcen automatisch freigegeben werden, ohne dass ein expliziter Aufruf von `close()` erforderlich ist. Das macht den Sourcecode kürzer und übersichtlicher.

Ausgaben einlesen   Kommen wir nun zu unserem Beispiel zurück: Mithilfe der Klasse `PrintStream` wurden die einzelnen Attribute eines `Person`-Objekts mit einem Zeilenendezeichen als Trenner in einen Stream geschrieben. Diese Daten sollen mit einem `Scanner` wieder eingelesen werden. Dieser nutzt Whitespace und insbesondere ein Zeilenende als Begrenzer, weil nicht explizit Trennzeichen über `useDelimiter()` bekanntgegeben worden sind. Das Einlesen kann man wie folgt realisieren:

```java
private static Person readPersonWithScanner(final Scanner scanner) throws
    IOException
{
    final String name = scanner.next();
    final String city = scanner.next();
    final long time = scanner.nextLong();
    final Date birthday = new Date(time);

    return new Person(name, birthday, city);
}
```

Die hier gezeigte Umsetzung verzichtet bewusst auf die normalerweise sinnvollen `hasNext()`-Prüfungen. Wir erwarten ein ganz spezielles Datenformat, da wir dieses zuvor selbst geschrieben haben. Fehler in den Eingabedaten werden durch diese Verarbeitung sofort sichtbar und führen zu Exceptions.

> **Tipp: Fehler während des Parsens**
>
> Bei der Verarbeitung von Eingaben durch einen `Scanner` kann es zu Fehlern in Form von `IOException`s kommen. Diese werden nicht weiter propagiert, sondern abgefangen und intern gespeichert. Die zuletzt aufgetretene Exception liefert die Methode `ioException()`, die bei Fehlerfreiheit `null` zurückgibt.

Fazit

Anhand der vorangegangenen Beispiele der manuellen Verarbeitung von `Person`-Objekten mit Streams sieht man, dass das Speichern und Einlesen von Objekten recht kompliziert werden kann. Dies gilt insbesondere, da in der Praxis Objekte selten so einfach aufgebaut sind wie in diesem Beispiel. Vielmehr werden häufig Referenzen auf andere Objekte gehalten oder diverse andere Objekte aggregiert. Auch diese gehören zum Zustand eines Objekts und müssen beim Speichern und Einlesen berücksichtigt werden. Die Komplexität steigt, wenn man Objekte mit allen referenzierten Objekten, den sogenannten *Objektgraph*, speichern möchte. Es bietet sich in diesem Fall eher der Einsatz des in Java integrierten Serialisierungsmechanismus an, der in Abschnitt 10.3 genauer beschrieben wird.

4.6.5 Dateiverarbeitung in JDK 7

Die Verarbeitung von Dateien war vor JDK 7 nicht immer komfortabel, etwa das Kopieren und Verschieben sowie das Resource Handling konnten mühsam sein. Schauen wir uns in diesem Abschnitt einige der Neuerungen zur Dateiverarbeitung in JDK 7 an, die diese Probleme adressieren. Wir betrachten unter anderem die Klassen und Interfaces `DirectoryStream`, `Files`, `FileSystem`, `Path`, `Paths`, `FileVisitor` und `WatchService`. Alle entstammen dem Package `java.nio.file`.

Das Interface `Path`

Einen wichtigen Bestandteil zur Arbeit mit Pfaden bildet das Interface `Path`. Zugriff auf ein Objekt vom Typ `Path` erhält man durch Aufruf der überladenen Methoden `get(String)` bzw. `get(java.net.URI)` aus der Hilfsklasse `Paths`. Alternativ kann man die Methode `getPath(String, String...)` der Klasse `FileSystem` nutzen. Über das Interface `Path` wird ein Pfad oder im Speziellen eine Datei repräsentiert, die verarbeitet werden soll. Für die eigentlichen Aktionen und Zugriffe ist die Hilfsklasse `Files` zuständig. Dort finden wir Methoden wie `copy(Path, Path, CopyOption...)` und `move(Path, Path, CopyOption...)` zum Kopieren und Verschieben von Dateien. Beides wird im folgenden Listing genutzt:

```java
public static void main(final String[] args) throws IOException
{
    // Zugriff auf das systemspezifische tmp-Directory
    final String tmpDir = System.getProperty("java.io.tmpdir");

    // Konstanten für die betroffenen Dateien
    final String SOURCE_FILE_PATH = "src/ch04_javagrundlagen/fileio/" +
                                    "FileIOExample.java";
    final String DESTINATION_FILE_PATH1 = tmpDir + "CopiedFile.java";
    final String DESTINATION_FILE_PATH2 = tmpDir + "CopyOfFileIOExample.java";

    // Erzeugen eines Path-Objekts mit der Klasse FileSystem
    final FileSystem local = FileSystems.getDefault();
    final Path fromPath = local.getPath(SOURCE_FILE_PATH);

    // Erzeugen von Path-Objekten mit der Utility-Klasse Paths
    final Path toPath1 = Paths.get(DESTINATION_FILE_PATH1);
    final Path toPath2 = Paths.get(DESTINATION_FILE_PATH2);

    // Dateien vorsorglich löschen
    Files.deleteIfExists(toPath1);
    Files.deleteIfExists(toPath2);
```

```java
// Kopieren und verschieben
Files.copy(fromPath, toPath1);
Files.move(toPath1, toPath2);

final File dir = new File(tmpDir);
final String[] content =
        dir.list(new PreAndPostFixFilenameFilter("Copy", ".java"));
System.out.println("Content of tmpDir '" + tmpDir + "': " +
        Arrays.toString(content));
}
```

Listing 4.41 *Ausführbar als* '**FILEIOEXAMPLE**'

Das Interface `Path` stellt diverse nützliche Methoden zum Bearbeiten von `Path`-Objekten bereit. Es kann beispielsweise die Anzahl der Pfadbestandteile ermittelt oder ein Teilpfad mit `subpath(int, int)` extrahiert werden. Ein Aufruf der Methode `relativize(Path)` wandelt einen Pfad in einen Pfad relativ zu einem bestehenden Pfad um. Die neue Funktionalität kann auch ohne eine vollständige Umstellung auf das neue API in älterem Sourcecode verwendet werden. Dazu besteht die Möglichkeit, `File`-Objekte durch Aufruf der Methode `toPath()` in `Path`-Objekte zu konvertieren, wie dies hier für das aktuelle Verzeichnis gezeigt ist:

```java
public static void main(final String[] args)
{
    // Konvertierung java.io.File -> java.nio.file.Path
    final Path currentDirOldStyle = new File(".").toPath();

    final FileSystem fileSystem = FileSystems.getDefault();
    final Path currentDir = fileSystem.getPath(".");

    // Als absoluten Pfad ausgeben
    final Path absolutePath = currentDir.toAbsolutePath();
    System.out.println(absolutePath);

    // Pfadbestandteile ermitteln
    System.out.println(absolutePath.getNameCount());
    for (int i = 0; i < absolutePath.getNameCount(); i++ )
    {
        System.out.println(absolutePath.getName(i));
    }
}
```

Listing 4.42 *Ausführbar als* '**PATHOPERATIONSEXAMPLE**'

Das Interface `DirectoryStream`

Das Interface `DirectoryStream` implementiert das Interface `Iterable<Path>` und ermöglicht dadurch, über den Inhalt eines Verzeichnisses zu iterieren. Auf diese Weise kann ein sukzessives Verarbeiten der darin enthaltenen Dateien und Unterverzeichnisse erfolgen. Durch Aufruf der Methode `newDirectoryStream(Path)` der Hilfsklasse `Files` erhält man den beschriebenen Zugriff:

```
public static void main(final String[] args) throws IOException
{
    // Konvertierung java.io.File -> java.nio.file.Path
    final Path currentDir = new File(".").toPath();

    // ARM: Spezielle try-Syntax seit JDK 7
    try (final DirectoryStream<Path> dirStream =
                            Files.newDirectoryStream(currentDir))
    {
        for (final Path entry : dirStream)
        {
            System.out.println(entry);
        }
    }
}
```

Listing 4.43 *Ausführbar als* '**DIRECTORYSTREAMEXAMPLE**'

Zunächst mag man sich fragen, was der Vorteil an einem `DirectoryStream` sein soll. Tatsächlich ist bei Verzeichnissen auf dem lokalen Rechner mit einer üblichen Anzahl an Dateien (10 – 100) der Vorteil nicht sofort ersichtlich. Es wird aber eine effiziente Verarbeitung auch für solche Verzeichnisse möglich, die sehr viele Einträge enthalten. Bei dieser Form der Verarbeitung werden zudem weniger Ressourcen benötigt, als wenn man den Verzeichnisinhalt vollständig »in einem Rutsch« einlesen würde. Letzteres führt außerdem häufig zu (längeren) Wartezeiten. Durch den Einsatz eines `Directory-Streams` können selbst bei einer großen Anzahl enthaltener Dateien und Verzeichnisse gute Antwortzeiten sichergestellt werden. Diesen Vorteil bemerkt man vor allem, wenn Verzeichnisse auf anderen Computern über ein Netzwerk mithilfe eines `Directory-Streams` untersucht werden.

Ähnlich zu den Methoden `list()` und `listFiles()` der Klasse `File` ist es durch die Angabe eines Filters möglich, die Treffermenge einzuschränken.

4.6.6 Erweiterungen im NIO und der Klasse `Files` in JDK 8

Mit JDK 8 gibt es auch im Bereich NIO (New Input Output[19]) einige Neuerungen. Stellvertretend dafür betrachten wir die Utility-Klasse `java.nio.file.Files`. Diese wurde um verschiedene Hilfsmethoden erweitert, unter anderem um folgende:

- `lines(Path)` – Stellt eine Datei zeilenweise als `Stream<String>` bereit.
- `readAllLines(Path)` – Liest eine Datei zeilenweise ein und gibt die Zeilen als `List<String>` zurück.
- `list(Path)` – Liefert den Inhalt eines Verzeichnisses als `Stream<Path>`. Das Besondere dabei ist, dass der Inhalt sukzessive bei Bedarf ermittelt wird und nicht direkt von vornherein. Es wird, wie im Abschnitt über Streams beschrieben, immer nur ein Teil der Daten angefordert, wenn eine Terminal Operation ausgeführt wird.

---
[19] Wobei ein »New« in einem Namen potenziell immer schwierig ist. In diesem Fall existiert das NIO bereits seit Java 1.4.

- `write(Path, Iterable<? extends CharSequence>, OpenOption...)` – Schreibt die übergebenen Textzeilen in die durch den `Path`-Parameter referenzierte Datei. Der Schreibmodus wird durch die angegebene `OpenOption` bestimmt, etwa `APPEND` oder `WRITE`, und überschreibt gegebenenfalls vorhandene Informationen.

Diese Aufzählung kann nur einen unvollständigen Überblick über die Neuerungen aus JDK 8 geben, da diese deutlich umfangreicher sind. Die oben dargestellten Funktionalitäten sind allerdings besonders nützlich, was ich anhand eines Beispiels verdeutlichen möchte. Hierbei erzeugen und befüllen wir eine Textdatei namens `WriteText.txt` im Temp-Verzeichnis des Systems mit ein wenig Inhalt und nutzen dazu die Methode `write()`. Die in die Datei geschriebenen Informationen ermitteln wir in Form eines `Stream<String>` durch Aufruf von `lines()`. Auf dem Ergebnis wenden wir eine Filterung und eine Gruppierung an. Details zu dem hier genutzten Stream-API finden Sie in Kapitel 7. Abschließend inspizieren wir mithilfe von `list()` das Temp-Verzeichnis und ermitteln alle Dateien, die mit `.txt` enden. Dabei gilt es zu beachten, dass man nicht die Methode `endsWith(String)` des `Path`-Objekts nutzen kann, da diese auf Pfadbestandteilen arbeitet und nicht auf Namen. Daher muss zuvor eine Umwandlung in einen String erfolgen:

```java
public static void main(final String[] args) throws IOException
{
    final String tempDirPath = System.getProperty("java.io.tmpdir");
    final Path destinationFile = Paths.get(tempDirPath + "/WriteText.txt");
    final List<String> content = Arrays.asList("This", "is", "the", "content");

    // Datei schreiben
    final Path resultFile = Files.write(destinationFile, content,
                                        StandardOpenOption.CREATE,
                                        StandardOpenOption.APPEND);

    // Zeilenweise als Stream<String> einlesen
    final Stream<String> contentAsStream = Files.lines(resultFile);

    // Filtern und Gruppieren
    final Map<Integer, List<String>> filterdAndGrouped = contentAsStream.
                        filter(word -> word.length() > 3).
                        collect(Collectors.groupingBy(String::length));
    System.out.println(filterdAndGrouped);

    // Verzeichnis als Stream<Path> einlesen
    final Stream<Path> tmpDirContent = Files.list(Paths.get(tempDirPath));

    // Fallstrick: endsWith arbeitet auf Path-Komponenten, nicht auf Dateinamen!
    tmpDirContent.filter(path -> path.toString().endsWith(".txt")).
                        forEach(System.out::println);
}
```

Listing 4.44 Ausführbar als 'FILESJDK8EXAMPLE'

Nach ein paarmal Starten erhält man dann in etwa folgende Ausgabe:

```
{4=[This, This, This, This], 7=[content, content, content, content]}
C:\Users\micha\AppData\Local\Temp\WriteText.txt
```

4.7 Fehlerbehandlung

Jedes komplexere Programm muss mit gewissen Fehlersituationen umgehen können. Es erfordert immer etwas an Mehrarbeit und zusätzliche Zeilen Sourcecode, auf unerwartete Situationen reagieren oder Fehler abfangen zu können. Dieser Aufwand ist allerdings erforderlich, um für stabile Software zu sorgen.

Zur Signalisierung und Behandlung von Fehlern und außergewöhnlichen Programmsituationen boten ältere Programmiersprachen häufig lediglich die Rückgabe von Fehlercodes und deren Auswertung beim Aufrufer. In modernen Programmiersprachen spielen Exceptions eine wichtige Rolle bei der Verarbeitung (Erkennung, Behandlung oder Propagation) von Fehlerzuständen oder Ausnahmesituationen. Insbesondere ist es explizit möglich, Fehler an Aufrufer weiterzumelden. Dies nutzt man immer dann, wenn man an der betreffenden Stelle nicht genug Möglichkeiten oder Informationen besitzt, um den Fehler angemessen zu behandeln.

Eine fehlende oder inkorrekte Fehlerbehandlung macht sich im User Interface z. B. dadurch bemerkbar, dass die Sanduhr als Wartecursor niemals wieder auf den Pfeil (Standardcursor) gesetzt wird. In der Business-Logik oder der Datenzugriffsschicht kommt es u. a. zu nicht geschlossenen Dateien, Datenbankverbindungen oder Sockets. Solche Probleme in tieferen Ebenen der Software bleiben dem Anwender häufig zunächst verborgen und machen sich möglicherweise erst viel später bemerkbar.

4.7.1 Einstieg in die Fehlerbehandlung

Java bietet zur Reaktion auf Fehlersituationen mehrere Alternativen. Durch den Einsatz von Ausnahmen, sogenannten *Exceptions*, kann man auf ungewöhnliche Situationen reagieren. Auch durch spezielle Rückgabewerte können Fehlersituationen beschrieben werden. Mithilfe von Zusicherungen oder *Assertions* ist es möglich, gewisse Zustände im Programm zu prüfen. Diese Fälle werden im nachfolgenden Listing anhand einer Methode beispielhaft illustriert:

```java
public Object findById(final long objectId)
{
    // Ungültiger Parameterwert => Exception
    if (objectId < 0)
        throw new IllegalArgumentException("objectId must not be negative");

    if (DbHelper.isValidId(objectId))
    {
        final Object obj = DbHelper.findById(objectId);

        // Zustandsprüfung mit Assertion
        assert (obj != null);

        return obj;
    }

    // Spezieller Rückgabewert für keinen Treffer
    return null;
}
```

Eine Faustregel ist, Exceptions für solche Situationen zu verwenden, die außerhalb des erwarteten Verhaltens liegen. Kann eine aufgerufene Methode einen Rückgabewert liefern, der es erlaubt, eine Fehlersituation sinnvoll auszudrücken, so sind Rückgabewerte zum Teil handlicher. Lässt sich eine Fehlersituation auf diese Weise allerdings nicht darstellen oder kann bei einem fehlerhaften Eingabewert nicht sinnvoll weitergearbeitet werden, so sollte man eine Exception auslösen. Dazu dient – wie im Listing bereits gezeigt – das Schlüsselwort `throw`, dem eine Exception-Instanz folgt.

Bereits anhand dieses Beispiels wird Folgendes erkennbar: Die Behandlung von Fehlern besitzt zahlreiche Facetten und ein allgemein richtiges Verhalten gibt es nicht. Vielmehr sollte man eine für die jeweilige Situation adäquate Reaktion auf einen Fehler vornehmen. Insbesondere empfiehlt es sich, immer einen passenden Exception-Typ zu wählen. Vier recht gebräuchliche finden sich im Package `java.lang`:

- `IllegalArgumentException` – Mit einer `IllegalArgumentException` können falsche Belegungen von Parametern ausgedrückt werden.
- `NullPointerException` – Sind Eingabewerte `null`, so kann man darauf mit einer `NullPointerException` reagieren.
- `IllegalStateException` – Sind benötigte Daten nicht korrekt initialisiert, so kann dies über eine `IllegalStateException` kommuniziert werden.
- `UnsupportedOperationException` – Auf eine fehlende Implementierung kann mittels einer `UnsupportedOperationException` hingewiesen werden.

> **Hinweis:** `IllegalArgumentException` vs. `NullPointerException`
>
> Ich persönlich bevorzuge es, auch bei einem Übergabewert von `null` eine `IllegalArgumentException` auszulösen, da sie klarer ausdrückt, dass ein Parameter einen falschen Wert besitzt. Eine `NullPointerException` ist für mich eher eine Exception, die auf unerwartete Initialisierungsprobleme hindeutet. Bei der Nutzung der JDK-Hilfsmethode `Objects.requireNonNull()` weiche ich von dem genannten Ratschlag ab, da diese eine `NullPointerException` auslöst.

Behandlung von Exceptions

Oft können Programme sinnvoll fortgeführt werden, obwohl eine Fehlersituation aufgetreten ist. Dazu bedarf es in der Regel einer dem Problem angepassten Fehlerbehandlung. In Java kann man mit dem Exception Handling potenziell Fehler auslösenden Sourcecode von Fehler behandelndem Sourcecode trennen und sorgt so für mehr Übersichtlichkeit. Im `try`-Block stehen diejenigen Anweisungen, die potenziell Fehler verursachen, getreu dem Motto »Give it a try – Versuch mal, ob es funktioniert«. Wenn dann ein Fehler auftritt, kann dieser durch eine Exception modelliert werden. Zur Beschreibung der Fehlerbehandlung dient in Java ein `catch`-Block. In diesem notiert man den Sourcecode, der dazu ausgeführt werden soll.

4.7 Fehlerbehandlung

Am Beispiel der zuvor gezeigten Methode `findById(long)` schauen wir uns nun die Behandlung von Exceptions an: Dazu muss jeder Abschnitt des Sourcecodes, der potenziell eine Exception auslösen kann, entweder in einem `try`-Block ausgeführt werden, wie dies nachfolgend gezeigt ist,[20] oder aber die möglicherweise auftretende Exception muss in der Signatur der entsprechenden Methode angegeben werden:

```
try
{
    // Potenziell Exception auslösend
    final Object obj = findById(objectId);

    // ...
}
catch (final IllegalArgumentException ex)
{
    // Fehlerbehandlung
    errorCounter++;

    showMessageBox("Ungültige objectId -- darf nicht negativ sein!");
}
```

Falls bei der Abarbeitung der Anweisungen des `try`-Blocks ein Fehler auftritt, der eine Exception auslöst, so wird die Verarbeitung direkt abgebrochen und somit keine weitere Anweisung im `try`-Block ausgeführt, sondern direkt ein auf die Exception ausgelegter `catch`-Block angesprungen – sofern ein solcher existiert. Im `catch`-Block wird die Fehlerbehandlung implementiert, etwa eine Fehlermeldung ausgegeben oder ein Warndialog angezeigt. Es können auch mehrere `catch`-Blöcke existieren, die zu verschiedenen Arten von Fehlersituationen korrespondieren und jeweils andere Typen von Exceptions behandeln. Bei Auftreten eines Fehlers wird der Typ der ausgelösten Exception mit den Exception-Typangaben in den `catch`-Blöcken abgeglichen und von dem Block behandelt, der mit dem Typ der Exception übereinstimmt. Dabei werden die Blöcke in der Reihenfolge ihrer Deklaration durchgegangen, also von oben nach unten, und der erste, der fängt, gewinnt. Alle anderen Blöcke werden nicht ausgeführt. Falls kein `catch`-Block übereinstimmt, so wird die Exception automatisch an den Aufrufer weiter propagiert.

Leider sieht man in einigen Büchern und auch in realem Anwendungscode `catch`-Blöcke, die leer sind oder gerade noch die Exception per `ex.printStackTrace()` auf der Konsole ausgeben, etwa folgendermaßen:

```
// Achtung: Keine geeignete Reaktion auf Fehler
catch (final IllegalArgumentException ex)
{
    ex.printStackTrace();
}
```

---

[20]Das gilt nur dann, wenn die Exception vom Typ Checked Exception (vgl. Abschnitt 4.7.2) ist und keine `RuntimeException` wie `IllegalArgumentException` ausgelöst wird. Allerdings kann man auch diese explizit mit einem `catch`-Block bearbeiten.

Dies ist natürlich keine angemessene Reaktion auf eine Fehlersituation – sondern Verhalten von unzuverlässiger Schönwettersoftware. Unser Ziel sollte es sein, dass man sich als Anwender des Programms selbst in Fehlersituationen auf dieses verlassen kann. Für unsere Kunden ist etwa wichtig, dass keine Daten zerstört werden oder verloren gehen. Für uns als Entwickler ist wichtig, dass wir möglichst genaue Informationen zu den Ursachen und auslösenden Programmzeilen sowie aktuellen Wertebelegungen relevanter Variablen erhalten. Daher gilt: *Behandle auftretende Exceptions, wenn dies sinnvoll möglich ist. Im Zweifelsfall sollten Exceptions an Aufrufer weiter propagiert werden*.

Spezifische Fehlerbehandlung und abgeleitete Exceptions

Oftmals können durch die Anweisungen in einem `try`-Block verschiedene Arten von Exceptions ausgelöst werden. Für diesen Fall kann man zur Behandlung mehrere `catch`-Blöcke wie folgt dafür definieren:

```java
try
{
    // ...
    final File file = new File(...);
    // ...
}
catch (final IOException ioe)
{
    // Fehlerbehandlung
    handleIOException(ioe);
}
catch (final ParseException pex)
{
    // Fehlerbehandlung
    handleParseException(pex);
}
```

Dabei gibt es einen Spezialfall zu bedenken: Stehen die Typen der *Exceptions in einer Vererbungsbeziehung*, etwa `FileNotFoundException` als Spezialisierung von `IOException`, so muss in den `catch`-Blöcken immer der *spezialisierteste Typ* zuerst behandelt werden: Die Reihenfolge der in den `catch`-Blöcken gefangenen Exceptions muss *entgegengesetzt zur Ableitungshierarchie* erfolgen:

```java
try
{
    // ...
    final File file = new File(...);
    // ...
}
// Fehlerbehandlung entgegengesetzt zur Ableitungshierarchie der Exceptions
catch (final FileNotFoundException fnfe)
{
    handleFileNotFoundException(fnfe);
}
catch (final IOException ioe)
{
    handleIOException(ioe);
}
```

4.7 Fehlerbehandlung

Um weniger Schreibaufwand zu haben, sieht man teilweise Folgendes:

```
catch (final Exception ex)
{
    handleException(ex);
}
```

Das ist zwar syntaktisch möglich, jedoch nur extrem selten adäquat, da man so nicht mehr spezifisch auf unterschiedliche Probleme reagieren kann. Das behandele ich als BAD SMELL: FANGEN DER ALLGEMEINSTEN EXCEPTION später in Abschnitt 16.3.4.

Abschließende Aktionen und der `finally`-Block

Als Letztes verbleibt die Besprechung des `finally`-Blocks. Dieser ist optional und dessen Anweisungen werden immer dann ausgeführt, wenn der `finally`-Block vorhanden ist – also egal, ob ein Fehler aufgetreten ist oder nicht. Sinnvoll kann man den `finally`-Block nutzen, um auf jeden Fall benötigte Aufräumarbeiten durchzuführen – im Speziellen auch dann, wenn eine Exception ausgelöst wurde, für die kein passender `catch`-Block existiert. Schauen wir uns den Aufbau von `try-catch` und `finally` an:

```
try
{
    // Hier können Exceptions auftreten
}
catch (Exception e)
{
    // Hier werden Exceptions abgearbeitet, sofern der catch-Block vorhanden ist
    // Ansonsten muss die Exception in der Methodensignatur aufgeführt werden,
    // falls es eine Checked Exception (vgl. Abschnitt 4.7.2) ist
}
finally
{
    // Wird immer durchlaufen, ist allerdings optional
}
```

Eigene Exception-Typen definieren

In Java ist es leicht, eigene Typen von Exceptions, z. B. eine `CustomerNotFound-Exception`, zu definieren. Dabei kann man auf die später in Abschnitt 4.7.2 detaillierter behandelten Basistypen `Exception` und `RuntimeException` zurückgreifen.

```
public class CustomerNotFoundException extends Exception
{
    public CustomerNotFoundException(String message)
    {
        super(message);
    }

    public CustomerNotFoundException(String message, Throwable throwable)
    {
        super(message, throwable);
    }
}
```

Rückgabewerte vs. Exceptions

Nach dieser Einführung in die Fehlerbehandlung mithilfe von Exceptions möchte ich auf einen weiteren wichtigen Aspekt dabei eingehen: Die Fehlerbehandlung sollte möglichst sauber vom »Nutzcode« trennbar sein. Meistens lässt sich dies durch die Verwendung von Exceptions einfacher als durch den Einsatz von Rückgabewerten erreichen. Letzteres verursacht recht schnell ein Chaos und sorgt für eine Vermischung von Anwendung und Fehlerbehandlung, was zu einer schlechten Trennung von Zuständigkeiten führt. Exceptions bieten mit ihrer Verarbeitung in `catch`-Blöcken eine bessere Trennung. Allerdings kann es durch mehrere zu behandelnde Exceptions schnell zu vielen `catch`-Blöcken kommen.

Ein Vorteil von Exceptions ist, dass sich diese an Aufrufer propagieren lassen, wenn man meint, an anderer Stelle besser und angemessener auf Fehlersituationen reagieren zu können. Ein Nachteil ist, dass durch Exceptions ein Overhead zur Laufzeit für das Erzeugen (Aufbereitung des Stacktrace), Durchreichen usw. entsteht.[21] Für Rückgabewerte gilt das nicht – allerdings lassen sich diese auch nicht so gut weiter propagieren.

Fallstricke bei der Fehlerbehandlung

Erfahrenen Entwicklern ist bewusst, dass zum Teil mehr Mühe und Gehirnschmalz in die Behandlung möglicher Fehlersituationen einfließen muss als in die normale Programmlogik. Dies gilt vor allem dann, wenn man mit anderen Systemen, Komponenten, Ein- und Ausgabegeräten und im Besonderen mit dem Benutzer interagiert. Für unerfahrene Programmierer ist Fehlerbehandlung oftmals eines der Dinge, um die man sich eher ungern oder halbherzig kümmert, meistens gerade so weit, dass das Programm nicht abstürzt. Zwei Beispiele für misslungene Fehlerbehandlungen sind folgende:

- **»Anstands«-Null-Prüfungen** – Solche Prüfungen dienen lediglich zur Vermeidung von `NullPointerExceptions`:

    ```java
    public static void updateSystemState()
    {
        final SystemState state = calculateSystemState();
        if (state != null)
        {
            systemStateMap.put(KEY_SYSTEM, state);
        }
    }
    ```

    Im Falle eines `null`-Werts für die Variable `state` geschieht einfach nichts. Problematisch daran ist, dass auf diese Weise ein spezieller Zustand (`state == null`), der möglicherweise sogar ein Fehlerfall ist, kaschiert wird und zudem keine Behandlung oder Warnmeldung erfolgt. Abschnitt 16.3.7 diskutiert dies als BAD SMELL: SONDERBEHANDLUNG VON RANDFÄLLEN.

---

[21] Da meistens eine Ausnahmesituation vorliegt, ist der Mehraufwand oftmals irrelevant.

- **»Delayed Exception«** – Ein Beispiel für diese »Fehlerbehandlungsstrategie« sind öffentliche Methoden, die keine Konsistenzprüfung ihrer Parameter durchführen und so die Eingabe ungültiger Daten ermöglichen. Aufgrund der fehlenden Prüfung führen derartige Eingaben später potenziell zu fehlerhaften Berechnungen oder gar zu (unerwarteten) Exceptions. Im nachfolgenden Beispiel können `null`-Werte in einer `systemStateMap` gespeichert werden, obwohl diese keine gültige Eingabe darstellen. Die Konsistenzprüfung erfolgt erst bei Lesezugriffen (und damit zu spät) in der `getSystemState()`-Methode:

```java
public static void setSystemState(final SystemState state)
{
    systemStateMap.put(KEY_SYSTEM, state);
}

public static SystemState getSystemState()
{
    final SystemState state = systemStateMap.get(KEY_SYSTEM);
    if (state == null) // Beispiel für schlechte Fehlerbehandlung
        throw new IllegalStateException("No entry for system state");

    return state;
}
```

Das Problem fällt zunächst nicht auf. Erst wenn später ein Aufruf von `getSystemState()` erfolgt, wird die ungültige Eingabe sichtbar und löst eine Exception aus: Eine mögliche Fehleingabe bleibt dadurch unter Umständen sehr lange unerkannt und ein solcher Fehler wird viel zu spät erkannt.

4.7.2 Checked Exceptions und Unchecked Exceptions

In Java unterscheidet man zur Behandlung von Fehlersituationen zwischen Checked Exceptions und Unchecked Exceptions. Nachfolgende Abbildung 4-3 zeigt die Ableitungshierarchien der beiden Arten von Exceptions.

Checked Exceptions sind Bestandteil des »Vertrags« zwischen Aufrufer und Bereitsteller einer Methode und zeigen mögliche, durch Aufrufer zu erwartende Fehlersituationen an. Sie müssen daher in der Methodensignatur mit dem Schlüsselwort `throws` angegeben werden. Dies sichert ab, dass Aufrufer entweder selbst aktiv mit einem `catch`-Block darauf reagieren oder ansonsten automatisch eine Propagation an weitere aufrufende Methoden erfolgt. Eine Behandlung ist für **Unchecked Exceptions** nicht zwingend erforderlich, da diese normalerweise schwerwiegende Programmierprobleme oder unerwartete Situationen ausdrücken, auf die ein Aufrufer nicht sinnvoll reagieren kann.[22] Man kann Unchecked Exceptions etwa zur Signalisierung ungültiger Parameterwerte in Form einer `IllegalArgumentException` nutzen.

---

[22] Daher sind Unchecked Exceptions in der Regel nicht Bestandteil der Methodensignatur (obwohl man sie dort explizit aufführen kann).

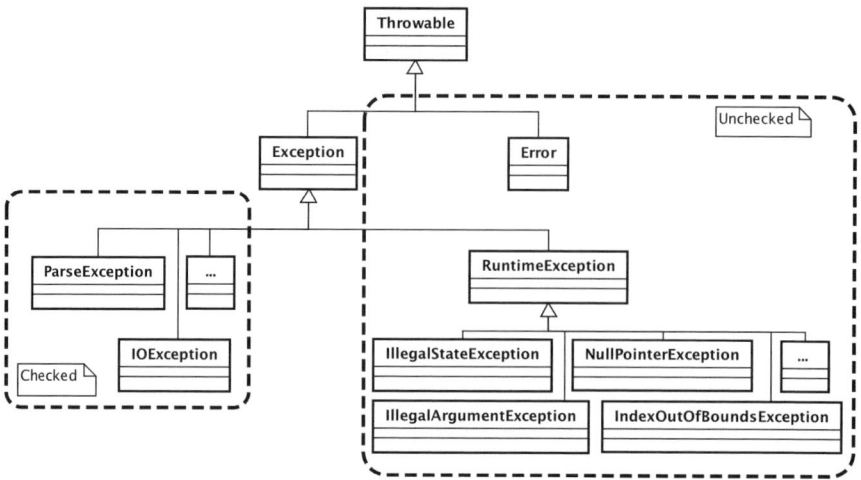

Abbildung 4-3 *Exception-Hierarchie*

Einige Programmierer geraten in die Versuchung, nur noch Unchecked Exceptions einzusetzen und eigene Exception-Klassen von `java.lang.RuntimeException` abzuleiten. Obwohl dies vom »lästigen« Bearbeiten einer möglicherweise auftretenden Exception befreit und auch keine Fehler beim Kompilieren provoziert, erschwert ein derartiges Vorgehen es manchmal doch, angemessen auf Fehlersituationen reagieren zu können: Einerseits sieht man in der Methodensignatur nicht unbedingt, dass eine Exception ausgelöst wird, weshalb dies in der Methodendokumentation aufgeführt werden sollte. Andererseits kann die Exception einfach ignoriert werden. Sie führt dann zur Laufzeit zu einem unerwarteten Programmfehler. Im Extremfall wird eine solche Exception unbehandelt bis zur `main()`-Methode bzw. `run()`-Methode des gerade aktiven Threads und damit zur JVM propagiert, wodurch dieser Thread terminiert.

Aus dieser Diskussion leiten wir folgende Regel ab: *Wenn ein Aufrufer eine außergewöhnliche Situation behandeln kann, so sollte bevorzugt eine Checked Exception genutzt werden. Ist gar nicht davon auszugehen, dass ein Aufrufer die Fehlersituation korrigieren soll, oder ist ein Aufrufer dazu höchstwahrscheinlich nicht in der Lage, so verwendet man eine Unchecked Exception.*

4.7.3 Exception Handling und Ressourcenfreigabe

Das Thema Exceptions und Ressourcenfreigabe möchte ich nun ausführlicher behandeln. Zur Demonstration wähle ich eine Netzwerkkommunikation über Sockets, wobei Sie zur Einführung und bei Bedarf einige Informationen zu Sockets im nachfolgenden Hinweis »Netzwerkkommunikation mit Sockets im Kurzüberblick« finden. Das Beispiel zeigt eine unzureichende Fehlerbehandlung. Das Ganze wird schrittweise verbessert. In der letzten Ausbaustufe ist dann sichergestellt, dass belegte Systemressourcen auch wieder freigegeben werden.

4.7 Fehlerbehandlung

Ausgangsbeispiel

Im nachfolgenden Listing wird ein `ServerSocket` erzeugt und dann durch Aufruf einer Methode `handleIncomingConnections()` auf eingehende Daten gewartet.

```
// Beispiel für schlechtes EXCEPTION HANDLING
public static void openAndProcess()
{
    try
    {
        final int AUTO_ALLOCATE_PORT = 0;
        final ServerSocket serverSocket = new ServerSocket(AUTO_ALLOCATE_PORT);

        // Weitere Verarbeitung - hier jedoch uninteressant
        handleIncomingConnections(serverSocket);

        serverSocket.close();
    }
    catch (final IOException ex)
    {
        ex.printStackTrace();
    }
}
```

Wie bereits angedeutet ist die Implementierung der Fehlerbehandlung problematisch: Solange alle Aufrufe erfolgreich sind bzw. ohne Exceptions ablaufen, wird nach Abarbeitung der durch einen Kommentar angedeuteten Aktionen das Socket durch einen Aufruf der Methode `close()` wieder geschlossen. Wird jedoch eine Exception ausgelöst, so wird die Ausführung innerhalb des `try`-Blocks unterbrochen und es werden die Anweisungen des `catch`-Blocks ausgeführt – im Beispiel kommt es aber *nicht* zum Aufruf von `close()`. Für diesen Fall bleibt demnach die vom Betriebssystem bereitgestellte Netzwerkressource alloziert (zumindest eine gewisse Zeit).

> **Hinweis: Netzwerkkommunikation mit Sockets im Kurzüberblick**
>
> Sockets bilden logische Endpunkte einer Verbindung zwischen Computern und erlauben das Senden und Empfangen von Nachrichten. Die Kommunikation kann z. B. über TCP erfolgen. **TCP** steht für **Transmission Control Protocol** und stellt eine sichere und fehlerfreie Verbindung zwischen zwei Kommunikationsendpunkten im Netz dar. Ähnlich wie in einem Telefonnetz einer Firma können Kommunikationspartner über Durchwahlnummern, sogenannte **Ports**, erreicht werden.
>
> Sockets bieten eine streambasierte Schnittstelle zur Kommunikation. Mithilfe von Sockets können Daten bidirektional übertragen werden. Soll eine Kommunikation zwischen zwei Kommunikationspartnern erfolgen, so geschieht dies in der Regel, indem einer der beiden Kontakt zu dem anderen aufnimmt (***Client-Server-Kommunikation***). Bei dieser Kommunikation stellt ein Client den aktiven Part der Kommunikation dar: Er schickt Anfragen an einen Server, der wiederum Antworten an den Client sendet. Dazu wartet ein Server mithilfe eines `ServerSocket`s auf eingehende Verbindungen. Die Kommunikation zwischen Client und Server wird dann mit der Klasse `Socket` realisiert, die Zugriff auf jeweils eine `InputStream`- und eine `OutputStream`-Instanz bietet.

Schritt 1: Ressourcenfreigabe im Fehlerfall

Ein erster Reparaturschritt besteht darin, im `catch`-Block einen Aufruf der Methode `close()` zu ergänzen. Dies erfordert aber einige Umbauarbeiten: Zunächst benötigen wir Zugriff auf die Variable `serverSocket` im `catch`-Block. Dazu muss diese vor dem `try-catch`-Block definiert werden. Zudem erfordert der Aufruf der Methode `close()` im `catch`-Block einen weiteren `try-catch`-Block, da in der Signatur der `close()`-Methode eine `IOException` definiert ist. Auf diese Exception kann man eher selten sinnvoll und oftmals nur durch einen leeren `catch`-Block reagieren.

```java
// Beispiel für schlechtes EXCEPTION HANDLING
public static void openAndProcess()
{
    ServerSocket serverSocket = null;
    try
    {
        final int AUTO_ALLOCATE_PORT = 0;
        serverSocket = new ServerSocket(AUTO_ALLOCATE_PORT);

        handleIncomingConnections(serverSocket);

        serverSocket.close();
    }
    catch (final IOException ex)
    {
        if (serverSocket != null)
        {
            try
            {
                serverSocket.close();
            }
            catch (final IOException e)
            {
                // Sollte close() eine IOException werfen? Ja und Nein!
                // Häufig ist das eher unpraktisch. Es ist aber hilfreich,
                // wenn sich das Programm merken will, dass eine Ressource
                // nicht korrekt geschlossen werden konnte und der weiter-
                // gehende Zugriff erst einmal unterbunden werden soll.
            }
        }
    }
}
```

Der Konstruktor der Klasse `ServerSocket` kann eine `IOException` werfen. Daher darf man im `catch`-Block nicht davon ausgehen, dass der Variablen `serverSocket` ein Wert zugewiesen wurde und diese ungleich `null` ist. Vor dem Aufruf von `close()` muss daher eine Prüfung auf `null` in den `catch`-Block eingebaut werden. Derartige Spezialbehandlungen machen den Sourcecode unübersichtlich. Sowohl die bedingte Anweisung als auch die Behandlung der `IOException` erzeugen weitere Komplexität und reduzieren die Lesbarkeit. Diese »hässliche« Form der Fehlerbehandlung sieht man – bedingt durch das Java-API bei Sockets und beim Stream-I/O – leider häufiger. Darüber hinaus verstoßen die mehrfachen Aufrufe von `close()` gegen das sogenannte DRY-Prinzip. Diese Abkürzung bedeutet »Don't Repeat Yourself« und steht dafür, Duplikation von Sourcecode möglichst zu vermeiden (vgl. »Der Pragmatische Programmierer« von Andrew Hunt und David Thomas [38]).

Schritt 2: Duplikation entfernen

Die Sourcecode-Duplikation lässt sich leicht korrigieren. Im Sinne der Wiederverwendbarkeit faktoriert man eine Methode `closeServerSocket()` heraus, die aus den Anweisungen des `catch`-Blocks besteht. Die Methode ist tolerant gegenüber der Übergabe von `null`-Werten und zudem wird die in der Signatur der Methode `close()` angegebene `IOException` ignoriert, da man diese kaum sinnvoll behandeln kann.

```java
private static void closeServerSocket(final ServerSocket serverSocket)
{
    if (serverSocket != null)
    {
        try
        {
            serverSocket.close();
        }
        catch (final IOException e)
        {
            // oftmals keine sinnvolle Behandlung möglich (s.o.)
        }
    }
}
```

Hilfsmethoden wie diese sind häufig nützlich und deren Einsatz macht den Sourcecode oftmals deutlich übersichtlicher, kürzer und besser lesbar. Dadurch erhalten wir folgende Methode, die den gemeinsamen Aufruf von `closeServerSocket()` hinter den `catch`-Block verlagert:

```java
public static void openAndProcess()
{
    ServerSocket serverSocket = null;
    try
    {
        final int AUTO_ALLOCATE_PORT = 0;
        serverSocket = new ServerSocket(AUTO_ALLOCATE_PORT);

        handleIncomingConnections(serverSocket);

        // nach unten verlagert: closeServerSocket(serverSocket);
    }
    catch (final IOException ex)
    {
        // nach unten verlagert: closeServerSocket(serverSocket);
    }
    // DRY: keine Duplikation
    closeServerSocket(serverSocket);
}
```

Das war bereits ein guter Schritt in die richtige Richtung: Die Methode ist nun deutlich besser lesbar und behandelt Fehler relativ gut. Wieso nur relativ gut? Wir haben noch ein »Schlupfloch« vergessen. Es existiert ein Problem, wenn `return`-Anweisungen im `try`- oder im `catch`-Block verwendet werden oder dort Exceptions ausgelöst oder weiter propagiert werden. Wird ein `try`- oder `catch`-Block auf diese Weise verlassen, so wird der dem `catch`-Block nachfolgende Sourcecode, in diesem Fall die `closeServerSocket()`-Methode, nicht ausgeführt. Dadurch kann sich das Programmverhalten in Fehlersituationen auf unbestimmte Weise verändern. Möglicherweise werden belegte Systemressourcen nicht wieder freigegeben. Betrachten wir mögliche Abhilfen.

> **Tipp: Apache Commons IOUtils und Google Guava**
>
> Für viele elementare, aber auch komplexere Funktionalitäten existieren Fremdbibliotheken. Google Guava und Apache Commons sind besonders erwähnenswert. In Letzterer findet sich eine große Menge nützlicher Funktionalität rund um I/O, etwa in der Klasse `IOUtils` eine für Streams, Reader, Writer und Sockets überladene Methode `closeQuietly()`, die analog zu der gezeigten Methode `closeServerSocket()` arbeitet und wie folgt genutzt werden kann:
>
> ```
> import org.apache.commons.io.IOUtils;
> // ...
> IOUtils.closeQuietly(socket);
> ```
>
> Die Apache Commons IO 2.5 binden wir in unser Projekt ein, indem wir deren Abhängigkeit in der Datei `build.gradle` angeben. Alternativ gilt dies analog für Google Guava in der derzeit aktuellen Version 21.0:
>
> ```
> dependencies
> {
>     compile 'commons-io:commons-io:2.5'
>     compile 'com.google.guava:guava:21.0'
> }
> ```
>
> Das Thema Fremdbibliotheken und Applikationsbausteine behandle ich in Kapitel 8 in größerer Tiefe und beschreibe dort insbesondere verschiedene Funktionalitäten aus Google Guava – dabei verweise ich immer auf Ähnliches in Apache Commons.

Schritt 3: Variante A: Nutzung von `finally`

Mithilfe des Schlüsselworts `finally` kann das Exception Handling elegant und robust gestaltet werden: Laut JLS (Java Language Specification) wird der `finally`-Block nämlich immer ausgeführt,[23] und zwar unabhängig davon, ob

- der `try`-Block normal beendet,
- eine Exception im `try`-Block geworfen oder
- ein `return` im `try`- und `catch`-Block ausgeführt wird.

Durch dieses Verhalten lassen sich Systemressourcen freigeben – unabhängig davon, wie eine Methode beendet wird, sogar bei einem `return` im `try`- und `catch`-Block:

---
[23] Außer beim Aufruf von `System.exit()`.

```java
public static boolean openAndProcess()
{
   ServerSocket serverSocket = null;
   try
   {
      final int AUTO_ALLOCATE_PORT = 0;
      serverSocket = new ServerSocket(AUTO_ALLOCATE_PORT);

      handleIncomingConnections(serverSocket);

      return true; // Ausstieg zur Demonstration
   }
   catch (final IOException e)
   {
      // Die Freigabe der Ressource erfolgt hier in finally. Exception darf
      // nicht propagiert werden, weil sie nicht in der Signatur definiert ist.
      return false;
   }
   finally
   {
      closeServerSocket(serverSocket);
   }
}
```

Trotz der ganzen Korrekturen sind wir immer noch gezwungen, eine `IOException` abzufangen und einen `catch`-Block zu schreiben. Das liegt daran, dass die `IOException` eine sogenannte Checked Exception ist: Wie schon in Abschnitt 4.7.2 beschrieben, muss diese entweder per `throw` in der Methodensignatur definiert sein oder aber durch einen `catch`-Block behandelt werden. Des Weiteren definiert die Methode `openAndProcess()` in ihrer Signatur keine Exception, sodass wir dies aus Kompatibilitätsgründen für diese öffentliche Methode auch nicht ändern dürfen. Natürlich sollten wir aber belegte Systemressourcen freigeben. In unserem Beispiel geschieht dies durch den Methodenaufruf von `closeServerSocket()` im `finally`-Block in jedem Fall.

Schritt 3: Variante B: Nutzung von ARM

Das mit JDK 7 eingeführte und in Abschnitt 4.7.4 genauer beschriebene ***Automatic Resource Management (ARM)*** erlaubt es, das Ganze eleganter und kürzer zu schreiben. Praktischerweise muss man sich dann nicht mehr selbst um die Freigabe von Ressourcen kümmern, sondern nur die Syntax mit den runden Klammer wie folgt nutzen:

```java
public static void openAndProcess()
{
   final int AUTO_ALLOCATE_PORT = 0;
   try (final ServerSocket serverSocket = new ServerSocket(AUTO_ALLOCATE_PORT))
   {
      handleIncomingConnections(serverSocket);
      return true;
   }
   catch (final IOException ex)
   {
      // Die Freigabe der Ressource erfolgt hier durch ARM. Die Exception darf
      // nicht propagiert werden, weil sie nicht in der Signatur definiert ist.
      return false;
   }
}
```

4.7.4 Besonderheiten beim Exception Handling mit JDK 7

Nachfolgend beschäftigen wir uns mit einigen Neuerungen aus JDK 7, die das Exception Handling vereinfachen und insbesondere auch das Resource Handling adressieren.

Multi Catch

Manchmal ist es wünschenswert, mehrere Exception-Typen gleichartig zu behandeln. Idealerweise möchte man nur einen gemeinsamen `catch`-Block definieren und nicht für jeden zu verarbeitenden Exception-Typ jeweils einen Block.

Betrachten wir zunächst die Situation vor JDK 7 und hier zur Demonstration eine `main()`-Methode, die eine weitere Methode `exceptionThrowingMethod()` aufruft, die wiederum zwei verschiedene Exceptions in ihrer Signatur definiert. Die klassische Umsetzung einer Behandlung sieht folgendermaßen aus:

```java
public static void main(final String[] args)
{
    try
    {
        exceptionThrowingMethod();
    }
    // Gleichartige Behandlung durch zwei catch-Blöcke
    catch (final RemoteException ex)
    {
        reportException(ex);
    }
    catch (final FileNotFoundException ex)
    {
        reportException(ex);
    }
}

private static void exceptionThrowingMethod() throws RemoteException,
                                                     FileNotFoundException
{
    // ...
}
```

Mehrere identische `catch`-Block stellen eine Form der Sourcecode-Duplikation dar und verletzen das DRY-Prinzip. Für dieses Beispiel sollte man die identische Behandlung nur einmalig durchführen. Mit JDK 7 ist das Fangen mehrerer Exceptions mit nur einem `catch`-Block – *Multi Catch* genannt – wie folgt möglich:

```java
public static void main(final String[] args)
{
    try
    {
        exceptionThrowingMethod();
    }
    // Mehrfachangabe unterschiedlicher Exceptions
    catch (final RemoteException | FileNotFoundException ex)
    {
        reportException(ex);
    }
}
```

4.7 Fehlerbehandlung

Das Verhalten von Multi Catch ist dem mehrerer hintereinander liegender `catch`-Blöcke ähnlich. Es gibt jedoch kleinere Unterschiede – insbesondere gilt dies für die Abarbeitung bzw. die Spezialisierung und Überdeckung von Exceptions. Bei mehreren `catch`-Blöcken kann man eine explizite Sonderbehandlung für spezialisierte Typen realisieren, indem der speziellere Typ von Exception im Sourcecode zuerst wie folgt angegeben wird:

```
catch (final FileNotFoundException ex)
{
    reportFileException(ex);
}
catch (final IOException ex)
{
    reportIOException(ex);
}
```

Dieses Verhalten ist mithilfe von Multi Catch so nicht möglich, denn es gilt, dass im Multi Catch nur Exceptions mit unterschiedlichem Basistyp erlaubt sind. Schreiben wir trotzdem einmal Folgendes:

```
// Führt zu einem Compile-Error
catch (final FileNotFoundException | IOException ex)
{
    // ...
}
```

Für die gefangene `IOException` sowie deren Subtyp `FileNotFoundException` kommt es beim Kompilieren zu folgender Fehlermeldung – egal in welcher Reihenfolge Sie die beiden Exceptions angeben: »`The exception FileNotFoundException is already caught by the alternative IOException`«.

Automatic Resource Management (ARM)

Bis hierher haben wir gesehen, dass Aufräumarbeiten bei I/O-Operationen durch die dazu notwendigen `try-catch`-Blöcke recht umfangreich und unleserlich werden können. Mit JDK 7 wurde genau für diese Aufgaben ein automatisches Ressourcenmanagement in Java integriert. Dieses entlastet den Entwickler von manuellen Aufräumarbeiten und es hilft dabei, weniger Fehler zu machen. Betrachten wir den Aufwand der manuellen Aufräumarbeiten ohne ARM beim Einsatz eines `BufferedReader`s:

```
// I/O ohne ARM
public static String readFirstLine(final String path) // throws IOException
{
    BufferedReader br = null;
    try
    {
        br = new BufferedReader(new FileReader(path));
        return br.readLine();
    }
    catch (final IOException ex)
    {
        // handle or rethrow
    }
```

```java
    finally
    {
        // Diese manuellen Aufräumarbeiten werden durch ARM überflüssig
        try
        {
            if (br != null)
            {
                br.close();
            }
        }
        catch(final IOException ioe)
        {
            // ignore
        }
    }
    return "";
}
```

Zur Aktivierung des ARM muss die Verarbeitung in einem speziellen `try`-Block und der Angabe der später freizugebenden Ressourcenvariablen erfolgen:

```java
public static String readFirstLine(final String path)
{
    // Spezielle Angabe der Ressourcenvariablen
    try (final FileReader fr = new FileReader(path);
         final BufferedReader br = new BufferedReader(fr))
    {
        return br.readLine();
    }
    catch (final IOException ex)
    {
        // handle or rethrow
    }
    return "";
}
```

Für jede in den runden Klammern des `try`-Blocks angegebene Variable wird beim Verlassen des `try`-Blocks *automatisch* die Methode `close()` aufgerufen. Voraussetzung dafür ist, dass die dort definierten Referenzvariablen das Interface `java.lang.AutoCloseable` erfüllen. Dann werden die Aufrufe vom Compiler an den korrespondierenden Stellen in den Bytecode generiert.

Wie im Listing gezeigt, sollte man Verkettungen von Konstruktoraufrufen vermeiden, da dann möglicherweise nicht alle Ressourcen freigegeben werden. Vielmehr ist eine separate Definition wie oben zu empfehlen.

Final Rethrow

Das Sprachfeature Final Rethrow ermöglicht es, mehrere Exception-Typen aus einem einzigen `catch`-Block weiter zu propagieren. Somit ist es möglich, dass verschiedene Typen von Exceptions per `catch (Exception ex)` gefangen werden, diese dann aber spezifisch weiter propagiert werden können, ohne dies explizit ausprogrammieren zu müssen. Dadurch kann der `catch`-Block übersichtlich gehalten und um gewünschte Funktionalität ergänzt werden.

Betrachten wir zum Verständnis folgende Methode `performCalculation(String)`, die laut Signatur zwei verschiedene Typen von Exceptions werfen kann:

```
private void performCalculation(final String fileName) throws IOException,
                                                              RemoteException
```

Nehmen wir an, wir wollten diese Methode derart erweitern, dass zur besseren Wartbarkeit eine gegebenenfalls auftretende Exception in eine Log-Datei geschrieben und anschließend weiter propagiert wird. Folgende Realisierungsidee (ohne den Einsatz von Multi Catch) wäre denkbar: Durch die Notation `catch (Exception)` werden einfach alle Typen von Exceptions gefangen, dann erfolgt ein Logging der gefangenen Exception und über `throw ex` deren Propagierung:

```
private void finalRethrowV2(final String fileName) throws IOException,
                                                          RemoteException
{
    try
    {
        performCalculation(fileName);
    }
    // Das final verhindert für erste Versionen von JDK 7 einen Compile-Error
    catch (final Exception ex)
    {
        log.error("exception occurred", ex);
        throw ex; // Compile-Error vor JDK 7
    }
}
```

Tatsächlich kompiliert diese Umsetzung vor JDK 7 nicht, da durch die Anweisung `throw ex` lediglich der allgemeine Typ `Exception`, nicht aber die in der Signatur definierten Exceptions propagiert werden. Zudem ist unklar, welche Typen von Exceptions propagiert werden können. Eine (wenn auch schlechte) Idee könnte darin bestehen, den Typ `Exception` in die Signatur aufzunehmen:

```
// ACHTUNG, nicht machen, ganz schlecht
private void finalRethrowBad(final String fileName) throws IOException,
                                                           RemoteException,
                                                           Exception
```

Mit einer solchen Angabe verliert die Signatur allerdings sämtliche Aussagekraft bezüglich der von der Methode ausgelösten Exceptions. Es wird lediglich deutlich, dass überhaupt Exceptions auftreten können.

Praktischerweise wird es mit JDK 7 möglich, mehrere Typen von Exceptions allgemein zu fangen und diese spezialisiert weiterzuleiten. Während es in früheren Versionen von JDK 7 noch notwendig war, die im `catch` angegebene Exception `final` zu definieren – woher auch der Name Final Rethrow herrührt –, kann in den aktuellen JDK-7-Versionen auf die Angabe von `final` verzichtet werden, weil der Compiler im Hinblick auf JDK 8 erweitert wurde. Die moderneren Compiler können die Finalität einer Variablen selbst erkennen und erfordern keine explizite Kennzeichnung mit `final` mehr. Man spricht in diesem Zusammenhang auch von »effectively final«.

4.7.5 Assertions

Nachdem wir uns nun recht intensiv mit Exceptions, vor allem im Zusammenhang mit I/O und Ressourcenmanagement, beschäftigt haben, möchte ich nachfolgend auf Assertions (Zusicherungen) eingehen. Diese dienen dazu, erwartete Zustände abzusichern. Zur Formulierung einer solchen Zusicherung wird das Schlüsselwort `assert` sowie eine boolesche Bedingung angegeben. Wird diese zu `false` evaluiert, so wird ein `java.lang.AssertionError` ausgelöst. Das ist ein Subtyp von `java.lang.Throwable`. Demzufolge können `AssertionError`s zwar durch einen `try-catch`-Block bearbeitet werden, allerdings ist dieses Vorgehen selten sinnvoll, da man einen Programmfehler aufdecken und nicht verschweigen möchte. Dabei sollte man zusätzlich wissen, dass die Verarbeitung von Assertions für die JVM standardmäßig deaktiviert ist und explizit aktiviert werden muss, damit die Zusicherungen tatsächlich ausgewertet werden.

Assertions am Beispiel

Aus einem Eingabestring `versions` sollen die zwei Versionsinformationen `majorVersion` und `minorVersion` extrahiert werden. Jeder Bestandteil der Versionsinformation muss mindestens aus einem Zeichen bestehen. Dazu wird die Länge mithilfe von Assertions geprüft. Die aus der Eingabe korrespondierenden Teilstrings ermitteln wir mithilfe eines `StringTokenizers` und dessen Methode `nextToken()`. Um die spätere Verarbeitung und gegebenenfalls eine Umwandlung in Zahlen zu vereinfachen, werden Leerzeichen durch einen Aufruf von `trim()` abgeschnitten.

```java
public static void main(final String[] args)
{
    // ACHTUNG: fehlendes Token Minor-Version
    final String versions = "12. ";
    final StringTokenizer tokenizer = new StringTokenizer(versions, ".");

    final int tokenCount = tokenizer.countTokens();
    if (tokenCount > 1)
    {
        // Versionen auslesen
        final String majorVersion = tokenizer.nextToken().trim();
        final String minorVersion = tokenizer.nextToken().trim();

        // Sicherstellen, dass Tokens einen Wert enthalten
        assert !majorVersion.isEmpty();
        assert !minorVersion.isEmpty();

        System.out.println("Major: '" + majorVersion + "'");
        System.out.println("Minor: '" + minorVersion + "'");
        System.out.println("#Tokens: '" + tokenCount + "'");
    }
    else
    {
        System.err.println("Unexpected version number format => no '.' found");
    }
}
```

Listing 4.45 *Ausführbar als* 'ASSERTEXAMPLE'

4.7 Fehlerbehandlung

Im Beispiel enthält der zu verarbeitende Eingabewert bewusst einen Leerstring als zweite Versionsinformation, um die Funktionsweise von Assertions zu demonstrieren. Deshalb sollte der String `minorVersion` in diesem speziellen Fall eine Länge von 0 besitzen und damit die Zusicherung `!minorVersion.isEmpty()` verletzen. Demnach erwartet man bei der Eingabe von "12. " ein Fehlschlagen der Assertion und als Folge einen Programmabbruch mit einem `AssertionError`, doch das Programm ASSERT-EXAMPLE läuft ohne Fehler. Zunächst ist das möglicherweise verwunderlich, doch die folgende Konsolenausgabe bringt uns auf die richtige Spur:

```
Major: '12'
Minor: ''
#Tokens: '2'
```

Mit den Aussagen der Einleitung im Hinterkopf erinnern wir uns daran, dass *Assertions standardmäßig deaktiviert sind, aber explizit angeschaltet werden können.* Um die zwei Assertions zu aktivieren, existieren die JVM-Parameter `-ea` bzw. `-enableassertions`. Mit `-da` bzw. `-disableassertions` deaktiviert man Assertions. Wird das Programm mit dem Parameter `-ea` gestartet, so schlägt die Zusicherung fehl und es kommt zu folgender Konsolenausgabe:

```
Exception in thread "main" java.lang.AssertionError
```

Ein solcher `AssertionError` ohne Kontextinformationen ist nicht aussagekräftig, vielmehr sollte ein Hinweis zur Fehlerursache erfolgen. Dazu kann man die im folgenden Listing gezeigten Varianten nutzen:

```java
public static void main(final String[] args)
{
    // ACHTUNG: fehlendes Token Minor-Version
    final String versions = "12. ";
    final StringTokenizer tokenizer = new StringTokenizer(versions, ".");

    final int tokenCount = tokenizer.countTokens();
    if (tokenCount > 1)
    {
        final String majorVersion = tokenizer.nextToken().trim();
        final String minorVersion = tokenizer.nextToken().trim();

        // Sicherstellen, dass Tokens einen Wert enthalten
        assert !majorVersion.isEmpty() : "Major-Version must not be empty";
        assert !minorVersion.isEmpty() : buildWarnMessage("Minor-Version");

        System.out.println("Major: '" + majorVersion + "'");
        System.out.println("Minor: '" + minorVersion + "'");
        System.out.println("#Tokens: '" + tokenCount + "'");
    }
}

private static String buildWarnMessage(final String versionName)
{
    return versionName + " must not be empty!";
}
```

Listing 4.46 *Ausführbar als* 'ASSERTEXAMPLEWITHMETHODS'

Beim Ausführen des Programms ASSERTEXAMPLEWITHMETHODS erhalten wir folgende Ausgabe auf der Konsole:

```
Exception in thread "main" java.lang.AssertionError: Minor-Version must not be
    empty!
```

Tipps zum Einsatz von Assertions

Weil es möglich ist, Assertions zur Laufzeit an- und abzuschalten, kann man sie als ein »löchriges« Sicherheitsnetz auffassen. *Dies kann problematisch sein, wenn Assertions zur Absicherung der falschen Dinge eingesetzt werden, etwa zur Sicherstellung der Programmkonsistenz bei ungültigen Eingabewerten öffentlicher Methoden.* Aus diesen Vorbemerkungen ergeben sich folgende Hinweise zum Einsatz von Assertions.

Assertions und Eingabeparameter Da Assertions jederzeit ohne unsere Kontrolle ein- bzw. ausgeschaltet werden können, stellen sie kein geeignetes Mittel dar, Eingabeparameter öffentlicher Methoden zu prüfen. Dies gilt im Besonderen für Eingabeparameter aus einem GUI oder der Kommandozeile. Zur Prüfung von Werten innerhalb privater Methoden ist der Einsatz von Assertions vertretbar, da hier der eigene Objektzustand eigentlich immer gesichert sein sollte, indem bereits zuvor durch Parameterprüfungen in öffentlichen Methoden Fehleingaben verhindert wurden. Nichtsdestotrotz bevorzuge ich selbst für private Methoden, mit Exceptions statt Assertions auf Fehleingaben zu reagieren, sofern dort eine Prüfung angebracht ist.

Assertions für Tests Die JLS schlägt vor, Assertions für Situationen einzusetzen, die »niemals« auftreten können bzw. sollen, etwa in einem `switch` für den »unmöglichen« `default`-Fall, wenn alle gültigen Eingabewerte durch ein `case` abgedeckt sind. Auch hier bevorzuge ich das Auslösen einer Exception. Der Grund ist einfach: Für `switch` wird durch ein fehlendes `break` schnell ein Fall-Through und ein Fehler provoziert. Dies fällt bei deaktivierten Assertions nicht sofort als Programmfehler auf.

Assertions als semantischer Kommentar Mit Assertions lassen sich Bedingungen in den Sourcecode einbringen, die wie ein Kommentar zu lesen sind, aber zusätzlich die Validierung gewisser Zusicherungen erlauben. Dadurch können Annahmen klarer als lediglich mit einem reinen Kommentar formuliert werden.

Vorsicht vor Seiteneffekten Die Ausführung von Assertions sollte keine Änderung an Variablen oder Attributen vornehmen, da diese je nach Aktivierung abgearbeitet werden oder eben nicht. Es ist zudem empfehlenswert, dass die in Assertions aufgerufenen Methoden keine *Seiteneffekte*[24] verursachen. Nehmen wir zur Verdeutlichung an,

---

[24]Darunter versteht man unerwartete Modifikationen am eigenen Objektzustand (oder noch schlimmer am Objektzustand eines anderen Objekts).

die Variable `tokenCount` wäre nicht mehr lokal, sondern als Attribut definiert. Nachfolgend wird gezeigt, wie der Aufruf von `checkLength()` zu einem unerwarteten Seiteneffekt führt:

```
private static boolean checkLength(final String version)
{
    tokenCount = 7;    // Seiteneffekt: Attribut wird geändert
    return version.length() > 0;
}
```

4.8 Weiterführende Literatur

Es gibt viele Bücher zum Einstieg in Java. Viele beschreiben lediglich das API anhand einfacher Beispiele, ohne Fallstricke zu nennen. Für alle, die mehr wollen und Hintergründe kennenlernen möchten, empfehle ich folgende Bücher ausdrücklich:

- »**SCJP Sun Certified Programmer for Java 6 Study Guide**« von Kathy Sierra und Bert Bates [73]
  Ein sehr gelungenes Buch zum Thema SCJP-Zertifizierung zu Java 6. Auf der beiliegenden CD ist Wissenswertes zur Zertifizierung zum SCJP sowie zum SCJD (Sun Certified Java Developer) vorhanden.

- »**A Programmers's Guide to Java SCJP Certification**« von Khalid A. Mughal und Rolf W. Rasmussen [57]
  Dieses Buch bietet einen etwas formaleren und noch präziseren Einstieg in die SCJP-Zertifizierung als das Buch von Sierra und Bates.

- »**The Java Programming Language**« von Ken Arnold, James Gosling und David Holmes [2]
  Ein unglaublich gutes Buch über die Sprache Java, das es schafft, die Informationen detailreich und extrem präzise darzustellen. Es geht in vielen Punkten noch weiter auf die Feinheiten von Java ein als die zuvor genannten SCJP-Bücher.

Weiterführende Informationen zum Thema NIO finden Sie in folgenden Büchern:

- »**Java NIO**« von Ron Hitchens [32]
  Dieses Buch beschreibt die Klassen des NIO-Frameworks und geht zudem genauer auf reguläre Ausdrücke sowie Character Sets ein.

- »**TCP/IP Sockets in Java**« von Kenneth L. Calvert und Michael J. Donahoo [8]
  Dieses Buch stellt die Klassen des NIO-Frameworks im Zusammenhang mit TCP/IP-Sockets zur Netzwerkprogrammierung vor.

5 Lambdas, Methodenreferenzen und Defaultmethoden

Mit Lambda-Ausdrücken (kurz: *Lambdas*), wurde ein neues und von vielen Entwicklern heiß ersehntes Sprachkonstrukt mit Java 8 eingeführt, das bereits in ähnlicher Form in verschiedenen anderen Programmiersprachen wie C#, Groovy und Scala erfolgreich genutzt wird. Der Einsatz von Lambdas erfordert zum Teil eine andere Denkweise und führt zu einem neuen Programmierstil, der dem Paradigma der *funktionalen Programmierung* folgt. Mithilfe von Lambdas lassen sich Lösungen oftmals auf elegante Art und Weise formulieren, weshalb diverse Funktionalitäten im Collections-Framework und an anderen Stellen des JDKs auf Lambdas umgestellt wurden.

5.1 Einstieg in Lambdas

Das Sprachkonstrukt Lambda kommt aus der funktionalen Programmierung. Ein *Lambda* ist ein Behälter für Sourcecode ähnlich einer Methode, allerdings ohne Namen und ohne die explizite Angabe eines Rückgabetyps oder ausgelöster Exceptions.

5.1.1 Syntax von Lambdas

Vereinfacht ausgedrückt kann man einen Lambda am ehesten als anonyme Methode mit folgender Syntax und spezieller Kurzschreibweise auffassen:

```
(Parameter-Liste) -> { Ausdruck oder Anweisungen }
```

Ein paar recht einfache Beispiele für Lambdas sind die Addition von zwei Zahlen vom Typ int, die Multiplikation eines long-Werts mit dem Faktor 2 oder eine parameterlose Funktion zur Ausgabe eines Textes auf der Konsole. Diese Aktionen kann man als Lambdas wie folgt schreiben:

```
(int x, int y) -> { return x + y; }
(long x) -> { return x * 2; }
() -> { String msg = "Lambda"; System.out.println("Hello " + msg); }
```

Tatsächlich sehen diese Anweisungen recht unspektakulär aus, und insbesondere wird klar, dass ein Lambda lediglich ein Stück ausführbarer Sourcecode ist, der

- keinen Namen besitzt, sondern lediglich Funktionalität, und dabei
- keine explizite Angabe eines Rückgabetyps und
- keine Deklaration von Exceptions erfordert und erlaubt.

Lambdas im Java-Typsystem

Wir haben bisher gesehen, dass sich einfache Berechnungen mithilfe von Lambdas ausdrücken lassen. Wie können wir diese aber nutzen und aufrufen? Versuchen wir zunächst, einen Lambda einer `java.lang.Object`-Referenz zuzuweisen, so wie wir es mit jedem anderen Objekt in Java auch tun können:

```
// Compile-Error: incompatible types: Object is not a functional interface
Object greeter = () -> { System.out.println("Hello Lambda"); };
```

Die gezeigte Zuweisung ist nicht erlaubt und führt zu einem Kompilierfehler. Die Fehlermeldung gibt einen Hinweis auf inkompatible Typen und verweist darauf, dass `Object` kein Functional Interface ist. Aber was ist denn ein Functional Interface?

> **Besonderheit: Lambdas im Java-Typsystem**
>
> Bis JDK 8 konnte in Java jede Referenz auf den Basistyp `Object` abgebildet werden. Mit Lambdas existiert nun ein Sprachelement, das nicht direkt dem Basistyp `Object` zugewiesen werden kann, sondern nur an Functional Interfaces.

5.1.2 Functional Interfaces und SAM-Typen

Ein *Functional Interface* ist eine neue Art von Typ, die mit JDK 8 eingeführt wurde, und repräsentiert ein Interface mit genau einer abstrakten Methode. Ein solches wird auch *SAM-Typ* genannt, wobei SAM für Single Abstract Method steht. Diese Art von Interfaces gibt es nicht erst seit Java 8 im JDK, sondern schon seit Langem und vielfach – wobei es früher für sie aber keine Bezeichnung gab. Vertreter der SAM-Typen und Functional Interfaces sind etwa `Runnable`, `Callable<V>`, `Comparator<T>`, `FileFilter`, `FilenameFilter`, `ActionListener`, `EventHandler` usw.

```
@FunctionalInterface                    @FunctionalInterface
public interface Runnable               public interface Comparator<T>
{                                       {
    public abstract void run();             int compare(T o1, T o2);
}                                           boolean equals(Object obj);
                                        }
```

Im Listing sehen wir die mit JDK 8 eingeführte Annotation `@FunctionalInterface` aus dem Package `java.lang`. Damit wird ein Interface explizit als Functional Interface gekennzeichnet. Die Angabe der Annotation ist optional: Jedes Interface mit genau nur einer abstrakten Methode (SAM-Typ) stellt auch ohne explizite Kennzeichnung ein Functional Interface dar. Wenn die Annotation angegeben wird, kann der Compiler eine Fehlermeldung produzieren, falls es (versehentlich) mehrere abstrakte Methoden gibt.

> **Tipp: Besondere Methoden in Functional Interfaces**
>
> Wenn wir im obigen Listing genauer hinsehen, könnten wir uns fragen, wieso denn `java.util.Comparator<T>` ein Functional Interface ist, wo es doch zwei Methoden enthält und keine davon abstrakt ist, oder? Als Besonderheit gilt in Functional Interfaces folgende Ausnahme für die Definition von abstrakten Methoden: Alle im Typ `Object` definierten Methoden können zusätzlich zu der abstrakten Methode in einem Functional Interface angegeben werden.
>
> Verbleibt noch die Frage, warum wir in der Definition des Interface `Comparator<T>` keine abstrakte Methode sehen. Mit ein wenig Java-Basiswissen oder nach einem Blick in die Java Language Specification (JLS) erinnern wir uns daran, dass alle Methoden in Interfaces automatisch `public` und `abstract` sind, auch wenn dies nicht explizit über Schlüsselwörter angegeben ist.
>
> Basierend auf den Argumentationen ist die Methode `compare(T, T)` abstrakt und die Methode `equals(Object)` entstammt dem Basistyp `Object`. Sie darf damit zusätzlich im Interface zur abstrakten Methode aufgeführt werden.

Implementierung von Functional Interfaces

Herkömmlicherweise wird ein SAM-Typ bzw. Functional Interface durch eine anonyme innere Klasse implementiert. Seit JDK 8 kann man alternativ zu dessen Implementierung auch Lambdas nutzen. Voraussetzung dafür ist, dass mit dem Lambda die abstrakte Methode des Functional Interface erfüllt werden kann, d. h., dass die Anzahl der Parameter übereinstimmt sowie deren Typen und der Rückgabetyp kompatibel sind. Betrachten wir zur Verdeutlichung zunächst ein allgemeines, etwas abstraktes Modell zur Transformation von bisherigen Realisierungen eines SAM-Typs mithilfe einer anonymen inneren Klasse in einen Lambda-Ausdruck:

```
// SAM-Typ als anonyme innere Klasse
new SAMTypeAnonymousClass()
{
    public void samTypeMethod(METHOD-PARAMETERS)
    {
        METHOD-BODY
    }
}

// SAM-Typ als Lambda
(METHOD-PARAMETERS) -> { METHOD-BODY }
```

Bei kurzen Methodenimplementierungen, wie sie für SAM-Typen häufig vorkommen, ist das Verhältnis von Nutzcode zu Boilerplate-Code (oder auch Noise genannt) bislang recht schlecht. Wenn man für derartige Realisierungen Lambdas einsetzt, so kann man mit einer Zeile das ausdrücken, was sonst fünf oder mehr Zeilen benötigt. Nachfolgend wird dies für die Interfaces `Runnable` und `Comparator<T>` verdeutlicht.

Beispiel 1: `Runnable` Konkretisieren wir die allgemeine Transformation anhand eines `java.lang.Runnable`, das eine triviale Konsolenausgabe implementiert:

```
Runnable runnableAsAnonymousClass = new Runnable()
{
    @Override
    public void run()
    {
        System.out.println("runnable as anonymous class");
    }
}
```

In diesem `Runnable` wird keine wirklich sinnvolle Funktionalität realisiert. Vielmehr dient dies nur der Verdeutlichung der Kurzschreibweise mit einem Lambda wie folgt:

```
Runnable runnableAsLambda = () -> System.out.println("runnable as lambda");
```

Beispiel 2: `Comparator<T>` Die Vorteile von Lambdas lassen sich für den Typ `Comparator<T>` prägnanter zeigen. Wie später in Abschnitt 6.2.3 dargestellt, wird mit einem `Comparator<T>` ein Vergleich von zwei Instanzen vom Typ `T` realisiert, indem man die abstrakte Methode `int compare(T, T)` passend implementiert. Der Rückgabewert bestimmt die Reihenfolge der Werte. Wollte man zwei Strings nach deren Länge sortieren, so entsteht herkömmlicherweise einiges an Sourcecode:

```
Comparator<String> compareByLength = new Comparator<String>()
{
    @Override
    public int compare(final String str1, final String str2)
    {
        return Integer.compare(str1.length(), str2.length());
    }
};
```

Wenn man Lambdas nutzt, lässt sich der Komparator knackig wie folgt schreiben:

```
Comparator<String> compareByLength = (final String str1, final String str2) ->
{
    return Integer.compare(str1.length(), str2.length());
};
```

Type Inference und Kurzformen der Syntax

Die Syntax von Lambdas besitzt einige Besonderheiten, um den Sourcecode knapp formulieren zu können. Durch die sogenannte *Type Inference* ermittelt der Compiler die passenden Typen aus dem Einsatzkontext und es ist dadurch möglich, auf die Angabe

5.1 Einstieg in Lambdas

der Typen für die Parameter im Sourcecode zu verzichten. Den vorherigen Komparator schreibt man ohne Typangabe bei den Parametern des Lambdas wie folgt:

```
Comparator<String> compareByLength = (str1, str2) ->
{
    return Integer.compare(str1.length(), str2.length());
};
```

Eine weitere Verkürzung in der Schreibweise eines Lambdas kann man durch folgende Regeln erzielen: Falls das auszuführende Stück Sourcecode ein Ausdruck ist, können die geschweiften Klammern um die Anweisungen entfallen. Ebenfalls kann dann das Schlüsselwort `return` weggelassen werden und der Rückgabewert entspricht dem Ergebnis des Ausdrucks. Außerdem gilt: Existiert lediglich ein Eingabeparameter, so sind die runden Klammern um den Parameter optional. Damit ergibt sich für die Ausdrücke

```
(int x, int y) -> { return x + y; }
(long x) -> { return x * 2; }
```

folgende Kurzschreibweise:

```
(x, y) -> x + y
x -> x * 2
```

Neben dem offensichtlichen Vorteil einer recht kompakten Schreibweise ist etwas anderes viel entscheidender: Lambdas können flexibler als streng typisierte Methoden genutzt werden. Für die gezeigten Berechnungen ist ein Einsatz überall dort möglich, wo für die Parameter die Operatoren + bzw. * definiert sind, also für die Typen `int`, `float`, `double` usw. Anders formuliert: *Alles, was hergeleitet werden kann (und soll), darf in der Syntax weggelassen werden.* Als Beispiel betrachten wir folgende `ActionListener`-Implementierung, die schrittweise vereinfacht wird:

```
// Alter Stil
button.addActionListener(new ActionListener()
{
    @Override
    public void actionPerformed(final ActionEvent e)
    {
        System.out.println("button clicked (old way)");
    }
});
```

Diese herkömmliche Realisierung mithilfe einer anonymen inneren Klasse lässt sich als Lambda und mit Type Inference deutlich kürzer schreiben:

```
// Lambda-Variante mit Type Inference
button.addActionListener((event) -> { System.out.println("button clicked!"); });
```

Nutzt man zusätzlich die Regeln zur Schreibweisenabkürzung, so entsteht Folgendes:

```
// Lambda-Kurzschreibweise
button.addActionListener(event -> System.out.println("button clicked!"));
```

Lambdas als Parameter und als Rückgabewerte

Wir haben mittlerweile ein wenig Gespür für Lambdas entwickelt und wissen, dass man Lambdas anstelle einer anonymen inneren Klasse zur Realisierung eines SAM-Typs nutzen kann. Ebenso kann man Lambdas auch als Methodenparameter und als Rückgabe einer Methode verwenden, um Aufrufe lesbar zu gestalten.

Als Beispiel betrachten wir das Sortieren einer Liste von Namen gemäß deren Länge. Das können wir mit folgenden zwei Varianten eines Lambdas für das Interface `Comparator<T>` schreiben:

```java
public static void main(final String[] args)
{
    final List<String> names = Arrays.asList("Andy", "Michael", "Max", "Stefan");

    // Lambda als Methodenparameter
    Collections.sort(names, (str1, str2) -> Integer.compare(str1.length(),
                                                            str2.length()));

    // Alternative mit Lambda als Rückgabe einer Methode
    Collections.sort(names, compareByLength());
    System.out.println(names);
}

public static Comparator<String> compareByLength()
{
    return (str1, str2) -> Integer.compare(str1.length(), str2.length());
}
```

Listing 5.1 *Ausführbar als* '**LAMBDAASPARAMANDRETURNVALUEEXAMPLE**'

Das Programm `LambdaAsParamAndReturnValueExample` sortiert erwartungskonform die Namen und gibt dann Folgendes aus:

```
[Max, Andy, Stefan, Michael]
```

5.1.3 Exceptions in Lambdas

Wir haben bisher in Bezug auf Lambdas noch nicht thematisiert, was passiert, wenn dort eine Exception ausgelöst wird. Normalerweise »umrahmt« man potenziell fehlerträchtigen und Exception auslösenden Sourcecode mit einem `try-catch`-Block, wie Sie es bestimmt schon unzählige Male getan haben.

Für Lambdas stellt sich die Frage, wo man das Exception Handling vornehmen sollte. Wir betrachten im Anschluss ein paar mögliche Varianten.

Versuch 1: Im Lambda auftretende Exception außerhalb behandeln

Nachfolgend sehen Sie die Definition eines `Comparator<File>` in Form eines Lambdas innerhalb der Methode `createFileComparator()`. Weil hier Dateisystemzugriffe erfolgen, können potenziell `IOExceptions` ausgelöst werden. Probieren wir eine erste Variante zum Exception Handling aus und umrahmen die Definition des `Comparator<File>` folgendermaßen:

```
private static Comparator<File> createFileComparator()
{
    try
    {
        final Comparator<File> fileComparator = (file1, file2) ->
        {
            final Path path1 = file1.toPath();

            // Achtung: Sourcecode löst potenziell unbehandelte IOException aus
            // Compiler Error: Unhandled exception type IOException
            final BasicFileAttributes attrs = Files.readAttributes(path1,
                                                        BasicFileAttributes.class);

            // ...
        };
        return fileComparator;
    }
    // Compiler Error: Unreachable catch block ...
    catch (final IOException ioe)
    {
        handleIOException(ioe);
    }
}
```

Der gezeigte Sourcecode führt zu folgenden Fehlern: »Unhandled exception type IOException« sowie »Unreachable catch block for IOException. This exception is never thrown from the try statement body«.

Überlegen wir kurz: Ein Lambda stellt ein ausführbares Stück Sourcecode dar und entspricht in etwa einer anonymen Methode. Vielfach wird ein Lambda nicht an der Stelle ausgeführt, an der er im Sourcecode definiert ist, sondern erst später, weil er durch das Programm gereicht wird, wie man es von Methodenparametern kennt. Mit diesem Wissen wird klar, dass ein Einfassen der Definitionsstelle eines Lambdas in einen `try-catch`-Block wirkungslos ist. Spannen wir wieder den Bogen zu Methodendefinitionen. Für diese behandeln wir ja auch keine Exceptions, sondern deklarieren potenziell ausgelöste Exceptions in der Methodensignatur über `throws`. Logischerweise verwenden wir einen `try-catch`-Block erst bei einem Aufruf einer solchen Methode.

Nachfolgend ist die beschriebene Abhilfe angedeutet, indem der Aufruf der Lambda definierenden Methode in einen `try-catch`-Block eingeschlossen wird:

```
try
{
    final List<File> files = collectFiles();
    final Comparator<File> fileComparator = createFileComparator();
    files.sort(fileComparator);
}
catch (final IOException ioe)
{
    handleIOException(ioe);
}
```

Versuch 2: Im Lambda die auftretende Exception behandeln

Basierend auf der beschriebenen Herleitung wissen wir prinzipiell, wie man in Lambdas ausgelöste Exceptions korrekt behandelt: Man muss den entsprechenden Sourcecode-Abschnitt im Lambda mit einem `try-catch`-Block umschließen, etwa folgendermaßen:

```
final Comparator<File> fileComparator = (file1, file2) ->
{
    try
    {
        doSomePotentiallyDangerousIO();
    }
    catch (final IOException ioe)
    {
        handleIOException(ioe);
    }
};
```

Nun ist es aber eventuell nicht gewünscht oder nicht möglich, dass wir den Sourcecode des Lambdas, wie gezeigt, mit Exception Handling »verunstalten«. Wie kann man das Dilemma lösen?

Fragen wir uns dazu, was die eigentliche Problematik ist: In Java muss man lediglich solche Exceptions behandeln, die als Checked Exceptions gelten, also den Basistyp `Exception` besitzen. Sogenannte Unchecked Exceptions mit der Basis `RuntimeException` betrifft der Zwang zur Behandlung nicht.

Manchmal weiß man sicher, dass eine in der Signatur einer aufgerufenen Methode deklarierte Checked Exception zur Laufzeit niemals ausgelöst wird. Das gilt beispielsweise ohne Thread-Kommunikation für Aufrufe von `Thread.sleep()`, die trotzdem immer die Behandlung einer `InterruptedException` erfordern. Für solche Fälle lässt sich die Compiler-Prüfung, ob eine explizite Behandlung von Exceptions erforderlich ist, verhindern. Dazu müssen wir alle möglicherweise auftretenden Checked Exceptions in Unchecked Exceptions, also den Typ `RuntimeException`, umwandeln.

Verbesserte Variante mit Exception Wrapping

Kommen wir nach diesen Vorgedanken zu unserem Beispiel zurück. Es wäre wünschenswert, wenn wir uns im Applikationscode möglichst wenig mit den zuvor genannten Details auseinandersetzen müssten. Im Beispiel soll die Implementierung des Functional Interface `Comparator<T>` eine Checked Exception auslösen können. Dazu kann man folgenden Trick nutzen: Wir setzen das im Anschluss in Abschnitt 5.2.1 besprochene JDK-8-Sprachfeature der Defaultmethoden ein, um Interfaces um Implementierungen zu erweitern. Dadurch können wir eine spezielle Variante der Methode des Interface realisieren, in dieser Exceptions fangen und als `RuntimeExceptions` weiter propagieren. Weil die Implementierung des Lambdas potenziell eine Exception auslösen können muss, definieren wir ergänzend eine abstrakte Methode, die die erwartete Checked Exception in ihrer Signatur auflistet. Das klingt komplizierter, als es ist, wie es die folgende Erweiterung `ComparatorThatThrows<T>` für das Interface `Comparator<T>` zeigt:

```
@FunctionalInterface
public interface ComparatorThatThrows<T> extends Comparator<T>
{
    @Override
    default int compare(final T t1, final T t2)
    {
        try
        {
            return compareThrows(t1, t2);
        }
        catch (final IOException e)
        {
            throw new RuntimeException(e);
        }
    }

    public int compareThrows(final T t1, final T t2) throws IOException;
}
```

Mit dieser Implementierung werden `IOExceptions` in den Typ `RuntimeException` konvertiert, wodurch wir die aufrufende Stelle wie folgt abwandeln können:

```
final ComparatorThatThrows<File> fileSizeComparator = (file1, file2) ->
{
    final Path path1 = file1.toPath();
    final BasicFileAttributes attrs = Files.readAttributes(path1,
                                        BasicFileAttributes.class);
    // ..
};
```

Zwar wird man so vom expliziten Behandeln einer Exception befreit, jedoch besitzt dieser Ansatz einige Nachteile:

1. Man muss Derartiges für all diejenigen Functional Interfaces duplizieren, für die man diese Exception-Wrapping-Funktionalität benötigt.
2. Es findet mitunter keine adäquate Fehlerbehandlung statt, weil die ausgelösten `RuntimeExceptions` potenziell unbehandelt an andere Programmteile weitergereicht werden.
3. Es werden eventuell Fehler so behandelt, dass ein Aufrufer dies nicht bemerkt oder nicht mehr steuernd eingreifen kann.

Aufgrund dieser Nachteile sollte man meiner Meinung nach in Lambdas möglichst auf Exceptions verzichten oder diese geeignet behandeln, wie dies zuvor per Aufruf von `handleIOException()` schon gezeigt wurde. Richtig schön ist keine der Varianten.

> **Hinweis: Exceptions und Lambdas**
>
> Bitte beachten Sie, dass es generell keine gute Idee darstellt, zu komplexe Berechnungen in Lambdas auszuführen, weil dies die Kombinierbarkeit und Ausführung mit dem Filter-Map-Reduce-Framework und insbesondere mit Streams erschwert.

Besonderheiten beim Exception-Wrapping Manchmal kann man für mehr Klarheit sorgen und eine leichte Erkennung eventuell zu behandelnder Exceptions bei Aufrufern dadurch erzielen, dass man statt der `RuntimeException` eine spezifischere `WrappedException` wie im folgenden Listing gezeigt selbst definiert. Dann können Aufrufer auf diesen Typ prüfen und speziell behandeln, indem die Exception zunächst entpackt wird und danach eine Prüfung auf die Fehlersituation erfolgt.

```
public class WrappedException extends RuntimeException
{
    public WrappedException(final Exception cause)
    {
        super(cause);
    }
}
```

Im Listing sehen wir eine Besonderheit: Während die Basisklasse `RuntimeException` im Konstruktor den allgemeinsten Typ `Throwable` entgegennimmt, erlauben wir hier lediglich Checked Exceptions (Basistyp `Exception`) als Eingabe. Auf diese Weise werden wir dem gewählten Einsatzzweck gerecht.

Praktischer Nutzen von Exception-Wrapping Das Wrapping von Exceptions befreit zwar von dem Behandeln, birgt damit jedoch auch die Gefahr, dass eine Exception unbehandelt den Programmablauf stört.

Weiterführende Infomationen

Weitere Details sowie eine Utility-Klasse, die Exception-Wrapper für gebräuchliche Functional Interfaces bereitstellt, finden Sie unter: `http://stack-overflow.com/questions/14039995/java-8-mandatory-checked-exceptions-handling-in-lambda-expressions-why-mandato`. Ergänzend ist der Artikel von Dr. Heinz Kabutz nützlich: `http://www.javaspecialists.eu/archive/Issue221.html`.

5.2 Syntaxerweiterungen in Interfaces

Beim Entwurf von Lambdas und deren Integration in das JDK stellte sich heraus, dass für eine sinnvolle Nutzbarkeit auch die bestehenden Klassen und Interfaces erweitert werden mussten. Bis zur Einführung von JDK 8 war es allerdings nicht möglich, ein Interface nach seiner Veröffentlichung zu verändern, ohne dass dies Auswirkungen bei allen einsetzenden Klassen gehabt hätte. Vielmehr führte die Erweiterung eines Interface bis inklusive JDK 7 immer zu einem Kompatibilitätsproblem: Wenn eine Methode einem Interface neu hinzugefügt wurde, musste diese in allen Klassen realisiert werden, die das Interface implementieren. Ansonsten kompilierten einige Klassen so lange nicht mehr, bis die Implementierung der neuen Methode bereitgestellt wurde.

5.2.1 Defaultmethoden

Um dieses Dilemma und vor allem Inkompatibilitäten bei Interface-Erweiterungen zu vermeiden, ist es nun mit Java 8 möglich, im Sourcecode eines Interface eine sogenannte Defaultimplementierung vorzugeben. Dazu nutzt man das neue Sprachfeature der **Defaultmethoden**. Das sind *spezielle Implementierungen von Methoden, die in Interfaces definiert werden können*. Um sie von den normalen abstrakten Methoden in Interfaces zu unterscheiden, werden Defaultmethoden mit dem Schlüsselwort `default` eingeleitet. Die Defaultmethoden sind eine wichtige Neuerung, um Lambdas für bestehende Funktionalitäten des JDKs gewinnbringend nutzen zu können.

Die Defaultmethoden `sort()` und `forEach()`

Lassen Sie uns zwei Erweiterungen näher betrachten. Die erste ist der Aufruf von `sort()` direkt auf der Instanz einer `List<E>`. Als Zweites schauen wir auf eine Funktionalität, die eine Iteration über alle Elemente einer Collection und ein Bearbeiten jedes einzelnen Elements ermöglicht.

Beginnen wir mit der Erweiterung im Interface `List<E>`. Dort findet sich nun die Definition von `sort(Comparator<? super E>)` wie folgt (gekürzt):

```java
public interface List<E> extends Collection<E>
{
    default void sort(Comparator<? super E> c)
    {
        Collections.sort(this, c);
    }
}
```

Das Sortieren ist zwar praktisch, aber eine eher spezielle Funktionalität. Gebräuchlicher und allgemeiner sind Iterationen über die Elemente einer Collection. Dazu steht nun die Defaultmethode `forEach(Consumer<? super T>)` im Interface `java.lang.Iterable<T>` bereit, das die Basis von `java.util.Collection<E>` und `List<E>` bildet. Die Defaultmethode ist folgendermaßen implementiert (gekürzt):

```java
public interface Iterable<T>
{
    default void forEach(Consumer<? super T> action)
    {
        for (T t : this)
        {
            action.accept(t);
        }
    }
}
```

Werfen wir einen kurzen Blick auf das in der Signatur genutzte Functional Interface `java.util.function.Consumer<T>`. Dort ist die abstrakte Methode `accept(T)` deklariert, deren Implementierung die für ein Element auszuführende Funktionalität festlegt. Darüber hinaus ermöglicht die Defaultmethode `andThen(Consumer<? super T>)` die Hintereinanderausführung mehrerer `Consumer<T>`-Instanzen:

```
@FunctionalInterface
public interface Consumer<T>
{
    void accept(T t);

    default Consumer<T> andThen(Consumer<? super T> after)
    {
        return (T t) -> { accept(t); after.accept(t); };
    }
}
```

Hintergrundwissen: Functional Interfaces

Neben dem im Listing gezeigten Functional Interface `Consumer<T>` wurde eine Vielzahl solcher Interfaces in JDK 8 integriert. Im Package `java.util.function` finden sich um die 40 Functional Interfaces, oftmals mit sprechendem Namen, unter anderem Folgende:

- `Consumer<T>` – Beschreibt eine Aktion auf einem Element vom Typ `T`. Dazu ist eine Methode `void accept(T)` definiert.

- `Predicate<T>` – Definiert eine Methode `boolean test(T)`. Diese berechnet für eine Eingabe vom Typ `T` einen booleschen Rückgabewert (z. B. `olderThan()`). Damit lassen sich sehr gut Filterbedingungen ausdrücken.

- `Function<T,R>` – Definiert eine Abbildungsfunktion in Form der Methode `R apply(T)`. Damit lassen sich Transformationen beschreiben, als Beispiel etwa die Extraktion eines Attributs aus einem komplexeren Typ.

Zudem gibt es Varianten, die auf die Verarbeitung primitiver Typen spezialisiert sind, im Speziellen für die Typen `int`, `long` und `double`. Die anderen primitiven Zahlentypen können mithilfe von Widening (vgl. Abschnitt 4.2.1), einer Typerweiterung etwa von `byte` auf `int`, auf die drei unterstützten Typen abgebildet werden.

Defaultmethoden und Lambdas im Einsatz

Als Motivation zur Verwendung von Lambdas habe ich an einem Beispiel gezeigt, wie man eine Liste von Namen ihrer Länge nach sortiert und ausgibt. Durch die Kombination von Defaultmethoden und Lambdas kann man das Ganze noch etwas kürzer und knackiger mit drei Zeilen realisieren – wobei hier sogar noch eine Transformation der Namen auf deren Längen stattfindet. Allerdings findet man hier den Schönheitsfehler eines Kommas nach dem letzten Element:

```
public static void main(final String[] args)
{
    final List<String> names = Arrays.asList("Andy", "Michael", "Max", "Stefan");

    names.sort( (str1, str2) -> Integer.compare(str1.length(), str2.length()) );
    names.forEach( it -> System.out.print(it.length() + ", "));
}
```

Listing 5.2   Ausführbar als 'DEFAULTMETHODANDLAMBDAEXAMPLE'

5.2 Syntaxerweiterungen in Interfaces

Das Programm DEFAULTMETHODANDLAMBDAEXAMPLE gibt Folgendes aus:

```
3, 4, 6, 7,
```

Vielleicht fragen Sie sich, wofür `it` steht. Erinnern wir uns an die Transformation von anonymer innerer Klasse in einen Lambda. Demzufolge entspricht der im Lambda genutzte Parameter `it` dem Parameter der abstrakten Methode `accept(T)` im Functional Interface `Consumer<T>`. `it` ist eine gebräuchliche Abkürzung für Parameter beliebigen Typs bei Iterationen. In diesem Fall ist `name` eine besser lesbare Alternative.

Vorgabe von Standardverhalten

Neben der Erweiterung eines Interface besteht ein weiterer Anwendungsfall von Defaultmethoden darin, für bereits existierende Methoden ein für viele Einsatzzwecke passendes Standardverhalten vorgeben zu können.

Vor JDK 8 musste jeder Implementierer eines Interface für alle dort definierten Methoden eine eigene Realisierung bereitstellen. Das war störend, wenn für einzelne Methoden keine sinnvolle Implementierung vorgegeben werden konnte. Beispielsweise ist dies für eigene Implementierungen des Interface `Iterator<E>` und dessen Methode `remove()` häufig der Fall. Fast immer wurde diese so realisiert, dass dort eine `UnsupportedOperationException` ausgelöst wurde. Nun ist dieses Standardverhalten im JDK durch die Implementierung der Defaultmethode `remove()` umgesetzt. Dadurch kann man sich ganz auf die Implementierung der Iteration konzentrieren, wenn man eine Spezialisierung von `Iterator<E>` erstellt, bei der keine eigene Aktion in `remove()` benötigt wird. Dann ist die folgende Implementierung des JDKs passend:

```java
public interface Iterator<E>
{
    boolean hasNext();
    E next();

    default void remove()
    {
        throw new UnsupportedOperationException("remove");
    }
    // ...
}
```

5.2.2 Statische Methoden in Interfaces

Interfaces können mit Java 8 nicht nur Defaultmethoden, sondern auch statische Methoden enthalten. Damit wird es möglich, Hilfsmethoden direkt in Interfaces bereitzustellen. Bis JDK 7 musste man dafür separate Utility-Klassen anbieten. Diese Konstellation kennt man zum einen aus dem JDK und zum anderen wohl auch aus eigenen Projekten. Beispiele aus dem JDK sind etwa die Utility-Klasse `Paths` zum Interface `Path` aus dem Package `java.nio.file` oder die Kombination von der Utility-Klasse `Executors` und dem Interface `Executor` aus dem Package `java.util.concurrent`.

Im JDK 8 finden sich viele Beispiele, in denen man die Hilfsmethoden statt in einer eigenen Utility-Klasse direkt im Interface selbst implementiert hat. Dies gilt etwa für das Interface `Comparator<T>`. Nachfolgendes Listing zeigt nur auszugsweise einige statische Erzeugungsmethoden für spezielle Komparatoren, hier für eine inverse Sortierung (`reverseOrder()`), die natürliche Ordnung (`naturalOrder()`) sowie Sortierungen, die `null`-Werte vorne bzw. hinten einsortieren (`nullsFirst()` bzw. `nullsLast()`):

```
@FunctionalInterface
public interface Comparator<T>
{
    // ...

    public static <T extends Comparable<? super T>> Comparator<T> reverseOrder()
    {
        return Collections.reverseOrder();
    }

    public static <T extends Comparable<? super T>> Comparator<T> naturalOrder()
    {
        return (Comparator<T>) Comparators.NaturalOrderComparator.INSTANCE;
    }

    public static <T> Comparator<T> nullsFirst(Comparator<? super T> comparator)
    {
        return new Comparators.NullComparator<>(true, comparator);
    }

    public static <T> Comparator<T> nullsLast(Comparator<? super T> comparator)
    {
        return new Comparators.NullComparator<>(false, comparator);
    }

    // ...
}
```

Zwar lassen sich mithilfe statischer Methoden in Interfaces auf einfache Art gewisse Funktionalitäten bereitstellen, allerdings *sollte man sich bewusst sein, dass man damit das Konzept des Interface zur Definition einer Schnittstelle immer mehr verwässert*. Aber nicht nur das! In diesem Beispiel erkennen wir, dass die eigentliche Schnittstellenbeschreibung nun Abhängigkeiten von diversen speziellen Klassen und Implementierungsdetails besitzt. Für diese Realisierung im JDK ist das wohl nicht so kritisch. *Für eigene Interfaces sollte man sich jedoch sehr genau überlegen, ob man dort statische Methoden anbieten möchte und welche möglichen Auswirkungen und Abhängigkeiten sich dadurch ergeben*. Deklariert man dagegen lediglich Methoden in Interfaces, nimmt also eine reine Schnittstellenbeschreibung vor, so lassen sich diese Interfaces meistens viel leichter auch in andere Projekte integrieren, ohne eine (unerwartete) Menge von weiteren Abhängigkeiten anzuziehen.

5.3 Methodenreferenzen

Wir haben bisher gesehen, wie sich Lambdas gewinnbringend einsetzen lassen. Darüber hinaus kann der Einsatz der mit JDK 8 eingeführten Methodenreferenzen dazu beitragen, die Lesbarkeit des Sourcecodes zu erhöhen. Das Sprachfeature der Methodenreferenzen besitzt die Syntax `Klasse::Methodenname` und verweist auf ...

- eine Methode – `System.out::println`, `Person::getName`, ...
- einen Konstruktor – `ArrayList::new`, `Person[]::new`, ...

Das wirkt recht unspektakulär. Eine Methodenreferenz kann aber zur Vereinfachung der Schreibweise anstelle eines Lambdas genutzt werden:

```
public static void main(final String[] args)
{
    final List<String> names = Arrays.asList("Max", "Andy", "Michael", "Stefan");

    names.forEach(it -> System.out.println(it)); // Lambda
    names.forEach(System.out::println); // Methodenreferenz
}
```

Listing 5.3 Ausführbar als 'FIRSTMETHODREFERENCEEXAMPLE'

Wie man sieht, verbessert sich die Lesbarkeit. Allerdings könnte man sich noch folgende Fragen zu der Ersetzung stellen: Methoden erhalten oftmals Parameter – wie auch im Listing. Wie werden diese für Methodenreferenzen übergeben? Wie ist die Reihenfolge bei mehreren? Die Antwort darauf ist, dass diese Informationen vom Compiler ermittelt und automatisch beim jeweiligen Methodenaufruf übergeben werden.

Ergänzend zu dieser Ausführung möchte ich an ein paar Beispielen zeigen, wie sich Methodenreferenzen auf Lambdas bzw. andersherum abbilden lassen. Dabei gibt es vier verschiedene Varianten, die in Tabelle 5-1 dargestellt sind.

Tabelle 5-1 Methodenreferenzen

Referenz auf ...	Als Methodenreferenz	Als Lambda
Statische Methode	`String::valueOf`	`obj -> String.valueOf(obj)`
Instanzmethode eines Typs	`Object::toString`	`obj -> obj.toString()`
	`String::compareTo`	`(str1, str2) -> str1.compareTo(str2)`
Instanzmethode eines Objekts	`person::getName`	`() -> person.getName()`
Konstruktor	`ArrayList::new`	`() -> new ArrayList<>()`

5.4 Externe vs. interne Iteration

Mittlerweile haben wir Lambdas und Defaultmethoden ein paarmal in Aktion erlebt. Vor allem beim **Durchlaufen einer Collection**, auch *Iteration* genannt, unterscheidet man seit Java 8 die externe und die interne Iteration. Dabei bedeutet *externe Iteration*, dass die Collection das Durchlaufen unterstützt, etwa durch indizierte Zugriffe oder aber mit einem in Abschnitt 6.1.4 beschriebenen `java.util.Iterator<E>`. Hierbei wird der Vorgang der Iteration vom Aufrufer kontrolliert. Bei der *internen Iteration* wird der Vorgang des Durchlaufens dagegen durch die Collection-Klasse gekapselt und dort intern realisiert. Implementierungsdetails bleiben so verborgen, allerdings sind auch die Möglichkeiten zur Einflussnahme begrenzt. Schauen wir nachfolgend kurz auf einige Beispiele für die externe und interne Iteration.

Externe Iteration

Nehmen wir an, wir wollten alle Elemente einer Collection auf der Konsole ausgeben. Herkömmlicherweise könnte man dies wie folgt implementieren:

```
final List<String> names = Arrays.asList("Andi", "Mike", "Ralph", "Stefan" );

// Klassische Variante mit Iterator ...
final Iterator<String> it = names.iterator();
while (it.hasNext())
{
    System.out.println(it.next());
}

// ... oder alternativ mit indiziertem Zugriff
for (int i = 0; i < names.size(); i++)
{
    System.out.println(names.get(i));
}

// JDK-5-Schreibweise mit "for-each"
for (final String name : names)
{
    System.out.println(name);
}
```

An diesem Beispiel erkennt man sehr schön die iterative und sequenzielle Abarbeitung sowohl für die Variante mit Iterator als auch für den danach gezeigten indizierten Zugriff. Die Variante mit der seit JDK 5 verfügbaren sogenannten for-each-Schleife[1] zeigt den sequenziellen Charakter weniger klar.[2] In allen drei Fällen spricht man von *externer Iteration*, weil die **Traversierung im Applikationscode programmiert** wird.

---

[1] Leider wurde kein neues Schlüsselwort `foreach` eingeführt, sondern das Schlüsselwort `for` etwas missbraucht.

[2] Sie erleichtert lediglich die Schreibweise, stellt sogenannten syntaktischen Zucker dar und wird beim Kompilieren in eine externe Iteration mit Iterator umgewandelt.

Interne Iteration

Mit JDK 8 wurden die Klassen des Collections-Frameworks derart erweitert, dass sie verschiedene Verarbeitungsmethoden anbieten, die man bisher über `for`- oder `while`-Schleifen – wie oben im Listing – selbst programmieren musste. Neu ist, dass man die in der internen Iteration auszuführende Funktionalität übergibt. Dazu sind verschiedene Callback-Interfaces definiert. Seit JDK 8 bieten sich zu deren Implementierung sowohl Lambdas als auch Methodenreferenzen an:

```
// Interne Iteration in zwei Varianten
names.forEach(name -> System.out.println(name));
names.forEach(System.out::println);
```

Die im Listing gezeigte Form wird *interne Iteration* genannt, weil die Iteration nicht vom Entwickler selbst programmiert werden muss, sondern diese *im Framework realisiert* wird. Man übergibt nur die auszuführende Aktion.

5.5 Wichtige Functional Interfaces für Collections

Neben der bereits eingesetzten Iteration mit `forEach()` existieren diverse weitere Beispiele für diese Art der internen Iteration im JDK. Einige wichtige finden wir im Collections-Framework, das wir im folgenden Kapitel betrachten, nachdem wir hier zunächst einige dafür grundlegenden funktionalen Interfaces kennenlernen.

5.5.1 Das Interface `Predicate<T>`

Das funktionale Interface `java.util.function.Predicate<T>` erlaubt es, sogenannte *Prädikate* zu formulieren. Das sind boolesche Bedingungen, die durch Aufruf der im Interface definierten Methode `boolean test(T)` ausgewertet werden. Darüber hinaus sind ein paar andere Methoden im Interface `Predicate<T>` wie folgt definiert (gekürzt):

```
@FunctionalInterface
public interface Predicate<T>
{
    boolean test(T t);

    default Predicate<T> and(Predicate<? super T> other) { ... }
    default Predicate<T> negate() { ... }
    default Predicate<T> or(Predicate<? super T> other) { ... }
}
```

Auf die gezeigten Defaultmethoden gehe ich ein, nachdem ich einige Beispiele für Implementierungen des Interface selbst und der `test(T)`-Methode gegeben habe.

Im nachfolgenden Listing sind mithilfe von Lambdas und Methodenreferenzen einfache Prüfungen auf den Wert `null`, einen Leerstring oder ein Mindestalter von 18 Jahren kurz und knackig formuliert:

```java
public static void main(final String[] args)
{
    // Prädikate formulieren
    final Predicate<String> isNull = str -> str == null;
    final Predicate<String> isEmpty = String::isEmpty;
    final Predicate<Person> isAdult = person -> person.getAge() >= 18;

    System.out.println("isNull(''):      " + isNull.test(""));
    System.out.println("isEmpty(''):     " + isEmpty.test(""));
    System.out.println("isEmpty('Pia'):  " + isEmpty.test("Pia"));
    System.out.println("isAdult(Pia):    " + isAdult.test(new Person("Pia", 55)));
}
```

Listing 5.4 *Ausführbar als 'FIRSTPREDICATESEXAMPLE'*

Das Programm FIRSTPREDICATESEXAMPLE gibt erwartungsgemäß Folgendes aus:

```
isNull(''):      false
isEmpty(''):     true
isEmpty('Pia'): false
isAdult(Pia):    true
```

Komplexere Bedingungen mit Prädikaten formulieren

Zwar kann man mit einfachen Prädikaten schon einige Anwendungsfälle abdecken. Zur Realisierung komplexerer Abfragen wird man jedoch verschiedene Bedingungen miteinander kombinieren wollen. Um boolesche Verknüpfungen auszuführen, bietet sich oftmals der Einsatz der folgenden drei Defaultmethoden an:

- `negate()` – Negiert die Bedingung.
- `and(Predicate<? super T>)` – Verknüpft die aktuelle Bedingung mit einer anderen Bedingung mit logischem UND.
- `or(Predicate<? super T>)` – Verknüpft die aktuelle Bedingung mit einer anderen Bedingung mit logischem ODER.

Mit diesem Wissen bauen wir unser Beispiel ein wenig aus und richten den Fokus dabei auf die Kombination von Prädikaten.

```java
public static void main(final String[] args)
{
    final List<Person> persons = new ArrayList<>();
    persons.add(new Person("Michael", 44));
    persons.add(new Person("Barbara", 22, Gender.FEMALE));
    persons.add(new Person("Lili", 17, Gender.FEMALE));
    persons.add(new Person("Tom", 8));

    // Einfache Prädikate formulieren
    final Predicate<Person> isAdult = person -> person.getAge() >= 18;
    final Predicate<Person> isMale = person -> person.getGender() == Gender.MALE;

    // Negation einzelner Prädikate
    final Predicate<Person> isYoung = isAdult.negate();
    final Predicate<Person> isFemale = isMale.negate();
```

```
    // Kombination von Prädikaten mit AND
    final Predicate<Person> boys = isMale.and(isYoung);
    final Predicate<Person> women = isFemale.and(isAdult);

    // Kombination von Prädikaten mit OR
    final Predicate<Person> boysOrWomen = boys.or(women);

    persons.removeIf(boysOrWomen);
    System.out.println(persons);
}
```

Listing 5.5 *Ausführbar als* **'COMPLEXPREDICATESEXAMPLE'**

Im Listing sehen wir den Aufruf der erst in Abschnitt 6.1.3 vorgestellten, aber intuitiv verständlichen Methode removeIf(Predicate<E>), die Elemente aus einer Collection entfernt, die der übergebenen Bedingung entsprechen. Führt man das Programm COMPLEXPREDICATESEXAMPLE aus, so werden alle männlichen Personen unter 18 (Tom) sowie alle erwachsenen Frauen (Barbara) aus der Ergebnisliste entfernt:

```
[Person [name=Michael, age=44, gender=MALE],
 Person [name=Lili, age=17, gender=FEMALE]]
```

5.5.2 Das Interface `UnaryOperator<T>`

Im funktionalen Interface java.util.function.UnaryOperator<T> selbst ist lediglich die statische Methode identity() definiert. Entscheidender ist, dass es über sein Basisinterface Function<T, R> die Methode apply(T) anbietet. Diese bildet ein Element vom Typ T auf ein Element vom Typ R ab. Für den UnaryOperator<T> sind die Typen T und R gleich (Interfaces sind nachfolgend auf das Wesentliche gekürzt):

```
@FunctionalInterface
public interface UnaryOperator<T> extends Function<T, T>
{
    // $\mbox{\bfseries Statische Methoden seit JDK 8 in Interfaces erlaubt }$
    static <T> UnaryOperator<T> identity()
    {
        return t -> t;
    }
}

@FunctionalInterface
public interface Function<T, R>
{
    R apply(T t);
    // ...
}
```

Das Ganze ist noch etwas abstrakt, daher schauen wir uns verschiedene Realisierungen von UnaryOperator<String> an: Man könnte etwa alle mit »M« startenden Namen speziell markieren und mit Großbuchstaben schreiben (markTextWithM). Für die Praxis eher relevante Beispiele bestehen in dem gezeigten Trimmen (trimmer) und der

Abbildung von `null`-Werten auf gewünschte Defaultwerte (`mapNullToEmpty`). Die korrespondierenden `UnaryOperator<String>`s realisieren wir wie folgt:

```java
public static void main(final String[] args)
{
    // Mark
    final UnaryOperator<String> markTextWithM = str -> str.startsWith("M") ?
                                    ">>" + str.toUpperCase() + "<<" : str;
    printResult("Mark 1", "unchanged", markTextWithM);
    printResult("Mark 2", "Michael", markTextWithM);

    // Trim
    final UnaryOperator<String> trimmer = String::trim;
    printResult("Trim 1", "no_trim", trimmer);
    printResult("Trim 2", "  trim me  ", trimmer);

    // Map
    final UnaryOperator<String> mapNullToEmpty = str -> str == null ? "" : str;
    printResult("Map same", "same", mapNullToEmpty);
    printResult("Map null", null, mapNullToEmpty);
}

private static void printResult(final String text, final String value,
                                final UnaryOperator<String> op)
{
    System.out.println(text + ": '" + value + "' -> '" + op.apply(value) + "'");
}
```

*Listing 5.6 Ausführbar als '*UNARYOPERATOREXAMPLE*'*

Das Programm UNARYOPERATOREXAMPLE produziert folgende Ausgaben:

```
Mark 1: 'unchanged' -> 'unchanged'
Mark 2: 'Michael' -> '>>MICHAEL<<'
Trim 1: 'no_trim' -> 'no_trim'
Trim 2: '  trim me  ' -> 'trim me'
Map same: 'same' -> 'same'
Map null: 'null' -> ''
```

5.5.3 Fazit

Mit den in diesem Kapitel vorgestellten Grundlagen zu Lambdas, Defaultmethoden sowie Methodenreferenzen können Sie die vielfältigen Erweiterungen im Collections-Framework sowie in dem Stream-API gewinnbringend in eigenen Programmen einsetzen. Beide Themengebiete werden in den nachfolgenden Kapiteln ausführlich behandelt.

II Bausteine stabiler Java-Applikationen

6 Das Collections-Framework

In diesem Kapitel beschreibe ich das Collections-Framework, das wichtige Datenstrukturen wie Listen, Mengen und Schlüssel-Wert-Abbildungen zur Verfügung stellt. Die Lektüre dieses Kapitels soll Ihnen helfen, ein gutes Verständnis für die Arbeitsweise der genannten Datenstrukturen und mögliche Besonderheiten oder Nebenwirkungen ihres Einsatzes zu entwickeln.

Abschnitt 6.1 beschreibt in der Praxis relevante Datenstrukturen und zeigt kurze Nutzungsbeispiele. Auf gebräuchliche Anwendungsfälle wie Suchen und Sortieren gehe ich in Abschnitt 6.2 ein. Diverse weitere nützliche Funktionalitäten werden durch die zwei Utility-Klassen `Collections` und `Arrays` bereitgestellt und in Abschnitt 6.3 beschrieben. Abschnitt 6.4 beschäftigt sich mit dem Zusammenspiel von Generics und Collections und zeigt, welche Dinge vor allem in Kombination mit Vererbung beachtet werden sollten. Darüber hinaus widmet sich Abschnitt 6.5 der Klasse `Optional<T>` zur Modellierung optionaler Werte. Abschließend werden in Abschnitt 6.6 einige Besonderheiten und Fallstricke in den Realisierungen des Collections-Frameworks dargestellt, deren Kenntnis dabei hilft, Fehler zu vermeiden.

Das Thema Datenstrukturen und Multithreading wird in diesem Kapitel nicht vertieft. Das gilt ebenso für Hinweise zur Optimierung durch die Wahl geeigneter Datenstrukturen für gewisse Einsatzkontexte. Auf Ersteres geht Abschnitt 9.6.1 ein. Letzteres wird in Kapitel 22 behandelt.

6.1 Datenstrukturen und Containerklasse

Im Collections-Framework werden Listen, Mengen und Schlüssel-Wert-Abbildungen durch sogenannte *Containerklassen* realisiert. Diese heißen so, weil sie Objekte anderer Klassen speichern und verwalten. Als Basis für die Containerklassen dienen die Interfaces `List<E>`, `Set<E>` bzw. `Map<K, V>` aus dem Package `java.util`.

Bevor wir uns konkret mit Datenstrukturen beschäftigen, möchte ich explizit auf eine Besonderheit hinweisen. Nur Arrays können Elemente eines beliebigen Typs speichern – insbesondere können nur sie direkt primitive Typen wie `byte`, `int` oder `double` enthalten. Alle im Folgenden vorgestellten Containerklassen speichern Objektreferenzen. Die Verwaltung primitiver Typen ist dort nur möglich, wenn diese in ein Wrapper-Objekt (wie `Byte`, `Integer` oder `Double`) umgewandelt werden. Durch das Auto-Boxing (vgl. Abschnitt 4.2.1) geschieht dies oft automatisch.

6.1.1 Wahl einer geeigneten Datenstruktur

Um Daten in eigenen Applikationen sinnvoll zu speichern und performant darauf zugreifen zu können, ist der Einsatz geeigneter Datenstrukturen wichtig. Das Collections-Framework stellt bereits eine qualitativ und funktional hochwertige Sammlung von Containerklassen bereit. Diese lassen sich grob in zwei disjunkte Ableitungshierarchien mit den Interfaces Collection<E> und Map<K,V> als Basis unterteilen. Muss für eine gegebene Aufgabenstellung eine geeignete Datenstruktur gefunden werden, so ist zunächst basierend auf den Anforderungen und dem zu lösenden Problem die Entscheidung zwischen Listen und Mengen mit dem Basisinterface Collection<E> sowie Schlüssel-Wert-Abbildungen mit dem Basisinterface Map<K,V> zu treffen. Anschließend gilt es, eine geeignete konkrete Realisierung zu finden. Dazu gebe ich nachfolgend einige Hinweise, wo man in der Ableitungshierarchie des Collections-Frameworks »abbiegen« sollte, wenn man auf der Suche nach einer passenden Datenstruktur ist.

Wahl einer Datenstruktur basierend auf dem Interface Collection

Für Sammlungen von Elementen mit dem Basistyp E kann man eine Implementierung des Interface Collection<E> wählen und muss sich dabei zwischen Listen und Mengen entscheiden. Für Daten, die eine Reihenfolge der Speicherung erfordern und auch (mehrfach) gleiche Einträge enthalten dürfen, setzen wir Realisierungen des Interface List<E> ein. Möchte man dagegen doppelte Einträge automatisch verhindern, so stellt eine Realisierung des Interface Set<E> die geeignete Wahl dar. Abbildung 6-1 zeigt die Typhierarchie von Listen und Mengen, wobei aus Gründen der Übersichtlichkeit die generische Definition nicht dargestellt wird.

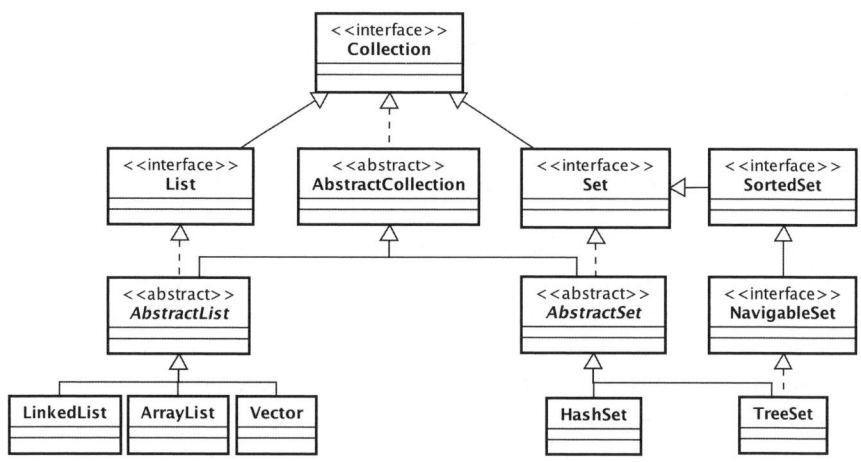

Abbildung 6-1 Collection-*Hierarchie*

Wahl einer Datenstruktur basierend auf dem Interface `Map`

In der Praxis findet man diverse Anwendungsfälle, in denen man Abbildungen von Objekten auf andere Objekte realisieren muss. Man spricht hier von einem Mapping von Schlüsseln auf Werte. Dazu nutzt man sinnvollerweise das Interface `Map<K,V>`, wobei `K` dem Typ der Schlüssel und `V` demjenigen der Werte entspricht. Verschiedene Ausprägungen von Maps mit ihrer Typhierarchie, bestehend sowohl aus Klassen als auch aus weiteren, von `Map<K,V>` abgeleiteten Interfaces, zeigt Abbildung 6-2 (auch hier wieder ohne generische Typinformation).

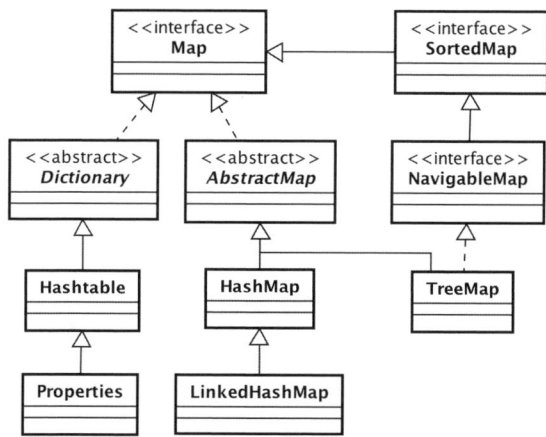

Abbildung 6-2 `Map`-*Hierarchie*

Erweiterungen in JDK 5 und 6

Mit JDK 5 und 6 wurde das Collections-Framework erweitert. Unter anderem wurden folgende Interfaces neu eingefügt:

- `Queue<E>` – Durch das Interface `Queue<E>` wird eine sogenannte Warteschlange modelliert. Diese Datenstruktur ermöglicht das Einfügen von Datensätzen am Ende und die Entnahme vom Anfang – nach dem FIFO-Prinzip (First-In-First-Out).
- `Deque<E>` – Dieses Interface definiert die Funktionalität einer doppelseitigen Queue, die Einfüge- und Löschoperationen an beiden Enden erlaubt und zudem das `Queue<E>`-Interface erfüllt.
- `NavigableSet<E>` – Dieses Interface erweitert das Interface `SortedSet<E>` um die Möglichkeit, Elemente bezüglich einer Reihenfolge zu finden. Das bedeutet, dass nach Elementen gesucht werden kann, die – gemäß einem Sortierkriterium – kleiner, kleiner gleich, gleich, größer gleich oder größer als übergebene Kandidaten sind. Im Speziellen können damit für bestimmte Suchbegriffe passende Elemente gefunden werden, etwa bei Eingaben in einer Combobox zur Vervollständigung.

- `NavigableMap<K,V>` – Dieses Interface erweitert die `SortedMap<K,V>`. Es gelten die für das `NavigableSet<E>` gemachten Aussagen, wobei sich die Sortierung innerhalb der Map auf die Schlüssel und nicht auf die Werte bezieht.

Mit JDK 6 wurden spezielle Implementierungen der Interfaces `SortedSet<E>` und `SortedMap<K,V>` eingeführt, die eine Sortierung mit einem hohen Grad an Parallelität kombinieren. Dies sind die Klassen `ConcurrentSkipListSet<K,V>` und `ConcurrentSkipListMap<K,V>` aus dem Package `java.util.concurrent`.

6.1.2 Arrays

Arrays sind Datenstrukturen, die in einem zusammenhängenden Speicherbereich entweder Werte eines primitiven Datentyps oder Objektreferenzen verwalten können. Das ist nachfolgend für 100 Zahlen vom Typ `int` und zwei Namen vom Typ `String` gezeigt – im letzteren Fall wird die Kurzschreibweise und syntaktische Besonderheit der direkten Initialisierung verwendet, bei der die Größe des Arrays automatisch vom Compiler durch die Anzahl der angegebenen Elemente bestimmt wird:

```
final int[] numbers = new int[100];                       // Definition ohne Daten
final String[] names1 = new String[] { "Tim", "Mike" };   // Normalschreibweise
final String[] names2 = { "Tim", "Mike" };                // Kurzschreibweise
```

Ein Array stellt lediglich einen einfachen Datenbehälter bereit, dessen Größe durch die Initialisierung vorgegeben ist und der keinerlei Containerfunktionalität bietet, d. h., es werden weder Zugriffsmethoden angeboten noch findet eine Datenkapselung statt. Diese Funktionalität muss bei Bedarf in einer nutzenden Applikation selbst programmiert werden. Folgendes Beispiel des Einlesens von Personendaten aus einer Datenbank verdeutlicht das Beschriebene, wobei initial Platz für 1.000 Elemente bereitgestellt wird.

```
// Initiale Größenvorgabe
Person[] persons = new Person[1000];

int index = 0;
while (morePersonsAvailableInDb())
{
    if (index == persons.length)
    {
        // Größenanpassung, siehe nachfolgenden Praxistipp
        // »Anpassungen der Größe in einer Methode kapseln«
        persons = Arrays.copyOf(persons, persons.length * 2);
    }
    person[index] = readPersonFromDb();
    index++;
}
```

Eigenschaften von Arrays

Betrachten wir mögliche Auswirkungen beim Einsatz von Arrays: Vorteilhaft ist, dass indizierte Zugriffe typsicher und maximal schnell möglich sind. Auch entsteht kein

Overhead wie bei Listen, die gewisse Statusinformationen verwalten, Prüfungen vornehmen und Zugriffsmethoden auf Elemente bieten. Arrays eignen sich damit ganz speziell dann, wenn kaum oder sogar keine Containerfunktionalität, sondern hauptsächlich ein indizierter Zugriff benötigt wird. Auch ist es nur in Arrays möglich, Werte primitiver Typen direkt zu verwalten. Auf der anderen Seite besitzen Arrays gegenüber Listen folgende Einschränkungen:

- Bei der Konstruktion eines Arrays wird eine fixe Größe festgelegt, die das Fassungsvermögen (auch *Kapazität* genannt) bestimmt – für eine Größenänderung muss ein neues Array erzeugt werden. Eine sinnvolle Angabe der Kapazität ist jedoch nur dann möglich, wenn die Anzahl zu speichernder Datensätze bei der Konstruktion annähernd bekannt ist. Problematisch wird der Einsatz eines Arrays für den Fall, dass die Anzahl der zu speichernden Daten im Voraus schlecht schätzbar ist oder variiert, etwa bei Suchen.

- Anhand der Größe eines Arrays kann man keine Aussage darüber treffen, wie viele Elemente tatsächlich gespeichert sind. Die Metainformation über den *Füllgrad* des Arrays, d. h. die Anzahl der dort gespeicherten Elemente, lässt sich nur aufwendig durch Iterieren über alle Einträge und durch Vergleich des gespeicherten Werts mit einem speziellen Wert, der als Indikator »kein Eintrag« dient, ermitteln. Allerdings muss auch ein solcher spezieller Wert existieren (und darf nicht Bestandteil der erlaubten Werte sein). Häufig eignet sich dazu der Wert `-1`, `0` oder `null`. Eine solche Codierung ist jedoch nicht immer möglich.

- Das Vorhalten ungenutzter Kapazität führt zu einer Verschwendung von Speicherplatz. Dies ist in der Regel für kleinere Arrays (< 1.000 Elemente) vernachlässigbar. Für große Datenstrukturen (einige 100.000 Elemente) kann sich dies aber negativ auf den belegten sowie den restlichen verfügbaren Speicher auswirken.

- Ist die gewählte Größe zu gering, so lassen sich nicht alle gewünschten Daten speichern, da keine automatische Anpassung der Größe stattfindet. Dies muss selbst programmiert werden: Im vorherigen Beispiel haben wir dazu die Methode `Arrays.copyOf()` genutzt, wodurch ein neues, größeres Array angelegt und anschließend alle Elemente des ursprünglichen Arrays in das neue kopiert werden. Dieses Vorgehen ist recht umständlich – insbesondere wenn die Größenanpassung an mehreren Stellen im Sourcecode erforderlich wird. Es bietet sich dann an, diese Funktionalität in einer Methode zu realisieren, wie dies der folgende Praxistipp »Anpassungen der Größe in einer Methode kapseln« vorstellt.

- Ein Nachbau spezifischer Containerfunktionalität ist wenig sinnvoll und erhöht die Gefahr für Probleme, etwa durch veraltete Referenzen: Das gilt, wenn einige Programmteile Referenzen auf ein Array halten und nach einer Größenänderung und einem Kopiervorgang weiterhin mit diesen arbeiten, anstatt die neue Referenz zu verwenden. Eine Lösung ist, sämtliche Zugriffe auf das Array zu kapseln. Dann beginnt man aber mit dem Nachbau einer Datenstruktur ähnlich zu der bereits existierenden `ArrayList<E>`, was aber wenig sinnvoll ist.

Wir haben nun einige Beschränkungen von Arrays kennengelernt, die besonders dann zum Tragen kommen, wenn die Zusammensetzung der Elemente einer größeren Dynamik unterliegt. Häufig lässt sich für diese Fälle durch den Einsatz von Listen oder Mengen mit dem Basisinterface Collection<E>, das ich im folgenden Abschnitt vorstelle, eine vereinfachte Handhabung erreichen.

> **Tipp: Anpassungen der Größe in einer Methode kapseln**
>
> Nehmen wir an, wir würden die Attribute byte[] buffer sowie int writePos zur Speicherung und Verwaltung von Eingabewerten nutzen und Daten über folgende Methode storeValue(byte) einlesen:
>
> ```
> private static void storeValue(final byte byteValue)
> {
>     buffer[writePos] = byteValue;
>     writePos++;
> }
> ```
>
> Werden viele Daten gespeichert, so kann eine anfangs gewählte Array-Größe nicht ausreichend sein. Es kommt dann zu einer java.lang.ArrayIndexOutOfBoundsException. Diese Fehlersituation lässt sich dadurch vermeiden, dass die Größe des Arrays bei Bedarf angepasst wird. Das erfordert vor dem eigentlichen Speichern eines neuen Eingabewerts eine Prüfung, ob das Ende des Arrays erreicht ist. Wird das Ende des Arrays erkannt, so muss ein größeres Array erzeugt und die zuvor gespeicherten Werte in das neue Array kopiert werden. Dazu musste man bis einschließlich JDK 5 System.arraycopy() wie folgt nutzen:
>
> ```
> final byte[] tmp = new byte[buffer.length + GROW_SIZE];
> System.arraycopy(buffer, 0, tmp, 0, buffer.length);
> buffer = tmp;
> ```
>
> Glücklicherweise lässt sich dies seit JDK 6 durch den Einsatz von statischen Hilfsmethoden aus der Utility-Klasse Arrays einfacher implementieren. Arrays und Teilbereiche können mit den für diverse Typen überladenen, statischen Hilfsmethoden Arrays.copyOf(T[] original, int newLength) bzw. Arrays.copyOfRange(T[] original, int from, int to) kopiert werden.
>
> In der folgenden Methode storeValueImproved(byte) wird zur Größenanpassung die Methode Arrays.copyOf(byte[], int) wie folgt verwendet:
>
> ```
> private static void storeValueImproved(final byte byteValue)
> {
>     if (writePos == buffer.length)
>     {
>         buffer = Arrays.copyOf(buffer, buffer.length + GROW_SIZE);
>     }
>     buffer[writePos] = byteValue;
>     writePos++;
> }
> ```
>
> Die Methoden in der Utility-Klasse Arrays sind praktisch: Sie erlauben es, Aufgaben auf einer höheren Abstraktionsebene als mit System.arraycopy() zu beschreiben.

6.1.3 Das Interface `Collection`

Das Interface `Collection<E>` definiert die Basis für diverse Containerklassen, die das Interface `List<E>` bzw. `Set<E>` erfüllen und somit Listen bzw. Mengen repräsentieren. Wie bereits erwähnt, dienen Containerklassen dazu, mehrere Elemente zu speichern, auf diese zuzugreifen und gewisse Metainformationen (z. B. Anzahl gespeicherter Elemente) ermitteln zu können. Das Interface `Collection<E>` bietet *keinen* indizierten Zugriff, aber folgende Methoden:

- `int size()` – Ermittelt die Anzahl der in der Collection gespeicherten Elemente.
- `boolean isEmpty()` – Prüft, ob Elemente vorhanden sind.
- `boolean add(E element)` – Fügt ein Element zur Collection hinzu.
- `boolean addAll(Collection<? extends E> collection)` – Ist eine auf eine Menge bezogene, sogenannte **Bulk-Operation** (Massenoperation), die der Collection alle übergebenen Elemente hinzufügt.

Im Interface `Collection<E>` nutzen einige Methoden den Typparameter `Object` oder den Typplatzhalter '?' und sind daher nicht typsicher[1]:

- `boolean remove(Object object)` – Entfernt ein Element aus der Collection.
- `boolean removeAll(Collection<?> collection)` – Entfernt mehrere Elemente aus der Collection.
- `boolean contains(Object object)` – Prüft, ob das Element in der Collection enthalten ist.
- `boolean containsAll(Collection<?> collection)` – Prüft, ob alle angegebenen Elemente in der Collection enthalten sind.
- `boolean retainAll(Collection<?> collection)` – Behält alle Elemente einer Collection bei, die in der übergebenen Collection auch enthalten sind.

> **Hinweis: Typkürzel beim Einsatz von Generics**
>
> In den obigen Methodensignaturen haben wir folgende Typkürzel verwendet:
> - `E` – Steht für den Typ der Elemente des Containers.
> - `?` – Steht für einen unbekannten Typ.
> - `? extends E` – Steht für einen unbekannten Typ, der entweder `E` oder ein Subtyp davon ist.
>
> Die Buchstaben stellen lediglich Vereinbarungen dar und können beliebig gewählt werden. Ein konsistenter Einsatz erleichtert jedoch das Verständnis. Weitere gebräuchliche und in den folgenden Abschnitten genutzte Typkürzel sind:
> - `T` – Steht für einen bestimmten Typ.
> - `K` bzw. `V` – Steht bei Maps für den Typ des Schlüssels (`K` => key) bzw. des Werts (`V` => value).

---

[1] Ansonsten wäre dies für eine Enthaltensein-Prüfung eine zu starke Einschränkung gewesen.

Mengenoperationen auf Collections

Mit `contains(Object)` bzw. `containsAll(Collection<?>)` kann geprüft werden, ob ein oder mehrere gewünschte Elemente in einer Collection vorhanden sind. Man kann über `containsAll(Collection<?>)` bestimmen, ob eine Collection C eine Teilmenge einer Collection A ist. Mit `removeAll(Collection<?>)` lässt sich die Differenzmenge zweier Collections berechnen, indem z. B. aus einer Collection A alle Elemente einer anderen Collection B gelöscht werden. Mit `retainAll(Collection<?>)` berechnet man die Schnittmenge: Man behält in einer Collection A alle Elemente einer anderen Collection B. Zum leichteren Verständnis ist die Arbeitsweise in Abbildung 6-3 für die Collections A, B und C visualisiert.

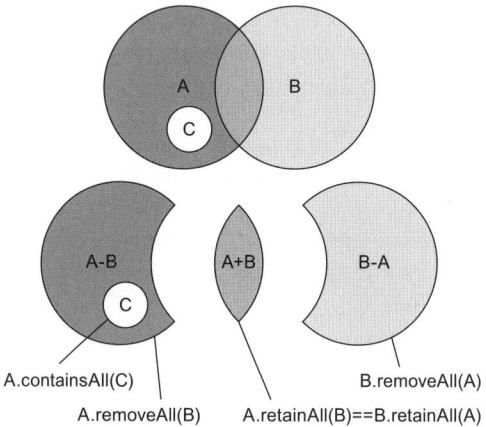

Abbildung 6-3 Mengenoperationen auf Collections

Erweiterung im Interface `Collection<E>` in JDK 8

Seit JDK 8 kann man mit der Methode `removeIf(Predicate<T>)` aus einer Collection diejenigen Elemente entfernen, die einer übergebenen Bedingung entsprechen. Das wollen wir am Beispiel einer Liste von Namen kennenlernen. Aus dieser sollen diejenigen Einträge herausgelöscht werden, die einen Leereintrag darstellen:

```java
public static void main(final String[] args)
{
    final List<String> names = new ArrayList<>();
    names.add("Max");
    names.add("");                // Leereintrag
    names.add("Andy");
    names.add("   ");             // potenziell auch ein "Leereintrag"
    names.add("Stefan");

    names.removeIf(String::isEmpty) // Löschaktionen ausführen
    System.out.println(names);
}
```

Listing 6.1 Ausführbar als 'REMOVEIFEXAMPLE'

Starten wir das Programm REMOVEIFEXAMPLE, so wird die beschriebene Löschoperation ausgeführt und es kommt zu folgender Ausgabe:

```
[Max, Andy,    , Stefan]
```

Wir sehen, dass der Whitespace-Eintrag in der Liste verblieben ist. Eine minimal komplexere Bedingung hilft, auch diesen Eintrag zu entfernen:

```
names.removeIf(str -> str.trim().isEmpty());
```

Die gezeigte Umsetzung birgt jedoch die Gefahr von `NullPointerExceptions`, wenn die Eingabewerte auch den Wert `null` enthalten können. Statt den Lambda etwas komplexer zu gestalten, wollen wir später in Abschnitt 6.1.5 als Alternative und zur Korrektur die mit JDK 8 im Interface `List<E>` neu eingeführte Methode `replaceAll(UnaryOperator<T>)` verwenden.

6.1.4 Das Interface `Iterator`

Alle Datenstrukturen, die das Interface `Collection<E>` erfüllen, bieten über die Methode `iterator()` Zugriff auf das Interface `java.util.Iterator<E>`, das einen sogenannten *Iterator* modelliert. Damit ist das Durchlaufen der Inhalte möglich, die in den Instanzen der Containerklassen des Collections-Frameworks gespeichert sind.

IDIOM: TRAVERSIERUNG VON COLLECTIONS MIT DEM INTERFACE ITERATOR

Zum Durchlaufen einer Collection mit Iteratoren definieren wir zunächst einen Datenbestand. Dabei nutzen wir den Trick, ein Array in eine Liste durch Aufruf der statischen Hilfsmethode `Arrays.asList(T...)` (vgl. Abschnitt 6.3.1) wandeln zu können. Das Ergebnis ist eine typisierte, aber insbesondere auch unmodifizierbare `List<E>`. Von dieser erhalten wir durch Aufruf von `iterator()` einen `Iterator<E>`. Mit dessen Methode `hasNext()` kann man ermitteln, ob noch weitere Elemente zum Durchlaufen vorhanden sind. Ist dies der Fall, kann auf das nächste Element über die Methode `next()` zugegriffen werden. Damit ergibt sich folgendes Idiom zum Iterieren:

```java
public static void main(final String[] args)
{
    final String[] textArray = { "Durchlauf", "mit", "Iterator" };
    final Collection<String> infoTexts = Arrays.asList(textArray);

    final Iterator<String> it = infoTexts.iterator();
    while (it.hasNext())
    {
        System.out.println(it.next());
    }
}
```

Listing 6.2 Ausführbar als 'ITERATIONEXAMPLE'

Das Programm ITERATIONEXAMPLE gibt alle Elemente nacheinander aus:

```
Durchlauf
mit
Iterator
```

Löschfunktionalität im Interface `Iterator<E>`

Im Interface `Iterator<E>` ist auch die parameterlose Methode `remove()` definiert, die es erlaubt, das aktuelle, d. h. das zuvor über die Methode `next()` ermittelte Element zu löschen. Allerdings muss nicht jede Realisierung eines Iterators auch tatsächlich diese Löschfunktionalität unterstützen. In diesem Fall sollte ein Aufruf von `remove()` laut JDK-Kontrakt eine `UnsupportedOperationException` auslösen. Dieses Verhalten wird seit JDK 8 in Form einer Defaultmethode vorgegeben.

Die Definition der Methode `remove()` im Interface `Iterator<E>` wirkt überflüssig, weil doch bereits im Interface `Collection<E>` eine Methode `remove(Object)` existiert. Warum diese scheinbar doppelte Definition notwendig ist, zeige ich an einem Beispiel. Nehmen wir dazu an, aus einer Liste von Stringobjekten sollen diejenigen herausgefiltert werden, die mit einer speziellen Zeichenkette beginnen. Eine intuitive Realisierung mit den zuvor vorgestellten Methoden der Interfaces `Collection<E>` und `Iterator<E>` sieht etwa folgendermaßen aus:

```java
private static void removeEntriesWithPrefix(final List<String> entries,
                                            final String prefix)
{
    final Iterator<String> it = entries.iterator();
    while (it.hasNext())
    {
        final String name = it.next();
        if (name.startsWith(prefix))
        {
            // ACHTUNG: remove() der Collection ist intuitiv, aber falsch
            entries.remove(name);
        }
    }
}
```

Schreiben wir ein Testprogramm, um die Funktionalität zu überprüfen. Wir definieren dazu einige Namen in einer Liste von Strings. Aus dieser sollen alle mit 'M' beginnenden Namen mit der zuvor definierten Methode gelöscht werden:

```java
public static void main(final String[] args)
{
    final String[] names = { "Andy", "Carsten", "Clemens", "Mike", "Merten" };

    final List<String> namesList = new ArrayList<>();
    namesList.addAll(Arrays.asList(names));

    removeEntriesWithPrefix(namesList, "M");
    System.out.println(namesList);
}
```

Listing 6.3 Ausführbar als 'ITERATORCOLLECTIONREMOVEEXAMPLE'

Man würde erwarten, dass als Ergebnis die Namen "Andy", "Carsten", "Clemens" in der Liste verbleiben und ausgegeben werden. Stattdessen kommt es zu einer java.util.ConcurrentModificationException:

```
Exception in thread "main" java.util.ConcurrentModificationException
    at java.util.ArrayList$Itr.checkForComodification(ArrayList.java:781)
    at java.util.ArrayList$Itr.next(ArrayList.java:753)
    [...]
```

Eine derartige Exception deutet normalerweise auf Probleme und Veränderungen einer Datenstruktur bei nebenläufigen Zugriffen durch mehrere Threads hin. Etwas merkwürdig ist das schon, weil hier lediglich ein Thread läuft. *Es ist demnach möglich, eine auf Multithreading-Probleme hindeutende Exception selbst in einfachen Programmen ohne Nebenläufigkeit zu provozieren.* Gehen wir der Sache auf den Grund. Verursacht wird die Exception dadurch, dass in jeder Collection ein Modifikationszähler zum Schutz vor konkurrierenden Zugriffen genutzt wird. Jeder Iterator ermittelt dessen Wert zu Beginn seiner Iteration und vergleicht diesen bei jedem Aufruf von next() mit dem Startwert. Weicht dieser Wert ab, so wird eine ConcurrentModification-Exception ausgelöst. Dieses Verhalten der Iteratoren nennt man *fail-fast*.

Mit diesem Hintergrundwissen wird die Fehlerursache klar: Der Aufruf der Methode remove(Object) auf der Datenstruktur entries führt zu einer Änderung des Modifikationszählers! Die einzig sichere Art, während einer Iteration Elemente aus einer Collection zu löschen, ist durch Aufruf der Methode remove() aus dem Interface Iterator<E>. Wir korrigieren unsere Methode wie folgt:

```
private static void removeEntriesWithPrefix(final List<String> entries,
                                            final String prefix)
{
    final Iterator<String> it = entries.iterator();
    while (it.hasNext())
    {
        if (it.next().startsWith(prefix))
            it.remove();        // KORREKT: Zugriff über remove() des Iterators
    }
}
```

Man erkennt, dass die Methode remove() aus dem Interface Iterator<E> keinen Parameter benötigt. Der Grund ist einfach: Sie löscht immer das zuvor über die Methode next() ermittelte Element.

Anhand der geführten Diskussion ist verständlich, warum die Methode remove() nicht nur im Interface Collection<E>, sondern auch im Interface Iterator<E> definiert ist. Bei dessen Nutzung gibt es noch einen kleinen Fallstrick: Vorsicht ist geboten, wenn man beispielsweise zwei aufeinander folgende Elemente löschen möchte. Intuitiv könnte man dies folgendermaßen umsetzen:

```
it.remove();
// FALSCH: it.next()-Aufruf fehlt
it.remove();
```

Das führt zu einer `IllegalStateException`, da, wie zuvor beschrieben, einem Aufruf von `remove()` immer ein Aufruf von `next()` vorangehen muss.

> **Achtung: Die Methode `remove()` im Interface `Iterator<E>`**
>
> Mein Verständnis von einem Iterator basiert auf dem Entwurfsmuster ITERATOR, das ich in Abschnitt 18.3.1 beschreibe. Laut dessen Definition sollte ein Iterator (lediglich) zum Durchlaufen einer Datenstruktur genutzt werden. Modifikationen der Datenstruktur waren dabei ursprünglich nicht vorgesehen. Man könnte daher die Existenz der Methode `remove()` im Interface `Iterator<E>` kritisieren. Aufgrund der Implementierungsentscheidung für die Fail-fast-Iteratoren wurde die Aufnahme dieser Methode in das Interface `Iterator<E>` allerdings notwendig, um Löschoperationen während einer Iteration zu erlauben.
>
> **Keine Methode `add()`** Mit derselben Begründung könnte man für eine Methode `add(E)` im Interface `Iterator<E>` plädieren. Diese existiert aber aus gutem Grund nicht. Sie kann nicht angeboten werden, da das Einfügen eines Elements im Gegensatz zu dessen Entfernen nicht allgemeingültig auf Basis der aktuellen Position möglich ist: Für automatisch sortierende Container entspricht beispielsweise die momentane Position des Iterators in der Regel nicht der korrekten Einfügeposition in der Datenstruktur.

6.1.5 Listen und das Interface `List`

Unter einer Liste versteht man eine über ihre Position geordnete Folge von Elementen – dabei können auch identische Elemente mehrfach vorkommen. Das Collections-Framework definiert zur Beschreibung von Listen das Interface `List<E>`. Bekannte Implementierungen sind die Klassen `ArrayList<E>` und `LinkedList<E>` sowie `Vector<E>`. Das Interface `List<E>` ermöglicht einen indizierten Zugriff und erlaubt das Hinzufügen und Entfernen von Elementen – wobei es vereinzelte Ausnahmen gibt.[2]

Das Interface `List<E>`

Das Interface `List<E>` bildet die Basis für alle Listen und bietet *zusätzlich* zu den Methoden des Interface `Collection<E>` folgende indizierte, 0-basierte Zugriffe:

- `E get(int index)` – Ermittelt das Element der Liste an der Position `index`.
- `void add(int index, E element)` – Fügt das Element `element` an der Position `index` der Liste ein.

---

[2] Die von `Collections.unmodifiableList(List<? extends T>)` erzeugte Spezialisierung einer Liste stellt lediglich eine unveränderliche Sicht dar. Ein Aufruf von verändernden Methoden führt zu `UnsupportedOperationExceptions`. Weitere Informationen finden Sie in Abschnitt 6.3.2.

6.1 Datenstrukturen und Containerklasse

- `E set(int index, E element)` – Ersetzt das Element an der Position `index` der Liste durch das übergebene Element `element`. Liefert das zuvor an dieser Position gespeicherte Element zurück.[3]
- `E remove(int index)` – Entfernt das Element an der Position `index` der Liste. Liefert das gelöschte Element zurück.
- `int indexOf(Object object)` und
- `int lastIndexOf(Object object)` – Mit diesen Methoden wird die Position eines gesuchten Elements zurückgeliefert. Die Gleichheit zwischen dem Suchelement und den einzelnen Elementen der Liste wird mit der Methode `equals(Object)` überprüft. Die Suche startet dabei entweder am Anfang (`indexOf(Object)`) oder am Ende der Liste (`lastIndexOf(Object)`).

Folgendes Listing zeigt einige der obigen Methoden im Einsatz. Zunächst werden einer `ArrayList<E>` verschiedene Elemente am Ende und per Positionsangabe hinzugefügt, danach wird indiziert zugegriffen. Schlussendlich werden Löschoperationen per Index ausgeführt, wobei im letzteren Fall zuvor eine Suche mit `indexOf(Object)` erfolgt:

```
public static void main(final String[] args)
{
    // Erzeugen und Hinzufügen von Elementen
    final List<String> list = new ArrayList<>();
    list.add("First");
    list.add("Last");
    list.add(1, "Middle");
    System.out.println("List: " + list);

    // Indizierter Zugriff
    System.out.println("3rd:  " + list.get(2));

    // Vorderstes Element löschen, "Last" mit indexOf() suchen und löschen
    list.remove(0);
    list.remove(list.indexOf("Last"));
    System.out.println("List: " + list);
}
```

Listing 6.4 *Ausführbar als* '**FirstListExample**'

Startet man das Programm FirstListExample, so kommt es zu folgender Ausgabe:

```
List: [First, Middle, Last]
3rd:  Last
List: [Middle]
```

Sublisten Die Methode `List<E> subList(int, int)` liefert einen Ausschnitt aus der Liste von Position `fromIndex` (einschließlich) bis `toIndex` (ausschließlich) und ermöglicht verschiedene Operationen auf Teillisten: Da die Rückgabe vom Typ `List<E>` ist, können tatsächlich alle Methoden des Interface `List<E>` aufgerufen werden. Dadurch kann man beispielsweise innerhalb eines gewissen Bereichs

---
[3]Es kommt zu einer `IndexOutOfBoundsException`, falls kein Element an dieser Position existiert. Für `add()` ist jedoch auch der nicht existierende Index `list.size()` erlaubt.

eine Suche durchführen oder diesen Bereich löschen. *Dabei sollte man allerdings beachten, dass lediglich eine Sicht auf die ursprüngliche Liste geliefert wird.* Somit kommt es bei Veränderungen an der Teilliste auch zu Änderungen in der ursprünglichen Liste. Ändert man jedoch in der Originalliste, so kommt es zu einer `ConcurrentModificationException`. Folgendes Programm demonstriert dieses Verhalten:

```java
public static void main(final String[] args)
{
    final List<String> original = new ArrayList<>(Arrays.asList(
                                    "ABC", "DEF", "GHI",
                                    "JKL", "MNO", "PQR"));

    final List<String> first3 = original.subList(0, 3);

    first3.remove(1);
    printLists(original, first3);

    original.add("XXX"); // Führt später zur Exception
    printLists(original, first3);
}

private static void printLists(final List<String> original, final List<String>
    first3)
{
    System.out.println("Original: " + original);
    System.out.println("SUblist:  " + first3);
}
```

Listing 6.5 Ausführbar als 'SUBLISTEXAMPLE'

Startet man das Programm FIRSTLISTEXAMPLE, so kommt es zu folgender Ausgabe:

```
Original: [ABC, GHI, JKL, MNO, PQR]
SUblist:  [ABC, GHI]
Original: [ABC, GHI, JKL, MNO, PQR, XXX]
Exception in thread "main" java.util.ConcurrentModificationException
    at java.util.ArrayList$SubList.checkForComodification(ArrayList.java:1231)
    at java.util.ArrayList$SubList.listIterator(ArrayList.java:1091)
```

Das Interface `ListIterator<E>`

Alle Datenstrukturen, die das Interface `List<E>` erfüllen, bieten über die Methode `listIterator()` Zugriff auf einen speziellen Iterator vom Typ `ListIterator<E>`, der auf die Besonderheiten des indizierten Zugriffs angepasst wurde. Mit einem solchen Iterator ist das Durchlaufen einer Liste zusätzlich zu einem normalen Iterator auch in Rückwärtsrichtung möglich. Dazu dienen die beiden Methoden `hasPrevious()` sowie `previous()`. Außerdem kann man den Index des nächsten bzw. des vorherigen Elements über die Methoden `nextIndex()` bzw. `previousIndex()` abfragen.

6.1 Datenstrukturen und Containerklasse

> **Achtung: Die Methoden set() und add() im Interface ListIterator**
>
> Zusätzlich zur Methode remove() wurden in das Interface ListIterator<E> mit den Methoden set(E) und add(E) zwei weitere Daten verändernde Methoden eingeführt. Gemäß der Argumentation aus dem vorherigen Praxistipp kann man deren Existenz kritisieren. Wenn man Listen allerdings während einer Iteration manipulieren will, muss man diese modifizierenden Methoden im ListIterator<E> anbieten. Ohne sie würde aufgrund der Fail-fast-Eigenschaft ein Aufruf etwa der Methode add(E) aus dem Interface Collection<E> eine Exception auslösen.

Arbeitsweise der Klassen ArrayList<E> und Vector<E>

Die Klassen ArrayList<E> und Vector<E> verwenden zur Datenspeicherung intern Arrays und erweitern diese um Containerfunktionalität: Wächst die Anzahl zu speichernder Elemente, so wird automatisch dafür gesorgt, dass ausreichend Speicher zur Verfügung steht. Bei Überschreiten der Größe des verwendeten Arrays wird automatisch ein neues, größeres Array angelegt und die Elemente des alten Arrays werden in das neue kopiert. Fortan wird das neue Array zur Speicherung der Elemente verwendet. Das alte Array ist daraufhin obsolet. Die Tatsache, dass intern mit Arrays gearbeitet wird, ist für den Benutzer transparent. Neben dieser Kapselung und der automatischen Größenanpassung, die oftmals ein entscheidender Vorteil gegenüber dem Einsatz von Arrays darstellt, bieten die Klassen ArrayList<E> und Vector<E> einige weitere Annehmlichkeiten einer Containerklasse: Ein Beispiel dafür ist die Unterscheidung zwischen der Füllstandsabfrage (size()), also der Anzahl der momentan gespeicherten Elemente, und den zur Verfügung stehenden Speicherplätzen (Kapazität), die die tatsächliche Größe des Arrays, also das momentane Fassungsvermögen, bestimmt. Der Aufbau einer Array-basierten Liste wird in Abbildung 6-4 skizziert, wobei die Texte Obj 1, Obj 2 usw. nicht das Objekt selbst, sondern die Referenz darauf repräsentieren.

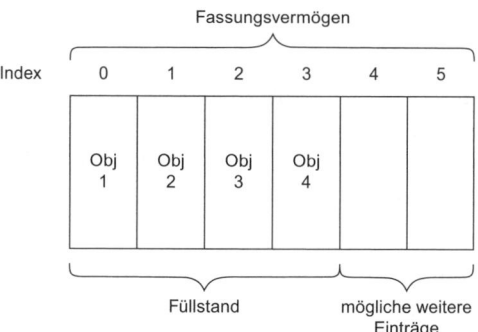

Abbildung 6-4 Array der Klasse ArrayList

Zugriff auf ein Element an Position $index$ **– `get(index)`** Der Zugriff auf beliebige Elemente wird durch einen Array-Zugriff realisiert und ist sehr performant.

Element an letzter Position hinzufügen – `add(element)` Nehmen wir an, es ist (gerade) noch ausreichend Kapazität im Array vorhanden und es soll ein Element als letztes Element in die Datenstruktur eingefügt werden. In diesem Fall muss nur die Referenz in dem Array gespeichert werden:

Das zugrunde liegende Array ist jetzt komplett belegt und es ist kein Platz für ein weiteres Element vorhanden. Soll erneut ein Element hinzugefügt werden, muss als Folge das Array in seiner Größe angepasst werden:

| 0 | 1 | 2 | 3 | 4 | 5 | 6 | 7 | 8 | 9 | 10 | NEW | | | | |

Element an Position $index$ **einfügen – `add(index, element)`** Wird an einer Position $index$ ein Element eingefügt, so müssen als Folge alle Elemente mit einer Position $>= index$ nach hinten verschoben werden, um Platz für das neue Element zu schaffen. Mit $index = 0$ muss der Inhalt des gesamten Arrays verschoben werden. Reicht die Kapazität nicht mehr aus, so wird Speicher für ein neues Array alloziert und mit dem Inhalt aus dem alten Array gefüllt. Im Folgenden ist dies für das Einfügen an Position 8 und das Element NEW gezeigt:

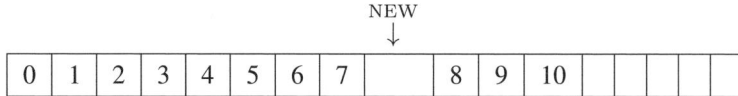

Element an Position $index$ **entfernen – `remove(index)`** Wird an einer Position $index$ ein Element gelöscht, so müssen als Folge alle Elemente des Arrays mit einer Position $> index$ nach vorne verschoben werden. Im Extremfall mit $index = 0$ geschieht dies für das gesamte Array.

Größenanpassungen und Speicherverbrauch Beim Einfügen sorgen die Klassen `ArrayList<E>` und `Vector<E>` automatisch dafür, dass bei Bedarf die Größe schrittweise angepasst wird. Die Kopiervorgänge kosten mit zunehmender Größe immer mehr Zeit – das ist aber oftmals kaum messbar. Allerdings muss der Garbage Collector (vgl. Abschnitt 10.4) die obsoleten Arrays wieder wegräumen: Das ist Arbeit, die sich häufig verringern oder vermeiden lässt, indem man ***die erwartete Maximalgröße***

als Konstruktorparameter übergibt. Jedoch ist die Wahl einer geeigneten Größe, wie bereits in Abschnitt 6.1.2 für Arrays erwähnt, nicht immer einfach oder gar möglich.

Bei zunehmendem Datenvolumen erhöht sich zudem die Wahrscheinlichkeit für Probleme durch die Speicherung als Array, weil immer ein zusammenhängender Speicherbereich benötigt wird. Je größer die Anzahl der Elemente wird, desto stärker wirkt sich dies aus. Zwei Probleme treten auf: Erstens kann im Extremfall eine Out-of-Memory-Situation eintreten, obwohl im Grunde noch genug Speicher vorhanden ist, aber kein zusammenhängender Speicherbereich der erforderlichen Größe bereitgestellt werden kann. Zweitens werden bei einem Vergrößerungsschritt beim Kopieren in ein neues, größeres Array temporär zwei Arrays gebraucht: einmal das alte und dann noch das neue Array. Wenn das alte Array z. B. 500 MB groß ist, dann benötigt man beim Kopieren vorübergehend ungefähr 1,25 GB.[4] Das kann ebenfalls zu einer Out-of-Memory-Situation führen, obwohl eigentlich noch genug Speicher vorhanden ist – allerdings nur für eine Version des Arrays. Besonders verwirrend ist dies, wenn man als Programmierer nicht weiß, dass im Hintergrund eine Kopie angelegt wird.

> **Achtung: Versteckte Memory Leaks und Abhilfemaßnahmen**
>
> Die Größe des Daten speichernden Arrays wird bei Einfügeoperationen bei Bedarf automatisch angepasst. Für das Entfernen von Elementen gilt dies allerdings nicht: Eine einmal bereitgestellte Kapazität wird dabei nicht wieder reduziert.
>
> Wurde einmalig viel Speicher alloziert, so erzeugt man ein verstecktes **Memory Leak**, dadurch, dass die `ArrayList<E>` bzw. der `Vector<E>` immer noch den gesamten Speicher belegt, obwohl durch Löschoperationen mittlerweile viel weniger Elemente zu speichern sind.
>
> Mithilfe der Methode `trimToSize()` kann man in einem solchen Fall dafür sorgen, dass das Array auf die benötigte Größe verkleinert wird. Der zuvor belegte Speicher ist anschließend unreferenziert und kann vom Garbage Collector freigeräumt werden. Der Applikation steht dieser Speicher daraufhin wieder zur Verfügung.

`ArrayList<E>` oder `Vector<E>`? Die Klassen `ArrayList<E>` und `Vector<E>` unterscheiden sich in ihrer Arbeitsweise lediglich in einem Detail: In der Klasse `Vector<E>` sind die Methoden `synchronized` definiert, um bei konkurrierenden Zugriffen für Konsistenz der gespeicherten Daten zu sorgen. Häufig möchte man in einer Anwendung eine Kombination mehrerer Aufrufe schützen, sodass diese feingranulare Art der Synchronisierung nicht ausreichend für die benötigte Art von Thread-Sicherheit ist (vgl. Kapitel 9). Somit gibt es eher selten Anwendungsfälle für einen `Vector<E>` und in der Regel sollte man die ***`ArrayList<E>` bevorzugen***.

---

[4] Das neu entstehende Array ist um die Hälfte größer als die ursprüngliche Größe, weil diese Vergrößerung derart in der Implementierung der `ArrayList<E>` programmiert ist. Im Beispiel wäre die neue Größe also 750 MB.

Arbeitsweise der Klasse `LinkedList<E>`

Die Klasse `LinkedList<E>` verwendet zur Speicherung von Elementen miteinander verbundene kleine Einheiten, sogenannte **Knoten** oder **Nodes**. Jeder Knoten speichert sowohl eine Referenz auf die Daten als auch jeweils eine Referenz auf Vorgänger und Nachfolger. Dadurch wird eine Navigation vorwärts und rückwärts möglich. Diese Art der Speicherung führt dazu, dass die `LinkedList<E>` nur eine Größe (Anzahl der Knoten), aber keine Kapazität besitzt. Den schematischen Aufbau zeigt Abbildung 6-5, wobei `Obj 1`, `Obj 2` usw. Referenzen auf Objekte repräsentieren.

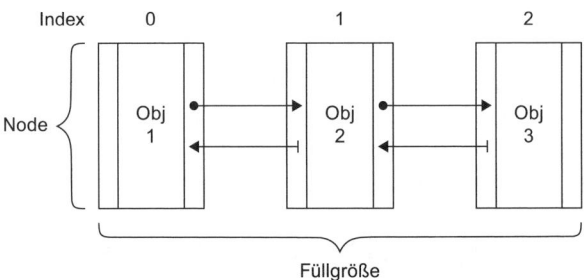

Abbildung 6-5 *Schematischer Aufbau eines Objekts der Klasse* `LinkedList`

Zugriff auf ein Element an Position *index* **– `get(index)`**   Durch die Organisation als verkettete Liste erfordert ein indizierter Zugriff auf ein Element an einer Position *index* immer einen Durchlauf bis zu der gewünschten Stelle. Als Optimierung werden Zugriffe entweder vom Anfang oder Ende gestartet, abhängig davon, was davon näher bei dem Zielindex liegt. Im Gegensatz zur `ArrayList<E>` mit konstanter Zugriffszeit wächst daher die Zugriffszeit bei der `LinkedList<E>` linear mit der Anzahl der gespeicherten Elemente. Dies kann bei relativ großen Datenmengen (genaue Angaben sind schwierig, in der Regel aber mehr als 500.000 Einträge) negative Auswirkungen auf die Laufzeit haben. Das zeigt sich deutlich bei der Optimierung der Darstellung umfangreicher Datenmengen mit einer `JTable` in Abschnitt 22.4.

Element an letzter Position hinzufügen – `add(element)`   Wenn ein Element hinten an letzter Position angefügt werden soll, so wird zunächst ein neuer Knoten erzeugt und danach mit dem bisher letzten Knoten verbunden.

Element an Position *index* **einfügen – `add(index, element)`**   Um ein Element an einer beliebigen Position einzufügen, wird ein neuer Knoten erzeugt. Zudem muss die Einfügeposition bestimmt werden, was linearen Aufwand durch eine Iteration durch die Liste bis zu der gewünschten Stelle erfordert. Schließlich sind noch einige Referenzen umzusetzen, um den neuen Knoten in die Liste einzufügen.

6.1 Datenstrukturen und Containerklasse

Element an Position *index* **entfernen – `remove(index)`** Für eine Löschoperation sind lediglich Referenzanpassungen nötig, um den zu löschenden Knoten aus der Liste auszuschließen. Auch hier muss zunächst mit linearem Aufwand zur Löschposition *index* iteriert werden.

Größenanpassungen und Speicherverbrauch Die `LinkedList<E>` besitzt bezüglich des Speicherverbrauchs einige Vorteile gegenüber der `ArrayList<E>`. Erstens wird, abgesehen von einem gewissen Overhead, immer nur genau so viel Speicher für Elemente belegt, wie tatsächlich benötigt wird. Zweitens kann durch den Garbage Collector eine automatische Freigabe des Speichers an das System erfolgen, wenn Elemente gelöscht werden. Insbesondere bei großer Dynamik und temporär hohen Datenvolumina ist dies von Vorteil, da Speicherbereiche nicht unbenutzt belegt bleiben, wie dies beim Einsatz der `ArrayList<E>` der Fall sein kann. Allerdings wird das durch einen Nachteil erkauft: Während eine `ArrayList<E>` für jedes gespeicherte Element lediglich eine Objektreferenz hält, speichert jeder Knoten einer `LinkedList<E>` zusätzlich je eine Referenz auf den Vorgänger und auf den Nachfolger. Somit benötigt eine `LinkedList<E>` zur Verwaltung insgesamt mehr Speicher (in etwa Faktor drei) als eine `ArrayList<E>` mit gleicher Anzahl gespeicherter Elemente. Beachten Sie unbedingt, dass sich dieser Speicherbedarf nur auf den Verbrauch durch die Datenstruktur selbst bezieht und nicht auf den Speicherplatzbedarf der dort referenzierten Objekte, der in der Regel um Größenordnungen höher sein wird.

Erweiterungen im Interface `List<E>` in JDK 8

Auch das Interface `List<E>` wurde mit JDK 8 erweitert. Nachfolgend betrachten wir die Methode `replaceAll(UnaryOperator<T>)`. Diese ermöglicht es, für alle Elemente einer `Collection<E>` eine Aktion auszuführen: Jedes Element wird durch den Rückgabewert der Implementierung der Methode `apply(T)` des funktionalen Interface `UnaryOperator<T>` ersetzt. Durch die Anweisungen der Realisierung wird auch die Entscheidung getroffen, welche Elemente wie bearbeitet werden sollen. Im Speziellen müssen nicht immer alle Elemente tatsächlich auch verändert werden. Das »All« im Namen bezieht sich also lediglich darauf, dass `apply(T)` für alle Elemente der Liste aufgerufen wird.

Nach diesen zuvor eher theoretischen Details kommen wir auf ein konkretes Anwendungsbeispiel: Nehmen wir an, wir würden von einer externen Datenquelle oder dem GUI eine Liste von Eingabewerten erhalten. Oftmals entsprechen solche Eingaben nicht den Erwartungen und verstoßen gegen Regeln, so sind Einträge beispielsweise leer, bestehen nur aus Leerzeichen oder enthalten diese am Anfang oder Ende. All dies erschwert die weitere Bearbeitung. Die Grundlagen für eine Korrekturfunktionalität, die derartige Werte umwandelt oder herausfiltert, haben wir bereits kennengelernt. Wir müssen das Ganze nur noch geeignet kombinieren:

```java
public static void main(final String[] args)
{
    final List<String> names = createDemoNames();

    // Spezialbehandlung von null-Werten
    final UnaryOperator<String> mapNullToEmpty = str -> str == null ? "" : str;
    names.replaceAll(mapNullToEmpty);

    // Leerzeichen abschneiden
    names.replaceAll(String::trim);

    // Leereinträge herausfiltern
    names.removeIf(String::isEmpty);

    System.out.println(names);
}
private static List<String> createDemoNames()
{
    final List<String> names = new ArrayList<>();
    names.add("  Max");
    names.add("");              // Leereintrag
    names.add("  Andy ");
    names.add("   ");           // potenziell auch ein "Leereintrag"
    names.add("Stefan  ");
    return names;
}
```

Listing 6.6 Ausführbar als 'REPLACEALLEXAMPLE'

Mit dieser Erweiterung werden nicht nur potenzielle null-Einträge entfernt, sondern auch diejenigen Einträge, die Leerstrings oder lediglich Leerzeichen enthalten. Außerdem werden Leerzeichen am Anfang und Ende von Einträgen gelöscht. Die Ausgabe des Programms REPLACEALLEXAMPLE verdeutlicht dies:

```
[Max, Andy, Stefan]
```

6.1.6 Mengen und das Interface Set

Zum Einstieg in das Collections-Framework haben wir uns zunächst ausführlich mit Listen beschäftigt, kommen wir nun zu Mengen und dem Interface Set<E>. Das mathematische Konzept der Mengen besagt, dass diese keine Duplikate enthalten. Das Interface Set<E> basiert auf dem Interface Collection<E>. Im Gegensatz zum Interface List<E> sind im Interface Set<E> keine Methoden zusätzlich zu denen des Interface Collection<E> vorhanden – allerdings wird ein anderes Verhalten für die Methoden add(E) und addAll(Collection<? extends E>) vorgeschrieben. Dieser Unterschied zwischen Set<E> und dem zugrunde liegenden Interface Collection<E> ist nötig, um Duplikatfreiheit zu garantieren, selbst dann, wenn der Menge das gleiche Objekt mehrfach hinzugefügt wird.

Beispiel: Realisierungen von Mengen und ihre Besonderheiten

Für einen ersten Zugang zum Thema Mengen nutzen wir mit `HashSet<E>` und `TreeSet<E>` zwei gebräuchliche Implementierungen des Interface `Set<E>` und füllen diese mit Werten vom Typ `String` und auch `StringBuilder`:

```
public static void main(final String[] args)
{
    fillAndExploreHashSet();
    fillAndExploreTreeSet();
}

private static void fillAndExploreHashSet()
{
    // String definiert hashCode() und equals()
    final Set<String> hashSet = new HashSet<>();
    addStringDemoData(hashSet);
    System.out.println(hashSet);

    // StringBuilder definiert selbst weder hashCode() noch equals()
    final Set<StringBuilder> hashSetSurprise = new HashSet<>();
    addStringBuilderDemoData(hashSetSurprise);
    System.out.println(hashSetSurprise);
}

private static void fillAndExploreTreeSet()
{
    // String implementiert Comparable
    final Set<String> treeSet = new TreeSet<>();
    addStringDemoData(treeSet);
    System.out.println(treeSet);

    // StringBuilder implementiert Comparable nicht
    final Set<StringBuilder> treeSetSurprise = new TreeSet<>();
    addStringBuilderDemoData(treeSetSurprise);
    System.out.println(treeSetSurprise);
}

private static void addStringDemoData(final Set<String> set)
{
    set.add("Hallo");
    set.add("Welt");
    set.add("Welt");
}

private static void addStringBuilderDemoData(final Set<StringBuilder> set)
{
    set.add(new StringBuilder("Hallo"));
    set.add(new StringBuilder("Welt"));
    set.add(new StringBuilder("Welt"));
}
```

Listing 6.7 Ausführbar als 'FIRSTSETEXAMPLE'

Starten wir das Programm FIRSTSETEXAMPLE, so kommt es zu folgenden Ausgaben:

```
[Hallo, Welt]
[Welt, Welt, Hallo]
[Hallo, Welt]
Exception in thread "main" java.lang.ClassCastException: java.lang.StringBuilder
        cannot be cast to java.lang.Comparable
```

Das Beispiel zeigt, dass man zum sicheren Umgang mit den Mengen-Datenstrukturen verstehen sollte, welche Mechanismen die Eindeutigkeit von Elementen innerhalb einer Menge bewirken: Bei Strings funktioniert alles wie erwartet, für den Typ `String-Builder` werden Duplikate nicht erkannt und für das `TreeSet<StringBuilder>` wird sogar eine Exception ausgelöst. Für zu speichernde Klassen ist eine korrekte und den jeweiligen Kontrakten folgende Implementierung einiger Methoden erforderlich. Für die Klasse `HashSet<E>` dient die Methode `hashCode()` zum Klassifizieren von Elementen in Form eines `int`-Zahlenwerts und die Methode `equals(Object)` zum Auffinden. Die Klasse `TreeSet<E>` nutzt dazu die Methoden `compareTo(T)` bzw. `compare(T, T)` aus den Interfaces `Comparable<T>` bzw. `Comparator<T>`. Abschnitt 6.1.9 geht auf das Zusammenspiel der relevanten Methoden im Detail ein. In den Abschnitten 6.1.7 und 6.1.8 werden zuvor sowohl die Grundlagen von hashbasierten Containern (zum Verständnis der Klasse `HashSet<E>`) als auch die Grundlagen automatisch sortierender Container (als Basis für die Klasse `TreeSet<E>`) vorgestellt.

Bevor wir tiefer in die Details abtauchen, wollen wir einfache Beispiele für `HashSet<E>` und `TreeSet<E>` betrachten, um ein Gefühl für die Arbeit mit Mengen zu erhalten.

> **Fallstrick: Fehlende Angabe eines Sortierkriteriums**
>
> Zur Kompilierzeit wird für ein `TreeSet<E>` nicht geprüft, ob dort nur Objekte gespeichert werden, die das Interface `Comparable<T>` erfüllen. Das ist durchaus berechtigt, da auch ein `Comparator<T>` zur Beschreibung des Sortierkriteriums dienen kann. Eine fehlende Angabe eines Sortierkriteriums macht sich daher erst zur Laufzeit beim Einfügen von Elementen durch eine `java.lang.ClassCastException` bemerkbar.

Die Klasse `HashSet<E>`

Die Klasse `HashSet<E>` ist eine Spezialisierung der abstrakten Klasse `AbstractSet<E>` und speichert Elemente ungeordnet in einem Hashcontainer (genauer: in einer später in Abschnitt 6.1.10 vorgestellten `HashMap<K,V>`). Dadurch wird ein geringer Laufzeitbedarf für die Operationen `add(E)`, `remove(Object)`, `contains(Object)` usw. ermöglicht.

Betrachten wir ein kurzes Beispiel, in dem die Werte 1 bis 3 in absteigender Reihenfolge in ein `HashSet<Integer>` eingefügt werden:

```
public static void main(final String[] args)
{
    final Integer[] ints = new Integer[] { 3, 2, 1 };
    final Set<Integer> numberSet = new HashSet<>(Arrays.asList(ints));
    System.out.println("Initial: " + numberSet);    // 1, 2, 3
}
```

Listing 6.8 Ausführbar als '**HASHSETSTORAGEEXAMPLE**'

6.1 Datenstrukturen und Containerklasse

Bei einem Blick auf die Ausgabe des Programms HASHSETSTORAGEEXAMPLE scheint ein `HashSet<Integer>` die eingefügten Werte zu sortieren:

```
Initial: [1, 2, 3]
```

Dies ist jedoch nur ein zufälliger Effekt. Dieser wird durch kleine Datenmengen und die gewählte Abbildung der zu speichernden Daten ausgelöst. Bei der Speicherung von Werten darf man sich bei einer *ungeordneten Menge*, wie sie von der Klasse `Hash-Set<E>` realisiert wird, *niemals* auf eine *definierte* Reihenfolge der Elemente verlassen. Dies wird deutlich, wenn man weitere Elemente einfügt, etwa die Werte 33, 11 und 22:

```java
public static void main(final String[] args)
{
    final Integer[] ints = new Integer[] { 3, 2, 1 };
    final Set<Integer> numberSet = new HashSet<>(Arrays.asList(ints));
    System.out.println("Initial: " + numberSet);     // 1, 2, 3

    final Integer[] moreInts = new Integer[] { 33, 11, 22 };
    numberSet.addAll(Arrays.asList(moreInts));
    System.out.println("Add: " + numberSet);         // 1, 33, 2, 3, 22, 11
}
```

Listing 6.9   Ausführbar als **'HASHSETSTORAGEEXAMPLE2'**

Die Ausgabe des Programms HASHSETSTORAGEEXAMPLE2 wirkt zufällig, ist aber durch die Verteilung im Container verursacht:

```
Initial: [1, 2, 3]
Add: [1, 33, 2, 3, 22, 11]
```

Die Klasse `TreeSet<E>`

Mitunter benötigt man eine Ordnung der Elemente. Dann bietet sich der Einsatz der Klasse `TreeSet<E>` an, die das Interface `SortedSet<E>` implementiert. Die Sortierung der Elemente wird entweder durch das Interface `Comparable<T>` oder einen explizit im Konstruktor von `TreeSet<E>` übergebenen `Comparator<T>` festgelegt. Wir schauen uns ein ähnliches Beispiel an wie für die Klasse `HashSet<E>`:

```java
public static void main(final String[] args)
{
    final Integer[] ints = new Integer[] { 3, 2, 1 };
    final Set<Integer> numberSet = new TreeSet<>(Arrays.asList(ints));
    System.out.println("Initial: " + numberSet); // 1, 2, 3

    final Integer[] moreInts = new Integer[] { 33, 11, 22 };
    numberSet.addAll(Arrays.asList(moreInts));
    System.out.println("Add: " + numberSet); // 1, 2, 3, 11, 22, 33
}
```

Listing 6.10   Ausführbar als **'TREESETSTORAGEEXAMPLE'**

Weil im Konstruktor kein `Comparator<T>` übergeben wurde, basiert die Sortierung auf `Comparable<T>`, das von der zu speichernden Klasse `Integer` erfüllt wird und eine sogenannte natürliche Ordnung (realisiert über eine Vergleichsfunktion durch die Methode `compareTo(T)`) bereitstellt. Das lässt sich durch einen Start des Programms TREESETSTORAGEEXAMPLE nachvollziehen:

```
Initial: [1, 2, 3]
Add: [1, 2, 3, 11, 22, 33]
```

Das Interface `SortedSet<E>` Die Klasse `TreeSet<E>` bietet neben der automatischen Sortierung folgende nützliche Funktionalität aus dem Interface `SortedSet<E>`:

- `E first()` und `E last()` – Mit diesen beiden Methoden kann das erste bzw. letzte Element der Menge ermittelt werden.
- `SortedSet<E> headSet(E toElement)` – Liefert die Teilmenge der Elemente, die kleiner als das übergebene Element `toElement` sind.
- `SortedSet<E> tailSet(E fromElement)` – Liefert die Teilmenge der Elemente, die größer oder gleich dem übergebenen Element `fromElement` sind: Ein übergebenes Element ist im Gegensatz zu `headSet(E)` in der zurückgelieferten Menge enthalten, wenn es Bestandteil der Originalmenge war.
- `SortedSet<E> subSet(E fromElement, E toElement)` – Liefert die Teilmenge der Elemente, startend von inklusive `fromElement` bis exklusive `toElement`.

Wir bauen unser Beispiel ein wenig aus und integrieren zwei Änderungsaktionen, um zu zeigen, dass es sich bei den durch die obigen Methoden gelieferten Sets jeweils um Sichten handelt, die Änderungen propagieren:

```java
public static void main(final String[] args)
{
    final Integer[] ints = new Integer[] { 3, 2, 1, 33, 11, 22 };
    final SortedSet<Integer> numberSet = new TreeSet<>(Arrays.asList(ints));
    System.out.println("Initial: " + numberSet);        // 1, 2, 3, 11, 22, 33

    System.out.println("first: " + numberSet.first());  // 1
    System.out.println("last: " + numberSet.last());    // 33

    final SortedSet<Integer> headSet = numberSet.headSet(7);
    System.out.println("headSet:   " + headSet);              // 1, 2, 3
    System.out.println("tailSet:   " + numberSet.tailSet(7)); // 11, 22, 33
    System.out.println("subSet:    " + numberSet.subSet(7, 23)); // 11, 22

    // Modifikationen an einem einzelnen Set
    headSet.remove(3);
    headSet.add(6);
    System.out.println("headSet:   " + headSet);     // 1, 2, 6
    System.out.println("numberSet: " + numberSet);   // 1, 2, 6, 11, 22, 33
}
```

Listing 6.11 Ausführbar als 'TREESETSTORAGEEXAMPLE2'

Die Ausgabe des Programms TREESETSTORAGEEXAMPLE2 demonstriert die Arbeitsweise der obigen Methoden:

```
Initial: [1, 2, 3, 11, 22, 33]
first: 1
last: 33
headSet:    [1, 2, 3]
tailSet:    [11, 22, 33]
subSet:     [11, 22]
headSet:    [1, 2, 6]
numberSet:  [1, 2, 6, 11, 22, 33]
```

6.1.7 Grundlagen von hashbasierten Containern

Arrays und Listen haben einen in manchen Situationen unangenehmen Nachteil: Die Suche nach gespeicherten Daten und der Zugriff auf diese kann sehr aufwendig sein. Im Extremfall müssen alle enthaltenen Elemente betrachtet werden. Hashbasierte Container zeichnen sich dagegen dadurch aus, dass Suchen und diverse Operationen extrem performant ausgeführt werden können. Die Laufzeiten der Operationen Einfügen, Löschen und Zugriff sind von der Anzahl gespeicherter Elemente in der Regel (weitgehend) unabhängig. Allerdings erfordern hashbasierte Container einen zusätzlichen Aufwand, weil spezielle Hashwerte berechnet werden müssen, um diese Effizienz zu erreichen. Darum sind die hashbasierten Container etwas schwieriger zu verstehen als Arrays und Listen. Die im Folgenden beschriebenen Grundlagen helfen dabei, die hashbasierten Container gewinnbringend einzusetzen. Zum leichteren Einstieg beginne ich mit einer Analogie aus dem realen Leben und einer vereinfachten Darstellung der Arbeitsweise, die im Verlauf der Beschreibung immer weiter präzisiert wird.

Analogie aus dem realen Leben

Hashbasierte Container kann man sich wie riesige Schrankwände mit nummerierten Schubladen vorstellen. In diesen Schubladen ist wiederum Platz für beliebig viele Sachen. Diese speziellen Schubladen werden in der Informatik auch als **Bucket** (zu deutsch: Eimer) bezeichnet. Soll ein Objekt in der Schrankwand abgelegt werden, so wird diesem eine Schubladennummer zugeteilt – wobei diese von den Eigenschaften (Attributen) des Objekts abhängt, das abgelegt werden soll. Wenn man später wieder auf Objekte zugreifen möchte, kann man dies mit der zuvor zugewiesenen Nummer tun. Zum leichteren Verwalten von Dingen in einer Schrankwand können wir uns intuitiv folgende Auswirkungen klarmachen:

1. Benutzt man immer nur ein und dieselbe Schublade, so quillt diese bald über und man findet seine Sachen nur mühselig wieder: Erschwerend kommt hinzu, dass der Inhalt einer Schublade des Öfteren komplett zu durchsuchen ist.

2. Verteilt man die Sachen relativ gleichmäßig über möglichst viele Schubladen, so kann man Sachen (nahezu) ohne Suchaufwand finden – die Kenntnis der richtigen Schublade vorausgesetzt.
3. Wenn kein gezielter Zugriff auf die korrekte Schublade erfolgt, etwa weil man sich in der Schublade irrt, so muss man im Extremfall alle Schubladen durchsuchen, um die gewünschten Sachen zu finden.

Die Analogie erleichtert das Verständnis der Anforderungen an hashbasierte Container und vor allem an die Methode `hashCode()`, die einen `int` zurückliefert:

1. Mithilfe der Methode `hashCode()` eines Objekts wird, vereinfacht gesagt, die Nummer für die Schublade berechnet, in der sich das Objekt befinden soll. Auch wenn es möglich und zulässig ist, dass `hashCode()` für unterschiedliche Objekte den gleichen `int`-Wert berechnet, sollte man das möglichst vermeiden. Wenn nämlich für zwei unterschiedliche Objekte derselbe Hashwert berechnet wird, so kommt es zu einer sogenannten **Kollision**. Verschiedene Objekte werden dann im gleichen Bucket gespeichert und erfordern eine möglicherweise aufwendigere Suche innerhalb des Buckets.
2. Eine gleichmäßige Verteilung von Objekten auf Buckets erreicht man, wenn die `hashCode()`-Methode für verschiedene Objekte möglichst verschiedene Werte zurückgibt. Idealerweise bildet man die Attribute selbst wieder auf Zahlen ab und multipliziert diese mit Primzahlen, wie wir es später noch sehen werden.
3. Aus dem letzten Punkt der Analogie kann man schließen, dass man die Nummern nicht verlieren oder verwechseln sollte. *Um Schwierigkeiten zu vermeiden, empfiehlt es sich, dass sich der über die Methode `hashCode()` für ein Objekt berechnete Hashwert zur Laufzeit möglichst nicht ändert.* Wenn sich allerdings die Grundlagen zur Berechnung ändern, kann man natürlich Änderungen am Hashwert nicht vermeiden. Man sollte sich jedoch der möglicherweise entstehenden Probleme bewusst sein (vgl. folgenden Praxishinweis).

> **Hinweis: Auswirkungen bei Änderungen im berechneten Hashwert**
>
> Wie gerade angedeutet, ist es teilweise der Fall, dass sich der für ein Objekt berechnete Hashwert ändert, weil sich der Wert zur Berechnung benutzter Attribute ändert. Das hat aber Konsequenzen, die man kennen sollte: Liefern zu unterschiedlichen Zeiten die Berechnungen des Hashwerts für ein Objekt unterschiedliche Ergebnisse, so kann das Element nicht mehr über seinen zuvor berechneten Wert im Hashcontainer gefunden werden, weil es durch die Wertänderung an der falschen Stelle gesucht wird. Darüber hinaus kann eine Änderung im berechneten Hashwert zu der Inkonsistenz führen, dass mehrere gleiche Elemente in unterschiedlichen Buckets eingetragen werden, was ebenfalls verschiedenste andere Probleme mit sich bringt. *Demnach ist es – wenn möglich – zu vermeiden, dass sich der berechnete Hashwert ändert.*

Realisierung in Java

Bis jetzt haben wir nicht explizit betrachtet, dass die Anzahl von Buckets beschränkt ist. Somit muss der durch `hashCode()` berechnete `int`-Wert auf die Anzahl der tatsächlich verfügbaren Buckets abgebildet werden. Die Speicherung der Buckets erfolgt als eindimensionales Array in einer sogenannten **Hashtabelle**. Die Anzahl der dort vorhandenen Buckets wird **Kapazität** genannt. Jedes Bucket kann wiederum mehrere Elemente speichern. Dazu verwaltet es gewöhnlich eine Liste, in der Elemente abgelegt werden.[5]

Um für ein zu speicherndes Objekt die Bucket-Nummer, also den Index innerhalb der Hashtabelle, zu bestimmen, wird das in Abbildung 6-6 angedeutete Verfahren genutzt, das folgender Berechnungsabfolge entspricht:

$$Object \xrightarrow{\texttt{hashCode()}} Hashwert \xrightarrow{f(Hashwert)} Bucket\text{-}Nummer$$

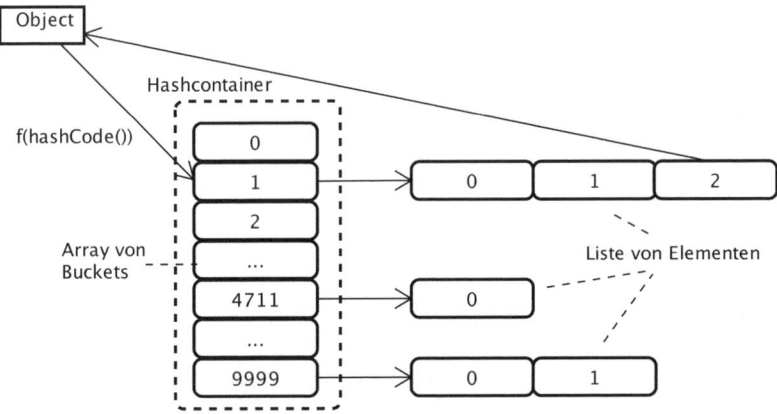

Abbildung 6-6 *Aufbau von hashbasierten Containern*

Als Abbildungsfunktion $f(Hashwert)$ zur Bestimmung der Bucket-Nummer wird von den Hashcontainern des JDKs eine Modulo-Operation angewendet: $f(Hashwert) = Hashwert \; \% \; Kapazität$. Die vorgestellte Arbeitsweise hat gewisse Konsequenzen:

- Selbst wenn die für Objekte berechneten Hashwerte unterschiedlich sind, kann es aufgrund der Abbildungsfunktion f passieren, dass dieselbe Bucket-Nummer berechnet wird und es zu einer **Kollision** kommt: Verschiedene Objekte werden in dasselbe Bucket eingeordnet.

- Würden alle Objekte lediglich wenige unterschiedliche Bucket-Nummern (oder gar dieselbe) zurückliefern, so würde keine einigermaßen gleichmäßige Verteilung

---
[5] Zur Speicherung wird zwar in der Regel eine Liste verwendet – als Optimierung wird seit JDK 8 ein Baum genutzt, sofern die zu speichernden Typen das Interface `Comparable<T>` erfüllen.

mehr erfolgen, sondern es käme zu einem Effekt, den man **Clustering** nennt. Damit bezeichnet man den Vorgang, dass in einigen Buckets sehr viele Elemente gespeichert werden und in anderen nahezu keine. Im Extremfall wird für alle Elemente die gleiche Bucket-Nummer berechnet. Der Hashcontainer würde dadurch auf eine einfache Liste bzw. idealerweise auf einen Baum reduziert werden – zusätzlich aber mit deutlichem Verwaltungsoverhead. Trotzdem würde das Programm noch funktionieren, nur recht inperformant.

Ein Zugriff auf ein Element in einem Hashcontainer oder eine Suche danach erfordert durch den Hashcontainer ein zweistufiges Vorgehen:

1. Zunächst wird das Bucket bestimmt. Dazu wird die Methode `hashCode()` und die interne Abbildungsfunktion f des Hashcontainers benutzt.
2. Anschließend wird mit `equals(Object)` in der Collection des Buckets nach dem gewünschten Element gesucht.

Nach diesen grundsätzlichen Betrachtungen zur Arbeitsweise wollen wir uns konkret die Implikationen für Java-Klassen ansehen. Die Klasse `Object` stellt bekanntlich Defaultimplementierungen der Methoden `hashCode()` und `equals(Object)` bereit. Diese sind aber lediglich für sehr wenige Anwendungsfälle ausreichend. *Darum sollten bei der Speicherung von Objekten eigener Klassen in hashbasierten Containern unbedingt immer deren Methoden `hashCode()` und `equals(Object)` konsistent zueinander überschrieben werden.*

> **Hinweis: Hashwerte in Mengen bzw. Schlüssel-Wert-Abbildungen**
>
> Der Hashwert wird mit der `hashCode()`-Methode entweder des Objekts selbst (bei Mengen) oder für Schlüssel-Wert-Abbildungen desjenigen Objekts, das als Schlüssel dient, berechnet.[a] Damit ich beides im Anschluss nicht immer auseinanderhalten muss, beschreiben die folgenden Ausführungen zur einfacheren Darstellung den Ablauf für Mengen. Für Schlüssel-Wert-Abbildungen muss man sich abweichend davon nur gewahr sein, dass die `hashCode()`-Methode für Objekte des Typs des Schlüssels und zur späteren Suche im Bucket die `equals(Object)`-Methode derjenigen Klasse aufgerufen wird, die den Typ des Werts beschreibt.
>
> [a] Für die Elemente von Listen kann man zwar auch `hashCode()` implementieren, hier hat es jedoch keinen Einfluss auf die Speicherung innerhalb der Liste.

Die Rolle von `hashCode()` beim Suchen

Konkretisieren wir die gerade gemachten Aussagen. Dazu wird das in Abschnitt 4.1.2 zur Demonstration der Methode `equals(Object)` verwendete Beispiel mit Objekten des Typs `Spielkarte` etwas abgewandelt: Statt einer Speicherung in einer `ArrayList<Spielkarte>` erfolgt diese nun in einem bereits in Abschnitt 6.1.6 vorgestellten `HashSet<E>`, nachfolgend also `HashSet<Spielkarte>`:

```
public static void main(final String[] args)
{
   final Collection<Spielkarte> spielkarten = new HashSet<>();
   spielkarten.add(new Spielkarte(Farbe.HERZ, 7));
   // PIK 8 einfügen
   spielkarten.add(new Spielkarte(Farbe.PIK, 8));
   spielkarten.add(new Spielkarte(Farbe.KARO, 9));

   // Finden wir eine PIK 8?
   final boolean gefunden = spielkarten.contains(new Spielkarte(Farbe.PIK, 8));
   System.out.println("gefunden = " + gefunden);
}
```

Listing 6.12 Ausführbar als 'SPIELKARTEINHASHSET'

Wir erwarten, dass das Ergebnis einer Suche unabhängig davon ist, ob man Objekte in einem `HashSet<Spielkarte>` oder einer `ArrayList<Spielkarte>` speichert. Es stellt sich die Frage: Gefunden oder nicht gefunden? Prüfen wir den Wert der Variablen `gefunden`. Möglicherweise erleben wir dabei eine Überraschung. Die gesuchte »Pik 8« wird im Container nicht gefunden. Das ist merkwürdig, da die Methode `equals(Object)` der Klasse `Spielkarte` im oben genannten Abschnitt bereits korrekt implementiert wurde.

Ein kurzes Nachdenken bringt die Lösung: Beim Zugriff auf Hashcontainer wird zunächst durch Aufruf von `hashCode()` die Schublade berechnet, in der anschließend mit `equals(Object)` nach Objekten gesucht wird. Für die Klasse `Spielkarte` wurde die Methode `hashCode()` jedoch nicht überschrieben. Dadurch wird die Defaultimplementierung aus der Klasse `Object` ausgeführt, die typischerweise als `hashCode()` die Speicheradresse der Objektreferenz zurückliefert. Zur Suche wird aber ein neu erzeugtes Objekt verwendet, das zwar die gleiche Spielkarte darstellt, aber eine unterschiedliche Referenz besitzt. Dadurch sind die für die beiden Spielkartenobjekte berechneten Hashwerte unterschiedlich und es wird in zwei unterschiedlichen Buckets gesucht.

Wir müssen also die `hashCode()`-Methode der Klasse `Spielkarte` korrigieren. Betrachten wir dazu zunächst den `hashCode()`-Kontrakt.

Der `hashCode()`-Kontrakt

Die Methode `hashCode()` bildet den Objektzustand (besser: den möglichst unveränderlichen Teil davon) auf eine Zahl ab und wird in der Regel dazu benötigt, Objekte in hashbasierten Containern verarbeiten zu können. Die Methode `hashCode()` ist durch die JLS (Java Language Specification) mit folgender Signatur definiert:

```
public int hashCode()
```

Eine Implementierung von `hashCode()` sollte folgende Eigenschaften erfüllen:[6]

- **Eindeutigkeit** – Während der Ausführung eines Programms sollte der Aufruf der Methode `hashCode()` für ein Objekt, sofern möglich (d. h. falls sich keine relevanten Attribute ändern), denselben Wert zurückliefern.

- **Verträglichkeit mit `equals()`** – Wenn die Methode `equals(Object)` für zwei Objekte `true` zurückgibt, dann muss die Methode `hashCode()` für beide Objekte denselben Wert liefern. Umgekehrt gilt dies nicht: Bei gleichem Hashwert können zwei Objekte per `equals(Object)` verschieden sein.

Daraus können wir folgende Hinweise zur Realisierung der Methode `hashCode()` herleiten: Zur Berechnung sollten diejenigen (möglichst *unveränderlichen*) Attribute verwendet werden, die auch in `equals(Object)` zur Bestimmung der Gleichheit genutzt werden. Dadurch werden Änderungen des Hashwerts vermieden bzw. auf nur tatsächlich benötigte Fälle eingeschränkt. Die Verträglichkeit mit `equals(Object)` ist automatisch dadurch gegeben, dass nur diejenigen Attribute zur Berechnung genutzt werden (oder auch nur ein Teil davon), die in `equals(Object)` verglichen werden.

Fallstricke bei der Implementierung von `hashCode()` Ein typischer Fehler ist, dass die Methode `equals(Object)` überschrieben wird, die Methode `hashCode()` jedoch nicht. Dadurch wird in der Regel die Zusicherung verletzt, die besagt, dass für zwei laut `equals(Object)` gleiche Objekte auch der gleiche Wert durch `hashCode()` berechnet wird.

Auch sieht man Realisierungen von `hashCode()`, die veränderliche Attribute zur Berechnung verwenden. Das kann in einigen Fällen korrekt sein, aber manchmal Probleme bereiten.[7] Wir hatten bereits angesprochen, dass wir Objekte in Hashcontainern nicht mehr wiederfinden, wenn nach einer Änderung des Hashwerts im falschen Bucket gesucht wird. Aufgrund dessen sollte man einen kritischen Blick auf die Zusammensetzung der zur `hashCode()`-Berechnung verwendeten Attribute werfen und versuchen, bevorzugt unveränderliche Attribute zu nutzen, um zu vermeiden, dass sich der berechnete Hashwert bei jeder Modifikation von Attributen des Objekts ändert.

Realisierung von `hashCode()` für die Klasse `Spielkarte` Zur Korrektur der Klasse `Spielkarte` implementieren wir dort die Methode `hashCode()`. Dazu werfen wir einen Blick auf die Methode `equals(Object)`:

---

[6] Werden diese nicht eingehalten, sollte dies unbedingt in der Javadoc vermerkt werden.
[7] Die in Eclipse eingebaute Automatik aus dem Menü SOURCE –> GENERATE HASHCODE() AND EQUALS()... erzeugt eine `hashCode()`-Methode, die potenziell zu viele Attribute nutzt.

```
@Override
public boolean equals(Object other)
{
    if (other == null) // Null-Akzeptanz
        return false;
    if (this == other) // Reflexivität
        return true;
    if (this.getClass() != other.getClass()) // Typgleichheit
        return false;

    // int mit Wertevergleich, Enum mit equals()
    final Spielkarte karte = (Spielkarte) other;
    return this.wert == karte.wert && this.farbe.equals(karte.farbe);
}
```

In der Realisierung der Methode `hashCode()` können wir in diesem Fall die Attribute `wert` und `farbe` zur Berechnung verwenden. Um die Verteilung auf die Buckets möglichst gut zu streuen, kann man mit Primzahlen als Multiplikatoren arbeiten: Jeder Spielkartenwert wird mit einem Primzahlfaktor multipliziert und dann der Hashwert der Farbe hinzu addiert, etwa wie folgt:

```
@Override
public int hashCode()
{
    final int PRIME = 37;
    return this.wert * PRIME + this.farbe.hashCode();
}
```

Man erreicht zwar so eine gleichmäßige Verteilung – für komplexere Klassen wird die Implementierung der Methode `hashCode()` aber doch schnell unübersichtlich und kompliziert. Als weitere Anforderung neben der gleichmäßigen Verteilung sollten die Hashfunktionen recht einfach und effizient zu berechnen sein, da sie unter Umständen sehr oft aufgerufen werden. Um sich darüber nicht allzu viele Gedanken machen zu müssen, ist der Einsatz einer passenden Utility-Klasse wünschenswert.

Einsatz einer Utility-Klasse zur Berechnung von `hashCode()`

In den vorherigen Auflagen dieses Buchs habe ich basierend auf dem in Abschnitt 4.2.4 gewonnenen Wissen über Zahlen und Operationen eine Utility-Klasse `HashUtils` entwickelt. Weil aber seit Java 7 im JDK selbst eine adäquate und einfach zu nutzende Realisierung existiert und man zudem Standards eigenen Entwicklungen vorziehen sollte, zeige ich hier die Methode `hash()` aus der Utility-Klasse `java.util.Objects`.

Einsatz der Utility-Klasse Für die Klasse `Spielkarte` nutzen wir die Klasse `Objects`, um die Berechnung in `hashCode()` einfach und übersichtlich zu schreiben:

```
@Override
public int hashCode()
{
    return Objects.hash(this.wert, this.farbe);
}
```

Realisierung von `hashCode()` für die Klasse `Person` Mit dem bis hierher erlangten Wissen können wir nun auch die Klasse `Person` um eine passende, gut verständliche Realisierung von `hashCode()` erweitern:

```
@Override
public int hashCode()
{
    return Objects.hash(this.name, this.birthday, this.city);
}
```

Füllgrad (Load Factor)

Wir besitzen nun das Wissen, um `hashCode()` so zu implementieren, dass Kollisionen weitestgehend vermieden werden, indem eine möglichst gleichmäßige Verteilung der zu speichernden Elemente erfolgt. Das hängt einerseits von der gewählten Hashfunktion sowie andererseits von der Anzahl verfügbarer Buckets und gespeicherter Elemente ab: Werden fortlaufend immer mehr Elemente in einem hashbasierten Container gespeichert, so wächst die Wahrscheinlichkeit für und die Anzahl von Kollisionen. Ähnlich wie die Klasse `ArrayList<E>` führen auch Hashcontainer eine automatische Größenanpassung der Hashtabelle, d. h. eine Erweiterung um Buckets, durch, wenn die Anzahl gespeicherter Elemente einen Grenzwert übersteigt. Um zu bestimmen, ob eine Größenanpassung nötig ist, betrachtet man nicht den Inhalt aller Buckets im Einzelnen, sondern nutzt eine einfachere, aber effektive Variante: Dabei hilft als Kenngröße der sogenannte *Füllgrad*, auch *Load Factor* genannt, der sich aus dem Quotienten der Anzahl gespeicherter Elemente und der Anzahl der Buckets ergibt. Dieser Wert beschreibt, wie voll der Hashcontainer werden darf, bis es zu einer Größenanpassung kommt. Bis zu einem Füllgrad von etwa 75 % sind Kollisionen erfahrungsgemäß eher unwahrscheinlich (vgl. Javadoc-Dokumentation der Klassen `Hashtable<K,V>` und `HashMap<K,V>`).

Die Hashtabelle wird erweitert, wenn folgende Bedingung zwischen Füllgrad, Anzahl gespeicherter Elemente und der Kapazität der Hashtabelle erfüllt ist:

$$\textit{maximaler Füllgrad} * \textit{Kapazität} \geq \textit{Anzahl Elemente}$$

Wenn man zu dem Zeitpunkt, an dem die Hashtabelle angelegt wird, die ungefähre Anzahl der später zu speichernden Elemente kennt, kann man nachträgliche Größenanpassungen oftmals vermeiden, indem man die initiale Kapazität als Quotient aus der Anzahl der Elemente und dem maximal akzeptierten Füllgrad passend wählt:

$$\textit{initiale Kapazität} = \textit{Anzahl Elemente} / \textit{maximaler Füllgrad}$$

Für 1.000 Elemente ergibt sich bei einem maximalen Füllgrad von 75 % die initiale Kapazität wie folgt: *initiale Kapazität* $= 1.000 / 0{,}75 \approx 1.333$. Bei der Konstruktion eines Hashcontainers kann man den berechneten Wert der initialen Kapazität angeben, wobei dieser rund 1,3-mal so groß wie die geplante Anzahl der zu verwaltenden Elemente sein sollte. Bei einem angenommenen idealen Füllfaktor von 75 % bedeutet dies, dass immer etwa 25 % Kapazität unbelegt bleiben.

Der maximal erlaubte Füllgrad stellt damit eine Stellschraube von Hashcontainern dar, die sich auf Speicherplatz und Zugriffszeit auswirkt. Je kleiner der Wert des maximal erlaubten Füllgrads, desto geringer ist die Wahrscheinlichkeit für Kollisionen. Damit ist der Zugriff schneller, als wenn es Kollisionen gibt. Allerdings geht dies zulasten des benötigten Speichers und erhöht den Anteil unbenutzter Buckets. Umgekehrt »verschwendet« ein maximal erlaubter Füllgrad größer als 75 % zwar weniger Speicher, jedoch steigt die Wahrscheinlichkeit für Kollisionen. Dadurch verschlechtern sich die Zugriffszeiten auf die Elemente.

Auswirkungen von Größenanpassungen

Werden mehr Elemente in einem Hashcontainer gespeichert als zunächst erwartet, und übersteigt der momentane Füllgrad die durch den maximal erlaubten Füllgrad angegebene Schwelle, so wird die Hashtabelle automatisch vergrößert. Es stehen daraufhin mehr Buckets zur Verfügung. Im Gegensatz zu Array-basierten Listen, die neue Daten nach einem solchen Vergrößerungsschritt einfach am Ende anfügen können, ist der Sachverhalt für hashbasierte Container komplizierter. *Nachdem eine Größenanpassung erfolgt ist, muss die Hashtabelle vollständig neu organisiert werden*, da die Abbildungsfunktion für zuvor gespeicherte Werte nicht mehr korrekt arbeitet: *Die Modulo-Operation liefert nun in der Regel andere Werte als zuvor*. Für jedes Element in der Hashtabelle muss das entsprechende aufnehmende Bucket neu ermittelt werden. Diesen Umsortierungsvorgang nennt man **Rehashing**. Da jedes gespeicherte Element betrachtet werden muss, ist dieser Vorgang relativ aufwendig. Als Optimierung wird vom Hashcontainer zu jedem Element dessen zuvor über die Methode `hashCode()` berechneter Wert zwischengespeichert. Dieser ändert sich bei einem Rehashing nicht. Dadurch werden zusätzliche Performance-Einbußen durch die Neuberechnung der Hashwerte durch Aufrufe von `hashCode()` vermieden. Das neue, aufnehmende Bucket kann auf Basis des zwischengespeicherten Hashwerts bestimmt werden. Das Rehashing kostet Rechenzeit, macht spätere Zugriffe aber wieder performanter, weil dadurch weniger Kollisionen auftreten.

Neben dem Rehashing gibt es folgendes Detail zu bedenken: Falls in einem Hashcontainer irgendwann einmal sehr viele Elemente gespeichert wurden, kam es als Folge höchstwahrscheinlich zu einigen Vergrößerungsschritten und damit auch Rehashing-Vorgängen. Werden später Elemente gelöscht, so wird die Größe der Hashtabelle nicht automatisch verkleinert und der Speicher bleibt (unnütz) belegt. Schlimmer noch: *Im Gegensatz zu Listen gibt es für die Hashcontainer kein Pendant zu `trimToSize()`, das es nach einer mittlerweile hinfälligen Expansion erlaubt, den Speicherverbrauch zu beschneiden.* Als Abhilfe kann man einen neuen Hashcontainer mit passend gewählter Größe anlegen, der mit dem Inhalt des bisherigen gefüllt wird.

Um wieder das Beispiel einer Schrankwand zu bemühen: Analog zu den Vergrößerungen wird diese um einen Anbausatz und damit weiteren Stauraum ergänzt, wenn der Platz eng wird. Ein Umräumvorgang sorgt für eine bessere Verteilung der Sachen auch auf die neuen Schubladen und erleichtert eine spätere Suche, da wieder mehr Ordnung herrscht und in jeder Schublade weniger Dinge gelagert sind. Bezogen auf die Speicherverschwendung gilt in etwa folgende Analogie: Nach einem Frühjahrsputz sind beispielsweise mehr als die Hälfte aller Schubladen des Schranks leer. Der Anbausatz wird aber nicht abmontiert, sondern nimmt dann einfach nur noch Platz weg.

6.1.8 Grundlagen automatisch sortierender Container

Für einige Anwendungsfälle ist es praktisch, wenn die in einer Containerklasse verwalteten Daten sortiert vorliegen. Bekanntermaßen gibt es die Containerklassen `TreeSet<E>` bzw. `TreeMap<K,V>`, die automatisch die Sortierung von Elementen ohne weiteren Implementierungsaufwand im Applikationscode herstellen. Für Arrays und Listen gibt es so etwas im JDK nicht. Um diese sortiert zu halten, wird ein manueller Schritt notwendig. Hierbei unterstützen die Methoden `sort()` aus den Utility-Klassen `Arrays` und `Collections` aus dem Package `java.util` (vgl. Abschnitt 6.2.2).

Aber unabhängig von automatischer oder manueller Sortierung muss immer eine Ordnung festgelegt werden, um bei Vergleichen von Objekten »kleiner« bzw. »größer« oder »gleich« ausdrücken zu können. Das kann man mithilfe von Implementierungen der Interfaces `Comparable<T>` und `Comparator<T>` beschreiben:

- **Natürliche Ordnung und `Comparable<T>`** – Sofern zu speichernde Objekte das Interface `Comparable<T>` erfüllen, können sie darüber ihre Ordnung, d. h. ihre Reihenfolge untereinander, beschreiben. Diese Reihenfolge wird auch als *natürliche Ordnung* bezeichnet, da sie durch die Objekte selbst bestimmt wird.[8]

- **Weitere Ordnungen und `Comparator<T>`** – Teilweise benötigt man zusätzlich zur natürlichen Ordnung weitere oder alternative Sortierungen, etwa wenn man Personen nicht nach Nachname, sondern alternativ nach Vorname und Geburtsdatum ordnen möchte. Diese ergänzenden Sortierungen können mithilfe von Implementierungen des Interface `Comparator<T>` festgelegt werden. Dadurch lassen sich von der natürlichen Ordnung abweichende Sortierungen für Objekte einer Klasse realisieren und auch Objekte von Klassen sortieren, für die keine natürliche Ordnung definiert ist, weil das Interface `Comparable<T>` nicht implementiert wird.

Sortierungen und das Interface `Comparable<T>`

Oftmals besitzen Werte oder Objekte eine natürliche Ordnung: Das gilt etwa für Zahlen und Strings. Für komplexe Typen ist die Aussage »kleiner« bzw. »größer« nicht immer sofort ersichtlich, lässt sich aber selbst definieren.

Dazu erlaubt das Interface `Comparable<T>` typsichere Vergleiche und deklariert die Methode `compareTo(T)` folgendermaßen:

---

[8]Über das »natürlich« kann man sich trefflich streiten, weil es nur um die Vorgabe einer Reihenfolge durch die Implementierung geht und die Ordnung auch unintuitiv oder unerwartet sein kann und sich somit möglicherweise sogar eher unnatürlich anfühlt.

6.1 Datenstrukturen und Containerklasse

```
public interface Comparable<T>
{
    public int compareTo(T o);
}
```

Das Vorzeichen des Rückgabewerts bestimmt die Reihenfolge der Elemente:

- = 0: Der Wert 0 bedeutet Gleichheit des aktuellen und des übergebenen Objekts.
- < 0: Das aktuelle Objekt ist kleiner als das übergebene Objekt.
- > 0: Das aktuelle Objekt ist größer als das übergebene Objekt.

Diverse Klassen im JDK (alle Wrapper-Klassen, `String`, `Date` usw.) implementieren das Interface `Comparable<T>` und sind damit automatisch sortierbar.

Implementieren von `compareTo()` in eigenen Klassen Wie man das Interface `Comparable<T>` für eigene Klassen implementiert, zeige ich für die folgende Klasse `Person`. Dort wird anstatt des Geburtsdatums als Objekt das Alter bewusst als primitiver Typ gespeichert, um einige Varianten bei der Realisierung des Interface `Comparable<Person>` zu verdeutlichen:

```
public final class Person implements Comparable<Person>
{
    private final String name;
    private final String city;
    private final int    age;

    public Person(final String name, final String city, final int age)
    {
        this.name = Objects.requireNonNull(name, "name must not be null");
        this.city = Objects.requireNonNull(city, "city must not be null");
        this.age = age;
    }
```

Eine erste Implementierung von `compareTo(Person)` könnte die natürliche Ordnung für `Person`-Objekten (leicht unintuitiv) ausschließlich über deren Namen realisieren:

```
@Override
public int compareTo(final Person otherPerson)
{
    return getName().compareTo(otherPerson.getName());
}
```

Hier ist hilfreich, dass die für den Namen genutzte Klasse `String` das Interface `Comparable<String>` erfüllt. Zudem benötigen wir keine `null`-Prüfung, weil laut Kontrakt eine `NullPointerException` ausgelöst werden soll, sofern ein Aufruf von `compareTo(null)` erfolgt.

Betrachten wir den Einsatz unserer Methode `compareTo(Person)` und nehmen dazu an, eine Kundenliste `customers` enthielte etwa folgende Einträge:

```
customers.add(new Person("Müller", "Bremen", 27));
customers.add(new Person("Müller", "Kiel", 37));
```

Nutzen wir die obige Umsetzung, so werden laut `compareTo(Person)` alle Objekte vom Typ `Person` mit gleichem Namen als gleich angesehen. Dass dies keine wirklich gelungene Realisierung einer natürlichen Ordnung für Personen darstellt, wird nach ein wenig Überlegen klar: Herr Müller aus Kiel ist nicht Herr Müller aus Bremen. Wie geht es also besser? Einen guten Anhaltspunkt stellt oft die Methode `equals(Object)` und die dort zum Vergleich verwendeten Attribute dar. Nachfolgend werden hier neben dem Namen zusätzlich die Attribute `city` und `age` zur Gleichheitsprüfung herangezogen:

```
public boolean equals(final Object obj)
{
    if (this == obj)
        return true;
    if (obj == null)
        return false;
    if (getClass() != obj.getClass())
        return false;

    final Person other = (Person) obj;
    return name.equals(other.name) && city.equals(other.city) &&
            age == other.age;
}
```

Vorgehen zur Implementierung von `compareTo()` Im Allgemeinen kann man sich beim Implementieren von `compareTo(T)` an einer bestehenden Realisierung der Methode `equals(Object)` der jeweiligen Klasse orientieren. Alle dort verglichenen Attribute sind in der Regel auch für die Sortierung gemäß der natürlichen Ordnung relevant.[9] Für die Attribute kann man wie folgt vorgehen:

1. Referenztypen, die das Interface `Comparable<T>` implementieren, verwenden deren `compareTo(T)`-Methoden.

2. Für primitive Datentypen lassen sich die Vergleichsoperatoren '<', '=' und '>' einsetzen, etwa für einen Vergleich des Attributs `age`.[10] Statt jedoch die drei Fälle größer, kleiner und gleich selbst abzufragen und den passenden Rückgabewert bereitzustellen, ist es sinnvoller, die Methoden `compare()` der jeweiligen Wrapper-Klasse zu nutzen, weil diese einem Arbeit abnehmen und der Vergleich wie folgt kürzer und klarer notiert werden kann:

```
int result = Integer.compare(this.getAge(), otherPerson.getAge());
```

3. Für alle Attribute anderen Typs muss der Vergleich selbst implementiert werden. Wenn man den Sourcecode der Klasse des Attributs im Zugriff hat, kann man diese

---

[9] Allerdings ist die Reihenfolge für den Vergleich unbedingt zu beachten. Während diese für `equals(Object)` keinen Einfluss auf das Ergebnis besitzt, macht es für `compareTo(T)` möglicherweise einen großen Unterschied: Es ist entscheidend, ob erst die Namen und dann das Alter oder erst das Alter und dann die Namen verglichen werden.

[10] Für die Typen `float` und `double` sind Rundungsfehler zu bedenken (vgl. Abschnitt 4.1.2).

derart erweitern, dass sie das Interface `Comparable<T>` erfüllt und dort die gewünschten Attribute vergleicht. Hat man eine Klasse jedoch nicht im Zugriff oder soll/darf diese nicht verändert werden, so muss der Vergleich der relevanten Attribute dieser Klasse gemäß der Schritte 1 und 2 selbst programmiert werden.

Konsistenz von `compareTo()` und `equals()` Die Methoden `compareTo(T)` und `equals(Object)` sollten so implementiert werden, dass `x.compareTo(y)` für beliebige x und y gleichen Typs genau dann den Wert 0 zurückgibt, wenn der Vergleich `x.equals(y)` den Wert `true` liefert. Wird gegen diese Regel verstoßen, so empfiehlt es sich, dies im Javadoc zu vermerken.

Für unser Beispiel ist die Forderung nicht eingehalten, weil `compareTo(Person)` schwächer prüft als `equals(Object)`. Um nicht für Verwirrung beim Einsatz zu sorgen, korrigieren wir die Implementierung dahingehend, dass `compareTo(Person)` auch die Attribute `city` und `age` beim Vergleich heranzieht:

```java
@Override
public int compareTo(final Person otherPerson)
{
    Objects.requireNonNull(otherPerson, "otherPerson must not be null");

    int ret = getName().compareTo(otherPerson.getName());
    if (ret == 0)
    {
        ret = getCity().compareTo(otherPerson.getCity());
    }
    if (ret == 0)
    {
        ret = Integer.compare(getAge(), otherPerson.getAge());
    }
    return ret;
}
```

Falls man in den Methoden `compareTo(T)` und `equals(Object)` dieselben Attribute nutzt, lässt sich Sourcecode-Duplikation vermeiden, indem man in `equals(Object)` die Methode `compareTo(T)` aufruft:

```java
@Override
public boolean equals(final Object obj)
{
    if (this == obj)
        return true;
    if (obj == null)
        return false;
    if (getClass() != obj.getClass())
        return false;

    final Person other = (Person) obj;
    return compareTo(other) == 0;          // Vergleich mittels compareTo(Person)
}
```

Diese Art der Realisierung vermeidet zum einen Konsistenzprobleme zwischen beiden Methoden und führt zum anderen dazu, dass die Vergleichslogik nur einmal in der Methode `compareTo(T)` realisiert wird. Dies ist wiederum hilfreich, wenn Änderungen an der Klasse erfolgen, etwa Attribute hinzugefügt werden. Schnell wird dabei übersehen, beide Implementierungen anzupassen. Auch hier erkennt man den Vorteil, eine Funktionalität möglichst nur einmal zu realisieren. Andrew Hunt und David Thomas beschreiben dies in ihrem Buch »Der Pragmatische Programmierer« [38] als das sogenannte DRY-Prinzip (**D**on't **R**epeat **Y**ourself).

> **Entwicklung: `compareTo(T)` basierend auf `equals(Object)`**
>
> Häufig entwickelt man bei einer Neuimplementierung einer Klasse zunächst eine `equals(Object)`-Methode. Wird im Verlauf der Entwicklung eine natürliche Ordnung durch Erfüllen des Interface `Comparable<T>` erforderlich, so bietet es sich oftmals an, `equals(Object)` durch Aufruf von `compareTo(T)` zu realisieren und die Vergleichslogik in `compareTo(T)` zu verlagern.

Sortierungen und das Interface `Comparator<T>`

Wir haben zur Beschreibung der natürlichen Ordnung das Interface `Comparable<T>` kennengelernt. Darüber lässt sich lediglich *eine* spezielle Sortierung beschreiben. In vielen Anwendungsfällen sind weitere Sortierungen wünschenswert, z. B. möchte man in Tabellen häufig nach jeder beliebigen Spalte sortieren können. Dies wird durch den Einsatz der im Folgenden beschriebenen **Komparatoren** möglich. Der Vorteil dieses Vorgehens ist, dass man Anwendungsklassen nicht mit Sortierfunktionalität überfrachtet, sondern diese in *eigenständigen Vergleichsklassen* definiert wird. Dazu müssen diese das Interface `Comparator<T>` erfüllen und die gewünschte Sortierung realisieren. Als Hinweis sei angemerkt, dass die dafür benötigten Attribute bzw. deren Zugriffsmethoden in ihrer Sichtbarkeit möglicherweise eingeschränkt und im `Comparator<T>` nicht zugreifbar sind. Mit `Comparable<T>` hat man immer Zugriff auf alle Attribute.

Das Interface `Comparator<T>` Das Interface `Comparator<T>` beschreibt einen Baustein zum Vergleich von Objekten des Typs `T`. Hierfür wird die Methode `int compare(T, T)` angeboten, die dazu dient, zwei beliebige Objekte des Typs `T` miteinander zu vergleichen:

```
public interface Comparator<T>
{
    int compare(T o1, T o2);
}
```

Über den Rückgabewert wird die Reihenfolge der Sortierung bestimmt. Es gilt:

- = 0: Der Wert 0 bedeutet Gleichheit der beiden Objekte `o1` und `o2`.
- < 0: Das erste Objekt `o1` ist als kleiner als das zweite Objekt `o2`.
- \> 0: Bei positiven Rückgabewerten ist das erste Objekt `o1` größer als das zweite Objekt `o2`.

6.1 Datenstrukturen und Containerklasse

Grundgerüst eines einfachen Komparators Stellen wir uns vor, unsere Aufgabe bestünde darin, eine Liste mit `Person`-Objekten nach verschiedenen Kriterien zu sortieren, etwa nach Name, Wohnort oder Alter. Der grundsätzliche Aufbau einer Realisierung für Komparatoren für einen Typ `T` folgt immer einem gleichen Schema: In der `compare(T,T)`-Methode werden die benötigten Vergleiche durchgeführt. Einen Vergleich auf Namen realisiert man beispielsweise wie folgt:

```java
public final class PersonNameComparator implements Comparator<Person>
{
    public int compare(final Person person1, final Person person2)
    {
        Objects.requireNonNull(person1, "person1 must not be null");
        Objects.requireNonNull(person2, "person2 must not be null");

        return person1.getName().compareTo(person2.getName());
    }
}
```

Vereinfachungen mit JDK 8 In Java 8 wurde das Interface `Comparator<T>` stark erweitert und bietet nun diverse Möglichkeiten zur Erzeugung von Komparatoren. Zunächst einmal kann man nun einen Lambda wie folgt nutzen:

```java
final Comparator<Person> nameComparator = (person1, person2) ->
{
    return person1.getName().compareTo(person2.getName());
};
```

Noch prägnanter geht es mit den neuen Konstruktionsmethoden, etwa `comparing()`, wie folgt:

```java
final Comparator<Person> nameComparator = Comparator.comparing(Person::getName);
```

Die Thematik schauen wir uns detailliert in Abschnitt 6.2.4 an.

Diskussion: Konsistenz von `compare()` und `equals()`

Obwohl im `Comparator<T>` im Javadoc von `compare(T,T)` empfohlen wird, dass `(compare(x,y) == 0) == (x.equals(y))` gelten sollte, ist dies in der Praxis häufig nicht der Fall. Eine entsprechende Forderung wurde bereits bezüglich des Interface `Comparable<T>` aufgestellt. Dabei gibt es zwischen beiden Forderungen die folgenden, entscheidenden Unterschiede.

Unterschiede der Forderungen von `compareTo()` und `compare()`

Realisierungen des Interface `Comparable<T>` sind meistens bijektiv, d. h., es existiert eine »Genau-dann-wenn«-Beziehung: Aus einer Gleichheit bezüglich `compareTo(T)` folgt eine Gleichheit bezüglich `equals(Object)` und auch umgekehrt: Ergibt `equals(Object)` Gleichheit, so gilt dies auch für `compareTo(T)`.

> Realisierungen des Interface `Comparator<T>` sind dagegen oftmals injektiv, d. h., es wird eine »Daraus-folgt«-Beziehung beschrieben: Aus einer Gleichheit gemäß `equals(Object)` kann man (in der Regel) auf eine Gleichheit bezüglich `compare(T,T)` schließen. Aus einer Gleichheit gemäß `compare(T,T)` folgt jedoch meist *keine* Gleichheit bezüglich `equals(Object)`. Anhand von Komparatoren für `Person`-Objekte, die die Attribute `name` bzw. `city` vergleichen, kann man sich dies verdeutlichen: Zwei gleichnamige oder in der gleichen Stadt wohnende Personen werden über die jeweilige Realisierung von `compare(Person, Person)` als gleich angesehen, für `equals(Object)` gilt das logischerweise nicht, da hier noch weitere Attribute wie z. B. Geburtstag oder Größe verglichen werden.

Hintergrundwissen: Arbeitsweise sortierender Datenstrukturen

Zum besseren Verständnis der Arbeitsweise der Containerklassen `TreeSet<E>` bzw. `TreeMap<K,V>` betrachten wir ein `TreeSet<Long>`, das initial die Werte 1, 2 und 3 speichert und in das anschließend die Werte 4, 5 und 6 eingefügt werden. Bevor ich auf Details beim Einfügen eingehe, erläutere ich kurz die zugrunde liegende Datenstruktur.

Es wird ein sogenannter **binärer Baum** genutzt, der sich dadurch auszeichnet, dass es einen speziellen Startknoten (**Wurzel** genannt) gibt, der maximal einen direkten linken und einen direkten rechten Kindknoten besitzt. Diese Kindknoten können wiederum jeweils maximal zwei direkte Kindknoten haben, dies aber beliebig fortgesetzt, sodass ein Knoten beliebig viele Nachfahren besitzen kann. Die **Tiefe des Baums** ist als die maximale Anzahl der Knoten auf dem Weg von der Wurzel bis zu einem Knoten ohne Nachfahren (auch **Blatt** genannt) definiert. Per Definition werden jeweils in den linken Kindknoten diejenigen Elemente eingefügt, die in der Wertebelegung ihrer Attribute als kleiner als der momentane Knoten anzusehen sind. Analog gilt dies für »größere« Elemente, die im rechten Teilbaum gespeichert werden.[11]

Für unser Beispiel des `TreeSet<Long>` ergibt sich mit diesem Wissen und den initialen Werten ein Baum, dessen Wurzelknoten den Wert 2 hat und einen linken sowie rechten Nachfolger mit den Werten 1 bzw. 3. Um die Arbeitsweise beim Einfügen von Elementen zu verdeutlichen, werden dann sukzessive die Elemente 4, 5 und 6 eingefügt. Bei Einfügeoperationen (und selbstverständlich auch bei den hier nicht gezeigten Löschoperationen) wird einerseits immer die gewünschte Sortierung hergestellt und andererseits durch **Balancierung** (Höhenausgleich der Teilbäume) für eine ausgeglichene Verteilung der innerhalb der Datenstruktur gespeicherten Elemente gesorgt. Die Auswirkungen verschiedener Aktionen auf den Baum zeigt Abbildung 6-7.

---

[11] Schnell stellt sich die Frage: Was ist mit gleichen Werten? In den baumbasierten Datenstrukturen `TreeSet<E>` und `TreeMap<K,V>` werden nicht mehrere gleiche Werte gespeichert, sondern es existiert jeweils nur ein derartiger Eintrag. Für Mengen ist dies per Definition so, für Maps gilt dies, da hier die Eindeutigkeit von Schlüsseln gefordert wird. Versucht man trotzdem einen gleichen Wert zu speichern, so wird der alte Eintrag ersetzt, also für `TreeMap<K,V>` ein neuer Wert für den Schlüssel eingetragen.

6.1 Datenstrukturen und Containerklasse

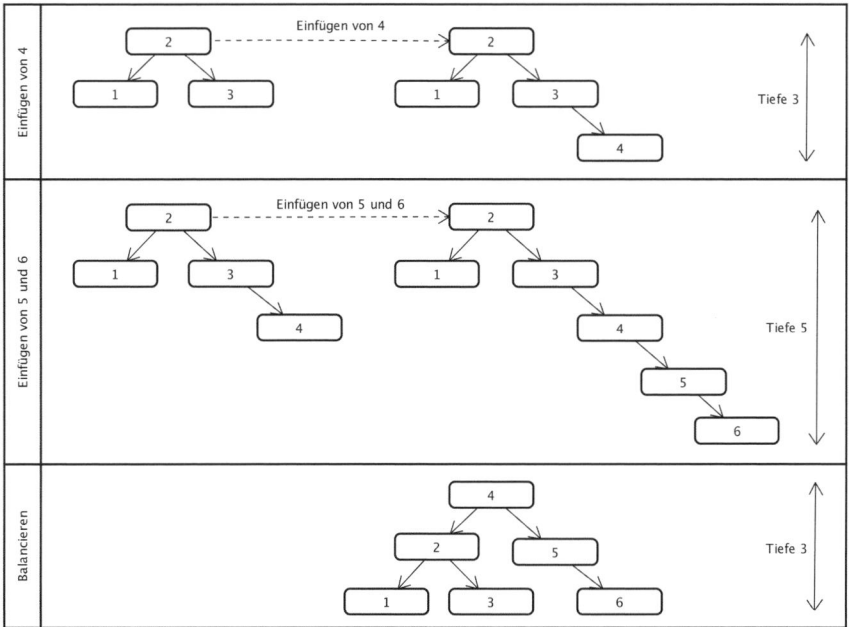

Abbildung 6-7 *Arbeitsweise eines balancierten Baums*

Da die Elemente 4, 5 und 6 größer als die Wurzel sind, werden sie zunächst im rechten Teilbaum einsortiert. Durch Einfügen des Werts 4 entsteht lediglich eine Höhendifferenz von 1 zwischen dem linken und dem rechten Teilbaum. Eine solche Differenz führt nicht zu einem Ausgleichsvorgang, weil sich eine derartige Dysbalance nicht in jedem Fall vermeiden lässt – beispielsweise ist bei zwei gespeicherten Elementen immer ein Teilbaum leer. Durch das Einfügen der Werte 5 und 6 im obigen Beispiel ergibt sich allerdings eine Unausgewogenheit in der Tiefe der Teilbäume, deren Differenz größer als eins ist. Wie in der Abbildung ersichtlich, erhält man nach einem Einfügen möglicherweise fast so etwas wie eine lineare Liste. Um performante Suchen zu gewährleisten, ist es das Ziel, die Tiefe minimal zu halten, den Baum also möglichst auszugleichen. Dies wird durch ein Rotieren der Knoten erreicht, wodurch auch eine Degeneration vermieden wird. Hier wird der Knoten mit dem Wert 4 zur neuen Wurzel.

Durch die beschriebenen Ausgleichsvorgänge wird die Tiefe des Baums nahezu identisch für den linken und den rechten Teilbaum gehalten – genauer: Die Höhendifferenz überschreitet nie den Wert eins. Damit bleibt die maximale Tiefe immer logarithmisch zur Anzahl der im Baum gespeicherten Elemente. Die Ausgeglichenheit sorgt dafür, die maximale Suchgeschwindigkeit auf logarithmische Komplexität zu begrenzen. Das ermöglicht sehr performante Suchvorgänge: Bei 1.000 Elementen beträgt die Tiefe 10 und definiert damit auch die maximale Anzahl an Suchschritten bis zum Auffinden des gesuchten Elements bzw. zum Erkennen, dass kein solches existiert. Selbst bei 1 Million gespeicherter Elemente sind dadurch maximal 20 Schritte notwendig.

6.1.9 Die Methoden `equals()`, `hashCode()` und `compareTo()` im Zusammenspiel

Nachdem wir nun ein gutes Verständnis zu `HashSet<E>` und `TreeSet<E>` aufgebaut haben, wollen wir nochmal auf Besonderheiten der drei Methoden `equals(Object)`, `hashCode()` und `compareTo(T)` eingehen. Dabei ist es vor allem wichtig, diese Methoden konsistent zueinander zu implementieren, wobei `compareTo(T)` nicht in jedem Fall angeboten werden muss. Wenn es aber existiert, dann sollte es konsistent zu `equals(Object)` sein.[12] Beachtet man die Forderung nach Konsistenz nicht, kann es zu Fehlern kommen, die sich nur schwierig reproduzieren lassen und sich in merkwürdigem Programmverhalten äußern.

Betrachten wir dies anhand der Verwaltung einiger Objekte der folgenden Klasse `SimplePerson` mithilfe der Datenstrukturen `HashSet<SimplePerson>` und `TreeSet<SimplePerson>`. Die Klasse `SimplePerson` implementiert das Interface `Comparable<SimplePerson>` und ist wie folgt definiert:

```java
private static class SimplePerson implements Comparable<SimplePerson>
{
    private final String name;

    SimplePerson(final String name)
    {
        this.name = name;
    }

    @Override
    public int compareTo(final SimplePerson other)
    {
        return name.compareTo(other.name);
    }
}
```

Das folgende Listing zeigt, wie zwei inhaltlich gleiche `SimplePerson`-Objekte erzeugt und per `add(SimplePerson)` in einem `HashSet<SimplePerson>` und einem `TreeSet<SimplePerson>` gespeichert werden. Anschließend ermitteln wir durch Aufruf der Methode `size()` die Anzahl der gespeicherten Elemente im jeweiligen Container:

```java
public static void main(final String[] args)
{
    final Set<SimplePerson> hashSet = new HashSet<>();
    hashSet.add(new SimplePerson("Test"));
    hashSet.add(new SimplePerson("Test"));
    System.out.println("HashSet size = " + hashSet.size()); // Size = 2

    final Set<SimplePerson> treeSet = new TreeSet<>();
    treeSet.add(new SimplePerson("Test"));
    treeSet.add(new SimplePerson("Test"));
    System.out.println("TreeSet size = " + treeSet.size()); // Size = 1
}
```

Listing 6.13 Ausführbar als 'LawOfBig3Example'

---

[12] Ausnahmen davon sind entsprechend zu dokumentieren.

6.1 Datenstrukturen und Containerklasse

Zunächst ist überraschend, dass im `HashSet<SimplePerson>` zwei Elemente vorhanden sind und nicht wie im `TreeSet<SimplePerson>` nur eins. Wie ist das zu erklären? Das liegt daran, dass die Methode `equals(Object)`, die zur Bestimmung der Gleichheit von Einträgen innerhalb von Buckets verwendet wird, in der Klasse `SimplePerson` nicht implementiert ist. Somit findet ein Referenzvergleich statt, wenn zwei `SimplePerson`-Objekte verglichen werden. Für die Klasse `TreeSet<SimplePerson>` wird beim Hinzufügen zum Ausschluss doppelter Einträge und damit zum Erhalt der Integrität der Menge die Methode `compareTo(SimplePerson)` anstelle von `equals(Object)` verwendet. In diesem Beispiel besteht demnach das Problem, dass die Methode `compareTo(SimplePerson)`[13] nicht mit `equals(Object)` kompatibel ist, wie dies in Abschnitt 6.1.8 gefordert wurde. Es fehlt eine entsprechende Implementierung von `equals(Object)` in der Klasse `SimplePerson`:

```java
@Override
public boolean equals(final Object other)
{
    if (other == null)                              // Null-Akzeptanz
        return false;
    if (this == other)                              // Reflexivität
        return true;
    if (this.getClass() != other.getClass())        // Typgleichheit
        return false;

    final SimplePerson otherPerson = (SimplePerson) other;
    return compareTo(otherPerson) == 0;             // Vergleich mit compareTo()
}
```

Listing 6.14   Ausführbar als 'LawOfBig3Example2'

Ein erneuter Testlauf liefert immer noch zwei Elemente im `HashSet<SimplePerson>` und eins im `TreeSet<SimplePerson>`. Wie kann das sein, nachdem wir auch die `equals(Object)`-Methode korrigiert haben? Überlegen wir kurz.

Die Erklärung ist einfach: Zwar werden nun zwei `SimplePerson`-Objekte als gleich angesehen, wenn sie denselben Inhalt besitzen, aber zu diesem Vergleich kommt es erst gar nicht. Wie bereits in Abschnitt 6.1.7 angedeutet, berechnet die Methode `hashCode()` zunächst das Bucket zur Speicherung der Objekte. Da keine eigene Implementierung der Methode `hashCode()` existiert, werden die von `equals(Object)` als gleich angesehenen `SimplePerson`-Objekte in unterschiedlichen Buckets gespeichert. Dies widerspricht dem `hashCode()`-Kontrakt und führt dazu, dass das gleiche `SimplePerson`-Objekt zweimal in das `HashSet<SimplePerson>` eingefügt wird. Als Korrektur realisieren wir die `hashCode()`-Methode wie folgt:

```java
@Override
public int hashCode()
{
    return name.hashCode();
}
```

Listing 6.15   Ausführbar als 'LawOfBig3Example3'

---
[13] Das gilt ebenso, wenn ein `Comparator<SimplePerson>` genutzt wird.

Sowohl das `HashSet<SimplePerson>` als auch das `TreeSet<SimplePerson>` enthalten nach dieser Korrektur nur noch einen Eintrag.

Fazit

Dieses einfache Beispiel verdeutlicht das Zusammenspiel der drei Methoden und die Notwendigkeit, die Forderungen der jeweiligen Methodenkontrakte einzuhalten, um Überraschungen oder Merkwürdigkeiten zu vermeiden.

Hier nochmal zur Erinnerung die steuernden Methoden:

- `HashSet<E>` – `hashCode()` und danach `equals(Object)`
- `TreeSet<E>` – `compareTo(T)` bzw. `compare(T,T)`

6.1.10 Schlüssel-Wert-Abbildungen und das Interface `Map`

Nachdem wir bisher die konkreten Realisierungen des Interface `Collection<E>` besprochen haben, wenden wir uns nun den davon unabhängigen Implementierungen des Interface `Map<K,V>` zu. Sie realisieren, wie bereits erwähnt, Abbildungen von Schlüsseln auf Werte. Häufig werden Maps deshalb auch als *Dictionary* oder *Lookup-Tabelle* bezeichnet.

Die zugrunde liegende Idee ist, jedem gespeicherten Wert einen eindeutigen Schlüssel zuzuordnen. Ein intuitiv verständliches Beispiel sind Telefonbücher: Hier werden Namen auf Telefonnummern abgebildet. Eine Suche über einen Namen (Schlüssel) liefert meistens recht schnell eine Telefonnummer (Wert). Da jedoch keine Rückabbildung von Telefonnummer auf Name existiert, wird das Ermitteln eines Namens zu einer Telefonnummer recht aufwendig.

Das Interface `Map`

Maps speichern Schlüssel-Wert-Paare. Jeder Eintrag wird durch das innere Interface `Map.Entry<K,V>` repräsentiert, das die Abbildung zwischen Schlüsseln (Typparameter `K`) und Werten (Typparameter `V`) realisiert. Die Methoden im Interface `Map<K,V>` sind daher auf diese spezielle Form der Speicherung von Schlüssel-Wert-Abbildungen ausgelegt, ähneln aber denen des Interface `Collection<E>`. Allerdings bildet `Collection<E>` nicht die Basis von `Map<K,V>`, das vielmehr einen davon unabhängigen Basistyp darstellt.

Das Interface `Map<K,V>` bietet unter anderem folgende Methoden:

- `V put(K key, V value)` – Fügt dieser Map eine Abbildung (Schlüssel auf Wert) als Eintrag hinzu. Falls zu dem übergebenen Schlüssel bereits ein Wert gespeichert ist, so wird dieser mit dem neuen Wert überschrieben. Die Methode gibt den zuvor mit diesem Schlüssel verbundenen Wert zurück, sofern es einen derartigen Eintrag gab, ansonsten wird `null` zurückgegeben.

- `void putAll(Map<? extends K, ? extends V> map)` – Fügt alle Einträge aus der übergebenen Map in diese Map ein. Werte bereits existierender Einträge werden, analog zur Arbeitsweise der Methode `put(K,V)`, überschrieben.
- `V remove(Object key)` – Löscht einen Eintrag (Schlüssel und zugehörigen Wert) aus der Map. Als Rückgabe erhält man den zum Schlüssel `key` gehörenden Wert oder `null`, wenn zu diesem Schlüssel kein Eintrag gespeichert war.
- `V get(Object key)` – Ermittelt zu einem Schlüssel `key` den assoziierten Wert. Existiert kein Eintrag zu dem Schlüssel, so wird `null` zurückgegeben.
- `boolean containsKey(Object key)` – Prüft, ob der Schlüssel `key` in der Map gespeichert ist, und liefert genau dann `true`, wenn dies der Fall ist.
- `boolean containsValue(Object value)` – Prüft, ob der Wert `value` in der Map gespeichert ist, und liefert genau dann `true`, wenn dies der Fall ist.
- `void clear()` – Löscht alle Einträge der Map.
- `int size()` – Ermittelt die Anzahl der in der Map gespeicherten Einträge.
- `boolean isEmpty()` – Prüft, ob die Map leer ist.

Zum Umgang mit dem Wert `null` als Schlüssel oder Wert beachten Sie bitte den nachfolgenden Praxistipp.

Ergänzend zu den gerade vorgestellten Methoden gibt es folgende Methoden, die Zugriff auf gespeicherte Schlüssel, Werte und Einträge bieten:

- `Set<K> keySet()` – Liefert eine Menge mit allen Schlüsseln.
- `Collection<V> values()` – Liefert die Werte in Form einer Collection.
- `Set<Map.Entry<K,V>> entrySet()` – Liefert die Menge aller Einträge. Dadurch hat man sowohl Zugriff auf die Schlüssel als auch auf die Werte.

Diese drei Methoden liefern jeweils Sichten auf die Daten. Erfolgen Veränderungen in der zugrunde liegenden Map, so werden diese in den Sichten widergespiegelt. *Beachten Sie bitte, dass Änderungen in der jeweiligen Sicht ebenfalls in die Map übertragen werden.* Ähnliches haben wir für Listen und Sets kennengelernt.

> **Tipp: Der Wert `null` als Schlüssel und als Wert**
>
> Liefert die Methode `get(Object)` den Wert `null`, so wird dies vielfach als Nichtvorhandensein eines Eintrags in der Map gedeutet. Diese Schlussfolgerung ist allerdings nicht immer korrekt: In einigen Realisierungen des Interface `Map<K,V>` ist `null` als Wert und sogar als Schlüssel erlaubt. Für `null`-Werte kann man dadurch die Fälle »kein Wert« und »Speicherung des Werts `null`« anhand der Rückgabe von `get()` nicht voneinander unterscheiden. Für diesen Zweck gibt es die Methode `containsKey(Object)`.

Beispiel: Maps im Einsatz

Bevor wir uns die konkreten Realisierungen des Interface Map<K,V> anschauen, wollen wir durch ein kleines Beispiel ein wenig vertrauter mit Maps werden. Wir bauen eine Art Telefonbuch nach bzw. realisieren eine Abbildung von String auf Integer:

```
public static void main(final String[] args)
{
    final Map<String, Integer> nameToNumber = new TreeMap<>();
    nameToNumber.put("Micha", 4711);
    nameToNumber.put("Tim", 0714);
    nameToNumber.put("Jens", 1234);
    nameToNumber.put("Tim", 1508);      // Zweites put() für "Tim"
    nameToNumber.put("Ralph", 2208);

    // Verschiedene Aktionen ausführen
    System.out.println(nameToNumber);
    System.out.println(nameToNumber.containsKey("Tim"));   // Prüfe Schlüssel
    System.out.println(nameToNumber.get("Jens"));          // Zugriff per Schlüssel
    System.out.println(nameToNumber.size());               // Anzahl der Einträge
    System.out.println(nameToNumber.keySet());             // Alle Schlüssel
    System.out.println(nameToNumber.values());             // Alle Werte
}
```

Listing 6.16 *Ausführbar als* '**FIRSTMAPEXAMPLE**'

Starten wir das Programm FIRSTMAPEXAMPLE, so kommt es zu folgenden Ausgaben, die uns schon ein paar Dinge über Maps verraten, nämlich etwa, dass Werte überschrieben werden, wenn mehrmals Daten zum gleichen Schlüssel eingefügt werden:

```
{Jens=1234, Micha=4711, Ralph=2208, Tim=1508}
true
1234
4
[Jens, Micha, Ralph, Tim]
[1234, 4711, 2208, 1508]
```

Die Klasse `HashMap<K,V>`

Die Klasse HashMap<K,V> ist eine Realisierung der abstrakten Klasse AbstractMap<K,V>, die das Interface Map<K,V> implementiert. Die Datenhaltung geschieht in einer Hashtabelle und ermöglicht dadurch eine effiziente Ausführung gebräuchlicher Operationen wie get(Object), put(K,V), containsKey(Object) und size(). Die Reihenfolge der Elemente bei einer Iteration wirkt zufällig. Tatsächlich wird sie durch den jeweiligen Hashwert sowie die Verteilung auf die Buckets bestimmt, wie dies bereits für das HashSet<E> besprochen wurde (vgl. Abschnitt 6.1.7).

Beispiel: Lookup-Map Zur Demonstration der Klasse HashMap<K,V> wollen wir einen in der Praxis häufig anzutreffenden Anwendungsfall betrachten, bei dem eine Menge von Eingabewerten auf eine Menge von Ausgabewerten abgebildet werden soll. Dazu sieht man häufig if- oder switch-Anweisungen wie die folgende:

6.1 Datenstrukturen und Containerklasse

```java
private static Color mapToColor(final String colorName)
{
    switch (colorName)
    {
    case "BLACK":
        return Color.BLACK;
    case "RED":
        return Color.RED;
    case "GREEN":
        return Color.GREEN;
    // ... viele mehr ...

    default:
        throw new IllegalArgumentException("No color for: '" + colorName + "'");
    }
}
```

Sind nur ein paar wenige Fälle abzudecken, kann diese Realisierung durchaus akzeptabel sein, je mehr Fälle jedoch aufeinander abgebildet werden sollen, desto umfangreicher und schwieriger wartbar werden solche Konstrukte. Als Abhilfe kann man sich eine *Abbildungstabelle* in Form einer `HashMap<K,V>` definieren und die Abbildung wird durch einen Zugriff mit dem entsprechenden Schlüssel realisiert:

```java
private static final Map<String, Color> nameToColor = new HashMap<>();

public static void main(final String[] args)
{
    initMapping(nameToColor);

    System.out.println(mapToColor("RED"));       // java.awt.Color[r=255,g=0,b=0]
    System.out.println(mapToColor("GREEN"));     // java.awt.Color[r=0,g=255,b=0]
    System.out.println(mapToColor("UNKNOWN"));   // => Exception
}

private static void initMapping(final Map<String, Color> nameToColor)
{
    nameToColor.put(BLACK, Color.BLACK)};
    nameToColor.put("RED", Color.RED);
    nameToColor.put("GREEN", Color.GREEN);
    // ... viele mehr ...
}

private static Color mapToColor(final String colorName)
{
    if (!nameToColor.containsKey(colorName))
        throw new IllegalArgumentException("No color for: '" + colorName + "'");

    return nameToColor.get(colorName);
}
```

*Listing 6.17 Ausführbar als '*HASHMAPLOOKUPEXAMPLE*'*

Diese Art der Realisierung hält die Funktionalität der Abbildung in der Applikation selbst kurz, lesbar und übersichtlich. Hier im Beispiel wird aus Gründen der Einfachheit eine statische Definition und Initialisierung genutzt. Sofern benötigt kann die Initialisierung auch ausgelagert werden und mithilfe einer externen Datenquelle, etwa einer Datei, erfolgen. Dadurch erzielt man eine größere Flexibilität.

Die Klasse `LinkedHashMap<K,V>`

Die Klasse `LinkedHashMap<K,V>` bietet die Funktionalität einer `HashMap<K,V>` und erweitert diese um die Möglichkeit, Elemente in einer definierten Reihenfolge (wahlweise Einfüge- bzw. Zugriffsreihenfolge) zu speichern und abrufen zu können.

Zum einen kann dies nützlich sein, wenn man eine feste Reihenfolge bei der Iteration benötigt – für `HashMap<K,V>` ist die Ausgabe recht willkürlich. Zum anderen und für die Praxis relevanter ist es, dass man mithilfe der Klasse `LinkedHashMap<K,V>` auf einfache Weise einen Zwischenspeicher, auch *Cache* genannt, realisieren kann. Ein solcher ist immer dann nützlich, wenn man beispielsweise wiederholt auf Daten aus dem Dateisystem oder einer Datenbank zugreift. Diese Zugriffe sind teuer, d. h., sie sind aufwendig und führen durch Latenzzeiten auch zu Verzögerungen in der Abarbeitung des Programms. Als Optimierung kann man Caches für die relevantesten Daten im Speicher halten, um auf diese direkt zugreifen zu können. Häufig sind das die zuletzt zugegriffenen Daten.

Im Folgenden betrachten wir zunächst die Realisierung einer Größenbeschränkung, wobei hier das älteste Element anhand der Reihenfolge des Einfügens bestimmt wird. Neuere Daten verdrängen so früher eingefügte.

Steuerung durch Callback-Methode Die Klasse `LinkedHashMap<K,V>` bietet die folgende Callback-Methode, die beim Einfügen von Elementen aufgerufen wird:

```
protected boolean removeEldestEntry(Map.Entry<K,V> eldest)
```

Der Rückgabewert bestimmt, ob das jeweils älteste Element aus der Map entfernt werden soll. Die Defaultimplementierung dieser Methode liefert den Wert `false` und sorgt damit dafür, dass beim Hinzufügen von Elementen kein Element gelöscht wird. Soll dieses Verhalten geändert werden, so muss die Methode überschrieben und für zu löschende Elemente der Wert `true` zurückgegeben werden. Das Löschen geschieht dann automatisch durch die Implementierung der Map selbst.

> **Hinweis: Aussagekräftige Methodennamen im API**
>
> Da die Methode `removeEldestEntry(Map.Entry<K,V> eldest)` kein Element löscht, sondern lediglich bestimmt, ob dies geschehen soll, hätte man sie besser `shouldRemoveEldestEntry(Map.Entry<K,V> eldest)` genannt.

Beispiel: Realisierung einer Größenbeschränkung Mithilfe der gerade vorgestellten Callback-Methode kann man leicht eine in ihrer Größe beschränkte Map implementieren, die ältere Elemente entfernt, wenn eine gewisse Größe überschritten ist und dann Elemente eingefügt werden. Die folgende Klasse `FixedSizeLinkedHashMap<K,V>` zeigt, wie einfach eine derartige Größenbeschränkung zu realisieren ist:

6.1 Datenstrukturen und Containerklasse

```java
public final class FixedSizeLinkedHashMap<K, V> extends LinkedHashMap<K, V>
{
    private final int maxEntryCount;

    public FixedSizeLinkedHashMap(final int maxEntryCount)
    {
        this.maxEntryCount = maxEntryCount;
    }

    @Override
    protected boolean removeEldestEntry(final Map.Entry<K, V> customer)
    {
        return size() > maxEntryCount;
    }
}
```

Für die Größenbeschränkung überschreibt man lediglich die Methode `removeEldestEntry(Map.Entry<K,V>)` und prüft in der Implementierung, ob die Anzahl der gespeicherten Elemente eine zuvor festgelegte Größe übersteigt.

Da hier keine anderweitige Parametrisierung der zugrunde liegenden `LinkedHashMap<K,V>` erfolgt, wird das älteste Element anhand der Reihenfolge des Einfügens bestimmt. Bei Überschreiten der angegebenen Größe wird das laut Einfügereihenfolge älteste, d. h. das zuerst eingefügte Element gelöscht und damit die Größenbeschränkung erhalten.

Im nachfolgenden Beispiel wird die Größe des realisierten Containers zu Demonstrationszwecken auf den Wert 3 festgelegt. Anschließend werden fünf Abbildungen von Namen auf `Customer`-Objekte in der Map abgelegt.

```java
public static void main(final String[] args)
{
    // Größenbeschränkung auf drei Elemente
    final int MAX_ELEMENT_COUNT = 3;
    final FixedSizeLinkedHashMap<String, Customer> fixedSizeMap =
            new FixedSizeLinkedHashMap<>(MAX_ELEMENT_COUNT);

    // Initial befüllen
    fixedSizeMap.put("Erster", new Customer("Erster", "Stuhr", 11));
    fixedSizeMap.put("Zweiter", new Customer("Zweiter", "Hamburg", 22));
    fixedSizeMap.put("M. Inden", new Customer("Inden", "Aachen", 39));
    printCustomerList("Initial", fixedSizeMap.values());

    // Änderungen durchführen und ausgeben
    fixedSizeMap.put("New1", new Customer("New_1", "London", 44));
    printCustomerList("After insertion of 'New_1'", fixedSizeMap.values());

    fixedSizeMap.put("New2", new Customer("New_2", "San Francisco", 55));
    printCustomerList("After insertion of 'New_2'", fixedSizeMap.values());
}

private static void printCustomerList(final String title,
                                      final Collection<Customer> customers)
{
    System.out.println(title);
    customers.forEach(System.out::println); // Java-8-Defaultmethode
}
```

Listing 6.18 Ausführbar als '**FixedSizeLinkedHashMapExample**'

Führt man das Programm FIXEDSIZELINKEDHASHMAPEXAMPLE aus, wird die Ersetzungsstrategie deutlich: Die beiden zuerst eingefügten Elemente "Erster" und "Zweiter" werden durch die neu hinzugefügten Elemente "New1" und "New2" verdrängt:

```
[...]
After insertion of 'New_1'
Customer [name=Zweiter, city=Hamburg, age=22]
Customer [name=Inden, city=Aachen, age=39]
Customer [name=New_1, city=London, age=44]
After insertion of 'New_2'
Customer [name=Inden, city=Aachen, age=39]
Customer [name=New_1, city=London, age=44]
Customer [name=New_2, city=San Francisco, age=55]
```

Beispiel: Realisierung eines LRU-Caches   Statt die Reihenfolge des Einfügens als Verbleibkriterium zu nutzen, ist es oftmals sinnvoller, zu betrachten, welche Elemente zuletzt verwendet wurden.[14] Man realisiert dazu einen sogenannten *LRU-Cache* (Least-Recently-Used), der die zuletzt benutzten Objekte zwischenspeichert, indem er die am längsten nicht mehr zugegriffenen Elemente im Cache ersetzt:

```
public final class LruLinkedHashMap<K, V> extends LinkedHashMap<K, V>
{
    // Kopie der Package-privaten Definitionen aus der Klasse HashMap
    private static final int DEFAULT_INITIAL_CAPACITY = 16;
    private static final float DEFAULT_LOAD_FACTOR = 0.75f;
    private static final boolean USE_ACCESS_ORDER = true;

    private final int maxEntryCount;

    public LruLinkedHashMap(final int maxEntryCount)
    {
        // Unschön: Um die Eigenschaft accessOrder anzugeben, müssen wir Werte
        // an den Konstruktor übergeben, die wir nicht spezifizieren wollen
        super(DEFAULT_INITIAL_CAPACITY, DEFAULT_LOAD_FACTOR, USE_ACCESS_ORDER);
        this.maxEntryCount = maxEntryCount;
    }

    @Override
    protected boolean removeEldestEntry(final Map.Entry<K, V> customer)
    {
        return size() > maxEntryCount;
    }
}
```

Zur Verdeutlichung der Arbeitsweise der Klasse `LruLinkedHashMap` speichern wir dort wieder einige `Customer`-Objekte. Danach wird dann nur auf drei der vier zuvor gespeicherten Einträge zugegriffen. Durch das Einfügen eines weiteren Eintrags wird der am längsten nicht verwendete Eintrag ersetzt. Im folgenden Beispiel wird der Eintrag »`M. Inden`« durch den Eintrag »`D. Dummy`« ersetzt.

---

[14] Um die Eigenschaft der Zugriffsreihenfolge überhaupt setzen zu können, ist man durch die Konstruktoren der `LinkedHashMap<K,V>` dazu gezwungen, die Werte für Initialkapazität und Füllgrad (Load Factor) anzugeben.

```
public static void main(final String[] args)
{
    // Größenbeschränkung auf vier Elemente
    final int MAX_ELEMENT_COUNT = 4;
    final LruLinkedHashMap<String, Customer> lruMap =
                            new LruLinkedHashMap<>(MAX_ELEMENT_COUNT);

    lruMap.put("A. Mustermann", new Customer("A. Mustermann", "Stuhr", 16));
    lruMap.put("B. Mustermann", new Customer("B. Mustermann", "Hamburg", 32));
    lruMap.put("C. Mustermann", new Customer("C. Mustermann", "Zürich", 64));
    lruMap.put("M. Inden", new Customer("M. Inden", "Kiel", 32));

    printCustomerList("Initial", lruMap.values());

    // Zugriff auf alle bis auf M. Inden
    lruMap.get("A. Mustermann");
    lruMap.get("B. Mustermann");
    lruMap.get("C. Mustermann");

    // Neuer Eintrag sollte M. Inden ersetzen
    lruMap.put("Dummy", new Customer("D. Dummy", "Oldenburg", 128));

    printCustomerList("Nach Zugriffen", lruMap.values());
}
```

Listing 6.19 Ausführbar als '**LRULINKEDHASHMAPEXAMPLE**'

Ein Start des Programms LRULINKEDHASHMAPEXAMPLE produziert die hier gekürzte Ausgabe:

```
[...]
Nach Zugriffen
Customer [name=A. Mustermann, city=Stuhr, age=16]
Customer [name=B. Mustermann, city=Hamburg, age=32]
Customer [name=C. Mustermann, city=Zürich, age=64]
Customer [name=D. Dummy, city=Oldenburg, age=128]
```

Die Klasse `TreeMap<K,V>`

Die Klasse TreeMap<K,V> ist eine Erweiterung der abstrakten Klasse AbstractMap<K,V> und implementiert das Interface SortedMap<K,V>. Eine TreeMap<K,V> stellt automatisch die Ordnung der gespeicherten Schlüssel her und nutzt dazu entweder das Interface Comparable<T> oder einen im Konstruktor übergebenen Comparator<T>. Außerdem implementiert die Klasse TreeMap<K,V> das Interface NavigableMap<K,V>, das einige nützliche Methoden definiert: Durch Aufruf der Methode ceilingKey(K) erhält man einen passenden Schlüssel, der größer oder gleich dem übergebenen Schlüssel ist. Korrespondierende Methoden floorKey(K), lowerKey(K) und higherKey(K) liefern Schlüssel, die kleiner oder gleich, kleiner und größer als der angegebene Schlüssel sind. Weiterhin kann man dazugehörende Einträge der Map über korrespondierende xyzEntry(K)-Methoden ermitteln, wobei xyz für lower, higher usw. steht.

376 6 Das Collections-Framework

Beispiel In folgendem Beispiel nutzen wir die genannten Methoden, um eine Abbildung von Namen auf das Alter zu erreichen und passende Schlüssel bzw. Einträge zu einem übergebenen Namenskürzel zu ermitteln:

```java
public static void main(final String[] args)
{
    final NavigableMap<String, Integer> nameToAgeMap = new TreeMap<>();
    nameToAgeMap.put("Max", 47);
    nameToAgeMap.put("Moritz", 39);
    nameToAgeMap.put("Micha", 43);

    System.out.println("floor   Ma: " + nameToAgeMap.floorKey("Ma"));
    System.out.println("higher  Ma: " + nameToAgeMap.higherKey("Ma"));
    System.out.println("lower   Mz: " + nameToAgeMap.lowerKey("Mz"));
    System.out.println("ceiling Mc: " + nameToAgeMap.ceilingEntry("Mc"));
}
```

Listing 6.20 Ausführbar als 'TREEMAPEXAMPLE'

Führt man das Programm TREEMAPEXAMPLE aus, so erhält man diese Ausgabe:

```
floor   Ma: null
higher  Ma: Max
lower   Mz: Moritz
ceiling Mc: Micha=43
```

Die Ausgaben verdeutlichen die vorangegangenen Beschreibungen: Der Aufruf von `floorKey("Ma")` liefert den Vorgängerschlüssel von "Ma". Weil dieser nicht existiert, wird `null` zurückgeliefert. Ein Aufruf von `higherKey("Ma")` liefert den Nachfolgerschlüssel von "Ma" und dies ist der Schlüssel "Max". Mit `lowerKey("Mz")` wird der Vorgänger von "Mz" ermittelt, was hier "Moritz" ist. Schließlich liefert `ceilingEntry("Mc")` den Nachfolger von "Mc".

6.1.11 Erweiterungen am Beispiel der Klasse `HashMap`

Manchmal möchte man die bestehenden Containerklassen um etwas Funktionalität erweitern. Nachfolgend wollen wir das exemplarisch für die Klasse `HashMap<K,V>` tun. Dort soll die Normierung von Schlüsseln gezeigt werden. Das dient z. B. dazu, Benutzereingaben dezent zu korrigieren, etwa führende oder abschließende Leerzeichen zu entfernen, damit nach einheitlichen Schlüsseln gesucht werden kann.

Stellen Sie sich als Beispiel vor, man würde Bilder basierend auf Eingaben aus einem GUI referenzieren wollen. Werden Benutzereingaben ungeprüft, unbearbeitet und ohne Korrekturen direkt zur Abfrage als Schlüssel einer Map verwendet, so ist es nicht möglich, gespeicherte Werte zuverlässig wiederzufinden. Fehler treten z. B. dann auf, wenn man ein Wort oder einen Buchstaben kleinschreibt oder die Eingabe versehentlich ein führendes oder nachfolgendes Leerzeichen enthält. Sollen textuelle Werte als Referenz auf Schlüssel einer Map dienen, ist es daher wichtig, eine konsistente Umwandlung oder Normalisierung (z. B. Abschneiden von Leerzeichen) der eingegebenen Texte in eine festgelegte Darstellungsform (etwa komplett in Großbuchstaben) zu definieren.

6.1 Datenstrukturen und Containerklasse

Lösungsvarianten

Weil die Schlüssel aus Benutzereingaben stammen können, besteht die Gefahr von Inkonsistenzen. Daher soll eine konsistente Normalisierung von Schlüsseln in eine festgelegte Darstellungsform erfolgen. Weiterhin ist es wünschenswert, dies in der zu erstellenden Containerklasse einmal zentral zu realisieren. Zudem soll die Namensabbildung für nutzende Applikationen unsichtbar und ohne Aufwand einsetzbar sein. Um die gewünschten Erweiterungen umzusetzen, existieren folgende zwei Alternativen:

1. *Aggregation* einer Containerklasse und *Delegation* an deren Methoden[15]
2. *Ableitung* von einer Containerklasse und *Überschreiben* von Methoden

Aggregation und Delegation Verwendet man Delegation, so muss die benötigte Funktionalität über Methodenaufrufe an die aggregierte Containerklasse selbst programmiert werden. Eine Realisierung könnte wie folgt aussehen:

```java
public final class NameToImageMapUsingDelegation
{
    private final Map<String, Image> nameToImage = new HashMap<>();

    public void put(final String name, final Image image)
    {
        final String key = name != null ? name.toUpperCase().trim() : null;
        nameToImage.put(key, image);
    }

    public Image get(final String name)
    {
        final String key = name != null ? name.toUpperCase().trim() : null;
        return nameToImage.get(key);
    }

    public void clear()
    {
        nameToImage.clear();
    }
}
```

Diese Art der Realisierung besitzt folgende Auswirkungen:

- Vielfach wird – wie im Beispiel auch – zunächst nur diejenige Funktionalität bereitgestellt, die man initial benötigt. Ist später mehr Containerfunktionalität erforderlich, so muss diese passend realisiert werden. Im Speziellen kann man aber auch bewusst gewisse Methoden in der Schnittstelle *nicht* anbieten,[16] etwa Löschoperationen.

---

[15] Aggregation bedeutet, dass eine Klasse eine andere Klasse als Attribut besitzt, und Delegation meint, dass Methodenaufrufe an die aggregierte Klasse weitergeleitet werden.

[16] Bei einer Realisierung als Subklasse kann man dies nur durch Überschreiben und Auslösen von z. B. einer `UnsupportedOperationException` in der Implementierung ausdrücken.

6 Das Collections-Framework

- Ein derart realisierte Klasse erschwert die Handhabung, weil sie nicht gut mit dem Collections-Framework harmoniert: Da weder ein Basisinterface erfüllt noch eine Basisklasse erweitert wird, etwa `Map<K,V>`, lässt sich die von der Utility-Klasse `Collections` angebotene Funktionalität nicht oder nur eingeschränkt nutzen.

- Weil kein Basisinterface aus dem Collections-Framework genutzt wird, besteht ein Handicap darin, dass eben nicht die bekannten Methoden angeboten werden oder Methodensignaturen (auch stärker) abweichen. Dies führt aber zu Inkompatibilitäten mit dem Collections-Framework.

Ableitung und Überschreiben Seit JDK 5 kann man typsichere Containerklassen eleganter durch eine Kombination von Ableitung und Einsatz von Generics realisieren und bleibt kompatibel zu allen Funktionalitäten, die durch die Utility-Klasse `Collections` zur Verfügung gestellt werden.

Folgendes Beispiel zeigt den ersten Versuch, die geforderte Funktionalität auf Basis einer typsicheren `HashMap<String,Image>` umzusetzen:

```java
// ACHTUNG: Fehlerhafter erster Versuch!
public final class NameToImageMap extends HashMap<String, Image>
{
    @Override
    public Image put(final String name, final Image image)
    {
        return super.put(name.toUpperCase().trim(), image);
    }

    // @Override => nicht möglich da Signatur get(Object)
    public Image get(final String name)
    {
        return super.get(name.toUpperCase().trim());
    }
    // ...
}
```

Auf den ersten Blick ist kein Fehler zu erkennen. Tatsächlich enthält diese Art der Umsetzung jedoch folgende Probleme:

1. Die Realisierung unterstützt keine `null`-Werte als Schlüssel, sondern führt stattdessen zu einer `NullPointerException`. *Damit verstößt diese Umsetzung gegen die Methodenkontrakte und verhält sich nicht korrekt wie eine Subklasse*. Damit verletzt sie das in Abschnitt 3.5.3 vorgestellte LISKOV SUBSTITUTION PRINCIPLE (LSP). In diesem Fall lässt sich das Problem dadurch lösen, dass man eine Hilfsmethode `normalizeKey(String)` erstellt:

```java
private String normalizeKey(final String key)
{
    if (key == null)
        return null;

    return key.toUpperCase().trim();
}
```

2. Die oben im Listing gezeigte Methode `put(String, Image)` ist korrekt überschrieben, die Methode `get(Object)` jedoch nicht! Hier findet vielmehr ein versehentliches Überladen von `get(Object)` statt. Ohne Nutzung der Annotation `@Override` kann das leicht passieren, da im Collections-Framework leider einige Methoden mit Parametern vom Typ `Object` statt des Typs `K` des Schlüssels definiert sind. Diese Besonderheit gilt auch für `get()`-Methoden und erfordert Vorsicht, um Typfehler zu vermeiden. Um Fehler beim Überschreiben durch den Compiler aufdecken zu können, bietet es sich an, *alle Methoden, die man überschreiben möchte, mit der Annotation `@Override` zu kennzeichnen.*

3. Damit sich die Klasse korrekt als Spezialisierung verhält, müssen alle Methoden angepasst werden, die einen Schlüssel als Parameter erwarten. Geschieht dies nicht, kann man ansonsten zwar problemlos Elemente speichern, eine Abfrage über `containsKey(Object)` oder ein Löschen über `remove(Object)` würde jedoch nicht richtig arbeiten. Ohne Anpassungen in einer Subklasse werden lediglich die Methoden der Oberklasse aufgerufen. *Es wird zuvor eine Umwandlung der Schlüssel benötigt, um garantiert mit passenden Schlüsseln zu suchen.*

Verallgemeinert nutzt man statt des Typs `Image` beliebige Typen mit dem Typkürzel `V`. Zudem werden alle Methoden, die auf Schlüssel zugreifen, entsprechend angepasst, wodurch sich die Klasse wie eine Spezialisierung einer `HashMap<K,V>` verhält, die als Besonderheit jedoch die Schlüssel normalisiert. Folgende Klasse `UpperCaseNormalizedHashMap<V>` behebt die angesprochenen Mängel:

```java
public final class UpperCaseNormalizedHashMap<V> extends HashMap<String, V>
{
    @Override
    public V put(final String key, final V value)
    {
        return super.put(normalizeKey(key), value);
    }

    @Override
    public V get(final Object key)
    {
        return super.get(normalizeKey((String) key));
    }

    @Override
    public boolean containsKey(final Object key)
    {
        return super.containsKey(normalizeKey((String) key));
    }

    // ...

    private String normalizeKey(final String key)
    {
        if (key == null)
            return null;

        return key.toUpperCase().trim();
    }
}
```

Diese Klasse erfüllt die Anforderungen, passt sich ins Collections-Framework ein und stellt somit eine gelungenere Realisierung als diejenige durch Aggregation dar.

6.1.12 Erweiterungen im Interface `Map` mit JDK 8

Das Interface `Map<K,V>` wurde in JDK 8 erweitert, beispielsweise in Form der Methoden `getOrDefault(K,V)`, `putIfAbsent(K,V)`. Anhand eines Beispiels wollen wir nachvollziehen, wie wir die neuen Methoden im Interface `Map<K,V>` gewinnbringend einsetzen können. Nehmen wir an, wir müssten für eine Liste von Wörtern deren Häufigkeiten bestimmen. Weil uns die dazu benötigten Testdaten in einigen Listings begleiten werden, zeige ich zunächst einmalig die Methode, die diese Werte bereitstellt:

```java
private static List<String> createTestData()
{
    final List<String> wordList = Arrays.asList("Dies", "ist", "eine", "Liste",
                    "Eine", "Liste", "kann", "Worte", "enthalten",
                    "Dies", "ist", "das", "Ende", "der", "Liste");
    return wordList;
}
```

Realisierung mit JDK 7 oder früher

Als Beispiel sollen die Häufigkeiten von Wörtern in einem Text ermittelt und eine Art Histogramm erstellt werden. Zunächst zeige ich, wie man dies herkömmlich mithilfe einer `Map<K,V>` ausprogrammieren könnte:

```java
final List<String> wordList = createTestData();
final Map<String, Integer> wordCounts = new TreeMap<>();
for (final String word : wordList)
{
    // Wortvorkommen hoch zählen bzw. anlegen, wenn zuvor nicht existent
    if (wordCounts.containsKey(word))
    {
        final Integer oldValue = wordCounts.get(word);
        wordCounts.put(word, oldValue + 1);
    }
    else
    {
        wordCounts.put(word, 1);
    }
}
System.out.println(wordCounts);
```

Wir sehen die Behandlung verschiedener Sonderfälle, beispielsweise wenn kein Wert vorhanden ist sowie das Auslesen des alten und Setzen des neuen Werts. Das wirkt bereits ein wenig unelegant. Insbesondere problematisch sind zwei Dinge: Erstens muss man diese Funktionalität für andere, ähnliche Anwendungsfälle immer wieder erneut ausprogrammieren, im Speziellen auch dann, wenn lediglich andere Typen für Schlüssel oder Wert genutzt werden. Zweitens ist eine derartige Verarbeitung kritisch, falls durch andere Threads Änderungen während der Verarbeitung erfolgen, sodass im Anschluss ein anderer Zustand existiert als vor der Unterbrechung und z. B. bei der Prüfung. Natürlich kann man durch Synchronisierung für einen kritischen Bereich und die exklusive Ausführung sorgen, dies geschieht jedoch auf Kosten der Möglichkeit zur parallelen Abarbeitung. Eine weitere Alternative wären Locks.

Zusammenfassend lässt sich feststellen, dass man diese Methoden zwar relativ einfach in ihrer Funktionalität nachbauen kann, es jedoch eher schwierig ist, dies Threadsicher und bei konkurrierenden Zugriffen korrekt hinzubekommen. Umso angenehmer ist es, dass diese Methoden von der für Multithreading und konkurrierende Zugriffe ausgelegten Klasse ConcurrentHashMap<K,V> angeboten werden. Nachfolgend wollen wir uns vor allem um Lesbarkeit und Verständlichkeit und weniger um Multithreading kümmern. Lernen wir also einige neue Methoden im Interface Map<K,V> kennen.

Die Methode getOrDefault()

Oftmals wünscht man sich beim Zugriff auf eine Map, dass ein Defaultwert zurückgeliefert werden kann, falls kein Eintrag zu einem gewünschten Schlüssel existiert. Diese Funktionalität wird in JDK 8 durch die Methode getOrDefault(Object,V) realisiert. Man vermeidet dadurch ansonsten notwendige Spezialbehandlungen. Eine Methode, die analog arbeitet, könnte man wie folgt realisieren:

```
// Achtung: Nur für Singlethreading korrekt
public Object getOrDefaultSimplified(final Object key,
                                     final V defaultValue)
{
    if (!map.containsKey(key))
        return defaultValue;

    final Object value = map.get(key);
    return value;
}
```

Die Methoden putIfAbsent() und replace()

Im Interface Map<K,V> konnte man bis JDK 8 durch Aufrufe von put(K,V) Werte zu einem Schlüssel sowohl in die Map einfügen als auch einen bereits existierenden Wert überschreiben. In JDK 8 werden nun mit putIfAbsent(K,V) und replace(K,V) zwei neue, speziellere Funktionen geboten. Wie bereits am Namen zu vermuten ist, fügt putIfAbsent(K,V) nur dann einen Wert ein, wenn zuvor noch keiner existierte. Für replace(K,V) gilt es andersherum: Mit der Methode replace(K,V) werden lediglich schon vorhandene Einträge ersetzt. Existiert kein Wert, passiert nichts.

6 Das Collections-Framework

Beispiel Wörterzählen   Die drei Methoden `getOrDefault(Object,V)`, `putIfAbsent(K,V)` und `replace(K,V)` kombinieren wir für das Wörterzählen wie folgt zwar kürzer, jedoch möglicherweise nicht intuitiv verständlich. Insbesondere muss beim ersten Hochzählen ein wenig getrickst werden:

```java
public static void main(final String[] args)
{
    final List<String> wordList = createTestData();

    final Map<String, Integer> wordCounts = new TreeMap<>();
    for (final String word : wordList)
    {
        // Initialen Wert vorgeben, Achtung 0, weil später Inkrement erfolgt
        wordCounts.putIfAbsent(word, 0);
        // Wert ermitteln, wenn vorhanden
        final Integer value = wordCounts.getOrDefault(word, 0);
        // Wert ersetzen
        wordCounts.replace(word, value + 1);
    }

    System.out.println(wordCounts);
}
```

Listing 6.21   *Ausführbar als 'WORDCOUNTPUTIFABSENTREPLACEEXAMPLE'*

Die Methoden `computeIfAbsent()` und `computeIfPresent()`

Manchmal soll nicht nur ein ganz bestimmter Wert mit `putIfAbsent(K,V)` in eine Map eingefügt werden, sondern stattdessen eine Berechnung ausgeführt werden. Das kann man unter anderem dazu nutzen, um eine sogenannte Multi Map zu realisieren, bei der für einen Schlüssel mehrere Werte gespeichert werden können. Existiert noch kein Wert für einen Schlüssel, so muss zunächst eine Collection angelegt werden. Das implementieren wir wie folgt:

```java
// Achtung: Nur für Singlethreading korrekt
if (!map.containsKey(key))
{
    map.put(new ArrayList<>());
}
```

Die obige Realisierung ist nur für Singlethreading korrekt, bei Multithreading könnten mehrere Threads zeitgleich die Prüfung vornehmen und danach unterbrochen werden. Nachfolgendes Hinzufügen von Elementen wird dann möglicherweise durch frisch initialisierte `ArrayList<E>`-Instanzen wieder zunichtegemacht. Die Standardimplementierung als Defaultmethode `computeIfAbsent(K, Function<? super K, ? extends V>)` im Interface `Map<K,V>` löst dieses Problem zwar nicht, verbessert aber die Lesbarkeit, insbesondere in Kombination mit einem Lambda (vgl. Kapitel 5).

```java
map.computeIfAbsent(key, it -> new ArrayList<>());
```

6.1 Datenstrukturen und Containerklasse

Beispiel Wörterzählen Für das Beispiel des Wörterzählens kann man die Verarbeitung mithilfe von Lambdas deutlich klarer wie folgt schreiben:

```
public static void main(final String[] args)
{
    final List<String> wordList = createTestData();

    final Map<String, Integer> wordCounts = new TreeMap<>();
    for (final String word : wordList)
    {
        wordCounts.computeIfPresent(word, (str, val) -> val + 1);
        wordCounts.computeIfAbsent(word, (val) -> 1);
        // Alternativ: wordCounts.putIfAbsent(word, 1);
    }

    System.out.println(wordCounts);
}
```

Listing 6.22 Ausführbar als 'WORDCOUNTCOMPUTEIFEXAMPLE'

Zum Erhöhen des Zählers nutzen wir hier im Aufruf von `computeIfPresent()` einen Lambda, der als Eingabe sowohl den Wert des Schlüssels als auch des Werts erhält und Letzteren um eins erhöht zurückgibt. Falls es noch keinen Eintrag für ein Wort gibt, kann man entweder einen Aufruf von `computeIfAbsent()` oder die Methode `putIfAbsent(K,V)` nutzen.

Die Methode `merge()`

Die abschließend vorgestellte Methode `merge(K, V, BiFunction<? super V, ? super V, ? extends V>)` realisiert eine Funktionalität, ähnlich zu `computeIfAbsent()`, die einen existierenden Eintrag mit einer übergebenen Funktion verknüpft: Der neue Wert wird aus dem alten Wert und einer binären Operation ermittelt. Für den Fall, dass es den Wert noch nicht gibt, wird der an die Methode `merge()` übergebene Startwert vom Typ V in der Map gespeichert. Zur Verdeutlichung möchte ich dies für das Beispiel des Wörterzählens wie folgt nutzen:

```
public static void main(final String[] args)
{
    final List<String> wordList = createTestData();

    final Map<String, Integer> wordCounts = new TreeMap<>();
    for (final String word : wordList)
    {
        wordCounts.merge(word, 1, Integer::sum); // JDK 8: Methodenreferenz
    }

    System.out.println(wordCounts);
}
```

Listing 6.23 Ausführbar als 'WORDCOUNTMERGEEXAMPLE'

Im Listing sehen wir die Methodenreferenz `Integer::sum` (vgl. Abschnitt 5.3), die auf die Methode `sum()` der Klasse `Integer` verweist und eine Addition wie folgender Lambda ausführt: `(int x, int y) -> x + y`.

Fazit

An der schrittweisen Weiterentwicklung des Beispiels erkennen wir sehr schön, dass man sich von der imperativen Programmierung hin zu einem deklarativen Programmierstil bewegt. Die erste Variante hat den Algorithmus mit 15 Zeilen umgesetzt. Zum Schluss benötigt man nur noch fünf Zeilen. Neben der Kürze kommuniziert die obige Lösung vor allem die gewünschte Funktionalität viel besser.

Die zuvor vorgestellten Methoden sind für viele Anwendungsfälle praktisch und erleichtern die tägliche Arbeit. Man kann sich dadurch wieder mehr auf das zu lösende Problem als auf die Details der Zugriffe auf die Map konzentrieren. Insgesamt sinkt durch den deklarativen Ansatz und durch die im Framework implementierten Algorithmen die Wahrscheinlichkeit für Flüchtigkeitsfehler – erschwerend dazu kann beim imperativen Ansatz ein kleiner Fehler viel schneller zu unerwarteten Resultaten führen.

6.1.13 Entscheidungshilfe zur Wahl von Datenstrukturen

Wir haben mittlerweile eine Vielzahl von Containerklassen und dabei auch Details zu deren Arbeitsweise kennengelernt. Nachfolgend möchte ich daraus eine Entscheidungshilfe ableiten, weil die adäquate Wahl der für ein Problem geeigneten Datenstruktur große Auswirkungen sowohl auf die Lesbarkeit und Verständlichkeit als auch auf die Performance haben kann. Abbildung 6-8 bietet eine Entscheidungshilfe zur Auswahl einer geeigneten Datenstruktur aus dem Collections-Framework und greift Ideen aus dem Buch »Java 2 – Designmuster und Zertifizierungswissen« [17] von Friedrich Esser auf, beschränkt sich dabei aber aus Gründen der Übersichtlichkeit auf die zuvor besprochenen Klassen.

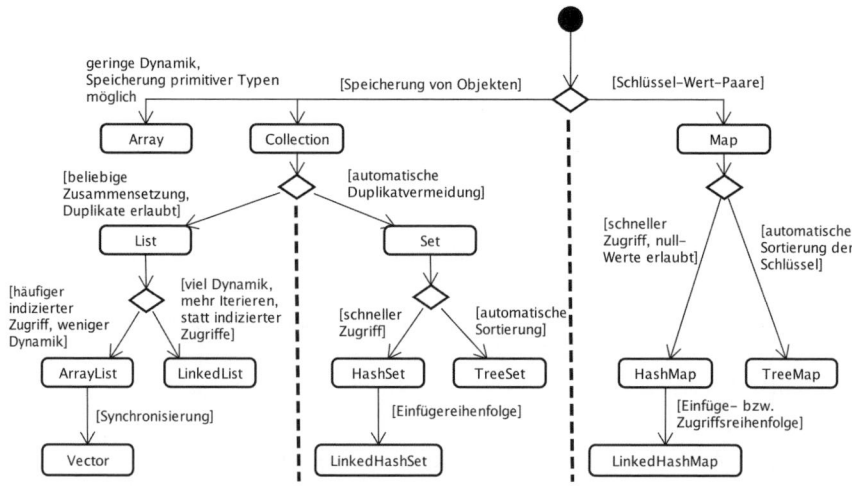

Abbildung 6-8 *Entscheidungshilfe zur Wahl von Datenstrukturen*

Als Faustregel gilt, dass die `ArrayList<E>` und die `HashMap<K,V>` vielfach eine gute Wahl sind, unter anderem auch weil sie in der Regel die beste Performance (vgl. Abschnitt 22.2.1) liefern. Arrays dienen z. B. zur Verwaltung primitiver Typen. Insbesondere bei Mehrdimensionalität stellt ein Array-Zugriff vielfach die natürlichste Zugriffsvariante dar.

Nutzt man jedoch ein Array, obwohl eigentlich Listenfunktionalität benötigt wird, dann ist dies ungünstig: Durch diese für das Problem unpassend gewählte Datenstruktur kommt es zu mehr Sourcecode und mehr Komplexität, weil die Listenfunktionalität dann jeweils an der einsetzenden Stelle vom Entwickler selbst programmiert werden muss. Dadurch steigt die Wahrscheinlichkeit für Fehler, weil Eigenimplementierungen weniger ausgereift und gut getestet sind als die Containerklassen des JDKs.

6.2 Suchen und Sortieren

Nachdem wir bisher hauptsächlich die Verwaltung von Daten in Containern betrachtet haben, wollen wir uns im Folgenden mit den Themen Suchen und Sortieren beschäftigen. Das sind zwei elementare Themen der Informatik im Bereich der Algorithmen und Datenstrukturen. Das Collections-Framework setzt beide um und nimmt einem dadurch viel Arbeit ab. Allerdings ist bis JDK 8 eine wichtige und in der Praxis häufig benötigte Funktionalität nicht enthalten: das Filtern. Das ändert sich mit Java 8. Dessen mächtige Möglichkeiten zur Filterung mit dem Filter-Map-Reduce-Framework werden in Abschnitt 7.2 beschrieben.

Zunächst betrachten wir das Suchen in Abschnitt 6.2.1. Danach behandeln die Abschnitte 6.2.2 sowie 6.2.3 das Sortieren von Arrays und Listen sowie das Sortieren mit Komparatoren. In Abschnitt 6.2.4 gehe ich dann auf Erweiterungen im Interface `Comparator<T>` mit JDK 8 ein.

6.2.1 Suchen

Praktischerweise besitzen alle Containerklassen Methoden, mit denen man nach Elementen suchen kann und auch um zu prüfen, ob Elemente enthalten sind.

Suchen mit `contains()`

Wenn Containerklassen über den allgemeinen Typ `Collection<E>` angesprochen werden, so kann durch Aufruf der Methode `contains(Object)` ermittelt werden, ob gewünschte Elemente enthalten sind. Darüber hinaus kann mit `containsAll(Collection<?>)` geprüft werden, ob eine Menge von Elementen enthalten ist. Dabei wird über die gespeicherten Elemente iteriert, und jedes einzelne wird basierend auf `equals(Object)` auf Gleichheit mit dem übergebenen Element bzw. den übergebenen Elementen geprüft. Für Maps existieren – wie bereits erwähnt – korrespondierende Methoden `containsKey(Object)` und `containsValue(Object)`.

Suchen mit `indexOf()` und `lastIndexOf()`

Für Listen gibt es ergänzend zu der Prüfung auf Existenz mit `contains(Object)` die Methoden `indexOf(Object)` und `lastIndexOf(Object)`, um die Position eines gesuchten Elements zu ermitteln. Die erste Methode beginnt die Suche am Anfang einer Liste und die zweite beginnt an deren Ende. Auf diese Weise kann, sofern vorhanden, entweder das erste bzw. letzte Vorkommen ermittelt werden. Gleichheit wird wiederum durch `equals(Object)` überprüft.

Suchen mit `binarySearch()`

Neben den gerade genannten Suchmethoden, die iterativ so lange alle Elemente der Datenstruktur betrachten, bis sie fündig geworden sind, wird für die Datenstrukturen Array und `List<E>` außerdem eine extrem effiziente Suche, die sogenannte *Binärsuche*, angeboten. *Das setzt allerdings zwingend eine sortierte Datenstruktur voraus.* Den Vorteil der Binärsuche gegenüber einer linearen Suche erkennt man bei größeren Datenvolumina: Die Binärsuche ist extrem performant und benötigt zum Suchen eines Elements eine mit der Anzahl der gespeicherten Elemente logarithmisch wachsende Zeit. Das liegt daran, dass der Algorithmus der Suche die jeweils zu untersuchenden Suchabschnitte halbiert und danach im passenden Teilstück weitersucht. Die beschriebene Binärsuche wird im JDK durch die überladene Methode `binarySearch()` in den Utility-Klassen `Arrays` bzw. `Collections` realisiert. Abbildung 6-9 stellt den prinzipiellen Ablauf dar, wobei aussortierte Teilstücke grau markiert sind.

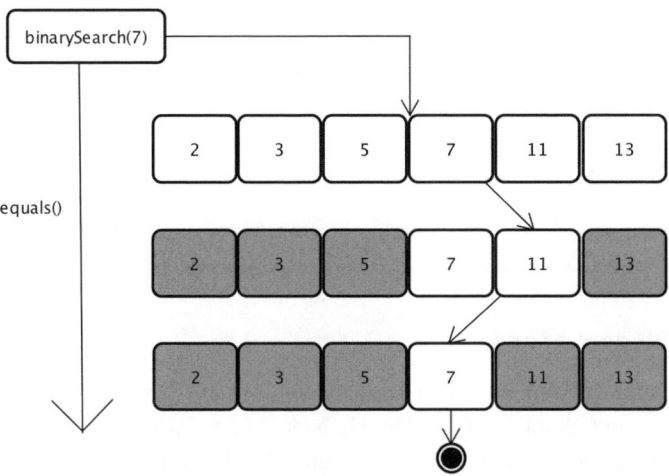

Abbildung 6-9 Schematischer Ablauf bei der Binärsuche

In der Abbildung zeigt der Pfeil im ersten Schritt zwischen die Elemente – je nach Implementierung von `binarySearch()` wird bei gerader Anzahl das zur Mitte direkt benachbarte obere bzw. untere Element zum Vergleich genutzt.

6.2 Suchen und Sortieren

Analogie: Binärsuche im realen Leben

Für einige eher abstrakte Algorithmen lassen sich schöne Analogien aus dem realen Leben finden. Dies gilt auch für die Binärsuche. Betrachten wir dazu die Suche nach einer Telefonnummer in einem Telefonbuch, etwa für Aachen. Wollten wir dort die Telefonnummer von Michael Inden finden, so würden wir das Telefonbuch etwa in der Mitte aufschlagen, da wir wissen, dass die Einträge alphabetisch nach Nachnamen geordnet sind und demnach Inden ziemlich mittig zu finden sein sollte – jedenfalls wenn man in etwa eine Gleichverteilung der Nachnamen und deren Anfangsbuchstaben annimmt. Möglicherweise haben wir nicht exakt getroffen und sind bei Max Mustermann gelandet. Dann gehen wir etwas nach vorne und schlagen dort auf. Wir landen etwa bei Nachnamen mit dem Anfangsbuchstaben H. Dann gehen wir wieder ein Stück nach hinten und landen etwa beim Buchstaben J. Das setzen wir fort, bis wir den Autor gefunden haben. Nach diesem Prinzip arbeitet die Binärsuche und ist damit deutlich effizienter, als die Suche beim Buchstaben A zu starten und sich sukzessive bis I vorzuarbeiten.

Binärsuche in Arrays und Listen Betrachten wir als Beispiel eine Suche in einer `List<Integer>`, die einige Primzahlen in aufsteigender Ordnung speichert. Dort suchen wir nach den Zahlen 7 und 14. Im Anschluss daran kehren wir die Reihenfolge der Elemente um und wiederholen die Suche. Das Ganze wird folgendermaßen realisiert:

```
public static void main(final String[] args)
{
    final List<Integer> primes = Arrays.asList(2, 3, 5, 7, 11, 13);

    System.out.println(primes); // [2, 3, 5, 7, 11, 13]

    // Suche nach 7 und 14
    System.out.println(Collections.binarySearch(primes, 7));  // 3
    System.out.println(Collections.binarySearch(primes, 14)); // -7

    // Anderes Sortierkriterium anwenden, um Versagen der Suche zu provozieren
    Collections.sort(primes, Collections.reverseOrder());
    System.out.println(primes); // [13, 11, 7, 5, 3, 2]

    // Suche nach 7 und 14
    System.out.println(Collections.binarySearch(primes, 7));  // 2
    System.out.println(Collections.binarySearch(primes, 14)); // -7
}
```

Listing 6.24 Ausführbar als 'BINARYSEARCHEXAMPLE'

Führt man das Programm BINARYSEARCHEXAMPLE aus, so wird der Wert 7 wie erwartet an Position drei (0-basiert) gefunden. Der gesuchte Wert 14 ist jedoch nicht gespeichert. Die Methode `binarySearch()` liefert als Ergebnis den Wert -7. Sind die Rückgabewerte der Methode `binarySearch()` größer oder gleich 0, so entspricht dies dem 0-basierten Index, an dem der gesuchte Wert gefunden wurde. Ein negativer Wert bedeutet, dass das gesuchte Element nicht in der Datenstruktur gespeichert ist. Über den Rückgabewert wird die Position beschrieben, an der der gesuchte Wert in den Container eingefügt werden kann, ohne die Sortierung zu zerstören. Demnach codiert der Rückgabewert die Position wie folgt: *Position = −Rückgabewert − 1*. Die Zahl 14 könnte demnach an Position 6 eingefügt werden, also hinter der 13.

Bis jetzt scheint alles recht einfach. Um auf Fallstricke hinzuweisen, wird für das Beispiel anschließend eine absteigende Sortierung durch einen Aufruf der statischen Methode `Collections.sort(List<T>, Comparator<? super T>)` hergestellt. Dazu nutzen wir einen Komparator, den man durch Aufruf der statischen Methode `reverseOrder()` erzeugt. Nun wird die Suche auf der absteigend sortierten Liste wiederholt. Der Wert 7 wird dann an Position 2 gefunden, was jedoch ein Zufallstreffer ist, der durch die Teilung der Eingabewerte und die Mittenposition des Werts 7 entsteht.[17] Auch der Rückgabewert -7 für die Suche nach dem Wert 14 verwundert, denn in der umsortierten Liste wäre der Wert -1 die richtige Rückgabe für Position 0 gewesen, an der 14 eingefügt werden müsste (siehe nachfolgenden Kasten »Fallstrick«).

> **Fallstrick: Unterschiedliche Reihenfolgen bei Sortierung und Suche**
>
> Wie im Beispiel gesehen, ist es elementar wichtig, dass *sowohl die zur Sortierung genutzte als auch die bei der Suche verwendete Reihenfolge identisch sind*.[a] Ansonsten ist das Ergebnis einer solchen Suche nicht definiert, liefert jedoch häufig den Wert -1. Da die Binärsuche ohne Angabe eines Sortierkriteriums von einer Sortierung gemäß der natürlichen Ordnung »ausgeht«, kommt es im obigen Beispiel durch die abweichende Sortierung aber auch zu der falschen Angabe von -7 für eine Suche der Zahl 14 in der absteigend sortierten Liste von Primzahlen.
>
> [a] Dies ist eine »beliebte« Fangfrage bei OCPJP/SCJP-Prüfungen.

Binärsuche in Sets und Maps? Intuitiv fragt man sich: Wie sucht man effizient in Sets und Maps? Mit dem bisher erlangten Wissen können wir diese Frage leicht beantworten: Die hashbasierten Container bieten aufgrund der Speicherung in einer Hashtabelle bereits einen extrem performanten Zugriff (sofern die Hashfunktion gut und nicht zu aufwendig zu berechnen ist), sodass eine zusätzliche *eigenständige* Realisierung einer derartigen Suche nicht sinnvoll ist.[18] Das Gleiche gilt für die sortierten Container `TreeSet<E>` und `TreeMap<K,V>`. Wie in Abschnitt 6.1.8 beschrieben, verwenden diese Datenstrukturen einen balancierten Baum, in dem die Suche nach dem gleichen Prinzip wie bei der Binärsuche erfolgt.

---

[17] Erweitert man die Eingabemenge der Primzahlen um die Werte 17 und 19, so wird als Folge die Zahl 7 nicht mehr gefunden und die Binärsuche liefert die Rückgabe -1.

[18] Zudem ist eine Realisierung aufgrund der unsortierten Speicherung in einer Hashtabelle nicht möglich.

6.2.2 Sortieren von Arrays und Listen

Im Collections-Framework kann man neben verschiedenen Realisierungen der automatisch sortierenden Container `SortedSet<E>` und `SortedMap<K,V>` bei Bedarf auch Arrays und Listen durch einen Aufruf der jeweiligen Methode `sort()` aus den Utility-Klassen `Arrays` bzw. `Collections` sortieren.

Bevor wir im nächsten Abschnitt Komparatoren, die die Reihenfolge der Elemente steuern, genauer betrachten, wollen wir anhand der manuellen Sortierung von Listen den Einsatz von Komparatoren rekapitulieren und danach auch einen Blick auf die Sortierung von Arrays werfen.

> **Warnhinweis: `null`-Prüfungen in Komparatoren**
>
> Um die nachfolgenden Ausführungen zu den Komparatoren nicht mit `null`-Prüfungen unübersichtlich zu machen, werde ich darauf (weitestgehend) verzichten. In der Praxis ist es jedoch oftmals sinnvoll, diese Prüfungen vorzunehmen. Noch besser ist es, die Eingabedaten `null`-frei zu halten, sofern dies möglich ist.

Beispiel: Sortieren einer Liste

Listen sortieren wir mit der Methode `Collections.sort()` sowie den Interfaces `Comparable<T>` und `Comparator<T>`, die die Reihenfolgen von Objekten festlegen:

```java
public static void main(final String[] args)
{
    final List<String> names = Arrays.asList("Andy", "Michael", "Tim", "Stefan");

    // Comparable<String>-basierte Sortierung
    Collections.sort(names);
    System.out.println(names);

    final Comparator<String> byLength = new Comparator<String>()
    {
        @Override
        public int compare(final String str1, final String str2)
        {
            return Integer.compare(str1.length(), str2.length());
        }
    };

    // Comparator<String>-bestimmte Sortierung
    Collections.sort(names, byLength);
    System.out.println(names);
}
```

Listing 6.25 Ausführbar als 'LISTSORTEXAMPLE'

Führen wir das Programm LISTSORTEXAMPLE aus, so zeigt die Ausgabe zunächst eine alphabetische Sortierung und dann eine nach der Länge der Strings:

```
[Andy, Michael, Stefan, Tim]
[Tim, Andy, Stefan, Michael]
```

Vereinfachungen mit JDK 8 JDK 8 bietet verschiedenste Neuerungen, die bei Sortierungen nützlich sind. Das sind unter anderem Lambdas, Methodenreferenzen und Defaultmethoden (vgl. Kapitel 5). Auch wurde das Interface `Comparator<T>` erweitert, sodass sich eigene Komparatoren mit sehr wenig Aufwand erstellen lassen. Zudem bietet das Interface `List<E>` nun eine Methode `sort()`. Nachfolgend ist dazu ein kurzes Beispiel angegeben, das neben den API-Erweiterungen aus JDK 8 auch einen Lambda zur Definition eines `Comparator<String>` nutzt:

```java
public static void main(final String[] args)
{
    final List<String> names = Arrays.asList("Andy", "Michael", "Tim", "Stefan");

    // Comparable<String>-basierte Sortierung
    names.sort(Comparator.naturalOrder());
    System.out.println(names);

    // Comparator<String>-bestimmte Sortierung mit Lambda
    final Comparator<String> byLength =
        (str1, str2) -> Integer.compare(str1.length(), str2.length());

    names.sort(byLength);
    System.out.println(names);
}
```

Beispiel: Sortieren eines Arrays

Analog zu dem zuvor gezeigten Sortieren von Listen kann man Arrays sortieren. Dafür nutzt man die Methode `Arrays.sort()`. Im folgenden Beispiel zeige ich direkt auch die Variante mit einem Komparator, der in Form eines Lambdas definiert ist:

```java
public static void main(final String[] args)
{
    final String[] names = { "Andy", "Michael", "Tim", "Stefan" };

    // Comparable-basierte Sortierung
    Arrays.sort(names);
    System.out.println(Arrays.toString(names));

    // Comparator-bestimmte Sortierung mit Lambda
    final Comparator<String> byLength =
        (str1, str2) -> Integer.compare(str1.length(), str2.length());

    Arrays.sort(names, byLength);
    System.out.println(Arrays.toString(names));
}
```

Listing 6.26 Ausführbar als '**ARRAYSSORTJDK8EXAMPLE**'

Führen wir das Programm ARRAYSSORTJDK8EXAMPLE aus, so zeigt die Ausgabe zunächst eine alphabetische Sortierung und dann eine nach der Länge der Strings:

```
[Andy, Michael, Stefan, Tim]
[Tim, Andy, Stefan, Michael]
```

6.2.3 Sortieren mit Komparatoren

Im Folgenden wird der Einsatz von Komparatoren etwas genauer betrachtet, um verschiedene Sortierungen und Kombinationen davon zu realisieren. In JDK 8 wurden Erweiterungen für Komparatoren eingeführt, die die Arbeit enorm erleichtern. Diese Neuerungen schauen wir uns in Abschnitt 6.2.4 an.

Für die kommenden Beispiele stellen wir uns vor, wir hätten eine Liste mit `Person`-Objekten, die nach verschiedenen Kriterien sortiert werden sollen, etwa nach Name, Wohnort oder Alter. *Um die Beispiele einfach halten zu können, gehe ich davon aus, dass die zu sortierenden Collections keine `null`-Werte enthalten und man daher auf `null`-Prüfungen verzichten kann*. Wie man elegant mit `null`-Werten umgehen kann, stelle ich ebenfalls in Abschnitt 6.2.4 dar.

Definition eines Komparators (nach Name)

Zunächst wollen wir Personen nach Namen sortieren. Dazu implementieren wir eine Klasse `PersonNameComparator`, die zur Realisierung die Methode `compareTo(String)` der Klasse `String` verwendet:

```java
public final class PersonNameComparator implements Comparator<Person>
{
    public int compare(final Person person1, final Person person2)
    {
        return person1.getName().compareTo(person2.getName());
    }
}
```

Das hier verwendete Prinzip ist für Komparatoren im Grunde immer wieder das gleiche, und der konkrete Ablauf variiert oftmals lediglich in der Extraktion der Attribute.

Definition eines Komparators (nach Alter)

Schnell kommt der Wunsch auf, Personen auch nach deren Alter sortieren zu können. Für primitive Datentypen existieren keine `compareTo()`-Methoden. Häufig sieht man dann folgende Art der Realisierung des Vergleichs von Hand:

```java
public final class PersonAgeComparator implements Comparator<Person>
{
    public int compare(final Person person1, final Person person2)
    {
        if (person1.getAge() < person2.getAge())
        {
            return -1;
        }
        if (person1.getAge() > person2.getAge())
        {
            return 1;
        }
        return 0;
    }
}
```

Diese Implementierung löst das Problem, erfordert allerdings einige Zeilen Sourcecode. Zum Teil sieht man auch eine Subtraktion der zu vergleichenden Werte:

```
return person1.getAge() - person2.getAge();
```

Diese Form der Berechnung scheint zunächst kürzer und einfacher zu sein. *Sie ist jedoch zu vermeiden, da sie nicht das zu lösende Problem widerspiegelt.* Darüber hinaus kann diese Art des Vergleichs zu Problemen durch Wertebereichsverletzungen führen, wenn die Differenz zweier Werte aus dem Wertebereich des verwendeten Datentyps `int` herausfällt. Für Altersangaben kann man dies wohl ausschließen.

Empfehlenswert ist der Einsatz der Methode `Integer.compare(int, int)`, die einen Rückgabewert kompatibel zu dem von Komparatoren liefert. Dadurch erhält man als Vorteil eine kurze Realisierung mit einer guten Lesbarkeit und Verständlichkeit:

```
return Integer.compare(person1.getAge(), person2.getAge());
```

Umkehren der Sortierreihenfolge per Komparator

Für Tabellen ist es ein üblicher Anwendungsfall, nach beliebigen Kriterien (Spalten) sortieren zu können. Häufig möchte man dabei zudem die Sortierreihenfolge zwischen aufsteigend und absteigend wechseln können.

Eine Realisierungsidee für den Wechsel der Sortierreihenfolge ist, den Rückgabewert eines Komparators zu negieren. Das funktioniert in der Regel.[19] Einfacher und semantisch klarer als durch Negation lässt sich die Umkehrung der Reihenfolge durch die Bibliotheksklasse `ReverseComparator` und die zwei überladenen Hilfsmethoden `reverseOrder()` ausdrücken. Eine davon basiert auf dem Interface `Comparable<T>` und erlaubt, die natürliche Sortierung umzukehren. Die zweite Version ist für das Interface `Comparator<T>` ausgelegt.

Kombination von Sortierkriterien

Sind Sortierungen nach unterschiedlichen Kriterien möglich, so ist der Wunsch nach einer Kombination verschiedener Sortierungen eine naheliegende Folge, etwa eine Sortierung erst nach Alter und dann nach Name.

Beim Sortieren anhand verschiedener Kriterien gibt es vorrangige und nachrangige Sortierkriterien. Nur wenn das erste (vorrangige) Kriterium Gleichheit ergibt, wird anhand des nächsten (nachrangigen) Kriteriums weiter sortiert. Im Falle der Sortierung zuerst nach Alter und dann nach Name heißt dies, dass der Name nur dann zum Tragen kommt, wenn das Alter gleich ist. Verallgemeinert gilt, dass bei Gleichheit eines Sortierkriteriums so lange das jeweils folgende Kriterium betrachtet werden muss,

---

[19]Die Ausnahme bildet der Wert `Integer.MIN_VALUE`. Für diesen gilt die Anomalie `-Integer.MIN_VALUE == Integer.MIN_VALUE` (vgl. Abschnitt 4.2).

bis entweder alle Sortierkriterien ausgewertet sind oder vorher eine Ungleichheit festgestellt wird. Betrachten wir zur Verdeutlichung eine Realisierung der Kombination der Sortierungen nach Alter und Name:

```java
public final class PersonAgeAndNameComparator implements Comparator<Person>
{
    public int compare(final Person person1, final Person person2)
    {
        int ret = Integer.compare(person1.getAge(), person2.getAge());

        if (ret == 0)
        {
            ret = person1.getName().compareTo(person2.getName());
        }

        return ret;
    }
}
```

Häufig sind Anforderungen nicht präzise formuliert. Nehmen wir an, es bestände zusätzlich der Wunsch, auch in der anderen Kombination, d. h. zuerst nach Name und dann nach Alter, sortieren zu können. Die Realisierung dieser Funktionalität ist einfach:

```java
public final class PersonNameAndAgeComparator implements Comparator<Person>
{
    public int compare(final Person person1, final Person person2)
    {
        int ret = person1.getName().compareTo(person2.getName());

        if (ret == 0)
        {
            ret = Integer.compare(person1.getAge(), person2.getAge());
        }

        return ret;
    }
}
```

Schnell erkennt man, dass die hier eingesetzten Vergleichsoperationen denen der beiden eingangs vorgestellten Komparatoren sehr ähneln. Diese Duplikation ist hier zwar nicht ausgeprägt, aber trotzdem nicht optimal, wenn man qualitativ hochwertigen Sourcecode schreiben möchte. Was kann man also verbessern?

Wie man das mit Java 7 bewerkstelligen kann, beschreibe ich in den vorherigen Auflagen dieses Buchs. Hier wollen wir uns zur Lösung aber mit Java 8 und seinen vielfältigen Neuerungen im Bereich der Komparatoren beschäftigen.

6.2.4 Erweiterungen im Interface `Comparator` mit JDK 8

Bekanntermaßen entsteht bei der Realisierung eines `Comparator<T>` in Form einer Klasse schnell einiges an Boilerplate-Code. Zudem möchte man oftmals nicht den Typ T selbst, sondern einige seiner Attribute vergleichen. Denken Sie beispielsweise an Komparatoren für eine Liste von Personen. Naheliegend sind die Sortierungen nach Vor- bzw. Nachnamen. Diese kann man durch einen `Comparator<Person>` durchführen, dessen `compareTo(Person, Person)`-Methode aus den zwei übergebenen `Person`-Objekten den jeweiligen Namensbestandteil extrahiert und dann vergleicht. Seit JDK 8 lässt sich dies mithilfe eines Lambdas prägnant wie folgt schreiben:

```
final Comparator<Person> compareByName = (person1, person2) ->
{
    return person1.getName().compareTo(person2.getName());
};
```

Erweiterungen in JDK 8

Weil derartige Vergleiche ein recht häufiger Anwendungsfall sind, wurde das Interface `Comparator<T>` mit JDK 8 um einige nützliche Methoden ergänzt, die zunächst aufgezählt und danach anhand kleiner Beispiele genauer vorgestellt werden:

- `comparing()` – Definiert einen Komparator basierend auf der Extraktion eines Werts eines Attributs, das sich mithilfe des Interface `Comparable<T>` vergleichen lässt.
- `comparingInt()/-Long()/-Double()` – Definiert einen `Comparator<T>`, wobei der `int-/long-/double`-Wert eines speziellen Attributs des Typs `T` zum Vergleich genutzt wird.
- `thenComparing()` und `thenComparingInt()/-Long()/-Double()` – Hiermit wird die Hintereinanderschaltung von Komparatoren ermöglicht.
- `naturalOrder()`, `reverseOrder()` und `reversed()` – Diese Methoden erzeugen Komparatoren gemäß der natürlichen, der dazu entgegengesetzten sowie einer zu einem bestehenden Komparator inversen Sortierung.

`comparing()` – auf `Comparable<T>` basierende Komparatoren

Mithilfe der statischen Methode[20] `Comparator.comparing(Function<? super T,? extends U>)` wird ein Komparator erzeugt. Dazu wird als Parameter ein sogenannter Key-Extractor übergeben, der bestimmt, wie das Attribut aus den zu sortierenden Instanzen, im Beispiel den `Person`-Objekten, ermittelt wird. Der Gewinn dabei ist, dass der fixe Ablauf des Vergleichs basierend auf `Comparable<T>` nicht selbst realisiert werden muss, sondern nur der variable Anteil (die Extraktion) einer klassischen Lösung als Parameter übergeben wird. Nachfolgendes Beispiel zeigt, wie man einen `Comparator<Person>`, der den Namensbestandteil extrahiert und vergleicht, durch Aufruf von `comparing()` erzeugen kann:

```
// Varianten mit Comparator.comparing()
Comparator<Person> byName1 = Comparator.comparing(person -> person.getName());
Comparator<Person> byName2 = Comparator.comparing(Person::getName);
```

---

[20]Hier sieht man ein nützliches Beispiel für eine statische Methode in einem Interface. Es wäre aber ebenso gut möglich gewesen, dies durch eine separate Utility-Klasse bereitzustellen.

> **Hinweis: Internationalisierung und Umlaute**
>
> Der zuvor dargestellte Vergleich von Namen basiert auf `compareTo(String)` und vergleicht zwei Strings textuell (basierend auf deren Zeichencode), ohne auf Umlaute und regionale Besonderheiten Rücksicht zu nehmen. Als Abhilfe lässt sich jedoch ein sogenannter Collator vom Typ `java.text.Collator` nutzen. Das ist eine Spezialisierung des Typs `Comparator<T>`, die sprachspezifische Eigenheiten beim Vergleich beachtet, z. B. die Umlaute ä, ö, ü korrekt einsortiert. Weitere Details finden Sie in Abschnitt 13.1.8.

Verarbeitung primitiver Typen

Im Interface `Comparator<T>` finden sich spezialisierte Varianten der `comparing()`-Methode für die primitiven Typen `int`, `long` und `double`. Damit kann man einen Komparator für `Person`-Objekte und deren Attribut `age` als `int`-Wert mithilfe von `comparingInt()` folgendermaßen konstruieren:

```
Comparator<Person> byAge = Comparator.comparingInt(Person::getAge);
```

`thenComparing()` – Hintereinanderschaltung von Komparatoren

In gewissen Fällen ist eine Sortierung nach nur einem Kriterium nicht immer ausreichend. Für Personen gilt im Speziellen, dass diese durchaus den gleichen Nachnamen besitzen können. Somit wäre ein zweites Sortierkriterium wünschenswert, um bei Menschen mit gleichen Nachnamen eine eindeutige Reihenfolge zu erzielen. Dazu werden wir mehrere Komparatoren hintereinander ausführen. Als Basisbausteine definieren wir zunächst verschiedene Komparatoren für einzelne Attribute und kombinieren diese dann durch Aufrufe der Methode `thenComparing(Comparator<? super T>)`:

```
// Komparatoren für ein spezielles Attribut
Comparator<Person> byFirstname = Comparator.comparing(Person::getFirstname);
Comparator<Person> byName = Comparator.comparing(Person::getName);
Comparator<Person> byAge = Comparator.comparing(Person::getAge);

// Kombination von Komparatoren
Comparator<Person> byNameAndFirstname = byName.
                            thenComparing(byFirstname);
Comparator<Person> byNameAndAge = byName.thenComparing(byAge);
```

Im Listing ist gezeigt, wie einfach sich (auch mehr als die hier gezeigten zwei) Komparatoren hintereinander ausführen lassen. Für die Alterswerte erfolgt jedoch ständig ein Auto-Boxing aus einem `int` in ein `Integer`-Objekt, da `thenComparing()` einen auf `Comparable<Integer>` basierenden Komparator erzeugt, `getAge()` aber den Rückgabetyp `int` besitzt. Insbesondere bei der Verarbeitung sehr großer Datenmengen oder auf kritischen Pfaden kann der Auto-Boxing-Automatismus unerwünscht sein und sich ungünstig auf die Performance auswirken. Als Abhilfe haben wir gerade schon die auf primitive Typen spezialisierten Varianten am Beispiel `int` kennengelernt.

Spezielle Ordnungen

Manchmal besteht das Bedürfnis, die Sortierreihenfolge zu beeinflussen, z. B. um die Reihenfolge der Elemente umzudrehen. Das gilt etwa für das Sortieren von Tabellenspalten. Das Interface `Comparator<T>` bietet seit JDK 8 die Methode `reversed()` an, die hier genutzt wird, um eine absteigende Sortierung nach Namen zu definieren:

```java
final Comparator<Person> byName = Comparator.comparing(Person::getName);
final Comparator<Person> byNameDescending = byName.reversed();
```

Zum Teil möchte man eine natürliche Ordnung mit einem Komparator abbilden. Dazu dient die Methode `naturalOrder()`, die für Strings eine alphabetische und für Zahlen eine aufsteigende Sortierung liefert. Die entgegengesetzte Sortierung erhält man mit der Methode `reverseOrder()`. Wenn man diese umkehrt, erhält man wieder die natürliche Ordnung. Im Listing sind die entsprechenden Methodenaufrufe gezeigt und die resultierende Sortierung durch fett geschriebene Kommentare angedeutet:

```java
public static void main(final String[] args)
{
    final Integer[] primes = { 1, 7, 3, 13, 11, 5, 17, 19 };

    // aufsteigend
    final Comparator<Integer> naturalOrder = Comparator.naturalOrder();
    // absteigend
    final Comparator<Integer> reverseOrder = Comparator.reverseOrder();
    // aufsteigend
    final Comparator<Integer> naturalOrderAgain = reverseOrder.reversed();

    sortAndPrint("naturalOrder     ", primes, naturalOrder);
    sortAndPrint("reverseOrder     ", primes, reverseOrder);
    sortAndPrint("naturalOrderAgain", primes, naturalOrderAgain);
}

private static void sortAndPrint(final String name, final Integer[] primes,
                                 final Comparator<Integer> sortOrder)
{
    Arrays.sort(primes, sortOrder);
    System.out.println(name + ": " + Arrays.toString(primes));
}
```

Listing 6.27 Ausführbar als '**NATURALORDEREXAMPLE**'

Das obige Programm NATURALORDEREXAMPLE produziert folgende Ausgaben:

```
naturalOrder     : [1, 3, 5, 7, 11, 13, 17, 19]
reverseOrder     : [19, 17, 13, 11, 7, 5, 3, 1]
naturalOrderAgain: [1, 3, 5, 7, 11, 13, 17, 19]
```

6.2 Suchen und Sortieren

Behandlung von `null`-Werten

Ab und zu sieht man sich der Herausforderung gegenüber, dass die zu sortierenden Datensätze potenziell auch `null`-Werte enthalten. Die üblicherweise genutzten Komparatoren lösen dann ohne spezielle Behandlung – konform zum Kontrakt – eine `NullPointerException` aus. Für einige Anwendungsfälle ist es jedoch erforderlich, `null`-Werte am Anfang oder am Ende einzusortieren. Dazu gibt es die beiden Methoden `nullsFirst(Comparator<? super T>)` und `nullsLast(Comparator<? super T>)`, die wir nachfolgend verwenden, um eine mit `null`-Werten durchsetzte Liste mit Namen zu sortieren:

```
public static void main(final String[] args)
{
    final List<String> names = Arrays.asList("A", null, "B", "C", null, "D");

    // Null-sichere Komparatoren zur Dekoration bestehender Komparatoren
    final Comparator<String> naturalOrder = Comparator.naturalOrder();
    final Comparator<String> nullsFirst = Comparator.nullsFirst(naturalOrder);
    final Comparator<String> nullsLast = Comparator.nullsLast(naturalOrder);

    names.sort(nullsFirst);
    System.out.println("nullsFirst: " + names);
    names.sort(nullsLast);
    System.out.println("nullsLast: " + names);
}
```

Listing 6.28 Ausführbar als 'NullSafeComparatorExample'

Führt man das Programm NullSafeComparatorExample aus, kommt es zu folgenden Ausgaben, die die beschriebene Arbeitsweise zeigen:

```
nullsFirst: [null, null, A, B, C, D]
nullsLast: [A, B, C, D, null, null]
```

Oftmals sind in einer Liste komplexere Objekte gespeichert, und die Sortierung basiert auf einem oder mehreren Attributen. Wenn man dafür einen `null`-sicheren Komparator definieren möchte, muss man achtsam sein: Für die Klasse `Person` und ein über die Methode `getFavoriteColor()` ermitteltes optionales Attribut vom Typ `String` müssen die Komparatoren wie folgt zusammengebaut werden:

```
Comparator<Person> byFavoriteColor = Comparator.comparing(
                            Person::getFavoriteColor,
                            Comparator.nullsFirst(String::compareTo));
```

Hier kommt eine spezielle Variante der Methode `comparing()` zum Einsatz, bei der als erster Parameter der bekannte Key-Extractor übergeben wird. Der zweite Parameter ist ein Komparator, allerdings einer, der für den Typ des zu extrahierenden Attributs spezialisiert ist, hier also für den Typ `String`.

6.3 Utility-Klassen und Hilfsmethoden

Das Collections-Framework bietet mit den Klassen `Collections` und `Arrays` zwei mächtige Utility-Klassen an, die diverse Algorithmen und Erweiterungen bereitstellen, von denen einige wichtige im Folgenden kurz vorgestellt werden.

6.3.1 Nützliche Hilfsmethoden

In diesem Abschnitt wollen wir einen Blick auf verschiedene Methoden rund um die Erzeugung von Collections werfen.

Listen mit Inhalt befüllen und `Arrays.asList()`

Manchmal soll eine Liste aus einer Menge an vordefinierten Werten erstellt werden. Eine zur Initialisierung gebräuchliche Realisierung ist folgende:

```
final List<String> names = new ArrayList<>();
names.add("Max");
names.add("Michael");
names.add("Carsten");
```

Diese Schreibweise ist recht geschwätzig, da der Name der Collection-Variable immer wieder beim Hinzufügen angegeben werden muss. Etwas eleganter kann man das Ganze schreiben, wenn man zwei Java-Techniken kombiniert, nämlich die Definition einer anonymen Klasse und einen Initializer-Block:

```
final List<String> names = new ArrayList<String>()
{{
    add("Max");
    add("Michael");
    add("Carsten");
}};
```

Damit erspart man sich, den Namen der Collection ständig wiederholen zu müssen. Noch besser lesbar kann man diese Befüllung mit Daten durch Aufruf der statischen Methode `Arrays.asList(T...)` folgendermaßen schreiben:

```
final List<String> names = Arrays.asList("Max", "Michael", "Carsten");
```

Hier nutzt man, dass Java seit Version 5 das Sprachfeature Varargs bietet, wodurch die kommaseparierte Angabe beliebig vieler Werte als Parameter möglich wird. Allerdings muss man einige Besonderheiten beachten, auf die ich nun eingehe.

6.3 Utility-Klassen und Hilfsmethoden

Hinweis: Syntaktische Besonderheiten im Beispiel

Zur Konstruktion einer Liste mit einer Menge an vordefinierten Werten haben wir eben verschiedene Varianten gesehen. Auf Variante zwei möchte ich noch einmal explizit eingehen:

```
// Drei Besonderheiten
final List<String> names = new ArrayList<String>() // #1
{{ // #2
    add("Max");      // statt names.add("Max"); #3
    add("Michael");
    add("Carsten");
}}; // #2
```

Dieses kurze Beispiel enthält tatsächlich drei syntaktische Besonderheiten, über die Sie sich eventuell schon beim Betrachten gewundert haben.

1. Wir konstruieren eine `ArrayList<E>` und müssen dabei den Typ angeben, weil hier eine anonyme innere Klassen entsteht. Als erste Besonderheit sehen wir, dass der sonst überall als Schreibweisenabkürzung für Generics dienende Diamond Operator `<>` für anonyme innere Klassen nicht anwendbar ist (das ändert sich mit Java 9 und wird in Abschnitt 14.1.1 beschrieben).

2. Durch die spezielle Doppel-Klammer-Syntax mit `{{ }}` entsteht durch die äußere Klammerung eine anonyme innere Klasse mit dem Basistyp `ArrayList<E>`.

3. Das innere Paar `{}` stellt einen Instance Initializer dar, der während der Konstruktion ausgeführt wird. Zudem können die Aufrufe von `add(E)` ohne den Variablennamen der Collection erfolgen.

Besonderheiten von `Arrays.asList()` Die von der Methode `Arrays.asList(T...)` erzeugte Liste weist im Gegensatz zu einer `ArrayList<E>` einige Unterschiede auf. Es wird nämlich eine unveränderliche Liste erzeugt, wodurch Änderungen an der strukturellen Zusammensetzung (die Änderungen der Länge bewirken), etwa über die Methoden `add(E)` bzw. `remove(Object)`, zu einer `UnsupportedOperationException` führen:

```
public static void main(final String[] args)
{
    final String[] valuesArray = { "Value 1", "Value 2", "Value 3" };

    // Änderungen an der Liste (Inhalt, Zusammensetzung)
    final List<String> valuesAsList = Arrays.asList(valuesArray);
    valuesAsList.set(1, "Value 7"); // Inhalt ändern
    // valuesAsList.add("Value 4"); // UnsupportedOperationException

    System.out.println("valuesArray: " + Arrays.toString(valuesArray));
    System.out.println("valuesAsList: " + valuesAsList);

    // Änderungen am Inhalt des Arrays
    valuesArray[0] = "Michael changed";
    valuesArray[1] = "Value 1 & 2";
```

```
        System.out.println("valuesArray:  " + Arrays.toString(valuesArray));
        System.out.println("valuesAsList: " + valuesAsList);
}
```

Listing 6.29 Ausführbar als '**ARRAYSASLISTEXAMPLE**'

Das Programm ARRAYSASLISTEXAMPLE produziert folgende Ausgaben:

```
valuesArray:  [Value 1, Value 7, Value 3]
valuesAsList: [Value 1, Value 7, Value 3]
valuesArray:  [Michael changed, Value 1 & 2, Value 3]
valuesAsList: [Michael changed, Value 1 & 2, Value 3]
```

Als Besonderheit sehen wir, dass Werte inhaltlich geändert werden können (z. B. durch Aufrufe von `set()`) und sich dies jeweils in der anderen Datenstruktur widerspiegelt.

Einelementige Collections und `Collections.singletonList()`

Wenn man eine Liste übergeben oder zurückliefern soll, jedoch nur ein einzelnes Datenelement hat, so kann man dieses durch Aufruf der statischen Methode `Collections.singletonList(T)` in eine Liste mit einem einzigen gespeicherten Element umwandeln, die zudem unmodifizierbar ist:

```
final List<Image> thumbnailImages = Collections.singletonList(thumbnailImage);
```

Häufig sieht man jedoch zur Konstruktion einelementiger Listen folgende Zeilen:

```
final List<Image> thumbnailImages = new ArrayList<>();
thumbnailImages.add(thumbnailImage);
```

Nutzt man stattdessen die Methode `Collections.singletonList(T)` wird die Lesbarkeit des Sourcecodes besser. Es wird zudem klarer kommuniziert, dass es sich um eine einelementige, unveränderliche Liste handelt, der nachträglich keine weiteren Elemente hinzugefügt werden können.

> **Tipp: API-Unschönheit**
>
> Im Collections-Framework sind zum Erzeugen einelementiger Collections folgende generische und typsichere Methoden definiert:
>
> - `Set<T> singleton(T o)`
> - `List<T> singletonList(T o)`
> - `Map<K,V> singletonMap(K key, V value)`
>
> Beachten Sie die Inkonsistenz: Die erste Methode zum Erzeugen eines einelementigen Sets heißt nicht, wie man erwarten dürfte, `singletonSet()`, sondern lediglich `singleton()`.

6.3 Utility-Klassen und Hilfsmethoden

Null-Objekte mit `Collections.emptyList()`/`emptyIterator()` usw.

Über die Methoden `emptyList()`, `emptyMap()`, `emptySet()` werden typsichere Konstanten für leere Container bereitgestellt. Es lassen sich auf diese Weise leere, unveränderliche Container realisieren.

Mit JDK 7 wurde die Utility-Klasse `Collections` um folgende Null-Objekte für Iteratoren bzw. Enumerationen erweitert:

```
public static <T> Iterator<T> emptyIterator()
public static <T> ListIterator<T> emptyListIterator()
public static <T> Enumeration<T> emptyEnumeration()
```

6.3.2 Dekorierer `synchronized`, `unmodifiable` und `checked`

Im Kontext von Multithreading ist es oftmals hilfreich, Containerklassen unveränderlich zu machen und Zugriffe darauf zu synchronisieren. Wenn man mit älteren, noch auf JDK 1.4 basierenden und damit untypisierten Programmteilen zusammenarbeiten muss, empfiehlt es sich zur Vermeidung von Fehlern, eine Typprüfung zur Laufzeit zu ergänzen.

Das Collections-Framework stellt für die genannten Anwendungsfälle spezifische Hilfsklassen bereit. Diese Erweiterungen erfolgen gemäß dem DEKORIERER-Muster (vgl. Abschnitt 18.2.3) und sind dadurch kombinierbar.

`synchronized`-Collections

Die in diesem Kapitel vorgestellten Containerklassen sind nicht Thread-sicher, unter anderem, weil ihre Methoden unsynchronisiert realisiert sind. Dadurch kann es bei Multithreading zu Inkonsistenzen durch konkurrierende Zugriffe kommen. Zur Abhilfe lässt sich jeder einzelne Methodenzugriff mittels der `synchronized`-Wrapper um Synchronisierung erweitern.

Allerdings wird leicht der Fehler gemacht, derart ummantelte Container bzw. die von Hause aus synchronisierten Container `Vector<E>` und `Hashtable<K,V>` als vollständig Thread-sicher zu betrachten. Jeder einzelne Methodenzugriff erfolgt zwar synchronisiert, wodurch er für sich gesehen geschützt ist und nach jedem Methodenaufruf den Container in einem gültigen Zustand hinterlässt. Trotzdem kann es zu Inkonsistenzen kommen, *weil beim Multithreading die Kombination Thread-sicherer Methoden keine Thread-Sicherheit garantiert*. Das klingt zunächst paradox. Sie werden aber an den folgenden zwei einfachen Beispielen die Problematik schnell erkennen. Weitere Details beschreibt Kapitel 9.

Zugriff auf Elemente   Betrachten wir eine typische Situation beim Zugriff auf eine Collection. Zunächst wird mithilfe der Methode `size()` die Anzahl der Elemente geprüft und anschließend per `get(int)` indiziert zugegriffen:

6 Das Collections-Framework

```
final Vector<Person> personsAsVector = new Vector<>(getAllMembers());
final int elementCount = personsAsVector.size();
// Sicherstellen, dass Elemente vorhanden sind
if (elementCount > 0)
{
    // IndexOutOfBoundsException wenn parallel clear() aufgerufen wird
    final Person first = personsAsVector.get(0);

    // IndexOutOfBoundsException wenn irgendeine Veränderung erfolgt,
    // etwa durch Aufruf von removeAt() oder clear()
    final Person last = personsAsVector.get(elementCount - 1);
}
```

Nachdem über die Methode `size()` die Anzahl der Elemente ermittelt wurde, kann man bei Multithreading nicht in jedem Fall davon ausgehen, dass der Wert zum Zeitpunkt des nächsten eigenen Zugriffs auf die Collection unverändert ist. Dies liegt daran, dass die Ausführung eines laufenden Threads nahezu jederzeit unterbrochen werden kann. Im ungünstigsten Fall geschieht dies nach Abfrage der Größe und bevor man lesend per `get(int)` zugreift. Wird die Collection von einem parallel laufenden Thread verändert, so kommt es beim Zugriff entweder zu Dateninkonsistenzen (z. B. durch falsche Indizes) oder zu Exceptions.

IDIOM: THREAD-SICHERE ITERATION Während ein Thread eine Iteration über eine synchronisiert ummantelte Collection durchführt, sind konkurrierende Zugriffe durch andere Threads nicht ausgeschlossen, da, wie bereits erwähnt, nur jeder Zugriff für sich, nicht aber eine Folge geschützt abläuft. Wird demnach ein anderer Thread während der Iteration aktiv, so könnte er die Datenstruktur ändern und dadurch beim nächsten Zugriff des Iterators eine `ConcurrentModificationException` auslösen. Man nutzt dann das folgende IDIOM DER THREAD-SICHEREN ITERATION und sichert mit dem Schlüsselwort `synchronized` die Iteration als Ganzes:

```
final List<Person> persons = getAllMembers();
final List<Person> syncPersons = Collections.synchronizedList(persons);
synchronized (syncPersons)
{
    final Iterator<Person> it = syncPersons.iterator();
    while (it.hasNext())
    {
        final Person person = it.next();
        // Aktionen auf dem Person-Objekt
    }
}
```

Das `synchronized (syncPersons)` verhindert, dass die Anweisungen innerhalb des Blocks gleichzeitig von anderen Threads ausgeführt werden können. Allerdings werden so auch alle anderen über `syncPersons` synchronisierten Zugriffe auf die Datenstruktur für die Dauer der Iteration blockiert. Dadurch kann eine Parallelverarbeitung (selbst parallele, rein lesende Zugriffe) empfindlich gestört werden. Als Abhilfe können die in Abschnitt 9.6.1 beschriebenen Concurrent Collections zum Einsatz kommen.

6.3 Utility-Klassen und Hilfsmethoden

`unmodifiable`-Collections

Die `unmodifiable`-Wrapper dienen dazu, eine unveränderliche Sicht, also ein Read-only-Interface, auf eine Collection bereitzustellen. Im Gegensatz zu den zuvor vorgestellten `synchronized`-Wrappern, die Synchronisierungsfunktionalität hinzufügen, werden durch die `unmodifiable`-Wrapper Veränderungsmöglichkeiten »entfernt«.[21] Dies kann zum einen gewünscht sein, um eine Collection nach ihrer Erstellung unveränderlich zu machen. Zum anderen hilft es, Konsistenz im Zusammenspiel verschiedener Komponenten zu wahren. Klienten besitzen lediglich eine unveränderliche Sicht auf die Daten. Die eigene Klasse hat weiter vollen Zugriff. Aufgrund der bereits ausführlich diskutierten Referenzsemantik kann allerdings nur ein Teil der durch den Namen suggerierten Intention erfüllt werden: Nur die Collection selbst wird so vor Veränderungen geschützt, dort gespeicherte Elemente sind jedoch potenziell weiterhin veränderlich.

Beispiel Betrachten wir zum Verständnis folgendes Beispiel eines Datenmodells `DataModel`, das ein Read-only-Interface `IDataAccessRO` zum lesenden Datenzugriff anbietet. In diesem Modell soll eine beliebige Anzahl von Objekten des Typs `ModelElement` verwaltet werden können. Abbildung 6-10 zeigt das UML-Klassendiagramm.

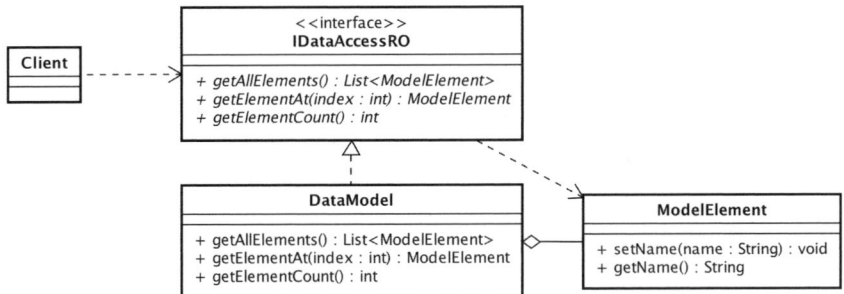

Abbildung 6-10 Read-only-Datenmodell

Die Zugriffsmethode `getAllElements()` liefert eine Referenz auf eine Liste von `ModelElement`-Objekten. Somit können aber Nutzer die interne Zusammensetzung des Datenmodells beliebig durch Aufruf von Methoden des `List<ModelElement>`-Interface verändern. So können etwa unerwartet `ModelElement`-Objekte neu eingefügt oder gelöscht werden, obwohl das Datenmodell für Klienten lediglich Methoden mit rein lesendem Zugriff bereitstellt. Wie bereits in Kapitel 3 besprochen, kann als Abhilfe entweder eine Kopie der Liste erstellt oder die Technik READ-ONLY-INTERFACE für Container angewendet werden. Das Collections-Framework bietet dazu verschiedene Klassen. Zur Korrektur bzw. zur Vermeidung von Veränderlichkeit nutzen wir einen Aufruf von `unmodifiableList()` wie folgt:

---
[21] Natürlich können Methoden nicht im Nachhinein aus einem Interface entfernt werden. Stattdessen löst ein Aufruf solcher Methoden eine `UnsupportedOperationException` aus.

```
public List<ModelElement> getAllElements()
{
    return Collections.unmodifiableList(modelElements);
}
```

Ein Versuch, die zurückgegebene Liste zu modifizieren, würde nun eine Exception auslösen. Dieser Schutz vor Modifikationen ist für einige Anwendungsfälle bereits ausreichend. Aufgrund der Referenzsemantik kann jedoch nur ein Teil der Intention einer unveränderlichen Datenstruktur erfüllt werden. Die gespeicherten Elemente sind weiterhin veränderlich, sofern sie nicht als Immutable-Klasse realisiert sind. Das wurde bereits ausführlich in Abschnitt 3.4.1 diskutiert.

Es gibt aber noch einen unerwarteten Effekt. Es wird nämlich eine unveränderliche Sicht angeboten, die jedoch Änderungen an den Ausgangsdaten reflektiert.

```
public static void main(final String[] arguments)
{
    final List<String> originalStrings = new ArrayList<>();
    originalStrings.add("Tim");
    originalStrings.add("Tom");
    originalStrings.add("Peter");

    // JDK und Guava für unmodifizierbare Collections nutzen
    final List<String> unmodifiables =
                    Collections.unmodifiableList(originalStrings);
    final ImmutableList<String> immutables =
                    ImmutableList.copyOf(originalStrings);
    System.out.println("Initial List of Strings:     " + unmodifiables);

    // Peter im Original entfernen ... indirekt auch in unmodifiableList()
    originalStrings.remove("Peter");

    System.out.println("Original List of Strings:    " + originalStrings);
    System.out.println("Unmodifiable List of Strings: " + unmodifiables);
    System.out.println("Immutable List of Strings:   " + immutables);

    // Entfernen nicht erlaubt
    unmodifiables.remove("Tom"); // java.lang.UnsupportedOperationException
}
```

Listing 6.30 *Ausführbar als* '**UNMODIFIABLEUNEXPECTEDEXAMPLE**'

Nach dem Start des Programms UNMODIFIABLEUNEXPECTEDEXAMPLE wird man – ohne Kenntnis des einleitenden Satzes – ein wenig verwundert sein, dass die als unveränderlich konstruierte Liste durch Änderungen am Original auch modifiziert wird, hier symbolisch durch das Entfernen vom Eintrag "Peter" dargestellt:

```
Initial List of Strings:     [Tim, Tom, Peter]
Original List of Strings:    [Tim, Tom]
Unmodifiable List of Strings: [Tim, Tom]
Immutable List of Strings:   [Tim, Tom, Peter]
Exception in thread "main" java.lang.UnsupportedOperationException
    at java.util.Collections\$UnmodifiableCollection.remove(Collections.java:1118)
```

In der Regel ist das nicht konform zu der Erwartungshaltung einer unveränderlichen Datenstruktur. Wenn man wirklich eine unveränderliche Kopie der Listenzusammensetzung benötigt, dann kann man Google Guava einsetzen, wie es im obigen Beispiel mit der `com.google.common.collect.ImmutableList` gezeigt ist. Aufgrund der Referenzsemantik sind die einzelnen Listenelemente aber auch hier nach wie vor veränderlich, sofern sie nicht selbst wieder als Immutable-Klasse realisiert sind.

> **Tipp: Einbinden von Google Guava**
>
> Für viele elementare, aber auch komplexere Funktionalitäten existieren Fremdbibliotheken. Google Guava enthält eine große Menge nützlicher Utility-Klassen. Die derzeit aktuelle Version 21.0 dieser Bibliothek binden wir in unser Projekt ein, indem wir deren Abhängigkeit in der Datei `build.gradle` wie folgt angeben:
>
> ```
> dependencies
> {
>     compile 'com.google.guava:guava:21.0'
> }
> ```

`checked`-Collections

Beim Einsatz von Collections ohne Generics kann man sich nicht sicher sein, von welchem Typ gespeicherte Werte sind und ob nur Elemente des erwarteten Typs verarbeitet werden. Durch den Einsatz von Generics kann man Typsicherheit sicherstellen – allerdings unter der Prämisse, dass es beim Kompilieren zu keinerlei Typwarnungen kommt. Aufgrund der Type Erasure für Generics erfolgen zur Laufzeit keine Prüfungen mehr (vgl. Abschnitt 3.7.2). Dies kann vor allem im Zusammenspiel mit sogenanntem Legacy-Code[22] problematisch werden. In diesem Fall ist damit Sourcecode gemeint, der keine Generics verwendet. Als Folge kommt es immer zu Typwarnungen zur Kompilierzeit – durch den Compiler kann Typsicherheit nicht mehr garantiert werden.

Die `checked`-Wrapper fügen bestehenden Collections eine ergänzende Laufzeitprüfung hinzu. Sie stellen bei jedem Aufruf sicher, dass bei Aktionen mit inkompatiblen Elementtypen eine `ClassCastException` ausgelöst wird. Folgende Methoden dienen dazu, Typsicherheit beim Mix von typisierten und untypisierten Containerklassen in diesem Sinne sicherzustellen:

- `checkedCollection(Collection<E>, Class<E>)` – Versieht eine beliebige Collection mit einer Typprüfung auf den angegebenen Typ.
- `checkedList(List<E>, Class<E>)` – Identisch, sichert aber eine Liste.
- `checkedMap(Map<K,V>, Class<K>, Class<V>)` – Identisch, sichert jedoch eine Map.
- `checkedSortedMap(Map<K,V>, Class<K>, Class<V>)` – Identisch, sichert allerdings eine Map mit dem Basisinterface `SortedMap<K,V>`.

---
[22] Älterem, meistens überarbeitungswürdigem Sourcecode.

- `checkedSet(Set<E>, Class<E>)` – Identisch, sichert aber ein Set.
- `checkedSortedSet(SortedSet<E>, Class<E>)` – Identisch, sichert jedoch ein Set mit dem Basisinterface `SortedSet<E>`.

Durch den Einsatz der obigen `checked`-Wrapper erhält man im Zusammenspiel mit Legacy-Code dann Datenstrukturen, die zur Laufzeit größtmögliche[23] Typsicherheit bieten.

6.3.3 Vordefinierte Algorithmen in der Klasse `Collections`

Das Collections-Framework stellt durch die Klasse `java.util.Collections` bereits diverse Algorithmen zur Verfügung, die bei der täglichen Arbeit gewinnbringend einsetzbar sind.

Anhand der Speicherung und Verarbeitung von `Person`-Objekten wollen wir einen kurzen Blick auf einige der angebotenen Algorithmen werfen. Nehmen wir dazu an, dass die Klasse `Person` das Interface `Comparable<Person>` implementiert.

Die Methoden `nCopies()` und `frequency()`

Durch Aufruf der Methode `nCopies(int,T)` wird eine `List<T>` erzeugt, die *n*-mal das übergebene Objekt vom Typ `T` enthält. Mit einem Aufruf der Methode `frequency(Collection<?>,Object)` kann man die Anzahl der gemäß `equals(Object)` gleichen Objekte innerhalb einer Collection bestimmen.

Wir definieren zwei Listen, einmal mit den Werten von 1 bis 7 und dann eine mit viermal der Zahl 7 – für Letzteres nutzen wir die Methode `nCopies()`. Zum Zählen der Einträge verwenden wir einen Aufruf von `frequency()`:

```java
public static void main(final String[] args)
{
    final List<Integer> firstNumbers = Arrays.asList(1, 2, 3, 4, 5, 6, 7);
    final List<Integer> sevens = Collections.nCopies(4, 7);

    System.out.println("count1: " + Collections.frequency(firstNumbers, 7));
    System.out.println("count2: " + Collections.frequency(sevens, 7));
}
```

Listing 6.31 *Ausführbar als* 'ALGORITHMSEXAMPLE'

Wie erwartet, kommt es zu folgender Ausgabe auf der Konsole:

```
count1: 1
count2: 4
```

---

[23] Eine Änderung des Typs ist durch das Casten zunächst auf `Object` und anschließend auf irgendeinen anderen Typ möglich und führt logischerweise zu Typfehlern.

Die Methoden `min()` und `max()`

In der Klasse `Math` gibt es die statischen Methoden `min()` und `max()`. Diese ermitteln den kleinsten bzw. größten Wert zweier Zahlen. Gleichnamige Methoden sind in der Klasse `Collections` zur Bestimmung minimaler und maximaler Elemente innerhalb einer Collection definiert. Diese Methoden arbeiten standardmäßig mit der natürlichen Ordnung basierend auf `Comparable<T>`, können aber auch selbst definierte Komparatoren als Argument nutzen.

Für ein Beispiel fügen wir in eine `List<Person>` drei `Person`-Objekte ein. Dann nutzen wir zunächst die natürliche Ordnung, also `Comparable<Person>`. Diese ist durch die Implementierung der Klasse `Person` so realisiert, dass hier nach Name, Ort und Alter sortiert wird. Damit werden die Methoden `min()` und `max()` ausgeführt. Anschließend kommt ein selbst definierter Komparator zum Einsatz, der die Städtenamen vergleicht und daraus das Maximum bestimmt:

```java
public static void main(final String[] args)
{
    final List<Person> persons = new ArrayList<>();
    persons.add(new Person("Anton", "Tirol", 11));
    persons.add(new Person("Micha", "Zürich", 43));
    persons.add(new Person("Stefan", "Kiel", 43));

    // Bestimmung min() und max() mit Comparable
    final Person min = Collections.min(persons);
    final Person max = Collections.max(persons);
    System.out.println("Min: " + min);
    System.out.println("Max: " + max);

    // Bestimmung max() mit eigenem Komparator
    final Comparator<Person> cityComparator =
                        Comparator.comparing(Person::getCity);
    final Person maxCity = Collections.max(persons, cityComparator);
    System.out.println("Max city: " + maxCity);
}
```

Listing 6.32 Ausführbar als 'ALGORITHMSEXAMPLEMINMAX'

Das Programm ALGORITHMSEXAMPLEMINMAX produziert folgende Ausgaben:

```
Min: Person: Name='Anton' City='Tirol' Age='11'
Max: Person: Name='Stefan' City='Kiel' Age='43'
Max city: Person: Name='Micha' City='Zürich' Age='43'
```

Die Methoden `shuffle()` und `replaceAll()`

Für einige Anwendungsfälle ist es praktisch, die Reihenfolge innerhalb einer Collection umzuordnen, etwa zur Präsentation eines zufälligen Vorschlags aus einer Bestenliste wie aus den beliebtesten Pizzen des Monats oder den Top-10-Bestsellern. Das kann über die Methode `shuffle(List<?>)` zufallsbasiert geschehen. Darüber hinaus lassen sich über `replaceAll(List<T>, T, T)` Elemente ersetzen.

Folgendes Listing zeigt den Einsatz beider Methoden. Zunächst ersetzen wir die Zahlen 2 und 3 mit dem Wert 7 und danach durchmischen wir die Elemente:

```
public static void main(final String[] args)
{
    final List<Integer> numbers = Arrays.asList(1, 2, 3, 4, 5, 6, 7, 8, 9, 10);

    // Ersetzungen
    Collections.replaceAll(numbers, 2, 7);
    Collections.replaceAll(numbers, 3, 7);
    System.out.println("All numbers after replace: " + numbers);

    // Umordnen
    Collections.shuffle(numbers);
    System.out.println("All numbers after shuffle: " + numbers);
    System.out.println("#7: " + Collections.frequency(numbers, 7));
}
```

Listing 6.33 Ausführbar als 'ALGORITHMSEXAMPLESHUFFLEREPLACEALL'

Die Ausgaben des obigen Programms zeigen, dass es durch die Ersetzung keine 2 und 3 mehr gibt, aber dreimal die 7 gibt. Zudem sieht man gut die Umordnung der Werte durch `shuffle()`:

```
All numbers after replace: [1, 7, 7, 4, 5, 6, 7, 8, 9, 10]
All numbers after shuffle: [5, 6, 7, 7, 7, 8, 10, 9, 1, 4]
#7: 3
```

6.4 Containerklassen: Generics und Varianz

Um einige Besonderheiten im Kontext von Generics und Polymorphie kennenzulernen, nutzen wir wieder grafische Figuren mit einer gemeinsamen Basisklasse `BaseFigure` als Beispiel – ähnliche Klassenhierarchien wurden auch schon in verschiedenen Abschnitten im Kapitel 3 zu OO-Design genutzt.

Bisher haben wir Generics und Collections ohne viel Nachdenken verwendet und dabei ganz natürlich Zuweisungen wie Folgende geschrieben:

```
final List<String> namesJDK7 = new ArrayList<>();
final Set<BaseFigure> figuresJDK7 = new HashSet<>();
```

In diesem Abschnitt wollen wir uns ein paar Details von Generics widmen, um mögliche Probleme beim Einsatz generischer Typen im Zusammenhang mit Collections und der Verarbeitung von Typen einer Vererbungshierarchie zu vermeiden.

Im obigen Beispiel sind die Containerklassen auf einen bestimmten Typ fixiert. In einer solchen Collection lassen sich trotzdem auch Objekte von Subtypen speichern, z. B. statt vom Typ `BaseFigure` auch solche vom Typ `Circle`. Für Arrays kann man problemlos folgende Konstrukte verwenden:

```
final Object[] names = new String[10];
final BaseFigure[] figures = new Circle[10];
```

Problematisch wird es aber, diese mit Generics abzubilden. Intuitiv könnte man Folgendes schreiben wollen:

```
// Achtung: Kompilierfehler
final List<Object> names = new ArrayList<String>();
final Set<BaseFigure> figures = new HashSet<Circle>();
```

Diese kovariante Definition ist so für generische Container nicht erlaubt und führt zu Kompilierfehlern. Das Ganze werden wir nun genauer behandeln.

Generics, Invarianz, Kovarianz und Polymorphie

Nachfolgendes Beispiel zeigt die gewohnte, schon genutzte Definition typsicherer Containerklassen: Man kann eine Instanz eines spezifischeren Typs eines Containers, hier `HashSet<BaseFigure>`, einer Variablen eines allgemeineren Typs eines Containers, hier `Set<BaseFigure>`, zuweisen. Dabei sind die Typparameter invariant und die Typen der Container kovariant:

```
final Set<BaseFigure> figures = new HashSet<BaseFigure>();
//          ^              ^              ^
//          |              |_____ Typparameter invariant ____|
//          |                             |
//          |_____ Typen kovariant _____|
```

Mit *Invarianz* ist für Generics gemeint, dass *die Typparameter bei Deklaration und Definition exakt übereinstimmen.* Diese Forderung ist sehr restriktiv. *Kovarianz* bedeutet, dass die Typen der Vererbungshierarchie folgen. Dies ist hier für das Interface `Set<E>` und die konkrete Realisierung `HashSet<E>` gegeben.

Bemerkenswert ist, dass sich die Polymorphie durch Kovarianz bei generischen Definitionen nur auf den Typ der Containerklasse bezieht und nicht auf die Typparameter (und hat damit eigentlich gar nichts mit Generics zu tun)!

Polymorphie für Typen So weit scheint die obige Definition selbstverständlich zu sein. Allerdings muss man bei Generics penibel darauf achten, dass der Typparameter invariant ist. Weil dies – wie wir später noch ausführlicher sehen werden – ein häufiger Stolperstein beim Einsatz von Generics ist, schauen wir uns das nun etwas genauer an. Dazu betrachten wir die Ableitungshierarchie `RectFigure extends BaseFigure`. Man könnte annehmen, dass Folgendes erlaubt wäre:

```
// Compile-Error
final Set<BaseFigure> figures = new HashSet<RectFigure>();
//          ^                             ^
//          |____ Typparameter kovariant _____|
```

Für eine solche Definition wären die gezeigten Typparameter nicht mehr invariant, sondern kovariant, da der Typ `RectFigure` von `BaseFigure` abgeleitet ist. Diese Schreibweise scheint intuitiv korrekt, birgt aber Probleme bei der Typsicherheit. Der folgende Abschnitt geht darauf ein.

Mögliche Probleme durch Kovarianz

Erinnern wir uns daran, dass Arrays kovariant und Generics invariant arbeiten. Beginnen wir die Betrachtung mit Arrays und schauen, was dort mit Kovarianz gemeint ist.

Wie schon aus Kapitel 3 bekannt, kann ein `Object[]` beispielsweise sowohl ein `String[]` als auch ein `BaseFigure[]` repräsentieren, jedoch nicht gleichzeitig.

```
// kovariante Zuweisung an Object[]; jetzt Referenz auf String[]
Object[] objects = new String[] { "Test1", "Test2" };
objects[0] = "Some string content";
```

Obwohl im Listing das `Object[]` zunächst mit einem `String[]` initialisiert wird, kann problemlos später eine Zuweisung mit dem Typ `BaseFigure[]` erfolgen:

```
// kovariante Zuweisung an Object[]; jetzt Referenz auf BaseFigure[]
objects = new BaseFigure[10];
// Laufzeitfehler: java.lang.ArrayStoreException: java.lang.String
objects[0] = "This is not a BaseFigure";
```

Im Listing sehen wir, dass an Position 0 des Arrays ein String zugewiesen wird, ohne dass dies einen Fehler beim Kompilieren auslöst: Semantisch ist die gezeigte Aktion natürlich nicht sinnvoll, jedoch finden für Arrays mit dem Basistyp `Object[]` zur Kompilierzeit keine Typprüfungen statt. Eine derartige Array-Referenz kann zur Laufzeit demnach beliebige, nicht primitive Array-Typen repräsentieren, etwa `String[]` oder auch `BaseFigure[]`. Typverstöße oder mögliche Zuweisungsfehler werden erst zur Laufzeit erkannt: Dazu benötigen und besitzen Arrays zur Laufzeit entsprechende Typinformationen über die in ihnen gespeicherten Elemente. Liegen tatsächlich Inkompatibilitäten bei Zuweisungen vor, so wird eine `ArrayStoreException` ausgelöst. Allerdings habe ich eine solche in über 15 Berufsjahren bisher nicht gesehen.

Trotzdem war Sun beim Entwurf der Generics angetreten, eine möglichst wasserdichte Typprüfung zu erreichen. Nehmen wir einmal an, wir könnten auch für Generics kovariante Definitionen vornehmen. Damit wäre dann etwa Folgendes möglich:

```
// Compile-Error
final List<Object> names = new ArrayList<String>();
//              ^                        ^
//              |__ Typparameter kovariant ___|

names.add(new RectFigure());   // Typinkompatibilität
```

Ebenso wie für Arrays sollte dies dann zur Laufzeit zu einem Fehler führen, wenn man einer `List<Object>` mal eine `List<String>` oder `List<BaseFigure>` zuweist und Elemente hinzufügt. Um den Typverstoß aber erkennen zu können, müsste man für die Containerklassen des JDKs analog zu Arrays zur Laufzeit Typinformationen zu den gespeicherten Elementen besitzen. Nun wurde aber beim Entwurf von Generics die Entscheidung getroffen, Generics mithilfe von Type Erasure umzusetzen. Aufgrund dessen ist eine Typprüfung zur Laufzeit keine Option, da nach dem Kompilieren keine Typinformationen mehr vorhanden sind, die ausgewertet werden könnten. Wäre obige kovariante Definition also erlaubt, so könnte der Compiler hier nicht mehr sicherstellen, dass zur Laufzeit keine Typfehler auftreten. Daher führt die gezeigte Definition bereits beim Kompilieren zu einem Fehler.

Weil Kovarianz als potenziell gefährlich eingestuft wurde und es ein wesentliches Ziel beim Entwurf von Generics war, Laufzeitfehler zu vermeiden, gilt hier eine strengere Forderung, nämlich die nach *Invarianz* der Typparameter. Manchmal ist Kovarianz allerdings nützlich, wie wir nun sehen werden.

Warum ist Kovarianz so wünschenswert?

Kovarianz ist immer dann wünschenswert, wenn eine »is-a«-Beziehung zwischen den zu speichernden Typen besteht. Die mit Generics standardmäßig realisierte Invarianz erschwert dann den Umgang.

Betrachten wir das anhand eines Beispiels und nutzen zur Datenspeicherung sowohl ein Array `BaseFigure[]` als auch eine Liste `List<BaseFigure>` wie folgt:

```java
final BaseFigure[] arrayOfFigures = new BaseFigure[10];
final List<BaseFigure> listOfFigures = new ArrayList<BaseFigure>();
```

Nehmen wir weiterhin an, eine Methode `printInfo(BaseFigure)` zur Ausgabe von Informationen zu einer Figur sei in einer Utility-Klasse `FigureUtilities` für einzelne Elemente vom Typ `BaseFigure` folgendermaßen definiert:

```java
public void printInfo(final BaseFigure figure)
{
    figure.printDetails();
}
```

Schauen wir uns nun an, wie einfach es ist oder auf welche Probleme man stößt, wenn man die Utility-Klasse so erweitern soll, dass eine überladene Methode für Arrays sowie auch für Collections von Figuren genutzt werden kann. Die geforderte Funktionalität lässt sich für Arrays und Listen wie folgt leicht realisieren:

```java
public void printInfo(final BaseFigure[] figures)
{
    for (final BaseFigure figure : figures)
        printInfo(figure);
}

public void printInfo(final List<BaseFigure> figures)
{
    for (final BaseFigure figure : figures)
        printInfo(figure);
}
```

In beiden Varianten werden alle Elemente durchlaufen und für jede Figur polymorph die Methode `printInfo(BaseFigure)` aufgerufen. Aber es gibt einen funktionalen Unterschied, wie wir nachfolgend sehen werden.

Beginnen wir damit, die Methoden mit unterschiedlichen Eingabewerten aufzurufen. Dazu erzeugen wir Objekte unterschiedlicher Figurenklassen. Betrachten wir dies für folgende drei Arrays mit Kreisen, Rechtecken und einem Mix daraus:

```
public static void main(final String[] args)
{
    // Definitionen von Arrays unterschiedlichen Typs
    final CircleFigure[] circles = { new CircleFigure(), new CircleFigure() };
    final RectFigure[] rects = { new RectFigure(), new RectFigure() };
    final BaseFigure[] figures = { new CircleFigure(), new RectFigure() };

    // Ausgabe über die Methode printInfo(BaseFigure[])
    printInfo(circles);
    printInfo(rects);
    printInfo(figures);
}
```

Listing 6.34 Ausführbar als '**GenericsArrayPolymorphyExample**'

Für Arrays des jeweiligen Figurentyps bzw. des Basistyps `BaseFigure` kann die zuvor definierte Methode `printInfo(BaseFigure[])` problemlos aufgerufen werden. Versuchen wir nun, das Ganze auf generische Collections zu übertragen. Intuitiv könnte man auf die im folgenden Beispiel dargestellte Umsetzung kommen, die analog zur vorherigen Realisierung arbeitet, jedoch mithilfe von `Arrays.asList(T...)` zunächst eine Umwandlung der typisierten Arrays in typsichere Listen vornimmt, um dann die Methode `printInfo(List<BaseFigure>)` aufzurufen:

```
public static void main(final String[] args)
{
    // Identische Definitionen
    final CircleFigure[] circles = { new CircleFigure(), new CircleFigure() };
    final RectFigure[] rects = { new RectFigure(), new RectFigure() };
    final BaseFigure[] figures = { new CircleFigure(), new RectFigure() };

    // Umwandlung Array -> Liste (Arrays.asList(T...))
    final List<BaseFigure> figureList = Arrays.asList(figures);
    printInfo(figureList);

    // Compile-Error: Type mismatch: cannot convert from
    // List<CircleFigure> to List<BaseFigure>
    // final List<BaseFigure> circleList = Arrays.asList(circles);

    // Compile-Error: The method printInfo(List<BaseFigure>) in the type
    // GenericsArrayPolymorphy2Example is not applicable
    // for the arguments (List<RectFigure>)
    // printInfo(Arrays.asList(rects));
}
```

Listing 6.35 Ausführbar als '**GenericsArrayPolymorphy2Example**'

Nur das in eine Liste umgewandelte `BaseFigure[]` erlaubt problemlos den Aufruf der Methode `printInfo(List<BaseFigure>)`, da hier der Typparameter invariant ist. Bei den beiden Arrays der spezielleren Typen kommt es zu Kompilierfehlern. Dabei ist es unbedeutend, ob zunächst eine Umwandlung in eine `List<BaseFigure>` erfolgt oder ein direkter Aufruf. Es stellt sich die Frage: »Wie kommt es dazu und wie lösen wir das Problem?«

Problemlösung Um die mitunter wünschenswerte Kovarianz für Typparameter bei Generics zu ermöglichen, existiert eine spezielle Notation. Allerdings darf aufgrund der Type Erasure und der fehlenden Möglichkeit einer Typprüfung zur Laufzeit nur eine »sichere Form« der Kovarianz unterstützt werden, bei der garantiert wird, dass der verwendete Typ alle Operationen des Basistyps implementiert. Gleiches gilt für Kontravarianz. Für beide kommt eine sogenannte Wildcard zum Einsatz. Die Wildcard '?' erlaubt beliebige Typen und kann zur Kennzeichnung von Ko- und Kontravarianz wie folgt genutzt werden:

1. **Kovarianz** – Die Wildcard '? extends `basetype`' wird *Upper Type Bound* genannt und ermöglicht *Kovarianz*. Es dürfen dadurch generische Klassen verwendet werden, die Subtypen von `basetype` als Typparameter nutzen.[24]
2. **Kontravarianz** – Die Wildcard '? super `subtype`' heißt *Lower Type Bound* und ermöglicht *Kontravarianz*. Dadurch sind alle diejenigen generischen Klassen erlaubt, die als Typparameter einen Basistyp von `subtype` besitzen. Es werden für die Typparameter also *alle* Basistypen akzeptiert, jedoch *keine* Subtypen mehr.

Kovarianz – Upper Type Bound

Weil durch die Type Erasure zur Laufzeit keine Typinformationen existieren, ist Kovarianz bei Generics nur mit Einschränkungen möglich. Probleme durch inkompatible Typen müssen bereits zur Kompilierzeit ausgeschlossen werden. Typparameter sind dazu mit der Syntax '? extends `basetype`' explizit als *kovariant* zu kennzeichnen.

Nutzen wir dieses Wissen, um das vorherige Beispiel alternativ sowohl für Figuren vom Typ `CircleFigure` als auch `RectFigure` ohne Fehler kompilieren zu können:

```
final List<? extends BaseFigure> figureList1 = new ArrayList<CircleFigure>();
final List<? extends BaseFigure> figureList2 = new ArrayList<RectFigure>();
```

Einer derart definierten `List<? extends BaseFigure>` kann problemlos eine `ArrayList<CircleFigure>` oder eine `ArrayList<RectFigure>` zugewiesen werden. Worin besteht denn dann der Unterschied zu der Kovarianz bei Arrays? Die Antwort ist einfach: In der Angabe des Typparameters! Zuweisungsfehler können bei Arrays erst zur Laufzeit erkannt werden. *Für Generics werden Schreibzugriffe auf Elemente bereits beim Kompilieren ausgeschlossen und problematische kovariante Zuweisungen vom Compiler verboten.*

---
[24]Für Interfaces existiert keine Notation mit `implements`, sondern es wird hier, analog zu den bereits bekannten Typeinschränkungen, das Schlüsselwort `extends` genutzt.

Einfügen von Elementen Eingangs haben wir erkannt, dass Schreibzugriffe in eine kovariant definierte Collection problematisch sein können. *Um Typsicherheit zu garantieren, werden Schreibzugriffe vom Compiler unterbunden und führen beim Kompilieren zu Fehlern.* Dadurch vermeidet man beispielsweise, dass in einer als `ArrayList<RectFigure>` konstruierten Liste (fälschlicherweise) ein `CircleFigure`-Objekt gespeichert werden kann. Als einzige Ausnahme kann immer `null` gespeichert werden, da dieser Wert zu allen Referenztypen zuweisungskompatibel ist.

Zugriff auf Elemente Für den Zugriff auf Elemente gilt, dass es immer problemlos möglich ist, Referenzen vom Typ `BaseFigure` auszulesen, da die gespeicherten Elemente garantiert mindestens diesen Typ besitzen:

```
final BaseFigure value = figureList.get(index);
```

Das Auslesen eines Subtyps von `BaseFigure`, z. B. `CircleFigure`, ist jedoch nicht möglich, da die durch '`? extends BaseFigure`' repräsentierte, konkrete Klasse unbekannt ist. Damit wird etwa verhindert, dass aus einer `ArrayList<RectFigure>` ein `CircleFigure`-Objekt gelesen werden kann:

```
// Compile-Error: Type mismatch: cannot convert from capture#3-of ? extends
// BaseFigure to RectFigure
final RectFigure value = figureList.get(index);
```

Kontravarianz – Lower Type Bound

Die Forderung nach Kovarianz ist relativ natürlich und basiert auf dem Substitutionsprinzip. Der Einsatz von Kontravarianz ist weniger eingängig, weil diese eine Kompatibilität entgegengesetzt zur Vererbungshierarchie der Typparameter ermöglicht. Kontravarianz bei Generics wird durch die Notation '`? super subtype`' ausgedrückt:

```
final List<? super BaseFigure> figureList = new ArrayList<BaseFigure>();
```

Im Speziellen ist sogar folgende Zuweisung möglich:

```
final List<? super BaseFigure> figureList = new ArrayList<Object>();
```

Durch die Beschränkung des Typs nach »unten« führt folgende Definition zu einem Fehler beim Kompilieren:

```
// Compile-Error
// cannot convert ArrayList<RectFigure> to ArrayList<? super BaseFigure>
final List<? super BaseFigure> figureList = new ArrayList<RectFigure>();
```

6.4 Containerklassen: Generics und Varianz

Einfügen von Elementen   Für eine kontravariant deklarierte Liste ist das Hinzufügen von Elementen möglich. Im nachfolgenden Beispiel nutzen wir als begrenzenden Typ BaseFigure und fügen mit RectFigure eine Spezialisierung davon ein:

```
final List<? super BaseFigure> figureList = new ArrayList<BaseFigure>();
figureList.add(new RectFigure());
```

In diesem Beispiel fällt eine Besonderheit auf, die für Verwirrung sorgen kann. Obwohl die Liste mit dem Typparameter BaseFigure definiert wurde, kann tatsächlich (zunächst irritierenderweise) jeder Subtyp von BaseFigure gespeichert werden, wie dies bereits im obigen Beispiel durch den Aufruf von figureList.add(new RectFigure()) gezeigt wurde. Folgendes ist wichtig zu wissen: *Die Varianz bezieht sich auf die Typparameter der generischen Klasse (`ArrayList<E>`) und nicht auf die Typen der tatsächlich gespeicherten Elemente.*

Zugriff auf Elemente   Beim Einsatz von Kontravarianz kann der Compiler nicht feststellen, von welchem Typ die Elemente der Collection tatsächlich sind. *Aus einer solchen Collection kann deshalb nicht typsicher gelesen werden.*

```
// Compile-Error: Type mismatch: cannot convert from capture#3-of ? super
// BaseFigure to RectFigure
final RectFigure value = list.get(index);
```

Allerdings besitzen die enthaltenen Elemente immer den Basistyp Object, wodurch folgender Lesezugriff möglich ist:

```
final Object obj = list.get(index);
```

Invarianz

Bekanntermaßen sind bei der Invarianz für Generics die Typparameter bei Deklaration und Definition gleich. Im folgenden Beispiel ist dies für eine ArrayList von BaseFigure-Objekten gezeigt:

```
final List<BaseFigure> graphicObjects = new ArrayList<BaseFigure>();
```

Eine auf diese Weise definierte ArrayList<BaseFigure> lässt sich so nutzen, als ob die Signaturen der Methoden tatsächlich für BaseFigure-Objekte definiert wären: Beim Auslesen mit get(int) liefert sie ein Objekt vom Typ BaseFigure. Beim Hinzufügen lässt sich mit add(BaseFigure) ein Element vom Typ BaseFigure bzw. sogar Subtypen davon speichern:

```
final BaseFigure baseFigure = graphicObjects.get(index);
graphicObjects.add(new RectFigure());
```

> **Info: Invarianz und Auto-Boxing**
>
> Für Collections von Wrapper-Klassen, etwa `ArrayList<Long>`, erfolgt automatisch Auto-Boxing/-Unboxing beim Hinzufügen oder Auslesen von Elementen:
>
> ```
> final List<Integer> integerList = new ArrayList<>();
> integerList.set(7, 4711);                          // Auto-Boxing
> final int valueAtPosition7 = integerList.get(7);   // Auto-Unboxing
> ```

Auswirkungen der Varianzformen

Die Vorstellung der Varianzformen war möglicherweise ein wenig theoretisch. Der Nutzen in der Praxis lässt sich gut an einem Beispiel verdeutlichen.

Nehmen wir an, die bereits kurz genannte Utility-Klasse `FigureUtilities` soll um eine Methode erweitert werden, mit der man grafische Figuren aus einer Liste in eine andere Liste kopieren kann. Eine erste Variante wäre, die Methoden folgendermaßen zu realisieren:

```
public static void copy(final List<BaseFigure> src,
                        final List<BaseFigure> dest)
{
    for (final BaseFigure figure : src)
        dest.add(figure);
}
```

So plausibel diese Realisierung zunächst auch aussehen mag, sie besitzt einige Einschränkungen und ist wenig hilfreich. Schauen wir auf mögliche Probleme und was man dagegen unternehmen kann.

Problem Invarianz Das erste Problem der gezeigten Realisierung besteht in der invarianten Definition der Typparameter von Quelle und Ziel:

```
final List<BaseFigure> src = new ArrayList<BaseFigure>();
// Füllen der Liste ...
final List<BaseFigure> dest = new ArrayList<BaseFigure>();

FigureUtilities.copy(src, dest);
```

Dadurch sind wir darauf beschränkt, beim Kopieren jeweils nur Listen mit identischem Typparameter zu nutzen. Das ist jedoch störend, wenn man Subtypbeziehungen und Polymorphie nutzt.

Rekapitulieren wir kurz das Verhalten für Referenzen und Arrays: Man kann z. B. eine Referenz `CircleFigure` an den Typ `BaseFigure` zuweisen und so auf allgemeinerer Ebene arbeiten. Für Arrays wäre es auch möglich, einem `BaseFigure[]` ein spezielleres `CircleFigure[]` zuzuweisen. Ähnliches wäre auch für generische Container wünschenswert: Ein möglicher Nutzer der Utility-Klasse könnte dann eine `List<CircleFigure>` in eine Liste mit dem allgemeineren Typ `BaseFigure` übertragen. Das ist jedoch mit der zuvor gezeigten `copy()`-Methode nicht möglich, stattdessen kommt es zu einem Kompilierfehler, wie dies folgende Zeilen zeigen:

```
final List<CircleFigure> src = new ArrayList<CircleFigure>();
// Füllen der Liste ...
final List<BaseFigure> dest = new ArrayList<BaseFigure>();

// Compile-Error: The method copy(List<BaseFigure>, List<BaseFigure>)
// in the type FigureUtilities is not applicable for the arguments
// (List<CircleFigure>, List<BaseFigure>)
FigureUtilities.copy(src, dest);
```

Motivation für Kovarianz für den Parameter der Quelle   Als Abhilfe nutzen wir eine kovariante Definition folgendermaßen:

```
public static void copy(final List<? extends BaseFigure> src,
                        final List<BaseFigure> dest)
{
    for (final BaseFigure figure : src)
        dest.add(figure);
}
```

Damit lässt sich die eben noch an einem Kompilierfehler scheiternde Kopieraktion von einer `ArrayList<CircleFigure>` in eine `ArrayList<BaseFigure>` durchführen.

Kovarianz auch für den Parameter des Ziels?   Intuitiv fragt man sich: »Wäre es nicht praktisch, auch den Parameter für das Ziel kovariant zu definieren?« Das klingt eigentlich ganz vernünftig. Damit ergäbe sich folgende Realisierung:

```
public static void copy(final List<? extends BaseFigure> src,
                        final List<? extends BaseFigure> dest)
{
    for (final BaseFigure figure : src)
        dest.add(figure);    // Compile-Error
}
```

Tatsächlich kommt es dadurch zu einem Kompilierfehler bei `add(BaseFigure)`. Das ist auch gut so, denn so verhindert man möglicherweise problematische Schreibzugriffe, wie wir dies bereits bei der Diskussion der Kovarianz bei Arrays besprochen haben. Nehmen wir kurz an, diese kovariante Methodendefinition wäre erlaubt, dann wäre z. B. folgende Kopie einer Liste von Kreisen in eine Liste von Rechtecken möglich:

```
final List<CircleFigure> src = new ArrayList<>();
final List<RectFigure> dest = new ArrayList<>();

FigureUtilities.copy(circles, rects);
```

Das würde aber zu Typfehlern führen, weil man Elemente vom Typ `CircleFigure` in eine Liste, festgelegt auf Elemente vom Typ `RectFigure`, einfügen würde. Um Derartiges grundsätzlich zu verhindern, sind Schreibzugriffe für kovariant definierte Containerklassen nicht erlaubt.

Motivation für Kontravarianz für den Parameter des Ziels Die initial genutzte Invarianz bot wenig Flexibilität. Auch für Kovarianz haben wir erkannt, dass es keinen Sinn ergibt, das Kopierziel derart zu definieren. Was ist mit Kontravarianz?

Beim Kopieren wäre es teilweise durchaus wünschenswert, ein allgemeineres Ziel angeben zu können, also statt einer List<BaseFigure> etwa eine List<Object>. Es ist typsicher, wenn man etwa eine Liste von Rechteckfiguren in einer Liste speichert, deren Typparameter BaseFigure bzw. Object ist. Durch Kontravarianz wird es möglich, auch eine auf einen allgemeineren Typ festgelegte generische Containerklasse als Kopierziel zu nutzen. Das erlaubt es, die Zieldatenstruktur flexibler angeben zu können. Betrachten wir die neue Variante der copy()-Methode, die dies nutzt:

```
public static void copy(final List<? extends BaseFigure> src,
                        final List<? super BaseFigure> dest)
{
    for (final BaseFigure figure : src)
        dest.add(figure);
}
```

Mit dieser Methode haben wir eine flexible Kopierfunktionalität umgesetzt: Wir können mithilfe der obigen copy()-Methode eine typsichere Kopie erstellen und dabei sowohl speziellere Eingabe- als auch allgemeinere Rückgabetypen nutzen. Dadurch wird die Handhabung für Klienten vereinfacht, sodass nun etwa folgende Aufrufe möglich sind:

```
// Definition von Zieldatenstrukturen
final List<BaseFigure> baseFigures = new ArrayList<>();
final List<Object> objects = new ArrayList<>();

// Kovariante Eingabe und kontravarianter Zielparameter
FigureUtilities.copy(circles, baseFigures);
FigureUtilities.copy(rects, objects);
```

Sind wir damit wirklich am Ziel? Nein, aber fast. Was fehlt denn? Bei der gesamten Diskussion um Super- und Subtypen haben wir einen Fall bisher nicht betrachtet: Man sollte jede Liste eines speziellen Typs, etwa CircleFigure, selbstverständlich auch wieder in eine List<CircleFigure> kopieren können. Obwohl das banal klingt, ist es mit der realisierten copy()-Methode doch nicht möglich. Stattdessen kommt es zu dem im nachfolgenden Listing gezeigten Kompilierfehler:

```
final List<CircleFigure> circlesSrc = new ArrayList<>();
// Füllen der Liste ...
final List<CircleFigure> circlesDest = new ArrayList<>();

// Compile-Error: The method copy(List<? extends BaseFigure>,
// List<? super BaseFigure>) in the type FigureUtilities is not
// applicable for the arguments List<CircleFigure>, List<CircleFigure>)
FigureUtilities.copy(circlesSrc, circlesDest);
```

Korrekterweise wird erkannt, dass der Typ List<CircleFigure> des Ziels nicht dem Typ List<? super BaseFigure> zugewiesen werden kann. Es ist aber eine natürliche Forderung und wünschenswert, Elemente aus Listen des gleichen Typs kopieren

6.4 Containerklassen: Generics und Varianz

zu können. Um dies zu ermöglichen, nutzen wir die bereits vorgestellte Syntax für Typeinschränkungen für statische Methoden wie folgt:

```
public static <T extends BaseFigure> void copy(final List<T> src,
                                               final List<? super T> dest)
{
    for (final T figure : src)
        dest.add(figure);
}
```

Nach dieser Modifikation haben wir nun unter Einsatz von Ko- und Kontravarianz eine typsichere, generische Kopiermethode implementiert.

Schlussfolgerung In diesem Beispiel wurden diverse kleinere Fallstricke und Besonderheiten beim Einsatz von Generics und Collections, aber auch Möglichkeiten zur Lösung vorgestellt. Damit haben Sie ein recht gutes Wissen erlangt, um eigene Experimente zu starten. Fassen wir nochmal zusammen: Der Einsatz von Kovarianz bietet sich an, um Eingaben allgemeiner zu gestalten. Kontravarianz erlaubt dies für Rückgaben bzw. Zuweisungen. Um Typsicherheit zu gewährleisten, sind Schreibzugriffe bei Kovarianz verboten, und durch den Compiler wird ein Read-only-Umgang forciert. Bei Kontravarianz sind Lesezugriffe verboten, aber Schreibzugriffe erlaubt. In Tabelle 6-1 sind die obigen Aussagen zusammengefasst.

Tabelle 6-1 Konsequenzen der Varianzformen

Varianzform	Lesezugriff	Schreibzugriff
Kontravarianz	- (nur `Object`)	✓
Kovarianz	✓	- (nur `null`)
Invarianz	✓	✓

Info: Generics und Wildcards

Nachdem wir die Verwendung von Wildcards kennengelernt und diese bereits in einigen Beispielen eingesetzt haben, ist uns aufgefallen, dass deren Verwendung mit einigen Merkwürdigkeiten in der Schreibweise verbunden ist: Dies gilt im Speziellen, wenn man komplexere generische Typen oder Methoden definiert, die eine Kombination aus `extends` und `super` nutzen, etwa wie folgt:

```
static <T> int binarySearch(List<? extends Comparable<? super T>> list,
                            T key)
```

Eine interessante Diskussion finden Sie unter http://www.artima.com/weblogs/viewpost.jsp?thread=222021. Einen Videovortrag von Joshua Bloch zu diesem Thema kann man sich unter http://beta.parleys.com/#id=116&st=5&sl=37 anschauen.

> **Varianz nur für Eingabeparameter, niemals für Rückgabewerte** Joshua
> Bloch gibt in »Effective Java« [6] den Hinweis, die beiden Varianzformen
>
> - ? extends T (Kovarianz)
> - ? super T (Kontravarianz)
>
> nur für Eingabeparameter, niemals aber für Rückgabetypen zu verwenden.
>
> Der Grund ist folgender: Für Methodeneingaben erreicht man für mögliche Aufrufer mehr Flexibilität. Für Rückgabewerte gilt dies nicht. Im Gegenteil: Es erschwert sogar die Handhabung, da die Wildcards dann auch in den Sourcecode der Klienten aufgenommen werden müssen.

Spezielle Syntax bei Generics

Wir haben mit Ko- und Kontravarianz und der ?-Notation schon eine recht kryptische Syntax bei Generics kennengelernt. Leider gibt es sogar noch eine Steigerung. Diese kommt dann zum Einsatz, wenn man Methoden mit generischen Parametern aufrufen möchte, etwa folgendermaßen:

```
public void print(final String title,
                  final List<TimeSeriesData> timeSeriesData);
```

Diese Signatur sieht harmlos aus, aber was passiert, wenn wir eine leere Liste als Parameter übergeben wollen? Dazu nutzen wir `Collections.emptyList()` wie folgt:

```
print("title", Collections.emptyList());
```

Auch wenn dieser Aufruf korrekt und logisch aussieht, so kommt es durch die Type Erasure zu folgender Fehlermeldung: »`The method print(String, List<TimeSeriesData>) in the type XYZ is not applicable for the arguments (String, List<Object>)`«. Als Abhilfe muss man den Typ direkt angeben, und zwar mithilfe folgender kovarianter Syntax:

```
print("title", Collections.<TimeSeriesData>emptyList());
```

Unterschied zwischen `List`, `List<Object>` und `List<?>`

Nachdem nun die Formen der Varianz bekannt sind, möchte ich abschließend auf einige Unterschiede in den Deklarationen `List`, `List<Object>` und `List<?>` eingehen. Obwohl alle recht ähnlich aussehen, besitzen sie doch voneinander abweichende Eigenschaften, die wir nun erkunden.

`List` vs. `List<Object>` Etwas vereinfachend kann man sagen, dass die Deklarationen `List` und `List<Object>` nahezu gleich sind. Derart definiert können Elemente

6.4 Containerklassen: Generics und Varianz

beliebigen Typs gespeichert werden. Der Unterschied besteht lediglich darin, welche Zuweisungen an die so definierten Referenzvariablen vorgenommen werden können: Eine Deklaration `List<Object>` erlaubt tatsächlich nur, dass exakt so definierte Listen zugewiesen werden. Das folgt aufgrund der Invarianz:

```
// beim Auslesen nicht typsicher
final List plainList = new ArrayList();
plainList.add(new Integer(4711));
plainList.add("Test");
final Integer sum = plainList.get(0) +    // Laufzeitfehler, weil
                    plainList.get(1);     // Integer und String enthalten sind

// ähnlich wie List, total generisch
final List<Object> objectList = new ArrayList<Object>();
// final List<Object> objectList = new ArrayList<String>(); // Compile-Error
objectList.add("Test");
objectList.add(new Integer(4711));
```

`List<Object>` vs. `List<?>` Im Gegensatz zu den gerade betrachteten Deklarationen bestehen zwischen den Deklarationen `List<Object>` und `List<?>` sehr große Unterschiede. Wie eben erwähnt, können in einer `List<Object>` Elemente beliebigen Typs gespeichert werden, aufgrund der Invarianz jedoch nur Listen zugewiesen werden, die auch exakt den generischen Typ `Object` nutzen.

Für die `List<?>` gilt das Gegenteil: Die Wildcard '?' erlaubt beliebige Typen und somit können Listen mit beliebigen Typparametern zugewiesen werden:

```
final List<?> anyTypeList1 = new ArrayList<Person>();
final List<?> anyTypeList2 = new ArrayList<CircleFigure>();

// typsichere Liste, bei der der Typ unbekannt ist
final List<?> anyTypeList = new ArrayList<String>();

// Compile-Error: The method add(capture#1-of ?) in the type
// List<capture#1-of ?> is not applicable for the arguments (String)/(Object)
// anyTypeList.add("Test");
// anyTypeList.add("Object");

anyTypeList.add(null);    // erlaubt
```

Allerdings kann aufgrund der fehlenden Typinformation der zu speichernden Elemente keine Typsicherheit garantiert werden. *Für `List<?>` ist daher ein Einfügen von Elementen generell nicht möglich*. Es kommt zu der im Listing gezeigten Fehlermeldung.

Zusammenfassung Fassen wir alles nochmal zusammen: Wie eingangs erwähnt, verhält sich eine `List<Object>` nahezu wie der nicht typisierte Raw Type `List` und definiert eine *heterogene Liste*. Allerdings kann einer `List<Object>` aufgrund der Forderung nach Invarianz *keine* `List<String>` zugewiesen werden; es können der `List<Object>` aber durchaus Stringobjekte hinzugefügt werden.

Mit einer `List<?>` wird eine *homogene Liste* beschrieben: Es kann zwar eine `List<String>` oder `List<Person>` zugewiesen werden; es können aber *keine* Stringobjekte bzw. `Person`-Objekte hinzugefügt werden. Dies klingt nach einer starken Einschränkung. Trotzdem ist `List<?>` aber für Utility-Methoden nützlich, die nur auf der Listenfunktionalität unabhängig vom Typ arbeiten sollen, etwa `size(List<?>)`.

6.5 Die Klasse `Optional`

Für Berechnungen kann mitunter kein Ergebnis ermittelt werden, etwa bei einer erfolglosen Suche oder bei der Bestimmung des Maximums einer leeren Menge. Dann benötigt man eine Modellierung optionaler oder nicht vorhandener Werte. Dies geschah bis JDK 8 in Form von `null` oder mithilfe des NULL-OBJEKT-Musters (vgl. Abschnitt 18.3.2). Allerdings sind Methoden, die potenziell `null` zurückgeben, in der Handhabung immer wieder problematisch. Ein Aufrufer weiß möglicherweise nichts von diesem Fall (oder hat den Hinweis im Javadoc einfach ignoriert) oder behandelt den Fall einfach nicht – was dann irgendwann einmal zu einer `NullPointerException` führt. Fast noch schlimmer sind jedoch übervorsichtige, ständige `null`-Prüfungen, selbst für Methoden, die niemals `null` zurückliefern. Das bläht den Sourcecode nur auf und macht ihn schwer verständlich.

Um Optionalität besser ausdrücken und kommunizieren zu können, bietet sich seit JDK 8 der Einsatz der Klasse `Optional<T>` an, die einen Container darstellt für Werte vom Typ `T` oder aber für den Wert `null`. Dadurch können optionale Werte klar ausgedrückt und `NullPointerExceptions` leichter vermieden werden.

6.5.1 Grundlagen zur Klasse `Optional`

Schauen wir uns eine Suche nach einem Kunden über den Namen an. Eine sehr gebräuchliche Variante liefert einen Referenz auf eine `Customer`-Instanz zurück, sofern ein passender Kunde gefunden wurde. Solche Methode besitzen Implementierungen ähnlich zu folgender:

```
public Customer findCustomerByNameOldStyle(final String name)
{
    for (final Customer customer : customers)
    {
        if (customer.getName().equals(name))
        {
            return customer;
        }
    }

    return null;
}
```

Diese Realisierung ist leicht verständlich. Problematisch wird das Ganze, wenn kein passender Datensatz gefunden wurde. Dies wird vielfach über den Wert `null` ausgedrückt. Allerdings lässt sich allein anhand der Signatur nicht feststellen, wie ein nicht gefundenes Element an einen Aufrufer kommuniziert wird. Demzufolge ist ein entsprechender Javadoc-Kommentar extrem empfehlenswert.

Wichtige Methoden in der Klasse `Optional<T>`

Durch Einsatz der Klasse `Optional<T>` wird das API sofort verständlich und verdeutlicht, dass mitunter kein Treffer geliefert werden kann. Dazu müssen wir nun aber eine `Customer`-Instanz bzw. einen `null`-Wert in ein `Optional<T>` wandeln. Das geschieht durch Aufruf der Methode `of()` bzw. `ofNullable()`. Letztere nutzt man, falls ein umzuwandelnder Wert `null` sein kann. Ist ein solcher sicher `null`, bietet sich hier der Aufruf von `Optional.empty()` an:

```
public Optional<Customer> findCustomerByNameNewStyle(final String name)
{
    for (final Customer customer : customers)
    {
        if (customer.getName().equals(name))
        {
            return Optional.of(customer);
        }
    }
    return Optional.empty();
}
```

Zudem ist man als Aufrufer durch das Typsystem dazu gezwungen, mit dem Rückgabetyp `Optional<T>` zu arbeiten bzw. genauer: Man muss erst durch verschiedene Aktionen sicherstellen, dass ein Wert vorhanden ist. Dies ist durch einen Aufruf von `isPresent()` möglich. Mit `get()` greift man auf diesen Wert zu:

```
final Optional<Customer> optCustomer = findCustomerByName(name);

if (optCustomer.isPresent())
{
    final Customer customer = optCustomer.get();

    doSomethingWithCustomer(customer);
}
else
{
    handleMissingCustomer(name);
}
```

Verarbeitung von primitiven Werten

Neben der generischen Klasse `Optional<T>` gibt es im JDK auf die primitiven Typen `int`, `long` und `double` spezialisierte Implementierungen. Das sind die Klassen `OptionalInt`, `OptionalLong` und `OptionalDouble`.

Das folgende Beispiel zeigt Berechnungen zur Ermittlung von Maximum und von Minimum sowie des Durchschnitts für ein Array des primitiven Typs `int`, das in einen `IntStream` gewandelt wird – Streams lernen wir im Detail in Kapitel 7 kennen. Hier genügt das Wissen, dass damit Folgen von Werten bereitgestellt werden.

```java
public static void main(final String[] args) {
    final int[] sampleValues = {1,3,5,7,11,13,17};

    final OptionalInt min = IntStream.of(sampleValues).min();
    final OptionalInt max = IntStream.of(sampleValues).max();
    final OptionalDouble avg = IntStream.of(sampleValues).average();

    System.out.println("min: " + min);
    System.out.println("max: " + max);
    System.out.println("avg: " + avg);
}
```

Listing 6.36 Ausführbar als 'OPTIONALPRIMITIVESEXAMPLE'

Beim Betrachten des Listings fällt auf, dass für `min()` und `max()` kein Komparator angegeben werden muss. Hier werden die Zahlen gemäß ihrer natürlichen Ordnung sortiert. Zudem sieht man, dass die Durchschnittsberechnung mit `average()` keinen `int`, sondern einen `double` liefert. Aufgrund seiner Optionalität wird er in Form eines `OptionalDouble`-Objekts zurückgegeben:

```
min: OptionalInt[1]
max: OptionalInt[17]
avg: OptionalDouble[9.5]
```

Behandlung von Alternativen

Oftmals möchte man bei Existenz eines optionalen Werts eine Aktion oder alternativ bei Nichtexistenz eine Behandlung von Alternativen ausführen. Dazu werden die Methoden `ifPresent()`, `orElse()`, `orElseGet()` und `orElseThrow()` genutzt. Die Methode `ifPresent()` erlaubt die direkte Ausführung einer Aktion. Mit der Methode `orElse()` kann man einen Fallback-Wert vorgeben, mit `orElseGet()` eine Berechnung durchführen und mit `orElseThrow()` eine Exception auslösen:

```java
public static void main(final String[] args)
{
    // Minimum für leeren Eingabe-Stream ermitteln
    final OptionalInt min = IntStream.empty().min();

    // Führe Aktion aus, wenn vorhanden
    min.ifPresent(System.out::println);

    // Alternativen Wert liefern, wenn nicht vorhanden
    System.out.println(min.orElse(-1));

    // Berechne Ersatzwert, wenn nicht vorhanden
    final IntSupplier randomGenerator = () -> (int)(100 * Math.random());
    System.out.println(min.orElseGet(randomGenerator));

    // Löse eine Exception aus, wenn nicht vorhanden
    min.orElseThrow(() -> new NoSuchElementException("there is no minimum"));
}
```

Listing 6.37 Ausführbar als 'OPTIONALALTERNATIVESEXAMPLE'

An diesem Beispiel erkennt man neben der Verarbeitung mit `OptionalInt` die Erleichterung bei Werten primitiver Typen. Welchen Rückgabewert sollte man hier ansonsten wählen? Bei Referenzen ist `null` noch einigermaßen sprechend für kein Ergebnis, aber wie drückt man das für primitive Typen aus? Oft sieht man Werte wie -1, 0 oder `MIN_VALUE`. Doch keiner davon ist so sprechend wie der Einsatz von `OptionalInt.empty()`.

Startet man das Programm OPTIONALALTERNATIVESEXAMPLE, so kommt es (durch die Zufallszahlenberechnung) in etwa zu folgenden, hier gekürzten Konsolenausgaben:

```
-1
73
Exception in thread "main" java.util.NoSuchElementException: there is no minimum
```

Offenbar wird die in `ifPresent(Consumer<? super T>)` angegebene Aktion nicht ausgeführt, da kein Objekt in der Eingabe verfügbar ist. Ansonsten wir der alternative Wert -1 ausgegeben sowie die alternative Berechnung einer Zufallszahl. Abschließend wird durch `orElseThrow()` die gezeigte Exception ausgelöst.

Verbleibt noch ein Detail: Manchmal möchte man alternativ zu `ifPresent()` eine Negativaktion ausführen. Das wird in JDK 8 nicht direkt unterstützt, kommt aber mit Java 9 (vgl. Abschnitt 14.2.3). Für JDK 8 kann man sich eine Hilfsmethode `ifPresentOrElse()` wie folgt schreiben:

```java
private static <T> void ifPresentOrElse(final Optional<T> optional,
                                         final Consumer<? super T> action,
                                         final Runnable elseAction)
{
    if (optional.isPresent())
    {
        action.accept(optional.get());
    }
    else
    {
        elseAction.run();
    }
}
```

6.5.2 Weiterführendes Beispiel und Diskussion

Bisher haben wir das API der Klasse `Optional<T>` kennengelernt und ein erstes Gespür für die Möglichkeiten zur Verarbeitung optionaler Werte erhalten. Nun betrachten wir das Ganze mit einem stärkeren Praxisbezug. Wie schon zuvor wollen wir aus einer Liste von Kunden denjenigen mit einem bestimmten Namen ermitteln und für diesen verschiedene Detailinformationen ausgeben. Dabei werden wir uns aber mehr auf die Aufruferseite konzentrieren. Nehmen wir an, eine Applikation solle nach der Suche zu dem gefundenen Kunden diverse Detailinformationen ausgeben, natürlich nur, sofern ein solcher Kunde existiert.

6 Das Collections-Framework

Umsetzung mit JDK 7 oder früher

Betrachten wir eine Implementierung, wie sie mit JDK 7 typisch ist. Lassen Sie uns eine unbekannte Person wie folgt suchen und danach die Detailinformationen ausgeben:

```
final String desiredName = "Unknown";

// findCustomerByNameOldStyle() kann null liefern
final Customer customer = findCustomerByNameOldStyle(desiredName);

printCustomerDetails(customer); // potenziell NullPointerException
```

Die Suche haben wir schon als `findCustomerByNameOldStyle()` kennengelernt. Nehmen wir nun für die Methode `printCustomerDetails()` an, sie greife zur Ausgabe auf verschiedene Attribute analog zu folgendem Ausschnitt zu:

```
void printCustomerDetails(final Customer customer)
{
    final String hometown = customer.getHometown();
    // ...
}
```

Die gewählte Implementierung erfüllt ihre Aufgabe, jedoch erfordert sie beim Aufrufer zusätzliche Prüfungen für den Fall, dass das gesuchte Element nicht in der Liste enthalten ist. Wenn die Suche nämlich den Wert `null` zurückliefert, so wird bei Aufrufen der korrespondierenden `get()`-Methoden in `printCustomerDetails(Customer)` eine `NullPointerException` ausgelöst. Oftmals findet man dann als vermeintliche Abhilfe eine `null`-Prüfung wie folgt:

```
final String desiredName = "Unknown";

final Customer customer = findCustomerByNameOldStyle(desiredName);
if (customer != null)
{
    printCustomerDetails(customer);
}
```

Zwar erhalten wir nun keine `NullPointerException` mehr, allerdings auch keinen Hinweis darauf, dass der gesuchte Kunde nicht gefunden wurde. Auch vom Design her gibt es eine Schwachstelle: Wir können als Methodenbereitsteller die späteren Nutzer nicht dazu bewegen, mögliche `null`-Werte geeignet abzufragen.

Lassen Sie uns kurz weiter überlegen. Im Allgemeinen ist eine Rückgabe von `null` vieldeutig: Heißt es »nicht gefunden« oder »es ist ein Fehler aufgetreten« oder aber etwas ganz anderes? Im obigen Beispiel wird der erste Fall ausgedrückt und wir könnten folgende Spezialbehandlung ergänzen:

```
final String desiredName = "Unknown";

final Customer customer = findCustomerByNameOldStyle(desiredName);
if (customer != null)
{
    printCustomerDetails(customer);
}
```

```
else
{
    showWarnMessage("No such customer with name '" + desiredName + "'");
}
```

Beim Betrachten der Methode selbst wie auch des aufrufenden Sourcecodes kann man sich berechtigterweise fragen, ob sich das Ganze nicht schöner realisieren lässt. Wir wissen bereits, dass man mit JDK 8 dazu die Klasse Optional<T> nutzen kann.

Variante mit JDK 8 und der Klasse Optional<T>

Wir kennen bereits die Methode findCustomerByNameNewStyle(). Diese besitzt als Rückgabe ein Optional<Customer>. Dadurch ändert sich der Sourcecode an der Aufrufstelle und nutzt dort die Methoden isPresent() und get() wie folgt:

```
final String desiredName = "Unknown";

final Optional<Customer> optCustomer = findCustomerByNameNewStyle(desiredName);
if (optCustomer.isPresent())
{
    printCustomerDetails(optCustomer.get());
}
else
{
    showWarnMessage("No such customer with name '" + desiredName + "'");
}
```

So wirklich erkennt man den Vorteil hier noch nicht – es ist sogar minimal mehr Sourcecode erforderlich, was sich jedoch durch den Einsatz unserer schon zuvor erstellten Hilfsmethode ifPresentOrElse() ändern ließe.

Vorteile durch den Einsatz der Klasse Optional<T>

Der entscheidende Punkt wird dann deutlich, wenn man sich den Sourcecode nochmals genauer anschaut und ein wenig überlegt:

- Die Methode findCustomerByNameNewStyle() drückt durch Rückgabe von Optional<Customer> klar aus, dass ein optionaler Wert zurückgeliefert wird.
- Die Methode printCustomerDetails(Customer) erwartet ein Objekt vom Typ Customer. Wenn man im Sourcecode konsequent Optional<T> nutzt, ist offensichtlich, dass hier niemals der Wert null übergeben werden darf. Auch ist es nicht möglich, versehentlich ein Optional<T> zu übergeben, wie man es als Ergebnis einer Suche erhält.

Gerade der letzte Punkt zeigt, dass sich der konsequente Einsatz von Optional<T> positiv auswirken kann und unerwartete Übergaben von null recht unwahrscheinlich macht. Das bedeutet auch, dass nach der Einführung von Optional<T> der Wert null nur noch selten verwendet werden sollte.

6.5.3 Verkettete Methodenaufrufe

Schauen wir uns noch eine Variante zur Verhinderung von `NullPointerException`s an. Oftmals würden wir zwar gerne die Klasse `Optional<T>` für Rückgaben nutzen, aber wir haben entweder den Sourcecode nicht im Zugriff oder dürfen diesen nicht ändern.

In der Praxis findet man immer wieder einmal Aufrufketten wie diese:

```java
final String version = computer.getGraphicscard().getFirmware().getVersion();
```

Das ist in der Regel schlechtes Design: Neben einem Verstoß gegen das Law Of Demeter (vgl. Abschnitt 3.5.2) ist diese Variante auch fehleranfällig: Wenn eine der obigen Methoden `null` als Rückgabe liefert, da damit optionale Daten ausgedrückt werden, so wird eine `NullPointerException` ausgelöst.

Lösungsvariante 1

Oftmals findet man dann einen Workaround in folgender Form mit diversen `if`-Prüfungen und tiefen Verschachtelungen:

```java
String version = "UNKNOWN";
if (computer != null)
{
    final Graphicscard graphicscard = computer.getGraphicscard();
    if (graphicscard != null)
    {
        final Firmware firmware = graphicscard.getFirmware();
        if (firmware != null)
        {
            version = firmware.getVersion();
        }
    }
}
```

Obwohl das die `NullPointerException`s verhindert, ist das Ganze doch schlecht lesbar und irgendwie nicht wirklich schön.

Lösungsvariante 2

Seit Java 8 ist man versucht, statt eines `null`-Werts mit der Klasse `Optional<T>` zu arbeiten. Unter Einsatz von Methodenreferenzen könnte man dann folgende, kürzere, aber eher nicht direkt intuitiv verständliche Konstruktion nutzen:

```java
final String version = computer.flatMap(Computer::getGraphicscard).
                    flatMap(Graphicscard::getFirmware).
                    map(Firmware::getVersion).orElse("UNKNOWN");
```

Genau wie Variante 1 ist auch diese Umsetzung etwas kompliziert und unschön. Darüber hinaus ist sie für viele Entwickler vermutlich sogar schlechter verständlich.

Lösungsvariante 3

Wir können aber das Beste aus beiden Welten (Kürze, Lesbarkeit und Verständlichkeit) erreichen, wenn wir uns eine Hilfsmethode `safeResolve()` basierend auf dem Interface `Supplier<T>` schreiben. Dabei habe ich mich von einem Blog von Benjamin Winterberg inspirieren lassen.[25]

Schauen wir zunächst auf die Verwendung und dann auf die Realisierung der Hilfsmethode. Die Verwendung erfolgt nahezu so, wie man sie auch ursprünglich aufgerufen hätte, nur als Lambda und als Parameter der Methode `safeResolve()`:

```
final Optional<T> optValue = safeResolve(
                 () -> computer.getGraphicscard().getFirmware().getVersion());

optValue.ifPresent(System.out::println);
```

Praktischerweise können wir weiterhin die intuitiv verständliche .-Notation nutzen, ummanteln diese aber mit einem Aufruf an unsere Hilfsmethode, die beim Auftreten einer `NullPointerException` diese in ein `Optional.empty()` umwandelt:

```
public static <T> Optional<T> safeResolve(final Supplier<T> resolver)
{
    try
    {
        final T result = resolver.get();
        return Optional.ofNullable(result);
    }
    catch (final NullPointerException npe)
    {
        return Optional.empty();
    }
}
```

6.6 Fallstricke im Collections-Framework

Beim Collections-Framework handelt es sich um eine gelungene und umfangreiche Sammlung gebräuchlicher Algorithmen und Datenstrukturen. Allerdings existieren doch kleinere Fallstricke, die man kennen sollte, um nicht über sie zu stolpern.

6.6.1 Wissenswertes zu Arrays

Arrays und Vergleiche

Die für verschiedene primitive Typen und den Typ `Object[]` überladene Methode `Arrays.equals()` verhält sich für verschachtelte Arrays nicht so, wie man es intuitiv erwarten würde. Folgendes Listing zeigt das Problem: Es werden zwei Arrays verglichen, die jeweils gleiche Arrays von Stringliteralen speichern. In diesem Beispiel werden zur Verdeutlichung die Indexpositionen der Arrays als Wert gespeichert:

---

[25] http://winterbe.com/posts/2015/03/15/avoid-null-checks-in-java

```
public static void main(final String[] args)
{
    final String[][] array1 = { { "0.0", "0.1" }, { "1.0", "1.1" } };
    final String[][] array2 = { { "0.0", "0.1" }, { "1.0", "1.1" } };

    final boolean arrayEquals = Arrays.equals(array1, array2);
    final boolean deepEquals  = Arrays.deepEquals(array1, array2);

    System.out.println("equals     = " + arrayEquals);     // false !!!
    System.out.println("deepEquals = " + deepEquals);      // true
}
```

Listing 6.38 *Ausführbar als* '**ARRAYCOMPAREEXAMPLE**'

Ganz intuitiv erwartet man bei einem Vergleich von Arrays mit offensichtlich gleichem Inhalt auch das Feststellen von Gleichheit. Tatsächlich werden die obigen Arrays als unterschiedlich erkannt. Dies ist dadurch bedingt, dass die Implementierung von `Arrays.equals(Object[], Object[])` die enthaltenen Subarrays nicht rekursiv vergleicht. Das wurde aus Performance-Gründen so realisiert. *Zum korrekten Vergleich verschachtelter Arrays ist daher immer die Methode* `Arrays.deepEquals(Object[], Object[])` *zu verwenden.*[26]

Ähnliche Fallstricke lauern bei der Berechnung des Hashwerts über `Arrays.hashCode(Object[])` und bei der Erzeugung einer Stringrepräsentation mit `Arrays.toString(Object[])`. Es existieren in der Utility-Klasse `Arrays` korrespondierende Methoden `deepHashCode(Object[])` und `deepToString(Object[])`.

Arrays und `clone()`

Arrays bieten eine öffentliche `clone()`-Methode, die eine flache Kopie eines Arrays erzeugt: Das bedeutet, dass jedoch lediglich ein neues Array mit der Kopie der ersten Ebene der Elemente erzeugt wird. Die Subarrays werden zwischen den Arrays »geteilt«. Betrachten wir dazu ein Beispiel:

```
public final class ArrayCloneExample
{
    private static final String[][] original = { { "0.0", "0.1" },
                                                 { "1.0", "1.1" } };

    // Kopie des Arrays erzeugen
    private static final String[][] clone = original.clone();

    public static void main(final String[] args)
    {
        // Protokolliere Ausgangszustand
        System.out.println("before modification:");
        System.out.println("original: " + Arrays.deepToString(original));
        System.out.println("clone:    " + Arrays.deepToString(clone));
```

---

[26]Meiner Ansicht nach ist das wenig intuitiv und mitunter sogar problematisch. Joshua Bloch wollte in einer persönlichen Diskussion auf der Java One 2009 nicht ganz so weit gehen. Allerdings war ihm die Problematik bereits beim Entwurf des Collections-Frameworks bewusst und daher existiert `Arrays.deepEquals(Object[], Object[])`.

6.6 Fallstricke im Collections-Framework

```
    // Verändere Einträge im Clone
    System.out.println("after modification:");
    clone[0][1] = "New 0.1";
    clone[1] = new String[] { "New Sub-Array 1" };

    System.out.println("original: " + Arrays.deepToString(original));
    System.out.println("clone:    " + Arrays.deepToString(clone));
  }
}
```

Listing 6.39 *Ausführbar als* **'ARRAYCLONEEXAMPLE'**

Es kommt zu folgender Ausgabe – hier muss jedoch die Methode `Arrays.deepToString(String[])` verwendet werden, da es sich um verschachtelte `String`-Arrays handelt:

```
before modification:
original: [[0.0, 0.1], [1.0, 1.1]]
clone:    [[0.0, 0.1], [1.0, 1.1]]
after modification:
original: [[0.0, New 0.1], [1.0, 1.1]]
clone:    [[0.0, New 0.1], [New Sub-Array 1]]
```

Das Klonen führt zu einer Kopie der ersten Array-Ebene. In diesem Beispiel sind demnach die Arrays `original` und `clone` verschieden, aber die Subarrays sind gleich. Dadurch kann man mit einer Zuweisung an `clone[1]` unabhängig einen anderen Wert setzen. Ein Schreibzugriff auf die zweite Ebene `clone[0][1]` verändert allerdings beide Arrays. Abbildung 6-11 zeigt dies.

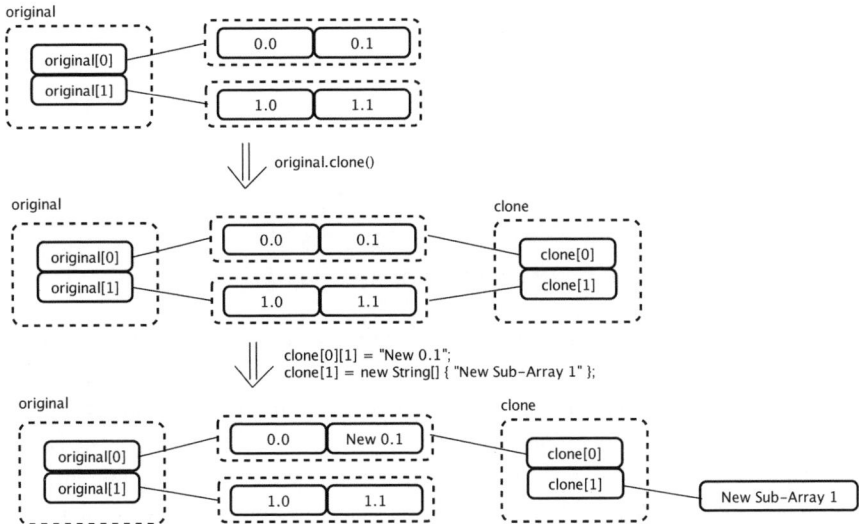

Abbildung 6-11 *Arbeitsweise der Methode* `clone()` *für Arrays*

Rückgabe von Arrays und die Gefahr von Inkonsistenzen

Zur Bereitstellung von Berechnungsergebnissen oder einer Menge vordefinierter Werte setzt man mitunter Arrays ein, ohne sich darüber allzu viele Gedanken zu machen. Allerdings besteht bei der Rückgabe von Arrays auf interne Daten die Gefahr von Inkonsistenzen, weil gespeicherte Werte unerwartet verändert werden können.

Folgendes Beispiel macht dies deutlich und zeigt mögliche Probleme beim Zugriff auf ein Array `CAPITAL_CITIES` vom Typ `String[]`. Es sind folgende zwei Zugriffsmethoden `getCities()` und `getCityIterator()` definiert:

```java
public final class BesserIteratorAlsArray
{
    private static final String[] CAPITAL_CITIES = new String[]
                    { "Berlin", "London", "Paris", "Wien" };

    public static final String[] getCities()
    {
        return CAPITAL_CITIES;
    }

    public static final Iterator<String> getCityIterator()
    {
        return Arrays.asList(CAPITAL_CITIES).iterator();
    }

    public static void main(final String[] args)
    {
        System.out.println("CITIES " + Arrays.toString(CAPITAL_CITIES));

        final String[] cities = getCities();
        // unerwartete Modifikation (auch im Original-Array!)
        cities[1] = "London has changed!";
        System.out.println("CITIES " + Arrays.toString(cities));
        System.out.println("CITIES " + Arrays.toString(CAPITAL_CITIES));

        // keine Modifikation möglich
        final Iterator<String> cityIterator = getCityIterator();
        while (cityIterator.hasNext())
            System.out.println(cityIterator.next());
    }
}
```

Listing 6.40 *Ausführbar als '*BESSERITERATORALSARRAY*'*

In diesem Beispiel wird die Ausgabe der Städte auf zwei unterschiedliche Arten realisiert: Beim Zugriff über die Methode `getCities()` wird zwar nur eine Referenz auf ein `String[]` zurückgeliefert, allerdings werden unerwartet Modifikationen im `private static final` definierten Array `CAPITAL_CITIES` möglich. Die Begründung dafür ist einfach: Zwar ist die Referenz auf das Array `final` und damit unveränderlich, jedoch gilt das nicht für die dort gespeicherten Referenzen. Das spiegelt sich in folgender gekürzter Konsolenausgabe wider:

```
CITIES [Berlin, London, Paris, Wien]
CITIES [Berlin, London has changed!, Paris, Wien]
[...]
```

Der Eintrag `"London"` wird unerwartet zu `"London has changed!"`. Demnach gilt:
Die Rückgabe von Referenzen auf Arrays birgt die Gefahr von Modifikationen und verschlechtert die Datenkapselung.

Iterator als Abhilfe Die zweite Variante nutzt einen Iterator zum Zugriff. Das führt zu einer besseren Kapselung, verhindert automatisch Modifikationen sowohl der Zusammensetzung als auch der Daten und löst damit das Problem ungewünschter Änderungen im Array: Allerdings gilt dies nur in diesem Fall für unveränderliche Stringobjekte. Für andere gespeicherte Objektreferenzen erreicht man so lediglich einen Schutz ähnlich zu dem der `unmodifiable`-Wrapper: Die Zusammensetzung des Arrays lässt sich nicht ändern, aber die Daten der gespeicherten Objekte möglicherweise schon.

6.6.2 Wissenswertes zu `Stack`, `Queue` und `Deque`

Bislang wurden die Klassen `Stack<E>`, `Queue<E>` und `Deque<E>` nur am Rande erwähnt. Nachfolgend gehe ich auf deren Arbeitsweise und auf einige Fallstricke ein.

Die Arbeitsweise der Klasse `Stack<E>` (zu deutsch: Stapel) kann man sich wie einen Stapel Papier in einer Schreibtischablage vorstellen. Neue Aufträge werden oben abgelegt und der oberste Auftrag wird als Nächstes bearbeitet. Diese Bearbeitungsreihenfolge ist in der Informatik unter dem Begriff *LIFO* (*Last-In-First-Out*) bekannt.

Die Klasse `Queue<E>` repräsentiert eine Warteschlange. Man kann sich die Verarbeitung wie beim Anstellen an der Kasse im Supermarkt vorstellen. Neue Wartende reihen sich immer hinten in die Schlange der Wartenden ein und jeder kommt der Reihe nach dran. Diese Art der Bearbeitung wird in der Informatik *FIFO* (*First-In-First-Out*) oder auch *FCFS* (*First-Come-First-Serve*) genannt. Tatsächlich kennt man es aus der Realität, dass sich immer mal wieder Personen vordrängeln oder aber von anderen vorgelassen werden. Diesen Sachverhalt kann man durch sogenannte *Prioritätswarteschlangen* abbilden. Sie werden durch das Interface `PriorityQueue<E>` realisiert. Dort übersteuern Prioritäten die Bedienreihenfolge. Die Arbeitsweise der Datenstrukturen wird in Abbildung 6-12 angedeutet.

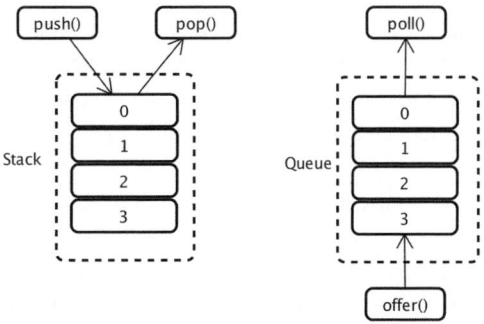

Abbildung 6-12 *Arbeitsweise von Stacks und Queues*

Fallstricke in der Klasse `Stack`

Die Klasse `Stack<E>` wird durch eine Implementierungsvererbung von der Klasse `Vector<E>` realisiert. Sie bietet daher alle Methoden ihrer Basisklasse `Vector<E>`. Darüber hinaus werden folgende fünf stackspezifische Methoden bereitgestellt:

- `E push(E element)` – Legt ein Element oben auf den Stack und gibt es zurück.
- `E peek()` – Liefert das oberste Element, *ohne* es aus dem Stack zu entfernen. Falls keine Elemente existieren, kommt es zu einer `java.util.EmptyStackException`.
- `E pop()` – Gibt das oberste Element zurück und *entfernt* es aus dem Stack. Wirft eine `EmptyStackException`, falls keine Elemente vorhanden sind.
- `boolean empty()` – Prüft, ob der Stack leer ist.
- `int search(Object object)` – Sucht nach dem übergebenen Element und gibt dessen Position zurück. Diese Funktionalität ist nützlich, um herauszufinden, wie weit ein Element noch von der obersten Position entfernt ist. Die Suche liefert eine Position, die 1-basiert ist: Für das Element ganz oben auf dem Stack gibt die Methode den Wert 1 zurück.

Durch die Implementierungsvererbung von `Vector<E>` sind für die Klasse `Stack<E>` leider auch Methodenaufrufe möglich, die der Arbeitsweise eines Stacks widersprechen. Es können z. B. die Methoden `get(int)`, `indexOf(Object)` oder sogar verändernde Zugriffe aufgerufen werden, etwa `add(int, E)` oder `remove(int)`. Weiterhin existieren mehrere Methoden mit leicht unterschiedlichem Namen, die dasselbe tun, beispielsweise `empty()` und `isEmpty()`. Diese Beispiele sollen Sie für die Problematik der Implementierungsvererbung sensibilisieren.

Deutlich erkennbar werden die resultierenden Fallstricke, wenn man sowohl die Methoden der Basisklasse `Vector<E>` als auch diejenigen der Klasse `Stack<E>` benutzt. Nehmen wir an, es würden einige Elemente statt durch den Aufruf von `push(E)` durch Aufruf der Methode `add(E)` hinzugefügt. Intuitiv erwartet man ein Anfügen an letzter Position. Die in Abbildung 6-12 dargestellten Positionen stimmen jedoch nicht mit den Indexwerten im `Vector<E>` überein. Tatsächlich entspricht das oberste Element eines Stacks dem letzten Element der zugrunde liegenden Basisklasse `Vector<E>`. Diese Details sind beim Einsatz der eigentlichen Schnittstelle der Klasse `Stack<E>` nicht von Interesse. Beim Aufruf von Methoden der Klasse `Vector<E>` muss man diese Details jedoch kennen, ihre Auswirkungen beachten und Vorsicht walten lassen.

Derartige Probleme beim Einsatz eines nicht intuitiven APIs erschweren das Programmieren und lenken von der eigentlich zu realisierenden Aufgabe ab. Eine weitere wesentliche Erkenntnis aus der obigen Diskussion ist: *Implementierungsvererbung stellt sehr oft keine geeignete Wahl dar, um funktionale Erweiterungen zu realisieren.* Eine korrekte Realisierung, die zudem das Substitutionsprinzip (»is-a«-Beziehung) nicht verletzt, wäre problemlos möglich gewesen: Eine objektorientierte Umsetzung verwendet eine Referenz auf die Klasse `Vector<E>` (oder einer beliebigen Liste) und

6.6 Fallstricke im Collections-Framework

nutzt Delegation, um die zuvor genannten Methoden eines Stacks zu realisieren. Das kann man in etwa wie folgt machen:

```
public class Stack<E>
{
    // Komposition statt Vererbung, hier konkreter Typ LinkedList<E>, weil das
    // Interface List<E> nur add(int, E) und remove(int) bietet, hier aber ...
    private final LinkedList<E> elements = new LinkedList<>();

    public void push(final E item)
    {
        // ... Delegation an besser passende Methode
        element.addFirst(item);
    }

    public E pop()
    {
        if (elements.size())
            throw new EmptyStackException();

        // ... Delegation an besser passende Methode
        return elements.removeFirst()
    }
    // ...
}
```

Merkwürdigkeiten im Interface `Queue`

Zum Datenaustausch zwischen verschiedenen Programmkomponenten können Implementierungen des Interface `Queue<E>` verwendet werden. Dieses erweitert das Interface `Collection<E>` und bietet ergänzend dazu folgende Methoden[27]:

- `boolean add(E element)`,
- `boolean offer(E element)` – Beide Methoden fügen ein Element am Ende der Queue ein. Für größenbeschränkte Queues existiert zwischen beiden Methoden folgender Unterschied: Der Aufruf von `add(E)` löst teilweise – abhängig von der konkreten Realisierung des Interface `Queue<E>` – eine `IllegalStateException` aus, wenn die Queue voll ist. Ein Aufruf von `offer(E)` liefert stattdessen den Wert `false`.
- `E element()`,
- `E peek()` – Beide Methoden geben das erste Element zurück, *ohne* es aus der Queue zu entfernen. `element()` löst eine `NoSuchElementException` aus, wenn die Queue leer ist. `peek()` liefert in diesem Fall den Wert `null`.
- `E poll()`,
- `E remove()` – Beide Methoden geben das erste Element zurück und *entfernen* es aus der Queue. `remove()` löst eine `NoSuchElementException` aus, wenn die Queue leer ist. `poll()` liefert in diesem Fall den Wert `null`.

---
[27] Die Methode `add(E)` existiert bereits im Interface `Collection<E>`, ist hier aber aufgeführt, um jeweils Methodenpaare vorzustellen und auf eine Besonderheit hinzuweisen.

Da das Interface `Queue<E>` eine Erweiterung des Interface `Collection<E>` ist, fügt es sich nahtlos in das Collections-Framework ein. Unter anderem bedeutet das, dass sich die vordefinierten Algorithmen anwenden lassen. Wie die zuvor kritisierte Realisierung der Klasse `Stack<E>` enthält auch die Definition des Interface `Queue<E>` aufgrund der Vererbungsbeziehung zum Interface `Collection<E>` einige Methoden, die nicht zur Funktionsweise der Datenstruktur Queue passen: Dies ist beispielsweise eine Methode `remove(Object)`, die es erlaubt, beliebige Objekte zu löschen. Außerdem sind dies sogenannte Bulk-Operationen, die auf einer Menge von Elementen arbeiten, etwa `addAll()`, `containsAll()`, `removeAll()` oder `retainAll()`. Die Kritik wird dadurch verstärkt, dass die Klasse `LinkedList<E>` das Interface `Queue<E>` erfüllt. Ein schöneres, objektorientiertes Design hätte darin bestanden, eine eigenständige Klasse zu definieren, die eine Liste nutzt.

Unklarheiten im Interface `Deque`

Eine sogenannte Deque ist eine doppelseitige Warteschlange und wird durch das generische Interface `Deque<E>` beschrieben, das das zuvor vorgestellte Interface `Queue<E>` erweitert. Ergänzend zum Interface `Queue<E>` werden hier Methoden zum Hinzufügen und Löschen am Anfang und am Ende der Datenstruktur bereitgestellt. Dadurch gibt es aber mehrere Methodenpaare, die gleiche Funktionalität anbieten, aber unterschiedliche Namen tragen, etwa `add(E)` und `addLast(E)` sowie `offer(E)` und `offerLast(E)`. Die sich daraus ergebenden Probleme wurden schon in den Beschreibungen der Klasse `Stack<E>` und des Interface `Queue<E>` vorgestellt.

6.7 Weiterführende Literatur

Dieses Kapitel hat eine Einführung in Datenstrukturen und das Collections-Framework gegeben. Weitere Informationen finden Sie in folgenden Büchern:

- **»Java Standard Libraries«** von Markus Gumbel, Marcus Vetter und Carlos Cardenas [29]
  Dieses Buch bietet einen umfassenden Einstieg in das Collections-Framework und beschreibt ausführlich die Datenstrukturen Listen, Mengen und Schlüssel-Wert-Abbildungen. Allerdings wird nur das JDK 1.3 behandelt. Für einen Einstieg in die Materie ist dies jedoch ausreichend.

- **»Java Generics and Collections«** von Maurice Naftalin und Philip Wadler [59]
  Dieses Werk ist die ideale Weiterführung des zuvor genannten Buchs, da es besonders auf die Neuerungen im JDK 5 eingeht – im Speziellen sind dies Generics und einige Erweiterungen des Collections-Frameworks.

Weiterführende Informationen und Grundlagen zu Algorithmen und Datenstrukturen können in folgenden Büchern nachgelesen werden:

- »**Data Structures and Algorithms with Object-Oriented Design Patterns in Java**« von Bruno R. Preiss [64]
  Dieses Buch zeigt, wie man Datenstrukturen in Java realisieren kann. Man erhält hier das notwendige Hintergrundwissen, wenn man Details des Collections-Frameworks verstehen möchte.

- »**Introduction to Algorithms**« von Thomas H. Cormen et al. [14]
  Ähnlich wie das zuvor genannte Buch von Bruno R. Preiss wird hier ein guter, aber eher formaler Überblick über Algorithmen und Datenstrukturen geboten.

- »**Algorithmen**« von Robert Sedgewick [68]
  Robert Sedgewick stellt fundiert verschiedene Algorithmen und Datenstrukturen vor. Das geschieht weniger formal als bei Thomas H. Cormen et al. Einige anschauliche Abbildungen helfen dabei, die Algorithmen nachzuvollziehen.

7 Bulk Operations on Collections

Mit JDK 8 wurden Massenoperationen auf Collections (Bulk Operations on Collections) eingeführt. Neben den schon in den Abschnitten 6.1.3 und 6.1.5 beschriebenen kleineren Erweiterungen in den Interfaces `Collection<E>` und `List<E>` sind vor allem die sogenannten Streams von Relevanz: Diese liefern die Schnittstelle zur funktionalen Programmierung.

Einführend schauen wir uns Streams in Abschnitt 7.1 an. Danach betrachten wir das Filter-Map-Reduce-Framework in Abschnitt 7.2. Zum Abschluss zeige ich in Abschnitt 7.3 einige Einsatzgebiete aus der Praxis.

7.1 Streams

Für das in JDK 8 neu eingeführte Konzept der *Streams* spielt das Interface `java.util.stream.Stream<T>` eine Schlüsselrolle. Streams sind eine Abstraktion für *Folgen von Verarbeitungsschritten auf Daten*. Darüber hinaus ähneln Streams sowohl Collections als auch Iteratoren, wobei Streams keine Speicherung der Daten vornehmen und nur einmal traversiert werden können. Als weitere Analogie kann die Abarbeitung als Fließband betrachtet werden. Dabei unterscheidet man zwischen diesen drei Typen von Operationen: *Create* (Erzeugung), *Intermediate* (Berechnung) und *Terminal* (Ergebnisermittlung). Nachfolgend ist dies schematisch dargestellt:

$$\underbrace{Quelle \Rightarrow STREAM}_{Create} \Rightarrow \underbrace{OP_1 \Rightarrow OP_2 \Rightarrow ... \Rightarrow OP_n}_{Intermediate} \Rightarrow \underbrace{Ergebnis}_{Terminal}$$

Einführendes Beispiel

Das folgende Listing zeigt die Operationen, ohne auf Details einzugehen. Hier geht es zunächst nur darum, einen ersten Eindruck für Streams und die Verarbeitung damit zu bekommen. Dazu schauen wir uns eine Liste von Personen an, die auf alle Erwachsenen gefiltert und schließlich wieder als `List<Person>` zurückgegeben wird:

```
List<Person> adults = persons.stream().              // Create
                     filter(Person::isAdult).        // Intermediate
                     collect(Collectors.toList());   // Terminal
```

Neben all diesen (noch unbekannten) Implementierungsneuerungen erkennt man sehr schön, dass sich Konzepte und das »Was« viel klarer erkennen lassen und nicht das »Wie« (die Details der Implementierung der Funktionalität) im Vordergrund steht.

7.1.1 Streams erzeugen – Create Operations

Nach dem ersten Beispiel zu Streams wollen wir unsere Kenntnisse vertiefen. In den folgenden Abschnitten stelle ich einige Varianten zur Erzeugung von Streams vor.

Streams für Arrays und Collections

Für Arrays oder Collections gibt es eine Methode `stream()`, die ein `Stream`-Objekt erzeugt:

```
final String[] namesData = { "Karl", "Ralph", "Andi", "Andy", "Mike" };
final List<String> names = Arrays.asList(namesData);

final Stream<String> streamFromArray = Arrays.stream(namesData);
final Stream<String> streamFromList = names.stream();
```

Als Besonderheit können Collections eine sequenzielle sowie eine parallele Variante eines Streams liefern:

```
final Stream<String> sequentialStream = names.stream();
final Stream<String> parallelStream = names.parallelStream();
```

Für Arrays bietet die Utility-Klasse `java.util.Arrays` dagegen nur Zugriff auf eine sequenzielle Variante. Um hier auf Parallelverarbeitung zu wechseln, kann man die Methode `parallel()` auf dem zu parallelisierenden Stream aufrufen. Für das obige Array könnte man somit Folgendes schreiben:

```
final Stream<String> parallelArrayStream = Arrays.stream(namesData).parallel();
```

Streams für vordefinierte Wertebereiche

Teilweise soll über Streams ein fixer, vordefinierter Wertebereich abgebildet und bearbeitet werden. Dazu gibt es spezielle Methoden, etwa `of()`, `range()` und `chars()`:

```
final Stream<String> names = Stream.of("Tim", "Andy", "Mike");       // String
final Stream<Integer> integers = Stream.of(1, 4, 7, 7, 9, 7, 2);     // Integer

final IntStream values = IntStream.range(0, 100);                    // int
final IntStream chars = "This is a test".chars();                    // int
```

Im Listing kommt neben dem generischen Interface `Stream<T>` auch das für den primitiven Datentyp `int` spezifische Interface `java.util.stream.IntStream` zum Einsatz. Die Verarbeitung erfolgt in dieser Art von Streams mit Werten primitiver Typen und nicht wie bei `Stream<Integer>` mit `Integer`-Objekten.

Besonderheit: Streams für primitive Typen

Im vorherigen Beispiel wurde schon angedeutet, dass es mit der Klasse `IntStream` eine auf primitive Typen ausgerichtete Variante von Streams gibt. Der Grund für deren Existenz ist, dass die Verarbeitung primitiver Werte ein recht gebräuchlicher Anwendungsfall ist und Berechnungen damit schneller als auf den korrespondierenden Wrapper-Klassen ablaufen. Daher wurde das JDK um besondere Streams erweitert, die auf die Verarbeitung der primitiven Typen `int`, `long` und `double` spezialisiert sind. Das sind die Klassen `IntStream`, `LongStream` und `DoubleStream` aus dem Package `java.util.stream`. Neben spezialisierten, etwas performanteren Berechnungen und Konvertierungen untereinander kann man die Streams auch per `boxed()` bzw. `mapToObj()` wieder in einen Stream von Wrapper-Instanzen bzw. beliebigen Objekten umwandeln. Diese Aktionen sind im nachfolgenden Listing gezeigt. Dort entsteht aus einer Liste von Strings ein korrespondierender Stream, der dann in einen Stream gewandelt wird, der die Stringlänge enthält. Dieser `IntStream` wird durch Aufruf von `asLongStream()` in einen auf den Typ `long` spezialisierten `LongStream` konvertiert. Mit `boxed()` wird daraus ein `Stream<Long>` usw.:

```
public static void main(final String[] args)
{
    final List<String> names = Arrays.asList("Mike", "Stefan", "Nikolaos");
    Stream<String> values = names.stream().                // -> Stream<String>
                    mapToInt(String::length).              // -> IntStream
                    asLongStream().                        // -> LongStream
                    boxed().                               // -> Stream<Long>
                    mapToDouble(x -> x * .75).             // -> DoubleStream
                    mapToObj(val -> "Val: " + val);        // -> Stream<String>

    values.forEach(System.out::println);
}
```

Listing 7.1 Ausführbar als 'PRIMITIVESSTREAMEXAMPLE'

Führen wir das Programm PRIMITIVESSTREAMEXAMPLE aus, so wird die Liste der Namen in eine Liste von Stringlängen vom Typ `int` konvertiert. Nach ein paar Umwandlungen multiplizieren wir diese Werte mit dem Faktor 0.75, um `double`-Werte zu erhalten. Schließlich nutzen wir `mapToObj()`, wodurch ein `Stream<String>` entsteht. Es kommt zu folgenden Ausgaben:

```
Val: 3.0
Val: 4.5
Val: 6.0
```

> **Frage: Was ist mit dem Support für die anderen primitiven Typen?**
>
> Durch die Widening genannte automatische Typkonvertierung (vgl. Abschnitt 4.2.1) sind die drei Spezialisierungen von Streams für `int`, `long` und `double` für alle anderen primitiven Zahlentypen ausreichend, weil es immer eine passende Widening-Konvertierung gibt.

7.1.2 Intermediate und Terminal Operations im Überblick

Gebräuchliche Anwendungsfälle für den Einsatz von Streams sind etwa das Filtern, das Transformieren und das Sortieren von Werten. Dazu nutzt man sogenannte *Intermediate Operations*. Diese beschreiben *Verarbeitungsschritte*. Praktischerweise lassen sich diese einfach hintereinanderschalten. Das Besondere daran ist, dass zunächst keine Berechnungen erfolgen, sondern lediglich die Abläufe beschrieben werden. Dabei unterscheidet man zudem zwischen *zustandslosen* und *zustandsbehafteten* Varianten. Filtern ist eine zustandslose Aktion. Damit ist gemeint, dass für jedes Element des Streams unabhängig von den anderen diese Aktion ausführbar ist. Dadurch lassen sich zustandslose Operationen auch hervorragend parallelisieren. Sortieren ist dagegen eine zustandsbehaftete Aktion, die die Kenntnis der anderen Elemente im Stream (oder zumindest eines Teils davon) erfordert. Da Streams keine (oder für zustandsbehaftete Operationen meistens nur eine Untermenge der) Daten zwischenspeichern, verbrauchen Streams im Gegensatz zu Collections in der Regel deutlich weniger Speicher. Somit hat die Konstruktion von Streams oftmals wenig Einfluss auf Speicherbedarf und Ausführungszeit.

Irgendwann sollen die *Verarbeitungsergebnisse* zusammengefasst, auf der Konsole ausgegeben oder anderweitig verarbeitet werden. Dazu dienen *Terminal Operations*. Erst durch Aufruf einer Terminal Operation werden auch die durch die Intermediate Operations beschriebenen Verarbeitungsschritte tatsächlich ausgeführt.

Abschließend möchte ich mit den *Short-circuiting Operations* eine weitere Variante vorstellen. Short-circuiting Operations zeichnen sich dadurch aus, dass sie ihre Berechnungen nicht immer vollständig für alle Elemente eines Streams ausführen müssen. Beispiele sind die Suche nach einem beliebigen Treffer oder danach, ob es überhaupt ein Element gibt, das einer gewünschten Bedingung genügt. Insbesondere bei Parallelverarbeitung können Short-circuiting Operations die Berechnung deutlich beschleunigen, etwa wenn nach einem Treffer keine weiteren Aktionen ausgeführt werden müssen. Short-circuiting Operations existieren sowohl für Intermediate Operations als auch und vor allem für Terminal Operations. In den nachfolgenden Auflistungen sind die Namen von Short-circuiting Operations jeweils kursiv dargestellt.

Intermediate Operations

Bei den zustandslosen Intermediate Operations sind folgende wichtig:

- `filter()` – Filtert alle Elemente aus dem Stream heraus, die nicht dem übergebenen `Predicate<T>` genügen.
- `map()` – Transformiert Elemente mithilfe einer `Function<T,R>` vom Typ `T` auf solche mit dem Typ `R`. Im Speziellen können die Typen auch gleich sein.
- `flatMap()` – Bildet verschachtelte Streams auf einen flachen Stream ab.
- `peek()` – Führt eine Aktion für jedes Element des Streams aus. Dies kann für Debuggingzwecke sehr nützlich sein.

Darüber hinaus sollte man folgende zustandsbehaftete Intermediate Operations kennen:

- `distinct()` – Entfernt alle gemäß der Methode `equals(Object)` als Duplikate erkannte Elemente aus einem Stream.
- `sorted()` – Sortiert die Elemente eines Streams gemäß einem Sortierkriterium basierend auf einem `Comparator<T>`.
- `limit()` – Begrenzt die maximale Anzahl der Elemente eines Streams auf einen als Parameter übergebenen Wert. Dies ist eine Short-circuiting Operation.
- `skip()` – Überspringt die ersten n Elemente eines Streams.

Terminal Operations

Neben den umfangreichen Intermediate Operations wird eine noch imposantere Zahl an Terminal Operations geboten, unter anderem folgende:

- `forEach()` – Führt eine Aktion für jedes Element des Streams aus.
- `toArray()` – Überträgt die Elemente aus dem Stream in ein Array.
- `collect()` – Sammelt die Elemente eines Streams auf und überträgt diese in eine Collection oder berechnet daraus Anzahl, Minimum, Maximum usw.
- `reduce()` – Verbindet die Elemente eines Streams. Ein Beispiel ist die kommaseparierte Konkatenation von Strings. Alternativ kann man auch Summationen, Multiplikationen usw. ausführen, um einen Ergebniswert zu berechnen.
- `min()` – Ermittelt das Minimum der Elemente eines Streams gemäß einem Sortierkriterium basierend auf einem `Comparator<T>`.
- `max()` – Ermittelt das Maximum der Elemente eines Streams gemäß einem Sortierkriterium basierend auf einem `Comparator<T>`.
- `count()` – Zählt die Anzahl an Elementen in einem Stream.
- `anyMatch()` – Prüft, ob es mindestens ein Element gibt, das die Bedingung eines `Predicate<T>` erfüllt. Dies ist eine Short-circuiting Operation.
- `allMatch()` – Prüft, ob alle Elemente die Bedingung eines `Predicate<T>` erfüllen. Dies ist eine Short-circuiting Operation, die allerdings abbricht, wenn sie das erste Gegenbeispiel gefunden hat
- `noneMatch()` – Prüft, ob keines der Elemente die Bedingung eines `Predicate<T>` erfüllt. Dies ist eine Short-circuiting Operation.
- `findFirst()` – Liefert das erste Element des Streams, falls es ein solches gibt. Dies ist eine Short-circuiting Operation.
- `findAny()` – Liefert ein beliebiges Element, falls es ein solches gibt. Dies ist eine Short-circuiting Operation und kann manchmal günstiger sein als `findFirst()`, wenn es wirklich nur darum geht, einen beliebigen Treffer zu erhalten.

7.1.3 Zustandslose Intermediate Operations

In diesem Abschnitt betrachten wir verschiedene zustandslose Intermediate Operations. Dabei beginnen wir mit der Filterung von Werten und kommen dann zur Extraktion bzw. Abbildung. Im Anschluss lernen wir eine spezielle Mapping-Funktionalität kennen. Danach sehen Sie wir uns das Filtern und die Extraktion im praktischen Einsatz an. Abschließend schauen wir auf die Inspektion von Verarbeitungsschritten. Dies erleichtert es beim Auftreten von Problemen, mögliche Fehlersituationen besser nachvollziehen zu können.

Die Methode `filter()` – Filterung

Das Filtern ist eine gebräuchliche Funktionalität, die bisher leider nicht durch das JDK bereitgestellt wurde. Mit JDK 8 ändert sich das glücklicherweise.

Betrachten wir dazu als Beispiel eine Liste von `Person`-Objekten. Daraus wollen wir mithilfe von `filter(Predicate<Person>)` diejenigen ermitteln, die erwachsen sind, indem wir die Methodenreferenz `Person::isAdult` wie folgt nutzen:

```
public static void main(final String[] args)
{
    final List<Person> persons = new ArrayList<>();
    persons.add(new Person("Micha", 43, "Zürich"));
    persons.add(new Person("Barbara", 40, Gender.FEMALE, "Hamburg"));
    persons.add(new Person("Yannis", 5, "Hamburg"));

    // final Predicate<Person> isAdult = person -> person.getAge() >= 18;
    final Stream<Person> adults = persons.stream().filter(Person::isAdult);

    adults.forEach(System.out::println);
}
```

Listing 7.2 *Ausführbar als* '**STREAMFILTEREXAMPLE**'

Die im obigen Listing gezeigte Bedingung `isAdult` kann man – wie im Kommentar angedeutet – als Lambda schreiben oder man verwendet eine hier besser lesbare Methodenreferenz, die auf die Methode `isAdult()` in einer Klasse `Person` verweist. Damit produziert das Programm STREAMFILTEREXAMPLE folgende Ausgaben:

```
Person [name=Micha, age=43, gender=MALE, city=Zürich]
Person [name=Barbara, age=40, gender=FEMALE, city=Hamburg]
```

Mehrstufige Filterung In der Praxis soll oftmals eine mehrstufige Filterung nach verschiedenen Kriterien erfolgen. Mit der Pipeline- oder Fließbandanalogie im Hinterkopf kann man dazu mehrere Filter hintereinanderschalten, wie dies folgendes Listing für drei Filterbedingungen zeigt:

```
final Stream<Person> allAdultMikes = persons.stream().
                    filter(Person::isAdult).
                    filter(person -> person.getName().equals("Mike")).
                    filter(mike -> mike.livesIn("Zürich"));
```

Auf diese Weise filtern wir zunächst alle Erwachsenen und dann all diejenigen, deren Name »Mike« ist. Aus dieser Ergebnismenge werden wiederum diejenigen herausgefiltert, die wohnhaft in Zürich sind.

> **Meinung: Namensgebung von Lambda-Parametern**
>
> Wie Sie vielleicht bemerkt haben, verwende ich für die Parameter in Lambdas bevorzugt sprechende Namen oder aber Standards wie `it`. Meiner Meinung nach gilt auch hier, dass man so lesbar wie möglich programmieren sollte. Nur weil man funktional programmiert, heißt das nicht, dass man wieder auf Namensverkümmerungen wie `a`, `p`, `x` zurückgreifen muss. Natürlich gibt es auch Fälle, in denen Kürzel mit einem Buchstaben ihren Wert haben. Das gilt immer dann, wenn im Lambda eine beliebige Berechnung erfolgt, etwa `x -> x + 1`. Dabei trägt der Parameter keine oder nur wenig semantische Bedeutung – meistens, weil eine »echte« mathematische Funktion beschrieben wird.

Die Methode `map()` – Mapping von Daten, Extraktion von Werten

Neben der Filterung ist die Konvertierung oder Extraktion von Werten eine typische Intermediate Operation. Hierbei soll eine Menge von Eingabedaten in ein anderes Format überführt oder abgebildet werden. So könnte etwa aus einer Liste von Personen jeweils das Attribut Name, Vorname oder Alter extrahiert werden. Dabei findet eine Abbildung oder ein Mapping von einem Typ auf einen anderen statt: Im Beispiel wird aus dem Typ `Person` ein Attribut ausgelesen und auf denjenigen Typ des gewünschten Attributs, z.B. `String`, abgebildet. Dazu kann man Spezialisierungen des Interface `Function<T,R>` nutzen und dort die Methode `apply(T)` entsprechend implementieren. Das haben wir bereits im Zusammenhang mit dem Interface `UnaryOperator<T>` in Abschnitt 5.5.2 kurz besprochen. Hier wird die Definition des Interface `Function<T,R>` zum Einstieg wiederholt:

```
interface Function<T,R>
{
    R apply(T t);
}
```

Nehmen wir an, es wäre der Name aus einem `Person`-Objekt zu extrahieren. Dies implementieren wir mithilfe eines Lambdas oder mit einer Methodenreferenz wie folgt:

```
// Lambda
final Function<Person, String> nameExtractor_V1 = person -> person.getName();

// Alternativ mit Methodenreferenz
final Function<Person, String> nameExtractor_V2 = Person::getName;
```

Extraktion am Beispiel Wir haben nun genug Vorwissen gesammelt und machen uns damit daran, die Extraktion des Namens bzw. des Alters für eine Liste von Personen folgendermaßen auszuprogrammieren:

```
public static void main(final String[] args)
{
    final List<Person> persons = new ArrayList<>();
    persons.add(new Person("Barbara", 40, Gender.FEMALE, "Hamburg"));
    persons.add(new Person("Yannis", 5, "Hamburg"));

    // Mapping auf Name mit Lambda
    final Stream<Person> adults = persons.stream().filter(Person::isAdult);
    final Stream<String> namesStream = adults.map(person -> person.getName());
    // Mapping auf Alter mit Methodenreferenz
    final Stream<Integer> agesStream = persons.stream().map(Person::getAge).
                                       filter(age -> age >= 18);

    namesStream.forEach(System.out::println);
    agesStream.forEach(System.out::println);
}
```

Listing 7.3 *Ausführbar als* '**ATTRIBUTEEXTRACTIONEXAMPLE**'

Das Programm ATTRIBUTEEXTRACTIONEXAMPLE erzeugt folgende Ausgaben:

```
Barbara
40
```

Die Methode `flatMap()` – spezielle Arten von Mappings

Während sowohl die `filter()`- als auch die `map()`-Methode recht intuitiv zu benutzen sind, wirkt die `flatMap()`-Methode zunächst nicht ganz so eingängig. Rekapitulieren wir kurz: `filter()` und `map()` werden auf einem Stream angewendet und liefern einen neuen Stream zurück – `map()` gibt gegebenenfalls einen Stream eines anderen Typs zurück, etwa wenn man von `Person`-Objekten auf deren Attribut `name` abbildet.

Bei Abbildungen gibt es einen Spezialfall zu beachten, nämlich den verschachtelter Streams. Das lässt sich am besten an einem Beispiel verdeutlichen. Gegeben sei eine Menge von Sätzen.[1] Für diese soll die Häufigkeit der Vorkommen einzelner Wörter gezählt werden. Bevor wir uns später an die Implementierung dieser Funktionalität machen, wollen wir uns zunächst dem Stream-im-Stream-Problem widmen, das aus der Beschreibung möglicherweise noch nicht ganz deutlich geworden ist. Schauen wir folgende Ausgangslage an:

```
final List<String> sentences = Arrays.asList( "This is the first line.",
                                              "The second line of this text.",
                                              "Third line contains some text.",
                                              "Last line and goodbye:",
                                              "End of text!");

final Stream<String> asStream = sentences.stream();
```

---

[1] Wir könnten uns vorstellen, diese Zeilen entstammten einer Textdatei.

Um aus diesen Sätzen einzelne Wörter zu extrahieren, könnte man die Methode `String.split(String)` nutzen, die ein `String[]` liefert. Da `map()` einen Stream als Eingabe erwartet, ist hier zusätzlich noch ein Aufruf von `Stream.of()` nötig, um das Array in einen Stream zu konvertieren:

```
Stream<Stream<String>> words = asStream.map(line -> Stream.of(line.split(" ")));
```

Das Ergebnis des Aufrufs ist allerdings ein verschachtelter Stream. Nachfolgend symbolisieren die Zeichen < > die Begrenzer des Streams im Beispiel:

```
<<This, is, the, first, line.>,<The, second, line, ... <End, of, text!>>
```

Diese Form erschwert es aber, über die einzelnen Werte zu iterieren. Zur Auswertung wünscht man sich, dass die geschachtelten Streams »flach geklopft« werden und als Ergebnis ein `Stream<String>` entsteht. Das ist recht einfach möglich, indem man die Methode `flatMap()` folgendermaßen nutzt:

```
Stream<String> words = asStream.flatMap(line -> Stream.of(line.split(" ")));
```

Beispiel: Die Intermediate Operations in Aktion

Wir haben nun einige Intermediate Operations kennengelernt. Um das Wissen darüber zu vertiefen, wollen wir das vorherige Beispiel zur Auswertung einer Menge von Sätzen ausbauen. Ziel ist es, die Häufigkeiten von Wörtern zu zählen. Damit das Ganze etwas reizvoller und realitätsnäher wird, gibt es folgende weitere Anforderungen: Die Sätze sollen aus einer Datei eingelesen werden und alle Wörter mit drei oder weniger Buchstaben sollen nicht gezählt werden. Dazu formulieren wir ein `Predicate<String>` mit dem sprechenden Namen `isShortWord`. Darüber hinaus sollen verschiedene Füllwörter bei der Zählung der Häufigkeiten nicht betrachtet werden. Daher wollen wir die Wörter »this«, »these« und »them« ignorieren. Auch dazu formulieren wir ein korrespondierendes `Predicate<String>` namens `isIgnorableWord`. Durch Negation erhalten wir das Prädikat `isSignificantWord`. Die gewünschte Filterung realisieren wir dann mit den Prädikaten wie folgt:

```
public static void main(final String[] args) throws IOException
{
    final Path exampleFile = Paths.get("src/main/resources/" +
                            "ch07_bulk_operations/Example.txt");

    // Datei einlesen neu in JDK 8
    final List<String> contents = Files.readAllLines(exampleFile);

    // Daraus einen Stream von Worten machen
    final Stream<String> words = contents.stream().
                                 flatMap(line -> Stream.of(line.split(" ")));

    // Prädikate für kurze Wörter
    final Predicate<String> isShortWord = word -> word.length() <= 3;
    final Predicate<String> notIsShortWord = isShortWord.negate();
```

```
// Prädikate für spezielle und zu ignorierende Wörter
final List<String> ignoreableWords = Arrays.asList("this", "these", "them");
final Predicate<String> isIgnorableWord = word ->
{
    return ignoreableWords.contains(word.toLowerCase());
};
final Predicate<String> isSignificantWord = isIgnorableWord.negate();

// Filterung basierend auf den Prädikaten
final Stream<String> filteredContents = words.map(String::trim).
                                              filter(notIsShortWord).
                                              filter(isSignificantWord);

filteredContents.forEach(it -> System.out.print(it + ", "));
}
```

Listing 7.4 Ausführbar als 'FLATMAPEXAMPLE'

Das Programm FLATMAPEXAMPLE gibt die gefilterten Ergebnisse wie folgt aus:

```
first, line., second, line, text., Third, line, contains, some, text.,
Last, line, goodbye:, text!,
```

An der Ausgabe sind zwei Schwächen zu erkennen: Zum einen sind noch Satzzeichen wie Punkt, Doppelpunkt und Ausrufezeichen Bestandteil der Wörter. Zum anderen sind die Wörter nicht sortiert. Hier verwenden wir die intuitiv verständliche Methode sorted(), um die Ausgabe zu sortieren. Die Methode wird später im Rahmen der zustandsbehafteten Intermediate Operations genauer besprochen. Darüber hinaus nutzen wir ein Mapping, um die Satzendezeichen zu entfernen. Statt des forEach()-Aufrufs zur Ausgabe schreiben wir folgende Zeilen:

```
final Function<String, String> removePunctationMarks = str ->
{
    if (str.endsWith(".") || str.endsWith(":") || str.endsWith("!"))
    {
        return str.substring(0, str.length()-1);
    }
    return str;
};

final Stream<String> mapped = filteredContents.map(removePunctationMarks);
final Stream<String> sorted = mapped.sorted(String.CASE_INSENSITIVE_ORDER);

sorted.forEach(it -> System.out.print(it + ", "));
```

Diese Modifikationen sind im Programm FLATMAPEXAMPLE2 umgesetzt. Dessen Start produziert folgende Ausgabe:

```
contains, first, goodbye, Last, line, line, line, line, second, some,
text, text, text, Third,
```

Wir sind schon fast am Ziel der Gruppierung und Häufigkeitsbestimmung. Allerdings könnten wir das abschließende Komma in der Ausgabe bemängeln. Diese Thematik werden wir bei der Besprechung der Terminal Operations wieder aufgreifen. Vorher betrachten wir eine Besonderheit bei Intermediate Operations, nämlich die Inspektion von Verarbeitungsschritten.

Die Methode `peek()` – Inspektion von Verarbeitungsschritten

Für den Fall, dass Intermediate Operations komplexer werden, möchte man sich eventuell auch einmal Zwischenergebnisse ausgeben lassen und danach die Verarbeitung fortsetzen. Auf ein Problem stößt man, wenn man einen bereits mit `forEach(Consumer<? super T>)` ausgegebenen oder irgendwie mit einer Terminal Operation verarbeiteten Stream weiter bearbeiten möchte. Das folgende Beispiel zeigt die Problematik:

```
final Stream<Person> adults = persons.stream().filter(Person::isAdult);

// Ausgabe, um die Filterung zu überprüfen
adults.forEach(System.out::println);

// Weitere Filterung auf dem Stream vornehmen
final Stream<Person> mikes = adults.filter(person ->
                                    person.getName().equals("Mike"));
```

Führt man diese Schritte aus, so kommt es jedoch anstelle einer Weiterverarbeitung zu einer `IllegalStateException` mit dem Hinweis »stream has already been operated upon or closed«. Daran erkennt man die bereits erwähnte Eigenschaft von Streams, die Daten nur einmal bereitstellen zu können.[2]

Weil die Inspektion von Zwischenzuständen aber eine sehr wünschenswerte Funktionalität ist, stellt das Stream-API hierfür eine Möglichkeit bereit. Mithilfe der Intermediate Operation in Form der Methode `peek(Consumer<? super T>)` kann man beliebige Aktionen, etwa Konsolenausgaben, durchführen. Dies gleicht der Verarbeitung mit `forEach(Consumer<? super T>)`. Im Gegensatz dazu erhält man aber beim Aufruf von `peek(Consumer<? super T>)` wiederum einen Stream, mit dem man weiter arbeiten kann. Obiges Beispiel lässt sich zur Realisierung einer Inspektion folgendermaßen abändern:

```
final Stream<Person> adults = persons.stream().filter(Person::isAdult);

// Ausgabe mit peek(), um die Filterung zu überprüfen
final Stream<Person> adultsPeek = adults.peek(System.out::println);

// Weitere Filterung auf dem Stream vornehmen
final Stream<Person> mikes = adultsPeek.filter(person ->
                                    person.getName().equals("Mike"));
```

Nachfolgend zeige ich eine Variante, die nach jedem Verarbeitungsschritt der Pipeline eine Ausgabe vornimmt – im Listing jeweils fett markiert:

---

[2]Deswegen spricht man auch von »Terminal« Operations.

```java
public static void main(final String[] args)
{
   final List<Person> persons = createDemoData();

   final Stream<Person> stream = persons.stream();
   final Stream<String> allMikes = stream.peek(System.out::println).
                                  filter(Person::isAdult).
                                  peek(System.out::println).
                                  map(Person::getName).
                                  peek(System.out::println).
                                  filter(name -> name.startsWith("Mi")).
                                  peek(System.out::println).
                                  map(String::toUpperCase);

   // Löst die Verarbeitung aus
   System.out.println("Protokollierung jedes Schritts -- Filter 'Mi':");
   allMikes.forEach(System.out::println);
}

private static List<Person> createDemoData()
{
   final List<Person> persons = new ArrayList<>();
   persons.add(new Person("Michael", 43));
   persons.add(new Person("Max", 5));
   persons.add(new Person("Moritz", 7));
   persons.add(new Person("Merten", 38));
   persons.add(new Person("Micha", 42));
   return persons;
}
```

*Listing 7.5 Ausführbar als '**STREAMPEEKEXAMPLE**'*

Nach dem Start des Programms STREAMPEEKEXAMPLE werden die Filtervorgänge auf der Konsole protokolliert:

```
Protokollierung jedes Schritts -- Filter 'Mi':
Person [name=Michael, age=43, gender=MALE]
Person [name=Michael, age=43, gender=MALE]
Michael
Michael
MICHAEL
Person [name=Max, age=5, gender=MALE]
Person [name=Moritz, age=7, gender=MALE]
Person [name=Merten, age=38, gender=MALE]
Person [name=Merten, age=38, gender=MALE]
Merten
Person [name=Micha, age=42, gender=MALE]
Person [name=Micha, age=42, gender=MALE]
Micha
Micha
MICHA
```

Anhand der Ausgabe erkennt man, dass die Verarbeitung nicht je Verarbeitungsschritt komplett für den Stream auf einmal, sondern elementweise geschieht: Die Daten werden Element für Element bearbeitet und durchlaufen jeweils einzeln die Stufen der Verarbeitungskette. Diese Art der Ausführung bildet die Grundlage für die Parallelisierbarkeit von Aktionen. Darüber hinaus wird der bereits erwähnte fundamentale Unterschied von Streams zu sonstigen Verarbeitungen klar, nämlich, dass Intermediate Operations wirklich erst dann abgearbeitet werden, wenn eine Terminal Operation eine Berechnung auslöst. Das können Sie prüfen, wenn Sie die letzte Zeile in der `main()`-Methode mit dem Aufruf von `forEach(Consumer<? super T>)` auskommentieren. Dann werden Sie keine Ausgaben sehen.

7.1.4 Zustandsbehaftete Intermediate Operations

Kommen wir nun zum Thema zustandsbehafteter Intermediate Operations. Wir lernen verschiedene Varianten davon kennen: Das Sortieren und Herausfiltern doppelter Einträge zeige ich zuerst. Danach gehe ich auf das Beschränken der Ausgabe auf eine gewisse Anzahl von Elementen ein: Dabei kann sowohl der Startwert als auch die Anzahl der gewünschten, im Stream zu verbleibenden Elemente festgelegt werden.

Die Methoden `distinct()` und `sorted()` – Ausgaben sortieren, Duplikation entfernen

Das Herausfiltern doppelter Einträge und das Sortieren von Einträgen ist im folgenden Listing durch Aufrufe der Methoden `distinct()` und `sorted()` realisiert. Dabei betrachten wir zunächst die Ausführung jeder Methode für sich und danach in Kombination:

```
public static void main(final String[] args)
{
    final Stream<Integer> distinct = createIntStream().distinct();
    final Stream<Integer> sorted= createIntStream().sorted();
    final Stream<Integer> sortedAndDistinct = createIntStream().sorted().
                                                                distinct();

    printResult("distinct:         ", distinct);
    printResult("sorted:           ", sorted);
    printResult("sortedAndDistinct: ", sortedAndDistinct);
}

private static Stream<Integer> createIntStream()
{
    return Stream.of(7, 1, 4, 3, 7, 2, 6, 5, 7, 9, 8);
}

private static void printResult(final String hint,
                                final Stream<Integer> stream)
{
    final List<Integer> result = stream.collect(Collectors.toList());
    System.out.println(hint + result);
}
```

Listing 7.6 *Ausführbar als* '**SortedAndDistinctExample**'

Führt man das Programm SortedAndDistinctExample aus, so werden doppelte Elemente entfernt und die Zahlen sortiert. Man erhält die erwartete Ausgabe:

```
distinct:         [7, 1, 4, 3, 2, 6, 5, 9, 8]
sorted:           [1, 2, 3, 4, 5, 6, 7, 7, 7, 8, 9]
sortedAndDistinct: [1, 2, 3, 4, 5, 6, 7, 8, 9]
```

Wenn Sie im Listing ganz genau hingeschaut haben, dann ist Ihnen vielleicht der Aufruf von `collect(Collectors.toList())` aufgefallen. Dabei handelt es sich wie bei `forEach(Consumer<? super T>)` ebenfalls um eine Terminal Operation. Ein Aufruf von `collect(Collectors.toList())` überträgt die Daten aus einem Stream in eine Liste. Zum Thema Terminal Operations erfahren Sie gleich mehr.

Die Methoden `limit()` und `skip()` – Ausgaben beschränken

Die bereits gezeigte Filterung mit `filter(Predicate<? super T>)` erlaubt es, den Datenbestand einzuschränken. Eine Variante davon ist es, die Ergebnismenge auf n Elemente zu limitieren. Dazu kann man einen Aufruf von `limit(long)` nutzen. In Kombination mit `skip(long)` zum Überspringen von n Datensätzen kann man sogenanntes *Paging* realisieren – eine Aufbereitung von n Ergebnissen auf einer Seite, wie man dies etwa von der Präsentation von Suchergebnissen im Internet kennt. Man kann die Ausgabe folgendermaßen auf 25 Sucheinträge ab dem 75. Eintrag beschränken:

```
searchResults.skip(75).limit(25);
```

Es gibt aber noch weitere Anwendungsfälle für `limit(long)` und `skip(long)`, nämlich im Zusammenhang mit unendlichen Streams, etwa für eine Folge von `int`-Werten:

```
final IntStream iteratingValues = IntStream.iterate(0, x -> x + 1);
iteratingValues.skip(50).limit(12); // => 50,51,52,53,54,55,56,57,58,59,60,61
```

Im Beispiel sehen wir die Begrenzung des unendlichen Streams auf bestimmte Datensätze – hier die 12 Einträge, die auf die ersten 50 Einträge folgen.

7.1.5 Terminal Operations

Bisher haben wir mithilfe von Streams verschiedene Berechnungen ausgeführt und dabei häufig die Terminal Operation `forEach(Consumer<? super T>)` genutzt, um Konsolenausgaben zu produzieren. Betrachten wir Terminal Operations nun ein wenig allgemeiner. Erinnern wir uns zunächst nochmals daran, dass diese zur Abarbeitung der Pipeline führen und dadurch ein Ergebnis produzieren.

Die Methode `forEach()` – Verarbeitung oder Konsolenausgaben

Nachfolgend ist zunächst der Vollständigkeit halber die Aufbereitung von Konsolenausgaben mit `forEach(Consumer<? super T>)` gezeigt:

```
streamFromArray.forEach(System.out::println);
streamFromValues.sorted().distinct().forEach(System.out::println);
```

Die Methode `toArray()` – Streams in Arrays übertragen

Statt Berechnungsergebnisse auf der Konsole auszugeben, ist es meistens sinnvoller, diese etwa in ein Array oder eine Collection zu überführen. Hier werden wir zunächst die Methode `toArray()` betrachten. Im nachfolgenden Abschnitt zur Methode `collect()` schauen wir uns dann eine Umwandlung der Daten eines Streams in eine Collection an.

Betrachten wir als Beispiel die Aktion »Erzeuge sieben Zufallszahlen von 0 bis 100 und stelle die Berechnungsergebnisse in einem Array bereit«. Dabei ist die Methode `toArray()` nützlich, die normalerweise ein `Object[]` liefert – für Streams primitiver Typen werden aber Arrays von diesen Typen erzeugt, hier ein `int[]`:

```
public static void main(final String[] args)
{
    // Zufallszahlen von 0 bis 100
    final Random random = new Random();
    final Supplier<Float> randomSupplier = () -> random.nextFloat() * 100;

    final Object[] randomNumbers = Stream.generate(randomSupplier).
                            limit(7).toArray();
    System.out.println(Arrays.toString(randomNumbers));
    System.out.println("Element type: " + randomNumbers[0].getClass());

    final int[] intRandoms = Stream.generate(randomSupplier).
                            limit(7).mapToInt(val -> val.intValue()).toArray();
    System.out.println(Arrays.toString(intRandoms));
}
```

Listing 7.7 Ausführbar als '*STREAMTOARRAYEXAMPLE*'

Das Programm STREAMTOARRAYEXAMPLE produziert in etwa folgende Ausgaben:

```
[82.59304, 92.31408, 33.92508, 44.195183, 59.675797, 16.191816, 99.11495]
Element type: class java.lang.Float
[91, 12, 44, 48, 44, 69, 58]
```

Die Methode `collect()` – Streams in Collections übertragen

Für diverse Anwendungsfälle ist es erforderlich, die Daten aus einem `Stream<E>` in einer `Collection<E>` zu speichern. Mithilfe von `java.util.stream.Collector`-Instanzen kann man die Daten auslesen und z. B. in eine Liste übertragen. Praktischerweise bietet die Utility-Klasse `java.util.stream.Collectors` schon verschiedene vordefinierte Methoden, die passende `Collector`-Instanzen zurückliefern. Dadurch reduziert sich die Komplexität der `Collector`-Bereitstellung stark, wie dies nachfolgend gezeigt ist:

```
final List<Integer> ages = agesStream.collect(Collectors.toList());
final List<String> names = namesStream.collect(Collectors.
                            toCollection(ArrayList::new));
```

Im Listing sehen wir den für viele Anwendungsfälle praktischen Aufruf von `toList()`. Benötigt man mehr Kontrolle über den Typ der Ergebnisdatenstruktur, so kann man die Methode `toCollection()` aufrufen, der man die Referenz auf den Konstruktor der gewünschten Collection übergibt, wie dies im zweiten Aufruf dargestellt ist.

Die Methoden `count()`, `sum()`, `min()`, `max()` und `average()`

Neben Konsolenausgaben oder der Übertragung in eine Collection stellen Berechnungen auf den Daten gebräuchliche Terminal Operations dar. Für Zahlenwerte sind etwa Berechnungen wie Minimum, Maximum, Summe oder Durchschnitt typisch. Aber auch die Ermittlung der Anzahl an Elementen im Stream gehört dazu.

Nachfolgend bestimmen wir für eine Liste von Personen mit `count()`, wie viele davon mit dem Buchstaben »T« im Namen beginnen. Dann summieren wir durch Aufruf der Methode `sum()` die Altersangaben dieser Personen. Das Ergebnis ist vom Typ `int`. Ebenso können wir durch Aufruf von `min()` bzw. `max()` das Minimum bzw. Maximum, also hier das Alter der jüngsten bzw. ältesten Person, ermitteln (im Listing nicht gezeigt). Wenn wir das Durchschnittsalter berechnen wollen, können wir dazu die Methode `average()` nutzen. Dabei können wir zwei Dinge lernen. Zum einen ist das Ergebnis keine Ganzzahl mehr und zum anderen existiert möglicherweise kein Durchschnitt, nämlich dann, wenn die Quelle für den Stream leer ist. Um diesen Sachverhalt ausdrücken zu können, gibt `average()` den Typ `OptionalDouble` zurück, der optionale Werte mit dem Typ `double` modelliert. Details zur Repräsentation optionaler Werte beschreibt Abschnitt 6.5. Das folgendes Programm demonstriert die Anwendung:

```java
public static void main(final String[] args)
{
    final List<Person> persons = new ArrayList<>();
    persons.add(new Person("Ten", 10));
    persons.add(new Person("Twenty", 20));
    persons.add(new Person("Thirty", 30));
    persons.add(new Person("Forty", 40));

    final Predicate<Person> startsWithT = person ->
                                  person.getName().startsWith("T");

    // Anzahl an Personen, deren Name mit 'T' startet
    final int count = persons.stream().filter(startsWithT).count();
    System.out.println("count: " + count);

    // Summe berechnen
    final int sum = persons.stream().filter(startsWithT).
                            mapToInt(Person::getAge).sum();
    System.out.println("sum: " + sum);

    // Durchschnitt berechnen
    final OptionalDouble avg = persons.stream().
                               filter(person -> person.getName().
                               contains("X")).
                               mapToInt(Person::getAge).average();
    System.out.println("avg: " + avg);
}
```

Listing 7.8 Ausführbar als '**CALCULATIONEXAMPLE**'

Starten wir das Programm CALCULATIONEXAMPLE, so werden mit `count()` nur drei Personen gezählt, weil die Person namens Forty durch das Prädikat `startWithT` herausgefiltert wird. Dadurch errechnet die Methode `sum()` für die Altersangaben die Summe 60. Die als letztes ausgeführte Berechnung des Durchschnitts der Altersangaben (`average()`) für Personen mit einem »X« im Namen kann jedoch keinen Wert liefern, da keine entsprechenden Einträge dafür existieren. Dies wird durch den Wert `OptionalDouble.empty` ausgedrückt. Somit kommt es zu folgenden Ausgaben:

```
count: 3
sum: 60
avg: OptionalDouble.empty
```

Leider muss man zur Auswertung verschiedener statistischer Daten immer wieder neue Streams erzeugen und auswerten. Praktischerweise bietet das JDK mit `java.util.IntSummaryStatistics` eine Klasse, die es jeweils auch als Ausprägung für den Typ `long` und `double` gibt, die die Statistikberechnungen zentral vornimmt. Für das obige Beispiel kann man aggregierte Informationen über das Alter für Personen, deren Name mit einem »T« beginnt, mit nur einem Aufruf wie folgt ermitteln:

```
final IntStream ages = persons.stream().filter(startsWithT).
                               mapToInt(Person::getAge);
final IntSummaryStatistics stats = ages.summaryStatistics();
System.out.println("stats: " + stats);
```

Ergänzt man diese Zeilen im Programm, so werden folgende Statistikdaten ausgegeben:

```
stats: IntSummaryStatistics{count=3, sum=60, min=10, average=20,000000, max=30}
```

> **Hintergrundwissen: Verarbeitungsmethoden in Wrapper-Klassen**
>
> Damit sich bestimmte Stream-Operationen leichter formulieren lassen, wurden die Wrapper-Klassen `Integer`, `Long` und `Double` um verschiedene Methoden erweitert, besonders hervorzuheben sind hier `min()`, `max()` und `sum()`.

Die Methoden `allMatch()`, `anyMatch()`, `noneMatch()`

Gebräuchliche Anwendungsfälle beim Verarbeiten von Daten sind Prüfungen, ob eine gewisse Bedingung durch alle, einige Elemente oder aber kein Element erfüllt wird, z. B., ob alle Personen älter als 18 Jahre sind oder ob Namen mit einem gewissen Buchstaben beginnen. Zur Umsetzung bietet das `Stream<T>`-Interface die drei Methoden

- `allMatch(Predicate<? super T>)`,
- `anyMatch(Predicate<? super T>)` und
- `noneMatch(Predicate<? super T>)`,

die anhand des übergebenen `Predicate<T>` ein Ergebnis vom Typ `boolean` berechnen. Das Listing zeigt drei Varianten von Tests, die auf den Startbuchstaben »T« prüfen:

```
public static void main(final String[] args)
{
    final List<String> names = Arrays.asList("Tim", "Tom", "Micha");

    final Predicate<String> startsWithT = str -> str.startsWith("T");

    final boolean allStartWithT = names.stream().allMatch(startsWithT);
    final boolean anyStartWithT = names.stream().anyMatch(startsWithT);
    final boolean noneStartWithT = names.stream().noneMatch(startsWithT);

    System.out.println("allStartWithT:  " + allStartWithT);
    System.out.println("anyStartWithT:  " + anyStartWithT);
    System.out.println("noneStartWithT: " + noneStartWithT);
}
```

Listing 7.9 Ausführbar als '**MATCHEXAMPLE**'

Die Ausführung des Programms MATCHEXAMPLE produziert folgende Ausgaben, die die obigen Aussagen zur Arbeitsweise verdeutlichen:

```
allStartWithT:  false
anyStartWithT:  true
noneStartWithT: false
```

Die Methoden `findAny()` und `findFirst()`

Auch das Suchen ist ein so verbreiteter Anwendungsfall, dass er seit JDK 8 im Interface `Stream<T>` durch die Methoden `findAny()` bzw. `findFirst()` bereitgestellt wird. Anders als man zunächst aufgrund der Kenntnis der zuvor vorgestellten Methoden `allMatch()`, `anyMatch()` und `noneMatch()` meinen könnte, wird an `findAny()` bzw. `findFirst()` kein `Predicate<T>` übergeben, sondern der Aufruf geschieht folgendermaßen:

```
final Optional<Person> optionalAny = filteredPersons.findAny();
final Optional<Person> optionalFirst = filteredPersons.findFirst();
```

Ein Aufruf von `findAny()` liefert ein beliebiges Element aus dem Stream, falls es ein solches gibt. `findFirst()` gibt dagegen das erste Element des Streams zurück, sofern es ein solches gibt. In beiden Fällen erfolgt die Rückgabe des Werts `Optional.empty`, wenn kein passendes Element bereitgestellt werden kann.

Für Anwendungsfälle in der Praxis ist es wahrscheinlich, dass vor der Ermittlung eines Elements eine Filterung ausgeführt wird:

```
final Predicate<String> startsWithT = str -> str.startsWith("T");

final Optional<Person> optionalAny = names.stream().filter(startsWithT).
                                                    findAny();
```

Beispiel zu `anyMatch()` und `findFirst()`

Nehmen wir an, wir wollten feststellen, ob in einer Liste von Personen eine Person mit dem gewünschten Namen enthalten ist, bzw. wir möchten nach einer Person anhand des Namens suchen und den ersten Treffer zurückliefern. Vor JDK 8 würde man entsprechende Methoden `containsPersonWithName()` und `findPersonByName()` wohl wie folgt implementieren:

```java
boolean containsPersonWithName(final List<Person> persons, final String desired)
{
    return findPersonByName(person, desired) != null;
}

Person findPersonByName(final List<Person> persons, final String desired)
{
    for (final Person person : persons)
    {
        if (person.getName().equals(desired))
        {
            return person;
        }
    }

    return null;
}
```

Mit Lambdas in Kombination mit Streams schreiben wir kürzer Folgendes:

```java
// Namensfilter definieren
final Predicate<Person> nameFilter = person -> person.getName().equals(desired);

// containsPersonWithName()
final boolean personFound = persons.stream().anyMatch(nameFilter);

// findPersonByName()
final Optional<Person> searchedPerson = persons.stream().filter(nameFilter).
                                                        findFirst();
```

Die Filterbedingung vom Typ `Predicate<T>` realisieren wir als Lambda. Diesen `nameFilter` nutzen wir als Eingabe für einen Aufruf von `anyMatch(Predicate<T>)` zum Ermitteln, ob mindestens ein Element im Stream die übergebene Bedingung erfüllt. Außerdem wird der `nameFilter` an eine Kombination aus `filter(Predicate<T>)` und `findFirst()` übergeben, wodurch eine Filterung erfolgt und der erste Eintrag der Treffermenge ermittelt wird. Diese kann durchaus leer sein. Gewöhnlich wird so etwas durch die Rückgabe von `null` oder von Null-Objekten gemäß dem gleichnamigen Entwurfsmuster implementiert. Wie bereits für optionale Rückgaben gesehen, bietet sich für derartige Fälle die mit JDK 8 neu eingeführte generische Klasse `java.util.Optional<T>` an, um optionale Werte in Form eines Objekts zu modellieren. Existiert kein gültiger Wert, so wird dies durch den Wert `Optional.empty` ausgedrückt. Die Klasse `Optional<T>` wurde bereits in Abschnitt 6.5 beschrieben.

Die Methode `reduce()` – Elemente zusammenfassen

Wir haben mittlerweile verschiedene Terminal Operations kennengelernt, etwa solche, die aus einer Menge von Elementen einen akkumulierten Wert wie die Summe, den Durchschnitt oder einen booleschen Wert berechnet haben.

Nun wollen wir die Methode `reduce(BinaryOperator<T>)` betrachten. Durch deren Einsatz kann man Elemente des gleichen Typs `T` miteinander kombinieren. Das kann eine beliebige Operation sein: Zunächst schauen wir uns dies für Strings und deren Konkatenation an, danach für Zahlen und deren Multiplikation:

```java
public static void main(final String[] args)
{
    final Stream<String> names = Stream.of("Mike", "Tom", "Peter", "Chris");
    final Stream<Integer> integers = Stream.of(1, 2, 3, 4, 5);

    final Optional<String> stringConcat = names.reduce((s1,s2) -> s1 + ", " + s2);
    final Optional<Integer> multiplication = integers.reduce((s1,s2) -> s1 * s2);

    System.out.println("stringConcat:    " + stringConcat);
    System.out.println("multiplication: " + multiplication);
}
```

Listing 7.10 *Ausführbar als* '**REDUCEEXAMPLE**'

Das Programm REDUCEEXAMPLE erzeugt die nachfolgend gezeigten Ausgaben. Diese verdeutlichen die Konkatenation bzw. Berechnung, wobei die von einem `Optional<T>` gespeicherten Werte in dessen Stringausgabe in eckigen Klammern angegeben sind:

```
stringConcat:    Optional[Mike, Tom, Peter, Chris]
multiplication: Optional[120]
```

Die Methoden `joining()`, `groupingBy()` und `partitioningBy()`

Neben der Ausgabe auf der Konsole oder der Umwandlung der Daten eines Streams in eine Collection sind weitere Transformationen wünschenswert, etwa das Verknüpfen von Strings sowie die Gruppierung oder Partitionierung von Daten. Dazu bietet die Utility-Klasse `Collectors` verschiedene Hilfsmethoden, die man gewinnbringend in Kombination mit der Methode `collect()` nutzen kann. Wir wollen einen Blick auf folgende Methoden werfen:

- `joining()` – Fasst Einträge vom Typ `String` zusammen. Das ist nützlich, um etwa eine kommaseparierte Auflistung zu realisieren.
- `groupingBy()` – Gruppiert Elemente anhand eines Kriteriums.
- `counting()` – Zählt die Vorkommen in Kombination mit `groupingBy()`.
- `partitioningBy()` – Unterteilt die Eingabedaten basierend auf einer Realisierung eines `Predicate<T>` in zwei Partitionen.

Den Einsatz der obigen Methoden zeigt das folgende Listing, wobei hier zur besseren Lesbarkeit der Berechnungen statische Imports genutzt werden. Als Beispieldaten verwenden wir verschiedene Namen, die wir unter anderem nach Länge gruppieren und die Vorkommen wie folgt zählen:

```
import static java.util.stream.Collectors.counting;
import static java.util.stream.Collectors.groupingBy;
import static java.util.stream.Collectors.joining;
import static java.util.stream.Collectors.partitioningBy;

// ...

final List<String> names = Arrays.asList("Stefan", "Ralph", "Andi", "Mike",
                                         "Florian", "Michael", "Sebastian");

final String joined = names.stream().sorted().collect(joining(", "));

Map<Integer, List<String>> grouped =
                    names.stream().collect(groupingBy(String::length));

Map<Integer, Long> counting =
                    names.stream().collect(groupingBy(String::length,
                                           counting()));

Map<Boolean, List<String>> partitions =
                    names.stream().filter(str -> str.contains("i")).
                    collect(partitioningBy(str -> str.length() > 4));

// ...
```

Listing 7.11 Ausführbar als 'COLLECTORSSPECIALEXAMPLE'

Das Programm COLLECTORSSPECIALEXAMPLE produziert folgende Ausgaben, anhand derer sich die zuvor kurz beschriebene Arbeitsweise der Methoden erschließt:

```
joined:       Andi, Florian, Michael, Mike, Ralph, Sebastian, Stefan
grouped:      {4=[Andi, Mike], 5=[Ralph], 6=[Stefan], 7=[Florian, Michael],
               9=[Sebastian]}
counting:     {4=2, 5=1, 6=1, 7=2, 9=1}
partitions:   {false=[Andi, Mike], true=[Florian, Michael, Sebastian]}
```

Beispiel: Worthäufigkeitshistogramm

Bei der Besprechung der zustandslosen Intermediate Operations hatte ich im Rahmen der Ausführungen zur Methode `flatMap()` gezeigt, wie man aus einer Eingabe, bestehend aus einer Menge von Sätzen, die Häufigkeit bestimmter Wörter ermitteln kann. Dort waren wir so weit gekommen, alle Wörter sortiert hintereinander ausgeben zu können. Mit den gerade vorgestellten Methoden zur Gruppierung können wir nun ein Worthäufigkeitshistogramm aufbereiten. Im nachfolgenden Listing sind zur Erinnerung einige der relevanten Zeilen nochmals abgebildet, die um die Gruppierung und die case-insensitive Sortierung der Schlüssel ergänzt wurden:

```
public static void main(final String[] args) throws IOException
{
    final Path exampleFile = Paths.get("src/main/resources/" +
                                        "ch07_bulk_operations/Example.txt");

    // Datei einlesen neu in JDK 8: Siehe dazu Kapitel 4
    final List<String> contents = Files.readAllLines(exampleFile);

    // ...

    // Filterung basierend auf den Prädikaten
    final Stream<String> filteredContents = words.map(String::trim).
                                                  filter(notIsShortWord).
                                                  filter(isSignificantWord);

    // Mappings zum Satzzeichen entfernen
    final Function<String, String> removePunctationMarks = str ->
    {
        if (str.endsWith(".") || str.endsWith(":") || str.endsWith("!"))
        {
            return str.substring(0, str.length()-1);
        }
        return str;
    };

    final Stream<String> mapped = filteredContents.map(removePunctationMarks);

    // Gruppierung
    Function<String, String> identity = Function.identity(); // str -> str;
    Map<String, Long> grouped = mapped.collect(groupingBy(identity, counting()));

    // Sortierung der Schlüssel mithilfe einer TreeMap<K,V>
    Map<String, Long> sorted = new TreeMap<>(String.CASE_INSENSITIVE_ORDER);
    sorted.putAll(grouped);

    System.out.println(sorted);
}
```

Listing 7.12 *Ausführbar als* '**FLATMAPANDGROUPINGEXAMPLE**'

Das Programms FLATMAPANDGROUPINGEXAMPLE erzeugt folgende Ausgabe:

```
{contains=1, first=1, goodbye=1, Last=1, line=4, second=1, some=1,
text=3, Third=1}
```

7.1.6 Wissenswertes zur Parallelverarbeitung

Eingangs erwähnte ich, dass Streams als sequenzielle oder parallele Variante erzeugt werden können. Besonders interessant ist, dass man sich zu Beginn der Verarbeitung nicht darauf festlegen muss, wie alle Schritte abgearbeitet werden sollen. Es scheint vielmehr möglich, beliebig zwischen paralleler und sequenzieller Abarbeitung hin und her zu schalten, wie es das nachfolgende Beispiel zeigt:

```
Stream<String> adults = persons.parallelStream().filter(Person::isAdult).
                                sequential().map(Person::getName).
                                parallel().filter(str -> str.startsWith("Mi")).
                                sequential().map(String::toUpperCase);
```

Doch stimmt das wirklich? Nein, tatsächlich ist das Ganze doch etwas komplizierter. Trotzdem erahnt man an diesem Beispiel die Möglichkeiten zur Parallelisierung von Berechnungen, die sich durch die neuen Sprachfeatures ergeben. Besonders praktisch ist, dass die dahinter stehende Komplexität für den Entwickler verborgen bleibt. Man muss sich somit nicht um Details der Multithreading-Verarbeitung kümmern, sondern beschreibt die Abläufe auf einer höheren Abstraktionsebene.

Schauen wir uns das Ganze mal genauer an. Tatsächlich werden nicht alle Elemente für jeden Verarbeitungsschritt, sondern pro Element jeweils die Verarbeitungsschritte des Fließbands hintereinander abgearbeitet – auf Wunsch kann das sogar parallel erfolgen. Der Sachverhalt und die Vorgänge bei der Stream-Verarbeitung lassen sich am besten visuell verdeutlichen (vgl. Abbildung 7-1).

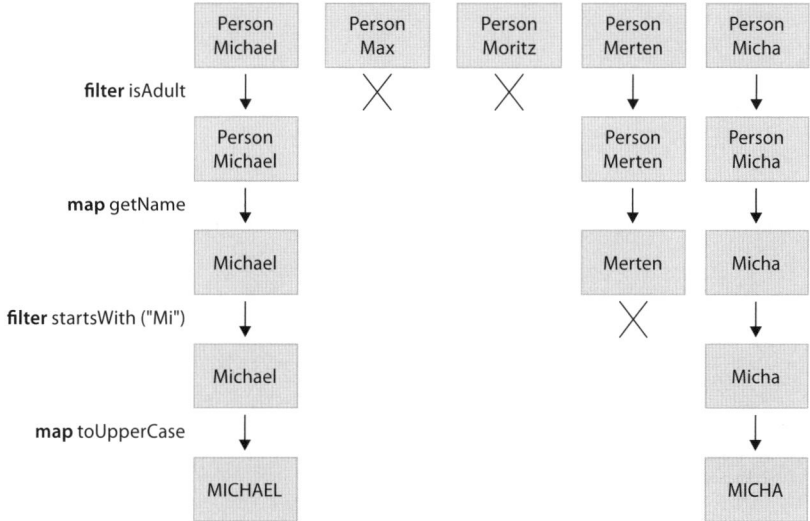

Abbildung 7-1 *Pipeline von Intermediate Operations*

Bei der Abarbeitung kann man sich vorstellen, dass die Elemente eines Streams hintereinander aufgereiht sind und dann die Aktionen ausgeführt werden, wie dies in Abbildung 7-1 dargestellt ist. Die Elemente werden jeweils für sich durch die einzelnen Schritte der Pipeline geschickt. Diese Verarbeitung bildet die Grundlage für eine mögliche Parallelisierbarkeit.

Abläufe bei der Verarbeitung mit zustandslosen Operationen

Im Beispiel zur Methode `peek()` habe ich auf Seite 449 die elementweise Verarbeitung angedeutet. Anhand des dort begonnenen und hier erweiterten Beispiels möchte ich die Abläufe bei der Verarbeitung einzelner Elemente in Streams verdeutlichen. Dazu fügen wir in jeden Verarbeitungsschritt eine Konsolenausgabe wie folgt ein:

```java
public static void main(final String[] args)
{
  final List<Person> persons = createDemoData();
  final Stream<String> allMikes = persons.stream().
  filter(person -> {
    final boolean ok = person.isAdult();
    System.out.println("Step 1 filter: " + person + " isAdult(): " + ok);
    return ok;
  }).
  map(person -> {
    final String name = person.getName();
    System.out.println("Step 2 map: " + person + " -> " + name);
    return name;
  }).
  filter(name -> {
    final boolean ok = name.startsWith("Mi");
    System.out.println("Step 3 filter: " + name + " startsWith('Mi'): " + ok);
    return ok;
  }).
  map(name -> {
     final String upperName = name.toUpperCase();
     System.out.println("Step 4 map: " + name + " -> " + upperName);
     return upperName;
  });

  System.out.println("Protokollierung jedes Schritts beim Filtern:");
  allMikes.forEach(System.out::println);      // Löst die Verarbeitung aus
}

private static List<Person> createDemoData()
{
  final List<Person> persons = new ArrayList<>();
  persons.add(new Person("Michael", 43));
  persons.add(new Person("Max", 5));
  persons.add(new Person("Moritz", 7));
  persons.add(new Person("Merten", 38));
  persons.add(new Person("Micha", 42));
  return persons;
}
```

Listing 7.13   Ausführbar als 'STREAMPROCESSINGEXAMPLE'

Startet man das Programm STREAMPROCESSINGEXAMPLE, so kommt es zu folgenden Ausgaben, die die elementweise Abarbeitung nachvollziehbar machen:

```
Protokollierung jedes Schritts beim Filtern:
Step 1 filter: Person [name=Michael, age=43, gender=MALE] / isAdult(): true
Step 2 map:    Person [name=Michael, age=43, gender=MALE] -> Michael
Step 3 filter: Michael / startsWith('Mi'): true
Step 4 map:    Michael -> MICHAEL
MICHAEL
Step 1 filter: Person [name=Max, age=5, gender=MALE] / isAdult(): false
Step 1 filter: Person [name=Moritz, age=7, gender=MALE] / isAdult(): false
Step 1 filter: Person [name=Merten, age=38, gender=MALE] / isAdult(): true
Step 2 map:    Person [name=Merten, age=38, gender=MALE] -> Merten
Step 3 filter: Merten / startsWith('Mi'): false
Step 1 filter: Person [name=Micha, age=42, gender=MALE] / isAdult(): true
Step 2 map:    Person [name=Micha, age=42, gender=MALE] -> Micha
Step 3 filter: Micha / startsWith('Mi'): true
Step 4 map:    Micha -> MICHA
MICHA
```

Anhand der vorherigen Grafik und der Programmausgabe erkennt man sehr schön die elementweise Verarbeitung. Welchen Vorteil bringt das?

Vorteil der elementweisen Verarbeitung Diese Art der Abarbeitung lässt sich ziemlich einfach parallelisieren. Das gilt vor allem für die bislang genutzten voneinander unabhängigen, zustandslosen Operationen: Für diese lassen sich beliebige Elemente zu Gruppen zusammenfassen, die jeweils parallel durch eigene Threads verarbeitet werden.

Wenn Sie das nachvollziehen wollen, dann ergänzen Sie doch einen Aufruf von `parallel()`, wie es nachfolgend angedeutet ist – der Rest des Programms ist analog wie zuvor und die weiteren Schritte sind hier verkürzt dargestellt:

```
public static void main(final String[] args)
{
    final List<Person> persons = createDemoData();

    final Stream<String> allMikes = persons.stream().parallel();

    allMikes.filter(person -> ...).
            map(person -> ... ).
            filter(name -> ... ).
            map(name -> ... );

    System.out.println("Protokollierung jedes Schritts beim Filtern:");
    allMikes.forEach(System.out::println);
}
```

Listing 7.14 Ausführbar als 'STREAMPARALLELPROCESSINGEXAMPLE'

Wenn Sie das Programm STREAMPARALLELPROCESSINGEXAMPLE starten, so erhalten Sie eine Ausgabe ähnlich zu folgender:

```
Protokollierung jedes Schritts beim Filtern:
Step 1 filter: Person [name=Merten, age=38, gender=MALE] isAdult(): true
Step 1 filter: Person [name=Max, age=5, gender=MALE] isAdult(): false
Step 2 map:    Person [name=Merten, age=38, gender=MALE] -> Merten
Step 1 filter: Person [name=Micha, age=42, gender=MALE] isAdult(): true
Step 1 filter: Person [name=Michael, age=43, gender=MALE] isAdult(): true
Step 2 map:    Person [name=Micha, age=42, gender=MALE] -> Micha
Step 3 filter: Merten startsWith('Mi'): false
Step 1 filter: Person [name=Moritz, age=7, gender=MALE] isAdult(): false
Step 3 filter: Micha startsWith('Mi'): true
Step 2 map:    Person [name=Michael, age=43, gender=MALE] -> Michael
Step 3 filter: Michael startsWith('Mi'): true
Step 4 map:    Micha -> MICHA
MICHA
Step 4 map:    Michael -> MICHAEL
MICHAEL
```

An den Ausgaben erkennt man, dass die einzelnen Abarbeitungen durch die Parallelisierung nahezu beliebig durcheinandergewürfelt sind. Selbstverständlich wird für jedes Element einzeln sichergestellt, dass die Reihenfolge der Verarbeitungsschritte derjenigen der Stream-Methoden im Programm entspricht.

Abläufe bei der Verarbeitung mit zustandsbehafteten Operationen

Auch für die zustandsbehafteten Operationen kann man eine recht effiziente Parallelisierung erreichen. Dazu werden die Elemente zunächst in eine Vielzahl von Teilbereichen aufgeteilt und wenn diese klein genug sind, erfolgt die konkrete Verarbeitung mithilfe mehrerer Threads. Schließlich werden die einzelnen Zwischenergebnisse zusammengefasst. In Abbildung 7-2 ist das exemplarisch gezeigt.

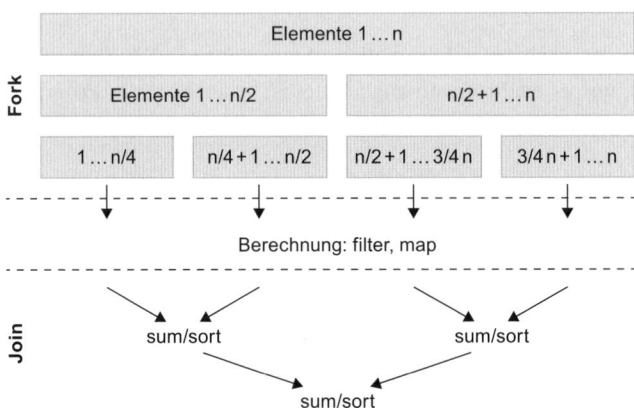

Abbildung 7-2 *Schematische Darstellung der parallelen Summierung bzw. Sortierung*

Besonderheit bei `parallelStream()` und `forEach()`

Wenn Sie eine Verarbeitung parallel ausgeführt haben, dann entsprechen die Ausgaben über `forEach(Consumer<? super T>)` teilweise nicht dem, was Sie erwarten: Die Reihenfolge der Ausgabe ist oftmals ungeordnet.

Für den Aufruf des Sortierens kann man den geschilderten Sachverhalt gut nachvollziehen. Schauen wir zur Verdeutlichung auf eine Liste von Namen:

```java
public static void main(final String[] args)
{
    final List<String> names = Arrays.asList("Stefan", "Ralph", "Andi", "Mike");
    names.parallelStream().sorted().forEach(System.out::println);
}
```

Listing 7.15 *Ausführbar als* '`WrongParallelForEachExample`'

Das Programm WRONGPARALLELFOREACHEXAMPLE produziert – obwohl explizit `sorted()` zur Sortierung aufgerufen wurde – manchmal ungeordnete Ausgaben:

```
Ralph
Andi
Stefan
Mike
```

Führt man das Programm mehrmals aus, so erkennt man die zufällige Reihenfolge. Um die korrekte Reihenfolge bei Parallelverarbeitung für die abschließende Terminal Operation, hier die Konsolenausgabe, sicherzustellen, muss man Aufrufe der Methode forEachOrdered(Consumer<? super T>) wie folgt nutzen:

```
final List<String> names = Arrays.asList("Stefan", "Ralph", "Andi", "Mike");
names.parallelStream().sorted().forEachOrdered(System.out::println);
```

Besonderheit bei `parallel()` und `findAny()`

Wir sind durch das vorangegangene Beispiel schon ein wenig sensibilisiert, was die Parallelisierung von Aktionen und mögliche (unerwartete) Resultate angeht. Um die Unvorhersagbarkeit nochmals zu verdeutlichen, zeige ich hier eine weitere Variante einer möglicherweise überraschenden Parallelverarbeitung:

```
public static void main(final String[] args)
{
    IntStream.range(0, 10_000).filter(i -> i % 2 == 0).
                               parallel().findAny().
                               ifPresent(System.out::println);
}
```

Listing 7.16 Ausführbar als 'PARALLELFINDANYEXAMPLE'

Startet man das Programm PARALLELFINDANYEXAMPLE einmal mit einem Aufruf von `parallel()` und einmal ohne, so erhält man unterschiedliche Ausgaben, die sogar mitunter von Ausführung zu Ausführung sowie von Rechner zu Rechner variieren – nur die sequenzielle Variante ist deterministisch und produziert immer die gleiche Ausgabe:

```
sequenzielle Ausführung:  0, 0, 0, ...
parallele Ausführung:     6562, 8126, 1562 usw.
```

Bei `findAny()` ist die nicht deterministische Ausrichtung gewollt, weil es hier um die Prüfung geht, ob es überhaupt ein Element mit den gewünschten Eigenschaften gibt. Für ein stabiles Ergebnis muss man `findFirst()` aufrufen.

> **Anmerkung: Sinnhaftigkeit der »Umschalterei«**
>
> Eine Umschaltung zwischen sequenzieller und paralleler Verarbeitung zwischen einzelnen Schritten des Fließbands ist aufgrund der zuvor gezeigten mit Streams realisierten Abarbeitung nicht möglich – variierende Aufrufe an `sequential()` und `parallel()` aber schon. Allerdings entscheidet der letzte Aufruf vor der Terminal Operation, in welchem Modus (sequenziell oder parallel) die Abarbeitung des Streams erfolgen wird.

7.2 Filter-Map-Reduce

Wir haben uns mittlerweile so viel Grundlagenwissen zu Streams erarbeitet, dass uns nun das Verständnis der mächtigen neuen Filter-Map-Reduce-Funktionalität – einer speziellen Untermenge des Stream-APIs – recht leicht fallen sollte.

Aufgabenstellung: Filtere eine Liste und extrahiere Daten

Nehmen wir an, unsere Aufgabe bestünde darin, eine Liste von Personen zu filtern, dabei alle im Juli Geborenen zu ermitteln und deren Namen kommasepariert auszugeben. Gegeben sei dazu folgende `List<Person>` als Eingabe:[3]

```
private static final List<Person> persons = Arrays.asList(
                new Person("Stefan", LocalDate.of(1971, MAY, 12)),
                new Person("Micha", LocalDate.of(1971, FEBRUARY, 7)),
                new Person("Andi Bubolz", LocalDate.of(1968, JULY, 17)),
                new Person("Andi Steffen", LocalDate.of(1970, JULY, 17)),
                new Person("Merten", LocalDate.of(1975, JUNE, 16)));
```

Die Aufgabe lässt sich in folgende drei Schritte untergliedern:

1. Filtere auf alle im Juli Geborenen
2. Extrahiere ein Attribut, im Beispiel den Namen
3. Bereite eine kommaseparierte Liste auf

7.2.1 Herkömmliche Realisierung

Bevor wir uns die mit JDK 8 bereitgestellte Filter-Map-Reduce-Funktionalität anschauen, werfen wir einen Blick darauf, wie man so etwas mit JDK 7 realisiert hätte. Dort müsste man die Funktionalität der Filterung und Extraktion selbst programmieren. Der Übersichtlichkeit halber werden die einzelnen Schritte in Form kurzer Methoden realisiert. Zum besseren Verständnis beginnen wir mit der Implementierung einer `main()`-Methode, die drei Schritte ausführt:

```
public static void main(final String[] args)
{
    final List<Person> persons = createDemoPersons();

    // Schritt 1: Filtere
    final List<Person> bornInJuly = filterByMonth(persons, Month.JULY);

    // Schritt 2: Extrahiere
    final List<String> names = extractNameAttribute(bornInJuly);

    // Schritt 3: Bereite Ergebnis auf
    System.out.println(joinStrings(names, ", "));
}
```

Listing 7.17 Ausführbar als 'FILTERMAPREDUCEOLDSTYLEEXAMPLE'

---

[3] Aufmerksamen Lesern fallen die hier genutzten Typen `LocalDate` und `Month` und deren Konstanten, etwa `MAY` und `JULY`, auf. Diese werden später in Kapitel 11 genauer erläutert.

Filter: Filtere auf alle im Juli Geborenen

Wir konstruieren eine Ergebnisliste `filteredPersons` und fügen dort diejenigen `Person`-Objekte hinzu, die das Kriterium „Geboren im Juli" erfüllen:

```
static List<Person> filterByMonth(final List<Person> persons, final Month month)
{
    final List<Person> filteredPersons = new ArrayList<>();
    for (final Person person : persons)
    {
        if (person.getBirthday().getMonth().equals(month))
        {
            filteredPersons.add(person);
        }
    }
    return filteredPersons;
}
```

Bitte beachten Sie, dass hier keine `null`-Prüfungen notwendig sind, weil die Klasse `Person` im Konstruktor die Gültigkeit der Attribute sicherstellt.

Map: Extrahiere ein Attribut

Danach nehmen wir eine *Extraktion* der Daten vor. Die Namen der Personen werden zunächst ausgelesen und als `List<String>` bereitgestellt:

```
static List<String> extractNameAttribute(final List<Person> persons)
{
    final List<String> names = new ArrayList<>();
    for (final Person person : persons)
    {
        names.add(person.getName());
    }
    return names;
}
```

Reduce: Bereite eine kommaseparierte Liste auf

Zur Aufbereitung der Ausgabe durchlaufen wir die als Parameter übergebene Liste und fügen jedes Element gefolgt von einem Komma (mit Ausnahme des letzten) in ein `StringBuilder`-Objekt per `append()` ein:

```
static String joinStrings(final List<String> names, final String delimiter)
{
    final StringBuilder sb = new StringBuilder();

    final Iterator<String> it = names.iterator();
    while (it.hasNext())
    {
        sb.append(it.next());
        if (it.hasNext())
            sb.append(delimiter);
    }
    return sb.toString();
}
```

Führen wir die realisierte Funktionalität – wie zuvor in `main()` gezeigt – aus, so werden die beiden im Juli geborenen Personen ausgegeben:

```
Andi Bubolz, Andi Steffen
```

Wenn man die Lösung betrachtet, so fällt negativ auf, dass diese recht lang ist. Erst bei etwas genauerem Überlegen bemerkt man einen weiteren Nachteil: Die Abarbeitung erfolgt sequenziell und zudem erhöht sich die Laufzeit linear zu der Anzahl gespeicherter Personen. Als Alternative kann man die gesamte Funktionalität innerhalb nur einer Methode und ineinander verschränkt realisieren. Das wird zwar minimal schneller, jedoch deutlich unübersichtlicher – insbesondere, wenn die Abfragen komplexer werden. Auch kann man Erweiterungen kaum realisieren und die fehlende Kombinierbarkeit widerspricht dem Gedanken der Orthogonalität. Schauen wir uns jetzt eine mit Java 8 mögliche Variante an.

7.2.2 Filter-Map-Reduce mit JDK 8

Mit JDK 8 wird eine Filter-Map-Reduce-Funktionalität in Java bereitgestellt, die stark vom Einsatz von Lambdas profitiert. Dabei stehen die drei Begriffe Filter, Map und Reduce für die bereits im vorangegangenen Beispiel kennengelernten Aktionen:

- **Filter** – Aus einer Ausgangsmenge von Objekten werden diejenigen herausgefiltert, die festgelegten Anforderungen entsprechen.
- **Map** – Mit Mapping oder Projektion ist der Vorgang gemeint, der aus einem Objekt gewisse Informationen ableitet und diese in einer gewünschten Form aufbereitet. Map beschreibt eine Projektion, d. h. eine Transformation eines Elements in eine andere Repräsentation (wobei die Anzahl Elemente gleich bleibt).
- **Reduce** – Schlussendlich sollen die Berechnungsergebnisse verarbeitet werden, etwa auf der Konsole ausgegeben oder als Ergebnismenge in einer Collection aufbereitet werden. Reduce beschreibt somit das Zusammenfassen zu einem Resultat.

Diese Schritte sind in der nachfolgenden Abbildung visualisiert:

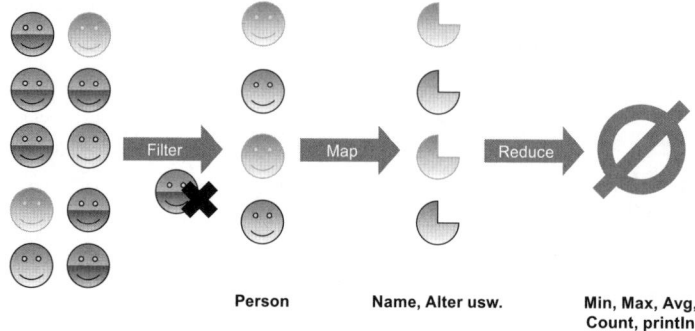

Abbildung 7-3 Symbolische Darstellung von Filter-Map-Reduce

Filter-Map-Reduce im Einsatz

Wir machen uns jetzt daran, die drei Verarbeitungsschritte zur Filterung mithilfe des Filter-Map-Reduce-Frameworks und von Lambdas zu implementieren. Die benötigten Grundlagen haben wir uns zuvor bei der Besprechung der Intermediate und Terminal Operations erarbeitet. Dieses Wissen muss man nur noch geeignet kombinieren:

```
final String bornInJuly = persons.stream().
                filter(person -> person.getBirthday().getMonth().
                                          equals(Month.JULY)).
                map(Person::getName).
                reduce("", stringCombiner);
```

Die beiden Schritte Filter und Map sind intuitiv verständlich, beim Reduce-Schritt bedienen wir uns eines Tricks. Hierbei wird die nachfolgend gezeigte Realisierung des funktionalen Interface `BinaryOperator<T>` namens `stringCombiner` genutzt. Dort wird aus zwei Eingaben vom Typ `T` ein Ergebnis vom Typ `T` berechnet. Die Kombination zweier Strings können wir wie folgt – schon leicht unleserlich – implementieren:

```
final BinaryOperator<String> stringCombiner = (str1, str2) ->
{
    return str1.isEmpty() ? str2 : str1 + ", " + str2;
};
```

Reduce: Zusammenfassen von Werten mit `collect()`

Das Zusammenfassen von Einträgen ist ein gebräuchlicher Anwendungsfall. Daher bietet das JDK 8 eine spezielle Form einer Reduce-Methode namens `collect()`, die wir bereits kurz im Rahmen der Terminal Operations in Abschnitt 7.1.5 besprochen haben. Vorgefertigte Implementierungen der dort benötigten `Collector<T,A,R>`-Instanzen finden sich in der Utility-Klasse `Collectors`. Wir wählen hier `joining(String)` zur Kombination von Strings wie folgt:

```
public static void main(final String[] args)
{
    final List<Person> persons = createDemoPersons();

    final String bornInJuly = persons.stream().
                    filter(person ->
                            person.birthday.getMonth() == Month.JULY).
                    map(person -> person.getName()).
                    collect(Collectors.joining(", "));

    System.out.println(bornInJuly);
}
```

Listing 7.18 Ausführbar als **'FilterMapReduceJDK8Example'**

Diese Form ist viel stärker am zu lösenden Problem ausgerichtet als die vorherige, unter anderem weil der Algorithmus zum Filtern nicht selbst programmiert wird. Außerdem versteckt `joining()` die Spezialbehandlung der korrekten Aufbereitung einer kommaseparierten Ausgabe.

Führen wir das Programm FILTERMAPREDUCEJDK8EXAMPLE aus, so werden – wie zu erwarten – die beiden im Juli geborenen Personen ausgegeben:

```
Andi Bubolz, Andi Steffen
```

Abweichend von der Realisierung zuvor finden wir folgende syntaktische Unterschiede, die jedoch zu keiner Änderung in der Semantik führen: Weil `Month` eine `enum`-Aufzählung ist, können wir den Vergleich hier sogar noch etwas besser lesbar mit `==` anstelle eines Aufrufs von `equals(Object)` schreiben. Innerhalb von `map()` wird nun ein Lambda statt einer Methodenreferenz genutzt.

Aufbereitung und Verknüpfung nicht textueller Werte Gerade haben wir gesehen, wie einfach die kommaseparierte Aufbereitung von textuellen Werten mithilfe von Lambdas und den Neuerungen im Stream-API implementiert werden kann.

Etwas mehr Aufwand ist erforderlich, wenn man Zahlen oder Objekte auf diese Weise miteinander verknüpfen möchte und z. B. die Altersangaben von Personen kommasepariert aufbereitet. Dazu müssen wir die Objekte, hier vom Typ `Integer`, in Strings wandeln, bevor wir sie mit `joining()` verknüpfen können. Die Umwandlung kann explizit durch einen Aufruf von `toString()` erfolgen oder aber implizit durch die Notation `"" + value`. Im folgenden Listing sind beide Varianten gezeigt:

```
// Explizite Umwandlung / Mapping mit toString
final String joined1 = persons.stream().mapToInt(Person::getAge)
                                       .mapToObj(Integer::toString)
                                       .collect(joining(", "));

// Implizite Umwandlung / Mapping durch "" + value
final String joined2 = persons.stream().map( person -> "" + person.getAge() )
                                       .collect(joining(", "));
```

> **Hinweis: Die Methode `String.join()`**
>
> Wenn lediglich textuelle Werte miteinander verknüpft werden sollen und dabei nur eine Verknüpfungszeichenfolge, aber keine Start- und Endkennungen benötigt werden, dann kann man die in der Klasse `String` mit JDK 8 eingeführte Methode `join(CharSequence delimiter, CharSequence... elements)` nutzen:[a]
>
> ```
> final String stringConcat = String.join(", ", names);
> ```
>
> Etwas unglücklich empfinde ich die Signatur, in der der Delimiter vor den zu verknüpfenden Elementen angegeben werden muss. Das liegt aber daran, dass Varargs in Java nur für den letzten Parameter in einer Signatur auftreten dürfen.
>
> ---
> [a] Wir haben in Abschnitt 7.2.1 mit `joinStrings()` eine ähnliche Methode entworfen.

7.3 Praxisbeispiele

In diesem Unterkapitel wollen wir das bisher Gelernte vertiefen. Dazu schauen wir uns drei typische Praxisbeispiele an. Zunächst wollen wir Elemente gruppieren und dann daraus ein Histogramm erstellen, also eine Häufigkeitsverteilung bezüglich einer bestimmten Gruppierung aufbereiten. Teilweise möchte man dabei die Daten auch nach Wert sortieren, also etwa die Personen mit der höchsten Punktzahl zuerst – verallgemeinert entspricht dies der Sortierung einer Map nach Wert. Schließlich schauen wir uns an, wie wir bei der Verarbeitung von ZIP-Dateien vom Stream-API profitieren können.

7.3.1 Aufbereiten von Gruppierungen und Histogrammen

Wir wollen uns als Vorbereitung für weitere Aktionen nochmal kurz dem Gruppieren von Elementen widmen. Dazu definieren wir ein `String[]` mit einigen Namen. Zur Gruppierung nach Anfangsbuchstaben bietet sich die Methode `groupingBy()` sowie eine Gruppierungsfunktion `toFirstChar()` an:

```java
public static void main(final String[] args)
{
    final String[] names = { "Tom", "Tim", "Mike", "Kay", "Micha", "Kai" };

    System.out.println(groupBy(Stream.of(names), GroupingExample::toFirstChar));
}

public static <T> Map<T, List<T>> groupBy(final Stream<T> stream,
                                          final Function<T, T> groupFunction)
{
    return stream.collect(Collectors.groupingBy(groupFunction));
}

private static String toFirstChar(final String name)
{
    return name.substring(0, 1).toUpperCase();
}
```

Listing 7.19 *Ausführbar als* **'GroupingExample'**

Starten wir das Programm GroupingExample, so kommt es zu folgender Ausgabe:

```
{T=[Tom, Tim], K=[Kay, Kai], M=[Mike, Micha]}
```

Histogramm erzeugen Mitunter soll aus Daten ein Histogramm aufbereitet werden. Dazu nutzen wir die in Abschnitt 7.1 vorgestellte Utility-Klasse `Collectors` und insbesondere die Möglichkeit, bei `groupingBy()` einen Aufruf von `counting()` auszuführen. Beide Methoden importieren wir der Lesbarkeit halber statisch:

```java
public static <T> Map<T, Long> histogram(final Stream<T> stream,
                                         final Function<T, T> groupFunction)
{
    return stream.collect(groupingBy(groupFunction, counting()));
}
```

Wir schreiben ein kleines Programm, um die Methode zur Erstellung eines Histogramms für ein paar Namen im Einsatz zu sehen:

```
public static void main(final String[] args)
{
    final String[] names = { "tom", "Tim", "Mike", "Kai", "mike", "kai", "Kai",
                             "TOM" };

    System.out.println(histogram(Stream.of(names), String::toLowerCase));
}
```

Listing 7.20   Ausführbar als 'HistogramExample'

Das Programm HISTOGRAMEXAMPLE erzeugt folgende Ausgabe:

```
{kai=3, tom=2, mike=2, tim=1}
```

7.3.2   Maps nach Wert sortieren

Wie eingangs schon angedeutet, möchte man manchmal Daten in Maps sortieren. Bei Sortierungen und Maps kommt einem eine `TreeMap<K,V>` in den Sinn. So verlockend deren Einsatz scheint, ist dies jedoch nicht ausreichend, wenn man nach Wert und nicht nach Schlüssel sortieren möchte.

Klassisches Sortieren nach Schlüssel

Schauen wir uns als Ausgangsbasis folgendes Beispiel mit drei Personen und fiktiven Punkteständen an:

```
public static void main(final String[] args)
{
    final Map<String, Long> highscores = new TreeMap<>();
    highscores.put("Tim", 27371L);
    highscores.put("Andy", 20483L);
    highscores.put("Micha", 7271L);

    System.out.println(highscores);
}
```

Listing 7.21   Ausführbar als 'MapTraditionalSortExample'

Das Programm MAPTRADITIONALSORTEXAMPLE erzeugt folgende Ausgabe:

```
{Andy=20483, Micha=7271, Tim=27371}
```

In diesem Fall würden die Einträge also nach Namen alphabetisch geordnet werden und nicht nach Punktestand bzw. Wert.

Sortieren mit speziellem Komparator nach Wert

Praktischerweise kann einer `TreeMap<K,V>` im Konstruktor ein `Comparator<T>` übergeben werden. Diesen implementieren wir zur Sortierung der Werte trickreich wie folgt:

```java
// Achtung: Dieser Komparator ist bewusst nicht konsistent mit equals()
public static class DescendingValueComparator implements Comparator<String>
{
    final Map<String, Long> map;

    public DescendingValueComparator(final Map<String, Long> map)
    {
        this.map = map;
    }

    public int compare(final String first, final String second)
    {
        final int result = Long.compare(map.get(second), map.get(first));
        if (result == 0) // Der Wert 0 würde ungewünschte Ergebnisse liefern
        {
            return -1;
        }
        return result;
    }
}
```

Diese Realisierung sortiert die Map gemäß der enthaltenen Werte und nicht nach Schlüsseln, benötigt dazu aber die ursprüngliche `Map<K,V>` und setzt zudem voraus, dass die Werte den Typ `Comparable<T>` besitzen, was hier für `Long` gegeben ist. Beim Vergleich der Schlüssel erfolgt hier zunächst ein Zugriff auf die Werte, die danach verglichen werden. Anschließend wird das Ergebnis dieses Vergleichs zurückgeliefert. Dabei muss man noch beachten, dass bei Gleichheit der Werte explizit nicht der Wert 0 zurückgegeben werden darf, weil man sonst gleiche Werte fälschlicherweise zusammenfassen würde. Übrigens ist es unbedeutend, ob der Wert 0 auf den Wert 1 oder -1 abgebildet wird. Der Einsatz wird allerdings ein wenig unhandlich:

```java
public static void main(final String[] args)
{
    final Map<String, Long> highscores = new TreeMap<>();
    highscores.put("Tim", 27371L);
    highscores.put("Andy", 20483L);
    highscores.put("Micha", 7271L);

    final Comparator<String> byValue = new DescendingValueComparator(highscores);
    final TreeMap<String, Long> sortedHighscores = new TreeMap<>(byValue);
    sortedHighscores.putAll(highscores);

    System.out.println(sortedHighscores);
}
```

Listing 7.22 Ausführbar als 'SORTBYVALUEEXAMPLE'

Das Programm SORTBYVALUEEXAMPLE erzeugt folgende Ausgabe:

```
{Tim=27371, Andy=20483, Micha=7271}
```

Designverbesserung: Sortieren mit speziellem Komparator nach Wert

Mein Freund Andreas Schöneck wies mich auf eine vom Design her schönere Variante hin: Statt die Map im Komparator zu speichern, bietet es sich an, die Komparator-Klasse lokal innerhalb einer Methode zu definieren.[4] Zudem sollten wir noch eine generische Realisierung vornehmen. Das setzt man wie folgt um:

```java
public static <K,V extends Comparable<V>>
            Map<K, V> sortMapByValue(final Map<K, V> map)
{
   class DescendingValueComparator implements Comparator<K>
   {
      public int compare(final K first, final K second)
      {
         final int result = map.get(second).compareTo(map.get(first));
         if (result == 0) // Der Wert 0 würde ungewünschte Ergebnisse liefern
         {
            return -1;
         }
         return result;
      }
   }
   final Comparator<K> byValue = new DescendingValueComparator();
   final TreeMap<K, V> valueSortedMap = new TreeMap<>(byValue);
   valueSortedMap.putAll(map);
   return valueSortedMap;
}
```

Damit lässt sich die sortierte Map statt mit drei Zeilen mit nur einer erzeugen:

```java
final Map<String, Long> sortedHighscores = sortMapByValue(highscores);
```

Diese Änderung ist im Programm SORTBYVALUEEXAMPLE2 enthalten. Dessen Start erzeugt (erwartungsgemäß) folgende Ausgabe:

```
{Tim=27371, Andy=20483, Micha=7271}
```

Zwischenbetrachtung Obwohl wir nun auch komplexere Sortierungen vornehmen können, so ist das Ganze doch ein wenig unschön in der Realisierung, da wir in einem `Comparator<String>` Vergleiche auf `Long` ausführen. Sinnvoller wäre es, auf den Einträgen der Map zu arbeiten, was wir uns nun anschauen wollen.

Alternative mit Java 8 und Streams

Tatsächlich lässt sich eine Sortierung nach Wert mit dem Stream-API und einer `LinkedHashMap<K,V>` recht einfach realisieren, wobei man die Sortierung entweder über einen Komparator basierend auf `getValue()` oder auf `Map.Entry.comparingByValue()` erstellen kann:

---

[4] Die Idee entstammt der Seite http://stackoverflow.com/questions/109383/how-to-sort-a-mapkey-value-on-the-values-in-java/22132422#22132422.

```java
public static <K,V extends Comparable<V>>
            Map<K, V> sortMapByValue(final Map<K, V> inputMap)
{
    final Comparator<Entry<K, V>> byValue = Map.Entry.comparingByValue();
    // Comparator.comparing(Entry::getValue)
    return inputMap.entrySet().stream()
                        .sorted(byValue.reversed())
                        .collect(LinkedHashMap::new,
                                (map,entry) -> map.put(entry.getKey(),
                                                            entry.getValue()),
                                    Map::putAll);
}
```

Diese Änderung ist im Programm SORTBYVALUEEXAMPLE3 enthalten. Dessen Start erzeugt (erwartungsgemäß) folgende Ausgabe:

```
{Tim=27371, Andy=20483, Micha=7271}
```

Abschließende Verbesserungen des Komparators

Wenn man möchte, kann man nach den numerisch sortierten Werten zusätzlich auch die Schlüssel alphabetisch sortieren. Das ist immer dann praktisch, wenn es zu einem Wert mehrere Schlüssel gibt, etwa bei eine Statistik über die Anzahl an Methodenaufrufen die korrespondierenden Methodennamen.

Im nachfolgenden Listing realisieren wir eine kombinierte Sortierung erst absteigend nach Wert, dann alphabetisch nach Schlüssel:

```java
public static <K extends Comparable<K>, V extends Comparable<V>>
            Map<K, V> sortMapByValue(final Map<K, V> inputMap)
{
    class DescendingValueComparator implements Comparator<Entry<K, V>>
    {
        public int compare(final Entry<K, V> first, final Entry<K, V> second)
        {
            // Achtung: Größte Werte zuerst, daher hier andere
            // Parameterreihenfolge
            final int result = second.getValue().compareTo(first.getValue());
            if (result == 0)
            {
                return first.getKey().compareTo(second.getKey());
            }
            return result;
        }
    }

    return inputMap.entrySet().stream()
                        .sorted(new DescendingValueComparator())
                        .collect(LinkedHashMap::new,
                                (map,entry) -> map.put(entry.getKey(),
                                                            entry.getValue()),
                                    Map::putAll);
}
```

Damit wir die Auswirkungen feststellen können, müssen wir einige Einträge in unserer Map ergänzen, die gleiche Punktestände besitzen.

```java
public static void main(final String[] args)
{
    final Map<String, Long> highscores = new TreeMap<>();
    highscores.put("Tim",  1111L);
    highscores.put("Andy", 2222L);
    highscores.put("Sven", 2222L);
    highscores.put("Otto", 2222L);
    highscores.put("Tom",  3333L);
    highscores.put("Bodo", 3333L);
    highscores.put("Mike", 3333L);

    final Map<String, Long> sortedHighscores = sortMapByValue(highscores);
    System.out.println(sortedHighscores);
}
```

Listing 7.23 *Ausführbar als* '**SORTBYVALUEEXAMPLE4**'

Starten wir das Programm SORTBYVALUEEXAMPLE4, so werden die drei Einträge mit den Punkteständen 3333 und 2222 zusätzlich nach Name sortiert:

```
{Bodo=3333, Mike=3333, Tom=3333, Andy=2222, Otto=2222, Sven=2222, Tim=1111}
```

7.3.3 Verarbeitung von ZIP-Dateien

Nachfolgend wollen wir das bisher Gelernte weiter vertiefen und mit dem Stream-API einige Möglichkeiten zur Verarbeitung von ZIP-Dateien erkunden. Das ZIP-Format dient zur Kompression und Archivierung von Dateien. Java unterstützt die Verarbeitung von ZIP-Dateien schon seit Langem unter anderem durch die Klassen `ZipEntry` und `ZipFile` sowie `ZipInputStream` und `ZipOutputStream` – alle entstammen dem Package `java.util.zip`. Mit Java 8 bietet die Klasse `ZipFile` die Methode `stream()` und ermöglicht damit die Verarbeitung mit dem Stream-API.

Einführendes Beispiel mit Java 7

Beginnen wir die Verarbeitung von ZIP-Dateien mit einem auf Java 7 basierenden Beispiel, das ARM einsetzt, um das Resource Handling zu vereinfachen:

```java
public static void main(final String[] args) throws IOException
{
    final File zipFile = Paths.get("src/main/resources/ch07_bulk_operations/" +
                                   "advanced/zip/Archiv.zip").toFile();
    final List<ZipEntry> zipEntries = extractZipEntries(zipFile);

    for (final ZipEntry zipEntry : zipEntries)
    {
        printEntry(zipEntry);
    }
}
```

Die Verarbeitung ist in folgende zwei Hilfsmethoden ausgelagert:

```java
private static List<ZipEntry> extractZipEntries(final File file) throws
    IOException
{
    final List<ZipEntry> result = new ArrayList<>();

    try (final ZipFile zipFile = new ZipFile(file))
    {
        final Enumeration<? extends ZipEntry> entries = zipFile.entries();
        while (entries.hasMoreElements())
        {
            final ZipEntry zipEntry = entries.nextElement();
            result.add(zipEntry);
        }
    }

    return result;
}

private static void printEntry(final ZipEntry zipEntry)
{
    System.out.println("Name: " + zipEntry.getName());
    System.out.println("Size / Compressed: " + zipEntry.getSize() + " / " +
                                              zipEntry.getCompressedSize());
    System.out.println("Last Modified:     " + zipEntry.getLastModifiedTime());
}
```

Vereinfachung des Beispiels mit Java 8

Der Spaß beginnt durch die Erweiterung der Klasse `ZipFile` um die Methode `stream()` in Java 8. Weil man das Stream-API nutzen kann, vereinfacht sich vieles. Wir schreiben folgende Java-8-Umsetzung der Methode `extractZipEntries()`:

```java
public static List<ZipEntry> extractZipEntries(final File file) throws
    IOException
{
    try (final ZipFile zipFile = new ZipFile(file))
    {
        return zipFile.stream().collect(Collectors.toList());
    }
}
```

Komplexere Verarbeitung mit Java 8

Wenn wir nun aber mit dem Stream-API arbeiten können, dann ist es ein Leichtes, Filterungen, Sortierungen usw. einzusetzen. Im Listing sehen wir die Definition verschiedener Prädikate (vgl. Abschnitt 5.5.1) sowie eines Komparators nach Dateigröße (vgl. Abschnitt 6.2.3). Diese dienen zur Steuerung der Methoden `filter()` und `sorted()` des Stream-APIs, die in den Abschnitten 7.1.3 und 7.1.4 genauer beschrieben werden.

```java
public static void main(final String[] args) throws IOException
{
    final File zipFile = Paths.get("src/main/resources/ch07_bulk_operations/" +
                                   "advanced/zip/Archiv.zip").toFile();
    final List<ZipEntry> zipEntries = extractZipEntries(zipFile);
    zipEntries.forEach(zipEntry -> printEntry(zipEntry));
}

public static List<ZipEntry> extractZipEntries(final File file) throws
      IOException
{
    final Predicate<ZipEntry> isFile = zipEntry -> !zipEntry.isDirectory();
    final Predicate<ZipEntry> isJava =
                        zipEntry -> zipEntry.getName().endsWith(".java");
    final Comparator<ZipEntry> bySize =
                        Comparator.comparingLong(ZipEntry::getSize);

    try (final ZipFile zipFile = new ZipFile(file))
    {
        return zipFile.stream().
                      filter(isFile.and(isJava)).
                      sorted(bySize.reversed()).
                      collect(Collectors.toList());
    }
}
```

Das Programm realisiert eine Filterung auf `.java`-Dateien, ignoriert Verzeichniseinträge und sortiert die Ergebnisse absteigend nach Dateigröße.

Überlegen Sie einmal, wie viel mehr Aufwand es gewesen wäre, dies ohne das Stream-API zu implementieren.

8 Applikationsbausteine

Applikationen auf Basis vorgefertigter, funktionierender Bausteine zu konstruieren, statt Dinge immer wieder von Grund auf neu zu bauen, macht die Softwareentwicklung zu einer Ingenieurdisziplin. Man vermeidet so, das Rad ständig neu zu erfinden. In diesem Kapitel werden zu einem kleinen Teil eigene wiederverwendbare Bausteine konstruiert sowie insbesondere Bausteine aus frei verfügbaren Bibliotheken beschrieben und eingesetzt. Dazu lohnt sich immer zunächst eine Internetrecherche, bevor man loslegt. Jon Bentley bemerkt in seinem empfehlenswerten Buch »Perlen der Programmierkunst« [3] dazu treffend: »Wenn eine vom System bereitgestellte [...] Funktion Ihren Bedürfnissen genügt, sollten Sie noch nicht einmal daran denken, eine eigene zu schreiben.« Auf diesen Sachverhalt weist auch Joshua Bloch in seinem hervorragenden Buch »Effective Java« [6] in Item 47 »Know and use the libraries« hin. Demzufolge bedienen wir uns nachfolgend ausgiebig in verschiedenen Bibliotheken.

Während ich in den ersten beiden Auflagen dieses Buchs vor allem eigene Entwicklungen von Utility-Klassen gezeigt habe, tue ich dies seit der dritten Auflage nur noch exemplarisch und konzentriere mich stattdessen auf die Bibliothek Google Guava und gehe ab und an auf Apache Commons als Alternative und Ergänzung ein. Für den Fall, dass man doch einmal eine eigene Utility-Klasse erstellt, sollte die Funktionalität durch Unit Tests gründlich geprüft werden. Die später vorgestellten Bausteine der Bibliothek Google Guava sind mit fast 300.000 (!) Tests abgesichert und werden zudem in einer Vielzahl von Google-Produkten (und mittlerweile auch vielen anderen) genutzt. Eine derartige Qualität wird man wohl kaum selbst erreichen können.

In Abschnitt 8.1 motiviere ich, dass sich durch den Einsatz von Bibliotheken Aufgaben einfacher realisieren lassen und der entstehende Sourcecode besser lesbar wird. Das zeigt Abschnitt 8.2 unter Verwendung der Bibliothek Google Guava, die verschiedene nützliche Funktionalitäten bietet, die einem das Java-Entwickler-Leben erleichtern können. Abschnitt 8.3 thematisiert Wertebereichs- und Parameterprüfungen, die dabei helfen, ungültige Parameterwerte und Objektzustände zu vermeiden. Aufgedeckte Probleme sollte man für spätere Analysen oder Fehlersuchen protokollieren, wozu sich ein Logging-Framework anbietet. Dieses dient auch der Aufzeichnung von Aktionen oder Wertebelegungen in Fehlersituationen. Das Thematik Logging beschreibe ich in Abschnitt 8.4. Abschließend stellt Abschnitt 8.5 das Thema Konfiguration vor, unter anderem die Auswertung von Kommandozeilenparametern und die Parametrierung mithilfe der JDK-Klassen `Properties` und `Preferences`.

8.1 Einsatz von Bibliotheken

Der Umfang des JDKs und die Anzahl frei verfügbarer Bibliotheken nimmt ständig zu, und es wird dadurch immer schwieriger, die Übersicht zu behalten. Auf jeden Fall sollte man einige zentrale Elemente des JDKs kennen und sicher anwenden können, unter anderem das bereits besprochene Collections-Framework.

Muss man sich in ein Thema einarbeiten, so bietet sich eine Internetrecherche an. Die Oracle-Seiten liefern einen ersten Überblick. Allerdings sind die dort vorgestellten Beispiele zum Teil nicht für den Einsatz in Produktivsoftware geeignet, sondern stellen eher sogenannte Schönwettersoftware dar. Diese Beispiele enthalten nämlich meistens keine angemessene Fehlerbehandlung und sollten daher nur als Ideen für eigene Applikationsbausteine dienen.

Eine umfangreiche Quelle für Utility-Klassen ist die Sammlung der Apache Commons-Bibliotheken[1]. Die dort angebotenen Bausteine können einem das Programmiererdasein sehr erleichtern. Ähnliches gilt für die Bibliothek Google Guava[2]. Während Apache Commons ihre Funktionalität in jeweils separaten JAR-Dateien bereitstellt, umfasst Google Guava nur eine JAR-Datei. Exemplarisch sind gebräuchliche Bestandteile bzw. deren Referenzierung für die Gradle-Build-Datei nachfolgend angegeben:

```
// Apache Commons
compile 'org.apache.commons:commons-lang3:3.5'
compile 'commons-io:commons-io:2.5'
compile 'org.apache.commons:commons-collections4:4.1'

// Google Guava
compile 'com.google.guava:guava:22.0'
```

Motivation zum Einsatz von Bibliotheken

Beim Programmieren sollte man das Ziel verfolgen, möglichst verständlich und elegant zu entwickeln. Damit ist unter anderem gemeint, dass keine unnötige Komplexität entsteht, der Sourcecode gut lesbar ist usw. Die Realität sieht aber leider häufig anders aus. Man findet unkommentierte, teils schlecht nachvollziehbare oder auch wüst strukturierte sowie oftmals viel zu lange Methoden. Darüber hinaus muss man sich mit diversen Implementierungsdetails wie Indexberechnungen in `for`-Schleifen, Sonderbehandlungen von Randfällen oder tief verschachtelten `if`-Zweigen mit komplexen Bedingungen beschäftigen. Gebilde wie das Folgende kennen Sie bestimmt:

```
// Beispiel: Zu viel Komplexität
if (!(str == null || str.isEmpty()))
{
    if (skipValidation || (str.length() > 5 && lengthCheckActivated))
    {
```

---

[1] http://commons.apache.org/
[2] https://code.google.com/p/guava-libraries/

All dies lenkt von der eigentlichen Business-Funktionalität ab und macht den Sourcecode teilweise so schlecht nachvollziehbar, dass der Sinn und zum Teil der Ablauf nicht mehr erkennbar ist. Durch den Einsatz der praktischen Funktionalitäten aus Apache Commons und Google Guava kann man mit weniger eigenem Sourcecode viel mehr erreichen, als wenn man alles selbst programmieren würde – außerdem muss man sich nicht zum 100sten Mal um Dinge kümmern, die schon längst gelöst sind.

Um diese Argumentation nachzuvollziehen, betrachten wir als Beispiel eine Gültigkeitsprüfung. Nehmen wir an, wir sollten für Texteingaben absichern, dass diese weder `null` noch leer sind und auch nicht nur aus Whitespaces bestehen (z. B. für GUI-Textfelder). Dazu nutzen wir Java-Bordmittel, Google Guava und Apache Commons:

```java
public static boolean isValidString_Using_JDK(final String input)
{
    return input != null && !input.trim().isEmpty();
}

public static boolean isValidString_Using_Guava(final String input)
{
    return !Strings.isNullOrEmpty(input) && !input.trim().isEmpty();
}

public static boolean isValidString_Using_Commons(final String input)
{
    return StringUtils.isNotBlank(string);
}
```

Wie man sieht, nimmt die Komplexität beim Einsatz einer passenden Bibliothek ab und die Lesbarkeit und Verständlichkeit steigt.[3] Offensichtlich ist die Klasse `StringUtils` aus Apache Commons am besten für die hier benötigte Prüfung geeignet. In anderen Anwendungsfällen ist Google Guava teilweise ein wenig angenehmer in der Handhabung.

> **Hinweis: Lizenzproblematik beim Einsatz von Fremdbibliotheken**
>
> Auch wenn in der Regel der Einsatz von Bibliotheken empfehlenswert ist, um gewisse Funktionalitäten nicht selbst realisieren zu müssen, so sollten Sie sich über das Lizenzmodell der jeweiligen Bibliothek genau informieren, bevor Sie sie nutzen. Wichtige Lizenzen sind unter anderem GPL (GNU Public License), LGPL (Lesser GPL) und auch die Apache License. Stellen Sie sicher, dass die Lizenz den Einsatz der Bibliothek in Ihrem Kontext erlaubt. GPL beispielsweise fordert, dass die eigenen Sourcen veröffentlicht werden müssen, falls man die GPL-lizenzierten Bibliotheken in eigene Programme einbindet. Für viele kommerzielle Projekte ist das nicht akzeptabel.
>
> Die hier beschriebenen Bibliotheken Apache Commons und Google Guava stehen unter der recht lockeren Apache License Version 2.0, wodurch sie problemlos auch in kommerziellen Projekten verwendet können, ohne dass man die eigenen Sourcen veröffentlichen muss.

---

[3] Allerdings sieht man durch die Indirektion nicht genau, was geprüft wird, und muss sich darauf verlassen, dass dort auch das Richtige geschieht.

Beispiel: Apache Commons Lang `StringUtils`

Verschiedene Aktionen und Prüfungen auf Strings sind sehr gebräuchlich, z. B. der Test auf einen leeren String, das links- oder rechtsbündige Ausrichten u. v. m. Früher wurde wohl in nahezu jedem Projekt eine eigene `StringUtils`-Klasse erstellt. Diesen »Eigengewächsen« ist etwa die Klasse `org.apache.commons.lang3.StringUtils` aus den Apache Commons Lang vorzuziehen. Sie bietet u. a. folgende Methoden:

- `isEmpty(String)` – Prüft, ob der übergebene String leer (`""` oder `null`) ist.
- `isBlank(String)` – Prüft, ob der übergebene String nur Whitespaces enthält, leer oder gar `null` ist.
- `leftPad(String, int, String)` bzw. `rightPad(String, int, String)` – Füllt einen String vom Anfang bzw. vom Ende mit dem angegebenen Zeichen bzw. der Zeichenfolge bis zur gewünschten Länge auf.
- `abbreviate(String, int)` – Verkürzt einen String auf die übergebene Länge, indem der hintere Teil abgeschnitten und durch drei Auslassungspunkte, eine sogenannte Ellipsis (...), ersetzt wird.
- `abbreviateMiddle(String, String, int)` – Verkürzt einen String auf die übergebene Länge, indem in der Mitte Zeichen entfernt werden und als Auslassungszeichenfolge die übergebene genutzt wird.

Setzen wir diese Methoden wie folgt ein:

```java
public static void main(final String[] args)
{
    // Spezielle Prüfungen
    System.out.println("isEmpty:        " + StringUtils.isEmpty("   "));
    System.out.println("isBlank:        " + StringUtils.isBlank("   "));
    System.out.println("isBlank/null:   " + StringUtils.isBlank(null));

    // Ausrichtung
    final String rightAligned = StringUtils.leftPad("Right", 15, "*");
    System.out.println("leftPad:        " + rightAligned);

    // Abkürzungen
    final int maxWidth = 15;
    final String longText = "This is a long text that has to be shortened!";
    final String shortened = StringUtils.abbreviate(longText, maxWidth);
    final String shortened2 = StringUtils.abbreviateMiddle(longText,
                                                       "...", maxWidth);
    System.out.println("abbreviate:        " + shortened);
    System.out.println("abbreviateMiddle:  " + shortened2);
}
```

Listing 8.1 Ausführbar als 'STRINGUTILSEXAMPLE'

Vom Programm STRINGUTILSEXAMPLE werden folgende Ausgaben produziert:

```
isEmpty:           false
isBlank:           true
isBlank/null:      true
leftPad:           **********Right
abbreviate:        This is a lo...
abbreviateMiddle:  This i...tened!
```

Fallstrick – Do It Yourself

Obwohl es mittlerweile ausgezeichnete Bibliotheken mit umfangreicher und sehr gut getesteter Funktionalität gibt, findet man immer noch einige Projekte, in denen Entwickler lieber verschiedene Hilfsfunktionen selbst programmieren, anstatt auf die oben genannten Bibliotheken zurückzugreifen. Bestimmt kennen Sie diverse Varianten von selbst geschriebenen Klassen namens `StringUtils`. Nahezu alles, was Entwickler dort selbst realisiert haben, findet man auch in Apache Commons oder Google Guava – mit dem Vorteil, dass die dort implementierte Funktionalität erprobt und ausgereift ist. Aber erst die komfortable Verwaltung von Abhängigkeiten durch Tools wie Maven oder Gradle hat das Einbinden derart vereinfacht, dass kaum noch eigene String-Utilities entstehen – hoffentlich jedenfalls.

> **Hinweis: Korrekturen in (eigenen) Utility-Klassen**
>
> Früher hat man vielfach Utility-Funktionalität selbst erstellt. Mitunter hat sich dabei (trotz Unit Tests) auch mal ein Fehler eingeschlichen. Wenn man diesen nun behebt, gilt es Folgendes zu bedenken: Möglicherweise haben Aufrufer um einige Fehler herumprogrammiert oder ein Fehlverhalten sogar als Feature missbraucht. Dann führt eine Korrektur in der Bibliothek zu Problemen bei diesen Nutzern. Eine allgemeingültige Lösung für diese Problematik gibt es nicht. Im besten Fall, wenn alle Aufrufer bekannt sind, können diese über eine Korrektur informiert werden, sodass benötigte Anpassungen in nutzendem Sourcecode erfolgen können.
>
> In der Regel kennt man jedoch nicht alle Klienten. Dadurch wird die Lage etwas diffiziler. Wenn die Fehlerkorrektur in den eigenen Utility-Klassen jedoch Priorität vor Rückwärtskompatibilität hat, kann man nicht immer Rücksicht auf sich falsch verhaltende Nutzer nehmen. Eine mögliche Variante, die weniger Probleme bei Klienten macht, besteht darin, eine fehlerhafte Methode als veraltetet zu markieren (Annotation `@Deprecated` und optional Javadoc-Kommentar `@deprecated`) und eine neue Methode ins API aufzunehmen.
>
> Die bisherige Argumentation führt aber auch zu dem Schluss, das ähnliche Probleme mit Fremdbibliotheken auftreten können. Durch ein Update auf eine neuere Version handelt man sich unter Umständen unerwartet Inkompatibilitäten ein. Demnach sollte man nicht blindlings Fremdbibliotheken einbinden.

8.2 Google Guava im Kurzüberblick

Nach einem ersten kurzen Blick auf Apache Commons wollen wir uns nun mit Google Guava beschäftigen. Dabei werde ich auf ähnliche Funktionalität in Apache Commons hinweisen.

Obwohl die im JDK bereitgestellte Funktionalität durchaus beachtlich ist, gibt es immer wieder mal Bereiche und Anwendungsfälle, wo man spezifische Hilfsfunktionalität benötigt, die im JDK nicht vorhanden ist. Dann empfiehlt sich der Einsatz von diesen Bibliotheken. Google Guava hat sich als ergiebige Quelle nützlicher Dinge entwickelt, unter anderem Folgender:

- String-Aktionen
- Stringkonkatenation und -extraktion
- Erweiterungen für Collections
- Weitere Utility-Funktionalitäten

Verbesserungen durch JDK 7 und 8 Mit JDK 7 und insbesondere auch JDK 8 findet man viel Funktionalität, die zuvor nur in Fremdbibliotheken existierte, nun auch in ähnlicher Form im JDK selbst. Mit JDK 7 wurden unter anderem `null`-Prüfungen, Ressourcenfreigabe mit ARM (vgl. Abschnitt 4.7.4) sowie Dateiaktionen verbessert. JDK 8 erleichtert unter anderem die Verarbeitung von Strings und optionalen Werten. Herausragend ist aber, dass mit Java 8 die funktionale Programmierung mit Lambdas Einzug in die Sprache gefunden hat. Im Bereich der funktionalen Programmierung besitzen die Lambdas leichte Vorteile gegenüber den Varianten aus Google Guava und Apache Commons. Statt der mit JDK 8 erfolgten Integration in die Sprache werden in den Bibliotheken sogenannte Functors als funktionale Objekte mithilfe anonymer Klassen realisiert. Das hat den Vorteil, dass man funktionale Programmierung auch dann nutzen kann, wenn man noch nicht auf JDK 8 umgestiegen ist. Zudem erlernt man schon einmal die neue funktionale Denkweise als nützliche Ergänzung zur Objektorientierung, wodurch der Umstieg auf Java 8 dann erleichtert wird. Der grundsätzliche Ansatz besteht darin, Funktionalität in kleine Einheiten zu kapseln, was die Modularität verbessert.

Folgende Tabelle 8-1 zeigt, wie sich Funktionalitäten aus Guava auf die neuen Bestandteile in JDK 7 und 8 abbilden lassen:

Tabelle 8-1 Abbildung von Guava auf JDK-Funktionalität

Klasse in Guava	Analogon in JDK 7 / 8
`com.google.common.base.Objects`	`java.util.Objects`
`com.google.common.base.Preconditions`	`java.util.Objects`
`com.google.common.collect.Ordering`	`java.util.Comparator`
`com.google.common.base.Optional`	`java.util.Optional`
`com.google.common.io.Files`	NIO 2
`com.google.common.base.Function`	Lambdas

Hinweis: Bitte beachten Sie vor einer möglichen Migration, dass die Funktionalität eventuell nicht 100 % kompatibel ist – so ist die Klasse `Optional<T>` aus dem JDK 8 nicht serialisierbar, was im EJB-Kontext zu Problemen führen kann.

8.2.1 String-Aktionen

In Google Guava stehen diverse Stringmanipulationsmöglichkeiten bereit – jedoch sind diese nicht so umfangreich wie die in der schon kurz vorgestellten Klasse `String-Utils` aus den Apache Commons. Schauen wir uns nun die Klasse `Strings` aus Guava an, die unter anderem folgende Methoden bietet:

- `isNullOrEmpty(String)` – Prüft, ob ein String leer oder `null` ist.
- `nullToEmpty(String)` – Wandelt eine `null`-Referenz in einen Leerstring um.
- `emptyToNull(String)` – Ein Leerstring wird auf den Wert `null` abgebildet.
- `padStart(String, int, char)` bzw. `padEnd(String, int, char)` – Fügt einem String ein bestimmtes Zeichen so lange am Anfang bzw. am Ende hinzu, bis der String die gewünschte angegebene Länge erreicht hat. Damit kann man eine links- bzw. rechtsbündige Ausrichtung erzielen.

Ähnlich wie schon zuvor schreiben wir ein kleines Programm zur Demonstration der Funktionalität der Prüfmethoden, des Mappings und der Ausrichtung:

```java
public static void main(final String[] args)
{
    // Prüfmethoden
    System.out.println(Strings.isNullOrEmpty(""));
    System.out.println(Strings.isNullOrEmpty("   "));

    // Mapping
    System.out.println("'" + Strings.emptyToNull("")+ "'");
    System.out.println("'" + Strings.nullToEmpty(null) + "'");

    // Ausrichtung
    final String rightAligned = Strings.padStart("Right", 15, '*');
    System.out.println(rightAligned);
}
```

Listing 8.2 *Ausführbar als* **'STRINGSEXAMPLE'**

Startet man das Programm STRINGSEXAMPLE, so kommt es zu folgender Ausgabe:

```
true
false
'null'
''
**********Right
```

Analog in Apache Commons Ähnliches zur Klasse `Strings` findet man in Apache Commons mit der bereits vorgestellten Klasse `StringUtils`. Letztere bietet noch mehr Funktionalität, etwa diverse Prüfungen und die Manipulation von Strings, z. B. das Abkürzen von Texten. Für weitere Manipulationsfunktionalität lohnt sich ein Blick auf die Klasse `WordUtils` in Apache Commons Lang.

8.2.2 Stringkonkatenation und -extraktion

Im JDK existiert vor JDK 8 wenig Funktionalität zur Stringmanipulation – insbesondere zur Konkatenation sowie Extraktion. Google Guava bietet die folgenden zwei Klassen:

- `Joiner` – Verknüpfung von Strings mit optionaler Parametrierung
- `Splitter` – Extraktion basierend auf einer Parametrierung und Konfiguration

Die Klasse `Joiner`

Die Klasse `com.google.common.base.Joiner` ermöglicht mit der Methode `join()` das Zusammenfügen von Zeichenketten unter Verwendung von konfigurierbaren Trennzeichen. Konfigurierbar ist auch, wie `null`-Werte verarbeitet werden. Wird dies nicht spezifiziert und enthält die Eingabe `null`-Werte, wird beim Aufruf von `join()` eine `NullPointerException` ausgelöst. Manchmal sollen die einzelnen Werte in Hochkommata eingeschlossen werden – das ist etwa dann nützlich, wenn man Leerzeichen in den Werten sichtbar machen möchte. Dazu sind lediglich Hochkommata vor und nach dem Aufruf sowie im Verknüpfungsmuster selbst anzugeben:

```java
public static void main(final String[] args)
{
    // Verschiedene Demodaten
    final List<String> words = Arrays.asList("Text", "is", "concatenated");
    final List<String> withNulls = Arrays.asList("Skip", "null", null, "values");
    final List<String> names = Arrays.asList("Tim B. ", " Mike I.", " Andy S. ");

    // Einfache Verknüpfung mit Trennzeichenfolge
    System.out.println(Joiner.on("-+-").join(words));

    // Verknüpfung mit null-Werten
    System.out.println(Joiner.on(" ").skipNulls().join(withNulls));

    // Spezielle Markierung von Werten mit Hochkommata
    final String markedValues = "'" + Joiner.on("','").join(names) + "'";
    System.out.println(markedValues);
}
```

Listing 8.3 *Ausführbar als* '**JOINEREXAMPLE**'

Im Listing sehen wir die Fabrikmethode `on()`, über die das Trennzeichen bzw. die Trennzeichenfolge festgelegt wird. Das Verbinden der einzelnen Bestandteile geschieht dann durch Aufruf der Methode `join()` und liefert im obigen Fall folgendes Ergebnis:

```
Text-+-is-+-concatenated
Skip null values
'Tim B. ',' Mike I.',' Andy S. '
```

Alternativen in Java 8 Das Zusammenfügen von Texten war bis Java 8 leider nicht Bestandteil des JDKs. Seit JDK 8 gibt es zwei Abhilfen. Zum einen erlauben es die in JDK 8 neu eingeführten Streams (vgl. Abschnitt 7.1) in Zusammenarbeit mit einem

Lambda und der Utility-Funktionalität aus der Klasse `Collectors`, die Stringkonkatenation wie folgt zu schreiben:

```
final String markedValues = names.stream().map(input -> "'" + input + "'").
                                    collect(Collectors.joining(","));
```

Zum anderen kann man für einfache Verknüpfungen auf die Methode `join()` der Klasse `String` zurückgreifen. Allerdings kommt es bereits bei `null`-Werten zu möglicherweise unerwarteten Ausgaben, wenn man Folgendes schreibt:

```
System.out.println(String.join("-+-", words));
System.out.println(String.join(" ", withNulls));
```

Führt man diese Anweisungen aus, so kommt es zu folgender Ausgabe:

```
Text-+-is-+-concatenated
Skip null null values
```

Die Klasse `Splitter`

Mithilfe eines `com.google.common.base.Splitter`s kann man einen Eingabestring in eine Folge von Tokens zerlegen. Ähnliches kennen wir aus dem JDK mit einem `Scanner` (vgl. Abschnitt 4.6.4).

Betrachten wir ein Beispiel einer kommaseparierten Eingabe von Namen, wobei bewusst auch ein paar Leereinträge eingefügt sind, um im Anschluss auf einige Besonderheiten eingehen zu können.

```
public static void main(final String[] args)
{
    final String input = "  Mike,,Florian ,    Tim ,, Erkan ";

    final Iterable<String> splittedNames = Splitter.on(',').split(input);
    for (final String name : splittedNames)
    {
        System.out.println(name);
    }
}
```

Listing 8.4 *Ausführbar als* '**SPLITTEREXAMPLE**'

Wie beim `Joiner` dient auch beim `Splitter` die Methode `on()` dazu, die Trennzeichen festzulegen. Das Programm SPLITTEREXAMPLE erzeugt folgende Ausgabe:

```
  Mike

 Florian
    Tim

 Erkan
```

Es fällt auf, dass zum einen auch leere Eingaben als Leerstring behandelt werden und zum anderen alle Whitespaces rund um die Eingaben erhalten bleiben. Beides ist häufig in der Praxis so nicht gewünscht. Derartiges zu entfernen bedarf dann wieder einiger Sonderbehandlungen, wenn man nur Funktionalität aus dem JDK nutzt.

Schauen wir, wie wir die Anforderungen durch Parametrierung des `Splitters` lösen können. Dieser bietet unter anderem folgende Methoden: `trimResults()`, `omitEmptyStrings()` sowie `limit(int)`:

```java
public static void main(final String[] args)
{
    final String input = "  Mike,,Florian  ,    Tim ,, Erkan ";

    final List<String> splittedNames = Splitter.on(',').trimResults().
                                        omitEmptyStrings().limit(3).
                                        splitToList(input);

    for (final String name : splittedNames)
    {
        System.out.println(name);
    }
}
```

Listing 8.5 Ausführbar als 'SPLITTERIMPROVEDEXAMPLE'

Mit der im Listing gezeigten Parametrierung überspringen wir leere Eingaben (`omitEmptyStrings()`) und beschneiden die Ergebnisse (`trimResults()`). Weiterhin begrenzen wir die zu liefernden Treffer auf 3 (`limit(3)`). Hier verwenden wir den Aufruf von `splitToList(String)`, der als Ergebnis eine `List<String>` liefert. Das ist teilweise praktischer als ein `Iterable<String>`, wie es die zuvor genutzte Methode `split(String)` zurückgibt. Mit der Beschränkung auf drei Elemente erfolgt nach Erkennen von drei Vorkommen keine weitere Verarbeitung des Reststrings, wodurch bei der obigen Eingabe diese Ausgabe produziert wird:

```
Mike
Florian
Tim ,, Erkan
```

Ich habe schon Äußerungen gehört, in denen über den letzten Teil der Ausgabe, der durch die fehlende weitere Auswertung zustandekommt, Verwunderung ausgedrückt wurde. Diese Personen argumentieren, dass die Ausgabe wie folgt hätte aussehen sollen, wenn man die Funktionalität der Extraktion ähnlich wie bei einer Subliste sieht:

```
Mike
Florian
Tim
```

Analog in Apache Commons Ähnliches zu den Klassen `Joiner` und `Splitter` findet man in Apache Commons in der Klasse `StringUtils` und deren Methoden `split()` sowie `join()`. Schauen Sie in die Javadoc der Methoden, um herauszufinden, welche am besten auf Ihren Anwendungsfall passt. Dieser Tipp gilt generell für Google Guava und Apache Commons – eine Kombination kann teilweise sinnvoll sein.

Praxisbeispiel

Eingangs des Kapitels habe ich betont, dass der Einsatz von Bibliotheken die Arbeit erleichtern kann, weil man sich dadurch in der Regel mit weniger Details und Sonderfällen zu beschäftigen hat. Das wollen wir nun an den schon genutzten kommaseparierten Daten (CSV) nachvollziehen.[4] Einige Ideen hierzu habe ich aus Holger Staudachers Blog (http://eclipsesource.com/blogs/2012/07/26/having-fun-with-guavas-string-helpers/) mit dessen persönlicher Erlaubnis übernommen.

CSV-Daten sind in der Praxis weit verbreitet. Daher ist es nicht ungewöhnlich, dass man Klassen zur Konvertierung von Daten in und aus CSV erstellt. Obwohl das einfach klingt, gibt es dabei den einen oder anderen Stolperstein oder Spezialfall zu beachten: Bei der Aufbereitung von CSV muss nach dem letzten Eintrag kein Komma mehr geschrieben werden. Zum Teil sollen bei der Wandlung in CSV `null`-Werte nicht in die Ausgabe übernommen werden – das kann problematisch werden, wenn die Positionen spezielle Bedeutungen tragen oder Attributen zugeordnet sind. Dann darf man `null`-Werte nicht auslassen. Das gilt ebenso für `omitEmptyStrings()` beim Splitting. Bitte beachten Sie, dass die hier gezeigte, vereinfachte CSV-Verarbeitung nur dann korrekt arbeitet, wenn die Eingaben selbst *keine* Kommas enthalten.

CSV-Verarbeitung mit JDK-Klassen Folgende Methode nutzt lediglich JDK-Bordmittel, um die Funktionalität zu realisieren, und sensibilisiert für Probleme:

```java
public static String toCommaSeparatedString(final List<String> inputs)
{
    if (inputs == null || inputs.isEmpty())
        return "";

    final StringBuilder result = new StringBuilder();
    final Iterator<String> it = inputs.iterator();
    while (it.hasNext())
    {
        final String value = it.next();
        if (value != null)   // skip null
        {
            result.append(value);
            if (it.hasNext())
                result.append(",");
        }
    }
    return result.toString();
}
```

Es ist leicht ersichtlich, dass hier einige `if`-Abfragen und Sonderbehandlungen erfolgen, um leere Eingaben, `null`-Werte usw. korrekt zu behandeln. Dadurch ist die eigentliche Logik der kommaseparierten Aufbereitung nur noch mit Mühe erkennbar.

---

[4]CSV steht für Comma Separated Values. Allerdings spricht man häufig auch von CSV, obwohl als Trennzeichen z. B. ein Semikolon genutzt wird. Den Vorteil durch Einsatz von Bibliotheken haben Sie natürlich analog bei ähnlichen Trennzeichen.

Der Vollständigkeit halber schauen wir kurz auf die inverse Aktion, die aus einem kommaseparierten String eine `List<String>` erzeugt:

```java
public static List<String> fromCommaSeparatedString(final String input)
{
    if (input == null || input.isEmpty())
        return new ArrayList<String>();

    final List<String> result = new ArrayList<>();
    final String[] tokens = input.split( "," );
    for (final String token : tokens)
    {
        result.add(token.trim());
    }
    return result;
}
```

Beide Methoden sind funktional so weit in Ordnung, aber reicht das? Es hängt stark davon ab: Die tiefe Implementierungsebene, die Sonderbehandlungen, die Komplexität und die Länge sind in beiden Fällen schon ein wenig zu kritisieren. Aber was ist beispielsweise mit der Situation, wenn Erweiterungen erfolgen sollen oder das Verhalten für leere Eingabewerte geändert werden muss? Diese Änderungen ohne Fehler zu realisieren, ist nicht ganz so einfach. Dann profitiert man davon, wenn es einige Unit Tests gibt, die die Funktionalität prüfen. Details zum Unit-Testen finden Sie in Kapitel 20.

CSV-Verarbeitung mit Guava Betrachten wir die Umsetzung unter Einsatz von Google Guava, die hier ohne weitere Erklärung gezeigt wird, da wir die beiden genutzten Klassen `Joiner` und `Splitter` bereits zuvor etwas genauer kennengelernt haben.

```java
public static String toCommaSeparatedString(final List<String> inputs)
{
    return Joiner.on(",").skipNulls().join(inputs);
}

public static List<String> fromCommaSeparatedString(final String input)
{
    return Splitter.on(",").omitEmptyStrings().trimResults().splitToList(input);
}
```

Ganz offensichtlich ist diese Lösung viel kürzer, besitzt nahezu keine sichtbare Komplexität und kommuniziert sehr klar, was gemacht werden soll.

8.2.3 Erweiterungen für Collections

In den nachfolgenden Abschnitten schauen wir uns einige nützliche Funktionalitäten aus Guava rund um Collections an.

Mengenoperationen mit Sets

Im JDK sind im Interface `Set<E>` alle Methoden vorhanden, um verschiedenste Mengenoperationen durchzuführen, etwa die Bestimmung der Differenz-, Schnitt- sowie

Vereinigungsmenge (vgl. Abschnitt 6.1.3). Die dazu genutzten Methodennamen wie `retainAll()`, `removeAll()` usw. sind allerdings eher technischer Natur und beschreiben das Algorithmische, nicht aber die mathematische Entsprechung – je nach Problemstellung ist das eine oder andere besser passend. Im mathematischen Kontext ist Guava von der Namensgebung her klarer und intuitiver. Hier gibt es eine Utility-Klasse `com.google.common.collect.Sets` mit unter anderen folgenden Methoden:

- `difference(Set<E> set1, Set<?> set2)` – Berechnet die Differenzmenge, also all diejenigen Elemente, die in `set1` sind, nicht aber in `set2`.
- `intersection(Set<E> set1, Set<?> set2)` – Ermittelt die Schnittmenge. Das sind die Elemente, die sowohl in `set1` als auch in `set2` enthalten sind.
- `union(Set<? extends E> set1, Set<? extends E> set2)` – Berechnet die Vereinigungsmenge, die alle Elemente aus `set1` und `set2` enthält.
- `symmetricDifference(Set<? extends E> set1, Set<? extends E> set2)` – Ermittelt die symmetrische Differenz. Diese ist definiert als die Menge der Elemente, die entweder in `set1` oder in `set2`, nicht aber in beiden enthalten sind. Formal ist es die Kombination von $difference(union, intersection)$.

Schreiben wir ein kleines Programm, um die Funktionalität zu erkunden:

```java
public static void main(final String[] args)
{
    final Set<String> names = ImmutableSet.of("Andy", "Mike", "Tim", "Peter");
    final Set<String> readers = ImmutableSet.of("Sagi", "Mike", "Tim", "Jörg");

    final Set<String> intersection = Sets.intersection(names, readers);
    final Set<String> union = Sets.union(names, readers);
    final Set<String> difference1 = Sets.difference(names, readers);
    final Set<String> difference2 = Sets.difference(readers, names);
    final Set<String> symDifference1 = Sets.symmetricDifference(names, readers);
    final Set<String> symDifference2 = Sets.symmetricDifference(readers, names);
    final Set<String> symDifference3 = Sets.difference(union, intersection);

    System.out.println("intersection:    " + intersection);
    System.out.println("union:           " + union);
    System.out.println("difference1:     " + difference1);
    System.out.println("difference2:     " + difference2);
    System.out.println("symDifference1:  " + symDifference1);
    System.out.println("symDifference2:  " + symDifference2);
    System.out.println("symDifference3:  " + symDifference3);
}
```

Listing 8.6 *Ausführbar als* **'SETSEXAMPLE'**

Die Programmausgaben verdeutlichen die oben beschriebene Arbeitsweise:

```
intersection:    [Mike, Tim]
union:           [Andy, Mike, Tim, Peter, Sagi, Jörg]
difference1:     [Andy, Peter]
difference2:     [Sagi, Jörg]
symDifference1:  [Andy, Peter, Sagi, Jörg]
symDifference2:  [Sagi, Jörg, Andy, Peter]
symDifference3:  [Andy, Peter, Sagi, Jörg]
```

Analoges für Listen und Maps Google Guava enthält zwei weitere Utility-Klassen namens `Lists` und `Maps`, die für Listen und Maps adäquate Funktionalitäten anbieten. Diese Klassen findet man im Package `com.google.common.collect`.

Analog in Apache Commons Ähnliches zu den drei Klassen `Sets`, `Lists` und `Maps` findet man in Apache Commons Collections. Dort gibt es die Utility-Klasse `org.apache.commons.collections4.CollectionUtils`, die den allgemeineren Typ `Collection<E>` nutzt, wo also keine Einschränkung auf den Typ `Set<E>` vorgenommen wird. Das hat zum einen den Vorteil, für mehr Typen anwendbar zu sein, zum anderen aber den Nachteil, dass etwa die Vereinigung oder Differenz auf Listen nicht sofort intuitiv sind, z. B. im Hinblick auf doppelte Einträge.

Das Interface `Multimap`

Immer wieder gibt es Situationen, in denen man etwas komplizierte Abbildungen in Form einer Map realisieren muss. Oftmals ist es dabei erforderlich, dass einem Schlüssel eine Menge von Werten zugewiesen werden kann. Im JDK steht für diese Anforderung keine passende Klasse bereit. Guava bietet dafür das Interface `com.google.common.collect.Multimap` und Spezialisierungen davon.

Das folgende Beispiel zeigt eine Abbildung von Ländern auf deren größte Städte:

```
public static void main(final String[] args)
{
    final Multimap<String, String> countryToBigCities =
                            ArrayListMultimap.create();
    countryToBigCities.put("Germany", "Berlin");
    countryToBigCities.put("Germany", "Hamburg");
    countryToBigCities.put("Germany", "Munich");
    countryToBigCities.put("Germany", "Cologne");
    countryToBigCities.put("Switzerland", "Berne");
    countryToBigCities.put("Switzerland", "Zurich");
    countryToBigCities.put("Switzerland", "Geneve");

    System.out.println("Switzerland: " + countryToBigCities.get("Switzerland"));
    System.out.println("Germany:     " + countryToBigCities.get("Germany"));
}
```

Listing 8.7 Ausführbar als 'MULTIMAPEXAMPLE'

Startet man das obige Programm MULTIMAPEXAMPLE, so kommt es zu folgenden Ausgaben, die die Mehrfachverknüpfung zeigen:

```
Switzerland: [Berne, Zurich, Geneve]
Germany:     [Berlin, Hamburg, Munich, Cologne]
```

Analog in Apache Commons Eine bis auf die Schreibweise gleichnamige Alternative zur Klasse `Multimap` findet man in Apache Commons mit dem Basisinterface `org.apache.commons.collections4.MultiMap`.

8.2 Google Guava im Kurzüberblick

Umsetzung mit JDK-Mitteln Damit Sie ein Gefühl dafür bekommen, dass es mit JDK-Bordmitteln schwieriger als mit Guava ist, zeige ich hier exemplarisch eine Umsetzung mit einer Map, deren Werte eine Liste beinhalten. Beim Hinzufügen von Werten rufen wir eine Methode `putSpecial()` auf, die die Besonderheit mehrerer Werte für einen Schlüssel kapselt und bei Bedarf eine Liste zur Datenhaltung anlegt – durch Einsatz der mit JDK 8 neu eingeführten Methode `putIfAbsent()` ist das auch noch ein wenig lesbarer als die auskommentierte Variante mit JDK 7:

```java
public static void main(final String[] args)
{
    final Map<String, List<String>> countryToBigCities = new HashMap<>();
    putSpecial(countryToBigCities, "Germany",     "Berlin");
    putSpecial(countryToBigCities, "Germany",     "Hamburg");
    putSpecial(countryToBigCities, "Germany",     "Munich");
    putSpecial(countryToBigCities, "Germany",     "Cologne");
    putSpecial(countryToBigCities, "Switzerland", "Berne");
    putSpecial(countryToBigCities, "Switzerland", "Zurich");
    putSpecial(countryToBigCities, "Switzerland", "Geneve");

    System.out.println("Switzerland: " + countryToBigCities.get("Switzerland"));
    System.out.println("Germany:     " + countryToBigCities.get("Germany"));
}

private static void putSpecial(final Map<String, List<String>> map,
                               final String key, final String value)
{
    /*
    if (!map.containsKey(key))
    {
        map.put(key, new ArrayList<>());
    }
    */
    map.putIfAbsent(key, new ArrayList<>());

    final List<String> cities = map.get(key);
    cities.add(value);
}
```

Listing 8.8 Ausführbar als 'MULTIMAPJDKEXAMPLE'

Wenn man an wiederverwendbare Bausteine denkt, dann würde man eine Klasse realisieren, die diese Details versteckt. Das wollen wir ganz bewusst hier nicht machen, da es die Funktionalität ja bereits in Google Guava und Apache Commons gibt.

Das Interface `BiMap`

Neben dem zuvor geschilderten Fall, einem Schlüssel mehrere Werte zuordnen zu können, besteht zum Teil die Anforderung einer bidirektionalen Abbildung, also einem Schlüssel einen Wert zuzuordnen und diesen wieder auf den Schlüssel abzubilden. Das kann man mithilfe zweier separater Maps zwar selbst realisieren, jedoch sind dabei dann ein paar Spezialfälle zu bedenken. Einfacher ist es, Spezialisierungen des Interface `com.google.common.collect.BiMap` aus Guava zu nutzen. Der normale Zugriff erfolgt wie üblich mit `get()`. Die Rückabbildung erfragt man auch über `get()`, jedoch nachdem man zuvor `inverse()` auf der Map aufgerufen hat.

Nachfolgend zeige ich diese Zugriffe für eine bidirektionale Abbildung von Ländern auf Hauptstädte (und zurück):

```
public static void main(final String[] args)
{
    final BiMap<String, String> countryToCity = HashBiMap.create();
    countryToCity.put("Germany", "Berlin");
    countryToCity.put("Switzerland", "Berne");

    System.out.println("Switzerland: " + countryToCity.get("Switzerland"));
    System.out.println("Berlin:      " + countryToCity.inverse().get("Berlin"));
}
```

Listing 8.9 *Ausführbar als* '**BIMAPEXAMPLE**'

Folgende Programmausgaben zeigen die bidirektionale Verknüpfung:

```
Switzerland: Berne
Berlin:      Germany
```

Analog in Apache Commons Ähnliches zur `BiMap` findet man in Apache Commons mit dem Basisinterface `org.apache.commons.collections.BidiMap`.

8.2.4 Weitere Utility-Funktionalitäten

In diesem Abschnitt möchte ich Ihnen verschiedene weitere Utility-Funktionalitäten vorstellen. Dabei verzichte ich abgesehen vom folgenden einleitenden Beispiel zur Klasse `Objects` auf die Darstellung von Guava-Varianten, wenn es eine passende Alternative aus dem JDK gibt. Wie ähnlich sich Guava und die zumeist später in das JDK aufgenommenen Funktionalitäten sind, möchte ich am Beispiel der Utility-Klasse `Objects` zeigen, die wir sowohl in Guava als auch im JDK (ab Version 7) finden.

Die Klasse `Objects`

Die Klasse `com.google.common.base.Objects` erleichtert die Implementierung der Methoden `equals(Object)` und `hashCode()`. Wir nutzen folgende Klasse `Person` und die Aufzählung `MaritalStatus` zum Familienstand als Ausgangsbasis:

```
enum MaritalStatus
{
    SINGLE, MARRIED, DIVORCED, WIDOWED, UNKNOWN;
}

public final class Person
{
    private final String name;
    private final Color eyecolor;
    private MaritalStatus maritalStatus = MaritalStatus.SINGLE;
    private String nickname = null;
    private int sizeInCm = 0;

    // ...
```

Hinweis: Unzulänglichkeiten der Eclipse-Automatiken

Man kann sich mit Eclipse zwar recht bequem über das Menü SOURCE –> GENERATE HASHCODE() AND EQUALS()… die Implementierungen für die Methoden `equals(Object)` und `hashCode()` erstellen lassen. Das entstehende Resultat ist aber komplex und unleserlich. Deshalb empfiehlt sich oftmals der Einsatz der Klasse `Objects` entweder aus Guava oder dem JDK. Schauen wir zum besseren Verständnis auf den von Eclipse erzeugten Sourcecode:

```java
@Override
public int hashCode() {
   final int prime = 31;
   int result = 1;
   result = prime * result + ((eyecolor == null) ? 0 : eyecolor.hashCode());
   result = prime * result + ((name == null) ? 0 : name.hashCode());
   result = prime * result + ((nickname == null) ? 0 : nickname.hashCode());
   result = prime * result + sizeInCm;
   return result;
}

@Override
public boolean equals(Object obj) {
   if (this == obj)
      return true;
   if (obj == null)
      return false;
   if (getClass() != obj.getClass())
      return false;
   Person other = (Person) obj;
   if (eyecolor == null) {
      if (other.eyecolor != null)
         return false;
   } else if (!eyecolor.equals(other.eyecolor))
      return false;
   if (name == null) {
      if (other.name != null)
         return false;
   } else if (!name.equals(other.name))
      return false;
   if (nickname == null) {
      if (other.nickname != null)
         return false;
   } else if (!nickname.equals(other.nickname))
      return false;
   if (sizeInCm != other.sizeInCm)
      return false;
   return true;
}
```

Ein weiterer Negativpunkt der Automatik ist, dass immer auch `null`-Prüfungen in den generierten Sourcecode aufgenommen werden, da Eclipse nicht entscheiden kann, wo dies notwendig ist und wo nicht. Auch besteht die Gefahr, dass veränderliche Attribute zur Hashcode-Berechnung herangezogen werden. Wenn sich deren Wert ändert, soll das Objekt aber nicht plötzlich in anderen Buckets einsortiert werden. Weitere Details zu Fallstricken bei `hashCode()` und veränderlichen Attributen liefert Abschnitt 6.1.7.

8 Applikationsbausteine

Wie gezeigt, gibt es zwar in Eclipse die Möglichkeit, die Methoden `equals(Object)` und `hashCode()` generieren zu lassen, jedoch ist der entstehende Sourcecode recht umfangreich und nicht so gut lesbar. Es gibt darüber hinaus noch einen guten Grund dafür, die Hilfsfunktionalität aus der Klasse `Objects` zu nutzen. In Abschnitt 4.1.1 hatte ich angedeutet, dass eine menschenlesbare Stringrepräsentation eines Objekts bei (Log-)Ausgaben oder ganz allgemein beim Nachvollziehen des Programmablaufs hilfreich sein kann. Ganz besonders gilt dies auch beim Debugging. Bei der Implementierung der Methode `toString()` ist die Methode `toStringHelper()`, die man in der Utility-Klasse `com.google.common.base.MoreObjects` findet, nützlich. Die zuvor genannten Funktionalitäten aus Guava werden in der Klasse `Person` wie folgt genutzt:

```java
public final class Person
{
    private final String name;
    private final Color eyecolor;
    private MaritalStatus maritalStatus = MaritalStatus.SINGLE;
    private String nickname = null;
    private int sizeInCm = 0;

    // ...

    @Override
    public boolean equals(final Object object)
    {
        // Kurzform, kompatibel zum Kontrakt, wenn die Klasse final ist
        if (object instanceof Person)
        {
            final Person other = (Person) object;
            return Objects.equal(this.name, other.name) &&
                   Objects.equal(this.eyecolor, other.eyecolor) &&
                   Objects.equal(this.nickname, other.nickname) &&
                   Objects.equal(this.sizeInCm, other.sizeInCm);
        }
        return false;
    }

    @Override
    public int hashCode()
    {
        // Familienstand nicht in die Hash-Berechnung
        // einfließen lassen, weil veränderlich
        return Objects.hashCode(name, eyecolor, nickname, sizeInCm);
    }

    @Override
    public String toString()
    {
        return MoreObjects.toStringHelper(this)
                    .add("name", name)
                    .add("eyecolor", eyecolor)
                    .add("maritalStatus", maritalStatus)
                    .add("nickname", nickname)
                    .add("sizeInCm", sizeInCm)
                    .omitNullValues()
                    .toString();
    }
}
```

Die obige `toString()`-Methode liefert folgende Ausgabe, wenn man ein `Person`-Objekt mit `new Person("Marc", Color.BLUE, 188)` erzeugt:

```
Person{name=Marc, eyecolor=java.awt.Color[r=0,g=0,b=255], maritalStatus=SINGLE,
    sizeInCm=188}
```

Die Klasse `Objects` aus dem JDK als Alternative Seit JDK 7 kann man alternativ zur Klasse `Objects` aus Guava die gleichnamige Utility-Klasse aus dem JDK nutzen – wobei der Unterschied im einsetzenden Sourcecode minimal ist:

```java
public class Person
{
    private final String name;
    private final Color eyecolor;
    private MaritalStatus maritalStatus = MaritalStatus.SINGLE;
    private String nickname = null;
    private int sizeInCm = 0;

    // ..,

    @Override
    public boolean equals(final Object object)
    {
        // Kurzform, kompatibel zum Kontrakt, wenn die Klasse final ist
        if (object instanceof Person)
        {
            final Person other = (Person) object;
            return Objects.equals(this.name, other.name) &&
                Objects.equals(this.eyecolor, other.eyecolor) &&
                Objects.equals(this.maritalStatus, other.maritalStatus) &&
                Objects.equals(this.nickname, other.nickname) &&
                Objects.equals(this.sizeInCm, other.sizeInCm);
        }
        return false;
    }

    @Override
    public int hashCode()
    {
        // Familienstand nicht nutzen, weil veränderlich
        return Objects.hash(name, eyecolor, nickname, sizeInCm);
    }

    @Override
    public String toString()
    {
        return "Person [name=" + name + ", eyecolor=" + eyecolor +
            ", maritalStatus=" + maritalStatus + ", nickname=" +
            nickname + ", sizeInCm=" + sizeInCm + "]";
    }
}
```

Für die Implementierung von `toString()` gibt es in `Objects` des JDKs wenig Unterstützung. Nützlich ist deshalb die Automatik von Eclipse (vgl. Abschnitt 4.1.1). Der entstehende Sourcecode wird allerdings recht unschön, wenn man dabei die Option SKIP NULL VALUES anwählt. Dann wird eine wenig lesbare Implementierung generiert:

```
@Override
public String toString()
{
    return "Person [" + (name != null ? "name=" + name + ", " : "") +
            (eyecolor != null ? "eyecolor=" + eyecolor + ", " : "") +
            (maritalStatus != null ? "maritalStatus=" + maritalStatus +
            ", " : "") + (nickname != null ? "nickname=" + nickname +
            ", " : "") + "sizeInCm=" + sizeInCm + "]";
}
```

Zum einen erkennt man, dass hier `null`-Prüfungen für Attribute generiert werden, die nicht optional sind und keine `null`-Werte enthalten dürfen. Zum anderen ist kaum auszumachen, welche Attribute tatsächlich ausgegeben werden. Die Variante mit Guava ist deutlich besser lesbar. Sie ist zudem leichter erweiter- und veränderbar.

> **Tipp: Vereinfachte Nutzung von APIs durch Utility-Klassen**
>
> Zum Teil sind die JDK-APIs wenig intuitiv oder kompliziert anzuwenden. Wie bereits aus den Kapiteln 4 und 6 bekannt, kann selbst die Implementierung der gebräuchlichen Objektmethoden `toString()`, `equals(Object)`, `hashCode()` und `compareTo(T)` mühsam sein.
>
> Durch den Einsatz nicht intuitiver APIs erhöht sich in der Regel der Sourcecode-Umfang, da es zu komplizierten oder merkwürdigen Lösungen kommt. Wenn um API-Probleme herum programmiert wird, so verschlechtert sich dadurch die Lesbarkeit. *Soll der eigentliche Applikationscode frei von solchen Implementierungsdetails gehalten werden, schreiben oder nutzen wir Utility-Klassen, die die Verwendung unhandlicher APIs erleichtern.*

Die Klasse `Preconditions`

In den vorangegangenen Kapiteln habe ich es immer mal wieder anklingen lassen, dass die Wertebelegung von Attributen oder Variablen bestimmten Bedingungen genügen sollte, etwa dass Eingaben nicht `null` sein dürfen oder einem bestimmten Wertebereich entstammen müssen. Auch hatte ich im Rahmen der Beschreibung des Objektzustands auf Prüfungen hingewiesen, ebenso wie bei der Behandlung von Fehlersituationen.

Zur Verdeutlichung betrachten wir folgende Methode `filter()`, die ihre Parameter »von Hand« wie folgt prüft:

```
public static <T> void filter(final List<T> list, final Condition<T> condition)
{
    if (condition == null)
        throw new IllegalArgumentException("condition must not be null");
    if (list == null)
        throw new IllegalArgumentException("list must not be null");
    if (list.isEmpty())
        throw new IllegalArgumentException("list must not be empty");

    performFilter(list, condition);
}
```

8.2 Google Guava im Kurzüberblick

Obwohl Sicherheitsprüfungen dabei helfen können, Fehler schneller zu entdecken, so verschlechtern sie hier doch die Lesbarkeit, da sie auf tieferer Implementierungsebene realisiert sind. Die Verständlichkeit lässt sich durch den Einsatz der Klasse `com.google.common.base.Preconditions` aus Guava deutlich verbessern:

```
public static <T> void filter(final List<T> list, final Condition<T> condition)
{
    Preconditions.checkNotNull(condition, "condition must not be null");
    Preconditions.checkNotNull(list, "list must not be null");
    Preconditions.checkArgument(!list.isEmpty(), "list must not be empty");

    performFilter(list, condition);
}
```

Das ist schon recht gut, aber die Lesbarkeit lässt sich durch den statischen Import nochmals verbessern – das gilt übrigens auch für diverse andere Utility-Klassen und deren Funktionalität:

```
public static <T> void filter(final List<T> list, final Condition<T> condition)
{
    checkNotNull(condition, "condition must not be null");
    checkNotNull(list, "list must not be null");
    checkArgument(!list.isEmpty(), "list must not be empty");

    performFilter(list, condition);
}
```

Eine Kleinigkeit muss man bei der Methode `checkArgument()` beachten: Die boolesche Bedingung ist für derartige Prüfungen leicht unleserlich, weil man die teilweise benötigte Negation schnell mal übersieht.

Alternative im JDK Seit JDK 7 kann man einige der Prüfungen über die Methode `Objects.requireNonNull()` lösen. Die von der Klasse `Preconditions` gebotenen Möglichkeiten sind jedoch umfangreicher.

Analog in Apache Commons Auch in Apache Commons lassen sich Preconditions prüfen. Dazu gibt es dort die Klasse `org.apache.commons.lang3.Validate`. Im abschließenden Beispiel möchte ich nochmals zeigen, dass Guava die leicht elegantere Variante bietet. Vergleichen Sie die vorherige mit dieser Methode:

```
public static <T> void filter(final List<T> list, final Condition<T> condition)
{
    notNull(condition, "condition must not be null");
    notNull(list, "list must not be null");
    isTrue(!list.isEmpty(), "list must not be empty");

    performFilter(list, condition);
}
```

> **Tipp: Precondition-Prüfungen und schnelles Fehlschlagen**
>
> Ganz allgemein kann man sagen, dass es (während der Entwicklung) praktisch ist, wenn Dinge möglichst schnell schiefgehen (Motto Fail-fast), weil man so Fehlersituationen direkt entdecken und gut beheben kann. Dabei ist es hilfreich, wenn dazu eine Exception ausgelöst wird und diese sachdienliche Hinweise auf die Ursachen eines Problems enthält. Fail-fast ist sicher besser, als irgendwo im Programm aufgrund einer fehlerhaften Eingabe mit einer für den Aufrufer unerwarteten Exception abzustürzen. Schlimmer noch sind sogenannte Silent Fails, die den Fehler verschlucken und einfach so tun, als ob alles in Butter wäre, aber ein falsches Berechnungsergebnis produzieren.

Zusätzliche Vereinfachungen und Erweiterungen

Google Guava bietet über die hier beschriebene Funktionalität hinaus verschiedene Vereinfachungen, etwa bei der Definition von Komparatoren oder der Ausführung von Dateiaktionen. Ebenso gilt dies für die Darstellung optionaler Werte. Auf diese Themen bzw. die korrespondierenden Funktionalitäten in Google Guava gehe ich nachfolgend nicht weiter ein, weil es in JDK 7 bzw. JDK 8 adäquate Alternativen gibt. Für die funktionale Programmierung wurden in Java 8 die Sprachfeatures Lambda-Ausdrücke, Methodenreferenzen und funktionale Interfaces neu hinzugefügt (vgl. Kapitel 5). Auch die Funktionalität von Komparatoren wurde erweitert (vgl. Abschnitt 6.2.4). Darüber hinaus gibt es nun die Klasse `Optional<T>` im JDK, die optionale Werte als Objekte modelliert (vgl. Abschnitt 6.5).

8.3 Wertebereichs- und Parameterprüfungen

In diesem Abschnitt stelle ich einige Bausteine zur Wertebereichsprüfung vor. Eine solche Prüfung kann schnell recht aufwendig werden, etwa wenn der erlaubte Wertebereich nicht zusammenhängend ist und man die Prüfung selbst implementiert. Einige Programmierer scheuen dann den mit der Abfrage und der Ausgabe von fehlerhaften Werten verbundenen Aufwand, wodurch eine spätere Fehlersuche allerdings erschwert wird. Mögliche Probleme werden als BAD SMELL: KEINE GÜLTIGKEITSPRÜFUNG VON EINGABEPARAMETERN in Abschnitt 16.3.8 diskutiert. Häufig kann bereits der Einsatz von `enum`-Aufzählungen oder des ENUM-Musters (vgl. Abschnitt 3.4.4) die Arbeit erleichtern. Sind einige Konstanten beispielsweise als `int`-Literale definiert, so können wir gemäß dem Refactoring WANDLE KONSTANTENSAMMLUNG IN ENUM UM (vgl. Abschnitt 17.4.12) vorgehen, um einen eigenständigen Typ zu definieren. Bei umfangreichen Wertebereichen ist der Einsatz dieser Techniken jedoch nicht immer sinnvoll möglich, da man die Werte nicht einzeln benennen möchte oder kann.

Die im Folgenden vorgestellten Bausteine helfen bei Wertebereichsprüfungen. Zunächst entwickle ich exemplarisch einige Prüfmethoden. Wünschenswert ist es, die Prüfung auf Wertemengen und schlussendlich auf nicht zusammenhängende Wertebereiche zu erweitern. Dass dies aufwendig werden kann, wurde in den ersten beiden Auflagen dieses Buchs gezeigt. Weil es deutlich sinnvoller ist, gut getestete Basisbausteine statt selbst geschriebener Hilfsmethoden zu verwenden, nutzen wir die Klassen `Range` und `RangeSet` aus dem Package `com.google.common.collect` aus Google Guava.

8.3.1 Prüfung einfacher Wertebereiche und Wertemengen

Muss man prüfen, ob ein Wert innerhalb eines durch Minimal- und Maximalwert definierten zusammenhängenden Wertebereichs liegt, so kann man folgende Methode `isValueInRange(long, long, long)` verwenden. Aufgrund der Definition für `long`-Werte ist sie auch für alle anderen Ganzzahltypen anwendbar:

```
public final class RangeCheckUtils
{
    public static boolean isValueInRange(final long value, final long minValue,
                                         final long maxValue)
    {
        checkArgument(minValue <= maxValue, "minValue: " + minValue + " must " +
                                            "be <= maxValue: " + maxValue);

        return (minValue <= value && value <= maxValue);
    }
}
```

Eine Prüfung für den Typ `double` erfolgt analog. Allerdings muss man bei Wertebereichsprüfungen von Gleitkommazahlen immer mögliche Rundungsprobleme bedenken: Aufgrund der internen Darstellung weisen Werte eventuell eine Abweichung in einer (hinteren) Nachkommastelle auf und werden dadurch dann fälschlicherweise als ungültig zurückgewiesen. Als Faustregel gilt: ***Wenn man exakte Vergleiche durchführen und anhand derer gewisse Aussagen treffen möchte, ist der Einsatz von Gleitkommazahlen zu vermeiden***. Das wurde bereits in Abschnitt 4.1.2 besprochen.

Für beliebige Referenztypen kann man eine Wertebereichsprüfung analog zu der für die primitiven Typen `long` und `double` formulieren, indem man das `Comparable<T>`-Interface nutzt. Für benutzerdefinierte und komplexere Typen sind die Aussagen »größer« bzw. »kleiner« nicht wie für Zahlen intuitiv klar – zur Festlegung sind die Werte verschiedener Attribute der verglichenen Objekte ausschlaggebend (vgl. Abschnitt 6.1.8). Die für `Comparable<T>` ausgelegte Methode `isValueInRange(T, T, T)` sieht wie folgt aus:

```
public static <T extends Comparable<T>> boolean isValueInRange(final T value,
                                         final T minValue, final T maxValue)
{
    checkNotNull(value, "value must no be null");
    checkNotNull(minValue, "minValue must no be null");
    checkNotNull(maxValue, "maxValue must no be null");
    checkArgument(minValue.compareTo(maxValue) <= 0, "minValue: " + minValue +
                                            " must be <= maxValue: " + maxValue);

    return (minValue.compareTo(value) <= 0 && value.compareTo(maxValue) <= 0);
}
```

Erstellen erster Unit Tests

Da wir den Aspekt der Wiederverwendbarkeit berücksichtigt haben, wurden die obigen Methoden in einer Klasse `RangeCheckUtils` definiert. Nun legen wir eine korrespondierende Testklasse `RangeCheckUtilsTest` mit Unit Tests an. Exemplarisch sind einige Testfälle realisiert, die alle bisher definierten Methoden nutzen. Dabei prüfen wir jeweils einen Vertreter aus dem Wertebereich sowie die beiden Randwerte. Ebenso existiert jeweils ein Test für den Negativfall, wo die geprüften Werte (gerade) nicht mehr Bestandteil des Wertebereichs sind:

```java
public final class RangeCheckUtilsTest
{
    @Test
    public void testValueInRange_With_Borders()
    {
        assertTrue("7 in [2 .. 9]", isValueInRange(7, 2, 9));
        assertTrue("2 in [2 .. 9]", isValueInRange(2, 2, 9));
        assertTrue("9 in [2 .. 9]", isValueInRange(9, 2, 9));
    }

    @Test
    public void testValueInRange_Value_Not_Included()
    {
        assertFalse("1 not in [2 .. 3]", isValueInRange(1, 2, 3));
        assertFalse("4 not in [2 .. 3]", isValueInRange(4, 2, 3));
    }

    @Test
    public void testValueInRangeDouble_With_Borders()
    {
        assertTrue("7.2 in [7.1 .. 7.3]", isValueInRange(7.2, 7.1, 7.3));
        assertTrue("7.1 in [7.1 .. 7.3]", isValueInRange(7.1, 7.1, 7.3));
        assertTrue("7.3 in [7.1 .. 7.3]", isValueInRange(7.3, 7.2, 7.3));
    }

    @Test
    public void testValueInRangeDouble_Value_Not_Included()
    {
        assertFalse("1.0 not in [1.1 .. 1.2]", isValueInRange(1.0, 1.1, 1.2));
        assertFalse("1.3 not in [1.1 .. 1.2]", isValueInRange(1.3, 1.1, 1.2));
    }

    @Test
    public void testValueInRangeComparable_With_Borders()
    {
        assertTrue("'BB' in [AA .. CC]", isValueInRange("BB", "AA", "CC"));
        assertTrue("'AA' in [AA .. CC]", isValueInRange("AA", "AA", "CC"));
        assertTrue("'CC' in [AA .. CC]", isValueInRange("CC", "AA", "CC"));
    }

    @Test
    public void testValueInRangeComparable_Value_Not_Included()
    {
        assertFalse("'A ' not in [AA .. CC]", isValueInRange("A ", "AA", "CC"));
        assertFalse("'DD' not in [AA .. CC]", isValueInRange("DD", "AA", "CC"));
    }
}
```

Listing 8.10 Ausführbar als '**RangeCheckUtilsTest**'

Zur besseren Lesbarkeit des Aufrufs der Prüfmethoden nutze ich hier den statischen Import für die Utility-Klasse `RangeCheckUtils`. Für Testklassen und Utility-Klassen ist dieses Sprachfeature sehr praktisch.[5]

Startet man den obigen Test als Gradle-Task, so werden die Ergebnisse übersichtlich im Browser wie folgt präsentiert:

Class ch08_applikationsbausteine.ranges.RangeCheckUtilsTest

all > ch08_applikationsbausteine.ranges > RangeCheckUtilsTest

6	0	0	0.007s	100%
tests	failures	ignored	duration	successful

Tests

Test	Duration	Result
testValueInRangeComparable_Value_Not_Included	0.007s	passed
testValueInRangeComparable_With_Borders	0s	passed
testValueInRangeDouble_Value_Not_Included	0s	passed
testValueInRangeDouble_With_Borders	0s	passed
testValueInRange_Value_Not_Included	0s	passed
testValueInRange_With_Borders	0s	passed

Abbildung 8-1 *Testresultate von* RANGECHECKUTILSTEST

Anders als für dieses und bei den folgenden Beispielen dargestellt, sollte man speziell für Applikationsbausteine eine wesentlich größere Anzahl an Unit Tests bereitstellen, als es hier aus Platzgründen möglich ist. Weitere Informationen zum Thema Unit-Testen finden Sie in Kapitel 20.

8.3.2 Prüfung komplexerer Wertebereiche

Die bisher vorgestellten Methoden bilden den Grundstock, um komplexere Prüfungen realisieren zu können. Allerdings ist die Umsetzung bis jetzt wenig objektorientiert, sondern eher funktional in einer Utility-Klasse `RangeCheckUtils` implementiert. Dieses Vorgehen ist für Utility-Klassen durchaus akzeptabel. Werden die Wertebereiche komplexer, so bietet sich eine objektorientierte Realisierung an. Grundlage dafür ist die Definition von Wertebereichen in Form einer Klasse. Das wollen wir jedoch nicht selbst realisieren, weil Google Guava dafür mit der Klasse `Range` und dem Interface `RangeSet` sowie seinen Spezialisierungen bereits vorgefertigte und gut erprobte Bausteine anbietet.

---

[5]Durch den Einsatz von statischen Imports in komplexeren Anwendungsklassen sind Abhängigkeiten manchmal schwieriger zu erkennen. Dieses Sprachfeature sollte daher mit Bedacht verwendet werden.

Die Klasse `Range`

Die Klasse `com.google.common.collect.Range` erlaubt es auf einfache Weise, Wertebereiche zu beschreiben. Dazu müssen die zu verarbeitenden Typen das Interface `Comparable<T>` erfüllen. Dann lassen sich mithilfe verschiedener Erzeugungsmethoden offene und geschlossene Intervalle konstruieren.[6] Laut mathematischer Definition beinhaltet ein offenes Intervall die Intervallgrenzen nicht, ein geschlossenes schon:

```
public static void main(final String[] args)
{
    final Range<Integer> closed     = Range.closed(0, 100);
    final Range<Integer> open       = Range.open(0, 100);
    final Range<Integer> openClosed = Range.openClosed(0, 100);
    final Range<Integer> closedOpen = Range.closedOpen(0, 100);

    System.out.println("Closed:     " + closed);
    System.out.println("Open:       " + open);
    System.out.println("openClosed: " + openClosed);
    System.out.println("closedOpen: " + closedOpen);
}
```

Listing 8.11 Ausführbar als 'RANGEEXAMPLE'

Startet man das obige Programm RANGEEXAMPLE, so werden die verschiedenen Varianten des Wertebereichs von 0 bis 100 ausgegeben:

```
Closed:     [0..100]
Open:       (0..100)
openClosed: (0..100]
closedOpen: [0..100)
```

Die Klasse `Range` bietet aber deutlich mehr als das, was dieses einführende Beispiel zeigt: So kann man etwa auch nach unten oder oben unbegrenzte Wertebereiche definieren sowie abfragen, ob einzelne Werte oder eine Wertemenge in einem `Range` enthalten sind:

```
public static void main(final String[] args)
{
    final Range<Integer> lessThan100 = Range.atMost(99);
    final Range<Integer> moreThan10  = Range.atLeast(11);

    // Prüfe Enthaltensein
    System.out.println("-50 in [...99]: " + lessThan100.contains(-50));
    System.out.println("500 in [...99]: " + lessThan100.contains(500));
    System.out.println("10  in [11...]: " + moreThan10.contains(10));
    System.out.println("100 in [11...]: " + moreThan10.contains(100));

    // Vereinigung
    final Range<Integer> intersection = moreThan10.intersection(lessThan100);
    System.out.println("Intersection:    " + intersection);

    // Obermenge
    final Range<Integer> range_10_25 = Range.closed(10, 25);
    final Range<Integer> range_40_60 = Range.closed(40, 60);
```

---

[6]Weiterführende Informationen zu den diversen Varianten der Erzeugung finden Sie unter `https://code.google.com/p/guava-libraries/wiki/RangesExplained`.

8.3 Wertebereichs- und Parameterprüfungen

```
    final Range<Integer> span = range_10_25.span(range_40_60);
    System.out.println("span:            " + span);

    // Prüfe, ob der Wertebreich umschlossen wird oder erzeuge eine solchen
    final Range<Integer> lessThan1000 = Range.atMost(999);
    System.out.println(lessThan1000.encloses(lessThan100));
    System.out.println(Range.encloseAll(Arrays.asList(5, 100, 500)));
  }
```

Listing 8.12 *Ausführbar als* '**RANGEIMPROVEDEXAMPLE**'

Startet man das Programm RANGEIMPROVEDEXAMPLE, so werden einige Aktionen ausgeführt, die folgende Konsolenausgaben produzieren:

```
-50 in [...99]: true
500 in [...99]: false
10 in [11...]: false
100 in [11...]: true
Intersection:   [11..99]
span:           [10..60]
true
[5..500]
```

Man erkennt sehr schön sowohl die Prüfungen auf Enthaltensein sowie die Vereinigung von Wertebereichen als auch die Erweiterung zweier Wertebereiche auf einen umschließenden Wertebereich mit `span()`. Auch kann man sich mit `encloseAll()` einen Wertebereich basierend auf einer Menge einzelner Werte erstellen.

Das Interface `RangeSet`

Spezialisierungen von `com.google.common.collect.RangeSet` beschreiben eine Menge nicht verbundener Wertebereiche, die in Form der zuvor vorgestellten Klasse `Range` definiert sind. Man kann einem `RangeSet` verschiedene Wertebereiche hinzufügen, wieder entfernen und prüfen, ob Werte in der Wertebereichsmenge enthalten sind. Als Besonderheit werden beim Hinzufügen überlappende Wertebereiche miteinander verbunden. Im folgendem Listing sollen die Wertebereiche 0 – 9 und 50 – 70 aus verschiedenen Subwertebereichen kombiniert werden. Normalerweise würde man diese direkt angeben. Hier gestalten wir alles etwas komplizierter, um die Möglichkeiten mit dem Interface `RangeSet` zu erkunden: Der Wertebereich 0 – 9 wird in Form zweier Bestandteile 0 – 5 und 6 – 9 definiert. Letzteres wird wiederum als Zusammenschluss der Intervalle [6 − 8] und [8 − 10) realisiert. Hier kommt die mathematische Notation mit eckigen und runden Klammern zum Einsatz. Zur Erinnerung nochmal: Eine eckige Klammer besagt, dass der Wert ein Teil des Wertebereichs ist, eine runde Klammer gibt an, dass der Wert nicht Bestandteil des Wertebereichs ist.

Das eben erlangte Wissen wollen wir nutzen, um verschiedene Aktionen auf einem `RangeSet` auszuführen. Dazu schauen wir uns das folgende Beispiel an:

```
public static void main(final String[] args)
{
    final RangeSet<Integer> rangeSet = TreeRangeSet.create();

    // Bereich 0-9 aus den Teilen 0-5 und 6-9 erstellen
    rangeSet.add(Range.closed(0, 5));
    System.out.println(rangeSet);

    // Zweiter Bereich aus zwei Subbereichen erstellen
    rangeSet.add(Range.closedOpen(6, 8));   // eigenständiger Teil
    rangeSet.add(Range.closedOpen(8, 10));  // wird verbunden zu [6, 10)
    System.out.println(rangeSet);

    // Wertebereich (40-70]
    rangeSet.add(Range.openClosed(40, 70));
    System.out.println(rangeSet);

    // Teilbereich (40-50) entfernen
    rangeSet.remove(Range.open(40, 50));
    System.out.println(rangeSet);

    // Prüfungen auf Enthaltensein
    System.out.println(rangeSet.contains(7));
    System.out.println(rangeSet.contains(55));
    System.out.println(rangeSet.contains(777));
}
```

Listing 8.13 *Ausführbar als '*RangeSetExample*'*

Startet man das Programm RangeSetExample, so erhält man folgende Ausgaben, die die Arbeitsweise verdeutlichen:

```
[[0..5]]
[[0..5], [6..10)]
[[0..5], [6..10), (40..70]]
[[0..5], [6..10), [50..70]]
true
true
false
```

Fazit

Aus Platzgründen konnte nur ein Einstieg in Wertebereichsprüfungen gegeben werden, aber selbst damit wird deutlich, dass man mithilfe der Klasse `Range` und des Interface `RangeSet` und seinen Spezialisierungen auch komplexere Wertebereichsprüfungen auf einfache und nachvollziehbare Weise lösen kann. Wollte man dies per Hand realisieren, würde das in deutlich mehr Sourcecode enden und auch wesentlich schwieriger wart- und erweiterbar sein.

8.4 Logging-Frameworks

Neben dem Debugging (vgl. Abschnitt 2.5) stellt das sogenannte *Logging*, also Programmausgaben über den Zustand des Programms selbst, ein wichtiges Hilfsmittel zur Fehlersuche dar: Durch Log-Ausgaben können interne Abläufe, derzeitige Wertebelegungen usw. im Detail dargestellt werden. Sinnvolle Log-Ausgaben erleichtern sowohl eine mögliche Fehlersuche als auch das Nachvollziehen und Verständnis des Programmablaufs. Diverse Java-Anwendungen produzieren Ausgaben und nutzen dazu im einfachsten Fall eine Konsolenausgabe per `System.out`. Empfehlenswert ist jedoch der Einsatz von Logging-Frameworks. Dieser Abschnitt beginnt mit einer kurzen Darstellung der Vorteile bei der Verwendung eines solchen Frameworks. Dann stelle ich in Abschnitt 8.4.1 mit log4j2 den Nachfolger des weitverbreiteten Frameworks log4j vor, das für mindestens 10 Jahre den De-facto-Standard darstellte. Mittlerweile gibt es jedoch einige Alternativen und mit slf4j eine Fassade, die die Details des genutzten Logging-Frameworks weitestgehend abstrahiert. Den Abschluss der Beschreibung von log4j2 bildet in Abschnitt 8.4.2 eine Zusammenstellung verschiedener Tipps und Tricks beim Einsatz von Logging.

Gründe für Logging-Frameworks

Ausgaben über `System.out` können zwar in kleinen Testsystemen ausreichend sein, für die meisten Anwendungen sind sie es aus vielfältigen Gründen aber nicht. Der entscheidende Nachteil ist, dass die Ausgaben nicht persistent gespeichert werden, sondern lediglich über die Konsole »rauschen« und damit unwiederbringlich verschwinden. Zudem macht es einen unprofessionellen Eindruck, wenn ein Anwender alle möglichen (Fehler-)Meldungen auf der Konsole sieht. Daher ist es hilfreich, ein Logging-Framework zu nutzen: Dadurch kann man Informationen strukturiert, in verschiedenen Detaillierungsgraden und bei Bedarf sogar in unterschiedlichen Log-Dateien konfigurierbarer Größe und Anzahl sammeln. Nutzt man zur Protokollierung lediglich Ausgaben über `System.out`, so besitzt man diese Flexibilität jedoch leider nicht: Sollen mehr oder weniger Informationen ausgegeben werden oder will man diese komplett ein- oder ausschalten, so bedarf es Programmänderungen. Das erfordert dann auch eine Neukompilierung und eine neue Auslieferung der Software. Bei Logging-Frameworks ist das nicht erforderlich, denn diese erlauben eine Konfiguration sogar zur Laufzeit. Damit kann man temporär die Protokollierung zur Fehlersuche detaillierter gestalten. Außerdem kann das Format der Log-Ausgaben beeinflusst werden, z. B. können Thread- und Datumsinformationen automatisch ergänzt werden.

8.4.1 Apache log4j2

Apache log4j2 ist ein recht populäres Logging-Framework. Es steht frei unter `http://logging.apache.org/log4j/docs/download.html` zur Verfügung. Die benötigten Dateien müssen Sie nach dem Download in den `CLASSPATH` Ihres Projektverzeichnisses aufnehmen. Einfacher ist es, folgende Zeilen in die Build-Datei einzufügen, wodurch dann Gradle den Download und das Einbinden für Sie erledigt:

```
compile group: 'org.apache.logging.log4j', name: 'log4j-api', version: '2.8.2'
compile group: 'org.apache.logging.log4j', name: 'log4j-core', version: '2.8.2'
```

log4j-Grundbegriffe

Eine Instanz der Klasse `org.apache.logging.log4j.Logger` bildet die zentrale Stelle zur Ausgabe von Meldungen. Das folgende Listing zeigt ein Beispiel für den Einsatz der Klasse `Logger` und ihrer Methoden `info(String)` und `error(String)` zur Protokollierung:

```java
private static final Logger LOGGER = LogManager.getLogger(LoggingExample.class);

public static void main(final String[] args)
{
    // Log-Meldungen ausgeben
    LOGGER.info("Info-Meldung aus LoggingExample.");
    LOGGER.error("Error-Meldung aus LoggingExample.");
}
```

Listing 8.14 *Ausführbar als* '**LoggingExample**'

Des Weiteren versteckt ein Logger den komplizierten Ausgabeprozess und bietet eine einheitliche Schnittstelle zur formatierten Ausgabe auf verschiedene Ausgabemedien mithilfe sogenannter *Appender*.

Damit das Ganze funktioniert, benötigt log4j2 eine Konfiguration, am einfachsten in Form der Datei `log4j2.properties` im Verzeichnis `src/main/resources`:

```
name=PropertiesConfig
appenders = console
monitorInterval = 2

rootLogger.level = INFO
rootLogger.appenderRefs = Console
rootLogger.appenderRef.console.ref = Console

appender.console.type = Console
appender.console.name = Console
appender.console.layout.type = PatternLayout
appender.console.layout.pattern = %d{yyy-MM-dd HH:mm:ss} %-5p [%t] %c: %m%n
```

Wir sehen die Definition eines Appenders für die Konsole. Über ein sogenanntes *Layout* kann die Formatierung der Log-Ausgabe festgelegt werden. Dazu gibt es verschiedene Spezialisierungen, hier kommt ein `PatternLayout` zum Einsatz. Dadurch werden beim Start des Programms folgende Ausgaben produziert:

```
2017-05-05 16:49:23 INFO  [main] ch08_applikationsbausteine.logging.
    LoggingExample: Info-Meldung aus LoggingExample.
2017-05-05 16:49:23 ERROR [main] ch08_applikationsbausteine.logging.
    LoggingExample: Error-Meldung aus LoggingExample.
```

> **Tipp: Korrekte und konsistente Wahl der Log-Level**
>
> Beim Logging kann über den Log-Level die Granularität und Wichtigkeit der auszugebenden Informationen bestimmt werden. Eine möglichst einheitliche Verwendung erleichtert eine spätere Auswertung von Meldungen. Es haben sich die in der folgenden Aufzählung genannten Vorschläge bewährt. Die Log-Level sind in aufsteigender Reihenfolge genannt – der gravierendste zuletzt:
>
> - `TRACE` – Ausgaben auf dieser niedrigsten Ebene sind nur für spezielle Anwendungsfälle für Entwickler zum Nachvollziehen von Programmabläufen interessant, die man durch Debugging eventuell nicht gut verfolgen kann.[a]
>
> - `DEBUG` – Ausgaben auf dieser Ebene sind nur für Entwickler interessant und sollten im Normalbetrieb ausgeschaltet sein. Sie lassen sich bei Bedarf selektiv einschalten, um bestimmte Fehlerursachen aufspüren zu können.
>
> - `INFO` – Auf dieser Ebene werden Informationen ausgegeben, die den Programmfluss sichtbar und verständlich machen. Dazu gehört etwa die Protokollierung von Methodenaufrufen an externen Schnittstellen.
>
> - `WARN` – Wie der Name schon sagt, werden hier Warnungen ausgegeben: Es werden also Betriebssituationen gemeldet, die man zwar berücksichtigt hat, die aber von der erwarteten Situation abweichen, etwa dass eine Datei nicht geöffnet werden kann. Das System zeigt als Folge möglicherweise ein etwas anderes Verhalten als gewünscht.
>
> - `ERROR` – Abgefangene Exceptions sollten auf dieser Ebene protokolliert werden, wenn der folgende Programmablauf dadurch wahrscheinlich gestört wird, etwa bei unerwarteten oder inkonsistenten Objektzuständen. Auch durch Wiederholung nicht zu beseitigende Fehler einer Netzwerk- oder Datenbankverbindung gehören dazu.
>
> - `FATAL` – Der Log-Level `FATAL` bedeutet, dass ein schwerwiegender Fehler aufgetreten ist und die weitere Programmausführung nicht mehr sinnvoll möglich ist. In diesem Fall sollte das Programm beendet werden.
>
> Zur Analyse von Programmfehlern ist es hilfreich, die obigen Hinweise zu beachten. Die Ausgabe von Informationen auf einem unangebrachten Log-Level kann eine Fehlersuche in eine falsche Richtung lenken. Schauen auch Dritte auf Log-Ausgaben, kann bei einer großen Anzahl von Ausgaben im `WARN`- oder `ERROR`-Level ein falscher Eindruck der Programmstabilität entstehen.
>
> ---
> [a] Ich selbst nutze `TRACE` selten, sondern bevorzuge den Level `DEBUG`, da dies für meine Bedürfnisse nahezu immer ausreichend ist. Für Testsysteme kann man mit `TRACE` aber für spezielle Debug-Einsätze noch feiner protokollieren.

Erweiterungen für Dateiausgaben Neben dem Konsole-Appender existieren weitere. In der Praxis wird man die Log-Ausgaben in Dateien persistieren wollen, etwa wie folgt – wobei der Name des Logger mit dem Root-Package übereinstimmen muss:

```
loggers=file
logger.file.name=com.inden
logger.file.level = INFO
logger.file.appenderRefs = File
logger.file.appenderRef.file.ref = LOGFILE

appender.file.type = File
appender.file.name = LOGFILE
appender.file.fileName=logs/java-profi.log
appender.file.layout.type=PatternLayout
appender.file.layout.pattern=[%-5level] %d{yyyy-MM-dd HH:mm:ss.SSS} [%t] %c{1} -
    %msg%n
```

Statt des oberen Blocks hätte man den Appender auch dem Root-Logger wie folgt hinzufügen können:

```
rootLogger.level = INFO
rootLogger.appenderRefs = Console, File
rootLogger.appenderRef.console.ref = Console
rootLogger.appenderRef.file.ref = LOGFILE
```

Man sieht, dass log4j2 für den ersten Einsatz etwas schwierig zu konfigurieren und zu verstehen ist, deswegen verweise ich Sie für die weitere Konfiguration auf die Webseite.

Zudem ist Folgendes zu bedenken: Die Log-Dateien werden bei umfangreichen Log-Ausgaben schnell recht groß. Um eine Weiterverarbeitung und Auswertung zu vereinfachen, ist es sinnvoll, die Log-Dateien in handliche »Häppchen« aufzuteilen. Mögliche Kriterien sind die Dateigröße oder das Datum der Log-Ausgaben. Dabei hilft der Typ `RollingFile`. Damit können bei Bedarf fortlaufend neue Log-Dateien erzeugt werden. Das heißt, wenn die Größe der momentanen Log-Datei einen gewissen Wert übersteigt, dann wird automatisch eine neue Log-Datei erzeugt und die bisherige umbenannt. Die Anzahl der so entstehenden Backup-Dateien und die maximal gewünschte Dateigröße sind konfigurierbar.

Konfiguration der Log-Ausgaben für Packages und Klassen Neben der Konfiguration der Logger, Appender und Layouts können spezielle Log-Level für bestimmte Packages oder Klassen in der Konfigurationsdatei `log4j2.properties` nach folgendem Muster als Schlüssel-Wert-Paare definiert werden:

```
logger.<package>.<klasse>=<Log-Level>
```

Durch diese Einträge kann die Ausgabe von Log-Meldungen bis auf Klassenebene feingranular in ihrem Log-Level eingestellt werden. Dabei kann statt eines Packages oder eines konkreten Klassennamens auch die Angabe einer logischen Kategorie, etwa `AudioIn` oder `AudioOut`, erfolgen. Diese werden im folgenden Abschnitt benutzt, um spezielle, klassenübergreifende Log-Ausgaben zu steuern.

```
%% Hier folgt die Konfiguration für die Packages und Klassen
%% Hier ändern für LogReadConfigExample-Beispiel
logger.LogReadConfigExample.name=ch08_applikationsbausteine.logging.
     LogReadConfigExample
logger.LogReadConfigExample.level=INFO

logger.ProvideStackTrace.name=applikationsbausteine.logging.ProvideStackTrace
logger.ProvideStackTrace.level=WARN

%% Ausgaben Package-basiert
logger.ch16_optimierungen.name=ch16_optimierungen
logger.ch16_optimierungen.level=INFO

%% Logische Log-Kategorien
logger.AudioIn.name=AudioIn
logger.AudioIn.level=INFO
logger.AudioOut.name=AudioOut
logger.AudioOut.level=INFO
```

Praktischerweise registriert log4j2 automatisch Änderungen an der Datei und konfiguriert das Log-System um, wenn man den Parameter `monitorInterval` gesetzt hat. Das können Sie nachvollziehen, indem Sie den Log-Level in der Konfigurationsdatei `log4j2.properties` ändern, während Sie folgendes Programm ausführen:

```java
private static final Logger LOGGER =
                        LogManager.getLogger(LogReadConfigExample.class);

private static final long TWO_SECS = 2000;

public static void main(final String[] args) throws InterruptedException
{
    LOGGER.info("LogReadConfigExample started");

    while (true)
    {
        LOGGER.trace("TRACE");
        LOGGER.debug("DEBUG");
        LOGGER.info("INFO");
        LOGGER.warn("WARN");
        LOGGER.error("ERROR");
        LOGGER.fatal("FATAL");

        Thread.sleep(TWO_SECS);
    }
}
```

Listing 8.15 Ausführbar als '**LOGREADCONFIGEXAMPLE**'

> **Achtung: Fallstricke bei der Angabe von Klassen- und Package-Namen**
>
> Ganz wichtig ist es, den voll qualifizierten Namen der Klasse oder des Packages korrekt anzugeben. Wird hierbei ein Tippfehler gemacht, so wirken sich die Konfigurationen nicht aus. In der Praxis ist das ein häufiges Problem, wenn nach Refactorings zum Teil vergessen wird, den korrespondierenden Pfad oder Klassennamen in der Konfigurationsdatei `log4j2.properties` anzupassen. Im obigen Beispiel fehlt im unteren Fall das Präfix `ch08_` vor `applikationsbausteine`.

8.4.2 Tipps und Tricks zum Einsatz von Logging mit log4j2

Im Folgenden stelle ich Ihnen ein paar Tipps und Tricks rund um das Logging vor.

Abfrage der Log-Level

Mitunter sieht man Sourcecode der Abfragen auf den Log-Level etwa wie folgt nutzt:

```
if (LOGGER.isDebugEnabled())
{
    LOGGER.debug("Logging in user " + user.getName() +
            " with birthday " + user.getBirthday());
}
```

Dies geschieht oftmals, weil man als Entwickler eine unnötige Stringkonkatenation vermeiden möchte: Durch die vorherige Abfrage des Log-Levels, etwa `isDebugEnabled()`, kann man die Aufbereitung aufwendiger Log-Ausgaben nur bei Bedarf durchführen und auch nur dann in die Log-Datei schreiben.

Allerdings wird der Sourcecode durch diese Abfragen recht unübersichtlich. Daher sollte man die Abfrage der Log-Level lediglich vor der Aufbereitung komplexer Log-Ausgaben und nicht einfach immer durchführen. Für einzeilige Ausgaben ist folgende Alternative besser, weil die Parameter nur in den String eingefügt werden, wenn der Log-Level passend ist:

```
LOGGER.debug("Logging in user {} with birthday {}",
        user.getName(), user.getBirthday());
```

Allerdings erfolgen dabei immer noch die Aufrufe der Methoden zum Ermitteln der Übergabewerte. Sofern dies eine aufwendige Operation ist, bietet es sich seit Java 8 an, einen Lambda nur für eine bei Bedarf ausgeführte Berechnung wie folgt zu nutzen:

```
LOGGER.debug("Result of some expensive operation is {}",
        () -> someLongRunningOperation());
```

Logging von Strings

Bei Ausgaben von textuellen Werten ist es sinnvoll, diese in einfache Anführungszeichen oder alternativ in spitze Klammern einzuschließen:

```
LOGGER.debug("Name = '" + name + "', Age = " + age);
LOGGER.debug("Name = <" + name + ">, Age = " + age);
```

Dies macht Leerzeichen vor und nach dem eigentlichen Text sichtbar und hilft dabei, tückische Fehler, bei denen Leerzeichen oder unsichtbare Sonderzeichen zu Problemen führen, leichter erkennen zu können (vgl. Abschnitt 4.1.1): Wird etwa mit einem solchen Eingabetext als Schlüssel in einer Map gesucht, so wird man dafür nichts finden.

Logging von Exceptions

Beim Auftreten von Exceptions ist es zur späteren Fehleranalyse meistens hilfreich, einen Stacktrace in die Log-Datei zu schreiben. Leider sieht man häufiger den Fehler, bei einer Log-Ausgabe wichtige Informationen abzuschneiden, etwa dadurch, dass eine Stringrepräsentation einer Exception folgendermaßen erzeugt wird:

```
private static final Logger LOGGER =
                    LogManager.getLogger("ExceptionLoggingExample");

public static void main(final String[] args)
{
    try
    {
        methodThrowingException();
    }
    catch (final IOException e)
    {
        // SCHLECHT: nur String-Info ohne Stacktrace!
        LOGGER.error("An I/O error occurred! " + e);
        LOGGER.error("An I/O error occurred! " + e.getMessage());
    }
}
```

Listing 8.16 *Ausführbar als* '**ExceptionLoggingExample**'

Führt man die Beispielapplikation aus, so erhält man in etwa folgende Ausgaben:

```
2017-05-05 17:29:15 ERROR [main] ExceptionLoggingExample: An I/O error occurred!
        java.io.IOException: Text
2017-05-05 17:29:15 ERROR [main] ExceptionLoggingExample: An I/O error occurred!
        Text
```

Wie man leicht sieht, wird der Stacktrace und damit der zur Fehleranalyse oftmals wichtigste Teil der Exception nicht ausgegeben. Die Ausgabemethoden von log4j2 besitzen jeweils eine überladene Variante, die durch die folgende kommaseparierte Angabe einer Exception zusätzlich den Stacktrace protokolliert:

```
private static final Logger LOGGER =
                    LogManager.getLogger("ExceptionLoggingImproved");

public static void main(final String[] args)
{
    try
    {
        methodThrowingException();
    }
    catch (final IOException e)
    {
        // String-Info MIT Stacktrace
        LOGGER.error("An I/O error occurred!" , e);
    }
}
```

Listing 8.17 *Ausführbar als* '**ExceptionLoggingImproved**'

Eine Ausgabe mit Stacktrace erleichtert ein Nachvollziehen des Wegs durch das Programm bis zu der Stelle, die den Fehler verursacht hat:

```
2017-05-05 17:29:52 ERROR [main] ExceptionLoggingImproved: An I/O error occurred
!
java.io.IOException: Text
    at ch08_applikationsbausteine.logging.ExceptionLoggingImproved.second(
        ExceptionLoggingImproved.java:46) ~[bin/:?]
    at ch08_applikationsbausteine.logging.ExceptionLoggingImproved.first(
        ExceptionLoggingImproved.java:41) ~[bin/:?]
    at ch08_applikationsbausteine.logging.ExceptionLoggingImproved.
        methodThrowingException(ExceptionLoggingImproved.java:35) ~[bin/:?]
    at ch08_applikationsbausteine.logging.ExceptionLoggingImproved.main(
        ExceptionLoggingImproved.java:23) [bin/:?]
```

Stacktrace ausgeben

Manchmal ist eine Fehlersuche schwierig, etwa weil man in einigen Situationen keinen Debugger verwenden kann[7] oder Fehler extrem selten auftreten und sich dadurch nicht nachstellen lassen. Zur Fehleranalyse ist es wünschenswert, an dieser Stelle im Programm den aktuellen Stacktrace ausgeben zu können, ohne das Programmverhalten zu verändern. Eine Ausgabe in die Log-Datei erreicht man durch folgenden Trick: Es wird eine Exception beliebigen Typs (bevorzugt aber `IllegalStateException`) lediglich erzeugt, aber *nicht* geworfen, sondern stattdessen direkt an die Log-Ausgabe-Methode übergeben. Als Folge erhält man durch den mitgelieferten Stacktrace einen Einblick in die internen Programmabläufe.

```
private static void provideStackTrace()
{
    LOGGER.info("Stacktrace: ", new IllegalStateException("Stacktrace!"));
}
```

Logging der Aufrufe an Schnittstellen zu anderen Komponenten

Bei einer Zusammenarbeit mit anderen Komponenten oder Systemen kann man durch die Ausgabe der aufgerufenen öffentlichen Methoden mitsamt ihrer Parameter den Programmablauf nachvollziehbar gestalten. Auf diese Weise werden recht schnell Probleme durch inkorrekte Abläufe oder falsch übergebene Daten erkennbar.

Verwende logische Log-Kategorien

Logging-Frameworks bieten den Vorteil, darin, nicht nur auf Klassenebene zu loggen, sondern eigene Log-Kategorien nutzen zu können. Dadurch kann man eine logische, klassenübergreifende Sicht definieren. und eine semantische Trennung erreichen. Es werden dazu mehrere Logger pro Datei instanziiert. Beispielsweise kann ein Logger

---

[7] z. B. weil durch diesen Timing-Probleme ungewollt entstehen oder aber verschwinden.

klassenbasierte Ausgaben vornehmen, während andere Logger auf logischer Ebene arbeiten. Nehmen wir an, es wären mehrere Klassen an einer Funkkommunikation beteiligt. Man definiert dann die Kategorien AudioIn und AudioOut, um alle Aktionen im Funkeingang und -ausgang klassenunabhängig und logisch gruppiert auszugeben:

```
public final class LogCategoryExample
{
    private static final Logger LOGGER =
                           LogManager.getLogger(LogCategoryExample.class);

    private static final Logger audioInLog  = LogManager.getLogger("AudioIn");
    private static final Logger audioOutLog = LogManager.getLogger("AudioOut");

    LogCategoryExample()
    {
        LOGGER.info("LogCategoryExample created");
    }

    private void send(final byte[] msg)
    {
        LOGGER.debug("send()");
        audioOutLog.info("Sending " + ByteUtils.byteArrayToString(msg));
    }

    private byte[] receive(final InputStream inStream)
    {
        LOGGER.debug("receive()");

        final byte[] msg = getMsgFromStream(inStream);
        audioInLog.info("Receiving " + ByteUtils.byteArrayToString(msg));
        return msg;
    }

    public static void main(final String[] args)
    {
        final LogCategoryExample logExample = new LogCategoryExample();
        logExample.send("Hello".getBytes());
    }
    // ...
```

Listing 8.18 *Ausführbar als* **'LOGCATEGORYEXAMPLE'**

Die jeweiligen Log-Kategorien werden mit in die Log-Ausgabe geschrieben. Wenn alle Log-Einstellungen auf INFO stehen, kommt es beispielsweise zu folgender Ausgabe:

```
2017-05-05 17:21:41 INFO   [main] ch08_applikationsbausteine.LogCategoryExample:
    LogCategoryExample created
2017-05-05 17:21:41 INFO   [main] AudioOut: Sending 'Hello' = '[72 101 108 108
    111 ]'
```

Automatische Auswertungsmöglichkeiten

Die in den Log-Dateien protokollierten Meldungen lassen sich mit einem Texteditor anschauen und mit dessen Suchfunktion analysieren. Bei umfangreichen und feingranularen Log-Ausgaben kann dieses Vorgehen zeitaufwendig und unbequem sein.

Weiter gehende Möglichkeiten der Auswertung bieten Batch-Skripte. Damit kann man Log-Dateien analysieren und daraus bestimmte Teile extrahieren, etwa auf Basis eines speziellen Log-Levels. Manchmal lässt sich dann mit etwas Erfahrung bereits anhand der Dateigröße der Extrakte erkennen, ob es sich um eine normale Situation handelt oder ob man eine detailliertere Analyse vornehmen muss. Hilfreicher als eine Analyse nach Log-Level ist es in der Regel, nach Vorkommen spezieller Log-Ausgaben in einer Log-Datei zu suchen, etwa Exceptions oder Warnmeldungen. Das `grep`-Tool[8] leistet dabei gute Dienste. Allerdings lassen sich damit nur einzeilige Meldungen besonders gut auswerten – mehrzeilige Stacktraces bereiten dagegen bereits Probleme.

```
grep "ERROR" SampleApplication.log* > All_Errors.txt
grep "WARN"  SampleApplication.log* > All_Warns.txt
```

> **Tipp: Auswertung von Log-Ausgaben**
>
> Man sollte Log-Ausgaben so gestalten, dass sie leicht maschinenlesbar sind. Daraus lassen sich dann Informationen zum Programmablauf gewinnen.

8.5 Konfigurationsparameter und -dateien

Viele Anwendungen bieten Möglichkeiten zur Konfiguration. Im Folgenden zeige ich dazu verschiedene Varianten. Abschnitt 8.5.1 beschreibt, wie man Kommandozeilenparameter auswerten kann. Eine Konfiguration mithilfe der Klasse `java.util.Properties` wird in Abschnitt 8.5.2 vorgestellt. Als Ergänzung lernen wir in Abschnitt 8.5.3 die Klasse `java.util.prefs.Preferences` kennen. Konfigurationswerte können auch in einem kommaseparierten Format (CSV) oder in Form von XML vorliegen. In Abschnitt 8.5.4 werden einige Ideen zum Einlesen derart gespeicherter Werte vorgestellt. Weiterführende Informationen zur Verarbeitung von XML finden Sie in meinem Buch »Der Java-Profi: Persistenzlösungen und REST-Services« [43] sowie im Buch »Java & XML« von Brett McLaughlin [55].

8.5.1 Einlesen von Kommandozeilenparametern

Eine Möglichkeit zur Konfiguration einer Java-Applikation besteht darin, dieser bei deren Start eine beliebige Anzahl an Parametern zu übergeben, etwa wie folgt:

```
java MyApp Parameter1 Parameter2 "Text mit Leerzeichen"
```

Dabei ist zu beachten, dass Leerzeichen die Kommandozeilenargumente trennen: *Wenn ein String mit Leerzeichen übergeben werden soll, so muss dies in Anfüh-*

---

[8] Für Windows findet man unter `http://gnuwin32.sourceforge.net/packages/grep.htm` eine freie Version.

rungszeichen geschehen. Im Beispiel würde ansonsten der Parameterwert `Text mit Leerzeichen` als Angabe von drei Parametern ausgewertet.

Bevor ich mit Apache Commons CLI eine frei verfügbare Bibliothek zur Verarbeitung von Kommandozeilenargumenten vorstelle, zeige ich zunächst Notationsformen für Parameter und gehe anschließend auf Varianten der Auswertung per Hand ein, um Sie für mögliche Schwierigkeiten zu sensibilisieren. Als Beispiel betrachten wir eine Parameterübergabe, um damit sowohl die Größe des Applikationsfensters zu ändern als auch optional spezielle Debug-Informationen zu aktivieren.

Notationsformen für Parameter

Folgende zwei Varianten bei der Parameterübergabe sind gebräuchlich:

1. **Fixe Reihenfolge** – Die Bedeutung eines übergebenen Werts wird analog zu einem Methodenaufruf anhand seiner Position ermittelt. Der Aufruf könnte etwa

    ```
    java MyApp 500 300 debug
    ```

    lauten. *Diese starre Zuordnung ist wenig flexibel, birgt die Gefahr der Verwechselung und ist außerdem problematisch bei optionalen Parametern.* Zudem kann nur ein optionaler Parameter am Ende der Parameterliste angegeben werden.
2. **Benannte Parameter** – Jeder Parameter wird durch einen Namen oder ein entsprechendes Kürzel eingeleitet und beschreibt so seine Intention, etwa wie folgt:

    ```
    java MyApp width 500 height 300 debug
    ```

    Diese Variante erlaubt eine flexible Reihenfolge und eine beliebige Zahl optionaler Parameter, jedoch zulasten einer komplexeren Auswertung als bei Variante 1.

Gebräuchlicher ist die zweite Variante, wobei dem Parameternamen meist ein Minuszeichen vorangestellt wird. Die Übergabe von Werten kann folgendermaßen geschehen:

- `-<name> <Wert>`, etwa `-width 200`
- `-<name>=<Wert>`, etwa `-width=200`

Die erste Form besteht aus zwei Kommandozeilenparametern, die eine Einheit (Name und Wert) bilden. Die zweite Form entspricht einem Kommandozeilenparameter, was ein zusätzliches Parsing zur Trennung von Parameter und Wert erfordert. Boolesche Flags werden durch Parameter ohne Wertangabe, etwa `-debug`, ausgedrückt. Zusätzliche Komplexität entsteht, wenn man auch Kurzformen von Parameternamen unterstützen möchte, etwa `-h` statt `-help` oder `-d` statt `-debug`.

Auswertung von Parametern

Kommandozeilenargumente werden an die Methode `main(String[])` als `String[]` übergeben. Um daraus Daten zu extrahieren und zu speichern, wird hier für jeden Parameter eine Variable definiert und mit einem Defaultwert belegt. Zur Simulation von Parametern nutzen wir das `String[]` namens `sampleArgs`. Die dort definierten Werte in einer Schleife ausgewertet und dazu mit den erwarteten Parameterkürzeln bzw. Parameternamen verglichen:

```java
public static void main(final String[] args)
{
    // Defaultwerte, wenn Wert nicht in der Kommandozeile übergeben
    int width = 700;
    int height = 200;
    boolean debug = false;
    boolean showHelp = false;

    // Test mit festdefinierten Werten
    final String[] sampleArgs = { "-h", "-w=550", "-height=550" };
    for (final String cmdArg : sampleArgs)
    {
        if (cmdArg.startsWith("-d"))                // check debug
            debug = true;
        else if (cmdArg.startsWith("-h"))           // check help
            showHelp = true;
        else if (cmdArg.startsWith("-w="))          // check width
            width = Integer.parseInt(cmdArg.substring(3));
        else if (cmdArg.startsWith("-width="))
            width = Integer.parseInt(cmdArg.substring(7));
        // check height !!! UNREACHABLE !!!
        else if (cmdArg.startsWith("-h="))
            height = Integer.parseInt(cmdArg.substring(3));
        else if (cmdArg.startsWith("-height="))
            height = Integer.parseInt(cmdArg.substring(8));
    }
    // ...
```

Listing 8.19 *Ausführbar als* '**ARGSPARSINGEXAMPLENAIV**'

Die Parameterauswertung führt schnell zu umfangreichen `if-else`-Gebilden, die schon für wenige Parameter unübersichtlich sind. Das Beispiel enthält bewusst einen Flüchtigkeitsfehler: Parameter mit gleichem Startbuchstaben werden nicht unterschieden. Hier gilt das für die Abfrage `startsWith("-h")` zur Aktivierung der Hilfe. Dadurch werden Angaben zur Höhe des Fensters mit `-h=` oder `-height=` niemals ausgewertet. Ein Start des Programms ARGSPARSINGEXAMPLENAIV zeigt das: Die Höhe des Fensters entspricht dem vordefinierten Wert von 200 Pixel und nicht dem als String übergebenen Wert `-height=550` (vgl. Abbildung 8-2).

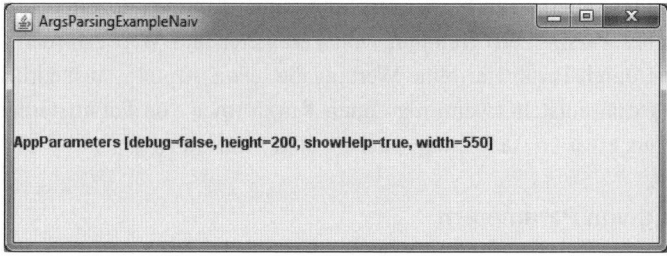

Abbildung 8-2 *Applikationsfenster, Größe basierend auf Kommandozeilenparametern*

8.5 Konfigurationsparameter und -dateien

Ein erster Ansatz zur Korrektur und damit zur Auswertung aller Parameter trotz gleicher Startzeichenfolge ist, Alternativen jeweils mit `if` statt mit `else if` auszudrücken, sodass immer alle `if`-Zweige betrachtet werden. Dabei kommt es jedoch zu anderen Fallstricken: Eine Angabe von `-h=200` setzt nicht nur den Wert für die Höhe. Es wird zusätzlich unerwartet auch der Wert für die Aktivierung der Hilfe auf `true` gesetzt. Außerdem können weitere Probleme durch die Auswertung mit `startsWith(String)` auftreten. Man kann etwa `-hello` schreiben. Das wird aber wie der Aufruf von `-h` interpretiert. Mehr noch: Das Auslesen von Werten ist durch die Abstützung auf sogenannte Magic Strings und Magic Numbers fragil.[9] Wird der Name eines Parameters umbenannt, besteht die Gefahr, dass übersehen wird, die korrespondierende Längenangabe im Aufruf von `substring(int)` anzupassen.

Verbesserungen Ein möglicher Lösungsansatz besteht darin, Parameternamen und Kurzformen als Konstanten zu definieren. Dies lässt sich recht elegant als `enum`-Aufzählung `AppParameter` wie folgt realisieren:

```java
enum AppParameter
{
    DEBUG_SHORT("d"),
    HELP_SHORT("?"),
    WIDTH_SHORT("w="),  WIDTH("width="),
    HEIGHT_SHORT("h="), HEIGHT("height=");

    final String paramName;
    final int    valueOffset;

    AppParameter(final String name)
    {
        this.paramName = "-" + name;
        this.valueOffset = paramName.length();
    }
}
```

Diese Art der Realisierung hat den Vorteil, dass an einer zentralen Stelle übersichtlich alle erlaubten Parameter definiert werden können. Dadurch vermeidet man eine Sourcecode-Analyse tief verschachtelter `if`-Anweisungen. Zudem kann man an einer zentralen Stelle die Zeichen '-' (Präfix für alle Parameter) und '=' (signalisiert Parameter mit nachfolgendem Wert) mit dem Parameternamen verbinden und hält den Applikationscode frei von diesen Details. Weiterhin wird die Länge des Parameterkürzels inklusive der Start- und Endemarkierungen ('-' bzw. '=') nur einmal bei der Konstruktion berechnet, sodass selbst bei Änderungen in den Parametern keine Modifikationen in einsetzenden Applikationen nötig werden.

Um die Auswertung der Parameter zu erleichtern, nachdem sie aus dem `String[]` ausgelesen worden sind, definieren wir folgende drei Hilfsmethoden:

---

[9]Das sind String- bzw. Zahlenliterale im Sourcecode, etwa `-h=` oder der Wert 7. Die Magie dieser Angaben liegt darin, dass die Intention normalerweise verborgen bleibt. Häufig ist es sinnvoller und besser verständlich, Konstanten zu definieren. Ausgenommen davon sind oftmals nur die Werte 0 und -1 als Startwert bzw. zur Berechnung der Abbruchbedingung in Schleifen.

```java
private static boolean hasBooleanParam(final String cmdArg,
                                       final AppParameter parameter)
{
    return cmdArg.equals(parameter.paramName);
}

private static boolean hasValuedParam(final String cmdArg,
                                      final AppParameter parameter)
{
    return cmdArg.startsWith(parameter.paramName) &&
           cmdArg.length() > parameter.valueOffset;
}

private static int extractInt(final String cmdArg, final AppParameter parameter)
{
    return Integer.parseInt(cmdArg.substring(parameter.valueOffset));
}
```

Nutzen wir die `enum`-Aufzählung und die obigen Methoden bei der Auswertung der Parameter, so ergibt sich folgender Sourcecode:

```java
for (final String cmdArg : sampleArgs)
{
    if (hasBooleanParam(cmdArg, AppParameter.DEBUG_SHORT))
        debug = true;
    if (hasBooleanParam(cmdArg, AppParameter.HELP_SHORT))
        showHelp = true;

    if (hasValuedParam(cmdArg, AppParameter.WIDTH_SHORT))
        width = extractInt(cmdArg, AppParameter.WIDTH_SHORT);
    if (hasValuedParam(cmdArg, AppParameter.WIDTH))
        width = extractInt(cmdArg, AppParameter.WIDTH);

    if (hasValuedParam(cmdArg, AppParameter.HEIGHT_SHORT))
        height = extractInt(cmdArg, AppParameter.HEIGHT_SHORT);
    if (hasValuedParam(cmdArg, AppParameter.HEIGHT))
        height = extractInt(cmdArg, AppParameter.HEIGHT);
}
```

Listing 8.20 *Ausführbar als* '**ARGSPARSINGEXAMPLEWITHENUM**'

Der Sourcecode ist nun verständlicher und deutlich besser erweiterbar. Dies liegt zum einen am Einsatz des Aufzählungstyps und zum anderen an den drei eingeführten Hilfsmethoden, die zur Lesbarkeit beitragen. Wir erkennen, dass sich beispielsweise die zuvor komplizierte und fehleranfällige Abfrage mit

```java
else if (cmdArg.startsWith("-width="))
    width = Integer.parseInt(cmdArg.substring(7));
```

durch den Einsatz des Aufzählungstyps und der Hilfsmethoden lesbar, verständlich und typsicher wie folgt schreiben lässt:

```java
else if (hasValuedParam(cmdArg, AppParameter.WIDTH))
    width = extractInt(cmdArg, AppParameter.WIDTH);
```

8.5 Konfigurationsparameter und -dateien

Außerdem werden durch gleiche Startbuchstaben für verschiedene Parameter verursachte Probleme unwahrscheinlich. Zum einen sind alle Parameter innerhalb eines Aufzählungstyps definiert und so fallen gleiche Parameternamen schneller auf als in verschachtelten `if`-Anweisungen. Zum anderen erfolgt in den beiden Methoden `hasBooleanParam(String, AppParameter)` und `hasValuedParam(String, AppParameter)` die Abfrage auf Übereinstimmung unterschiedlich: Boolesche Parameter werden auf exakte textuelle Gleichheit geprüft, für Werteparameter wird weiterhin `startsWith(String)` genutzt.

Verbliebene Schwachstellen und Lösungen Trotz der erzielten Verbesserungen erfordert die Unterscheidung und Auswertung von Kurz- oder Langform eines Parameters mindestens zwei `if`-Anweisungen und ist dadurch noch nicht so gut lesbar und erweiterbar, wie es wünschenswert wäre.

Weiterhin fällt beim genaueren Betrachten des Sourcecodes auf, dass an verschiedenen Stellen Zugriffe auf Variablen erfolgen. Steigt die Anzahl der auszuwertenden Parameter, so kann man für mehr Klarheit sorgen, wenn man Variablen gemäß dem Muster VALUE OBJECT (vgl. Abschnitt 3.4.5) zusammenfasst. Im weiteren Verlauf werden wir daher folgendes Parameter Value Object `AppParameterVO` verwenden. Durch dieses erfolgt eine zentrale Definition aller durch Kommandozeilenparameter beeinflussten Variablen. Bei der Implementierung wird bewusst auf `get()`- und `set()`-Methoden verzichtet, da es sich lediglich um einen einfachen Behälter für Werte handelt, der zudem nur innerhalb des Packages selbst verwendet werden soll. Daher werden die Attribute zur Einschränkung von Zugriffsmöglichkeiten Package-private definiert:

```java
class AppParameterVO
{
    // Defaultwerte, wenn der Wert nicht in der Kommandozeile übergeben wird
    int     width    = 700;
    int     height   = 200;
    boolean debug    = false;
    boolean showHelp = false;

    @Override
    public String toString()
    {
        return "AppParameterVO [debug=" + debug + ", height=" + height + ", " +
               "showHelp=" + showHelp + ", width=" + width + "]";
    }
}
```

Eine weitere Verbesserung der Auswertung von Hand ist nur schwierig möglich. Es ist an der Zeit, eine Bibliothek einzusetzen, um die Auswertung weiter zu erleichtern.

Apache Commons CLI

Die Bibliothek Apache Commons CLI (http://commons.apache.org/cli/) ist nützlich, wenn die Anzahl zu verarbeitender Parameter zunimmt oder die Auswertung anderweitig komplex ist. Zum Einbinden fügt man Folgendes in der Build-Datei hinzu:

```
compile 'commons-cli:commons-cli:1.3.1'
```

Definition von Parametern   Parameter werden als sogenannte Optionen repräsentiert. Die vom Programm unterstützten Parameter werden dazu in einem Container vom Typ `Options` gesammelt. Einzelne Parameter (`Option`-Objekte) werden durch Aufruf der Methode `addOption(String opt, String longOpt, boolean hasArg, String description)` dem `Options`-Container hinzugefügt.[10]

Wollten wir lediglich einen Parameter zur Anzeige von Hilfetexten erlauben, so kann man einen Container `allowedOptions` vom Typ `Options` erzeugen und die Hilfeoption wie folgt hinzufügen:

```
final Options allowedOptions = new Options();
allowedOptions.addOption("?", "help", false, "show help");
```

Die CLI-Bibliothek erwartet bei der Definition – im Gegensatz zur späteren Auswertung – für die Kurz- und Langnamen kein Minuszeichen. Über den dritten Wert, hier `false`, steuert man, ob ein Parameter Argumente hat. Zusätzlich kann eine Parameterbeschreibung übergeben werden, die beim Aufbau einer Hilfeseite nützlich ist.

Vereinfachte Definition von Parametern   Anstatt mühselig jeden Parameter in einer eigenen Programmzeile durch einen Aufruf der Methode `addOption()` hinzuzufügen, wäre eine geschicktere Realisierung wünschenswert. Tatsächlich ist dies relativ einfach durch kleinere Änderungen möglich. Dazu wird die bereits existierende `enum`-Aufzählung `AppParameter` dahingehend erweitert, dass sie alle Informationen bereitstellen kann, die die Methode `addOption(String, String, boolean, String)` der Klasse `Options` als Eingabe benötigt. Wir realisieren die folgende `enum`-Aufzählung `AppParameterCLI`, die alle zur Konfiguration eines korrespondierenden `Option`-Objekts erforderlichen Informationen vorhält:

```
public enum AppParameterCLI
{
    WIDTH("w", "width", true, "set the width"),
    HEIGHT("h", "height", true, "set the height"),
    HELP("?", "help", false, "show help"),
    DEBUG("d", "debug", false, "activate debug mode");

    final String   shortname;
    final String   name;
    final boolean  hasArgs;
```

---

[10] Man beachte hier den feinen textuellen, aber großen semantischen Unterschied zwischen `Options` ≡ Container und `Option` ≡ Parameter.

8.5 Konfigurationsparameter und -dateien

```
    final String helptext;

    AppParameterCLI(final String shortname, final String name,
                    final boolean hasArgs, final String helptext)
    {
        this.shortname = shortname;
        this.name = name;
        this.hasArgs = hasArgs;
        this.helptext = helptext;
    }
}
```

Mit der Methode `values()` der `enum`-Aufzählung lässt sich eine elegante Definition aller zu unterstützenden Parameter wie folgt implementieren:

```
public final class CommandLineParsingExample
{
    public static void main(final String[] args)
    {
        final Options allowedOptions = new Options();

        // Alle Options basierend auf enum AppParameterCLI hinzufügen
        for (final AppParameterCLI parameter : AppParameterCLI.values())
        {
            allowedOptions.addOption(parameter.shortname, parameter.name,
                                     parameter.hasArgs, parameter.helptext);
        }
        //...
```

Listing 8.21 *Ausführbar als* '**COMMANDLINEPARSINGEXAMPLE**'

Auswertung von Parametern Nachdem alle gewünschten Parameter so definiert wurden, können beim Start eines Programms Eingabewerte aus der Kommandozeile geparst werden. Dazu wird zunächst ein `CommandLineParser`-Objekt erzeugt. Mit dessen Methode `parse(String[])` erhält man ein `CommandLine`-Objekt. Dieses kann man über die Methode `hasOption()` befragen, ob eine gewünschte Option aktiviert wurde, d. h. als Parameter angegeben ist. Im folgenden Listing, das das obige Listing COMMANDLINEPARSINGEXAMPLE fortsetzt, ist dies gezeigt:

```
        //...
        // Test mit festdefinierten Werten
        final String[] sampleArgs = new String[] { "-d", "-?", "-w", "444",
                                                   "--height", "99" };

        final AppParameterVO parameters = new AppParameterVO();

        try
        {
            // Kommandozeilenparameter parsen
            final CommandLineParser parser = new PosixParser();
            final CommandLine line = parser.parse(allowedOptions, sampleArgs);

            // Prüfen der Optionen
            parameters.debug = hasOption(line, AppParameterCLI.DEBUG);
            parameters.showHelp = hasOption(line, AppParameterCLI.HELP);

            if (hasOption(line, AppParameterCLI.WIDTH))
```

```
                parameters.width = extractInt(line, AppParameterCLI.WIDTH);

            if (hasOption(line, AppParameterCLI.HEIGHT))
                parameters.height = extractInt(line, AppParameterCLI.HEIGHT);

            final JFrame appFrame = new AppFrame("CommandLineParsingExample",
                                                 parameters);
            appFrame.setVisible(true);
        }
        catch (final ParseException exp)
        {
            printHelp(allowedOptions);
        }
    }

    private static boolean hasOption(final CommandLine line,
                                     final AppParameterCLI parameter)
    {
        return line.hasOption(parameter.name);
    }

    private static int extractInt(final CommandLine line,
                                  final AppParameterCLI parameter)
    {
        return Integer.parseInt(line.getOptionValue(parameter.name));
    }

    private static void printHelp(final Options allowedOptions)
    {
        final HelpFormatter formatter = new HelpFormatter();
        formatter.printHelp("CommandLineParsingExample", allowedOptions);
    }
    // ...
```

Wie man leicht sieht, ist diese Art der Auswertung deutlich übersichtlicher und birgt wesentlich weniger Potenzial für Fehler. Zudem ist eine Fehlerbehandlung in das Parsing der CLI-Bibliothek integriert: Wurde versehentlich eine unbekannte Option übergeben, so wird eine `org.apache.commons.cli.ParseException` geworfen. Eine angemessene Reaktion kann beispielsweise die Ausgabe aller unterstützten Parameter sein. Wenn man dazu die Klasse `HelpFormatter` und deren Methode `printHelp()` nutzt, dann wird Folgendes aufbereitet:

```
usage: CommandLineParsingExample
 -?,--help           show help
 -d,--debug          activate debug mode
 -h,--height <arg>   set the height
 -w,--width <arg>    set the width
```

Dies ist insofern praktisch, als eine Aufbereitung einer Hilfeseite ansonsten eine aufwendige und fehleranfällige Aufgabe ist.

8.5.2 Verarbeitung von Properties

Neben der Übergabe von Kommandozeilenparametern lassen sich Einstellungen auch aus Property-Dateien oder aus Umgebungsvariablen auslesen. In beiden Fällen liegen die Informationen in Form von Schlüssel-Wert-Paaren vor, wobei sowohl Schlüssel als

8.5 Konfigurationsparameter und -dateien

auch Wert vom Typ `String` sind. Wenn solche Werte aus einer Konfigurationsdatei ermittelt werden sollen, bietet sich der Einsatz der Klasse `java.util.Properties` an. Diese erledigt das Einlesen der Datei und das Parsen der Wertepaare und bietet anschließend Zugriff über die Methode `getProperty(String)`.

Erste Realisierung mit der Klasse `Properties`

Betrachten wir die Verarbeitung von Konfigurationsdaten mit der Klasse `Properties` konkret am Beispiel der folgenden Property-Datei `AppConfig.properties` aus dem Konfigurationsordner `src/main/resources` unseres Projektverzeichnisses. Nehmen wir an, diese enthielte den Pfad auf ein extern zu startendes Programm sowie eine Parametrierung eines Datenbankzugriffs:

```
pdf.viewer=AcroRd32.exe

db.user=myuser
db.password=mypwd
```

Zum Einlesen von Konfigurationsdaten aus einem `InputStream` bietet die Klasse `Properties` die Methode `load(InputStream)`. Danach kann über die Methode `getProperty(String)` auf die Konfigurationswerte zugegriffen werden:

```java
public static final void main(final String[] args) throws IOException
{
    final Properties props = new Properties();
    try (final InputStream in = new BufferedInputStream(
            new FileInputStream("src/main/resources/AppConfig.properties")))
    {
        props.load(in);

        final String appPdfViewer = properties.getProperty("pdf.viewer");
        System.out.println("PdfViewer = '" + appPdfViewer + "'");

        final String dbUser = properties.getProperty("db.user");
        final String dbPwd = properties.getProperty("db.password");
        System.out.println("DB-USER/PWD = '" + dbUser + "'/'" + dbPwd + "'");
    }
}
```

Listing 8.22 Ausführbar als '**APPPROPERTIESFIRST**'

Für dieses Beispiel kommt es erwartungsgemäß zu folgender Ausgabe:

```
PdfViewer = 'AcroRd32.exe'
DB-USER/PWD = 'myuser'/'mypwd'
```

Falls eine Konfigurationsdatei tatsächlich nur einige wenige Konfigurationsparameter beherbergt, dann ist die gewählte Umsetzung in Ordnung, wenn auch nicht elegant. Man erkennt bereits jetzt die Fragilität: Durch hartcodierte Strings als Schlüsselwerte ist es möglich, eine Abfrage mit jedem beliebigen und nicht nur den definierten Namen

8 Applikationsbausteine

für Konfigurationsparameter durchzuführen. Ein Tippfehler in der Konfigurationsdatei oder bei der Abfrage führt zu unerwarteten Resultaten.

Betrachten wir aber noch ein subtileres Problem, das auftreten kann, wenn man ein wenig unvorsichtig programmiert: Die Klasse `Properties` ist von der Klasse `Hashtable<Object, Object>` abgeleitet (Implementierungsvererbung) und bietet dadurch sämtliche darin definierten Methoden. Neben der typsicheren Speicherung von Schlüsseln und Werten vom Typ `String` über die Methode `setProperty(String, String)` sind demnach auch folgende direkte Aufrufe der `put(Object, Object)`-Methode der `Hashtable<K,V>` möglich, aber wenig sinnvoll:

```java
public static final void main(final String[] args) throws IOException
{
    final Properties props = new Properties();

    try (final InputStream in = new BufferedInputStream(
        new FileInputStream("src/main/resources/AppConfig.properties")))
    {
        props.load(in);

        // unerwartet kann man beliebige Objekte in Properties speichern
        // Einfügen eines Person-Objekts
        props.put("MIC", new Person("Micha", "Aachen", 39));

        // kein Zugriff auf Property mit getProperty()
        System.out.println("getProperty()='" + props.getProperty("MIC") + "'");

        // aber Zugriff über die Basisklasse mit get()
        System.out.println("get()='" + props.get("MIC") + "'");
    }
}
```

Listing 8.23 *Ausführbar als* '**AppPropertiesProblems**'

Startet man das Programm AppPropertiesProblems, so sieht man, dass unerwarteterweise ein neues, beliebiges Property mit dem Schlüssel `MIC` und einem `Person`-Objekt als Wert eingefügt und auch ausgelesen werden kann:

```
getProperty()='null'
get()='Person: Name='Micha' City='Aachen' Age='39''
```

In der Regel ist die Anzahl der Konfigurationsparameter und die Komplexität der Zugriffe deutlich größer als in den obigen Beispielen. Dann gewinnen Themen wie eine bessere Abstraktion, ein Fehler vermeidender Zugriff und eine zentrale Fehlerbehandlung mehr an Bedeutung.

8.5 Konfigurationsparameter und -dateien

Aus den vorherigen Kritikpunkten ergeben sich die folgenden Verbesserungswünsche beim Zugriff auf Konfigurationsparameter:

- **Definition eines Aufzählungstyps** – Festlegung auf eine fest definierte Menge an Schlüsseln zum Zugriff auf die Konfigurationswerte
- **Kapselung** – Einschränkung des Zugriffs auf Aufzählungswerte und bei der Speicherung auf Werte vom Typ `String`
- **Fehlerbehandlung** – Zentrale Behandlung von Fehlern beim Dateizugriff mit der Möglichkeit, in einsetzenden Applikationen darauf reagieren zu können
- **Zentralisierung** – Zentrale Definition und Abstraktion von einer konkreten Konfigurationsdatei

Verbesserung durch Definition eines Aufzählungstyps Weil es sich bei Konfigurationsparametern meistens um eine überschaubare Anzahl an Werten handelt, bietet es sich an, eine `enum`-Aufzählung mit gültigen Property-Namen zu definieren, wodurch man Magic Strings beim Zugriff auf die Properties vermeidet.

```
enum PropertyName
{
    PDF_VIEWER("pdf.viewer"), DB_USER("db.user"), DB_PASSWORD("db.password");

    final String propertyKey;

    PropertyName(final String propertyKey)
    {
        this.propertyKey = propertyKey;
    }
}
```

Durch diese Art der Definition können mögliche Probleme durch Tippfehler (nahezu) ausgeschlossen werden. Das gilt – wie bereits bemerkt – für Tippfehler in der Applikation. Derartige Fehler in der Konfigurationsdatei erschlägt man damit nicht.

Verbesserung der Kapselung Um die Verarbeitung von Konfigurationsdateien zu vereinfachen und um Implementierungsdetails zu verstecken, ist es sinnvoll, in eigenen Applikationen Zugriffe auf die Klasse `Properties` zu kapseln. Wir definieren dazu eine Klasse `AppProperties`. Anstatt von der Klasse `Properties` abzuleiten, nutzen wir hier Delegation. Somit können wir die Schnittstelle selbst festlegen und verhindern ungewünschte Zugriffe auf die Klasse `Properties` bzw. deren Basisklasse `Hashtable<K, V>`. Um auch Inkonsistenzen bei konkurrierenden Zugriffen bei Multithreading zu vermeiden, sind einige Methoden synchronisiert.

Durch den Einsatz von Delegation muss kein fremdes API realisiert werden. Stattdessen können wir die Schnittstelle der eigenen Klasse anforderungsgerecht zuschneiden und nur tatsächlich benötigte Methoden realisieren. Weiterhin können Zugriffsmethoden ausschließlich mit Aufzählungswerten arbeiten, sodass der Zugriff einerseits typsicher und andererseits lediglich auf vorhandene Elemente möglich ist. Anwendungsfehler durch falsche Schlüsselwerte, wie sie bei Schlüsseln vom Typ `String` auftreten können, werden somit automatisch ausgeschlossen:

```java
// ...
public synchronized String getProperty(final PropertyName key)
{
    return properties.getProperty(key.propertyKey);
}

public synchronized void setProperty(final PropertyName key, final String value)
{
    properties.setProperty(key.propertyKey, value);
}
```

Der Zugriff auf Konfigurationswerte ist nun nur noch über eine wohldefinierte Menge von Schlüsselwerten möglich.

Verbesserung der Fehlerbehandlung Die Behandlung von Fehlern wird in aufrufenden Programmteilen erleichtert, indem eine Zugriffsmethode `getProperty-FilePath()` bereitgestellt wird, die den voll qualifizierten Pfad zur Konfigurationsdatei zurückliefert:

```java
public static String getPropertyFilePath()
{
    return new File(FILE_PATH).getAbsolutePath();
}
```

Verbesserung durch Zentralisierung Zum zentralen Zugriff auf die Konfigurationsdaten wird die Klasse `AppProperties` als SINGLETON (vgl. Abschnitt 18.1.4) realisiert. Der Dateizugriff wird durch die Methode `readAppProperties()` realisiert. Das Speichern geschieht mit der korrespondierenden Methode `writeAppProperties()`:

```java
public final class AppProperties
{
    private static final String FILE_PATH =
                        "src/main/resources/AppConfig.properties";

    private static final AppProperties INSTANCE = new AppProperties();

    private final Properties properties = new Properties();

    public static final AppProperties getInstance()
    {
        return INSTANCE;
    }

    public synchronized void readAppProperties() throws IOException
    {
        try (final InputStream in = new BufferedInputStream(
                            new FileInputStream(FILE_PATH)))
        {
            properties.load(in);
        }
    }
```

```
public synchronized void writeAppProperties() throws IOException
{
    try (final OutputStream out = new BufferedOutputStream(
                                  new FileOutputStream(FILE_PATH)))
    {
        properties.store(out, "");
    }
}
// ...
```

Bei Dateizugriffen kann es immer zu Fehlern kommen. *Es wäre schlechtes Design, eine Fehlerbehandlung in einer solchen Verwaltungsklasse durch Darstellen einer Fehlermeldungsbox zu realisieren.* Damit höhere Schichten der Applikation auf Fehlersituationen reagieren können, werden möglicherweise auftretende `IOExceptions` propagiert. Außerdem wird der zum Einlesen verwendete Stream automatisch geschlossen, damit keine Implementierungsdetails, in diesem Fall eine Referenz auf den Stream, nach außen gegeben werden müssen.

Fazit

Mit den realisierten Erweiterungen konnten die angesprochenen Probleme gelöst werden. Weiterhin ist es mit der geänderten Realisierung sogar möglich, Verhalten zu variieren. Konfigurationsdaten können bei Bedarf mithilfe anderer Klassen verwaltet oder in einer anderen Form gespeichert werden, z. B. als XML-Datei. Der Zugriff auf die konkrete Form der Datenhaltung kann versteckt werden. Beachten Sie, dass wir keinen dieser Vorteile hätten, wenn wir von der Klasse `Properties` abgeleitet hätten! Wir erkennen hier, warum es häufig empfehlenswert ist, Komposition und Delegation statt Vererbung zur Erweiterung von Funktionalität zu nutzen.

Bewertung der Klasse `Properties`

Ein Einsatz der Klasse `Properties` bietet sich bei hauptsächlich lesendem Zugriff von Konfigurationswerten an. Der große Vorteil ist die menschenlesbare Speicherung der Daten und die damit verbundene leichte Änderbarkeit der Konfigurationswerte mit einem beliebigen Texteditor.

Werden die Voreinstellungen modifiziert und sollen diese anschließend wieder persistiert werden, so macht sich die Implementierungsvererbung von der Klasse `Hashtable<K,V>` negativ bemerkbar: Beim Speichern besitzen die Werte keine feste Reihenfolge, und zudem gehen per Hand eingefügte Kommentare und Formatierungen verloren. Schwerwiegender sind aber folgende weitere, konzeptuelle Unzulänglichkeiten, die unabhängig von der Nutzung einer `Hashtable<K,V>` sind:

- Es wird nicht zwischen globalen und benutzerspezifischen Einstellungen unterschieden.
- Eine hierarchische Strukturierung der Daten wird nicht unterstützt, sondern lediglich eine ungeordnete Sammlung verschiedener Schlüssel-Wert-Paare.

Beide Nachteile könnten durch Nutzung mehrerer `Properties` ausprogrammiert werden. Eine einfache Strukturierung der Konfigurationswerte wird häufig durch eine Punktnotation in der Art `Gliederungsebene1.Ebene2.Wert` nachgebildet. Dies wurde bereits für die Trennung von Parametern zur PDF-Verarbeitung mit Präfix `pdf` und zur Konfiguration einer Datenbank mit Präfix `db` eingesetzt. Die Realisierung von allgemeinen und benutzerspezifischen Einstellungen wird durch den Einsatz der Klasse `Preferences` vereinfacht. Dies beschreibt Abschnitt 8.5.3.

> **Tipp: System-Properties und Umgebungsvariablen**
>
> **System-Properties** Standardmäßig sind diverse Informationen in sogenannten System-Properties gespeichert, etwa Informationen über das Betriebssystem, die Java-Version usw.
>
> ```java
> public static void main(final String[] args)
> {
>     final Properties sysProps = System.getProperties();
>     final Map<String, String> sortedProperties = new TreeMap<>(sysProps);
>
>     for (final Map.Entry<String, String> entry : sortedProperties.entrySet())
>     {
>         System.out.println("Key = " + entry.getKey() +
>                            " / Value = " + entry.getValue());
>     }
> }
> ```
>
> **Listing 8.24** *Ausführbar als* **'SystemPropertiesExample'**
>
> Das Programm SystemPropertiesExample gibt diverse System-Properties aus, von denen einige nützliche in Tabelle 8-2 aufgeführt sind.
>
> Beim Start eines Java-Programms können zusätzliche Werte per Kommandozeilenoption '`-D`' und der Syntax '`-DmyPropKey=myValue`' angegeben werden. Dabei folgt der Name des Schlüssels, hier »myPropKey«, direkt dem '`-D`'. Die so angegebenen Werte werden zu den normalen System-Properties hinzugefügt. Die Abfrage einzelner Werte erfolgt über die Klasse `System` und deren Methode `getProperty(String)`. *Es empfiehlt sich jedoch, eigene Properties zu verwenden, um die System-Properties nicht zu »verschmutzen«.*
>
> **Umgebungsvariablen** Über die statische Methode `getenv()` der Klasse `System` erhält man Zugriff auf Umgebungsvariablen des Betriebssystems:
>
> ```java
> public static void main(final String[] args)
> {
>     final Map<String, String> systemEnv = System.getenv();
>
>     for (final Map.Entry<String, String> entry : systemEnv.entrySet())
>     {
>         System.out.println("Key = " + entry.getKey() +
>                            " / Value = " + entry.getValue());
>     }
> }
> ```
>
> **Listing 8.25** *Ausführbar als* **'SystemEnvExample'**

Tabelle 8-2 Einige nützliche System-Properties

Property-Name	Inhalt
java.version	Java-Versionsnummer
java.home	Installationsverzeichnis des JREs
java.class.version	Versionsnummer der Java-.class-Dateien (JDK 6 = 50.0, JDK 7 = 51.0, JDK 8 = 52.0, JDK 9 = 53.0)
java.class.path	Aktueller CLASSPATH
os.name	Name des Betriebssystems (Windows 7 usw.)
user.name	Name des angemeldeten Benutzers
user.home	Home-Verzeichnis des angemeldeten Benutzers
user.dir	Aktuelles Arbeitsverzeichnis

8.5.3 Die Klasse Preferences

Wir haben bereits verschiedene Möglichkeiten, aber auch Schwierigkeiten und Beschränkungen der Konfigurationsverwaltung mit der Klasse Properties kennengelernt. Durch Einsatz der Klasse java.util.prefs.Preferences lassen sich einige Probleme lösen. Man kann dann Programmeinstellungen plattformunabhängig verwalten und zwischen Benutzer- und Systemeinstellungen unterscheiden. Letztere enthalten allgemeine, für alle Benutzer relevante Einstellungen. Benutzereinstellungen umfassen hingegen konkrete, individuelle Konfigurationen für einzelne Benutzer.

Die Voreinstellungen liegen nicht in Form einer durch den Programmierer einzusendenden Datei vor, sondern werden auf Windows-Systemen in der Registry gespeichert. Unter Unix erfolgt die Ablage verteilt im Dateisystem. Diese Details sind jedoch beim Arbeiten mit der Klasse Preferences für den Entwickler irrelevant.

Speicherung von Konfigurationsdaten

Die Speicherung von Konfigurationsdaten erfolgt bei Preferences wiederum in Form von Schlüssel-Wert-Paaren. Allerdings können im Gegensatz zur Klasse Properties die Werte nicht nur vom Typ String, sondern auch von beliebigen primitiven Typen oder vom Typ byte[] sein. Andere Typen können nicht direkt gespeichert werden.[11]

Die maximal mögliche Länge der Informationen in Schlüsseln und Werten ist in den Konstanten MAX_KEY_LENGTH und MAX_VALUE_LENGTH als 80 bzw. 8192 Zeichen definiert. Für normale Voreinstellungen sollten diese Werte ausreichend sein – größere Datenmengen lassen sich so jedoch nicht (an einem Stück) speichern.

---

[11]Die JVM kann Objekte in eine Folge von Bytes transformieren, wenn diese das Interface Serializable erfüllen. Details dazu beschreibt Abschnitt 10.3.

Hierarchische Struktur

Die Organisation von Daten mit der Klasse `Preferences` geschieht hierarchisch in Form eines Baums. Dessen Struktur kann zwar beliebig definiert werden, folgt aber häufig der Package-Hierarchie. Jeder Knoten ist durch eine entsprechende Pfadangabe (diese enthält alle Vorgängerknoten bis zur Wurzel) eindeutig zu identifizieren. Der Pfad besteht aus den Namen der Knoten, die durch einen Schrägstrich getrennt werden. Der Schrägstrich alleine stellt den Pfad zum Wurzelknoten der Hierarchie dar. Ein möglicher absoluter Pfad ist etwa '`/Data/General`'. Neben absoluten Pfadangaben, die immer mit einem '`/`' beginnen, werden auch relative Pfadangaben unterstützt.

Einstellungen ermitteln

Bei der Klasse `Preferences` erfolgt der Zugriff auf System- bzw. Benutzereinstellungen durch folgende Zugriffsmethoden:

- `systemNodeForPackage()` bzw. `userNodeForPackage()` – Gibt den Knoten in den Systemeinstellungen bzw. Benutzereinstellungen für ein Objekt zurück. Dabei wird der Package-Name in einen absoluten Pfad umgewandelt, wobei die Punkte des Package-Namens durch '/' ersetzt werden.
- `systemRoot()` bzw. `userRoot()` – Gibt die Wurzel des Baums der Systemeinstellungen bzw. der Benutzereinstellungen zurück.

Durch die ersten beiden Methoden erhält man Zugriff auf Voreinstellungen, die einem speziellen Package zugeordnet sind. Dadurch ist deren Eindeutigkeit gewährleistet. Häufig ist eine derart feingranulare Speicherung von Voreinstellungen nicht unbedingt erforderlich. Dann sind sowohl `systemRoot()` als auch `userRoot()` nützlich, um allgemeine Einstellungen vorzunehmen. Ausgehend von diesen (aber auch von jedem beliebigen anderen) Knoten ist es mit der Methode `node(String)` möglich, Zugriff auf Einstellungen zu erhalten, die in dem durch den übergebenen String referenzierten Knoten gespeichert sind. Existiert der angegebene Pfad nicht, so wird dieser angelegt.

Einstellungswerte setzen und holen

Nachdem wir, wie zuvor beschrieben, den gewünschten Knoten, also den Speicherplatz für unsere Daten, gefunden haben, können wir dort Daten mit den diversen `get()`- und `put()`-Methoden der Klasse `Preferences` auslesen und speichern. Dazu existieren verschiedene Varianten zur Verarbeitung von primitiven Datentypen, von Strings und von Byte-Arrays. Die `get()`-Methoden besitzen alle einen zweiten Parameter, der zur Übergabe eines Defaultwerts dient:

```
final int prefWidth = prefs.getInt("WIDTH", 700 /* default-width */);
```

Für den Fall, dass kein Eintrag in dem angegebenen `Preferences`-Knoten hinterlegt ist, wird der übergebene Defaultwert zurückgeliefert. Dadurch ist es möglich, trotz gegebenenfalls fehlender Voreinstellungen, die Applikation mit einer sinnvollen Basiskonfiguration zu starten. Allerdings ist dies auch der größte Nachteil: Die Klasse `Preferences` ist eigentlich nur für solche Einstellungen zu verwenden, für die sinnvolle Defaultwerte existieren, etwa Fenstergrößen, Farben usw.

Für fixe Einstellungen, wie etwa Datenbankzugangsdaten o. Ä., sollte man besser eine Abstraktion basierend auf der Klasse `Properties` verwenden, wie wir dies in Abschnitt 8.5.2 getan haben.

8.5.4 Weitere Möglichkeiten zur Konfigurationsverwaltung

Mit CSV- bzw. XML-Dateien lassen sich auch komplexere Datenstrukturen abbilden und man ist flexibler als bei Schlüssel-Wert-Paaren, repräsentiert durch `Properties` oder `Preferences`. An einem Beispiel lernen wir nun die Verarbeitung von CSV-Daten kennen. Statt trockener Anwendungsdaten nutzen wir als Eingabe eine Liste von Spielständen, die kommasepariert gespeichert werden.

Beispiel: Einlesen von Highscores aus einer CSV-Datei

Stellen wir uns eine x-beliebige Spieleapplikation vor, die es einem Spieler erlaubt, entsprechende Punktzahl vorausgesetzt, sich in einer Highscore-Liste zu verewigen. Es wäre sehr ärgerlich, wenn die Erfolge nach jedem Programmende verloren gehen würden. Eine Speicherung in einer Datei und ein Einlesen beim Programmstart sind wünschenswert. Die Highscores werden dazu als Liste von Elementen der im folgenden Listing gezeigten Immutable-Klasse `Highscore` verwaltet:

```
public final class Highscore
{
    private final String name;
    private final int points;
    private final int level;
    private final LocalDate day;

    public Highscore(final String name, final int points, final int level,
                     final LocalDate day)
    {
        this.name = name;
        this.points = points;
        this.level = level;
        this.day = day;
    }

    public String getName()       { return name; }
    public int getPoints()        { return points; }
    public int getLevel()         { return level; }
    public LocalDate getDay()     { return day; }
}
```

Nehmen wir weiterhin an, die Spielstände wären etwa wie folgt in kommaseparierter Form in einer Datei `Highscores.csv` gespeichert. In diesem Beispiel sind bewusst auch fehlerhafte Einträge dargestellt, die dazu dienen, die Implementierung einer robusten Fehlerbehandlung zu demonstrieren und zu testen:

```
# Name, Punkte, Level, Datum
Matze,    1000,    7,    12.12.2009
Peter,     985,    6,    11.11.2009
ÄÖÜßöäü,   777,    5,    10.10.2009

# Fehlender Datumswert
Peter,     985,    6

# Falsches Format des Levels
Peter,     985,    A6,   11.11.2009

# Fehlerhaftes Datumsformat
Micha,     100,    1,    1/1/2001
```

Betrachten wir die Implementierung der Klasse, die die dargestellte Datei mit Spielständen einliest. Erwähnenswert ist, dass im Sourcecode verschiedene mit JDK 8 eingeführte Neuerungen, etwa `Files.readAllLines()`, `Iterable<E>.forEach()`, `Optional<T>` und Lambdas, zum Einsatz kommen. Bei `readAllLines()` ist es möglich, das Encoding der Eingabedaten anzugeben, hier durch die Konstante `ISO_8859_1` repräsentiert:

```java
public final class HighscoresFromCsvImporter
{
    private static final Logger LOGGER =
                LogManager.getLogger("HighscoresFromCsvImporter");

    public static List<Highscore> readHighscoresFromCsv(final String fileName)
    {
        final List<Highscore> highscores = new LinkedList<Highscore>();

        try
        {
            // JDK 8: readAllLines(), forEach(), Optional<T> & Lambdas
            final List<String> lines = Files.readAllLines(
                        Paths.get(fileName), StandardCharsets.ISO_8859_1);
            lines.forEach(line ->
            {
                final Optional<Highscore> optHighscore =
                            extractHighscoreFrom(line);
                optHighscore.ifPresent(highscore -> highscores.add(highscore));
            });
        }
        catch (final IOException e)
        {
            LOGGER.warn("processing of file '" + fileName + "' failed: " + e);
        }

        return highscores;
    }

    // ...
}
```

Die eigentliche Extraktionsarbeit findet in der nachfolgend gezeigten Methode `extractHighscoreFrom(String)` statt. Der Datenstrom wird durch Aufruf der Methode `split(String)` der Klasse `String` ausgewertet und in einzelne Tokens unterteilt. Wir stellen zuerst sicher, dass die erwartete Anzahl an Tokens vorliegt, und protokol-

8.5 Konfigurationsparameter und -dateien

lieren Verstöße. Beim Umwandeln der textuellen Informationen nutzen wir die Methoden `Integer.parseInt()` für Zahlen und `LocalDate.parse()` für Datumsangaben. Weil Letztere im deutschen Format vorliegen, verwenden wir hier einen speziellen `DateTimeFormatter`. Spezielle Leer- oder Kommentarzeilen erkennen wir durch die Methode `isEmptyLineOrComment()` und überspringen diese.

Liegen alle Daten im gewünschten Format vor, wird daraus ein unveränderliches `Highscore`-Objekt erstellt. Unvollständige oder ungültige Objektzustände sind somit ausgeschlossen.

```java
private static Optional<Highscore> extractHighscoreFrom(final String line)
{
    final int VALUE_COUNT = 4;

    // Spalte die Eingabe mit ';' oder ',' auf
    final String[] values = line.split(";|,");

    // Behandlung von Leerzeilen, Kommentaren und unvollständigen Einträgen
    if (isEmptyLineOrComment(values) || values.length != VALUE_COUNT)
    {
        return Optional.empty();
    }

    try
    {
        // Auslesen der Werte als String + Typprüfung + Konvertierung
        final String name = values[0].trim();
        final int points = Integer.parseInt(values[1].trim());
        final int level = Integer.parseInt(values[2].trim());
        final String dateAsString = values[3].trim();

        final DateTimeFormatter dateTimeFormatter =
                        DateTimeFormatter.ofPattern("dd.MM.yyyy");
        final LocalDate day = LocalDate.parse(dateAsString, dateTimeFormatter);

        return Optional.of(new Highscore(name, points, level, day));
    }
    catch (final NumberFormatException e)
    {
        LOGGER.warn("Skipping invalid point or level value '" + line + "'");
    }
    catch (final DateTimeParseException e)
    {
        LOGGER.warn("Skipping invalid date value '" + line + "'");
    }
    return Optional.empty();
}

private static boolean isEmptyLineOrComment(final String[] values)
{
    return (values.length == 1 && (values[0].trim().length() == 0) ||
            // Ignoriere Kommentare, die auch ',' oder ';' enthalten
            (values.length >= 1 && values[0].trim().startsWith("#")));
}
```

Das folgende Listing zeigt die Klasse `ReadHighscoresFromCsvExample`, die die zuvor beschriebene Funktionalität aufruft:

```
public static final void main(final String[] args)
{
    final String path = "src/main/resources/Highscores.csv";
    final List<Highscore> highscores =
                    HighscoresFromCsvImporter.readHighscoresFromCsv(path);

    new AppFrame(highscores).setVisible(true);
}
```

Listing 8.26 Ausführbar als '**READHIGHSCORESFROMCSVEXAMPLE**'

Beim Start des Programms READHIGHSCORESFROMCSVEXAMPLE werden alle Werte aus der Datei `Highscores.csv` eingelesen. Einige nicht valide Daten werden herausgefiltert. Anschließend werden dann alle korrekten Daten in Form einer Tabelle in einem Swing-GUI dargestellt. Das ist in Abbildung 8-3 gezeigt.

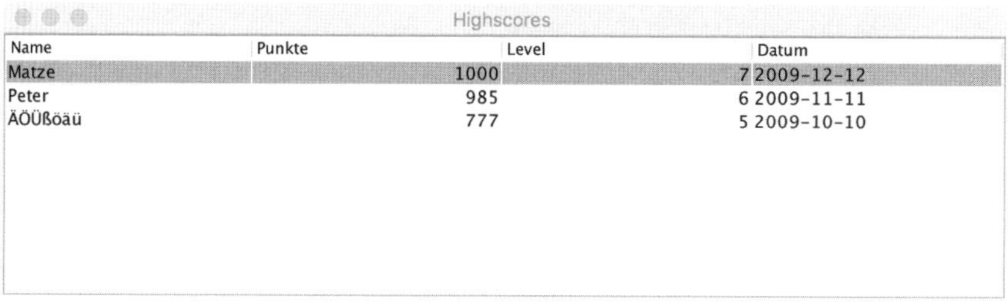

Name	Punkte	Level	Datum
Matze	1000	7	2009-12-12
Peter	985	6	2009-11-11
ÄÖÜßöäü	777	5	2009-10-10

Abbildung 8-3 Applikationsfenster der Highscore-Liste

Nachdem wir – eine Ausführung des Programms vorausgesetzt – die Klasse konkret in Aktion erlebt haben, möchte ich noch auf einige Dinge etwas genauer eingehen.

Behandlung von Fehlern beim Öffnen der Datei Im Falle einer Exception beim Öffnen der Datei `Highscores.csv` protokollieren wir ein derartiges Problem und beenden die Verarbeitung. In jedem Fall werden durch den Einsatz von ARM (vgl. Abschnitt 4.7.4) automatisch Aufräumarbeiten durchgeführt. Das sorgt dafür, dass allozierte Systemressourcen wieder freigegeben werden.

Auch die Applikation kann geregelt weiterarbeiten. Sie erhält in diesem Fall entweder eine leere Highscore-Liste oder eine solche, die mit den Daten gefüllt ist, die bis zum Auftreten des Problems eingelesen werden konnten.[12] Alternativ könnte man Exceptions an die Applikation durchreichen und dort eine Fehlermeldung erzeugen.

---

[12]Das Verhalten kann manchmal problematisch sein, etwa wenn die Forderung nach »alles oder nichts« besteht.

Behandlung von Leerzeilen und Kommentaren   Aus der Datei gelesene Eingaben werden mithilfe der Methode `split(String)` der Klasse `String` gemäß einer übergebenen Trennzeichenfolge in Tokens zerlegt. Als Ergebnis erhält man ein `String[]`, das der Hilfsmethode `isEmptyLineOrComment(String[])` als Eingabe dient. Dort erfolgen verschiedene Prüfungen, die es erlauben, sowohl Leerzeilen als auch Kommentarzeilen bei der Auswertung zu überspringen.

Solche Hilfsmethoden sorgen für mehr Lesbarkeit im eigentlichen Applikationscode und halten diesen frei von Implementierungsdetails.

Ignorieren von unvollständigen Eingaben   Beim Einlesen von textuellen Daten aus CSV-Dateien kann man Inkonsistenzen in den gespeicherten Daten nicht ausschließen. So etwas sollte die Auswertung berücksichtigen und fehlertolerant darauf reagieren. In diesem Beispiel wird bei unvollständiger Angabe von Informationen eine Warnmeldung in einer Log-Datei protokolliert, die entsprechende Zeile übersprungen und das Parsing mit der nächsten Zeile der Eingabe fortgesetzt.

Auswertung der Informationen   Sind alle benötigten Daten vorhanden, d. h., liegen genau vier Tokens in der Eingabe vor, so werden zunächst führende und nachfolgende Leerzeichen der Eingabewerte durch einen Aufruf der Methode `trim()` der Klasse `String` entfernt. Dadurch ist es bei der Angabe in der CSV-Datei erlaubt, beliebig viele Leerzeichen zur Ausrichtung der Daten zu verwenden, ohne dass sich dies auf die Daten selbst auswirkt. Der textuelle Wert für den Namen wird ohne weitere Prüfung übernommen. Die beiden Zahlenwerte werden durch die statische Methode `parseInt(String)` der Klasse `Integer` in einen `int`-Wert umgewandelt. Wird in der Eingabe keine Zahl angegeben, so löst dies eine `NumberFormatException` aus und es wird kein `Highscore`-Objekt erzeugt. Die Angabe des Datums wird mithilfe der Klasse `java.time.format.DateTimeFormatter` (siehe Abschnitt 11.1.12) auf Gültigkeit untersucht. Neben den eher syntaktischen Prüfungen auf Zahl oder Datum könnte man mithilfe einer Prüfmethode `validateInputs()` eine weiter gehende semantische Prüfung durchführen, um etwa negative Level- oder Punktzahlen oder gar Datumswerte aus der Zukunft zurückzuweisen. Darüber hinaus gibt es noch eine Obergrenze der Level usw. Sind alle Werte gültig, so werden diese dem Konstruktor der Klasse `Highscore` als Parameter zur Erzeugung eines neuen Objekts übergeben.

> **Hinweis: Einsatz einer Bibliothek zur Konfigurationsverwaltung**
>
> Durch den Einsatz der Bibliothek Apache Commons Configuration kann die Konfiguration von eigenen Programmen vereinfacht werden. Damit lassen sich leichter verschiedenste Arten von Konfigurationen, etwa aus Properties, aus XML-Dateien oder aus Servlet-Parametern, verarbeiten. Weitere Informationen finden Sie online unter `http://commons.apache.org/configuration/`.

9 Multithreading

Das Thema Multithreading und Parallelverarbeitung mehrerer Aufgaben gewinnt durch Computer mit mehreren Prozessoren (CPUs) oder Prozessoren mit mehreren Rechenkernen (Multicores) zunehmend an Bedeutung. Ziel ist es, komplexe Aufgaben innerhalb von Programmen in voneinander unabhängige Teilaufgaben zu untergliedern, die parallel abgearbeitet werden können. Ist dies der Fall, spricht man von Nebenläufigkeit (Concurrency). Java bietet zwar einen einfachen Zugang zur Programmierung mit Threads, allerdings verleitet dies manchmal dazu, Multithreading einzusetzen, ohne die resultierenden Konsequenzen zu beachten. Dadurch kommt es in der Praxis aber immer mal wieder zu Problemen. Dieses Kapitel soll helfen, Multithreading mit seinen Möglichkeiten (aber auch Fallstricken) kennenzulernen.

Eine Einführung in das Thema Multithreading mit `Thread` und `Runnable` gibt Abschnitt 9.1. Wenn in einem Programm Aufgaben durch mehrere Threads bearbeitet werden, müssen deren Berechnungsergebnisse abgeglichen oder zusammengeführt werden. Das ist Thema von Abschnitt 9.2. Auch die Kommunikation zwischen Threads hat Einfluss auf eine erfolgreiche Zusammenarbeit. Darauf gehe ich in Abschnitt 9.3 ein. Ebenso spielt das Java-Memory-Modell eine wichtige Rolle. Einige Details dazu liefert Abschnitt 9.4. Das Themengebiet Multithreading wird in Abschnitt 9.5 mit der Vorstellung verschiedener Besonderheiten beim Einsatz von Threads abgerundet. Im Speziellen widmen wir uns dem Beenden von Threads sowie der zeitgesteuerten Ausführung von Aufgaben mithilfe der Klassen `Timer` und `TimerTask`. Mit den in JDK 5 eingeführten Concurrency Utilities werden viele Aufgaben im Bereich von Multithreading und Nebenläufigkeit deutlich erleichtert. Abschnitt 9.6 geht darauf ein. Auch die mit JDK 7 eingeführten Erweiterungen werden dort kurz behandelt. Darüber hinaus wird die mit JDK 8 neu eingeführte Klasse `CompletableFuture` vorgestellt.

Grundlagen zu Parallelität und Nebenläufigkeit

Moderne Betriebssysteme beherrschen sogenanntes *Multitasking* und führen mehrere Programme gleichzeitig aus oder vermitteln dem Benutzer zumindest die Illusion, dass verschiedene Programme gleichzeitig ausgeführt würden. Man spricht in diesem Zusammenhang von Parallelität oder Nebenläufigkeit. Da diese Begriffe in der Literatur nicht einheitlich gebraucht werden, werde ich im Folgenden auch keine Unterscheidung vornehmen.

Wie eingangs erwähnt, besitzen Computer heutzutage normalerweise Prozessoren mit mehreren Kernen oder gar mehrere Prozessoren und erlauben so, dass das Betriebssystem verschiedene Programme direkt auf alle verfügbaren Prozessoren bzw. Kerne aufteilen kann. Allerdings kann zu jedem Zeitpunkt jede Recheneinheit (Prozessor bzw. Kern) nur genau ein Programm ausführen. Sollen mehrere Programme parallel ausgeführt werden, müssen diese intelligent auf die jeweiligen Recheneinheiten aufgeteilt werden. Bei nur einer Recheneinheit ist dies bereits bei zwei Programmen der Fall. Ganz allgemein gilt für eine n-Prozessor-Maschine[1], dass eine Verteilung bei mehr als n Programmen notwendig wird. Ein sogenannter **Scheduler** legt fest, welches Programm auf welcher Recheneinheit ausgeführt wird, und schaltet bei Bedarf zwischen Programmen um. Dadurch wird ein zuvor unterbrochenes Programm etwas später an gleicher Stelle fortgesetzt. Diese Vorgehensweise sorgt dafür, dass die Ausführung jeweils in kleinen Schritten erfolgt, und erlaubt es, andere Programme minimal zeitlich versetzt und damit scheinbar parallel ausführen zu können.

Laufende Programme können wiederum aus »schwergewichtigen« **Prozessen** und »leichtgewichtigen« **Threads** bestehen. Prozesse sind im Gegensatz zu Threads bezüglich des von ihnen verwendeten Speichers voneinander abgeschottet und belegen unterschiedliche Bereiche. Dadurch beeinflusst ein abstürzender Prozess andere Prozesse (meistens) nicht. Allerdings erschwert diese Trennung auch die Zusammenarbeit und Kommunikation der Prozesse untereinander. Dazu wird die **Interprozesskommunikation** notwendig. Diese kann nicht durch normale Methodenaufrufe erfolgen, sondern man nutzt eine spezielle **Middleware**, die den Transport von Daten zwischen Prozessen oder gar Anwendungen, das sogenannte **Messaging**, realisiert. Beispiele sind JMS (Java Messaging Service) sowie SOAP (Simple Object Access Protocol) oder das leichtgewichtigere REST (REpresentational State Transfer).

Ein Java-Programm wird im Betriebssystem durch einen Prozess einer JVM ausgeführt. Ein solcher Prozess kann wiederum verschiedene eigene Threads starten. Alle Threads in einer JVM teilen sich dann den gleichen Adressraum und Speicher. Änderungen an Variablen sind dadurch theoretisch für alle Threads sichtbar. In der Realität ist es durch das Java-Memory-Modell jedoch etwas komplizierter. Abschnitt 9.4 geht detailliert darauf ein. Damit sich zwei Threads beim Zugriff auf dieselben Variablen oder Ressourcen nicht gegenseitig stören, müssen sich diese abstimmen, wenn sie zugreifen wollen. Dazu kann man sogenannte **kritische Bereiche** definieren, die zu einer Zeit exklusiv immer nur von einem Thread betreten werden können. Damit vermeidet man konkurrierende Zugriffe auf gemeinsame Daten durch verschiedene Threads und erreicht so eine **Synchronisierung**. Allerdings birgt dies die Gefahr, dass sich Threads gegenseitig behindern oder sogar blockieren. Eine solche Situation nennt man **Verklemmung** (oder **Deadlock**) und muss vom Entwickler selbst verhindert werden. Strategien dazu stellt Abschnitt 9.2.1 vor. Beginnen wir nun mit dem Einstieg in das Multithreading mit Java und schauen uns Threads und deren Kommunikation relativ ausführlich an, da diese Themen elementare Grundlagen darstellen.

---
[1] Vereinfachend wird hier kein Unterschied zwischen n CPUs und n Rechenkernen gemacht.

9.1 Threads und Runnables

Jeder Thread wird in Java von einer Instanz der Klasse java.lang.Thread oder einer davon abgeleiteten Klasse modelliert. Dabei ist es wichtig, Folgendes zu unterscheiden:

1. Den tatsächlichen Thread, der eine Aufgabe ausführt und vom Betriebssystem erzeugt und verwaltet wird.
2. Das zugehörige Thread-Objekt, das den zuvor genannten Thread des Betriebssystems repräsentiert und Steuerungsmöglichkeiten auf diesen bietet.

Beim Programmstart erzeugt und startet die JVM automatisch den sogenannten main-Thread, der die main()-Methode der Applikation ausführt. Ausgehend von diesem Thread können weitere Threads erzeugt und gestartet werden.

Betrachten wir zunächst, wie wir eine auszuführende Aufgabe beschreiben, bevor wir uns dem Ausführen von Threads zuwenden.

9.1.1 Definition der auszuführenden Aufgabe

Zur Definition der abzuarbeitenden Aktionen eines Threads nutzt man die Klasse Thread selbst oder das Interface java.lang.Runnable. Beide bieten eine run()-Methode, die mit »Leben gefüllt« werden muss. Das kann auf zwei Arten geschehen:

1. Ableiten von der Klasse Thread und Überschreiben der run()-Methode
2. Implementieren des Interface Runnable und damit der run()-Methode

Betrachten wir beide Varianten anhand der zwei einfachen Klassen CountingThread und DatePrinter. Abbildung 9-1 zeigt das zugehörige Klassendiagramm.

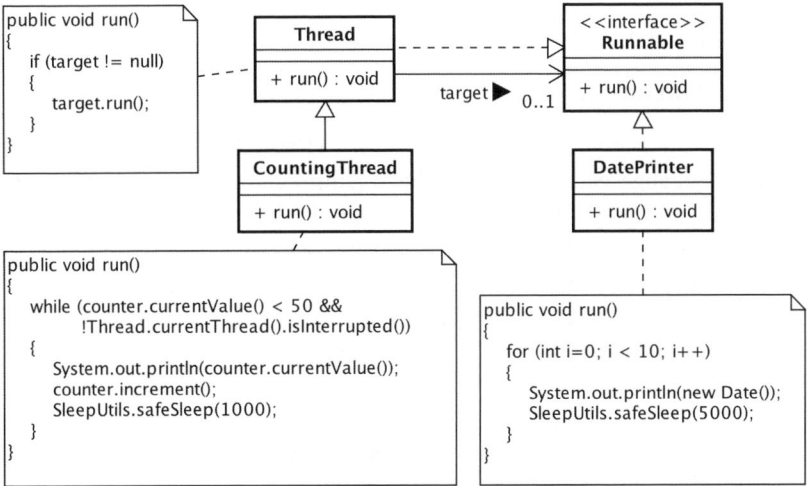

Abbildung 9-1 Thread und Runnable

Die Klasse `CountingThread` erweitert die Klasse `Thread`. Die Implementierung der `run()`-Methode erhöht im Abstand von einer Sekunde einen Zähler und gibt dessen Wert anschließend auf der Konsole aus. Die Klasse `DatePrinter` implementiert das Interface `Runnable` und gibt im Takt von fünf Sekunden das aktuelle Datum aus. Beide Klassen verwenden zum Warten einer Zeitspanne in Millisekunden eine Utility-Klasse `SleepUtils`, die wir später in Abschnitt 9.1.4 kennenlernen werden. Nur im `CountingThread` wird auf die Aufforderung zum Abbruch per `interrupt()` geprüft, wodurch auch vor dem 50. Durchlauf ein Abbruch möglich ist.

> **Hinweis: Beschränkungen von `run()`**
>
> Wie gesehen, lässt sich die abzuarbeitende Aufgabe beschreiben, indem man die `run()`-Methode implementiert. Diese besitzt durch das Interface `Runnable` eine vordefinierte Signatur ohne Aufrufparameter. Oftmals benötigt man zur Ausführung einer Aufgabe aber gewisse Kontextinformationen, die man jedoch nicht an `run()` übergeben kann. In eigenen Realisierungen von `Runnable` bzw. `Thread` nutzt man daher Attribute zur Parametrierung.
>
> Eine weitere Einschränkung der `run()`-Methode besteht darin, dass diese keinen Rückgabewert definiert. Wenn diese Anforderung besteht, sollte man das später in Abschnitt 9.6.2 beschriebene Executor-Framework und seine Bestandteile `Callable<V>` und `Future<V>` aus dem Package `java.util.concurrent` nutzen. Damit wird eine Realisierung auf logischer statt eher technischer Ebene möglich und man vermeidet eigene, mühsame Implementierungen von `Runnable`. Dort müsste man zur Rückgabe von Berechnungsergebnissen Attribute sowie zugehörige Accessor-Methoden vorsehen, damit Aufrufer auf das Ergebnis der Verarbeitung zugreifen können.

9.1.2 Start, Ausführung und Ende von Threads

Starten von Threads

Die Konstruktion eines `Thread`-Objekts in einem Thread A führt nicht dazu, dass ein Ausführungspfad abgespalten wird. Erst durch Aufruf der `start()`-Methode entsteht ein eigenständiger Thread: Thread A arbeitet danach unabhängig von Thread B bzw. dem `main`-Thread weiter. In folgendem Beispiel werden die zwei vorgestellten unterschiedlichen Realisierungen von Threads jeweils erzeugt und gestartet:

```java
public static void main(final String[] args)
{
    final Thread derivedThread = new CountingThread();
    derivedThread.start();

    final Thread threadWithRunnable = new Thread(new DatePrinter());
    threadWithRunnable.start();
}
```

Listing 9.1 Ausführbar als 'THREADEXAMPLE'

Wir sehen, dass man ein `Thread`-Objekt durch Aufruf von `start()` direkt starten kann. Die nebenläufige Ausführung eines `Runnable` ist nicht direkt möglich, sondern dazu muss dieses einem `Thread`-Objekt im Konstruktor übergeben werden. In beiden Varianten wird die `run()`-Methode des Threads abgearbeitet. Dazu muss in eigenen Ableitungen von `Thread` die `run()`-Methode implementiert werden. Für `Runnables` und die Basisklasse `Thread` delegiert die `run()`-Methode des `Thread`-Objekts die Ausführung an die `run()`-Methode des `Runnable`-Objekts. Das ist bereits in Abbildung 9-1 durch `target.run()` angedeutet. Die Variante basierend auf `Runnable` ist OO-technisch sauberer: Es findet keine Ableitung von der Utility-Klasse `Thread` statt und die Funktionalität ist als Einheit gekapselt. Bei Ableitungen von der Klasse `Thread` wird oftmals nur die `run()`-Methode überschrieben und es lassen sich dann keine `Runnables` mehr damit ausführen, was gegen das LSP (vgl. Abschnitt 3.5.3) verstößt. Dies gilt auch schon hier für den `CountingThread`.

Ausführen von Threads

Nach Aufruf von `start()` kommt es zu einer Verarbeitung und zur Ausführung des Threads durch den Thread-Scheduler. In der Folgezeit wird die `run()`-Methode so lange ausgeführt, bis deren letztes Statement erreicht ist (oder ein Abbruch erfolgt, etwa durch Auslösen einer Exception). Bis dahin wird der Thread normalerweise bei der Abarbeitung der in der `run()`-Methode aufgeführten Anweisungen einige Male vom Thread-Scheduler unterbrochen, um andere Threads auszuführen. Über die Methode `isAlive()` kann man ein `Thread`-Objekt befragen, ob es noch aktiv ist und vom Thread-Scheduler verwaltet wird. Die Methode liefert dann den Wert `true`.

Ein `Thread`-Objekt führt seine durch die `run()`-Methode beschriebene Aufgabe nur genau einmal nebenläufig aus. Eine Wiederholung ist nicht möglich: Ein erneuter Aufruf von `start()` löst eine `java.lang.IllegalThreadStateException` aus.

> **Achtung: Versehentlicher direkter Aufruf von `run()`**
>
> Manchmal sieht man Sourcecode, der die Methode `run()` direkt aufruft, um einen neuen Thread zu erzeugen und die Aufgabe parallel auszuführen. ***Das funktioniert jedoch nicht korrekt!*** Stattdessen werden die Anweisungen der Methode `run()` einfach synchron im momentan aktiven Thread wie jede normale andere Methode ausgeführt. Dieser Fehler ist relativ schwierig zu finden, da die gewünschten Aktionen abgearbeitet werden – in diesem Fall allerdings nicht nebenläufig.

Ende der Ausführung von Threads

Nachdem das letzte Statement der `run()`-Methode ausgeführt wurde, endet auch der Thread. Das zugehörige `Thread`-Objekt bleibt jedoch weiter erhalten, stellt aber nur noch ein Objekt wie jedes andere dar. Man kann weiterhin auf Attribute des Threads zugreifen, um beispielsweise die Ergebnisse einer Berechnung zu ermitteln. Ein Aufruf von `isAlive()` liefert dann den Wert `false`.

Manchmal sollen Bearbeitungen, d. h. die Ausführung der `run()`-Methode, zu einem beliebigen Zeitpunkt abgebrochen werden. Leider lassen sich Threads nicht so einfach beenden wie starten. Es gibt zwar im API eine zu `start()` korrespondierende Methode `stop()`, doch diese ist als `@deprecated` markiert und sollte nicht (mehr) verwendet werden, da sie verschiedene Probleme auslösen kann. Zum Verständnis der Details müssen wir zunächst einige andere Themen besprechen. Abschnitt 9.5.3 greift das Thema »Beenden von Threads« erneut auf und geht detaillierter auf zugrunde liegende Probleme und mögliche Lösungen ein.

Erwähnenswert ist noch, dass die JVM so lange läuft, wie noch mindestens ein Thread ausgeführt wird – das gilt nur für die bislang vorgestellten sogenannten User-Threads, für die in Abschnitt 9.5.1 besprochenen Daemon-Threads gilt das nicht.

Thread-Prioritäten

Jeder Thread besitzt eine Ausführungspriorität als Zahlenwert aus dem vordefinierten Bereich von 1 bis 10, entsprechend den Konstanten `Thread.MIN_PRIORITY` und `Thread.MAX_PRIORITY`. Diese Priorität beeinflusst, wie der Thread-Scheduler zu aktivierende Threads auswählt. Threads höherer Priorität werden normalerweise bevorzugt, allerdings wird dies nicht garantiert, und jede JVM oder das Betriebssystem können dies anders handhaben. Dadurch können z. B. Threads mit der Priorität n und $n+1$ durch den Thread-Scheduler ohne Unterschied zur Ausführung ausgewählt werden.

Beim Erzeugen übernimmt ein Thread die Priorität des erzeugenden Threads, die oftmals dem Wert `Thread.NORM_PRIORITY` (5) entspricht. Diese kann nachträglich über die Methoden `getPriority()` und `setPriority(int)` abgefragt und verändert werden. Dabei sind nur Werte aus dem durch die obigen Konstanten definierten Wertebereich erlaubt.[2] In der Regel muss die Priorität nicht angepasst werden. Hierbei gibt es zwei Ausnahmen: Für im Hintergrund zu erledigende, nicht zeitkritische Aufgaben kann z. B. der Wert 3 verwendet werden. Für zeitkritische Berechnungen bietet sich eine Priorität nahe `MAX_PRIORITY` an, etwa der Wert 8. Doug Lea gibt in seinem Buch »Concurrent Programming in Java« [51] folgende Empfehlungen:

Tabelle 9-1 Empfehlungen für Thread-Prioritäten

Priorität	Verwendungszweck
10	Krisenmanagement
7 – 9	Interaktive, ereignisgesteuerte Aufgaben
4 – 6	Normalfall und I/O-abhängige Aufgaben
2 – 3	Berechnungen im Hintergrund
1	Unwichtige Aufgaben

---

[2] Werte außerhalb dieses Wertebereichs führen zu einer `IllegalArgumentException`.

Threads und Thread-Gruppen

Eingangs erwähnte ich, dass beim Programmstart von der JVM automatisch der `main()`-Thread erzeugt und gestartet wird. Dabei wird auch eine sogenannte Thread-Gruppe erzeugt, in der verschiedene Threads zusammengefasst werden können und die im JDK einem `java.lang.ThreadGroup`-Objekt entspricht. Ein Thread ist immer genau einer Thread-Gruppe zugeordnet. Thread-Gruppen wiederum können hierarchisch kombiniert werden. Bei der Zugehörigkeit zu einer Thread-Gruppe verhält es sich wie bei der Priorität: Ein Thread wird automatisch in der Gruppe des erzeugenden Threads angelegt, sofern dies nicht bei der Konstruktion anders spezifiziert wird.

In der Praxis werden Sie eher selten mit Thread-Gruppen arbeiten – trotzdem kann deren Kenntnis und Einsatz nützlich sein, etwa um die aktiven Threads und ihre Thread-Gruppen ausgeben zu können. Hier entwickeln wir die benötigte Funktionalität in Form einer Hilfsmethode `dumpThreads()` in einer Utility-Klasse `ThreadUtils`. In der Hilfsmethode ermitteln wir die Thread-Gruppe des aktuellen Threads durch Aufruf von `getThreadGroup()`. Für diese bestimmen wir dann mithilfe der Methode `activeCount()` die Anzahl der laufenden Threads der Gruppe und füllen anschließend durch Aufruf von `enumerate(Thread[])` ein `Thread`-Array mit den momentan aktiven Threads:

```java
public final class ThreadUtils
{
    public static void dumpThreads()
    {
        final ThreadGroup group = Thread.currentThread().getThreadGroup();
        final int activeCount = group.activeCount();
        final Thread[] threads = new Thread[activeCount];
        group.enumerate(threads);

        System.out.println("Thread-Group " + group + " contains " + activeCount +
                           " threads");

        for (final Thread thread : threads)
        {
            System.out.println("Thread " + thread);
        }
    }
}
```

Verdeutlichen wir uns den Einsatz der erstellten Methode am bereits kennengelernten Beispiel THREADEXAMPLE, das wir wie folgt erweitern:

```java
public static void main(final String[] args) throws InterruptedException
{
    final Thread derivedThread = new CountingThread();
    derivedThread.setName("CountingThread");
    derivedThread.start();

    final Thread threadWithRunnable = new Thread(new DatePrinter());
    // threadWithRunnable.setName("DatePrinter");
    threadWithRunnable.start();

    ThreadUtils.dumpThreads();
```

```
    Thread.sleep(7_000);
    threadWithRunnable.interrupt();
    derivedThread.interrupt();
}
```

Listing 9.2 Ausführbar als 'DUMPTHREADSEXAMPLE'

Führen wir das Programm DUMPTHREADSEXAMPLE aus, so sehen wir, dass die beiden Threads parallel zum `main`-Thread in der Thread-Gruppe `main` gestartet werden. Es kommt in etwa zu folgender Ausgabe, wobei die Angaben in eckigen Klammern die Informationen Thread-Name, Priorität und Parent-Thread darstellen:

```
0
Thread-Group java.lang.ThreadGroup[name=main,maxpri=10] contains 3 threads
Thread Thread[main,5,main]
Thread Thread[CountingThread,5,main]
Thread Thread[Thread-1,5,main]          // Thread Thread[DatePrinter,5,main]
Sat Dec 31 18:28:16 CET 2016
1
2
...
```

Anhand des Sourcecodes und der Ausgabe des Programms erkennen wir noch einen Trick aus der Praxis: Geben Sie Ihren Threads durch Aufruf der Methode `setName(String)` der Klasse `Thread` sprechende Namen. Ansonsten wird der Name des Threads einfach durchnummeriert. Wenn Sie diesen Hinweis befolgen, erleichtern Sie sich eine Fehlersuche enorm. Im obigen Konsolenauszug sieht man den Unterschied in der Verständlichkeit zwischen `CountingThread` und `Thread-1` (für den `DatePrinter`-Thread) bereits sehr deutlich.

9.1.3 Lebenszyklus von Threads und Thread-Zustände

Threads haben einen definierten Lebenszyklus, der durch eine festgelegte Menge an Zuständen beschrieben wird. Gültige Zustände sind als innere `enum`-Aufzählung `State` in der Klasse `Thread` definiert. Durch Aufruf der Methode `getState()` kann man den momentanen Thread-Zustand ermitteln. Mögliche Rückgabewerte sind in Tabelle 9-2 aufgelistet und kurz beschrieben.

Für das Verständnis der Zusammenarbeit von Threads ist es wichtig, den Lebenszyklus von Threads und die dabei eingenommenen Thread-Zustände zu kennen. Im Folgenden stelle ich daher die Bedingungen und Auslöser für Zustandswechsel vor.

Nachdem ein Thread erzeugt wurde, wechselt dieser durch den Aufruf seiner `start()`-Methode in den Zustand RUNNABLE. Meistens gibt es mehrere Threads in diesem Zustand. Da auf einer 1-Prozessor-Maschine jedoch jeweils nur ein Thread ausgeführt werden kann, ist es Aufgabe eines vom Betriebssystem bzw. der JVM bereitgestellten ***Thread-Schedulers***, alle Threads zu überwachen und den nächsten auszuführenden zu bestimmen, indem ein Thread aus allen denjenigen ausgewählt wird, die sich im Zustand RUNNABLE befinden. Der gewählte Thread wird dann aktiv (dies wird nicht durch einen eigenen Zustand beschrieben, man kann sich allerdings einen »künstli-

Tabelle 9-2 Thread-Zustände

Thread-Zustand	Beschreibung
NEW	Der Thread wurde erzeugt, ist aber noch nicht gestartet.
RUNNABLE	Der Thread ist lauffähig oder wird gerade ausgeführt.
BLOCKED	Der Thread ist in seiner Ausführung blockiert und wartet auf den Zutritt in einen kritischen Bereich (vgl. Abschnitt 9.2.1).
WAITING	Der Thread wartet unbestimmte Zeit auf eine Benachrichtigung durch einen anderen Thread (vgl. Abschnitt 9.3).
TIMED_WAITING	Identisch mit WAITING, allerdings wird maximal eine angegebene Zeitdauer auf eine Benachrichtigung gewartet.
TERMINATED	Der Thread ist beendet.

chen« Unterzustand ACTIVE im Zustand RUNNABLE vorstellen). Auf einer 1-Prozessor-Maschine existiert immer genau ein aktiver Thread, auf einer Mehrprozessormaschine sind es in der Regel mehrere. Unabhängig davon kann es aber beliebig viele Threads geben, die zur Ausführung bereit sind (Zustand RUNNABLE). Abbildung 9-2 stellt die Thread-Zustände und mögliche Zustandswechsel dar.

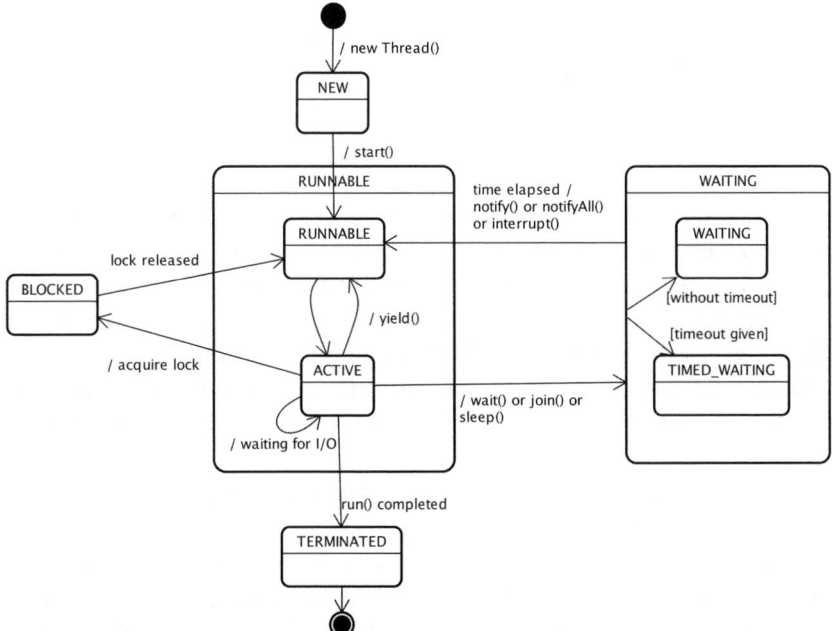

Abbildung 9-2 Thread-Zustände

Nicht jeder Thread im Zustand `RUNNABLE` ist tatsächlich immer lauffähig. Er kann in einem speziellen »blockiert«-Zustand verharren, wenn er zwar läuft, aber gerade auf eine Ressource wartet, etwa einen Dateizugriff. Dadurch kann der Thread nicht weiterarbeiten und ist in seiner Ausführung blockiert. Der Zustand `RUNNABLE` wird dabei jedoch nicht verlassen. Dagegen beschreibt der Zustand `BLOCKED` das Warten auf die Zuteilung des Zutritts zu einem momentan durch einen anderen Thread belegten kritischen Bereich. Im Zustand `BLOCKED` erhält ein Thread keine Rechenzeit und konkurriert dadurch nicht mit anderen Threads um Zuteilung des Prozessors. Gleiches gilt für die beiden Wartezustände `WAITING` und `TIMED_WAITING`.

Zustandswechsel ausführen

Nehmen wir eine normale, nicht blockierende Abarbeitung der Kommandos des aktiven Threads an, so können durch Aufruf der nun vorgestellten Methoden spezielle Zustandswechsel selbst initiiert werden.

```
Thread.yield();
Thread.sleep(500); // => InterruptedException
someObj.wait(500); // => InterruptedException
```

yield() Der aktive Thread kann über den Aufruf der statischen Methode `yield()` pausiert werden, verbleibt aber im Zustand `RUNNABLE`. Dadurch wird anderen Threads die Gelegenheit zur Ausführung gegeben. Besonders für lang dauernde Berechnungen scheint es sinnvoll, diese Methode von Zeit zu Zeit aufzurufen. Die Wahl des nächsten auszuführenden Threads erfolgt durch den Thread-Scheduler prioritätsorientiert, aber zufällig. Daher kann möglicherweise der gerade angehaltene Thread sofort wieder gewählt werden, weshalb eine Aufruf von `sleep()` zu bevorzugen ist.

sleep() Durch Aufruf der statischen Methode `sleep(long)` wird der momentan aktive Thread für eine angegebene Zeitdauer »schlafen« gelegt. Der Thread wechselt in den Zustand `TIMED_WAITING` und verbraucht dadurch keine CPU-Zeit mehr. Zudem können dann andere Threads ausgeführt werden. Nachdem die angegebene Wartezeit abgelaufen ist, wechselt der ruhende Thread automatisch in den Zustand `RUNNABLE`, was jedoch nicht zum sofortigen Wiederaufnehmen seiner Ausführung führt. Gegebenenfalls werden zunächst noch andere Threads im Zustand `RUNNABLE` ausgeführt.

wait() Bei der Zusammenarbeit mehrerer Threads kann einer von diesen seine Ausführung unterbrechen wollen, bis eine spezielle Bedingung erfüllt ist, etwa wenn Berechnungsergebnisse anderer Threads zur sinnvollen Weiterarbeit benötigt werden. Durch einen Aufruf der Objektmethode `wait()` erfolgt dann ein Wechsel in den Zustand `WAITING` bzw. `TIMED_WAITING`, je nachdem, ob eine maximale Wartezeit übergeben wurde oder nicht. In diesem Zustand verweilt der Thread, bis entweder ein anderer Thread die Methode `notify()` bzw. `notifyAll()` aufruft, um das Eintreten einer Bedingung zu signalisieren, oder eine optional angegebene Wartezeit verstrichen ist. *Die in diesem Absatz genannten Methoden `wait()`, `notify()` bzw. `notify-All()` zur Kommunikation von Threads stammen nicht, wie man zunächst vermuten könnte, aus der Klasse `Thread`, sondern aus der Klasse `Object`.* Dies ist dadurch begründet, dass *mehrere* Threads auf zu schützenden Daten *eines* Objekts arbeiten und die Threads untereinander abgestimmt werden müssen (vgl. Abschnitt 9.2).

9.1.4 Unterbrechungswünsche durch Aufruf von `interrupt()`

Bei der Kommunikation von Threads, auf die ich in Abschnitt 9.3 detaillierter eingehe, kann ein Thread einen anderen Thread in seiner Abarbeitung unterbrechen bzw. beenden wollen. Dazu dient die Methode `interrupt()` der Klasse `Thread`. Diese hat jedoch keine unmittelbare unterbrechende Wirkung, sondern ist lediglich als Aufforderung oder Hinweis zu verstehen. Durch die JVM wird beim empfangenden Thread ein spezielles Interrupted-Flag gesetzt.

Ein Empfänger dieser Aufforderung sollte geeignet darauf reagieren. Einem gerade aktiven Thread ist dies unmittelbar möglich, indem er über einen Aufruf der Methode `isInterrupted()` der Klasse `Thread` prüft, ob er zwischenzeitlich eine solche Aufforderung empfangen hat, d. h., ob das Flag gesetzt ist. In diesem Fall sollte die Abarbeitung der Anweisungen in der `run()`-Methode beendet werden. Die dazu notwendige Prüfung ist gegebenenfalls mehrfach innerhalb der `run()`-Methode auszuführen, um eine zeitnahe Reaktion auf einen Unterbrechungswunsch zu garantieren. Nachfolgend ist dies symbolisch vor den drei Arbeitsschritten `doSomeWork1/2/3()` gezeigt:

```
while (!Thread.currentThread().isInterrupted())
{
    doSomeWork1();

    if (!Thread.currentThread().isInterrupted())
    {
        doSomeWork2();
    }

    if (!Thread.currentThread().isInterrupted())
    {
        doSomeWork3();
    }
}
```

Behandlung von `interrupt()` und `InterruptedException`s

Komplizierter wird die Abfrage, wenn ein Thread momentan nicht aktiv ist, weil er eine bestimmte Zeitspanne pausiert (`sleep(long)`) oder aber auf ein bestimmtes Ereignis wartet (`wait()`). Kommt es während dieser Zeit zu einem Aufruf von `interrupt()` durch einen anderen Thread, so wird zwar in beiden Fällen das Flag gesetzt, eine Reaktion ist jedoch nicht sofort möglich, da der Thread noch nicht aktiv ist. Daher wird von der JVM das Warten abgebrochen und der Thread wechselt in den Zustand RUNNABLE. Bei einer anschließenden Aktivierung durch den Thread-Scheduler wird von der JVM eine java.lang.InterruptedException ausgelöst.[3] Da es sich um eine Checked Exception handelt, muss diese propagiert oder mit einem catch-Block behandelt werden (vgl. Abschnitt 4.7). Dabei ist ein Detail zu beachten, auf das ich nun eingehe.

Existiert ein catch (InterruptedException)-Block, so werden seine Anweisungen ausgeführt. Leider sieht man dort häufig in etwa folgende »Behandlung«:

```
try
{
    Thread.sleep(duration);
}
catch (final InterruptedException e)
{
    // ACHTUNG: unzureichende Behandlung
    e.printStackTrace();
}
```

Dieses Vorgehen ist nahezu immer problematisch, weil die JVM beim Eintritt in den catch-Block das zuvor gesetzte Interrupted-Flag löscht! Dadurch führt eine mit einem »leeren« catch-Block abgefangene InterruptedException dazu, dass ein Thread einen Unterbrechungswunsch nicht mehr erkennen kann und daher nicht terminiert.[4]

Wie geht man also mit der Situation um? Eine konsistente Abfrage des Interrupted-Flags mit der Methode isInterrupted() wird ermöglicht, wenn man im catch-Block über einen expliziten Aufruf der Methode interrupt() dieses Flag erneut setzt:

```
while (!Thread.currentThread().isInterrupted())
{
    doSomething();

    try
    {
        Thread.sleep(duration);
    }
    catch (final InterruptedException e)
    {
        // Flag erneut setzen und dadurch Abbruch ermöglichen
        Thread.currentThread().interrupt();
    }
}
```

Die gezeigte Schleifenkonstruktion kann man dazu nutzen, Threads gezielt zu beenden. Abschnitt 9.5.3 beschreibt gebräuchliche Alternativen.

---

[3]Daher ist die Exception in den Signaturen der Methoden sleep(long) und wait() definiert.

[4]Wenn man den catch-Block derart implementiert, so kommt es zu einem unterschiedlichen Programmverhalten abhängig vom momentanen Thread-Zustand, wartend oder aktiv. Eine solche Inkonsistenz ist zu vermeiden. Hängt das Programmverhalten von der zeitlichen Abfolge der Anweisungen ab, so spricht man auch von **Race Conditions**. Details beschreibt Abschnitt 9.2.1.

Entwurf einer Utility-Klasse

Da Aufrufe von `Thread.sleep(long)` in der Praxis immer wieder zum Verzögern oder Warten eingesetzt werden und dabei fälschlicherweise häufig der `catch`-Block leer implementiert wird, bietet sich der Entwurf einer Utility-Klasse `SleepUtils` an. Diese stellt zwei überladene Methoden `safeSleep()` bereit, die für eine korrekte Verarbeitung der Exception sorgen und das Interrupted-Flag erneut setzen:

```
public final class SleepUtils
{
    public static void safeSleep(final TimeUnit timeUnit, final long duration)
    {
        safeSleep(timeUnit.toMillis(duration));
    }

    public static void safeSleep(final long durationInMilliSecs)
    {
        try
        {
            Thread.sleep(durationInMilliSecs);
        }
        catch (final InterruptedException e)
        {
            Thread.currentThread().interrupt();
        }
    }

    private SleepUtils()
    {}
}
```

Bei Zeitangaben bietet sich die Klasse `java.util.concurrent.TimeUnit` an, die im Listing zur Umrechnung von Zeitangaben beliebiger Einheiten in Millisekunden genutzt wird.

> **Hinweis: Leere `catch`-Blöcke für `InterruptedException`**
>
> Findet keine Kommunikation mit anderen Threads statt und ruft man die statische Methode `Thread.sleep(long)` auf, um die Ausführung des eigenen Threads kurzfristig zu unterbrechen, so kann der `catch`-Block in diesem Spezialfall leer implementiert werden. Der Grund ist einfach: Kennen sich Threads nicht, können sich diese auch nicht per `interrupt()` gegenseitig aufrufen. Eine `InterruptedException` kann daher zwar nicht auftreten, muss aber wegen der Definition in der Signatur behandelt oder propagiert werden. Kommunizieren Threads miteinander, deutet eine `InterruptedException` jedoch darauf hin, dass ein Thread einen anderen unterbrechen und eventuell sogar stoppen möchte, und darf somit natürlich nicht ignoriert werden. Dazu kann man generell die zuvor gezeigte Lösung verwenden. Eine Abfrage des Interrupted-Flags ist dadurch jederzeit bei Bedarf konsistent möglich.

9.2 Zusammenarbeit von Threads

Bei der Zusammenarbeit von Threads und dem Zugriff auf gemeinsam benutzte Daten müssen einige Dinge beachtet werden. Wir schauen uns zunächst Situationen an, in denen es zu Zugriffsproblemen und Zweideutigkeiten kommt. Zu deren Vermeidung werden anschließend Locks, Monitore und kritische Bereiche vorgestellt.

9.2.1 Konkurrierende Datenzugriffe

Der Zugriff auf gemeinsame Daten muss beim Einsatz von Multithreading immer aufeinander abgestimmt erfolgen, um Konsistenzprobleme zu vermeiden. *Ein einziger unsynchronisierter, konkurrierender Datenzugriff kann bereits Probleme auslösen.* Meistens sind solche Situationen schwierig zu reproduzieren, wodurch eine Fehlersuche mühselig wird. Zudem können bereits minimale Änderungen im Zusammenspiel von Threads zu einem Verschwinden der Probleme oder zu ihrem erstmaligen Auftreten führen. Bei derartigen Situationen spricht man auch von **Race Conditions**: Das Ergebnis einer Berechnung ist dann nicht deterministisch und durch die Reihenfolge oder die zeitlichen Abläufe bei der Ausführung einzelner Anweisungen geprägt.

Betrachten wir als Beispiel den Start einer Applikation, die aus mehreren Komponenten besteht. Diese greifen während ihrer Startphase auf eine Klasse, realisiert gemäß dem SINGLETON-Muster (vgl. Abschnitt 18.1.4), zu. Dies soll dafür sorgen, dass es genau nur eine Instanz einer Klasse gibt.

Angenommen ein Zugriff geschehe mithilfe der folgenden problematischen, aber doch mitunter selbst in Produktivcode zu findenden `getInstance()`-Methode:

```
// ACHTUNG: SCHLECHT !!!
public static BadSingleton getInstance()
{
    if (INSTANCE == null)
    {
        INSTANCE = new BadSingleton();
    }
    return INSTANCE;
}
```

Untersuchen wir nun, was daran problematisch ist. Nehmen wir dazu vereinfachend an, während des Starts der Applikation würden zwei Komponenten (Thread 1 und Thread 2) auf diese `getInstance()`-Methode zugreifen. Erfolgt der Aufruf nahezu zeitgleich, so ist es möglich, dass einer der aufrufenden Threads direkt nach der `null`-Prüfung durch den Thread-Scheduler unterbrochen und anschließend der andere Thread aktiviert wird. Beide Threads »sehen« damit einen `null`-Wert für die Variable `INSTANCE`, weil ja noch keine Konstruktion und Zuweisung erfolgt ist. Somit wird der Konstruktoraufruf und die Zuweisung für jeden der beiden Threads ausgeführt und es existieren dann zwei Instanzen eines Singletons: Beide Threads besitzen ihre eigene Instanz! Dies widerspricht natürlich vollständig dem Gedanken des Singletons.

Die Wahrscheinlichkeit für eine solche Race Condition durch einen gemeinsamen Zugriff erhöht sich mit der Verweildauer eines Threads im Konstruktor der Klasse Bad-

9.2 Zusammenarbeit von Threads

`Singleton`, beispielsweise, wenn dort aufwendige Initialisierungen stattfinden. In diesem Szenario ruft Thread 2 die Methode `getInstance()` auf, während Thread 1 noch im Konstruktor beschäftigt ist: Die Variable `INSTANCE` ist dann aber noch nicht zugewiesen und hat damit immer noch den Wert `null`.

Durch das Java-Memory-Modell (JMM), dessen Implikationen wir in Abschnitt 9.4 genauer betrachten werden, ist es jedoch prinzipiell egal, ob Thread 1 bereits einen Wert `INSTANCE != null` produziert hat. Selbst wenn Thread 1 schon einige Zeit mit einer solchen Referenz arbeitet, ist nicht sichergestellt, dass Thread 2 die Änderungen von Thread 1 an der Variablen `INSTANCE` mitbekommt. Das liegt daran, dass Threads zum Teil einige Variablen in Thread-lokalen Caches zwischenspeichern und die Werte nur zu definierten Zeitpunkten mit dem Hauptspeicher abgleichen. Da für Thread 2 ohne das Schlüsselwort `synchronized` kein Zwang besteht, sich beim Zugriff auf `getInstance()` neu mit dem Hauptspeicher zu synchronisieren, ist es durchaus möglich, dass er mit einem alten Wert der Variablen `INSTANCE` arbeitet. Eine Möglichkeit zur Abhilfe besteht darin, eine Variable als `volatile` zu deklarieren:

```
private volatile Singelton INSTANCE;
```

Obwohl dadurch sowohl bei Lese- als auch bei Schreiboperationen ein Abgleich mit dem Hauptspeicher erfolgt, hilft dies nicht, wenn mehrere Aktionen – etwa eine Prüfung und anschließende Zuweisung – atomar auszuführen sind.

Anhand dieses Beispiels sehen wir, wie wichtig es ist, den Zugriff auf von mehreren Threads gemeinsam benutzte Variablen abzustimmen. Dies ist durch die Definition sogenannter *kritischer Bereiche* möglich, zu denen jeweils nur ein Thread zur gleichen Zeit »Zutritt« hat. Im einfachsten Fall kann man dazu das Schlüsselwort `synchronized` auf Methodenebene wie folgt nutzen:

```
public static synchronized BetterSingleton getInstance()
{
    if (INSTANCE == null)
    {
        INSTANCE = new BetterSingleton();
    }
    return INSTANCE;
}
```

9.2.2 Locks, Monitore und kritische Bereiche

Um konkurrierende Zugriffe mehrerer Threads für kritische Bereiche zu verhindern, existiert eine Zugangskontrolle, auch *Monitor* genannt. Ein solcher Monitor sorgt dafür, dass der Zutritt zu einem kritischen Bereich immer nur einem einzelnen Thread gewährt wird. Dazu wird eine spezielle Sperre (*Lock*) genutzt, die durch das Schlüsselwort `synchronized` gesteuert wird. In Java verwaltet jedes Objekt zwei Sperren: Eine davon bezieht sich auf die Objektreferenz (`this`) und dient dazu, Objektmethoden zu synchronisieren. Die andere wirkt auf die Klassenreferenz (`class`-Referenz), womit die Synchronisation für statische Methoden möglich ist.

> **Tipp: Locks und die Analogie zum Wartezimmer**
>
> Das Vorgehen beim Synchronisieren mit Locks und Monitoren kann man sich mit der Analogie zum Wartezimmer eines Arztes verdeutlichen. Der Arzt stellt die durch den Lock geschützte Ressource dar, die exklusiv von einem Patienten (Thread) belegt wird. Kommen weitere Patienten zum Arzt, so müssen diese zunächst im Wartezimmer (Warteliste) Platz nehmen und gehen dort in einen Wartezustand, einen Zustand der Blockierung für andere Dinge. Die Arzthelferin (Monitor) gewährt den Zutritt zum Doktor, sobald dieser wieder Zeit hat, also der vorherige Patient den Lock zurückgegeben hat.

Vor Eintritt in einen mit `synchronized` markierten kritischen Bereich wird von der JVM automatisch geprüft, ob der angeforderte Lock verfügbar ist. In diesem Fall wird der Lock an den anfragenden Thread vergeben und der Thread erhält Zutritt zu dem kritischen Bereich. Nach Abarbeitung des `synchronized`-Blocks wird der Lock ebenfalls automatisch wieder freigegeben. Kann dagegen ein Lock nicht akquiriert werden, so muss der anfragende, momentan aktive Thread darauf warten, wird inaktiv und in eine spezielle Warteliste des Locks eingetragen. Das geschilderte Vorgehen führt zu einem gegenseitigen Ausschluss: *Ein durch einen kritischen Bereich geschützter Zugriff auf eine gemeinsame Ressource serialisiert die Abarbeitung mehrerer Threads.* Statt einer parallelen Abarbeitung kommt es zu einer zeitlich versetzten Bearbeitung. Je mehr Threads um den Zugriff auf einen Lock konkurrieren, desto mehr leidet die Nebenläufigkeit. Abbildung 9-3 zeigt dies symbolisch für drei Threads T_1, T_2 und T_3, die eine ungeschützte und eine durch `synchronized` geschützte Methode ausführen.

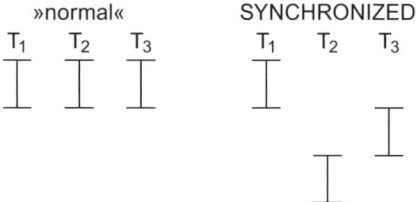

Abbildung 9-3 Serialisierung der Abarbeitung durch Locks

Im ersten Fall kann die Abarbeitung parallel erfolgen (oder zumindest quasi parallel durch mehrfache Thread-Wechsel). Im zweiten Fall müssen Threads warten und werden sequenziell abgearbeitet (aber nicht unbedingt in der Reihenfolge des versuchten Eintritts in den kritischen Bereich).

Ein Monitor sorgt sowohl dafür, dass ein verfügbarer Lock vergeben wird, als auch dafür, dass ein anfragender Thread bei Nichtverfügbarkeit in die Liste der auf diesen Lock wartenden Threads aufgenommen wird. Wird ein Lock freigegeben, erhält ihn ein beliebiger Thread aus der Warteliste und kann daraufhin seine Ausführung fortsetzen. Diese Aktionen laufen für den Entwickler unsichtbar automatisch durch die JVM ab.

9.2 Zusammenarbeit von Threads

Kritische Bereiche und das Schlüsselwort `synchronized`

Zur Definition kritischer Bereiche gibt es in Java das Schlüsselwort `synchronized`. Dabei existieren zwei Varianten des Einsatzes:

- `synchronized`-Methode – Bei dieser gebräuchlichen Variante wird eine Methode mit dem Schlüsselwort `synchronized` gekennzeichnet.
- Synchronisationsobjekt – Etwas seltener sieht man, dass ein Block von Anweisungen durch einen `synchronized`-Block ummantelt wird.

`synchronized`-Methode Die bekannteste und bereits beschriebene Variante zur Definition eines kritischen Bereichs ist das *Synchronisieren der gesamten Methode* durch Erweitern der Signatur um das Schlüsselwort `synchronized`:

```
public static synchronized BetterSingleton getInstance()
{
    if (INSTANCE == null)
    {
        INSTANCE = new BetterSingleton();
    }
    return INSTANCE;
}
```

Zum Ausführen einer synchronisierten Methode muss ein Thread zunächst den entsprechenden Lock zugeteilt bekommen, ansonsten wird seine Abarbeitung angehalten und der Thread wartet auf die Freigabe des benötigten Locks, um diesen zunächst zu akquirieren und anschließend mit der Berechnung fortfahren zu können.

Greifen weitere Methoden auf eine zu schützende Ressource bzw. ein Attribut zu, so müssen alle diese Methoden synchronisiert werden. Aufgrund der Arbeitsweise der Locks wissen wir, dass dadurch alle `synchronized`-Methoden des Objekts für Zugriffe durch andere Threads gesperrt sind. *Diese Art der Synchronisierung erschwert somit die Nebenläufigkeit*. Die parallele Ausführung weiterer als `synchronized` deklarierter Methoden eines Objekts ist nicht möglich.

Was kann an dem `synchronized` für eine Methode außerdem problematisch sein? Ist beispielsweise die Ausführung einer geschützten Methode zeitintensiv, so müssen andere Threads lange warten, um den Lock zu erhalten. Damit ist klar, dass ein Synchronisieren über Methoden bei dem Wunsch nach viel Parallelität nicht optimal ist. Es gibt aber noch einen weiteren Fallstrick: *Das synchronisierte Verhalten betrifft nur die deklarierende Klasse, sodass in Subklassen die Synchronisierung durch Überschreiben verloren geht!* Betrachten wir nun eine andere, elegantere Synchronisierungsvariante.

Synchronisationsobjekt Die unbekanntere, aber oft sinnvollere Möglichkeit zur Definition eines kritischen Bereichs ist das *Synchronisieren eines Abschnitts innerhalb von Methoden*. Man nutzt dazu ein sogenanntes *Synchronisationsobjekt*. Prinzipiell kann jedes beliebige Objekt dazu verwendet werden, seinen Lock zur Verfügung zu stellen. Um Anwendungsfehler zu vermeiden und die Semantik eines solchen Synchronisationsobjekts besonders herauszustellen, sollte jedoch bevorzugt eine finale Objektreferenz vom Typ `Object` genutzt werden, im folgenden Beispiel `LOCK` genannt. Zum Eintritt in einen durch `synchronized (LOCK)` geschützten kritischen Bereich muss ein Thread den Lock dieses speziellen Objekts erhalten.

Synchronisationsobjekte nutzt man, um feingranulare Sperren zu realisieren, d. h., um kleine Blöcke innerhalb von Methoden zu schützen. Am Beispiel der folgenden Methoden `calcValue1()` und `calcValue2()` zeige ich dies anhand von Berechnungen, die sich zu verschiedenen Zeitpunkten in ihrer Abarbeitung gegenseitig ausschließen sollen. Statt aber beide Methoden über `synchronized` exklusiv auszuführen und damit Nebenläufigkeit zu verhindern, werden in diesen Methoden nur die wirklich kritischen Abschnitte über `synchronized (LOCK)` vor einer gleichzeitigen Ausführung geschützt:

```java
// Gemeinsam genutzte und daher zu schützende Daten
private final List<Integer> sharedData = new ArrayList<Integer>();

// Synchronisationsobjekt
private final Object LOCK = new Object();

public int calcValue1()
{
    // Blockiert calcValue2()
    synchronized (LOCK)
    {
        // Kritischer Bereich, Zugriff auf sharedData
    }

    // Aktionen ohne Lock, calcValue2() kann ausgeführt werden

    return 1;
}

public int calcValue2()
{
    // Blockiert calcValue1()
    synchronized (LOCK)
    {
        // Kritischer Bereich, Zugriff auf sharedData
    }

    // Aktionen ohne Lock, calcValue1() kann ausgeführt werden

    // Blockiert calcValue1()
    synchronized (LOCK)
    {
        // Kritischer Bereich, Zugriff auf sharedData
    }

    return 2;
}
```

Mehr Nebenläufigkeit kann man erreichen, wenn man mehrere solcher Lock-Objekte für diejenigen Ressourcen und Attribute einführt, die geschützt werden sollen. Dadurch werden konkurrierende Zugriffe auf andere gemeinsame Attribute nicht mehr blockiert

9.2 Zusammenarbeit von Threads

und jeweils immer nur der benötigte Zugriff exklusiv ausgeführt. Zum Teil lässt sich das zu schützende Objekt selbst als Synchronisationsobjekt verwenden. Allerdings ist dies nur dann möglich, wenn sichergestellt ist, dass sich die Referenz darauf nicht ändert, diese also `final` ist. Ansonsten kann es zu einer `java.lang.IllegalMonitorStateException` kommen. Darauf gehe ich in Abschnitt 9.3 genauer ein.

> **Tipp: Fallstricke beim Synchronisieren**
>
> Ein Schutz vor konkurrierenden Zugriffen muss immer vollständig erfolgen. *Ein einziger nicht synchronisierter Zugriff auf ein zu schützendes Attribut reicht aus, um Multithreading-Probleme zu verursachen.* Dies kann schnell geschehen, wenn verschiedene Synchronisationsvarianten nicht konsequent, sondern beispielsweise gemischt verwendet werden. Somit hält man potenziell den Lock auf das »falsche« Synchronisationsobjekt. Lassen Sie mich – weil es wichtig ist – nochmals auf Folgendes hinweisen: *Werden nicht alle Zugriffe über denselben Lock geschützt, kann es leicht zu Inkonsistenzen oder Deadlocks kommen.*

Analogie von Synchronisationsobjekt und `synchronized`-Methode

Der Einsatz von Synchronisationsobjekten bietet mehr Möglichkeiten als die Nutzung von `synchronized`-Methoden. Insbesondere kann man das Verhalten von `synchronized`-Methoden durch den Einsatz von Synchronisationsobjekten abbilden, die die `this`-Referenz verwenden, und den synchronisierten Abschnitt auf die komplette Methode ausdehnen. Eine Synchronisierung auf `this` wie folgt

```
void method()
{
    synchronized (this)
    {
        // ...
    }
}
```

entspricht dem Verhalten des Schlüsselworts `synchronized` auf Methodenebene:[5]

```
synchronized void method()
{
    // ...
}
```

Eine analoge Aussage gilt für statische Methoden. Dort wird der Lock durch das Synchronisieren auf die `class`-Variable beschrieben.

---
[5] Das bezieht sich auf die Semantik. Auf Ebene des Bytecodes gibt es Unterschiede. Schauen Sie es sich per `javap` an. Dieses Tool erlaubt die Aufbereitung von `.class`-Dateien in lesbaren Sourcecode sowie die Anzeige des zugehörigen Bytecodes.

Mächtigkeit von `synchronized`-Blöcken: Synchronisations-Proxy

Gerade haben wir gesehen, dass die Möglichkeiten mit `synchronized`-Blöcken vielseitiger sind als mit dem Schlüsselwort `synchronized`. Was man mit `synchronized`-Blöcken darüber hinaus noch machen kann, betrachten wir am Beispiel einer beliebigen, nicht Thread-sicheren Klasse `ThreadUnsafeClass`. Nehmen wir an, es wäre nun Thread-Sicherheit gefordert und als zusätzliche Randbedingung gelte, dass wir den Sourcecode der Klasse nicht besitzen oder ändern dürfen.

Wenn wir diese Klasse um Thread-Sicherheit oder genauer synchronisierte Zugriffe erweitern wollen, dann müssen wir dafür sorgen, dass alle Methoden in einem geschützten Bereich ausgeführt werden. Dazu können wir eine sogenannte Stellvertreter-Klasse gemäß dem in Abschnitt 18.3.6 beschriebenen PROXY-Muster definieren, die alle öffentlichen Methoden der zu schützenden Klasse implementiert (also deren öffentliche Schnittstelle erfüllt) und dort die Methodenaufrufe an die jeweiligen korrespondierenden Methoden der Originalklasse weiter delegiert. Außerdem muss jede derartige Methodendelegation in einen `synchronized(this)`-Block eingeschlossen werden. Die Zugriffe auf das Objekt vom Typ `ThreadUnsafeClass` mit dem Interface `OriginalIF` werden dann durch Locks von der dekorierenden Klasse geschützt. Folgendes Listing deutet diese Form der Realisierung an:

```java
public class SynchronizationProxy implements OriginalIF
{
    private final ThreadUnsafeClass original;

    public void doSomething()
    {
        synchronized(this)
        {
            original.doSomething();
        }
    }
}
```

Ähnlich zu dieser Umsetzung sind auch die `synchronized`-Wrapper des Collections-Frameworks realisiert (vgl. Abschnitt 6.3.2).

Thread-Sicherheit und Parallelität mit »normalen« Collections

Die `synchronized`-Wrapper des Collections-Frameworks ermöglichen einen Thread-sicheren Zugriff. Schauen wir kurz auf einige Besonderheiten und betrachten folgende synchronisierte Liste von `Person`-Objekten als Ausgangsbasis unserer Diskussion:

```java
final List<Person> syncPersons = Collections.synchronizedList(personList);
```

Bei parallelen Zugriffen auf diese Liste können sich Threads gegenseitig blockieren und stören. Die Synchronisierung stellt einen Engpass dar und serialisiert die Zugriffe: Es kommt dadurch zu (stark) eingeschränkter Parallelität. Eine derartige Ummantelung schützt zudem nicht vor möglichen Inkonsistenzen: Wenn man mehrere für sich Thread-sichere Methoden hintereinander aufruft, ist dadurch eine atomare Ausführung

9.2 Zusammenarbeit von Threads

als kritischer Bereich nicht garantiert. Dies habe ich bereits bei der Beschreibung der `synchronized`-Wrapper in Abschnitt 6.3.2 und bei der Darstellung eines Singletons und dessen `getInstance()`-Methode in Abschnitt 9.2.1 diskutiert.

Jeder einzelne Methodenaufruf einer synchronisierten Collection ist für sich gesehen Thread-sicher. Damit ist gemeint, dass Zugriffe mehrerer Threads keine Inkonsistenzen innerhalb der Collection selbst verursachen. Für eine nutzende Komponente sind solche feingranularen Sperren aber häufig nicht ausreichend. Vielmehr sollen Operationen mit mehreren Schritten atomar und Thread-sicher ausgeführt werden. Solche Mehrschrittoperationen sind etwa das Iterieren oder Methoden wie »`testAndGet()`«, die zunächst prüfen, ob ein gewisses Element enthalten ist, und nur dann einen Zugriff bzw. eine Modifikation ausführen. Ohne viel nachzudenken, könnte man auf die etwas naive Idee kommen, die Mehrschrittoperationen durch den Einsatz einzelner Thread-sicherer Methoden wie folgt zu realisieren:

```
// ACHTUNG: nicht Thread-sicher
public Person testAndGet(final int index)
{
    if (index < syncPersons.size())
    {
        // index < size gilt evtl. nicht mehr
        return syncPersons.get(index);
    }
    return null;
}
```

Dieser Ansatz ist – wie schon erwähnt – nicht Thread-sicher: Zur Erinnerung sei nochmals erwähnt, dass ***Thread-sichere Methoden in ihrer Kombination nicht Thread-sicher sind, da nach jedem geschützten Methodenaufruf ein Thread-Wechsel möglich ist.*** Erfolgt die Unterbrechung im obigen Beispiel etwa direkt nach Ausführung der `if`-Bedingungen und verändert ein anderer aktivierter Thread die Datenstruktur, so kann dies verheerende Auswirkungen bei Wiederaufnahme eines unterbrochenen Threads haben: Bei Zugriffen kommt es entweder zu Inkonsistenzen oder Exceptions. Daher müssen zusätzliche Synchronisierungsschritte ausgeführt werden, etwa durch ein Synchronisationsobjekt. In diesem Fall bietet sich die Collection selbst, genauer die finale Referenz `syncPersons`, an. Eine atomar ausgeführte Version der `testAndGet(int)`-Methode kann wie folgt implementiert werden – sofern alle Zugriffsmethoden dieses Synchronisationsobjekt nutzen.

```
public Person testAndGet(final int index)
{
    // Kritischer Bereich für Mehrschrittoperationen
    synchronized (syncPersons)
    {
        if (index < syncPersons.size())
        {
            return syncPersons.get(index);
        }
    }
    return null;
}
```

> **Tipp: Regeln zur Verwendung von `synchronized`**
>
> Um die im Anschluss beschriebenen Deadlocks und andere Probleme möglichst auszuschließen, sollte man Folgendes beachten:
>
> - Ein Thread kann den Lock von einem oder die Locks von verschiedenen Objekten besitzen. Er erhält Zutritt zu den derart geschützten kritischen Bereichen.
>
> - Ein geschützter Bereich sollte möglichst kurz sein. Ideal ist es, wenn nur die wirklich zu schützenden Operationen synchronisiert werden. Nicht zu schützende Teile sollten in andere Methoden verlagert oder außerhalb des geschützten Bereichs durchgeführt werden.
>
> - Aus einem geschützten Bereich sollten keine blockierenden Aufrufe (z.B. `read()` eines `InputStream`) erfolgen, da der Thread den Lock während des Wartens nicht abgibt. Auch Aufrufe von `Thread.sleep(long)` sind zu vermeiden, da auch hier keine Freigabe des Locks erfolgt. Andere Threads werden ansonsten möglicherweise länger blockiert.
>
> - Aus dem vorherigen Punkt ergibt sich indirekt folgender Tipp: *Wenn man einen Lock hält, sollte man möglichst keine Methoden anderer Objekte aufrufen (oder dabei zumindest große Vorsicht walten lassen).* Dadurch vermeidet man Aufrufe, die zu Deadlocks führen können.
>
> - Ein Objekt kann mehrere Methoden `synchronized` definieren. Besitzt ein Thread den Lock, können diese Methoden sich gegenseitig aufrufen, ohne dass bei jedem Methodenaufruf erneut versucht wird, den Lock zu bekommen. Wäre dies nicht so, würde sich ein Thread selbst blockieren, wenn er versuchen würde, andere `synchronized`-Methoden aufzurufen. Locks nennt man daher eintrittsinvariant oder auch **reentrant**[a]. Basierend darauf können `synchronized`-Methoden sich gegenseitig oder gar rekursiv aufrufen. Nur deshalb kam es zu keiner Blockierung beim obigen Beispiel mit der synchronisierten Liste!
>
> - Nicht durch `synchronized` geschützte Methoden können jederzeit von jedem Thread aufgerufen werden.
>
> ---
> [a] Man bezeichnet eine Methode als reentrant, wenn sie von mehreren Threads problemlos ohne gegenseitige Beeinflussung gleichzeitig ausgeführt werden kann.

9.2.3 Deadlocks und Starvation

Wie bereits eingangs diesen Kapitels erwähnt, spricht man von **Deadlocks**, wenn Threads sich gegenseitig blockieren. Als *Starvation* bezeichnet man Situationen, in denen es für einen oder mehrere Threads kein Vorankommen im Programmfluss mehr gibt. Beim Einsatz von Multithreading kann beides leicht auftreten.

Deadlocks

Wenn ein beliebiger Thread 1 den Lock auf Objekt A belegt und versucht, den Lock auf Objekt B zu erhalten, kann es zu einem sogenannten *Deadlock* kommen, wenn ein anderer Thread 2 bereits den Lock auf Objekt B hält und seinerseits wiederum versucht, den Lock auf Objekt A zu bekommen. Beide warten daraufhin endlos. In der Informatik ist die exklusive Belegung von Ressourcen auch als das *Philosophenproblem* bekannt. Stark vereinfacht treffen sich zwei Philosophen P1 und P2 zum Essen an einem Tisch, allerdings haben sie nur eine Gabel und ein Messer. Dies zeigt Abbildung 9-4.

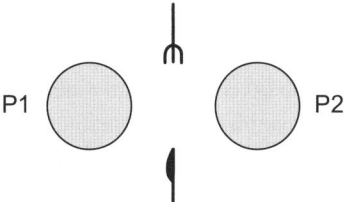

Abbildung 9-4 Ressourcenproblem

Wählt Philosoph P1 immer zuerst die Gabel und nimmt Philosoph P2 immer zunächst das Messer, so kann es bei ungünstiger zeitlicher Abfolge (nahezu zeitgleichem Zugriff auf die Besteck-Ressource) dazu kommen, dass beide niemals etwas essen, da ihnen die jeweils andere Ressource fehlt. Halten sich beide an eine identische Reihenfolge erst Gabel, dann Messer (oder umgekehrt), so kann es niemals zu einer (endlosen) gegenseitigen Blockierung kommen.

> **Hinweis: Vermeidung von Deadlocks**
>
> Deadlocks lassen sich vermeiden, indem man Locks und Ressourcen immer in der gleichen Reihenfolge belegt, etwa gemäß dem folgenden Schema: Lock A, Lock B, Unlock B, Unlock A. Hält man sich an diese Regel, so vermeidet man Situationen, in denen ein Thread auf einen anderen wartet und keiner von beiden ausgeführt werden kann, weil beide jeweils auf eine bereits belegte Ressource zugreifen wollen. Bei komplexeren Abläufen ist jedoch nicht immer sofort klar, wer wann welche Ressource belegt und wieder freigibt bzw. sogar, ob dies überhaupt geschieht.

Starvation

Wenn der momentane Besitzer einer Ressource diese nach getaner Arbeit nicht wieder freigibt, obwohl er sie nicht weiter benötigt, kann es zu dem *Starvation* genannten Phänomen kommen: Andere auf diese Ressource wartende Threads sind endlos blockiert, da sie vergeblich auf den Erhalt der benötigten Ressource warten. Verhalten sich alle Beteiligten allerdings fair, so muss zwar manchmal einer auf den anderen warten (wenn dieser gerade die benötigten Ressourcen besitzt), aber alle können ihre Aufgabe auf jeden Fall nacheinander bzw. abwechselnd ausführen.

9.2.4 Kritische Bereiche und das Interface `Lock`

Java bietet mit dem Schlüsselwort `synchronized` leider keine Unterbrechbarkeit oder Timeouts beim Zugriff auf Locks. Als Abhilfe gibt es seit JDK 5 zur Definition kritischer Bereiche ergänzend zu den impliziten Sperren über `synchronized` explizite Sperrvarianten. Die für diese Funktionalität wichtigsten Interfaces sind `Lock`, `ReadWriteLock` und `Condition` sowie die beiden Klassen `ReentrantLock` und `ReentrantReadWriteLock` aus dem Package `java.util.concurrent.locks`. Durch deren Einsatz können einige Schwächen des in die Sprache integrierten Lock- und Synchronisationsmechanismus umgangen bzw. behoben werden. Die wichtigsten Möglichkeiten sind in folgender Aufzählung genannt:

- Ein Thread kann unterbrechbar versuchen, auf einen Lock zuzugreifen.
- Ein Thread kann mit einer maximalen Wartezeit und nicht nur unbeschränkt lange auf den Zugriff eines Locks warten, wie dies bei `synchronized` geschieht.
- Es werden unterschiedliche Arten von Locks unterstützt. Beispielsweise sind dies sogenannte Read-Write-Locks, die mehrere parallele Lesezugriffe erlauben, falls der zugehörige Write-Lock nicht vergeben wurde.
- `Lock`-Objekte können nun nicht nur einen gewissen Block aufspannen, sondern beliebige Bereiche. Dadurch lassen sie sich im Gegensatz zu `synchronized` in verschiedenen Klassen über Block- und Methodengrenzen hinweg einsetzen.

Grundlagen von Locks

`Lock`-Objekte stellen eine Erweiterung von Synchronisationsobjekten dar. Letztere verwendet man bekanntermaßen wie folgt:

```
synchronized (lockObj)
{
    // Kritischer Bereich
}
```

Da `Lock`-Objekte nicht auf den in die JVM integrierten Mechanismen der Monitore beruhen, muss die Definition eines kritischen Bereichs explizit über Methodenaufrufe programmiert werden. Zum Sperren dient die Methode `lock()`. Diese wird auf einem `Lock`-Objekt aufgerufen. Soll der kritische Bereich beendet werden, muss explizit ein Methodenaufruf von `unlock()` erfolgen:

```
final Lock lockObj = new ReentrantLock();
lockObj.lock();        // Explizit Lock anfordern
try
{
    // Kritischer Bereich
}
finally
{
    lockObj.unlock(); // Explizit Lock freigeben
}
```

Das Listing zeigt den Einsatz des Interface `Lock` und dessen konkreter Realisierung `ReentrantLock`, um ein zu `synchronized` kompatibles Verhalten nachzubilden, das sowohl Eintrittsinvarianz bietet als auch rekursive Methodenaufrufe erlaubt. Die konkreten Implementierungen des Interface `Lock` garantieren zudem ein bezüglich der Sichtbarkeit von Änderungen zu `synchronized` kompatibles Verhalten. Die Hintergründe beschreibt der folgende Praxistipp.

Es ist wichtig, dass der Aufruf von `lock()` außerhalb des `try`-Blocks geschieht, damit beim Fehlschlagen des Sperrens durch das `unlock()` im `finally` keine ungewollte Freigabe erfolgt. Nachfolgendes Listing zeigt die falsche Variante, die Sie vermeiden sollten:

```
try
{
    lockObj.lock(); // !!!!!!!!!!!!! FALSCH !!!!!!!!!!!!!!
    // Kritischer Bereich
}
finally
{
    lockObj.unlock(); // Explizit Lock freigeben
}
```

> **Info: Konsistenz von Locks und `synchronized`**
>
> Es mag zunächst verwundern, dass Locks die Sichtbarkeit von Änderungen wie `synchronized` herstellen, da keine explizite Synchronisierung zu sehen ist. Synchronisierung sorgt neben dem gegenseitigen Ausschluss von Threads auch für Konsistenz von Wertänderungen an Attributen, wodurch Änderungen innerhalb eines `synchronized`-Blocks anschließend für andere lesend zugreifende Threads sichtbar sind. Locks nutzen `volatile`-Attribute, die ebenfalls diesen Abgleich sicherstellen und somit die Konsistenz von Änderungen erreichen.

Parallelität durch den Einsatz von Read-Write-Locks

Für viele Anwendungsfälle erfolgen deutlich mehr Lese- als Schreibzugriffe. Dann bietet sich der Einsatz sogenannter Read-Write-Locks an, die beide Arten von Zugriffen schützen können. Mehrere Threads können Read-Locks halten, um parallele Lesezugriffe zu erlauben, solange kein Thread Schreibzugriffe ausführt bzw. genauer: das Write-Lock akquiriert hat. Das beschriebene Verhalten wird durch die Klasse `ReentrantReadWriteLock` realisiert, die das Interface `ReadWriteLock` implementiert. Dieses bietet Zugriff auf zwei spezielle Locks mit den folgenden Methoden, die `Lock`-Objekte zurückgeben, die dann wie zuvor beschrieben eingesetzt werden können:

```
public interface ReadWriteLock
{
    public Lock readLock();
    public Lock writeLock();
}
```

Während ein Thread das Write-Lock besitzt, können andere Threads das Read-Lock nicht akquirieren. Finden andererseits noch Leseaktionen statt, während ein Thread Zugriff auf das Write-Lock bekommen möchte, muss dieser warten, bis alle lesenden Threads ihre Read-Locks freigegeben haben. Das kann jedoch dazu führen, dass Schreibzugriffe stark verzögert werden, wenn es sehr viele Lesezugriffe gibt. Ist ein solches Verhalten nicht gewünscht, so kann man bei der Konstruktion der Klasse ReentrantReadWriteLock einen Parameter übergeben, der dafür sorgt, dass die Klasse sich »fair« verhält. In diesem Modus werden Threads daran gehindert, das Read-Lock zu akquirieren, solange es noch Threads gibt, die auf das Write-Lock warten. Dadurch sollen Schreibzugriffe selbst bei höherem Leseaufkommen möglich sein und Starvation der Schreibzugriffe vermieden werden.

9.3 Kommunikation von Threads

Bis hierher haben wir Möglichkeiten kennengelernt, Thread-sicher auf gemeinsam benutzte Daten zuzugreifen. In der Zusammenarbeit von Threads benötigt man aber häufig außerdem Möglichkeiten zur Abstimmung zwischen Threads – genauer: zu deren Kommunikation. Ein Beispiel dafür ist das sogenannte **Producer-Consumer-Problem**. Hierbei geht es darum, dass ein Erzeuger (Producer) gewisse Daten herstellt und ein Konsument (Consumer) diese verbraucht und beide über eine gemeinsame Datenstruktur interagieren, wie es symbolisch in Abbildung 9-5 dargestellt ist.

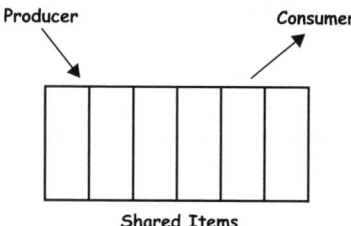

Abbildung 9-5 Kommunikation von Producer und Consumer

Im Folgenden stelle ich verschiedene Formen der Kommunikation von Producer- und Consumer-Klassen vor, damit Sie dabei lauernde Probleme nachvollziehen können.

9.3.1 Kommunikation mit Synchronisation

Als Erstes betrachten wir, wie eine Kommunikation über eine gemeinsame Datenstruktur und den Einsatz von Synchronisation gelöst werden kann. Producer und Consumer implementieren wir als Spezialisierungen von Runnable.

Realisierung des Producers

In diesem Beispiel soll der Producer periodisch im Takt einer vorgegebenen Wartezeit `sleepTime` Daten vom Typ `Item` erzeugen und sie in der gemeinsam genutzten Datenstruktur `sharedItems` vom Typ `List<Item>` ablegen. Damit es dabei nicht zu Zugriffskonflikten kommt, muss das Ganze innerhalb eines kritischen Bereichs exklusiv erfolgen, hier über `synchronized (sharedItems)` realisiert:

```
public static class Producer implements Runnable
{
    private final List<Item> sharedItems;
    private final long       sleepTime;

    public Producer(final List<Item> items, final long sleepTime)
    {
        this.sharedItems = items;
        this.sleepTime = sleepTime;
    }

    public void run()
    {
        int counter = 0;

        while (!Thread.currentThread().isInterrupted())
        {
            // Ereugen eines Items
            final Item newItem = new Item("Item " + counter);
            System.out.println("Producing ... " + newItem);
            SleepUtils.safeSleep(sleepTime);

            // Lock akquirieren, dann exklusiv zugreifen und Item hinzufügen
            synchronized (sharedItems)
            {
                sharedItems.add(newItem);
                System.out.println("Produced " + newItem);
            } // Lock wird automatisch freigegeben

            counter++;
        }
    }
}
```

Realisierung des Consumers

Der Consumer schaut zyklisch nach, ob bereits Daten für ihn vorliegen, und liest diese dann aus der Liste `sharedItems`. Ebenso wie der Producer muss auch der Consumer seinen Zugriff exklusiv in einem kritischen Bereich erledigen. Dabei ist zu beachten, dass nur der Zugriff, nicht aber das Warten mit `Thread.sleep(long)` (gekapselt durch `SleepUtils.safeSleep(long)`) im kritischen Bereich erfolgt. Würde der Aufruf von `sleep()` im kritischen Bereich erfolgen, so würde der Lock des `sharedItems`-Objekts nicht freigegeben. Folglich könnte der Producer niemals auf die gemeinsame Liste zugreifen, um Daten abzulegen. Der Consumer würde endlos und vergeblich warten.

```java
public static class Consumer implements Runnable
{
    private final List<Item> sharedItems;
    private final long       sleepTime;

    public Consumer(final List<Item> items, final long sleepTime)
    {
        this.sharedItems = items;
        this.sleepTime = sleepTime;
    }

    public void run()
    {
        while (!Thread.currentThread().isInterrupted())
        {
            // Status-Flag ist als lokale Variable immer Thread-sicher
            boolean noItems = true;
            while (noItems)
            {
                // Lock akquirieren, dann exklusiv zugreifen und Item auslesen
                synchronized (sharedItems)
                {
                    noItems = (sharedItems.size() == 0);
                    if (noItems)
                        System.out.println("Consumer waiting for items ...");
                    else
                        System.out.println("Consuming " + sharedItems.remove(0));
                } // Lock wird automatisch freigegeben

                // Achtung: sleep() nicht in synchronized aufrufen
                SleepUtils.safeSleep(sleepTime);
            }
        }
    }
}
```

Das hier genutzte aktive Warten wird auch ***Busy Waiting*** genannt. Das ist in der Regel zu vermeiden, weil es Rechenzeit kostet und es elegantere Alternativen gibt. Falls häufig genug `Thread.sleep(long)` (oder `SleepUtils.safeSleep(long)`) aufgerufen wird, ist der Einsatz nicht ganz so tragisch.

Beispiel der Kommunikation

Wir schauen nun, wie die beiden Basisbausteine zusammenarbeiten. Zur Kommunikation wird jeweils eine Instanz eines `Producers` und eines `Consumers` erzeugt. Danach legt der Producer jede Sekunde etwas in die gemeinsame Liste und der Consumer schaut alle 500 ms nach, ob etwas zu konsumieren ist – das Ganze läuft 20 Sekunden:

```java
public static void main(final String[] args) throws InterruptedException
{
    final List<Item> sharedItems = new LinkedList<>();

    final Thread producer = new Thread(new Producer(sharedItems, 1000));
    final Thread consumer = new Thread(new Consumer(sharedItems, 500));
    producer.start();
    consumer.start();

    TimeUnit.SECONDS.sleep(20); // Warte 20 Sekunden zur Demonstration
```

```
    // Stoppe die Verarbeitung
    producer.interrupt();
    consumer.interrupt();
}
```

Listing 9.3 *Ausführbar als* **'PRODUCERCONSUMERSYNCHRONISATIONEXAMPLE'**

Betrachten wir die gekürzte Ausgabe, um das Programm zu analysieren:

```
Producing ... [Item] Item 0
Consumer waiting for items ...
Consumer waiting for items ...
Produced [Item] Item 0
Producing ... [Item] Item 1
Consuming [Item] Item 0
Consumer waiting for items ...
Consumer waiting for items ...
Produced [Item] Item 1
Producing ... [Item] Item 2
Consuming [Item] Item 1
```

Anhand dieser Ausgabe erkennen wir folgende Dinge:

1. Producer und Consumer laufen zwar parallel, aber hier synchron ab: Der produzierte Gegenstand wird immer sofort konsumiert, sobald er verfügbar ist.
2. Das vom Consumer genutzte aktive Warten führt zu ständigen Prüfungen, kostet etwas Rechenzeit und sollte möglichst vermieden werden.
3. Es sind auch andere Wartezeiten für Producer und Consumer denkbar. Würde man etwa die Wartezeiten vertauschen, so würden in einer Sekunde zwei Elemente produziert, der Consumer würde aber nur ein Element konsumieren. Dadurch würde der Zwischenspeicher irgendwann überlaufen. Deshalb sollte die Größe beschränkt werden. Der Producer sollte die Arbeit einstellen, wenn ein maximaler Füllgrad erreicht ist, und ein Consumer nur so lange aktiv werden, wie Elemente vorhanden sind. Dies lässt sich mit aktivem Warten kaum adäquat ausdrücken.

Beginnen wir mit einer alternativen Realisierung, die das aktive Warten adressiert. Später schauen wir uns dann größenbeschränkte Datenstrukturen an, die dabei helfen, die im dritten Aufzählungspunkt erwähnten Nachteile zu behandeln.

9.3.2 Kommunikation über die Methoden `wait()`, `notify()` und `notifyAll()`

Eleganter als mit Busy Waiting wird die Kommunikation von Producer und Consumer durch die im Anschluss vorgestellten Methoden `wait()`, `notify()` und `notifyAll()`. Wie beim Schlüsselwort `synchronized` werden auch hier die Verwaltung des Locks und die Warte- und Aufweckarbeiten automatisch durch die JVM erledigt.

- `wait()` – Versetzt den aktiven Thread in den Zustand `WAITING` und der belegte Lock wird freigegeben. Um ein endloses Warten auf ein möglicherweise nicht

eintretendes Ereignis zu verhindern, kann beim Aufruf von `wait()` ein Time-out angegeben werden: Der Thread wechselt dann in den Zustand `TIMED_WAITING`.
- `notify()` – Informiert einen beliebigen wartenden Thread und versetzt diesen in den Zustand `RUNNABLE`. Unschönerweise kann man nicht kontrollieren, welcher Thread benachrichtigt wird. Daher sollte man bei der Kommunikation mehrerer Threads bevorzugt das nachfolgend beschriebene `notifyAll()` verwenden.
- `notifyAll()` – Informiert alle auf den Lock des Objekts wartenden Threads und versetzt diese in den Zustand `RUNNABLE`.

Die genannten Methoden werden nicht auf Threads, sondern auf Objekten aufgerufen. In diesem Fall kontrolliert das Objekt über seinen Lock indirekt den Thread. Wenn ein Thread *A* während seiner Bearbeitung Daten benötigt oder auf das Eintreten einer speziellen Bedingung warten möchte, so kann er die Methode `wait()` eines Objekts `obj` aufrufen. Ein anderer Thread *B* kann dadurch bei Bedarf den benötigten Lock erhalten, Berechnungen durchführen und Ergebnisse produzieren. Danach informiert er einen oder mehrere auf den Lock dieses Objekts `obj` wartende Threads durch Aufruf der Methode `notify()` oder bevorzugt `notifyAll()` auf der Objektreferenz `obj`. Einer dieser Threads erhält dann den Lock des Objekts `obj`: Dies kann der wartende Thread *A* oder ein beliebiger anderer sein. Was dies im Einzelnen bedeutet, zeigen die folgenden Abschnitte.

Hintergrundwissen: Gleichwertige Varianten bei `notify()`

Bei der Kommunikation von Threads über die Methoden `wait()` und `notify()` bzw. `notifyAll()` sieht man beim Benachrichtigen folgende zwei Varianten:

```
Variante 1
synchronized (lock)
{
   modCount++;
   lock.notify();
}
```

```
Variante 2
synchronized (lock)
{
   lock.notify();
   modCount++;
}
```

Obwohl es zunächst nicht intuitiv ist, sind beide Lösungen aber gleichwertig. Auf den ersten Blick könnte man meinen, dass in Variante 2 das Hochzählen nach dem Benachrichtigen eines möglicherweise wartenden Threads geschieht und dieser einen falschen Wert ausliest. Tatsächlich erhält ein wartender Thread den Lock jedoch erst beim Verlassen des `synchronized`-Blocks – das vorzeitige Benachrichtigen ändert durch das Halten des Locks nichts am Ablauf. Dennoch ist Variante 2 verwirrend und sollte nicht verwendet werden, um erst gar keine Fragen oder Unsicherheiten aufkommen zu lassen.

Producer-Consumer mit `wait()`, `notify()` und `notifyAll()`

Die Methoden zur Steuerung der Kommunikation von Threads nutzen wir nun, um das Producer-Consumer-Beispiel zu vereinfachen und das Busy Waiting zu vermeiden.

9.3 Kommunikation von Threads

Producer   Damit der im Anschluss realisierte Consumer nach Aufrufen von `wait()` nicht endlos wartet, muss der `Producer` einen Aufruf der Methode `notify()` bzw. `notifyAll()` ausführen, der zum Aufwachen des `Consumers` führt. Die `run()`-Methode im `Producer` wird somit wie folgt modifiziert:

```java
public void run()
{
    int counter = 0;

    while (!Thread.currentThread().isInterrupted())
    {
        final Item newItem = new Item("Item " + counter);
        System.out.println("Producing ... " + newItem);

        SleepUtils.safeSleep(sleepTime);

        synchronized (sharedItems)
        {
            sharedItems.add(newItem);
            System.out.println("Produced " + newItem);
            // Informiere wartende Threads
            sharedItems.notifyAll();
        }
        counter++;
    }
}
```

Listing 9.4   Ausführbar als 'PRODUCERCONSUMEREXAMPLE'

Consumer   Die `run()`-Methode der `Consumer`-Klasse wird so modifiziert, dass vor dem Zugriff auf die Daten in `sharedItems` ein Aufruf von `wait()` in einem kritischen Bereich ausgeführt wird.

```java
public void run()
{
    while (!Thread.currentThread().isInterrupted())
    {
        synchronized (sharedItems)
        {
            try
            {
                System.out.println("Consumer waiting ...");
                sharedItems.wait();
                // ACHTUNG: Potenziell unsicherer Zugriff
                final Item item = sharedItems.remove(0);
                System.out.println("Consuming " + item);
            }
            catch (final InterruptedException e)
            {
                Thread.currentThread().interrupt();
            }
        }
        SleepUtils.safeSleep(sleepTime);
    }
}
```

Diese Art der Kommunikation ist klarer und erfordert keine Tricks wie Busy Waiting. Allerdings habe ich die Methode `wait()` bewusst etwas naiv eingesetzt, um auf Probleme beim Aufruf ohne vorherige und/oder nachfolgende Prüfung zeigen zu können.

IDIOM: WARTEN AUF EINE BEDINGUNG

Grundsätzlich sollte ein wartender Thread, nachdem er aufgeweckt wurde, prüfen, ob tatsächlich die erwartete Situation eingetreten ist. Wenn man `wait()` nutzt, so benötigt man sogar eigentlich zwei Prüfungen, nämlich eine vor und eine nach dem Aufruf: Zunächst prüft man für den Fall, dass eine Benachrichtigung vor dem Warten durch Aufruf von `wait()` versendet wird. Nach dem Aufwachen prüft man erneut, um sicherzustellen, dass die erwartete Bedingung immer noch gilt, bevor man dann eine Aktion, nachfolgend `doWork()`, ausführt. Das Warten auf produzierte Elemente sollte damit folgendermaßen realisiert werden:

```
if (sharedItems.size() == 0)
    wait();

if (sharedItems.size() > 0)
    doWork();
```

Das Ganze lässt sich eleganter schreiben, doch schauen wir uns zunächst detailliertere Begründungen für die Prüfungen an.

Prüfung vor `wait()`   Vor dem Aufruf von `wait()` sollte die gewünschte Bedingung geprüft werden. Das scheint zunächst unlogisch, doch nehmen wir einmal an, der Producer würde deutlich vor dem Consumer gestartet. Er produziert ein Element, legt es in der gemeinsamen Liste ab und ruft `notifyAll()` auf. Zu dem Zeitpunkt wartet aber noch kein Consumer darauf. Die Benachrichtigung geht ins Leere. Später wird dann `wait()` vom Consumer aufgerufen. Er wartet nun bis zum Sankt Nimmerleinstag auf eine Benachrichtigung, die er nie erhält. Aber auch für den Fall, dass der Producer (versehentlich) keine Benachrichtigung versendet, ist die Prüfung hilfreich. Es können trotzdem Elemente in der Datenstruktur vorhanden sein, die zu konsumieren sind.

Prüfung nach `wait()`   Der Wartezustand durch Aufruf von `wait()` wird nur dann verlassen, wenn eine Benachrichtigung per `notify()` bzw. `notifyAll()` erfolgt. Es können aber auch andere Threads zwischendrin geweckt worden sein und bei ihrer Ausführung eventuell Daten geändert haben. Daher gilt die erwartete Bedingung möglicherweise nicht mehr, aufgrund derer die Benachrichtigung erfolgte.

Ich erweitere das vorherige Beispiel auf mehrere unabhängige Consumer, um auf die Wichtigkeit der nachfolgenden Prüfung und ein ansonsten auftretendes Problem bei Zugriffen auf gemeinsame Daten einzugehen. Dazu schreiben wir folgende `main()`-Methode, die einen Producer mit Sekundentakt und drei Consumer erzeugt, die nach dem Konsumieren 100 ms Pause einlegen:

9.3 Kommunikation von Threads

```
public static void main(final String[] args)
{
    final List<Item> sharedItems = new LinkedList<>();

    new Thread(new Producer(sharedItems, 1000)).start();
    new Thread(new Consumer(sharedItems, 100, "Consumer 1")).start();
    new Thread(new Consumer(sharedItems, 100, "Consumer 2")).start();
    new Thread(new Consumer(sharedItems, 100, "Consumer 3")).start();
}
```

Listing 9.5 Ausführbar als 'PRODUCERMULTICONSUMERWRONG1EXAMPLE'

Startet man das Programm PRODUCERMULTICONSUMERWRONG1EXAMPLE, das Sie später bitte per Ctrl+C manuell beenden, treten schnell zwei `IndexOutOfBounds-Exceptions` auf. Die Ursache dafür ist, dass durch den Producer und dessen Aufruf von `notifyAll()` alle Consumer aufgeweckt werden. Alle konkurrieren dann um den einen Lock des `sharedItems`-Objekts, den sie beim Aufruf von `wait()` abgegeben haben. Der erste Consumer, der den Lock erhält, führt den Zugriff auf die gemeinsamen Daten mit der Zeile

```
final Item item = sharedItems.remove(0);
```

aus. Die beiden anderen Consumer führen diese Zeile später bei Erhalt des Locks auch aus. Da durch den ersten Aufruf die gespeicherten Daten entnommen wurden, schlägt jeder weitere Aufruf von `sharedItems.remove(0)` mit einer Exception fehl, wodurch zwei der drei Consumer beendet werden und nur noch ein Consumer aktiv ist.

Dieses Beispiel verdeutlicht die Problematik, dass beim Warten und bei Benachrichtigen keine Bedingungen angegeben werden können. Folglich kann auch nicht garantiert werden, dass die Bedingung, auf die mit `wait()` gewartet wurde, nach dem Aufwecken tatsächlich eingetreten ist. Aber selbst wenn die Bedingung, auf die gewartet wurde, eingetreten ist, so kann man nicht sicher sein, dass beim Erhalt des Locks die Bedingung noch gilt. Wenn der Producer `notifyAll()` aufruft, dann sind auf jeden Fall Daten in der Datenstruktur `sharedItems` vorhanden. Dies gilt aber nicht mehr, wenn ein beliebiger Consumer aktiviert wird und vor ihm ein anderer an der Reihe war. Allgemeiner gilt also: Andere Threads können den Lock bereits erhalten und Modifikationen an den Daten durchgeführt haben. Dadurch ist möglicherweise die erwartete Bedingung nicht mehr erfüllt. Zur Abhilfe könnte die erste Lösungsidee sein, die erwartete Bedingung nach dem Aufwachen wie folgt zu prüfen:

```
System.out.println(consumerName + " waiting ...");

sharedItems.wait();

if (sharedItems.size() > 0)
    System.out.println(consumerName + " consuming " + sharedItems.remove(0));
else
    System.out.println(consumerName + " --- item already consumed by " +
                        "other consumer!");
```

Listing 9.6 Ausführbar als 'PRODUCERMULTICONSUMERWRONG2EXAMPLE'

Diese Realisierung funktioniert zwar prinzipiell, allerdings werden immer alle Consumer bei `notifyAll()` aufgeweckt und in der Abarbeitung fortgesetzt. Dadurch muss zusätzlich eine Prüfung, hier `sharedItems.size() > 0`, in den Sourcecode integriert werden, die sich eventuell negativ auf die Verständlichkeit auswirkt.

Verbesserung der Prüfung Um die genannten Probleme zu adressieren, sollte man `wait()` besser innerhalb einer `while`-Schleife ausführen und dort erneut die Bedingung prüfen. Dabei nutzt man folgendes Idiom:

```
while (!condition)
    wait();
```

Doug Lea schlägt in seinem Buch »Concurrent Programming in Java« [51] vor, die Prüfung von Bedingungen in eigene Methoden auszulagern. Dieses Vorgehen ist sehr empfehlenswert und trägt deutlich zur Lesbarkeit bei. Um beispielsweise im Consumer zu prüfen, ob Daten zur Verarbeitung bereitgestellt wurden, kann folgende Methode `waitForItemsAvailable(List<Item>)` wie folgt realisiert werden:

```
private static void waitForItemsAvailable(final List<Item> items) throws
    InterruptedException
{
    while (items.size() == 0)
        items.wait();
}
```

Neben der besseren Lesbarkeit gibt es einen weiteren triftigen Grund für diese Art der Umsetzung: Erfolgt eine Benachrichtigung mit `notify()`, bevor darauf mit `wait()` gewartet wird, so wird diese Benachrichtigung nicht wahrgenommen und ein Thread wird dann eventuell bis zum Programmende vergeblich auf das Eintreffen einer Benachrichtigung warten. Deshalb muss zusätzlich die Bedingung geprüft werden. Wie gezeigt könnte man das zwar über eine `if`-Abfrage vor dem `wait()` lösen. Eleganter als die eingangs gezeigten zwei Prüfungen über `if`-Abfragen ist aber die gerade vorgestellte Umsetzung der Prüfung in einer Schleife.

Korrektur Mit dem bis hierher erlangten Verständnis für das Warten mit `wait()` wollen wir die `run()`-Methode des Consumers korrigieren: Dazu nutzen wir die zuvor erstellte Methode `waitForItemsAvailable(List<Item>)` wie folgt:

```
System.out.println(consumerName + " waiting ...");

waitForItemsAvailable(sharedItems);
// Nachfolgende Zugriffe auf items durch waitForItemsAvailable() immer sicher
final Item item = sharedItems.remove(0);
System.out.println(consumerName + " consuming " + item);

SleepUtils.safeSleep(sleepTime);
```

Listing 9.7 Ausführbar als 'PRODUCERMULTICONSUMEREXAMPLE'

Als Folge dieser Korrektur warten anfangs alle Consumer auf das Eintreffen einer Benachrichtigung. Es werden zwar alle Consumer geweckt, allerdings erhält nur einer von diesen zunächst den Lock und konsumiert die produzierten Elemente. Erhalten in der Folgezeit die anderen Consumer den Lock, prüfen diese zunächst wieder die Bedingung. Diese ist eventuell nicht mehr gültig, nämlich dann, wenn der Consumer zuvor alle Elemente konsumiert hat. Dann legen sich die anderen Consumer schlafen und warten wieder auf das Eintreten der Bedingung.

Erweiterung auf eine Größenbeschränkung

Bisher haben wir lediglich den Fall betrachtet, dass die Consumer schneller verbrauchen als der Producer Dinge herstellen kann. Für den Fall, dass der Producer allerdings wesentlich schneller ist, kämen die Consumer nicht mehr hinterher und die gemeinsame Datenstruktur würde immer voller, bildlich gesprochen: Sie würde überlaufen.

Daher bietet es sich zum Datenaustausch an, einen Zwischenspeicher begrenzter Kapazität zu nutzen. Wird dessen Kapazität erreicht, so muss der Producer mit dem Fortsetzen des Produzierens darauf warten, dass der oder die Consumer wieder Platz geschaffen haben. Umgekehrt gilt: Sind die Consumer schneller als der Producer, und gibt es keine zu verarbeitenden Dinge mehr, so sollten die Consumer so lange warten, bis wieder Dinge zu konsumieren sind.

Wir erweitern das Beispiel. Wenig objektorientiert wäre es, die Anforderungen an die Verwaltung gemeinsamer Daten in den Klassen des Producers und Consumers zu realisieren. Stattdessen könnten wir eine typsichere Containerklasse definieren – sinnvoller ist es, sich im JDK umzuschauen. Weil beim Einsatz von Multithreading gemeinsam genutzte, größenbeschränkte Datenstrukturen elementar sind, wurden mit JDK 5 entsprechende Containerklassen eingeführt. Diese werden in Abschnitt 9.6.1 kurz beschrieben und helfen dabei, die Kommunikation verschiedener Threads zu steuern. Nachfolgend nutzen wir aus dem Package `java.util.concurrent` das Interface `BlockingQueue<E>` sowie die konkrete Implementierung `LinkedBlockingQueue<E>`, um den Datenaustausch zu realisieren:

```java
public static void main(final String[] args) throws InterruptedException
{
    final int MAX_QUEUE_SIZE = 7;
    final BlockingQueue<Item> items = new LinkedBlockingQueue<>(MAX_QUEUE_SIZE);

    final Thread producer = new Thread(new Producer(items, 100));
    final Thread consumer1 = new Thread(new Consumer(items, 1000, "Consumer 1"));
    final Thread consumer2 = new Thread(new Consumer(items, 1000, "Consumer 2"));
    producer.start();
    // Kurz warten , um Größenbeschränkung besser zu zeigen
    SleepUtils.safeSleep(TimeUnit.SECONDS, 2);
    consumer1.start();
    consumer2.start();
    ...
}
```

Listing 9.8 Ausführbar als '**PRODUCERCONSUMERBLOCKINGQUEUEEXAMPLE**'

Neben der Low-Level-Kommunikation mit `wait()`, `notify()` und `notifyAll()` haben wir die Datenstruktur `BlockingQueue<E>` genutzt, um auf höherer Abstraktionsebene Daten austauschen zu können. Nun schauen wir auf weitere Varianten.

9.3.3 Abstimmung von Threads

Bei der Zusammenarbeit mehrerer Threads müssen mitunter Aufgaben in parallele Teile aufgespalten und später an Synchronisationspunkten wieder zusammengeführt werden. Bekanntermaßen kann man mit der Methode `isAlive()` ein `Thread`-Objekt fragen, ob dieses durch einen Aufruf von `start()` als neuer Ausführungspfad gestartet wurde und die Methode `run()` abgearbeitet wird. Vor und nach der Abarbeitung von `run()` stellt ein Thread nur ein ganz normales Objekt dar. Ein Aufruf von `isAlive()` liefert dann den Wert `false` und nur während der Abarbeitung von `run()` den Wert `true`.

Startet man Threads zur Erledigung bestimmter Aufgaben und möchte man auf deren Beendigung und die Berechnungsergebnisse warten, so ist dies durch Aufruf der Methode `join()` möglich. Repräsentiert beispielsweise die Referenzvariable `workerThread` einen Thread, so wartet der momentan aktive Thread durch den Aufruf

```
workerThread.join();
```

synchron, d. h. blockierend, auf die Beendigung des Threads `workerThread` und wird erst danach fortgesetzt. Um nicht endlos zu warten, falls der andere Thread niemals endet, kann eine Timeout-Zeit in Millisekunden per `join(long)` angegeben werden, nach der das Warten auf das Ende des Threads abgebrochen wird. Statt einer Millisekundenangabe kann die Klasse `TimeUnit` für sprechendere Wertangaben sorgen.

Die Arbeitsweise von `isAlive()` und `join()` verdeutlicht folgendes Programm:

```java
public static void main(final String[] args) throws InterruptedException
{
    final List<Item> items = new LinkedList<>();
    final Thread producerThread = new Thread(new Producer(items, 1000));
    producerThread.start();

    // Aktueller Thread wird für 5 Sekunden angehalten
    producerThread.join(TimeUnit.SECONDS.toMillis(5));
    System.out.println("after join(): producer is alive? " +
                                      producerThread.isAlive());
    // 1000 ms Produktionszeit und 5000 ms Wartezeit => ca. 5 Items
    System.out.println("Item-Count after join(): " + items.size());
    // Der Producer arbeitet noch 2 Sekunden weiter ...
    SleepUtils.safeSleep(TimeUnit.SECONDS, 2);

    // Der Producer wird aufgefordert, nun anzuhalten ...
    producerThread.interrupt();

    // 1000 ms Produktionszeit und 7 s Wartezeit => ca. 7 Items
    System.out.println("Item-Count after interrupt(): " + items.size());
    System.out.println("after interrupt(): producer is alive? " +
                                      producerThread.isAlive());
}
```

Listing 9.9 Ausführbar als 'PRODUCERJOINEXAMPLE'

In diesem Beispiel wartet der aktuelle Thread (hier: der `main`-Thread) durch Aufruf von `join()` fünf Sekunden auf das Ende des `Producer`-Threads. Dieser ist dann aber noch nicht terminiert. Die Ausgabe der Anzahl der produzierten Elemente stellt daher nur einen Zwischenstand dar. Der `Producer`-Thread setzt seine Arbeit fort und wird nach weiteren zwei Sekunden über einen Aufruf von `interrupt()` zum Anhalten aufgefordert und, weil er darauf adäquat reagiert, auch beendet.

Starten wir das Programm PRODUCERJOINEXAMPLE, so kommt es zu folgender Ausgabe (hier auf das Wesentliche gekürzt), die das zuvor Gesagte bestätigt:

```
[...]
Producing ... [Item] Item 4
Produced [Item] Item 4
Producing ... [Item] Item 5
after join(): producer is alive? true
Item-Count after join(): 5
Produced [Item] Item 5
Producing ... [Item] Item 6
Produced [Item] Item 6
Item-Count after interrupt(): 7
after interrupt(): producer is alive? false
```

> **Achtung: Verwirrende Syntax von `join()`**
>
> Die Schreibweise beim Aufruf von `join()` ist verwirrend, aber trotzdem korrekt. Besser verständlich und objektorientierter wäre etwa folgende Schreibweise gewesen: `currentThread.waitForTermination(workerThread);`

Besonderheiten bei `join()`

Beim Aufruf von `join()` sind zwei Dinge zu beachten: Zum einen sollte dies nur erfolgen, wenn der Thread, auf den gewartet werden soll, bereits gestartet wurde. Der Grund ist folgender: Ein Aufruf von `join()` wird sofort beendet, falls der zu überprüfende Thread noch nicht gestartet oder bereits beendet ist. Der aufrufende Thread wird dann augenblicklich fortgesetzt.

Kommunikation mehrerer Threads mit `join()` Zum Teil soll ein Thread auf das Ende mehrerer Threads warten. Aufgrund der Tatsache, dass `join()` sofort zurückkehrt, wenn ein zu überprüfender Thread beendet ist, kann man einfach mehrere `join()`-Aufrufe in beliebiger Reihenfolge hintereinander ausführen. Die Reihenfolge ist unbedeutend, denn die maximale Wartezeit ist sowieso durch den Thread mit der längsten Ausführungszeit bestimmt.

Die Abstimmung der Ablaufreihenfolge mehrerer Threads lässt sich zwar über Aufrufe von `join()` realisieren, etwa indem abhängige Threads erst nach den Threads gestartet werden, auf deren Beendigung sie warten sollen. Sinnvoller ist es aber, dafür spezielle Klassen zu verwenden, etwa einen Semaphor.

> **Tipp: Synchronizer des Packages `java.util.concurrent`**
>
> In den Concurrency Utilities (vgl. Abschnitt 9.6) gibt es im Package `java.util.concurrent` verschiedene Synchronizer-Klassen, die jedoch nicht im Fokus dieses Buchs liegen und u. a. im Buch »Java Concurrency in Practice« von Brian Goetz [25] behandelt werden. Eine kurze informelle Einführung gibt jedoch dieser Praxistipp.
>
> **Semaphore** Oftmals ist bei Multithreading eine begrenzte Anzahl an Ressourcen auf eine größere Anzahl parallel arbeitender Threads zu verteilen. Dazu kann man einen sogenannten **Semaphor** nutzen. Dieser verwaltet einen Zähler, der mit der Anzahl zur Verfügung stehender Ressourcen initialisiert wird und die momentan verfügbare Anzahl an Ressourcen beschreibt. Benötigt ein Thread Zugriff auf eine Ressource, so befragt er den Semaphor und ruft dazu die Methode `acquire()` auf, die den Zähler um eins reduziert, sofern noch Ressourcen verfügbar sind. Ansonsten werden diese und alle folgenden Anfragen so lange blockiert, bis wieder mindestens eine Ressource bereitgestellt werden kann. Nach der Bearbeitung sollte ein Thread durch Aufruf der Methode `release()` seine Ressource wieder freigeben, wodurch der Zähler um eins erhöht wird. Diese Funktionalität wird durch die Klasse `Semaphore` realisiert.
>
> **Barrieren** Müssen sich mehrere Threads abstimmen, so kann man dies durch sogenannte Barrieren realisieren. Diese kann man sich wie Treffpunkte bei einer Radtour vorstellen, die in verschiedene Etappen eingeteilt ist. Jedes Etappenziel besitzt einen Sammelpunkt. Verlieren sich Tourteilnehmer, so treffen sie sich alle wieder an diesen Sammelpunkten und starten gemeinsam von dort die neue Etappe. Mit der Klasse `CyclicBarrier` kann man derartige Treffpunkte mit der zum Weiterfahren erforderlichen Anzahl von Teilnehmern definieren.
>
> **Latches** Latches lassen sich mit folgender Analogie beschreiben: Bei einem Marathon treffen sich Teilnehmer am Start und warten dort auf den Startschuss, der nach einem Countdown erfolgt. Mit der Klasse `CountDownLatch` kann man dieses Verhalten nachbilden: Ein oder mehrere Threads können sich durch Aufruf einer `await()`-Methode in einen Wartezustand versetzen. Bei der Konstruktion eines `CountDownLatch`-Objekts gibt man die Anzahl der Schritte bis zum Startschuss an. Durch Aufruf der Methode `countDown()` wird der verwendete Zähler schrittweise bis auf den Wert null heruntergezählt. Dann erfolgt der Startschuss und alle darauf wartenden Threads können weiterarbeiten.
>
> **Exchanger** Zum Teil besteht die Kommunikation zweier Threads nur daraus, Daten miteinander auszutauschen. Erst wenn beide Threads am Austauschpunkt »anwesend« sind, kann der Tausch stattfinden. Jeder Thread bietet jeweils ein Element an und nutzt dazu die Klasse `Exchanger<V>` und die Methode `exchange()`. Haben beide Threads ihre Elemente angeboten, so erhalten sie jeweils das Gegenstück des anderen Threads als Tauschobjekt. Erscheint (zunächst) nur ein Thread am Austauschpunkt, wartet dieser, bis der andere Thread dort auftaucht und `exchange()` aufruft. Um ein endloses Warten zu verhindern, kann eine maximale Wartezeit spezifiziert werden.

9.3.4 Unerwartete `IllegalMonitorStateException`s

Beim Einsatz von Multithreading und der Kommunikation von Threads treten zum Teil unerwartet `java.lang.IllegalMonitorStateException`s auf. Manche Entwickler sind dann ratlos. Wie kann es dazu kommen?

Eine solche Exception wird dadurch ausgelöst, dass der Thread, der eine der Methoden `wait()`, `notify()` bzw. `notifyAll()` aufruft, zu der Zeit nicht den Lock des zugehörigen Objekts besitzt. Diese Tatsache kann zur Kompilierzeit nicht geprüft werden und führt erst zur Laufzeit zu der genannten Exception.

Ein kurzes Beispiel hilft dabei, diesen Sachverhalt zu verstehen. In nachfolgendem Listing wird über das Objekt `lock` synchronisiert. Auch der Aufruf von `notifyAll()` geschieht augenscheinlich auf diesem Objekt:

```java
static Integer lock = new Integer(1);

public static void main(final String[] args)
{
    synchronized (lock)
    {
        System.out.println("lock is " + lock);
        lock++;
        System.out.println("lock is " + lock);
        lock.notifyAll();
    }
    System.out.println("notWorking");
}
```

Listing 9.10 *Ausführbar als* '**ILLEGALMONITORSTATEEXAMPLE**'

Beim Ausführen des Programms ILLEGALMONITORSTATEEXAMPLE kommt es zu einer `IllegalMonitorStateException` und man erhält in etwa folgende Ausgabe:

```
lock is 1
lock is 2
Exception in thread "main" java.lang.IllegalMonitorStateException
    at java.lang.Object.notifyAll(Native Method)
    at multithreading.IllegalMonitorStateExample.main(IllegalMonitorStateExample
        .java:14)
```

Tritt eine solche `IllegalMonitorStateException` auf, kann man folgendermaßen vorgehen, um die Ursache zu finden:

1. Prüfe, ob die Aufrufe an `wait()`, `notify()` bzw. `notifyAll()` innerhalb eines `synchronized`-Blocks ausgeführt werden.

    (a) Ist dies der Fall, weiter mit Punkt 2.

    (b) Erfolgt ein Aufruf ohne `synchronized`, so muss die Aufrufhierarchie der Methode verfolgt werden. Falls dort ein `synchronized` gefunden wird, geht es weiter mit Punkt 2. Ansonsten ist an geeigneter Stelle eine Synchronisierung einzufügen.

2. Prüfe, ob das korrekte Objekt zum Synchronisieren verwendet wird.

Für das Beispiel ist der erste Punkt offensichtlich gegeben. Anschließend prüft man, ob auch das korrekte Synchronisationsobjekt verwendet wird. Auf den ersten Blick scheint dies ebenfalls zuzutreffen. Doch der Operator '++' und das Auto-Boxing führen hier dazu, dass wir nicht auf derselben Instanz des `Integer`-Objekts `lock` die Anweisung `synchronized(lock)` ausführen, auf der wir auch `lock.notifyAll()` aufrufen. Somit kommt es zur `IllegalMonitorStateException`.

> **Tipp: Regeln zu Synchronisationsobjekten**
>
> Beim Einsatz von Synchronisationsobjekten helfen folgende Hinweise:
> 1. Verwende als Synchronisationsobjekt möglichst die Basisklasse `Object`.
> 2. Synchronisiere immer auf unveränderlichen Referenzen.
> 3. Vermeide den Einsatz von Objekten vom Typ `Integer`, `Long` und `String` als Synchronisationsobjekte. Das verhindert Effekte durch Auto-Boxing oder Stringmanipulationen.

`Lock`-Klassen und `IllegalMonitorStateException`s

Beim Einsatz der bereits vorgestellten `Lock`-Klassen kann es gleichermaßen zu `IllegalMonitorStateException`s kommen. Man muss dann sicherstellen, dass `await()`, `signal()` und `signalAll()` innerhalb eines durch einen Lock geschützten Bereichs aufgerufen werden. Zudem muss man dann prüfen, ob das korrekte `Condition`-Objekt des `Lock`-Objekts verwendet wird.

9.4 Das Java-Memory-Modell

Bis hierher haben wir bereits einige Fallstricke beim Zugriff auf gemeinsam verwendete Datenstrukturen beim Einsatz von Multithreading kennengelernt. Das Verständnis des Java-Memory-Modells (JMM) hilft, verlässlichere Multithreading-Applikationen zu schreiben. Es legt fest, wie Programme, im Speziellen Threads, Daten in den Hauptspeicher schreiben und wieder daraus lesen. Im Folgenden gehe ich auf die wichtigsten Punkte ein, die in Kapitel 17 der JLS [28] im Detail dargestellt sind. Ich versuche, diese hier möglichst anschaulich und weniger theoretisch als in der JLS zu vermitteln.

Das JMM regelt die Ausführungsreihenfolge und Unterbrechbarkeit von Operationen sowie den Zugriff auf den Speicher und bestimmt damit die Sichtbarkeit von Wertänderungen gemeinsamer Variablen verschiedener Threads. Dabei müssen drei Dinge beachtet werden:

1. **Sichtbarkeit** – Variablen können in Thread-lokalen Caches zwischengespeichert werden, wodurch ihre aktuellen Werte für andere Threads nicht sichtbar sind. Diese Speicherung erfolgt jedoch nicht immer für alle Variablen.

2. **Atomarität** – Lese- und Schreibzugriffe auf Variablen werden für die 64-Bit-Datentypen `long` und `double` *nicht atomar* in einem »Rutsch« ausgeführt, sondern durch Abarbeitung mehrerer Bytecode-Anweisungen, die daher unterbrochen werden können.

3. **Reorderings** – Befehle werden gegebenenfalls in einer von der statischen Reihenfolge im Sourcecode abweichenden Reihenfolge ausgeführt. Dies ist immer dann der Fall, wenn der Compiler einige Optimierungen durchgeführt hat.

9.4.1 Sichtbarkeit

Konzeptionell laufen alle Threads einer JVM parallel und greifen dabei auf gemeinsam verwendete Variablen im Hauptspeicher zu. Aufgrund der Zwischenspeicherung von Werten in einem eigenen Cache eines Threads ist nicht in jedem Fall eine konsistente Sicht aller Threads auf diese Variablen gegeben. Findet kein Abgleich der gecachten Daten mit dem Hauptspeicher statt, so sind dadurch Änderungen eines Threads an einer Variablen für andere Threads nicht sichtbar.[6]

Das JMM garantiert einen solchen Abgleich von Daten mit dem Hauptspeicher lediglich zu folgenden Zeitpunkten:

- **Thread-Start** – Beim Start eines Threads erfolgt das initiale Einlesen der verwendeten Variablen aus dem Hauptspeicher, d. h., der lokale Cache eines Threads wird mit deren Werten belegt.

- **Thread-Ende** – Erst beim Ende der Ausführung eines Threads erfolgt in jedem Fall ein Abgleich des Cache mit dem Hauptspeicher. Dieser Vorgang ist zwingend notwendig, damit modifizierte Daten für andere Threads sichtbar werden.

Während der Abarbeitung eines Threads erfolgen in der Regel keine Hauptspeicherzugriffe mehr, sondern es wird mit den Daten des Cache gearbeitet. Der Thread »lebt isoliert« in seiner eigenen Welt. Ein expliziter Abgleich von Daten kann über die Schlüsselworte `synchronized` und `volatile` erzwungen werden. Mit `synchronized` wird ein kritischer Bereich definiert. Dagegen garantiert die Verwendung von `volatile`, dass sowohl der lesende als auch der schreibende Datenzugriff direkt auf dem Hauptspeicher erfolgen. Dadurch ist garantiert, dass ein `volatile`-Attribut nie einen veralteten Wert aufweist. Beim Einsatz muss man allerdings beachten, dass die im Folgenden beschriebene Atomarität sichergestellt wird.

9.4.2 Atomarität

Wie bereits erwähnt, erfolgt ein Zugriff auf Variablen der 64-Bit-Datentypen `long` und `double` nicht atomar. Für Multithreading ist dies insbesondere für nicht gecachte Variablen zu beachten, da folgendes Szenario entstehen kann: Nachdem die ersten 32

---
[6]Dieser Abgleich ist auch unter dem Begriff **Cache-Kohärenz** bekannt.

Bit zugewiesen wurden, kann ein anderer Thread aktiviert werden und »sieht« dann möglicherweise einen ungültigen Zwischenzustand der Variablen, hier am Beispiel der Zuweisung eines Werts an die Variable `val` und den Zeitpunkten $t1$ und $t2$ illustriert:

```
    long val = 0x6789ABCD;
t1: long val = 0x0000ABCD;
t2: long val = 0x6789ABCD:
```

Laut JLS erreicht man mit `volatile` einerseits Konsistenz, weil alle Threads die gleichen Werte sehen, und zum anderen werden auch die 64-Bit-Typen `long` und `double` immer atomar geschrieben bzw. gelesen. Somit könnte man auf die Idee kommen, statt Synchronisation bevorzugt `volatile`-Attribute zum Datenaustausch bei Multithreading einzusetzen und die `increment()`-Methode eines Zählers wie folgt schreiben:

```
private volatile long counter = 0;

public void increment()
{
    // Achtung: ++ ist nicht atomar
    counter++;
}
```

Das ist aber weder sinnvoll noch ausreichend: Durch `volatile` wird *kein* kritischer Abschnitt definiert, sondern lediglich *ein* Schreib- oder Lesevorgang atomar ausgeführt. Bereits das Post-Increment `counter++` besteht aus drei Einzelschritten:

```
final long temp = counter;
counter = counter + 1;
return temp;
```

Somit ist es möglich, dass andere Threads zu einem beliebigen Zeitpunkt der Ausführung der obigen Anweisungsfolge aktiviert werden. Dadurch ist keine Atomarität und keine Thread-Sicherheit mehr gegeben. Daher muss jede Folge von Anweisungen, die exklusiv durch einen Thread ausgeführt werden soll, als kritischer Abschnitt geschützt werden.

> **Tipp: Besonderheit Post-Inkrement**
>
> Dass das Post-Increment `counter++` aus drei Einzelschritten wie zuvor gezeigt besteht, können Sie am Rückgabewert der folgenden Methode nachvollziehen, die den Wert 10 und nicht den Wert 11 liefert, wie man es eventuell zunächst erwarten würde.
>
> ```
> public static int postIncrementSurprise()
> {
>     int counter = 10;
>     return counter++;
> }
> ```

Atomare Variablen als Lösung?

Mit JDK 5 wurden die Klassen `AtomicInteger` und `AtomicLong` eingeführt, die atomare Read-Modify-Write-Sequenzen, wie `counter++`, ermöglichen – für Gleitkommatypen gibt es keine Unterstützung. Die Atomic-Klassen nutzen eine sogenannte **Compare-and-Swap-Operation** (CAS). Die Besonderheit ist, dass diese zunächst einen Wert aus dem Speicher lesen und mit einem erwarteten Wert vergleichen, bevor sie eine Zuweisung mit einem übergebenen Wert durchführen. Dies geschieht allerdings nur, wenn ein erwarteter Wert gespeichert ist. Übertragen auf das vorherige Beispiel des Zählers würde dies unter Verwendung der Klasse `AtomicLong` wie folgt aussehen:

```java
public long incrementAndGetUsingCAS()
{
    long oldValue = counter.get();
    // Unterbrechung möglich
    while (!atomicLongCounter.compareAndSet(oldValue, oldValue + 1))
    {
        // Unterbrechung möglich
        oldValue = atomicLongCounter.get();
        // Unterbrechung möglich
    }
    return oldValue + 1;
}
```

Wie man sieht, ist selbst das einfache Hochzählen eines Werts deutlich komplizierter als ein Einsatz von `synchronized`. Das liegt vor allem daran, dass in einer Schleife geprüft werden muss, ob das Setzen des neuen Werts korrekt erfolgt ist. Diese Komplexität entsteht dadurch, dass zwischen dem Lesen des Werts und dem Setzen ein anderer Thread den Wert verändert haben könnte. In einem solchen Fall wird die Schleife so lange wiederholt, bis eine Inkrementierung erfolgreich ist.

Auf einer solch niedrigen Abstraktionsebene möchte man in der Regel nicht arbeiten. Zur Vereinfachung werden die Details durch verschiedene Methoden der atomaren Klassen gekapselt: Ein sicheres Inkrementieren erfolgt beispielsweise mit der Methode `incrementAndGet()`. Weitere Details zu den atomaren Klassen finden Sie in den Büchern »Java Concurrency in Practice« von Brian Goetz [25] und »Java Threads« von Scott Oaks und Henry Wong [61].

Wie bei `volatile` gilt, dass sobald mehrere Attribute konsistent zueinander geändert werden sollen, eine Definition eines kritischen Abschnitts über `synchronized` oder Locks zwingend notwendig wird.

9.4.3 Reorderings

Die JVM darf gemäß der JLS zur Optimierung beliebige Anweisungen in ihrer Ausführungsreihenfolge umordnen, wenn dabei die Semantik des Programms nicht verändert wird. Bei der Entwicklung von Singlethreading-Anwendungen muss man den sogenannten **Reorderings** keine Beachtung schenken. Für Multithreading gibt es jedoch einige Dinge zu berücksichtigen. Betrachten wir zur Verdeutlichung eine Klasse `ReorderingExample` mit den Attributen `x1` und `x2` und folgenden Anweisungen:

```
public class ReorderingExample
{
    int x1 = 0;
    int x2 = 0;

    void method()
    {
        // Thread 1
        x1 = 1;                                                 // #1
        x2 = 2;                                                 // #2
        System.out.println("x1 = " + x1 + " / x2 = " + x2 );    // #3
    }
}
```

Werden die obigen Anweisungen ausgeführt, so kann der Compiler die Anweisungen #1 und #2 der Methode `method()` vertauschen, ohne dass dies Auswirkungen auf die nachfolgende Anweisung #3, hier die Ausgabe, hat. Anweisung #3 kann jedoch nicht mit Anweisung #1 oder #2 getauscht werden, da die Ausgabe lesend auf die zuvor geschriebenen Variablen zugreift. Reorderings sind demnach nur dann erlaubt, wenn sichergestellt werden kann, dass es keine Änderungen an den Wertzuweisungen der sequenziellen Abarbeitung der Befehle gibt. Es kommt also immer zu der folgenden Ausgabe: `x1 = 1 / x2 = 2`.

Für Multithreading wird die Situation komplizierter: Würde parallel zu den obigen Anweisungen in einem separaten Thread etwa folgende Methode `otherMethod()` dieser Klasse abgearbeitet, so kann es zu unerwarteten Ergebnissen kommen.

```
void otherMethod()
{
    // Thread 2
    int y1 = x2;                                                // #1
    int y2 = x1;                                                // #2
    System.out.println("x1 = " + x1 + " / x2 = " + x2 );        // #3
    System.out.println("y1 = " + y1 + " / y2 = " + y2 );        // #4
}
```

Betrachten wir zunächst den einfachen Fall ohne Reorderings. Wird Thread 1 vor Thread 2 ausgeführt, also `method()` komplett vor `otherMethod()` abgearbeitet, dann gilt offensichtlich $x1 = 1 = y2$ und $x2 = 2 = y1$. Dies ergibt sich daraus, dass alle Schreiboperationen in Thread 1 bereits ausgeführt wurden, bevor die Leseoperationen in Thread 2 durchgeführt werden. Werden die beiden Threads allerdings abwechselnd, beliebig ineinander verwoben, ausgeführt, so kann es zu merkwürdigen Ausgaben kommen. Denkbar ist etwa eine Situation, in der zwar wie vermutet $x1 = 1$ und $x2 = 2$ gilt, aber auch $y1 = 0$ und $y2 = 1$. Dies ist der Fall, wenn zunächst die Ausführung von Thread 1 (`method()`) begonnen und nach der Zuweisung $x1 = 1$ unterbrochen wird und dann Thread 2 ausgeführt wird, wie dies im Folgenden beispielhaft dargestellt ist:

```
int x1 = 0;
int x2 = 0;

// Thread 1
                            // Thread 2
x1 = 1;
```

9.4 Das Java-Memory-Modell

```
                              y1 = x2 = 0;
                              y2 = x1 = 1;
                              // System.out: x1 = 1 / x2 = 0
                              // System.out: y1 = 0 / y2 = 1
x2 = 2;
// System.out: x1 = 1 / x2 = 2
```

Wie man leicht sieht, kann es bereits beim abwechselnden Ausführen (*Interleaving*) von Threads zu Inkonsistenzen kommen. War obige Ausgabe noch mit etwas Nachdenken intuitiv verständlich, ist jedoch auch folgende, unerwartete Ausführungsreihenfolge möglich, wenn die Anweisungen umgeordnet werden:

```
int x1 = 0;
int x2 = 0;

// Thread 1
                              // Thread 2
                              y1 = x2 = 0;
x2 = 2;
                              y2 = x1 = 0;
                              // System.out: x1 = 0 / x2 = 2
                              // System.out: y1 = 0 / y2 = 0
x1 = 1;
// System.out: x1 = 1 / x2 = 2
```

Man erkennt einige Besonderheiten beim Zusammenspiel von Threads und gemeinsamen Variablen: Es kann zu Inkonsistenzen durch Reorderings und Interleaving kommen. Für Singlethreading analysiert und ordnet die JVM die Folge von Schreib- und Lesezugriffen automatisch, sodass diese Probleme gar nicht erst entstehen können. Bei Multithreading ist die zeitliche Reihenfolge der Abarbeitung nicht im Vorhinein bekannt, sodass keine definierte Reihenfolge bezüglich des Schreibens und Lesens durch verschiedene Threads gegeben ist und die JVM keine Konsistenz sicherstellen kann. ***Die Folge ist, dass ein Programm zufällig (häufig sogar korrekte) Resultate liefert, aber im schlimmsten Fall unbrauchbar wird***. Bei Multithreading ist es daher Aufgabe des Entwicklers, der JVM Hinweise zu geben, in welcher Reihenfolge die Abarbeitungen erfolgen sollen bzw. welche Bereiche kritisch sind und zu welchen Zeitpunkten keine Reorderings stattfinden dürfen.

Für Multithreading ist dazu eine spezielle Ordnung ***Happens-before*** (hb) definiert, die für zwei Anweisungen A und B beliebiger Threads besagt, dass für B alle Änderungen von Variablen einer Anweisung A sichtbar sind, wenn $hb(A, B)$ gilt. Durch diese Ordnung wird indirekt festgelegt, in welchem Rahmen Reorderings stattfinden dürfen, da durch $hb(A, B)$ »Abstimmungspunkte« oder »Synchronisationspunkte« von Multithreading-Applikationen definiert werden. Zwischen diesen Abstimmungspunkten sind Reorderings allerdings möglich. An solchen Abstimmungspunkten im Programm weiß man dann jedoch sicher, dass alle Änderungen stattgefunden haben und diese für andere Threads sichtbar sind. Beispielsweise kann über Synchronisation eine gewisse Abarbeitungsreihenfolge erreicht werden: Zwei über dasselbe Lock synchronisierte kritische Abschnitte schließen sich gegenseitig aus. Laut $hb(A, B)$ gilt, dass nachdem einer von beiden abgearbeitet wurde, alle Modifikationen für den nachfolgenden sichtbar sind. Über die Reihenfolge der Ausführung innerhalb eines `synchronized`-Blocks kann allerdings keine Aussage getroffen werden. **Besteht die Happens-before-Ordnung zwischen zwei Anweisungen jedoch nicht, so darf die JVM den Ablauf von Befehlen beliebig umordnen.**

Hintergrundinformationen zur Ordnung hb

Zum besseren Verständnis des Ablaufs bei Multithreading ist es hilfreich zu wissen, für welche Anweisungen eine Happens-before-Ordnung gilt:

- Zwei Anweisungen A und B erfüllen $hb(A, B)$, wenn B nach A im selben Thread in der sogenannten Program Order steht. Vereinfacht bedeutet dies, dass jeder Schreibzugriff für folgende Lesezugriffe auf ein Attribut sichtbar ist. Erfolgen Lese- und Schreibzugriffe nicht auf gleiche Attribute, stehen Anweisungen also nicht in einer Lese-Schreib-Beziehung, dürfen diese vom Compiler beliebig umgeordnet werden. Bei Singlethreading macht sich dies nicht bemerkbar, da trotz Reorderings die Bedeutung nicht verändert wird.
- Es gilt $hb(A, B)$, wenn zwei Anweisungen A und B über denselben Lock synchronisiert sind.
- Für einen Schreibzugriff A auf ein `volatile`-Attribut und einen späteren Lesezugriff B gilt $hb(A, B)$.
- Für den Aufruf von `start()` (A) eines Threads und alle Anweisungen B, die in diesem Thread ausgeführt werden, gilt $hb(A, B)$.
- Für alle Anweisungen A eines Threads vor dessen Ende B gilt $hb(A, B)$, d. h., alle nachfolgenden Threads können diese Änderungen sehen – aber nur, wenn diese über den gleichen Lock synchronisiert sind oder `volatile`-Attribute verwenden.

In Multithreading-Programmen muss man daher als Programmierer dafür sorgen, eine Happens-before-Ordnung herzustellen, um mögliche Fehler durch Reorderings zu verhindern. Auch ohne sämtliche Details dieser Ordnung zu verstehen, kann man Thread-sichere Programme schreiben, wenn man sich an folgende Grundregeln hält:

1. **Korrekte, minimale, aber vollständige Synchronisierung** – Greifen mehrere Threads auf ein gemeinsam benutztes Attribut zu, so müssen immer *alle* Zugriffe über *dasselbe* Lock-Objekt synchronisiert werden. Für semantische Einheiten von Attributen kann auch ein und dasselbe Lock-Objekt verwendet werden.

2. **Beachtung von Atomarität** – Zuweisungen erfolgen in der Regel atomar. Für die 64-Bit-Datentypen muss dies explizit über das Schlüsselwort `volatile` sichergestellt werden. Mehrschrittoperationen (beispielsweise `i++`) können so nicht geschützt werden und müssen zwingend synchronisiert werden.

9.5 Besonderheiten bei Threads

Nachdem wir ausführlich den Lebenszyklus und die Zusammenarbeit von Threads kennengelernt haben, geht dieser Abschnitt auf Besonderheiten ein. Im Folgenden stelle ich zunächst verschiedene Arten von Threads vor. Anschließend betrachten wir die Auswirkungen von Exceptions in Threads. Danach greife ich das Thema »Beenden von Threads« erneut auf. Abschließend stelle ich Möglichkeiten zur zeitgesteuerten Ausführung von Aufgaben vor.

9.5.1 Verschiedene Arten von Threads

Bei der Arbeit mit Threads gibt es noch ein bisher nicht erwähntes Detail zu beachten: In Java unterscheidet man zwischen User- und Daemon-Threads.

main-Thread und User-Threads

Wie bereits erwähnt, erzeugt die JVM beim Start einen speziellen Thread, den man main-Thread nennt, weil dieser statt der run()-Methode die main()-Methode des Programms ausführt. Nehmen wir an, eine Applikation würde mehrere Threads aus dem main-Thread erzeugen und starten. Diese Threads nennt man **User-Threads**. Die JVM bleibt selbst nach Ausführung des main-Threads bzw. der letzten Anweisung der main()-Methode aktiv, solange noch vom main-Thread abgespaltene User-Threads existieren und deren run()-Methode ausgeführt wird.

Daemon-Threads

Manchmal sollen Aufgaben im Hintergrund ablaufen und die Terminierung der JVM von solchen Threads unabhängig sein. Werden aber lediglich User-Threads gestartet, so wird die JVM nicht beendet, solange noch einer von diesen läuft. Als Abhilfe gibt es sogenannte **Daemon-Threads**. Einen solchen erhält man, wenn man einen beliebigen Thread, d. h. ein Thread-Objekt, durch Aufruf der Methode setDaemon(boolean) *vor* seiner Ausführung zu einem Daemon-Thread umwandelt. Daemon-Threads sind praktisch, wenn die Hintergrundaufgaben nicht wirklich zur eigentlichen Programmfunktionalität beitragen. Das gängigste Beispiel ist der Garbage Collector, der im Hintergrund Speicher aufräumt (vgl. Abschnitt 10.4).

Den Unterschied zwischen User- und Daemon-Threads erkennt man, wenn ein Programm bzw. die zugehörige JVM terminieren soll. Bekanntermaßen geschieht dies nur, nachdem alle User-Threads beendet sind. Dann noch aktive Daemon-Threads werden abrupt beendet, d. h. irgendwo in der Abarbeitung ihrer run()-Methode. Daher muss man sorgsam sein, wenn Daemon-Threads Ressourcen belegen. Zu deren Freigabe kann man in einer eigenen, von Thread-abgeleiteten Klasse die Methode finalize() implementieren. Weil deren Abarbeitung laut JLS jedoch nicht garantiert ist, bietet sich ein Shut-down-Hook (vgl. Abschnitt 16.1.13) an.

9.5.2 Exceptions in Threads

In diesem Abschnitt wollen wir uns damit beschäftigen, was passiert, wenn während der Abarbeitung von Threads Exceptions auftreten. Nehmen wir dazu an, eine Applikation würde mehrere Threads aus dem `main`-Thread starten und in irgendeinem der Threads würde eine Exception ausgelöst. Aus Abschnitt 4.7.1 wissen wir, dass eine Exception mit einem `catch`-Block behandelt werden muss oder automatisch entlang der Methodenaufrufkette weitergereicht wird, bis ein passender `catch`-Block gefunden wird oder man schließlich die `run()`- bzw. `main()`-Methode erreicht. In einem solchen Fall bricht deren Ausführung ab und dies führt zu einer Beendigung des ausführenden Threads. Abschließend wird die vom Programm unbehandelte Exception über den Error-Stream `System.err` inklusive des kompletten Stacktrace ausgegeben. Zum Nachvollziehen des zuvor beschriebenen Verhaltens können Sie folgendes Programm EXCEPTIONINTHREADSEXAMPLE ausführen:

```java
// Achtung: Nur zur Demonstration des Exception Handlings
public static void main(final String[] args) throws InterruptedException
{
    exceptionInMethod();
}

static void exceptionInMethod() throws InterruptedException
{
    final Thread exceptional = new Thread()
    {
        public void run()
        {
            throw new IllegalStateException("run() failed");
        }
    };

    exceptional.start();
    Thread.sleep(1000);
}
```

Listing 9.11 *Ausführbar als* '`EXCEPTIONINTHREADSEXAMPLE`'

Es erscheint folgende Ausgabe (gekürzt) auf der Konsole:

```
Exception in thread "Thread-0" java.lang.IllegalStateException: run() failed
```

Wird das abrupte Ende eines Threads lediglich auf der Konsole ausgegeben, erschwert dies eine spätere Fehlersuche. Zum Nachvollziehen ist es nützlicher, Exceptions in eine Log-Datei zu schreiben. Dazu wollen wir eine kleine Utility-Klasse erstellen und greifen auf das mit Java 5 eingeführte innere Interface `UncaughtExceptionHandler` der Klasse `Thread` zurück. Dessen Implementierung erlaubt es, von `catch`-Blöcken unbehandelte Exceptions behandeln zu können, indem man in der Methode `uncaughtException(Thread, Throwable)` das gewünschte Verhalten realisiert.

Die folgende Klasse `LoggingUncaughtExceptionHandler` implementiert beispielsweise eine Ausgabe in eine Log-Datei. Im Listing ist eine `main()`-Methode gezeigt, die zu Demonstrationszwecken Exceptions provoziert:

```
public final class LoggingUncaughtExceptionHandler implements Thread.
    UncaughtExceptionHandler
{
    private static final Logger log = LogManager.getLogger("UncaughtExceptions");

    @Override
    public void uncaughtException(final Thread thread, final Throwable throwable)
    {
        log.error("Unexpected exception occured: ", throwable);
    }
}
```

In diesem Beispiel wird ein mögliches Problem zwar nicht weiter behandelt, aber zumindest in einer Log-Datei protokolliert, was eine spätere Analyse erleichtert.

Ein solcher `UncaughtExceptionHandler` kann für alle Threads durch Aufruf von `Thread.setDefaultUncaughtExceptionHandler(Thread.UncaughtExceptionHandler)` global gesetzt werden. Bei Bedarf kann dies für jeden Thread einzeln durch Aufruf von `setUncaughtExceptionHandler(Thread.UncaughtExceptionHandler)` erfolgen.

9.5.3 Sicheres Beenden von Threads

Wie bereits erwähnt, lassen sich Threads leider nicht so einfach beenden wie starten. Die Methode `stop()` der Klasse `Thread` ist als `@deprecated` markiert. In verschiedenen Quellen wird als Grund dafür genannt, dass beim Beenden eines Threads nicht alle Locks freigegeben werden. Das ist ein verbreiteter Irrtum. Definitiv werden beim Auftreten von Exceptions alle gehaltenen Locks durch die JVM zurückgegeben. Wäre dem nicht so, dann wäre kein sinnvolles Programmverhalten mehr möglich. Der Grund ist Folgender: Alle Aufrufe von `synchronized`-Methoden, die über diese Locks geschützt werden, wären ansonsten für die Laufzeit der JVM blockiert.

Der Grund für die Markierung als `@deprecated` ist vielmehr folgender: Wenn ein Thread durch Aufruf von `stop()` beendet wird, können dadurch die Daten, auf denen der Thread gerade gearbeitet hat, in einen inkonsistenten Zustand gebracht werden. Insbesondere gilt dies, wenn der Thread innerhalb einer eigentlich atomaren Anweisungsfolge unterbrochen wird: Wird `stop()` durch einen anderen Thread mitten während der Ausführung eines über `synchronized` definierten kritischen Bereichs aufgerufen, so wird dieser irgendwo unterbrochen und nicht mehr atomar ausgeführt. Eine mögliche Inkonsistenz im Objektzustand ist die Folge.

Um Konsistenz zu wahren, müssen wir andere Wege finden, einen Thread korrekt zu beenden. Zwei Möglichkeiten, dies sauber zu lösen, sind die folgenden:

1. Einführen einer Hilfsklasse, die die Funktionalität bereitstellt
2. Beenden durch Aufruf der Methode `interrupt()`

Hilfsklasse zum Beenden

Eine mögliche Lösung zum Beenden von Threads besteht darin, eine Hilfsklasse mit einem Flag-Attribut `shouldStop` und ein paar Zugriffsmethoden zu implementieren und periodisch das Flag-Attribut abzufragen.

Schauen wir zunächst auf eine denkbare, aber falsche Umsetzung, wie man sie in der Praxis und in manchem Buch findet:

```java
// Achtung: Nicht Thread-sicher
public class BaseStoppableThread extends Thread
{
    private boolean shouldStop = false;

    public void requestStop()
    {
        shouldStop = true;
    }

    public void shouldStop()
    {
        return shouldStop;
    }

    public void run()
    {
        while (!shouldStop())
        {
            // Kein Aufruf von requestStop() und
            // keine Schreibzugriffe auf shouldStop
        }
    }
}
```

In der Praxis wird das Flag häufig `stopped` genannt. Zudem heißen die Zugriffsmethoden auf das Flag etwa `setStopped(boolean)` und `isStopped()`. Dies entspricht zwar der Intention des Beendens, allerdings wird hier eher ein Stoppwunsch geäußert. Daher werden die Methoden von mir `requestStop()` und `shouldStop()` genannt.

Auf den ersten Blick ist im Listing – abgesehen von der ungeschickten Ableitung von der Utility-Klasse `Thread` (vgl. folgenden Hinweis »Ableitung von der Klasse Thread«) – kein Fehler zu erkennen. Wieso ist diese Umsetzung trotzdem problematisch? Nach Lektüre von Abschnitt 9.4 über das Java-Memory-Modell sind wir bereits etwas sensibilisiert: Die JVM darf zur Optimierung Reorderings durchführen, sofern die Happens-before-Ordnung eingehalten wird. Ohne diese Ordnung beachtet der Compiler bei der Optimierung keine Multithreading-Aspekte: Er kann beispielsweise wiederholte Lesezugriffe auf sich nicht ändernde Variablen zu vermeiden versuchen.

Innerhalb der `run()`-Methode finden wir keinen Aufruf von `requestStop()` oder einen sonstigen Schreibzugriff auf das Attribut `shouldStop`. Für Singlethreading ergibt sich daraus, dass sich das Attribut `shouldStop` in der Schleife nicht mehr ändert. Damit ist das Ergebnis der Bedingung konstant. Um den Methodenaufruf und die wiederholte Auswertung der Bedingung `!shouldStop()` einzusparen, kann der Sourcecode durch den Compiler und die JVM wie folgt optimiert und umgewandelt werden:

9.5 Besonderheiten bei Threads

```
public void run()
{
    if (!shouldStop())
    {
        while (true)
        {
            // ...
```

Beim Einsatz von Multithreading und Reorderings ist zum korrekten Ablauf dieses Beispiels die Happens-before-Ordnung sicherzustellen. Das kann in diesem Fall entweder über die Deklaration des Attributs `shouldStop` als `volatile` oder einen synchronisierten Zugriff geschehen. Bei der Korrektur vermeiden wir außerdem, von der Klasse `Thread` abzuleiten, und implementieren folgende Lösung, die auf dem Interface `Runnable` basiert und die Happens-before-Ordnung sicherstellt, wodurch keine Reorderings und keine Optimierung der Schleifenabfrage erfolgen:

```
abstract class AbstractStoppableRunnable implements Runnable
{
    private volatile boolean shouldStop = false;

    public void requestStop()
    {
        shouldStop = true;
    }

    public boolean shouldStop()
    {
        return shouldStop;
    }

    public void run()
    {
        while (!shouldStop())
        {
            // ...
        }
    }
}
```

> **Hinweis: Ableitung von der Klasse `Thread`**
>
> Ableitungen von Utility-Klassen sind in der Regel ungünstig. *Leider sieht man aber genau dies häufig beim Einsatz der Klasse `Thread`.* Schauen wir uns an, wieso es zu Problemen kommen kann. Nehmen wir dazu an, eine Klasse `AbstractStoppableThread` sei durch Vererbung realisiert und die restliche Realisierung entspräche der zuvor vorgestellten Klasse `AbstractStoppableRunnable`:
>
> ```
> abstract class AbstractStoppableThread extends Thread
> {
>     private volatile boolean shouldStop = false;
>     // ...
> }
> ```

> Durch diese Implementierung wird das Substitutionsprinzip und demzufolge auch die »is-a«-Eigenschaft (vgl. Kapitel 3) verletzt. Der Grund ist folgender: Mit dieser von `Thread` abgeleiteten Klasse `AbstractStoppableThread` können keine Implementierungen von `Runnable` ausgeführt werden. Es entsteht eine Inkompatibilität: Die `run()`-Methode der Basisklasse `Thread` wird durch eine eigene Implementierung überschrieben, die keine Ausführung von `Runnables` erlaubt. Die obige Umsetzung ist somit OO-technisch unsauber, weil sich die eigene Klasse nicht so verwenden lässt wie die Klasse `Thread`.

Beenden mit `interrupt()`

Statt einen Thread durch die Verwendung eigener Mechanismen, etwa den Einsatz eines Stop-Flags, zu beenden, kann man über die Methode `interrupt()` der Klasse `Thread` die Beendigung der Ausführung eines anderen Threads anregen. Wie bereits bekannt, ist ein Aufruf der Methode `interrupt()` jedoch nur als Aufforderung zu sehen, sie besitzt keine unterbrechende Wirkung: Es wird lediglich ein Flag gesetzt. Die Bearbeitung und Auswertung dieses Flags mithilfe der Methode `isInterrupted()` ist Aufgabe des Entwicklers der `run()`-Methode und kann in etwa so geschehen:

```
public void run()
{
    while (!Thread.currentThread().isInterrupted())
    {
        // ...
    }
}
```

> **Achtung: `Thread.interrupted()` vs. `isInterrupted()`**
>
> Bei der Abfrage des Flags muss man etwas Vorsicht walten lassen. Die Klasse `Thread` bietet die statische Methode `interrupted()`, die zwar das Flag prüft, dieses allerdings auch zurücksetzt. In der Regel soll eine Prüfung ohne Seiteneffekt erfolgen. Dazu ist immer die Objektmethode `isInterrupted()` zu verwenden.

Fazit

Beide Lösungen zum Beenden von Threads sind funktional nahezu gleichwertig. Damit länger andauernde Aktionen in der `run()`-Methode tatsächlich abgebrochen werden können, müssen dort gegebenenfalls weitere Abfragen und Aufrufe von `shouldStop()` bzw. `isInterrupted()` erfolgen, um auch zwischen den ausgeführten Arbeitsschritten eine Reaktion auf Stoppwünsche zu ermöglichen. Das haben wir bereits in Abschnitt 9.1.4 diskutiert.

9.5.4 Zeitgesteuerte Ausführung

Möchte man gewisse Aufgaben zu einem speziellen Zeitpunkt oder periodisch ausführen, ist dies mit `Thread`-Objekten und deren `sleep(long)`-Methode zwar möglich, aber umständlich zu realisieren: Eine einmalige Ausführung zu einem Zeitpunkt in der Zukunft kann man durch den Aufruf von `Thread.sleep(long)` vor der eigentlichen Funktionalität erreichen, indem die Differenz von dem aktuellen Zeitpunkt bis zu dem gewünschten Zeitpunkt der Ausführung übergeben wird. Eine periodische Ausführung erreicht man, wenn die beschriebene Logik wiederholt innerhalb einer Schleife ausgeführt wird. Kompliziert wird dies, wenn mehrere Aufgaben zeitgesteuert abgearbeitet werden sollen. Statt dies umständlich von Hand zu programmieren, ist es sinnvoller, die Utility-Klassen `Timer` und `TimerTask` zu verwenden.

Ausführung einer Aufgabe mit den Klassen `Timer` und `TimerTask`

Die Klasse `Timer` ist für die Verwaltung und Ausführung von `TimerTask`-Objekten zuständig, die durchzuführende Aufgaben implementieren. Man erzeugt zunächst ein `Timer`-Objekt und übergibt diesem ein oder mehrere `TimerTask`-Objekte. Deren Realisierung erfolgt durch Vererbung von der abstrakten Klasse `TimerTask`. Diese erfüllt das `Runnable`-Interface und bietet folgende Methoden:

- `void run()` – Hier wird analog zu `Thread` und `Runnable` die Implementierung der auszuführenden Aufgabe vorgenommen.
- `boolean cancel()` – Beendet den `TimerTask`. Weitere Ausführungen werden verhindert.
- `long scheduledExecutionTime()` – Liefert den Zeitpunkt der letzten Ausführung und kann z. B. zur Kontrolle der Ausführungsdauer genutzt werden.

Zur Demonstration eines `TimerTasks` und der Verarbeitung mit einem `Timer` definieren wir folgende Klasse `SampleTimerTask`, die lediglich einen im Konstruktor übergebenen Text ausgibt:

```java
public class SampleTimerTask extends TimerTask
{
    private final String message;

    SampleTimerTask(final String message)
    {
        this.message = message;
    }

    public void run()
    {
        System.out.println(message);
    }
}
```

Einmalige Ausführung Zur Ausführung werden `TimerTask`-Objekte an einen `Timer` übergeben und dort eingeplant. Der Zeitpunkt der Ausführung kann relativ in Millisekunden bis zur Ausführung oder absolut in Form eines `Date` angegeben werden. Im folgenden Beispiel werden `SampleTimerTask`s per `schedule(TimerTask, long)` einmalig sofort und zu einem gewissen Zeitpunkt eingeplant und führen zu den Ausgaben "`OnceImmediately`" sowie "`OnceAfter5s`". Mit `schedule(TimerTask, Date)` kann man den Ausführungszeitpunkt als `Date`-Objekt übergeben. Im Beispiel erfolgt nach einer Minute die Ausgabe "`OnceAfter1min`". Dieser Zeitpunkt wird über eine hier nicht gezeigte Hilfsmethode `oneMinuteFromNow()` berechnet:

```java
public static void main(final String[] args) throws InterruptedException
{
    final Timer timer = new Timer();

    // Sofortige Ausführung
    final long NO_DELAY = 0;
    timer.schedule(new SampleTimerTask("OnceImmediately"), NO_DELAY);

    // Ausführung nach fünf Sekunden
    final long INITIAL_DELAY_FIVE_SEC = 5000;
    timer.schedule(new SampleTimerTask("OnceAfter5s"), INITIAL_DELAY_FIVE_SEC);

    // Ausführung nach einer Minute
    final Date ONE_MINUTE_AS_DATE = oneMinuteFromNow();
    timer.schedule(new SampleTimerTask("OnceAfter1min"), ONE_MINUTE_AS_DATE);

    stopTimerAfterDelay(timer);
}
private static void stopTimerAfterDelay(final Timer timer) throws
    InterruptedException
{
    Thread.sleep(60 * 1000);
    timer.cancel();
}
```

Listing 9.12 Ausführbar als '**TimerTaskExample**'

Das Programm TimerTaskExample produziert folgende Ausgabe:

```
OnceImmediately
OnceAfter5s
OnceAfter1min
```

Periodische Ausführung Möchte man eine Aufgabe periodisch ausführen, bietet die Klasse `Timer` hierfür zwei Varianten an: Zum einen kann dies mit festem Intervall durch einen Aufruf von `schedule(TimerTask, long, long)` und zum anderen mit festem Takt durch einen Aufruf der Methode `scheduleAtFixedRate(TimerTask, long, long)` geschehen. Optional kann eine Verzögerung bis zur ersten Ausführung angegeben werden. Liegt der Ausführungszeitpunkt in der Vergangenheit oder wird eine Verzögerung von 0 angegeben, so startet die Ausführung sofort.

9.5 Besonderheiten bei Threads

Intuitiv könnte man denken, bei festem Intervall würde immer eine gleich lange Pause zwischen zwei Ausführungen entstehen und bei festem Takt entspräche der Abstand der Startzeitpunkte der angegebenen Taktrate. Tatsächlich ist nur Letzteres in etwa korrekt, nämlich solange es nur einen Task auszuführen gibt und der Takt größer als die Ausführungsdauer ist. Wenn beides gilt, dann gibt es keinen Unterschied zwischen `schedule()` und `scheduleAtFixedRate()`. Erst wenn man den Takt erhöht bzw. die Ausführungsdauer verlängert, sieht man Unterschiede in den Varianten. `schedule()` produziert dann gleichmäßigere Ausführungen, wohingegen diejenigen durch `scheduleAtFixedRate()` recht schnell etwas unüberschaubar werden – insbesondere dann, wenn mehrere Tasks mit unterschiedlichem Takt eingeplant werden.

Damit Sie sich ein besseres Bild davon machen können, sollten Sie folgendes Programm ausführen und ein wenig mit den Wartezeiten sowie der Anzahl an Tasks experimentieren. Die Klasse `DurationTimerTask` bildet dazu eine gute Ausgangsbasis.

```java
public static void main(final String[] args) throws InterruptedException
{
    final Timer timer = new Timer();
    timer.schedule(new DurationTimerTask("FixedDelay1"), 0, 4000);
    // timer.schedule(new DurationTimerTask("FixedDelay2"), 0, 2000);
    stopTimerAfterDelay(timer);

    final Timer timer2 = new Timer();
    timer2.scheduleAtFixedRate(new DurationTimerTask("FixedRate1"), 0, 4000);
    // timer2.scheduleAtFixedRate(new DurationTimerTask("FixedRate2"), 0, 2000);
    stopTimerAfterDelay(timer2);
}

public static class DurationTimerTask extends TimerTask
{
    private static final long[] sleepTimesSecs = { 1, 2, 4 };
    private int index = 0;
    private final String info;

    public DurationTimerTask(final String info)
    {
        this.info = info;
    }

    @Override
    public void run()
    {
        final long sleepTimeSecs = sleepTimesSecs[index];
        index = (index + 1) % sleepTimesSecs.length;

        System.out.println(info + " -- at " + new Date() +
                           " sleeping " + (sleepTimeSecs) + " secs");

        SleepUtils.safeSleep(TimeUnit.SECONDS, sleepTimeSecs);
    }
}
```

Listing 9.13 Ausführbar als 'TIMERTASKSCHEDULINGEXAMPLE'

Das Programm TIMERTASKSCHEDULINGEXAMPLE produziert folgende Ausgabe (leicht gekürzt):

```
FixedDelay1 -- at Sun May 21 15:58:27 CEST 2017  sleeping 1 secs
FixedDelay1 -- at Sun May 21 15:58:31 CEST 2017  sleeping 2 secs
FixedDelay1 -- at Sun May 21 15:58:35 CEST 2017  sleeping 4 secs
...
FixedRate1  -- at Sun May 21 15:58:57 CEST 2017  sleeping 1 secs
FixedRate1  -- at Sun May 21 15:59:01 CEST 2017  sleeping 2 secs
FixedRate1  -- at Sun May 21 15:59:05 CEST 2017  sleeping 4 secs
...
```

> **Achtung: Fallstricke beim Einsatz von `Timer` und `TimerTask`**
>
> **Ausführung als User-Thread** Ein `Timer` besitzt zur Ausführung *genau einen* Thread. Dieser läuft in der Regel als User-Thread. Bekanntermaßen wird eine JVM jedoch nicht terminiert, solange noch mindestens ein User-Thread läuft. ***Daher muss bei Programmende jeder `Timer` explizit mit der Methode `cancel()` angehalten werden, um eine Terminierung der JVM zu erlauben.*** Um sich nicht um solche Details kümmern zu müssen, ist es sinnvoller, einen `Timer` und dessen `Thread` als Daemon-Thread wie folgt zu starten:
>
> ```
> final Timer daemonTimer = new Timer("DaemonTimer", true);
> ```
>
> **Gegenseitige Beeinflussung von `TimerTasks`** Die Genauigkeit der angegebenen Ausführungszeiten kann gewissen Schwankungen unterliegen, da alle `TimerTask`s in einem gemeinsamen Thread des `Timer`s ausgeführt werden. Weiterhin beendet eine nicht gefangene oder explizit ausgelöste Exception sowohl den `Timer` als auch alle enthaltenen `TimerTask`s. Sollen sich Ausführungszeiten oder Fehler in einzelnen `TimerTask`s nicht auf die Ausführung anderer `TimerTask`s auswirken, so lässt sich dies durch die Ausführung in eigenen `Timer`-Objekten und damit separaten Threads lösen. Es bietet sich alternativ der Einsatz sogenannter Thread-Pools an. Diese sollte man nicht selbst realisieren, sondern dafür das in Abschnitt 9.6.2 beschriebene Executor-Frameworks nutzen.

Fazit

Wie man sieht, handelt es sich bei den bisher vorgestellten Techniken vorwiegend um (komplizierte) Konstrukte mit einem niedrigen Abstraktionsgrad, die einiges an Komplexität in eine Applikation einführen und in der Praxis eher umständlich zu nutzen sind. Mit dieser etwas schwierigeren Kost haben wir nun die elementaren Grundlagen für das Schreiben sicherer Multithreading-Anwendungen kennengelernt.

· Ein Ansatz, die Probleme beim Multithreading eleganter zu lösen, bestand lange Zeit darin, die Klassenbibliothek `util.concurrent` von Doug Lea zu verwenden. Sie wurde durch den JSR 166 in Form der sogenannten »Concurrency Utilities« ins JDK 5 aufgenommen. Der folgende Abschnitt stellt diese vor.

9.6 Die Concurrency Utilities

Die bis einschließlich JDK 1.4 vorhandenen Sprachmittel, wie die Schlüsselwörter `volatile` und `synchronized` sowie die Methoden `wait()`, `notify()` und `notifyAll()`, erlauben es zwar, ein Programm auf mehrere Threads aufzuteilen und zu synchronisieren, allerdings lassen sich viele Aufgabenstellungen so nur relativ umständlich realisieren. Die mit JDK 5 eingeführten Concurrency Utilities erleichtern die Entwicklung von Multithreading-Anwendungen, da sie für viele zuvor nur mühsam zu lösende Probleme bereits fertige Bausteine bereitstellen. Durch deren Einsatz wird Komplexität aus der Anwendung in das Framework verlagert, was die Lesbarkeit und Verständlichkeit des Applikationscodes deutlich erhöht: Für Locks und atomare Variablen haben wir bereits gesehen, dass sich Ideen und Konzepte klarer ausdrücken lassen.

Im Package `java.util.concurrent` befinden sich die Bausteine (Klassen und Interfaces) der Concurrency Utilities. Dort findet man folgende Kernfunktionalitäten:

- **Concurrent Collections** – Die Concurrent Collections enthalten auf Parallelität spezialisierte Implementierungen der Interfaces `List<E>`, `Set<E>`, `Map<K,V>`, `Queue<E>` und `Deque<E>`, wodurch ein einfaches Ersetzen »normaler« Datenstrukturen durch deren Concurrent-Pendants wesentlich erleichtert wird, falls Nebenläufigkeit erforderlich ist. Abschnitt 9.6.1 geht darauf ein.

- **Executor-Framework** – Das Executor-Framework unterstützt bei der Ausführung asynchroner Aufgaben durch Bereitstellung von Thread-Pools und ermöglicht es, verschiedene Abarbeitungsstrategien zu verwenden sowie die Bearbeitung abzubrechen und Ergebnisse abzufragen. Das wird in Abschnitt 9.6.2 behandelt.

- **Locks und Conditions** – Verschiedene Ausprägungen von Locks und Conditions vereinfachen die zum Teil umständliche Kommunikation und Koordination mit den Methoden `wait()`, `notify()` und `notifyAll()` sowie den Schutz kritischer Bereiche durch `synchronized`. Eine kurze Einführung in die Thematik habe ich in Abschnitt 9.2.2 gegeben.

- **Atomare Variablen** – Atomare Aktionen auf Attributen waren vor JDK 5 nur über Hilfsmittel, etwa die Schlüsselwörter `volatile` und `synchronized`, zu erreichen. Die mit JDK 5 neu eingeführten atomaren Variablen haben wir bereits bei der Vorstellung der Atomarität des JMM in Abschnitt 9.4.2 kennengelernt. Sie erlauben eine atomare Veränderung ohne Einsatz von Synchronisation.

- **Synchronizer** – Manchmal sollen Aktivitäten an speziellen Stellen in parallele Teile aufgespalten und später an Synchronisationspunkten wieder zusammengeführt werden. Lange Zeit war die Koordination mehrerer Threads lediglich auf unterster Sprachebene unter Verwendung der Methode `join()` möglich. Mit Java 5 wurden unter anderem die Klassen `CountDownLatch`, `CyclicBarrier`, `Exchanger` und `Semaphore` im Package `java.util.concurrent` eingeführt, die dabei helfen, Synchronisationspunkte zu realisieren. Eine kurze Vorstellung der Arbeitsweise wurde bereits in Abschnitt 9.3 gegeben.

9.6.1 Concurrent Collections

Wenn mehrere Threads parallel verändernd auf eine Datenstruktur zugreifen, kann es leicht zu Inkonsistenzen kommen. Dies gilt insbesondere, da die meisten Containerklassen des Collections-Frameworks nicht Thread-sicher sind. Die Zusammenarbeit und Kommunikation von Threads haben wir recht ausführlich in den Abschnitten 9.2 und 9.3 kennengelernt. Rekapitulieren wir in diesem Abschnitt zunächst kurz typische Probleme in Multithreading-Anwendungen beim Einsatz »normaler« Collections. Anschließend werden wir zur Lösung dieser Probleme die Concurrent Collections nutzen. Diese können bei Bedarf nach Parallelität stellvertretend für die »Original«-Container eingesetzt werden. Die Grundlage für diese Austauschbarkeit bilden gemeinsame Interfaces (z. B. `List<E>`, `Set<E>` und `Map<K,V>`).

Wenn tatsächlich Nebenläufigkeit und viele parallele Zugriffe unterstützt werden müssen, können die Concurrent Collections ihre Stärken ausspielen. In Singlethreading-Umgebungen oder bei sehr wenigen konkurrierenden Zugriffen ist ihr Einsatz gut abzuwägen, da in den Containern selbst einiges an Aufwand betrieben wird, um sowohl Thread-Sicherheit als auch Parallelität zu gewährleisten.

Thread-Sicherheit und Parallelität mit »normalen« Collections

Die `synchronized`-Wrapper des Collections-Frameworks ermöglichen einen Threadsicheren Zugriff durch Synchronisierung aller Methoden (vgl. Abschnitt 6.3.2). Betrachten wir folgende synchronisierte Map als Ausgangsbasis unserer Diskussion:

```
final Map<String, Person> syncMap = Collections.synchronizedMap(personsMap);
```

Eine derartige Ummantelung führt zu einer (stark) eingeschränkten Parallelität, weil die Synchronisierung die Zugriffe serialisiert. Zudem schützt die Ummantelung nicht vor möglichen Inkonsistenzen, wenn man mehrere für sich Thread-sichere Methoden hintereinander aufruft. Das habe ich bereits bei der Beschreibung der `synchronized`-Wrapper in Abschnitt 6.3.2 diskutiert und greife es hier kurz auf, um die Arbeitsweise und Vorteile der Concurrent Collections zu motivieren.

Datenzugriff Jeder einzelne Methodenaufruf einer synchronisierten Collection ist für sich gesehen Thread-sicher. Für eine benutzende Komponente sind solche feingranularen Sperren aber häufig uninteressant. Vielmehr sollen Operationen mit mehreren Schritten atomar und Thread-sicher ausgeführt werden. Solche Mehrschrittoperationen sind etwa »`testAndGet()`« oder »`putIfAbsent()`«, die zunächst prüfen, ob ein gewisses Element enthalten ist, und nur dann einen Zugriff bzw. eine Modifikation ausführen. Funktional würde man Folgendes schreiben:

```
// ACHTUNG: nicht Thread-sicher
public Person putIfAbsent(final String key, final Person newPerson)
{
    if (!syncMap.containsKey(key))
    {
        return syncMap.put(key, newPerson);
    }
    return syncMap.get(key);
}
```

Bekanntermaßen sind für sich Thread-sichere Methoden in ihrer Kombination nicht Thread-sicher. Abhilfe schafft eine Synchronisierung der gesamten Aktionen. Mithilfe eines Synchronisationsobjekts implementiert man eine korrekt synchronisierte Version der `putIfAbsent(String, Person)`-Methode etwa wie folgt:

```
public Person putIfAbsent((final String key, final Person newPerson)
{
    synchronized (syncMap)   // Kritischer Bereich für Mehrschrittoperationen
    {
        if (!syncMap.containsKey(key))
        {
            return syncMap.put(key, newPerson);
        }
        return syncMap.get(key);
    }
}
```

Durch eine solche Umsetzung wird allerdings keine gute Nebenläufigkeit erreicht, da andere Zugriffe blockiert werden.

Iteration Eine weitere sehr gebräuchliche Mehrschrittoperation ist das Iterieren über eine Datenstruktur. Die Iteratoren der »normalen« Container sind »fail-fast«, d. h., sie prüfen sehr streng, ob möglicherweise während einer Iteration eine Veränderung an der Datenstruktur vorgenommen wurde, und reagieren darauf mit einer `ConcurrentModificationException` (vgl. Abschnitt 6.1.4).

Zur Thread-sicheren Iteration über die Einträge einer synchronisierten Liste ist dieser Vorgang zusätzlich durch einen `synchronized`-Block zu schützen:

```
// Blockiert andere Zugriffe auf syncPersons während der Iteration
synchronized (syncPersons)
{
    for (final Person person : syncPersons)
    {
        person.doSomething();
    }
}
```

Auf diese Weise ist zwar eine korrekt synchronisierte Iteration möglich, allerdings auf Kosten von Nebenläufigkeit: Durch den `synchronized`-Block wird ein kritischer Bereich definiert und *die Liste `syncPersons` ist während des Iterierens für mögliche andere Zugriffe blockiert. Nebenläufigkeit wird dadurch stark behindert.*

Thread-Sicherheit und Parallelität mit den Concurrent Collections

Wenn mehrere Threads gemeinsam lesend auf einer Collection arbeiten, muss nicht immer die gesamte Datenstruktur gesperrt und dadurch der Zugriff für andere Threads blockiert werden. Mehr noch: Lesezugriffe sollten sich gegenseitig nicht beeinflussen und nicht blockieren. Wohingegen Lese- und Schreibzugriffe aufeinander abgestimmt werden sollten. Dazu existieren verschiedene Verfahren. In den Concurrent Collections werden die zwei aufgelisteten Techniken eingesetzt, um neben Thread-Sicherheit auch für mehr Parallelität als bei den `synchronized`-Wrappern zu sorgen:

- **Kopieren beim Schreiben** – Die dahinterliegende Idee ist, vor jedem Schreibzugriff die Datenstruktur zu kopieren und dann das Element hinzuzufügen. Andere Threads können dadurch lesend zugreifen, ohne durch das Schreiben gestört zu werden. Diese Variante realisieren die Klassen `CopyOnWriteArrayList<E>` und `CopyOnWriteArraySet<E>` für Listen sowie Sets.

- **Lock-Striping / Lock-Splitting** – Hierbei werden verschiedene Teile eines Objekts oder einer Datenstruktur mithilfe mehrerer Locks geschützt. Dadurch sinkt die Wahrscheinlichkeit für gleichzeitige Zugriffe auf jeden einzelnen Lock und Threads werden seltener durch das Warten auf Locks am Weiterarbeiten gehindert. Als Folge davon steigt die Möglichkeit zur Parallelisierung. Zur Realisierung der parallelen `ConcurrentHashMap<K,V>` wird genau dieses Verfahren angewendet, das auf die spezielle Arbeitsweise von Hashcontainern mit Buckets abgestimmt ist und statt der gesamten `HashMap<K,V>` nur jeweils Teile davon schützt.

Datenzugriff in den Klassen `CopyOnWriteArrayList<E>`/`-Set<E>`

Die Implementierung der Klasse `CopyOnWriteArraySet<E>` nutzt die Klasse `CopyOnWriteArrayList<E>`. Diese wiederum verwendet ein Array zur Speicherung von Elementen und passt dieses bei Schreibvorgängen ähnlich der in Abschnitt 6.1.2 beschriebenen Größenänderung von Arrays an. Jede Änderung der Daten erzeugt eine Kopie des zugrunde liegenden Arrays. Dadurch können Threads ungestört parallel lesen, sehen eventuell jedoch nicht die aktuellen Änderungen durch andere Threads.

Allerdings sollte man folgende zwei Dinge beim Einsatz bedenken: Für kleinere Datenmengen (< 1.000 Elemente) ist das Kopieren und die mehrfache Datenhaltung in der Regel vernachlässigbar. Der negative Einfluss steigt mit der Anzahl zu speichernder Elemente linear an. Aufgrund der gewählten Strategie des Kopierens bieten sich diese Datenstrukturen daher vor allem dann an, wenn deutlich mehr Lese- als Schreibzugriffe erfolgen und die zu speichernden Datenvolumina nicht zu groß sind.

Datenzugriff in der Klasse `ConcurrentHashMap<K,V>` Betrachten wir die Klasse `ConcurrentHashMap<K,V>`, die eine Realisierung einer `Map<K,V>` ist und mehreren Threads paralleles Lesen und Schreiben ermöglicht. Die Realisierung garantiert, dass sich Lesezugriffe nicht gegenseitig blockieren. Für Schreibzugriffe kann man zum Konstruktionszeitpunkt bestimmen, wie viel Nebenläufigkeit unterstützt werden soll, indem man die Anzahl der Schreibsperren festlegt.

Streng genommen ist die Klasse `ConcurrentHashMap<K,V>` lediglich ein Ersatz für die Klasse `Hashtable<K,V>` und nicht für die Klasse `HashMap<K,V>`, wie es der Name andeutet. Das liegt daran, dass die Klasse `ConcurrentHashMap<K,V>` im Gegensatz zur Klasse `HashMap<K,V>` keine `null`-Werte für Schlüssel und Werte unterstützt. Der Wert `null` drückt stattdessen aus, dass ein gesuchter Eintrag fehlt. In vielen Fällen wird diese Unterstützung für `null` nicht benötigt. Dann kann man die Klasse `ConcurrentHashMap<K,V>` problemlos anstelle einer `HashMap<K,V>` verwenden.

Das Interface `ConcurrentMap<K,V>` deklariert vier Mehrschrittoperationen. Das Besondere daran ist, dass diese von den konkreten Realisierungen `ConcurrentHashMap<K,V>` und `ConcurrentSkipListMap<K,V>` atomar ausgeführt werden müssen. Die folgende Aufzählung nennt die Methoden und zeigt zur Verdeutlichung der Funktionalität eine schematische Pseudoimplementierung. Die tatsächliche Implementierung ist wesentlich komplizierter, da sie Parallelität ohne Blockierung gewährleistet.

- `V putIfAbsent(K key, V value)` – Erzeugt einen neuen Eintrag zu diesem Schlüssel und dem übergebenen Wert, falls kein Eintrag zu dem Schlüssel existiert. Liefert den zuvor gespeicherten Wert zurück, falls bereits ein Eintrag zu dem Schlüssel vorhanden ist, oder `null`, wenn dies nicht der Fall war.

```
if (!map.containsKey(key))
{
    return map.put(key, value);
}
return map.get(key);
```

- `boolean remove(Object key, Object value)` – Entfernt den Eintrag zu diesem Schlüssel, falls der gespeicherte Wert mit dem übergebenen Wert übereinstimmt. Liefert `true`, falls es einen solchen Eintrag gab, ansonsten `false`.

```
if (map.containsKey(key))
{
    if (map.get(key).equals(oldValue))
    {
        map.remove(key);
        return true;
    }
}
return false;
```

- `V replace(K key, V value)` – Ersetzt zu diesem Schlüssel den gespeicherten durch den übergebenen Wert. Liefert den zuvor mit dem Schlüssel assoziierten Wert zurück oder `null`, wenn es keinen Eintrag zu dem Schlüssel gab:

```
if (map.containsKey(key))
{
    return map.put(key, newValue);
}
return null;
```

- `boolean replace(K key, V oldValue, V newValue)` – Ersetzt den Eintrag zu diesem Schlüssel mit dem neuen Wert, falls der gespeicherte Wert mit dem alten Wert übereinstimmt. Liefert `true`, falls dem so ist, ansonsten `false`.

```
if (map.containsKey(key))
{
    if (map.get(key).equals(oldValue))
    {
        map.put(key, newValue);
        return true;
    }
}
return false;
```

Die gezeigten Aufrufe von `map.containsKey(key)` sind notwendig, um zu verhindern, dass bei einem fehlenden Eintrag eine `NullPointerException` ausgelöst wird.

Iteration Um eine parallele Verarbeitung zu unterstützen, wurde das Verhalten der Iteratoren so angepasst, dass diese weder `ConcurrentModificationExceptions` auslösen noch eine Synchronisierung benötigen. Allerdings sind die Iteratoren auch nur »schwach« konsistent oder »weakly consistent«, d. h., eine Iteration liefert nicht immer die aktuelle Zusammensetzung der Datenstruktur, aber zumindest den Zustand zum Zeitpunkt der Erzeugung des Iterators. Nachfolgende Änderungen an der Zusammensetzung können bei der Iteration berücksichtigt werden, müssen es aber nicht. Das erlaubt es, Iterationsvorgänge parallel zu Veränderungen durchzuführen.

Blockierende Warteschlangen und das Interface `BlockingQueue<E>`

Zum Austausch von Daten zwischen Programmkomponenten können Implementierungen des Interface `Queue<E>` (vgl. Abschnitt 6.6) verwendet werden. Das Interface `BlockingQueue<E>` erweitert das Basisinterface `Queue<E>` um folgende Methoden:

- `boolean offer(E element, long time, TimeUnit unit)` – Fügt ein Element in die Queue ein, falls keine Größenbeschränkung existiert oder die Queue nicht voll ist. Ansonsten wartet der Aufruf blockierend maximal die angegebene Zeitspanne, bis eine andere Programmkomponente ein Element entfernt, sodass als Folge ein Einfügen möglich wird. Liefert `true`, wenn das Einfügen erfolgreich war, ansonsten `false`.

- `E poll(long time, TimeUnit unit)` – Gibt das erste Element zurück und entfernt es aus der Queue. Wenn die Queue leer ist, wird maximal die angegebene Zeitspanne auf das Einfügen eines Elements durch eine andere Programmkomponente gewartet und nach einem erfolglosen Warten `null` zurückgegeben.
- `void put(E element)` – Fügt ein Element in die Queue ein. Dieser Aufruf erfolgt blockierend. Das bedeutet, dass gewartet werden muss, wenn die Queue eine Größenbeschränkung besitzt und zum Zeitpunkt des Einfügens voll ist.
- `E take()` – Gibt das erste Element zurück und entfernt es aus der Queue. Der Aufruf blockiert, solange die Queue leer ist.

Wie schon angedeutet, blockieren diese Methoden beim Schreiben in eine volle Queue bzw. beim Lesen aus einer leeren Queue.[7] Das erleichtert die Kommunikation zwischen Threads, da auf eine fehleranfällige Synchronisierung und Benachrichtigung über die Methoden `wait()` und `notify()` bzw. `notifyAll()` verzichtet werden kann.

Die durch das Interface `BlockingQueue<E>` beschriebene Schnittstelle wurde bereits in Abschnitt 9.3 zur Abstimmung von Producer und Consumer genutzt. Ähnliche Funktionalität wird durch folgende Klassen der Concurrent Collections realisiert:

- `ArrayBlockingQueue<E>` – Diese Realisierung bietet einen FIFO-Zugriff, besitzt eine Größenbeschränkung und verwendet ein Array zur Speicherung.
- `LinkedBlockingQueue<E>` – Diese Realisierung bietet einen FIFO-Zugriff und nutzt eine `LinkedList<E>`, wodurch keine Größenbeschränkung gegeben ist.
- `PriorityBlockingQueue<E>` – Diese Realisierung nutzt ein Sortierkriterium, um die Reihenfolge der Elemente innerhalb der Queue zu bestimmen. Elemente mit der höchsten Priorität stehen am Anfang und werden somit bei Lesezugriffen zuerst zurückgeliefert.
- `SynchronousQueue<E>` – Diese Queue ist ein Spezialfall einer größenbeschränkten Queue, allerdings mit der Größe 0.[8] Zunächst klingt dies unsinnig, ist aber für solche Anwendungsfälle geeignet, die erfordern, dass zwei Threads unmittelbar aufeinander warten. Bezogen auf das Producer-Consumer-Beispiel bedeutet dies, dass ein Producer erst sein Produkt »speichern« kann, wenn ein Consumer dieses direkt abholt. Andersherum gilt: Möchte ein Consumer Daten aus der Queue entnehmen, muss er warten, bis ein Producer Daten ablegt.
- `DelayQueue<E>` – Bei dieser Art von Queue beschreiben zu speichernde Elemente ihre Sortierung, indem sie das Interface `java.util.concurrent.Delayed` implementieren. Das Interface `Delayed` erweitert `Comparable<Delayed>` und beschreibt somit eine Ordnung: In einer solchen Queue sind die Elemente nach ihrem »Verfallsdatum« geordnet. Dazu kann ein Ablaufzeitpunkt über die Methode `getDelay(java.util.concurrent.TimeUnit unit)` angegeben werden.

---

[7]Durch das Interface kann dies nur gefordert, nicht aber sichergestellt werden.

[8]Dies ist ähnlich zum `Exchanger`, der auch einen Synchronisationsmechanismus bereitstellt. Dagegen bietet `SynchronousQueue` auch noch Queue-Funktionalität. Gerade im Bereich von Producer-Consumer ist dies leichter verständlich als das `Exchanger`-API.

9.6.2 Das Executor-Framework

Das Executor-Framework vereinfacht den Umgang mit Threads und die Verarbeitung von Ergebnissen asynchroner Aufgaben, sogenannter *Tasks*. Es erfolgt eine Trennung der Beschreibung eines Tasks und dessen tatsächlicher Ausführung. Dabei wird von den Details abstrahiert, etwa wie und wann eine Aufgabe von welchem Thread abgearbeitet wird. Die Kernidee ist, Tasks an sogenannte Executoren zur (späteren) Ausführung zu übergeben.

Das Interface `Executor`

Im einfachsten Fall können Tasks (Aufgaben bzw. Arbeitsblöcke), die das Interface `Runnable` implementieren, mithilfe der Klasse `Thread` ausgeführt werden. Bekanntermaßen schreibt man dazu Folgendes:

```
new Thread(runnableTask).start();
```

Statt explizit mit Threads zu arbeiten, kann man alternativ eine Realisierung des Interface `java.util.concurrent.Executor` nutzen, um einen Task auszuführen. Dadurch wird von den konkreten Aktionen »Erzeugen« und »Starten« abstrahiert. Das Interface `Executor` ist im JDK wie folgt definiert:

```
public interface Executor
{
    void execute(final Runnable runnableTask);
}
```

Damit lässt sich die obige Ausführung folgendermaßen schreiben:

```
executor.execute(runnableTask);
```

Sollen nur einige wenige Tasks ausgeführt werden, so ergibt sich kaum ein Vorteil durch den Einsatz eines Executors gegenüber dem Einsatz von Threads. Für Multithreading-Anwendungen, die aus diversen (unabhängigen) Tasks bestehen, kann eine derartige Abstraktion allerdings sehr vorteilhaft sein, wie wir dies nun beleuchten.

Implementierung des Interface `Executor` Die zuvor gezeigte Abstraktion von Threads und Implementierungsdetails wirkt zunächst wenig spektakulär. Warum das Ganze dennoch hilfreich ist, werden wir sukzessive kennenlernen. Ein erster Vorteil besteht darin, dass das Interface `Executor` keine konkrete Art der Ausführung vorgibt. Die Details werden durch die jeweilige `Executor`-Implementierung spezifiziert, beispielsweise wie viele Aufgaben parallel ausgeführt werden und wann bzw. in welcher Reihenfolge dies erfolgt.

Betrachten wir zunächst zwei extreme Arten der Ausführung: alle Tasks synchron hintereinander und alle Tasks vollständig asynchron. Für Ersteres könnte man eine Klasse `SynchronousExecutor` wie folgt implementieren:

9.6 Die Concurrency Utilities

```
public class SynchronousExecutor implements Executor
{
    public void execute(final Runnable runnable)
    {
        runnable.run();
    }
}
```

In der Regel sollen Tasks nicht synchron im aufrufenden Thread, sondern parallel dazu ausgeführt werden. Eine Klasse `AsyncExecutor`, die für jeden Task einen eigenen Thread startet, könnte folgendermaßen realisiert werden:

```
public class AsyncExecutor implements Executor
{
    public void execute(final Runnable runnableTask)
    {
        new Thread(runnable).start();
    }
}
```

> **Hinweis: `Executor` selbst implementieren?**
>
> Wie bereits gesehen, ist es zwar möglich, eigene Implementierungen des Interface `Executor` zu schreiben, normalerweise empfiehlt es sich jedoch, die vordefinierten Klassen des Executor-Frameworks zu verwenden, die wir im Verlauf dieses Abschnitts kennenlernen werden.

Motivation für Thread-Pools

Nehmen wir an, es seien viele Aufgaben zu erledigen. Die zuvor vorgestellten Extreme bei der Umsetzung, d. h. die streng sequenzielle Ausführung aller Aufgaben durch einen einzigen Thread bzw. die maximale Parallelisierung durch Abspalten eines eigenen Threads pro Aufgabe, besitzen beide unterschiedliche Nachteile. Der erste Ansatz führt durch die Hintereinanderausführung zu langen Wartezeiten und schlechten Antwortzeiten. Es kommt zu einem geringeren Durchsatz. Der zweite Ansatz parallelisiert die Ausführung und erreicht auf diese Weise einen höherem Durchsatz, sodass man etwas naiv auf die Idee kommen könnte, einfach so viele Threads zu erzeugen, wie Aufgaben existieren, um dadurch die Parallelität der Abarbeitung zu maximieren und für gute Antwortzeiten zu sorgen. Allerdings skaliert dieses Vorgehen nur begrenzt: Steigt die Anzahl der genutzten Threads deutlich über die Anzahl der verfügbaren CPUs bzw. Rechenkerne, so sinkt der Leistungszuwachs. Dies liegt daran, dass maximal so viele Threads gleichzeitig aktiv sein können, wie es CPUs bzw. Rechenkerne gibt. Zudem steigt der Aufwand zur Verwaltung und Abstimmung der Threads und für Thread-Wechsel.

Weiterhin ist die Ausführung von Aufgaben durch Threads mit einem gewissen Overhead verbunden: Zum einen kostet das Erzeugen und Starten eines Threads deutlich mehr Rechenzeit als ein Methodenaufruf. Zum anderen belegen Threads sowohl

Betriebssystemressourcen als auch Speicher innerhalb sowie außerhalb der JVM. Sie können daher nur in begrenzter Anzahl[9] erzeugt werden.

Einen sinnvollen Kompromiss erreicht man durch den Einsatz sogenannter **Thread-Pools**. Die Idee ist dabei, eine bestimmte Anzahl lauffähiger, aber pausierter Threads vorrätig zu halten und bei Bedarf zur Ausführung von Tasks zu aktivieren. Dadurch spart man sich die aufwendige Konstruktion neuer Threads. Thread-Pools ermöglichen zudem ein klares Programmdesign, da Verwaltungsaufgaben, d. h. das gesamte Thread-Management (Erzeugung, Zuteilung, Fehlerbehandlung usw.), aus der Applikation in den Thread-Pool verlagert wird. Ein solcher Thread-Pool kann ebenfalls dazu dienen, bei sehr hoher Last momentan nicht verarbeitbare Anfragen zu speichern und im Nachhinein zu bearbeiten. Alternativ kann man mit einem Thread-Pool beim Auftreten von Belastungsspitzen dynamisch versuchen, den Durchsatz zu erhöhen, indem temporär die Anzahl der Bearbeitungs-Threads (auch Worker-Threads genannt) erhöht wird.

> **Achtung: Nachteile von Thread-Pools**
>
> Thread-Pools bieten sich dann an, wenn die auszuführenden Tasks möglichst unabhängig voneinander sind. Doch selbst dabei kann eine ungünstige Mischung von langlaufenden und kurzen Tasks zu Problemen führen, wenn die »Langläufer« sich vor den »Kurzläufern« registriert haben und letztere so blockiert werden. Die Ausführung kurzer Tasks wird dann eventuell unerwartet stark verzögert.
>
> Wenn übergebene Tasks voneinander abhängig sind, kann der Einsatz eines Thread-Pools ungeeignet sein, da keine Abarbeitungsreihenfolge garantiert ist. Im Extremfall wurde ein auszuführender Task vor einem logisch davor auszuführenden Task einsortiert. Damit würde der Nachfolger vergeblich auf das Ergebnis eines noch nicht durch den Thread-Pool ausgeführten Vorgänger-Tasks warten. Dadurch ist keine weitere Abarbeitung dieses Tasks mehr möglich und der Thread-Pool würde «verstopft».

Das Interface `ExecutorService`

Im Executor-Framework lassen sich Thread-Pools über FABRIKMETHODEN (vgl. Abschnitt 18.1.2) der Utility-Klasse `java.util.concurrent.Executors` erzeugen. Diese Methoden geben Objekte vom Typ `ExecutorService` zurück. Dieser erweitert das Interface `Executor` unter anderem um die Möglichkeit, bereits laufende Aufgaben abbrechen zu können.

Mit folgenden Fabrikmethoden können spezielle Realisierungen des Interface `java.util.concurrent.ExecutorService` erzeugt werden:

- `newFixedThreadPool(int poolSize)` – Erzeugt einen Thread-Pool fester Größe.

---
[9]Diese ist abhängig von der verwendeten Stackgröße und dem zur Verfügung stehenden Hauptspeicher.

- `newCachedThreadPool()` – Erzeugt einen Thread-Pool unbegrenzter Größe, der nach Bedarf wachsen und schrumpfen kann. Auf diese Weise kann dynamisch auf Belastungsspitzen reagiert werden.
- `newSingleThreadExecutor()` – Erzeugt einen Thread-Pool, der lediglich einen Thread verwaltet und folglich übergebene Aufgaben sequenziell abarbeitet (dies jedoch parallel zur eigentlichen Applikation).
- `newScheduledThreadPool(int poolSize)` – Erzeugt einen Thread-Pool der angegebenen Größe, der eine zeitgesteuerte Ausführung unterstützt und als Ersatz für die Klassen `Timer` und `TimerTask` (vgl. Abschnitt 9.5.4) dienen kann.

Wenn gegen das Interface `ExecutorService` programmiert wird, können die verwendeten, konkreten Realisierungen ausgetauscht und auf den jeweiligen Einsatz abgestimmt gewählt werden. Ein weiterer Vorteil der eben genannten Thread-Pool-Implementierungen ist, dass diese eine Fehlerbehandlung durchführen: Kommt es bei der Abarbeitung eines Tasks zu einer Exception, so führt dies zum Ende des ausführenden Worker-Threads. Durch den Thread-Pool werden »sterbende« Worker-Threads automatisch ersetzt, sodass für weitere Tasks immer eine Abarbeitung garantiert wird. Dies ist ein entscheidender Vorteil. Beim Einsatz eines `Timers` führte eine Exception dagegen zum Abbruch aller angemeldeten `TimerTasks`.

Die erzeugten Thread-Pools stellen spezielle Ausprägungen der folgenden beiden Klassen dar:

- `ThreadPoolExecutor` – Diese Klasse nutzt einen Thread-Pool. Neu eintreffende Aufgaben werden von bereitstehenden Threads bearbeitet, d. h. von solchen, die momentan kein `Runnable` ausführen. Gibt es keinen freien Thread, so werden die Tasks in einer Warteliste zur Abarbeitung vorgemerkt.
- `ScheduledThreadPoolExecutor` – Diese Klasse erlaubt es, Tasks zeitgesteuert und insbesondere auch periodisch auszuführen und ähnelt damit der Klasse `Timer`.

Bevor ich auf die Details der Ausführung eingehe, stelle ich im Folgenden zwei Arten der Realisierung von Tasks vor.

Die Interfaces `Callable<V>` und `Runnable`

Bei der Abarbeitung nebenläufiger Tasks gibt es gewisse Anforderungen, die mithilfe von `Runnables` nur schwierig oder umständlich zu realisieren sind. Daher betrachten wir hier das Interface `java.util.concurrent.Callable<V>`, nachdem ich gewisse Beschränkungen des Interface `Runnable` vorgestellt habe.

Um die Ergebnisse nebenläufiger Berechnungen wieder an den Thread kommunizieren zu können, der die Ausführung gestartet hat, muss man sich beim Einsatz von `Runnables` gewisser Tricks bedienen. Ursache dafür ist, dass die `run()`-Methode weder einen Ergebniswert zurückgeben noch eine Checked Exception auslösen kann. Ein Austausch von Ergebnissen zwischen einem Aufrufer und dem Bearbeitungs-Thread ist daher lediglich dadurch möglich, dass diese in gemeinsam benutzten Datenstrukturen abgelegt werden. Dazu kann man in eigenen Realisierungen von `Runnable`s spezielle Attribute zur Speicherung von Rückgabewerten definieren, die nach Abschluss der Berechnung von Aufrufern ausgelesen werden können.

IDIOM: EIN- UND AUSGABE MIT RUNNABLE Die Methode `run()` aus dem Interface `Runnable` ist für Berechnungen ohne Abhängigkeiten recht gut geeignet. Des Öfteren benötigt man Ein- und Ausgaben und eine Möglichkeit, wie man das `Runnable` mit Informationen versorgen bzw. parametrieren und nach der Berechnung auch wieder auf ein berechnetes Ergebnis zugreifen kann. Das Ganze wird nun an einem Beispiel verdeutlicht. Zunächst implementieren wir das Interface `Runnable` in Form der Klasse `InOutputRunnableExample` und bieten einen Konstruktor mit Eingabeparametern, um Informationen zu übergeben. Ein Aufrufer kann auf das Berechnungsergebnis über die Methode `getResult()` zugreifen. Ob ein solches bereits vorliegt, ermittelt man durch Abfrage von `isCalculationFinished()`.

```java
public class InOutputRunnableExample<T1, T2, V> implements Runnable
{
    private final T1 input1;
    private final T2 input2;

    private V resultValue = null;

    private volatile boolean calculationFinished = false;

    public InOutputRunnableExample(final T1 input1, final T2 input2)
    {
        this.input1 = input1;
        this.input2 = input2;
    }

    public void run()
    {
        calculationFinished = false;

        resultValue = calculateResult(input1, input2);

        calculationFinished = true;
    }

    public V getResult()
    {
        return resultValue;
    }

    public boolean isCalculationFinished()
    {
        return calculationFinished;
    }

    private V calculateResult(final T1 input1, final T2 input2)
    {
        return null;
    }
}
```

Der hier erforderliche recht hohe Implementierungsaufwand ist durch die Beschränkungen des Interface `Runnable` begründet. Es ist für Aufrufer darüber hinaus nicht immer einfach, ohne Polling-Aufruf von `isCalculationFinished()` das Ende einer Berechnung zu erkennen.

Das Interface `Callable<V>` Aufgrund dieser Einschränkungen bei der Ausführung nebenläufiger Aktivitäten und deren Überwachung wurde das Interface `Callable<V>` eingeführt, womit man einem Aufrufer einen Rückgabewert übermitteln und außergewöhnliche Situationen über Exceptions kommunizieren kann. Dieses Interface ist im JDK folgendermaßen definiert:

```java
public interface Callable<V>
{
    V call() throws Exception;
}
```

Betrachten wir nun, wie sich das zuvor dargestellte Idiom zum Datenaustausch mit einem Aufrufer durch den Einsatz eines `Callable<V>` klarer gestalten lässt. Auch hier haben wir zwei Eingabeparameter und berechnen zu Demonstrationszwecken lediglich eine Wartezeit in Millisekunden, für die wir dann auch die Ausführung pausieren lassen. Das generische Interface `Callable<V>` erlaubt beliebige nicht primitive Rückgabetypen. Für dieses einfache Beispiel nutzen wir den Typ `Long`, wodurch diese Realisierung kürzer als diejenige mit `Runnable` ist und keine Hilfsvariable `result` zur Zwischenspeicherung der Berechnungsergebnisse benötigt:

```java
public class CalcDurationInMs implements Callable<Long>
{
    private final TimeUnit timeUnit;
    private final long     duration;

    CalcDurationInMs(final TimeUnit timeUnit, final long duration)
    {
        this.timeUnit = timeUnit;
        this.duration = duration;
    }

    @Override
    public Long call() throws Exception
    {
        timeUnit.sleep(duration);
        return timeUnit.toMillis(duration);
    }
}
```

Ausführen von `Runnable` und `Callable<V>`: Das `Future<V>`-Interface

Ein `ExecutorService` kann Tasks ausführen, die Implementierungen der Interfaces `Runnable` sowie `Callable<V>` darstellen und bietet dazu folgende Methoden:

- `<V> Future<V> submit(Callable<V> task)` – Es erfolgt eine Abarbeitung des `Callable<V>` mit anschließender Möglichkeit, das Ergebnis auszuwerten.

- `Future<?> submit(Runnable task)` – Das übergebene `Runnable` wird von einem Thread des `ExecutorService` abgearbeitet. Aufgrund der zuvor beschriebenen Einschränkungen von `Runnables` ist es im Gegensatz zur Ausführung von `Callable<V>` nur möglich, abzufragen, ob die Abarbeitung bereits beendet ist. Es wird jedoch kein Rückgabewert über `get()` geliefert, sondern immer `null`.
- `<T> Future<T> submit(Runnable task, T result)` – Erweitert den vorherigen Aufruf um die Möglichkeit, mit `get()` ein Ergebnis abfragen zu können. Nach der Abarbeitung des übergebenen Tasks wird der als Referenz übergebene Wert `result` vom Typ `T` zurückgegeben. Dies kann man jedoch nur dann sinnvoll nutzen, wenn dieser Typ veränderlich ist: Der ausführende Task ändert den Inhalt als Folge seiner Berechnungen. Das ist zwar ein Seiteneffekt, dieser ist aber lokal begrenzt und daher vertretbar.

Zum Verfolgen des Ausführungsfortschritts eines übergebenen Tasks erfolgt die Rückgabe eines `java.util.concurrent.Future<V>`-Interface, das sowohl das Ergebnis einer Berechnung als auch deren Asynchronität kapselt. Das Interface `Future<V>` ist im JDK folgendermaßen definiert:

```
public interface Future<V>
{
    V get() throws InterruptedException, ExecutionException;
    V get(long Timeout, TimeUnit unit) throws
        InterruptedException, ExecutionException, TimeoutException;
    boolean cancel(boolean mayInterruptIfRunning);
    boolean isCancelled();
    boolean isDone();
}
```

Mithilfe dieses Interface kann man unter anderem den Lebenszyklus von Tasks abfragen. Überladene `get()`-Methoden ermitteln den Ergebniswert und blockieren so lange, bis das Ergebnis verfügbar ist oder eine angegebene Timeout-Zeit überschritten wurde.

Runnable mit Ergebnis Die Möglichkeit zur Ausführung eines `Runnable` mit Rückgabe möchte ich kurz aufgreifen. Wir betrachten hier einen Task, der eine `List<Integer>` als Ergebnisdatenstruktur erhält und diese modifiziert. Die Methode `submit()` übergibt die Verarbeitung an einen `ExecutorService`.

Folgendes Beispiel deutet die asynchrone Abarbeitung mit einem `Future<V>` für ein Ergebnis vom Typ `List<Integer>` und einen Task `ModifyingTask` an. In der Methode `accessResult()` ist gezeigt, wie man auf das Vorhandensein eines Berechnungsergebnisses prüft bzw. blockierend mit `get()` darauf wartet. Schließlich ist es wichtig, den `ExecutorService` durch Aufruf von `shutdown()` korrekt zu beenden. Ansonsten könnte die JVM nicht terminiert werden, weil noch Threads aktiv wären.

9.6 Die Concurrency Utilities

```java
public static void main(final String[] args)
{
    // Task erzeugen und einplanen
    final List<Integer> result = new ArrayList<>();
    final Runnable task = new ModifyingTask(result);
    final ExecutorService executorService =
                        Executors.newSingleThreadExecutor();
    final Future<List<Integer>> future =
                        executorService.submit(task, result);
    // Ergebnis verarbeiten
    accessResult(future);

    // ExecutorService sauber beenden
    executorService.shutdown();
}

private static void accessResult(final Future<List<Integer>> future)
{
    try
    {
        System.out.println("isDone? " + future.isDone());
        System.out.println("Job finished with result: " + future.get());
    }
    catch (final InterruptedException e)
    {
        // Kann in diesem Beispiel nicht auftreten
    }
    catch (final ExecutionException e)
    {
        // Kann in diesem Beispiel nicht auftreten, wird geworfen wenn
        // versucht wird, auf ein Ergebnis eines Tasks zuzugreifen, der
        // mit einer Exception beendet wurde
    }
}

public static final class ModifyingTask implements Runnable
{
    private final List<Integer> result;

    ModifyingTask(final List<Integer> result)
    {
        this.result = result;
    }

    @Override
    public void run()
    {
        result.add(Integer.valueOf(4711));
    }

    public List<Integer> getResult()
    {
        return result;
    }
}
```

Listing 9.14   Ausführbar als 'FUTUREEXAMPLEWITHRUNNABLEANDRESULT'

Das Programm FUTUREEXAMPLEWITHRUNNABLEANDRESULT gibt Folgendes aus:

```
isDone? false
Job finished with result: [4711]
```

Parallele Abarbeitung im `ExecutorService`

Nachdem die Verarbeitung über eine der überladenen `submit()`-Methoden angestoßen wurde, können parallel weitere Aufgaben gestartet werden. Jede einzelne lässt sich über das zurückgelieferte `Future<V>`-Interface mit der Methode `isDone()` befragen, ob deren Berechnung beendet ist. Folgendes Listing zeigt dies exemplarisch für zwei Berechnungen mit dem bekannten Task `CalcDurationInMs`. Der erste Task wartet 5, der zweite 10 Sekunden:

```java
public static void main(final String[] args)
{
    final int POOL_SIZE = 3;
    final ExecutorService executorService =
                    Executors.newFixedThreadPool(POOL_SIZE);

    // Definition und Start zweier Tasks
    final Future<Long> future1 = executorService.submit(
                         new CalcDurationInMs(TimeUnit.SECONDS, 5));
    final Future<Long> future2 = executorService.submit(
                         new CalcDurationInMs(TimeUnit.SECONDS, 10));

    System.out.println("Start: " + new Date());
    try
    {
        // synchron auf das Ende von Task 1 warten
        final Long result1 = future1.get();
        System.out.println("After Job 1: " + new Date());
        System.out.println(result1);

        // Zugriff nach 5s sollte false liefern
        System.out.println("isDone? Job 2: " + future2.isDone());

        // synchron auf das Ende von Task 2 warten
        final Long result2 = future2.get();
        System.out.println("After Job 2: " + new Date());
        System.out.println(result2);
    }
    catch (final InterruptedException | ExecutionException ex)
    {
        // Kann in diesem Beispiel nicht auftreten, s. o.
    }

    // Aufruf, um Thread-Pool zu beenden und JVM-Terminierung zu ermöglichen
    executorService.shutdown();
}
```

*Listing 9.15 Ausführbar als '*E XECUTOR S ERVICE E XAMPLE*'*

An den Ausgaben sieht man, dass die Abarbeitung parallel ausgeführt wird:

```
Start: Wed Apr 05 13:57:46 CEST 2017
After Job 1: Wed Apr 05 13:57:51 CEST 2017
5000
isDone? Job 2: false
After Job 2: Wed Apr 05 13:57:56 CEST 2017
10000
```

Mehrere Tasks abarbeiten

Die Methode `submit()` vom `ExecutorService` nimmt zu einem Zeitpunkt genau ein `Callable<V>` an und führt es aus. Häufig möchte man jedoch mehrere Tasks parallel ausführen. Dazu kann man sukzessiv `submit()` aufrufen. Eine Alternative stellen die Methoden des `ExecutorService` dar:

- `invokeAll(Collection<Callable<V>> tasks)` – Führt alle Aufgaben aus und liefert eine Liste von `Future<T>`-Objekten zum Zugriff auf die Ergebnisse.
- `invokeAny(Collection<Callable<V>> tasks)` – Führt alle Aufgaben aus und liefert nur das Ergebnis des Tasks, der als Erster fertig ist.

Für beide Methoden existiert eine überladene Version, der man eine maximale Ausführungszeit mitgeben kann. Das berechnete Ergebnis wird nur geliefert, wenn es zu keiner Zeitüberschreitung kommt.

`ScheduledExecutorService` vs. `Timer`

Das Interface `ScheduledExecutorService` bietet Methoden, um Aufgaben zu bestimmten Zeiten bzw. wiederholt auszuführen, und wird von der Klasse `ScheduledThreadPoolExecutor` implementiert. Die Intention ist vergleichbar mit derjenigen der Klasse `Timer`. Im Gegensatz zu dieser werden jedoch mehrere Threads aus einem Pool zur Ausführung benutzt. Zudem können Ausführungszeiten nicht nur in Millisekunden angegeben werden, sondern mithilfe der Klasse `TimeUnit` in beliebigen Zeiteinheiten. Das trägt deutlich zur Lesbarkeit bei.

Kommen wir auf das Beispiel aus Abschnitt 9.5.4 zurück, das zur Demonstration der Arbeitsweise der Klassen `Timer` und `TimerTask` gedient hat. Statt eines `TimerTasks` zur Ausgabe eines Textes auf der Konsole verwende ich hier folgende simple Implementierung eines `Runnables` mit gleicher Aufgabe:

```java
public class SampleMessageTask implements Runnable
{
    private final String message;

    SampleMessageTask(final String message)
    {
        this.message = message;
    }

    public void run()
    {
        System.out.println(message);
    }
}
```

Diese Klasse wird in der nachfolgenden `main()`-Methode genutzt, um die zeitgesteuerte Verarbeitung zu demonstrieren:

```java
public static void main(final String[] args) throws InterruptedException
{
    final int POOL_SIZE = 3;
    final ScheduledExecutorService executorService =
                        Executors.newScheduledThreadPool(POOL_SIZE);

    // Sofortige Ausführung
    executorService.schedule(new SampleMessageTask("OnceImmediately"), 0,
            TimeUnit.SECONDS);

    // Ausführung nach fünf Sekunden
    executorService.schedule(new SampleMessageTask("OnceAfter5s"), 5,
            TimeUnit.SECONDS);

    // Ausführung nach einer Minute
    executorService.schedule(new SampleMessageTask("OnceAfter1min"), 1,
            TimeUnit.MINUTES);

    TimeUnit.SECONDS.sleep(65); // Thread.sleep(65 * 1000);

    executorService.shutdown();
}
```

Listing 9.16 *Ausführbar als* '**SCHEDULEDEXECUTOREXAMPLE**'

Durch die Verwendung der Klasse `TimeUnit` lassen sich Zeitangaben gut lesbar notieren. Auch kann man das Warten sauber wie im Listing gezeigt realisieren.

Ansonsten findet sich beim Einsatz eines `ScheduledExecutorService` kaum ein Unterschied zu den Methoden der Klasse `Timer`. Allerdings kann, im Gegensatz zu dieser, keine Einplanung über die Angabe eines Zeitpunkts in Form der Klasse `Date` erfolgen. Dafür lässt sich die periodische Ausführung noch klarer als bei der Klasse `Timer` ausdrücken. Auch die Methoden zur Ausführung mit festem Takt und festgelegter Verzögerung zwischen den Ausführungen besitzen sprechende Namen: `scheduleAtFixedRate()` und `scheduleWithFixedDelay()`. Letztere Ausführungsart wurde im `Timer` durch die Methode `schedule()` angestoßen. Besser lesbar ist der Methodenaufruf `scheduleWithFixedDelay()`. Folgendes Beispiel zeigt beide Varianten der wiederholten Ausführung:

```java
public static void main(final String[] args) throws InterruptedException
{
    final int POOL_SIZE = 3;
    final ScheduledExecutorService executorService =
                        Executors.newScheduledThreadPool(POOL_SIZE);

    // Eingeplante Ausführung mit INITIAL_DELAY und Verzögerung DELAY
    final long INITIAL_DELAY_ONE_SEC = 1;
    final long DELAY_30_SECS = 30;
    executorService.scheduleWithFixedDelay(new SampleMessageTask(
            "PeriodicRefreshing"), INITIAL_DELAY_ONE_SEC, DELAY_30_SECS,
            TimeUnit.SECONDS);

    // Eingeplante Ausführung mit INITIAL_DELAY und Takt RATE
    final long RATE_10_SECS = 10;
    executorService.scheduleAtFixedRate(new SampleMessageTask(
            "10s FixedRateExecution"), INITIAL_DELAY_ONE_SEC, RATE_10_SECS,
            TimeUnit.SECONDS);
```

```
TimeUnit.SECONDS.sleep(65); // Thread.sleep(65 * 1000);

// Shutdown in der Praxis nicht sinnvoll, solange noch eine
// periodische Ausführung gewünscht ist
executorService.shutdown();
}
```

Listing 9.17 *Ausführbar als* **'SCHEDULEDEXECUTORPERIODICEXAMPLE'**

Fazit

Dieser Abschnitt hat einen Einstieg in die Verarbeitung von Tasks mit dem Executor-Framework gegeben. Ein großer Vorteil besteht darin, dass man von vielen Details der Thread-Verwaltung abstrahieren kann. Dadurch gibt es nahezu keinen Grund mehr, direkt mit Threads zu arbeiten. Wenn viele Tasks auszuführen sind, gelten diese Aussagen umso mehr. *In neuen Projekten sollten* `Executor`*-Realisierungen bevorzugt werden, da sie eine bessere Abstraktion als die Klassen* `Thread` *und* `Timer` *bieten.* Dies empfiehlt auch Joshua Bloch in seinem Buch »Effective Java« [6] in Item 68.

9.6.3 Das Fork-Join-Framework

Mit JDK 7 wurde das Executor-Framework um das sogenannte Fork-Join-Framework erweitert, das die Parallelverarbeitung von Aufgaben gut unterstützt. Die dazu eingeführten `ForkJoinTask`s bilden eine plattformunabhängige Möglichkeit, rechenintensive Operationen tatsächlich parallel auf Mehrprozessormaschinen auszuführen. Diese Art der Verarbeitung lässt sich auf viele Algorithmen der Kategorie »teile und herrsche« (*divide and conquer*) anwenden. Die gewählte Lösungsstrategie besteht darin, ein größeres Problem in diverse kleinere zu lösende Probleme aufzuteilen und diesen Vorgang so lange rekursiv fortzusetzen, bis eine einfache (häufig nur aus wenigen Anweisungen bestehende) Lösung möglich ist. Man spricht hier vom rekursiven Abstieg mit Abbruchkriterium. Darunter versteht man, dass die Berechnung der Lösung zunächst in immer kleinere Problemstellungen zerlegt wird, dann eine einfache Berechnung erfolgt und anschließend die Ergebnisse schrittweise zusammengeführt werden. Das Besondere an den Problemstellungen ist, dass diese voneinander unabhängig sind und daher parallel gelöst werden können.

Ich zeige den Einsatz von `ForkJoinTask`s am Beispiel der Berechnung der Fibonacci-Zahlen $fib(n)$.[10] Diese sind rekursiv wie folgt definiert:

$$fib(0) = 0$$
$$fib(1) = 1$$
$$fib(n) = fib(n-1) + fib(n-2), \forall n \geq 2$$

Basierend auf der rekursiven mathematischen Definition könnte man eine direkte Abbildung in eine rekursive programmatische Berechnung vornehmen. Diese wird hier ledig-

---
[10] Die Idee dazu basiert auf der API-Dokumentation zur Klasse `RecursiveTask`.

lich zu Demonstrationszwecken der Funktionalität des Fork-Join-Frameworks gewählt. In der Praxis ist dieser Ansatz schlecht, da ein einfacherer Algorithmus zur Berechnung der Fibonacci-Zahlen existiert. Die im folgenden Beispiel gewählte Unterteilung in einzelne Berechnungsschritte ist zudem ungünstig, da jeder dieser Schritte zu einfach und schnell zu berechnen ist, als dass sich eine Aufteilung lohnen würde. Wir nehmen die genannten Nachteile in Kauf, um das Prinzip verdeutlichen zu können.

Grundlage für Berechnungen bildet die generische abstrakte Klasse `ForkJoinTask<V>`, die das Interface `Future<V>` implementiert. Eine Instanz davon kann über den Aufruf der Methode `fork()` einen neuen Worker-Thread abspalten und mit `join()` die Berechnungen wieder zusammenführen. Zur rekursiven Berechnung ist die generische abstrakte Klasse `RecursiveTask<V>` als Erweiterung der Klasse `ForkJoinTask<V>` definiert. Dort wird eine abstrakte Methode `compute()` mit dem Rückgabetyp `V` angeboten, in der in eigenen Realisierungen die eigentlichen Berechnungen stattfinden sollen. Nutzen wir das gewonnene Wissen zur Implementierung einer Klasse `FibonacciTask` wie folgt:

```java
// Aufteilung nur zur Demonstration: Anmerkungen siehe Text
public final class FibonacciTask extends RecursiveTask<Integer>
{
    final int n;

    public FibonacciTask(final int n)
    {
        if (n < 0)
            throw new IllegalArgumentException("parameter n must be positive");

        this.n = n;
    }

    protected Integer compute()
    {
        // Ende des rekursiven Abstiegs
        if (n == 0 || n == 1)
            return n;

        // Rekursiver Abstieg für fib(n-1)
        final FibonacciTask fibTask1 = new FibonacciTask(n - 1);
        fibTask1.fork();
        // Rekursiver Abstieg für fib(n-2)
        final FibonacciTask fibTask2 = new FibonacciTask(n - 2);
        // Zusammenführung fib(n-2) mit fib(n-1)
        return fibTask2.compute() + fibTask1.join();
    }

    public static void main(final String[] args)
    {
        // Definition eines Pools von Worker-Threads
        final int WORKER_THREAD_COUNT = 4;
        final ForkJoinPool forkJoinPool = new ForkJoinPool(WORKER_THREAD_COUNT);

        // Berechnung von fib(42)
        System.out.println(forkJoinPool.invoke(new FibonacciTask(42)));
    }
}
```

Listing 9.18 Ausführbar als '**FibonacciTask**'

Zur Ausführung derartiger Tasks muss man sich einen Pool an Worker-Threads in Form der Klasse `ForkJoinPool` anlegen. Anschließend wird durch den Aufruf der Methode `invoke(ForkJoinTask<T>)` die Berechnung gestartet.

Bei den `ForkJoinTasks` sind jedoch zwei Aspekte zu beachten: Zum einen ist dies die Komplexität des zu lösenden Problems und zum anderen der Verwaltungsoverhead, der durch das Aufteilen in kleinere Teilaufgaben entsteht. Dieser führt dazu, dass ab einer gewissen Granularität (Anzahl an Anweisungen) die sequenzielle Berechnung schneller ist als die parallele. Es bedarf allerdings einiges an Erfahrung und Fingerspitzengefühl sowie Messungen, um diese Grenze für die Aufspaltung passend wählen zu können. Weiterführende Informationen finden Sie in Doug Leas Buch »Concurrent Programming in Java« [51].

9.6.4 Erweiterungen im Bereich Concurrency mit JDK 8

Im Bereich Concurrency wurden in JDK 8 verschiedene Erweiterungen realisiert. Das betrifft auch das Package `java.util.concurrent` und seine Subpackages mit unter anderem folgenden wichtigen Änderungen:

- `CompletableFuture<T>` – Die Klasse `CompletableFuture<T>` erweitert das Interface `Future<T>` um eine Vielzahl an Methoden. Diese interessante Neuerung werden wir im Anschluss an diese Aufzählung genauer betrachten.
- `ConcurrentHashMap<K,V>` – In der Klasse `ConcurrentHashMap<K,V>` wurde eine Vielzahl an Methoden ergänzt. Das sind unter anderem `computeIfAbsent()`, `forEach()`, `forEachEntry()`, `forEachKey()`, `forEachValue()`, `merge()`, `reduce()` und `search()`. Einige davon haben wir schon bei der Betrachtung der Neuerungen im Basisinterface `Map<K,V>` besprochen. Hier möchte ich nur kurz nochmals stellvertretend auf die Methode `putIfAbsent()` eingehen, mit der man einen Wert für einen Schlüssel in der Map speichern kann, falls dieser dort noch nicht existiert. Obwohl das recht einfach klingt, ist es eine Mehrschrittoperation, bei der Inkonsistenzen und Berechnungsfehler durch konkurrierende Zugriffe entstehen können. Herkömmlicherweise musste man entweder mit `synchronized` oder Locks arbeiten, um einen kritischen Abschnitt zu realisieren, in dem zuerst ein Lesezugriff und danach gegebenenfalls ein Schreibzugriff erfolgte. Mithilfe der Methode `putIfAbsent()` kann man sich derartige »Verrenkungen« ersparen.

Die Klasse `CompletableFuture<T>`

Bei asynchronen Berechnungen steht man häufig vor der Herausforderung, diese miteinander zu synchronisieren oder Ergebnisse auszutauschen. Wenn man dies über `Runnable` oder `Callable<V>` realisieren möchte, so wird das schnell unhandlich. Schon mit JDK 5 wurde das Interface `Future<V>` eingeführt, um Ergebnisse von asynchronen Berechnungen auszudrücken. Damit kann man eine Verbesserung erzielen. Das mit JDK 8 eingeführte `java.util.concurrent.CompletableFuture<T>` führt zu einer deutlichen Vereinfachung und erlaubt es, Berechnungen als eine Folge von Tasks mithilfe spezieller Methoden zu beschreiben:

- `supplyAsync()` – Konstruiert ein neues `CompletableFuture<T>`-Objekt.
- `thenApply()` – Führt eine Aktion in Form einer `Function<T,R>` aus.
- `thenCombine()` – Führt zwei Berechnungen zusammen.

Die Aufrufe erfolgen in dem Thread des Thread-Pools (blockierend), der die Aktion ausführt. Darüber hinaus existieren asynchrone Varianten, deren Methodenname mit `Aysnc` endet. Auf diese Weise kann man Aufrufketten parallelisieren.

Weil hier ein ganz neues Konzept eingeführt wird, beginne ich mit einem stark vereinfachten Beispiel. Normalerweise nutzt man `CompletableFuture<T>` zur Ausführung länger dauernder Aktionen. Diese sind hier durch einfache Berechnungen stilisiert, etwa das initiale Berechnen eines Ergebnisses als simple Rückgabe eines Strings. Danach werden symbolisch für komplexe Berechnungen zunächst eine Wandlung eines Strings in ein `Integer`-Objekt und dann eine einfache Multiplikation ausgeführt. Abschließend ist gezeigt, wie auf das Berechnungsergebnis zugegriffen wird:

```java
public static void main(final String[] args) throws InterruptedException,
                                                    ExecutionException
{
    // Schritt 1: Aufwendige Berechnung, hier nur Rückgabe von einem String
    final Supplier<String> longRunningAction = () ->
    {
        System.out.println("Current thread: " + Thread.currentThread());
        return "101";
    };
    final CompletableFuture<String> step1 =
                    CompletableFuture.supplyAsync(longRunningAction);

    // Schritt 2: Konvertierung, hier nur Abbildung von String auf Integer
    final Function<String, Integer> complexConverter = Integer::parseInt;
    final CompletableFuture<Integer> step2 = step1.thenApply(complexConverter);

    // Schritt 3: Konvertierung, hier nur Multiplikation mit .75
    final Function<Integer, Double> complexCalculation = value -> .75 * value;
    final CompletableFuture<Double> step3 = step2.thenApply(complexCalculation);

    // Explizites Auslesen per get() löst die Verarbeitung aus
    System.out.println(step3.get());
}
```

Listing 9.19 Ausführbar als 'FIRSTCOMPLETEABLEFUTUREEXAMPLE'

Mit `CompletableFuture<T>` kann man auf einfache Weise asynchrone Abläufe erzeugen und an definierten Punkten wieder zusammenlaufen lassen. Führt man das Programm FIRSTCOMPLETEABLEFUTUREEXAMPLE aus, so wird dies anhand der Protokollierung des aktuellen Threads und folgender Konsolenausgabe deutlich:

```
Current thread: Thread[ForkJoinPool.commonPool-worker-1,5,main]
75.75
```

9.6 Die Concurrency Utilities

Die Komplexität im Vergleich zu einer Lösung mittels Threads ist erheblich geringer. Man muss sich weder um die Erzeugung von Threads noch um deren Interaktion selbst kümmern. Stattdessen erfolgen die Berechnungen automatisch durch Threads, die aus dem mit JDK 8 eingeführten `commonPool` des Fork-Join-Frameworks stammen.

Dieses einführende Beispiel sollte nur die prinzipiellen Abläufe verdeutlichen, damit die Grundlagen für komplexere Ausführungen gelegt sind. Nachfolgend soll der Inhalt einer Datei eingelesen und analysiert werden. Weil man beim (professionellen) Programmieren immer auch ein Augenmerk auf Wartbarkeit und Testbarkeit legen sollte, entwickeln wir die Funktionalität als kleine Bausteine. Diese realisieren wir in Form von Methoden mit folgenden Aktionen: Das Einlesen der Datei geschieht zeilenweise. Die Zeilen werden dann als einzelne Worte aufbereitet. Diese Funktionalität ist Schritt 1 und wird durch die Methode `extractWordsFromFile(Path)` und den Aufruf von `supplyAsync()` auf einem `CompletableFuture<List<String>>` realisiert. Im Anschluss daran sollen in einem zweiten Schritt zwei Filterungen parallel auf den bereitgestellten Daten durchgeführt werden: Zum einen werden zu ignorierende Wörter herausgefiltert, zum anderen werden Wörter mit weniger als vier Buchstaben aus dem Ergebnis entfernt. Beide Verarbeitungen werden durch `thenApplyAsync()` angestoßen und laufen parallel zueinander ab. In Schritt 3 werden nun die beiden parallel berechneten Ergebnisse miteinander per `thenCombine()` verbunden. Dass dies erst nach Abschluss beider Berechnungen geschieht, darum kümmert sich die Logik aus der Klasse `CompletableFuture<T>`.

Das folgende Listing zeigt, dass man durch den Einsatz der Klasse `CompletableFuture<T>` und ihrer Methoden die Abläufe gut nachvollziehbar gestalten kann:

```java
public static void main(final String[] args) throws Exception
{
    final Path exampleFile = Paths.get("src/main/resources/ch09_multithreading/"
            +
            "concurrency/Example.txt");

    // Schritt 1: Möglicherweise längerdauernde Aktion
    final CompletableFuture<List<String>> contents =
            CompletableFuture.supplyAsync(extractWordsFromFile(exampleFile));

    contents.thenAccept(text -> System.out.println("Initial: " + text));

    // Schritt 2: Filterungen parallel ausführen
    final CompletableFuture<List<String>> filtered1 =
            contents.thenApplyAsync(removeIgnorableWords());

    final CompletableFuture<List<String>> filtered2 =
            contents.thenApplyAsync(removeShortWords());

    // Schritt 3: Verbinde die Ergebnisse
    final CompletableFuture<List<String>> result =
            filtered1.thenCombine(filtered2, calcIntersection());

    System.out.println("result: " + result.get());
}
```

Listing 9.20 Ausführbar als 'COMPLETEABLEFUTUREEXAMPLE'

Im Listing sind die Verarbeitungsschritte und deren Kombination gut erkennbar, auch ohne die einzelnen Berechnungen im Detail zu verstehen. Die zur Realisierung eingesetzten einzelnen Bausteine nutzen `Predicate<T>`-Objekte, mit denen wir Filterbedingungen formulieren (vgl. Abschnitt 5.5.1). Außerdem lesen wir Daten aus einer Datei mithilfe von `Files.readAllLines()` (vgl. Abschnitt 4.6.6), das die Daten als `Stream<String>` liefert. Auf diesem operieren wir mit den aus Abschnitt 7.1 bekannten Methoden des Stream-APIs, `flatMap()`, `map()`, `sorted()` usw., um den Inhalt der Datei als eine Menge von Wörtern zurückzuliefern, wobei zuvor Satzzeichen von den Wörtern abgeschnitten werden. Nachfolgendes Listing zeigt die zuvor aufgerufenen Hilfsmethoden:

```java
private static Supplier<List<String>> extractWordsFromFile(final Path inputFile)
{
    return () ->
    {
        try
        {
            final List<String> lines = Files.readAllLines(inputFile);

            final Stream<String> words = lines.stream().flatMap(line ->
                                            Stream.of(line.split(" ")));

            final Stream<String> mapped = words.map(removePunctationMarks());
            final Stream<String> sorted = mapped.sorted(
                                            String.CASE_INSENSITIVE_ORDER);

            return sorted.collect(Collectors.toList());
        }
        catch (final Exception e)
        {
            return Collections.emptyList();
        }
    };
}

private static Function<List<String>, List<String>> removeIgnorableWords()
{
    final List<String> wordsToIgnore = Arrays.asList("this", "This", "text");
    final Predicate<String> isIgnorable = word -> wordsToIgnore.contains(word);

    return input -> { return input.stream().filter(isIgnorable.negate())
                            .collect(Collectors.toList()); };
}

private static Function<List<String>, List<String>> removeShortWords()
{
    final Predicate<String> isShortWord = word -> word.length() <= 3;
    final Predicate<String> notIsShortWord = isShortWord.negate();

    return input -> { return input.stream().filter(notIsShortWord)
                            .collect(Collectors.toList()); };
}

private static BiFunction<? super List<String>, ? super List<String>,
                    ? extends List<String>> calcIntersection()
{
    return (list1, list2) -> { list1.retainAll(list2); return list1; };
}
```

```
private static Function<String, String> removePunctationMarks()
{
    final Function<String, String> removePunctationMarks = str ->
    {
        if (str.endsWith(".") || str.endsWith(":") || str.endsWith("!"))
        {
            return str.substring(0, str.length()-1);
        }
        return str;
    };
    return removePunctationMarks;
}
```

Startet man das obige Programm COMPLETEABLEFUTUREEXAMPLE, so kommt es bei folgender Eingabedatei

```
This is the first line.
The second line of this text.
Third line contains some text.
Last line and goodbye:
End of text!
```

zu diesen Konsolenausgaben:

```
Initial: [and, contains, End, first, goodbye, is, Last, line, line, line, line,
    of, of, second, some, text, text, text, the, The, Third, This, this]
result: [contains, first, goodbye, Last, second, some, Third]
```

Fazit

Dieses Beispiel hat Ihnen einen ersten Eindruck der vielfältigen Möglichkeiten der Klasse `CompletableFuture<T>` geliefert. Ein Blick in die API-Dokumentation verrät, dass es noch einiges zu entdecken gibt: Hier finden sich etwa 50 Methoden.

9.7 Weiterführende Literatur

Da die Themen Multithreading und Nebenläufigkeit recht komplex und vielschichtig sind, empfiehlt es sich, weitere Quellen zu konsultieren. Weiterführende Informationen finden Sie in folgenden Büchern:

- »**Parallele und verteilte Anwendungen in Java**« von Rainer Oechsle [62]
  Dieses Buch gibt einen sehr lesbaren und verständlichen Einstieg in das Thema Multithreading mit Java 5.

- »**Java Threads**« von Scott Oaks und Henry Wong [61]
  Ebenso wie das Buch von Rainer Oechsle bietet dieses Buch einen sehr lesbaren und verständlichen Einstieg in das Thema Multithreading mit Java 5. Durch den Fokus auf Threads erklärt es einige Dinge noch gründlicher.

- »**Java Concurrency in Practice**« von Brian Goetz et al. [25]
  Dieses Buch gibt eine sehr umfassende und fundierte Beschreibung zum Thema Multithreading. Dort werden auch die Erweiterungen der Concurrent Collections in JDK 6 behandelt.

- »**Concurrent Programming in Java**« von Doug Lea [51]
  Dieser Klassiker, der bereits einige Jahre auf dem Buckel hat, stammt vom Entwickler der Concurrency Utilities selbst. Viele der im Buch beschriebenen Klassen haben später Einzug in die Java-Klassenbibliothek gehalten. Es ist allerdings keine leichte Lektüre.

- »**Taming Java Threads**« von Allen Holub [33]
  Dieses Buch gibt einen fundierten Einstieg und beschreibt sehr genau die Details von Multithreading inklusive diverser Fallstricke. Es werden auch fortgeschrittenere Themen wie Multithreading und Swing, Thread-Pools und blockierende Warteschlangen behandelt. Da dieses Buch noch auf Java 1.4 basiert, werden hier ähnliche Ideen und Klassen entwickelt wie bei Doug Lea.

- »**Fortgeschrittene Programmierung mit Java 5**« von Johannes Nowak [60]
  Dieses Buch beschäftigt sich intensiv mit den in JDK 5 hinzugekommenen Sprachfeatures Generics und den Concurrency Utilities. Es geht nicht so detailliert wie die zuvor genannten Bücher auf die Thematik ein, gibt aber einen guten Überblick.

- »**Java 7 Concurrency Cookbook**« von Javier Fernández González [26]
  Dieses Buch liefert um die 60 kleine Beispiele rund um Multithreading mit Java 7. Dabei geht es fundiert auf die dortigen Neuerungen ein. Erwähnenswert ist auch ein Kapitel zum anspruchsvollen Thema des Testens von Multithreading.

- »**Nebenläufige Programmierung mit Java**« von Jörg Hettel und Manh Tien Tran [31]
  Dieses aktuelle Buch gibt einen fundierten Einstieg in die nebenläufige Programmierung mit Java und behandelt insbesondere auch die mit Java 8 neu hinzugekommen Sprachfeatures. Zudem gibt es einen kurzen Ausblick auf die Reactive Streams in Java 9.

10 Fortgeschrittene Java-Themen

In diesem Kapitel werden verschiedene fortgeschrittene Java-Themen vorgestellt. Abschnitt 10.1 beginnt mit einem in die Sprache integrierten, *Reflection* genannten Mechanismus. Dieser ermöglicht es, zur Laufzeit Informationen zu Klassen, Objekten usw. zu ermitteln. Es ist sogar möglich, neue Instanzen von zum Kompilierzeitpunkt unbekannten Klassen zu erzeugen und deren Methoden aufzurufen. An die Besprechung von Reflection schließt sich eine Darstellung der mit JDK 5 neu eingeführten *Annotations* zur Angabe von Zusatzinformationen im Sourcecode an. Abschnitt 10.2 gibt sowohl eine Einführung in die Annotations des JDKs als auch eine Beschreibung, wie man eigene Annotations definieren und auswerten kann.

Abschnitt 10.3 beschreibt die Möglichkeiten zur Konvertierung von Objekten in eine Folge von Bytes und zurück. Dies wird *Serialisierung* genannt und über das Interface `java.io.Serializable` als Funktionalität aktiviert. In Java muss man sich als Entwickler kaum oder gar nicht um das Speichermanagement und insbesondere die Freigabe von Objekten bzw. genauer des durch sie belegten Speichers kümmern. Abschnitt 10.4 erläutert das in die JVM integrierte, automatische Speichermanagement, *Garbage Collection* genannt. Vervollständigt wird dieses Kapitel durch die Beschreibung von dynamischen Proxys in Abschnitt 10.5. Damit lassen sich Klassen erst zur Laufzeit (daher dynamisch) anhand der Angabe einer Menge zu erfüllender Interfaces erstellen. Abschließend gebe ich in Abschnitt 10.6 eine Einführung in die Verarbeitung von JavaScript mithilfe der in Java integrierten JavaScript-Engine.

10.1 Crashkurs Reflection

Die Technik *Reflection* erlaubt es einem Programm, verschiedene Informationen über sich selbst herauszufinden und zur Laufzeit Instanzen von Klassen zu erzeugen.

Bei Reflection handelt es sich um eine fortgeschrittene Technik, die man bei der normalen Anwendungsentwicklung seltener verwendet. Es gibt jedoch einige Anwendungsfälle, die nur durch den Einsatz von Reflection umzusetzen sind. Die Java-Seiten von Oracle[1] nennen unter anderem folgende Einsatzgebiete:

- **Erweiterbarkeit** – Eine Applikation kann mit Reflection sogar solche Klassen instanziieren, die zum Zeitpunkt der Kompilierung unbekannt sind. Zur Laufzeit wird

[1] http://download.oracle.com/javase/tutorial/reflect/

nur ihr voll qualifizierter Name benötigt. Ausgehend davon können alle möglichen Bestandteile von Klassen, also Methoden, Attribute usw., abgefragt werden.

- **Class-Browser, Debugger und Tools zum Testen** – Mithilfe von Reflection erhält ein Programm Zugriff auf alle Bestandteile einer Klasse. Selbst der Zugriff auf private Attribute und Methoden ist möglich. Beispielsweise nutzt JUnit 3.x Reflection, um die auszuführenden Testmethoden zu ermitteln.

Neben den obigen Einsatzgebieten sollte Reflection nur in speziellen Situationen und für den Fall, dass es wirklich notwendig und sinnvoll ist, verwendet werden, etwa wenn zur Laufzeit Informationen über das Programm selbst benötigt werden oder dessen Verhalten geändert werden soll. Denken Sie an folgenden Hinweis: *Gibt es eine Lösung ohne Reflection, so wähle diese*, weil sie in der Regel klarer und verständlicher ist.

Hinweise zum Einsatz

Vor einem möglichen Einsatz sollte man die im Folgenden genannten Besonderheiten beachten, die sich nachteilig auswirken können:

- Bei der Verwendung von Reflection werden Informationen erst zur Laufzeit ermittelt. Das verursacht etwas Overhead, wodurch Methodenaufrufe, Attributzugriffe usw. etwas langsamer als »normale« Aufrufe ausgeführt werden.

- Aufrufe per Reflection werden möglicherweise durch nicht ausreichende Berechtigungen verhindert. Grundsätzlich ist es korrekt, eine nicht berechtigte Ausführung zu unterbinden. Die dazu notwendigen Berechtigungen werden über eine Instanz der Klasse `java.lang.SecurityManager`[2] kontrolliert. Zur Laufzeit können unterschiedliche Instanzen der Klasse `SecurityManager` aktiv sein und somit das Programmverhalten unerwartet verändern.

- Ein Nachteil beim Einsatz von Reflection ist, dass man sowohl Kapselung als auch einiges von der durch den Compiler garantierten Sicherheit aufgibt. Insbesondere kann der Sichtbarkeitsschutz privater Bestandteile von Klassen ausgehebelt werden, wodurch Interna sichtbar werden. Außerdem sind Abhängigkeiten zwischen Klassen schwieriger zu ermitteln, da diese textuell als Klassen-, Methoden- oder Attributnamen beschrieben sind.

Mit diesen Hinweisen im Hinterkopf wollen wir Reflection zumindest so weit kennenlernen, dass ein grundlegendes Verständnis vorhanden ist. Es gibt wenig Literatur, die sich explizit mit diesem Thema auseinandersetzt. Eine Ausnahme bildet das Buch »Java Reflection in Action« von Ira R. und Nate Forman [20].

---

[2]Mithilfe einer Spezialisierung der abstrakten Klasse `SecurityManager` können verschiedene Berechtigungen erteilt oder verweigert werden, etwa Zugriffe auf Dateien. Existiert keine Berechtigung, so wird eine `java.lang.SecurityException` ausgelöst.

10.1.1 Grundlagen

Damit eine Untersuchung eines Programms überhaupt möglich ist, müssen spezielle Informationen über Klassen und Objekte existieren. Diese nennt man **Metadaten** oder **Metainformationen**. Diese sind im JDK durch Klassen modelliert, z. B. folgende:

- `java.lang.Class<T>` – Metadaten für Klassen, etwa Klassenname, implementierte Interfaces, Methoden, Attribute usw.
- `java.lang.reflect.Field` – Metadaten für Attribute, etwa Typ, Name, Sichtbarkeit usw.
- `java.lang.reflect.Method` – Metadaten für Methoden, etwa Name, Parameter, Sichtbarkeit usw.

Den Startpunkt für die Programmierung mit Reflection bildet immer eine Instanz der Klasse `java.lang.Class<T>`, über die man andere Metadaten beziehen kann. Beschäftigen wir uns also zunächst mit folgender Frage: Wie erhält man Zugriff auf die Metainformationen einer Klasse, also das zugehörige `Class<T>`-Objekt? Es gibt drei verschiedene Möglichkeiten, die Metadaten einer Klasse zu ermitteln:

1. Besitzt man einen voll qualifizierten Klassennamen, so erhält man über einen Aufruf der statischen Methode `Class.forName(String)` ein `Class<T>`-Objekt:

```
// kein Import und kein Class-Loading vor dem ersten Zugriff
final Class<?> clazz = Class.forName("packagePath.ClassName");
```

Der Name der gewünschten Klasse wird dabei in Form eines Strings übergeben. Dies kann man beispielsweise nutzen, wenn der konkrete Typ zur Kompilierzeit noch unbekannt ist. Dadurch können zur Laufzeit Klassennamen etwa aus einer Konfigurationsdatei eingelesen und verwendet werden. Im einsetzenden Sourcecode existieren keine `import`-Anweisungen und keine direkten Verweise auf die entsprechenden Klassen. Dies vermeidet wiederum ein Laden der Klassenbeschreibung, wie dies bei einem `import` implizit ausgelöst wird. *Negativ an der Übergabe eines Klassennamens als String ist, dass es leicht zu Fehlern kommt.* Dies können sowohl Tippfehler im Programm selbst oder aber in den Konfigurationsdaten sein.

2. Durch Aufruf der Methode `getClass()` kann die Klasseninformation zu einem bestehenden Objekt wie folgt ermittelt werden:

```
// Zugriff auf ein Class-Objekt über ein Objekt
final Class<?> clazz = obj.getClass();
```

3. Wenn man den konkreten Typ kennt, erhält man über das statische Attribut `.class` Zugriff auf das `Class<T>`-Objekt:

```
// Es wird ein Import nötig und die Klasse wird gegebenenfalls geladen.
Class<?> clazz = MyClass.class;
```

> **Hinweis: Notation von Arrays in `Class.forName()`**
>
> Zum Ermitteln der Klassenbeschreibung für Arrays ist eine etwas kryptische Notation zu verwenden. Im folgenden Beispiel wird das für die Konstruktion eines zweidimensionalen `int`-Arrays gezeigt. Die führenden '`[`'-Zeichen beschreiben die Anzahl der Array-Dimensionen. Für den Typ `int` wird das Typkürzel '`I`' verwendet. Für Referenzvariablen ist dabei zusätzlich Folgendes zu beachten: Das Typkürzel ist ein '`L`' und erfordert einen voll qualifizierten Klassennamen, der durch ein Semikolon abgeschlossen wird – nachfolgend für die Klasse `java.lang.String` gezeigt:
>
> ```
> // Zugriff auf den Typ „zweidimensionales int-Array": [[I
> final Class<?> intintArrayClazz = Class.forName("[[I");
> System.out.println(int[][].class);
> System.out.println(intintArrayClazz == int[][].class);
>
> // Zugriff auf den Typ „eindimensionales String-Array": [Ljava.lang.String;
> final Class<?> stringArrayClazz = Class.forName("[Ljava.lang.String;");
> System.out.println(String[].class);
> System.out.println(stringArrayClazz == String[].class);
> ```
>
> **Listing 10.1** *Ausführbar als* '**REFLECTIONARRAYCLASSESEXAMPLE**'
>
> **Typkürzel** Die Typkürzel werden nicht nur für Angaben in `Class.forName()` verwendet, sondern auch bei Ausgaben von Arrays mit `toString()` erzeugt. Bei der Notation repräsentiert die Anzahl der '`[`' die Array-Dimensionen. Anschließend wird der Typ der gespeicherten Elemente durch ein Buchstabenkürzel gekennzeichnet. Das große '`L`' steht für eine Referenzvariable (Klasse oder Interface). Viele weitere Kürzel sind intuitiv und folgen den Anfangsbuchstaben der Typen, etwa '`B`' für `byte`, '`I`' für `int` usw. Allerdings wird für den Typ `long` aufgrund des Konflikts zur Abkürzung für Referenzen der Buchstabe '`J`' verwendet. Auch für den Typ `boolean` musste mit '`Z`' wegen der Kollision mit '`B`' für `byte` ein anderer Buchstabe genutzt werden. Details finden Sie unter http://download.oracle.com/javase/8/docs/api/java/lang/Class.html.

Der erste Methodenaufruf per Reflection

Beginnen wir die Entdeckungsreise von Reflection mit einem Beispiel. Nehmen wir an, wir wollen einen Methodenaufruf von `equals(Object)` – das ist normalerweise nicht sinnvoll und geschieht hier nur zur Demonstration – dynamisch mit Reflection ausführen. Für Methodenaufrufe sind generell immer folgende Schritte notwendig:

1. Ermitteln der benötigten Informationen zur bereitstellenden Klasse
2. Ermitteln der benötigten Informationen zur gewünschten Methode
3. Dynamischer Aufruf der gewünschten Methode
4. Behandlung von Fehlersituationen

Der durch die obigen Schritte beschriebene Aufrufmechanismus wird in der folgenden Methode `callEquals(Person, Object)` gekapselt:

10.1 Crashkurs Reflection

```java
private static boolean callEquals(final Person person, final Object otherObject)
{
    final String methodName = "equals";
    final Class<?>[] parameterTypes = new Class<?>[] { Object.class };
    final String methodInfo = createMethodInfo(methodName, parameterTypes);

    // Schritt 1: Ermitteln der Klasseninformation
    final Class<?> clazz = person.getClass();
    try
    {
        // Schritt 2: Ermitteln der Methode
        final Method equalsMethod = clazz.getMethod(methodName, parameterTypes);

        // Schritt 3: Aufruf der Methode
        final Object[] parameters = new Object[] { otherObject };
        final Object result = equalsMethod.invoke(person, parameters);
        return Boolean.valueOf(result.toString());
    }
    // Schritt 4: Behandlung sämtlicher durch Reflection möglicher Exceptions
    catch (final NoSuchMethodException e)
    {
        // Es gibt keine solche Methode
        throw new IllegalStateException(clazz.getName() + " does not support " +
                                        methodInfo);
    }
    catch (final SecurityException e)
    {
        // Keine Erlaubnis, auf die Methode zuzugreifen
        throw new IllegalStateException(clazz.getName() + " insufficient " +
                    " security rights to access " + methodInfo);
    }
    catch (final IllegalAccessException e)
    {
        // Kein Zugriff auf die Definition der Methode (im .class-File)
        throw new IllegalStateException(clazz.getName() + " can't access " +
                                        methodInfo);
    }
    catch (final IllegalArgumentException e)
    {
        // Ungültige Parameter beim Aufruf
        throw new IllegalStateException(clazz.getName() + " parameters are " +
                    "invalid " + methodInfo);
    }
    catch (final InvocationTargetException e)
    {
        // Ausführung der Methode löst eine Exception aus
        throw new IllegalStateException(clazz.getName() + " exception in " +
                                        methodInfo);
    }
}

private static String createMethodInfo(final String methodName,
                                       final Class<?>[] parameterTypes)
{
    return "method: " + methodName + "(" + Arrays.toString(parameterTypes) +")";
}
```

Dieses Beispiel verdeutlicht zwei wesentliche Nachteile beim Einsatz von Reflection:

1. **Es entsteht viel Sourcecode:** Ohne die Neuerungen aus JDK 7 werden ca. 40 – 50 Zeilen benötigt, um lediglich *einen* Methodenaufruf zu kapseln.

2. **Es sind viele unterschiedliche Fehlersituationen zu behandeln:** Bereits in diesem Beispiel wird der Aufwand für die Fehlerbehandlung deutlich, selbst wenn diese wie hier nur rudimentär erfolgt: Exceptions werden lediglich mit Informationen angereichert und als `IllegalStateException` weiter propagiert.

Seit JDK 7 werden die Nachteile ziemlich entschärft, da sich das Exception Handling deutlich kürzer gestalten lässt. Das beschreibt der folgende Praxishinweis.

> **Hinweis: Varianten der Fehlerbehandlung bei Reflection seit JDK 7**
>
> Oftmals wird man unterschiedliche Exceptions nicht jeweils einzeln behandeln wollen. Warum ein allgemeines `catch (Exception)` keine geeignete Alternative darstellt, beschreibt BAD SMELL: FANGEN DER ALLGEMEINSTEN EXCEPTION in Abschnitt 16.3.4. Es gibt Fälle, in denen man möglichst differenziert auf Fehler reagieren muss – für Reflection gilt dies eher selten. Dann bietet JDK 7 zwei Möglichkeiten: Zum einen hilft die Klasse `java.lang.ReflectiveOperationException` dabei, verschiedene, durch Reflection verursachte Exceptions gesamthaft behandeln zu können. Zum anderen lässt sich eine Menge von Exceptions mit dem Sprachfeature Multi Catch gleichartig abfangen. Eine interessante Diskussion findet man unter `http://www.javaworld.com/article/2074084/core-java/jdk-7-reflection-exception-handling-with-reflectiveoperation-exception-and-multi-catch.html`.

10.1.2 Zugriff auf Methoden und Attribute

Hat man ein `Class<T>`-Objekt ermittelt, so kann man davon ausgehend weitere Metaobjekte ausfindig machen, die unter anderem Zugriff auf Attribute, Methoden, Konstruktoren, Basisklassen und implementierte Interfaces bieten. Außerdem erhält man Zugriff auf Annotations. Auf diese gehe ich im nachfolgenden Abschnitt 10.2 ein.

Methoden ermitteln

Im einführenden Beispiel haben wir ein `Method`-Objekt durch Aufruf der Methode `getMethod()` erhalten. Diese Methode besitzt eine kleine Einschränkung. Sie erlaubt es lediglich, direkt in dieser Klasse definierte, öffentliche Methoden zu ermitteln. Zum Teil sollen aber Methoden anderer, d. h. nicht öffentlicher Sichtbarkeiten oder auch solche von Basisklassen ermittelt und aufgerufen werden. Für beide Fälle ist etwas mehr Programmieraufwand nötig: Möchte man alle in einer Klasse definierten Methoden unabhängig von der Sichtbarkeit ausfindig machen, bietet das `Class<T>`-Objekt die Methode `getDeclaredMethod(Class<?>)`. Sollen alle verfügbaren Methoden aller Klassenbestandteile (also inklusive aller Basisklassen) ermittelt werden, so muss die Methode `getDeclaredMethod(Class<?>)` so lange für die von `getSuperclass()` zurückgelieferte Superklasse aufgerufen werden, bis entweder ein passendes `Method`-Objekt gefunden wurde oder aber die Suche erfolglos verläuft (was spätestens dann der Fall ist, wenn die Klasse `Object` erreicht wurde und dort keine passende Methode existiert, denn dann gibt es keine Superklasse mehr, die durchsucht werden könnte).

Anstatt diese Suchfunktionalität in der eigentlichen Applikation selbst zu programmieren, sollte man besser eine Hilfsmethode `findMethod(Class<?>, String, Class<?>...)` in einer Utility-Klasse `ReflectionUtils` wie folgt implementieren:

```java
public static Method findMethod(final Class<?> clazz, final String methodName,
                                final Class<?>... parameterTypes)
{
    Objects.requireNonNull(methodName, "methodName must not be null");
    Objects.requireNonNull(parameterTypes, "parameterTypes must not be null");

    // Abbruch der Rekursion
    if (clazz == null)
        return null;

    try
    {
        return clazz.getDeclaredMethod(methodName, parameterTypes);
    }
    catch(final NoSuchMethodException ex)
    {
        // rekursive Suche in Superklasse
        return findMethod(clazz.getSuperclass(), methodName, parameterTypes);
    }
}
```

Für den Einsatz in eigenen Applikationen ist die Definition einer weiteren Hilfsmethode `getAllMethods(Class<?>)` praktisch, die Zugriff auf alle in der Klasse und in Superklassen definierten Methoden beliebiger Sichtbarkeiten bietet. Diese nutzt die Methode `getDeclaredMethods()` der Klasse `Class<T>`, um alle verfügbaren Methoden innerhalb eines Klassenbestandteils ausfindig zu machen. Durch den rekursiven Aufruf für alle Superklassen lassen sich dann alle Methoden einer Klasse ermitteln:

```java
public static Method[] getAllMethods(final Class<?> clazz)
{
    Objects.requireNonNull(clazz, "class must not be null");

    final List<Method> methods = new ArrayList<>();
    methods.addAll(Arrays.asList(clazz.getDeclaredMethods()));

    if (clazz.getSuperclass() != null)
    {
        // rekursive Suche in Superklasse
        methods.addAll(Arrays.asList(getAllMethods(clazz.getSuperclass())));
    }

    return methods.toArray(new Method[0]);
}
```

> **Achtung: Fallstrick von `getMethod()`**
>
> Gibt man beim Aufruf von `getMethod(String)` versehentlich den Namen der zu ermittelnden Methode mit Klammern an, so kann die Methode nicht gefunden werden! Es wird `null` anstelle eines `Method`-Objekts zurückgeliefert.

Attribute ermitteln

Wenn man zur Laufzeit auf Attribute einer Klasse zugreifen muss, dann liefert die Methode `getField(String)` durch Übergabe des Namens eines Attributs ein zugehöriges `Field`-Objekt. Ebenso wie beim Zugriff auf Methoden erfolgt hier eine Einschränkung auf öffentliche Attribute, die in der Klasse selbst definiert sind. Analog kann man mit der Methode `getDeclaredField(String)` Attribute beliebiger Sichtbarkeit bestimmen, die innerhalb der Klasse definiert sind. Eine Suche nach Attributen in Basisklassen kann, wie für Methoden dargestellt, rekursiv programmiert werden. Dies wird hier jedoch nicht nochmals gezeigt.

> **Hinweis: Nicht intuitive Namensgebung**
>
> Die Methoden `getMethod(String)` und `getField(String)` bieten Zugriff nur auf öffentliche Methoden und Attribute. Demnach wären `getPublicMethod()` und `getPublicField()` gelungenere Namen gewesen. Das gilt analog für die Namensgebung der Bulk-Methoden `getMethods()` und `getFields()`, die Zugriff auf alle öffentlichen Methoden bzw. Attribute bieten.

Hilfsfunktionalität zur Ausgabe von Informationen zu Klassen

Nachdem wir nun ein Basiswissen zu Reflection aufgebaut und bereits einige Hilfsmethoden geschrieben haben, wollen wir ein Programm erstellen, das beliebige Klassen untersuchen kann. Es soll Informationen zu Superklassen, implementierten Interfaces, Konstruktoren, Attributen und Methoden sowie die Annotations für diese ausgeben.

Dazu implementieren wir zunächst fünf weitere Hilfsmethoden in unserer Utility-Klasse `ReflectionUtils`:

```java
public static void printCtorInfos(final Constructor<?> ctor)
{
    Objects.requireNonNull(ctor, "ctor must not be null");

    System.out.println(Modifier.toString(ctor.getModifiers()) + " " +
                ctor.getName() +
                buildParameterTypeString(ctor.getParameterTypes()));
    printAnnotations(ctor.getAnnotations());
}

public static void printMethodInfos(final Method method)
{
    Objects.requireNonNull(method, "method must not be null");

    System.out.println(Modifier.toString(method.getModifiers()) + " " +
                method.getReturnType() + " " + method.getName() +
                buildParameterTypeString(method.getParameterTypes()));
    printAnnotations(method.getAnnotations());
}

public static void printFieldInfos(final Field field)
{
    Objects.requireNonNull(field, "field must not be null");
```

```java
        System.out.println(Modifier.toString(field.getModifiers()) + " " +
                        field.getType() + " " + field.getName());
        printAnnotations(field.getAnnotations());
}

public static String buildParameterTypeString(final Class<?>[] parameterTypes)
{
    Objects.requireNonNull(parameterTypes, "parameterTypes must not be null");

    if (parameterTypes.length > 0)
        return "(" + Arrays.toString(parameterTypes) + ")";

    return "()";
}

public static void printAnnotations(final Annotation[] annotations)
{
    Objects.requireNonNull(annotations, "annotations must not be null");

    if (annotations.length > 0)
        System.out.println("Annotations: " + Arrays.toString(annotations));
}
```

Beispiel: Untersuchung einer Klasse Betrachten wir die obigen Hilfsmethoden nun im Einsatz und analysieren exemplarisch die Klasse String des JDKs:

```java
public static void main(final String[] args)
{
    inspectClass(String.class);
}

private static void inspectClass(final Class<?> clazz)
{
    System.out.println("Untersuchte Klasse: " + clazz.getCanonicalName());
    System.out.println("Superklasse:        " + clazz.getSuperclass());
    System.out.println("Interfaces:         " + Arrays.toString(clazz.
            getInterfaces()));

    // Zugriff und Ausgabe der Konstruktoren
    final Constructor<?>[] ctors = clazz.getDeclaredConstructors();
    System.out.println("\nKonstruktoren: ");
    for (final Constructor<?> ctor : ctors)
        ReflectionUtils.printCtorInfos(ctor);

    // Zugriff und Ausgabe der Attribute
    System.out.println("\nAttribute: ");
    for (final Field field : clazz.getDeclaredFields())
        ReflectionUtils.printFieldInfos(field);

    // Zugriff und Ausgabe aller Methoden
    System.out.println("\nAlle Methoden: ");
    for (final Method method : ReflectionUtils.getAllMethods(clazz))
        ReflectionUtils.printMethodInfos(method);
}
```

Listing 10.2 Ausführbar als 'INSPECTIONEXAMPLE'

Startet man das Programm INSPECTIONEXAMPLE, kommt es zu folgender Ausgabe (gekürzt):

```
Untersuchte Klasse: java.lang.String
Superklasse:        class java.lang.Object
Interfaces:         [interface java.io.Serializable, interface java.lang.
    Comparable, interface java.lang.CharSequence]

Konstruktoren:
public java.lang.String()
public java.lang.String([class [C, int, int])
// ...
Attribute:
private final class [C value
private final int offset
private final int count
// ...
Alle Methoden:
public boolean equals([class java.lang.Object])
public class java.lang.String toString()
// ...
```

Eigenschaften ermitteln

Für Objekte vom Typ `Method` bzw. `Field` lassen sich mithilfe der Methode `getModifiers()` verschiedene Eigenschaften in Form eines `int`-Werts abfragen. Bei dessen Auswertung hilft die Klasse `java.lang.reflect.Modifier`, beispielsweise zur menschenlesbaren Ausgabe mittels der statischen Hilfsmethode `toString(int)`. Die Klasse bietet zudem statische Methoden zum Auslesen einzelner Eigenschaften, etwa der Sichtbarkeit. Ebenso sind Eigenschaften wie `static`, `final` oder `abstract` von Interesse. Auch für Multithreading relevante Angaben können ermittelt werden.

- `isPublic(int)`, `isProtected(int)` und `isPrivate(int)`
- `isStatic(int)`, `isFinal(int)` und `isAbstract(int)`
- `isSynchronized(int)` bzw. `isVolatile(int)`

> **Hinweis: Google Guava als Hilfestellung**
>
> Exemplarisch für die Ermittlung von Eigenschaften möchte ich darauf hinweisen, dass Google Guava hier mit der Klasse `Invokable` eine Erleichterung der Lesbarkeit bietet, und dies sowohl für Methoden als auch Konstruktoren, was bei Nutzung der JDK-Möglichkeiten meistens zu Code-Duplikation führt. Das Beispiel entstammt der Guava-Dokumentation: Es soll per Reflection festgestellt werden, ob eine Methode überschreibbar ist. Das Ganze erfordert folgenden Sourcecode mit dem JDK:
>
> ```
> final boolean isOverridable = !((Modifier.isFinal(method.getModifiers())
>                              || Modifiers.isPrivate(method.getModifiers())
>                              || Modifiers.isStatic(method.getModifiers())
>                || Modifiers.isFinal(method.getDeclaringClass().getModifiers())))
> ```
>
> Nutzt man dagegen `Invokable` wird daraus kurz und knackig:
>
> ```
> final boolean isOverridable = Invokable.from(method).isOverridable();
> ```

10.1.3 Spezialfälle

In diesem Abschnitt werden einige Besonderheiten beim Aufruf von Konstruktoren und bei der Übergabe und Verwendung primitiver Datentypen mit Reflection vorgestellt.

Aufruf von Konstruktoren

Sollen Objektkonstruktionen per Reflection erfolgen, so kann man mithilfe der Methode `newInstance()` einen Konstruktor aufrufen. Zur Ausführung des Defaultkonstruktors wird `newInstance()` ohne Übergabeparameter direkt für das `Class<T>`-Objekt aufgerufen. Die Ausführung eines speziellen Konstruktors ist etwas komplizierter und im Ablauf ähnlich zu einem Methodenaufruf per Reflection. Zunächst wird über die Methode `getDeclaredConstructor(Class<?>...)` der gewünschte Konstruktor mit passender Signatur als `Constructor`-Objekt ermittelt. Anschließend kann dann ein Aufruf an `newInstance(Object...)` dieses `Constructor`-Objekts erfolgen.

Übergabe von primitiven Datentypen an Konstruktoren oder Methoden

Bisher haben wir beim Aufruf von Konstruktoren bzw. Methoden außer Acht gelassen, dass dort neben Referenzvariablen häufig auch primitive Datentypen genutzt werden. Zum Auffinden der passenden Konstruktoren bzw. Methoden müssen die Typen der Parameter jedoch als `Class<T>`-Objekt übergeben werden. Für jeden primitiven Datentyp existieren korrespondierende `Class<T>`-Objekte, etwa `int.class`, `long.class` oder für Arrays z. B. `int[].class`. Variable Argumentlisten, Varargs, werden dabei wie Arrays angegeben.

Beim Aufruf von Konstruktoren oder Methoden können Werte primitiver Typen per Reflection nicht direkt übergeben werden, da die Parameterübergabe in Form von `Object`-Referenzen erfolgt. Daher müssen primitive Datentypen in entsprechende Wrapper-Klassen umgewandelt werden. Das geschieht hier durch Auto-Boxing. Im folgenden Abschnitt werden wir dies beim Aufruf von Konstruktoren per Reflection nutzen.

Objektkonstruktion und primitive Typen am Beispiel

Wir wollen das erworbene Wissen nutzen, um verschiedene Konstruktoraufrufe für die Klasse `String` des JDKs auszuführen. Zunächst wird das `Class<T>`-Objekt ermittelt und mit dessen Defaultkonstruktor erzeugt. Es soll außerdem der Konstruktor `String(char value[], int offset, int count)` aufgerufen werden.

Zunächst muss ein `Constructor`-Objekt mit passender Signatur gefunden werden. Zur Demonstration erfolgt hier ein Aufruf mit den Übergabewerten `"a Test"` als `char[]` und zwei `int`-Werten. Diese entsprechen dem Startindex 2 sowie der Länge 4. Dadurch wird der Text `"Test"` aus dem `char[]` extrahiert:

```java
public static void main(final String[] args)
{
    try
    {
        final Class<?> stringClass = Class.forName("java.lang.String");

        // Aufruf des Defaultkonstruktors
        final String stringInstance1 = (String) stringClass.newInstance();

        // Suche den Konstruktor String(char[], int, int)
        final Class<?>[] parameterTypes = { char[].class, int.class, int.class };
        final Constructor<?> ctor = stringClass.getDeclaredConstructor(
                                                         parameterTypes);

        // Aufruf des Konstruktors String(char[], int, int)
        final char[] input = { 'a', ' ', 'T', 'e', 's', 't' };
        final String stringInstance2 = (String) ctor.newInstance(input, 2, 4);

        System.out.println("String 1 = '" + stringInstance1 + "'");
        System.out.println("String 2 = '" + stringInstance2 + "'");
    }
    // Behandlung sämtlicher durch Reflection möglicher Exceptions
    catch (final ReflectiveOperationException e)
    {
        throw new IllegalStateException("can't execute constructor: ", e);
    }
}
```

Listing 10.3 *Ausführbar als* '**REFLECTIONCTOREXAMPLE**'

Normalerweise führt der Einsatz von Reflection zu einem erhöhten Aufwand bei der Fehlerbehandlung. In diesem Fall wären sieben verschiedene Typen von Exceptions zu behandeln. Seit JDK 7 ist die `ReflectiveOperationException` verfügbar, die eine One-for-All-Behandlung erlaubt. Das ist aus Gründen der Übersichtlichkeit praktisch und weil man die Fehlersituation für Reflection in der Regel nicht unterscheiden möchte. Für den seltenen Fall, dass man einzelne Exceptions doch spezifisch behandeln möchte, verbleiben mehrere `catch`-Blocke.

Zugriff auf private Dinge und Auslesen von Werten von Attributen

Mit Reflection werden im Normalfall die Sichtbarkeiten beachtet, wie sie im Sourcecode definiert sind. Ist ein Zugriff auf private Attribute oder Methoden anderer Klassen gewünscht, so kann der Sichtbarkeitsschutz durch einen Aufruf von `setAccessible(true)` umgangen werden. Ansonsten führen Zugriffe auf private Attribute oder Methoden zu einer `java.lang.IllegalAccessException`.

Den Aufruf von Konstruktoren und Methoden haben wir bereits kennengelernt. Gleiches gilt auch für den Zugriff auf Attribute. Nun zeige ich, wie man per Reflection auf deren Wertebelegung zugreifen kann. Zunächst erhält man durch einen Aufruf von `getField(String)` Zugriff auf ein `Field`-Objekt, das das namentlich übergebene Attribut repräsentiert. Um den Wert eines Attributs eines speziellen Objekts auszulesen, bietet die Klasse `Field` die Methode `get(Object)`. Als Parameter ist die Referenz des Objekts zu übergeben, dessen Attributwert man ermitteln möchte. Für statische Attribute wird statt einer konkreten Objektreferenz der Wert `null` übergeben.

Folgendes Beispiel zeigt den Zugriff auf ein öffentliches, ein statisches und ein privates Attribut. Zur Demonstration der Abfrage von Eigenschaften und Annotations ist das Attribut `value` als `volatile` und `@Deprecated` gekennzeichnet:

```java
public final class AttributeAccessExample
{
    public static long instanceCounter = 0;
    @Deprecated public volatile int value;
    private String description = "Hello World";

    public static void main(final String[] args)
    {
        try
        {
            final AttributeAccessExample obj = new AttributeAccessExample();
            final Class<?> clazz = obj.getClass();

            // Zugriff auf das Attribut 'value'
            final Field field = clazz.getField("value");

            // Zugriff auf den Wert des Attributs 'value'
            final Object attributeValue = field.get(obj);
            System.out.println("value = " + attributeValue);

            // Zugriff auf die Annotation des Attributs 'value'
            ReflectionUtils.printAnnotations(field.getAnnotations());

            // Zugriff auf das statische Attribut 'instanceCounter'
            final Field staticfield = clazz.getField("instanceCounter");

            // Zugriff auf den Wert des statischen Attributs 'instanceCounter'
            final Object staticvalue = staticfield.get(null);
            System.out.println("instanceCounter = " + staticvalue);

            // Zugriff auf das private Attribut 'description'
            final Field field2 = clazz.getDeclaredField("description");

            // Zugriff ermöglichen
            field2.setAccessible(true);
            // Wertänderung des finalen Attributs 'description'
            field2.set(obj, "Changed FINAL attribute");
            final Object attributeValue2 = field2.get(obj);
            System.out.println("description = " + attributeValue2);
        }
        catch (final ReflectiveOperationException e)
        {
            // Behandlung sämtlicher durch Reflection möglicher Exceptions
            throw new IllegalStateException("can't access field!", e);
        }
        catch (final SecurityException e)
        {
            // Keine Erlaubnis, auf das Attribut zuzugreifen
            throw new IllegalStateException("insufficient security rights to " +
                                            "access field!", e);
        }
    }
}
```

Listing 10.4 Ausführbar als '**ATTRIBUTEACCESSEXAMPLE**'

10.1.4 Type Erasure und Typinformationen bei Generics

Im Internet und auch in Büchern liest man immer wieder mal Aussagen, dass durch die Type Erasure alle Typangaben zur Laufzeit verloren gehen und man darauf keinen Zugriff hat. Richtig ist, dass zur Laufzeit eine Vielzahl an Typangaben nicht mehr zugreifbar sind, beispielsweise sind tatsächlich keine Typangaben für Containerklassen vorhanden: Eine Liste »weiß« dann nicht mehr, auf welchen Typ sie noch beim Kompilieren eingeschränkt war. Allerdings ist es sowohl für Deklarationen von Variablen als auch für Parameter möglich, deren generische Typen zu ermitteln. Dazu dienen Methoden wie `getTypeParameters()` zum Ermitteln der generischen Parameter einer Klasse oder `getGenericType()` zur Bestimmung des Typs eines Attributs sowie `getGenericReturnType()` und `getGenericParameterTypes()`, die Rückgabe- und generische Parametertypen liefern.

Wir werden uns nachfolgend eine Klasse `TypeErasureAndTypeInfoExample` ansehen, die zur Veranschaulichung zwei Attribute und zwei Methoden mit generischen Typenangaben definiert:

```java
public class TypeErasureAndTypeInfoExample<A, B, C>
{
    private final String[] infoArray = {"Reflection", "and", "generic", "types"};
    protected List<String> info = Arrays.asList(infoArray);

    protected Set<SimplePerson> persons =
                        Collections.singleton(new SimplePerson("Tim"));

    // Generische Parameter nur zur Demonstration, hier funktional nutzlos
    public List<String> getInfo(final Map<Integer, SimplePerson> mapping)
    {
        return this.info;
    }

    // Generische Parameter nur zur Demonstration, hier funktional nutzlos
    public Set<SimplePerson> getPersons(final List<Long> values)
    {
        return this.persons;
    }

    public static void main(final String[] args)
    {
        final Class<?> clazz = TypeErasureAndTypeInfoExample.class;

        // Zugriff auf die Typparameter der Klasse
        System.out.println("getTypeParameters(): " +
                        Arrays.asList(clazz.getTypeParameters()));
        System.out.println();

        System.out.println("Fields:");
        final Field[] fields = clazz.getDeclaredFields();
        for (final Field field : fields)
        {
            System.out.println("getName():      " + field.getName());
            System.out.println("getType():      " + field.getType());
            // Zugriff auf generischen Typ des Attributs
            System.out.println("getGenericType(): " + field.getGenericType());
            System.out.println();
        }
```

10.1 Crashkurs Reflection

```
System.out.println("Methods:");
final Method[] methods = clazz.getDeclaredMethods();
for (final Method method : methods)
{
    System.out.println("getName():                 " +
                       method.getName());
    System.out.println("getReturnType():           " +
                       method.getReturnType());
    // Zugriff auf generischen Rückgabetyp
    System.out.println("getGenericReturnType():    " +
                       method.getGenericReturnType());
    System.out.println("getParameterTypes():       " +
                       Arrays.asList(method.getParameterTypes()));
    // Zugriff auf generische Parametertypen
    System.out.println("getGenericParameterTypes(): " +
                       Arrays.asList(method.getGenericParameterTypes()));
    System.out.println();
}
}
}
```

Listing 10.5 *Ausführbar als* '**TypeErasureAndTypeInfoExample**'

Führt man das obige Programm TypeErasureAndTypeInfoExample aus, so kommt es zu folgenden Ausgaben, die zeigen, dass zur Laufzeit trotz Type Erasure sehr wohl Zugriff auf einige generische Typangaben besteht, und zwar für die Deklaration von Attributen und Parametern:

```
getTypeParameters():   [A, B, C]

Fields:
getName():             infoArray
getType():             class [Ljava.lang.String;
getGenericType():      class [Ljava.lang.String;

getName():             info
getType():             interface java.util.List
getGenericType():      java.util.List<java.lang.String>

getName():             persons
getType():             interface java.util.Set
getGenericType():      java.util.Set<ch10_advancedjava.reflection.SimplePerson>

Methods:
getName():                      main
// ... Infos zu main() ausgelassen ...

getName():                      getInfo
getReturnType():                interface java.util.List
getGenericReturnType():         java.util.List<java.lang.String>
getParameterTypes():            [interface java.util.Map]
getGenericParameterTypes():     [java.util.Map<java.lang.Integer,
                                ch10_advancedjava.reflection.SimplePerson>]

getName():                      getPersons
getReturnType():                interface java.util.Set
getGenericReturnType():         java.util.Set<ch10_advancedjava.
                                             reflection.SimplePerson>
getParameterTypes():            [interface java.util.List]
getGenericParameterTypes():     [java.util.List<java.lang.Long>]
```

Fazit

Reflection bietet zusätzliche Möglichkeiten bei der Programmierung. Mit Bedacht eingesetzt können elegante Lösungen entstehen. *Ist ein direkter Zugriff auf Klassen möglich, sollte dieser jedoch dem Einsatz von Reflection vorgezogen werden.* Dadurch erhöhen sich die Lesbarkeit und die Nachvollziehbarkeit.

> **Achtung: Typsicherheit und Refactorings**
>
> Durch Reflection verliert man Typsicherheit, da diverse Prüfungen nicht mehr zur Kompilierzeit, sondern erst zur Laufzeit erfolgen. Werden `Class<T>`-Referenzen über voll qualifizierte Namen mithilfe der Methode `Class.forName(String)` ermittelt, so kann dies zur Laufzeit Probleme auslösen, wenn Klassen umbenannt oder in andere Packages verschoben werden. Als Strings definierte Klassennamen werden von den Refactoring-Automatiken der IDEs in der Regel nicht erkannt und daher auch nicht angepasst.

10.2 Annotations

Manchmal ist es wünschenswert, den Sourcecode mit Zusatzinformationen, sogenannten Metainformationen, also ergänzenden Informationen zum Sourcecode selbst, zu versehen. Eine mögliche Form besteht darin, Kommentare im Sourcecode zu hinterlegen, die gewisse Abläufe, Methoden, Parameter usw. beschreiben. Folgen diese Kommentare dem Javadoc-Stil, so kann man daraus mithilfe des Javadoc-Tools des JDKs eine Programmdokumentation erstellen. Dazu werden spezielle Teile und relevante Informationen aus den Kommentaren extrahiert.

Natürlich ist man bei der Kommentierung nicht auf die reine Beschreibung des Sourcecodes beschränkt, sondern man kann in Kommentaren auch Angaben etwa zu Konfigurationseinstellungen oder Datenbankverbindungsparametern hinterlegen. Genau dies wurde im Laufe der Zeit erkannt und vermehrt eingesetzt, nachdem neben dem Javadoc-Tool weitere Tools entwickelt wurden, die die Auswertung von in Kommentaren angegebenen Informationen erlaubten. Beispielsweise ist es mit dem Tool XDoclet möglich, spezielle Angaben in Kommentaren zur Sourcecode-Generierung zu nutzen. Dies war besonders für die EJB-2-Spezifikation hilfreich. Diese schreibt nämlich vor, dass sogenannte Session Beans verschiedene Klassen und Interfaces erfüllen müssen, die jeweils einem gleichartigen Aufbau folgen. Diese Artefakte waren mühselig und fehleranfällig von Hand zu erstellen. Durch den Einsatz von XDoclet konnte dieser Prozess automatisiert werden.

Neben der Generierung von Sourcecode oder anderer Dateien sind aber weitere Einsatzzwecke denkbar. Man kann auch Parametrierungen oder Konfigurationseinstellungen aus den Angaben im Sourcecode auslesen. Diese Variante ist oftmals einfach praktischer, als separate Metainformationsdateien zu verwenden (z. B. umfangreiche und mitunter unübersichtliche XML-Konfigurationsdateien).

Die ganze Sache hat aber einen Haken, da beim Einsatz von Metainformationen in Kommentaren folgendes Problem existiert: Die Angaben gehen beim Kompilieren verloren und stehen zur Laufzeit (in der `.class`-Datei) nicht mehr zur Verfügung. Insbesondere für Tools und Laufzeitumgebungen, wie z. B. Applikationsserver, ist es aber wichtig, auf diese Zusatzinformationen auch zur Laufzeit zugreifen zu können. Genau das wird durch die mit JDK 5 neu eingeführten Annotations möglich. Mit diesen lassen sich die Metainformationen direkt mit dem Sourcecode (und nicht separat) pflegen und somit häufig Konfigurationsaufwände reduzieren.

10.2.1 Einführung in Annotations

Seit JDK 5 existieren Annotations als neue Java-Sprachelemente. Eine Annotation beginnt immer mit einem '`@`'-Zeichen und wird vor demjenigen Programmelement (z. B. Klasse, Methode, Attribut) notiert, auf das sie sich bezieht. Im folgenden Beispiel wird die Annotation `@CreationInfo` an der Klasse `MyClass` sowie die Annotation `@Override` an der Methode `checkValues(String, int)` genutzt. Für die Annotation `@CreationInfo` sehen wir, dass Informationen als benannte Parameter (hier `author`, `description`) in Form einer kommaseparierten Angabe von Schlüssel-Wert-Paaren bereitgestellt werden können:

```
@CreationInfo(author = "Michael Inden",
              description = "This class is responsible for XYZ")
public class MyClass
{
    void checkValues(final String name, final int age)
    {
        ...
    }
}
```

Anhand der einleitenden Beschreibung und des obigen Beispiels kann man sich verschiedene Einsatzgebiete für Annotations vorstellen:

1. **Informationsbereitstellung für Compiler** – Im JDK sind diverse Annotations definiert. Einige davon erlauben es uns Entwicklern, dem Compiler Hinweise über das Programm selbst bereitzustellen. So kann z. B. mithilfe der Annotation `@Override` ausgedrückt werden, dass eine Methode einer Basisklasse überschrieben werden soll. Der Compiler kann diesen Hinweis nutzen, um mögliche Verstöße beim Überschreiben, etwa durch einen Tippfehler im Methodennamen, erkennen zu können.

2. **Informationsbereitstellung für Tools** – Die zuvor im Listing genutzte Annotation `@CreationInfo` kann beispielsweise von einem speziellen Tool, einem sogenannten *Annotation Processor*, ausgewertet werden. Diese besitzen die Basisklasse `javax.annotation.processing.AbstractProcessor` und können beim Kompilieren angegeben werden. Auf diese Weise kann man die in der Annotation hinterlegten Angaben zum Autor (`author`) und zur Beschreibung (`description`) auslesen und zu einer Implementierungsdokumentation zusammentragen. Sinnvollerweise würde man dies über Javadoc regeln, hier soll das Beispiel lediglich als

Idee einen möglichen Anwendungsfall verdeutlichen. Normalerweise dienen Annotations als Eingabe für Tools, die daraus beispielsweise Konfigurationsdateien, Datenbankabfragen oder sogar Sourcecode generieren können.

3. **Informationsbereitstellung zur Laufzeit** – Annotations und deren Parametrierung kann man zur Laufzeit über Reflection (vgl. Abschnitt 10.1) auslesen. Damit lassen sich z. B. Cross Cutting Concerns, wie Transaktionssteuerung, Logging usw., umsetzen. Annotations können zudem als Hilfsmittel dienen, um Abhängigkeiten aufzulösen und Referenzen an annotierte Attribute zuzuweisen. Für beide Anwendungsfälle müssen Annotations von der jeweiligen Laufzeitumgebung (Webcontainer, Applikationsserver etc.) ausgelesen und verarbeitet werden. Mit der Annotation `@Inject` wird etwa eine Instanz einer Enterprise Java Bean (kurz EJB) in eine Referenzvariable einer Java-Klasse injiziert.

Nicht alle Annotations sind per se für jeden der oben genannten Anwendungsfälle nutzbar, da Annotations verschiedene Lebensdauern haben. Einige sind nur während des Kompilierens verfügbar, andere sogar noch zur Laufzeit des Programms: Abhängig von ihrer Definition verwirft oder überträgt der Java-Compiler die Annotations bei der Übersetzung der Source-Datei in die `.class`-Datei. Beim Laden der Klassen in die JVM werden annotierte Informationen nur dann geladen, wenn die Lebensdauer in der Definition entsprechend festgelegt wurde. Darauf gehe ich später bei der Beschreibung der Definition der selbst definierten Annotation `@CreationInfo` ein.

10.2.2 Standard-Annotations des JDKs

Wie eingangs erwähnt, ist ein Anwendungsfall von Annotations die Bereitstellung von Informationen für den Compiler. Die Annotations `@Deprecated`, `@Override` und `@SuppressWarnings` sind im Package `java.lang` definiert und werden während der Kompilierung ausgewertet. Diese Annotations haben wir bereits verwendet, ohne uns dabei viele Gedanken zu machen. Rekapitulieren wir deren Einsatzzweck:

@Deprecated Diese Annotation zeigt an, dass ein markiertes Element (Klasse, Methode, ...) veraltet ist und nicht mehr benutzt werden sollte. Wird eine derart markierte Methode eingesetzt, so kommt es beim Kompilieren zu Warnungen. Zusätzlich zu dieser Annotation sollte der Hinweis `@deprecated` im Javadoc-Kommentar genutzt werden. Ergänzend kann dort auf mögliche alternativ zu nutzende Klassen oder Methoden eingegangen werden:

```
/**
 * @deprecated Diese Methode führt zu Problemen, Bitte stattdessen
 *             {@link #newMethod()} nutzen.
 */
@Deprecated
public void oldMethod(int someValue)
```

@Override Diese Annotation drückt aus, dass eine damit annotierte Methode eine gleichnamige Methode einer Basisklasse überschreibt bzw. eines Interface implementiert. Obwohl sich dieser Einsatz womöglich nicht sinnvoll anhören mag, gibt es doch gute Gründe dafür. Durch Angabe dieser Annotation gleicht der Compiler die Signatur einer Methode mit derjenigen einer Basisklasse ab und warnt, wenn kein Überschreiben der gekennzeichneten Methode vorliegt. Auf diese Weise kann man Fehler finden, wenn man sich beim Methodennamen vertippt. Statt – wie gewollt – die Methode der Basisklasse zu überschreiben, würde man eine neue Methode definieren. Dieser Fehler ist ohne den Einsatz der Annotation `@Override` schwieriger zu entdecken und könnte möglicherweise zu ungewünschtem Programmverhalten führen.

Der Einsatz der Annotation `@Override` ist beispielsweise bei der Definition einer `equals()`-Methode in eigenen Klassen nützlich, um zu verhindern, dass deren Parameter fälschlicherweise nicht vom Typ `Object` ist und die Methode dann überladen anstatt überschrieben wird:

```
@Override   // => Compile-Error
public void equals(final Person person)
{
    ...
}
```

@SuppressWarnings Diese Annotation erlaubt es, Compiler-Warnungen zu unterdrücken. Der zu unterdrückende Typ von Warnung wird als Parameter übergeben, etwa `@SuppressWarnings("unchecked")`. Um Fehler zu entdecken und nicht zu verstecken, sollte man nur ausnahmsweise und im kleinstmöglichen Scope Gebrauch von `@SuppressWarnings` machen. Wichtige vordefinierte Parameterwerte sind:

- `boxing` – Es werden keine Warnungen für Typumwandlungen mit Auto-Boxing und Auto-Unboxing erzeugt.
- `deprecation` – Beim Einsatz veralteter Methoden oder Klassen kommt es nicht zu Warnungen.
- `unused` – Unbenutzte Variablen oder Methoden führen nicht zu Warnungen. Das kann beim Einsatz externer Bibliotheken hilfreich sein, um deren Warnungen auszublenden.
- `unchecked` – Wenn man Generics und untypisierte Klassen kombiniert verwendet, so kann durch den Compiler keine Typsicherheit mehr garantiert werden. Somit wird beim Einsatz dieser Annotation für möglicherweise problematische Zugriffe keine Warnung erzeugt. Das sollte man aber mit großer Vorsicht und nur nach genauer Prüfung der Zugriffe verwenden.

Das folgende (Negativ-)Beispiel zeigt einige Annotations für eine Methode `getPersons()`, die noch keine Generics nutzt, deren Rückgabe jedoch für eine typsichere Iteration in der `main()`-Methode eingesetzt werden soll. Durch die Nutzung der zuvor genannten Annotations kompiliert folgender Sourcecode ohne Warnungen:

```java
@SuppressWarnings("unchecked")
public static void main(final String[] args)
{
    // Achtung: nur zur Demonstration der Möglichkeiten von Annotations
    @SuppressWarnings(value={"unchecked", "deprecation"})
    final List<Person> persons = getPersons();
    for (final Person currentPerson : persons)
    {
        doSomethingWithPerson(currentPerson);
    }
}

@Deprecated
public static List getPersons()
{
    return new ArrayList();
}
```

Beachten Sie bitte, dass es in diesem Beispiel wirklich nur um die Darstellung der Nutzung von Annotations geht. In der Praxis sollte man besser die Methode `getPersons()` überarbeiten, statt die Fehler mithilfe von Annotations auszublenden.

In diesem Listing lernen wir ein weiteres Feature kennen: Es kann nicht nur ein zu unterdrückender Warnungstyp, sondern auch eine Aufzählung zu unterdrückender Warnungstypen angegeben werden. Dazu besitzt die Annotation einen impliziten logischen Parameter namens `value`. Diesem kann – eine entsprechende Definition der Annotation vorausgesetzt – auch eine kommaseparierte Folge von Strings in der Notation `value={"Wert1"`, …, `"Wert n"}` übergeben werden. Heißt das Attribut `value` und ist es das einzige, braucht man es nicht anzugeben. Man notiert kürzer Folgendes: `@SuppressWarnings("unchecked", "deprecation")`.

10.2.3 Definition eigener Annotations

Im Programmiereralltag setzt man die zuvor beschriebenen vordefinierten Annotations ein, ohne sich (viele) Gedanken darüber zu machen, wo diese Annotations definiert sind und vor allem, wie sie ausgewertet werden. Tatsächlich ist diese Spezialkenntnis auch eher selten wichtig.

Zum besseren Verständnis der Arbeitsweise von Annotations lohnt sich allerdings ein Blick hinter die Kulissen. Annotations werden in eigenen Dateien analog zu normalen Klassen und Interfaces definiert. Statt des Schlüsselworts `class` bzw. `interface` wird hier `@interface` verwendet. Das sorgt automatisch dafür, dass die Annotation den Basistyp `Annotation` aus dem Package `java.lang.annotation` besitzt.

Betrachten wir die Realisierung unserer im einführenden Beispiel kennengelernten Annotation `@CreationInfo`. Dieser wurden verschiedene Informationen in Form von Parametern übergeben. In der Annotation-Definition ist für jeden Parameter eine parameterlose Methode gleichen Namens zu erstellen:

10.2 Annotations

```
import java.lang.annotation.ElementType;
import java.lang.annotation.Retention;
import java.lang.annotation.RetentionPolicy;
import java.lang.annotation.Target;

// Meta-Annotations
@Retention(RetentionPolicy.RUNTIME)
@Target(ElementType.TYPE)

// Annotation-Definition
public @interface CreationInfo
{
    // Methoden zur Übergabe von Informationen durch Parameter
    String author() default "Michael Inden";
    String description();
    Class<?> baseclass() default java.lang.Object.class;
    Class<?>[] interfaces() default {};
    String[] tags() default {};
}
```

Das ist tatsächlich alles an Sourcecode zur Definition dieser eigenen Annotation! Allerdings sehen wir hier einige Schreibweisen und Elemente, die uns in dieser Form oder aus der bisher vorgestellten Java-Syntax (noch) nicht geläufig sind. Das sind vor allem das Schlüsselwort `default` sowie die beiden Annotations `@Retention` und `@Target`: Mit `@Retention(RetentionPolicy.RUNTIME)` wird für Annotations festgelegt, dass sie später zur Laufzeit verfügbar sein sollen. Über die Angabe von `@Target(ElementType.TYPE)` wird festgelegt, dass beliebige Typen, d. h. Klassen, Interfaces, Annotations und Enums, markiert werden können.

Konzentrieren wir uns hier zunächst auf die Methoden, die in der Annotation-Definition aufgeführt sind. Durch diese werden die Parameter einer Annotation festgelegt, die bei Verwendung der Annotation im Sourcecode angegeben werden müssen bzw. können (im Falle von Defaultparametern mit dem Schlüsselwort `default`), um Informationen zu übermitteln. Der Datentyp der Parameter wird durch deren Rückgabetyp bestimmt. Dabei dürfen als Einschränkung nur primitive Typen, Strings, Klassentypen, Enums und Annotation-Typen bzw. eindimensionale Arrays der zuvor genannten Typen als Rückgabewert genutzt werden. Achten Sie zudem darauf, dass die Methoden immer parameterlos anzugeben sind.

Zur einfacheren Handhabung beim späteren Einsatz dieser Annotation im Sourcecode wurden hier durch Angabe des Schlüsselworts `default` und eine korrespondierende Wertangabe einige Defaultparameter definiert. Bei der Verwendung der Annotation können derartige Parameter einen Übergabewert erhalten, müssen es aber nicht. Fehlt bei der Angabe im Sourcecode der Wert eines solchen Parameters, so wird der in der Definition der Annotation hinterlegte Defaultwert genommen. Alle anderen Parameter sind erforderlich und müssen angegeben werden. Das bedeutet insbesondere, dass eine fehlende Angabe eines Parameters ohne Defaultwert im Sourcecode zu Kompilierfehlern führt.

Um Fehler zu vermeiden und vollständige Angaben zu den Parametern einer Annotation beim Editieren des Sourcecodes machen zu können, ist die Auto-Complete-Funktionalität in Eclipse sehr hilfreich. Diese gibt kontextbezogene Hinweise. Das ist in Abbildung 10-1 für unsere selbst definierte Annotation `@CreationInfo` dargestellt.

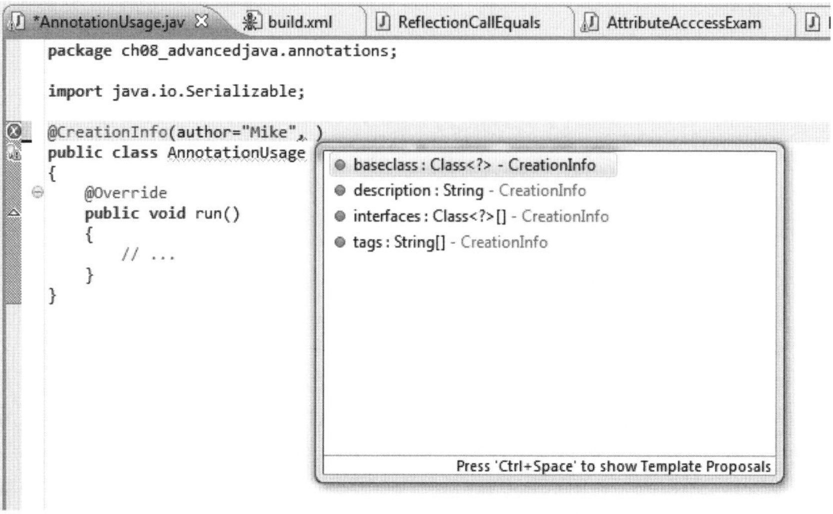

Abbildung 10-1 *Auto-Complete-Funktionalität für Annotations in Eclipse*

Meta-Annotations (`@Retention` und `@Target`)

Bei der obigen Definition der Annotation `@CreationInfo` haben wir weitere Elemente kennengelernt: Meta-Annotations, die vor der eigentlichen Definition der Annotation `@CreationInfo` notiert sind. Über die Meta-Annotations `@Retention` und `@Target` werden Informationen bzw. Eigenschaften der hier definierten Annotation `@CreationInfo` festgelegt. Dabei kann man folgende Angaben machen:

- `@Retention` – Legt die Lebensdauer einer Annotation fest. Diese wird als Parameter durch eine sogenannte `RetentionPolicy` spezifiziert:
  - `Source`: Die Annotation ist *nur* im Sourcecode vorhanden und wird *nicht* in den Bytecode, die `.class`-Datei, übernommen. Nach der Kompilierung stehen die Annotation-Informationen demnach nicht mehr zur Verfügung.
  - `Class`: Die Annotation wird in die generierte `.class`-Datei übernommen. Zur Laufzeit stehen die Informationen aber nicht mehr zur Verfügung. ***Das ist die Defaulteinstellung***.
  - `Runtime`: Die Annotation ist während der Laufzeit verfügbar. Auf sie kann dann per Reflection zugegriffen werden. Der folgende Abschnitt 10.2.4 geht darauf genauer ein.

- **@Target** – Über diese Meta-Annotation wird geregelt, welche Elemente mit der Annotation markiert werden dürfen. Das wird über ein Element vom Typ `ElementType` genauer spezifiziert. Folgende selbsterklärende Werte sind erlaubt: `ANNOTATION_TYPE`, `TYPE`, `CONSTRUCTOR`, `METHOD`, `FIELD`, `PARAMETER` und `PACKAGE`. Für `TYPE` sei angemerkt, dass dieser für beliebige Typen, also für Klassen, Interfaces, Annotations sowie Enums, steht. Mit `ANNOTATION_TYPE` beschreibt man, dass die Annotation nur für Annotations genutzt werden darf.

10.2.4 Annotation zur Laufzeit auslesen

Die Definition der Annotation `@CreationInfo` ist nun bekannt. Jetzt wollen wir die Annotation im Einsatz betrachten. Als Beispiel dient eine einfache Klasse `AnnotationUsage`, die die Interfaces `Runnable` und `Serializable` implementiert und eine direkte Subklasse von `Object` ist. Diese Informationen wollen wir mit unserer Annotation `@CreationInfo` beschreiben und kommen zu folgender Realisierung:

```java
@CreationInfo(author="Mike",
              description="Demonstration einer eigenen Annotation",
              baseclass=java.lang.Object.class,
              interfaces={java.lang.Runnable.class,
                          java.io.Serializable.class},
              tags={"Annotation", "Definition", "Advanced Java"})
public class AnnotationUsage implements Runnable, Serializable
{
    @Override
    public void run()
    {
        // ...
    }
}
```

Interessant ist die Syntax zur Angabe der Array-Parameter `interfaces` und `tags`. Diese erfolgt in geschweiften Klammern als kommaseparierte Liste, die Objekte vom Typ `Class<?>` bzw. im zweiten Fall Objekte vom Typ `String` enthält.

Die Annotation `@CreationInfo` haben wir zur Beschreibung von Metainformationen über die Klasse `AnnotationUsage` eingesetzt. Nun wollen wir die dort hinterlegten Informationen mithilfe eines Java-Programms auslesen. Dazu nutzen wir hier Reflection – im Speziellen die Methode `getAnnotation(Class<A extends Annotation>)`, um eine Instanz unserer Annotation `@CreationInfo` zu erhalten und deren Methoden aufzurufen. Wie im vorherigen Abschnitt über Reflection bereits beschrieben, könnte man viele der Informationen auch ohne die Annotation auslesen, z. B. diejenigen über implementierte Interfaces – zudem wären die Angaben verlässlicher, falls mal eine Änderung nicht in der Annotation nachgezogen wird. Im folgenden Listing betrachten wir nun trotzdem eine programmatische Umsetzung mithilfe von Reflection:

```java
public static void main(final String[] args) throws Exception
{
   // Auslesen des selbst definierten Annontationstyps CreationInfo
   final CreationInfo creationInfo = AnnotationUsage.class.
                                    getAnnotation(CreationInfo.class);

   if (creationInfo != null)
   {
      printCreationInfo(creationInfo);
   }
   else
   {
      System.out.println("No " + CreationInfo.class.getSimpleName() +
                         " annotation present!");
   }
}

private static void printCreationInfo(final CreationInfo creationInfo)
{
   System.out.println("author():      " + creationInfo.author());
   System.out.println("description(): " + creationInfo.description());
   System.out.println("baseclass():   " + creationInfo.baseclass());
   System.out.println("interfaces():  " + Arrays.toString(creationInfo.
         interfaces()));
   System.out.println("tags():        " + Arrays.toString(creationInfo.tags()));
}
```

Listing 10.6 *Ausführbar als* '**ANNOTATIONREADEREXAMPLE**'

Führen Sie das Programm ANNOTATIONREADEREXAMPLE aus, so wird in etwa folgende Ausgabe auf der Konsole erscheinen:

```
author():      Mike
description(): Demonstration einer eigenen Annotation
baseclass():   class java.lang.Object
interfaces():  [interface java.lang.Runnable, interface java.io.Serializable]
tags():        [Annotation, Definition, Advanced Java]
```

Fazit

Dieser Abschnitt hat eine kurze Einführung in die Definition und Verarbeitung von Annotations gegeben. Das erlangte Wissen ist für den normalen Programmiereralltag vollkommen ausreichend. Der Gebrauch eigener Annotations ist eher unüblich – für Toolhersteller oder fortgeschrittene Entwickler kann diese Thematik jedoch von großem Interesse sein. Am Kapitelende finden Sie Hinweise auf weiterführende Literatur.

10.3 Serialisierung

Java bietet einen Automatismus, der Objekte in eine Folge von Bytes umwandeln bzw. Objekte aus einer solchen erzeugen kann. Diese Vorgänge nennt man in Java *Serialisierung* bzw. *Deserialisierung*. Vereinfachend wird im Folgenden für beides der Begriff Serialisierung verwendet. Über das Marker-Interface `java.io.Serializable` werden Klassen als serialisierbar markiert. Damit wird es der JVM möglich, Objekte in einem beliebigen Ausgabestream zu speichern und aus einem Eingabestream später wieder einzulesen. Die Serialisierung ist vom Betriebssystem unabhängig und ermöglicht dadurch den Austausch von Daten bzw. Objekten zwischen JVMs auf verschiedenen Rechnern.

Aufgrund der genannten Eigenschaften kann man Serialisierung dazu nutzen, um Objekte über ein Netzwerk zu transportieren. Die Technik eignet sich auch dazu, den momentanen Objektzustand in einer Datei persistent zu speichern. Dieser kann dann später wieder eingelesen werden und lässt sich so z. B. für Undo-Operationen nutzen.

10.3.1 Grundlagen der Serialisierung

Betrachten wir zunächst ein einfaches Beispiel. Dort wird das Speichern und Laden von `Person`-Objekten in einer Datei durch den Einsatz von Serialisierung realisiert. Dazu verwenden wir die Klassen `ObjectInputStream` und `ObjectOutputStream`. Diese bieten folgende Methoden:

- `writeObject(Object)` – Schreibt ein Objekt in einen `ObjectOutputStream`.
- `Object readObject()` – Liest ein Objekt aus einem `ObjectInputStream`.

Doch damit diese Methoden korrekt arbeiten können, müssen die damit zu verarbeitenden Klassen das Marker-Interface `Serializable` implementieren.

Klassen als serialisierbar markieren

Gemäß der Einleitung muss die bereits bekannte Klasse `Person` nur derart erweitert werden, dass sie das Interface `Serializable` implementiert:

```
public final class Person implements Serializable
{
    private final String name;
    private final String city;
    private final Date   birthday;

    public Person(final String name, final String city, final Date birthday)
    {
        this.name = Objects.requireNonNull(name, "name must not be null");
        this.city = Objects.requireNonNull(city, "city must not be null");
        this.birthday = Objects.requireNonNull(birthday, "birthday must " +
                                                        "not be null");
    }
    // ...
```

646   10 Fortgeschrittene Java-Themen

Die Klassen `ObjectInputStream` und `ObjectOutputStream`

Nehmen wir an, wir wollten ein `Person`-Objekt in einer Datei `Test.ser` speichern. Die Ausgabe in die Datei nutzt einen `FileOutputStream`. Die Konvertierung in eine Folge von Bytes und das Speichern des Objekts in diesen Stream wird durch die Klasse `ObjectOutputStream` und dessen Methode `writeObject(Object)` durchgeführt:

```java
public static void main(final String[] args) throws IOException
{
    // Nutze ARM, um lesbare Ressourcenzugriffe zu schreiben
    try (final ObjectOutputStream objectOutStream = new ObjectOutputStream(
            new BufferedOutputStream(new FileOutputStream("Test.ser"))))
    {
        // Schreibe Objekt in die Datei
        final Person person = new Person("Test", "TestCity", new Date());
        objectOutStream.writeObject(person);
        System.out.println("Wrote to stream: " + person);
    }
}
```

Listing 10.7 Ausführbar als 'SERIALIZATIONEXAMPLE'

An diesem Beispiel erkennt man gut, wie wenig Aufwand die Speicherung aufseiten der Applikation erfordert – dabei hilft auch das Sprachfeature ARM zum automatischen Schließen von Ressourcen (vgl. Abschnitt 4.7.3). Das Speichern des Objekts mithilfe der Methode `writeObject(person)` stellt gegenüber dem Einsatz von Methoden der Klasse `DataOutputStream` einen enormen Fortschritt dar. Jene Art der Verwendung haben wir bereits in Abschnitt 4.6.2 besprochen und dort erfahren, dass für jedes Attribut eine typabhängige `write()`-Methode, etwa `writeLong(long)`, aufgerufen werden muss, um die Daten in den Stream zu schreiben. Allerdings stehen nicht für jeden Datentyp passende `write()`-Methoden bereit. Dies erfordert unter Umständen eine vom Entwickler implementierte Umwandlung der Attribute in eine Folge von Bytes.

Als Nächstes betrachten wir das Deserialisieren zum Einlesen der gespeicherten Daten aus der gerade geschriebenen Datei `Test.ser`. Wir nutzen einen `FileInputStream` zum Dateizugriff und die Methode `readObject()` der Klasse `ObjectInputStream` zur Rekonstruktion eines Objekts. Diese Methode liest alle benötigten Informationen aus einem beliebigen Stream ein. Da die Methode nur eine Referenz vom Typ `Object` zurückliefert, ist für ein sinnvolles Weiterarbeiten mit dem Objekt in der Regel ein anschließender Cast auf den erwarteten Typ notwendig:

```java
public static void main(final String[] args) throws Exception
{
    try (final ObjectInputStream objectInStream = new ObjectInputStream(
            new BufferedInputStream(new FileInputStream("Test.ser"))))
    {
        // Rücklesen des Objekts, ohne Konstruktoraufruf
        final Person personFromStream = (Person) objectInStream.readObject();
        System.out.println("Back from stream: " + personFromStream);
    }
}
```

Listing 10.8 *Ausführbar als* **'DESERIALIZATIONEXAMPLE'**

So einfach die Serialisierung in diesem Beispiel scheint, so komplex sind teilweise die Zusammenhänge und Abläufe im Hintergrund. Im Datenformat der Serialisierung müssen alle diejenigen Informationen zu Typen und Werten enthalten sein, die ein späteres Wiederherstellen eines Objekts ermöglichen. Beim späteren Einlesen muss ein Objekt mit seinen Attributen aus den gespeicherten Informationen rekonstruiert werden – mit gleichen Inhalten, allerdings anderen Referenzen. Wenn man die beiden Programme SERIALIZATIONEXAMPLE und DESERIALIZATIONEXAMPLE nacheinander ausführt, erkennt man dies anhand der unterschiedlichen Referenzen, die für die beiden Person-Objekte auf der Konsole beim Speichern und Einlesen ausgegeben werden:

```
Person: [name=Test, ...] / ch08_advancedjava.serializable.Person@8b2fd8f
Person: [name=Test, ...] / ch08_advancedjava.serializable.Person@2626d4f1
```

Den Serialisierungsvorgang, d. h. die Konvertierung in eine und aus einer Folge von Bytes sowie den Transfer in und aus Streams, selbst zu programmieren wäre fehleranfällig und aufwendig. Die Serialisierungsautomatik nimmt einem Programmierer dabei viel Arbeit ab. Wie bereits bekannt, muss man lediglich das Interface `Serializable` implementieren. Diese Vereinfachung hat allerdings ihren Preis – das verwendete Datenformat ist recht »gesprächig«: Tatsächlich werden in den Datenstrom die Klassennamen und die Typen in Form voll qualifizierter Angaben gespeichert. Über die reinen Nutzinformationen hinaus entsteht ein gewisser Overhead: Prüfen Sie es selbst durch Ausführen des Programms SERIALIZATIONEXAMPLE. Die so entstehende Datei `Test.ser` wird 188 Bytes groß. Das erscheint doch relativ viel, wenn man bedenkt, dass lediglich zwei kurze Texte und ein Datumswert gespeichert werden. Bei komplexeren Objekten entsteht ein erheblicher Overhead. Das kann negative Auswirkungen auf die Performance haben. Bevor wir einige Optimierungsmöglichkeiten bei der Speicherung kennenlernen, betrachten wir zunächst weitere Grundlagen zur Serialisierung.

Der Serialisierungsvorgang im Detail

Bei der Serialisierung eines Objekts werden alle nicht statischen[3] Attribute der Klasse (*einschließlich der privaten*) verarbeitet. Allerdings werden explizit mit dem Schlüsselwort `transient` gekennzeichnete Attribute nicht berücksichtigt. Der Automatismus der Serialisierung kann »von Hause aus« alle primitiven Datentypen in einen Stream schreiben. Damit Objektreferenzen verarbeitet werden können, müssen diese ebenfalls das Interface `Serializable` implementieren. Dies ist für viele Klassen des JDKs der Fall. Für Arrays gilt: Wenn ein Array serialisierbar sein soll, müssen auch die gespeicherten Elemente serialisierbar sein. Ansonsten kommt es während des Serialisierungsvorgangs zu einer `java.io.NotSerializableException`. Im einführenden Beispiel haben wir diese Eigenschaft der Klassen `String` und `Date` genutzt, ohne diese Details zu kennen.

---

[3] Statische Attribute werden nicht serialisiert, da sie keiner Objektinstanz zugeordnet sind.

Nicht serialisierbare Attribute und `transient` Eben erwähnte ich kurz, dass man den expliziten Ausschluss eines Attributs von der automatischen Verarbeitung durch die Angabe des Schlüsselworts `transient` erreicht. Jedes derart gekennzeichnete Attribut wird nicht in den Datenstrom geschrieben und auch bei einem späteren Einlesen nicht berücksichtigt. Um solche Attribute korrekt zu initialisieren, ist daher beim Einlesen ein spezielles Vorgehen zur Initialisierung erforderlich. Vergisst man dies, so bleiben die Attribute mit ihrem Defaultwert belegt, d. h. `false` für boolesche Variablen, 0 für Zahlen und `null` für Referenzen. Auf Abhilfen gehe ich gleich genauer in Abschnitt 10.3.2 ein.

Serialisierung der Klassenhierarchie Der Vorgang der Serialisierung wird für alle Bestandteile der Klassenhierarchie durchgeführt. Wie bereits beschrieben, werden referenzierte Objekte wiederum komplett serialisiert. Es wird also der gesamte Objektgraph in den Stream geschrieben. Die Serialisierungsautomatik sorgt allerdings dafür, dass mehrfach referenzierte Objekte nur einmal serialisiert werden. Das Einlesen geschieht ähnlich: Solange alle Attribute und Bestandteile der Klassenhierarchie *serialisierbar* sind, erledigt der Automatismus sämtliche Aufgaben. Es erfolgt insbesondere *kein* Konstruktoraufruf. Ein Spezialfall ist jedoch zu beachten: Ist eine Basisklasse nicht serialisierbar, so kommt es während der Rekonstruktion unter Umständen zu Exceptions. Betrachten wir dies genauer.

Spezialfall: Nicht serialisierbare Basisklassenbestandteile Es ist möglich, dass eine Klasse das Interface `Serializable` implementiert, eine Basisklasse dies jedoch nicht tut. In Abbildung 10-2 ist eine solche Situation für die Klasse `SerializableClass` gezeigt.

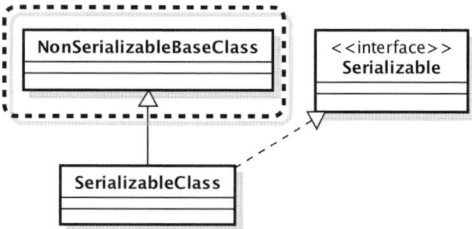

Abbildung 10-2 *Spezialfall: Nicht serialisierbare Basisklassenbestandteile*

Zur Rekonstruktion eines nicht serialisierbaren Basisklassenbestandteils erfolgt beim Deserialisierungsvorgang – im Gegensatz zum Standardfall – ein Konstruktoraufruf: Der Defaultkonstruktor wird dazu genutzt, um den Initialisierungsschritt für diesen Klassenbaustein vorzunehmen. Gibt es keinen Defaultkonstruktor, so kommt es beim Deserialisieren zu einer `java.io.InvalidClassException` mit dem Hinweis „`no valid constructor`". Man fragt sich nun, wieso sich ein derartiges Objekt überhaupt serialisieren lässt und erst beim Einlesen Probleme auftreten. Die Antwort ist einfach: Der Automatismus kann über Reflection zwar alle zur Speicherung notwendigen Bestandteile ermitteln, der Rekonstruktionsprozess benötigt dagegen weitere Informationen, nämlich die Anzahl und Typen der Attribute sowie deren Speicherbelegung. Für serialisierbare Klassen kümmert sich die Automatik um diese Details. Für nicht serialisierbare Basisklassen macht dies der Defaultkonstruktor.

Es ist eher unwahrscheinlich, dass die Attribute durch einen Aufruf des Defaultkonstruktors in den gewünschten Zustand versetzt werden. Um einen korrekten Objektzustand herzustellen, müssen dann die Daten der Basisklasse vom Entwickler selbst gespeichert und wieder eingelesen werden. Dazu benötigt man eine Möglichkeit, sich in den Ablauf des Automatismus einzuklinken, um erforderliche Daten zu speichern und später wieder einzulesen. Der folgende Abschnitt geht darauf genauer ein.

> **Tipp: Serialisierung vs. Kapselung und Versionierung**
>
> Im Datenformat der Serialisierung wird zur Identifizierung von Typen neben der konkreten Typangabe als voll qualifizierter Name zusätzlich eine spezielle Versionsnummer gespeichert. Diese kann explizit in Form einer Kennung (`serialVersionUID`) im Sourcecode angegeben werden. Teilweise geschieht dies nicht. Dann wird beim Kompilieren automatisch eine solche Versionsnummer berechnet und beim Serialisieren verwendet.
>
> In die Berechnung gehen unter anderem die Methoden einer Klasse und der Zeitpunkt der Kompilierung ein. Jede neu eingeführte Methode verändert damit diese Versionsnummer und führt zu Inkompatibilitäten zu älteren Versionen des Objekts. Die Versionsnummer ändert sich demnach häufiger, als es tatsächlich zu Änderungen an der Schnittstelle oder in der Semantik kommt.
>
> Mit Serialisierung zerstört man zudem Kapselung: Jede Änderung an der Struktur einer Klasse führt zu Inkompatibilitäten mit früher serialisierten Versionen der Objekte. Der Grund ist folgender: Alle nicht explizit von der Serialisierung ausgeschlossenen Attribute einer Klasse werden verarbeitet und in die Ausgabe geschrieben. Das gilt aber auch für private Attribute, die gegebenenfalls Implementierungsdetails darstellen. Bei einem späteren Einlesen werden exakt diese Informationen wieder erwartet.
>
> Finden strukturelle Änderungen statt, so kann ein zuvor serialisiertes Objekt als Folge nicht mehr verarbeitet werden: Diesem fehlen die durch die Änderungen hinzugefügten Informationen. Die Argumentation gilt gleichermaßen für das Entfernen und Ändern von Attributen und Methoden.
>
> Zur Lösung der genannten Probleme ist die Vergabe einer speziellen vom Entwickler definierten `serialVersionUID` möglich. Nur bei Änderungen, die wirklich zu einer Inkompatibilität zwischen verschiedenen Versionen eines Objekts führen, wird die Versionsnummer vom Entwickler angepasst. Sollen verschiedene Versionen verarbeitet werden können, so muss der Serialisierungsvorgang für jede Version einzeln selbst programmiert werden. Abschnitt 10.3.3 beschreibt die Verwaltung von Versionen detaillierter.

10.3.2 Die Serialisierung anpassen

Für viele Anwendungsfälle reicht die von Java bereitgestellte Serialisierung bereits aus. Allerdings gibt es einige Situationen, in denen man den Serialisierungsprozess anpassen möchte oder muss. In der Regel ist dies der Fall, wenn eine Klasse eine andere Klasse referenziert, die nicht serialisierbar ist. Weiterhin gibt es Attribute, die aus anderen Gründen nicht sinnvoll persistiert werden können. Dazu gehören z. B. Attribute, die eine Ressource repräsentieren, etwa eine Verbindung zu einer Datenbank. Solche Attribute kann man explizit von der Verarbeitung durch die Serialisierungsautomatik ausschließen. Weitere Anwendungsfälle bestehen darin, eine platzsparendere Speicherung zu erzielen oder verschiedene Versionen einer Klassendefinition zu unterstützen (vgl. Abschnitt 10.3.3).

Problemkontext

Nehmen wir an, die Klasse `NonSerializableClass` modelliert eine Verbindung zu einer Datenbank und erhält zur Konstruktion verschiedene Informationen als String, die zum Aufbau einer Verbindung zur Datenbank genutzt werden. Instanzen dieser Klasse können nicht serialisiert werden, da verschiedene Bestandteile nicht serialisierbar sind. Die folgende Klassendefinition implementiert daher das Interface `Serializable` nicht:

```java
public class NonSerializableClass
{
    private final String databaseConnectionParams;

    NonSerializableClass(final String databaseConnectionParams)
    {
        this.databaseConnectionParams = databaseConnectionParams;
    }

    public String getDatabaseConnectionParams()
    {
        return databaseConnectionParams;
    }
    // ...
```

Nehmen wir weiter an, dass die Klasse `Person` um ein nicht serialisierbares Attribut `nonSerializable` vom Typ `NonSerializableClass` folgendermaßen erweitert worden ist:

```java
public final class Person implements Serializable
{
    private String name;
    private String city;
    private Date   birthday;

    // Ausschluss von der Serialisierung
    private transient NonSerializableClass nonSerializable;

    // ...
```

Modifikation des Serialisierungsvorgangs

Zur korrekten Verarbeitung `transient` definierter Attribute muss der Serialisierungsvorgang angepasst werden. Durch *Implementierung der folgenden zwei privaten Methoden in der zu serialisierenden Klasse* lässt sich dies erreichen:[4]

```
private void writeObject(ObjectOutputStream outStream) throws IOException
private void readObject(ObjectInputStream inStream) throws IOException,
    ClassNotFoundException
```

Die Methode `writeObject(ObjectOutputStream)` realisiert das Speichern von Objektinformationen in einen Stream, die Methode `readObject(ObjectInputStream)` das Einlesen. Auf den ersten flüchtigen Blick ist kein Unterschied zu den zuvor genutzten Methoden `writeObject(Object)` und `Object readObject()` zu erkennen. Letztere entstammen aber den Klassen `ObjectOutputStream` und `ObjectInputStream` und nutzen den Typ `Object` als Ein- bzw. Rückgabe. Dahingegen müssen die beiden oben gelisteten Methoden innerhalb von eigenen Klassen implementiert werden und Instanzen der Klassen `ObjectInputStream` bzw. `ObjectOutputStream` als Parameter übergeben bekommen.

```
public class Person implements Serializable
{
    // ...
    private void writeObject(final ObjectOutputStream outStream) throws
        IOException
    {
        // ...
    }

    private void readObject(ObjectInputStream inStream) throws IOException,
        ClassNotFoundException
    {
        // ...
    }
}
```

Der Serialisierungsautomatismus ruft diese Methoden, sofern vorhanden, während der Verarbeitung auf. Die Serialisierung der Attribute möglicher Basis- und Subklassen erfolgt nach wie vor durch den Automatismus der Serialisierung. Die beiden Methoden sind dafür zuständig, *alle* Attribute des zugehörigen Klassenbausteins zu verarbeiten, d. h. in den Stream zu schreiben bzw. daraus zu lesen oder anderweitig zu initialisieren.

Realisierung der Serialisierung Bei der Implementierung der Serialisierung sind alle benötigten Informationen in den Ausgabestream zu schreiben und später wieder korrekt einzulesen. Das bedeutet, dass sowohl alle serialisierbaren Attribute verarbeitet werden müssen als auch eine Spezialbehandlung für die nicht serialisierbaren, transienten Attribute durchgeführt werden muss.

---

[4]Dabei ist zu beachten, dass die Signatur exakt eingehalten wird, da diese Methoden per Reflection durch den Serialisierungsautomatismus ermittelt und aufgerufen werden.

Für die Klasse `Person` sind vier Attribute zu serialisieren. Ein erster Ansatz ist, dazu die Methoden des Interface `DataOutput` zu benutzen. Dort sind diverse `write()`-Methoden für primitive Datentypen, Byte-Arrays und UTF-8-codierte Strings definiert. Das Interface `DataOutput` wird sowohl von der Klasse `DataOutputStream` als auch von der Klasse `ObjectOutputStream` implementiert. Wenn man die im Interface `DataOutput` bereitgestellte Funktionalität einsetzt, dann sind für jedes Attribut spezifische, typabhängige `write()`- und `read()`-Methoden aufzurufen. Für serialisierbare Objekte kann auch die Methode `writeObject(Object)` eingesetzt werden, wie hier für das `Date`-Objekt:

```java
private void writeObject(final ObjectOutputStream outStream) throws IOException
{
    // Verarbeitung aller »normalen« Attribute
    outStream.writeUTF(name);
    outStream.writeUTF(city);
    outStream.writeObject(birthday);

    // Spezialbehandlung des nicht serialisierbaren Attributs
    outStream.writeUTF(nonSerializable.getDatabaseConnectionParams());
}
```

Hier nutzen wir die Tatsache aus, dass sich eine Instanz des nicht serialisierbaren Attributs vom Typ `NonSerializableClass` durch die textuelle Repräsentation der Verbindungsparameter zur Datenbank beschreiben lässt.[5] Beim Speichern schreiben wir diese Information mithilfe der Methode `writeUTF(String)` in den Stream. Auf das Einlesen gehe ich gleich ein, nachdem wir eine Vereinfachung betrachtet haben.

Standardmechanismus aufrufen All dies von Hand zu programmieren ist mühselig und fehleranfällig. Das haben wir bereits eingangs bei der Beschreibung der Serialisierung erkannt. Was kann man also tun? Wünschenswert ist es, den Standardmechanismus für serialisierbare Attribute verwenden zu können und nur für die `transient` definierten Attribute eine Spezialbehandlung durchführen zu müssen. Genau für diesen Anwendungsfall sind in den Klassen `ObjectOutputStream` und `ObjectInputStream` zwei Methoden definiert: Die Methode `defaultWriteObject()` speichert alle nicht `transient` definierten Attribute einer Klasse, die Methode `defaultReadObject()` liest sie ein. Diese Methoden können genutzt werden, um die eigene Realisierung der Serialisierung einfacher zu gestalten. Beide Methoden dürfen nur während einer laufenden Serialisierung aufgerufen werden, d. h. nur aus den beiden zuvor genannten privaten Methoden `readObject(ObjectInputStream)` bzw. `writeObject(ObjectOutputStream)`. Ansonsten wird eine `java.io.NotActiveException` ausgelöst.

Basierend auf diesen Überlegungen ergeben sich in der Klasse `Person` folgende Implementierungen der Methoden `writeObject(ObjectOutputStream)` und `readObject(ObjectInputStream)`:

---

[5]In der Praxis ist das häufig ein wenig komplizierter, aber vieles kann man auf wenige zu serialisierende Informationen zurückführen.

```
private void writeObject(final ObjectOutputStream outStream) throws IOException
{
    // Behandlung aller »normalen« Attribute
    outStream.defaultWriteObject();

    // NonSerializableClass wird nicht geschrieben, stattdessen lediglich
    // Informationen, die zur Rekonstruktion benötigt werden
    outStream.writeUTF(nonSerializable.getDatabaseConnectionParams());
}

private void readObject(final ObjectInputStream inStream) throws IOException,
    ClassNotFoundException
{
    // Behandlung aller »normalen« Attribute
    inStream.defaultReadObject();

    // Rekonstruktion der NonSerializableClass aus dem gelesenen String
    final String databaseConnectionParams = inStream.readUTF();
    nonSerializable = new NonSerializableClass(databaseConnectionParams);
}
```

Beim Einlesen nutzen wir die Methode `readUTF()`. Anschließend erzeugen wir per Konstruktor ein neues Objekt vom Typ `NonSerializableClass`.

Hinweis Zur Verarbeitung von Attributen werden Zuweisungen in der Methode `readObject()` benötigt. Dadurch können diese Attribute nicht `final` sein. Dies stellt eine Einschränkung beim Design dar. Insbesondere kann eine Klasse dann möglicherweise nicht mehr als unveränderliche Klasse realisiert werden.

10.3.3 Versionsverwaltung der Serialisierung

Der Automatismus der Serialisierung sorgt dafür, dass nur miteinander kompatible Versionsstände einer Klasse verarbeitet werden können. Wie bereits beschrieben, ändert sich die dazu verwendete, automatisch berechnete Versionskennung `serialVersion-UID` bei jeder Änderung an der Struktur der Klasse. Dieses Standardverhalten ist oft unpraktisch, weil es dadurch schnell zu einer Inkompatibilität zwischen semantisch gleichen Versionen eines Objekts kommt. Als Abhilfe kann man explizit ein privates statisches Attribut `serialVersionUID` definieren und mit einem fixen Wert versehen. Wenn Änderungen an Methoden und Attributen der Klasse vorgenommen werden, wird diese Versionskennung dann *nicht* automatisch neu berechnet, sondern bleibt konstant. Betreffen die strukturellen Änderungen auch die serialisierten Daten, so sollte die `serialVersionUID` vom Entwickler modifiziert werden. Damit hat man zwar das Problem der Inkompatibilität semantisch gleicher Klassenstände gelöst, allerdings kann auch dann über die Serialisierung kein Datenaustausch zwischen einer alten und einer neuen Version erfolgen.

Wenn eine Rückwärtskompatibilität erhalten und verschiedene Versionen unterstützt werden sollen, dann muss der Serialisierungsvorgang für jede Version einzeln selbst programmiert werden. Zudem müssen wir mehrere serialisierte Versionen eindeutig im Datenstrom identifizieren können. Dazu verwenden wir eine eigene Versionsverwaltung und fixieren zudem den Wert der `serialVersionUID` beim Erstellen der Klasse einmalig. Das erlaubt selbst bei strukturellen Änderungen an der Klasse deren sichere Identifikation im Datenstrom. Zur Versionsverwaltung verwenden wir ein Attribut `CLASS_VERSION`, das in den Methoden `readObject(ObjectInputStream)` und `writeObject(ObjectOutputStream)` ausgewertet wird.

Da wir sowohl die Versionsverwaltung als auch die Serialisierung der Objekte vollständig selbst realisieren, müssen *alle* Attribute `transient` definiert werden. Daher lassen sich die praktischen Methoden `defaultWriteObject()` bzw. `defaultReadObject()` nicht mehr nutzen, da diese nur nicht transiente Attribute verarbeiten.

Im folgenden Listing ist die Klasse `PersonVersion1` gezeigt, die die erste Version einer Klasse `Person` darstellen soll. Vor den eigentlichen Nutzdaten wird eine Versionsnummer in Form eines `int` in den Stream geschrieben. Anschließend werden alle Attribute manuell gespeichert (durch Aufruf entsprechender `write()`-Methoden). Beim späteren Deserialisieren erfolgen die korrespondierenden Schritte zum Einlesen. Hierbei wird zudem die Versionsnummer geprüft. Nur für den Fall eines gültigen Werts findet das Einlesen statt. Ansonsten wird eine `ClassNotFoundException` ausgelöst:

```java
public final class PersonVersion1 implements Serializable
{
    // durch beliebige, immer gleichbleibende Kennung
    // Berechnungsautomatismus deaktivieren
    private static final long serialVersionUID = 1L;

    // eigene Kennung der Klassenversion
    private static final long CLASS_VERSION = 1L;

    private transient String   name;
    private transient String   city;
    private transient Date     birthday;

    public PersonVersion1(final String name, final String city,
                          final Date birthday)
    {
        this.name = name;
        this.city = city;
        this.birthday = birthday;
    }

    private void writeObject(final ObjectOutputStream outStream) throws
        IOException
    {
        // eigene Versionsinformation schreiben
        outStream.writeLong(CLASS_VERSION);

        // Attributdaten schreiben
        outStream.writeUTF(name);
        outStream.writeUTF(city);
        outStream.writeObject(birthday);
    }

    private void readObject(final ObjectInputStream inStream) throws IOException,
                                                                     ClassNotFoundException
    {
        // eigene Versionsinformation lesen
        final long version = inStream.readLong();
```

```
        if (version == CLASS_VERSION)
        {
            // Attributdaten lesen
            name = inStream.readUTF();
            city = inStream.readUTF();
            birthday = (Date) inStream.readObject();
        }
        else
        {
            // Diese Version unterstützt keine anderen Formate
            throw new ClassNotFoundException("Unsupported version " + version);
        }
    }
```

Nehmen wir an, wir hätten die genannten Schritte für die Klasse `Person` durchgeführt und bei einer nachfolgenden Erweiterung der Klasse (Speicherung der Augenfarbe) wäre die interne Klassenversion hochgezählt worden:

```
public final class PersonVersion2 implements Serializable
{
    // beliebige, immer gleichbleibende Kennung
    private static final long serialVersionUID = 1L;

    // eigene Kennung der Klassenversion
    private static final long CLASS_VERSION = 2L;

    private transient String name;
    private transient String city;
    private transient Date   birthday;
    private transient Color  eyeColor;

    // ...
```

Um die zwei Versionen deutlich voneinander zu unterscheiden, wurde eine Optimierung der Speicherung in das Datenformat in die Version 2 übernommen. Diese besteht darin, das `Date`-Objekt als `long` zu speichern und anstatt des `Color`-Objekts lediglich die drei Farbwerte für Rot, Grün und Blau als `int` zu verwenden. Darauf gehe ich im nachfolgenden Abschnitt nochmal genauer ein.

```
private void writeObject(final ObjectOutputStream outStream) throws IOException
{
    // Versionsinformation schreiben
    outStream.writeLong(CLASS_VERSION);

    // Daten
    outStream.writeUTF(name);
    outStream.writeUTF(city);

    // Optimierte Darstellung für Date
    outStream.writeLong(birthday.getTime());

    // Optimierte Darstellung für Color
    outStream.writeInt(eyeColor.getRed());
    outStream.writeInt(eyeColor.getGreen());
    outStream.writeInt(eyeColor.getBlue());
}
```

Das Einlesen ist etwas komplizierter als das Schreiben, da beim Lesen verschiedene Versionen unterschieden und behandelt werden müssen. In folgender Methode `readObject(ObjectInputStream)` wird dazu zunächst die Versionsnummer aus dem Stream gelesen und anschließend der jeweilige Sourcecode zum Einlesen ausgeführt:

```java
private void readObject(final ObjectInputStream inStream) throws IOException,
        ClassNotFoundException
{
    // Versionsinformation ermitteln
    final long version = inStream.readLong();

    // versionsabhängiges Einlesen
    if (version == CLASS_VERSION)
    {
        readDataInCurrentVersion(inStream);
    }
    else if (version == 1)
    {
        readDataOfVersion1(inStream);
    }
    else
    {
        throw new ClassNotFoundException("Unsupported version " + version);
    }
}

private void readDataOfVersion1(final ObjectInputStream inStream) throws
        IOException, ClassNotFoundException
{
    name = inStream.readUTF();
    city = inStream.readUTF();
    birthday = (Date) inStream.readObject();
    eyeColor = Color.BLUE; // Vereinfachung für Beispiel: Defaultwert Blau
}

private void readDataInCurrentVersion(ObjectInputStream inStream) throws
        IOException
{
    name = inStream.readUTF();
    city = inStream.readUTF();

    final long time = inStream.readLong();
    birthday = new Date(time);

    final int red = inStream.readInt();
    final int green = inStream.readInt();
    final int blue = inStream.readInt();
    eyeColor = new Color(red, green, blue);
}
// ...
```

Durch Implementierung dieser beiden Methoden können wir die Serialisierung beliebig anpassen. Damit können verschiedene Versionen eines Objekts verwaltet werden. Es ist relativ aufwendig, die Kompatibilität von Versionen sicherzustellen, dies wird hier nicht weiter behandelt. In diesem Beispiel habe ich stark vereinfachend die Augenfarbe auf Blau gesetzt, da diese Information in einer älteren Version nicht verfügbar ist.

10.3.4 Optimierung der Serialisierung

Bislang haben wir den Standardmechanismus der Serialisierung eingesetzt bzw. nur ein wenig angepasst. Zum Teil kann es zur Performance-Optimierung sinnvoll sein, die Datenmenge gegenüber dem Standardformat zu reduzieren. Dazu müssen Änderungen am Format der herausgeschriebenen Informationen vorgenommen werden.

Um einen Blick für Optimierungsmöglichkeiten zu bekommen, führen wir eine Erweiterung der eingangs vorgestellten Klasse `Person` durch. Hier wird wieder die Augenfarbe als Attribut in Form eines `Color`-Objekts hinzugefügt. Folgende `main()`-Methode zeigt die Erzeugung eines solchen `PersonWithEyeColorV1`-Objekts und dessen Speicherung in der Datei `TestWithEyeColor1.ser`:

```
public static void main(final String[] args) throws IOException
{
    final PersonWithEyeColorV1 original = new PersonWithEyeColorV1("Test",
                                     "TestCity", new Date(), Color.GREEN);

    try (final ObjectOutputStream objectOutStream = new ObjectOutputStream(
        new BufferedOutputStream(new FileOutputStream("TestWithEyeColor1.ser"))))
    {
        // Schreibe Objekt in die Datei
        objectOutStream.writeObject(original);
        System.out.println("Wrote to stream: " + original);
    }
}
```

Listing 10.9 *Ausführbar als* '**SERIALIZATIONOPTIMIZATIONEXAMPLE**'

Serialisiert man diese Klasse durch Aufruf des Programms SERIALIZATIONOPTIMIZATIONEXAMPLE, so wird die entstehende Datei `TestWithEyeColor1.ser` 357 Bytes groß. Um Optimierungspotenziale aufzudecken, öffnen wir die Datei mit einem HEX- oder Texteditor. Wir erkennen, dass die Speicherung für das Datum bzw. die Farbinformation noch relativ viele, für diesen Anwendungsfall irrelevante Informationen (voll qualifizierten Klassenname, Transparenz usw.) in die Datei schreibt:

```
<AC><ED>^@^Esr^@3ch10_advancedjava.serializable.PersonWithEyeColorV1<DD>A<80>
<9C>^V<FF><A6>^B^@^DL^@^Hbirthdayt^@^PLjava/util/Date;L^@^Dcityt^@^RL
    java/lang/String;L^@^HeyeColort^@^PLjava/awt/Color;L^@^Dnameq^@~^@^Bxpsr^@^
    Njava.util.Datehj<81>^AKYt^Y^C^@^@xp^@^@^AY<A8><85><F8>^Axt^@^HTestCitysr^@
    ^Njava.awt.Color^A<A5>^W
<83>^P<8F>3u^B^@^EF^@^FfalphaI^@^EvalueL^@^Bcst^@ESCLjava/awt/color/ColorSpace
    ;[^@ frgbvaluet^@^B[F[^@^Ffvalueq^@~^@
xp^@^@^@^@<FF>^@<FF>^@pppt^@^DTest
```

Optimierung durch eigene Repräsentationsform

Anstelle eines `Color`-Objekts werden lediglich die Farbwerte Rot, Grün und Blau zur Modellierung der Augenfarbe benötigt. Auch die Repräsentation des gespeicherten Geburtsdatums scheint zu umfangreich. Für beide Attribute ist eine Darstellung durch die primitiven Datentypen `int` und `long` relativ einfach möglich. Minimal aufwendiger als das Schreiben wird die Rekonstruktion korrespondierender `Date`- bzw. `Color`-Objekte.

Folgendes Listing zeigt die dazu notwendigen Realisierungen der Methoden `readObject(ObjectInputStream)` und `writeObject(ObjectOutputStream)`:

```
// Achtung: falche Lösung
private void writeObject(final ObjectOutputStream outStream) throws IOException
{
    outStream.defaultWriteObject();

    outStream.writeLong(birthday.getTime());

    outStream.writeInt(eyeColor.getRed());
    outStream.writeInt(eyeColor.getGreen());
    outStream.writeInt(eyeColor.getBlue());
}

private void readObject(final ObjectInputStream inStream) throws IOException,
    ClassNotFoundException
{
    inStream.defaultReadObject();

    final long time = inStream.readLong();
    birthday = new Date(time);

    final int red = inStream.readInt();
    final int green = inStream.readInt();
    final int blue = inStream.readInt();
    eyeColor = new Color(red, green, blue);
}
```

Serialisiert man diese Klasse durch Aufruf des Programms SERIALIZATIONOPTIMIZATIONEXAMPLE2[6], so entsteht die Datei `TestWithEyeColor2.ser`. Diese benötigt 380 Bytes Speicherplatz. Offensichtlich ist diese Lösung sogar noch schlechter als der Standard! Wie kann das denn sein?

Die Antwort ist einfach: Es wird zunächst die Standardserialisierung vorgenommen und dann werden zusätzlich die Informationen der primitiven Daten in den Stream geschrieben. Dieser Flüchtigkeitsfehler ist schnell gemacht, aber auch schnell behoben. Soll zwar der Standardmechanismus für eine korrekte Objektserialisierung der `String`-Attribute sorgen, aber sowohl das `Date`- als auch das `Color`-Objekt selbst behandelt werden, so müssen wir diese natürlich auch `transient` definieren:

```
public class PersonWithEyeColor implements Serializable
{
    private String name;
    private String city;
    // beide komplexeren Attribute nicht vom Standard behandeln lassen
    private transient Date   birthday;
    private transient Color  eyeColor;

    // ...
```

Führen wir die nicht als Listing gezeigte Korrektur des Programms SERIALIZATIONOPTIMIZATIONEXAMPLE3 aus, so entsteht die Datei `TestWithEyeColor3.ser`, die nur noch 153 Bytes groß ist.

---
[6] Nicht als Listing gezeigt, aber analog zu der zuvor gezeigten `main()`-Methode realisiert.

10.3 Serialisierung

Mit dieser modifizierten Form der Speicherung haben wir einiges an Speicherplatz eingespart. *Für ein einzelnes Objekt lohnen sich derartige Mühen nicht.* Werden aber umfangreichere Datenstrukturen serialisiert, so kann eine eigene Repräsentation sinnvoll sein. Auch bei einer Übertragung über ein Netzwerk können so Verbesserungen in der Übertragungsgeschwindigkeit erzielt werden.

> **Hinweis: Serialisierbare Attribute vorgeben**
>
> Zwar ist die Standardserialisierung bereits für diverse Anwendungsfälle vollkommen ausreichend, aber eben nicht für alle. Daher kann man die Serialisierung in verschiedenen Stufen anpassen, wie wir dies bereits kennengelernt haben. Im Normalfall bestimmt der Serialisierungsautomatismus die zu verarbeitenden Attribute und deren Werte mithilfe von Reflection. Sind nun die Attribute überwiegend transient, so bietet es sich an, die tatsächlich zu serialisierenden Attribute anzugeben. Dazu muss man eine statische Variable mit dem Namen `serialPersistentFields` in die Klassendefinition aufnehmen, etwa wie folgt für zwei Attribute `attr1` und `attr2` mit den Typen `attr1Type` und `attr2Type`. Diese in `ObjectStreamField` angegebenen Typen müssen natürlich serialisierbar sein.

```
private static final ObjectStreamField[] serialPersistentFields =
{
    new ObjectStreamField("attr1", attr1Type.class),
    new ObjectStreamField("attr2", attr2Type.class),
};
```

Das Interface `Externalizable`

Manchmal wird eine noch weiter gehende Einflussnahme des Serialisierungsvorgangs benötigt, als dies über die Methoden `readObject(ObjectInputStream)` und `writeObject(ObjectOutputStream)` möglich ist. Für diese Anwendungsfälle ist das Interface `java.io.Externalizable` zu implementieren. Über dieses Interface, das das Interface `Serializable` erweitert, kann eine Variante der Serialisierung beschrieben werden, die es dem Entwickler erlaubt, das Datenformat vollkommen selbst zu bestimmen, d. h. festzulegen, welche Attribute in welcher Form verarbeitet (geschrieben und gelesen) werden. Dadurch kann beispielsweise das Datenformat noch kompakter gestaltet werden. Allerdings müssen auch die Attribute der Basisklassen selbst verarbeitet werden. Das Interface `Externalizable` definiert dazu folgende zwei Methoden:

```
public interface Externalizable extends java.io.Serializable
{
    void readExternal(ObjectInput in) throws IOException, ClassNotFoundException;
    void writeExternal(ObjectOutput out) throws IOException;
}
```

Wir entfernen das zuvor eingeführte Schlüsselwort `transient` für die Attribute und lassen die Klasse `Person` nun das Interface `Externalizable` implementieren:

```java
public final class PersonExternalizable implements Externalizable
{
    private String name;
    private String city;
    private Date   birthday;
    private Color  eyeColor;
    // ...
```

Durch die Implementierung von `Externalizable` wird man vom Datenformat der Serialisierung unabhängig. Dies ist insbesondere dann von Vorteil, wenn keine Objektgraphen, sondern lediglich flache Objekte verarbeitet werden sollen. Dann können Speicherplatz sparende Dateiformate gewählt werden. Schauen wir uns nun die Realisierung der beiden Methoden an, die die schon vorgestellte Optimierung der Repräsentation von Objekten über primitive Werte ihrer relevanten Daten realisiert:

```java
@Override
public void writeExternal(final ObjectOutput objectOut) throws IOException
{
    objectOut.writeUTF(name);
    objectOut.writeUTF(city);

    objectOut.writeLong(birthday.getTime());

    objectOut.writeInt(eyeColor.getRed());
    objectOut.writeInt(eyeColor.getGreen());
    objectOut.writeInt(eyeColor.getBlue());
}

@Override
public void readExternal(final ObjectInput objectIn) throws IOException,
        ClassNotFoundException
{
    name = objectIn.readUTF();
    city = objectIn.readUTF();

    final long time = objectIn.readLong();
    birthday = new Date(time);

    final int red   = objectIn.readInt();
    final int green = objectIn.readInt();
    final int blue  = objectIn.readInt();
    eyeColor = new Color(red, green, blue);
}
```

Weil das Interface `Externalizable` das Interface `Serializable` erweitert, könnte man die Klasse `PersonExternalizable` wie in den vorherigen Beispielen verarbeiten. Schauen wir uns dazu einen Start des Programms SERIALIZATIONFOREXTERNALIZABLECLASSEXAMPLE an. Die so erzeugte Datei `TestSerialization-ForExternalizableClass.ser` besitzt nur noch einen Speicherbedarf von 111 Bytes. Das ist eine deutliche Reduktion. Aber es geht noch viel besser!

Sehen wir uns an, was passiert, wenn man das Ganze in die eigene Hand nimmt und auf die Serialisierungsautomatik verzichtet. Dann nutzt man Aufrufe der Methoden `readExternal(ObjectInput)` und `writeExternal(ObjectOutput)` aus dem Interface `Externalizable`. Betrachten wir die korrespondierende `main()`-Methode, die ein Objekt vom Typ `PersonExternalizable` ohne Einbindung in die Serialisierungsautomatik speichert und wieder einliest:

```
public static void main(final String[] args) throws IOException,
    ClassNotFoundException
{
    final PersonExternalizable original = new PersonExternalizable("Test",
                                    "TestCity", new Date(), Color.GREEN);

    final String filename = "TestExternalizable.ser";

    try (final ObjectOutputStream objectOutStream = new ObjectOutputStream(
        new BufferedOutputStream(new FileOutputStream(filename))))
    {
        // Schreibe Objekt mit writeExternal() in die Datei
        original.writeExternal(objectOutStream);
        System.out.println("Wrote to stream: " + original);
    }

    try (final ObjectInputStream objectInStream = new ObjectInputStream(
        new BufferedInputStream(new FileInputStream(filename))))
    {
        // Rücklesen des Objekts: Konstruktoraufruf und readExternal()
        final PersonExternalizable readInObject = new PersonExternalizable();
        readInObject.readExternal(objectInStream);
        System.out.println("Back from stream: " + readInObject);
    }
}
```

Listing 10.10 Ausführbar als 'EXTERNALIZABLEEXAMPLE'

Dieser Sourcecode ist recht ähnlich zu dem der Serialisierung. Allerdings muss im Gegensatz dazu ein Konstruktoraufruf der einzulesenden Klasse erfolgen.[7] Für die neue Instanz wird die Methode `readExternal(ObjectInput)` aufgerufen. Der entscheidende Unterschied liegt darin, dass es sich bei den beiden Methoden des Interface `Externalizable` um Objektmethoden handelt, denen ein Stream übergeben wird. Bei der Serialisierung sind die Zuständigkeiten genau andersherum geregelt: Ein spezieller Stream bekommt eine Objektreferenz, die er verarbeitet.

Das obige Programm EXTERNALIZABLEEXAMPLE erzeugt die Datei `TestExternalizable.ser`, die lediglich noch einen Speicherbedarf von 42 Bytes besitzt. Im Vergleich zum Ausgangspunkt der Optimierung der Serialisierung mit 357 Bytes ist dies nur noch 1/8 des Speicherplatzes. Bezogen auf die letzte optimierte Version der Serialisierung mit 153 Bytes wird der Speicherbedarf auf rund 1/3 reduziert.

Fazit

Die Reduktion des Datenvolumens geht mit einem erhöhten Aufwand bei der Implementierung und insbesondere einer späteren Wartung des Speicherns und Einlesens einher. Derartige Lösungen sind deshalb nur bei Anwendungen sinnvoll einzusetzen, die kritisch bezüglich Performance oder Speicherplatz sind.

---

[7] Daher besitzen Klassen, die `Externalizable` erfüllen, oftmals einen Defaultkonstruktor.

10.4 Garbage Collection

Während der Ausführung eines Java-Programms werden in der Regel neue Objekte angelegt. Dadurch steigt der Speicherverbrauch eines Programms kontinuierlich. Um diesem Trend entgegenzuwirken, besitzt die JVM ein automatisches Speicherbereinigungssystem, das den nicht mehr durch Objekte benötigten Speicher wieder freigibt. Alle noch referenzierten Objekte müssen dabei natürlich erhalten bleiben. Erlischt allerdings die letzte Referenz auf ein Objekt, so kann dieses eingesammelt und der dadurch belegte Speicherplatz freigegeben werden. Dieser Aufräumvorgang wird als *Garbage Collection* (GC) bezeichnet und findet im Hintergrund parallel zur eigentlichen Applikation statt. Die ausführende Einheit wird *Garbage Collector* genannt.

Durch diesen Automatismus werden Probleme verhindert, die in Programmiersprachen mit expliziter Speicherfreigabe durch zu früh oder niemals freigegebene Objekte entstehen.[8] Allerdings benötigt die Garbage Collection einen gewissen Anteil der Rechenzeit: Es entsteht etwas Overhead, der beim expliziten Anfordern und Freigeben von Speicher nicht anfällt. In sehr vielen Applikationen ist dieser Mehraufwand unbedeutend. In Echtzeitsystemen kann dieser Overhead jedoch problematisch werden, da kaum Aussagen, geschweige denn Garantien, zu den einzelnen Zeitpunkten und den jeweiligen Laufzeiten von Garbage-Collection-Vorgängen gemacht werden können.

10.4.1 Grundlagen zur Garbage Collection

Zur Laufzeit eines Programms werden normalerweise dynamisch neue Objekte erzeugt. Erreicht die Speicherbelegung einen gewissen Grenzwert, so erfolgt eine Garbage Collection, um wieder für mehr freien Speicher zu sorgen.

Freizugebene Objekte erkennen und beseitigen

Vor einer Freigabe müssen überhaupt erst einmal die möglichen Kandidaten dafür ermittelt werden. Für die Garbage Collection sind immer folgende Aufgaben zu erfüllen:

1. **Garbage-Erkennung** – Zunächst sind alle Objekte ausfindig zu machen, die freigegeben werden können. Dies ist dann der Fall, wenn Objekte von keinem anderen Objekt mehr referenziert werden. Die folgende Hintergrundinfo »Erreichbarkeit von Objekten« geht darauf genauer ein.

2. **Garbage-Beseitigung** – Es muss der durch diese unreferenzierten Objekte belegte Speicher dem Programm wieder zur Verfügung gestellt werden. Zuvor wird Objekten noch die Möglichkeit gegeben, letzte Aufräumarbeiten durchzuführen. Dazu existiert die Methode `finalize()`, die automatisch durch den Garbage Collector aufgerufen wird, bevor das Objekt entfernt wird.

---
[8] In C++ muss zur Freigabe des von Objekten belegten Speichers explizit ein Destruktor aufgerufen werden.

10.4 Garbage Collection

> **Hintergrundinfo: Erreichbarkeit von Objekten**
>
> Der Automatismus der Speicherbereinigung setzt voraus, dass man nicht mehr referenzierte Objekte sicher erkennen kann. Ein (naives) Zählen von Referenzen auf Objekte, das sogenannte **Reference Counting**, ist dazu nicht ausreichend, weil damit zyklische Referenzen nicht zu erkennen sind.
>
> Die JVM berechnet daher stattdessen die **Erreichbarkeit** durch Nachverfolgen von Objektreferenzen. Objekte sind erreichbar, wenn es im Programm eine Referenz von einer sogenannten Wurzelreferenz über beliebig viele Indirektionen gibt. Alle derart erreichbaren Objekte sind lebendig. Alle anderen können freigegeben werden, da sie unreferenziert sind und keinen Einfluss auf nachfolgende Berechnungen im Programm mehr besitzen.
>
> Die Ausgangsmenge der Wurzelreferenzen setzt sich wie folgt zusammen:
>
> - Alle Referenzen aus lokalen Variablen im momentanen Stack
> - Alle Referenzen, die von lebenden Threads ausgehen
> - Alle Referenzen in statischen Attributen[a]
>
> ---
> [a] Nicht nur aus OO-Sicht sind statische Attribute möglichst zu vermeiden. Diese wirken sich negativ auf die Laufzeit von Garbage Collections aus.

Lebensdauer von Objekten

Zur Optimierung der Speicherverwaltung nutzt man die Erkenntnis, dass die Lebensdauern von Objekten stark variieren, sich aber grob in zwei Kategorien einteilen lassen: *kurzlebige* Objekte und *langlebige* Objekte. Die große Masse an Objekten besitzt nur eine geringe Lebenszeit, da diese Objekte nur temporär zur Durchführung von Aufgaben erzeugt und benötigt werden. Einige wenige davon leben länger. Daneben findet man auch eine von Applikation zu Applikation variierende Anzahl an langlebigen Objekten – meistens sind dies die zentralen Komponenten des Programms und zum Teil auch andere Daten. Man kann daher Objekte gemäß ihrem Alter grob in eine *junge* und eine *alte* **Generation** (*Young Generation* und *Old Generation*) aufteilen.

Die Lebenszeit eines Objekts wird durch einen speziellen Zähler ausgedrückt, der die Anzahl der überlebten Garbage-Collection-Vorgänge beschreibt und bei jeder Garbage Collection inkrementiert wird. Entsprechend ihrem Generationszähler werden Objekte verschiedenen Generationen zugeordnet. Für jede Generation ist ein spezifischer Speicherbereich reserviert. Mit zunehmendem Alter wandern die Objekte durch diese Generationen und Speicherbereiche. Betrachten wir daher im Folgenden die Aufteilung und Organisation des Speichers genauer.

Aufteilung des Speichers

Nachdem kurz motiviert wurde, warum eine Aufteilung des Speichers in mehrere Bereiche erfolgt, möchte ich auf die einzelnen Bereiche und ihre Funktion eingehen. Abbildung 10-3 visualisiert die Unterteilung des Speichers der JVM (sofern nicht der neue Garbage Collector G1 zum Einsatz kommt).

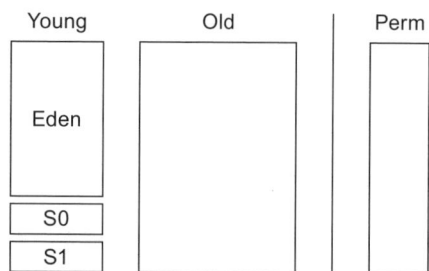

Abbildung 10-3 Speicherbereiche in der JVM

1. **Young Generation** – Die Young Generation wird in einen der Größe nach dominierenden *Eden-Bereich* und zwei wesentlich kleinere, aber gleich große *Survivor-Bereiche* unterteilt. Eden ist der Bereich, in dem alle neuen Objekte angelegt werden und einige Zeit bis zur nächsten Garbage Collection verweilen. Oftmals sind neu erzeugte Objekte recht kurzlebig. Wenige davon leben etwas länger, haben bereits eine oder einige Garbage Collections überstanden und werden dementsprechend als Survivor (»Überlebende«) bezeichnet. Diese Überlebenden werden in den Survivor-Bereichen (Survivor 0 und 1, häufig auch nach ihren Funktionen als From- und To-Survivor benannt) gespeichert.

2. **Old Generation oder Ternured Generation** – Die Old Generation ist nicht unterteilt. Hier befinden sich die Objekte, die länger referenziert werden und bereits mehrere Garbage-Collection-Vorgänge überlebt haben. Einige wenige davon leben sogar so lange wie die Applikation selbst. Dies gilt im Speziellen für statische Collections und deren Elemente (falls diese nicht anderweitig gelöscht werden).

3. **Perm oder Permanent Generation** – Im Perm-Bereich werden alle Klasseninformationen (Klassenobjekte, Methodenobjekte usw.), statische Attribute (nur die Referenzen, nicht aber die referenzierten Objekte) und Stringliterale gespeichert. Dieser Speicher wird durch Verwendung vieler Klassen und durch den Einsatz von Reflection gefüllt. Im Perm finden keine Garbage Collections statt, allerdings werden zum Teil auch hier Aufräumarbeiten durchgeführt, etwa unbenutzte Klassen usw. wieder aus dem Speicher entladen.

Varianten der Garbage Collection

Durch die Untergliederung des Speichers in Generationen können Aufräumvorgänge jeweils auf Teilbereichen stattfinden, wodurch weniger Aufwand entsteht und weniger Zeit für den Vorgang der Garbage Collection verbraucht wird. Des Weiteren können für jede Generation unterschiedliche Strategien bzw. Algorithmen verwendet werden. Die Art und Anzahl der Aufräumvorgänge kann zudem an die spezifischen Gegebenheiten und die Dynamik der Objekterzeugung angepasst werden: Für die junge Generation werden kleinere Aufräumarbeiten, sogenannte *Minor Garbage Collections*, durchgeführt. Dies geschieht häufig, da hier eine hohe Fluktuation und »Sterblichkeit« herrscht. Für die ältere Generation werden Aufräumvorgänge seltener benötigt, da die Objekte wahrscheinlich noch referenziert werden. Dort finden aufwendigere Aufräumarbeiten, sogenannte *Major Garbage Collections*, statt.

Minor GC   Im laufenden Betrieb findet sehr häufig eine sogenannte *Minor GC* statt, etwa wenn der Eden-Bereich zu voll geworden ist oder eine gewisse Zeit seit der letzten GC vergangen ist. Bei einer Garbage Collection auf der Young Generation werden zunächst alle noch referenzierten Objekte im Eden-Bereich und From-Survivor ermittelt und dann in den To-Survivor kopiert. Anschließend werden der Eden-Bereich und der From-Survivor als frei betrachtet und die beiden Survivor-Bereiche wechseln ihre Funktion: Aus dem From-Survivor wird der To-Survivor und umgekehrt. Die Existenz der beiden Survivor-Bereiche sorgt dafür, dass auch etwas länger referenzierte Objekte nicht direkt in die Old Generation wandern. Nur für den Fall, dass Objekte für den Survivor-Bereich zu groß sind, werden sie direkt in die Old Generation übertragen. Zudem werden alle Objekte, die eine gewisse Anzahl an Garbage-Collection-Vorgängen überlebt haben, in die Old Generation verschoben. Auf diese Weise verbleibt in der Regel lediglich eine kleine Menge an aktiven Objekten, die kopiert werden müssen. Dadurch können Minor GCs schnell und häufig ausgeführt werden, und das sogar vielfach ohne spürbare Beeinträchtigung der Laufzeit des Programms.

Major GC oder Full GC   Viel seltener als Minor GCs wird die aufwendigere und langsamere Garbage Collection in der Old Generation durchgeführt. Tritt allerdings die Situation ein, dass auch die Old Generation einen gewissen maximalen Füllstand erreicht und Speicherbedarf besteht, so werden alle Speicherbereiche einer Garbage Collection unterzogen, um möglichst viel Speicher freigeben zu können.[9] Ein solcher Komplettaufräumvorgang wird als *Major GC* oder auch *Full GC* bezeichnet und kann die Programmausführung spürbar verlangsamen. Das liegt daran, dass wesentlich mehr Aufwand als bei einer Minor GC betrieben werden muss. Erstens wird ein größerer

---

[9] Aus Konsistenzgründen müssen alle Bereiche betrachtet werden, da sich die Speicherpositionen der Objekte durch die Garbage Collection ändern können. Es muss also eine Korrektur von Referenzen erfolgen, etwa für den Fall, dass Objekte aus der jungen Generation auf solche der alten Generation verweisen, die im Verlauf der Garbage Collection gerade im Speicher verschoben wurden. Die Referenzanpassungen sind für das Java-Programm und den Entwickler transparent.

Speicherbereich aufgeräumt, was eine Garbage Collection auf der alten Generation bereits zeitaufwendiger macht. Zweitens ist die Wahrscheinlichkeit hoch, dass viele Objekte auch weiterhin referenziert werden und somit eine umfangreiche Analyse nötig wird, um freizugebende Objekte zu ermitteln. Drittens muss im Gegensatz zu dem trickreichen Kopieren der Minor GC, das automatisch für frischen, zusammenhängenden, freien Speicher sorgt, in der Old Generation dafür mehr Aufwand betrieben werden. Durch den Garbage Collector freigegebene Objekte würden für Löcher im Speicher wie in einem Schweizer Käse sorgen, wenn nicht ein spezieller Kompaktierungsschritt eine solche Fragmentierung des Speichers vermeiden würde. Diese Defragmentierung ist wichtig, um möglichst für ein großes zusammenhängendes Stück freien Speichers zu sorgen, und so jederzeit auch größere Speicheranfragen bedienen zu können.

10.4.2 Herkömmliche Algorithmen zur Garbage Collection

Zur Bereinigung des Speichers existieren verschiedene Algorithmen, die bis zur Einführung des Garbage Collectors G1 mit JDK 7 immer auf der Unterteilung des Speichers in verschiedene Bereiche basierten, die durch Kopier- und Kompaktieroperationen bereinigt wurden. Nachfolgend möchte ich ein wenig ausführlicher auf die Vorgänge eingehen, um das Verständnis zu erleichtern.

Mark-and-Sweep-Algorithmus

Die Arbeitsweise des sogenannten *Mark-and-Sweep-Algorithmus* kann man sich in etwa wie folgt vorstellen: Die Aufräumarbeiten finden in zwei Durchgängen statt. In einem ersten Durchgang, der sogenannte Mark-Phase, werden die lebendigen Objekte ermittelt, indem deren Erreichbarkeit durch Nachverfolgen der Wurzelreferenzen geprüft wird. Jedes lebendige Objekt wird »markiert«. Alle nicht markierten Objekte sind unreferenziert und werden in einem zweiten Durchgang, der sogenannten Sweep-Phase, freigegeben. Der durch diese Objekte belegte Speicher steht der Applikation daraufhin wieder zur Verfügung.

Diese Art der Verwaltung und der Freigabe von Speicher kann allerdings zu einer Fragmentierung des Speichers führen, da immer nur Speicherbereiche freigegeben werden – jedoch niemals freie Bereiche zu größeren Einheiten zusammengefasst werden. Mit zunehmender Programmlaufzeit steigt die Wahrscheinlichkeit, dass sich die Objekte zufällig auf den gesamten Speicher verteilen und es so zu einer starken Zerstückelung kommt: Zwischen den Objekten entstehen kleinere und größere freie Bereiche. Diesen Effekt kennt man beispielsweise von Festplatten. Dort hilft dann der Aufruf einer Defragmentierung. Die im Folgenden beschriebenen Algorithmen »Stop and Copy« und »Mark and Compact« vermeiden eine Fragmentierung des Speichers.

Stop-and-Copy-Algorithmus

Für diesen Algorithmus wird der Speicher in zwei Bereiche geteilt: einen aktiven Bereich, in dem Objekte angelegt werden, und einen gleichgroßen inaktiven Bereich, der unbelegt bleibt und nur während eines Garbage-Collection-Vorgangs benötigt wird.

Wird der verfügbare Speicher im aktiven Bereich knapp, so wird das Programm angehalten (daher der Namensteil »Stop«) und eine Garbage Collection durchgeführt. Alle noch referenzierten Objekte werden von der aktiven in die inaktive Region kopiert (daher der Namensteil »Copy«) und die Referenzen im Programm entsprechend angepasst. Nach diesem Vorgang wird die zuvor inaktive Region aktiv. Sie enthält dann nur noch die momentan tatsächlich benötigten Objekte. Die zu entfernenden Objekte verbleiben in dem nun inaktiven Bereich. Dieser wird anschließend einfach als frei markiert. Dadurch sind dort keine Aufräumarbeiten mehr nötig – außer den Aufrufen an die später beschriebene Methode `finalize()`.

Während des Kopiervorgangs lassen sich (bei Bedarf) alle Objekte anordnen, wodurch ein Fragmentierung vermieden werden kann. Das stellt einen Vorteil gegenüber dem Mark-and-Sweep-Algorithmus dar. Allerdings stehen diesem Vorteil zwei Nachteile gegenüber: Zum einen müssen alle noch lebendigen Objekte kopiert und in ihrer Referenz angepasst werden. Die Verarbeitungskosten steigen linear zu dem durch die Objekte belegten Speicher. Zum anderen wird immer doppelt so viel Speicher benötigt, wie die Applikation eigentlich benutzt, und nach einer Garbage Collection liegt eine Hälfte des Speichers brach.

Für die Young Generation wird daher ein modifizierter Stop-and-Copy-Algorithmus verwendet. Die Aufteilung des Speichers variiert: Die aktive Region entspricht dem Eden-Bereich. Die inaktive Region wird durch einen Survivor-Bereich realisiert. Diese Reduktion der Größe des inaktiven Bereichs im Vergleich zur zuvor beschriebenen Originalversion des Stop-and-Copy-Algorithmus ist aufgrund der Kurzlebigkeit möglich. Es kann hier also ein viel kleinerer Kopierbereich genutzt werden.

Mark-and-Compact-Algorithmus

Der Mark-and-Sweep-Algorithmus führt häufig zu einer Fragmentierung des Speichers. Der Stop-and-Copy-Algorithmus verhindert zwar Fragmentierung, verdoppelt aber den Speicherverbrauch. Der ***Mark-and-Compact-Algorithmus*** ist eine Kombination der zuvor genannten Algorithmen und läuft wiederum in zwei Phasen ab. Die erste Phase ist identisch zu der des Mark-and-Sweep-Algorithmus und markiert alle erreichbaren Objekte. Die zweite Phase ist ähnlich zu der Copy-Phase im Stop-and-Copy-Algorithmus. Im Gegensatz dazu werden allerdings die erreichbaren Objekte kompaktiert, indem diese an eine andere Stelle innerhalb des Speichers kopiert werden. Der restliche Bereich wird anschließend als frei betrachtet. Durch diese Kopieraktion liegen alle Objekte kompakt im Speicher hintereinander. Man vermeidet so Fragmentierung, ohne die Speicherkosten des Stop-and-Copy-Algorithmus zu verursachen.

Für die Old Generation wird standardmäßig ein Mark-and-Compact-Algorithmus verwendet, der eine Fragmentierung des Speichers vermeidet.

10.4.3 Einflussfaktoren auf die Garbage Collection

In der Regel befreit die Automatik der Speicherbereinigung den Programmierer davon, sich allzu viele Gedanken über die Speicherverwaltung machen zu müssen. Als Programmierer hat man kaum Einfluss auf die Garbage Collection, weder auf den Zeitpunkt noch auf den Umfang. Allerdings sollte man doch ein paar Dinge wissen, um die Garbage Collection möglichst effizient werden zu lassen. Warum ist das wichtig?

Beim Vorgang der Garbage Collection werden für einige Aufräumschritte alle laufenden Threads suspendiert, um einen konsistenten Speicherstatus zu erreichen. Das Programm wird erst nach Abschluss der Garbage Collection fortgesetzt. Dadurch kommt es zu einer Pause in der Programmabarbeitung. Um ein flüssiges Arbeiten zu gewährleisten, möchte man die Zeitdauer dieser Unterbrechung möglichst minimieren. Zwar dauert die Garbage Collection vielfach nur einige (Milli-)Sekundenbruchteile – im Extremfall kann dies aber auch einige Sekunden und mehr andauern. Dafür sind dann Komplettaufräumarbeiten, also Full GCs, verantwortlich. Um spürbare Performance-Einbußen zu verhindern, sollten aufwendige Full-GC-Phasen möglichst vermieden werden.

Automatik vs. manueller Aufruf

Normalerweise wird die Garbage Collection automatisch aufgerufen, falls Speicher freigegeben und wieder bereitgestellt werden muss. Darüber hinaus kann man zur Laufzeit eines Programms den Wunsch zur Ausführung einer Garbage Collection explizit durch einen Aufruf der statischen Methode `System.gc()` »äußern«. Tatsächlich löst ein Aufruf von `System.gc()` die Garbage Collection nicht in jedem Fall aus. Der JVM steht es frei, diese Aufforderung zu ignorieren. Ein expliziter Aufruf von `System.gc()` ist in der Regel auch überflüssig und sollte unterbleiben. Eine Ausnahme bilden Situationen, in denen zu einem bestimmten Zeitpunkt so viel Speicher wie möglich freigegeben werden soll, um anschließend einen größeren freien Speicherbereich bereitstellen zu können. Da die Aufrufe von `System.gc()` aber potenziell ignoriert werden können, muss man die Aufrufe normalerweise mehrfach wiederholen.

Oftmals ist es sinnvoller, dem Garbage Collector indirekt dadurch zu helfen, dass man Referenzvariablen wieder auf `null` setzt – mit dem Ziel, dass diese damit nicht bis in die Old Generation »überleben« und noch durch eine Minor GC entfernt werden können. Gleiches gilt für Collections: Werden größere Datenbestände nicht mehr benötigt, so sollte man diese möglichst schnell aufräumen, etwa indem diese durch einen Aufruf von `remove()` oder `clear()` aus dem Container entfernt werden.

Parametrierung zur Optimierung der Garbage Collection

Durch geschickte Parametrierung der Größenverhältnisse der einzelnen Bereiche lassen sich aufwendige Full GCs unwahrscheinlich machen. Für die Garbage Collection kann eine Konfiguration durch die in der Aufzählung genannten JVM-Aufrufparameter erfolgen und zu einer Performance-Steigerung führen.

- **-Xms** und **-Xmx** – Mit -Xms legt man die initiale Heap-Größe fest. Diese kann bei Bedarf maximal auf den mit -Xmx angegebenen Wert wachsen. Der Heap kann zur Laufzeit nicht nur wachsen, sondern auch wieder schrumpfen. Um Performance-Probleme durch zu wenig Speicher und eigentlich unnötige Garbage Collections zu vermeiden, setzt man in der Regel den Wert für -Xmx.

- **-XX:NewSize** und **-XX:MaxNewSize** – Mit -XX:NewSize legt man die initiale Größe der Young Generation fest. Diese kann bei Bedarf maximal auf den mit -XX:MaxNewSize angegebenen Wert wachsen. Über diese Parameter steuert man, wie viel Speicherplatz für junge Objekte im Heap-Speicher verbraucht werden darf. Durch eine problemangepasste Einstellung kann man den Aufwand für Garbage Collections reduzieren. Somit lässt sich häufig die Antwortzeit und der Durchsatz einer Applikation leicht verbessern. Wählt man hier einen zu niedrigen Wert, so kommt es vermehrt zu Minor GCs. Eine größere Young Generation verringert die Häufigkeit von Full GCs. Allerdings nimmt dadurch die Dauer der Minor GCs zu. Als Faustregel sollte die Young Generation niemals größer als die Old Generation sein. Für viele Anwendungen haben sich Werte etwa im Bereich von 1/4 bis 1/3 der Größe des Heap-Speichers als ideal erwiesen.

- **-XX:NewRatio** – Statt über absolute Größenangaben kann man das Verhältnis von Young Generation und Old Generation relativ festlegen. Dieser Wert wird nicht in Prozent, sondern nach der Formel *Young Generation* : *Old Generation* festgelegt, wobei die Größe der Young Generation immer auf 1 normiert ist. Ein Wert von 2 bedeutet demnach ein Verhältnis von 1:2 oder 1/3 des Gesamt-Heaps.

- **-XX:SurvivorRatio** – Man kann das Größenverhältnis innerhalb der Young Generation zwischen dem Eden-Bereich und den Survivor-Bereichen festlegen. Bei höheren Werten dominiert der Eden-Bereich. Dies ist sinnvoll, wenn sehr viel Objekte mit sehr kurzer Lebensdauer angelegt werden. Werden die Survivor-Bereiche allerdings zu klein, so werden größere, neu angelegte Objekte mit höherer Wahrscheinlichkeit direkt in die Old Generation übertragen, da es für sie keinen Platz mehr im Survivor-Bereich gibt. Auch für diesen Parameter erfolgt eine (nicht intuitive) Angabe in der Form *Survivor* : *Eden*. Allerdings ist hierbei zu beachten, dass es zwei Survivor-Bereiche gibt. Wählt man einen Wert von 16, gilt statt 1 : 16 vielmehr 2 : 16. Daraus folgt, dass der Eden-Bereich 16/18 des Gesamtbereichs umfasst.

Survivor		*Eden*															
S0	S1	E0	E1	E2	E3	E4	E5	E6	E7	E8	E9	E10	E11	E12	E13	E14	E15

- **-XX:MaxTenuringThreshold** – Bei jeder Garbage Collection ermittelt die JVM, wie häufig Objekte bereits zwischen den Survivor-Bereichen hin und her kopiert wurden. Der Parameter -XX:MaxTenuringThreshold legt fest, nach welcher maximalen Anzahl an Kopiervorgängen ein Objekt in die Old Generation wandert.

10.4.4 Der Garbage Collector »G1«

Die bisher in der JVM (von Sun) verwendeten Garbage-Collection-Algorithmen, etwa der Concurrent Mark and Sweep Collector (CMS), teilen den Heap in unterschiedliche Bereiche für kurz lebende und lang lebende Objekte ein (vgl. Abschnitt 10.4.1). Mit JDK 7 wurde ein neuer Garbage Collector namens G1 (als Abkürzung für »Garbage First«) eingeführt, der eine andere Speicheraufteilung verwendet.

Ein Problem bei den bisher beschriebenen Garbage-Collection-Varianten besteht darin, dass man als Entwickler wenig Einflussmöglichkeiten hat: Zwar lassen sich verschiedene Einstellungen vornehmen, jedoch kann man nicht festlegen, wie viel Speicher in einem Durchlauf freigegeben werden soll oder wie lang der Vorgang der GC die Programmausführung maximal unterbrechen darf. Daher kann es teilweise zu störenden Pausen kommen. Insbesondere lassen sich keine Echtzeitanforderungen mit garantierten Antwortzeiten erfüllen. Auch für Action-Spiele und eine flüssige Darstellung komplexerer Landschaften mit butterweichem Scrolling muss man sich in Java einiger Tricks bedienen. Der neue G1-Collector adressiert die Schwachpunkte der bisherigen Verfahren und erlaubt es, mehr Einfluss auf die Garbage Collection zu nehmen und im Speziellen die Unterbrechungen kurz zu halten.

Arbeitsweise

Der neue G1-Collector funktioniert wie folgt: Der Heap wird in eine Reihe von fixen Teilbereichen zerlegt. Zu jedem Teilbereich wird eine Liste mit Referenzen von Objekten geführt. Diese wird »Remember Set« genannt und enthält Einträge von Referenzen auf die Objekte in diesem Bereich. Veränderungen von Referenzen werden durch die JVM registriert und führen zu einer Anpassung der Remember Sets.

Wenn eine Garbage Collection notwendig wird, werden zunächst die Regionen aufgeräumt, in denen sich nur wenig »lebende«, d. h. weiterhin referenzierte Objekte befinden, in denen sich also viel »Müll« angesammelt hat. Daher stammt auch der Name »Garbage First«. Im besten Fall kann ein ganzer Teilbereich ohne großen Aufwand freigegeben werden, wenn das Remember Set leer ist. Zudem besteht der Vorteil, dass »Müll« leicht erkannt werden kann: Existieren keine eingehenden Referenzen, so ist kein aufwendiges Markieren und Kompaktieren (Mark-and-Sweep) notwendig, sondern ein Bereich kann dann einfach als frei betrachtet werden. Außerdem kompaktiert der G1, indem er alle aktiven Objekte an das Ende des Heaps bewegt. Dadurch wird einer Fragmentierung entgegengewirkt und es steht immer ein möglichst großes Stück freier Speicher zur Verfügung.

10.4.5 Memory Leaks: Gibt es die auch in Java?!

Die automatische Freigabe des Speichers von nicht länger referenzierten Objekten durch die Garbage Collection verleitet viele Entwickler dazu, sich keine Gedanken um die Speicherverwaltung und mögliche Memory Leaks zu machen. Häufig ist das auch in Ordnung. Bei Implementierungen von eigenen Containerklassen ist allerdings besondere Vorsicht geboten. In diesem Abschnitt stelle ich dies anhand einer simplen Implementierung eines Stacks dar. Die Ideen basieren auf Item 6 aus »Effective Java« [6].

Nehmen wir an, folgende Klasse `FixedSizeStack` sei unsere Implementierung eines größenbeschränkten Stacks:

```java
// Achtung: Problematische Implementierung: Potenzielles Memory Leak
// in pop() durch fehlende Freigabe der Referenz im Stack selbst
public final class FixedSizeStack
{
    private final Object[] stack;
    private int            index = 0;

    private FixedSizeStack(final int size)
    {
        stack = new Object[size];
    }

    public void push(final Object objectToInsert)
    {
        if(index >= stack.length)
            throw new IllegalStateException("capacity of stack exceeded!");

        stack[index] = objectToInsert;
        index++;
    }

    public Object pop()
    {
        if(index == 0)
            throw new IllegalStateException("stack is empty!");

        index--;
        return stack[index];
    }
}
```

Würden Sie denken, dass diese Klasse ein Memory Leak enthält? Wahrscheinlich nicht! Überlegen wir einmal, was passiert, wenn die Methode `pop()` aufgerufen wird. Offensichtlich wird eine Referenz auf das gespeicherte Objekt zurückgeliefert. Das Gefährliche daran ist, dass die Klasse `FixedSizeStack` selbst noch eine Referenz auf dieses Objekt behält, wie dies Abbildung 10-4 zeigt.

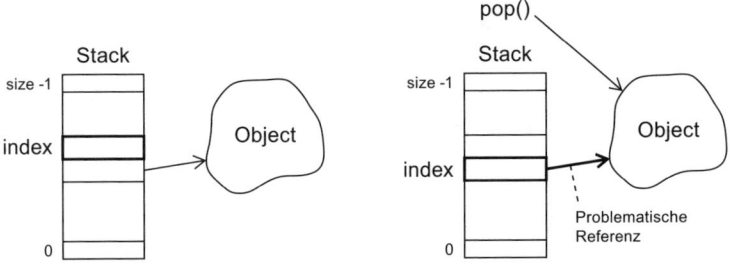

Abbildung 10-4 *Referenzen auf Objekte nach Aufruf von* `pop()`

Selbst wenn ein Aufrufer von `pop()` seine Arbeit mit dem Objekt beendet hat und die erhaltene Referenz freigibt, kann der Garbage Collector das Objekt nicht löschen, bis der Stack erneut wächst und die Referenz dadurch befreit wird, dass der Speicherplatz im Array überschrieben wird.

Wie kann die Methode korrigiert werden? Wir müssen dafür sorgen, dass die Referenz auf das zurückgelieferte Objekt in der Klasse `FixedSizeStack` ausgetragen wird:

```
public E pop()
{
    if(index == 0)
        throw new IllegalStateException("stack is empty!");

    index--;

    final E obj = stack[index];
    // Referenz auf null setzen => Freigabe durch Garbage Collector möglich!
    stack[index] = null;

    return obj;
}
```

Diese Korrektur verdeutlicht, dass der von Objekten belegte Speicher erst dann freigegeben werden kann, wenn keine Referenzierung des Objekts mehr erfolgt.

Spezialfälle   Es gibt jedoch Spezialfälle von zirkulären Abhängigkeiten, die unter dem Namen »*isolierte Inseln*« bekannt sind. Im einfachsten Fall referenzieren sich zwei Objekte gegenseitig, werden aber von keinem anderen Objekt mehr referenziert. Das zeigt Abbildung 10-5. Derartige Konstellationen von gegenseitigen Referenzierungen können vom Garbage Collector erkannt und der belegte Speicher freigegeben werden.

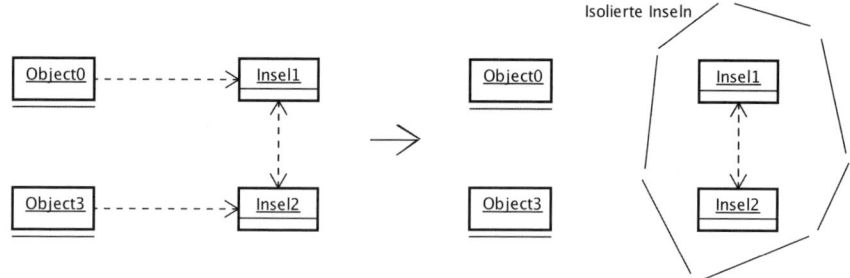

Abbildung 10-5 Zirkuläre Referenzen

10.5 Dynamic Proxies

In diesem Abschnitt möchte ich Ihnen dynamische Proxys als spezielle Form von Proxys vorstellen. Rekapitulieren wir kurz, dass man unter einem Proxy einen Stellvertreter für ein anderes Objekt versteht. Nutzer wenden sich immer an den Proxy und nicht direkt an das vertretene Objekt. Das erlaubt dem Proxy zu kontrollieren bzw. zu steuern, wann, wie und von wem auf das vertretene Objekt zugegriffen wird. Damit ein Proxy wie das Objekt selbst angesprochen werden kann, muss der Proxy all diejenigen öffentlichen Methoden implementieren, die das ursprüngliche Objekt in seiner Schnittstelle definiert, nachfolgend in Form von `IService`. Diese Schnittstelle stellt sicher, dass sowohl der Proxy in Form der Klasse `ServiceProxy` als auch das eigentliche Objekt vom Typ `Service` nach außen gleich behandelt werden können.

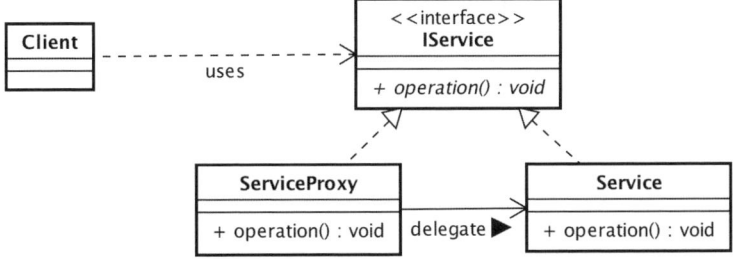

Abbildung 10-6 *Schematische Struktur eines Proxys*

Der Einsatz eines Proxys ermöglicht es, zusätzlich zum Verhalten der Methoden eines Objekts durch den Proxy verschiedene weitere Aktionen auszuführen. Ein Proxy kann die Aktionen sowohl vor als auch gegebenenfalls nach der Delegation des Methodenaufrufs ausführen. Dadurch ist es möglich, Funktionalität zu ergänzen und sogar zu entfernen (indem ein Methodenaufruf nicht weitergeleitet wird). Wie genauer in Abschnitt 18.3.6 zum Entwurfsmuster PROXY beschrieben, sind die Anwendungsgebiete von Proxys vielfältig und reichen von Performance-Messungen, Logging oder Caching bis hin zu Berechtigungsprüfungen. Diese Funktionalität wird für den Anwender durch den Proxy transparent bereitgestellt.

Mit Proxys kann man verschiedene Arten der Stellvertretung realisieren, etwa Remote Proxy als Stellvertreter für Objekte, die über ein Netzwerk (remote) angesprochen werden sollen, oder Virtual Proxy als Platzhalter, etwa beim Zugriff auf Objekte, die aufwendig zu konstruieren sind. Nachfolgend schauen wir aber mehr auf die Ausprägung als Decorator bzw. Interceptor. Dieser Typ von Proxy fügt transparent weitere Funktionalität gemäß dem DEKORIEER-Muster (vgl. Abschnitt 18.2.3) hinzu. Häufig spricht man in diesem Kontext auch von Interceptoren.

Wenn man einen Proxy selbst implementiert, sind schnell relativ viele Methoden zu schreiben. Man spricht dann auch von einem statischen Proxy, da dieser bereits während der Kompilierung vorliegt. Manchmal ist es aber wünschenswert, einen Proxy zu einem bestimmten Interface erst zur Laufzeit zu erstellen. Einen solchen bezeichnet man dann als dynamischen Proxy. Damit diese dynamische Erstellung zur Laufzeit jedoch funktionieren kann, bedarf es verschiedener Spezialitäten von Java.

Nach diesen etwas theoretischen Vorüberlegungen wollen wir das Ganze aus dem Blickwinkel der Praxis an einem konkreten Beispiel betrachten.

Basisfunktionalität

Beginnen wir mit dem zu vertretenden Objekt, das durch die Klasse `Service` modelliert wird und dessen Business-Funktionalität durch das Interface `IService` beschrieben wird.[10] Eine recht simple Implementierung ist in folgendem Listing gezeigt:

```java
public interface IService
{
    public void doSomething();
    public String calculateSomething(final int value);
}

public class Service implements IService
{
    @Override
    public void doSomething()
    {
        System.out.println("doSomething");
    }

    @Override
    public String calculateSomething(final int value)
    {
        System.out.println("calculateSomething");
        try
        {
            TimeUnit.SECONDS.sleep(3);
        }
        catch (final InterruptedException e)
        {
            // can't happen here, no other thread to interrupt us
        }

        return "" + value;
    }
}
```

Die Implementierung der Business-Funktionalität ist so weit vereinfacht und nicht von weiterem Interesse, sodass wir uns hier nachfolgend voll auf die Realisierung von Proxys konzentrieren können.

---

[10]Bezüglich der Namensgebung findet man auch einige Variationen, etwa Interfaces mit einem abschließenden `IF` oder auch gar keiner expliziten Kennzeichnung. Die implementierende Klasse kann dann den Zusatz `Impl` erhalten. Ich bevorzuge die gewählte Namensgebung, was jedoch Geschmackssache ist und was Sie im Team abstimmen sollten.

10.5.1 Statischer Proxy

Ziel ist es nun, einen statischen Proxy zu realisieren, um Zeitmessungen vorzunehmen. Diesen realisieren wir im Verlauf dieses Abschnitts in der Klasse `ServicePerformanceProxy`. Wie schon erwähnt, muss diese Klasse das Interface `IService` implementieren. Die Proxy-Funktionalität der Zeitmessung muss dort (leider) in jeder Methode erneut realisiert werden, was nicht wirklich elegant ist:

```java
public class ServicePerformanceProxy implements IService
{
    private final IService service;

    ServicePerformanceProxy(final IService service)
    {
        this.service = service;
    }

    @Override
    public void doSomething()
    {
        final long startTime = System.nanoTime();

        service.doSomething();

        printExecTime("doSomething", System.nanoTime() - startTime);
    }

    @Override
    public String calculateSomething(int value)
    {
        final long startTime = System.nanoTime();

        final String result = service.calculateSomething(value);

        printExecTime("calculateSomething", System.nanoTime() - startTime);
        return result;
    }

    private void printExecTime(final String methodName, final long duration)
    {
        System.out.println("Method call of '" + methodName + "' took: " +
                           TimeUnit.NANOSECONDS.toMillis(duration) + " ms");
    }
}
```

Schauen wir kurz darauf, wie wir den Proxy zur Performance-Messung einsetzen:

```java
public static void main(final String[] args)
{
    final IService service = createService();
    service.calculateSomething(42);
}

private static IService createService()
{
    final IService service = new Service();
    return new ServicePerformanceProxy(service);
}
```

Listing 10.11 Ausführbar als '**STATICPROXYEXAMPLE**'

Wir haben einen einfachen Proxy zur Zeitmessung implementiert und wollen nun einen kritischen Blick darauf werfen und Verbesserungspotenziale erkennen: Je umfangreicher die zu vertretende Klasse oder auch die durch den Proxy realisierte Funktionalität wird und je mehr Methoden derart implementiert werden müssen, desto aufwendiger wird das Ganze. Insbesondere ist viel »mechanisches«, immer wiederkehrendes Implementieren dabei. Darüber hinaus muss jede Interface-Änderung an der Originalklasse im Proxy nachgeführt werden.

Wünschenswert ist es, Proxys auch einfacher, mit weniger Implementierungsaufwand erstellen zu können. Seit JDK 1.3 ist dies mithilfe von dynamischen Proxys möglich. Ganz nebenbei lassen sich so auch Proxys realisieren, ohne dass diese zur Kompilierzeit vorliegen müssen. Wie geht das Ganze?

> **Hinweis: Vereinfachung mit Java 8**
>
> In der Implementierung der Klasse `ServicePerformanceProxy` entstand recht viel ähnlicher Sourcecode. Seit Java 8 gibt es das Execute-Around-Pattern, bei dem man vor und nach einer durch ein `Callable<V>` modellierten Aktion einige Anweisungen ausführt. Dies wird nachfolgend in der Methode `measuredExecute()` realisiert, die dann in den jeweiligen Methoden mit dem auszuführenden Sourcecode-Fragment aufgerufen wird, wie dies im Listing gekürzt gezeigt ist:
>
> ```java
> @Override
> public String calculateSomething(int value)
> {
>     return measuredExecute(() -> original.calculateSomething(value),
>                            "calculateSomething");
> }
>
> private <V> V measuredExecute(final Callable<V> callable,
>                               final String methodName)
> {
>     final long startTime = System.nanoTime();
>
>     V result = null;
>     try
>     {
>         result = callable.call();
>     }
>     catch (Exception e)
>     {
>         System.out.println("exception in call of '" + methodName +
>                            "': " + e.getMessage());
>     }
>
>     printExecTime(methodName, System.nanoTime() - startTime);
>     return result;
> }
> ```
>
> Hier erkennen wir sehr schön, dass die vom Proxy bereitzustellende Funktionalität sauber in einer Methode gekapselt ist. Sehr ähnlich arbeiten auch die dynamischen Proxys, die wir nun kennenlernen werden.

10.5.2 Dynamischer Proxy

Das JDK bietet im Package `java.lang.reflect` die Klasse `Proxy` zur Konstruktion von Proxys und das Interface `InvocationHandler`, um einen sogenannten dynamischen Proxy zu implementieren, der erst zur Laufzeit (daher dynamisch) anhand der Angabe einer Menge zu erfüllender Interfaces erzeugt wird.

Proxy-Funktionalität mit einem `InvocationHandler` realisieren

Beginnen wir mit dem Interface `InvocationHandler` mit folgender Methode:

```
Object invoke(Object proxy, Method method, Object[] args) throws Throwable;
```

Die gewünschte Funktionalität des dynamischen Proxys wird durch eine Implementierung der Methode `invoke()` vorgegeben. Dabei ist der erste Parameter das Proxy-Objekt, über das der Aufruf erfolgt, und nicht das Zielobjekt – dazu gleich mehr. Der zweite Parameter ist das Methodenobjekt (vgl. Abschnitt 10.1 über Reflection) und der dritte beinhaltet die Werte der benötigten Aufrufparameter.

Nach diesen Grundlagen wollen wir einen dynamischen Proxy erstellen und in Aktion erleben. Schauen wir uns die Umsetzung der Performance-Messung an:

```java
public class PerformanceMeasureInvocationHandler implements InvocationHandler
{
    private final IService service;

    public PerformanceMeasureInvocationHandler(IService service)
    {
        this.service = service;
    }

    @Override
    public Object invoke(final Object proxy, final Method method,
                         final Object[] args) throws Throwable
    {
        final long startTime = System.nanoTime();

        Object result = null;
        try
        {
            // Achtung! Hier nicht versehentlich proxy übergeben
            result = method.invoke(service, args);
        }
        catch (InvocationTargetException ex)
        {
            throw ex.getTargetException();
        }

        printExecTime("calculateSomething", System.nanoTime() - startTime);
        return result;
    }

    private void printExecTime(final String methodName, final long duration)
    {
        // ...
    }
}
```

Normalerweise wird in `invoke()` die Methode des Zielobjekts aufgerufen – muss sie aber nicht. Um in der Realisierung des `InvocationHandler`s eine Methode des Zielobjekts aufrufen zu können, muss man Zugriff darauf besitzen. Daher benötigt die Implementierung des `InvocationHandler`s – wie im Listing – ein Attribut, das das Zielobjekt zwischenspeichert.

Eine etwas knifflige Sache beim Methodenaufruf besteht darin, bei einer auftretenden Exception passend zu reagieren. Laut Signatur von `invoke()` wird definiert, dass eine beliebige Ausnahme vom allgemeinsten Typ `Throwable` auftreten kann. Diese Flexibilität wird benötigt, weil ja in der Originalmethode auch eine Ausnahme des unspezifischen Fehlertyps `Throwable` ausgelöst werden könnte. Allerdings muss man Besonderheiten durch den Methodenaufruf per Reflection beachten:

- Allgemeine Probleme bei Reflection
- Exceptions durch die per Reflection aufgerufene Methode

Eine möglicherweise bei der Methodenausführung ausgelöste Exception wird über eine `InvocationTargetException` signalisiert. Die ursprüngliche Exception muss erst aus der gefangenen `InvocationTargetException` herausgelöst werden und kann dann weiter propagiert werden, wie es im Listing gezeigt ist.

Wir wissen zwar nun, wie wir die Funktionalität implementieren, aber wie wird diese aufgerufen? Die Methode `invoke()` des `InvocationHandler`s wird vom Proxy-Objekt aufgerufen, wenn ein Aufruf an eine Methode der realisierten Interfaces erfolgt. Was uns demnach noch fehlt, ist das Proxy-Objekt.

> **Achtung: Fallstrick**
>
> In der Implementierung von `InvocationHandler` beim Methodenaufruf kann es schnell passieren, dass man versehentlich das Proxy-Objekt beim Methodenaufruf angibt, etwa so:
>
> ```
> final Object result = method.invoke(proxy, args);
> ```
>
> Das führt zu einer Endlosaufrufkette, die schließlich mit einer Fehlermeldung auf der Konsole endet.

Erzeugung und Einsatz eines dynamischen Proxy-Objekts

Nach Implementierung dieser Grundlagen wollen wir einen dynamischen Proxy erstellen und in Aktion erleben. Dazu bietet die Klasse `Proxy` die Fabrikmethode `newProxyInstance()`, der sowohl der gewünschte `InvocationHandler` als auch die Menge der durch den Proxy zu realisierenden Interfaces übergeben werden müssen. Für unser initiales Beispiel würde man folgendermaßen einen dynamischen Proxy erzeugen:

10.5 Dynamic Proxies

```
public static void main(final String[] args)
{
    final IService service = createService();
    service.calculateSomething(42);
}

private static IService createService()
{
    final IService service = new Service();

    final InvocationHandler handler =
                    new PerformanceMeasureInvocationHandler(service);

    final Class<?>[] proxyInterfaces = { IService.class };
    return (IService) Proxy.newProxyInstance(Service.class.getClassLoader(),
                                    proxyInterfaces, handler);
}
```

Listing 10.12 *Ausführbar als* **'DYNAMICPROXYEXAMPLE'**

Die erzeugte Proxy-Klasse besitzt neben den Methoden aus den übergebenen Interfaces auch diejenigen der Klasse `Object`. All diese werden an den `InvocationHandler` delegiert, insbesondere `toString()`, `equals()` und `hashCode()`. Dabei folgt jeder Methodenaufruf an den so erzeugten Proxy dann der Aufrufhierarchie: Client → Proxy → `InvocationHandler` → Originalobjekt.

Das obige Programm DYNAMICPROXYEXAMPLE gibt in etwa Folgendes aus:

```
calculateSomething
Method call of 'calculateSomething' took: 3004 ms
```

Wir sehen, dass die Originalmethode aufgerufen wird und auch eine Zeitmessung erfolgt.

Motivation für dynamische Proxys

In diesem Abschnitt möchte ich nochmals motivieren, wieso Proxys und im Speziellen dynamische Proxys hilfreich sein können. Nehmen wir dazu eine beliebige Klasse an, die etwas Business-Funktionalität über ein Interface bereitstellt. Oft gibt es im Verlauf der Implementierung den Wunsch nach Erweiterung, etwa für Logging, Performance-Messung, Zugriffskontrolle usw. Dabei handelt es sich oft um sogenannte Querschnittsfunktionalität, die immer wieder ähnlich realisiert wird.

Man findet folgende drei Varianten:

1. **Eigene Realisierung** – Die Funktionalität wird in jeder Methode wieder neu ausprogrammiert. Das besitzt jedoch folgende Negativpunkte:
    - Einiges an Aufwand
    - Existenz von doppeltem oder mehrfachem (ähnlichen) Code
    - Gefahr von Inkonsistenzen und fehlender Durchgängigkeit
    - Fehlende Trennung von Nutzcode und Utility-Code

2. **Proxy / Decorator** – Die Funktionalität wird in einer spezifischen Klasse selbst realisiert – die originale Klasse muss nicht angepasst werden, sondern sie wird bei Bedarf aufgerufen. Das führt zu folgenden Eigenschaften:

    + Klare Trennung von Nutzcode und Utility-Code
    + Orthogonale Kombinierbarkeit der Utility-Funktionalitäten
    o Etwas Aufwand für den Proxy

3. **Dynamische Proxys** – Zur Laufzeit wird basierend auf einem Interface und einem die Funktionalität bereitstellenden `InvocationHandler` dynamisch ein Proxy erzeugt. Das führt zu folgenden Eigenschaften:

    + Weniger Aufwand
    + Führt zu Konsistenz und Verständlichkeit, da der Sourcecode nur einmal existiert
    + klare Trennung von Nutzcode und Utility-Code
    + Orthogonale Kombinierbarkeit der Utility-Funktionalitäten
    - Minimal schlechtere Ausführungszeit, da diese mit Reflection erfolgt

Anhand von ein paar Abbildungen möchte ich das Ganze nochmals verdeutlichen. Die erste Abbildung zeigt die Situation, dass es keinen Proxy gibt. Wollte man Funktionalität hinzufügen, so müsste das in der Klasse `Target` erfolgen. Nutzt man dagegen einen Proxy, so implementiert dieser die Funktionalität und delegiert die Methodenaufrufe. Dadurch wird auch bereits der größte Nachteil direkt sichtbar: Der Proxy muss sämtliche Methoden implementieren und bei Erweiterungen oder Änderungen in der Schnittstelle vom `Target` müssen diese im Proxy nachgezogen werden.

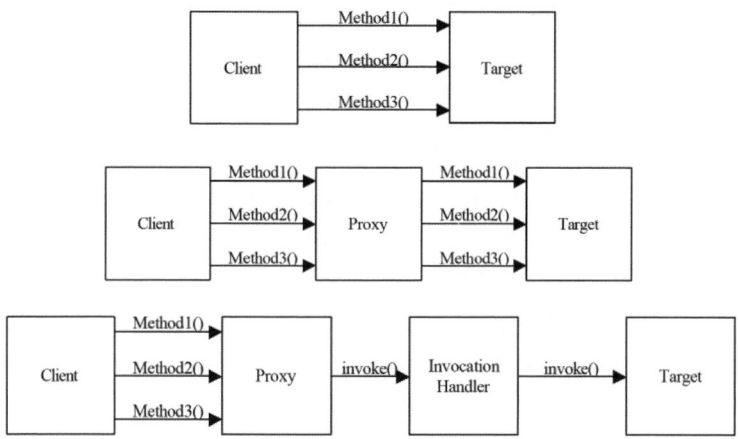

Abbildung 10-7 *Einführung eines statischen und dynamischen Proxy*

Die letzte Abbildung zeigt die Abläufe bei einem dynamischen Proxy. Ein Client spricht diesen ganz normal über die Schnittstelle an. Dass dahinter ein `InvocationHandler` seine Arbeit verrichtet, ist transparent. Auch, dass der Proxy nur eine dünne Aufrufschicht darstellt, die per Reflection angesprochen wird, wird nicht veröffentlicht. Im `InvocationHandler` selbst kommt dann in der Regel wieder Reflection zum Einsatz, um die gewünschten Methoden aufzurufen. Demnach muss der `InvocationHandler` das `Target` kennen, wie wir es eingangs auch schon diskutiert haben. Der große Vorteil an dieser Variante ist, dass bei einer Änderung am Interface des Targets (oftmals) keine Anpassung im Proxy erfolgen muss. Auch müssen nicht eine Vielzahl von Methoden realisiert werden, sondern man konzentriert sich auf die Umsetzung der benötigten Funktionalität in Anlehnung an das bereits erwähnte Execute-Around-Pattern.

Proxy zum generischen Logging

Nehmen wir an, wir wollten auch ein einfaches Logging als Proxy realisieren. Dazu könnten wir folgenden `InvocationHandler` schreiben:

```java
public class LoggingInvocationHandler implements InvocationHandler
{
    private Object target;

    public LoggingInvocationHandler(Object target)
    {
        this.target = target;
    }

    public Object invoke(Object proxy, Method m, Object[] args) throws Throwable
    {
        System.out.println("Invoking " + m.getName() + " " +
                        Arrays.toString(args));
        return m.invoke(target, args);
    }
}
```

Schauen wir uns nun noch an, wie man diesen `InvocationHandler` mit dem zuvor realisierten kombiniert:

```java
private static IService createService()
{
    final IService origService = new Service();
    final InvocationHandler handler1 = new PerformanceMeasureInvocationHandler(
            origService);

    final Class<?>[] proxyInterfaces = { IService.class };
    final IService service = (IService) Proxy.newProxyInstance(Service.class.
            getClassLoader(), proxyInterfaces, handler1);

    final InvocationHandler handler2 = new LoggingInvocationHandler(service);
    return (IService) Proxy.newProxyInstance(Service.class.getClassLoader(),
            proxyInterfaces, handler2);
}
```

Listing 10.13 Ausführbar als 'DYNAMICPROXYCOMBINATIONEXAMPLE'

Das Programm DYNAMICPROXYCOMBINATIONEXAMPLE produziert folgende Ausgaben, die die Hintereinanderausführung der Proxys zeigen:

```
Invoking calculateSomething [42]
calculateSomething
Method call of 'calculateSomething' took: 3001 ms
```

Fazit zu dynamischen Proxys

Schrittweise habe ich dynamische Proxys eingeführt und dabei verdeutlicht, dass sich damit bestehende Klassen ohne viel Mühe um Funktionalität erweitern lassen. Vor allem Querschnittsfunktionalitäten, wie Performance-Messung, Logging usw., sind ideale Kandidaten, die mit dynamischen Proxys realisiert werden können. Zudem lassen sich die Proxys einfach kombinieren. Überlegen Sie einmal, wie viel Sourcecode Sie schon für die hier gezeigten beiden Proxys hätten in Ihren Applikationsklassen schreiben müssen – besser noch, man kann die Funktionalität nahezu überall wiederverwenden.

10.6 »Nashorn« – die JavaScript-Engine

Die Funktionalität des JDKs kann durch Scripting Engines ergänzt werden., etwa zur Ausführung von JavaScript oder Groovy. Seit JDK 6 ist standardmäßig eine JavaScript-Engine enthalten, die mit JDK 8 überarbeitet wurde. Insbesondere ist sie performanter und besitzt eine bessere Kompatibilität zum JavaScript-Standard als deren Vorgänger.

Verfügbare Scripting Engines auflisten

Bevor wir die Ausführung von JavaScript innerhalb eines Java-Programms betrachten, zeige ich zunächst, wie man auf die vorhandenen Scripting Engines zugreift und sich dazu Informationen beschafft. Den Ausgangspunkt bildet die Klasse `javax.script.ScriptEngineManager`. Deren Methode `getEngineFactories()` liefert eine Liste von `javax.script.ScriptEngineFactory`-Instanzen. Von einer solchen kann man verschiedene Eigenschaften ermitteln:

```java
public static void main(final String args[])
{
    final ScriptEngineManager manager = new ScriptEngineManager();

    for (final ScriptEngineFactory factory : manager.getEngineFactories())
    {
        System.out.println(factory.getEngineName());
        System.out.println(factory.getEngineVersion());
        System.out.println(factory.getLanguageName());
        System.out.println(factory.getLanguageVersion());
        System.out.println(factory.getExtensions());
    }
}
```

Listing 10.14 Ausführbar als '**LISTSCRIPTINGENGINES**'

10.6 »Nashorn« – die JavaScript-Engine

Das Programm LISTSCRIPTINGENGINES produziert folgende Ausgaben:

```
Oracle Nashorn
1.8.0
ECMAScript
ECMA - 262 Edition 5.1
[js]
```

Einfache JavaScript-Anweisungen ausführen

Das nachfolgende Beispiel verdeutlicht, wie man JavaScript-Anweisungen ausführen kann. Ausgangspunkt ist wiederum die Klasse `ScriptEngineManager`. Von dieser kann man basierend auf einem Namen mithilfe von `getEngineByName(String)` die dazu passende `javax.script.ScriptEngine`-Instanz abfragen. Scriptcode lässt sich damit durch die Methode `eval(String)` ausführen.

Jede nicht triviale Berechnung benötigt Eingaben oder einen Ablaufkontext. Dazu kann man Werte mithilfe von `javax.script.Bindings` setzen, die dann in JavaScript-Berechnungen referenziert werden:

```java
// Nur für dieses Beispiel throws Exception - in realen Programmen behandeln
public static void main(final String[] args) throws Exception
{
    final ScriptEngineManager manager = new ScriptEngineManager();
    final ScriptEngine engine = manager.getEngineByName("js");

    // Kommando println() ist mit JDK 7 noch erlaubt; JDK 8: nur noch print()
    engine.eval("print('Hello! JavaScript executed from a Java program.')");

    // Data Binding
    engine.put("a", 2);
    engine.put("b", 7);

    final Bindings bindings = engine.getBindings(ScriptContext.ENGINE_SCOPE);
    final Object a = bindings.get("a");
    final Object b = bindings.get("b");
    System.out.println("a = " + a);
    System.out.println("b = " + b);

    // Berechnung ausführen
    final Object result = engine.eval("a + b;");
    System.out.println("a + b = " + result);

    // Ergebnis der Berechnung wird einer JavaScript-Variablen zugewiesen
    final String script = "var ergebnis = Math.max(a, b)";
    engine.eval(script);

    // Wert der Variablen von Engine ermitteln
    final Object result2 = engine.get("ergebnis");
    System.out.println("Math.max(a, b) = " + result2);

    // Typen der Variablen ermitteln
    System.out.println("typeof a = " + engine.eval("typeof a"));
    System.out.println("typeof ergebnis = " + engine.eval("typeof ergebnis"));
}
```

Listing 10.15 Ausführbar als 'SIMPLEJAVASCRIPTANDBINDINGDEMO'

Das Programm SIMPLEJAVASCRIPTANDBINDINGDEMO erzeugt folgende Ausgaben:

```
a = 2
b = 7
a + b = 9
Math.max(a, b) = 7.0
typeof a = number
typeof ergebnis = number
```

> **Hinweis: Derzeit keine Konsolenausgabe mit JavaScript und `println`**
>
> Ich habe festgestellt, dass mit JDK 7 und der Rhino-JavaScript-Engine Ausgaben per `println` problemlos ausgeführt werden können. Mit JDK 8 ist das momentan (noch) nicht möglich. Allerdings kann man das Kommando `print` sowohl in JDK 7 als auch in JDK 8 ohne Probleme ausführen.

Dynamische Berechnungen ausführen

Meiner Meinung nach wird der große Mehrwert der Scripting Engines leider viel zu selten klar herausgestellt. Bei vielen einfachen Beispielen, die man so findet, fragt man sich nach dem Nutzen.

Meines Erachtens kann man die JavaScript-Engine immer dann gewinnbringend einsetzen, wenn man dynamische Berechnungen ausführen möchte, wie z. B. eine vom Benutzer eingegebene Funktionen in einem bestimmten Wertebereich berechnen, um eine Wertetabelle oder einen Funktionsplotter zu implementieren. Dies ist mit Java-Bordmitteln nur extrem schwierig zu realisieren, insbesondere wenn die Funktion frei vom Benutzer in einem Textfeld eingegeben werden kann.

Weil es hier lediglich um das Prinzip der dynamischen Auswertung geht, nutze ich im Folgenden der Einfachheit halber einen String, der die zu berechnende Formel enthält, die ein Benutzer hätte eingeben können.

```java
public static void main(final String[] args) throws Exception
{
    final ScriptEngineManager manager = new ScriptEngineManager();
    final ScriptEngine engine = manager.getEngineByName("js");

    final String calculation = "7 * (x * x) + (3 - x) * (x + 3) / 10";
    System.out.println("f(x) = " + calculation);

    for (int x = -10; x <= 10; x++)
    {
        engine.put("x", x);

        final Object calculationResult = engine.eval(calculation);
        System.out.println("x = " + x + "\t / f(x) = " + calculationResult);
    }
}
```

Listing 10.16 Ausführbar als 'DYNAMICCALCULATIONEXAMPLE'

Führt man diese Programmzeilen als DYNAMICCALCULATIONEXAMPLE aus, so wird für den Wertebereich für x von -10 bis 10 die entsprechende Formel ausgewertet und das Ergebnis per `eval(String)` berechnet und anschließend folgendermaßen ausgegeben (einige Werte sind ausgelassen):

```
x = -10    / f(x) = 690.9
x = -9     / f(x) = 559.8
...
x = -2     / f(x) = 28.5
x = -1     / f(x) = 7.8
x = 0      / f(x) = 0.9
x = 1      / f(x) = 7.8
x = 2      / f(x) = 28.5
...
x = 9      / f(x) = 559.8
x = 10     / f(x) = 690.9
```

10.7 Weiterführende Literatur

Die in diesem Kapitel behandelten Themen sind komplex und umfangreich. Daher konnte hier nur ein Einblick gegeben werden. Weiterführende Informationen finden Sie in folgenden Büchern:

- »**Java Reflection in Action**« von Ira R. und Nate Forman [20]
  Dies ist eines der wenigen Bücher, die das Thema Reflection mit größerem Tiefgang behandeln.

- »**Core Java – Band 2 Expertenwissen**« von Cay S. Horstmann und Gary Cornell [37]
  In diesem Buch liefern Cay S. Horstmann und Gary Cornell einen umfassenden Überblick über fortgeschrittene Java-Themen. Insbesondere Annotations werden dort ausführlicher als in diesem Kapitel dargestellt.

- »**Java 6 Core Techniken**« von Friedrich Esser [18]
  In diesem Buch geht Friedrich Esser tief auf fortgeschrittene Java-Themen ein. Insbesondere werden Generics und Reflection sowie die Verarbeitung von Annotations ausführlich behandelt.

Informationen zur Garbage Collection finden Sie in folgenden Quellen:

- http://www.artima.com/insidejvm/ed2/gcP.html
- http://docs.oracle.com/javase/8/docs/technotes/guides/vm/gctuning/toc.html

11 Datumsverarbeitung seit JDK 8

In diesem Kapitel stelle ich das in JDK 8 integrierte Date and Time API vor. Einführend gebe ich in Abschnitt 11.1 einen Überblick über wichtige Aufzählungen, Klassen und Interfaces. Nachdem die Grundlagen für das Verständnis und den praktischen Einsatz gelegt wurden, beschäftigen wir uns in Abschnitt 11.2 mit dem Thema Datumsarithmetik. Schließlich stelle ich in Abschnitt 11.3 ein paar Informationen zur Migration bestehender Datumsverarbeitungsfunktionalitäten bereit.

Die im Rahmen von JDK 8 entwickelten Klassen adressieren die Probleme mit den bisherigen Datums-APIs des JDKs und nutzen vor allem Ideen aus der Bibliothek Joda-Time, deren Schöpfer Stephen Colebourne eine führende Rolle bei der Entwicklung des neuen Datums-APIs innehatte. Die Zielsetzung war, alles robuster und einfacher nutzbar zu machen und ein gelungenes, hilfreiches API zur Verwaltung und zur Manipulation von Datums- und Zeitwerten bereitzustellen. Diese Ergänzungen finden mit Java 8 endlich Einzug ins JDK. Schauen wir uns das Ganze mal an.

11.1 Überblick über die neu eingeführten Typen

Das mit JDK 8 realisierte Date and Time API fügt dem JDK einige Funktionalität in verschiedenen Packages unter `java.time` hinzu. Dabei unterscheidet man im Wesentlichen zwei Konzepte: Zum einen gibt es die kontinuierliche oder Maschinenzeit, die linear voranschreitet und für die durch die Klasse `java.time.Instant` ein spezieller Zeitpunkt repräsentiert wird. Das ist mit der Klasse `Date` vergleichbar, jedoch wird eine Auflösung im Bereich von Nanosekunden geboten. Zum anderen existieren Datumsklassen, die eher an menschlichen Denkweisen ausgerichtet sind: Die Klassen `LocalDate` und `LocalTime` aus dem Package `java.time` repräsentieren Datumswerte ohne Zeitzonen in Form eines Datums bzw. einer Zeit. Beide modellieren jeweils nur die durch den Klassennamen beschriebene Zeitkomponente, also Datum oder Zeit.

Nach dieser Einführung möchte ich nun einige neue Aufzählungen, Klassen und Interfaces kurz vorstellen, bevor ich dann in jeweils separaten Abschnitten auf die neuen Typen anhand von Beispielen ein wenig genauer eingehe.

11.1.1 Neue Aufzählungen, Klassen und Interfaces

Das Date and Time API definiert im Package `java.time.temporal` verschiedene Basisinterfaces, unter anderem folgende in Abbildung 11-1 gezeigte:

- `TemporalAccessor` – Dieses Interface bildet die Basis für viele Zeit- und Datumsrepräsentationen und definiert Lesezugriffe auf den jeweils modellierten Wert. Ein solcher besitzt eine Einheit, die durch das Interface `TemporalUnit` bestimmt wird. Diverse Aufzählungen implementieren das Interface `TemporalAccessor`, etwa `DayOfWeek` und `Month` zur Modellierung von Wochentagen bzw. Monaten.
- `TemporalAdjuster` – Dieses Interface definiert eine Basis für verschiedene Varianten der Anpassung von Datums- und Zeitwerten.

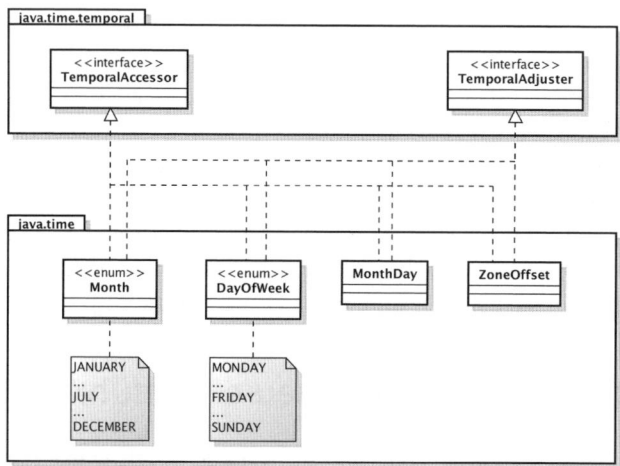

Abbildung 11-1 *Zentrale Interfaces im Überblick*

Ergänzend gibt es das Basisinterface `Temporal` sowie drei weitere Interfaces, die uns in den folgenden Abschnitten immer wieder einmal begegnen werden:

- `Temporal` – Dieses Interface ist eine Erweiterung von `TemporalAccessor` und ist die Basis für verschiedene Klassen aus dem neuen Date and Time API, die Zeitpunkte modellieren, wie `Instant` oder `LocalTime`. Das Interface `Temporal` bietet neben Lesezugriffen auch modifizierende Zugriffe, wobei hiermit gemeint ist, dass neue Instanzen mit veränderter Wertebelegung entstehen.
- `TemporalUnit` – Dieses Interface beschreibt eine Zeiteinheit. Konkrete Werte findet man in der Aufzählung `java.time.temporal.ChronoUnit`, etwa `MILLIS`.
- `TemporalAmount` – Dieses Interface modelliert eine Abstraktion für eine Zeitspanne und nutzt eine `TemporalUnit`.
- `TemporalField` – Dieses Interface bietet Zugriff auf Attribute von Datums- bzw. Zeitwerten, wie etwa die Attribute `DAY_OF_WEEK` oder `HOUR_OF_DAY`.

11.1 Überblick über die neu eingeführten Typen

Diese drei sind zum Verständnis des Zusammenspiels in Abbildung 11-2 dargestellt.

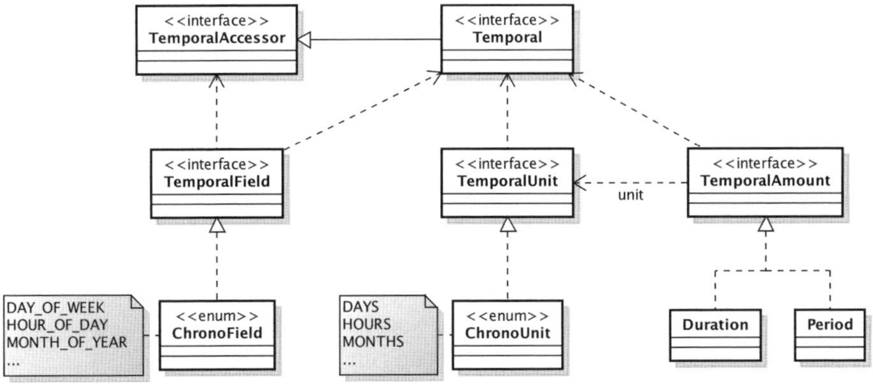

Abbildung 11-2 *Weitere Interface im Date and Time API*

Auch die in Abbildung 11-3 gezeigten und im Anschluss aufgelisteten Klassen machen die Arbeit mit dem neuen Date and Time API angenehm:

- `Instant` – Ein `Instant` repräsentiert ein eher technisches Konstrukt.
- `LocalDate`, `LocalTime` und `LocalDateTime` – Diese Klassen dienen der Verarbeitung von Datums- bzw. Zeitinformationen, aber auch zu deren Kombination.
- `ZoneId`, `ZoneOffset` und `ZoneDateTime` – Diese Klassen helfen bei der Verarbeitung von Daten, die sich auf Zeitzonen beziehen.

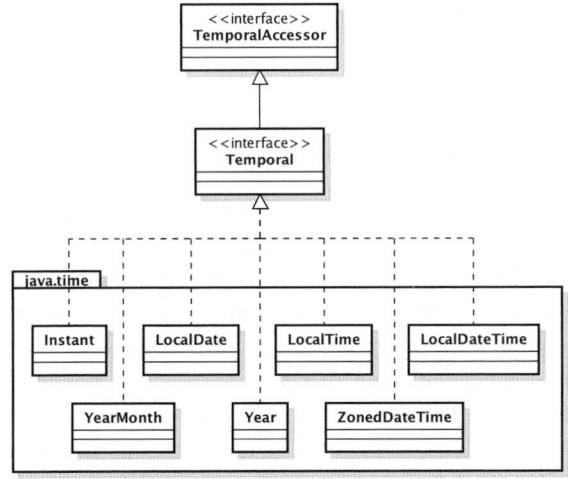

Abbildung 11-3 *Wichtige Klassen aus JSR-310 im Überblick*

11.1.2 Die Aufzählungen `DayOfWeek` und `Month`

Die Aufzählungen `java.time.DayOfWeek` und `java.time.Month` implementieren die Interfaces `TemporalAccessor` und `TemporalAdjuster`. Der Einsatz dieser Aufzählungen macht einerseits den Sourcecode lesbar und vermeidet andererseits auch einfache Fehler, weil man typsichere Konstanten anstelle von Magic Numbers verwenden kann. Bei Nutzung der alten APIs entstehen schnell Probleme durch Inkonsistenzen bei 0- und 1-basierten Angaben. Betrachten wir exemplarisch den Monat Februar. Im `Calendar`-API wusste man – ohne Blick in das Javadoc des APIs – nie so genau, ob Februar nun dem Wert 1 oder 2 entsprach.

Neben der Typsicherheit bieten die neuen Aufzählungstypen den Vorteil, dass man Berechnungen mit ihnen durchführen kann. Nachfolgend demonstriere ich dies, indem ich zu einem Sonntag 5 Tage hinzu addiere und zum Februar 10 Monate:

```
public static void main(final String[] args)
{
    final DayOfWeek sunday = DayOfWeek.SUNDAY;
    final Month february = Month.FEBRUARY;

    final DayOfWeek friday = sunday.plus(5);
    final Month december = february.plus(10);

    System.out.println(friday);
    System.out.println(december);
}
```

Listing 11.1 *Ausführbar als '*MonthAndDayOfWeekExample*'*

Wie erwartet, landet man an einem Freitag bzw. im Dezember, wenn man das Progamm MonthAndDayOfWeekExample ausführt:

```
FRIDAY
DECEMBER
```

11.1.3 Die Klassen `MonthDay`, `YearMonth` und `Year`

Für einige Anwendungsfälle benötigt man statt einer vollständigen Angabe aus Jahr, Monat und Tag lediglich eine Teilmenge der Informationen. Man kann sich Kombinationen aus Jahr und Monat, Monat und Tag sowie einfach nur Jahr vorstellen, um gewisse Datumsangaben zu modellieren. Für diese Zwecke wurden im Package `java.time` die Klassen `MonthDay`, `YearMonth` sowie `Year` eingeführt. Während `MonthDay` keine Veränderungen erlaubt, weil es die Interfaces `TemporalAccessor` und `TemporalAdjuster` implementiert, ermöglichen `YearMonth` und `Year` Modifikationen. Dazu realisieren diese neben `TemporalAdjuster` auch das Interface `Temporal`, das bei modifizierendem Zugriff jeweils entsprechend veränderte Instanzen zurückliefert. Im folgenden Listing nutzen wir die drei zuvor genannten Klassen:

```
public static void main(final String[] args)
{
    // MonthDay: Achtung, ISO-Format mit der Reihenfolge: Monat, Tag
    final MonthDay february7th = MonthDay.of(Month.FEBRUARY, 7);

    // YearMonth: Zur Lesbarkeit besser Month statisch importieren
    final YearMonth february2014 = YearMonth.of(2014, Month.FEBRUARY);

    // Year
    final Year year = Year.of(2012);
    final boolean isLeapYear = year.isLeap();

    System.out.println("MonthDay:   " + february7th);
    System.out.println("YearMonth:  " + february2014);
    System.out.println("Year:       " + year + " / isLeap? " + isLeapYear);
}
```

Listing 11.2 Ausführbar als **'YEARANDMOREEXAMPLE'**

Das Programm YEARANDMOREEXAMPLE produziert folgende Konsolenausgaben:

```
MonthDay:   --02-07
YearMonth:  2014-02
Year:       2012 / isLeap? true
```

Anhand der Ausgaben sieht man verschiedene Notationsformen, wobei die Darstellung von MonthDay durch das Doppelminus etwas komisch anmutet. Man erkennt aber auch, dass man von der objektorientierten Umsetzung profitiert: Beispielsweise lässt sich per Aufruf von isLeap() prüfen, ob ein Jahr ein Schaltjahr ist.

11.1.4 Die Klasse Instant

Die Klasse java.time.Instant basiert auf dem Interface Temporal. Eine Instanz vom Typ Instant repräsentiert einen Zeitpunkt in Nanosekunden bezogen auf den Referenzzeitpunkt 1.1.1970 00:00:00 Uhr UTC. Die Zeit schreitet bei dieser Modellierung linear voran, wodurch sich die Verarbeitung durch Computer vereinfacht, da keine Spezialfälle zu betrachten sind.[1]

Im folgenden Beispiel modellieren wir Abfahrts- und Ankunftszeiten einer Reise mit der Dauer von 5 Stunden, die um 12:30 Uhr beginnt. Diesen Startzeitpunkt ermitteln wir aus textuellen Informationen durch den Aufruf von parse(String). Zuvor zeige ich den Aufruf von now(), um den jetzigen Zeitpunkt zu bestimmen. Für die Berechnungen nutzen wir die Methode plus(long, TemporalUnit) bzw. die überladene Variante plus(TemporalAmount), um auf einen Zeitpunkt vom Typ Instant eine Zeitspanne zu addieren. So erhalten wir die erwartete Ankunftszeit als expectedArrivalTime. Zudem nehmen wir eine Verspätung von 7 Minuten an, was der realen Ankunftszeit im Instant-Objekt arrival entspricht:

---

[1] Allerdings werden Schaltsekunden auf die letzten 1000 Sekunden des Tages verteilt, wodurch es möglicherweise zu Abweichungen von Zeitsystemen außerhalb von Java kommen kann.

```
public static void main(final String[] args)
{
    // Instant mit now() erzeugen
    final Instant now = Instant.now();

    // Abfahrt 12:30 und Reisedauer 5 Stunden sowie 7 Minuten Verspätung
    final Instant departureTime = Instant.parse("2015-02-07T12:30:00Z");
    final Instant expectedArrivalTime = departureTime.plus(5, ChronoUnit.HOURS);
    final Instant arrival = expectedArrivalTime.plus(Duration.ofMinutes(7));

    System.out.println("now:        " + now);
    System.out.println("departure:  " + departureTime);
    System.out.println("expected:   " + expectedArrivalTime);
    System.out.println("arrival:    " + arrival);
}
```

Listing 11.3   Ausführbar als 'INSTANTEXAMPLE'

Das Programm INSTANTEXAMPLE gibt in etwa Folgendes aus:

```
now:        2015-05-17T17:28:10.654Z
departure:  2015-02-07T12:30:00Z
expected:   2015-02-07T17:30:00Z
arrival:    2015-02-07T17:37:00Z
```

11.1.5   Die Klasse `Duration`

Die Klasse `java.time.Duration` implementiert das Interface `TemporalAmount` und erlaubt es, eine Zeitdauer in Nanosekunden festzulegen, etwa um Differenzen zwischen zwei `Instant`-Objekten auszudrücken. Instanzen der Klasse `Duration` können durch Aufruf verschiedener Methoden konstruiert werden, z. B. aus Werten verschiedener Zeiteinheiten[2] wie folgt:

```
public static void main(final String[] args)
{
    // Erzeugung mit ofXYZ()-Methoden
    final Duration durationFromNanos   = Duration.ofNanos(7);
    final Duration durationFromSecs    = Duration.ofSeconds(15);
    final Duration durationFromMinutes = Duration.ofMinutes(30);
    final Duration durationFromHours   = Duration.ofHours(45);
    final Duration durationFromDays    = Duration.ofDays(60);

    System.out.println("From Nanos:   " + durationFromNanos);
    System.out.println("From Secs:    " + durationFromSecs);
    System.out.println("From Minutes: " + durationFromMinutes);
    System.out.println("From Hours:   " + durationFromHours);
    System.out.println("From Days:    " + durationFromDays);
}
```

Listing 11.4   Ausführbar als 'DURATIONEXAMPLE'

Führen wir das Programm DURATIONEXAMPLE aus, so kommt es zu folgenden Ausgaben, wobei im Speziellen folgende Dinge von Interesse sind: Zum einen werden Zeit-

---

[2] Zeiteinheiten mit variabler Länge, wie Monate, werden nicht unterstützt.

11.1 Überblick über die neu eingeführten Typen 693

differenzen maximal in der Zeiteinheit von Stunden abgebildet, wodurch für 60 Tage der Wert 1440 Stunden zustande kommt:

```
From Nanos:    PT0.000000007S
From Secs:     PT15S
From Minutes:  PT30M
From Hours:    PT45H
From Days:     PT1440H
```

Beim Betrachten dieser Ausgaben könnten wir durch die Stringrepräsentation von `Duration` irritiert sein. Diese mag zunächst etwas ungewöhnlich erscheinen, ist aber logisch, wenn man den Aufbau kennt. Dieser folgt der Norm ISO 8601 und die Ausgabe startet immer mit dem Kürzel `PT`.[3] Danach gibt es Sektionen für Stunden (`H`), Minuten (`M`) und Sekunden (`S`). Sofern nötig, werden Millisekunden bzw. gar Nanosekunden von den Sekundenwerten durch einen Punkt abgetrennt.

Betrachten wir einfache Berechnungen mit der Methode `between()`, die eine `Duration` aus der Differenz zweier `Instant`-Objekte folgendermaßen errechnen kann:

```java
public static void main(final String[] args)
{
    final Instant now = Instant.now();
    final Instant silvester2013 = Instant.parse("2013-12-31T00:00:00Z");
    final Instant myBirthday2015 = Instant.parse("2015-02-07T00:00:00Z");

    // Erzeugung mit between()
    final Duration duration1 = Duration.between(now, silvester2013);
    final Duration duration2 = Duration.between(silvester2013,
                                                myBirthday2015);

    System.out.println(now + " -- " + silvester2013 + ": " + duration1);
    System.out.println(silvester2013 + " -- " + myBirthday2015 + ": " +
                       duration2);
}
```

*Listing 11.5 Ausführbar als '*DURATIONCREATIONEXAMPLE*'*

Führen wir das Programm DURATIONCREATIONEXAMPLE aus, so kommt es in etwa zu folgenden Ausgaben:

```
2017-05-23T10:03:42.816Z -- 2013-12-31T00:00:00Z: PT-29746H-3M-42.816S
2013-12-31T00:00:00Z -- 2015-02-07T00:00:00Z: PT9672H
```

Anhand der Ausgaben sehen wir, dass nicht immer alle Einzelangaben vorhanden sein müssen und auch negative Zeitdauern möglich sind. Das entsteht im Beispiel dadurch, dass die Differenz eines vergangenen Zeitpunkts mit einem danach liegenden berechnet wird.

---

[3] Laut http://en.wikipedia.org/wiki/ISO_8601#Durations ergibt sich dies aus der historischen Benennung Period, also `P`, und das `T` steht für Time.

Wissenswertes zu Berechnungen

Zusätzlich zu der zuvor gezeigten Differenzberechnung mit `between(Temporal, Temporal)` ist auch eine Addition einer durch eine `Duration` definierten Zeitspanne zu einem `Instant`-Objekt möglich. Man erhält als Ergebnis wieder ein `Instant`-Objekt. Als Beispiel soll unter anderem ausgehend vom Heiligabend, dem 24.12.2013, eine Woche in die Zukunft zum 31.12.2013, also Silvester, gesprungen werden. Auch für das Releasedatum von JDK 8, den 18.3.2014 ermitteln wir die Zeitdifferenz zum Silverster-Tag. Schließlich zeige ich zwei Additionen einer Zeitspanne von einer Woche. Wir schreiben dazu folgendes Programm:

```java
public static void main(final String[] args)
{
    // Erzeugung
    final Instant christmas2013 = Instant.parse("2013-12-24T00:00:00Z");
    final Instant silvester2013 = Instant.parse("2013-12-31T00:00:00Z");
    final Instant jdk8Release = Instant.parse("2014-03-18T00:00:00Z");

    // Vergleichswerte errechnen
    System.out.println("Christmas -> Silvester:     " +
                       Duration.between(christmas2013, silvester2013));
    System.out.println("Silvester -> JDK 8 Release: " +
                       Duration.between(silvester2013, jdk8Release));

    // Berechnungen
    final Instant calcSilvester_1 = christmas2013.plus(Duration.ofDays(7));
    final Instant calcSilvester_2 = christmas2013.plus(7, ChronoUnit.DAYS);

    System.out.println(calcSilvester_1);
    System.out.println(calcSilvester_2);
}
```

Listing 11.6 Ausführbar als 'DURATIONCALCULATIONEXAMPLE'

Das Programm DURATIONCALCULATIONEXAMPLE erzeugt folgende Ausgaben:

```
Christmas -> Silvester:     PT168H
Silvester -> JDK 8 Release: PT1848H
2013-12-31T00:00:00Z
2013-12-31T00:00:00Z
```

Wenn wir einige Wochen oder Monate in die Vergangenheit oder Zukunft springen wollen, dann wären dazu Methoden wie `ofWeeks(long)` bzw. `ofMonths(long)` praktisch. Diese existieren jedoch für `Instant`s nicht. Während die fehlende Bereitstellung einer Methode von `ofWeeks(long)` sich noch recht gut durch eigene Berechnungen unter Zuhilfenahme von `ofDays(long)` realisieren lässt, wird dies für Monate ohne die Existenz der Methode `ofMonths(long)` schwieriger. Ein Nachbau per `ofDays(long)` wirkt unter anderem wegen unterschiedlicher Monatslängen umständlich und man entdeckt möglicherweise die Methode `plus(long, TemporalUnit)`. Diese scheint für unsere Berechnungen prädestiniert zu sein, um Wochen oder Monate in die Zukunft zu springen. Setzen wir diese Methode einfach einmal ein:

11.1 Überblick über die neu eingeführten Typen

```
public static void main(final String[] args)
{
    // Erzeugung
    final Instant christmas2013 = Instant.parse("2013-12-24T00:00:00Z");
    final Instant silvester2013 = Instant.parse("2013-12-31T00:00:00Z");

    // Achtung: Duration bietet nicht ofWeeks(long) oder ofMonths(long)
    final Instant silvester_OneWeek = christmas2013.plus(1, ChronoUnit.WEEKS);
    System.out.println(silvester_OneWeek);
}
```

Listing 11.7 *Ausführbar als* **'DURATIONSPECIALEXAMPLE'**

Wenn Sie das Programm DURATIONSPECIALEXAMPLE ausführen, werden jedoch statt der gewünschten Berechnungen Exceptions folgender Form ausgelöst:

```
Exception in thread "main" java.time.temporal.UnsupportedTemporalTypeException:
    Unsupported unit: Weeks
    at java.time.Instant.plus(Instant.java:861)
```

Die Ursache liegt darin, dass zur Definition einer `Duration` keine Zeiteinheiten genutzt werden können, die sich nicht präzise durch Stunden, Minuten usw. ausdrücken lassen. Allerdings könnte man sich fragen: Wir haben doch aber eine `Duration` für die gewünschten Zeiträume basierend auf `Instant`s berechnen können. Wieso war das möglich? Die Antwort ist ganz einfach: Weil wir hier fixe Werte vorliegen haben und somit die Differenz dazwischen eindeutig zu bestimmen war. Andersherum gilt das jedoch nicht: Die abstrakte Angabe von einer Woche oder einem Monat besitzt nämlich kein exaktes Äquivalent in Form einer fixen Zeitspanne in (Milli-)Sekunden, weil ein Tag in der Regel 24 Stunden lang ist – manchmal jedoch auch 23 bzw. 25 Stunden. Selten, aber ab und an gibt es auch Schaltsekunden, die einen Tag minimal verlängern. Hier steht die (vereinfachte) Modellierung in Maschinenzeit in Konflikt mit der komplexeren Wirklichkeit, wo Tage, Wochen und Monate unterschiedlich lang sein können. Später werden wir als Abhilfe die Klasse `Period` kennenlernen.

11.1.6 Die Aufzählung `ChronoUnit`

Teilweise haben wir in den bisher gezeigten Beispielen vorgreifend die Aufzählung `java.time.temporal.ChronoUnit` genutzt, um Einheiten von Zeitdauern zu spezifizieren. In der Aufzählung `ChronoUnit` sind alle Zeiteinheiten definiert, mit denen im Date and Time API gerechnet werden kann, unter anderem Minuten, Stunden, Wochen usw. Schauen wir uns folgenden, gekürzten Auszug aus dem JDK an:

```
public enum ChronoUnit implements TemporalUnit
{
    NANOS("Nanos", Duration.ofNanos(1)),
    MICROS("Micros", Duration.ofNanos(1000)),
    MILLIS("Millis", Duration.ofNanos(1000_000)),
    SECONDS("Seconds", Duration.ofSeconds(1)),
    MINUTES("Minutes", Duration.ofSeconds(60)),
    ...
```

Tatsächlich ist die Liste der Konstanten umfangreich und reicht von Nanosekunden bis hin zu Jahrtausenden sowie Äras und es gibt sogar eine FOREVER-Konstante.

Greifen wir die Idee aus dem für Instants vorgestellten Beispiel der Berechnung von Ankunftszeiten auf: Wir nutzen hier Instanzen von ChronoUnit, um die Zeitdauer in verschiedenen Varianten (Stunden und Minuten) darzustellen. Ebenso wie für Duration gibt es auch für ChronoUnit eine Methode between(Temporal, Temporal), mit der sich die Differenz zwischen zwei Zeitpunkten bestimmen lässt:

```java
public static void main(final String[] args)
{
    // Abfahrt jetzt und Reisedauer 5 Stunden
    final Instant departureTime = Instant.now();
    final Instant arrivalTime = departureTime.plus(5, ChronoUnit.HOURS);

    System.out.println("departure now:    " + departureTime);
    System.out.println("arrival now + 5h: " + arrivalTime);

    // Berechnungen durchführen: Differenz bilden
    final long inBetweenHours = ChronoUnit.HOURS.between(departureTime,
                                                          arrivalTime);
    final long inBetweenMinutes = ChronoUnit.MINUTES.between(departureTime,
                                                              arrivalTime);

    System.out.println("inBetweenHours:   " + inBetweenHours);
    System.out.println("inBetweenMinutes: " + inBetweenMinutes);
}
```

Listing 11.8 Ausführbar als 'CHRONOUNITEXAMPLE'

Führt man das Programm CHRONOUNITEXAMPLE aus, so erhält man in etwa folgende Ausgaben auf der Konsole, die sehr schön die Berechnungen von 5 Stunden in die Zukunft sowie die Differenzbildung zwischen zwei Zeitpunkten in verschiedenen Zeiteinheiten (Stunden und Minuten) zeigen:

```
departure now:    2014-02-19T22:13:50.691Z
arrival now + 5h: 2014-02-20T03:13:50.691Z
inBetweenHours:   5
inBetweenMinutes: 300
```

11.1.7 Die Klassen LocalDate, LocalTime und LocalDateTime

Wie eingangs erwähnt, hat die Darstellung von Zeitangaben in Millisekunden, die sehr hilfreich für die Verarbeitung mit Computern ist, recht wenig mit der menschlichen Denkweise und Orientierung im Zeitsystem zu tun. Menschen denken bevorzugt in Zeitabschnitten oder wiederkehrenden Datumsangaben, etwa 24.12. für Heiligabend, 31.12. für Silvester usw., also Datumsangaben ohne Uhrzeit und Jahr. Manchmal benötigt man »unvollständige Zeitangaben«, wie Uhrzeiten ohne Bezug zu einem Datum, etwa 18.00 Uhr Feierabend, oder als Kombination: dienstags und donnerstags 19 Uhr

11.1 Überblick über die neu eingeführten Typen

Karate-Training.[4] Wollten wir so etwas mit dem bisher existierenden API ausdrücken, wäre das recht schwierig. Schauen wir uns nun die neuen Möglichkeiten an.

Die Klasse `java.time.LocalDate` repräsentiert eine reine Datumsangabe, also eine Kombination aus Jahr, Monat und Tag ohne Zeitinformationen. Mit der Klasse `java.time.LocalTime` wird eine Zeitangabe ohne Datumsangabe modelliert, z. B. 18:00 Uhr. Die Klasse `java.time.LocalDateTime` ist eine Kombination aus beiden. Folgendes Programm zeigt die Klassen und Berechnungen. Zur Konstruktion sehen wir jeweils `of`-Methoden und danach verschiedene `plusXYZ()`- sowie `minusXYZ()`- bzw. `getXYZ()`-Methoden:

```java
public static void main(final String[] args)
{
    // LocalDate
    final LocalDate michasBirthday = LocalDate.of(1971, Month.FEBRUARY, 7);
    final LocalDate barbarasBirthday = michasBirthday.plusYears(2).
                                                      plusMonths(1).
                                                      plusDays(17);

    System.out.println("michasBirthday:   " + michasBirthday);
    System.out.println("barbarasBirthday: " + barbarasBirthday);

    // LocalTime
    final LocalTime atTen = LocalTime.of(10, 00, 00);
    final LocalTime tenFifteen = atTen.plusMinutes(15);
    final LocalTime breakfastTime = tenFifteen.minusHours(2);
    System.out.println("\natTen:          " + atTen);
    System.out.println("tenFifteen:     " + tenFifteen);
    System.out.println("breakfastTime:  " + breakfastTime);

    // LocalDateTime
    final LocalDateTime jdk8Release = LocalDateTime.of(2014, 3, 18, 8, 30);
    System.out.println("\njdk8Release:    " + jdk8Release);
    System.out.printf("jdk8Release:    %s.%s.%s\n", jdk8Release.getDayOfMonth(),
                                                    jdk8Release.getMonthValue(),
                                                    jdk8Release.getYear());
}
```

Listing 11.9 Ausführbar als 'LOCALDATEANDTIMEEXAMPLE'

Wir sehen, wie sich Berechnungen mithilfe von `plusXYZ()`- sowie `minusXYZ()`-Methoden einfach und sprechend ausdrücken lassen. Führt man das Programm LOCAL-DATEANDTIMEEXAMPLE aus, so erhält man folgende Ausgaben:

```
michasBirthday:     1971-02-07
barbarasBirthday:   1973-03-24

atTen:              10:00
tenFifteen:         10:15
breakfastTime:      08:15

jdk8Release:        2014-03-18T08:30
jdk8Release:        18.3.2014
```

---

[4]Insbesondere interessiert uns dabei in der Regel nicht die Zeitzone, in der die Termine stattfinden – mit Ausnahme von Telefonterminen etwa mit Geschäftspartnern in Übersee.

11.1.8 Die Klasse `Period`

Ähnlich wie die Klasse `Duration` implementiert auch die Klasse `java.time.Period` das Interface `TemporalAmount` und modelliert ebenfalls einen Zeitabschnitt. Beispiele sind etwa »2 Monate« oder »3 Tage«. Diese Art der Darstellung ist oftmals einfacher zu handhaben als eine korrespondierende Repräsentation in Nano- oder Millisekunden. Konstruieren wir ein paar Instanzen von `Period`:

```
public static void main(final String[] args)
{
    // Erzeuge ein Period-Objekt mit 1 Jahr, 6 Monaten und 3 Tagen
    final Period oneYear_sixMonths_ThreeDays = Period.ofYears(1).withMonths(6).
                                                                  withDays(3);
    // Chaining von of() arbeitet anders, als man es eventuell erwartet!
    // Ergibt ein Period-Objekt mit 3 Tagen statt 2 Monate, 1 Woche und 3 Tagen
    final Period twoMonths_OneWeek_ThreeDays = Period.ofMonths(2).ofWeeks(1).
                                                                  ofDays(3);

    final Period twoMonths_TenDays = Period.ofMonths(2).withDays(10);
    final Period sevenWeeks = Period.ofWeeks(7);
    final Period threeDays = Period.ofDays(3);

    System.out.println("1 year 6 months ...:  " + oneYear_sixMonths_ThreeDays);
    System.out.println("Surprise just 3 days: " + twoMonths_OneWeek_ThreeDays);
    System.out.println("2 months 10 days:     " + twoMonths_TenDays);
    System.out.println("sevenWeeks:           " + sevenWeeks);
    System.out.println("threeDays:            " + threeDays);
}
```

Listing 11.10 *Ausführbar als* **'PERIODEXAMPLE'**

Startet man das Programm PERIODEXAMPLE, so wird Folgendes ausgegeben:

```
1 year 6 months ...:  P1Y6M3D
Surprise just 3 days: P3D
2 month 10 days:      P2M10D
sevenWeeks:           P49D
threeDays:            P3D
```

Anhand des Beispiels und dessen Ausgaben lernen wir einiges über die Klasse `Period`: Zunächst ist da wieder die etwas kryptische Stringrepräsentation, die der ISO 8601 folgt. Dabei ist P das Startkürzel (für Period) und dann stehen Y für Jahre, M für Monate und D für Tage. Als Besonderheit gibt es zum einen noch die Umrechnung für Wochen: P14D steht für 2 Wochen und könnte durch `Period.ofWeeks(2)` erzeugt werden. Zum anderen sind auch negative Offsets erlaubt, etwa P-2M4D.

Neben diesen Details der Ausgabe sehen wir, dass sich Aufrufe von `of()` hintereinander ausführen lassen – es gewinnt aber der zuletzt aufgerufene.[5] Man kann also auf diese Weise keine Zeiträume kombinieren, sondern legt einen initialen Zeitraum fest. Sollen weitere Zeitabschnitte hinzugefügt werden, so muss man dafür verschiedene `with()`-Methoden nutzen. Dabei wird ein Implementierungsdetail sichtbar: Die Klasse `Period` verwaltet drei Einzelwerte, nämlich für Jahre, Monate und Tage, aber

---

[5] Dass dies problematisch ist, könnte man daran erkennen, dass diese Methoden statisch sind.

eben nicht für Wochen. Somit gibt es auch keine Methode `withWeeks()`, sondern nur eine `ofWeeks()`, die intern eine Umrechnung in Tage vornimmt. Das hätten wir schon anhand der Ausgabe vermuten können.

Wir schauen uns nun an, wie einfach und lesbar Berechnungen gestaltet werden können: Ausgehend vom 7.2.1971 10:11 springen wir 31 Tage und zum Vergleich vier Wochen sowie einen Monat in die Zukunft:

```
public static void main(final String[] args)
{
    final LocalDateTime start = LocalDateTime.of(1971, 2, 7, 10, 11);

    final Period thirtyOneDays = Period.ofDays(31);
    final Period fourWeeks = Period.ofWeeks(4);
    final Period oneMonth = Period.ofMonths(1);

    System.out.println("7.2.1971 + 31 Tage:  " + start.plus(thirtyOneDays));
    System.out.println("7.2.1971 + 4 Wochen: " + start.plus(fourWeeks));
    System.out.println("7.2.1971 + 1 Monat:  " + start.plus(oneMonth));
}
```

Listing 11.11 Ausführbar als 'PERIODCALCULATIONEXAMPLE'

Das Programm PERIODCALCULATIONEXAMPLE erzeugt folgende Ausgaben:

```
7.2.1971 + 31 Tage:  1971-03-10T10:11
7.2.1971 + 4 Wochen: 1971-03-07T10:11
7.2.1971 + 1 Monat:  1971-03-07T10:11
```

11.1.9 Die Klasse `ZonedDateTime`

Neben der bereits vorgestellten Klasse `LocalDateTime` zur Repräsentation von Datum und Uhrzeit ohne Zeitzonenbezug existiert eine korrespondierende Klasse `java.time.ZonedDateTime`. Diese besitzt eine zugeordnete Zeitzone und berücksichtigt bei Berechnungen nicht nur die Zeitzone, sondern auch die Auswirkungen von Winter- und Sommerzeit. Um die aktuelle Zeit als `ZonedDateTime` zu ermitteln, kann man die Methode `now()` nutzen. Es existieren weitere Methoden, etwa um die Zeitzone und andere Werte abzufragen bzw. Instanzen von `ZonedDateTime` mit geänderter Wertebelegung durch Aufruf von `withXYZ()`-Methoden zu erzeugen. Interessant und etwas schade ist, dass man beim Aufruf von `withMonth(int)` einen `int`-Wert und keine Monatskonstante übergeben muss. Zur besseren Lesbarkeit empfiehlt sich, die Konstanten trotzdem zu verwenden und durch Aufruf der Methode `getValue()` auf deren `int`-Wert zuzugreifen. Das habe ich im Listing fett markiert.

Nachfolgend sind verschiedene Beispiele für Berechnungen mit der Klasse `ZonedDateTime` gezeigt, im Speziellen auch ein Wechsel der Zeitzone:

```
public static void main(final String[] args)
{
    // Aktuelle Zeit als ZonedDateTime-Objekt ermitteln
    final ZonedDateTime now = ZonedDateTime.now();

    // Die Uhrzeit ändern und in neuem Objekt speichern
    final ZonedDateTime nowButChangedTime = now.withHour(11).withMinute(44);

    // Neues Objekt mit verändertem Datum erzeugen
    final ZonedDateTime dateAndTime = nowButChangedTime.withYear(2008).
                                                       withMonth(9).
                                                       withDayOfMonth(29);

    // Einsatz einer Monatskonstanten und wechseln der Zeitzone
    final ZonedDateTime dateAndTime2 = nowButChangedTime.withYear(2008).
                                       withMonth(Month.SEPTEMBER.getValue()).
                                       withDayOfMonth(29).
                                       withZoneSameInstant(ZoneId.of("GMT"));

    System.out.println("now:          " + now);
    System.out.println("-> 11:44:     " + nowButChangedTime);
    System.out.println("-> 29.9.2008: " + dateAndTime);
    System.out.println("-> 29.9.2008: " + dateAndTime2);
}
```

Listing 11.12 Ausführbar als '**ZonedDateTimeExample**'

Führt man das Programm ZONEDDATETIMEEXAMPLE aus, so kommt es zu den folgenden Ausgaben. Diese zeigen insbesondere den Einfluss von Winter- und Sommerzeit, wodurch im September 2008 die Abweichung von +02:00 angegeben wird. Worauf sich dies bezieht, erkennt man dann durch den Wechsel der Zeitzone auf GMT:

```
now:          2015-05-17T20:27:54.214+02:00[Europe/Zurich]
-> 11:44:     2015-05-17T11:44:54.214+02:00[Europe/Zurich]
-> 29.9.2008: 2008-09-29T11:44:54.214+02:00[Europe/Zurich]
-> 29.9.2008: 2008-09-29T09:44:54.214Z[GMT]
```

11.1.10 Zeitzonen und die Klassen `ZoneId` und `ZoneOffset`

Wir haben bereits einiges an Wissen über das neue Date and Time API erworben. Zeitzonen wurden bislang eher am Rande betrachtet. Wenn Sie allerdings bei der Datumsarithmetik Zeitzonen beachten müssen, dann helfen dabei seit JDK 8 die Klassen `ZoneId`, `ZoneOffset` sowie die gerade vorgestellte Klasse `ZonedDateTime` aus dem Package `java.time`.

Die Klasse `ZoneId`

Nun wollen wir die Verarbeitung von Zeitzonen anhand eines Beispiels kennenlernen. Zunächst ermitteln wir basierend auf einigen textuellen Zeitzonenkennungen durch Aufruf von `ZoneId.of(String)` die zugehörige `ZoneId`-Instanz und konstruieren daraus jeweils ein `LocalTime`-Objekt. Dann rufen wir `ZoneId.getAvailable-ZoneIds()` auf und erhalten so alle verfügbaren Zeitzonen. Mithilfe von Streams und den beiden Methoden `filter()` und `limit()` finden wir drei Kandidaten aus Europa. Das Ganze realisieren wir wie folgt:

```java
public static void main(final String[] args)
{
    final Stream<String> zoneIdNames = Stream.of("Asia/Chungking",
                                                  "Africa/Nairobi",
                                                  "America/Los_Angeles");

    zoneIdNames.forEach(zoneIdName ->
    {
        final ZoneId zoneId = ZoneId.of(zoneIdName);
        final LocalTime now = LocalTime.now(zoneId);

        System.out.println(zoneIdName + ": " + now);
    });

    final Set<String> allZones = ZoneId.getAvailableZoneIds();
    final Predicate<String> inEurope = name -> name.startsWith("Europe/");
    final List<String> threeFromEurope = allZones.stream().
                                    filter(inEurope).limit(3).
                                    collect(Collectors.toList());

    System.out.println("\nSome timezones in europe:");
    threeFromEurope.forEach(System.out::println);
}
```

Listing 11.13 *Ausführbar als 'ZONEIDEXAMPLE'*

Das Programm ZONEIDEXAMPLE produziert folgende Ausgaben:

```
Asia/Chungking: 20:10:22.219
Africa/Nairobi: 15:10:22.220
America/Los_Angeles: 05:10:22.222

Some timezones in europe:
Europe/London
Europe/Brussels
Europe/Warsaw
```

Im obigen Listing sehen wir die Verarbeitung von Zeitzonen basierend auf der Klasse `ZoneId`. Etwas unschön ist, dass im JDK statt Konstanten lediglich einfache Strings als IDs genutzt werden. Praktischerweise erhält man die Menge der gültigen Zeitzonen-IDs durch Aufruf von `ZoneId.getAvailableZoneIds()`.

Die Klasse `ZoneOffset`

Auf die Klasse `ZoneOffset` zur Modellierung des Offsets zur GMT (Greenwich Mean Time) (die auch – wenn auch formal nicht ganz korrekt – als UTC (Universal Coordinated Time) bezeichnet wird) möchte ich ganz kurz anhand eines kleinen Beispiels eingehen. Startend beim jetzigen Zeitpunkt `LocalDateTime.now()` berechnen wir für unterschiedliche Zeitzonen ein zugehöriges `ZonedDateTime`-Objekt und geben dessen Offset zur GMT aus:

```
public static void main(final String[] args)
{
    final Stream<String> zoneIdNames = Stream.of("Europe/Berlin",
                                                  "America/Los_Angeles",
                                                  "Australia/Adelaide");

    zoneIdNames.forEach(zoneIdName ->
    {
        final ZoneId zoneId = ZoneId.of(zoneIdName);
        final LocalDateTime ldt = LocalDateTime.now();
        final ZonedDateTime zdt = ldt.atZone(zoneId);
        final ZoneOffset offset = zdt.getOffset();

        System.out.format("offset for '%s' is %s\n", zoneId, offset);
    });
}
```

Listing 11.14   Ausführbar als 'ZONEOFFSETEXAMPLE'

Führen wir das Programm ZONEOFFSETEXAMPLE aus, erhalten wir folgende Ausgaben, mit deren Hilfe wir die zu den Zeitzonen korrespondierenden Offsets erfahren:

```
offset for 'Europe/Berlin' is +02:00
offset for 'America/Los_Angeles' is -07:00
offset for 'Australia/Adelaide' is +10:30
```

11.1.11   Die Klasse `Clock`

In einigen technischen Anwendungsfällen benötigt man Zugriff auf Millisekundenangaben. Früher hat man dann Aufrufe von `System.currentTimeMillis()` genutzt, um die aktuelle Zeit in Millisekunden seit dem 1.1.1970 zu ermitteln. Nun kann man dazu die Klasse `java.time.Clock` verwenden und schreibt etwa Folgendes:

```
public static void main(final String[] args)
{
    printClockAndMillis(Clock.systemUTC());         // Basis UTC
    printClockAndMillis(Clock.systemDefaultZone()); // Basis Default-Zeitzone
}

private static void printClockAndMillis(final Clock clock)
{
    System.out.println(clock + " / ms: " + clock.millis());
}
```

Listing 11.15   Ausführbar als 'FIRSTCLOCKEXAMPLE'

Das Programm FIRSTCLOCKEXAMPLE gibt etwa Folgendes aus:

```
SystemClock[Z] / ms: 1430766415687
SystemClock[Europe/Berlin] / ms: 1430766415745
```

Wenn man genau hinschaut, sieht man eine minimale Differenz in den Millisekunden. Das liegt vor allem daran, dass die Methode `millis()` immer bezogen auf die Zeitzone GMT bzw. UTC arbeitet.

11.1 Überblick über die neu eingeführten Typen

Es ist nicht direkt ein wirklicher Mehrwert dieser Klasse sichtbar. Dieser liegt darin, dass die Klasse `Clock` als Taktgeber für viele Zeitklassen genutzt werden kann: Dazu besitzen diverse Klassen neben der Methode `now()` auch eine Methode `now(Clock)`, der man eine alternative `Clock`-Instanz übergeben kann, etwa wie folgt:

```
final LocalDateTime now = LocalDateTime.now(mySpecialClock);
```

Wozu könnte das sinnvoll einsetzbar sein? Beispielsweise lassen sich für Unit Tests fixe Zeitangaben realisieren. Schauen wir zum Verständnis auf folgendes Beispiel, das durch Aufruf von `fixed()` eine sich nicht verändernde `Clock` erzeugt:

```java
public static void main(final String[] args) throws InterruptedException
{
   final Clock clock1 = Clock.systemUTC();
   final Clock clock2 = Clock.systemDefaultZone();
   final Clock clock3 = Clock.fixed(Instant.now(), ZoneId.of("Asia/Hong_Kong"));

   printClocks(clock1, clock2, clock3);

   Thread.sleep(10_000);
   System.out.println("\nAfter 10 s\n");

   printClocks(clock1, clock2, clock3);
}
private static void printClocks(final Clock... clocks)
{
   for (final Clock clock : clocks)
   {
      System.out.println("LocalTime: " + LocalTime.now(clock));
   }
}
```

Listing 11.16 Ausführbar als 'SECONDCLOCKEXAMPLE'

Führen wir das Programm SECONDCLOCKEXAMPLE aus, so zeigt sich im Gegensatz zum Aufruf von `millis()`, dass die mithilfe einer `Clock` erzeugten Instanzen die Zeitzonen berücksichtigen. Es wird auch deutlich, dass die Wartezeit von 10 Sekunden für die ersten beiden `Clocks` jeweils eine Änderung von 10 Sekunden bewirkt. Die Fixed-Clock verändert sich dagegen nicht:

```
LocalTime: 20:48:10.936
LocalTime: 22:48:10.937
LocalTime: 04:48:10.936

After 10 s

LocalTime: 20:48:20.948
LocalTime: 22:48:20.948
LocalTime: 04:48:10.936
```

Wie dieses Beispiel zeigt, wird es mit einer speziellen `Clock` möglich, die Datumsarithmetik unter anderen Gegebenheiten, etwa veränderter Zeitzone, zu testen, ohne dass man dazu die Systemeinstellungen verändern müsste. Gerade für Unit Tests kann dies nützlich sein, um definierte Ausgangssituationen zu erhalten.

11.1.12 Formatierung und Parsing

Die mit JDK 8 eingeführte Klasse `java.time.format.DateTimeFormatter` macht die formatierte Ausgabe und das Parsing von Datumswerten einfach. Neben diversen vordefinierten Formaten kann man nahezu beliebige eigene Formatierungsvarianten bereitstellen. Das wird im folgenden Listing gezeigt:

```java
import static java.time.format.DateTimeFormatter.*;
import static java.time.format.FormatStyle.SHORT;

public static void main(final String[] args)
{
    // Definition einiger spezieller Formatter
    final DateTimeFormatter ddMMyyyyFormat = ofPattern("dd.MM.yyyy");
    final DateTimeFormatter italian_dMMMMyy = ofPattern("d.MMMM y",
                                                        Locale.ITALIAN);
    final DateTimeFormatter shortGerman = ofLocalizedDateTime(SHORT).
                                          withLocale(Locale.GERMAN));

    // Achtung: Die textuellen Teile sind in Hochkomma einzuschließen
    final String customPattern = "'Der 'dd'. Tag im 'MMMM' im Jahr 'yy'.'";
    final DateTimeFormatter customFormat = ofPattern(customPattern);

    // Mapping für verschiedene Formate definieren
    final Map<String, DateTimeFormatter> formatters = new LinkedHashMap<>();
    formatters.put("BASIC_ISO_DATE", BASIC_ISO_DATE);
    formatters.put("ISO_DATE_TIME", ISO_DATE_TIME);
    formatters.put("dd.MM.yyyy", ddMMyyyyFormat);
    formatters.put("d.MMMM y (it)", italian_dMMMMyy);
    formatters.put("SHORT_GERMAN", shortGerman);
    formatters.put("CUSTOM_FORMAT", customFormat);

    System.out.println("Formatting:\n");
    applyFormatters(LocalDateTime.of(2014, MAY, 28, 1, 2, 3), formatters);

    // Parsen von Datumswerten
    System.out.println("\nParsing:\n");

    final LocalDate fromIsoDate = LocalDate.parse("1971-02-07");
    final LocalDate fromCustomPattern = LocalDate.parse("18.03.2014",
                                                        ddMMyyyyFormat);
    final LocalDateTime fromShortGerman = LocalDateTime.parse("18.03.14 11:12",
                                                              shortGerman);

    System.out.println("From ISO Date:         " + fromIsoDate);
    System.out.println("From custom pattern: " + fromCustomPattern);
    System.out.println("From short german:   " + fromShortGerman);
}

private static void applyFormatters(final LocalDateTime base,
                    final Map<String, DateTimeFormatter> formatters)
{
    System.out.println("Starting on: " + base);
    formatters.forEach((name, formatter) ->
    {
        System.out.println("applying '" + name + "': " +
                                          base.format(formatter));
    });
}
```

Listing 11.17 Ausführbar als 'FORMATTINGANDPARSINGEXAMPLE'

Das Programm FORMATTINGANDPARSINGEXAMPLE produziert folgende Ausgaben, die ein erstes Gefühl für die Formatierung und das Parsing vermitteln:

```
Formatting:

Starting on: 2014-05-28T01:02:03
applying 'BASIC_ISO_DATE': 20140528
applying 'ISO_DATE_TIME': 2014-05-28T01:02:03
applying 'dd.MM.yyyy': 28.05.2014
applying 'd.MMMM y (it)': 28.maggio 2014
applying 'SHORT_GERMAN': 28.05.14 01:02
applying 'CUSTOM_FORMAT': Der 28. Tag im Mai im Jahr 14.

Parsing:

From ISO Date:        1971-02-07
From custom pattern:  2014-03-18
From short german:    2014-03-18T11:12
```

Es gibt eine Vielzahl weiterer Möglichkeiten, die Klasse `DateTimeFormatter` zu nutzen, die hier nicht alle vorgestellt werden können. Deshalb ist ein Blick auf die ausführliche Onlinedokumentation des JDKs lohnenswert.

11.2 Datumsarithmetik

Die bislang vorgestellten Klassen und Interfaces aus dem neuen Date and Time API erleichtern die Datumsverarbeitung – jedoch habe ich bisher (zumindest komplexere) Berechnungen noch weitestgehend außen vor gelassen. Allerdings findet man gerade in der Praxis bei der Verarbeitung von Datumswerten oftmals auch die Notwendigkeit für Berechnungen, beispielsweise um einige Tage, Wochen oder gar Monate in die Zukunft oder die Vergangenheit zu springen. Praktischerweise sind diverse gebräuchliche Operationen der Datumsarithmetik in der Utility-Klasse `TemporalAdjusters` gebündelt und basieren auf dem Functional Interface `TemporalAdjuster` – beide aus dem Package `java.time.temporal`. Im Beispiel für die Klassen `LocalDate`, `LocalTime` und `LocalDateTime` haben wir bereits einen ersten Eindruck von den Möglichkeiten gewinnen können. Dieses Wissen wollen wir nun ausbauen.

Das Interface `TemporalAdjuster`

Ein `TemporalAdjuster` definiert die Methode `adjustInto(Temporal)`. In deren Implementierungen kann man eine flexible Anpassung sowohl für Datums- als auch Zeit-Objekte, also genauer für alle Objekte mit dem Basistyp `Temporal`, vornehmen:

```
@FunctionalInterface
public interface TemporalAdjuster
{
    Temporal adjustInto(Temporal temporal);
}
```

Realisierungen dieses Interface helfen dabei, Berechnungen auszuführen, wie etwa den ersten oder letzten Tag im Monat zu ermitteln. Relativ klar wird der Sinn, wenn man sich die vordefinierten Varianten anschaut.

Vordefinierte `TemporalAdjusters`

Wie eingangs erwähnt, findet man in der Utility-Klasse `TemporalAdjusters` eine Menge gebräuchlicher Operationen der Datumsarithmetik. Das sind unter anderem:

- `firstDayOfMonth()`, `firstDayOfNextMonth()` und `lastDayOfMonth()` – Ermittle den ersten oder letzten Tag im (nächsten) Monat.
- `firstDayOfYear()`, `firstDayOfNextYear()` und `lastDayOfYear()` – Berechne den ersten oder letzten Tag im (nächsten) Jahr.
- `firstInMonth(DayOfWeek)` und `lastInMonth(DayOfWeek)` – Springe zum ersten oder letzten als Parameter übergebenen Wochentag im Monat.
- `next(DayOfWeek)`, `nextOrSame(DayOfWeek)`, `previous(DayOfWeek)` und `previousOrSame(DayOfWeek)` – Mit diesen Methoden kann man den nächsten oder vorherigen Wochentag im Monat berechnen, etwa den nächsten Freitag. Dabei wird gegebenenfalls auch berücksichtigt, ob man sich bereits an diesem Wochentag befindet. In diesem Fall findet selbstverständlich keine Anpassung statt.

Zum besseren Verständnis der aufgelisteten `TemporalAdjusters` schauen wir, wie einfach und gut lesbar sich damit Datumsarithmetik programmieren lässt – vor allem wenn man dabei statische Imports nutzt. Im folgenden Listing habe ich bewusst einige Dinge nicht statisch importiert, um einen Vergleich zu ermöglichen, der den Gewinn an Lesbarkeit zeigt.[6] Im Beispiel werden ausgehend vom 7. Februar 2015 einige »Zeitsprünge« vorgenommen und das Ergebnis ausgegeben:

```
import static java.time.temporal.TemporalAdjusters.firstDayOfNextMonth;
import static java.time.temporal.TemporalAdjusters.firstInMonth;
import static java.time.temporal.TemporalAdjusters.lastInMonth;
import static java.time.DayOfWeek.SATURDAY;

// ...

public static void main(final String[] args)
{
    final LocalDate date = LocalDate.of(2015, Month.FEBRUARY, 7);

    LocalDate firstOfMonth        = date.with(TemporalAdjusters.firstDayOfMonth());
    LocalDate lastofMonth         = date.with(TemporalAdjusters.lastDayOfMonth());
    LocalDate firstOfNextMonth    = date.with(firstDayOfNextMonth());
    LocalDate firstMondayInMonth  = date.with(firstInMonth(DayOfWeek.MONDAY));
    LocalDate lastSaturdayInMonth = date.with(lastInMonth(SATURDAY));

    System.out.println("date:           " + date);
    System.out.println("lastofMonth:    " + lastofMonth);
```

---

[6]Unüberlegt eingesetzt leidet oftmals die Verständlichkeit, weil Abhängigkeiten schwieriger ersichtlich sind.

11.2 Datumsarithmetik

```
    System.out.println("firstOfMonth:        " + firstOfMonth);
    System.out.println("firstOfNextMonth:    " + firstOfNextMonth);
    System.out.println("firstMondayInMonth:  " + firstMondayInMonth);
    System.out.println("lastSaturdayInMonth: " + lastSaturdayInMonth);
}
```

Listing 11.18   Ausführbar als **'PREDEFINEDTEMPORALADJUSTERSEXAMPLE'**

Starten wir das Programm PREDEFINEDTEMPORALADJUSTERSEXAMPLE, so erhalten wir folgende Resultate der Datumsberechnungen:

```
date:                2015-02-07
lastofMonth:         2015-02-28
firstOfMonth:        2015-02-01
firstOfNextMonth:    2015-03-01
firstMondayInMonth:  2015-02-02
lastSaturdayInMonth: 2015-02-28
```

In der Definition des Interface TemporalAdjuster haben wir die Methode adjustInto(Temporal) gesehen. Wenn wir uns aber das obige Beispiel anschauen, sehen wir nirgendwo den Aufruf der adjustInto(Temporal)-Methode. Stattdessen wird die Methode with(TemporalAdjuster) aufgerufen. Das liegt daran, dass diese eine besser lesbare und zudem semantisch äquivalente Alternative ist:

```
temporal = thisAdjuster.adjustInto(temporal);
temporal = temporal.with(thisAdjuster);
```

Speziellere vordefinierte TemporalAdjusters

Die zuvor genannten TemporalAdjusters sind für viele Anwendungsfälle schon ausreichend. Für mehr Flexibilität gibt es noch folgende zwei Methoden:

- ofDateAdjuster(UnaryOperator<LocalDate>) – Mithilfe dieser Methode lassen sich TemporalAdjusters erstellen. Die auszuführenden Berechnungen werden mithilfe eines UnaryOperator<LocalDate> beschrieben. Das ermöglicht viel Flexibilität: Mit dem Lambda date -> date.plusDays(5) springt man fünf Tage in die Zukunft. Andere Berechnungen sind ähnlich leicht.

- dayOfWeekInMonth(int, DayOfWeek) – Errechnet den n-ten Wochentag im Monat. Dabei wird auch über Monatsgrenzen hinweg gesprungen, etwa wenn man den (nicht existierenden) 7. Dienstag eines Monats ermitteln wollte. Zudem sind negative Werte erlaubt, wobei die Werte 0 und -1 eine spezielle Bedeutung tragen: 0 ermittelt den letzten gewünschten Wochentag im Vormonat, -1 den letzten Wochentag in diesem Monat. Die negativen Werte rechnen ausgehend vom letzten Wochentag des Monats die übergebene Anzahl an Wochen zurück. Der -3. Sonntag wäre also 3 Wochen vor dem letzten Sonntag des Monats und man müsste die Werte -4 sowie SUNDAY an dayOfWeekInMonth(int, DayOfWeek) übergeben.

Im nachfolgenden Listing definieren wir jeweils eine Hilfsmethode, die die Arbeitsweise der beiden Methoden aus der Aufzählung verdeutlicht:

```
public static void main(final String[] args)
{
    ofDateAdjusterCalculations();
    dayOfWeekInMonthCalculations();
}

private static void ofDateAdjusterCalculations()
{
    System.out.println("Adjusting with ofDateAdjuster()");
    System.out.println("-------------------------------");

    final Map<String, TemporalAdjuster> adjusters = new LinkedHashMap<>();

    adjusters.put("ONE_WEEK_LATER", ofDateAdjuster(localDate ->
                                                    localDate.plusDays(7)));
    adjusters.put("ONE_MONTH_LATER", ofDateAdjuster(localDate ->
                                                    localDate.plusMonths(1)));

    final LocalDate base = LocalDate.of(2012, FEBRUARY, 27);
    applyAdjusters(base, adjusters);
}

private static void dayOfWeekInMonthCalculations()
{
    System.out.println("\nAdjusting with dayOfWeekInMonth()");
    System.out.println("---------------------------------");

    final Map<String, TemporalAdjuster> adjusters = new LinkedHashMap<>();

    adjusters.put("THIRD_FRIDAY", dayOfWeekInMonth(3, FRIDAY));
    adjusters.put("LAST_FRIDAY", dayOfWeekInMonth(-1, FRIDAY));
    adjusters.put("LAST_FRIDAY_LAST_MONTH", dayOfWeekInMonth(0, FRIDAY));
    adjusters.put("FRIDAY_3_WEEKS_BEFORE_LAST", dayOfWeekInMonth(-4, FRIDAY));

    final LocalDate base = LocalDate.of(2015, FEBRUARY, 7);
    applyAdjusters(base, adjusters);
}

private static void applyAdjusters(final LocalDate base,
                       final Map<String, TemporalAdjuster> adjusters)
{
    System.out.println("Starting on: " + base);

    adjusters.forEach( (name, adjuster) ->
    {
        System.out.println("adjusting to " + name + ": " + base.with(adjuster));
    });
}
```

Listing 11.19 Ausführbar als '**PREDEFINEDTEMPORALADJUSTERSEXAMPLE2**'

Das Programm PREDEFINEDTEMPORALADJUSTERSEXAMPLE2 produziert folgende Ausgaben:

```
Adjusting with ofDateAdjuster()
-------------------------------
Starting on: 2012-02-27
adjusting to ONE_WEEK_LATER: 2012-03-05
adjusting to ONE_MONTH_LATER: 2012-03-27
```

```
Adjusting with dayOfWeekInMonth()
--------------------------------
Starting on: 2015-02-07
adjusting to THIRD_FRIDAY: 2015-02-20
adjusting to LAST_FRIDAY: 2015-02-27
adjusting to LAST_FRIDAY_LAST_MONTH: 2015-01-30
adjusting to FRIDAY_3_WEEKS_BEFORE_LAST: 2015-02-06
```

11.3 Interoperabilität mit Legacy-Code

Für Migrationen von den alten Datums-APIs ist es von Interesse, welche Klassen sich von der Idee her im alten JDK und im neuen Date and Time API entsprechen und wie man zwischen Instanzen der alten und neuen Klassen hin und her konvertieren kann. Insbesondere besteht eine Analogie zwischen den Klassen Date und Instant. Die Klasse GregorianCalendar kann man am ehesten mit der Klasse ZonedDateTime vergleichen. Dabei gibt es einige Konvertierungsmethoden – bitte beachten Sie, dass sich diese nur in dem alten Datums-API befinden, damit man im neuen Date and Time API keine Abhängigkeit auf das alte hat. Allerdings gibt es leider keine Möglichkeit, aus einem Date in die gebräuchlichen Klassen LocalDate, LocalTime oder LocalDateTime zu konvertieren – später dazu mehr. Nun möchte ich im folgenden Listing einige der obigen Methoden zur Konvertierung nutzen und darüber hinaus noch die Methode ofInstant(Instant, ZoneId), die sowohl in der Klasse LocalDateTime als auch in der Klasse ZonedDateTime existiert:

```java
public static void main(final String[] args)
{
    // Berechnungen basierend auf Date
    final Date now = new Date();
    final Instant nowAsInstant = now.toInstant();
    final Date nowFromAsInstant = Date.from(nowAsInstant);

    final ZoneId systemZone = ZoneId.systemDefault();
    final LocalDateTime localDateTime = LocalDateTime.ofInstant(nowAsInstant,
                                                                systemZone);
    final ZoneId zoneCalifornia = ZoneId.of("America/Los_Angeles");
    final ZonedDateTime zonedDateTime = ZonedDateTime.ofInstant(nowAsInstant,
                                                                zoneCalifornia);

    // Berechnungen basierend auf Calendar
    final GregorianCalendar nowAsCalendar = new GregorianCalendar();
    final ZonedDateTime nowAsZonedDateTime = nowAsCalendar.toZonedDateTime();
    final GregorianCalendar calendarFromZoned =
                        GregorianCalendar.from(nowAsZonedDateTime);
    final Instant instant = nowAsZonedDateTime.toInstant();

    System.out.println("LocalDateTime: " + localDateTime);
    System.out.println("ZonedDateTime: " + zonedDateTime);
    System.out.println("Instant:       " + instant);
}
```

*Listing 11.20   Ausführbar als '*LEGACYEXAMPLE*'*

Das Programm LEGACYEXAMPLE erzeugt in etwa folgende Ausgaben:

```
LocalDateTime: 2014-05-22T21:08:36.089
ZonedDateTime: 2014-05-22T12:08:36.089-07:00[America/Los_Angeles]
Instant:       2014-05-22T19:08:36.172Z
```

Konvertierung `Date` in `LocalDateTime` usw. und zurück

Die Konvertierung von `Date` in Instanzen von `LocalDateTime` usw. ist leider nicht so leicht, wie man es sich wünschen würde. Statt einer direkten Konvertierung muss man einen Umweg über einen `Instant` nehmen. Aus diesem kann man dann ein `LocalDateTime`-Objekt erzeugen – allerdings ist dabei eine Zeitzone anzugeben. Danach kann man die jeweils spezifischen Klassen `LocalDate`- und `LocalTime`-Objekte durch einen einfachen Methodenaufruf ermitteln:

```
public static void main(String[] args)
{
    // Konvertierungen von ZonedDateTime -> Date
    final ZonedDateTime nowZdt = ZonedDateTime.now();
    final Date nowAsDate1 = Date.from(nowZdt.toInstant());
    System.out.println("From ZonedDateTime:    " + nowAsDate1);

    // Konvertierungen von LocalDateTime -> Date
    final LocalDateTime startLdt = LocalDateTime.parse("2015-05-09T16:27:38");

    // Variante 2 mit Umwandlung erst in ZonedDateTime per atZone()
    final ZonedDateTime zdt = startLdt.atZone(ZoneId.systemDefault());
    final Date nowAsDate2 = Date.from(zdt.toInstant());
    System.out.println("From LocalDateTime V2: " + nowAsDate2);

    // Variante 3 mit ZoneOffset
    final Date nowAsDate3 = Date.from(startLdt.toInstant(zdt.getOffset()));
    System.out.println("From LocalDateTime V3: " + nowAsDate3);

    // Konvertierungen von Date -> LocalDateTime usw.
    final Instant instant = Instant.ofEpochMilli(nowAsDate3.getTime());
    final LocalDateTime ldt = LocalDateTime.ofInstant(instant,
                                         ZoneId.systemDefault());
    System.out.println("LocalDateTime from Date: " + ldt);

    // Umwandlung in LocalDate bzw. LocalTime
    final LocalDate ld = ldt.toLocalDate();
    System.out.println("LocalDate:              " + ld);
    final LocalTime lt = ldt.toLocalTime();
    System.out.println("LocalTime:              " + lt);
}
```

*Listing 11.21   Ausführbar als '*DATETOLOCALDATEEXAMPLE*'*

Das Programm DATETOLOCALDATEEXAMPLE produziert etwa folgende Ausgaben:

```
From ZonedDateTime:    Sat May 09 17:46:52 CEST 2015
From LocalDateTime V2: Sat May 09 16:27:38 CEST 2015
From LocalDateTime V3: Sat May 09 16:27:38 CEST 2015
LocalDateTime from Date: 2015-05-09T16:27:38
LocalDate:             2015-05-09
LocalTime:             16:27:38
```

12 GUIs mit JavaFX

Dieses Kapitel beschreibt JavaFX als Javas aktuelles GUI-Framework, das Swing als Oberflächentechnologie ablösen soll. Dieser Schritt ist notwendig, weil Java in den letzten Jahren im Desktop-Bereich deutlich an Einfluss verloren hat, sowohl an die Konkurrenz aus dem Microsoft-Lager (.NET/WPF) als auch an immer populärer werdende Webapplikationen. JavaFX tritt nun an, die GUI-Programmierung zu erleichtern und attraktive GUIs entwickeln zu können.

Weil derzeit die Literatur zu JavaFX noch recht überschaubar ist, beschreibe ich zunächst einige Grundlagen von JavaFX. Abschnitt 12.1 beginnt mit einer Einführung. Danach schauen wir uns in Abschnitt 12.2 die deklarative Gestaltung von GUIs an, wodurch eine gute Trennung von Design und Funktionalität möglich wird. In Abschnitt 12.3 lernen wir die Vorzüge von JavaFX in Form von Effekten und Animation u. v. m. kennen. Dann werden in Abschnitt 12.4 mit Properties, Bindings und Observable Collections elementare Bestandteile von JavaFX vorgestellt. Im Anschluss schauen wir uns dann einige weitere wichtige Bedienelemente in Abschnitt 12.5 an. Dem Thema Multithreading widmet sich Abschnitt 12.6. Schließlich wird in Abschnitt 12.7 das Einbinden von JavaFX in Swing und umgekehrt behandelt, sodass Sie für eine mögliche Migration gerüstet sind.

12.1 Einführung – JavaFX im Überblick

In diesem Abschnitt gebe ich Ihnen einen kurzen Überblick und Einstieg in JavaFX. Wir lernen zunächst einige Grundbegriffe und dann eine einfache Form von Action Handling kennen. Anschließend schauen wir uns das Layoutmanagement an.

12.1.1 Grundsätzliche Konzepte

Nachfolgend werden wichtige Grundlagen von JavaFX anhand einer Hello-World-Applikation beschrieben, mit der ein Text in einem Fenster ausgegeben werden soll. Bevor wir jedoch mit der Implementierung der Anwendung beginnen, möchte ich auf folgende zentrale Hauptbestandteile einer JavaFX-Applikation eingehen:

- **Stage** – Die sogenannte Stage vom Typ `javafx.stage.Stage` bildet die »Bühne« oder den Rahmen für eine JavaFX-Applikation und stellt die Verbindung zum genutzten Betriebssystem dar – vergleichbar mit einem `JFrame` in Swing.

- **Scene** – Eine sogenannte Scene ist vom Typ `javafx.scene.Scene`. Sie entspricht grob der Containerkomponente `ContentPane` in Swing und ist dasjenige Element eines JavaFX-GUIs, in dem alle Bedienelemente platziert werden (eventuell indirekt durch Verschachtelungen ähnlich zu den Containern in Swing).
- **Scenegraph** und **Nodes** – Ähnlich wie bei AWT, SWT oder Swing ist auch bei JavaFX die Benutzeroberfläche hierarchisch organisiert: Der Inhalt einer `Scene` ist ein Baum, bestehend aus Knoten mit dem Basistyp `javafx.scene.Node`. Man spricht bei dem Baum auch vom *Scenegraph*. Die Anordnung der Bedienelemente (`Nodes`) wird durch spezielle Container ähnlich zu den `LayoutManagern` in Swing bestimmt. Diese Container besitzen selbst wieder den Basistyp `Node` und sind Bestandteil des Scenegraphs.

Zum Einstieg realisieren wir eine Hello-World-Applikation mithilfe der Basisklasse `javafx.application.Application`. Dadurch muss nur noch die abstrakte Methode `start(Stage)` implementiert werden. Dabei nutzen wir als Container den Typ `javafx.scene.layout.StackPane`, der Bedienelemente wie in einem Kartenstapel übereinander anordnet. Zur Darstellung eines Textes fügen wir ein Label vom Typ `javafx.scene.control.Label` ein. Das Ganze implementieren wir wie folgt:

```java
import javafx.application.Application;
import javafx.scene.Node;
import javafx.scene.Scene;
import javafx.scene.control.Label;
import javafx.scene.layout.StackPane;
import javafx.stage.Stage;

public class FirstJavaFxExample extends Application
{
    @Override
    public void start(final Stage stage) throws Exception
    {
        final StackPane stackPane = new StackPane();

        // Label erzeugen und dem StackPane-Container hinzufügen
        final Node labelNode = new Label("Hello JavaFX World!");
        stackPane.getChildren().add(labelNode);

        // Stage, Scene und StackPane verbinden
        stage.setScene(new Scene(stackPane, 250, 75));

        // Titel und Resizable-Eigenschaft setzen
        stage.setTitle("FirstJavaFxExample");
        stage.setResizable(true);

        // Positionierung und Sichtbarkeit
        stage.centerOnScreen();
        stage.show();
    }
    // ...
}
```

Listing 12.1 Ausführbar als '**FirstJavaFxExample**'

12.1 Einführung – JavaFX im Überblick

Weil wir im Listing diverse unbekannte Klassen sehen und die Aktionen zum Aufbau des GUIs in JavaFX-Applikationen in etwa immer einem ähnlichen Muster folgen, werden hier einmalig die import-Anweisungen gezeigt und zudem einführend die obigen Programmzeilen detaillierter beschrieben. Das Label ist eine Spezialisierung einer Node. Eine Instanz davon wird der StackPane hinzugefügt, indem über getChildren() die Nodes im Container ermittelt und dann über add(Node) erweitert werden. Anschließend dient die StackPane als Eingabe für die Konstruktion einer Scene, die dann der Stage per Methodenaufruf von setScene(Scene) zugewiesen wird. Für die Stage werden noch verschiedene Eigenschaften wie Titel und Größenveränderlichkeit gesetzt. Abschließend wird durch Aufrufe von centerOnScreen() sowie show() ein Fenster mit dem zuvor konstruierten Inhalt zentriert auf dem Bildschirm dargestellt. Führen wir die Applikation FIRSTJAVAFXEXAMPLE aus, so erscheint ein Fenster mit einem Text, etwa wie in Abbildung 12-1.

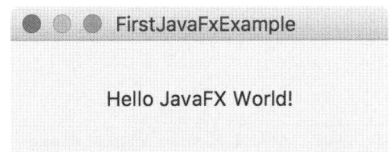

Abbildung 12-1 *Erste JavaFX-Applikation*

Zwei Dinge möchte ich noch explizit erwähnen:

1. Im Gegensatz zu Swing-Applikationen muss man als Anwender das Fenster bzw. die Stage nicht selbst erstellen, etwa per Konstruktoraufruf new JFrame(), sondern die Stage wird vom JavaFX automatisch erzeugt und an die Methode start(Stage) übergeben. Dadurch erreicht man Plattformunabängigkeit, weil der Inhalt der Scene und alle dort dargestellten Elemente den Basistyp Node besitzen und so eine Abstraktion von den tatsächlichen Bedienelementen des Betriebssystems ermöglichen.
2. Wiederum im Gegensatz zu Swing nimmt JavaFX viele Schritte beim Starten der Applikation ab und sorgt auf diese Weise für einen Thread-sicheren Start. Dabei wird die Methode start(Stage) automatisch aufgerufen, wenn wir die Methode launch() ausführen. Dies geschieht in der main()-Methode wie folgt:

```
public static void main(final String[] args)
{
    launch(args);
}
```

Erweiterung des Hello-World-Beispiels um Action Handling

Das vorherige Beispiel hat die grundlegenden Zusammenhänge beim Entwurf einer JavaFX-Applikation dargestellt. Wesentlich für GUIs sind aber Benutzerinteraktionen. Von deren Verarbeitung wollen wir nun einen ersten Eindruck bekommen. Dazu nutzen wir einen `javafx.scene.control.Button` anstatt wie zuvor ein statisches `Label`. Den `Button` platzieren wir in einer `javafx.scene.layout.FlowPane`. Um auf das Drücken des Buttons reagieren zu können, registrieren wir einen `javafx.event.EventHandler<javafx.event.ActionEvent>`. Als Aktion erzeugen wir neue `Label`s, die wir der `FlowPane` dynamisch hinzufügen. Das Beschriebene realisieren wir wie folgt – oftmals lässt sich dies durch Lambdas kürzer und eleganter gestalten (vgl. Abschnitt 5.1.2).

```
@Override
public void start(final Stage stage)
{
    final Button button = new Button();
    button.setText("Add 'Hello World' Label");

    final FlowPane pane = new FlowPane();
    pane.getChildren().add(button);

    // EventHandler als anonyme innere Klasse registrieren
    button.setOnAction(new EventHandler<ActionEvent>()
    {
        @Override
        public void handle(final ActionEvent event)
        {
            pane.getChildren().add(new Label("- Hello World! -"));
        }
    });

    stage.setScene(new Scene(pane, 400, 100));
    stage.setTitle("JavaFxActionHandlingExample");
    stage.setResizable(true);
    stage.centerOnScreen();
    stage.show();
}
```

Listing 12.2 Ausführbar als '**JAVAFXACTIONHANDLINGEXAMPLE**'

An diesem Beispiel wird neben dem Action Handling ein dynamisch veränderliches Layout gezeigt. Das Programm JAVAFXACTIONHANDLINGEXAMPLE produziert nach ein paar Klicks auf den Button eine Ausgabe ähnlich zu der in Abbildung 12-2.

Abbildung 12-2 JavaFX und Action Handling

12.1 Einführung – JavaFX im Überblick 715

Relativ schnell wird diese Applikation langweilig und wir drücken das Schließkreuz. Ganz natürlich wird die Applikation dadurch beendet. Tatsächlich könnte uns das als praktisches Feature auffallen, denn in Swing wurde die Applikation nur dann beendet, wenn man eine passende Default-Close-Operation oder einen speziellen `java.awt.event.WindowListener` registriert hatte.

Wenn Sie bereits Erfahrung mit Swing haben, ist Ihnen bestimmt positiv aufgefallen, dass JavaFX das Layout der Applikation automatisch aktualisiert und dies nicht wie bei Swing einige Aktionen erfordert. Das führt uns zum Thema Layoutmanagement.

12.1.2 Layoutmanagement

In den bisherigen Beispielen haben wir bereits zwei Layout-Containerkomponenten von JavaFX kennengelernt:

- `StackPane` – Die `StackPane` platziert die einzelnen `Nodes` wie in einem Stapel Karten übereinander. Damit ist es auf einfache Weise möglich, `Nodes` miteinander zu kombinieren. Sofern die einzelnen `Nodes` unterschiedlich groß oder teilweise transparent sind, kann man einen Überlagerungseffekt erzielen.
- `FlowPane` – Die `FlowPane` erinnert an das `FlowLayout` aus Swing. Hier werden `Nodes` sukzessive dargestellt und je nach Verlaufsrichtung horizontal oder vertikal umbrochen. Dies geschieht auf Grundlage der Breite bzw. Höhe der `FlowPane`.

In JavaFX ist eine Vielzahl weiterer Layouts definiert, unter anderem folgende:

- `BorderPane` – Die `javafx.scene.layout.BorderPane` ist sehr ähnlich zum `java.awt.BorderLayout` in Swing. Analog dazu bietet auch die `BorderPane` die bekannten fünf Bereiche, in denen `Nodes` platziert werden können (oder die auch unbelegt bleiben können). Diese Anordnung eignet sich für gebräuchliche Layouts mit einer Toolbar oder einer Menüzeile oben sowie einer Statuszeile unten. Auf der linken Seite kann eine Navigation dargestellt werden sowie zusätzliche Informationen auf der rechten Seite. Die Hauptinformation ist mittig platziert.
- `GridPane` – Mithilfe der `javafx.scene.layout.GridPane` lassen sich Anordnungen in einem Raster realisieren, ähnlich wie mit dem aus Swing bekannten `java.awt.GridLayout` oder dem komplexeren `java.awt.GridBagLayout` respektive dem `FormLayout` aus der GUI-Bibliothek JGoodies (verfügbar unter http://www.jgoodies.com/). In einer `GridPane` können `Nodes` beliebigen Zellen im Raster zugeordnet werden und sich auch über den Bereich mehrerer Zellen erstrecken. Mithilfe von `GridPanes` lassen sich sehr gut Eingabemasken realisieren, die eine in Spalten und Zeilen ausgerichtete Darstellung von Bedienelementen erfordern.
- `HBox` und `VBox` – Die `javafx.scene.layout.HBox` ist ein einfaches Layout: Die `Nodes` werden horizontal in einer Zeile ausgerichtet. Für die `javafx.scene.layout.VBox` erfolgt die Ausrichtung in der Vertikalen, ähnlich einer Spalte.

Layouts am Beispiel

Im folgenden Beispiel verwende ich exemplarisch die zuletzt genannten und zuvor noch unbenutzten Layouts, um eine recht typische Oberfläche zu gestalten, die eine Toolbar oben, eine Navigationsleiste links und verschiedene Textfelder zentral anbietet.

Bereits bei nur etwas komplexeren Programmen lohnt es sich, dem Design und der Strukturierung im Vorfeld einige Gedanken zu widmen. Würde man stattdessen direkt loslegen und das GUI vollständig innerhalb der `start(Stage)`-Methode aufbauen, so wäre diese selbst für das Beispiel schon recht lang und etwas unübersichtlich. Das gilt in zunehmendem Maße, wenn das zu konstruierende GUI komplexer wird. Dann bietet sich oftmals an, die einzelnen Bestandteile des GUIs mithilfe von eigenen Methoden zu konstruieren, wie dies nachfolgend durch die drei `createXYZ()`-Methoden und die entsprechende Platzierung der erzeugten Container in einer `BorderPane` gezeigt ist:

```java
@Override
public void start(final Stage primaryStage)
{
    final BorderPane borderPane = new BorderPane();
    borderPane.setTop(createToolbarPane());
    borderPane.setCenter(createInputPane());
    borderPane.setLeft(createNavigationPane());

    primaryStage.setTitle(LayoutCombinationExample.class.getSimpleName());
    primaryStage.setScene(new Scene(borderPane, 300, 150));
    primaryStage.show();
}

private Pane createToolbarPane()
{
    final HBox hbox = new HBox(5);
    hbox.setStyle("-fx-border-color: red; -fx-border-width: 3pt;");
    hbox.getChildren().addAll(new Text("TOP"), new Button("HBox1"),
                                                new Button("HBox2"));
    return hbox;
}

private Pane createInputPane()
{
    final GridPane gridPane = new GridPane();
    gridPane.add(new Label("CENTER"), 0, 0);
    gridPane.add(new Label("Label1"), 0, 1);
    gridPane.add(new TextField(), 1, 1);
    gridPane.add(new Label("Label2"), 0, 2);
    gridPane.add(new TextField(), 1, 2);
    gridPane.add(new Button("Button"), 1, 3);
    return gridPane;
}

private Pane createNavigationPane()
{
    final VBox vbox = new VBox(5);
    vbox.setStyle("-fx-border-color: blue; -fx-border-width: 3pt;");
    vbox.getChildren().addAll(new Text("LEFT"), new Button("VBox1"),
                                                new Button("VBox2"));
    return vbox;
}
```

Listing 12.3 Ausführbar als 'LAYOUTCOMBINATIONEXAMPLE'

12.1 Einführung – JavaFX im Überblick

Im Listing sehen wir verschiedene Besonderheiten und Methodenaufrufe, die wir noch nicht kennen. Da hier lediglich die Erstellung des Layouts mithilfe von Methoden von größerem Interesse ist, gehe ich auf die anderen Details später ein.

Starten Sie das Programm LAYOUTCOMBINATIONEXAMPLE, so kommt es zu einer Darstellung ähnlich zu der in Abbildung 12-3, die die Arbeitsweise der genannten Layouts verdeutlicht.

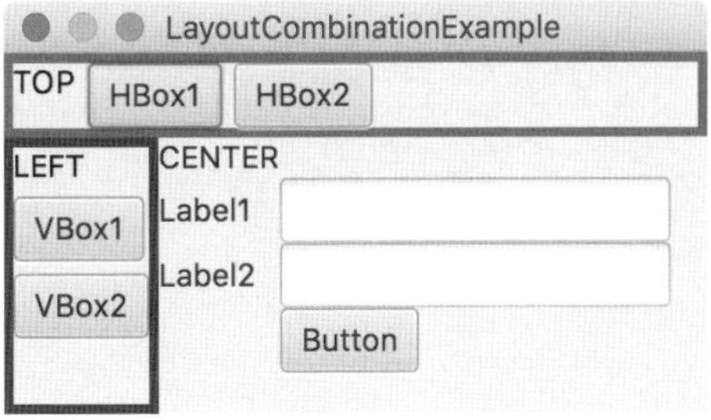

Abbildung 12-3 Kombination von Layouts

Hinweis: Komponentenbildung – Gestaltung komplexerer Layouts

Um grafische Elemente zu verschachteln und komplexere Strukturen aus Basisbausteinen zusammenzusetzen, kann man die einzelnen Bestandteile des GUIs mithilfe von Methoden erzeugen. Spielt der Aspekt Komponentenbildung bzw. Wiederverwendbarkeit eine Rolle, so empfiehlt es sich, anstelle von Methoden eigenständige Klassen zu verwenden.

Man kann die beiden Ansätze sogar gewinnbringend kombinieren. Nachfolgend verdeutliche ich dies für die Toolbar. Diese ist nun in Form einer Klasse `ToolbarPane` implementiert und wird mithilfe der Fabrikmethode `createToolbarPane()` erzeugt. Somit ändert sich für die nutzende (obige) Applikation nichts an ihrem strukturellen Aufbau. Das Beschriebene kann man wie folgt umsetzen:

```
private Pane createToolbarPane()
{
    return new ToolbarPane();
}

static class ToolbarPane extends Pane
{
    public ToolbarPane()
    {
        final HBox hbox = new HBox(5);
        hbox.getChildren().addAll(new Text("TOP"),
                    new Button("HBox1"), new Button("HBox2"));

        this.getChildren().add(hbox);
    }
}
```

Die `HBox` am Beispiel

Weil die `HBox` ein einfach zu verstehendes Layout realisiert, kann ich bei dessen Nutzung auf ein paar praktische Besonderheiten von JavaFX aufmerksam machen.

Dazu schauen wir uns folgendes Beispiel an, in dem in einer `HBox` drei Bedienelemente, nämlich ein `Label`, ein `TextField` und ein `Button` mit auf 24pt vergrößerter Schriftart, wie folgt hinzugefügt werden:

```
@Override
public void start(final Stage primaryStage)
{
    final Label label = new Label("Label");
    final TextField textfield = new TextField();
    final Button button = new Button("Button");
    button.setFont(Font.font(24));

    final HBox root = new HBox();
    root.getChildren().addAll(label, textfield, button);

    primaryStage.setTitle(FirstHBoxExample.class.getSimpleName());
    primaryStage.setScene(new Scene(root, 350, 70));
    primaryStage.show();
}
```

Listing 12.4 *Ausführbar als* '**FirstHBoxExample**'

Führen wir das Programm FIRSTHBOXEXAMPLE aus, so erhalten wir eine Ausgabe wie in Abbildung 12-4.

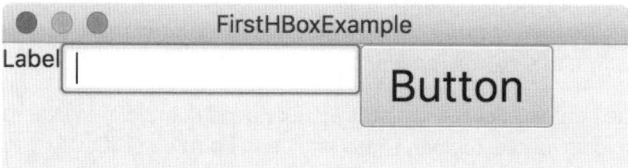

Abbildung 12-4 *Erstes Beispiel einer* `HBox`

Man erkennt, dass die Bedienelemente horizontal, also innerhalb einer Zeile, angeordnet werden, wie wir dies von der `HBox` erwarten. Allerdings fallen gleich mehrere Dinge negativ auf:

- Die Bedienelemente werden ohne jeglichen Abstand direkt aneinander gezeichnet.
- Die Bedienelemente sind an ihrer oberen Kante ausgerichtet, was unruhig wirkt.
- Es könnte außerdem sowohl beim Label als auch beim Button nur ein Teil des Textes (oder gar keiner) erscheinen, gefolgt von ..., weil das Fenster zu schmal ist.

12.1 Einführung – JavaFX im Überblick   719

Besonderheiten von Layouts

Die zuvor aufgelisteten kleineren Probleme im Layout inklusive möglicher Abhilfen wollen wir nachfolgend ein wenig genauer betrachten. Mit den gewonnenen Erkenntnissen bauen wir das obige Beispiel aus.

Besonderheit 1: Abstände Häufig ist es sinnvoll, zwischen den Bedienelementen einen gewissen Abstand vorzugeben, anstatt sie direkt aneinander zu zeichnen. Dazu kann man für die meisten Layouts die Methoden `setHgap(double)` und `setVgap(double)` nutzen. Für die Klassen `HBox` und `VBox` werden diese Methoden jedoch nicht angeboten – nur jeweils eine davon wäre für die `HBox` bzw. die `VBox` passend. Daher lassen sich die Abstände für diese beiden Layouts spezifisch über Konstruktorparameter festlegen. Außerdem existiert alternativ dazu die Methode `setSpacing(double)`.

Neben Abständen zwischen Bedienelementen bietet es sich an, auch insgesamt um alle Bedienelemente einen Abstand zum Fensterrand bzw. zur umgebenden Containerkomponente vorzugeben. Dazu nutzt man die Klasse `javafx.geometry.Insets` und einen Aufruf von `setPadding(Insets)`:

```
// Abstand 10 Pixel zwischen Bedienelementen
final FlowPane pane = new FlowPane();
pane.setHgap(10);
pane.setVgap(10);

// Spezialbehandlung HBox und VBox
final HBox hbox = new HBox(10);
final VBox vbox = new VBox(10);

// 7 Pixel Abstand vom Rand
pane.setPadding(new Insets(7,7,7,7));
hbox.setPadding(new Insets(7,7,7,7));
vbox.setPadding(new Insets(7,7,7,7));
```

Besonderheit 2: Ausrichtung an der Basislinie Die Darstellung ungleich hoher Bedienelemente direkt hintereinander ist optisch recht unharmonisch. Deutlich besser ist es, die Bedienelemente an einer virtuellen Linie auszurichten, die sich durch die in den Bedienelementen dargestellten Texte ergibt. Das spezifiziert man in JavaFX ganz einfach folgendermaßen:

```
// Linksbündige Ausrichtung an der Basislinie
hbox.setAlignment(Pos.BASELINE_LEFT);
```

Hier kommt die Aufzählung `javafx.geometry.Pos` zum Einsatz, in der verschiedene Positionierungen für X- und Y-Ausrichtung definiert sind, unter anderem etwa `TOP_LEFT`, `CENTER`, `BOTTOM_RIGHT` oder aber das oben verwendete `BASELINE_LEFT`, das eine linksbündige Ausrichtung auf der Höhe der Basislinie vornimmt.

Abhilfen im Einsatz Mit den gerade gewonnenen Erkenntnissen wollen wir die angesprochenen Probleme lösen. Zunächst geben wir bei der Konstruktion der `HBox` einen Abstand vor, der zwischen den einzelnen Bedienelementen eingehalten werden soll. Zudem setzen wir einen Rand über `setPadding(Insets)`. Darüber hinaus sorgen wir durch Angabe von `Pos.BASELINE_LEFT` im Aufruf von `setAlignment(Pos)` dafür, dass die Bedienelemente an der Basislinie ausgerichtet sind:

```java
@Override
public void start(final Stage primaryStage)
{
    final Label label = new Label("Label");
    final TextField textfield = new TextField();
    final Button button = new Button("Button");
    button.setFont(Font.font(24));

    // Besonderheit 1a: Abstand 10 Pixel zwischen Bedienelementen
    final HBox root = new HBox(10);
    // Besonderheit 1b: 7 Pixel Abstand vom Rand
    root.setPadding(new Insets(7,7,7,7));
    // Besonderheit 2: Ausrichtug an der Basislinie
    root.setAlignment(Pos.BASELINE_LEFT);

    root.getChildren().addAll(label, textfield, button);

    primaryStage.setTitle(HBoxWithAlignmentsExample.class.getSimpleName());
    primaryStage.setScene(new Scene(root, 320, 70));
    primaryStage.show();
}
```

Listing 12.5 Ausführbar als '**HBoxWithAlignmentsExample**'

Wenn wir das Programm HBoxWithAlignmentsExample starten, dann sehen wir die Verbesserung im Layout: Die Bedienelemente sind an einer Basislinie ausgerichtet. Anhand von Abbildung 12-5 erkennen wir allerdings auch, dass die Größe des Fensters nicht mehr ausreicht, um die Texte in den Bedienelementen vollständig darzustellen. Dann sorgt JavaFX dafür, dass die Texte durch Auslassungszeichen (eine sogenannte *Ellipsis*, meistens als drei Punkte (...) dargestellt) abgekürzt werden. Insbesondere bei einem größenveränderlichen Fenster ist dies eine wünschenswerte Eigenschaft, die man nun out of the box mitgeliefert bekommt und besser noch, die sich zudem noch vielfältig konfigurieren lässt, wie wir dies im folgenden Absatz sehen werden.

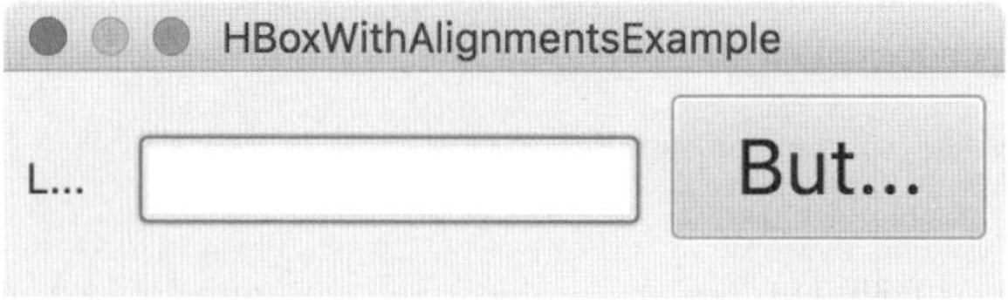

Abbildung 12-5 Beispiel eines Layouts mit `HBox` mit Ausrichtung

12.1 Einführung – JavaFX im Überblick

Besonderheit bei Größenveränderungen

Wir haben zuvor erkannt, dass JavaFX bereits diverse kleinere Verbesserungen und Bequemlichkeitsfunktionalitäten (Convenience) bereitstellt. Diese helfen unter anderem dabei, auf Größenveränderungen eines Fensters zu reagieren.

Nachfolgend möchte ich auf weitere Convenience-Funktionalitäten von JavaFX eingehen. Zunächst einmal auf die Konfigurierbarkeit der automatischen Verkürzung eines Textes durch Darstellung einer Ellipsis. Dabei lässt sich festlegen, an welcher Position die Ellipsis dargestellt werden soll. Zudem lässt sich die zur Abkürzung genutzte Zeichenfolge abändern. Des Weiteren kann man bestimmen, wie und welche Bedienelemente bei Größenanpassungen des Containers in ihrer Größe verändert werden sollen und welche nicht. Das wird über die Konstanten ALWAYS, SOMETIMES und NEVER aus der Aufzählung `javafx.scene.layout.Priority` gesteuert.

Mit diesem Wissen wollen wir das vorherige Beispiel anpassen: Wir legen für das `Label` und den `Button` durch Aufruf von `setTextOverrun(OverrunStyle)` das Verhalten beim Kürzen sowie mit `setEllipsisString(String)` die Zeichenfolge der Ellipsis fest. Für das `TextField` bestimmen wir durch Aufruf von `setHgrow(Priority)` mit der Priorität ALWAYS, dass Größenänderungen der `HBox`-Containerkomponente immer auch zu Größenänderungen des Textfelds führen. Zunächst sorgt die `HBox` aber dafür, dass alle enthaltenen Elemente ihre gewünschte Größe erhalten. Der darüber hinaus zur Verfügung stehende Platz wird dann an das `TextField` vergeben. All dies implementieren wir folgendermaßen:

```
@Override
public void start(final Stage primaryStage)
{
    final Label label = new Label("Label");
    label.setTextOverrun(OverrunStyle.ELLIPSIS); // Standard
    final TextField textfield = new TextField();
    final Button button = new Button("This is a button");
    button.setFont(Font.font(24));

    // Setzen des Strings "##~##" als Ellipsis-Abkürzung
    button.setEllipsisString("##~##");
    button.setTextOverrun(OverrunStyle.CENTER_ELLIPSIS);

    final HBox root = new HBox(10);
    root.setPadding(new Insets(7,7,7,7));
    root.setAlignment(Pos.BASELINE_LEFT);
    root.getChildren().addAll(label, textfield, button);

    // Größenveränderung
    HBox.setHgrow(textfield, Priority.ALWAYS);

    primaryStage.setTitle(ResizableHBoxExample.class.getSimpleName());
    primaryStage.setScene(new Scene(root, 410, 75));
    primaryStage.show();
}
```

Listing 12.6 Ausführbar als '**RESIZABLEHBOXEXAMPLE**'

Nach dem Start des Programms RESIZABLEHBOXEXAMPLE kommt es in etwa zu einer Darstellung wie in Abbildung 12-6. Verändern Sie ein wenig die Größe des Fensters und beobachten Sie die Auswirkungen der zuletzt durchgeführten Erweiterungen.

Abbildung 12-6 *Größenveränderliches Layout mit einer* `HBox`

Die GridPane am Beispiel

Für professionelle Anwendungen benötigt man recht häufig eine Platzierung von Bedienelementen, die anhand eines Rasters erfolgt. Innerhalb der einzelnen Rasterzellen sollen Bedienelemente individuell ausgerichtet werden können (links-, rechtsbündig oder zentriert). Während in Swing das `GridLayout` nicht so viel Flexibilität bietet und man mit dem `GridBagLayout` häufig bezüglich der Konfigurationsangaben kämpfen musste, gestaltet sich die Arbeit mit dem JavaFX-Layoutcontainer `GridPane` deutlich angenehmer, weil die Zuordnung zum Raster auf einfache Weise erfolgt. Außerdem kann man bei Bedarf, etwa zu Debuggingzwecken, Rasterlinien einblenden.

Mithilfe einer `GridPane` wollen wir nun einen recht einfachen Login-Dialog gestalten. Dort werden in zwei Zeilen jeweils in einer eigenen Spalte ein `Label` gefolgt von einem `TextField` platziert. In einer dritten Zeile wird in der zweiten Spalte ein Login-Button angeordnet. Zur Demonstration unterschiedlicher Ausrichtungen wählen wir für die `Label`s einmal links- und einmal rechtsbündig. Der `Button` wird auch rechtsbündig ausgerichtet. Um das praktische Feature der Gitterlinien demonstrieren zu können, nutzen wir eine `Checkbox` und einen `EventHandler<ActionEvent>`, über den diese Hilfslinien ein- bzw. ausgeschaltet werden können. Die beschriebenen Funktionalitäten realisieren wir folgendermaßen:

```
@Override
public void start(final Stage primaryStage) throws Exception
{
    final GridPane gridPane = new GridPane();
    gridPane.setPadding(new Insets(10, 10, 10, 10));
    gridPane.setHgap(7);
    gridPane.setVgap(7);

    final Label lblName = new Label("Name:");
    final TextField tfName = new TextField();
    final Label lblPassword = new Label("Password:");
    final PasswordField pfPassword = new PasswordField();
    final Button btnLogin = new Button("Login");

    // Bereitstellung von Gitterlinien
    final CheckBox checkBoxShowGridLines = new CheckBox("Show Gridlines");
    checkBoxShowGridLines.setOnAction(event ->
    {
        final boolean showGrid = checkBoxShowGridLines.isSelected();
```

12.1 Einführung – JavaFX im Überblick 723

```
        gridPane.setGridLinesVisible(showGrid);
});

// Zuordnung zum Grid (Node, X-Position, Y-Position)
gridPane.add(lblName, 0, 0);
gridPane.add(tfName, 1, 0);
gridPane.add(lblPassword, 0, 1);
gridPane.add(pfPassword, 1, 1);
gridPane.add(btnLogin, 1, 2);
gridPane.add(checkBoxShowGridLines, 0, 5);

// Layoutbesonderheiten
GridPane.setHalignment(lblName, HPos.LEFT);
GridPane.setHalignment(lblPassword, HPos.RIGHT);
GridPane.setHalignment(btnLogin, HPos.RIGHT);

primaryStage.setScene(new Scene(gridPane, 350, 150));
primaryStage.setTitle("GridPaneExample");
primaryStage.show();
}
```

Listing 12.7 *Ausführbar als* **'GRIDPANEEXAMPLE'**

Abbildung 12-7 zeigt die Ausgabe des Programms GRIDPANEEXAMPLE mit und ohne aktivierte Gitterlinien.

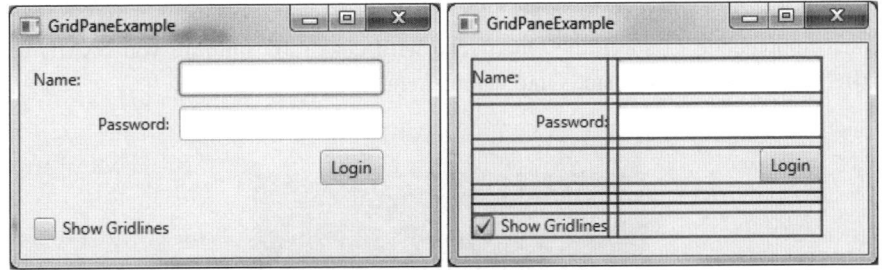

Abbildung 12-7 *Beispiel eines Layouts mit einer* `GridPane`

Durch die in der Abbildung gezeigten Gitterlinien erkennt man die Positionierung durch spezielle Abstandsspalten und -zeilen. Das ist eine mögliche Form der Nutzung. Alternativ dazu kann man die Abstände auch über die bereits kennengelernten Vorgaben über `Insets` erzielen. Bei komplexeren Eingabemasken ist dies mitunter der bessere Weg, da das Gitter möglicherweise nicht die benötigte Flexibilität bietet.

Abschließend möchte ich noch kurz auf einige Dinge eingehen, die Ihnen vielleicht schon beim Betrachten des Listings als Fragen in den Sinn gekommen sind.

Frage: Sollte man Präfixe für Bedienelemente nutzen? In diesem Beispiel werden Präfixe für Bedienelemente verwendet. Wann sollte man diese nutzen? Eine allgemeingültige Antwort auf diese Frage gibt es sicher nicht. Zum Teil bietet es sich an, für Bedienelemente verschiedene Kürzel wie `lbl` für `Label` oder `tf` für `TextField` zu verwenden, etwa um das Label `lblName` deutlich von dem korrespondierenden Textfeld `tfName` unterscheiden zu können. Es gibt noch eine andere Form der Namensgebung: die Suffix-Notation. Damit ergeben sich teilweise besser lesbare Namen wie `loginButton`. Aber für `nameLabel` und `nameTextfield` stößt auch diese Notation an ihre Grenzen.

Manchmal empfinde ich Präfixe bzw. Suffixe als hilfreich, manchmal als störend. Wichtig ist vor allem, dass der Rest des Namens aussagekräftig ist.

Merkwürdigkeit: Statische Positionierungsmethoden   Im Listing sehen wir die Verwendung statischer Methoden (`GridPane.setHalignment()`), um Attribute zur Ausrichtung zu setzen. Das wirkt eher unnatürlich, ist aber laut Cay S. Horstmanns empfehlenswerten Buchs »Java SE 8 for the Really Impatient« [35] der deklarativen Konstruktion von GUIs mithilfe von FXML (JavaFX Markup Language) und der Reihenfolge von Methodenaufrufen und Initialisierungen geschuldet.

Frage: Gibt es nicht ein GUI-Design-Tool?   Je komplexer die zu erstellenden Layouts werden, desto mehr tendiert der Sourcecode dazu, unübersichtlich und auch schlechter wartbar zu werden. Schnell kommt der Wunsch nach einem GUI-Design-Tool auf. Praktischerweise bietet die Firma Gluon das Tool SCENEBUILDER an. Es kann unter `http://gluonhq.com/labs/scene-builder/#download` heruntergeladen werden. Die mit dem SceneBuilder erstellten Layouts produzieren als Ergebnis keinen Sourcecode, sondern die Oberfläche wird deklarativ mithilfe von FXML beschrieben, was wir im nächsten Unterkapitel kennenlernen werden.

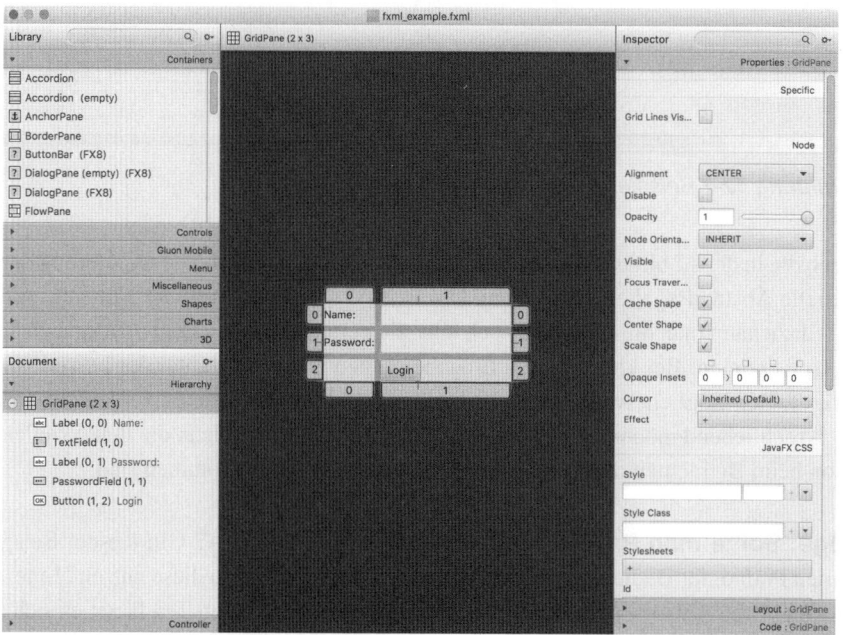

Abbildung 12-8 *Das Tool SceneBuilder*

12.2 Deklarativer Aufbau des GUIs

Ein GUI bzw. die Anordnung und der Zusammenhang der Bedienelemente wird in AWT, SWT und Swing gewöhnlich im Sourcecode ausprogrammiert, indem explizit Bedienelemente und Container erzeugt und miteinander verbunden werden. In den vorangegangenen Beispielen haben wir dies genauso mit JavaFX gemacht.

Die Erfahrung zeigt, dass diese Art der GUI-Erzeugung recht schnell zu schlecht wartbarem Spaghetticode führt – insbesondere dann, wenn Layouts komplexer werden. Eine mögliche Abhilfe besteht darin, Hilfsmethoden zu definieren, die die einzelnen Bestandteile des GUIs konstruieren, wie ich es bei der Vorstellung des Layoutmanagements gezeigt habe.

12.2.1 Deklarative Beschreibung von GUIs

Als Alternative zum programmatischen Zusammenbau kann man GUIs deklarativ beschreiben, wodurch sich häufig die zugrunde liegende hierarchische Struktur besser erkennen lässt, als dies für die Konstruktion im Sourcecode der Fall ist.

Für Swing gab es keinen Standard für die deklarative Beschreibung von GUIs. Mit JavaFX ändert sich dies. Mithilfe der XML-basierten FXML (JavaFX Markup Language) ist eine deklarative Beschreibung möglich. Dazu wird die Darstellung des GUIs (View) in Form von FXML definiert und das Verhalten (Controller) sowie das Datenmodell (Model) als Java-Klassen programmiert. Dieses Vorgehen folgt der Model-View-Controller-Architektur und bietet den Vorteil einer besseren Trennung von Darstellung und Modelldaten[1] und kann daher leichter verständlich sowie wartbar sein. Zudem wird es durch die Trennung (zumindest theoretisch) möglich, den Entwurf des GUIs von Designern durchführen zu lassen und nicht von Entwicklern, die sich dann auf ihre Stärken in der Programmierung der GUI-Funktionalität konzentrieren können.

Es gibt sogar noch einen weiteren Vorteil der deklarativen Gestaltung: Wenn man Programme für verschiedene Ausgabegeräte (Desktop, Tablet oder Handy) schreibt, so kann man für die jeweiligen Gerätegattungen eigene FXML-Dateien bereitstellen, die ein optimal passendes Layout definieren. Das führt oftmals zu ansprechenderen Ergebnissen, als wenn man versucht, eine allgemeingültige Größenanpassbarkeit ins Layout zu integrieren.

12.2.2 Hello-World-Beispiel mit FXML

Schauen wir nun, wie wir FXML für das Beispiel des Login-Dialogs nutzen können. Beginnen wir mit der Darstellung des GUIs. Nachfolgend ist dessen Definition als FXML-Datei `fxml_example.fxml` gezeigt — wobei ich einige Vereinfachungen am Layout vorgenommen habe, um für diese Einführung das Verständnis zu erleichtern.

---

[1] Allerdings besteht die Gefahr von Fehlkonfigurationen und Namensinkonsistenzen zwischen FXML und korrespondierendem Java-Code durch Tippfehler oder nach Umbenennungen, wenn das Tooling nicht die entsprechende Unterstützung bietet.

```xml
<?xml version="1.0" encoding="UTF-8"?>

<?import java.lang.*?>
<?import java.net.*?>
<?import javafx.geometry.*?>
<?import javafx.scene.control.*?>
<?import javafx.scene.layout.*?>
<?import javafx.scene.text.*?>

<GridPane alignment="CENTER" hgap="7.0" vgap="7.0"
       xmlns:fx="http://javafx.com/fxml/1"
       xmlns="http://javafx.com/javafx/2.2"
       fx:controller="javafx.fxml.FXMLExampleController">

    <children>
        <Label text="Name:" GridPane.columnIndex="0" GridPane.rowIndex="0" />
        <TextField fx:id="nameField" GridPane.columnIndex="1"
                                     GridPane.rowIndex="0" />

        <Label text="Password:" GridPane.columnIndex="0" GridPane.rowIndex="1" />
        <PasswordField fx:id="pwdField" GridPane.columnIndex="1"
                                        GridPane.rowIndex="1" />

        <Button onAction="#handleSubmitButtonAction" text="Login"
                GridPane.columnIndex="1" GridPane.rowIndex="2" />
    </children>
</GridPane>
```

Im Listing sehen wir, dass es zu den Bedienelementen aus JavaFX korrespondierende Elemente in FXML gibt, etwa `TextField` oder `Label`, aber auch `GridPane`. Diese den Elementnamen entsprechenden Klassennamen sind im Listing bei ihrem ersten Auftreten fett markiert.

Wenn wir FXML zur Definition des GUIs nutzen, entfällt im Java-Code logischerweise der Aufbau des GUIs. Stattdessen verwenden wir die Klasse `FXMLLoader` und deren Methode `load(URL)`, die aus der gezeigten deklarativen Beschreibung des GUIs in der FXML-Datei korrespondierende Container und Bedienelemente erstellt. Die Root-Komponente wird in Form eines Containers vom Typ `javafx.scene.Parent` zurückgeliefert. Mit diesem Wissen implementieren wir die `start(Stage)`-Methode folgendermaßen:

```java
@Override
public void start(final Stage stage) throws Exception
{
    final Parent root = FXMLLoader.load(getClass().
                                getResource("fxml_example.fxml"));

    stage.setScene(new Scene(root, 300, 150));
    stage.setTitle("FirstFxmlExample");
    stage.show();
}
```

Listing 12.8 Ausführbar als 'FIRSTFXMLEXAMPLE'

Führen wir das Programm FIRSTFXMLEXAMPLE aus, so erhalten wir in etwa eine Ausgabe wie in Abbildung 12-9 gezeigt, die abgesehen von Ausrichtungen und der Checkbox zur Aktivierung von Gitterlinien dem zuvor programmatisch realisierten Layout eines Login-Dialogs stark ähnelt.

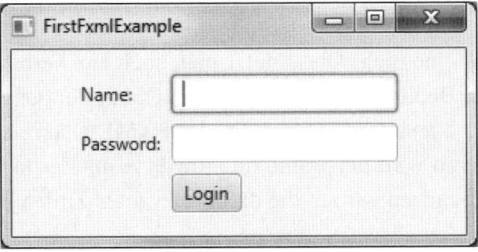

Abbildung 12-9 *Beispiel für GUI-Design und FXML*

Interessanterweise lässt sich das per FXML erstellte GUI schon bedienen und beim Drücken des Buttons werden die für Name und Passwort eingegebenen Werte auf der Konsole ausgegeben. Wieso funktioniert das Action Handling eigentlich? Schauen wir kurz auf die dafür verantwortlichen, fett markierten Zeilen im FXML:

```
<GridPane alignment="CENTER" hgap="7.0" vgap="7.0"
    xmlns:fx="http://javafx.com/fxml/1"
    xmlns="http://javafx.com/javafx/2.2"
    fx:controller="ch12_javafx.fxml.FXMLExampleController">

  ...

  <Button onAction="#handleSubmitButtonAction" text="Login"
          GridPane.columnIndex="1" GridPane.rowIndex="2" />

</GridPane>
```

Im Listing verweisen die Angaben `fx:controller` auf eine Klasse und `onAction` auf eine `EventHandler`-Methode. Beides lernen wir nun kennen.

Controller

Für dieses Beispiel nutzen wir die nachfolgende Implementierung eines Controllers. Dieser realisiert die vom obigen Programm ausgeführte Funktionalität:

```
public class FXMLExampleController
{
    @FXML
    private TextField nameField;
    @FXML
    private PasswordField pwdField;

    @FXML
    protected void handleSubmitButtonAction(final ActionEvent event)
    {
        System.out.println("Login button pressed! name: " + nameField.getText()
                + " pwd: " + pwdField.getText());
    }
}
```

Im Listing des Controllers sehen wir, dass der Klassenname mit der Angabe in `fx:controller` übereinstimmt. Ähnliches gilt für die Angabe des korrespondierenden Methodennamens in `onAction` im FXML. Dort wird lediglich das `#`-Zeichen entfernt und nach einer gleichnamigen Methode im Controller gesucht. Das wird mithilfe der Annotation `@FXML` möglich. Diese nutzt man auch zur Verbindung von den durch FXML beschriebenen Bedienelementen zu den im Controller definierten Attributen: Ist ein Attribut mit `@FXML` annotiert, so wird in der FXML-Datei nach einem passenden Pendant gesucht. Hierzu wird der Name des Attributs mit der in FXML angegebenen `fx:id` abgeglichen. Schauen wir auf die dafür relevanten Zeilen in FXML:

```
<TextField fx:id="nameField" GridPane.columnIndex="1" GridPane.rowIndex="0"/>
...
<PasswordField fx:id="pwdField" GridPane.columnIndex="1" GridPane.rowIndex="1"/>
```

12.2.3 Diskussion: Design und Funktionalität strikt trennen

Die Trennung von Zuständigkeiten ist in der Regel etwas Erstrebenswertes. Wenn man FXML nutzt, so kann das GUI mithilfe eines GUI-Design-Tools entworfen werden (am besten von UI-Experten) und die Entwickler können sich um die Realisierung von Funktionalität kümmern.

Wenn man Design und Funktionalität strikt voneinander trennen möchte, so dürfen konsequenterweise deren Verknüpfungen nicht in FXML verdrahtet werden, sondern müssen nachträglich programmatisch realisiert werden. Demnach darf in FXML streng genommen nicht einmal die Controllerklasse angegeben werden. Auf jeden Fall sind aber die Angaben von Methoden zum Action Handling zu vermeiden, wenn man das Ziel hat, Design und Funktionalität möglichst gut gegeneinander abzuschirmen.

Notwendige Anpassungen in FXML

Die Trennung von GUI-Design in FXML und Controller erfordert ein paar Änderungen. Die bisher automatisch ablaufende Verknüpfung zwischen FXML und Controllerklasse sowie der Methode zum Event Handling muss nun programmatisch vorgenommen werden. Als Erstes ist in FXML die Angabe von `fx:controller` zu entfernen und als Zweites benötigen wir für den Button statt der Angabe von `onAction` eine ID:

```
<GridPane alignment="CENTER" hgap="7.0" vgap="7.0"
    xmlns:fx="http://javafx.com/fxml/1"
    xmlns="http://javafx.com/javafx/2.2">
...
  <Button fx:id="loginButton" text="Login"
      GridPane.columnIndex="1" GridPane.rowIndex="2" />
</GridPane>
```

12.2 Deklarativer Aufbau des GUIs

Damit ist das FXML frei von Verweisen auf den Controller und die Programmlogik. Nun muss der Controller derart angepasst werden, dass die Verknüpfung erstellt wird.

Notwendige Anpassungen im Controller

Zunächst führen wir ein weiteres Attribut ein. Darüber hinaus lassen wir den Controller das Interface `Initializable` erfüllen, was eine `initialize()`-Methode deklariert, die wir passend implementieren:

```
public class FXMLExampleSpecialController implements Initializable
{
    @FXML
    private PasswordField passwordField;
    @FXML
    private TextField nameField;
    @FXML
    private Button loginButton;

    @Override
    public void initialize(final URL location, final ResourceBundle resources)
    {
        loginButton.setOnAction(this::handleSubmitButtonAction);
    }

    protected void handleSubmitButtonAction(final ActionEvent event)
    {
        System.out.println("Login button pressed! name: " +
                    nameField.getText() + " pwd: " + pwdField.getText());
    }
}
```

Notwendige Anpassungen in der Applikation

Schließlich muss noch eine kleine Anpassung in der Applikation selbst erfolgen, um den eigenen Controller explizit zu setzen:

```
@Override
public void start(final Stage stage) throws Exception
{
    final URL fxmlUrl = getClass().getResource("fxml_example_no_controller.fxml");
    final FXMLLoader fxmlLoader = new FXMLLoader(fxmlUrl);
    fxmlLoader.setController(new FXMLExampleSpecialController());
    final Parent root = fxmlLoader.load();

    // Fehler: würde den Controller wieder überschreiben
    // final Parent root = FXMLLoader.load(getClass().
    //                    getResource("fxml_example_no_controller.fxml"));

    stage.setScene(new Scene(root, 450, 175));
    stage.setTitle("FXMLExampleWithSpecialController");
    stage.show();
}
```

Bitte beachten Sie, dass ein versehentlicher Aufruf der statischen Methode `load()` – wie oben im Kommentar angedeutet – die zuvor gemachte Angabe übersteuern würde.

Fazit

Wie man sieht, muss man recht wenig Aufwand treiben, um eine saubere Trennung zwischen Design in FXML und Funktionalität im Java-Code sicherzustellen. Es ist nun an Ihnen, sich dafür oder dagegen zu entscheiden. Zumindest besitzen Sie jetzt das dazu notwendige Handwerkszeug.

> **Hinweis: Komponentenbildung – Gestaltung komplexerer Layouts**
>
> Bei der Vorstellung des Layoutmanagements bin ich darauf eingegangen, dass man Bestandteile des GUIs mithilfe von Methoden oder durch eigenständige Klassen realisieren sollte. Letzteres ist insbesondere für Wiederverwendbarkeit empfehlenswert.
>
> Wenn man den Aufbau des GUIs mithilfe von FXML beschreibt, gilt das Gesagte ähnlich. Um grafische Elemente zu verschachteln und komplexere Strukturen aus Basisbausteinen zusammenzusetzen, kann man die Informationen in FXML in mehrere Dateien aufspalten und diese durch die Anweisung `fx:include` in die Haupt-FXML-Datei inkludieren. Damit lässt sich eine FXML-Datei aus anderen Dateien hierarchisch zusammenbauen. Die Controller können ebenfalls passend pro Subkomponente bereitgestellt werden. Damit wird eine GUI-Komponenten-orientierte Arbeitsweise erleichtert, die es erlaubt, wiederverwendbare Bausteine zu erzeugen. Für eine ausführlichere Darstellung verweise ich auf die am Ende dieses Buchs angegebene Literatur.

12.3 Rich-Client Experience

Die bisher beschriebenen Funktionalitäten unterscheiden sich kaum von denen herkömmlicher GUI-Frameworks. Warum wurde also JavaFX entwickelt und was unterscheidet es von bzw. zeichnet es gegenüber anderen GUI-Frameworks aus?

Wenn Sie schon einmal selbst ansprechende GUIs realisiert haben, die visuelle Anpassungen an Bedienelementen und möglicherweise sogar eigene Controls oder Effekte und Animationen zur Verbesserung der User Experience enthalten sollten, dann wissen Sie aus leidvoller Erfahrung, wie schnell Dinge recht komplex und manchmal sogar frustrierend werden können. In JavaFX wird vieles deutlich einfacher. Werfen wir zunächst einen einführenden Blick auf die in JavaFX genutzten Cascading Style Sheets (CSS), mit denen man starken Einfluss auf die grafische Gestaltung nehmen kann. Danach schauen wir kurz auf Effekte und Animationen.

12.3.1 Gestaltung mit CSS

Das bisher entwickelte, noch wenig funktionale GUI wirkt doch recht blass und unscheinbar. Mit ein wenig CSS lässt sich das ändern, weil auf diese Weise GUI-Elemente mit einem gewünschten Aussehen versehen werden können.

12.3 Rich-Client Experience

Bedienelemente mit CSS optisch gestalten

Ich zeige exemplarisch für zwei Buttons, wie man Bedienelemente von JavaFX mit CSS optisch gestalten (und aufpolieren) kann. Dabei wird deutlich, dass man mit CSS sehr weitreichende Gestaltungsmöglichkeiten besitzt. Wir verändern das Aussehen mit folgenden CSS-Angaben:

- `-fx-text-fill` – Legt die Schriftfarbe fest.
- `-fx-background-color` – Legt die Hintergrundfarbe fest.
- `-fx-font-family` – Legt die Schriftart fest.
- `-fx-font-size` – Bestimmt die Schriftgröße.
- `-fx-font-weight` – Wählt zwischen Normal- und Fettschrift.
- `-fx-effect` – Legt einen Effekt fest.
- `linear-gradient` – Definiert einen linearen Gradienten mit den angegebenen Farbwerten und Zwischenabstufungen.
- `radial-gradient` – Beschreibt einen radialen Gradienten mit den angegebenen Farben sowie einem definierten Mittelpunkt.

Neben denjenigen aus der Aufzählung existiert eine Vielzahl von CSS-Angaben, die (größtenteils) das Präfix `-fx` tragen, wodurch gekennzeichnet wird, dass es sich um JavaFX-spezifische Erweiterungen von CSS handelt.

CSS an Beispielen Im nachfolgenden Listing werden wir ausnutzen, dass man einem Bedienelement das gewünschte CSS per `setStyle(String)` zuweisen kann. Schon vorab möchte ich darauf hinweisen, dass dieses Vorgehen nur für kleinere Programme oder wie hier zum ersten Kennenlernen und Ausprobieren eingesetzt werden sollte. Ansonsten wird der Sourcecode recht schnell unübersichtlich und verstößt gegen die Trennung von Zuständigkeiten, weil Funktionalität und Design vermischt werden. Eine Abhilfe lernen wir im Anschluss an dieses Beispiel kennen.

Nach diesem Hinweis kommen wir zu den CSS-Stilmitteln zurück und gestalten damit die Bedienoberfläche wie folgt:

```
@Override
public void start(final Stage primaryStage) throws Exception
{
    final Button loginButton = new Button("Login Button");
    loginButton.setStyle("-fx-text-fill: silver; -fx-font-size: 18pt;" +
                "-fx-font-weight: bold; " +
                "-fx-background-color: " +
                "radial-gradient(center 25% 25%, radius 50%, " +
                "reflect, dodgerblue,darkblue 75%,dodgerblue);");

    final Button fancyButton = new Button("Fancy Login");
    fancyButton.setStyle("-fx-font-weight: bold;"
        + "-fx-font-family: \"Dialog\"; -fx-font-size: 36pt;"
        + "-fx-effect: dropshadow( three-pass-box , black, 5, 0.2 , 2 , 3);"
        + "-fx-text-fill: linear-gradient(to left, darkviolet 15%,yellow 45%,"
        + " red 75%,firebrick 85%);"
        + "-fx-background-color: linear-gradient(darkblue 10%, #ABCDEF 65%,"
        + "dodgerblue 90%)");
```

```
        final FlowPane flowPane = new FlowPane();
        flowPane.setHgap(7);
        flowPane.setVgap(7);
        flowPane.setPadding(new Insets(7,7,7,7));
        flowPane.getChildren().addAll(loginButton, fancyButton);

        primaryStage.setScene(new Scene(flowPane, 570, 110));
        primaryStage.setTitle(this.getClass().getSimpleName());
        primaryStage.show();
    }
```

Listing 12.9 *Ausführbar als* **'FirstCssExample'**

Welche Auswirkungen die Angaben haben, wird durch Abbildung 12-10 recht gut nachvollziehbar oder durch den Start der Applikation FirstCssExample.

Abbildung 12-10 *JavaFX mit CSS*

Für die beiden Buttons mag das realisierte Design gerade noch fancy aussehen. Es ist aber optisch schon leicht überfrachtet.

Wenn Sie miterleben möchten, wie sich der CSS-Effekt sogar dynamisch auf eingegebenen Text auswirkt, so starten Sie bitte das Programm FXMLExampleWithCSS, das das FXML-Beispiel des recht faden Login-Dialog mit CSS sehr bunt gestaltet.

Abbildung 12-11 *Login-Dialog mit CSS*

Besonders am letzten Beispiel erkennt man die optische Überfrachtung des von mir stammenden Informatiker-Designs – im Normalfall sollten Sie das Design daher besser Grafikern und ausgewiesenen CSS-Profis überlassen.

CSS in eine eigene Datei auslagern

Wenn wir uns vorstellen, dass man die Bedienelemente durch Angaben im Sourcecode mit CSS-Informationen versehen wollte, kann man sich ausmalen, wie unleserlich es wird, wenn der Sourcecode mit CSS durchmischt ist. Was kann man dagegen tun?

Generell bietet es sich an, die CSS-Angaben in eine eigene Datei auszulagern. Das gilt umso mehr, je umfangreicher die Styling-Informationen werden. Neben mehr Klarheit im Sourcecode besitzt diese Separation von Styling und Sourcecode noch einen weiteren Vorteil: Die grafische Gestaltung kann beliebig, auch dynamisch verändert werden – indem kurzerhand das gesamte CSS gewechselt wird oder spezielle Stile angegeben werden. Gleich dazu mehr.

Wir wollen die CSS-Angaben für die beiden Buttons in eine Datei `buttons.css` auslagern. Um verschiedene Varianten des Stylings mit CSS zu demonstrieren, füge ich dem Beispiel einen weiteren Button hinzu und nutze nachfolgend

- den allgemeinen Selektor `.button`, der das Styling für alle (nicht durch andere Stylings übersteuerten) Buttons in JavaFX bestimmt,
- einen Gruppenselektor `.customloginbutton`, der das Styling für eine Menge von Bedienelementen, hier Login-Buttons, definiert,
- eine spezielle ID `#fancybutton`, mit der sich das Aussehen von Bedienelementen festlegen lässt, denen diese CSS-ID zugewiesen ist.

Mit diesem Vorwissen erstellen wir die CSS-Datei und verwenden dabei weitestgehend die zuvor in `setStyle(String)` gemachten Angaben wie folgt:

```
.button
{
    -fx-text-fill: firebrick; -fx-font-size: 18pt; -fx-font-weight: bold;
}

.customloginbutton
{
   -fx-text-fill: silver; -fx-font-size: 18pt; -fx-font-weight: bold;
   -fx-background-color: radial-gradient(center 25% 25%, radius 50%,
                         reflect, dodgerblue, darkblue 75%, dodgerblue);
}

#fancybutton
{
   -fx-font-weight: bold; -fx-font-family: Dialog; -fx-font-size: 36pt;
   -fx-text-fill: linear-gradient(to left,
                  darkviolet 15%,yellow 45%,red 75%,firebrick 85%);
   -fx-background-color: linear-gradient(darkblue 10%, #ABCDEF 65%,
                                         dodgerblue 90%);
   -fx-effect: dropshadow(three-pass-box, black, 5, 0.2, 2, 3);
}
```

Um die Bedienelemente mit den obigen CSS-Definitionen in Verbindung zu bringen, verwendet man Selektoren. Für eine Menge von Bedienelementen eines Typs kann man allgemeine Selektoren etwa `.label` oder `.button` nutzen. Damit haben wir den Stil für den Button `plainButton` vorgegeben. Zudem kann man für spezifische Gruppen einen gemeinsamen Selektor verwenden, wie wir dies für den `loginButton` mit seinem Stil `customloginbutton` getan haben. Die Verknüpfung mit dem Bedienelement geschieht über einen Aufruf von `getStyleClass().add(String)`. Zudem nutzen wir die Möglichkeit, die Bedienelemente individuell mit einem Stil zu versehen. Dazu wird der ID-Selektor für das gewünschte Bedienelement durch `setId(String)` gesetzt. Mit diesem Wissen ändern wir die `start(Stage)`-Methode folgendermaßen ab:

```java
@Override
public void start(final Stage primaryStage) throws Exception
{
    final Button plainButton = new Button("Plain Red Text Button");
    final Button loginButton = new Button("Login Button");
    final Button fancyButton = new Button("Fancy Login");

    // Verknüpfung mit CSS über Style Class bzw. ID
    loginButton.getStyleClass().add("customloginbutton");
    fancyButton.setId("fancybutton");

    final FlowPane flowPane = new FlowPane();
    flowPane.setHgap(7);
    flowPane.setVgap(7);
    flowPane.setPadding(new Insets(7,7,7,7));
    flowPane.getChildren().addAll(plainButton, loginButton, fancyButton);

    primaryStage.setScene(new Scene(flowPane, 450, 160));
    // Verknüpfung von Scene und CSS
    primaryStage.getScene().getStylesheets().add(this.getClass().
                        getResource("buttons.css").toExternalForm());

    primaryStage.setTitle(this.getClass().getSimpleName());
    primaryStage.show();
}
```

Listing 12.10 *Ausführbar als* '**EXTERNALCSSEXAMPLE**'

Für das Anwenden des CSS müssen wir nichts weiter tun, als es mit der `Scene` zu verknüpfen. Dazu rufen wir `getStylesheets().add(String)` auf und dort die Methode `toExternalForm()`, die eine Stringrepräsentation für eine URL liefert. Diese URL haben wir mithilfe von `getResource(String)` ermittelt und diese referenziert das gewünschte CSS. Führen Sie das Programm EXTERNALCSSEXAMPLE aus, so erhalten Sie eine Darstellung ähnlich zu Abbildung 12-12.

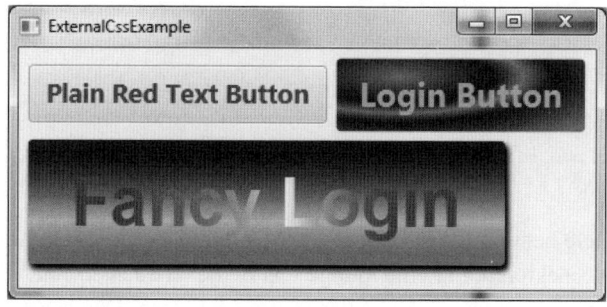

Abbildung 12-12 *Darstellung mit externer CSS-Datei*

12.3 Rich-Client Experience

Dynamische Gestaltung Eingangs erwähnte ich, dass man das Styling auch dynamisch modifizieren kann. Statt aber gleich auf ein vollständig neues Look-and-Feel umzuschalten, das durch eine andere CSS-Datei festgelegt ist, wollen wir uns eine Variante anschauen, die Dynamik rein deklarativ ermöglicht.

Die Dynamik wird dadurch realisiert, dass man im CSS für verschiedene Zustände eines Bedienelements unterschiedliche CSS-Angaben aufführt. Man kann ein Design für das Darüberfahren (:hover), das Drücken (:pressed), mit Fokus (:focused) usw. angeben. Wir ergänzen das CSS wie folgt:

```
.button:hover
{
    -fx-background-color: linear-gradient(blue, skyblue, white, skyblue, blue);
}

.button:focused
{
    -fx-background-color: linear-gradient(skyblue, dodgerblue, darkblue);
    -fx-text-fill: white;
    -fx-border-color: firebrick, red, orange, yellow;
    -fx-border-insets: 5, 10, 15, 20;
    -fx-border-width: 3;
}

.button:pressed
{
    -fx-background-color: lightblue;
    -fx-background-radius: 10 10 10 10;
    -fx-text-fill: black;
}
```

Im Sourcecode müssen wir nichts ändern[2], sondern wir sehen die Änderungen und dynamischen Anpassungen, wenn wir das Programm DYNAMICCSSEXAMPLE starten, ähnlich zu Abbildung 12-13.

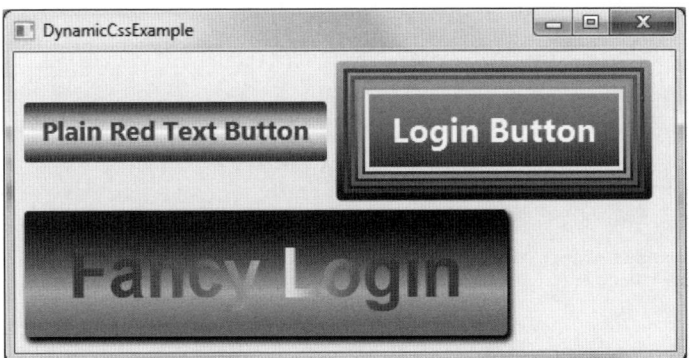

Abbildung 12-13 Dynamische Anpassungen mit CSS

Die Grafik deutet die Dynamik lediglich an. Um das Verhalten zu erleben, selektieren und fokussieren Sie die Buttons und schauen, wie sich die Darstellung ändert.

---
[2]Ich habe lediglich die Größe des Fensters und die Referenz auf die CSS-Datei angepasst.

Fazit

Dieser Abschnitt hat einen Einstieg in die vielfältigen Möglichkeiten zur Gestaltung von JavaFX-GUIs mithilfe von CSS gegeben. Dabei konnte ich nur an der Oberfläche kratzen. Es gibt viel mehr zu entdecken.

Bei Interesse an den weiteren Möglichkeiten und verfügbaren CSS-Tags sollten Sie einen Blick auf die Dokumentation werfen. Diese finden Sie auf folgender Oracle-Seite: `http://docs.oracle.com/javase/8/javafx/api/javafx/scene/doc-files/cssref.html`.

12.3.2 Effekte

Mit Swing erstellte grafische Benutzeroberflächen wirken oft ein wenig fade und altbacken. Visuelle Effekte kommen dort eher spärlich zum Einsatz, vor allem weil diese aufwendig selbst implementiert werden müssen. JavaFX macht einem das Leben hier wirklich sehr leicht: Es ist auf einfache Weise möglich, die Bedienoberfläche durch grafische Effekte wie Reflexionen, Schatten, Weichzeichner usw. optisch aufzuwerten und dadurch interessant zu gestalten. Praktischerweise stehen in JavaFX bereits eine Vielzahl an vordefinierten Effekten zur Auswahl, wodurch sich ohne viel eigenen Implementierungsaufwand recht ansehnliche Ergebnisse erzielen lassen. Zudem können viele Effekte parametriert werden (z. B. lässt sich die Richtung und Intensität eines Schattenwurfs beeinflussen). Außerdem lassen sich Effekte miteinander kombinieren und darüber hinaus zur Laufzeit dynamisch anpassen bzw. verändern.

Das folgende Listing zeigt diverse Effekte, die durch einen Druck auf einen Button aktiviert werden. Die Funktionalität realisieren wir in einem `EventHandler<ActionEvent>`, der durch die Methode `addEffectHandler()` mit einem Button verbunden wird:

```
@Override
public void start(final Stage stage) throws Exception
{
    final Image image =
            new Image(this.getClass().getResourceAsStream("example.png"));

    final Node labelNode = new Label("Hello Effects World!");
    final Node imageView = new ImageView(image);
    final Button buttonNode = new Button("Activate effects");

    // EventHandler mit Button verbinden
    addEffectHandler(buttonNode, labelNode, imageView);

    final HBox hbox = new HBox(7);
    hbox.setPadding(new Insets(7,7,7,7));

    final VBox vbox = new VBox(20);
    vbox.getChildren().addAll(labelNode, buttonNode);
    hbox.getChildren().addAll(vbox, imageView);

    stage.setScene(new Scene(hbox, 400, 300));
    stage.setTitle(JavaFxEffectsExample.class.getSimpleName());
    stage.show();
}
```

12.3 Rich-Client Experience

```java
private void addEffectHandler(final Button buttonNode, final Node imageView,
                              final Node labelNode)
{
    buttonNode.setOnAction(event ->
    {
        // Schatteneffekt
        final Effect effect = new DropShadow(2, 7, 7, Color.BLACK);
        labelNode.setEffect(effect);

        // Kombination von Effekten: Schatten, Weichzeichner und Reflexion
        final Effect dropShadoweffect = new DropShadow(5, 3, 5, Color.BLACK);
        final GaussianBlur gaussianEffect = new GaussianBlur(3);
        gaussianEffect.setInput(dropShadoweffect);
        final Reflection reflectionEffect = new Reflection();
        reflectionEffect.setInput(gaussianEffect);

        // Dynamisch zuweisen
        buttonNode.setEffect(reflectionEffect);
        imageView.setEffect(reflectionEffect);
    });
}
```

Listing 12.11 *Ausführbar als '*JAVAFXEFFECTSEXAMPLE*'*

Im Listing wird in `setOnAction()` das Action Handling definiert: Zunächst wird ein Schattenwurf für ein `Label` angegeben. Danach werden drei Effekte kombiniert und auf den `Button` selbst sowie auf ein Bild vom Typ `javafx.scene.image.Image` mit der korrespondierenden Node vom Typ `javafx.scene.image.ImageView` angewendet: ein Schatten, ein Unschärfefilter sowie eine Reflexion. Die drei genutzten Effekte sind vom Typ `DropShadow`, `GaussianBlur` und `Reflection`, besitzen den Basistyp `Effect` und entstammen dem Package `javafx.scene.effect`.

Führen Sie das Programm JAVAFXEFFECTSEXAMPLE aus, so erhalten Sie beim Drücken des Buttons eine Ausgabe ähnlich zu Abbildung 12-14.

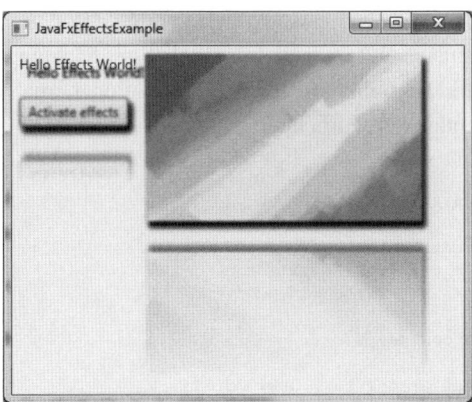

Abbildung 12-14 *Effekte mit JavaFX*

Dieses Beispiel zeigt, wie einfach es ist, Effekte zu verwenden, zu kombinieren und sogar dynamisch einzusetzen. Den gezeigten Unschärfeeffekt könnte man beispielsweise dann nutzen, wenn bei einem Druck auf einen Button eine längere Berechnung ausgeführt wird. Dieser Effekt macht optisch intuitiv klar, dass das betroffene Bedienelement derzeit deaktiviert ist.[3]

Wenn Sie schon einmal versucht haben, ähnliche Effekte wie die eben gezeigten mit Java 2D zu zaubern, dann wissen Sie, dass dies einiges an Mühe kostet. Das gilt vor allem dann, wenn Effekte für eine Gruppe von mehreren Bedienelementen wirksam werden sollen. In JavaFX ist das alles kein Problem, denn hier werden Effekte auf konzeptioneller Ebene und nicht auf Pixelebene angewendet. Dadurch wirken Effekte pro Knoten vom Typ Node. Ist dieser im Speziellen ein Container, so bedeutet dies, dass sich der Effekt auf alle darin enthaltenen Nodes auswirkt. Dort enthaltene einzelne Nodes können darüber hinaus mit weiteren, spezifischen Effekten versehen werden. Aber es kommt noch besser. Werfen wir kurz einen Blick auf Animationen.

12.3.3 Animationen

Durch den gezielten Einsatz von Effekten lässt sich eine Bedienoberfläche modern und optisch ansprechend gestalten. Dies kann man durch die Verwendung von Animationen, wie Ein- und Ausblenden, noch steigern. Sehr wirksam für eine visuelle Rückmeldung ist auch eine Vergrößerung oder ein Aufglühen, wenn der Benutzer ein Element selektiert oder mit der Maus darüberfährt.

Nachfolgend schauen wir uns eine einfache Transition an, die ein Label mehrmals in Folge vergrößert und wieder verkleinert. Um das Ganze aufzupeppen, fügen wir noch eine Rotation um 270 Grad hinzu. Den beiden Animationen werden durch die Angabe verschiedener Duration-Instanzen unterschiedliche Ablaufdauern zugewiesen. Um die Gesamtausführungsdauer der mit 1500 ms schneller ablaufenden Rotation mit der drei Sekunden dauernden Größenänderung in Einklang zu bringen, wählen wir entsprechende Werte bei den jeweiligen Aufrufen von setCycleCount(int). Durch einen Aufruf von setAutoReverse(boolean) wird festgelegt, dass die Animationen zunächst vorwärts und danach automatisch in umgekehrter Richtung abgespielt werden.

Im Listing ist die Kombination zweier Animationen realisiert und durch fett geschriebene Kommentare verdeutlicht:

```
@Override
public void start(final Stage stage)
{
    final Button buttonNode = new Button("Start Animations");
    final VBox vbox = new VBox(10);
    vbox.getChildren().addAll(buttonNode);

    addAnimation(buttonNode, vbox);

    stage.setScene(new Scene(vbox, 300, 250));
    stage.setTitle(AnimationExample.class.getSimpleName());
    stage.show();
}
```

---

[3] Durch den Effekt allein wird das Bedienelement aber noch nicht deaktiviert. Die Deaktivierung muss selbst programmiert werden.

12.3 Rich-Client Experience

```
private static void addAnimation(final Button buttonNode, final VBox vbox)
{
    buttonNode.setOnAction(event ->
    {
        final Node labelNode = new Label("Hello JavaFX World!");
        vbox.getChildren().addAll(labelNode);

        // Schatteneffekt
        final Effect effect = new DropShadow(2, 5, 5, Color.BLACK);
        labelNode.setEffect(effect);

        // Größenänderung
        final ScaleTransition scaleTransition = new ScaleTransition(
                                                    Duration.millis(3000),
                                                    labelNode);
        scaleTransition.setByX(4);
        scaleTransition.setByY(6);
        scaleTransition.setCycleCount(10);
        scaleTransition.setAutoReverse(true);

        // Rotation
        final RotateTransition rotateTransition = new RotateTransition(
                                                    Duration.millis(1500),
                                                    labelNode);
        rotateTransition.setByAngle(270);
        rotateTransition.setCycleCount(20);
        rotateTransition.setAutoReverse(true);

        // Kombination von Rotation und Größenänderung
        final ParallelTransition parallelTransition =
                        new ParallelTransition(labelNode,
                                                scaleTransition,
                                                rotateTransition);
        parallelTransition.play();
    });
}
```

Listing 12.12 *Ausführbar als* '**ANIMATIONEXAMPLE**'

Im `EventHandler<ActionEvent>` wird ein `Label` erzeugt und diesem ein Schlagschatten hinzugefügt. Danach wird der Text in x-Richtung 4-fach und in y-Richtung 6-fach vergrößert sowie um 270 Grad in die eine Richtung und dann automatisch zurück gedreht. Einen Einblick geben die folgenden Screenshots in Abbildung 12-15. Zur Verdeutlichung sollten Sie das Programm ANIMATIONEXAMPLE starten.

Abbildung 12-15 *Animationen mit JavaFX*

12.3.4 Zeichnen in JavaFX-Komponenten

JavaFX bietet eine Vielzahl an Bedienelementen sowie grafische Effekte und die Gestaltung mithilfe von CSS. In diesem Abschnitt zeige ich einige Gestaltungsmittel, die darüber hinaus gehen.

Nachfolgend betrachten wir Varianten zum Zeichnen in JavaFX-Komponenten und im Speziellen die Klasse `Canvas` und Figuren mit Grafikprimitiven wie Linien, Kreisen, Rechtecken usw. Das kann man beispielsweise dazu nutzen, um Einträge in Listen oder Comboboxen mit einer ausgefallenen Darstellung zu versehen oder aber um spezielle problemspezifische Controls zu erstellen, z. B. eine Tachometer-Anzeige.

Einstieg: Grafikprimitive als `Nodes`

Verschiedene grafische Figuren werden in JavaFX als Subklassen vom Typ `Node` bereitgestellt, etwa durch die Klassen `Arc`, `Circle`, `Line` und `Rectangle` – alle mit dem Basistyp `Shape` und aus dem Package `javafx.scene.shape`. Diese grafischen `Nodes` lassen sich in Containerkomponenten, wie nachfolgend in einer `FlowPane`, anordnen – wie alle anderen `Nodes` auch. Wir schreiben folgendes Beispielprogramm:

```
@Override
public void start(final Stage primaryStage) throws Exception
{
    // Kreisbogen mit Beleuchtung
    final Arc arc = new Arc(10, 10, 50, 50, 45, 270);
    arc.setType(ArcType.ROUND);
    arc.setFill(Color.GREENYELLOW);
    arc.setEffect(new Lighting());

    // Kreis mit Reflexion
    final Circle circle = new Circle(10, 30, 30, Color.FIREBRICK);
    circle.setEffect(new Reflection());

    // Linie mit Schatten
    final Line line = new Line(10, 10, 40, 10);
    line.setEffect(new DropShadow());

    // Rechteck mit Beleuchtung
    Rectangle rectangle = new Rectangle(10, 10, 120, 120);
    rectangle.setArcWidth(20);
    rectangle.setArcHeight(20);
    rectangle.setFill(Color.DODGERBLUE);
    rectangle.setEffect(new Lighting());

    final FlowPane flowPane = new FlowPane();
    flowPane.getChildren().addAll(arc, circle, line, rectangle);

    primaryStage.setScene(new Scene(flowPane, 300, 130));
    primaryStage.setTitle(this.getClass().getSimpleName());
    primaryStage.show();
}
```

Listing 12.13   Ausführbar als 'FIRSTGRAPHICNODESEXAMPLE'

Starten wir das Programm FIRSTGRAPHICNODESEXAMPLE, so erhalten wir eine Ausgabe ähnlich zu der in Abbildung 12-16. Dort werden Figuren mitsamt zugeordneter Effekte im gewählten Layout der `FlowPane` ausgerichtet. Häufiger möchte man die grafischen Figuren zu neuen, komplexeren Gestalten flexibel kombinieren. Das ist mithilfe von Layouts nur schwierig zu realisieren. Schauen wir daher eine Alternative an.

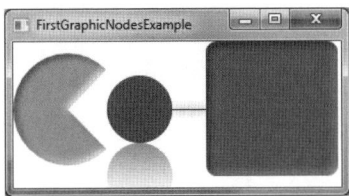

Abbildung 12-16 *Darstellung des Programms* FIRSTGRAPHICNODESEXAMPLE

Zeichnen im Canvas

Alle bisher vorgestellten Komponenten bzw. Subtypen von `Node` beschreiben ihr Aussehen in Form von Vektorgrafiken und lassen sich daher ohne Qualitätsverlust skalieren, rotieren usw. Mitunter benötigt man mehr Flexibilität und feingranulare Kontrolle über die Darstellung. Diese bietet die Klasse `javafx.scene.canvas.Canvas`, die ähnlich zu der Klasse `java.awt.Graphics2D` aus Swing stammt und das Zeichnen von Bitmap-Grafiken mithilfe von einfachen Zeichenbefehlen erlaubt. Die Klasse `Canvas` besitzt die Besonderheit, dass hier auf Pixelebene gearbeitet wird.

Die Zeichenoperationen der Klasse `Canvas` werden wir uns nun kurz anschauen. Zunächst muss man sich Zugriff auf die Zeichenfläche per `getGraphics-Context2D()` verschaffen. Daraufhin stehen vielfältige Möglichkeiten zum Zeichnen zur Verfügung, wobei dies an die Zeichenoperationen in Swing mithilfe der Klasse `Graphics2D` und der dort definierten Methoden erinnert. Neben einfachen Formen wie Linien, Rechtecken, Ellipsen, Kreisbögen usw. kann man auch Polygone oder beliebige Pfade zeichnen oder füllen. Das geschieht mit Aufrufen wie `clearRect()`, `strokeOval()`, `fillRoundRect()` oder `fillOval()`. Darüber hinaus kann man komplexere Figuren durch sogenannte Pfade gestalten, die man mit `beginPath()` einleitet, dann den Zeichenstift per `moveTo()` bewegt und per `lineTo()` Linien bzw. mit `bezierCurveTo()` sogar Bézierkurven definieren kann. Durch einen Aufruf von `closePath()` wird die Figurbeschreibung abgeschlossen. Danach kann die so definierte Figur per `stroke()` oder `fill()` als Umriss oder gefüllt gezeichnet werden. Die eben beschriebenen Zeichenoperationen setzen wir im folgenden Listing ein:

12 GUIs mit JavaFX

```
@Override
public void start(final Stage primaryStage) throws Exception
{
    // Canvas der Größe 300 x 200 Pixel erzeugen
    final Canvas canvas = new Canvas(300, 200);
    drawOnCanvas(canvas);

    final FlowPane flowPane = new FlowPane();
    flowPane.getChildren().addAll(canvas);

    primaryStage.setScene(new Scene(flowPane, 250, 100));
    primaryStage.setTitle(this.getClass().getSimpleName());
    primaryStage.show();
}

private void drawOnCanvas(final Canvas canvas)
{
    final GraphicsContext gc = canvas.getGraphicsContext2D();

    // Canvas-Hintergrund als Rechteck löschen
    gc.clearRect(0, 0, canvas.getWidth(), canvas.getHeight());

    // Oval zeichnen
    gc.setStroke(Color.DARKGOLDENROD);
    gc.setLineWidth(4);
    gc.strokeOval(10, 20, 40, 40);

    // Abgerundetes Rechteck füllen
    gc.setFill(Color.BLUE);
    gc.fillRoundRect(60, 20, 40, 40, 10, 10);

    // Pfad definieren
    gc.setStroke(Color.FIREBRICK);
    gc.beginPath();
    gc.moveTo(110, 30);
    gc.lineTo(170, 20);
    gc.bezierCurveTo(150, 110, 130, 30, 110, 40);
    gc.closePath();
    // Pfad malen
    gc.stroke();

    // Gefülltes Tortenstück darstellen
    gc.setFill(Color.web("dodgerblue"));
    gc.fillArc(180, 30, 30, 30, 45, 270, ArcType.ROUND);
}
```

Listing 12.14 Ausführbar als **'FIRSTCANVASEXAMPLE'**

Führt man das Programm FIRSTCANVASEXAMPLE aus, so werden verschiedene Figuren wie in Abbildung 12-17 dargestellt.

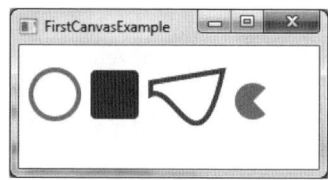

Abbildung 12-17 Darstellung des Programms FIRSTCANVASEXAMPLE

12.4 Properties, Bindings und Observable Collections

Neben den offensichtlichen Funktionalitäten an der Bedienoberfläche, die wir bislang kennengelernt haben, bietet JavaFX mit Properties, Bindings und Observable Collections weitere praktische Funktionalitäten unter der Motorhaube an, um Daten miteinander abzugleichen, ohne dass dies selbst programmiert werden muss. Properties erlauben es, Attribute und Variablen mit Benachrichtigungsfunktionalität zu definieren. Durch Bindings lassen sich Werte von Variablen mit denen anderer Variablen verknüpfen, wodurch Änderungen an einer Variablen kommuniziert und die Werte abhängiger Variablen aktualisiert werden.[4] Machen wir es konkret: Stellen wir uns vor, wir wollten bei Größenänderungen des Hauptfensters die enthaltenen Bereiche oder einzelne Bedienelemente anpassen. In Swing müssten wir die aktuelle Größe des Fensters auslesen, die korrespondierenden Größen für die Subkomponenten berechnen und diese dann explizit setzen (oder beispielsweise ein `BorderLayout` wählen und hoffen, dass alles klappt ;-)). In JavaFX bindet man einfach die Breite und Höhe der einzelnen Bedienelemente an die des Hauptfensters. Zusätzlich kann man beim Data Binding eine Berechnungsvorschrift angeben. Danach erledigt JavaFX alles von selbst, etwa dass ein Textfeld immer halb so breit ist wie das Fenster selbst.

Schließlich schauen wir uns Observable Collections an. Das sind Containerklassen, die auf Änderungen an der Zusammensetzung ihrer enthaltenen Elemente reagieren und als Folge registrierte Listener benachrichtigen. Besser noch: Auch hier kann man Data Binding nutzen, um einen Datenabgleich zwischen z. B. einer `ListView<T>` und den zugrunde liegenden Daten durchzuführen.

12.4.1 Properties

Properties sind in JavaFX die Grundbausteine für die Verarbeitung und Kommunikation von Wertänderungen und bilden die Basis für ein komfortables Data Binding. Ein Property ist ein Datencontainer, der Zusatzfunktionalität wie Änderungsbenachrichtigungen bietet. Im Package `javafx.beans.property` sind verschiedene Property-Klassen definiert, etwa zur Kapselung von `int`, `long`, `float`, `double`, `boolean` und `String` sowie dem allgemeinen Typ `Object`. Zur Änderungsbenachrichtigung implementieren die Properties das Interface `Observable` bzw. `ObservableValue<T>`. An Änderungen interessierte andere Klassen können sich als Listener registrieren. Deutlich einfacher und oftmals verständlicher ist es, das im Anschluss thematisierte Data Binding zu nutzen. Zuvor schauen wir uns aber ein einführendes Beispiel zu Properties an, das einige Aktionen darauf zeigt.

---

[4]Diese Funktionalität musste man für JavaBeans aufwendig selbst realisieren.

Im folgenden Listing werden verschiedene Properties definiert und wir sehen Zugriffsvarianten sowie Berechnungen:

```
public static void main(final String[] args)
{
    // Zugriffe
    final StringProperty textProp = new SimpleStringProperty("MICHA");

    System.out.println("textProp:    " + textProp);
    System.out.println("getValue():  " + textProp.getValue());

    // Bindings und Lazy Evaluation
    final BooleanBinding binding = textProp.isEqualToIgnoreCase("micha");
    System.out.println("binding:     " + binding);
    System.out.println("getValue():  " + binding.getValue());

    // Berechnungen
    final IntegerProperty intProp1 = new SimpleIntegerProperty(10);
    final IntegerProperty intProp2 = new SimpleIntegerProperty(2);

    System.out.println("subtract(): " + intProp1.add(40).subtract(intProp2));
    System.out.println("multiply(): " + intProp1.multiply(intProp2).getValue());
}
```

Listing 12.15 Ausführbar als 'FIRSTPROPERTYEXAMPLE'

Starten wir das obige Programm FIRSTPROPERTYEXAMPLE, so kommt es zu folgenden Ausgaben:

```
textProp:    StringProperty [value: MICHA]
getValue():  MICHA
binding:     BooleanBinding [invalid]
getValue():  true
subtract():  IntegerBinding [invalid]
multiply():  20
```

Anhand dieser Ausgaben, insbesondere an dem [invalid], können wir erkennen, dass die Berechnung von Werten lazy, also erst bei Bedarf, erfolgt, wenn tatsächlich per `getValue()` zugegriffen wird. Ansonsten wird intern lediglich eine Veränderung registriert und die Verbindung zwischen den Properties als momentan ungültig markiert. Das erlaubt es, mehrmalige, eventuell schnell hintereinander auftretende Änderungen nicht immer wieder (unnütz) zu propagieren und deren Folgen zu berechnen, sondern erst dann, wenn die Änderungen abgeschlossen wurden. Beispielsweise möchte man bei Textfeldern, die die Größe eines Fensters bestimmen, vielleicht nur dann die Größe modifizieren, wenn der Benutzer nicht mehr tippt. So kann man eine flüssigere Verarbeitung erzielen und Flackern vermeiden.

12.4.2 Bindings

Sogenannte Bindings erlauben es, mehrere Properties miteinander zu verknüpfen, um deren Zustand abzugleichen. Dies kann unidirektional oder bidirektional erfolgen. Darauf gehe ich nun etwas genauer ein.

12.4 Properties, Bindings und Observable Collections

Uni- und bidirektionale Bindings

Eine bidirektionale Verknüpfung zweier Properties wird durch Aufruf der Methode `bindBidirectional(Property<T>)` etabliert. Dadurch wird jede Wertänderung an einem Property auch im anderen widergespiegelt, wobei initial der Wert des Properties eingenommen wird, das im Aufruf übergeben wurde. Der gegenseitige Abgleich kann jedoch nur dann ohne Weiteres hergestellt werden, wenn die beiden zu verknüpfenden Properties den gleichen Typ besitzen. Bei *unterschiedlichen Typen*, etwa `String` und `int`, **benötigt man einen Konverter**, damit eine Änderung eines Properties zu einer Änderung eines anderen Properties führen kann.

Nachfolgend zeige ich den einfachen Fall eines bidirektionalen Bindings für gleiche Typen, hier für zwei `IntegerProperty`s:

```
private static void performBiDiChanges(final IntegerProperty intProp,
                                       final IntegerProperty result)
{
    System.out.println("bidirectional:");

    result.bindBidirectional(intProp);
    print("result <-> intProp:     ", intProp, result);

    intProp.set(444);
    print("intProp -> 444:         ", intProp, result);

    result.setValue(7777);
    print("result -> 7777:         ", intProp, result);
}
```

Eine unidirektionale Verknüpfung wird durch die Methode `bind(ObservableValue<T>)` erstellt. Sie erlaubt es, ein Property und ein `ObservableValue<T>` miteinander zu verknüpfen und bei Bedarf eine Berechnungsvorschrift anzugeben. Ändert sich der Ausgangswert, so wird der gebundene Wert automatisch neu berechnet. Außerdem verhindert das JavaFX-Framework (versehentliche) Aufrufe der `set()`-Methode für das gebundene Property durch Auslösen von Exceptions.

```
private static void performUniDiChanges(final IntegerProperty intProp,
                                        final IntegerProperty result)
{
    System.out.println("\nunidirectional:");

    result.bind(intProp);
    print("result <- intProp:      ", intProp, result);

    intProp.set(321);
    print("intProp -> 321:         ", intProp, result);

    result.bind(intProp.add(4000));
    print("result <- intProp + 4000: ", intProp, result);

    result.set(0); // Exception
}
```

Nachdem wir die beiden Verarbeitungsmethoden kennen, schauen wir uns die aufrufende `main()`-Methode an:

```java
public static void main(final String[] args)
{
    final IntegerProperty intProp = new SimpleIntegerProperty(11);
    final IntegerProperty result = new SimpleIntegerProperty(0);

    // Bidirektional: Property <-> Property
    performBiDiChanges(intProp, result);

    // Binding aufheben
    intProp.unbindBidirectional(result);   // result.unbindBidirectional(intProp);

    // Keine Änderung am result
    System.out.println("\nno bindings:");
    intProp.set(123);
    print("intProp -> 123:         ", intProp, result);
    result.set(456);
    print("result -> 456:          ", intProp, result);

    // Unidirektional: Property -> ObservableValue
    performUniDiChanges(intProp, result);
}

private static void print(final String info,
                          final IntegerProperty intProp,
                          final IntegerProperty result)
{
    System.out.println(info + "intProp = " + intProp.getValue() +
                       " / result = " + result.getValue());
}
```

Listing 12.16   Ausführbar als 'FIRSTBINDINGEXAMPLE'

Das Programm FIRSTBINDINGEXAMPLE produziert folgende Ausgaben:

```
bidirectional:
result <-> intProp:     intProp = 11 / result = 11
intProp -> 444:         intProp = 444 / result = 444
result -> 7777:         intProp = 7777 / result = 7777

no bindings:
intProp -> 123:         intProp = 123 / result = 7777
result -> 456:          intProp = 123 / result = 456

unidirectional:
result <- intProp:      intProp = 123 / result = 123
intProp -> 321:         intProp = 321 / result = 321
result <- intProp + 4000: intProp = 321 / result = 4321
Exception in thread "main" java.lang.RuntimeException: A bound value cannot be
    set.
```

Daran sieht man zunächst den Effekt der beiden Varianten von Bindings. Zum Abschluss wird für unidirektionales Binding auch die Beschränkung verdeutlicht, dass ein gebundenes Property nicht per `set()` verändert werden darf.

12.4 Properties, Bindings und Observable Collections

Properties und Bindings im GUI

Nachdem wir uns die Grundlagen angeschaut haben, wollen wir anhand eines Beispiels den Nutzen von Properties und Bindings bei der GUI-Programmierung kennenlernen. Wie schon angedeutet, wird in JavaFX reger Gebrauch von Properties und Bindings gemacht: Die Eigenschaften von Bedienelementen (Größe, aktiviert, Text usw.) sind in der Regel in Form von Properties implementiert. Dadurch können mithilfe von Bindings die Werte etwa eines `TextField`s mit denen eines `Slider`s oder einer `ProgressBar` ohne viel Aufwand konsistent zueinander gehalten werden.[5]

Betrachten wir als Beispiel einen `Slider` mit einem vorgegebenen Wertebereich von 10 – 100 und dem aktuellen Wert 71 sowie ein `TextField`:

```
final ChangeListener<Number> changeReporter =
                    (observableValue, oldValue, newValue) ->
                    System.out.println("Value changed: " +
                                       oldValue + " -> " + newValue);

@Override
public void start(final Stage primaryStage) throws Exception
{
    final Slider slider = new Slider(10, 100, 71);
    slider.valueProperty().addListener(changeReporter);
    slider.showTickMarksProperty().set(true);
    slider.showTickLabelsProperty().set(true);

    final TextField textField = new TextField();
    textField.textProperty().bindBidirectional(slider.valueProperty(),
                                        new NumberStringConverter());

    final VBox vBox = new VBox(textField, slider);
    vBox.setPadding(new Insets(5, 5, 5, 5));
    vBox.setSpacing(10);

    primaryStage.setScene(new Scene(vBox, 300, 100));
    primaryStage.setTitle("TextFieldAndSliderPropertyExample");
    primaryStage.show();
}
```

Listing 12.17 Ausführbar als 'TEXTFIELDANDSLIDERPROPERTYEXAMPLE'

Startet man das obige Programm TEXTFIELDANDSLIDERPROPERTYEXAMPLE, so kommt es zu einer Darstellung ähnlich zu der in Abbildung 12-18.

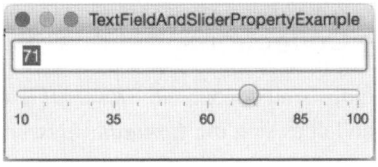

Abbildung 12-18 Beispiel-Binding vom TEXTFIELDANDSLIDERPROPERTYEXAMPLE

---

[5]Bitte beachten Sie unbedingt, dass die `Slider` in JavaFX den Typ `double` nutzen. Demnach kommt es bei ersten Gehversuchen mit JavaFX und verschiedenen Bindings schnell mal zu Rundungsfehlern, wenn man den Wert versehentlich als `int` ausliest.

Wissenswertes zu Bindings Beim Herumspielen mit dem Programm sieht man die gegenseitige Beeinflussung gut. Es gibt jedoch ein paar Dinge zu beachten.

Möchte man den Wert eines `Sliders` in einem `TextField` ohne gegenseitige Beeinflussung darstellen, so kann man dazu ein unidirektionales Binding nutzen. Ebenso ginge es andersherum: Der Wert des `Sliders` wäre nur noch durch Eingaben im `TextField` aktualisierbar. Je nach Variante kann man dann aber entweder im `TextField` nichts mehr eingeben oder den Knopf des `Sliders` nicht mehr bewegen. Um wie im Beispiel mehr Flexibilität bei der Werteingabe zu haben, muss man ein bidirektionales Binding nutzen. Dies ist allerdings hier nicht direkt möglich, weil `Slider` und `TextField` mit unterschiedlichen Typen arbeiten: In diesem Fall muss zwischen `double` und `String` gewandelt werden, was den Einsatz eines Konverters erfordert. Von diesen sind praktischerweise im JDK schon einige gebräuchliche vordefiniert. Wir haben zuvor schon einen `NumberStringConverter` eingesetzt, der die Konvertierung von textuellen Informationen aus dem `TextField` in die numerischen Werte vom Typ `double` eines `Sliders` und zurück ermöglicht.

Kommen wir auf den Einsatzzweck von unidirektionalen Bindings zurück: Sind Änderungen nur im `TextField`, nicht aber am `Slider` erlaubt, so müsste man lediglich das Binding wie folgt ändern:

```
textField.textProperty().bind(mySlider.valueProperty().asString());
```

Vorteile von Bindings Bitte beachten Sie, wie viel Arbeit einem Bindings abnehmen. Neben dem offensichtlichen Datenabgleich wird bei einem unidirektionalen Binding automatisch dafür gesorgt, dass das über das Property gebundene Bedienelement keine Eingaben erlaubt, solange das Binding besteht. Wenn Sie mal etwas mit dem `Slider` herumspielen, wird der Wert im `TextField` automatisch korrekt abgeglichen, allerdings besitzen die Werte auch Nachkommastellen. Wenn Sie im `TextField` Werte eingeben, so wird der Knopf des `Sliders` entsprechend positioniert. Geben Sie im Textfeld Werte außerhalb des Wertebereichs ein, etwa 700, so wird der Wert im `Slider` auf den bei dessen Konstruktion angegebenen Maximalwert gekappt. Wenn Sie in den negativen Bereich gehen, so werden die Werte automatisch auf den zuvor festgelegten Minimalwert 10 korrigiert. Insgesamt nimmt dies viel (Validierungs-)Arbeit ab.

12.4.3 Observable Collections

Neben Properties und Bindings sind sogenannte *Observable Collections* eine Erweiterung von JavaFX. Dabei handelt es sich um ***Containerklassen, die bei Änderungen an ihrer Zusammensetzung automatisch Mitteilungen an registrierte Beobachter senden***. Zentrale Bestandteile sind folgende Klassen und Interfaces:

- `ObservableList<E>` und `ListChangeListener<E>` – Die `ObservableList<E>` ist eine spezielle Implementierung von `List<E>`, die eine Beobachtung auf Veränderungen durch Anmeldung eines `ListChangeListener<E>` erlaubt.

12.4 Properties, Bindings und Observable Collections

- `ObservableSet<E>` und `SetChangeListener<E>` – Das `ObservableSet<E>` ist eine spezielle Implementierung von `Set<E>`, das eine Beobachtung auf Veränderungen durch Anmeldung eines `SetChangeListener<E>` unterstützt.
- `ObservableMap<K,V>` und `MapChangeListener<K,V>` – Eine `ObservableMap<K,V>` ist eine spezielle Implementierung von `Map<K,V>`, die eine Beobachtung auf Veränderungen mit einem `MapChangeListener<K,V>` ermöglicht.
- `FXCollections` – Mit dieser Utility-Klasse kann man Instanzen von `ObservableList<E>`, `ObservableSet<E>` sowie `ObservableMap<K,V>` erzeugen.

Im folgenden Listing sehen wir die Definition einer `ObservableList<E>`, die wir mithilfe der Fabrikmethode `observableArrayList(E...)` erzeugen. Danach definieren wir einen `ListChangeListener<E>` in Form eines Lambdas, der die Methode `reportChanges()` aufruft, die zum besseren Verständnis der Abläufe die Änderungen auf der Konsole protokolliert. Damit dies geschieht, melden wir den Listener an der Liste an und führen dann einige Änderungen am Inhalt der `ObservableList<E>` durch: Zunächst fügen wir verschiedene Elemente ein, löschen danach einige und schlussendlich rotieren wir die Liste durch Aufruf von `rotate()` und würfeln deren Inhalt durch Aufruf von `shuffle()` durcheinander:

```java
public static void main(final String[] args)
{
    final String[] values = { "Orig1", "Orig2" };
    final ObservableList<String> content =
                        FXCollections.observableArrayList(values);

    final ListChangeListener<String> changeReporter =
                        change -> reportChanges(change);

    content.addListener(changeReporter);

    System.out.println("modifications");
    performChanges(content);

    System.out.println("rotate()");
    FXCollections.rotate(content, 2);

    System.out.println("shuffle()");
    FXCollections.shuffle(content);
}

private static void performChanges(final ObservableList<String> content)
{
    content.addAll("A", "B", "C");
    content.removeAll("Orig1", "Orig2");
    content.add("1");
    content.add("2");
}

static void reportChanges(ListChangeListener.Change<? extends String> change)
{
    System.out.println("Changed to: " + change.getList());
}
```

Listing 12.18 Ausführbar als '**OBSERVABLELISTEXAMPLE**'

Das Programm OBSERVABLELISTEXAMPLE produziert folgende Ausgaben:

```
modifications
Changed to: [Orig1, Orig2, A, B, C]
Changed to: [A, B, C]
Changed to: [A, B, C, 1]
Changed to: [A, B, C, 1, 2]
rotate()
Changed to: [1, 2, A, B, C]
shuffle()
Changed to: [1, B, C, 2, A]
```

Observable Collections und die Klasse `ListView<T>`

Zur Verdeutlichung der Arbeitsweise der Observable Collections nutzen wir die bereits bekannte `ObservableList<E>`. Hier dient diese als Eingabe für das Bedienelement `ListView<String>`. Zur Modifikation des Listeninhalts erzeugen wir einen Add-Button sowie ein `TextField`. Wird dort Text eingegeben und dann der Button Add gedrückt, so wird der Inhalt des Textfelds als neuer Eintrag in die Liste aufgenommen. Diese Funktionalität implementieren wir wie folgt:

```
@Override
public void start(final Stage primaryStage)
{
    final String[] names = { "Micha", "Andi", "Andy", "Tom", "Matze" };
    final ObservableList<String> entries =
                        FXCollections.observableArrayList(names);

    final ListView<String> listView = new ListView<>(entries);
    final Button addButton = new Button("Add");
    final TextField textfield = new TextField();
    final Button removeButton = new Button("Remove");
    final ToolBar toolbar = new ToolBar(addButton, textfield,
                                    new Separator(), removeButton);

    final VBox vBox = new VBox();
    vBox.setPadding(new Insets(5, 5, 5, 5));
    vBox.getChildren().addAll(toolbar, listView);

    // Action Handling
    final SelectionModel<String> selectionModel = listView.getSelectionModel();
    addButton.setOnAction(event -> entries.add(textfield.getText()));
    addButton.setOnAction(event ->
    {
        entries.add(textfield.getText());

        listView.scrollTo(entries.size()); // springe zum neuen Eintrag
    });
    removeButton.setOnAction(event ->
    {
        entries.remove(selectionModel.getSelectedItem());
    });

    // Usability steigern: Button Disabling
    addButton.disableProperty().bind(textfield.textProperty().isEmpty());
    removeButton.disableProperty().bind(Bindings.isNull(
                                selectionModel.selectedItemProperty()));
```

12.4 Properties, Bindings und Observable Collections

```
    primaryStage.setScene(new Scene(vBox, 400, 175));
    primaryStage.setTitle("ListViewExample");
    primaryStage.show();
}
```

Listing 12.19 Ausführbar als 'EDITABLELISTVIEWEXAMPLE'

Neben der Verarbeitung von Änderungen und deren automatischer Reflexion in der `ListView<String>` zeigt dieses Beispiel noch eine Kleinigkeit, die die Usability steigert: Die Buttons werden abhängig davon, ob die dadurch anzustoßenden Aktionen momentan möglich sind oder nicht, aktiviert bzw. deaktiviert: Der `Add`-Button ist nur dann aktiv, wenn etwas im `TextField` eingegeben wurde. Ebenso wird der `Remove`-Button wiederum nur dann aktiv, wenn ein Element in der `ListView<String>` selektiert ist.

Startet man das obige Programm EDITABLELISTVIEWEXAMPLE, so sieht das Resultat in etwa wie in Abbildung 12-19 aus.

Abbildung 12-19 Darstellung des Programms EDITABLELISTVIEWEXAMPLE

12.4.4 Dynamisches Filtern von `ObservableList`

Weil in Listen manchmal eine durchaus auch größere Menge von Daten dargestellt wird, ist es zur gezielten Auswahl praktisch, die Einträge filtern zu können. Zur Demonstration erweitern wir eine `ListView<String>`, die eine Liste von Namen anzeigt. Ergänzend wird zur Filterung ein `TextField` angeboten. Über dessen `textProperty` ermitteln wir die eingegebene Zeichenkette und filtern in der als Datengrundlage dienenden `ObservableList<E>` all diejenigen Einträge heraus, die diese Zeichenkette nicht enthalten. Startet man das nachfolgende Programm LISTFILTERABLEEXAMPLE, so sieht das Ganze in etwa wie in Abbildung 12-20 aus.

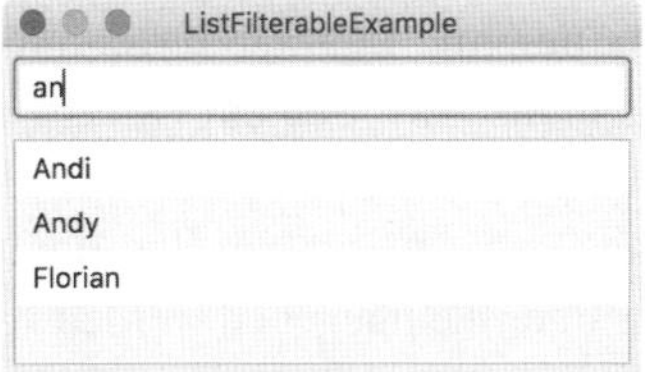

Abbildung 12-20 Darstellung des Programms LISTFILTERABLEEXAMPLE

Nach diesen Vorbetrachtungen schauen wir uns die Implementierung an. Wie so häufig gestaltet sich diese mithilfe von JavaFX recht einfach:

```
@Override
public void start(final Stage primaryStage)
{
    final String[] names = { "Kai", "Micha", "Andi", "Andy", "Tom",
                             "Matze", "Mike", "Florian" };
    final ObservableList<String> entries =
                             FXCollections.observableArrayList(names);

    final ListView<String> listView = new ListView<>(entries);
    listView.setPrefHeight(200);

    final TextField searchFor = new TextField();
    searchFor.setPromptText("Enter filter");
    searchFor.textProperty().addListener( (observable, oldValue, newValue) ->
    {
        // Kopie notwendig, da removeIf() in der Collection löscht
        final List<String> filteredEntries = new ArrayList<>(entries);

        final Predicate<String> caseInsensitiveContains = entry ->
        {
            return entry.toUpperCase().contains(newValue.toUpperCase());
        };
        filteredEntries.removeIf(caseInsensitiveContains.negate());

        listView.setItems(FXCollections.observableArrayList(filteredEntries));
    });

    final VBox vBox = new VBox();
    vBox.setPadding(new Insets(5, 5, 5, 5));
    vBox.setSpacing(10);
    vBox.getChildren().addAll(searchFor, listView);

    primaryStage.setScene(new Scene(vBox, 300, 150));
    primaryStage.setTitle(this.getClass().getSimpleName());
    primaryStage.show();
}
```

Listing 12.20 Ausführbar als '*LISTFILTERABLEEXAMPLE*'

Im Listing nutzen wir Lambdas und die mit JDK 8 neu eingeführte Collections-Funktionalität `removeIf(Predicate<T>)` (vgl. Abschnitt 6.1.3). Dabei ist zu beachten, dass ein solcher Aufruf die Collection gegebenenfalls verändert. Daher muss zunächst eine Kopie der ursprünglichen Liste erstellt werden. Interessanterweise benötigen wir keine Spezialbehandlung für die leere Eingabe im `TextField`: Der zum Filtern genutzte Aufruf von `contains(String)` liefert dafür immer `false` und somit kommt es zu keiner Filterung und alle Einträge werden dargestellt. Zudem sehen wir ein weiteres Bonbon: Man kann in JavaFX einem `TextField` einen Hinweistext übergeben, der immer dann angezeigt wird, wenn das `TextField` nicht den Eingabefokus hat und keine Eingabe enthält. Dann weisen wir den Benutzer mit »`Enter filter`« darauf hin, dass ein Text zum Filtern eingegeben werden kann.

Filter- und sortierbare Listen mit JDK 8

Mit JDK 8 wurden die JavaFX-Collections so erweitert, dass das Filtern und Sortieren vereinfacht wird. Im Package `javafx.collections.transformation` gibt es nun das Interface `TransformationList<E,E>` und die beiden darauf basierenden Klassen `FilteredList<E>` und `SortedList<E>`. Diese bilden die Basis für automatisch filternde bzw. sortierende Listen. Bitte beachten Sie, dass diese transformierten Listen unveränderlich sind, d. h., dass ein Aufruf von etwa `add(E)` zu einer Exception führt. Änderungen können selbstverständlich auf der Ausgangsdatenbasis erfolgen und werden dann automatisch in der transformierten Liste widergespiegelt.

Gerade haben wir eine Filterung mit `removeIf(Predicate<T>)` sowie einem Lambda realisiert. Schauen wir uns nun an, wie wir die Implementierung durch Einsatz der `FilteredList<E>` weiter vereinfachen können – zu beachten ist dabei, dass hier der Filter genau andersherum als bei `removeIf(Predicate<T>)` arbeitet:

```
@Override
public void start(final Stage primaryStage) {

    final String[] names = { "Kai", "Micha", "Andi", "Andy", "Tom",
                             "Matze", "Mike", "Florian" };
    final ObservableList<String> entries =
                            FXCollections.observableArrayList(names);

    final FilteredList<String> filteredEntries = new FilteredList<>(entries);
    final ListView<String> listView = new ListView<>(filteredEntries);
    listView.setPrefHeight(200);

    final TextField searchFor = new TextField();
    searchFor.setPromptText("Enter filter");
    searchFor.textProperty().addListener( (observable, oldValue, newValue) ->
    {
        final Predicate<String> caseInsensitiveContains = entry ->
        {
            return entry.toUpperCase().contains(newValue.toUpperCase());
        };

        filteredEntries.setPredicate(caseInsensitiveContains);
    });

    final VBox vBox = new VBox();
    vBox.setPadding(new Insets(5, 5, 5, 5));
    vBox.setSpacing(10);
    vBox.getChildren().addAll(searchFor, listView);

    primaryStage.setScene(new Scene(vBox, 300, 250));
    primaryStage.setTitle(this.getClass().getSimpleName());
    primaryStage.show();
}
```

Listing 12.21   Ausführbar als 'LISTFILTERABLEEXAMPLEIMPROVED'

Startet man das obige Programm LISTFILTERABLEEXAMPLEIMPROVED, so kann man die Filterung live erleben und erhält in etwa eine Darstellung wie in Abbildung 12-20 des schon vorgestellten Programms LISTFILTERABLEEXAMPLE.

12.5 Wichtige Bedienelemente

Mittlerweile haben wir uns ein recht gutes Grundlagenwissen zu JavaFX erarbeitet. Neben dem Einsatz von Bedienelementen mit Action Handling können wir auch die Benutzeroberfläche mit Effekten und Animationen interessant gestalten.

In diesem Unterkapitel schauen wir uns einige nützliche Bedienelemente an und erfahren, wie wir auf die Darstellung Einfluss nehmen können.

12.5.1 Dialoge

JavaFX bietet seit JDK 8 Update 40 im Package `javafx.scene.control` die drei Klassen `Alert`, `ChoiceDialog` sowie `TextInputDialog`, um auf einfache Weise attraktive Dialogboxen bereitstellen zu können.

Einführendes Beispiel

Im folgenden Listing sehen wir in der `start()`-Methode den Aufruf verschiedener Methoden wie `showConfirmationDialog()` oder `showTextInputDialog()`. In deren Implementierung greifen wir auf die Dialogklassen des JDKs zurück und parametrieren sie wie gewünscht. Erwähnenswert ist, dass mit `showAndWait()` ein modaler Dialog erscheint, der als Rückgabe ein `Optional<T>` (vgl. Abschnitt 6.5) besitzt.

```
@Override
public void start(final Stage stage)
{
    final Optional<ButtonType> result = showConfirmationDialog();

    if (result.isPresent() && result.get() == ButtonType.OK)
    {
        final Optional<String> enteredText = showTextInputDialog();
        System.out.println(enteredText);

        final Optional<String> selectedNickName = showNickNameSelectDialog();
        System.out.println(selectedNickName);
    }
}

private Optional<ButtonType> showConfirmationDialog()
{
    return new Alert(Alert.AlertType.CONFIRMATION,
                "Do you want to learn more about dialogs?").showAndWait();
}

private Optional<String> showTextInputDialog()
{
    final TextInputDialog textDialog = new TextInputDialog("What's your name?");

    textDialog.setTitle("Text Input Dialog");
    textDialog.setHeaderText("This is a Text Input Dialog");
    textDialog.setContentText("Please enter your name:");
    textDialog.setGraphic(new ImageView());

    return textDialog.showAndWait();
}
```

12.5 Wichtige Bedienelemente 755

```
private Optional<String> showNickNameSelectDialog()
{
    final ChoiceDialog<String> dialog = new ChoiceDialog<>("Iron", "Dark",
                                                           "Lord", "Dragon");

    dialog.setTitle("Nickname Selection");
    dialog.setHeaderText("");
    dialog.setContentText("Please select your desired nickname:");
    dialog.setGraphic(null);

    return dialog.showAndWait();
}
```

Listing 12.22 Ausführbar als 'DIALOGSEXAMPLE'

Abbildung 12-21 zeigt zwei Dialoge aus dem Programm DIALOGSEXAMPLE.

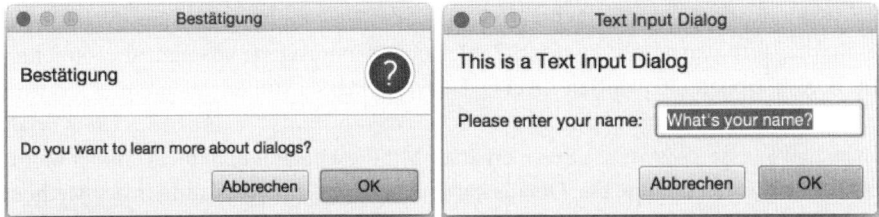

Abbildung 12-21 Dialoge

Utility-Klasse für Fehlermeldungen

Bei der Programmierung von GUIs muss man immer wieder einmal Fehlermeldungen oder Exceptions an den Benutzer kommunizieren. Für diese Aufgabe erstellen wir eine Utility-Klasse `DialogUtils` basierend auf der Klasse `Alert` mit einer Methode `showExceptionDialog(String, Exception)` wie folgt:

```
public class DialogUtils
{
    public static void showExceptionDialog(final String hint,
                                           final Exception ex)
    {
        final Alert alert = new Alert(AlertType.ERROR);
        alert.setTitle("Internal Software Error");
        alert.setHeaderText(hint);
        alert.setContentText(ex.toString());

        final Pane detailsPane = createStacktracePane(ex);
        alert.getDialogPane().setExpandableContent(detailsPane);

        alert.showAndWait();
    }

    private static Pane createStacktracePane(final Exception ex)
    {
        final StringWriter sw = new StringWriter();
        final PrintWriter pw = new PrintWriter(sw);
        ex.printStackTrace(pw);
```

```
        final Label details = new Label("Stacktrace:");
        final TextArea textArea = new TextArea(sw.toString());
        textArea.setEditable(false);
        textArea.setWrapText(true);

        final FlowPane contentPane = new FlowPane();
        contentPane.getChildren().addAll(details, textArea);
        return contentPane;
    }
}
```

12.5.2 Formatierte Eingabe in `TextFields`

Für verschiedene Anwendungsfälle wäre es bei der Eingabe in `TextFields` wünschenswert, wenn eine spezielle Formatierung bzw. Umwandlung der Eingabe inklusive Validierung erfolgen würde, etwa um Zahlen oder Datumswerte adäquat zu verarbeiten. Mit JDK 8 Update 40 wurden diverse Konverterklassen (unter anderem `IntegerStringConverter`, `LocalDateStringConverter` und `TimeStringConverter`) sowie eine Klasse `TextFormatter` ergänzt. Mit diesen kann man die Verarbeitung in einem `TextField` steuern. Die Details habe ich nachfolgend im Listing in der Methode `createFormattedTextField()` gekapselt:

```
private TextField createFormattedTextField(final StringConverter<?> converter)
{
    final TextField textField = new TextField();
    textField.setTextFormatter(new TextFormatter<>(converter));
    textField.setOnAction(event -> checkValidity(textField, converter));

    return textField;
}
private void checkValidity(final TextField textField,
                           final StringConverter<?> converter)
{
    try
    {
        converter.fromString(textField.getText());
    }
    catch (final RuntimeException ex)
    {
        DialogUtils.showExceptionDialog("Ungültige Eingabe", ex);
    }
}

private StringConverter<LocalDate> createLocalDateConverter()
{
    return new LocalDateStringConverter(FormatStyle.MEDIUM, Locale.GERMANY,
                                    Chronology.ofLocale(Locale.GERMANY));
}

@Override
public void start(final Stage stage)
{
    final StringConverter<Integer> intToString = new IntegerStringConverter();
    final TextField integerTextField = createFormattedTextField(intToString);
    integerTextField.setPromptText("Bitte eine Ganzzahl eingeben!");
```

```
        final StringConverter<LocalDate> dateToString = createLocalDateConverter();
        final TextField dateTextField = createFormattedTextField(dateToString);
        dateTextField.setPromptText("Datum im Format dd.MM.yyyy eingeben!");

        final VBox vbox = new VBox(30);
        vbox.setPadding(new Insets(5));
        vbox.getChildren().addAll(integerTextField, dateTextField);

        stage.setScene(new Scene(vbox, 400, 100));
        stage.setTitle("FormattedTextFieldExample");
        stage.show();
    }
}
```

Listing 12.23 Ausführbar als 'FORMATTEDTEXTFIELDEXAMPLE'

Im Beispiel sehen wir im `setOnAction()`-Listener, wie man eine Validierung vornehmen kann und im Fehlerfall einen Warndialog anzeigt. Dabei kommt die zuvor entwickelte Utility-Klasse `DialogUtils` zum Einsatz.

Wenn wir das Programm FORMATTEDTEXTFIELDEXAMPLE starten und dann ein Datum im amerikanischen Format oder aber einen beliebigen Text eingeben, also Werte, die vom erwarteten und spezifizierten deutschen Format abweichen, dann erhalten wir eine Darstellung und Fehlermeldung ähnlich wie in Abbildung 12-22.

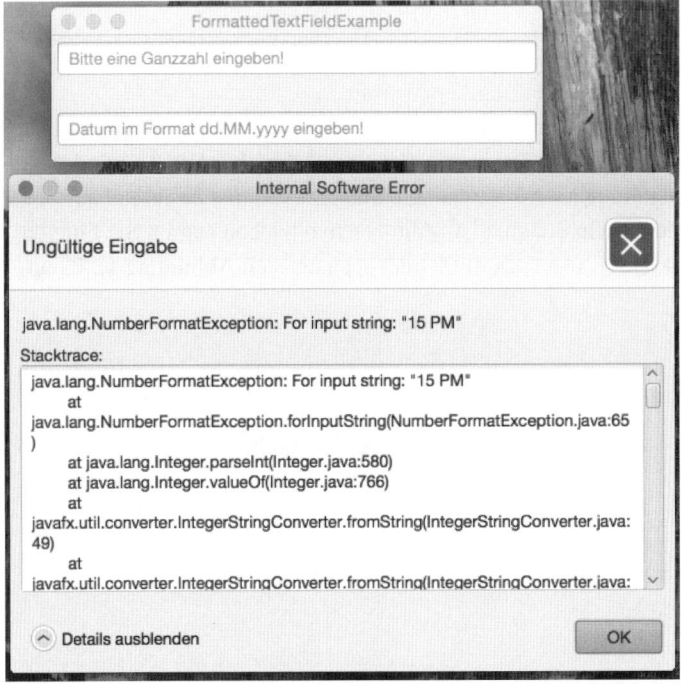

Abbildung 12-22 Fehlermeldung mit Dialogbox

12.5.3 Die Bedienelemente `ComboBox` und `ListView`

Die beiden Bedienelemente `ComboBox<T>` und `ListView<T>` dienen zur Auswahl von Elementen aus listenartigen Daten. Weil wir die `ListView<T>` schon in einigen Beispielen genutzt haben, geht es hier vor allem darum, wie wir die Darstellung anpassen können. Als Beispiel dient ein Programm, das eine Liste von Farben sowohl in einer `ComboBox<T>` als auch in einer `ListView<T>` bereitstellt:

```
@Override
public void start(final Stage primaryStage)
{
    final String[] colors = { "red", "green", "yellow", "blue",
                              "black", "gray", "brown", "orange" };
    final ObservableList<String> entries =
                              FXCollections.observableArrayList(colors);

    final ComboBox<String> comboBox = new ComboBox<>(entries);
    comboBox.getSelectionModel().selectFirst();
    final ListView<String> listView = new ListView<>(entries);

    final VBox vBox = new VBox(10, comboBox, listView);
    vBox.setPadding(new Insets(7));

    primaryStage.setScene(new Scene(vBox, 300, 200));
    primaryStage.setTitle("ComboBoxListViewExample");
    primaryStage.show();
}
```

Listing 12.24 Ausführbar als 'COMBOBOXLISTVIEWEXAMPLE'

Wie schon bestens bekannt, dienen die Observable Collections als Eingabe und Datenmodell. Für komplexere Daten wie Personen oder aber Farben wie im Beispiel sollte man die Darstellung anpassen, weil die Standardvariante basierend auf `toString()` in der Regel nicht mehr adäquat ist. Zum Nachvollziehen starten Sie bitte das Programm COMBOBOXLISTVIEWEXAMPLE oder schauen sich Abbildung 12-23 an.

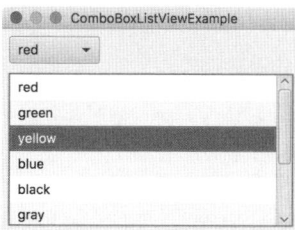

Abbildung 12-23 Textuelle Standarddarstellung von Werten in Listen

Darstellung anpassen – eigenes Rendering

Ähnlich wie bei Swing kann man auch in JavaFX die Darstellung der Daten flexibel anpassen. In beiden Fällen wird mit speziellen Klassen gearbeitet. Was ist der Grund dafür? Potenziell können in Listen oder Tabellen eine Vielzahl an Daten zur Anzeige kommen, von denen jedoch gewöhnlich nur ein kleiner Teil tatsächlich auf dem Bildschirm dargestellt wird. Es wäre nun massive Speicherverschwendung, wenn man für jede Zeile eine eigene `Node` bzw. im Falle von Swing eigene `JComponent`s erzeugen würde. Stattdessen greift man auf einen Trick zurück: Es wird jeweils nur die wirklich benötigte Anzahl an Zellen vorgehalten und diese werden dann je nach gerade aktivem Ausschnitt mit den passenden Daten versorgt. Wird beispielsweise das Fenster vergrößert, so benötigt man mehr Zellen. Dazu gibt es sogenannte CellFactories, die dann spezialisierte Zellen erzeugen.

Definition einer CellFactory   Für ein Bedienelement kann man eine CellFactory durch Aufruf der Methode

```
public final void setCellFactory(Callback<ListView<T>, ListCell<T>> value)
```

setzen. Praktischerweise kann man eine solche CellFactory einfach über einen Callback in Form eines Lambdas realisieren und wie folgt den Bedienelementen zuweisen:

```
comboBox.setCellFactory(list -> new ColorRectCell());
comboBox.setButtonCell(new ColorRectCell());
listView.setCellFactory(list -> new ColorRectCell());
```

Der fett dargestellte Aufruf ist wichtig, damit nicht nur die Listendarstellung, sondern auch der im Textfeld der Combobox dargestellte Wert den eigenen Renderer verwendet.

Zellen   Für eigene Implementierungen von Zellen kann man sich auf die Basisklasse `javafx.scene.control.Cell` abstützen. Diese ist von der abstrakten Basisklasse `javafx.scene.control.Labeled` abgeleitet und stellt sowohl einen Text als auch eine Grafik vom Typ `Node` bereit. Die Logik zur Darstellung wird dann in der Methode `updateItem(T, boolean)` implementiert:

```
// "Renderer"
static class ColorRectCell extends ListCell<String>
{
    @Override
    public void updateItem(final String item, final boolean empty)
    {
        super.updateItem(item, empty);
        if (item != null)
        {
            final Rectangle rect = new Rectangle(30, 30);
            rect.setFill(Color.web(item));
            setGraphic(rect);

            setText(item.toUpperCase());
        }
    }
}
```

Starten wir das Programm COMBOBOXLISTVIEWEXAMPLE2 und wählen wir dann den Eintrag für Blau aus, so erhalten wir eine Darstellung wie in Abbildung 12-24.

Abbildung 12-24 *Darstellung von Farben mit eigenem Renderer*

Komplexere Objekte darstellen – eigenes Rendering

Selbst wenn wir eine ausgefallene Repräsentation in `toString()` erstellen, so ist eine grafische Darstellung doch fast immer passender. Das wurde schon eindrucksvoll bei Farben deutlich. Das wollen wir nun für `Person`-Objekte nachvollziehen.

Datenmodell und die Klasse `Person` Für dieses Beispiel modellieren wir Personen in Form der Klasse `Person` mit den Attributen `name`, `age`, `eyecolor` und `size`:

```
public class Person
{
    private final String name;
    private final Integer age;
    private final Color eyecolor;
    private final SimpleIntegerProperty size = new SimpleIntegerProperty();

    public Person(final String name, final Integer age,
                  final Color eyecolor, final Integer size)
    {
        this.name = name;
        this.age = age;
        this.eyecolor = eyecolor;
        this.size.setValue(size);
    }

    public String getName()
    {
        return name;
    }

    public Integer getAge()
    {
        return age;
    }

    public Color getEyecolor()
    {
        return eyecolor;
    }

    public Integer getSize()
    {
        return size.getValue();
    }
}
```

12.5 Wichtige Bedienelemente 761

Ausgeklügelte Darstellung von Personendaten   Zur Darstellung der Personen soll die Augenfarbe als farbiges Rechteck gefolgt vom Namen und einer Altersangabe in Klammern in Form der Klasse `PersonCell` realisiert werden:

```
static class PersonCell extends ListCell<Person>
{
    @Override
    public void updateItem(final Person item, final boolean empty)
    {
        super.updateItem(item, empty);
        if (item != null)
        {
            final Rectangle rect = new Rectangle(30, 30);
            rect.setFill(item.getEyecolor());
            setGraphic(rect);

            setText(item.getName() + " (" + item.getAge() + " years)");
        }
    }
}
```

Beispielapplikation   Schauen wir uns nun an, wie wenig sich die Applikation ändert, wenn wir Personen als Datengrundlage nutzen.

```
@Override
public void start(final Stage primaryStage)
{
    final List<Person> persons = createDemoPersons();
    final ObservableList<Person> entries =
                        FXCollections.observableArrayList(persons);

    final ComboBox<Person> comboBox = new ComboBox<>(entries);
    final ListView<Person> listView = new ListView<>(entries);

    comboBox.setCellFactory(list -> new PersonCell());
    comboBox.setButtonCell(new PersonCell());
    listView.setCellFactory(list -> new PersonCell());

    final VBox vBox = new VBox(10, comboBox, listView);
    vBox.setPadding(new Insets(7));

    primaryStage.setScene(new Scene(vBox, 300, 200));
    primaryStage.setTitle("ComboxBoxListViewExample3");
    primaryStage.show();
}

private List<Person> createDemoPersons()
{
    final Person micha = new Person("Micha", 43, Color.BLUE, 184);
    final Person tom = new Person("Tom", 22, Color.GREEN, 177);
    final Person tim = new Person("Tim", 43, Color.BLUE, 181);
    final Person andy = new Person("Andy", 31, Color.BROWN, 178);

    return Arrays.asList(micha, tom, tim, andy);
}
```

Listing 12.25   Ausführbar als 'COMBOBOXLISTVIEWEXAMPLE3'

Starten wir das Programm COMBOBOXLISTVIEWEXAMPLE3, so erhalten wir eine Darstellung wie in Abbildung 12-25.

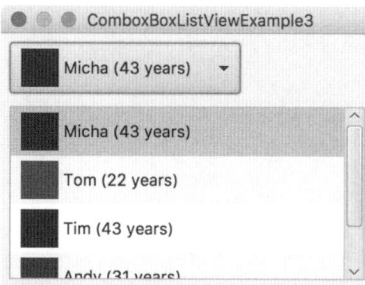

Abbildung 12-25 *Ausgeklügelte Darstellung von Personendaten*

Alternativ zu eigenen Darstellungen kann man für den Typ Person ein komplexes Bedienelement wie die Tabelle nutzen.

12.5.4 Tabellen und das Bedienelement TableView

Wir haben nun schon diverse Bedienelemente von JavaFX kennengelernt. Ein häufig benötigtes ist die Tabelle, die durch die Klasse TableView<S> realisiert wird. Diese stellt einige Features bereit, die man in Swing für die JTable selbst realisieren musste. Das sind unter anderem folgende:

- Die Einträge sind automatisch sortierbar und die Tabelle erlaubt sogar mehrfache Sortierkriterien sowie deren Darstellung im Tabellenkopf.
- Zeilen werden automatisch abwechselnd eingefärbt.
- Bei Bedarf werden automatisch Scrollbars bereitgestellt.

Um das Bedienelement in Aktion zu erleben, nutzen wir wieder Personen als Daten.

Data Binding – Daten und View verknüpfen

Zur tabellarischen Darstellung muss man das Data Binding festlegen. Damit ist gemeint, wie die darzustellenden Werte aus den vorliegenden Daten ermittelt (oder im besten Fall bei Änderungen sogar abgeglichen) werden. In diesem Beispiel bestimmen die Attribute der Klasse Person die Werte in den Spalten. Die Verbindung zu den Spalten einer TableView<S> wird durch Instanzen vom Typ TableColumn<S,T> beschrieben, wobei S den Typ der Elemente repräsentiert. Der Typ T entspricht dem Typ des in der Spalte darzustellenden Attributs. Zum Auslesen von Werten nutzt man Instanzen der Klasse PropertyValueFactory, der man den Namen des Attributs als Text übergibt. Da der Wert per Reflection ausgelesen wird, ist dies für sehr große Datenbestände Performance-mäßig möglicherweise nicht optimal.

```
@Override
public void start(final Stage stage)
{
    final List<Person> persons = createDemoPersons();
    final ObservableList<Person> entries =
                       FXCollections.observableArrayList(persons);

    final TableView<Person> tableView = createTableView(entries);
    final VBox root = new VBox(7, tableView);
    root.setPadding(new Insets(7));

    stage.setScene(new Scene(root, 400, 300));
    stage.setTitle("TableViewExample");
    stage.show();
}

public TableView<Person> createTableView(final ObservableList<Person> data)
{
    // TableView und Spalten erzeugen
    final TableView<Person> tableView = new TableView<>();
    final TableColumn<Person, String> nameCol = new TableColumn<>("Name");
    final TableColumn<Person, Integer> ageCol = new TableColumn<>("Age");
    final TableColumn<Person, Color> eyeCol = new TableColumn<>("Eyecolor");
    final TableColumn<Person, Integer> sizeCol = new TableColumn<>("Size");
    tableView.getColumns().addAll(nameCol, ageCol, eyeCol, sizeCol);

    // fragile Verbindung basierend auf Strings
    nameCol.setCellValueFactory(new PropertyValueFactory<>("name"));
    ageCol.setCellValueFactory(new PropertyValueFactory<>("age"));
    eyeCol.setCellValueFactory(new PropertyValueFactory<>("eyecolor"));
    sizeCol.setCellValueFactory(new PropertyValueFactory<>("size"));
    eyeCol.setCellFactory(value -> new ColorCell());

    tableView.setItems(data);
    return tableView;
}
```

Listing 12.26 Ausführbar als 'TABLEVIEWEXAMPLE'

Ausgeklügelte Darstellung der Augenfarbe

Zur Darstellung der Augenfarbe der Personen wollen wir einen farbigen Kreis nutzen. Dabei greifen wir auf die Basisklasse `TableCell<S, T>` zurück:

```
static class ColorCell extends TableCell<Person, Color>
{
    @Override
    public void updateItem(Color item, boolean empty)
    {
        super.updateItem(item, empty);
        if (item != null)
        {
            final Ellipse circle = new Ellipse(15, 15);
            circle.setFill(item);
            setGraphic(circle);
        }
    }
}
```

Starten wir das Programm TABLEVIEWEXAMPLE, so erhalten wir eine Darstellung wie in Abbildung 12-26.

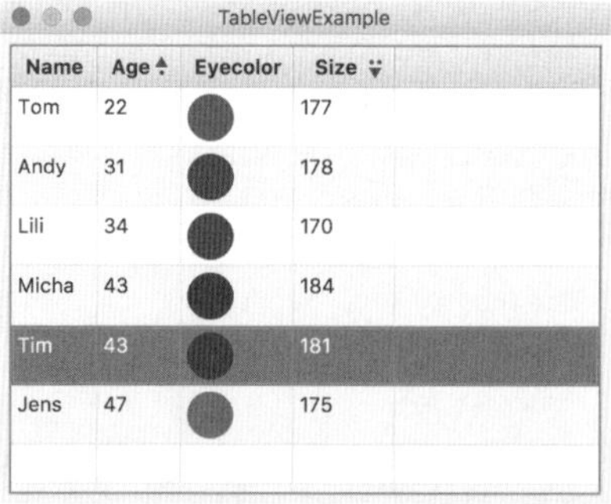

Abbildung 12-26 *Tabellarische Darstellung mit Sortierung*

Mit dem Erreichten können wir schon recht zufrieden sein. Es wird bereits einiges an Standardfunktionalität geboten: So wird die Spaltenbreite automatisch dem vom Inhalt benötigten Platz angepasst. Ein Doppelklick auf die Trennlinie zwischen Spalten führt zu einer Größenanpassung und insbesondere lassen sich die Werte einer Spalte durch einen Klick auf den Spalten-Header sortieren.

> **Hinweis: Sortierbarkeit von Spalten**
>
> Die Spalten einer `TableView<S>` und der `TreeTableView<S,T>` lassen sich meistens out of the box sortieren. Die Sortierung ist immer dann möglich, wenn die Werte das Interface `Comparable<T>` erfüllen, und erfolgt, sobald man auf die Spaltenüberschrift klickt. Es werden zudem auch mehrere Sortierkriterien unterstützt. Dazu muss man als Benutzer lediglich die Shift-Taste gedrückt halten, wenn man auf den Spalten-Header klickt. Obige Abbildung zeigt eine solche Situation.

12.5.5 Das Bedienelement `TreeTableView`

Die `TreeTableView<S, T>` ist eines der komplexesten Bedienelemente in JavaFX. Um das Bedienelement und vor allem auch das dahinter liegende Datenmodell zu verstehen, schauen wir uns die einzelnen Teile genauer an. Neben den Spalten einer Tabelle stellt eine `TreeTableView<S,T>` Informationen hierarchisch dar. Nachfolgend wollen wir eine Liste von Personen, die in eine Gruppenhierarchie eingeordnet sind, mit einer `TreeTableView<S,T>` visualisieren.

Hierarchisches Datenmodell

Das (vereinfachte) Datenmodell besteht aus einer Menge von `Person`-Instanzen. Verschiedene Personen bilden jeweils eine Gruppe. Die Gruppen werden in einer

Hauptgruppe `root` namens »All Persons« gebündelt. Die hierarchischen Daten werden über Instanzen vom Typ `TreeItem<T>` modelliert, die auch für die einfachere `TreeView<T>` zum Einsatz kommen. Sie legen die Baumstruktur fest, die aus Instanzen vom Typ `T` besteht.

Im folgenden Listing sieht man die Erstellung des Baums aus Objekten vom Typ `TreeItem<T>` durch die Methode `createTreeData()`, die für die Gruppenelemente auf eine Hilfsmethode `createGroupTreeItem()` zurückgreift:

```java
private TreeItem<Person> createTreeData()
{
    // Vereinfachtes Datenmodell
    final Person micha = new Person("Micha", 43, Color.BLUE, 184);
    final Person tom = new Person("Tom", 22, Color.GREEN, 177);
    final Person lili = new Person("Lili", 34, Color.BROWN, 170);
    final Person tim = new Person("Tim", 43, Color.BLUE, 181);
    final Person jens = new Person("Jens", 47, Color.GRAY, 175);
    final Person andy = new Person("Andy", 31, Color.BROWN, 178);

    // Hauptgruppe erzeugen
    final TreeItem<Person> root = createGroupTreeItem("All Persons");

    // Gruppe 1 und Subelemente erzeugen
    final TreeItem<Person> group1 = createGroupTreeItem("Group 1");
    final TreeItem<Person> childNode1_1 = new TreeItem<>(micha);
    final TreeItem<Person> childNode1_2 = new TreeItem<>(tom);
    final TreeItem<Person> childNode1_3 = new TreeItem<>(lili);

    // Gruppe 2 und Subelemente erzeugen
    final TreeItem<Person> group2 = createGroupTreeItem("Group 2");
    final TreeItem<Person> childNode2_1 = new TreeItem<>(tim);
    final TreeItem<Person> childNode2_2 = new TreeItem<>(jens);
    final TreeItem<Person> childNode2_3 = new TreeItem<>(andy);

    // Hierarchie und Gruppenzugehörigkeit festlegen
    group1.getChildren().setAll(childNode1_1, childNode1_2, childNode1_3);
    group2.getChildren().setAll(childNode2_1, childNode2_2, childNode2_3);
    root.getChildren().setAll(group1, group2);

    // Aufklappzustand festlegen
    root.setExpanded(true);
    group1.setExpanded(true);

    return root;
}

private TreeItem<Person> createGroupTreeItem(final String groupName)
{
    return new TreeItem<>(new Person(groupName, null, Color.WHITE, -1));
}
```

Bereits während der Modellierung fällt auf, dass wir für die Gruppenelemente keine sinnvollen Werte für die Attribute `age` und `size` angeben können. Das könnte man durch den Wert `null` oder mithilfe von `OptionalInt` ausdrücken. Hier nutzen wir folgenden Trick: Für das Alter bzw. die Größe verwenden wir einen ungültigen Wert, nämlich die zuvor schon eingesetzte -1, und in der Darstellung wird dieser Wert entsprechend behandelt. Später erfahren Sie mehr zu dieser Variante.

Erwähnenswert ist noch, dass die Eigenschaft des Aufklappzustands durch `setExpanded(boolean)` gesetzt wird.

Data Binding – Daten und View verknüpfen

Nachdem wir die hierarchische Struktur vorgegeben haben, müssen wir für die Darstellung das Data Binding festlegen. Wie schon bei der `TableView<S>` bestimmen die Attribute der Klasse `Person` die Werte in den Spalten. Die Verbindung zu den Spalten einer `TreeTableView<S,T>` wird durch Instanzen vom Typ `TreeTableColumn<S,T>` beschrieben, wobei S den Typ der Elemente aus den `TreeItem<S>`-Instanzen repräsentiert. Der Typ T entspricht dem Typ des in der Spalte darzustellenden Attributs. Zum Auslesen von Werten nutzt man Instanzen der Klasse `TreeItemPropertyValueFactory`, der man den Namen des Attributs als Text übergibt. Da der Wert dann per Reflection ausgelesen wird, ist dies für größere Datenbestände Performance-mäßig möglicherweise nicht optimal.

```
private List<TreeTableColumn<Person,?>> createColumns()
{
  return Arrays.asList(createColumn("Name", "name", 125),
                       createColumn("Age", "age", 50),
                       createColumn("Size in cm", "size", 100));
}

private <V> TreeTableColumn<Person, V> createColumn(final String columnTitle,
                                                    final String attributeName,
                                                    final int prefWidth)
{
  final TreeTableColumn<Person, V> column = new TreeTableColumn<>(columnTitle);
  column.setPrefWidth(prefWidth);
  column.setCellValueFactory(new TreeItemPropertyValueFactory<>(attributeName));
  return column;
}
```

Kombination zu einem Beispiel

Die beiden zuvor erstellten Methoden kombinieren wir nun zu einem Beispiel für die `TreeTableView<S>` wie folgt:

```
public void start(final Stage stage)
{
  final TreeItem<Person> root = createTreeData();
  final TreeTableView<Person> treeTableView = new TreeTableView<>(root);
  treeTableView.getColumns().addAll(createColumns());

  stage.setScene(new Scene(treeTableView, 300, 250));
  stage.setTitle("TreeTableViewExample");
  stage.show();
}
```

Listing 12.27 Ausführbar als 'TREETABLEVIEWEXAMPLE'

Starten wir das Programm TREETABLEVIEWEXAMPLE, so sehen wir eine Darstellung ähnlich wie in Abbildung 12-27.

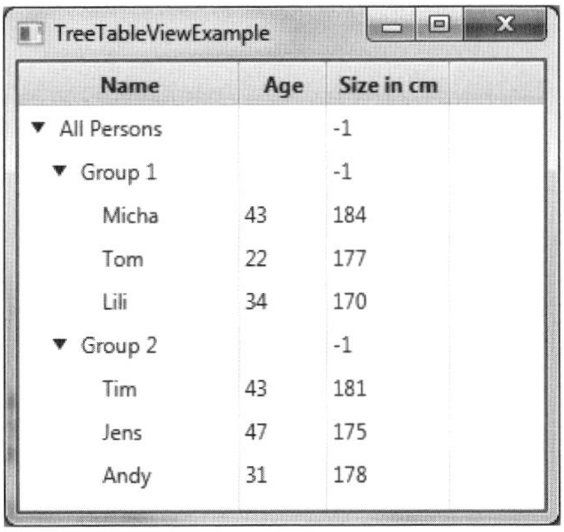

12.5 Wichtige Bedienelemente 767

Abbildung 12-27 *Erstes Beispiel zur* `TreeTableView<S>`

Darstellung anpassen

Bei genauerer Betrachtung stört uns möglicherweise für die Gruppeneinträge der Wert -1 in der Spalte der Größe. Dieser Wert ist durch die gewählte Modellierung bedingt. Zur speziellen Darstellung registriert man einen eigenen Renderer, der in JavaFX – wie schon bekannt – aus einer Kombination eines Callbacks sowie einer speziellen `Cell<T>`, in diesem Fall einer `TreeTableCell<S,T>`, besteht. Im Listing wird gezeigt, welche Aktionen man durchführen kann und was dabei ansonsten noch zu beachten ist (siehe fett geschriebene Kommentare). Dazu wird der Aufruf der nachfolgend dargestellten Methode `registerRenderer()` in der Methode `createColumns()` ergänzt und die Methode auch ansonsten minimal angepasst:

```java
private List<TreeTableColumn<Person, ?>> createColumns()
{
    final TreeTableColumn<Person, Integer> sizeColumn = createColumn("Size",
                                                                      "size", 70);
    registerRenderer(sizeColumn, " cm");

    return Arrays.asList(createColumn("Name", "name", 125),
                         createColumn("Age", "age", 50),
                         sizeColumn);
}

private void registerRenderer(final TreeTableColumn<Person, Integer> sizeColumn,
                              final String unitPostfix)
{
    sizeColumn.setCellFactory(value -> new SpecialUnitCell(unitPostfix));
}

static class SpecialUnitCell extends TreeTableCell<Person, Integer>
{
    private final String unitPostfix;

    SpecialUnitCell(final String unitPostfix)
    {
        this.unitPostfix = unitPostfix;
    }
```

```java
@Override
protected void updateItem(final Integer item, final boolean empty)
{
    super.updateItem(item, empty);
    if (!empty)
    {
        if (item.intValue() == -1)
        {
            // Spezialbehandlung für Kein-Wert-Indikator -1
            setText(null);
        }
        else
        {
            // Textuelle Ergänzung
            setText(item + unitPostfix);
        }
    }
    else
    {
        // Ganz wichtig, sonst werden Texte dargestellt,
        // obwohl Parent zugeklappt ist!
        setText(null);
    }
}
```

Diese Korrektur führt dazu, dass in der `TreeTableView<S>` keine Werte für den Wert -1 dargestellt und die Größenangaben mit dem Zusatz "cm" versehen werden, wodurch diese Angabe der Einheit nicht in der Spaltenüberschrift aufgeführt werden muss.

Zum Test können Sie das Programm TREETABLEVIEWEXAMPLE2 starten. Sie erhalten eine Darstellung ähnlich wie in Abbildung 12-28.

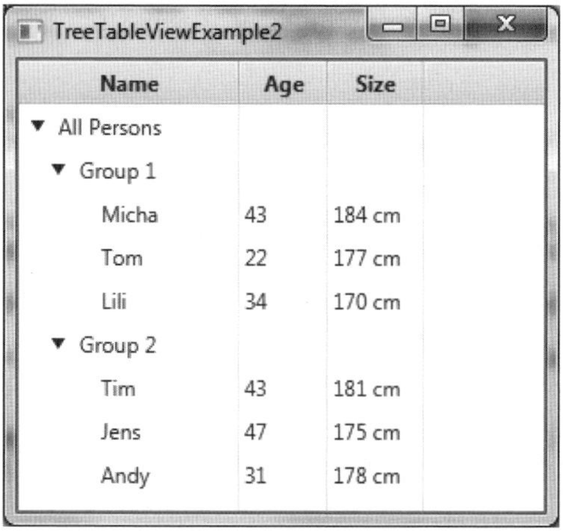

Name	Age	Size
▼ All Persons		
▼ Group 1		
Micha	43	184 cm
Tom	22	177 cm
Lili	34	170 cm
▼ Group 2		
Tim	43	181 cm
Jens	47	175 cm
Andy	31	178 cm

Abbildung 12-28 *Angepasste Darstellung in der* `TreeTableView<S>`

12.5.6 Menüs

Nahezu jede Business-Applikation besitzt ein Menü. In JavaFX wird dies durch die Klassen `MenuBar`, `Menu` und `MenuItem` aus dem Package `javafx.scene.control` modelliert. Dort findet sich auch eine Klasse `CustomMenuItem`, mit der sich ausgefallenere Menüeinträge realisieren lassen, hier eines, das aus einem `Slider` besteht. Um das Beispiel kurz zu halten, jedoch das Ganze realitätsnah zu gestalten, fügen wir noch ein Action Handling für das Exit-Menü und das Slider-Menü ein:

```java
@Override
public void start(final Stage stage) throws Exception
{
    final MenuBar menuBar = new MenuBar();
    final Menu fileMenu = new Menu("File");
    final MenuItem exitMenuItem = new MenuItem("Exit");
    fileMenu.getItems().addAll(new MenuItem("New"), new MenuItem("Save"),
                    new SeparatorMenuItem(), exitMenuItem);

    final Menu otherMenu = new Menu("Custom");
    otherMenu.getItems().addAll(new MenuItem("MenuItem 1"),
                    new MenuItem("MenuItem 2"));

    // Spezielles Menü basierend auf Slider
    final CustomMenuItem customMenuItem = new CustomMenuItem(new Slider());
    customMenuItem.setHideOnClick(false);
    otherMenu.getItems().add(customMenuItem);

    // Action Handling für Exit und Slider
    exitMenuItem.setOnAction(event ->
    {
        final Alert alert = new Alert(AlertType.CONFIRMATION,
                              "Do you want to quit?");
        alert.showAndWait().ifPresent(response ->
        {
            if (response == ButtonType.OK)
            {
                stage.close();
            }
        });
    });
    customMenuItem.setOnAction(event ->
    {
        final Slider slider = (Slider)customMenuItem.getContent();
        System.out.println("Slider value: " + slider.getValue());
    });

    menuBar.getMenus().addAll(fileMenu, otherMenu);
    final VBox mainLayout = new VBox();
    mainLayout.getChildren().addAll(menuBar);

    stage.setTitle("FirstMenuExample");
    stage.setScene(new Scene(mainLayout, 300, 100));
    stage.show();
}
```

Listing 12.28 Ausführbar als 'FIRSTMENUEXAMPLE'

Starten Sie das Programm FIRSTMENUEXAMPLE, so erhalten Sie eine Darstellung ähnlich wie in Abbildung 12-29.

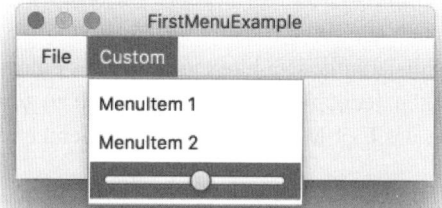

Abbildung 12-29 *Darstellung des Programms* FIRSTMENUEXAMPLE

12.6 Multithreading in JavaFX

In diesem Unterkapitel gehe ich kurz auf Multithreading in JavaFX ein. Multithreading ist insbesondere immer dann von Interesse, wenn vom GUI aus längerlaufende Berechnungen angestoßen werden. Dann empfiehlt sich eine Abarbeitung in einem separaten Thread, um die Ereignisverarbeitung nicht zu blockieren und für ein flüssig reagierendes GUI zu sorgen. Wenn man wie von Swing gewohnt längerdauernde Berechnungen in separaten Threads parallel ausführt, kommt man irgendwann zu dem Punkt, an dem die Berechnungsergebnisse im GUI reflektiert werden sollen. Dann stellt aber der Datenabgleich eine gewisse Herausforderung dar, weil die Bedienelemente nur im Event Dispatch Thread mit Werten versorgt werden dürfen, da es sonst zu Inkonsistenzen, Darstellungsfehlern und möglicherweise gar Exceptions kommen kann.

Statt dies auf Low-Level-Ebene auszuprogrammieren, bietet es sich an, die von JavaFX im Package `javafx.concurrent` bereitgestellten High-Level-Konzepte wie das Interface `Worker` sowie die Klassen `Task` und `Service` zu nutzen.

12.6.1 Das Interface `Worker`

Ein Worker repräsentiert eine zu erledigende Aufgabe, die durch einen Background-Thread parallel zur eigentlichen Applikation ausgeführt werden soll. Im Interface `Worker` sind unter anderem die Methoden

- `getValue()`,
- `getState()` und
- `isRunning()`

sowie verschiedene Read-only-Properties definiert. In der Regel wichtig sind die drei Properties `totalWork`, `workDone` und `progress`. Praktischerweise kann man auf diese Properties aus dem JavaFX Application Thread zugreifen und insbesondere auch Properties anderer Bedienelemente, etwa einer `ProgressBar`, daran binden. Auf diese

Weise lassen sich einfach Aktualisierungen ausführen, ohne dass man selbst viel dafür tun muss.

Der aktuelle Zustand wird durch die Aufzählung Worker.State beschrieben. Dort sind die Konstanten READY, SCHEDULED, RUNNING, SUCCEEDED und FAILED definiert. Ein Abbruch wird durch CANCELLED ausgedrückt.

12.6.2 Die Klasse Task<V>

Mithilfe der Klasse Task<V> wird im Hintergrund auszuführende Funktionalität modelliert. Die Klasse Task<V> implementiert dazu das Interface Worker und bietet darüber hinaus noch folgende relevante Methoden:

```
abstract call()
updateMessage(String)
updateProgress(long workDone, long totalWork)
```

Eigene Implementierungen müssen in der abstrakten Methode call() die eigentliche Verarbeitung implementieren. Dabei sollte man bedenken, dass die Methode call() nicht im GUI-Thread, sondern in einem separaten Thread ausgeführt wird und daher keine bzw. nur Thread-sichere Zugriffe auf GUI-Elemente erfolgen dürfen. Um die Zusammenarbeit zu erleichtern, sind in der Klasse Task<V> spezielle Methoden definiert, die die Kommunikation von Ergebnissen ermöglichen. Relevant sind oft updateMessage() sowie updateProgress(): Beide ändern die Properties im JavaFX Application Thread.

Nachfolgend ist ein einfaches Beispiel gezeigt. Im Task<Void> soll nebenläufig von 1 bis 100 gezählt und der Fortschritt in einer ProgressBar visualisiert werden. Um nun diese Änderungen im GUI zu reflektieren, bedient man sich eines Tricks: Man bindet die Werte an diejenigen Properties von Bedienelementen, die diesen entsprechen sollen, als Beispiel den Fortschrittswert einer ProgressBar an den jeweiligen Wert des Tasks:

```java
final Task<Void> task = new Task<Void>()
{
    @Override public Void call()
    {
        for (int i = 1; i <= 100; i++)
        {
            updateProgress(i, 100);
        }
        return null;
    }
};

final ProgressBar bar = new ProgressBar();
bar.progressProperty().bind(task.progressProperty());
new Thread(task).start();
```

Einführendes Beispiel

Der gerade gezeigte Task war sehr einfach. In der Regel möchte man die Bearbeitung abbrechen können und Berechnungsergebnisse kommunizieren. Dazu bauen wir die vorherige Implementierung ein wenig aus.

Im Listing ist eine Verarbeitung als `Task<Integer>` realisiert und Zwischenergebnisse werden per `updateXyz()` an das GUI propagiert Die längerdauernde Berechnung wird durch eine Schleife mit einem `sleep(long)` angedeutet. Über Aufrufe von `isCancelled()` wird geprüft, ob ein Abbruch erfolgen soll (dazu realisieren wir im GUI einen Stop-Button). Eine Besonderheit ist noch zu beachten: Ist die Berechnung gerade mit `sleep(long)` am Warten, wird beim Abbruch eine `InterruptedException` ausgelöst. Deshalb muss dort auch eine Behandlung mit `isCancelled()` erfolgen. Zum Abschluss der Berechnung wird nur für den Fall, dass nicht zuvor ein Abbruch erfolgte, der Fortschritt auf 100 Prozent gesetzt.

```java
public static Task<Integer> createTask()
{
    final Task<Integer> task = new Task<Integer>()
    {
        @Override
        public Integer call() throws InterruptedException
        {
            for (int i = 10; i < 100; i++)
            {
                updateMessage("Computing ... " + i);
                updateProgress(i, 100);

                try
                {
                    Thread.sleep(200);
                }
                catch (final InterruptedException ie)
                {
                    if (isCancelled())
                    {
                        updateMessage("CANCELLED");
                        break;
                    }
                }
            }

            if (!isCancelled())
            {
                updateProgress(100, 100);
                return 4711;
            }

            return null;
        }
    };
    return task;
}
```

Nachdem wir die Berechnung programmiert haben, wollen wir dazu ein GUI erstellen, das es erlaubt, die Abarbeitung zu starten und zu stoppen sowie den Fortschritt in einer `ProgressBar` und Benachrichtigungen in einem `Label` darzustellen.

```
@Override
public void start(final Stage stage)
{
    final Task<Integer> task = createTask();

    final Label label = new Label("Press Start to perform computation");
    final ProgressBar progressBar = new ProgressBar();
    final Button start = new Button("Start");
    final Button stop = new Button("Stop");

    start.setOnAction(event ->
    {
        start.disableProperty().set(true);

        label.textProperty().bind(task.messageProperty());
        progressBar.progressProperty().bind(task.progressProperty());

        final Thread thread = new Thread(task);
        thread.setDaemon(true);
        thread.start();
    });
    stop.setOnAction(event ->
    {
        task.cancel();
        start.disableProperty().set(false);
    });

    task.setOnSucceeded(event ->
    {
        label.textProperty().unbind();
        label.setText("completed successfully with result " +
                      event.getSource().getValue());
    });

    final HBox hbox = new HBox(7, start, stop);
    hbox.setPadding(new Insets(7));

    final VBox vbox = new VBox(7, label, progressBar, hbox);
    vbox.setPadding(new Insets(7));
    stage.setScene(new Scene(vbox, 275, 100));
    stage.setTitle("MultiThreadingTaskExample");
    stage.show();
}
```

Listing 12.29   Ausführbar als 'MULTITHREADINGTASKEXAMPLE'

Das Programm MULTITHREADINGTASKEXAMPLE führt zu einer sich aktualisierenden Fortschrittsanzeige und die Berechnung lässt sich mithilfe des Stop-Buttons abbrechen, wie es die nachfolgenden Abbildungen exemplarisch zeigen.

Abbildung 12-30 Das Programm MULTITHREADINGTASKEXAMPLE in Aktion

Wenn man jetzt erwartet, dass man das Ganze nochmals durch Drücken von Start ausführen kann, so sieht man sich getäuscht. Erwähnenswert ist, dass die Klasse `Task<V>` nur eine einmalige Abarbeitung erlaubt. Als Abhilfe kann man die Klasse `Service<V>` nutzen. Diese erlaubt es, Berechnungen auch wiederholt auszuführen. Für Details verweise ich auf die weiterführende Literatur.

12.7 Von Swing zu JavaFX

In diversen Firmen ist man sich aufgrund der Historie von JavaFX noch nicht ganz sicher, ob man wirklich einen Wechsel der GUI-Technologie von Swing auf JavaFX vornehmen soll. Insbesondere möchte man eine risikobehaftete Big-Bang-Migration vermeiden. Praktischerweise kann man JavaFX-Komponenten in Swing-Applikationen einbinden. Ebenso ist auch die Integration von Swing in JavaFX möglich. Auf diese Weise ist eine schrittweise Evaluation und Migration leichter möglich.

12.7.1 JavaFX in Swing einbinden

Anhand eines Beispiels möchte ich zeigen, wie man einzelne Bestandteile eines GUIs von Swing nach JavaFX migrieren kann. Exemplarisch zeige ich dies für eine Swing-Applikation. Diese verwendet ein `BorderLayout`. Dort ist am unteren Rand ein `JButton` als Swing-Komponente platziert. Dieser symbolisiert den bestehenden Teil einer umfangreicheren Swing-Applikation. Exemplarisch wird auch ein simples Action Handling realisiert – der Button bekommt bei jedem Klick ein weiteres Ausrufezeichen zum Text hinzugefügt.

Zur Demonstration, wie ein Migrationsschritt aussehen könnte, habe ich in der Mitte mit dem `JFXPanel` eine JavaFX-Containerkomponente platziert. Mit dieser kann man in etwa so arbeiten, wie man es von der JavaFX-Klasse `Stage` gewöhnt ist. Tatsächlich hat man so Zugriff auf die vielfältigen Möglichkeiten von JavaFX. Als einfache Variante nutze ich einen Text mit Reflexion. Beides wird bei einem Klick auf den JavaFX-Button in der Größe animiert und rotiert.

Diese Kombination aus Swing und JavaFX realisieren wir wie folgt:

```
public class JavaFXInSwingExample
{
    // Diese Methode läuft im Swing EDT
    private static void initAndShowGUI()
    {
        final JFrame frame = new JFrame("JavaFXInSwingExample");
        frame.setDefaultCloseOperation(JFrame.EXIT_ON_CLOSE);
        frame.setLayout(new BorderLayout());

        // Swing Content
        final JButton jButton = new JButton("Swing-Button !");
        jButton.addActionListener(event ->
                        jButton.setText(jButton.getText() + "!"));

        // JavaFX-Content-Container
        final JFXPanel fxPanel = new JFXPanel();
```

```java
        frame.add(fxPanel, BorderLayout.CENTER);
        frame.add(jButton, BorderLayout.SOUTH);

        frame.setSize(600, 300);
        frame.setVisible(true);

        // JavaFX-Content initialisieren
        Platform.runLater(() -> initFX(fxPanel));
    }

    private static void initFX(final JFXPanel fxPanel)
    {
        final Text textWithEffects = new Text();
        textWithEffects.setText("JavaFX - Rotating Text");

        final LinearGradient linearGradient = new LinearGradient(0, 0, 1, 1,
                true, CycleMethod.NO_CYCLE,
                new Stop(0, Color.GREEN), new Stop(0.3, Color.BLUE),
                new Stop(0.6, Color.GOLD), new Stop(.85, Color.FIREBRICK));
        textWithEffects.setFill(linearGradient);
        textWithEffects.setFont(Font.font(null, FontWeight.BOLD, 52));
        textWithEffects.setEffect(new Reflection());

        // JavaFX-Ereignisverarbeitung
        final Button fxButton = new Button("JavaFX Button -- Start Animation");
        initFXAnimationButton(textWithEffects, fxButton);

        fxPanel.setScene(new Scene(new VBox(textWithEffects, fxButton)));
    }

    static void initFXAnimationButton(final Node node, final Button fxButton)
    {
        fxButton.setFont(Font.font(null, FontWeight.BOLD, 18));
        fxButton.setStyle("-fx-background-color: blue; -fx-text-fill: white;");
        fxButton.setOnAction(pressEvent ->
        {
            fxButton.setDisable(true);

            final Animation animation = createAnimation(node);
            animation.play();

            animation.setOnFinished(event -> fxButton.setDisable(false));
        });
    }

    static Transition createAnimation(final Node node)
    {
        final Duration oneSec = Duration.millis(1000);
        final ScaleTransition scale = new ScaleTransition(oneSec, node);
        scale.setByX(2);
        scale.setByY(2);

        final RotateTransition rotate = new RotateTransition(oneSec, node);
        rotate.setByAngle(45f);

        final Transition parallelTrans = new ParallelTransition(scale, rotate);
        parallelTrans.setCycleCount(4);
        parallelTrans.setAutoReverse(true);

        return parallelTrans;
    }

    // Sicheres Starten einer Swing-Applikation
```

```
public static void main(final String[] args)
{
    SwingUtilities.invokeLater(() -> initAndShowGUI());
}
}
```

Listing 12.30 *Ausführbar als* '`JAVAFXINSWINGEXAMPLE`'

Startet man das obige Programm JAVAFXINSWINGEXAMPLE, so erhält man in etwa eine Darstellung wie in Abbildung 12-31.

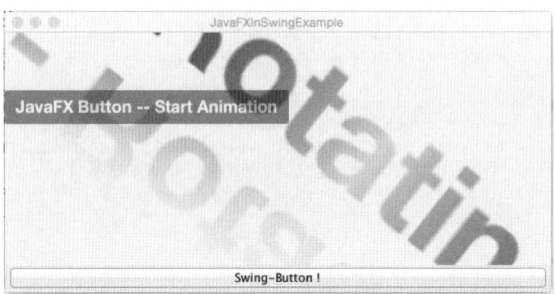

Abbildung 12-31 *Darstellung des Programms* `JavaFXInSwingExample`

Das Beispiel zeigt, dass eine Kombination von JavaFX und Swing möglich ist und man sogar auf Aktionen in beiden reagieren kann. Aufgrund der momentan noch unterschiedlichen Verarbeitung von GUI-Ereignissen in verschiedenen Threads müssen wir ein wenig tricksen, wenn wir das GUI starten. Das ist im Listing entsprechend kommentiert.

Darüber hinaus sehen wir, wie man das Action Handling in JavaFX so gestaltet, dass beim Start der Animation der JavaFX-Button auf disabled gesetzt wird und erst nach deren Ende (in `setOnFinished()`) wieder aktiviert wird.

12.7.2 Swing in JavaFX einbinden

Den für eine anstehende Migration wohl wichtigeren Fall, nämlich JavaFX in eine bestehende Swing-Applikation einbinden zu können, haben wir gerade kennengelernt. Vermutlich viel seltener wird man eine Legacy-Swing-Komponente in einer JavaFX-Applikation nutzen wollen oder müssen. Aber selbst für diesen Fall ist man gerüstet. Mithilfe der Klasse `SwingNode` kann man Swing-Komponenten in den JavaFX-Scenegraph integrieren. Nachfolgend zeige ich dies für einen aus Swing stammenden `JButton`, der in eine `FlowPane` eingefügt wird.

```
public void start(final Stage stage)
{
    final SwingNode swingNode = new SwingNode();
    SwingUtilities.invokeLater(() ->
    {
        // Swing-Ereignisverarbeitung
        final JButton swingButton = new JButton("Click me!");
        swingButton.addActionListener(event ->
        {
            swingButton.setText(swingButton.getText() + "#");
        });

        final JPanel panel = new JPanel(new BorderLayout());
        panel.add(swingButton, BorderLayout.NORTH);
        swingNode.setContent(panel);
    });

    // JavaFX-Ereignisverarbeitung
    final Button fxButton = new Button("JavaFX Button -- Start Animation");
    JavaFXInSwingExample.initFXAnimationButton(fxButton, fxButton);

    final BorderPane pane = new BorderPane(fxButton);
    pane.setTop(swingNode);

    stage.setScene(new Scene(pane, 250, 100));
    stage.setTitle("SwingNodeExample");
    stage.show();
}
```

Listing 12.31 Ausführbar als 'SwingNodeExample'

In diesem Beispiel findet zwar ein simples Action Handling statt – würde man den Button jedoch nicht in ein `JPanel` mit `BorderLayout` platzieren, so würde der Text abgeschnitten. Daran erkennt man, wie unelegant Swing im Vergleich zu JavaFX ist.

Startet man das Programm SwingNodeExample, so sieht man eine Darstellung ähnlich wie in Abbildung 12-32.

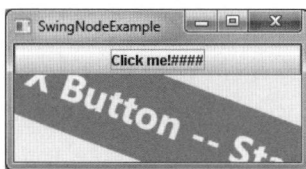

Abbildung 12-32 *Darstellung des Programms* SwingNodeExample

12.8 Weiterführende Literatur

Leider ist die Literatur zu JavaFX doch recht überschaubar. Zwei Bücher möchte ich aber explizit herausheben:

- »**JavaFX**« von Anton Epple [73]
  Der JavaFX-Experte Anton Epple gibt mit diesem Buch eine gelungene Einführung in JavaFX 8.

- »**Learn JavaFX 8**« von Kishori Sharan [70]
  Dieses Buch beschreibt JavaFX sehr detailliert und zeigt nicht nur das Wie, sondern erklärt auch Zusammenhänge. Mit seinen über 1000 Seiten ist es wohl derzeit das umfassendste Buch zum Thema JavaFX. Für Einsteiger absolut zu empfehlen.

Online gibt es diverse Quellen zu JavaFX, jedoch unterschiedlicher Qualität. Drei positiv herausragende sind folgende:

- »**JavaFX 8 Tutorial**« von Marco Jakob
  `http://code.makery.ch/library/javafx-8-tutorial/`
  Ein interessantes Tutorial, das Ihnen dabei helfen kann, eine ansprechende Master-Detail-Applikation zu entwickeln.

- »**JavaFX Tutorial**« von Jakob Jenkov
  `http://tutorials.jenkov.com/javafx/index.html`
  Ein interessantes Tutorial, das die einzelnen Bestandteile von JavaFX anhand kurzer, prägnanter Beispiele darstellt.

- »**JavaFX 8**« von Hendrik Ebbers und Michael Heinrichs
  `https://dzone.com/refcardz/javafx-8-1`
  Diese DZone Refcard #219 liefert einen kompakten Überblick über viele JavaFX-Themen und sollte das Verständnis von und den Einstieg in JavaFX erleichtern.

13 Basiswissen Internationalisierung

Soll eine Anwendung in verschiedenen Ländern eingesetzt werden, so sind lokale Besonderheiten, wie verschiedene Darstellungen von Währungen, Uhrzeiten und Datumswerten, aber vor allem die Übersetzung und Anpassung der in der grafischen Oberfläche dargestellten Texte und Informationen, wichtige Themen. Gerade Letzteres ist für Benutzer ein offensichtlicher Aspekt der Internationalisierung. Bei der Realisierung spielen diverse weitere Dinge eine wichtige steuernde Rolle, etwa die (im Betriebssystem) gewählte Sprache und das Land. Die folgenden Abschnitte behandeln verschiedene Themen der Internationalisierung so weit, dass eine Umsetzung in eigenen Programmen möglich wird.

Abschnitt 13.1 gibt eine Einführung in das Thema Internationalisierung und stellt insbesondere die formatierte, landesspezifische Ein- und Ausgabe vor, etwa Darstellungen von Uhrzeit, Datum und Währungen. Die beschriebenen Funktionalitäten werden in Abschnitt 13.2 zu Programmbausteinen zur Internationalisierung ausgebaut.

13.1 Internationalisierung im Überblick

Nachfolgend wird Basiswissen aufgebaut, das wir für die Erstellung wiederverwendbarer Bausteine in unseren Applikationen benötigen. Abschnitt 13.1.1 beschreibt zunächst einige Grundlagen. Dann wird in Abschnitt 13.1.2 die Klasse `java.util.Locale` vorgestellt, die die Basis zur Verwaltung landes- oder sprachabhängiger Besonderheiten bildet. Für die Bereitstellung von textuellen Informationen ist die Klasse `java.util.PropertyResourceBundle` hilfreich. Sie wird in Abschnitt 13.1.3 beschrieben. Danach gibt Abschnitt 13.1.4 einen kurzen Überblick über die `Format`-Klassen aus dem Package `java.text`. In den darauffolgenden Abschnitten werden dann einige Spezialisierungen genauer vorgestellt. Im Einzelnen sind dies die Klassen `NumberFormat`, `DateFormat` sowie `MessageFormat` in den Abschnitten 13.1.5 bis 13.1.7. Im Anschluss daran stelle ich in Abschnitt 13.1.8 die Klasse `Collator` vor, die es erlaubt, beim Vergleich von Strings landes- oder sprachspezifische Besonderheiten zu beachten.

13.1.1 Grundlagen und Normen

Eine sprachabhängige Benutzeroberfläche fällt direkt bei der Benutzung eines Programms auf. Für eine gelungene Internationalisierung ist die Darstellung übersetzter Texte jedoch nur ein erster Schritt. Meistens sind weitere regionale Unterschiede in der Darstellung zu berücksichtigen, damit sich ein Benutzer wirklich heimisch fühlt. Am Beispiel der Schweiz wird das besonders deutlich. Eine Internationalisierung lediglich über die Angabe des Landes ist dort unmöglich, da zumindest vier verschiedene Sprachen gesprochen werden – alle mit ihren lokalen Besonderheiten.

Um in einer Anwendung verschiedene Übersetzungen anbieten zu können, ist es erforderlich, Sprachen und Regionen beschreiben und unterscheiden zu können. Betrachten wir im Folgenden einige Details dazu.

Sprache

Verschiedene Sprachen lassen sich mithilfe der Norm ISO 639 unterscheiden. Dort werden Kennungen für Sprachen in Form von zwei Kleinbuchstaben definiert, etwa `de` für Deutsch, `en` für Englisch, `fr` für Französisch, `it` für Italienisch usw.

Land und Region

Zur Codierung von Ländern wird die Norm ISO 3166 verwendet. Diese beschreibt Länder über zwei Großbuchstaben. Einige Beispiele gebräuchlicher Kennungen sind: `DE` für Deutschland, `GB` für Großbritannien, `FR` für Frankreich, `IT` für Italien usw.

Zahlen

Die Formatierung von Zahlen ist regional unterschiedlich. Am auffälligsten sind die verschiedenen Dezimaltrennzeichen (oder Trennzeichen für Nachkommastellen). Je nach Region wird ein Punkt oder ein Komma verwendet. Auch das Tausendertrennzeichen kann unterschiedlich sein. In der Schweiz ist etwa ein Apostroph statt eines Punkts gebräuchlich.

Währungen

Die Darstellung von Währungen variiert von Region zu Region. Dabei ist sowohl die Position als auch das Währungskürzel selbst verschieden:

```
Deutschland:            12.345,67 €
USA:                    $12,345.67
Italien:                € 12.345,67
Italienische Schweiz:   SFr. 12'345.67
```

Wie man sieht, sind die Zahlenwerte außerdem unterschiedlich formatiert.

13.1 Internationalisierung im Überblick

Datum und Uhrzeit

Es existieren weltweit einige Varianten bei der Darstellung von Datum und Uhrzeit. Eine Datumsangabe 01/03/05 kann man als 1. März 2005 (Tag / Monat / Jahr), als 3. Januar 2005 (Monat / Tag / Jahr) oder aber als 5. März 2001 (Jahr / Monat / Tag) deuten. Um zumindest bei der Jahreszahl Verwechslungen zu vermeiden, ist die Angabe einer vierstelligen Jahreszahl ratsam.

Die Norm ISO 8601 definiert Formate für numerische Datums- und Zeitangaben und schlägt folgende Vereinheitlichung vor:

```
Datum:          2010-08-26 (YYYY-MM-DD)
Uhrzeit:        20:08:16   (hh:mm:ss)
```

In der Regel wird eine Applikation eher den regionalen Besonderheiten und nicht der Norm folgen:

```
Deutschland:    26.08.2010 (DD.MM.YYYY)
USA:            08/26/2010 (MM/DD/YYYY)
```

Achtung: In Java werden in der Klasse `DateFormat` *von den gezeigten Kürzeln abweichende Kürzel verwendet!* Tatsächlich führt die Verwendung eines großen Y sogar zu einem unerwarteten Verhalten – später mehr dazu.

13.1.2 Die Klasse `Locale`

Die Klasse `java.util.Locale` hilft bei der Beschreibung landes- oder sprachabhängiger Besonderheiten: Es wird unter anderem spezifiziert, welches Format ein Datum besitzt. Außerdem wird die Formatierung von Zahlen festgelegt. Jedes `Locale`-Objekt repräsentiert eine bestimmte Region (geografisch, kulturell usw.) inklusive der dort gesprochenen Sprache. Für einige gebräuchliche `Locale`-Objekte existieren vordefinierte Konstanten. Weitere `Locale`-Objekte lassen sich durch einen Konstruktoraufruf mit der Angabe von Sprache und Land erzeugen:

```
public Locale(String language, String country)
```

Die Angaben folgen den Normen ISO 639 und ISO 3166 und sind relativ intuitiv, wie dies folgendes Listing zeigt:

```
public final class LocaleExample
{
    public static final Locale LOCALE_US            = Locale.US;

    public static final Locale LOCALE_FRENCH_SWISS  = new Locale("fr", "CH");
    public static final Locale LOCALE_ITALIAN_SWISS = new Locale("it", "CH");

    public static final Locale LOCALE_SPANISH        = new Locale("es");
    public static final Locale LOCALE_SPANISH_MEXICO = new Locale("es", "MX");
    // ...
```

Die Angabe des Landes an den `Locale`-Konstruktor ist optional. Wird hier ein Leerstring übergeben oder der überladene Konstruktor mit nur einem Parameter für die Sprache aufgerufen, so repräsentiert das derart erzeugte `Locale`-Objekt lediglich eine Sprache *ohne* Landesinformation. Das sehen wir im Beispiel für die Konstante `LOCALE_SPANISH`.

Einstellungen zu Land und Sprache kann man über folgende Methoden der Klasse `Locale` ermitteln:

- `getLanguage()` – Liefert das Sprachkürzel, beispielsweise `de`, `fr`, `en` usw.
- `getCountry()` – Ermittelt das Land. Der Rückgabewert kann leer sein, wenn es sich um eine reine »Sprach«-`Locale` handelt.

Neben den Kürzeln sind oftmals die tatsächlichen Namen der Länder und die der dort gesprochenen Sprachen interessant. Eine menschenlesbare, textuelle Repräsentation liefern die zwei Methoden `getDisplayCountry()` und `getDisplayLanguage()`, für die es jeweils eine überladene Variante mit einem `Locale`-Objekt als Parameter gibt. Die parameterlose Variante liefert eine textuelle Repräsentation für die momentan in der JVM gewählte Default-Locale – was in Deutschland meistens der vordefinierten `Locale.GERMANY` entspricht. Durch Aufruf der überladenen Methoden kann eine lesbare Darstellung in einer beliebigen anderen Sprache erfolgen, die durch ein übergebenes `Locale`-Objekt spezifiziert wird. Verdeutlichen wir uns dies anhand eines Beispiels. Nehmen wir folgende Aufrufe an:

```
public static void main(final String[] args)
{
    System.out.println(LOCALE_US.getDisplayCountry());
    System.out.println(LOCALE_US.getDisplayCountry(LOCALE_ITALIAN_SWISS));
    System.out.println(LOCALE_US.getDisplayLanguage());
    System.out.println(LOCALE_US.getDisplayLanguage(LOCALE_ITALIAN_SWISS));
}
```

Listing 13.1 Ausführbar als '**LOCALEEXAMPLE**'

Führt man das Programm LOCALEEXAMPLE aus, so werden Informationen zu Land und Sprache zu den zuvor definierten `Locale`-Objekten auf der Konsole ausgegeben:

```
Vereinigte Staaten von Amerika
Stati Uniti
Englisch
inglese
```

Zugriff auf alle verfügbaren `Locale`-Objekte

Alle verfügbaren `Locale`-Objekte kann man durch Aufruf der statischen Methode `getAvailableLocales()` der Klasse `Locale` ermitteln. Beachten Sie bitte, dass das zurückgelieferte Array von `Locale`-Objekten unsortiert ist!

13.1 Internationalisierung im Überblick

Einsatz der Klasse `Locale`

Zur Demonstration der bislang vorgestellten Methoden schreiben wir ein Beispielprogramm, das alle verfügbaren `Locale`-Objekte in einer Tabelle auflistet und einige Informationen sprachabhängig gemäß der Auswahl einer beliebigen Sprache darstellt. Dazu sind zunächst zwei Funktionalitäten zu entwickeln:

1. Die Liste der dargestellten Informationen soll alphabetisch sortiert werden. Von Hause aus ist die Klasse `Locale` nicht sortierbar, da sie das Interface `Comparable<T>` nicht erfüllt und damit auch keine natürliche Ordnung definiert. Zur Realisierung eines Sortierkriteriums muss man daher das Interface `Comparator<T>` nutzen (vgl. Abschnitt 6.1.8).

2. Zur Darstellung der Sprachinformationen sollen aus der Gesamtmenge der verfügbaren `Locale`-Objekte all diejenigen herausgefiltert werden, die lediglich Sprachinformationen anbieten.

Sortierung Im praktischen Einsatz wäre eine Sortiermöglichkeit wünschenswert, die jedoch standardmäßig für die Klasse `Locale` nicht existiert. Abhilfe bietet hier die Implementierung von `Comparator<Locale>`: Die bereits bekannten Methoden `getLanguage()` und `getCountry()` nutzen wir zur Definition eines Sortierkriteriums gemäß Sprache und Land. Bei der Implementierung profitieren wir von den in Java 8 eingeführten Neuerungen in dem Interface `Comparator<T>` (vgl. Abschnitt 6.2.4). Damit definieren wir folgende Komparatoren innerhalb einer hier nicht gezeigten Utility-Klasse `LocaleUtils` wie folgt:

```
public static final Comparator<Locale> byLanguage =
                        Comparator.comparing(Locale::getLanguage);
public static final Comparator<Locale> byCountry =
                        Comparator.comparing(Locale::getCountry);
public static final Comparator<Locale> LOCALE_COMPARATOR =
                        byLanguage.thenComparing(byCountry);
```

Filterung Für ein Beispiel soll die Darstellung von `Locale`-Objekten in einer Combobox erfolgen. Daher sollen nur die `Locale`-Objekte genutzt werden, die reine Sprach-Locales darstellen, d. h., deren Land unbesetzt ist. In diesem Fall verwenden wir eine recht einfache Umsetzung. Auch hierbei greifen wir mit dem Stream-API (vgl. Kapitel 7) auf eine fundamentale Neuerung aus Java 8 zurück. Folgendes Listing zeigt die Methode `getLanguageOnlyLocales()`, die ebenfalls in der Utility-Klasse `LocaleUtils` realisiert ist:

```
public static final List<Locale> getSortedLocales()
{
    final Locale[] availableLocale = Locale.getAvailableLocales();

    return Arrays.stream(availableLocale).
                  sorted(LOCALE_COMPARATOR).
                  collect(Collectors.toList());
}

public static List<Locale> getLanguageOnlyLocales()
{
    final List<Locale> sortedLocales = getSortedLocales();

    final Predicate<Locale> isLanguageOnly =
                    locale -> locale.getCountry().isEmpty();

    return sortedLocales.stream().
                    filter(isLanguageOnly).collect(Collectors.toList());
}
```

Die Beispielapplikation Wir kombinieren die vorgestellten Bausteine zu einem Beispielprogramm, das über eine Combobox eine Sprachauswahl ermöglicht und verschiedene Informationen zu `Locale`-Objekten in einer Tabelle anzeigt. Abbildung 13-1 zeigt einen Screenshot.

Language	Country	DisplayLanguage	DisplayCountry	DisplayLanguage(Locale)	DisplayCountry(Locale)
de	AT	Deutsch	Österreich	เยอรมัน	ออสเตรีย
de	CH	Deutsch	Schweiz	เยอรมัน	สวิสเซอร์แลนด์
de	DE	Deutsch	Deutschland	เยอรมัน	เยอรมนี
de	GR	Deutsch	Griechenland	เยอรมัน	กรีซ
de	LU	Deutsch	Luxemburg	เยอรมัน	ลักเซมเบอร์ก
el		Griechisch		กรีก	
el	CY	Griechisch	Zypern	กรีก	ไซปรัส
el	GR	Griechisch	Griechenland	กรีก	กรีซ
en		Englisch		อังกฤษ	
en	AU	Englisch	Australien	อังกฤษ	ออสเตรเลีย
en	CA	Englisch	Kanada	อังกฤษ	แคนาดา

Abbildung 13-1 Beispielapplikation AVAILABLELOCALESEXAMPLE

Zentral im Fenster wird eine Tabelle dargestellt, die alle verfügbaren `Locale`-Objekte auflistet. Die einzelnen Spalten werden durch die uns bereits bekannten Methoden, unter anderem `getDisplayLanguage()`, mit Werten versorgt. Im oberen Teil des Fensters bietet eine Combobox Zugriff auf alle vordefinierten Sprach-Locales. Eine Auswahl aktiviert die gewünschte Locale. Dadurch werden in der Tabelle entsprechende Locale-spezifische Informationen in den hinteren beiden Spalten angezeigt. Die im Beispiel gewählte Locale ist Thai. Daher kommt es zu den exotischen Schriftzeichen in den beiden letzten Spalten. Starten Sie das Programm AVAILABLELOCALESEXAMPLE, um eigene Experimente durchzuführen.

13.1.3 Die Klasse `PropertyResourceBundle`

Sollen in einer Applikation Texte entsprechend einer gewählten Sprache und Region angezeigt werden, sind dazu einige Vorarbeiten durchzuführen. Wünschenswert ist eine Trennung von dargestellten Informationen und dem nutzenden Sourcecode. Eine Repräsentation von Texten der Benutzeroberfläche als Magic Strings schließt sich daher von selbst aus. Statt die benötigten Übersetzungen direkt im Programm zu hinterlegen, ist es sinnvoll, im Sourcecode lediglich einige Konstanten zu definieren, die eindeutige Schlüssel zur Identifikation von Texten und Informationen darstellen. Die eigentlichen Übersetzungen werden in einer Datei[1] abgelegt und können über die Schlüssel abgerufen werden.

Definition verschiedener Sprachdateien

Die Klasse `java.util.PropertyResourceBundle` erweitert die abstrakte Klasse `java.util.ResourceBundle` und nutzt die Klasse `Properties` zum Einlesen von Schlüssel-Wert-Paaren aus Dateien (vgl. Abschnitt 8.5.2). Betrachten wir zunächst mögliche Eingaben, bevor wir die Verarbeitung detaillierter kennenlernen. Deutsche Texte könnten wie folgt definiert sein:

```
txt_file=Datei
txt_new=Neu...
txt_open=Öffnen...
txt_properties=Einstellungen...
txt_quit=Beenden
```

Das englische Gegenstück dazu ist:

```
txt_file=File
txt_new=New
txt_open=Open...
txt_properties=Properties...
txt_quit=Quit
```

Einlesen der Texte

Das Einlesen der passenden Sprachdateien erledigt die statische Methode `getBundle(String, Locale)` der Klasse `PropertyResourceBundle`. Der Methode wird lediglich der Pfad und das Präfix der gewünschten Sprachdatei sowie ein `Locale`-Objekt übergeben:[2]

```
final String BUNDLE_BASENAME = "ch13_i18n.PDFEditor";

final ResourceBundle germanBundle = PropertyResourceBundle.getBundle(
                                    BUNDLE_BASENAME, Locale.GERMANY);
final ResourceBundle englishBundle = PropertyResourceBundle.getBundle(
                                    BUNDLE_BASENAME, Locale.UK);
```

---

[1] Jeweils eine für jede zu unterstützende Sprache und Region.
[2] Voraussetzung ist jedoch, dass die Property-Dateien im `CLASSPATH` liegen.

Die in der Locale genutzten Sprach- und Landesinformationen ergeben einen Dateinamen im Format 'Name_<Sprachkürzel>_<Länderkürzel>.properties' und die dadurch referenzierte Property-Datei wird eingelesen.[3] Praktischerweise lassen sich verschiedene Sprachdateien allein durch Variation des übergebenen `Locale`-Objekts ansprechen. Zur Unterstützung mehrerer Sprachen muss lediglich für jede gewünschte Sprache eine Property-Datei angelegt werden, wie dies zuvor für eine deutsche und englische Locale gezeigt wurde.

Zugriff auf die Texte

Der Zugriff auf die so hinterlegten Texte erfolgt über spezielle Zugriffsschlüssel, die in einer Konstantenklasse oder besser einer `enum`-Aufzählung wie folgt definiert werden:

```
public enum ResourceKeys
{
    txt_file, txt_new, txt_open, txt_properties, txt_close, txt_save, txt_quit
}
```

Solche Zugriffsschlüssel werden genutzt, um den jeweils zugehörigen sprachspezifischen Text in einem `PropertyResourceBundle` zu suchen. Wir definieren diese Funktionalität als Methode `getLangString(ResourceBundle, ResourceKeys)` in der folgenden Utility-Klasse `ResourceBundleUtils`:

```
public final class ResourceBundleUtils
{
    private static final String INDICATOR_MISSING_RESOURCE = "?";
    private static final String INDICATOR_MISSING_KEY = "??";

    public static String getLangString(final ResourceBundle resourceBundle,
                                       final ResourceKeys key)
    {
        if (resourceBundle != null)
        {
            try
            {
                return resourceBundle.getString(key.name());
            }
            catch (final MissingResourceException e)
            {
                return INDICATOR_MISSING_KEY + key;
            }
        }

        return INDICATOR_MISSING_RESOURCE + key;
    }
    // ...
```

---

[3] Nur wenn man sich an diese Konvention bei der Benennung der Property-Dateien hält, ist ein zuverlässiges Einlesen durch die Methode `getBundle(String, Locale)` möglich. Weitere Informationen zur Arbeitsweise finden Sie in der API-Dokumentation zu dieser Methode.

Beispiel

Die folgende `main()`-Methode verwendet die zuvor vorgestellten Methoden und liest zwei verschiedene Sprachdateien ein. Anschließend werden die Übersetzungen für die Konstanten `txt_file` und `txt_open` auf Deutsch und Englisch ausgegeben:

```java
public static void main(final String[] args) throws MissingResourceException
{
   final String BUNDLE_BASENAME = "ch13_i18n.PDFEditor";

   showTexts(PropertyResourceBundle.getBundle(BUNDLE_BASENAME, Locale.GERMANY));
   showTexts(PropertyResourceBundle.getBundle(BUNDLE_BASENAME, Locale.UK));
}

private static void showTexts(final ResourceBundle resourceBundle)
{
   final String txt_file = ResourceBundleUtils.getLangString(resourceBundle,
                                                  ResourceKeys.txt_file);
   final String txt_open = ResourceBundleUtils.getLangString(resourceBundle,
                                                  ResourceKeys.txt_open);

   System.out.println("txt_file='" + txt_file +  "' / " +
                      "txt_open='" + txt_open + "'");
}
```

Listing 13.2   Ausführbar als 'PROPERTYRESOURCEBUNDLEEXAMPLE'

Beim Start des Programms PROPERTYRESOURCEBUNDLEEXAMPLE kommt es zu folgender Ausgabe auf der Konsole:

```
txt_file='Datei' / txt_open='Öffnen...'
txt_file='File' / txt_open='Open...'
```

Ausblick

Diese Einführung hat einen Anwendungsfall nicht betrachtet: In der Regel sind nicht nur einzelne Begriffe, sondern Kombinationen von Wörtern oder ganze Sätze zu lokalisieren. *Aufgrund unterschiedlicher Grammatikregeln verschiedener Sprachen kann man ganze Sätze nicht durch einfaches Verketten von übersetzten Teilstrings zusammenfügen.* Stattdessen nutzt man die Möglichkeit, ganze Sätze in Property-Dateien abzulegen und an einigen Stellen Platzhalter einzufügen. Wie man dann mithilfe der Klasse `MessageFormat` auf diese Weise ganze Sätze sprachabhängig gestalten kann, zeigt Abschnitt 13.1.7.

Die hier eingeführte Basisfunktionalität werden wir später wieder aufgreifen und zu einer kleinen internationalisierten Applikation ausbauen.

13.1.4 Formatierte Ein- und Ausgabe

In Abschnitt 4.3.3 haben wir zur Formatierung von Zahlen, Datumsangaben usw. die Methode `format(String, Object...)` der Klasse `String` sowie die Methoden `format(String, Object...)` und `printf(String, Object...)` der Klasse `PrintStream` kennengelernt. Eine flexiblere und objektorientierte Lösung ist durch den Einsatz der im Folgenden vorgestellten `Format`-Klassen aus dem Package `java.text` möglich.

Überblick über die `Format`-Klassen

Zum Teil sind die Ausgaben von Programmen individuell zu formatieren oder auf die Bedürfnisse verschiedener Nationalitäten anzupassen. Die abstrakte Basisklasse `Format` und ihre Subklassen `DateFormat`, `MessageFormat` und `NumberFormat` stellen die dazu notwendige Funktionalität bereit. Die Klasse `MessageFormat` kann zur Anpassung von Ausgaben weitere `Format`-Klassen verwenden. Abbildung 13-2 zeigt die Klassenhierarchie.

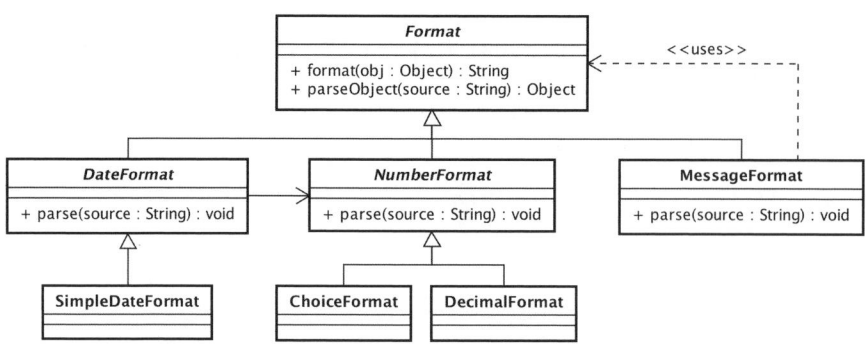

Abbildung 13-2 Klassenhierarchie der `Format`-Klassen

Durch Einsatz der `Format`-Klassen lassen sich nicht nur landes- bzw. sprachabhängige Ausgaben realisieren, sondern es können auch Zeichenketten wieder in Typen wie `Number` oder `Date` zurückgewandelt werden. Die Basisklasse `Format` bietet dazu folgende zwei Methoden:

```
public String format(Object obj)
public Object parseObject(String source) throws ParseException
```

Die Methode `format(Object)` konvertiert übergebene Objekte in einen String. Durch Aufruf der Methode `parseObject(String)` wird versucht, einen String in ein spezielles Objekt zu konvertieren. Die Umwandlung beliebiger Strings mit Datums- und Zeitinformationen kann jedoch fehlschlagen, wenn die Eingabe nicht dem erwarteten sprachabhängigen Format entspricht. In solchen Fällen wirft die Methode `parseObject(String)` eine `java.text.ParseException`.

> **Achtung: API-Merkwürdigkeit der `Format`-Klassen**
>
> In den Subklassen der Basisklasse `Format` wird zusätzlich eine öffentliche Methode `parse(String)` angeboten. Diese wiederum wird durch die Methode `parseObject(String)` aufgerufen. In Applikationen spielt letztgenannte Methode kaum eine Rolle: Stattdessen wird meistens direkt mit den `parse(String)`-Methoden der Subklassen gearbeitet.

> **Achtung: `format()`-Inkompatibilität mit den `Format`-Klassen**
>
> Weder die Methode `format(String, Object...)` der Klasse `String` noch die Methoden `format(String, Object...)` und `printf(String, Object...)` der Klasse `PrintStream` verwenden `Format`-Objekte, sondern nutzen die Klasse `Formatter`. Diese bietet eine weitgehende Kompatibilität zu `printf()`-Ausgaben in C/C++. Die eingesetzten Formatzeichen sind dabei jedoch unterschiedlich zu denen der `Format`-Klassen.

13.1.5 Zahlen und die Klasse `NumberFormat`

Bei der Verarbeitung von Zahlen, Prozentangaben und Währungen hilft die Klasse `NumberFormat`.

Formatierte Ausgabe

Zur Formatierung von Ausgaben können über verschiedene Fabrikmethoden Instanzen der Klasse `NumberFormat` erzeugt werden:

- `getInstance()` und `getNumberInstance()` – Beide stellen ein Format für Gleitkommazahlen bereit, das standardmäßig auf drei Stellen nach dem Komma rundet. Mit der Methode `setMaximumFractionDigits(int)` kann die Anzahl an Nachkommastellen eingestellt bzw. über `getMaximumFractionDigits()` abgefragt werden. Analog dazu existieren Methoden, um die minimale Anzahl an Nachkommastellen festzulegen bzw. zu ermitteln.

- `getIntegerInstance()` – Erzeugt ein auf Ganzzahlen ausgerichtetes Format, das den Nachkommateil abschneidet und die Zahl vorher rundet.

- `getCurrencyInstance()` – Erzeugt ein Format für Währungen, das auf zwei Nachkommastellen rundet.

- `getPercentInstance()` – Dient zum Darstellen von Prozentwerten. Dazu wird die übergebene Zahl auf zwei Stellen nach dem Komma gerundet und dann mit 100 multipliziert: Beispielsweise wird die Zahl 0.7271 als 73 % dargestellt.

Um zusätzlich zu den voreingestellten Landesspezifika andere Formate bei der Ausgabe zu berücksichtigen, existieren jeweils überladene Methoden mit einem `Locale`-

Objekt als Parameter. Das erinnert an die Realisierungen der Methoden `getDisplayLanguage()` und `getDisplayCountry()` in der Klasse `Locale`.

> **Achtung: Zweifelhaftes OO-Design im JDK**
>
> Einige Fabrikmethoden der Klasse `NumberFormat` erzeugen Objekte vom spezielleren Typ `DecimalFormat`. Es ist ein fragwürdiges OO-Design, wenn eine Basisklasse ihre Subklassen kennt und diese sogar erzeugt. Korrekterweise hätten die Fabrikmethoden in der Klasse in `DecimalFormat` definiert werden sollen.

Beispiel

Das folgende Beispielprogramm NUMBERFORMATEXAMPLE nutzt die vorgestellten Fabrikmethoden, um den Einsatz verschiedener Formate zur Ausgabe von Zahlen und Währungen zu zeigen. Dabei werden etwa lokale Unterschiede für Währungsausgaben am Beispiel von Italien und der italienischen Schweiz demonstriert. Auch außereuropäische Besonderheiten werden mit den Locales für die USA und Hongkong gezeigt:

```java
public static void main(final String[] args)
{
    final double value = 12345.67890;

    NumberFormat numFormat = NumberFormat.getInstance(Locale.GERMANY);
    System.out.println("getInstance de DE\t\t" + numFormat.format(value));

    numFormat = NumberFormat.getNumberInstance(Locale.US);
    System.out.println("getNumberInstance en US\t\t" + numFormat.format(value));

    numFormat = NumberFormat.getCurrencyInstance(Locale.GERMANY);
    System.out.println("getCurrencyInstance de DE\t" + numFormat.format(value));

    numFormat = NumberFormat.getCurrencyInstance(Locale.US);
    System.out.println("getCurrencyInstance en US\t" + numFormat.format(value));

    numFormat = NumberFormat.getCurrencyInstance(Locale.ITALY);
    System.out.println("getCurrencyInstance it IT\t" + numFormat.format(value));

    numFormat = NumberFormat.getCurrencyInstance(LocaleExample.
            LOCALE_ITALIAN_SWISS);
    System.out.println("getCurrencyInstance it CH\t" + numFormat.format(value));

    numFormat = NumberFormat.getCurrencyInstance(new Locale("zh", "HK"));
    System.out.println("getCurrencyInstance zh HK\t" + numFormat.format(value));

    // Zahlenformat stammt aus Sprache, Währungszeichen sprachabhängig aus Land
    numFormat = NumberFormat.getCurrencyInstance(new Locale("de", "HK"));
    System.out.println("getCurrencyInstance de HK\t" + numFormat.format(value));
}
```

Listing 13.3 Ausführbar als 'NUMBERFORMATEXAMPLE'

Dieses Beispiel verdeutlicht, dass die lokalen Besonderheiten (Währungsinformationen, Zahlenformate etc.) vom Benutzer nicht angegeben werden müssen. Es reicht viel-

13.1 Internationalisierung im Überblick

mehr aus, ein `Locale`-Objekt an die entsprechenden Methoden der `Format`-Klassen zu übergeben. Für den Wert `12345.67890` kommt es zu folgenden Ausgaben:

```
getInstance de DE              12.345,679
getNumberInstance en US        12,345.679
getCurrencyInstance de DE      12.345,68 €
getCurrencyInstance en US      $12,345.68
getCurrencyInstance it IT      € 12.345,68
getCurrencyInstance it CH      SFr. 12'345.68
getCurrencyInstance zh HK      HK$12,345.68
getCurrencyInstance de HK      HKD 12.345,68
```

Man erkennt diverse Unterschiede in der Formatierung der Ausgabe. Eine Besonderheit wird bei der (künstlichen) deutschsprachigen Locale für Hongkong sichtbar: Die Sprache bestimmt das Format der Zahlen. Das Land bestimmt das bzw. die Währungszeichen, wobei diese sprachabhängig sind – im Beispiel also etwa `HK$` bzw. `HKD` für den Hongkong-Dollar.

All diese sprach- und landesabhängigen Spezialitäten von Hand zu realisieren, wäre sehr aufwendig und fehleranfällig. Insbesondere gilt das auch für das Parsing derartiger Informationen. Auch dabei unterstützt die Klasse `NumberFormat`.

Parsen von Strings – Umwandlung in `Number`-Objekte

Die Unterstützung verschiedener Formate ist bei der Auswertung von Zeichenketten und der Umwandlung in Objekte noch deutlich wichtiger als bei der Ausgabe. Dieser Abschnitt geht genauer darauf ein.

Um textuell vorliegende Informationen in korrespondierende Objekte umzuwandeln, verwendet man die Methode `parse(String)`. Dabei ist zu beachten, dass je nach gewählter Locale eine Zahl mit Komma "1,2" oder Punkt "1.2" unterschiedlich interpretiert wird! Folgendes Beispielprogramm verdeutlicht dies anhand der Auswertung der Eingaben "123,456,789" und "123.456.789" für die Zahlenformate für Deutschland, Frankreich und die USA.

```java
public static void main(final String[] args) throws ParseException
{
    final NumberFormat DE_FORMAT = NumberFormat.getInstance(Locale.GERMANY);
    final NumberFormat FR_FORMAT = NumberFormat.getInstance(Locale.FRANCE);
    final NumberFormat US_FORMAT = NumberFormat.getInstance(Locale.US);

    final String[] values = { "123,456,789", "123.456.789" };
    for (final String number : values)
    {
        System.out.println("Value " + number);
        System.out.println("NumberInstance DE   " + DE_FORMAT.parse(number));
        System.out.println("NumberInstance FR   " + FR_FORMAT.parse(number));
        System.out.println("NumberInstance US   " + US_FORMAT.parse(number));
    }
}
```

Listing 13.4 *Ausführbar als* 'NUMBERFORMATPARSEEXAMPLE'

Führt man das Programm NUMBERFORMATPARSEEXAMPLE aus, so erscheinen folgende Ausgaben auf der Konsole:

```
Value 123,456,789
NumberInstance DE   123.456
NumberInstance FR   123.456
NumberInstance US   123456789
Value 123.456.789
NumberInstance DE   123456789
NumberInstance FR   123
NumberInstance US   123.456
```

Erwartete Unterschiede findet man bei der amerikanischen und den beiden europäischen Formaten. Unerwartet ist jedoch die unterschiedliche Auswertung der punktseparierten Zahl für die deutsche und die französische Locale – das liegt vermutlich daran, dass im Französischen keine Tausenderpunkte, sondern Leerzeichen genutzt werden. Das konnte ich aber nicht eindeutig durch Tests bestätigen.

13.1.6 Datumswerte und die Klasse `DateFormat`

Die Basisklasse `DateFormat` und ihre konkrete Subklasse `SimpleDateFormat` erleichtern die formatierte Ausgabe von Datumswerten. Beide Klassen ermöglichen zudem die Konvertierung von Strings, die Datums- und/oder Zeitinformationen enthalten, in ein Objekt vom Typ `Date`. Bedenken Sie bitte, dass bei Neuentwicklungen möglichst das mit Java 8 eingeführte Date and Time API (vgl. Kapitel 11) zum Einsatz kommen sollte, das auch die Formatierung und das Parsing erleichtert.

Formatierte Ausgabe

Zur Ausgabe von Datumswerten stellen folgende Fabrikmethoden verschiedene Arten von Datumsformaten bereit:

- `getInstance()` – Formatierung von Datums- und Zeitangaben
- `getTimeInstance()` – Formatierung von Zeitangaben
- `getDateInstance()` – Formatierung von Datumsangaben
- `getDateTimeInstance()` – Formatierung von Datums- und Zeitangaben

Es existieren überladene Versionen dieser Methoden. Dort kann durch die Angabe der Parameter `SHORT`, `MEDIUM`, `LONG` und `FULL` eine Steuerung des Detailgrads der auszugebenden Informationen erfolgen. Für `getDateTimeInstance()` lässt sich sogar der Detailgrad der Datums- und Zeitangabe separat spezifizieren.

Folgendes Beispielprogramm nutzt diese Methoden[4] und zeigt, wie man die Varianten auf elegante Art und Weise durch die Definition zweier Arrays beschreiben kann. Dadurch erspart man sich viel Sourcecode-Duplikation, die ansonsten zur Realisierung notwendig gewesen wäre.

---

[4]Zur besseren Lesbarkeit wurden die Methoden statisch importiert.

13.1 Internationalisierung im Überblick

```java
public static void main(final String[] args)
{
    // Aktuelles Datum erzeugen
    final Date now = new Date();

    // Ausgabe mit toString()
    System.out.println("Date.toString()        " + now.toString());

    // Ausgabe mit DateFormat
    System.out.println("\nDateFormat");
    System.out.println("getInstance()          " + getInstance().format(now));
    System.out.println("getTimeInstance()      " + getTimeInstance().format(now));
    System.out.println("getDateInstance()      " + getDateInstance().format(now));
    System.out.println("getDateTimeInstance()  " +
                       getDateTimeInstance().format(now));

    // Definition aller Varianten (int-Werte auf der Klasse DateFormat)
    final int[] styles = { SHORT, MEDIUM, LONG, FULL };

    // Achtung: Index gemäß Definition der DateFormat-Konstanten
    // Daher ist die Reihenfolge hier anders als in styles
    final String[] styleNames = { "FULL   ", "LONG   ", "MEDIUM", "SHORT " };

    // Zeige alle Varianten von DateFormat.getTimeInstance()
    System.out.println("\nDateFormat.getTimeInstance()");
    for (final int currentStyle : styles)
    {
        System.out.println(styleNames[currentStyle] + "\t\t\t" +
                           getTimeInstance(currentStyle).format(now));
    }

    // Zeige alle Varianten von DateFormat.getDateInstance()
    System.out.println("\ngetDateInstance()");
    for (final int currentStyle : styles)
    {
        System.out.println(styleNames[currentStyle] + "\t\t\t" +
                           getDateInstance(currentStyle).format(now));
    }

    // Zeige alle Varianten von DateFormat.getDateTimeInstance()
    System.out.println("\nDateFormat.getDateTimeInstance()");
    for (final int currentDateStyle : styles)
    {
        for (final int currentTimeStyle : styles)
        {
            System.out.println(styleNames[currentDateStyle] + " / " +
                               styleNames[currentTimeStyle] + "\t\t" +
                               getDateTimeInstance(currentDateStyle,
                               currentTimeStyle).format(now));
        }
    }
}
```

Listing 13.5 Ausführbar als 'DATEFORMATEXAMPLE'

Das Programm DATEFORMATEXAMPLE gibt in etwa Folgendes aus (gekürzt):

```
Date.toString()          Mon Mar 06 20:32:39 CET 2017

DateFormat
getInstance()            06.03.17 20:32
getTimeInstance()        20:32:39
getDateInstance()        06.03.2017
getDateTimeInstance()    06.03.2017 20:32:39
...
DateFormat.getDateTimeInstance()
...
FULL    / SHORT          Montag, 6. März 2017 20:32
FULL    / MEDIUM         Montag, 6. März 2017 20:32:39
FULL    / LONG           Montag, 6. März 2017 20:32:39 MEZ
FULL    / FULL           Montag, 6. März 2017 20:32 Uhr MEZ
```

Interessanterweise entspricht die Ausgabe der Methode `toString()` der Klasse `Date` keinem der vordefinierten Ausgabeformate! Somit kann man mit den Standardformaten die von `Date` ausgegebenen Datumswerte nicht parsen. Weiterhin überraschen die Ausgaben bei der Wahl von FULL für die Zeitangabe, denn diese enthalten keine Sekundenangaben, aber den Text "Uhr".

Parsen von Strings – Umwandlung in `Date`-Objekte

Um textuell vorliegende Datumsinformationen in Objekte umzuwandeln, verwendet man die Methode `parse(String)` der Klasse `DateFormat`. Dabei werden verschiedene Datumsdarstellungen akzeptiert, sogar teilweise eigentlich ungültige Werte, wie z. B. die Datumsangabe "32.12.2008 20:14:55 GMT+7" . Nachfolgend wird zum Parsing ein mittleres Datumsformat und ein kurzes Zeitformat ohne eine landesspezifische Anpassung durch Übergabe eines `Locale`-Objekts benutzt:

```
public static void main(final String[] args)
{
    final String dateString = "32.12.2008 20:14:55 GMT+7";

    final DateFormat format = DateFormat.getDateTimeInstance(DateFormat.MEDIUM,
                                                             DateFormat.SHORT);
    format.setLenient(true);

    try
    {
        final Date date = format.parse(dateString);
        System.out.println("Original string:        " + dateString);
        System.out.println("Formatted parsed date: " + format.format(date));
        System.out.println("Parsed date:            " + date);
    }
    catch (final ParseException ex)
    {
        System.out.println("ERROR: could not parse date '" + dateString + "'");
    }
}
```

Listing 13.6   Ausführbar als 'DATEFORMATPARSEEXAMPLE'

13.1 Internationalisierung im Überblick

Der Standardparser ist großzügig: Fehlen Bestandteile des Datums, so werden dafür Defaultwerte angenommen. Sind Werte zu viel, so werden diese ignoriert. Zudem werden einige Werte auf andere Tage oder Uhrzeiten »gerundet«. Beispielsweise wird der 32. Dezember auf den ersten Januar des Folgejahres verschoben.

Die zu verarbeitende Eingabe enthält sowohl eine Zeitzone als auch Sekundenangaben. Da beides nicht Bestandteil des genutzten Datumsformats ist, werden diese Angaben beim Parsing ignoriert. Als Folge werden die Zeitzone auf den Wert 'CET' und die Sekunden auf den Wert 0 gesetzt, wie es ein Start des Programms DATEFORMATPARSEEXAMPLE zeigt:

```
Original string:        32.12.2008 20:14:55 GMT+7
Formatted parsed date:  01.01.2009 20:14
Parsed date:            Thu Jan 01 20:14:00 CET 2009
```

Es ist in gewissem Rahmen möglich, die »Freundlichkeit« des Parsings zu beeinflussen. Durch den Aufruf von `format.setLenient(false)` wird die Eingabe des Werts 32 nicht mehr als Tagesangabe akzeptiert. Es kommt zu einer `ParseException`.

Einsatz von `SimpleDateFormat` für Anpassungen

Die mit den Fabrikmethoden erzeugten `DateFormat`-Instanzen sind für einige Einsatzgebiete bereits ausreichend. Allerdings gibt es immer wieder Situationen, in denen man ein Datumsformat nach eigenen Bedürfnissen gestalten möchte oder muss. Mithilfe der Klasse `SimpleDateFormat` wird es möglich, eigene Datumsformate zu definieren, deren Beschreibung durch Angabe eines speziellen Musterstrings erfolgt. Die wichtigsten Formatzeichen sind im Muster 'dd. MMMM yyyy HH:mm:ss' enthalten. Dieses führt beispielsweise zu folgender Ausgabe von Datum und Uhrzeit:

```
20. Dezember 2016 15:54:54
```

Die Anzahl der Zeichen im Muster legt die Art der Ausgabe fest. Wie sich das auswirkt, ist in Tabelle 13-1 für Jahres- und Monatsangaben gezeigt.

Tabelle 13-1 Einfluss der Musterlänge auf die Darstellung

Jahreszahl	Monatsinformation
'y' -> '2017'	'M' -> '3' bzw. '12'
'yy' -> '09'	'MM' -> '03'
'yyy' -> '2017'	'MMM' -> 'März', aber 'Dez.'
'yyyy' -> '2017'	'MMMM' -> 'Dezember'

Überraschenderweise kommt es bei der Angabe eines einstelligen Jahresplatzhalters zu der Ausgabe einer vierstelligen Jahresangabe.

Tipp: Spezialfälle bei der Musterangabe im `SimpleDateFormat`

Fallstricke Die meisten in der Musterangabe der Klasse `SimpleDateFormat` verwendeten Formatzeichen sind intuitiv klar und aus den englischen Begriffen für den jeweils gewünschten Einsatzzweck herleitbar. Zu beachten ist, dass hier Groß- und Kleinschreibung eine semantische Bedeutung trägt. Das große 'M' steht für Monatsangaben, wohingegen das kleine 'm' für Minuten steht. Auch eine Verwechslung der Zeichen 'd' und 'D' kann beispielsweise dafür sorgen, dass nicht der Tag im Monat ('d'), sondern der im Jahr ('D') ausgegeben wird.

Es lauern noch weitere Fehlerquellen durch die Platzhalter für Stundenangaben: 0 – 23 ('H') oder 1 – 24 ('k') bzw. 0 – 11 ('K') oder 1 – 12 ('h'). Diese Platzhalter sind alles andere als intuitiv. Es ist daher ratsam, die API-Dokumentation zur Klasse `SimpleDateFormat` zu konsultieren, wenn man sich unsicher ist.

`SimpleDateFormat` und `Date.toString()` Mithilfe der obigen Informationen können wir ein `SimpleDateFormat` definieren, das die Ausgaben von `Date.toString()` lesen kann. Dazu verwenden wir die in der Klasse `Date` in der Methode `toString()` gefundene Formatangabe `"EEE MMM dd HH:mm:ss zzz yyyy"`.

Dabei stehen `"EEE"` für den Wochentag und `"zzz"` für die Zeitzone. Damit das Parsing möglich wird, ist allerdings ein amerikanisches `Locale`-Objekt bei der Konstruktion zu übergeben. Die `toString()`-Methode der Klasse `Date` nutzt immer ein solches `Locale`-Objekt zur Ausgabe der Zeitzone. Korrekter wäre es gewesen, hier die Zeitzone der momentan in der JVM hinterlegten Default-Locale zu verwenden.

```java
public static void main(final String[] args) throws ParseException
{
    // Neues Date-Objekt erzeugen
    final Date now = new Date();

    // In String wandeln und als Vergleichswert ausgeben
    final String dateString = now.toString();
    System.out.println("Now: " + dateString);

    // Definition des passenden Datumsformats
    final String pattern = "EEE MMM dd HH:mm:ss zzz yyyy";
    final SimpleDateFormat format = new SimpleDateFormat(pattern, Locale.US);

    // Versuche die Ausgabe von Date.toString() zu parsen
    final Date parsed = format.parse(dateString);
    System.out.println("Parsed date: " + parsed);

    // Prüfe, ob das Format auch bei der Ausgabe korrekt arbeitet
    System.out.println("Formatted date: " + format.format(now));
}
```

Listing 13.7 Ausführbar als '**DATEFORMATPARSETOSTRINGEXAMPLE**'

13.1.7 Textmeldungen und die Klasse `MessageFormat`

Sind Textmeldungen formatiert auszugeben, hilft dabei die Klasse `MessageFormat`. Deren Objekte werden im Unterschied zu den beiden Klassen `NumberFormat` und `DateFormat` nicht über Fabrikmethoden, sondern über einen Konstruktoraufruf erzeugt. Diesem wird eine Vorlage der auszugebenden Nachricht übergeben:

```
MessageFormat(String pattern)
```

Im Parameter `pattern` können Platzhalter angegeben werden. Diese Platzhalter werden zur Laufzeit mit Werten ersetzt, wenn beim Aufruf der Methode `format(Object)` ein `Object[]` mit Werten übergeben wird. Folgendes Listing zeigt ein Beispiel dreier Platzhalter:

```java
public static void main(final String[] args) throws ParseException
{
    final String textTemplate = "Am {1} ist {0}. {2} Sekt bitte!";
    final MessageFormat messageFormat = new MessageFormat(textTemplate);

    // Date(int year, int month, int date, int hrs, int min)
    // ACHTUNG: auf das Jahr wird der Wert 1900 addiert => 117 == 2017
    // ACHTUNG: die Monatszählung beginnt beim Wert 0 für Januar
    final Object[] arguments = { "Karneval", new Date(117, 10, 11, 11, 11), 3 };
    final String formattedText = messageFormat.format(arguments);

    System.out.println("Eingabe:    " + textTemplate);
    System.out.println("Formatiert: " + formattedText);
}
```

Listing 13.8 *Ausführbar als* '**MessageFormatExample**'

Die Werte aus dem Array werden über Platzhalter wie `{0}`, `{1}` etc. in die Nachricht eingefügt. Die Nummern entsprechen den Indizes des `Object`-Arrays der Argumente. In der Textvorlage können diese Indizes mehrfach und in beliebiger Reihenfolge angegeben werden oder auch ungenutzt bleiben. Wird ein Index angegeben, für den es keinen Eintrag im `Object`-Array der Werte gibt, so erfolgt keine Ersetzung des Platzhalters.

Startet man das Programm MessageFormatExample, so kommt es zu folgender Ausgabe:

```
Eingabe:    Am {1} ist {0}. {2} Sekt bitte!
Formatiert: Am 11.11.17 11:11 ist Karneval. 3 Sekt bitte!
```

Die Klasse `MessageFormat` bietet auch eine statische Methode `format(String, Object...)` für die Ausgabe, wodurch man kein `MessageFormat`-Objekt konstruieren und dessen Objektmethode `format(Object)` aufrufen muss. Im eigenen Sourcecode ist daher folgende Variante kürzer und besser lesbar:

```java
final String formattedText = MessageFormat.format(textTemplate, arguments);
```

Erweiterungen der Formatspezifikation

Platzhalter können nicht nur den Index des Arguments enthalten, sondern auch weitere Informationen zur Formatierung. Mit der Syntax

```
{ArgumentIndex, FormatType}
```

kann die Ausgabe angepasst werden. Dabei wird ein Formatierer des entsprechenden Formattyps `number`, `date`, `time` oder `choice` erzeugt. Für `number` entspricht dies beispielsweise `NumberFormat.getInstance(getLocale())`. Bei Bedarf kann sogar der Formatstil angegeben werden:

```
{ArgumentIndex, FormatType, FormatStyle}
```

Für das Format `date` sind hier die Werte `short`, `medium`, `long` und `full` vordefiniert. Korrespondierende Stile sind aus dem `DateFormat` bekannt. Für das Format `number` können die Stile `integer`, `currency` und `percent` gewählt werden, die denen der Klasse `NumberFormat` entsprechen. Verdeutlichen wir uns dies anhand eines Beispiels:

```java
public static void main(final String[] args) throws ParseException
{
    final Object[] arguments = { "MessageFormat", 2, 3.1415, new Date() };
    final String textTemplate = "Beispiel für die Klasse {0}. "
                        + "\nWährung: {1, number, currency} "
                        + "\nZahl: {2, number} "
                        + "\nDatum und Uhrzeit: {3, date} um {3, time}";

    final String formattedText = MessageFormat.format(textTemplate, arguments);

    System.out.println("Eingabe: " + textTemplate);
    System.out.println();
    System.out.println("Formatiert: " + formattedText);
}
```

Listing 13.9 *Ausführbar als* **'MESSAGEFORMATEXAMPLE2'**

Führt man das Programm MESSAGEFORMATEXAMPLE2 aus, so kommt es zu folgender, aufs Wesentliche gekürzten Ausgabe:

```
Formatiert: Beispiel für die Klasse MessageFormat.
Währung: 2,00 €
Zahl: 3,142
Datum und Uhrzeit: 07.02.2017 um 21:54:00
```

Fazit

Dieser Abschnitt hat einen kurzen Einstieg in das Thema formatierte Ein- und Ausgabe gegeben und soll als Anregung für eigene Experimente dienen. Zudem wurden Grundkenntnisse zur Internationalisierung aufgebaut, die das Verständnis der im Folgenden vorgestellten Themen erleichtern.

13.1.8 Stringvergleiche mit der Klasse `Collator`

Neben der Darstellung von Informationen mithilfe verschiedener `Format`-Klassen ist es insbesondere für Listen oder Tabellen von Interesse, Texte in einer bestimmten Reihenfolge anzuordnen. Der Vergleich von Strings scheint auf den ersten Blick eine einfache Aufgabe zu sein, da die Klasse `String` das Interface `Comparable<String>` erfüllt und damit auch eine Methode `compareTo(String)` bietet. Damit lassen sich Strings in eine gewünschte Reihenfolge bringen – man kann etwa eine Liste von Namen alphabetisch sortieren. Allerdings beruht der Vergleich der einzelnen Strings auf den Unicode-Werten der enthaltenen Zeichen. In einigen Anwendungsfällen reicht dies bereits aus. Es gibt aber viele Anwendungsfälle, in denen diese vorgegebene Art des Vergleichs nicht zweckmäßig ist – das gilt insbesondere dann, wenn landes- oder sprachspezifische Besonderheiten beachtet werden müssen. Schon ein Vergleich deutscher Wörter gemäß `Comparable<String>` kann unerwartete Ergebnisse liefern. Das liegt daran, dass in der Unicode-Codierung Kleinbuchstaben hinter dem Großbuchstaben 'z' und Umlaute hinter dem Kleinbuchstaben 'z' angeordnet sind.

Wenn Strings landes- bzw. sprachspezifisch entsprechend einer gewählten Locale zu vergleichen sind, wäre es aufwendig und fehleranfällig, diese Funktionalität selbst zu programmieren. Für sprachabhängige Vergleiche sollte man stattdessen die Klasse `java.text.Collator` einsetzen, die wir nun kennenlernen wollen.

Die Klasse `Collator`

Sprachspezifische Vergleiche von Strings kann man mithilfe der Klasse `Collator` auf elegante Weise realisieren. Eine Instanz davon erhält man über verschiedene Fabrikmethoden, die in der Klasse `Collator` definiert sind. Die Methode `getInstance()` liefert ein `Collator`-Objekt für die Default-Locale, wohingegen die Methode `getInstance(Locale)` ein `Collator`-Objekt für das als Parameter übergebene `Locale`-Objekt zurückgibt.

Die Klasse `Collator` implementiert das Interface `Comparator<Object>` und bietet daher eine Methode `compare(Object, Object)`.[5] Damit lassen sich zwei beliebige Strings miteinander vergleichen und ordnen. Insbesondere fällt damit der häufige Anwendungsfall des Sortierens von Strings leicht. Dabei helfen die Utility-Methoden `sort(T[], Comparator<? super T>)` und `sort(List<T>, Comparator<? super T>)` aus der Utility-Klasse `Arrays` bzw. `Collections`, die beide aus dem Collections-Framework stammen. Details zum Interface `Comparator<T>` beschreibt Abschnitt 6.1.8.

Zur Verdeutlichung der Funktionalität und Arbeitsweise eines `Collators` soll ein Vergleich von Objekten einer Klasse `Person` realisiert werden.

---

[5] In der Methode `compare(Object, Object)` werden beide Parameter direkt auf `String` gecastet. Korrekterweise müsste die Klasse `Collator` daher das auf die Klasse `String` typisierte Interface `Comparator<String>` erfüllen. Allgemeiner könnte man den Typ `CharSequence` statt `String` verwenden.

Beispiel

Die im Listing gezeigte Klasse `Person` erfüllt das Interface `Comparable<Person>` und realisiert daher die Methode `compareTo(Person)`. Damit lassen sich `Person`-Objekte miteinander vergleichen und ordnen. In diesem Beispiel basiert der Vergleich auf dem Attribut `lastname`. Die eigentliche Vergleichsfunktionalität wird hier durch einen `Collator` für die `Locale.GERMANY` gemäß deutschen Regeln bereitgestellt:

```java
public class Person implements Comparable<Person>
{
    private static final Collator collator =
                        Collator.getInstance(Locale.GERMANY);

    private final String lastname;

    Person(final String lastname)
    {
        this.lastname = lastname;
    }

    public int compareTo(final Person other)
    {
        return collator.compare(getLastname(), other.getLastname());
    }

    // ...
}
```

Vergleich im Detail steuern

Das einführende Beispiel zeigt einen einfachen Anwendungsfall eines `Collator`s. Der Vergleich von Strings lässt sich bei Bedarf im Detail beeinflussen. Dazu kann man durch Aufruf der Methode `setStrength(int)` eine sogenannte »Strenge« vorgeben, die bestimmt, wann Zeichen als unterschiedlich gelten sollen. Dazu übergibt man folgende Konstanten:

- `Collator.PRIMARY` – Es werden lediglich verschiedene Buchstaben als unterschiedlich erkannt. Beim Vergleich werden demnach Groß- und Kleinschreibung sowie eventuell vorhandene Akzente und Umlaute außer Acht gelassen, d. h., ein 'Ä' wird beim Sortieren wie ein 'a' behandelt.[6]
- `Collator.SECONDARY` – Diese Vergleichsart berücksichtigt zusätzlich zur Einstellung `PRIMARY` auch Akzente und Umlaute. Unterschiede in der Groß- und Kleinschreibung beeinflussen die Sortierung jedoch nicht.
- `Collator.TERTIARY` – Diese Vergleichsart ist »strenger« als die Einstellung `SECONDARY`, denn sie beachtet auch Unterschiede in der Groß- und Kleinschreibung. Es gilt etwa 'a' < 'A'. ***Das ist die Standardeinstellung.***

---

[6] In vielen Sprachen wird durch einen Akzent oder Umlaut kein wirklich eigenständiger Buchstabe beschrieben. In einigen Sprachen, etwa Dänisch, ist das anders. Dann wird ein Unterschied im Umlaut, z. B. 'ø' statt 'o', auch als primärer Unterschied gewertet.

- `Collator.IDENTICAL` – Hierbei werden alle Unicode-Zeichen als unterschiedlich angesehen. Das gilt auch für verschiedene nicht darstellbare Unicode-Zeichen, die bei den anderen Einstellungen teilweise als gleich angesehen werden. Dadurch werden Zeichenketten, die ansonsten gleiche Zeichen enthalten, bei allen anderen Strengegraden als gleich gewertet, selbst wenn diese unterschiedliche nicht darstellbare Unicode-Zeichen enthalten.

Zur Veranschaulichung zeigt folgende Tabelle die Sortierreihenfolge bei einem Vergleich der Strings `Abc` und `Äbc` für Umlaute sowie der Strings `Hallo` und `hallo` für Groß- bzw. Kleinschreibung für verschiedene `Collator`-Strengegrade. Im Anschluss daran erstelle ich ein Beispielprogramm zur weiteren Verdeutlichung.

Tabelle 13-2 Einflüsse der `Collator`-Strengegrade

Sortierungsvariante	Reihenfolge der Strings
`Comparable<String>`	Abc < Hallo < hallo < Äbc
PRIMARY	(Abc = Äbc) < (Hallo = hallo)
SECONDARY	Abc < Äbc < (Hallo = hallo)
TERTIARY	Abc < Äbc < hallo < Hallo

Das folgende Listing demonstriert die Auswirkungen verschiedener Einstellungen für die »Strenge« auf den Vergleich von Strings. Dazu wird ein `String[]` mit Werten initialisiert, die besonders geeignet sind, die Auswirkungen unterschiedlicher Strengegrade beobachten zu können. Dabei werden auch spezielle Unicode-Zeichen genutzt, damit insbesondere die Einstellung `IDENTICAL` verständlich wird:

```java
public final class CollatorStrengthExample
{
    // Diese Werte werden verglichen, inklusive spezieller Unicode-Zeichen
    private static final String[] EXAMPLE_VALUES = { "\u0001BC", "\u0002BC",
                                                     "ABC", "ÄBC", "abc",
                                                     "Maße", "Masse" };

    public static void main(final String[] args)
    {
        System.out.println("CollatorStrengthExample");
        System.out.println("Values: " + Arrays.toString(EXAMPLE_VALUES) + "\n");

        final Collator collator = Collator.getInstance(Locale.GERMANY);

        for (final CollatorStrength strength : CollatorStrength.values())
        {
            // Achtung: Kopie des Arrays ist wichtig, da der sort-Befehl
            // ansonsten das Ausgangsarray ändern würde!
            sortByCollator(collator, strength, EXAMPLE_VALUES.clone());
        }
    }
```

```java
    private static void sortByCollator(final Collator collator,
                                       final CollatorStrength collatorStrength,
                                       final String[] exampleValues)
    {
        // Gemäß Strenge sortieren und ausgeben
        collator.setStrength(collatorStrength.collatorStrengthValue);
        Arrays.sort(exampleValues, collator);
        System.out.println("Collator-Strength: " + collatorStrength + " => " +
                           Arrays.toString(exampleValues));

        // Aufbereiten der Vergleichsordnung
        final String orderingInfo = buildOrderingInfo(collator, exampleValues);
        System.out.println("Using ordering: [" + orderingInfo + "]" + "\n");
    }

    // ...

    enum CollatorStrength
    {
        PRIMARY(Collator.PRIMARY), SECONDARY(Collator.SECONDARY),
        TERTIARY(Collator.TERTIARY), IDENTICAL(Collator.IDENTICAL);

        final int collatorStrengthValue;

        CollatorStrength(final int collatorStrengthValue)
        {
            this.collatorStrengthValue = collatorStrengthValue;
        }
    }

    // ...
```

Listing 13.10 Ausführbar als 'COLLATORSTRENGTHEXAMPLE'

Startet man das Programm COLLATORSTRENGTHEXAMPLE, kommt es zu folgender, für die bessere Lesbarkeit leicht modifizierten Ausgabe, wobei die zwei besonderen Unicode-Zeichen nicht druckbar sind und daher hier als '?' dargestellt sind:

```
Values: [?BC, ?BC, ABC, ÄBC, abc, Maße, Masse]

Collator-Strength: PRIMARY => [ÄBC, ABC, abc, ?BC, ?BC, Maße, Masse]
Using ordering: ['?BC' = '?BC', '?BC' > 'ÄBC', 'ÄBC' = 'ABC',
                 'ABC' = 'abc', 'abc' < 'Maße', 'Maße' = 'Masse']

Collator-Strength: SECONDARY => [ABC, abc, ÄBC, ?BC, ?BC, Maße, Masse]
Using ordering: ['?BC' = '?BC', '?BC' > 'ÄBC', 'ÄBC' > 'ABC',
                 'ABC' = 'abc', 'abc' < 'Maße', 'Maße' = 'Masse']

Collator-Strength: TERTIARY => [abc, ABC, ÄBC, ?BC, ?BC, Masse, Maße]
Using ordering: ['?BC' = '?BC', '?BC' > 'ÄBC', 'ÄBC' > 'ABC',
                 'ABC' > 'abc', 'abc' < 'Maße', 'Maße' > 'Masse']

Collator-Strength: IDENTICAL => [abc, ABC, ÄBC, ?BC, ?BC, Masse, Maße]
Using ordering: ['?BC' < '?BC', '?BC' > 'ÄBC', 'ÄBC' > 'ABC',
                 'ABC' > 'abc', 'abc' < 'Maße', 'Maße' > 'Masse']
```

Anhand der Ausgaben erkennen wir den Einfluss des gewählten Strengegrads sehr schön. Zum besseren Verständnis und zum leichteren Nachvollziehen werden die Ergebnisse der Vergleiche textuell dargestellt, etwa 'ABC' = 'abc'. Diese Informationen werden durch die Methode `buildOrderingInfo(Collator, String[])` aufbereitet. Für den allgemeinen Teil der Darstellung des Vergleichs wird vom konkreten Typ `Collator` abstrahiert und eine generische Hilfsmethode `buildComparatorInfo(Comparator<T>, T, T)` für den allgemeineren Typ `Comparator<T>` definiert. Dadurch ist diese bei Bedarf auch in anderen Anwendungsfällen einsetzbar.

```
private static String buildOrderingInfo(final Collator collator,
                                        final String[] exampleValues)
{
    String orderingInfo = "";
    for (int i = 0; i < exampleValues.length-1; i++)
    {
        orderingInfo += buildComparatorInfo(collator, exampleValues[i],
                                            exampleValues[i + 1]);

        // ',' für alle Einträge hinzufügen, außer letztem
        if (i < exampleValues.length - 2)
            orderingInfo += ", ";
    }
    return orderingInfo;
}

public static <T> String buildComparatorInfo(final Comparator<T> comparator,
                                             final T obj1, final T obj2)
{
    final String order;
    if (comparator.compare(obj1, obj2) < 0)
        order = " < ";
    else if (comparator.compare(obj1, obj2) > 0)
        order = " > ";
    else
        order = " = ";

    return "'" + obj1 + "'" + order + "'" + obj2 + "'";
}
```

Das war ein eher künstliches Beispiel, das dazu diente, ein erstes Verständnis für die verschiedenen Strengegrade aufzubauen. In der Praxis wird man einen `Collator` dazu nutzen, Attribute einer Klasse zu vergleichen, wie wir dies bereits für die Klasse `Person` getan haben. Kommen wir zur Betrachtung eines Details zur Optimierung noch einmal auf diese zurück.

Optimierung des Vergleichs

Die durch `Collator`-Instanzen realisierten Vergleiche sind langsamer als »normale« Stringvergleiche, die auf dem Interface `Comparable<String>` und der Methode `compareTo(String)` basieren. Für Performance-kritische Applikationen kann man die Klasse `java.text.CollationKey` zur Optimierung der Ausführungsgeschwindigkeit nutzen. Diese Klasse stellt vereinfachend gesagt eine Ordnungszahl dar, die im Voraus berechnet wird. Im nachfolgenden Listing ist der Einsatz eines `CollationKeys` für das Attribut `lastname` einer Klasse `Person` gezeigt. Instanzen der Klasse `CollationKey` erzeugt man nicht per Konstruktor, sondern über die Methode `getCollationKey(String)` der Klasse `Collator`:

```java
public class Person implements Comparable<Person>
{
    private static final Collator collator =
                                    Collator.getInstance(Locale.GERMANY);

    private final String lastname;

    // zur Performance-Optimierung
    private final CollationKey key;

    Person(final String lastname)
    {
        this.lastname = lastname;
        this.key = collator.getCollationKey(lastname);
    }

    @Override
    public int compareTo(final Person otherPerson)
    {
        return this.key.compareTo(otherPerson.key);
    }
}
```

Während der Konstruktion einer Instanz der Klasse `Person` entsteht zwar ein geringer Aufwand für die Erzeugung der `CollationKey`-Instanz, jedoch fällt dieser einmalig an und ist vergleichsweise gering zu dem Aufwand, der durch wiederholte »normale« `Collator`-Vergleiche ohne diese `CollationKey`-Optimierung entsteht.

Sind Vergleiche eher selten, so kann man zusätzlich Lazy Initialization (vgl. Abschnitt 22.3) einsetzen, sodass die Berechnungsaufwände für die `CollationKey`s nur anfallen, wenn tatsächlich Vergleiche erfolgen.

> **Hinweis: Vergleiche von `CollationKey`s**
>
> Instanzen der Klasse `CollationKey` dürfen nur miteinander verglichen werden, wenn sie vom selben `Collator`-Objekt stammen, ansonsten kommt es zu unerwarteten und möglicherweise auch falschen Vergleichsergebnissen.

13.2 Programmbausteine zur Internationalisierung

Nachdem wir zuvor bereits einige Grundlagen zur Internationalisierung und dazu nützliche Java-Klassen kennengelernt haben, stellt dieser Abschnitt komplexere Programmbausteine vor, die bei der Internationalisierung eigener Anwendungen helfen. Beginnen wir in Abschnitt 13.2.1 mit der Unterstützung mehrerer Datumsformate und betrachten nachfolgend in Abschnitt 13.2.2 die Übersetzbarkeit dargestellter Texte.

13.2.1 Unterstützung mehrerer Datumsformate

Häufig muss man mehrere Datumsformate unterstützen. Dies ist in der Regel bei der Eingabe von Datumswerten in einer Benutzeroberfläche der Fall. Hier ist es für einen Nutzer angenehm, Datums- oder Zeitangaben nicht *exakt* in dem Format eingeben zu müssen, in dem sie vom Programm später gespeichert und weiterverarbeitet werden. Machen wir es konkret: Würde beispielsweise ein Programm Datumswerte mit vierstelligen Jahreszahlen und Sekundenangaben im Format 'dd.MM.yyyy HH:mm:ss' verarbeiten, so ist ein derart starres Format doch unhandlich für einen Anwender. Zum Teil möchte dieser lediglich eine zweistellige Jahreszahl angeben. Auch die Uhrzeit soll häufig nicht sekundengenau spezifiziert werden. In beiden Fällen können Eingaben verarbeitet werden, wenn das Parsing fehlertolerant arbeitet und für nicht angegebene Werte sinnvolle Standardwerte vorsieht.

Im Folgenden stelle ich vor, wie man durch den Einsatz einer Utility-Klasse fehlertolerant parsen kann. Zum einen befreit dies den Entwickler der Applikation von den Details des Parsings. Zum anderen erlaubt dies dem Benutzer mehr Flexibilität bei der Eingabe von Datumswerten. Die Applikation kann zudem mit der gewünschten und für die Anwendungsfälle geeigneten Datumsrepräsentation arbeiten, ohne dass ein Nutzer dieses Format kennen und bei einer Eingabe beachten muss.

Auswertung von Datumsformaten

Nehmen wir an, wir wollten Datumsangaben mit zwei- oder vierstelligen Jahresangaben sowie optionaler Angabe von Sekunden unterstützen. Eine erste Idee könnte sein, nacheinander ein Parsing mit verschiedenen Datumsformaten durchzuführen. Man definiert dazu verschiedene erlaubte Datumsformate vom Typ `SimpleDateFormat`, etwa:

```
DateFormat df1 = new SimpleDateFormat("dd.MM.yy HH:mm:ss");
DateFormat df2 = new SimpleDateFormat("dd.MM.yy HH:mm");
DateFormat df3 = new SimpleDateFormat("dd.MM.yyyy HH:mm:ss");
DateFormat df4 = new SimpleDateFormat("dd.MM.yyyy HH:mm");
```

Sofern man mit Java 8 arbeitet, bietet sich dafür die Klasse `DateTimeFormatter` an:

```
DateTimeFormatter df1 = DateTimeFormatter.ofPattern("dd.MM.yy HH:mm:ss");
DateTimeFormatter df2 = DateTimeFormatter.ofPattern("dd.MM.yy HH:mm");
DateTimeFormatter df3 = DateTimeFormatter.ofPattern("dd.MM.yyyy HH:mm:ss");
DateTimeFormatter df4 = DateTimeFormatter.ofPattern("dd.MM.yyyy HH:mm");
```

Definition einer Utility-Klasse Zur Umwandlung von textuellen Eingaben in `Date`-Objekte erstellen wir eine Utility-Klasse `DateParseUtils` und definieren die obigen Variablen dort `static`. Einen ersten Baustein bildet die im Folgenden vorgestellte Methode `parseDate(String, DateFormat...)`. Dieser werden sowohl eine Datumseingabe als auch eine variable Anzahl erlaubter Datumsformate als Parameter übergeben. Um Klienten den Aufruf zu erleichtern, bietet sich hier der Einsatz des

Sprachfeatures Varargs an. Somit können ein einzelnes Datumsformat, eine kommaseparierte Aufzählung oder ein Array als Eingabe genutzt werden.

```java
public static Date parseDate(final String dateAndTime,
                             final DateFormat... supportedDateFormats)
    throws ParseException
{
    for (final DateFormat currentFormat : supportedDateFormats)
    {
        try
        {
            // Rückgabe des Datums bei erfolgreichem Parsing
            return currentFormat.parse(dateAndTime);
        }
        catch (final ParseException e)
        {
            // Ignorieren und mit nächstem Format versuchen
        }
    }
    // Kein Format erlaubt eine Umwandlung
    throw new ParseException(dateAndTime, 0);
}
```

Für jedes `DateFormat`-Objekt wird mit dessen `parse(String)`-Methode versucht, die Eingabe in ein `Date`-Objekt umzuwandeln. Ist dies nicht möglich, so wird eine `ParseException` ausgelöst. Diese wird hier zwar abgefangen, aber nicht weiter behandelt, da die Parsingaufgabe an ein nachfolgendes `DateFormat`-Objekt übertragen wird. Dieser Vorgang wiederholt sich, bis entweder das Parsing erfolgreich war oder aber kein weiteres Datumsformat verbleibt. In diesem Fall wird kein gültiges `Date`-Objekt zurückgeliefert, sondern explizit eine `ParseException` ausgelöst.

Anpassungen für Java 8 Für Java 8 und das dort eingeführte Date and Time API ändert sich die Verarbeitung nur in Details: Zum einen nutzen wir statt `DateFormat` die Klasse `DateTimeFormatter`. Zum anderen erfolgt das Parsing nicht auf dem Format, sondern durch die jeweilige Klasse unter Angabe des Formats wie folgt:

```java
public static LocalDateTime parseDate(final String dateAndTime,
                                      final DateTimeFormatter... supportedDateFormats)
    throws DateTimeParseException
{
    for (final DateTimeFormatter currentFormat : supportedDateFormats)
    {
        try
        {
            return LocalDateTime.parse(dateAndTime, currentFormat);
        }
        catch (final DateTimeParseException e)
        {
            // Ignorieren und mit nächstem Format versuchen
        }
    }
    // Kein Format erlaubt eine Umwandlung
    throw new DateTimeParseException("unparsable input", dateAndTime, 0);
}
```

13.2 Programmbausteine zur Internationalisierung

Einsatz der Utility-Klasse Betrachten wir nun eine `main()`-Methode, die die eben definierte Hilfsmethode nutzt, um den Datumswert Silvester 2016 zu parsen:

```
private static final String SILVESTER = "31.12.2016";

public static void main(final String[] args)
{
    final DateFormat[] supportedFormats = { df1, df2, df3, df4 };

    try
    {
        final Date date = DateParseUtils.parseDate(SILVESTER, supportedFormats);
        System.out.println("Parsed '" + SILVESTER + "' into date " + date);
    }
    catch (final ParseException ex)
    {
        System.out.println("Parsing failed: value='" + SILVESTER +"'");
    }
}
```

Listing 13.11 Ausführbar als 'MULTIPLEDATEFORMATPARSINGEXAMPLE1'

Führt man das Programm MULTIPLEDATEFORMATPARSINGEXAMPLE1 aus, so wird kein Datumswert ausgegeben, sondern die Fehlermeldung »`Parsing failed: value='31.12.2016'`«. Es fehlt jedoch ein Hinweis auf die Fehlerursache.

Aufbereitung von aussagekräftigen Fehlermeldungen Beim Auftreten von Parsingfehlern helfen informative Fehlermeldungen, mögliche Ursachen besser erkennen zu können. Würde jede Applikation selbst wieder die Aufbereitung von Fehlermeldungen implementieren, so wäre dies aufwendig. Es bietet sich an, die gerade erstellte Utility-Klasse `DateParseUtils` um genau diese Funktionalität zu erweitern.

Die im folgenden Listing gezeigte Methode `buildErrorMessage(String, DateFormat...)` bereitet eine aussagekräftige Fehlermeldung auf, die alle beim Parsing akzeptierten Datumsformate aufzählt:

```
public static String buildErrorMessage(final String dateAndTime,
                                        final DateFormat... supportedDateFormats)
{
    // Aufbereiten der Muster
    final String[] patterns = new String[supportedDateFormats.length];
    for (int i = 0; i < supportedDateFormats.length; i++)
    {
        if (supportedDateFormats[i] instanceof SimpleDateFormat)
        {
            patterns[i] = "'" + ((SimpleDateFormat)
                            supportedDateFormats[i]).toPattern() + "'";
        }
        else
        {
            patterns[i] = "'" + supportedDateFormats[i] + "'";
        }
    }
    return "Parsing error: value='" + dateAndTime + "'\nSupported formats: " +
            Arrays.toString(patterns);
}
```

Erweitern wir die `main()`-Methode um einen Aufruf dieser Fehlerbehandlung:

```
public static void main(final String[] args)
{
    final DateFormat[] supportedFormats = { df1, df2, df3, df4 };

    try
    {
        final Date date = DateParseUtils.parseDate(SILVESTER, supportedFormats);
        System.out.println("Parsed '" + SILVESTER + "' into date " + date);
    }
    catch (final ParseException ex)
    {
        System.out.println(DateParseUtils.buildErrorMessage(SILVESTER,
                                                            supportedFormats));
    }
}
```

Listing 13.12   Ausführbar als 'MULTIPLEDATEFORMATPARSINGEXAMPLE2'

Das Programm MULTIPLEDATEFORMATPARSINGEXAMPLE2 gibt Folgendes aus:

```
Parsing error: value='31.12.2016'
Supported formats: ['dd.MM.yy HH:mm:ss', 'dd.MM.yy HH:mm',
                    'dd.MM.yyyy HH:mm:ss', 'dd.MM.yyyy HH:mm']
```

Offensichtlich ist diese Reaktion auf einen Fehler beim Parsing sehr hilfreich, um die Fehlerursache zu erkennen: Es wird neben der Angabe eines Datums auch die Angabe einer Uhrzeit erwartet. Letztere erfolgt hier jedoch nicht und löst so den Fehler aus.

Anpassungen für Java 8   Mithilfe der Klasse `DateTimeFormatter` kann man leider keine Angaben zum Muster erzeugen. Stattdessen kann man aber die Verarbeitung ein wenig modifizieren. Als Eingabe nutzt man dann einfach eine Menge von Strings als Muster und erzeugt die jeweilige `DateTimeFormatter`-Instanz on the fly. Zum Aufbereiten der Fehlermeldung nutzt man dann die Streams aus Java 8 wie folgt:

```
public static String buildErrorMessage(final String dateAndTime,
                                       final List<String> supportedDateFormats)
{
    final List<String> formats = supportedDateFormats.stream().
                                 map(pattern -> "'" + pattern + "'").
                                 collect(Collectors.toList());

    return "Parsing error: value='" + dateAndTime +
           "'\nSupported formats: " + formats;
}
```

Erweiterung: Einlesen von Formatstrings aus einer Property-Datei

Die ersten Bausteine für eine flexible Datumsprüfung sind damit geschrieben. Wir betrachten nun eine sinnvolle Erweiterung, die es erlaubt, flexibel weitere Datumsformate zu unterstützen, wie dies durchaus üblich ist, denn oftmals wandeln sich Anforderungen im Laufe der Zeit. Würde die Unterstützung eines Datumsformats gewünscht, so wäre es unpraktisch, dafür jeweils neue Konstanten im Sourcecode definieren zu müssen. Das würde außerdem eine Neukompilierung erfordern, um die neue Funktionalität in das Programm zu integrieren. Eine flexible Konfigurierbarkeit erreicht man, wenn eine Darstellung und Speicherung in Form von Schlüssel-Wert-Paaren in einer Datei erfolgt. Eine Menge gültiger Datumsformate könnte man in etwa wie folgt definieren:

```
dateformat1=dd.MM.yy HH:mm:ss
dateformat2=dd.MM.yy HH:mm
dateformat3=dd.MM.yyyy HH:mm:ss
```

Folgende Methode `readDateFormatsFromFile(String)` nutzt die bereits bekannte JDK-Bibliotheksklasse `Properties` (vgl. Abschnitt 8.5.2), um diese Properties einzulesen und das Muster des Datumsformats zu extrahieren:

```java
public static List<String> readDateFormatsFromStream(final InputStream resIs)
            throws IOException, FileNotFoundException
{
    try (final InputStream is = new BufferedInputStream(resIs))
    {
        final Properties dateFormatProperties = new Properties();
        dateFormatProperties.load(is);

        return dateFormatProperties.values().stream().
                                    map(obj -> (String)obj).
                                    collect(Collectors.toList());
    }
}
```

In der `main()`-Methode lesen wir Datumsformate aus einer Datei und ergänzen im zu parsenden String basierend auf der vorherigen Fehlermeldung eine Uhrzeit:

```java
public static void main(final String[] args)
{
    final String dateFormatFileName = "DateFormat.properties";
    final InputStream dateFormatIs = MultipleDateFormatParsingExample3Jdk8.class.
                                    getResourceAsStream(dateFormatFileName);
    try
    {
        final List<String> supportedFormats =
                    readDateFormatsFromStream(dateFormatIs);
        final String silvester = "31.12.2016 18:00";
        try
        {
            final LocalDateTime date = parseDate(silvester, supportedFormats);
            System.out.println("Parsed '" + silvester + "' into " + date);
        }
        catch (final DateTimeParseException ex)
        {
            System.out.println(buildErrorMessage(silvester, supportedFormats));
        }
    }
    catch (final IOException ex)
    {
        System.out.println("No DateFormat-File: " + dateFormatFileName);
    }
}
```

Listing 13.13 Ausführbar als 'MULTIPLEDATEFORMATPARSINGEXAMPLE3JDK8'

Als Ausgabe des Programms MULTIPLEDATEFORMATPARSINGEXAMPLE3JDK8 erhalten wir nach dieser Korrektur folgende Ausgabe:

```
Parsed '31.12.2009 18:00' into 2009-12-31T18:00
```

Fazit

Das war ein kurzer Einstieg in das Thema Auswertung mehrerer Datumsformate. Sie besitzen damit das notwendige Wissen, um eigene Erweiterungen zu realisieren. Folgen Sie dem Rat, nützliche Funktionalität in Utility-Klassen auszulagern. Ihre Applikationen werden dadurch schlanker und eleganter.

13.2.2 Nutzung mehrerer Sprachdateien

Eine internationalisierte Anwendung stellt alle Informationen sprach- und landesspezifisch, entsprechend einer gewählten Sprache und Region, dar. Damit dies möglich wird, sind einige Vorarbeiten in der Applikation selbst durchzuführen. Wünschenswert ist auf jeden Fall eine Trennung von dargestellten Informationen und dem Sourcecode: Statt die in der Bedienoberfläche verwendeten Texte als Magic Strings zu verwalten, ist vielmehr die Definition von Konstanten, die eindeutige Schlüssel zur Identifikation von Texten und Informationen darstellen, empfehlenswert. Die Texte der Übersetzungen werden dann in einer externen Datenquelle abgelegt[7] und können über diese Schlüssel abgerufen werden. Dadurch ergeben sich unter anderem folgende Vorteile:

- Entwickler müssen sich nicht um die Übersetzung kümmern. Im Sourcecode werden die Texte über die eindeutigen Schlüssel ausgelesen.

- Zur Übersetzung sind lediglich die Sprachdateien zu ändern. Eine Anwendung kann also selbst ohne allzu fundierte Kenntnis der eigentlichen Implementierung übersetzt werden.

- Verfügbare Sprachen können durch einfaches Austauschen der Sprachdateien, in der die Übersetzungstexte definiert sind, geändert und erweitert werden.

- Die in der Anwendung genutzte Sprache kann konfigurierbar gemacht werden. Ein Wechsel der dargestellten Sprache erfordert keine Anpassung im Sourcecode und auch kein erneutes Kompilieren. Es ist nur eine bestimmte Sprachdatei einzulesen.

Verwaltung der Sprachdateien mit der Klasse `ResourceManager`

Zur Kapselung des Zugriffs auf Sprachdateien und der Ermittlung zu einer Sprache passender Texte bietet es sich an, eine Klasse `ResourceManager` zu erstellen. Diese lädt und verwaltet die vorhandenen Sprachressourcen und stellt die jeweiligen sprachspezifischen Texte bereit. Dadurch wird die Unterstützung verschiedener Übersetzungen

---
[7]Häufig nutzt man dazu Property-Dateien für jede zu unterstützende Sprache und Region.

13.2 Programmbausteine zur Internationalisierung

deutlich erleichtert. Für eine nutzende Applikation sind hauptsächlich drei Methoden von Interesse:

1. `createInstance()` – Diese statische Methode erzeugt eine gebrauchsfertige Instanz der Klasse `ResourceManager`. Sowohl das Einlesen als auch das initiale Aktivieren einer Sprache werden in dieser Methode gekapselt. Dies vereinfacht die Handhabung in nutzenden Applikationen.
2. `getLangString(String)` – Diese Methode bietet Zugriff auf die eingelesenen Übersetzungen. Es werden immer die Texte der momentan gewählten Locale verwendet. Diese kann über die Methode `getCurrentLocale()` abgefragt und über die Methode `activateLocale(Locale)` verändert werden.
3. `activateLocale(Locale)` – Ein Aufruf dieser Methode aktiviert die angegebene Locale und schaltet auf die korrespondierende Sprache um.

Schauen wir uns nun die Implementierung einer Klasse `ResourceManager` an. Diese kann im einfachsten Fall mit verschiedenen Sprachdateien initialisiert werden. Schöner wäre es, automatisch ein spezielles Verzeichnis nach allen vorhandenen Textdateien zu durchsuchen und einzulesen. Beginnen wir mit der einfacheren Variante:

```
public final class ResourceManager
{
    private static final Logger log =
                         LogManager.getLogger(ResourceManager.class);

    // ACHTUNG: Muss im Classpath zugänglich sein!
    private static final String BUNDLE_PATH = "ch13_i18n.PDFEditor";

    // Verwaltung und Speicherung der ResourceBundles
    private final Map<Locale, ResourceBundle> availableResourceBundles =
                                   new HashMap<>();

    private ResourceBundle currentResourceBundle = null;
    private Locale currentLocale = null;

    private ResourceManager()
    {
    }

    // Erzeugung einer gebrauchsfertigen Instanz
    public static ResourceManager createInstance()
    {
        final ResourceManager resourceManager = new ResourceManager();
        resourceManager.init();
        resourceManager.activateLocale(Locale.GERMANY);

        return resourceManager;
    }

    private void init()
    {
        loadAndAddResourceBundle(Locale.GERMANY);
        loadAndAddResourceBundle(Locale.UK);
        loadAndAddResourceBundle(Locale.FRANCE);
    }
```

13 Basiswissen Internationalisierung

```java
    private void loadAndAddResourceBundle(final Locale locale)
    {
        try
        {
            final ResourceBundle resourceBundle =
                    PropertyResourceBundle.getBundle(BUNDLE_PATH, locale);
            availableResourceBundles.put(locale, resourceBundle);
        }
        catch (final MissingResourceException ex)
        {
            log.warn("Missing recource '" + BUNDLE_PATH + "' for locale: '" +
                    locale + "'", ex);
        }
    }

    // Zugriff auf sprachabhängige Texte
    public String getLangString(final ResourceKeys key)
    {
        return ResourceBundleUtils.getLangString(currentResourceBundle, key);
    }

    // Umschaltung der Sprache
    public boolean activateLocale(final Locale locale)
    {
        if (supportsLocale(locale))
        {
            currentResourceBundle = availableResourceBundles.get(locale);
            currentLocale = locale;
            return true;
        }
        return false;
    }

    // Hilfsmethoden mit selbsterklärenden Namen
    public boolean supportsLocale(final Locale locale)
    {
        return availableResourceBundles.containsKey(locale);
    }

    public Locale getCurrentLocale()
    {
        return currentLocale;
    }

    public List<Locale> getAvailableLocales()
    {
        return new ArrayList<>(availableResourceBundles.keySet());
    }
}
```

Mithilfe der Methode `supportsLocale(Locale)` kann man feststellen, ob das als Parameter übergebene `Locale`-Objekt unterstützt wird. Eine Auswahl aller möglichen `Locale`-Objekte liefert ein Aufruf von `getAvailableLocales()`. Die momentan genutzte Locale wird durch einen Aufruf von `getCurrentLocale()` ermittelt.

13.2 Programmbausteine zur Internationalisierung 813

Einsatz der Klasse `ResourceManager`

Das folgende Beispiel verwendet die Klasse `ResourceManager`, um ein sprachabhängiges Menü aufzubauen. Über drei Radiobuttons kann die momentan genutzte Sprache umgeschaltet werden. Das zeigt Abbildung 13-3.

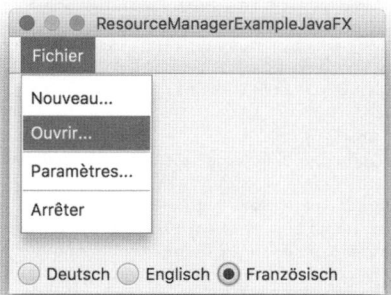

Abbildung 13-3 *Sprachauswahl im* RESOURCEMANAGEREXAMPLEJAVAFX

Die Klasse `ResourceManagerExampleJavaFX` ist eine JavaFX-Applikation, und das GUI wird in der `start()`-Methode konstruiert, inklusive der Aktion zur Sprachumschaltung. Dort wird basierend auf dem gewählten `RadioButton` die entsprechende Locale im `ResourceManager` aktiviert und anschließend das Menü durch Aufruf der Methode `createAndAddMenus()` sprachabhängig neu aufgebaut. Dabei nutzen wir folgenden Trick: Jedem Bedienelement kann man in JavaFX ein User-Data-Objekt zuweisen. In unserem Fall speichern wir dort für die `RadioButtons` die jeweilige `Locale`. Im Action Handler lesen wir diesen Wert aus und rufen damit die Methode `activateLocale()` des `ResourceManagers` auf. Damit die Umschaltung im GUI sichtbar wird, müssen wir das Menü neu aufbauen – hier indem wir alle Einträge per `clear()` löschen und danach mit `createAndAddMenus()` erzeugen:

```java
public final class ResourceManagerExampleJavaFX extends Application
{
    private static final ResourceManager resourceManager =
                                    ResourceManager.createInstance();

    @Override
    public void start(final Stage stage) throws Exception
    {
        final MenuBar menuBar = new MenuBar();
        createAndAddMenus(menuBar);

        final HBox hbox = createLanguageSelectionPanel(menuBar);

        final BorderPane mainLayout = new BorderPane();
        mainLayout.setTop(menuBar);
        mainLayout.setBottom(hbox);

        stage.setTitle("ResourceManagerExample");
        stage.setScene(new Scene(mainLayout, 300, 200));
        stage.show();
    }
```

```java
private void createAndAddMenus(final MenuBar menuBar)
{
    final Menu fileMenu = new Menu(getLangString(ResourceKeys.txt_file));
    fileMenu.getItems().addAll(
                new MenuItem(getLangString(ResourceKeys.txt_new)),
                new MenuItem(getLangString(ResourceKeys.txt_open)),
                new SeparatorMenuItem(),
                new MenuItem(getLangString(ResourceKeys.txt_properties)),
                new SeparatorMenuItem(),
                new MenuItem(getLangString(ResourceKeys.txt_quit)));

    menuBar.getMenus().addAll(fileMenu);
}

private HBox createLanguageSelectionPanel(final MenuBar menuBar)
{
    final ToggleGroup group = new ToggleGroup();
    final RadioButton deButton = createRadioButton(Locale.GERMANY, group);
    final RadioButton enButton = createRadioButton(Locale.UK, group);
    final RadioButton frButton = createRadioButton(Locale.FRANCE, group);
    deButton.setSelected(true);

    group.selectedToggleProperty().addListener((ov, oldToggle, newToggle) ->
    {
        final Locale selectedLocale = (Locale)newToggle.getUserData();

        resourceManager.activateLocale(selectedLocale);
        menuBar.getMenus().clear();
        createAndAddMenus(menuBar);
    });

    final HBox hbox = new HBox(5, deButton, enButton, frButton);
    hbox.setPadding(new Insets(7));
    return hbox;
}

private RadioButton createRadioButton(final Locale locale,
                                      final ToggleGroup toggleGroup)
{
    final String name = locale.getDisplayLanguage();
    final RadioButton button = new RadioButton(name);
    button.setUserData(locale);
    button.setToggleGroup(toggleGroup);
    return button;
}

private String getLangString(final ResourceKeys key)
{
    return resourceManager.getLangString(key);
}

public static void main(final String[] args)
{
    launch(args);
}
}
```

Listing 13.14   Ausführbar als 'RESOURCEMANAGEREXAMPLEJAVAFX'

Initialisierung vorhandener Sprachdateien

Bis hierher haben wir die erforderliche Funktionalität kennengelernt. Wünschenswert ist es, Verzeichnisse nach Sprachdateien zu durchsuchen, diese einzulesen und dem Programm zur Verfügung zu stellen. Das erfordert zwei Funktionalitäten: zum einen eine Filterung nach passenden Ressourcedateien und zum anderen eine Extraktion einer `Locale` basierend auf dem Dateinamen der Ressourcedateien.

Für beide Funktionalitäten ergänzen wir die in Abschnitt 13.1.3 begonnene Utility-Klasse `ResourceBundleUtils`. Für die Filterung nutzen wir einen speziellen `FileFilter` und zur Erzeugung einer `Locale` eine korrespondierende Methode. Basierend auf dem Format 'Name_<Sprachkürzel>_<Länderkürzel>.properties' der Dateinamen realisieren wir das Ganze wie folgt:

```java
public final class ResourceBundleUtils
{
    // ...

    public static FileFilter createResourceBundleFileFilter(final String
            bundlename)
    {
        return (pathname) ->
        {
            return pathname.getName().startsWith(bundlename) &&
                    pathname.getName().toLowerCase().endsWith(".properties");
        };
    }

    public static Locale createLocaleFromBundleName(final String name)
    {
        // Präfix und Postfix abschneiden
        final int languageIndex = name.indexOf('_');
        final int countryIndex = name.indexOf('_', languageIndex + 1);

        String language = null;
        String country = "";

        if (languageIndex > 0 && name.length() > languageIndex + 3)
        {
            language = name.substring(languageIndex + 1, languageIndex + 3);
        }
        if (countryIndex > 0 && name.length() > countryIndex + 3)
        {
            country = name.substring(countryIndex + 1, countryIndex + 3);
        }

        if (language == null)
            return Locale.getDefault();

        return new Locale(language, country);
    }
}
```

Erweiterungen im `ResourceManager` Wir haben nun die erforderliche Funktionalität, die wir noch geeignet in den `ResourceManager` integrieren müssen. Dazu bietet sich dessen Methode `init()` an. Statt wie bisher eine vordefinierte Anzahl an `ResourceBundles` zu verarbeiten, nutzen wir den zuvor erstellten `FileFilter`, um alle in einem Verzeichnis vorhandenen Property-Dateien zu ermitteln. Auch greifen wir auf die in Abschnitt 4.6.1 erstellte Funktionalität `getAllMatchingFiles()` zurück, der wir den speziellen `FileFilter` übergeben. Mit diesem Wissen wird die Klasse `ResourceManager` derart erweitert, dass sie automatisch ein Verzeichnis mit hinterlegten Sprachdateien einliest:

```
private void init()
{
    final FileFilter fileFilter = ResourceBundleUtils.
                                  createResourceBundleFileFilter("PDFEditor");
    final File[] propertyFiles = FileUtils.getAllMatchingFiles(bundleDir,
                                                               fileFilter);

    for (final File propertyFile : propertyFiles)
    {
        try (final InputStream is = new BufferedInputStream(
                                    new FileInputStream(propertyFile)))
        {
            final PropertyResourceBundle resourceBundle =
                                        new PropertyResourceBundle(is);

            final Locale locale = ResourceBundleUtils.createLocaleFromBundleName
                (propertyFile.getName());
            addResourceBundle(locale, resourceBundle);
        }
        catch (final IOException ex)
        {
            log.warn("Failed to load resource from file '" +
                propertyFile.getAbsolutePath() + "'", ex);
        }
    }
}
```

Das durch die Methode `getAllMatchingFiles(String, FileFilter)` zurückgelieferte `File[]` wird durchlaufen. Die enthaltenen Property-Dateien werden durch einen Konstruktoraufruf `PropertyResourceBundle(InputStream)` eingelesen. Dies kann nicht über die bereits bekannte Methode `getBundle(Locale)` der Klasse `PropertyResourceBundle` geschehen, da wir die `Locale`-Objekte nicht im Voraus kennen. Zur Speicherung benötigen wir jedoch ein `Locale`-Objekt. Nun kommt die zuvor erstellte Hilfsmethode `createLocaleFromBundleName()` zum Einsatz, die anhand des Dateinamens die Sprach- und Länderkürzel extrahiert und so die Konstruktion eines passenden `Locale`-Objekts ermöglicht.

Wir erkennen wieder einmal, wie die entworfenen Programmbausteine ineinandergreifen und uns dadurch Arbeit abnehmen.

13.2 Programmbausteine zur Internationalisierung

Unterstützung und Umschaltung aller vorhandenen Sprachdateien

In der ersten Beispielapplikation wurden die möglichen Sprachvarianten zum Kompilierzeitpunkt festgelegt und konnten über Radiobuttons umgeschaltet werden. Wir erweitern die Applikation so, dass alle verfügbaren Sprachdateien beim Programmstart ermittelt und in einem Menü zur Auswahl bereitgestellt werden. Diese Funktionalität wird durch das Programm RESOURCEMANAGERV2EXAMPLE2JAVAFX realisiert. Eine Ausführung ist in Abbildung 13-4 dargestellt.

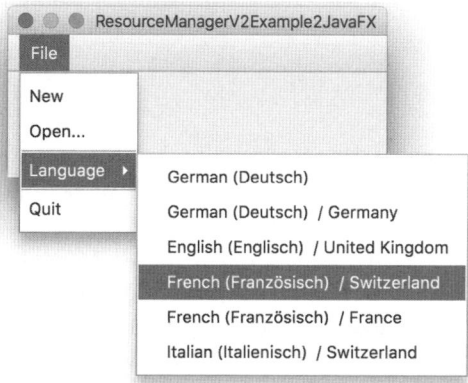

Abbildung 13-4 *Sprachauswahl im* RESOURCEMANAGERV2EXAMPLE2JAVAFX

Schauen wir uns kurz an, wie die Struktur des Menüs in der Methode `createAndAddMenus()` festgelegt wird:

```
private void createAndAddMenus()
{
    final Menu fileMenu = new Menu(getLangString(ResourceKeys.txt_file));
    final Menu languageMenu = createLanguageMenu();
    final MenuItem exitMenuItem = createMenuItem(ResourceKeys.txt_quit);

    fileMenu.getItems().addAll(createMenuItem(ResourceKeys.txt_new),
                               createMenuItem(ResourceKeys.txt_open),
                               new SeparatorMenuItem(),
                               languageMenu,
                               new SeparatorMenuItem(),
                               exitMenuItem);

    menuBar.getMenus().addAll(fileMenu);
}
```

Neben den statischen Menüeinträgen wird vor allem das Sprachenmenü dynamisch erstellt. Das wurde in die nachfolgend gezeigte Methode `createLanguageMenu()` ausgelagert, die wiederum auf die vom `ResourceManager` bereitgestellten `Locales` zurückgreift, um Submenüeinträge zu erstellen:

```
private Menu createLanguageMenu()
{
    final Menu languageMenu = new Menu(getLangString(ResourceKeys.txt_language));

    // Vorhandene Locales ermitteln und sortieren
    final List<Locale> availableLocales = resourceManager.getAvailableLocales();
    availableLocales.sort(LocaleUtils.LOCALE_COMPARATOR);

    // Entsprechende Menüeinträge bereitstellen
    for (final Locale currentLocale : availableLocales)
    {
        languageMenu.getItems().add(createMenuItem(currentLocale));
    }

    return languageMenu;
}
```

Verbleiben noch das Erstellen der sprachspezifischen Einträge sowie eine menschenlesbare Darstellung der Sprachauswahl, bei der die Texte der Sprachauswahl von der derzeit gewählten Spracheinstellung abhängig sind. Dazu sind die Klasse Locale und die Methoden getDisplayLanguage(Locale) und getDisplayLocale(Locale) hilfreich. Wir nutzen dieses Wissen und definieren die folgende Methode createMenuItem(). Diese kann darzustellende Texte anhand eines ResourceKeys-Werts oder eines Locale-Objekts ermitteln. Sie erlaubt sowohl eine sprachabhängige Darstellung normaler Menüeinträge durch Aufruf der bekannten Methode getLangString(ResourceKeys) als auch eine Locale-abhängige Darstellung einer Sprachauswahl. Allerdings sollte man dabei bedenken, eine verständliche, an der aktuellen Locale ausgerichtete Auswahl anzubieten – ansonsten hat man etwa als Deutscher keine Chance mehr, wenn man einmal versehentlich beispielsweise auf Chinesisch gestellt hat, weil man vermutlich die chinesischen Texte nicht lesen kann.

```
private MenuItem createMenuItem(final Object userData)
{
    if (userData instanceof ResourceKeys)
    {
        final ResourceKeys resourceKey = (ResourceKeys) userData;
        final String text = resourceManager.getLangString(resourceKey);

        return initMenuItem(new MenuItem(text), userData);
    }
    if (userData instanceof Locale)
    {
        final Locale menuLocale = (Locale) userData;
        final Locale currentLocale = resourceManager.getCurrentLocale();
        final String origLanguage = menuLocale.getDisplayLanguage();
        final String language = menuLocale.getDisplayLanguage(currentLocale);
        final String country = menuLocale.getDisplayCountry(currentLocale);

        final String text = language + " (" + origLanguage + ") " +
                            (country.isEmpty() ? "" : " / " + country);
        final RadioMenuItem menuItem = new RadioMenuItem(text);
        menuItem.setToggleGroup(toggleGroup);
        return initMenuItem(menuItem, userData);
    }
    throw new IllegalStateException();
}
```

13.2 Programmbausteine zur Internationalisierung

```
private MenuItem initMenuItem(final MenuItem menuItem, final Object userData)
{
    final Runnable action = () -> handleMenuAction(menuItem.getUserData());

    menuItem.setOnAction(event -> Platform.runLater(action));
    menuItem.setUserData(userData);
    return menuItem;
}
```

Schließlich sollen die Menüeinträge mit Funktionalität verbunden werden. Dazu wird eine Methode `handleMenuAction(Object)` definiert, die die gewählten Menüeinträge auswertet und abhängig davon Aktionen auslöst. Für dieses Beispiel ist dies eine Meldungsbox bzw. das Verlassen des Programms mit `Platform.exit()`. Für die Sprachmenüs wird das zugehörige `Locale`-Objekt bestimmt und eine Umschaltung in der Klasse `ResourceManager` vorgenommen:

```
public void handleMenuAction(final Object object)
{
    if (object instanceof ResourceKeys)
    {
        final ResourceKeys resourceKey = (ResourceKeys) object;
        switch (resourceKey)
        {
            case txt_new:
            case txt_open:
            case txt_save:
                final Alert alert = new Alert(AlertType.WARNING,
                                              "Not implemented yet!");
                alert.showAndWait();
                break;
            case txt_quit:
                Platform.exit();
        }
    }

    if (object instanceof Locale)
    {
        final Locale newLocale = (Locale) object;

        resourceManager.activateLocale(newLocale);
        menuBar.getMenus().clear();
        createAndAddMenus();
    }
}
```

Fazit und Ausblick

In diesem Abschnitt wurden verschiedene nützliche Bausteine zur Internationalisierung vorgestellt. Dabei wurde zunächst Basisfunktionalität entworfen und diese mit bereits bekannten Programmbausteinen kombiniert. Dadurch konnte der Aufwand zur Internationalisierung in der Applikation selbst gering gehalten werden.

Es gibt diverse weitere Einflussfaktoren auf die Internationalisierung, die hier nicht betrachtet wurden, da diese nicht im Fokus dieses Buchs liegen. Dazu gehören unter anderem Themen wie der Einfluss von Zeitzonen und die Schreibrichtung von Text.

III Neuerungen in Java 9

14 Ergänzungen in Java 9

Dieses Kapitel widmet sich einigen wichtigen Neuerungen von Java 9. Dabei liegt der Fokus auf Sprach- und API-Erweiterungen sowie auf Verbesserungen in der JVM. Das Kapitel untergliedert sich wie folgt:

- Syntaxerweiterungen (Abschnitt 14.1)
- Neues und Änderungen im JDK (Abschnitt 14.2)
- Änderungen in der JVM (Abschnitt 14.3)

Dem wichtigen Thema Modularisierung ist ein eigenes Kapitel gewidmet.

14.1 Syntaxerweiterungen

Bereits in JDK 7 wurden unter dem Projektnamen Coin verschiedene kleinere Syntaxerweiterungen in Java integriert. Für JDK 9 gab es ein Nachfolgeprojekt. Einige von dessen Neuerungen schauen wir uns im Anschluss an

14.1.1 Anonyme innere Klassen und der Diamond Operator

Bis einschließlich Java 8 kann bei der Definition anonymer innerer Klassen der Diamond Operator leider nicht genutzt werden, sondern der Typ ist explizit anzugeben. Mit JDK 9 ist es nun (endlich) erlaubt, die Typangabe auszulassen und somit den Diamond Operator zu verwenden, wie wir dies von anderen Variablendefinitionen bereits gewohnt sind. Die neue Syntax ist hier am Beispiel eines Komparators gezeigt:

```java
final Comparator<String> byLength = new Comparator<>()
{
    ...
};
```

14.1.2 Erweiterung der @Deprecated-Annotation

Die @Deprecated-Annotation dient bekanntlich zum Markieren von obsoletem Sourcecode und besaß bislang keine Parameter. Das ändert sich mit JDK 9: Die @Deprecated-Annotation wurde um die zwei Parameter since und forRemoval erweitert. Das wurde nötig, weil in Zukunft geplant ist, veraltete Funktionalität aus dem

JDK zu entfernen, statt sie – wie bislang für Java üblich – aus Rückwärtskompatibilitätsgründen ewig beizubehalten. Das folgende Beispiel zeigt eine Anwendung, wie sie aus dem JDK stammen könnte:

```
@Deprecated(since = "1.5", forRemoval = true)
```

Mithilfe der neuen Parameter kann man für veralteten Sourcecode angeben, in welcher Version (`since`) dieser mit der Markierung als `@Deprecated` versehen wurde und ob der Wunsch besteht, die markierten Sourcecode-Teile in zukünftigen Versionen zu entfernen (`forRemoval`). Weil beide Parameter Defaultwerte besitzen (`since = ""` und `forRemoval = false`), können die Angaben jeweils für sich alleine stehen oder ganz entfallen.

Die Erweiterung der `@Deprecated`-Annotation lässt sich selbstverständlich auch für eigenen Sourcecode nutzen, wodurch angezeigt wird, dass gewisse Funktionalitäten für die Zukunft nicht mehr angeboten werden sollen. Darüber hinaus empfiehlt es sich, in einem Javadoc-Kommentar das `@deprecated`-Tag zu verwenden und dort den Grund der Deprecation und eine empfohlene Alternative aufzuführen. Nachfolgend ist dies exemplarisch für eine veraltete eigene Methode `someOldMethod()` gezeigt:

```
/**
 * @deprecated this method is replaced by someNewMethod()
 * ({@link #someNewMethod()}) which is more stable
 */
@Deprecated(since = "7.2", forRemoval = true)
private static void someOldMethod()
{
    // ...
}
```

14.1.3 Private Methoden in Interfaces

Allgemein bekannt ist, dass Interfaces der Definition von Schnittstellen dienen. Leider wurden mit JDK 8 statische Methoden und Defaultmethoden in Interfaces erlaubt, wodurch man Implementierungen in Interfaces vorgeben kann.[1] Das führt allerdings dazu, dass sich Interfaces kaum mehr von einer abstrakten Klasse unterscheiden: Abstrakte Klassen können ergänzend Zustand in Form von Attributen besitzen, was in Interfaces (noch) nicht geht.

Mit JDK 9 wurde der Unterschied zwischen Interfaces und abstrakten Klassen nochmals verringert, weil nun auch die Definition privater Methoden in Interfaces erlaubt ist. Das Argument dafür war, dass sich damit die Duplikation von Sourcecode in Defaultmethoden reduzieren ließe. Das mag richtig sein, allerdings ist es für die meisten Anwendungsprogrammierer eher fraglich, ob diese jemals Defaultmethoden selbst

---

[1] Dieser Schritt war designtechnisch nicht schön, aber nötig, um Rückwärtskompatibilität und doch Erweiterbarkeit zu erreichen und um vor allem die Neuerungen im Bereich der Streams nahtlos ins JDK 8 integrieren zu können.

implementieren sollten. Trotz dieser Kritik möchte ich Ihnen das Feature anhand eines Beispiels vorstellen, da es für Framework-Entwickler von Nutzen sein kann.

Beispiel

Schauen wir uns zur Demonstration privater Methoden in Interfaces das nachfolgende Listing und vor allem die private Methode `myPrivateCalcSum(int, int)` sowie deren Aufruf aus den beiden öffentlichen Defaultmethoden an:

```java
public interface PrivateMethodsExample
{
    // Tatsächliche Schnittstellendefinition - public abstract ist optional
    public abstract int method1();
    public abstract String method2();

    public default int sum(final String num1, final String num2)
    {
        final int value1 = Integer.parseInt(num1);
        final int value2 = Integer.parseInt(num2);

        return myPrivateCalcSum(value1, value2);
    }

    public default int sum(final int value1, final int value2)
    {
        return myPrivateCalcSum(value1, value2);
    }

    // Neu und unschön in JDK 9
    private int myPrivateCalcSum(final int value1, final int value2)
    {
        return value1 + value2;
    }
}
```

Kommentar

Vielleicht fragen Sie sich, warum ich den privaten Methoden in Interfaces so ablehnend gegenüberstehe. Tatsächlich wurde die Büchse der Pandora bereits mit JDK 8 und den Defaultmethoden geöffnet. Die privaten Methoden mögen für Framework-Entwickler mitunter praktisch sein, jedoch besteht die Gefahr, dass sie für »normale« Entwickler noch attraktiver werden und von diesen somit ohne großes Hinterfragen zur Applikationsentwicklung eingesetzt werden. Das wäre aber im Hinblick auf das Design und die Klarheit von Business-Applikationen ein Schritt in die falsche Richtung.[2] Dadurch wird unter Umständen dem Schnittstellenentwurf weniger Aufmerksamkeit gewidmet, basierend auf der Annahme, dass benötigte Funktionalität immer noch nachträglich hinzugefügt werden kann.

---

[2] Dieser Nachteil verliert durch Nutzung einer modernen Microservice-Architektur etwas an Gewicht, da die Designsünde dann relativ isoliert existiert.

14.2 Neues und Änderungen im JDK

Nachdem wir verschiedene Syntaxänderungen kennengelernt haben, wollen wir uns nun einige wichtige Erweiterungen in den APIs des JDKs anschauen. Erwähnenswert sind sicher das neue Process-API sowie verschiedene Ergänzungen unter anderem im Stream-API und in den Klassen `Optional<T>` und `InputStream`. Darüber hinaus finden sich Neuerungen in den Klassen `Objects` sowie `CompletableFuture<T>`. Abschließend gehe ich auf Collection-Factory-Methoden ein. Für eine ausführlichere Behandlung der Neuerungen in Java 9 möchte ich Sie auf mein Buch »Java 9 – Die Neuerungen« [44] verweisen.

14.2.1 Das neue Process-API

Bis einschließlich JDK 8 sind die Möglichkeiten recht eingeschränkt, wenn es darum geht, Prozesse des Betriebssystems zu kontrollieren und zu verwalten. Ein Beispiel ist die Ermittlung der ID eines Prozesses, kurz PID genannt. Je nach Plattform muss man dies mit Java 8 unterschiedlich implementieren. Das geht etwa, indem man ein Shell-Kommando mit der Methode `exec()` aus der Klasse `java.lang.Runtime` ausführt.

PID mit JDK 9 ermitteln

Die Abfrage der PID mit Java 9 wird mithilfe der Klasse `java.lang.ProcessHandle` praktischerweise deutlich kürzer:

```
public static void main(final String[] args) throws InterruptedException,
                                                    IOException
{
    System.out.println("PID: " + ProcessHandle.current().pid());
}
```

Listing 14.1 Ausführbar als 'PIDEXAMPLE'

Neben der offensichtlichen Kürze und besseren Lesbarkeit sowie Verständlichkeit bietet die Methode `pid()` einen betriebssystemunabhängigen Weg zur Ermittlung der Prozess-ID (zumindest aus Sicht des Aufrufers).

Das Interface `ProcessHandle`

Neben der PID kann man mithilfe von `ProcessHandle` eine ganze Reihe weiterer Informationen zu Prozessen auslesen. Dazu gibt es unter anderem folgende Methoden:

- `current()` – Ermittelt den aktuellen Prozess als `ProcessHandle`.
- `info()` – Stellt Infos zum Prozess in Form des inneren Interface `ProcessHandle.Info` bereit, etwa zu Benutzer, Kommando usw. wie dies nachfolgend aufgelistet wird.
- `info().command()` – Gibt das Kommando als `Optional<String>` aus einem `ProcessHandle.Info` zurück.

14.2 Neues und Änderungen im JDK

- `info().user()` – Liefert den Benutzer als `Optional<String>` aus einem `ProcessHandle.Info`.
- `info().totalCpuDuration()` – Ermittelt aus den Infos die CPU-Zeit als `Optional<Duration>`. Die Klasse `Duration` entstammt dem mit JDK 8 neu eingeführten Date and Time API.[3]

Das Interface `ProcessHandle` im Einsatz

Zum besseren Verständnis der Arbeitsweise der genannten Methoden betrachten wir ein Beispiel:

```java
public static void main(final String[] args) throws InterruptedException,
                                                    IOException
{
    final ProcessHandle current = ProcessHandle.current();
    printInfo(current);
}

private static void printInfo(final ProcessHandle current)
{
    System.out.println("PID: " + current.pid());
    System.out.println("Info: " + current.info());
    System.out.println("Command: " + current.info().command());
    System.out.println("CPU-Usage: " + current.info().totalCpuDuration ());
}
```

Listing 14.2 Ausführbar als 'PROCESSHANDLEEXAMPLE'

Das Programm PROCESSHANDLEEXAMPLE gibt in etwa Folgendes aus (gekürzt):

```
PID: 6396
Info: [user: Optional[michaeli], cmd: /Library/Java/JavaVirtualMachines/jdk-9.
    jdk/Contents/Home/bin/java, args: [-Dfile.encoding=UTF-8, -classpath, /
    Users/min/Documents/workspaceNeon/Jdk9Examples/bin, jdk9example.processapi.
    ProcessHandleExample], startTime: Optional[2016-08-04T14:23:58.521Z],
    totalTime: Optional[PT0.321791S]]
Command: Optional[/Library/Java/JavaVirtualMachines/jdk-9.jdk/Contents/Home/bin/
    java]
CPU-Usage: Optional[PT0.469431S]
```

Neben der PID sieht man die umfangreichen Informationen aus dem `Info`-Objekt. Exemplarisch werden zudem die Werte für `command()` und `totalCpuDuration()` ausgegeben. Beide werden als `Optional<T>` zurückgeliefert. Für das mit `command()` als `Optional<String>` ermittelte Kommando erkennen wir, dass es sich um das Programm `java` aus JDK 9 handelt, das laut `totalCpuDuration()` etwa 0.47 Sekunden CPU-Zeit verbraucht hat, wie man es im `Optional<Duration>` sieht.

---
[3] Einen Überblick bietet Kapitel 11.

Alle Prozesse abfragen

Neben Informationen zum aktuellen Prozess lassen sich Informationen für alle Prozesse des Benutzers sowie alle Subprozesse zu einem Prozess wie folgt ermitteln:

- `allProcesses()` – Liefert alle Prozesse als `Stream<ProcessHandle>`.
- `children()` – Ermittelt zu einem Prozess alle seine (direkten) Subprozesse als `Stream<ProcessHandle>`.

Im nachfolgenden Beispiel iterieren wir über das Ergebnis von `allProcesses()` und geben Infos zu solchen Prozessen aus, die Subprozesse besitzen. Die Anzahl an Subprozessen können wir durch Aufruf von `children().count()` erfragen:

```java
public static void main(final String[] args) throws InterruptedException,
                                                    IOException
{
    System.out.println("All Processes:");
    showInfoForAllProcesses();
}

private static void showInfoForAllProcesses()
{
    ProcessHandle.allProcesses().forEach(processHandle ->
    {
        final Stream<ProcessHandle> children = processHandle.children();
        final long count = children.count();
        if (count > 0)
        {
            System.out.println("Info: " + processHandle.info() +
                    " has " + count + " children");
        }
    });
}
```

Listing 14.3 Ausführbar als 'ALLPROCESSHANDLESEXAMPLE'

Das Programm ALLPROCESSHANDLESEXAMPLE produziert die folgenden Ausgaben (gekürzt), die eine Liste der zurückgelieferten Informationen widerspiegeln:

```
All Processes:
Info: [user: Optional[michaeli], cmd: /Applications/Adobe Acrobat Reader DC.app/
    Contents/MacOS/AdobeReader, args: [-psn_0_3822501], startTime: Optional
    [2016-08-02T21:16:30.322Z]] has 3 children
...
Info: [user: Optional[michaeli], cmd: /System/Library/CoreServices/Dock.app/
    Contents/MacOS/Dock, startTime: Optional[2016-07-24T08:17:12.938Z]] has 1
    children
Info: [user: Optional[root], startTime: Optional[2016-07-24T08:16:40.564Z]] has
    285 children
```

Prozesse kontrollieren

Neben der Bereitstellung und Abfrage von Informationen zu Prozessen existieren auch Möglichkeiten, Prozesse zu beenden sowie auf das Ende eines Prozesses zu reagieren. Ergänzend zu den bereits aufgelisteten Methoden im Interface `ProcessHandle` findet man unter anderem folgende Methoden:

- `of(long)` – Liefert ein `Optional<ProcessHandle>` zu einer gegebenen PID.
- `destroy()` – Terminiert einen Prozess, sofern dies erlaubt ist. Ansonsten, etwa für den mit `current()` ermittelten Prozess, wird eine Exception ausgelöst:

```
Exception in thread "main" java.lang.IllegalStateException: destroy of
    current process not allowed
```

- `onExit()` – Liefert ein `CompletableFuture<ProcessHandle>` zurück, das man dazu nutzen kann, verschiedene Aktionen als Reaktion auf das Ende eines Prozesses auszuführen.

Mit diesen Methoden wollen wir ein Beispiel erstellen. Es soll zunächst mit `Runtime.exec()` ein Prozess gestartet werden. Als Rückgabe erhält man ein `java.lang.Process`-Objekt. Dieses bietet seit JDK 9 ebenfalls die Methode `pid()` sowie diverse andere, die auch durch `ProcessHandle` bereitgestellt werden. Auch kann man ein `Process`-Objekt durch einen Aufruf von `toHandle()` in ein `ProcessHandle`-Objekt transformieren:

```java
public static void main(final String[] args) throws InterruptedException,
                                                    IOException
{
    // Prozess erzeugen
    final String command = "sleep 60s";
    final String commandWin = "cmd timeout 60";
    final Process sleeper = Runtime.getRuntime().exec(command);
    System.out.println("Started process is " + sleeper.pid());

    // Process => ProcessHandle
    final ProcessHandle sleeperHandle = ProcessHandle.of(sleeper.pid()).
                            orElseThrow(IllegalStateException::new);
    final ProcessHandle sleeperHandle2 = sleeper.toHandle();
    System.out.println("Same handle? " + sleeperHandle.equals(sleeperHandle2));

    // Exit Handler registrieren
    final Runnable exitHandler = () -> System.out.println("exitHandler called");
    sleeperHandle.onExit().thenRun(exitHandler);
    System.out.println("Registered exitHandler");

    // Den Prozess zerstören und ein wenig warten,
    // damit onExit() ausgeführt werden kann
    System.out.println("Destroying process " + sleeperHandle.pid());
    sleeperHandle.destroy();
    Thread.sleep(500);
}
```

Listing 14.4 Ausführbar als '**ControlProcessExample**'

Startet man das Programm CONTROLPROCESSEXAMPLE, so können wir anhand der folgenden Ausgaben recht gut die im Listing definierten Aktionen nachvollziehen:

```
Started process is 60392
Same handle? true
Registered exitHandler
Destroying process 60392
exitHandler called
```

Fazit

Wir haben in verschiedenen Beispielen kennengelernt, wie man mit dem neuen Process-API mit Prozessen des Betriebssystems interagieren oder zumindest Informationen darüber gewinnen kann. Die große Stärke des Process-APIs ist, dass die Aktion aus Sicht eines Java-Entwicklers betriebssystemunabhängig erfolgen kann. Damit kommt man Javas Versprechen von einer weitestgehend betriebssystemunabhängigen Programmierung wieder ein Stück näher.

14.2.2 Neuerungen im Stream-API

Das Stream-API mit dem Interface `Stream<T>` stellt eine der wesentlichen Neuerungen in Java 8 dar. Streams besaßen bereits von Beginn an ein recht umfangreiches API.[4] Dieses wurde mit Java 9 nochmals leicht erweitert. Zunächst schauen wir uns folgende zwei neuen Methoden an:

- `takeWhile(Predicate<T>)` – Verarbeitet Elemente des Streams, solange die als `Predicate<T>` übergebene Bedingung erfüllt ist.
- `dropWhile(Predicate<T>)` – Überspringt Elemente des Streams, solange die als `Predicate<T>` übergebene Bedingung erfüllt ist.

Diese Ergänzungen findet man analog auch in den für die primitiven Typen `int`, `long` und `double` spezialisierten Stream-Klassen `IntStream`, `LongStream` sowie `DoubleStream`. Dort ist dann jeweils das Prädikat auf den korrespondierenden Typ angepasst, etwa `takeWhile(IntPredicate)`.

Beispiel für die Methoden `takeWhile()` und `dropWhile()`

Zur Demonstration der Methode `takeWhile()` wird ein unendlicher Stream von Ganzzahlen durch Aufruf von `iterate()` auf einem `IntStream` erzeugt, der mit der Zahl 1 beginnt. Für `dropWhile()` nutzen wir einen Stream mit dem vordefinierten Wertebereich von 7 bis 14, den wir durch Aufruf von `rangeClosed()` konstruieren. Zur Darstellung einer Besonderheit bei der Verarbeitung mit `dropWhile()` verwenden wir schließlich einen Stream mit vordefinierten Werten, der durch einen Aufruf von `of()` erzeugt wird:

---

[4] Einen Einstieg in die Verarbeitung von Daten mit dem Stream-API bietet Kapitel 7.

```
public static void main(final String[] args)
{
    System.out.println("takeWhile");
    final IntStream stream1 = IntStream.iterate(1, n -> n + 1);
    System.out.println(stream1.takeWhile(n -> n < 10).
                                mapToObj(Integer::toString).
                                collect(joining(", ")));

    System.out.println("\ndropWhile 1");
    final IntStream stream2 = IntStream.rangeClosed(7, 14);
    System.out.println(stream2.dropWhile(n -> n < 10).
                                mapToObj(Integer::toString).
                                collect(joining(", ")));

    System.out.println("\ndropWhile 2");
    final IntStream stream3 = IntStream.of(7,9,11,13,15,5,3,1);
    System.out.println(stream3.dropWhile(n -> n < 10).
                                mapToObj(Integer::toString).
                                collect(joining(", ")));
}
```

Listing 14.5 *Ausführbar als* '**STREAMSEXAMPLE**'

Für alle Streams konvertieren wir durch den Aufruf von `mapToObj(Integer::toString)`[5] die Zahlen in einen String und bereiten mit `collect(joining(", "))` eine kommaseparierte Darstellung auf – die Methode `joining()` stammt aus der Klasse `Collectors` (vgl. Abschnitt 7.1.5) und wurde zur besseren Lesbarkeit statisch importiert. Mit diesem Wissen ist leicht nachvollziehbar, dass es zu den folgenden Ausgaben kommt, wenn man das Programm STREAMSEXAMPLE startet:

```
takeWhile
1, 2, 3, 4, 5, 6, 7, 8, 9

dropWhile 1
10, 11, 12, 13, 14

dropWhile 2
11, 13, 15, 5, 3, 1
```

Das Beispiel `dropWhile 2` verdeutlicht, dass bei Aufrufen von `dropWhile()` nur zu Beginn die Einhaltung der Bedingung überprüft wird. Gilt diese einmal, so erfolgt danach keine weitere Prüfung und es werden im Anschluss möglicherweise Elemente konsumiert, die gegen die angegebene Bedingung verstoßen. Dieser Fall kann für `takeWhile()` so nicht auftreten, da dort die Verarbeitung sofort abgebrochen würde.

Beide Methoden in Kombination Auch in Kombination können die beiden Methoden sinnvoll eingesetzt werden. Das gilt etwa immer dann, wenn zunächst Informationen so lange aussortiert werden sollen, bis diese einem gewissen Gütekriterium

---

[5] Alternativ wäre natürlich auch der Einsatz des Lambda-Ausdrucks `num -> "" + num` möglich gewesen, der jedoch die Intention der Konvertierung in einen String nicht so deutlich macht, wie die Methodenreferenz `Integer::toString`.

oder Wert entsprechen, und dann im Anschluss so lange gelesen werden sollen, bis eine Abbruchbedingung erfüllt ist.

Als Beispiel werden die Informationen aus einen `Stream<String>` extrahiert, die zwischen den Markierungen `<START>` und `<END>` liegen:

```java
public static void main(final String[] args)
{
    Stream<String> words = Stream.of("ab", "bla", "<START>",
                                    "Hier", "steht", "der", "Text",
                                    "<END>", "saas", "bla");

    Stream<String> content = words.dropWhile(word -> !word.equals("<START>"))
                                   .skip(1)
                                   .takeWhile(word -> !word.equals("<END>"));

    content.forEach(System.out::println);
}
```

Listing 14.6 *Ausführbar als* '**DROPANDTAKEWHILEEXAMPLE**'

Das `skip(1)` ist nötig, um den Begrenzer `<START>` nicht mit in die Ergebnisliste aufzunehmen. Auf ähnliche Weise könnte man übrigens auch die Header- oder Body-Informationen eines HTML-Dokuments extrahieren.

Startet man das Programm DROPANDTAKEWHILEEXAMPLE, so sieht man sehr schön die Extraktion:

```
Hier
steht
der
Text
```

Weitere Methoden

Neben den beiden Methoden `takeWhile()` und `dropWhile()` findet man für Streams folgende Neuerungen:

- `ofNullable(T)` – Liefert einen `Stream<T>` mit einem Element, sofern das übergebene Element ungleich `null` ist. Ansonsten wird ein leerer Stream erzeugt.
- `iterate(T, Predicate<? super T>, UnaryOperator<T>)` – Es wird ein `Stream<T>` mit dem als ersten Parameter übergebenen Startwert erzeugt. Die folgenden Werte werden durch den `UnaryOperator` berechnet. Im Gegensatz zu der bereits mit JDK 8 existierenden Methode `iterate(T, UnaryOperator<T>)` wird hierbei auch noch das übergebene `Predicate<T>` geprüft und die Erzeugung gestoppt, sobald dieses nicht mehr erfüllt ist.

Für die zweite Methode möchte ich ein Beispiel präsentieren. Zuvor haben wir zur Ausgabe der Zahlen von 1 bis 9 ein `IntPredicate` und die Methode `takeWhile()` mit einer Prüfung von `n -> n < 10` vorgenommen. Stattdessen können wir diese Prüfung auch direkt im Aufruf von `iterate()` durchführen. Ausgehend vom Wert 1 erzeugen wir mit dem Lambda `n -> n + 1` als `IntUnaryOperator` eine aufsteigende Zahlenfolge, deren Ende der Berechnung über die Bedingung `n -> n < 10` gesteuert wird.

```java
public static void main(final String[] args)
{
    // iterate() unterstützt seit JDK 9 eine Bedingung
    System.out.println("iterate with predicate");
    final IntStream stream = IntStream.iterate(1, n -> n < 10, n -> n + 1);
    System.out.println(stream.mapToObj(Integer::toString).
                            collect(joining(", ")));
}
```

Listing 14.7 *Ausführbar als* '**STREAMSITERATEEXAMPLE**'

Das Programm STREAMSITERATEEXAMPLE gibt erwartungsgemäß Folgendes aus:

```
iterate with predicate
1, 2, 3, 4, 5, 6, 7, 8, 9
```

Die Methode `iterate()` bietet damit eine sehr ähnliche Funktionalität wie eine klassische `for`-Schleife, allerdings mit dem Unterschied, dass die Aktionen im Stream lazy, also erst durch eine Terminal Operation wie etwa das obige `collect()`, ausgeführt werden. Die drei Arten von Operationen (Create, Intermediate und Terminal) wurden bereits in Abschnitt 7.1 bei der Beschreibung des Stream-APIs vorgestellt.

Fazit

Das in JDK 8 eingeführte Stream-API war bereits recht umfangreich. Die mit JDK 9 ergänzten Methoden im Interface `Stream<T>` stellen eine sinnvolle Komplettierung dar und runden das Anwendungsspektrum ab.

14.2.3 Erweiterungen rund um die Klasse `Optional`

Die Klasse `Optional<T>` wurde mit Java 8 eingeführt und erleichtert die Behandlung und Modellierung optionaler Werte, wie dies oft für Suchen oder den Spezialfall der Berechnung auf Basis leerer Ergebnismengen der Fall ist. Im Praxiseinsatz der Klasse `Optional<T>` war jedoch bislang noch die eine oder andere Schwachstelle festzustellen. Insbesondere betrifft dies folgende Aufgabenstellungen:

1. Das Ausführen von Aktionen auch im Negativfall.
2. Die Umwandlung in einen `Stream<T>`, um Daten weiterzuverarbeiten oder eine Kompatibilität mit dem Stream-API z. B. für Frameworks, die auf Streams arbeiten, herzustellen.
3. Die Verknüpfung der Resultate mehrerer Berechnungen, die `Optional<T>` liefern.

Befassen wir uns exemplarisch mit dem ersten Punkt. Die beiden anderen Schwachstellen lassen sich zwar ebenfalls beheben, dafür schauen wir aber später direkt auf die Möglichkeiten von JDK 9.

Einsatz der Klasse `Optional<T>` am Beispiel

Die Betrachtung von `Optional<T>` beginnen wir mit der Implementierung einer Suche in der Methode `findCustomer(String)` – vereinfachend wird dazu ein `Stream<String>` mit fixen Werten mit `anyMatch()` wie folgt durchsucht:

```
private static Optional<String> findCustomer(final String customerId)
{
    System.out.println("findCustomer(" + customerId + ")");

    final Stream<String> customers = Stream.of("Tim", "Tom", "Mike", "Andy");
    if (customers.anyMatch(name -> name.contains(customerId)))
    {
        return Optional.of(customerId);
    }
    return Optional.empty();
}
```

In der nutzenden Applikation soll zunächst nur für erfolgreiche Suchen eine Aktion erfolgen. Das lässt sich mit `ifPresent(Consumer<? super T>)` ausdrücken:

```
public static void main(final String[] args)
{
    findCustomer("Tim").ifPresent(System.out::println);
    findCustomer("UNKNOWN").ifPresent(System.out::println);
}
```

Listing 14.8 *Ausführbar als* 'FIRSTOPTIONALEXAMPLE'

Exemplarisch wird zuerst nach einem Kunden mit dem Namen `Tim` gesucht, um die Ausführung im Positivfall mit `ifPresent(Consumer<? super T>)` zu zeigen. Die anschließende Suche nach UNKNOWN verläuft erfolglos, sodass `Optional.EMPTY` (der Rückgabewert eines Aufrufs von `Optional.empty()`) als Ergebnis zurückgeliefert wird. Deswegen wird im zweiten Fall die Aktion nicht ausgeführt. Somit gibt das Programm FIRSTOPTIONALEXAMPLE Folgendes aus:

```
findCustomer(Tim)
Tim
findCustomer(UNKNOWN)
```

Im obigen Beispiel wird deutlich, dass für die Suche nach dem nicht vorhandenen Wert UNKNOWN keine Ausgabe oder Warnmeldung erfolgt. Oftmals soll aber auch in dem Fall, dass eine Suche erfolglos war, eine Aktion ausgeführt werden. Das lässt sich mit JDK 8 leider nicht mehr so elegant formulieren.[6] Vielmehr muss man die Fallunterscheidung selbst programmieren und zudem im Positivfall den Ergebniswert per `get()` aus dem `Optional<T>` wie folgt ermitteln:

---

[6] Man kann lediglich mit der Methode `orElseThrow()` eine Exception auslösen.

```java
public static void main(final String[] args)
{
    final Optional<String> optCustomer1 = findCustomer("Tim");
    if (optCustomer1.isPresent())
    {
        System.out.println("found: " + optCustomer1.get());
    }
    else
    {
        System.out.println("not found");
    }

    final Optional<String> optCustomer2 = findCustomer("UNKNOWN");
    if (optCustomer2.isPresent())
    {
        System.out.println("found: " + optCustomer2.get());
    }
    else
    {
        System.out.println("not found");
    }
}
```

Listing 14.9 *Ausführbar als* '**SecondOptionalExample**'

Wird das Programm SECONDOPTIONALEXAMPLE ausgeführt, so wird der Eintrag UNKNOWN wiederum nicht gefunden. Jedoch kommt es diesmal zu einer Warnmeldung:

```
findCustomer(Tim)
found: Tim
findCustomer(UNKNOWN)
not found
```

Die gezeigte Fallunterscheidung ist zwar nicht kompliziert, jedoch möchte man diese auch nicht jedes Mal erneut ausprogrammieren. Seit JDK 8 bietet sich folgende allgemeingültige Utility-Methode an:

```java
private static <T> void ifPresentOrElse(final Optional<T> optional,
                                        final Consumer<? super T> action,
                                        final Runnable elseAction)
{
    if (optional.isPresent())
    {
        action.accept(optional.get());
    }
    else
    {
        elseAction.run();
    }
}
```

Diese würde man dann wie folgt einsetzen:

```java
public static void main(final String[] args)
{
    final Optional<String> optCustomer1 = findCustomer("Tim");
    ifPresentOrElse(optCustomer1,
                    customer -> System.out.println("found: " + customer),
                    () -> System.out.println("not found"));
```

```
        final Optional<String> optCustomer2 = findCustomer("UNKNOWN");
        ifPresentOrElse(optCustomer2,
                        customer -> System.out.println("found: " + customer),
                        () -> System.out.println("not found"));
    }
```

Listing 14.10 *Ausführbar als* '**THIRDOPTIONALEXAMPLE**'

Das Programm THIRDOPTIONALEXAMPLE führt jeweils eine Aktion für den Positivfall einer Suche nach `Tim` und für den Negativfall bei `UNKNOWN` aus. Erwartungsgemäß kommt es damit zu folgenden Ausgaben:

```
findCustomer(Tim)
found: Tim
findCustomer(UNKNOWN)
not found
```

Der Einsatz der Utility-Methode ist schon ein guter Schritt, insbesondere dann, wenn man nur JDK 8 nutzen kann. Einfacher in der Handhabung wird es jedoch durch den Einsatz von JDK 9, was wir nun betrachten wollen.

Erweiterungen in `Optional` in JDK 9

Durch die Erweiterungen der Klasse `Optional<T>` in JDK 9 wurden alle drei zuvor aufgelisteten Schwachstellen adressiert. Dazu dienen folgende Methoden:

- `ifPresentOrElse(Consumer<? super T>, Runnable)` – Erlaubt die Ausführung einer Aktion im Positiv- oder im Negativfall.
- `stream()` – Wandelt das `Optional<T>` in einen `Stream<T>` um.
- `or(Supplier<Optional<T>> supplier)` – Ermöglicht auf elegante Weise die Verknüpfung mehrerer Berechnungen.

Die Methode `ifPresentOrElse()` Durch Einsatz dieser Methode lässt sich das vorherige Beispiel prägnanter schreiben – neben der Angabe zweier Aktionen profitiert man insbesondere davon, dass im Positivfall direkt der Wert zugreifbar ist:

```
public static void main(final String[] args)
{
    final Optional<String> optCustomer1 = findCustomer("Tim");
    optCustomer1.ifPresentOrElse(str -> System.out.println("found: " + str),
                                 () -> System.out.println("not found"));

    final Optional<String> optCustomer2 = findCustomer("UNKNOWN");
    optCustomer2.ifPresentOrElse(str -> System.out.println("found: " + str),
                                 () -> System.out.println("not found"));
}
```

Listing 14.11 *Ausführbar als* '**OPTIONALIFPRESENTORELSEEXAMPLE**'

Startet man das Programm OPTIONALIFPRESENTORELSEEXAMPLE, so kommt es zu den folgenden Ausgaben:

```
findCustomer(Tim)
found: Tim
findCustomer(UNKNWON)
not found
```

Wir sehen dieselben Ausgaben wie zuvor, jedoch ist die durch JDK 9 bereitgestellte Funktionalität ein wenig eleganter in der Schreibweise.

Die Methode `stream()` Manchmal ist es praktisch, ein Optional<T> in einen Stream<T> umzuwandeln. Das wird nun durch die Methode stream() möglich.

Deren Nutzen kann man sich gut für einen Stream von optionalen Werten verdeutlichen, in dem nur die Einträge mit gültigen Werten verbleiben sollen. Das kann man durch die Kombination der Methoden flatMap() und stream() erreichen. Hierbei wird jedes Optional<T> in einen Stream überführt und durch flatMap() zu einem einzigen Stream mit Werten kombiniert. Das Verfahren zeige ich am Beispiel eines Streams, der aus Optional<String>-Elementen besteht, beispielsweise als Folge einer parallelen Suche. Am Ende sollen die Ergebnisse konsolidiert werden. Diese Anforderung realisieren wir wie folgt:

```java
public static void main(final String[] args)
{
    final Stream<Optional<String>> streamOfOptionalNames = Stream.of(
                    Optional.of("Tim"), Optional.of("Tom"),
                    Optional.empty(), Optional.of("Mike"),
                    Optional.empty(), Optional.of("Andy"));

    final Stream<String> streamOfNames =
                    streamOfOptionalNames.flatMap(Optional::stream);

    streamOfNames.forEach(value -> System.out.println("found: " + value));
}
```

Listing 14.12 Ausführbar als 'OPTIONALSTREAMEXAMPLE'

Das Programm OPTIONALSTREAMEXAMPLE produziert folgende Ausgaben:

```
found: Tim
found: Tom
found: Mike
found: Andy
```

Man erkennt, dass alle leeren Elemente (Optional.empty()) entfernt und die Werte aus den Optional<String>-Instanzen extrahiert wurden. Als Ergebnis entsteht ein Stream<String>. Das geschieht, weil die Methode flatMap() ineinander verschachtelte Streams zu einem flachen Stream zusammenfasst. Wenn man Optional::stream nutzt, wird aus einem Optional.empty() ein leerer Stream. Der Aufruf von flatMap() entfernt diesen dann automatisch.

Die Methode `or()` Nach den beiden grundlegenden Erweiterungen schauen wir abschließend auf die so unscheinbar wirkende Methode `or(Supplier<? extends Optional<? extends T>>)`. Mit deren Hilfe lassen sich Methoden bzw. Aufrufketten mit Fallback-Strategien auf lesbare und verständliche Art beschreiben, wie es die Methode `multiFindCustomer(String)` eindrucksvoll zeigt:[7]

```java
public static void main(final String[] args)
{
    final Optional<String> optCustomer = multiFindCustomer("Tim");
    optCustomer.ifPresentOrElse(str -> System.out.println("found: " + str),
                                () -> System.out.println("not found"));
}

private static Optional<String> multiFindCustomer(final String customerId)
{
    return findInCache(customerId)
            .or(() -> findInMemory(customerId))
            .or(() -> findInDb(customerId));
}
```

Listing 14.13 Ausführbar als 'OPTIONALOREXAMPLE'

Zwei der aufgerufenen Suchmethoden sind bewusst sehr simpel und kurz realisiert und liefern lediglich `Optional.EMPTY` zurück. Damit ergibt sich folgende Realisierung für `findInCache(String)` und `findInDb(String)`:

```java
private static Optional<String> findInCache(final String customerId)
{
    System.out.println("findInCache");
    return Optional.empty();
}

private static Optional<String> findInDb(final String customerId)
{
    System.out.println("findInDb");
    return Optional.empty();
}
```

In der Methode `multiFindCustomer(String)` werden nacheinander drei Abfragen ausgeführt, sofern nicht zuvor ein Treffer gefunden wird. Das ist hier für den zweiten Aufruf `findInMemory(String)` der Fall, weil diese Methode eine Suche in einem `Stream<String>` wie folgt ausführt:

```java
private static Optional<String> findInMemory(final String customerId)
{
    System.out.println("findInMemory");
    final Stream<String> customers = Stream.of("Tim", "Tom", "Mike", "Andy");

    return customers.filter(name -> name.contains(customerId))
                    .findFirst();
}
```

---

[7]Bei der Beschreibung für die Methode `or()` habe ich mich von einem Beispiel des Blogs `http://blog.codefx.org/java/dev/java-9-optional/` inspirieren lassen.

Startet man das Programm OPTIONALOREXAMPLE, so kommt es zu folgenden Ausgaben, die die Arbeitsweise verdeutlichen:

```
findInCache
findInMemory
Tim
```

Zunächst wird nach `Tim` im Cache durch `findInCache(String)` gesucht, jedoch ohne Erfolg. Das zurückgelieferte `Optional.EMPTY` führt automatisch dazu, dass die zweite Methode in der Aufrufkette, also hier `findInMemory(String)`, ausgeführt wird. Weil die Suche nach `Tim` dort erfolgreich ist, bricht die Verarbeitung ab und es wird das Suchergebnis als `Optional<String>` zurückgegeben.

Fazit

Die Klasse `Optional<T>` wurde in Java 9 sinnvoll erweitert. Das gilt für die lesbare Definition von Verarbeitungsketten mit `or()` sowie für die Methode `ifPresentOrElse()`, weil damit nun endlich die Verarbeitung des Positiv- und Negativfalls direkt mithilfe einer Methode aus dem JDK möglich ist. Und schließlich gibt es für die Methode `stream()` ab und an einen Praxiseinsatz, wie es zuvor für die Kombination mehrerer Suchen mit `flatMap(Optional::stream)` angedeutet wurde.

14.2.4 Erweiterungen in der Klasse `InputStream`

Die Verarbeitung von `Input`- und `OutputStream`s bietet bis einschließlich JDK 8 mitunter nicht den Komfort, den man erwarten würde. Mit JDK 9 wurde die Situation leicht verbessert und die Klasse `InputStream` um folgende zwei Methoden erweitert:

- `readAllBytes()` – Liest alle Bytes aus dem Stream.
- `transferTo(OutputStream)` – Diese Methode erlaubt das Kopieren von Daten von einem `InputStream` in einen `OutputStream`.

Anhand eines Beispiels wollen wir die beiden Methoden im Einsatz erleben:

```
public static void main(final String[] args) throws IOException
{
    final byte[] buffer = { 72, 65, 76, 76, 79 };

    // Liest alle Bytes in einem Rutsch
    final byte[] result = new ByteArrayInputStream(buffer).readAllBytes();
    System.out.println(Arrays.toString(result));

    // Überträgt Daten direkt aus einem InputStream in einen OutputStream
    new ByteArrayInputStream(buffer).transferTo(System.out);
}
```

Listing 14.14 *Ausführbar als* '**INPUTSTREAMJDK9EXAMPLE**'

Startet man das Programm INPUTSTREAMJDK9EXAMPLE, so werden die Daten aus dem `byte[]` namens `buffer` eingelesen und später auf die Konsole transferiert. Dabei kommt es zu folgenden Ausgaben:

```
[72, 65, 76, 76, 79]
HALLO
```

Vielleicht fragen Sie sich, wieso ein `byte` als Zeichen ausgegeben wird. Das liegt daran, dass die Zeichen den ASCII-Werten der Buchstaben entsprechen.

Fazit

Die Erweiterung in der Klasse `InputStream` ist zwar nur klein, aber fein. Die Methode `readAllBytes()` zum Einlesen der Daten eines Streams ist viel angenehmer in der Handhabung, als alle Bytes in einer Schleife einlesen zu müssen. Auch das Kopieren von Daten ist mithilfe von `transferTo(OutputStream)` nun mit einem Einzeiler zu lösen.

14.2.5 Erweiterungen in der Klasse `Objects`

Die Utility-Klasse `java.util.Objects` erlaubt es, durch die Methode `requireNonNull()` eine elegante Prüfung von Preconditions bezüglich `null` durchzuführen.

Mit JDK 9 wird das Ganze noch handlicher: Es ist nun analog zu einigen Methoden aus `Optional<T>` möglich, mit `requireNonNullElse()` bzw. `requireNonNullElseGet()` einen Alternativwert im Falle eines `null`-Werts bereitzustellen bzw. durch einen `Supplier<T>` zu berechnen.

Als Beispiel dient die Methode `generateMsg()`, die zwei `String`-Parameter besitzt und daraus eine Nachricht erzeugt. Dabei erfolgt ein Null-Handling unter Einsatz der genannten Methoden.

```
private static String generateMsg(final String msg, final String param)
{
    final String message = Objects.requireNonNullElse(msg, "Default-Msg");
    final String parameter =
            Objects.requireNonNullElseGet(param, () -> "No Param");
    return message + " : " + parameter;
}
```

In der `main()`-Methode übergeben wir zwei Mal den Wert `null`:

```
public static void main(final String[] args)
{
    System.out.println(generateMsg(null, null));
}
```

Listing 14.15 *Ausführbar als* '**OBJECTSNONNULLEXAMPLE**'

Startet man das Programm OBJECTSNONNULLEXAMPLE, so wird die Methode `generateMsg()` mit zwei `null`-Werten aufgerufen. In der Methode selbst werden diese mithilfe der zuvor genannten Methoden entsprechend behandelt und direkt in den String `Default-Msg` und im zweiten Fall als `Supplier<String>` in den Wert `No Param` transformiert. Somit kommt es zu der folgenden Ausgabe:

```
Default-Msg : No Param
```

14.2.6 Erweiterungen in der Klasse `CompletableFuture`

Die Klasse `CompletableFuture<T>` wurde in Java 8 eingeführt und bietet eine Erleichterung bei der Programmierung asynchroner Abläufe. Diese lassen sich bezüglich Lesbarkeit und Komplexität deutlich besser als Lösungen mit Threads gestalten. Eine umfangreichere Einführung zur Klasse `CompletableFuture<T>` finden Sie in Abschnitt 9.6.4.

Nachfolgend gehe ich auf die Neuerungen in JDK 9 ein, wo unter anderem folgende Methoden ergänzt wurden:

- `completeAsync(Supplier<? extends T>)` und `completeAsync(Supplier<? extends T>, Executor)` – Erfüllt das `CompletableFuture<T>` mit dem vom übergebenen `Supplier<T>` gelieferten Ergebnis. Dieses wird asynchron von einem Task berechnet, der entweder vom Default Executor oder dem übergebenen ausgeführt wird.
- `orTimeout(long, TimeUnit)` – Sofern das `CompletableFuture<T>` nicht zuvor erfolgreich ausgeführt wurde, wird es mit einer `TimeoutException` beendet, wenn die angegebene Time-out-Zeit erreicht ist.
- `completeOnTimeout(T, long, TimeUnit)` – Das `CompletableFuture<T>` wird mit dem übergebenen Wert erfüllt, falls die Berechnungen nicht innerhalb der gegebenen Time-out-Zeit zum Ergebnis führen.
- `failedFuture(Throwable)` – Gibt ein `CompletableFuture<T>` zurück, das bereits durch die übergebene Exception erfüllt wurde. Dies kann man zum Signalisieren von Fehlerzuständen während einer asynchronen Berechnung nutzen.

Für die aufgelisteten Methoden wollen wir ein Beispiel erstellen:

```java
public static void main(final String[] args) throws ExecutionException
{
    new CompletableFutureJdk9Example().perform();
}

public void perform() throws ExecutionException
{
    CompletableFuture.supplyAsync(this::longRunningCreateMsg)
                    .completeAsync(() -> "COMPLETE")
                    .thenAccept(this::notifySubscribers);

    CompletableFuture.supplyAsync(this::longRunningCreateMsg)
                    .orTimeout(3, TimeUnit.SECONDS)
                    .exceptionally(ex -> "exception occurred: " + ex)
                    .thenAccept(this::notifySubscribers);
```

```java
    CompletableFuture.supplyAsync(this::longRunningCreateMsg)
                    .completeOnTimeout("TIMEOUT-FALLBACK", 2, TimeUnit.SECONDS)
                    .thenAccept(this::notifySubscribers);

    CompletableFuture.failedFuture(new IllegalStateException())
                    .exceptionally(ex -> {
                        System.out.println("ALWAYS FAILING");
                        return -1;
                    });

    sleepInSeconds(10);   // Auf die Terminierung des CompletableFutures warten
}

public String longRunningCreateMsg(final int durationInSecs)
{
    System.out.println(getCurrentThread() + " >>> longRunningCreateMsg");
    sleepInSeconds(durationInSecs);
    System.out.println(getCurrentThread() + " <<< longRunningCreateMsg");

    return "longRunningCreateMsg";
}

public String getCurrentThread()
{
    return Thread.currentThread().getName();
}

public void notifySubscribers(final String msg)
{
    System.out.println(getCurrentThread() + " notifySubscribers: " + msg);
}

public String failingMsg()
{
    throw new IllegalStateException("ISE");
}

private void sleepInSeconds(final int durationInSeconds)
{
    try
    {
        TimeUnit.SECONDS.sleep(durationInSeconds);
    }
    catch (InterruptedException e)
    { /* not possible here */ }
}
```

Listing 14.16 *Ausführbar als* **'COMPLETABLEFUTUREJDK9EXAMPLE'**

Zunächst wird asynchron eine rund fünf Sekunden dauernde Methode `longRunning-CreateMsg()` ausgeführt. Deren Verarbeitung kann man durch `completeAsync()` vorzeitig als beendet markieren. Hier wird als Ergebnis COMPLETE mithilfe der Aufrufe von `thenAccept()` und `notifySubscribers()` ausgegeben. Die zweite Variante führt die lang dauernde Methode asynchron aus, diesmal kommt es aber nach drei Sekunden zu einem Time-out. Das führt zur Ausgabe von `exception occurred: java.util.concurrent.TimeoutException`. Die dritte Variante zeigt, wie man bei einem Time-out einen Wert zurückliefern kann. Dies geschieht hier nach zwei Sekunden. Verbleibt noch die Methode `failedFuture()`. Hiermit lässt sich das

14.2 Neues und Änderungen im JDK

`CompletableFuture<T>` mit einem Fehler komplettieren. In diesem Fall wird dadurch ALWAYS FAILING ausgegeben.

Startet man das obige Programm COMPLETABLEFUTUREJDK9EXAMPLE, so kommt es zu folgenden Ausgaben, wobei die Reihenfolge durch die Nebenläufigkeit abweichen kann:

```
ForkJoinPool.commonPool-worker-9 >>> longRunningCreateMsg
main notifySubscribers: COMPLETE
ForkJoinPool.commonPool-worker-2 >>> longRunningCreateMsg
ForkJoinPool.commonPool-worker-11 >>> longRunningCreateMsg
ALWAYS FAILING
CompletableFutureDelayScheduler notifySubscribers: TIMEOUT-FALLBACK
CompletableFutureDelayScheduler notifySubscribers: exception occurred: java.util
    .concurrent.TimeoutException
ForkJoinPool.commonPool-worker-9 <<< longRunningCreateMsg
ForkJoinPool.commonPool-worker-2 <<< longRunningCreateMsg
ForkJoinPool.commonPool-worker-11 <<< longRunningCreateMsg
```

Hier sieht man die Ausgabe des Ergebnisses der letzten Aktion ALWAYS FAILING noch vor der Protokollierung der zweiten und dritten Aktion. Insbesondere wird auch deutlich, dass alle länger laufenden Aktionen vollständig abgearbeitet werden – nur der Ergebniswert im `CompletableFuture<T>` wird durch die Aktionen anders als der Rückgabewert der Methode `longRunningCreateMsg` ausgewertet.

14.2.7 Collection-Factory-Methoden

Das Erzeugen von Collections für eine kleinere Menge fest definierter Werte ist mitunter etwas umständlich. Sprachen wie Groovy oder Python bieten dafür eine spezielle Syntax, sogenannte *Collection-Literale*. Schon im Jahr 2009 hat man auch für Java über eine Integration einer solchen einfacheren Schreibweise zur Erzeugung von und zum Zugriff auf Collections nachgedacht. Allerdings wurde nichts Derartiges realisiert, obwohl es einige vielversprechende Vorschläge gab.

Vorschlag: Collection-Literale und Collection-Erzeugung

Nachfolgendes Listing zeigt, wie eine mögliche Syntax für Collection-Literale für die Collections `List<E>`, `Set<E>` und `Map<K, V>` aussehen könnte. Dabei werden die Elemente der Collection in geschweifte oder eckige Klammern eingeschlossen:

```
// Leider weder mit JDK 8 noch JDK 9 umgesetzt
final List<String> newStyleList = ["item1", "item2"];
final Set<String> names = {"Tim", "Mike"};
final Map<String, String> newStyleMap = ["key1" : "value1", "key2" : "value2"];
```

Realisierung mit JDK 9

Leider wurden Collection-Literale nicht in der zuvor beschriebenen Form in Java 9 realisiert. Stattdessen wurde eine Armada an Factory-Methoden mit den Namen `of()` bzw. `ofEntries()` in die Interfaces `List<E>`, `Set<E>` und `Map<K,V>` integriert, die sich wie folgt zur Erzeugung von Collections nutzen lassen:[8]

```
public static void main(final String[] args)
{
    final List<String> names = List.of("MAX", "MORITZ", "MIKE");
    names.forEach(name -> System.out.println(name)); // oder System.out::println

    final Set<Integer> numbers = Set.of(1, 2, 3);
    numbers.forEach(number -> System.out.println(number));

    final Map<Integer, String> mapping = Map.of(5, "five", 6, "six");
    final Map<Integer, String> mapping2 = Map.ofEntries(entry(5, "five"),
                                                        entry(6, "six"));

    mapping.forEach((key, value) -> System.out.println(key + ":" + value));
    mapping2.forEach((key, value) -> System.out.println(key + ":" + value));
}
```

Listing 14.17 *Ausführbar als* 'COLLECTIONFACTORYMETHODSEXAMPLE'

Startet man das Programm COLLECTIONFACTORYMETHODSEXAMPLE, so kommt es zu folgenden Ausgaben:

```
MAX
MORITZ
MIKE
1
2
3
6:six
5:five
6:six
5:five
```

Die Reihenfolge der Elemente bei Sets und Maps ist bei der Nutzung der Collection-Factory-Methoden allerdings nicht stabil und insbesondere wird die Einfügereihenfolge nicht beibehalten. Vielmehr ist die Reihenfolge bei einer Iteration zufällig, sodass es für obiges Programm durchaus auch zu anderen Reihenfolgen kommen kann.

Besonderheiten bei Duplikaten

Beim Einsatz der Collection-Factory-Methoden sollte man ein Detail für `Set<E>` und `Map<K,V>` kennen: Bekanntermaßen modelliert ein `Set<E>` das mathematische Konzept einer Menge und enthält somit keine Duplikate. Das gilt auch für die Schlüssel in Maps. Diese Eigenschaft wurde bei den bisherigen Collections automatisch sichergestellt, indem beim Einfügen von Elementen gegebenenfalls Duplikate aussor-

---

[8] Zur besseren Lesbarkeit erfolgt ein statischer Import von `java.util.Map.entry`.

tiert wurden.[9] Das war für diverse Anwendungsfälle ein recht praktisches Feature. Die Collection-Factory-Methoden weisen allerdings eine nicht überraschungsfreie Besonderheit auf: Für Sets prüfen sie beim Aufruf der Konstruktionsmethoden auf Duplikatfreiheit. Ist diese nicht gegeben, so lösen sie eine Exception aus. Gleiches gilt auch für die Schlüssel von Maps. Bei Listen findet dagegen keine Duplikatsprüfung statt. Schauen wir uns ein Beispiel an:

```
final Set<String> names = Set.of("MAX", "Moritz", "MAX");
```

Bei dieser Variablendefinition kommt es zur Laufzeit zu folgender Exception:

```
Exception in thread "main" java.lang.IllegalArgumentException:
    duplicate element: MAX at java.util.ImmutableCollections$SetN.<init>(java.
    base@9-ea/ImmutableCollections.java:329)
```

Weil die Collections direkt anhand der übergebenen Werte konstruiert werden, kann man jedoch auch ein Grund für dieses Verhalten finden, nämlich die Vermeidung von Inkonsistenzen durch Flüchtigkeitsfehler in Form einer Mehrfachangabe.

Fazit

Die Collection-Factory-Methoden können mich nicht vollständig überzeugen. Für die Definition kleiner Wertbestände gefallen sie mir schon, auch wenn sie nicht ganz so elegant in der Schreibweise sind, wie es Collection-Literale wären. Allerdings ist die Duplikatbehandlung für `Set<E>` zumindest nicht überraschungsfrei – die ausgelöste Exception ist meiner Meinung nach sogar kontraintuitiv. Insgesamt lässt sich festhalten, dass die Negativpunkte im Programmieralltag kaum ins Gewicht fallen.

14.3 Änderungen in der JVM

In diesem Unterkapitel beschäftigen wir uns mit ein paar Änderungen in der JVM von Oracle, die mit JDK 9 eingeführt werden.

14.3.1 Garbage Collection

Java befreit den Entwickler weitestgehend von der Aufgabe, sich über die Verwaltung und Freigabe von Speicher Gedanken zu machen. Dazu ist ein Mechanismus namens Garbage Collection in die JVM integriert, der nicht mehr verwendete Objekte erkennen und deren Speicherplatz freigeben kann.

Bei der Garbage Collection finden sich für die JVM zwei Neuerungen: zum einen beim Standard-Garbage-Collector und zum anderen in Form der Entfernung veralteter Kombinationen von Garbage Collectors.

---

[9]Das erfordert, dass die steuernden Methoden wie `equals()`, `hashCode()` usw. korrekt implementiert sind. Details finden Sie in Abschnitt 6.1.9.

Einführung in die Garbage Collection

Neben dem unbestreitbaren Vorteil, dass man sich in Java als Entwickler kaum um die Speicherverwaltung kümmern muss und somit dabei keine Fehler machen kann, besitzt die Garbage Collection auch ein paar kleinere Nachteile. Zum einen geschieht das Aufräumen nahezu ohne Kontrolle des Entwicklers zu beliebigen Zeitpunkten. Zum anderen bestimmt die Größe des Speichers und die Objekterzeugungsaktivität die vom Garbage Collector zu leistende Arbeit.

Dabei gibt es verschiedene Aufräumstrategien. Standardmäßig erfolgt bis JDK 8 das Aufräumen mit dem Parallel-GC, der seinem Namen folgend die meisten Arbeiten parallel zum eigentlichen Java-Programm erledigt. Jedoch gibt es immer wieder Schritte, die einen exklusiven Zugriff auf den Speicher und damit ein Anhalten sämtlicher Threads erfordert. Man spricht dann von Stop-The-World (STW). Mitunter kann sich dies negativ auf die Anwendungsperformance auswirken, manchmal sogar so stark, dass wahrnehmbare Pausen entstehen.

Solche Unterbrechungen im Programmablauf variieren je nach verwendeter Aufräumstrategie und lassen sich zum Teil deutlich reduzieren. Hier kommt nun der Garbage Collector namens G1 (für Garbage First) ins Spiel.

G1 als Standard-Garbage-Collector

Mit JDK 7 wurde der Garbage Collector namens G1 (für Garbage First) eingeführt. Ziel war es, einen großen Heap besser verwalten zu können und weniger GC-Pausen zu verursachen. Der G1 wurde in den letzten Jahren ständig weiterentwickelt und ist mittlerweile so ausgereift, dass er mit JDK 9 als Standard verwendet werden soll.

Der G1 ersetzt damit den Parallel-GC als Standard, der längere Pausen bei großem Heap zeigte, was manchmal spürbare Unterbrechungen bei der Ausführung eines Java-Programms verursachte. Der G1 unterteilt das Aufräumen in mehrere kürzere Aktionsphasen, wodurch die Unterbrechungen verkürzt werden und das Programm flüssiger laufen sollte. Das Ganze hat aber seinen Preis in Form von Komplexität der Implementierung des Garbage Collectors an sich. Diese erhöht sich mit dem G1 deutlich und hat in der Vergangenheit doch zu einigen Unzuverlässigkeiten geführt, sodass einige Leute skeptisch sind. Allerdings sprechen die vom G1 verursachten kurzen Pausen für einen Einsatz in Serversystemen, bei denen vor allem gute Antwortzeiten ein wichtiges Kriterium sind.

Ein kleines Detail ist noch erwähnenswert: Der Parallel-GC benötigt zur Freigabe obsoleter Klassendefinitionen eine sogenannte Major oder Full Collection. Der G1 unterstützt dagegen das sukzessive Entladen von Klassendefinitionen.

14.3.2 Browser-Plugin ist deprecated

Ab JDK 9 ist das Browser-Plugin als deprecated gekennzeichnet und wird nicht mehr aktiv unterstützt. Applets sind nur noch mit Hürden lauffähig. Das ist die Reaktion von Oracle auf wiederholte Sicherheitsprobleme und Negativschlagzeilen. Diese Entscheidung bedeutet vermutlich das Ende von Java als clientseitige Webtechnologie.

14.3.3 Änderung des Versionsschemas

Bisher war die Versionierung der JDKs mitunter ein wenig verwirrend: Allein anhand der Versionsnummer fiel es extrem schwer, zwischen Minor Releases und Security Updates zu unterscheiden.[10] Auch sind in der Nummerierung die Varianten 8 und 1.8 gebräuchlich.[11] Dies wird nun mit JDK 9 vereinheitlicht und vor allem lassen sich Minor Releases und Critical Patch Updates viel klarer voneinander abgrenzen. Dazu kommt folgendes Versionsschema zum Einsatz: `MAJOR.MINOR.SECURITY`. Insbesondere wird der Ballast der führenden 1, aus dem Versionsschema entfernt. Die Ziffer 1 war eigentlich nur hinderlich, weil 1.8 ja die Versionsnummer 8 repräsentiert. Gleiches gilt auch für die Ergänzung um das `u` in der Versionskennung, das für Update steht.

Tabelle 14-1 Neu eingeführtes Versionsschema bei JDK 9

Version	Bedeutung	Inhalt
9	GA (General Availability)	
9.0.1	CPU (Critical Patch Update)	9 + critical changes
9.1.1	Minor Release	9.0.1 + other changes
9.1.2	CPU	9.1.1 + critical changes
9.2.2	Minor Release	9.1.2 + other changes
9.2.3	CPU	9.2.2 + critical changes

---

[10]Teilweise war es auch schlicht nicht möglich. Für eine Unterscheidung, ob Security Fixes dazugekommen sind oder neue Features oder beides, war oftmals ein Blick in die Release Notes oder gar den Sourcecode erforderlich.

[11]Bei Updates findet man dann sogar Varianten wie z. B. `1.7.0_55-b13`, `JDK 7u55` oder `JDK 7 Update 55`.

14.3.4 HTML5 Javadoc

Java besitzt im JDK das Tool `javadoc` zur Generierung von Onlinedokumentationen im HTML-Format. Selbst wenn man in den Java-Sourcen keine Metainformationen hinterlegt, wird schon eine recht brauchbare und übersichtliche Dokumentation generiert. Deren Nützlichkeit und Inhalt nimmt aber stark zu, sofern Klassen, Methoden usw. entsprechend mit Javadoc-Kommentaren versehen sind.

Bislang generierte `javadoc` HTML 4. Mit Java 9 ist es über den Kommandozeilenschalter `-html5` möglich, die Onlinedokumentationen im modernen, aktuellen HTML5 zu generieren. Das kann man per Kommandozeile für Sources im Verzeichnis `src` wie folgt ausführen:

```
javadoc -public -sourcepath src -d dochtml5 -html5 -subpackages jdk9example
```

Die sichtbaren Änderungen im angezeigten Javadoc-HTML sind im Vergleich zu der Option `-html4` minimal. Ich habe ein paar leicht abweichende Abstände und Formatierungen gesehen. Auf Ebene des HTML-Sourcecodes konnte ich auch nur marginale Abweichungen feststellen. Insofern bietet der Schalter `-html5` wohl ein eher kosmetisches Update, bringt aber Javadoc wieder auf einen aktuellen Stand und lässt für die Zukunft hoffen, dass die Unterstützung von HTML5 noch erweitert wird.

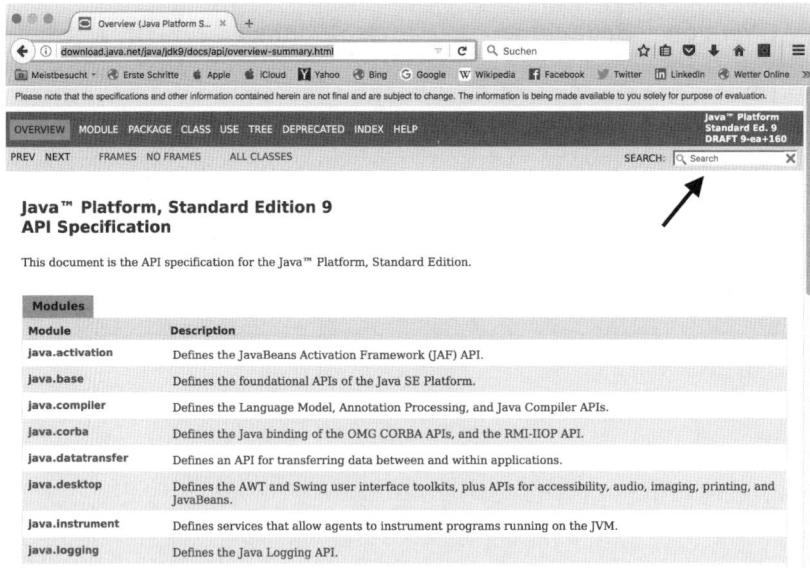

Abbildung 14-1 *Darstellung von Javadoc mit Suche*

Eine Sache ist jedoch erwähnenswert: Die neue Javadoc-Hilfe ist praktischerweise durchsuchbar und bietet dazu ein Eingabefeld. In Abbildung 14-1 befindet sich das Suchfeld oben rechts und ist dort mit einem Pfeil markiert.

14.3.5 Java + REPL => `jshell`

In das JDK wurde mit Java 9 das Tool `jshell` integriert. Dieses erlaubt einen interaktiven Arbeitsstil und das Ausführen kleinerer Sourcecode-Schnipsel, wie man es bereits aus verschiedenen anderen Programmiersprachen in ähnlicher Form kennt. Man spricht dabei auch von REPL (Read-Eval-Print-Loop). Dadurch wird es möglich, etwas Java-Sourcecode zu schreiben und Dinge schnell auszuprobieren, ohne dafür die IDE starten und ein Projekt anlegen zu müssen.[12] Über das Ausmaß des Gewinns lässt sich sicherlich streiten. Unbestritten praktisch ist jedoch, dass die Angabe eines Semikolons bei Eingaben in der `jshell` optional ist. Für erste Experimente und ein Prototyping ist es von noch größerem Vorteil, dass man sich nicht um die Behandlung von Exceptions, nicht einmal Checked Exceptions, kümmern muss.[13]

Einführendes Beispiel

Starten wir die `jshell` und probieren einige Aktionen und Berechnungen aus. Dabei dient mal wieder eine Abwandlung eines Hello-World-Beispiels als Startpunkt:

```
> jshell
|  Welcome to JShell -- Version 9-ea
|  For an introduction type: /help intro

jshell> System.out.println("Hello JShell")
Hello JShell
```

Danach addieren wir zwei Zahlen:

```
jshell> 2 + 2
$1 ==> 4
```

Anhand der Ausgabe sehen wir, dass die `jshell` das Berechnungsergebnis einer Shell-Variablen zuweist, die mit $ beginnt, hier $1.

Auch die Definition eigener Methoden ist wie folgt möglich:

```
jshell> int add(int a, int b) {
   ...> return a + b;
   ...> }
|  created method add(int,int)
```

Praktischerweise erkennt die `jshell`, dass die Anweisungen nicht vollständig sind und noch weitere Eingaben in einer Folgezeile benötigt werden. Erst danach erfolgt die gezeigte Meldung »`created method add(int,int)`«.

---

[12] Nahezu jeder (professionelle) Entwickler hat – zumindest während der Arbeit – seine IDE sowieso fast immer geöffnet und könnte durch eine `main()`-Methode Ähnliches erreichen, allerdings mit dem Vorteil von direktem Syntax-Check und Auto-Complete.

[13] Genauer: Beides gilt nur für die Kommandos in der `jshell`, nicht jedoch wenn man dort Methoden oder Klassen definiert. Dann muss auch weiterhin ein Semikolon genutzt und müssen Exceptions behandelt werden.

Nach Abschluss der Definition kann man eine solche Methode dann wie erwartet aufrufen und als Besonderheit auch auf das zuvor berechnete und zwischengespeicherte erste Ergebnis folgendermaßen mit $1 zugreifen:

```
jshell> add(3, $1)
$3 ==> 7
```

Mit dem Kommando `/vars` bekommen wir die definierten Variablen aufgelistet:

```
jshell> /vars
|    int $1 = 4
```

Das Kommando `/methods` zeigt definierte Methoden, hier die gerade erstellte Methode `add()` sowie die Standardmethode `printf()`:

```
jshell> /methods
|    printf (String,Object...)void
|    add (int,int)int
```

Weiter gehende Möglichkeiten

Nicht immer ist uns jede mögliche Variante von Aufrufen geläufig, daher ist die Tab-Completion recht praktisch, die ähnlich wie in einer IDE einer Reihe möglicher Vervollständigungen präsentiert:

```
jshell> String.
CASE_INSENSITIVE_ORDER    class       copyValueOf(    format(     join(
    valueOf(

jshell> Class.
class       forName(
```

Außerdem bietet die `jshell` eine Historie der Befehle, was nützlich sein kann, um ein vorheriges Kommando wiederholt auszuführen. Mit `/!` lässt sich das letzte Kommando nochmals starten und abarbeiten. Mit `/list` erhält man eine Übersicht, aus der mit `/<nr>` das <nr>te Kommando ausgeführt werden kann:

```
jshell> /list

   1 : System.out.println("Hello JShell")
   2 : 2+2
   3 : int add(int a, int b) {
       return a+b;
       }
   4 : add(3, $2)
```

Folgende Tastaturkürzel erleichtern in der `jshell` das Editieren und Navigieren:

- Ctrl + A / E – Springt an den Anfang / das Ende einer Zeile.
- ↑ / ↓ – Mit den Cursortasten kann man durch die Historie der Befehle navigieren.
- `/reset` – Löscht die Befehlshistorie.

Mit der nachfolgenden Anweisung werden gleich zwei Dinge demonstriert: Zum einen erkennen wir, dass auch hier auf die Angabe eines Semikolons für Anweisungen in der `jshell` verzichtet werden kann, und zum anderen muss die von `Thread.sleep()` ausgelöste `InterruptedException` nicht behandelt werden:

```
jshell> Thread.sleep(500)
```

Auch die Definition von Listen, Mengen und Maps ist möglich und mit den neuen Collection-Factory-Methoden sogar recht komfortabel:

```
jshell> List<Integer> numbers = List.of(1,2,3,4,5,6,7)
numbers ==> [1, 2, 3, 4, 5, 6, 7]

jshell> Set<String> names = Set.of("Tim", "Mike", "Max")
names ==> [Tim, Max, Mike]

jshell> Map<String, Integer> nameToAge = Map.of("Tim", 41, "Mike", 42)
nameToAge ==> {Tim=41, Mike=42}
```

Nach diesen Definitionen wollen wir uns nochmals die Variablen anschauen:

```
jshell> /vars
|    int $1 = 4
|    int $3 = 7
|    List<Integer> numbers = [1, 2, 3, 4, 5, 6, 7]
|    Set<String> names = [Tim, Max, Mike]
|    Map<String, Integer> nameToAge = {Tim=41, Mike=42}
```

Schließlich kann man die `jshell` mit `/exit` beenden.

Neben den gezeigten recht trivialen Aktionen erlaubt die `jshell` auch komplexere Berechnungen und sogar die Definition von Klassen. Für weiterführende Informationen möchte ich Sie an mein Buch »Java 9 – Die Neuerungen« [44] verweisen.

14.4 Fazit

In diesem Kapitel haben wir uns diverse Neuerungen aus Java 9 angeschaut und dabei mit einigen Veränderungen in der Syntax begonnen. Danach wurden verschiedene relevante Erweiterungen im JDK präsentiert, etwa das neue Process-API, die Ergänzungen im Stream-API sowie in `Optional<T>`, aber auch die neuen Collection-Factory-Methoden. Zum Abschluss bin ich dann auf einige Änderungen in der JVM eingegangen. Neben Kleinigkeiten bei der Versionsnummerierung des JDKs und dem HTML5-Support von Javadoc findet sich aber auch ein Wechsel beim Standard-Garbage-Collector. Darüber hinaus bietet die `jshell` einen REPL zum leichteren Experimentieren und Einstieg in die Java-Programmierung. Auf jeden Fall gibt es einiges in JDK 9 zu entdecken, wobei ich Ihnen viel Spaß wünsche.

15 Modularisierung mit Project Jigsaw

Dieses Kapitel behandelt das Thema Modularisierung und insbesondere die im Project Jigsaw vorangetriebene Modularisierungslösung von Java und des JDKs. Dabei umfasst die Modularisierung zum einen das JDK an sich und zum anderen die Modularisierung von Anwendungen und Bibliotheken: Neben dem Aufbrechen des monolithischen JDKs in einzelne Module mit der Möglichkeit zur Beschreibung und Kontrolle von Abhängigkeiten sollte vor allem die fehlerträchtige Abhängigkeitsverwaltung basierend auf dem `CLASSPATH` durch eine verlässliche Konfiguration (***Reliable Configuration***) ersetzt werden. Diese verlangt, dass Module ihre Abhängigkeiten untereinander explizit und vollständig beschreiben müssen. Dadurch können Zyklen, nicht eindeutige Modulnamen und nicht aufgelöste Abhängigkeiten sowohl beim Kompilieren als auch zur Laufzeit geprüft und verhindert werden.

In den folgenden Abschnitten gebe ich einen Einstieg in die Modularisierung und lege damit den Grundstein für das Verständnis der Thematik. Zudem schauen wir uns konkret an, welche Änderungen in Bezug auf die Modularisierung in JDK 9 enthalten sind. Dabei lernen wir unter anderem, wie sich durch die Modularisierung die Wartbarkeit verbessert. Zudem werden ergänzend fortgeschrittene Themen wie Migrationsszenarien vorgestellt.

Verzeichnisaufbau

Weil einige IDEs noch keinen komfortablen Support für Module bieten und weil wir das Ganze von der Pike auf lernen wollen, werden wir in diesem Kapitel vor allem mit der Konsole arbeiten. Die Beispiele werden in jeweils eigenen Verzeichnissen entwickelt, wobei das Verzeichnis `jigsaw_ch15` parallel zum Verzeichnis `src/main/java` liegt. Dadurch ergibt sich folgendes High-Level-Verzeichnislayout:

```
jigsaw_ch15
+-- ch15_2_2_modules_example
+-- ch15_2_3_packaging_module_example
+-- ch15_2_4_linking_module_example
+-- ch15_2_5_dependencies_module_example
+-- ch15_2_6_include_jdk_modules_example
+-- ch15_3_2_accessibility
+-- ch15_4_1_migration_compatibility_mode
+-- ch15_4_3_pitfall_bottomup_migration
+-- ch15_4_4_migration_automatic_modules
+-- ch15_4_5_migration_automatic_and_unnamed_modules
```

15.1 Grundlagen

Für den Begriff Modularisierung hat vermutlich jeder Entwickler leicht unterschiedliche Ideen im Sinn. Deshalb möchte ich zunächst ein gemeinsames Verständnis für die Modularisierung in Java erreichen und insbesondere kurz auf mögliche Probleme und Schwierigkeiten, aber auch auf Anforderungen eingehen.

15.1.1 Begrifflichkeiten

Unter *Modulen* versteht man in sich abgeschlossene, idealerweise unabhängig deploybare Softwarebausteine (Komponenten), die eine möglichst klar abgegrenzte Funktionalität bereitstellen, ihre Abhängigkeiten zu anderen Modulen beschreiben und nach außen sichtbare Typen festlegen. Beachten Sie bitte, dass Jigsaw-Module in der Regel nicht unabhängig voneinander deployt werden können, wenn es Abhängigkeiten zwischen den Modulen gibt. Für optionale Funktionalität kann man aber Services nutzen. Dieses fortgeschrittene Thema wird in meinem Buch »Java 9 – Die Neuerungen« [44] behandelt.

Modularisierung

Mit Modularisierung meint man häufig, dass ein Programm in mehrere Subsysteme oder Module unterteilt ist. Das erlaubt eine thematische Gruppierung von Klassen und Packages und hilft dabei, klare Zuständigkeiten und Abhängigkeiten zu erzielen.

Dem steht das monolithische Design gegenüber, bei dem die einzelnen Softwarekomponenten stark miteinander verknüpft sind. Eine Änderung an einer Stelle zieht oftmals diverse Folgeänderungen an ganz anderen Stellen im Programm nach sich. Erweiterbarkeit und Wartbarkeit leiden enorm. Das kann sich so dramatisch auswirken, dass man von Änderungen möglichst absieht, weil diese durch die Komplexität des Systems nahezu unbeherrschbar werden. Man sollte aber unbedingt vermeiden, in einen solchen Zustand einer »Schockstarre« zu kommen, damit man handlungsfähig bleibt. Ein sauberes Design unter Einhaltung wesentlicher OO-Designprinzipien sowie eine klare Strukturierung und Modularisierung können dabei helfen.

Anforderungen an Module

Bei der Modularisierung sollten folgende Eigenschaften für ein Modul als Softwarekomponente gelten. Jedes Modul ...

- besitzt einen eindeutigen Identifier (z. B. durch Name oder ID und eventuell eine Version),
- bietet Funktionalität über eine wohldefinierte Schnittstelle an,
- versteckt die Implementierungsdetails und veröffentlicht nur das, was explizit festgelegt wird, und
- beschreibt, was es an Abhängigkeiten besitzt.

Vorteile der Modularisierung

Neben der besseren Beherrschbarkeit, den klaren Abhängigkeiten und der reduzierten Komplexität führt die Modularisierung einer Applikation oftmals dazu, dass sich einzelne Module unabhängig von anderen testen und sogar parallel – bei Bedarf durch unterschiedliche Teams – (weiter)entwickeln lassen.

In dieser Hinsicht hilft Modularisierung insbesondere bei mittleren und größeren Projekten die Wartbarkeit und Verständlichkeit sicherzustellen. Aber auch nicht allzu umfangreiche Projekte profitieren von der besseren Nachvollziehbarkeit von Abhängigkeiten. Als Folge findet man weniger Spaghetticode und es reduzieren sich die Wartungsaufwände.

Für die Modularisierungslösung des JDKs gibt es eine weitere Sache zu bedenken: Es lassen sich spezifische minimale Runtime-Images erstellen.

15.1.2 Ziele von Project Jigsaw

Bevor wir uns eingehender mit der Modularisierung beschäftigen, möchte ich nochmals kurz die Ziele von Project Jigsaw und die dadurch adressierten Probleme rekapitulieren.

Problem 1: Typauflösung aus dem `CLASSPATH`

Wünschenswert ist es, Abhängigkeiten explizit beschreiben und überprüfen zu lassen. Eine Typauflösung basierend auf dem `CLASSPATH` macht dies fast unmöglich. Das liegt vor allem daran, dass der `CLASSPATH` aus einer Sammlung von Klassendefinitionen (auch denjenigen in JAR-Dateien) besteht. Jedoch sind die Abhängigkeiten und benötigten Typen nur indirekt über die `import`-Anweisungen beschrieben. Dadurch ist es schwierig, im Vorhinein zu sagen, ob es Probleme aufgrund fehlender Abhängigkeiten oder doppelter Definitionen geben wird. Auch die für Typen genutzte Suchstrategie trägt dazu bei: Im gesamten `CLASSPATH` wird nach einer Klassendefinition von einem benötigten Typ gesucht, bis dieser gefunden wird.

Insgesamt lässt sich feststellen, dass man durch die fehlende explizite Beschreibung von Abhängigkeiten beim Applikationsstart nicht mit Sicherheit feststellen kann, ob ein Artefakt fehlt oder ob gleiche Artefakte in verschiedenen JARs vorliegen, die unterschiedliche Versionsstände repräsentieren.[1] Hier macht sich bemerkbar, dass JAR-Dateien keine Komponenten sind, sondern nur Sammelstellen von Klassendefinitionen.

Problem 2: Monolithisches JDK

Das JDK war bis einschließlich JDK 8 ein riesiger Haufen von Klassen und Interfaces mit einer Vielzahl an Querabhängigkeiten. Dadurch wurde es ungemein erschwert, einzelne Bestandteile herauszulösen und separat bereitzustellen.

---

[1] Zwar helfen hier Build-Tools wie Maven oder Gradle, aber wenn in Artefakten gleiche Klassen (mit gleichem voll qualifiziertem Namen) definiert sind, so kann es Konflikte geben.

Durch den Trend zu IoT (Internet of Things) und zu kleinen Geräten, die zwar häufig leistungsfähige Prozessoren, jedoch nicht allzu viel Speicher besitzen, ist es wünschenswert und für die Verbreitung von Java wichtig, dort eine Java-Laufzeitumgebung anbieten zu können. Das wird umso einfacher, je modularer das JDK ist, weil dann spezielle, speicherplatzoptimierte Ausprägungen des JDKs genutzt werden können.

Lösung: Module in Java 9

Die genannten Probleme werden durch das neue Modulkonzept des JDKs und die damit neu eingeführten Module adressiert. Ein solches Modul hat einen eindeutigen Namen und besteht aus Packages, Klassen und Interfaces. Zudem besitzt ein Modul klar definierte Abhängigkeiten zu anderen Modulen: Dazu erfolgt eine Auflistung zu nutzender Module und exportierter Packages, die durch andere Module zugreifbar sein sollen. Somit kann explizit gesteuert werden, welche anderen Module ein Modul zum Kompilieren und bei der Ausführung benötigt. Im Gegensatz zum `CLASSPATH` wird eine stärkere Kapselung erzielt. Dabei stellen sowohl der Compiler als auch die JVM sicher, dass nur referenzierte Module und freigegebene Typen zugreifbar sind.

15.2 Modularisierung im Überblick

In diesem Unterkapitel werden wir uns die mit Project Jigsaw realisierte Modularisierungslösung des JDKs im Detail ansehen. Vorab sei angemerkt, dass damit Module definiert werden können, die eine stärkere Kapselung als JARs ermöglichen. Außerdem besagt das Schlüsselwort `public` nun nicht mehr, dass ein Typ für alle Klassen aus beliebigen anderen Modulen zugreifbar ist.

15.2.1 Grundlagen zu Project Jigsaw

Bevor wir die Modularisierung genauer betrachten, möchte ich darauf hinweisen, dass das JDK an vielen Stellen für die Modularisierung angepasst wurde. Die folgende Aufzählung nennt einige wesentliche Änderungen:

- Die JDK-Verzeichnisstruktur hat sich deutlich geändert, wie dies Abbildung 15-1 zeigt. Insbesondere wird die im JDK enthaltene JRE anders als früher nicht mehr innerhalb des JDKs in einem getrennten Verzeichnis installiert. Allerdings gibt es weiterhin eine getrennte JRE-Installation in einem eigenen Verzeichnis.
- Die Dateien `rt.jar` und `tools.jar` gibt es nicht mehr. Stattdessen existieren jetzt verschiedene Module im Unterverzeichnis `jmods`.
- Auf einige interne Packages, z. B. `sun.misc`, kann nicht mehr (ohne Weiteres) zugegriffen werden.
- Reflection beachtet nun auch die von Modulen vorgegebenen Sichtbarkeitsregeln und ist somit eingeschränkter verwendbar als früher. Unter anderem führt das für

15.2 Modularisierung im Überblick

Tools und Frameworks zu Problemen, kann aber durch Tricks und Kommandozeilenparameter umgangen werden.
- Der Mechanismus zum Laden von Klassen wurde geändert. Klassen werden standardmäßig nicht mehr im CLASSPATH gesucht, sondern im Module-Path. Im CLASSPATH angegebene Klassen ermöglichen einen Kompatibilitätsmodus.
- Es gibt einen Linker, mit dem man spezielle Executables erstellen kann.

Aufgrund dieser Änderungen wird es gewisse Anlaufschwierigkeiten geben und diverse Applikationen und Tools werden nicht direkt lauffähig sein. Das hatte ich bereits in der Einleitung für verschiedene IDEs angedeutet. Auf einen Kompatibilitätsmodus und mögliche Varianten einer Migration gehe ich später in Abschnitt 15.4 ein.

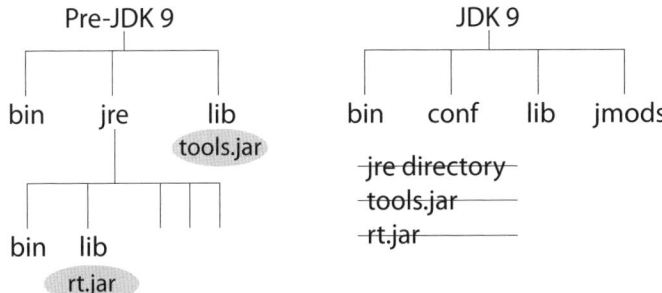

Abbildung 15-1 *Strukturänderungen im JDK*

Spracherweiterungen

Die Sprache selbst wurde unter anderem um folgende Schlüsselwörter erweitert:

- `module` – Definiert ein Modul.
- `requires` – Beschreibt die Abhängigkeiten von anderen Modulen.
- `exports` – Legt fest, welche eigenen Packages exportiert werden, d. h. für andere Module sichtbar sind.

Darüber hinaus gibt es noch einige weitere neue Schlüsselwörter, aber die obigen drei bilden die Basis einer Moduldefinition, auch ***Moduldeskriptor*** genannt. Dieser wird durch eine Datei namens `module-info.java` bereitgestellt:

```
module <ModuleName>
{
    requires <ModuleNameOfRequiredModule>;

    exports <PackageName>;
}
```

Wie zuvor erwähnt, werden Abhängigkeiten von anderen Modulen mit dem Schlüsselwort `requires` beschrieben. Darüber hinaus kann ein Modul mit dem Schlüsselwort exports explizit festlegen, welche Packages nach außen für andere Module zugänglich sein sollen – alle nicht aufgeführten sind von extern nicht zugreifbar. Vereinfachend kann man ein Modul grafisch wie in Abbildung 15-2 darstellen.

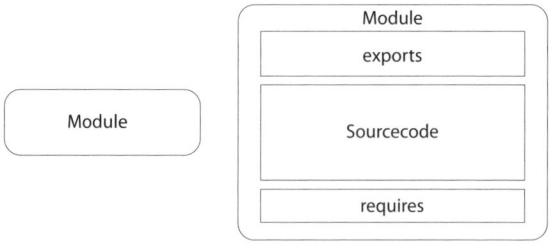

Abbildung 15-2 *Schematische Darstellung eines Moduls*

Links ist eine einfache Repräsentation dargestellt. Rechts sieht man eine ausgeklügeltere Variante, die recht gut den Moduldeskriptor widerspiegelt und zudem verdeutlicht, dass der Sourcecode im Inneren des Moduls gekapselt und versteckt ist.

> **Tipp: Neue Schlüsselwörter nur im Moduldeskriptor**
>
> Die gerade aufgezählten und auch die später genannten neuen Schlüsselwörter werden innerhalb von Moduldeskriptoren als solche interpretiert, sodass es keine Namenskonflikte mit bestehendem Sourcecode gibt.

Auch die Beziehung zwischen Modulen kann man grafisch gestalten, wie dies Abbildung 15-3 zeigt.

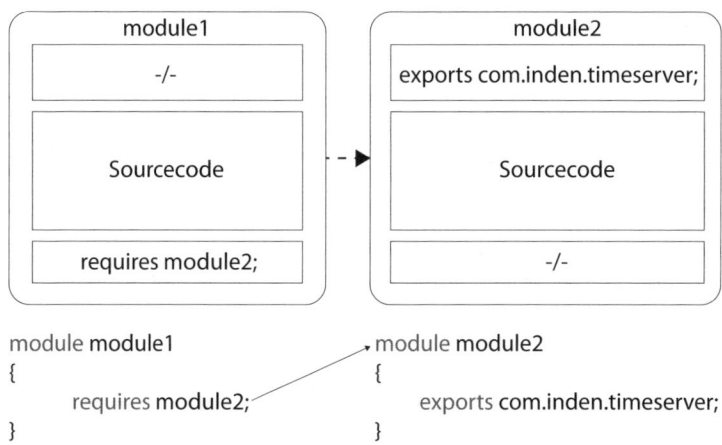

Abbildung 15-3 *Modul 1 greift auf Modul 2 zu*

Im Zusammenhang mit Abhängigkeitsbeziehungen gibt es die zwei wichtigen Begriffe Readability und Accessibility, die ich nun beleuchte.

15.2 Modularisierung im Überblick

Die Begriffe Readability und Accessibility

Dass ein Modul 1 per `requires` auf ein anderes Modul 2 verweist, ist die Voraussetzung dafür, dass es dessen Typen referenzieren kann. Man spricht dann davon, dass Modul 1 das andere Modul 2 liest, oder alternativ, dass Modul 2 für Modul 1 lesbar ist. Per Definition liest jedes Modul sich selbst. Diese *Readability* bildet die Grundlage für eine verlässliche Konfiguration (*Reliable Configuration*). Dazu prüft und stellt das mit JDK 9 eingeführte Modulsystem sicher, dass jede Abhängigkeit genau durch ein Modul erfüllt wird und der entstehende Modulgraph azyklisch (zyklusfrei) ist. Zudem wird dafür gesorgt, dass unterschiedliche Module keine Packages gleichen Namens enthalten, sogenannte Split Packages.

Die Readability in Kombination mit den jeweiligen `exports`-Anweisungen sorgen für *gute Kapselung*, weil wirklich nur die explizit exportierten Packages für andere Module freigegeben sind. Dabei gilt noch die *Accessibility*. Darunter versteht man Folgendes: Eine Klasse A aus Modul 2 ist nur dann zugreifbar, wenn Modul 1 das korrespondierende Modul 2 liest und Modul 2 zusätzlich das zugehörige Package exportiert.

Benennung von eigenen Modulen

Der Name eines Moduls kann frei vergeben werden, er muss allerdings im Ausführungskontext einer JVM (besser noch global) eindeutig sein. Das lässt sich für Module am einfachsten dadurch erreichen, dass man das Reverse-Domain-Name-Pattern von Packages nutzt. Damit sagt der Name jedoch an verschiedenen Stellen Unterschiedliches aus: Modulname, Package-Name oder Sourcecode-Verzeichnis. Weil dies anfangs verwirrend sein kann, verzichte ich zur Vermeidung von Mehrfachdeutungen für die einführenden Beispiele des Buchs auf diese Namenskonvention und nutze einfache Namen für Module.

Duplikate in `exports` oder Packages Wie gerade erwähnt, müssen Modulnamen wie auch Package-Namen eindeutig sein. Dies wird vom Compiler sichergestellt. Bei der Definition eines gleichen Packages in unterschiedlichen Modulen kommt es zu Fehlermeldungen wie dieser:

```
DOPPELTE packages in zwei Modulen:
src/jigsaw/timeclient/module-info.java:1:
    error: module timeclient reads package com.server from both
    timeserver and timeserver2
module timeclient
```

Auch ein mehrfacher Export eines Packages (durch Mehrfachangabe eines Packages in verschiedenen Moduldeskriptor-Dateien) wird folgendermaßen angemerkt:

```
DOPPELTE exports:
src/jigsaw/timeserver/module-info.java:7:
    error: duplicate export: com.serverexports com.server to timeclient;
```

Von Oracle empfohlene Verzeichnisstruktur

Soll eine Applikation in mehrere Module untergliedert werden, so wird derzeit von Oracle empfohlen, ein gemeinsames `src`-Verzeichnis zu nutzen. Pro Modul wird der Sourcecode dann in einem Unterverzeichnis mit dem Namen des Moduls abgelegt. Demgemäß ergibt sich für zwei Module eine Verzeichnisstruktur ähnlich zu folgender:

```
`-- src
    |-- com.inden.module1
    |   |-- com
    |   |   `-- inden
    |   |       `-- module1
    |   |           `-- Application.java
    |   `-- module-info.java
    `-- com.inden.module2
        |-- com
        |   `-- inden
        |       `-- module2
        |           `-- OtherClass.java
        `-- module-info.java
```

Man erkennt folgende wesentliche Punkte:

1. Per Konvention liegt der Moduldeskriptor auf der Hauptebene des Moduls.
2. Unterhalb des Modulverzeichnisses arbeitet man wie gewohnt mit Packages.
3. Etwas irritierend ist das Modulverzeichnis und sein Name. Nutzt man dafür – wie es die Konvention vorsieht – einen **Reverse Domain Name**, so sind der Modulname und diejenigen der darunterliegenden Packages leicht zu verwechseln.

Erweiterungen im Ökosystem

Um eigene modularisierte Applikationen kompilieren und starten zu können, wurden sowohl der Compiler `javac` als auch die JVM, also das Kommando `java`, angepasst. Beiden kann man nun neue Parameter übergeben:

```
javac --module-path <modulepath> ...

java -p <modulepath> -m <modulename/fully-qualified-class-name>
```

15.2 Modularisierung im Überblick

Neu sind folgende Parameter:

- `--module-path` oder kurz `-p` – Statt eines `CLASSPATH` legt dieser Parameter den Module-Path fest, der einem oder mehreren Verzeichnissen entspricht, die Module enthalten.
- `--module` oder kurz `-m` – Spezifiziert das Hauptmodul, ähnlich zur Main-Klasse einer normalen Java-Applikation. Die Notation beginnt mit dem Namen des Moduls gefolgt von einem Schrägstrich und dem voll qualifizierten Klassennamen. Der Name der Hauptklasse kann im Modul selbst hinterlegt werden, dann ist die Angabe beim Aufruf nicht mehr nötig.

Module-Path und `CLASSPATH`

Wir haben bislang kennengelernt, dass Module durch Moduldeskriptoren beschrieben werden und Typen in Packages bereitstellen. Damit eine modularisierte Applikation gestartet werden kann, bedarf es eines Mechanismus, um benötigte Typen zu lokalisieren und zu laden. Dazu dient der Module-Path. Dieser kann exklusiv oder ergänzend zum bis einschließlich Java 8 genutzten `CLASSPATH` angegeben werden.

Erwähnenswert ist, dass man statt des Module-Path weiterhin über `-cp` zur Rückwärtskompatibilität exklusiv nur einen `CLASSPATH` nutzen kann: Damit verhält sich die JVM genau so, wie man es bislang mit JDK 8 gewohnt war,[2] jedoch profitiert man dann nicht von den Vorteilen der Modularisierung. Deswegen wird in Zukunft wohl vermehrt der Module-Path zum Einsatz kommen.

Der Module-Path ist robuster als der `CLASSPATH`: Das liegt vor allem daran, dass beim `CLASSPATH` innerhalb des gesamten Pfades nach Typen gesucht wird, bis diese gefunden werden. Bei einer Suche im `CLASSPATH` ist nur durch die Import-Anweisungen im Sourcecode verzeichnet, welche Typen benötigt werden. Es ist aber nicht extern und explizit definiert, wie die Abhängigkeiten aussehen. Dadurch kann man im Vorhinein beim Applikationsstart nicht mit Sicherheit feststellen, ob ein Artefakt fehlt. Zudem können auch gleiche Klassen in verschiedenen JARs vorliegen, die unterschiedliche Versionsstände repräsentieren.

Mit dem Module-Path werden Abhängigkeiten grobgranularer auf Modulebene beschrieben anstatt auf Basis von Typen. Es wird sowohl zur Kompilierzeit als auch zur Laufzeit möglich, festzustellen, ob eine Abhängigkeit fehlt oder ob es einen Konflikt durch den Export des gleichen Packages aus verschiedenen Modulen gibt.

---

[2] Allerdings werden Zugriffe auf JDK-Interna geprüft und gegebenenfalls verhindert, etwa auf die Klassen `BASE64Encoder` oder `Unsafe` aus dem Package `sun.misc`.

Modularisierung des JDKs

Im Rahmen von Project Jigsaw wurde auch das JDK in eine Vielzahl von Modulen aufgeteilt. Dazu wurde das monolithische JDK in einer groß angelegten Aufräumaktion in diverse Module untergliedert.

Mitunter ist es in der Programmierpraxis nützlich, sich die Module des JDKs auf der Kommandozeile auflisten zu lassen. Dazu dient folgendes Kommando:

```
java --list-modules
```

Als Ausgabe erhält man eine lange Liste von Modulen, hier auf einige wesentliche gekürzt – bitte beachten Sie, dass die Liste zwar bezogen auf den gesamten Namen alphabetisch sortiert ist, aber durch die Ordnung nach Präfix dominiert wird, was zunächst irritierend sein kann:

```
java.activation@9-ea
java.annotations.common@9-ea
java.base@9-ea
...
java.logging@9-ea
java.management@9-ea
java.naming@9-ea
java.prefs@9-ea
java.rmi@9-ea
...
java.sql@9-ea
...
java.xml.ws@9-ea
javafx.base@9-ea
javafx.controls@9-ea
...
javafx.web@9-ea
...
jdk.xml.bind@9-ea
jdk.xml.dom@9-ea
jdk.xml.ws@9-ea
jdk.zipfs@9-ea
```

Die JDK-Module beginnen normalerweise mit dem Präfix `java`, etwa `java.sql` für Datenbankanbindungen per SQL oder `java.logging` für Logging. JavaFX-Module besitzen das Präfix `javafx`. Darüber hinaus existieren Module mit dem Präfix `jdk`, nämlich diejenigen, die nicht Bestandteil der Java-SE-Plattform sind.

> **Tipp: Ermittlung des Moduls zu einer Klasse**
>
> Leider gibt es (noch) kein Kommando, mit dem man zu einem gegebenen Klassennamen das zugehörige Modul ermitteln kann. Allerdings kann das neu gestaltete Javadoc des JDKs (http://download.java.net/java/jdk9/docs/api/) hilfreich sein: Es bietet zum einen eine Suchfunktionalität[a] und enthält zum anderen nun Informationen zu dem Modul einer Klasse.
>
> ---
> [a]Leider sind dort die Klassen von JavaFX momentan nicht enthalten, aber separat verfügbar: http://download.java.net/java/jdk9/jfxdocs/index.html

15.2.2 Beispiel mit zwei Modulen

Nachfolgend betrachten wir zum besseren Verständnis der positiven Auswirkungen der Modularisierung ein Beispiel mit zwei Modulen. Es geht hier vor allem darum, den Einsatz einiger neuer Schlüsselwörter und Kommandos kennenzulernen, um im Verlaufe dieses Kapitels komplexere Szenarien nachvollziehen zu können. Dabei schauen wir uns folgende Themen an:

1. Definition der Module
2. Implementierung der Klassen der Module
3. Kompilieren der Sourcen der Module
4. Anpassungen in den Moduldeskriptoren
5. Erneutes Kompilieren und der Multi-Module Build
6. Starten des modularisierten Programms
7. Auflösen von Implementierungsabhängigkeiten

Zielverzeichnisstruktur im Überblick

Wir wollen zwei Module erzeugen: Das eine nennen wir `jigsawapp` und das andere heißt `services`. Im Modul `jigsawapp` soll sich die Applikation befinden, die für ihre Arbeit auf eine Klasse `MessageService` zugreift. Diese wird im Modul `services` implementiert. Damit ergibt sich folgende Abhängigkeitsbeziehung:

Abbildung 15-4 *Darstellung von Abhängigkeiten der Module des Beispiels*

Für das Beispiel wählen wir folgende Zielverzeichnisstruktur, wobei das Unterverzeichnis `step<N>` dem jeweiligen Schritt entspricht:

```
ch15_2_2_modules_example
'-- step<N>
    '-- src
        |-- jigsawapp
        |   |-- com
        |   |   '-- inden
        |   |       '-- javaprofi
        |   |           '-- MessageExample.java
        |   '-- module-info.java
        '-- services
            |-- com
            |   '-- services
            |       '-- MessageService.java
            '-- module-info.java
```

Nun müssen wir die einzelnen Dateien mit Inhalt füllen. Wir gehen sukzessive vor und beginnen mit den Moduldeskriptoren.

Schritt 1: Definition der Module

Beginnen wir mit der notwendigen Strukturierung im Dateisystem. Bekanntermaßen ist ein Modul ein Verzeichnis, das Packages und Klassen sowie einen Moduldeskriptor enthält. Im Beispiel sollen die Verzeichnisse `jigsawapp` und `services` genutzt werden. Dazu legen wir mit dem Kommando `mkdir` diese beiden Verzeichnisse an:

```
mkdir -p src/jigsawapp
mkdir -p src/services
```

Die Syntax des Kommandos ist betriebssystemabhängig leicht unterschiedlich: Für Linux und Mac OS muss die Option `-p` verwendet werden, damit der gesamte angegebene Verzeichnispfad bzw. die nicht existenten Teile erzeugt werden. Bei Windows ist das nicht nötig. Im gesamten Buch zeige ich die Windows-Variante nur dann, wenn diese sich darüber hinaus nicht nur im Backslash unterscheidet.

Die Moduldeskriptoren Damit der Inhalt eines Verzeichnisses von der JVM (und vom Compiler) als einem Modul zugehörig erkannt wird, bedarf es eines Moduldeskriptors. Dieser besteht aus einer Datei namens `module-info.java`, die beim Kompilieren in die Datei `module-info.class` umgewandelt wird. Dieser Moduldeskriptor legt den Namen des Moduls sowie die davon referenzierten (benötigten) Module und die zu veröffentlichenden Packages fest.[3] In unserem initialen Beispiel nutzen wir eine minimale Definition.

Wir legen zwei rudimentäre Moduldeskriptor-Dateien `module-info.java` in den jeweiligen Unterverzeichnissen mit folgendem Inhalt an:

```
module jigsawapp
{
}
```

Und zudem:

```
module services
{
}
```

Bitte beachten Sie, dass der Name des Verzeichnisses, worin das Modul und dessen Inhalt gespeichert wird, mit dem Namen des Moduls übereinstimmen sollte – zwar kann man von der Konvention abweichen, verliert dadurch aber an Konsistenz und Klarheit.

---

[3] Diese Datei sollte im Hauptverzeichnis des Moduls hinterlegt werden. Sie kann zwar nahezu beliebig in der Verzeichnishierarchie liegen. Das erschwert jedoch die Nachvollziehbarkeit.

Schritt 2: Implementierung der Klassen der Module

Nach der minimalistischen Definition der beiden Module erzeugen wir zwei Klassen.

Die Klasse `MessageService` Zunächst legen wir das Verzeichnis für das Modul `services` mit

```
mkdir -p src/services/com/services
```

an und beginnen dort mit der Implementierung der Klasse `MessageService`:

```java
package com.services;

public class MessageService
{
    public static String generateMessage()
    {
        return "Message from module services!";
    }
}
```

Die Klasse `MessageExample` Nun erstellen wir die Klasse `MessageExample` im Modul `jigsawapp`. Zuvor wird das Verzeichnis für das Modul `jigsawapp` angelegt:

```
mkdir -p src/jigsawapp/com/inden/javaprofi
```

Die Klasse `MessageExample` implementieren wir wie folgt:

```java
package com.inden.javaprofi;

import com.services.MessageService;

public class MessageExample
{
    public static void main(final String[] args)
    {
        System.out.println("Generated msg: " + MessageService.generateMessage());
    }
}
```

Im Listing sehen wir, dass die Klasse `MessageService` aus dem Modul `services` verwendet wird. Diese Abhängigkeit zum Modul `services` wird jedoch nicht direkt im Sourcecode sichtbar, sondern nur indirekt über die `import`-Anweisungen und die aufgeführten Packages und Klassen. Demnach sehen wir im Sourcecode nicht, dass wir mit Modulen arbeiten.

> **Hinweis: Baumdarstellungen von Verzeichnissen mit `tree`**
>
> Das Kommando `tree` ist praktisch, um sich Verzeichnisse in einer Baumansicht darstellen zu lassen. Für Mac OS können Sie es wie folgt installieren:
>
> ```
> brew install tree
> ```
>
> Für Linux, etwa Ubuntu, nutzt man folgendes Kommando:
>
> ```
> sudo apt-get install tree
> ```
>
> Für Windows ist das Kommando schon im Kommandozeileninterpreter vorinstalliert. Hier muss der Aufruf `tree /F` lauten, damit auch die Dateien angezeigt werden. Unter Mac OS kann man wie folgt auch das gewünscht Charset angeben: `tree -charset ascii`

Schritt 3: Kompilieren der Sourcen der Module

Zum Kompilieren geben wir explizit alle Dateien einzeln an – in Schritt 5 lernen wir dann, wie es einfacher geht.

Kompilieren des Moduls `services` Beim Kompilieren beginnen wir mit dem Modul `services`:

```
javac -d build/services \
      src/services/*.java \
      src/services/com/services/*.java
```

Dadurch werden das Java-Programm und die Moduldeskriptor-Datei in das Verzeichnis `build/services` kompiliert. Dabei entsteht eine Spiegelung der Source-Ordner-Hierarchie ähnlich zu der, wie wir sie vom klassischen Kompilieren kennen:

```
ch15_2_2_modules_example/
`-- build
    `-- services
        |-- com
        |   `-- services
        |       `-- MessageService.class
        `-- module-info.class
```

Kompilieren des Moduls `jigsawapp` Nachdem das so reibungslos geklappt hat, versuchen wir das Kompilieren nun folgendermaßen für das Modul `jigsawapp`:

```
javac -d build/jigsawapp \
      src/jigsawapp/*.java \
      src/jigsawapp/com/inden/javaprofi/*.java
```

15.2 Modularisierung im Überblick

Durch dieses Kommando kommt es allerdings zu folgenden Fehlermeldungen:

```
src/jigsawapp/com/inden/javaprofi/MessageExample.java:3:
    error: MessageService is not
    visible because package com.services is not visible
import com.services.MessageService;
                   ^
src/jigsawapp/com/inden/javaprofi/MessageExample.java:9:
    error: cannot find symbol
    System.out.println("Generated msg: " + MessageService.msg());
                                           ^
  symbol:   variable MessageService
  location: class MessageExample
2 errors
```

Anhand dieser Ausgaben erkennt man zum ersten Mal, dass beim Einsatz des neuen Modulsystems die Sichtbarkeiten und Zugriffe explizit gesteuert werden müssen und können. Es erfolgt eine viel *stärkere Einhaltung von Kapselung*, weil die Typen eines Moduls zunächst für die Außenwelt unsichtbar sind, selbst wenn diese `public` definiert sind. Um darauf zugreifen zu können, müssen die Moduldeskriptoren in Form der Dateien namens `module-info.java` geeignet angepasst werden.

Schritt 4: Anpassungen in den Moduldeskriptoren

Offensichtlich nutzt die Klasse `MessageExample` die Klasse `MessageService` und somit hängt das Modul `jigsawapp` vom Modul `services` ab. Um diese Abhängigkeit korrekt festzulegen, müssen wir für das Modul `jigsawapp` mithilfe des in Java 9 neu eingeführten Schlüsselworts `requires` angeben, dass wir das Modul `services` verwenden wollen:

```
module jigsawapp
{
    requires services;
}
```

Zudem müssen wir im Modul `services` die Sichtbarkeit des Packages und seiner enthaltenen Klassen folgendermaßen per `exports` für andere Module freigeben:

```
module services
{
    exports com.services;
}
```

> **Hinweis: Wissenswertes rund um `module-info.java`**
>
> Würden wir nur die Datei `module-info.java` für das Modul `services` wie gezeigt anpassen, so würde zwar die Klasse `MessageService` freigegeben, könnte aber immer noch nicht aus dem Modul `jigsawapp` zugegriffen werden, weil dort keine Abhängigkeit auf das Modul `services` definiert wäre. Denken Sie an die in Abschnitt 15.2.1 vorgestellten Begriffe Readability und Accessibility.

> Interessanterweise spezifiziert man durch das Schlüsselwort `requires` Module und beim Export gibt man freizugebende Packages mit `exports` an. Damit ist `import` das Pendant zu `exports`. Dagegen besagt `requires`, durch welches Modul oder welche Module die Imports erfüllt werden sollen.

Schritt 5: Erneutes Kompilieren und der Multi-Module Build

Wir wiederholen das Kompilieren für beide Module. Wiederum ist dies für das Modul `services` erfolgreich und schlägt erneut für das Modul `jigsawapp` fehl, diesmal jedoch mit folgender Fehlermeldung:

```
src/jigsawapp/module-info.java:3: error: module not found: services
    requires services;
             ^
```

Das liegt daran, dass nun das referenzierte Modul nicht gefunden wird. Das können wir einfach dadurch lösen, dass wir beim Kompilieren den Module-Path wie folgt angeben:

```
javac -d build/jigsawapp -p build \
    src/jigsawapp/*.java \
    src/jigsawapp/com/inden/javaprofi/*.java
```

Statt die Modulabhängigkeiten beim Kompilieren explizit anzugeben, ist es oftmals bequemer, die Sourcen aller Module in einem Rutsch zu kompilieren. Dazu muss allerdings das Standardverzeichnislayout genutzt werden. Dann setzt man das neue Compiler-Flag `--module-source-path` folgendermaßen ein:

```
javac -d build --module-source-path src $(find src -name '*.java')
```

Die Syntax funktioniert leider nur unter Linux und Mac OS, weil hier der `find`-Befehl des Kommandozeileninterpreters alle Java-Klassen zusammenträgt.

Für Windows ermöglicht die Powershell folgendes Kommando:

```
javac -d build --module-source-path src $(dir src -r -i '*.java')
```

Durch beide Kommandos entsteht die folgende Struktur im Verzeichnis `build`:

```
ch15_2_2_modules_example
'-- step4-6
    '-- build
        |-- jigsawapp
        |   |-- com
        |   |   '-- inden
        |   |       '-- javaprofi
        |   |           '-- MessageExample.class
        |   '-- module-info.class
        '-- services
            |-- com
            |   '-- services
            |       '-- MessageService.class
            '-- module-info.class
```

15.2 Modularisierung im Überblick

> **Hinweis: Multi-Module Build und Standardverzeichnislayout**
>
> Die gezeigte Art zu Kompilieren wird **Multi-Module Build** genannt und ermöglicht es, mehrere Module aus dem `src`-Verzeichnis und seinen Unterverzeichnissen auf einmal zu kompilieren. Bei komplexeren modularisierten Systemen wird man aber eine weitere Strukturierungsebene einführen.

Schritt 6: Starten des modularisierten Programms

Abschließend wollen wir die kompilierte Klasse ausführen. Weil wir mit Modulen arbeiten, verändert sich der Aufruf. Statt einzelner Klassen bzw. eines CLASSPATH müssen wir nun beim Start der Applikation den Module-Path per `--module-path` sowie mit `-m` das Hauptmodul samt der zu startenden Main-Klasse ähnlich zu einer normalen Java-Applikation angeben. Statt des bereits bekannten `--module-path` nutzen wir den Shortcut `-p`:

```
java -p build -m jigsawapp/com.inden.javaprofi.MessageExample
```

Das derart gestartete Programm erzeugt – wie erwartet – folgende Konsolenausgabe:

```
Generated msg: Message from module services!
```

Alle Ungeduldigen, die sich fragen, ob die Main-Klasse nicht im Moduldeskriptor oder irgendwo anders vermerkt werden kann, bitte ich um ein wenig Geduld. Ich komme später darauf zurück.

Schritt 7: Auflösen von Implementierungsabhängigkeiten

Wir haben in den letzten Abschnitten gelernt, wie wir eine Applikation mithilfe von Modulen in kleinere Bestandteile untergliedern können. Das war ein erster Schritt in Richtung Modularisierung. Momentan verweist die nutzende Applikation direkt auf eine Klasse aus einem anderen Modul. *Das stellt eine stärkere Implementierungsabhängigkeit dar, weil die Module eng miteinander gekoppelt sind*: Sie bilden logisch eigentlich ein Modul. Diese enge Verknüpfung ist in Abbildung 15-5 angedeutet.

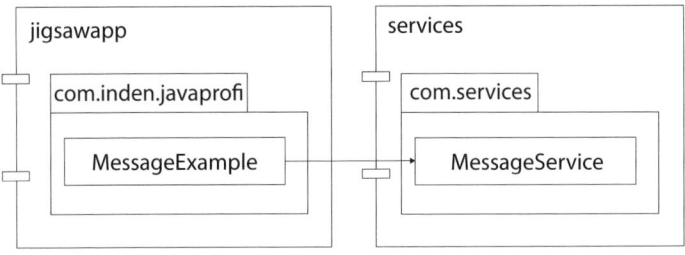

Abbildung 15-5 Ausgangslage

Idealerweise verweist eine nutzende Applikation lediglich auf Interfaces und erhält die Realisierungen z. B. über Factory-Methoden. Das Zieldesign ist in Abbildung 15-6 gezeigt.

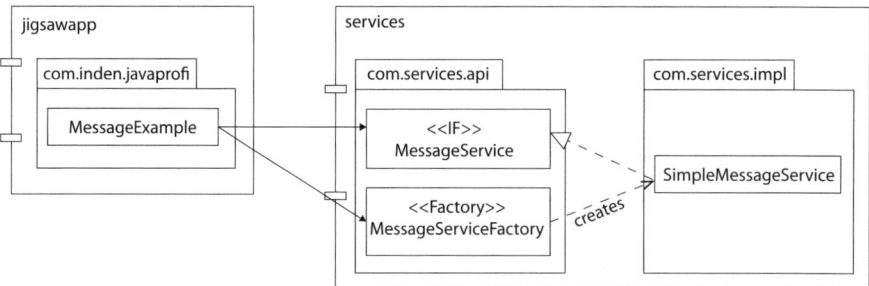

Abbildung 15-6 *Zieldesign zur Entkopplung der Module*

Umsetzung im Modul `services` Zunächst passen wir zur Sichtbarkeitssteuerung den Moduldeskriptor wie folgt an und geben nur das Subpackage `api` frei:

```
module services
{
    exports com.services.api;

    // keine Freigabe von com.services.impl
}
```

Danach implementieren wir das Interface zum Aufruf des Service:

```
package com.services.api;

public interface MessageService
{
    public String generateMessage();
}
```

Es kommt zu einem Namenskonflikt mit dem schon existierenden Service. Als Abhilfe nennen wir die Serviceklasse in `SimpleMessageService` um und verschieben diese in das Package `com.services.impl`. Außerdem implementiert die Serviceklasse das obige Interface `MessageService`:

```
package com.services.impl;

import com.services.api.MessageService;

public class SimpleMessageService implements MessageService
{
    public String generateMessage()
    {
        return "Message from module services!";
    }
}
```

15.2 Modularisierung im Überblick

Verbleibt noch ein Detail: Das Package `com.services.impl` wird durch die stärkere Kapselung nicht exportiert und man hat von extern, also anderen Modulen, nur noch auf das Interface `MessageService` Zugriff, aber keinen mehr auf die Klasse `SimpleMessageService`. Um diese zu instanziieren, benötigen wir eine Factory, die wir ebenfalls im veröffentlichten Package `com.services.api` wie folgt erstellen:

```java
package com.services.api;

import com.services.api.MessageService;
import com.services.impl.SimpleMessageService;

public class MessageServiceFactory
{
    public static MessageService createMessageService()
    {
        return new SimpleMessageService();
    }
}
```

Umsetzung im Modul `jigsawapp` Kommen wir zur aufrufenden Klasse `MessageExample`. Diese müssen wir nun leicht modifizieren, sodass sie das Interface `MessageService` sowie die Factory `MessageServiceFactory` nutzt:

```java
import com.services.api.MessageService;
import com.services.api.MessageServiceFactory;

public class MessageExample
{
    public static void main(final String[] args)
    {
        final MessageService messageService =
                    MessageServiceFactory.createMessageService();
        System.out.println("Generated msg: " + messageService.generateMessage());
    }
}
```

Nach unseren Modifikationen sieht das Verzeichnis wie folgt aus:

```
ch15_2_2_modules_example
'-- step7
    '-- src
        |-- jigsawapp
        |   |-- com
        |   |   '-- inden
        |   |       '-- javaprofi
        |   |           '-- MessageExample.java
        |   '-- module-info.java
        '-- services
            |-- com
            |   '-- services
            |       |-- api
            |       |   |-- MessageService.java
            |       |   '-- MessageServiceFactory.java
            |       '-- impl
            |           '-- SimpleMessageService.java
            '-- module-info.java
```

Kompilieren und Starten Kompilieren wir mit dem Multi-Module Build unter Linux und Mac OS wiederum folgendermaßen:

```
javac -d build --module-source-path src $(find src -name '*.java')
```

Nach wie vor lässt sich das Programm mit

```
java -p build -m jigsawapp/com.inden.javaprofi.MessageExample
```

starten und wir erhalten die bereits bekannte Konsolenausgabe:

```
Generated msg: Message from module services!
```

Fazit Wir sind funktional immer noch auf demselben Stand wie zuvor, jedoch besitzt unser nutzendes Modul keine (starke) Implementierungsabhängigkeit auf wichtige konkrete Klassen mehr – es verbleibt lediglich die Abhängigkeit auf die Factory-Klasse und das Interface. Eine Variante, wie man die Kopplung weiter reduziert, sind Services, die ich in meinem Buch »Java 9 – Die Neuerungen« [44] im Detail behandle. Eine andere wäre es, ein Modul mit Interface-Definitionen einzuführen, auf das dann beide Module verweisen. Dies folgt dem Dependecy Inversion Principle und ist exemplarisch in Abbildung 15-7 angedeutet.

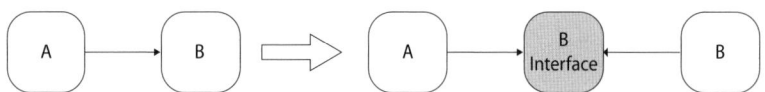

Abbildung 15-7 *Dependency Inversion am Beispiel zweier Module A und B*

15.2.3 Packaging

In diesem Abschnitt schauen wir uns das Packaging von modularisierten Applikationen an und nutzen dazu das Verzeichnis `ch15_2_3_packaging_module_example`. Bislang liegen die Module in Form von Verzeichnissen und `.class`-Dateien vor, sind so aber nur schwierig deploybar. Deshalb wollen wir daraus zunächst einmal korrespondierende JARs erstellen.

Einzelne JARs erzeugen

Die Bestandteile unserer Module sollen als Einheit deploybar sein. Dazu ist es ratsam, diese in JAR-Dateien zu bündeln. Dort ergänzen wir zusätzliche Metainformationen, insbesondere die Moduldeskriptoren in Form von `module-info.class`-Dateien. Diese werden im Jigsaw-Modus ausgewertet, um die jeweiligen Sichtbarkeiten und Zugriffe zu steuern. Wenn ein JAR einen Moduldeskriptor enthält, dann spricht man von einem ***modularen JAR***.

15.2 Modularisierung im Überblick

Für unsere zwei Module erzeugen wir aus den korrespondierenden Unterverzeichnissen unter `build` zwei modulare JARs namens `jigsawapp.jar` und `services.jar` mit folgenden Kommandos:

```
mkdir lib
jar --create --file lib/jigsawapp.jar -C build/jigsawapp .
jar --create --file lib/services.jar --module-version 1.0 -C build/services .
```

Die Parameter bedeuten Folgendes:

- `--create` – Archiv erzeugen[4]
- `--file` – Der Name der zu erzeugenden Archivdatei
- `--module-version` – Modulversionsnummer (optional und rein informativ)
- `-C` – Die Dateien aus dem angegebenen Verzeichnis verwenden

Durch den obigen Aufruf entstehen zwei JAR-Dateien im Verzeichnis `lib`:

```
ch15_2_3_packaging_module_example/
`-- lib
    |-- jigsawapp.jar
    `-- services.jar
```

Zwar haben wir nun zwei JARs und das Programm lässt sich wieder ähnlich wie zuvor starten, allerdings muss dazu der Pfad auf die Module mit `-p lib` spezifiziert werden:

```
java -p lib -m jigsawapp/com.inden.javaprofi.MessageExample
```

Schöner wäre es, wenn man nur den Modulnamen angeben müsste und automatisch die passende Klasse gestartet würde. Betrachten wir, was dazu notwendig ist.

Executable JAR erzeugen

Wie schon erwähnt, wollen wir ein JAR erzeugen, das ein direktes Starten erlaubt. Dazu nutzen wir folgendes Kommando mit dem Parameter `--main-class`:

```
jar --create --file lib/jigsawapp.jar \
    --main-class com.inden.javaprofi.MessageExample -C build/jigsawapp .
```

Nun können wir den Klassennamen beim Starten des Programms weglassen und lediglich den Modulnamen angeben:

```
java -p lib -m jigsawapp
```

Dieser Aufruf produziert folgende Konsolenausgabe:

```
Generated msg: Message from module services!
```

---

[4] Es gibt zwar die Kurzform `-c`, die jedoch leicht mit der auch verwendeten Option `-C` zu verwechseln ist. Deshalb wird hier `--create` genutzt.

> **Hinweis: Beliebige Klassen aus einem modularen JAR starten**
>
> Obwohl es oft praktisch ist, den voll qualifizierten Namen der zu startenden Klassen nicht angeben zu müssen, so möchte man doch mitunter auch einmal eine andere Klasse aus einem modularen JAR mit einer `main()`-Methode starten. Dies ist möglich, indem man das bereits bekannte Kommando wie folgt nutzt:
>
> ```
> java -p build -m <modulename>/<fully-qualified-name-of-class-to-run>
> ```

15.2.4 Linking

Unter Linking versteht man den Prozess, verschiedene Programmmodule zu einem ausführbaren Programm zusammenzufassen. Vor JDK 9 hat man sich als Java-Entwickler keine Gedanken über das Thema Linking machen müssen, weil es kein separates Tool gab, das ein ausführbares Executable erstellen konnte. Stattdessen stand bis einschließlich JDK 8 innerhalb des JDKs immer auch eine JRE zur Verfügung. Somit enthielten die Java-Programme nur den eigentlichen Programmcode, nicht jedoch die benötigten Teile aus dem JDK.

Mit der Modularisierung ist es nun – ohne Änderungen am Sourcecode – möglich, eigene Applikationen mit einer betriebssystemspezifischen, bedarfsgerecht zusammengestellten Java-Runtime zu erzeugen. Dazu werden alle über `requires` spezifizierten Abhängigkeiten sowie die von den dort genannten transitiven Abhängigkeiten integriert. Das Ganze ist Aufgabe des neu eingeführten Linkers, der als Kommando `jlink` Bestandteil des JDKs ist.

Denken Sie bitte daran, dass die nachfolgend beschriebenen Aktionen im Verzeichnis `ch15_2_4_linking_module_example` stattfinden.

Eine ausführbare Datei erzeugen

Mit diesem Wissen wollen wir ein ausführbares Executable erstellen, das sämtliche Applikationsklassen sowie die zur Ausführung benötigten Bestandteile aus dem JDK bündelt. Dazu erlaubt `jlink` die Angabe der ausführbaren Klasse mit dem Parameter `--launcher` in folgender Form:

```
--launcher <executableName>=<moduleName>/<className>
```

Für unser Beispiel schreiben wir dann Folgendes:

```
jlink --module-path $JAVA_HOME/jmods:lib --add-modules jigsawapp \
    --launcher jigsawapp=jigsawapp/com.inden.javaprofi.MessageExample \
    --output exec_example
```

Bitte beachten Sie die Details bei diesem Kommando: Für Windows weicht die Notation von `JAVA_HOME` sowie das Trennzeichen (; statt :) ab. Außerdem sollte die Pfadangabe in Anführungszeichen erfolgen, weil der `JAVA_HOME`-Pfad unter Windows in der Regel ein Leerzeichen enthält (`"C:\Program Files\Java\jdk-9"`).

```
jlink --module-path "%JAVA_HOME%\jmods;lib" --add-modules jigsawapp \
    --launcher jigsawapp=jigsawapp/com.inden.javaprofi.MessageExample \
    --output exec_example
```

Wie gewöhnlich legt der Parameter `--module-path` den Module-Path fest. Dieser besteht hier aus den Modulen des JDKs referenziert über `JAVA_HOME` und dem Unterverzeichnis `jmods` sowie aus dem eigenen Modul aus dem Verzeichnis `lib`. Per `--add-modules` werden die hinzuzufügenden Module angegeben. Und mit `--output` wird das Ausgabeverzeichnis festgelegt.

Unabhängig vom Betriebssystem sollte das durch den Aufruf von `jlink` erzeugte Verzeichnis in etwa wie folgt aussehen:

```
ch15_2_4_linking_module_example
'-- exec_example
    |-- bin
    |   |-- java
    |   |-- jigsawapp
    |   '-- keytool
    |-- conf
    |   |-- ...
    ...
    |-- include
    |   |-- ...
    ...
    |-- legal
    |   |-- ...
    ...
    |-- lib
    |   |-- classlist
    |   |-- jli
    |   |   '-- libjli.dylib
    |   |-- jrt-fs.jar
    |   |-- jspawnhelper
    |   |-- jvm.cfg
    |   |-- libjava.dylib
    |   |-- libjimage.dylib
    |   |-- libjsig.dylib
    |   |-- libnet.dylib
    |   |-- libnio.dylib
    |   |-- libosxsecurity.dylib
    |   |-- libverify.dylib
    |   |-- libzip.dylib
    |   |-- modules
    |   |-- security
    |   |   |-- blacklist
    |   |   |-- blacklisted.certs
    |   |   |-- cacerts
    |   |   |-- default.policy
    |   |   |-- public_suffix_list.dat
    |   |   '-- trusted.libraries
    |   |-- server
    |   |   |-- Xusage.txt
    |   |   |-- libjsig.dylib
    |   |   '-- libjvm.dylib
    |   '-- tzdb.dat
    '-- release
```

15 Modularisierung mit Project Jigsaw

Durch die Auflistung der Dateien des Verzeichnisses erahnt man die minimale Runtime der modularen Applikation. Im Verzeichnis `bin` ist die Applikation als ausführbares Kommandozeilenskript `jigsawapp` enthalten. Dieses kann direkt ohne eine installierte Runtime bzw. das Kommando `java` gestartet werden. Das schauen wir uns nun an.

Start der Applikation

Zum Starten des Programms gibt man Folgendes ein:

```
./exec_example/bin/jigsawapp
```

Als Ausgabe erhält man wieder die bereits bekannte Nachricht:

```
Generated msg: Message from module services!
```

Mögliche Vorteile eigenständiger Executables

Vielleicht fragen Sie sich, was der Vorteil an einem eigenständigen Executable ist. Zur Argumentation möchte ich ein wenig ausholen: Der Umfang des JDKs hat mit jeder Version zugenommen und damit auch die Download-Größe. Das liegt vor allem auch daran, dass niemals Funktionalität aus dem JDK entfernt wurde. Wenn wir nun einen Blick auf den von JDK 9 belegten Festplattenplatz werfen, so liefert uns ein Aufruf von `du -h $JAVA_HOME` einen Wert von rund 400 Megabyte:

```
401M    /Library/Java/JavaVirtualMachines/jdk-9.jdk/Contents/Home
```

Neben der schieren Größe muss auch immer einmalig eine Installation erfolgen, damit ein Java-Programm durch die JVM ausgeführt werden kann.

Die durch `jlink` maßgeschneiderten Executables sind von ihrer Größe her deutlich geringer und die so erstellten Programme sind unabhängig von einer Java-Installation lauffähig (aber plattformabhängig). Insbesondere wird immer nur genau derjenige Teil vom JDK mitgeliefert, der wirklich benötigt wird. In der Praxis kann oftmals auf AWT, Swing, JavaFX, CORBA und vieles andere verzichtet werden, beispielsweise wenn man eine Serveranwendung ohne GUI erstellt. Auch die obige Applikation besitzt nur wenige Abhängigkeiten. Schauen wir einmal, wie groß oder besser gesagt wie klein das Verzeichnis mit dem JDK und dem Executable wird, und geben `du -h exec_example` ein. Wir sehen, dass die Applikation lediglich 31 Megabyte belegt:

```
31M     exec_example
```

Es ist über den Kommandozeilenparameter `--compress=<Stufe>` und die Angabe eines Werts von 0 bis 2 möglich, die Größe des Runtime Images weiter zu reduzieren.

Das Erstellen von Runtime Images bietet unter anderem folgende Vorteile:

- Ein maßgeschneidertes Executable kann signifikant kleiner sein als ein installiertes JDK mit separatem Java-Programm.
- Das Executable ist direkt lauffähig und erfordert keinen Aufruf der JVM mit dem Kommando `java`.
- Ein Deployment ist maximal einfach (ohne weitere Voraussetzungen) möglich, indem lediglich das von `jlink` erstellte Verzeichnis auf einen anderen Rechner kopiert wird (allerdings nur bei übereinstimmendem Betriebssystem).

15.2.5 Abhängigkeiten und Modulgraphen

Nachdem wir mehrere Möglichkeiten der Modularisierung mit Project Jigsaw kennengelernt haben, wollen wir nun unseren Werkzeugkasten vervollständigen. Dazu werden wir das mit JDK 8 eingeführte und mit JDK 9 erweiterte Tool `jdeps` anschauen. Dabei finden die nachfolgend beschriebenen Aktionen im Verzeichnis `ch15_2_5_dependencies_module_example` statt.

Das Tool `jdeps`

Oftmals möchte man einen genaueren Blick auf die Abhängigkeiten werfen. Dabei kann das Tool `jdeps` unterstützen, mit dem sich Abhängigkeiten zwischen Modulen feingranular ermitteln lassen. Das wollen wir nun für die beiden zuvor analysierten modularen JARs anschauen und schreiben Folgendes:

```
jdeps lib/*.jar
```

Das Kommando analysiert die JAR-Dateien und gibt dann Informationen und Abhängigkeiten aus (es wurden zur besseren Lesbarkeit einige Abstände entfernt):

```
jigsawapp
 [file:///.../ch15_2_5_dependencies_module_example/lib/jigsawapp.jar]
   requires mandated java.base (@9-ea)
   requires services
jigsawapp -> java.base
jigsawapp -> services
   com.inden.javaprofi       -> com.services.api         services
   com.inden.javaprofi       -> java.io                  java.base
   com.inden.javaprofi       -> java.lang                java.base
   com.inden.javaprofi       -> java.lang.invoke         java.base
services
 [file:///.../ch15_2_5_dependencies_module_example/lib/services.jar]
   requires mandated java.base (@9-ea)
services -> java.base
   com.services.api          -> com.services.impl        services
   com.services.api          -> java.lang                java.base
   com.services.impl         -> com.services.api         services
   com.services.impl         -> java.lang                java.base
```

Anhand der Konsolenausgaben wird ersichtlich, auf welche Packages und Module im Detail zugegriffen wird. Allerdings ist die Konsolenausgabe etwas umfangreicher und dadurch leicht unübersichtlich. Oftmals informativer ist die Summary-Funktion, die man durch den Kommandozeilenparameter -s aktiviert:

```
jdeps -s lib/*.jar
```

Das produziert folgende, übersichtliche Ausgabe:

```
jigsawapp -> java.base
jigsawapp -> services
services -> java.base
```

Grafische Aufbereitung von Abhängigkeitsgraphen Noch anschaulicher ist es, sich diese Informationen auch grafisch aufbereiten zu lassen. Als Grundlage dazu kann `jdeps` die Abhängigkeiten im DOT-Format, einer textuellen Beschreibung für Graphen, bereitstellen. Dazu nutzt man folgendes Kommando:

```
jdeps -dotoutput graphs lib/*.jar
```

Damit werden verschiedene Dateien im Verzeichnis `graphs` erzeugt:

```
ch15_2_5_dependencies_module_example
'-- graphs
    |-- jigsawapp.dot
    |-- services.dot
    '-- summary.dot
```

Für jedes Modul legt `jdeps` eine eigene .dot-Datei an und zudem eine Zusammenfassung in einer Datei `summary.dot`, die für das Beispiel wie folgt aussieht:

```
digraph "summary" {
  "jigsawapp"      -> "java.base (java.base)";
  "jigsawapp"      -> "services";
  "services"       -> "java.base (java.base)";
}
```

Das im Internet unter http://www.graphviz.org/ frei verfügbare Tool `graphviz` kann aus dem DOT-Format eine grafische Repräsentation z. B. als PNG erzeugen.

Nach der Installation von `graphviz` steht das Kommando `dot` zur Verfügung, mit dem man wie folgt eine Grafik aufbereitet:

```
dot -Tpng -Gdpi=300 graphs/summary.dot > summary.png
```

Der obige Aufruf erzeugt ein PNG-Bild (-Tpng) mit einer Auflösung von 300 DPI (-Gdpi=300). Das Bild öffnen Sie mit dem Kommando:

```
open summary.png
```

Das Ganze sollte in etwa wie in Abbildung 15-8 aussehen, wobei Sie unter Windows statt `open` das Kommando `start` nutzen müssen.

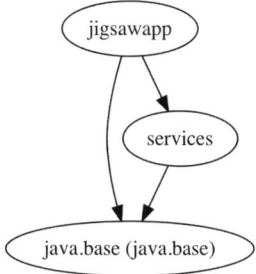

Abbildung 15-8 *Darstellung von Abhängigkeiten*

Die Tools des JDKs erlauben es, Abhängigkeiten zu analysieren und im DOT-Format exportieren zu können. Vor allem bei umfangreichen Projekten ist die grafische Darstellung den textuellen Ausgaben um Längen überlegen.

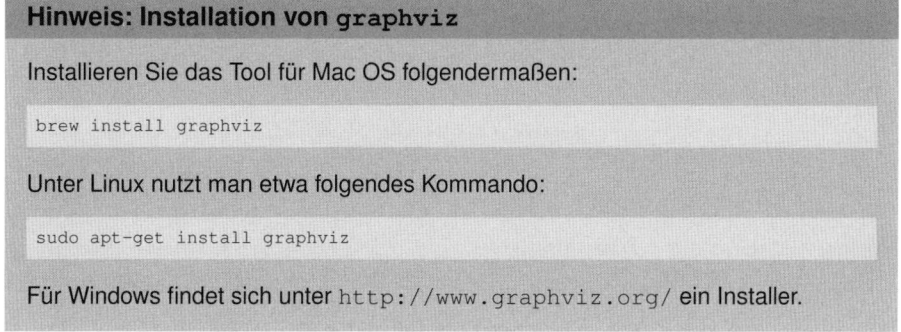

15.2.6 Module des JDKs einbinden

Die bislang vorgestellten modularisierten Applikationen waren recht einfach und beschränkten sich insbesondere auf JDK-Basisfunktionalität aus dem Modul `java.base`. In der Praxis wird man neben diesen auch diverse andere Bestandteile des JDKs sowie vor allem Fremdbibliotheken, wie beispielsweise Google Guava oder Apache Commons, einsetzen. Auf das Einbinden von Fremdbibliotheken gehe ich später ein. In diesem Abschnitt wollen wir zunächst kennenlernen, wie man Abhängigkeiten zu Modulen des JDKs beschreibt. Als Beispiel dient eine Applikation mit einem JavaFX-GUI. Es soll die aktuelle Uhrzeit angezeigt werden und eine Protokollierung von Aufrufen erfolgen. Dazu wollen wir im Anschluss die für JavaFX und zur Protokollierung mit einem `java.util.Logger` benötigten Module einbinden.

Abhängigkeiten und Zielverzeichnisstruktur im Überblick

In diesem Beispiel besteht die Applikation wieder aus zwei Modulen. Im Modul `timeclient` soll sich die Applikation befinden, die für die Ermittlung der Uhrzeit auf die Klasse `TimeInfo` zugreift. Diese wird durch ein separates Modul `timeserver` bereitgestellt. Damit ergeben sich die in Abbildung 15-9 dargestellten High-Level-Abhängigkeiten – später schauen wir uns das Ganze detaillierter an.

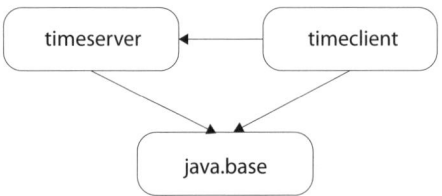

Abbildung 15-9 *Vereinfachte Darstellung von Abhängigkeiten*

Für das Beispiel ergibt sich folgende Zielverzeichnisstruktur:

```
ch15_2_6_include_jdk_modules_example
'-- stepXyz
    '-- src
        |-- timeclient
        |   |-- com
        |   |   '-- client
        |   |       '-- CurrentTimeJavaFxExample.java
        |   '-- module-info.java
        '-- timeserver
            |-- com
            |   '-- server
            |       '-- TimeInfo.java
            '-- module-info.java
```

Das Anlegen der Verzeichnisse geschieht mit folgenden Kommandos:

```
mkdir -p src/timeclient/com/client
mkdir -p src/timeserver/com/server
```

Nun müssen wir die einzelnen Dateien mit Inhalt füllen. Wir gehen sukzessive vor und beginnen mit den Moduldeskriptoren.

Schritt 1: Definition der Module

Wir legen zwei `module-info.java`-Dateien in den jeweiligen Unterverzeichnissen an. Für das Modul `timeclient` schreiben wir:

```
module timeclient
{
    requires timeserver;
}
```

Für das Modul `timeserver` notieren wir Folgendes:

```
module timeserver
{
    exports com.server;
}
```

Dadurch sind die Abhängigkeiten und Sichtbarkeiten zwischen den beiden Modulen korrekt beschrieben. Die Abhängigkeiten zu den Modulen des JDKs ergänzen wir sukzessive im Verlaufe der nächsten Abschnitte.

Schritt 2: Implementierung der Klassen der Module

Nach der initialen Definition der Moduldeskriptoren erzeugen wir zwei Klassen.

Klasse des Time-Servers Wir beginnen mit der Implementierung der Klasse `TimeInfo` im Modul `timeserver`. Diese soll das aktuelle Datum inklusive Uhrzeit mithilfe der Klasse `LocalDateTime` ermitteln sowie ihren eigenen Aufruf mit einem `Logger` protokollieren. Das Ganze implementieren wir wie folgt:

```
package com.server;

import java.time.LocalDateTime;
import java.util.logging.Level;
import java.util.logging.Logger;

public class TimeInfo
{
    public static LocalDateTime getCurrentTime()
    {
        Logger.getGlobal().log(Level.INFO, "getCurrentTime() called");
        return LocalDateTime.now();
    }
}
```

Klasse des Time-Clients Den zugehörigen Client realisieren wir als JavaFX-Applikation in der Klasse `CurrentTimeJavaFxExample`. Diese leiten wir von der Basisklasse `javafx.application.Application` ab und implementieren die Methoden `start()` und `main()`. In der Methode `start()` wird ein Label zur Zeitanzeige erzeugt und zur `javafx.scene.Scene` hinzugefügt.[5] Um die Zeit zu ermitteln, wird dann auf die Klasse `TimeInfo` zugegriffen.

```
package com.client;

import com.server.TimeInfo;

import javafx.application.Application;
...

public class CurrentTimeJavaFxExample extends Application
{
    @Override
    public void start(final Stage primaryStage)
    {
        final Label label = new Label();
        label.setText("Now: " + TimeInfo.getCurrentTime());

        final Scene scene = new Scene(label, 500, 125);
        primaryStage.setScene(scene);
        primaryStage.setTitle("CurrentTimeJavaFxExample");
        primaryStage.show();
    }

    public static void main(final String[] args)
    {
        launch(args);
    }
}
```

Die Implementierung ist damit abgeschlossen und wir machen uns an das Kompilieren.

Schritt 3: Kompilieren der Sourcen der Module

Zum Kompilieren nutzen wir einen Multi-Module Build und folgendes Kommando:

```
javac -d build --module-source-path src $(find src -name '*.java')
```

Dabei erhalten wir eine Vielzahl an Fehlern (hier leicht gekürzt):

```
src/timeclient/com/client/CurrentTimeJavaFxExample.java:5: error: package javafx
    .application is not visible
import javafx.application.Application;
             ^
  (package javafx.application is declared in module javafx.graphics, but module
        timeclient does not read it)
src/timeclient/com/client/CurrentTimeJavaFxExample.java:6: error: package javafx
    .scene is not visible
import javafx.scene.Scene;
             ^
```

---

[5]Für Details zu JavaFX verweise ich auf Kapitel 12 sowie auf das Buch »JavaFX 8« von Anton Epple [16].

15.2 Modularisierung im Überblick   883

```
...
    (package javafx.stage is declared in module javafx.graphics, but module
        timeclient does not read it)
src/timeserver/com/server/TimeInfo.java:4: error: package java.util.logging is
    not visible
import java.util.logging.Level;
                ^
...
    (package java.util.logging is declared in module java.logging, but module
        timeserver does not read it)
src/timeclient/com/client/CurrentTimeJavaFxExample.java:13: error: method does
    not override or implement a method from a supertype
    @Override
    ^
src/timeclient/com/client/CurrentTimeJavaFxExample.java:28: error: cannot find
    symbol
        launch(args);
        ^
...
```

Wie zu erwarten, zeigen die Fehlermeldungen, dass wir die JDK-Module zu JavaFX und zum Logging einbinden müssen. Praktischerweise bietet der Compiler mittlerweile eine gute Hilfestellung, indem er zu den jeweiligen Imports bzw. Typen auch direkt das benötigte Modul aufführt. *Möchte man schon vorab das für eine Klasse zugehörige Modul ermitteln, so gibt es dazu momentan keine direkte Möglichkeit.*

Schritt 4: Anpassungen in den Moduldeskriptoren

Anhand der Fehlermeldungen kann man die zugehörigen und benötigten Module des JDKs ermitteln und basierend darauf den Moduldeskriptor wie folgt ergänzen:

```
module timeclient
{
    requires javafx.graphics;
    requires javafx.controls;

    requires timeserver;
}
```

Im Modul `timeserver` muss auf das JDK-Modul `java.logging` verwiesen werden:

```
module timeserver
{
    requires java.logging;

    exports com.server;
}
```

Schritt 5: Erneutes Kompilieren

Nach diesen Korrekturen in den `module-info.java`-Dateien ist das Kompilieren mit demselben Kommando wie zuvor erfolgreich:

```
javac -d build --module-source-path src $(find src -name '*.java')
```

Schritt 6: Starten des modularisierten Programms

Wir wollen die modularisierte Applikation mit dem bekannten Aufruf starten:

```
java -p build -m timeclient/com.client.CurrentTimeJavaFxExample
```

Das derart gestartete Programm erzeugt allerdings folgende Fehlermeldung, aus der wir sehen, dass das JavaFX-Ökosystem zum Starten auf die Klasse CurrentTimeJava-FxExample und im Speziellen das Package com.client zugreifen können muss.

```
Exception in Application constructor
Exception in thread "main" java.lang.RuntimeException: Unable to construct
    Application instance: class com.client.CurrentTimeJavaFxExample
    at com.sun.javafx.application.LauncherImpl.launchApplication1(javafx.
        graphics@9-ea/LauncherImpl.java:887)
    at com.sun.javafx.application.LauncherImpl.lambda$launchApplication$2(javafx.
        graphics@9-ea/LauncherImpl.java:188)
    at java.lang.Thread.run(java.base@9-ea/Thread.java:843)
Caused by: java.lang.IllegalAccessException: class com.sun.javafx.application.
    LauncherImpl (in module javafx.graphics)
    cannot access class com.client.CurrentTimeJavaFxExample (in module
    timeclient) because module timeclient does not export com.client to
    module javafx.graphics
```

Schritt 7: Letzte Korrekturen und erneuter Start der Applikation

Für einen erfolgreichen Start der Applikation korrigieren wir also unseren Moduldeskriptor wie folgt, indem wir die Angabe zu exports hinzufügen:

```
module timeclient
{
    requires javafx.graphics;
    requires javafx.controls;

    requires timeserver;

    exports com.client; // Zugriff für JavaFX freigeben
}
```

Wir kompilieren und starten erneut mit folgenden Kommandos:

```
javac -d build --module-source-path src $(find src -name '*.java')
java -p build -m timeclient/com.client.CurrentTimeJavaFxExample
```

Neben der Protokollierung des Methodenaufrufs auf der Konsole wird die JavaFX-Applikation gestartet, die den aktuellen Zeitpunkt ausgibt (vgl. Abbildung 15-10).

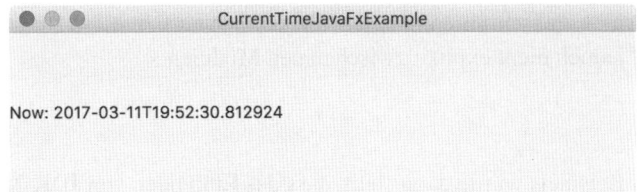

Abbildung 15-10 *Darstellung des Programms* CURRENTTIMEJAVAFXEXAMPLE

Feinschliff Durch die Angabe `exports com.client` haben wir nun einige Teile unseres Moduls `timeclient` veröffentlicht, obwohl wir nur eine technische Abhängigkeit auf JavaFX-Interna auflösen wollten. Wie kann man es besser machen?

Dazu gibt es den sogenannten *Qualified Export*, der in Abschnitt 15.3.1 nochmals thematisiert wird. Hier nur so viel: Im Moduldeskriptor kann man Packages dediziert mithilfe des Zusatzes `to <module>` nur für spezifische Module freigeben:

```
exports com.client to javafx.graphics;
```

Schritt 8: Analyse der Abhängigkeiten

Zum Abschluss wollen wir noch schauen, welcher Abhängigkeitsgraph durch unsere Erweiterungen in den Moduldeskriptoren entsteht. Wir erfahren dabei, dass man nicht einmal JARs erzeugen muss, um das Tool `jdeps` nutzen zu können. Es reicht bereits aus, wenn die Module – wie in diesem Beispiel – in kompilierter Form vorliegen. Mit folgenden drei Befehlen können wir dann eine grafische Repräsentation aufbereiten:

```
jdeps --module-path build -dotoutput graphs build/timeclient build/timeserver
dot -Tpng -Gdpi=300 graphs/summary.dot > summary.png
open summary.png
```

Das letzte Kommando öffnet eine Darstellung wie in Abbildung 15-11 gezeigt.

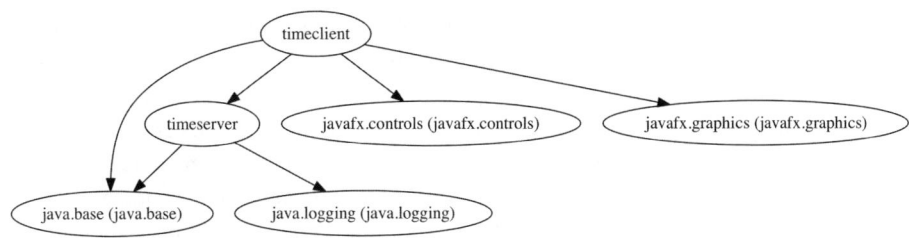

Abbildung 15-11 *Darstellung der Abhängigkeiten im Detail*

Möglicherweise wundern Sie sich, warum im Graphen keine bidirektionale Abhängigkeit zwischen `timeclient` und `javafx.graphics` aufgeführt ist, wo wir doch extra dafür eine Korrektur durchführen mussten. Tatsächlich besteht diese zur Laufzeit durch den Callback, jedoch nicht explizit zwischen den Modulen.

Fazit

Anhand eines Beispiels wurde dargestellt, dass das Einbinden von JDK-Modulen nach exakt denselben Regeln abläuft wie bei eigenen Modulen. Um zu den gewünschten, zu importierenden Klassen das korrespondierende JDK-Modul zu ermitteln, kann man die informativen Fehlermeldungen des Compilers nutzen.

Schließlich haben wir mit Qualified Exports eine Besonderheit kennengelernt, um Sichtbarkeiten gezielt einzuschränken. Das Thema greife ich nach der Vorstellung verschiedener Arten von Modulen wieder auf.

15.2.7 Arten von Modulen

Im Verlauf dieses Kapitels haben wir bereits einige Arten von Modulen kennengelernt, aber nicht explizit benannt. Das möchte ich an dieser Stelle nachholen:

- **Named Platform Modules** – Bekanntermaßen wurde im Rahmen von Project Jigsaw auch das JDK in Module unterteilt. Dort findet man rund 80 Module, die Sie sich mit dem Kommando `java --list-modules` auflisten lassen können. Diese speziellen Module des JDKs haben keinen Zugriff auf den Module-Path.
- **Named Application Modules** – Auch Named Application Modules haben wir schon in verschiedenen Beispielen selbst erstellt. Darunter werden Module verstanden, die Anwendungen oder Bibliotheken bündeln. Im Speziellen sind dies modulare JARs, also solche, die in ihrem JAR einen Moduldeskriptor in Form der Datei `module-info.class` enthalten. Diese können auf alle über den Module-Path erreichbaren Module zugreifen, nicht jedoch auf Klassen aus dem CLASSPATH.
- **Open Modules** – Wie die beiden ersten Module, allerdings geben Open Modules alle Packages für Reflection nach außen frei. Mit dem Schlüsselwort `opens` im Moduldeskriptor bzw. dem Kommandozeilenparameter `--add-opens` kann dies auch auf spezifische Packages eingeschränkt erfolgen. Für Details verweise ich Sie an mein Buch »Java 9 – Die Neuerungen« [44].
- **Automatic Modules** – Für die Migration von Anwendungen ist es von Vorteil, dass man auch gewöhnliche JAR-Dateien, also ohne `module-info.class`, im Module-Path angeben kann. Diese JAR-Dateien werden zu sogenannten Automatic Modules: Dabei wird der JAR-Dateiname ohne Versionsnummer und Endung als Modulname genutzt. Named Application Modules können auf Automatic Modules per `requires` zugreifen. Insbesondere exportieren Automatic Modules alle ihre Packages und können auf sämtliche Module aus dem Module-Path sowie JARs aus dem CLASSPATH zugreifen.

- **Unnamed Modules** – Ergänzend zum Module-Path kann man sowohl beim Kompilieren als auch beim Programmstart einen CLASSPATH angeben. Alle dort vorhandenen Typen werden zu dem sogenannten Unnamed Module zusammengefasst. Enthält der CLASSPATH modulare JARs, so werden diese wie normale JARs ohne Modularisierung behandelt: Sie exportieren alle enthaltenen öffentlichen Typen. Somit können alle öffentlichen Typen aus einem Unnamed Module direkt aufeinander zugreifen, also ohne Sichtbarkeitsschutz. Zudem gilt Folgendes: Automatic Modules können auf das Unnamed Module zugreifen, aber Named Application Modules können dies nicht. Dieser Sachverhalt ist für die schrittweise Migration wichtig. So kann man ein benötigtes JAR als Automatic Module einbinden und dessen Abhängigkeiten aus dem CLASSPATH erfüllen.

Nach diesem einführenden Blick auf die verschiedenen Arten von Modulen schauen wir uns später in Abschnitt 15.4 mögliche Migrationsszenarien an und lernen dabei weitere Details zu den Modularten kennen.

15.3 Sichtbarkeiten und Zugriffsschutz

Die Themen Sichtbarkeit und Zugriffsschutz wurden zuvor nicht explizit thematisiert, sondern eher am Rande besprochen. Beiden Themen wollen wir uns nun widmen.

15.3.1 Sichtbarkeiten

Eingangs nannte ich als eines der Ziele bei der Modularisierung eine bessere Steuerung von Abhängigkeiten und Sichtbarkeiten. Die bisherigen Beispiele haben gezeigt, dass in Java 9 die Sichtbarkeiten strenger als in Java 8 geprüft werden. Rekapitulieren wir zunächst den Status quo in Java 8, bevor ich die Erweiterungen von Java 9 vorstelle.

Sichtbarkeiten in JDK 8

Bis Java 8 besaßen Typen eine der folgenden vier Sichtbarkeiten:

- private – Nur in der eigenen Klasse sichtbar
- *default / package private* (kein Schlüsselwort) – Nur im eigenen Package sichtbar
- protected – Wie *package private*, aber auch in abgeleiteten Klassen sichtbar
- public – Aus allen Packages zugreifbar

Tatsächlich bedeutet public, dass ein solcher Typ im CLASSPATH für alle anderen Typen zugänglich ist. Demnach kann man – zumindest für public – nicht wirklich von einer Sichtbarkeitssteuerung sprechen.

Sichtbarkeiten in JDK 9

Mit der Einführung der Modularisierung lässt sich die Sichtbarkeit von Typen genauer spezifizieren. Relevant ist dies in der Regel nur für die als `public` definierten Typen. Diese untergliedern sich seit JDK 9 wie folgt:

- **Global** – `public` für alle Module – Wenn das entsprechende Package einer `public` definierten Klasse mit `exports` zum Zugriff freigegeben wurde, ist diese von allen anderen Modulen zugreifbar, die auf dieses Modul per `requires` verweisen.
- **Eingeschränkt** auch *Qualified Export* genannt – `public` für angegebene Module – Mithilfe von `exports to` kann eine Liste von Modulen spezifiziert werden, die Zugriff erhalten sollen. Das erfordert zudem, dass andere Module auf dieses Modul per `requires` verweisen.
- **Modul intern** – `public` im Modul selbst – Sofern Klassen in Packages liegen, die nicht in `exports` aufgeführt werden, sind diese Klassen nur aus den Packages des eigenen Moduls zugreifbar.

Den ersten und dritten Fall haben wir schon in verschiedenen Beispielen kennengelernt: Auf eine `public` definierte Klasse konnte nicht von anderen Modulen aus zugegriffen werden. Dies war erst möglich, nachdem mit `requires` die Abhängigkeit und damit der Zugriffswunsch sowie mit `exports` die öffentliche Bereitstellung beschrieben wurden. Der zweite Fall ist ein Spezialfall des ersten. Diesen haben wir zuvor einmal in einer JavaFX-Applikation zur expliziten Freigabe an das JavaFX-Framework genutzt. Allgemein geht es darum, dass man das Exportieren von Klassen auf eine vordefinierte Menge an Modulen beschränken kann. Das benötigt man z. B., wenn man innerhalb von Modulen eines Frameworks Zugriff erlauben möchte, diese Klassen aber von Nutzern des Frameworks nicht zugreifbar sein sollen. Auf diese Weise wurden im JDK spezielle, nicht für das öffentliche API vorgesehene Funktionalitäten nur intern bereitgestellt.

Ein Bild sagt mehr als tausend Worte. Somit sollte sich Ihr Verständnis nach einem Blick auf die folgende Abbildung 15-12 deutlich verbessern.

Einsatz im JDK   Zuvor hatte ich angedeutet, dass es manchmal wünschenswert ist, bestimmte Typen bzw. Packages dediziert lediglich für spezielle Module zugreifbar zu machen. Im JDK selbst gilt dies auch für das Package `sun.reflect`. Dieses soll nur für diejenigen Module des JDKs verfügbar sein, die explizit in `exports` hinter dem Schlüsselwort `to` aufgeführt sind:

```
module java.base
{
    exports sun.reflect to java.corba,
                          java.logging,
                          java.sql,
                          java.sql.rowset,
                          jdk.scripting.nashorn;
}
```

15.3 Sichtbarkeiten und Zugriffsschutz

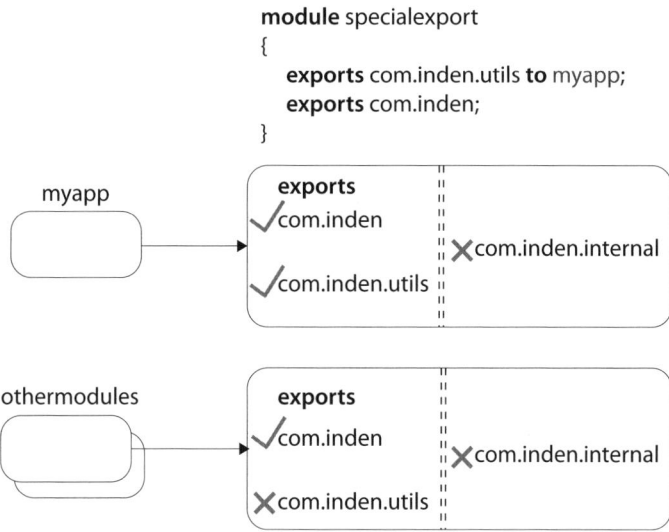

Abbildung 15-12 Auswirkungen der drei Sichtbarkeiten bei `public`

15.3.2 Zugriffsschutz und Reflection

Bei den Sichtbarkeiten gilt, dass Packages explizit mit `exports` nach außen veröffentlicht und mit `requires` Module referenziert werden müssen. Nachfolgend schauen wir uns zur Vertiefung und zur Ergänzung das Thema Zugriffsschutz und Reflection an. Für das Beispiel sei das Verzeichnis wie folgt aufgebaut:

```
ch15_3_2_accessibility
'-- src
    |-- timeclient
    |   |-- com
    |   |   '-- client
    |   |       '-- CurrentTimeExample.java
    |   '-- module-info.java
    '-- timeserver
        |-- com
        |   '-- server
        |       |-- TimeInfo.java
        |       '-- internal
        |           '-- InternalUtil.java
        '-- module-info.java
```

Zugriffsschutz für interne Packages

Als Wiedereinstieg in das Thema Zugriffsschutz betrachten wir eine modularisierte Applikation. Im Modul `timeserver` soll die Klasse `InternalUtil` aus dem Package `com.server.internal` nach außen nicht sichtbar sein, sondern lediglich das Package `com.server`. Deswegen wird das interne Package in `exports` nicht aufgeführt:

```
module services
{
    exports com.server;
}
```

Zugriffsschutz und Reflection

Bis einschließlich Java 8 lässt sich mit Reflection so ziemlich jedes Sicherheitsmerkmal von Java umgehen. Beispielsweise konnte man sich mit `setAccessible(true)` selbst auf private Attribute und Methoden Zugriff verschaffen. Es war sogar möglich, wenn auch sicher nicht ratsam, als `final` definierte Attribute nachträglich noch mit einem anderen Wert zu versehen. Reflection war also ein wenig wie ein Zauberstab, mit dem man viel Magie betreiben konnte, insbesondere weil sich die sonst üblichen Regeln außer Kraft setzen lassen.

Deswegen sollten wir uns fragen, welche Auswirkungen die Modularisierung auf die Zugriffsmöglichkeiten per Reflection hat. Also konkret, ob sich mit Reflection auch die durch die Modularisierung eingeschränkten Zugriffe umgehen lassen.

Die Klasse `CurrentTimeExample` ändern wir so ab, dass dort mit Reflection ein Zugriff auf die Klasse `InternalUtil` und deren Methode `getCurrentTime()` erfolgt:

```
public class CurrentTimeExample
{
    public static void main(final String[] args) throws Exception
    {
        System.out.println("Trying to access getCurrentTime() via reflection");

        final ClassLoader classLoader = CurrentTimeExample.class.getClassLoader();

        final Class<?> internalClass = classLoader.
            loadClass("com.server.internal.InternalUtil");

        final Method method = internalClass.getMethod("getCurrentTime");
        final Object result = method.invoke(null, new Object[0]);

        System.out.println("getCurrentTime() returned: " + result);
    }
}
```

Das Programm CURRENTTIMEEXAMPLE lässt sich mit folgenden Kommandos kompilieren und starten:

```
javac -d build --module-source-path src $(find src -name '*.java')
java -p build -m timeclient/com.client.CurrentTimeExample
```

Dadurch kommt es in etwa zur folgenden Konsolenausgabe:

```
Trying to access getCurrentTime() via reflection
Exception in thread "main" java.lang.IllegalAccessException: class com.client.
    CurrentTimeExample (in module timeclient)
    cannot access class com.server.internal.InternalUtil (in module timeserver)
    because module timeserver does not export com.server.internal to
    module timeclient
```

Wir sehen, dass trotz des erlaubten Zugriffs auf die Methode `getCurrentTime()` per `getMethod()` und des zurückgelieferten validen `Method`-Objekts ein Aufruf per `invoke()` durch eine `IllegalAccessException` verhindert wird.

> **Hinweis: Zugriffsschutz mit `--add-exports` aushebeln**
>
> Gerade im Zusammenhang mit einer Migration auf Java 9 benötigt man mitunter doch Zugriff auf Interna. In begründeten Fällen kann durch den Kommandozeilenparameter `--add-exports` eine explizite Freigabe erfolgen – das sollte aber wirklich nur in Ausnahmefällen eingesetzt werden. Beispielsweise war dies zum Experimentieren mit Java 9 und Build-Tools noch notwendig.
>
> ```
> java -p build --add-exports timeserver/com.server.internal=timeclient
>     -m timeclient/com.client.CurrentTimeExample
> ```
>
> Dadurch ist dann auch der Aufruf per Reflection erlaubt und es wird die Methode `getCurrentTime()` ausgeführt.

15.4 Kompatibilität und Migration

Bislang haben wir Module selbst definiert oder auf Module des JDKs zugegriffen. Es gibt dabei jedoch zwei Punkte zu bedenken:

1. **Rückwärtskompatibilität** – Applikationen, die ohne das Modulsystem erstellt wurden, sollten weiterhin lauffähig sein, um einen möglichst reibungslosen Übergang von Java 8 auf 9 zu ermöglichen.
2. **Einbinden von Fremdbibliotheken** – Jede etwas größere Java-Applikation verweist immer auch auf Fremdbibliotheken, die eingebunden werden müssen, aber vermutlich noch nicht modularisiert wurden.

Den ersten Punkt behandeln wir direkt im Anschluss. Auf das Einbinden von Fremdbibliotheken gehe ich dann in verschiedenen Abschnitten ein und betrachte mehrere Migrationsszenarien. Dazu schauen wir uns die bereits kurz vorgestellten Konzepte Unnamed Module und Automatic Modules genauer an.

15.4.1 Kompatibilitätsmodus

Bei jeder neuen Java-Version wurde der Rückwärtskompatibilität große Aufmerksamkeit geschenkt. Die Modularisierung ist erstmalig ein Feature, das zu Inkompatibilitäten führt. Zur schrittweisen Umstellung und zur Rückwärtskompatibilität bietet das Modulsystem jedoch einen **Kompatibilitätsmodus**, bei dem Applikationen wie bisher aus JARs zusammengesetzt sein können und trotzdem die Module des JDKs nutzbar sind.

Wie bereits beschrieben, werden Typen durch das Modulsystem über den Module-Path aufgelöst. Doch was passiert, wenn dies nicht erfolgreich ist? Dann kommt es zu einem Fehler beim Applikationsstart. Jedoch erlaubt es das Modulsystem, ergänzend zum Module-Path einen `CLASSPATH` anzugeben, in dem die JVM zusätzlich nach Typen suchen kann. Geschieht dies exklusiv, so lassen sich Applikationen exakt so starten wie zuvor mit JDK 8 auch. Die reine Angabe von Abhängigkeiten im `CLASSPATH` realisiert damit also den nicht modularisierten Kompatibilitätsmodus.

Wie schon aus den bisherigen Beispielen bekannt, finden die Aktionen diesmal im Verzeichnis namens `ch15_4_1_migration_compatibility_mode` statt – nachfolgend markiere ich das jeweilige Verzeichnis nur noch fett und verzichte auf eine explizite Nennung im Text.

Beispiel: Applikation nur im `CLASSPATH`

Oftmals werden Sie neben Klassen des JDKs auch externe Bibliotheken einbinden, etwa die verbreitete Bibliothek Google Guava in Form der Datei `guava-22.0.jar`, die unter `http://central.maven.org/maven2/com/google/guava/guava/22.0/` heruntergeladen werden kann.

Exemplarisch betrachten wir eine einfache Klasse `UseGuavaFromClassPathExample`, die die Klasse `com.google.common.base.Joiner` aus Google Guava zum Verketten von Strings benutzt:

```java
package com.inden.javaprofi;

import com.google.common.base.Joiner;

public class UseGuavaFromClassPathExample
{
    public static void main(final String[] args)
    {
        joinWithGuava("Guava", null, "From", "ClassPath");
    }

    public static void joinWithGuava(final String... strings)
    {
        final Joiner joiner = Joiner.on(", ").skipNulls();

        System.out.println(joiner.join(strings));
    }
}
```

15.4 Kompatibilität und Migration

Die gezeigte Klasse ist in folgender Verzeichnishierarchie definiert, wobei wir auch erkennen, dass die Datei `guava-22.0.jar` in einem Verzeichnis `externallibs` parallel zum Hauptverzeichnis des Moduls abgelegt werden muss:

```
jigsaw_ch15
|-- externallibs
|   `-- guava-22.0.jar
|
`-- ch15_4_1_migration_compatibility_mode
    `-- src
        `-- com
            `-- inden
                `-- javaprofi
                    `-- UseGuavaFromClassPathExample.java
```

Kompilieren und Starten Versuchen wir das Kompilieren und geben dabei über `-cp` einen `CLASSPATH` an:

```
javac -d build -cp ../externallibs/guava-22.0.jar $(find src -name '*.java')
```

Es entsteht die bekannte Spiegelung des `src`-Ordners im `build`-Ordner:

```
ch15_4_1_migration_compatibility_mode/
`-- build
    `-- com
        `-- inden
            `-- javaprofi
                `-- UseGuavaFromClassPathExample.class
```

Die dort vorhandene Datei `UseGuavaFromClassPathExample` lässt sich – unter Angabe der Abhängigkeit auf `guava-22.0.jar` im `CLASSPATH` – wie folgt starten:

```
java -cp ../externallibs/guava-22.0.jar:build \
     com.inden.javaprofi.UseGuavaFromClassPathExample
```

Beachten Sie dabei, dass wir unsere kompilierten Sources über den `CLASSPATH` und das Verzeichnis `build` einbinden. Der obige Aufruf produziert folgende Konsolenausgabe:

```
Guava, From, ClassPath
```

Packaging Schließlich erzeugen wir ein JAR namens `myjarneedsguava.jar`:

```
mkdir lib

jar --create --file lib/myjarneedsguava.jar -C build .
```

Das ergibt folgenden Verzeichnisinhalt:

```
ch15_4_1_migration_compatibility_mode
`-- lib
    `-- myjarneedsguava.jar
```

Dieses JAR lässt sich dann mit folgendem Kommando starten:

```
java -cp ../externallibs/guava-22.0.jar:lib/myjarneedsguava.jar \
    com.inden.javaprofi.UseGuavaFromClassPathExample
```

Auch hier nutzen wir den `CLASSPATH` sowohl für Guava als auch für unsere Klasse aus dem JAR namens `myjarneedsguava.jar`.

Fazit

Wir haben gesehen, dass wir Programme wie bisher gewohnt kompilieren und paketieren können, obwohl das JDK bereits modularisiert ist. Dieser exklusive Einsatz des `CLASSPATH` für die Applikationsbestandteile ist eine Variante, Rückwärtskompatibilität zu erhalten. Doch was geschieht eigentlich, wenn wir unser Programm modularisieren und Module verwenden wollen?

15.4.2 Migrationsszenarien

Wenn wir unsere Programme in mehrere Module untergliedern, dann gibt es dabei mitunter den einen oder anderen Stolperstein, wenn Klassen aus externen Bibliotheken eingebunden werden müssen. Wie wir schrittweise vorgehen können und welche Migrationsszenarien existieren, schauen wir uns nun an. Dabei lernen wir das Unnamed Module und Automatic Modules sowie deren Eigenschaften genauer kennen.

Unnamed Module

Das sogenannte Unnamed Module ist ein künstliches Modul: ***Jeder im `CLASSPATH` gefundene Typ wird dem Unnamed Module zugeordnet***. Dieses besitzt spezielle Eigenschaften, um Migrationen zu erleichtern: Zunächst einmal liest das Unnamed Module alle anderen Module. Dadurch kann aus Typen des `CLASSPATH` auf alle in beliebigen Modulen enthaltenen Typen zugegriffen werden. Das ist insbesondere für die vom JDK exportierten Packages und Typen wichtig. Auf diese Weise sind alle Applikationen, die auf dem `CLASSPATH`-Mechanismus basieren, wie bisher lauffähig.

Eine Migration wird außerdem dadurch erleichtert, dass das Unnamed Module alle seine Packages exportiert. Um trotz des `CLASSPATH` ein Mindestmaß einer verlässlichen Konfiguration (***Reliable Configuration***) sicherzustellen, ist kein Zugriff aus Named Modules auf das Unnamed Module, also den `CLASSPATH`, gestattet. Mehr noch: Named Modules können keine Abhängigkeiten auf das Unnamed Module definieren und somit auch nicht besitzen[6] – abgesehen von Automatic Modules, die Zugriff auf den `CLASSPATH` besitzen.

---

[6]Das ist logisch, da ja die Referenzierung über den Namen erfolgt. Demnach gilt: Kein Name, keine Referenzierbarkeit!

Automatic Modules

Bei einer Umwandlung einer bestehenden Applikation in ein modularisiertes Programm benötigt man ab und an Zugriff aus Modulen auf den `CLASSPATH`. Für diesen Fall existieren die sogenannten *Automatic Modules*. Diese erlauben es einem ***konventionellen JAR, wie ein Named Module zu erscheinen, jedoch mit der Möglichkeit, auf Typen aus dem Unnamed Module zugreifen zu können***. Wie entsteht ein solches Automatic Module? Ganz einfach dadurch, dass wir das ***JAR im Module-Path aufführen***. Das Modulsystem erkennt dies und erzeugt anhand des JAR-Namens automatisch ein korrespondierendes implizites Named Module. Bitte beachten Sie die Hinweise im folgenden Praxistipp »Automatic Modules funktionieren nur halbwegs gut«.

Weil Automatic Modules keine Datei `module-info.java/class`, also keinen Moduldeskriptor, enthalten, kann man im Vorhinein nicht wissen, von welchen Modulen ein Automatic Module abhängig ist. Zur leichteren Migration wird automatisch durch den Compiler bzw. die JVM ein künstlicher Moduldeskriptor mit `requires` »all« und `exports` »all« generiert. Dadurch kann ein Automatic Module alle Named Modules lesen. Darüber hinaus ist nicht vorhersehbar, welche Packages exportiert werden sollen. Daher werden der obigen Argumentation folgend von einem Automatic Module alle Packages exportiert.[7] Schließlich bietet ein Automatic Module allen anderen Automatic Modules eine Implied Readability – auch diese erleichtert die Migration, sie sollte bei einer möglichen späteren Konvertierung in ein Named Module aber genauer geprüft und vermutlich eingeschränkt werden.

> **Tipp: Automatic Modules funktionieren nur halbwegs gut**
>
> Die Umwandlung von bestehenden JARs im Module-Path in Automatic Modules funktioniert nur dann, wenn die Namen in ein erwartetes Schema passen. Minuszeichen innerhalb des Namens eines JARs machen beispielsweise Probleme, sofern sie nicht direkt vor der Versionsnummer stehen. Das betrifft z B. die JARs von Hibernate (`hibernate-core-5.2.2.Final.jar`) und von MongoDB (`mongo-java-driver-3.3.0.jar`). Für letzteres JAR ist es nicht erlaubt, Folgendes im Moduldeskriptor zu schreiben:
>
> ```
> // Achtung: Leider ist dies so syntaktisch nicht erlaubt
> requires mongo-java-driver;
> ```
>
> Mitunter habe ich für diese Fälle die Namen der JAR-Dateien von Hand angepasst und die Minuszeichen einfach entfernt, was aber zu recht langen und unleserlichen Namen führt.

---

[7] Das erleichtert zwar eine Migration, jedoch sollte man sich auch bewusst sein, dass so durchaus als intern gedachte Packages nach außen sichtbar und zugänglich werden.

> Stattdessen kann man die Minuszeichen im Dateinamen durch einen Punkt (.) in dem per `requires` angegebenen Namen ersetzen, um die Module als Automatic Modules einzubinden – das ist weder besonders schön noch intuitiv, aber so funktioniert es:
>
> ```
> requires mongo.java.driver;
> ```
>
> Die Angabe von Modulnamen und insbesondere die Ersetzungen durch die JVM bei einer Konvertierung in ein Automatic Module sind nicht problemlos. Könnte man die Namen von Modulen im Moduldeskriptor in Anführungszeichen angeben, so hätte man diese Probleme gar nicht.

Einfluss von Module-Path und `CLASSPATH`

Bevor wir uns konkret mit verschiedenen Migrationsszenarien beschäftigen, möchte ich noch einmal zusammenfassen, welchen Einfluss es hat, wo man ein JAR bzw. ein modularisiertes JAR ablegt.

Tabelle 15-1 Einfluss von Module-Path und `CLASSPATH`

Typ des JARs	Im Module-Path	Im `CLASSPATH`
Modulares JAR	Named Module	Unnamed Module
Normales JAR	Automatic Module	Unnamed Module

Bottom-up-Migration und Migrationsszenarien

Um mögliche Migrationsszenarien verstehen zu können, ist es wichtig, zu wissen, welche Zugriffe aus welchen Arten von Modulen erlaubt sind. Abbildung 15-13 zeigt dies, wobei das jeweils relevante Modul leicht dunkler eingefärbt ist.

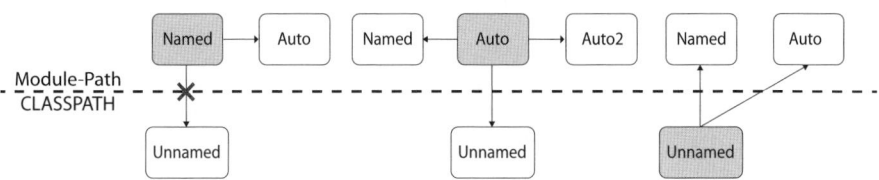

Abbildung 15-13 Zugriffsmöglichkeiten aus unterschiedlichen Modularten

Stellen wir uns für eine Migration vor, eine Applikation bestehe aus verschiedenen JARs, die im `CLASSPATH` aufgeführt werden, etwa die JARs `app.jar`, `A.jar`, `B.jar` und `C.jar`.

15.4 Kompatibilität und Migration

Bei einer sogenannten Bottom-up-Migration werden diese JARs schrittweise in modulare JARs umgewandelt. Dabei kann man folgende zwei Szenarien unterscheiden:

1. **Bottom-up-Migration und Named Modules** – Wenn wir den Sourcecode eines JARs im Zugriff haben, können wir ein JAR in ein modulares JAR überführen, indem wir einen geeigneten Moduldeskriptor hinzufügen und das Modul neu kompilieren und paketieren.
2. **Bottom-up-Migration und Automatic Modules** – Besteht kein Zugriff auf den Sourcecode des JARs, so lässt sich das JAR nicht auf die zuvor beschriebene Weise in ein modulares JAR konvertieren. Als gute Alternative bleibt die Nutzung als Automatic Module, gegebenenfalls in Kombination mit dem Unnamed Module.

Bottom-up-Migration und Named Modules Zunächst scheint die Bottom-up-Migration mit Named Modules recht einfach, weil man lediglich einen Moduldeskriptor erstellen muss, damit ein modulares JAR entsteht. Die dazu notwendigen Schritte sind uns schon geläufig und wurden bereits in Abschnitt 15.2 mehrfach durchgeführt. Dabei gibt es allerdings zwei Hürden: Zunächst einmal gestaltet es sich einigermaßen aufwendig, herauszufinden, welche Packages exportiert werden sollen. Zudem können wir ein JAR nur in ein modulares JAR umwandeln, wenn dieses keine Abhängigkeiten auf andere, nicht modulare JARs des `CLASSPATH` besitzt, weil sich diese nicht im Moduldeskriptor referenzieren lassen. Das zeigt Abbildung 15-14.

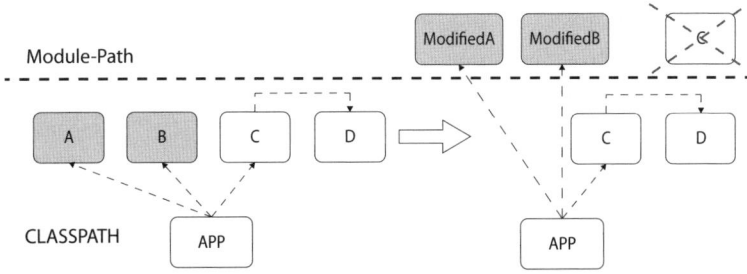

Abbildung 15-14 *Bottom-up-Migration und Named Modules*

Interessanterweise und migrationserleichternd dürfen JARs aus dem `CLASSPATH` durchaus Abhängigkeiten auf Module besitzen: Das Unnamed Module liest alle Module.

Die gerade geschilderte Bottom-up-Migration mit der Umwandlung einzelner JARs in Named Modules ist vielfach nicht möglich, weil es Abhängigkeiten von einem Named Module auf eine Klasse vom `CLASSPATH` (also das Unnamed Module) oder aber ein Automatic Module gibt.

Zudem kann man – wie in unserem Beispiel – nur diejenigen JARs, die man tatsächlich unter seiner Kontrolle hat, in Named Modules konvertieren.

Bottom-up-Migration und Automatic Modules Für fast alle Anwendungsfälle ist die Bereitstellung von JARs als Automatic Modules leichter. Das gilt vor allem für externe Bibliotheken ohne Zugriff auf die Sourcen.

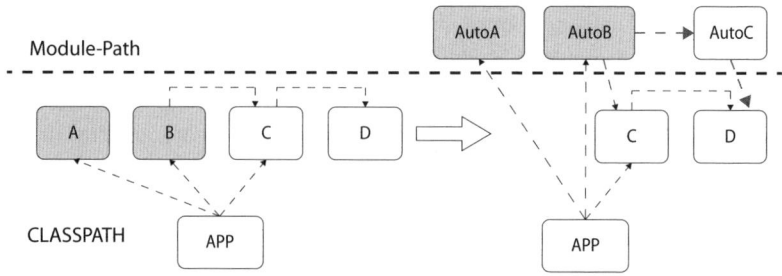

Abbildung 15-15 Bottom-up-Migration und Automatic Modules

In Abbildung 15-15 ist angedeutet, dass nicht nur die beiden JARs A.jar und B.jar in Automatic Modules überführt werden können, sondern auch C.jar. Tatsächlich ist dies bei Wunsch sogar auch für D.jar möglich.

15.4.3 Fallstrick bei der Bottom-up-Migration

Bei der Bottom-up-Migration gibt es noch einen Punkt zu bedenken: Man muss mit den JARs starten, die keine Abhängigkeiten besitzen. Allerdings ist man intuitiv oft versucht, die Umwandlung mit dem eigenen Applikations-JAR zu beginnen. Das ist aber ein Irrweg. Um das zu verstehen, nutzen wir das vorangegangene Beispiel als Basis. Für die Transformation unserer Applikation in ein Modul benötigen wir einen Moduldeskriptor sowie eine leicht abweichende Verzeichnisstruktur wie folgt – für die Beispiele soll das guava-22.0.jar im Verzeichnis externallibs liegen:

```
jigsaw_ch15
|-- externallibs
|    `-- guava-22.0.jar
|
`-- ch15_4_3_pitfall_bottomup_migration
     `-- src
          `-- bottomup_unnamed_example
               |-- com
               |    `-- inden
               |         `-- javaprofi
               |              `-- UseGuavaFromClassPathInNamedModuleExample.java
               `-- module-info.java
```

Schritt 1: Definition des Moduldeskriptors

Bereits beim Erstellen des Moduldeskriptors würden wir stutzen und uns fragen, wie wir die Abhängigkeit zu Guava beschreiben sollen. Das wollen wir kurz außer Acht lassen. Weil hier die Applikation beschrieben wird, exportieren wir keine Packages und der Moduldeskriptor enthält somit lediglich die Moduldefinition:

15.4 Kompatibilität und Migration

```
module bottomup_unnamed_example
{
}
```

Schritt 2: Implementierung

Exemplarisch betrachten wir die aus dem letzten Beispiel leicht abgewandelte und in `UseGuavaFromClassPathInNamedModuleExample` umbenannte Klasse, die wiederum die Klasse `Joiner` aus Guava nutzt:

```java
public class UseGuavaFromClassPathInNamedModuleExample
{
    public static void main(final String[] args)
    {
        final Joiner joiner = Joiner.on(", ").skipNulls();

        System.out.println(joiner.join("Guava", null, "As", null, "Unnamed"));
    }
}
```

Schritt 3: Kompilieren

Versuchen wir das zu kompilieren und geben dazu über `-cp` einen `CLASSPATH` für Guava sowie den Pfad zu den Sources mit `--module-source-path` an:

```
javac -d build -cp ../externallibs/guava-22.0.jar \
    --module-source-path src $(find src -name '*.java')
```

Im Gegensatz zu der reinen `CLASSPATH`-Variante erhält man folgende Kompilierfehler, die verdeutlichen, dass aus unserem Modul kein Zugriff auf die Klasse `Joiner` besteht:

```
src/bottomup_unnamed_example/com/inden/javaprofi/
    UseGuavaFromClassPathInNamedModuleExample.java:3: error: package com.google
    .common.base does not exist
import com.google.common.base.Joiner;
                             ^
src/bottomup_unnamed_example/com/inden/javaprofi/
    UseGuavaFromClassPathInNamedModuleExample.java:15: error: cannot find
    symbol
        final Joiner joiner = Joiner.on(", " ).skipNulls();
              ^
  symbol:   class Joiner
  location: class UseGuavaFromClassPathInNamedModuleExample
src/bottomup_unnamed_example/com/inden/javaprofi/
    UseGuavaFromClassPathInNamedModuleExample.java:15: error: cannot find
    symbol
        final Joiner joiner = Joiner.on(", " ).skipNulls();
                              ^
  symbol:   variable Joiner
  location: class UseGuavaFromClassPathInNamedModuleExample
3 errors
```

Fazit

Wie man sieht, scheitert der Versuch, Klassen aus dem `CLASSPATH` aus einem Named Module anzusprechen. Diesem vermeintlichen Migrationspfad liegt der Irrglaube zugrunde, dass man eine bestehende Applikation in ein Modul überführen und dieses dann auf die Typen des `CLASSPATH` zugreifen kann.

Dieser Migrationspfad funktioniert nicht, weil, wie schon einmal kurz erwähnt, aus einem Named Module nicht auf das Unnamed Module zugegriffen werden kann! Eine Variante besteht in der bereits beschriebenen Bottom-up-Migration der eingebundenen JARs. Der Weg über Automatic Modules, wie ich dies detaillierter im Anschluss behandeln werde, ist allerdings oftmals einfacher.

15.4.4 Beispiel: Migration mit Automatic Modules

Wir haben gerade einen typischen Fehler bei der Migration kennengelernt und schauen uns nun an, wie man diesen vermeidet. Dazu wird die eigene Applikation als Named Module realisiert und Fremdbibliotheken werden als Automatic Modules eingebunden. Hier wollen wir das JAR `guava-22.0.jar` über den Module-Path referenzieren. Das Verzeichnislayout sieht wie folgt aus:

```
jigsaw_ch15
|-- externallibs
|   `-- guava-22.0.jar
|
`-- ch15_4_4_migration_automatic_modules
    `-- src
        `-- automatic_module_example
            |-- com
            |   `-- inden
            |       `-- javaprofi
            |           `-- AutomaticModuleExample.java
            `-- module-info.java
```

Schritt 1: Definition des Moduldeskriptors

Schauen wir uns nun an, wie einfach wir Guava in unserem Moduldeskriptor referenzieren können:

```
module automatic_module_example
{
    requires guava;
}
```

Schritt 2: Implementierung der nutzenden Applikation

Unsere Beispielapplikation besteht erneut nur aus einer einzigen Klasse, die zur Konkatenation einiger Strings die Klasse `Joiner` aus Guava nutzt:

```
package com.inden.javaprofi;

import com.google.common.base.Joiner;

public class AutomaticModuleExample
{
    public static void main(final String[] args)
    {
        final Joiner joiner = Joiner.on(", ").skipNulls();

        System.out.println(joiner.join("Michas", null, "Java 9", null, "Buch"));
    }
}
```

Schritt 3: Kompilieren

Versuchen wir das übliche Kommando zum Kompilieren:

```
javac -d build --module-source-path src $(find src -name '*.java')
```

Wie aufgrund der per `requires` angegebenen, aber im Module-Path nicht aufgeführten Abhängigkeit zu erwarten, kommt es zu folgender Fehlermeldung:

```
src/automatic_module_example/module-info.java:3: error: module not found: guava
    requires guava;
```

Zur Behebung müssen wir das Verzeichnis `externallibs`, in dem die Datei `guava-22.0.jar` liegt, folgendermaßen beim Kompilieren im Module-Path angeben:

```
javac -d build --module-path ../externallibs \
      --module-source-path src $(find src -name '*.java')
```

Schritt 4: Starten

Schließlich können wir das Programm wie folgt starten:

```
java --module-path ../externallibs:build \
     -m automatic_module_example/com.inden.javaprofi.AutomaticModuleExample
```

Das Programm erzeugt – wie erwartet – folgende Konsolenausgabe:

```
Michas, Java 9, Buch
```

An diesem Beispiel sehen wir, wie einfach man bestehende, nicht modularisierte JARs als Automatic Modules in den Module-Path aufnehmen kann.

15.4.5 Beispiel: Automatic und Unnamed Module

Das vorangegangene Beispiel hat den einfachsten Fall demonstriert, nämlich den, dass das Automatic Module in sich abgeschlossen war und keine Typen außer denjenigen des JDKs benötigte. Wie gehen wir aber vor, wenn Querabhängigkeiten aus dem Automatic Module auf andere Typen aus dem `CLASSPATH` bestehen?

Nachfolgend werden JARs und Module in verschiedenen Modularten betrieben: als Application Module, als Automatic Module und als Unnamed Module:

- Wir erstellen eine einfache Applikation als Named Application Module.
- Diese soll das JAR (`myjarneedsguava.jar`), das in Abschnitt 15.4.1 zum Kompatibilitätsmodus erstellt wurde, als Automatic Module einbinden.
- Weil dieses `myjarneedsguava.jar` aber Funktionalität aus Google Guava verwendet, muss diese Bibliothek zur Laufzeit im Zugriff sein. Wir wollen hier den `CLASSPATH`, also das Unnamed Module, nutzen.

Die Verzeichnisstruktur sieht folgendermaßen aus (man beachte, dass `CLASSPATH` und Module-Path wie in unserem vereinfachten Beispiel auf das gleiche Verzeichnis verweisen können):

```
jigsaw_ch15
|-- externallibs
|   |-- guava-22.0.jar
|   '-- myjarneedsguava.jar
|
'-- ch15_4_5_migration_automatic_and_unnamed_modules
    '-- src
        '-- auto_unnamed_modules_example
            |-- com
            |   '-- inden
            |       '-- javaprofi
            |           '-- useunnamed
            |               '-- AutomaticAndUnnamedModuleExample.java
            '-- module-info.java
```

Beachten Sie hierbei, dass wir ein anderes Modul einbinden wollen, wodurch es potenziell zu einer Überschneidung in den Package-Namen kommen würde. Diese sogenannten Split Packages – oder hier genauer gleiche Package-Namen in unterschiedlichen Modulen – sind, wie eingangs schon erwähnt, nicht erlaubt.

Schritt 1: Erstellen des Moduldeskriptors

Wir wollen nun das in Abschnitt 15.4.1 erstellte JAR `myjarneedsguava.jar` als Automatic Module einbinden. Dazu notieren wir die Abhängigkeit im Moduldeskriptor:

```
module auto_unnamed_modules_example
{
    requires myjarneedsguava;
}
```

15.4 Kompatibilität und Migration

Unser Ziel ist es, transitive Abhängigkeiten zu erzeugen und deren Auflösung zu zeigen: Dazu besitzt das als Modul eingebundene JAR `myjarneedsguava.jar` wiederum eine Abhängigkeit auf `guava-22.0.jar`.

Schritt 2: Implementierung der Applikation

Die nutzende Klasse `AutomaticAndUnnamedModuleExample` implementieren wir wie folgt:

```java
package com.inden.javaprofi;

import com.inden.javaprofi.UseGuavaFromClassPathExample;

public class AutomaticAndUnnamedModuleExample
{
    public static void main(final String[] args) throws Exception
    {
        System.out.println("AutomaticAndUnnamedModuleExample"));

        UseGuavaFromClassPathExample.joinWithGuava("Guava", "From",
                                                  "Unnamed Module");
    }
}
```

Schritt 3: Kompilieren und Starten

Das Kompilieren geschieht wieder mit

```
javac -d build --module-path ../externallibs \
      --module-source-path src $(find src -name '*.java')
```

wodurch ein Ordner `build` mit den kompilierten Sourcen entsteht. Zum Starten geben wir Folgendes ein:

```
java -p build:../externallibs \
     -m auto_unnamed_modules_example/com.inden.javaprofi.useunnamed.
         AutomaticAndUnnamedModuleExample
```

Das führt zu folgender Ausgabe:

```
AutomaticAndUnnamedModuleExample
Exception in thread "main" java.lang.NoClassDefFoundError:
    com/google/common/base/Joiner
    at myjarneedsguava/com.inden.javaprofi.UseGuavaFromClassPathExample.
        joinWithGuava(UseGuavaFromClassPathExample.java:15)
    at auto_unnamed_modules_example/com.inden.javaprofi.useunnamed.
        AutomaticAndUnnamedModuleExample.main(AutomaticAndUnnamedModuleExample.
        java:11)
Caused by: java.lang.ClassNotFoundException: com.google.common.base.Joiner
    at jdk.internal.loader.BuiltinClassLoader.loadClass(java.base@9-ea/
        BuiltinClassLoader.java:366)
    ...
```

Zunächst sieht man den Text `AutomaticAndUnnamedModuleExample`. Das zeigt, dass das Modul geladen und ausgeführt wird. Jedoch kommt es beim Abarbeiten des als Automatic Module eingebundenen JARs (das wiederum eine indirekte Abhängigkeit auf Google Guava besitzt) zu einem Fehler, da die Klasse `Joiner` nicht geladen werden kann, was wiederum zum `NoClassDefFoundError` führt.

Schritt 4: Starten mit zusätzlichem `CLASSPATH`

Demnach ist der Start nicht erfolgreich, weil die Bibliothek Google Guava nicht gefunden wird. Deren Verfügbarkeit war beim Kompilieren nicht wichtig, weil die Abhängigkeit nur aus dem JAR besteht. Zur Laufzeit wird die Klasse `Joiner` und somit das korrespondierende JAR aber benötigt.

Fügen wir beim Start den `CLASSPATH` hinzu:

```
java -p build:../externallibs -cp ../externallibs/guava-22.0.jar \
    -m auto_unnamed_modules_example/com.inden.javaprofi.useautounnamed.
        AutomaticAndUnnamedModuleExample
```

Dann kommt es zu folgenden Ausgaben:

```
AutomaticAndUnnamedModuleExample
Guava, From, Unnamed Module
```

Fazit

Selbst an diesem einfachen Beispiel erkennt man, wie fragil das Arbeiten mit dem `CLASSPATH` ist. Bei einer vollständig modularisierten Applikation würde das Problem einer fehlenden Abhängigkeit direkt schon beim Kompilieren ersichtlich werden.

Aus dem bisher Gesagten wird aber auch deutlich, dass Automatic Modules in Kombination mit dem Unnamed Module einen sinnvollen, gangbaren Migrationspfad vorgeben: Alle JARs aus Fremdbibliotheken können wir als Automatic Modules einbinden, bis diese in einer modularen Variante vorliegen.

15.4.6 Mögliche Schwierigkeiten bei Migrationen

Bei der Migration einer bestehenden Applikation existieren mitunter zyklische Abhängigkeiten zwischen den Typen zweier JARs. Wollte man diese JARs in Module überführen und würde man dazu in den Moduldeskriptoren `A requires B` und `B requires A` vermerken, so käme es direkt beim Kompilieren zu einem Fehler:

```
src/timeclient/module-info.java:3: error: cyclic dependence involving timeserver
    requires timeserver;
             ^
```

Für das Aufbrechen von Zyklen kann man Services nutzen, auf die ich in meinem Buch »Java 9 – Die Neuerungen« [44] genauer eingehe. Alternativ kann man aber auch ein weiteres Modul erstellen, das die benötigten Interfaces enthält. Etwas Ähnliches haben wir beim Aufbrechen von Implementierungsabhängigkeiten in Abschnitt 15.2.2 bereits gesehen.

15.4.7 Fazit

Wir haben verschiedene Migrationsszenarien sowie mögliche Probleme betrachtet. Zusammenfassend lässt sich sagen, dass eine Migration einer bestehenden Applikation, die sich aus verschiedenen JARs zusammensetzt, oftmals am besten schrittweise erfolgt. Dabei sollte man JAR für JAR bearbeiten, um sofort auf mögliche Probleme reagieren zu können. Diverse Fallstricke haben Sie schon im Verlaufe dieses Kapitels kennengelernt.

Für eine Migration bieten sich folgende Schritte an:

1. **Keine Abhängigkeiten** – Man beginnt mit JARs ohne externe Abhängigkeiten. Sofern deren Sourcecode zur Verfügung steht, lassen sich diese per Bottom-up-Migration in Named Modules überführen – bei Bedarf können diese immer noch als Automatic Modules eingebunden werden.
2. **Mit Abhängigkeiten** – Vorhandene JARs ohne Zugriff auf deren Sourcecode lassen sich problemlos als Automatic Modules nutzen.
3. **Eigene Applikation** – Nachdem die JARs in Named Modules oder Automatic Modules überführt wurden oder aber im Unnamed Module verbleiben, kann man versuchen, die eigene Applikation in ein Named Module zu transformieren.

Wenn man bezüglich der Migration noch ein wenig unerfahren ist – was auf Sie nach der Lektüre dieses Kapitels nicht mehr zutreffen sollte ;-) –, kann man notfalls immer noch auf den Kompatibilitätsmodus zurückgreifen.

15.5 Zusammenfassung

Dieses Kapitel hat einen Einstieg in das Thema Modularisierung gegeben. Neben der besseren Strukturierung und Definition von Abhängigkeiten lassen sich bei Bedarf auf die jeweilige Aufgabe zugeschnittene Runtime Images eines Programms erstellen, die nur denjenigen Teil des JDKs enthalten, den sie tatsächlich benötigen. Dadurch sind solche Programme ohne Installation einer JRE ausführbar.

Es gibt diverse weitere Dinge zu entdecken und auszuprobieren. Da wären z. B. ein Blick auf Services oder Besonderheiten und neue Möglichkeiten mit Reflection. Diese leicht fortgeschrittenen Themen behandle ich in meinem Buch »Java 9 – Die Neuerungen« [44].

Vergleich mit OSGi Abschließend möchte ich noch erwähnen, dass die Modularisierung mit Project Jigsaw (noch) folgende Schwachstellen aufweist, die von OSGi adressiert werden:

- Kein dynamisches Laden und Entladen von Modulen
- Keine Prüfungen zur Laufzeit auf Eindeutigkeit von Klassen, also Versionierung
- Kein Lifecycle-Management

Allerdings ist die Modularisierungslösung von Project Jigsaw einfacher als diejenige mit OSGi. Vor allem gibt es nun eine ins JDK integrierte Standardlösung, die auch direkt aus den Tools des JDKs nutzbar ist. Im Speziellen wird die Modularisierung in allen Phasen, insbesondere bereits beim Kompilieren, unterstützt. Benötigt man die weiter gehenden Eigenschaften von OSGi, so kann man OSGi und Jigsaw parallel anwenden, wie es Neil Bartlett in »OSGi and Java 9 Modules Working Together« online unter `http://njbartlett.name/2015/11/13/osgi-jigsaw.html` beschreibt.

IV Fallstricke und Lösungen im Praxisalltag

16 Bad Smells

Nachdem wir uns bereits mit einigen fortgeschrittenen Java-Techniken sowie kleineren API-Problemen beschäftigt haben, werfen wir nun einen Blick auf immer wiederkehrende Fallstricke und Probleme, die einem Entwickler regelmäßig begegnen. Man spricht in diesem Zusammenhang auch von »Bad Smells«. Darunter versteht man Abschnitte des Sourcecodes, die im übertragenen Sinne einen schlechten Geruch verbreiten – an denen potenziell etwas »faul« ist. Dieser eingängige Begriff wurde von Kent Beck und Martin Fowler im Buch »Refactoring« [21] zur Beschreibung derartiger Programmabschnitte eingeführt.

In diesem Kapitel werden Sie erfahren, welche Tücken und Fehler sich leicht in den Sourcecode einschleichen. Wenn wir diese Bad Smells erkennen, lokalisieren und verstehen können, sind wir auch in der Lage, Gegenmaßnahmen zu ergreifen. In den folgenden Abschnitten präsentiere ich dazu einen Katalog von Bad Smells, der sich in die Abschnitte 16.1 »Programmdesign«, 16.2 »Klassendesign« und 16.3 »Fehlerbehandlung und Exception Handling« gliedert und diverse Sourcecode-Auszüge unterschiedlicher Qualität zeigt. Wir analysieren jeweils die darin enthaltenen Probleme und schulen damit Ihr Auge. Das Erkennen eines Problems ist gut, allerdings sollten wir auch in der Lage sein, es zu beheben. Daher werden zu jedem Bad Smell passende Tipps zur Vermeidung gegeben und kleinere Abhilfemaßnahmen sofort vorgestellt. Allgemeingültige und größere Umbaumaßnahmen stelle ich separat in Kapitel 17 »Refactorings« vor. Den Abschluss dieses Kapitels bilden in Abschnitt 16.4 »Häufige Fallstricke« einige Programmiertücken, die nicht die Schwere eines Bad Smells haben, aber dennoch hier erwähnt werden sollen, um diese in eigenen Programmen zu vermeiden.

Bad Smells am Beispiel

Bekanntermaßen beschreiben Bad Smells Sourcecode-Abschnitte, an denen möglicherweise etwas nicht in Ordnung ist. Diese Programmteile vergrößern die Gefahr für Fehlfunktionen oder enthalten bereits Fehler – manchmal sind solche Sourcecode-Stellen aber auch akzeptabel. Diesen Sachverhalt sollte man immer zunächst genau prüfen und gegebenenfalls durch einen Kommentar beschreiben.

Mit ein wenig Übung springen beim Analysieren von Sourcecode potenziell gefährliche Stellen schnell ins Auge. Außerdem ist es in der Regel so, dass Bad Smells gehäuft auftreten. Zum besseren Verständnis betrachten wir ein Beispiel mit der folgenden Methode `setDataState(int, OperationState)`:

```java
public void setDataState(final int department, final OperationState state)
{
    if (this.dataState == null)
    {
        this.dataState = new HashMap<Integer, OperationState>();
    }
    this.dataState.put(new Integer(department), state);

    if (log.isInfoEnabled())
    {
        String msg = "device data state for department " + department + ": ";
        switch (state)
        {
            case RUNNING:
                msg += "running";
                break;
            case GOING_DOWN:
                msg += "going down";
                break;
            case DOWN:
                msg += "down";
                break;
            case GOING_UP:
                msg += "going up";
                break;
            default:
                msg += "unknown";
        }
        log.info(msg);
    }
}
```

Diese Methode scheint zunächst durchaus in Ordnung. Allerdings offenbaren sich dem geübten Auge hier unter anderem folgende Schwachstellen:

1. **Fehlende Plausibilitätsprüfungen der Parameter** – Durch unerwartete Parameterwerte lauern Probleme: Nur ein kleiner Teil des `int`-Wertebereichs des Parameters `department` entspricht gültigen Werten. Außerdem ist für den Parameter `state` der Wert `null` ungültig und sollte zurückgewiesen werden.

2. **Unpassender Einsatz von Lazy Initialization** – Die Gefahr für mögliche Multithreading-Probleme wird durch den unsynchronisierten Einsatz von Lazy Initialization[1] für das Attribut `dataState` erhöht. Tatsächlich traten diese Probleme in der Praxis auf und führten zu Inkonsistenzen in den gespeicherten Werten.

3. **Unausgewogenheit beim Logging** – Der Logging-Code dominiert die Funktionalität: Nur die ersten Programmzeilen tragen zur Anwendungsfunktionalität bei. Die restlichen Zeilen bereiten Log-Informationen auf und sollten in eine Methode `reportState()` herausfaktoriert werden, um die Struktur klarer erkennbar zu machen. Darüber hinaus bietet es sich an, das `switch-case` durch eine Lookup-Map (vgl. Abschnitt 6.1.10) zu ersetzen.

---

[1] Lazy Initialization beschreibt die Technik, ein Attribut nicht direkt zu initialisieren, sondern zunächst mit `null` zu belegen, um die Konstruktion komplexer Objekte zu vermeiden. Erst beim ersten Zugriff erfolgt dann eine Initialisierung. Kapitel 22 beschreibt diese Technik im Detail.

16.1 Programmdesign

Nach diesem einführenden Beispiel stelle ich nun einen Katalog von Bad Smells vor und beginne dabei mit möglichen Problemen im Programmdesign.

16.1.1 Bad Smell: Verwenden von Magic Numbers

Oftmals kommen an beliebigen Stellen im Sourcecode verschiedene Zahlenwerte vor, die explizit als Zahlenliteral – als sogenannte *Magic Number* – angegeben werden. Zum Teil existieren funktionale und semantische Abhängigkeiten zwischen diesen Werten, die jedoch nicht im Sourcecode, sondern bestenfalls durch Kommentare ausgedrückt werden können.

Wir betrachten hier eine Klasse `CommandExecutor`, die im Konstruktor einen `int`-Wert erhält, der steuert, wie neue Kommandos verwaltet und einer internen Datenstruktur hinzugefügt werden. Für diesen Zweck gibt es mehrere Konstanten, unter anderem die Konstante `ADD_AS_LAST` mit dem Wert 2. Im folgenden Beispiel werden zwei Instanzen der Klasse `CommandExecutor` erzeugt, einmal unter Verwendung der Konstantendefinition und einmal anhand des korrespondierenden Zahlenwerts:

```
final CommandExecutor executor1 = new CommandExecutor(ADD_AS_LAST);
final CommandExecutor executor2 = new CommandExecutor(2);   // Magic Number 2
```

Warum ist das ein Bad Smell? Bereits anhand dieses einfachen Beispiels sieht man, dass die Lesbarkeit unter dem Einsatz von Magic Numbers leidet. Das liegt daran, dass ein Zahlenwert wenig semantische Aussagekraft besitzt. Erschwerend kommt hinzu, dass Änderungen an den Werten – etwa wenn obige Konstante z. B. später den Wert 7 erhält – überall im nutzenden Sourcecode nachgezogen werden müssen. Das ist aufwendig und fehleranfällig, denn alle betroffenen Vorkommen einer Magic Number lediglich anhand ihres Werts aufzuspüren, ist problematisch: Logischerweise repräsentiert nicht jedes Vorkommen der Zahl 2 die Konstante `ADD_AS_LAST`. Wird bei einer solchen Korrektur eine Stelle übersehen, so kann dies zu unerwarteten Resultaten und schwer zu findenden Fehlern führen: Wird irgendwann einmal der Wert der Konstante auf 4711 verändert und eine andere Konstante erhält den Wert 2, so besagt diese 2 nun beispielsweise das Einfügen an erster Stelle und verändert den Programmablauf damit komplett. Wird dagegen eine andere Programmstelle versehentlich geändert, so kommt es dort zu Fehlern im Programmverhalten, weil der neue Wert (die 4711) dort keinen Sinn ergibt und möglicherweise sogar außerhalb des zulässigen Wertebereichs liegt.

Tipps und Refactorings Mit sprechenden Konstantennamen kann man leicht ausdrücken, was bewirkt werden soll, hier das Einfügen an letzter Position. Zudem stellen nachträgliche Änderungen der Werte kein Problem im nutzenden Sourcecode dar. Ein weiterer Vorteil der Verwendung von Konstanten ist, dass diese im Nachhinein, wie in diesem Beispiel sicher sinnvoll, leicht und ohne größere Änderungen in eine `enum`-Aufzählung umgewandelt werden können. Wenn jedoch Magic Numbers verwendet wurden, dann muss jedes Vorkommen überprüft und gegebenenfalls angepasst werden.

16.1.2 Bad Smell: Konstanten in Interfaces definieren

Java erlaubt es, Konstanten in einem Interface zu definieren. Dabei kann man zwei Varianten unterscheiden. In der ersten wird ein Interface ausschließlich zur Definition von Konstanten verwendet, hier durch das Interface `FigureConstants` gezeigt:

```java
//ACHTUNG: Interfaces (möglichst) so nicht verwenden
public interface FigureConstants
{
    // Randbreite und -höhe
    int BORDER_WIDTH  = 5;
    int BORDER_HEIGHT = 5;

    // Abstand der Punkte im Raster in X- und Y-Richtung
    int GRID_SIZE_X   = 20;
    int GRID_SIZE_Y   = 20;
}
```

In der zweiten Variante – hier am Beispiel des Interface `FigureIF` – werden sowohl Konstanten als auch Methoden definiert:

```java
//ACHTUNG: Interfaces (möglichst) so nicht verwenden
public interface FigureIF
{
    // Rückgabewerte für hitTest
    int BORDER_HIT   = 0;
    int TITLE_HIT    = 1;
    int SIZE_BOX_HIT = 2;

    int hitTest(final int x, final int y);
    void draw(final Graphics g);
}
```

Warum ist das ein Bad Smell? Die Definition von Konstanten in Interfaces ist in vielerlei Hinsicht ungünstig. Zunächst ist durch die JLS jede dort definierte Konstante implizit `public static final` und jede Methode `public abstract`. Daher kann die Sichtbarkeit nicht eingeschränkt werden. Die Situation ändert sich mit Java 8 und 9 – leider nicht zum Guten: In Java 8 sind nun Defaultmethoden sowie statische Methoden in Interfaces erlaubt (vgl. Abschnitt 5.2). Mit Java 9 kann man sogar private Methoden in Interfaces definieren (vgl. Abschnitt 14.1.3).

Zudem ist es möglich, ein Konstanten-Interface durch eine Klasse zu implementieren. Dadurch werden die Konstantennamen in den Namensraum der jeweiligen Klasse aufgenommen, und somit geht der Verweis auf den tatsächlichen Definitionsort der Konstante verloren. Für Konstanten als Bestandteile eines Methoden deklarierenden Interface besteht das Problem gleichermaßen.

In der folgenden Klasse `BadFigure`, die zu Demonstrationszwecken das Interface `FigureConstants` implementiert, ist dies in der Methode `isInside(int, int)` mit der Verwendung der Konstanten `BORDER_WIDTH` und `BORDER_HEIGHT` gezeigt, wobei zum einen eine Referenzierung über `FigureConstants` und zum anderen über `BadFigure` erfolgt:

```java
// ACHTUNG: Interfaces (möglichst) so nicht verwenden
public class BadFigure implements FigureConstants
{
    final Rectangle boundingRect;

    BadFigure(final Rectangle boundingRect)
    {
        this.boundingRect = boundingRect;
    }

    public boolean isInside(final int x, final int y)
    {
        final Rectangle innerRect = new Rectangle(boundingRect);

        // Definitionsort der Konstanten BORDER_WIDTH und BORDER_HEIGHT
        // ist bei Referenzierung über BadFigure unklar
        innerRect.grow(-FigureConstants.BORDER_WIDTH,
                       -BadFigure.BORDER_HEIGHT);

        return innerRect.contains(x, y);
    }
}
```

Die beschriebene und im Listing gezeigte »Namensraumverschmutzung« scheint zunächst ein etwas hergeholtes Argument zu sein. Doch in der Praxis erschwert eine solche Vorgehensweise mögliche Erweiterungen, Refactorings und die Nachvollziehbarkeit. Schauen wir uns dazu die Problematik einmal genauer an: Nehmen wir an, eine Klasse `BaseFigure` implementiert versehentlich ein Konstanten-Interface `Constants` mit der Konstante `OK`. Eine Erweiterung der Klassenhierarchie um eine Subklasse `ProcessingFigure` führt zu Kompilierfehlern, wenn diese Subklasse ein Interface `ProcessingResults` implementiert, in dem ebenfalls eine Konstante `OK` definiert ist: Die Konstante `OK` ist dann mehrdeutig. Das zeigt Abbildung 16-1.

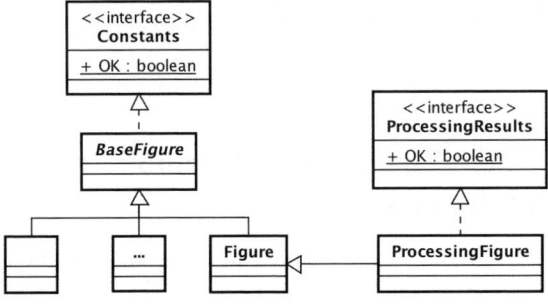

Abbildung 16-1 Doppeldeutigkeit der Konstante `OK`

Tipps und Refactorings Benutzen Sie Interfaces nur dazu, wozu sie aus OO-Sicht dienen sollen, nämlich, um eine Schnittstelle mit angebotenen Methoden zu definieren.

Reine Konstanten-Interfaces können in der Regel in finale Konstantensammlungsklassen mit privaten Konstruktoren oder `enum`-Aufzählungen umgewandelt werden. Wie man dabei vorgeht, beschreibt das Refactoring WANDLE KONSTANTENSAMMLUNG IN `ENUM` UM in Abschnitt 17.4.12 als Schritt-für-Schritt-Anleitung.

Wurden solche Interfaces allerdings bereits (versehentlich) implementiert, dann muss mühselig jedes Vorkommen einer Konstante mit einer Referenz auf die neue Konstantenklasse versehen werden. Dabei kann es zu Problemen kommen, wenn man nicht alle Klassen im Zugriff hat oder verändern kann, die das Interface implementiert haben. Daher ist es sinnvoll, alle bekannten Nutzer vor einer solchen Maßnahme über den Umbau zu informieren. Ist die Nutzerbasis groß (z. B. für das Java-API), so ist ein solches Vorgehen nicht möglich und eine solche Designsünde lässt sich nicht mehr korrigieren, sondern nur als veraltet markieren. Dazu nutzt man das Javadoc-Tag `@deprecated` oder die Annotation `@Deprecated`. *An diesem Beispiel erkennt man, wie wichtig es ist, gleich von Anfang an mit großer Sorgfalt zu arbeiten.* Dies gilt insbesondere bei der Implementierung aller nach außen sichtbaren Klassen und Methoden.

> **Info: Ähnliche Probleme durch statischen Import (`import static`)**
>
> Statische Imports ermöglichen es, Attribute oder Methoden anderer Klassen ohne Angabe des qualifizierenden Klassennamens zu nutzen. Es werden dadurch weitere Namen in den Namensraum der eigenen Klasse aufgenommen.
>
> Beim Import statischer Attribute kommt es bei gleichnamigen, eigenen Klassenattributen zu Namenskonflikten und Kompilierproblemen, wie dies z. B. beim Implementieren verschiedener Interfaces mit gleichnamigen Konstanten der Fall ist.
>
> Bei Mehrdeutigkeiten in Bezug auf Methoden treten keine Fehler beim Kompilieren auf, stattdessen überdeckt eine Objektmethode aus der eigenen Klasse eine statisch importierte Methode. Dadurch kommt es gegebenenfalls allerdings zu folgendem Problem: *Wird bei einer Erweiterung eine Objektmethode eingeführt, so wird das Verhalten unerwartet verändert, da als Folge nicht mehr die statisch importierte Methode aufgerufen wird, sondern die neu eingeführte Methode der eigenen Klasse.* Dies gilt übrigens auch dann, wenn die aufrufende Methode selbst statisch ist!

16.1.3 Bad Smell: Zusammengehörende Konstanten nicht als Typ definiert

Müssen einige Werte als Konstanten definiert werden, wie etwa die Einfügestrategien für Kommandos aus dem Beispiel der Klasse `CommandExecutor`, sieht man häufiger Definitionen zusammengehörender Konstanten als `int`-Werte:

16.1 Programmdesign

```java
/** altes Kommando durch neues ersetzen */
public static final int REPLACE_OLD_OR_ADD_AS_LAST = 0;

/** Kommando als erstes Kommando neu erzeugen */
public static final int ADD_AS_FIRST                = 1;

/** Kommando als letztes Kommando neu erzeugen */
public static final int ADD_AS_LAST                 = 2;
```

Warum ist das ein Bad Smell? Werden Konstanten als `int` definiert, so sind als Werte grundsätzlich alle aus dem Wertebereich des Typs erlaubt. Dadurch können auch unsinnige Werte Anwendung finden, wie dies folgendes Beispiel zeigt:

```java
// Was mag die 4711 bedeuten?
final CommandExecutor executor = new CommandExecutor(4711);
```

Wünschenswert ist es, sicherzustellen, dass die übergebenen Werte im Bereich der definierten Konstanten liegen. Das erfordert eine manuelle Bereichsprüfung und wird schnell unübersichtlich. Dieser Effekt verstärkt sich, wenn die Prüfungen an verschiedenen Stellen durchgeführt werden müssen, die Werte keinen zusammenhängenden Bereich abbilden oder sich Werte nachträglich ändern bzw. neue Konstanten hinzukommen. Machen wir es konkret für den folgenden Konstruktor:

```java
public CommandExecutor(final int strategy)
{
    if (strategy < REPLACE_OLD_OR_ADD_AS_LAST || strategy > ADD_AS_LAST)
    {
        throw new IllegalArgumentException("parameter 'strategy' is invalid: " +
                "value='" + strategy + "' not in range [" +
                REPLACE_OLD_OR_ADD_AS_LAST + " -- " + ADD_AS_LAST + "]");
    }
    this.registrationStrategy = strategy;
}
```

Prinzipiell gut an der Parameterprüfung ist, dass sie überhaupt vorhanden ist und der Benutzer bei einem Fehler im Aufruf detailliert sowohl über die Wertebelegung als auch über gültige Parameterwerte informiert wird.

Allerdings stehen diesen Vorteilen einige Nachteile gegenüber. Die obige Wertebereichsprüfung und Fehlerbehandlung ist aus folgenden Gründen ziemlich fragil:

1. Es werden Annahmen über die konkreten Werte der Konstanten `REPLACE_OLD_‐_OR_ADD_AS_LAST` und `ADD_AS_LAST` gemacht, insbesondere, dass der Wert von `ADD_AS_LAST` den größeren der beiden Werte repräsentiert. Wird der Wert der Konstanten `REPLACE_OLD_OR_ADD_AS_LAST` bzw. `ADD_AS_LAST` derart verändert, dass diese Annahme nicht mehr gilt, scheitert die Wertebereichsprüfung.

2. Der Vergleich setzt voraus, dass durch die Konstanten ein zusammenhängender Wertebereich abgedeckt wird. Diese Forderung erschwert unter Umständen eine sinnvolle Vergabe der Parameterwerte.

3. Wird im Nachhinein eine zusätzliche Kommandoart hinzugefügt, erfordert dies nicht nur die Definition einer neuen Konstanten, sondern es müssen überall im verwendenden Sourcecode Anpassungen in den Wertebereichsprüfungen erfolgen.

Tipps und Refactorings In der Regel möchte man Aufrufern lediglich erlauben, symbolische Werte, d. h. Konstantennamen, zu verwenden. Das lässt sich elegant und einfach durch das Sprachmittel `enum` erreichen, mit dem man Konstanten zu einem neuen Typ zusammenfassen kann:

```
enum RegistrationStrategyType
{
    REMOVE_OLD_AND_ADD_AS_LAST(0, "altes Kommando durch neues ersetzen"),
    ADD_AS_FIRST(1, "Kommando als erstes Kommando neu erzeugen"),
    ADD_AS_LAST(2, "Kommando als letztes Kommando neu erzeugen");

    final int    value;
    final String description;

    RegistrationStrategyType(final int value, final String description)
    {
        this.value = value;
        this.description = description;
    }
}
```

Die durch Einsatz eines `enum` gewonnene Typsicherheit löst sowohl die Probleme der Bereichsprüfung – diese ist nun überflüssig, da sie implizit durch den Compiler basierend auf der Typangabe sichergestellt wird – als auch die der nicht zusammenhängenden Wertebereiche oder sich ändernder Konstantenwerte. Eine Anleitung liefert das Refactoring WANDLE KONSTANTENSAMMLUNG IN ENUM UM in Abschnitt 17.4.12.

16.1.4 Bad Smell: Programmcode im Logging-Code

Programmcode und Logging-Code sollte man immer funktional trennen. Dieser Bad Smell betrachtet, was passieren kann, wenn man dies nicht tut.

In folgendem Beispiel wird im Log-Level `debug` die Methode `resetLineCounter()` aufgerufen, für andere Log-Level jedoch nicht:

```
if (log.isDebugEnabled())
{
    log.debug("...");
    resetLineCounter();
}
```

Warum ist das ein Bad Smell? Erfolgt das Logging, z. B. während der Entwicklung, zunächst immer im Debug-Level, scheint die Software fehlerfrei zu funktionieren. Wird im späteren Verlauf eines Projekts der Log-Level allerdings erhöht, so erzeugt man dadurch einen Softwaredefekt. Das Rücksetzen der Variablen durch Aufruf der Methode `resetLineCounter()` wird nun nicht mehr durchgeführt. Noch fataler sind die Folgen dieses Bad Smells, wenn ein Kunde die Funktion bereits abgenommen hat und selbstständig später die Log-Konfiguration ändert.

Tipps und Refactorings Ist die Ausführung von Programmcode abhängig vom Log-Level, so kann dies zu extrem schwer zu findenden Fehlern führen! Daher ist Programmcode innerhalb von Log-Ausgaben zu vermeiden. Der Aufruf von `get()`-Methoden ist meistens akzeptabel. Aber selbst hierbei muss man achtsam sein, denn man sieht leider immer wieder `get()`-Methoden, die Seiteneffekte verursachen.

> **Warnung: Ähnliche Probleme mit Assertions**
>
> Nach der Lektüre von Abschnitt 4.7.5 wissen wir, dass Assertions standardmäßig deaktiviert sind und Package-weise (de)aktiviert werden können. Daher darf man sich niemals darauf verlassen, dass Anweisungen innerhalb eines `assert`s abgearbeitet werden. Folgende Methode ist daher fragil und löscht je nach Einstellung Daten oder eben auch nicht:
>
> ```
> protected boolean deleteValues(final String key)
> {
>     if (exists(key))
>     {
>         assert delete(key);
>         return true;
>     }
>     return false;
> }
> ```

16.1.5 Bad Smell: Dominanter Logging-Code

Wie zuvor erkannt, sollte man Programmcode und Logging-Code funktional voneinander trennen. Teilweise ist aber die eigentliche Programmfunktionalität kaum mehr zu erkennen, da der Sourcecode extrem mit Logging-Code durchsetzt ist.

Folgendes Beispiel stammt aus einem Fahrgastinformationssystem zur Bereitstellung von Busabfahrten. Das Listing zeigt die Erzeugung von Informationen zu neuen Abfahrten mithilfe der Methode `DepartureFactory.createNewDepartures()` und deren Verarbeitung durch `processNewDepartures(List<Departure>)`:

```
log.info("Start creating new departures ...");
final List<Departure> newDepartures = DepartureFactory.createNewDepartures();
log.info("Finished creation of departures");

if (log.isDebugEnabled())
{
    log.debug("newly created departures:");
    final Iterator<Departure> it = newDepartures.iterator();
    while (it.hasNext())
    {
        final Departure departure = it.next();
        log.debug("new Departure: " + "time = '" + departure.getTime() + "'"
                + "line = '" + departure.getLine() + "'"
                + "destination = '" + departure.getDestination());
    }
}

log.info("process new departures");
processNewDepartures(newDepartures);
```

Warum ist das ein Bad Smell? Obwohl beide Aufgaben in eigene Methoden ausgelagert sind, erschließt sich in diesem Ausschnitt deren Zusammenhang und auch deren Aufruf nicht sofort. Das liegt insbesondere daran, dass der Logging-Code den Applikationscode dominiert und stark durchsetzt. Tatsächlich finden sich zwei Zeilen Nutzcode und über 10 Zeilen Logging-Code, in dem zum einen einfache Abläufe protokolliert werden und zum anderen eine längere (und bereits leicht unübersichtliche) Aufbereitung von Log-Ausgaben erfolgt.

Verschärft wird das Ganze dadurch, das Sprünge zwischen verschiedenen Abstraktionsebenen vorliegen, wodurch wir beim Betrachten des Sourcecodes immer wieder gedanklich zwischen verschiedenen Abstraktionsgraden hin und her wechseln müssen. In Abschnitt 19.2 zeige ich, wie sich das Layout des Sourcecodes auf dessen Verständlichkeit auswirkt.

Tipps und Refactorings Wenn man einen Teil des Logging-Codes in eine Hilfsmethode `logAllDepartureInfos(List<Departure>)` auslagert, so wird der Sourcecode bereits um einiges klarer. Dadurch kann man vermutlich auch auf die protokollierenden Informationsmeldungen verzichten – oder diese in die beiden Nutzcodemethoden verlagern. Als Letztes kann man noch Logging und Informationsverarbeitung vertauschen. Damit wird das Verarbeiten und das Ermitteln der Informationen noch stärker verknüpft und der Sourcecode kommuniziert ohne den feingranularen Logging-Code sehr gut, was er tut:

```
final List<Departure> newDepartures = DepartureFactory.createNewDepartures();
processNewDepartures(newDepartures);

logAllDepartureInfos(newDepartures);
```

16.1.6 Bad Smell: Unvollständige Betrachtung aller Alternativen

Teilweise sieht man Sourcecode-Abschnitte, die verschiedene Alternativen über `if` oder `case` unterscheiden, jedoch einige mögliche Fälle nicht betrachten.

Dieses Beispiel stammt aus einer Applikation, die aus mehreren Teilkomponenten besteht. Jede dieser Komponenten verwaltet einen eigenen Systemzustand. Dieser kann abgefragt werden und dient als Eingabe für die Berechnung eines Gesamtzustands. Die Einzelzustände werden durch den Aufruf einer Methode `calcState(ComponentId)` ermittelt und in der Variablen `stateMap` gespeichert. Wird von `calcState(ComponentId)` unerwartet der Wert `null` zurückgeliefert, so findet allerdings keine Speicherung statt:

```
private Map<ComponentId, ComponentState> stateMap = new HashMap<>();

public void updateState(final ComponentId componentId)
{
    final ComponentState state = calcState(componentId);

    if (state != null)
    {
        stateMap.put(componentId, state);
    }
}
```

Warum ist das ein Bad Smell? Betrachtet man obiges Listing, so ist zunächst kein Fehler zu erkennen. Bei einem fehlenden `else`-Zweig sollte man sich aber immer fragen, was in einem solchen Fall passiert bzw. ob ein solcher Fall eintreten kann.

Tatsächlich kam es bei diesem Sourcecode in ganz seltenen und ungünstigen Fehlersituationen dazu, dass die Methode `calcState(ComponentId)` nicht einen der definierten Aufzählungswerte, sondern einen `null`-Wert lieferte. Ursache war, dass in einem Spezialfall fälschlicherweise eine Rückgabe von `null` erfolgte. Da dieser Wert weder protokolliert wurde noch eine Aktualisierung des Zustands stattfand, wurde folglich der zuvor in der Map gespeicherte Systemzustand beibehalten. In ungünstigen Fällen wurde irrtümlich also weiterhin von einem funktionierenden System ausgegangen, obwohl ein Fehler vorlag. Das Nachvollziehen dieser ganz speziellen, seltenen Fehlersituation war zeitaufwendig, da das gesamte System keinen Hinweis auf eine Fehlfunktion lieferte. *Der Einsatz von Aufzählungen schützt zwar vor ungültigen Werten, jedoch müssen dann von Klienten gegebenenfalls Referenzen auf `null` geprüft werden.* Ähnliche Probleme behandeln BAD SMELL: UNBEDACHTE RÜCKGABE VON NULL in Abschnitt 16.3.6 sowie BAD SMELL: KEINE GÜLTIGKEITSPRÜFUNG VON EINGABEPARAMETERN in Abschnitt 16.3.8.

Tipps und Refactorings Selbst wenn man der Meinung ist, einen Fall gänzlich ausschließen zu können, sollte man einen `else`-Zweig einführen. Dort kann für diese unerwartete Situation eine Warnmeldung in eine Log-Datei erfolgen oder eine

`IllegalStateException` ausgelöst werden. Durch Letzteres hat man die Gewissheit, mögliche Programmier- oder Denkfehler aufzudecken. Ein großer Vorteil dieses offensiven Umgangs mit Fehlersituationen ist, dass dadurch häufig Fehler noch relativ früh im Entwicklungsprozess erkannt werden können. Selbst wenn ein solcher Fehler erst während der Wartungsphase auftritt, kann eine Exception auf veränderte Umgebungsbedingungen hindeuten und eine Fehlerkorrektur erleichtern. Folgende Modifikation hilft, mögliche Fehler bei der Ermittlung des Systemstatus aufzudecken. Insbesondere wird nun die Fehlersituation sofort deutlich und der Normalfall erfordert keine Sonderbehandlung mehr. Folgender Sourcecode ist also verständlicher:

```java
public void updateStateImproved(final ComponentId componentId)
{
    final ComponentState state = calcState(componentId);

    if (state == null)
        throw new IllegalStateException("variable 'state' must not be null!");

    stateMap.put(componentId, state);
}
```

16.1.7 Bad Smell: Unvollständige Änderungen nach Copy-Paste

Bei Erweiterungen wird teilweise Funktionalität ähnlich zu bereits implementierten Programmteilen benötigt. Aus Bequemlichkeit wird dann mitunter Copy-Paste genutzt, um die erforderlichen Teile zu übernehmen und nur an einigen Stellen zu modifizieren.

Betrachten wir dies anhand der Methode `createWatchdog(byte[])`:

```java
public Watchdog createWatchdog(final byte[] data) throws
    UnknownProtocolException
{
    final Encoding encoding = EncodingFactory.getEncodingFor(Watchdog.class);
    if (encoding == null)
        throw new UnknownProtocolException(Watchdog.class);

    return new Watchdog(data, encoding);
}
```

Diese Methode dient als Ausgangsbasis und Kopiervorlage, um eine ziemlich ähnliche Methode `createContent(byte[])` neu zu erzeugen. Die Kopie sieht nach ein paar Modifikationen wie folgt aus:

```java
public Content createContent(final byte[] data) throws UnknownProtocolException
{
    final Encoding encoding = EncodingFactory.getEncodingFor(Content.class);
    if (encoding == null)
        throw new UnknownProtocolException(Watchdog.class);
    //                                    ********
    return new Content(data, encoding);
}
```

In beiden Fällen wird zunächst ein passendes Encoding durch eine `EncodingFactory` bereitgestellt. Ist kein solches registriert, wird von der Methode `getEncoding-For(Class<T>)` der Rückgabewert `null` geliefert. Die Applikation löst daraufhin eine `UnknownProtocolException` aus. Existiert ein passendes Encoding, so wird das gewünschte Objekt aus den übergebenen Daten und dem Encoding erzeugt.

Es fällt auf, dass in den kopierten Zeilen der Fehlerbehandlung beim Auslösen der `UnknownProtocolException` die Anpassung der Typangabe von `Watchdog.class` auf `Content.class` vergessen wurde.

Warum ist das ein Bad Smell? Der Copy-Paste-Ansatz bietet scheinbar einen schnellen Weg, gewünschte Funktionalität übernehmen und modifizieren zu können. Als Folge steigt jedoch der Sourcecode-Umfang, und es entstehen diverse ähnliche Blöcke mit lediglich einigen (kleineren) Veränderungen. Solange die funktionale Korrektheit des Programms gegeben ist, scheint die Duplikation eher ein kosmetisches Problem zu sein. Allerdings wird der Überblick erschwert. Dadurch ist solcher Sourcecode schwieriger erweiter- und wartbar. Zudem schleichen sich bei Änderungen sehr leicht Fehler ein. Durch die Duplikation müssen Änderungen an einer Stelle oft an allen kopierten Stellen nachgezogen werden. Im hektischen Alltag wird schnell eine davon übersehen, wodurch jedoch unvollständige Anpassungen entstehen, die Inkonsistenzen auslösen. Diese verringern wiederum die Verständlichkeit. Es beginnt ein Wartungsalbtraum.

In diesem Beispiel wird im Fehlerfall zwar lediglich eine irreführende Fehlermeldung generiert. Eine solche Fehlinformation erschwert jedoch eine spätere Fehlersuche. Mit etwas Fantasie kann man sich ausmalen, welche Folgen und Verarbeitungsfehler an kritischeren Stellen drohen, wenn nicht nur eine Warnmeldung aus einer Exception erzeugt wird.

Tipps und Refactorings Beim Verwenden von Copy-Paste sollte man immer sehr große Sorgfalt walten lassen und sich den kopierten Sourcecode und alle nachfolgenden Anpassungen genau anschauen. Häufig lässt sich Copy-Paste vermeiden, indem man Convenience-Methoden einführt, den betroffenen Sourcecode-Ausschnitt dorthin verlagert und die neue Methode an der Original- und Zielstelle aufruft, anstatt die betreffenden Stellen zu kopieren. In diesem Beispiel würde es sich anbieten, eine Methode zur Prüfung auf ein gültiges Encoding in die Klasse `EncodingFactory` aufzunehmen und im Fehlerfall hier eine `UnknownProtocolException` auszulösen, statt `null` zurückzugeben. Derartige Problemfälle behandelt BAD SMELL: RÜCKGABE VON NULL STATT EXCEPTION IM FEHLERFALL in Abschnitt 16.3.5.

Soll bestehender Sourcecode auf Duplikation geprüft werden, so gibt es dafür Detektoren, die in einige Tools und IDEs integriert oder als Plugin verfügbar sind (vgl. Abschnitt 19.4).

16.1.8 Bad Smell: Casts auf unbekannte Subtypen

Casts werden in Programmen verwendet, wenn eine Typumwandlung gewünscht wird, die vom Compiler nicht garantiert werden kann. In wenigen Fällen ist ein Einsatz unumgänglich, beispielsweise wenn man ein Zahlenliteral vom Typ `int` an eine Methode mit `short`-Parametern übergeben möchte. In der Regel weist der Einsatz eines Casts allerdings auf eine potenzielle Fehlerquelle hin, und man sollte einen genaueren Blick auf die entsprechende Sourcecode-Stelle werfen.

Betrachten wir die Problematik am Beispiel einer Methode `getPersons()`, die in einem Interface `IDataAccess` wie folgt definiert ist:

```
interface IDataAccess
{
    List<Person> getPersons();
}
```

Der folgende Sourcecode-Ausschnitt nutzt eine Realisierung dieses Interface zum Aufruf von `getPersons()`. Vor der Zuweisung an die Variable `persons` findet ein Cast auf eine `LinkedList<Person>` statt:

```
final LinkedList<Person> persons = (LinkedList<Person>) dbAccessor.getPersons();
final Iterator<Person> it = persons.iterator();
while (it.hasNext())
{
    processValue(it.next());
}
```

Warum ist das ein Bad Smell? In diesem Beispiel erfolgt eine Umwandlung der zurückgelieferten Referenz auf den Typ `LinkedList<Person>`, obwohl im Interface `IDataAccess` lediglich die Rückgabe einer `List<Person>` garantiert wird. Sofern die momentane Implementierung des Interface `IDataAccess` für `getPersons()` eine `LinkedList<Person>` verwendet und zurückliefert, kommt es zu keinem Laufzeitfehler. Der aufrufende Sourcecode verlässt sich allerdings auf ein Implementierungsdetail. Würde der obige Programmcode, beispielsweise aufgrund von Performance-Messungen, auf den Einsatz einer `ArrayList<Person>` umgestellt, so wäre dies immer noch Interface-konform. Es käme jedoch im Beispiel in der aufrufenden Methode zu einer `ClassCastException`.

Casts sind an sich schon kein schöner Programmierstil, da sie Typumwandlungen vornehmen, deren Fehlerfreiheit vom Compiler nicht garantiert werden kann. Problematisch werden sie jedoch, wenn ein sogenannter **Down Cast** von einem Basistyp auf einen Subtyp erfolgt. Dies entspricht in der Ableitungshierarchie dem »Weg nach unten«, der allerdings nicht zugesichert ist und häufig zu `ClassCastExceptions` führt, beispielsweise wenn man folgende Methode `downcastToSub(Object)` mit einem Objekt vom Typ `Person` statt `Sub` aufruft:

16.1 Programmdesign

```
public Sub downcastToSub(final Object obj)
{
    final Sub sub = (Sub) obj;           // Down Cast: Object -> Sub
    // ...
```

Erinnern wir uns an die OO-Grundlagen: Es gilt die Beziehung Subtyp »is-a« Basistyp, aber nicht umgekehrt. Nur für den Fall, dass an die obige Methode ein Objekt mindestens vom Typ `Sub` übergeben wird, ist der Cast erfolgreich. Ansonsten kommt es zu einer Inkompatibilität von Typen, wodurch eine `ClassCastException` ausgelöst wird. Einen solchen Cast sollte man daher nur nach expliziter Typprüfung durchführen:

```
public Sub downcastToSub(final Object obj)
{
    if (obj instanceof Sub)
    {
        // Cast ist nun sicher
        final Sub sub = (Sub) obj;       // Down Cast: Object -> Sub
        // ...
    }
    else
    {
        // sollte nicht auftreten, z. B. IllegalStateException werfen
    }
    // ...
```

Der Cast ist nun zwar sicher, aber es stellt sich die Frage, wie auf nicht erwartete Typen reagiert werden soll. Eine ähnliche Situation wird als BAD SMELL: UNVOLLSTÄNDIGE BETRACHTUNG ALLER ALTERNATIVEN in Abschnitt 16.1.6 behandelt.

Tipps und Refactorings Anhand des eingangs gezeigten Beispiels sieht man einerseits, dass der Cast in diesem Fall vollkommen überflüssig ist, und andererseits, dass es durch Programmieren gegen das Interface `List<T>` gar nicht erst zu dem Problem gekommen wäre. Als Merksatz gilt: *Vermeide Casts auf konkrete Klassen und programmiere stattdessen gegen Interfaces*. Sofern kein gemeinsames Interface vorhanden ist, kann man – falls sinnvoll – ein solches einführen. Casts kann man vermeiden, wenn man Referenzen auf das gemeinsame Interface zum polymorphen Aufruf von Methoden nutzt. Dieses Vorgehen entspricht eher der objektorientierten Denkweise.

16.1.9 Bad Smell: Pre-/Post-Increment in komplexeren Statements

Die Verwendung von Pre-/Post-Increments bzw. -Decrements erlaubt häufig eine kompaktere Schreibweise des Sourcecodes. Nutzen wir diese jedoch in Kombination mit Abfragen oder in Array-Zugriffen, so kann dies schnell unübersichtlich werden.

Betrachten wir diesen Bad Smell konkret am Beispiel einer Variablen `pos`, die innerhalb einer Schleife in einem Array-Zugriff inkrementiert wird. Das kann mit Pre-Increment folgendermaßen realisiert werden:

```
while (pos < message.length)
{
    if (message[++pos] != EOL_BYTE_VALUE)
    {
```

Mit Post-Increment schreibt man Folgendes:

```
while (pos < message.length)
{
    if (message[pos++] != EOL_BYTE_VALUE)
    {
```

Warum ist das ein Bad Smell? Beides sieht auf den ersten Blick sehr ähnlich aus. Es gibt jedoch einen subtilen Unterschied: Im Fall des Post-Increments wird zunächst der Wert aus dem `message`-Array ausgelesen und *anschließend* der Wert von `pos` erhöht. Im Fall des Pre-Increments wird der Wert von `pos` jedoch *vor* dem Auslesen erhöht. Dadurch greift man auf einen anderen Wert im Array zu und vergleicht andere Werte als beim Post-Increment. Der entscheidende Punkt ist, dass die unterschiedliche Bedeutung nicht sofort ins Auge springt. Das Ganze hat folgende Konsequenzen:

1. **Die Position des Array-Zugriffs ist nicht intuitiv ersichtlich:** Möglicherweise werden falsche (unbeabsichtigte) Werte miteinander verglichen, sodass der Vergleich ein unerwartetes Ergebnis liefert. Zusätzlich wird häufig, wie in diesem Fall, der Index durch das Pre-Increment am Ende der Schleifendurchläufe ungültig: Für den Fall, dass `pos` den Wert `message.length-1` erreicht, kommt es beim Aufruf des Zugriffs `message[++pos]` zu einer `ArrayIndexOutOfBoundsException`. Selbst wenn eine solche Exception nicht auftritt, gilt das nächste Argument.

2. **Es wird Vergleichslogik mit Schleifenlogik vermischt:** Wird eine Schleifenvariable innerhalb der Schleife geändert, wird es schwieriger, deren Veränderungen nachzuvollziehen. Dies gilt vor allem dann, wenn an verschiedenen Stellen in der Schleife erneut auf die Schleifenvariable zugegriffen wird. Noch komplizierter wird es, wenn mehrere solcher Anweisungen hintereinander, geschachtelt oder sogar bedingt ausgeführt werden, wie dies im folgenden Beispiel angedeutet ist:

```
while (pos < message.length)
{
    // erhöht in jedem Fall
    if (message[pos++] == START_TAG_VALUE)
    {
        // erhöht nur, wenn START_TAG_VALUE gefunden wurde
        if (message[pos++] != EOL_BYTE_VALUE)
        {
```

Welchen Wert die Schleifenvariable dann in jedem Schritt hat, ist mühseliger nachzuvollziehen als bei einer Zuweisung und Veränderung in separaten Anweisungen. Zudem vergrößert sich die Gefahr nicht abgesicherter Array-Zugriffe und daraus resultierender `ArrayIndexOutOfBoundsExceptions`.

Tipps und Refactorings Man sollte Vergleichs- und Zuweisungslogik möglichst immer von Variablenänderungen trennen. Das Durchlaufen einer Schleife und das Verändern der Schleifenvariablen sollte in der Schleifenbedingung oder aber als separate Zeile am Ende der Schleife erfolgen.

> **Hinweis: Extrembeispiel**
>
> Betrachten wir folgendes Extrembeispiel, um die Idee dieses Bad Smells zu verdeutlichen. Es basiert auf dem Puzzle »Tricky Assignment« aus dem Buch »Java Puzzlers« von Joshua Bloch und Neil Gafter [7].
>
> ```
> int tricky = 0;
> for (int i=0; i < 10; i++)
>     tricky += tricky++;
> ```
>
> Raten Sie mal, welchen Wert die Variable `tricky` als Ergebnis dieser Schleife hat: 0, 10, 45 oder einen ganz anderen Wert? Die richtige Antwort ist: 0. Merkwürdig! Wie kommt das? Schreiben wir die Zeile einmal so, dass wir einige Zwischenschritte erkennen:
>
> ```
> //  tricky += tricky++;
> =>  tricky = tricky + tricky++;
> ```
>
> Auch diese Anweisung können wir noch weiter aufschlüsseln und erkennen dann die Ursache: Die Variable `tricky` wird zwar inkrementiert, jedoch wird zuvor der alte Wert von `tricky` in einer Hilfsvariablen `temp` zwischengespeichert und anschließend wieder an `tricky` zugewiesen. Die Erhöhung geht dadurch verloren:
>
> ```
> //  tricky = tricky + tricky++;
> 1)  temp = tricky + tricky;
> 2)  tricky++;
> 3)  tricky = temp;
> ```

16.1.10 Bad Smell: Keine Klammern um Blöcke

Im Rahmen dieses Bad Smells wird beschrieben, warum es sinnvoll ist, Blöcke normalerweise durch Klammern zu kennzeichnen, und welche Probleme auftreten können, wenn man dies nicht tut.

Das folgende Beispiel stammt aus einer Implementierung einer Tabelle, die sortierbare Spalten anbietet. Der Sourcecode sieht vereinfacht so aus:

```
if (COLUMN_PATH.equals(strColumnName))
    // do not sort path

if (COLUMN_CREATION_DATE.equals(strColumnName))
    Collections.sort(documents, new CreationDateComparator(ascending));

if (COLUMN_MODIFICATION_DATE.equals(strColumnName))
    Collections.sort(documents, new ModificationDateComparator(ascending));

...
```

Obwohl für alle Spalten (außer dem Pfad) passende Komparatoren hinterlegt sind, zeigen erste Tests, dass die Inhalte gewisser Spalten nicht sortiert werden können. Mit ein wenig Testaufwand findet man heraus, dass dieser Fehler tatsächlich nur den Inhalt der Spalte `COLUMN_CREATION_DATE` betrifft.

Wie ist das zu erklären? Für alle Leser, die bereits sensibilisiert sind, ist der Fall sofort klar. Für alle anderen vereinfache ich den Sourcecode. Wenn die Variable `strColumnName` den Wert `COLUMN_CREATION_DATE` besitzt, steht dort:

```
if (false)
    // do not sort path
if (true)
    System.out.println("sort");
```

Führt man den Sourcecode aus, so gibt er nichts aus! Das liegt daran, dass ein einzeiliger Kommentar laut JLS keine Anweisung ist. Aufgrund dessen wird der Sourcecode folgendermaßen ausgewertet:

```
if (false)
{
    // do not sort path

    if (true)
        System.out.println("sort");
}
```

Derart formatiert und mit eingefügten Hilfsklammern ist klar, dass nichts ausgegeben wird.

Warum ist das ein Bad Smell? Fehlende Klammern um Blöcke erschweren es, den Programmablauf basierend auf dem Sourcecode-Layout nachzuvollziehen. Die Auswertung von Bedingungen geschieht dann zum Teil nicht so, wie man es aufgrund der Formatierung erwarten würde. Im Besonderen gilt dies, wenn mehrere `if`-Anweisungen aufeinanderfolgen.

Tipps und Refactorings Man sollte bevorzugt Klammern um Blöcke verwenden, um solche Probleme im Voraus zu verhindern. Ausgenommen davon sind einzeilige Shortcut-Returns oder `throw`-Anweisungen in Zustandsprüfungen am Methodenanfang. Werden jedoch Anweisungen oder ein `else` ergänzt oder möchte man sich bei Modifikationen keine Gedanken machen müssen, ob man etwas am Ablaufverhalten ändert, empfiehlt es sich, fast immer Klammern zu verwenden.

16.1 Programmdesign

> **Achtung: Probleme durch ';' an unerwarteten Stellen**
>
> Die irrtümliche Angabe eines ';' an falscher Position kann ähnliche Probleme wie fehlende Klammern auslösen. Glücklicherweise prüfen dies die IDEs mittlerweile automatisch und geben eine Warnmeldung aus.
>
> ```java
> public static void wrongLoop()
> {
>     int i = 0;
>     for (; i < 10; i++);
>     {
>         System.out.println("i= " + i);
>     }
> }
> ```
>
> Die hier vorgestellte Schleife wird nicht so durchlaufen, wie man es zunächst intuitiv erwartet. Hier wird lediglich i=10 ausgegeben! Betrachtet man den Sourcecode genau, dann wird klar, dass jeweils zehn Mal die leere Anweisung ausgeführt wird: Es wird lediglich der Schleifenrumpf bestehend aus der Leeranweisung ';' wiederholt. Abschließend erfolgt die einmalige Ausführung des eigentlich gewünschten Schleifenrumpfs. Abhilfe kann man leicht dadurch schaffen, indem die Schleifenvariable innerhalb der `for`-Anweisung definiert wird:
>
> ```java
> for (int i= 0; i < 10; i++);
> ```
>
> Die Variablendefinition ist dann für den folgenden Block mit der Ausgabe der Variablen i über `System.out.println()` nicht mehr sichtbar. Es kommt zu einem Kompilierfehler. Ein solcher Flüchtigkeitsfehler wird somit schneller ersichtlich. *Eine Variable sollte also nach Möglichkeit immer im engsten Sichtbarkeitsbereich definiert werden*. Im Detail bespricht dies BAD SMELL: VARIABLENDEKLARATION NICHT IM KLEINSTMÖGLICHEN SICHTBARKEITSBEREICH in Abschnitt 16.1.14.

16.1.11 Bad Smell: Mehrere aufeinanderfolgende Parameter gleichen Typs

Werden Methoden überladen, so unterscheiden sich diese lediglich in ihrer Parameterliste. Unübersichtlich wird dies, wenn in den Signaturen mehrere Übergabeparameter des gleichen Typs aufeinanderfolgen.

Betrachten wir folgende Signaturen einer Methode `clearRect()`:

```java
public void clearRect(int x, int y, int width, int height)
public void clearRect(int x1, int y1, int x2, int y2, long colorRGB)
public void clearRect(int red, int green, int blue,
                      int x, int y, int width, int height)
```

Warum ist das ein Bad Smell? Bei mehreren Parametern gleichen Typs hintereinander in der Parameterliste besteht die Gefahr der Verwechselung von Positionen und Bedeutungen. Bereits die Anzahl der Parameter macht das Ganze unübersichtlich und erhöht die Wahrscheinlichkeit für Fehler. Je mehr gleichartige Parameter verwendet werden, desto stärker macht sich das Problem bemerkbar.

Im obigen Beispiel variiert bei der zweiten Variante der überladenen Methode die Bedeutung der Parameter drei und vier gegenüber der ersten Methode. Dies ist problematisch, wenn man beispielsweise beim Löschen eine Farbe angeben möchte und intuitiv den ursprünglichen Aufruf lediglich um einen Parameter zur Farbinformation ergänzt. Man erhält so ein ganz anderes Applikationsverhalten als beim ursprünglichen Aufruf. Dies ist dadurch bedingt, dass die zweite Methode als Parameter drei und vier ein zweites Koordinatenpaar statt einer Angabe von Breite und Höhe erwartet.

Für Referenzparameter führt das Verwechseln von Positionen nicht nur zu geänderten Eingabewerten, sondern eventuell auch zu Exceptions: Wird an unerwarteter Stelle ein `null`-Wert übergeben, kommt es als Folge potenziell zu einer `NullPointerException` statt zu einem unterschiedlichen Eingabewert.

In diesem Beispiel ist eine weitere Inkonsequenz vorhanden: Die Methode mit fünf Parametern erwartet die Farbinformation in einem anderen Format als die Methode mit sieben Parametern, die einzelne RGB-Werte verwendet. Außerdem stimmen die Positionen nicht überein. Das Ganze verstößt zudem gegen das »*Prinzip des geringsten Erstaunens*« (»*Principle of Least Astonishment*« (POLA)).

Tipps und Refactorings Um die zuvor diskutierten Probleme zu lösen, ist es zum einen sinnvoll, *die Reihenfolge von Parametern immer so einheitlich wie möglich zu halten und einer programmweiten Systematik folgen zu lassen*. Zum anderen erhält man durch das Zusammenfassen von Parametern zu Gruppen – sogenannten PARAMETER VALUE OBJECTS (vgl. Abschnitt 3.4.5) – verständlichere Signaturen, die eine Verwechselung von Positionen unwahrscheinlich machen. Folgendes Listing zeigt eine mögliche Realisierung mit den als PARAMETER VALUE OBJECT realisierten Klassen `Point`, `Dimension` und `Color`:

```
public void clearRect(Point point, Dimension size)
public void clearRect(Point point1, Point point2, long colorRGB)
public void clearRect(Color clearColor, Point point, Dimension size)
```

16.1.12 Bad Smell: Grundloser Einsatz von Reflection

Mithilfe von Reflection können Metainformationen über Klassen ermittelt werden. Man kann dadurch Sourcecode entwickeln, der zur Laufzeit auf Klassen zugreifen kann, die bei der Kompilierung der eigenen Klassen noch nicht zur Verfügung stehen und deren Name nur textuell vorliegt, z. B. durch Angabe in einer Konfigurationsdatei. Statt einer Referenzierung über `import` erfolgt der Zugriff über eine textuelle Repräsentation des voll qualifizierten Klassennamens.

Schauen wir uns ein einfaches Beispiel an, das per Reflection mit `newInstance()` ein neues Objekt vom Typ `AnyClass` erzeugt und dieses einer Referenzvariablen vom selben Typ zuweist. Diese Zuweisung an einen konkreten Typ erfordert aber, dass diese Klasse bereits zur Kompilierzeit bekannt ist. Das setzt wiederum eine `import`-Anweisung voraus. Reflection wird anschließend nicht mehr verwendet, sondern es erfolgt ein »normaler« Aufruf der Methode `output(String)`:

```
import util.AnyClass;

// ...

try
{
    final Class<?> c = Class.forName("util.AnyClass");
    final AnyClass newObject = (AnyClass) c.newInstance();
    newObject.output("1,2,3");        // Direkter, normaler Methodenaufruf
}
catch (final ClassNotFoundException e)
{
    handleReflectionException(e);
}
catch (final InstantiationException e)
{
    handleReflectionException(e);
}
catch (final IllegalAccessException e)
{
    handleReflectionException(e);
}
```

Warum ist das ein Bad Smell? Die Verwendung von Reflection macht ein Programm in der Regel schlechter lesbar und dadurch schwieriger wartbar. Außerdem sind diverse Exceptions abzufangen. Insgesamt handelt es sich bei Reflection um ein fragiles Gebilde, wenn Änderungen an Klassen, der Package-Struktur oder an Methodensignaturen zu erwarten sind. Der Einsatz von Reflection erschwert damit alle Basis-Refactorings (u. a. MOVE TO PACKAGE, RENAME), die detailliert im Buch »Refactoring« von Martin Fowler [21] beschrieben sind.

Der Einsatz von Reflection sollte daher immer gut überlegt sein. Für die obige Konstruktion fällt es allerdings schwer, eine Begründung zu finden, da es sich bei der angesprochenen Klasse offenbar um eine dem Compiler bekannte Klasse handelt, die problemlos wie folgt hätte erzeugt und genutzt werden können:

```
final AnyClass newObject = new AnyClass();
newObject.output("1,2,3");
```

Tipps und Refactorings Reflection birgt einige potenzielle Fehlerquellen und sollte daher nur eingesetzt werden, wenn kein konventioneller Zugriff möglich ist, etwa bei optionalen Komponenten. Hat man jedoch zur Kompilierzeit Zugriff, sollte man auf Reflection verzichten. Praktischerweise gibt es seit JDK 7 zwei Möglichkeiten, das Exception Handling zu vereinfachen: Mit der Klasse `ReflectiveOperationException` können verschiedene, durch Reflection verursachte Exceptions in Form einer Exception behandeln werden. Auch durch das Sprachfeature Multi Catch lässt sich eine Menge von Exceptions gleichartig abfangen.

16.1.13 Bad Smell: `System.exit()` mitten im Programm

Ein Programmabbruch durch einen Aufruf von `System.exit(int)` mitten im Programmablauf birgt einige Gefahren und sollte daher immer genau hinterfragt werden.

Exemplarisch betrachten wir dies an der Methode `startConnection(int)`, die einen Verbindungsaufbau abhängig von einem durch den `int`-Parameter `transmissionMode` gewählten Übertragungsmodus startet. Wird ein unbekannter Modus angegeben, so landet man im `default`-Zweig der `case`-Anweisung, wo das Programmende mit `System.exit(int)` erzwungen wird:

```
private void startConnection(final int transmissionmode)
{
    switch (transmissionmode)
    {
        case TRANSMISSION_MODE_RADIO:
            startRadioConnection();
            break;
        case TRANSMISSION_MODE_NETWORK:
            startNetworkConnection();
            break;
        default:
            // FALSCHER ÜBERTRAGUNGSMODUS
            log.fatal("Unknown transmission mode: " + transmissionmode);
            System.exit(-1);
    }
}
```

Vor dem Programmende wird eine Information über den falsch gewählten Übertragungsmodus in die Log-Ausgabe geschrieben. Dadurch hat man zumindest im Nachhinein die Chance, das Problem einzugrenzen.

Warum ist das ein Bad Smell? Der Ausstieg mit `System.exit(int)` ist problematisch, da ein Programm dadurch sofort terminiert wird, ohne Aufräumarbeiten durchführen zu können, etwa offene Dateien, Sockets, Datenbankverbindungen oder sonstige Ressourcen zu schließen bzw. freizugeben.[2] Im Extremfall stehen dann bei einem möglichen Neustart eines anderen Programms bzw. einer anderen JVM die zuvor belegten Ressourcen nicht oder noch nicht wieder zur Verfügung und verhindern so die Programmausführung. Das gilt insbesondere für Programme, die eigentlich immer laufen sollten (24/7) und die bei Programmabstürzen oder beim Programmende automatisch neu gestartet werden. Wenn dann ein Netzwerkfehler für andauernde Neustarts sorgt, sind die zuvor beschriebenen Probleme leicht nachvollziehbar.

Tipps und Refactorings Zunächst ist es fehlerträchtig, dass Aufrufer durch die unbedachte Wahl des Parametertyps `int` überhaupt in der Lage sind, einen falschen Wert an diese Methode zu übergeben. BAD SMELL: ZUSAMMENGEHÖRENDE KONSTANTEN NICHT ALS TYP DEFINIERT diskutiert dies in Abschnitt 16.1.3. Der Einsatz eines

---

[2] Tatsächlich kann man mit etwas Mühe einen sogenannten Shut-down-Hook realisieren, der Aufräumarbeiten vornimmt, wie dies im nachfolgenden Praxistipp angedeutet wird.

Aufzählungstyps stellt eine Lösung dar. Eine Schritt-für-Schritt-Anleitung liefert das in Abschnitt 17.4.12 beschriebene Refactoring WANDLE KONSTANTENSAMMLUNG IN ENUM UM. Neben dieser offensichtlichen Korrektur sind zwei weitere Verbesserungen denkbar:

1. Das Einführen eines booleschen Rückgabewerts, der über den (Miss-)Erfolg beim Verbindungsaufbau informiert.
2. Das Auslösen einer Exception, um eine geordnete Fehlerbehandlung im aufrufenden Programmteil zu ermöglichen. Hier könnte man eine `IllegalArgumentException` nutzen oder eine selbst definierte `UnsupportedTransmissionModeException`.

> **Tipp: Aufräumarbeiten und Shut-down-Hooks**
>
> Über einen sogenannten **Shut-down-Hook** können belegte Systemressourcen sauber wieder freigegeben werden – dies gilt selbst dann, wenn ein Aufruf von `System.exit(int)` mitten im Programmablauf erfolgt. Ein Shut-down-Hook ist eine spezielle Implementierung eines Threads. Beim Aufruf von `System.exit(int)` wird dieser Thread vor dem Ende der JVM ausgeführt. Gleiches gilt beim Beenden eines Programms durch eine nicht gefangene Exception. Wird die JVM jedoch anders beendet (etwa manuell über »Prozess beenden«), so ist nicht garantiert, dass ein Shut-down-Hook ausgeführt wird.
>
> Idealerweise definiert man sich in denjenigen eigenen Klassen, die Ressourcen freigeben sollen, eine Methode `onShutdown()`, die die Aufräumarbeiten implementiert. Des Weiteren initialisiert man möglichst beim Programmstart oder kurz nach der Erzeugung eines Objekts einen Shut-down-Hook, sodass alle folgenden Aufrufe an `System.exit(int)` eine geordnete Terminierung erlauben.
>
> Ein entsprechendes Programmfragment könnte so aussehen:
>
> ```
> Runtime.getRuntime().addShutdownHook(new Thread()
> {
>     public void run()
>     {
>         onShutdown();
>     }
> });
> ```

16.1.14 Bad Smell: Variablendeklaration nicht im kleinstmöglichen Sichtbarkeitsbereich

Manchmal sieht man die Deklaration oder Definition diverser Variablen am Methodenanfang. In C++ bzw. C ist dies eine beliebte Technik, um alle verwendeten Variablen an zentraler Stelle sichtbar zu machen.

Ein Beispiel dafür ist folgende etwas umständlich arbeitende Methode `getImageForName(String)`, die zu einem übergebenen Namen einer Bilddatei ein passendes Bild vom Typ `Image` ermittelt und bei der Suche die Groß- und Kleinbuchstaben außer Acht lässt. Dazu wird eine Liste `imageNames` nach einem passenden Namen durchsucht und gegebenenfalls auf eine zweite Liste `images` mit Bilddaten zugegriffen. Dort sind die Daten jedoch um einen Wert `DEFAULT_IMAGE_OFFSET` versetzt gespeichert. Hier werden vier Variablen am Methodenanfang definiert:

```java
private static Image getImageForName(final String imageNameToSearch)
{
    boolean found = false;
    String imageName = null;
    Image image = null;
    int index = 0;

    for (int i = 0; i < imageNames.size() && found == false; i++)
    {
        imageName = imageNames.get(i);
        if (imageName.equalsIgnoreCase(imageNameToSearch))
        {
            found = true;
            index = i + DEFAULT_IMAGE_OFFSET;
            image = images.get(index);
        }
    }

    return (found ? image : NO_IMAGE);
}
```

Alle vier Variablen werden erst im Schleifenrumpf mit aussagekräftigen Werten belegt, wobei drei Variablen sogar nur dann besetzt werden, wenn der gesuchte Name in der übergebenen Liste `imageNames` vorhanden ist.

Warum ist das ein Bad Smell? Die Definition von Variablen zu Methodenbeginn ist nicht mehr zeitgemäß. Die Begründung ist relativ einfach: Eine solche Initialisierung macht nicht klar, wo eine Variable verwendet wird, und zudem vergrößert sich die Gefahr, dass eine Variable für mehrere, unabhängige Zwecke eingesetzt wird. Außerdem ist meistens noch keine sinnvolle Vorbelegung möglich. Des Weiteren kann eine solche Variable nicht als `final` deklariert werden, selbst wenn sie es bei der Deklaration am passenden Ort sein könnte. *Ein ganz entscheidender Nachteil jedoch ist, dass diese Art der Variablendeklarationen Refactorings erschwert, die gewisse Funktionalität in eine separate Methode verlagern.*

Tipps und Refactorings Variablen sollten so lokal wie möglich deklariert werden, also in dem kleinstmöglichen Sichtbarkeitsbereich. Dies hilft, schnell zu erkennen, welche Variablen an welcher Stelle im Sourcecode eingesetzt oder verändert werden. Wir können anschließend sämtliche Variablen, die sich nicht ändern, `final` definieren. Dadurch verhindert man den Missbrauch oder ein versehentliches Benutzen der Variablen für andere Zwecke. Durch die verringerten Abhängigkeiten werden Refactorings und das Herauslösen von Methoden erleichtert.

Nehmen wir an dem zuvor gezeigten Beispiel einige Änderungen vor: Wir verschieben die Variablendeklarationen in den kleinstmöglichen Sichtbarkeitsbereich und vereinfachen den Sourcecode weiter. Man erkennt beispielsweise, dass die Variable `index` immer den Wert `i + DEFAULT_IMAGE_OFFSET` besitzt. Auch die Variable `found` ist künstlich und steuert den Schleifenabbruch. In dieser kurzen Methode profitiert man vom Einsatz eines Shortcut-Returns, der die Variable `found` überflüssig macht. Durch den Shortcut-Return kann auch auf die Variable `image` verzichtet werden. Es bleibt lediglich die Variable `imageName` übrig. Sie wird direkt zu ihrer Verwendung verschoben, wodurch die Methode kürzer, übersichtlicher und lesbarer wird:

```
private static Image getImageForNameImproved(final String imageNameToSearch)
{
    for (int i = 0; i < imageNames.size(); i++)
    {
        final String imageName = imageNames.get(i);
        if (imageName.equalsIgnoreCase(imageNameToSearch))
        {
            return images.get(i + DEFAULT_IMAGE_OFFSET);
        }
    }

    return NO_IMAGE;
}
```

16.2 Klassendesign

16.2.1 Bad Smell: Unnötigerweise veränderliche Attribute

In der täglichen Arbeit kommt es immer wieder zu Änderungen in Klassen, um diese an neue Anforderungen anzupassen. Häufig werden dazu neue Attribute eingeführt. Zum Teil werden dann ohne weitere Bedenken korrespondierende `get()`- und `set()`-Methoden zum Zugriff angeboten.

Betrachten wir exemplarisch eine Klasse `Telegram`, bei der dies der Fall ist. Die Erzeugung eines `Telegram`-Objekts erfolgt per Defaultkonstruktor mit anschließender Initialisierung durch den Aufruf einiger `set()`-Methoden, die das Objekt dann vollständig »gebrauchsfertig« machen:

```
// => Konstruktion mit (eventuell unsinnigen) Defaultwerten
final Telegram telegram = new Telegram();
// => Initialisierung
telegram.setTransmissionMode(TransmissionMode.TCP);
telegram.setReceiver(hostAndPort);
telegram.setPayload(data);
// => hier erst korrektes Objekt !!!
```

Warum ist das ein Bad Smell? Der Sourcecode sieht auf den ersten Blick nicht besonders fehleranfällig aus. Problematisch ist jedoch, dass zunächst durch den Konstruktoraufruf ein Objekt erzeugt wird, das diverse Attribute lediglich mit Defaultwerten versorgt. Wird nur der Konstruktor aufgerufen und erfolgen anschließend keine weiteren Initialisierungen, so verbleibt das Objekt in einem möglicherweise ungültigen Zustand (vgl. Abschnitt 3.1.5). Auf einer solchen Objektreferenz könnten bereits Methoden aufgerufen werden – ein korrektes Verhalten ist jedoch höchst unwahrscheinlich. Die anschließende mehrstufige Initialisierung über den Aufruf einzelner `set()`-Methoden ist zudem problematisch, weil dadurch weder sichergestellt werden kann, dass alle zur Objektkonstruktion benötigten Eingabewerte tatsächlich über entsprechende `set()`-Methoden gesetzt wurden, noch, dass eine gegebenenfalls erforderliche Reihenfolge der Initialisierung eingehalten wird.

Eine standardmäßige Definition von `set()`-Methoden verhindert, dass Attribute `final` deklariert werden können, obwohl diese eigentlich unveränderlich sind. Häufig sieht man zusätzlich bei der Deklaration eine Zuweisung eines unsinnigen, weil beliebigen Werts, wie dies folgendes Beispiel demonstriert:

```java
public class Telegram
{
    private String           receiver         = "undefined";
    private TransmissionMode transmissionMode = TransmissionMode.UNDEFINED;
    private byte[]           payload          = null;

    public Telegram()
    {
    }

    public void setReceiver(final String receiver)
    {
        this.receiver = receiver;
    }

    public void setTransmissionModed(final TransmissionMode transmissionMode)
    {
        this.transmissionMode = transmissionMode;
    }

    public void setPayload(final byte[] payload)
    {
        this.payload = payload;
    }
}
```

Solche nichtssagenden (unsinnigen) Werte sind nur bis zum Aufruf einer entsprechenden `set()`-Methode »gültig«. Erfolgt allerdings keine nachträgliche Initialisierung eines »pseudoinitialisierten« Attributs mit einem sinnvollen Wert, so liegt eine unvollständige Initialisierung vor, die jedoch nur schwierig zu erkennen ist.

Tipps und Refactorings   Durch Codegeneratoren oder aus Unachtsamkeit werden manchmal öffentliche `set()`-Methoden für Attribute angeboten, die eigentlich unveränderlich sein könnten. Man sollte vermeiden, *standardmäßig* eine `set()`-Methode anzubieten, sondern diese nur bei tatsächlichem Bedarf einführen. Dabei gibt es jedoch Ausnahmen, wenn Frameworks wie JPA (Java Persistence API) oder JAX-RS derartige Methoden zur korrekten Funktionsweise erfordern.

Durch die Abarbeitung von Konstruktoren sollte ein Objekt in einen gebrauchsfertigen Grundzustand versetzt werden. Konstruktoren müssen daher alle dafür notwendigen Eingabeparameter entgegennehmen. Wenn noch kein solcher Konstruktor angeboten wird, sollte man einen solchen einführen und die Klasse gemäß dem Refactoring MINIMIERE VERÄNDERLICHE ATTRIBUTE aus Abschnitt 17.4.2 anpassen. Dadurch werden falsch oder nur teilweise initialisierte Objekte und damit ungültige Objektzustände vermieden. Die `Telegram`-Klasse kann so umgewandelt werden, dass lediglich die Nutzlast (Attribut `payload`) variabel und über eine `setPayload(byte[])`-Methode änderbar ist:

```java
public class Telegram
{
    private final String            receiver;
    private final TransmissionMode  transmissionMode;
    private byte[]                  payload = null;

    public Telegram(final String receiver,
                    final TransmissionMode transmissionMode)
    {
        this.receiver = receiver;
        this.transmissionMode = transmissionMode;
    }

    public void setPayload(final byte[] payload)
    {
        this.payload = payload;
    }
}
```

16.2.2 Bad Smell: Herausgabe von `this` im Konstruktor

Eine Technik, die man häufiger sieht und die dabei harmloser wirkt, als sie in Wirklichkeit ist, ist die Übergabe der `this`-Referenz aus eigenen Konstruktoren an andere Objekte. Dies wird als »*Escaping Reference*« bezeichnet.

Im folgenden Beispiel betrachten wir den Konstruktionsprozess der Klasse `MainService`, die Referenzen auf die Klassen `CallBack` und `String` als Attribute hält:

```java
public class MainService
{
    private final CallBack caller;
    private final String   info;

    MainService()
    {
        caller = new CallBack(this);
        info = "Initialized " + MainService.class.getSimpleName();
    }

    public String getInfo()
    {
        return info;
    }
}
```

Im Konstruktor der Klasse `MainService` werden jeweils Objekte der Klassen `CallBack` und `String` erzeugt, wobei der Konstruktor von `CallBack` erstere wie folgt definiert ist:

```
CallBack(final MainService mainService)
{
    this.mainService = mainService;

    // Zugriff auf Methode der teilinitialisierten(!) Klasse MainService
    final byte[] infoAsBytes = mainService.getInfo().getBytes();
}
```

Warum ist das ein Bad Smell? Bei der Herausgabe der `this`-Referenz verhält sich auf den ersten Blick korrekt erscheinender Sourcecode merkwürdig. Es treten Probleme durch falsch oder nicht initialisierte Attribute auf.

Konkretisieren wir dies an obigem Beispiel: Der Aufruf des Konstruktors der Klasse `CallBack` erhält als Eingabe die `this`-Referenz des gerade in der Erzeugung befindlichen `MainService`-Objekts. Zu diesem Zeitpunkt ist die Konstruktion der Klasse `MainService` allerdings noch nicht vollständig abgeschlossen, es steht noch die Initialisierung des Attributs `info` aus. *Während der Konstruktion der Klasse `MainService` ist es der Klasse `CallBack` allerdings bereits möglich, auf alle öffentlichen Daten und Methoden der Klasse `MainService` zuzugreifen.* Im Speziellen gilt dies auch für das Attribut `info`. Wenn die Klasse `CallBack` die Methode `getInfo()` der Klasse `MainService` aufruft, so kommt es durch die nicht initialisierte Referenz `info` zu einer `NullPointerException` beim Zugriff per `getBytes()`.

Tipps und Refactorings Durch die Herausgabe der `this`-Referenz können andere Objekte ein unvollständig initialisiertes Objekt sehen und auf dessen Attribute zugreifen. *»Escaping References« sind daher zu vermeiden*. Es bietet sich der Einsatz des Musters ERZEUGUNGSMETHODE aus Abschnitt 18.1.1 an. Man kann dann ein Objekt zunächst ohne aggregierte Objekte erzeugen. Anschließend werden die Konstruktoren der aggregierten Objekte aufgerufen, die die Referenz benötigen. Die eigene Klasse muss allerdings um entsprechende `set()`- bzw. `init()`-Methoden erweitert werden, um die ansonsten im Konstruktor erzeugten Objekte zu initialisieren.

> **Achtung: »Escaping References« und »Immutable Objects«**
>
> »Immutable Objects« sollen zu ihrer Lebenszeit nur einen definierten Zustand besitzen, der zum Konstruktionszeitpunkt bestimmt wird. Reicht ein solches »Immutable Object« allerdings seine `this`-Referenz während seiner Erzeugung nach außen, kann es dadurch mehrere sichtbare Zustände einnehmen. »Escaping References« führen den Einsatz von »Immutable Objects« ad absurdum: Trotz der Realisierung als unveränderliche Klasse kann man Zwischenschritte sehen.

16.2.3 Bad Smell: Aufruf abstrakter Methoden im Konstruktor

Manchmal wünscht man sich, in Basisklassen einen gewissen Ablauf bei der Initialisierung vorgeben zu können, etwa den Aufruf einer speziellen `init()`-Methode aus dem Konstruktor. Die konkrete Realisierung der Initialisierung ist in der Basisklasse jedoch noch unbekannt und soll von Subklassen realisiert werden. Um dieses Ziel zu erreichen, erfolgt dann der Aufruf einer abstrakten Methode `init()` aus dem Konstruktor der Basisklasse.

Wieso dieses zunächst sinnvoll erscheinende Vorgehen problematisch sein kann, betrachten wir an folgendem Beispiel: Die Basisklasse `AbstractBase` definiert eine Variable `baseValue` und deklariert eine abstrakte Methode `init()`, die in deren Konstruktor aufgerufen wird. Die abgeleitete Klasse `Derived` implementiert diese `init()`-Methode und gibt dort die Werte der `Integer`-Variablen `baseValue` sowie `value` aus.

```java
public final class AbstractMethodInCtorExample
{
    abstract static class AbstractBase
    {
        protected final Integer baseValue = 42;

        AbstractBase()
        {
            // Aufruf der Initialisierung
            init();
        }

        abstract void init();
    }

    static class Derived extends AbstractBase
    {
        private final Integer value = 13;

        Derived()
        {
        }

        void init()
        {
            // Zugriff auf Attribut der Basisklasse
            System.out.println("baseValue = " + baseValue);

            // Zugriff auf Attribut dieser Klasse
            System.out.println("value = " + value);
        }
    }

    public static void main(String[] args)
    {
        // Konstruktion zur Demonstration der Probleme
        new Derived();
    }
}
```

Listing 16.1 Ausführbar als 'ABSTRACTMETHODINCONSTRUCTOREXAMPLE'

Intuitiv erwartet man die Ausgabe der Zahlen `42` und `13`. Schauen wir mal, ob Intuition und Wirklichkeit zusammenpassen, und führen das Programm ABSTRACTMETHOD-INCONSTRUCTOREXAMPLE aus. Wir erhalten folgende Ausgabe:

```
baseValue = 42
value = null
```

Wie ist das zu erklären? Folgen wir dem Programmfluss, so ist der Ablauf wie folgt: In der Methode `main()` wird ein Objekt der Klasse `Derived` konstruiert: Der Aufruf des Defaultkonstruktors ruft wiederum den Konstruktor der Basisklasse auf (Details zum Ablauf sind in folgendem Hinweis beschrieben). Die dortige Ausführung der `init()`-Methode führt aufgrund der Polymorphie und des dynamischen Bindens zum Aufruf der `init()`-Methode der Klasse `Derived`. Da die Variable `value` zu diesem Zeitpunkt aber noch nicht zugewiesen wurde – der Konstruktor von `Derived` ist noch nicht vollständig abgearbeitet –, wird der Wert `null` ausgegeben. Erst nach Beendigung des Aufrufs der Methode `init()` wird auch die Abarbeitung des Basisklassenkonstruktors abgeschlossen. Danach wird erst das Attribut `value` als Teilschritt der Konstruktion und Initialisierung der Klasse `Derived` auf den Wert `13` gesetzt.

> **Hinweis: Ablauf der Objektkonstruktion**
>
> Machen wir uns einmal klar, welche Schritte beim Konstruktionsprozess eines Objekts ablaufen:
>
> 1. Bevor ein Objekt einer Klasse per Konstruktor erzeugt wird, wird die Klassenbeschreibung von einem sogenannten `ClassLoader` geladen, wenn die Klasse bisher unbenutzt war.
>
> 2. Der Konstruktionsprozess wird begonnen. Dazu wird zunächst der Speicherplatz für die Attribute bereitgestellt und diese mit ihrem Defaultwert initialisiert. Dies geschieht ausgehend von der Klasse `Object` für alle Basisklassen bis zur eigentlich zu konstruierenden Klasse.
>
> 3. Für alle Klassen erfolgen in umgekehrter Reihenfolge (von `Object` bis zur eigenen Klasse) folgende Schritte:
>
>   (a) Alle Instanzvariablen, die in ihrer Deklaration einen initialen Wert angegeben haben, werden nun zugewiesen.
>
>   (b) Anschließend werden die Instanz-Initializer ausgeführt. Diese kann man beispielsweise für aufwendigere Berechnungen der initialen Werte einsetzen. Beim Erzeugen eines Objekts kommen die Initializer entsprechend ihrer Reihenfolge im Sourcecode zur Ausführung. Erst nach dem letzten Initializer werden die Anweisungen im Konstruktor ausgeführt.
>
>   (c) Der Konstruktor wird abgearbeitet und es erfolgen die Zuweisungen und Methodenaufrufe, so wie sie im Konstruktor stehen.
>
> *Bei einer Ableitungshierarchie wird das Objekt sozusagen Stück für Stück aus seinen Basisklassenbestandteilen zusammengesetzt, und zwar beginnend bei der obersten Basisklasse `Object`.*

16.2 Klassendesign

Warum ist das ein Bad Smell? Der auf den ersten Blick korrekte Sourcecode verhält sich unerwartet und es treten merkwürdige Effekte durch uninitialisierte Variablen auf. Daher ist der Aufruf abstrakter Methoden im Konstruktor ein Problem. *Noch schwerer nachvollziehbar ist dies, wenn der Konstruktor eine konkrete `init()`-Methode verwendet und darin abstrakte Methoden aufgerufen werden.*

Tipps und Refactorings Man sollte abstrakte Methoden niemals aus dem Konstruktor aufrufen. Man umgeht Probleme, indem man eine `init()`-Methode einführt und diese nach der Objektkonstruktion aufruft. Es bietet sich der Einsatz der Muster ERZEUGUNGSMETHODE oder FABRIKMETHODE (vgl. Abschnitt 18.1.1 und 18.1.2) an, um diesen Ablauf sicherzustellen.

Durch die Refactorings ÜBERPRÜFE EINGABEPARAMETER (Abschnitt 17.5.2) und FÜHRE EINE ZUSTANDSPRÜFUNG EIN (Abschnitt 17.5.1) erreicht man zum einen die Prüfung von Eingabeparametern sowie zum anderen im Idealfall die Sicherstellung eines gültigen Objektzustands. Wird im Falle einer fehlerhaften Initialisierung eine Exception ausgelöst, so erhält man Hinweise auf die Ursache eines zuvor möglicherweise unerklärlichen Fehlers.

Variante

Dieses Beispiel zeigt ein mögliches Initialisierungsproblem im Zusammenhang mit Threads. Betrachten wir folgendes Konstrukt, das eine Utility-Klasse `ThreadAutoStart` definiert, die einen Thread erzeugt und diesen automatisch startet:

```java
public class ThreadAutoStart implements Runnable
{
    public ThreadAutoStart()
    {
        new Thread(this).start();
    }
}

public class ErroneousDataAccessThread extends ThreadAutoStart
{
    private final DataService service;

    public ErroneousDataAccessThread(final DataService service)
    {
        // Aufwendige Initialisierung
        // ...
        this.service = service;
    }

    @Override
    public void run()
    {
        // Möglicherweise hier schon Zugriff, weil Initialisierung
        // im Konstruktor noch nicht abgeschlossen => NullPointerException
        final SomeData data = service.retrievData(...);
        // ...
    }
}
```

Werden Klassen analog zu `ErroneousDataAccessThread` von der Basisklasse `ThreadAutoStart` abgeleitet, würde bereits während einer Objektkonstruktion ein Thread gestartet und dessen `run()`-Methode ausgeführt. Allerdings wären zu dem Zeitpunkt die Subklassenbestandteile noch nicht vollständig konstruiert. Dadurch sind ähnliche Probleme wie die zuvor geschilderten möglich.

Verstecktere Initialisierungsprobleme

Im folgenden Beispiel findet sich ein ähnlicher Fehler, der durch eine zusätzliche Indirektion allerdings schwieriger zu erkennen ist. Die Basisklasse `CommunicationBase` definiert eine abstrakte Methode `createComponents()`, die von ihren Subklassen überschrieben werden muss, um Kommunikationskomponenten zu erzeugen:

```java
public abstract class CommunicationBase
{
    CommunicationBase()
    {
        createComponents();
    }

    abstract protected void createComponents();
}
```

Eine Klasse `RadioCommunication` realisiert eine Funkkommunikation und erzeugt in der Methode `createComponents()` jeweils einen Sender und einen Empfänger. Um eine unidirektionale Kommunikation zu erreichen, also exklusiv nur zu empfangen oder zu senden, kann man auf die Idee kommen, ein gemeinsames Synchronisationsobjekt `sharedSyncObject` folgendermaßen zu definieren und zu nutzen:

```java
public final class RadioCommunication extends CommunicationBase
{
    // Definition des Synchronisationsobjekts
    private final Object  sharedSyncObject = new Object();
    private RadioSender   dataSender       = null;
    private RadioReceiver dataReader       = null;

    protected final void createComponents()
    {
        // Übergabe des Synchronisationsobjekts
        dataSender = new RadioSender(sharedSyncObject);
        // ...
    }
}
```

Die `RadioSender`-Klasse erhält das gemeinsame Synchronisationsobjekt im Konstruktor und nutzt es, um ein gleichzeitiges Senden und Empfangen zu unterbinden, in der Methode `send(byte[])` wie folgt:

```java
public final class RadioSender
{
    private final Object sharedSyncObject;

    public RadioSender(final Object sharedSyncObject)
    {
        this.sharedSyncObject = sharedSyncObject;
    }
}
```

```
public void send(final byte[] msg)
{
    synchronized (sharedSyncObject)
    {
        sendBytes();
    }
}
//...
```

Zur Laufzeit beobachten wir allerdings eine `NullPointerException` in der Zeile mit der Anweisung `synchronized (sharedSyncObject)`. Zunächst scheint der Fehler unerklärlich: Das `sharedSyncObject` wird während der Objekterzeugung initialisiert und ist zudem `final`. Wie kann es dann `null` sein?

Eine Prüfung des Eingabeparameters im Konstruktor der Klasse `RadioSender` hätte einen Hinweis darauf gegeben, dass statt der erwarteten Referenz auf das Synchronisationsobjekt tatsächlich der Wert `null` übergeben wurde. Erinnern wir uns an die Diskussion bezüglich der Initialisierung: Das `RadioCommunication`-Objekt ist noch nicht vollständig konstruiert, wenn der Aufruf von `createComponents()` aus dem Konstruktor der Basisklasse `CommunicationBase` erfolgt. Insbesondere ist auch das Attribut `sharedSyncObject` noch nicht korrekt initialisiert, sondern besitzt nur den Defaultwert `null`.

16.2.4 Bad Smell: Referenzierung von Subklassen in Basisklassen

Entsprechend dem OO-Gedanken der Generalisierung definieren Basisklassen gemeinsame Funktionalität potenzieller Subklassen. In diesen Spezialisierungen sollten lediglich Unterschiede zur Basisklasse beschrieben werden. Teilweise sieht man aber Klassen, die ihre Spezialisierungen kennen.

Schauen wir uns dies in Abbildung 16-2 anhand der Basisklasse `DataManager` an, die drei konkrete Subklassen `DataManagerA` bis `DataManagerC` besitzt. In der `main()`-Methode der Klasse `DataManager` wird abhängig von einem Konfigurationsparameter `managerType` die jeweils zu erzeugende Subklasse gewählt.

Warum ist das ein Bad Smell? Basisklassen sollten ihre Spezialisierungen nicht kennen. Andernfalls werden häufig Anpassungen in der Basisklasse nötig, wenn neue Subklassen definiert werden oder dort Erweiterungen stattfinden. Dies widerspricht dem OO-Gedanken der Basis- und Subklassen und dem Herausfaktorieren gemeinsamer Funktionalität in Basisklassen.

Eine Referenzierung von Subklassen in Basisklassen ist ähnlich unelegant wie ein Down Cast, wird aber leider auch in einigen Klassen des JDKs verwendet: Die Klasse `NumberFormat` kennt ihre Spezialisierung `DecimalFormat` und erzeugt sogar Instanzen davon.

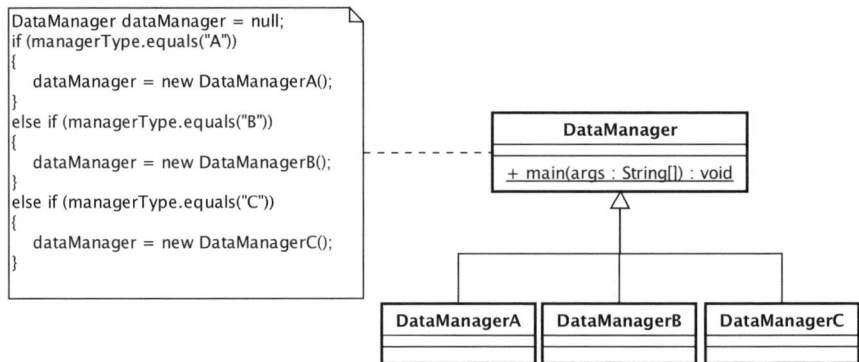

Abbildung 16-2 *Referenzierung von Subklassen in der Basisklasse*

Tipps und Refactorings   Durch den Einsatz des FABRIKMETHODE-Musters (vgl. Abschnitt 18.1.2) kann man das Problem der Referenzierung von Subklassen lösen. Die Klasse `DataManager` wird in drei Bestandteile zerlegt. Sie war ursprünglich für zu viele Dinge verantwortlich, nämlich für das Starten des Programms, für die Auswahl der konkreten Subklasse und für das Agieren als Basisklasse. Nur die letztere Funktionalität verbleibt im neuen Design bei ihr. Zum Applikationsstart wird die `main()`-Methode in eine neu erzeugte Klasse `DataManagerStarter` verlagert. Die Auswahl und Erzeugung von Spezialisierungen erledigt die Klasse `DataManagerFactory`. Das zeigt Abbildung 16-3. Eine weitere Verbesserung bestünde darin, statt eines Strings einen `enum` als Konfigurationsparameter zu verwenden.

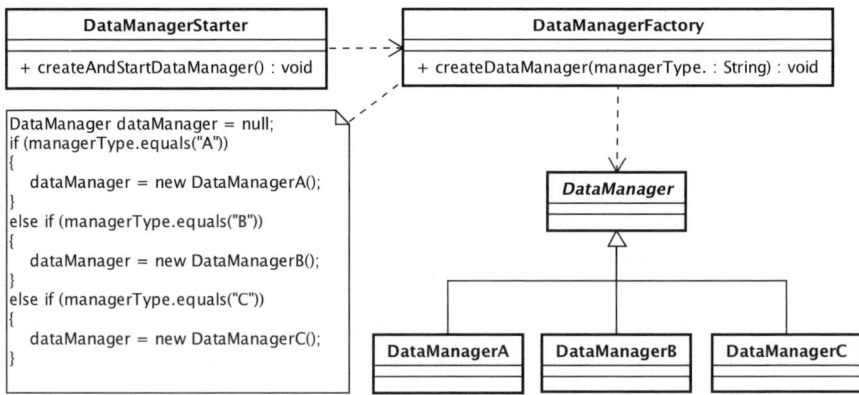

Abbildung 16-3 *Einführen einer Starter-Klasse und einer Fabrikmethode*

16.2.5 Bad Smell: Mix abstrakter und konkreter Basisklassen

In komplexen Vererbungshierarchien werden Basisklassen zum Teil nicht abstrakt definiert, obwohl sich dieses empfehlen würde, weil man davon ausgehen sollte, dass die Basisklassen noch nicht alle Funktionalitäten enthalten. Eine Instanziierung dieser Klassen ist zwar technisch möglich, aber aus Anwendungssicht wenig sinnvoll.

Betrachten wir ein Beispiel einer derartigen Ableitungshierarchie, dargestellt als UML-Diagramm in Abbildung 16-4.

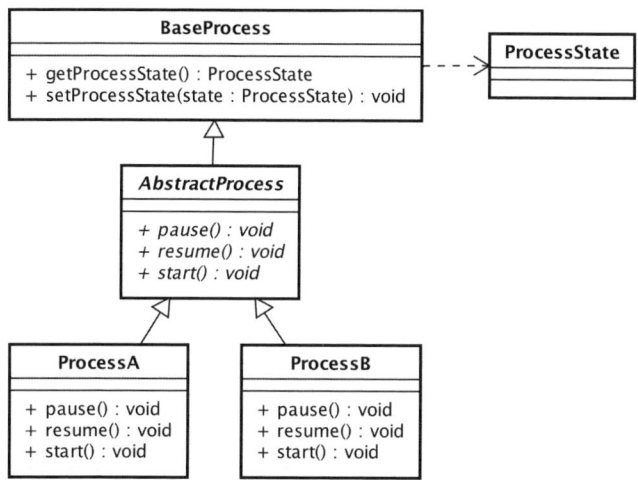

Abbildung 16-4 *Mix abstrakter und konkreter Basisklassen*

Die konkrete Basisklasse `BaseProcess` definiert die Basisfunktionalität für einen Prozessschritt und erlaubt mit den Methoden `getProcessState()` und `setProcessState(ProcessState)` eine Verarbeitung von Zustandsinformationen. Die davon abgeleitete Klasse `AbstractProcess` ist abstrakt und deklariert Methoden zum Starten, Anhalten und Fortsetzen eines Prozessschritts. Diese Methoden sind abstrakt, weil die Realisierungen der auszuführenden Aktionen in dieser abstrakten Basisklasse noch unbekannt sind und in den Subklassen definiert werden müssen. Nur diese »wissen«, welche Zustandsinformationen beim Anhalten zu speichern sind, um ein Fortsetzen der Verarbeitung sicherzustellen. Die konkreten Subklassen `ProcessA` und `ProcessB` definieren die Methoden `pause()`, `resume()` und `start()` entsprechend ihren Anforderungen.

Warum ist das ein Bad Smell? Bei einer Klasse, die nicht abstrakt definiert ist, sollte man als Klient davon ausgehen können, dass diese eigenständig zu instanziieren und zu benutzen ist. Basisklassen nicht abstrakt zu machen, birgt also die Gefahr, dass diese (versehentlich) instanziiert werden und zum Einsatz kommen. In der Regel wollen wir dies jedoch nicht erlauben, da derartige Basisklassen noch kein funktional vollständiges Objekt darstellen. Eine Verwendung ist daher eigentlich nicht vorgesehen und das Objektverhalten unbestimmt. Noch verwirrender wird das Ganze, wenn in einer Vererbungshierarchie die Basisklassen teilweise abstrakt sind, teilweise nicht. Welche Schlussfolgerungen soll man daraus ziehen? Eine Basisklasse ist für sich allein einsatzfähig, aber eine davon abgeleitete Subklasse nicht? Das macht wenig Sinn.

Tipps und Refactorings   Es bieten sich folgende zwei Lösungsmöglichkeiten an:

1. In diesem Beispiel implementiert die vermeintliche Basisklasse `BaseProcess` nur Hilfsmethoden zur Statusverwaltung eines Prozesses. Das stellt einen Designfehler dar, weil Vererbung lediglich zur Übernahme aus der Basisklasse benötigter Funktionalität eingesetzt wird. Für die *konkrete* Klasse `BaseProcess` und ihre *abstrakte* Subklasse `AbstractProcess` liegt keine »is-a«-Beziehung vor. Als Korrektur wird die Vererbungsbeziehung aufgelöst und die Klasse `BaseProcess` in eine Utility-Klasse umgewandelt. Durch Umbenennen in `ProcessStateUtils` wird deren Utility-Charakter verdeutlicht. Die Funktionalität wird dann über eine »has-a«-Beziehung, die durch eine Assoziation ausgedrückt werden kann, referenziert. Eine mögliche Realisierung ist in Abbildung 16-5 dargestellt.

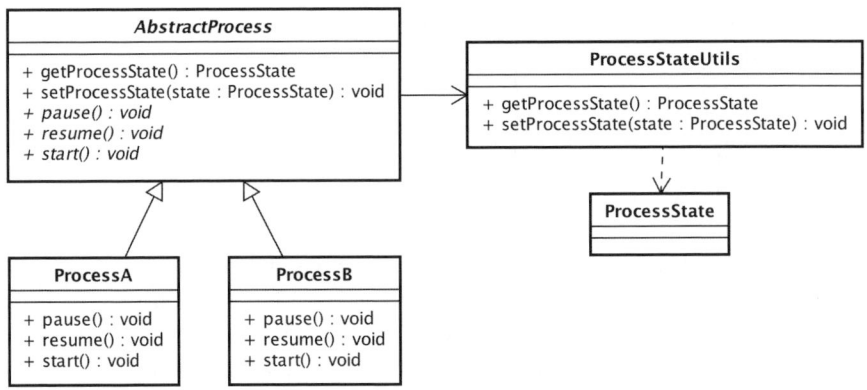

Abbildung 16-5 Abhilfe durch Einführen einer Utility-Klasse

2. Nehmen wir an, es läge tatsächlich eine »is-a«-Beziehung vor und die Funktionalität wäre eher »künstlich« oder willkürlich auf die Basisklassen verteilt. In diesem Fall sollten die beiden Basisklassen zu einer gemeinsamen verschmolzen werden. Für dieses Beispiel kann die gesamte Funktionalität aus der dann überflüssigen Basisklasse `BaseProcess` in die abstrakte Klasse `AbstractProcess` integriert werden. Mitunter besteht eine sinnvolle Erweiterung darin, ein Interface `IProcess` zu erzeugen. Dieses definiert die Methoden aus der Klasse `BaseProcess` sowie die abstrakten Methoden `pause()`, `resume()` und `start()`. Durch den Einsatz wird eine bessere Kapselung und damit auch eine losere Kopplung erreicht. Eine mögliche Umsetzung zeigt Abbildung 16-6.

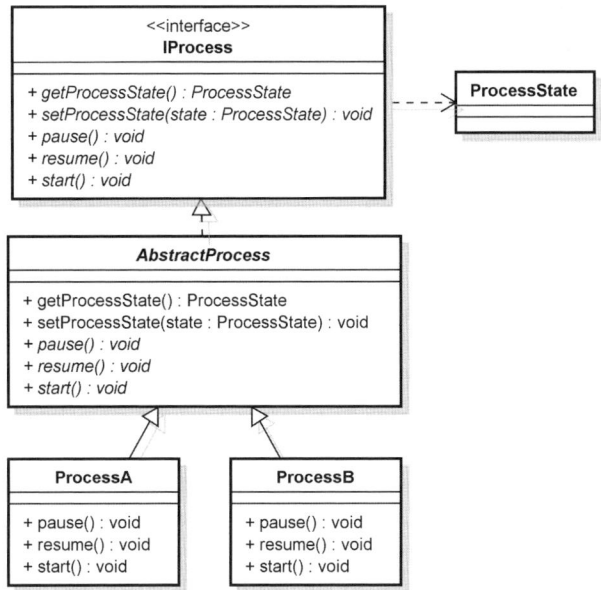

Abbildung 16-6 *Abhilfe durch Interface und Zusammenfassen von Funktionalität*

16.2.6 Bad Smell: Öffentlicher Defaultkonstruktor lediglich zum Zugriff auf Hilfsmethoden

Man sieht häufig Klassen, in denen ein öffentlicher Defaultkonstruktor existiert. Abgesehen von Anforderungen durch Frameworks wird für reine Applikationsklassen ein solcher Defaultkonstruktor aber eher selten benötigt. Zum Teil ist dessen Existenz lediglich dadurch begründet, dass ein Zugriff auf Konstanten oder Hilfsmethoden erfolgen soll, die fälschlicherweise nicht statisch definiert sind.

Betrachten wir dies am Beispiel der folgenden Utility-Klasse `FigureDrawUtils`. Hier werden eine Hilfsmethode `drawBorder(Graphics, Color, BaseFigure)` sowie eine Konstante `BORDER_COLOR` definiert – beide sind nicht statisch:

```
public final class FigureDrawUtils
{
    public final Color BORDER_COLOR = Color.RED;

    public FigureDrawUtils()
    {}

    public void drawBorder(final Graphics graphics, final Color borderColor,
                           final BaseFigure figure)
    {
        graphics.setColor(borderColor);
        graphics.drawRect(figure.getX(), figure.getY(),
                          figure.getWidth(), figure.getHeight());
    }
}
```

Möchte man die Konstante BORDER_COLOR oder die gezeigte Hilfsmethode verwenden, um beispielsweise einen Selektionsrahmen zu zeichnen, so benötigt man ein (beliebiges) `FigureDrawUtils`-Objekt. Im Extremfall würde für jeden Zugriff eine Objektkonstruktion erfolgen:

```
new FigureDrawUtils().drawBorder(graphics,
                        new FigureDrawUtils().BORDER_COLOR,
                        circleFigure);
```

Warum ist das ein Bad Smell? Zum Zugriff auf nicht statische Konstanten oder Utility-Methoden muss man entweder bereits ein Objekt der Klasse referenzieren oder dafür sogar ein neues »Dummy«-Objekt erzeugen. Letzteres ist problematisch, da eventuell in einem Nutzungskontext kein Objekt erzeugt werden kann, beispielsweise, weil zu übergebende Werte für Konstruktorparameter nicht sinnvoll gewählt werden können. Als vermeintliche »Lösung« wird aus diesem Grund dann zum Teil ein Defaultkonstruktor bereitgestellt, ohne die daraus resultierenden Konsequenzen zu bedenken: Ein später hinzugefügter Defaultkonstruktor birgt die Gefahr, Objekte ohne sinnvollen Initialisierungszustand erzeugen zu können. Mögliche Auswirkungen davon wurden bereits in Abschnitt 16.2.1 als BAD SMELL: UNNÖTIGERWEISE VERÄNDERLICHE ATTRIBUTE angesprochen.

Ein solches Vorgehen provoziert einerseits Inkonsistenzen, andererseits leiden die Verständlichkeit sowie die Lesbarkeit. Inkonsistenzen entstehen dadurch, dass der Zugriff auf Methoden und Attribute möglich ist, obwohl derart erzeugte Objekte häufig keinen gültigen Zustand besitzen. Die Lesbarkeit wird eingeschränkt, weil Objektkonstruktionen notwendig werden, um auf diese nicht statischen Utility-Methoden zuzugreifen. Ein solcher Konstruktor führt demnach zu hässlichem und unverständlichem Sourcecode.

Tipps und Refactorings Existiert ein öffentlicher Defaultkonstruktor ohne Initialisierungen nur zum »bequemeren« Zugriff auf Hilfsmethoden oder Konstanten, so empfiehlt es sich, die Utility-Methoden und Konstanten statisch zu deklarieren, um einen Zugriff ohne vorherige Objektkonstruktion zu ermöglichen. Anschließend kann der Defaultkonstruktor oft entfernt oder als `private` deklariert werden.

Diese Transformation folgt der Guideline, dass *Methoden, die keinen Objektzustand abfragen oder modifizieren, statisch sein sollten und gegebenenfalls in eine separate Utility-Klasse ausgelagert werden können.* Das dazu notwendige Vorgehen wird als Refactoring WANDLE IN UTILITY-KLASSE MIT STATISCHEN HILFSMETHODEN UM in Abschnitt 17.4.14 beschrieben.

16.3 Fehlerbehandlung und Exception Handling

16.3.1 Bad Smell: Unbehandelte Exception

Unbehandelte Exceptions können verschiedenste Probleme verursachen. Durch automatische Sourcecode-Vervollständigungen entstehen etwa leere `catch`-Blöcke. Oft findet sich dort ein `TODO`-Kommentar und ein `printStacktrace()`. Noch schlimmer ist das »Verschlucken« der Exception wie im folgenden Beispiel:

```
catch (final RemoteException e)
{
    System.out.println("to make Volker happy :-)");
}
```

Ob man mit einer solchen Ausgabe, wie mit dem `System.out.println()` angedeutet, wirklich jemanden glücklich macht, kann man bezweifeln. Ich konnte dem Entdecken dieser Ausgabe im Produktionscode jedenfalls nicht wirklich Freude abgewinnen, denn ich durfte eine sinnvolle Fehlerbehandlung implementieren.

Warum ist das ein Bad Smell? Bleiben Exceptions unbehandelt, so erfährt der Programmanwender eventuell niemals von möglichen Problemen. Eine `RemoteException`, wie im obigen Beispiel, deutet aber auf ein Netzwerkproblem hin. Derartige Probleme sollten dem Benutzer kommuniziert oder zumindest für eine spätere Analyse in eine Log-Datei geschrieben werden.

Tipps und Refactorings Man sollte Exceptions innerhalb der Methode, in der die Exception auftreten kann, behandeln, sofern dort eine sinnvolle Fehlerbehandlung möglich ist. Erfolgt keine Behandlung, so sollte die Exception weiter propagiert werden. Dadurch können höhere Applikationsschichten auf eine Fehlersituation reagieren. In der Regel ist dies dort zudem angemessener möglich als beispielsweise inmitten einer Berechnung.

Anhand von `IOExceptions` und `RemoteExceptions` kann man sich dies gut verdeutlichen: Bei einem Zugriffsproblem kann eine ausführende Methode oft nicht adäquat reagieren. Ein Aufrufer kann aber eine Wiederholung veranlassen oder eine neue Verbindung herstellen.

Ist zunächst offen, ob auf eine Fehlersituation angemessen reagiert werden kann oder eben nicht, so sollte man zumindest eine Log-Ausgabe durchführen. Sinnvoll ist es, einen `@TODO`-Kommentar als eine Erinnerung an die noch ausstehende Fehlerbehandlung im Sourcecode zu hinterlassen.

Eine Sache sollte man noch bedenken: Im Umfeld von Applikationsservern können während der Verarbeitung ausgelöste `Exceptions` zu Rollbacks von Transaktionen führen und somit ungewollt den Programmablauf beeinflussen.

> **Achtung: Gefahr des Verschleierns**
>
> Eine Ausgabe von Exceptions in eine Log-Datei kann hilfreich sein. Als einzige Reaktion ist dies meistens jedoch für eine sinnvolle Fehlerbehandlung nicht ausreichend, da die Exception lautlos »versickert«. Allerdings ist ein solches Logging für eine nachträgliche Fehlersuche und -analyse hilfreich. Folgende Methode `storeTask(ITask)` liefert ein Beispiel für das »Versickern« einer `RemoteException`:
>
> ```java
> private void storeTask(final ITask task)
> {
>     try
>     {
>         taskService.storeTask(task);
>     }
>     catch (final RemoteException e)
>     {
>         log.error("Unable to store task in db! task = " + task, e);
>     }
> }
> ```
>
> Im gezeigten Exception Handling fehlt eine weitere Behandlung der auftretenden `RemoteException`, die auf ein Verbindungsproblem hinweist. Nehmen wir an, in einer höheren Applikationsschicht existiere genau für solche Verbindungsprobleme eine eingebaute Logik zum Neuverbinden. Diese wird als Folge der fehlenden Propagation jedoch nicht mehr aufgerufen. Daher sollte in diesem Fall die Exception an die aufrufende Methode weitergeleitet werden.

16.3.2 Bad Smell: Unpassender Exception-Typ

Beim Auftreten von Fehlern sollten diese möglichst aussagekräftig propagiert werden. Wenn dazu eine Exception ausgelöst wird, bedeutet dies, dass besondere Aufmerksamkeit bei der Wahl des Exception-Typs erforderlich ist. Ein unpassend gewählter Exception-Typ erschwert eine Analyse des Programms im Fehlerfall.

Betrachten wir dazu als Beispiel folgende Methode `fill(String)`, in der auf unterschiedliche Fehlersituationen jeweils auf dieselbe Art und Weise reagiert wird: Eine fehlende Initialisierung des Attributs `startFolder` sowie die Belegung des Attributs `ascending` mit `false` lösen jeweils eine `NullPointerException` aus:

```java
public void fill(final String path)
{
    if (this.startFolder != null)
    {
        if (this.ascending)
            fillFolderContent(path);
        else
            throw new NullPointerException("Sort order not implemented!");
    }
    else
    {
        throw new NullPointerException("No startfolder!");
    }
}
```

16.3 Fehlerbehandlung und Exception Handling

Warum ist das ein Bad Smell? Die hier für die Fehlerbehandlung gewählten `NullPointerException`s werden mit Informationstexten erzeugt und geben Hinweise auf eine mögliche Fehlerursache. Damit sind auftretende Fehler zwar anhand des Stacktrace relativ gut nachvollziehbar, allerdings ist der verwendete Exception-Typ irreführend. Es ist schlecht, durch eine `NullPointerException` eine unvollständige Implementierung der unterstützten Sortierreihenfolgen auszudrücken. In der Praxis werden zum Teil leider Exceptions ohne Hinweistext ausgelöst. Das erschwert eine mögliche Fehlersuche zusätzlich. Dieser Effekt verstärkt sich, wenn – wie hier – mehrfach der gleiche Exception-Typ Anwendung findet. Nachfolgende Änderungen anderer Entwickler können dazu führen, dass die Zeilennummern aus einem Stacktrace nicht mehr mit denen des aktuellen Sourcecodes übereinstimmen. Welche Situation zum Fehler geführt hat, ist dann nur noch schwierig zu ermitteln.

Tipps und Refactorings Zunächst führen wir eine Parameterprüfung ein, wie dies im Refactoring ÜBERPRÜFE EINGABEPARAMETER in Abschnitt 17.5.2 beschrieben wird. Ein nicht initialisiertes Attribut `startFolder` löst nun eine `IllegalStateException` anstelle einer `NullPointerException` aus. Dadurch wird nicht der offensichtliche Fehler (Wert ist `null`), sondern der zugrunde liegende semantische Fehler (fehlerhafte Initialisierung des Objektzustands) deutlicher ausgedrückt. Noch kritischer ist das Auslösen einer `NullPointerException` für den Fall einer fehlenden Implementierung, hier der nicht implementierten, absteigenden Sortierung. Dafür ist eine `UnsupportedOperationException` viel besser geeignet. Befolgen wir diese Hinweise, so erhalten wir nach einigen Änderungen folgenden Sourcecode, der zunächst mögliche Fehlersituationen und benötigte Vorbedingungen prüft und gegebenenfalls bei Verstößen Exceptions auslöst. Aufgrund der einzeiligen `throw`-Anweisungen wird dabei auf eine Klammerung verzichtet. Sind alle Vorbedingungen erfüllt, kommt es zur Ausführung der Methodenaktion `fillFolderContent()`:

```
public void fill(final String path)
{
    // Parameter-Check
    Objects.requireNonNull("parameter 'path' must not be null!");

    // Initialization-Check
    if (startFolder == null)
        throw new IllegalStateException("attribute 'startFolder' must not be " +
                        "null! Call initialize() before any other method call!");

    // Implementation-Check
    if (!ascending)
        throw new UnsupportedOperationException("descending sort order " +
                        "not implemented!");

    fillFolderContent(path);
}
```

Beachten Sie dabei die Unterschiede in den Hinweistexten der Exceptions: Diese enthalten nun zusätzliche Informationen zu Methodenparametern und Attributen, um mögliche Fehlerursachen klarer nachvollziehbar zu machen.

16.3.3 Bad Smell: Exceptions zur Steuerung des Kontrollflusses

Dieser Abschnitt erklärt, warum Exceptions nicht zur Steuerung des Kontrollflusses eingesetzt werden sollten.

Betrachten wir dazu folgende Methode `sum(int[])`, die die Summe eines übergebenen `int[]` berechnen soll. In einer Endlosschleife wird der aktuelle Wert an Position `i` auf die Variable `sum` addiert:

```java
private int sum(final int[] values)
{
    int i = 0;
    int sum = 0;
    try
    {
        while (true)
        {
            sum += values[i];
            i++;
        }
    }
    catch (final Exception ex)
    {
        // Ende des Arrays erreicht, Summenberechnung stoppen
    }
    return sum;
}
```

Warum ist das ein Bad Smell? Der indizierte Zugriff löst irgendwann – je nach Größe des übergebenen Arrays – beim indizierten Zugriff eine `ArrayIndexOutOfBoundsException` aus. Dadurch endet die Schleife. Diese ungewöhnliche Art des Schleifendurchlaufs ist einige Zeilen länger und durch das Exception Handling schlechter lesbar als eine »normale« `for`- oder `while`-Schleife. Auch die eigentliche Programmlogik lässt sich schlechter nachvollziehen. Darüber hinaus birgt diese »Exception«-Schleife das Problem, dass alle möglichen Arten von Exceptions im `catch`-Block gefangen werden. Dadurch werden möglicherweise Fehlersituationen »verschluckt«. Weitere Probleme solcher `catch`-Blöcke werden als BAD SMELL: FANGEN DER ALLGEMEINSTEN EXCEPTION in Abschnitt 16.3.4 sowie als BAD SMELL: UNBEHANDELTE EXCEPTION in Abschnitt 16.3.1 diskutiert.

Tipps und Refactorings Die obige Variante des Schleifendurchlaufs ohne Prüfung auf Array-Grenzen war in früheren JVMs schneller als eine `for`- oder `while`-Schleife mit einer Prüfung der Array-Grenzen – allerdings natürlich bei Weitem schlechter lesbar. Die mit JDK 5 eingeführte for-each-Schleife erlaubt es, weiter zu abstrahieren, und hilft, Fehler bei der Prüfung auf Array-Grenzen und beim indizierten Zugriff zu vermeiden.

16.3 Fehlerbehandlung und Exception Handling

Exceptions sollten nur zur Behandlung von außergewöhnlichen Fehlersituationen eingesetzt werden. Eine Steuerung des Kontrollflusses erfolgt vorzugsweise durch konventionelle Java-Sprachmittel.

16.3.4 Bad Smell: Fangen der allgemeinsten Exception

Leider sieht man viel zu häufig das Fangen der unspezifischen Exception als eine – wenn auch oft unangebrachte – Form der Fehlerbehandlung, wie dies bereits im vorherigen Beispiel der `sum(int[])`-Methode der Fall war:

```
catch (final Exception ex)
{
    // beliebiger Sourcecode ...
}
```

Warum ist das ein Bad Smell? Ein solcher `catch`-Block verfehlt nahezu immer das Ziel, angemessen auf die jeweilige Fehlersituation reagieren zu können. Es findet eine Vermischung der Behandlung erwarteter und beliebiger anderer, unerwarteter Exceptions statt. Durch ein solches unspezifische Exception Handling können demnach Fehlersituationen verdeckt werden. Dies lässt sich sehr schön anhand der `sum(int[])`-Methode aus dem vorherigen Bad Smell nachvollziehen. Die (versehentliche) Übergabe einer `null`-Referenz für die Variable `values` löst dort eine `NullPointerException` aus. Dieser Fehler bleibt vor dem Aufrufer verborgen, weil er vermeintlich in `catch (Exception ex)` behandelt wird, allerdings erfolgt keine Summierung und es kommt zur Rückgabe von 0 als Ergebnis. Der auslösende, schwerwiegende Applikationsfehler, hier das nicht initialisierte `values`-Array, fällt so allerdings nicht direkt auf: Es ist lediglich ein Fehler im Algorithmus, jedoch kein Programmabsturz beobachtbar.

Tipps und Refactorings Eine mögliche Verbesserung stellt das Fangen eines besser geeigneten Exception-Typs dar, für die `sum(int[])`-Methode etwa eine `ArrayIndexOutOfBoundsException`. Aber selbst das funktioniert nur für den Fall, dass die Methode `sum(int[])` keine weitere Methode aufruft, die eine solche Exception auslösen kann. Ansonsten würde die Summierung einfach an einer beliebigen Stelle abgebrochen und falsche Ergebnisse liefern.

Ausnahmen

Es gibt ganz spezielle Fälle, in denen ein `catch (Exception ex)` tatsächlich etwas mehr Klarheit in den Sourcecode bringen kann. Dies ist immer dann der Fall, wenn auf verschiedenste Exceptions exakt gleich reagiert wird. Wir betrachten dazu folgendes Beispiel, das für drei unterschiedliche Arten von Exceptions (`Remote`-, `Finder`- und `RemoveException`) jeweils eine identische Log-Ausgabe produziert:

```java
public void removeFromHistory(final int taskId)
{
    try
    {
        taskService.remove(Integer.valueOf(taskId));
    }
    catch (final RemoteException ex)
    {
        log.error("Unable to remove task with id = " + taskId, ex);
    }
    catch (final FinderException ex)
    {
        log.error("Unable to remove task with id = " + taskId, ex);
    }
    catch (final RemoveException ex)
    {
        log.error("Unable to remove task with id = " + taskId, ex);
    }
}
```

Diese Sourcecode-Duplikation ist zu vermeiden. Denken wir kurz nach und schreiben die Methode dann um. Dabei müssen wir beachten, unerwartete Exceptions nicht wie die drei explizit abzufangenden und erwarteten Exceptions zu behandeln. Diese Aufgabe können wir mit einigen `instanceof`-Prüfungen wie folgt lösen:

```java
public void removeFromHistory(final int taskId)
{
    try
    {
        taskService.remove(Integer.valueOf(taskId));
    }
    catch (final Exception ex)
    {
        if (ex instanceof RemoteException ||
            ex instanceof FinderException ||
            ex instanceof RemoveException)
        {
            log.error("Unable to remove task with id = " + taskId, ex);
            return;
        }
        throw new RuntimeException(ex); // Ummantelung mit RuntimeException
    }
}
```

Hiermit vermeidet man Sourcecode-Duplikation und erhöht die Lesbarkeit sowie Übersichtlichkeit – das Exception Handling erfordert aber einen Trick: Die ursprüngliche Methode definiert keine Checked Exception in der Signatur. Um dazu kompatibel zu bleiben, muss eine auftretende Exception mit einer `RuntimeException` ummantelt werden, weil diese nicht in der Signatur angegeben werden muss (vgl. Abschnitt 4.7.2).

Vereinfachungen mit JDK 7

Mit dem Sprachfeature Multi Catch wird das Exception Handling erleichtert, (vgl. Abschnitt 4.7.4), weil mehrere Exceptions mit einem `catch`-Block gefangen werden können. Das nutzen wir zur Vereinfachung des Exception Handlings in der Methode `removeFromHistory(int)`:

16.3 Fehlerbehandlung und Exception Handling

```
public void removeFromHistory(final int taskId)
{
    try
    {
        taskService.remove(Integer.valueOf(taskId));
    }
    // Multi Catch ab JDK 7
    catch (final RemoteException | FinderException | RemoveException ex)
    {
        log.error("Unable to remove task with id = " + taskId, ex);
    }
}
```

16.3.5 Bad Smell: Rückgabe von `null` statt Exception im Fehlerfall

Dieser Bad Smell schildert, warum schwerwiegende Fehlersituationen besser durch das Auslösen einer Exception als durch die Rückgabe von `null` (oder eines Fehlerwerts) ausgedrückt werden sollten. Bekanntermaßen können Rückgabewerte von Methoden durch Aufrufer einfach ignoriert werden. Exceptions besitzen den Vorteil, nicht allzu leicht unbehandelt zu bleiben: Eine Checked Exception muss entweder durch einen `catch`-Block behandelt oder mit `throw` weiter propagiert werden. Für Unchecked Exceptions ist beides optional auch möglich.

Betrachten wir folgende Methode `getServerAndPort()`, die aus einer Property-Datei über die Methode `getPropertyValue(String)` zwei Werte liest. Sind beide vorhanden, wird aus diesen ein Servername mit Portnummer zusammengebaut. Fehlt eine der Informationen, so wird der Wert `null` zurückgeliefert. Dies ist jedoch weder im Methodenkommentar beschrieben, noch stellt der Wert `null` einen sinnvollen oder geschweige denn gültigen Rückgabewert dar:

```
/**
 * @return der Name des Servers in der Form 'host:port'.
 */
public String getServerAndPort()
{
    final String host = getPropertyValue(KEY_HOST);
    final String port = getPropertyValue(KEY_PORT);

    if (host != null && port != null)
    {
        return host + ":" + port;
    }

    return null;
}
```

Warum ist das ein Bad Smell? Bei Referenzparametern ist die unbedachte Rückgabe des Werts `null` problematisch, wenn Aufrufer mit dem Rückgabewert ohne Prüfung weiterarbeiten. Dies beschreibt detailliert BAD SMELL: UNBEDACHTE RÜCKGABE VON NULL in Abschnitt 16.3.6.

Verlässt sich aufrufender Sourcecode auf eine gültige Rückgabe und führt keine Prüfung auf `null` durch, so kommt es zu einer unbehandelten `NullPointerException`. Im obigen Beispiel bleibt bei korrekter Konfiguration der beschriebene Softwaredefekt unentdeckt – vielleicht sogar während der gesamten Entwicklungs- und Testphase. Wird die Konfiguration jedoch im Nachhinein (versehentlich) dahingehend verändert, dass einer der beiden Werte fehlt, löst dies unerwartet eine `NullPointerException` aus. Der Zusammenhang mit einem geänderten oder fehlenden Property-Wert ist jedoch nicht ersichtlich.

Tipps und Refactorings Das Auslösen einer Exception ermöglicht die Ausgabe eines Stacktrace, wodurch sich Fehler in der Regel gut nachvollziehen lassen. Mithilfe einer `IllegalStateException` wird ein möglicher Konfigurationsfehler frühzeitig erkennbar und semantisch besser beschrieben. Eventuell kann ein Problem dann umgehend durch Einfügen eines fehlenden Werts in eine Property-Datei behoben werden. Dazu ist es hilfreich, im Text der Exception zusätzlich den Pfad und den Namen der verwendeten Property-Datei anzugeben. Eine Realisierung könnte wie folgt aussehen:

```
public String getServerAndPort()
{
    final String host = getPropertyValue(KEY_HOST);
    final String port = getPropertyValue(KEY_PORT);

    if (host != null && port != null)
    {
        return host + ":" + port;
    }

    throw new IllegalStateException("missing property entries for server!" +
            " no parameters '" + KEY_HOST + "' and/or '" + KEY_PORT +
            "' in file '" + getPropertyFilePath() + "'.");
}
```

An diesem Beispiel wird deutlich, dass eine offensive Fehlerbehandlung eine spätere Wartung ungemein erleichtern kann. Exceptions stören zwar den Programmablauf, zur Fehlersuche sind sie meistens aber hilfreich. Wird ein Fehler durch `null`-Prüfungen oder leere `catch`-Blöcke verschluckt, so macht er sich möglicherweise lediglich durch ein merkwürdiges Programmverhalten bemerkbar. Er lässt sich jedoch nur mit Mühe zurückverfolgen und durch intensive Analysen finden und beheben.

16.3.6 Bad Smell: Unbedachte Rückgabe von `null`

Dieser Bad Smell beschreibt, warum die unbedachte Rückgabe von `null` Probleme bereiten kann. Eher selten sollte man überhaupt mit dem Wert `null` als Rückgabe arbeiten. Dies gilt etwa für Suchfunktionen, um ausdrücken zu können, dass kein Treffer gefunden wurde. Seit Java 8 verwendet man dafür besser die Klasse `Optional<T>` (vgl. Abschnitt 6.5). Für »normale« Verarbeitungsroutinen ist die Rückgabe von `null` meistens nicht sinnvoll, weil Aufrufer mit diesem Wert entweder nicht rechnen oder aber übervorsichtig nahezu überall auf `null` prüfen, selbst wenn das gar nicht erfor-

16.3 Fehlerbehandlung und Exception Handling

derlich ist. Im vorherigen BAD SMELL: RÜCKGABE VON null STATT EXCEPTION IM FEHLERFALL habe ich dargestellt, dass schwerwiegende Fehlersituationen häufig besser durch Exceptions anstatt durch Rückgabe von null ausgedrückt werden sollen.

Betrachten wir eine Umwandlung zweier Eingabewerte in der folgenden main()-Methode. Dort wird durch den Aufruf der Methode toHashSeparatedString() nach jedem Zeichen ein '#' im übergebenen String eingefügt:

```java
public static void main(final String[] args)
{
    final String value1 = toHashSeparatedString("012");
    final String value2 = toHashSeparatedString("");

    System.out.println("Encoded='" + value1 + "' / length=" + value1.length());
    System.out.println("Encoded='" + value2 + "' / length=" + value2.length());
}

public static String toHashSeparatedString(final String message)
{
    if (message.length() == 0)
        return null;

    final StringBuffer sb = new StringBuffer("#");
    for (int i = 0; i < message.length(); i++)
    {
        sb.append(message.charAt(i)).append('#');
    }
    return sb.toString();
}
```

Listing 16.2 Ausführbar als 'DONTRETURNNULLEXAMPLE'

Das Programm DONTRETURNNULLEXAMPLE produziert folgende Ausgaben:

```
Encoded='#0#1#2#' / length=7
Exception in thread "main" java.lang.NullPointerException
        at ch16_badsmells.DontReturnNullExample.main(DontReturnNullExample.java
        :18)
```

Warum ist das ein Bad Smell? Rückgaben von null müssen im aufrufenden Sourcecode speziell behandelt werden. Geschieht dies – wie in der obigen main()-Methode – nicht, so kommt es unerwartet zu einer NullPointerException: In diesem Beispiel also bei der Ausgabe der Länge des leeren, zweiten Eingabewerts.

Aus der Methodensignatur und aufgrund der fehlenden Dokumentation ist aber nicht ersichtlich, dass der Wert null überhaupt als Rückgabe möglich ist. Zudem wird hier mit dem Wert null ein erlaubter Randfall anders als gewöhnliche Eingabewerte ausgewertet. Ein derartiges Problem beschreibt BAD SMELL: SONDERBEHANDLUNG VON RANDFÄLLEN in Abschnitt 16.3.7. Eine Nachricht der Länge 0 sollte auf keinen Fall im nachfolgenden Sourcecode eine NullPointerException auslösen. Diese Realisierung provoziert unnötigerweise Exceptions in aufrufenden Methoden.

Tipps und Refactorings Die Rückgabe eines leeren Strings für leere Eingabedaten ist viel eleganter und die einfachste Form des NULL-OBJEKT-Musters (vgl. Abschnitt 18.3.2). Mögliche Aufrufer müssten dadurch keine Abfragen auf `null` vornehmen und könnten direkt mit den Rückgabewerten arbeiten. Das sorgt für mehr Lesbarkeit.

Ausbreitung dieses Bad Smells

Problematisch ist vor allem die Rückgabe von `null`-Werten für Referenzen auf Arrays, Listen oder sonstige Containerklassen, da dies häufig zu einer Ausbreitung dieses Bad Smells führt. Betrachten wir dazu folgende vereinfachte Methode `getPersonsByPrefix(String)`, die als Rückgabe eine `List<Person>` besitzt. In dieser Methode wird durch Aufruf der Hilfsmethode `findObjectsByPrefix(Class<?>, String)` der Utility-Klasse `DBAccess` ein `Object[]` ermittelt, das auf ein `Person[]` gecastet wird. Ist dieses `null`, wird hier auch der Wert `null` zurückgeliefert. Ansonsten erfolgt eine Umwandlung des Ergebnisses in ein `Person`-Array:

```java
public static List<Person> getPersonsByPrefix(final String prefix)
{
    final Person[] result = (Person[]) DBAccess.findObjectsByPrefix(Person.class,
                                                                    prefix);

    if (result != null)
    {
        return Arrays.asList(result);
    }

    // Problematische Rückgabe von null
    return null;
}
```

Eine leere Treffermenge drückt man für Arrays und Containerklassen besser durch NULL-OBJEKTE aus (vgl. Abschnitt 18.3.2). Tut man dies nicht, so pflanzen sich `null`-Prüfungen immer weiter fort. In diesem Beispiel sieht man das an der Methode `findObjectsByPrefix(Class<?>, String)`. Würde diese ein leeres Array statt `null` zurückliefern, könnte man sich die Spezialbehandlung in der aufrufenden Methode `getPersonsByPrefix(String)` sparen. Wäre dem so, könnte man als Aufrufer kurz und elegant Folgendes schreiben:

```java
public List<Person> getPersonsByPrefix(final String prefix)
{
    final Person[] result = (Person[]) DBAccess.findObjectsByPrefix(Person.class,
                                                                    prefix);

    return Arrays.asList(result);
}
```

Mögliche Schwierigkeiten Wenn man externe Bibliotheken einsetzt, muss man selbst etwas tun, um zu verhindern, dass sich dieser Bad Smells ausbreitet. Das gilt insbesondere, wenn Methoden null-Werte für Collections zurückliefern. Da man die Implementierung von Methoden aus Bibliotheken nicht ändern kann, kann man sich eine eigene Hilfsmethode schreiben, die die Bibliotheksmethode aufruft und passend erweitert. Dadurch wird die ansonsten notwendige Spezialbehandlung für null-Werte vor der eigenen Applikation versteckt und der nutzende Sourcecode vereinfacht. Hätten wir in diesem Beispiel die Klasse DBAccess nicht im Zugriff, so könnten wir doch etwas tun. Durch Befolgen es eben genannten Vorgehens können wir die Methode getPersonsByPrefix() folgendermaßen korrigieren, um eine Fortpflanzung von null-Abfragen zu verhindern:

```java
public List<Person> getPersonsByPrefix(final String prefix)
{
    final Person[] result = (Person[]) DBAccess.findObjectsByPrefix(Person.class,
                                                                    prefix);

    if (result != null)
    {
        return Arrays.asList(result);
    }

    // Vermeide problematische Rückgabe von null
    return Collections.emptyList();
}
```

16.3.7 Bad Smell: Sonderbehandlung von Randfällen

Zum Teil findet man Sonderbehandlungen für erlaubte, aber seltene oder ungewöhnliche Eingabewerte. Gleiches gilt für Rückgabewerte. Gerade deren geeignete Wahl kann das Erkennen von Fehlersituationen erleichtern.

Betrachten wir dies beispielhaft an der folgenden Methode toHexString(), die eine Stringrepräsentation in hexadezimaler Form aus einem übergebenen byte-Array message erzeugt. Sowohl bei der Übergabe von null als auch für eine leere Eingabe wird null zurückgegeben:

```java
public static String toHexString(final byte[] message)
{
    if (message == null)
        return null;
    if (message.length == 0)
        return null;

    final StringBuffer sb = new StringBuffer("|");
    for (int i = 0; i < message.length; i++)
    {
        // Wandle byte in einen Hex-String
        final String hexStr = "0" + Integer.toHexString((int) message[i]);
        sb.append(hexStr.substring(hexStr.length() - 2)).append('|');
    }
    return sb.toString();
}
```

Warum ist das ein Bad Smell? In diesem Beispiel stellt eine Eingabe von `null` eigentlich einen Fehler dar, was anhand des Rückgabewerts nicht deutlich wird. Die Eingabe eines leeren Arrays ist dagegen ein seltener, aber erlaubter Randfall.

Die Gleichbehandlung von Fehlern und Randfällen durch Rückgabe gleicher Werte führt zu Inkonsistenzen. Man stellt eine normale Situation – hier die Eingabe eines Arrays der Länge 0 – wie eine Fehlersituation dar. Betrachten wir die verschiedenen Fälle für den Eingabewert `message` genauer, um zu verstehen, warum Sonderbehandlungen von Randfällen und daraus resultierende, inkonsistente Rückgabewerte einen Bad Smell darstellen:

1. Wird ein Array der Länge 0 übergeben, so kann dafür eine sinnvolle Stringrepräsentation erzeugt werden, etwa `"[]"`. Dieser Randfall sollte demnach genauso bearbeitet werden wie ein Array mit Eingabedaten. Von diesem Vorgehen sollte nur abgewichen werden, wenn dies fachlich notwendig ist und zudem explizit in der Methodendokumentation erwähnt wird. In diesem Beispiel führt ein leeres Array aber zur Rückgabe von `null` und ist damit anhand des Rückgabewerts nicht mehr von einem Fehler zu unterscheiden.

2. Im Fall einer ungültigen Eingabe (`null`) kann die Methode keine geeignete Stringrepräsentation erzeugen. Die Rückgabe von `null` drückt dies nur unzureichend aus. Wenn dies explizit dokumentiert ist, stellt eine derartige Rückgabe nicht unbedingt einen Fehler dar. Es besteht aber immer die Gefahr, dass es zu einer Verschleierung eines Fehlers kommt.

Tipps und Refactorings Die Spezialbehandlung für das leere Eingabe-Array ist überflüssig und kann komplett entfallen. Auf die Eingabe von `null` sollte mit einer `IllegalArgumentException` reagiert werden, wie dies bereits in Abschnitt 16.3.5 als BAD SMELL: RÜCKGABE VON NULL STATT EXCEPTION IM FEHLERFALL besprochen wurde. Der Aspekt der Parameterprüfung zur Sicherstellung eines gültigen Objektzustands ist in Abschnitt 16.3.8 Thema von BAD SMELL: KEINE GÜLTIGKEITSPRÜFUNG VON EINGABEPARAMETERN. Weshalb die Rückgabe von `null` problematisch ist und man die dadurch notwendigen `null`-Prüfungen nicht auf Klienten übertragen sollte, wurde bereits als BAD SMELL: UNBEDACHTE RÜCKGABE VON NULL in Abschnitt 16.3.6 vorgestellt.

16.3.8 Bad Smell: Keine Gültigkeitsprüfung von Eingabeparametern

Eine fehlende Prüfung von Eingabeparametern (insbesondere in öffentlichen Schnittstellen oder an Komponentengrenzen) kann schnell zu inkonsistenten Objektzuständen führen. Meistens lassen sich Inkonsistenzen durch ungültige Parameterwerte bereits beim Aufruf von Business- und öffentlichen `set()`-Methoden oder idealerweise direkt schon im Konstruktor feststellen.

16.3 Fehlerbehandlung und Exception Handling

Betrachten wir exemplarisch den folgenden Konstruktor der Klasse `FramedDisplayMsg`. Die Parameter `receiverNo` und `message` werden ungeprüft an korrespondierende Attribute zugewiesen:

```
private final int      receiverNo;
private final byte[] message;

public FramedDisplayMsg(final int receiverNo, final byte[] message)
{
    this.receiverNo = receiverNo;
    this.message = message;
}
```

Weiterhin ist unter anderem folgende Zugriffsmethode definiert:

```
public byte[] getMessageWithoutFraming() throws IOException
{
    if (MsgSupport.checkMessage(this.message) != MsgSupport.CHECK_MSG_OK)
        throw new IOException("parameter 'message' has an invalid format " +
                              Arrays.toString(message));

    return ByteArrayUtils.extractByteArray(message, FRAME_OFFSET,
                                           message.length - FRAME_OFFSET);
}
```

Warum ist das ein Bad Smell? Bei fehlerhaften Eingabewerten verbleibt ein neu erzeugtes `FramedDisplayMsg`-Objekt in einem nicht korrekt initialisierten Zustand, ohne dies zu kommunizieren. Auf ungültige Eingaben sollte allerdings so früh wie möglich reagiert werden, um inkonsistente Objektzustände zu vermeiden. Dies geschieht hier nicht und kann diverse unerklärliche Folgefehler auslösen.

Erst bei einem Aufruf der `getMessageWithoutFraming()`-Methode wird auf Inkonsistenzen geprüft. Werden diese erkannt, wird eine `IOException` ausgelöst, um einen Fehler zu signalisieren. Allerdings ist das eine irreführende Wahl des Exception-Typs – hier, um auf falsche Attributwerte zu reagieren. Das wurde bereits als BAD SMELL: UNPASSENDER EXCEPTION-TYP in Abschnitt 16.3.2 vorgestellt.

Besonders problematisch ist jedoch, dass die Konsistenzprüfung zu spät erfolgt. Zwischen der Konstruktion und einem Aufruf der obigen Methode mit der Konsistenzprüfung könnten Klienten bereits mit dem Objekt arbeiten. In diesem Beispiel sind `null`-Werte für die Attribute nicht erlaubt, aber durch die fehlende Parameterprüfung nicht ausgeschlossen. Das Auslesen eines Attributs kann unerwartet den Wert `null` liefern und damit `NullPointerExceptions` bei Aufrufern auslösen.

Das Schlimme in beiden Fällen ist, dass es sich hierbei um eine Fehlerverschleierung handelt, für die wir in unserer Arbeitsgruppe den Spitznamen »Delayed Exception« verwenden. Er besagt, dass Probleme erst beim Zugriff und nicht bereits beim Initialisieren auftreten. *Das Ungerechte daran ist, dass nicht der Verursacher der Inkonsistenzen mit einer Exception bestraft wird, sondern irgendein späterer Nutzer der Klasse. Ist dies z. B. das GUI, so wird der Fehler schnell einem falschen Verursacher zugeordnet.*

Tipps und Refactorings Die Prüfung aller Parameter öffentlicher Methoden und von Konstruktoren hilft, Initialisierungsprobleme so früh wie möglich aufzuspüren. Dadurch kann man falsch initialisierte Objekte (invalide Objektzustände) vermeiden. Ein entsprechendes Vorgehen ist in Abschnitt 17.5.2 als Refactoring ÜBERPRÜFE EINGABEPARAMETER detailliert beschrieben. Dort wird auch diskutiert, ob man alle Parameter oder nur eine Auswahl überprüfen sollte.

In diesem Fall kopieren wir die Konsistenzprüfung aus der `getMessageWithoutFraming()`-Methode und entfernen diese dort:

```
public byte[] getMessageWithoutFraming() throws IOException
{
    return ByteArrayUtils.extractByteArray(message, FRAME_OFFSET,
                                    message.length - FRAME_OFFSET);
}
```

Anschließend fügen wir diese Konsistenzprüfung in den Konstruktor ein und ergänzen noch eine Prüfung des Parameters `message` auf `null`. Außerdem wählen wir eine passendere Exception, die im Falle der fehlgeschlagenen Überprüfung ausgelöst wird:

```
public CorrectedFramedDisplayMsg(final int receiverNo, final byte[] message)
{
    if (MsgSupport.checkMessage(message) != MsgSupport.CHECK_MSG_OK)
        throw new IllegalArgumentException("parameter 'message' has an " +
                              "invalid format" + Arrays.toString(message));

    // Parameterprüfung mit Utility-Klasse Objects
    this.message = Objects.requireNonNull(message, "parameter 'message' must " +
                                       "not be null");
    this.receiverNo = receiverNo;
}
```

16.3.9 Bad Smell: Fehlerhafte Fehlerbehandlung

Zum Teil findet man Fehlerbehandlungsroutinen, die selbst wiederum Fehler enthalten oder die Fehlerbehandlung nur unvollständig oder nicht korrekt durchführen.

Das folgende Beispiel der Methode `synchronizeTime(long)` zeigt eine Abfrage des Attributs `currentSender` auf den Wert `null`. Im Falle eines `null`-Werts erfolgt eine Fehlermeldung in Form einer Log-Ausgabe:

```
public void synchronizeTime(final long newTime)
{
    if (currentSender == null)
    {
        log.error("Called synchronizeTime for a null current sender.");
    }
    currentSender.synchronizeTime(new Date(newTime));
}
```

Warum ist das ein Bad Smell? Eine Fehlerbehandlung, die selbst Fehler auslöst, die vom eigentlichen Fehler ablenken, ist nicht wirklich sinnvoll. Im Beispiel hilft die Ausgabe des fehlerhaften Zustands nur bedingt weiter, da mit dem nächsten Statement `currentSender.synchronizeTime()` eine `NullPointerException` beim Dereferenzieren der `null`-Referenz ausgelöst wird. Wie man leicht sieht, fehlt in diesem Fall ein Methodenabbruch. Der fehlerhafte Objektzustand (die unvollständige Initialisierung) sollte per `IllegalStateException` an den Aufrufer kommuniziert werden. Die ansonsten auftretende `NullPointerException` hat nicht die gleiche Aussagekraft, weil diese den ungültigen Objektzustand semantisch nicht so klar ausdrückt.

Außerdem könnte das Attribut `currentSender` privat sein, um ein Implementierungsdetail zu verbergen, und wäre damit nach außen nicht sichtbar. Ein Aufrufer würde sich dann fragen: Was ist `"currentSender"` im Stacktrace der Exception?

Tipps und Refactorings Eine Zustandsprüfung sollte sinnvollerweise in eine eigene Methode ausgelagert werden. Das beschreibt in Abschnitt 17.5.1 das Refactoring FÜHRE EINE ZUSTANDSPRÜFUNG EIN. Wenden wir dieses an, so entsteht die folgende Methode `checkInitialization()`:

```java
private void checkInitialization()
{
    if (currentSender == null)
    {
        log.error("Illegal state: attribute 'currentSender' is uninitialized");
        throw new IllegalStateException("Illegal state: attribute " +
                                        "'currentSender' is uninitialized");
    }
}
```

Durch den Einsatz einer solchen Prüfmethode wird der Sourcecode besser lesbar. Bei Bedarf kann die Abfrage auch in anderen Methoden eingesetzt werden, ohne die Prüfungen durch Copy-Paste im Sourcecode zu duplizieren.

```java
public void synchronizeTime(final long newTime)
{
    checkInitialization();

    currentSender.synchronizeTime(new Date(newTime));
}
```

Spezialfälle

In diesem einfachen Beispiel war der Fehler noch recht schnell zu finden, im folgenden Beispiel der Methode `send(Object)` und dem Einsatz von `instanceof` und `getClass()` ist er jedoch besser verborgen:

```
public void send(final Object telegram)
{
    if (!(telegram instanceof RadioTelegram))
    {
        log.error("Invalid telegram class " + telegram.}getClass().getName());
        return;
    }
    // ...
}
```

Der Aufruf von `instanceof` ist zwar laut JLS sicher bezüglich `null`. Das bedeutet: Ein Test `null instanceof XYZ` liefert immer `false`. Vorsicht ist jedoch geboten, wenn man die Aussage negiert. Denn eine Negation besagt nicht, dass die Variable ungleich `null` ist! Wird an die obige Methode eine `null`-Referenz als Parameter übergeben, so löst der Aufruf von `getClass()` eine `NullPointerException` aus.

> **Tipp: Test der Fehlerbehandlung**
>
> Achten Sie darauf, auch die Fehlerbehandlung zu testen. Dazu sollten bewusst Testfälle definiert werden, in denen beispielsweise Referenzvariablen mit `null` initialisiert sind. Auch andere invalide Einträge sollten getestet werden, etwa ungültige Wertebereiche: Fehler finden sich häufig nicht im normalen Wertebereich, sondern bei Extremwerten. Es sollte dazu ein **Extremwerttest** durchgeführt werden. Der normale Programmablauf wird durch **Äquivalenzklassentests** abgesichert. Auf Details zum Testen gehe ich in Kapitel 20 ein.

16.3.10 Bad Smell: I/O ohne `finally` oder ARM

Bei der Arbeit mit Ressourcenobjekten werden zusätzlich zu den Java-Objekten auch Betriebssystemressourcen angefordert. Wird ein entsprechendes Java-Objekt zerstört, so werden nicht in jedem Fall als Folge davon auch die belegten Systemressourcen freigegeben. Dazu ist eine spezielle `close()`-Methode vom Entwickler aufzurufen.

Betrachten wir hier eine typische Methode `readProperties(String)`, die Properties aus einer Datei lesen soll. Im Regelfall erfolgt nach einem Zugriff auf die Datei ein Aufruf von `close()`. Im `catch`-Block wurde dieser Aufruf vergessen:

```
private boolean readProperties(final String fileName)
{
    try
    {
        final FileInputStream inputStream = new FileInputStream(fileName);
        loadProperties(inputStream);
        inputStream.close();
    }
    catch (final IOException ex)
    {
        log.warn("can't read file '" + fileName + "'", ex);
        return false;
    }
    return true;
}
```

16.3 Fehlerbehandlung und Exception Handling

Warum ist das ein Bad Smell? Problematisch an dieser Methode ist das Verhalten im Falle eines Fehlers beim Zugriff auf die Property-Datei. Tritt dabei eine `IOException` auf, so werden Ressourcen nicht garantiert wieder freigegeben, da kein direkter Aufruf von `close()` erfolgt.[3]

Tipps und Refactorings Wie bereits in Abschnitt 4.7 diskutiert, sollte man Aufräumarbeiten bevorzugt in einem `finally`-Block durchführen. Tritt dann während der Ausführung im `try`- oder `catch`-Block eine `IOException` auf, so kann das zuvor geöffnete `InputStream`-Objekt in jedem Fall umgehend geschlossen und somit auch die allozierten Betriebssystemressourcen freigegeben werden. Wir korrigieren diese Schwachstelle in unserer Implementierung. Dadurch entsteht folgende verbesserte Methode `readProperties(String)`, die die Methode `closeQuietly()` aus Apache Commons IO und der Klasse `IOUtils` nutzt:

```
private boolean readProperties(final String fileName)
{
    InputStream inputStream = null;
    try
    {
        inputStream = new FileInputStream(fileName);
        loadProperties(inputStream);
    }
    catch (final IOException ex)
    {
        log.warn("can't read file '" + fileName + "'", ex);
        return false;
    }
    finally
    {
        // Sicheres Schließen
        IOUtils.closeQuietly(inputStream);
    }
    return true;
}
```

Seit JDK 7 erleichtert das in Abschnitt 4.7.4 beschriebene Sprachfeature ARM (Automatic Resource Management) die Freigabe von Ressourcen:

```
private boolean readProperties(final String fileName)
{
    try (final InputStream inputStream = new FileInputStream(fileName))
    {
        loadProperties(inputStream);
    }
    catch (final IOException ex)
    {
        log.warn("can't read file '" + fileName + "'", ex);
        return false;
    }
    return true;
}
```

---

[3] Als letztes Sicherheitsnetz besitzen einige I/O-Klassen, im Speziellen die Klassen `FileInputStream` und `FileOutputStream`, eine überschriebene `finalize()`-Methode, die einen Aufruf an `close()` ausführt.

16.3.11 Bad Smell: Resource Leaks durch Exceptions im Konstruktor

Zum Teil erfolgen Zugriffe auf Streams oder andere Ressourcen bereits im Konstruktor. Das ist oftmals eher ungünstig, weil dabei schon Betriebssystemressourcen alloziert werden. Zudem können bei I/O-Aktionen immer auch Exceptions ausgelöst werden. Werden diese im Konstruktor behandelt, so ist selten ein sinnvoller Objektzustand zu erreichen.

Der folgende Sourcecode löst `IOExceptions` (genauer die Spezialisierung `FileNotFoundException`) im Konstruktor aus, wenn eine übergebene Datei zum Einlesen nicht gefunden oder aber keine Datei zum Schreiben erzeugt werden kann. In beiden Fällen werden möglicherweise bereits Dateiressourcen belegt, aber eventuell nicht (sofort) freigegeben.

```java
public class ZipConverter
{
    private final InputStream   inStream;
    private final OutputStream  outStream;

    public ZipConverter(final String inputFileName, final String outputFileName)
        throws FileNotFoundException
    {
        // beide Konstruktoren können eine FileNotFoundException auslösen
        inStream = new FileInputStream(inputFileName);
        outStream = new FileOutputStream(outputFileName);
    }

    protected final InputStream getInputStream()
    {
        return inStream;
    }

    protected final OutputStream getOutputStream()
    {
        return outStream;
    }
    // ...
```

Warum ist das ein Bad Smell? Durch I/O ausgelöste Exceptions im Konstruktor führen dazu, dass Objekte sich nicht vollständig konstruieren lassen und damit der Programmablauf gestört wird. Eine sinnvolle Fehlerbehandlung fällt schwer. Bereits belegte Ressourcen können dann zum Teil nicht korrekt freigegeben werden, weil nach dem Abbruch der Objektkonstruktion durch Auslösen einer Exception kein Zugriff auf die Ressourcenattribute möglich ist.

Tipps und Refactorings Im Folgenden betrachten wir Möglichkeiten, die genannten Probleme zu lösen, und beginnen mit der Idee, im Konstruktor die erwarteten Exceptions abzufangen. Die Konstruktion der Streams wird dazu jeweils mit einem eigenen `try-catch`-Block wie folgt umschlossen:

16.3 Fehlerbehandlung und Exception Handling

```java
private static class ZipConverter
{
    // Indikator, ob bereits initialisiert
    private InputStream  inStream  = null;
    private OutputStream outStream = null;

    public ZipConverter(final String inputFileName, final String outputFileName)
    {
        try
        {
            inStream = new FileInputStream(inputFileName);
        }
        catch (final FileNotFoundException fnfe)
        {
            // Achtung: „silent fail", d. h., Exception wird nicht propagiert
            IOUtils.closeQuietly(inStream);
        }

        try
        {
            outStream = new FileOutputStream(outputFileName);
        }
        catch (final FileNotFoundException fnfe)
        {
            // Achtung: „silent fail", d. h., Exception wird nicht propagiert
            IOUtils.closeQuietly(outStream);
        }
    }
    // ...
```

Wie schon im vorherigen Bad Smell nutzen wir Funktionalität aus der Java-Bibliothek Apache Commons IO, um die Fehlerbehandlung lesbar zu gestalten.

Der Einsatz einer solchen Fehlerbehandlung im Konstruktor führt beim Auftreten von I/O-Fehlern allerdings nur dazu, dass die eigentliche Objektkonstruktion vermeintlich erfolgreich verläuft. Das neu erzeugte Objekt ist jedoch anschließend in einem unbrauchbaren Zustand. Im Extremfall sind beide Streams geschlossen und jede Aktion darauf löst Probleme durch `IOExceptions` aus. Man könnte solche Initialisierungsprobleme dadurch dokumentieren, dass die korrespondierenden Stream-Attribute auf `null` gesetzt werden. Allerdings erfordert dies wiederum Fehler- und Spezialbehandlungen im aufrufenden Sourcecode: Dort muss nun vor jedem Zugriff zunächst eine `null`-Prüfung der Stream-Attribute erfolgen.

Dadurch verlagert man das Problem jedoch nur: Nun sind die Aufrufer und nicht das Objekt selbst verantwortlich, Aufräumarbeiten durchzuführen. Dazu benötigen andere Klassen allerdings Zugriff auf die privaten, internen Stream-Attribute, d. h., die beiden `get()`-Methoden müssen als `public` definiert werden. Außerdem müssen Klienten nun wissen, dass ein `null`-Wert auf ein nicht erzeugtes Stream-Objekt hindeutet. Eine derartige Realisierung ist wenig objektorientiert. Es ist problematisch, diverse Annahmen nach außen zu publizieren und andere Objekte die eigenen Aufräumarbeiten ausführen zu lassen. Wie lösen wir das Problem?

Dazu verwenden wir das Entwurfsmuster ERZEUGUNGSMETHODE (vgl. Abschnitt 18.1.1). Um eine korrekte Konstruktion sowie eine saubere Fehlerbehandlung zu ermöglichen, müssen wir die Aktionen aus dem Konstruktor in eine `init()`-Methode verlagern. Nur für den Fall, dass sich ein Objekt erzeugen lässt, ohne dass es dabei zu einer `IOException` kommt, geben wir eine gültige Objektreferenz nach außen. Ansonsten schließen wir die Streams und propagieren die Exception. Folgendes Listing zeigt die entsprechende Erzeugungsmethode `createConverter()` sowie die anderen notwendigen Anpassungen in der Klasse:

```java
private static class ZipConverter
{
    // Indikator, ob bereits initialisiert
    private InputStream inStream = null;
    private OutputStream outStream = null;

    public static final ZipConverter createConverter(final String inputFileName,
            final String outputFileName) throws FileNotFoundException
    {
        // Definition, damit wir Streams schließen können
        ZipConverter zipConverter = null;
        try
        {
            zipConverter = new ZipConverter();
            zipConverter.init(inputFileName, outputFileName);
            return zipConverter;
        }
        catch (final FileNotFoundException ex)
        {
            // Die Variable zipConverter ist hier ungleich null
            IOUtils.closeQuietly(zipConverter.getInputStream());
            IOUtils.closeQuietly(zipConverter.getOutputStream());
            throw ex;
        }
    }

    private ZipConverter()
    {
    }

    private void init(final String inputFileName, final String outputFileName)
            throws FileNotFoundException
    {
        inStream = new FileInputStream(inputFileName);
        outStream = new FileOutputStream(outputFileName);
    }
    // ...
```

Es stellt sich zuletzt noch die Frage, was eigentlich passiert, wenn das `ZipConverter`-Objekt nicht mehr referenziert wird? Wer gibt die Systemressourcen dann wieder frei? Als erste Idee kommt uns die `finalize()`-Methode in den Sinn. Die Methode wird vor der Zerstörung eines Objekts durch den Garbage Collector aufgerufen. *Die Ausführung der `finalize()`-Methode wird jedoch nicht garantiert. Ein sicherer Aufräumvorgang ist auf diese Weise nicht möglich.*

16.3 Fehlerbehandlung und Exception Handling

Es bietet sich daher folgendes Vorgehen an: Man führt eine Methode `release()` ein, die benötigte Aufräumarbeiten erledigt, hier die geöffneten Streams schließt. Diese Methode sollte dann im Fehlerfall aus der Erzeugungsmethode sowie zusätzlich aus der `finalize()`-Methode aufgerufen werden. Zudem können Klienten diese Methode nach Abschluss ihrer Arbeiten aufrufen. Dadurch werden Aufräumarbeiten im Normalfall vom Programm selbst vorgenommen. Nur in unerwarteten Situationen steht als letztes Sicherheitsnetz eine Freigabe über `finalize()` bereit. Diese Variante wird auch von Joshua Bloch in »Effective Java« vorgeschlagen.

Jetzt könnte man sich natürlich fragen, worin der Unterschied dieser Lösung zu dem zuvor kritisierten Zugriff über `get()`-Methoden auf die Streams liegt. Die Antwort ist bereits in der Frage enthalten: Bei der ursprünglichen Lösung wird ein Zugriff auf die Streams und die Kenntnis der Implementierungsdetails des Objekts benötigt. Eine `release()`-Methode ist dagegen objektorientiert und versteckt diese Details. Folgendes Listing zeigt eine mögliche Umsetzung:

```java
private static class ZipConverter
{
    // Indikator, ob bereits initialisiert
    private InputStream inStream = null;
    private OutputStream outStream = null;

    public static final ZipConverter createConverter(final String inputFileName,
            final String outputFileName) throws FileNotFoundException
    {
        // Definition, damit wir release() aufrufen können
        ZipConverter zipConverter = null;
        try
        {
            zipConverter = new ZipConverter();
            zipConverter.init(inputFileName, outputFileName);
            return zipConverter;
        }
        catch (final FileNotFoundException ex)
        {
            // Die Variable zipConverter ist hier ungleich null
            zipConverter.release();
            throw ex;
        }
    }

    protected void finalize() throws Throwable
    {
        release();
        super.finalize();
    }

    public void release()
    {
        IOUtils.closeQuietly(getInputStream());
        IOUtils.closeQuietly(getOutputStream());
    }
    // ...
```

Fazit

Für Klassen, die Systemressourcen als Attribute halten und bei deren Konstruktionsprozess Exceptions ausgelöst werden können, wird eine Erzeugungsmethode zur sicheren Objektkonstruktion benötigt. Weiterhin ist es empfehlenswert, eine `release()`-Methode zur kontrollierten Freigabe von Systemressourcen bereitzustellen.

Um im Fehlerfall verbleibende Aufräumarbeiten durchzuführen und Resource Leaks zu verhindern, dient als allerletzte Instanz eine `finalize()`-Methode. Wichtig ist hierbei, auch die Implementierung der Basisklasse aufzurufen, damit die Aufräumarbeiten für alle »Objekt-Teile«, d. h. alle Klassenbestandteile aller Basisklassen, durchgeführt werden können.

16.4 Häufige Fallstricke

Dieser Abschnitt beschreibt einige weitere Programmierprobleme, die nicht die Schwere eines Bad Smells aus dem zuvor vorgestellten Katalog haben, die man aber trotzdem kennen sollte, um sie vermeiden zu können.

Fallstrick: Nutzung statischer Attribute statt Membervariablen

Manchmal sieht man den Einsatz von statischen Attributen, die zur Speicherung von Daten oder Eigenschaften eines bestimmten Objekts verwendet werden (sollen). Statische Attribute sind aber keinem Objekt konkret zugeordnet und sollten daher nur in Ausnahmefällen von Objektmethoden verändert werden, z. B. zur Referenzzählung im Konstruktor.

Fallstrick: Änderung statischer Attribute im Konstruktor / in Methoden

Werden statische Attribute im Konstruktor oder durch Objektmethoden verändert, so liegt meistens ein Problem vor. Wie bereits angedeutet, gibt es Situationen und Anwendungsfälle, in denen dies Sinn macht. Häufig geschieht die Veränderung aber lediglich aus Unachtsamkeit. Diese Wertänderung ist für alle Objekte dieser Klasse sichtbar.

Fallstrick: Missachtung der Initialisierungsreihenfolge statischer Attribute

Es ist wichtig, die Initialisierungsreihenfolge statischer Attribute zu kennen und zu beachten. Statische Attribute werden in der Reihenfolge ihrer Deklaration – d. h. entsprechend ihrem Auftreten im Sourcecode – initialisiert. Daran sollte man denken, um Probleme durch eine falsche Ausführungsreihenfolge zu verhindern. Das gilt insbesondere beim Aufruf statischer Methoden, die auf diese statischen Attribute zugreifen. Wir betrachten dies anhand eines Beispiels. Hier wird die `Logger`-Referenz `log` fälschlicherweise nicht als erstes statisches Attribut definiert:

```java
public final class LogInitExceptionExample
{
  private static final long test_fail = init();
  private static final Logger log = Logger.getLogger("LogInitExceptionExample");

  private static long init()
  {
    log.info("init()");
    return 4712;
  }

  public static void main(final String[] args)
  {
    System.out.println("LogInitExceptionExample");
  }
}
```

Listing 16.3 *Ausführbar als* '`LogInitExceptionExample`'

Führen wir das Programm LOGINITEXCEPTIONEXAMPLE aus, so kommt es zu einer zunächst unerklärlichen `NullPointerException`:

```
Exception in thread "main" java.lang.ExceptionInInitializerError
Caused by: java.lang.NullPointerException
    at ch16_badsmells.LogInitExceptionExample.init(LogInitExceptionExample.
        java:20)
    at ch16_badsmells.LogInitExceptionExample.<clinit>(
        LogInitExceptionExample.java:15)
```

Der Grund ist ein Reihenfolgeproblem bei der Initialisierung: Das statische Attribut `log` wurde noch nicht zugewiesen und besitzt somit den Defaultwert `null`, wenn in der Methode `init()` darauf zugegriffen wird. Für statische Attribute mit primitiven Typen kommt es nicht zu Exceptions, sondern stattdessen sind einige Werte je nach Typ einfach unerwartet mit dem Wert 0 bzw. `false` initialisiert.

Die Missachtung der Initialisierungsreihenfolge statischer Attribute kann somit zu merkwürdigen und schwierig auffindbaren Fehlern führen.

Fallstrick: Statische Methoden über Objektreferenzen aufrufen

An den beiden statischen Methoden `yield()` und `sleep(long)` der Klasse `Thread` kann man gut verdeutlichen, warum es irreführend ist, wenn man statische Methoden so ausführt, als ob sie Objektmethoden wären. Nehmen wir an, der `main`-Thread wäre aktiv und ein Thread `threadX` lauffähig, und es werden folgende Aufrufe ausgeführt:

```
threadX.sleep(2000);
threadX.yield();
```

Auf den ersten Blick meint man, der Thread `threadX` würde zunächst zwei Sekunden pausieren und danach kurz die Kontrolle abgeben. Tatsächlich wirken sich beide Methoden jedoch auf den zum Zeitpunkt des Methodenaufrufs aktiven Thread aus. Dies ist zunächst der laufende `main`-Thread. Auf welchen der beiden Threads (oder einen ganz anderen) sich der Aufruf von `yield()` auswirkt, ist zufällig und nicht vorhersagbar.

Fallstrick: Utility-Klasse mit öffentlichem Konstruktor

Eine Utility-Klasse mit öffentlichem Konstruktor suggeriert, dass es sich dabei um eine normale Klasse handeln würde, von der Instanzen erzeugt werden können. Dies sollte bei einer Utility-Klasse jedoch nicht der Fall sein. Stattdessen sollten hier nur einige (statische) Hilfsmethoden bereitgestellt werden. Der Konstruktor sollte daher immer als `private` definiert werden. Weiterhin sollte eine Ableitung vermieden werden, indem die Klassen `final` definiert wird.

```
public final class MyUtilityClass
{
    private MyUtilityClass()
    {
        // Verhindert Konstruktoraufrufe durch andere Klassen
    }

    public static int someUtilityMethod(final int value1, final int value2)
    {
        // ...
    }
}
```

Fallstrick: Einsatz von Vererbung und statischen Methoden

Wird Vererbung bei Utility-Klassen eingesetzt, die nur statische Methoden bereitstellen, so ist kein Polymorphismus möglich, sondern es erfolgt nur ein Überdecken von Methoden. Dies deutet Abbildung 16-7 für eine `print()`-Methode an, die sowohl in der Basisklasse `Base` als auch in der Subklasse `Sub` definiert ist. Bei einem Aufruf dieser Methode erfolgt *kein* dynamisches Binden, sondern es wird die Methode basierend auf dem Kompiliertyp ausgewählt. Insbesondere ist das problematisch, wenn die Utility-Klassen Konstruktoren anbieten. Folgende Zeilen verdeutlichen das und zeigen Probleme durch den vorherigen Fallstrick nochmals auf.

```
final Base base = new Base();       // => Base::print()
final Base baseSub = new Sub();     // => Base::print()
final Sub sub = new Sub();          // => Sub::print()
```

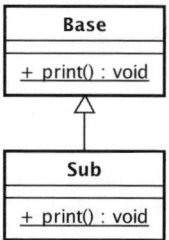

Abbildung 16-7 Vererbung, aber nur statische Methoden

Fallstrick: Chaotische Konstruktor-/Methoden-Aufruffolgen

Werden Methoden oder Konstruktoren mit unterschiedlicher Anzahl an Parametern definiert und rufen sich diese gegenseitig auf, so führt dies schnell in ein Chaos. Dies gilt insbesondere dann, wenn die Methoden untereinander nicht hierarchisch geordnet sind und die Aufrufe unstrukturiert erfolgen. Die linke Grafik in Abbildung 16-8 verdeutlicht dies. Jede Methode ist hier als Klammerpaar dargestellt. Die Parameter sind durch Punkte symbolisiert. In der Praxis ist eine derartige chaotische Aufrufhierarchie (vor allem bei Konstruktoren) leider nicht ungewöhnlich. Dadurch wird jedoch eine korrekte Initialisierung ungewiss. Die rechte Seite der Grafik zeigt eine streng hierarchische Aufrufreihenfolge. Der Verlauf ist leicht nachzuvollziehen, und die Wahrscheinlichkeit für Fehler beim Aufruf von Methoden mit mehreren Parametern sinkt.

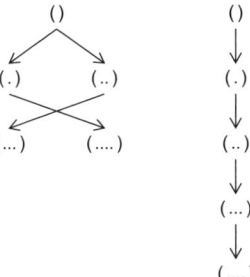

Abbildung 16-8 *Konstruktordelegation*

Fallstrick: Missverständliches API durch Überladen

Wenn man nicht genau hinschaut, sieht es im folgenden Beispiel zunächst so aus, als ob ein Überschreiben der Methode `wait()` der Klasse `Object` stattfindet. Tatsächlich ist dies nicht möglich, da die Methode dort `final` definiert ist. Es erfolgt hier vielmehr ein Überladen:

```
public void wait(final int millis)
{
    try
    {
        Thread.sleep(millis);
    }
    catch (final InterruptedException ex)
    {
        Thread.currentThread().interrupt();
    }
}
```

Eine solche Definition suggeriert, dass eine ähnliche oder erweiterte Funktionalität wie bei der originalen Methode geboten werden soll. Dies ist hier jedoch nur begrenzt der Fall! Im Gegensatz zur Methode `wait()` der Klasse `Object`, die zur Steuerung von Threads und im Speziellen zur Verarbeitung von Benachrichtigungen über `notify()`

bzw. `notifyAll()` dient, wartet diese Methode `wait(int)` einfach nur eine angegebene Zeitdauer. Dabei behält der gerade aktive Thread alle akquirierten Locks. Im Gegensatz dazu wartet die Methode `Object.wait(long)` auch eine gewisse Zeitdauer auf das Eintreffen einer Nachricht, allerdings wird hierbei der Lock auf das Objekt wieder freigegeben (vgl. Abschnitt 9.2.2).

Fallstrick: Mehrfachverkettung der ».«-Notation

Die Hintereinanderschaltung verschiedener Methodenaufrufe mit der ».«-Notation birgt die Gefahr nicht initialisierter Referenzen. Methodenaufrufe lösen eine `NullPointerException` aus, wenn eine der Referenzen `null` ist. Außerdem widerspricht die mehrfache ».«-Notation dem in Abschnitt 3.5.2 vorgestellten Law Of Demeter und wird schnell unübersichtlich. Das folgende Beispiel zeigt eindrucksvoll, dass schon wenige Verkettungen problematisch sind, wobei wir den Fokus auf die Lesbarkeit und Verständlichkeit legen, da im Beispiel die Referenzvariablen korrekt initialisiert sind:

```
public static long calcMinutesToGo(final Departure departure)
{
    return departure.getDepartureTimeInMillis() -
        Calendar.getInstance().getTimeInMillis() / 1000 / 60 /*[min]*/;
}
```

Abhilfe schafft das Refactoring EXTRACT LOCAL VARIABLE. Bei Eclipse findet man dieses im Menü REFACTOR und aktiviert es mit dem Tastaturkürzel ALT+SHIFT+L. Damit kann man Ausdrücke in lokale Variablen ausgliedern und den ursprünglichen Ausdruck vereinfachen, wie dies im folgenden Listing gezeigt ist:

```
public static long calcMinutesToGo(final Departure departure)
{
    final long departureTimeInMillis = departure.getDepartureTimeInMillis();
    final long nowInMillis = Calendar.getInstance().getTimeInMillis();

    return (departureTimeInMillis - nowInMillis) / 1000 / 60 /*[min]*/;
}
```

Durch die deutlich übersichtlichere und verständliche Umsetzung entdeckt man vermutlich auch den im ersten Ausdruck versteckten Berechnungsfehler: Dort wurde nur der zweite Wert in Minuten umgewandelt, der erste Wert war noch in Millisekunden. Zur Korrektur wurde oben bereits die Klammerung um die Subtraktion hinzugefügt.

Soll der Sourceocde die Umwandlung von Millisekunden in Minuten noch klarer kommunizieren, kann man dazu die Aufzählung `TimeUnit` wie folgt nutzen:

```
public static long calcMinutesToGo(final Departure departure)
{
    final long departureTimeInMillis = departure.getDepartureTimeInMillis();
    final long nowInMillis = Calendar.getInstance().getTimeInMillis();

    return TimeUnit.MILLISECONDS.toMinutes(departureTimeInMillis - nowInMillis);
}
```

Fallstrick: Unnötige Methoden und Komplexität

Leider sieht man immer wieder Sourcecode, der keinen Mehrwert hat, sondern eher der Übersicht sowie der Nachvollziehbarkeit schadet. Unglaublich, aber wahr, ist das folgende Beispiel der Methode `getString(Object)`:

```
public static final String getString(final Object argument)
{
    return argument.toString();
}
```

Diese Methode ist vollkommen überflüssig, da sie lediglich zusätzliche Komplexität einführt. Ein direkter Aufruf von `toString()` würde den Sourcecode klarer machen und das intuitive Verständnis erleichtern. Als Faustregel gilt: *Eine Methode sollte nur dann erstellt werden, wenn sie neue Funktionalität hinzufügt oder für eine bessere Struktur oder Lesbarkeit des bestehenden Sourcecodes sorgt.*

Abgesehen davon existiert ein noch viel schwerwiegenderes Problem: Jeder Aufrufer besitzt nun eine Abhängigkeit von der Utility-Klasse, in der die Methode `getString(Object)` definiert ist (vgl. Abbildung 16-9). Würde diese Utility-Klasse auf weitere Klassen verweisen, so bekäme man schnell eine Menge ungewünschter und unerwarteter Abhängigkeiten.

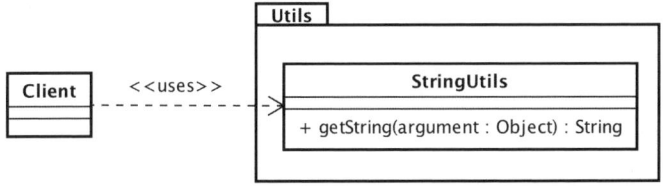

Abbildung 16-9 Unerwartete Abhängigkeiten durch `getString(Object)`

Fallstrick: Objektvergleich durch Einsatz von `toString()` und `equals()`

Die Methode `equals(Object)` dient bekanntermaßen dazu, einen semantischen Vergleich von Objekten zu ermöglichen (vgl. Abschnitt 4.1.2). Ist die `equals(Object)`-Methode nicht überschrieben, findet man mitunter folgendes Konstrukt, um dennoch inhaltliche Vergleiche ausführen zu können: Zunächst erfolgt eine Umwandlung in einen String durch einen Aufruf von `toString()`. Die so erzeugten Stringrepräsentationen werden dann mit deren `equals(Object)`-Methode verglichen. Im Folgenden wird für ein Objekt `databaseJob` über den Aufruf von `toString()` eine textuelle Repräsentation erzeugt und diese anschließend mit einer Variablen `jobId` verglichen:

```
if (databaseJob.toString().equals(jobId))
```

Dieser Vergleich verlässt sich auf das Implementierungsdetail der `toString()`-Methode dieses Objekts, dass in diesem Beispiel nur der Wert der `jobId` des Objekts zurückgeliefert wird. Eine derartige Annahme ist gewagt und der resultierende Vergleich ist fragil. Wird die Ausgabe der `toString()`-Methode im Nachhinein verändert, z. B. um weitere Ausgaben von Attributwerten ergänzt oder selbst nur minimal verändert, so schlägt der gezeigte Vergleich immer fehl. Ein solcher Fehler ist schwierig zu finden, da er sich lediglich indirekt durch Merkwürdigkeiten im Programmablauf bemerkbar macht. Liefert die selbst definierte Methode `toString()` gar den Wert `null` zurück, so ergibt sich direkt der nächste Fallstrick.

Fallstrick: Zugriff ohne Bereichsprüfung

Zum Teil sieht man Zugriffe auf Arrays, Strings, Listen, Iteratoren und Enumerations ohne vorherige Prüfung, ob dieser Zugriff überhaupt möglich und erlaubt ist (Index im Bereich, Daten vorhanden usw.). Ich möchte hier nicht zum übervorsichtigen Prüfen vor jedem Zugriff aufrufen, sondern lediglich motivieren, die Validität von Zugriffen abzusichern. Häufig kann dies an zentraler Stelle einmal geschehen. Nach einer Prüfung müssen aufgerufene Methoden diese nicht wiederholen, sofern sich die Zusammensetzung der Daten nicht ändert. Ansonsten kann auch eine erneute Prüfung notwendig sein. Im Einzelnen sollten zumindest einmalig folgende Tests durchgeführt werden:

- Bei Array-Zugriffen sollte die Indexposition mit der Array-Größe verglichen werden. Gleiches gilt für Listen und einen indizierten Zugriff mit `get(int)`.
- Indizierte Zugriffe per `charAt(int)` in Strings sollten die Stringlänge prüfen.
- Beim Einsatz eines Iterator- oder Enumeration-Zugriffs ist es erforderlich, durch Aufruf der Methode `hasNext()` bzw. `hasMoreElements()` festzustellen, ob weitere Elemente existieren.

Fallstrick: Intensive Nutzung von Sprungmarken, `break` und `continue`

Die intensive Nutzung von Sprungmarken, `break` und `continue` erinnert an die GOTO-Programmierung vergangener Tage. In den allermeisten Fällen lassen sich Abbruchbedingungen klarer durch boolesche Variablen formulieren.

Fallstrick: `default` mitten in den `case`-Anweisungen versteckt und/oder unerwartetes Fallthrough

Ein weiterer Fallstrick ist die Angabe der `default`-Aktion zwischen beliebigen Alternativen einer `switch`-Anweisung. Ein intuitives Verständnis des Ablaufs wird dadurch erschwert. Es ist guter Programmierstil, die Standardaktion, die nicht durch `case` abgedeckt wird, am Ende der `case`-Alternativen aufzuführen.

```
switch (value)
{
   case 0:
   case 2:
   case 4:
      System.out.println(value + " accepted even value [0 - 4]");
      // Fehlendes break => Fallthrough

   default:
      System.out.println(value + " performing default action");
      break;

   case 1:
   case 3:
      System.out.println(value + " is odd");
}
```

Das Listing zeigt aber eine weitere Unschönheit: Standardmäßig erfolgt bei Angaben in `switch` ein Fallthrough, d. h., für die Werte 0, 2 und 4 wird nicht nur ihr `case`-Zweig ausgeführt, sondern auch noch der nachfolgende Defaultzweig, weil kein `break` aufgeführt ist.

Fallstrick: Berechnungen in `case`-Anweisungen

Fallunterscheidungen mit `case` sollte man möglichst lesbar und verständlich halten. Obwohl es möglich ist, Berechnungen innerhalb von `case` auszuführen, sollte man dies vermeiden, da darunter die Nachvollziehbarkeit und Wartbarkeit leiden. Folgendes Listing zeigt eindrucksvoll, wie kompliziert der Wertebereich 7 – 10 ausgedrückt werden kann:

```
public static void main(final String[] args)
{
   final int byteValue = 7;

   int value = (int) (10 * Math.random());
   switch (value)
   {
      case 7:
      case 19 - 11:        // 8
      case 17 - 8:         // 9
      case 2 * byteValue - 4: // 10
         System.out.println(value + " accepted [7 - 10]");
         break;

      default:
         System.out.println(value + " is not in range 7 - 10");
   }
}
```

Listing 16.4   Ausführbar als 'BADCASEEXAMPLE'

Startet man das Programm BADCASEEXAMPLE, so kommt es für den Wert 9 zu folgender Ausgabe:

```
9 accepted [7 - 10]
```

Fallstrick: Rückgabe von `null` in `toString()`-Methoden

Eine `toString()`-Methode soll eine textuelle Repräsentation eines Objekts erzeugen. Sie sollte allerdings niemals den Wert `null` zurückgeben, denn dadurch provoziert sie `NullPointerException`s im aufrufenden Sourcecode.

Fallstrick: Einsatz der Literale `false` und `true` in booleschen Vergleichen sowie künstlich komplizierte boolesche Bedingungen

Der Einsatz boolescher Bedingungen dient der Auswertung verschiedener Zustände. Nicht immer muss eine solche Bedingung aber so kompliziert geschrieben werden, wie dies häufig ohne viel Nachdenken getan wird. Insbesondere sollte man den expliziten Vergleich mit den Literalen `false` und `true` vermeiden. Der Wert `false` lässt sich durch eine Negation mit `!` ersetzen.

Im folgenden Listing wird ein Wechsel im Betriebszustand festgestellt, indem das boolesche Attribut für den alten Zustand `lastWorkingState` und die boolesche Variable `newWorkingState` für den aktuellen Zustand verglichen werden:

```
if ((lastWorkingState == false && newWorkingState == true) ||
    (lastWorkingState == true && newWorkingState == false))
```

Tatsächlich lässt sich dies mühelos wie folgt klarer umschreiben, wenn man zunächst einmal die Literale vermeidet

```
if ((!lastWorkingState && newWorkingState) ||
    (lastWorkingState && !newWorkingState))
```

und danach einen weiteren Optimierungsschritt vornimmt:

```
if (lastWorkingState != newWorkingState)
```

Fallstrick: Einsatz doppelter Verneinung

Der Einsatz von booleschen Variablen kann zur Klarheit von Programmen enorm beitragen. Werden jedoch Bedingungen umständlich oder als Verneinung formuliert, so stört dies die Lesbarkeit. Ein Beispiel, das von mir exakt so im Sourcecode eines realen Projekts gefunden wurde, ist die Variable `dontCleanUpDatabase`:

```
boolean dontCleanUpDatabase = false;
```

Für den Wert von `false` wird die Datenbank aufgeräumt. Für den Wert `true` geschieht dies nicht und es bleiben Datensätze erhalten. Diese doppelte Verneinung erschwert das Verständnis und ist nicht intuitiv. Je nach Einsatzzweck wären folgende Variablennamen besser verständlich gewesen:

```
boolean cleanUpDatabase = true;
boolean keepDatabaseEntries = false;
```

Fallstrick: Kommentierte Klammern

Manchmal werden schließende Klammern kommentiert, um einen Hinweis auf die Anweisung der zugehörigen öffnenden Klammer zu geben. Das zeigt oft eigentlich nur, dass die Struktur des Programms unübersichtlich ist und die Blöcke zu groß gewählt sind. Betrachten wir ein Beispiel, das von der absoluten Länge her in Ordnung ist, aber durch seine kommentierten Klammern bereits unübersichtlich wird:

```java
public void writeXML(final String filename)
{
    try
    {
        final Element root = toDOMElement();
        final Document doc = new Document(root);
        try
        {
            final XMLOutputter xmlout = createXMLOutputter();
            xmlout.output(doc, new FileOutputStream(filename));
        } // try
        catch (final IOException e)
        {
            log.error("Can't write " + filename, e);
        } // catch
    } // try
    catch (final NullPointerException npe)
    {
        log.error("Can't create " + filename, npe);
    } // catch
} // writeXML
```

Durch die massive, unsinnige Kommentierung der Klammern kann man dem Programmfluss in diesem Beispiel eher schlecht folgen. Tatsächlich sieht man erst auf den zweiten Blick, dass hier fälschlicherweise keine Ressourcenfreigabe für den `FileOutputStream` erfolgt. Zudem könnte man sich über das Abfangen der `NullPointerException` wundern. Das ist für sich schon ein Bad Smell.

Fallstrick: Missverständliche Methodennamen

Bedenken Sie beim Entwurf der Schnittstellen Ihrer Klassen, dass diese möglichst überraschungsfrei sind und somit dem »Principle of Least Astonishment« (POLA) – auch »Principle of Least Surprise« (POLS) genannt – folgen sollten. Schauen wir uns ein Gegenbeispiel an:

```java
private Client client = null;

public void addSubscriber(final Client client)
{
    Objects.requireNonNull(client, "subscriber must not be null");

    this.client = client;
}
```

Aufgrund des Methodennamens würde man als Aufrufer vermuten, dass man sich zu einer Liste von Beobachtern hinzufügt. Stattdessen ersetzt man den gerade registrierten Subscriber (wozu hier auch noch das etwas missverständlich benannte Attribut `client` genutzt wird). Würde man die Methode `setSubscriber()` oder `replaceSubscriber()` nennen, so würde besser nach außen kommuniziert, was tatsächlich passiert.

Bitte verstehen Sie mich nicht falsch: Es ist nicht generell wünschenswert, alle Implementierungsdetails nach außen zu tragen, sondern hier geht es darum, High-Level-Verhalten zu kommunizieren, das möglicherweise Einfluss auf andere Klassen oder Subsysteme besitzt. Höchstwahrscheinlich sollte die obige Methode zudem wie folgt korrigiert werden, um eine Liste von Subscribern verwalten zu können:

```
private final List<Client> subscribers = new CopyOnWriteArrayList<>();

public void addSubscriber(final Client client)
{
    Objects.requireNonNull(client, "subscriber must not be null");
    this.subscribers.add(client);
}

public void removeSubscriber(final Client client)
{
    Objects.requireNonNull(client, "subscriber must not be null");
    this.subscribers.remove(client);
}
```

Durch Einsatz der Klasse `CopyOnWriteArrayList<E>` kann man auf eine eigene Realisierung von Synchronisation verzichten und vermeidet zudem Probleme in Bezug auf Multithreading bei gleichzeitigen Registrierungswünschen mehrerer Subscriber.

Fallstrick: `finally`-Block mit Exception verlassen

Bei der Behandlung von Fehlersituationen dienen `finally`-Blöcke dazu, gewisse Aktionen abschließend garantiert ausführen zu können. Die dort angegebenen Aktionen sollten zuverlässig und überraschungsfrei sein, also wieder dem POLA bzw. POLS folgen. Dagegen wird jedoch verstoßen, wenn innerhalb eines `finally`-Blocks eine Exception ausgelöst wird und dadurch nur ein Teil der Aufräumarbeiten erfolgt. Betrachten wir zum besseren Verständnis folgendes Beispiel:

```
finally
{
    cleanUpPart1();

    if (someCondition)
        throw new IllegalStateException("Condition ...");

    cleanUpPart2();
}
```

Ist die Bedingung `someCondition` erfüllt, würde die Methode `cleanUpPart2()` nicht aufgerufen und somit würden auch die dortigen Aufräumarbeiten und Ressourcenfreigaben nicht ausgeführt. Allerdings wird kaum jemand derart offensichtlich in einem `finally`-Block bewusst eine Exception auslösen. Deutlich anders sieht es jedoch aus, wenn in dem `finally`-Block Methoden aufgerufen werden, die potenziell Exceptions auslösen können. Würden die obigen zwei Zeilen Bestandteil der Methode `cleanUpPart1()`, so sähe der `finally`-Block harmlos und korrekt aus:

```
finally
{
    cleanUpPart1();    // Achtung: Versteckte IllegalStateException
    cleanUpPart2();
}
```

Um sich vor Merkwürdigkeiten bei der Abarbeitung von `finally`-Blöcken zu schützen, sollten die dort aufgerufenen Methoden oder Anweisungen möglichst keine Exceptions auslösen. Lässt sich eine solche Exception nicht verhindern (z. B. weil man den Sourcecode der aufgerufenen Methode nicht im Zugriff hat), so kann man ineinander verschachtelte `try-finally`-Blöcke wie folgt nutzen:

```
finally
{
    try
    {
        cleanUpPart1();    // Achtung: Versteckte IllegalStateException
    }
    finally
    {
        cleanUpPart2();
    }
}
```

Fallstrick: Zeitmessungen mit `System.currentTimeMillis()`

Manchmal sieht man Sourcecode, dessen Ausführungszeit statt mit einem Profiler über Abfragen mit `System.currentTimeMillis()` gemessen werden soll, etwa wie bei folgender Schleife:

```
long runtimeInMs = 0;

for (int i = 0; i < count; i++)
{
    final long start = System.currentTimeMillis();
    performComplexCalculation();
    final long end = System.currentTimeMillis() - start;

    runtimeInMs += end;
}
```

Aufrufe an `System.currentTimeMillis()` sind leider recht ungenau. In der Regel deutlich präziser – weil auf dem genauesten Timer des Betriebssystems basierend – sind Aufrufe von `System.nanoTime()`.

Aber selbst damit wäre eine solche Zeitmessung noch ungeschickt, da hier einzelne Laufzeiten addiert werden, statt eine Gesamtlaufzeit zu berechnen. Auch der Variablenname `end` ist irreführend, weil hier die Laufzeit einer Einzelberechnung gemessen ist und nicht der Endzeitpunkt.

```
long runtimeInMs = 0;

final long start   = System.nanoTime();
for (int i = 0; i < count; i++)
{
    performComplexCalculation();
}
final long runtimeInNanos = System.nanoTime() - start;
final long runtimeInMs = TimeUnit.NANOSECONDS.toMillis(runtimeInNanos);
```

Bei Bedarf kann dann mithilfe der Klasse `TimeUnit` eine Umwandlung in eine beliebige andere Zeiteinheit außer den hier gezeigten Millisekunden erfolgen.

Fallstrick: Falsche Annahmen bei Typprüfungen

Es gibt immer mal wieder Situationen, in denen eine explizite Typprüfung per `instanceof` erfolgt, um typspezifische Aktionen auszuführen – im Beispiel für zwei verschiedene Typen von Views:

```
public void reportViewClosing(final Object view)
{
    String msg;
    if (view instanceof DetailView)
    {
        msg = ((DetailView)view).getName() + " closed";
    }
    else
    {
        msg = ((SummaryView)view).getName() + " closed";
    }
    ViewTracker.updateLog(msg);
}
```

An diesem kurzen Sourcecode-Schnipsel (abgesehen von der Namensgebung tatsächlich aus Produktivcode stammend) ist zunächst einmal merkwürdig, dass zweimal die gleiche Aktion ausgeführt wird. Zudem würde man bei verschiedenen Views annehmen, dass diese einen gemeinsamen Basistyp besitzen. Schlimmer noch: Der Sourcecode enthält einige Annahmen, sodass die Methode nur dann korrekt arbeitet, wenn als Übergabe lediglich die Typen `DetailView` oder `SummaryView` genutzt werden – für alle anderen Typen, z. B. `ErrorLogView`, erhalten wir eine `ClassCastException`. Das ist alles andere als intuitiv und stabil.

Eine erste Variante wäre folgender Sourcecode, der zwei explizite Typprüfungen enthält, die jeweils typabhängige Aktionen (hier die gleiche) ausführen. Im Falle eines nicht unterstützten Typs habe ich eine Fehlerbehandlung angedeutet, die alternativ eine Rückfallmeldung oder eine `IllegalStateException` bewirkt:

```
public void reportViewClosing(final Object view)
{
    String msg = null;
    if (view instanceof DetailView)
    {
        msg = ((DetailView)view).getName() + " closed";
    }
```

```
    else if (view instanceof SummaryView)
    {
        msg = ((SummaryView)view).getName() + " closed";
    }
    else
    {
        // throw new IllegalStateException("Unsupported view type " + view.
            getClass());
        msg = "Unsupported view type: '" + view.getClass().getName() + "'";
    }
    ViewTracker.updateLog(msg);
}
```

Viel besser wäre es jedoch (falls noch nicht existent), einen Basistyp `View` mit der Methode `getName()` einzuführen und dann Polymorphie zu nutzen, wodurch der ganze Sourcecode nahezu in sich zusammenfällt und absolut einfach und verständlich wird:

```
public void reportViewClosing(final View view)
{
    final String msg = view.getName() + " closed";
    ViewTracker.updateLog(msg);
}
```

Fallstrick: Berechnungen und Logik in Ausgaben versteckt

```
System.out.println("Terminated all?" +
                executorService.awaitTermination(10, TimeUnit.SECONDS));
```

Ein solche Aktion kann leicht übersehen werden, wenn man nicht sehr achtsam ist. Dadurch wird später möglicherweise eine Änderung vorgenommen und der entscheidende Abschluss des `ExecutorService` nicht mehr ausgeführt, beispielsweise wenn die Ausgabe nicht mehr erwünscht ist – die Aktion aber schon. Allerdings ist ganz schnell die Programmzeile und damit auch die Logik auskommentiert. In seiner Auswirkung erinnert dieser Fallstrick somit ein wenig an den BAD SMELL: PROGRAMMCODE IM LOGGING-CODE aus Abschnitt 16.1.4.

Es empfiehlt sich, wichtige Aktionen bzw. Logik explizit außerhalb einer Ausgabe vorzunehmen, wie es die folgenden Zeilen zeigen:

```
final boolean terminatedAll =
            executorService.awaitTermination(10, TimeUnit.SECONDS);
System.out.println("Terminated all?" + terminatedAll);
```

Würde die Programmausgabe entfernt, weil sie doch nicht mehr gewünscht ist, so verändern wir die Logik erwartungskonform nicht.

Fallstrick: Wahllos `synchronized`

Manchmal sieht man Sourcecode, in dem Methoden nahezu wahllos `synchronized` sind – oft im guten Willen, um für Thread-Sicherheit zu sorgen, etwa wie folgt:

```
public synchronized String convertWindowsToUnixPath(final String input)
{
    final String result = input.replaceAll("\\\\", "/");
    return result;
}
```

Schauen wir uns die Problematik an: In diesem Fall verändert die Methode offensichtlich nur den lokalen Zustand. Dadurch kann es niemals zu Multithreading-Problemen kommen. Demnach ist auch kein `synchronized` nötig, sondern sogar überflüssig und sinnlos. Schlimmer noch: Anderer Sourcecode, der auch einen kritischen Bereich benötigt, kann nun eventuell nicht mehr ausgeführt werden, solange die obige Methode den Lock der Objektinstanz besitzt. Hier wird der Aufruf von `replaceAll()` wenig Einfluss haben, würden aber komplexere Aktionen ausgeführt, würde man Nebenläufigkeit potenziell stärker behindern.

Für die obige Methode `convertWindowsToUnixPath()` erkennen wir zudem, dass sie lediglich eine Hilfsmethode darstellt und somit besser statisch wäre.

Fallstrick: Implizite Aktionen im Konstruktor

Ab und an findet man Klassen, die in ihren Konstruktoren neben der Initialisierung noch diverse Aktionen ausführen. Das ist in der Regel schon mal nicht gut. Schlimmer sind allerdings implizite Annahmen oder Aktionen, weil Abhängigkeiten oder Reihenfolgen nicht klar ersichtlich sind. Als Negativbeispiel betrachten wir die zur Serialisierung gedachten Klassen `ObjectInputStream` und `ObjectOutputStream`. Möchte man Daten in serialisierter Form über ein Netzwerk versenden, so muss man wissen, dass der Konstruktor des `ObjectOutputStreams` spezielle Header-Daten in den Ausgabe-Stream schreibt. Der korrespondierende `ObjectInputStream`-Konstruktor blockiert, bis diese Daten vom zugeordneten `ObjectOutputStream` geschrieben wurden. Daher empfiehlt es sich, dass man direkt nach der Konstruktion eines `ObjectOutputStreams` die Methode `flush()` aufruft:

```
try (ObjectInputStream ois = new ObjectInputStream(socket.getInputStream());
     ObjectOutputStream oos = new ObjectOutputStream(socket.getOutputStream()))
{
    oos.flush();

    oos.writeUTF("Info");
    oos.writeInt(1234567);
    oos.writeObject(new Person("Mike", "Zürich"));
}
```

Diese Verhaltensweise, also das implizite Wissen über Eigenarten der Verarbeitung in den Konstruktoren, muss in eigenen Anwendungen bekannt sein und beachtet werden, damit sich die Kommunikationspartner nicht gegenseitig blockieren. Idealerweise sollten Objekte keine solchen Abhängigkeiten bei ihrer Konstruktion besitzen. Eine Abhilfe können Fabrikmethoden sein, die in Abschnitt 18.1.2 vorgestellt werden.

16.5 Weiterführende Literatur

Zwei empfehlenswerte Bücher, die sich mit Bad Smells, aber vor allem auch mit dem Schreiben von verständlichem Sourcecode beschäftigen, sind folgende:

- »**Code Craft: The Practice of Writing Excellent Code**« von Pete Goodliffe [27]
  Pete Goodliffe hat ein fantastisches Buch zu gutem Softwareentwurf geschrieben. Es werden viele Tipps gegeben, um sauberen, robusten Sourcecode zu schreiben. Ich empfehle es ausdrücklich. Ein Must-have!

- »**Clean Code: A Handbook of Agile Software Craftsmanship**« von Robert C. Martin [53]
  In diesem Buch von Robert C. Martin findet man hilfreiche Informationen zu sauberem Sourcecode und gutem Programmierstil. Allerdings ist es mir manchmal ein wenig (zu) dogmatisch.

Bad Smells und Merkwürdigkeiten im Java-API

Neben den vorgestellten Bad Smells ist es sinnvoll, einige Probleme in den Java-APIs zu kennen. Diverse Beispiele finden Sie unter anderem in folgendem Buch:

- »**Java Puzzlers**« von Joshua Bloch und Neil Gafter [7]
  Joshua Bloch und Neil Gafter sind vielen Leuten bekannt. In diesem Buch veröffentlichen sie verschiedene Rätsel rund um die Sprache Java. Einige davon sind allerdings wenig praxisrelevant, andere dafür umso spannender.

17 Refactorings

Bei der Entwicklung und Pflege von Software ist das Gesetz der Entropie (der zunehmenden Unordnung) aus der Physik zu beobachten. Man kennt Ähnliches aber auch aus dem täglichen Leben. In einer Wohnung nimmt die Unordnung ständig zu, wenn man nicht ab und zu aufräumt. Auf Software übertragen gilt, dass sich im Laufe der Zeit durch Änderungen die Struktur und Lesbarkeit derart verschlechtern kann, dass sich Fehlerbehebungen oder Erweiterungen immer schwieriger in den bestehenden Sourcecode integrieren lassen. Das Thema Wartbarkeit ist beim professionellen Programmieren aber sehr wichtig, denn oftmals hat man eine große Sourcecode-Basis zu pflegen und zu erweitern. Nur selten kommt man in den Genuss, ein System vollständig neu entwerfen zu dürfen. Und auch in diesem Fall wandelt sich die Situation schnell, wenn man nicht fortlaufend Qualitätssicherung betreibt und kontinuierlich Überarbeitungen durchführt. Wurde dies versäumt, so hilft – wie im realen Leben – nur eine gründliche Aufräumaktion oder gar ein Umzug. Letzteres entspräche auf die Software übertragen einer kompletten Neuimplementierung. Eine solche ist aufgrund des hohen Risikos, zu scheitern, jedoch meistens keine Alternative. Es verbleibt die Aufräumaktion, die Umbaumaßnahmen im Sourcecode, sogenannten *Refactorings*, entspricht. Diese sollen problembehafteten Sourcecode derart verändern, dass dieser besser verständlich, lesbar und auch leichter wartbar wird. Martin Fowler definiert den Begriff Refactoring folgendermaßen: »Refactoring is a change made to the internal structure of a software component to make it easier to understand and cheaper to modify without changing the observable behavior of that software component« [21].

Dieses Kapitel stellt verschiedene in der Praxis erprobte Überarbeitungen von Sourcecode vor. In Abschnitt 17.1 betrachten wir ein einführendes Beispiel. Beim Überarbeiten des Sourcecodes ist ein Standardvorgehen hilfreich, das ich in Abschnitt 17.2 beschreibe. Dieses sorgt zunächst mit einigen Vorbereitungsmaßnahmen und der Beachtung von Coding Conventions (vgl. Kapitel 19) dafür, dass die weitere Bearbeitung und gewünschte Transformation leichter fallen. Je nach erkannter Schwachstelle kann man gemäß den Schritt-für-Schritt-Anleitungen aus Abschnitt 17.4 vorgehen. *Nicht bei allen davon handelt es sich im strengen Sinne um Refactorings, da diese mitunter das nach außen sichtbare Verhalten leicht ändern und somit die obige Forderung nicht strikt einhalten.* Allerdings gibt es auch Meinungen, die die Aussage auf relevantes Verhalten lockern. Unabhängig von der genauen Auslegung spreche ich der Einfachheit halber immer von Refactorings. Natürlich müssen derartige Änderungen mit Vorsicht und Sorgfalt ausgeführt werden, um dadurch keine neuen Fehler einzuführen oder das Programmverhalten grundlegend zu ändern. Dazu ist es sinnvoll, Veränderungen in kleinen, überschaubaren Schritten durchzuführen und für eine Absicherung durch Unit Tests zu sorgen (vgl. Kapitel 20).

17.1 Refactorings am Beispiel

Anhand eines von mir so in der Praxis gefundenen Beispiels möchte ich darstellen, welche Möglichkeiten zur Vereinfachung sich mit Refactorings ergeben können. Folgende statische Methode `isNumber(String)` der Klasse `NumberUtilsV1` prüft auf naive Weise, ob ein übergebener String eine ganze Zahl darstellt. Dazu wird vor allem die Methode `Character.isDigit(char)` verwendet:

```
public static boolean isNumber(final String value)
{
    if (Character.isDigit(value.charAt(0)))
    {
        for (int i = 1, n = value.length(); i < n; i++)
        {
            if (!(Character.isDigit(value.charAt(i))))
            {
                return false;
            }
        }
    }
    else
    {
        return false;
    }
    return true;
}
```

In der Methode finden zwei `if`-Abfragen statt. Zunächst wird das erste Zeichen geprüft. Nur wenn dieses eine Ziffer ist, wird anschließend in einer `for`-Schleife beginnend ab Index 1 der `isDigit(char)`-Vergleich wiederholt, bis entweder das Ende des Strings erreicht oder das betrachtete Zeichen keine Ziffer ist. Durch etwas Sourcecode-Analyse erkennen wir, dass die Methode `isNumber(String)` folgende Probleme enthält:

1. **Unerwartete Exception bei leerer Eingabe** – Wenn die Eingabe nicht mindestens ein Zeichen enthält, wird eine `java.lang.StringIndexOutOfBoundsException` ausgelöst. Die Ursache ist der indizierte Zugriff per `charAt(0)`, ohne zuvor die Länge des Parameters `value` zu überprüfen. Ein solches Verhalten ist zu vermeiden. Dies gilt im Speziellen, wenn die Werte aus einer Benutzereingabe stammen.

2. **Fehleranfällig für `null`** – Bei Übergabe eines `null`-Werts löst die Methode erst bei der Verarbeitung und dem Aufruf von `charAt(0)` eine `NullPointerException` aus. Öffentliche Methoden sollten gemäß Design by Contract (vgl. Abschnitt 3.1.5) ihre Vorbedingungen sicherstellen und dazu vor der eigentlichen Verarbeitung die Eingabeparameter auf Gültigkeit prüfen. Damit wird eine Störung der Abarbeitung durch fehlerhafte Übergabewerte vermieden.

3. **Zu kompliziert** – Die initiale `if`-Bedingung und das `if` innerhalb der `for`-Schleife sorgen für eine weitere Schachtelungsebene und sind konträr zueinander formuliert. Bei flüchtigem Hinsehen könnte man die initiale Prüfung übersehen und sich dann fragen, wieso die Schleife mit 1 und nicht bei 0 startet.
4. **Missverständlicher Name bzw. unklares Verhalten** – Der Methodenname `isNumber(String)` suggeriert die Möglichkeit der Verarbeitung beliebiger Zahlen. Momentan werden aber weder Zahlen mit Vorzeichen noch solche mit Nachkommastellen unterstützt.
5. **Viele `return`-Anweisungen** – Für eine derart kurze Methode existieren mit drei `return`-Anweisungen schon recht viele Ausgänge.

Um die Funktionalität zu prüfen und mögliche Fehler aufzudecken, entwickeln wir einige elementare Unit Tests. Dabei können uns die eben ermittelten obigen Kritikpunkte helfen, mögliche Testfälle zu identifizieren und diese Schwachstellen für die Zukunft auszuschließen. Das ist nützlich, weil wir auch einige kleinere Änderungen und Erweiterungen realisieren wollen. Damit beginnen wir jedoch erst, nachdem wir ein Sicherheitsnetz aus diversen Testfällen erstellt haben.

Problem 1: Unerwartete Exception bei leerer Eingabe

Bevor wir uns dem eigentlichen Problem bei leeren Eingaben zuwenden, erstellen wir einige Funktionstests: Wir prüfen die Verarbeitung einer gültigen Eingabe, etwa `"12345"`, und eines fehlerhaften Werts, etwa `"ABC"`. Im ersten Fall erwarten wir `true` und im zweiten `false` als Ergebnis. Dies lässt sich mithilfe von JUnit und dessen Methoden `assertTrue(boolean)` und `assertFalse(boolean)` ausdrücken. Diese beiden Tests sollten bestanden werden.

```
@Test
public void testValidNumberInput()
{
    assertTrue(NumberUtilsV1.isNumber("12345"));
}

@Test
public void testInvalidInput()
{
    assertFalse(NumberUtilsV1.isNumber("ABC"));
}
```

Wir müssen uns aber noch mindestens zwei weiteren Fällen widmen, nämlich einer leeren Eingabe und einer Eingabe mit nur einer Ziffer. Unsere Voranalyse hat schon aufgedeckt, dass es dabei Probleme gibt. Wir schreiben nun passende Unit Tests, die das bestätigen. In der Zukunft soll die Methode für eine leere Eingabe keine `StringIndexOutOfBoundsException` auslösen, sondern den Wert `false` für die Aussage »keine Zahl« liefern. Eine einzelne Ziffer gilt als Zahl. Wir komplettieren den Unit Test wie folgt:

```
@Test
public void testNumberInputLength0()
{
    assertFalse(NumberUtilsV1.isNumber(""));
}

@Test
public void testNumberInputLength1()
{
    assertTrue(NumberUtilsV1.isNumber("1"));
}
```

Listing 17.1 Ausführbar als 'NUMBERUTILSV1TEST'

Wie erwartet, schlägt der Test `testNumberInputLength0()` mit leerer Eingabe fehl.

Korrektur Bevor wir weitere Tests ergänzen, korrigieren wir die Funktionalität. Wir fügen folgende Sicherheitsprüfung am Anfang der Methode `isNumber()` hinzu:

```
if (value.isEmpty())
{
    return false;
}
```

Nach dieser Korrektur werden die Unit Tests wieder bestanden. Allerdings ist unser Nutzcode durch die Abfrage und das weitere `return` etwas komplizierter geworden – aber wir leben erstmal damit. Darum kümmern wir uns, sobald wir das Sicherheitsnetz aus Unit Tests ausgebaut haben. Das soll dabei helfen, Änderungen an der inneren Struktur mit mehr Vertrauen in die Korrektheit ausführen zu können.

Problem 2: Fehleranfällig für `null`

In der initialen Analyse haben wir erkannt, dass die Eingabe von `null` unbehandelt ist und eine `NullPointerException` auslöst – allerdings nicht durch eine Parameterprüfung, sondern erst beim Zugriff auf `value`. Wir wollen prüfen, dass eine explizite Behandlung erfolgt und ein Hinweis in der ausgelösten Exeption darüber informiert, welcher Parameter `null` war. Diese leicht komplexere Prüfung einer erwarteten Exception inklusive Parametercheck lässt sich leider nicht mithilfe der Notation `@Test(expected=NullPointerException.class)` prüfen. Daher verwenden wir die Methode `fail()` für den Fall, dass fälschlicherweise keine Exception geworfen und `isNumber(null)` normal terminieren würde. Beim Auftreten einer Exception prüfen wir per `instanceof` auf die erwartete `NullPointerException`, sodass der Unit Test als fehlgeschlagen interpretiert wird, falls eine andere Exception auftritt. Abschließend wird durch Aufruf der Methode `isEmpty(String)` der Klasse `StringUtils` aus Apache Commons Lang[1] getestet, ob ein Hinweistext hinterlegt ist. Der Test ist etwas komplizierter zu formulieren:

---

[1] http://commons.apache.org/

17.1 Refactorings am Beispiel 989

```
@Test
public void testNullInput()
{
    try
    {
        NumberUtilsV1.isNumber(null);
        fail(); // es wird als Reaktion eine Exception erwartet
    }
    catch (final Exception ex)
    {
        // NullPointerException wird als Reaktion erwartet
        assertTrue(ex instanceof NullPointerException);
        // Teste die Existenz eines Textes => keine Standardexception
        assertFalse(StringUtils.isEmpty(ex.getMessage()));
    }
}
```

Listing 17.2 *Ausführbar als* '**NUMBERUTILSV2NULLINPUTTEST**'

Und wie erwartet, schlägt auch dieser Test zunächst fehl, weil der Hinweistext leer ist, da die Exception durch die JVM automatisch beim Dereferenzieren der `null`-Referenz ausgelöst wurde. Das Ganze können Sie prüfen, wenn Sie den Test als NUMBERUTILSV2NULLINPUTTEST starten.

Korrektur Wir haben in Kapitel 8 die Bibliothek Google Guava und deren Utility-Klasse `Preconditions` zum Sicherstellen von Vorbedingungen kennengelernt. Dementsprechend fügen wir eine Sicherheitsprüfung am Anfang der Methode hinzu:

```
public static boolean isNumber(final String value)
{
    Preconditions.checkNotNull(value, "parameter 'value' must not be null");

    if (value.isEmpty())
    {
        return false;
    }
    if (Character.isDigit(value.charAt(0)))
    {
        for (int i = 1, n = value.length(); i < n; i++)
        {
            if (!(Character.isDigit(value.charAt(i))))
            {
                return false;
            }
        }
    }
    else
    {
        return false;
    }
    return true;
}
```

Der zugehörige Test lässt sich als Programm NUMBERUTILSV3NULLINPUTCORRECTEDTEST ausführen. Es zeigt sich, dass durch die obige Korrektur die Unit Tests wieder bestanden werden. Allerdings ist unser Nutzcode durch die Abfrage nochmals etwas komplizierter geworden. Da wir aber mittlerweile ein recht gutes Sicherheitsnetz erstellt haben, ist es nun an der Zeit, den Nutzcode – sofern möglich – ein wenig aufzuräumen.

Problem 3: Zu kompliziert

Wenn wir uns die Methode und insbesondere die Schleife und die dortigen `if`-Abfragen anschauen, ist das schon einigermaßen kompliziert. Bei genauem Hinsehen fällt auf, dass man Vereinfachungen erreichen kann: Die abgefragten Bedingungen sind semantisch gleich, aber negiert. Somit lassen sich die beiden `if`-Abfragen zusammenfassen, indem die `if`-Startbedingung in die `if`-Abfrage der `for`-Schleife integriert wird. Als Folge kann die Schleife bei 0 gestartet werden.

Auch die Formulierung der `for`-Schleife ist uns zu kompliziert und leicht unleserlich. Zur Vereinfachung entfernen wir die Zuweisung `n = value.length()` aus dem Initialisierungsteil der `for`-Schleife, die zur Optimierung des Vergleichs `i < n` diente.[2] Dies schreiben wir kürzer als `i < value.length()`. Das erhöht die Lesbarkeit und Verständlichkeit. Insgesamt ergibt sich folgende Korrektur:

```java
public static boolean isNumber(final String value)
{
    Preconditions.checkNotNull(value, "parameter 'value' must not be null");
    if (value.isEmpty())
    {
        return false;
    }
    for (int i = 0; i < value.length(); i++)
    {
        if (!(Character.isDigit(value.charAt(i))))
        {
            return false;
        }
    }
    return true;
}
```

Wir führen die Unit Tests als NUMBERUTILSV4COMBINEDCONDITIONSTEST aus und diese bestätigen uns, dass alle bisher akzeptierten Zahlen weiterhin gültig sind.

Problem 4: Missverständlicher Name bzw. unklares Verhalten

Nach Rücksprache mit dem Kunden oder einem Requirements Engineer wird deutlich, dass die Methode `isNumber(String)` neben positiven selbstverständlich auch negative Ganzzahlen verarbeiten können sollte. Eventuell wird später sogar eine Erweiterung auf Gleitkommazahlen gewünscht.

Wie bisher gehen wir testgetrieben vor, d. h., wir erstellen zuerst den Testfall. Dieser sollte fehlschlagen, da die Funktionalität noch nicht existiert. Daraufhin korrigieren wir die Funktionalität. Gerade bei Sourcecode, den man nicht so gut kennt und in dem

---

[2]Normalerweise ist das nicht notwendig, weil Optimierungen auf dieser feingranularen Ebene durch die JVM automatisch erfolgen (vgl. Kapitel 22).

kleinere Erweiterungen oder Verbesserungen zu realisieren sind, ist dieses Vorgehen hilfreich. Nicht so empfehlenswert finde ich dieses Vorgehen, wenn man ganz genau weiß, was man realisieren möchte, und das Design und die Implementierung schon im Kopf hat. Dann können die Sprünge zwischen Test und Codierung stören. Genauer gehe ich darauf nochmals in Kapitel 20 ein.

Nach diesem kleinen gedanklichen Ausflug kommen wir wieder zu der Erweiterung zurück. Wir wollen die Verarbeitung von Vorzeichen prüfen und nutzen die Werte "+4711" und "-4711" als Eingaben, die in beiden Fällen das Ergebnis `true` liefern sollten, was wir folgendermaßen prüfen:

```
@Test
public void testNumberPositive_PlusSignShouldBeAccepted()
{
    assertTrue("plus sign should be accepted", NumberUtils.isNumber("+4711"));
}

@Test
public void testNumberNegative_MinusSignShouldBeAccepted()
{
    assertTrue("minus sign should be accepted", NumberUtils.isNumber("-4711"));
}
```

Listing 17.3 *Ausführbar als* '**NumberUtilsV4SignTest**'

Weil wir die Implementierung mittlerweile ziemlich gut kennen, wissen wir, dass keine Vorzeichen unterstützt werden. Wie erwartet, werden demnach beide Tests auch nicht bestanden, wie es auch ein Start des Programms NumberUtilsV4SignTest zeigt. Aber durch das mittlerweile erworbene Know-how fällt die Korrektur der Methode nicht schwer – auch wenn der Umfang wieder zunimmt:

```
public static boolean isNumber(final String value)
{
    Preconditions.checkNotNull(value, "parameter 'value' must not be null");

    if (value.isEmpty())
    {
        return false;
    }
    // Verarbeite Vorzeichen
    String number = value;
    if (value.startsWith("-") || value.startsWith("+"))
    {
        number = value.substring(1, value.length());
    }
    // Weitere Prüfung auf Zahl wie zuvor
    for (int i = 0; i < number.length(); i++)
    {
        if (!(Character.isDigit(number.charAt(i))))
        {
            return false;
        }
    }
    return true;
}
```

Starten Sie den Test als Programm NUMBERUTILSV5SIGNTEST. Das zeigt, dass nun alle Tests bestanden werden, aber die Komplexität des Applikationscodes hat schon wieder zugenommen. Spätestens jetzt sollten wir uns fragen, ob es nicht eine adäquate Funktionalität im JDK oder externen Bibliotheken gibt. Dadurch kann man sich in der Regel einige Arbeit sparen. Immerhin haben wir nun einen guten Satz an Unit Tests. Damit können wir dann auch gleich das letzte Problem der eingangs aufgestellten Mängelliste angehen. Schauen wir einmal, was möglich ist.

Problem 5: Viele `return`-Anweisungen

Die Methode `isNumber(String)` sollte auf Ganzzahlen prüfen. Statt diese Funktionalität, wie initial geschehen, selbst zu programmieren, bietet sich der Einsatz der Java-Bibliotheken zum Parsen von Zahlen an. Da unsere Tests bereits recht ausgereift sind, müssen wir hier nichts ergänzen. In der Methode `isNumber(String)` verwenden wir nun die Methode `Integer.parseInt(String)` (vgl. Abschnitt 4.2.2). Durch deren Einsatz können im Gegensatz zu der eigenen Realisierung sowohl positive als auch negative Zahlen verarbeitet werden.

```
public static boolean isNumber(final String value)
{
    Preconditions.checkNotNull(value, "parameter 'value' must not be null");

    try
    {
        Integer.parseInt(value); // Rückgabe ignorieren, nur prüfen
        return true;
    }
    catch (final NumberFormatException ex)
    {
        return false;
    }
}
```

Wir nutzen wieder unsere mittlerweile auf sieben Testfälle angewachsene Testklasse, um die korrekte Funktionalität zu prüfen. Alle Unit Tests werden bestanden, wie es ein Start des Programms NUMBERUTILSV6WITHJDKTEST bestätigt. Ziehen wir ein Fazit und schauen uns mögliche Erweiterungen an.

Was haben wir erreicht? Die Intention und Realisierung der Methode ist nun deutlich klarer, da nicht mehr auf Basis einzelner Zeichen geprüft wird. Vielmehr erfolgt auf logischer Ebene eine Umwandlung in eine Zahl. Die Lesbarkeit hat dadurch enorm zugenommen. Wir kommentieren zudem die bewusst fehlende Auswertung des Rückgabewerts von `Integer.parseInt(String)`, um möglicherweise aufkommende Fragen anderer Entwickler sofort zu klären.

Einschränkungen und mögliche Erweiterungen Die obige Realisierung ist deutlich klarer und besser verständlich als die Originalmethode sowie alle zuvor gezeigten Zwischenschritte.

Allerdings gibt es doch noch eine Kleinigkeit zu bedenken bzw. zu bemängeln: Durch die Prüfung mit `Integer.parseInt(String)` wird der Wertebereich auf `Integer.MIN_VALUE` bis `Integer.MAX_VALUE` begrenzt, also in etwa auf ± 2 Milliarden. Für größere Wertebereiche können wir auf die Wrapper-Klasse `Long` zurückgreifen. Um Gleitkommazahlen zu unterstützen, können wir die Klassen `Float` bzw. `Double` verwenden. All dies führt jedoch zu Veränderungen im nach außen sichtbaren Verhalten der Methode, weil dadurch weitere Eingabewerte erlaubt sind. Dabei müssen wir aber die Anmerkungen im folgenden Hinweis »Vorsicht selbst bei minimalen Modifikationen am Verhalten« bezüglich der Änderung von Verhalten bedenken.

> **Hinweis: Vorsicht selbst bei minimalen Modifikationen am Verhalten**
>
> In einigen Schritten wurde durch die initiale Prüfung sowie den Einsatz von Bibliotheksfunktionen zum Parsing minimal etwas am nach außen veröffentlichten Verhalten verändert. So etwas übersieht man leicht. Allerdings können dadurch Probleme durch Inkompatibilitäten verursacht werden. Betrachten wir dies im Detail.
>
> **Auswirkungen der Korrekturen für Problem 1** Die ursprüngliche Methode hat bei Übergabe leerer Eingaben eine `StringIndexOutOfBoundsException` ausgelöst. Die neue Realisierung greift gar nicht erst indiziert zu, wenn der übergebene Text leer ist, sondern es wird direkt `false` zurückgegeben.
>
> **Auswirkungen der Korrekturen für Problem 4 und 5** Durch die Akzeptanz von Vorzeichen sowie den Einsatz von Bibliotheksfunktionen beim Parsing werden nun je nach gewählter Realisierung auch Vorzeichen und Nachkommastellen unterstützt. Die ursprüngliche Methode hat lediglich Ganzzahlen ohne Vorzeichen, dafür aber beliebiger Länge, als Zahl erkannt. Dies war höchstwahrscheinlich nicht als Feature gedacht, sondern war vermutlich eher ein »Unfall«.
>
> **Kompatibilität und Einsatz von Bibliotheksfunktionen**
>
> Die Kompatibilität zum ursprünglichen Verhalten kann entscheidend sein, wenn man nicht alle Aufrufer im Zugriff hat und somit nicht weiß, ob vielleicht einer von diesen die Information »keine Zahl« durch Abfangen einer `StringIndexOutOfBounds-Exception` ermittelt. Andere Aufrufer könnten beliebig lange Ziffernfolgen als Zahlen auswerten wollen.
>
> Weil Ersteres meiner Ansicht nach ein Designfehler ist, werde ich hier keine Lösung angeben. Die Auswertung beliebig langer Ziffernfolgen ist ein denkbarer Anwendungsfall. Hätte die Aufgabe der ursprünglichen Methode `isNumber(String)` tatsächlich darin bestanden, nur eine derartige Prüfung durchzuführen, kann man dies elegant und kompatibel zu allen Unit Tests mit der Klasse `java.math.BigInteger` realisieren.

17.2 Das Standardvorgehen

Das einleitende Beispiel hat Ihnen einen ersten Eindruck von Refactoring-Schritten vermittelt. Um reproduzierbare Ergebnisse zu erreichen und mehr Sicherheit zu haben, halten wir uns an eine Art Checkliste zur Überarbeitung von Sourcecode. Diese beschreibt das bereits angesprochene Standardvorgehen, das folgende Schritte umfasst:

1. **Testen** – Führe vorhandene Unit Tests aus. Im Speziellen sollte dies kontinuierlich nach jedem der folgenden Schritte geschehen.

2. **Coding Conventions anwenden** – Beachte die später in Abschnitt 19.3 vorgestellten Coding Conventions:

   - Formatiere den Sourcecode.
   - Definiere, falls möglich, Übergabeparameter und lokale Variablen `final`.
   - Sorge durch das Basis-Refactoring RENAME (in Eclipse im Menü REFACTOR –> RENAME erreichbar) für verständliche Konstanten-, Variablen- und Methodennamen.

3. **In Einzelbestandteile zerlegen** – Zerlege, wenn notwendig und sinnvoll, eine komplexere Programmstelle zunächst mithilfe (des mehrmaligem Einsatzes) des Basis-Refactorings EXTRACT METHOD, das in Eclipse im Menü REFACTOR –> EXTRACT METHOD zu finden ist, in handhabbare und sinnvolle kleinere Bestandteile.

4. **Unit Tests erstellen** – Nutze, sofern die Anforderungen von der Fachseite oder dem Kunden oder aus einem Requirements-Dokument bekannt sind, diese, um daraus Testfälle zu gestalten. Ansonsten schreibe für zuvor extrahierte Methoden entsprechende Unit Tests:

   - Für normale Eingaben
   - Für ungültige Eingaben sowie für Rand- oder Spezialfälle

5. **Aufräumen** – Räume den Sourcecode auf:

   - Entferne unbenutzte Variablen und unbenutzte Methoden.
   - Entferne alte, unnötige oder (mittlerweile) falsche Kommentare.

6. **Vereinfachen** – Reduziere die Komplexität:

   - Entferne duplizierten Sourcecode, erzeuge gegebenenfalls Hilfsmethoden.
   - Vereinfache Bedingungen.
   - Füge bei Bedarf erklärende Kommentare ein – oftmals sollte man zunächst sprechende Bezeichner für Attribute und Methoden in Betracht ziehen.

7. **Konkrete Refactorings durchführen** – Verbessere den Sourcecode durch den Einsatz eines für den erkannten Schwachpunkt passenden Refactorings aus dem Refactoring-Katalog aus Abschnitt 17.4.

17.2 Das Standardvorgehen

Die einzelnen Schritte müssen nicht sklavisch exakt in dieser Reihenfolge abgearbeitet werden. Es ist durchaus möglich, die Reihenfolge zu variieren und einige Schritte auszulassen oder auch mehrfach auszuführen. Um ein Gespür für die Vorgehensweise beim Einsatz in der Praxis zu bekommen, wollen wir die obigen Schritte an einem weiteren kurzen Beispiel nachvollziehen.

Beachten Sie bitte, dass ich sowohl im folgenden Beispiel als auch bei der Vorstellung der Refactorings auf eine detaillierte Darstellung der eigentlich notwendigen Unit Tests verzichten werde, um so den Fokus auf die eigentliche Transformation zu legen. In der Praxis entspricht die Vorgehensweise jedoch dem zuvor gezeigten einleitenden Beispiel, in dem Unit Tests zur Absicherung erstellt und eingesetzt wurden.

Beispiel

Als Ausgangsbasis dient folgender überarbeitungswürdiger `catch`-Block, den ich tatsächlich – abgesehen von Details – so in Produktionscode vorgefunden habe:

```
catch (final Fault aF)
{
    final String stSrc = aF.getSource();
    final String stErr = aF.getFaultCode();
    if (stErr != null && stErr.equalsIgnoreCase("FileNotFound"))
    {
        stErrorMsg = aF.getFaultString() + ": " + stSrc;
    }
    else
    {
        stErrorMsg = aF.getFaultString() + ": " + stSrc;
    }
}
```

Wir führen folgende Schritte (Nummerierung laut Standardvorgehen) durch:

Schritt 2: Coding Conventions anwenden Befolgt man Namenskonventionen, führt das zu mehr Lesbarkeit. Es fällt auf, dass in diesem Sourcecode-Abschnitt einige Präfixe in den Variablennamen verwendet werden. Wie später in Abschnitt 19.3.1 genauer beschrieben, stellen Präfixe in Variablennamen eher ein Relikt aus alten Tagen dar, weil damals die IDEs noch nicht in der Lage waren, Informationen aus dem Sourcecode on the fly zu extrahieren und etwa Attribute farblich anders darzustellen. Heutzutage sollte man Präfixe selten verwenden oder besser ganz vermeiden – *beim Überarbeiten eines bestehenden Programmteils ist es aber ratsam, nicht alles umzukrempeln und dem vorhandenen Stil einigermaßen zu folgen*, sofern dies nicht (allzu sehr) gegen die eigenen vorgegebenen Konventionen verstößt. Im Beispiel gilt, dass ein Präfix nutzlos ist, wenn kein sinnvoller Variablenname folgt wie hier für die Variable `aF`. Diese wird daher in `fault` umbenannt. Solche Namensänderungen sind für lokale Variablen immer möglich. Wir benennen die Variable `stErr` in `strErr` um. Aus `stSrc` wird `strSource`. Beide Male wird das merkwürdige Präfix `st` dabei zu `str` für Stringvariablen. Das Beibehalten der Kürzel ist ein Zugeständnis, nicht allzu viel am Stil zu ändern. Zudem wird `strErr` durch Umbenennung in `strFaultCode` besser lesbar und verständlich. Die Namensähnlichkeit mit dem privaten Attribut `stErrorMsg` und die daraus resultierende Verwechselungsgefahr existiert nach dieser Namensänderung nicht mehr. Das Attribut wird außerdem durch den Einsatz der `this`-Notation explizit als solches gekennzeichnet und mit dem Präfix `str` zu `strErrorMsg`. Es lässt sich somit visuell gut von lokalen Variablen abgrenzen.[3]

```
catch (final Fault fault)
{
    final String strSource = fault.getSource();
    final String strFaultCode = fault.getFaultCode();
    if (strFaultCode != null && strFaultCode.equalsIgnoreCase("FileNotFound"))
    {
        this.strErrorMsg = fault.getFaultString() + ": " + strSource;
    }
    else
    {
        this.strErrorMsg = fault.getFaultString() + ": " + strSource;
    }
}
```

Nicht in jedem Fall ist eine Korrektur von Namen derart möglich. Private Attribute können problemlos umbenannt werden – sofern darauf nicht per Reflection zugegriffen wird. *Im nachfolgenden Text dieses Kapitels gehe ich auf den Spezialfall Reflection und Refactorings kaum mehr explizit ein.* Die Änderung der Namen öffentlicher Attribute kann Änderungen in einsetzenden Klassen erfordern und ist daher möglicherweise problematisch. Eine Verbesserung der Kapselung erreicht man mit dem Refactoring REDUZIERE DIE SICHTBARKEIT VON ATTRIBUTEN (vgl. Abschnitt 17.4.1), das auf dem Basis-Refactoring ENCAPSULATE FIELD basiert. Als Folge kann bei Bedarf das Design geändert werden. Statt eines Attributs kann man Delegation nutzen oder den Wert dynamisch berechnen – das bietet sich etwa für die Eigenschaft Alter einer Person an, das sich aus dem aktuellen Datum und dem Geburtstag ergibt.

Schritt 6: Vereinfachen In diesem einfachen Beispiel findet man eine exakte Duplikation der Anweisungen im `if`- und `else`-Anweisungsblock. Zwar ist das realer Anwendungscode, aber meistens ist eine derart extreme Duplikation selten und eher als Wiederholung von Teilabschnitten zu beobachten. In diesem Beispiel kann eine enorme Vereinfachung erzielt werden, weil die Auswertung der Bedingung überflüssig ist. Der Anweisungsblock muss dadurch lediglich einmal notiert werden:

```
catch (final Fault fault)
{
    final String strSource = fault.getSource();
    final String strFaultCode = fault.getFaultCode();

    this.strErrorMsg = fault.getFaultString() + ": " + strSource;
}
```

---

[3] Allerdings besitzen moderne IDEs mittlerweile eine sehr ausgefeilte farbliche Darstellung von Programmelementen, wodurch eine gute visuelle Trennung möglich wird, ohne dass man dazu `this` nutzen muss.

Schritt 5: Aufräumen Als Folge dieser Vereinfachungen wird ersichtlich, dass die Variable `strFaultCode` nun unbenutzt und damit überflüssig ist. Damit kann sie entfallen. Auch die Variable `strSource` ermittelt nur Daten aus dem übergebenen `Fault`-Objekt. Wir schreiben einfacher Folgendes:

```
catch (final Fault fault)
{
    this.strErrorMsg = fault.getFaultString() + ": " + fault.getSource();
}
```

Fazit

Das Resultat ist beeindruckend: Aus zehn Zeilen Sourcecode ist eine Zeile geworden. Ähnlich wie sich Bad Smells ausbreiten, wenn man unachtsam ist, gibt es glücklicherweise auch einen gegenteiligen Effekt: *Je mehr man für Klarheit und Struktur sorgt, desto leichter fallen weitere Verbesserungsmaßnahmen.*

Jedoch haben wir ein Problem nicht entfernen können: Nach wie vor gibt es eine Zuweisung an das Attribut `strErrorMsg` im `catch`-Block. Ein solcher Seiteneffekt ist zu vermeiden, da es an unerwarteter Stelle im Programm zu Zustandsänderungen kommt. *Durch Refactorings wollen wir normalerweise das nach außen sichtbare Programmverhalten nicht verändern, sondern lediglich die innere Struktur verbessern.* An dieser Stelle können wir im Sourcecode einen Kommentar mit einem Hinweis auf diesen Seiteneffekt einfügen und das Ganze später nochmal prüfen bzw. überarbeiten.

17.3 Kombination von Basis-Refactorings

Bevor wir uns einen Katalog einiger komplexerer Refactorings – und zum Teil genau genommen sogar leicht verhaltensverändernder Transformationen des Sourcecodes – anschauen, wollen wir zunächst an einem Beispiel verschiedene durch die IDE unterstützte Basis-Refactorings, wie sie Martin Fowler in seinem Buch »Refactoring: Improving the Design of Existing Code« [21] beschreibt, betrachten. Die Basis-Refactorings zeichnen sich dadurch aus, dass sie oftmals keine Modifikation am sichtbaren Verhalten vornehmen. Die hohe Kunst ist es, die Schritte so klein und sicher zu gestalten, dass es dabei möglichst selten zu Kompilierfehlern oder anderweitigen Problemen kommt. Damit es klappt, muss man sich der Refactoring-Automatiken aus der IDE bedienen. Die Wahrscheinlichkeit für Komplikationen steigt, wenn man eher freihändig refaktorisiert.

17.3.1 Refactoring-Beispiel: Ausgangslage und Ziel

Als Ausgangsbasis dient eine Utility-Klasse `TimeStampUtils` mit einer Methode `createTimeStampString()`. Schauen wir zunächst auf einen Aufruf eines Nutzers:

```
final String timeStamp = TimeStampUtils.createTimeStampString(currentPeriod,
                                                              frequency);
```

Weil der Aufruf unproblematisch scheint, betrachten wir nun die statische öffentliche Methode an sich, um mögliche Schwachpunkte zu erkennen:

```java
public static String createTimeStampString(final ExtTimePeriod currentPeriod,
                                           final ComplexFrequency frequency)
{
    final DateTime start = currentPeriod.getDateTime();
    final int divisor = frequency == ComplexFrequency.P1M ? 1 : 3;
    final String addition = frequency == ComplexFrequency.P1M ? "" : "Q";
    final int value = ((start.getMonthOfYear() - 1) / divisor + 1);

    return start.getYear() + "-" + addition + value;
}
```

Ein erster Blick zeigt eine vermeintlich einfache Realisierung, die Jahresangaben gefolgt von Monat oder Quartal ausgeben soll.[4] Das Ganze ist recht kurz, aber vielleicht durch die Abfragen mit dem ?-Operator ein wenig unübersichtlich. Problematischer ist jedoch, dass die Methode unerwünschte Abhängigkeiten auf die zwei Klassen `ExtTimePeriod` und `ComplexFrequency` besitzt, die aus einem externen Package (`external`) stammen. Ein genauerer Blick offenbart zusätzlich folgende Probleme:

- Die Methode scheint für beliebige Frequenzen des Typs `ComplexFrequency` ausgelegt zu sein. Tatsächlich ist sie es aber nicht, denn durch einen versteckten Logikfehler wird alles außer der Frequenz monatlich auf Quartale abgebildet. Dadurch können nur Monats- oder Quartalswerte korrekt verarbeitet werden.
- Es ist unklar, welches der gewünschte Rückgabewert ist. Gerade im Bereich von Datumsarithmetik findet man 0- oder 1-basierte Werte: Startet `getMonthOfYear()` also mit 0 oder 1? Und wieso erfolgt eine Subtraktion von 1?

Für die nachfolgenden Refactorings steht zunächst die Auflösung der Abhängigkeiten im Fokus. Auf die beiden anderen Details der Verarbeitung gehe ich später ein.

Definition des Ziels

Die Methode `createTimeStampString(ExtTimePeriod, ComplexFrequency)` soll nun mithilfe von Basis-Refactorings so umgestaltet werden, dass nur Abhängigkeiten auf Standards wie Joda-Time[5] oder besser noch JDK-Klassen bestehen und der Sourcecode verständlicher wird. Bevor wir mit den Umbauarbeiten beginnen, erstellen wir ein UML-Klassendiagramm von der Ausgangslage und insbesondere auch einem möglichen Zieldesign. Beides ist in Abbildung 17-1 dargestellt. Das gezeigte Ziel ist nicht ganz starr, sondern eher ein Anhaltspunkt, da man beim Entwickeln gewöhnlich immer noch kleinere Änderungen vornimmt. Das ist auch der Grund, warum wir hier keine Typparameter in den Signaturen angeben.

---

[4] Dabei wird auf `null`-Prüfungen verzichtet, weil es sich um eine interne Hilfsklasse handelt und wir uns hier auf die Refactoring-Schritte konzentrieren wollen.

[5] Bis JDK 8 ist das vermutlich die beste Wahl, wenn man Datumsarithmetik ausführen muss. Online verfügbar unter `http://www.joda.org/joda-time/`.

17.3 Kombination von Basis-Refactorings

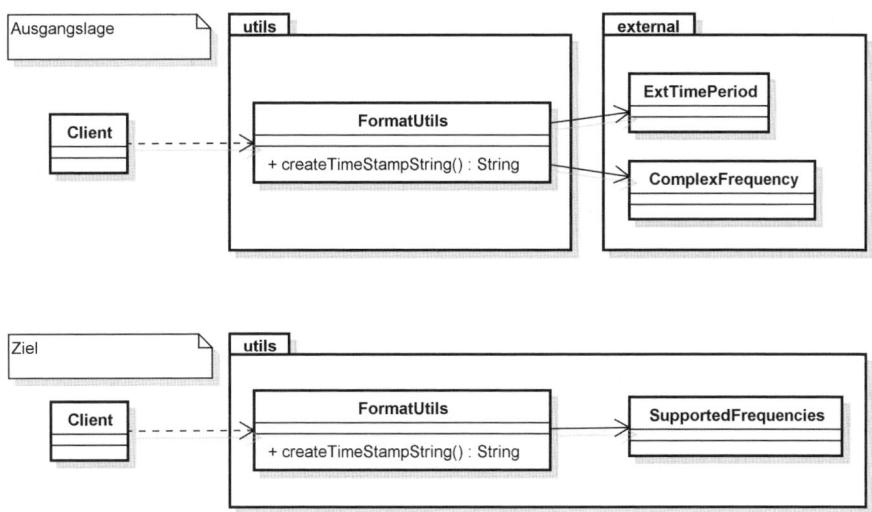

Abbildung 17-1 *Refactoring der Methode* `createTimeStampString()`

Wir wollen nun folgende Schritte ausführen, um die angemerkten Probleme zu beseitigen und das dargestellte Ziel zu erreichen:

- **Auflösen der Abhängigkeiten** – In einem ersten Schritt wollen wir die Abhängigkeiten zum Package `external` auflösen, indem wir einen `enum` namens `SupportedFrequencies` als Ersatz für `ComplexFrequency` einführen und anstelle der Klasse `ExtTimePeriod` die Klasse `DateTime` aus Joda-Time nutzen.
- **Vereinfachungen** – Einige der Berechnungen in der Methode sind etwas komplex und nicht gut zu lesen. Wir werden ein paar Vereinfachungen vornehmen.
- **Verlagern von Funktionalität** – Abschließend schauen wir, wie wir durch eine kleine Änderung von Zuständigkeiten für mehr Klarheit im Design sorgen.

17.3.2 Auflösen der Abhängigkeiten

Um den Sourcecode klarer und besser verständlich zu gestalten, werden wir folgende Refactorings (mit Windows-Tastaturkürzel in Eclipse in Klammern) nutzen:[6]

- EXTRACT LOCAL VARIABLE (ALT+SHIFT+L)
- EXTRACT METHOD (ALT+SHIFT+M)
- INLINE (ALT+SHIFT+I)
- CHANGE METHOD SIGNATURE (ALT+SHIFT+C)

---

[6]Für Mac OS ist es statt ALT+SHIFT die Kombination ALT+COMMAND. Oftmals bietet die in Eclipse integrierte QUICK-FIX-Funktionalität, die man durch CTRL+1 aufruft, die Möglichkeit, die ersten drei Refactorings direkt auszuführen.

Schritt 1: Hilfsvariable einführen (EXTRACT LOCAL VARIABLE)

Zum leichteren Verständnis wird die zu bearbeitende Methode nochmals gezeigt:

```java
public static String createTimeStampString(final ExtTimePeriod currentPeriod,
                                           final ComplexFrequency frequency)
{
    final DateTime start = currentPeriod.getDateTime();
    final int divisor = frequency == ComplexFrequency.P1M ? 1 : 3;
    final String addition = frequency == ComplexFrequency.P1M ? "" : "Q";
    final int value = ((start.getMonthOfYear() - 1) / divisor + 1);

    return start.getYear() + "-" + addition + value;
}
```

Als Erstes selektieren wir den Ausdruck `ComplexFrequency.P1M` und nutzen das Refactoring EXTRACT LOCAL VARIABLE (ALT+SHIFT+L), um die lokale Variable `isMonthly` zu extrahieren, wodurch sich der Sourcecode vereinfachen lässt:

```java
public static String createTimeStampString(final ExtTimePeriod currentPeriod,
                                           final ComplexFrequency frequency)
{
    final DateTime start = currentPeriod.getDateTime();
    final boolean isMonthly = frequency == ComplexFrequency.P1M;
    final int divisor = isMonthly ? 1 : 3;
    final String addition = isMonthly ? "" : "Q";
    final int value = ((start.getMonthOfYear() - 1) / divisor + 1);

    return start.getYear() + "-" + addition + value;
}
```

Schritt 2: Abhängigkeit zur Frequenz entfernen (EXTRACT METHOD)

Als Nächstes wollen wir die Abhängigkeit zur Klasse `ComplexFrequency` auflösen. Wir erzeugen dazu eine separate Methode `createTimeStampString()`, jedoch mit anderer Signatur. Damit wir diese aus der Originalmethode extrahieren können, ordnen wir die Zeilen um und nutzen dazu die Tastaturkürzel ALT+UP/DOWN. Damit verschieben wir die boolesche Variable `start` direkt zu der ersten Verwendung, also vor die Definition von `value`. Die Variable `isMonthly` schieben wir ganz nach oben an den Methodenanfang:[7]

```java
public static String createTimeStampString(final ExtTimePeriod currentPeriod,
                                           final ComplexFrequency frequency)
{
    final boolean isMonthly = frequency == ComplexFrequency.P1M;
    final int divisor = isMonthly ? 1 : 3;
    final String addition = isMonthly ? "" : "Q";
    final DateTime start = currentPeriod.getDateTime();
    final int value = ((start.getMonthOfYear() - 1) / divisor + 1);

    return start.getYear() + "-" + addition + value;
}
```

---

[7]Bitte beachten Sie, dass diese Umordnung hier zu keiner Verhaltensänderung führt, aber dass das in der Praxis z. B. wegen möglicherweise versteckter Seiteneffekte nicht immer so ist.

Danach selektieren wir alle Zeilen nach der Definition von `isMonthly` und setzen das Refactoring EXTRACT METHOD (ALT+SHIFT+M)[8] ein. Damit entsteht eine gleichnamige Methode mit der Sichtbarkeit `public`, die als Parametertyp `boolean` statt `ComplexFrequency` besitzt.

```
@Deprecated
public static String createTimeStampString(final ExtTimePeriod currentPeriod,
                                           final ComplexFrequency frequency)
{
    final boolean isMonthly = frequency == ComplexFrequency.P1M;
    return createTimeStampString(currentPeriod, isMonthly);
}

public static String createTimeStampString(final ExtTimePeriod currentPeriod,
                                           final boolean isMonthly)
{
    final int divisor = isMonthly ? 1 : 3;
    final String addition = isMonthly ? "" : "Q";
    final DateTime start = currentPeriod.getDateTime();
    final int value = ((start.getMonthOfYear() - 1) / divisor + 1);

    return start.getYear() + "-" + addition + value;
}
```

Die unerwünschte Abhängigkeit zur Klasse `ComplexFrequency` wurde damit aufgelöst – allerdings durch einen booleschen Parameter, was meistens kein gutes Design ist. Später komme ich darauf zurück und wir beheben auch diese Schwachstelle.

Indem wir die ursprüngliche Methode als `@Deprecated` markieren, signalisieren wir, dass zukünftige Nutzer stattdessen die neu erstellte Methode verwenden sollten. Für die bisherigen Aufrufer hat sich nichts geändert.

Schritt 3: Inlining des Methodenaufrufs (INLINE)

Da wir die Abhängigkeit zur Klasse `ComplexFrequency` in der Utility-Klasse eliminieren wollen, sollte überall die neu erstellte statt der alten Methode eingesetzt werden.

Die Aufrufstellen sind ähnlich zu folgender:

```
final String timeStamp = createTimeStampString(currentPeriod, frequency);
```

Die Aufrufstellen könnten wir zwar von Hand korrigieren, aber es ist sinnvoller und weniger fehleranfällig, dazu die in die IDE integrierten Refactorings zu nutzen.[9] Dazu markieren wir den Namen der ursprünglichen Methode und nutzen dann das Refactoring INLINE (ALT+SHIFT+I). Dieses transformiert alle Aufrufstellen folgendermaßen:

```
final boolean isMonthly = frequency == ComplexFrequency.P1M;
final String timeStamp = createTimeStampString(currentPeriod, isMonthly);
```

---

[8]Dabei können die Tastaturkürzel ALT+SHIFT+LEFT/RIGHT/DOWN hilfreich sein.
[9]Allerdings sollten wir uns dabei bewusst sein, dass sich die Verarbeitungsreihenfolge durch das INLINE ändern kann.

Optional kann die nicht mehr benötigte Methode automatisch gelöscht werden, wodurch nur noch die zuvor extrahierte, neue Methode in der Utility-Klasse verbleibt.

Die bisher durchgeführten Änderungen lassen erahnen, dass sich für Umgestaltungen die Nutzung von Refactoring-Automatiken anbietet, um die Wahrscheinlichkeit für Fehler zu reduzieren und für konsistente Änderungen zu sorgen.

Schritt 3a (optional): Inlining der Hilfsvariablen (INLINE)

Die Aufrufstellen sehen nun nach Schritt 3 – unter anderem durch den booleschen Übergabeparameter – etwas ungelenk aus, was wir später noch mit einer Designänderung adressieren werden. Zunächst könnte man in einem weiteren Schritt statt der lokalen Variablen den Ausdruck direkt als Methodenparameter angeben. Dabei hilft wiederum das Refactoring INLINE (ALT+SHIFT+I), diesmal für die Variablendeklaration. Zum Ausführen ist die Variable `isMonthly` zu selektieren:

```
final boolean isMonthly = frequency == ComplexFrequency.P1M;
final String timeStamp = createTimeStampString(currentPeriod, isMonthly);
```

Durch das Refactoring INLINE wird der Aufruf folgendermaßen abgewandelt:

```
final String timeStamp = createTimeStampString(currentPeriod,
                                    frequency == MyFrequency.P1M);
```

Jedoch reduziert dieser Schritt mitunter die Verständlichkeit und Lesbarkeit.

Schritt 4: Abhängigkeit zur Klasse `ExtTimePeriod` entfernen

Kommen wir wieder zu der eigentlichen Methode `createTimeStampString()` zurück. Wir wollen nun die Abhängigkeiten auf die Klasse `ExtTimePeriod` auflösen. Dabei hilft uns ein scharfer Blick auf die Methode und das Refactoring EXTRACT METHOD: Abgesehen von der ersten Zeile der Methode selektieren wir den Rest und extrahieren eine gleichnamige Methode. Die Utility-Klasse sieht wie folgt aus, nachdem wir die alte Methode noch als `@Deprecated` markiert haben:

```
@Deprecated
public static String createTimeStampString(final MyTimePeriod currentPeriod,
                                    final boolean isMonthly)
{
    final DateTime start = currentPeriod.getDateTime();
    return createTimeStampString(isMonthly, start);
}

public static String createTimeStampString(final boolean isMonthly,
                                    final DateTime start)
{
    final int divisor = isMonthly ? 1 : 3;
    final String addition = isMonthly ? "" : "Q";
    final int value = ((start.getMonthOfYear() - 1) / divisor + 1);

    return start.getYear() + "-" + addition + value;
}
```

Wie schon zuvor, hat das Refactoring keine Auswirkungen auf bisherige Nutzer, außer, dass diese nun durch das Hinzufügen von @Deprecated auf unsere Änderungen in der Utility-Klasse aufmerksam gemacht werden.

Schritt 5: Für konsistente Parameterreihenfolge sorgen

Beim Extrahieren der Methode fällt uns auf, dass durch die Automatik die Parameterreihenfolge vertauscht wurde und isMonthly nun der erste Parameter ist. Das wollen wir korrigieren. Dazu nutzen wir das Refactoring CHANGE METHOD SIGNATURE (ALT+SHIFT+C) und vertauschen die beiden Parameter, womit wir wieder eine konsistente Reihenfolge erzielen.

Schritte 6: Inlining des Methodenaufrufs

Wir führen weitere Aufräumarbeiten aus und selektieren die alte Methode und nutzen das Refactoring INLINE. Dadurch verdichten wir die Utility-Klasse:

```java
public static String createTimeStampString(final DateTime start,
                                           final boolean isMonthly)
{
    final int divisor = isMonthly ? 1 : 3;
    final String addition = isMonthly ? "" : "Q";
    final int value = ((start.getMonthOfYear() - 1) / divisor + 1);

    return start.getYear() + "-" + addition + value;
}
```

Auch die Aufrufstelle wird automatisch durch die IDE angepasst:

```java
final DateTime start = currentPeriod.getDateTime();
final String timeStamp = createTimeStampString(start,
                                    frequency == EasyFrequency.P1M);
```

Schritte 6a (optional): Inlining der Hilfsvariablen

Wenn gewünscht, kann man nochmals das Refactoring INLINE ausführen, um die Hilfsvariable zu entfernen und direkt in den Methodenaufruf zu integrieren:

```java
final String timeStamp = createTimeStampString(currentPeriod.getDateTime(),
                                    frequency == EasyFrequency.P1M);
```

Zwischenfazit

Die erstellte Methode besitzt keine Abhängigkeiten auf externe Klassen mehr oder zumindest nur auf Klassen, die Standardbibliotheken wie Joda-Time entstammen. Damit lässt sich das Ganze viel einfacher mit Unit Tests überprüfen. Bisher haben wir allerdings keine Unit Tests ausgeführt, insbesondere weil es schlicht keine gab, was wir nun ändern wollen, und weil wir lediglich sichere Basis-Refactorings genutzt haben.

Tests

Die zuvor genutzten Refactorings haben das nach außen sichtbare Verhalten nicht geändert, was aber selbst für die Basis-Refactorings nicht immer gilt.[10] Allerdings sind diese deutlich sicherer, als die Refactorings von Hand auszuführen.

Bei Änderungen empfiehlt sich generell die Ausführung von Unit Tests. Weil es noch keine gibt, erstellen wir nachfolgend exemplarisch zwei einfache Testfälle. In der Praxis sollten Klassen umfangreicher getestet werden, als es der Platz hier erlaubt:

```
@Test
public void testCreateTimeStampString_Monthly()
{
    final boolean MONTHLY = true;
    assertEquals("2000-2", createTimeStampString(
                    new DateTime(2000, 2, 7, 0, 0), MONTHLY));
    assertEquals("2000-7", createTimeStampString(
                    new DateTime(2000, 7, 14, 0, 0), MONTHLY));
}

@Test
public void testCreateTimeStampString_Quarterly()
{
    final boolean QUARTERLY = false;
    assertEquals("2000-Q1", createTimeStampString(
                    new DateTime(2000, 2, 7, 0, 0), QUARTERLY));
    assertEquals("2000-Q3", createTimeStampString(
                    new DateTime(2000, 7, 14, 0, 0), QUARTERLY));
}
```

Listing 17.4 Ausführbar als 'TIMESTAMPUTILSTEST'

Wir führen die Tests als Programm TIMESTAMPUTILSTEST aus und sie zeigen – wie erwartet – Grün. Normalerweise würden wir noch ein paar mehr Testfälle ergänzen. In diesem Kontext sollen uns aber diese zwei reichen, um mögliche Probleme aufzuzeigen.

Unzulänglichkeit: Boolescher Parameter

Durch die Refactoring-Schritte haben wir zwar die Abhängigkeiten zum Package `external` gelöst, jedoch – wie schon zuvor erwähnt – auch eine Unschönheit in unsere öffentliche Schnittstelle eingefügt: einen booleschen Parameter. Was ist daran störend? Aufrufer müssen dadurch immer genau wissen, was die Werte `true` bzw. `false` ausdrücken sollen. Das lässt sich nur durch Betrachten der Implementierung der Methode ermitteln – leider nicht nur anhand der Aufrufstelle.

Die Verwendung der booleschen Konstanten MONTHLY und QUARTERLY in den Tests macht deutlich, dass sich ein weiteres Refactoring anbietet, um den booleschen Parameter in der öffentlichen Schnittstelle zu eliminieren. In unserem Beispiel hatten wir die Klassen im Zugriff und durften dort auch ändern. Das ist jedoch nicht immer

---

[10]Insbesondere gilt dies für das Refactoring CHANGE METHOD SIGNATURE, um Parameter umzuordnen, deren Typ zu ändern oder neue Parameter einzufügen, wodurch sich schnell Verhalten ändert. Ebenso kann ein Inlining problematisch sein, weil dadurch die Abarbeitungsreihenfolge leicht geändert wird. Man spricht bei dem Problem auch von »Temporal Coupling«.

der Fall, sodass man mitunter mit der Signatur leben muss. Wie kann man trotzdem für besser verständlichen Sourcecode sorgen? Schauen wir uns verschiedene Abhilfen an.

Abhilfen ohne Änderungen der Signatur Wie wir es beim Erstellen der Tests kennengelernt haben, kann man zwei Konstanten mit sprechenden Namen definieren:

```
public static final boolean MONTHLY = true;
public static final boolean QUARTERLY = false;
```

Oftmals besser lesbar ist es, eine Hilfsmethode wie folgt zu implementieren:

```
private static boolean isMonthly(final ComplexFrequency frequency)
{
    return frequency == ComplexFrequency.P1M;
}
```

Bei der zweiten Variante verbleibt allerdings die Abhängigkeit von Aufrufern an das Package `external`, was aber möglicherweise akzeptabel ist.

Es gibt eine weitere Möglichkeit, die so elegant in der Nutzung und offensichtlich ist, dass man sie leicht übersieht: Man definiert zwei Methoden mit sprechendem Namen, die jeweils den erwarteten Wert zurückgeben:[11]

```
private static boolean monthly()
{
    return true;
}

private static boolean quarterly()
{
    return false;
}
```

Die gezeigten Varianten lösen das eigentliche Problem nicht, lindern jedoch ein wenig die »API-Schmerzen«. Das ist für die Fälle praktisch, in denen man die Schnittstelle der Klasse nicht ändern kann, die Aufrufe aber klarer gestalten möchte. Der Aufruf für monatlich würde wie folgt aussehen:

```
final String timeStamp = createTimeStampString(currentPeriod.getDateTime(),
                                               monthly());
```

Abhilfen mit Änderungen der Signatur Wenn man auf die Klassen Zugriff hat und die Methode ändern kann, bietet sich die Definition eines `enums` an:

```
public enum SupportedFrequencies
{
    MONTHLY, QUARTERLY;
}
```

---

[11] Das kann man ganz hervorragend auch für andere Rückgabetypen außer `boolean` machen, solange die Wertemenge nicht zu groß wird.

Damit können wir die Signatur der Methode wie folgt abändern und eine Hilfsvariable `isMonthly` einführen:

```
static String createTimeStampString(final DateTime start,
                                    final SupportedFrequencies frequency)
{
    final boolean isMonthly = frequency == SupportedFrequencies.MONTHLY;
    final int divisor = isMonthly ? 1 : 3;
    final String addition = isMonthly ? "" : "Q";
    final int value = ((start.getMonthOfYear() - 1) / divisor + 1);

    return start.getYear() + "-" + addition + value;
}
```

Diese Lösung ist für Aufrufer klarer, was ein sehr wichtiger Punkt ist, da damit auch die Benutzbarkeit verbessert wird. Allerdings fängt das Ganze intern an, unübersichtlich zu werden. Es wird höchste Zeit, nach ein paar Vereinfachungen Ausschau zu halten.

17.3.3 Vereinfachungen

In diesem Abschnitt sehen wir uns zwei Arten von Vereinfachungen an. Zunächst entzerren wir die Anweisungen und die etwas komplexere Logik. Daraus ergeben sich weitere Möglichkeiten, die Formel zur Berechnung an sich zu vereinfachen.

Vereinfachung der Anweisungen

Die Komplexität innerhalb der Methode entsteht vor allem dadurch, dass hier die zwei Fälle »Monatlich« und »Quartalsweise« ineinander verwoben behandelt werden:[12]

```
public static String createTimeStampString(final DateTime start,
                                           final SupportedFrequencies frequency)
{
    final boolean isMonthly = frequency == SupportedFrequencies.MONTHLY;
    final int divisor = isMonthly ? 1 : 3;
    final String addition = isMonthly ? "" : "Q";
    final int value = ((start.getMonthOfYear() - 1) / divisor + 1);

    return start.getYear() + "-" + addition + value;
}
```

Teilen wir das Ganze doch einfach so auf, dass wir abhängig von `isMonthly` zwei Wertebelegungen erhalten. Versuchen wir schrittweise dorthin zu kommen.

Als Vorbereitung führen wir das Refactoring INLINE für die Variable `value` aus, um den Ausdruck zur String- und Wertekonkatenation zusammenzuführen.

Den ternären Operator (?-Operator) kann man in eine `if-else`-Anweisung umwandeln. Dazu nutzen wir das Tastaturkürzel CTRL+1 für QUICK FIX und wählen dort REPLACE CONDITIONAL WITH 'IF-ELSE'. Das machen wir für beide ?-Operatoren. Damit ergibt sich folgende Variante der ursprünglichen Methode, wobei die entstehenden `if-else`-Anweisungen allerdings (noch) keine Blöcke sind:

---
[12]Potenziell eine Verletzung des Single Responsibility Principle (SRP) (vgl. Abschnitt 3.5.3).

17.3 Kombination von Basis-Refactorings

```java
public static String createTimeStampString(final DateTime start,
                                           final SupportedFrequencies frequency)
{
    final boolean isMonthly = frequency == SupportedFrequencies.MONTHLY;
    final int divisor;
    if (isMonthly)
        divisor = 1;
    else
        divisor = 3;
    final String addition;
    if (isMonthly)
        addition = "";
    else
        addition = "Q";

    return start.getYear() + "-" + addition + ((start.getMonthOfYear() - 1)
        / divisor + 1);
}
```

Das Ergebnis sieht ein wenig chaotisch aus und scheint in die falsche Richtung zu gehen, da viel mehr Zeilen entstanden sind. Lassen Sie sich nicht entmutigen. Die Tests zeigen, dass sich das Verhalten der Methode nicht geändert hat. Wir sind wohl auf dem richtigen Weg. Insbesondere sind die einzelnen Abfragen viel weniger komplex.

Jetzt wollen wir die jeweiligen Zeilen für die beiden Bedingungen zusammen gruppieren. Voraussetzung dazu ist aber, dass wir die `if-else`-Anweisungen in Blöcke umwandeln. Dazu selektieren wir das `if` und nutzen wiederum das Tastaturkürzel CTRL+1, was uns nun die Option CHANGE 'IF-ELSE' STATEMENTS TO BLOCKS anbietet, die wir wählen. Danach ordnen wir die Zeilen um, indem wir die Zeilen aus den jeweiligen Bedingungen gruppieren. Als Folge entsteht im unteren Teil ein leeres `if-else`-Gebilde, das wir entfernen. Es ergibt sich folgende Methode:

```java
public static String createTimeStampString(final DateTime start,
                                           final SupportedFrequencies frequency)
{
    final boolean isMonthly = frequency == SupportedFrequencies.MONTHLY;
    final int divisor;
    final String addition;
    if (isMonthly)
    {
        divisor = 1;
        addition = "";
    }
    else
    {
        divisor = 3;
        addition = "Q";
    }

    return start.getYear() + "-" + addition + ((start.getMonthOfYear() - 1)
        / divisor + 1);
}
```

Der Sourcecode ist erneut länger geworden, aber zumindest sind die logischen Einheiten gruppiert. Bevor wir vereinfachen können, wird es noch etwas unübersichtlicher und wir benötigen auch etwas Handarbeit, um die inverse Variante des Basis-Refactorings

CONSOLIDATE DUPLICATE CONDITIONAL FRAGMENT[13] durchzuführen. Normalerweise will man damit duplizierte Elemente in `if`-Zweigen zu einer Anweisung am Ende zusammenfügen. Hier machen wir das Gegenteil und duplizieren die `return`-Anweisung, um sie dann in jedem `if-else`-Zweig bereitzustellen:

```
public static String createTimeStampString(final DateTime start,
                                 final SupportedFrequencies frequency)
{
    final boolean isMonthly = frequency == SupportedFrequencies.MONTHLY;
    final int divisor;
    final String addition;
    if (isMonthly)
    {
        divisor = 1;
        addition = "";
        return start.getYear() + "-" + addition + ((start.getMonthOfYear() - 1)
            / divisor + 1);
    }
    else
    {
        divisor = 3;
        addition = "Q";
        return start.getYear() + "-" + addition + ((start.getMonthOfYear() - 1)
            / divisor + 1);
    }
}
```

Wir machen weiter. Die Variablen `divisor` und `addition` sind eigentlich überflüssig, da sie jeweils nur einfache Konstanten enthalten. Wir können nun die Werte für beide Variablen direkt im Sourcecode ersetzen. Je nach verwendeter IDE müssen wir etwas Handarbeit leisten, um die in den Zweigen jeweils konstanten Werte in die `return`-Anweisungszeile zu integrieren sowie die überflüssigen Variablendeklarationen zu entfernen:

```
public static String createTimeStampString(final DateTime start,
                                 final SupportedFrequencies frequency)
{
    if (frequency == SupportedFrequencies.MONTHLY)
    {
        return start.getYear() + "-" + ((start.getMonthOfYear() - 1) / 1 + 1);
    }
    else
    {
        return start.getYear() + "-Q" + ((start.getMonthOfYear() - 1) / 3 + 1);
    }
}
```

> **Hinweis: Viele Zwischenschritte**
>
> Diese vielen kleinen Schritte für diesen einfachen Sourcecode-Abschnitt sehen möglicherweise übertrieben aus. Allerdings bietet das den Vorteil, dass man sich in jedem Einzelschritt auf das Wesentliche konzentrieren kann.

---

[13]Details finden Sie in Martin Fowlers Buch »Refactoring: Improving the Design of Existing Code« [21].

> Wenn die Programmabschnitte komplexer werden, dann profitiert man am meisten von kleinen Schritten, die im Falle eines Irrwegs bei Bedarf auch leicht zurückgenommen werden können. Flüchtigkeitsfehler lassen sich dadurch eher vermeiden als bei »Freihand«-Refactorings.

Vereinfachung der Berechnung in mehreren Schritten

Wenn man sich die Ausdrücke anschaut, sollte zumindest im ersten Fall eine Vereinfachung möglich sein. Damit wir nicht abgelenkt werden, schauen wir hier wirklich nur auf den Ausdruck der Monatsberechnung an sich, wobei die äußere Klammerung wegen der Stringkonkatenation nicht weiter betrachtet wird:

```
(start.getMonthOfYear() - 1) / 1 + 1
```

Die Division / 1 ist nutzlos Eine Division durch 1 ändert das Ergebnis nicht, macht aber den Ausdruck komplizierter und den Sourcecode schlechter lesbar. Also entfernen wir diese Division und erhalten folgende Vereinfachung:

```
(start.getMonthOfYear() - 1) + 1
```

Weitere Schritte 1 Aufgrund der Vereinfachung ergeben sich neue Möglichkeiten. In der Praxis sieht man es immer mal wieder, dass Ausdrücke eher zu viel geklammert sind. In diesem Fall ist die äußere Klammerung um die Subtraktion überflüssig und wird entfernt:

```
start.getMonthOfYear() - 1 + 1
```

Weitere Schritte 2 In einem letzten Schritt kann die Berechnung - 1 + 1 entfallen, weil sie den Wert 0 ergibt und hier somit nutzlos ist. Damit verbleibt für die Berechnung der Monate nur noch der Aufruf `start.getMonthOfYear()` und wir können die Methode wie folgt vereinfachen:

```
public static String createTimeStampString(final DateTime start,
                                           final SupportedFrequencies frequency)
{
    if (frequency == SupportedFrequencies.MONTHLY)
    {
        return start.getYear() + "-" + start.getMonthOfYear();
    }
    else
    {
        return start.getYear() + "-Q" + ((start.getMonthOfYear() - 1) / 3 + 1);
    }
}
```

Komplexität der Berechnung für Quartale Die Berechnung des Quartals ist komplexer, was sich kaum vermeiden lässt. In der hier genutzten Klasse `DateTime` aus der Bibliothek Joda-Time beginnt die Zählung der Tage und Monate jeweils bei 1, wie es der menschlichen Denkweise entspricht. Die gezeigten Berechnungen für das Quartal bilden die Werte von 1 – 12 durch die Subtraktion von 1 auf 0 – 11 ab, wodurch die Division durch 3 einen Wertebereich von 0 – 3 liefert. Die Addition von 1 ergibt dann den Wertebereich 1 – 4. Allerdings liest sich das `/ 3 + 1` potenziell falsch. Um die Berechnung klarer zu gestalten, kann man die Addition von `1` nach vorne ziehen:

```
return start.getYear() + "-Q" + (1 + (start.getMonthOfYear() - 1) / 3);
```

Fazit

Wenn man bedenkt, mit welch kompliziertem Ausdruck wir ins Rennen gestartet sind, ist das Erreichte beeindruckend. Bei einem Blick auf die ursprüngliche Berechnung wäre weder eine Aussage möglich gewesen, was das Resultat denn nun genau ist, noch, ob man die Berechnung vereinfachen kann. Durch unseren letzten Schritt ist keine Vereinfachung für die Monatsberechnung mehr nötig und das Ergebnis offensichtlich. Nur die Quartalsberechnung ist eben etwas komplizierter.

17.3.4 Verlagern von Funktionalität

Wenn wir uns die zuvor verbesserte Methode `createTimeStampString(DateTime, SupportedFrequencies)` genauer ansehen, erkennen wir, dass sie im `if-else` jeweils Funktionalität enthält, die stark mit dem `enum SupportedFrequencies` verbunden ist. Diesen haben wir beim Erstellen der Unit Tests zur Verbesserung des leicht unhandlichen APIs definiert. Es bietet sich nun an, noch mehr Funktionalität dorthin zu verlagern. Dabei nutzen wir, dass eine `enum`-Aufzählung Attribute und Methoden besitzen kann und Letztere sogar überschrieben werden können:

```
public enum SupportedFrequencies
{
    MONTHLY
    {
        public String createTimeStampString(final DateTime start)
        {
            return start.getYear() + "-" + start.getMonthOfYear();
        }
    },
    QUARTERLY
    {
        public String createTimeStampString(final DateTime start)
        {
            return start.getYear() + "-Q" + (1 + (start.getMonthOfYear() - 1) / 3);
        }
    };

    public abstract String createTimeStampString(final DateTime start);
}
```

Die Utility-Klasse enthält nur noch folgende Methode:

```
public static String createTimeStampString(final DateTime start,
                                           final SupportedFrequencies frequency)
{
    return frequency.createTimeStampString(start);
}
```

Tatsächlich sprechen nur noch Rückwärtskompatibilitätsgründe dafür, die Utility-Klasse überhaupt noch beizubehalten. Ansonsten könnte man die Funktionalität durch direkte Aufrufe an die jeweilige `enum`-Konstante realisieren.

17.4 Der Refactoring-Katalog

Dieser Abschnitt stellt einige Refactorings sowie Transformationen als Schritt-für-Schritt-Anleitungen vor. Diese sollen dabei helfen, ein spezielles Problem auf eine definierte Art und Weise zu beheben. Einige Refactorings lassen sich zu »High-Level-Refactorings« kombinieren. Ein Beispiel dafür ist die als MINIMIERE ZUSTANDSÄNDERUNGEN beschriebene Kombination aus Abschnitt 17.4.5.

Im folgenden Text spreche ich häufig der Einfachheit halber von `get()`- und `set()`-Methoden. Diese müssen nicht immer mit einem solchen Präfix anfangen, sondern es sind ganz allgemein Accessor- und Mutator-Methoden gemeint.

17.4.1 Reduziere die Sichtbarkeit von Attributen

Bekanntlich stellen Attribute den internen Zustand eines Objekts dar. Dieser sollte von außen nicht direkt sichtbar oder sogar änderbar sein. Dem OO-Grundgedanken der Datenkapselung (vgl. Abschnitt 3.1) folgend, ist es das Ziel bei diesem Refactoring, eine direkte Änderbarkeit von Attributen auf ein Minimum zu reduzieren. Im Idealfall können Details der Implementierung ohne Rückwirkungen auf Nutzer modifiziert werden. Beispielsweise können Daten entweder als Attribut gehalten, bei Bedarf berechnet oder aus einer externen Quelle gelesen werden. Als Voraussetzung sollte die Sichtbarkeit von Attributen möglichst weit eingeschränkt werden.

Schauen wir dazu auf die in Abbildung 17-2 als Klassendiagramm visualisierte Klasse `Person`, die die zwei Attribute `name` und `age` besitzt und die Ausgangsbasis für dieses Refactoring darstellt. Die Attribute sind zu Demonstrationszwecken `public` ('+') und `protected` ('#').

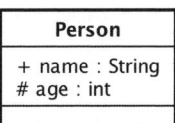

Abbildung 17-2 *Ausgangszustand*

Nachfolgend wird ein `Person`-Objekt erzeugt und direkt auf dessen beide Attribute zugegriffen:

```
final Person person = new Person();
person.name = "Meyer";
person.age = 27;

System.out.println("Name='" + person.name + "', Age=" + person.age);
```

Hier findet demnach keine Datenkapselung statt. Um eine solche zu erreichen, sollten möglichst viele Attribute `private` deklariert und über Zugriffsmethoden bereitgestellt werden. Dazu prüfen wir iterativ für jedes Attribut, ob dies möglich ist, indem wir die im Folgenden beschriebenen Schritte ausführen.

Schritt 1: Erzeugen von Zugriffsmethoden

Wir erzeugen Zugriffsmethoden für die Attribute. In Eclipse können wir dazu das Refactoring ENCAPSULATE FIELD aus dem Menü REFACTOR nutzen. Beginnen wir mit dem Attribut `name`. In diesem Fall entstehen die öffentlichen Methoden `getName()` und `setName(String)`, wie es Abbildung 17-3 zeigt.

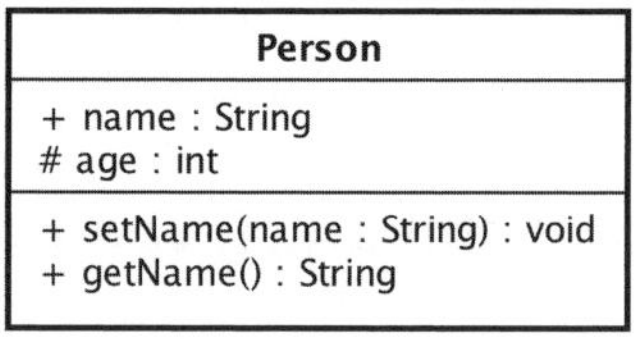

Person
+ name : String   # age : int
+ setName(name : String) : void   + getName() : String

Abbildung 17-3 Zwischenstand nach dem Einführen der Methoden

Automatische Korrekturen der Verwendungsstellen Das Refactoring der IDE passt praktischerweise auch gleich die Aufrufstellen an: Alle Stellen, die bisher lesend auf das Attribut zugegriffen haben, nutzen nun die zuvor erzeugte `getName()`-Methode. Alle schreibenden Zugriffe werden mit der `setName(String)`-Methode ersetzt. Der Sourcecode verändert sich wie folgt:

```
final Person person = new Person();
person.setName("Meyer");
person.age = 27;

System.out.println("Name='" + person.getName() + "', Age=" + person.age);
```

Automatische Anpassung der Sichtbarkeit Ebenso wie die Zugriffe wird auch die Sichtbarkeit des Attributs `name` auf `private` reduziert, wenn man das Refactoring der IDE nutzt. Das Ergebnis zeigt Abbildung 17-4.

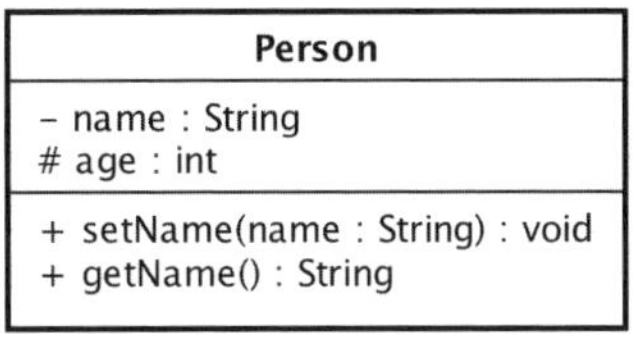

```
┌─────────────────────────────────┐
│            Person               │
├─────────────────────────────────┤
│ - name : String                 │
│ # age : int                     │
├─────────────────────────────────┤
│ + setName(name : String) : void │
│ + getName() : String            │
└─────────────────────────────────┘
```

Abbildung 17-4 Ergebnis von Schritt 1

Schritt 2: Wiederhole Schritt 1 für alle Attribute

Wiederhole das Vorgehen aus Schritt 1 für alle Attribute. In diesem Beispiel ist dies lediglich das Attribut `age`. Dadurch entstehen die zwei neuen Zugriffsmethoden `getAge()` und `setAge(int)` mit der Sichtbarkeit `protected`. Deren Einsatz führt zu folgenden Änderungen in nutzendem Sourcecode:

```java
final Person person = new Person();
person.setName("Meyer");
person.setAge(27);

System.out.println("Name='" + person.getName() + "', Age=" + person.getAge());
```

Fazit

Diese scheinbar rein kosmetischen Änderungen bewirken eine Verbesserung in der Datenkapselung. Diese erlaubt es, die Attribute zur Speicherung des Namens oder des Alters, wenn nötig, zu verändern. Der Vorteil einer guten Datenkapselung ist, dass sich interne Änderungen nicht in der Schnittstelle für andere Klassen auswirken und man dadurch Folgeänderungen bei Klienten vermeidet. *Eine bessere Kapselung führt demnach auch zu einer loseren Kopplung*. Wieso ist das gut? Ganz deutlich ist dies für das Attribut `age` erkennbar: Die eingangs gewählte Modellierung des Alters als veränderliches `int`-Attribut ist ungünstig, da man das Alter nicht ändern kann. Es ergibt sich vielmehr aus dem Geburtstag und dem aktuellen Datum. Eine Verbesserung des Designs erreicht man, indem man das Geburtsdatum als Attribut speichert und das Alter dynamisch berechnet, statt dieses in Form eines Attributs zu halten. Dadurch entfällt auch die Methode `setAge(int)`. Stattdessen kann das Geburtsdatum gesetzt werden. Diese Art der Modellierung haben wir bereits in Abschnitt 4.4.2 bei der Besprechung der Klasse `Date` kennengelernt. Seit Java 8 bietet sich aber der Einsatz der Klasse `LocalDate` aus dem Date and Time API an (vgl. Kapitel 11). Abbildung 17-5 zeigt das Klassendiagramm.

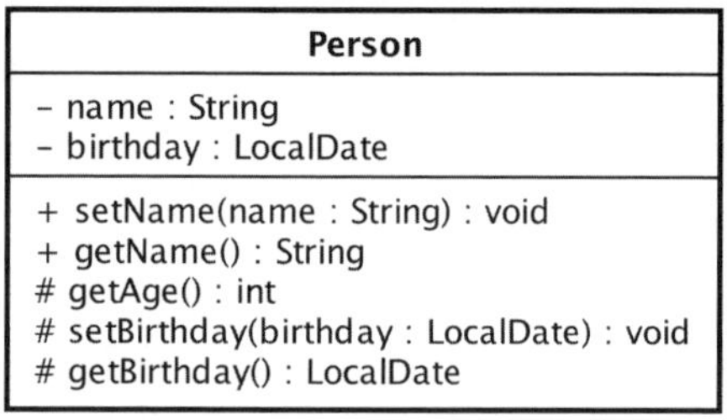

```
┌─────────────────────────────────────────┐
│                 Person                  │
├─────────────────────────────────────────┤
│ - name : String                         │
│ - birthday : LocalDate                  │
├─────────────────────────────────────────┤
│ + setName(name : String) : void         │
│ + getName() : String                    │
│ # getAge() : int                        │
│ # setBirthday(birthday : LocalDate) : void │
│ # getBirthday() : LocalDate             │
└─────────────────────────────────────────┘
```

Abbildung 17-5 *Mögliche Designänderungen durch Kapselung*

Sinnvolle weitere Schritte

Die neu entstandenen Zugriffsmethoden sollten in ihrer Sichtbarkeit in einem nachfolgenden Refactoring so weit wie möglich eingeschränkt werden. Das Refactoring REDUZIERE DIE SICHTBARKEIT VON METHODEN stellt in Abschnitt 17.4.3 die Anleitung dazu vor. Häufig können Attribute zudem `final` gemacht werden. Dazu müssen die `set()`-Methoden durch Initialisierungen zum Konstruktionszeitpunkt ersetzt und der Konstruktor um Parameter erweitert werden. Dies beschreibt das Refactoring MINIMIERE VERÄNDERLICHE ATTRIBUTE, das ich nun vorstelle.

17.4.2 Minimiere veränderliche Attribute

Wünschenswert ist es, die Zustandsänderungen eines Objekts möglichst gut zu kontrollieren und auf ein tatsächlich notwendiges Maß zu beschränken, um unerwünschte Objektzustände zu vermeiden. Dieses Ziel erreicht man mithilfe dieses Refactorings. Bestenfalls entsteht eine Klasse, die unveränderlich ist.

Die Ausgangssituation in der Realität sieht vielfach jedoch ganz anders aus. Aus Unachtsamkeit werden häufig öffentliche `set()`-Methoden für *eigentlich unveränderliche* Attribute angeboten. Das wurde in Abschnitt 16.2.1 als BAD SMELL: UNNÖTIGERWEISE VERÄNDERLICHE ATTRIBUTE beschrieben. Besonders leicht geschieht dies bei Erweiterungen einer Klasse um neue Attribute: Statt zu deren Initialisierung weitere Parameter in die Konstruktorsignatur aufzunehmen, werden `set()`-Methoden bereitgestellt. Dadurch können aber andere Klassen zu beliebigen Zeitpunkten Änderungen an den Werten der Attribute vornehmen. Das macht es deutlich schwieriger, für einen konsistenten und gültigen Objektzustand zu sorgen. Um die Zustandsänderungen auf wirklich notwendige einzugrenzen, sollte man die Veränderlichkeit von Attributen vermeiden. Dazu muss für alle *privaten* Attribute geprüft werden, ob man sie `final` deklarieren kann, wie es nachfolgend beschrieben wird. Ist dies der Fall, wird die zugehörende `set()`-Methode entfernt und die Konstruktorsignatur erweitert.

Betrachten wir das notwendige Vorgehen anhand der folgenden statischen inneren Klasse `TreeParameter` mit den zwei privaten Attributen `id` und `name` und öffentlichen Zugriffsmethoden. Oftmals muss man für eigene Klassen zuerst mithilfe des

Refactorings REDUZIERE DIE SICHTBARKEIT VON ATTRIBUTEN möglichst viele Attribute und Zugriffsmethoden `private` machen, bevor man dieses Refactoring beginnt.

```java
public static final class TreeParameter
{
    private long id = 0;
    private String name = null;

    public TreeParameter()
    {}

    public void setId(final long id)
    {
        this.id = id;
    }

    public long getId()
    {
        return this.id;
    }

    public void setName(final String name)
    {
        this.name = name;
    }

    public String getName()
    {
        return this.name;
    }
}
```

Schritt 1: Prüfe auf Schreibzugriffe – Definiere ein Attribut `final`

Ziel ist es, alle Attribute im Konstruktor zu initialisieren. Wähle ein privates Attribut und definiere dieses zunächst `final`. Eine für das entsprechende Attribut vorhandene Defaultinitialisierung wird in diesem Schritt auskommentiert und als Zuweisung in den Konstruktor übernommen. Das folgende Listing zeigt Schritt 1 für das Attribut `id`:

```java
public static final class TreeParameter
{
    private final long id;          // = 0;
    private String name = null;

    public TreeParameter()
    {
        this.id = 0;
    }
    // ...
}
```

Als Folge von Schritt 1 sieht man durch Fehlermeldungen beim Kompilieren, ob innerhalb der Klasse selbst noch schreibende Zugriffe durch Methoden oder Zuweisungen außerhalb des Konstruktors erfolgen. Besonders hilfreich für diesen Schritt ist die automatische Kompilierung in der IDE, weil man so direkt eine Rückmeldung erhält.

Treten keine Kompilierfehler auf, so erfolgte zuvor kein Schreibzugriff auf dieses Attribut und es wurde bislang nur lesend benutzt.[14] Schritt 1 wird dann für das nächste private Attribut ausgeführt. Bei Kompilierfehlern sind zwei Fälle zu unterscheiden. Erfolgt lediglich ein schreibender Zugriff durch eine `set()`-Methode, so ignorieren wir den Fehler zum unerlaubten Schreibzugriff in der `set()`-Methode »`The final field XYZ cannot be assigned`« noch und es geht weiter mit Schritt 2. Finden jedoch Zuweisungen innerhalb mehrerer Methoden statt, so erfolgt eine Rückkorrektur.

Schritt 1 – Rückkorrektur Man entfernt das zuvor eingeführte `final` wieder. Auch die gegebenenfalls entfernte Defaultinitialisierung wird wieder einkommentiert. Führe als Nächstes Schritt 5 aus.

Schritt 2: Prüfe, ob die `set()`-Methode entfernt werden kann

Erreicht man diesen Schritt, so verhindert lediglich eine `set()`-Methode, dass das entsprechende Attribut unveränderlich gemacht werden kann. Man prüft nun, ob überhaupt ein externer Aufruf durch andere Klassen an diese `set()`-Methode erfolgt. Dazu kann man entweder über das Tastaturkürzel CTRL+SHIFT+G oder über das Menü SEARCH –> REFERENCES –> WORKSPACE die Verwendungsstellen ausfindig machen. Alternativ wird dazu die Methode testweise `private` gekennzeichnet, und man nutzt wieder den Compiler, um Probleme oder Abhängigkeiten aufzudecken[15]:

```
public static final class TreeParameter
{
    private final long id;        // = 0;
    private String name = null;

    public TreeParameter()
    {
        this.id = 0;
    }

    // Verbliebener Schreibzugriff?
    private void setId(final long id)
    {
        this.id = id;
    }
    // ...
}
```

Die weiteren Schritte ergeben sich anhand der Ergebnisse der Kompilierung:

- Im besten Fall zeigt der Compiler bzw. die IDE lediglich Fehler in der eigenen Klasse an. Damit hat man externe Aufrufe der `set()`-Methode ausgeschlossen. Aufrufe innerhalb der eigenen Klasse können allerdings noch existieren. Schritt 3 beschreibt das Vorgehen für diesen Fall.

---

[14]Das gilt, sofern keine Zugriffe per Reflection erfolgen.

[15]Diese Aussage gilt allerdings nur unter der Voraussetzung, dass man allen Sourcecode vorliegen hat, der auf die Klasse zugreift.

- Gibt es Kompilierfehler außerhalb der eigenen Klasse, so wird die `set()`-Methode von anderen Klassen aufgerufen. Um kein Fass ohne Boden aufzumachen und die Änderungen lokal zu begrenzen, empfiehlt sich die nachfolgend angegebene Rückkorrektur. Mit Schritt 3 sollte man nur dann weitermachen, wenn nur sehr wenige externe Schreibzugriffe existieren, die zudem lediglich Änderungen direkt nach dem Konstruktionsprozess der betrachteten Klasse durchführen, ähnlich zu Folgendem:

```
final TreeParameter treeParams = new TreeParameter();
treeParams.setId(...);
treeParams.setName(...);
```

In Schritt 4 wird der Konstruktor noch um einen Übergabeparameter erweitert.

Schritt 2 – Rückkorrektur Es müssen sowohl die ursprüngliche Sichtbarkeit der Methode wiederhergestellt als auch die Definition des Attributs als `final` entfernt werden. Zudem wird die gegebenenfalls entfernte Defaultinitialisierung wieder eingefügt, d. h., die Kommentarzeichen davor entfernt. Führe als Nächstes Schritt 5 aus.

Schritt 3: Prüfen interner Schreibzugriffe

Gibt es keine externen Zugriffe oder können die aufrufenden Programmstellen adäquat angepasst werden, so prüft man abschließend auf Schreibzugriffe innerhalb der Klasse selbst. Existieren mehrere davon, so ist das Attribut veränderlich und es erfolgt die in Schritt 2 angegebene Rückkorrektur. Gibt es jedoch nur einen Schreibzugriff, entfernt man die `set()`-Methode und es folgt Schritt 4.

Schritt 4: Anpassung des Konstruktors

Das Attribut muss jetzt zur korrekten Initialisierung im Konstruktor zugewiesen werden. Die Konstruktorsignatur wird dazu um einen korrespondierenden Übergabeparameter erweitert und der Konstruktorblock um eine entsprechende Zuweisung ergänzt. Diese ersetzt die in Schritt 1 eingeführte Zuweisung im Konstruktor.

```
public static final class TreeParameter
{
    private final long id;
    private String name = null;

    public TreeParameter(final long id)
    {
        this.id = id;
    }

    // ...
}
```

Schritt 5: Wiederhole Schritt 1 bis 4 für alle privaten Attribute

Wiederhole das Vorgehen der Schritte 1 bis 4 für alle verbliebenen privaten Attribute. Danach ergibt sich für das Beispiel der Klasse `TreeParameter` folgende Realisierung:

```java
public static final class TreeParameter
{
    private final long id;
    private final String name;

    public TreeParameter(final long id, final String name)
    {
        this.id = id;
        this.name = name;
    }

    public long    getId()     { return this.id; }
    public String  getName()   { return this.name; }
}
```

Fazit

Als Ergebnis dieses Refactorings erhalten wir für dieses Beispiel eine Klasse, die keine Zustandsänderungen mehr erlaubt. Die Gefahr von unvorhersehbaren und unerwünschten Objektzuständen konnte vollständig eliminiert werden. Nicht in jedem Fall erreicht man eine unveränderliche Klasse, jedoch immer eine, die nur noch wirklich notwendige Zustandsänderungen erlaubt.

Nach Abschluss dieses Refactorings sind möglicherweise einige Attribute noch öffentlich über Accessor-Methoden zugänglich, obwohl dies eventuell nicht notwendig ist. Es bieten sich zwei weitere Refactorings im Anschluss an.

Sinnvolle weitere Schritte

Methoden können in ihrer Sichtbarkeit eingeschränkt werden, um eine gute Datenkapselung und eine schlankere Schnittstelle zu erzielen. Man folgt dabei den im nachfolgenden Abschnitt 17.4.3 beschriebenen Schritten des Refactorings REDUZIERE DIE SICHTBARKEIT VON METHODEN. Darüber hinaus empfiehlt es sich, für öffentliche Methoden – zumindest für solche an Schnittstellen zu anderen Systemen oder Komponenten – mithilfe von Parameterprüfungen gültige Eingaben sicherzustellen. Eine Anleitung dazu wird im Refactoring ÜBERPRÜFE EINGABEPARAMETER in Abschnitt 17.5.2 beschrieben.

17.4.3 Reduziere die Sichtbarkeit von Methoden

Der OO-Kerngedanke der Kapselung ist, die Sichtbarkeit von Attributen und Methoden möglichst einzuschränken. Der Zustand eines Objekts kann folglich nicht mehr so sehr von außen bestimmt werden. Veränderungen sollten nur durch eine Reihe von verhaltensdefinierenden Business-Methoden erfolgen. Die Schritte dazu beschreibt das

Refactoring ERSETZE MUTATOR- DURCH BUSINESS-METHODE in Abschnitt 17.4.4. Alle nicht in dieser Schnittstelle enthaltenen Methoden versucht man, `private` oder `protected` zu definieren. Dazu sind folgende zwei Vorgehensweisen möglich – bitte beachten Sie aber die später genannten Einschränkungen, bevor Sie überall im Programm die Sichtbarkeit ändern.

1. **Statische Sourcecode-Analyse einsetzen** – Man nutzt Tools zur statischen Sourcecode-Analyse, um unbenutzte Methoden zu ermitteln. Während diese Funktionalität bereits in IntelliJ IDEA integriert ist, bietet es sich für Eclipse an, das Plugin UCDETECTOR[16] im Marketplace nachzuinstallieren. Dieses Tool findet unbenutzten Sourcecode sowie Methoden, deren Sichtbarkeit verringert werden kann. Es ermittelt auch, ob Methoden oder Attribute `final` sein können. Nützlich ist zudem, dass Methoden gefunden werden, die lediglich von Tests aufgerufen werden und damit nicht zur Anwendungsfunktionalität beitragen. Als praktisches Feature werden QUICK-FIX-Vorschläge bereitgestellt.

2. **Methodensichtbarkeit auf Verdacht ändern** – Hierbei gibt es die beiden folgenden Varianten:

   - Ausgehend von der aktuellen Sichtbarkeit verringert man diese schrittweise, also etwa von `public` -> `protected` -> Package-private -> `private`, bis entweder das Kompilieren fehlschlägt oder `private` erreicht ist. Man nimmt die kleinste Sichtbarkeit, bei der kein Kompilierfehler auftritt.
   - Man setzt die Methodensichtbarkeit zunächst auf `private`. Bei Bedarf erhöht man schrittweise die Sichtbarkeit, bis das Programm wieder kompiliert.

Anekdote: Positive Auswirkungen dieses Refactorings

Mir wurde ein umfangreicheres Programmpaket übertragen, in dem vieles zu kompliziert realisiert war. Das lag unter anderem daran, dass nahezu keine Kapselung stattfand und es vor `public`-Methoden wimmelte. Nach einigen Tagen hatte ich die Sichtbarkeit vieler Methoden gemäß diesem Refactoring reduzieren können. Dadurch konnten ca. 20 % der Methoden als unbenutzt erkannt werden und entfallen.

Aufdecken komplexer und nutzloser Zyklen   Beim vorherigen Analysieren der Klassen hatte ich bereits das Gefühl, dass noch mehr Optimierungspotenzial existierte. Daher verfolgte ich die Aufrufe einiger Methoden und erkannte, dass diese eine ringförmige Aufrufhierarchie über einige Delegationen in verschiedenen Klassen enthielten. Durch aufwendiges Nachverfolgen und ein wenig Glück konnte ich etwa weitere 20 % nutzlosen Sourcecode entfernen.

Verbesserungen   Die verbliebenen Klassen waren nun wesentlich übersichtlicher. An vielen Stellen konnten Attribute `final` definiert werden, wodurch wiederum die Anzahl der Zustandsänderungen begrenzt und die Klassen somit besser handhabbar wurden.

---

[16] http://www.ucdetector.org/

Einschränkungen

Die Reduktion der Sichtbarkeit kann man nur *sicher* einsetzen, wenn man alle nutzenden Klassen im Zugriff hat und außerdem weiß, dass keine Aufrufe mit Reflection erfolgen. Im ersten Fall würde man durch Änderungen der Sichtbarkeit eventuell Kompilierfehler in externen Komponenten verursachen. Im zweiten Fall kommt es eventuell zu Laufzeitfehlern, da benötigte Informationen über Reflection nicht zugreifbar sind.[17]

Dieses Refactoring ist außerdem nur für solche Methoden sinnvoll, die keine Kernfunktionalität der Klasse darstellen und daher auch nicht in der öffentlichen Schnittstelle für andere Klassen bereitgestellt werden sollen. Wendet man dieses Vorgehen wahllos für alle Methoden der Schnittstelle an, so führt dies nicht unbedingt sofort zu Problemen, weil die Reduktion der Sichtbarkeit momentan noch unbenutzter Methoden keinen Kompilierfehler verursacht. Allerdings wird später für Nutzer der Einsatz der Klasse erschwert, weil einige Methoden dann nicht in der Schnittstelle ansprechbar sind. Deswegen ist dieses Refactoring bevorzugt dann einzusetzen, wenn das System schon (fast) vollständig implementiert ist. Andernfalls weiß man z. B. lediglich, dass eine gegebene Methode momentan nicht außerhalb der Klasse benötigt wird.

17.4.4 Ersetze Mutator- durch Business-Methode

Dieses Refactoring hilft dabei, den Zustand eines Objekts vor feingranularen Änderungen zu schützen, und hat den objektorientierten Gedanken der Definition von Verhalten durch Business-Methoden im Blick.

Benutzen wir hier nochmals grafische Figuren als Beispiel. Zum Setzen der X- und Y-Koordinaten könnte man die Methoden `setX(int)` und `setY(int)` anbieten. Analog dazu könnten die Methoden `setEndX(int)` und `setEndY(int)` Breite und Höhe setzen. Die Schnittstelle ist akzeptabel, suggeriert aber einen Datenbehältercharakter und erlaubt feingranulare Zustandsänderungen von außen. Je nach Anwendungsfall, insbesondere dann, wenn Aufrufer mehrere Methoden am Zielobjekt hintereinander aufrufen, ist es mitunter besser verständlich, Methoden zu bündeln. Im Beispiel würde man Methoden anbieten, mit denen die Startposition oder die Größe einer Figur geändert werden kann (vgl. Abbildung 17-6). Dabei ist aber zu bedenken, dass z. B. in einem Zeichenprogramm die feingranulareren Aufrufe besser geeignet sind.

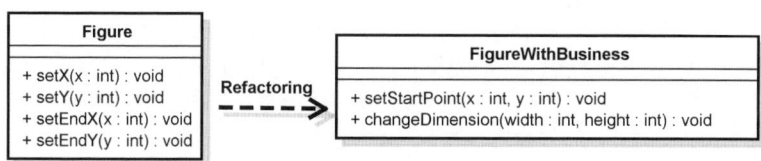

Abbildung 17-6 Einführen von Business-Methoden

---

[17] Reflection wird unter anderem von Dependency-Injection-Frameworks genutzt. In solchen Kontexten kommt es dann erst zur Laufzeit zu Problemen, wenn die aufzurufenden Methoden nicht die erwartete und benötigte Sichtbarkeit aufweisen.

17.4.5 Minimiere Zustandsänderungen

Je weniger Zustandsinformationen in einem Objekt variabel sind, desto besser lassen sich Modifikationen daran kontrollieren und nachvollziehen. Um die Veränderlichkeit eines Objekts möglichst gering zu halten, kann man die zuvor vorgestellten Refactorings kombinieren und führt folgende Schritte durch:

1. Wir reduzieren die Anzahl und die Sichtbarkeit der veränderlichen Attribute. Dazu nutzen wir die Refactorings REDUZIERE DIE SICHTBARKEIT VON ATTRIBUTEN aus Abschnitt 17.4.1 und MINIMIERE VERÄNDERLICHE ATTRIBUTE aus Abschnitt 17.4.2.

2. Wir halten die Anzahl und die Sichtbarkeit von set()-Methoden möglichst gering. Dazu wenden wir das Refactoring REDUZIERE DIE SICHTBARKEIT VON METHODEN aus Abschnitt 17.4.3 auf die set()-Methoden an. Zudem ersetzen wir Zugriffsmethoden durch Business-Methoden, wie dies im Refactoring ERSETZE MUTATOR- DURCH BUSINESS-METHODE in Abschnitt 17.4.4 dargestellt ist.

17.4.6 Führe ein Interface ein

Dieses Refactoring beschreibt, wie wir aus einer bestehenden Klasse ohne Interface eine Klasse machen, die ein Interface anbietet. Bevor ich erläutere, dass dies jedoch nicht in jedem Fall sinnvoll ist, beschreibe ich das Vorgehen bei diesem Refactoring. Dabei bündeln wir die gewünschten öffentlichen Methoden in einem Interface. In Eclipse können wir dazu das Refactoring EXTRACT INTERFACE aus dem Menü REFACTOR nutzen.

In diesem Beispiel enthält das neu entstehende Interface `NewInterface` der Einfachheit halber alle `public`-Methoden der ursprünglichen Klasse `ClassWithoutInterface`. Das zugehörige UML-Diagramm zeigt Abbildung 17-7.

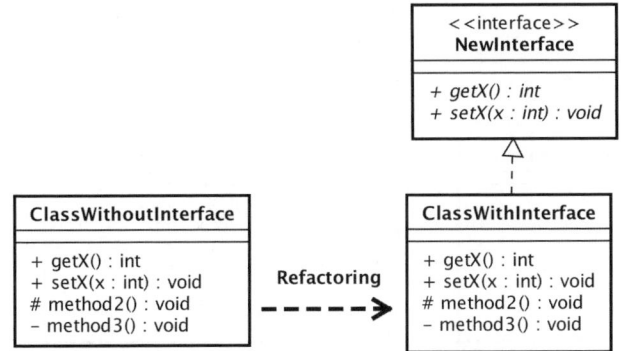

Abbildung 17-7 *Einführen eines Interface*

Für komplexere Klassen ist dies häufig nur ein erster Schritt, um die nach außen sichtbare Funktionalität zu definieren. Ergänzend kann das folgende Refactoring SPALTE EIN INTERFACE AUF genutzt werden, um eine semantische Strukturierung vorzunehmen.

> **Achtung: Interfaces sind kein Selbstzweck**
>
> Ein Interface ist *kein Selbstzweck* und nicht immer hilfreich: Für den Fall, dass eine Klasse nur intern in einem Package benutzt wird, sorgt ein Interface oftmals lediglich für mehr Komplexität und mehr Sourcecode, allerdings ohne größeren Nutzen. An Systemgrenzen oder weil das Design eine Abstraktion erfordert, *können Interfaces für eine klare Trennung zwischen Angebot und Realisierung von Funktionalitäten sorgen.* Dadurch erhält man mehr Klarheit über die angebotene Funktionalität und erzielt auch eine losere Kopplung. Zudem lässt sich so eine konkrete Realisierung verbergen oder austauschbar gestalten. Vorteilhaft ist dies insbesondere für Klassen, die aus anderen Packages verwendet werden sollen.

17.4.7 Spalte ein Interface auf

Manchmal stellt man im Verlauf der Entwicklung fest, dass ein Interface besser in zwei oder mehr Interfaces aufgeteilt werden sollte. Dazu dient dieses Refactoring.

In diesem Beispiel soll das Interface `GlobalInterface` aufgespalten werden, da es sowohl Lesezugriffe als auch Business-Funktionalität anbietet. Als Folge entstehen ein Datenbehälter-Interface (`DataProviderInterface`) mit `get()`-Methoden und ein Interface (`BusinessInterface`) mit Business-Methoden (siehe Abbildung 17-8).

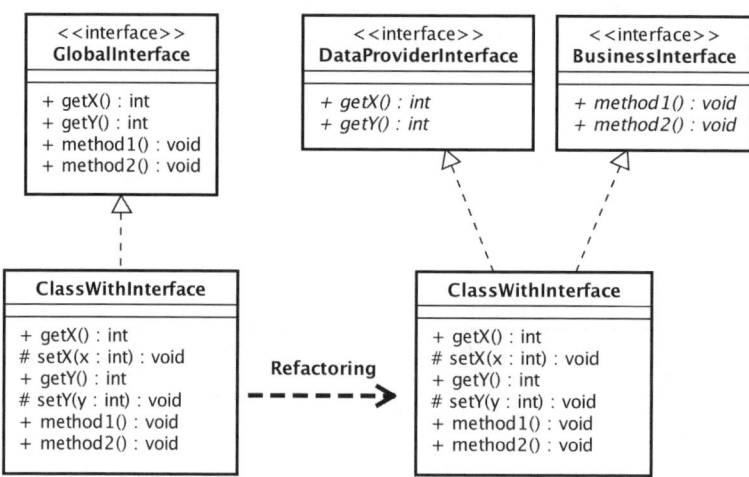

Abbildung 17-8 *Einführen mehrerer Interfaces*

Mit diesem Refactoring kann man eine Trennung von Zuständigkeiten realisieren: Die ehemals auf unterschiedlichen semantischen Ebenen stattfindenden Zugriffe werden dann durch zwei Interfaces mit jeweils verschiedenen Aufgaben ausgedrückt. In diesen Interfaces gruppieren wir die Methoden nach ihrer Zugehörigkeit.

17.4.8 Führe ein Read-only-Interface ein

In komplexeren Systemen kann es zum Schutz vor ungewollten Änderungen durch andere Komponenten sinnvoll sein, ein Read-only-Interface anzubieten. Stellen wir uns folgendes Szenario vor: Eine Klasse wird von Package-externen Klassen lesend genutzt und von Package-internen Klassen schreibend mit Daten versorgt.

Ohne Zugriffsschutz könnten die Modelldaten nicht nur Package-intern, sondern ebenso durch Package-externe Klienten verändert werden. Um dies zu verhindern, kann man ein Read-only-Interface einführen, das durch `get()`-Methoden ausschließlich lesenden Zugriff bietet und den Package-externen Klassen bereitgestellt wird. Die Transformation ist in Abbildung 17-9 visualisiert.

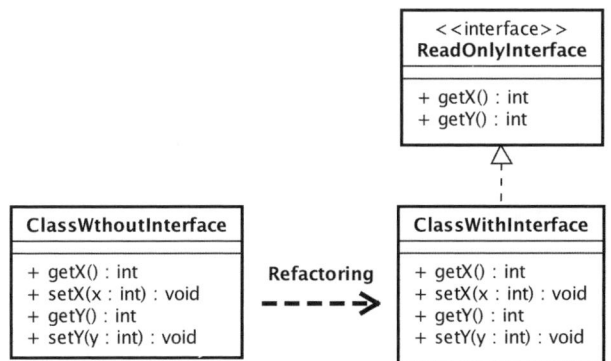

Abbildung 17-9 *Einführen eines Read-only-Interface*

Hinweis Bedenken Sie, dass es manchmal bereits reicht, wenn man die modifizierenden Methoden Package-private definiert. Das gilt ebenfalls für Methoden, die nicht für Package-externe Klienten zugreifbar sein sollten. Das Read-only-Interface ist insbesondere für lose gekoppelte Komponenten sinnvoll.

17.4.9 Führe ein Read-Write-Interface ein

Wir haben gesehen, dass man mithilfe von Read-only-Interfaces schreibende Zugriffe durch Package-externe Klassen verhindern kann. Manchmal sollen aber einige Komponenten doch schreibend zugreifen, allerdings unter der Prämisse, diesen keinen direkten Zugriff auf konkrete Objekte anzubieten. Dann kann man ein spezielles Interface definieren, das lediglich Schreibzugriffe bereitstellt.

Problematisch an einer strikten Trennung zwischen rein lesenden und rein schreibenden Zugriffen ist, dass dies zu unhandlich wird, weil man dann jeweils eine Referenz unterschiedlichen Typs auf die gleiche Klasse benötigt. Vielfach bietet sich ein Read-Write-Interface an, das das Read-only-Interface um die Möglichkeit von Schreibzugriffen erweitert. Dadurch hat man im Read-Write-Interface immer lesenden und schreibenden Zugriff. Die Verwaltung und Nutzung wird einfacher, da man nur noch eine Referenz auf das Read-Write-Interface benötigt, statt, je nach Aufgabe, zwei Referenzen auf das Read-only- bzw. Write-Interface. Abbildung 17-10 zeigt diese Varianten.

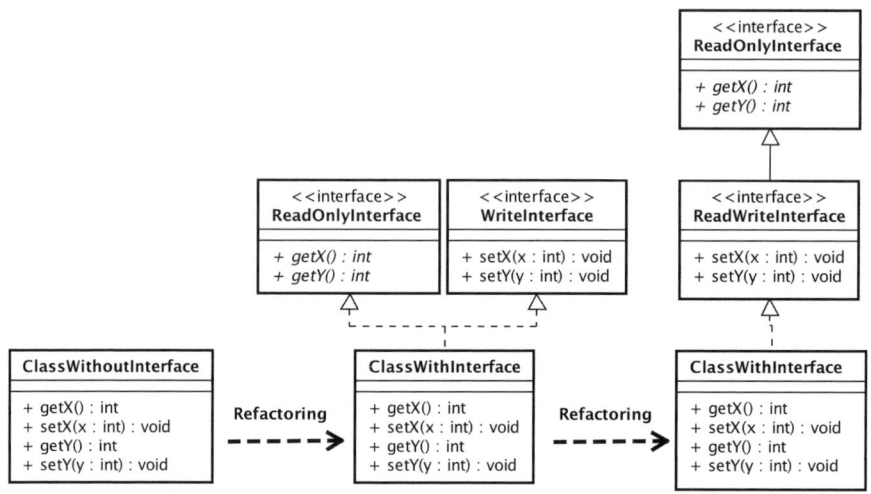

Abbildung 17-10 Einführen eines Read-Write-Interface

Einschränkung Wie schon zuvor argumentiert, benötigt man derartige Konstrukte insbesondere dann, wenn Komponenten möglichst unabhängig voneinander sein sollen und eventuell von verschiedenen Teams oder sogar Firmen entwickelt werden. Für derartige Fälle sind solche Schnittstellen mit klaren Verantwortlichkeiten hilfreich.

17.4.10 Lagere Funktionalität in Hilfsmethoden aus

Dieses Refactoring dient dazu, den Sourcecode zu strukturieren, indem ähnliche und wiederkehrende Programmstücke erkannt und in Hilfsmethoden ausgelagert werden. In Eclipse können wir dazu das Refactoring EXTRACT METHOD nutzen. Nach einer solchen Überarbeitung folgt der Sourcecode dadurch besser dem DRY-Prinzip (»Don't Repeat Yourself«, vgl. »Der Pragmatische Programmierer« [38]).

Die folgende Methode `getFilterInfo(InformationProvider)` prüft verschiedene Bedingungen und baut korrespondierende Informationstexte zusammen:

17.4 Der Refactoring-Katalog

```java
public static String getFilterInfo(final InformationProvider infoProvider)
{
    final StringBuilder builder = new StringBuilder();

    if (isSelected(Option.NAME_CONTAINS))
    {
        if (builder.length() > 0)
        {
            builder.append(", ");
        }
        builder.append(getLangString("label.name") + "='" +
                    infoProvider.getName() + "'");
    }

    // weitere Auswertungen ...

    if (isSelected(Option.JOB_ID_CONTAINS))
    {
        if (builder.length() > 0)
        {
            builder.append(", ");
        }
        builder.append(getLangString("label.jobid") + "='" +
                    infoProvider.getJobID() + "'");
    }

    return builder.toString();
}
```

Die hier genutzte Methode `isSelected(Option)` prüft, ob eine Filterbedingung aktiviert ist. Anschließend werden die Informationen zu dieser Filterbedingung in ein `StringBuilder`-Objekt eingefügt. Die Methode `getFilterInfo(InformationProvider)` ist bereits relativ übersichtlich, besitzt aber kleinere Sprünge in den Abstraktionsebenen. Darüber hinaus existieren einige ähnliche Zeilen.

Schritt 1: Erzeugen von Hilfsmethoden

Wir erkennen zwei immer wiederkehrende Sourcecode-Abschnitte. Zum einen wird jeweils ein Komma und ein Leerzeichen an die Variable `builder` angehängt, sofern dort bereits Zeichen gespeichert sind. Das lässt sich einfach in eine Methode `appendCommaWhenNotEmpty(StringBuilder)` herausfaktorieren:

```java
private static void appendCommaWhenNotEmpty(final StringBuilder builder)
{
    if (builder.length() > 0)
    {
        builder.append(", ");
    }
}
```

Zum anderen werden die Informationstexte zu den Filterbedingungen immer wieder auf ähnliche Art und Weise dem `StringBuilder`-Objekt hinzugefügt. Es erfordert etwas mehr Aufwand, diese Funktionalität in eine Methode auszulagern, weil die Unterschiede jeweils im Zugriffsschlüssel auf die Textressourcen und dem entsprechenden Wert liegen. Wir schreiben folgende Methode:

```
private static void appendFilterText(final StringBuilder builder,
                                     final String resourceID,
                                     final Object value)
{
    builder.append(getLangString(resourceID) + "='" + value + "'");
}
```

Schritt 2: Anpassen der Aufrufstellen

Nutzt man diese beiden Hilfsmethoden, so lässt sich der Sourcecode kürzer und in einer einheitlichen Abstraktionsebene darstellen. Damit verbessert sich die Struktur und die Lesbarkeit des Sourcecodes.

```
public static String getFilterInfo(final InformationProvider infoProvider)
{
    final StringBuilder builder = new StringBuilder();

    if (isSelected(Option.NAME_CONTAINS))
    {
        appendCommaWhenNotEmpty(builder);
        appendFilterText(builder, "label.name", infoProvider.getName());
    }

    // weitere Auswertungen ...

    if (isSelected(Option.JOB_ID_CONTAINS))
    {
        appendCommaWhenNotEmpty(builder);
        appendFilterText(builder, "label.jobid", infoProvider.getJobID());
    }

    return builder.toString();
}
```

17.4.11 Trenne Informationsbeschaffung und -verarbeitung

Vielfach ist es vorteilhaft, die Beschaffung von Informationen von ihrer Verarbeitung und Speicherung zu trennen. Diese Teilaufgaben lassen sich im Allgemeinen recht gut in separate Methoden auslagern, wodurch die Orthogonalität (Kombinierbarkeit) und Wiederverwendbarkeit erhöht sowie ungültige Zwischenzustände vermieden werden.

Betrachten wir eine Methode, in der Informationsbeschaffung und -verarbeitung noch miteinander verknüpft sind:

```
public void updateModelFromElement(final DataElementVO elementVO)
{
    if (elementVO != null)
    {
        if (elementVO.getQueueStatus() != null)
        {
            model.setState(elementVO.getQueueStatus());     // 1
        }
```

17.4 Der Refactoring-Katalog

```
        else
        {
            model.setState(QueueStates.UNKNOWN);          // 2
        }
        model.setQueuedJobs(elementVO.getEntryCount());   // 3
    }
    else
    {
        model.setState(QueueStates.UNREACHABLE);          // 4
        model.setQueuedJobs(0);                           // 5
    }
}
```

Daten werden aus einem DATA TRANSFER OBJECT (DTO) bzw. VALUE OBJECT (VO) (vgl. Abschnitt 3.4.5) `elementVO` ausgelesen und in einem Modell `model` gespeichert. Der Sourcecode enthält dazu fünf verschiedene Zeilen mit `set()`-Methoden. Die Informationsbeschaffung ist in den restlichen Methoden über `get()`-Aufrufe an `elementVO` verteilt. Das wirkt harmlos. Allerdings sollte man bedenken, dass prinzipiell bei jedem Methodenaufruf ein Fehler auftreten und als Folge eine Exception ausgelöst werden kann. Dadurch kann es zu Inkonsistenzen durch teilweise initialisierte Objekte kommen, wie es der folgende Praxistipp weiter ausführt. Die obige Art der Informationsbeschaffung kann auch beim Einsatz von Multithreading zu Inkonsistenzen führen (vgl. Kapitel 9).

Unser Ziel ist es, eine bessere Trennung zu erreichen. Im Idealfall können zunächst alle Informationen ermittelt, in einem Immutable-Objekt gespeichert und anschließend verarbeitet werden. Eine Umsetzung in Pseudocode sieht wie folgt aus:

```
final DataValueContainer values = retrieveValues();
processValues(values);
storeValues(values);
```

> **Achtung: Probleme durch zu feingranulare `set()`-Methoden**
>
> **Einfluss auf Objektintegrität** Eine schrittweise Veränderung von Attributen kann zu Zwischenzuständen führen, die keinen gültigen Objektzustand darstellen. Besonders groß ist die Gefahr dafür beim Einsatz von Methoden, die Exceptions auslösen können, etwa in verteilten Systemen mit Remote Calls. Treten Exceptions auf, so kann ein Objekt sehr schnell in einen inkonsistenten Zustand versetzt werden, etwa weil die Verarbeitung durch eine Exception abrupt beendet wird. Eine Trennung von Informationsbeschaffung und -verarbeitung ist dann vorteilhaft: Treten Fehler bei der Informationsbeschaffung auf, kann auf ein Setzen der Werte verzichtet und das Objekt somit in einem konsistenten Zustand belassen werden.
>
> **Einfluss auf BEOBACHTER** Werden Zustandsänderungen gemäß dem BEOBACHTER-Muster (vgl. Abschnitt 18.3.7) verarbeitet, so bereiten feingranulare `set()`-Methoden neben ständigen Zustandsmeldungen zusätzlich das Problem, dass sie ungültige Zwischenzustände sichtbar machen.

> **Analogie aus dem realen Leben** Warum potenziell teilinitialisierte Objekte nicht optimal sind, kann man sich mit folgender Analogie aus dem realen Leben verdeutlichen: Morgens verlässt man das Haus ja auch erst, nachdem man sich vollständig angezogen hat und den Rasierschaum oder die Zahnpasta aus dem Gesicht gewischt hat, also nur in einem validen Zustand. Tut man dies nicht, so wirkt das im besten Fall befremdlich auf die Umwelt. Denken Sie an diese Analogie, um sich die Wichtigkeit eines sinnvoll initialisierten Objekts zu vergegenwärtigen und möglichst sparsam zustandsändernde `set()`-Methoden für eigene Klassen anzubieten.

Schritt 1: Erkennen von veränderlichen Elementen und Einführen von Hilfsvariablen

Wir untersuchen den Sourcecode nach veränderlichen Werten und erkennen, dass im `if`- bzw. `else`-Zweig jeweils zwei Variablen durch `set()`-Aufrufe verändert werden. Wir führen daher entsprechende Hilfsvariablen `state` und `entryCount` ein. Dabei hilft uns das Basis-Refactoring EXTRACT LOCAL VARIABLE mit dem Tastaturkürzel ALT+SHIFT+L. Dies erfolgt getrennt für beide Blöcke. Ein derart kleinteiliges Vorgehen wäre hier eventuell nicht notwendig, wenn man sehr geübt ist. Aber je komplexer der Ausschnitt des Sourcecodes und je mehr verschiedene Variablen modifiziert werden, desto besser ist es, kleine überschaubare und am besten durch die IDE unterstützte Schritte zu machen. Durch EXTRACT LOCAL VARIABLE werden die direkten Aufrufe der `set()`-Methoden durch Zuweisungen an die neu eingeführten lokalen Variablen und einen anschließenden Aufruf an die jeweilige `set()`-Methode des Modells ersetzt. Danach ordnen wir noch mit ALT+UP/DOWN ein paar Zeilen um und fassen im oberen Block die Variablen für `state` und `entryCount` zusammen:

```java
public void updateModelFromElement(final DataElementVO elementVO)
{
    if (elementVO != null)
    {
        QueueStates state;
        int entryCount;

        if (elementVO.getQueueStatus() != null)
        {
            state = elementVO.getQueueStatus();
            model.setState(state);
        }
        else
        {
            state = QueueStates.UNKNOWN;
            model.setState(state);
        }
        entryCount = elementVO.getEntryCount();
        model.setQueuedJobs(entryCount);
    }
    else
    {
        QueueStates state = QueueStates.UNREACHABLE;
        model.setState(state);
```

17.4 Der Refactoring-Katalog

```
        int entryCount = 0;
        model.setQueuedJobs(entryCount);
    }
}
```

Trotz dieser umfangreicheren Modifikationen haben wir am Programmverhalten nichts geändert. Der Sourcecode ist allerdings länger geworden. Diesen offensichtlichen Nachteil akzeptieren wir zunächst, da eine entscheidende Verbesserung durch diese Umformung erreicht wurde: *Die Informationsbeschaffung und der Transfer ins Modell erfolgen nun in zwei Schritten.* Diese Transformation bildet die Grundlage für die weiteren Modifikationen.

Schritt 2: Zusammenfassen der `set()`-Methoden zu Blöcken

Um die Informationsbeschaffung und -verarbeitung weiter zu entkoppeln, wollen wir die Aufrufe der `set()`-Methoden zu Einheiten am jeweiligen Ende eines Blocks zusammenfassen. Dies ist immer dann möglich, wenn der Kontrollfluss den Block vollständig durchläuft. Durch das Verlagern (Zeilen mit ALT+UP/DOWN bewegen) und das Zusammenfassen von `set()`-Methoden erhält man folgenden Zwischenstand:

```
public void updateModelFromElement(final DataElementVO elementVO)
{
    if (elementVO != null)
    {
        final QueueStates state;
        int entryCount;

        if (elementVO.getQueueStatus() != null)
        {
            state = elementVO.getQueueStatus();
        }
        else
        {
            state = QueueStates.UNKNOWN;
        }
        entryCount = elementVO.getEntryCount();

        model.setState(state);
        model.setQueuedJobs(entryCount);
    }
    else
    {
        final QueueStates state = QueueStates.UNREACHABLE;
        final int entryCount = 0;

        model.setState(state);
        model.setQueuedJobs(entryCount);
    }
}
```

> **Schwierigkeit: Mehrere Ausgänge aus Blöcken bzw. in einer Methode**
>
> Mehrfache `return`-Anweisungen innerhalb komplexer und geschachtelter `if`-Anweisungen erschweren häufig das Verständnis und hätten den gezeigten Schritt deutlich schwieriger – eventuell sogar unmöglich – gemacht. Die negative Aussage zu mehrfachen `return`-Anweisungen gilt jedoch nicht für Shortcut-Returns am Methodenanfang im Rahmen von Fehlerabfragen. Diese tragen fast immer zu einer Vereinfachung der Logik bei.

Schritt 3: Auftrennen von Informationsbeschaffung und -verarbeitung

Zur Trennung von Informationsbeschaffung und -verarbeitung strukturieren wir den Sourcecode um. Wir wollen die Blöcke mit den `set()`-Aufrufen zusammenfassen und definieren dazu Hilfsvariablen im äußersten Block. Nachdem der gesamte Zustand ermittelt wurde, werden dann die `set()`-Methoden ausgeführt. Gleichzeitig nehmen wir eine Vereinfachung vor: Die Initialisierung aus dem `else`-Zweig für den Fehlerfall (`elementVO == null`) nutzen wir als Startbelegung der Variablen:

```
public void updateModelFromElement(final DataElementVO elementVO)
{
    QueueStates state = QueueStates.UNREACHABLE;
    int entryCount = 0;

    // Informationsbeschaffung
    if (elementVO != null)
    {
        if (elementVO.getQueueStatus() != null)
        {
            state = elementVO.getQueueStatus();
        }
        else
        {
            state = QueueStates.UNKNOWN;
        }
        entryCount = elementVO.getEntryCount();
    }

    // Verarbeitung
    model.setState(state);
    model.setQueuedJobs(entryCount);
}
```

Schritt 4: Kapseln von Informationsbeschaffung und -verarbeitung

Informationsbeschaffung und -verarbeitung sind nun getrennt und können in eigene Methoden ausgelagert werden. Dazu bietet es sich an, die lokalen Variablen zu Objekten zusammenzufassen. Doch schauen wir uns dies schrittweise an.

Zunächst nutzen wir das Basis-Refactoring EXTRACT METHOD, um die per Kommentar markierten Teile jeweils als Methode zu extrahieren. Wir beginnen mit den beiden Zeilen zur Verarbeitung, die wir in die Methode `storeInModel()` auslagern:

17.4 Der Refactoring-Katalog 1031

```
public void updateModelFromElement(final DataElementVO elementVO)
{
    QueueStates state = QueueStates.UNREACHABLE;
    int entryCount = 0;

    // Informationsbeschaffung
    if (elementVO != null)
    {
        if (elementVO.getQueueStatus() != null)
        {
            state = elementVO.getQueueStatus();
        }
        else
        {
            state = QueueStates.UNKNOWN;
        }
        entryCount = elementVO.getEntryCount();
    }

    // Verarbeitung
    storeInModel(state, entryCount);
}

private void storeInModel(final QueueStates state, final int entryCount)
{
    model.setState(state);
    model.setQueuedJobs(entryCount);
}
```

Wenn wir nun die Zeilen zur Informationsbeschaffung startend vom Kommentar markieren und ebenso extrahieren wollen, dann liefert uns Eclipse die Fehlermeldung, dass der Rückgabewert nicht eindeutig bestimmbar ist und mehr als eine lokale Variable als Kandidat existiert. Was nun?

Wir hatten bereits vor, die beiden semantisch zusammenhängenden Variablen in einer Klasse zu vereinen. Praktischerweise gibt es dazu das Basis-Refactoring INTRODUCE PARAMETER OBJECT. Als Vorbereitung selektieren wir die Methode `storeIn-Model()` und führen danach das Refactoring aus. Es erscheint ein Dialog. Dort müssen wir lediglich noch den gewünschten Klassen- und Parameternamen eintragen, etwa `QueueStateVO`. Dadurch entsteht eine öffentliche Klasse gemäß dem Muster VALUE OBJECT (vgl. Abschnitt 3.4.5) mit zwei öffentlichen Attributen `state` und `entryCount`. Der Aufruf wird automatisch in Folgendes umgewandelt:

```
storeInModel(new QueueStateVO(state, entryCount));
```

Um uns die Befüllungsarbeit zu erleichtern, extrahieren wir wieder eine lokale Variable per EXTRACT LOCAL VARIABLE:

```
final QueueStateVO queueStateVO = new QueueStateVO(state, entryCount);
storeInModel(queueStateVO);
```

In unserem Kontext benötigen wir keine öffentliche Klasse, sondern eher eine Package-private Hilfsklasse mit ebensolchen Attributen, die direkten Zugriff darauf erlauben. Wir modifizieren die generierte Klasse wie folgt:

```
class QueueStateVO
{
    // ACHTUNG: sind modifizierbar, werden durch andere Klasse geändert
    QueueStates state;
    int         entryCount;

    QueueStateVO(final QueueStates state, final int entryCount)
    {
        this.state = state;
        this.entryCount = entryCount;
    }
}
```

Nun kann man dann die Zeilen

```
QueueStates state = QueueStates.UNREACHABLE;
int entryCount = 0;
```

durch einen Konstruktoraufruf eines `QueueStateVO`s wie folgt ersetzen:

```
final QueueStateVO stateVO = new QueueStateVO(QueueStates.UNREACHABLE, 0);
```

Der Einsatz der Klasse `QueueStateVO` ist relativ selbsterklärend. Überall dort, wo früher eine Zuweisung an eine lokale Variable erfolgte, verwenden wir nun den Zugriff auf das korrespondierende Attribut des Value Object:

```
public void updateModelFromElement(final DataElementVO elementVO)
{
    final QueueStateVO stateVO = new QueueStateVO(QueueStates.UNREACHABLE, 0);

    if (elementVO != null)
    {
        if (elementVO.getQueueStatus() != null)
        {
            stateVO.state = elementVO.getQueueStatus();
        }
        else
        {
            stateVO.state = QueueStates.UNKNOWN;
        }
        stateVO.entryCount = elementVO.getEntryCount();
    }

    storeInModel(stateVO);
}
```

Es bietet sich häufig an, Hilfsmethoden zur Datenbeschaffung und Verarbeitung einzuführen, statt nur einige Zeilen umzuordnen. Die Methode `updateModelFromElement(DataElementVO)` ändern wir wie folgt:

```
public void updateModelFromElement(final DataElementVO elementVO)
{
    final QueueStateVO stateVO = createQueueStateVOFromElement(elementVO);

    storeInModel(stateVO);
}
```

Dazu extrahieren wir folgende Methode createQueueStateVOFromElement(Data-ElementVO), in der wir das QueueStateVO-Objekt mit Werten befüllen. Der entsprechende Sourcecode umfasst alle Zeilen zur Informationsbeschaffung der ursprünglichen Methode exklusive des storeInModel()-Aufrufs zur Verarbeitung:

```
QueueStateVO createQueueStateVOFromElement(final DataElementVO elementVO)
{
    final QueueStateVO stateVO = new QueueStateVO(QueueStates.UNREACHABLE, 0);

    if (elementVO != null)
    {
        if (elementVO.getQueueStatus() != null)
        {
            stateVO.state = elementVO.getQueueStatus();
        }
        else
        {
            stateVO.state = QueueStates.UNKNOWN;
        }
        stateVO.entryCount = elementVO.getEntryCount();
    }

    return stateVO;
}
```

Fazit

Durch die Untergliederung in Informationsbeschaffung und Verarbeitung wurde eine Trennung von Zuständigkeiten erreicht. Das führt zu strukturellen Verbesserungen, die sich positiv auf die Lesbarkeit und Verständlichkeit des Sourcecodes auswirken. Zudem kann auch bei möglichen Fehlern während der Informationsbeschaffung ein konsistenter Objektzustand sichergestellt werden.

17.4.12 Wandle Konstantensammlung in `enum` um

Zum Teil findet man im Sourcecode einige Konstanten, die semantisch zusammengehören, aber nicht als eigenständiger Typ definiert sind. Dies wurde als BAD SMELL: ZUSAMMENGEHÖRENDE KONSTANTEN NICHT ALS TYP DEFINIERT in Abschnitt 16.1.3 besprochen. Dieses Refactoring hilft bei der Problemlösung.

Nehmen wir an, in der folgenden Klasse BusinessClass wären einige int-Konstanten definiert, zu denen teilweise korrespondierende String-Konstanten als Beschreibung vorhanden sind. Glücklicherweise sind die Konstanten über die Namenspräfixe JOBSTATUS und ERRORCODE gegliedert und lassen sich leicht unterscheiden:

```
public class BusinessClass
{
    public static final int     JOBSTATUS_UNDEFINED     = -1;
    public static final int     JOBSTATUS_ACTIVE        = 1;
    public static final int     JOBSTATUS_FINISHED      = 2;

    private static final String JOBSTATUS_UNDEFINED_NAME = "UNDEFINED";
    private static final String JOBSTATUS_ACTIVE_NAME    = "Active";
    private static final String JOBSTATUS_FINISHED_NAME  = "Finished";

    public static final int     ERRORCODE_OK            = 0;
    public static final int     ERRORCODE_WARN          = 1;
    public static final int     ERRORCODE_ERROR         = 2;

    private final BusinessJob job;

    public int getJobState()
    {
        if (job.isActive())
            return JOBSTATUS_ACTIVE;
        if (job.isFinished())
            return JOBSTATUS_FINISHED;

        return JOBSTATUS_UNDEFINED;
    }
    // ...
```

Schritt 1: Sammlung in einer eigenen Konstantenklasse

Anhand der `JOBSTATUS`-Konstanten zeige ich den Ablauf bei diesem Refactoring. Die bisher lose zusammenhängenden `JOBSTATUS`-Konstanten werden in einer eigenen Klasse gesammelt. Bei der Benennung ist es sinnvoll, einen Ober- oder Gliederungsbegriff zu verwenden. Besitzen die Konstanten ein gemeinsames, aussagekräftiges Präfix, ist dies ein guter Anhaltspunkt für den Namen der Konstantenklasse. Wir nutzen hier den Namen `JobStates`. Die Klasse selbst deklarieren wir `final`, da sie nicht als Basis für weitere Klassen dienen soll:

```
public final class JobStates
{
    public static final int     JOBSTATUS_UNDEFINED     = -1;
    public static final int     JOBSTATUS_ACTIVE        = 1;
    public static final int     JOBSTATUS_FINISHED      = 2;

    private static final String JOBSTATUS_UNDEFINED_NAME = "UNDEFINED";
    private static final String JOBSTATUS_ACTIVE_NAME    = "Active";
    private static final String JOBSTATUS_FINISHED_NAME  = "Finished";
}
```

Schritt 2: Erzeugen eines Konstruktors und von Zugriffsmethoden

Die Konstanten bestehen aus einem Wert und einer Beschreibung. Daher führen wir in der Klasse `JobStates` zwei Attribute ein. Die Klasse wird entsprechend dem Muster IMMUTABLE-KLASSE (vgl. Abschnitt 3.4.2) konstruiert. Der private Konstruktor verhindert das Erzeugen weiterer Objekte außerhalb dieser Konstantenklasse. Zudem bieten wir nur lesenden Zugriff auf die Attribute.

```java
public final class JobStates
{
    public static final int     JOBSTATUS_UNDEFINED      = -1;
    public static final int     JOBSTATUS_ACTIVE         = 1;
    public static final int     JOBSTATUS_FINISHED       = 2;

    private static final String JOBSTATUS_UNDEFINED_NAME = "UNDEFINED";
    private static final String JOBSTATUS_ACTIVE_NAME    = "Active";
    private static final String JOBSTATUS_FINISHED_NAME  = "Finished";

    private final String        name;
    private final int           value;

    private JobStates(final String name, final int value)
    {
        this.name = name;
        this.value = value;
    }

    public String getName()        { return this.name; }
    public int getValue()          { return this.value; }
}
```

Der Einsatz dieser Konstantenklasse hilft dabei, die Funktionalitäten der Business-Klasse von der Definition benötigter Konstanten zu trennen. Darüber hinaus können die Konstanten dann von anderen Klassen benutzt werden, ohne dass diese Kenntnis von der Business-Klasse besitzen müssen.

Schritt 3: Umwandlung in eine `enum`-Aufzählung

Als letzten Schritt wandeln wir die Konstantendefinition in eine `enum`-Aufzählung um:

```java
enum JobStates
{
    UNDEFINED("UNDEFINED", -1), ACTIVE("Active", 1), FINISHED("Finished", 2);

    private final String name;
    private final int    value;

    private JobStates(final String name, final int value)
    {
        this.name = name;
        this.value = value;
    }

    public String getName()        { return this.name; }
    public int getValue()          { return this.value; }
}
```

Fazit

Die Auslagerung von Konstanten aus Business-Klassen ist häufig bereits ein wichtiger Schritt für mehr Struktur und Verständlichkeit. Die nachfolgende Definition von Werten innerhalb einer `enum`-Aufzählung führt zu Typsicherheit und einer loseren Kopplung – hier besteht dadurch keine Abhängigkeit zur Business-Klasse mehr. Durch eine derartige Realisierung sind die Konstanten außerdem automatisch sortierbar und auch serialisierbar. Darüber hinaus erfolgt eine typsichere, objektorientierte Definition der Konstanten, wodurch Anwendungsfehler wesentlich unwahrscheinlicher als bei der Verwendung von `int`-Werten sind. Auch nachfolgende Refactorings können ohne größere Auswirkungen auf nutzende Klienten durchgeführt werden: Konstanten müssen ausschließlich in der `enum`-Aufzählung gepflegt werden. Der verwendende Sourcecode nutzt lediglich Referenzen auf die Konstanten.

17.4.13 Entferne Exceptions zur Steuerung des Kontrollflusses

Dieses Refactoring dient dazu, den BAD SMELL: EXCEPTIONS ZUR STEUERUNG DES KONTROLLFLUSSES zu korrigieren, wie er in Abschnitt 16.3.3 beschrieben ist.

Betrachten wir dazu die folgende, simple Methode `isAlive()`:

```java
private void isAlive() throws DbException
{
    // Teste Existenz in Datenbank
    session.getDbObject(id);
}
```

Diese Methode wird in der folgenden `toString()`-Methode eingesetzt, um die Existenz des eigenen Objekts in der Datenbank vor der Erzeugung einer XML-Repräsentation sicherzustellen. Ist das Objekt dort nicht vorhanden, so wird im `catch`-Block eine Fehlermeldung zurückgeliefert:

```java
public String toString()
{
    try
    {
        isAlive();
        return createXmlStringInfo();
    }
    catch (final DbException e)
    {
        return "Object of class " + getClass().getSimpleName() + " is dead!";
    }
}
```

17.4 Der Refactoring-Katalog

> **Achtung: Abgrenzung gegenüber Methoden zur Zustandsprüfung**
>
> Der Einsatz der Methode `isAlive()` erinnert an Methoden zur Zustandsprüfung. Allerdings gibt es einen entscheidenden Unterschied: `isAlive()` überprüft einen möglichen Zustand des Objekts, nämlich den, dass ein assoziiertes Objekt, hier ein Verweis in die Datenbank, nicht mehr gültig ist. Dieser Zustand ist zwar selten, stellt aber keine unerwartete Situation oder einen ungültigen Objektzustand dar. Daher sollte man hier besser einen booleschen Rückgabewert statt einer Exception verwenden. Eine Zustandsprüfung sichert dagegen einen korrekten und erwarteten Objektzustand ab. Eine Parameterprüfung soll vor unvollständigen Initialisierungen bewahren. Ungültige Objektzustände stellen einen Fehler und eine ungewünschte Ausnahmesituation dar. Deshalb ist dafür der Einsatz von Exceptions sinnvoll.

Schritt 1: Einführen eines Rückgabewerts

Der Methodenname `isAlive()` impliziert die Rückgabe eines booleschen Werts. Daher wandeln wir die Methode dementsprechend um. Dazu fangen wir die zuvor in der Signatur definierte Exception ab und geben im korrespondierenden `catch`-Block `false` zurück. Eine erfolgreiche Prüfung führt zur Rückgabe des Werts `true`. Abschließend wird die Exception aus der Signatur entfernt:

```java
private boolean isAlive()
{
    try
    {
        session.getDbObject(id);   // Teste Existenz in Datenbank
        return true;
    }
    catch (final DbException e)
    {
        return false;
    }
}
```

Es kommt hier zu einer Änderung der Signatur, weil daraus die Exception entfernt wird. In diesem Fall ist dies allerdings möglich, da es sich um eine private Methode handelt und wir dadurch die komplette Kontrolle über den verwendenden Sourcecode haben. Weitere Hinweise liefert folgender Praxistipp.

> **Achtung: API-Änderungen durch Refactorings**
>
> Bei Änderungen an der Methodensignatur muss man vorsichtig vorgehen, um keine Inkompatibilitäten einzuführen. Änderungen an öffentlichen Methoden erfordern Änderungen in nutzenden Klienten. Häufig sind daher Änderungen am API nicht durchführbar. Eine Methode wird dann per Annotation als `@Deprecated` markiert und durch eine Version mit verbessertem API ersetzt. *Private Methoden können immer (abgesehen von Reflection) ohne Folgen für andere externe Klassen geändert werden.*

Nach den Transformationen wird offensichtlich, dass der Rückgabewert der `getDb-Object()`-Methode nicht ausgewertet wird. Dies ist generell unschön, für dieses Beispiel allerdings unbedeutend.[18]

Schritt 2: Exception Handling durch Auswertung des Rückgabewerts ersetzen

Das Exception Handling mit `try-catch` ist nun überflüssig und wird durch eine `if-else`-Auswertung des Rückgabewerts ersetzt.[19] Dadurch ergibt sich folgender, besser lesbarer Sourcecode:

```
public String toString()
{
    if (isAlive())
    {
        return createXmlStringInfo();
    }
    return "Object of class " + getClass().getSimpleName() + " is dead!";
}
```

Fazit

Die vermeintliche »Fehlerbehandlung« (Abfrage der Existenz) erfolgt nun so lokal wie möglich, nämlich an der Stelle des Datenbankzugriffs in der `isAlive()`-Methode. Für die Aufrufer der Methode bleibt dies verborgen. Dadurch lässt sich nutzender Sourcecode klarer gestalten. Falls jedoch lokal innerhalb von Verarbeitungsmethoden nicht sinnvoll auf Probleme reagiert werden kann, sollten Exceptions propagiert werden.

17.4.14 Wandle in Utility-Klasse mit statischen Hilfsmethoden um

Utility-Klassen sollten kein Objektverhalten anbieten und daher lediglich aus einer Sammlung von Hilfsmethoden bestehen. Manchmal besitzen diese Klassen aus Unachtsamkeit allerdings doch einen öffentlichen Konstruktor und einige Zustandsattribute sowie nicht statische Hilfsmethoden. Oftmals müssen dem Konstruktor dazu Parameter übergeben werden, die später innerhalb der Hilfsmethoden genutzt werden.

Als Beispiel dient eine Methode `writeDoc(IDocument, String, String)`, die Objekte vom Typ `IDocument` speichern soll. Dazu wird eine Instanz der Klasse

---

[18] Eine fehlende Auswertung von Rückgabewerten wurde in Abschnitt 16.1.6 als BAD SMELL: UNVOLLSTÄNDIGE BETRACHTUNG ALLER ALTERNATIVEN diskutiert.

[19] Je höher die Anzahl der `if`-Abfragen oder Verschachtelungen, desto eher sind mehrere `return`-Anweisungen zu vermeiden, weil sie dann den Programmfluss meistens schwieriger erkennbar machen. Für Shortcut-Returns am Methodenanfang oder kurze Methoden bis etwa 20 Zeilen können mehrere `return`-Anweisungen aber sogar für mehr Klarheit sorgen.

`DocumentToFilesystem` genutzt und zuvor erzeugt, um dann eine parameterlose `doSave()`-Methode aufzurufen. Die benötigten Parameter werden aber bereits an den Konstruktor der Klasse `DocumentToFilesystem` übergeben:

```java
public void writeDoc(final IDocument document,
                    final String path, final String fileName)
{
    final DocumentToFilesystem docToFileSystem = new DocumentToFilesystem(
                                    document, path, fileName);

    docToFileSystem.doSave();
}
```

Obwohl es sich bei der Klasse `DocumentToFilesystem` eigentlich um eine reine Utility-Klasse handelt, muss immer (künstlich) ein entsprechendes Objekt erzeugt und korrekt initialisiert werden, um die Hilfsmethoden, hier etwa die Methode `doSave()`, aufrufen zu können. Diese vom Design her missglückte Utility-Klasse – weil sie statt statischer Hilfsmethoden lediglich Objektmethoden anbietet – ist in Abbildung 17-11 als Klassendiagramm dargestellt.

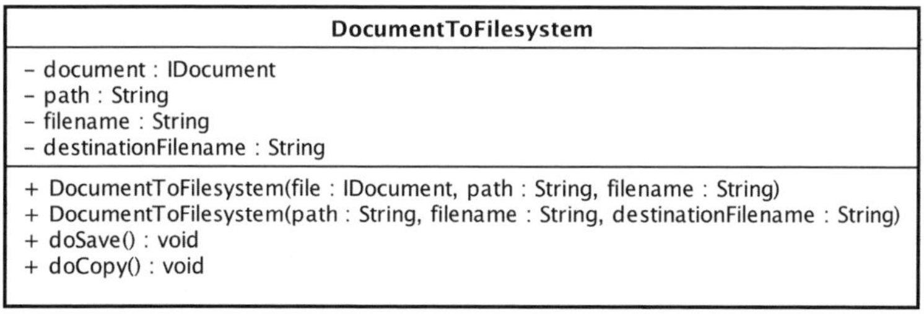

DocumentToFilesystem
− document : IDocument − path : String − filename : String − destinationFilename : String
+ DocumentToFilesystem(file : IDocument, path : String, filename : String) + DocumentToFilesystem(path : String, filename : String, destinationFilename : String) + doSave() : void + doCopy() : void

Abbildung 17-11 *Falsche Realisierung einer Utility-Klasse*

Zum Aufruf von Objektmethoden erfolgt zunächst immer eine Parameterübergabe im Konstruktor. Sinnvoller wäre es jedoch, benötigte Parameter direkt an die jeweiligen Methoden zu übergeben. Im Folgenden prüfen wir, ob für eine Utility-Klasse tatsächlich ein Zugriff auf die Zustandsinformationen notwendig ist. Ziel bei diesem Refactoring ist es, die Zustandsinformationen aus der Utility-Klasse möglichst vollständig zu entfernen und stattdessen Aufrufparameter an statische Methoden zu verwenden.

Schritt 1: Umwandlung in statische Hilfsmethode

Um eine Methode vom Objektzustand unabhängig zu machen, kann man diese zunächst statisch definieren. In Form von Kompilierfehlern werden automatisch mögliche Abhängigkeiten zu verwendeten Attributen sichtbar. Existieren keine Abhängigkeiten, so kann man eine weitere Methode wählen und erneut diesen Schritt 1 ausführen. Ansonsten löst man die erkannten Abhängigkeiten, wie in Schritt 2 beschrieben, auf.

Schritt 2: Erweiterung der Methodensignatur

Damit die Methode unabhängig von den Attributen einer Instanz der Klasse wird, müssen alle Abhängigkeiten durch Übergabeparameter aufgelöst werden. Man erweitert die Methodensignatur um die zur Ausführung erforderlichen Parameter. Für die Methode `doSave()` werden die Informationen aus den Attributen `file`, `path` und `filename` benötigt. In Abbildung 17-12 ist dies als Klassendiagramm verdeutlicht.[20]

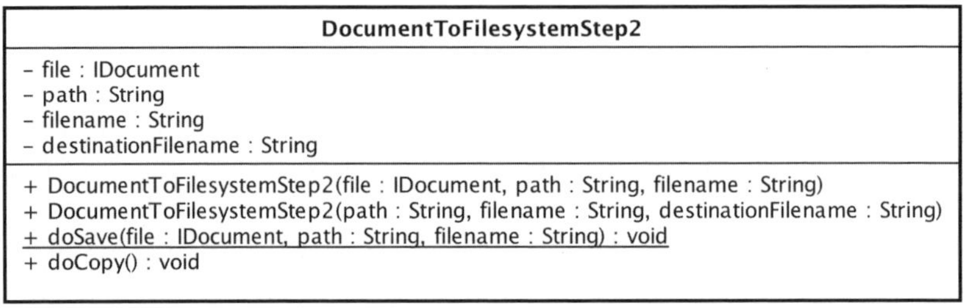

DocumentToFilesystemStep2
- file : IDocument - path : String - filename : String - destinationFilename : String
+ DocumentToFilesystemStep2(file : IDocument, path : String, filename : String) + DocumentToFilesystemStep2(path : String, filename : String, destinationFilename : String) + <u>doSave(file : IDocument, path : String, filename : String) : void</u> + doCopy() : void

Abbildung 17-12 *Utility-Klasse nach Schritt 2*

Durch die Parameterübergabe entfällt die Notwendigkeit zur Konstruktion der Utility-Klasse, nur um eine Hilfsmethode nutzen zu können. Dies erleichtert die Nutzbarkeit:

```
public void writeDoc(final IDocument document,
                    final String path, final String fileName)
{
    DocumentToFilesystemStep2.doSave(document, path, fileName);
}
```

Schritt 3: Umwandlung aller Methoden in entsprechende Hilfsmethoden

Durch Wiederholen der Schritte 1 und 2 werden im besten Falle alle Methoden bearbeitet und in statische Hilfsmethoden transformiert, sodass dann nur noch statische Hilfsmethoden in der Utility-Klasse definiert sind, wie es Abbildung 17-13 zeigt.

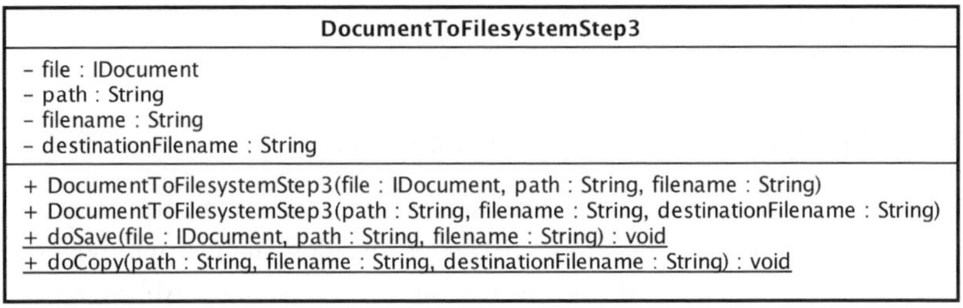

DocumentToFilesystemStep3
- file : IDocument - path : String - filename : String - destinationFilename : String
+ DocumentToFilesystemStep3(file : IDocument, path : String, filename : String) + DocumentToFilesystemStep3(path : String, filename : String, destinationFilename : String) + <u>doSave(file : IDocument, path : String, filename : String) : void</u> + <u>doCopy(path : String, filename : String, destinationFilename : String) : void</u>

Abbildung 17-13 *Utility-Klasse nach Schritt 3*

---

[20] Statische Methoden werden in der UML unterstrichen.

Allerdings existieren noch die statischen Attribute sowie eine Abhängigkeit zum jeweiligen Konstruktor. Dies wird, sofern möglich, im letzten Schritt des Refactorings entfernt.

Schritt 4: Entfernen von Zustandsinformationen und Anpassen von Konstruktoren

Wenn alle Methoden erfolgreich bearbeitet wurden, müssen keine Zustandsinformationen mehr gespeichert werden. Sowohl die Konstruktoren mit Parametern als auch die korrespondierenden Attribute sind damit obsolet und können entfallen.

Wir entfernen alle öffentlichen Konstruktoren und erstellen einen privaten Defaultkonstruktor. Dadurch werden Objektkonstruktionen der Utility-Klasse durch andere Klassen unterbunden. Diese Klasse wird anschließend in `DocumentToFilesystemUtils` umbenannt, was zur Lesbarkeit beiträgt. Das in Abbildung 17-14 dargestellte Klassendiagramm verdeutlicht dies.

DocumentToFilesystemUtils
− DocumentToFilesystemUtils()   + doSave(file : IDocument, path : String, filename : String) : void   + doCopy (path : String, filename : String, destinationFilename : String) : void

Abbildung 17-14 *Utility-Klasse nach Schritt 4*

Fazit

Durch die erfolgten Transformationen ist nun der Utility-Charakter der Klasse offensichtlich. Zudem werden alle Abhängigkeiten und Parametrierungen klar. Außerdem werden Anwendungsfehler vermieden, die bei einer Konstruktion von Objekten der ursprünglichen Klasse auftreten konnten: Ist beispielsweise die Wertebelegung für eine `doSave()`-Aktion ausgelegt, so ist diese meistens für den Aufruf anderer Hilfsmethoden unpassend und führt zu Fehlern. Gibt es mehrere Instanzen der Utility-Klasse, so steigt die Wahrscheinlichkeit, eine nicht passend initialisierte Instanz einzusetzen.[21]

---

[21] Natürlich kann man nicht ausschließen, dass die Werte beim Methodenaufruf auch falsch belegt sind. Die Fehler werden jedoch schneller klar.

17.4.15 Löse `if-else` / `instanceof` durch Polymorphie auf

In der Praxis findet man des Öfteren Programmstellen die verschiedene Bedingungen prüfen und abhängig davon Aktionen ausführen. Mitunter sind dies aber lediglich einfache Zuweisungen, was wir uns im Anschluss separat im Praxishinweis »Bedingte Zuweisungen übersichtlich gestalten« anschauen.

Hier wollen wir einen anderen Fall betrachten, nämlich den, dass diverse Typprüfungen erfolgen und basierend darauf Aktionen ausgelöst werden:

```
for (final Object obj : figures)
{
    if (obj instance Rect)
    {
        ((Rect)obj).drawRect();
    }
    else if (obj instance Line)
    {
        ((Line)obj).drawLine();
    }
    else if (obj instance Circle)
    {
        ((Circle)obj).drawCircle();
    }
}
```

Mit etwas Programmiererfahrung erkennt man, dass das ein merkwürdiges Konstrukt ist und hier ein Indiz für den Einsatz von Polymorphie vorliegt. Dazu wandeln wir den Sourcecode in folgenden drei Schritten um:

1. Schnittstellenvereinheitlichung – gemeinsame Methode `draw()` einführen
2. Gemeinsamen Basistyp `BaseFigure` einführen
3. Anpassung der Aufrufstelle

Schritt 1: Schnittstellenvereinheitlichung

Wir suchen einen allgemeingültigen Namen, hier etwa `draw()`, und benennen die jeweiligen Methoden mithilfe des Basis-Refactorings REFACTOR –> RENAME um:

```
for (final Object obj : figures)
{
    if (obj instance Rect)
    {
        ((Rect)obj).draw();
    }
    else if (obj instance Line)
    {
        ((Line)obj).draw();
    }
    else if (obj instance Circle)
    {
        ((Circle)obj).draw();
    }
}
```

Nach diesem Renaming besitzen alle Klassen konsistente Methodennamen. Dadurch wird noch deutlicher, dass sich ein gemeinsamer Basistyp anbietet.

Schritt 2: Einführen eines gemeinsamen Basistyps

In diesem Schritt 2 führen wir einen gemeinsamen Basistyp ein, hier etwa eine abstrakte Klasse oder ein Interface namens `BaseFigure`:

```java
public interface BaseFigure
{
    public abstract void draw();
}
```

Schritt 3: Anpassung der Aufrufstelle

Mit dem neu eingeführten Typ `BaseFigure` können wir nun unter Ausnutzung der Polymorphie die Aufrufstelle massiv vereinfachen, weil sämtliche Typprüfungen entfallen können. Statt des zuvor allgemeinsten Typs `Object` nutzen wir nun `BaseFigure` als Basis in der `for`-Schleife. Zudem nennen wir die Variable von `obj` in das aussagekräftigere `baseFigure` um. Dadurch ergibt sich folgendes Konstrukt:

```java
for (final BaseFigure baseFigure : figures)
{
    baseFigure.draw();
}
```

Fazit

Die durch dieses Refactoring erzielte Lösung besitzt diverse positive Eigenschaften und erfüllt zudem einige SOLID-Prinzipien (vgl. Abschnitt 3.5.3):

- Sie ist objektorientiert und typsicher.
- Sie ist erweiterbar und folgt dem Open Closed Principle (OCP).
- Sie nutzt eine klare, schmale Schnittstelle und folgt dem Interface Segregation Principle (ISP).
- Die jeweilige Funktionalität wird in Objekten gekapselt, wodurch die Kohäsion hoch ist und Separation of Concerns eingehalten wird.
- Die Umsetzung basiert auf einer guten Abstraktion, sodass nicht die konkreten Ausprägungen oder gar deren Besonderheiten durchscheinen. Somit wird auch das Dependency Inversion Principle (DIP) erfüllt.

> **Hinweis: Bedingte Zuweisungen übersichtlich gestalten**
>
> Neben dem gerade gezeigten vermeintlichen Nachbau von Polymorphie, wie ich es auch schon in Abschnitt 3.1.3 diskutiert habe, findet man ab und an auch Programmzeilen ähnlich zu folgenden, die jeweils Zustandsänderungen abhängig von einer Variablenbelegung vornehmen:
>
> ```
> String var1 = null;
> String var2 = null;
>
> if (cmdVar == value1)
> {
>     var1 = "a1";
>     var2 = "b1";
> }
> else if (cmdVar == value2)
> {
>     // var1 unbelegt
>     var2 = "b2";
> }
> else if (cmdVar == value3)
> {
>     var1 = "a3";
>     // var2 unbelegt
> }
> else
> {
>     var1 = "";
>     var2 = "";
> }
> ```
>
> Sofern die Variablen `var1` und `var2` semantisch zusammengehören, kann man diese zu einem PARAMETER VALUE OBJECT (vgl. Abschnitt 3.4.5) zusammenfassen und die jeweiligen Kombinationen in einer Lookup-Map speichern, wodurch die Wertebelegungen klarer und näher beieinander abgelegt werden können:
>
> ```
> lookupMap.put(value1, new ValueVO("a1", "b1"));
> lookupMap.put(value2, new ValueVO(null, "b2"));
> lookupMap.put(value3, new ValueVO("a3", null));
> ```
>
> Zugriffe lassen sich dann wie folgt realisieren und sogar elegant mit einem Default versehen. Dazu nutzen wir die mit Java 8 eingeführte Methode `getOrDefault()` aus dem Interface `Map<K,V>` wie folgt:
>
> ```
> final ValueVO defaultValue = new ValueVO("", "");
> final ValueVO values = lookupMap.getOrDefault(cmdVar, defaultValue);
> var1 = values.first;
> var2 = values.second;
> ```

17.5 Defensives Programmieren

In komplexeren Systemen mit vielen Komponenten und externen Aufrufen empfiehlt es sich, insbesondere an den System- bzw. Komponentengrenzen vorsichtig oder defensiv zu programmieren. Damit ist gemeint, dass man Eingaben validiert und korrekte Initialisierungen und Zustände überprüft.

17.5.1 Führe eine Zustandsprüfung ein

Diese Umbaumaßnahme dient dazu, eine korrekte Initialisierung von Attributen, die zum Einsatz der Klasse wichtig sind, sicherzustellen. Dabei nutzen wir das Refactoring LAGERE FUNKTIONALITÄT IN HILFSMETHODEN AUS (vgl. Abschnitt 17.4.10).

Beispiel

Im folgenden Beispiel sehen wir drei Methoden, die jeweils auf ein statisches Attribut `parameterAccess` zugreifen. Nur nach erfolgreicher Initialisierung durch den Aufruf der `initialize()`-Methode kann diese Utility-Klasse korrekt arbeiten. Daher findet in allen Methoden jeweils eine Initialisierungsprüfung statt und es wird eine `IllegalStateException` ausgelöst, falls die benötigte Initialisierung noch nicht erfolgt ist:

```
public static final String getExternalNameServiceName()
{
    if (parameterAccessService == null)
        throw new IllegalStateException("ParameterAccessService is not correctly" +
                " initialized. Use initialize() before any other method call.");

    return parameterAccessService.getValue("SYSPARAM_EXTERNAL_NAME_SERVICE");
}

public static final String getExternalORBHost()
{
    if (parameterAccessService == null)
        throw new IllegalStateException("ParameterAccessService is not correctly" +
                " initialized. Use initialize() before any other method call.");

    return parameterAccessService.getValue("SYSPARAM_EXTERNAL_ORB_HOST");
}

public static final String getInternalORBHost()
{
    if (parameterAccessService == null)
        throw new IllegalStateException("ParameterAccessService is not correctly" +
                " initialized. Use initialize() before any other method call.");

    return parameterAccessService.getValue("SYSPARAM_INTERNAL_ORB_HOST");
}
```

Je mehr Methoden solche identischen Zustandsprüfungen durchführen, desto mehr explodiert der Sourcecode und scheint nur aus der Prüfung der Initialisierung zu bestehen.

Schritt 1: Implementieren einer Prüfmethode

Zur Prüfung der Initialisierung faktorieren wir die Methode `checkParameter-AccessServiceInitialized()` heraus:

```
private static void checkParameterAccessServiceInitialized()
{
    if (parameterAccessService == null)
        throw new IllegalStateException("ParameterAccessService is not correctly" +
                " initialized. Use initialize() before any other method call.");
}
```

Schritt 2: Einsatz der Prüfmethode

Der Einsatz der obigen Methode geschieht gemäß dem DRY-Prinzip und macht die einsetzenden Methoden besser lesbar:

```
public static final String getExternalNameServiceName()
{
    checkParameterAccessServiceInitialized();
    return parameterAccessService.getValue("SYSPARAM_EXTERNAL_NAME_SERVICE");
}

public static final String getExternalORBHost()
{
    checkParameterAccessServiceInitialized();
    return parameterAccessService.getValue("SYSPARAM_EXTERNAL_ORB_HOST");
}

public static final String getInternalORBHost()
{
    checkParameterAccessServiceInitialized();
    return parameterAccessService.getValue("SYSPARAM_INTERNAL_ORB_HOST");
}
```

Fazit

Eine derartige zentrale Initialisierungsprüfung hilft, mehrfach gleichen oder ähnlichen Sourcecode zu vermeiden, und sorgt dadurch für eine bessere Lesbarkeit.

17.5.2 Überprüfe Eingabeparameter

Die Prüfung von Eingabeparametern hilft dabei, unerwartete Werte zurückzuweisen. Dadurch bleibt die Objektintegrität erhalten und eine Methodenausführung erfolgt nur unter sicheren Umgebungsbedingungen. Des Weiteren können wir unsere Software im Fehlerfall informativer gestalten. Als Reaktion auf ungültige Parameterwerte sollte man Exceptions auslösen, da diese im Gegensatz zu Rückgabewerten einem Aufrufer eine Menge an Informationen über eine mögliche Fehlerursache mitliefern können.

Zumindest an Systemgrenzen, aber auch für öffentliche Business-Methoden empfiehlt es sich, die eingehenden Parameter auf Gültigkeit zu prüfen. Auf diese Weise vermeidet man, ungültige Werte ins Programm zu lassen und dadurch Merkwürdigkeiten oder Fehler in Berechnungen zu erhalten. Dabei finde ich folgende Analogie aus dem realen Leben hilfreich: Wenn die dreckigen Schuhe vor der Wohnungstür bleiben, muss man nicht andauernd den Boden der ganzen Wohnung säubern, wenn man mal im Wald spazieren war.[22]

Bei dieser Umbaumaßnahme lassen sich die Fälle der Prüfung von Referenzparametern sowie von Parametern primitiver Datentypen unterscheiden. Für Letztere können wir gültige Werte leichter prüfen, für Referenzparameter ist dies – abgesehen von einer Prüfung der Referenz auf `null` – meistens etwas komplizierter. Da Referenzparameter zum Teil eine Ausnahme bei der Prüfung darstellen, beschränke ich hier die Diskussion auf primitive Datentypen. Der folgende Praxistipp geht auf die Behandlung von `null`-Werten ein.

Stilfrage: `null`-Werte explizit behandeln oder nicht?

Eine Parameterprüfung ist immer dann zwingend notwendig, wenn ansonsten der Fehler »verschleppt« würde oder es zu einem nicht sofort erkennbaren Fehlverhalten käme, etwa zu falschen Berechnungen. Wird direkt auf eine übergebene Referenzvariable zugegriffen, die normalerweise nicht `null` sein darf, so führt dies ohne Zutun zu einer `NullPointerException`. In derartigen Fällen kann auf eine explizite Prüfung eines solchen Parameters verzichtet werden – allerdings wird dann nicht deutlich, ob nur versehentlich keine Prüfung erfolgt. Deshalb prüfe ich aus Gründen der Nachvollziehbarkeit und Konsistenz in der Regel alle Parameter und behandle `null`-Referenzen. Zudem bevorzuge ich als Reaktion auf unerwartete `null`-Werte, explizit eine `IllegalArgumentException` zu werfen und weitere Informationen zur Fehlersituation im Text der Exception zu übergeben. Seit JDK 7 ist der Einsatz der Hilfsmethode `Objects.requireNonNull()` empfehlenswert.

Beispiel

Betrachten wir folgenden Konstruktor, in dem drei Eingabeparameter vom Typ `int` entgegengenommen und ungeprüft gleichnamigen Attributen zugewiesen werden:

```java
public CommandExecutor(final int minExecutions, final int maxExecutions,
                       final int registrationStrategy)
{
    this.minExecutions = minExecutions;
    this.maxExecutions = maxExecutions;
    this.registrationStrategy = registrationStrategy;
}
```

---

[22] Oder: Wenn man schon an der Grenze Ausweise und Waren kontrolliert, muss man das nicht im ganzen Land immer und überall wieder tun.

Tatsächlich sind dabei aber folgende Randbedingungen zu beachten:

- Der Wert für `minExecutions` darf nicht negativ sein, d. h., er muss mindestens den Wert 0 haben. Die maximale Anzahl an Ausführungen `maxExecutions` muss kleiner oder gleich einem nicht gezeigten Wert `MAX_EXECUTIONS` sein.
- Der Wert `maxExecutions` muss größer gleich dem Wert `minExecutions` sein.
- Als Übergabewerte für die Registrierungsstrategie sind nur folgende durch `int`-Konstanten definierte Werte zulässig:

```
public static final int REPLACE_OLD_OR_ADD_AS_LAST = 0;
public static final int ADD_AS_FIRST             = 1;
public static final int ADD_AS_LAST              = 2;
```

Schritt 1: Referenz- oder Bereichsprüfung

Eine einfache Bereichsprüfung, die zunächst keine detaillierten Hinweistexte zur besseren Nachvollziehbarkeit bereitstellt, hilft dabei, den in Abschnitt 16.3.8 vorgestellten BAD SMELL: KEINE GÜLTIGKEITSPRÜFUNG VON EINGABEPARAMETERN zu eliminieren:

```
public CommandExecutor(final int minExecutions, final int maxExecutions, final
    int registrationStrategy)
{
    if (minExecutions < 0 || maxExecutions > MAX_EXECUTIONS)
    {
        throw new IllegalArgumentException("parameter 'minExecutions' or " +
                            "'maxExecutions' is out of valid range");
    }
    if (minExecutions > maxExecutions)
    {
        throw new IllegalArgumentException("parameter 'minExecutions' must be" +
                            " <= 'maxExecutions'");
    }
    // Achtung: Hier korrekter, aber potenziell fehlerträchtiger und fragiler
    // Vergleich, weil das Ganze stark vom Mapping und Werten abhängig ist!
    if (registrationStrategy < REPLACE_OLD_OR_ADD_AS_LAST ||
        registrationStrategy > ADD_AS_LAST)
    {
        throw new IllegalArgumentException("parameter 'registrationStrategy'" +
                            " is invalid");
    }
    this.minExecutions        = minExecutions;
    this.maxExecutions        = maxExecutions;
    this.registrationStrategy = registrationStrategy;
}
```

Dieser erste Schritt gibt im Fehlerfall einen vagen Hinweis (auslösender Parameter) auf die Ursache (Fehlerbeschreibung). *Allerdings sind sowohl die Fehlerbeschreibung als auch die Wertebereichsprüfung fragil.* Ziemlich unangenehm ist der Einsatz von Vergleichsoperatoren auf möglicherweise willkürlich gewählten Werten von Konstanten. Im Speziellen gilt dies hier für die Verwendung der Konstanten der Registrierungsstrategie. Diese hätten theoretisch auch durch beliebige andere Werte abgebildet werden können. Dann wären die Vergleiche eventuell nicht mehr ausreichend oder korrekt gewesen, etwa wenn `ADD_AS_LAST` dem Wert 4 entspricht. In Abschnitt 16.1.3 diskutiert BAD SMELL: ZUSAMMENGEHÖRENDE KONSTANTEN NICHT ALS TYP DEFINIERT dadurch verursachte Probleme und mögliche Lösungen. Wir nutzen als Abhilfe das Refactoring WANDLE KONSTANTENSAMMLUNG IN `enum` UM (vgl. Abschnitt 17.4.12).

Schritt 2: Einsatz von Aufzählungen, wenn sinnvoll und möglich

Häufig bietet sich für semantisch zusammengehörende Konstanten der Einsatz eines `enum`-Aufzählungstyps oder des ENUM-Musters (vgl. Abschnitt 3.4.4) an. In diesem Fall definiert der Typ `RegistrationStrategy` die Konstanten und wird als Referenzparameter übergeben. Eine Wertebereichsprüfung erfolgt implizit durch die Angabe des Typs. Allerdings ist nun die Referenz auf `null` zu prüfen:

```java
public CommandExecutor(final int minExecutions, final int maxExecutions,
                      final RegistrationStrategy registrationStrategy)
{
    // ... zwei Prüfungen ausgelassen ...
    Objects.requireNonNull(registrationStrategy,
                    "parameter 'registrationStrategy' must not be null");

    this.minExecutions = minExecutions;
    this.maxExecutions = maxExecutions;
    this.registrationStrategy = registrationStrategy;
}
```

Schritt 3: Angabe von übergebenen Werten und von Gültigkeitsbereichen

Anschließend korrigieren wir die unpräzise Fehlermeldung, indem wir den übergebenen Wert in den Exception-Text aufnehmen. Dadurch liefern wir bereits einen guten Hinweis auf mögliche Fehlerursachen. Wir können die Informationen aber noch weiter verbessern, indem wir gegebenenfalls zusätzlich gültige Wertebereiche angeben:

```java
public CommandExecutor(final int minExecutions, final int maxExecutions,
                      final RegistrationStrategy registrationStrategy)
{
    if (minExecutions < 0 || maxExecutions > MAX_EXECUTIONS)
    {
        throw new IllegalArgumentException("parameter 'minExecutions'=" +
                minExecutions + " or 'maxExecutions'=" + maxExecutions +
                " is out of valid range: [" + 0 + " - " + MAX_EXECUTIONS + "]");
    }
    if (minExecutions > maxExecutions)
    {
        throw new IllegalArgumentException("parameter 'minExecutions'=" +
                minExecutions + " must be <= 'maxExecutions'=" + maxExecutions);
    }
    Objects.requireNonNull(registrationStrategy,
                    "parameter 'registrationStrategy' must not be null");

    this.minExecutions = minExecutions;
    this.maxExecutions = maxExecutions;
    this.registrationStrategy = registrationStrategy;
}
```

Schritt 4: Herausrefaktorieren von Prüfmethoden

Wie man sieht, wird der Sourcecode der Parameterprüfung immer umfangreicher und komplizierter. Hier dominiert die Wertebereichsprüfung bereits den eigentlichen Programmcode. Ähnliches habe ich im einleitenden Beispiel von Kapitel 16 für Logging-Code als negativ angesprochen. Ein Herausrefaktorieren von Prüfmethoden ist unter dem Aspekt der Wiederverwendbarkeit in anderen Klassen oftmals eher wenig sinnvoll, da die Prüfungen stark vom jeweiligen Kontext abhängig sind. Innerhalb der eigenen Klasse kann sich die Lesbarkeit durch diese Prüfmethoden allerdings enorm erhöhen:

```
public CommandExecutor(final int minExecutions, final int maxExecutions,
                       final RegistrationStrategy registrationStrategy)
{
    assertExecutionsInValidRange(minExecutions, maxExecutions);
    assertMinExecutionsLessOrEqualToMax(minExecutions, maxExecutions);
    Objects.requireNonNull(registrationStrategy,
                    "parameter 'registrationStrategy' must not be null");

    this.minExecutions = minExecutions;
    this.maxExecutions = maxExecutions;
    this.registrationStrategy = registrationStrategy;
}
```

Die beiden Prüfmethoden werden wie folgt definiert:

```
static void assertExecutionsInValidRange(final int minExecutions,
                                         final int maxExecutions)
{
    if (minExecutions < 0 || maxExecutions > MAX_EXECUTIONS)
    {
        throw new IllegalArgumentException("parameter 'minExecutions'=" +
            minExecutions + " or 'maxExecutions'=" + maxExecutions +
            " is out of valid range: [" + 0 + " - " + MAX_EXECUTIONS + "]");
    }
}

static void assertMinExecutionsLessOrEqualToMax(final int minExecutions,
                                                final int maxExecutions)
{
    if (minExecutions > maxExecutions)
    {
        throw new IllegalArgumentException("parameter 'minExecutions'=" +
            minExecutions + " must be <= 'maxExecutions'=" + maxExecutions);
    }
}
```

Fazit

Die Prüfung von Eingabeparametern verhindert mögliche Inkonsistenzen und sorgt für einen gültigen Objektzustand. Im Fehlerfall werden aussagekräftige Fehlermeldungen produziert, die eine spätere Analyse und Fehlersuche erleichtern.

17.6 Falllstricke bei Refactorings

In diesem Unterkapitel wollen wir uns eine unglückliche Kombination von temporären Abhängigkeiten (*Temporal Coupling*) und Seiteneffekten anschauen, die dazuführt, dass selbst vermeintlich sichere IDE-basierte Basis-Refactorings zu Fehlern führen.

Initial sei nochmals darauf hingewiesen, dass Sie bei Refactorings immer schrittweise vorgehen sollten und idealerweise möglichst oft auch immer alle Unit Tests ausführen, um sicherzustellen, keine Fehler einzubauen. Zudem sollten Sie die von den IDEs angebotenen vielfältigen Refactorings nutzen und Free-Style-Umbauten eher vermeiden.

Gefahren durch Temporal Coupling und Seiteneffekten

Ich möchte Ihnen an einem einfachen Beispiel verdeutlichen, warum Seiteneffekte und temporäre Abhängigkeiten (Temporal Coupling) zwei Dinge sind, die Sie in Ihrer täglichen Arbeit behindern können. Zunächst machen es Seiteneffekte schwierig, Zustandsänderungen gut nachvollziehbar und kontrollierbar zu halten – insbesondere im Kontext von Multithreading. Temporal Coupling sorgt dafür, dass meist verdeckte Abhängigkeiten bestehen, die unerwartet Einfluss auf den Programmzustand und auf die Ausführungsreihenfolge haben. Beides ist schon für sich schlimm genug, erschwerend kommt jedoch hinzu, dass auch Aufräumarbeiten und Refactorings behindert werden. Nach dieser längeren Einleitung schauen wir uns drei kurze Methoden an, wobei das Temporal Coupling zwischen der Berechnung in `doSomething()` und dem Seiteneffekt in `someOtherStuff()` besteht:

```
int x = 2;
int y = 7;

private void affectedMethod()
{
    int result = doSomething(x,y);    // Berechnung basiert auf x und y

    someOtherStuff();                 // ändert x als Seiteneffekt

    if (result == 14)
    {
        System.out.println("expected 14");
        ...
    }
}

int doSomething(int x, int y)
{
    return x * y;
}

void someOtherStuff()
{
    x = 0;                            // unerwarteter Seiteneffekt ...
}
```

Bei der Belegung der Attribute x und y mit den Werten 2 und 7 wird für `result` der Wert 14 berechnet und somit kommt es zur Ausgabe:

```
expected 14
```

Inline von `result` Nehmen wir an, wir wollten den Sourcecode klarer gestalten und würden dazu die künstliche Hilfsvariable `result` durch das Basis-Refactoring IN-LINE auflösen. Ohne Temporal Coupling und ohne Seiteneffekte im Sourcecode ist das Vorgehen absolut sicher. Schauen wir jedoch unter diesen ungünstigen Randbedingungen auf das Ergebnis der Transformation und deren Folgen:

```java
int x = 2;
int y = 7;

private void affectedMethod()
{
    someOtherStuff();            // ändert x als Seiteneffekt

    if (doSomething(x,y) == 14)
    {
        System.out.println("expected 14");
        ...
    }
}
```

Würden wir diese Variante der Methode ausführen, so käme es nicht zur erwarteten Ausgabe des Werts 14. Vielmehr wird durch den Seiteneffekt in `someOtherStuff()` nun der Wert 0 berechnet, da jetzt der zwischenzeitlich geänderte Werte von x in die Berechnung eingeht. Demnach haben wir hier einen Applikationsfehler durch ein eigentlich wasserdichtes Basis-Refactoring eingeführt. Im Beispiel scheint dies nicht so schwerwiegend zu sein. Wenn wir uns jedoch vorstellen, dass statt einer Konsolenausgabe etwa eine Bestellung oder Flugbuchung ausgelöst würde oder eben nicht, wäre das wohl ein dramatischer Fehler.

Fazit

An einem einfachen Beispiel habe ich mögliche Probleme durch Seiteneffekte und Temporal Coupling dargestellt. Vermeiden Sie Seiteneffekte und dokumentieren Sie zeitliche Abhängigkeiten von Methoden, sodass spätere Bearbeiter des Sourcecodes nicht in solche Fallen, wie die gerade präsentierte, tappen.

17.7 Weiterführende Literatur

Das Themengebiet Refactorings lässt sich in einem Kapitel nicht umfassend behandeln. Ich hoffe aber, Ihr Interesse geweckt zu haben. Empfehlenswerte Bücher, die sich ausführlich mit dem Thema Refactorings beschäftigen, sind:

- »**Refactoring: Improving the Design of Existing Code**« von Martin Fowler [21]
  Einige Tricks und Kniffe, Sourcecode zu verbessern, lernt man von Kollegen oder durch Erfahrung. Martin Fowler fasst dieses Wissen in dem genannten Buch zusammen und stellt ein systematisches Vorgehen zur Sourcecode-Transformation vor.

- »**Refactorings to Patterns**« von Joshua Kerievsky [47]
  Dieses Buch verknüpft das Standardwerk zu Refactorings von Martin Fowler mit den Ideen der Entwurfsmuster.

- »**Refactorings in großen Softwareprojekten**« von Stefan Roock und Martin Lippert [66]
  Neben den Refactorings, die einfache Sourcecode-Transformationen beschreiben, kann man Refactorings auch auf Architektur- bzw. Designebene übertragen. Dieses Buch stellt einige Architekturprobleme, Refactorings und Tools vor.

- »**Working Effectively With Legacy Code**« von Michael Feathers [19]
  In diesem Buch werden Strategien aufgezeigt, wie man mit Altlasten behafteten Sourcecode überarbeiten kann, ohne in einem Wartungsalbtraum zu enden.

18 Entwurfsmuster

Vielfach erprobte und regelmäßig eingesetzte allgemeingültige Verfahren zur Lösung eines Entwurfsproblems werden als *Entwurfsmuster* oder auch *Designpattern* bezeichnet und gewinnen seit einigen Jahren immer mehr an Bedeutung. Populär wurden die Entwurfsmuster durch das Buch »Design Patterns – Elements of Reusable Object Oriented Software« von der sogenannten Gang of Four (GoF): Gamma, Helm, Johnson, Vlissides [23]. Dieses Buch löste Mitte der 90er-Jahre einen Run aus, der bis heute anhält. Viele Bücher sind zu diesem Thema erschienen, ohne jedoch das Original als *die* Referenz zu verdrängen.

Dieses Kapitel stellt einige in der Praxis häufig eingesetzte Entwurfsmuster vor, zeigt aber auch mögliche Probleme auf und entkräftet den Glauben, allein durch Einsatz von Entwurfsmustern erfolgreiche Softwareentwicklung betreiben zu können. Naheliegende Fehlverwendungen werde ich als *Anti-Pattern* beschreiben und erläutern.

Die von der GoF vorgenommene Gliederung in die drei Kategorien Erzeugungsmuster, Strukturmuster und Verhaltensmuster übernehme ich in diesem Buch. Die Vorstellung eines Musters beginnt mit einer kurzen Beschreibung und Motivation für dessen Einsatz. Daran schließt sich eine Darstellung der zugrunde liegenden Struktur in Form eines UML-Diagramms sowie eine Beschreibung des jeweiligen Musters anhand vereinfachter Praxisbeispiele mit abschließender Bewertung an.

Abschnitt 18.1 beschreibt, wie der Einsatz von Erzeugungsmustern den Konstruktionsprozess von Objekten vereinfachen kann. Die in Abschnitt 18.2 vorgestellten Strukturmuster helfen, Funktionalitäten flexibel erweitern und anpassen zu können. Verhaltensmuster werden in Abschnitt 18.3 beschrieben. Durch ihren Einsatz strukturiert und vereinfacht man komplexe Abläufe oder Interaktionen zwischen Objekten.

Design mit Entwurfsmustern

Die durch Entwurfsmuster beschriebenen prototypischen Beispielumsetzungen helfen, ein Problem auf eine dokumentierte Art und Weise zu lösen. Der Einsatz kann zu qualitativ hochwertiger Software führen – es kommt jedoch nicht automatisch zu einem guten Design und sinnvollen Lösungen. Zwar erreicht man häufig größere Flexibilität, allerdings entsteht auf Sourcecode-Ebene oft weitere Komplexität. Der Einsatz von Entwurfsmustern sollte daher immer auf die jeweilige Situation abgestimmt werden.

Jedes Entwurfsmuster trägt einen eindeutigen Namen und beschreibt eine Lösungsidee für ein Entwurfsproblem. Dadurch fällt die Kommunikation von Designentscheidungen unter Entwicklern leichter. Es entsteht eine *Entwurfssprache*, die dabei hilft, in Diskussionen länger auf der verständlichen Ebene des Designs mögliche Alternativen besprechen zu können, ohne sich mit Implementierungsdetails beschäftigen zu müssen. Wollte man früher einem anderen Softwareentwickler eine Realisierung beschreiben, so waren dafür viele Worte und Zeichnungen nötig. Etwa: Diese Klasse ist so entworfen, dass sie nur einmal instanziiert werden kann, bzw. diese Klasse ist ein Datenbehälter und definiert für jedes Attribut öffentliche `get()`- und `set()`-Methoden. Heutzutage reicht es, z. B. zu sagen, diese Klasse ist als SINGLETON oder als VALUE OBJECT entworfen. Eine ausführliche Darstellung der Vorteile einer gemeinsamen Designsprache finden Sie in dem ausgezeichneten Buch »Design Patterns Explained« [69] von Alan Shalloway und James R. Trott.

Beispielapplikation: Image-Editor

In diesem Kapitel werden zur Verdeutlichung einige Entwurfsmuster im Kontext einer Beispielanwendung vorgestellt. Pro Entwurfsmuster wird jeweils ein Aspekt der im Folgenden beschriebenen Anforderungen an einen grafischen Editor abgedeckt.

Anforderungen Es sollen Zeichenfunktionen für Figuren, wie Linien, Rechtecke und Kreise, angeboten werden. Zudem ist die Anzeige von Bildern gefordert. Die zu erstellende Applikation soll über Menüs, Kontextmenüs und Toolbars gesteuert werden. Ein erster Skizzenentwurf der Bedienoberfläche kann neben Bleistift und Papier auch mithilfe eines Zeichenprogramms erstellt werden. Häufig ist Letzteres aber mühseliger als eine Freihandskizze. Für Prototyp-Entwürfe von GUIs kann ich das Tool Balsamiq Mockups empfehlen, das als Demoversion unter `http://www.balsamiq.com/` verfügbar ist. Damit entstand der in Abbildung 18-1 dargestellte Entwurf.

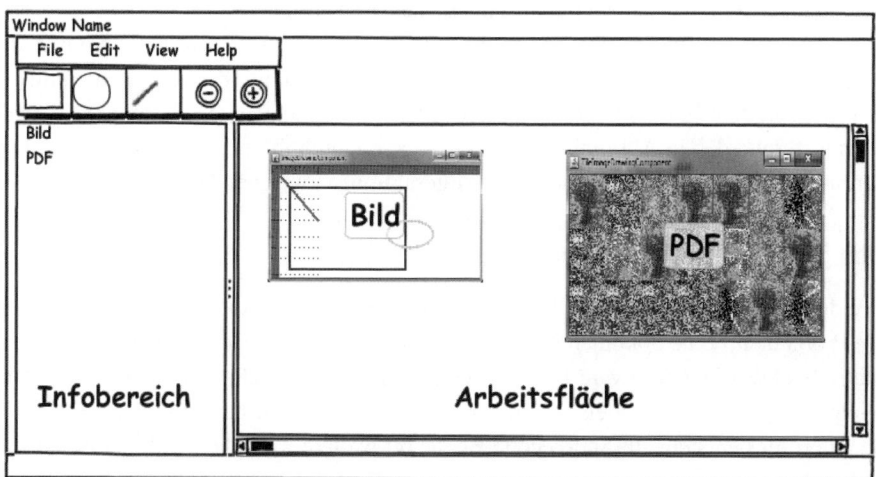

Abbildung 18-1 *UI-Entwurfskizze der Beispielapplikation*

Auf der Arbeitsfläche werden sowohl die Zeichenoperationen ausgeführt als auch Bilder eingefügt. Als Layouthilfe sind ein Lineal sowie ein Raster gewünscht. Als Randbedingung sollen alle Aktionen relativ zügig ausgeführt werden bzw. bei länger andauernden Aktionen ein paralleles Weiterarbeiten oder der Abbruch einer Aktion möglich sein. Obwohl diese Anforderung eigentlich natürlich ist und für nahezu jede interaktive Anwendung zutrifft, wird diese Anforderung in diversen Applikationen jedoch nur unzureichend umgesetzt.

Entwurfsideen   Die zu zeichnenden Elemente, also die grafischen Figuren, wollen wir einheitlich behandeln. Daher definieren wir ein gemeinsames Interface sowie eine abstrakte Basisklasse, wie dies in Abschnitt 3.2 vorgestellt wurde.

Wir werden zur Konstruktion des grafischen Editors folgende Muster[1] nutzen:

- **BEFEHL (COMMAND)** – In Menüs und Toolbars sind häufig Aktionen mit gleicher Funktionalität definiert. Diese Aktionen, wie etwa Laden oder Speichern, können über einen Menüeintrag, Shortcut, Toolbar-Button usw. ausgelöst werden. Um diese Funktionalität nicht mehrfach auszuprogrammieren, also um Sourcecode-Duplikation zu vermeiden, werden die Aktionen in Form von speziellen Befehlsobjekten implementiert. Diese werden jeweils an der aufrufenden Stelle erzeugt und ausgeführt. Eine Undo-Funktionalität wird durch Einsatz dieses Musters nachträglich leichter realisierbar.
- **BEOBACHTER (OBSERVER)** – Änderungen im Modell werden an verschiedene Views propagiert und führen zu Änderungen in der Übersichtsdarstellung und auf der Zeichenfläche.
- **ERZEUGUNGSMETHODE** und **FABRIKMETHODE (FACTORY METHOD)** – Beide helfen beim Erzeugen von Objekten.
- **ITERATOR** – Dieses Muster verwenden wir häufig, etwa zum Durchlaufen des Datenmodells beim Zeichnen verschiedener Figuren.
- **MODEL-VIEW-CONTROLLER** (MVC)[2] – Es werden Views (Arbeitsfläche und Übersichtsdarstellung) mit verschiedenen Ansichten gleicher Modelldaten realisiert.
- **PROTOTYP (PROTOTYPE)** – Dieses Muster hilft dabei, Copy-Paste-Operationen zu erleichtern.
- **SCHABLONENMETHODE (TEMPLATE METHOD)** – Das Zeichnen auf der Arbeitsfläche erfolgt nach einem genau definierten Algorithmus, der zunächst Lineale sowie Gitterstützpunkte und anschließend Figuren zeichnet. Durch die Basisklasse wird die Infrastruktur (Lineal und Raster) gezeichnet, jedoch ist dort keine Methode zum Zeichnen der Figuren implementiert. Dies geschieht erst in einer Spezialisierung.

---

[1]Englische Schreibweise ist in Klammern angegeben, falls sie von der deutschen abweicht.
[2]MVC ist im strengen Sinn kein Entwurfsmuster, sondern ein Architekturmuster.

18.1 Erzeugungsmuster

Erzeugungsmuster dienen dazu, einen potenziell aufwendigen Konstruktionsprozess von Objekten zu vereinfachen. Wenn Methoden statt Konstruktoren zum Erzeugen von Objekten verwendet werden, so entspricht dies den Ideen der Muster ERZEUGUNGSMETHODE bzw. FABRIKMETHODE. Auch mithilfe des Musters ERBAUER kann man die Objektkonstruktion einfacher gestalten. Durch ein SINGLETON wird sichergestellt, dass lediglich eine Instanz einer Klasse erzeugt und ein definierter Zugriffspunkt darauf angeboten wird. Mit einem PROTOTYP können Objekte leicht aus einem definierten Mustersatz durch Kopie und Parametrierung erzeugt werden.

18.1.1 Erzeugungsmethode

Beschreibung und Motivation

Man kann sich die ERZEUGUNGSMETHODE etwa wie eine Bestellung in einem Restaurant vorstellen. Man sagt, welches Gericht man essen möchte, nennt jedoch nicht jede Zutat. Auch die Art der Zubereitung bleibt verborgen.

Auf ein Programm übertragen bedeutet dies Folgendes: Wenn der Konstruktionsprozess komplex oder fehleranfällig ist, weil beispielsweise viele Parameter übergeben werden müssen, so wird eine Erzeugung durch einen Konstruktoraufruf von außen vermieden. Stattdessen wird die Klasse selbst für die Objekterzeugung verantwortlich gemacht und stellt zur Objektkonstruktion eine spezielle, statische Konstruktionsmethode, die Erzeugungsmethode, bereit. Um Objekterzeugungen von außen ohne Aufruf der Erzeugungsmethode sicher zu verhindern, dürfen lediglich private Konstruktoren bereitgestellt werden.

Struktur

Betrachten wir eine vereinfachte Klasse `DrawingPad`, die entweder als Applet oder als Applikation gestartet werden kann. Dies wird durch den Wert des Konstruktorparameters `runAsApplet` entschieden. Die Signatur des Konstruktors sieht wie folgt aus:

```
DrawingPad(final String title, final boolean runAsApplet,
          final JApplet applet, final ConsoleParams appParams)
```

Die beiden Parameter `applet` bzw. `appParams` sind jeweils nur in einem der beiden Modi sinnvoll zu belegen. Für Applikationen bleibt daher der `applet`-Parameter unbelegt (`null`). Für Applets wird für `appParams` der Wert `null` übergeben. Damit käme es beispielsweise zu folgenden Konstruktoraufrufen:

```
new DrawingPad("Application", false, null, consoleParams);
new DrawingPad("Applet", true, applet, null);
```

Betreiben wir eine kurze Analyse, um einige Probleme bei der Konstruktion eines `DrawingPad`-Objekts aufzudecken.

1. Wirklich lesbar und verständlich sind die gezeigten Konstruktoraufrufe mit `null`-Werten und den booleschen Literalen `true` und `false` nicht.
2. Existieren optionale Parameter, so steigt die Gefahr, an falscher Stelle `null`-Werte zu übergeben und dadurch unerwartete Fehlinitialisierungen vorzunehmen.
3. Es ist keine Kontrolle möglich, dass alle Werte konsistent übergeben werden. Im Speziellen können sowohl eine `JApplet`-Referenz als auch eine Referenz auf `ConsoleParams` übergeben werden. Zudem muss darauf geachtet werden, dass der boolesche Wert `runAsApplet` passend gesetzt ist. Man kann sich schnell folgende Fragen stellen: Welcher Wert soll Vorrang haben? Sollen beide Werte ausgewertet werden? Und wie drückt man Letzteres durch einen booleschen Parameter aus?
4. Der boolesche Wert `runAsApplet` ist redundant, da er sich anhand der Aussage `applet != null` erschließen lässt. Schlecht an dieser Redundanz ist zweierlei: Erstens ist eine widersprüchliche Eingabe möglich, da `runAsApplet` als `false` in Kombination mit einer gültigen `JApplet`-Referenz übergeben werden kann. Gleiches gilt für die Kombination mit einer `ConsoleParams`-Referenz und dem Wert `true`. Zweitens wird dieses Implementierungsdetail auch noch in der öffentlichen Schnittstelle für alle möglichen Aufrufer sichtbar. Eine nachträgliche Korrektur würde somit Änderungen an allen verwendenden Stellen bedingen.

Als Verbesserung bietet sich an, zwei Erzeugungsmethoden zu nutzen: Eine für die Konstruktion von Applets und eine für Applikationen. Diese beiden Methoden bekommen die sprechenden Namen `createAsApplet()` und `createAsApplication()`. Sie werden wie folgt realisiert:

```java
private static final boolean RUN_AS_APPLET = true;

public static DrawingPad createAsApplet(final String title,
                                        final JApplet applet)
{
    final ConsoleParams NO_APP_PARAMS = null;
    return new DrawingPad(title, RUN_AS_APPLET, applet, NO_APP_PARAMS);
}

public static DrawingPad createAsApplication(final String title,
                                             final ConsoleParams appParams)
{
    final JApplet NO_APPLET = null;
    return new DrawingPad(title, !RUN_AS_APPLET, NO_APPLET, appParams);
}
```

Anhand dieses Beispiels lernen wir eine weitere, nützliche Technik kennen: Statt Magic-Konstanten[3] zu benutzen, werden hier für die Werte `null` und `true` jeweils Konstanten mit sprechendem Namen (hier `NO_APP_PARAMS` bzw. `RUN_AS_APPLET`) definiert. Dadurch erhöht sich die Lesbarkeit und die Intention wird verdeutlicht. Durch Einsatz der Erzeugungsmethoden benötigt man zudem weniger Übergabeparameter für

---
[3] Verallgemeinerung von Magic Numbers: Literale primitiver Typen, Strings und `null`-Referenzen.

Aufrufe durch Klienten – die zur Objektkonstruktion intern erforderliche Anzahl bleibt natürlich gleich. Allerdings werden die Details der ausgelassenen Parameter und der Redundanz in der Klasse selbst versteckt. Eine spätere Korrektur wird unabhängig von externen Aufrufern möglich.

Erweiterungen

Der Einsatz einer Erzeugungsmethode ermöglicht häufig, die Klasse gemäß dem in Abschnitt 3.4.2 vorgestellten IMMUTABLE-Muster unveränderlich zu machen und dementsprechend Zustandsänderungen nach der Konstruktion zu verhindern. Selbst wenn dies nicht vollständig gelingt, kann eine Reduktion der veränderlichen Attribute auf ein tatsächlich benötigtes Minimum die Übersichtlichkeit fördern. Eine schrittweise Anleitung zum Reduzieren variabler Anteile einer Klasse beschreibt das Refactoring MINIMIERE VERÄNDERLICHE ATTRIBUTE in Abschnitt 17.4.2.

Verwendet man eine Erzeugungsmethode, so ist es bei Bedarf leicht möglich, eine Fehlerbehandlung zu integrieren. Man kann dadurch gewährleisten, dass ein Objekt immer vollständig initialisiert ist, bevor es verwendet wird. Treten Fehler während der Konstruktion auf, kann alternativ der Wert `null` oder ein NULL-OBJEKT (vgl. Abschnitt 18.3.2) zurückgeliefert werden. Seit Java 8 bietet es sich an, Instanzen der Klasse `Optional<T>` (vgl. Abschnitt 6.5) als Rückgabewert für potenziell fehlgeschlagene Erzeugungsmethoden zu nutzen. Dabei modelliert der Wert `Optional.empty` den Fehlerfall.

Stellt ein Fehler allerdings eine außergewöhnliche Situation dar, sollte dies besser mit einer Exception ausgedrückt werden. Eine Diskussion verschiedener Arten der Fehlerbehandlung finden Sie in Abschnitt 4.7.

Bewertung

Der Einsatz einer ERZEUGUNGSMETHODE bewirkt Folgendes:

+ **Lesbarkeit** – Die Details des Konstruktionsprozesses werden versteckt, was für mehr Lesbarkeit sorgt: Die Signatur einer Erzeugungsmethode ist in der Regel kürzer als die Parameterliste des Konstruktors. Dies ist möglich, weil lediglich einige der Parameter des Konstruktors entgegengenommen und die restlichen beim Aufruf des Konstruktors mit Defaultwerten belegt werden. Zudem kann man für eine Erzeugungsmethode einen sprechenden Namen wählen, der die erzeugten Objekte besser charakterisiert als der Konstruktor mit dem Namen der Klasse.

+ **Konstruktionssicherheit** – Es lassen sich vollständig und korrekt initialisierte Objekte erzeugen: Innerhalb einer Erzeugungsmethode können alle Parameter vor der Übergabe und Konstruktion des Objekts validiert werden. Dadurch wird es möglich, die Instanzerzeugung abzusichern oder zu erleichtern und angemessen auf Fehlersituationen zu reagieren. Weiterhin kann man eine Art Transaktion bei der Objekterzeugung erreichen: Ein Objekt wird entweder vollständig erzeugt oder es wird im Fehlerfall kein Objekt, sondern der Wert `null`, ein NULL-OBJEKT oder `Optional.empty` zurückgeliefert. Daher leistet eine Erzeugungsmethode bei der Behandlung von Fehlern im Konstruktionsprozess gute Dienste.

o **Mehraufwand** – Minimal mehr Sourcecode ist erforderlich.

18.1.2 Fabrikmethode (Factory method)

Beschreibung und Motivation

Die Idee hinter dem Muster FABRIKMETHODE ist ähnlich einer Produktion in einer realen Fabrik, die aufgrund einer Bestellung gewünschte Dinge produzieren kann. Bei einer solchen Bestellung sind lediglich die Artikelnummern oder Bezeichnungen der Teile, nicht aber die konkreten Ausprägungen und Realisierungen bekannt. Es findet demnach analog zum Muster ERZEUGUNGSMETHODE eine Kapselung der Objekterzeugung statt: Objekte werden nicht direkt per Konstruktoraufruf erzeugt, sondern dieser Vorgang wird an ein spezielles Objekt, eine sogenannte Fabrik, delegiert. Die dort definierten Fabrikmethoden erzeugen Objekte verschiedenen Typs.

Der Unterschied zum Muster ERZEUGUNGSMETHODE, das den Konstruktionsprozess einer speziellen Klasse vereinfacht, liegt darin, dass beim Muster FABRIKMETHODE eine andere Klasse, die Fabrik, die Konstruktion von Objekten eines gewünschten konfigurierbaren Typs durchführt.

Struktur

Es wird eine Fabrikklasse `Factory` mit einer Methode `createProduct(Product-Type)` zum Erzeugen von Objekten definiert. Dort wird anhand eines Parameters `productType` entschieden, welcher konkrete Typ erzeugt wird. Der gewünschte zu erzeugende Typ wird dabei entweder, wie in diesem Fall, als Parameter übergeben oder aus einer Konfiguration gelesen. Damit überhaupt verschiedene Produkte von einer Methode erzeugt werden können, müssen diese Produkte ein gemeinsames Interface `IProduct`, eine gemeinsame Basisklasse `AbstractProduct` oder beides besitzen. Klienten arbeiten immer mit dieser Abstraktion des konkreten Produkts, wodurch es automatisch zu einer besseren Kapselung und loseren Kopplung zum verwendenden Applikationscode kommt. Abbildung 18-2 zeigt eine mögliche Realisierung als UML-Diagramm.

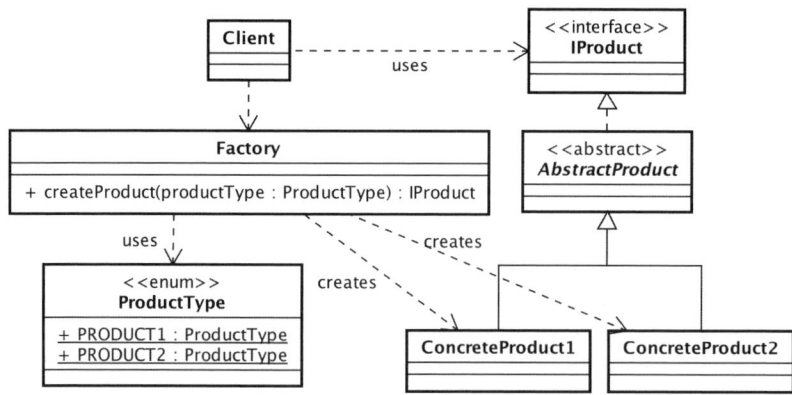

Abbildung 18-2 *Fabrikmethode*

Beispiel

Die Fabrikmethode `createGraphicsElement(...)` wird in einer Klasse `MenuActionHandler` definiert. Dort wird anhand des übergebenen `enum`-Werts entschieden, von welchem Typ eine neue Instanz erzeugt wird. Abbildung 18-3 zeigt eine mögliche Realisierung eines Teils unserer Grafikanwendung als UML-Diagramm.

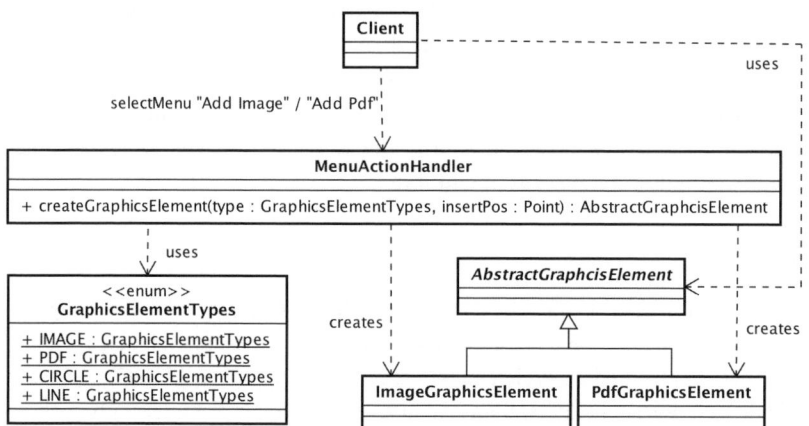

Abbildung 18-3 *Fabrikmethode konkret*

Abhängig von dem übergebenen Aufzählungswert `type` wird ein Objekt eines korrespondierenden grafischen Elements erzeugt, beispielsweise `ImageGraphicsElement`. Das zeigt der folgende Sourcecode-Ausschnitt:

```java
public static AbstractGraphicsElement createGraphicsElement(final
    GraphicsElementTypes type, final Point insertPos)
{
    switch (type)
    {
        case IMAGE:
            return new ImageGraphicsElement(insertPos.x, insertPos.y);
        case PDF:
            return new PdfGraphicsElement(insertPos.x, insertPos.y);

        // ...
    }
    throw new IllegalStateException("Unexpected 'GraphicsElementTypes' '" +
                                    type + "'");
}
```

Bewertung

Der Einsatz des Musters FABRIKMETHODE besitzt durch die Ähnlichkeit zum Muster ERZEUGUNGSMETHODE nahezu dieselben Implikationen, weshalb diese in der folgenden Aufzählung nur kurz genannt werden. Als Erweiterung wird beim Muster FABRIKMETHODE allerdings nicht nur der Konstruktionsprozess von Klassen vereinfacht, sondern der Konstruktionsprozess an sich gekapselt: Die Konstruktion von Objekten eines gewünschten, konfigurierbaren Typs wird durch eine externe Klasse realisiert. Es findet somit eine Abstraktion von den konkret erzeugten Klassen statt.

Der Einsatz einer FABRIKMETHODE hat folgende Auswirkungen:

+ **Lesbarkeit** – Die Details des Konstruktionsprozesses werden versteckt, was für mehr Lesbarkeit sorgt.

+ **Abstraktion** – Der konkret erzeugte Objekttyp kann vor dem Aufrufer versteckt werden, indem lediglich eine Referenz auf ein Interface oder eine abstrakte Klasse des erzeugten Objekttyps zurückgegeben wird. Dies verstärkt zudem den Effekt der Kapselung und führt zu einer loseren Kopplung.

+ **Kapselung** – Die Kapselung wird verstärkt: Ein Klient nutzt lediglich eine Schnittstelle zur Erzeugung, wodurch die konkrete Realisierung einer Fabrikklasse, der Erzeuger, ausgetauscht werden kann. Durch die zuvor erwähnte Abstraktion vom konkret erzeugten Objekt können unterschiedliche Fabrikklassen verschiedene konkrete Typen eines gemeinsamen Basistyps zurückliefern.

+ **Konstruktionssicherheit** – Durch eine Konsistenzprüfung können garantiert vollständig initialisierte Objekte erzeugt werden bzw. Fehler entsprechend korrigiert oder behandelt werden.

o **Mehraufwand** – Es entsteht ein wenig mehr Sourcecode, da hier zumindest eine Fabrikklasse und eine Basisklasse für die Produktklassen benötigt werden.

o **Mehr Komplexität** – Die zu realisierenden Klassen führen zu etwas mehr Komplexität.

18.1.3 Erbauer (Builder)

Beschreibung und Motivation

Man kann sich das Vorgehen beim ERBAUER-Muster wie bei der Bestellung einer Pizza oder eines Autos vorstellen. Auf einer Bestellliste kann man aus vielen verschiedenen Bestandteilen und Extras genau diejenigen ankreuzen, die man bekommen möchte. Man gibt also eine spezielle Bestellung auf und konfiguriert sich damit sein Objekt mit den gewünschten Eigenschaften. Erst nach Abschluss der Auswahl wird mit der eigentlichen Herstellung begonnen.

Das ERBAUER-Muster kann immer dann sinnvoll eingesetzt werden, wenn ein zu erzeugendes Objekt viele optionale oder komplex zu konstruierende Bestandteile besitzt. Auch wenn zur Objektkonstruktion benötigte Werte iterativ ermittelt werden, lässt sich eine Folge von `set()`-Methoden zur Objektinitialisierung durch den Einsatz des ERBAUER-Musters vermeiden. Dadurch kann man meistens einen gültigen Objektzustand viel leichter sicherstellen (vgl. Abschnitt 3.1.5).

Im Unterschied zum Muster FABRIKMETHODE, bei dem eine abstrakte Bezeichnung, beispielsweise eine Artikelnummer, das zu erzeugende Produkt beschreibt, liegt der Fokus beim Einsatz des ERBAUER-Musters darauf, die einzelnen Bestandteile eines Objekts auf einfache Weise zu spezifizieren. Dabei werden zudem die Ideen des ERZEUGUNGSMETHODE-Musters aufgegriffen, die eine sichere Konstruktion adressieren. Betrachten wir dies nun etwas konkreter.

Struktur

Eine Klasse `Builder` definiert eine Fabrikmethode `create()` oder `build()`, die später zur Konstruktion des gewünschten `Product`-Objekts aufgerufen werden muss. Um die Erzeugung von Objekten mittels Konstruktoraufruf durch externe Klassen zu verhindern, definiert man den Konstruktor der `Product`-Klasse mit der Sichtbarkeit `private`. Dies zeigt Abbildung 18-4.

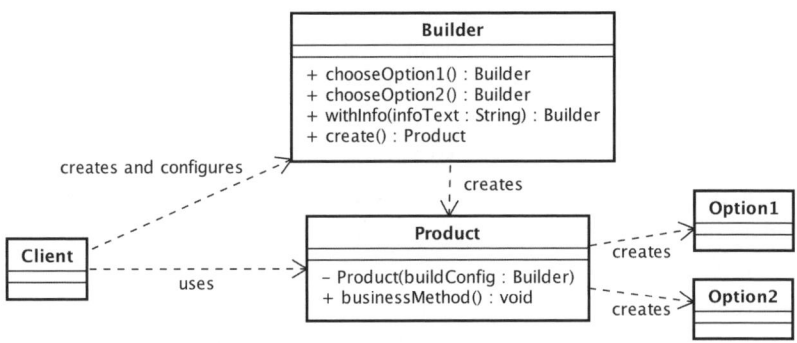

Abbildung 18-4 Erbauer

Die Klasse `Builder` sammelt zunächst alle Informationen, um die zu konstruierenden Teile zu ermitteln. Das Auswählen einer Eigenschaft erfolgt durch Aufruf spezieller Methoden mit aussagekräftigem Namen. Nachdem alle gewünschten Eigenschaften spezifiziert wurden, wird die Erstellung des eigentlichen Produkts veranlasst, wodurch auch eine Konstruktion der zu den gewünschten Eigenschaften korrespondierenden Teile erfolgt. Dies geschieht durch Aufruf der `create()`-Methode. Folgendes Sourcecode-Fragment zeigt das zuvor Beschriebene:

```
new Builder().chooseOption1().chooseOption2().create();
```

In diesem Fall ergibt sich durch die Hintereinanderausführung von Methoden eine lesbare und kurze Schreibweise. Voraussetzung dazu ist, dass die Auswahlmethoden jeweils eine Referenz auf die `Builder`-Instanz selbst zurückliefern.

> **Tipp: Hintereinanderausführung von Methoden**
>
> *In vielen Situationen ist eine Hintereinanderausführung von Methoden zu vermeiden, da man sich nicht auf korrekte Rückgabewerte verlassen kann und die Verkettung bei `get()`-Methoden eher unleserlich wird.*
>
> Für die Methoden im ERBAUER mit sprechenden Namen gilt diese Kritik nicht, da hier garantiert ein gültiges Objekt zurückgeliefert wird und eine Verkettung häufig die Lesbarkeit sogar erhöhen kann.

Beispiel

Im folgenden Beispiel wird die Klasse `PizzaBuilder` genutzt, um die Eigenschaften zweier verschiedener `Pizza`-Objekte zu spezifizieren und diese anschließend zu konstruieren:

```
public static void main(final String[] args)
{
    final PizzaBuilder builder = new PizzaBuilder();
    builder.mitExtraSardellen();
    System.out.println("Normale Pizza mit extra Sardellen: " + builder.create());

    final PizzaBuilder builder2 = new PizzaBuilder();
    builder2.mitSalami().small().bitteBeachten("Ohne Mais!");
    System.out.println("Kleine Salami-Pizza ohne Mais: " + builder2.create());
}
```

Listing 18.1 Ausführbar als 'BUILDEREXAMPLE'

Die (statische innere) Klasse `PizzaBuilder` ist ähnlich zum Muster VALUE OBJECT (vgl. Abschnitt 3.4.5) realisiert und enthält die Wunschliste der Optionen:

```java
public static final class PizzaBuilder
{
    // Defaultwerte, gelten wenn keine korrespondierende Methode aufgerufen wird
    boolean mitSalami         = false;
    boolean mitExtraSardellen = false;
    String  info              = "";
    Size    size              = Size.MEDIUM;

    public PizzaBuilder mitSalami()
    {
        this.mitSalami = true;
        return this;
    }

    public PizzaBuilder mitExtraSardellen()
    {
        this.mitExtraSardellen = true;
        return this;
    }

    public PizzaBuilder small()
    {
        this.size = Size.SMALL;
        return this;
    }

    public PizzaBuilder bitteBeachten(final String info)
    {
        this.info = info;
        return this;
    }

    public Pizza create()
    {
        return new Pizza(this);
    }
    // ...
```

Bewertung

Der Einsatz des ERBAUER-Musters hat folgende Auswirkungen:

+ **Lesbarkeit und Vereinfachung** – Die Details des Konstruktionsprozesses werden versteckt, was für mehr Lesbarkeit sorgt: Es werden lediglich gewünschte Eigenschaften spezifiziert. Die eigentliche Konstruktion wird intern geregelt und bleibt verborgen. Zudem kann man sprechende Methodennamen wählen, die die Eigenschaften des zu erzeugenden Objekts besser beschreiben als die Namen von Parametern.

+ **Konstruktionssicherheit** – Es lassen sich vollständig und korrekt initialisierte Objekte erzeugen: Die Parametrierung erfolgt ausschließlich über einige Methoden, die die korrespondierenden Attribute setzen und später als Eingabewerte für den Konstruktor des zu erzeugenden Produkts dienen.

+ **Unterstützung optionaler Attribute** – Der Umgang mit vielen optionalen Attributen wird erleichtert: Defaultwerte müssen nicht explizit gesetzt bzw. im Konstruktor übergeben werden.

- **Mehr Komplexität** – Der Einsatz führt zu mehr Komplexität und Sourcecode, da gewünschte Wertebelegungen von Attributen über den Aufruf von Methoden spezifiziert werden müssen. Der für Aufrufer verborgene Konstruktionsprozess sorgt für mehr Komplexität innerhalb der Klassen des ERBAUER-Musters.

18.1.4 Singleton

Beschreibung und Motivation

Möchte man sicherstellen, dass höchstens eine Instanz einer bestimmten Klasse erzeugt werden kann, so sollte das SINGLETON-Muster zum Einsatz kommen. Außerdem wird dadurch ein globaler Zugriffspunkt auf die Instanz bereitgestellt.

Beispiele für Einsatzgebiete sind jede Art von zentraler Registrierung: Wenn ein Programm über Plugins erweiterbar ist, werden diese zweckmäßigerweise über einen zentralen Plugin-Manager verwaltet. Ebenso werden Fabrikklassen häufig gemäß dem SINGLETON-Muster implementiert, da man Klienten nicht zusätzlich die Erzeugung von Fabrikklassen auferlegen möchte.

Struktur

Damit lediglich eine Instanz erzeugt werden kann, ist es wichtig, den Konstruktionsprozess in der Klasse selbst zu kapseln und diese für die Verwaltung ihres einzigen Exemplars zuständig zu machen. Es kommt eine spezielle Form des ERZEUGUNGSMETHODE-Musters zum Einsatz, für die folgende Realisierungsanforderungen existieren:

1. Um eine Objekterzeugung außerhalb der Klasse zu verhindern, verwenden wir einen privaten Konstruktor.
2. Zur Speicherung der einzigen Instanz wird ein statisches Attribut INSTANCE verwendet. Der Zugriff auf dieses erfolgt ausschließlich über eine statische Zugriffsmethode, typischerweise `getInstance()` genannt.

Die Umsetzung dieser Forderungen ist in Abbildung 18-5 als Klassendiagramm dargestellt. Dabei werden stellvertretend für beliebige Attribute einer `Singleton`-Klasse zwei Attribute `attribute1` und `attribute2` in die Modellierung aufgenommen.

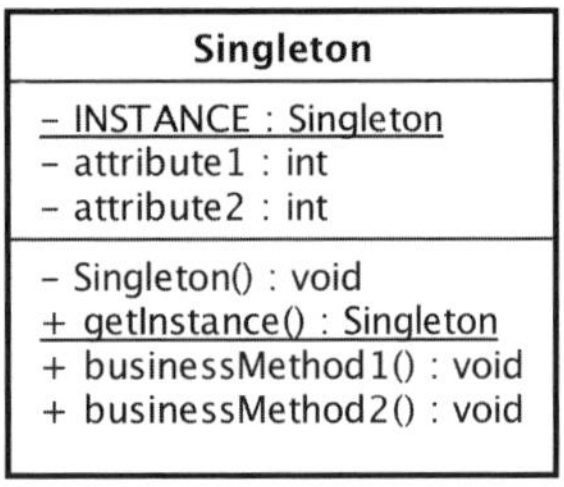

```
┌─────────────────────────────────┐
│           Singleton             │
├─────────────────────────────────┤
│ - INSTANCE : Singleton          │
│ - attribute1 : int              │
│ - attribute2 : int              │
├─────────────────────────────────┤
│ - Singleton() : void            │
│ + getInstance() : Singleton     │
│ + businessMethod1() : void      │
│ + businessMethod2() : void      │
└─────────────────────────────────┘
```

Abbildung 18-5 *Singleton*

Beispiel

Ein erster intuitiver Entwurf, den man häufig so oder ähnlich in Sourcecode findet, sieht wie folgt aus:

```java
public final class BadSingleton
{
    private static BadSingleton INSTANCE = null;

    private int attribute1;
    private int attribute2;

    // ACHTUNG: SCHLECHT !!!
    public static BadSingleton getInstance()
    {
        if (INSTANCE == null)
        {
            INSTANCE = new BadSingleton();
        }
        return INSTANCE;
    }

    private BadSingleton()
    {
    }

    public void businessMethod1() { /* ... */ }
    public void businessMethod2() { /* ... */ }
}
```

Auf den ersten Blick sieht diese Umsetzung schon ganz gut aus. Aber wie bereits in Jon Bentleys »Perlen der Programmierkunst« [3] erwähnt, ist die erste Idee meistens nicht die beste.

In Singlethreading-Umgebungen ist die obige Implementierung akzeptabel. Probleme offenbaren sich erst beim Einsatz in Multithreading-Umgebungen: Wie bereits in Kapitel 9 erwähnt, ist diese Realisierung nicht Thread-sicher. Rufen mehrere Threads nahezu zeitgleich diese `getInstance()`-Methode auf, so kann es zu verschiedenen Race Conditions kommen. Im einfachsten Fall führen mehrere Threads die Prüfung auf `null` durch und werden anschließend unterbrochen. Alle Threads erzeugen als Folge »ihr« eigenes Singleton.

Eine mögliche Lösung ist das Synchronisieren der `getInstance()`-Methode, da durch das Schlüsselwort `synchronized` die Möglichkeit des Zugriffs durch mehrere Threads unterbunden und zusätzlich eine konsistente Sicht aller Threads auf den aktuellen Zustand der Variablen garantiert wird:

```
public static synchronized BetterSingleton getInstance()
{
    if (INSTANCE == null)
    {
        INSTANCE = new BetterSingleton();
    }
    return INSTANCE;
}
```

Bei dieser Realisierung gemäß Lazy Initialization (vgl. Abschnitt 22.3) erfolgt bei jedem Zugriff auf die synchronisierte Methode ein gegenseitiger Ausschluss und die Ausführung als kritischer Bereich. Dieses Vorgehen wird eigentlich nur für die erste Initialisierung des statischen Attributs `INSTANCE` benötigt. Für alle weiteren Zugriffe ist dieser Aufwand weder erforderlich noch gewünscht, weil dadurch Nebenläufigkeit verhindert wird: Rufen andere Komponenten häufig die `getInstance()`-Methode auf, so kann das Locking einen Flaschenhals darstellen. Dadurch können Zugriffe nicht parallel erfolgen, sondern werden sequenziell nacheinander ausgeführt.

Als Singleton realisierte Klassen stellen in der Regel zentrale und vielfach benötigte Komponenten dar. Deswegen ist die zuvor gezeigte Lazy Initialization zur Konstruktion eines Singletons eher fragwürdig, weil sie vor allem für optionale und aufwendig zu konstruierende Komponenten gedacht ist, was auf Singletons eher seltener zutrifft. Außerdem verursacht gerade Lazy Initialization unter Umständen verschiedenste Probleme beim Multithreading. Und tatsächlich lässt sich der Sourcecode viel einfacher, übersichtlicher und kürzer formulieren, wenn man auf Lazy Initialization verzichtet. Man nutzt stattdessen eine direkte, Thread-sichere, statische Initialisierung des statischen Attributs `INSTANCE`:

```
public final class Singleton
{
    private static final Singleton INSTANCE = new Singleton();

    private int attribute1;
    private int attribute2;

    public static Singleton getInstance()
    {
        return INSTANCE;
    }

    private Singleton()
    {
    }

    public void businessMethod1() { /* ... */ }
    public void businessMethod2() { /* ... */ }
}
```

Thread-Sicherheit ist bei dieser Art der Realisierung dadurch gegeben, dass die Klassenbeschreibung einmal geladen wird und anschließend eine Initialisierung erfolgt, bevor die Klasse für andere Klassen zugreifbar wird.

Folgende Vorteile ergeben sich zusätzlich: Im Unterschied zum ersten Ansatz wird das Objekt immer erzeugt und steht bei der ersten Benutzung der Klasse zur Verfügung. Dadurch entfällt der Bedarf für die Synchronisation. Die Deklaration als `final` sorgt zudem dafür, dass sich die Referenz INSTANCE nicht mehr ändern kann und somit auch keine Prüfungen auf `null` notwendig sind.

Besondere Variante basierend auf `enum` Die zuvor gezeigte Lösung war bis JDK 1.4 die kürzeste und eleganteste Realisierung eines SINGLETONs. Seit JDK 5 kann man eine Besonderheit von `enum`-Aufzählungen nutzen. Diese sind immer eindeutig und nur einmal in einer JVM vorhanden. Somit lässt sich ein SINGLETON als eine einelementige Aufzählung wie folgt definieren:

```
public enum Singleton
{
   INSTANCE;

   private int attribute1;
   private int attribute2;

   public void businessMethod1() { /* ... */ }
   public void businessMethod2() { /* ... */ }
}
```

So elegant diese Lösung zunächst vielleicht auch aussehen mag, sie besitzt doch ein paar Nachteile. Einer davon ist, dass `enum`-Aufzählungen implizit von der Basisklasse `Enum<E extends Enum<E>>` abgeleitet sind. *Für Singletons sind Basisklassen aber in der Regel nicht wünschenswert.* Man erbt im obigen Beispiel nämlich Funktionalität in Form der Methoden `name()`, `ordinal()` sowie `compareTo(Singleton)`. Im besten Fall ist das überraschend, meistens aber eher verwirrend und lenkt von den eigentlichen Business-Methoden ab. Es kommt noch schlimmer: Für ein Singleton erwartet man nur eine statische Methode, nämlich `getInstance()`. Obige Realisierung basierend auf `enum` bietet aber diverse statische Methoden, etwa `values()`, `valueOf(String)` usw.

Bewertung

Der Einsatz eines SINGLETONs hat folgende Auswirkungen:

+ **Zentraler Zugriffspunkt** – Es gibt einen zentralen Zugriffspunkt auf benötigte Funktionalität, der eine sichere Initialisierung erlaubt.

+ **Strukturierung** – Die Zugriffe auf das SINGLETON werden strukturiert und Implementierungsdetails lassen sich verstecken.

o **Realisierungsprobleme** – Der Einsatz ist komplizierter, als man meint: Intuitive Lösungen unter Verwendung von Lazy Initialization führen zu Problemen in

Multithreading-Umgebungen. In der Vergangenheit wurden dazu komplexe, zum Teil fehlerhafte und schlecht lesbare Realisierungen entwickelt, unter anderem das sogenannte *Double Checked Locking*.[4] Einfacher und zudem korrekt ist die zuvor vorgestellte Lösung. Ein subtileres Problem lässt sich dadurch jedoch nicht lösen: die im folgenden Punkt beschriebene fehlende Eindeutigkeitsgarantie!

- **Keine Eindeutigkeitsgarantie** – Der Einsatz ist problematisch, wenn man mehrere `ClassLoader`[5] verwendet. Es gibt dann keine Eindeutigkeitsgarantie mehr und es kann dann mehrere Instanzen eines Singletons geben – pro `ClassLoader` eine. Daher müssen zusätzliche Betrachtungen angestellt werden. Dies wird im folgenden Hinweis ausführlicher beschrieben.

Achtung: Fallstricke und Probleme durch mehrere `ClassLoader`

Das SINGLETON-Muster soll dafür sorgen, dass nur eine einzige Instanz einer Klasse innerhalb einer Applikation erzeugt werden kann. Allerdings garantiert der Einsatz dieses Musters selbst innerhalb einer JVM nicht die Einzigartigkeit einer Instanz. *Das SINGLETON-Muster sorgt in Java nur dafür, dass höchstens eine Instanz pro `ClassLoader` existiert. In einer JVM kann es also durchaus eben so viele Instanzen des »Singletons« geben, wie es `ClassLoader` gibt.*

Das kann z. B. bei einem Webserver der Fall sein, da dort zum Teil mehrere `ClassLoader`-Instanzen eingesetzt werden. Diesen Sachverhalt muss man im Hinterkopf haben, wenn ein SINGLETON eine Ressource kapseln soll, die nur einmal vorhanden ist. In komplexen Applikationen verschärfen sich die Probleme, wenn hier mit mehreren JVMs gearbeitet wird. Dasselbe gilt beim Einsatz von Applikationsservern. Wie man an dieser kurzen Diskussion erkennt, sind beim Einsatz des SINGLETON-Musters in komplexen Applikationen einige Vorüberlegungen notwendig. Verwendet man allerdings nur einen `ClassLoader`, dann sind die hier angesprochenen Punkte nicht relevant, und man muss lediglich die im Text gegebenen Empfehlungen zur Realisierung beachten.

Achtung: SINGLETON als Anti-Pattern

Ich kenne Applikationen, die das SINGLETON-Muster als Allheilmittel ansehen: Dort sind viele Klassen als ein solches realisiert. In diesem Fall kann der Einsatz des Musters aber mit einer Ansammlung von statischen Variablen verglichen werden. Es ist aber nicht sinnvoll, überall Zugriff auf alle Klassen anzubieten. Im Normalfall sollte es nur einige wenige Klassen geben, die man zentral bereitstellen muss. Hält man sich nicht daran, so wird das SINGLETON schnell zu einem Anti-Pattern.

---

[4]Hintergründe finden Sie online unter http://www.ibm.com/developerworks/java/library/j-dcl.html.

[5]Ein sogenannter Klassenlader vom Typ `ClassLoader` lädt benötigte Klassenbeschreibungen bei Bedarf in den Speicher und entscheidet vorher, ob eine Klasse überhaupt geladen werden darf. Zudem stellt er sicher, dass Anwendungen keine Systemklassen überschreiben.

18.1.5 Prototyp (Prototype)

Beschreibung und Motivation

Das Vorgehen beim PROTOTYP-Muster besteht darin, basierend auf speziellen Vorlagenobjekten neue Objekte zu generieren. Man nutzt dieses Muster, wenn Instanzen einer Klasse einen großen gemeinsamen Grundstock an gleichen Werten ihrer Attribute haben und durch wenige Modifikationen gebrauchsfertig gemacht werden können. Außerdem kann der Einsatz zur Performance-Steigerung und zur ressourcenschonenden Objekterzeugung verwendet werden, wenn diese per Konstruktor zeitaufwendig ist (z. B. durch erneute Datenbankzugriffe zum Ermitteln der Werte der Attribute) und somit ein Kopieren der Ergebnisse und anschließendes Parametrieren günstiger ist.

Dieses Muster besitzt zwei Varianten: Bei der *statischen* Variante dienen eine oder mehrere Kopiervorlagen (Prototypen) als Basis für neue Objekte. Bei der *dynamischen* Variante kann sogar der Typ der Kopiervorlage zur Laufzeit unterschiedlich sein.

Struktur

Die Struktur für die statische Variante des Musters wird in Abbildung 18-6 gezeigt. Es existiert ein Objekt vom Typ `Prototype`, der eine `makeCopy()`-Methode anbietet, um sich selbst zu kopieren. Damit kann jedes Objekt dieses Typs als Kopiervorlage agieren. Hier wird bewusst nicht der Name `clone()` verwendet, um eine klare Abgrenzung zum `Cloneable`-Interface aus dem JDK zu gewährleisten.

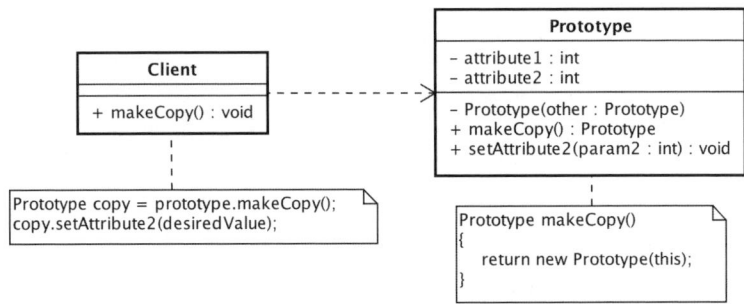

Abbildung 18-6 Prototyp

Nach einem Aufruf von `makeCopy()` können bei Bedarf weitere Anpassungen der Attributwerte durch `set()`-Methoden erfolgen, um das neu erstellte Objekt wie gewünscht zu parametrieren.

Beispiel

Die dynamische Variante stelle ich im Folgenden am vereinfachten Beispiel eines grafischen Editors vor, der über Buttons verschiedene Aktionen, wie Figuren zeichnen, kopieren und einfügen, erlaubt. Mehrfache Kopien sind in Abbildung 18-7 für einige Rechtecke gezeigt, wobei die aktuell selektierte Figur fett dargestellt ist.

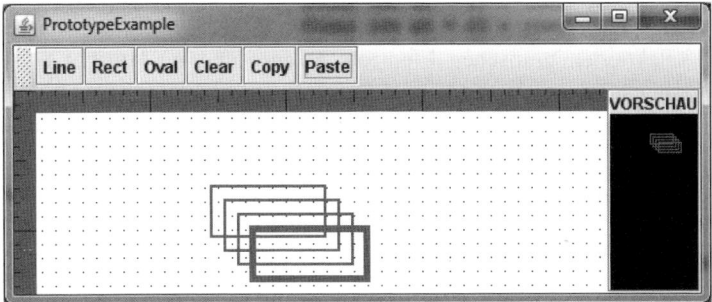

Abbildung 18-7 *Beispielapplikation unter Verwendung des* PROTOTYP-*Musters*

Wird der Copy- bzw. Paste-Button gewählt, so werden spezielle Methoden aufgerufen und das momentan auf der Zeichenfläche selektierte Element kopiert bzw. eingefügt. Die beteiligten Klassen und deren Zusammenwirken zeigt das Klassendiagramm in Abbildung 18-8.

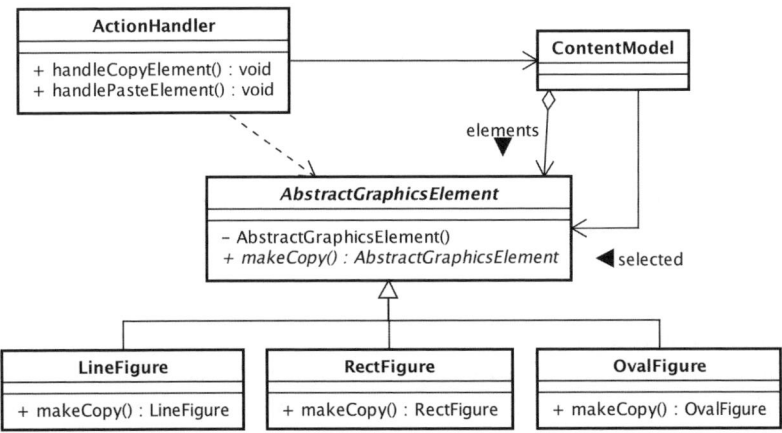

Abbildung 18-8 *Prototyp am Beispiel*

Zur Realisierung der Copy- bzw. Paste-Aktionen werden die Methoden `handleCopy-Element()` und `handlePasteElement()` aufgerufen, um das momentan auf der Zeichenfläche selektierte Element zu kopieren. Dieses kann je nach Auswahl von unterschiedlichen Laufzeittypen sein. Damit eine einheitliche Verarbeitung möglich ist, müssen alle zu verarbeitenden Objekte einen gemeinsamen Typ besitzen. In diesem Beispiel ist dies die abstrakte Klasse `AbstractGraphicsElement` mit den konkreten Subklassen `LineFigure`, `RectFigure` und `OvalFigure`. Eine Copy- bzw. Paste-Aktion nutzt lediglich die abstrakte Basisklasse und muss dadurch die Spezialisierungen nicht kennen. Auf diese Weise können sogar beliebige, abgeleitete Elemente kopiert werden, die zum Kompilierzeitpunkt noch unbekannt sind.

Schauen wir uns nun die Realisierung der Methode `handleCopyElement()` an. Es wird hier die zuvor beschriebene Funktionalität umgesetzt, indem eine Kopie des momentan selektierten grafischen Elements erzeugt und im Attribut `clipboardElement` gespeichert wird:

```
public void handleCopyElement()
{
    final AbstractGraphicsElement selected = contentModel.getSelectedElement();

    if (selected != null)
    {
        insertPos = selected.getPosition();
        clipboardElement = selected.makeCopy();
    }
    else
    {
        throw new IllegalStateException("Copy must only be activated if an " +
                                        "element is selected!");
    }
}
```

Ein Detail dieser Methode ist noch erwähnenswert: Für den Fall, dass im Modell kein Element selektiert ist (`getSelectedElement()` demnach `null` liefert), wird eine `IllegalStateException` geworfen. Zunächst könnte eine solche Reaktion auf diese durchaus normale Situation verwundern. Selbstverständlich darf zu gewissen Zeitpunkten durchaus kein Element selektiert sein. Als Folge sollte eine Statusverwaltung der Aktionen die Copy-Aktion jedoch deaktivieren. Diese Aktion und damit auch der Button sollten nicht anwählbar sein, um einen ansonsten sinnlosen Aufruf dieser Funktionalität zu verhindern. Folgt man dieser Regel, so kann der genannte Fall (`selected == null`) nur dann eintreten, wenn die Statusverwaltung der Aktionen fehlerhaft arbeitet. Der hier gezeigte, offensive Umgang mit unerwarteten Situationen ist ratsam und hilfreich, weil dadurch Denk- oder Realisierungsfehler noch während der Entwicklungsphase gefunden werden können.

Wird eine Paste-Operation ausgeführt, so sollen die meisten Objekteigenschaften beibehalten werden, lediglich die Objektposition wird angepasst und das zwischengespeicherte Objekt als Kopie eingefügt:

```
public void handlePasteElement()
{
    if (clipboardElement != null)
    {
        // Kaskadierende Position sicherstellen
        increaseImageInsertPos();

        // Kopie anpassen ...
        final Point insertPos = getImageInsertPos();
        clipboardElement.setPosition(insertPos.x, insertPos.y);

        // ... und dem Modell hinzufügen
        contentModel.addElement(clipboardElement);
```

```
        // hier nochmal kopieren, damit wir mehrfach einfügen können
        clipboardElement = clipboardElement.makeCopy();
    }
    else
    {
        throw new IllegalStateException("Paste must only be activated if an " +
                                        "element is selected!");
    }
}
```

Nachdem wir nun einige wichtige Bestandteile der Applikation kennengelernt haben, zeige ich abschließend die `main()`-Methode und das Programm PROTOTYPEEXAMPLE zum Start der Applikation:

```
public static void main(final String[] args)
{
    final ContentModel    contentModel  = new ContentModel();
    final ActionHandler   actionHandler = new ActionHandler(contentModel);

    final AppFrame appFrame =
             new AppFrame("PrototypeExample", contentModel, actionHandler);
    appFrame.setVisible(true);
}
```

Listing 18.2 *Ausführbar als* '**PROTOTYPEEXAMPLE**'

Bewertung

Der Einsatz des PROTOTYP-Musters besitzt folgende Implikationen:

+ **Vereinfachung** – Die Objektvervielfältigung und -konstruktion wird vereinfacht. Statt neue Objekte mit umfangreicher Parametrierung neu erzeugen zu müssen, wird hier auf eine Vorlage zurückgegriffen, die als Basis dient und lediglich einige Modifikationen zum Einsatz benötigt.

+ **Flexibilität** – Bei der dynamischen Variante ist das Kopieren von zur Kompilierzeit unbekannten Typen möglich. Dies erlaubt das Hinzufügen und Entfernen von kopierbaren Produkten zur Laufzeit.

+ **Nachvollziehbarkeit** – Der Ablauf ist im Gegensatz zum in die JVM integrierten `clone`-Mechanismus besser nachvollziehbar. In diesem Fall wird explizit eine Implementierung der `makeCopy()`-Methode gefordert. Beim Erfüllen des `Cloneable`-Interface gibt es nur implizite Annahmen über die Existenz von `clone()`-Methoden: `Cloneable` ist lediglich ein Marker-Interface (vgl. Abschnitt 3.4.3) und besitzt keine Methoden.

o **Fallstrick Referenzsemantik** – Bei Containern ist schwer zu entscheiden, ob durch die Referenzsemantik Probleme entstehen können. Details dazu finden Sie in der Diskussion zu Referenzierungen und Parameterübergaben per Call-by-Value in Abschnitt 3.1.1 geführt wurde.

18.2 Strukturmuster

Strukturmuster helfen dabei, Funktionalitäten leichter konfigurierbar oder handhabbar zu machen sowie Verhalten flexibel erweitern und anpassen zu können. Eine FASSADE kapselt und versteckt die Komplexität eines Subsystems. Mit einem ADAPTER lassen sich inkompatible Softwarestücke verbinden. Ein DEKORIERER erlaubt es, Klassen neue Funktionalität hinzuzufügen. Mit dem KOMPOSITUM lassen sich Einzelelemente und Gruppen aus Baumstrukturen einheitlich behandeln.

18.2.1 Fassade (Façade)

Beschreibung und Motivation

Das Entwurfsmuster FASSADE kann dabei helfen, die Komplexität eines Subsystems zu verbergen und den Zugriff darauf für externe Klassen zu vereinfachen bzw. zu steuern. Eine Fassadenklasse definiert dazu ein »High-Level«-Interface, um komplizierte, sehr feingranulare Interaktionen und Beziehungen zwischen Package-internen und -externen Klassen zu vermeiden. Dazu delegiert ein Fassadenobjekt die Aufrufe durch Klienten entsprechend der Zuständigkeit an spezielle Klassen des Subsystems. Es herrscht eine gerichtete Abhängigkeit: Die Fassadenklasse kennt die Klassen des Subsystems, aber nicht umgekehrt, d. h., keine Klasse des Subsystems kennt die Fassadenklasse.

Struktur

Betrachten wir zunächst ein System mit zwei Klienten Client1 und Client2, die Datenbankzugriffe durchführen wollen. In Abbildung 18-9 erkennt man viele Abhängigkeiten von den eingesetzten Klassen. Dies liegt daran, dass die Logik und Steuerung jeweils in den Klienten erfolgt.

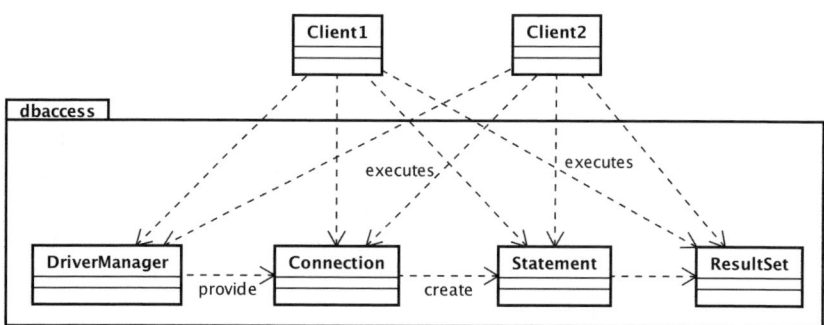

Abbildung 18-9 Abhängigkeiten ohne Fassade

Mit der Anzahl der beteiligten Klienten steigen diese Abhängigkeiten immer weiter. Dies ist der Punkt, an dem man über den Einsatz des FASSADE-Musters nachdenken sollte. Führt man im Beispiel eine Fassadenklasse DBAccess ein, so lassen sich dadurch die Zugriffe auf die Datenbankzugriffsklassen strukturieren. Abbildung 18-10 zeigt dies eindrucksvoll.

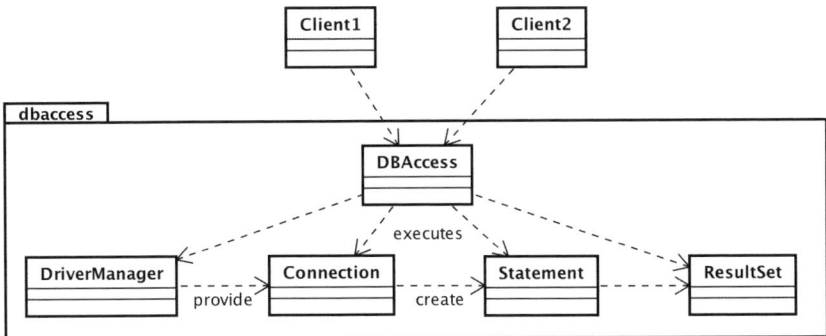

Abbildung 18-10 *Strukturierung durch Fassade*

Die Fassadenklasse verbirgt den Verbindungsaufbau und die Komplexität der Datenbankzugriffe vor aufrufenden Klienten. Diese nutzen nur noch eine Verwaltungsklasse und damit eine einzige Schnittstelle, die es ihnen ermöglicht, ihre Aufgaben auszuführen. Sämtliche Details der Infrastruktur sind für Aufrufer nicht mehr von Interesse. Die meisten Klassen des Subsystems können und sollten folglich Package-private definiert werden, um Implementierungsdetails nach außen auch tatsächlich zu verbergen.

Bewertung

Der Einsatz des FASSADE-Musters hat folgende Auswirkungen:

+ **Vereinfachung des API** – Der Zugriff auf die Funktionalität eines Subsystems fällt leichter, weil eine einfachere Schnittstelle zum Zugriff auf dessen Klassen angeboten wird.

+ **Trennung zwischen Klienten und Subsystem** – Die Zugriffe werden strukturiert und Implementierungsdetails lassen sich verstecken. Klienten müssen somit weniger Kenntnis über die Komponenten des Subsystems haben. Dadurch kommt es zu einer besseren Trennung und loseren Kopplung zwischen Klienten und dem Subsystem.

+ **Zentralisierung von Funktionalität und Updates** – Die Steuerung von sogenannten *Cross-Cutting Concerns* (vgl. folgenden Praxistipp »Cross-Cutting Concern und aspektorientierte Programmierung«) erfolgt einheitlich an einer Stelle. Außerdem kann man eine Fassade zu einer Art Transaktionsverwaltung bei der Kommunikation von einem GUI mit einem komplexeren Modell nutzen. Im besten Fall greift das GUI dann nur über ein Fassadenobjekt auf ein Modell zu. Dies erlaubt es, die Propagation von Modelländerungen nicht feingranular, sondern gebündelt und gegebenenfalls gepuffert durchzuführen. Dadurch vermeidet man beispielsweise ständiges Neuzeichnen und »Geflacker«. Erst nachdem Änderungen vollständig im Modell verarbeitet wurden, wird das GUI durch die Fassadenklasse über Änderungen informiert und dann aktualisiert.

- **Gefahr eines breiten Interface** – Die Kapselung der Funktionalität des Subsystems führt schnell zu einem sehr breiten Interface mit vielen Methoden.
- **Keine Nutzungsgarantie** – Es ist nicht gewährleistet, dass Klienten die Fassadenklasse auch tatsächlich benutzen. Stattdessen können Klienten daran vorbei programmieren, wodurch die zuvor genannten positiven Effekte verloren gehen. Bei der GoF wird dieser Punkt als Feature angesehen, basierend auf folgender Begründung: Für den Regelfall liefert die Fassadenklasse eine gute Standardimplementierung, für Sonderfälle bleibt der Weg zur Spezialimplementierung offen. Dies ist stichhaltig. Allerdings entstehen in der Praxis aus Bequemlichkeit häufig immer wieder neue »Schleichwege« an der Fassadenklasse vorbei. Dadurch leidet die Wartbarkeit, da der Sourcecode unübersichtlich und schlechter nachvollziehbar wird. Um derartige »Fehlverwendungen« aus anderen Packages zu unterbinden, kann man Klassen des Subsystems Package-private definieren.
- **Mehr Indirektionen** – Es werden Weiterleitungen von Methodenaufrufen, sogenannte *Indirektionen*, eingeführt.

> **Tipp: Cross-Cutting Concern und aspektorientierte Programmierung**
>
> Unter einem sogenannten Cross-Cutting Concern versteht man eine orthogonale, vom eigentlichen Programmcode unabhängige Funktionalität, die in mehreren Programmteilen immer wieder benötigt wird (etwa Logging oder Transaktionsverwaltung) und die durch normale Modularisierungstechniken nicht adäquat abgebildet werden kann. Daher sind diese Funktionalitäten immer wieder an benötigten Stellen aufzurufen oder auszuprogrammieren. Die sogenannte *aspektorientierte Programmierung* (*AOP*) adressiert diese Probleme und ermöglicht es, dass derartige Funktionalität nicht direkt in der Anwendung selbst realisiert werden muss. Allerdings unterstützt Java die aspektorientierte Programmierung nicht direkt. Mit AspectJ (http://www.eclipse.org/aspectj/) ist eine Erweiterung verfügbar, die den vom Java-Compiler erzeugten Bytecode modifiziert und an speziellen Stellen die durch Aspekte definierte Zusatzfunktionalität einbindet.

18.2.2 Adapter

Beschreibung und Motivation

Dieses Muster lässt sich sehr anschaulich am Beispiel von zwei Steckern oder Puzzleteilen motivieren, die nicht ineinander passen. Man nimmt ein Adapterstück und nutzt dieses zur Verbindung, um die nicht passenden Teile zu verbinden. Bei Software handelt man gleichermaßen: Man verwendet ein Softwarestück, das die Schnittstellen ansonsten inkompatibler Software aufeinander abbildet, um diese miteinander zu verbinden.

Der entscheidende Vorteil gegenüber einem direkten Ansprechen einer anderen Klasse ist, dass durch den Einsatz eines Adapters keine Änderungen an den Schnittstellen der bereits vorhandenen Implementierungen nötig sind. Dafür muss allerdings ein neues Softwarestück, der Adapter, entwickelt werden.

Struktur

Ein Klient Client nutzt ein Objekt vom Typ Adapter, um die Funktionalität einer vorhandenen Klasse OriginalClass mit einer für den Klienten passenden Schnittstelle verwenden zu können. Diese wird durch den Adapter zur Verfügung gestellt (vgl. Abbildung 18-11). Die Referenz auf die Originalklasse wird häufig adaptee genannt.

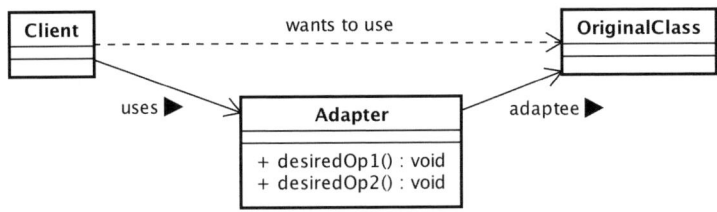

Abbildung 18-11 Adapter in UML

Beispiel

In diesem Beispiel ist eine Implementierung eines Adapters gezeigt, die eine beliebige Realisierung des Interface List<E> (etwa ArrayList<E>, LinkedList<E> etc.) mit einem Listenmodell für Swing-Komponenten kompatibel macht.

```
public static class ListToListModelAdapter<E> extends AbstractListModel<E>
{
    private final List<E> adaptee = new ArrayList<>();

    public ListToListModelAdapter(final List<E> data)
    {
        this.adaptee.addAll(data);
    }

    public int getSize()
    {
        return adaptee.size();
    }

    public E getElementAt(final int i)
    {
        return adaptee.get(i);
    }
}
```

Die OriginalClass aus dem UML-Strukturdiagramm ist die das List<E>-Interface erfüllende Referenz data. Die gewünschte Klasse bzw. das gewünschte Interface wird durch die abstrakte Klasse `AbstractListModel<E>` und das Interface `ListModel<E>` repräsentiert. Die verbindende Adapterklasse ist die Klasse `ListToListModelAdapter<E>`. Diese nutzt die abstrakte Klasse `AbstractListModel<E>`, um viele Standardaufgaben aus dem Interface `ListModel<E>` zu erfüllen: Dadurch müssen nur an zwei Stellen die Funktionalitäten von `List<E>` auf `ListModel<E>` abgebildet werden. Dazu nutzen die Methoden `getSize()` und `getElementAt(int)` die beiden Methoden `size()` bzw. `get(int)` des Interface `List<E>`. Dazu wird ein Zugriff auf die `OriginalClass` benötigt, hier in Form der `List<E>`. In der Regel wird dies durch Speicherung als Attribut in der Adapterklasse gelöst. In diesem Fall ist dies die Referenz `adaptee`, die eine flache Kopie der Eingabeliste erstellt.

Bewertung

Der Einsatz des ADAPTER-Musters hat folgende Auswirkungen:

- \+ **Sicherstellung von Kompatibilität** – Zwei unabhängige Klassen (oder Systeme) werden durch den Adapter kompatibel zueinander gemacht, wodurch es möglich wird, die Funktionalität einer anderen Klasse zu nutzen, ohne deren Implementierung ändern zu müssen. Zwar könnte man dies auch durch Änderungen in den bestehenden Klassen erreichen, dadurch könnten aber Inkompatibilitäten entstehen, und die Wahrscheinlichkeit für Fehler steigt.

- \+ **Keine Änderungen am bestehenden System** – Es ist nur die Realisierung des Adapters erforderlich. Dadurch wird das Risiko für Fehler minimiert, da die bisherige (getestete) Funktionalität unverändert bleibt.

- o **Aufwand durch Delegation** – Es wird Delegation genutzt und es ist zum Teil einiges an Codierungsaufwand notwendig.

18.2.3 Dekorierer (Decorator)

Beschreibung und Motivation

Mithilfe des DEKORIERER-Musters kann man vorhandenes Objektverhalten um zusätzliches Verhalten erweitern, ohne dass dafür der Sourcecode der ursprünglichen Klasse modifiziert werden muss. Dies ist dann praktisch, wenn entweder eine zu erweiternde Klasse nicht als Sourcecode vorliegt oder dieser nicht verändert werden darf. Ein erster Gedanke ist häufig, eine Subklasse zu bilden und dort die gewünschten Erweiterungen vorzunehmen. Wie bereits in Abschnitt 3.3.2 diskutiert, löst diese Art der Realisierung teilweise eine kombinatorische Explosion von Klassen aus, wenn verschiedenste Funktionalitäten miteinander verknüpft werden sollen. Das DEKORIERER-Muster bietet hierzu eine Alternative: Erweiterungen in der Funktionalität werden wie ein Mantel um die vorhandene Funktionalität gelegt. Jede Dekoriererklasse realisiert nur einen Teil der Gesamtfunktionalität. Daher wird das Muster manchmal auch ***Wrapper*** genannt. Eine Realisierung gemäß diesem Muster ist einer puren statischen Vererbung überlegen, da eine Ummantelung sogar dynamisch zur Laufzeit erfolgen kann.

Struktur

Grundlage dieses Musters ist ein gemeinsamer Basistyp (Interface oder abstrakte Klasse). Dieser Typ beschreibt die öffentliche Schnittstelle für Dekoriererklassen und für zu dekorierende Klassen. In diesem Beispiel geschieht dies durch das Interface CommonIF. Dieses definiert eine spezielle Funktionalität, die durch die zwei konkreten Realisierungen ConcreteImpl1 bzw. ConcreteImpl2 erfüllt wird. Soll nun weitere Funktionalität zur Verfügung gestellt werden, so kann dies mithilfe der beiden Dekoriererklassen ConcreteDecorator1 bzw. ConcreteDecorator2 geschehen. Zur Realisierung der Ummantelung hält jedes Dekoriererobjekt eine Referenz auf das zu dekorierende Objekt in Form des Interface CommonIF. Werden verschiedene Dekoriererklassen benötigt, um unterschiedliche Erweiterungen unabhängig einsetzen zu können, so bietet es sich an, eine abstrakte Basisklasse AbstractDecorator einzuführen. Diese hält eine Referenz auf das Interface CommonIF und kann damit entweder konkrete Ausprägungen oder wiederum Dekoriererklassen referenzieren. Abbildung 18-12 zeigt das entsprechende Klassendiagramm.

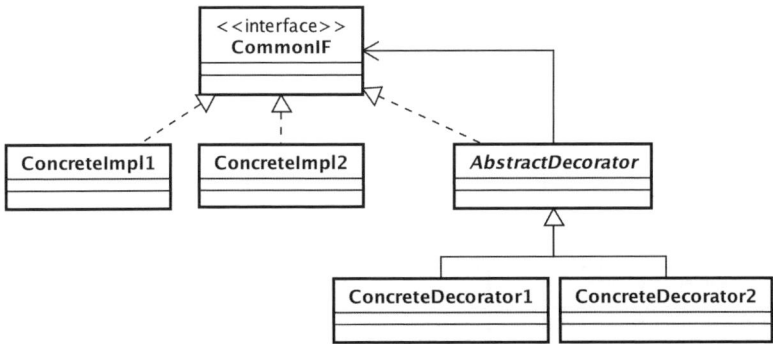

Abbildung 18-12 *Klassendiagramm mit mehreren Dekoriererklassen*

Bei Aufruf von Methoden eines Dekoriererobjekts ruft dieses gleichlautende Methoden des referenzierten, zu dekorierenden Objekts auf und delegiert somit diesen Auftrag, um vorher oder nachfolgend gewünschte Erweiterungen durchzuführen. Problemlos können auch mehrere Dekoriererobjekte hintereinander geschaltet werden, d. h., es findet dann eine mehrfache Ummantelung statt.

Existiert lediglich eine Dekoriererklasse bzw. ist nur eine geplant, kann man auf die Basisklasse verzichten. Eine Mehrfachummantelung ist in einem solchen Fall lediglich mit gleicher Funktionalität möglich. Dies ist meistens nicht sinnvoll.

Beispiel

Ein Beispiel für dieses Muster ist die Umkehrung einer Sortierreihenfolge, was durch eine spezielle Realisierung des Interface `Comparator<T>` umgesetzt wird. Wir definieren eine Dekoriererklasse `ReverseComparator<T>`, die das Interface `Comparator<T>` implementiert und in deren `compare(T, T)`-Methode die Eingabeparameter tauscht:

```java
public final class ReverseComparator<T> implements Comparator<T>
{
    private final Comparator<T> originalComparator;

    public ReverseComparator(final Comparator<T> originalComparator)
    {
        this.originalComparator = Objects.requireNonNull(originalComparator,
                            "originalComparator must not be null!");
    }

    @Override
    public int compare(final T o1, final T o2)
    {
        return originalComparator.compare(o2, o1);
    }
}
```

In diesem Fall besteht die Bearbeitung durch das Dekoriererobjekt demnach lediglich im Tausch der Eingabeparameter und somit dem Aufruf von `compare(o2, o1)`. Das zugehörende Klassendiagramm ist in Abbildung 18-13 dargestellt.

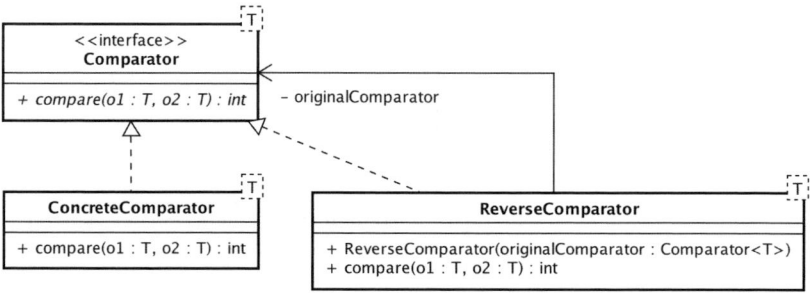

Abbildung 18-13 Klassendiagramm des ReverseComparator

Ähnliches im JDK Im JDK findet sich in der Klasse `Collections` folgende Methode:

```java
public static <T> Comparator<T> reverseOrder(Comparator<T> cmp)
```

Diese erzeugt eine Invertierung einer Sortierung auf die gleiche Weise, wie wir es getan haben. Für eine Instanz eines `Comparator<T>` kann man Gleiches durch Aufruf von dessen Defaultmethode `reversed()` erreichen.

Bewertung

Der Einsatz des DEKORIERER-Musters besitzt folgende Auswirkungen:

+ **Transparent für zusätzliche Funktionalität** – Zusätzliche Funktionalität kann transparent für einen Aufrufer hinzugefügt werden. Dies ist sogar zur Laufzeit möglich.
+ **Hintereinanderschaltung** – Mehrere Dekoriererobjekte können hintereinander geschaltet werden, um eine komplexere Funktionalität zu realisieren.
+ **Flexibilität** – Die zu dekorierende Klasse ist nicht festgelegt, da lediglich gegen eine gemeinsame Schnittstelle programmiert wird. Dekoriererklassen können somit für verschiedene zu dekorierende Klassen genutzt werden und ermöglichen damit Wiederverwendung. Statische Vererbung erlaubt das nicht.
+ **Vereinfachung von Vererbungshierarchien** – Komplexe und unübersichtliche Vererbungshierarchien können durch Einsatz dieses Musters vermieden werden.
o **Gemeinsamer Basistyp benötigt** – Damit eine Ummantelung von Klassen möglich ist, müssen alle im DEKORIERER-Muster beteiligten Klassen einen gemeinsamen Basistyp besitzen, der die öffentliche Schnittstelle für Dekoriererklassen und für zu dekorierende Objekte definiert.
o **Fehlende Kontrolle** – Eine Kontrolle, wer welche Funktionalität wie und wann hinzufügt und ob dies sinnvoll ist, bleibt der Disziplin des Entwicklers überlassen. Eine mehrfache Hintereinanderschaltung von Objekten derselben Dekoriererklasse, beispielsweise mehrmals Instanzen von `BufferedInputStream` oder `ReverseComparator<T>`, ist somit möglich, aber meistens nicht sinnvoll.
- **Zugriff auf Spezialisierungen schwieriger möglich** – Die Funktionalität wird durch Dekoriererobjekte transparent hinzugefügt, wodurch ein Aufrufer nicht direkt darauf zugreifen kann, da dieser nur eine Referenz auf die allgemeine Dekoriererklasse hält. Als Lösung kann man eine Referenz auf eine konkrete Dekoriererklasse speichern, um deren Zusatzfunktionalität explizit nutzen zu können.
- **Implementierungsaufwand** – Enthält das zu ummantelnde Interface relativ viele Methoden, so müssen all diese implementiert werden.

18.2.4 Kompositum (Composite)

Beschreibung und Motivation

Das KOMPOSITUM-Muster ermöglicht es, in hierarchischen Datenstrukturen sowohl einzelne Objekte als auch Kompositionen von Objekten einheitlich zu behandeln. Damit kann man in den meisten Fällen den Unterschied zwischen Einzelobjekten und Kompositionen außer Acht lassen.

Struktur

Um sowohl Einzelobjekte als auch Kompositionen einheitlich behandeln zu können, definiert eine abstrakte Basisklasse (oder alternativ auch ein Interface) `Component` die gemeinsame Schnittstelle für alle Akteure. Diese Schnittstelle wird jeweils sowohl von Einzelobjekten mit dem Typ `Leaf` als auch vom Kompositum mit dem Typ `Composite` implementiert. Das Kompositum wird in der Regel noch weitere Methoden besitzen, um beispielsweise die hierarchische Struktur aufzubauen. Abbildung 18-14 stellt das Klassendiagramm für das KOMPOSITUM-Muster dar.

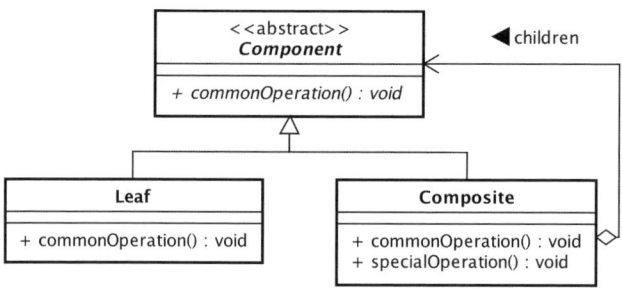

Abbildung 18-14 *Grundstruktur des* KOMPOSITUM-*Musters*

Besonderheiten Bei der GoF sind die speziellen Operationen, unter anderem diejenigen, die zum Aufbau der Hierarchie notwendig sind, Bestandteil der gemeinsamen Schnittstelle. Durch die Definition innerhalb der Basisklasse müssen diese Methoden in der Klasse der Einzelobjekte implementiert werden. Dies kann entweder in Form eines leeren Methodenrumpfs geschehen oder aber, indem dort eine `UnsupportedOperationException` ausgelöst wird. Beide Varianten können problematisch sein. *Meiner Ansicht nach sollten daher Spezialoperationen nicht Bestandteil der gemeinsamen Schnittstelle sein.*

Für viele Anwendungsfälle, etwa die später gezeigten Berechnungen, wird keine Unterscheidung benötigt, sondern sie ist sogar unerwünscht. Die Aufnahme der Spezialmethoden des Kompositums in die Klasse der Einzelobjekte verletzt zwar dieses Transparenzkriterium nicht, ist aber tendenziell eher schlechtes Design, da sich diese Methoden in den Einzelobjekten nicht sinnvoll implementieren lassen.

In grafischen Oberflächen wird für einige Aktionen die Unterscheidung zwischen Einzelobjekt und Kompositum benötigt, etwa um in Kontextmenüs Aktionen auf Gruppen zu aktivieren oder Aktionen für Einzelelemente zu deaktivieren. Für diesen Anwendungsfall bietet es sich an, die gemeinsame Schnittstelle um eine Methode `isComposite()` zu erweitern. Die Implementierung für Einzelobjekte gibt immer den Wert `false` zurück, die für Komposita den Wert `true`. Nur im letzteren Fall kann man dann einen expliziten Cast auf die Kompositum-Klasse anwenden, um dafür spezifische Operationen auszuführen.

Beispiele

Die Klasse `DefaultMutableTreeNode` aus dem Package `javax.swing.tree` realisiert dieses Muster in kompakter Form: Diese Klasse kann sowohl ein Einzelobjekt als auch ein Kompositum selbst modellieren. Die Unterscheidung zwischen beiden ist durch die Methoden `hasChildren()` und `isLeaf()` möglich.

Im Folgenden stelle ich ein vereinfachtes Beispiel aus der Praxis vor, das mithilfe des KOMPOSITUM-Musters die Projektkosten hierarchisch organisierter Projekte berechnen soll. Ziel ist es, die Kosten unabhängig von der Hierarchieebene mit dem gleichen Aufruf ermitteln zu können. Eine Projekthierarchie besteht aus Einzelprojekten (Klasse `Project`) oder aus Projektgruppen (Klasse `ProjectGroup`), die mehrere Einzelprojekte oder untergeordnete Projektgruppen verwalten können. Diese Struktur wird mithilfe des KOMPOSITUM-Musters wie folgt modelliert (Abbildung 18-15):

- Ein Einzelprojekt entspricht einem Blatt (`Project`).
- Eine Projektgruppe entspricht dem Kompositum (`ProjectGroup`). Unterprojekte werden mit der Methode `add(ProjectComponent)` hinzugefügt.
- Die abstrakte Basisklasse `ProjectComponent` definiert die gemeinsame Schnittstelle. Dazu zählt inbesondere die abstrakte Methode `calcCosts()`.

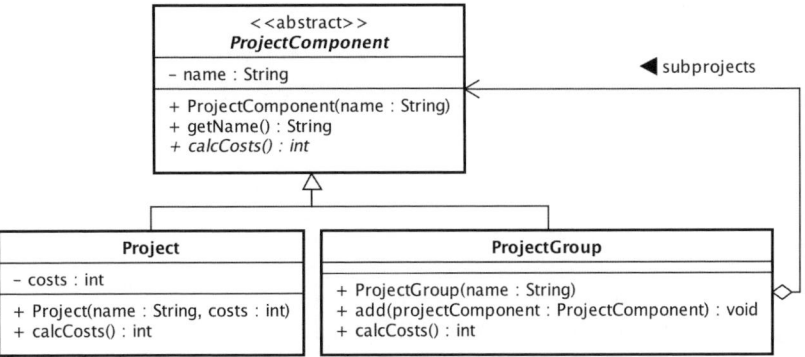

Abbildung 18-15 Kompositum am Beispiel einer Projektstruktur

Einzelprojekten sind bestimmte Kosten zugeordnet (als Vereinfachung im Beispiel per Konstruktorparameter übergeben). Projektgruppen ermitteln ihre Kosten durch Addition der Kosten ihrer Unterprojekte (Einzelprojekte oder Unterprojektgruppen), die sie transparent über die Schnittstelle der Basisklasse `ProjectComponent` verwalten. Mit dieser Modellierung können die Kosten auf jeder Hierarchieebene berechnet werden. Die Ermittlung dieser Kosten lässt sich somit einfach rekursiv wie folgt formulieren:

```java
@Override
public int calcCosts()
{
    int costs = 0;
    for (final ProjectComponent current : subprojects)
    {
        costs += current.calcCosts();
    }

    return costs;
}
```

Im folgenden Sourcecode wird ein Hauptprojekt `mainProject` betrachtet, das zwei Projektgruppen `projectGroup` und `projectGroup2` als Unterprojekte enthält. Diese umfassen wiederum Einzelprojekte mit den Kosten 7, 4 und 5 Tage.

```java
public static void main(final String[] args)
{
    final int SEVEN_DAYS = 7;
    final int FOUR_DAYS = 4;
    final int FIVE_DAYS = 5;
    final ProjectComponent project1 = new Project("Seven", SEVEN_DAYS);
    final ProjectComponent project2 = new Project("Four", FOUR_DAYS);
    final ProjectComponent project3 = new Project("Five", FIVE_DAYS);

    final ProjectGroup projectGroup = new ProjectGroup("Group 1: 7+4");
    projectGroup.add(project1);
    projectGroup.add(project2);
    final ProjectGroup projectGroup2 = new ProjectGroup("Group 2: 5");
    projectGroup2.add(project3);

    final ProjectGroup mainProject = new ProjectGroup("Main");
    mainProject.add(projectGroup);
    mainProject.add(projectGroup2);

    final ProjectComponent[] components = { project1, project2, project3,
                    projectGroup, projectGroup2, mainProject };
    for (final ProjectComponent current : components)
        printCosts(current);
}

private static void printCosts(final ProjectComponent projectComponent)
{
    System.out.println("Cost of '" + projectComponent.getName() + "': " +
                    projectComponent.calcCosts());
}
```

Listing 18.3 Ausführbar als 'COMPOSITEEXAMPLE'

Die verschiedenen Aufrufe der Ausgaberoutine `printCosts(ProjectComponent)` zeigen sehr schön, wie durch den Einsatz des KOMPOSITUM-Musters eine Abstraktion von der Datenstruktur erfolgt und Einzelelemente und Gruppen auf allen Hierarchieebenen gleich behandelt werden können. Das Programm COMPOSITEEXAMPLE errechnet folgende Projektkosten:

```
Cost of 'Seven': 7
Cost of 'Four': 4
Cost of 'Five': 5
Cost of 'Group 1: 7+4': 11
Cost of 'Group 2: 5': 5
Cost of 'Main': 16
```

Bewertung

Der Einsatz des KOMPOSITUM-Musters hat folgende Auswirkungen:

+ **Vereinfachung** – Der Zugriff auf die Funktionalität einer komplexeren Datenstruktur wird vereinfacht, weil ein Klient nicht wissen muss, welche Art von Element er anspricht.
+ **Strukturierung** – Zugriffe werden strukturiert und Implementierungsdetails lassen sich verstecken.
o **Erschwerter Zugriff auf Spezialisierungen** – Durch die Gleichbehandlung über eine gemeinsame Schnittstelle wird ein Zugriff auf Erweiterungen und Eigenschaften von Spezialisierungen von Blättern oder Kompositum verhindert. Beide können weitere Operationen anbieten, die sich jedoch nur mit Aufwand ansprechen lassen.

Achtung: Bäume, Graphen, Zyklen und das KOMPOSITUM-Muster

Sogenannte **Bäume** sind dadurch gekennzeichnet, dass sie streng hierarchisch strukturiert sind und dass wie bei realen Bäumen auch kein Ast wieder zurück in den Stamm wächst. Ein Ende eines Asts wird als **Blatt** bezeichnet. Das ist ein Spezialfall eines Verästelungspunkts, den man **Knoten** nennt. Die verbindenden Äste heißen **Kanten**.

Die durch ein Kompositum beschriebene Datenstruktur stellt jedoch nicht zwangsläufig einen Baum dar, sondern kann auch einen sogenannten **Graphen** modellieren. Graphen können sogenannte **Zyklen** enthalten, d. h., es kann eine Verbindung eines Unterelements auf ein beliebiges anderes Element existieren. Ist dies im Speziellen ein Oberelement, so kommt es damit zu einer Rückkopplung. Ein Baum ist also ein Spezialfall eines Graphen, nämlich einer ohne Zyklen.

Enthielte das obige Beispiel einen Zyklus, könnte die intuitive rekursive Berechnung der Methode `calcCosts()` in einer endlosen Ausführung münden.[a] Da zyklische Graphen einen seltenen Spezialfall für das KOMPOSITUM-Muster darstellen, wird hier keine Lösung gezeigt. Im Buch »Design Patterns Java Workbook« [56] von Steven J. Metsker findet man eine Behandlung dieses Themas.

---

[a] Tatsächlich kommt es durch die Begrenzungen der Aufrufhierarchie von Methoden zu einem `java.lang.StackOverflowError`.

18.3 Verhaltensmuster

Verhaltensmuster strukturieren oder vereinfachen komplexe Abläufe. Ein ITERATOR bietet eine einheitliche Möglichkeit, verschiedene Datenstrukturen zu durchlaufen und dabei die Details zu verstecken. Ein NULL-OBJEKT repräsentiert einen `null`-Wert als Objekt und hilft, Zustandsabfragen zu vermeiden. Eine SCHABLONENMETHODE erlaubt es, gewisse Teilschritte eines Algorithmus vorzugeben und an anderen Stellen Variationspunkte bereitzustellen. Die STRATEGIE hilft dabei, verschiedene Ausprägungen von Algorithmen zu definieren. Das COMMAND-Muster fasst Methodenaufrufe zu Befehlsaktionen zusammen. Ein PROXY agiert als Stellvertreter für ein anderes Objekt und kontrolliert den Zugriff darauf. Ein BEOBACHTER ermöglicht es, Zustandsänderungen anderer Objekte zu observieren und darauf zu reagieren. Vor allem in grafischen Applikationen nutzt man die sogenannte MODEL-VIEW-CONTROLLER-Architektur (MVC) zur Trennung von Zuständigkeiten und zur Darstellung verschiedener Sichten auf gleiche Daten.

18.3.1 Iterator

Beschreibung und Motivation

Das Entwurfsmuster ITERATOR bietet eine allgemeingültige Möglichkeit für Klienten, alle Elemente einer Datenstruktur zu besuchen, ohne dafür die internen Details für den Durchlauf kennen zu müssen. Es findet eine Abstraktion von der zu traversierenden Datenstruktur statt, wodurch keine Kenntnis über deren Aufbau nötig ist: Bäume lassen sich auf ähnliche Weise durchlaufen wie Listen oder Mengen. Dies ist ein gutes Beispiel für die Trennung von Zuständigkeiten. Die Datenstruktur verwaltet lediglich die Daten, jedoch nicht die Art, wie diese durchlaufen werden.

Struktur

Eine Iteratorklasse bietet mindestens die Möglichkeit, zu testen, ob ein nächstes Element existiert, und erlaubt es, ein solches gegebenenfalls zu ermitteln. Die dazu notwendigen Methoden werden `hasNext()` und `next()` bzw. `hasMoreElements()` und `nextElement()`[6] oder ähnlich genannt. Der in Abbildung 18-16 dargestellte `ContainerIterator` erlaubt das Durchlaufen eines `Container`-Objekts unter Verwendung dieser Methoden. Die dort gezeigte Lösung verwendet eine konkrete Realisierung eines Iterators für eine konkrete Containerklasse. Normalerweise existieren analog zur obigen Klasse `Container` weitere Datenstrukturen. Dann wäre es für deren Nutzer recht unpraktisch, dafür jeweils spezielle Iteratorklassen mit möglicherweise geringfügig unterschiedlichen Methodensignaturen kennen zu müssen. Zudem würde es die Austauschbarkeit der verwendeten Containerklassen erschweren, da der Sourcecode von Klienten auf deren spezielle Iteratortypen verweisen müsste. Für diese Fälle

---
[6]Dies ist die Namensgebung der Methoden im Interface `java.util.Iterator<E>` bzw. `java.util.Enumeration<E>`.

wäre es praktisch, wenn man einen Basisiteratortyp, einen sogenannten polymorphen Iterator, für alle nutzen könnte.

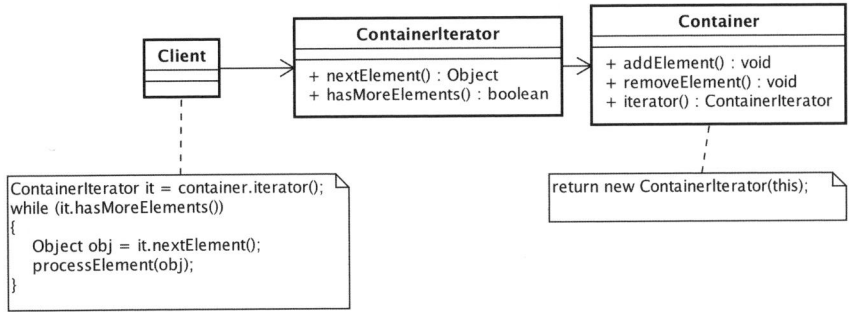

Abbildung 18-16 *Die Klasse* `Container` *mit zugehörigem* `ContainerIterator`

Polymorphe Iteratoren Nehmen wir dazu vereinfachend an, es gäbe ergänzend zur Klasse `Container` eine weitere selbst definierte Containerklasse namens `Set`. Beide Containerdatenstrukturen sollen selbstverständlich mithilfe von Iteratoren durchlaufen werden können. Im folgenden Beispiel implementieren die beiden Realisierungen `Set-Iterator` und `ContainerIterator` diese Funktionalität und verwalten die aktuelle Position während der Traversierung der Datenstrukturen. Gemäß der Technik des gemeinsamen Interface (vgl. Abschnitt 3.2.1) nutzen wir als polymorphen Iterator das Interface `CommonIterator`.

Dessen konkrete Implementierungen werden jeweils durch die Containerklassen erzeugt, indem sie ein Objekt der passenden Iteratorklasse zurückgeben. Klienten arbeiten jedoch nur gegen die allgemeine Schnittstelle `CommonIterator`. Abbildung 18-17 zeigt das entsprechende UML-Diagramm.

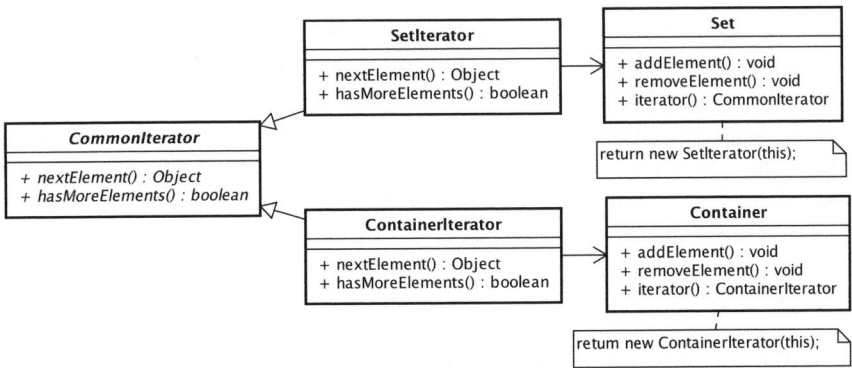

Abbildung 18-17 *Allgemeiner Iterator*

Beispiel

Für Java-Programmierer ist dieses Muster aus dem Collections-Framework bereits bekannt. Die definierten Container lassen sich über einen `java.util.Iterator<E>` traversieren. Dabei handelt es sich um einen polymorphen Iterator.

Bewertung

Der Einsatz des ITERATOR-Musters besitzt folgende Auswirkungen:

+ **Abstraktion und Kapselung** – Die zu durchlaufende Datenstruktur wird gekapselt und kann bei Bedarf im Nachhinein verändert werden, ohne dass dies Änderungen aufseiten von Klienten verursacht.

+ **Vereinfachung** – Die Realisierung eigener Iteratorklassen für komplexere Datenstrukturen kann dabei helfen, eine ansonsten schwierige Implementierung des Iterationsprozesses zu kapseln, aus der Programmlogik herauszulösen und diese zu vereinfachen.

+ **Bessere Lesbarkeit** – Die Lesbarkeit ist viel besser als bei einer `for`-Schleife mit indiziertem Zugriff. Es wird das Durchlaufen auf einer konzeptionellen Ebene statt auf einer syntaktischen Ebene abgebildet.

o **Existenz einer alternativen Schreibweise in der Sprache** – Seit Java 5 existiert mit der for-each-Schleife eine Möglichkeit, die Lesbarkeit von Iterationen zu verbessern. Es können beliebige Datenstrukturen durchlaufen werden, die das Interface `Iterable<T>` implementieren. Dies wird implizit mit einem `Iterator<E>` implementiert – versteckt aber dieses Detail.

18.3.2 Null-Objekt (Null Object)

Beschreibung und Motivation

Die Idee beim Einsatz des NULL-OBJEKT-Musters ist, einen Platzhalter für `null`-Referenzen zu verwenden und so ein nicht vorhandenes Objekt zu modellieren. Es wird ein spezielles Objekt bereitgestellt, das kein eigenes Verhalten im fachlichen Sinn definiert. Es kann überall dort eingesetzt werden, wo ansonsten `null` als semantische Aussage für »kein Objekt« dient. Damit vereinfacht sich die Behandlung für Klienten: Sie können auf `null`-Prüfungen und weitere Spezialbehandlungen im Applikationscode verzichten.

Struktur

Um als »funktionsloser« Ersatz dienen zu können, muss ein Null-Objekt die Schnittstelle der zu vertretenden Klasse erfüllen. Die Implementierung erfolgt entweder durch Vererbung oder durch Realisierung eines Interface. Abbildung 18-18 zeigt diese beiden Varianten.

18.3 Verhaltensmuster

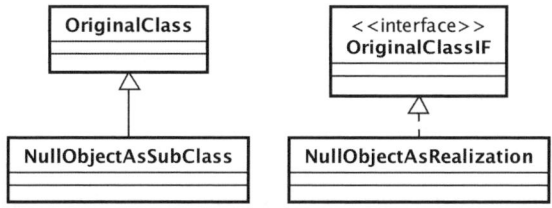

Abbildung 18-18 *Implementierungsvarianten des* NULL-OBJEKT-*Musters*

Implementierungsvarianten Nutzt man Vererbung, so ist die Null-Objekt-Klasse `NullObjectAsSubClass` eine Spezialisierung der Klasse `OriginalClass`, soll aber keine Anwendungsfunktionalität zur Verfügung stellen. Demnach muss hier künstlich Funktionalität der Basisklasse wieder entfernt werden, indem Methoden überschrieben werden und eine (nahezu) leere Implementierung besitzen. Da die Null-Objekt-Klasse jedoch standardmäßig die ganze in der Basisklasse implementierte Funktionalität erbt, sind (versehentliche) Aufrufe an die Basisklasse möglich und nicht auszuschließen.

Implementiert die Klasse `OriginalClass` ein Interface, so sollte dieses bevorzugt zur Realisierung des Null-Objekts genutzt werden. Es ist sinnvoll, ein solches Interface direkt zu implementieren, d. h. ohne von der Basisklasse abzuleiten. Dadurch sind Implementierungsdetails der Basisklasse nicht mehr im Zugriff. Unwahrscheinliche, aber mögliche Fehlaufrufe sind somit ausgeschlossen. Im Beispiel ist dies durch die Klasse `NullObjectAsRealization` angedeutet.

Implementierung der Methoden Um die »Null-Eigenschaft« auszudrücken, müssen sinnvolle Implementierungen und Rückgabewerte für Methoden gefunden werden. Folgende Aufzählung nennt gute Kandidaten für Rückgabewerte:

- Alle `void`-Methoden werden leer implementiert.
- `boolean`-Methoden geben häufig `false` zurück (z. B. für `hasNext()`).
- Für `int` bieten sich oft `0` oder `-1` als Rückgabewerte an (z. B. für `getSize()`).
- Gleiches gilt für weitere Zahlentypen (`float`, `double` usw.).
- Für Strings bietet sich ein Leerstring als Rückgabe an.
- Für Objektreferenzen kann entweder rekursiv das NULL-OBJEKT-Muster angewendet oder aber der Wert `null` zurückgeliefert werden. Manchmal bietet sich auch das Auslösen einer `NoSuchElementException` an.
- Für untypisierte Container sind im Collections-Framework die NULL-OBJEKT-Konstanten `EMPTY_SET`, `EMPTY_LIST` oder `EMPTY_MAP` definiert. Für generische Typen existieren die Methoden `emptySet()`, `emptyList()` und `emptyMap()`, die typsichere, leere und unmodifizierbare Container zurückliefern.
- Arrays sollten mit `new ArrayType[0]` als leeres Array zurückgegeben werden.
- Für Methoden, deren Rückgabewert für ein Null-Objekt nicht sinnvoll gewählt werden kann, sollte eine `UnsupportedOperationException` geworfen werden.

Beispiel

Beim Durchlaufen einer komplexeren Baumstruktur, die über das KOMPOSITUM-Muster realisiert ist, kann die Anwendung des NULL-OBJEKT-Musters helfen, wenn man den Iterationsprozess für Blätter und Aggregationen gleichartig behandeln möchte. Jedes Element im Kompositum kann dafür einen Iterator zum Durchlaufen seiner Unterelemente anbieten: Für Container ist dies einfach durch Rückgabe der Iteratoren aus dem Collections-Framework zu realisieren. Blattelemente besitzen definitionsgemäß keine Unterelemente. Eine Rückgabe von `null` wäre denkbar, würde jedoch Sonderbehandlungen im Iterationsvorgang bedingen. Vermeiden kann man dies, wenn man eine spezielle Klasse `NullIterator<E>` definiert, die das Interface `Iterator<E>` erfüllt, aber keine Elemente zurückliefert:

```
public final class NullIterator<E> implements Iterator<E>
{
    public boolean hasNext()
    {
        return false;
    }

    public E next()
    {
        throw new NoSuchElementException("NullIterator provides no elements!");
    }

    public void remove()
    {
        throw new UnsupportedOperationException("NullIterator does not " +
                                    "implement remove!");
    }
}
```

Durch Einsatz dieses speziellen Iterators vermeidet man, dass beim Iterieren jeweils Abfragen auf Blatt oder Container erfolgen müssen, weil Blattelemente normalerweise keinen Iterator für Unterelemente liefern. Nutzt man dagegen den `NullIterator<E>`, so werden keine Spezialbehandlungen beim Iterieren mehr benötigt.

Natürlich könnte man Kritik an der obigen Realisierung mit Exceptions üben, da Aufrufe einer der Methoden `next()` bzw. `remove()` eine Exception auslösen. Beide Methoden verhalten sich aber gemäß der Spezifikation im Interface `Iterator<E>`. Für den Aufruf von `next()` gilt im Speziellen, dass dieser niemals erfolgen sollte, ohne vorher mit `hasNext()` die Existenz eines weiteren Elements abgesichert zu haben.

Bewertung

Der Einsatz des NULL-OBJEKT-Musters bewirkt Folgendes:

+ **Bessere Lesbarkeit und keine Spezialbehandlungen** – Der Anwendungscode kann auf Spezialbehandlungen verzichten und ist dadurch klarer lesbar.

o **Konzeptionelle Probleme** – Für einige Anwendungsfälle ist es zur Repräsentation von `null`-Werten schwierig, eine sinnvolle Leerimplementierung zu finden.

Manchmal gibt es tatsächlich keine geeignete. Dies ist im obigen Beispiel bei der Realisierung der `next()`-Methode der Fall, weswegen auf das Werfen einer Exception als Hilfsmittel zurückgegriffen wird. Auch eine Implementierung der Methode `remove()` lässt sich schwerlich finden.

o **Fehlerverschleierung möglich** – In manchen Situationen ist es erforderlich, die Fälle »es gibt *ein* Objekt« und »es gibt *kein* Objekt« deutlich voneinander unterscheiden zu können. Der Einsatz dieses Musters kann in solchen Fällen zu Problemen führen und Fehler eher verschleiern. Bei der Besprechung der Technik Lazy Initialization werden wir dies in Abschnitt 22.3.2 genauer kennenlernen. Basierend auf dieser Argumentation muss abgewogen werden, ob eine Prüfung auf `null` oder der Einsatz eines Null-Objekts angebrachter ist. Seit Java 8 bietet sich für die Modellierung optionaler Werte die Klasse `Optional<T>` (vgl. Abschnitt 6.5) an.

18.3.3 Schablonenmethode (Template method)

Beschreibung und Motivation

Das Muster SCHABLONENMETHODE definiert den grundsätzlichen Ablauf eines Algorithmus und erlaubt es, an einigen Stellen durch Subklassen spezielle Funktionalität einzubringen. Dazu wird ein Algorithmus zunächst in eine festgelegte Abfolge verschiedener Schritte aufgeteilt. Die Abfolge der Schritte wird in einer speziellen Methode der Basisklasse realisiert, die ***Schablonenmethode*** genannt wird. Sie ist in der Regel `final` definiert, um die grundsätzliche Abfolge vor Veränderungen zu schützen. Einige der Berechnungsschritte des Algorithmus sind in der Basisklasse noch undefiniert und werden durch abstrakte Methoden modelliert, die von Subklassen implementiert werden müssen. Möchte man Subklassen dagegen *optional* eine Veränderungsmöglichkeit anbieten, so kann man mit einer Leerimplementierung einer Methode in der Basisklasse arbeiten, die als ***Hook*** bezeichnet wird. Jede Subklasse kann durch Überschreiben dieser Methode bei Bedarf eigene Funktionalität ausführen.

Das beschriebene Vorgehen stellt sicher, dass die Struktur eines Algorithmus unverändert bleibt, Subklassen jedoch Möglichkeiten der Einflussnahme gegeben wird.

Struktur

Der grundsätzliche Ablauf und Algorithmus ist in der Basisklasse `BaseClass` in der Methode `templateMethod()` realisiert und umfasst die Teilschritte 1 bis 2 und einen abschließenden Hook. Diese Funktionalität wird durch die korrespondierenden Methoden `step1()`, `step2()` sowie `afterHook()` realisiert. Die Methode `templateMethod()` ist `final` und die Methoden `step1()` und `step2()` sind abstrakt. Die Methode `afterHook()` ist in der Basisklasse leer implementiert, kann aber in Subklassen mit Funktionalität gefüllt werden. Die Subklasse `SubClass` implementiert den variablen Teil des Algorithmus durch die Methoden `step1()` sowie `step2()` und kann so beliebige Funktionalität im Ablauf des Algorithmus beisteuern. In Abbildung 18-19 ist das zugehörige Klassendiagramm gezeigt.

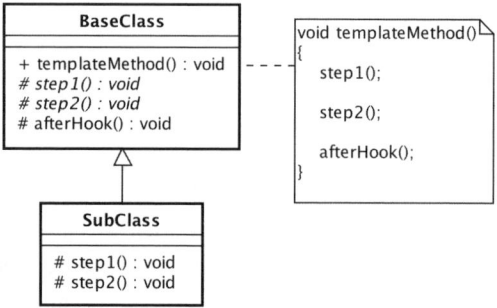

Abbildung 18-19 *Klassendiagramm des* SCHABLONENMETHODE-*Musters*

Beispiel

In der folgenden Klasse `BaseDrawingComponent` ist die Methode `paint(Graphics)` die Schablonenmethode. Der Vorgang des Zeichnens folgt dabei einem festgelegten Ablauf: Zunächst wird der Hintergrund mit `drawBackground(Graphics2D)` gezeichnet. Anschließend erfolgt ein Aufruf der abstrakten Methode `drawContent(Graphics2D)`, die den variablen Teil des Algorithmus definiert, der von Subklassen realisiert werden muss. Abschließend kann optional durch Implementieren der Methode `postDraw(Graphics2D)` eine beliebige Aktion nach dem Zeichnen ausgeführt werden:

```
public abstract class BaseDrawingComponent extends JComponent
{
    public final void paint(final Graphics g)
    {
        super.paint(g);

        final Graphics2D g2d = (Graphics2D) g;

        drawBackground(g2d);
        drawContent(g2d);

        postDraw(g2d);         // hook
    }

    private void drawBackground(final Graphics2D g2d)
    {
        final Dimension componentSize = getSize();
        g2d.setColor(Color.GRAY);
        g2d.fillRect(0, 0, componentSize.width, componentSize.height);
    }

    protected abstract void drawContent(final Graphics2D g2d);

    protected void postDraw(final Graphics2D g2d)
    {
    }
}
```

Von dieser Basisklasse `BaseDrawingComponent` sind die zwei Klassen `TileImage-DrawingComponent` und `ImageDrawingComponent` abgeleitet, die den variablen Anteil des Algorithmus auf ganz unterschiedliche Weise implementieren, wie wir dies im Folgenden sehen werden.

Zufällige Bilder mit Kacheln: `TileImageDrawingComponent` Die Klasse `TileImageDrawingComponent` zeichnet eine Landschaft, die aus Kacheln besteht. Ein Beispiel ist in Abbildung 18-20 gezeigt.

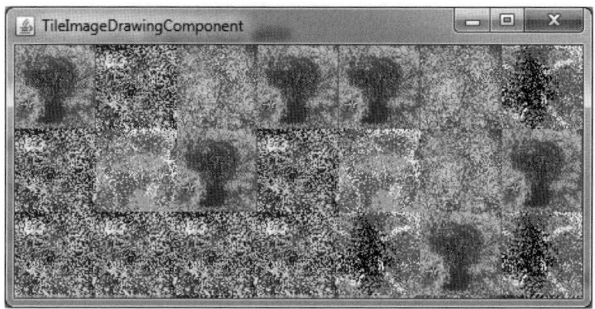

Abbildung 18-20 *Landschaft erzeugt mit der Klasse* `TileImageDrawingComponent`

Bei jeder Größenänderung des Fensters wird per Zufall eine neue Landschaft generiert und durch die Methode `drawContent(Graphics2D)` wie folgt gezeichnet:

```
@Override
public void drawContent(final Graphics2D g2d)
{
    for (int x = 0; x < getSize().width; x += TILES_WIDTH)
    {
        for (int y = 0; y < getSize().height; y += TILES_HEIGHT)
        {
            final int tileIndex = (int) (Math.random() * tileImages.length);
            g2d.drawImage(tileImages[tileIndex], x, y, null);
        }
    }
}
```

Listing 18.4 *Ausführbar als* '**TILEIMAGEDRAWINGCOMPONENT**'

Minizeichenprogramm: `ImageDrawingComponent` Ein simples Zeichenprogramm wird durch die Klasse `ImageDrawingComponent` realisiert und nutzt wieder die Basisklasse `BaseDrawingComponent`. Abbildung 18-21 zeigt die Miniapplikation. Die Methode `drawContent(Graphics2D)` wird so realisiert, dass dort eine Zeichenfläche mit `drawSheet(Graphics2D)` sowie ein Raster mit `drawGrid(Graphics2D)` gezeichnet wird. Die verschiedenen grafischen Figuren werden mit der Methode `drawFigures(Graphics2D)` gemalt. Als Letztes wird dort die (im Listing nicht gezeigte) Methode `drawRuler(Graphics2D)` zum Zeichnen zweier Lineale aufgerufen, wo-

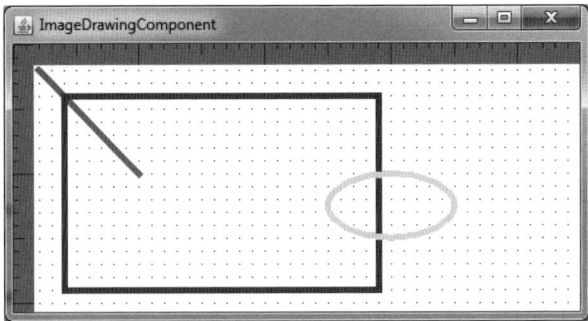

Abbildung 18-21 *Minizeichenprogramm* ImageDrawingComponent

durch gewährleistet ist, dass diese immer über allen anderen Elementen gezeichnet werden und damit in jedem Fall sichtbar sind.

```
public void drawContent(final Graphics2D g2d)
{
    drawSheet(g2d);
    drawGrid(g2d);

    drawFigures(g2d);

    drawRuler(g2d);
}
private void drawSheet(final Graphics2D g2d)
{
    g2d.setColor(Color.WHITE);
    g2d.fillRect(0, 0, getSize().width, getSize().height);
}
private void drawGrid(final Graphics2D g2d)
{
    g2d.setColor(Color.DARK_GRAY);

    for (int x = 0; x < getSize().width; x += GRID_SIZE_X)
    {
        for (int y = 0; y < getSize().height; y += GRID_SIZE_Y)
        {
            g2d.drawLine(x, y, x, y);
        }
    }
}

private void drawFigures(final Graphics2D g2d)
{
    final Stroke oldStroke = g2d.getStroke();
    g2d.setStroke(new BasicStroke(2.0f));

    for (final AbstractGraphicsElement graphicsFigure :
                            contentModel.getElements())
    {
        graphicsFigure.draw(g2d);
    }
    g2d.setStroke(new BasicStroke(5.0f));
```

```
        final AbstractGraphicsElement selectedElement =
                                 contentModel.getSelectedElement();
        if (selectedElement != null)
            selectedElement.draw(g2d);

        g2d.setStroke(oldStroke);
    }
```

Listing 18.5 *Ausführbar als* '**IMAGEDRAWINGCOMPONENT**'

An diesem Beispiel wird der Hauptunterschied zwischen Schablonenmethode, Hook-Methode und einem Schritt im Algorithmus klar: Eine Hook-Methode *kann* überschrieben werden, um optionale Funktionalität zu realisieren. Eine Algorithmus-Methode *muss* zwingend überschrieben werden, um den Algorithmus mit Leben zu füllen. Und schließlich: Die Schablonenmethode *darf nicht* überschrieben werden.

Bewertung

Der Einsatz des SCHABLONENMETHODE-Musters hat folgende Auswirkungen:

+ **Definition von Erweiterungsstellen** – Es wird ein Algorithmus vorgegeben. Subklassen können an speziellen Stellen eigene Funktionalität einbringen.

o **Weniger Flexibilität** – Man ist darin eingeschränkt, den Algorithmus zu modifizieren. In diesem Fall ist diese Eigenschaft explizit gewünscht. Soll der Algorithmus jedoch variiert werden können, so ist das Muster SCHABLONENMETHODE nicht die geeignete Wahl. Alternativ kann man mit dem im Folgenden vorgestellten STRATEGIE-Muster zwar den Algorithmus variieren, dafür aber keine Teilschritte vorgeben.

18.3.4 Strategie (Strategy)

Beschreibung und Motivation

Das STRATEGIE-Muster ermöglicht es, das Verhalten eines Algorithmus an ausgesuchten Stellen anzupassen. Im Unterschied zum Muster SCHABLONENMETHODE werden die variablen Bestandteile eines Algorithmus durch eigene Klassen statt durch überschriebene Methoden realisiert. Im einfachsten Fall könnte man die Wahl der unterschiedlichen Funktionalitäten bzw. Strategien über `if`-Anweisungen regeln. Ein solches Vorgehen ist allerdings schlecht erweiterbar und wird schnell unübersichtlich. Beim STRATEGIE-Muster werden daher die variablen Teile eines Algorithmus jeweils in eigenen Klassen (mit gemeinsamer Basis) gekapselt und sind dadurch austauschbar. Das konkrete Verhalten kann bei Bedarf sogar erst zur Laufzeit durch Wahl einer beliebigen vorhandenen Realisierung festgelegt werden.

Struktur

Die abstrakte Klasse `AbstractStrategy` definiert eine Schnittstelle mit benötigten und zu variierenden Methoden. Statt einer abstrakten Klasse kann dies alternativ durch ein Interface erfolgen. Spezielle Funktionalität wird in den Subklassen `ConcreteStrategy1` und `ConcreteStrategy2` implementiert. Abbildung 18-22 stellt dies dar.

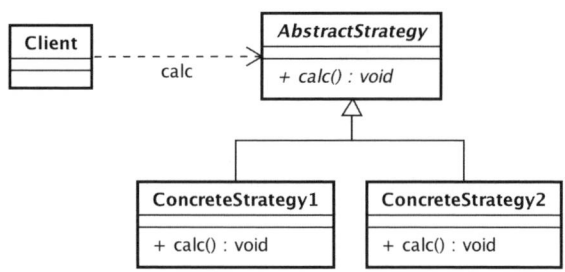

Abbildung 18-22 *Struktur des* STRATEGIE-*Musters in UML*

Beispiel

Die in den `sort()`-Methoden des Collections-Frameworks genutzten Realisierungen des Interface `Comparator<T>` sind Beispiele des STRATEGIE-Musters.

Im Folgenden stelle ich zur Demonstration des STRATEGIE-Musters einen Algorithmus zum Filtern vor: Aus einer Liste von Werten sollen einige Werte nach speziellen Kriterien herausgefiltert werden. Die hier gezeigte Variante beschränkt sich auf das Filtern von `int`-Werten. Weil Generics nicht für primitive Typen anwendbar sind, wird hier zur Speicherung eine Liste von `Integer`-Objekten verwendet.

Erste, intuitive Lösung ohne STRATEGIE-Muster Es soll eine Menge von Zahlen gefiltert werden, wobei der erlaubte Wertebereich durch zwei `int`-Werte entweder in Form eines geschlossenen oder alternativ als offenes Intervall angegeben werden kann.[7] Die Art der Filterung wird mithilfe einer `enum`-Aufzählung `FilterType` mit den Werten `CLOSED_INTERVAL` und `OPEN_INTERVAL` bestimmt. Die eigentliche Filterung wird in einer Schleife realisiert: Dort werden die Eingabewerte geprüft und gegebenenfalls in die Ergebnismenge aufgenommen. Die folgende Implementierung setzt diese Anforderungen funktional korrekt um:

```java
public static List<Integer> filterAll(final List<Integer> inputs,
                                      final FilterType filterStrategy,
                                      final int lowerBound,
                                      final int upperBound)
{
    final List<Integer> filteredList = new LinkedList<>();
```

---

[7]Geschlossen = inklusive, offen = exklusive der Randwerte.

```java
    if (filterStrategy == FilterType.CLOSED_INTERVAL)
    {
        for (final Integer value : inputs)
        {
            if (value >= lowerBound && value <= upperBound)
                filteredList.add(value);
        }
    }
    if (filterStrategy == FilterType.OPEN_INTERVAL)
    {
        for (final Integer value : inputs)
        {
            if (value > lowerBound && value < upperBound)
                filteredList.add(value);
        }
    }

    return filteredList;
}

public static void main(final String[] args)
{
    final List<Integer> inputs = Arrays.asList(1, 2, 3, 4, 5, 6, 7, 8, 9);

    System.out.println("Filtering values for interval 2-7");
    System.out.println("Using ClosedInterval [2,7] " + filterAll(inputs,
                                    FilterType.CLOSED_INTERVAL, 2, 7));
    System.out.println("Using OpenInterval ]2,7[ " + filterAll(inputs,
                                    FilterType.OPEN_INTERVAL, 2, 7));
}
```

Listing 18.6 *Ausführbar als* **'STRATEGYFILTERBASICEXAMPLE'**

Führen wir das Programm aus, so erhalten wir erwartungsgemäß folgende Ausgabe:

```
Filtering values for interval 2-7
Using ClosedInterval [2,7] [2, 3, 4, 5, 6, 7]
Using OpenInterval ]2,7[ [3, 4, 5, 6]
```

Funktional können wir also zufrieden sein. Was ist aber zum Design zu sagen? Eine kurze Analyse deckt folgende Probleme auf:

1. Der Sourcecode zum Filtern für ein geschlossenes bzw. offenes Intervall ist fast 1:1 dupliziert.
2. Jede zusätzlich benötigte Filterstrategie, etwa halboffene Intervalle, erfordert Erweiterungen in der `filterAll()`-Methode, wodurch die Lesbarkeit sinkt.
3. Werden weitere Auswahlkriterien gewünscht, so muss die ursprüngliche Klasse um `if`-Anweisungen zur Auswahl der entsprechenden Strategie und deren Realisierung erweitert werden – zudem werden neue Aufzählungswerte zur Unterscheidung benötigt.
4. Die realisierte Filterung setzt jeweils die Angabe von zwei Grenzwerten voraus. Wollte man eine vollständig andersartige Auswahlstrategie anwenden, so wäre dies mit dieser Implementierung extrem aufwendig, vielleicht sogar unmöglich: Eine Filterung auf eine Menge erlaubter Werte ließe sich so nicht realisieren.

Lösung mit dem STRATEGIE-Muster Es bietet sich an, das STRATEGIE-Muster einzusetzen. Die Basis bildet ein Interface `FilterStrategy` mit der dort definierten Methode `acceptValue(int)`. Zur Intervallprüfung werden zwei konkrete Strategieklassen `OpenInterval` und `ClosedInterval` definiert (vgl. Abbildung 18-23).

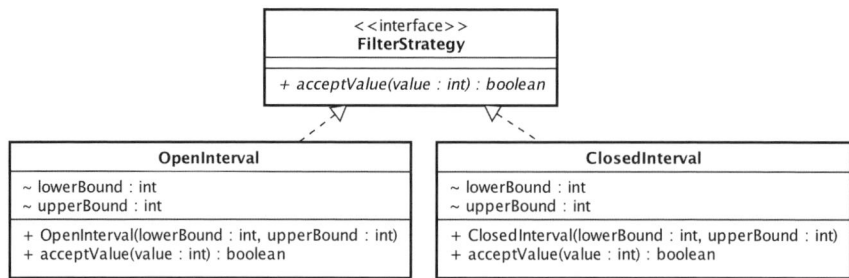

Abbildung 18-23 Das Interface `FilterStrategy` und zwei Realisierungen

Das grundsätzliche Vorgehen ist mit der zuvor vorgestellten Lösung identisch: Zum Filtern wird über die Eingabe iteriert und für jeden Wert überprüft, ob dieser in das Ergebnis aufgenommen werden soll. Allerdings wird diese Prüfung nicht mehr in der `filterAll()`-Methode realisiert, sondern an die dafür zuständigen Filterklassen delegiert. Exemplarisch zeige ich hier nur die Umsetzung des geschlossenen Intervalls, da die Realisierung des offenen Intervalls analog geschieht. Beide Klassen implementieren wir innerhalb einer Klasse `FilterStrategies` wie folgt:

```java
public static class ClosedInterval implements FilterStrategy
{
    private final int lowerBound;
    private final int upperBound;

    public ClosedInterval(final int lowerBound, final int upperBound)
    {
        if (upperBound < lowerBound)
            throw new IllegalArgumentException("lowerBound must be <= upperBound");

        this.lowerBound = lowerBound;
        this.upperBound = upperBound;
    }

    @Override
    public boolean acceptValue(final int value)
    {
        return lowerBound <= value && value <= upperBound;
    }

    @Override
    public String toString()
    {
        return "ClosedInterval [" + lowerBound + ", " + upperBound + "]";
    }
}
```

18.3 Verhaltensmuster

Betrachten wir nun die konkrete Implementierung der Filterung:

```java
public final class StrategyFilterExample
{
    public static List<Integer> filterAll(final List<Integer> inputs,
                                          final FilterStrategy filterStrategy)
    {
        final List<Integer> result = new LinkedList<>();
        for (final Integer value : inputs)
        {
            if (filterStrategy.acceptValue(value))
                result.add(value);
        }
        return result;
    }

    public static void main(final String[] args)
    {
        final List<Integer> inputs = Arrays.asList(1, 2, 3, 4, 5, 6, 7, 8, 9);

        System.out.println("Filtering values for intervall 2-7");
        final FilterStrategy closedInterval = new ClosedInterval(2, 7);
        System.out.println("Using " + closedInterval + " " +
                           filterAll(inputs, closedInterval));

        final FilterStrategy openInterval = new OpenInterval(2, 7);
        System.out.println("Using " + openInterval + " " +
                           filterAll(inputs, openInterval));
    }
}
```

Listing 18.7 *Ausführbar als* **'STRATEGYFILTEREXAMPLE'**

Führt man das Programm aus, so stimmen die gelieferten Ergebnisse mit denen des ursprünglichen Programms überein. Funktional ist also kein Vorteil erzielt worden. Zudem ist der Sourcecode-Umfang und die Anzahl der eingesetzten Klassen und Interfaces gestiegen. Die Lösung mit dem STRATEGIE-Muster ist also länger, umfangreicher und komplexer. Wieso ist diese Lösung aber trotzdem in der Regel besser? Die Antwort ist einfach: Diese Lösung ist modularer und leichter erweiterbar. Der Vorgang der Filterung und der tatsächlichen Auswahl sind voneinander unabhängig und lediglich über das Interface `FilterStrategy` verbunden. Eine Einschränkung auf eine spezielle Art der Filterung ist lediglich durch die `acceptValue(int)`-Methode gegeben. Zudem ist die Lösung deutlich objektorientierter, da nun eigenständige Klassen die Auswahl realisieren und weitere Funktionalität, beispielsweise die Aufbereitung einer aussagekräftigen Stringrepräsentation mithilfe der Methode `toString()`, zur jeweiligen Filterstrategie anbieten können. Ohne Strategieobjekte wären für eine derartige textuelle Ausgabe der gewählten Filterstrategie jedes Mal umfangreiche Prüfungen mit diversen `if`-Anweisungen durchzuführen, die ähnlich der Auswahl des Filterkriteriums selbst sind. Dies ist fehlerträchtig. Durch Strategieobjekte wird diese unnötige Komplexität vermieden. Jedes einzelne Objekt überschreibt die `toString()`-Methode und liefert so eine informative Ausgabe.

Falls Sie noch nicht überzeugt sein sollten, kommt das Beste zum Schluss: Durch Einsatz des STRATEGIE-Musters können komplett neue Filterstrategien implementiert werden, die insbesondere auch nicht auf die ursprüngliche Schnittstelle mit den zwei `int`-Werten zur Bereichsprüfung eingeschränkt sind. Ein erstes Beispiel dafür ist etwa eine Filterung auf alle geraden Zahlen, deren Klasse `EvenFilter` wir auch wieder in der Klasse `FilterStrategies` implementieren:

```java
public static class EvenFilter implements FilterStrategy
{
    @Override
    public boolean acceptValue(final int value)
    {
        return value % 2 == 0;
    }

    @Override
    public String toString()
    {
        return "EvenFilter";
    }
}
```

Algorithmisch etwas anspruchsvoller ist eine Filterung von Primzahlen:

```java
public final class PrimeFilter implements FilterStrategy
{
    @Override
    public boolean acceptValue(final int value)
    {
        return isPrime(value);
    }

    private boolean isPrime(final int value)
    {
        if (value < 2)
            return false;

        if (value == 2)
            return true;

        for (int i = 2; i <= Math.sqrt(value); i++)
        {
            // Test auf Teilbarkeit
            if ((value % i) == 0)
                return false;
        }
        return true;
    }

    @Override
    public String toString()
    {
        return "PrimeFilter";
    }
}
```

Wären diese Erweiterungen in der ursprünglichen Klasse zu realisieren gewesen, dann wäre dort bereits ein ziemliches Chaos entstanden.

Noch stärker wäre der Effekt, wenn Erweiterungswünsche aufkommen: Stellen Sie sich vor, dass die inverse Auswahloperation realisiert werden soll. In der ursprünglichen Lösung würde diese Forderung spätestens jetzt zu sehr unübersichtlichem Sourcecode führen: Jede weitere Änderung ist fehlerträchtig und bestenfalls noch durch eine große Anzahl an Unit Tests zu beherrschen. Auch hierbei hilft der Einsatz des STRATEGIE-Musters, um den Implementierungs- und Testaufwand erheblich zu reduzieren. Man nutzt zudem das aus Abschnitt 18.2.3 bekannte DEKORIERER-Muster und implementiert eine allgemeingültige inverse Filterstrategie `InverseFilter`. Damit ergibt sich das in Abbildung 18-24 gezeigte Klassendiagramm.

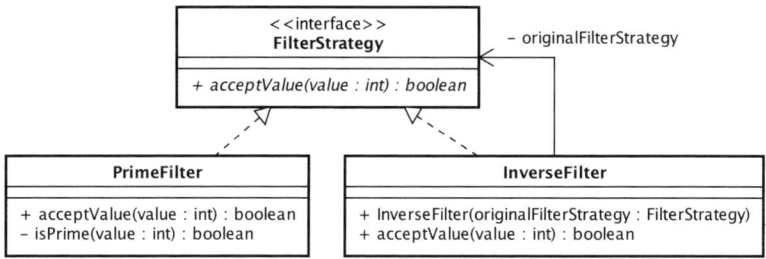

Abbildung 18-24 *Das Interface* `FilterStrategy` *und das* DEKORIERER-*Muster*

Die Implementierung eines inversen Filters durch die Klasse `InverseFilter` geschieht wie folgt:

```java
public final class InverseFilter implements FilterStrategy
{
    private final FilterStrategy originalFilterStrategy;

    public InverseFilter(final FilterStrategy originalFilterStrategy)
    {
        this.originalFilterStrategy =
                Objects.requireNonNull(originalFilterStrategy,
                    "parameter 'originalFilterStrategy' must not be null!");
    }

    @Override
    public boolean acceptValue(final int value)
    {
        return !originalFilterStrategy.acceptValue(value);
    }

    @Override
    public String toString()
    {
        return "InverseFilter " + originalFilterStrategy;
    }
}
```

Betrachten wir nun, mit wie wenig Aufwand die inversen Filter »ungerade Zahl« und »keine Primzahl« aus den ursprünglichen Filtern `EvenFilter` und `PrimeFilter` realisiert werden können, wenn man die gerade entwickelte Dekoriererklasse `Inverse-Filter` einsetzt:

```java
public static void main(final String[] args)
{
    final List<Integer> inputs = Arrays.asList(1, 2, 3, 4, 5, 6, 7, 8, 9);

    // EvenFilter und OddFilter (InverseEvenFilter)
    final FilterStrategy evenFilter = new EvenFilter();
    System.out.println(evenFilter + ": " + filterAll(inputs, evenFilter));

    final FilterStrategy oddFilter = new InverseFilter(evenFilter);
    System.out.println(oddFilter + ": " + filterAll(inputs, oddFilter));

    // PrimeFilter und InversePrimeFilter
    final FilterStrategy primeFilter = new PrimeFilter();
    System.out.println(primeFilter + ": " + filterAll(inputs, primeFilter));

    final FilterStrategy inversePrimeFilter = new InverseFilter(primeFilter);
    System.out.println(inversePrimeFilter + ": " + filterAll(inputs,
        inversePrimeFilter));
}
```

Listing 18.8 *Ausführbar als* '**STRATEGYFILTEREXAMPLE2**'

Startet man das Programm STRATEGYFILTEREXAMPLE2, so kommt es zu folgender Ausgabe:

```
EvenFilter: [2, 4, 6, 8]
InverseFilter EvenFilter: [1, 3, 5, 7, 9]
PrimeFilter: [2, 3, 5, 7]
InverseFilter PrimeFilter: [1, 4, 6, 8, 9]
```

Bewertung

An diesem Beispiel sieht man deutlich, welche Vorteile der bewusste und gezielte Einsatz des für ein zu lösendes Problem passenden Entwurfsmusters bringen kann.
Der Einsatz des STRATEGIE-Musters bewirkt Folgendes:

+ **Erhöhte Flexibilität** – Die Auswahl aus verschiedenen Implementierungen kann zur Laufzeit erfolgen. Dadurch erhöht sich die Flexibilität und die Wiederverwendbarkeit.

+ **Bessere Erweiterbarkeit** – Die Alternativen besitzen keine Abhängigkeiten untereinander, sodass sich verschiedene Anforderungen (Bereichsgrenzen, Primzahlen usw.) unabhängig realisieren lassen. Zudem lassen sich zusätzliche Anforderungen, wie für die inverse Abbildung gezeigt, leicht und gezielt integrieren.

o **Kopplung an konkrete Strategien** – Klienten müssen die konkreten Strategieklassen kennen und instanziieren, um die gewünschte Funktionalität auszuführen. Eine Kombination mit einer FABRIKMETHODE (vgl. Abschnitt 18.1.2) bietet sich zur Kapselung und loseren Kopplung an.

- **Erhöhter Umfang** – Die Anzahl der Klassen erhöht sich.

Vereinfachungen mit JDK 8

Das bisher Erreichte ist wirklich eine schöne Demonstration, wie Entwurfsmuster das Entwicklerleben vereinfachen können. Praktischerweise sind bereits einige Ideen auch in die Neuerungen von Java 8 eingeflossen. Viele Aufgabenstellungen, vor allem das Filtern, lassen sich mit dem Filter-Map-Reduce-Framework (vgl. Abschnitt 7.2) sowie dem Functional Interface `Predicate<T>` (vgl. Abschnitt 5.5.1) elegant in Java umsetzen.

Nach dieser kurzen Einleitung wollen wir uns nachfolgend anschauen, wie wir die beiden Beispiele schrittweise umformen und von den Neuerungen aus Java 8 profitieren können. Die Ideen des STRATEGIE- und DEKORIERER-Musters bleiben weiter gültig, aber lassen sich nun anders nutzen.

Ausgangsbasis 1: STRATEGYFILTEREXAMPLE   Schauen wir uns zunächst zur Erinnerung nochmal die `main()`-Methode an, die Zahlen auf ein geschlossenes und offenes Intervall filtert:

```java
public static void main(final String[] args)
{
    final List<Integer> inputs = Arrays.asList(1, 2, 3, 4, 5, 6, 7, 8, 9);

    System.out.println("Filtering values for interval 2-7");
    final FilterStrategy closedInterval = new ClosedInterval(2, 7);
    System.out.println("Using " + closedInterval + " " +
                filterAll(inputs, closedInterval));

    final FilterStrategy openInterval = new OpenInterval(2, 7);
    System.out.println("Using " + openInterval + " " +
                filterAll(inputs, openInterval));
}
```

Schritt 1: Stream-API und `Predicate<T>` nutzen   In einem ersten Schritt modifizieren wir das Programm STRATEGYFILTEREXAMPLE so, dass das Stream-API und das Functional Interface `Predicate<T>` in der Methode `filterAll()` zum Einsatz kommen. Zunächst bleibt die Signatur gleich und wir wandeln mit einem kleinen Trick übergebene Instanzen vom selbst erstellten Interface `FilterStrategy` in ein `Predicate<T>` um:

```java
public static List<Integer> filterAll(final List<Integer> inputs,
                        final FilterStrategy filterStrategy)
{
    final Predicate<Integer> predicate =
                    value -> filterStrategy.acceptValue(value);

    return inputs.stream().
                filter(predicate).
                collect(Collectors.toList());
}
```

Schritt 2: Vollständig auf `Predicate<T>` umstellen Als Nächstes wollen wir durchgängig das `Predicate<T>` nutzen. Weil dies die Signatur der Methode ändert, nutzen wir EXTRACT METHOD, um eine auf `Predicate<T>` spezialisierte Variante von `filterAll()` herauszulösen:

```
public static List<Integer> filterAll(final List<Integer> inputs,
                                      final FilterStrategy filterStrategy)
{
    final Predicate<Integer> predicate =
                           value -> filterStrategy.acceptValue(value);

    return filterAll(inputs, predicate);
}
private static List<Integer> filterAll(final List<Integer> inputs,
                                       final Predicate<Integer> predicate)
{
    return inputs.stream().
                  filter(predicate).
                  collect(Collectors.toList());
}
```

Nun können wir (zumindest in IntelliJ IDEA) das Basis-Refactoring INLINE nutzen oder wir erzeugen uns eine künstliche Hilfsvariable `closedIntervalPred` wie folgt:

```
final FilterStrategy closedInterval = new ClosedInterval(2, 7);
final Predicate<Integer> closedIntervalPred =
                       value -> closedInterval.acceptValue(value);
System.out.println("Using " + closedInterval + " " +
                   filterAll(inputs, closedIntervalPred));
```

An der Aufruferstelle können wir nun nur noch `Predicate<T>` verwenden und müssen die Variable `closedInterval` entfernen – bevor wir dazu das Basis-Refactoring INLINE nutzen können, muss die Konsolenausgabe leicht angepasst werden:

```
final Predicate<Integer> closedIntervalPred =
                       value -> new ClosedInterval(2, 7).acceptValue(value);
System.out.println("Using closedInterval" +
                   filterAll(inputs, closedIntervalPred));
```

Schritt 3: Eigene Lambdas definieren Schließlich wollen wir die Klassen `ClosedInterval` und `OpenInterval` vollständig durch Lambdas ersetzen: Spontan ist man versucht, für das geschlossene Intervall etwa Folgendes zu schreiben:

```
final Predicate<Integer> closedInterval =
                       value -> lowerBound <= value && value <= upperBound;
```

Doch das schlägt fehl, weil die Variablen `lowerBound` und `upperBound` (natürlich) nicht definiert sind. Das zeigt uns, dass man in Lambdas (logischerweise) nur mit Parametern und gegebenenfalls umgebenden »effectively final«-Variablen arbeiten kann. Es gibt aber eine trickreiche Abhilfe, die so einfach wie elegant ist, nämlich die Definition von Hilfsmethoden wie folgt:

```
static Predicate<Integer> closedInterval(final int lowerBound,
                                         final int upperBound)
{
    if (upperBound < lowerBound)
        throw new IllegalArgumentException("lowerBound must be <= upperBound");

    return value -> lowerBound <= value && value <= upperBound;
}

static Predicate<Integer> openInterval(final int lowerBound,
                                       final int upperBound)
{
    if (upperBound < lowerBound)
        throw new IllegalArgumentException("lowerBound must be <= upperBound");

    return value -> lowerBound < value && value < upperBound;
}
```

Unter deren Verwendung vereinfachen wir die `main()`-Methode wie folgt:

```
public static void main(final String[] args)
{
    final List<Integer> inputs = Arrays.asList(1, 2, 3, 4, 5, 6, 7, 8, 9);
    System.out.println("Filtering values for intervall 2-7");

    final Predicate<Integer> closedInterval = closedInterval(2, 7);
    System.out.println("Using " + closedInterval + " " +
                       filterAll(inputs, closedInterval));

    final Predicate<Integer> openInterval = openInterval(2, 7);
    System.out.println("Using " + openInterval + " " +
                       filterAll(inputs, openInterval));
}
```

Listing 18.9   Ausführbar als **'STRATEGYFILTEREXAMPLEJDK8_STEP3'**

Ausgangsbasis 2: STRATEGYFILTEREXAMPLE2 Schauen wir uns zunächst zur Erinnerung nochmal die `main()`-Methode an, die Zahlen auf gerade und ungerade Zahlen sowie auf Primzahlen und Nicht-Primzahlen filtert:

```
public static void main(final String[] args)
{
    final List<Integer> inputs = Arrays.asList(1, 2, 3, 4, 5, 6, 7, 8, 9);

    final FilterStrategy evenFilter = new EvenFilter();
    System.out.println(evenFilter + ": " + filterAll(inputs, evenFilter));

    final FilterStrategy oddFilter = new InverseFilter(evenFilter);
    System.out.println(oddFilter + ": " + filterAll(inputs, oddFilter));

    final FilterStrategy primeFilter = new PrimeFilter();
    System.out.println(primeFilter + ": " + filterAll(inputs, primeFilter));

    final FilterStrategy inversePrimeFilter = new InverseFilter(primeFilter);
    System.out.println(inversePrimeFilter + ": " +
                       filterAll(inputs, inversePrimeFilter));
}
```

Listing 18.10   Ausführbar als **'STRATEGYFILTEREXAMPLE2'**

Diverse Vereinfachungen vornehmen Nun wollen wir die bisher gemachten Erfahrungen nutzen, um auch das zweite Beispiel in Form des Programms STRATEGY-FILTEREXAMPLE2 mit Java-8-Bordmitteln zu vereinfachen. Dabei wenden wir folgende Transformationsideen an:

- `EvenFilter` – Lässt sich durch den Lambda `value -> value % 2 == 0` ersetzen, weil hier nur auf dem übergebenen Parameter gearbeitet wird und keine weiteren Kontextinformationen benötigt werden.
- `InverseFilter` – Zum Invertieren eines `Predicate<T>` benötigt man keine eigene Klasse, sondern ruft die Methode `negate()` auf (vgl. Abschnitt 5.5.1).
- `PrimeFilter` – Hier wenden wir den bereits bekannten Trick an, die ursprüngliche Funktionalität über einen Lambda anzusprechen – bei Bedarf kann man das dann auch noch auslagern.

Mit diesen Anmerkungen im Hinterkopf modifizieren wir das Programm leicht (vor allem durch direkte Angabe der Namen der Filter in den Konsolenausgaben):

```java
public static void main(final String[] args)
{
    final List<Integer> inputs = Arrays.asList(1, 2, 3, 4, 5, 6, 7, 8, 9);

    final Predicate<Integer> evenFilter = value -> value % 2 == 0;
    System.out.println("EvenFilter: " + filterAll(inputs, evenFilter));

    final Predicate<Integer> oddFilter = evenFilter.negate();
    System.out.println("OddFilter: " + filterAll(inputs, oddFilter));

    final Predicate<Integer> primeFilter =
                    value -> new PrimeFilter().acceptValue(value);
    System.out.println("PrimeFilter: " + filterAll(inputs, primeFilter));

    final Predicate<Integer> inversePrimeFilter = primeFilter.negate();
    System.out.println("InversePrimeFilter: " +
                    filterAll(inputs, inversePrimeFilter));
}
```

*Listing 18.11 Ausführbar als '*STRATEGYFILTEREXAMPLE2_JDK8*'*

Fazit

Anhand zweier Beispiele konnten wir gut nachvollziehen, dass man durch Einsatz der adäquaten Java-8-Bordmittel ehemals aufwendigen Sourcecode deutlich vereinfachen kann. Auch muss man die Entwurfsmuster nicht mehr in dem Umfang selbst ausprogrammieren – aber es ist weiterhin hilfreich, sie verstehen und anwenden zu können.

Ganz nebenbei haben wir noch einmal ein paar Ideen zu Refactorings und kleinteiligen Schritten rekapituliert und einige Besonderheiten und Tricks beim Einsatz von Lambdas kennengelernt, etwa wie man Parametrierungen vornehmen oder alte Implementierungen geschickt wiederverwenden kann.

18.3.5 Befehl (Command)

Beschreibung und Motivation

Das Muster BEFEHL vereinfacht die Ausführung komplexerer Aufgaben. Da dieses Muster nicht so leicht zu verstehen ist, möchte ich es anhand eines Beispiels aus der Realität, einer Bestellung in einem Restaurant, verdeutlichen. Ein Gast gibt eine Bestellung auf, etwa: »Ein Steak medium mit Pommes und ein Bier«. Der Kellner notiert diese Bestellung und übergibt sie der Küche und der Theke als Arbeitsanweisungen zur Ausführung. Die ausführenden Einheiten können anhand der Bestellung verschiedene konkrete kleinere Handlungen durchführen (Braten, Frittieren, Bier zapfen usw.), die für den Gast aber uninteressant sind (etwa die Temperatureinstellung am Herd).

Auf die Software übertragen erkennen wir folgende Akteure bei diesem Muster: Ein Klient (Gast) gibt eine Bestellung (einen oder mehrere (abstrakte) Befehle) auf, die von einer Komponente (Kellner) registriert und von anderen Komponenten (Küche und Theke) ausgeführt wird. Ein klassisches Beispiel sind Aktionen eines Editors, die durch Menüs, Kontextmenüs oder Toolbars ausgelöst werden und beispielsweise zum Speichern eines Dokuments oder zum Erzeugen einer grafischen Figur führen.

Struktur

Dieses Muster existiert in diversen, unterschiedlich komplexen Ausprägungen, jedoch findet immer eine Kapselung von Methodenaufrufen in Befehlsobjekten statt, um eine Trennung von einem Befehlswunsch und dessen Ausführung zu erreichen. Die Basis bildet normalerweise ein Interface `ICommand`, das standardmäßig eine Methode `execute()` definiert. Jedes konkrete Befehlsobjekt implementiert das Interface `ICommand` und bietet somit eine sehr einfache und für alle Befehlsklassen einheitliche Schnittstelle zur Ausführung an. Jede konkrete Realisierung eines Befehls, im nachfolgenden Beispiel `PrintTextCommand` bzw. `WaitCommand`, implementiert die Methode `execute()` entsprechend der gekapselten Aufgabe, indem dort die Verarbeitung durch feingranulare Methodenaufrufe stattfindet. Dies zeigt Abbildung 18-25.

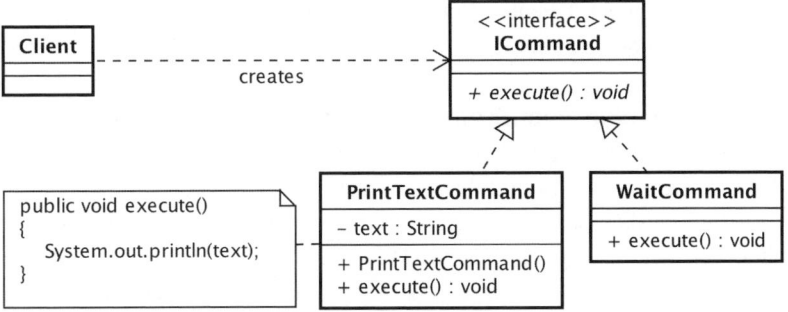

Abbildung 18-25 Struktur des Musters BEFEHL in UML

Die Komplexität der im Befehlsobjekt realisierten konkreten Aufgabe ist für Klienten zum Anstoßen einer Befehlsausführung irrelevant. Ein Klient benötigt darüber hinaus auch kein Wissen über das konkrete API der im Befehlsobjekt verwendeten Programmteile, da diese dort gekapselt werden. Daher kann man dieses Muster gut zur Entkopplung von Vorgängen (sprich des befehlsaufrufenden und des befehlsempfangenden Programmteils) einsetzen.

Beispiel

Ich stelle das Muster BEFEHL zunächst in seiner einfachsten Form dar, um es schrittweise zu erweitern und auf mögliche Unzulänglichkeiten und Verbesserungen aufmerksam zu machen.

Einfachste Form   Der folgende Sourcecode zeigt einen einfachen Ablauf. Es werden zunächst drei Befehlsobjekte erzeugt und anschließend ausgeführt:

```java
public static void main(final String[] args)
{
    // Erzeugen der Command-Objekte
    final ICommand command1 = new PrintTextCommand("Dies ist ein Text");
    final ICommand command2 = new WaitCommand();
    final ICommand command3 = new PrintTextCommand("Der Test ist beendet!");

    // Ausführen der Command-Objekte
    command1.execute();
    command2.execute();
    command3.execute();
}
```

Listing 18.12   Ausführbar als 'SIMPLECOMMANDEXAMPLE'

Betrachten wir dieses sehr einfache Beispiel, so sehen wir, dass die Funktionalität in den jeweiligen Befehlsklassen gekapselt wird. Dies ist bereits gut, könnte allerdings auch durch die Extraktion einer Methode erreicht werden. In diesem Fall wird zudem der Befehl direkt vom Klienten ausgeführt. Dies kann in einigen wenigen Situationen sinnvoll sein. In der Regel rufen jedoch Klienten die `execute()`-Methode nicht direkt auf. Vielmehr übergeben Klienten Befehle zur Ausführung an eine separate Verarbeitungseinheit, die dann `execute()` aufruft.

Erweiterung um eine Ausführungskomponente   Wir werden nun dieses einfache Modell dahingehend erweitern, dass eine ausführende Komponente hinzugefügt wird. Klienten führen hier die Befehle nicht mehr selbst aus, sondern übergeben diese an die Ausführungskomponente. Diese speichert die auszuführenden Befehle in einer listenähnlichen Struktur. Die im folgenden Listing gezeigte Klasse `CommandExecutor` nutzt dazu eine `LinkedBlockingDeque<E>` zur Thread-sicheren Bearbeitung. Die Implementierung der Klasse `CommandExecutor` als `Runnable` ermöglicht es, diese in einem Thread abzuarbeiten. Parallel dazu findet eine Abarbeitung von Klienten statt. Diese stellen bei Bedarf Befehle zur Ausführung ein.

18.3 Verhaltensmuster

```java
public final class CommandExecutor implements Runnable
{
    private final Deque<ICommand> commands = new LinkedBlockingDeque<>();

    private static final ICommand NULL_COMMAND = new ICommand()
    {
        @Override
        public void execute()
        {
        }

        @Override
        public String toString()
        {
            return "NULL_COMMAND";
        }
    };
```

Im vorherigen Listing wird zudem ein statisches Attribut `NULL_COMMAND` gemäß dem NULL-OBJEKT-Muster (vgl. Abschnitt 18.3.2) erzeugt, das wir im Folgenden nutzen werden, um bei der Bearbeitung der Befehlsliste `null`-Abfragen zu vermeiden.

Das folgende Listing setzt das Beispiel fort und zeigt, wie Befehlsobjekte von Klienten mithilfe der Methode `registerCommand(ICommand)` als Bearbeitungswunsch eingetragen werden können. Parallel dazu werden Befehlsobjekte in der Methode `run()` sequenziell abgearbeitet. Dort wird das nächste auszuführende Befehlsobjekt mithilfe der Methode `getAndRemoveNextCommand()` ermittelt und per Aufruf von `execute()` ausgeführt. Ist kein solches Befehlsobjekt verfügbar, erspart der Einsatz des `NULL_COMMAND` eine Spezialbehandlung in der Abarbeitung:

```java
public void registerCommand(final ICommand commandToExecute)
{
    Objects.requireNonNull(commandToExecute, "Passed command must not be null");
    commands.offer(commandToExecute);
}

public void run()
{
    while (!Thread.currentThread().isInterrupted())
    {
        final ICommand commandToExecute = getAndRemoveNextCommand();
        commandToExecute.execute();

        SleepUtils.safeSleep(50); // Vermeide CPU-Belastung
    }
}

private ICommand getAndRemoveNextCommand()
{
    final ICommand commandToExecute = commands.poll();
    if (commandToExecute == null)
        return NULL_COMMAND;

    return commandToExecute;
}
```

Im folgenden Programmausschnitt wird der `CommandExecutor` genutzt, um die aus dem vorherigen Beispiel bekannten drei Befehle abzuarbeiten. Im Unterschied zur simplen Variante erkennt man, dass hier kein Aufruf von `execute()` durch den Klienten erfolgt, sondern lediglich ein Bearbeitungswunsch durch `registerCommand(ICommand)` ausgedrückt wird:

```java
public static void main(final String[] args)
{
    // Die Abarbeitung der Kommandos erfolgt nebenläufig
    // zu den folgenden Aktionen
    final CommandExecutor executor = new CommandExecutor();
    new Thread(executor).start();

    // Client erzeugt Kommandos
    final ICommand command1 = new PrintTextCommand("Dies ist ein Text");
    final ICommand command2 = new WaitCommand();
    final ICommand command3 = new PrintTextCommand("Der Test ist beendet!");

    // Client übergibt Kommandos an Executor
    executor.registerCommand(command1);
    executor.registerCommand(command2);
    executor.registerCommand(command3);
}
```

Listing 18.13 *Ausführbar als* **'COMMANDEXECUTOR'**

Nach der Erweiterung um den `CommandExecutor` sieht das Klassendiagramm wie in Abbildung 18-26 aus.

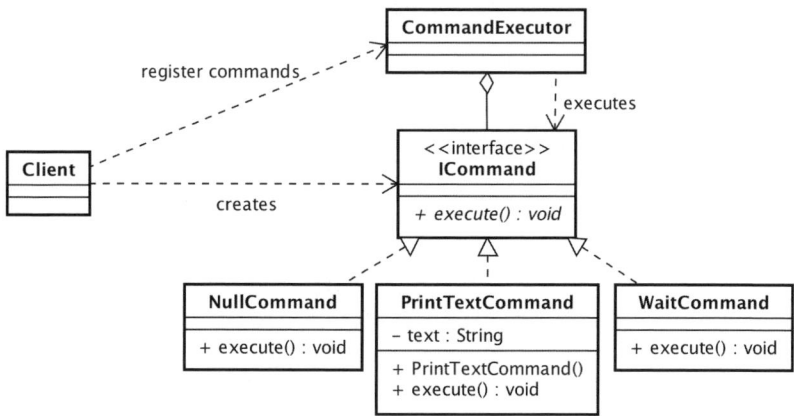

Abbildung 18-26 *Command und Executor in UML*

Ausführungskontext

Bislang sind die vorgestellten `execute()`-Methoden funktional sehr einfach. In der Praxis benötigen Befehle meistens einen Kontext oder Eingabeparameter zu ihrer Ausführung bzw. Daten, um auf diesen zu operieren. Selbst für das einfache `PrintTextCommand` ist ein Parameter zur Übergabe des auszugebenden Texts erforderlich.

Viele zur Ausführung benötigte Informationen stehen bereits zum Erzeugungszeitpunkt der Befehlsobjekte fest und können als Parameter an deren Konstruktor übergeben werden. Mit diesen Parametern legt man häufig die Rahmenbedingungen und Eigenschaften fest. Bezogen auf das Beispiel einer Bestellung im Restaurant sind dies beispielsweise die Namen des Gerichts und des Getränks.

Einige Informationen, etwa die konkrete Umgebung der Ausführung oder die ausführende Einheit, sind eventuell noch unbekannt. Dies sind Detailinformationen, die zur tatsächlichen Abarbeitung eines Befehls, also von dessen `execute()`-Methode, benötigt werden. Bezogen auf das Restaurantbeispiel kennt der Gast wesentliche Details der Zubereitung nicht: Welches Stück Fleisch gebraten wird und welcher Koch die Zubereitung übernimmt, wird erst in der Küche entschieden.

Aus diesen beiden Randbedingungen folgt, dass es in der Regel zwei Arten von Parametrierungen eines Befehls gibt:

1. **Spezifikationsdaten** – Einige Parameter werden genutzt, um eine konkrete Spezifikation des Befehls und damit eine Präzisierung des Auftrags vorzunehmen: Es wird das »Was« beschrieben, etwa: »Steak medium mit Pommes«. Diese Daten werden von Klienten festgelegt.

2. **Ausführungsdaten** – Um den gewünschten Auftrag auszuführen und aus der zuvor angegebenen Spezifikation eine konkrete Abarbeitung des Befehls zu ermöglichen, werden in der Regel weitere Daten und Akteure benötigt, die an den Befehl übergeben werden müssen. Es wird das »Wie« und »Wer« beschrieben, etwa: »Welcher Koch die Arbeit übernimmt, welches Steak zubereitet wird, welcher Grill verwendet wird.« Auf diese Daten hat ein Klient in der Regel keinen Einfluss.

Die Spezifikationsdaten (Daten zur Präzisierung des Auftrags) sollten von Klienten möglichst zum Konstruktionszeitpunkt eines Befehlsobjekts übergeben und in dessen Attributen gespeichert werden.

Wie bereits angedeutet, wird ein Befehl zur Ausführung seiner `execute()`-Methode Zugriff auf diverse andere Objekte und Informationen benötigen. Zur Vereinfachung ist es sinnvoll, die erforderlichen Daten als Laufzeitkontext in Form einer Value-Object-Klasse (vgl. Abschnitt 3.4.5) `ExecutionContext` zu bündeln. Zur Aufbereitung dieser Informationen ist ein Zugriff auf alle beteiligten Klassen nötig, um deren Referenzen im Value Object speichern zu können. Wann und wo können diese Informationen dem Befehlsobjekt übergeben werden? In einigen Applikationen kann man diese den Befehlsobjekten bereits zu ihrem Konstruktionszeitpunkt übergeben. Häufig stehen die benötigten Informationen den Erzeugern der Befehlsobjekte (z. B. Menüeinträgen) jedoch nicht ohne Weiteres zur Verfügung. Dann müssten die Daten für die

Erzeuger nur deshalb zugänglich gemacht werden, um die Befehlsobjekte zum Konstruktionszeitpunkt mit dem notwendigen Kontext versorgen zu können. Dadurch würde die Anzahl der Parameter und Abhängigkeiten zunehmen. Das stört die Kapselung und Wiederverwendbarkeit. Wenn ein Befehlsobjekt von verschiedenen Programmteilen erzeugt werden kann (z. B. über ein Menü, ein Kontextmenü, einen Button oder Shortcut), muss jedes dieser Programmteile all diese – ansonsten nicht benötigten – Informationen bereitstellen können.

Einfacher und klarer ist es deshalb meistens, diese Aufgabe der Informationsbereitstellung durch ein Objekt vom Typ CommandExecutor erledigen zu lassen. Es bietet sich folgender Trick an, der die Ideen der sogenannten *Dependency Injection* aufgreift: Der Methode execute() werden die Spezifikationsdaten bzw. Kontextdaten als Klasse ExecutionContext übergeben. Diese stellt dann alle zur Ausführung benötigten Informationen zur Verfügung. Die Konstruktion von Befehlsobjekten kann nun unabhängig von der Bereitstellung der Ausführungsdaten erfolgen.

> **Tipp: Bereitstellung von Ausführungsdaten**
>
> Werden Applikationen komplexer oder sollen Befehle in mehreren Kontexten ausgeführt werden, so bietet sich die Übergabe eines ExecutionContexts an die Methode execute() an. Nur so ist eine Unabhängigkeit von Befehlserzeugung und deren Ausführung möglich. Das gilt insbesondere dann, wenn Befehle in einer JVM erzeugt und in einer anderen JVM ausgeführt werden sollen.

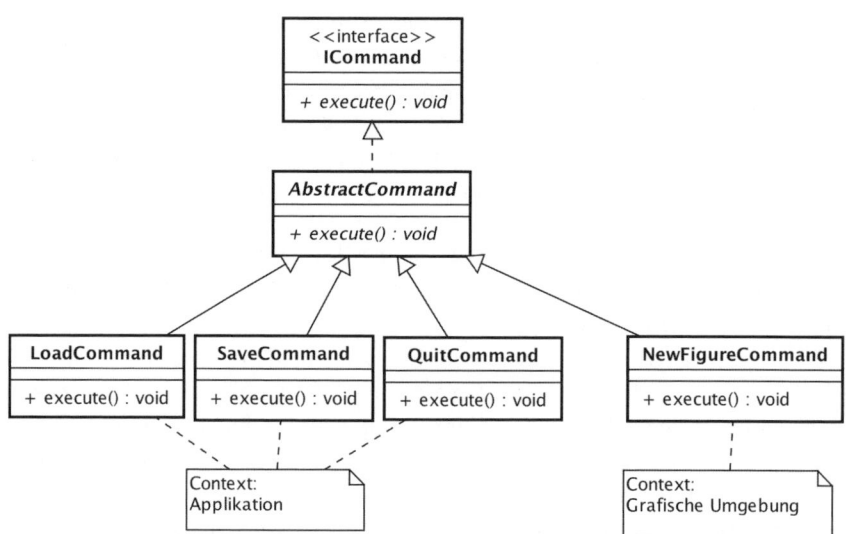

Abbildung 18-27 Das Muster BEFEHL *in einem grafischen Editor*

Erweiterungen

Auch eine Undo-Funktionalität ist mithilfe des Musters BEFEHL leichter zu realisieren als ohne. Im einfachsten Fall speichert man bei jedem Ausführen eines Befehls zuvor den aktuellen Zustand des Gesamtsystems ab und kann diesen bei einem Undo wiederherstellen. Das ist aber in der Regel zu aufwendig. Daher wird bevorzugt mit relevanten, von dieser Aktion betroffenen Ausschnitten des Zustands gearbeitet. Undo ist daher in realen Systemen immer mit einigem Aufwand verbunden.

Leichter als eine Undo-Funktionalität lassen sich Befehle als Makros (Kommandofolgen) zusammenfassen und als Einheit ausführen. Durch eine Speicherung einer Abfolge von Befehlen kann man eine Art Befehlsrekorder bauen, der ein späteres Abspielen ähnlich einem Videorekorder erlaubt. Die Makros können wir mithilfe des KOMPOSITUM-Musters (vgl. Abschnitt 18.2.4) und durch eine Klasse `MacroCommand` realisieren.

Bewertung

Der Einsatz des Musters BEFEHL bewirkt Folgendes:

+ **Lose Kopplung** – Durch die Kapselung von Aktionen in Form von Objekten können diese von beliebigen Programmteilen erzeugt und von anderen Programmteilen ausgeführt werden. Funktionalität kann auf verschiedenen Wegen verfügbar gemacht werden, etwa als Reaktion auf Menüs, Buttons oder andere Eingaben, ohne dass es zu einer Kopplung an konkrete Elemente der Benutzerschnittstelle kommt: Aufrufer und ausführende Einheit sind nicht miteinander verbunden, wie dies bei einem Methodenaufruf der Fall wäre.

+ **Bessere Abstraktion** – In einem Befehl werden verschiedene auszuführende Methodenaufrufe an einer Stelle gebündelt. Dies ist ähnlich zu der Extraktion einer Methode, geht allerdings einen Schritt weiter, da ein neues, in anderen Kontexten wiederverwendbares Befehlsobjekt entsteht.

+ **Wiederverwendbarkeit** – Ein Befehl stellt eine Verhaltensbeschreibung, eine Art semantische Klammer über verschiedene Methoden, dar und ist vielseitig einsetzbar. Ein Befehl kann von unterschiedlichen Auftraggebern (Menü, Kontextmenü, Toolbar usw.) an verschiedene ausführende Einheiten weitergereicht und dort in diversen Kontexten (Einzelselektion, Mehrfachselektion usw.) ausgeführt werden.

+ **Fernsteuerung** – Eine Speicherung und spätere Ausführung von Befehlen ist möglich: Befehlsobjekte können wie alle anderen Objekte auch verarbeitet oder in Methodenaufrufen verwendet werden. Im Speziellen könnte man diese serialisieren und zu späteren Zeitpunkten erneut ausführen. Daher kann dieses Muster gut zur zeitgesteuerten Fernsteuerung eingesetzt werden. Tatsächlich können auch andere Programme, die sogar in eigenständigen JVMs laufen können, die Befehle verarbeiten.

+ **Undo-/Redo-Fähigkeit** – Eine Undo-/Redo-Fähigkeit ist leichter als ohne das Muster BEFEHL zu realisieren. Zu definierten Zeitpunkten können Zwischenstände des zugrunde liegenden Modells gesichert werden, die bei Bedarf wiederhergestellt werden können.
- **Erhöhter Umfang** – Die Anzahl der Klassen erhöht sich.

18.3.6 Proxy

Beschreibung und Motivation

Das PROXY-Muster dient zum Verlagern der Kontrolle über ein Objekt auf ein Stellvertreterobjekt, den sogenannten *Proxy*. Ein Klient spricht den Stellvertreter an und kennt das eigentliche Objekt nicht. Dadurch kann der Proxy sowohl die Erzeugung als auch den Zugriff auf das eigentliche Objekt kontrollieren und somit eine Zugangskontrolle realisieren oder Remote Calls verstecken. Auch zur Vereinfachung von Lazy Initialization kann ein Proxy eingesetzt werden.

Struktur

Die Basis dieses Musters ist eine gemeinsame Schnittstelle `IService`. Diese stellt sicher, dass sowohl der Proxy in Form der Klasse `ServiceProxy` als auch das eigentliche Objekt vom Typ `Service` nach außen gleich behandelt werden können. Zur Durchführung der eigentlichen Aufgaben verwaltet der Proxy eine Referenz auf das Objekt. Falls angebracht, kann man sogar die Erzeugung des Objekts an den Proxy delegieren.

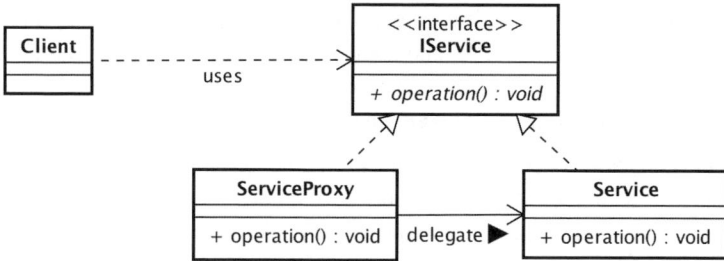

Abbildung 18-28 Struktur des PROXY-Musters in UML

Varianten

Das PROXY-Muster existiert unter anderem in folgenden konkreten Ausprägungen, die verschiedene Intentionen verfolgen:

- **Access Control Proxy** – Kann den Zugriff auf gewisse Daten steuern. Beispielsweise könnte vor jeder Methodendelegation eine Rechteprüfung erfolgen, die bei Bedarf die Eingabe eines Passworts verlangt.

- **Decorator/Interceptor Proxy** – Dieser Typ von Proxy fügt transparent weitere Funktionalität gemäß dem DEKORIERER-Muster hinzu. Häufig spricht man in diesem Kontext auch von INTERCEPTOR.

- **Lazy Init Proxy** oder **Virtual Proxy** – Vermittelt den Eindruck, ein Objekt stehe schon zur Verfügung, bevor es tatsächlich erzeugt wurde. Objektbestandteile werden erst in dem Moment konstruiert, in dem diese auch tatsächlich benutzt werden sollen. Ein virtueller Proxy fungiert als Platzhalter, etwa beim Zugriff auf Objekte, die aufwendig zu konstruieren oder zu laden sind. Man kennt es von Bildern im Internet. Für diese werden im Browser teilweise zunächst Platzhalter dargestellt, bis diese nach erfolgtem Ladevorgang durch das entsprechende Bild ersetzt werden. Wenn man optionale Funktionalität oder besonders aufwendig zu konstruierende Daten mit einem solchen Proxy kapselt, kann dies zu signifikanten Performance-Verbesserungen führen und wird in Abschnitt 22.3 detailliert beschrieben.

- **Remote Proxy** – Der Remote Proxy agiert als Stellvertreter für Objekte, die über ein Netzwerk (remote) angesprochen werden sollen. Für mögliche Nutzer bleibt diese Tatsache (weitgehend) transparent. Im Speziellen müssen sich diese nicht darum kümmern, wo welche Objekte erzeugt werden und wie die Methodenaufrufe über das Netzwerk geregelt werden. Ein Remote Proxy kann den Eindruck erwecken, ein entferntes Objekt wäre ein lokales. Dies ist zum Verbergen des Einsatzes von RMI oder Webservices praktisch.

Beispiel

Als Beispiel realisieren wir einen Access Control Proxy, der den Zugriff auf eine Map steuern soll. Dazu implementiert die folgende Proxy-Klasse `RestrictedAccessMap` das Interface `Map<K,V>` und erweitert die ursprüngliche Realisierung um eine Prüfung auf Zugriffsrechte. Das geschieht in einer Methode `ensureAccessGranted()`. Diese Methode wird vor jeder Methodendelegation an die zugrunde liegende Map aufgerufen, damit sichergestellt, dass der gewünschte Zugriff erlaubt ist. Hat ein Benutzer keine Zugriffsrechte, so erfolgt kein Zugriff auf die Map und es wird eine selbst definierte `InvalidAccessRightsException` ausgelöst. Diese muss vom Typ `RuntimeException` sein, da in den Signaturen der Methoden des Interface `Map<K,V>` keine Checked Exceptions definiert sind.

```java
public class RestrictedAccessMap<K, V> implements Map<K, V>
{
    private final Map<K, V> underlyingMap = new HashMap<>();

    public void ensureAccessGranted() throws InvalidAccessRightsException
    {
        // ...
    }

    @Override
    public V put(final K key, final V value)
    {
        ensureAccessGranted();
        return underlyingMap.put(key, value);
    }

    ...
}
```

Bewertung

Der Einsatz des PROXY-Musters bewirkt Folgendes:

+ **Steuerung von Funktionalität** – Ähnlich zum DEKORIERER-Muster kann die eigentliche Anwendungsfunktionalität um weitere Funktionen ergänzt werden. Bei diesem Muster steht jedoch der steuernde Charakter im Vordergrund.

o **Aufwand durch Delegation** – Besitzt ein Originalobjekt viele Methoden, so ist die Realisierung des Proxy-Objekts durch die vielen notwendigen Delegationen aufwendig. Hierbei kann die in Abschnitt 10.5 beschriebene Funktionalität der Dynamic Proxies hilfreich sein, die ins JDK integriert ist. Dadurch lässt sich der durch Delegation verursachte Aufwand mitunter deutlich reduzieren.

18.3.7 Beobachter (Observer)

Beschreibung und Motivation

Der Einsatz des BEOBACHTER-Musters ermöglicht es, Änderungen am Zustand eines speziellen Objekts durch andere interessierte Objekte beobachten zu können, ohne dass sich ein Objekt und seine Beobachter direkt kennen müssen. Beobachter melden sich dazu als Interessenten bei einem Objekt an und »abonnieren« damit Informationen über Veränderungen, die ihnen das Objekt in der Folge mitteilt. Sind Interessenten nicht mehr an Änderungen interessiert, so können sie sich abmelden.

Man kann die diesem Muster zugrunde liegende Idee mit dem Abonnement einer Zeitschrift vergleichen. Hat man sich als Abonnent registriert, so erhält man regelmäßig die neuesten Ausgaben, ohne ständig am Kiosk nachschauen zu müssen. Dieses Muster ist auch unter dem Namen *Publisher/Subscriber* oder *Listener* bekannt.

Ereignisbehandlungen in grafischen Oberflächen basieren in der Regel auf diesem Prinzip – häufig durch Einsatz einer Model-View-Controller-Architektur, die in Abschnitt 18.3.8 beschrieben wird.

Struktur

Um Änderungen an einem beobachteten Subjekt `ObservedSubject` mitgeteilt zu bekommen, können sich andere, das Interface `ChangeListener` erfüllende Objekte als Änderungsinteressenten bei dem `ObservedSubject` anmelden. Ein zugehöriges Klassendiagramm ist in Abbildung 18-29 gezeigt.

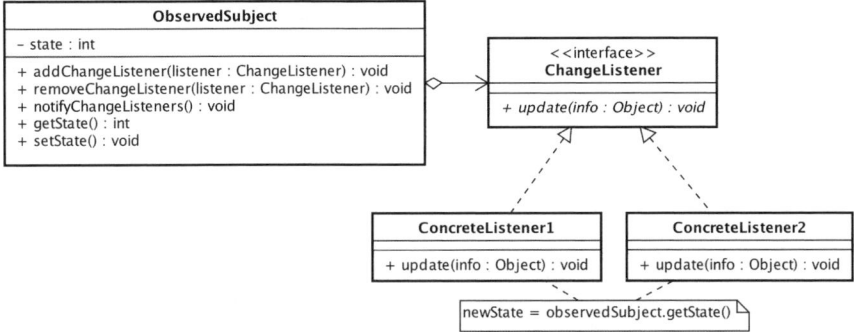

Abbildung 18-29 BEOBACHTER-*Muster mit zwei Beobachtertypen in UML*

Sobald sich der relevante Zustand des `ObservedSubject`s verändert, löst dieses über die Methode `notifyChangeListeners()` eine Benachrichtigungsmitteilung an jeden angemeldeten Beobachter vom Typ `ChangeListener` aus. Dazu wird die Änderung in Form eines Methodenaufrufs propagiert: In den folgenden einführenden Beispielen übernehme ich hier zunächst vereinfachend den in der Literatur gebräuchlichen Namen `update()` für diese Methode. Im Verlauf der Beschreibung dieses Musters werde ich begründen, warum ein solch allgemeiner Name nicht optimal ist, und dann Alternativen mit besser lesbaren und informativeren Methodennamen vorschlagen. Bei einer Änderungsnachricht variiert deren Inhalt in der Art und Anzahl der übertragenen Daten. Man unterscheidet zwischen den im folgenden Abschnitt beschriebenen Varianten *Pull* und *Push*.

Anmerkungen

Nachdem wir den groben Ablauf kennengelernt haben, müssen wir das BEOBACHTER-Muster genauer betrachten, da es einige Fallstricke bereithält, die man unbedingt kennen sollte.

Beobachtung zur Aktualisierung von Darstellungen In der Model-View-Controller-Architektur sorgt das beschriebene Vorgehen bei einer Datenänderung dafür, dass als Beobachter angemeldete Views automatisch aktualisiert werden können. Ein möglicher Ablauf ist in Abbildung 18-30 in Form eines Sequenzdiagramms für das Modell `ObservedSubject` und zwei registrierte Views `ConcreteListener1` bzw. `ConcreteListener2` visualisiert.

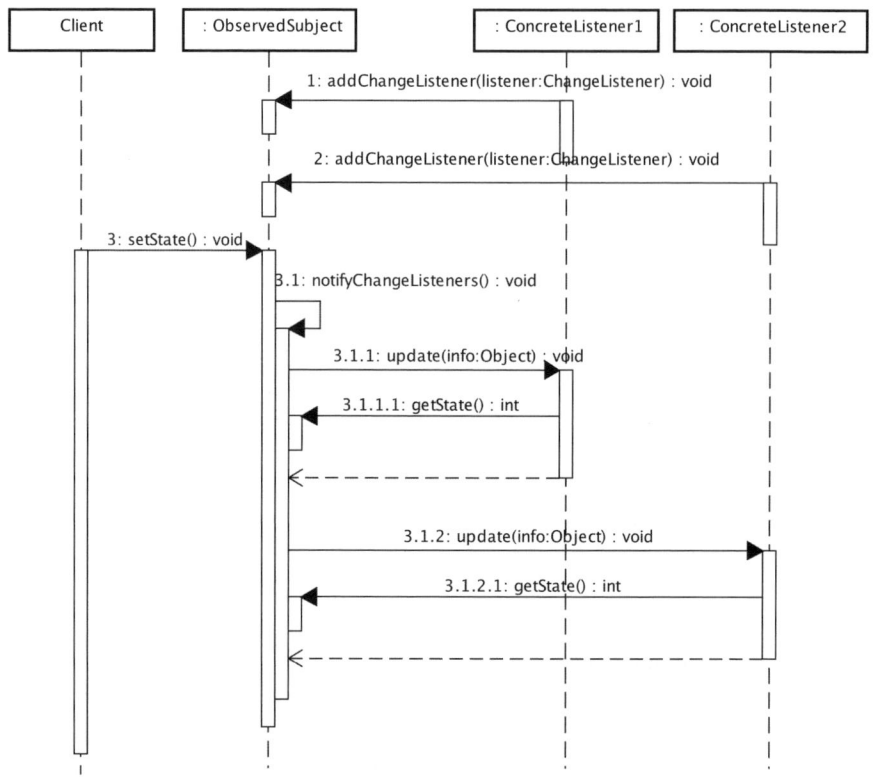

Abbildung 18-30 *Ablauf im* BEOBACHTER-*Muster*

Varianten der Information über Zustandsänderungen Um Beobachter über Zustandsänderungen zu informieren, wird eine `update()`-Methode aufgerufen. Dabei gibt es zwei mögliche Varianten zur Übermittlung benötigter Zustandsdaten:

- **Pull** – Jeder einzelne Beobachter holt sich benötigte Zustandsdaten beim beobachteten Subjekt selbst ab.

- **Push** – Alle Zustandsdaten des beobachteten Subjekts werden bei Aufruf der Methode `update()` mitgeschickt.

Bei der Pull-Variante dient die `update()`-Methode lediglich als Hinweis, dass eine Änderung stattgefunden hat. Zur Ermittlung und zum Abgleich von Zustandsinformationen werden durch die jeweiligen Beobachter in der Regel diverse `get()`-Methoden zur Zustandsabfrage des `ObservedSubjects` aufgerufen. *Dies bedingt allerdings, dass jeder Beobachter eine Rückreferenz auf das beobachtete Subjekt besitzt.* Im Idealfall ist dies lediglich ein Interface, das aus einem Übergabeparameter der `update()`-Methode stammt und nicht im Beobachter gespeichert wird (vgl. Diskussion im Absatz »Mythos lose Kopplung«). Ein Vorteil des Pull-Verfahrens ist, dass der Zustand nur bei Bedarf durch den Beobachter auch tatsächlich nachgefragt wird. Für gewisse Darstellungen kann es bereits ausreichend sein, zu wissen, dass überhaupt eine Änderung stattgefunden hat, um etwa ein '*' für eine veränderte Datei anzuzeigen.

Bei der Push-Variante werden der `update()`-Methode alle benötigten (relevanten) Zustandsinformationen als Parameter mitgegeben. Dadurch werden keine Rückrufaktionen durch die Beobachter erforderlich, wodurch die Kopplung gelöst wird: Beobachter müssen sich lediglich bei »ihrem« Subjekt als Interessent anmelden, dessen sonstige Schnittstelle jedoch nicht kennen. Nachteil dieser Lösung ist allerdings, dass man alle möglicherweise benötigten Informationen ermitteln und versenden muss. *Da keine Annahmen über Beobachter und von diesen benötigte Anteile des Subjektzustands im Voraus bekannt sind, muss immer der komplette Zustand mitgeteilt werden. Das zu übertragende Datenvolumen kann unter Umständen recht umfangreich sein.*

Verzögerung durch Bearbeitung der Listener Bei der Benachrichtigung der Beobachter besteht das Problem, dass es sich beim Aufruf der Methode `update()` um synchrone Aufrufe an die Beobachter handelt (vgl. Abbildung 18-30). Das bedeutet auch, dass eine weitere Verarbeitung durch Aufruf der `notifyChangeListeners()`-Methode so lange blockiert wird, bis alle Beobachter informiert wurden. Dies kann unter Umständen einige Zeit dauern, wenn einer oder mehrere Beobachter lang andauernde `update()`-Methoden realisieren. Dafür gibt es zwei Möglichkeiten zur Lösung: Man kann die gesamte Benachrichtigung asynchron in einem eigenen Thread ablaufen lassen oder jeden einzelnen `update()`-Aufruf asynchron ausführen. Beides führt aber schnell zu weiteren Synchronisationsproblemen, weil es zu konkurrierenden Lesezugriffen kommt, die dann eventuell auf bereits von anderen Threads aktualisierte Daten zugreifen.

Benachrichtigungsmechanismus bei Multithreading Im Fall einer Zustandsänderung sollen alle angemeldeten Beobachter informiert werden. Dies klingt viel einfacher, als es tatsächlich ist. Betrachten wir dazu folgendes Szenario: Zu beliebigen Zeitpunkten können sich Beobachter nebenläufig an- oder abmelden. Dies könnte theoretisch auch während einer laufenden Benachrichtigung geschehen. Sofort fragt man sich: Wie sorgt man für eine konsistente Beobachterliste bei Multithreading-Zugriffen? Im Prinzip muss man alle Zugriffe auf die Beobachterliste synchronisieren, um Probleme zu verhindern. Das bedeutet allerdings auch, dass Beobachter sich während eines

Benachrichtigungsvorgangs weder an- noch abmelden können, wenn die Realisierung synchronisiert wie in der folgenden Methode erfolgt:

```
private synchronized void notifyChangeListeners()
{
    final Iterator<ChangeListener> it = listeners.iterator();
    while (it.hasNext())
    {
        final ChangeListener listener = it.next();

        listener.update(this);
    }
}
```

In Kapitel 9 haben wir ähnliche Problemstellungen detailliert analysiert. Bei Bedarf nach mehr Parallelität bietet sich der Einsatz von `CopyOnWriteArrayList<ChangeListener>` zur Speicherung der Beobachter an. Eine explizite Synchronisierung wird dadurch überflüssig.

> **Tipp: Weitere Probleme von Benachrichtigungen**
>
> Bei der Realisierung von Benachrichtigungsmethoden gibt es weitere, bisher nicht genannte Probleme:
>
> 1. Soll ein während eines Benachrichtigungsvorgangs neu hinzugefügter Beobachter über eine Änderung informiert werden?
> 2. Müssen sich abmeldende Beobachter, die bereits benachrichtigt wurden, Zustandsänderungen rückgängig machen?
>
> Für beide Fragen gibt es keine allgemeingültige Antwort. Das Verhalten ist applikationsspezifisch. Diese Probleme werden nur extrem selten auftreten, weil An- und Abmeldungen normalerweise nicht während der Beobachtung ausgeführt werden. Die obigen Probleme werden dann häufig akzeptiert, da eine Behandlung nur zu viel mehr Komplexität für relativ wenig Nutzen führen würde. Bezogen auf das Zeitschriftenabonnement hieße dies: Wenn man sich am Tag vor der Versendung von Zeitschriften als Abonnent anmeldet, erhält man in der Regel die aktuelle Ausgabe nicht mehr. Ähnliches gilt für eine kurzfristige Abmeldung: Man wird höchstwahrscheinlich die aktuelle Ausgabe noch zugestellt bekommen.

Mythos lose Kopplung Bei Realisierungen analog zum eingangs gezeigten Beispiel wird oftmals keine lose Kopplung erreicht. Schauen wir auf die Gründe.

Zum einen gibt es eine Abhängigkeit durch die Speicherung von Referenzen der einzelnen `ChangeListener` im beobachteten Subjekt. Da dies jedoch in der Regel in Form eines Interface, also gekapselt, erfolgt, ist das meistens nicht störend.

Zum anderen kommt es zu einer Kopplung von Beobachtern in Richtung Subjekt. Diese ist in der Regel unangenehmer, da Beobachter häufig eine Referenz auf den konkreten Typ des Subjekts nutzen, um nach Änderungsmitteilungen auf den Zustand des Subjekts zuzugreifen. Es kommt deshalb zu einer starken, unidirektionalen Kopplung zwischen Beobachter und Subjekt. Ein Beobachter kann dadurch sämtliche Methoden der Schnittstelle seines Subjekts aufrufen. *Eine Verbesserung erreicht man durch Einsatz eines Interface `IDataProvider`, das vom Subjekt zu erfüllen ist und lediglich Zugriff auf die für Beobachter relevanten Daten erlaubt: Nutzen die Beobachter nur noch Referenzen auf dieses Interface, so löst man die Kopplung.* Abbildung 18-31 zeigt eine mögliche Umsetzung.

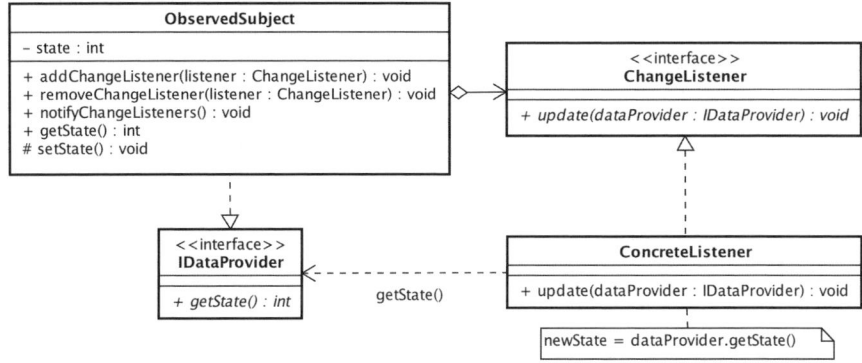

Abbildung 18-31 BEOBACHTER-*Muster mit* `IDataProvider`-*Interface*

Beobachtung mehrerer Subjekte Es ist möglich, dass sich ein Beobachter bei mehreren Subjekten als Interessent registriert. Zur Unterscheidung der Quelle der Änderungen ist es daher wichtig, dass eine Referenz auf den Urheber der Änderung in der `update()`-Methode mitgesendet wird. Arbeitet man jedoch nur mit einer simplen `update()`-Methode ohne einen solchen Quellenparameter, so weiß der Beobachter nicht, bei welchem Subjekt er den aktuellen Zustand nachfragen soll.

Warum ist Java-Built-In-Observer ungünstig?

Die Entwickler von Sun haben in das JDK mehrere BEOBACHTER-Muster integriert. Die Realisierungen durch die Klassen `ActionListener` und `EventListener` sind gelungen. Leider kann man das nicht für die Realisierung in Form der Klasse `Observable` und des Interface `Observer` sagen. Diese Realisierung verstößt gegen verschiedene OO-Gedanken. Beobachtbar zu sein ist eine Rolle und keine Erweiterung einer Basisklasse: Merkwürdigerweise erfordert die JDK-Realisierung aber hier eine technisch bedingte Ableitung von der Basisklasse `Observable` (Implementierungsvererbung). *Interessanterweise widerspricht zudem die gewählte Namensgebung allen Konventionen im JDK:* Die Endung `-able` wird ansonsten immer für Namen von Interfaces verwendet, hier jedoch zur Benennung einer Klasse. Diese etwas krude Klassenhierarchie ist in Abbildung 18-32 dargestellt.

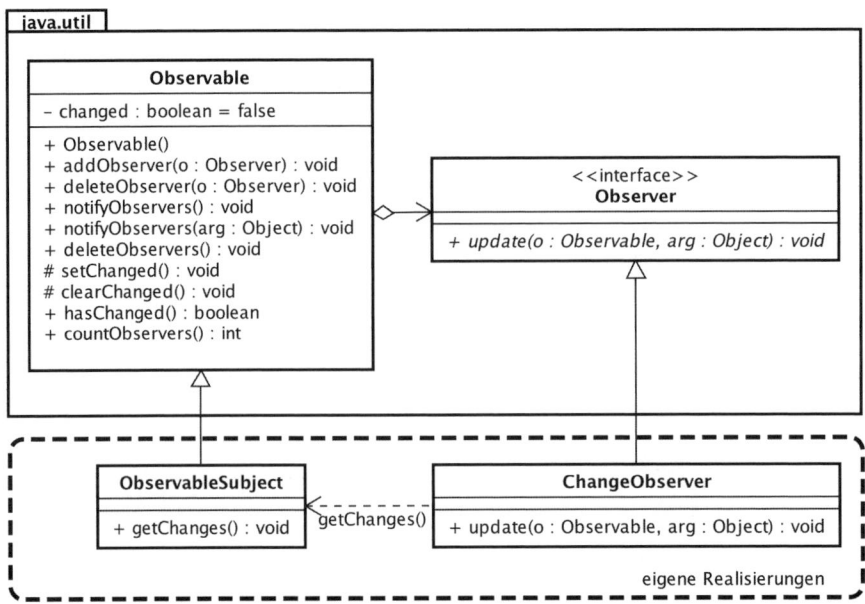

Abbildung 18-32 *Nutzung der Observer-Funktionalität aus dem JDK*

Erschwerend kommt hinzu, dass durch den Zwang, von einer konkreten Klasse abzuleiten, eine Nutzung dieser vorgefertigten Realisierung in einer eigenen Klassenhierarchie schwierig wird: Besitzt eine eigene Klasse bereits eine Basisklasse, so kann sie nicht mit dem Java-Built-In-Observer genutzt werden.[8] Daher muss man in der Regel die gesamte Funktionalität selbst realisieren.

Weiterhin ist die Methode `update()` zu unspezifisch. Erstens hat ihr Name wenig Aussagekraft. Zweitens ist unklar, welche Teile des geänderten Zustands als Übergabeparameter verwendet werden sollten. Für eine solche generische Lösung ist damit der Datentyp der mitzuteilenden Daten unbekannt. Daher muss in diesem Fall ein Parameter vom Typ `Object` übergeben werden. Um sinnvoll mit den Daten arbeiten zu können, muss jeder Beobachter daraus die benötigten Informationen zurückgewinnen. Dies erfordert eine explizite Typprüfung per `instanceof`, um den ansonsten nicht typsicheren Cast auf den erwarteten Typ der Zustandsinformation abzusichern.

Anhand dieser kurzen Diskussion erkennt man leicht, dass eine universelle, generische `update()`-Methode, wie sie im Built-In-Observer von Java realisiert ist, wenig Sinn macht. Aufgrund der geschilderten Nachteile sind die Klasse `Observable` und das Interface `Observer` seit JDK 9 als deprecated markiert. Weitere Details finden Sie in meinem Buch »Java 9 – Die Neuerungen« [44].

---

[8]Eine derartige Umsetzung des BEOBACHTER-Musters wäre nur dann sinnvoll gewesen, wenn Java Mehrfachvererbung unterstützen würde. Aber selbst in diesem Fall wäre die Einbindung über Vererbung kein guter Stil.

Verbesserungen

Statt einer allgemeinen update()-Methode ist es oft sinnvoller, mehrere spezielle Methoden anzubieten, mit denen jeweils spezifische, mögliche Zustandsänderungen propagiert werden können. Neben sprechenderen Methodennamen lassen sich Änderungen wesentlich besser nachvollziehen als bei einer update()-Methode. Als Beispiel sehen wir hier einen Beobachter IModelListener:

```
public interface IModelListener
{
    public void imageElementsChanged(final List<AbstractGraphicsElement> images);
    public void pdfElementsChanged(final List<AbstractGraphicsElement> pdfs);

    public void nameChanged(final String newName);
}
```

Als Erweiterung kann man statt eines allgemeinen Beobachters mehrere spezialisierte Beobachter für ausgewählte Teilaspekte des Objektzustands definieren. Eine Änderung der Selektion könnte etwa durch einen speziellen ISelectionListener und dessen selectionChanged()-Methode behandelt werden:

```
public interface ISelectionListener
{
    void selectionChanged(final List newSelection);
}
```

Abbildung 18-33 zeigt ein mögliches Klassendiagramm.

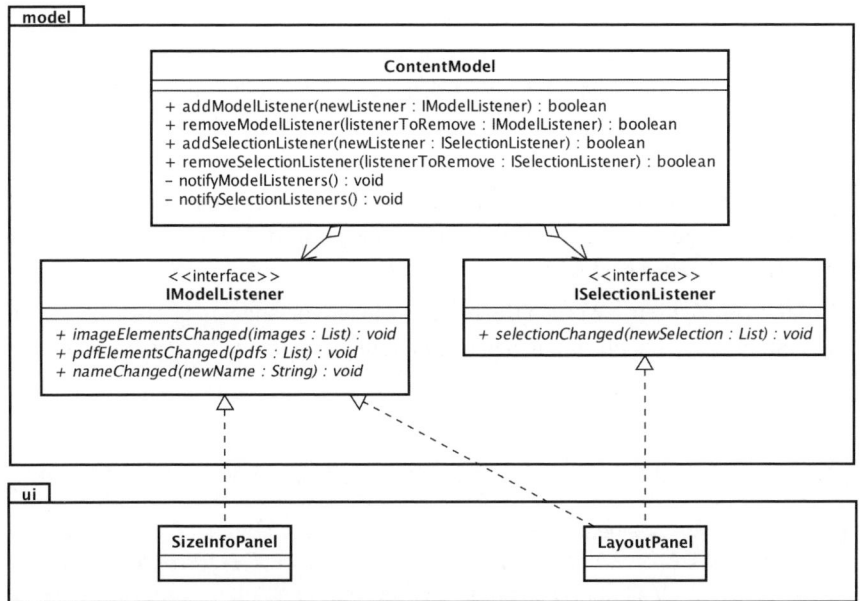

Abbildung 18-33 Beispiel für mehrere Beobachter

Für die beiden dargestellten Beobachter werden aufgrund der Push-Variante keine Referenzen und Zugriffe auf das Datenmodell `ContentModel` benötigt. Allerdings würde es hier durch die Trennung der Interfaces verschiedener Beobachter möglich, recht spezifische Informationen in den Benachrichtigungsmethoden zu kommunizieren.

Bewertung

Der Einsatz des BEOBACHTER-Musters hat folgende Auswirkungen:

+ **Lose Kopplung** – Im Idealfall kennen sich Subjekt und registrierte Beobachter nicht direkt, wenn eine Kapselung über Interfaces erfolgt. Durch die Trennung von Subjekt und Beobachtern sind Erweiterungen in beiden Klassen problemlos möglich, solange die Schnittstelle unverändert bleibt.
+ **Flexibilität** – Die Anzahl der Interessenten kann zur Laufzeit verändert werden. Hinzukommende oder später wieder entfernte Beobachter beeinflussen im Idealfall andere Beobachter nicht.
o **Fehlende Reaktion** – Falls einen Beobachter gewisse Meldungen nicht interessieren, kann er diese gegebenenfalls ignorieren: Es bleibt dem Beobachter überlassen, ob und wie er mit Nachrichten umgeht. Im Extremfall kann ein Beobachter die Änderungsmitteilungen einfach nicht beachten.
o **Probleme der Statusänderung** – Das Subjekt weiß nicht, welche Aktionen die Beobachter bei einer Änderungsmitteilung ausführen. Komplexe Aktionen können die Abarbeitung der Benachrichtigung verzögern oder sogar blockieren.
- **Komplexität** – Es stellt eine große Herausforderung dar, den Benachrichtigungsvorgang konsistent und Thread-sicher durchzuführen. In der Regel muss man mit gewissen Kompromissen leben, etwa dem, dass Beobachter, die sich während einer Benachrichtigung neu anmelden, erst bei zukünftigen Änderungen informiert werden.
- **Nachvollziehbarkeit** – Beim Einsatz dieses Musters werden häufig sehr viele Benachrichtigungen erzeugt, was die Übersicht erschwert. Die Ursachen solch unerwünschter Updates sind schwierig zu finden.
- **Gefahr von Zyklen** – Werden Beobachter wieder von anderen Klassen beobachtet, so kommt man schnell in ein Benachrichtigungschaos oder endet sogar in einem Zyklus.

> **Tipp: Einfluss von Business-Methoden auf das BEOBACHTER-Muster**
>
> Das Einführen von Business-Methoden hilft, ein mögliches Benachrichtigungschaos beim Einsatz des BEOBACHTER-Musters (vgl. Abschnitt 18.3.7) zu vermeiden. Wenn lediglich Business-Methoden Zustandsänderungen propagieren, sorgt dies für mehr Klarheit und Transparenz.

> **Achtung: BEOBACHTER als Anti-Pattern**
>
> Das BEOBACHTER-Muster kann sehr schnell zum Anti-Pattern werden, wenn Beobachter ihrerseits selbst ein beobachtetes Subjekt sind. Sind Abhängigkeitsbeziehungen nicht klar definiert, kommt es schnell zu schwer nachvollziehbaren Updates. Eine scheinbar harmlose Zustandsänderung auf einem Subjekt kann eine Kaskade von Updates an Beobachter und deren abhängiger Beobachter zur Folge haben. In einem solchen System können kleinste Änderungen dazu führen, dass das System nicht mehr konvergiert. Nur minimale Variationen der Anfangsparameter führen möglicherweise zu einem komplett anderen Systemverhalten.
>
> Es kann sehr schnell eine Lawine von nicht mehr beherrschbaren Ereignissen ausgelöst werden, die im schlimmsten Fall zu Endlosschleifen führen, jedoch zumindest eine häufige Ursache für eine schlechte Performance sind.

18.3.8 MVC-Architektur

Die sogenannte Model-View-Controller-Architektur teilt ein zu modellierendes System in die drei Bestandteile Daten (Model), Darstellung (View) und Business- bzw. Kontrolllogik (Controller). Jeder Teil wird möglichst unabhängig von den anderen realisiert und oftmals über Schnittstellen gekapselt.

Die Idee, Daten und ihre Repräsentation zu trennen, ist insofern sinnvoll, als dass man mehrere Darstellungsformen anbieten kann. Weiterhin erreicht man durch diese Trennung eine klarere Struktur. Die Trennung bedingt allerdings, dass Änderungen im Modell an die Views kommuniziert werden müssen. Abschnitt 18.3.7 beschreibt das BEOBACHTER-Muster, das dafür eingesetzt werden kann.

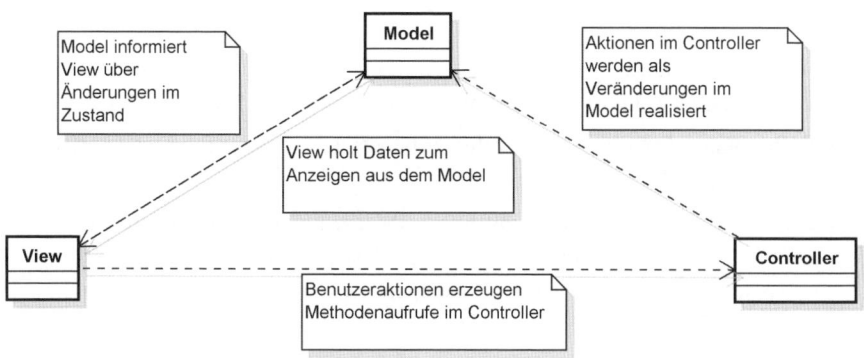

Abbildung 18-34 Model-View-Controller

Anmerkungen

Wenn man es auf sehr feingranularer Ebene betrachtet, verstößt die MVC-Architektur gegen die Idee der Objektorientierung, die besagt, dass ein Objekt all seine Aspekte selbst behandeln sollte. Eine interessante Darstellung dazu finden Sie im Buch »Holub on Patterns« von Allen Holub [34]. Auf der anderen Seite kann man es auch als Fortführung des Gedankens der Kapselung sehen. Ein Objekt wird dabei semantisch in mehrere Objekte aufgespalten. Jeweils eins ist für den Zustand (Model) und das Verhalten (View und Controller) zuständig.

Bewertung

Der Einsatz der MVC-Architektur besitzt folgende Auswirkungen:

+ **Lose Kopplung** – Kommunizieren die einzelnen Komponenten ausschließlich über Interfaces, so sind alle Komponenten nur lose miteinander verbunden.

+ **Trennung von Zuständigkeiten** – Jede Komponente repräsentiert einen speziellen Aspekt des Gesamtsystems. Es findet eine Trennung von Zuständigkeiten statt.

+ **Flexibilität** – Mehrere Darstellungen oder Ansichten (z. B. Balkendiagramm und Tortendiagramm) auf dieselben Daten lassen sich leicht realisieren. Die einzelnen Komponenten können als eine Klasse oder als mehrere Klassen oder sogar in Form eines eigenständigen Programms realisiert sein.

+ **Konsistente Darstellung** – Durch die zentrale Datenhaltung im Modell und die Änderungsbenachrichtigungen mithilfe des BEOBACHTER-Musters können alle Darstellungen (Views) konsistente Daten anzeigen (sofern die Views korrekt auf Änderungsmitteilungen reagieren).

o **Overengineering** – In einer Auslegung der Objektorientierung sollte ein Objekt alle seine Belange regeln. Nicht immer ist eine Aufteilung wie bei der Model-View-Controller-Architektur sinnvoll und notwendig. Wie bei allen Techniken sollte man auch hier darauf achten, dass man nicht mit Kanonen auf Spatzen schießt.

- **Erhöhte Komplexität** – Die Anzahl der benötigten Klassen führt zu etwas höherer Komplexität.

- **Gefahr vieler Änderungsmitteilungen** – Werden viele feingranulare Änderungen im Modell vorgenommen und sofort an die Ansichten kommuniziert, so kommt es zu diversen Aktualisierungen der Ansichten. Das kann unerwünscht sein und sich negativ auf die Performance auswirken.

- **Gefahr enger Kopplung** – Werden die Komponenten nicht durch Schnittstellen voneinander abgekoppelt, so führt man ungewollt direkte Abhängigkeiten ein und die Wiederverwendbarkeit der Einzelkomponenten sinkt.

18.4 Weiterführende Literatur

Zum Thema Entwurfsmuster ist unzählige Literatur erschienen. In der folgenden Aufzählung empfehle ich einige Bücher, die jeweils unterschiedliche Aspekte und Herangehensweisen bei der Vorstellung von Entwurfsmustern verfolgen.

- **»Design Patterns – Elements of Reusable Object Oriented Software«** bzw. **»Entwurfsmuster: Elemente wiederverwendbarer objektorientierter Software«** von der sogenannten Gang of Four (GoF): Erich Gamma, Richard Helm, Ralph Johnson und John Vlissides [23] bzw. [24]
  Das Standardwerk der GoF habe ich 1998 kennen- und viele der Muster schätzen gelernt. Manche Beschreibungen sind etwas trocken und formal. Die dahinter steckenden Ideen sind jedoch beim Entwurf guter Software sehr hilfreich.

- **»Design Patterns Explained«** von Alan Shalloway und James R. Trott [69]
  Dieses exzellente Buch erklärt die von der GoF beschriebenen Entwurfsmuster auf eine verständlichere Weise anhand von Praxisbeispielen. Es wird zudem ein sehr guter, fundierter Einstieg in den OO-Entwurf gegeben.

- **»Head First Design Patterns«** von Eric Freeman, Elisabeth Freeman, Kathy Sierra und Bert Bates [22]
  Dieses unterhaltsame Buch beschreibt Entwurfsmuster weniger formal und ermöglicht einen guten und abwechslungsreichen Einstieg. Die Muster werden sehr verständlich und anschaulich in Form von Text und Bildern dargestellt.

- **»Holub on Patterns«** von Allan Holub [34]
  Dieses Buch betrachtet Entwurfsmuster aus dem Blickwinkel der Praxis. Anhand zweier Beispielapplikationen werden alle GoF-Muster vorgestellt und verdeutlicht. Dabei wird großer Wert auf sauberes objektorientiertes Design gelegt.

- **»Design Patterns Java Workbook«** von Steven J. Metsker [56]
  Dieses Buch beschreibt alle von der GoF vorgestellten Muster und ist so konzipiert, dass jedes Muster durch Übungsaufgaben erlernt und das jeweilige Wissen vertieft werden kann.

V Qualitätssicherungsmaßnahmen

19 Programmierstil und Coding Conventions

In meiner Tätigkeit als Softwareentwickler hat es sich immer wieder als Vorteil erwiesen, gewisse Konventionen beim Programmieren einzuhalten. In diesem Kapitel beginne ich mit allgemeinen Hinweisen zum Programmierstil in Abschnitt 19.1. Auch das Layout des Sourcecodes kann großen Einfluss auf dessen Verständlichkeit haben. Das wird in Abschnitt 19.2 diskutiert. Im Anschluss daran stellt der nach Themen gegliederte Katalog der Codierungsregeln (Coding Conventions) in Abschnitt 19.3 Leitsätze, Regeln und Tipps vor, die dabei helfen, Fehler provozierenden Sourcecode zu vermeiden und übersichtlichere und verständlichere Programme zu schreiben. Man könnte diese Techniken auch die »Good Smells« nennen – im Gegensatz zu den »Bad Smells« aus Kapitel 16. Werden die »Good Smells« zur Gewohnheit, so vermeidet dies Probleme und hilft dabei, Fehler leichter zu finden, ohne dafür viel Mühe zu investieren. Man erspart sich dadurch einigen Aufwand, der in unübersichtlichen Programmen betrieben werden muss, um Softwaredefekte im Nachhinein aufzuspüren und zu beheben.

Abschnitt 19.4 geht auf das Thema Sourcecode-Prüfung ein und stellt Bewertungskriterien, sogenannte Metriken, zur Beurteilung der Güte von Sourcecode vor. Anschließend werden verschiedene Tools betrachtet, um die Einhaltung der vorgestellten Programmierrichtlinien zu überprüfen.

19.1 Grundregeln eines guten Programmierstils

Wenn sich die Anforderungen an Programme über die Zeit wandeln, ist es für eine Wartung von großem Vorteil, wenn der Sourcecode übersichtlich und gut lesbar ist. Dies erleichtert das Verständnis. Für den Computer ist das Kriterium der Lesbarkeit allerdings vollkommen unbedeutend, solange das Programm syntaktisch korrekt ist. Diese syntaktische Korrektheit sagt aber noch gar nichts aus. Selbst wenn das Programm auch noch semantisch korrekt ist, kann es immer noch fürchterlich strukturiert sein und damit jegliche Wartung zur Qual werden lassen. Martin Fowler schreibt dazu Folgendes: »Any fool can write code that a computer can understand. Good programmers write code that humans can understand.« Übersetzt: *»Jeder Dummkopf kann Code schreiben, der für Computer verständlich ist. Gute Programmierer schreiben Code, den Menschen verstehen können.«* [21].

19.1.1 Keep It Human-Readable

Guter Sourcecode liest sich (zumindest auf der Ebene der öffentlichen Methoden) fast wie ein Roman. Es ist ein klarer Handlungsstrang (Kontrollfluss) erkennbar und jeder Akteur (Klasse, Objekt oder Methode) macht nur das, was seiner Aufgabe entspricht. Die gute Lesbarkeit hat verschiedene Aspekte. Als Basis dienen aussagekräftige und sprechende Namen für Klassen, Methoden und Variablen. Erklärende Kommentare erleichtern das Verständnis und geben Kontextinformationen. Wichtig ist aber auch das Layout des Sourcecodes. Sind Einrückungen und Klammerungen nicht zu erkennen, so erschwert dies die Lesbarkeit ungemein.

19.1.2 Keep It Simple And Short (KISS)

Halten Sie Ihr Design und den Sourcecode einfach. Denken Sie an Albert Einsteins Spruch: »Everything should be made as simple as possible, but no simpler.« Frei übersetzt: »Alles sollte so einfach wie möglich gemacht werden, aber nicht einfacher.« Man spricht auch vom KISS-Prinzip (Keep It Simple And Short). Versuchen Sie also nicht, andere durch komplizierte Konstrukte zu beeindrucken – denn erfahrungsgemäß sind gerade diese scheinbar besonders cleveren Lösungen oftmals schlecht lesbar, wenig verständlich und führen deswegen später häufig zu einem Wartungsalbtraum.

Je weniger Komplexität in Methoden und Klassen steckt, desto übersichtlicher, test- und wartbarer werden diese. Im besten Fall lassen sie sich in anderen Zusammenhängen wiederverwenden. Wird jedoch zu viel Funktionalität in eine Klasse oder Methode eingebracht, so stört dies die **Orthogonalität**. Methoden und Klassen lassen sich dann nicht mehr so gut zu neuen Einheiten kombinieren. Dies adressiert auch das Single Responsibility Principle (SRP), das besagt, dass Klassen und Methoden nur eine Zuständigkeit besitzen und somit auch möglichst einfach und kurz sein sollten (vgl. Abschnitt 3.5.3).

19.1.3 Keep It Natural

Bevor Sie mit dem Entwurf Ihrer Software beginnen, sollten Sie die Anforderungen daran recht gut verstanden haben, da ansonsten die Gefahr groß ist, etwas zu entwerfen, was die Bedürfnisse Ihrer Kunden nicht (korrekt) erfüllt. Am besten schreiben Sie wichtige Dinge nieder, weil sich dadurch Ihr Verständnis für das zu lösende Problem verbessert. Das hilft dabei, ein besseres Bild zu gewinnen und eine angemessene und natürliche Lösung zu finden.

Denken Sie beim Design in klaren Strukturen und Zuständigkeiten und diskutieren Sie Ihre Entwürfe mit anderen, wobei UML-Diagramme hilfreich sein können. Verwenden Sie zur Strukturierung immer dann Entwurfsmuster, wenn es von Nutzen ist. Verfallen Sie aber nicht jedem neuen Hype und versuchen Sie nicht, etwas krampfhaft einsetzen zu wollen: Als Mitte der 90er-Jahre Entwurfsmuster bekannt wurden, habe ich Kollegen erlebt, die diese ohne Hinterfragen selbst für einfache Problemstellungen genutzt haben. Ähnliches gilt für Optimierungen: Befassen Sie sich nicht zu früh damit, denn diese führen teilweise zu merkwürdigen Umsetzungen.

19.1.4 Keep It Clean

Halten Sie unbedingt immer Ordnung in Ihrem Sourcecode. Es gilt das Gesetz der Entropie: Wo etwas Unordnung herrscht, kommt (automatisch) neue hinzu. Man kennt dies auch als »Broken-Windows-Theorie«.

```
public void updateXMLState(final InputStream inStream) throws IfsException,
                                                              IfsException
```

Sie halten dies für ein konstruiertes Beispiel? Nein, weit gefehlt. Das ist tatsächlich Sourcecode aus einem realen Programm. Man fragt sich, wie das passieren konnte. Nachträglich kann man sich das schwer erklären. Durch ein wenig Disziplin, Ordnung und Achtsamkeit können solche Unschönheiten meist schnell aufgedeckt werden.

Der Ratschlag »Keep It Clean« folgt dem DRY-Prinzip (»Don't Repeat Yourself«), das besagt, dass man Duplikation in Sourcecode möglichst vermeiden sollte (vgl. [38]).

19.2 Die Psychologie beim Sourcecode-Layout

Jeder kennt es: Es müssen Änderungen im Sourcecode durchgeführt werden, aber bereits das Verständnis des Sourcecodes bereitet Probleme, da auf den ersten Blick keine klare Struktur erkennbar ist. Vielmehr sieht das Programm nach einer wild zusammengewürfelten Methodensammlung aus. In der Wahrnehmungspsychologie gibt es für das Erkennen der Zusammengehörigkeit von Elementen verschiedene Gestaltgesetze. Zwei für die Sourcecode-Formatierung wichtige stelle ich vor.

19.2.1 Gesetz der Ähnlichkeit

Das *Gesetz der Ähnlichkeit* beschreibt, wie wir Dinge miteinander in Verbindung bringen, wenn sich diese ähneln, z. B. in ihrer Farbe oder Form. Verschiedene Merkmale führen zu unterschiedlicher Gruppierung (vgl. Abbildung 19-1).

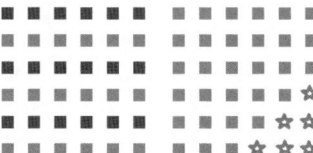

Abbildung 19-1 *Gesetz der Ähnlichkeit*

Auf Sourcecode-Ebene übertragen, kann man den Grad an Ähnlichkeit anhand von Abstraktionsebenen ausdrücken. Es bietet sich an, etwa folgende drei zu unterscheiden:

1. Auf hoher Abstraktionsebene werden lediglich Business-Methoden aufgerufen.
2. Auf mittlerer Abstraktionsebene finden normale Methodenaufrufe statt.
3. Auf niedriger Abstraktionsebene werden einzelne Anweisungen kombiniert.

Was bedeutet das für die Praxis, wenn man in einer Methode verschiedene Abstraktionsgrade findet? Zunächst scheint das nur kosmetischer Natur zu sein – es steht aber ein größeres Problem dahinter: Die unterschiedlichen Abstraktionsebenen erschweren das Verständnis sowie das Erkennen von Ähnlichkeiten und Zusammenhängen.

Beispiel

Schauen wir uns die Problematik konkret am Beispiel der folgenden Methode `paint(Graphics)` an:

```java
public void paint(final Graphics graphics)
{
    if (showGrid)
    {
        graphics.setColor(Color.DARK_GRAY);

        // Raster zeichnen
        for (int x = 0; x < getSize().width; x += GRID_SIZE_X)
        {
            for (int y = 0; y < getSize().height; y += GRID_SIZE_Y)
            {
                graphics.drawLine(x, y, x, y);
            }
        }
    }

    paintFigures(graphics);
}
```

Diese Methode ist schon recht kurz und übersichtlich. Man kann das Ganze noch verbessern, indem man (private) Hilfsmethoden – in diesem Fall eine Methode zum Zeichnen des Rasters `paintGrid(Graphics)` – einführt. Damit erreicht man eine bessere Strukturierung des Sourcecodes. Außerdem kann die Implementierung der jeweiligen Methode nun auf einheitlichen Abstraktionsebenen erfolgen, wie nachfolgend gezeigt:

```java
public void paint(final Graphics graphics)
{
    if (showGrid)
    {
        paintGrid(graphics);
    }

    paintFigures(graphics);
}

private void paintGrid(final Graphics graphics)
{
    graphics.setColor(Color.DARK_GRAY);

    for (int x = 0; x < getSize().width; x += GRID_SIZE_X)
    {
        for (int y = 0; y < getSize().height; y += GRID_SIZE_Y)
        {
            graphics.drawLine(x, y, x, y);
        }
    }
}
```

Die gezeigte Strukturierung erleichtert das Nachvollziehen. Für öffentliche Methoden (`paint(Graphics)`) kann man in Konzepten denken. Für private Methoden (`paintGrid(Graphics)`) bleibt man immer auf der Implementierungsebene. Der Vorteil einer einheitlichen Abstraktionsebene innerhalb der Implementierung einer Methode ist, dass nicht ständig gedanklich zwischen den Ebenen gewechselt werden muss. Das kommt dem Lesefluss und der Verständlichkeit zugute.

19.2.2 Gesetz der Nähe

Das *Gesetz der Nähe* beschreibt, dass eng benachbarte Elemente als Teil eines größeren Ganzen wahrgenommen werden, wie dies Abbildung 19-2 zeigt, wo die acht Linien zu vier Linienpaaren kombiniert werden. Dagegen kann sich eine schlechte Sourcecode-Formatierung negativ auf das Verständnis auswirken.

Abbildung 19-2 *Gesetz der Nähe*

Beispiel

Wenn wir semantisch zusammengehörende Elemente gruppieren, so wird der Sourcecode besser lesbar und dessen logische Struktur ist leichter zu erkennen. Als Negativbeispiel dient ein über mehrere Zeilen verstreuter Kommentar, der gemäß dem Gesetz der Nähe nur mit viel Mühe als ein zusammenhängender Kommentar erkennbar ist:

```
private boolean showContent = false; // Don't
// show
// content
// first

private final Object lockObject = new Object();
```

Die verschiedenen Kommentarzeilen zum Attribut `showContent` sind unübersichtlich und kaum zusammenhängend. Das Gesetz der Nähe lässt uns darin spontan zwei Kommentare sehen und Teile davon fälschlicherweise dem Attribut `lockObject` zuordnen.

Eine Verbesserung erreicht man durch den Einsatz eines einzeiligen Kommentars oder bevorzugt durch eine Javadoc-Kommentierung. Dadurch wird eine klare visuelle Trennung erzielt und auch eine Zuordnung der Kommentare zum Attribut `lockObject` vermieden. Folgendes Listing zeigt dies:

```
/** Don't show content first */
private boolean showContent = false;    // Don't show content first

private final Object lockObject = new Object();
```

19.3 Coding Conventions

Hinweise zur Gestaltung des Sourcecodes werden durch **Coding Conventions** beschrieben. Als Ausgangsbasis für ein eigenes Regelwerk können die Regeln von Oracle[1] oder die (von mir bevorzugten) Regeln[2] von Scott Ambler [1] dienen. In diesem Abschnitt werden diese Basisregeln um weitere »Best Practices« ergänzt, die dabei helfen sollen, gewisse bekannte Fallstricke zu vermeiden.

Vor allem im Team profitiert man von »gelebten« Coding Conventions: Ein nahezu einheitlicher Programmierstil ermöglicht, dass sich jeder Entwickler sofort auch in »fremdem« Sourcecode zurechtfindet, da alles ähnlich und vertraut ist. Persönliche Vorlieben und Eigenarten werden auf ein Minimum reduziert, wodurch auch die Durchführung von Codereviews und Pair Programming erleichtert wird.

> **Definition: Codereviews und Pair Programming**
>
> Unter **Codereviews** versteht man Meetings mehrerer Entwickler (in der Regel der Sourcecode-Produzent sowie ein oder mehrere Begutachter), die einige Sourcecode-Abschnitte kritisch betrachten und auf potenzielle Schwachstellen oder Fehler analysieren. Weitere Informationen liefert Kapitel 21.
>
> Mit **Pair Programming** bezeichnet man das Schreiben von Programmen durch zwei Entwickler, die gemeinsam vor einem Rechner sitzen. Der eine ist aktiv und programmiert, der andere hat die Rolle des aktiven Beobachters und Reviewers. Er denkt mit, stellt Fragen und gibt Kommentare ab oder bringt Verbesserungsvorschläge ein, wodurch sich sukzessive ein gemeinsames Verständnis entwickelt. Nach einer gewissen Zeit wechselt dann die jeweilige Aufgabe.

Eine große Akzeptanz von Coding Conventions erreicht man, indem man vor deren Einführung möglichst alle Entwickler an Entwürfen des neuen Regelwerks mitwirken lässt. Nichtsdestotrotz erfordert die Einhaltung der Regeln anfangs immer etwas Disziplin. Es sollte zudem eine dynamische Entwicklung des Regelwerks vollzogen werden, um dessen Akzeptanz weiter zu erhöhen. Bisher nicht adressierte Programmierprobleme können als Regel neu aufgenommen werden. Eher hinderliche oder überkritische Regeln können nach gründlicher Prüfung und sinnvoller Begründung – nicht nur aufgrund des persönlichen Missfallens einzelner Entwickler – aus dem Regelwerk entfernt werden. Bevor man allerdings vorschnell eine Regel entfernt, kann man besser in einigen Ausnahmesituationen gegen einzelne Regeln verstoßen: *Nicht jede Regel ist gleichermaßen gut auf jede Situation anzuwenden, sodass es in Einzelfällen durchaus sinnvoll ist, gegen diese zu verstoßen. Allerdings sollte dies gut begründet und dokumentiert werden.*

---

[1] http://www.oracle.com/technetwork/java/codeconv-138413.html
[2] http://www.ambysoft.com/essays/javaCodingStandards.html

Meiner Erfahrung nach ist es sehr hilfreich, die Coding Conventions mit einem Sourcecode-Checker zu überprüfen. Wird die Einhaltung der Regeln nur über Codereviews geprüft, so sind meistens diejenigen die »Buhmänner« und Kritiker, die das Regelwerk am besten kennen. Weiterhin kann es zum »Schwarzen Peter«-Syndrom kommen: Der Reviewte fühlt sich persönlich angegriffen und die Reviewer mögen kaum noch weitere Kritik äußern. Als Folge werden dann aber nicht mehr alle Softwaredefekte und Regelverstöße angemerkt. Somit werden Sinn und Nutzen des durchgeführten Codereviews fraglich. Diesem Dilemma kann man durch den Einsatz von Tools zur Sourcecode-Prüfung entgegenwirken. Diese übernehmen die Rolle des Kritikers, jedoch ohne emotionale und persönliche Probleme zu verursachen. Diese sozialen Aspekte sollte man im Hinterkopf behalten, wenn man Coding Conventions einführen und ergänzend dazu Codereviews durchführen möchte. Das Buch »Soft Skills für Softwareentwickler« von Uwe Vigenschow und Björn Schneider [76] enthält weitere Informationen zu psychologischen Aspekten der Arbeit in Teams.

19.3.1 Grundlegende Namens- und Formatierungsregeln

Es ist sinnvoll, die bereits erwähnten Coding Conventions bezüglich Formatierung und Namensgebung als Basis für eigene Regeln zu verwenden. Als wesentliche Punkte für eine gute Übersicht und Lesbarkeit möchte ich folgende zwei Punkte besonders hervorheben, die in diesem Buch genutzt werden:

1. Klammern und Anweisungen sollten in jeweils eigenen Zeilen stehen, pro Zeile also möglichst nur eine Anweisung bzw. eine Variablendeklaration.
2. Zeilen sollten eine gewisse Länge nicht überschreiten. Ein Wert zwischen 100 und 150 Zeichen hat sich als praktikabel erwiesen.

Das folgende Beispiel zeigt sowohl die Anwendung der Namenskonventionen als auch der Formatierungsregeln:

```java
public final class FormatingExample
{
    private static final Logger log = Logger.getLogger("FormatingExample");

    public static String asHex(final byte[] tele)
    {
        log.info("asHex(" + Arrays.toString(tele) + ")");

        final StringBuffer sb = new StringBuffer("0x");

        for (int i = 0; i < tele.length; i++)
        {
            final String hex = Integer.toHexString(tele[i]);
            sb.append(hex);
        }

        return sb.toString();
    }
    // ...
}
```

Ausnahmen für die Formatierung

Nur in wenigen Fällen sind Abweichungen von der Standardformatierung sinnvoll. Dies gilt insbesondere für die Forderung »ein Statement pro Zeile«. Gegen diese Regel kann man beispielsweise dann verstoßen, wenn nur eine Menge einfacher `get()`-Methoden angeboten werden. Wenn die Methodenrümpfe – wie nachfolgend gezeigt – hinter den Methodennamen geschrieben werden, lässt sich die Lesbarkeit erhöhen.

```
public final String getName()    { return name; }
public final String getCity()    { return city; }
public final int    getAge()     { return age; }
```

Wie man leicht sieht, ist diese Schreibweise kurz und elegant und fokussiert die Aufmerksamkeit auf die Schnittstelle und nicht die Implementierung, die sowieso trivial ist. Die Lesbarkeit des Sourcecodes wird positiv beeinflusst.

Namensregeln

Eine konsistente Namensgebung von Variablen, Methoden und Klassen hilft, auf einen Blick diese Elemente erkennen und voneinander unterscheiden zu können. Für Namen gilt in der Regel die sogenannte *CamelCase-Schreibweise*, d. h., jedes neue Wort wird wieder mit einem Großbuchstaben begonnen. Tabelle 19-1 liefert Anregungen.

Tabelle 19-1 Namenskonventionen

Typ	Präfix	Postfix	Beispiel
Packages	-	-	`mypackage.subpackage`
Interfaces	`I / -`	`IF / -`	`IFileInfo, Filterable`
Abstrakte Klassen	`Base, Abstract`	-	`AbstractProcessStep`
Klassen	-	-	`JobAssistant`
Testklassen	-	`Test`	`ProcessStepTest`
Methoden	-	-	`getFileName()`
Konstanten	-	-	`MAX_VALUE`
Lokale Variablen	-	-	`imageWidth`
Membervariablen	`-, m_, this.`	-	`name, m_name, this.name`

Über den Einsatz für Interfaces und Membervariablen gibt es kontroverse Meinungen mit guten Argumenten dafür als auch dagegen – ansatzweise wird dies im folgenden Praxistipp beleuchtet.

Testklassen sollten mit dem Postfix `Test` enden und nicht damit starten, weil so die Testklasse leichter zu einer bestehenden Klasse gefunden werden kann. Wie bereits in Abschnitt 2.4.1 angedeutet, würden durch Einsatz von `Test` als Präfix alle Testklassen damit beginnen und man fände den »Wald vor lauter Bäumen nicht.«

> **Hinweis: Stilfragen**
>
> **Position der geschweiften Klammern** Die Position der öffnenden, geschweiften Klammer löst häufig kontroverse Diskussionen aus. Mir helfen Klammern in einer eigenen Zeile, Fehler zu vermeiden und die Struktur besser zu erkennen.
>
> **Präfixe für Attribute** Die Diskussion um Präfixe für Attribute ist wahrscheinlich genauso endlos zu führen wie die um die richtige Position der öffnenden Klammer. Allerdings können Präfixe manchmal helfen, Fehler zu vermeiden und die Übersicht zu erhöhen. Dies gilt vor allem bei der Verwendung von Übergabeparametern, die wie Attribute heißen. Folgende Methode `setCounter(int)` zeigt diesen Fehler:
>
> ```java
> public void setCounter(int count)
> {
>     count = count;    // Achtung: Sinnlose Selbstzuweisung!
> }
> ```
>
> Hier findet nicht die gewünschte Änderung im Objektzustand statt, da die Variable an sich selbst zugewiesen wird. Als Abhilfe existieren folgende Möglichkeiten:
>
> 1. Aktivierung entsprechender Style-Checks in der IDE, sodass solche Zuweisungen als fehlerhaft angemerkt werden.
> 2. Den Übergabeparameter `final` deklarieren, wodurch ein Kompilierfehler bei einer solchen versehentlichen Zuweisung erzeugt wird.
> 3. Die Angabe von `this.` verhindert die Zuweisung und man erreicht eine bessere visuelle Trennung von Attributen, lokalen Variablen und Parametern.
>
> Alle Abhilfen lassen sich kombinieren. Nachfolgend sind Abhilfen 2 und 3 eingesetzt:
>
> ```java
> public void setCounter(final int count)
> {
>     this.m_count = count;
> }
> ```
>
> **Typpräfixe für Attribute** Das Präfix `m_` für Attribute führt zu einer starken visuellen Trennung – geht aber mit einer etwas schlechteren Lesbarkeit einher. Manchmal findet man zusätzliche Präfixe, etwa `str` für Strings, `is` für boolesche Variablen. Auch hier scheiden sich wieder die Geister. *Auf jeden Fall sollte dies mit Bedacht genutzt werden.* In der Regel sollte nicht der Typ einer Variablen im Namen stecken, sondern bevorzugt ihre semantische Bedeutung.
>
> **Kennzeichnung von Interfaces** Auch über die Verwendung von Präfixen bzw. Postfixen für Interfaces kann man diskutieren. Zum Teil mag ich diese explizite Kennzeichnung, aber teilweise lassen sich passendere Namen finden.
>
> **Verstoß der Empfehlungen gegen Oracle-Regeln** Meine Empfehlungen widersprechen zwar einigen Regeln von Oracle. Ein Blick in den Sourcecode des JDKs zeigt aber, dass die dort genutzten recht kurzen Zeilenlängen und die Formatierung nicht immer für gute Lesbarkeit sorgen. Schlussendlich ist die Sourcecode-Formatierung aber ein kontrovers diskutiertes Thema.

19.3.2 Namensgebung

Namensregeln lassen sich nur bedingt durch Tools prüfen. Zwar können diese gerade noch eine regelkonforme Schreibweise testen, aber für ein Tool ist der Name `map` oder `list` genauso gut oder schlecht wie die verständlichen Namen `nameToPersonMap` oder `deviceList`. Daher ist es sinnvoll, etwas Selbstdisziplin walten zu lassen. Auch Pair Programming und Codereviews können beim Finden von sinnvollen Namen helfen.

Vermeide Namenskürzel

Aussagekräftige Namen machen ein Programm besser lesbar. Abkürzungen und auch Namenskürzel sind zu vermeiden, wenn es sich nicht gerade um die gebräuchlichen Abkürzungen `sb` für `StringBuffer` oder `it` für Objekte vom Typ `Iterator` handelt. Im Extremfall verkümmert ein Variablenname zu einer kryptischen Zusammenstellung aus den Anfangsbuchstaben der Teilworte, etwa `ioe` oder `sdf` für `IOException` bzw. `SimpleDateFormat`. Manchmal und vor allem für gängige Abkürzungen (HTML, DB, XML) kann auch dies vernünftig sein. Oft leidet aber die Lesbarkeit und Verständlichkeit ungemein. Als »Leckerbissen« hat mir ein Kollege die Variable `AAA` zugespielt ... nein, es hat nichts mit Batterien zu tun! Dies ist eine misslungene Abkürzung für eine booleschen Variable mit der Bedeutung »**A**lle **A**nschlüsse **A**nzeigen«.

Schauen wir auf ein weiteres Negativbeispiel, das Kommentare nutzt, um den ansonsten unleserlichen Sourcecode zu beschreiben:

```
// enthält den Maximalwert
int val = -1;

// Durchlaufe alle vorhandenen Tabellenzeilen
for (int i = 0; i < 50; i++)
{
    val = Math.max(val, values[i].getValue());
}
```

Die beiden Kommentare sind trivial, kaum hilfreich und sogar ein wenig irreführend. Natürlich vermutet man, dass es sich bei `i` um die Zeile handelt und dass `val` den Maximalwert ermitteln soll, aber warum schreibt man es dann nicht gleich wie folgt?

```
final int PERSON_TABLE_ROW_COUNT = 50;

int maxAge = -1;
for (int rowIndex = 0; rowIndex < PERSON_TABLE_ROW_COUNT; rowIndex++)
{
    maxAge = Math.max(maxAge, persons[rowIndex].getAge());
}
```

Durch eine sinnvolle Benennung der Variablen, hier z. B. `maxAge` statt `val` und `persons` statt `values`, wird nicht nur der Algorithmus (Berechnung des Maximums), sondern auch der dahinter liegende Sinn (maximales Alter der aufgelisteten Personen ermitteln), offensichtlich. Gut gewählte Namen sorgen also nicht nur für Verständlichkeit, sondern erlauben es auch, auf eine »Pseudokommentierung« zu verzichten.

19.3 Coding Conventions

Vermeide Variablennamen, die nur den Typ wiederholen

Manchmal findet man Sourcecode, in dem Variablennamen aus deren Typen hergeleitet werden. Derartige Variablennamen sind oftmals wenig verständlich, da sie keinen Hinweis auf den Einsatzzweck enthalten. Betrachten wir folgendes Beispiel:

```
final Vector<File> vector = new Vector<>();

final List<File> list = new ArrayList<>();
final List<File> list1 = new ArrayList<>();
final List<File> list2 = new ArrayList<>();
```

Für einzelne temporäre Variablen kann es zum Teil schwierig sein, einen sinnvollen Namen zu finden – eine (reine) Nutzung des Typs ist dann durchaus tolerierbar. Es gibt aber Ausnahmen: Problematisch wird dies etwa, wenn mehrere Objekte gleichen Typs verwendet werden: Zur Unterscheidung muss man die Objekte irgendwie kennzeichnen. Meistens werden diese dann einfach durchnummeriert. Dabei stellt sich die Frage nach der Namenskonsistenz: Wird das erste Objekt mit einer »0« oder einer »1« gekennzeichnet oder erhält der Name, wie im obigen Beispiel, keinen Zusatz?

Verwende sinnvolle, konsistente Namen

Wie bereits angemerkt, helfen sinnvoll gewählte Namen, ein Programm nachvollziehbar zu machen, lassen sich aber leider nicht durch Tools prüfen. Für die Lesbarkeit und die Semantik ist man als Entwickler demnach selbst verantwortlich. Helfen Sie sich und Ihren Kollegen durch passend gewählte Namen.

Greifen wir das obige Beispiel wieder auf. Nehmen wir an, die drei Listen würden zur Modellierung von Veränderungen des Inhalts eines Verzeichnisses genutzt. Folgende Namensgebung macht diesen Sachverhalt intuitiv klar:

```
final List<File> newFiles = new ArrayList<>();
final List<File> changedFiles = new ArrayList<>();
final List<File> removedFiles = new ArrayList<>();
```

Eine Verwechselung von `list1` und `list2` aus dem vorherigen Beispiel ist leicht möglich. Bei der Namensgebung `changedFiles` und `removedFiles` ist eine Verwechselung nahezu ausgeschlossen.

Nicht immer ist ein Problem auf den ersten Blick zu erkennen, wenn man nicht direkt die Definition der Variablen und des zugehörigen Typs sieht:

```
final PersonService personDAO = ServiceFactory.getPersonService();
```

Betrachtet man den verständlichen Variablennamen `personDAO`, so könnte man meinen, ein Data Access Object (DAO) zu referenzieren. Erst ein zweiter, genauerer Blick auf die Definitionsstelle offenbart die Inkonsistenz zwischen Name und Inhalt (Referenz auf einen Service). Wir erkennen daran, dass die konsequente Benennung von Variablen ein weiterer wichtiger Schritt in Richtung Nachvollziehbarkeit ist. Dazu gehört auch, einen Zähler namens `counter` nicht an anderer Stelle `cnt` zu nennen.

Benenne Klassen nach ihrer Funktion

Klassen sollten nach ihrer Funktion benannt werden und nicht nach dem Package, in dem sie gespeichert sind. Es gibt Projekte, in denen einige Entwickler dem Klassennamen den Package-Namen voranstellen. Das führt zu seltsamen Klassennamen:

```
JC_JOB
TEDI_Figure
PIDMessageHandler
```

Wird eine Klasse mit Package-Präfix in ein anderes Package verschoben, so müsste als Folge konsequenterweise der Klassenname angepasst werden – unterbleibt dies, so kommt es zu Inkonsistenzen. Wird eine Klasse von vielen weiteren Klassen referenziert, so müssen überall dort die Namensänderungen nachgezogen werden. Zum Glück geschieht dies meistens automatisch durch die IDE. Das führt wiederum zu vielen geänderten Dateien und erhöht die Gefahr für Konflikte beim Einchecken ins Repository.

Verwende für Containerklassen einen Pluralnamen

Nutzt man Pluralnamen für Collections oder Arrays, so erhöht dies die Lesbarkeit und erleichtert die Unterscheidung von normalen Referenzen:

```
// Einzelelemente
final GraphicObject graphicObject = new GraphicObject();
final String predefinedName = "Name";

// Collections
final List<GraphicObject> graphicObjects = new ArrayList<>();
final String[] predefinedNames = new String[] { "Name 1", ..., "Name n" };
```

Bei Containern kann der Typ der Containerklasse im Namen wiederholt werden und als Kontextinformation über die verwendete Datenstruktur (z. B. `List<E>` oder `Map<K,V>`) dienen. Dadurch verringert sich jedoch teilweise die Lesbarkeit:

```
final List<GraphicObject> listOfGraphicObjects = new ArrayList<>();
final List<GraphicObject> graphicObjectsList = new ArrayList<>();
final String[] predefinedNamesArray = new String[] { "Name 1", ..., "Name n" };
```

Hilfsvariablen können die Lesbarkeit erhöhen

Manchmal kann man durch die Definition einer Hilfsvariablen mit sprechendem Namen den Sourcecode besser verständlich gestalten. Betrachten wir folgendes Beispiel:

```
private final TreeSet<String> timeStampSet = new TreeSet<>(Collections.
                                                           reverseOrder());
```

Wenn wir diese Zeile anschauen, erkennen wir, dass eine umgekehrte Sortierreihenfolge realisiert wird. Das ist recht klar, aber was bedeutet das konkret? Versuchen wir den Sinn durch eine Hilfsvariable zu verdeutlichen und sehen wir uns an, wie gut der folgende Sourcecode dies kommuniziert:

```
private final Comparator<String> mostCurrentFirst = Collections.reverseOrder();
private final TreeSet<String> timeStampSet = new TreeSet<>(mostCurrentFirst);
```

> **Hinweis: Vorteil sprechender Namen**
>
> Achten Sie darauf, möglichst gut lesbaren Sourcecode zu schreiben. Der Grund ist einfach folgender: Sie werden Sourcecode z. B. im Rahmen von Erweiterungen oder Bugfixes viel häufiger lesen und verstehen müssen, als Dinge neu zu schreiben.

19.3.3 Dokumentation

Verwende kurze, aussagekräftige Kommentare

Ist ein Abschnitt des Sourcecodes trotz guter Formatierung und sinnvoller Namensgebung von Variablen und Methoden noch nicht ausreichend verständlich, so sollten kurze Kommentare als Überschrift eingefügt werden.

Vermeide Kommentare, die nur den Ablauf beschreiben

Manchmal wird die vorherige Regel falsch ausgelegt und es werden selbst *einfache* Programmstellen kommentiert: Man findet dann häufig Beschreibungen zum Ablauf bzw. zur Ausführung des Sourcecodes, nicht aber zu dessen Ziel. Das haben wir schon im Beispiel der Namensgebung gesehen und wird nun nochmals aufgegriffen:

```
// SCHLECHTER KOMMENTAR: 365 Tage durchlaufen
for (int tag = 0; tag < 365; tag++)
{
    gesamtUmsatz += tagesUmsatz[tag];
}
```

Es ist es viel sinnvoller, zu beschreiben, warum hier eine zwar durch die Variablennamen naheliegende, aber zunächst willkürliche Grenze von 365 Durchläufen verwendet wird, statt nur die offensichtliche Abbruchbedingung der Schleife zu kommentieren. Eine Verbesserung des Kommentars und der Implementierung, die auch Schaltjahre korrekt behandeln kann, könnte so aussehen – der Kommentar ist jetzt nahezu überflüssig:

```
// KORREKTUR: Gesamtumsatz aus den Tagesumsätzen eines Jahres berechnen
final int tageImJahr = tagesUmsatz.length;
for (int tag = 0; tag < tageImJahr; tag++)
{
    gesamtUmsatz += tagesUmsatz[tag];
}
```

Dokumentiere alle Methoden im öffentlichen Interface der Klasse

Im Sinne der Wiederverwendbarkeit ist es vorteilhaft, Klassen, Methoden sowie vor allem Interfaces möglichst gut zu dokumentieren. Der Einsatz des Javadoc-Kommentarstils für alle im öffentlichen Interface von Klassen sichtbaren Methoden (`public`, `protected`) bietet sich an. Für interne Methoden kann in vielen Fällen auf eine Kommentierung verzichtet werden, wenn die Methoden entsprechend kurz sind, einen aussagekräftigen Namen haben und nur wenige Übergabeparameter besitzen.

Ein Kommentar sollte zumindest den Zweck einer Methode, die Übergabeparameter sowie den Rückgabewert beschreiben. *Die Rückgabe von `null` sollte ausdrücklich dokumentiert werden, wenn dies ein gewollter und möglicher Rückgabewert ist.* Dadurch schützt man Aufrufer vor einer sonst nicht erwarteten `NullPointerException` beim Zugriff auf den Rückgabewert. Ebenso sollte man auf Seiteneffekte hinweisen, falls sich diese nicht anderweitig vermeiden lassen.

```
/**
 * copies all contents from the passed input stream into the given output
 * stream using buffered copy.
 *
 * @param is     source input stream
 * @param os     destination output stream
 *
 * @return the amount of bytes copied
 *
 * @throws java.lang.NullPointerException if parameters are <code>null</code>
 * @throws java.io.IOException if access to streams fails
 *
 * @see java.io.InputStream, java.io.OutputStream,
 *      java.lang.NullPointerException, java.io.IOException
 */
public static int copyBuffered(final InputStream is, final OutputStream os)
    throws IOException
// ...
```

> **Tipp: Dokumentation mit Javadoc**
>
> Die Erfahrung zeigt, dass eine vom Sourcecode unabhängige Dokumentation sehr schnell veraltet und außerdem häufig nicht die für Entwickler wichtigen Informationen enthält. Die Idee hinter Javadoc, dem Dokumentationswerkzeug des JDKs, ist es, aus Kommentaren im Java-Sourcecode automatisch HTML-Dokumentationen erstellen zu können. Aufgrund der Nähe zur Entwicklung besteht außerdem die Hoffnung, mit Javadoc eine aktuelle und konsistente Dokumentation für Klassen, Methoden usw. erzeugen zu können.
>
> Der Sourcecode wird bei der Aufbereitung der Dokumentation durch das Javadoc-Tool nach Kommentaren im Javadoc-Stil (startend mit `/**` und abgeschlossen mit `*/`) durchsucht. Alle Informationen der dort enthaltenen Javadoc-Tags (beginnend mit `@`) werden für die Ausgabe in HTML ausgewertet. Eine Übersicht gebräuchlicher Javadoc-Tags liefert Tabelle 19-2. Weitere Informationen finden Sie unter `http://docs.oracle.com/javase/8/docs/technotes/tools/windows/javadoc.html`.

Mit Eclipse ist es möglich, über das Menü PROJECT –> GENERATE JAVADOC eine Javadoc-Generierung durchzuführen. Noch einfacher ist es, diesen Schritt durch einen Aufruf im Build-Prozess zu automatisieren (vgl. Abschnitt 2.7.2).

Tabelle 19-2 Gebräuchliche Javadoc-Tags

Javadoc-Tag & Wert	Zweck
`@author <name>`	Beschreibt den Autor.
`@version <versionInfo>`	Erzeugt einen Versionseintrag.
`@param <name> <description>`	Parameterbeschreibung einer Methode.
`@return <description>`	Beschreibung des Rückgabewerts einer Methode.
`@throws <exception> <description>`	Beschreibung einer Exception, die von dieser Methode geworfen werden kann.
`@deprecated <description>`	Markiert eine veraltete Methode, die nicht mehr eingesetzt werden sollte. Zusätzlich sollte immer die `@Deprecated`-Annotation verwendet werden.
`@inheritDoc`	Kopiert die Beschreibung aus der überschriebenen Methode. Erspart damit das früher notwendige Copy-Paste für alle Kommentare aus Interfaces.
`@see reference`	Erzeugt einen Verweis auf ein anderes Element der Dokumentation.
`@since <version>`	Gibt an, ab welcher Version eine bestimmte Funktion enthalten ist. Das ist insbesondere bei Bibliotheken hilfreich.

19.3.4 Programmdesign

Halte den Sourcecode sauber

Unbenutzte Programmteile und auskommentierte Blöcke blähen den Sourcecode nur unnütz auf und machen ein Programm schlechter lesbar. Diese »Vorratsdatenspeicherung« von ehemals sinnvollen Zeilen ist durch den Einsatz einer Versionsverwaltung überflüssig. Allerspätestens nach ein paar Tagen sollten solche Programmteile gesäubert werden. Wird dieser »Frühjahrsputz« immer wieder verschoben, können Sie im Nachhinein über Kommentare wie den folgenden schmunzeln: »`Quickfix. Muss nach der Auslieferung unbedingt korrigiert werden. 7.7.2001`«. Heutzutage würde man solche Stellen mit einem Kommentar `TODO` oder `FIXME` versehen, wodurch automatisch eine Markierung und eine Aufnahme in eine Task-Liste in der IDE erfolgt.

Vermeide Seiteneffekte

Seiteneffekte sind oft unerwartet und können einem als Programmierer die Laune verderben. Ich habe einige Methoden kennenlernen müssen, die als `get()`-Methode »getarnt« Schreibzugriffe auf andere Variablen durchgeführt haben. Ein absolut extremes Beispiel ist mir in Form von Datenbank-Updates in einer `get()`-Methode begegnet. So etwas sollte man unbedingt vermeiden, damit das Programm dem »*Prinzip des geringsten Erstaunens*« (»*Principle of Least Astonishment*« (POLA)) folgt.

Vermeide übermäßige Debug- und Log-Ausgaben

Logging kann dabei helfen, Fehler zu ermitteln, wenn keine Möglichkeit des Debuggings besteht oder ein Fehler im Nachhinein analysiert werden muss. Zum Teil sieht man jedoch Sourcecode, der nur aus der Aufbereitung von Debug- und Log-Ausgaben zu bestehen scheint. Die eigentliche Programmlogik tritt in den Hintergrund. Das ist häufig ein Zeichen dafür, dass das zu lösende Problem nicht verstanden wurde. Solcher Sourcecode sollte überarbeitet werden, um diesen Ballast loszuwerden.

Vermeide Ausgaben per `System.out`

Ausgaben mit `System.out` können für einfache Anwendungen und zum schnellen Testen durchaus eingesetzt werden. Für professionelle Programme ist dies aber wenig hilfreich, da keine Konfiguration oder Persistierung der Ausgabe erfolgen kann. Man benutzt daher besser ein Logging-Framework (vgl. Abschnitt 8.4).

Verwende `final`

Über das Schlüsselwort `final` können wir steuern, ob der Wert einer Variablen konstant oder veränderlich ist. In vielen Fällen können wir Variablen `final` machen und uns dadurch davor schützen, dass diese für andere Dinge zweckentfremdet werden. Je weniger Zustandsinformationen in einem Objekt veränderlich sind, desto übersichtlicher und wartbarer wird der Sourcecode.

Vermeide Magic Numbers und Strings

Die Verwendung fest codierter Zahlenwerte, Texte und boolescher Werte im Sourcecode erschwert sowohl dessen Lesbarkeit als auch Refactorings. Die Bedeutung eines Zahlenwerts lässt sich meistens sinnvoller durch eine benannte Konstante ausdrücken. Das erhöht gleichzeitig die Verständlichkeit und die Lesbarkeit. Außerdem wird eine spätere Wartung erleichtert, falls ein solcher Wert einmal geändert werden muss. Für Strings und boolesche Werte gilt Ähnliches.

Bevorzuge wenige `return`-Anweisungen

Umfangreiche Methoden mit vielen `return`-Anweisungen sind oftmals fehlerträchtig und schwierig nachzuvollziehen. Eine Methode mit nur einem definierten Ausgangspunkt (oder wenigen) hilft, den Ablauf besser verfolgen zu können. Diese Empfehlung gilt allerdings nur dann, wenn die Methode länger als etwa eine Bildschirmseite ist, weil dann mehrere `return`-Anweisungen ein Problem darstellen können. Denn je umfangreicher eine Methode wird, desto mehr erschweren viele `return`-Anweisungen das Herausfaktorieren von Methoden und das Nachvollziehen des Programmablaufs. Beachten Sie bitte folgende Ausnahmen: Insbesondere Shortcut-Returns am Methodenanfang für mögliche Fehlerabfragen sind fast immer eine Vereinfachung. Auch gilt: Sind Methoden kurz und übersichtlich, so ist es durchaus sinnvoll, mehrere `return`-Anweisungen zu verwenden, da eine Methode dann häufig ohne zusätzliche Hilfsvariablen und Verschachtelungen auskommt. Für diese Fälle ist es sogar schlimmer, krampfhaft zu versuchen, mehrere `return`-Statements zu vermeiden, weil dann künstliche Hilfsvariablen eingeführt werden (müssen).

Prüfe Eingabeparameter öffentlicher Schnittstellen auf Gültigkeit

Vor allem an Komponenten- oder Modulgrenzen sollten die Parameter von öffentlichen Methoden auf Gültigkeit geprüft werden, um fehlerhafte Werte zu erkennen und zurückzuweisen.[3] Interne Methoden können sich somit auf einen gültigen Objektzustand verlassen und müssen nicht zwingend weitere Parametertests durchführen. Eine Parameterprüfung soll also verhindern, dass ungültige Parameterwerte an andere Methoden weitergegeben werden und dort Schaden anrichten. Dies folgt den Gedanken von »*Design by Contract*« (vgl. gleichnamigen Praxistipp in Abschnitt 3.1.5). Dadurch werden falsch initialisierte Objekte vermieden.

Verwende Assertions oder Exceptions zur Absicherung für Pre- und Post-Conditions

Teilweise müssen gewisse Annahmen über den Zustand des Programms bzw. die Wertebelegung von Variablen getroffen werden. Zur Auswertung kann man das Schlüsselwort `assert` nutzen, manuell die gewünschte Bedingung als booleschen Ausdruck prüfen und gegebenenfalls bei Verstoß eine Exception auslösen oder aber die Prüfung mithilfe von Google Guavas `Preconditions` (vgl. Abschnitt 8.2.4) erledigen. Bei Problemen im Programmablauf und Inkonsistenzen im Zustand wird ein etwaiger Denkfehler sofort sichtbar. Bedenken Sie aber, dass die Auswertung von Assertions mit `assert` standardmäßig ausgeschaltet ist und explizit aktiviert werden muss (vgl. Abschnitt 4.7.5), weshalb Exceptions zur Absicherung zu bevorzugen sind.

---

[3] Man kann sich dies in etwa wie Grenzkontrollen vorstellen. Innerhalb des Landes wird die Identität natürlich nicht ständig geprüft, sondern nur einmalig bei einer Ein- oder Ausreise.

Vermeide die sorglose Rückgabe von `null`

Die Rückgabe von `null` zwingt Aufrufer, Sonderbehandlungen durchzuführen. Wird dies vergessen, so kommt es zu einer `NullPointerException`. Ist `null` jedoch als gültige Rückgabe vorgesehen, sollte dies ausdrücklich in der Methodendokumentation erwähnt werden. Oftmals sind das NULL-OBJEKT-Muster (vgl. Abschnitt 18.3.2) oder die Klasse `Optional<T>` (vgl. Abschnitt 6.5) erwägenswerte Alternativen – anstatt vorschnell oder aus (schlechter) Gewohnheit den Wert `null` zurückzuliefern.

Vermeide `null` wenn möglich, prüfe Referenzen auf `null`

Man sollte `null` möglichst sparsam nutzen und stattdessen bevorzugt gültige Referenzen. Befolgt man diesen Hinweis nicht, dann sieht man überall im Programm `null`-Prüfungen, ob sinnvoll oder auch nicht. Fakt ist jedoch, dass man Sourcecode dadurch nur aufbläht und ihn unleserlich macht. Zudem verschleiert diese übervorsichtige Prüfung auch Fehler, die besser während der Implementierungsphase des Programms aufgetreten wären. Es empfiehlt sich, mithilfe statischer Sourcecode-Analyse einige Verstöße aufdecken zu lassen. Abschnitt 19.4 stellt einige Tools dazu vor.

Für den (hoffentlich) seltenen Fall, dass eine Referenz einen `null`-Wert enthalten kann, sollte man vor einem Zugriff darauf prüfen und besser fehlertolerant arbeiten. Zudem gibt man aber für den unerwarteten `null`-Fall eine Warnmeldung in eine Log-Datei aus.

Prüfe Rückgabewerte und behandle Fehlersituationen

Rückgabewerte von Methoden sollten vom Methodenaufrufer ausgewertet werden, damit angemessen auf eine mögliche Fehlersituation reagiert werden kann. Geschieht dies nicht, so werden Fehler verschleiert oder sie machen sich entweder gar nicht oder nur durch merkwürdiges Programmverhalten bemerkbar. Im UI wird beispielsweise eine Erfolgsmeldung ausgegeben, obwohl eine Aktion nicht vollständig durchgeführt werden konnte, etwa aufgrund eines Problems bei einem Datenbank- oder Remote-Zugriff.

> **Tipp: Sorglose Reaktion auf Fehler**
>
> Fehler durch den sorglosen Umgang mit Rückgabewerten haben mich einiges an Arbeit gekostet. Teilweise ist es viel schwieriger, solche Fehler zu lokalisieren, als diese zu beheben. Oftmals hätte zumindest ein Hinweis in einer Log-Ausgabe eine Fehlersuche (enorm) verkürzen können.
>
> Wenn man – aus welchen Gründen auch immer – momentan nicht in der Lage ist, eine angemessene Behandlung für eine Fehlersituation oder einen unerwarteten Rückgabewert (etwa `null`) in den Sourcecode einzubauen, muss wenigstens im Log-Level `warn` ein Hinweis in eine Log-Datei geschrieben werden. Ansonsten kommt es zu dem sogenannten »*Silent Fail*« oder »verschluckten Fehlern«, die extrem schwierig aufzufinden sind: Im Normalfall läuft das Programm einwandfrei, aber im Fehlerfall erhält man keinen Hinweis auf ein Problem.

Behandle auftretende Exceptions wenn möglich

Exceptions zu ignorieren, ist problematisch: Wünschenswert ist eine sinnvolle Fehlerbehandlung. Falls diese lokal nicht möglich ist, sollte eine Exception weiter propagiert werden, um anderen Programmteilen zu ermöglichen, eine Fehlersituation adäquat zu behandeln, beispielsweise diese in einer Log-Datei zu protokollieren. Werden zusätzliche Kontextinformationen, etwa der Stacktrace, die Belegung lokaler Variablen und von Attributen, ausgegeben, so erleichtert dies häufig eine spätere Fehlersuche.

Vermeide `catch(Exception ex)` und `catch (Throwable th)`

Exceptions möglichst spezifisch abzufangen, hilft dabei, diese sinnvoll behandeln zu können. Anhand des Typs der Exception sollte dann eine passende Fehlerbehandlung erfolgen. Werden dagegen Exceptions unspezifisch mit `catch (Exception ex)` oder `catch (Throwable th)` abgefangen, führt dies dazu, dass alle möglichen Fehlersituationen mit diesem `catch`-Block bearbeitet werden. Treten unerwartet weitere Exceptions auf, werden diese dann so behandelt wie erwartete Exceptions. Unerwartete Exceptions sollten allerdings besser an andere Programmteile weiter propagiert werden, um sie dort in spezifischen `catch`-Blöcken angemessen behandeln zu können.

Im Extremfall werden auch `RuntimeExceptions` und `Errors` abgefangen. Diese stellen jedoch schwerwiegende Fehler dar, die man – außer in Frameworks – in der Regel nicht in einem `catch`-Block behandeln sollte.

Vermeide `return` in `catch/finally`-Blöcken

Verwendet man ein `return` in `catch`-Blöcken, so besteht die Gefahr, dass beim Hinzufügen eines `finally`-Blocks der zurückgelieferte Wert verändert wird, wie es im folgenden konstruierten Beispiel gezeigt ist:

```
public static String test()
{
    try
    {
        throw new IllegalStateException("Exception simulieren!");
    }
    catch (final IllegalStateException ex)
    {
        return "Im Fehlerfall";
    }
    finally
    {
        return "Tatsächlich";
    }
}

public static void main(final String[] argv)
{
    System.out.println(test());
}
```

Listing 19.1 Ausführbar als 'TESTRETURNINCATCH'

Der `finally`-Block wird immer *nach allen* anderen Aktionen, also als letzte Anweisungsfolge abgearbeitet. Es kommt hier zur Ausgabe von `"Tatsächlich"`, und das obwohl der `catch`-Block und das dortige `return` ausgeführt werden. Das `return` im `finally` übersteuert aber alle vorherigen `return`-Anweisungen. Daher sollte man ein `return` nur mit viel Bedacht in `catch`- und `finally`-Blöcken nutzen.

19.3.5 Klassendesign

Bevorzuge lokale Variablen gegenüber Attributen

Wenn möglich sollte man lokale Variablen anstelle von Attributen verwenden: Lokale Variablen sind immer Thread-sicher, da sie niemals von mehreren Threads gleichzeitig geschrieben bzw. gelesen werden können. Außerdem verringern sie die Anzahl möglicher Objektzustände und machen ein Programm dadurch oftmals verständlicher.

Vermeide statische Attribute

Statische Attribute haben die unangenehme Eigenschaft, dass sie vom Garbage Collector nicht freigegeben werden können, da erst nach Programmende die letzte Referenz darauf erlischt.[4] Diese »Dauerreferenzierung« ist in den meisten Fällen unerwünscht. Nützlich sind statische Variablen jedoch für Metadaten von Klassen, etwa zur Bereitstellung von Loggern.

Schlimmer als statische Attribute sind statische Collections. Diese können ungehindert während der Programmlaufzeit wachsen, wenn sie nicht in ihrer Größe beschränkt sind. Programmierfehler können so leicht Out-of-Memory-Situationen provozieren.

Greife auf Attribute bevorzugt über Methoden zu

Die Forderung, auf Attribute nicht direkt, sondern über Methoden zuzugreifen, folgt dem OO-Gedanken der Kapselung. Innerhalb von Klassen kann man beim Zugriff auf eigene Attribute auf den Einsatz von Zugriffsmethoden verzichten. Dies gilt vor allem, wenn man dort auf private Attribute zugreift. Auf jeden Fall sollte man bei Attributen entweder konsequent auf `get()`-Methoden verzichten oder diese konsequent einsetzen. Mischt man den Zugriff, fragt man sich als Betrachter der Klasse immer, worin der Unterschied zwischen einem direkten Zugriff und einem `get()`-Aufruf liegt.

Vermeide extern ausgelöste feingranulare Änderungen am Objektzustand

Klassen mit vielen öffentlichen `set()`-Methoden erlauben eine feingranulare Änderung des internen Zustands von außen und widersprechen damit dem objektorientierten Gedanken, dass ein Objekt seinen Zustand kapseln und nach außen möglichst nur fachliche Operationen (meistens in Form von Business-Methoden) anbieten sollte.

---

[4] Sofern nicht zuvor eine Zuweisung mit `null` erfolgt.

19.3 Coding Conventions

Minimiere Zustandsänderungen

Der Einsatz von Read-only-Interfaces (vgl. Abschnitt 3.4.1) kann vor ungewollten Veränderungen von außen schützen. Manchmal ist es zusätzlich möglich, den Objektzustand mithilfe des IMMUTABLE-Musters (vgl. Abschnitt 3.4.2) vollständig gegen Modifikationen abzusichern. Auf jeden Fall sollten all diejenigen Attribute `final` definiert werden, die nach ihrer Initialisierung unveränderlich sein sollen. Ungewollte und inkonsistente Änderungen am Objektzustand werden dadurch vermieden.

Liefere keine Referenzen auf interne Datenstrukturen zurück

Wie schon gerade eben angedeutet, sollte ein Objekt seinen Zustand kontrollieren. Dies ist nahezu unmöglich, wenn Referenzen auf interne Datenstrukturen herausgegeben werden. Stattdessen sollte man entweder Kopien davon zurückgeben oder die `unmodifiable`-Wrapper des Collections-Frameworks nutzen. Selbst wenn nur Daten lesende Methoden angeboten werden, lauern noch versteckte Probleme durch die Referenzsemantik von Java: Es können Änderungen am Zustand der in Containerklassen gespeicherten Objekte erfolgen.

Abstraktion: Programmiere gegen Interfaces oder abstrakte Klassen

Sofern Abstraktion, Austauschbarkeit und Wiederverwendbarkeit wichtige Kriterien beim Design sind, empfiehlt sich der Einsatz von Interfaces und abstrakten Klassen, um konkrete Implementierungen zu verstecken.

Ein gängiges Beispiel ist bei der Deklaration einer Variablen die Nutzung des Interface `List<E>` statt der konkreten Klasse `ArrayList<E>`. Damit wird neben einer loseren Kopplung zudem sichergestellt, dass nur die Methoden des angebotenen Interface aufgerufen werden (können). Wenn lose Kopplung und Abstraktion so gut sind, könnte man auf die Idee kommen, nahezu immer ein noch allgemeineres Interface, im Beispiel also `Collection<E>`, zu verwenden. *Eine Generalisierung sollte aber nur so weit fortgesetzt werden, wie es keinen Aussagekraftverlust für den gewünschten Einsatzzweck gibt.* Schauen wir zur Verdeutlichung auf eine Verwaltung von Listenern, wobei jeder von diesen nur einmal angemeldet werden soll, um doppelte (bzw. potenziell mehrfache) Benachrichtigungen zu unterbinden. Als ungünstige Variante ist einführend eine Definition als `Collection<Subscriber>` gezeigt:

```
// kommuniziert Mengeneigenschaft nicht
private final Collection<Subscriber> subscribers = new HashSet<>();
```

Durch diese starke Abstraktion verliert man jedoch die wichtige Information über die Mengeneigenschaft. Daher verwendet man passenderweise ein `Set<Subscriber>`. Die folgende Variante bietet eine gute Abstraktion und liefert ein für den Anwendungsfall zugeschnittenes Interface:

```
private final Set<Subscriber> subscribers = new HashSet<>();
```

Halte das Interface übersichtlich

Ein Interface sollte möglichst nur Methoden für genau einen klar abgegrenzten Aufgabenbereich definieren. Steigt die Anzahl der in einem Interface deklarierten Methoden über einen gewissen Wert (etwa fünf bis zehn Methoden), so deutet dies darauf hin, dass das Interface zu viel Funktionalität anbietet und vermutlich auch das Single Responsibility Principle (SRP) verletzt ist und das Interface besser in mehrere separate, voneinander unabhängige Interfaces aufgespalten werden sollte. Diesen letzten Punkt adressiert auch das Interface Segregation Principle (ISP) – das ebenso wie das SRP eines der SOLID-Prinzipien für guten OO-Entwurf (vgl. Abschnitt 3.5.3) darstellt.

Sorge für Lesbarkeit und die richtige Abstraktionsebene

Innerhalb von öffentlichen Methoden sollten nicht zu viele Implementierungsdetails gezeigt werden. Schauen wir uns folgende beiden Methodenaufrufe an, wobei RBL eine branchenübliche Abkürzung für ein Rechner-basiertes Leitsystem ist:

1. `systemStateService.isSystemAlive(SystemType.RBL);`
2. `isRBLAlive();`

Der erste Methodenaufruf erfolgt auf Realisierungsebene und zeigt viele Implementierungsdetails. Er macht die beteiligte Klasse sowie den Methodenaufruf sichtbar. Die zweite Variante ist von ihrer Abstraktionsebene viel höher angesiedelt. Die Realisierung auf dieser fachlichen Ebene zeigt keine Details und versteckt die dahinterliegende Komplexität. Öffentliche Methoden sollten auf einer solch hohen Abstraktionsebene als verhaltensdefinierende Business-Methoden formuliert werden. Mit geringerer Sichtbarkeit nimmt die Abstraktion von technischen Details gewöhnlich ab: Private Methoden dürfen demnach Implementierungsdetails zeigen.

Verstecke Implementierungsdetails

Benutze bevorzugt eine möglichst kleine Sichtbarkeit (und das ist nicht `PUBLIC` ;-)). Attribute sollten `private` oder Package-private definiert werden. Für Hilfsmethoden gilt dies ebenfalls. Business-Methoden, die nach außen sichtbare Funktionalität anbieten, sind dagegen meistens `public`. Nur wenn Klassen so entworfen sind, dass sie eine Erweiterbarkeit durch Überschreiben von Methoden erlauben, sollten auch Methoden mit der Sichtbarkeit `protected` existieren.

Definiere abstrakte Methoden möglichst `protected`

Zur Spezialisierung von Verhalten in Subklassen dienen abstrakte Methoden in Basisklassen. Werden diese Methoden `protected` definiert, können abgeleitete Klassen auf sie zugreifen – Zugriffe aus demselben Package sind auch möglich.

Beachte die maximale Methodenlänge von ca. 30 – 50 Zeilen

Eine Methode sollte genau eine Teilaufgabe durchführen. Häufig sieht man eine Verquickung von Informationsbeschaffung und -verarbeitung. Das stört die Orthogonalität und Wiederverwendbarkeit. Methoden können dann nicht wie kleine Bausteine zu neuen, größeren Methoden kombiniert werden.

> **Tipp: Methodenlänge**
>
> Man findet leider immer wieder Methoden, deren Länge die 100 Zeilen mehrfach übersteigt. Wiederholt sind mir Methoden mit über 500 Zeilen aufgefallen. Derartige Monstren sind nahezu unwartbar. Man sollte versuchen, sie durch das Herausfaktorieren von Hilfsmethoden beherrschbar zu machen. Der Vorgang wird so lange wiederholt, bis die Methode eine vernünftige Struktur und Länge besitzt.

Beachte die maximale Klassenlänge von ca. 500 – 1000 Zeilen

Eine Klasse sollte nur für einen Aufgabenbereich zuständig sein. Wird eine Klasse immer länger, so deutet dies darauf hin, dass sie für zu viele verschiedene Dinge verantwortlich ist. Wie bereits für die Methodenlänge angedeutet, stört dies die Orthogonalität und Wiederverwendbarkeit – in diesem Fall der Klasse.

Vermeide zu viele Referenzen auf andere Klassen

Werden von einer Klasse viele andere Klassen referenziert (mehr als ca. sieben), kommt es schnell zu »Objekt-Spaghetti«. Eine solche Situation entsteht vielfach dadurch, dass die Aufteilung von Funktionalität auf Klassen nicht sinnvoll durchgeführt wurde.

19.3.6 Parameterlisten

Vermeide überflüssige Parameter

Zum Teil sieht man Methoden, die Parameter in Form eines Objekts übergeben bekommen und zusätzlich separat noch einen Parameter, der aus dem Objekt stammt. Das folgende Listing verdeutlicht dies anhand der Methode `handleMsg(byte[], Device, String)`, die auch Informationen aus dem Objekt `device` erhält:

```
getTelegramHandler().handleMsg(tmpBytes, device, device.getAddress());
```

Der über `device.getAddress()` ermittelte Wert könnte als Parameter entfallen und in der Methode selbst aus dem übergebenen `device` ermittelt werden.

Vermeide mehrere gleiche Typen aufeinander folgend in der Parameterliste

Mehrere gleiche Typen aufeinander folgend in einer Parameterliste können problematisch sein, da die Gefahr der Verwechselung von Positionen besteht. Je mehr Parameter gleichen Typs verwendet werden, desto stärker macht sich das Problem bemerkbar. Nachfolgende Signaturen provozieren geradezu Fehler:

```
public void fillRect(int x1, int y1, int x2, int y2, long colorRGB)
public void fillRect(int red, int green, int blue,
                     int x, int y, int width, int height)
```

Mithilfe von PARAMETER VALUE OBJECTS (vgl. Abschnitt 3.4.5) kann man Parameter zusammenfassen und erreicht so kürzere, typsichere und verständlichere Signaturen. Damit kann man Anwendungsfehler nahezu ausschließen:

```
public void fillRect(Point point1, Point point2, long colorRGB)
public void fillRect(Color fillColor, Point point, Dimension size)
```

Halte die Parameterliste kurz

Aus der Psychologie ist bekannt, dass ein Mensch sich etwa 7 ± 2 Dinge im Kurzzeitgedächtnis merken kann. Daher sollte man maximal sieben Parameter verwenden. Übersichtlicher sind natürlich weniger Parameter, am besten nur ein bis vier. Das haben wir gerade schon gesehen, ebenso wie den Einsatz von PARAMETER VALUE OBJECTS.

Halte die Reihenfolge von Parametern bei Methodenaufrufen konsistent

Besitzen verschiedene Methoden gleiche Parameter und rufen sich auf, so sollte die Reihenfolge möglichst einheitlich gehalten werden. Folgendes Listing zeigt ein Negativbeispiel: Die Parameter a und b sind für die Methoden doThis(TypeA, TypeB) und doThat(TypeB, TypeA) in ihrer Reihenfolge vertauscht:

```
public int doThis(TypeA a, TypeB b)
{
    return doThat(b,a);
}

public int doThat(TypeB b, TypeA a)
{
    // ...
}
```

Warum ist das ungünstig? Die Begründung ist einfach: Ändert sich die Reihenfolge der Parameter ständig, so wird das Verwenden der Funktionen mühselig, da man sich jedes Mal wieder Gedanken über die Aufrufreihenfolge machen muss. Zudem kann durch Vertauschen der Position eines Parameters diesem eine andere semantische Bedeutung gegeben werden. Solche Fehler sind schwierig zu finden.

19.3.7 Logik und Kontrollfluss

Vermeide explizite `true`-/`false`-Literale in `if`-/`while`-Anweisungen

Verwendet man in Abfragen von booleschen Variablen explizit die Schlüsselwörter `true` oder `false`, so wird dies schnell unleserlich. Hier ein Beispiel:

```
if (attributeValue.isNullValue() == false)
    if (isEditable == true)
```

Besser lesbar werden die Abfragen durch Weglassen der booleschen Konstanten und die Kombination zu einer einzeiligen Bedingung:

```
if (!attributeValue.isNullValue() && isEditable)
```

Verwende möglichst wenige `else if`-Anweisungen

Komplexe Bedingungen mit mehreren `else if`-Varianten machen Programme recht schnell unübersichtlich. Mit zunehmender Anzahl wird es immer schwieriger, die Bedingungen so zu formulieren, dass sich diese tatsächlich gegenseitig ausschließen. Folgende Zeilen zeigen ein Negativbeispiel:

```
if (x >= 3 && y < 11 && z == 300 && command.equals("one"))
{
    System.out.println("1");
}
else if (x < 3 && (y > 10 || y < 10))
{
    System.out.println("2");
}
// für x == 3 und z == 300 Überschneidung mit Fall 1
else if (x <= 3 && z == 300)
{
    System.out.println("3");
}
```

Einfache Bedingungen mit mehreren `else if`-Anweisungen sind akzeptabel:

```
if (command.equalsIgnoreCase("cd"))
{
    executeCommand(new CdCommand());
}
else if (command.equalsIgnoreCase("list"))
{
    executeCommand(new ListCommand());
}
```

Allerdings lässt sich auch hier eine elegantere Lösung finden – etwa mit einem gemeinsamen Interface und Polymorphie.

Verwende nicht mehr als drei bis vier Logikauswertungen in einem `if`

Werden sehr viele, mitunter auch komplexe Bedingungen in einer `if`-Anweisung geprüft, so leidet die Übersichtlichkeit, wie dies folgendes Beispiel zeigt:

```
if (hasSpecialTexts() // Sondertext
    || !deviceIsActive // Anlage deaktiviert
    || !displayIsActive // Anzeiger deaktiviert
    || !myDisplay.isEnabled() // Anzeiger gesperrt
    || noDeps // keine Abfahrten
    || ((getFallbackCode() == FailureConstants.NO_RADIOCONNECT) && !
        showWithinFallback)
    || ((getFallbackCode() == FailureConstants.NO_AVMCONNECT) && !ready)
    || (getFallbackCode() == FailureConstants.NO_DISPCONNECT)
    || (getFallbackCode() == FailureConstants.NO_PIDCONNECT))
```

Das Einführen von einigen Prüfmethoden kann die Lesbarkeit ungemein erhöhen:

```
if (   hasSpecialTexts()
    || deviceOrDisplaysInactive()
```

Verwende den Conditional-Operator mit Bedacht

Einfache `if`-Bedingungen mit einigen Zeilen Sourcecode lassen sich manchmal elegant mit dem Conditional-Operator formulieren. Folgende Zeilen dienen als Basis:

```
final String strType;
if (isFolder)
    strType = "directory";
else
    strType = "file";
```

Der Einsatz des Conditional-Operators vereinfacht den Sourcecode wie folgt:

```
final String strType = (isFolder ? "directory" : "file");
```

Folgender Conditional-Operator ist durch die Methodenaufrufe in den Auswertungen (schon fast) zu kompliziert, um leicht verständlich zu sein und eingesetzt zu werden:

```
return oldState != null ? oldState.compareTo(newState) == 0 :
                          newState.equals(null);
```

Wirklich verwirrend und zu komplex ist aber folgendes Konstrukt:

```
final Double value = value1 == null ? value2 : value2 == null
                        ? value1 : new Double(value1 + value2);
```

Tatsächlich ist das Produktivcode, den ich so vorgefunden habe. Bitte beachten Sie die Hinweise aus dem folgenden Praxistipp.

> **Vorsicht: Änderungen zur Lesbarkeit mit Folgen**
>
> Beim Anblick des obigen Konstrukts hatte ich zunächst Verständnisschwierigkeiten und eine erste Idee bestand darin, den scheinbar überflüssigen Konstruktoraufruf `new Double()` wegzulassen. Gesagt, getan: Neben der Vereinfachung des Konstrukts hat sich dadurch aber ein Applikationsfehler eingeschlichen: Nun konnte eine `NullPointerException` auftreten. Das liegt an Spezialitäten bei der Ausführung von Auto-Boxing und Auto-Unboxing zur Typkonvertierung im Zusammenhang mit dem Conditional-Operator.
>
> Bei einem so verwirrenden Konstrukt bietet es sich zur Vereinfachung an, genau das als Sourcecode zu schreiben, was man logisch ausdrücken möchte, etwa wie folgt:
>
> ```java
> public static Double nullsafeAdd(Double value1, Double value2)
> {
>     if (value1 == null && value2 == null)
>     {
>         return null;
>     }
>     if (value1 == null)
>     {
>         return value2;
>     }
>     if (value2 == null)
>     {
>         return value1;
>     }
>     return value1 + value2;
> }
> ```
>
> Das Ganze ist zwar damit deutlich länger und besitzt sogar vier `return`s, ist aber trotzdem absolut klar und verständlich.

19.4 Sourcecode-Prüfung mit Tools

In den vorherigen Abschnitten wurden diverse Regeln aufgestellt, deren Einhaltung die Qualität des Sourcecodes verbessern kann. Eine manuelle Prüfung umfangreicher Projekte ist durch Sourcecode-Inspektion und Codereviews jedoch mühevoll und extrem zeitaufwendig. Das macht die Unterstützung durch Tools wünschenswert.

In den folgenden Abschnitten gehe ich zunächst auf die Grundlagen der Auswertung durch Tools ein. Anschließend werden einige Kennzahlen zur Bewertung der Güte von Programmen vorgestellt. Nachfolgend wird dann die automatisierte Sourcecode-Prüfung durch Tools thematisiert. Dort werden unter anderem Checkstyle, FindBugs und PMD kurz beschrieben und gezeigt, wie man diese in den automatischen Build-Lauf integrieren kann.

Sourcecode-Checker und statische Analyse

Die Auswertungen von Sourcecode-Checkern basieren auf einer sogenannten *statischen Analyse*, die den Sourcecode bzw. den vom Java-Compiler generierten Bytecode untersucht. Es ist demnach keine Ausführung des Programms notwendig, wie dies bei der sogenannten *dynamischen Analyse*, beispielsweise der eines Profilers, der Fall ist. Durch eine statische Analyse können somit keine Aussagen zum Laufzeitverhalten gemacht werden. Es lassen sich jedoch unter anderem folgende Schwachstellen erkennen:

- Duplikation von Sourcecode
- lange Klassen und Methoden
- umfangreiche Parameterlisten
- unbenutzte Methoden und Variablen

Viele solcher Probleme auf Sourcecode-Ebene lassen sich mithilfe von Codereviews und einer Sammlung von Coding Conventions aufwendig, aber kaum vollumfänglich feststellen, wie das automatisiert durch Tools möglich ist. Architektur- und Designprobleme sind dagegen meistens schwieriger zu erkennen und können zum Teil nur über die Auswertung der in Abschnitt 19.4.1 vorgestellten Kennzahlen, sogenannten *Metriken*, ermittelt werden. Anhand dieser lassen sich beispielsweise folgende Probleme aufdecken:

- viele Abhängigkeiten zwischen Packages und Klassen
- schwache Kohäsion innerhalb von Klassen
- starke Kopplung zwischen Klassen
- tiefe oder breite Vererbungshierarchien

Nicht alle von den Tools aufgedeckten Schwachstellen sind tatsächlich auch problematisch. Es handelt sich dabei eher um Sourcecode-Abschnitte, die möglicherweise Probleme enthalten und daher genauer untersucht werden sollten. Erfolgt eine Integration des Prüftools in die IDE, so kann man die Stellen direkt anspringen. Eine Auswertung und Bearbeitung ist damit ohne Verlassen der IDE möglich. Das erleichtert eine Fehlersuche bereits während der Programmierung.

Mit Tools können festgestellte Mängel als Warnung oder Kompilierfehler klassifiziert werden. Dies kann man auch zur Einhaltung einiger wichtiger Regeln nutzen, wie es der folgende Praxistipp beschreibt.

> **Tipp: Einhaltung von Codierungsregeln**
>
> Will man die Einhaltung einer speziellen Regel forcieren, so kann man einen **Verstoß dagegen als Fehler werten** und somit ein erfolgreiches Kompilieren verhindern. Dieser Trick hat sich als hilfreich erwiesen, **um gewissen Regeln die gewünschte Aufmerksamkeit zu verleihen**. Allerdings sollte dieses Vorgehen nicht überstrapaziert werden, also lediglich für einige als wichtig angesehene Regeln angewendet werden.

Findet ein Entwickler nach der Aktivierung von neuen Regeln zu viele Fehler vor, so ist er schnell entmutigt. Wichtig ist es daher, dass die Regeln allen Entwicklern gut bekannt und auch von allen akzeptiert werden – einführende Schulungen und Workshops tragen dazu bei. Zudem hat sich eine schrittweise Einführung und Verschärfung der Regeln als vorteilhaft erwiesen. Die Grundlage bilden mehrere unterschiedlich strenge Regelsätze. Dabei kann die strengste Auslegung nahezu jeden Regelverstoß als Fehler ahnden. Die niedrigste Stufe dient als Einstieg in die Sourcecode-Prüfung und erleichtert die Akzeptanz solcher Maßnahmen bei Skeptikern.

19.4.1 Metriken

Wünschenswert ist es, die Qualität eines Programms anhand einiger Kennzahlen ablesen zu können. Dazu wird der Sourcecode analysiert und unter verschiedenen Aspekten betrachtet, etwa der Anzahl der Zeilen oder der Anzahl der Klassen bzw. Interfaces. Die ermittelten Werte kann man auf jeweils eine eigene sogenannte *Metrik* abbilden. Diese liefert eine bewertbare Kennzahl für eine spezielle Eigenschaft eines Softwaresystems. Definiert man erlaubte Wertebereiche für die jeweiligen Metriken, so kann man durch fortlaufende Prüfungen des Sourcecodes eines Projekts die Güte der Einhaltung und Trends ablesen. Abweichungen vom gewünschten Ziel können erkannt und durch entsprechende Maßnahmen korrigiert werden. Anhand der ermittelten Kennzahlen können dann Auswirkungen von Änderungen bewertet werden. Zudem lassen sich durch Metriken eventuelle Schwachstellen leichter lokalisieren. *Allerdings ist eine abschließende Bewertung, ob tatsächlich ein Problem vorliegt, häufig nur durch einen erfahrenen Entwickler möglich, und nicht allein aufgrund einer Kennzahl.*

Folgende Aufzählung nennt einige Bewertungskriterien und Metriken zur Beurteilung der Güte des Sourcecodes. Weitere Informationen finden Sie im Buch »Object-Oriented Metrics: Measures of Complexity« von Brian Henderson-Sellers [30].

- **Lines Of Code (LOC)**
  Die Anzahl der Zeilen im Sourcecode ist wohl die bekannteste Messgröße und kann ein Maß für die Komplexität eines Softwaresystems sein. Eine Weiterentwicklung dieser Metrik besteht darin, lediglich Zeilen mit Anweisungen, also weder Zeilen mit Kommentar noch Leerzeilen, zu zählen. Diese Metrik wird als NCSS (Non Commented Sourcecode Statements) oder auch MLOC (Method Lines of Code) bezeichnet und ermittelt normalerweise eine aussagekräftigere Kennzahl als LOC.

  Bewertung: In der Regel gilt ein einfacher Zusammenhang: Je mehr Zeilen ein Programm besitzt, desto komplizierter, fehleranfälliger und unübersichtlicher ist es. Die Zeilenmetriken geben aber nur einen groben Überblick über den Umfang eines Programms, jedoch nicht über dessen Qualität. Somit besitzen diese Metriken nur eine beschränkte Aussagekraft.

- **Cyclomatic Complexity / McCabe-Metrik**
  Die Cyclomatic Complexity oder McCabe-Metrik misst die Anzahl alternativer Wege durch ein Programm. Komplexe `if-else`-Konstrukte und hohe Schachtelungstiefen erhöhen diesen Wert. Vielfach steigt mit zunehmender Komplexität, z. B. durch eine schlecht gewählte Strukturierung, der Aufwand, den Programmablauf nachzuvollziehen. Als Faustregel sollte die Cyclomatic Complexity möglichst kleiner als 15 sein. Werte über 50 kann man als schwierig wartbar klassifizieren.

  Bewertung: Diese Metrik ist mit Vorsicht zu genießen, da auch für übersichtliche, aber mehrfach aufeinander folgende `if`- oder `case`-Anweisungen hohe Kennzahlen berechnet und diese damit negativ bewertet werden. Nichtsdestotrotz ist mit dieser Metrik in der Regel eine bessere Aussage über die Qualität des Sourcecodes zu erzielen als mit den Zeilenmetriken wie LOC etc.

- **Dokumentation**
  Aus der Anzahl und der Güte der Kommentare innerhalb eines Programms kann man Rückschlüsse auf dessen Wartbarkeit ziehen. Das ist dadurch begründet, dass Kommentare normalerweise zur Strukturierung und Lesbarkeit eines Programms beitragen und damit ein späteres Nachvollziehen (auch von anderen Entwicklern) erleichtern. Eine fehlende Dokumentation[5] von Klassen und öffentlichen Methoden zeugt meistens von einem unausgereiften Design oder von Zeitdruck. *Wenn man nicht in der Lage ist, die Aufgaben von (öffentlichen) Methoden und Klassen in Worte zu fassen, fehlt häufig das Verständnis für das zu lösende Problem.* Dementsprechend unstrukturiert ist dann oftmals auch die Implementierung. Es gibt auch den Fall der übermäßigen oder überflüssigen Dokumentation. Nicht jedes Stück Sourcecode muss kommentiert werden. Private Methoden können vielfach bereits ohne Kommentar allein durch aussagekräftig gewählte Methoden- und Variablennamen sowie durch eine kurze Methodenlänge verständlich sein. Guter Sourcecode ist oft (nahezu) selbsterklärend. Dann sollte auf eine eher »künstliche« Kommentierung von Methoden verzichtet werden, sofern sie nicht Teil der öffentlichen Schnittstelle sind.

  Bewertung: Die Diskussion zeigt, dass diese Metrik kritisch betrachtet werden sollte: Ein Tool kann sinnvolle Kommentare nicht von nichtssagenden oder automatisch generierten Kommentaren unterscheiden. Weiterhin besteht das Problem der Konsistenz zwischen Dokumentation und Sourcecode. Selbst wenn die Voraussetzung für ein einfaches Verständnis sowohl durch einen aussagekräftigen Kommentar als auch durch gut lesbaren Sourcecode vorliegt, kann es Verwirrung stiften, wenn das Programm etwas anderes macht, als es der Kommentar ausdrückt.

- **OO-Metriken nach Chidamber und Kemerer**
  OO-Metriken messen hauptsächlich Ursachen für Probleme im Design, die ich bereits in Kapitel 3 im Zusammenhang mit Kohäsion, Kapselung und Vererbung vorgestellt habe. Je stärker z. B. die Abhängigkeiten zwischen verschiedenen Klassen sind, desto mehr kann man von »Objekt-Spaghetti« sprechen. Durch eine fehlende

---

[5]Hierunter fallen auch die von IDEs automatisch generierten Javadoc-Vorlagen ohne Inhalt.

Kapselung pflanzen sich Änderungen meistens unangenehm fort. Dies wird unter anderem durch die bereits 1994 von Shyan R. Chidamber und Chris F. Kemerer [9] in einem Artikel vorgestellten Metriken erfasst. Das sind etwa folgende:

- **Depth in Inheritance Tree (DIT)**
  Die Metrik DIT beschreibt die Tiefe des Ableitungsbaums, also die Anzahl der Oberklassen einer betrachteten Klasse. Einerseits wird dadurch die Wiederverwendung gemessen, andererseits kann ein hoher Wert aber auch ein Hinweis auf falsche Abstraktionen sein. In Java ist der minimale Wert für DIT der Wert zwei, da jede Klasse von der Basisklasse `Object` erbt. Sinnvolle Werte für DIT liegen im Bereich von zwei bis vier. Für Frameworks und einige Swing-Komponenten kommt durch Vererbung von Basiskomponenten sogar für DIT ein Wert von fünf bis acht zustande.

- **Number Of Children (NOC)**
  Die Metrik NOC gibt die Anzahl der direkten Subklassen einer Klasse an und misst demnach die Breite des Ableitungsbaums. Diese kann als ein Indiz für die Wichtigkeit und Wiederverwendung einer Klasse angesehen werden: Bei einem hohen Wert erfordern Änderungen an Basisklassen mit einiger Wahrscheinlichkeit auch Folgeänderungen in Subklassen. Generell sollten Basisklassen zwar mehrere Subklassen besitzen und damit einen höheren Wert für NOC: Je tiefer man sich in der Ableitungshierarchie befindet, desto unwahrscheinlicher ist es aber, dass von den Spezialisierungen wiederum viele weitere Spezialisierungen existieren. Ähnlich wie bei DIT liegen sinnvolle Werte für NOC im Bereich von fünf bis acht, häufiger eher im Bereich von zwei bis vier. Für viele Klassen, etwa solche, die `final` sind, ist der Wert für NOC 0.

- **Coupling Between Objects (CBO)**
  Die Metrik CBO bestimmt die Anzahl der Klassen, mit denen die betrachtete Klasse gekoppelt ist, d. h. auf deren Methoden oder Attribute sie zugreift. Zudem gehen auch alle Zugriffe und Aufrufe von anderen Klassen in die betrachtete Klasse mit in die Kennzahl ein. Ein hoher Wert zeigt eine starke Kopplung an, was wahrscheinlich zu einem erhöhten Aufwand bei Änderungen und nachfolgenden Tests führen wird. Der ermittelte Wert sollte möglichst kleiner als fünf bis zehn sein. Selten sind Werte bis 20 in Ordnung.

- **Number Of Methods (NOM)**
  Die Metrik NOM beschreibt die Anzahl in einer Klasse definierter Methoden. Ein hoher Wert deutet darauf hin, dass die Klasse für zu viele Dinge verantwortlich ist. Hier gelten die gleichen Schlussfolgerungen wie bei der Metrik CBO. Bevorzugt sollte der Wert im Bereich von 10 bis 30 liegen. Bei komplexeren Klassen können ausnahmsweise auch höhere Werte akzeptiert werden.

Durch Überprüfen der obigen Kennzahlen kann man zwar einige Fehlerquellen reduzieren, eine korrekte Realisierung der gewünschten Funktionalität lässt sich so allerdings nicht sicherstellen. Zudem existieren weitere für die Qualität entscheidende Bewertungskriterien, die sich jedoch kaum durch Tools prüfen lassen. Dies sind unter anderem die folgenden:

- **Lesbarkeit / Übersichtlichkeit**
  Normalerweise geht eine gute Lesbarkeit mit verbesserten Werten anderer Bewertungskriterien einher und stellt daher eine der wichtigsten Messgrößen dar. Die Lesbarkeit lässt sich für wenige Klassen relativ gut durch stichprobenartige Blicke in den Sourcecode beurteilen. Bei umfangreicheren Projekten ist eine derartige Prüfung kaum voll umfänglich noch sinnvoll möglich. Problematisch ist zudem, dass sich die Lesbarkeit nur schwierig formalisieren lässt und dadurch auch nicht durch Tools geprüft werden kann. Am einfachsten lässt sich dieses Kriterium erfüllen, wenn vor Projektbeginn ein Regelwerk ähnlich zu den vorgestellten Coding Conventions vereinbart und beim Programmieren auf dessen Einhaltung geachtet wird.

- **Abstraktionsgrad**
  Die Wahl geeigneter Abstraktionsgrade in Programmkomponenten ist eine durch Menschen intuitiv erfassbare Messgröße, die sich wiederum lediglich stichprobenartig prüfen lässt. Deren Einhaltung erkennt man in der Regel daran, dass öffentliche Methoden gut lesbar und verständlich sind, da sie auf einem hohen Abstraktionsniveau formuliert sind und sich aus Aufrufen von anderen Methoden geringerer Sichtbarkeit (`private`, Package-private und `protected`) zusammensetzen. Diese (Hilfs-)Methoden bilden in der Regel die Bausteine der öffentlichen Methoden. Wichtig ist es, dass Klassen ihre Methoden auf dem niedrigstmöglichen Sichtbarkeitslevel bereitstellen und somit das API, d. h. die Menge der öffentlichen Methoden, möglichst nur noch aus verhaltensdefinierenden Business-Methoden besteht und keinesfalls aus nur in der Klasse selbst benötigten Hilfsmethoden. Befolgt man das Gesagte, so führt dies meistens zu einer klaren Aufrufhierarchie von `public` nach `private`. *Erfolgen dann durch private Methoden noch Aufrufe an öffentliche Methoden, so sollte man diese genau prüfen, da dies ein Zeichen schlechten Designs und falsch gewählter Abstraktionsebenen sein kann.* Es gibt jedoch verschiedene Anwendungsfälle, in denen in privaten Methoden bestimmte Funktionalität aus dem API benötigt wird. Dann kann ein Aufruf öffentlicher Methoden aus einer privaten Methode sinnvoll und unkritisch sein, da insbesondere das öffentliche API in der Regel stabil bleibt. Wichtig dabei ist allerdings, dass man ein Aufrufchaos vermeidet und das lässt sich am einfachsten über die Einhaltung der oben genannten strengen Hierarchie erreichen. Eine Möglichkeit zur Vermeidung eines Aufrufs einer öffentlichen Methode aus einer privaten besteht darin, eine zusätzliche private Verarbeitungsmethode mit der gewünschten Funktionalität zu erzeugen, die dann sowohl von öffentlichen Methoden als auch privaten Methoden aufgerufen werden kann.

- **Fehlersicherheit und -toleranz**
  Bei der Fehlersicherheit und -toleranz kann man zwischen dem extern beobachteten Verhalten und den tatsächlichen internen Abläufen unterscheiden. Werden Fehler nicht nach außen sichtbar, so bedeutet das zunächst wenig. Es kann durchaus sein, dass diese »verschluckt« werden: Man spricht dafür auch von *Fehlermaskierung*. Viel wichtiger ist demnach die Reaktion auf Fehler im Programm selbst, die man nicht von außen sieht. Durch eine Analyse des Sourcecodes kann man zumindest feststellen, ob Parameter geprüft und angemessen auf Exceptions oder Fehlersituationen reagiert wird, etwa um Ressourcen auch im Fehlerfall wieder freizugeben.

19.4.2 Sourcecode-Prüfung im Build-Prozess

Wie bereits erwähnt, ist es sinnvoll, die Qualität des Sourcecodes regelmäßig zu analysieren und dabei die Einhaltung gewisser Standards zu beachten. In einem ersten Schritt kann man auf die in Eclipse integrierte Sourcecode-Prüfung zurückgreifen. Umfangreichere Tests sollten mit Tools zur statischen Analyse wie Checkstyle, PMD und FindBugs erfolgen, die in den folgenden Abschnitten beschrieben werden.

Das Tool Checkstyle

Das Tool Checkstyle hilft dabei, die Einhaltung von Formatierungsvorgaben und Coding Conventions zu überprüfen. Unter `http://eclipse-cs.sf.net/` steht ein Eclipse-Plugin frei zur Verfügung.

Hilfreich beim Einsatz von Checkstyle ist, dass sich die gewünschten Codierungsregeln feingranular konfigurieren lassen, wodurch nahezu alle möglichen Varianten von Coding Conventions realisiert werden können. Zum Einstieg existiert ein vordefinierter Regelsatz für die Coding Conventions von Sun. Praktischerweise kann Checkstyle auch Reports im HTML-Format erzeugen. Weiterführende Informationen sind online unter `http://checkstyle.sourceforge.net/` verfügbar.

Integration in den Build-Prozess Es ist sinnvoll, die Prüfung des Sourcecodes als Bestandteil des Build-Prozesses auszuführen. Checkstyle lässt sich bequem in den Gradle-Build integrieren, indem man das passende Plugin einbindet. Empfehlenswert ist es, die Prüfung bei festgestellten Verstößen nicht abzubrechen, sondern gegebenenfalls noch weitere Prüftools auszuführen (und dazu den Parameter `ignoreFailures` auf `true` zu setzen):

```
apply plugin: 'checkstyle'

tasks.withType(Checkstyle) {
    ignoreFailures = true
}
```

Die Konfiguration der Regeln in Form der Datei `checkstyle.xml` sucht Checkstyle in einem Verzeichnis, z. B. `config/checkstyle`. Die Prüfung schlägt fehl, wenn dieser

Ordner nicht existiert. Eine minimale Konfiguration als Ausgangsbasis kann etwa wie folgt aussehen:

```xml
<?xml version="1.0" encoding="UTF-8"?>
<module name="Checker">
    <module name="TreeWalker">
        <module name="AvoidStarImport"/>
        <module name="ConstantName"/>
        <module name="EmptyBlock"/>
    </module>
</module>
```

Die Checkstyle-Seite `http://checkstyle.sourceforge.net/config.html` liefert weitere Infos. Eine ausführliche Prüfung, die von Google verwendet wird, findet man unter `https://code.google.com/p/google-api-java-client/source/browse/checkstyle.xml?repo=samples`.

HTML-Report erzeugen Wie schon erwähnt, ist es möglich, ein HTML-Dokument zu erzeugen. Man erhält dann eine Darstellung ähnlich zu der in Abbildung 19-3.

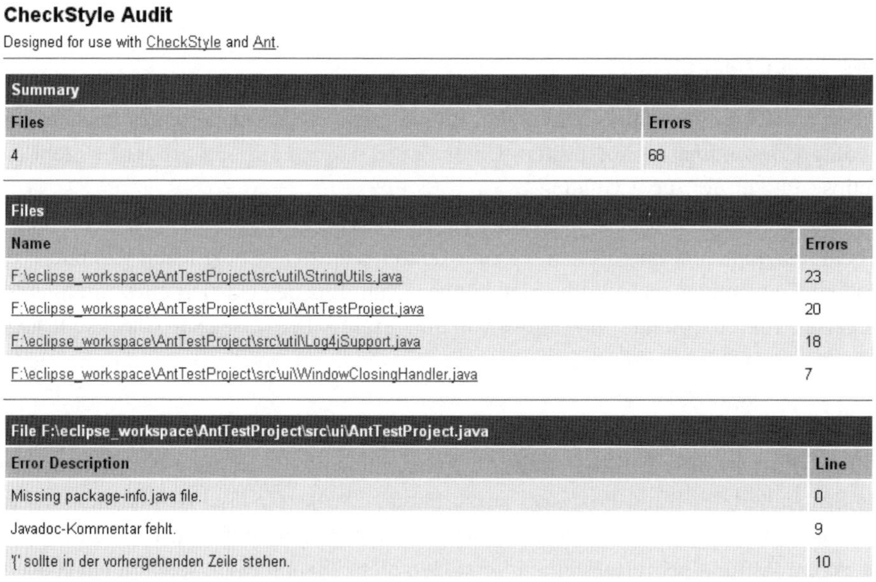

CheckStyle Audit
Designed for use with CheckStyle and Ant.

Summary

Files	Errors
4	68

Files

Name	Errors
F:\eclipse_workspace\AntTestProject\src\util\StringUtils.java	23
F:\eclipse_workspace\AntTestProject\src\ui\AntTestProject.java	20
F:\eclipse_workspace\AntTestProject\src\util\Log4jSupport.java	18
F:\eclipse_workspace\AntTestProject\src\ui\WindowClosingHandler.java	7

File F:\eclipse_workspace\AntTestProject\src\ui\AntTestProject.java

Error Description	Line
Missing package-info.java file.	0
Javadoc-Kommentar fehlt.	9
'{' sollte in der vorhergehenden Zeile stehen.	10

Abbildung 19-3 Checkstyle-Report

Allerdings muss man dazu noch ein wenig in der Gradle-Build-Datei nachhelfen, da Checkstyle zunächst nur einen XML-Report generiert. Wir definieren folgenden Zusatz-Task `showCheckstyleHtmlReport`, der von Hand gestartet werden muss:

19.4 Sourcecode-Prüfung mit Tools

```
task showCheckstyleHtmlReport { doLast {
   if (file("$buildDir/reports/checkstyle/main.xml").exists()) {
      ant.xslt(in: "$buildDir/reports/checkstyle/main.xml",
            style:"config/checkstyle/checkstyle-noframes-sorted.xsl",
            out:"$buildDir/reports/checkstyle/checkstyle_main.html")
   }

   File file = file("$buildDir/reports/checkstyle/checkstyle_main.html")
   java.awt.Desktop.desktop.browse file.toURI()
} }
```

Die dort zur Transformation genutzte Datei `checkstyle-noframes-sorted.xsl` ist frei unter `https://svn.apache.org/repos/asf/hive/trunk/checkstyle/checkstyle-noframes-sorted.xsl` verfügbar und muss ebenfalls im Verzeichnis `config/checkstyle` abgelegt werden.

Für eine Untersuchung und eine Darstellung der Ergebnisse führt man folgende Kommandos aus:

```
gradle checkstyleMain
gradle showCheckstyleHtmlReport
```

Das Tool PMD

PMD ist ein Tool zur statischen Analyse und untersucht den Sourcecode. PMD lässt sich in diverse IDEs integrieren. Das Eclipse-Plugin ist online unter `http://pmd.sf.net/eclipse` frei verfügbar.

Integration in den Build-Prozess PMD kann man sich mit wenigen Zeilen in den Gradle-Build einbinden. Das hatte ich bereits in Abschnitt 2.7.2 kurz beschrieben. Hier wiederhole ich die wesentlichen Angaben, insbesondere auch diejenigen, um HTML oder XML als Ausgabeformate zu wählen:

```
apply plugin: 'pmd'

pmd {
    toolVersion = '5.6.1'
    ruleSets = [ "java-basic", "java-design" ]  // "java-strings", "java-braces"
}

tasks.withType(Pmd) {
    ignoreFailures = true

    reports {
        xml.enabled = false
        html.enabled = true
    }
}

task showPmdReport { doLast {
    File file = file("$buildDir/reports/pmd/main.html")
    java.awt.Desktop.desktop.browse file.toURI()
} }
```

Für eine Untersuchung und eine Darstellung der Ergebnisse führt man Folgendes aus:

```
gradle pmdMain
gradle showPmdReport
```

Konfiguration von PMD in Eclipse Die Regeln von PMD lassen sich in einem Dialog unter WINDOW –> PREFERENCES –> PMD –> RULES CONFIGURATION konfigurieren. Zudem gibt es eine Erkennung von dupliziertem Sourcecode (»Copy-Paste«). Das ist nützlich, um Redundanzen und kopierte Abschnitte leichter erkennen und die dadurch betroffenen Sourcecode-Zeilen reduzieren zu können.

Befunde mit PMD Abbildung 19-4 zeigt die von PMD gefundenen Probleme für einen kurzen Sourcecode-Abschnitt mit einigen bewusst integrierten Schwachstellen. Dabei macht PMD auch Anmerkungen zu Designentscheidungen:

- `UseCollectionIsEmpty` – Benutze für Collections einen Aufruf der Methode `isEmpty()` statt der Abfrage `size() == 0`, weil Ersteres besser lesbar ist.
- `MethodArgumentCouldBeFinal` – Ein Methodenparameter sollte `final` definiert werden, um eine mögliche Zuweisung an einen Parameter zu verhindern.
- `UseSingleton` – Eine Definition gemäß dem SINGLETON-Muster (vgl. Abschnitt 14.1.4) könnte statt nur statischer Methoden genutzt werden.

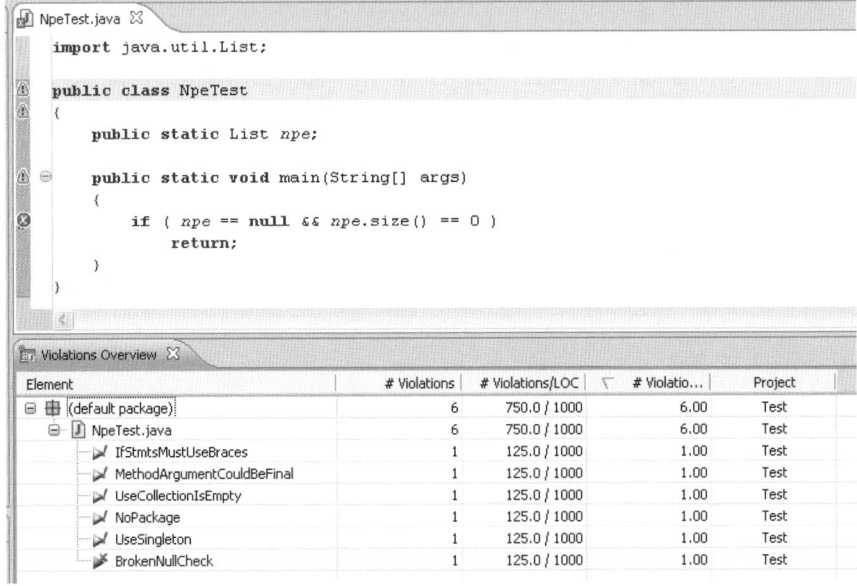

Abbildung 19-4 PMD-Meldungen, z. B. mögliche `NullPointerException`

Das Tool FindBugs

FindBugs ist, wie PMD, ein kostenlos verfügbares Hilfsprogramm, das eine statische Analyse durchführt. Im Gegensatz zu PMD untersucht FindBugs den generierten Bytecode nach Schwachstellen und nicht den Sourcecode. Ein Eclipse-Plugin lässt sich unter http://findbugs.cs.umd.edu/eclipse beziehen. FindBugs erkennt eine Menge von Fallstricken, etwa missverständliche API-Methoden oder falsche Annahmen bei der Auswertung boolescher Bedingungen.

Integration in den Build-Prozess Ebenso einfach wie die anderen Tools lässt sich auch FindBugs wie folgt in den Gradle-Build einbinden und so konfigurieren, dass bei möglichen Fehlern auch andere Sourcecode-Checker ausgeführt werden und die Ausgaben in HTML, aber nicht in XML erfolgen:

```
apply plugin: 'findbugs'

tasks.withType(FindBugs) {

    ignoreFailures = true

    reports {
        xml.enabled = false
        html.enabled = true
    }
}

task showFindBugsReport { doLast {
    File file = file("$buildDir/reports/findbugs/main.html")
    java.awt.Desktop.desktop.browse file.toURI()
} }
```

Für eine Untersuchung und eine Darstellung der Ergebnisse führt man folgende Kommandos aus:

```
gradle findbugsMain
gradle showFindBugsReport
```

Befunde mit FindBugs Abbildung 19-5 zeigt das Analyseergebnis von FindBugs für den gleichen Sourcecode-Abschnitt wie zuvor bei PMD.

> **Vergleich: PMD vs. FindBugs**
>
> PMD besitzt einen umfangreicheren Regelsatz als FindBugs. Dadurch erzeugt PMD mehr Meldungen zu (formalen) Regelverstößen. Da PMD lediglich den Sourcecode analysiert, können einige schwerwiegende Probleme (fehlerhafte Synchronisierung, nicht geschlossene Streams usw.) nicht erkannt werden. Das Tool FindBugs kann Derartiges erkennen, da es eine Analyse des generierten Bytecodes durchführt. Deswegen ist eine Kombination beider Tools sinnvoll.

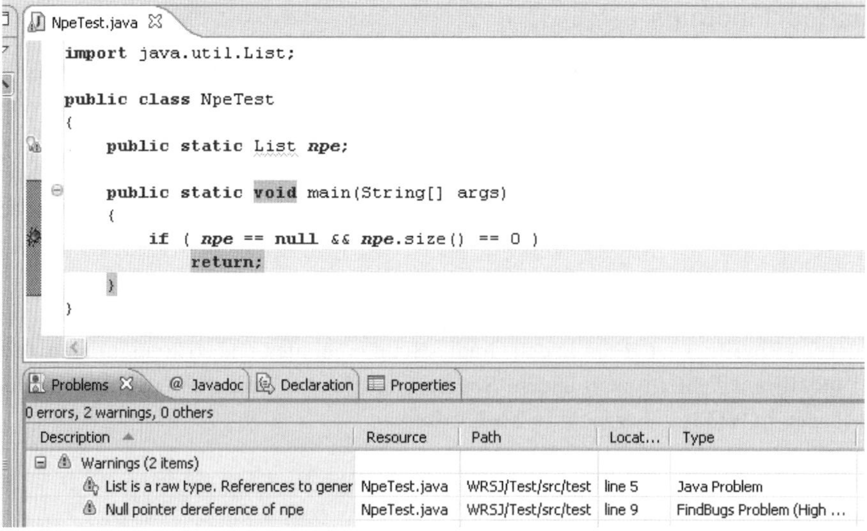
NpeTest.java
import java.util.List;
public class NpeTest
{
public static List npe;
public static void main(String[] args)
{
if (npe == null && npe.size() == 0)
return;
}
}
Problems
Javadoc
Declaration
Properties
0 errors, 2 warnings, 0 others
Description
Resource
Path
Locat...
Type
Warnings (2 items)
List is a raw type. References to gener
NpeTest.java
WRSJ/Test/src/test
line 5
Java Problem
Null pointer dereference of npe
NpeTest.java
WRSJ/Test/src/test
line 9
FindBugs Problem (High ...

Abbildung 19-5 *FindBugs-Meldungen für den gleichen Sourcecode*

Fazit Wir haben mit Checkstyle, PMD und FindBugs drei Tools kennengelernt, die jeweils unterschiedliche Aspekte abdecken. Meiner Meinung nach produziert FindBugs die besten Ergebnisse und findet viele Merkwürdigkeiten. Starten Sie am besten damit und ergänzen Sie Ihren Build bei Bedarf später mit den anderen Tools.

Das Tool SonarQube

Die bisher beschriebenen Tools adressierten jeweils einen spezifischen Aspekt der Sourcecode-Qualität – wobei eine gewisse thematische Streuung zu finden ist. Das Tool Checkstyle prüft schon seit längerer Zeit nicht mehr nur die Einhaltung von Coding Conventions, sondern zudem auch gewisse Designaspekte oder Programmierfehler. Bei Letzteren haben aber vor allem FindBugs und PMD ihre Stärken.

Alle Tools müssen bzw. sollten aber separat und geeignet konfiguriert werden, was glücklicherweise durch Nutzung von Gradle erleichtert wird. Wäre es nicht noch angenehmer, wenn sich ein Tool um den gesamten Qualitätssicherungsaspekt kümmern und einen konsistenten Bericht aufbereiten würde? SonarQube, ehemals nur Sonar genannt, ist genau so ein Tool und bietet eine ***Plattform für die statische Analyse*** und integriert dazu verschiedene Tools und deren Befunde. Dabei hilft eine komfortable Weboberfläche. In Abbildung 19-6 sehen wir die Analyseergebnisse der Sourcen zu diesem Buch, wobei auch diejenigen der Bad Smells und anderer Fallstricke mit enthalten sind.

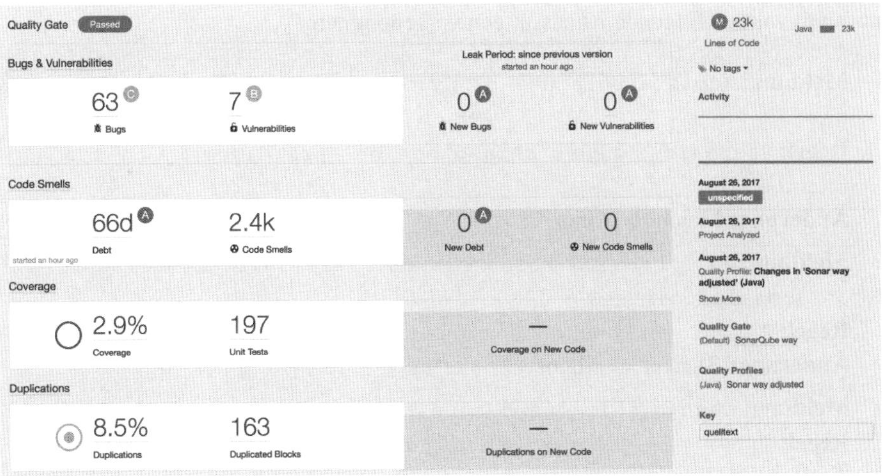

19.4 Sourcecode-Prüfung mit Tools

Abbildung 19-6 SonarQube-Dashboard der Sourcen zu diesem Buch

Installation und Start SonarQube steht unter http://www.sonarqube.org/ frei als ZIP zum Download bereit – im August 2017 ist Version 6.5 aktuell, die bereits Java 9 unterstützt. Das Archiv kann in ein beliebiges Verzeichnis entpackt werden.

SonarQube besteht aus einer Server- und einem Webclient-Bestandteil. Der Server-Teil befindet sich in einem Unterordner für das jeweilige Betriebssystem im `bin`-Ordner. Dort findet sich ein Kommandozeilenskript, mit dem man den Server per `sonar start` starten kann. Nach Abschluss des Starts kann dieser Server über eine Weboberfläche angesprochen werden. Standardmäßig erreicht man diese über `http://localhost:9000` (mit Default-Credentials `admin`/`admin`). Danach kann man sich die generierten Reports – wie oben angedeutet – mit einem Webbrowser ansehen und verschiedene Konfigurationsarbeiten vornehmen.

Anpassungen in der Konfiguration Bei der Messung zu diesem Buch habe ich ein paar Regeln leicht angepasst. Dazu muss man ein eigenes Quality Profile anlegen und dieses dem eigenen Projekt zuweisen und dann ein paar Anpassungen am Regelwerk vornehmen – unpraktischerweise heißen die Regeln anders als die Warnmeldungen. Im Anschluss gebe ich beides an, um die Orientierung und Konfiguration zu erleichtern.

Im Detail wurden folgende Anpassungen vorgenommen:

- **Meldung:** `Replace this use of System.out or System.err by a logger.`
  Regel: `Standard outputs should not be used directly to log anything`
  Änderung: Major => Minor
- **Meldung:** `Use try-with-resources or close this "ServerSocket" in a "finally" clause.`
  Regel: `Resources should be closed`
  Änderung: Blocker => Major
- **Meldung:** `Change this "try" to a try-with-resources.`
  Regel: `Try-with-resources should be used`
  Änderung: Critical => Major
- **Meldung:** `Rename this constant name to match the regular expression ?^[A-Z][A-Z0-9]*(_[A-Z0-9]+)*$'.`
  Regel: `Constant names should comply with a naming convention`
  Änderung: Critical => Minor, ist auf keinen Fall ein kritischer Fehler
- **Meldung:** `Add a nested comment explaining why this method is empty, throw an UnsupportedOperationException or complete the implementation.`
  Regel: `Methods should not be empty`
  Änderung: Critical => Minor, ist auf keinen Fall ein kritischer Fehler

Ein paar bewusst verursachte Fehler, wie eine Endlosschleife, habe ich von Hand zusätzlich als False Positive gekennzeichnet, das gilt aber nur für diese Beispiele.

Sonar und Gradle Sonar lässt sich recht einfach in einen Gradle-Build einbinden. Dazu fügt man am Anfang der Datei `build.gradle` folgende Zeilen hinzu:

```
plugins {
  id "org.sonarqube" version "2.5"
}
```

Außerdem muss noch die Konfiguration des Projekts und des SonarQube-Servers erfolgen. Dazu erzeugt man eine Datei namens `gradle.properties` im selben Verzeichnis wie die Build-Datei mit folgendem Inhalt:

```
systemProp.sonar.host.url=http://localhost:9000

systemProp.sonar.projectKey=Java-Profi-4
systemProp.sonar.projectName=Java-Profi-4
```

19.4 Sourcecode-Prüfung mit Tools

Sonar und Eclipse Wenn wir Projekte direkt innerhalb von Eclipse mit Sonar analysieren wollen, benötigen wir das im Eclipse Marketplace angebotene Tool SonarLint, aktuell in Version 3.2.

Nach der Installation müssen wir zunächst die Verbindung zum SonarQube-Server einrichten (`Connect to a server` und die URL `http://localhost:9000` nutzen und dabei – für erste Experimente – wieder die obigen Default-Credentials verwenden). Dann konfigurieren wir die Verbindung zu den Projekten im SonarQube-Server über das Kontextmenü eines Projekts SONARLINT –> BIND TO A SONARQUBE PROJECT. Einen Analyselauf startet man über das Kontextmenü SONARLINT –> ANALYZE CHANGED FILES oder aber über das Tastaturkürzel CTRL + ALT + Q. Ein Beispiel für eine generierte Menge an Meldungen zeigt Abbildung 19-7.

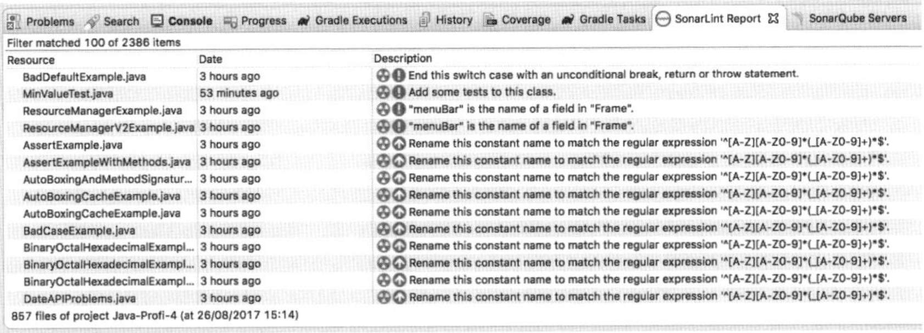

Abbildung 19-7 Anzeige der Sonar-Analyseergebnisse in Eclipse

Historisierung Bei der Analyse der Qualität interessiert neben dem Ist-Stand vor allem der zeitliche Verlauf, also an welchen Stellen hat sich die Qualität verbessert und wo eventuell sogar verschlechtert und wie ist der Trend. Dazu kann man ein Projekt einfach mehrmals im Verlaufe eines Monats oder eines Jahres analysieren, z. B. auch idealerweise im Nightly Build. Für die zuvor beschriebenen Tools müsste man dann selbst Statistik führen. SonarQube hilft dabei, Trends zu bilden und Vergleiche mit vorherigen Versionen anzustellen. Dazu stellt SonarQube verschiedene Dashboards bereit, wo sich die Daten leicht miteinander vergleichen und insbesondere Trends erkennen lassen.

20 Unit Tests

Dieses Kapitel stellt das Themengebiet Unit Tests vor. Abschnitt 20.1 gibt einen Überblick über das Testen im Allgemeinen und mögliche Auswirkungen auf die Qualität. In Abschnitt 20.2 beschäftigen wir uns mit dem Erstellen von Testfällen. Nach diesem Einstieg zeige ich in Abschnitt 20.3 anhand eines Beispiels den Einsatz und die Motivation für Unit Tests bei der Erweiterung einer Softwarekomponente. Ergänzend stelle ich in Abschnitt 20.4 die seit JUnit 4.7 enthaltenen Erweiterungen in Form von JUnit Rules vor und gehe auch auf sogenannte parametrierte Tests ein.

Im realen Leben sind häufig kompliziertere Objektgebilde zu testen, wofür die zuvor dargestellten Basistechniken nicht ausreichen. Deshalb beschreibt Abschnitt 20.5 fortgeschrittenere Testing-Techniken zum Lösen von Abhängigkeiten, etwa die Techniken EXTRACT AND OVERRIDE sowie Stellvertreterobjekte, sogenannte Test-Doubles, vor allem Stubs und Mocks. Darüber hinaus schauen wir uns Möglichkeiten an, private Methoden testbar zu machen. Anschließend zeigt Abschnitt 20.6 anhand eines Beispiels den Einsatz von Unit Tests bei Multithreading. Danach betrachten wir in Abschnitt 20.7 einige Fallstricke beim Formulieren von Unit Tests, sogenannte Test Smells. Im Anschluss daran beleuchtet Abschnitt 20.8 verschiedene nützliche Tools, deren Einsatz das Unit-Testen erleichtern kann. Einen kompakten Ausblick auf das voraussichtlich im Herbst 2017 erscheinende JUnit 5 finden Sie in Abschnitt 20.9.

20.1 Testen im Überblick

Im nachfolgenden einführenden Abschnitt gebe ich einen Überblick zum Testen, beschreibe dazu kurz unterschiedliche Arten von Tests sowie deren beteiligte Akteure. Dabei erläutere ich auch die Begriffe Blackbox- und Whitebox-Tests und konkretisiere das Unit-Testen. Zudem werden die Zuständigkeiten beim Testen vorgestellt und wir widmen uns der Thematik des Testens und der Qualität.

20.1.1 Was versteht man unter Testen?

Unter *Testen* versteht man den Vorgang, das tatsächliche Verhalten eines Programms oder eines Teils davon (*Ist*) mit dem geforderten Verhalten (*Soll*) zu vergleichen. Demnach entspricht Testen nicht dem einmaligen Start eines Programms mit ein paar willkürlichen Bedienhandlungen. Es geht vielmehr darum, das Verhalten der Software unter verschiedenen Bedingungen zu prüfen. Dabei muss man fast ein wenig »bösartig« agieren, um versteckte Probleme aufdecken oder Fehlverhalten provozieren zu können. Dazu gehört beispielsweise eine bewusste Fehlbedienung, etwa die Eingabe ungültiger Werte sowie von Extrem- oder Randwerten. Unter einem *Fehler*[1] verstehen wir, wenn es beim Testen zu Abweichungen zwischen den produzierten Ergebnissen und den gewünschten Resultaten kommt, sich das geprüfte Softwaresystem also anders als spezifiziert verhält oder gar abstürzt – weniger formal: wenn die gelieferten Ergebnisse nicht den Bedürfnissen oder Anforderungen der Benutzer entsprechen. *Testen dient somit der Sicherstellung von Softwarequalität.* Je besser die Anforderungen bekannt und spezifiziert sind, desto einfacher können die Tests definiert werden, weil sich dann produzierte Ergebnisse leichter mit den gelieferten vergleichen lassen. Damit eine Aussage über die Qualität oder das Testergebnis möglich wird, muss der Vorgang des Testens systematisch erfolgen. Idealerweise werden in einem Testdokument gegebene Rahmenbedingungen, etwa zu nutzende Eingabewerte, auszuführende Aktionen und erwartete Ergebnisse, festgehalten.

> **Hinweis: Testen erfordert Kenntnisse der Anforderungen**
>
> Um eine qualitative und quantitative Aussage über die Qualität und umgesetzte Funktionalität zu ermöglichen, hilft es, die Erwartungen an das entstehende Softwaresystem so weit zu spezifizieren, dass daraus Testfälle erstellt werden können. Außerdem ist es hilfreich, nicht funktionale Anforderungen, etwa »Antwortzeiten kleiner 2 Sekunden«, als zu erreichende Ziele festzulegen und diese auch zu testen.

Diese einleitenden Gedanken zum Testen möchte ich mit einem Zitat von Edsger W. Dijkstra aus »The Humble Programmer, ACM Turing Lecture, 1972« [15][2] beschließen: »Durch Testen kann man stets nur die Anwesenheit, nie aber die Abwesenheit von Fehlern beweisen.«

20.1.2 Testarten im Überblick

Um ein wenig mehr Klarheit in den weit gefassten Begriff des Testens zu bringen, ist es sinnvoll, die verschiedenen Arten von Tests und die Akteure kurz vorzustellen.

Begrifflichkeiten beim Testen

Für Entwickler sind vor allem *Tests einzelner Programmbausteine* in Form von *Unit Tests* oder *Komponententests* interessant sowie das Prüfen auf ein fehlerfreies Zusammenwirken von Systemkomponenten, *Integrationstest* genannt. Nach erfolgreichen Tests in der Entwicklung wird die Programmfunktionalität durch sogenannte *Systemtests* geprüft. Oftmals wird dazu die Software – oder je nach Umfang auch nur ein

---
[1] Laut ISTQB-Glossar (International Software Testing Qualifications Board) entspricht dies der Fehlerwirkung. Nachfolgend unterscheide ich aber der Einfachheit halber nicht so genau.

[2] `https://www.cs.utexas.edu/~EWD/transcriptions/EWD03xx/EWD340.html`

funktional in sich abgeschlossener Teil – an eine dedizierte Testabteilung mit Testingenieuren übergeben.[3] Beim **Applikationstests** wird das Gesamtsystem unter verschiedenen Aspekten aus Anwendersicht (auch **Domain** oder fachliche Ebene genannt) untersucht. Zuletzt erfolgt gewöhnlich ein **Abnahmetest** oder **Akzeptanztest**, der in etwa eine Wiederholung des Applikationstests durch den oder unter Mitwirkung des Kunden ist. Abbildung 20-1 visualisiert die zuvor beschriebene Testhierarchie und zeigt dabei sowohl einige Eigenschaften der jeweiligen Tests als auch die ausführenden Personen.

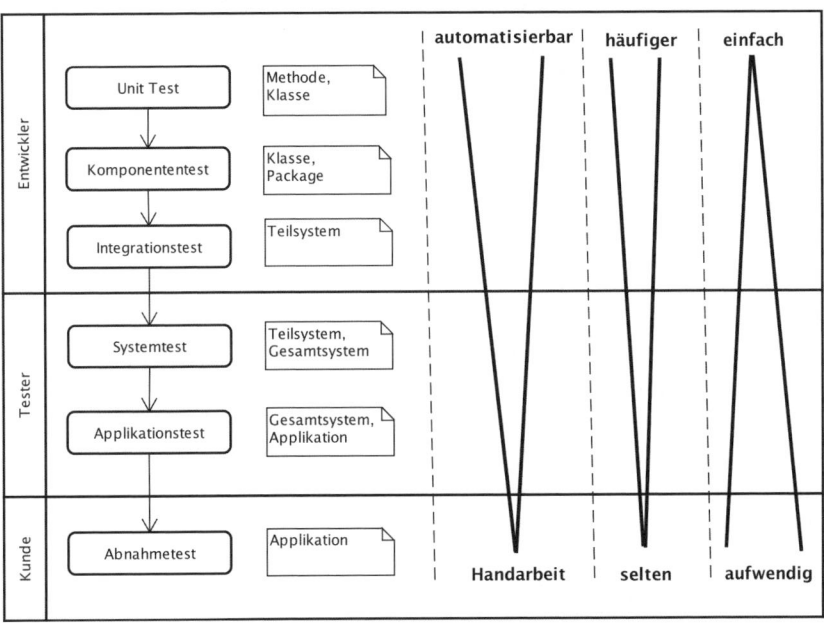

Abbildung 20-1 *Übersicht über die Arten von Tests*

Aufgrund der gerade identifizierten Eigenschaften ergibt sich fast automatisch die sogenannte Testpyramide, die einen anzustrebenden Zustand bei der Art und Anzahl von Tests visualisiert: Demnach sollte ein System mit einer Vielzahl an Unit Tests geprüft werden, die zudem schnell und automatisiert ausgeführt werden können. Eine geringere Zahl von Integrationstests stellt das Zusammenspiel der Systembestandteile sicher. Schließlich wird das Gesamtsystem durch aufwendigere und oftmals manuell auszuführende System- oder GUI-Tests geprüft. Dies ist in Abbildung 20-2 dargestellt, die ich in Anlehnung an `http://agilejazz.blogspot.ch/p/the-devops-handbook-summary-1-of-4.html` erstellt habe.

---

[3]Agile Vorgehensmodelle, wie etwa Scrum, sehen das Testen als Aufgabe des Entwicklungsteams, dem auch Tester angehören, an.

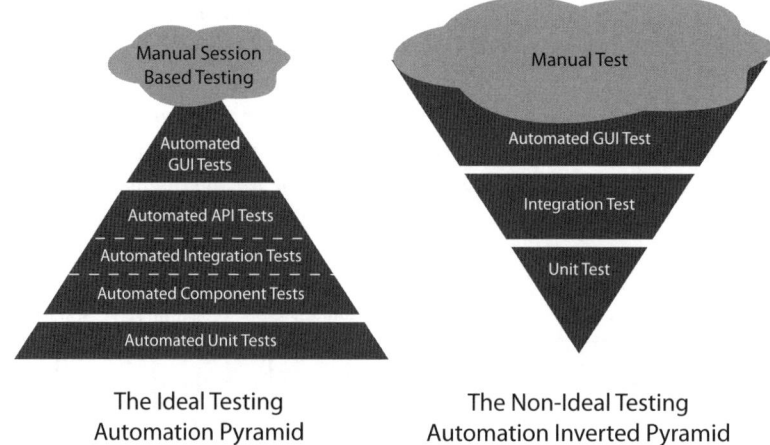

Abbildung 20-2 Testpyramide

Blackbox- vs. Whitebox-Tests

Beobachten und testen wir die Interaktion mit dem System von außen, so spricht man von einem sogenannten »*Blackbox-Test*« – die »Innereien« bleiben verborgen und man interessiert sich für gelieferte Resultate oder das beobachtbare Verhalten. Dieses Vorgehen kann allerdings Fehler verschleiern: Das gilt etwa, wenn zwei Programmteile beide fehlerhaft sind und sich die Effekte gegenseitig aufheben.[4] Man spricht auch von *Fehlermaskierung*. Um so etwas möglichst ausschließen und genauere Aussagen über die korrekte Funktion der einzelnen Bestandteile eines Softwaresystems machen zu können, sind weitere Formen des Testens sinnvoll, die auch das Innenleben der Software berücksichtigen. Man spricht dann von einem sogenannten »*Whitebox-Test*«. Abbildung 20-3 stellt dies schematisch dar.

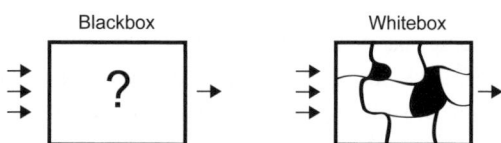

Abbildung 20-3 Blackbox- und Whitebox-Test

Bitte bedenken Sie, dass gewöhnlich beide Arten des Testens benötigt werden, um eine guten Qualität zu erreichen. Auf Ebene von Applikationstests nutzt man eher das Blackbox-Testen. Möchte man mehr das Innenleben prüfen, so helfen Whitebox-Tests, insbesondere in Form feingranularer Unit Tests.

---

[4] Das klingt zunächst abwegig, tritt aber durchaus auf – aus der Natur kennt man es: Wenn zwei Wellen gegeneinander verschoben sind, können sich Wellentäler und -berge auslöschen.

Konkretisierung des Begriffs Unit-Testen

Dem Namen entsprechend, wird beim Unit-Testen eine kleine Einheit (Unit) betrachtet. Ziel dabei ist es, einen einzelnen Baustein des Programms separat und isoliert vom Rest des Gesamtsystems auf korrekte Funktionalität zu prüfen, also möglichst ohne Effekte und Auswirkungen durch das Zusammenspiel mit anderen Komponenten.

Die Testfälle werden als Java-Programme implementiert. Das erlaubt es Entwicklern, ihre Stärken in der Programmierung zu nutzen. Bei moderner Softwareentwicklung sollte das Testen ein elementarer Teil der Entwicklungsarbeit sein, gemäß dem Motto »Code a Little, Test a Little«. Beide Tätigkeiten werden eng miteinander verknüpft und Testfälle entstehen in Form von Unit Tests parallel zum Programmieren. So verfährt man auch bei den Programmierparadigmen *Extreme Programming* (XP) und *Test-Driven Development* (TDD). TDD propagiert sogar, zunächst einige Testfälle als Unit Tests zu erstellen, bevor der Applikationscode entwickelt wird.

Zusammenspiel von Unit Tests und Integrationstests

Unit Tests können die Aufwände für Integrationstests senken, da viele, idealerweise alle Komponenten für sich alleine getestet sind. Daher müssen die Integrationstests hauptsächlich noch die Schnittstellen und die Kommunikation sowie die Benutzung gemeinsamer Ressourcen der zu integrierenden Komponenten prüfen. Das sollte man allerdings nicht unterschätzen, denn gerade bei der Interaktion zwischen verschiedenen Komponenten treten des Öfteren noch unerwartet Fehler auf, etwa dadurch, dass zeitliche Randbedingungen oder andere Implementierungsdetails zum Tragen kommen. *Da die Überprüfung solcher Interaktionsprobleme per Definition nicht Bestandteil von Unit Tests ist, sollten zusätzlich immer Integrationstests erfolgen.*

Ein Fehlschlagen von Integrationstests kann aber nicht nur durch das fehlerhafte Zusammenspiel von Komponenten, sondern auch durch verbliebene Implementierungsprobleme in einzelnen Programmteilen verursacht werden, die durch Unit Tests nicht abgesichert werden. Für diese Fehler sollten die Unit Tests geeignet erweitert werden.

Integrationstests einer Komponente sind vielfach erst dann sinnvoll, wenn die jeweiligen Einzelbestandteile eine ausreichend gute Qualität besitzen.

20.1.3 Zuständigkeiten beim Testen

Immer mal wieder hört man die Frage, ob Entwickler ihre Programme selbst testen sollten.[5] Als Gegenargument wird eine mögliche **Betriebsblindheit** oder Voreingenommenheit des Erstellers ins Feld geführt. Diese Bedenken sind grundsätzlich richtig, aber nichtsdestotrotz ist es sinnvoll, wenn Entwickler die von ihnen programmierte Funktionalität selbst prüfen. Dabei kommt es jedoch auf die richtige Form an: Für Applikationstests halte ich es für sinnvoll, diese von dedizierten Testern durchführen zu lassen

---

[5]In manchen regulierten Domänen wie z. B. bei Eisenbahnsystemen ist genau definiert, wann der Entwickler selbst testen darf bzw. wann dies ein Tester machen muss.

(siehe folgenden Meinungskasten »Applikationstests durch dedizierte Tester bzw. Testabteilung«). Zuvor sollten Entwickler mit Unit Tests sowie Integrationstests ihrer Komponenten eine gute Softwarequalität absichern. Unprofessionell ist dagegen, das Testen als lästiges Übel anzusehen und nach dem von Jon Bentley [3] als *falsch* erkannten Motto zu verfahren: »Schreibe deinen Code, [...] überlasse die Fehler der Qualitätskontrolle oder Testabteilung.« Vielmehr sollte man als Entwickler das *Testen als Chance verstehen, qualitativ hochwertigen Sourcecode zu schreiben*. Bedenken Sie, dass Sie durch eine gute Qualität Ihrer Implementierungen viel weniger Zeit mit Fehlersuche und anschließender Behebung verbringen müssen. Tatsächlich werden Sie durch entwicklungsbegleitendes Testen mehr programmieren können und deutlich seltener über Problemen brüten oder in Stress geraten, wenn Sie einen Fehler finden und fixen sollen. Das gilt allerdings nur, falls Sie die richtigen und wichtigen Dinge testen, also komplexe Abläufe und Berechnungen, nicht aber Trivialitäten wie z. B. Zugriffsmethoden.

Zuständigkeiten bei Applikationstests

Wenn Projektleiter von den Entwicklern fordern, umfangreiche Applikationstests, also Tests aus Anwendersicht und auf fachlicher Ebene, durchzuführen, wird das mitunter als unangenehm und langwierig empfunden, weil zur Ausführung von Applikationstests oftmals spezielle, aufwendige Konfigurationen erforderlich sind, um gewisse Rahmenbedingungen zu schaffen. Weiterhin sind komplexe Testfälle, die möglicherweise auch einiges an Fachwissen benötigen, abzuprüfen. Es entsteht schnell eine gewisse Abneigung gegen diese Art des Testens, wenn das erforderliche Know-how oder die Zeit zur Einarbeitung fehlt. Das trifft für Entwickler in der Regel zu, da deren Hauptfokus auf dem Entwickeln und dem entwicklungsbegleitenden Unit-Testen liegt.

> **Meinung: Applikationstests durch dedizierte Tester bzw. Testabteilung**
>
> Während agile Vorgehensmodelle propagieren, dass auch System- und Applikationstests vom Entwicklungsteam ausgeführt werden sollten, habe ich dazu eine andere Meinung. Ich persönlich sehe das skeptisch, da jeder Mensch gewisse Stärken und Neigungen hat und somit nicht jeder Entwickler auch ein guter Tester ist: Ein guter Koch ist ja auch noch lange kein geeigneter Restaurantkritiker.
>
> Meiner Meinung nach sollten Applikationstests bevorzugt von dedizierten Testern (z. B. aus einer Testabteilung) durchgeführt werden, die Erfahrung beim Konfigurieren und Testen besitzen sowie zudem die nötige Zeit für eine gründliche Durchführung haben. Auch profitiert man von einem kritischen, unabhängigen Blick.

Zuständigkeiten bei Unit Tests

Es ist wünschenswert, Fehler möglichst schnell, noch während der Entwicklung aufzudecken, um die System- und Applikationstests zu erleichtern und kaum mit (einfachen) Fehlern zu behindern. Dabei helfen Unit Tests und Integrationstests. Mit beiden können Probleme noch während der Entwicklung erkannt und meistens mit wenig Aufwand behoben werden. Der Grund ist einfach: Der testende Entwickler besitzt ein gutes Kontextwissen sowie ein tiefes Know-how über seine Implementierung. Zudem kann durch Unit Tests ein Sicherheitsnetz aufgebaut werden, das den Entwickler vor dem erneuten Einbau desselben Fehlers schützt.[6] Durch die Existenz und wiederholte, möglichst häufige Ausführung von Unit Tests profitiert man somit besonders bei Weiterentwicklungen, Korrekturen und umfangreicheren Refactorings oder Redesigns.

Problem Betriebsblindheit

Kommen wir nun auf das Thema Betriebsblindheit zurück. Natürlich ist diese gegeben und ein Entwickler wird zuvor bei der Implementierung begangene eigene Denkfehler wahrscheinlich auch beim Schreiben der Unit Tests machen und somit gewisse Fehler eventuell nicht entdecken können. Dagegen können zwei Maßnahmen helfen: Zum einen kann man dem durch Codereviews des zu testenden Systemteils sowie der zugehörigen Unit Tests entgegenwirken. Zum anderen sollten neben den Unit Tests ergänzende Systemtests von einer anderen Person (oder einer Testabteilung) durchgeführt werden, um die Funktionalität auf einem höheren Abstraktionsniveau und im Zusammenspiel mit anderen Systemkomponenten zu überprüfen.

Ergänzend sollte man bedenken, dass es auch abweichende Interpretationen der Spezifikation geben kann, da gewisse Dinge einfach nicht in Prosa beschrieben werden können. Somit existiert als weiteres Problem beim Testing die Ursache »Missverständnis« bzw. Interpretationsunterschied. Das fällt nur dann auf, wenn jemand Unabhängiges auch über die Stelle nachdenkt und sich die beteiligten Personen austauschen.

Es gibt noch eine Möglichkeit: Zur systematischen Erstellung sinnvoller Testfälle bietet sich die Nutzung von Testverfahren an. Diverse davon werden im ISO-29119-Standard online unter `http://softwaretestingstandard.org/part4.php` aufgeführt – später gehe ich auf Äquivalenzklassen- und Grenzwerttests ein.

20.1.4 Testen und Qualität

Wenn wir Software nutzen, dann freut uns als Benutzer, wenn wir gute Qualität vorfinden. Aber was macht eigentlich Qualität aus? Sicherlich spielen dabei Eigenschaften wie Zuverlässigkeit, Benutzerfreundlichkeit, Performance usw. eine wichtige Rolle. Darüber hinaus kann sich ein Softwaresystem durch klares und verständliches Design, gute Wartbarkeit und Erweiterbarkeit sowie viele automatisch ausgeführte Tests und damit eine relative große Sicherheit über die korrekte Funktionalität auszeichnen. Letztere Punkte sind gerade für uns als Softwareentwickler von gesteigertem Interesse, weil sie uns das Leben leichter machen und Probleme und Ärger zu vermeiden helfen. Mit diesem Vorwissen blicken wir auf zwei Arten von Qualität.

---

[6]Niemand wird das bewusst machen, aber manchmal kommt es bei komplexeren Änderungen doch zu solchen Problemen – gerade bei unübersichtlichem oder unverständlichem, insbesondere altem Sourcecode (auch **Legacy-Code** genannt).

Äußere vs. innere Qualität

Die sogenannte *innere Qualität*, oder auch technische Softwarequalität, hat durch die Programmierparadigmen XP und TDD und die damit verbundenen Unit Tests in den letzten Jahren verstärkt Aufmerksamkeit erfahren. Früher stand das Testing nicht so zentral im Blickpunkt und wurde zum Teil auch erst nach Abschluss der Entwicklung durchgeführt. Mitunter wurden Tests sogar nur auf System- oder Applikationsebene ausgeführt Diese Tests überprüfen jedoch lediglich das nach außen sichtbare Verhalten, die sogenannte *äußere Qualität*, die unter anderem die Aspekte korrekte Funktionalität, Benutzbarkeit sowie Performance umfasst.

Normalerweise führt eine gute innere Qualität auch zu einer guten äußeren Qualität. Der Umkehrschluss gilt jedoch nicht: Es gibt Systeme, die mit ungeheurem Aufwand getestet und überarbeitet werden (müssen), bis eine akzeptable äußere Qualität wahrnehmbar ist – intern wird diese Qualität allerdings nicht erreicht. Mit zunehmender Lebenszeit eines solchen Produkts wirkt sich dessen schlechte innere Qualität immer stärker negativ aus. Erweiterungen sind dann nur noch unter großen Anstrengungen und mit enormem Aufwand zu realisieren. Dagegen erlaubt es eine gute innere Qualität, Erweiterungen in der Regel einfach umzusetzen, die zudem kaum zu Folgeänderungen in anderen Programmteilen führen.

Anfangs kostet es sicher einiges an Mehraufwand, Qualitätssicherungsmaßnahmen zu etablieren. Diese Mühe wird aber mittel- bis langfristig belohnt und wirkt sich extrem positiv auf die innere und äußere Qualität der Software aus. Die gestiegene innere Qualität kann zu deutlichen Kosteneinsparungen führen, da sich der Aufwand für System- und Applikationstests verringert und zudem weniger Fehler beim Kunden auftreten, wodurch wiederum die Kundenzufriedenheit steigt und es zu weniger Servicefällen kommt. Außerdem lassen sich bei Bedarf Erweiterungen leichter realisieren.

Qualitätsansprüche

Unter Qualität versteht jeder leicht etwas anderes. Für den einen ist eine gute Benutzbarkeit wichtig, ein anderer legt den Fokus auf umfangreiche Funktionalität. Immer jedoch wird man sich ein hohes Maß an Erwartungskonformität und Zuverlässigkeit wünschen. Was meine ich damit? Im richtigen Leben erwarten wir fast immer eine Qualität von nahezu 90 bis 100 %. Einen Kugelschreiber, der nur ab und zu schreibt, werfen wir weg. Eine Leiter, die bis 30 Kilo zugelassen ist, kaufen wir vermutlich gar nicht erst. Oder eine Hängebrücke, an der ein Warnschild hängt, dass die Seile alt und wenig zuverlässig sind, überqueren wir wohl nicht freiwillig, sondern nur in allergrößter Not.

Wieso geben wir uns bei (eigener) Software oftmals mit nicht immer ausreichender Qualität zufrieden? Was könnten die Ursachen für die Qualitätsprobleme sein?

- Die Komplexität ist in Software häufig recht hoch.
- Die Informatik hat (leider) noch nicht den Ingenieursgrad wie die Autoindustrie oder der Maschinenbau erreicht.
- Die Einzelteile sind zum Teil nicht gut getestet.

Einfluss der Qualität der Einzelteile

Die Industrie besitzt Normen für z. B. Schrauben, Muttern und Gewinde.[7] Weil es eben Normen sind, variieren diese nicht von Hersteller zu Hersteller, sondern man kann sich darauf verlassen, dass eine durch die Norm geforderte Qualität sowie Interoperabilität gegeben ist. In der Automobilindustrie hat man Folgendes herausgefunden: Je höher die Qualität der Einzelteile, desto höher ist auch die Qualität des Gesamtprodukts. Um dies zu verstehen, betrachten wir ein einfaches lineares System mit den drei Bausteinen A, B und C (vgl. Abbildung 20-4), die jeweils eine Qualität von 90 % aufweisen.

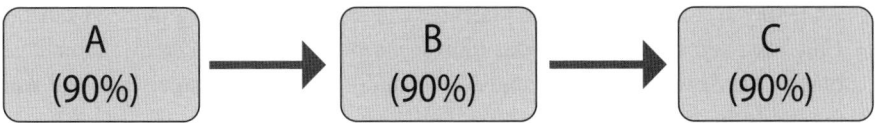

Abbildung 20-4 *Drei voneinander abhängige Systeme mit jeweils 90 % Qualität*

Schätzen Sie mal, wie hoch die Gesamtqualität ist? Auch 90 %? Etwas weniger? Laut der Systemtheorie ergibt sich diese als das Produkt der Einzelqualitäten als:

$$0.9 * 0.9 * 0.9 = 0.73 => 73\,\%$$

Wenn wir das auf Software übertragen, werden folgende Schwierigkeiten deutlich:

1. Wer hat schon einmal Systeme mit nur drei Klassen oder Bestandteilen erstellt?
2. Mehr noch: Normale Anwendungen bestehen nicht nur aus einer Vielzahl an Klassen und Objekten, sondern diese besitzen insbesondere auch komplizierte, teils verzwickte, nicht lineare Abhängigkeiten untereinander.

Eigenschaften von Unit Tests

Bekanntlich besitzt die Qualität der Einzelbausteine einen großen Einfluss auf die Qualität des Gesamtsystems. Mit Unit Tests betreiben wir Qualitätssicherung auf Kleinteilebene und erhöhen die innere Qualität. Dabei helfen folgende Eigenschaften von Unit Tests:

- **Klares Ergebnis** – Die Durchführung der Tests liefert ein eindeutiges Ergebnis: bestanden (Grün) oder Fehler (Rot).
- **Messbar** – Die Anzahl der Testfälle und die damit geprüften Programmteile (auch Testabdeckung genannt – vgl. Abschnitt 20.8.4) lassen sich leicht auswerten. Führt man Statistik, kann man ungewünschte Trends erkennen und ihnen durch passende Maßnahmen entgegenwirken.

---

[7]Für das Testen gibt es die ISO 29119 (http://softwaretestingstandard.org/), jedoch gilt die Standardisierung nicht für die entstehenden Softwarebauteile.

- **Implementierungsnah und fokussiert** – Wenn man parallel zur Implementierung auch Unit Tests erstellt und ausführt, erhält man schnell Feedback und oftmals lassen sich Fehler auch leicht korrigieren, weil man sich besser an Details erinnert und es wenig Mühe kostet, sich in das Thema einzudenken. Zudem ist der verursachende Sourcecode eng umrissen. Wird erst Wochen nach der Implementierung getestet, so ist die Fehlersuche oftmals um einiges aufwendiger.

- **Know-how-Gewinn** – Beim Erstellen von Unit Tests muss man sich automatisch intensiver mit den Anforderungen und auch bereits bestehenden Implementierungen beschäftigen. Es baut sich dadurch kontinuierlich ein gutes Verständnis auf. Änderungen fallen anschließend leichter und lassen sich zudem mit vorhandenen Unit Tests sofort überprüfen. Das führt meistens zu durchdachteren Implementierungen, die dann wiederum weniger fehleranfällig sind und weniger Test- und Wartungsaufwand verursachen.

- **Wiederholbar** – Nach Änderungen können Tests erneut ausgeführt werden. Das erhöht die Sicherheit[8], keine Defekte eingefügt zu haben.

Von gut formulierten Unit Tests profitiert man am meisten, wenn man diese regelmäßig ausführt. Diese Form des Testens wird ***Regressionstest*** genannt. Allerdings wäre es aufwendig, wenn man dazu nach jeder Änderung alle Tests von Hand ausführen müsste. Diesen Prozess automatisiert z. B. das Tool Infinitest (vgl. Abschnitt 20.8.3) innerhalb der IDE. Ebenfalls sollten die Tests natürlich auch als Teil des automatischen Build-Laufs ausgeführt werden, wie ich es bereits in Abschnitt 2.7 motiviert habe.

Auswirkungen von Unit Tests auf das API-Design

Beim Schreiben von Unit Tests spielen auch Entwurfsentscheidungen, etwa solche zu Kohäsion, Kopplung und zum Design des APIs eine Rolle. Durch das Implementieren von Testfällen nutzt man das API der eigenen Klassen, wodurch die Beurteilung leichter fällt, ob die angebotenen Schnittstellen sinnvoll und handhabbar sind. *Unit Tests können also mögliche Schwächen in den von den Tests angesprochenen APIs vor einer Nutzung in anderen Komponenten aufdecken. Durch eine Korrektur erhält man somit gelungenere APIs.* Weiterhin kann man Unit Tests als Dokumentation des erwarteten Programmverhaltens ansehen. Diese Dokumentation ist automatisch immer aktuell, da die Testfälle ansonsten fehlschlagen würden. Das gilt jedoch nur für die mit Tests geprüften Programmteile.

---

[8]Eine absolute Sicherheit hätte man nur dann, wenn eine Testabdeckung von 100 % vorliegen würde und die Tests absolut fehlerfrei und vollständig wären. Selbst diese Aussage ist nicht ganz korrekt: Für jedes komplexere Programm garantiert eine Testabdeckung von 100 % keine absolute Sicherheit (vgl. Abschnitt 20.8.4). Im Besonderen gilt dies beim Einsatz von Multithreading. Außerdem sei noch angemerkt, dass es verschiedene Varianten bei der Berechnung der Testabdeckung gibt, etwa die der ausgeführten Anweisungen, die der geprüften Verzweigungen und Bedingungen usw.

> **Tipp: Entwicklungsbegleitend oder nach der Implementierung testen?**
>
> Man kann sich fragen, warum entwicklungsbegleitendes Testen durch Unit Tests vorteilhafter sein sollte, als Tests erst nach der Implementierung durchzuführen. Tatsächlich entsteht anfangs durch das Schreiben von Tests zusätzlicher Aufwand. Allerdings lassen sich dadurch Fehler auch noch während der Implementierungsphase finden. Oftmals sind diese dann relativ leicht zu beheben, weil durch den kurzen Abstand zum Implementieren, noch mehr Kontextwissen vorhanden ist und sich so mögliche Ursachen (oft sogar) intuitiv erschließen lassen, zumindest aber Analysen stark erleichtern. Wird mit dem Testen dagegen erst nach Abschluss der Entwicklung begonnen, so können Fehler erst spät im Projektzyklus erkannt werden. Die zur Korrektur benötigten Informationen sind schwieriger zusammenzutragen, wodurch es zu größeren Aufwänden kommt. Diese pflanzen sich dann auch negativ in den Integrations-, System- und Applikationstests fort. Entsprechend teuer ist eine Behebung. Demzufolge amortisieren sich die Aufwände zum Erstellen der Unit Tests oft schon nach kurzer Zeit.
>
> Außerdem gibt es in der Praxis durchaus Situationen, in denen ein Entwickler noch während des Projekts zu einem anderen Projekt oder sogar zu einer anderen Firma wechselt. Erweiterungen und Korrekturen sind dann aufwendig, da sich ein anderer Entwickler zunächst in den Sourcecode einarbeiten muss. Zudem fehlt die Sicherheit, bei Änderungen keine Fehler zu machen. Wird das Testen jedoch als integraler Bestandteil der Entwicklung angesehen, so hinterlässt ein ausscheidender Entwickler zumindest einen Teil seines Know-hows in Form von Testfällen. Dadurch können andere Entwickler Erweiterungen mit größerer Sicherheit vornehmen.

20.2 Wissenswertes zu Testfällen

Abschnitt 2.4 hat eine Einführung zu dem Test-Framework JUnit 4 gegeben. Nachfolgend lernen wir das Formulieren von Testfällen mit JUnit kennen.[9] Danach befassen wir uns mit dem Thema Komplexität beim Testen.

20.2.1 Testfälle mit JUnit 4 definieren

Bekanntermaßen prüft man mit Unit Tests kleine Bausteine, meistens einzelne Klassen, eines Softwaresystems. Ebenso haben wir gelernt, dass man durch das Schreiben von Tests dazu angehalten ist, sich Gedanken über die gewünschte zu implementierende Funktionalität zu machen. Darüber hinaus helfen Unit Tests dabei, Änderungen abzusichern, weil immer geprüft wird, dass die gewünschte Funktionalität auch weiterhin vorhanden ist. Schauen wir uns nun an, wie wir entsprechende Testfälle realisieren.

---
[9]Damit ist ohne Weiteres auch das Schreiben von Integrations- und Systemtests möglich.

Erstellen von Testfällen

Die nachfolgend gezeigte Klasse `MyClass` dient lediglich zur Demonstration erster Schritte beim Erstellen von Testfällen und folgt keinem allzu guten OO-Design: Die Methode `calc()` hat eigentlich nichts mit der Klasse gemeinsam und ist eher eine Hilfsmethode, die statisch definiert sein könnte. Insgesamt findet man hier eine schwache Kohäsion – zur Einführung in das Testen soll uns das jedoch nicht stören.

```java
public class MyClass
{
    /* private */ static final int BASE = 10_000;
    private final int value;

    public MyClass(final int offset)
    {
        this.value = BASE + offset;
    }

    public int getValue()
    {
        return value;
    }

    public int calc(final List<Integer> values)
    {
        Objects.requireNonNull(values, "parameter 'values' must not be null");

        return values.stream().mapToInt(i -> i).sum();
    }
}
```

Für die obige Implementierung erstellen wir mit Eclipse eine passende Testklasse. Dazu wählen wir das Menü FILE –> NEW –> JUNIT TEST CASE. Es erscheint ein Dialog. Wenn man dort die beiden Methoden `getValue()` und `calc(List<Integer>)` anwählt, entsteht für jede der Methoden der Klasse `MyClass` eine Testmethode und es wird folgende initiale Implementierung der Testfälle erstellt:

```java
import static org.junit.Assert.*;

import org.junit.Test;

public class MyClassTest
{
    @Test
    public void testGetValue()
    {
        fail("Not yet implemented");
    }

    @Test
    public void testCalc()
    {
        fail("Not yet implemented");
    }
}
```

20.2 Wissenswertes zu Testfällen

Eine Testklasse besitzt keine `main()`-Methode und die von JUnit auszuführenden Testmethoden sind mit der Annotation `@Test` gekennzeichnet. In diesen Testmethoden werden verschiedene Bedingungen über den erwarteten Zustand mithilfe spezifischer `assertXYZ()`-Methoden geprüft. Hier wird als Spezialfall über die Methode `fail()` nur signalisiert, dass der Testfall noch zu implementieren ist.

Um mit dem Handling vertraut zu werden, können Sie diesen Unit Test in Eclipse einmal ausführen lassen. Wählen Sie im Kontextmenü RUN AS –> JUNIT TEST oder das Tastaturkürzel ALT+SHIFT+X,T. Die auszuführenden Testmethoden werden vom JUnit-Framework ermittelt und aufgerufen. Fehler werden nicht durch Rückgabewerte oder Konsolenausgaben angezeigt, sondern durch fehlgeschlagene Asserts, wobei `fail()` eine spezielle Form eines Asserts ist. Abbildung 20-5 zeigt die Ausführung.

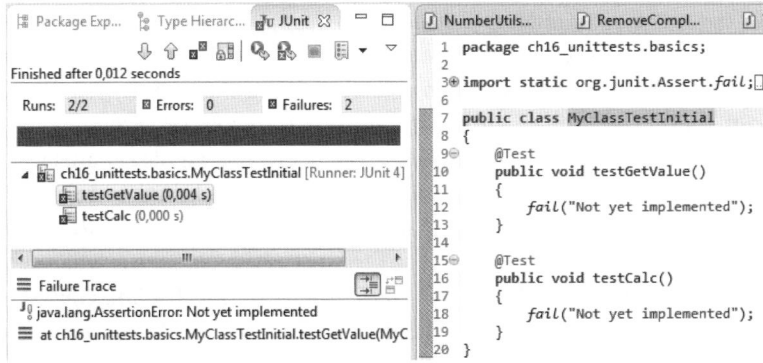

Abbildung 20-5 *Ausführung des obigen Unit Tests*

Schauen wir zunächst auf ein paar Tipps zum Erstellen von Testfällen, bevor wir uns an deren Implementierung zur sinnvollen Prüfung der Klasse `MyClass` machen.

Tipps für Klarheit und Verständlichkeit Um Unit Tests wartbar und übersichtlich zu halten, *sollte jede Testmethode jeweils nur eine Funktionalität prüfen*. Das trägt zur Kürze und Verständlichkeit bei. Zudem sollte es idealerweise nur einen Grund geben, warum ein Testfall fehlschlägt. Ebenso wichtig ist es, die Testfälle systematisch zu erstellen und nicht einfach beliebige Dinge zu testen, sondern bevorzugt die »dicken Brocken« oder die potenziell problematischen Teile zu prüfen.

Als Faustregel gilt, dass für eine zu testende Methode zumindest eine, oft aber besser mehrere Testmethoden existieren, die jeweils einzelne Testfälle repräsentieren. Gewöhnlich erfolgen in jeder Testmethode dazu drei Schritte (AAA-Stil):

1. ARRANGE – Zunächst wird der gewünschte Startzustand, die Ausgangsbasis des Testfalls, auch *Testfixture* genannt, hergestellt.
2. ACT – Danach folgen dann ein oder selten auch mehrere Aufrufe von Methoden der zu testenden Klasse.

3. ASSERT – Abschließend prüfen wir, ob das erwartete Ergebnis erzielt wurde. Dabei helfen verschiedene Prüfmethoden. In JUnit sind dies die bereits in Abschnitt 2.4 vorgestellten und hier nur kurz aufgelisteten Methoden, etwa `assertEquals()`, `assertTrue()` und `assertNotNull()`, die man zur besseren Lesbarkeit der Testfälle statisch importieren sollte.

Erweiterung des Beispiels Wir wollen uns nun daran machen, die initiale Version der Testklasse zu einem wirklichen Unit Test auszubauen und die durch die Klasse `MyClass` implementierte Funktionalität zu prüfen. Wie schon angedeutet, sollte man eher komplexere Methoden testen statt einfache. In unserem Beispiel wollen wir daher die Methode `getValue()` mit nur einem Testfall prüfen und die Methode `calc(List<Integer>)` mithilfe von mehreren Testfällen, wobei sich die Frage stellt, wie und was wollen wir testen? Als erster und einfachster Test wird der »*Normalfall*« getestet, bei dem eine Liste von Zahlen addiert und anschließend das korrekte Ergebnis geprüft wird. Dann sollten wir uns fragen: Was ist die korrekte Summe, wenn gar keine Zahlen angegeben werden? Für diesen Fall definieren wir als erwartetes Resultat den Wert 0 (zweiter Testfall). Zudem bleibt noch die Möglichkeit, dass an die Methode `calc(List<Integer>)` versehentlich anstelle einer Liste eine `null`-Referenz übergeben wird: Dann erwarten wir eine `NullPointerException`.[10] Auch dieses Verhalten im Fehlerfall wollen wir überprüfen. Dazu dient der dritte Testfall. Gibt es weitere sinnvolle Tests? Zur Beantwortung solcher Fragen können in der Praxis die bereits kurz erwähnten Testverfahren herangezogen werden.

Wie häufig die Schleife durchlaufen wird, spielt kaum eine Rolle. Allenfalls könnte eine einelementige Liste interessant sein sowie auch eine Mischung von positiven und negativen Werten. Beides wird durch den ersten Testfall adäquat abgedeckt und mit dem Wissen über die Implementierung muss hier keine weitere Prüfung erfolgen. Interessant wäre es sicherlich, einen Überlauf von `int` zu prüfen – welche Fallstricke dort lauern, haben wir bereits in Abschnitt 4.2.1 kennengelernt. Aber hier entscheiden wir uns dafür, dass die drei genannten Testfälle die Methode `calc(List<Integer>)` ausreichend gut testen. Damit ergibt sich in etwa folgende Implementierung der Testklasse:

```java
public class MyClassTest
{
    @Test
    public void testCalcSum_NormalInputs()
    {
        final MyClass objectToTest = createMyClassObjectForTest();

        final List<Integer> values = Arrays.asList(1, 2, 3, -4);
        final int result = objectToTest.calc(values);

        final int expected = 2;
        assertEquals("sum should be calculated correnty", expected, result);
    }
```

---

[10]Man kann darüber diskutieren, ob eine `NullPointerException` oder eine `IllegalArgumentException` die bessere Wahl darstellt.

```
@Test
public void testCalcSum_When_NoValuesGiven()
{
    final MyClass objectToTest = createMyClassObjectForTest();

    final int result = objectToTest.calc(Collections.emptyList());

    final int expected = 0;
    assertEquals("sum should be zero for empty list", expected, result);
}

@Test(expected=NullPointerException.class)
public void testCalcSum_When_InputIsNull_ThenThrowException()
{
    final MyClass objectToTest = createMyClassObjectForTest();

    objectToTest.calc(null);
}

@Test
public void testGetValue()
{
    final int base = MyClass.BASE;
    final int offset = 4711;
    final MyClass objectToTest = new MyClass(offset);

    final int result = objectToTest.getValue();

    final int expected = offset + base;
    assertEquals("value should be rebased by " + base, expected, result);
}

private MyClass createMyClassObjectForTest()
{
    final int dummyOffset = 4711;
    return new MyClass(dummyOffset);
}
}
```

Listing 20.1 Ausführbar als 'MYCLASSTEST'

In diesem Beispiel erkennen wir verschiedene Dinge, auf die ich nachfolgend nochmal separat eingehen möchte:

- **Namensgebung** – Die Testfälle besitzen sprechende Methodennamen, die etwas über die Eingabe und die erwarteten Resultate aussagen.

- **AAA-Stil und Ablauf im Testfall** – Die hier gezeigten Testfälle sind immer nach einem ähnlichen Muster implementiert, das dem bereits kurz erwähnten AAA-Stil (ARRANGE - ACT - ASSERT) folgt: Zunächst werden Vorbedingungen und Initialisierungen vorgenommen (ARRANGE), danach wird eine Aktion ausgeführt (ACT) und schließlich wird geprüft, ob der erwartete Zustand eingetreten ist (ASSERT).

- **Hilfsmethoden zur Initialisierung und Testfixture** – Oftmals besitzen Testfälle eine ähnliche Initialisierung. Dafür können wir eine Hilfsmethode herausfaktorieren oder eine spezielle mit `@Before` annotierte Set-up-Methode nutzen.

Hinweis Abschließend möchte ich noch auf Folgendes hinweisen: Um das Beispiel prägnant zu halten, habe ich etwas willkürlich drei relevante Testfälle präsentiert und darauf hingewiesen, dass es möglicherweise noch weitere sinnvolle Tests geben könnte.

Möchte man den Prozess professionalisieren, so bietet es sich an, einige der durch ISO 29119 vorgegebenen Testverfahren zu nutzen. Das jeweilige Verfahren liefert mögliche Kriterien zur Beendigung des Testens: Dabei muss dann das Erreichen des Kriteriums nachgewiesen werden und der Entwickler muss nicht (aus dem Bauch heraus) entscheiden, ob er genug getestet hat.

Namensgebung von Testfällen

Wie im vorangegangenen Beispiel bereits angewendet, sollte die Benennung von Testmethoden einem gewissen Schema folgen. Ob Testmethoden mit dem Kürzel `test` starten sollten oder nicht, kann zu hitzigen Diskussionen führen. Ich habe mich durch die Konvention bei JUnit 3 so daran gewöhnt und empfinde es als weiteres Unterscheidungsmerkmal zu Hilfsmethoden in Unit Tests, sodass ich es gerne verwende. Unabhängig davon sollte sich der Methodenname der Testmethode dann aus dem Namen der zu testenden Methode und dem zu prüfenden Sachverhalt sowie dabei geltenden Bedingungen zusammensetzen. Das Ganze wird schon recht lang und hier wird die *CamelCase-Notation für Methoden unleserlich*. Stattdessen ist es hilfreich, einzelne Namensbestandteile per _ voneinander zu separieren. Roy Osherove beschreibt in seinem Blog[11] eine Variante wie folgt:

```
[UnitOfWork_StateUnderTest_ExpectedBehavior]
```

Man findet auch diese Varianten:

```
MethodName_StateUnderTest_ExpectedBehavior
MethodName_ExpectedBehavior_WhenTheseConditions
```

Besonders wichtig ist, dass der Testkontext gut beschrieben ist, also inklusive erwartetem Verhalten und möglichen Randbedingungen. Zusammen mit meinen Anmerkungen ergeben sich dann in etwa folgende geeignete Methodennamen für Testfälle:

- `calcSum_WithValidInputs_ShouldSumUpAllValues()`
- `calcSum_ThrowsException_WhenNullInput()`

Gestaltung von Testfällen: GWT- und AAA-Stil

Beim Schreiben unserer Programme haben wir Coding Conventions (vgl. Kapitel 19) kennengelernt, um den Sourcecode besser verständlich und leichter wart- sowie erweiterbar zu halten. Obwohl jeder Testfall in der Regel recht kurz sein sollte, empfiehlt

---

[11] http://osherove.com/blog/2005/4/3/naming-standards-for-unit-tests.html

es sich auch beim Implementieren von Testfällen, gewisse Standards zu befolgen, um lesbare und verständliche Unit Tests zu erstellen.

Dazu hat sich der bereits genutzte AAA- bzw. GWT-Stil als probates Designmittel etabliert. Bekanntermaßen steht AAA für ARRANGE - ACT - ASSERT und GWT für GIVEN - WHEN - THEN. Beides meint im Prinzip das Gleiche:

- ARRANGE / GIVEN – Zunächst stellt man die Voraussetzungen her.
- ACT / WHEN – Dann führt man die zu prüfende Aktion des Testfalls aus.
- ASSERT / THEN – Abschließend prüft man, ob die erwarteten Ergebnisse mit den berechneten Werten übereinstimmen.

Betrachten wir ein Beispiel, um die beschriebene Vorgehensweise besser zu verstehen:

```
// GIVEN: An empty list
final List<String> names = new ArrayList<>();

// WHEN: 2 elements are added
names.add("Tim");
names.add("Mike");

// THEN: list should contain 2 elements
assertEquals("list should contain 2 elements", 2, names.size());
```

Je nach Komplexität des Testfalls kann man neben der einfachen Markierung durch Kommentare wie `// GIVEN` usw. ergänzend auch die Voraussetzung, Aktion und Erwartung aufführen. Die Markierung mit `// GIVEN`, `// WHEN` und `// THEN` lohnt sich bei einfachen Testfällen nicht sonderlich, weil die Implementierung schon kurz und klar ist. Um sich aber an diese Methodik zu gewöhnen, kann man die Markierung anfangs als Hilfestellung trotzdem immer nutzen.

Hilfsmethoden in Unit Tests definieren

Alle Methoden, die nicht mit `@Test` annotiert sind, werden von JUnit nicht als Testfall ausgeführt. Dadurch kann man in Testklassen auch Hilfsmethoden definieren, die von verschiedenen Testmethoden gemeinsam benötigte Funktionalität implementieren. Somit lassen sich die eigentlichen Testmethoden möglichst kurz und prägnant schreiben. Zur leichteren Trennung von Hilfs- und Testmethoden nutze ich für Testmethoden gerne das Präfix `test` – aber das ist Geschmacksache.

Oftmals benötigt man zur Durchführung der Tests immer wiederkehrende, oft auch aufwendige Initialisierungen, etwa eine konsistente Wertebelegung verschiedener Attribute des zu prüfenden Objekts. Man spricht bei einer Wertebelegung für eine konsistente Testumgebung auch von einer sogenannten *Testfixture*. Im Beispiel haben wir bereits die Hilfsmethode `createMyClassObjectForTest()` im Einsatz gesehen.

Spezielle Initialisierungen und Aufräumarbeiten

JUnit bietet zum Erstellen einer Textfixture und für Aufräumarbeiten eine Unterstützung: Vor bzw. nach jedem Test werden die mit `@Before` bzw. `@After` annotierten Methoden aufgerufen. Somit kann man Initialisierungen vornehmen bzw. Ressourcen freigeben.

Nachfolgend ist gezeigt, wie sich unser Unit Test durch den Einsatz einer Testfixture verändert – hier auf eine Testmethode beschränkt:

```java
public class MyClassTestWithTestFixture
{
    // Testfixture
    private int offset;
    private MyClass objectToTest;

    @Before
    public void initTestFixture()
    {
        offset = 4711;
        objectToTest = new MyClass(offset);
    }

    @Test
    public void testGetValue()
    {
        final int result = objectToTest.getValue();

        assertEquals("value should be rebased by " + MyClass.BASE,
                     offset + MyClass.BASE, result);
    }
    // ...
}
```

Durch den Einsatz einer Testfixture können Initialisierungen, also die ARRANGE-Aktionen, in Testmethoden entfallen oder aber deutlich kürzer ausfallen.

Sollen Aktionen nur einmalig vor bzw. nach der Durchführung aller Tests ausgeführt werden, so kann man dazu spezielle statische Methoden mit `@BeforeClass` bzw. `@AfterClass` annotieren.

> **Tipp: `@Before` und `@After`: Fluch oder Segen?**
>
> Tatsächlich scheinen die Möglichkeiten zur Initialisierung und für Aufräumarbeiten praktisch zu sein. Wenn man rein nach der Vermeidung von Sourcecode-Duplikation geht, trifft dies zu. Allerdings geht das Ganze oft auch mit einer schlechteren Verständlichkeit der einzelnen Testfälle einher. Es ist nämlich nicht mehr möglich, auf einen Blick zu erfassen, mit welchen Werten der Test arbeitet. Somit empfiehlt es sich mitunter, mit einer gewissen Duplikation zugunsten einer besseren Verständlichkeit zu leben.

20.2.2 Problem der Kombinatorik

In diesem Abschnitt wollen wir uns ein grundlegendes Problem beim Schreiben von Tests anschauen, nämlich das Problem des Umfangs an Eingabedaten. Um die Fehlerfreiheit eines Programms sicherzustellen, müsste man theoretisch alle möglichen Kombinationen von Eingabewerten überprüfen. Der dazu notwendige Aufwand wächst exponentiell. Selbst wenn eine Methode lediglich zwei Eingabewerte vom Typ `int` hätte, wären $2^{32} * 2^{32} = 2^{64}$ Kombinationen auszutesten.[12] Das widerspricht zudem der Anforderung, dass Unit Tests möglichst schnell ausgeführt werden sollen.

Aus der geführten Argumentation kann man schließen, dass ein Programm niemals (jedenfalls nicht mit vernünftigem und bezahlbarem Aufwand) vollständig getestet werden kann. *Es gilt daher, diejenigen Testfälle zu bestimmen, die eine gute und möglichst sichere Aussage über die Qualität sowie den Umfang an Funktionalität erlauben.*[13] Zudem wird durch die Nutzung von Testverfahren eine sinnvolle Auswahl von Testfällen gefördert.

Reduktion des Testaufwands durch Fokussierung

Um die riesige Menge an theoretisch zu berücksichtigenden Testkombinationen *drastisch* zu reduzieren, muss man sich Strategien überlegen. *Sinnvollerweise konzentriert man sich beim Testen bevorzugt auf die kritischen und komplexen Teile eines Softwaresystems.* Diese sollte man besonders gründlich prüfen und eher triviale Dinge (z. B. Accessor-Methoden) weniger (oder gar nicht) testen. Darüber hinaus kann man auch durch geschickte Wahl von Eingaben möglichst viele gleichartige Wertebelegungen überprüfen, wie wir es im Folgenden sehen werden.

Reduktion des Testaufwands durch Äquivalenzklassentests

Betrachten wir an einem einfachen Beispiel, wie man den Testaufwand auf sinnvolle Weise reduzieren kann, indem man statt einer Vielzahl an möglichen Eingaben zum Test lediglich typische Vertreter für Eingabewerte nutzt. Nehmen wir an, eine Methode `calcDiscount(int count)` berechne den Rabatt für eine Bestellung basierend auf der Anzahl der Waren nach folgenden Regeln:

$$count < 50 \quad => \quad 0\%$$
$$50 <= count <= 1000 \quad => \quad 4\%$$
$$count > 1000 \quad => \quad 7\%$$

Schauen wir uns die Implementierung der Methode an, die hier bewusst ein paar Kleinigkeiten falsch realisiert, um auf Probleme aufmerksam machen zu können.

---
[12]Wollte man die Effekte durch Fehler im Betriebssystem oder der Ablaufumgebung (JVM, Application Server, Webcontainer) sicher ausschließen, so müsste man tatsächlich alle Werte durchprüfen. Das wäre zeitlich nicht realisierbar und auch schon etwas neurotisch.

[13]Man kann Fehlerfreiheit mit Tests nicht sicherstellen, sondern nur Fehler aufdecken.

```
// ACHTUNG: Enthält bewusst ein paar kleine Fehler
public int calcDiscount(final int count)
{
    if (count <= 50)
        return 0;
    if (count > 50 && count < 1000)
        return 4;
    if (count > 1000)
        return 7;

    throw new IllegalStateException("programming problem: should never " +
            "reach this line. value " + count + " is not handled!");
}
```

Anhand der drei Gruppierungen können wir drei sogenannte *Äquivalenzklassen* bilden. Weil diese für unterschiedliche Eingaben gleich Ergebnisse produzieren, reicht es, wenn man jeweils nur einen Repräsentanten daraus wählt und diesen prüft. Für die Fälle 0 %, 4 % und 7 % sind in Tabelle 20-1 typische Vertreter angegeben.

Tabelle 20-1 *Testfälle aus drei Äquivalenzklassen*

Anzahl	Ergebnis
20	0
200	4
2000	7

Optimistisch machen wir uns ans Werk, um die obige Rabattberechnung mithilfe folgender drei Tests abzuprüfen:

```
@Test
public void testCalcDiscount_SmallOrder_NoDiscount()
{
    final int smallAmount = 20;
    assertEquals("no discount", 0, calculator.calcDiscount(smallAmount));
}

@Test
public void testCalcDiscount_MediumOrder_MediumDiscount()
{
    final int mediumAmount = 200;
    assertEquals("4 % discount", 4, calculator.calcDiscount(mediumAmount));
}

@Test
public void testCalcDiscount_BigOrder_BigDiscount()
{
    final int bigAmount = 2000;
    assertEquals("7 % discount", 7, calculator.calcDiscount(bigAmount));
}
```

Listing 20.2 *Ausführbar als* '**DiscountCalculatorV1Test**'

Für diese drei Werte wird der Rabatt – wie erwartet – korrekt berechnet. Sind wir damit schon fertig? Nein! Ergänzend würde es sich auch anbieten, mit ungültigen Werten bzw. fehlerhaften Eingaben zu testen, also einer Anzahl kleiner 0 oder größer als einem erwarteten Maximalwert. Zur Vereinfachung des Beispiels beschränke ich mich aber auf die drei genannten Äquivalenzklassen. *Allerdings zeigt die Erfahrung in der Praxis, dass doch ein wenig mehr Testfälle benötigt werden, weil an den Grenzen von Wertebereichen immer wieder Probleme auftreten.* Daher sollte man zusätzlich zu den Äquivalenzklassen auch noch Repräsentanten prüfen, die die Grenzwerte beschreiben.

Qualitätssicherung durch Grenzwerttests

Für natürliche Zahlen ist das recht einfach. Hier bedeutet das, dass auch die direkten Nachbarn unserer Intervallgrenzen, hier die Werte 49, 50, 51 sowie 999, 1000, 1001, zu überprüfen sind, ob diese der richtigen Äquivalenzklasse zugeordnet werden und damit den korrekten Rabatt liefern. Wir ergänzen somit sechs Testmethoden, um diese Randfälle zu prüfen:

```
// ACHTUNG: Hier noch einfache Implementierung mit Magic Numbers

@Test
public void testCalcDiscount_Input_49_ShouldHaveNoDiscount()
{
    assertEquals("No discount", 0, calculator.calcDiscount(49));
}

@Test
public void testCalcDiscount_Input_50_ShouldHaveMediumDiscount()
{
    assertEquals("Medium discount", 4, calculator.calcDiscount(50));
}

@Test
public void testCalcDiscount_Input_51_ShouldHaveMediumDiscount()
{
    assertEquals("Medium discount", 4, calculator.calcDiscount(51));
}

@Test
public void testCalcDiscount_Input_999_ShouldHaveMediumDiscount()
{
    assertEquals("Medium discount", 4, calculator.calcDiscount(999));
}

@Test
public void testCalcDiscount_Input_1000_ShouldHaveMediumDiscount()
{
    assertEquals("Medium discount", 4, calculator.calcDiscount(1000));
}

@Test
public void testCalcDiscount_Input_1001_ShouldHaveBigDiscount()
{
    assertEquals("Big discount", 7, calculator.calcDiscount(1001));
}
```

Listing 20.3 Ausführbar als 'DISCOUNTCALCULATORV1TEST_CORNERCASES'

Beim Grenzwerttest gilt, dass wenn jede Grenze mit 2 (oder 3) Testfällen – mit 3 ist man immer auf der sicheren Seite – überprüft wird, ist der Test als ausreichend anzusehen. Das Kriterium erfüllen wir schon einmal, allerdings könnten wir uns an den ganzen Magic Numbers stören. Darauf komme ich gleich zurück. Schauen wir zunächst einmal, was passiert, wenn man diese Testfälle ausführt. Dann werden die bewusst integrierten Implementierungsfehler aufgedeckt. Die Werte 50 und 1000 werden nicht korrekt abgebildet. Der Wert 50 wird (versehentlich) noch auf keinen Rabatt abgebildet, was zur Fehlermeldung »`java.lang.AssertionError: Medium discount expected:<4> but was:<0>`« führt. Der Wert 1000 wird durch keinen Fall abgedeckt und wir erhalten eine Exception, mit dem Hinweis: »`java.lang.IllegalStateException: programming problem: should never reach this line. value 1000 is not handled!`«

Basierend auf diesen Fehlermeldungen fällt es nicht schwer, die Implementierung wie folgt zu korrigieren – dabei definieren wir auch gleich passende Konstanten:

```java
/* private */ static final int NO_DISCOUNT = 0;
/* private */ static final int MEDIUM_DISCOUNT = 4;
/* private */ static final int BIG_DISCOUNT = 7;
public int calcDiscount(final int count)
{
    if (count < 50)
        return NO_DISCOUNT;
    if (count >= 50 && count <= 1000)
        return MEDIUM_DISCOUNT;
    if (count > 1000)
        return BIG_DISCOUNT;

    throw new IllegalStateException("programming problem: should never " +
            "reach this line. value " + count + " not handled!");
}
```

Eigentlich sollte das Auslösen einer `IllegalStateException` gar nicht notwendig sein, wenn man alle Pfade vollständig abgedeckt hat. Da hier aber erfahrungsgemäß immer wieder Fehler lauern, ist man mit dem gezeigten Konstrukt auf der sicheren Seite und es lassen sich Flüchtigkeitsfehler leichter aufdecken.

Mithilfe der Konstanten lassen sich auch die Testfälle lesbarer schreiben – hier exemplarisch für zwei davon gezeigt:

```java
@Test
public void testCalcDiscount_Input_49_ShouldHaveNoDiscount()
{
    assertEquals("No discount", NO_DISCOUNT, calculator.calcDiscount(49));
}

@Test
public void testCalcDiscount_Input_1001_ShouldHaveBigDiscount()
{
    assertEquals("Big discount", BIG_DISCOUNT, calculator.calcDiscount(1001));
}
```

Listing 20.4 Ausführbar als '**DiscountCalculatorV2Test**'

Als Verbesserung könnte man die Intervallgrenzen als Konstanten definieren, um für mehr Lesbarkeit zu sorgen, allerdings nimmt dadurch eventuell auch die Verständlichkeit ab, da man immer auf die Definition schauen muss, um den konkreten Wert zu ermitteln. Je nachdem, ob sich die Prozentwerte oder aber die Grenzen mit größerer Wahrscheinlichkeit ändern, sollte man diese über Konstanten extrahieren oder konfigurierbar machen. In diesem Beispiel ging es vornehmlich um das Thema Prüfung von Randfällen, sodass wir den letzten Transformationsschritt nicht mehr vollziehen wollen.

Weitere Prüfungen und Vorbedingungen   Generell sollte man ergänzend Über- oder Unterschreitungen von Grenzwerten prüfen, etwa negative Werte oder die Überschreitung einer maximalen Anzahl. Dabei handelt es sich um Eingaben, die fachlich keinen Sinn machen, aber zu unsinnigen Ergebnissen führen können. In unserem Beispiel sollte man wohl noch negative Werte für die Anzahl durch eine Vorbedingung ausschließen – dabei hilft die Utility-Klasse Preconditions aus Google Guava (vgl. Abschnitt 8.2.4). Das Ganze lässt sich als DISCOUNTCALCULATORV3TEST starten:

```
int calcDiscount(final int count)
{
    // Absicherung von Vorbedingungen
    // if (count < 0)
    //     throw new IllegalArgumentException("count should not be negative");
    Preconditions.checkArgument(count >= 0, "count should not be negative");

    if (count < 50)
        return NO_DISCOUNT;
    if (count >= 50 && count <= 1000)
        return MEDIUM_DISCOUNT;
    if (count > 1000)
        return BIG_DISCOUNT;

    throw new IllegalStateException("programming problem: should never " +
                "reach this line. value " + count + " not handled!");
}
```

20.3   Motivation für Unit Tests aus der Praxis

In diesem Abschnitt werden wir die positiven Auswirkungen des Einsatzes von Unit Tests anhand eines Beispiels aus der Praxis konkret nachvollziehen. Dabei wird klar, wieso Unit Tests so wichtig zur Absicherung von Änderungen sind, welche Vorteile sich ergeben können, aber auch welche Fallstricke lauern.

Problemkontext

Sie sollen Ausgabegeräte ansteuern, die über ein eigenes Protokoll mit Befehlsnachrichten angesprochen werden, etwa »Text darstellen«, »Rechteck löschen« usw. Zur Verarbeitung besitzen diese Geräte einen internen Speicher für eingehende Nachrichten. Die so erhaltenen Befehle werden von einer Kontrolleinheit gelesen und ausgeführt.

Schauen wir uns nachfolgend die aus dem Design relevanten Details der Verarbeitungslogik an. Zur besseren Testbarkeit wurde das Interface `IDisplay` als Abstraktion eines Anzeigegeräts eingeführt. Zwei konkrete Ausprägungen beschreiben einerseits die reale Hardwareansteuerung durch die Klasse `LCDDisplay` sowie eine Simulationsklasse, realisiert durch die Klasse `SimluationDisplay`. Die Ansteuerung erfolgt durch eine `Controller` genannte Klasse, die lediglich über das Interface `IDisplay` mit der Anzeige kommuniziert. Im Klassendiagramm ist eine Methode `calcState()` gezeigt. Unsere Aufgabe besteht darin, diese Methode zur Zustandsberechnung von Antworttelegrammen zu implementieren und zu testen.

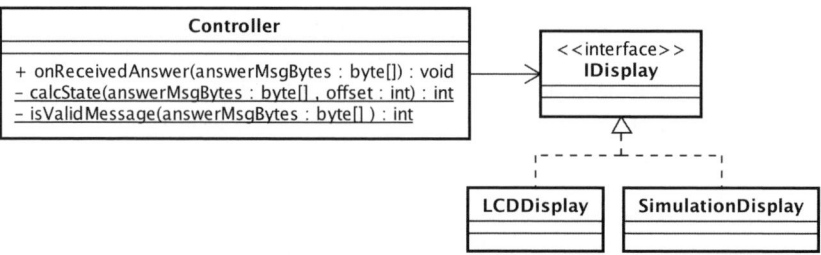

Abbildung 20-6 *Klassendiagramm zur Displayansteuerung*

Auswertung von Statustelegrammen

Die an ein Display gesendeten Befehle werden mit einem Rückgabecode beantwortet. In der `Controller`-Klasse ist die Methode `onReceivedAnswer(byte[])` zur Verarbeitung von Antworten wie folgt implementiert:

```
public void onReceivedAnswer(final byte[] answerMsgBytes)
{
    if (isValidMessage(answerMsgBytes))
    {
        final int state = calcState(answerMsgBytes);
        // ...
}
```

Basierend auf der Dokumentation wissen wir, dass sich die Statusinformationen in einer Antwortnachricht `answerMsgBytes` an einer durch die Konstante `STATUS_OFFSET` definierten Position befinden und einer speziellen hexadezimalen Codierung folgen. Eine erste Implementierung der Statusberechnung erfolgt durch die Methode `calcState(byte[])`:

```
private static int calcState(final byte[] msgBytes)
{
    final int stateHigh = (msgBytes[STATUS_OFFSET] - 48);
    final int stateLow = (msgBytes[STATUS_OFFSET + 1] - 48);

    return stateHigh * 16 + stateLow;
}
```

Zum Verständnis der Berechnung muss man wissen, dass der Wert 48 (hexadezimal 30) dem Zeichen '0' entspricht. Diese Art der Codierung erlaubt lesbare Ausgaben auf der Konsole. Tabelle 20-2 zeigt das exemplarisch für einige Codierungen.

Tabelle 20-2 Codierung und Rückgabewert

Codierung	Zeichen auf der Konsole	Hex-Wert	Rückgabewert als `int`
32 30	"20"	20	32
33 3F	"3F"	3F	63
3A 3E	"AE"	AE	174

Gedanken zum Unit-Testen Es scheint nicht besonders schwierig, die Methode `calcState(byte[])` zu implementieren – doch haben wird dabei alles richtig gemacht? Das sollten wir durch Unit Tests prüfen und könnten uns für einige Testfälle an der obigen Tabelle orientieren. Legen wir also los.

Doch Moment! Leider ist das Erstellen von Unit Tests für die Methode `calcState(byte[])` mit einigen Problemen verbunden. Zunächst ist die Methode `private` deklariert und somit nicht von den Unit Tests zugreifbar. Als Abhilfe erhöhen wir die Sichtbarkeit auf Package-private, wie dies später in Abschnitt 20.5.6 diskutiert wird. Schwerwiegender ist hier jedoch, dass zum Test der Zustandsberechnung immer eine Antwortnachricht als `byte[]` mit speziellem Inhalt und Format (Framing, Checksumme usw.) erzeugt werden muss. Natürlich könnte man tricksen und Antwortdaten nur an den benötigten Stellen im `byte[]` vorhalten. Wir wollen jedoch einen anderen Weg gehen und in einem ersten Schritt für eine Vereinfachung der Aufrufe sorgen, damit im Anschluss das Schreiben von Tests leichter fällt. *Ein solches Vorgehen kann (vor allem für öffentliche Methoden) gefährlich sein, ist aber manchmal notwendig, um überhaupt testen zu können.* Gute Tipps, wie man dabei vorgeht, finden Sie im Buch »Working Effectively With Legacy Code« [19] von Michael Feathers.

Schritt 1: Korrekturen der Abhängigkeiten und Lesbarkeit

Wir erstellen eine neue Methode, die nur die tatsächlich benötigten zwei Bytes ab Position `STATUS_OFFSET` als Eingabe besitzt. Dazu implementieren wir eine neue Methode `calcState(byte, byte)` mit der Sichtbarkeit Package-private und leicht geänderter Signatur in Form von zwei `byte`-Parametern:

```
/*private*/ static int calcState(final byte highByte, final byte lowByte)
{
    final int stateHigh = (highByte - 48);
    final int stateLow = (lowByte - 48);

    return stateHigh * 16 + stateLow;
}
```

Die ursprüngliche Methode ruft dann die neue Methode `calcState(byte, byte)` auf:

```
@Deprecated
private static int calcState(final byte[] msgBytes)
{
    return calcState(msgBytes[STATUS_OFFSET], msgBytes[STATUS_OFFSET + 1])
}
```

Schritt 2: Erstellen erster Unit Tests

Nachdem auf diese Weise eine besser verständliche Implementierung entstanden ist, starten wir mit der Entwicklung von Unit Tests. Dort prüfen wir für verschiedene Eingaben die Berechnung von Statuswerten: Die Eingabewerte '07', '20' und '79' sind (in Anlehnung an Äquivalenzklassen) so gewählt, dass sie sowohl das High- als auch das Low-Byte einzeln und in Kombination abdecken:

```
@Test
public void testCalcState_WithInput_07()
{
    assertEquals(7, Controller.calcState((byte) '0', (byte) '7'));
}

@Test
public void testCalcState_WithInput_20()
{
    assertEquals(2 * 16 + 0, Controller.calcState((byte) '2', (byte) '0'));
}

@Test
public void testCalcState_WithInput_79()
{
    assertEquals(7 * 16 + 9, Controller.calcState((byte) '7', (byte) '9'));
}
```

Die Tests mit diesen Werten laufen – wie erwartet – erfolgreich. Nun machen wir uns an ein Refactoring, um die Methode besser verständlich zu gestalten, da diese momentan auf einem sehr technischen Niveau entwickelt und dadurch nicht gut lesbar ist. Wir ersetzen zunächst die Magic Number 48 durch das char-Literal '0' und extrahieren dann die Berechnung des Werts in die Hilfsmethode `hexCodedByteToInt(byte)`. Die Verständlichkeit und die Lesbarkeit werden dadurch positiv beeinflusst:

```
/*private*/ static int calcState(final byte highByte, final byte lowByte)
{
    final int stateHigh = hexCodedByteToInt(highByte);
    final int stateLow = hexCodedByteToInt(lowByte);

    return stateHigh * 16 + stateLow;
}

/*private*/ static int hexCodedByteToInt(final byte byteValue)
{
    return (byteValue - '0'); // ASCII-Mummer => 0..9
}
```

Schritt 3: Unit Tests um Testfälle für A bis F erweitern

Durch die bisherigen Tests wissen wir, dass die Methode `calcState(byte, byte)` im Wertebereich der Dezimalzahlen korrekt funktioniert. Es müssen aber auch hexadezimale Eingaben unterstützt werden. Für die hexadezimalen Werte 'A' bis 'F' wählen wir als erste Testfälle (etwas willkürlich) die zwei Eingabewerte '3F' und 'AE':

```
@Test
public void testCalcState_WithInput_3F()
{
    assertEquals(0x3f, Controller.calcState((byte) '3', (byte) 'F'));
}

@Test
public void testCalcState_WithInput_AE()
{
    assertEquals(0xAE, Controller.calcState((byte) 'A', (byte) 'E'));
}
```

Diese beiden neu erstellten Unit Tests schlagen allerdings fehl. Eine kurze Analyse ergibt, dass die falschen Ergebnisse durch einen kleinen Denkfehler bei der Berechnung verursacht werden: Der durchgängige Wertebereich der Hexadezimalzahlen von 0 bis F wurde genauso auf die ASCII-Werte der entsprechenden `char`-Literale '0' bis 'F' übertragen – dort gilt jedoch Folgendes:

- '0' = 48, ..., '9' = 57,
- 'A' = 65, ..., 'F' = 70.

Damit ergeben sich folgende Berechnungen:

- 'A' - '0' = 65 - 48 = 17 => Wertebereichsfehler: Korrekt ist der Wert 10.
- 'F' - '0' = 70 - 48 = 22 => Wertebereichsfehler: Korrekt ist der Wert 15.

Zur Korrektur wird eine Fallunterscheidung genutzt:

```
/*private*/ static int hexCodedByteToInt(final byte byteValue)
{
    if (byteValue >= 'A' && byteValue <= 'F')
    {
        return (10 + (byteValue - 'A'));
    }
    if (byteValue >= '0' && byteValue <= '9')
    {
        return (byteValue - '0');
    }
    throw new IllegalArgumentException("Unexpected byte value: " + byteValue +
            ". Must be in Range '0'-'9' (0x30-0x39) or 'A'-'F' (0x41-0x46)");
}
```

Als Folge dieser Korrektur laufen nun alle Tests. Die Berechnung innerhalb der Methode `hexCodedByteValueToInt(byte)` ist durch die Fallunterscheidung jedoch etwas schlechter lesbar. Da es sich hierbei um eine Package-private Methode handelt, ist dies noch akzeptabel. Für eine öffentliche Methode gelten strengere Maßstäbe: Diese sollte immer gut lesbar sein und kaum technische Details zeigen.

> **Tipp: Iterative Entwicklung von Tests aus gemeldeten Fehlern**
>
> Niemand kann Unit Tests schreiben, die alle möglichen Fehlersituationen berücksichtigen. Daher sollte man Unit Tests iterativ entwickeln. Wenn jeder beobachtete Programmfehler als Vorlage für einen weiteren Unit Test dient, gewinnt man dadurch die Sicherheit, dass dieser Fehler niemals mehr im Programm auftreten wird, ohne durch Tests entdeckt werden zu können.
>
> Das Vorgehen ist der Kategorie des »explorativen Testens« zuzuordnen – wenn auch hier auf Fehler beschränkt –, einem strukturierten Ansatz, um zu (weiteren) Testfällen zu kommen.

Schritt 4: Unit Tests um Testfälle für die Konvertierung 0 bis F erweitern

Da sich die Methode `hexCodedByteValueToInt(byte)` als fehleranfällig herausgestellt hat, ergänzen wir spezielle Tests für diese Methode. Zunächst prüfen wir die korrekte Umwandlung sowohl von Ziffern als auch von gültigen Buchstaben – wobei wir hier vier Prüfungen in einem Testfall bündeln, weil diese semantisch zusammengehören. Allerdings sieht man dadurch bei einem Fehler möglicherweise nicht sofort, welche Bedingung verletzt wird. Später lernen wir mit der in JUnit 4.7 eingeführten JUnit Rule `ErrorCollector` eine elegantere Möglichkeit kennen, um mehrere Werte in einem Testfall zu prüfen.

```
@Test
public void testHexCodedByteToInt_WithSomeNumbersAndHexChars()
{
    assertEquals(0, Controller.hexCodedByteToInt((byte)'0'));
    assertEquals(9, Controller.hexCodedByteToInt((byte)'9'));
    assertEquals(10, Controller.hexCodedByteToInt((byte)'A'));
    assertEquals(15, Controller.hexCodedByteToInt((byte)'F'));
}
```

Hier erfolgt lediglich eine Prüfung durch vier Stichproben, die sich an den Grenzwerten orientieren. Beachten Sie bitte, dass das recht schnell unübersichtlich und bei Fehlern auch schwierig nachvollziehbar wird.

Sinnvolle Erweiterung Man sollte neben Standardfällen und -eingaben immer auch Randfälle oder Extremwerte testen. Deswegen ergänzen wir eine Testmethode, die einige ungültige Randwerte prüft. Für alle ungültigen Werte erwarten wir das Auftreten einer `IllegalArgumentException`. Im entsprechenden `catch`-Block reagieren wir daher darauf mit einem `assertTrue(true)`. Das ist zwar eigentlich überflüssig, um den Test zu bestehen, hilft aber, die erwartete Situation klarer auszudrücken. Führt die Umrechnung unerwartet zu keiner Exception, so nutzen wir die Methode `fail()`, um dies als Fehler im Unit Test zu protokollieren. Wir definieren zudem eine Hilfsmethode `checkInvalidValue(byte)`, die diese Details versteckt. Bei den Eingaben beschränken wir uns hier auf die vier wesentlichen Randfälle:

```
@Test
public void testHexCodedByteToInt_InvalidInputs()
{
    checkInvalidValue((byte) 0x29);
    checkInvalidValue((byte) 0x3a);
    checkInvalidValue((byte) 0x40);
    checkInvalidValue((byte) 0x47);
}
```

Die Hilfsmethode wird folgendermaßen realisiert:

```
private void checkInvalidValue(final byte value)
{
    try
    {
        Controller.hexCodedByteToInt(value);
        fail(Integer.toHexString(value) + " shouldn't be valid");
    }
    catch (final IllegalArgumentException ex)
    {
        assertTrue(true);
    }
}
```

Die gesamte Realisierung wirkt etwas umständlich. Verwendet man JUnit 4.7 oder höher, so lässt sich das Ganze durch die JUnit Rule `ErrorCollector` eleganter gestalten. Für ältere JUnit-Versionen ist dies aber für den gezeigten Testcode die einzige Möglichkeit, bei der Prüfung erwartete Exceptions zu verarbeiten und in einem Testfall, also pro Testmethode, auch *mehrere* Randwerte zu prüfen.

Reaktion auf eine erwartete Exception Soll in einem Testfall auf eine erwartete Exception reagiert werden, so ist das mit JUnit 3 etwas unhandlich. Mit JUnit 4 lässt sich dies eleganter formulieren, indem für die Annotation `@Test` im Parameter `expected` der erwartete Typ von Exception spezifiziert wird. Das Ausbleiben dieser Exception führt zu einem Fehlschlagen des Testfalls. Die nachfolgend gezeigte Testmethode `testInvalidHexCodedByteToInt_InvalidInput_ThrowsException()` definiert einen Testfall für den Randwert `0x29`. Dafür wird ein Fehlschlagen mit einer `IllegalArgumentException` erwartet:

```
@Test(expected=IllegalArgumentException.class)
public void testHexCodedByteToInt_InvalidInput_ThrowsException()
{
    Controller.hexCodedByteToInt((byte) 0x29);
}
```

Mit der gezeigten Realisierung lässt sich jedoch *lediglich* der Test eines *einzigen* Randfalls durchführen. Sind mehrere Randfälle zu prüfen, so kann die zuvor gezeigte Umsetzung mit der Methode `checkInvalidValue(byte)` erfolgen. Alternativ können pro Randfall eigene Testmethoden erstellt werden. Das führt jedoch recht schnell zu sehr vielen Testmethoden, aber man sieht sofort, welche Wertebelegung das Problem verursacht.

Schritt 5: Testfälle für Eingabewerte a bis f

Die Funktionalität ist nun gut mit Unit Tests abgesichert. Ein Testfall fehlt allerdings noch: Für hexadezimale Zahlen sind auch die Kleinbuchstaben a bis f erlaubt. Nach dem Erstellen der Tests aus Schritt 4 ist uns schon jetzt klar, dass diese Werte nicht unterstützt werden. Wir schreiben trotzdem einen Testfall, um unsere Vermutung zu untermauern:

```java
@Test
public void testCalcState_WithLowerCaseInput_ac()
{
    assertEquals(0xAC, Controller.calcState((byte)'a', (byte)'c'));
}
```

Wie erwartet schlägt dieser Testfall fehl.

Schritt 6: Implementierung um Konvertierung a bis f erweitern

Betrachten wir nun, wie wir diese Anforderung realisieren können. Ein erster spontaner Gedanke zur Verarbeitung von Kleinbuchstaben könnte sein, eine weitere Fallunterscheidung in die Methode `hexCodedByteValueToInt(byte)` aufzunehmen. Das würde allerdings die Lesbarkeit noch weiter verschlechtern. Wir überlegen kurz und erinnern uns dann an die Wrapper-Klassen (vgl. Abschnitt 4.2.2). Die Konvertierung lässt sich über die Klasse `Integer` und deren Methode `parseInt(String, int)` mit der Angabe der Basis 16 für hexadezimale Zahlen durchführen und in der Methode `calcState(byte, byte)` wie folgt nutzen:

```java
/*private*/ static int calcState(final byte highByte, final byte lowByte)
{
    final String hexNumber = new String(new byte[] { highByte, lowByte });
    return Integer.parseInt(hexNumber, 16);
}
```

Durch Einsatz dieser Bibliotheksmethode können wir zusätzlich zum Applikationscode auch die Unit Tests vereinfachen: Die Methode `hexCodedByteValueToInt(byte)` wird nicht mehr benötigt und daher gelöscht. Demnach sind auch alle mit Schritt 4 eingeführten Unit Tests nun ebenfalls obsolet und können entfallen. Somit spart man über 50 Zeilen Sourcecode und reduziert damit den Testcode um etwa die Hälfte. Anschließend werden alle Tests bestanden. Starten Sie den Testfall in der IDE, so sollte das Resultat wie in Abbildung 20-7 aussehen – alternativ können Sie auch das Programm CONTROLLERTEST starten.

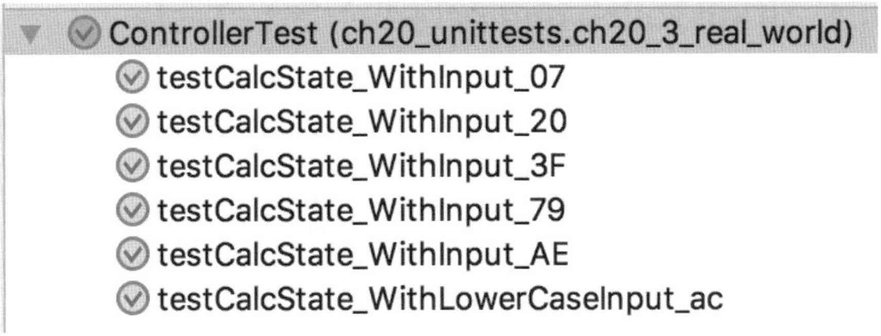

20.3 Motivation für Unit Tests aus der Praxis

▼ ⊙ ControllerTest (ch20_unittests.ch20_3_real_world)
   ⊙ testCalcState_WithInput_07
   ⊙ testCalcState_WithInput_20
   ⊙ testCalcState_WithInput_3F
   ⊙ testCalcState_WithInput_79
   ⊙ testCalcState_WithInput_AE
   ⊙ testCalcState_WithLowerCaseInput_ac

Abbildung 20-7 *Unit Tests nach den Verbesserungen*

Optionale, aber sinnvolle Aufräumarbeiten

Vermutlich wäre es besser, auf die ursprüngliche Methode `calcState(byte[])` zu verzichten. Das ist ganz einfach dadurch möglich, dass man das Basis-Refactoring INLINE nutzt, um die ursprüngliche Methode an den Aufruferstellen zu ersetzen.

Wäre es eine öffentliche Methode, so wäre ein anderes Verfahren empfehlenswert: Hier würde man die ursprüngliche Methode mit der `@Deprecated`-Annotation versehen und in späteren Versionen die Methode gegebenenfalls entfernen. Seit Java 9 kann man das auch in der `@Deprecated`-Annotation durch den Parameter `forRemoval` entsprechend kennzeichnen (vgl. Abschnitt 14.1.2).

Fazit

Wir haben gesehen, wie man Schritt für Schritt Unit Tests entwickeln kann und sich daraus Verbesserungen im Applikationscode ergeben können. Manchmal ist es sogar möglich, wie in Schritt 6, Teile der Implementierung komplett auszutauschen und durch die Unit Tests ein äquivalentes Verhalten absichern zu können. Wie bereits erwähnt, gibt es dabei keine absolute Sicherheit, allerdings eine größtmögliche.

Generell empfiehlt es sich, bei Änderungen im Sourcecode begleitend immer Unit Tests zur Absicherung der Änderungen zu schreiben, um sich vor (leichten) Fehlern, insbesondere Flüchtigkeits- und Denkfehlern, zu schützen.

Der Einsatz von Unit Tests hat folgende positive Auswirkungen: Unit Tests ...

- geben mehr Sicherheit, wenn weitere Änderungen erfolgen müssen.
- lassen sich sehr gut schrittweise erweitern.
- helfen dabei, ein besseres Verständnis für den Applikationscode zu entwickeln.
- ermöglichen es, sinnvolle Kommentare einzufügen und Funktionalität durch Testfälle zu dokumentieren.
- helfen dabei, Abhängigkeiten von anderen Packages und Klassen zu reduzieren.

20.4 JUnit Rules und parametrierte Tests

Beim Erstellen der Tests für die bisherigen Beispiele sind wir auf die eine oder andere Schwierigkeit gestoßen. Als Abhilfe lernen wir im Anschluss sowohl JUnit Rules als auch sogenannte Parametrized Tests kennen. JUnit Rules helfen beim Aufstellen von Testbehauptungen. Parametrierte Tests erleichtern das Testen von mehreren Parametersätzen, wie wir es zuvor schon selbst programmiert haben.

20.4.1 JUnit Rules im Überblick

Die nachfolgenden Abschnitte beschreiben mit JUnit Rules einige Erweiterungen zu JUnit, die in Version 4.7 hinzugefügt wurden.

Die Rule `TestName`

Ich beginne die Darstellung der JUnit Rules mit der unspektakulärsten und einfachsten, nämlich der JUnit Rule `TestName`, die wenig überraschend den Namen des momentan ausgeführten Testfalls, also der ausgeführten Methode, zurückliefert. Das zeigt der folgende Unit Test:

```java
import org.junit.rules.TestName;

public class NameRuleTest
{
    @Rule
    public TestName name = new TestName();

    @Test
    public void testMethod()
    {
        assertEquals("testMethod", name.getMethodName());
    }
}
```

Listing 20.5 Ausführbar als 'NAMERULETEST'

Die Rule `Timeout`

Per Definition sollten unsere Testfälle schnell abgearbeitet werden, um die Unterbrechung zwischen Codieren und Erhalt des Testresultats, den sogenannten Feedbackzyklus, möglichst kurz zu gestalten.

Zum Teil soll die Ausführungsdauer von Testfällen begrenzt werden. Man kann zwar für jeden Testfall einzeln in der Annotation `@Test` über den Parameter `timeout` explizit einen Wert für dessen maximale Ausführungsdauer setzen, jedoch möchte man dies oftmals globaler festlegen. Dafür gibt es die JUnit Rule namens `Timeout`. Dadurch werden alle Testfälle beim Überschreiten der angegebenen Time-out-Zeit abgebrochen und als Fehlschlag gewertet. Das kann man wie folgt einsetzen:

```
import org.junit.rules.Timeout;

public class TimeoutRuleTest
{
    @Rule
    public Timeout timeout = new Timeout(500, TimeUnit.MILLISECONDS);

    @Test
    public void longRunningAction() throws InterruptedException
    {
        for (int i=0; i < 20; i++)
        {
            TimeUnit.SECONDS.sleep(1);
        }
    }

    @Test
    public void loopForever() throws InterruptedException
    {
        for (;;)
        {
            TimeUnit.SECONDS.sleep(1);
        }
    }
}
```

Listing 20.6 *Ausführbar als* '**TIMEOUTRULETEST**'

Die beiden Tests in Form der Methoden `longRunningAction()` und `loopForever()` würden normalerweise rund 20 Sekunden bzw. unendlich laufen. Beide werden durch die `Timeout`-Rule nach der vorgegebenen Time-out-Zeit von 500 Millisekunden mit folgender Meldung abgebrochen:

```
org.junit.runners.model.TestTimedOutException: test timed out after 500
    milliseconds
```

Die Rule `ExpectedException`

Manchmal sollen Testfälle das Auftreten von Exceptions während der Abarbeitung prüfen und ein Ausbleiben würde einen Fehler darstellen. Ein Beispiel ist der bewusste Zugriff auf ein nicht existentes Element eines Arrays. Eine `ArrayIndexOutOfBoundsException` sollte die Folge sein. Um erwartete Exceptions im Testfall so zu behandeln, dass diese einen Testerfolg und keinen Fehlschlag darstellen, besitzt man verschiedene Alternativen. Vor JUnit 4 gab es nur folgendes Konstrukt, das einen `try-catch`-Block und einen Aufruf von `fail()` wie folgt einsetzt:

```
try
{
    actionsThrowingAnException();
    fail();                              // Sollte hier nicht hinkommen
}
catch (final ExpectedException e)
{
    assertTrue(true);                    // Erwarteter Fall
}
```

Seit JUnit 4 kann eine bei der Testausführung erwartete Exception in der Annotation
`@Test` als Parameter `expected` angegeben werden (hier `IllegalStateException`):

```
@Test(expected = IllegalStateException.class)
```

Beide Varianten haben ihre Stärken und Schwächen. Insbesondere sind sie tendenziell unleserlich (`try-catch`) oder folgen nicht dem ARRANGE-ACT-ASSERT-Stil (`expected` in `@Test`). Wie geht es besser? Ab JUnit 4.7 gibt es die JUnit Rule `ExpectedException`, die sich mit der Verarbeitung von Exceptions in Unit Tests beschäftigt:

```java
import org.junit.rules.ExpectedException;

public class ExpectedExceptionTest
{
    @Rule
    public ExpectedException thrown = ExpectedException.none();

    @Test
    public void illegalStateExceptionWithMessageTextExpected()
    {
        // würde die Exception bereits hier ausgelöst, so käme es zu einem Testfehler
        // throw new IllegalStateException("XYZ is not initialized");

        thrown.expect(IllegalStateException.class);
        thrown.expectMessage("XYZ is not initialized");

        throw new IllegalStateException("XYZ is not initialized");
    }
}
```

Listing 20.7 *Ausführbar als 'EXPECTEDEXCEPTIONTEST'*

Im Listing sehen wir, dass standardmäßig die Annahme gilt, dass keine Exception ausgelöst wird, was man durch `ExpectedException.none()` festlegt. Das ist für die meisten Testfälle sinnvoll als Vorbelegung. Erwartet man in einem Testfall dagegen, dass eine Exception ausgelöst wird, so ist dies explizit durch Aufruf von `expect()` zu spezifizieren. Neben dem Typ von Exception lässt sich per `expectMessage()` auch der dort enthaltene Hinweistext prüfen.

> **Tipp: Beschränkungen der annotationsbasierten Exception-Variante**
>
> Nutzt man die Annotation `@Test(expected = XYZ.class)`, birgt dies neben den bereits genannten Nachteilen noch weitere Schwachpunkte: Es wird in der gesamten Methode das Auftreten der angegebenen Exception als Erfolg gewertet, nicht nur in einem kleinen genau abgegrenzten Bereich. Das kann problematisch sein, weil es zu falschen Resultaten (sogenannten *False Positives*) führen kann. Nehmen wir an, die zu prüfende Programmstelle soll auf eine `IllegalArgumentException` prüfen. Wird bereits im ARRANGE-Teil ein solcher Typ von Exception ausgelöst, so wird der Testfall beendet und positiv gewertet, obwohl die eigentlich zu prüfende Anwendungslogik niemals durchlaufen wurde.

20.4 JUnit Rules und parametrierte Tests

Nebenbei existiert die Schwierigkeit, auf die Nachrichtentexte in der ausgelösten Exception zuzugreifen. Eine Motivation, warum das von Interesse sein kann, haben wir im einleitenden Beispiel zu Refactorings in Abschnitt 17.1 kennengelernt.

Kurz rekapituliert: Die Texte einer ausgelösten Exception erlauben Rückschlüsse über die Güte der enthaltenen Fehlernachricht. Fehlt diese Nachricht, so war der Programmierer entweder (zu) faul oder es handelt sich um eine vom System generierte Exception, etwa eine `NullPointerException` durch das Dereferenzieren einer `null`-Referenz. Als Anwendungsentwickler sollte man immer die Chance nutzen, eine ausgelöste Exception mit möglichst hilfreichen Informationen zur Fehlerursache und zum Kontext zu versehen, etwa »`Can not open properties file '<path>/XYZ.properties'. File does not exist.`«

Die Rule `TemporaryFolder`

Mitunter benötigt man in Unit Tests auch Zugriffe auf Dateien. Praktischerweise erlaubt JUnit die Ausführung von Unit Tests unter Bereitstellung eines jeweils eigenen temporären Verzeichnisses für einen Testfall, wobei abschließend automatisch Aufräumarbeiten erfolgen. Dadurch bleibt auch die Forderung nach Unabhängigkeit der Testfälle untereinander bestehen. Zudem lässt sich der Test oftmals klarer formulieren, als wenn man versucht, Abhängigkeiten zum Dateisystem durch die später in Abschnitt 20.5.1 vorgestellten Stellvertreterobjekte zu beschreiben.

Legen wir nun ein Unterverzeichnis sowie eine Datei in einem temporären Verzeichnis an und prüfen dessen Inhalt sowie die Existenz der Datei:

```java
import org.junit.rules.TemporaryFolder;

public class TemporaryFolderTest
{
    @Rule
    public TemporaryFolder folder = new TemporaryFolder();

    @Test
    public void testUsingTempFolder() throws IOException
    {
        final File subFolder = folder.newFolder("subfolder");
        final File createdFile = folder.newFile("abc.txt");

        // Ermittle den Inhalt des Temp-Folders, normales File-API
        final String[] dirContents = folder.getRoot().list();

        // Als Menge, damit die Reihenfolge keinen Einfluss hat
        final List<String> expectedNames = Arrays.asList("subfolder", "abc.txt");
        final Set<String> expectedFiles = new TreeSet<>(expectedNames);
        assertEquals(expectedFiles, new TreeSet<>(Arrays.asList(dirContents)));

        // Prüfe, ob File existiert
        assertTrue(createdFile.exists());
    }
}
```

Listing 20.8   Ausführbar als 'TEMPORARYFOLDERTEST'

Beim Programmieren dieses Unit Tests merkt man, dass es etwas unhandlich ist, die Erwartung in Form eines `String[]` mit den tatsächlich durch `list()` gelieferten Datei- bzw. Verzeichnisnamen abzugleichen. Damit die Reihenfolge keine Rolle spielt, wird hier zunächst in eine Liste und danach in ein `TreeSet<String>` gewandelt. Das bläht den Sourcecode auf und macht die Intention des Tests weniger klar. Greifen wir etwas vor und vereinfachen die Prüfungen mit dem Tool Hamcrest wie folgt:

```
import static org.hamcrest.collection.IsArrayContainingInAnyOrder.
    arrayContainingInAnyOrder;
import static org.hamcrest.collection.IsIterableContainingInAnyOrder.
    containsInAnyOrder;

// ...

final String[] currentContents = folder.getRoot().list();

// Hamcrest-Variante 1 mit Arrays
final String[] expectedAsArray = { "subfolder", "abc.txt" };
assertThat(expectedAsArray, arrayContainingInAnyOrder(currentContents));

// Hamcrest-Variante 2 mit Iterable
final List<String> expectedAsList = Arrays.asList("subfolder", "abc.txt");
assertThat(expectedAsList, containsInAnyOrder(currentContents));
```

Hinweis Wenn kleinere Interaktionen mit dem Dateisystem zu testen sind, ist die JUnit Rule `TemporaryFolder` praktisch, weil sie von den ansonsten benötigten Aufräumarbeiten, z. B. dem Löschen von temporär erzeugten Dateien und Verzeichnissen, befreit. Im Allgemeinen sollte man Dateiaktionen in Unit Tests jedoch eher vermeiden.

Kombinierbarkeit von JUnit Rules

Praktischerweise kann man JUnit Rules miteinander kombinieren und legt die Reihenfolge mithilfe der Klasse `RuleChain` fest:

```
public Timeout timeout = new Timeout(500, TimeUnit.MILLISECONDS);
public ExpectedException thrown = ExpectedException.none();

@Rule
public RuleChain ruleChain = RuleChain.outerRule(thrown).around(timeout);
```

Die hier genutzte Variante erlaubt es, einen Time-out als erwartete Ausnahme und damit als Testerfolg zu werten. Würde man die beiden Rules bei der Konstruktion `RuleChain` vertauschen, so wird ein Time-out als Fehlschlag gewertet.

20.4.2 Parametrierte Tests

Teilweise muss man eine Vielzahl an Wertebelegungen testen. Würde man für jede davon eine eigene Testmethode erstellen, so würde die Testklasse ziemlich aufgebläht und unübersichtlich. Um das eleganter zu lösen, gibt es verschiedene Varianten. Alle davon haben ihre spezifischen Stärken und Schwächen.

20.4 JUnit Rules und parametrierte Tests

Nachfolgend nehmen wir an, es sollen Prüfungen für festdefinierte Wertebereiche oder für eine ausgesuchte Menge an Eingaben vorgenommen werden.[14]

Einfache Variante: selbstgestrickte Tests

Nehmen wir an, wir sollen für alle Eingabewerte von einstelligen gültigen hexadezimalen Zahlen, repräsentiert als ASCII, den entsprechenden Zahlenwert durch Aufruf der Methode `hexCodedByteToInt()` ermitteln. Eine einfache Variante ist es, die Verarbeitung der Eingabewerte mithilfe eines Arrays erwarteter Werte in einer Schleife zu prüfen:

```
@Test
public void testHexCodedByteValueToInt_With_AllValidInputs()
{
    final byte[] inputs = { '0', '1', '2', '3', '4', '5', '6', '7', '8', '9',
                            'A', 'B', 'C', 'D', 'E', 'F' };
    final int[] expected = { 0, 1, 2, 3, 4, 5, 6, 7, 8, 9,
                             10, 11, 12, 13, 14, 15 };

    for (int i = 0; i < inputs.length && i < expected.length; i++)
    {
        assertEquals(expected[i], Controller.hexCodedByteToInt(inputs[i]));
    }
}
```

Diese Variante besitzt den Nachteil, dass die Testmethode beim ersten Fehler abgebrochen wird. Enthält die Funktionalität mehrere Fehler, so muss man sich sukzessive durch immer weitere Fehler kämpfen, bis der Testfall (endlich) bestanden wird. Zudem erfolgt die Zuordnung zwischen Eingabewert und Resultat aufgrund der Position – das wird schnell unübersichtlich. Zwar gibt es Alternativen, wie man es selbst besser machen kann, schauen wir uns aber lieber an, was JUnit zu bieten hat.

JUnit Parametrized Tests

Seit JUnit 4 kann man einen sogenannten parametrierten Test nutzen, der es erlaubt, einen Testfall mit unterschiedlichen Wertebelegungen immer wieder auszuführen. Dazu muss man folgende Schritte durchführen:

1. Die Testklassen mit `@RunWith(Parameterized.class)` annotieren.
2. Einen Konstruktor erstellen, der die Testdaten entgegennimmt. Als Parameter benötigt dieser Konstruktor jeweils Eingabewert und erwartetes Ergebnis.
3. Attribute für jeden der Übergabeparameter des Konstruktors bereitstellen.
4. Eine spezielle Datenlieferanten-Methode erstellen. Diese muss als `public` und `static` definiert sein und als Rückgabe ein `Iterable<Object[]>` besitzen.
5. Eine Testmethode, die dann mit den Werten »gefüttert« wird, erstellen.

---

[14] Bei einer nicht überschaubaren Anzahl an Werten ist es keine gute Idee, für alle diese eine Prüfung vorzunehmen, da dies die Ausführungsdauer der Unit Tests oftmals deutlich verlängert – ohne jedoch einen (größeren) Mehrwert zu bringen. Hier empfiehlt sich der Einsatz von Repräsentanten aus Äquivalenzklassen.

Wenn man den Test wie beschrieben implementiert, sieht man, dass der Einsatz von parametrierten Tests zulasten der Einfachheit und teilweise der Verständlichkeit geht – allerdings erfolgt hier eine sehr gute Zuordnung zwischen Eingabe- und Ergebniswert:

```java
import org.junit.runner.RunWith;
import org.junit.runners.Parameterized;

@RunWith(Parameterized.class)
public class ParametrizedTestExample
{
    private byte input;
    private int expected;

    // Jeder Methodenparameter und auch der erwartete Wert werden als
    // Parameter an den Konstruktor übergeben
    public ParametrizedTestExample(final char inputNumber,
                                   final int expectedResult)
    {
        this.input = (byte)inputNumber;
        this.expected = expectedResult;
    }

    @Parameterized.Parameters
    public static Iterable<Object[]> hexInputs()
    {
        return Arrays.asList(new Object[][]
        {
            {'0', 0 }, {'1', 1 }, {'2', 2 }, {'3', 3 }, {'4', 4},
            {'5', 5 }, {'6', 6 }, {'7', 7 }, {'8', 8 }, {'9', 9},
            {'A', 10}, {'B', 11}, {'C', 12}, {'D', 13}, {'E', 14}, {'F', 15}
        });
    }

    @Test
    public void testHexCodedByteValueToInt_With_AllValidInputs()
    {
        assertEquals(expected, Controller.hexCodedByteValueToInt(input));
    }
}
```

Listing 20.9 *Ausführbar als* **'PARAMETRIZEDTESTEXAMPLE'**

Bei diesem Vorgehen ist außerdem problematisch, dass die Testfälle von JUnit während der Ausführung durchnummeriert werden, wie es Abbildung 20-8 zeigt.

Basierend auf der Nummer ist bei einem Fehlschlagen kein Rückschluss auf die tatsächliche Wertebelegung möglich. Weil man diese Schwachstelle im JUnit-Framework erkannt hat, kann man seit JUnit 4.11 Informationen zu den einzelnen Parametrierungen ausgeben: Wenn man die Annotation etwas erweitert, lassen sich fehlschlagende Tests leichter identifizieren:

```java
@Parameterized.Parameters(name= "index: hexInput (0) => value 1")
public static Iterable<Object[]> hexInputs()
{
    return Arrays.asList(new Object[][] {
        { '0', 0 }, { '1', 1}, { '2', 2 }, {'3', 3}, {'4', 4},
        { '5', 5 }, {'6', 6}, {'7', 7}, { '8', 8}, {'9', 9},
        {'A', 10}, {'B',11} , {'C', 14}, {'D', 13}, {'E', 12}, {'F', 15} });
}
```

20.4 JUnit Rules und parametrierte Tests

Class ch20_unittests.junit_extensions.ParametrizedTestExample
all > ch20_unittests.junit_extensions > ParametrizedTestExample

16	2	0	0.003s	87%
tests	failures	ignored	duration	successful

Failed tests | **Tests**

Test	Duration	Result
testHexCodedByteValueToInt_With_AllValidInputs[0]	0.001s	passed
testHexCodedByteValueToInt_With_AllValidInputs[10]	0s	passed
testHexCodedByteValueToInt_With_AllValidInputs[11]	0s	passed
testHexCodedByteValueToInt_With_AllValidInputs[12]	0.002s	failed
testHexCodedByteValueToInt_With_AllValidInputs[13]	0s	passed
testHexCodedByteValueToInt_With_AllValidInputs[14]	0s	failed
testHexCodedByteValueToInt_With_AllValidInputs[15]	0s	passed
testHexCodedByteValueToInt_With_AllValidInputs[1]	0s	passed
testHexCodedByteValueToInt_With_AllValidInputs[2]	0s	passed
testHexCodedByteValueToInt_With_AllValidInputs[3]	0s	passed
testHexCodedByteValueToInt_With_AllValidInputs[4]	0s	passed
testHexCodedByteValueToInt_With_AllValidInputs[5]	0s	passed
testHexCodedByteValueToInt_With_AllValidInputs[6]	0s	passed
testHexCodedByteValueToInt_With_AllValidInputs[7]	0s	passed
testHexCodedByteValueToInt_With_AllValidInputs[8]	0s	passed
testHexCodedByteValueToInt_With_AllValidInputs[9]	0s	passed

Abbildung 20-8 *Testergebnisse des Programms* PARAMETRIZEDTESTEXAMPLE

Dabei bedeuten die Platzhalter Folgendes: `{index}` entspricht dem Index in den Testdaten, und `{0}`, `{1}`, `{2}` usw. referenzieren die entsprechenden Datenelemente. Die verbesserte Ausgabe können Sie nachvollziehen, wenn Sie das Programm PARAMETRIZEDTESTEXAMPLEIMPROVED starten.

Zwischenfazit Zwar sind parametrierte Tests grundsätzlich eine gute Idee, jedoch sind sie in JUnit eher unbefriedigend umgesetzt, weil dadurch die Komplexität der Testklasse erhöht wird und sich Tests nicht sonderlich elegant formulieren lassen. Schlimmer noch: Man kann in einer solchen Testklasse keine Testmethoden ergänzen, die ohne Parametrierung ausgeführt werden sollen. Darüber hinaus ist es nicht möglich, für verschiedene Methoden auch unterschiedliche Parametrierungen zu verwenden.

Parametrierte Tests mit JUnit Rule `ErrorCollector`

Wenn die Parametrierung oft nur in einigen, aber nicht allen Testmethoden benötigt wird, ist die bisher noch nicht vorgestellte JUnit Rule `ErrorCollector` nützlich. Diese dient dazu, mehrere Fehlschläge aufsammeln zu können. Den Testfall schreiben wir dann – gekürzt auf sechs Werte – wie schon zuvor, indem sowohl die Eingaben als auch die erwarteten Ergebnisse in einer Liste definiert und dann in einer Schleife jeweils die Tests ausgeführt werden – hier nutzen wir die in Abschnitt 3.7.1 erstellte generische Klasse `Pair<T1, T2>`, um Eingabe und Ergebnis besser miteinander zu verknüpfen:

```java
import org.junit.rules.ErrorCollector;

public class ParametrizedTest_WithErrorCollector
{
    @Rule
    public ErrorCollector errors = new ErrorCollector();

    @Test
    public void testHexCodedByteValueToInt_With_AllValidInputs()
    {
        final List<Pair<Byte, Integer>> inputsAndResults = Arrays.asList(
                new Pair((byte)'0', 0), new Pair((byte)'9', 9),
                new Pair((byte)'C', 122), new Pair((byte)'E', 144), // errors
                new Pair((byte)'A', 10), new Pair((byte)'F', 15));

        for (final Pair<Byte, Integer> current : inputsAndResults)
        {
            try
            {
                assertEquals(current.getSecond().intValue(),
                             Controller.hexCodedByteToInt(current.getFirst()));
            }
            catch (final Throwable e)
            {
                errors.addError(e);
            }
        }
    }
}
```

Listing 20.10 *Ausführbar als* **'PARAMETRIZEDTEST_WITHERRORCOLLECTOR'**

Im Listing habe ich bewusst zwei Fehler in die Ergebniswerte integriert, um aufzeigen zu können, wie klar sich Testfälle gestalten lassen und wie hilfreich diese Variante ist, um Fehler erkennbar zu machen. Angemerkt sei auch noch, dass hier `Throwable` gefangen wird, um alle möglichen Ausnahmen als Testfehler zu werten.

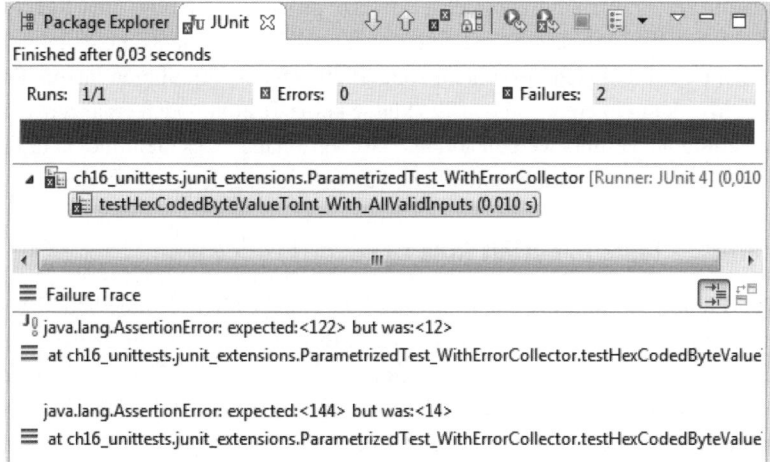

Abbildung 20-9 *Parametrierter Test mit der JUnit Rule* `ErrorCollector`

20.5 Fortgeschrittene Unit-Test-Techniken

In diesem Unterkapitel betrachten wir zunächst mit dem zustandsbasierten und verhaltensbasierten Testen zwei grundsätzlich verschiedene Varianten des Testens. Zudem gehe ich auf mögliche Schwierigkeiten beim Unit-Testen ein. Als Abhilfe lernen wir die Technik EXTRACT AND OVERRIDE sowie *Stellvertreterobjekte*, auch *Test-Doubles* genannt, kennen. Vielen sind die Begriffe Stubs und Mocks sicher geläufiger. Beide leiten sich aus dem Englischen ab:»stub« = Stumpf, Stummel und »to mock« = nachahmen, vortäuschen. Durch den Einsatz von Stubs und Mocks wird es möglich, andere Komponenten für Testfälle zu ersetzen bzw. deren Verhalten zu simulieren. Anhand von Beispielen zeige ich, wie man mithilfe von Stubs und Mocks das Testen vereinfachen kann. Dabei lernen wir auch das populäre Mocking-Framework Mockito kennen. Abschließend wird kurz auf das Thema »Testen privater Methoden« eingegangen.

Zustandsbasiertes vs. verhaltensbasiertes Testen

In diesem Kapitel haben wir uns bislang mit dem zustandsbasierten Testen beschäftigt. Was heißt das genau? Gemäß dem AAA-Stil wird zunächst für den richtigen Kontext gesorgt, dann die gewünschte, zu testende Funktionalität ausgeführt und schließlich das Ergebnis geprüft. Dazu werden verschiedene Eigenschaften bzw. Attribute ausgelesen und gegen erwartete Werte geprüft. So natürlich und eingängig dieses Verfahren ist, so gibt es doch noch eine andere Möglichkeit: das verhaltensbasierte Testen. Dieses wird oftmals als etwas unintuitiver wahrgenommen – jedenfalls, wenn man damit beginnt. Hierbei geht es darum, die Interaktionen zu prüfen und nicht die konkret ausgelösten Zustandsänderungen.

Betrachten wir dazu ein einfaches, etwas künstliches Beispiel eines Datencontainers, der zur Datenhaltung eine `List<String>` verwendet:

```java
public final class Members
{
    private final List<String> members;

    public Members(final List<String> persons)
    {
        this.members = persons;
    }

    public boolean registerMember(final String member)
    {
        return members.add(member);
    }

    public boolean deregisterMember(final String member)
    {
        return members.remove(member);
    }
    // ...
```

Beim verhaltensbasierten Testen betrachtet man die Interaktionen, also die aufgerufenen Methoden, statt Veränderungen im Objektzustand. Demnach ist man beispielsweise nicht daran interessiert, ob sich nach einem Aufruf der Methode `register-Member(String)` die Anzahl der gespeicherten Elemente erhöht hat. Beim zustandsbasierten Testen würde man zur Prüfung einfach einen entsprechenden Aufruf einer `assertXYZ()`-Methode nutzen.

Wie kann man dann aber prüfen, ob ein korrektes Verhalten vorliegt? Die Antwort ist verblüffend, obwohl naheliegend: ***Man ermittelt die für eine Aktion notwendige Abfolge von Methoden analog zu einem Ablauf in einem Sequenzdiagramm.*** Nehmen wir an, es soll folgender Ablauf geprüft werden: Zunächst werden die beiden Stringobjekte `"Person1"` und `"Person2"` über einen Aufruf der Methode `register-Member(String)` gespeichert. Anschließend wird `"Person1"` über einen Aufruf von `deregisterMember(String)` wieder gelöscht. Aufgrund des beschriebenen Ablaufs ergeben sich die als Sequenzdiagramm in Abbildung 20-10 dargestellten Aufrufe.

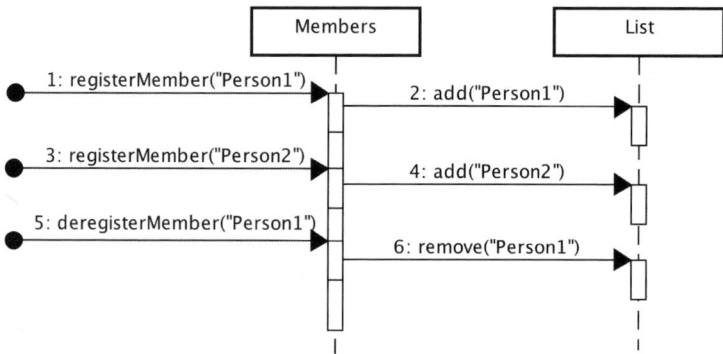

Abbildung 20-10 *Testablauf Mock-Beispiel*

Als Erwartung kann man aufgrund der Methodenaufrufe an die Klasse `Members` und basierend auf dem Sequenzdiagramm formulieren, dass es zu zwei Aufrufen von `add(String)`, gefolgt von einem Aufruf von `remove(String)` auf der Liste kommt. Beim verhaltensbasierten Testen prüfen wir genau dies ab. Wir erstellen dazu ein Stellvertreterobjekt, das die Interaktionen protokolliert und es später ermöglicht, diese mit den Erwartungen abzugleichen. Nehmen wir an, wir würden einen Stellvertreter durch Aufruf von `mock()` erhalten und Erwartungen durch Aufruf von `verify()` prüfen. Dann schreiben wir Folgendes:

```
// Arrange
final List<String> mockedList = mock(List.class);
final Members members = new Members(mockedList);

// Act
members.registerMember("Person1");
members.registerMember("Person2");
members.deregisterMember("Person1");
```

```
// Assert
verify(mockedList).add("Person1");
verify(mockedList).add("Person2");
verify(mockedList).remove("Person1");
```

Bitte beachten Sie, dass im Gegensatz dazu beim zustandsbasierten Testen der resultierende Objektzustand mit nur "Person2" als registriertem Mitglied auf verschiedene Arten entstanden sein könnte – etwa auch nur durch einmaliges Hinzufügen und nicht durch die zuvor dargestellte Abfolge der Methodenaufrufe. Das wiederum kann problematisch sein, wenn weitere Komponenten involviert sind und es auf die Abfolge und nicht den Endzustand ankommt.

Schwierigkeiten beim Unit-Testen

Nachdem wir mittlerweile wissen, dass sich Unit Tests in der Regel recht positiv auf die Qualität auswirken, sollten wir uns noch folgende Frage stellen:»Was erschwert es uns, gute Unit Tests zu schreiben?«

Wenn man ein wenig nachdenkt, so sind es fast dieselben Dinge, die schon beim Entwickeln störend sein können. Rekapitulieren wir kurz, was in den bisherigen Kapiteln dazu gesagt wurde oder was Sie vielleicht auch schon am eigenen Leib erfahren haben. Bevor man mit dem Implementieren beginnt, sollte man zunächst einmal wissen, was realisiert werden soll und wie es funktionieren soll. Ansonsten stochert man im Dunkeln und Fehlentwicklungen sind vorprogrammiert. Unabhängig davon sind beim Entwickeln eine gute Namensgebung und ein problemangepasstes Design mit klaren Zuständigkeiten erstrebenswert. Oftmals sieht die Realität aber anders aus: Klassen bieten zu viel Funktionalität und besitzen meistens zu viele Abhängigkeiten zu anderen Klassen. Das wiederum führt zu Fragilität: Ändert man an einer Stelle, so zerbricht etwas an anderer Stelle.

Kommen wir nun zu Unit Tests zurück. Auch dort helfen uns Informationen zur gewünschten Funktionalität, um adäquate Testfälle erstellen zu können und nicht nur Pseudotests für triviale `get()`-/`set()`-Methoden zu schreiben. Zudem profitieren wir von gelungenen, aussagekräftigen Namen der Testmethoden, um das Wesentliche eines Testfalls erkennen zu können (ohne dazu die Implementierung anschauen zu müssen). Darüber hinaus sollten Abhängigkeiten auf andere Klassen sinnvoll aufgelöst werden. Zu deren Substituierung zur Erleichterung des Testens bieten sich verschiedene Formen von Test-Doubles an. Der Name ist recht plakativ und ähnelt dem Stunt Double aus Filmen. Genau diese Analogie sollten Sie im Hinterkopf behalten: Ein Test-Double vertritt ein Anwendungsobjekt in einem Testfall, um Abhängigkeiten etwa zum Dateisystem oder zu Datenbanken aufzulösen und eine Unit besser testbar zu machen.

20.5.1 Stellvertreterobjekte / Test-Doubles

Wie eingangs erwähnt, bezeichnet man Objekte als Test-Doubles, die als Stellvertreter für Applikationsobjekte oder Fremdsysteme zur Erleichterung der Programmierung von Tests genutzt werden können. Dadurch lässt sich Zustand oder Verhalten prüfen, ohne immer ein ganzes System bereitstellen zu müssen. Das ist hilfreich, weil Unit Tests nur kleine Ausschnitte aus dem Programmverhalten isoliert überprüfen sollen, d. h. ohne die Interaktion mit anderen Software- oder Hardwarekomponenten. Man spricht hier auch von *Kollaborateuren*. Genau diese werden aber oftmals für die Bereitstellung der Programmfunktionalität benötigt, was wiederum die Testbarkeit erschwert. Durch den Einsatz von Abstraktionen für die Kollaborateure in Form von Test-Doubles kann man eine Unabhängigkeit von externen Systemen erreichen: Wurde dies (initial) nicht bedacht, so muss z. B. durch Einführen eines Interface für eine bessere Testbarkeit gesorgt werden. In den Testfällen nutzt man dann Test-Doubles, die das von der Anwendung benötigte Interface erfüllen. Dabei kommen die nachfolgend kurz vorgestellten Varianten zum Einsatz.[15]

Dummy

Unter einem *Dummy* versteht man einen Platzhalter, der keine Funktionalität bereitstellt. Obwohl das zunächst wenig hilfreich scheint, erleichtert dies, Abhängigkeiten aufzulösen, etwa dann, wenn man an eine Methode gewisse Parameter eines speziellen Typs übergeben muss, deren Werte aber später in der Abarbeitung der Methode irrelevant sind. Im einfachsten Fall reicht eine `null`-Referenz, um die Parameterliste zu erfüllen. Bei `null`-Referenzen setzt das aber voraus, dass auf diese nicht ungeprüft zugegriffen wird, da ansonsten `NullPointerExceptions` drohen. Daher bietet es sich in der Regel an, Null-Objekte (vgl. Abschnitt 18.3.2) als Dummy zu verwenden.

Beispiel Die einfachste Variante ist nachfolgend gezeigt. Hier wird ein Parameter zum Aufruf der Methode `doSomething()` benötigt, ist dort aber optional und somit kann hier `null` als Wert und simpelster Stellvertreter angegeben werden:

```
final Object optionalDataDummy = null;

doSomething(mandatoryValue, optionalDataDummy);
```

Stub oder Fake

Deutlich komplexer als Dummies sind *Stub* und Fake. Diese möchte ich in diesem Buch nicht groß unterscheiden. Für mich stellen ein Stub und ein Fake jeweils eine rudimentäre, manchmal auch nur leicht abgespeckte, aber funktionierende Implementierung einer anderen Klasse dar. Dabei kann ein Stub beispielsweise vordefinierte

---
[15] Bitte beachten Sie, dass man verschiedenste abweichende Definitionen und Verwendungen der obigen Begriffe für Test-Doubles findet.

20.5 Fortgeschrittene Unit-Test-Techniken

Rückgabewerte bereitstellen, aber auch ein ausgeklügelteres Verhalten besitzen, etwa Daten und Zustand speichern oder Methodenaufrufe protokollieren. Ein Fake wäre ein Exemplar eines Test-Doubles mit einer abgewandelten Funktionsweise etwa eine In-Memory-Datenbank statt einer realen Datenbank.

Beispiel Erinnern wir uns an das Beispiel der Ausgabegeräte aus Abschnitt 20.3. Dort wurde bereits initial im Design mit dem Interface `IDisplay` eine Abstraktion vorgesehen. Somit erreichen wir eine Unabhängigkeit von der realen Hardware, wenn wir eine Stub-Klasse `SimulationDisplay` implementieren, die das Interface `IDisplay` erfüllt. Statt Ausgaben auf einem physikalischen Gerät vorzunehmen, dient diese Testklasse dazu, eingehende Nachrichten vom Typ `MessageDto` entgegenzunehmen. Nachfolgend ist der dazu relevante Teile von `IDisplay` angegeben:

```java
public interface IDisplay
{
    public void displayMsg(final MessageDto msg);
    ...
}
```

Eine einfache Variante der Implementierung als Stub könnte man wie folgt realisieren:

```java
public final class SimulationDisplayStubBasic implements IDisplay
{
    @Override
    public void displayMsg(final MessageDto msg)
    {
        System.out.println("SimulationDisplay - got msg '" + msg + "'");
    }
}
```

Diese extrem simple Variante ist fast noch eher ein Dummy als ein Stub. Sie erlaubt nur rudimentäres Testen – insbesondere muss man die Ausgaben selbst prüfen.

Schöner wäre eine etwas ausgefeiltere Variante, die die Nachrichten in einer Liste speichert und für Unit Tests dann Zugriff in Form der Methode `getContents()` darauf bereitstellt, was weiter gehende Prüfungen in Tests ermöglicht. Den Stub realisieren wir wie folgt, wobei die Stub-spezifische Funktionalität mit STUB gekennzeichnet ist:

```java
public final class SimulationDisplayStubAdvanced implements IDisplay
{
    private final List<MessageDto> messages = new ArrayList<>();

    @Override
    public void displayMsg(final MessageDto msg)
    {
        messages.add(msg);
    }

    // STUB
    public List<MessageDto> getContents()
    {
        return Collections.unmodifiableList(messages);
    }
}
```

Mock

Schließlich verbleiben *Mocks*. Diese dienen zum Überprüfen von Verhalten in Form von erwarteten Methodenaufrufen. Werden im Testfall durch die Abarbeitung der Anwendungsfunktionalität nicht die für einen Mock zuvor spezifizierten Methoden aufgerufen, so wird dies als Fehler gewertet.

Beispiel Mocks kann man zwar selbst realisieren, das erfordert jedoch einiges an Arbeit, insbesondere, wenn man die Interaktionen ausgeklügelt festlegen und prüfen können möchte. Für unser Beispiel bestünde ein simpler Mock nur daraus, mithilfe eines Flags zu prüfen, ob eine Methode aufgerufen wurde:

```java
public final class SimulationDisplayMock implements IDisplay
{
    private boolean displayMsgCalled = false;

    @Override
    public void displayMsg(final MessageDto msg)
    {
        displayMsgCalled = true;
    }

    // MOCK
    public void verifyDisplayMsgWasCalled() throws AssertionError
    {
        PreConditions.checkState(displayMsgCalled,
                    "method 'displayMsg' has not been called");
    }
}
```

Im Listing ist die Mock-spezifische Funktionalität mit MOCK gekennzeichnet. Damit könnte man aber nicht einmal herausfinden, wie häufig ein Aufruf erfolgt ist. Eine etwas ausgefeiltere Variante speichert die Aufrufe samt Parametern wie folgt:

```java
public final class SimulationDisplayMock implements IDisplay
{
    private final Map<String, Object> calls = new LinkedHashMap<>();

    @Override
    public void displayMsg(final MessageDto msg)
    {
        calls.put("displayMsg", msg);
    }

    // MOCK
    public boolean verifyMethodWasCalled(final String methodName)
    {
        final boolean methodCallFound = calls.containsKey(methodName);
        PreConditions.checkState(methodCallFound,
                    "method '" + methodName +
                    "' has not been called");
    }

    // MOCK
    public int verifyInvocationCount(final String methodName,
                    final int expectedCount)
    {
```

```
          final int actualMethodCalls = invocationCount(methodName);

          PreConditions.checkState(actualMethodCalls == expectedCount,
                                   "expected " + expectedCount + " calls to " +
                                   "method '" + methodName + "' but found " +
                                   actualMethodCalls + " calls");
     }

     // MOCK
     private int invocationCount(final String methodName)
     {
          return calls.keySet().stream().
                              filter(key -> key.equals(methodName)).
                              count();
     }
}
```

Unschwer erkennt man, dass je mehr Methodenaufrufe beobachtet und je umfangreicher die Auswertungsmöglichkeiten werden sollen, die eigene Implementierung von Mocks aufwendiger wird und die Komplexität explodiert. Vermutlich wird man dabei auch Fehler machen und dadurch ist das ganze Testing unzuverlässig. Deshalb bietet sich der Einsatz eines Mocking-Frameworks an. Später mehr dazu.

Kritische Betrachtung zustandsbasiertes vs. verhaltensbasiertes Testen

Rekapitulieren wir kurz: Beim zustandsbasierten Testen mit Stubs geht es darum, Zustand bzw. Resultate zu prüfen, beim verhaltensbasierten Testen mit Mocks sind die Interaktionen im Fokus. Manchmal erlaubt es aber erst die Kombination aus beiden, sinnvolle und prägnante Tests zu schreiben. Beleuchten wir kurz, warum dies so ist.

Um Zustandsänderungen prüfen zu können, werden teilweise Änderungen in den Business-Klassen erforderlich – das haben wir im Beispiel der Klasse `Simulation-DisplayStubAdvanced` und der dort neu eingeführten Methode `getContents()` gesehen. Sofern solche Modifikationen minimal sind oder zu besserem Design führen, profitiert man davon. Mitunter erfolgen aber Erweiterungen rein aufgrund von Testbedürfnissen. Das ist möglichst zu vermeiden, weil dann Applikationscode existiert, der nicht zur Business-Funktionalität beiträgt, sondern lediglich zum Testen. Einige IDEs wie IntelliJ IDEA können diesen Sachverhalt prüfen und als Verstoß melden.

Wenn man Funktionalitäten gründlich, aber nur zustandsbasiert testen möchte, so ist das Einführen testbedingten Sourcecodes kaum zu vermeiden. Darüber hinaus gibt es ein fast noch schwerwiegenderes Problem, auf das ich schon kurz hingewiesen habe: Anhand des geprüften Zustands kann man nicht eindeutig auf die Abfolge von Methodenaufrufen schließen. So hinterlassen die Kommandofolgen

$$add(x)$$

und

$$add(x), add(y), remove(y)$$

den gleichen beobachtbaren Zustand, nämlich den Wert x. Um Derartiges testen zu können, müssen wir auf Mocks zurückgreifen. Deren Einsatz erlaubt es uns, ohne Modifikationen an den Business-Klassen die erwarteten Aufrufe prüfen zu können. Allerdings ist es wiederum rein mit Mocks nicht möglich, erwartete Zustandsänderungen nachzuvollziehen und sicherzustellen. Das erlauben wiederum Stubs.

20.5.2 Vorarbeiten für das Testen mit Stubs und Mocks

Wir haben ein erstes Verständnis für Test-Doubles und deren Vorteile aufgebaut. Um aber statt konkreter Kollaborateure korrespondierende Stellvertreter in Form von Stubs und Mocks nutzen zu können, ist es häufig notwendig, die in Tests verwendeten Komponenten über Interfaces oder abstrakte Klasse anzusprechen. Zudem leidet die Testbarkeit, wenn im Applikationscode konkrete Instanzen erzeugt werden. Damit man doch mit Test-Doubles arbeiten kann, muss man gegebenenfalls zunächst eine Abstraktion, immer jedoch eine Übergabe als Parameter (Dependency Injection) einführen. Das wollen wir nun noch einmal kurz nachvollziehen.

> **Refresher: Arten der Dependency Injection**
>
> Um direkte Abhängigkeiten aufzulösen, kann man die benötigten Typen entweder im Konstruktor oder in Methoden als Parameter übergeben, statt Instanzen der erforderlichen Typen selbst zu erzeugen. Man spricht in diesem Zusammenhang auch von **Dependency Injection**, da Abhängigkeiten in die nutzende Klasse als Parameter injiziert werden. Je nach Variante nennt man dies **Constructor Injection** oder **Method Injection**.

Ausgangssituation und Vorbereitungen zur Testbarkeit

Nachfolgend betrachten wir als Beispiel eine Utility-Klasse CSVUtils, die eine CSV-Datei mithilfe einer FileInputStream-Instanz und der Methode readCSV() einliest. Abbildung 20-11 zeigt das Klassendiagramm der Ausgangssituation mit den oben genannten Abhängigkeiten auf konkrete Klassen, die zudem im Applikationscode direkt einen FileInputStream durch die Klasse CSVUtils erzeugen.

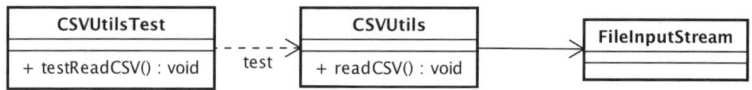

Abbildung 20-11 Einführen eines Stubs – Ausgangssituation

Ich stelle nun Schritt für Schritt vor, wie man Abhängigkeiten lösen kann und wie dann durch das Einführen eines Stubs das Erstellen von Unit Tests erleichtert wird.

Schritt 1: Nutzen von Übergabeparametern Um die Abhängigkeit zwischen Utility-Klasse und der Streamklasse etwas zu lösen, wird zunächst ein Objekt der

Klasse `FileInputStream` an die Methode `readCSV(FileInputStream)` übergeben (Method Injection) (vgl. Abbildung 20-12). Dadurch muss eine aufrufende Klasse, insbesondere auch der Unit Test, eine entsprechende Instanz bereitstellen.

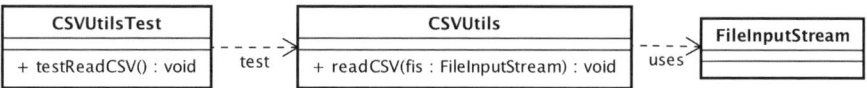

Abbildung 20-12 Einführen eines Stubs – Schritt 1

Schritt 2: Loslösung von Abhängigkeiten Um die Testbarkeit zu verbessern, sollte man statt der konkreten Klasse `FileInputStream` besser die abstrakte Basisklasse `InputStream` nutzen, wie dies Abbildung 20-13 zeigt. Existiert eine solche abstrakte Basisklasse oder ein adäquates Interface nicht, so ist es oftmals vorteilhaft, diese Abstraktion zu erzeugen, um diesen Schritt durchführen zu können.

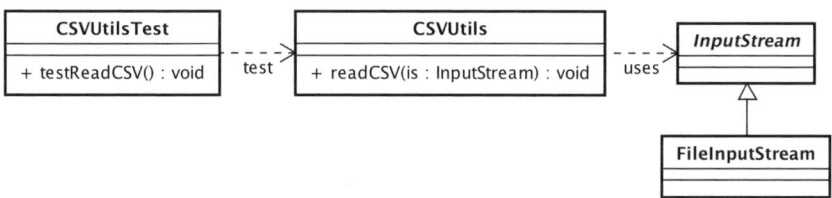

Abbildung 20-13 Einführen eines Stubs – Schritt 2

Schritt 3: Erzeugen eines Test-Stubs Für Unit Tests wollen wir in der Regel nicht mit dem Dateisystem interagieren, sondern Daten aus einer beliebigen Testdatenquelle einlesen. Dazu wird ein Test-Double benötigt. Abbildung 20-14 zeigt, dass hier die Klasse `InputStreamStub` genutzt wird, die alle Methoden der gemeinsamen Basisklasse `InputStream` geeignet implementiert.

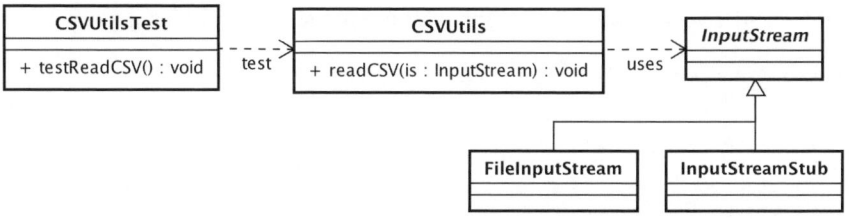

Abbildung 20-14 Einführen eines Stubs – Schritt 3

20.5.3 Die Technik EXTRACT AND OVERRIDE

Bei der Technik EXTRACT AND OVERRIDE geht es nicht um Kollaborateure, sondern sie dient dazu, Sollbruchstellen in den Sourcecode einzufügen, um die Testbarkeit durch Ableiten und Überschreiben zu erreichen. Damit umgeht man Fallstricke, die eine Ausführung von Unit Tests erschweren, etwa die Anzeige von Warnhinweisen.

Einführendes Beispiel

Die folgende Klasse `Calculator` nimmt in einer (nicht allzu clever realisierten) Methode `calc()` zwei Stringparameter entgegen, konvertiert diese in `int`-Werte und liefert deren Summe als Ergebnis zurück. Im Falle eines Fehlers beim Parsing wird eine Warnmeldung in einem Dialog präsentiert und dann eine Exception ausgelöst:

```java
public class Calculator
{
    public int calc(final String strNum1, final String strNum2)
    {
        try
        {
            final int num1 = Integer.parseInt(strNum1);
            final int num2 = Integer.parseInt(strNum2);

            return num1 + num2;
        }
        catch (final NumberFormatException ex)
        {
            JOptionPane.showConfirmDialog(null, "Keine gültige Ganzzahl");
            throw new IllegalArgumentException("Keine gültige Ganzzahl");
        }
    }
}
```

Initiales Erstellen eines Unit Tests Wir wollen für die Klasse `Calculator` eine gute Basis an Testfällen erstellen. Bekanntermaßen sollte man zunächst die normale Funktionalität absichern. Idealerweise prüft man zudem ein paar Randfälle.[16] Ergänzend empfiehlt es sich, Fehlersituationen und die korrespondierende Fehlerbehandlung zu testen. Mit diesen Hinweisen im Hinterkopf entsteht folgende erste Variante eines Unit Tests, in dem sowohl eine einfache Addition, der Spezialfall gleicher Zahlen unterschiedlichen Vorzeichens als auch ein Aufruf mit ungültigen Zahlen geprüft werden:

```java
public class CalculatorTest
{
    @Test
    public void testCalc_TwoNumbers_ShouldReturnSum()
    {
        final Calculator calculator = new Calculator();
        assertEquals(5, calculator.calc("2", "3"));
    }
```

---

[16]Bei einer Addition gibt es diese eigentlich nicht (außer durch den begrenzten Wertebereich eines `int` und Effekte beim Überlauf).

```
@Test
public void testCalc_WithEqualNumbersButDifferentSigns_ShouldReturn0()
{
    final Calculator calculator = new Calculator();
    assertEquals(0, calculator.calc("7", "-7"));
}

@Test(expected=IllegalArgumentException.class)
public void testCalc_IllegalInputs_ShouldRaiseException()
{
    final Calculator calculator = new Calculator();
    calculator.calc("a2", "b3");
}
}
```

Wenn wir diesen Unit Test in der IDE oder in unserem automatisierten Build-Lauf ausführen, so erscheint eine Dialogbox ähnlich zu der in Abbildung 20-15.

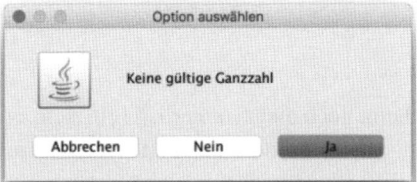

Abbildung 20-15 *Fehlermeldungsbox*

Während eine Benutzerinteraktion beim manuellen Ausführen eines Unit Tests (z. B. in der IDE) schon störend ist, so wird sie zu einem Showstopper in einem automatischen Build auf einem Continuous-Integration-Server. Der Build-Lauf wird dort unterbrochen, bis jemand den Dialog schließt. Also was nun? Überlegen wir kurz, was wir machen können.

Schritt 1: Extract Method Generell ist es immer eine gute Idee, an den richtigen und benötigten Stellen mit Abstraktionen zu arbeiten. Was bedeutet das konkret? Wie können wir die Anzeige der Dialogbox herauslösen? Die Antwort ist einfach: Wir erstellen eine Methode `showWarning()`: Nachfolgend wollen wir auch das professionelle Entwickeln mit Refactorings üben. Zunächst markieren wir die Zeile mit dem Aufruf der Methode `showConfirmDialog()` und verwenden das Basis-Refactoring EXTRACT METHOD. Als Sichtbarkeit für die neue Methode wählen wir `protected`. Um einen Parameter einzuführen, markieren wir den Hinweistext und nutzen das Basis-Refactoring INTRODUCE PARAMETER. Als Folge sollte die Klasse `Calculator` nun wie folgt aussehen:

```java
public class Calculator
{
    public int calc(final String strNum1, final String strNum2)
    {
        try
        {
            final int num1 = Integer.parseInt(strNum1);
            final int num2 = Integer.parseInt(strNum2);

            return num1 + num2;
        }
        catch (final NumberFormatException ex)
        {
            showWarning("Keine gültige Ganzzahl");
            throw new IllegalArgumentException("Keine gültige Ganzzahl");
        }
    }

    protected void showWarning(final String message)
    {
        JOptionPane.showConfirmDialog(null, message);
    }
}
```

Diese Transformation scheint noch nicht sonderlich hilfreich. Wir werden im Anschluss aber sehen, warum genau dies eine entscheidende Verbesserung darstellt, die es uns erlaubt, den Unit Test ohne Interaktion formulieren zu können.

Es sei allerdings darauf hingewiesen, dass es nicht immer so direkt ersichtlich ist, was das Problem ist und wo die Sollbruchstelle eingefügt werden sollte.

Schritt 2: Override Die durch die Methode `showWarning()` geschaffene Sollbruchstelle nutzen wir nun, um eine Spezialisierung der Klasse Calculator direkt im entsprechenden Testfall geeignet anzupassen. Dazu setzen wir hier eine anonyme innere Klasse ein – wird die Funktionalität häufiger benötigt, so bietet sich die Definition einer eigenständigen Klasse an.

```java
@Test(expected=IllegalArgumentException.class)
public void testCalc_IllegalInputs_ShouldRaiseException()
{
    final Calculator calculator = new Calculator()
    {
        protected void showWarning(final String message)
        {
            // JOptionPane.showConfirmDialog(null, message);
            throw new IllegalArgumentException("Keine gültige Ganzzahl");
        }
    };

    calculator.calc("a2", "b3");
}
```

Der Unit Test benötigt durch diese Modifikation keine Interaktion mehr und das Problem ist einigermaßen behoben. Wieso nur einigermaßen? Schauen wir uns mögliche Schwierigkeiten an.

Schritt 3: Behandlung möglicher Schwierigkeiten Zunächst einmal könnte es sein, dass einige Aktionen zur Fehlerbehandlung ausgeführt werden sollen, etwa dass eine E-Mail versendet wird, falls ein Fehler auftritt. Zwar könnten wir auch diese Aktion in unserer Implementierung unterbinden, aber vielleicht wollen wir ja gerade genau diese Aktion im Test prüfen.

Zudem: Was machen wir, wenn wir den Sourcecode der Klasse `Calculator` nicht im Zugriff haben? Dann könnten wir keine Sollbruchstelle einfügen. In diesem Fall können uns Mocking-Frameworks, allen voran das populäre Mockito, unterstützen. Betrachten wir kurz eine damit mögliche Abhilfe: Mockito benutzt die in Abschnitt 10.5 beschriebene Technik der Dynamic Proxies, um Test-Doubles zu erzeugen. Für diese kann man gewünschtes Verhalten vorgeben – Details dazu später. Hier geht es zunächst darum, eine Alternative zu der obigen Variante zu zeigen, die nicht voraussetzt, dass man den Sourcecode im Zugriff hat und diesen ändern kann:

```
@Test(expected=IllegalArgumentException.class)
public void testCalc_IllegalInputs_ShouldRaiseException_UsingMockito()
{
    // leere Implementierung erzeugen, tut nichts bei Methodenaufrufen und
    // liefert Defaultwerte
    final Calculator calculator = Mockito.mock(Calculator.class);

    // Verhalten für calc() vorgeben
    Mockito.when(calculator.calc("a2", "b3")).
        thenThrow(IllegalArgumentException.class);

    calculator.calc("a2", "b3");
}
```

Durch Aufruf von `mock()` wird ein Dynamic Proxy erzeugt, der als Test-Double für die Klasse `Calculator` arbeitet. Das Test-Double besitzt zunächst kein Verhalten und liefert bei Methodenaufrufen entsprechende Defaultwerte zurück, etwa `false`, `0` oder `null`. Im Beispiel soll aber eine `IllegalArgumentException` für eine ungültige Eingabe ausgelöst werden. Dazu spezifizieren wir mit `when()` den Methodenaufruf samt Parametern und mit `thenThrow()` das Auslösen einer Exception.

Führen wir nun alle Tests einmal als Gradle-Task CALCULATORTEST_STEP3 aus. Dann erhalten wir ein beruhigendes Grün, was uns motiviert, beim Thema Unit Testing und externe Abhängigkeiten sowie Mocking später noch tiefer ins Detail zu gehen.

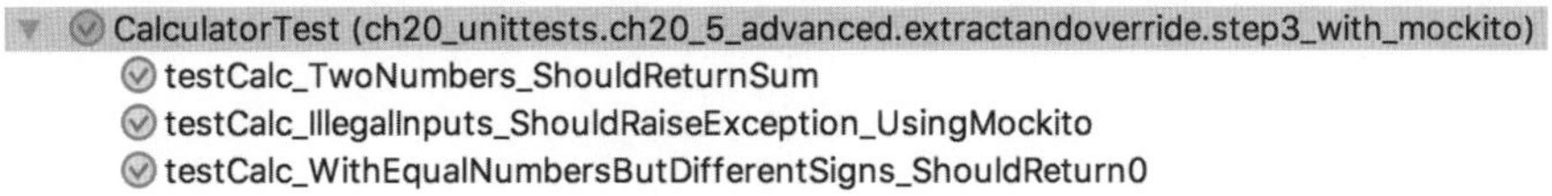

▼ ⊘ CalculatorTest (ch20_unittests.ch20_5_advanced.extractandoverride.step3_with_mockito)
    ⊘ testCalc_TwoNumbers_ShouldReturnSum
    ⊘ testCalc_IllegalInputs_ShouldRaiseException_UsingMockito
    ⊘ testCalc_WithEqualNumbersButDifferentSigns_ShouldReturn0

Abbildung 20-16 Ergebnis eines Testlaufs

Komplexeres Beispiel

Um die zuvor beschriebenen Techniken zu verinnerlichen, betrachten wir ein etwas komplexeres Beispiel: Die folgende Klasse `PizzaService` versendet bei Bestellungen eine SMS-Benachrichtigung – wobei vereinfachend der SMS-Versand durch die Darstellung eines Dialogs simuliert wird:

```java
public class PizzaService
{
    private final SmsNotificationService notificationService;

    public PizzaService()
    {
        notificationService = new SmsNotificationService();
    }

    public void orderPizza(final String name)
    {
        notificationService.send("Pizza " + name + " wird in Kürze geliefert.");
    }
}

public class SmsNotificationService
{
    public void send(final String msg)
    {
        // SMS versenden ... hier durch einen Dialog repräsentiert
        JOptionPane.showConfirmDialog(null, msg);
    }
}
```

Wollten wir dieses Konstrukt testen, so ist dies ziemlich problematisch:

1. Sicherlich soll nicht bei jedem Testlauf eine SMS versendet werden. Oder stellen Sie sich vor, es würde ständig eine Abbuchung von einem Bankkonto vorgenommen. Dadurch könnten Kunden schnell sehr verärgert sein.
2. Auch das Darstellen eines Dialogs behindert die Automatisierung von Tests. Das haben wir bereits diskutiert.

Versuchen wir trotzdem einen Unit Test zu schreiben und erinnern uns an die ARRANGE-ACT-ASSERT-Struktur:

```java
public class PizzaServiceTest
{
    @Test
    public void orderPizza_should_send_notification()
    {
        // Arrange
        final PizzaService service = new PizzaService();

        // Act
        service.orderPizza("Diavolo");
        service.orderPizza("Surprise");

        // Assert: Was soll man hier prüfen ???
    }
}
```

An dem Test sieht man Verschiedenes: Mit zustandsbasiertem Testen (also dem Abfragen von Daten) können wir nicht prüfen, ob es zu einem Versand der Nachrichten gekommen ist, oder nicht. Zudem bestehen die oben genannten Negativpunkte weiterhin. Was können wir also machen?

Um dem Problem Herr zu werden, muss man folgende Dinge tun: Wir müssen ...

1. eine Sollbruchstelle einführen,
2. eine Stub-Implementierung für den SMSNotificationService erstellen und
3. einige Anpassungen im Unit Test vornehmen.

Schritt 1: Sollbruchstelle einführen Wie schon zuvor führen wir eine Methode als Sollbruchstelle ein – hier die Methode createNotificationService():

```java
public class PizzaServiceV2
{
    private final SmsNotificationService notificationService;

    public PizzaServiceV2()
    {
        notificationService = createNotificationService();
    }

    public void orderPizza(final String name)
    {
        notificationService.send("Pizza " + name + " wird in Kürze geliefert.");
    }

    protected SmsNotificationService createNotificationService()
    {
        return new SmsNotificationService();
    }
}
```

Schritt 2: Stub-Implementierung erstellen Zum Protokollieren und Nachvollziehen der Änderungen erstellen wir folgenden Stub, der die zu versendenden Nachrichten in einer Liste speichert und diese für eine spätere Prüfung in Testfällen bereitstellen kann:

```java
public class StubNotificationService extends SmsNotificationService
{
    private final List<String> messages = new ArrayList<>();

    public void send(final String msg)
    {
        messages.add(msg);
    }

    public List<String> getMessages()
    {
        return Collections.unmodifiableList(messages);
    }
}
```

Schritt 3: Anpassungen im JUnit-Test vornehmen Mit den zuvor realisierten Erweiterungen sind wir in der Lage, den Unit Test unabhängig vom SMS-Versand zu halten:

```java
public class PizzaServiceV2Test
{
    @Test
    public void orderPizza_should_send_sms()
    {
        // Arrange
        final StubNotificationService stub = new StubNotificationService();
        final PizzaServiceV2 service = new PizzaServiceV2()
        {
            @Override
            protected SmsNotificationService getNotificationService()
            {
                return stub;
            }
        };

        // Act
        service.orderPizza("Diavolo");
        service.orderPizza("Surprise");

        // Assert
        assertEquals(2, stub.getMessages().size());
        assertTrue(stub.getMessages().
                contains("Pizza Diavolo wird in Kürze geliefert."));
        assertTrue(stub.getMessages().
                contains("Pizza Surprise wird in Kürze geliefert."));
    }
}
```

Zwar haben wir die Abhängigkeiten durch den Stub gelöst, aber was ist an diesem Test noch unschön und insbesondere fragil? Momentan arbeiten die textuellen Vergleiche auf exakter Übereinstimmung, sodass die Tests bei jeder kleinen Änderung brechen, sofern man die Änderungen nicht überall nachzieht.[17] Was kann man dagegen tun? Als Abhilfe können wir den Service um folgende Hilfsmethode ergänzen:

```java
/* private */ static String createNotificationMsg(final String name)
{
    return "Pizza " + name + " wird in Kürze geliefert.";
}
```

Damit wird der Test weitestgehend unabhängig von textuellen Änderungen und wir können die Asserts wie folgt umschreiben:

```java
assertTrue(stub.getMessages().
        contains(PizzaServiceV2.createNotificationMsg("Diavolo")));
assertThat(stub.getMessages(),
        contains(PizzaServiceV2.createNotificationMsg("Surprise")));
```

---

[17]Da es rein textbasierte Änderungen sind, profitiert man leider nicht von den Refactoring-Automatiken der IDEs.

Wir haben nun die Technik EXTRACT AND OVERRIDE recht genau kennengelernt und dabei gesehen, wie man von Stubs profitieren kann. Schauen wir uns nachfolgend an, wie man mit Mocks zustands- und verhaltensbasiert testen kann.

20.5.4 Einstieg in das Testen mit Mocks und Mockito

Ebenso wie Stubs dienen Mock-Objekte als Ersatz für Kollaborateure. Im Gegensatz zu Stubs, die Funktionalität bzw. Zustand bereitstellen, sind Mocks auf das Objektverhalten ausgerichtet und werden zum Testen von Interaktionen genutzt. *Es ist demnach eine komplett andere Denkweise als bei den intuitiv besser erfassbaren Stubs gefordert.* Schauen wir uns zunächst die Grundlagen am Beispiel des Mocking-Frameworks Mockito[18] an.

Vorarbeiten im Build

Für die im Anschluss beschriebenen Funktionalitäten von Mockito müssen wir folgende Abhängigkeit in unsere Build-Datei `build.gradle` einfügen:

```
testCompile 'org.mockito:mockito-all:1.10.19'
```

Um in den Beispielen nicht jedes Mal eine Menge an Imports zeigen zu müssen, gehen Sie bitte von folgenden statischen Imports bzw. einer Teilmenge davon aus:

```
import static org.mockito.Mockito.anyString;
import static org.mockito.Mockito.atLeast;
import static org.mockito.Mockito.atMost;
import static org.mockito.Mockito.doAnswer;
import static org.mockito.Mockito.doThrow;
import static org.mockito.Mockito.mock;
import static org.mockito.Mockito.times;
import static org.mockito.Mockito.verify;
import static org.mockito.Mockito.verifyNoMoreInteractions;
import static org.mockito.Mockito.when;

import static org.junit.Assert.assertEquals;
```

Mockito Basics

Mithilfe von Mockito können wir folgende Basisfunktionalitäten ausführen:

- `mock()` – Mock / Stub erstellen
- `when()` und `thenReturn()` – Verhalten beschreiben

Betrachten wir zum besseren Verständnis ein einfaches Beispiel: Eine Klasse `Greeting` besitzt eine Methode `greet()` und ist wie folgt implementiert:

---

[18] https://code.google.com/p/mockito/

```
public class Greeting
{
    public String greet()
    {
        return "Hello world!";
    }
}
```

Unser Ziel ist es nun, ein Test-Double zu erstellen, das bei Aufruf von `greet()` einen von der Originalimplementierung abweichenden Rückgabewert liefert:

```
public class MockitoHelloWorldExample
{
    @Test
    public void testGreetingReturnValue()
    {
        // Arrange
        final Greeting greeting = mock(Greeting.class);
        when(greeting.greet()).thenReturn("Changed by Mockito");

        // Act
        final String result = greeting.greet();

        // Assert
        assertEquals("Changed by Mockito", result);
    }
}
```

Im Gegensatz zu den in früheren Auflagen dieses Buchs beschriebenen Mocking-Frameworks kann man mit Mockito sehr schön dem ARRANGE-ACT-ASSERT-Stil folgen. Zunächst wird ein Test-Double erstellt und durch Aufruf von `when()` parametriert. Danach führen wir die Aktion aus und können schließlich das Ergebnis prüfen. Wir nutzen hier zustandsbasiertes Testen. Demnach ist das durch `mock()` erstellte Test-Double kein Mock, sondern ein Stub. Mockito unterscheidet nicht zwischen diesen. Vielmehr besitzt man als Entwickler die Freiheit, wozu und wie man die Test-Doubles einsetzen möchte. Das erlaubt es, zustands- sowie verhaltensbasiert und auch beides in Kombination zu testen.

Anpassungen für realitätsnähere Beispiele

Das zuvor angegebene Beispiel diente nur zur Einführung, um die prinzipielle Arbeitsweise von Mockito kennenzulernen. Normalerweise verwendet man Stubbing und Mocking jedoch dazu, um Kollaborateure durch Test-Doubles zu ersetzen. Um die nachfolgenden Ausführungen nicht zu kompliziert zu machen und auf das Wesentliche bei Mockito fokussieren zu können, verwenden wir folgende Applikation, die die Klasse `Greeting` als Kollaborateur nutzt:

```java
public class Application
{
    private final Greeting greeting;

    public Application(final Greeting greeting)
    {
        this.greeting = greeting;
    }

    public String generateMsg(final String name)
    {
        return greeting.greet(name);
    }
}
```

Zudem wandeln wir unsere `Greeting`-Klasse minimal ab und führen einen Parameter in `greet()` ein, um weitere Möglichkeiten mit Mockito kennenzulernen:

```java
public class Greeting
{
    public String greet(final String name)
    {
        return "Hello " + name;
    }
}
```

Spezifische Rückgaben und Exceptions auslösen

Nachfolgend wollen wir uns anschauen, wie man für verschiedene Parameter spezifische Rückgabewerte bzw. Verhalten, insbesondere das Auslösen einer Exception, beschreiben kann. Dazu dienen folgende Methoden:

- `when()`, `anyString()` und `thenReturn()` – Verhalten für alle Eingabewerte beschreiben
- `when()`, Parameterwert und `thenReturn()` – Verhalten für spezifische Eingabewerte festlegen
- `when()` und `thenThrow()` – Exception auslösen

Nutzen wir diese Methoden in folgendem Beispiel. Für beliebige Eingaben[19] wird der Text »`Welcome to Mockito`« zurückgegeben, einzig für den Eingabetext `Mike` soll »`Mister Mike`« geliefert werden. Schließlich soll bei Eingabe von `ERROR` eine Exception ausgelöst werden. Für die beiden letzten Eingaben sehen wir, wie man die zuvor mit `anyString()` allgemein spezifizierte Rückgabe für einige Eingaben redefinieren kann:

---

[19] Diese lassen sich über `anyXYZ()` ausdrücken. Das `XYZ` steht etwa für beliebige Typen, z. B. `anyInt()`, `anyLong()` usw.

```java
public class MockitoThrowingExample
{
    @Test(expected=IllegalArgumentException.class)
    public void testGreetingReturnValue() {

        // Arrange
        final Greeting greeting = Mockito.mock(Greeting.class);
        // Achtung: Reihenfolge wichtig
        when(greeting.greet(anyString())).
                    thenReturn("Welcome to Mockito");
        when(greeting.greet("Mike")).
                    thenReturn("Mister Mike");
        when(greeting.greet("ERROR")).
                    thenThrow(new IllegalArgumentException());

        // Act
        final Application app = new Application(greeting);
        final String result1 = app.generateMsg("Mike");
        assertEquals("Mister Mike", result1);

        final String result2 = app.generateMsg("ABC");
        assertEquals("Welcome to Mockito", result2);

        final String result3 = greeting.greet("ERROR");    // => Exception
    }
}
```

Ein Aufruf von `generateMsg()` führt ohne Mockito zu einem Aufruf der Methode `greet()` der `Greeting`-Klasse. Mithilfe von Mockito können wir uns in diese Aufrufkette für alle oder einige Eingaben einklinken und Modifikationen vornehmen.

Auch in diesem Beispiel kommt noch zustandsbasiertes Testen zum Einsatz. Insbesondere sehen wir, wie einfach sich Verhalten von Stubs bzw. deren simulierter Zustand vorgeben lässt.

Mehrere Rückgabewerte

Mitunter möchte man für sukzessive Aufrufe unterschiedliche Rückgabewerte bereitstellen. Mit Mockito lassen sich mit `thenReturn()` mehrere Rückgaben vorgeben – erfolgt ein Aufruf dann häufiger als Werte in `thenReturn()` angegeben wurden, so wird immer wieder der letzte Wert geliefert.

Im folgenden Programm rufen wir dreimal `greet()` auf und der dritte Aufruf sollte das gleiche Ergebnis wie der zweite liefern, weil wir nur zwei Rückgabewerte vorgeben:

20.5 Fortgeschrittene Unit-Test-Techniken

```java
public class MockitoMultipleReturnValuesExample
{
    @Test
    public void testGreetingCallCount()
    {
        // Arrange
        final Greeting greeting = mock(Greeting.class);
        when(greeting.greet(anyString())).
                    thenReturn("Hello Mockito1", "Hello Mockito2");

        // Act
        final Application app = new Application(greeting);
        final String result1 = app.generateMsg("One");
        final String result2 = app.generateMsg("Two");
        final String result3 = app.generateMsg("Three");

        // Assert
        assertEquals("Hello Mockito1", result1);
        assertEquals("Hello Mockito2", result2);
        assertEquals("Hello Mockito2", result3);
    }
}
```

Dies war fürs Erste der letzte zustandsbasierte Test. Nun wollen wir endlich verhaltensbasiert mit Mockito testen.

Prüfen von Aufrufen

Wir nutzen die Aufrufe aus dem vorherigen Beispiel, testen aber nun verhaltensbasiert, also nur die Abfolge von Methodenaufrufen. Dazu dient in Mockito die Methode `verify()`, der man den zu prüfenden Mock übergibt. Danach ruft man dann die erwartete Methode auf. Das Ganze sieht damit wie folgt aus:

```java
public class MockitoVerifyCallsAndParamsExample
{
    @Test
    public void testGreetingCalls()
    {
        // Arrange
        final Greeting greeting = mock(Greeting.class);
        when(greeting.greet(anyString())).
                    thenReturn("Hello Mockito1", "Hello Mockito2");

        // Act
        final Application app = new Application(greeting);
        final String result1 = app.generateMsg("One");
        final String result2 = app.generateMsg("Two");
        final String result3 = app.generateMsg("Three");

        // Assert
        verify(greeting).greet("One");
        verify(greeting).greet("Two");
        verify(greeting).greet(anyString());
    }
}
```

Im Beispiel lernen wir zusätzlich zum Prüfen der Aufrufreihenfolge die Angabe von `anyString()` im Kontext von `verify()` kennen – zuvor hatten wir es nur bei der Vorgabe von Verhalten unserer Test-Doubles eingesetzt. Hier drücken wir damit aus, dass wir zwar einen Aufruf der Methode `greet()` erwarten, uns der konkrete Parameterwert jedoch nicht interessiert.

Häufigkeit von Aufrufen

Bei der Beschreibung von Verhalten möchte man für Aufrufe mitunter auch erwartete Häufigkeiten von Aufrufen spezifizieren können. Mit Mockito lässt sich mithilfe der Methoden `times()`, `atLeast()` und `atMost()` festlegen, wie häufig ein Aufruf erwartet wird, nämlich exakt, mindestens und höchstens die angegebene Anzahl. Diese Methoden werden im folgenden Programm genutzt, um ihre Funktionsweise zu verdeutlichen. Dazu rufen wir dreimal `greet()` auf und formulieren mithilfe von `verify()` verschiedene Erwartungen:

```java
public class MockitoCallTimesExample
{
    @Test
    public void testGreetingCallCount()
    {
        // Arrange
        final Greeting greeting = mock(Greeting.class);
        when(greeting.greet(anyString())).
                thenReturn("Hello Mockito1", "Hello Mockito2");

        // Act
        final Application app = new Application(greeting);
        final String result1 = app.generateMsg("Tim");
        final String result2 = app.generateMsg("Mike");
        final String result3 = app.generateMsg("Tim");

        // Assert
        verify(greeting, atLeast(1)).greet("Tim");
        verify(greeting, atMost(2)).greet("Tim");
        verify(greeting, times(3)).greet(anyString());
    }
}
```

Unerwartete Interaktionen

Im Normalfall prüft Mockito – anders als einige andere Mocking-Frameworks – nicht strikt, d. h., es sind weitere nicht spezifizierte Interaktionen (Methodenaufrufe) erlaubt. Das ist häufig eine praktische Einstellung, um die Tests nicht zu fragil und anfällig gegenüber Änderungen in den Applikationsklassen zu machen, sondern wirklich nur die wesentlichen Interaktionen zu prüfen. Möchte man aber beispielsweise verbieten, dass nach erwarteten Aufrufen noch weitere unerwartete erfolgen, so kann man dies über einen Aufruf von `verifyNoMoreInteractions()` ausdrücken.

Damit wir das nachvollziehen können, fügen wir eine Methode `additional()` in unsere `Greeting`-Klasse ein:

20.5 Fortgeschrittene Unit-Test-Techniken

```java
public class Greeting
{
    // ...

    public void additional(final String ignored)
    {
        Sytsem.out.println("some void method!");
    }
}
```

Zudem ergänzen wir die `Application`-Klasse um eine Methode `specialMsg()`, die die obige Methode zweimal aufruft:

```java
public class Application
{
    // ...

    public void specialMsg(final String info)
    {
        greeting.additional("preInfo");
        greeting.greet(info);
        greeting.additional("postInfo");
    }
}
```

Das folgende Beispiel zeigt, dass Mockito zusätzliche Methodenaufrufe akzeptiert und diese keinen Testfehler verursachen. Bei Bedarf kann man jedoch nach der über mehrere `verify()`-Aufrufe beschriebenen Aufruffolge weitere Methodenaufrufe durch einen Aufruf von `verifyNoMoreInteractions()` als Testfehler werten:

```java
public class MockitoInteractionsExample
{
    @Test
    public void testGreetingCallCount()
    {
        // Arrange
        final Greeting greeting = mock(Greeting.class);
        when(greeting.greet(anyString())).thenReturn("The One and Only");

        // Act
        final Application app = new Application(greeting);
        app.specialMsg("HELLO");

        // Assert
        verify(greeting, times(1)).greet(anyString());
        verifyNoMoreInteractions(greeting);
    }
}
```

Durch diese Ergänzung schlägt die Testausführung wie folgt fehl:

```
org.mockito.exceptions.verification.NoInteractionsWanted:
No interactions wanted here:
```

Spezialfall: Mocking von `void`-Methoden

Solange man `void`-Methoden nur ausführt und später deren Aufruf mit `verify()` prüfen möchte, können wir genauso arbeiten wie zuvor. Aber es gibt doch ein paar Besonderheiten: Manchmal möchte man ein spezifisches Verhalten in einer `void`-Methode abprüfen. Der bisherige Ansatz zum Festlegen von Verhalten und dem Muster

```
when(greeting.additional("ABC"))
```

führt jedoch zu der Fehlermeldung »`The method when(T) in the type Mockito is not applicable for the arguments (void)`«. Tatsächlich muss man für `void`-Methoden eine leicht andere Syntax nutzen. Dabei hat man unter anderem folgende Optionen:

1. `doAnswer()` – Mithilfe eines `org.mockito.stubbing.Answer`-Objekts lässt sich eine Aktion innerhalb eines Test-Doubles ausführen.
2. `doThrow()` – Es ist auch möglich, eine Exception auszulösen, etwa wenn ein Übergabeparameter einen speziellen Wert besitzt.

Das schauen wir uns nun an einem Beispiel an:

```
public class MockitoVoidMethodExample
{
    @Test(expected=IllegalStateException.class)
    public void testGreetingReturnValue()
    {
        // Arrange
        final Greeting greeting = Mockito.mock(Greeting.class);

        final Answer<String> answer = (invocation) ->
                        { System.out.println("EXECUTING " +
                          invocation.getMethod().getName() +
                          Arrays.toString(invocation.getArguments()));
                          return null;
                        };

        doAnswer(answer).when(greeting).additional(anyString());
        doThrow(IllegalStateException.class).when(greeting).additional("ERROR");

        // Act
        greeting.additional("Mike");
        greeting.additional("ERROR");   // => Exception
    }
}
```

Die Ausführung der Testmethode produziert folgende Ausgaben:

```
EXECUTING additional[Mike]

java.lang.IllegalStateException
```

Daran sieht man, dass man für `void`-Methoden mit `doAnswer()` eine Aktion ausführen und mit `doThrow()` eine Exception auslösen kann – hier für den Eingabetext `ERROR`.

Spezialfall: Auslesen von Parameterwerten

Nehmen wir an, wir wollten die Eingabeparameter sämtlicher Aufrufe einer speziellen Methode ermitteln. Dazu dient ein `org.mockito.ArgumentCaptor`. Nachfolgendes Beispiel zeigt, wie man ihn einsetzen kann:

```java
public class MockitoArgCaptorExample
{
    @Test
    public void testGreetingCallCount()
    {
        // Arrange
        final Greeting greeting = mock(Greeting.class);
        when(greeting.greet(anyString())).thenReturn("value");

        // Act
        final Application app = new Application(greeting);
        app.generateMsg("One");
        app.generateMsg("Two");
        app.generateMsg("Three");

        // Assert
        final ArgumentCaptor<String> argumentCaptor =
                            ArgumentCaptor.forClass(String.class);
        verify(greeting, times(3)).greet(argumentCaptor.capture());

        final List<String> passedValues = argumentCaptor.getAllValues();
        assertEquals("One", passedValues.get(0));
        assertEquals("Two", passedValues.get(1));
        assertEquals("Three", passedValues.get(2));
    }
}
```

Der `ArgumentCaptor` sammelt alle Parameter aller Aufrufe und stellt diese dann über die Methode `getAllValues()` wieder bereit.

Nach diesem Einstieg in die Mocking-Grundlagen wollen wir Mockito zum Testen und insbesondere zum Auflösen von Abhängigkeiten nutzen.

20.5.5 Abhängigkeiten mit Mockito auflösen

Weil Klassen oft im Kontext anderer Klassen ausgeführt werden, stellt sich beim Unit-Testen vielfach die Herausforderung, dass eine Klasse von einer oder mehreren anderen abhängt. Es wäre nun extrem aufwendig, möglicherweise sogar fast unmöglich und auch nicht wünschenswert, diese Kollaborateure oder gar ein ganzes Objektgeflecht geeignet zu parametrieren oder zu initialisieren. Vielmehr bietet sich der Einsatz eines Mocking-Frameworks an, um Tests ausführen zu können, ohne Auswirkungen oder Seiteneffekte auf echte Daten befürchten zu müssen. Klassische Beispiele, wo man dies nutzt, sind der Data Access Layer oder ein SMS-Service. In beiden Fällen möchte man die Unit Tests sicher ohne die externe Abhängigkeit ausführen können. Etwas Ähnliches haben wir mit dem `PizzaService` schon thematisiert und greifen es nun unter dem Gesichtspunkt des verhaltensbasierten Testens wieder auf.

Ausgangsbasis

Für das zustandsbasierte Testen wurde in Abschnitt 20.5.3 die Klasse `PizzaService`, die bei Bestellungen eine SMS-Benachrichtigung versendet, mithilfe der Technik EXTRACT AND OVERRIDE testbar gemacht. Dazu mussten wir aber sowohl in der Klasse selbst etwas ändern als auch einen Stub erzeugen.

Lernen wir nun, wie wir die Abhängigkeiten mit Mockito und verhaltensbasiertem Testen einfacher auflösen können. Zunächst schauen wir uns nochmal die zu testende Klasse sowie die Klasse zum SMS-Versand an:

```java
public class PizzaService
{
    private final SmsNotificationService notificationService;

    public PizzaService()
    {
        notificationService = new SmsNotificationService();
    }

    public void orderPizza(final String name)
    {
        notificationService.send("Pizza " + name + " wird in Kürze geliefert.");
    }
}

public class SmsNotificationService
{
    public void send(final String msg)
    {
        // SMS versenden ... hier durch einen Dialog repräsentiert
        JOptionPane.showConfirmDialog(null, msg);
    }
}
```

Wir haben zuvor folgende Schwachstellen ausgemacht:

1. Sicherlich soll nicht bei jedem Testlauf eine SMS versendet werden.
2. Auch das Darstellen eines Dialogs behindert die Automatisierung von Tests.

Die Wurzel allen Übels liegt aber in der direkten Abhängigkeit zu der zum SMS-Versand benötigten Klasse `SmsNotificationService`, die auch noch im Konstruktor erzeugt wird. Wir folgen nun den Ideen des Herauslösens von Abhängigkeiten, wie ich es exemplarisch in Abschnitt 20.5.2 gezeigt habe.

Umbau auf Contructor Injection

Gemäß den dort beschriebenen Aktionen führen wir einen Parameter im Konstruktor ein und injizieren die benötigte Instanz. Das erlaubt es uns, ein Test-Double im Test zu verwenden. Zudem haben wir als weitere Verbesserung die Hilfsmethode zum Erstellen des Nachrichtentextes bereits einfließen lassen:

20.5 Fortgeschrittene Unit-Test-Techniken

```java
public class PizzaService
{
    private final SmsNotificationService notificationService;

    public PizzaService(final SmsNotificationService notificationService)
    {
        this.notificationService = notificationService;
    }

    public void orderPizza(final String name)
    {
        notificationService.send(createNotificationMsg(name));
    }

    /* private */ static String createNotificationMsg(final String name)
    {
        return "Pizza " + name + " wird in Kürze geliefert.";
    }
}
```

Realisierung eines Unit Tests

Um Unit Tests auch ohne die Abhängigkeit zum SMS-Versand formulieren zu können, muss die Abhängigkeit zur Klasse `SmsNotificationService` geeignet mit Mockito aufgelöst werden. Mit dem bislang gesammelten Wissen fällt uns die Implementierung eines Tests der Klasse `PizzaService` nicht besonders schwer:

```java
public class PersonServiceTest
{
    @Test
    public void testOrderPizza() throws Exception
    {
        // Arrange
        final SmsNotificationService notificationService =
                                    mock(SmsNotificationService.class);
        final PizzaService pizzaService = new PizzaService(notificationService);

        // Act
        pizzaService.orderPizza("Diavolo");
        pizzaService.orderPizza("Surprise");

        final ArgumentCaptor<String> argCaptor =
                                    ArgumentCaptor.forClass(String.class);
        verify(notificationService, times(2)).send(argCaptor.capture());

        final List<String> allValues = argCaptor.getAllValues();
        assertEquals(PizzaService.createNotificationMsg("Diavolo"),
                     allValues.get(0));
        assertEquals(PizzaService.createNotificationMsg("Surprise"),
                     allValues.get(1));
    }
}
```

An diesem Beispiel sehen wir, wie leicht es fällt, Abhängigkeiten mithilfe von Mockito zu ersetzen. Das gilt jedoch nur dann so uneingeschränkt positiv, wenn es nur wenige Abhängigkeiten gibt und nur wenige Interaktionen getestet werden sollen. Je komplexer die Interaktion, desto schwieriger gestaltet sich die Formulierung der Testfälle. Hier spielt wieder Testbarkeit und gutes Design zusammen: Ein gelungenes Design zeichnet sich in der Regel dadurch aus, dass Klassen eine überschaubare Menge an Abhängigkeiten besitzen, wodurch wiederum die Testbarkeit erleichtert wird, da nur wenige Mocks und Stubs zum Einsatz kommen müssen.

Fazit

Hier wurde lediglich ein Einstieg in das komplexe Thema Testen mit Mocks und Stubs gegeben. Weitere Informationen finden Sie im Internet: Ein lesenswerter Artikel zu dem Thema ist unter http://martinfowler.com/articles/mocksArentStubs.html verfügbar. Eine weiterführende Betrachtung von Mocks liefert das Buch »Practical Unit Testing with JUnit and Mockito« [46] von Tomasz Kaczanowski.

20.5.6 Unit Tests von privaten Methoden

Manchmal möchte man auch die privaten Bestandteile von Klassen testen, weil diese komplexere Berechnungen enthalten. Allerdings hat man darauf außerhalb der Klassen keinen Zugriff. Also, wie testet man private Methoden? Dazu existieren unter anderem folgende Möglichkeiten:

1. Am einfachsten ist es, die Sichtbarkeit einer zu testenden Methode auf Package-private zu ändern. Soll die Testbarkeit als Grund dafür explizit sichtbar sein, so kann man einen Kommentar /* Test */ o. Ä. oder die Annotation @VisibleForTesting aus der Bibliothek Google Guava nutzen.

2. Manchmal ist das Klassendesign noch nicht ausgereift und möglicherweise bietet es sich an, ein paar der privaten Methoden in eine eigene Klasse auszulagern und dort mit höherer Sichtbarkeit bereitzustellen.

3. Mithilfe von Reflection (vgl. Abschnitt 10.1) kann man sich Zugriff auf private, zu testende Methoden verschaffen. Allerdings muss dazu der Sichtbarkeitsschutzmechanismus vor dem eigentlichen Methodenaufruf mit setAccessible(true) außer Kraft gesetzt werden.

Die erste Möglichkeit ist akzeptabel, da die Veränderung der Sichtbarkeit die Kapselung nur minimal beeinflusst, das Testen aber enorm erleichtert. *Das ist der von mir bevorzugte Weg.* Die zweite Variante ermöglicht es, Funktionalität an den aus Designsicht richtigen Stellen anzubieten oder gegebenenfalls in Utility-Klassen bereitzustellen. Die dritte Möglichkeit hat diverse Nachteile: Zum einen müssen die Namen der aufzurufenden Methoden als Strings in den Sourcecode aufgenommen werden, was die Gefahr von Problemen durch Refactorings enorm erhöht: Werden Methoden umbenannt oder Signaturen verändert, so schlagen als Folge Tests fehl, die zuvor funktionierten, weil die gewünschten Methoden nicht mehr per Reflection gefunden werden. Für öffentliche Methoden, deren API sich eher selten und wenn dann eher geringfügig ändert, ist diese Einschränkung weniger problematisch – für private Methoden, an denen für gewöhnlich Änderungen (Parameterliste, Namensgebung usw.) doch eher häufig erfolgen, ist dies jedoch inakzeptabel. Außerdem ist der Zugriff per Reflection komplex, was den Testcode aufbläht und dessen Lesbarkeit erschwert.

> **Hinweis: Öffentliche vs. Package-private Methoden testen**
>
> Bezüglich der durch Unit Tests zu überprüfenden Methoden gibt es unterschiedliche Auffassungen. Manche Entwickler propagieren den Test der nach außen angebotenen Schnittstelle, also der öffentlichen Methoden. Andere bevorzugen dagegen den Test der kleineren Bausteine (`private`- und `protected`-Methoden). Beides hat seine Berechtigung: Werden ausschließlich öffentliche Methoden geprüft, so erfolgt eher ein Test auf Verhaltensebene der Business-Methoden, der zum Teil in Richtung Integrationstest geht. Interne Probleme oder Berechnungsfehler kann man besser durch Tests von Methoden mit geringerer Sichtbarkeit aufdecken. Finden jedoch nur solche Tests statt, so wird das Zusammenspiel der Methoden vernachlässigt. Demnach sollte man möglichst beide Arten von Tests durchführen. *Unabhängig von der Sichtbarkeit sollte man sich auf kompliziertere Programmelemente konzentrieren, da diese eher Fehler enthalten als verständliche und strukturell einfachere Programmteile.* Oft findet sich Komplexität nicht in öffentlichen Methoden, sondern vermehrt in denen der Sichtbarkeit `protected` und eingeschränkter. Allerdings beschreiben öffentliche Methoden das Verhalten der Klasse, das sicher auch getestet werden sollte. Damit sind wir wieder bei der obigen Aussage: *Teste die wichtigen oder komplexeren Dinge.*
>
> Abschließend noch ein Hinweis: Falls sich Fehler in privaten Methoden leicht am Verhalten von öffentlichen Methoden ablesen lassen, so bietet es sich an, die privaten Methoden bevorzugt indirekt durch Tests der öffentlichen Methoden zu prüfen.

20.6 Unit Tests mit Threads und Timing

Ich greife hier das Beispiel der in Abschnitt 20.3 vorgestellten Ausgabegeräte, die über ein eigenes Protokoll mit Befehlsnachrichten angesteuert werden können, wieder auf.

Nachfolgend soll eine Funktionalität realisiert werden, die eingehende Nachrichten nicht direkt versendet, sondern zunächst aufseiten des Senders sammelt und dann gebündelt überträgt. Dabei kommt eine zeitgesteuerte Automatik zum Einsatz, wodurch wir einen ersten Einblick in das Testen von Multithreading erhalten.

20.6.1 Funktionale Erweiterung: Aggregation und Versand

Bei der Ansteuerung der Ausgabegeräte gibt es ein Detail zu bedenken: Es steht lediglich ein Eingangspuffer mit sechs Schlitzen zur Verfügung. Bei einer naiven Ansteuerung wird jede eingehende Nachricht einem eigenen Speicherschlitz zugewiesen. Dadurch verfällt bei kürzeren Nachrichten viel vorhandener Platz. Im Falle einer suboptimalen Ansteuerung können somit selbst bei kurzer Nutzlast maximal sechs Nachrichten gespeichert werden, obwohl der Eingangspuffer im Grunde noch Kapazität für deutlich mehr Daten bietet. Sendet man nun in schneller Folge einzelne Befehle an ein Ausgabegerät, so kann es zu Problemen bei der Abarbeitung der Befehle kommen, weil auf Empfängerseite die Anzahl der Schlitze des Eingabepuffers nicht ausreicht. Als Folge werden gespeicherte Befehle durch neu eintreffende Befehle überschrieben. Eine mögliche Lösung besteht darin, die Ansteuerung aufseiten des Senders geschickter zu implementieren: Man kombiniert in einer Nachricht mehrere Befehle und benötigt damit weniger Schlitze für die gleiche Anzahl an Befehlen. Das Vorgehen deutet Abbildung 20-17 an. Mögliche Befehlsnachrichten unterschiedlicher Länge sind dort von 1 bis 6 durchnummeriert.

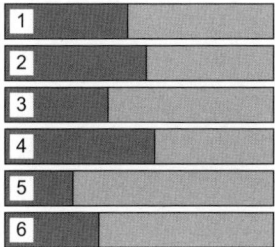
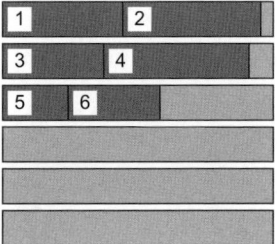

Abbildung 20-17 »Intelligenter« Nachrichtenpuffer

Realisierung der Aggregationsfunktionalität

Als Umsetzung wird aufseiten des Befehlssenders eine Aggregationsfunktion für die zu versendenden Befehle durch eine Klasse `MessageConcatenator` realisiert. Dazu werden Befehlsnachrichten zunächst gesammelt und eine Gesamtnachricht erst dann

20.6 Unit Tests mit Threads und Timing

erzeugt, wenn nahezu die maximale Speicherkapazität eines Schlitzes im Eingangspuffer erreicht ist. Zur Realisierung dieser Funktionalität klinkt man sich in den `sendMessage(DisplayMsg)`-Aufruf der Klasse `Controller` ein, der zuvor direkt mit dem Gerät durch Aufruf der Methode `displayMsg(DisplayMsg)` kommuniziert hat. Das resultierende Klassendiagramm visualisiert Abbildung 20-18.

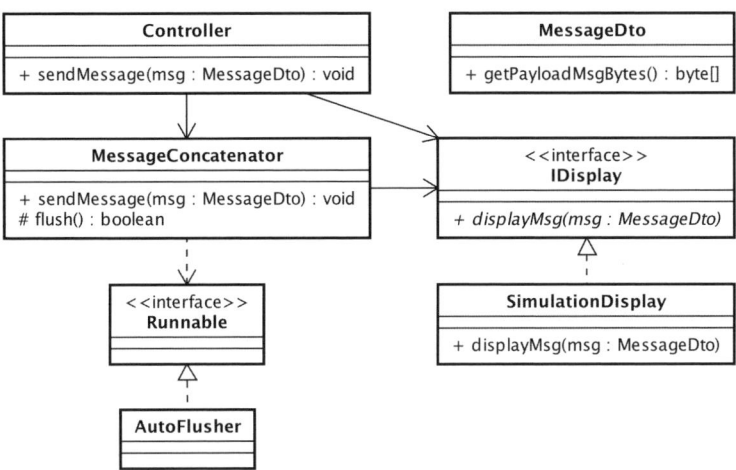

Abbildung 20-18 Integration der Klasse `MessageConcatenator`

Konkretisierung des Algorithmus Die Methode `sendMessage(MessageDto)` der Klasse `MessageConcatenator` prüft bei Eintreffen einer Nachricht vom Typ `MessageDto`, ob mit deren Nutzlast und den zuvor zwischengespeicherten Nachrichten die Länge von 250 Bytes überschritten wird. Solange dies nicht der Fall ist, werden eingehende Nachrichten gesammelt. Wird die Schwelle dagegen erreicht, so kommt es zu einem Versenden der kumulierten Nachrichtendaten über den Aufruf von `flush()` und die neue Nachricht wird im Puffer gespeichert. Eine interne Methode `flushImpl()` realisiert die Verbindung zum Ausgabemedium. Die gesammelten Nachrichten werden dort als eine Nachricht vom Typ `MessageDto` erzeugt und versendet.

Notwendige Verbesserungen Obwohl die Idee des Sammelns von Nachrichten zum Optimieren der Verarbeitung und zur Ausnutzung des Speichers gut ist, gibt es jedoch noch einen Fallstrick. Wird niemals die erforderliche Gesamtlänge durch eingehende Nachrichten erreicht, so werden auch keine Befehlstelegramme versendet und das Display zeigt nichts an. Zur Abhilfe erweitern wir die obige Lösung um einen zeitgesteuerten Anteil, der alle 500 ms automatisch eine Gesamtnachricht erzeugt. Dadurch erreicht man einerseits, dass die Reaktions- bzw. Verarbeitungszeit als gut empfunden wird. Andererseits bleibt das Konkatenieren für den Aufrufer transparent und dieser muss sich nur um die Ansteuerung mit Befehlen kümmern – nicht aber um Details zu deren Verarbeitung. Dies ist ein Beispiel für Information Hiding und Kapselung, wie man es sich von Utility-Klassen und Frameworks wünscht. Würde man darauf nicht achten, so wäre es Aufgabe des Aufrufers, explizit Befehle zum Flushen (Senden) der Gesamtnachrichten abzusetzen. Die günstigsten Zeitpunkte sind durch Aufrufer aber in der Regel schwierig zu bestimmen. Daher realisiert eine Klasse `AutoFlusher` einen Automatismus, der periodisch die Methode `autoFlush()` aus der Klasse `Message-Concatenator` aufruft:

```java
private void autoflush()
{
    flushImpl();
}

// access for unit tests
/*private*/ void enableAutoFlush(final boolean autoFlushEnabled)
{
    autoFlusher.enableAutoFlush(autoFlushEnabled);
}
```

Diese Automatik lässt sich über ein Flag deaktivieren, wodurch eine Kompatibilität zu der bisherigen Implementierung erzielt wird – allerdings muss man dann das Flushen manuell aufrufen. Dadurch wird das Unit-Testen erleichtert, weil zunächst Testfälle ohne Berücksichtigung des Einflusses von Multithreading erstellt werden können.

20.6.2 Test der Aggregation und des Versands

Auch wenn wir später den Einfluss von Multithreading auf Unit Tests anschauen wollen, sollten wir zunächst dafür sorgen, dass die Grundbausteine stabil arbeiten. Deshalb beginnen wir mit einigen Tests für die Aggregation der Nachrichten.

Vorbereitungen zum Test der Klasse `MessageConcatenator`

Um die Klasse `MessageConcatenator` testen zu können, müssen wir einige kleinere Vorarbeiten erledigen. Die Stub-Klasse `SimulationDisplay` wurde bereits in Abschnitt 20.5.1 vorgestellt. Weiterhin definieren wir einige Konstanten in der Klasse `SampleData`. Diese dienen als Dummy-Nutzinhalt für Nachrichten:

```java
public final class SampleData
{
    public static final String TEXT_20  = "01234567890123456789";
    public static final String TEXT_40  = TEXT_20 + TEXT_20;
    public static final String TEXT_60  = TEXT_40 + TEXT_20;
    public static final String TEXT_80  = TEXT_40 + TEXT_40;
    public static final String TEXT_100 = TEXT_80 + TEXT_20;
}
```

Mit einer solchen definierten Basis an Eingabewerten wie dieser fällt es leichter, Tests zu formulieren.

Definition von Unit Tests für die Klasse `MessageConcatenator`

Zum Test der Funktionalität der Klasse `MessageConcatenator` definieren wir eine Testklasse `MessageConcatenatorTest`. Diese speichert eine Referenz auf die zu testende Klasse sowie das Ausgabemedium in Form des Interface `IDisplay`:

```java
public class MessageConcatenatorTest
{
    private MessageConcatenator messageConcatenator;
    private IDisplay           testDisplay;

    @Before
    public void setUp()
    {
        testDisplay = new SimulationDisplay();
        messageConcatenator = new MessageConcatenator(testDisplay);
    }
    // ...
```

Wir beginnen mit Tests ohne Aktivierung der Auto-Flush-Automatik, um die Funktionalität zunächst grundsätzlich zu überprüfen, d. h. die Effekte von Multithreading auszuschließen. Später wird dann diese Komplexität hinzugeschaltet. Ein solches Vorgehen bietet sich grundsätzlich beim Testen an: Man testet anfangs die einfachen Bausteine und danach die komplexeren.

Versenden einer Nachricht: Explizites Flushing Als ersten Testfall überprüfen wir die Basisfunktionalität des Versendens. Das wird durch den Aufruf von `flush()` ausgelöst und sollte dazu führen, dass ein zuvor gefüllter Puffer anschließend leer ist. Zunächst wird eine Textnachricht durch Aufruf der Methode `createTextMsg(String)` erzeugt. Diese Methode fügt den Nutzdaten einige Zusatzinformationen (Start- und Stoppbytes, Längenangaben und eine Checksumme zur Validierung der übertragenen Daten) hinzu, die 10 Bytes erfordern. Die Speicherung der Daten im Puffer wird mithilfe von `getBufferedMsgLength()` ermittelt. Als Ergebnis wird die Länge der Textnachricht + 10 Bytes erwartet. Ein nachfolgender expliziter Aufruf von `flush()` sollte die Daten versenden und den Puffer leeren. Eine Abfrage der Länge muss dann den Wert 0 liefern. Das korrekte Arbeiten von `flush()` kann folgendermaßen als Test formuliert werden:

```java
@Test
public void testExplicitFlush()
{
    // Deaktivieren des Auto-Flushings
    messageConcatenator.enableAutoFlush(false);

    messageConcatenator.sendMessage(createTextMsg(SampleData.TEXT_40));
    assertEquals(40 + 10, messageConcatenator.getBufferedMsgLength());

    // Explizites Flushen, Erwartung: Rest 0
    messageConcatenator.flush();
    assertEquals(0, messageConcatenator.getBufferedMsgLength());
}
```

> **Hinweis: Mehrmalige Asserts**
>
> In den hier gezeigten Testfällen werden Aktionen und `assertEquals()`-Prüfungen miteinander vermischt und auch mehrmals hintereinander ausgeführt. Das scheint ein wenig dem ARRANGE-ACT-ASSERT-Stil zu widersprechen. Tatsächlich empfinde ich die mehrfachen Asserts für die dort benötigte Prüfung eines Ablaufs als akzeptabel, weil lediglich ein semantischer Sachverhalt geprüft wird: Dieser entspricht teilweise einer Abfolge von Telegrammen und dem Inhalt des Puffers. Hier findet man zwar einige Zwischen-Asserts, jedoch wird das Wesentliche des Testfalls am Ende geprüft.
>
> Unabhängig von Stilfragen sollte man auf Klarheit und leichte Nachvollziehbarkeit achten. Der Testfall sollte kurz, verständlich und auf eine zu prüfende Funktionalität fokussiert bleiben. Das ist hier gegeben.

Versenden mehrerer Nachrichten: Test des Verhaltens bei Überlauf Ein weiterer Testfall stellt das Versenden mehrerer Nachrichten und das Zusammenfassen zu einer Gesamtnachricht dar. Dazu werden dem Puffer einige Nachrichten hinzugefügt. Wird die Kapazität eines Schlitzes des Eingabepuffers überschritten, soll die Nachricht automatisch versendet werden. Die zum Überlauf führende Nachricht muss dadurch als einzige im Puffer verbleiben. Diese Funktionalität prüfen wir, indem wir sukzessive Nachrichten hinzufügen und jeweils anschließend die Länge über die Methode `getBufferedMsgLength()` abfragen. Dies kann man wie folgt als Test umsetzen:

```java
@Test
public void testOverflow()
{
    // Deaktivieren des Auto-Flushings
    messageConcatenator.enableAutoFlush(false);

    // Fülle Puffer bis kurz vor Längen-Überschreitung: 90 + 110 + 30 = 230
    messageConcatenator.sendMessage(createTextMsg(SampleData.TEXT_80));
    assertEquals(80 + 10, messageConcatenator.getBufferedMsgLength());

    messageConcatenator.sendMessage(createTextMsg(SampleData.TEXT_100));
    assertEquals(90 + 100 + 10, messageConcatenator.getBufferedMsgLength());

    messageConcatenator.sendMessage(createTextMsg(SampleData.TEXT_20));
    assertEquals(200 + 20 + 10, messageConcatenator.getBufferedMsgLength());

    // Erzwinge Flush durch Längen-Überschreitung: 230 + 70 = 300
    // Daher sollte die folgende Nachricht den Puffer leeren
    messageConcatenator.sendMessage(createTextMsg(SampleData.TEXT_60));

    // Hier sollte noch ein Rest von 70 Bytes existieren
    assertEquals(60 + 10, messageConcatenator.getBufferedMsgLength());
}
```

20.6.3 Test des nebenläufigen Versands

Nachdem wir nun wissen, dass die Grundfunktionalität sauber arbeitet, können wir uns um die Überprüfung des zyklischen Versands von aggregierten Nachrichten kümmern.

Test von Auto-Flush

Der erste Testfall zum Multithreading prüft, ob die Auto-Flush-Automatik nach etwa 500 ms ausgeführt wird. Dazu erzeugen wir wieder eine Nachricht und prüfen deren Länge. Danach warten wir eine Sekunde durch den Aufruf der Hilfsmethode `waitForOneSecond()`. Nach dieser Zeit sollte der parallel laufende Auto-Flush-Thread die Nachricht versendet haben, was wir folgendermaßen über die Bedingung `getBufferedMsgLength() == 0` prüfen:

```java
@Test
public void testAutoFlush()
{
    // Aktivieren des Auto-Flushings
    messageConcatenator.enableAutoFlush(true);

    messageConcatenator.sendMessage(createTextMsg(SampleData.TEXT_80));
    assertEquals(80 + 10, messageConcatenator.getBufferedMsgLength());

    // Prüfe Auto-Flush: Warte 1 Sekunde, dann Erwartung: Rest 0
    waitForOneSecond();
    assertEquals(0, messageConcatenator.getBufferedMsgLength());
}
```

> **Hinweis: Zeitliche Randbedingungen im Unit Tests**
>
> Grundsätzlich kann es problematisch sein, mit Annahmen über fixe Ausführungszeiten in Unit Tests bzw. Integrationstests zu arbeiten, da die Tests dann von äußeren Einflüssen abhängen. Daher ist im vorherigen Beispiel des Tests mit Timing schon bewusst ein recht großzügiger Zeitpuffer vorgesehen, um Effekte hoher Systemlast auf den Ausgang des Tests möglichst auszuschließen. Ebenfalls wird hier mit einer noch vertretbaren Wartezeit von einer Sekunde gearbeitet – zu viele solcher eher langsam laufenden Tests sollte man vermeiden, um einen schnellen Feedbackzyklus zu gewährleisten.

Test von Auto-Flush mit Überlauf

Die komplexeste, hier vorgestellte Prüfung besteht aus zwei Testfällen. Durch diese wird das Zusammenspiel von Überlauf und periodischem Auto-Flush sichergestellt: Dabei prüfen wir zunächst die Kombination Auto-Flush, dann Flush durch Überlauf und danach andersherum:

```java
@Test
public void testOverflow_Then_AutoFlushAnd()
{
    // Aktivieren des AUTO-FLUSHINGs
    messageConcatenator.enableAutoFlush(true);

    // Erzwinge Flush durch Längen-Überschreitung
    messageConcatenator.sendMessage(createTextMsg(SampleData.TEXT_80));
    messageConcatenator.sendMessage(createTextMsg(SampleData.TEXT_100));
    assertEquals(90 + 110, messageConcatenator.getBufferedMsgLength());

    // Die nächste Nachricht der Länge 90 passt nicht mehr: 90 + 110 + 90 = 290
    messageConcatenator.sendMessage(createTextMsg(SampleData.TEXT_80));
    assertEquals(90, messageConcatenator.getBufferedMsgLength());

    // Prüfe Auto-Flush: Warte 1 Sekunde, dann Erwartung: Rest 0
    waitForOneSecond();
    assertEquals(0, messageConcatenator.getBufferedMsgLength());
}

@Test
public void testAutoFlush_Then_Overflow()
{
    // Aktivieren des AUTO-FLUSHINGs
    messageConcatenator.enableAutoFlush(true);

    //Sende Nachricht
    messageConcatenator.sendMessage(createTextMsg(SampleData.TEXT_100));
    assertEquals(110, messageConcatenator.getBufferedMsgLength());

    // Prüfe Auto-Flush: Warte 1 Sekunde, dann Erwartung: Rest 0
    waitForOneSecond();
    assertEquals(0, messageConcatenator.getBufferedMsgLength());

    // Erzwinge Flush durch Längen-Überschreitung
    messageConcatenator.sendMessage(createTextMsg(SampleData.TEXT_100));
    messageConcatenator.sendMessage(createTextMsg(SampleData.TEXT_100));
    assertEquals(110 + 110, messageConcatenator.getBufferedMsgLength());

    // Die nächste Nachricht der Länge 50 passt nicht mehr: 220 + 50 = 270
    messageConcatenator.sendMessage(createTextMsg(SampleData.TEXT_40));
    assertEquals(50, messageConcatenator.getBufferedMsgLength());
}
```

Listing 20.11 Ausführbar als 'MESSAGECONCATENATORTEST'

Fazit

Die hier vorgestellten Tests geben einen Einblick, wie man Abläufe bei Multithreading durch feingranulare Unit Tests in überprüfbare Einheiten zerlegen kann. Mit zunehmender Komplexität der Zusammenarbeit, also mit zunehmender Anzahl von Threads sowie deren Interaktionen untereinander, wird das Ausformulieren von Unit Tests anspruchsvoller bis nahezu unmöglich. Insbesondere können dann unterschiedliche Lastsituationen auf dem Rechner für ein unerwartetes Fehlschlagen eines Testfalls sorgen.

20.7 Test Smells

Gute und verständliche Tests zu schreiben ist gar nicht so einfach, wie es vielleicht scheinen mag. Nachfolgend lernen wir deshalb einige Fallstricke kennen, über die man bei ersten Gehversuchen mit Unit Tests stolpern kann.[20] Wenn Sie diese Fallstricke vermeiden, werden Ihre Tests viel wertvoller zur Beurteilung der Softwarequalität.

Ich möchte Ihnen einige Tipps und Tricks zum Unit-Testen mit auf den Weg geben und dabei mit einigen Aussagen von James Coplien starten, die seinem Artikel mit dem provokanten Titel »Why Most Unit Testing is Waste«[21] [13] entstammen:

- »Design a test with more care than you design the code.«
- »Tests don't improve quality: developers do.«
- »... is one of those rare people who know how to think instead of letting the computer do your thinking for him — be it in system design or low-level design.«

Dr. Venkat Subramaniam, Autor verschiedener lesenswerter Bücher sowohl zu Groovy als auch zu Java, schreibt in seinem Buch »Programming Groovy 2: Dynamic Productivity for the Java Developer« [75] über Unit Tests, dass diese dem Motto FAIR folgen sollten, was so viel bedeutet wie FAST AUTOMATIC ISOLATED REPEATABLE. Diesem Motto würde ich gern noch die beiden Anforderungen Zuverlässigkeit und Redundanzfreiheit hinzufügen. Ansonsten verwirren die Tests mehr, als dass sie helfen.

Kommen wir nach dieser Vorbetrachtung konkret zu einigen Test Smells.

Test Smell: Falsche Nutzung von `assertTrue()` und `assertFalse()`

Zur Absicherung von erwarteten Bedingungen dient der Assert-Teil eines Testfalls. Betrachten wir ein paar scheinbar ganz einfache Prüfungen von Erwartungen:

```
assertTrue(db.writeCount == 10);
assertTrue(tasks.totalProcessed == 10);
assertTrue(tasks.errorCount == 0);
```

Was ist an diesen Zustandsprüfungen problematisch? Eine ganze Menge!

Hier werden boolesche Bedingungen mithilfe der Methoden `assertTrue()` geprüft. Allerdings erhält man damit lediglich eine Aussage, ob die Bedingung erfüllt ist oder nicht, jedoch keine Aussage darüber, was der erwartete und der beobachtete Wert ist. Wenn eine der Prüfungen fehlschlägt, weiß man somit nicht, welche das war. Das wird noch dadurch verschärft, dass recht viele Prüfungen erfolgen.

Wie macht man es besser? Verwendet man statt `assertTrue()` oder `assertFalse()` eine Prüfung mit `assertEquals()`, so erhält man beim Fehlschlagen zumindest Hinweise auf Abweichungen vom erwarteten Wert. Das korrigieren wir wie folgt:

---

[20] Kapitel 16 beschreibt Ähnliches für potenziell fehlerhafte Konstrukte im Applikationscode.
[21] http://www.rbcs-us.com/documents/Why-Most-Unit-Testing-is-Waste.pdf

```
assertEquals(10, db.writeCount);
assertEquals(10, tasks.totalProcessed);
assertEquals(0, tasks.errorCount);
```

Nach diesen Umformungen in eine Prüfung mit `assertEquals()` erzeugt das JUnit-Framework beim Fehlschlagen einer Bedingung automatisch einen Hinweistext, der beschreibt, welcher Wert erwartet und welcher geliefert wurde, in etwa so:

```
java.lang.AssertionError: expected:<10> but was:<12>
```

Das ist schon eine Verbesserung – jedoch wird durch die mehrfachen Prüfungen die Zuordnung zu dem tatsächlich fehlschlagenden `assertEquals()` erschwert. Das liegt schlicht daran, dass hier im Beispiel noch die zwei Test Smells »Zu viele Asserts im Testfall« und »Asserts ohne Hinweis« vorliegen. Mögliche Abhilfen lernen wir nun bei der Besprechung der nächsten Test Smells kennen.

Test Smell: Zu viele Asserts im Testfall

Mit einem Testfall soll ein möglichst eng umrissenes Verhalten überprüft werden. Im besten Fall lässt sich dies mit nur einem Assert prüfen. Falls ab und zu ein paar mehr Asserts zur Zustandsprüfung benötigt werden, ist dies akzeptabel, sofern diese semantisch zusammengehörend (kohärent) sind, also nicht mehrere Aspekte prüfen.

In folgendem Beispiel findet man fünf Asserts, die zumindest zwei Sachverhalte prüfen, hier durch die Objekte `db` und `tasks` repräsentiert:

```
assertEquals(10, db.readCount);
assertEquals(10, db.writeCount);
assertEquals(10, db.commitCount);

assertEquals(10, tasks.totalProcessed);
assertEquals(0, tasks.errorCount);
assertEquals(SUCCESS, tasks.status);
```

Wenn ein Testfall mehrere Asserts enthält, kann es mehrere Gründe geben kann, warum der Test nicht bestanden wird. Damit fällt es schwer, einen Verstoß direkt einem Assert zuzuordnen und somit auch die Ursache zu ermitteln.

Wie macht man es besser? Für das Beispiel bietet es sich an, die Prüfungen in zwei Testfälle aufzuteilen, einen, der sich um das `db`-Objekt kümmert, und einen anderen, der das `task`-Objekt prüft.

In der gezeigten Kombination mit mehreren Prüfungen ist es ohne Angabe eines Hinweistextes recht schwer, die Fehlerursache einzugrenzen, zumindest wenn sehr ähnliche Prüfungen und erwartete Werte genutzt werden. Schauen wir uns nun also die Möglichkeit an, Hinweistexte bereitzustellen.

Test Smell: Asserts ohne Hinweis

Wenn es in einem Testfall mehr als ein Assert gibt, so ist es oftmals hilfreich, für die einzelnen Asserts einen Hinweistext bereitzustellen, das gilt insbesondere für Prüfungen mit `assertTrue()` bzw. `assertFalse()`.

Schauen wir auf folgendes Assert mit dem Vergleich zweier Laufzeiten:

```
assertTrue(runtime2 > runtime1);
```

Dieser Testfall schlug des Öfteren fehl. Die Gründe dafür waren durch diese krude Implementierung kaum zu erkennen.

Wie macht man es besser? Es bietet sich folgende Korrektur durch Angabe eines Hinweistextes an:

```
assertTrue("runtime2 " + runtime2 + " ms should be > " + runtime1 + " ms",
           runtime2 > runtime1);
```

Damit lässt sich das Problem durch die erzeugte Fehlermeldung

```
java.lang.AssertionError: runtime2 0 ms should be > 0 ms
```

eingrenzen und kann so überhaupt erst adressiert werden.

Neben Asserts ohne Hinweis ist es oftmals keine gute Idee, fixe Laufzeitannahmen in Unit Tests zu machen. Das ist ein eigener Test Smell, der im Rahmen der Darstellung von »Test Smell: Unit Tests zur Prüfung von Laufzeiten« kurz behandelt wird.

Test Smell: Einsatz von `toString()` in `assertEquals()`

Eine Problematik beim Testen besteht in der sicheren Wiederholbarkeit. Diese ist nicht gegeben, wenn nicht immer eindeutig reproduzierbare Werte oder eine Vielzahl von einzelnen Werten in Kombination miteinander verglichen werden. So etwas sieht man beispielsweise im Zusammenspiel mit der Methode `toString()`. Lasse Koskela spricht in seinem Buch »Effective Unit Testing: A Guide for Java Developers« [50] dann von *Hyperassertions*.

Nachfolgend sehen wir eine Prüfung einer Datenbankkonfiguration. Dieser Test basiert auf einer Stringrepräsentation, hier stark gekürzt:

```
assertEquals("mongodb.writeConcern.timeout=10000," +
             "mongodb.writeConcern.writes=1, " +
             "mongodb.port=27017, " +
             "mongodb.password=ksdjsa2455aAYdsj," +
             "mongodb.user=ABCD",
             dbConnection.toString())
```

Wie schon in Kapitel 16 über Bad Smells erwähnt, sind Vergleiche, basierend auf den von `toString()` produzierten Ausgaben, fragil und sollten vermieden werden. Beachtet man diesen Tipp nicht, so würde jede auch noch so kleine interne Änderung an der Stringrepräsentation den Vergleich fehlschlagen lassen. Im Beispiel gilt dies auch für eine minimale Rekonfiguration in den Datenbankverbindungsdaten (z. B. der Portnummer oder eines Time-outs). Eine solche Modifikation sollte (abgesehen von raren Ausnahmen) weder zu einem Fehlschlag des Testfalls führen noch eine Anpassung im Testfall notwendig machen.

Wie macht man es besser? Wenn man nur einzelne relevante Bestandteile der als String vorliegenden Datenbankkonfiguration mithilfe von `contains()` abfragen würde, so wäre die Prüfung weniger fragil – dieses Vorgehen entspricht dann allerdings eher einem Trostpflaster. Deutlich sinnvoller ist es, die wichtigen Informationen mithilfe von Zugriffsmethoden zu ermitteln und geeignet durch Asserts zu überprüfen.

Als Grundregel gilt: *Prüfe in Unit Tests lediglich diejenigen Werte, die wirklich relevant sind und benötigt werden, um die Korrektheit zu garantieren.* Je mehr Zustand drumherum geprüft wird, der nicht (oder kaum) mit dem eigentlichen Test verbunden ist, desto größer ist die Fragilität des Tests. Damit beginnt ein Wartungsalbtraum für Tests: Diese müssen dann ständig angepasst werden, weil sie sonst bei vielen eigentlich unbedeutenden Programmänderungen fehlschlagen.

Test Smell: Unit Tests zur Prüfung von Laufzeiten

Manchmal sollen die Laufzeiten von Programmteilen gegen ein erwartetes Laufzeitverhalten geprüft werden. Leider erfolgt dies zum Teil durch den Einsatz von Unit Tests. Allerdings stellen diese eigentlich kein probates Mittel dar, insbesondere dann nicht, wenn man keine Varianzen in den Laufzeiten berücksichtigt. Schauen wir uns ein Beispiel eines problematischen Sourcecodes an:

```
final int count = 1000;

// Laufzeitmessung für Algorithmus 1
long runtime1 = 0

for (int i = 0; i < count; i++)
{
    final long start = System.currentTimeMillis();
    performCalculation_V1();
    final long end = System.currentTimeMillis() - start;
    runtime1 += end;
}

// Verbesserte Laufzeitmessung für Algorithmus 2 s. u.
...

// Verbesserung 3: Berechnung von Messung getrennt
final long runtime2 = TimeUnit.NANOSECONDS.toMillis(end2 - start2);

// Fragile Annahme über die Laufzeiten
assertTrue("calc V2 runtime should be > calc V1 runtime", runtime2 > runtime1);
```

In diesem (bis auf Kleinigkeiten) so in der Praxis gefundenen Sourcecode wurden gleich mehrere Fehler gemacht. Eine solche Häufung von Fehlern ist nicht ungewöhnlich. Man findet diese oftmals in den aus anderen Gründen schon besonders fragilen Teilen (in diesem Fall im Sourcecode des Tests). Das Ganze bestärkt die Aussage von James Coplien, dass einige Tests, zumindest in der Art, wie sie erstellt wurden, überflüssig sind bzw. Tests mit ebensolcher Sorgfalt wie der eigentliche Sourcecode erstellt werden müssen. Dadurch vermeidet man potenziell aufwendige Überarbeitungen der Testfälle. Noch unerfahrene Entwickler sollten sich einen erfahrenen Kollegen suchen, der sie beim Erstellen der Testfälle unterstützt oder zumindest mit ihnen ein Codereview durchführt.

Wie macht man es besser? Führen wir ein Codereview einmal virtuell durch: Bei der ersten Variante der Laufzeitberechnung ist schlecht, dass die Zeitmessung mithilfe von `currentTimeMillis()` erfolgt. Die zurückgelieferten Werte sind recht ungenau. Zudem ist es ungeschickt, die einzelnen Laufzeiten aufzuaddieren, statt eine Gesamtlaufzeit zu berechnen. So verstärken sich Fehler bzw. die Abweichungen. Dadurch wird meistens eine deutlich geringere oder größere Laufzeit als die tatsächliche gemessen, sodass die Gesamtlaufzeit kürzer oder länger scheint, als sie ist. Auch der Variablenname `end` ist irreführend, weil hier die Laufzeit einer Einzelberechnung ermittelt wird und nicht der Endzeitpunkt. Wie man es besser machen kann, ist im Listing für den zweiten Messlauf gezeigt:

```
// Verbesserte Laufzeitmessung für Algorithmus 2
final long start2 = System.nanoTime();        // Verbesserung 1: nanoTime()
for(int i = 0; i < count; i++)
{
    performCalculation_V2();
}
final long end2   = System.nanoTime();        // Verbesserung 2: Gesamtlaufzeit
```

Die fragile Prüfung der Laufzeit habe ich um einen Hinweistext ergänzt und ansonsten original übernommen. Diese ist hochgradig von äußeren Einflüssen abhängig und somit sicher nicht zuverlässig wiederholbar. Zwar erhöhen die jeweils 1000 Durchläufe vermutlich die Messgenauigkeit, allerdings verstößt dieser Test dadurch aber ziemlich sicher auch gegen die Forderung, schnell ausführbar zu sein. Insgesamt sollte man vorsichtig sein, wenn man in Unit Tests mit Annahmen zum Timing arbeitet, da sich Effekte von der momentanen Systemlast möglicherweise stark auf den Testablauf auswirken können und zu fragilen Tests führen: Von Lauf zu Lauf oder bei variierender Systemlast bekommt man unterschiedliche Testresultate. Das ist zu vermeiden, weil die Tests stark an Aussagekraft verlieren. Das verringert wiederum die Motivation für das Erstellen von Unit Tests, worunter oftmals längerfristig die Qualität leidet.

Zudem sollte man noch bedenken, dass sich Test- und Produktivumgebungen oft in der Hardwareausstattung unterscheiden und eine (deutlich) potentere Produktivumgebung möglicherweise zu abweichenden Testresultaten führen würde.

20.8 Nützliche Tools für Unit Tests

In diesem Abschnitt werden mit Hamcrest, MoreUnit, Infinitest und JaCoCo sowie EclEmma nützliche Tools zum Unit-Testen vorgestellt. Hamcrest hilft beim Formulieren von Testbedingungen. MoreUnit erleichtert das Erstellen und Ausführen von Unit Tests. Infinitest sorgt für die Durchführung von Unit Tests als Regressionstests. Die Tools JaCoCo und EclEmma ermitteln die sogenannte Testabdeckung (Prozentanteil der durch Tests geprüften Programmteile). Dadurch werden vor allem die Programmteile, die nicht (oder zumindest nicht ausreichend) von Unit Tests geprüft werden, sichtbar.[22]

20.8.1 Hamcrest

Hamcrest ist ein Tool, dessen Einsatz die Lesbarkeit und die Verständlichkeit von Unit Tests erhöhen kann.[23] Dazu erlaubt es Hamcrest, Vergleichsoperationen, sogenannte *Matcher*, zu schreiben. Diese lassen sich beliebig kombinieren. Außerdem kann man einige Bedingungen nahezu umgangssprachlich deklarativ formulieren. Für Unit Tests ist dies nützlich, um die Lesbarkeit zu erhöhen. Zudem fügt sich Hamcrest nahtlos in verschiedene Test-Frameworks ein, etwa JUnit oder TestNG. Die ohne Hamcrest erstellten Tests bleiben weiterhin gültig, wodurch ein schrittweiser Wechsel erleichtert wird und man die neue Schreibweise sukzessive einführen kann.

Um alle nachfolgend beschriebenen Funktionalitäten von Hamcrest nutzen zu können, müssen wir folgende Abhängigkeit in unsere Gradle-Build-Datei `build.gradle` hinzufügen:

```
compile 'org.hamcrest:hamcrest-all:1.3'
```

Hamcrest-Integration in JUnit

Weil der Einsatz von Hamcrest die Lesbarkeit von Assertions deutlich erhöht, wurde es teilweise in JUnit 4 integriert. Das umfasst insbesondere die Methode `assertThat()` zum Aufstellen einer Testbehauptung sowie verschiedene Methoden zum Formulieren einzelner Bedingungen.

Schauen wir uns an, wie sich folgende mit JUnit recht technisch formulierte Testbehauptung vereinfachen lässt:

```
assertEquals(1234, calculatedPrice());
```

Nutzen wir dagegen Hamcrest ist das Ganze besser lesbar:

```
assertThat(calculatedPrice(), is(1234));
```

---

[22]In den vorherigen Auflagen habe ich das Tool Cobertura beschrieben, das jedoch nicht oder nur mit Tricks mit JDK 8 erstellten Sourcecode verarbeiten kann.

[23]Frei unter http://code.google.com/p/hamcrest/ herunterladbar.

Tatsächlich ist die zweite Variante zwar nahezu umgangssprachlich lesbar, es gibt jedoch auch Entwickler, die die obere Form intuitiv besser und schneller erfassen. Damit ergibt sich folgender Tipp: Implementierungsnahe Tests können eher Variante 1 nutzen und Variante 2 bietet sich für High-Level-Tests an. JUnit erlaubt es auch, Integrations- oder kleinere Systemtests zu erstellen.

Wie schon beschrieben, erleichtert die Angabe eines Hinweistextes die Identifikation der Fehlerursache, speziell wenn mehrere Asserts oder die Varianten `assertTrue()` bzw. `assertFalse()` genutzt werden, da letztere keine verständliche Meldung erzeugen. Zwar wird die produzierte Fehlermeldung durch den Hinweistext informativer, dafür reduziert sich die Lesbarkeit des Sourcecodes aber ein wenig:

```
assertEquals("price", 1234, calculatedPrice());
assertThat("price", calculatedPrice(), is(1234));
```

Hamcrest in Aktion: Der erste Test

Um Hamcrest kennenzulernen, schreiben wir einen kleinen Unit Test. Statt der bekannten `assertEquals()`-Methode zum Aufstellen einer Testbehauptung nutzen wir hierbei die Methode `assertThat()`. Zum Formulieren von Bedingungen wird ein sogenannter Matcher benötigt.

In folgendem Beispiel soll mit `assertThat()` geprüft werden, ob der Parameter `mike` mit dem Wert von `otherPerson` übereinstimmt. Dazu wird der Matcher `equalTo()` eingesetzt. Aus Gründen der besseren Lesbarkeit werden die Hamcrest-Matcher und Hilfsmethoden statisch importiert:

```java
import static org.hamcrest.MatcherAssert.assertThat;
import static org.hamcrest.core.IsEqual.equalTo;

import org.junit.Test;

public class SimplePersonTest
{
    @Test
    public void testEquals()
    {
        final Person mike = new Person("Mike", 38, "Aachen");
        final Person otherPerson = new Person("Mike", 38, "Aachen");

        assertThat(mike, equalTo(otherPerson));
    }
}
```

Listing 20.12 Ausführbar als 'SIMPLEPERSONTEST'

Die Testbehauptung besteht hier aus zwei Teilen, die durch zwei Parameter repräsentiert werden. Der erste Parameter gibt das zu überprüfende `Person`-Objekt `mike` an. Durch den zweiten Parameter wird der Vergleich mithilfe eines Matchers oder einer Kombination von Matchern definiert. Dadurch wird der Vergleich festgelegt: Mit `equalTo(T)` erfolgt der Vergleich über die `equals(Object)`-Methode des im ersten Parameter angegebenen Objekts. Der Test wird erfolgreich durchlaufen, sofern die Klasse `Person` die `equals(Object)`-Methode korrekt implementiert.

Lesbarkeit weiter erhöhen Ein `is`-Matcher trägt zwar zur Lesbarkeit bei, besitzt aber keine eigene Funktionalität, sondern ruft nur den `equalTo`-Matcher auf. Folgende Zusicherungen drücken alle das Gleiche aus, wodurch man je nach persönlichem Geschmack die für einen selbst am besten lesbare Variante wählen kann.

```
assertThat(mike, equalTo(otherPerson));
assertThat(mike, is(equalTo(otherPerson)));
assertThat(mike, is(myPerson));
```

Prüfen mehrerer Zusicherungen Wie auch in JUnit, kann man jede Zusicherung mit einem Hinweistext versehen. Nachfolgend werden statt komplexerer Business-Objekte nur einzelne Attribute zum Aufstellen einer Behauptung genutzt:

```
assertThat("age", mike.getAge(), equalTo(38));
assertThat("city", mike.getCity(), equalTo("Zürich"));
```

Listing 20.13 Ausführbar als 'SimplePersonAttributesTest'

Generierte Fehlermeldungen

Die große Stärke von Hamcrest sind die generierten Fehlermeldungen. Diese werden erst beim Fehlschlagen von Bedingungen sichtbar. Schauen wir uns dies an einem Beispiel an. Nehmen wir an, wir wollten sicherstellen, dass die Variable `age` einen Wert größer 30 enthält und eine ungerade Zahl darstellt, was wir über den Einsatz des Modulo-Operators '`%`' lösen. Beginnen wir mit einem Test in JUnit, und zwar mit einem simplen `assertTrue()`:

```
assertTrue(mike.getAge() > 30 && mike.getAge() % 2 != 0);
```

Man erhält eine wenig aussagekräftige Fehlermeldung, etwa wie folgt:

```
junit.framework.AssertionFailedError
```

Wir nutzen Hamcrest und schreiben den Test folgendermaßen:

```
assertThat(mike.getAge(),
        allOf(greaterThan(30), not(evenNumber())));
```

Listing 20.14 Ausführbar als 'HamcrestExampleTest'

Nun ist die generierte Fehlermeldung deutlich besser lesbar und macht die Ursache klar:

```
java.lang.AssertionError:
Expected: (a value greater than <30> and not even number)
but: not even number was <38>
```

Zwar kann man Assertions in JUnit eine Fehlerbeschreibung mitgeben, etwa wie folgt:

```
assertTrue("age should be > 30 and odd", mike.age > 30 && mike.age % 2 != 0);
```

Trotzdem ist die Fehlermeldung

```
java.lang.AssertionError: age should be > 30 and odd
```

schlechter verständlich als die von Hamcrest generierte, weil Letztere mehr Informationen transportiert. Darüber hinaus hat man weniger Aufwand bei Anpassungen der Logik, da Hamcrest die Texte dynamisch generiert. Bei JUnit muss man immer achtgeben, dass der Hinweistext mit dem geprüften Verhalten konsistent ist. Die obige Methode `evenNumber()` ist kein Standard-Matcher von Hamcrest, sondern ein selbst erstellter.

Sehen wir uns zunächst an, welche Standard-Matcher in Hamcrest existieren, bevor ich dann auf die Implementierung des eigenen Matchers eingehe.

Übersicht über die wichtigsten Matcher

Hamcrest bietet diverse Matcher zur Beschreibung von Bedingungen, wodurch sich Unit Tests besser lesbar gestalten lassen. Dazu sollten die Matcher mit statischen Imports aus dem Package `org.hamcrest` eingebunden werden. Leider gibt es in der Dokumentation keine Übersicht, welcher Matcher wo zu finden ist. Damit man Hamcrest effektiv einsetzen kann, sind diese Informationen aber wichtig. Daher erfolgt hier eine Auflistung der wichtigsten Matcher mit den Packages, aus denen sie stammen.

Object Matcher Referenz- und inhaltliche Gleichheit prüft man mit den Matchern `sameInstance` bzw. `equalTo`. Nützlich ist auch der typprüfende Matcher `instanceOf`. Zum Prüfen auf `null` dienen die Matcher `notNullValue` und `nullValue`.

```
import static org.hamcrest.core.IsSame.sameInstance;
import static org.hamcrest.core.IsEqual.equalTo;
import static org.hamcrest.core.IsInstanceOf.instanceOf;
import static org.hamcrest.core.IsNull.notNullValue;
import static org.hamcrest.core.IsNull.nullValue;
```

Logische Matcher Die Matcher `allOf`, `anyOf` und `not` realisieren logische Operatoren entsprechend '&&', '||" bzw. '!' in Java.

```
import static org.hamcrest.core.AllOf.allOf;
import static org.hamcrest.core.AnyOf.anyOf;
import static org.hamcrest.core.IsNot.not;
```

String Matcher (nicht alle direkt in JUnit verfügbar) Für den Vergleich von Strings existieren diverse Matcher mit sprechenden Namen. `equalToIgnoringCase` testet die case-insensitive Gleichheit von Strings. Mit `equalToIgnoringWhiteSpace` testet man die Gleichheit, ohne auf Leerzeichen zu achten. Die Matcher `contains-String`, `endsWith`, `startsWith` prüfen auf Übereinstimmung mit Teilstrings.

```java
import static org.hamcrest.text.IsEqualIgnoringCase.equalToIgnoringCase;
import static org.hamcrest.text.IsEqualIgnoringWhiteSpace.
    equalToIgnoringWhiteSpace;
import static org.hamcrest.core.StringContains.containsString;
import static org.hamcrest.core.StringEndsWith.endsWith;
import static org.hamcrest.core.StringStartsWith.startsWith;
```

Number Matcher (nicht direkt in JUnit verfügbar) Beim Vergleich von Gleitkommazahlen sollte man prüfen, ob diese innerhalb eines Toleranzbereichs liegen (vgl. Abschnitt 4.1.2). Der Matcher `closeTo` prüft dies. Die Matcher `greaterThan`, `greaterThanOrEqualTo`, `lessThan`, `lessThanOrEqualTo` prüfen entsprechend ihrem Namen auf größer, größer gleich, kleiner und kleiner gleich.

```java
import static org.hamcrest.number.IsCloseTo.closeTo;
import static org.hamcrest.number.OrderingComparison.greaterThan;
import static org.hamcrest.number.OrderingComparison.greaterThanOrEqualTo;
import static org.hamcrest.number.OrderingComparison.lessThan;
import static org.hamcrest.number.OrderingComparison.lessThanOrEqualTo;
```

Collections Matcher (nicht alle direkt in JUnit verfügbar) Auch im Bereich von Collections existieren eine Menge an hilfreichen Matchern, etwa folgende:

```java
import static org.hamcrest.core.IsCollectionContaining.hasItem;
import static org.hamcrest.core.IsCollectionContaining.hasItems;
import static org.hamcrest.collection.IsMapContaining.hasEntry;
import static org.hamcrest.collection.IsMapContaining.hasKey;
import static org.hamcrest.collection.IsMapContaining.hasValue;
```

Lesbare Suchen in Collections Zur Suche nach einen bestimmten Element in einer Collection würde man mit JUnit beispielsweise Folgendes schreiben:

```java
boolean found = false;
for (final Person person : customers)
{
    if (person.equals(desiredPerson))
    {
        found = true;
        break;
    }
}
assertTrue(found);

// JDK 8-Variante
boolean found2 = customers.stream().
                    anyMatch(person -> person.equals(desiredPerson));
```

In Hamcrest lässt sich dies deutlich besser lesbar mit `hasItem()` schreiben:

```java
assertThat(customers, hasItem(desiredPerson));
```

Einbinden von Matchern Das Schwierigste beim Einsatz der Matcher von Hamcrest besteht teilweise darin, das entsprechende Package zu finden, in dem der gewünschte Matcher definiert ist. Das kann ich Ihnen leider nicht abnehmen, aber durch die obige Liste ein wenig erleichtern. Wenn man die in JUnit integrierten Matcher nutzt, so muss man die Packages genau kennen. Sofern man Hamcrest separat einbindet, stehen weitere Matcher zur Verfügung. Praktischerweise kann man diese über eine Utility-Klasse `Matchers` ansprechen, die alle Matcher bündelt und so deren Einsatz erleichtert. Nachfolgend ist gezeigt, wie man den `equalTo`-Matcher einbinden kann:

```java
import static org.hamcrest.Matchers.equalTo;
import static org.hamcrest.core.IsEqual.equalTo;
```

Definition eigener Matcher

Hamcrest lässt sich leicht um eigene Realisierungen von Matchern erweitern. Um das nachzuvollziehen, werden wir den bereits eingesetzten Matcher `evenNumber()` in der Klasse `IsEvenNumber` wie folgt selbst definieren:

```java
import org.hamcrest.Description;
import org.hamcrest.Factory;
import org.hamcrest.Matcher;
import org.hamcrest.TypeSafeMatcher;

public class IsEvenNumber extends TypeSafeMatcher<Integer>
{
    @Override
    public boolean matchesSafely(final Integer number)
    {
        return number.intValue() % 2 == 0;
    }

    public void describeTo(final Description description)
    {
        description.appendText("even number");
    }

    @Factory
    public static Matcher<Integer> evenNumber()
    {
        return new IsEvenNumber();
    }
}
```

Wir nutzen dazu die Basisklasse `TypeSafeMatcher<T>` und Folgendes:

1. Eine Fabrikmethode `evenNumber()`, die eigene Instanzen eines Matchers erzeugt.
2. Eine Methode `matchesSafely(T)`, die das Matching implementiert.
3. Eine Beschreibungsmethode `describeTo(Description)`, die eine aussagekräftige Fehlermeldung aufbereitet.

20.8.2 MoreUnit

JUnit ist gut in Eclipse integriert und Testfälle lassen sich ausführen und sogar debuggen. Allerdings gibt es doch noch Raum für Verbesserungen bei der Integration und beim Schreiben von Unit Tests. Beispielsweise sind die Tastaturkürzel zum Ausführen von Unit Tests (ALT+SHIFT+X,T) recht unhandlich. Diesem und weiteren Problemen nimmt sich das Eclipse-Plugin MoreUnit an. Es steht frei im Eclipse Marketplace zur (einfachen) Installation bereit und bietet folgende Features:[24]

- MoreUnit bietet Tastaturkürzel zum Ausführen (CTRL+R) und zum Hin-und-her-Wechseln zwischen Implementierung und Unit Test zu einer Klasse (CTRL+J). Existiert kein Test, so wird mit CTRL+J ein Dialog zum Anlegen eines korrespondierenden Unit Tests angeboten.
- Sofern eine Klasse Abhängigkeiten besitzt, kann man sich dafür automatisch Mock-Objekte (z. B. für Mockito, EasyMock, jMock 2) erstellen lassen.
- Man erhält eine Icon-Dekoration, sodass man direkt im Package Explorer durch einen kleinen grünen Punkt sieht, ob zu einer Klasse ein Test existiert.
- Beim Refaktorisieren werden Klassen und korrespondierende Testklassen automatisch synchron zueinander verschoben oder umbenannt.

20.8.3 Infinitest

Infinitest ist ein Tool zur Unterstützung von kontinuierlichen Testläufen von Unit Tests.[25] Infinitest adressiert eine Unzulänglichkeit von normalen Unit Tests: Diese müssen nach Änderungen im Sourcecode in der Regel von Hand ausgeführt werden. Schnell wird dies in der Hektik des Alltags vergessen oder ein relevanter Test übersehen, und so werden durch Änderungen neu eingeführte Fehler eventuell nicht aufgedeckt. Durch Infinitest findet man Fehler in der Regel schneller und sicherer. Es führt Unit Tests automatisch als Regressionstests direkt in der IDE aus. Die entsprechenden Tests werden intelligent ausgewählt, d. h., es werden nur die Tests ausgeführt, die von den Änderungen im Sourcecode betroffen sind. Bei auftretenden Fehlern erfolgt eine automatische Rückmeldung in der Statuszeile.

Dieses direkte Ausführen von Unit Tests noch innerhalb der IDE beim Entwickeln ist aus zweierlei Hinsicht erstrebenswert:

1. Man erhält eine sofortige Rückmeldung, ob man mit einer Änderung etwas kaputt gemacht hat.
2. Durch die instantane Rückmeldung erleichtert man nochmals die Arbeit mit Continuous Integration, da Fehler nicht erst durch den Build-Lauf und das Ausführen von Unit Tests auf dem Build-Server gefunden werden.

---

[24]Detaillierte Informationen findet man unter http://moreunit.sourceforge.net/.
[25]Das Eclipse-Plugin kann unter http://infinitest.github.io bezogen werden.

20.8.4 JaCoCo

In diesem Kapitel habe ich bereits motiviert, dass eine durch Unit Tests abgesicherte Implementierung für qualitativ bessere Software sorgen kann. *Die erzielbare Qualität hängt jedoch maßgeblich von der Güte der Implementierung und Tests sowie der Anzahl der Testfälle ab.* Erinnern Sie sich an den Satz von James Coplien: »Tests don´t improve quality: developers do.« Gute Tests erhöhen allerdings nur die Qualität der durch diese tatsächlich überprüften, abgedeckten Programmteile. Man spricht in diesem Zusammenhang auch von *Testabdeckung*. Diese durch Sourcecode-Analyse von Hand zu bestimmen, ist nahezu unmöglich. Mithilfe von Tools kann man die Testabdeckung bis auf Ebene einzelner Anweisungen und Verzweigungen und auch aggregiert auf Methoden und Klassen ermitteln und so die Programmteile aufzeigen, die vollständig, nur teilweise oder auch gar nicht von Tests überprüft werden.

Das Tool JaCoCo hilft bei der Bestimmung der Testabdeckung. Zur Aufbereitung der Informationen klinkt sich JaCoCo automatisch und dynamisch in den erzeugten Bytecode des zu untersuchenden Programms ein, wodurch vom Entwickler selbst keine Änderungen am Programm vorzunehmen sind. Die ermittelten Informationen werden übersichtlich als Reports in HTML aufbereitet. Werfen wir für ein Beispiel einen Blick auf Abbildung 20-19.

Element	Missed Instructions	Cov.	Missed Branches	Cov.	Missed	Cxty	Missed	Lines	Missed	Methods	Missed	Classes
TaskUtilsV1		79%		50%	3	5	6	13	1	3	0	1
TaskUtilsV2		85%		100%	2	6	4	14	2	4	0	1
TaskCompareResults		86%		75%	3	7	0	8	2	5	0	1
TaskConverter		90%		n/a	1	2	2	4	1	2	0	1
Total	35 of 225	84%	3 of 12	75%	9	20	12	39	6	14	0	4

Abbildung 20-19 Von JaCoCo generierter Report

Bewertung der Messergebnisse und Ermittlung fehlender Testfälle

Basierend auf den erzeugten Reports kann man ungetestete Bereiche der Software identifizieren und dafür bei erkanntem Bedarf neue Tests erstellen. Ziel ist es, weitere Fehler durch Test aufzudecken und die Qualität zu erhöhen, nicht aber nur willkürlich die Testabdeckung zu erhöhen. Abgesehen von der gemessenen Testabdeckung ist es viel wichtiger, sinnvolle Testfälle zu erstellen. Was ist damit gemeint? Wenn das Ziel lediglich darin besteht, die Testabdeckung zu erhöhen, so werden oftmals Tests für einfache oder weniger kritische Teile erstellt. Das ist aber kontraproduktiv, weil dadurch Zeit verloren geht und vermutlich einige für ein zuverlässiges Verhalten der Klasse essenzielle Tests nicht erstellt werden, weil diese (kaum) zur Testabdeckung beitragen. *Eine hohe Testabdeckung ist also kein Selbstzweck!*

Mit diesem Hinweis im Hinterkopf kann uns die Testabdeckung aber eine gute Hilfestellung sein, um diejenigen Programmstellen zu erkennen, die weiterer Tests bedürfen. Werden dies ergänzt, so steigt auch die Testabdeckung. Durch weitere relevante Unit Tests verbessert sich außerdem die innere Qualität: Dies ist dadurch begründet, dass ungetesteter Sourcecode potenziell einige versteckte Fehler enthält. Je weniger Testfälle existieren, desto weniger können von diesen »schlummernden Zeitbomben« gefunden werden. Das Erstellen von Tests sollte man nicht unüberlegt fortführen, sondern nur so lange, wie sich sinnvolle Testfälle ergänzen lassen.

Mit gewissem Aufwand sind recht gut etwa 50 – 70 % Testabdeckung zu erreichen. Gerade für komplexere Berechnungen sind höhere Werte wünschenswert. Eine Testabdeckung von 100 % ist allerdings nur selten zu erzielen, da es Programmzeilen, Methoden oder im Extremfall sogar ganze Klassen gibt, die sich schwierig testen lassen. Ein Beispiel dafür sind unter anderem `catch`-Blöcke, die nicht angesprochen werden, oder Methoden, die leer implementiert werden, nur um ein Interface zu erfüllen. Abbildung 20-20 zeigt die `enum`-Aufzählung `TaskCompareResults`, die eine statische Prüfmethode `isOkValue(TaskCompareResults)` anbietet. Für diese sieht man, dass nicht alle Kombinationen der Oder-Verknüpfung durch Tests geprüft werden und diese Zeile dadurch nicht vollständig getestet worden ist. Daraus ergeben sich die dargestellten Werte für »Missed Instructions« und »Missed Branches«.

quelltext > ch20_unittests.services > TaskCompareResults Sessions

TaskCompareResults

Element	Missed Instructions	Cov.	Missed Branches	Cov.	Missed	Cxty	Missed	Lines	Missed	Methods
valueOf(String)		0%		n/a	1	1	1	1	1	1
values()		0%		n/a	1	1	1	1	1	1
static {...}		100%		n/a	0	1	0	4	0	1
isOkValue(TaskCompareResults)		100%		75%	1	3	0	1	0	1
TaskCompareResults(String, int, String)		100%		n/a	0	1	0	3	0	1
Total	9 of 64	86%	1 of 4	75%	3	7	0	8	2	5

Created with JaCoCo 0.7.7.201606060606

```
public enum TaskCompareResults
{
    OK("OK"),
    OK_EXISTING_TASK("OK_EXISTING_TASK"),
    FAILURE_DIFFERENT_TASK_CONTENT("FAILURE_DIFFERENT_TASK_CONTENT");

    final String text;

    private TaskCompareResults(final String text)
    {
        this.text = text;
    }

    public static boolean isOkValue(final TaskCompareResults value)
    {
        return value == OK || value == OK_EXISTING_TASK;
    }
}
```

Abbildung 20-20 *JaCoCo-Report für eine* `enum`*-Aufzählung*

Auswirkungen auf die Qualität

Wie eingangs erwähnt, wird die erzielbare Qualität der Software maßgeblich von der ***Güte*** der Testfälle und im geringeren Maße von deren *Anzahl* bestimmt. Wie fast immer gilt »***Qualität vor Quantität***«. Mit Tools wie JaCoCo bestimmt man aber lediglich die Testabdeckung, die normalerweise durch die Anzahl der Testfälle steigt. Man erhält jedoch keine Aussage über die Güte jedes einzelnen Tests. Werden nur »harmlose« Testmethoden geschrieben, um eine möglichst hohe Testabdeckung zu erreichen, ist dies nicht hilfreich, sondern manchmal sogar kontraproduktiv. Entscheidend ist, dass die Testmethoden Fehlerfälle provozieren und somit helfen, Fehler aufzudecken. *Eine geringere Testabdeckung mit guten Tests für komplexe und fehleranfällige Teile des Programms ist einer höheren Testabdeckung vorzuziehen, wenn diese nur dadurch erzielt wird, dass triviale `get()`- und `set()`-Methoden geprüft werden.*

Ein letzter Punkt ist noch zu beachten: Eine hohe Testabdeckung besagt nicht, dass die Unit Tests *erfolgreich* durchlaufen werden, sondern lediglich, dass die Zeilen durch den Unit Test abgearbeitet werden. Das Testergebnis kann jedoch negativ ausfallen. Betrachten wir dies für folgende Methode `coverage100ButNPE()`, die auf Anregungen aus einem interessanten Artikel[26] basiert.

```java
public class Coverage
{
    public String coverage100ButNPE(final boolean condition)
    {
        String value = null;
        if (condition)
        {
            value = String.valueOf(condition);
        }
        return value.trim();
    }
    // ...
```

Für diese Methode kann man folgendermaßen mit zwei Testfällen für 100 % Abdeckung sorgen:

```java
public class CoverageTest
{
    final Coverage coverage = new Coverage(4711, "4711");

    @Test
    public void testCoverage100ButNPE1()
    {
        coverage.coverage100ButNPE(true);
    }

    @Test
    public void testCoverage100ButNPE2()
    {
        // Löst eine NullPointerException aus
        coverage.coverage100ButNPE(false);
    }
}
```

Das eine Abdeckung von 100 % keine Aussage über Korrektheit oder Fehlerfreiheit erlaubt, soll hier verdeutlicht werden. Das erkennen wir, wenn wir den Test ausführen. Für den Übergabewert `false` wird eine `NullPointerException` ausgelöst. Das Programm enthält also trotz einer vermeintlich perfekten Testabdeckung von 100 % dennoch einen eklatanten Fehler. Als Fazit könnte man feststellen, dass eine Testab-

---

[26] http://www.ibm.com/developerworks/java/library/j-cq01316/

deckung von 25 % durch Tests geschäftskritischer Funktionalität viel mehr Wert sein kann als 70 %, wenn dieser Wert nur durch Tests einfacher Methoden erreicht wird.

Ausführen von JaCoCo im Build

Um die Testabdeckung mit JaCoCo bestimmen zu können, binden wir es in unseren Build-Prozess ein. Dazu muss das Plugin samt einer kleinen Konfiguration in die Build-Datei `build.gradle` aufgenommen werden:

```
apply plugin: 'jacoco'

jacoco {
    toolVersion = "0.7.6.201602180812"
}

jacocoTestReport {
    reports {
        xml.enabled false
        csv.enabled false
    }
}

test.finalizedBy(project.tasks.jacocoTestReport)

task showJacocoTestReport << {
    File file = file("$buildDir/reports/jacoco/test/html/index.html")
    java.awt.Desktop.desktop.browse file.toURI()
}
```

Durch diese Erweiterungen wird JaCoCo in den Build-Lauf integriert. Die Testabdeckung wird durch Aufruf von `gradle clean test` berechnet.. Dadurch werden die Klassen instrumentiert und die Unit Tests ausgeführt. Die als HTML aufbereiteten Reports werden im Verzeichnis `build/reports/jacoco/test/html/index.html` erzeugt. Als Erleichterung habe ich einen Task zur Anzeige geschrieben, den Sie mit `gradle showJaCoCoTestReport` aufrufen können. Dadurch wird ein Webbrowser mit der Startseite der Ergebnisse geöffnet.

20.8.5 EclEmma

Ähnlich wie JaCoCo ist EclEmma ein freies Tool zur Bestimmung der Testabdeckung und basiert auf JaCoCo. Der Vorteil von EclEmma gegenüber JaCoCo ist, dass die IDE nicht verlassen werden muss und die Testabdeckung beim Ausführen von Unit Tests berechnet wird. Einzige Voraussetzung ist die Installation des EclEmma-Plugins über den Eclipse Marketplace.[27] Danach bietet EclEmma folgende Eigenschaften:

- Es besitzt eine gute und nahtlose Integration in Eclipse.
- Die initialen Konfigurationsarbeiten sind kinderleicht: Es muss nichts am Projekt verändert oder konfiguriert werden.

---

[27]Details finden Sie im Internet unter `http://www.eclemma.org/index.html`.

20.8 Nützliche Tools für Unit Tests

- Die Prüfung ist einfach auszuführen – analog zum Ausführen von Tests mit JUnit gibt es ein Menü RUN –> COVERAGE AS –> JUNIT TEST bzw. als Kontextmenü COVERAGE AS –> JUNIT TEST auf dem Projekt.
- Es werden diverse Metriken ermittelt und übersichtlich in einem speziellen View dargestellt. Darüber hinaus werden die nicht abgedeckten Zeilen im Sourcecode-Editor farblich markiert.

Eine Ausführung der Berechnungen zur Testabdeckung, ähnlich wie wir es schon für andere Klassen mit JaCoCo ermittelt haben, sehen wir in Abbildung 20-21 für EclEmma.

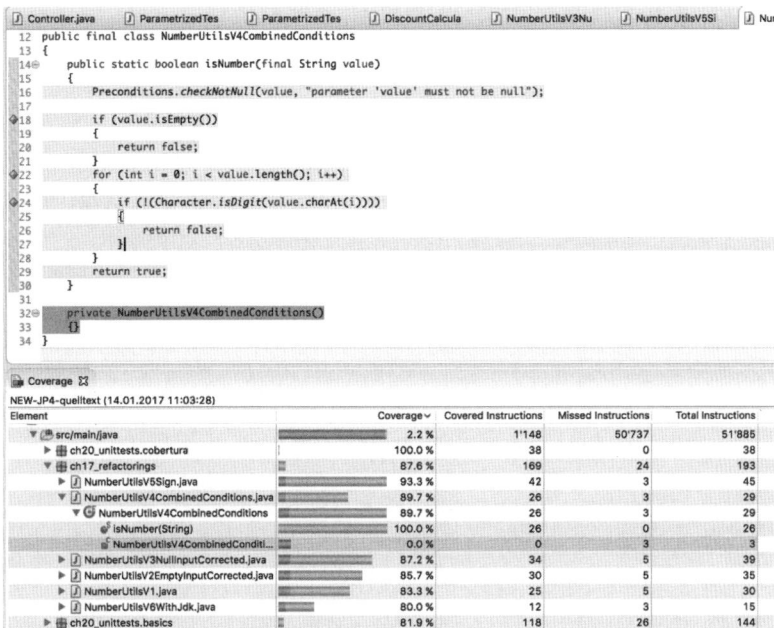

Abbildung 20-21 Von EclEmma generierter Report

Vergleich EclEmma und JaCoCo

Insgesamt ist EclEmma eine sinnvolle Ergänzung zu JaCoCo. Ersteres hilft bei der alltäglichen Arbeit direkt in der IDE. JaCoCo kann dagegen im Rahmen des Build-Prozesses und auch von Continuous Integration eingesetzt werden. Die dabei produzierten HTML-Reports kann man dann historisieren und so Trends ermitteln. Mit EclEmma erhält man direkt Rückmeldung und sieht schon während der Entwicklung, ob man auf dem richtigen Weg ist, seine Testabdeckung zu verbessern, und insbesondere auch, wo Bedarf für weitere Tests besteht.

20.9 Ausblick auf JUnit 5

In diesem Unterkapitel möchte ich einen kurzen Blick auf JUnit 5 als Nachfolger des ansonsten im Buch genutzten JUnit 4.12 werfen. JUnit 5 ist derzeit (August 2017) noch nicht fertiggestellt, sondern liegt als Release-Candidate-Version vor – darauf basieren die nachfolgenden Beschreibungen.

JUnit 5 ermöglicht den Einsatz von Lambas und Methodenreferenzen. Ansonsten hat sich für uns als Nutzer gar nicht so viel getan, sodass Sie viele Dinge recht einfach übertragen können – unter der Motorhaube findet man jedoch eine Vielzahl an Neuerungen, etwa eine bessere Modularisierung, leichtere Erweiterbarkeit und eine gute Rückwärtskompatibilität für eine sanfte Migration.

Erweiterung im Gradle-Build: Ausführen von JUnit-5-Tests

Praktischerweise wird das Ausführen von mit JUnit 5 geschriebenen Tests bereits durch die aktuellen Versionen von Eclipse und IntelliJ unterstützt. Auch für die Build-Tools Maven und Gradle gibt es passende Plugins. Für Gradle ergänzt man Folgendes:

```
buildscript {
    repositories {
        mavenCentral()
    }
    dependencies {
        classpath 'org.junit.platform:junit-platform-gradle-plugin:1.0.0-RC3'
    }
}

apply plugin: 'org.junit.platform.gradle.plugin'

dependencies {
    testCompile("org.junit.jupiter:junit-jupiter-api:5.0.0-RC3")
    testRuntime("org.junit.jupiter:junit-jupiter-engine:5.0.0-RC3")
}

// Rückwärtskompatibilität
dependencies {
    testCompile("junit:junit:4.12")
    testRuntime("org.junit.vintage:junit-vintage-engine:4.12.0-RC3")
}
```

20.9.1 Einführendes Beispiel

An einem Beispiel möchte ich zeigen, dass sich beim Erstellen von Tests in JUnit 5 nicht viel verändert hat: Testfälle werden weiterhin durch Methoden definiert, die die Annotation `@Test` tragen. Auch sind die Assertions sehr ähnlich. Ebenso kann man nach wie vor zum Setup bzw. Teardown spezielle Methoden einmalig vor/nach allen Testfällen oder vor/nach jedem einzelnen ausführen. Allerdings heißen die dafür verwendeten Annotations nun anders. Das gilt ebenso für das (temporäre) Deaktivieren einzelner Testfälle. Statt `@Ignore` dient dazu nun die Annotation `@Disabled`.

Betrachten wir mit diesem Wissen einen Unit Test mit einigen Testfällen, die diese Funktionalitäten demonstrieren:

```java
@RunWith(JUnitPlatform.class)
public class JUnit5Test
{
    @BeforeAll
    static void initializeExternalResources()
    {
        System.out.println("Initializing external resources...");
    }

    @BeforeEach
    void initializeTestDouble()
    {
        System.out.println("Initializing test doubles...");
    }

    @Test
    void someNormalTest()
    {
        assertTrue(true);
        assertEquals("JUnit 5 is nice", "JUnit 5 is nice");
    }

    @Test
    @Disabled
    void disabledTest()
    {
        System.exit(-1);
    }

    @AfterEach
    void tearDown()
    {
        System.out.println("Tearing down...");
    }

    @AfterAll
    static void cleanupAndFreeingExternalResources()
    {
        System.out.println("Freeing external resources...");
    }
}
```

20.9.2 Wichtige Neuerungen in JUnit 5 im Überblick

Nach diesem ersten Blick auf einen Test mit JUnit 5 schauen wir uns folgende vier Neuerungen an:

- `@DisplayName` – Benennung von Testfällen
- `assertAll()` – Prüfung mehrerer Asserts
- `assertTimeout()` – Berücksichtigung von Time-outs
- `assertThrows()` – Prüfung von Exceptions

Benennung von Tests mit `@DisplayName`

Bisher bestimmte der Methodenname den Namen des Testfalls. Dabei war man leicht eingeschränkt, da nur für Methodennamen erlaubte Zeichen verwendet werden konnten. Mit JUnit 5 kann man Testfälle unabhängig vom Methodennamen benennen. Das ist vor allem dann sinnvoll, wenn man mit der Benennung von Unit Tests an Grenzen stößt: Möchte man die Testbedingungen und erwarteten Resultate im Methodennamen codieren, wie es etwa Roy Osherove vorschlägt (vgl. Abschnitt 20.2.1), dann wünscht man sich mitunter eine besser lesbare Benennung. Das wird nun durch die Annotation `@DisplayName` möglich. Dort kann man auch Zeichen nutzen, die im Methodennamen nicht gültig wären, etwa Leerzeichen oder ! usw.

Schauen wir uns ein einfaches Beispiel an:

```
@Test
@DisplayName("Hier kann eine Beschreibung stehen")
void test_simple_add()
{
    // ...
}

@Test
@DisplayName("0815-1234 alles was das Herz begehrt!")
void test_very_special_things()
{
    // ...
}
```

Prüfung mehrerer Asserts mit `assertAll()`

Bei der Formulierung von Testfällen sind immer mal wieder mehrere Bedingungen zu prüfen. Das scheint gegen die Regel »ein Testfall, ein Assert« zu verstoßen. Allerdings sollte man das nicht ganz so streng auslegen, insbesondere dann nicht, wenn nur semantisch zusammengehörende Daten geprüft werden, wie etwa die einzelnen Bestandteile einer Adresse. Mit JUnit 5 lässt sich diese semantische Klammer durch die neue Methode `assertAll()` ausdrücken.

Im Beispiel prüfen wir die drei Adressbestandteile PLZ, Ort und Land mit Lambdas in Kombination wie folgt:

```
@Test
void assertAachenZipAndCityAndCountry()
{
    assertAll("Adressbestandteile",
            () -> assertEquals(52070, address.getZipCode()),
            () -> assertEquals("Aachen", address.getCity()),
            () -> assertEquals("Deutschland", address.getCountry()));
}
```

Berücksichtigung von Time-outs mit `assertTimeout()`

Seit JUnit 4 lässt sich die Ausführungsdauer von Testfällen durch Time-outs begrenzen. Dazu kann man bei einzelnen Testfällen in der Annotation `@Test` mit dem Parameter `timeout` die maximale Ausführungsdauer spezifizieren. Alternativ gibt es dafür die JUnit Rule `Timeout`. Mit JUnit 5 ändert sich dies. Hier wurden die Methoden `assertTimeout()` und `assertTimeoutPreemptively()` eingeführt, denen man als Parameter eine Time-out-Zeit sowie eine Aktion (z. B. als Lambda) mitgibt.

Im folgenden Beispiel simulieren die Methoden `longRunningAction()` und `shortRunningAction()` eine lang bzw. kurz dauernde Verarbeitung.

```
@Test
void timeout_finshed_before()
{
    assertTimeout(ofMillis(100), () -> shortRunningAction());
}

@Test
void timeoutExceeded_Keep_On_Running()
{
    assertTimeout(ofMillis(500), () -> longRunningAction());
}

@Test
void timeoutExceeded_Preemptive_Termination()
{
    assertTimeoutPreemptively(ofMillis(500), () -> longRunningAction());
}

void longRunningAction() throws InterruptedException
{
    TimeUnit.SECONDS.sleep(2);
}

void shortRunningAction() throws InterruptedException
{
    TimeUnit.MILLISECONDS.sleep(50);
}
```

Ein Testfall wird als nicht bestanden gewertet, wenn die Ausführung länger als die Time-out-Zeit dauert. Der erste Testfall ist somit erfolgreich. Die Testfälle mit einem Time-out-Wert von 500 ms schlagen beide fehl.

Dabei prüft `assertTimeout()` lediglich, ob es zu einem Time-out kommt, die Ausführung wird jedoch auch beim Überschreiten des Time-out-Werts nicht unterbrochen. Die zweite Methode `assertTimeoutPreemptively()` unterbricht dagegen die Abarbeitung nach Ablauf der angegebenen Time-out-Zeit.

Einfachere Verarbeitung von Exceptions

Während es mit JUnit 3.x noch recht mühsam war, auf Exceptions adäquat zu reagieren, brachte JUnit 4.x mit dem Parameter `expected` und der JUnit Rule `ExpectedException` zwei mögliche Vereinfachungen. Bei JUnit 5 gibt es zur Verarbeitung von Exceptions die Methode `assertThrows()`. Sie schlägt fehl (produziert einen Testfehler), wenn die ausgeführte Methode nicht die erwartete Exception auslöst. Zudem gibt die Methode `expectThrows()` die ausgelöste Exception zurück, sodass man noch weitere Prüfungen vornehmen kann, beispielsweise, dass im Text der Exception die gewünschten und erwarteten Informationen bereitgestellt werden.

```
@Test
void assertExceptions()
{
    assertThrows(Exception.class, this::throwing);

    final Exception exception = assertThrows(Exception.class, this::throwing);

    assertEquals("Because I can!", exception.getMessage());
}
```

Fazit

Mit Version 5 hat JUnit wieder einen Schritt nach vorne gemacht. Auch wenn ich persönlich den Einsatz von JUnit Rules für das Abfragen von Exceptions oder die Unterstützung von Time-outs in Ordnung finde, bieten die neuen Features doch eine Erleichterung. Neben den hier kurz vorgestellten Möglichkeiten kann man Tests noch ineinander schachteln und in Kombination mit `@DisplayName` eine an BDD (Behaviour-Driven Development) angelehnte Entwicklung erzielen.

Für eine breite Akzeptanz wird sicherlich sorgen, dass es mit JUnit 5 weiterhin möglich ist, mit JUnit 4 geschriebene Tests auszuführen. Für weitere Informationen verweise ich auf folgende Onlinequellen:

- https://www.infoq.com/articles/JUnit-5-Early-Test-Drive
- http://blog.codefx.org/libraries/junit-5-basics/
- https://dmitrij-drandarov.github.io/JUnit5-Quick-Start-Guide-and-Advanced/
- https://blog.oio.de/2016/11/29/junit-5-die-neuerungen-im-uberblick/

20.10 Weiterführende Literatur

Dieses Kapitel hat einen Einblick in das Thema Unit-Testen gegeben. Weiterführende Informationen finden Sie in den folgenden Büchern:

- »**Unit-Tests mit JUnit**« von Andrew Hunt und David Thomas [39]
  Ein empfehlenswertes Buch, das Unit-Testen motiviert und vom Einstieg bis zur Gestaltung komplexerer Testfälle mit guten Tipps und Ratschlägen weiterhilft.

- »**Unit Tests mit Java**« von Johannes Link [52]
  Dieses Buch beschreibt den Test-First-Ansatz beginnend mit den Grundlagen von Unit Tests. Es geht auch auf Stub- und Mock-Objekte ein und behandelt zudem das Testen von Datenbankabfragen sowie den Test nebenläufiger Programme.

- »**Next Generation Java Testing: TestNG and Advanced Concepts**« von Cédric Beust und Hani Suleiman [4]
  In diesem Buch wird das Thema Testen detailliert behandelt. Es beginnt mit JUnit und TestNG und geht auch auf komplexere Testszenarien mit Applikationsservern, Datenbanken usw. ein.

- »**Test Driven**« von Lasse Koskela [49]
  Dieses Buch stellt eine thematische Fortsetzung der zuvor genannten Bücher dar und beschreibt das Unit-Testen im Rahmen der testgetriebenen Entwicklung.

- »**Testgetriebene Entwicklung mit JUnit & FIT**« von Frank Westphal [77]
  Frank Westphal beginnt mit einer Beschreibung der Grundlagen von JUnit 3 und 4 und geht auf die Integration von Unit Tests in den Build-Prozess ein. Außerdem liefert er Tipps zum Erstellen von Testfällen sowie zum Testen mit Stubs und Mocks.

- »**Practical Unit Testing with JUnit and Mockito**« von Tomasz Kaczanowski [46]
  Dieses Buch von Tomasz Kaczanowski führt zunächst schrittweise und gründlich in die Thematik Unit-Testen ein. Anschließend geht es ausführlicher auf TDD, aber auch auf Beschränkungen davon ein. Der Hauptteil widmet sich dann Test-Doubles, im Speziellen Mocks und Mockito als Framework.

- »**Effective Unit Testing**« von Lasse Koskela [50]
  Lasse Koskela zeigt in seinem Buch, wie man lesbare, wartbare und vertrauenswürdige Tests schreibt. Abgerundet wird das Ganze mit einigen zum Teil kontroversen Gedanken zum Design von Tests.

21 Codereviews

In diesem Kapitel werden sogenannte Codereview-Meetings, kurz Codereviews, vorgestellt. Zunächst beschreibe ich in Abschnitt 21.1, was man darunter versteht. Die Veranstaltung solcher Meetings ist nicht immer ganz unproblematisch. Daher nenne ich in Abschnitt 21.2 einige Probleme, die sich bei der Durchführung ergeben können, und zeige, welche Lösungsmöglichkeiten existieren. In Abschnitt 21.3 motiviere ich, warum Codereviews einen wichtigen Teil der Qualitätssicherung darstellen. Abschließend wird in Abschnitt 21.4 eine Checkliste vorgestellt, die als Basis für die Durchführung eigener Codereviews dienen kann.

21.1 Definition

Unter *Codereviews* versteht man Meetings von mehreren Entwicklern, in denen Sourcecode-Abschnitte mit dem Ziel betrachtet werden, mögliche Softwaredefekte aufzuspüren. Nach dem Motto »Viele Augen sehen mehr als die eigenen zwei« nutzt man das Potenzial und Wissen anderer Personen, um Probleme im vorliegenden Sourcecode aufzudecken. Die Teilnahme einiger projektfremder Entwickler ist durchaus wünschenswert; häufig kann man von ihrem Wissen profitieren. Vielleicht werden bislang nicht bedachte Themen wie Synchronisation beim Einsatz von Multithreading oder die Nutzung anderer Datenstrukturen angesprochen.

Durchführung

Für ein Codereview in seiner einfachsten Form reicht es bereits, dass beim Pair Programming der jeweils zuschauende Entwickler dem anderen kritisch beim Tippen über die Schulter schaut und Kommentare abgibt. Das Codereview findet dann aber nur nebenbei statt. Alternativ kann man auch ganz gezielt mit einer Gruppe von zwei oder drei Entwicklern einige Klassen oder Methoden direkt am Rechner durchgehen. Häufig ist es für eine konzentrierte Analyse sinnvoller, die zu untersuchenden Teile des Sourcecodes auszudrucken und sich in einem ruhigen Besprechungsraum zusammenzusetzen. Diese Form des Codereviews kann man auf eine größere Anzahl von Entwicklern ausweiten – wobei ich durchaus Meetings mit bis zu 20 beteiligten Personen erlebt habe. Sinnvoll und produktiver sind allerdings die zuvor beschriebenen Meetings in kleinerer Runde mit zwei bis fünf Teilnehmern. Bei einer größeren Teilnehmerzahl nimmt in der

Regel die Konzentration ab und soziale Aspekte treten mehr in den Vordergrund: Aus einem zwanglosen und informellen Gespräch wird ein eher schwergewichtiger Vorgang. Dieser Effekt wird verstärkt, wenn das gesamte Vorgehen formaler wird, etwa mit diversen zu erstellenden Protokollen und speziellen Formularen. Dies ist meiner Meinung nach eher hinderlich.

Vorteile

Um Softwaredefekte aufzudecken und die Qualität des Sourcecodes auf einem hohen und einheitlichen Niveau zu halten, bieten sich regelmäßig stattfindende Codereviews an. Ergänzend zu den täglichen (Mini-)Reviews beim Pair Programming können separat stattfindende Codereviews Themengebiete gründlicher beleuchten und mehr in Richtung Konzeptreview gehen. In jedem Fall sollte der begutachtete Sourcecode zusätzlich auch konzeptuell vorgestellt werden. Verweise auf eingesetzte Entwurfsmuster und ein Systemschaubild können viele erklärende Worte ersetzen und gleichzeitig als Diskussionsbasis dienen. So entsteht im Laufe der Zeit ein gemeinsames Verständnis von Softwarequalität, wodurch man Problemen vorbeugen kann. Wichtig ist es aber auch, die erarbeiteten Ergebnisse zeitnah als Fehlerbehebungen in den Sourcecode einfließen zu lassen und nicht nur den präventiven Effekt zu nutzen.

> **Tipp: Zeitpunkt der Codereviews**
>
> Codereviews können entweder als sogenanntes *Pre-Commit-Review* oder als sogenanntes *Post-Commit-Review* durchgeführt werden. Bei ersterem erfolgt die Sourcecode-Überprüfung vor dem Einspielen in ein Repository, beim zweiten nachträglich. In der Praxis finden größere Codereview-Meetings allerdings viel seltener als Commits statt. Häufig sieht man daher eine Mischform: Vor einem Commit kann ein spontanes Codereview in kleinerem Rahmen und Umfang stattfinden, um gemäß dem Vieraugenprinzip Flüchtigkeitsfehler zu vermeiden. Regelmäßige Meetings folgen dagegen in der Regel nicht speziellen Commit-Zyklen, sondern dienen als »Nachsorge«-Untersuchung, einerseits, um Defekte aufzudecken, und andererseits, um einen Coding-Standard sicherzustellen.

Psychologische Aspekte und Probleme

Wie bereits angedeutet, besitzen Codereviews auch eine soziale und psychologische Komponente. Der Sourcecode eines Entwicklers wird untersucht. Die Schwierigkeit besteht darin, notwendige Kritik zu äußern, ohne dies vorwurfsvoll oder belehrend zu tun. Ansonsten kann sich der reviewte Entwickler schnell in eine Verteidigungsposition gedrängt fühlen. Auch die Anzahl der Teilnehmer an einem solchen Meeting kann dies auslösen: Je mehr Leute teilnehmen, desto offizieller wird der Charakter des Reviews und es entsteht schnell eine Konfrontationssituation vom betroffenen Entwickler zu den Kritikern. Die positiven Effekte des Codereviews kommen dann nicht zum Tragen und ein solches Meeting schadet eher, denn es wird kaum mehr gelernt. Zudem besteht die

Gefahr, dass bei mehreren ähnlich ablaufenden Meetings sich eine Kontra-Codereview-Stimmung entwickelt und niemand mehr freiwillig seinen Sourcecode vorstellen möchte. Es ist Aufgabe des Veranstalters, als Moderator zu fungieren und dafür zu sorgen, dass Reviews in einer angenehmen Atmosphäre ablaufen. Der folgende Abschnitt geht auf mögliche Probleme und deren Lösung bei der Durchführung von Codereviews ein.

21.2 Probleme und Tipps zur Durchführung

Codereviews zu veranstalten ist mitunter eine undankbare Aufgabe, denn Qualitätssicherung (QS) muss häufig anderen Dingen weichen, insbesondere dann, wenn es im Projektzeitplan eng wird. Das liegt auch daran, dass Projektleiter nicht immer leicht von den Vorteilen von QS-Maßnahmen zu überzeugen sind. Das gilt im Speziellen, wenn dies den Projektplan zunächst etwas verzögert. Diese Einstellung ist jedoch eher kontraproduktiv: QS-Maßnahmen wie Unit Tests und Codereviews können in hektischen Projektphasen besonders nützlich sein, da sie das Verständnis für realisierte Konzepte vertiefen und für weniger Aufregung bei Änderungen trotz knapper Zeit sorgen können. Wie bereits in Kapitel 20 erwähnt, führt zudem eine gute Testabdeckung durch Unit Tests zu mehr Vertrauen und Sicherheit, da mögliche Probleme in Erweiterungen schnell sichtbar werden. Meint man, auf QS-Maßnahmen verzichten zu können, so erhöht sich in der Regel der nachträgliche Testaufwand für Integrations- und Applikationstests beträchtlich. Auch die Fehlerrate beim Einsatz der Applikation und die daraus resultierenden Wartungsaufwände steigen. Ähnlich zu einem Darlehen steht anfangs nur vermeintlich mehr Zeit für Implementierungsaufgaben zur Verfügung. Tatsächlich wird aber nur kurzfristig Zeit eingespart, die später in Form von umfangreicheren Fehlerkorrekturen »zurückgezahlt« werden muss. Bei nicht vollständig umgesetzter Funktionalität spricht man auch von technischen Schulden oder *Technical Debt*.

Es gibt aber auch andere Gründe für eine Ablehnung von Codereviews: Von einigen Kollegen werden nahezu alle Meetings als lästiges Übel angesehen – da macht dann auch das Codereview keine Ausnahme. Und so sprechen gegen die Teilnahme immer einige gute und weniger gute Gründe, wie etwa Termindruck oder generelles Desinteresse. Selbst bei einer anfänglichen Befürwortung kann die Motivation zur Teilnahme an Codereviews im Laufe der Zeit abnehmen. Zudem ist es häufig so, dass genau die Leute am meisten von Codereviews profitieren würden, die sich dagegen aussprechen.

Werfen wir kurz einen Blick auf mögliche Ursachen der genannten Probleme und erarbeiten einige Vorschläge, wie man diesen gegensteuern kann.

1. **Sourcecode-Qualität**
   Problem: Die vorgestellten Programmteile haben häufig keine besonders gute Qualität und man diskutiert immer wieder bereits hinlänglich bekannte Fehler (z. B. keine Abfrage auf `null`, zu lange Methoden, fehlende Dokumentation).

Abhilfe: Lästige Routinearbeiten – wie das Prüfen auf Einhaltung von Coding Conventions – sollten im Vorfeld durch Tools, etwa die bereits in Abschnitt 19.4 vorgestellten Checkstyle, FindBugs oder PMD, durchgeführt werden. Damit entfällt der rein formale und syntaktische Aspekt der Sourcecode-Qualität und die Teilnehmer können sich mit Fragen zu Design und Konzepten beschäftigen, ohne sich in Nebensächlichkeiten zu verlieren.

2. **Vorgestellter Sourcecode-Umfang**
   Problem: Die vorgestellten Abschnitte sind meistens deutlich zu lang (fünf und mehr DIN-A4-Seiten sind keine Seltenheit).
   Abhilfe: Der Umfang sollte auf einige 100 Zeilen oder ausgedruckt auf wenige, d. h., etwa eine bis drei DIN-A4-Seiten beschränkt werden. Ansonsten können die vorgestellten Programmstellen und möglicherweise darin enthaltene Probleme nicht gründlich analysiert werden. Dann ist der Gegenwert im Verhältnis zum Zeitaufwand zu gering.

3. **Vorgestellte Themen**
   Problem: Der Lerneffekt bleibt aus, da zu selten spannende Konzepte vorgestellt und stattdessen immer wieder lange »Sourcecode-Wüsten« durchforstet werden.
   Abhilfe: Es sollte vorwiegend thematisch ausgewählter, interessanter Sourcecode untersucht werden, der zudem den zuvor genannten Umfang nicht überschreitet. Aber nicht nur der Sourcecode an sich, sondern auch die realisierten Konzepte, also nicht nur das »Wie«, sondern auch das »Warum so und nicht anders« sind von Interesse. Konzept-, Design- und Architekturreviews mit einer Vorstellung von Entwurfsmustern sowie von Tipps und Tricks können die Meetings bereichern. Hier ist man als Veranstalter gefragt, die richtige Mischung zu finden.

4. **Veranstaltungsdauer**
   Problem: Das Meeting zieht sich über mehr als eine Stunde hin; im Extremfall über mehr als zwei Stunden.
   Abhilfe: Bei Codereview-Meetings geht es um konzentriertes Analysieren. Mehr als eine Stunde ist das kaum möglich. Daher sollte die Meetingdauer auf maximal eine Stunde beschränkt werden. Können in dieser Zeit nicht alle Probleme diskutiert werden, so sollten sie in einem Folgemeeting wieder aufgegriffen werden. Eine Zeitbegrenzung bietet außerdem den Vorteil, dass selbst bei Projektstress eine Teilnahme möglich und auch bei schwierigeren Themen noch ausreichend Konzentration vorhanden ist.

5. **Gegenwert**
   Problem: Es kommt vor, dass mit großer Mannschaft und viel Aufwand Codereviews durchgeführt werden, ohne jedoch im Nachhinein die gefundenen Defekte zu beheben. Werden Resultate aber nicht verwendet, stellt sich die Frage nach dem Nutzen des Meetings. Es entsteht schnell der Eindruck, dass geäußerte Kritik keine Konsequenzen auf die Sourcecode-Qualität hat. Dies erzeugt unter Umständen das Gefühl, zu viel Zeit für zu wenig Gegenwert aufzubringen. Der Eindruck verstärkt sich vor allem in »heißen« Projektphasen.

Abhilfe: Codereviews dienen der aktiven Verbesserung von Softwarequalität. Daher sollten festgestellte Defekte möglichst schnell aus dem untersuchten Sourcecode entfernt werden. Falls es die Änderungen und Anmerkungen sinnvoll erscheinen lassen, kann der überarbeitete Sourcecode später einem erneuten Review unterzogen werden. Manchmal findet man bei einem solchen iterativen Vorgehen noch einige weitere Verbesserungsmöglichkeiten.

6. **Teilnahme**
   Problem: Die Erfahrung zeigt, dass bei einer freiwilligen Teilnahme immer wieder anderen Arbeiten mehr Priorität eingeräumt wird.
   Abhilfe: Codereviews sollten, wie andere Meetings auch, Pflichttermine sein. Einerseits verhindert man dadurch Ausreden von Entwicklern, die eine Teilnahme vermeiden wollen. Andererseits erschwert dies Projektleitern, einzelne Entwickler von der Teilnahme abzuhalten.

21.3 Vorteile von Codereviews

Nachdem die Durchführung von Codereviews inklusive einiger möglicher Probleme vorgestellt wurde, zeigt dieser Abschnitt die positiven Auswirkungen auf die Softwarequalität anhand von Beispielen aus der Praxis. Basierend auf den Erkenntnissen des vorangegangenen Abschnitts sorgen wir durch den Einsatz von Sourcecode-Analysetools bereits dafür, dass ein Mindeststandard bezüglich der Sourcecode-Qualität erreicht wird, bevor wir mit den Codereviews beginnen. Formale Aspekte wie Namenskonventionen, Methodenlänge usw. lassen sich mit Tools gut überprüfen, semantische Aspekte und die Korrektheit der eingesetzten Algorithmen sind dagegen durch Tools nur schwer oder gar nicht überprüfbar. Durch Codereviews ist beides jedoch leicht möglich. Betrachten wird dazu einige Beispiele, um dies zu verdeutlichen.

Beispiel 1 Beginnen wir mit der Klasse `DepartureLineTimeComparator`, die Objekte vom Typ `Departure` nach Linie und Uhrzeit vergleicht und wie folgt definiert ist:

```java
public final class DepartureLineTimeComparator implements Comparator<Departure>
{
    private final Comparator<Departure> lineComparator = new LineComparator();
    private final Comparator<Departure> timeComparator = new TimeComparator();

    public int compare(final Departure departure1, final Departure departure2)
    {
        int result = lineComparator.compare(departure1, departure2);
        if (result == 0)
        {
            timeComparator.compare(departure1, departure2);
        }
        return result;
    }
}
```

Diese Klasse ist kurz und übersichtlich, enthält aber dennoch einen versteckten Fehler. Es ist intuitiv klar, dass eine Hintereinanderausführung der beiden `Comparator<Departure>`-Instanzen durchgeführt werden soll. Ein aufmerksamer Blick zeigt schnell den Fehler: Beim Aufruf von `compare(Departure, Departure)` der `TimeComparator`-Instanz fehlt eine Zuweisung an die Variable `result` bzw. alternativ eine `return`-Anweisung, wodurch lediglich die Linieninformationen verglichen wird. Bei einer Prüfung in einem Codereview wäre dieser Fehler höchstwahrscheinlich nicht übersehen worden. Eine Korrektur fällt nicht schwer:

```
public int compare(final Departure departure1, final Departure departure2)
{
    int result = lineComparator.compare(departure1, departure2);
    if (result == 0)
    {
        // KORREKTUR //
        result = timeComparator.compare(departure1, departure2);
    }
    return result;
}
```

Beispiel 2   Ein anderes Beispiel ist folgende Zuweisung:

```
boolean onlyTimeChanged = hasSameLine() && hasSameEndPos() && hasSameEndPos();
```

Bei einem Codereview wäre bestimmt aufgefallen, dass man nicht zweimal die Endposition durch Aufruf der Methode `hasSameEndPos()` vergleichen möchte, sondern eigentlich die Start- und die Endposition, wodurch sich folgende Korrektur ergibt:

```
boolean onlyTimeChanged = hasSameLine() && hasSameStartPos() && hasSameEndPos();
```

Beispiel 3   Neben solchen Flüchtigkeitsfehlern kann man mit Codereviews auch Fehler im Algorithmus aufdecken, wie in diesem Beispiel:

```
private static volatile boolean shouldTerminate = false;

private static void work()
{
    final Telegram telegram = waitForTelegram();
    if (telegram.getType().equals(TELEGRAM_TYPE_XYZ))
    {
        telegram.performTelegramHandling();
    }
    if (telegram.getType().equals(TELEGRAM_TYPE_QUIT))
    {
        terminate();    // Seiteneffekt, setzt shouldTerminate-Flag
    }

    if (!shouldTerminate())
    {
        work();
    }
}
```

Das Beispiel war in der Realität noch deutlich komplizierter, sodass ich einige Zeit gebraucht habe, die Intention zu erkennen: Es wird hier lediglich eine `while`-Schleife durch Rekursion nachgebaut. Allerdings ist die Anzahl der Schleifendurchläufe durch die Größe des Stacks bestimmt. Nach einiger Zeit kommt es zu einem `java.lang.StackOverflowError`. Bis dahin kann es aber durchaus längere Zeit dauern, da immer nur eine Methode auf den Stack gelegt wird. Auf meinem Rechner können etwa 12.000 Aufrufe der Methode erfolgen. Wenn man von Methodenlaufzeiten von einigen Sekunden ausgeht, so läuft das Programm durchaus einige Stunden scheinbar fehlerfrei, bis es dann auf einmal abstürzt.

Eine Korrektur fällt einfach, besitzt keine Laufzeitbeschränkungen mehr und ist intuitiv verständlich:

```java
private static volatile boolean shouldTerminate = false;

private static void workCorrected()
{
    while (!shouldTerminate())
    {
        final Telegram telegram = waitForTelegram();
        if (telegram.getType().equals(TELEGRAM_TYPE_XYZ))
        {
            telegram.performTelegramHandling();
        }
        if (telegram.getType().equals(TELEGRAM_TYPE_QUIT))
        {
            terminate();    // Seiteneffekt, setzt shouldTerminate-Flag
        }
    }
}
```

Fazit

Kleine Fehler dieser Art »verstecken« sich leider häufiger im Sourcecode. Entweder werden sie beim Testen erkannt oder sie machen später beim Einsatz des Programms Probleme. *Codereviews sind hervorragend dazu geeignet, solche »schlummernden Zeitbomben« aufzudecken und zu beheben, bevor sie sich als Fehler (beim Kunden) manifestieren.*

Obwohl Codereviews viel zur Qualitätssicherung beitragen können, so ist es jedoch aufgrund des Umfangs an Sourcecode häufig nicht möglich, jede Zeile zu reviewen. Damit werden logischerweise auch nicht alle Fehler entdeckt. Allerdings sollte es das Ziel sein, möglichst viel Sourcecode zu reviewen. Eine gute Abdeckung erreicht man beispielsweise dadurch, dass kein Commit ohne ein vorheriges Codereview stattfinden darf. Selbst wenn man diese Regel nicht strikt umsetzt, so sind Codereviews trotzdem sehr wertvoll, um ein gemeinsames Qualitätsverständnis zu erzielen. Dadurch wird die Wahrscheinlichkeit für Fehler in neu entwickeltem Sourcecode reduziert. Pair Programming kann zudem helfen, aufgedeckte Mängel als Problem zu akzeptieren und anschließend eine Verbesserung in den Sourcecode zu integrieren.

21.4 Codereview-Checkliste

Bei der Durchführung eigener Codereviews kann folgende Checkliste helfen, einige wichtige Aspekte beim Analysieren von Sourcecode im Blick zu behalten. Es bietet sich an, diese Liste zu kopieren und vor einem Codereview an alle Teilnehmer zu verteilen.

1. **Variablen und Namensgebung**
   Sind Namen sinnvoll gewählt und konsistent? Werden Namensrichtlinien beachtet? Vermeide den Gebrauch einer Variablen für verschiedene Zwecke!
2. **Variableninitialisierung**
   Sind alle Variablen möglichst lokal definiert und korrekt initialisiert? Sind Konstanten `final` definiert?
3. **Typsicherheit**
   Vermeide die Verwendung von Raw Types, benutze bevorzugt Generics.
4. **Magic Numbers**
   Sind Konstanten anstelle von nichtssagenden Magic Numbers verwendet? Sind zusammengehörende Konstanten nicht einzeln, sondern besser als `enum` definiert?
5. **Struktur**
   Ist der Sourcecode optisch klar strukturiert und nachvollziehbar?
6. **Kommentare**
   Sind Kommentare verständlich, ausreichend und erforderlich? Veraltete und überflüssige Kommentare sollten entfernt werden!
7. **Redundanzen**
   Ist kein Sourcecode-Fragment doppelt, überflüssig oder unbenutzt?
8. **Korrektheit und Tests**
   Arbeitet das Programm bereits augenscheinlich so wie gewünscht? Gibt es Unit Tests? Sind diese sinnvoll und erzielen eine hohe Testabdeckung (z. B. über 70 %)?
9. **Seiteneffekte**
   Existieren Seiteneffekte? Entferne diese wenn möglich, ansonsten dokumentiere sie ausreichend!
10. **Interface-Design**
    Ist das Interface einer Klasse nach außen möglichst klein? Andere Methoden sollten bevorzugt `private` oder `protected` definiert sein.
11. **Fehlerbehandlung**
    Werden Rückgabewerte (korrekt) ausgewertet und Fehlersituationen behandelt? Werden Exceptions, sofern sinnvoll möglich, behandelt?
12. **Casting**
    Werden Casts nur in Ausnahmefällen verwendet? Gibt es stattdessen eine objektorientierte Lösungsmöglichkeit mit gemeinsamer Basisklasse?
13. **Achtung »==« != »`equals()`«**
    Werden `==` und `equals()` korrekt eingesetzt?

22 Optimierungen

In diesem Kapitel werden Strategien und Techniken zum Optimieren von Programmen vorgestellt. Unter Optimierung wird meistens verstanden, dass sich die Ausführungsgeschwindigkeit eines Programms verbessert oder sich dessen Speicherbedarf reduziert.

Abschnitt 22.1 gibt einen Überblick über den Themenkomplex der Performance-Analyse. Unter anderem werden verschiedene, die Performance beeinflussende Faktoren sowie Techniken und Tools vorgestellt. Diese helfen dabei, mögliche Ursachen erkennen und kritische Stellen finden zu können. In Abschnitt 22.2 werden wir den Einfluss des Einsatzes unterschiedlicher Datenstrukturen auf die Laufzeit und den Speicherverbrauch diskutieren. Neben den gewählten Algorithmen und Datenstrukturen kann der zur Laufzeit benötigte Speicher die Ausführungsgeschwindigkeit beeinflussen. Ganz besonders macht sich dies bemerkbar, wenn einer JVM wenig Speicher zur Verfügung steht und es dadurch vermehrt zu Garbage Collections kommt. Als eine mögliche Abhilfe wird in Abschnitt 22.3 die Technik Lazy Initialization zur Vermeidung einer speicher- und zeitaufwendigen Konstruktion komplexer Objekte vorgestellt.

Negative Auswirkungen auf die Programmlaufzeit können durch unterschiedliche Abhilfemaßnahmen gemildert oder behoben werden. Dabei hängt der Erfolg einer Optimierung entscheidend von der problemangepassten Ebene ab: Bevor wir diese detailliert betrachten, stellt Abschnitt 22.4 konkret an einem Beispiel den Ablauf und verschiedene Techniken beim Optimieren eines Programmteils vor. Dadurch lassen sich die in den nachfolgenden Abschnitten beschriebenen Techniken leichter verstehen und einordnen. Einige Varianten zur Verbesserung der Ein- und Ausgabeverarbeitung (I/O) werden in Abschnitt 22.5 besprochen. Abschnitt 22.6 diskutiert Auswirkungen des zur Verfügung stehenden Speichers und stellt diesbezüglich adäquate Optimierungstechniken vor. Abschließend betrachtet Abschnitt 22.7 Techniken, die zu einer schnelleren Ausführung beitragen, indem CPU-intensive Berechnungen optimiert werden.

Generell sollten Optimierungen nicht allzu häufig notwendig sein. Wenn allerdings ein Performance-Problem vorliegt, so ist dessen Beseitigung elementar wichtig, beispielsweise um eine flüssige Abarbeitung in einem GUI oder einen guten Datendurchsatz in einer komplexen Berechnung zu erzielen. Manche Performance-Probleme lassen sich während der Entwicklung jedoch nicht oder nur schwierig erkennen, da sie sich erst beim Kunden durch ein viel höheres Datenvolumen oder andere Hardwarevoraussetzungen als bei entwicklungsbegleitenden Tests manifestieren. Wichtig ist daher auch, die Zielumgebung, vor allem deren Beschränkungen und Datenraten, zu bedenken und gegebenenfalls zu simulieren.

22.1 Grundlagen

Optimierungen können auf verschiedenen Ebenen vorgenommen werden, die ich später im Detail vorstelle. Wichtig ist in diesem Zusammenhang die folgende Faustregel: *Je höher die Abstraktionsebene ist, auf der wir Änderungen vornehmen, desto größer sind die erzielbaren Performance-Gewinne.* Die Wahl geeigneter Kommunikationsformen mit externen Systemen sowie der Einsatz passender Algorithmen und Datenstrukturen für ein zu lösendes Problem bewirken häufig viel mehr als feingranulare Änderungen auf der Ebene des Sourcecodes. Letztere machen ein Programm sogar teilweise lediglich schlechter lesbar und damit auch schlechter wartbar. *Sinnvoll ist es daher, zunächst immer nahe an der zu realisierenden Problemstellung und möglichst verständlich zu programmieren, bevor man bei Bedarf mit Optimierungen beginnt.* Befolgt man diese Vorgehensweise nicht, werden dadurch in der Regel das Design und der Sourcecode komplizierter. Dies erschwert spätere Refactorings. Außerdem leiden Testbarkeit und Verständlichkeit. *Deshalb sollte man immer im Hinterkopf behalten, dass mögliche Einbußen an Lesbarkeit und Erweiterbarkeit (für die Zukunft) schwerwiegender sein können als kurzfristig erzielbare Performance-Gewinne.* Dieses Kapitel stellt daher bevorzugt solche Techniken vor, die zwar gute Performance-Gewinne ermöglichen, jedoch die Lesbarkeit und Verständlichkeit erhalten oder nur unwesentlich verringern. Abstriche sollte man nur dann in Kauf nehmen, wenn tatsächlich schwerwiegende Performance-Probleme durch Messungen nachgewiesen wurden.

Donald E. Knuth schrieb schon 1974 (meistens reduziert auf das zur Hervorhebung in Fettschrift angegebene Zitat): »Programmers waste enormous amounts of time thinking about, or worrying about, the speed of noncritical parts of their programs, and these attempts at efficiency actually have a strong negative impact when debugging and maintenance are considered. **We should forget about small efficiencies, say about 97 % of the time: premature optimization is the root of all evil**« [48]. Frei übersetzt: »Programmierer verschwenden enorme Zeit damit, über die Laufzeit unkritischer Bestandteile ihrer Programme nachzudenken oder sich darüber zu sorgen. Diese Versuche der Performance-Steigerung wirken sich jedoch sehr negativ auf das Debugging und die Wartbarkeit aus. **In 97 % aller Fälle sollten wir alle kleineren Verbesserungen nicht betrachten: Vorzeitige Optimierung ist die Quelle allen Übels.**«

> **Info: Performance-Mythen über Java**
>
> Die meisten Performance-Probleme sind heutzutage nicht – wie zum Teil fälschlicherweise behauptet – durch den Einsatz von Java verursacht, sondern stellen Programmierprobleme dar, die Programme auch in anderen Programmiersprachen, etwa C++ oder C#, langsam machen.
>
> Tatsächlich bietet Java sogar den Vorteil, dass zusätzlich zu Optimierungen während der Kompilierung in Bytecode einige weitere Optimierungen zur Laufzeit durch den Hotspot-Optimierer durchgeführt werden. Abschnitt 22.1.3 geht auf diese Optimierungen genauer ein.

Liegt ein Performance-Problem vor, so sollte man zunächst umfangreiche Analysen und Messungen vornehmen, um die verursachenden Stellen zu identifizieren. Führt man stattdessen unüberlegt an diversen Stellen im Programm Änderungen durch, die lediglich auf Vermutungen beruhen, kann dies zu weiteren Problemen führen. Der Grund dafür ist so einleuchtend wie einfach: Wenn wir mit unseren Vermutungen falsch liegen, so vergeuden wir wertvolle Zeit damit, irrelevante Programmteile zu ändern und zu optimieren. Wahrscheinlich machen wir die Programmteile zusätzlich noch unleserlich und bauen vielleicht sogar ungewollt Fehler ein, ohne einen Vorteil bezüglich der Performance zu erreichen. *Optimierungen sind daher mit Vorsicht zu genießen, und keinesfalls sollte man nur basierend auf Vermutungen optimieren.* Jon Bentley betont: »Das wichtigste Prinzip beim Code-Tuning ist: Tun Sie es selten« [3].

> **Tipp: Einflüsse von Nebenläufigkeit und Parallelverarbeitung**
>
> Durch die Integration mehrerer Prozessorkerne in CPUs kommt heutzutage eine weitere Dimension ins Spiel: Das Aufteilen von Programmen auf mehrere Threads, ohne dass sich diese gegenseitig zu sehr ausbremsen. Dies kann schnell geschehen, wenn Programme intensiv von Synchronisation Gebrauch machen. Wenn (jedoch) massive Parallelität und Nebenläufigkeit benötigt werden, kann dieser Effekt durch den Einsatz der Concurrent Collections (vgl. Abschnitt 9.6) gemildert werden. Zudem kann mit JDK 7 der Einsatz von Fork-Join-Frameworks bei der Parallelisierung von Aufgaben helfen (vgl. Abschnitt 9.6.3). Auch mit Java 8 sind diverse Erweiterungen zur Parallelverarbeitung in das JDK integriert worden. Ein paar davon werden in Abschnitt 9.6.4 vorgestellt.
>
> Die tatsächlichen Auswirkungen dieser Techniken lassen sich nur schwierig formalisieren und übersteigen den Rahmen dieses Buchs. Ich verweise daher für Details auf die Bücher »Concurrent Programming in Java« von Doug Lea [51] und »Java Concurrency in Practice« von Brian Goetz et al. [25].

22.1.1 Optimierungsebenen und Einflussfaktoren

Wie bereits eingangs erwähnt, existieren verschiedene Einflussfaktoren, die sich auf die Performance auswirken können. Diese schauen wir uns nun an.

Hängt die Ausführungsgeschwindigkeit maßgeblich von den zu berechnenden Aufgaben ab, dann bezeichnet man ein Programm als **CPU-bound**. Mit anderen Worten bedeutet dies: Verwendet man einen schnelleren Prozessor (CPU = Central Processing Unit), so steigt die Ausführungsgeschwindigkeit proportional zur schnelleren CPU. Für *Memory-bound*-Programme gilt, dass Zugriffe auf den Hauptspeicher den kritischen Pfad darstellen und starke Auswirkungen auf die Ausführungsgeschwindigkeit haben. Zwei Faktoren spielen dabei eine Rolle: Einerseits wirkt sich ein zu klein dimensionierter Speicher negativ auf die Ausführungsgeschwindigkeit aus. Andererseits können auch häufige, eventuell vermeidbare Speicherzugriffe die Performance verschlechtern. Im einfachsten Fall kann man einer JVM mehr Speicher zur Verfügung stellen, um das Problem zu adressieren. Unter *I/O-bound* versteht man, dass die Ausführungsgeschwindigkeit eines Programms maßgeblich durch Zugriffe auf externe Systeme (Festplatte, Datenbank usw.) bestimmt wird. Manchmal können enorme Geschwindigkeitsgewinne erreicht werden, indem man Daten gepuffert verarbeitet.

Die zuvor vorgestellte Klassifizierung ergibt sich aus den unterschiedlichen Zugriffszeiten auf die entsprechenden Komponenten: Der Zugriff auf Register eines Prozessors ist schneller als der Zugriff auf nachgelagerte Prozessor-Caches. Beide sind jedoch sehr schnell. Hauptspeicherzugriffe sind im Gegensatz dazu bereits etwas langsamer. Nochmals um Größenordnungen langsamer sind Datei- und Netzwerkzugriffe.

Waren früher noch Berechnungen durch die CPU und später dann Hauptspeicherzugriffe ein Flaschenhals bezüglich der Performance, so gilt dies mittlerweile nur noch selten: Performance-Probleme sind inzwischen vielfach eine Kombination aus Memory-bound und I/O-bound. Das liegt daran, dass CPU und Speicher heutzutage extrem schnell sind und außerdem Programme oftmals mit anderen Komponenten, etwa einer Datenbank, oder mit anderen Programmen über Remote Calls interagieren. Ziel von Optimierungen muss es daher sein, zunächst die Kommunikation mit externen Systemen genauer zu betrachten, weil dort in der Regel das größte Optimierungspotenzial steckt. Nachdem auf dieser Ebene alle Möglichkeiten ausgeschöpft sind, kann man versuchen, Speicherzugriffe sowie eingesetzte Algorithmen und Datenstrukturen zu optimieren. Abgesehen von der Optimierung der genutzten Algorithmen sollte man von CPU-bound-Optimierungen auf der Ebene einzelner Anweisungen möglichst Abstand nehmen, weil diese meistens zwei Nachteile mit sich bringen: Zum einen muss man schon Experte sein und genau wissen, was man tut, um überhaupt Vorteile erzielen zu können und das Ganze besser zu machen als der Hotspot-Optimierer der JVM. Dieser optimiert unter anderem Speicherzugriffe und ordnet Anweisungen um oder fasst diese zusammen. Zum anderen ist derart per Hand optimierter Sourcecode oftmals unleserlich – nach einiger Zeit auch für einen selbst!

22.1.2 Optimierungstechniken

Obwohl die genannten Ebenen sehr unterschiedlich sind, basieren die Strategien und Techniken zur Optimierung immer wieder auf ähnlichen Ideen:

- **Wahl passender Strategien** – Die Wahl passender Strategien zum Zugriff oder zur Berechnung kann massive Auswirkungen auf die Performance haben. Erfolgt ein Zugriff auf Dateien beispielsweise Byte für Byte, ist das der Aufgabe nicht angemessen, da es nicht an die Funktionsweise der Hardware angepasst ist. Festplatten sind darauf optimiert, größere Datenmengen an einem Stück zu verarbeiten. Eine Pufferung sowie ein blockweises Lesen und Schreiben kann gegenüber mehrfachen Einzelzugriffen daher eine enorme Geschwindigkeitssteigerung bewirken, ohne jedoch konzeptionelle Änderungen zu bedingen. Ähnliche positive Effekte beobachtet man beim Zugriff auf Datenstrukturen: Ein indizierter Zugriff auf ein Array oder eine `ArrayList<E>` ist bei sehr umfangreichen Datenmengen deutlich schneller als bei einer `LinkedList<E>`. Der Einfluss verschiedener Datenstrukturen wird ausführlich in Abschnitt 22.2 besprochen. Ein weiteres Beispiel ist das Zusammenfassen von Aktionen: Eine zu erledigende Arbeit wird nicht in vielen kleinen, wiederholten Schritten, sondern als eine größere Aktion ausgeführt.

- **Caching und Pooling** – Das Zwischenspeichern von Ergebnissen und das Wiederverwenden bereits erzeugter Objekte oder berechneter Ergebnisse fällt in die Kategorie von Caching und Pooling. Wie bereits erwähnt, gibt es eine Hierarchie bezüglich der Zugriffszeiten auf verschiedene Datenspeicher oder Medien. Caches können auf unterschiedlichen Ebenen eingesetzt werden. Ziel dabei ist es, Zugriffe auf das jeweils teurere Medium zu reduzieren, indem ein möglichst passender Satz an benötigten Daten im Cache gehalten wird. Dabei macht man sich die sogenannte *Lokalität* zunutze. Darunter versteht man, dass man gewisse *Muster beim Datenzugriff* findet: Oftmals werden Daten während einer Verarbeitung innerhalb kürzerer Zeit mehrfach gelesen und zudem auch benachbarte Daten (z. B. Daten auf der Festplatte, Artikel einer Einkaufsliste oder ähnliche Top-Seller). Aufgrund dieser Beobachtungen lohnen sich Caches häufig in tieferen Schichten, beispielsweise bei Zugriffen auf Datenbanken oder das Dateisystem. Innerhalb einer Applikation profitiert man von Caches jedoch nur, wenn die Zugriffszeit auf Daten einen signifikanten Einfluss auf die Performance besitzt.

- **Vermeidung unnötiger Aktionen** – Je weniger unnütze Arbeit verrichtet werden muss, desto besser. Dies gilt beispielsweise für Zugriffe auf das Dateisystem, etwa bei Log-Ausgaben. Weiterhin versteht man darunter Strategien zur Vermeidung der Konstruktion optionaler Programmteile oder im Speziellen von Teilkomponenten schwergewichtiger Objekte. Eine nützliche Technik ist die Lazy Initialization, die in Abschnitt 22.3 genauer betrachtet wird.

Tabelle 22-1 zeigt Beispiele für die beschriebenen Techniken auf den drei Optimierungsebenen.

Tabelle 22-1 Optimierungstechniken und Beispiele

Technik	Ebene		
	I/O	Memory	CPU
Wahl passender Strategien	Gepufferte Zugriffe, Anpassungen der Serialisierung	Algorithmen und Datenstrukturen	Algorithmen und Datenstrukturen, Peephole-Optimierungen
Caching und Pooling	Daten-Caches, Data Transfer Objects	Daten-Caches, Objekt-Pools	Vorausberechnung und Zwischenspeicherung von Werten
Vermeidung unnötiger Aktionen	Log-Level-Prüfung, Lazy Initialization	Lazy Initialization	Vermeidung von Auto-Boxing/-Unboxing

Die zuvor erwähnten Beispiele machen deutlich, dass die Abgrenzung der Techniken nicht immer messerscharf ist: Beispielsweise dient ein Cache bzw. ein Objekt-Pool dazu, unnötige Aktionen (Speicherzugriffe) zu vermeiden, und ist damit thematisch nahe der Technik »Vermeidung unnötiger Aktionen« angesiedelt. Zudem erkennen wir, dass die Technik Lazy Initialization sowie die Wahl passender Algorithmen und Datenstrukturen[1] auf unterschiedlichen Ebenen angewendet werden können.

22.1.3 CPU-bound-Optimierungsebenen am Beispiel

Performance-Optimierung wird von vielen häufig immer noch als eine Verbesserung auf der Ebene einfacher Anweisungen im Sourcecode und maximal des eingesetzten Algorithmus betrachtet. Zuvor habe ich bereits angedeutet, dass diese Art der Optimierung heutzutage nur in seltenen Fällen eine entscheidende Verbesserung bezüglich der Ausführungsgeschwindigkeit eines Programms bewirken wird. Um dies etwas zu präzisieren und ein Gefühl für mögliche Umsetzungen und Auswirkungen zu vermitteln, möchte ich daher im Folgenden auf einige Optimierungsmöglichkeiten auf den Ebenen Design, Sourcecode und Bytecode bzw. Kompilierung eingehen.

- **Design** – Auf der Ebene des Designs gilt es, die eingesetzten Algorithmen und Datenstrukturen optimal auf die Anforderungen anzupassen. Ein sauber strukturiertes Design kann dabei helfen, spätere Korrekturen leichter vornehmen zu können. Manchmal reicht es bereits, einen Teil eines Algorithmus in eine Klasse oder Methode auszulagern und dadurch austauschbar zu machen (vgl. Abschnitt 18.3.4 zum STRATEGIE-Muster). Betrachten wir dies für folgendes Interface zur Summenberechnung und eine naive Realisierung der dort deklarierten `calcSumOfN(int)`-Methode, die die Summation der Zahlen von 0 bis n mit einer Schleife löst:

```java
public interface SumCalculator
{
    public long calcSumOfN(final int n);
}

public class NaiveSum implements SumCalculator
{
    public long calcSumOfN(final int n)
    {
        long sum = 0;
        for ( int i = 0; i <= n; i++ )
        {
            sum += i;
        }
        return sum;
    }
}
```

Weil hier gegen das Interface `SumCalculator` programmiert wird, kann die derzeit genutzte Implementierung bei Performance-Problemen im Nachhinein ausgetauscht werden, ohne Änderungen in aufrufenden Klienten erforderlich zu machen. Man kann beispielsweise eine Klasse `OptimizedSum` wie folgt implementieren:

---

[1] In diesem Buch betrachte ich eher Datenstrukturen, da es für die Wahl passender Algorithmen diverse Literatur gibt. Bei Bedarf gebe ich Tipps, um Algorithmusprobleme zu lösen.

```java
public class OptimizedSum implements SumCalculator
{
    public long calcSumOfN(final int n)
    {
        return n * (n + 1) / 2;
    }
}
```

Bei dieser Realisierung der Methode `calcSumOfN(int)` nutzt man, dass folgende mathematische Gleichung gilt:

$$\sum_{i=0}^{n} i = \frac{n * (n + 1)}{2}$$

Ähnliche Ideen haben Steve Wilson und Jeff Kesselman in ihrem Buch »Java Platform Performance« [78] entwickelt, allerdings ohne Bezug zum STRATEGIE-Muster, dafür aber mit einer trickreicheren Summierungsmethode.

- **Sourcecode** – In seltenen Fällen können Optimierungen auf Sourcecode-Ebene durch Nutzung anderer Anweisungen die Ausführungsgeschwindigkeit wirklich erhöhen. Für viele Konstrukte gilt dies jedoch nicht oder nur extrem eingeschränkt. Betrachten wir dies für die Optimierung, eine Multiplikation durch einen Bit-Shift zu realisieren. Immer wieder mal liest man, dass Bit-Shifts für die Multiplikation deutlich performanter sein sollen. Ein Bit-Shift um eine Position nach links entspricht einer Multiplikation mit dem Faktor zwei. Im folgenden Beispiel wird eine Multiplikation mit der Zahl sechs durch zwei Bit-Shifts (einmal um 1 Bit und einmal um 2 Bit gefolgt von einer Addition) realisiert:

```java
final long ONE_BILLION = 1_000_000_000L;
for (long i = 0; i < ONE_BILLION; i++)
{
    value = (i << 2) + (i << 1); // Multiplikation durch Bit-Shifts
}
```

Die derart »optimierte« Variante benötigt bei einer Milliarde (!) Durchläufen auf meinem iMac (Quad-Core Intel i7 mit 4 GHz) mit JDK 8 Update 131 lediglich ca. 601 Millisekunden und ist damit sogar minimal langsamer als die herkömmliche und gut lesbare Multiplikation, die rund 583 Millisekunden benötigt – vergleichen Sie es durch Start des Programms PEEPHOLEOPTIMIZATIONEXAMPLE:

```java
for (long i = 0; i < ONE_BILLION; i++)
{
    value = i * 6;
}
```

Gerade in älterer Literatur werden Optimierungstechniken auf Sourcecode-Ebene in ihrer Wirksamkeit auf die Gesamtperformance stark überbewertet. Dies hat sich leider bei einigen Entwicklern als Mythos im Gedächtnis verankert. Wie die ermittelten Zahlen zeigen, muss man diese Art der Optimierung sehr kritisch betrachten: Erst bei extrem Performance-kritischen Applikationen und nach Ausschöpfen aller anderen Möglichkeiten kann in seltenen Fällen ein Performance-Gewinn erzielt werden. Ansonsten gilt: *Vorsicht vor solchen Optimierungen!*

- **Bytecode bzw. Kompilierung** – Bei der Kompilierung des Java-Sourcecodes in korrespondierenden Bytecode werden *vom Compiler automatisch* verschiedene kleinere Optimierungen ausgeführt. Zur Laufzeit erfolgt eine weitere Optimierung durch den sogenannten Hotspot-Optimierer (vgl. folgenden Praxistipp »Arbeitsweise und Einfluss des Hotspot-Optimierers«), der unter anderem die in der folgenden Aufzählung beschriebenen Techniken Inlining, Loop-Unrolling und Peephole-Optimierung vornimmt. Diese Techniken tragen dazu bei, unnötige Berechnungen zu vermeiden und Programmanweisungen gut auf die ausführende Hardware abzustimmen, beispielsweise durch die Nutzung von Caches und Registern.

  - **Inlining** – Kurze Methoden können vom Compiler direkt in den Methodenrumpf des Aufrufers eingefügt werden, statt angesprungen zu werden:

    ```
    private static int processValues(final int x, final int y)
    {
        return multiply(x, y);
    }

    private static int multiply(final int x, final int y)
    {
        return x * y;
    }
    ```

    Mit Inlining wird daraus Bytecode, der folgendem Sourcecode der Methode `processValuesInlined(int, int)` entspricht – hier ist die Integration des Methodenrumpfs der Methode `multiply(int, int)` gezeigt:

    ```
    // Integration der Methode multiply()
    private static int processValuesInlined(final int x, final int y)
    {
        return x * y;
    }
    ```

  - **Loop-Unrolling** – Für kurze Schleifen werden die Anweisungen des Schleifenrumpfs mehrfach hintereinander kopiert. Betrachten wir folgende Schleife:

    ```
    private static int conventionalLoop()
    {
        int x = 0;
        for (int i = 1; i < 4; i++)
        {
            x += i * i;
        }
        return x;
    }
    ```

    Durch den Compiler optimiert wird daraus eine Folge von Anweisungen, die als Terme nur noch Konstanten enthalten. Zur Verdeutlichung der Technik sind hier die Berechnungen noch einzeln aufgeführt. In der nachfolgend beschriebenen Peephole-Optimierung werden diese weiter zusammengefasst.

```
private static int unrolledLoop()
{
    int x = 0;
    x += 1 * 1;
    x += 2 * 2;
    x += 3 * 3;
    return x;
}
```

- **Peephole-Optimierung** – Es werden beispielsweise Speicher- und Registerzugriffe optimiert und Berechnungen zur Kompilierzeit durchgeführt. Im nachfolgenden Beispiel wird ein Variable x mit dem Wert 0 initialisiert und danach eine Berechnung ausgeführt:

```
private static void assignment()
{
    int x = 0;
    x = 4 * 25;
    // ...
```

Zur Kompilierzeit wird das Ergebnis der Multiplikation der Zahlenliterale berechnet und dieser Wert, hier 100, direkt an die Variable zugewiesen:

```
private static void assignmentOptimized()
{
    int x = 100; // Peephole: Zuweisung und Multiplikation
    // ...
```

> **Tipp: Arbeitsweise und Einfluss des Hotspot-Optimierer**
>
> Beim Start eines Java-Programms wird sämtlicher Bytecode interpretiert, d. h., Anweisung für Anweisung wird von einem Interpreter ausgeführt. Besonders häufig benutzte Programmteile, sogenannte »Hotspots«, werden von einem in die JVM integrierten Optimierer erkannt und kompiliert. Dieser sogenannte Hotspot-Optimierer erzeugt den Maschinencode erst zur Laufzeit parallel zur Abarbeitung des eigentlichen Programms. Man spricht daher von einem *Just-in-Time-Compiler* (JIT). Dieser Übersetzungsvorgang wirkt sich geringfügig verzögernd auf die eigentliche Programmlaufzeit aus. Die Auswirkungen sind jedoch minimal, da die Kompilierung nur für einige ausgewählte Methoden ausgeführt wird, die zuvor erkannten Hotspots.
>
> Die JVM kann in zwei Optimierungsmodi laufen. Im Server-Modus (-server) werden die in der obigen Aufzählung genannten Optimierungen besonders stark durchgeführt. Die Kompilierung ist dadurch etwas langsamer, aber besser optimiert als im Client-Modus (-client), der weniger optimiert, um schnell zu kompilieren, und somit weniger Einfluss auf die Anwendungslaufzeit hat.

Diskussion

Je höher die Abstraktionsebene ist, auf der wir Änderungen vornehmen, desto größer sind in der Regel die zu erzielenden Performance-Gewinne. Daher bietet es sich an, zunächst das Design zu verbessern: Manchmal gibt es für ein zu lösendes Problem besser passende Algorithmen oder Datenstrukturen als die momentan gewählten. Beginnt man mit Optimierungen zunächst auf Designebene, lassen sich als Folge nahezu immer die zuvor vorgestellten Optimierungen auf Sourcecode-Ebene vermeiden. Nur wenn auf der Ebene des Designs tatsächlich keine weiteren Verbesserungen mehr zu erzielen sind und weiterhin Optimierungsbedarf besteht, kann man Optimierungen auf Sourcecode-Ebene in Betracht ziehen. Somit wird nur in wirklich notwendigen Fällen die Lesbarkeit des Sourcecodes durch Optimierungen beeinträchtigt. Nichtsdestotrotz sieht man leider gerade auf der Ebene des Sourcecodes immer wieder vorschnell durchgeführte Optimierungen, die Lesbarkeit gegen vermutete Performance-Verbesserungen eintauschen, indem sie die Transformationen des Compilers auf Bytecode-Ebene in den Sourcecode aufnehmen. Dies sollte man vermeiden, da die Hotspot-Optimierung sehr effizient erfolgt und zudem automatisch geschieht – ohne Einfluss auf die Lesbarkeit.

Vor Beginn von Optimierungen ist es wichtig, dass der Programmteil korrekt funktioniert und ausreichend getestet ist. Zudem bietet sich eine Absicherung durch Unit Tests (vgl. Kapitel 20) an, um nachfolgende Änderungen auf Korrektheit und Kompatibilität zur bisherigen Umsetzung prüfen zu können. Außerdem lassen sich durch ein solches Vorgehen die Schritte Optimierung und Programmentwicklung sauber voneinander trennen. Änderungen sollten dann entweder zur Realisierung der Funktionalität oder zur Optimierung erfolgen. Man vermeidet so, beide Tätigkeiten miteinander zu vermischen und am Ende weder einen korrekten Algorithmus noch eine sinnvolle Optimierung realisiert zu haben.

22.1.4 Messungen – Erkennen kritischer Bereiche

Es ist es nahezu unmöglich, Performance-kritische Bereiche lediglich durch visuelle Sourcecode-Analyse zu erkennen. Dies gilt umso mehr, je komplizierter und umfangreicher Applikationen werden, etwa bei verteilten Applikationen oder beim Einsatz von Applikationsservern.

Für kleinere Applikationen kann man im einfachsten Fall über sogenannte Stoppuhr- bzw. Vorher-nachher-Messungen bereits Aussagen treffen. Dies setzt allerdings voraus, dass man bereits eine ungefähre Ahnung hat, welche Abschnitte des Sourcecodes Performance-Probleme verursachen könnten. In der Regel gilt: *Alles, was nicht innerhalb von Schleifen oder anderweitig wiederholt ausgeführt wird, ist höchstwahrscheinlich für die Performance unkritisch.*

Warum es elementar wichtig ist, nicht auf Verdacht, sondern lediglich durch Messungen begründet zu optimieren, wird durch die im folgenden Abschnitt vorgestellte »80-zu-20-Regel« motiviert.

Die »80-zu-20-Regel«

Die sogenannte »80-zu-20-Regel« (auch Pareto-Prinzip genannt) lässt sich interessanterweise auf viele Situationen anwenden und wird in den unterschiedlichsten Bereichen der Softwareentwicklung verwendet. Eine Auslegung der Regel besagt, dass man die ersten 80 % des Sourcecodes in 20 % der Projektzeit schreibt. Für die restlichen 20 % des Sourcecodes benötigt man allerdings die verbleibenden 80 % der Zeit[2]. *Konkret bedeutet dies, dass schnell prototypische Umsetzungen mit einem relativ großen Funktionsumfang entstehen können, dass es aber bis zu einem fertigen Produkt noch ein sehr langer Weg ist.*

An dieser Stelle ist jedoch ein weiteres Auftreten der Regel noch interessanter: Für die Ausführungszeit gilt häufig, dass 80 % des Sourcecodes nur 20 % der Rechenleistung benötigen und dass 20 % für 80 % Last verantwortlich sind. Im Normalfall kann man also davon ausgehen, dass nur einige wenige kritische Performance-Bremsen im Programm existieren. Die meisten davon lassen sich entsprechend der erstgenannten Auslegung der 80-zu-20-Regel schnell beheben: Man erzielt 80 % Verbesserung mit 20 % Zeiteinsatz. Glücklicherweise sind aber diese ersten 80 % meistens vollkommen ausreichend, um eine ansprechende Performance zu erzielen. Eine umfassendere Optimierung, um das letzte Quäntchen Performance (die letzten 20 %) herauszukitzeln, ist dann in der Regel aber mühselig und unangemessen zeitaufwendig. Die wesentliche Erkenntnis ist jedoch: *Optimiert man, ohne vorher zu messen und kritische Stellen erkannt zu haben, so liegt die Wahrscheinlichkeit bei ca. 80 %, dass man eine Stelle bearbeitet, die keinen signifikanten Einfluss auf die Performance besitzt. Man kann also nahezu endlos an unwichtigen Stellen feilen – ohne jedoch nennenswerte Verbesserungen zu erzielen.*

Messungen des Zeitverhaltens

Für Performance-Abschätzungen werden in den folgenden Abschnitten immer wieder Stoppuhr-Messungen durchgeführt. Man kann dazu die Methode `System.current-TimeMillis()` nutzen. Für exaktere Messungen und Analysen ist diese Methode aufgrund ihrer Ungenauigkeit[3] jedoch nur bedingt geeignet. Wird eine größere Genauigkeit benötigt, so sollte für diese Fälle besser die Methode `System.nanoTime()` genutzt werden, die immer den genauesten verfügbaren Zeitgeber des Betriebssystems wählt.

Zur Unterstützung unserer Zeitmessungen entwickeln wir eine Utility-Klasse `PerformanceUtils`, die die Methode `System.nanoTime()` einsetzt. Eine innere Klasse `TimingEntry` speichert einen Namen und gemessene Zeiten. Die Zeiten werden über die Hilfsmethoden `startMeasure(String)` und `stopMeasure(String)` der äußeren Klasse ermittelt.

---

[2] Die tatsächlichen Zahlen sind nicht fix, sondern schwanken etwas: 90 zu 10 oder 70 zu 30 passen auch sehr häufig.

[3] Die Auflösung der Zeitmessung liegt in Windows-Systemen nur etwa im Bereich von 10 bis 20 ms. Ein Zahlenwert von 0 ms ist damit durchaus mit einer Angabe von 15 ms vergleichbar.

Das folgende Listing zeigt die Realisierung der Utility-Klasse `PerformanceUtils`, die die genannten Zeitmessungen ermöglicht:

```java
public final class PerformanceUtils
{
    private static final Logger log =
                            LogManager.getLogger(PerformanceUtils.class);

    private static final Map<String, TimingEntry> timingMap = new HashMap<>();

    public static void startMeasure(final String name)
    {
        timingMap.put(name, new TimingEntry(System.nanoTime()));
    }

    public static void stopMeasure(final String name)
    {
        final TimingEntry timingEntry = getTimingEntry(name);
        timingEntry.setStopTime(System.nanoTime());
    }

    public static void printTimingResult(final String name)
    {
        final TimingEntry timingEntry = getTimingEntry(name);
        printTimingResult(name, timingEntry.startTime, timingEntry.stopTime);
    }

    public static void printTimingResult(final String info,
                                final long begin, final long end)
    {
        log.info(info + " took " + TimeUnit.NANOSECONDS.toMillis(end - begin) +
                " ms");
    }

    public static void printTimingResultWithAverage(final String name,
                                            final long count)
    {
        printTimingResult(name);

        final TimingEntry timingEntry = getTimingEntry(name);
        final double avg = TimeUnit.NANOSECONDS.toMillis(timingEntry.stopTime -
                            timingEntry.startTime) / (double) count;
        log.info(String.format(info + " avg %f ms", avg));
    }

    private static TimingEntry getTimingEntry(final String name)
    {
        final TimingEntry timingEntry = timingMap.get(name);
        if (timingEntry==null)
            throw new IllegalArgumentException("No data for '" + name + "'");

        return timingEntry;
    }

    private static final class TimingEntry
    {
        private final long  startTime;
        private long        stopTime;

        public TimingEntry(final long startTime)
        {
            this.startTime = startTime;
        }
```

```
        public void setStopTime(final long stopTime)
        {
            this.stopTime = stopTime;
        }

        @Override
        public int hashCode()
        {
            return Objects.hash(this.startTime);
        }

        @Override
        public boolean equals(final Object obj)
        {
            if (this == obj)
                return true;
            if (obj == null)
                return false;
            if (getClass() != obj.getClass())
                return false;

            final TimingEntry other = (TimingEntry) obj;
            return (startTime == other.startTime && stopTime == other.stopTime);
        }
    }
}
```

Bei der Ausgabe der Messergebnisse erfolgt eine Umrechnung auf eine Genauigkeit in Millisekunden, da dies in der Regel für eine Einschätzung der Auswirkungen verschiedener Designentscheidungen ausreichend ist.

Mit einfachen Vorher-nachher-Messungen lassen sich nur relativ triviale Abläufe untersuchen. Müssen komplexere Aktionen analysiert werden oder ist das Verhalten über mehrere Durchläufe oder Stunden interessant, so helfen Profiling-Tools, kritische Stellen aufzuspüren. Die Stoppuhr-Messung hat trotzdem ihre Daseinsberechtigung, weil sie, im Gegensatz zu einer Messung mit einem Profiler, keinen Einfluss auf die Ausführungsdauer des gemessenen Programmabschnitts hat.

Messungen des Speicherbedarfs

Die obigen Aussagen zur Ausführungszeit gelten analog für den von einer Applikation verbrauchten Speicher, der ohne Profiling-Tools nur rudimentär mit den Methoden `freeMemory()` und `totalMemory()` der Klasse `java.lang.Runtime` ermittelt werden kann. Allerdings ist durch die automatisch, zu beliebigen Zeitpunkten stattfindende Speicherbereinigung durch Garbage Collections zur genaueren Messung ein vorheriger (gegebenenfalls mehrfacher) Aufruf von `System.gc()` ratsam. Wie bereits in Abschnitt 10.4 erwähnt, erfolgt dadurch nicht zwangsläufig eine Garbage Collection. In vielen Fällen wird diese jedoch durchgeführt, und es kommt zu einer verbesserten Genauigkeit der Speichermessung.

Der einer Applikation zur Verfügung stehende Hauptspeicher kann großen Einfluss auf die Performance haben. Um eine erste Einschätzung des Speicherbedarfs zu bekommen und einige Effekte zu analysieren, kann man sich vergleichbar zur obigen Klasse

`PerformanceUtils` eine Klasse `MemoryInfo` schreiben, die erste, aber rudimentäre Auswertungen erlaubt. Gerade bei der Untersuchung des Speicherverbrauchs besitzen Profiling-Tools besondere Vorzüge, da diese die Belegung des Speichers analysieren können und somit Angaben zu den genutzten Typen und der Anzahl ihrer Instanzen ermöglichen. Dadurch lässt sich z. B. die Anzahl von `Integer`-Instanzen ermitteln.

Profiling-Tools

Um Performance-Probleme in eigenen Programmen aufdecken zu können, helfen Profiling-Tools. Teilweise sind die im JDK bereitgestellten Tools bereits ausreichend. Sowohl `JConsole` als auch `VisualVM` bieten ein GUI, das den Einstieg in die Performance-Optimierung erleichtert. `VisualVM` wurde mit JDK 6 eingeführt und bündelt einige bisher einzeln vorhandene Performance-Auswertungsprogramme, wie `jmap` (Speicherübersicht), `jps` (Übersicht über alle laufenden JVMs eines Rechners), `jstack` (Info über alle Threads eines Programms mit Stacktrace), `jstat` (Anzeige von Performance-Informationen), zu einer integrierten Performance-Messsuite, die zudem über verschiedene Plugins erweitert werden kann. Mit `VisualVM` lässt sich das Verhalten von Anwendungen detailliert auswerten und grafisch visualisieren. In Abbildung 22-1 ist eine Profiling-Session gezeigt.

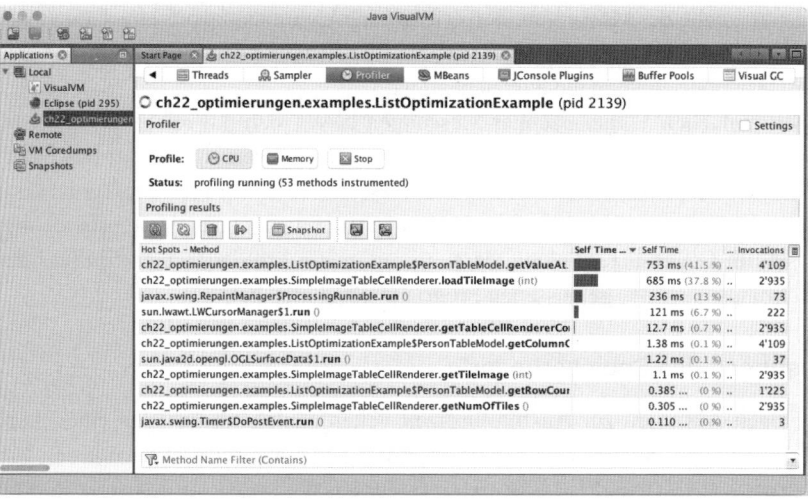

Abbildung 22-1 *VisualVM beim CPU-Profiling*

Das ehemalige Stand-alone-Tool `VisualGC` existiert als Plugin für `VisualVM`. Damit lassen sich Garbage-Collection-Vorgänge gut beobachten und auswerten. Dies ist in Abbildung 22-2 exemplarisch gezeigt. Man sieht auf einen Blick den Füllgrad der Speicherbereiche Eden, Survivor, Old und Perm sowie die »Wanderung« der Objekte durch diese Bereiche. Außerdem kann man die Häufigkeit und Dauer von Garbage Collections ablesen. Grundlagen zum Thema Garbage Collection sind in Abschnitt 10.4 beschrieben.

22.1 Grundlagen 1297

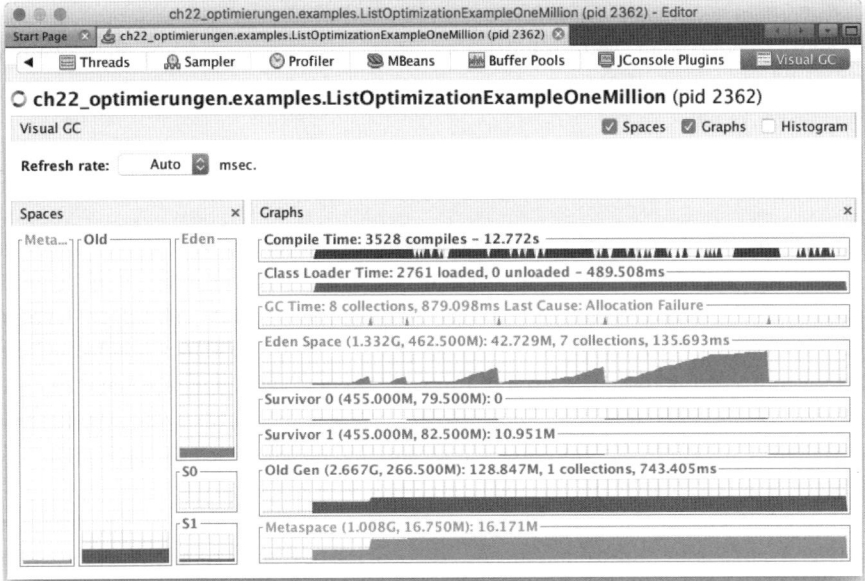

Abbildung 22-2 *VisualVM mit VisualGC-Plugin*

Kommerzielle Alternative Als Alternative zu den bereits recht hilfreichen, informativen und frei verfügbaren Tools des JDKs existieren einige kommerzielle Programme, die noch ein wenig mehr Funktionalität bieten, um etwa einen Applikationsserver leichter beobachten zu können. Exemplarisch sei hier folgendes Tool empfohlen, das als Evaluationsversion aus dem Internet heruntergeladen werden kann:

- **JProfiler** – http://www.ej-technologies.com/

Validierung von Änderungen

Nachdem die kritischen Stellen in einem untersuchten Programm gefunden, analysiert und modifiziert wurden, sollte man zum einen alle Tests ausführen und zum anderen die Profiling-Messungen wiederholen. Durch den Einsatz von Tests wird sichergestellt, dass durch die Optimierungen keine Fehler eingebaut wurden. Die Performance-Messungen werden erneut durchgeführt, um zu beurteilen und im Idealfall zu bestätigen, dass es tatsächlich zu den erwarteten Verbesserungen gekommen ist. Ist dies nicht der Fall, so verwerfen wir normalerweise die Änderungen. In einigen wenigen Fällen können Optimierungen aber auch für mehr Klarheit durch strukturelle Verbesserungen oder eine bessere Namensgebung gesorgt haben. Derartige Änderungen sollten natürlich beibehalten werden.

Außerdem kann man beginnen, spezielle Performance-Tests basierend auf bereits existierenden Unit Tests mithilfe des Tools `JUnitPerf` zu erstellen. Weitere Informationen dazu finden Sie online unter http://clarkware.com/software/JUnitPerf.html.

Skalierbarkeit

Es ist wichtig, Performance-Tests mit einem umfangreichen, praxisrelevanten Satz an Testdaten mit annähernd realen Datenvolumina nachzustellen, weil einige Performance-Probleme erst bei sehr großen Datenmengen auftreten. Man spricht von schlechter *Skalierbarkeit*, wenn mit zunehmender Datenmenge die Ausführungsdauer signifikant, mitunter sogar überproportional, zunimmt. Einige Designentscheidungen können zu einer schlechten Skalierbarkeit führen. Dies betrifft vor allem die eingesetzten Algorithmen und Datenstrukturen. In der einführenden Diskussion haben wir ein Beispiel dafür mit der Summierung von Zahlen kennengelernt.

Auch Aspekte der Parallelisierung von Aufgaben spielen eine Rolle: Ob man voneinander unabhängige Anfragen (Aufrufe) sequenziell oder aber parallel durch mehrere Threads bearbeitet, kann sich massiv auf die Performance und das Antwortzeitverhalten auswirken. Bei einer großen Zahl solcher Anfragen kommt es dann bei sequenzieller Abarbeitung möglicherweise zu miserablen Antwortzeiten und bei großer Parallelität bestenfalls zu einem geringen Einfluss der Anzahl von Anfragen auf die Antwortzeit.

Beispiel Betrachten wir den Einfluss von Datenstrukturen exemplarisch an einer Software zur Kundenverwaltung. Beim Entwurf eines solchen Systems muss entschieden werden, in welcher Datenstruktur die Kundendaten gespeichert werden sollen. Geschieht dies in Form einer Liste, so ist zwar ein indizierter Zugriff schnell. In der Regel wird man auf Kunden aber nicht indiziert, sondern bevorzugt über deren Namen oder andere Auswahlkriterien zugreifen wollen. Eine lineare Suche über alle Datensätze ist für einige Hundert oder Tausend Einträge sicherlich kein Problem. Allerdings skaliert die Lösung schlecht. Je mehr Einträge vorhanden sind, desto länger dauert die Suche. Deren Ausführungszeit wächst in diesem Fall proportional zur Anzahl der gespeicherten Daten. Nutzt man eine `TreeMap<K,V>`, so liegen die gespeicherten Elemente sortiert vor, und eine Suche ist wesentlich performanter möglich. Die Ausführungsdauer wächst logarithmisch zum Datenvolumen.

Wie man bereits an dieser kurzen Diskussion sieht, ist eine formalere Betrachtung und Einordnung der Komplexität wünschenswert. Dazu wird im folgenden Abschnitt die O-Notation vorgestellt.

22.1.5 Abschätzungen mit der O-Notation

Zur Abschätzung und Beschreibung der Komplexität von Algorithmen und damit zur Einordnung ihres Zeitverhaltens wäre es unpraktisch, immer Messungen vornehmen zu müssen. Außerdem spiegeln Messungen lediglich das Laufzeitverhalten unter gewissen Randbedingungen der Hardware (Prozessortakt, Speicher usw.) wider.

Um Folgen von Designentscheidungen unabhängig von solchen Details und auf einer abstrakteren Ebene einordnen zu können, verwendet man in der Informatik die sogenannte *O-Notation*, die die obere Schranke für die Komplexität eines Algorithmus angibt. Man möchte folgende Frage beantworten können: »Wie verhält sich ein Programm, wenn statt 1.000 Eingabewerten beispielsweise 10.000 oder 100.000 Eingabewerte verarbeitet werden?« Zur Beantwortung dieser Frage müssen die einzelnen Schritte eines Algorithmus betrachtet und klassifiziert werden. Ziel ist es, die Berechnung der Komplexität zu formalisieren, um Auswirkungen von Veränderungen an der Anzahl der Eingabedaten auf die Programmlaufzeit abschätzen zu können.

Betrachten wir folgende `while`-Schleife als einführendes Beispiel:

```
int i = 0;              // O(1)
while (i < n)           // O(n)
{
    createPersonInDb(i);  // O(1)
    i++;                  // O(1)
}
```

Jede einzelne Anweisung wird mit der Komplexität $O(1)$ bewertet. Die Schleife selbst erhält aufgrund der n Ausführungen des Schleifenrumpfs die Komplexität $O(n)$ zugeordnet.[4] Rechnet man diese Werte zusammen, dann sind die Kosten für die Abarbeitung des Programms folglich: $O(1) + O(n) * (O(1) + O(1)) = O(1) + O(n) * 2$. Für eine Abschätzung der Komplexität spielen konstante Summanden und Faktoren keine Rolle. Nur die höchste Potenz von n ist von Interesse. Somit kommt man für das abgebildete Programmstück auf eine Komplexität von $O(n)$. Diese Vereinfachung ist zulässig, da für größere Werte von n der Einfluss von Faktoren und kleineren Komplexitätsklassen unbedeutend ist. Für das Verständnis der Betrachtungen in den folgenden Abschnitten sollte diese informelle Definition ausreichend sein.

Nachfolgend möchte ich noch zwei die O-Notation charakterisierende Sätze von Robert Sedgewick aus seinem Standardwerk »Algorithmen« [68] zitieren: »[...] ist die O-Schreibweise ein nützliches Hilfsmittel, um obere Schranken für die Laufzeit anzugeben, die von den Einzelheiten der Eingabedaten und der Implementation unabhängig sind.« Und weiter heißt es dort: »Die O-Schreibweise erweist sich als äußerst nützlich, indem sie Analytikern hilft, Algorithmen nach ihrer Leistungsfähigkeit zu klassifizieren, und indem sie Entwickler von Algorithmen bei der Suche nach den »besten« Algorithmen unterstützt.«

---

[4]Die Bedeutung der Notation wird auf der nächsten Seite mit der Vorstellung von Beispielen für weitere Komplexitätsklassen verständlicher. Eine weiterführende Darstellung finden Sie unter `http://www.linux-related.de/index.html?/coding/o-notation.htm`.

Komplexitätsklassen

Um das Laufzeitverhalten verschiedener Algorithmen miteinander vergleichen zu können, reichen in der Regel sieben unterschiedliche Komplexitätsklassen aus. Folgende Aufzählung nennt die jeweilige Komplexitätsklasse und einige Beispiele dazu:

- $O(1)$ – Die konstante Komplexität liefert eine von der Anzahl der Eingabedaten n unabhängige Laufzeit. Diese Komplexität repräsentiert häufig *eine Anweisung* oder eine einfache Berechnung, die aus einigen Berechnungsschritten besteht.

- $O(log(n))$ – Bei der logarithmischen Komplexität kommt es zu einer Verdopplung der Laufzeit, wenn die Eingabedatenmenge n quadriert wird. Ein bekanntes Beispiel für diese Komplexität ist die **Binärsuche**.

- $O(n)$ – Bei der linearen Komplexität wächst die Laufzeit proportional zur Anzahl der Elemente n. Dies ist bei einfachen Schleifen und Iterationen der Fall, etwa bei einer **Suche in einem Array** oder einer Liste.

- $O(n*log(n))$ – Diese Komplexität ist eine Kombination aus linearem und logarithmischem Wachstum. Einige der schnellsten **Sortieralgorithmen** (z. B. Mergesort) besitzen diese Komplexität.

- $O(n^2)$ – Die quadratische Komplexität führt bei einer Verdopplung der Menge der Eingabedaten n bereits zu einer Vervierfachung der Laufzeit. Bei einer Verzehnfachung der Eingabedaten kommt es schon zu einem Verhundertfachen der Laufzeit. In der Praxis findet man diese Komplexität bei *zwei ineinander verschachtelten* `for`- *oder* `while`-*Schleifen*. Einfache Sortieralgorithmen haben normalerweise diese Komplexität.

- $O(n^3)$ – Bei der kubischen Komplexität kommt es bei einer Verdopplung von n bereits zu einer Verachtfachung der Laufzeit. Die naive **Multiplikation von Matrizen** ist ein Beispiel für diese Komplexitätsklasse.

- $O(2^n)$ – Die exponentielle Komplexität führt bei einer Verdopplung von n zu einer Quadrierung der Laufzeit. Das klingt zunächst wenig. Bei einer Verzehnfachung steigt die Laufzeit aber um den Faktor 20 Milliarden! Die exponentielle Komplexität tritt häufig bei **Optimierungsproblemen** auf, etwa dem sogenannten Problem des Handlungsreisenden (**Traveling-Salesman-Problem**), bei dem es darum geht, den kürzesten Weg zwischen verschiedenen Städten zu ermitteln und dabei alle Städte zu besuchen. Um dem Problem der exorbitanten Laufzeit Herr zu werden, verwendet man Heuristiken, die zwar nicht die optimale Lösung, sondern nur eine Annäherung daran ermitteln, dafür aber eine viel geringere Komplexität und deutlich kürzere Laufzeit besitzen.

Tabelle 22-2 zeigt eindrucksvoll, welche Auswirkungen die genannten Komplexitätsklassen für verschiedene Mengen von Eingabedaten n besitzen:[5]

---

[5] Dabei wird die Zeitkomplexität $O(2^n)$ nicht dargestellt, weil deren Wachstum zu stark ist, um es sinnvoll ohne den Einsatz von 10er-Potenzen auszudrücken.

Tabelle 22-2 Auswirkungen verschiedener Zeitkomplexitäten

n	$O(log(n))$	$O(n)$	$O(n*log(n))$	$O(n^2)$	$O(n^3)$
10	1	10	10	100	1.000
100	2	100	200	10.000	1.000.000
1.000	3	1.000	3.000	1.000.000	1.000.000.000
10.000	4	10.000	40.000	100.000.000	1.000.000.000.000
100.000	5	100.000	500.000	10.000.000.000	1.000.000.000.000.000
1.000.000	6	1.000.000	6.000.000	1.000.000.000.000	1.000.000.000.000.000.000

Anhand der dargestellten Werte bekommt man ein Gefühl für die Auswirkungen unterschiedlicher Komplexitäten: Bis etwa $O(n*log(n))$ sind die Komplexitätsklassen günstig. Optimal und wünschenswert, wenn auch für viele Algorithmen nicht erreichbar, sind die Komplexitäten $O(1)$ und $O(log(n))$. Bereits $O(n^2)$ ist für größere Eingabemengen in der Regel nicht mehr günstig, kann aber bei einfachen Berechnungen und kleineren Werten für n problemlos eingesetzt werden.

> **Hinweis: Einfluss der Eingabedaten**
>
> Einige Algorithmen verhalten sich abhängig von den Eingabedaten unterschiedlich. Für Quicksort ergibt sich im durchschnittlichen Fall eine Komplexität von $n*log(n)$, die aber im Extremfall auf n^2 ansteigen kann. Da die O-Notation den »Worst Case« beschreibt, wird Quicksort eine Komplexität von $O(n^2)$ zugeordnet.

Auswirkungen der Komplexität auf die Programmlaufzeit

Mögen die durch eine spezielle O-Komplexität errechneten Zahlen für eine Menge von Eingabewerten n manchmal auch abschreckend sein, so sagen diese jedoch nichts über die konkrete Ausführungszeit aus, sondern nur über deren Wachstum bei einer Vergrößerung der Eingabemenge. Wie bereits anhand des einführenden Beispiels deutlich wird, macht die O-Notation keine Aussage über die Dauer einzelner Berechnungsschritte: Das Inkrement `i++` und der Datenbankzugriff `createPersonInDb(i)` wurden jeweils mit $O(1)$ bewertet, obwohl der Datenbankzugriff auf die Ausführungszeit bezogen um mehrere Größenordnungen teurer als das Inkrement ist.

Für »normale« Anweisungen ohne Zugriffe auf externe Systeme, wie Dateisystem, Netzwerk oder Datenbank, also Additionen, Zuweisungen usw., ist der Einfluss von n bei heutigen Computern nahezu unbedeutend, wie dies bereits im Beispiel für Multiplikationen und Bit-Shifts bei einer Milliarde Durchläufen gezeigt wurde. Die Auswirkungen auf die tatsächliche Laufzeit sind für kleine n (< 1000) bei den Komplexitäten $O(n)$ bzw. $O(n^2)$ und sogar manchmal noch $O(n^3)$ heutzutage häufig kaum relevant. Dadurch können mitunter auch mehrfach ineinander verschachtelte Schleifen mit der Komplexität $O(n^2)$ oder $O(n^3)$ absolut gesehen viel schneller ausgeführt werden als einige Datenbankabfragen über ein Netzwerk mit der Komplexität $O(n)$. Ähnliches gilt für eine Suche in einem Array ($O(n)$) und einen Zugriff auf ein Element einer hashbasierten Datenstruktur ($O(1)$). Für kleine n kann die Berechnung der Hashwerte länger dauern als eine lineare Suche. Je größer allerdings n wird, desto mehr wirkt sich die schlechtere Komplexitätsklasse auf die tatsächliche Laufzeit aus.

22.2 Einsatz geeigneter Datenstrukturen

Wie bereits in der Einleitung angedeutet, lassen sich viele Performance-Probleme auf Fehler im Algorithmus oder in der Benutzung ungeeigneter Datenstrukturen zurückführen. Auch hier zitiere ich gerne wieder Jon Bentley [3]:»Eine richtige Sicht der Daten strukturiert tatsächlich die Programme. [...] Immer für einfachen Code zu sorgen, ist normalerweise der Schlüssel zur Korrektheit!« Im Folgenden werden einige Implikationen auf die Performance durch die Wahl der Datenstrukturen Arrays, Listen, Sets und Maps erläutert und mithilfe der eingeführten O-Notation bewertet. Dabei betrachten wir einige gebräuchliche Operationen wie Einfügen oder Zugriff auf Elemente.

> **Aus dem Nähkästchen: Wahl von Datenstrukturen**
>
> Ich habe einmal einen Programmteil überarbeitet, der Jobs und Gruppen von Jobs verwalten sollte: Eigentlich ein klarer Fall für den Einsatz von Baumstrukturen und der klassische Ansatz wäre das KOMPOSITUM-Muster (vgl. Abschnitt 18.2.4). Der damalige Entwickler hatte wenig Erfahrung und kannte Baumstrukturen nur unzureichend (allerdings war dies Ende der 90er in C++ auch keine gebräuchliche, sofort verfügbare Datenstruktur).
>
> Um Jobs und Gruppen von Jobs zu verwalten, wurde versucht, den Job-Baum in einer Liste zu speichern. So etwas kann man machen, allerdings erfordert dies eine präzise Vorstellung, wie man Baumoperationen auf Listenoperationen abbildet. Selbstverständlich sind die Operationen »Einfügen« und »Löschen« von Jobs nicht einfach zu realisieren: In einer Liste müssen diverse Elemente verschoben und anschließend einige Referenzanpassungen vorgenommen werden. Bei Verwendung eines Baums als Datenstruktur sind nur einfache Operationen auf Baumknoten auszuführen, die Komplexität wird durch die Datenstruktur gekapselt.
>
> Der Einsatz eines Baums als Datenstruktur half dabei, den zuvor extrem komplizierten Sourcecode innerhalb von wenigen Tagen komplett umzustellen und zu vereinfachen. Sowohl Komplexität als auch Umfang wurden deutlich reduziert. Zusätzlich kam es zu dem positiven Nebeneffekt, dass alle durch den ursprünglichen Ansatz verursachten Fehler gleich mit behoben wurden. Neben den positiven Auswirkungen auf Wartbarkeit und Erweiterbarkeit war die neue Realisierung deutlich performanter, vor allem für die Anwendungsfälle, in denen die Tiefe und Breite des Baums aufgrund einer komplexen Job-Gruppen-Struktur zunahm.

22.2.1 Einfluss von Arrays und Listen

In vielen Programmen müssen Daten in Arrays bzw. Listen gespeichert oder verarbeitet werden. Am Beispiel der Datenstrukturen `ArrayList<E>`, `LinkedList<E>`, `Vector<E>` und Array weise ich auf mögliche Folgen für die Performance hin.

Die Klassen `ArrayList<E>` und `Vector<E>`

Erinnern wir uns an den Aufbau und die Wirkungsweise der Datenstrukturen `ArrayList<E>` und `Vector<E>`, die in Kapitel 6 beschrieben sind. Beide speichern ihre Daten in einem Array und stellen somit eine komfortable Hülle um ein Array dar, die eine Schnittstelle mit Containerfunktionalität anbietet.

Zugriff auf ein Element an Position i Der Zugriff auf beliebige Elemente wird durch einen indizierten Array-Zugriff an Position i realisiert und dessen Ausführungszeit ist unabhängig von der Anzahl der gespeicherten Elemente ($O(1)$).

Neues Element an Position i **hinzufügen** Wenn an einer beliebigen Position i ein Element eingefügt wird, müssen alle Elemente mit einem Index $>= i$ nach hinten verschoben werden, um Platz für das neue Element zu schaffen ($O(n)$). Reicht die Kapazität nicht mehr aus, so muss zusätzlich eine Erweiterung der Datenstruktur erfolgen. Es wird ein neues, um 50 % vergrößertes Array erzeugt[6], und alle Elemente aus dem alten Array werden in dieses neue kopiert ($O(n)$).

Im günstigsten Fall wird ein neues Element an der letzten Position der Datenstruktur hinzugefügt. Wenn genügend Platz vorhanden ist, muss die Referenz im Array lediglich an der gewünschten Position abgelegt werden ($O(1)$). Ist jedoch kein Platz für das neue Element mehr vorhanden, so muss dafür Platz geschaffen werden ($O(n)$).

Element an Position i **entfernen** Wenn an einer beliebigen Position i ein Element gelöscht wird, müssen alle dahinter liegenden Elemente mit einem Index $> i$ um eine Position nach vorne kopiert werden. Dadurch ergibt sich eine Komplexität von $O(n)$.

Die Klasse `LinkedList<E>`

Die Klasse `LinkedList<E>` arbeitet intern mit untereinander verbundenen Knoten zur Speicherung von Elementen.[7] Es finden beim Einfügen und Löschen keine Verschiebe- und Kopieraktionen statt, da jeweils nur Referenzen zwischen den Knoten angepasst werden müssen. Schauen wir, wie sich dies im Gegensatz zur Speicherung in einer `ArrayList<E>` bzw. einem `Vector<E>` auswirkt.

---

[6]Werfen Sie einen Blick in die Sources des JDKs, um solche internen Details kennenzulernen.

[7]Es werden drei Referenzen (Daten, Vorgänger und Nachfolger) statt einer in einer `ArrayList<E>` gespeichert. Dadurch wird im Vergleich zur `ArrayList<E>` etwa der dreifache Speicher für die Verwaltung verbraucht, allerdings nicht zusammenhängend.

Zugriff auf ein Element an Position i Um auf ein Element an einer Position i zuzugreifen, muss vor dem Zugriff ($O(1)$) zunächst bis zu dieser gewünschten Position über alle Vorgängerknoten iteriert werden ($O(n)$).

Neues Element an Position i **hinzufügen**   Der Einfügevorgang besteht lediglich aus dem Erzeugen eines neuen Knotens und aus einigen Referenzanpassungen und besitzt daher die Komplexität $O(1)$. Allerdings führt die vorher durchzuführende Suche nach der Einfügeposition insgesamt zur Komplexität $O(n)$.

Element an Position i **entfernen**   Der Löschvorgang besteht lediglich aus Referenzanpassungen und besitzt die Komplexität $O(1)$. Auch hier führt die vorher durchzuführende Suche nach der Löschposition insgesamt zur Komplexität $O(n)$.

Betrachtung von Vor- und Nachteilen

In den vorherigen Abschnitten wurden bereits einige Auswirkungen verschiedener Operationen besprochen. Es ergibt sich folgende Vermutung: Die Anzahl der Daten, die Dynamik in der Zusammensetzung und die Position von Änderungen innerhalb der Datenstruktur besitzen großen Einfluss auf die Performance. Die Effekte sollen sich für verschiedene Implementierungen des Interface `List<E>` deutlich unterscheiden. Rekapitulieren wir die wichtigsten Punkte: Für die `ArrayList<E>` bzw. den `Vector<E>` vermuten wir Performance-Probleme durch Einfüge- und Löschoperationen, die zu einem Verschieben von einigen Elementen führen – im ungünstigsten Fall sogar von allen. Beide Operationen sind auch für die `LinkedList<E>` durch die Suche nach der korrekten Position für Einfüge- oder Löschoperationen ausgehend vom Start- bzw. Endknoten aufwendig. Beides scheint für größere Datenmengen nicht optimal zu sein.

Wir folgen den Empfehlungen aus Abschnitt 22.1 und führen deshalb Messungen durch, um die obigen Vermutungen zu bestätigen oder zu widerlegen. Für die Klassen `ArrayList<E>`, `LinkedList<E>` und `Vector<E>` erfolgen jeweils Messungen der Operationen Einfügen, Löschen und Iterieren für 10.000, 100.000 und 1.000.000 Elemente. Für die `ArrayList<E>` ermitteln wir zusätzlich die Laufzeiten mit initialer Kapazität von 100.000 Elementen. Das korrespondierende Programm ist stark gekürzt in folgendem Listing gezeigt:

```java
public final class ListPerformanceExample
{
    private static final SimplePerson OBJ_TO_ADD = new SimplePerson("Test", 42);

    private static final long[] maxElements = { 10_000, 100_000, 1_000_000 };

    public static void main(final String[] args)
    {
        performListTests("ArrayList", new ArrayList<SimplePerson>());
        performListTests("ArrayList IK", new ArrayList<SimplePerson>(100_000));
        performListTests("Vector", new Vector<SimplePerson>());
        performListTests("LinkedList", new LinkedList<SimplePerson>());
    }
}
```

22.2 Einsatz geeigneter Datenstrukturen

```
private static void performListTests(final String dsName,
                                     final List<SimplePerson> list)
{
    for (final long max : maxElements)
    {
        System.out.println("Element count " + max);

        list.clear();
        PerformanceUtils.startMeasure(dsName + " add front");
        addPersonFront(list, max);
        PerformanceUtils.stopMeasure(dsName + " add front");
        PerformanceUtils.printTimingResult(dsName + " add front");

        PerformanceUtils.startMeasure(dsName + " remove front");
        removePersonFront(list, max);
        PerformanceUtils.stopMeasure(dsName + " remove front");
        PerformanceUtils.printTimingResult(dsName + " remove front");

        // ...
```

Zur Erinnerung: Die Messergebnisse sind für JDK 8 Update 131 auf einem iMac (Quad-Core i7 mit 4 GHz) entstanden und in Tabelle 22-3 dargestellt. Zum Vergleich können Sie das Programm LISTPERFORMANCEEXAMPLE ausführen.

Tabelle 22-3 Performance-Messungen für Listen

Typ	Elemente	add [ms] Anfang	Mitte	Ende	remove [ms] Anfang	Mitte	Ende	[ms] for
ArrayList	10.000	3	1	0	3	4	0	0
ArrayList	100.000	670	205	1	549	819	2	1
ArrayList	1.000.000	60.357	28.792	2	56.535	87.775	1	0
ArrayList IK	10.000	10	1	0	2	4	0	0
ArrayList IK	100.000	445	190	0	513	727	0	0
ArrayList IK	1.000.000	59.296	28.028	2	57.573	85.799	1	1
Vector	10.000	4	4	0	3	3	9	3
Vector	100.000	526	227	1	559	743	9	1
Vector	1.000.000	66.493	29.360	12	65.094	99.972	99	13
LinkedList	10.000	1	38	0	1	125	0	0
LinkedList	100.000	1	3.924	1	1	12.329	0	0
LinkedList	1.000.000	14	786.338	3	3	2.733.759	4	10

Bevor ich die Ergebnisse inhaltlich bewerte, möchte ich noch etwas zur Genauigkeit der Angaben sagen: Da die Zeitmessung auf einem System immer gewissen Schwankungen unterliegt und es sich um auf Millisekunden gerundete Angaben handelt, sind Zahlenwerte von 0 bis 20 ms durchaus als nahezu gleich anzusehen. Ein Wert von etwa 50.000 ms bis 100.000 ms entspricht ungefähr 1 bis 2 Minuten, 700.000 ms sind demnach etwa 11 Minuten, bei den 2,8 Millionen ms liegt man bei rund 45 Minuten. Interessanterweise erhält man diesen schlechtesten Wert bei der `LinkedList<E>` für ein Löschen in der Mitte. Diese Operation ist auf dem Mac wohl besonders inperformant, denn auf meinem Windows-PC war das Löschen in einer `LinkedList<E>` nahezu gleich schnell wie das Einfügen in der Mitte.

Entgegen den zuvor geäußerten Erwartungen wirken sich Vergrößerungsschritte der Klasse `ArrayList<E>` nicht signifikant aus. Dies zeigen die Zahlen, die für die `ArrayList<E>` ohne eine Festlegung einer initialen Kapazität und für eine solche mit der Anfangskapazität von 100.000 Elementen, die `ArrayList IK`, ermittelt wurden. Auch die in anderer Literatur als »teuer« bezeichneten synchronisierten Methoden der Klasse `Vector<E>` haben bei *nicht* nebenläufigen Zugriffen auf die Datenstruktur kaum merklichen Einfluss – das ändert sich erst dann, wenn eine Vielzahl an Threads um die Locks konkurriert. Zudem kann man erkennen, dass ein Iterieren mit einer `for`-Schleife über alle Elemente relativ schnell und günstig ist. Problematisch sind, wie erwartet, Einfüge- bzw. Löschoperationen. Allerdings sind die gemessenen Unterschiede bis etwa 10.000 gespeicherte Elemente recht gering. Darunter, etwa für 1.000 Einträge, sind die ermittelten Zeiten unter der Messbarkeitsgrenze und werden daher hier nicht aufgelistet. Nur bei größeren Datenmengen machen sich die zuvor diskutierten Effekte sehr deutlich bemerkbar. *Die gemessenen Werte zeigen, dass die Einfüge- bzw. Löschposition entscheidenden Einfluss auf die Performance besitzt.* Für Array-basierte Listen ist das Einfügen und Löschen im vorderen Bereich der Liste am teuersten und nimmt Richtung Ende der Datenstruktur signifikant ab, da viel weniger Elemente bewegt werden müssen. Für die `LinkedList<E>` sind Einfügen und Löschen am Ende und Anfang der Datenstruktur nahezu unabhängig von der Menge der gespeicherten Werte. Dafür machen sich Positionen im Bereich der Mitte der Datenstruktur sehr viel stärker bemerkbar, als man es intuitiv vermuten würde. Beim Einfügen bzw. Löschen von einer Million Daten an der Mittenposition sind Array-basierte Listen etwa um den Faktor 27 bzw. 31 schneller.

Lediglich bei einer großen Anzahl an Elementen und einer hohen Dynamik in der Zusammensetzung am Beginn der Liste kann die `LinkedList<E>` aufgrund ihres internen Aufbaus besser als eine `ArrayList<E>` geeignet sein. Dies gilt allerdings nur dann, wenn im Programmverlauf wenig indizierte Zugriffe erfolgen.

Insgesamt betrachtet skalieren die Array-basierten Listen besser. Die `LinkedList<E>` zeigt verheerende Performance-Einbrüche bei großen Datenmengen (ab einigen 100.000 Elementen). Das gilt vor allem bei Aktionen nahe der Listenmitte. Für derartige Zugriffe sind die `ArrayList<E>` und der `Vector<E>` deutlich besser geeignet. Wie wir später anhand eines Beispiels sehen werden, gilt dies im Besonderen für Tabellenmodelle. Der Einsatz einer `LinkedList<E>` ist dort extrem kontraproduktiv.

> **Tipp: Konfigurierbarkeit durch Einsatz des Interface `List<E>`**
>
> Programmiert man konsequent gegen das Interface `List<E>`, so kann man die Wahl einer konkreten Listenimplementierung konfigurierbar machen und diese mithilfe einer FABRIKMETHODE (vgl. Abschnitt 18.1.2) erzeugen. Dieses Vorgehen bietet sich in der Praxis immer dann an, wenn man die Dynamik und das Datenvolumen schlecht im Voraus schätzen kann. Durch nachfolgende Profiling-Messungen lässt sich die für den Anwendungsfall geeignete Realisierung ermitteln.

22.2.2 Optimierungen für `Set` und `Map`

Nachdem wir verschiedene Listen auf ihre Performance untersucht haben, werfen wir nun einen Blick auf die Realisierungen der Interfaces `Set<E>` und `Map<K,V>`. Diese sind bereits für viele Anwendungsfälle ausreichend optimiert. Durch die passende Wahl einer für einen konkreten Anwendungsfall geeigneten Realisierung sind jedoch weitere Performance-Gewinne möglich. Die folgenden Abschnitte beschreiben daher einige Performance-Implikationen und die Laufzeiten einiger wichtiger Zugriffsmethoden (Einfügen, Löschen und Zugriff auf Elemente) für konkrete Typen von Sets und Maps.

Die Klassen `HashSet<E>` und `HashMap<K,V>`

Die Realisierung der Klasse `HashSet<E>` verwendet intern die Klasse `HashMap<K,V>`. Daher können hier – bezogen auf die Auswirkungen auf die Performance – beide Datenstrukturen gemeinsam betrachtet werden. Die Implementierung der Klasse `HashMap<K,V>` ist extrem performant. Die Abfrage der Anzahl gespeicherter Einträge (`size()`) benötigt eine Laufzeit von $O(1)$. Auch die gebräuchlichsten Operationen `put()`, `get()`, `remove()` und `containsKey()` haben alle in der Regel eine Laufzeit von $O(1)$. Nur bei einer extrem ungünstig gewählten Hashfunktion (z. B. Implementierung der `hashCode()`-Methode, die einen konstanten Wert liefert) kann das natürlich nicht mehr gelten. Weitere Details finden Sie in Abschnitt 6.1.7.

Einfluss von `equals()`, `compareTo()` und `hashCode()` Neben der Wahl einer geeigneten Datenstruktur kann eine weitere Verbesserung der Performance indirekt dadurch erreicht werden, dass man die steuernden Methoden optimiert. Wie bereits in Abschnitt 6.1.9 diskutiert, sind dies für Sets und Maps die Methoden `equals()`, `hashCode()` und `compareTo()` bzw. `compare()`. Die Methoden `equals()` und `compareTo()` besitzen in der Regel nur geringen Einfluss auf die Performance. Für beide Methoden besteht ein Optimierungspotenzial darin, zum einen lediglich die tatsächlich für den Vergleich relevanten Attribute zu betrachten und zum anderen Auto-Boxing und Auto-Unboxing möglichst zu vermeiden. Abschnitt 22.7.3 geht auf die Auswirkungen dieser Optimierung genauer ein. Auf keinen Fall sollte man derartige Optimierungen auf dieser CPU-basierten Ebene beginnen, ohne vorher alle anderen Optimierungsmöglichkeiten ausgeschöpft zu haben.

Die Methode `hashCode()` kann im Gegensatz zu den zuvor besprochenen Methoden größeren Einfluss auf die tatsächliche Performance besitzen. Bei der Implementierung sollten eine möglichst gleichmäßige Verteilung bzw. eine gute Streuung der berechneten Hashwerte und damit eine ausgewogene Verteilung der Objekte auf die Buckets angestrebt werden. Ansonsten nehmen die Kollisionen zu und im Extremfall verhält sich ein `HashSet<E>` bzw. eine `HashMap<K,V>` nahezu wie eine lineare Liste mit vorangestellter Hashberechnung. Damit werden die Zugriffszeiten deutlich schlechter als bei einer ausgewogenen Verteilung der Objekte auf alle Buckets.

Neben der Implementierung der Methode `hashCode()` sind für hashbasierte Container bei Performance-Optimierungen zudem folgende weitere Dinge zu beachten:

1. **Kapazität und Füllgrad** – Um Kollisionen möglichst zu vermeiden und eine gute Performance beim Zugriff zu erzielen, sollte der Füllgrad erfahrungsgemäß maximal im Bereich von ca. 75 % liegen. Wird der Füllgrad größer gewählt, so wird zwar der Speicher besser genutzt, allerdings kommt es dann auch häufiger zu Kollisionen, wodurch sich die Kosten beim Zugriff auf Elemente erhöhen.

2. **Vermeidung von Größenanpassungen und Rehashing** – Die initiale Kapazität sollte auf der geplanten Nutzlast basieren: Die voraussichtliche Anzahl von Elementen wird dazu mit dem Faktor 1,3 multipliziert (vgl. Abschnitt 6.1.7). Dadurch bleiben zwar etwa ein Viertel aller Buckets unbelegt, aber man vermeidet so weitgehendst automatische Größenanpassungen, die wiederum dazu führen, dass die gespeicherten Elemente neu auf die Buckets verteilt werden müssen. Bekanntermaßen kostet ein solcher Umsortiervorgang zunächst einmal Rechenzeit, sorgt aber dafür, dass spätere Zugriffe wieder performant sind.

Die Klasse `ConcurrentHashMap<K,V>`

Die Klasse `ConcurrentHashMap<K,V>` realisiert eine auf hohe Parallelität ausgelegte hashbasierte Map, deren Methodenkontrakte sich nicht, wie der Name vermuten lässt, an denen der Klasse `HashMap<K,V>`, sondern an denen der Klasse `Hashtable<K,V>` orientieren. Dadurch ist diese Map ein Ersatz für eine `Hashtable<K,V>`. Soll die `ConcurrentHashMap<K,V>` als Ersatz der Klasse `HashMap<K,V>` dienen, so ist dies in der Regel problemlos möglich. Es dürfen jedoch aufgrund der gewählten Umsetzung keine `null`-Werte für Schlüssel und Wert gespeichert werden.

Die zuvor gemachten Performance-Betrachtungen für Methoden der Klasse `HashMap<K,V>` gelten gleichermaßen für die Klasse `ConcurrentHashMap<K,V>`. Allerdings sind die konkreten Ausführungszeiten der Methoden einer `ConcurrentHashMap<K,V>` etwas höher, da intern zusätzlich einige Aktionen notwendig sind, um Thread-Sicherheit zu erreichen. Nur in einem Punkt gibt es einen signifikanten Unterschied: Die Abfrage der Größe über die Methode `size()` ist bei der `ConcurrentHashMap<K,V>` nicht in konstanter Zeit ($O(1)$) möglich, sondern erfordert signifikant mehr Rechenzeit, da alle Elemente zur Ermittlung der Größe traversiert werden müssen ($O(n)$). Aufgrund der genannten Arbeitsweise sollte die `ConcurrentHashMap<K,V>` mit Bedacht und gezielt dann verwendet werden, wenn tatsächlich Bedarf an Nebenläufigkeit mit häufigen, konkurrierenden Zugriffen besteht. Bei seltenen konkurrierenden Zugriffen kann die `ConcurrentHashMap<K,V>` ihre Vorteile nicht adäquat ausspielen.

Würde man eine `ConcurrentHashMap<K,V>` anstelle einer `HashMap<K,V>` für alle Anwendungsfälle nutzen, die eine hashbasierte Speicherung ohne konkurrierende Zugriffe benötigen, so suggeriert man damit zudem, dass ein Programmstück auf Parallelität ausgelegt ist. Ist dies nicht der Fall, ist die Wahl dieser Datenstruktur irreführend, da sie nicht nahe am zu lösenden Problem ausgerichtet ist.

22.2 Einsatz geeigneter Datenstrukturen 1309

Die Klassen `TreeSet<E>` und `TreeMap<K,V>`

Da die Klasse `TreeSet<E>` unter Verwendung der Klasse `TreeMap<K,V>` implementiert ist, können wieder beide Datenstrukturen gemeinsam betrachtet werden.

Die in vielen Anwendungsfällen eingesetzten Methoden `containsKey()`, `get()`, `put()` und `remove()` besitzen aufgrund der Verwendung eines balancierten Baums als Datenstruktur alle eine garantierte Laufzeit von $O(log(n))$. Eine Größenabfrage über `size()` besitzt die Komplexität $O(1)$. Beide Realisierungen sind demnach sehr performant. Da die Daten in einer sortierten Reihenfolge in diesem Baum abgelegt werden (müssen), sind die Ausführungsgeschwindigkeiten für `put()` und `remove()` etwas geringer als diejenigen einer `HashMap<K,V>`.

Die Klassen `ConcurrentSkipListSet<E>` und `ConcurrentSkipListMap<K,V>`

Die Klasse `ConcurrentSkipListSet<E>` ist eine Thread-sichere Realisierung des Interface `SortedSet<E>` und verwendet zur Implementierung ihrer Funktionalität eine spezielle Map, die `ConcurrentSkipListMap<K,V>`. Für beide Klassen können im Gegensatz zu den nicht Thread-sicheren Realisierungen `TreeSet<E>` und `TreeMap<K,V>` sowohl Einfüge- als auch Löschoperationen gefahrlos durch mehrere Threads ausgeführt werden.

Die zuvor gemachten Performance-Betrachtungen für die Methoden der Klasse `TreeMap<K,V>` gelten hier gleichermaßen. Analog zur `ConcurrentHashMap<K,V>` werden die Methoden einer `ConcurrentSkipListMap<K,V>` durch den Mehraufwand zum Erreichen von Thread-Sicherheit etwas langsamer als die einer `TreeMap<K,V>` abgearbeitet. Weiterhin gilt hier wieder, dass die Abfrage der Größe über `size()` nicht in konstanter Zeit ($O(1)$) möglich ist, sondern deutlich mehr Rechenzeit erfordert ($O(n)$). Demzufolge sollten beide Datenstrukturen nur dann verwendet werden, wenn tatsächlich Bedarf an (hoher) Parallelität besteht.

22.2.3 Design eines Zugriffsinterface

Neben dem Einfluss einiger Algorithmen des Collections-Frameworks kann auch die Gestaltung des Zugriffs auf eine Datenstruktur Performance-relevant sein.

Aufgabenkontext und Anforderungsdefinition

Nehmen wir an, eine Klasse verwaltet `Person`-Objekte in einer beliebigen Containerklasse, etwa einer `ArrayList<Person>`: Nehmen wir weiter an, ein Anwendungsfall bestünde darin, sämtliche Wohnorte von Personen zu ermitteln und diese bereitzustellen. Es ist demnach nur ein kleiner Teil eines `Person`-Objekts, der Wohnort, für Klienten von Interesse.

Betrachten wir nun mögliche Realisierungen eines Zugriffsinterface und diskutieren kurz deren Vor- und Nachteile.

Realisierung einer spezialisierten Zugriffsmethode

Zur Umsetzung der Anforderungen wird lediglich eine Liste von Städten benötigt. Eine naheliegende Realisierungsidee besteht darin, ein `Set<String>` durch eine Iteration über alle gespeicherten Kunden und den Aufruf von `getCity()` zu ermitteln:

```java
public Set<String> getCitySet()
{
    final Set<String> resultSet = new TreeSet<>();

    for (final Person person : persons)
    {
        resultSet.add(person.getCity());
    }

    return resultSet;
}
```

Durch die Realisierung der Methode `getCitySet()` sind die Anforderungen sehr gut erfüllt. Auch die Datenkapselung ist gelungen: Es wird kein direkter Zugriff auf die interne Datenstruktur `persons` geboten. Die Aufbereitung der Ergebnisse in der Methode `getCitySet()` ist vorteilhaft: Die Kopplung ist gelöst und die Ergebnisse können unabhängig von `Person`-Objekten verarbeitet werden. Sogar die interne Form der Speicherung kann geändert werden, ohne Auswirkungen auf Klienten zu verursachen.

Realisierung mithilfe eines Iterators

Im vorherigen Beispiel wurde von `Person`-Objekten vollständig abstrahiert und nur auf einer Menge von Strings gearbeitet. Dadurch wird bereits eine gute Datenkapselung erreicht. Möchte man noch weiter von der eingesetzten Datenstruktur abstrahieren, könnte man auf die Idee kommen, Klienten lediglich einen Iterator auf die Ergebnisdatenstruktur zu liefern. Diese Idee wird durch folgende Methode `getCityIterator()` umgesetzt, in der zunächst über die Methode `getCitySet()` eine Ergebnismenge mit den Namen von Städten erstellt und anschließend ein `Iterator<String>` zurückgeliefert wird:

```java
public final Iterator<String> getCityIterator()
{
    return getCitySet().iterator();
}
```

Mit dieser Realisierung werden die beiden Ziele gute Datenkapselung und lose Kopplung erreicht. Diese Lösung scheint wirklich richtig gut zu sein! Oder doch nicht?

API-Design `Collection<E>` vs. `Iterator<E>`

Die Rückgabe einer Ergebnismenge als `Set<String>` ermöglicht es Klienten, die von ihnen benötigte Containerfunktionalität direkt zu nutzen. Sie können beispielsweise durch einen Aufruf von `size()` feststellen, wie viele Elemente die Ergebnismenge enthält, oder mit `contains(Object)` abfragen, ob ein spezielles Element gespeichert ist. Die Realisierung dieser Containerfunktionalität erfordert mit einem Iterator jeweils einen manuellen Durchlauf über alle Elemente. Das kann aufwendig werden, wenn derartige Funktionalität häufig benötigt wird.

Die Einschränkung einer Rückgabe auf das Interface Iterator<String> ist dann unpraktisch, weil dadurch die Auswertung von Ergebnissen mithilfe der Algorithmen und Methoden der Containerklassen des Collections-Frameworks erschwert wird. Allerdings bietet die Lösung mit Iterator eine bessere Kapselung und löst die Kopplung. Je nach Anwendungsfall ist also die eine oder andere Lösung zu bevorzugen.

Zuvor habe ich motiviert, warum es bei der Rückgabe kleiner Datenmengen häufig praktischer ist, das Collection<E>-Interface zu nutzen, statt lediglich Zugriff auf ein Iterator<E>-Objekt anzubieten. Für sehr große Ergebnismengen kann es sinnvoll sein, anstelle des Typs Collection<E> ein Iterator<E>-Objekt zurückzugeben. Außerdem ist ein Iterator vorzuziehen, wenn die Ergebnismenge zwischen verschiedenen Rechnern übertragen werden muss. Die Idee dahinter ist, statt einmalig eine große Ergebnismenge bereitzustellen, diese schritt- oder blockweise anzufordern. Benötigen Berechnungen lediglich Zugriff auf aufeinanderfolgende Elemente, so kann durch einen Iterator ein sukzessives Durchlaufen der Daten gewährleistet werden, ohne viel Speicher zu verbrauchen. Diese Technik kommt beispielsweise bei der Suche im Internet und der Präsentation von Ergebnissen zum Einsatz. Häufig reicht bereits der erste Schwung an möglichen Treffern aus, der relativ schnell bereitgestellt werden kann. Müsste stattdessen zunächst die Ergebnismenge vollständig an einen Klienten übertragen werden, so hätte dieser eventuell recht lange zu warten. Außerdem müsste er die gelieferte Datenmenge zwischenspeichern und verarbeiten können.

> **Info: Einfluss des Algorithmus und der Ausführungsschicht**
>
> Leider sieht man immer wieder unnötige, aber aufwendige Berechnungen. Beispielsweise werden mithilfe von SQL-Abfragen viele Datenbankeinträge ausgewählt und die ermittelten Ergebnisdaten als Liste von DTOs (vgl. Abschnitt 3.4.5) an einen Aufrufer übertragen. Wird aber nur die Größe der Liste abgefragt und ist der Inhalt der Datenobjekte nicht von Interesse, so war die aufwendige Konstruktion der DTOs sowie das Übertragen der Daten überflüssig. Als Folge müssen alle temporär konstruierten Objekte anschließend vom Garbage Collector weggeräumt werden.
>
> Sinnvollerweise ermittelt man über eine SELECT COUNT(*)-Abfrage einfach die Anzahl der Datensätze als int-Wert. Dies kommt der Performance zugute, da zum einen die Aktionen in der Datenbank selbst erfolgen (also nahe am zu lösenden Problem) und zum anderen viel weniger Speicher zum Transport und weniger Zeit zum Aufbereiten der Ergebnisse benötigt wird.
>
> Die für beide Varianten eingesetzten Algorithmen sind nahezu gleich. Allerdings sind die ausführenden Stellen unterschiedlich. Einmal wird das Zählen der Einträge auf Applikationsebene gelöst, im zweiten Fall direkt in der Datenbank. An diesem Beispiel erkennt man gut, dass die Wahl des richtigen Abstraktionsniveaus sowie der passenden ausführenden Systemkomponente großen Einfluss auf die Performance besitzen können.

22.3 Lazy Initialization

Die sogenannte *Lazy Initialization* ist eine Optimierungstechnik, deren Ziel es ist, so wenig aufwendige Initialisierungen und Aktionen wie möglich durchzuführen. Daher werden nur tatsächlich benötigte oder nur wenig Aufwand verursachende Programmteile beim Programmstart initialisiert. Konkret heißt das: Berechnungen und Initialisierungen komplexer Objekte werden so lange verzögert, bis von anderen Programmkomponenten darauf zugegriffen wird, wodurch man Arbeitsschritte vermeidet, deren Ergebnisse eventuell niemals benötigt werden.

22.3.1 Lazy Initialization am Beispiel

Wir wollen die Optimierung durch Lazy Initialization anhand eines vereinfachten Beispiels aus der Praxis nachvollziehen. Betrachten wir dazu eine Applikation, die Kunden und deren Adressen (Privat-, Firmen- und Lieferadresse) verwaltet.[8] Zur Unterscheidung verschiedener Adressinformationen ist eine `enum`-Aufzählung `AddressType` mit den Werten `HOME`, `WORK`, `DELIVERY` definiert. Kunden werden durch die Klasse `Customer` modelliert. Diese aggregiert diverse andere Klassen wie folgt:

```java
public class Customer
{
    private final long customerId;
    private AddressInfo homeAddress, workAddress, deliveryAddress;
    private CustomerInfo customerInfo;
    private ContactInfo contactInfo;

    public Customer(final long newCustomerId)
    {
        customerId = newCustomerId;

        homeAddress = new AddressInfo(customerId, AddressType.HOME);
        workAddress = new AddressInfo(customerId, AddressType.WORK);
        deliveryAddress = new AddressInfo(customerId, AddressType.DELIVERY);

        customerInfo = new CustomerInfo();
        contactInfo = new ContactInfo();
    }
    // ...
```

Im Konstruktor der Klasse `Customer` werden verschiedene aggregierte `AddressInfo`-Objekte erzeugt. Für diese existieren Zugriffsmethoden analog zu der folgenden, die einen direkten Zugriff auf interne Referenzen auf `AddressInfo`-Objekte bieten:

```java
public AddressInfo getHomeAddress()
{
    return homeAddress;
}
```

---

[8]Die Idee zur Darstellung der Lazy Initialization anhand dieser Klassenstruktur stammt aus einem Vortrag von Peter Haggar auf der Java One 2001. Ich habe das gesamte Beispiel aber bezüglich Problembeschreibung und Lösungsmöglichkeiten stark erweitert.

```java
public AddressInfo getWorkAddress()
{
    return workAddress;
}

public AddressInfo getDeliveryAddress()
{
    return deliveryAddress;
}
```

Dadurch ist es Klienten aber möglich, den Objektzustand, hier die Bestandteile der Adressen, unkontrolliert von außen zu verändern. Das ist normalerweise unerwünscht und zu vermeiden. Da die am Ende dieses Abschnitts dargestellte Lösung dieses Problem auf elegante Art und Weise behebt, gehe ich im Folgenden auf eine andere Abhilfe nicht weiter ein.

Nehmen wir an, die obigen Methoden würden von einer Applikation verwendet, um einige Informationen in der folgenden Methode auszugeben:

```java
public static void printHomeAddress(final int customerId)
{
    final Customer customer = new Customer(customerId);
    final AddressInfo address = customer.getHomeAddress();

    System.out.println("Street" + address.getStreet());
    System.out.println("City" + address.getCity());

    //...
}
```

Betrachtet man das Listing für sich allein, scheint zunächst kein Problem zu existieren. Dieser erste Entwurf stellt sich allerdings beim Testen und anschließenden Debugging als Engpass heraus: Man erwartet, dass die Methode `printHomeAddress(int)` schnell abgearbeitet würde, doch die Ausführung dauert immer einige Sekunden.

Analyse

Bevor man größere Umbaumaßnahmen beginnt, sollte man durch Sourcecode-Analyse und Profiling-Messungen eine konkrete Vorstellung der Performance-Bremsen haben.

Für unser Beispiel erhält man durch Profiling einen Hinweis, dass ziemlich viel Zeit im Konstruktor der aggregierten Klasse `AddressInfo` verbracht wird. Schaut man die Implementierung an, so erkennt man, dass dort Informationen mit Datenbankabfragen im Konstruktor ermittelt werden:

```java
AddressInfo(final long customerId, final AddressType addressType)
{
    this.customerId = customerId;
    this.addressType = addressType;

    initAddress(DBAccess.selectAddressByAddressType(customerId, addressType));
}
```

Ein solches Vorgehen kann zum einen sehr laufzeitintensiv sein und zum anderen zu Problemen durch nicht freigegebene Ressourcen beim Auftreten von Exceptions führen. Abschnitt 16.3.11 stellt dies als BAD SMELL: RESOURCE LEAKS DURCH EXCEPTIONS IM KONSTRUKTOR vor.

Bezogen auf die Performance erkennen wir folgendes Problem: Das komplexe `Customer`-Objekt wird immer vollständig mit all seinen aggregierten Objekten erzeugt. Allerdings benötigt die Applikation in dieser Ausbaustufe nur einen ganz geringen Teil eines `Customer`-Objekts, hier lediglich die über `getHomeAddress()` ermittelte Anschrift. Alle anderen aggregierten Teilkomponenten werden zwar erzeugt, aber niemals verwendet. Würde es sich dabei nur um kleine, einfache Objekte handeln, so wäre dies nicht allzu kritisch. Bei schwergewichtigen Objekten mit Datenbankzugriffen wie in diesem Fall wirkt sich dies allerdings negativ auf die Performance und den Speicherverbrauch aus. Betrachten wir nun, was man dagegen tun kann.

Einführen von Lazy Initialization

Bei der Konstruktion schwergewichtiger Objekte sind durch den gezielten Einsatz von Lazy Initialization – in diesem Fall zur Ermittlung der Adressinformationen – gute Performance-Gewinne zu erzielen. Dies gilt vor allem, wenn dadurch Netzwerkzugriffe oder Datenbankabfragen innerhalb von häufig durchlaufenen Schleifen vermieden werden können. Teilweise scheint als Folge die Handbremse im Programm gelöst worden zu sein. Der Lazy Initialization liegen dazu folgende Gedanken zugrunde:

1. Verzögere Berechnungen und Initialisierungen wenn möglich: Konstruiere nur sofort benötigte Teile eines Objekts, aber nicht optionale, aggregierte Komponenten.
2. Initialisiere Referenzen auf optionale, aggregierte Komponenten mit `null` (alternativ `Optional.empty` oder mit dem NULL-OBJEKT-Muster).
3. Erzeuge Komponenten erst dann, wenn sie tatsächlich benötigt werden. Ein Stellvertreterobjekt gemäß dem PROXY-Muster (vgl. Abschnitt 18.3.6) kann helfen, mit dem ehemals schwergewichtigen Objekt bereits ansatzweise arbeiten zu können.

Betrachten wir, wie sich die Anwendung dieser Maßnahmenliste auf den Sourcecode des Beispiels auswirkt. Beginnen wir mit dem Konstruktor der Klasse `Customer`. Hier werden gemäß den Punkten 1 und 2 alle `AddressInfo`-Referenzen mit `null` initialisiert:

```
Customer(final int newCustomerId)
{
    customerId = newCustomerId;

    homeAddress = null;
    workAddress = null;
    deliveryAddress = null;
    customerInfo = new CustomerInfo();
    contactInfo = new ContactInfo();
}
```

Da die Klassen `CustomerInfo` und `ContactInfo` keine Datenbankabfragen durchführen und leichtgewichtig sind, wird für diese auf den Einsatz von Lazy Initialization verzichtet. Auch hier gilt: *So wenig wie möglich, so viel wie nötig.* Der Grund ist einfach: Durch Lazy Initialization führt man Komplexität ein und erhöht somit die Wahrscheinlichkeit für Fehler. Wird die Initialisierung von aggregierten Objekten verzögert, so müssen dann gemäß Punkt 3 die jeweiligen Zugriffsmethoden prüfen, ob bereits eine Initialisierung erfolgt ist und gegebenenfalls ein benötigtes Objekt erzeugen:

```
// Achtung: Nicht Thread-sicher!
public AddressInfo getHomeAddressLazy()
{
    if (homeAddress == null)
    {
        homeAddress = new AddressInfo(this.customerId, AddressType.HOME);
    }
    return homeAddress;
}
```

Diese Methode ist funktional in Ordnung, weist jedoch noch Probleme bezüglich korrekter Initialisierung und Thread-Sicherheit auf. Darauf geht der folgende Abschnitt ein.

22.3.2 Konsequenzen des Einsatzes der Lazy Initialization

Der Einsatz von Lazy Initialization führt zu mehr Komplexität im Sourcecode: Als Folge muss an diversen Stellen geprüft werden, ob benötigte Komponenten bereits initialisiert sind oder nicht. Dies erhöht die Gefahr für Probleme, wenn Multithreading eingesetzt wird. Unter ungünstigen Bedingungen – und diese treten laut Murphy's Law mit ziemlicher Sicherheit auf – kommt es zu Synchronisationsproblemen bei der Initialisierung bzw. beim Zugriff auf Attribute. Dies ist dann der Fall, wenn mehrere Threads fast gleichzeitig zugreifen, möglicherweise veraltete Werte sehen und somit mehrfach eine Initialisierung durchführen. Das erinnert an die Probleme von `getInstance()`-Methoden beim SINGLETON-Muster (vgl. Abschnitt 18.1.4).

Synchronisationsprobleme

Als erste Abhilfe kommt das Schlüsselwort `synchronized` zum Einsatz:

```
public synchronized AddressInfo getHomeAddressLazyCorrected()
{
    if (homeAddress == null)
    {
        homeAddress = new AddressInfo(this.customerId, AddressType.HOME);
    }
    return homeAddress;
}
```

Werden alle Zugriffe auf Adressen derart geschützt, so verhindert man eine Parallelausführung der Zugriffsmethoden. Über jeweils eigene Synchronisationsobjekte kann bei Bedarf für etwas mehr Nebenläufigkeit gesorgt werden:

```
private static final Object homeAddressLock = new Object();
private static final Object workAddressLock = new Object();
```

Die Zugriffsmethoden werden dann jeweils über den speziellen Lock des korrespondierenden Synchronisationsobjekts geschützt. Abschnitt 9.2 beschreibt dies im Detail. Bei Bedarf nach mehr Parallelität und einer unterschiedlichen Sperre für Lese- bzw. Schreibzugriffe sollte man den Einsatz von `ReadWriteLocks` in Betracht ziehen – jedoch nur, wenn wenige Schreibzugriffe erfolgen sollen, weil ansonsten längere Verzögerungen zu beobachten sind.

Initialisierungsprobleme

Greift man auf lazy-initialisierte Attribute nicht über die dafür vorgesehenen Zugriffsmethoden zu, so kann es leicht zu `NullPointerExceptions` durch eine fehlende Initialisierung der Objekte kommen. Dies lässt sich zwar durch konsequentes Einführen von `null`-Prüfungen und durch Erzeugen benötigter Komponenten lösen, allerdings bläht sich der Sourcecode dadurch enorm auf. Zum einen dupliziert man die Prüfungen und zum anderen wird schnell eine wichtige Programmstelle übersehen.

Eine fehlertolerantere Lösung lässt sich durch den Einsatz des NULL-OBJEKT-Musters (vgl. Abschnitt 18.3.2) erzielen. Wir implementieren dazu eine Klasse `EmptyAddressInfo` wie folgt:

```
public class EmptyAddressInfo extends AddressInfo
{
    public static final long NO_ID = -1;

    public EmptyAddressInfo()
    {
        super(NO_ID, AddressType.UNKNOWN);
    }
    // ...
```

Nach kurzer Überlegung erkennt man allerdings, dass es unelegant ist, von der Klasse `AddressInfo` zu erben. Zum einen erzeugt dies eine ungewünschte Abhängigkeit von der Basisklasse. Zum anderen werden im Konstruktor der Basisklasse bereits Datenbankverbindungen aufgebaut, die für das Null-Objekt nicht benötigt werden. Damit sich die Klasse `EmptyAddressInfo` gemäß ihrer Basisklasse `AddressInfo` verhält, muss man zudem eine künstliche »ungültige« Id (`NO_ID`) sowie einen speziellen Wert `UNKNOWN` für den Aufzählungstyp `AddressType` definieren. Diese Lösung ist damit unnatürlich, kompliziert und wirkt sich dadurch negativ auf die Verständlichkeit aus. Es ist daher sinnvoll, ein gemeinsames Interface `AddressInfoIF` herauszufaktorieren und die Realisierung wie in Abbildung 22-3 gezeigt vorzunehmen.

22.3 Lazy Initialization

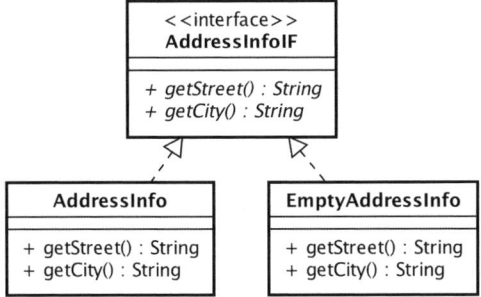

Abbildung 22-3 `AddressInfoIF`-*Interface als Basis für Klasse und Null-Objekt*

Durch Einsatz des neu eingeführten Null-Objekts wird die Applikation toleranter gegenüber Zugriffen auf vorher uninitialisierte Variablen:

```
private static final AddressInfoIF EMPTY_ADDRESS = new EmptyAddressInfo();

Customer(final int newCustomerId)
{
    customerId = newCustomerId;

    homeAddress = EMPTY_ADDRESS;
    workAddress = EMPTY_ADDRESS;
    deliveryAddress = EMPTY_ADDRESS;
    // ...
```

Diese Lösung ist aber problematisch, da sie die Initialisierungsprobleme lediglich verlagert und Anwendungsfehler verschleiert: Es kommt im Fehlerfall nun nicht mehr zu Programmabstürzen, sondern zu merkwürdigem, fehlerhaftem Programmverhalten. Wir wollen eine sichere und elegante Lösung erstellen, dabei den Zugriff einfach gestalten und die Details der Erzeugung und Initialisierung verstecken. Die Grundlage dafür bildet das gerade herausfaktorierte Interface `AddressInfoIF`.

22.3.3 Lazy Initialization mithilfe des PROXY-Musters

Mithilfe des in Abschnitt 18.3.6 vorgestellten PROXY-Musters kann eine vorteilhafte Erweiterung in Form einer Abstraktionsschicht um die Lazy Initialization gebaut werden. Wenn die Initialisierung zentral im Proxy erfolgt, lassen sich Anwendungsfehler vermeiden. Das resultierende Klassendiagramm ist in Abbildung 22-4 dargestellt.

Der Proxy `LazyAddressInfo` führt die Lazy Initialization für die Applikation vollständig transparent durch. Dazu wird in jeder Realisierung einer im Interface `AddressInfoIF` deklarierten Zugriffsmethode zunächst die Methode `ensureAddressInfoExistence()` aufgerufen. Diese sorgt dafür, dass beim ersten Zugriff ein entsprechendes `AddressInfo`-Objekt erzeugt wird. Zur Vermeidung von Multithreading-Problemen ist diese Methode synchronisiert. Erfolgt niemals ein Me-

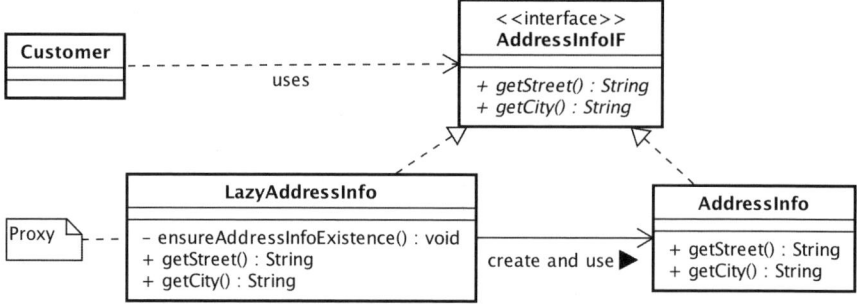

Abbildung 22-4 *Lazy Initialization mit der Klasse* `LazyAddressInfo`

thodenaufruf an das `AddressInfoIF`, so wird demzufolge auch kein `AddressInfo`-Objekt erzeugt. Eine mögliche Umsetzung sieht wie folgt aus:

```
public class LazyAddressInfo implements AddressInfoIF
{
    private AddressInfoIF    realAddressInfo;

    private final long       customerId;
    private final AddressType addressType;

    LazyAddressInfo(final long customerId, final AddressType addressType)
    {
        this.customerId = customerId;
        this.addressType = addressType;
    }

    // ...

    private synchronized void ensureAddressInfoExistence()
    {
        if (realAddressInfo == null)
        {
            realAddressInfo = new AddressInfo(customerId, addressType);
        }
    }

    public String getStreet()
    {
        ensureAddressInfoExistence();
        return realAddressInfo.getStreet();
    }

    public String getCity()
    {
        ensureAddressInfoExistence();
        return realAddressInfo.getCity();
    }

    // ...
```

22.3 Lazy Initialization

Um den Proxy zu verwenden, sind in diesem Beispiel lediglich Anpassungen im Konstruktor durchzuführen:

```
Customer(final int newCustomerId)
{
    customerId = newCustomerId;

    homeAddress = new LazyAddressInfo(customerId, AddressType.HOME);
    workAddress = new LazyAddressInfo(customerId, AddressType.WORK);
    deliveryAddress = new LazyAddressInfo(customerId, AddressType.DELIVERY);
    // ...
    customerInfo = new CustomerInfo();
    contactInfo = new ContactInfo();
}

public AddressInfoIF getHomeAddress()
{
    return homeAddress;
}
```

Wenn alle Aufrufstellen ein Proxy-Objekt vom Typ `LazyAddressInfo` verwenden, anstatt auf das eigentliche Objekt zuzugreifen, führt erst ein Zugriff auf die Daten etwa über `getStreet()` zu einer Konstruktion eines `AddressInfo`-Objekts, was aber für den Aufrufer transparent bleibt. Auch müssen die Zugriffsmethoden keine Initialisierungen durchführen und können vereinfacht werden. Durch den Einsatz des Proxys können sämtliche `null`-Prüfungen und zugehörige Objektkonstruktionen aus dem Applikationscode entfernt werden. Dadurch sind alle den Sourcecode aufblähenden und fehleranfälligen Stellen überflüssig, die als Folge der ersten, naiven Realisierung der Lazy Initialization entstanden sind. Als weiterer positiver Nebeneffekt wurde durch das Einführen des Interface `AddressInfoIF` die Kopplung zur implementierenden Klasse gelöst. Da in diesem Fall im Interface sogar nur Leseoperationen auf unveränderliche Daten angeboten werden, sind die Adressinformationen zudem nach außen unveränderlich. Wie die Methode `getHomeAddress()` exemplarisch zeigt, ist nicht einmal eine Synchronisierung in der `Customer`-Klasse nötig. Auch darum kümmert sich der Proxy.

Empfehlungen

Nachdem wir unter Betrachtung möglicher Fallstricke und Lösungen die Lazy Initialization schrittweise realisiert haben, leiten wir folgende Hinweise ab:

1. Verwende Lazy Initialization immer mit Bedacht und Vorsicht und möglichst in Kombination mit dem PROXY-Muster (vgl. Abschnitt 18.3.6). Dessen Einsatz reduziert die Gefahr von uninitialisierten Attributen sowie von Synchronisationsproblemen bei Multithreading und erhöht die Lesbarkeit des Sourcecodes.
2. Verwende Lazy Initialization lediglich für spezielle, aufwendige Initialisierungen. Prüfe dazu, ob große Objekte tatsächlich immer bereits alle Daten im Voraus halten müssen oder ob Teile nicht erst bei Bedarf angelegt werden können.
3. Vermeide den Einsatz von Lazy Initialization für alle Komponenten, die mit ziemlicher Sicherheit verwendet werden oder deren Erzeugung nicht sehr teuer ist.

Fazit

Bis hierher haben wir lediglich die Vereinfachungen in der Applikation selbst durch Einführen eines Proxys betrachtet. Abschließend wollen wir kurz die Auswirkungen auf die Performance der Methode `printHomeAddress(int)` analysieren: Zur Ausgabe der Adresse eines Kunden muss immer noch eine Datenbankabfrage erfolgen und die `homeAddress` ermittelt werden.

Allerdings werden als Folge der Lazy Initialization für die Attribute vom Typ `AddressInfo` bei der Konstruktion eines `Customer`-Objekts keine `AddressInfo`-Objekte mehr erzeugt, sondern dies geschieht erst bei Bedarf während des Zugriffs über `get()`-Methoden. Da in der eingangs als laufzeitproblematisch vorgestellten Methode `printHomeAddress(int)` die beiden Attribute `workAddress` und `deliveryAddress` nicht benötigt werden, spart man mit dieser Technik folglich das Auslesen jener Werte aus der Datenbank. Der Performance-Gewinn liegt demnach in zwei eingesparten Datenbankzugriffen. Wie bereits angedeutet und im folgenden Abschnitt weiter vertieft, besitzen Zugriffe auf externe Systeme häufig deutlich negative Auswirkungen auf die Performance. Überflüssige Aufrufe in diese Systeme zu vermeiden, kann somit die Performance spürbar verbessern.

22.4 Optimierungen am Beispiel

Anhand eines Optimierungsbeispiels möchte ich den Einsatz des in Abschnitt 22.1.4 erwähnten Tools `VisualVM` motivieren, um mögliche Performance-Probleme aufzuspüren. Zudem bekommen Sie ein Gefühl für Lösungsansätze und Umsetzungen von Optimierungen. Dieses Beispiel basiert auf einer von mir vor langer Zeit (JDK 1.2) tatsächlich durchgeführten Optimierung einer Tabellenkomponente. Diese enthielt neben der textuellen Darstellung von Einträgen verschiedene Grafiken, die zur Anzeige aus Dateien nachgeladen wurden.

Problemkontext

Damals war das Zeichnen und Scrollen mit bis zu etwa 100 Tabelleneinträgen ausreichend schnell. Als jedoch Tests mit wenigen Tausend Einträgen erfolgten, wurde die Benutzeroberfläche schrecklich langsam und man konnte nur noch stockend durch die Liste navigieren. Heutzutage sind sowohl die Rechner als auch die JVM wesentlich schneller geworden. Damit wir überhaupt ein sinnvolles Performance-Tuning durchführen können, müssen wir die Randbedingungen enorm verschärfen.

Betrachten wir eine Beispielapplikation, die eine Tabelle mit 50.000 Einträgen von `Person`-Objekten darstellt. Deren Speicherung erfolgt in einem Tabellenmodell `PersonTableModel` in einer `LinkedList<Person>`. Ein spezieller Renderer `SimpleImageTableCellRenderer` lädt die anzuzeigenden Grafiken bei jedem Zeichenvorgang aus dem Dateisystem. Folgendes Listing zeigt den relevanten Auszug aus der Implementierung:

```java
public final class ListOptimizationExample extends JFrame
{
    private final PersonTableModel personTableModel;
    private final JTable           personTable;

    public ListOptimizationExample(final int personCount,
                                   final ListType listType,
                                   final TableCellRenderer cellRenderer)
    {
        setTitle("ListOptimizationExample Persons: " + personCount + " / Using: "
            + listType + " / Renderer: " + cellRenderer.getClass().getSimpleName());

        personTableModel = new PersonTableModel(listType, personCount);
        personTable      = new JTable(personTableModel);
        personTable.setRowHeight(64);
        personTable.setDefaultRenderer(ImageIcon.class, cellRenderer);

        getContentPane().add(new JScrollPane(personTable));

        setDefaultCloseOperation(DISPOSE_ON_CLOSE);
    }

    public static void main(final String[] args)
    {
        final JFrame demoframe = new ListOptimizationExample(50_000,
                ListType.LinkedList, new SimpleImageTableCellRenderer());

        demoframe.setSize(700, 500);
        demoframe.setVisible(true);
    }
    // ...
```

Listing 22.1 Ausführbar als **'LISTOPTIMIZATIONEXAMPLE'**

Führt man das Programm LISTOPTIMIZATIONEXAMPLE aus, so zeigt sich, dass das Scrolling etwas träge ist. Auch beim Vergrößern des Fensters kommt es zu Nachzieheffekten. Die Applikation sieht in etwa wie in Abbildung 22-5 aus.

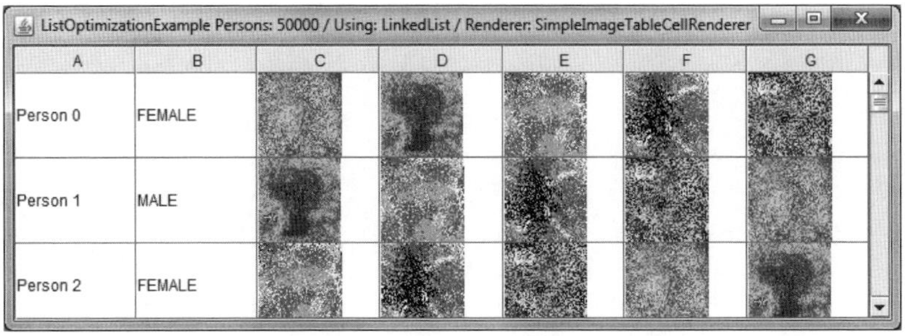

Abbildung 22-5 Optimierungsbeispiel: Tabelle mit 50.000 Einträgen

Analyse

Zuerst wollen wir durch Messungen diejenigen Programmbereiche ermitteln, die sich negativ auf die Performance auswirken. Dazu starten wir das Tool `VisualVM` und die obige Applikation. Die Profiling-Messungen zeigen zwei Hotspots: Zum einen ist das Laden der Grafiken über `loadTileImage(int)` teuer und zum anderen sehen wir, dass relativ viel Zeit für die Zugriffe auf das Datenmodell über `getValueAt(int, int)` verbraucht wird. Abbildung 22-6 zeigt die zugehörige Profiling-Messung.

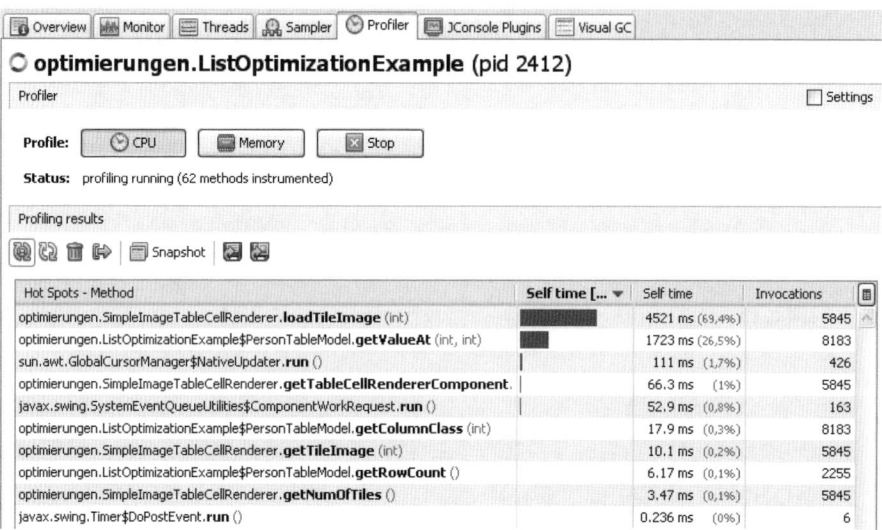

Abbildung 22-6 Profiling einer `LinkedList` mit 50.000 Einträgen

Zudem erkennen wir beim Betrachten der CPU-Auslastung immer wieder Spitzen bis ca. 50 %. Abbildung 22-7 stellt dies dar.

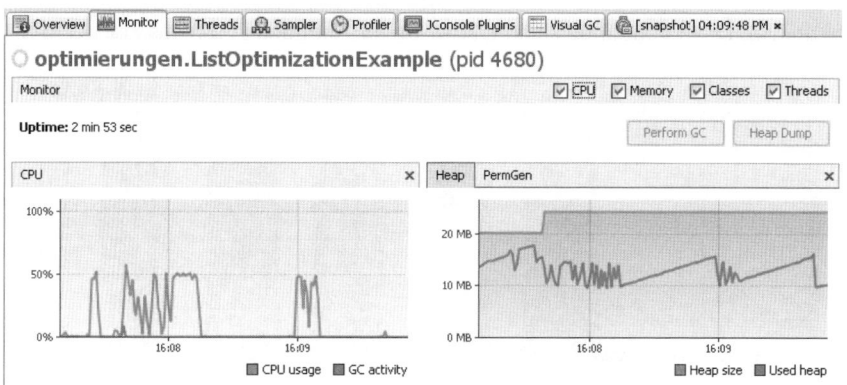

Abbildung 22-7 Profiling einer `LinkedList`: Das CPU-Profil

Zu den Belastungsspitzen kommt es beim Scrollen durch die Liste. Das ist erschreckend und lässt befürchten, dass bei der Speicherung von wesentlich mehr Datensätzen die Performance weiter einbricht, die Applikation also schlecht skaliert.

22.4 Optimierungen am Beispiel

I/O-bound-Optimierungen

Durch die Profiling-Messungen erkennen wir als vorrangigen Hotspot die Methode `loadTileImage(int)` der Klasse `SimpleImageTableCellRenderer`. Wir beginnen dort mit der Analyse und betrachten die Methode genauer:

```java
public ImageIcon loadTileImage(final int i)
{
    final int imageNo = (i % getNumOfTiles());
    final File imageFile = new File(PATH_TO_IMAGES, tileFileNames[imageNo]);
    try
    {
        return new ImageIcon(ImageIO.read(imageFile)); // Dateisystemzugriff
    }
    catch (final IOException e)
    {
        return EMPTY_IMAGE; // FALLBACK: EMPTY IMAGE
    }
}
```

Neben der eigentlichen Methode sollten wir auch die Aufrufhierarchie kritisch untersuchen: `getTableCellRendererComponent()` ⇒ `getTileImage()` ⇒ `loadTileImage()`. Schauen wir uns die Implementierung der Klasse `SimpleImageTableCellRenderer` an:

```java
public class SimpleImageTableCellRenderer extends DefaultTableCellRenderer
{
    private final String   PATH_TO_IMAGES = "src/main/resources/tiles/";
    private final String[] tileFileNames  = { "tile_gras_1.jpg",
                                "tile_gras_2.jpg", "tile_rock_1.jpg",
                                "tile_rock_2.jpg", "tile_water.jpg" };

    private final ImageIcon EMPTY_IMAGE = new ImageIcon(new BufferedImage(1, 1,
                                               BufferedImage.TYPE_INT_RGB));

    public SimpleImageTableCellRenderer()
    {
        setHorizontalTextPosition(JLabel.RIGHT);
        setHorizontalAlignment(JLabel.LEFT);
    }

    public Component getTableCellRendererComponent(JTable table, Object value,
        boolean isSelected, boolean hasFocus, int row, int column)
    {
        super.getTableCellRendererComponent(table, null, isSelected, false,
                                   row, column);
        if (column >= 2)
        {
            // Ermitteln der Bilder
            setIcon(getTileImage(row + column - 2));
        }
        return this;
    }

    public ImageIcon getTileImage(final int i)
    {
        // Direkte Weiterleitung an loadTileImage()
        return loadTileImage(i);
    }
```

```java
public ImageIcon loadTileImage(final int i)
{
    final int imageNo = (i % getNumOfTiles());
    final File imageFile = new File(PATH_TO_IMAGES, tileFileNames[imageNo]);
    try
    {
        // Dateisystemzugriff
        return new ImageIcon(ImageIO.read(imageFile));
    }
    catch (final IOException e)
    {
        return EMPTY_IMAGE; // FALLBACK: EMPTY IMAGE
    }
}

public final int getNumOfTiles()
{
    return tileFileNames.length;
}
```

Eine Analyse dieser Klasse ergibt, dass bei jedem Zeichnen der Tabelle mit diesem Renderer durch die Aufrufe von `getTileImage(int)` und danach `loadTileImage(int)` Zugriffe auf das Dateisystem erfolgen. Das ist ein Ansatzpunkt – insbesondere weil lediglich eine feste Anzahl an Grafiken verwendet wird. Folglich kann als Optimierung das Laden der Grafiken besser einmalig bei der Konstruktion des Renderers erfolgen. Ein Caching der Bilder erlaubt, anschließend performant darauf zuzugreifen. Dazu erweitern wir die Renderer-Klasse dahingehend, dass eine Speicherung der Grafiken im Attribut `tileIcons` in Form eines Arrays von `ImageIcon`-Objekten erfolgt. Es entsteht die folgende, optimierte Renderer-Klasse `CachedImageTableCellRenderer`, die das Scrollen deutlich flüssiger macht. Ein Start des Programms LISTOPTIMIZATIONEXAMPLEIOIMPROVED zeigt dies.

```java
public final class CachedImageTableCellRenderer extends
                                        SimpleImageTableCellRenderer
{
    private final ImageIcon[] tileIcons;

    public CachedImageTableCellRenderer()
    {
        final int numOfBackgrounds = getNumOfTiles();
        tileIcons = new ImageIcon[numOfBackgrounds];

        for (int i = 0; i < numOfBackgrounds; i++)
        {
            tileIcons[i] = loadTileImage(i);
        }
    }

    public ImageIcon getTileImage(final int i)
    {
        final int index = i % getNumOfTiles();
        return tileIcons[index];
    }
}
```

Listing 22.2 Ausführbar als 'LISTOPTIMIZATIONEXAMPLEIOIMPROVED'

Möchte man weitere Optimierungen vornehmen, so ist zu bedenken, dass sich als Folge von Optimierungen sehr häufig das Laufzeitprofil der Applikation verändert und es zu einer Verschiebung von Hotspots kommt: Zuvor erkannte Hotspots können an Bedeutung verlieren und andere Programmteile können zu Hotspots werden. Es ist daher wichtig, erneute Messungen durchzuführen und nicht direkt mit der Optimierung des zuvor ermittelten zweiten Hotspots – hier der Methode `getValueAt(int, int)` – fortzufahren. Eine Folgemessung ergibt die in Abbildung 22-8 dargestellten Hotspots und zeigt, dass in diesem Fall die Methode `getValueAt(int, int)` auch weiterhin Performance-kritisch ist und sich nun sogar an erster Stelle befindet.

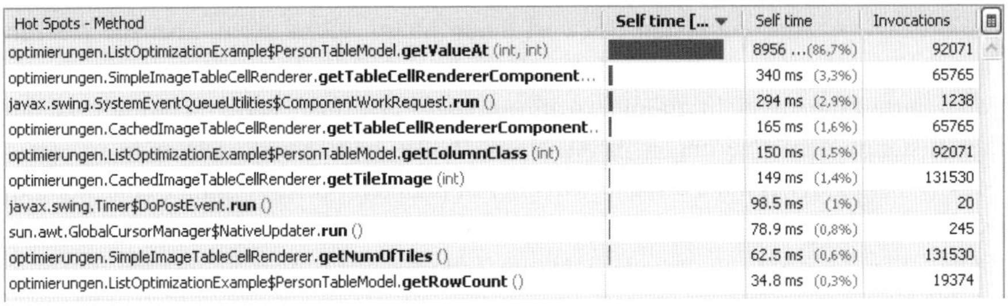

Hot Spots - Method	Self time [... ▼	Self time		Invocations	
optimierungen.ListOptimizationExample$PersonTableModel.**getValueAt** (int, int)	▬▬▬▬▬	8956 ...	(86,7%)	92071	
optimierungen.SimpleImageTableCellRenderer.**getTableCellRendererComponent**...	▎	340 ms	(3,3%)	65765	
javax.swing.SystemEventQueueUtilities$ComponentWorkRequest.**run** ()	▎	294 ms	(2,9%)	1238	
optimierungen.CachedImageTableCellRenderer.**getTableCellRendererComponent**..	▎	165 ms	(1,6%)	65765	
optimierungen.ListOptimizationExample$PersonTableModel.**getColumnClass** (int)	▎	150 ms	(1,5%)	92071	
optimierungen.CachedImageTableCellRenderer.**getTileImage** (int)	▎	149 ms	(1,4%)	131530	
javax.swing.Timer$DoPostEvent.**run** ()	▎	98.5 ms	(1%)	20	
sun.awt.GlobalCursorManager$NativeUpdater.**run** ()	▎	78.9 ms	(0,8%)	245	
optimierungen.SimpleImageTableCellRenderer.**getNumOfTiles** ()	▎	62.5 ms	(0,6%)	131530	
optimierungen.ListOptimizationExample$PersonTableModel.**getRowCount** ()	▎	34.8 ms	(0,3%)	19374	

Abbildung 22-8 Profiling einer `LinkedList` mit verbessertem I/O (50.000 Einträge)

Die in der ersten Messung als primär problematisch erkannte Methode `loadTileImage(int)` spielt nach der Optimierung für die Performance praktisch keine Rolle mehr. Tatsächlich ist sie diesbezüglich sogar derart unbedeutend geworden, dass sie nicht einmal mehr in der abgebildeten Hotspot-Liste auftaucht.

Memory-bound-Optimierungen

Wie nun auch durch Messung nachgewiesen, stellt die Methode `getValueAt(int, int)` immer noch den limitierenden Faktor dar. Allerdings sind die Auswirkungen auf die Performance bei 50.000 Datensätzen relativ gering: Das Scrolling könnte noch ein wenig flüssiger erfolgen. Erst wenn man die Anzahl der Datensätze wie im folgenden Listing verdreifacht, also auf 150.000 `Person`-Objekte erhöht, wird das Scrolling zäher.

```
public static void main(final String[] args)
{
    final JFrame demoframe = new ListOptimizationExample(150_000, // 150.000
                                ListType.LinkedList,
                                new CachedImageTableCellRenderer());

    demoframe.setSize(700, 500);
    demoframe.setVisible(true);
}
```

Listing 22.3 Ausführbar als 'LISTOPTIMIZATIONEXAMPLEIOIMPROVED2'

Um das Antwortzeitverhalten beim Scrolling noch weiter zu verbessern, sollten wir die Methode `getValueAt(int, int)` analysieren. Schauen wir auf deren Realisierung:

```java
public Object getValueAt(final int rowIndex, final int columnIndex)
{
    final Person person = persons.get(rowIndex);

    if (columnIndex == 0)
        return person.getName();
    if (columnIndex == 1)
        return person.getGender();

    return ""; // "" => Kein Text für Bilder
}
```

Das Attribut `persons` ist eine `List<Person>` und verwendet hier eine `LinkedList<Person>`. Auf den ersten Blick ist daran nichts auszusetzen, aber die Ausführungszeit ist nicht zufriedenstellend. Der Grund ist einfach: Eine `LinkedList<E>` ist für indizierte Zugriffe nicht optimal. Aufgrund der Performance-Betrachtung verschiedener Listenimplementierungen in Abschnitt 22.2.1 wissen wir, dass eine `LinkedList<E>` zum Zugriff auf Elemente an einer beliebigen Position immer eine Iteration durch alle Vorgänger benötigt. Dadurch entstehen Kosten von $O(n)$. Beim Zeichnen der Tabelle fallen diese Kosten für jede sichtbare Zeile erneut an. Verwendet man statt einer `LinkedList<E>` eine `ArrayList<E>`, so sollte sich dies extrem positiv auswirken, da Zugriffe nur noch Kosten von $O(1)$ verursachen. Überprüfen wir diese Vermutung, indem wir eine `ArrayList<Person>` zur Datenspeicherung verwenden:

```java
public static void main(final String[] args)
{
    final JFrame demoframe = new ListOptimizationExample(150_000,
                                  ListType.ArrayList, // ArrayList
                                  new CachedImageTableCellRenderer());

    demoframe.setSize(700, 500);
    demoframe.setVisible(true);
}
```

Listing 22.4 Ausführbar als 'LISTOPTIMIZATIONEXAMPLEIOANDDSIMPROVED'

Durch diese Modifikation ergibt sich die erwartete Verbesserung: Die CPU-Belastung bleibt selbst bei vielen Scroll-Aktionen immer unter 25 % und außerdem ist kein wirklicher Hotspot mehr feststellbar. Selbst bei über 100.000 Aufrufen der jeweiligen Methoden bleiben die Ausführungszeiten unter 1 Sekunde (vgl. Abbildung 22-9).

Hot Spots - Method	Self time [... ▼	Self time	Invocations
optimierungen.SimpleImageTableCellRenderer.**getTableCellRendererComponent**..	▇▇▇▇▇	946 ms (33%)	132047
javax.swing.SystemEventQueueUtilities$ComponentWorkRequest.**run** ()	▇▇▇	647 ms (22,6%)	3316
optimierungen.ListOptimizationExample$PersonTableModel.**getColumnClass** (int)	▇▇	388 ms (13,6%)	184865
optimierungen.ListOptimizationExample$PersonTableModel.**getValueAt** (int, int)	▇	290 ms (10,1%)	184865
optimierungen.CachedImageTableCellRenderer.**getTileImage** (int)	▇	228 ms (8%)	132047
sun.awt.GlobalCursorManager$NativeUpdater.**run** ()	▇	146 ms (5,1%)	509
optimierungen.SimpleImageTableCellRenderer.**getNumOfTiles** ()	▇	121 ms (4,3%)	132047
optimierungen.ListOptimizationExample$PersonTableModel.**getRowCount** ()	▏	95.2 ms (3,3%)	44595

Abbildung 22-9 Profiling einer `ArrayList` mit 150.000 Einträgen

Die erzielte Verbesserung wird noch deutlicher, wenn man nun die Anzahl der Datensätze auf eine Million erhöht. Die Performance ist nicht merklich schlechter als zuvor für 150.000 Einträge. Überprüfen Sie es selbst, indem Sie folgendes Programm LISTOPTIMIZATIONEXAMPLEONEMILLION ausführen:

```
public static void main(final String[] args)
{
    final JFrame demoframe = new ListOptimizationExample(1_000_000, // 1.000.000
                                ListType.ArrayList,
                                new CachedImageTableCellRenderer());

    demoframe.setSize(700, 500);
    demoframe.setVisible(true);
}
```

Listing 22.5 Ausführbar als 'LISTOPTIMIZATIONEXAMPLEONEMILLION'

Fazit

Anhand eines Beispiels habe ich das grundsätzliche Vorgehen bei Optimierungen vorgestellt: Man beginnt mit Messungen, um die tatsächlich kritischen Bereiche zu bestimmen. Anschließend werden diese einzeln nacheinander bearbeitet. Durch nachfolgende Messungen stellt man dann sicher, dass es wirklich zu Verbesserungen gekommen ist. Dieses Vorgehen wiederholt man, bis eine zufriedenstellende Performance erreicht ist.

22.5 I/O-bound-Optimierungen

In diesem Abschnitt betrachten wir Möglichkeiten, die Ein- und Ausgabe zu beschleunigen. Interagiert ein Programm mit dem Dateisystem oder einem Netzwerk, so sind signifikante Performance-Steigerungen zu erreichen, wenn Zugriffe vermieden oder Daten gepuffert werden. Im Folgenden wollen wir diese und einige weitere Techniken und ihre Auswirkungen auf die Performance genauer kennenlernen.

22.5.1 Technik – Wahl passender Strategien

Bei der Interaktion mit einem Netzwerk kann man sowohl durch Pufferung als auch durch eine geschickte Wahl der Repräsentationsform zu übertragender Daten die Performance verbessern. Beispiele dafür sind der Einsatz von Dekorierern zur Pufferung sowie die Anpassung des Serialisierungsvorgangs.

Optimierungen beim Einsatz von Streams

Das Problem beim direkten (naiven) Einsatz von Streams ist, dass sowohl das Lesen als auch das Schreiben ohne Pufferung erfolgt, d. h., es wird genau ein Byte zur Zeit verarbeitet. Gleiches gilt analog für die Subklassen von Reader und Writer, die zeichenbasiert arbeiten. Eine Datei byte- bzw. zeichenweise zu lesen ist allerdings nicht sehr performant. Durch Einsatz von Dekorierern zur Pufferung werden jeweils größere Datenblöcke gelesen und geschrieben. Welch enorme Geschwindigkeitssteigerungen sich dadurch erzielen lassen, werden wir am Beispiel des Kopierens von Dateien kennenlernen.

Folgende Varianten zum Kopieren wurden untersucht:

- **Einsatz einer byteweisen Kopie (A)** – Nachfolgend wird die Hilfsmethode `copyBytewise(InputStream, OutputStream)` entwickelt, die Daten Byte für Byte kopiert, indem zunächst ein Byte gelesen und dann geschrieben wird:

```java
public static void copyBytewise(final InputStream is, final OutputStream os)
    throws IOException
{
    int data = -1;
    while ((data = is.read()) != -1)
    {
        os.write(data);
    }
    os.flush();
}
```

- **Einsatz eines gepufferten Streams (B)** – Eine Pufferung der Zugriffe erreicht man durch Ummantelung mit den Dekorierern `BufferedInputStream` bzw. `BufferedOutputStream`. Zum Resource Handling nutzen wir ARM, wodurch keine direkten Aufrufe von `close()`-Methoden der Streams erforderlich sind:

```java
try (final InputStream bufferedIn = new BufferedInputStream(inStream),
     final OutputStream bufferedOut = new BufferedOutputStream(outStream))
{
    copyByteWise(bufferedIn, bufferedOut);
}
```

- **Einsatz eines eigenen Puffers (C)** – Statt die gepufferten Streams aus dem JDK zu benutzen, kann man eine Pufferung selbst implementieren. Diese Funktionalität kapselt man zweckmäßig innerhalb einer Methode. Dies wird durch die Methode `copyOwnBuffering(InputStream, OutputStream)` wie folgt realisiert:

```java
public static void copyOwnBuffering(final InputStream is,
                                    final OutputStream os)
    throws IOException
{
    final byte[] buffer = new byte[BUFFER_SIZE];
    int length = -1;
    while ((length = is.read(buffer, 0, BUFFER_SIZE)) != -1)
    {
        os.write(buffer, 0, length);
    }
    os.flush();
}
```

22.5 I/O-bound-Optimierungen

- **Einsatz der Klasse `FileChannel` (D)** – Zum Kopieren nutzen wir als letzte Variante die Klasse `FileChannel` und deren Methode `transferTo(long, long, java.nio.channels.WritableByteChannel)`, die direkt auf Betriebssystemebene arbeitet:

```
final FileChannel sourceChannel = inStream.getChannel();
final FileChannel destChannel = outStream.getChannel();

sourceChannel.transferTo(0, sourceChannel.size(), destChannel);
```

Als Eingabe dienen zwei PDF-Dateien unterschiedlicher Größe von ca. 729 KB und ca. 13,6 MB. In der folgenden Tabelle 22-4 sind die Ergebnisse verschiedener Performance-Messungen auf einem iMac (Quad-Core i7 mit 4 GHz) mit JDK 8 Update 131 zusammengefasst – der Messwert von 0 ms wurde für die Berechnungen auf 1 ms aufgerundet:

Tabelle 22-4 Performance-Gewinn durch Pufferung beim Kopieren

Größe	Variante				Faktor			
	A	B	C	D	A-B	A-C	B-C	C-D
729 KB – JDK 8	1.227 ms	20 ms	0 ms => 1 ms	5 ms	61	1.227	20	0.2
13,6 MB – JDK 8	20.805 ms	59 ms	10 ms	7 ms	352	2.081	5.9	1,4

Wie man leicht sieht, ist bereits durch den Einsatz von Pufferung (Variante B) ein enormer Performance-Gewinn zu erzielen, der etwa zwischen Faktor 50 bis 350 im Vergleich zum ungepufferten Kopieren (Variante A) liegt. Eine deutliche Beschleunigung um zusätzlich etwa Faktor 5 bis 20 kann man nochmals erzielen, wenn man die Pufferung selbst durchführt (Variante C). Etwas verwunderlich ist, dass der Einsatz von Channels (Variante D) langsamer als der Einsatz der zuvor vorgestellten gepufferten Variante ist, obwohl hier direkt auf Betriebssystemebene gearbeitet wird. Hieran sieht man, dass sich der Aufwand für Spezialanpassungen nicht in jedem Fall lohnt. Hendrik Schreiber hat diesen Effekt bereits 2002 für das JDK 1.4 in seinem Buch »Performant Java programmieren« [67] beschrieben. Interessanterweise sind bis JDK 6 keine nennenswerten Verbesserungen erzielt worden – bei größeren Dateien beobachtet man indes einen negativen Effekt. Mit JDK 7 und insbesondere JDK 8 wurden hier deutliche Verbesserungen erzielt und Channels (Variante D) ziehen mit der Geschwindigkeit eigener Pufferungen gleich bzw. übertreffen sie teilweise. Nach wie vor gilt trotzdem, dass sehr häufig die Variante mit eigener Pufferung eine sehr gute oder oft sogar die beste Wahl darstellt.

Kompression und Zip-Archive

Zur Optimierung von I/O ist es neben der Pufferung eine gute Idee, die Setup- und Transferzeiten zu reduzieren, indem man zu übertragende Daten oder Dateien in einem Zip-Archiv zusammenfasst. Jeder kennt es vom Kopieren von Dateien auf eine externe Festplatte oder auf einen USB-Stick: Im Dateisystem ist das Kopieren einer größeren Datei viel schneller als die Übertragung vieler kleinerer Dateien. Es lohnt sich in der Regel, zunächst diese Dateien in einem Zip-Archiv zusammenzufassen, selbst wenn man dabei keine Kompression vornimmt. Es sind dann zwar zwei zusätzliche Schritte (Zip-Archiv erzeugen und auslesen) notwendig, aber trotzdem ist diese Variante für viele kleine Dateien deutlich günstiger als einzelne Dateitransfers. Diese Ideen liegen auch der Speicherung in JAR-Dateien zugrunde.

Bei Übertragungen über ein Netzwerk kann man zusätzlich die Komprimierung einschalten. Im Normalfall sollten die Einsparungen durch die weniger zu übertragenden Bytes die Zeiten zum Komprimieren und Entpacken mehr als ausgleichen. Dafür können die im JDK im Package `java.util.zip` definierten Klassen `ZipInputStream` und `ZipOutputStream` genutzt werden, um einen Stream um genau diese Zip-Funktionalität zu erweitern.

Optimierungen der Serialisierung

Bei der Serialisierung werden Objekte in einen `ObjectOutputStream` geschrieben bzw. aus einem `ObjectInputStream` eingelesen. Die dazu notwendige Transformation von Objekten in eine Folge von Bytes bzw. umgekehrt erfolgt automatisch, wenn eine Klasse das Interface `Serializable` erfüllt (vgl. Abschnitt 10.3).

Diese Automatik ist für viele Fälle sehr praktisch, kann sich aber in einigen Situationen negativ auf die Performance auswirken. Der Grund dafür ist, dass die dahinterliegende Komplexität vor dem Aufrufer versteckt wird: So bleibt auch verborgen, dass immer der gesamte Objektgraph gespeichert bzw. erzeugt wird. Dieser kann beim Einsatz von Vererbung und vielen aggregierten Objekten durchaus komplex sein, wodurch auch der Aufwand zur Serialisierung steigt. Anders formuliert: Wenn Serialisierung eingesetzt wird, ist es sinnvoll, zu überlegen, ob wirklich alle Zustandsinformationen gespeichert werden müssen und welche Informationen bei einem späteren Einlesen eventuell ohne Probleme berechnet oder anderweitig ermittelt werden können.

Betrachten wir dies konkret für Swing-GUI-Komponenten. Deren Serialisierung ist im Vergleich zu anderen, normalen Objekten sehr teuer: GUI-Komponenten benötigen mehrere KB, da sie ihre komplette AWT- und Swing-Ableitungshierarchie enthalten. Häufig ist aber eine Serialisierung dieser Daten nicht unbedingt notwendig bzw. sogar nicht sinnvoll. Für ein Label wäre es in vielen Fällen ausreichend, nur den Text zu speichern. Daraus leiten wir ab, dass es oftmals praktischer und effizienter ist, nur die Datenmodelle zu speichern. Werden GUI-Komponenten in eigenen, zu serialisierenden Objekten aggregiert, so sollten diese explizit vom Vorgang der Serialisierung per Schlüsselwort `transient` ausgeschlossen werden. Als Folge sind allerdings spezielle Anpassungen beim Einlesen durchzuführen. Details dazu beschreibt Abschnitt 10.3.2.

22.5.2 Technik – Caching und Pooling

Man setzt Caching ein, um häufig benötigte Daten in einem Speicher mit kurzen Zugriffszeiten vorrätig zu halten. Dadurch lassen sich teilweise enorme Verbesserungen der Ausführungszeit erreichen. Gleiches gilt für eine gepufferte Verarbeitung. Beide Themen wurden bereits ausführlich betrachtet (vgl. Abschnitt 22.4 für das Beispiel der Grafikdateien). Daher erfolgt in diesem Abschnitt keine weitere Beschreibung des Cachings für die Ein- und Ausgabe.

22.5.3 Technik – Vermeidung unnötiger Aktionen

Wie in Abschnitt 22.3 ausführlich am Beispiel der Lazy Initialization vorgestellt, kann das Vermeiden nicht benötigter Aktionen sowohl die Ausführungszeit als auch den Speicherbedarf einer Applikation reduzieren. Beispiele sind das Prüfen des Log-Levels vor der Aufbereitung aufwendiger Log-Ausgaben sowie die Reduktion von Remote Calls in verteilten Applikationen.

Optimierungen beim Logging

Verschiedene Techniken zur Optimierung beim Logging wurden bereits in Abschnitt 8.4.2 vorgestellt. Hier wird daher nur die grundsätzliche Idee nochmal kurz zusammengefasst: Man versucht, das Aufbereiten und das Schreiben von Log-Ausgaben möglichst zu reduzieren. Dazu gibt es grundsätzlich zwei wichtige Varianten: Zum einen kann man mit formatierten Log-Ausgaben und Lambdas arbeiten und zum anderen empfiehlt es sich, vor komplexeren oder umfangreichen Log-Ausgaben zunächst das Log-Level zu prüfen, bevor Log-Ausgaben erfolgen. Somit vermeidet man einerseits eine Erzeugung der Texte zur Log-Ausgabe, wodurch weniger temporäre Stringobjekte entstehen. Andererseits sorgen sinnvoll gewählte Log-Level dafür, dass seltener in eine Log-Datei geschrieben wird. Dies kommt zudem der Lesbarkeit und Auswertbarkeit der entstehenden Log-Dateien zugute.

Reduktion von Remote Calls

Im Netzwerk und in verteilten Applikationen kann man durch Unachtsamkeit leicht Performance-Probleme auslösen. Ich werde im Folgenden kurz vorstellen, welche Fallstricke auf dem Weg zu einem gelungenen und gleichzeitig performanten API für eine verteilte Applikation lauern.

Wenn eine Interaktion mit anderen Systemen erfolgen soll, so müssen die Klassen, die vom Netzwerk aus angesprochen werden sollen, dazu Remote-Interfaces anbieten. Wenn man diese externen Schnittstellen einer Applikation ähnlich zu den Schnittstellen innerhalb eines Programms definiert, so entstehen viele feingranulare Methodenaufrufe, die alle als einzelne Kommandos über das Netzwerk versendet werden müssen. Als Folge wird für jeden Methodenaufruf mindestens ein Netzwerktelegramm erzeugt. Abbildung 22-10 deutet dies an.

Analogie: Optimierung in der Realität

Mögliche Performance-Probleme von Remote Calls lassen sich sehr anschaulich an einem Beispiel aus der Realität verdeutlichen. Man stelle sich vor, es wäre ein Fußballabend mit einigen Freunden in vollem Gange. Irgendwann möchte jeder Gast natürlich auch etwas trinken. Ziemlich aufwendig wäre es, wenn man bei jeder Nachfrage nach einem gekühlten Getränk immer wieder zum Supermarkt fahren würde, um dieses dort zu kaufen. In der Realität ist sofort einsichtig, dass diese Verhaltensweise extrem unsinnig und zeitlich zudem ungünstig ist. Selbstverständlich fährt man einmal zum Supermarkt und deckt sich mit einer Menge an Getränken ein. So offensichtlich diese Vorgehensweise in der Realität auch ist, so ist eine Umsetzung in entsprechende Remote Calls nicht ganz so trivial.

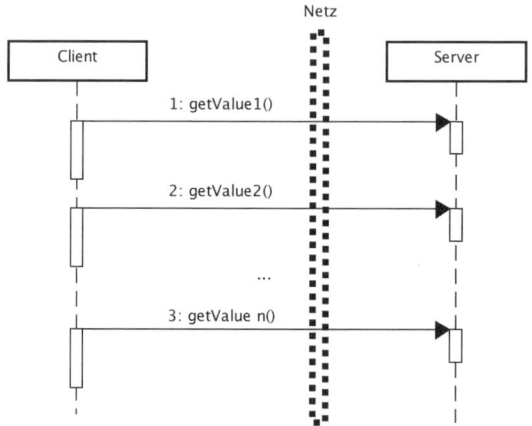

Abbildung 22-10 Remote Calls

Folgende Abhilfemaßnahmen bieten sich an:

- **Aufrufe zusammenfassen** – Nachrichten werden zu einer größeren Nachricht zusammengefasst, wie wir dies am Beispiel der Klasse `MessageConcatenator` im Kapitel 20 kennengelernt haben.
- **Daten zusammenfassen** – Daten werden zu einem größeren Datenpaket zusammengefasst. Dies kann gemäß dem Muster VALUE OBJECT (vgl. Abschnitt 3.4.5) in seiner Ausprägung als DATA TRANSFER OBJECT (DTO) geschehen.

22.5 I/O-bound-Optimierungen

Aufrufe zusammenfassen   Um die Anzahl von Remote Calls möglichst zu reduzieren, kann man Methodenaufrufe zusammenfassen. Dies geht besonders gut für `set()`-Methoden, denen man dann statt eines Parameters mehrere übergibt:

```
interface SimpleWriteIF
{
    void setValue1(int value1)
    void setValue2(int value2)
    void setValue3(int value3)
}

interface OptimizedRemoteWriteIF
{
    void setValues(int value1, int value2, int value3)
}
```

Bei `get()`-Methoden ist diese Technik nicht ganz so einfach einzusetzen, da nur ein Wert zurückgegeben werden kann.

Daten zusammenfassen   Man kann sich ein Data Transfer Object (DTO) bauen, das die Ergebnisse mehrerer `get()`-Aufrufe bündelt. Im einfachsten Fall speichert man dort die Attribute einzeln. Eine alternative Technik besteht darin, eine `HashMap<K,V>` mit benannten Attributen zu nutzen. Für beide Arten der Umsetzung werden dann mehrere feingranulare Aufrufe in einen Aufruf mit einem DTO umgewandelt und dann die entsprechenden Antworten generiert, wie dies in Abbildung 22-11 zu sehen ist.

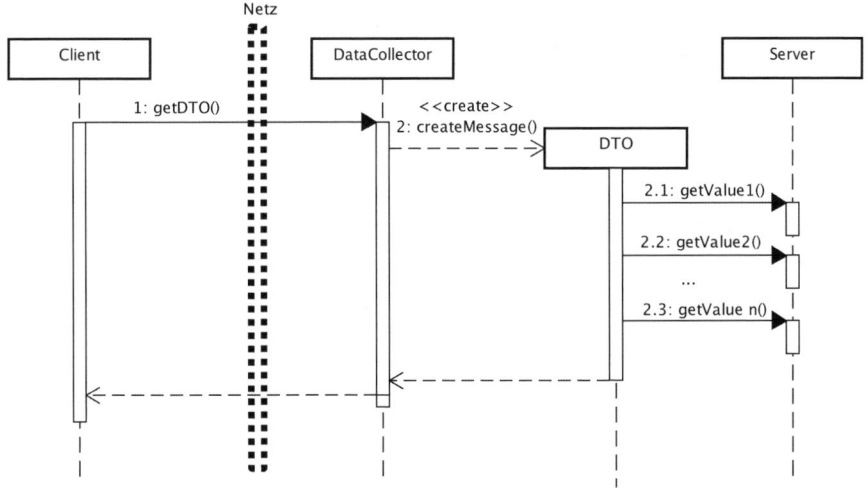

Abbildung 22-11 Optimierung von Remote Calls

Zum Transport über ein Netzwerk muss das DTO das Interface `Serializable` erfüllen und sollte zudem möglichst leichtgewichtig sein, indem bevorzugt primitive Typen als Datenattribute Anwendung finden. Abschnitt 22.6.4 beschreibt die Gründe genauer.

Auswirkungen Fasst man set()-Aufrufe zusammen, so reduziert man n Remote Calls auf lediglich einen Aufruf. Allerdings wird dadurch das Interface recht stark durch technische Gegebenheiten beeinflusst. In solchen Fällen bietet sich eine Abstraktionsebene vor dem eigentlichen Netzwerkzugriff an. Dies könnte durch ein Proxy-Objekt gemäß dem PROXY-Muster (vgl. Abschnitt 18.3.6) realisiert werden.

Fasst man get()-Aufrufe zusammen, so kann man auch hier wieder n Remote Calls auf lediglich einen Aufruf reduzieren. Allerdings muss dann ein DTO eingesetzt und während der Kommunikation gefüllt werden. Dazu sind nun statt n get()-Aufrufen die doppelte Anzahl notwendig: zum einen n Aufrufe aufseiten des Servers zum Befüllen des DTO, zum anderen bis zu n weitere Aufrufe aufseiten des Klienten zum Ermitteln der Werte. Da es sich in beiden Fällen um vergleichsweise günstige lokale Aufrufe handelt, ist dies ein geringer Preis für die eingesparten Remote Calls.

22.6 Memory-bound-Optimierungen

Die Größe des Hauptspeichers, der einer Applikation zur Verfügung steht, kann großen Einfluss auf die Performance haben. Dies gilt vor allem für Systeme mit wenig Arbeitsspeicher oder für Applikationen, die mit sehr großen Datenmengen arbeiten. Die Größe des ausführbaren Programms und dessen Speicherverbrauch zur Laufzeit sind daher weitere wichtige Aspekte bei Optimierungen.

Abschnitt 22.6.1 geht kurz auf die Auswirkungen von Größe und Nutzung des Hauptspeichers ein und zeigt einige Möglichkeiten, die Garbage Collection zu optimieren. Abschnitt 22.6.2 beschreibt die Vorteile, die sich ergeben, wenn man häufig benutzte Objekte zwischenspeichert (*Objekt-Caching*) bzw. alternativ bereits erzeugte Objekte recycelt und mit geänderter Parameterbelegung wiederverwendet (*Objekt-Pooling*). Konkret wird dies für die Stringverwaltung von Java genutzt. Abschnitt 22.6.3 stellt weitere mögliche Optimierungspotenziale bei Strings vor. Abschließend wird in Abschnitt 22.6.4 erläutert, warum man für Attribute in der Regel primitive Datentypen den entsprechenden Wrapper-Klassen vorziehen sollte.

22.6.1 Technik – Wahl passender Strategien

Größe und Nutzung des Hauptspeichers

Steigt der von einer Applikation verbrauchte Speicher ständig bis nahe an die der JVM zugewiesene Grenze, so kann sich dies äußerst negativ auf die Programmantwortzeit auswirken. Wurde die maximale Größe des benötigten Speichers initial falsch eingeschätzt und ist deswegen das Programm infolge häufiger Garbage Collections träge, kann man eine Beschleunigung erreichen, indem man per Aufrufparameter -Xmx beim Programmstart mehr Speicher bereitstellt. Dieses Vorgehen ist hilfreich, stellt jedoch keine allgemeingültige Lösung dar. Man vermeidet damit lediglich, sich mit vermeintlichen Performance-Problemen in Programmteilen zu beschäftigen, die nur zufällig durch schlecht gewählte Rahmenbedingungen entstanden sind. Nach dieser, in der

22.6 Memory-bound-Optimierungen

Regel einmalig wirksamen Optimierungsmaßnahme kann man sich dann tatsächlich vorliegenden Performance-Problemen widmen. Ist eine Applikation aber unersättlich bezüglich des Speichers, so sollte man nicht einfach iterativ die Speichergröße anpassen, sondern die verursachenden Stellen aufspüren und beheben. Einige dafür passende Techniken wurden bereits in Abschnitt 22.2 als Hinweise zur Wahl geeigneter Datenstrukturen und Rückgabewerte bei großen Datenmengen diskutiert.

> **Mythos: Viel hilft viel**
>
> Um eine gute Performance zu erzielen, ist es in der Regel nicht sinnvoll, der JVM einfach möglichst viel Speicher zuzuteilen. Dies führt teilweise nur dazu, dass die Garbage Collection mehr Zeit für die Speicherbereinigung benötigt. Ratsam ist es, zuvor den tatsächlichen Speicherverbrauch zu analysieren.

> **Tipp: Auswirkungen von Threads**
>
> Wenn ein Programm sehr viele Threads zur Verarbeitung mehrerer unabhängiger Aufgaben startet, so wirkt sich dies auf den Speicherbedarf aus. Threads werden normalerweise auf Betriebssystem-Threads abgebildet und sind dadurch in ihrer Anzahl begrenzt. Zudem benötigen Threads weitere Systemressourcen sowie eigenen Speicher, etwa zur Bereitstellung eines Stacks.
>
> Bei Tausenden zu startenden Threads kann man einer Applikation dann weniger Speicher über die Option `-Xmx` zur Verfügung stellen. Es gilt: Je weniger Threads, desto größer kann der Wert von `-Xmx` gewählt werden und umgekehrt. Die Ursache liegt darin, dass Threads und genutzte Stacks nicht im Speicherbereich der JVM, sondern im Speicher des Betriebssystems verwaltet werden.

Optimierungen der Garbage Collection

Java befreit den Entwickler mit der automatischen Garbage Collection von der manuellen Freigabe des Speichers. Allerdings hat man durch den Automatismus nur wenig Einflussmöglichkeiten auf den Ablauf bzw. den Zeitpunkt von Garbage Collections. Man kann die Garbage Collection aber durch diverse Aufrufparameter der JVM parametrieren, etwa verschiedene Aufräumalgorithmen wählen.

Statt aufwendige Überlegungen anzustellen, ist es einfacher und pragmatischer, die verschiedenen Implementierungen der Garbage-Collection-Algorithmen und deren Einfluss auf die Performance auszuprobieren, indem man die Applikation mit den folgenden Parametern startet und beobachtet:

- `-XX:+UseSerialGC` – Serial Collector
- `-XX:+UseParallelGC` – Parallel Collector
- `-XX:+UseParNewGC` – Compacting Parallel Collector

- `-XX:+UseConcMarkSweepGC` – Concurrent Mark and Sweep Collector
- `-XX:+UseG1GC` – Garbage First (G1) Collector[9]

Um die Auswirkungen sichtbar zu machen, sollte man über `-verbose:gc` die Protokollierung der Garbage-Collection-Vorgänge aktivieren. Den Detailgrad der Ausgabe kann man über folgende Parameter steuern:

- `-XX:+PrintGCDetails`
- `-XX:+PrintGCTimeStamps`
- `-XX:+PrintGCDateStamps`

Damit eine Auswertung sinnvoll möglich wird, kann die Ausgabe in eine Datei umgeleitet werden, etwa in die Datei `gc.log` durch die JVM-Aufrufparameter `-Xloggc:gc.log`. Eine solche Ausgabe könnte etwa wie folgt aussehen:

```
01-02 15:57:57 INFO   (MenuActionHandler    ) - executing MenuAction: load_layout
[Full GC 9052K->2614K(260160K), 0.0818330 secs]
[GC 36492K->21178K(260224K), 0.0045101 secs]
...
[GC 248885K->232630K(260224K), 0.0025241 secs]
01-02 15:58:26 INFO   (MenuActionHandler    ) - executing MenuAction: load_layout
...
[GC 399533K->391320K(433224K), 0.0257720 secs]
[GC 434840K->408968K(701164K), 0.0258944 secs]
01-02 15:59:01 INFO   (MenuActionHandler    ) - executing MenuAction: close
01-02 15:59:16 INFO   (MenuActionHandler    ) - executing MenuAction:
      load_template
[Full GC 482060K->2647K(701164K), 0.1094170 secs]
```

Ein erster Überblick und eine manuelle Auswertung ist so bereits möglich, wenn man die Bedeutung der jeweiligen Werte kennt. Betrachten wir dies exemplarisch an folgenden zwei Zeilen:

```
[Full GC 9052K->2614K(260160K), 0.0818330 secs]
[GC 434840K->408968K(701164K), 0.0258944 secs]

Typ (Full GC oder GC), [Heap vorher]->[Heap nachher] (Gesamtheap), Zeitdauer
```

Jede Zeile liefert zunächst die Information über die Art der Speicherbereinigung (`GC` oder `Full GC`, die für eine Minor GC bzw. Major GC stehen). Anschließend wird der belegte Speicher vor und nach der Garbage Collection ausgegeben. Für den markierten Eintrag `Full GC` wird der Speicher von `9052K` auf `2614K` reduziert. Der JVM stand zu dem Zeitpunkt ein Heap-Speicher der Größe `260160K` zur Verfügung. Abschließend wird die Dauer der Garbage Collection angegeben, hier `0.0818330 secs`.

Mit diesem Wissen kann man erste Auswertungen vornehmen. Weitere Informationen finden Sie unter http://www.oracle.com/technetwork/java/gc-tuning-5-138395.html und http://java.sun.com/developer/technicalArticles/Programming/turbo/.

---

[9] http://www.oracle.com/technetwork/java/javase/tech/g1-intro-jsp-135488.html

Viel bequemer als eine manuelle Auswertung ist es allerdings, Tools zu benutzen. Es empfiehlt sich, mit dem in Abschnitt 22.1.4 erwähnten Tool `VisualGC` die Garbage Collection zu beobachten. Die Kenntnis der in Abschnitt 10.4 beschriebenen Details zur Garbage Collection ist dabei sehr hilfreich.

22.6.2 Technik – Caching und Pooling

Objekt-Caching

Wie bereits für die Ein- und Ausgabe erwähnt, setzt man Caching ein, um häufig benötigte Daten in einem schnell zugreifbaren Speicher zwischenzuspeichern. Bei umfangreichen Datenmengen und dadurch bedingt längeren Zugriffszeiten auf Objekte kann man sich einen LRU-Cache bauen, der die zuletzt benutzten Objekte zwischenspeichert.

Zur Demonstration des Einsatzes von Caching auf die Performance betrachten wir hier eine Liste `persons` von `Person`-Objekten. Darin erfolgt auf zwei verschiedene Arten eine Suche nach Objekten anhand ihres Namens. Die erste Realisierung nutzt eine lineare Suche und wird durch die nachfolgend gezeigte Methode `findPersonByName(String)` implementiert:

```java
private Person findPersonByName(final String name)
{
    for (final Person current : persons)
    {
        if (current.getName().equals(name))
        {
            return current;
        }
    }
    return null;
}
```

Im ungünstigsten Fall ist dabei ein vollständiges Durchlaufen der Liste nötig, um festzustellen, ob ein passendes `Person`-Objekt vorhanden ist oder nicht. Zur Optimierung setzen wir die aus Abschnitt 6.1.10 bekannte generische Klasse `LruLinkedHashMap<K,V>` ein. Als Abstraktion erfolgen optimierte Zugriffe auf die gespeicherten `Person`-Objekte über eine Zugriffsmethode `getPerson(String)`. Diese nutzt wiederum initial die Methode `findPersonByName(String)`, um den Cache transparent für die Applikation zu füllen. Ein erster Zugriff auf ein `Person`-Objekt kostet daher maximal $O(n)$. Alle Folgezugriffe auf dieses oder ein anderes im Cache gespeichertes `Person`-Objekt sind dann aber sehr schnell in $O(1)$ möglich, da hier ein Lookup in der `LruLinkedHashMap<String, Person>` erfolgt:

```java
public Person getPersonUsingCache(final String name)
{
    Person cachedPerson = cacheMap.get(name);

    if (cachedPerson != null)
    {
        return cachedPerson;
    }
```

```java
    final Person person = findPersonByName(name);
    if (person != null)
    {
        cacheMap.put(name, person);
    }
    return person;
}
```

Mit folgender `main()`-Methode erzeugen wir 10.000 `Person`-Objekte. Anschließend werden als Testszenario 1.000, 10.000 und 100.000 Zugriffe auf eine Menge von immer denselben 10 `Person`-Objekten durchgeführt. Ein Cache der Größe 10 wäre demnach ausreichend, um die Zugriffe extrem zu beschleunigen.

Das folgende Listing zeigt die Klasse `LruListCacheExample`, die die zuvor beschriebene Funktionalität der Performance-Messung umsetzt:

```java
public final class LruListCacheExample
{
    private final LruLinkedHashMap<String, Person> cacheMap;
    private final List<Person>                      persons;

    public LruListCacheExample(final List<Person> persons, final int cacheSize)
    {
        this.cacheMap = new LruLinkedHashMap<>(cacheSize);
        this.persons = persons;
    }

    public static void performTests(final LruListCacheExample cache,
                                    final String info, final boolean useCache)
    {
        final long[] maxIterationCount = { 1_000, 10_000, 100_000 };
        for (long max : maxIterationCount)
        {
            System.out.println("Element count " + max);

            PerformanceUtils.startMeasure(info);
            for (long i = 0; i < max; i++)
            {
                for (int j = 0; j < 10; j++)
                {
                    final String name = "Person " + (j * 1000);
                    if (useCache)
                    {
                        cache.getPersonUsingCache(name);
                    }
                    else
                    {
                        cache.findPersonByName(name);
                    }
                }
            }
            PerformanceUtils.stopMeasure(info);
            PerformanceUtils.printTimingResult(info);
        }
    }

    public static void main(final String[] args)
    {
        final int PERSON_COUNT = 10000;

        final List<Person> persons = new ArrayList<>();
```

22.6 Memory-bound-Optimierungen

```
        for (int i = 0; i < PERSON_COUNT; i++)
        {
            final Person newPerson = new Person("Person " + i, Gender.MALE);
            persons.add(newPerson);
        }

        final int[] cacheSizes = { 10, 20, 7 };
        for (int cacheSize : cacheSizes)
        {
            System.out.println("CacheSize = " + cacheSize);
            final LruListCacheExample cache = new LruListCacheExample(persons,
                cacheSize);

            performTests(cache, "findPersonByName", false);
            performTests(cache, "getPersonUsingCache", true);
        }
    }
    // ...
```

Listing 22.6 *Ausführbar als* **'LRULISTCACHEEXAMPLE'**

Führen wir nun das Programm LRULISTCACHEEXAMPLE aus, um zu untersuchen, welchen Einfluss verschiedene Cache-Größen tatsächlich haben. Mit meinem iMac (Quad-Core i7 mit 4 GHz) und JDK 8 Update 131 erhalte ich die in Tabelle 22-5 aufgelisteten Zeiten, wobei – wie bei den vorherigen Messungen auch – nicht die absoluten Werte, sondern die Relationen von Interesse sind.

Tabelle 22-5 *Performance-Gewinn Caching*

Zugriffsvariante	Cache-Größe 10			Cache-Größe 7		
	Anzahl Elemente			Anzahl Elemente		
	1.000	10.000	100.000	1.000	10.000	100.000
findPersonByName()	224 ms	2.114 ms	19.266 ms	195 ms	1.814 ms	17.947 ms
getPersonUsingCache()	2 ms	13 ms	73 ms	218 ms	1.806 ms	17.926 ms

Anhand der Werte erkennt man, dass die Zeiten des indizierten Zugriffs über die Methode findPersonByName(String) erwartungsgemäß linear wachsen. Weiterhin zeigt sich deutlich, dass sich Caching, hier durch Zugriffe über die Methode getPersonUsingCache(String), nicht in jedem Fall positiv auswirkt. Stattdessen sind die Faktoren Cache-Größe, Auswahl der zu cachenden Daten und Lokalität der Zugriffe ganz entscheidend. Erfolgen ständig Zugriffe auf beliebige Elemente und werden diese immer sofort in den Cache übernommen, so profitiert man nicht durch den Einsatz von Caches. Zum Teil ist sogar ein negativer Effekt zu messen. Dies macht die in diesem Beispiel bewusst zu klein gewählte Cache-Größe von 7 deutlich. *Sind Zugriffsstrategie, Cache-Größe usw. passend gewählt, so kann man extreme Performance-Gewinne erzielen.* Die Zugriffszeit ist dann nahezu konstant und nicht von der Anzahl der gespeicherten Daten abhängig. Eine Vergrößerung des Cache auf 20 Einträge bringt – wie Sie sicher schon vermuteten – allerdings keine nennenswerten Performance-Gewinne mehr. Die gemessenen Ausführungszeiten sind (abgesehen von möglichen Messungenauigkeiten und gegebenenfalls Einflüssen durch den Hotspot-Optimierer) fast identisch zu denen für einen Cache der Größe 10.

> **Tipp: Probleme von Caches**
>
> Beim Einsatz von Caches muss man große Sorgfalt walten lassen, dies gilt vor allem bei Nebenläufigkeit und bei Mehrprozessormaschinen. Man benötigt dann ein spezielles Protokoll, um einen Abgleich mehrerer Caches sicherzustellen. Diese Problematik ist auch unter dem Begriff **Cache-Kohärenz** bekannt. Auch besteht das Problem der Datenkonsistenz, wenn einige Programmteile am Cache vorbei auf die Datenquellen zugreifen.

Objekt-Pools

Die Idee beim Einsatz von sogenannten *Objekt-Pools* ist es, Objekte nicht ständig neu zu erzeugen. Stattdessen werden Objekte einer initial erzeugten Menge von Objekten verwendet und nach Gebrauch wieder an den Pool zurückgegeben.

Im Apache Commons-Framework[10] findet sich folgendes Interface zur Realisierung von Objekt-Pools:

```java
public interface ObjectPool
{
    Object borrowObject();
    void returnObject(Object borrowed);
}
```

Aus einem solchen Objekt-Pool wird eine momentan unbenutzte Instanz ausgewählt. Diese wird dann vom Aufrufer für den Einsatz initialisiert, sodass auf eine (möglicherweise aufwendige) Konstruktion des Objektes selbst verzichtet werden kann. Diese Form des Objekt-Recyclings ist hilfreich, wenn zu erzeugende Objekte komplex und daher in ihrer Instanziierung teuer sind. Ein weiteres Einsatzgebiet ist die Einschränkung der Anzahl erzeugter Objekte, z. B. weil die durch diese Objekte verwalteten Hardwareressourcen beschränkt sind. Dies gilt auch für den Fall, dass die Anzahl der Objektzustände relativ gering ist und daher eine begrenzte Anzahl unveränderlicher Objekte existieren kann, die sämtliche Einsatzgebiete abdecken. Das einfachste Beispiel dafür ist die Klasse `Boolean` aus dem JDK, die lediglich zwei Zustände besitzt.

Wie in Abschnitt 4.2 besprochen, existieren auch für die Wrapper-Klassen `Integer` und `Long` spezielle Caches und es findet ein Objekt-Pooling statt. Performancetechnisch ist ein `Long.valueOf(x)` einem `new Long[x]` vorzuziehen.

Bewertung War dieses Objekt-Pooling in älteren JVMs noch von größerem Nutzen für die Performance, so sind die JVMs im Laufe der letzten Jahre im Bereich der Objekterzeugung und der Garbage Collection deutlich schneller geworden und machen den Einsatz von Objekt-Pools in der Regel überflüssig.

---

[10] http://commons.apache.org/

22.6 Memory-bound-Optimierungen

Abgesehen von der Optimierung bei der Konstruktion, setzt Objekt-Pooling zwingend voraus, dass sich alle Programmteile korrekt verhalten, d. h. die Objekte vollständig freigeben und keine Referenzen darauf zwischenspeichern. Gibt ein Programmteil ein genutztes Objekt nach Gebrauch zwar an den Pool zurück, speichert aber weiterhin eine Referenz darauf, so ist dies problematisch: Objektreferenzen, die zwischengespeichert werden, zeigen auf mittlerweile neu initialisierte Objekte, die von anderen Programmteilen verwendet werden. Schnell kommt es zu Inkonsistenzen.

Meistens ist im Voraus nicht bekannt, wie viele Objekte in einem solchen Pool vorgehalten werden sollten. Werden weniger Objekte angefragt als bereitgestellt, so verschwendet man sowohl Speicherplatz als auch Rechenzeit (für die initiale Konstruktion). Werden jedoch mehr Objekte angefordert, als im Pool verfügbar sind, so muss eine spezielle Verwaltung einer Warteliste selbst programmiert werden. Als Abhilfe kann man auch dynamisch wachsende Pools selbst realisieren. *Aufgrund der genannten Einschränkungen sollte der Einsatz von Objekt-Pools jedoch gut überlegt werden.*

Beispiele im JDK Die JVM nutzt für Strings mit dem Stringliteral-Pool einen Objekt-Pool. Dieses Pooling erfolgt für die Applikation transparent. Insbesondere sind keine zusätzlichen Methodenaufrufe notwendig, sodass die zuvor genannten Nachteile allgemeiner Objekt-Pools nicht gelten. Weiterhin stellt die Klasse `Boolean`, wie bereits erwähnt, die simpelste Form eines Objekt-Pools dar. Aufgrund der Beschränkung auf zwei unveränderliche Objekte existieren bei dieser Realisierung keine negativen Auswirkungen durch nicht zurückgegebene oder veraltete Referenzen.

Wir messen nun die Zeiten zur Objektkonstruktionen per `new Boolean(true)` gegen die Nutzung gemeinsamer Instanzen aus dem Pool per `Boolean.TRUE` für die Speicherung von jeweils 10 Millionen `Boolean`-Werten in einem Array:

```java
public static void main(final String[] args)
{
    final Boolean[] testArray = new Boolean[10_000_000];
    reportMemory();
    performTests(testArray, "Boolean.TRUE", false);
    reportMemory();
    performTests(testArray, "new Boolean(true)", true);
    reportMemory();
}

public static void performTests(final Boolean[] testArray,
                                final String info,
                                final boolean createNew)
{
    PerformanceUtils.startMeasure(info);
    for (int i = 0; i < testArray.length; i++)
    {
        if (createNew)
            testArray[i] = new Boolean(true);
        else
            testArray[i] = Boolean.TRUE;
    }
    PerformanceUtils.stopMeasure(info);
    PerformanceUtils.printTimingResult(info);
}
```

```
private static void reportMemory()
{
    MemoryInfo.gcAndSleep5s();
    System.out.println(MemoryInfo.statistics());
}
```

Listing 22.7 *Ausführbar als* '**BOOLEANPOOLINGOPTIMIZATION**'

Diese Optimierung deckt mehrere Ebenen und Techniken ab: Es erfolgt eine Optimierung bezüglich des Speicherverbrauchs durch den Verzicht der Konstruktion von 10 Millionen `Boolean`-Objekten und eine Optimierung bezüglich der Laufzeit der Objekterzeugungen. Tabelle 22-6 zeigt die Ergebnisse der Messungen.

Tabelle 22-6 *Performance-Gewinne durch* `Boolean`*-Pooling*

	new Boolean(true)	Boolean.TRUE
Ausführungszeit	590 ms	11 ms
Speicherverbrauch	154.613.392 Bytes	9.479.624 Bytes

Anhand der Zahlen kann man zwei Dinge ablesen: Die JVM ist sehr performant für Objekterzeugungen, hier am Beispiel für `Boolean`-Objekte. Daher lohnt sich ein Objekt-Pooling zur Einsparung von CPU-Zyklen eher selten. Zwar finden wir einen Faktor von ca. 53, aber relativ zu 10 Millionen Objektkonstruktionen sind die absoluten Zeiten von 590 ms zu 11 ms oft vernachlässigbar, vor allem bei Interaktionen über das Netzwerk. Interessanterweise schwanken die Werte gemessen mit meinem iMac (Quad-Core i7 mit 4 GHz) zwischen den Updates des JDKs enorm: Obige Zahlen wurden mit JDK 8 Update 131 gemessen, Update 5 war mit 1.091 ms deutlich langsamer. Für JDK 9 Early Access Build 146 reduzieren sich die Objekterzeugungskosten sogar auf 390 ms. Was ich damit sagen will ist: *Messen Sie zum Feintuning unbedingt mehrmals und auf der Version der JVM, die Sie verwenden.*

Entscheidender ist jedoch der Einfluss auf den Speicherbedarf. Hier kann es durch Objekt-Pooling zu deutlichen Einsparungen kommen. Wir sehen in diesem Fall etwa den Faktor 400, wobei das sehr stark von der Speicherfreigabe abhängt und noch deutlich stärker sein kann. Führen wir eine Überschlagsrechnung durch und teilen den verbrauchten Speicher durch die Anzahl der erzeugten Objekte, so erkennen wir, dass jedes `Boolean`-Objekt etwa 16 Bytes verbraucht. Weitere Details zum Einfluss der Wahl von Datentypen auf den Speicherverbrauch werden in Abschnitt 22.6.4 besprochen.

> **Hinweis: Messungenauigkeiten beim Speicherverbrauch**
>
> Für gemessene Ausführungszeiten habe ich bereits bei der Diskussion der für Datenstrukturen ermittelten Messwerte auf Ungenauigkeiten aufmerksam gemacht. Ähnliches gilt für Messungen des Speicherverbrauchs. Diese sind aufgrund der Arbeit des Garbage Collectors nur Annäherungswerte, können aber häufig trotzdem auf Probleme aufmerksam machen.

22.6.3 Optimierungen der Stringverarbeitung

In diesem Abschnitt wollen wir analysieren, warum der massive Einsatz von Strings und Stringoperationen zu Performance-Problemen führen kann. Häufig liegt dies daran, dass Strings intuitiv wie veränderbare Objekte – auch bedingt durch ihr API – eingesetzt werden, aber intern als unveränderliche Objekte implementiert sind. Was heißt das genau? Jede kleinste Veränderung an einem String führt zu einer neuen Instanz. So entstehen schnell viele temporäre Stringobjekte, die sofort wieder verworfen werden, wenn sie nur ein Teilergebnis einer komplexeren Operation sind. Wie bereits erwähnt, ist die JVM bezüglich der Objekterzeugung und der Garbage Collection seit ihren Anfängen viel performanter geworden. Strings bergen jedoch ein weiteres Problem: Sie werden in den Stringliteral-Pool (vgl. Abschnitt 4.3.1) eingetragen und belegen Speicher im Perm-Bereich (vgl. Abschnitt 10.4.3), der extrem selten aufgeräumt wird. In JDK 8 wird stattdessen ein Bereich namens Metaspace genutzt. Teilergebnisse von Stringoperationen belegen so diesen Bereich für lange Zeit.

> **Tipp: Eingabeverwaltung von `Console.readPassword()`**
>
> Die Klasse `Console` bietet eine Methode `readPassword()`. Folgt man der obigen Argumentation bezüglich der Speicherung temporärer Stringresultate im Perm- bzw. Metaspace-Bereich, so würde man durch Aufruf der Methode `readPassword()` ein Passwort im Speicher finden können. Um dies zu vermeiden, arbeitet die `readPassword()`-Methode mit einem `char[]`. Dies ist übrigens eine beliebte Fangfrage bei OCPJP-Prüfungen, da die überladenen `readLine()`-Methoden der Klasse `java.io.Console` einen String zurückliefern.

`StringBuffer` / `StringBuilder` als Abhilfe?

Häufig wird als Optimierung von Stringoperationen der Einsatz der Klasse `StringBuffer` bzw. `StringBuilder` vorgeschlagen. Das Problem temporär erzeugter `String`-Instanzen lässt sich dadurch mildern. Das dazu notwendige Vorgehen wurde in Abschnitt 4.3 vorgestellt. Manchmal werden diese Klassen bereits genutzt, obwohl nur einige wenige Verknüpfungen von Strings durchgeführt werden müssen. Darunter leidet die Lesbarkeit, und außerdem wird der Sourcecode länger.

Betrachten wir ein Programm, das die Laufzeit für verschiedene Stringoperationen innerhalb einer Schleife mit einer Million Durchläufen ermittelt und so eine Abschätzung von Performance-Gewinnen beim Einsatz einer speziellen Methode erlaubt:

```
public static void main(final String[] args)
{
    final String name = "Sarah vom Auetal";
    final int counter = 1_000_000;
    String result = "";

    // Messung mit String +
    result = measureStringPlus(name, counter);
```

```java
    // Messung mit String +=
    result = measureStringPlusEquals(name, counter);

    // Messung mit StringBuilder
    result = measureStringBuilderAppend(name, counter);

    // Messung mit StringBuilder und initialer Kapazität
    result = measurePresizedStringBuilderAppend(name, counter);

    // Messung mit StringBuffer
    result = measureStringBufferAppend(name, counter);

    // Messung mit StringBuffer und initialer Kapazität
    result = measurePresizedStringBufferAppend(name, counter);

    // Messung mit String und Formatter
    result = measureStringAndFormatter(name, counter);

    // Messung mit StringBuilder, initialer Kapazität und Formatter
    result = measureStringBuilderAndFormatter(name, counter);

    // Ausgabe des Ergebnisses vermeidet Weg-Optimierung der Berechnungen
    System.out.println(result);
}

private static String measureStringPlus(final String name, final int counter)
{
    String result = "";
    PerformanceUtils.startMeasure("String +");
    for (int i = 0; i < counter; i++)
    {
        result = "Mein Hund ist " + i + " Jahre alt und heißt " + name + ".";
    }
    PerformanceUtils.stopMeasure("String +");
    PerformanceUtils.printTimingResultWithAverage("String +", counter);
    return result;
}

private static String measureStringPlusEquals(final String name,
                                              final int counter)
{
    String result = "";
    PerformanceUtils.startMeasure("String +=");
    for (int i = 0; i < counter; i++)
    {
        result = "Mein Hund ist ";
        result += i;
        result += " Jahre alt und heißt ";
        result += name;
        result += ".";
    }
    PerformanceUtils.stopMeasure("String +=");
    PerformanceUtils.printTimingResultWithAverage("String +=", counter);
    return result;
}
// ...
```

Listing 22.8 Ausführbar als '**STRINGBENCHMARK**'

In Tabelle 22-7 sind die Ergebnisse des auf meinem iMac (Quad-Core i7 mit 4 GHz) und JDK 8 Update 131 ausgeführten Benchmarks zusammengefasst, wobei weitere, im Listing nicht explizit gezeigte Varianten der Konkatenation auf ihre Performance untersucht wurden, etwa die Auswirkungen der Angabe einer passenden initialen Größe für einen `StringBuffer`. Das wird in der Tabelle als »Presized« gekennzeichnet.

Tabelle 22-7 Performance-Vergleiche von Stringkonkatenationen

Variante	Dauer	Durchschnitt
+	80 ms	0,000080 ms
+=	67 ms	0,000067 ms
`StringBuilder`	136 ms	0,000136 ms
`StringBuilder` »Presized«	113 ms	0,000113 ms
`StringBuffer`	132 ms	0,000132 ms
`StringBuffer` »Presized«	91 ms	0,000091 ms
`String.format()`	1.121 ms	0,001121 ms
`String` und `Formatter`	1.137 ms	0,001137 ms
`StringBuilder` und `Formatter`	861 ms	0,000861 ms

Diskussion

Man sieht eindrucksvoll, dass der oftmals verpönte Operator '+' für das Verketten weniger Strings am besten abschneidet, wobei das mit älteren JDKs (7 und früher) nicht so war. Abgesehen von den formatierten Varianten sind kaum relevante Geschwindigkeitsunterschiede ermittelbar. Gemäß diesen Messwerten kann man oft die übersichtliche Schreibweise mit dem Operator '+' den schlechter lesbaren Varianten mit `StringBuilder` vorziehen. *Bitte beachten Sie, dass hier in den Schleifen auch immer noch die jeweiligen Objekte, z. B. `StringBuilder`, neu erzeugt wurden.* Eine Optimierung besteht darin, etwa nur einmalig einen `StringBuffer` zu erzeugen und diesen wiederzuverwenden, indem man dessen Länge nach jedem Durchlauf auf den Wert 0 setzt. *Mit dieser Modifikation sind '+' und `StringBuilder` nahezu gleich schnell.*

Anhand der Messwerte sieht man auch, dass Stringaufbereitungen durch die `Formatter`-Klassen bzw. die `format()`-Methode etwa um den Faktor 10 – 15 langsamer sind als die Konkatenation mit dem Operator '+'.

22.6.4 Technik – Vermeidung unnötiger Aktionen

Zur Vermeidung einer aufwendigen Konstruktion schwergewichtiger Objekte haben wir in Abschnitt 22.3 bereits die Technik Lazy Initialization kennengelernt. Hierbei werden komplexe, schwergewichtige Objekte in mehrere kleinere, leichtgewichtigere Objekte aufgeteilt, um optionale Teile nur bei Bedarf nachzuladen bzw. zu initialisieren. Der aktuelle Abschnitt führt die Gedanken des Speichersparens und der Vermeidung unnötiger Aktionen auf feingranularer Ebene fort. Bitte beachten Sie, dass sich derartige Mikrooptimierungen nur für sehr große Datenbestände oder extrem häufig ausgeführte Programmteile lohnen. Keinesfalls sollten Sie damit starten, bevor Sie nicht auf anderen Ebenen optimiert haben.

Reduziere die Kosten der Objekterzeugung

Fast alles ist in Java ein Objekt. Demnach werden in Applikationen oftmals viele Objekte angelegt, was sich negativ auf die Performance auswirken kann: Die Objektkonstruktionen kosten etwas Laufzeit. Die JVM ist diesbezüglich sehr performant geworden, sodass dies heutzutage normalerweise kein Problem mehr darstellt. Allerdings besitzt die Erzeugung von Objekten indirekten Einfluss auf die Performance: Zum einen kommt es dadurch später zu einer erhöhten Aktivität des Garbage Collectors, um diese Objekte wieder freizugeben. Zum anderen kann auch der von den Objekten belegte Speicher zu einem Mangel an freiem Speicher führen. Daraus resultieren eventuell Garbage Collections, die (wahrnehmbare) Pausen in der Abarbeitung verursachen.

Je weniger Objekte (unnötig) erzeugt werden, desto mehr Speicher steht der Applikation zur Verfügung. Dazu kann man versuchen, die Kosten der Objekterzeugung und die Anzahl der erzeugten Objekte zu minimieren, etwa indem man Lazy Initialization nutzt und primitive Datentypen anstelle korrespondierender Instanzen der Wrapper-Klassen bevorzugt. Außerdem kann man teilweise die Freigabe von Objekten durch den Garbage Collector erleichtern, indem Referenzvariablen möglichst schnell auf `null` gesetzt werden, wenn diese nicht mehr benötigt werden. Der Garbage Collector kann die nicht mehr referenzierten Objekte einsammeln und eventuell (etwas) früher freigeben.

> **Hinweis: Ausführungszeit von `new`**
>
> Ein `new` in Java führt im Moment des Aufrufs nicht unbedingt zu einer Bereitstellung von Speicher durch das Betriebssystem, da der Speicher in der Regel bereits in der JVM verfügbar ist. Daher kann ein `new` in Java sogar schneller sein als in C++.

Bevorzuge primitive Datentypen anstelle von Wrapper-Klassen

Bei sehr großen Datenmengen kann die Performance positiv beeinflusst werden, wenn man primitive Typen anstelle der zugehörigen Wrapper-Klassen verwendet. Das liegt an folgenden Eigenschaften primitiver Typen:

- Sie sind schnell zu erzeugen (kein Aufwand zur Laufzeit).
- Sie sind schnell im Zugriff (keine Referenzen).
- Sie verbrauchen etwas weniger Speicher als Instanzen der Wrapper-Klassen, z. B. 4 Bytes (`int`) zu 16 Bytes (`Integer`).
- Sie bergen nicht die Gefahr uninitialisierter Referenzvariablen und daraus resultierender `NullPointerException`s.

Am Beispiel der Realisierung von Value Objects (VOs) (vgl. Abschnitt 3.4.5) kann man sich die Vorteile des Einsatzes primitiver Typen verdeutlichen. Nachfolgendes Beispiel zeigt zwei mögliche Varianten der Klassen `BadVO` und `GoodVO` zum Austausch von Daten zwischen Applikationen. Die Daten bestehen hier zur Vereinfachung der Darstellung nur aus einer Kennung `id` und zwei Werten `value1` sowie `value2`.

22.6 Memory-bound-Optimierungen

Die Klasse `BadVO` nutzt diverse Wrapper-Klassen zur Definition ihrer Attribute und speichert demnach Objektreferenzen:

```
class BadVO implements Serializable
{
    Long    Id;
    Integer value1;
    Double  value2;
}
```

Eine solche Realisierung kann erforderlich sein, um für optionale Attribute »kein Wert« ausdrücken zu können. Dazu nutzt man `null` als Wert. Benötigt man diese Funktionalität nicht, so verbraucht der Ansatz deutlich mehr Speicher als die im Folgenden gezeigte `GoodVO`-Variante, die primitive Datentypen für die Attribute verwendet:

```
class GoodVO implements Serializable
{
    long   Id;
    int    value1;
    double value2;
}
```

Betrachten wir dies im Detail, indem wir die Größe beider VOs anhand der verwendeten Datentypen berechnen: Ein `BadVO` benötigt 48 Bytes, ein `GoodVO` belegt lediglich 20 Bytes (vgl. folgenden Praxistipp). *Anhand dieser Größenangaben kann man abschätzen, dass das maximale Einsparpotenzial bei etwa 50 – 75 % liegt, d. h., ein lediglich aus primitiven Typen zusammengesetztes Objekt ist nur etwa ein Viertel bis halb so groß wie ein VO, bestehend aus Wrapper-Klassen.*

Generell gilt, dass sich diese Optimierung vor allem beim Einsatz von Zahlentypen lohnt. Bei umfangreichen VOs, die nicht nur Zahlen, sondern auch Objektreferenzen und Strings speichern, sind die Unterschiede deutlich geringer. Neben dem reinen Speicherverbrauch ist häufig noch ein weiterer Aspekt von Interesse. Bei der Übertragung von VOs zwischen verschiedenen JVMs über ein Netzwerk können die Auswirkungen solcher Einsparungen in einer gesteigerten Geschwindigkeit bei der Kommunikation wahrnehmbar sein, weil die zu übertragende Datenmenge geringer ist.

> **Tipp: Größenabschätzungen für Objekte**
>
> Der Speicherverbrauch eines Objekts lässt sich anhand seiner Attribute berechnen. Für primitive Typen gilt: `byte` ≡ 1, `short` ≡ 2, `int` ≡ 4, `long` ≡ 8, `float` ≡ 4, `double` ≡ 8 Bytes. Referenzvariablen benötigen 4 Bytes (für 32-Bit-JVMs, 8 Bytes für 64-Bit-JVMs). Jede Instanz der Klasse `Object` belegt 8 Bytes. Die Wrapper-Klassen belegen konstant 16 Bytes anstatt der unterschiedlichen Größen der primitiven Typen. Eine `String`-Instanz verbraucht bereits ohne textuellen Nutzinhalt 40 Bytes. Zusatzinformationen findet man im Buch »Java Platform Performance – Strategies and Tactics« von Steve Wilson und Jeff Kesselman [78] sowie online unter `http://www.javaworld.com/javaworld/javatips/jw-javatip130.html`.

22.7 CPU-bound-Optimierungen

In wenigen Fällen wird die Ausführungsgeschwindigkeit eines Programms maßgeblich durch die reine Bearbeitungszeit der Anweisungen in der CPU aufgrund von nicht optimalen Berechnungen verursacht. Im Folgenden werden verschiedene CPU-bound-Optimierungstechniken lediglich kurz vorgestellt, weil derartige Optimierungen nur nach allen anderen Optimierungen überhaupt in Betracht gezogen werden sollten. In Ihrer täglichen Praxis wird das vermutlich eher selten der Fall sein.

22.7.1 Technik – Wahl passender Strategien

Manchmal existiert offensichtlich ein Performance-technisch besser geeigneter Algorithmus für ein zu lösendes Problem als der derzeit gewählte. Bei Performance-Problemen kann dann durch die Wahl des besseren Algorithmus für Abhilfe gesorgt werden. Dies haben wir bereits in Abschnitt 22.1.3 für die Berechnung einer Summe kennengelernt. Ein weiteres Beispiel für die Wahl passender Strategien ist, statt Rekursion eine iterative Lösung zu nutzen, etwa für die Berechnung von Fibonacci-Zahlen. Zwar ist diese rekursiv einfach möglich – allerdings nicht performant:

```
public static long fibonacciRecursive(long n)
{
    if (n == 0 || n == 1)
    {
        return n;
    }

    return fibonacciRecursive(n - 1) + fibonacciRecursive(n - 2);
}
```

Es existiert eine deutlich effizientere, nicht rekursive Möglichkeit zur Berechnung:

```
public static long fibonacciIterative(final long n)
{
    if (n == 0 || n == 1)
    {
        return n;
    }

    long fib_n_2 = 0;
    long fib_n_1 = 1;
    long fib_n = 1;

    for (long i = 2; i <= n; i++)
    {
        fib_n = fib_n_2 + fib_n_1;

        fib_n_2 = fib_n_1;
        fib_n_1 = fib_n;
    }

    return fib_n;
}
```

22.7 CPU-bound-Optimierungen

Schreiben wir ein kleines Programm, um die Performance-Unterschiede zwischen beiden Varianten der Berechnung zu demonstrieren:

```java
public static void main(final String[] args)
{
  final int[] values = { 10, 30, 35, 36, 37, 38, 39, 40,
                         41, 42, 43, 44, 45, 46, 47, 48, 49, 50, 55, 57 };

  for (final int currentValue : values)
  {
    System.out.println("currentValue: " + NumberFormat.getIntegerInstance().
                                          format(currentValue));
    System.out.println("-----------------------------------------");

    final long start1 = System.nanoTime();
    final long fibRecursive = fibonacciRecursive(currentValue);
    final long end1 = System.nanoTime();

    System.out.println("fibonacciRecursive took: " +
                       TimeUnit.NANOSECONDS.toMillis(end1 - start1) + " ms");
    System.out.println("fibonacciRecursive is: " + fibRecursive);

    final long start2 = System.nanoTime();
    final long fibIterative = fibonaccieIterative(currentValue);
    final long end2 = System.nanoTime();

    System.out.println("fibonaccieIterative took: " +
                       TimeUnit.NANOSECONDS.toMillis(end2 - start2) + " ms");
    System.out.println("fibonaccieIterative is: " + fibIterative);

    System.out.println("-----------------------------------------");
  }
}
```

Listing 22.9 Ausführbar als 'FIBONACCIEXAMPLE'

Führen wir das Programm FIBONACCIEXAMPLE aus, so sehen wir, dass bis etwa zur 40. Fibonacci-Zahl die Berechnungen recht zügig vonstattengehen. Danach wird deutlich, wie extrem die Laufzeit (auf einem iMac (Quad-Core i7 mit 4 GHz) und JDK 8 Update 131 gemessen) zunimmt (vgl. folgende Tabelle 22-8).

Tabelle 22-8 Vergleich rekursive und iterative Berechnung von Fibonacci-Zahlen

Berechnung	Eingabewert und Ausführungszeit in ms							
	10	30	35	40	45	50	55	57
Rekursiv	0	4	41	406	4.340	49.294	537.146	1.447.919
Iterativ	0	0	0	0	0	0	0	0

Bereits für Zahlen ab ca. 45 macht sich die exponentielle Zeitzunahme drastisch bemerkbar – bei der iterativen Variante ist die Laufzeit zwar theoretisch $O(n)$, aber praktisch unbedeutend. Um dies zeigen zu können, wollen wir auch viel größere Fibonacci-Zahlen berechnen. Dazu muss man das obige Programm nur ein wenig abwandeln und für Berechnungen die Klasse `BigInteger` nutzen:

```
public static BigInteger fib(final int n)
{
    if (n == 0)
        return BigInteger.ZERO;
    if (n == 1)
        return BigInteger.ONE;

    BigInteger fib_n_2 = BigInteger.ZERO;
    BigInteger fib_n_1 = BigInteger.ONE;
    BigInteger fib_n   = BigInteger.ONE;

    for (int i = 2; i <= n; i++)
    {
        fib_n   = fib_n_2.add(fib_n_1);
        fib_n_2 = fib_n_1;
        fib_n_1 = fib_n;
    }
    return fib_n;
}

public static void main(final String[] args)
{
    System.out.println(fib(10));       // 55
    System.out.println(fib(20));       // 6.765
    System.out.println(fib(30));       // 832.040
    System.out.println(fib(40));       // 102.334.155
    System.out.println(fib(50));       // 12.586.269.025
    // über 200 Ziffern: 43466557686937456435688527675040...849228875
    System.out.println(fib(1000));
    // über 2.000 Ziffern: 36447648764317832666216120051075...947366875
    System.out.println(fib(10_000));
}
```

Listing 22.10 Ausführbar als 'FIBONACCIBIGINTEGEREXAMPLE'

Selbst für riesige Fibonacci-Zahlen bzw. Ergebnisse erhält man beim Start des Programms FIBONACCIBIGINTEGEREXAMPLE nur Laufzeiten im Millisekundenbereich.

> **Hinweis: Rekursion als Problemindikator**
>
> Rekursion ist immer ein potenzieller Ansatzpunkt für Optimierungen. Nicht immer sollte man beim Verzicht auf Rekursion aber derart enorme Gewinne wie bei der Berechnung der Fibonacci-Zahlen erwarten.

22.7.2 Technik – Caching und Pooling

Häufiger liest man, dass man Berechnungen dadurch optimieren sollte, dass Ergebnisse oder Werte vorausberechnet und in Caches oder Lookup-Tabellen gespeichert werden. Früher wurde eine solche Optimierung häufig für Berechnungen von Sinus- oder Kosinuswerten vorgeschlagen. Ich habe Messungen angestellt, und diese zeigen nur geringe Auswirkungen auf die Performance. Das gilt selbst für aufwendigere Berechnungen durch Aufrufe von `Math.exp(double)`. Eine Million Aufrufe benötigen inklusive Speicherung in einem Array mit JDK 8 Update 131 auf meinem iMac (Quad-Core i7 mit 4 GHz) 183 ms, sodass sich eine Zwischenspeicherung

22.7 CPU-bound-Optimierungen

bei einer derartigen Berechnungsgeschwindigkeit fast niemals lohnt. Diese Messung verdeutlicht nochmals die eingangs des Kapitels gemachte Aussage, dass heutzutage Performance-Optimierung auf Sourcecode-Ebene oftmals nur minimale Auswirkungen auf die Gesamtperformance besitzt.

Vergleichen Sie die Ausführungszeiten auf Ihrem Rechner durch Aufruf des folgenden Programms MATHEXPEXAMPLE:

```java
public static void main(final String[] args)
{
    final int counter = 1000 * 1000;
    final double[] testArray = new double[counter];

    PerformanceUtils.startMeasure("MathExpExample");
    for (int i = 0; i < counter; i++)
    {
        testArray[i] = Math.exp(i);
    }
    PerformanceUtils.stopMeasure("MathExpExample");
    PerformanceUtils.printTimingResult("MathExpExample");
}
```

Listing 22.11 *Ausführbar als* **'MATHEXPEXAMPLE'**

Gerade beim Einsatz von Lookup-Tabellen für mathematische Berechnungen muss man sich darüber im Klaren sein, dass dieses Vorgehen auch negative Seiten besitzt:

- **Genauigkeit** – Man wird sich auf eine gewisse Menge an vordefinierten Werten beschränken, etwa die Sinuswerte auf ein Grad genau. Für einige Berechnungen mag diese Genauigkeit ausreichend sein, für andere wiederum nicht.
- **Speicherverbrauch** – Je genauer bzw. umfangreicher die Lookup-Tabellen werden, desto mehr Speicher belegen sie zwangsläufig. Hier existiert ein Tradeoff zwischen verschiedenen Optimierungszielen. Wahrscheinlich wirken sich aber riesige Lookup-Tabellen ungünstiger aus als das, was sie an CPU-bound-Optimierung herausholen. Hier sind wieder umfangreiche Messungen gefragt.

Nichtsdestotrotz ist die Idee der Optimierung durch eine Berechnung im Voraus an sich korrekt und immer dann sinnvoll einzusetzen, wenn man schwergewichtige Objekte wiederverwenden kann oder aber ein Caching nicht mit einer Einschränkung der Lesbarkeit verbunden ist. Insbesondere bei Datenbankzugriffen kann man durch ein geschicktes Caching einiges an Performance-Optimierung erzielen.

22.7.3 Technik – Vermeidung unnötiger Aktionen

Eine Technik, die sowohl die Lesbarkeit erhält als auch Vorteile in der Ablaufgeschwindigkeit und bezüglich des Speicherverbrauchs bewirkt, ist der Einsatz von primitiven Datentypen anstelle von Wrapper-Klassen. Geschieht dies konsequent, so vermeidet man Auto-Boxing und Auto-Unboxing. Auch für diese Optimierung findet man in der Literatur häufig übertriebene Aussagen zu deren Auswirkung auf die Performance.

1352　22 Optimierungen

Um überhaupt Effekte messen zu können, müssen extrem viele Auto-Boxing-Vorgänge stattfinden.

In den ersten beiden Auflagen dieses Buchs verwendete ich zur Demonstration eine `equals(Object)`-Methode. Ab der 3. Auflage habe ich mich für ein artifizielles Beispiel entschieden, das die Dinge besser verdeutlicht. Im folgenden Programm wird eine Summe mithilfe einer Schleife und einer Addition mit dem Wert 1 berechnet. Einmal benutzen wir dazu einen `long` und für die zweite Summation ein `Long`-Objekt. Dadurch kommt es beim Addieren zu Auto-Boxing und Auto-Unboxing:

```java
public static void main(final String[] args)
{
    final long[] loopCounts = {1_000_000, 10_000_000, 100_000_000,
                    1_000_000_000, 10_000_000_000L, 100_000_000_000L};

    for (final long loopCount : loopCounts)
    {
        System.out.println("LoopCount: " + NumberFormat.getIntegerInstance().
                                format(loopCount));
        System.out.println("------------------------------------------");

        final long start1 = System.nanoTime();

        long sumAsPrimitive = 0;
        for (long i = 0; i < loopCount; i++)
        {
            sumAsPrimitive += 1;
        }

        final long end1 = System.nanoTime();
        System.out.println("Primitive sum took: " +
                        TimeUnit.NANOSECONDS.toMillis(end1 - start1));
        // Zugriff auf die Variable, um Optimierung zu vermeiden
        System.out.println("Primitive sum is: " + sumAsPrimitive);

        final long start2 = System.nanoTime();

        Long sumAsWrapper = 0L;
        for (long i = 0; i < loopCount; i++)
        {
            // Hier kommt es zu Auto-Boxing und Auto-Unboxing
            sumAsWrapper += 1;
        }

        final long end2 = System.nanoTime();
        System.out.println("Wrapper/Auto-/Un-)Boxing sum took: " +
                        TimeUnit.NANOSECONDS.toMillis(end2 - start2));
        // Zugriff auf die Variable, um Optimierung zu vermeiden
        System.out.println("Wrapper sum is: " + sumAsWrapper);

        System.out.println("------------------------------------------");

        final double factor = (end2 - start2) / (double) (end1 - start1);
        System.out.println(String.format("Factor %.2f", factor));
        System.out.println("------------------------------------------");
    }
}
```

Listing 22.12 Ausführbar als '**CPUBOUNDOPTIMIZATIONEXAMPLE**'

Führen wir das Programm CPUBOUNDOPTIMIZATIONEXAMPLE aus, um ein wenig mehr Gewissheit über den Einfluss von Auto-Boxing auf die Performance zu erhalten. Wie performant Berechnungen trotz Auto-Boxing und Auto-Unboxing sind, zeigt folgende Tabelle 22-9.

Tabelle 22-9 Performance-Vergleich zwischen Wrapper-Objekten und primitiven Typen

Berechnung	Anzahl Summationen				
	1.000.000	10.000.000	100.000.000	1.000.000.000	10.000.000.000
Auto-Boxing (AB)	13 ms	69 ms	398 ms	3.010 ms	26.464 ms
Primitive Typen (PT)	5 ms	20 ms	25 ms	251 ms	2.514 ms
Faktor AB : PT	2,59	3,41	15,65	11,98	10,52

Insgesamt sind Berechnungen mit primitiven Typen natürlich schneller, im Durchschnitt um etwa den Faktor 3 – 16. *Allerdings zeigen die absoluten Zeiten, dass durch diese Optimierung tatsächlich nur sehr wenig Laufzeitgewinn zu erzielen ist.* Dies wird insbesondere klar, wenn man bedenkt, wie viele Durchläufe nötig sind, um die gemessenen Zeiten zu produzieren: Selbst eine Milliarde Additionen benötigen nur etwa drei Sekunden.

Werden extrem große Datenmengen verwaltet, kann man durch Vermeiden von Auto-Boxing einen kleinen Performance-Gewinn erzielen. Ansonsten muss man sich über solche Minimaloptimierungen bezüglich der Wrapper-Objekt-Erzeugung keine Gedanken machen.

Fazit

Bitte erinnern Sie sich nochmals an meine eingangs gemachte Aussage: *Low-Level-Optimierungen sollten Sie im Normalfall nicht durchführen müssen.* Bevor Sie daran denken, so etwas zu tun, schauen Sie, ob nicht auf höherer Ebene eine zweckmäßigere Optimierung vorgenommen werden kann.

> **Hinweis: Verwendeter Rechner und JDK**
>
> Während für Auflage 3 noch hauptsächlich mein Windows-PC mit JDK 7 zum Einsatz kam, aber einige Messungen auch auf Notebooks stattfanden, wurden die Messungen für diese 4. Auflage zur besseren Vergleichbarkeit alle auf einem iMac (Quad-Core i7 mit 4 GHz) und JDK 8 Update 131 durchgeführt.
>
> Erfahrungsgemäß weichen die Messungen auf verschiedenen Rechnern zum Teil deutlich voneinander ab. Demnach stellen die von mir ermittelten Werte nur Anhaltspunkte dar und variieren abhängig nicht nur von Rechner zu Rechner, sondern auch zwischen unterschiedlichen JDK-Versionen, ja sogar innerhalb verschiedener Updates. Messen Sie durch Start der jeweiligen Gradle-Tasks also selbst nach. Die grundsätzlichen Tendenzen sollten Sie aber auch auf anderer Hardwareausstattung und sogar anderen JDK-Versionen gut nachvollziehen können.

22.8 Weiterführende Literatur

Weiterführende Informationen zu Optimierungen finden sich in folgenden Büchern sowie auf der unten angegebenen Internetseite:

- **»Performant Java programmieren«** von Hendrik Schreiber [67]
  Dieses Buch ist sehr lesenswert und gibt viele interessante Einblicke in das Gebiet der Performance-Optimierung. Es verliert sich nicht in Details, sondern bringt die Ideen und Hinweise klar auf den Punkt. Daher empfehle ich dieses Buch ausdrücklich.

- **»Java Performance Tuning«** von Jack Shirazi [71]
  Dieser Klassiker unter den Performance-Tuning-Büchern beleuchtet das Thema Performance-Optimierung auf breiter Front, geht in einigen Bereichen allerdings sehr auf Optimierungen auf Sourcecode-Ebene ein.

- **»Java Platform Performance – Strategies and Tactics«** von Steve Wilson und Jeff Kesselman [78]
  Dieses Buch ist neben dem von Jack Shirazi ein weiterer Klassiker unter den Performance-Tuning-Büchern und gibt einen guten Überblick über das Thema Performance-Optimierung, steigt allerdings nicht so detailliert in die jeweiligen Themen ein wie das zuvor genannte Buch.

- **»Java Tuning White Paper«** unter `http://java.sun.com/performance/reference/whitepapers/tuning.html`
  Diese Dokumentation enthält einige nützliche Hinweise und auch Links auf weitere Seiten, etwa zur Optimierung der Garbage Collection.

23 Schlussgedanken

Zum Abschluss dieses Buches möchte ich Ihnen ein paar persönliche Gedanken zum Thema Entwickeln, Erstellen von Designs und Unit Tests sowie zum Vorgehen beim Entwurf von Softwaresystemen in Form eines von mir praktizierten Vorgehens darlegen, dass ich den »Think first the code an test«-Ansatz nenne.

Zu guter Letzt wünsche ich Ihnen viel Spaß beim Entwickeln und Unit-Testen und weniger Stress durch die neu gewonnene Sicherheit und das Vertrauen in den eigenen Sourcecode nach der Lektüre dieses Buchs mit seiner Vielzahl an Empfehlungen und Praxistipps.

Mein »Think first the code an test«-Ansatz

Der Weg zu qualitativ hochwertiger und testbarer Software erfordert sauberes Design und eine hochwertige Implementierung, was eine strukturierte Arbeitsweise und gute Werkzeuge voraussetzt. Für den konkreten Ablauf beim Entwurf von Software gibt es diverse, teils kontroverse Vorgehensweisen. Ich halte von Extremen nichts, denn die Wirklichkeit ist nie schwarz oder weiß. Vielmehr möchte ich nachfolgend beschreiben, welches Vorgehen sich für mich beim Entwurf in den letzten zwanzig Jahren bewährt hat, um stabile, wartbare und (nach wenigen Testläufen) nahezu fehlerfreie Software zu erstellen. Meiner Erfahrung nach ist weder der Weg des Big Upfront Design (BUD), bei dem alles bis in kleinste Detail versucht wird, vorab zu spezifizieren, noch derjenige, der ausschließlich auf Test-Driven Development (TDD) basiert ohne eine Einbettung in einen Architektur- und Designprozess, zielführend, sondern eine inkrementelle iterative Kombination aus dem Besten beider Ansätze.

Stellen wir uns folgende Frage: **Wie schreibt man qualitativ hochwertige Software (und Tests)?** Zur Beantwortung möchte ich mit einem Zitat von Antoine de Saint-Exupéry (aus dem Buch »Die Stadt in der Wüste«) beginnen:

> WENN DU EIN SCHIFF BAUEN WILLST, SO FANGE NICHT DAMIT AN, HOLZ ZU SAMMELN, PLANKEN ZU SCHNEIDEN UND DIE ARBEIT EINZUTEILEN, SONDERN ERWECKE IN DEN MENSCHEN DIE SEHNSUCHT NACH DEM WEITEN ENDLOSEN MEER.

Nach diesem gedanklichen Ausflug zum Erreichen großer Ziele gebe ich Ihnen nun ein paar Tipps mit auf den Weg, mit denen ich in einigen Projekten gute Erfahrungen gemacht habe. Schauen wir uns nun also meinen »Think first the code an test«-Ansatz an. Wichtig ist mir, immer den gesunden Menschenverstand einzusetzen und in etwa nach folgenden Schritten vorzugehen:

1. **Verständnis** – Versuchen Sie das zu lösende Problem möglichst gut zu verstehen. Hierbei können etwa Anforderungsdokumente, Pflichtenhefte und insbesondere auch persönliche Gespräche mit den Kunden helfen.

2. **Grobentwurf und Prototpying** – Entwickeln Sei ein erstes Design und prüfen Sie Anforderungen, z. B. indem ein GUI-Prototyp entweder auf Papier oder mithilfe von Mock-up-Tools entsteht. Das hilft, mögliche Schwachpunkte oder fehlerhafte Annahmen aufzudecken.

3. **Refinement** – Klären Sie Fragen mit geeigneten Ansprechpartnern oder mithilfe von Dokumenten.

4. **Zerteilung** – Zerteilen Sie das System in kleinere, überschau- und beherrschbare Einzelbausteine und legen Sie die jeweiligen Verantwortlichkeiten fest.

5. **Implementierung und Test** – Nun erst beginnt die Entwicklung (auch die der Tests). Man kann mit einem ersten prototypischen Entwurf oder dem Erstellen von Testfällen anfangen. Zwischenzeitlich kann man auf Stub-Klassen oder Mocks zurückgreifen, wenn die konkrete Funktionalität noch nicht vollständig entwickelt ist. Beim Erstellen der Basisbausteine sorgt man mithilfe geeigneter Unit Tests dafür, dass diese im Idealfall fehlerfrei sind. Das ist einfacher möglich als bei komplexen Programmbausteinen, da die Basisbausteine oftmals nur wenige Eingabeparameter haben und nur einfache Dinge ausführen. Eine Spezifikation und Überprüfung fällt dann relativ leicht. Dazu haben wir bereits Unit Tests, Äquivalenzklassen, Mocking und parametrierte Tests als gutes Handwerkszeug kennengelernt.

6. **Zusammenfügen** – Fügen Sie die kleineren Komponenten zu größeren Einheiten zusammen. Entwickeln Sie die Interaktionen und testen Sie diese. Da man hier auf einer eher logischen Ebene arbeitet, fällt auch das Erstellen von Testfällen nicht mehr so schwer. Dabei verschwimmt die Grenze zwischen Unit Test, Integrationstest und Systemtest.

7. **Release und Review** – Stellen Sie einen solchen (Zwischen-)Stand dem Kunden vor und holen Sie Feedback ein. Nutzen Sie dieses zum Feintuning für die nächsten Arbeiten.

Die obigen Schritte werden wiederholt, bis das gewünschte Resultat erzielt wurde. Danach kann man sich über einen zufriedenen Kunden freuen, der die Software gerne benutzt, da sie von guter Qualität und auf seine Bedürfnisse zugeschnitten ist.

VI Anhang

A Grundlagen zur Java Virtual Machine

Dieser Anhang stellt einige Grundlagen zur Java Virtual Machine und zur Ausführung von Java-Programmen vor.

A.1 Wissenswertes rund um die Java Virtual Machine

Java ist eine Programmiersprache, die in einer Laufzeitumgebung, der *Java Virtual Machine* (*JVM*), ausgeführt wird. Im Gegensatz zu anderen Programmiersprachen, etwa C++, wird der Sourcecode beim Kompilieren mit dem Java-Compiler `javac` nicht in die Maschinensprache des jeweiligen Computers übersetzt, sondern in eine Zwischensprache, den plattformunabhängigen *Bytecode*. Der Name rührt daher, dass die Instruktionen in Form von Bytes codiert sind. Dieser Bytecode wird nicht direkt vom Prozessor des Rechners ausgeführt. Stattdessen handelt es sich beim Bytecode um Befehle für einen speziellen virtuellen Computer, nämlich für die Java Virtual Machine. Diese stellt einen Computer im Computer dar und ermöglicht so eine Abstraktion von der darunterliegenden Hardware. Die Plattformunabhängigkeit von Java wird dadurch erreicht, dass für jedes Betriebssystem eine eigenständige JVM existiert, die Befehle im Bytecode-Format ausführt. Abbildung A-1 deutet den prinzipiellen Ablauf an.

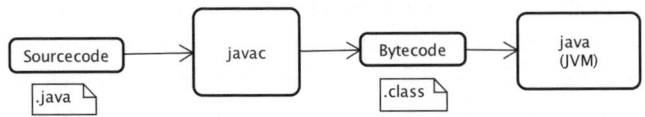

Abbildung A-1 *Ablauf beim Kompilieren und Ausführen eines Java-Programms*

A.1.1 Ausführung eines Java-Programms

Für die Ausführung eines Java-Programms haben früher die ersten JVMs den Bytecode Instruktion für Instruktion interpretiert und abgearbeitet. Aufgrund der durchaus effizienten Arbeitsweise des Bytecode-Interpreters konnte damit bereits eine einigermaßen akzeptable Ausführungsgeschwindigkeit erzielt werden, die jedoch deutlich unter der Geschwindigkeit kompilierter Programme lag. Als Folge davon haben die Ausführungszeiten dieser ersten JVMs lange Zeit das Gerücht genährt, Java-Programme würden (zu) langsam ablaufen. Kompilierte C++-Programme, die in die jeweilige Maschinensprache des Zielrechners übersetzt werden, waren bis zum Erscheinen von JDK 1.4 bzw. JDK 5 performanter. In den letzten Jahren wurden aber immer leistungsfähigere JVMs entwickelt, sodass sich die Ausführungsgeschwindigkeit von Java-Programmen immer mehr derjenigen kompilierter C++-Programme angenähert bzw. mit aktuellen JVMs diese sogar teilweise überflügelt hat.

Heutzutage sind JVMs also extrem leistungsfähig. Das wird unter anderem dadurch erreicht, dass während bzw. parallel zu der eigentlichen Programmausführung der Bytecode in Maschinensprache übersetzt wird. Man spricht von einem Just-in-Time-Compiler (kurz JIT). Führt man diese Transformation für den gesamten Bytecode durch, so kann das allerdings recht aufwendig werden. Für selten durchlaufene Programmteile wiegt somit der erzielte Geschwindigkeitsgewinn bei der Ausführung der kompilierten Anweisungen nicht den zeitlichen Aufwand zur Transformation auf. Demnach ist diese Form der Optimierung manchmal sogar kontraproduktiv und langsamer als eine Ausführung per Interpreter. Aktuelle JVMs nutzen daher eine intelligentere Vorgehensweise bei der Programmausführung, nämlich das sogenannte Hotspot-Optimierungsverfahren.[1] Hierbei werden die häufig durchlaufenen Programmteile (die Hotspots) erkannt und nur diese kompiliert und optimiert. Abschnitt 22.1.3 geht auf einige Optimierungen im Detail ein.

A.1.2 Sicherheit und Speicherverwaltung

Um Java-Programme möglichst robust zu machen, wurden verschiedene Sicherheitsmechanismen in die Sprache integriert. Insbesondere wurde die Speicherverwaltung so gestaltet, dass man sich als Entwickler kaum darum kümmern muss: Der per `new` angeforderte Speicher für Objekte muss nicht explizit freigegeben werden. Das wird stattdessen automatisch durch eine spezielle Komponente der JVM, den **Garbage Collector**, erledigt. Fehler durch zu früh oder mehrmals freigegebene Speicherbereiche sind damit ausgeschlossen. Allerdings verbleibt das Problem von nicht freigegebenem Speicher. Derartige **Memory Leaks** sind in Java im Vergleich zu Sprachen mit manuellem Speichermanagement eher selten, da die JVM diese automatisch sehr zuverlässig verhindert. Es gibt jedoch Spezialfälle, für die dies nicht gilt, nämlich genau dann, wenn nicht alle Referenzen auf Objekte korrekt freigegeben werden, etwa weil eine andere Programmkomponente eine Referenz weiterhin speichert. Details zur Garbage Collection beschreibt Abschnitt 10.4.

---

[1]Die Ausführungsmodi der JVM lassen sich über JVM-Aufrufparameter steuern: `-Xint` aktiviert den Interpreter-Modus. Ohne diese Angabe erfolgt eine Ausführung im Hotspot-Modus.

> **Achtung: Speicherverwaltung**
>
> Zwar befreit der Garbage Collector den Entwickler von der expliziten Speicherverwaltung und vermeidet mögliche Fehler einer manuellen Speicherfreigabe. Allerdings existieren verschiedene Varianten der Garbage Collection, die sich auf die Performance auswirken und bei Bedarf mit Bedacht gewählt werden sollten. Bei nicht zufriedenstellender Performance ist die Analyse der Garbage-Collection-Vorgänge mithilfe eines geeigneten Tools, etwa dem zuvor im Buch vorgestellten VisualVM (vgl. Abschnitt 22.1.4), sehr hilfreich, um mögliche Probleme aufspüren und beheben zu können.

Ein Schutz vor Fehlern beim Speicherzugriff wird durch verschiedene Sicherheitsmechanismen erreicht. Zum einen kann man mit Referenzen nur auf Objekte zugreifen, nicht aber mit dem Referenzwert rechnen, wie dies bei einigen anderen Sprachen möglich ist. Auch Bereichsüberschreitungen bei Array-Zugriffen werden von der JVM verhindert – als Folge werden automatisch `IndexOutOfBoundsException`s ausgelöst. Diese Sicherheitsmechanismen verhindern sowohl das versehentliche als auch das mutwillige Auslesen oder Beschreiben von Speicherbereichen, die eigentlich nicht adressierbar sein sollten. Selbst beim Auftreten derartiger Zugriffsprobleme verbleibt die JVM in einem definierten, arbeitsfähigen Zustand, und man kann kontrolliert über Exception Handling auf die Fehlersituation reagieren. Im besten Fall existiert dazu ein `catch`-Block zur Fehlerbehandlung. Dieser wird durch die JVM angesprungen, sodass die dortigen Anweisungen ausgeführt werden. Eine Fehlersituation bewirkt demnach nur, dass die Anweisungen, die der Exception auslösenden Programmstelle folgen, nicht mehr ausgeführt werden und stattdessen die Ausführung des Programms mit dem umgebenden `catch`-Block fortgesetzt wird. Findet sich kein passender `catch`-Block zur Fehlerbehandlung, d. h., wird die Exception nicht im Programm behandelt, so führt dies zu einem Abbruch des Programms, jedoch nicht zu einem Absturz der JVM.

A.1.3 Sicherheit und Classloading

Beim Start einer JVM ist immer eine Klasse anzugeben, deren `main()`-Methode ausgeführt werden soll, wie hier für eine Klasse `MyClass` gezeigt:

```
java MyClass
```

Zunächst muss der Bytecode der entsprechenden Klasse in die JVM geladen werden. Dazu dient eine Instanz eines sogenannten `ClassLoader`s, der selbst eine Java-Klasse ist. Diese spezielle Klasse lädt die Klassendateien (`.class`-Dateien). Was so alles an Klassen geladen wird, wenn Sie ein Java-Programm starten, sehen Sie durch Angabe der JVM-Option `-verbose` beim Aufruf:

```
java -verbose MyClass
```

Anhand der Ausgabe erkennt man, dass zunächst die wichtigsten Interfaces und Klassen des JDKs geladen werden:

```
[Opened C:\Programme\Java\jdk1.7.0\jre\lib\rt.jar]
[Loaded java.lang.Object from C:\Programme\Java\jdk1.7.0\jre\lib\rt.jar]
[Loaded java.io.Serializable from C:\Programme\Java\jdk1.7.0\jre\lib\rt.jar]
[Loaded java.lang.Comparable from C:\Programme\Java\jdk1.7.0\jre\lib\rt.jar]
[Loaded java.lang.CharSequence from C:\Programme\Java\jdk1.7.0\jre\lib\rt.jar]
[Loaded java.lang.String from C:\Programme\Java\jdk1.7.0\jre\lib\rt.jar]
...
[Loaded java.lang.Class from C:\Programme\Java\jdk1.7.0\jre\lib\rt.jar]
[Loaded java.lang.Cloneable from C:\Programme\Java\jdk1.7.0\jre\lib\rt.jar]
[Loaded java.lang.ClassLoader from C:\Programme\Java\jdk1.7.0\jre\lib\rt.jar]
...
```

Bei diesen Ladevorgängen der Klassendateien finden einige Prüfungen statt, um zu verhindern, dass Systemklassen verändert werden – insbesondere der `ClassLoader` selbst. Anschließend wird durch die Komponente **Bytecode Verifier** sichergestellt, dass keine ungültigen Bytecode-Instruktionen in der `.class`-Datei enthalten sind. Derartige Instruktionen könnten durch Übertragungsfehler oder mutwillige Veränderungen am Bytecode entstehen. Beispielsweise besitzt die JVM den Befehl `iadd` zum Addieren von `int`-Zahlen. Würde dieser mit zwei `float`-Werten ausgeführt, käme es zu Problemen in der JVM. Der Bytecode Verifier prüft nun den gesamten Bytecode nach derartigen Verstößen. Wird ein solcher entdeckt, so wird ein `java.lang.VerifyError` ausgelöst und das Programm beendet. Damit wird verhindert, dass Instruktionen ausgeführt werden, die möglicherweise eine Fehlfunktion der JVM auslösen könnten.

Werden Klassen per Netzwerk oder aus anderen potenziell gefährlichen Quellen geladen, so ist es aus Sicherheitsgründen zum Schutz vor externen Angriffen wünschenswert, dass für diese Klassen eingeschränkte Rechte gelten. Genau das wird innerhalb der JVM durch eine Instanz der Klasse `SecurityManager` sichergestellt. Dieser kann einem ausgeführten Programm (bzw. dessen Klassen) zur Laufzeit gewisse Aktionen erlauben oder verbieten. Beispielsweise sind für derart geladene Klassen standardmäßig Dateisystemoperationen verboten. Das ist sinnvoll, um den Rechner, der das Programm ausführt, vor Angriffen aus dem Netz zu schützen.

Literaturverzeichnis

[1] Scott W. Ambler. *The Elements of Java Style*. Cambridge University Press, Cambridge, Mass., 1995.
[2] Ken Arnold, James Gosling und David Holmes. *The Java Programming Language*. Addison-Wesley, 4. Auflage, 2006.
[3] Jon Bentley. *Perlen der Programmierkunst. Programming Pearls*. Addison-Wesley, 2000.
[4] Cedric Beust und Hani Suleiman. *Next Generation Java Testing : TestNG and Advanced Concepts*. Addison-Wesley, 2008.
[5] Joshua Bloch. *Effective Java*. Addison-Wesley, 2001.
[6] Joshua Bloch. *Effective Java*. Addison-Wesley, 2. Auflage, 2005.
[7] Joshua Bloch und Neil Gafter. *Java Puzzlers*. Addison-Wesley, 2005.
[8] Kenneth L. Calvert und Michael J. Donahoo. *TCP/IP Sockets in Java*. Morgan Kaufmann, 2. Auflage, 2008.
[9] Shyan R. Chidamber und Chris F. Kemerer. *A Metrics Suite for Object Oriented Design*. IEEE Transactions on Software Engineering, 20:476–493, 1994.
[10] Mike Clark. *Pragmatisch Programmieren: Projekt-Automatisierung*. Hanser Verlag, 2006.
[11] Peter Coad und Mark Mayfield. *Design mit Java*. Prentice Hall, 2. Auflage, 1999.
[12] Ben Collins-Sussman, Brian W. Fitzpatrick und C. Michael Pilato. *Versionskontrolle mit Subversion*. O'Reilly, 2. Auflage, 2006.
[13] James O Coplien. *Why Most Unit Testing is Waste*. http://www.rbcs-us.com/documents/Why-Most-Unit-Testing-is-Waste.pdf, 2014.
[14] Thomas H. Cormen, Charles E. Leiserson, Ronald L. Rivest und Clifford Stein. *Introduction to Algorithms*. McGraw-Hill, 2. Auflage, 2001.
[15] Edsger W. Dijkstra. *The humble programmer. Communications of the ACM*, 15(10):859–866, 1994.
[16] Anton Epple. *JavaFX 8*. dpunkt.verlag, 2015.
[17] Friedrich Esser. *Java 2 – Designmuster und Zertifizierungswissen*. Galileo Computing, 2001.
[18] Friedrich Esser. *Java 6 Core Techniken*. Oldenbourg, 2008.
[19] Michael Feathers. *Working Effectively With Legacy Code*. Prentice Hall, 2007.

[20] Ira R. Forman und Nate Forman. *Java Reflection in Action*. Manning, 2005.
[21] Martin Fowler. *Refactoring: Improving the Design of Existing Code*. Addison-Wesley, 1999.
[22] Eric Freeman, Elizabeth Freeman, Kathy Sierra und Bert Bates. *Head First Design Patterns*. O'Reilly, 2004.
[23] Erich Gamma, Richard Helm, Ralph Johnson und John Vlissides. *Design Patterns – Elements of Reusable Object Oriented Software*. Addison-Wesley, 1995.
[24] Erich Gamma, Richard Helm, Ralph Johnson und John Vlissides. *Entwurfsmuster: Elemente wiederverwendbarer objektorientierter Software*. Addison-Wesley, 1996.
[25] Brian Goetz et al. *Java Concurrency in Practice*. Addison-Wesley, 2006.
[26] Javier Fernández González. *Java 7 Concurrency Cookbook*. Packt Publishing, 2012.
[27] Pete Goodliffe. *Code Craft: The Practice of Writing Excellent Code*. No Starch Press, 2007.
[28] James Gosling, Bill Joy, Guy Steele und Gilad Bracha. *The Java Language Specification*. Addison-Wesley, 3. Auflage, 2005.
[29] Markus Gumbel, Marcus Vetter und Carlos Cardenas. *Java Standard Libraries*. Addison-Wesley, 2000.
[30] Brian Henderson-Sellers. *Object-Oriented Metrics: Measures of Complexity*. Prentice Hall, 1995.
[31] Jörg Hettel und Manh Tien Tran. *Nebenläufige Programmierung mit Java: Konzepte und Programmiermodelle für Multicore-Systeme*. dpunkt.verlag, 2016.
[32] Ron Hitchens. *Java NIO*. O'Reilly, 2002.
[33] Allen Holub. *Taming Java Threads*. Apress, 2000.
[34] Allen Holub. *Holub on Patterns*. Apress, 2004.
[35] Cay S. Horstmann. *Java SE 8 for the Really Impatient*. Addison-Wesley, 2014.
[36] Cay S. Horstmann und Gary Cornell. *Core Java 2 – Band 1 Grundlagen*. Addison-Wesley, 7. Auflage, 2005.
[37] Cay S. Horstmann und Gary Cornell. *Core Java 2 – Band 2 Expertenwissen*. Addison-Wesley, 7. Auflage, 2005.
[38] Andrew Hunt und David Thomas. *Der Pragmatische Programmierer*. Hanser Verlag, 2003.
[39] Andrew Hunt und David Thomas. *Unit-Tests mit JUnit*. Hanser Verlag, 2004.
[40] Andrew Hunt und David Thomas. *Pragmatisch Programmieren: Versionsverwaltung mit CVS*. Hanser Verlag, 2005.
[41] Michael Hüttermann. *Agile Java-Entwicklung in der Praxis*. O'Reilly, 2008.
[42] Michael Inden. *Java 8 – Die Neuerungen*. dpunkt.verlag, 2. Auflage, 2015.
[43] Michael Inden. *Der Java-Profi: Persistenzlösungen und REST-Services*. dpunkt.verlag, 2016.
[44] Michael Inden. *Java 9 – Die Neuerungen*. dpunkt.verlag, 2017.

[45]   Xiaoping Jia. *Object-Oriented Software Development Using Java*. Addison-Wesley, 2. Auflage, 2002.
[46]   Tomasz Kaczanowski. *Practical Unit Testing with JUnit and Mockito*. kaczanowscy.pl, 2013.
[47]   Joshua Kerievsky. *Refactoring To Patterns*. Addison-Wesley, 2005.
[48]   Donald E. Knuth. *Structured Programming with go to Statements*. ACM Journal Computing Surveys, 6(4):268, Dezember 1974.
[49]   Lasse Koskela. *Test Driven*. Manning, 2008.
[50]   Lasse Koskela. *Effective Unit Testing: A Guide for Java Developers*. Manning, 2013.
[51]   Doug Lea. *Concurrent Programming in Java*. Addison-Wesley, 2. Auflage, 2000.
[52]   Johannes Link. *Softwaretests mit JUnit*. dpunkt.verlag, 2. Auflage, 2005.
[53]   Robert C. Martin. *Clean Code: A Handbook of Agile Software Craftsmanship*. Prentice Hall, 2008.
[54]   Mike Mason. *Pragmatic Version Control Using Subversion*. Pragmatic Programmers, 2. Auflage, 2006.
[55]   Brett McLaughlin. *Java & XML*. O'Reilly, 2. Auflage, 2001.
[56]   Steven J. Metsker. *Design Patterns Java Workbook*. Addison-Wesley, 2002.
[57]   Khalid A. Mughal und Rolf W. Rasmussen. *A Programmers's Guide to Java SCJP Certification*. Addison-Wesley, 3. Auflage, 2009.
[58]   Benjamin Muschko. *Gradle In Action*. Manning, 2014.
[59]   Maurice Naftalin und Philip Wadler. *Java Generics and Collections*. O'Reilly, 2007.
[60]   Johannes Nowak. *Fortgeschrittene Programmierung mit Java 5*. dpunkt.verlag, 2005.
[61]   Scott Oaks und Henry Wong. *Java Threads*. O'Reilly, 3. Auflage, 2004.
[62]   Rainer Oechsle. *Parallele und verteilte Anwendungen in Java*. Hanser Verlag, 2. Auflage, 2007.
[63]   Bryan O'Sullivan. *Mercurial: The Definitive Guide*. O'Reilly, 2009.
[64]   Bruno R. Preiss. *Data Structures and Algorithms with Object-Oriented Design Patterns in Java*. Wiley, 2000.
[65]   René Preißel und Bjørn Stachmann. *Git*. dpunkt.verlag, 2. Auflage, 2014.
[66]   Stefan Roock und Martin Lippert. *Refactorings in großen Softwareprojekten*. dpunkt.verlag, 2004.
[67]   Hendrik Schreiber. *Performant Java programmieren*. Addison-Wesley, 2002.
[68]   Robert Sedgewick. *Algorithmen*. Addison-Wesley, 1992.
[69]   Alan Shalloway und James R. Trott. *Design Patterns Explained*. Addison-Wesley, 2. Auflage, 2005.
[70]   Kishori Sharan. *Learn JavaFX 8*. Apress, 2015.
[71]   Jack Shirazi. *Java Performance Tuning*. O'Reilly, 2. Auflage, 2003.
[72]   Kathy Sierra und Bert Bates. *SCJP – Sun Certified Programmer & Developer for Java 2*. Osborne, 2003.

[73] Kathy Sierra und Bert Bates. *SCJP – Sun Certified Programmer for Java 6 Study Guide*. McGraw-Hill, 2008.

[74] Bernhard Stephan. *Einstieg in Java 6 – Sonderausgabe: Verständliche und umfassende Einführung*. Galileo Computing, 3. Auflage, 2008.

[75] Venkat Subramaniam. *Programming Groovy 2: Dynamic Productivity for the Java Developer*. O'Reilly, 2013.

[76] Uwe Vigenschow und Björn Schneider. *Soft Skills für Softwareentwickler*. dpunkt.verlag, 2006.

[77] Frank Westphal. *Testgetriebene Entwicklung mit JUnit & FIT*. dpunkt.verlag, 2006.

[78] Steve Wilson und Jeff Kesselman. *Java Platform Performance – Strategies and Tactics*. Addison-Wesley, 2000.

Index

@Deprecated, 113, 253, 483, 823, 824, 914
    forRemoval, 823
    since, 823
@Deprecated-Annotation, 823, 824
@Override, 204
@TODO, 947
@deprecated, 113, 253, 483, 824, 914

Abarbeitung
    iterative, 318
    parallele, 460
    sequenzielle, 318, 460, 468
Abbildungstabelle, 371
Abhängigkeit
    zirkuläre, 672
    zwischen Modulen, 877
Ableitung, 377
Ableitungshierarchie, 922, 938
    von Exceptions, 287
Abnahmetest, 1177
AbstractMap<K,V>, 370, 375
AbstractSet<E>, 346
Abstraktion, 1153
Abstraktionsebene, 1025, 1154
    einheitliche, 1026, 1136
    Implementierungsebene, 1137
    unterschiedliche, 1136
accept(), 314, 315
Access Control Proxy, 1117
Accessibility, 859
Accessor, 89
ActionEvent, 714
ActionListener, 307
Adapter, 1078
adjustInto(), 705, 707
Aggregation, 91, 377
Akzeptanztest, 1177
Alert, 754
Algorithmus, 1302
allMatch(), 443, 455
allProcesses(), 828

Analyse
    dynamische, 1160
    statische, 1160
and(), 319, 320
Animation, 738
Annotation, 39, 637
    @Deprecated, 113, 253, 483, 914, 1037, 1147
    @Override, 204
    Override, 379
    auslesen, 643
    Auto-Complete-, 642
    Definition einer eigenen, 640
    Meta-, 642
    Standard-, 638
Annotation Processor, 637
Annotations, 621
Anomalie
    MIN_VALUE, 224
anonyme innere Klasse, 823
Ant, 61
Anti-Pattern, 1055
    Beobachter, 1127
    Observer, 1127
    Singleton, 1071
anyMatch(), 443, 455, 834
AOP, 1078
Apache Commons, 480
Apache Commons CLI, 517, 522
Apache Commons Configuration, 537
API, 102, 498, 1184
    Calendar-, 253, 254
    Date-, 252
    Design, 1184
    fremdes, 527
API-Design, 1184
API-Problem, 498
Appender, 508
Application Programming Interface, 102
Applikationstest, 1177

apply(), 314, 321, 343
Äquivalenzklasse, 1194
Äquivalenzklassentest, 962, 1193
Arbeitsumgebung, 13
Architekturproblem, 1160
ARM, 293, 295
Array, 325, 328
    Anpassung der Größe, 329, 330
    Kapazität, 329
Array-Store-Exception, 181
ArrayBlockingQueue<E>, 601
ArrayIndexOutOfBoundsException, 330, 924, 951
ArrayList<E>, 206, 336, 339, 1304, 1306
    add(), 340
    get(), 340
    Größenanpassung, 340
    Kapazität, 339
    remove(), 340
    size(), 339
    Speicherverbrauch, 340
    trimToSize(), 341
Arrays, 204, 330, 440
    asList(), 204, 398
    binarySearch(), 386
    copyOf(), 330
    copyOfRange(), 330
    deepEquals(), 430
    deepHashCode(), 430
    deepToString(), 430
    equals(), 429, 430
    hashCode(), 430
    parallelStream(), 464
    stream(), 440
    toString(), 205, 430
Artefakt, 64
asLongStream(), 441
AspectJ, 1078
aspektorientierte Programmierung, 1078
Assert, 38, 39
Assertion, 281, 298
    -da, 299
    -ea, 299
    aktivieren, 299
    deaktivieren, 299
AssertionError, 298
Assoziation, 91
atomare Variable, 595
Atomarität, 579
Atomic-Integer, 581
Atomic-Long, 581

Attribut, 86
    Präfix, 1141
    Typpräfix, 1141
Aufrufkette, 838
    mit Fallback-Strategie, 838
Aufzählung, 154
Ausdruck
    regulärer, 244
Auslassungszeichen, 720
Auslieferung, 18
äußere Qualität, 1182
Austauschbarkeit, 1153
Auto-Boxing, 225
    Wissenswertes zu, 228
Auto-Unboxing, 225, 228
    Wissenswertes zu, 228
AutoCloseable, 296
Automatic Module, 895
Automatic Resource Management, 293, 295
average(), 423, 454

Backup, 22
Balancierung, 364
Basisklasse, 943
    abstrakte, 128, 129
Baum, 1087
    binärer, 364
    Blatt, 364
    Tiefe, 364
    Wurzel, 364
BDD, 1272
Bedingung
    boolesche, 319
behaves-like-Beziehung, 87
Behaviour-Driven Development, 1272
Beobachter, 1027, 1119
    als Anti-Pattern, 1127
Berechnung
    dynamisch ausführen, 684
Bereich
    kritischer, 553, 595
Betriebsblindheit, 1179
between(), 694, 696
BigInteger, 993
binärer Baum, 364
Binärsuche, 386, 1300
BinaryOperator, 458, 469
bind(), 745
bindBidirectional(), 745
Binden
    dynamisches, 96, 938, 970

Binding
    bidirektional, 744
    unidirektional, 744
Bindings, 683, 744
Blackbox-Test, 1178
Blatt, 364, 1087
BlockingQueue<E>, 573, 600
    offer(), 600
    poll(), 601
    put(), 601
    take(), 601
Boilerplate-Code, 305, 393
Boolean, 225
BorderPane, 715
boxed(), 441
Boxing, 225
Branch, 21, 26
Breakpoint, 45
Browser-Plugin, 847
Bucket, 349
BufferedInputStream, 264
Build, 61
    inkrementeller, 74
Builder, 1064
Buildship Gradle Integration, 79
Bulk Operations
    on Collections, 439
Bulk-Operation, 331
Business-Methode, 90, 104, 1018, 1020, 1154
    Auswirkung auf Beobachter-Muster, 1126
Busy Waiting, 566
Button, 714, 737
Bytecode, 1359
Bytecode Verifier, 1362

Cache, 372
    Integer, 229
    Long, 229
    LRU-, 1337
    Thread-lokaler, 553
Cache-Kohärenz, 579, 1340
Calendar, 249, 250, 253, 690
    add(), 254
    get(), 254
    getTime(), 250
    roll(), 254
    set(), 255
Calendar-API, 253, 254
Call-by-Reference, 97

Call-by-Value, 97
Callable, 607, 615
Callback-Interface, 319
CamelCase-Notation, 1190
CamelCase-Schreibweise, 1140
can-act-like, 140
can-act-like-Beziehung, 87, 125
CAS, 581
Cascading Style Sheets, 730
Cast, 96, 922
    ClassCastException, 922
CBO, 1163
Cell, 767
Character, 225
    isDigit(), 986
CharBuffer, 275
CharSequence, 234, 470
Charset, 267
    availableCharsets(), 268
    Cp1252, 267
    Cp850, 267
    forName(), 268
    ISO-8859-1, 267
    UTF-16, 267
    UTF-8, 267
CharsetDecoder, 267
CharsetEncoder, 267
charsr(), 440
Checked Exception, 287, 293, 952
Checkstyle, 1165
children(), 828
ChoiceDialog, 754
ChronoUnit, 688, 695, 696
    between(), 696
Class<T>, 199
ClassCastException, 346, 405, 922
CLASSPATH, 18
Client, 123
Client-Server-Kommunikation, 289
Clock, 702
    fixed(), 703
Clustering, 352
CMS, 670
Codereview, 1138, 1142, 1275
    Meeting, 1275
    Probleme, 1277
    psychologische Aspekte, 1276
    Tipps, 1277
Codereview-Meeting, 1275
Coding Conventions, 994, 1133, 1138
    Akzeptanz, 1138

1370 Index

Formatierung, 1139
Namensgebung, 1139
Coin, 823
Colebourne, 687
CollationKey, 803
Collator, 395, 799
    getInstance(), 395
collect(), 443, 458, 831
Collection, 313, 343
    Mengenoperation, 332
Collection-Literal, 843
Collection<E>, 326, 331, 435, 436, 1311
    add(), 206, 331
    addAll(), 331
    contains(), 331
    containsAll(), 331
    isEmpty(), 331
    iterator(), 333
    next(), 334
    parallelStream(), 440
    remove(), 331, 335
    removeAll(), 331
    removeIf(), 332, 752
    retainAll(), 331
    size(), 331
    stream(), 440
Collections
    binarySearch(), 386
    checkedCollection(), 405
    checkedList(), 405
    checkedMap(), 405
    checkedSet(), 406
    checkedSortedMap(), 405
    checkedSortedSet(), 406
    emptyList(), 401
    emptyMap(), 401
    emptySet(), 401
    frequency(), 406
    max(), 407
    min(), 407
    nCopies(), 406
    replaceAll(), 407
    shuffle(), 407
    singleton(), 400
    singletonList(), 400
    singletonMap(), 400
    unmodifiableList(), 336, 403
Collector, 453
Collectors, 831
    counting(), 458
    groupingBy(), 458

joining(), 458, 831
partitioningBy(), 458
toCollection(), 453, 454
toList(), 453, 454
Command, 1109
command(), 826, 827
CommandLineParser
    parse(), 523
Commons CLI, 517, 522
Commons Configuration, 537
Comparable<T>, 358, 394, 764
    compareTo(), 358
Comparator, 304–306, 443
Comparator<T>, 358, 362, 393–395, 443
    compare(), 362
    compareTo(), 394, 395
    comparing(), 394
    comparingDouble(), 394
    comparingInt(), 394, 395
    comparingLong(), 394
    Hintereinanderschaltung, 395
    naturalOrder(), 396
    null-Werte, 397
    nullsFirst(), 397
    nullsLast(), 397
    primitive Typen, 395
    reversed(), 396
    reverseOrder(), 396
    thenComparing(), 394, 395
    thenComparingDouble(), 394
    thenComparingInt(), 394
    thenComparingLong(), 394
Comparators
    naturalOrder(), 394
    reversed(), 394
    reverseOrder(), 394
compare(), 305, 306
Compare-and-Swap-Operation, 581
compareTo(), 394, 395
comparing(), 394
comparingInt(), 395
CompletableFuture, 615, 616, 841, 843
    completeAsync(), 841, 842
    completeOnTimeout(), 841
    failedFuture(), 841, 843
    orTimeout(), 841
    supplyAsync(), 616, 617
    thenAccept(), 616, 842
    thenApply(), 616
    thenApplyAsync(), 617
    thenCombine(), 617

completeAsync(), 841, 842
completeOnTimeout(), 841
computeIfAbsent(), 382
computeIfPresent(), 382
Concurrency, 615
Concurrent Mark and Sweep Collector, 670
ConcurrentHashMap<K,V>, 381, 598, 599,
       615, 1308
    computeIfAbsent(), 615
    forEach(), 615
    forEachEntry(), 615
    forEachKey(), 615
    forEachValue(), 615
    merge(), 615
    reduce(), 615
    search(), 615
ConcurrentModificationException, 335, 402, 597
ConcurrentSkipListMap<K,V>, 328, 599, 1309
ConcurrentSkipListSet<E>, 328, 1309
Condition, 562, 595
    await(), 578
    signal(), 578
    signalAll(), 578
Conditional-Operator, 1158
Console, 1343
Constructor Injection, 1222
Consumer, 313, 314
    accept(), 315
Container
    hashbasierte, 349
Containerklasse, 325
ContentPane, 712
Continuous Integration, 63
Convenience-Methode, 921
Convention over Configuration, 64
Copy-Paste, 113, 920, 921, 961
    Erkennung von, 1168
    Probleme durch, 920
    Wiederverwendung, 91
Copy-Paste-Ansatz, 93
CopyOnWriteArrayList<E>, 598
CopyOnWriteArraySet<E>, 598
count(), 443, 454
CountDownLatch, 576, 595
    await(), 576
    countDown(), 576
counting(), 458
Cp1252, 267
Cp850, 267

CPU-bound, 1285
CPU-bound-Optimierungen, 1348
Cross-Cutting Concern, 1077, 1078
CSS, 730
current(), 826
currentTimeMillis(), 702
CVS, 13
CyclicBarrier, 576, 595
Cyclomatic Complexity, 1162

Daemon-Thread, 585
DAO, 1143
Data Access Object, 1143
Data Binding, 743, 744, 762, 766
    Vorteile, 748
Data Transfer Object, 160
DataInputStream, 273
    readLong(), 273
    readUTF(), 273
DataOutputStream, 273
    writeLong(), 273
    writeUTF(), 273
Date, 201, 249, 687, 709, 1013
    after(), 252
    before(), 252
    Fallstricke, 249
    getDate(), 251
    getDay(), 251
    getMonth(), 251
    getTime(), 250
    getYear(), 251
    setTime(), 250
Date and Time API, 687
Date-API, 252
DateFormat, 788
    setLenient(), 795
Datenkapselung, 111, 1011, 1018
Datensicherung, 22
Datenstruktur, 1302
    Array, 328
    Baum, 1302
    Einsatz geeigneter, 1302
    Liste, 336
    Menge, 344
Datentyp, 87
    primitiver, 87
DateTimeFormatter, 535, 537, 704
DayOfWeek, 688, 690
dayOfWeekInMonth(), 707
Deadlock, 540, 560, 561
Debugger, 43

Debugging, 43
    Java Debug Wire Protocol, 48
    JDWP, 48
Debuggingzwecke, 442
Decoder, 267
Decorator, 1080
Deep Copy, 148
default, 21, 31
Defaultmethode, 312, 313, 824, 825
    API-Erweiterung, 313
    forEach(), 313
    Rückwärtskompatibilität, 313
    sort(), 313
    Standardverhalten, 315
DefaultMutableTreeNode, 1085
    hasChildren(), 1085
    isLeaf(), 1085
Definition, 87
    von Schnittstellen, 824
Deklaration, 87
Delayed, 601
Delayed Exception, 959
DelayQueue<E>, 601
Delegation, 114, 1080
Denkweise
    menschliche, 696
Dependency Injection, 177, 1114, 1222
Dependency Inversion Principle, 167, 174, 1043
Deployment, 52
Deque<E>, 327, 433, 436
Deserialisierung, 644
Design by Contract, 115, 1149
Designpattern, 1055
Designproblem, 1160
Designsünde, 825
destroy(), 829
Diamond Operator, 187, 823
Dictionary, 368
Differenzmenge, 332
DIP, 167, 174, 1043
distinct(), 442, 443, 451
DIT, 1163
divide and conquer, 106, 613
Domain, 1177
Double, 218
    doubleToLongBits(), 232
    longBitsToDouble(), 232
    parseDouble(), 227
Double Checked Locking, 1071
DoubleStream, 441

boxed(), 441
DoubleSummaryStatistics, 455
Down Cast, 96, 146, 922, 941
DropShadow, 737
dropWhile(), 830, 831
DRY-Prinzip, 290, 1024, 1046
DTO, 1311
    Hilfsmethoden, 161
Dummy, 1218
Duplikatfreiheit, 845
Duplikation
    reduzieren, 824
Duration, 692, 694, 695, 698, 827
    between(), 694
    ofDays(), 694
Dynamic Binding, 96
dynamische Analyse, 1160
dynamisches Binden, 970

EclEmma, 1266
Eclipse, 13, 14
    Refactoring
        Encapsulate Field, 1012
        Extract Interface, 1021
        Extract Local Variable, 972
        Extract Method, 1024
Eden-Bereich, 664
Effect, 737
effectively final, 257, 297
Eiffel, 115
Eigenschaften
    orthogonale, 139
    unabhängige, 139
Ellipsis, 720
empty(), 834, 837
Encoder, 267
Entropie, 1135
Entwicklungsumgebung
    integrierte, 13
Entwurfsmuster, 1055
    Adapter, 1078
    Builder, 1064
    Command, 1109
    Decorator, 139, 1080
    Erbauer, 1064
    Erzeugungsmethode, 966, 968, 1058
    Fabrikmethode, 792, 795, 942, 1061, 1306
    Fassade, 1076
    Iterator, 1088
    Kompositum, 1084, 1302

Listener, 1118
Null-Objekt, 457, 956, 1090, 1316
Observer, 1118
Prototyp, 1072
Proxy, 1116, 1317, 1319
Publisher/Subscriber, 1118
Schablonenmethode, 1093
Singleton, 528, 552, 1067
Strategie, 1097
Template-Methode, 1093
Value Object, 160
Entwurfsstil, 106
Enum-Muster, 154
EnumSet, 157
equals()
    Behandlung optionaler Attribute, 212
    in Subklassen, 214
    Kontrakt, 207
    nullSafeEquals(), 213
    StringBuffer, 242
    StringBuilder, 242
    Typische Fehler, 210
EqualsUtils
    nullSafeEquals(), 213
equalTo(), 1257
Erbauer, 1064
Ergänzungen
    in Java 9, 823
Erreichbarkeit, 663
Erweiterbarkeit, 824
Erzeugungsmethode, 966, 968, 1058
Escapen, 247
Escaping Reference, 935
EventHandler, 714, 736
Exception, 281
    Checked, 287, 288
    IllegalArgumentException, 282
    IllegalStateException, 282
    in Threads, 586
    NullPointerException, 282
    printStackTrace(), 283
    Unchecked, 287, 288
    UnsupportedOperationException, 282
Exception Handling, 288
    Besonderheiten, 294
    Erleichterung in JDK 7, 952
    Final Rethrow, 296
    Multi Catch, 294
    unspezifisches, 951
    Vereinfachung, 952
Exchanger, 595

Exchanger<V>, 576
    exchange(), 576
exec(), 826
Executor, 315, 602
Executors, 315, 604
    newCachedThreadPool(), 605
    newFixedThreadPool(), 604
    newScheduledThreadPool(), 605
    newSingleThreadExecutor(), 605
ExecutorService, 604
    submit(), 607
Explosion
    kombinatorische, 138
Externalizable, 659
externe Iteration, 318
Extraktion, 467
Extreme Programming, 1179
Extremwert, 1202
Extremwerttest, 962

Fabrikmethode, 792, 795, 942, 1061, 1306
fail-fast, 597
Fail-fast-Iterator, 335, 336, 339
failedFuture(), 841, 842
Fall-Through-Assertion, 300
Fallback-Strategie, 838
False Positives, 1208
Fassade, 1076
FCFS, 433
Feedbackzyklus, 1206, 1249
Fehler, 1176
Fehlerbehandlung
    offensive, 954
Fehlermaskierung, 1165, 1178
Fehlersuche, 45
    mit Debugger, 45
FIFO, 433
FIFO-Prinzip, 327
File, 259, 275
    createNewFile(), 260
    delete(), 261
    exists(), 260
    getAbsolutePath(), 260
    getCanonicalPath(), 260
    getName(), 260
    isDirectory(), 260
    isFile(), 260
    list(), 261
    listFiles(), 261
    mkdir(), 261
    mkdirs(), 261

FileFilter, 262
    accept(), 262
FileInputStream, 264
FilenameFilter, 262
    accept(), 262
FileOutputStream, 265
Files, 277
    readAllLines(), 618
Files.lines(), 279
Files.list(), 279
Files.readAllLines(), 279
Files.write(), 280
filter(), 444, 446, 457, 701
Filter-Map-Reduce, 466
    im Einsatz, 469
Filter-Map-Reduce-Framework, 439
Filterbedingung, 618
FilteredList, 753
Filtern
    dynamisches, 751
findAny(), 443, 456, 465
FindBugs, 1169
findFirst(), 443, 456, 457, 465
First-Come-First-Serve, 433
First-In-First-Out, 433
firstDayOfMonth(), 706
firstDayOfNextMonth(), 706
firstDayOfNextYear(), 706
firstDayOfYear(), 706
firstInMonth(), 706
fixed(), 703
Flüchtigkeitsfehler, 845
flache Kopie, 148
flatMap(), 442, 446, 459, 618, 837
Float, 218
    floatToIntBits(), 232
    intBitsToFloat(), 232
    parseFloat(), 227
FlowPane, 714, 715
Fokussierung, 1193
for-Schleife, 833
forEach(), 313, 443, 452, 464
FOREVER, 696
Fork-Join-Framework, 617
Format, 243, 789
Formatierung, 704
    Ausnahmen, 1140
    grundlegende Regeln, 1139
Formatter, 789
forRemoval, 823
Framework-Entwickler, 825

freeMemory(), 1295
Fremdbibliothek
    Einbinden von, 891
Füllgrad, 329, 356
Full GC, 665
Function, 314, 321, 442, 445
    apply(), 314, 321, 343, 445
Functional Interface, 304
    besondere Methoden, 305
    Implementierung von, 305
FunctionalInterface
    Annotation, 304
Funktionalität
    veraltete, 823
Future, 607, 615
    isDone(), 610
FXCollections, 748
FXMLLoader, 726

G1, 846
Garbage Collection, 89, 200, 621, 662, 845, 846
    alte Generation, 663, 664
    Eden-Bereich, 664
    Full GC, 665
    Grundlagen zur, 662
    isolierte Inseln, 672
    junge Generation, 663, 664
    Major GC, 665
    Mark-and-Compact-Algorithmus, 667
    Mark-and-Sweep-Algorithmus, 666
    Memory Leak, 670
    Old Generation, 664
    Perm, 664
    Permanent Generation, 664
    Stop-and-Copy-Algorithmus, 667
    Survivor-Bereich, 664
    Ternured Generation, 664
    Young Generation, 664
Garbage Collector, 200, 340, 341, 662, 846, 1152, 1360
    CMS, 670
    G1, 670
Garbage First, 846
GaussianBlur, 737
GC, 662
Geheimnisprinzip, 163
Generalisierung, 93, 1153
Generation
    alte, 663
    junge, 663

Generics, 85, 144, 185, 405
Gesetz der Ähnlichkeit, 1135
Gesetz der Nähe, 1137
Gesetz von Demeter, 163
Gestaltung
    mit CSS, 730
get(), 834
getAvailableZoneIds, 701
getAvailableZoneIds(), 701
getOrDefault(), 381
GMT, 701
Google Guava, 480, 892
Gradle, 13, 61
    Builds mit, 69
    Code-Checker-Tool einbinden, 78
    eigene Tasks definieren, 77
    IDE-Projekte erzeugen, 79
    Installation, 69
    JAR erstellen, 76
    Java-9-Support, 82
    Javadoc generieren, 74
    Kompilieren, 72
    Multi-Project-Builds, 80
    Unit Tests ausführen, 74
    verfügbare Tasks, 71
    Vorteile, 82
Graphen, 1087
Greenwich Mean Time, 701
GregorianCalendar, 253, 709
GridPane, 715
groupingBy(), 458
Guava, 892
GUI-Technologie
    Wechsel der, 774

Hamcrest, 1256
    assertThat(), 1257
Happens-before, 583
Happens-before-Ordnung, 588, 589
has-a-Beziehung, 944
hashCode(), 355
    Kontrakt, 353
    Primzahl, 355
Hashcontainer
    Bucket, 349
    Füllgrad, 356
    Kollision, 356
    Load Factor, 356
HashMap<K,V>, 370, 598, 1307
HashSet<E>, 346, 1307
Hashtabelle, 351

Hashtable<K,V>, 529
HashUtils, 355
Hauptast, 21
HBox, 715
HEAD, 21
Heap, 846
HelpFormatter
    printHelp(), 524
heterogene Liste, 421
High-Level-Refactoring, 1011
Hilfsmethoden, 161
Histogramm
    aufbereiten, 471
homogene Liste, 421
Hook, 1093
HTML5, 848
    Javadoc, 848
Hyperassertions, 1253

I/O-bound, 1286
I/O-bound-Optimierungen, 1327
IDE, 13
Identität, 205
identity(), 321
Idiom
    Null-sichere Vergleiche mit der
        Utility-Klasse Objects, 213
    Performante Stringkonkatenation, 241
    Prüfung auf inhaltliche Gleichheit, 242
    Thread-sichere Iteration, 402
    Traversierung von Collections mit dem
        Interface Iterator, 333
    Warten auf eine Bedingung, 570
IEEE-754-Format, 232
ifPresent(), 424, 834
ifPresentOrElse(), 836
Illegal-Thread-State-Exception, 543
IllegalAccessException, 891
IllegalArgumentException, 1047
IllegalMonitorStateException, 557
    unerwartete, 577
IllegalStateException, 336, 435, 449, 1045
    Konfigurationsfehler, 954
Image, 737
ImageView, 737
Implementierungsphase, 1150
Implementierungsvererbung, 94, 114, 434, 526
Indirektionen, 1078
Infinitest, 1262
info(), 826

Information Hiding, 89, 163
Initialisierung
    korrekte, 1045
Initialisierungsprüfung
    zentrale, 1046
Initializer
    Instanz-, 938
Inkonsistenz
    Vermeidung von, 845
innere Klasse, 256
innere Qualität, 1182
InputStream, 264, 275, 839
    available(), 265
    close(), 265
    read(), 265, 266
    ready(), 266
InputStreamReader, 267
Inspektion
    von Verarbeitungsschritten, 449
Installation
    Gradle, 69
instanceof, 208
Instant, 687, 689, 691, 693–695, 709
    plus(), 691, 694
Instanz, 86
Instanz-Initializer, 938
Integer, 218
    Cache, 229
    parseInt(), 226, 227, 537, 992
IntegerStringConverter, 756
Integrationstest, 1176, 1179
IntelliJ IDEA, 14
Interface, 86, 123
    Angebot von Verhalten, 86, 123
    Aufspalten eines, 1022
    Comparable<T>, 358
    Einführen eines, 1021
    Erweiterung, 312
    Kompatibilitätsproblem, 312
    Namensgebung von, 126
    Präfix, 126
    Read-only-, 1023, 1024
    Read-Write-, 1024
    statische Methoden, 315
    Veröffentlichung, 312
    Write-, 1024
Interface Segregation Principle, 167, 173,
    1043, 1154
Interleaving, 583
Intermediate Operation, 442
    zustandsbehaftete, 451

zustandslose, 444
Internationalisierung, 395, 779
    ResourceManager, 810
Interprozesskommunikation, 540
Interrupted-Exception, 550, 551
IntPredicate, 832
IntStream, 423, 440, 441, 830
    asLongStream(), 441
    average(), 423
    boxed(), 441
    chars(), 440
    mapToObj(), 441
    max(), 423
    min(), 423
    range(), 440
IntSummaryStatistics, 455
IntUnaryOperator, 833
Invariante, 115, 150
Invarianz, 180, 409, 411
IOException, 260
is-a-Beziehung, 93, 96, 125, 434, 944
isLeap(), 691
ISO-8859-1, 267
isolierte Inseln, 672
ISP, 167, 173, 1043, 1154
Ist-Verhalten, 1175
Iterable
    forEach(), 452
Iterable<T>, 313, 1090
    forEach(), 452
iterate(), 832, 833
Iteration, 318, 333
    externe, 318
    interne, 318, 319
Iterator, 315, 318, 333, 1088
    fail-fast-, 335, 336, 339, 597
    hasNext(), 333
    remove(), 315
    weakly consistent, 600
Iterator<E>, 1090, 1311
    ConcurrentModificationException, 335
    next(), 333–335
    remove(), 334, 335
    UnsupportedOperationException, 334

JaCoCo, 1263
JAR, 53
    erstellen, 76
    modulares, 872
Java 9
    Ergänzungen in, 823

Index

Syntaxerweiterungen, 823
Java Debug Wire Protocol, 48
Java Language Specification, 305
Java Virtual Machine, 1359
Java Virtual Machine Debug Interface, 49
Java-Memory-Modell, 578
Javadoc, 848, 1137, 1146
    @author, 1147
    @deprecated, 113, 253, 483, 914, 1147
    @inheritDoc, 1147
    @param, 1147
    @return, 1147
    @see, 1147
    @since, 1147
    @throws, 1147
    @version, 1147
    Tag, 1146
javadoc, 848
Javadoc-Kommentar, 824
JavaFX
    Animation, 738
    Effekt, 736
    in Swing einbinden, 774
javap, 241
JavaScript
    ausführen, 683
JavaScript-Engine, 682
    Nashorn, 682
    Rhino, 684
JConsole, 1296
jdeps, 877
JDWP, 48
JFXPanel, 774
JLS, 300, 305, 353
JMM, 578
    Atomarität, 579
    Reordering, 579, 581
    Sichtbarkeit, 578, 579
join(), 470
joining(), 458, 831
jshell, 849
    Tab Completion, 850
JSR-310, 687
JUnit, 37, 1256
    @After, 1192
    @Before, 1192
    Annotation, 39
    Assert, 39
    assertEquals(), 40, 1257
    assertFalse(), 39, 987

assertNotNull(), 40
assertNotSame(), 40
assertNull(), 40
assertSame(), 40
assertTrue(), 39, 987
Extreme Programming, 1179
fail(), 40
TDD, 1179
Test-Driven Development, 1179
XP, 1179
JUnit-Framework, 39
Just-in-Time-Compiler, 1291
JVM, 1359
JVMDI, 49

Kanten, 1087
Kapazität, 329, 351
Kapselung, 85, 89, 105, 111, 216, 1018, 1162
    bessere, 1013
Keep It Clean, 1135
Keep It Human-Readable, 1134
Keep It Natural, 1134
Keep It Simple And Short, 1134
Key-Extractor, 394, 397
Klasse, 86
    abgeleitete, 92
    anonyme innere, 823
    Basis-, 92
    innere, 255, 256
    konkrete, 129
    Ober-, 92
    Sub-, 92
    Super-, 92
Klassenhierarchie, 93, 139, 216
Klassenlänge
    maximale, 1155
Klassenname
    voll qualifizierter, 928
Knoten, 342, 1087
Kohäsion, 90, 105, 112, 1162, 1184
Kollaborateur, 1218
Kollision, 350, 351, 356, 1307
Kombination
    von JavaFX und Swing, 776
Kommentar
    @TODO, 947
    Überschrift-, 1145
    Javadoc-, 824
Komparator, 362
    Hintereinanderschaltung, 395

1378 Index

Kompatibilität, 891
Kompatibilitätsmodus, 892, 905
Kompiliertyp, 95, 970
Komponente, 854
Komponententest, 1176
Komposition, 91
Kompositum, 1084, 1302
Konsistenz, 207
Konstantensammlung, 154
Kontrakt
    equals(), 207
    hashCode(), 353
Kontravarianz, 180, 183, 413
Konzept
    mathematisches, 844
Kopie
    tiefe, 147, 151
Kopplung, 92, 1184
    lose, 1013
Kosteneinsparungen
    durch Qualität, 1182
Kovarianz, 180, 409, 413
kritischer Bereich, 540, 553
    Lock, 562
    Synchronisationsobjekt, 555
    synchronized, 555, 562, 595
Kurzzeitgedächtnis, 1156

Label, 712, 714
Lambda, 258, 303, 305, 534
    als Parameter, 308
    als Rückgabewert, 308
    im Java-Typsystem, 304
    Kurzschreibweisen, 306
Lambda-Ausdruck, 303
Last-In-First-Out, 433
lastDayOfMonth(), 706
lastDayOfYear(), 706
lastInMonth(), 706
Laufzeit, 468
Laufzeittyp, 95
launch(), 713
Layout, 508
Lazy Init Proxy, 1117
Lazy Initialization, 910, 1069, 1312
Legacy-Code, 405, 709, 1181
LIFO, 433
limit(), 443, 701
lines(), 279
LinkedBlockingQueue<E>, 573, 601
LinkedHashMap<K,V>, 372

removeEldestEntry(), 373
LinkedList<E>, 336, 342, 436, 1304, 1306
    add(), 342
    get(), 342
    Größenanpassung, 343
    Knoten, 342
    Node, 342
    remove(), 342
    Speicherverbrauch, 343
Linker, 874
Liskov Substitution Principle, 167, 168
list(), 279
List<E>, 313, 326, 336, 343, 843, 844
    add(), 336, 434
    get(), 336, 434
    indexOf(), 337, 434
    isEmpty(), 434
    lastIndexOf(), 337
    listIterator(), 338
    remove(), 337, 434
    replaceAll(), 343
    set(), 337
    sort(), 313
    subList(), 337
ListChangeListener, 748
Liste, 336
    filterbare, 753
    heterogene, 421
    homogene, 421
    sortierbare, 753
Listener, 1118
ListIterator<E>, 338
    hasPrevious(), 338
    nextIndex(), 338
    previous(), 338
    previousIndex(), 338
ListView<T>, 750, 751
Literal, 154
Load Factor, 356
LOC, 1161
LocalDate, 687, 689, 697, 709
LocalDateStringConverter, 756
LocalDateTime, 689, 697, 699, 709
    now(), 701
    ofInstant(), 709
Locale, 781
    getAvailableLocales(), 782
    getCountry(), 782
    getLanguage(), 782
LocalTime, 687, 689, 697, 709
Lock, 553, 562, 595

Index

Grundlagen, 562
    lock(), 562
    unlock(), 562
LoD, 163
Log-Level, 509
log4j, 507
    Layout, 508
    Log-Level, 509
    Logger, 508
Logger, 508
Logging, 507
Logging-Framework, 507, 1148
    log4j, 507
Lokalität, 1287
Long, 218
    Cache, 229
    parseLong(), 227
    toString(), 271
LongStream, 441
    boxed(), 441
LongSummaryStatistics, 455
Lookup-Map, 370
Lookup-Tabelle, 368
Lower Type Bound, 413
LRU-Cache, 374, 1337
LSP, 167, 168

Magic Number, 154, 519, 911, 1148, 1282
Magic String, 519, 527, 1148
Main-Branch, 26
main-Thread, 541, 585
Major Garbage Collection, 665
Major GC, 665
Manifest-Datei, 56
map(), 442, 445, 447, 618
Map.Entry<K,V>, 368
Map<K,V>, 326, 327, 368, 380, 843, 844
    clear(), 369
    computeIfAbsent(), 382
    computeIfPresent(), 382
    containsKey(), 369
    containsValue(), 369
    entrySet(), 369
    get(), 369
    getOrDefault(), 381
    größenbeschränkte, 372
    isEmpty(), 369
    keySet(), 369
    merge(), 383
    nach Wert sortieren, 473
    put(), 368

    putAll(), 369
    putIfAbsent(), 381
    remove(), 369
    replace(), 381
    size(), 369
    values(), 369
MapChangeListener, 748
mapToObj(), 441, 831
Mark-and-Compact-Algorithmus, 667
Mark-and-Sweep-Algorithmus, 666
Marker-Interface, 153
Maschinenzeit, 687
master, 21, 31
Matcher, 1256, 1257
Maven, 13, 61
    Vorteile, 82
Maven Central, 66
max(), 423, 443
McCabe, 1162
Mehrschrittoperation, 615
Membervariable, 86
Memory Leak, 341, 670, 1360
    Garbage Collection, 670
Memory-bound, 1285
Memory-bound-Optimierungen, 1334
Menge, 344, 844
Mengenoperation, 332
Merge, 21
merge(), 383
MessageFormat, 788
Messaging, 540
Metadaten, 623
Metainformation, 623, 636
Method Injection, 1222
Methode, 86
    abstrakte, 86, 125
    Ausgangspunkt, 1149
Methodenlänge, 167
    maximale, 1155
Methodenreferenz, 317
Metrik, 1133, 1161
    CBO, 1163
    Coupling Between Objects, 1163
    Cyclomatic Complexity, 1162
    DIT, 1163
    Lines Of Code, 1161
    LOC, 1161
    McCabe, 1162
    Method Lines Of Code, 1161
    MLOC, 1161
    NCSS, 1161

NOC, 1163
NOM, 1163
Non Commented Sourcecode
    Statements, 1161
    Number Of Methods, 1163
Metriken, 1160
Microservice-Architektur, 825
Middleware, 540
Migration, 891
min(), 423, 443
Minor Garbage Collection, 665
Minor GC, 665
MLOC, 1161
Mock, 1220
Mockito, 1231
Modul, 854
    Anforderungen an ein, 854
modulares JAR, 872
Modularisierung, 853
    Grundlagen der, 854
    Vorteile, 855
Moduldeskriptor, 857
Modulo-Operator, 1258
Monitor, 553, 554
Month, 688, 690
MonthDay, 690
MoreUnit, 1262
Multi Catch, 294, 952
Multi Map, 382
Multi-Module Build, 869
Multitasking, 539
Multithreading, 539
Murphy's Law, 1315
Mutator, 89

Nachbedingung, 115
Namen
    aussagekräftige, 1142
    Lesbarkeit, 1143
    Semantik, 1143
    sinnvoll gewählte, 1143
    sinnvolle, konsistente, 1143
Namensgebung, 1142
    grundlegende Regeln, 1139
    sinnvolle, 1142
Namenskonsistenz, 1143
Namenskürzel
    vermeide, 1142
Namensregeln, 1140
    CamelCase-Schreibweise, 1140
Narrowing, 223

Nashorn, 682
natürliche Ordnung, 358
naturalOrder(), 396
NavigableMap<K,V>, 328, 375
    ceilingKey(), 375
    floorKey(), 375
    higherKey(), 375
    lowerKey(), 375
NavigableSet<E>, 327, 328
NCSS, 1161
Nebenläufigkeit, 539
negate(), 319, 320
NetBeans, 14
New Input Output, 279
next(), 706
nextOrSame(), 706
Nightly Build, 63
NIO, 279
NOC, 1163
NoClassDefFoundError, 904
Node, 712, 737
Noise, 305
NOM, 1163
noneMatch(), 443
Normalfall, 1188
NoSuchElementException, 435
Null-Akzeptanz, 207, 211
Null-Objekt, 422, 457, 956, 1090, 1316
null-Wert
    Behandlung von, 397
    IllegalArgumentException, 1047
    NullPointerException, 1047
NullPointerException, 333, 397, 422, 426,
    949, 976, 1047
    unerwartete, 954, 955
nullsFirst(), 397
nullsLast(), 397
Number, 218
NumberFormat, 788
    Format, 789
    getCurrencyInstance(), 789
    getInstance(), 789
    getIntegerInstance(), 789
    getNumberInstance(), 789
    getPercentInstance(), 789
NumberFormatException, 225, 537
NumberStringConverter, 748

O-Notation, 1299
Object, 199, 304
    equals(), 200, 205, 354

finalize(), 200
getClass(), 199, 202, 208
hashCode(), 200, 353–355
notify(), 200, 549, 567, 568, 577, 595, 971
notifyAll(), 200, 549, 567, 568, 577, 595, 972
toString(), 200–202
wait(), 200, 549, 567, 577, 595, 972
Objects, 840
    requireNonNull(), 840
    requireNonNullElse(), 840
    requireNonNullElseGet(), 840
Objekt, 86
    Lebenszeit, 663
Objekt-Caching, 1334, 1337
Objekt-Pool, 1340
Objekt-Pooling, 1334
Objekt-Spaghetti, 1162
Objektgraph, 277
Objektintegrität, 1046
    Probleme bei Remote Calls, 1027
    Probleme durch Zwischenzustände, 1027
Objektmethoden
    gebräuchlichste, 498
Objektzustand, 86, 200, 205, 300, 939, 1027, 1039, 1141, 1152, 1153
    erwarteter, 1037
    gültiger, 1050, 1149
    konsistenter, 1033
    ungültiger, 1037
Observable Collections, 743
ObservableList, 748
ObservableMap, 748
ObservableSet, 748
ObservableValue<T>, 745
Observer, 1118, 1119
    als Anti-Pattern, 1127
OCP, 99, 110, 111, 166, 167, 1043
OCPJP
    Frage, 1343
of(), 440, 830
ofDateAdjuster(), 707
ofDay(), 694
ofInstant(), 709
ofNullable(), 832
Old Generation, 663
onExit(), 829
Onlinedokumentation, 848
OO-Design

Aggregation, 91
Assoziation, 91
Attribut, 86
behaves-like-Beziehung, 87
Call-by-Reference, 97
Call-by-Value, 97
can-act-like-Beziehung, 87
Cast, 96
Datenkapselung, 111
Generalisierung, 93
Interface, 86, 123
is-a-Beziehung, 93
Kapselung, 89, 111
Kohäsion, 90, 112
Komposition, 91
Kopplung, 92
Membervariable, 86
Methode, 86
Objektzustand, 86
Overloading, 93, 94
Overriding, 93, 94
Polymorphie, 95
Realisierung, 87
Referenz, 88
Schnittstelle, 123
Spezialisierung, 93
Sub-Classing, 95
Sub-Typing, 95
Trennung von Zuständigkeiten, 111
Typ, 87
Type Cast, 96
Typkonformität, 87
Vererbung, 92
Vererbung und Wiederverwendbarkeit, 113
OO-Metrik, 1162
OO-Techniken
    abstrakte Basisklasse, 128, 129
    grundlegende, 123
    Interface, 123
    Marker-Interface, 153
    Read-only-Interface, 142
    Realisierung, 129
    Schnittstelle, 123
Open Closed Principle, 99, 110, 111, 166, 167, 1043
OpenOption, 280
Operation
    zustandsbehaftete, 464
Optimierung, 1284
    80-zu-20-Regel, 1293

CPU-bound-, 1348
Grundlagen, 1284
I/O-bound-, 1327
Inlining, 1290
Loop-Unrolling, 1290
Memory-bound-, 1334
Peephole-, 579, 1291
Speicherverbrauch, 1334
von Stringoperationen, 1343
Vorher-nachher-Messungen, 1292
Optional, 422, 457, 833, 836, 837
    empty(), 834, 837
    get(), 423, 834
    ifPresent(), 424, 425, 834
    ifPresentOrElse(), 836
    isPresent(), 423
    of(), 423
    ofNullable(), 423
    or(), 836
    orElse(), 424
    orElseGet(), 424
    orElseThrow(), 424, 834
    stream(), 836, 837
OptionalDouble, 423, 454
OptionalInt, 423, 765
OptionalLong, 423
Options
    addOption(), 522
or(), 319, 320, 836
orElseThrow(), 834
Orientierung
    im Zeitsystem, 696
Orthogonalität, 91, 468, 1026, 1134, 1155
orTimeout(), 841
Out-of-Memory-Situation, 341, 1152
OutputStream, 264, 839
OutputStreamWriter, 267
Overloading, 93, 94, 210
Overriding, 93, 94, 210
    invariantes, 182
    kovariantes, 183

Paging, 452
Pair Programming, 1138, 1142, 1275, 1276, 1281
parallel(), 440, 463, 465
Parallelisierbarkeit, 450, 461
parallelStream(), 464
Parallelverarbeitung, 440, 465
    Wissenswertes zur, 460
Parameter Object, 160

Parameter Value Object, 160
Parameterprüfung, 1149
Parsing, 704
partitioningBy(), 458
Path, 315
Paths, 315
PatternSyntaxException, 248
peek(), 442, 449
Peephole-Optimierung, 579
Period, 695, 698
Philosophenproblem, 561
PID, 826
pid(), 826, 1383
plus(), 691, 694
PMD, 1167
POLA, 928, 977, 1148
POLS, 977
Polymorphie, 95, 110, 938
POM, 65
Port, 289
Post-Commit-Review, 1276
Post-Condition, 1149
Post-Decrement, 923
Post-Increment, 923
Prädikat, 319
    boolesche Bedingung, 319
    komplexe Bedingung, 320
Pre-Commit-Review, 1276
Pre-Condition, 1149
Pre-Decrement, 923
Pre-Increment, 923
Predicate, 314, 319, 443, 447, 457, 618, 832
    and(), 319, 320
    boolesche Bedingung, 319
    negate(), 319, 320
    or(), 319, 320
    test(), 314, 319
Preferences, 516, 531
    systemNodeForPackage(), 532
    systemRoot(), 532
    userNodeForPackage(), 532
    userRoot(), 532
previous(), 706
previousOrSame(), 706
primitiver Datentyp, 218
    boolean, 218
    byte, 218
    char, 218
    double, 218
    float, 218

int, 218
long, 218
short, 218
Principle of Least Astonishment, 928, 977, 1148
Principle of Least Surprise, 977
PrintStream, 244, 274
    print(), 274
    printf(), 243, 244
    println(), 274
PrintWriter, 244
    printf(), 244
Prinzip des geringsten Erstaunens, 928, 1148
Prioritätswarteschlange, 433
PriorityBlockingQueue<E>, 601
PriorityQueue<E>, 433
private Methoden
    in Interfaces, 824
Problem des Handlungsreisenden, 1300
Process, 829
    pid(), 829
    toHandle(), 829
Process-API, 826
ProcessHandle, 826, 829
    allProcesses(), 828
    children(), 828
    current(), 826
    destroy(), 829
    info(), 826
        command(), 826
        totalCpuDuration(), 827
        user(), 827
    onExit(), 829
    pid(), 826
Producer-Consumer-Problem, 564
Profiling-Messung, 1297, 1306
Profiling-Tools, 1295, 1296
    JConsole, 1296
    JProfiler, 1297
    VisualVM, 1296
Programmierstil
    einheitlicher, 1138
Programmierung
    funktionale, 303
Project Coin, 823
Project Jigsaw, 853
Project Object Model, 65
Properties, 516, 743
    getProperty(), 525
    load(), 525

PropertyValueFactory, 762
Prototyp, 1072
provides-Beziehung, 125
Proxy, 1116, 1317, 1319
Prozess, 540
Psychologie, 1156
Publisher/Subscriber, 1118
Pull
    Beobachter, 1119
    Observer, 1119
Push
    Beobachter, 1119
    Observer, 1119
putIfAbsent(), 381

Qualified Export, 885, 888
Qualität
    äußere, 1182
    innere, 1182
Qualitätssicherung, 1277
Qualitätssicherungsmaßnahme
    etablieren, 1182
    Mehraufwand durch, 1182
Queue<E>, 327, 433, 435, 600
    add(), 435
    element(), 435
    IllegalStateException, 435
    NoSuchElementException, 435
    offer(), 435
    peek(), 435
    poll(), 435
    remove(), 435

Rückwärtskompatibilität, 824, 891, 892, 894
Race Condition, 550, 552, 1068
Randfall, 1202, 1224
range(), 440
rangeClosed(), 830
Raw Type, 185, 1282
Read-Eval-Print-Loop, 849
Read-only-Interface, 142, 1023
Readability, 859
Readable, 275
readAllLines(), 279
Reader, 264, 275
ReadWriteLock, 562, 563
Realisierung, 87
    konkrete, 129
reduce(), 443, 458
reentrant, 560
ReentrantLock, 562, 563

ReentrantReadWriteLock, 562–564
Refactoring, 14, 985
 Encapsulate Field, 1012
 Extract Interface, 1021
 Extract Local Variable, 972
 Extract Method, 1024
 High-Level, 1011
 Standardvorgehen, 994
Reference Counting, 663
Referenzsemantik, 97, 149
Referenzvergleich, 205
Reflection, 199, 621, 642, 737, 762, 766, 928
 Zugriffsschutz, 889
Reflexivität, 207, 211
Regel
 Keep It Clean, 1135
 Keep It Human-Readable, 1134
 Keep It Natural, 1134
 Keep It Simple And Short, 1134
Registry, 531
Regressionstest, 42, 1184, 1256, 1262
regulärer Ausdruck, 244
 Bereichsangaben, 247
 Darstellung von Varianten, 246
 Spezialzeichen, 247
 Wiederholungen, 247
Rehashing, 357
Reihenfolge
 korrekte, 465
Release, 18, 61
Releasedatum, 694
Reliable Configuration, 853, 859, 894
Remote Debugging, 47
 Parametrierung der JVM, 48
Remote Proxy, 1117
Remote Repository, 29
remove(), 315
removeIf(), 332, 752
Renderer, 767
Reordering, 579, 581
Reorderings, 583
REPL, 849
replace(), 381
replaceAll(), 333, 343
Repository, 21, 24, 64
 lokales, 29
requireNonNullElse(), 840
requireNonNullElseGet(), 840
ResourceManager, 810
Reverse Domain Name, 860

Reverse-Comparator, 392
 reverse-Order(), 392
reversed(), 396
reverseOrder(), 396
Rhino, 684
Rich-Client Experience, 730
Rolle, 125, 138
Rückgabewert
 kovarianter, 184
Runnable, 304, 306, 541, 589, 607, 615
 run(), 541
Runtime, 826, 1295
 exec(), 826
RuntimeException, 288

SAM-Typ, 258, 304, 305
Scanner, 275
 ioException(), 276
 useDelimiter(), 275
Scene, 712
SceneBuilder, 724
Scenegraph, 712
Schablonenmethode, 1093
ScheduledExecutorService, 611
 scheduleAtFixedRate(), 612
 scheduleWithFixedDelay(), 612
ScheduledThreadPoolExecutor, 611
Scheduler, 540
Schnittmenge, 332
Schnittstelle, 123
Schnittstellenentwurf, 825
Schönwettersoftware
 unzuverlässige, 284
Schulden
 technische, 1277
SCJP
 Frage, 1343
ScriptEngineFactory, 682
ScriptEngineManager, 682
 getEngineByName(), 683
Scripting Engine
 auflisten, 682
Seiteneffekt, 300, 1051, 1052, 1148
Select, 1311
Semaphore, 576, 595
sequential(), 465
Serialisierung, 621, 644
Server, 123
Service Locator, 124
Set<E>, 326, 344, 843, 844
SetChangeListener, 748

setExpanded(), 766
Shallow Copy, 148
Shell-Variable, 849
Short, 218
Short-circuiting Operations, 442
Shortcut-Return, 1149
Shut-down-Hook, 585, 931
Sicherheitsprobleme, 847
Sichtbarkeit, 578, 579, 1154
    private, 89
    protected, 89
    public, 89
Signatur, 87
Silent Fail, 1150
SimpleDateFormat, 795
    Fallstricke, 796
since, 823
Single Abstract Method, 258
Single Point of Failure, 34
Single Responsibility Principle, 166, 167, 1154
Singleton, 528, 552, 1067
    als Anti-Pattern, 1071
    Lazy Initialization, 1069
    Race Condition, 1068
Skalierbarkeit, 1298
skip(), 443
sleep(), 548
Slider, 748
Socket
    close(), 289
Softwarebaustein
    deploybarer, 854
Softwarequalität, 1176
    Sichern der, 1176
SOLID-Prinzipien, 99, 110, 166, 1043, 1154
Soll-Verhalten, 1175
SonarQube, 1170
sort(), 313
sorted(), 443, 448, 451, 618
SortedList, 753
SortedMap<K,V>, 328, 375
SortedSet<E>, 327, 328, 347
    first(), 348
    headSet(), 348
    last(), 348
    subSet(), 348
    tailSet(), 348
Sortierbarkeit
    von Spalten, 764
Sortierung

ClassCastException, 346
Comparable<T>, 358
Comparator<T>, 358
TreeMap<K,V>, 358
TreeSet<E>, 358
Sourcecode-Checker, 1160
Sourcecode-Duplikation, 91
    Erkennung von, 1168
    Vermeiden von, 952
Spezialisierung, 93
Split Package, 859
split(), 447
SQL
    Select, 1311
SRP, 166, 167, 1154
Stack<E>, 433, 434
    empty(), 434
    peek(), 434
    pop(), 434
    push(), 434
    search(), 434
StackOverflowError, 1087
StackPane, 712, 715
Stage, 711
Staging Area, 31
Stamm, 21
Standardverhalten
    vorgeben, 315
start(), 713
Starvation, 560, 561
statische Analyse, 1160
Stellvertreterobjekt, 1215
Stop-The-World, 846
Strategie, 1097
Stream, 439, 830, 832–834, 837
    allMatch(), 443, 455
    anyMatch(), 443, 455, 457, 834
    collect(), 443, 453, 458, 831
    count(), 443, 454
    Create Operations, 440
    distinct(), 443, 451
    dropWhile(), 830, 831
    für primitive Typen, 441
    filter(), 442, 444, 446, 452, 457
    findAny(), 443, 456, 465
    findFirst(), 443, 456, 457, 465
    flatMap(), 442, 446, 459, 618, 837
    forEach(), 443, 464
    forEachOrdered(), 465
    Intermediate Operations, 442, 444, 451

iterate(), 832, 833
limit(), 443, 452
map(), 442, 445, 447, 618
max(), 443
min(), 443
noneMatch(), 443
of(), 440, 830
ofNullable(), 832
parallel(), 463, 465
peek(), 442, 449
rangeClosed(), 830
reduce(), 443, 458
sequential(), 465
skip(), 443, 452
sorted(), 443, 448, 451, 618
takeWhile(), 830, 831
Terminal Operations, 442, 443, 452
toArray(), 443
stream(), 836, 837
Stream-API, 830
Stream-im-Stream, 446
Stream.filter(), 701
Stream.limit(), 701
String, 200, 234, 267, 275, 470
charAt(), 986
format(), 243
getBytes(), 267, 271
join(), 470
length(), 990
split(), 244, 447
toLowerCase(), 262
trim(), 298, 537
valueOf(), 203
StringBuffer, 204, 234, 239
delete(), 242
deleteCharAt(), 242
equals(), 242
insert(), 242
StringBuilder, 204, 234, 239
append(), 204
delete(), 242
deleteCharAt(), 242
equals(), 242
insert(), 242
StringIndexOutOfBoundsException, 986, 993
Stringliteral, 235
Stringliteral-Pool, 235, 1343
Stringobjekt, 235
StringTokenizer, 244, 298
nextToken(), 298

Stub, 1218
STW, 846
Sub-Classing, 95
Sub-Typing, 95
Substituierbarkeit, 93
Substitutionsprinzip, 93, 434
Subversion, 13
Suche
Binärsuche, 386
binarySearch(), 386
contains(), 385
containsAll(), 385
containsKey(), 385
containsValue(), 385
indexOf(), 386
lastIndexOf(), 386
Suchen
Die Rolle von equals(), 206
Supplier, 840, 841
accept(), 314
supplyAsync(), 616
Survivor-Bereich, 664
Swing
in JavaFX einbinden, 776
SwingNode, 776
Symmetrie, 207
Synchronisationsobjekt, 555
Synchronisierung, 540
synchronized, 553, 555, 557, 562, 581, 595
Synchronizer, 595
SynchronousQueue<E>, 601
Syntaxerweiterungen
in Java 9, 823
System
arraycopy(), 330
currentTimeMillis(), 702
getenv(), 530
getProperty(), 530
System-Properties, 530
System.in, 265
System.out, 265
Systemtest, 1176

Tab Completion, 850
TableColumn<S,T>, 762
TableView<S>, 762, 764
takeWhile(), 830, 831
Task, 602
TCP, 289
TDD, 1179, 1182
Technical Debt, 1277

technische Schulden, 1277
teile und herrsche, 106, 613
Template-Methode, 1093
Temporal, 688, 690, 691, 705, 707
    with(), 707
Temporal Coupling, 1004, 1051, 1052
TemporalAccessor, 688, 690
TemporalAdjuster, 688, 690, 705
    adjustInto(), 705, 707
TemporalAdjusters, 705
    dayOfWeekInMonth(), 707
    firstDayOfMonth(), 706
    firstDayOfNextMonth(), 706
    firstDayOfNextYear(), 706
    firstDayOfYear(), 706
    firstInMonth(), 706
    lastDayOfMonth(), 706
    lastDayOfYear(), 706
    lastInMonth(), 706
    next(), 706
    nextOrSame(), 706
    ofDateAdjuster(), 707
    previous(), 706
    previousOrSame(), 706
TemporalAmount, 688, 692, 698
TemporalField, 688
TemporalUnit, 688, 694
Terminal Operations, 442
test(), 314, 319
Test-Double, 1215
Test-Driven Development, 1179
Testabdeckung, 1263
Testen, 1175
Testfixture, 1187, 1191
Testklasse, 1140
    Postfix, 1140
TestNG, 1256
TestNG-Framework, 43
TextField, 748
TextFormatter, 756
TextInputDialog, 754
thenAccept(), 616, 842
thenApply(), 616
thenApplyAsync(), 617
thenCombine(), 617
Thread, 540, 541, 589
    Ableitung von der Klasse, 589
    Daemon-, 585
    get-State(), 546
    getPriority(), 544
    getThreadGroup(), 545

    Gruppen, 545
    interrupt(), 549–551, 587, 590
    interrupted(), 590
    isAlive(), 543, 574
    isInterrupted(), 549, 550, 590
    join(), 574, 595
    main-, 541, 585
    Priorität, 544
    run(), 541, 574
    setDaemon(), 585
    setDefaultUncaught-Exception-Handler(), 587
    setPriority(), 544
    setUncaught-Exception-Handler(), 587
    sleep(), 548, 591
    start(), 542, 574
    State, 546
    stop(), 544, 587
    ThreadUtils, 545
    User-, 585, 594
    yield(), 548
Thread-Pool, 604
Thread-Scheduler, 546
ThreadGroup, 545
    activeCount(), 545
    enumerate(), 545
ThreadPoolExecutor, 605
Throwable, 298
Tiefe des Baums, 364
tiefe Kopie, 147, 148
TimeoutException, 841, 842
Timer, 591, 611
    cancel(), 594
    schedule(), 592
    scheduleAtFixedRate(), 592
TimerTask, 591, 611
    cancel(), 591
    run(), 591
    scheduledExecutionTime(), 591
TimeStringConverter, 756
TimeUnit, 611
toArray(), 443
toCollection(), 454
toHandle(), 829
Token, 275
toList(), 453, 454
Tools
    Checkstyle, 1165
    FindBugs, 1169

PMD, 1167
SonarQube, 1170
Sourcecode-Checker, 1160
totalCpuDuration(), 827
totalMemory(), 1295
Transformation
    in Lambda, 305
TransformationList, 753
Transitivität, 207
Transmission Control Protocol, 289
Traveling-Salesman-Problem, 1300
Traversierung, 333
TreeItem, 765
TreeItem<S>, 766
TreeItemPropertyValueFactory, 766
TreeMap<K,V>, 358, 375, 1309
TreeSet<E>, 346, 347, 358, 1309
TreeTableCell, 767
TreeTableColumn<S,T>, 766
TreeTableView<S,T>, 764, 766
TreeView<T>, 765
Trennung von Zuständigkeiten, 85, 111, 216, 1033
trunk, 31
Typ, 87
Type Cast, 96
Type Erasure, 190, 405
Type Inference, 306
Typhierarchie
    Collection<E>, 326
    Map<K,V>, 327
Typkonformität, 87
Typkürzel
    ?, 331
    ? extends E, 331
    E, 331
    K, 331
    T, 331
    V, 331
Typumwandlung, 922

Überschreiben
    invariantes, 182
    kovariantes, 183
Umgebungsvariable, 530
Umstellung
    schrittweise, 892
UnaryOperator, 321, 445, 832
    identity(), 321
Unboxing, 225
UncaughtExceptionHandler, 586

Unchecked Exception, 287
Unicode, 235, 267
Unit Test, 37, 703, 987, 994, 995, 1176, 1182, 1277
    als Regressionstest, 1256
    EclEmma, 1266
    Hamcrest, 1256
    Infinitest, 1262
    JaCoCo, 1263
    Mockito, 1231
    MoreUnit, 1262
    Motivation für, 1197
Universal Coordinated Time, 701
Unnamed Module, 894
Unordnung, 1135
UnsupportedOperationException, 140, 315, 334, 336, 377, 949, 1084, 1091
Unvorhersagbarkeit, 465
Upper Type Bound, 413
Usability, 751
Use-Beziehung, 123
user(), 827
User-Thread, 585, 594
UTC, 701
UTF-16, 267
UTF-8, 267
Utility-Klasse, 213
    Arrays, 330
    HashUtils, 355
    SleepUtils, 542, 551

Value Object, 160, 1031
    Optimierung, 1346
Varargs, 159, 806
Variable
    atomare, 595
Varianz, 180
VBox, 715
Vector<E>, 336, 339, 434, 1304, 1306
    add(), 340
    get(), 340
    Größenanpassung, 340
    Kapazität, 339
    remove(), 340
    size(), 339
    Speicherverbrauch, 340
    trimToSize(), 341
Verarbeitung
    elementweise, 461, 463
Verarbeitungskette, 450
Verarbeitungsschritt, 442, 461

Vererbung, 92, 1162
Vererbung und Wiederverwendbarkeit, 113
Vererbungshierarchie, 138, 943
    breite, 1160
    tiefe, 1160
Vergleich
    Referenz-, 205
Verhalten, 85, 205
Verhaltensweise, 125
Verklemmung, 540
Versionsverwaltung, 13
    auschecken, 24
    Branch, 26
    Check-in, 24
    Check-out, 24
    commit, 24
    dezentrale, 23
    einchecken, 24
    Konflikt, 24
    Main-Branch, 26
    Marke, 26
    Merge, 24
    Repository, 21, 24
    Stamm, 26
    Synchronize, 24
    Tag, 26
    Trunk, 26
    Update, 24
    zentrale, 23
Verzeichnisaufbau, 853
Virtual Proxy, 1117
VisualVM, 1296, 1361
volatile, 579–581, 589, 595
Vorbedingung, 115
Vorteile
    Maven und Gradle, 82

Wahrnehmungspsychologie, 1135
    Gesetz der Ähnlichkeit, 1135
    Gesetz der Nähe, 1137
Wartungsalbtraum, 921
weakly consistent, 600
Webtechnologie
    clientseitige, 847
Whitebox-Test, 1178
Whitespace, 333
Widening, 223, 230, 314
Wiederverwendbarkeit, 85, 1026, 1153, 1155
Wiederverwendung, 92
with(), 707

Working Copy, 24
Worthäufigkeitshistogramm, 459
Wrapper, 1081
Wrapper-Klassen, 218
write(), 280
Writer, 264, 267
    close(), 267
    flush(), 267
    write(), 267
Wurzel, 364

XP, 1179, 1182

Year, 690
    isLeap(), 691
YearMonth, 690
Young Generation, 663

Zeitangabe
    unvollständige, 696
ZoneDateTime, 689
ZonedDateTime, 699–701, 709
    ofInstant(), 709
ZoneId, 689, 700, 701
    getAvailableZoneIds(), 701
ZoneId.getAvailableZoneIds(), 701
ZoneId.of(), 700
ZoneOffset, 689, 700, 701
Zuständigkeit
    beim Testen, 1179
Zustand, 85, 205
Zustandsinformation, 1148
Zustandsprüfung
    Einführen einer, 1045
    IllegalStateException, 1045
Zweierkomplement, 219, 232
Zyklen, 1087

Kai Spichale

API-Design

Praxishandbuch für Java- und Webservice-Entwickler

1. Auflage 2017,
370 Seiten, Broschur
€ 34,90 (D)

ISBN:
Print   978-3-86490-387-8
PDF   978-3-96088-077-6
ePub   978-3-96088-078-3
mobi   978-3-96088-079-0

Mit Schnittstellen zum Zwecke der Arbeitsteilung, Wiederverwendung oder beispielsweise zur Bildung einer modularen Architektur haben Entwickler täglich zu tun. Häufig werden hierbei jedoch nur unbewusst durch Erfahrung erlernte Konzepte und Best-Practices genutzt.

Dieses Buch schärft den Blick für APIs und erläutert, welche Eigenschaften effektive APIs haben sollten. Das Thema API-Design, das in anderen Büchern über Softwaredesign und Architektur als Querschnittsthema auftaucht, wird in diesem Buch umfassend behandelt.

Nach der erfolgreichen Lektüre kennt der Leser die Grundlagenprinzipien von APIs und ist in der Lage, in professionellen Projekten APIs für Softwarekomponenten und Webservices zu entwerfen, zu dokumentieren und je nach Kompatibilitätsziel zu verändern.

»Das Buch vermittelt Prinzipien guten Schnittstellen-Designs. Es bietet einen Überblick über die wichtigsten Techniken und Austauschformate. Profitieren können alle Entwickler — ob sie nun an Bibliotheken für den Hausgebrauch oder an Frameworks für den massenhaften Online-Einsatz arbeiten.«

c't 7/17

www.dpunkt.de

Jörg Hettel · Manh Tien Tran

Nebenläufige Programmierung mit Java

Konzepte und Programmiermodelle
für Multicore-Systeme

1. Auflage 2016,
378 Seiten, Broschur
€ 34,90 (D)

ISBN:
Print   978-3-86490-369-4
PDF   978-3-96088-012-7
ePub   978-3-96088-013-4
mobi   978-3-96088-014-1

Um die Performancemöglichkeiten moderner Multicore-Rechner effizient zu nutzen, muss die Software dafür entsprechend entworfen und entwickelt werden. Multithread-Programmierung wird somit zum Mainstream. Java ist aufgrund der breit gefächerten Nebenläufigkeitskonzepte für den anstehenden Paradigmenwechsel sehr gut geeignet.

Die Autoren bieten in diesem Buch eine umfangreiche Einführung in die nebenläufige Programmierung mit Java. Neben den Basiskonzepten stehen dabei die modernen abstrakten Synchronisations- und Parallelisierungskonzepte, wie das Fork-Join-Framework und die mit Java 8 eingeführten parallelen Streams und CompletableFutures, im Fokus. Auch auf den sicheren Umgang mit Threads wird eingegangen. Viele konkrete Beispiele zeigen die Anwendung in der Praxis.

»Gute deutsche Bücher zur nebenläufigen Programmierung mit Java sind recht rar gestreut. Hier gilt das Buch von Oechsle als eines der Standardwerke. Das vorliegende Werk setzt einen etwas anderen Schwerpunkt und scheint für Einsteiger fast noch besser geeignet. Und es hat es nach Meinung des Rezensenten das Potenzial, ebenfalls in die Liga der Standardwerke vorzudringen.«
Heise developer

René Preißel · Bjørn Stachmann

Git

Dezentrale Versionsverwaltung im Team
Grundlagen und Workflows

4., aktualisierte und
erweiterte Auflage 2017,
342 Seiten, Broschur
€ 32,90 (D)

ISBN:
Print   978-3-86490-452-3
PDF   978-3-96088-127-8
ePub   978-3-96088-128-5
mobi   978-3-96088-129-2

Zu den Vorauflagen:

»Mit dem Titel liegt ein empfehlenswerter Praxisratgeber zur Versionsverwaltung Git vor. Nützlich für alle, die praktischen Rat suchen.«
Linux Magazin 03/16

»(...) bietet auch bewährte Anleitungen inklusive nützlicher Tipps und Tricks. Die Zusammenfassung der für Einsteiger bestimmten ersten 13 Kapitel zeigt auch fortgeschrittenen Benutzern mögliche Wissenslücken auf. Zentrale Workflows erleichtern es, Lösungen für den eigenen Entwicklungsprozess zu finden.«
IT-Director 1–2/16

Gits Vielfalt an Befehlen, Optionen und Konfigurationen wirkt anfangs oft einschüchternd. Dabei sind die Grundkonzepte einfach, im Alltag benötigt man nur wenige Befehle.

»Git« gibt daher zunächst eine kompakte Einführung in die wichtigen Konzepte und Befehle und beschreibt dann ausführlich deren Anwendung in typischen Workflows, z. B. »Mit Feature-Branches entwickeln« oder »Ein Release durchführen«.

Die 4. Auflage wurde komplett aktualisiert und bezieht nun durchgehend die Nutzung von Plattformen wie GitHub oder Bitbucket mit ein. Neue Workflows behandeln die Entwicklung mit Forks sowie die LFS-Erweiterung zur Versionierung großer Binärdateien.

www.dpunkt.de

Rezensieren
Sie dieses Buch

Senden
Sie uns Ihre Rezension
unter **www.dpunkt.de/rez**

Erhalten
Sie Ihr Wunschbuch aus
unserem Verlagsangebot